Bankrecht

dtv

Schnellübersicht

Bankrecht

Textausgabe mit Sachverzeichnis
und einer Einführung
von Prof. Dr. Lars Klöhn

47., neu bearbeitete Auflage
Stand: 1. März 2020

dtv

Redaktioneller Hinweis:

Paragraphenüberschriften in eckigen Klammern sind nichtamtlich.
Sie sind ebenso wie alle übrigen nichtamtlichen Bestandteile urheber- und wettbewerbsrechtlich geschützt.
Die Angaben zum Stand der Sammlung auf dem Titelblatt beziehen sich auf das Ausgabedatum der maßgeblichen Gesetz-, Verordnungs- und Amtsblätter.
Für Hinweise, Anregungen und Kritik ist der Verlag stets dankbar.
Richten Sie diese bitte an den Verlag C. H. Beck,
Postfach 40 03 40, 80703 München

www.dtv.de
www.beck.de

Sonderausgabe
dtv Verlagsgesellschaft mbH & Co. KG,
Tumblingerstraße 21, 80337 München

Gesamtherstellung: Druckerei C. H. Beck, Nördlingen
(Adresse der Druckerei: Wilhelmstraße 9, 80801 München)
Umschlagtypographie auf der Grundlage
der Gestaltung von Celestino Piatti

CO2 neutral
chbeck.de/nachhaltig

ISBN 978-3-423-53028-6 (dtv)
ISBN 978-3-406-75290-2 (C. H. Beck)

9 783406 752902

Inhaltsverzeichnis[1]

[1] Das früher in dieser Sammlung enthaltene Kapitel **Kapitalmarktrecht** erscheint aus Umfanggründen nunmehr separat als **Beck-Texte im dtv Band 5783**.

Sonderaufsicht

Finanzmarktstabilisierung; Kreditinstitute-Reorganisation; Restrukturierungsfonds

Zahlungsverkehr und Kredit

Geschäftsbedingungen der Kreditinstitute

Abkürzungsverzeichnis

Abl. EU	Amtsblatt der Europäischen Union
AbrStV	Abrechnungsstellenverordnung
Abs.	Absatz
AEUV	EU-Arbeitsweisevertrag
aF	alte Fassung
AG	Aktiengesellschaft
AGB	Allgemeine Geschäftsbedingungen
AGBBanken	AGB-Banken
AGBSpk	AGB-Sparkassen
AktG	Aktiengesetz
AnlEntG	Anlegerentschädigungsgesetz
Anm.	Anmerkung
AnzV	Anzeigenverordnung
Art.	Artikel
BaFin	Bundesanstalt für Finanzdienstleistungsaufsicht
BAKred	Bundesaufsichtsamt für das Kreditwesen
BankBiRiLiG	Bankbilanzrichtlinie-Gesetz
Banz.	Bundesanzeiger
BausparkG	Gesetz über Bausparkassen
BausparkV	Bausparkassen-Verordnung
BBankG	Gesetz über die Deutsche Bundesbank
BBK	Deutsche Bundesbank
BBkOrg	Organisationsstatut für die Deutsche Bundesbank
BedÜbVk	Bedingungen für den Überweisungsverkehr
Bek.	Bekanntmachung
BelWertV	Beleihungswertermittlungsverordnung
ber.	berichtigt
BGB	Bürgerliches Gesetzbuch
CRR	Capital Requirements Regulation (VO (EU) Nr. 575/2013)
DeckRegV	Deckungsregisterverordnung
DepotG	Depotgesetz
EG	Europäische Gemeinschaft
EGBGB	Einführungsgesetz zum Bürgerlichen Gesetzbuche
EinSiG	Einlagensicherungsgesetz
ESZB	Europäisches System der Zentralbanken
EU	Europäische Union
EWS	Europäisches Währungssystem
EZB	Europäische Zentralbank
EZBSatzProt	Protokoll über die Satzung des Europäischen Systems der Zentralbanken und der Europäischen Zentralbank
EZB-VO	VO (EG) Nr. 1745/2003 der Europäischen Zentralbank über die Auferlegung einer Mindestreservepflicht

Abkürzungen

FinaRisikoV	Finanz- und RisikotragfähigkeitsinformationenVO
FinDAG	Finanzdienstleistungsaufsichtsgesetz
FkAG	Finanzkonglomerate-Aufsichtsgesetz
FMS	Finanzmarktstabilisierungsfonds
FMSAKostV	FMSA-Kostenverordnung
FMStBG	Finanzmarktstabilisierungsbeschleunigungsgesetz
FMStFG	Finanzmarktstabilisierungsfondsgesetz
FNA	Fundstellennachweis Teil A zum Bundesgesetzblatt Teil I (erscheint jährlich)
FRUG	Finanzmarktrichtlinie-Umsetzungsgesetz
G	Gesetz
GG	Grundgesetz für die Bundesrepublik Deutschland
GroMiKV	Großkredit- und Millionenkreditverordnung
GVBl.	Gesetz- und Verordnungsblatt
GwG	Geldwäschegesetz
HGB	Handelsgesetzbuch
idF	in der Fassung
IMM	Interne Modelle Methode
InhKontrollV	Inhaberkontrollverordnung
IRBA	auf Internen Ratings Basierender Ansatz
iSd	im Sinne des
IWF	Internationaler Währungsfonds
Kap.	Kapitel
KGaA	Kommanditgesellschaft auf Aktien
KSA	Kreditrisiko-Standardansatz
KWG	Gesetz über das Kreditwesen
KWGVermV	KWG-Vermittlerverordnung
LiqV	Liquiditätsverordnung
LZB	Landeszentralbank
MündelPfandBrV	Mündelsicherheitsverordnung Pfandbriefe
Nr.	Nummer
OECD	Organisation für wirtschaftliche Zusammenarbeit und Entwicklung
OLG	Oberlandesgericht
PfandBarwertV	Pfandbrief-Barwertverordnung
PfandBG	Pfandbriefgesetz
RechKredV	Kreditinstituts-Rechnungslegungsverordnung
RGBl.	Reichsgesetzblatt
RStruktFG	Restrukturierungsfondsgesetz

SAG	Sanierungs- und Abwicklungsgesetz
ScheckG	Scheckgesetz
SchiffsBelWertV	Schiffsbeleihungswertermittlungsverordnung
SEPA	Single Euro Payments Area
SM	Standardmethode
SoBedTermin	Sonderbedingungen für Termingeschäfte
SoBedWP	Sonderbedingungen für Wertpapiergeschäfte
SolvV	Solvabilitätsverordnung
SRM-VO	Verordnung (EU) Nr. 806/2014
SSM-VO	Verordnung (EU) Nr. 1024/2013
StGB	Strafgesetzbuch
StPO	Strafprozessordnung
SWIFT	Society for Worldwide Interbank Financial Telecommunication
v.H.	vom Hundert
VO	Verordnung
WG	Wechselgesetz
ZAG	Zahlungsdiensteaufsichtsgesetz
zB	zum Beispiel
Ziff.	Ziffer
ZKG	Zahlungskontengesetz
ZIdPrüfV	Zahlungskonto-Identitätsprüfungsverordnung

Einführung

Von Universitätsprofessor Dr. Lars Klöhn, Berlin

I. Bankrecht

1. Begriff

Was ist Bankrecht? Eine genaue Definition dieses Rechtsgebiets fällt schwer. Nach einer gängigen Begriffsbestimmung ist das Bankrecht „die Summe der rechtlichen Vorgaben für die einzelnen Bankgeschäfte und (…) der Vorschriften, die das Bankgewerbe regeln." Das Bankrecht erfasst demnach zwei im Ausgangspunkt völlig unterschiedliche Rechtsbereiche – nämlich das Bankprivat-, vor allem das Bankvertragsrecht, und das Bankverwaltungs-, genauer: das Bankaufsichtsrecht. Diese Rechtsgebiete werden unter dem Dach des Bankrechts miteinander verbunden, weil sie für dieselbe Akteurin bedeutsam sind, nämlich die Bank. Den Umfang des Bankrechts kann also definieren, wer den Begriff der Bank bestimmen kann.

Genau dies ist jedoch erstens schwer und zweitens müßig. Müßig ist die Definition, weil das einschlägige Bankrecht zum größten Teil gar nicht an den Begriff der Bank anknüpft, sondern an den des Kreditinstituts. Schwer ist die Definition, weil der Begriff des Kreditinstituts im deutschen Bankrecht viel weiter verstanden wird als im europäischen Bankrecht (s. noch u.), es also gar keinen einheitlichen Begriff des Kreditinstituts gibt. Hinzukommt, dass viele Normen des Bankaufsichtsrechts nicht nur für Kreditinstitute gelten, sondern auch für Finanzdienstleistungsinstitute sowie für Zahlungsinstitute.

All dies hat dazu geführt, dass der Begriff des Bankrechts mittlerweile nur noch grob erfasst, was in den Rechtsakten dieser Textsammlung geregelt ist: das Zentralbank- und Währungsrecht, das Bank- und Finanzdienstleistungsaufsichtsrecht, das Bankinsolvenz-, -abwicklungs- und -sanierungsrecht sowie die privatrechtlichen Grundlagen des traditionellen Bankgeschäfts, vor allem mit Privatkunden. Gleichwohl ist der Begriff des Bankrechts in der Praxis sehr geläufig und weniger sperrig als etwa der des „Bankvertrags- und Finanzdienstleistungsaufsichtsrechts".

2. Charakteristika

a) Mehrebenensystem

Wer schnell erfassen möchte, wie es ist, Bankrecht zu praktizieren, sollte einige kennzeichnende Merkmale des Bankrechts betrachten. Das erste Charakteristikum ist die Vielschichtigkeit bankrechtlicher Normen. Sie finden sich nicht nur im deutschen Recht. Ein großer Teil ist auf EU-Ebene geregelt, und zwar nicht nur in Richtlinien, sondern auch in Verordnungen, d. h. in unmittelbar anwendbaren europäischen Rechtsakten. Sowohl im nationalen als auch im EU-Recht lassen sich sodann verschiedene Normebenen unterscheiden: im deutschen Recht vor allem Parlamentsgesetze und Rechtsverordnungen, im

EU-Recht Rechtsakte Level 1 und Level 2 des Lamfalussy-Verfahrens, eines spezifischen Gesetzgebungsverfahrens im Bereich der Finanzmarktgesetzgebung.[1] Hinzu kommen zahlreiche „weiche" Rechtsquellen, vor allem Stellungnahmen von Aufsichtsbehörden, die zwar keine Rechtsqualität haben, aber in der Praxis wie geltendes Recht behandelt werden (zB EBA-Leitlinien, Rundschreiben der BaFin etc.). Schließlich beruhen einige Rechtsakte des deutschen und europäischen Bankrechts auf völkerrechtlichen Übereinkünften oder internationalen Empfehlungen ohne Rechtsqualität. Das bekannteste Beispiel ist die EU-Bankaufsichtsverordnung (Capital Requirements Regulation, CRR, **6**) sowie die Kapitaladäquanzrichtlinie (Capital Requirements Directive, CRD IV), in denen die Leitlinien des Basler Ausschusses für Bankenaufsicht über Eigenmittel und Liquidität umgesetzt werden.

Innerhalb seines Anwendungs- und Regelungsbereichs geht das EU-Recht dem deutschen Recht vor. Dies führt zu zahlreichen, mitunter sehr anspruchsvollen Folgefragen: Wie weit geht der Anwendungsbereich des EU-Rechts? Wie weit ist sein Regelungsbereich? Handelt es sich um eine minimalharmonisierende Norm, die den Mitgliedstaaten die Möglichkeit lässt, über die Vorgaben hinauszugehen, oder folgt die Norm dem Prinzip der Maximalharmonisierung, sodass jegliche abweichende Regelung der Mitgliedstaaten untersagt ist?

Schließlich ist die Aufsicht über Kreditinstitute, die sowohl das Einlagen- als auch das Kreditgeschäft betreiben, aufgrund der SSM-VO (**5**) zum Teil auf die Europäische Zentralbank (EZB), d. h. auf ein Organ der Europäischen Union, übertragen worden. Die EZB wendet im Rahmen ihrer Zuständigkeit nicht nur EU-Recht an, sondern auch nationales Recht, das zur Umsetzung bestimmter EU-Richtlinien erlassen wurde, also zB das deutsche KWG. Daraus resultieren sehr komplexe Verwaltungsverhältnisse, in denen man mitunter trefflich darüber streiten kann, ob sich eine bestimmte Rechtsfrage nach EU- oder nationalem Recht beurteilt.

b) Querschnittsmaterie und zweigleisige Rechtsdurchsetzung

Bankrecht ist eine Querschnittsmaterie. Die in diesem Band zusammengetragenen Rechtsakte reichen von Normen des Privatrechts über das Verwaltungsrecht bis in das Strafrecht. Wer Bankrecht praktizieren will, braucht eine gute Grundausbildung in all diesen Rechtsgebieten und muss mit den wesentlichen Entwicklungen dieser Rechtsgebiete Schritt halten. Zur Beantwortung von Spezialfragen des Bankrechts benötigt man zudem Detailkenntnisse vieler angrenzender Rechtsbereiche. Wer sich etwa mit den aufsichtsrechtlichen Eigenmittelanforderungen beschäftigt, muss (Bank-)Bilanzrecht können, wer mit der Abwicklung und Sanierung von Banken betraut ist, muss in Fragen des Insolvenzrechts firm sein.

Außerdem wird im Bankrecht dieselbe Verhaltensnorm häufig sowohl mit Mitteln des Privat- als auch des Straf- oder Bußgeldrechts durchgesetzt. Es kommt also zur Kombination von Mechanismen des *private enforcement* und des *public enforcement*. Wer zB das Bankgeschäft in Deutschland ohne Erlaubnis der zuständigen Aufsichtsbehörde betreibt, macht sich unter bestimmten Voraussetzungen strafbar oder begeht eine Ordnungswidrigkeit. Ebenso haftet er zivilrechtlich, weil § 32 KWG nach ständiger Rechtsprechung des BGH ein Schutzgesetz iSv § 823 Abs. 2 BGB ist.

---

[1] Vgl. dazu das Vorwort in der Gesetzessammlung dtv 5783 KapMR.

c) Internationalität

Im Bankrecht begegnet man häufig grenzüberschreitenden Sachverhalten – zB einer luxemburgischen Bank, die Anlageberatung in Deutschland erbringen möchte, einem Berliner FinTech, das Fest- und Tagesgelder europäischer Banken an seine deutschen Kunden vermittelt, einem Konsortialkredit, der von einer englischen, einer deutschen und einer französischen Bank vergeben wird. Der Grund für die Häufigkeit grenzüberschreitender Fälle liegt darin, dass das Bankgeschäft auf Skalierbarkeit ausgerichtet ist. Wer eine Bank betreibt, möchte seine Dienste meist einer möglichst hohen Anzahl von Personen anbieten, weil die Grenzkosten des Angebots an weitere Personen meist sehr gering sind. Dies gelingt am besten, wenn man grenzüberschreitend tätig ist. Wer Bankrecht praktiziert, muss daher nicht nur mit den Grundzügen des deutschen Internationalen Privatrechts (IPR) vertraut sein, sondern sich auch auf die teils sehr komplizierten Regelungen des territorialen Anwendungsbereichs und der internationalen Zuständigkeit im europäischen Bankaufsichtsrecht einlassen.

d) Detailtiefe und Schnelllebigkeit

Bankrecht weist – vor allem im Bereich des Aufsichtsrechts – eine teils erstaunliche Detailtiefe auf. Das liegt vor allem an dem europäischen Gesetzgeber, der seit der Finanzkrise 2008 immer mehr Fragen auf immer feingliedrigere Art und Weise geregelt hat, um eine einheitliche Aufsicht in der EU sicherzustellen. Obwohl die hier vorliegende Textsammlung eine beeindruckende Seitenzahl erreicht, bildet sie nur einen Bruchteil der potenziell anwendbaren bankrechtlichen Normen ab. All diese Normen unterliegen zudem einem starken Wandel. In Abwandlung eines vielzitierten Wortes *Wolfgang Zöllners* kann man Bankrecht als „Reform in Permanenz" umschreiben; es handelt sich um eine gesetzgeberische Dauerbaustelle.

e) Schwerer Zugang

Schon aus den soeben genannten Charakteristika ergibt sich, dass Bankrecht eine Materie ist, die nur von wenigen Spezialistinnen und Spezialisten beherrscht wird. Wer sich mit Bankrecht beschäftigt, tut in der Regel nur dies, und hat keine Zeit, sich auch um andere Fragen des Wirtschaftsrechts zu kümmern. Für diejenigen, die Bankrecht lernen wollen, ist dies Fluch und Segen zugleich: Fluch, weil man sich nicht leicht in die Materie einarbeiten kann und viel Zeit investieren muss, um auf dem Stand der Dinge zu bleiben; Segen, weil die Konkurrenz auf dem Beratungsmarkt für Bankrecht zumindest im High-end-Bereich sehr überschaubar ist und selbst Marktführer ihre Position angesichts der Schnelllebigkeit des Bankrechts leicht verlieren können.

Der schwere Zugang zum Bankrecht beruht aber nicht nur auf der Vielschichtigkeit der einschlägigen Normen, ihrer thematischen Breite, ihrem hohen Detailgrad und der relativ geringen Halbwertzeit bankrechtlichen Wissens. Hinzukommt eine Besonderheit des Normsetzungsprozesses: Da Bankrecht nur von wenigen beherrscht wird, kommt den Aufsichtsbehörden eine herausragende Stellung beim Erlass bankaufsichtsrechtlicher Normen zu. Obwohl sie selbstverständlich keine Gesetzgeber sind, stammen die Entwürfe, die in das Gesetzgebungsverfahren gelangen, häufig von Aufsichtsbehörden; sie werden von dem jeweiligen Initiator des Gesetzgebungsverfahrens meist mit der Ausarbeitung dieser Entwürfe betraut. Sie nehmen auch im weiteren Normsetzungsprozess Einfluss auf den Inhalt bankrechtlicher Normen – teils ist dies sogar explizit vorgesehen, so insbesondere bei den sog. Level-2-Rechtsakten des EU-Bankrechts.

Die Einbindung von Aufsichtsbehörden in die Rechtsetzung hat offensichtliche Vorteile. Der größte ist, dass sich der Gesetzgeber auf diese Weise die geballte Expertise der Aufsichtsbehörden zunutze macht. Sie hat aber auch Nachteile. Einer dieser Nachteile besteht darin, dass Aufsichtsbehörden – vorsichtig ausgedrückt – nicht gerade als Meister der Gesetzgebungskunst bekannt sind. Wenn Mitarbeiterinnen und Mitarbeiter von Aufsichtsbehörden Gesetzesentwürfe ausarbeiten, dann denken sie in erster Linie an die künftigen Fälle ihrer Aufsichtspraxis, nicht aber daran, ein sprachlich elegantes, widerspruchsfreies und einfach zugängliches Recht zu schaffen. Stattdessen ist Bankaufsichtsrecht in vielen Bereichen „Recht von Aufsichtsbehörden für Aufsichtsbehörden".

Zudem ergeben sich viele Antworten auf bankrechtliche Fragen erst aus der Praxis der jeweiligen Aufsichtsbehörde. Dies schafft Informationsasymmetrien zwischen denjenigen, die Bankrecht schon länger praktizieren, und denjenigen, die damit erst anfangen wollen. Beide Aspekte zusammengenommen erklären, warum Bankrecht eine klassische „Praktikermaterie" ist, die trotz ihrer hohen gesamtgesellschaftlichen Bedeutung nur an wenigen juristischen Fakultäten gelehrt wird.

II. Banken

Schon oben wurde darauf hingewiesen, dass die Definition des Begriffs der Bank müßig ist, weil das Bankrecht kaum von Banken, dafür aber von Kredit- und Finanzdienstleistungsinstituten spricht. Der Begriff des Kreditinstituts wird im deutschen Recht sehr weit definiert. Gem. § 1 Abs. 1 Satz 1 KWG ist Kreditinstitut ein Unternehmen, das Bankgeschäfte iSv § 1 Abs. 1 Satz 2 KWG gewerbsmäßig oder in einem Umfang betreibt, der einen in kaufmännischer Weise eingerichteten Geschäftsbetrieb erfordert. Darunter fallen also nicht nur klassische Banken, die Einlagen entgegennehmen und Kredite vergeben, sondern zB auch reine Depotbanken oder zentrale Gegenparteien im Bereich des Derivategeschäfts.

Der europarechtliche Begriff des Kreditinstituts ist demgegenüber enger. Gem. Art. 4 Abs. 1 Nr. 1 CRR ist Kreditinstitut ein Unternehmen, dessen Tätigkeit darin besteht, Einlagen oder andere rückzahlbare Gelder des Publikums entgegenzunehmen und Kredite für eigene Rechnung zu gewähren. Der Begriff ist also auf diejenigen Unternehmen beschränkt, die das traditionelle Kerngeschäft der Banken anbieten, d. h. Einlagen entgegennehmen und Kredite vergeben. Im KWG wurden diese Unternehmen früher „Einlagenkreditinstitute" genannt, heute spricht das KWG von „CRR-Kreditinstituten".

Realbeispiele von Kreditinstituten sind etwa die Deutsche Bank, die Commerzbank, die Internetbank N26 oder die Hamburger Sparkasse (alle vier sind CRR-Kreditinstitute). Traditionelle Investmentbanken vom Schlage Lehman Brothers sind demgegenüber keine CRR-Kreditinstitute, weil sie nicht das Einlagengeschäft betreiben. Sie können unter den Begriff des Kreditinstituts iSd KWG fallen, wenn sie ein Bankgeschäft betreiben, etwa das Kreditgeschäft oder das Finanzkommissionsgeschäft. Ist dies nicht der Fall, sind Investmentbanken Finanzdienstleistungsinstitute, also Unternehmen, die gewerbsmäßig eine Finanzdienstleistung anbieten (vgl. § 1 Abs. 1a KWG). Dramatische Folgen resultieren daraus nicht, weil viele Anforderungen des Bankaufsichtsrechts für alle

„Institute“, d. h. sowohl für Kreditinstitute als auch für Wertpapierfirmen bzw. Finanzdienstleistungsinstitute gelten.

III. Warum Banken regulieren?

1. Überblick

Kaum jemand wird bezweifeln, dass Banken wertvoll für ihre Aktionäre sind, viele Arbeitsplätze schaffen und einen nicht unerheblichen Beitrag zur Volkswirtschaft leisten. Aber ebenso wichtig, wenn nicht vielleicht noch wichtiger, erscheinen – gemessen an diesen Kriterien – zB Autohersteller. Warum ist das Bankgeschäft so detailliert geregelt, während sich kaum Vorgaben über die interne Organisation, die Eigenkapitalausstattung, die Liquidität oder die Abwicklung und Sanierung von Autoherstellern finden? Die Gründe liegen einerseits in den ökonomischen Funktionen von Banken, andererseits in deren notwendig fragiler Finanzierungsstruktur. Regulierung ist notwendig, weil Banken einerseits öffentliche Güter bereitstellen, andererseits nicht schon aus Gründen der Marktdisziplin einen Anreiz haben, eine aus gesamtgesellschaftlicher Sicht optimale Kapital- und Liquiditätsausstattung sowie Corporate-Governance-Struktur zu wählen.

2. Funktionen von Banken

In der ökonomischen Literatur unterscheidet man üblicherweise zwischen der Geld- und Zahlungsfunktion von Banken auf der einen und ihrer Allokationsfunktion auf der anderen Seite, wobei sich letztere wiederum gliedert in die Transformations- und Kontrollfunktion. Diese Funktionen erhellen, dass Banken viel stärker mit der restlichen Volkswirtschaft, vor allem der sog. Realwirtschaft, verzahnt sind als alle anderen Unternehmen, zB der Autoindustrie.

- Banken stellen Konten zur Verfügung, nehmen täglich fällige Einlagen an und offerieren Zahlungs- und Abrechnungsdienste. Sie schöpfen damit (Buch-)Geld und sind Teil des nationalen Zahlungssystems. In ökonomischen Termini schaffen sie ein öffentliches Gut. Jeder profitiert, wenn Zahlungen sicher, schnell und kostengünstig abgewickelt werden können. Alle leiden, wenn diese Bedingungen nicht erfüllt sind. Wie wichtig diese Funktionen für die Gesamtwohlfahrt sind, erkennt man an den sog. *unbanked countries*, deren wirtschaftliche Entwicklung u. a. dadurch behindert wird, dass niemand transaktionskostenarmen und rechtssicheren Zahlungsverkehr zur Verfügung stellt. Glücklicherweise profitieren viele dieser Länder aktuell von den technischen Fortschritten bei der digitalen Abwicklung des Zahlungsverkehrs.
- Banken bringen Kapitalgeber und Kapitalnehmer zusammen, indem sie Einlagen von Sparern entgegennehmen und dieses Geld in Form von Krediten an Unternehmer weiterleiten. Sie transformieren also kurzfristige, liquide, risikoarme Einlagen in langfristige, illiquide, risikoreiche Kreditforderungen und treten als Intermediär zwischen Kapitalgeber und Kapitalnehmer. Diese Transformationsleistungen werden im ökonomischen Schrifttum als Losgrößen- oder Liquiditäts-, Fristen- und Risikotransformation bezeichnet. Ablesen kann man sie an der typischen Struktur der Bankbilanz: Die Passivseite besteht im Wesentlichen aus Einlagenverbindlichkeiten (kurzfristig, liquide und risikoarm), die Aktivseite aus Kreditforderungen (langfristig, illiquide und risikoreich).

- Banken haben einen Anreiz, darüber zu wachen, wie Kreditnehmer mit dem Geld umgehen, das ihnen die Bank zur Verfügung stellt. Dies fördert die Kapitalallokation, denn die Kontrolle reduziert die Gefahr, dass Kapitalnehmer das eingesetzte Kapital abredewidrig zum eigenen Vorteil verschwenden (*moral hazard*). Dabei eignen sich Banken spezifisches Wissen an und erzielen aufgrund ihrer Größe und ihrer Eigenschaft als „Wiederholungsspieler“ (*repeat player*) Skaleneffekte. Sie können Kreditnehmer daher kostengünstiger kontrollieren als die meisten anderen Personen und senken daher die insgesamt in der Gesellschaft entstehenden Kosten der Kapitalallokation.

3. Die notwendig fragile Finanzierungsstruktur von Banken

Banken weisen aufgrund ihres Geschäftsmodells eine *notwendig fragile Finanzierungsstruktur* auf. Diese Zerbrechlichkeit beruht auf der Diskrepanz zwischen der Aktivseite und der Passivseite der Bankbilanz, die schon oben erwähnt wurde: Auf der Passivseite stehen kurzfristige, liquide, risikoarme Verbindlichkeiten (vor allem gegenüber Einlegern). Auf der Aktivseite stehen langfristige, illiquide, risikoreiche Vermögensgegenstände (vor allem Kreditforderungen gegenüber Unternehmen).

Diese Fragilität ist die Kehrseite der Transformationsleistung, die Banken erbringen. Sie ist unverzichtbarer Bestandteil jedes Bankensystems und bringt der Realwirtschaft enorme Vorteile. Gleichzeitig birgt sie erhebliches Zerstörungspotenzial, sobald die Bank nicht über genügend Liquidität verfügt, um alle fällig werdenden Verbindlichkeiten zu erfüllen, oder der Wert der Aktiva unter den Betrag der Verbindlichkeiten sinkt und die Bank überschuldet wird. Es droht dann der vielzitierte „Sturm auf die Bank“ (*bank run*).

Das Fatale an solchen Bankenstürmen ist folgender Aspekt: Obwohl *bank runs* allein von der *Sorge* vor einer finanziellen Schieflage der Bank ausgelöst werden, können sie zur *selbsterfüllenden Prophezeiung* werden. Muss die Bank Vermögensgegenstände verkaufen, um sich Liquidität zu verschaffen, geschieht dies aufgrund der Dringlichkeit häufig mit einem Abschlag (*fire sale*), was letztlich in der Überschuldung münden kann. Die Vertrauenskrise führt also zur Liquiditätskrise, aus der wiederum die Solvenzkrise folgt. Zudem leiden unter der Krise einer einzelnen Bank häufig auch andere Banken, die der krisengeschüttelten Bank zB kurzfristige Kredite auf dem Interbankenmarkt gegeben oder ausstehende Forderungen im Rahmen des Derivatehandels erworben haben. Geraten auch sie in Liquiditätsschwierigkeiten, kann sich die Liquiditätskrise einer einzelnen Bank zur Systemkrise des gesamten Bankensektors entwickeln – so wie 2008 im Falle von *Lehman Brothers*.

4. Kein Verlass auf die Disziplinierungswirkung des Marktes

Selbstverständlich haben Banken bzw. deren Manager und Aktionäre ein Eigeninteresse daran, Zahlungsunfähigkeit und Überschuldung zu vermeiden. Sie tragen jedoch nicht sämtliche sozialen Kosten der Bankeninsolvenz, denn es besteht eine gewisse Wahrscheinlichkeit, dass sie im schlimmsten Fall vom Staat gerettet werden (*Too big to fail*-Problematik). Aus einer sozialen Perspektive haben Banken daher Anreize zur Eingehung exzessiver Risiken. Deshalb muss der Staat Anforderungen an die Eigenkapitalausstattung, das Liquiditätsmanagement, die Unternehmensführung (Corporate Governance) und andere Aspekte der Organisationsstruktur und der Ausübung des Bankgeschäfts formulieren, *die ein gewissenhafter Bankeigentümer aufstellen würde, wenn er sämtliche sozialen Kos-*

ten des Scheiterns der Bank selbst tragen würde. Die meisten Regeln des Bank(aufsichts-)rechts lassen sich auf diesen Zweck zurückführen.

IV. Inhalt dieser Textsammlung

1. Währung

Im ersten Abschnitt der Textsammlung finden sich die rechtlichen Grundlagen des Zentralbank- und Währungssystems der Europäischen Union bzw. des Euroraums und Deutschlands. Dabei geht es zum einen v. a. um die Organisation, das Verfahren und die Befugnisse der Europäischen Zentralbank (EZB), zum anderen um die rechtlichen Grundlagen der Deutschen Bundesbank.

Organisation, das Verfahren und die Befugnisse der EZB sind in den Artt. 127 ff. AEUV (**1**) und in der EZB-Satzung (**2**) geregelt. Die Verordnung der EZB über die Auferlegung einer Mindestreservepflicht (**3**) bildet den rechtlichen Rahmen eines der wichtigsten Instrumente der Geldpolitik, das für die Geldschöpfungsfunktion der Banken von zentraler Bedeutung ist und mit dem die EZB die Geldmenge im Euroraum kontrollieren und insbesondere an die erwartete Inflation anpassen kann. Die Vorschriften über die Organisation, das Verfahren und die Befugnisse der Deutschen Bundesbank sind einerseits im BBankG (**4**), andererseits in dem Organisationsstatut für die Deutsche Bundesbank (**4a**) geregelt.

2. Aufsicht

Den größten Teil der Textsammlung machen die Vorschriften des Bankaufsichtsrechts aus, die sich in Vorschriften der allgemeinen Aufsicht und der Sonderaufsicht einteilen lassen. Am Anfang steht die EU-Verordnung über den Einheitlichen Aufsichtsmechanismus (SSM-VO, **5**). Sie ist neben dem Einheitlichen Abwicklungsmechanismus und der Einlagensicherung eine der Säulen der EU-Bankenunion. In der SSM-VO wird erstmals die direkte Aufsichtszuständigkeit eines Organs der Europäischen Union über die Marktteilnehmer begründet: Demnach beaufsichtigt die EZB diejenigen CRR-Kreditinstitute, die gemessen an verschiedenen Kriterien (v. a. ihrer Größe, Relevanz für die Volkswirtschaft und Verflechtung mit der Realwirtschaft) als bedeutend einzustufen sind. Weniger bedeutende CRR-Kreditinstitute unterliegen weiterhin der unmittelbaren Aufsicht durch die Aufsichtsbehörden der Mitgliedstaaten, allerdings werden diese nicht autonom, sondern als Teil des SSM tätig. Zudem kann die EZB auch in diesem Bereich die Aufsicht unter bestimmten Voraussetzungen an sich ziehen. Abseits des Anwendungs- und Regelungsbereichs des SSM bleibt es bei der nationalen Zuständigkeitsordnung. Vor allem Kreditinstitute iSd KWG, die keine CRR-Kreditinstitute sind, sowie Finanzinstitute unterliegen daher der allgemeinen, nicht durch die SSM-VO modifizierten Aufsicht durch die Bundesanstalt für Finanzdienstleistungsaufsicht (BaFin). Deren Organisation, Verfahren und Befugnisse sind im FinDAG (**7**) geregelt.

Die wichtigsten Quellen des materiellen Aufsichtsrechts sind die CRR und das KWG. In der CRR (**6**) finden sich in erster Linie die Anforderungen an die Eigenkapitalausstattung und Liquidität von CRR-Kreditinstituten und Wertpapierfirmen. Diese Regeln wollen die Gefahren eindämmen, die sich aus der notwendig fragilen Finanzierungsstruktur von Banken ergeben (s. o.). Dabei setzen die Eigenkapitalregeln an der Passivseite der Bilanz an, die Liquiditätsregeln machen Vorgaben für die Aktivseite. Ergänzt werden diese Vorschriften durch Offenlegungsanforderungen, die dem Markt eine Einschätzung der finanziellen Verfassung der Institute ermöglichen sollen. Konkretisierende Vorschriften über den Inhalt der Offenlegungspflicht finden sich in der Durchführungsverordnung (EU) Nr. 1423/2013 (**6a**). Darüber hinaus enthält die CRR Vorgaben über die Vergabe von Großkrediten, die ein besonderes Risiko für die finanzielle Stabilität bergen. Durchführungsbestimmungen dazu enthält die GroMiKV (**8a**).

Das KWG (**8**) ist das „Grundgesetz" des deutschen Bankaufsichtsrechts. Doch auch dieses Gesetz nicht frei von europarechtlichen Einflüssen, im Gegenteil: die meisten KWG-Vorschriften beruhen auf europäischen Richtlinien. Vor allem die CRD IV sowie Teile der EU-Finanzmarktrichtlinie (Markets in Financial Instruments Directive, MiFID II) sind im KWG umgesetzt. Das KWG regelt die Zulassungsvoraussetzungen zum Bankgeschäft und zur Erbringung von Finanzdienstleistungen sowie die laufende Aufsicht über Kredit- und Finanzinstitute. Durchführungsbestimmungen finden sich u.a. in der KWG-VermV (**8c**). Darüber hinaus enthält das KWG die in der Praxis wichtigen Vorschriften über Eigenkapitalpuffer, welche die Eigenmittelanforderungen der CRR flankieren. Ergänzungs- und Durchführungsbestimmungen finden sich insoweit in der SolvV (**8d**). Liquiditätsvorgaben macht das KWG für diejenigen Unternehmen, die zwar dem Anwendungsbereich des KWG unterfallen, für die die Anforderungen der CRR jedoch nicht gelten. Konkretisiert werden diese Anforderungen in der LiqV (**8b**). Ein weiterer wichtiger Teil des KWG sind die Vorschriften über die Organisationsstruktur von Kredit- und Finanzinstituten. Sie werden vor allem durch die InstitutsVergV (**8f**) ergänzt. Andere Ergänzungsvorschriften zu verschiedenen, hier nicht spezifisch behandelten Regelungsbereichen des KWG enthalten die FinaRisikoV (**8e**), die AnzV (**8g**) sowie die InhKontrollV (**8h**).

Kredit- und Finanzinstitute sind nicht die einzigen Adressaten des Bankrechts. Ein anderer ist das Finanzkonglomerat. Es steht im Zentrum des FKAG (**9**), mit dem die in der Finanzbranche tätigen Unternehmensgruppen einer zusätzlichen Aufsicht unterworfen werden. Zahlungsinstitute sind im ZAG (**10**) geregelt.

Bankenstürme kann man nicht nur durch Anforderungen an die Eigenmittel und Liquidität von Kredit- und Finanzinstituten verhindern, sondern auch, indem man Ein- und Anleger gegen das Risiko des Zahlungsausfalls und der Überschuldung von Kredit- und Finanzinstituten versichert. Exakt dies ist Zweck des AnlEntG (**11**) und des EinSiG (**12**). Sie verpflichten Institute dazu, Verbindlichkeiten aus dem Wertpapier- bzw. Einlagengeschäft durch Zugehörigkeit zu einer Entschädigungseinrichtung zu sichern. Im Entschädigungsfall haben die Gläubiger einen Anspruch gegen die Entschädigungseinrichtung. Die Höhe dieses Entschädigungsanspruchs ist allerdings begrenzt, im Falle der Einlagensicherung beträgt die Deckungssumme grundsätzlich 100.000 €.

Komplettiert wird der Abschnitt über die allgemeine Aufsicht durch das ZKG (**13**), die RechKredV (**14**), in der sich Vorschriften des Bankbilanzrechts finden, durch das GwG (**15**) sowie die zur Durchführung des GwG erlassene ZIDPrüfV (**15a**). Materien der Sonderaufsicht bilden das PfandBG (**16**), in dem die Aufsicht über Pfandbriefbanken und das Geschäft mit Pfandbriefen geregelt ist, sowie das BauSparkG (**17**) und die BausparkV (**17a**), die den Rechtsrahmen für die Aufsicht über Bausparkassen bilden.

3. Sanierung und Abwicklung

Wenn juristische Personen zahlungsunfähig oder überschuldet werden, müssen ihre Geschäftsleiter einen Insolvenzantrag stellen. Im Insolvenzverfahren wird das Unternehmen entweder von dem Insolvenzverwalter oder in Eigenverwaltung geführt und entweder abgewickelt, so dass es vom Markt verschwindet, oder restrukturiert, so dass es in finanziell gesunder Verfassung an den Markt zurückkehrt. Bestandteil jeder Restrukturierung ist grundsätzlich, dass zumindest die bisherigen Eigentümer des Unternehmens (die Gesellschafter) einen Teil ihrer Beteiligung zugunsten der Gläubiger oder neuer Investoren verlieren. Dass Unternehmen in der Insolvenz abgewickelt oder auf Kosten der Gesellschafter restrukturiert werden, ist ein wichtiger Disziplinierungsmechanismus und Kernbestandteil jeder Marktwirtschaft.

Auf Banken lassen sich diese Grundsätze nicht ohne Weiteres übertragen: Erstens erfüllen Banken für die Volkswirtschaft zentrale Funktionen und stellen öffentliche Güter bereit. Sie sind viel stärker mit der Realwirtschaft verflochten als alle anderen Unternehmen (s. o.). Von ihrer Insolvenz sind daher mehr Personen betroffen als nur ihre Gläubiger und Eigentümer. Zweitens sind Bankeninsolvenzen meist um ein Vielfaches komplexer als die Insolvenzen anderer (großer) Unternehmen. Drittens sind Banken miteinander verwoben, so dass die Insolvenz einer Bank die Insolvenz oder zumindest finanzielle Schieflage anderer Banken zur Folge haben kann (Ansteckungsgefahr). Aufgrund ihrer Komplexität lassen sich die Folgen von Bankeninsolvenzen daher bei Eintritt von Überschuldung und Zahlungsunfähigkeit häufig nicht rechtssicher abschätzen.

All diese Gründe sprechen dafür, Banken nicht abzuwickeln, sondern sie notfalls mit Steuergeldern zu sanieren bzw. von vornherein nicht insolvent werden zu lassen. Dies hätte aber desaströse Auswirkungen auf die Anreize von Bankmanagern und -eigentümern. Die allzu freundliche Stützung von krisengeschüttelten Banken würde das gesamte Bankaufsichtsrecht konterkarieren. Sie würde die *Too big to fail*-Problematik verschärfen, die das Bankaufsichtsrecht gerade verhindern möchte. Es bedarf daher fein austarierter Regelungen darüber, unter welchen Voraussetzungen Banken saniert und abgewickelt werden. Diese Regelungen sind in dem vierten Abschnitt dieser Textsammlung enthalten.

Das Nebeneinander der Rechtsakte erklärt sich vor allem historisch. Vor der Finanzkrise 2008 war das Banksanierungs- und abwicklungsrecht nur rudimentär und unzureichend im KWG geregelt. Europarechtliche Vorgaben existierten so gut wie nicht. Nach Ausbruch der Krise erließ der deutsche Gesetzgeber unter höchstem Zeitdruck das Finanzmarktstabilisierungsgesetz, mit dem er das FMStFG (**18**), später ergänzt durch die FMSAKostV (**18a**), sowie das FMStBG (**19**) einführte. Diese Gesetze ermöglichten die Stabilisierung und Liquiditätsabsicherung notleidender deutscher Banken mit Mitteln des aus staatlichen Geldern finanzierten Finanzmarktstabilisierungsfonds. Es handelt sich also um klassische Bail-out-Gesetzgebung, die sich vor allem vor dem Hintergrund der dramatischen Lage im Herbst 2008 erklärt. Maßnahmen nach dem Finanzmarktstabilisierungsgesetz waren ursprünglich bis Ende 2009 befristet; allerdings wurde diese Frist in der Folge mehrfach verlängert, letztmalig bis Ende 2015. Mittlerweile können keine Maßnahmen auf der Grundlage dieser Gesetze beantragt werden.

Als dauerhafte Maßnahme erließ der deutsche Gesetzgeber im Jahr 2010 das Restrukturierungsgesetz, welches das KredReorgG (**20**) sowie das RStruktFG

(**21**) enthielt. Auch dieses Gesetz verzichtet auf eine Beteiligung der Bankaktionäre oder -gläubiger an der Restrukturierung und ist daher als reines Bail-out-Instrument konzipiert. Allerdings wird der Restrukturierungsfonds, aus dessen Mitteln die Maßnahmen nach dem KredReorgG getragen werden sollen, nicht aus staatlichen Mitteln, sondern aus der Bankenabgabe finanziert. In der Praxis hat sich das KredReorgG nicht bewährt. Soweit öffentlich bekannt, sind kaum Maßnahmen nach diesem Gesetz ergriffen worden.

Das Ende 2014 erlassene SAG (**22**) setzt die EU-Sanierungs- und Abwicklungsrichtlinie (Bank Recovery and Resolution Directive, BRRD) um, die erstmals europaweite Vorgaben zur Sanierung und Abwicklung von Kredit- und Finanzinstituten macht. Das KredReorgG und das RStruktFG konnten daneben bestehen bleiben. Im Vergleich zu den bisherigen Regelungen hat das SAG zwei große Vorteile: Erstens erlaubt es Maßnahmen auch gegen den Willen der notleidenden Institute, so dass die zuständigen Behörden auf eigene Initiative tätig werden können. Zweitens enthält es Bail-in-Instrumente, erlaubt also die Beteiligung der Aktionäre und Gläubiger an der Restrukturierung.

4. Zahlungsverkehr und Kredit sowie Geschäftsbedingungen der Kreditinstitute

Vervollständigt wird die Textsammlung durch die wichtigsten zivilrechtlichen Materien des Bankgeschäfts. So sind die privatrechtlichen Grundlagen der AGB-Kontrolle, des Zahlungsverkehrs, des Kreditgeschäfts und des Verbraucherrechts im BGB (**23**) enthalten. Ergänzende Vorschriften über bestimmte Informationspflichten finden sich im EGBGB (**24**). Das ScheckG (**25**) nebst AbrStV (**25a**) und das WG (**26**) bilden den Kern des deutschen Wertpapierrechts, obwohl ihre praktische Bedeutung rapide abnimmt.

Die Privatrechtsverhältnisse zwischen den Banken und ihren Kunden sind zu einem guten Teil in Allgemeinen Geschäftsbedingungen geregelt. Obwohl jede Bank ihre eigenen AGB verwenden könnte, nutzen die deutschen Banken einheitlich die von bestimmten Interessenverbänden (zB dem Bundesverband deutscher Banken oder dem Deutschen Sparkassen- und Giroverband) erlassenen Entwürfe. Die wichtigsten AGB sind am Schluss dieser Textsammlung abgedruckt (**27–33**).

1. Vertrag über die Arbeitsweise der Europäischen Union [1) 2) 3)]

In der Fassung der Bekanntmachung vom 9. Mai 2008[4)]
(ABl. C 115 S. 47)
(ABl. 2010 C 83 S. 47)[5)]
(ABl. 2012 C 326 S. 47)[5)]
(ABl. 2016 C 202 S. 47, ber. ABl. C 400 S. 1)[6)]

Celex-Nr. 1 1957 E

zuletzt geänd. durch Art. 2 ÄndBeschl. 2012/419/EU v. 11.7.2012 (ABl. L 204 S. 131)

– Auszug –

Dritter Teil. Die internen Politiken und Maßnahmen der Union

Titel VIII. Die Wirtschafts- und Währungspolitik

Kapitel 2. Die Währungspolitik

Art. 127 [Ziele und Aufgaben des ESZB] (1) [1] Das vorrangige Ziel des Europäischen Systems der Zentralbanken (im Folgenden „ESZB") ist es, die Preisstabilität zu gewährleisten. [2] Soweit dies ohne Beeinträchtigung des Zieles der Preisstabilität möglich ist, unterstützt das ESZB die allgemeine Wirtschaftspolitik in der Union, um zur Verwirklichung der in Artikel 3 des Vertrags über die Europäische Union festgelegten Ziele der Union beizutragen. [3] Das ESZB handelt im Einklang mit dem Grundsatz einer offenen Marktwirtschaft mit freiem Wettbewerb, wodurch ein effizienter Einsatz der Ressourcen gefördert wird, und hält sich dabei an die in Artikel 119 genannten Grundsätze.

(2) Die grundlegenden Aufgaben des ESZB bestehen darin,
– die Geldpolitik der Union festzulegen und auszuführen,
– Devisengeschäfte im Einklang mit Artikel 219 durchzuführen,

---

1) Vertragsparteien sind Belgien, Bulgarien, Dänemark, Deutschland, Estland, Finnland, Frankreich, Griechenland, Großbritannien, Irland, Italien, Kroatien, Lettland, Litauen, Luxemburg, Malta, die Niederlande, Österreich, Polen, Portugal, Rumänien, Schweden, Slowakei, Slowenien, Spanien, Tschechien, Ungarn und Zypern.

2) Die Artikelfolge und Verweise/Bezugnahmen auf Vorschriften des EUV sind gemäß Art. 5 des Vertrags von Lissabon iVm den Übereinstimmungstabellen zum EUV bzw. AEUV an die neue Nummerierung angepasst worden.

3) Zu den Assoziationsregelungen und sonstigen Vereinbarungen und Vorschriften, die sich auf den EU-Arbeitsweisevertrag beziehen, vgl. den jährlich zum 31.12. abgeschlossenen Fundstellennachweis B der geltenden völkerrechtlichen Vereinbarungen der Bundesrepublik Deutschland unter dem Datum 25.3.1957.

4) Konsolidierte Fassung des Vertrags zur Gründung der Europäischen Gemeinschaft v. 25.3.1957 (BGBl. II S. 766). Die Bundesrepublik Deutschland hat dem Vertrag von Lissabon mit G. v. 8.10.2008 (BGBl. II S. 1038) zugestimmt; Inkrafttreten am 1.12.2009, siehe Bek. v. 13.11.2009 (BGBl. II S. 1223).

5) Der Wortlaut dieser konsolidierten Fassung entspricht dem hier wiedergegebenen.

6) Der Wortlaut dieser konsolidierten Fassung (inkl. Berichtigung) entspricht dem hier wiedergegebenen.

– die offiziellen Währungsreserven der Mitgliedstaaten zu halten und zu verwalten,
– das reibungslose Funktionieren der Zahlungssysteme zu fördern.

(3) Absatz 2 dritter Gedankenstrich berührt nicht die Haltung und Verwaltung von Arbeitsguthaben in Fremdwährungen durch die Regierungen der Mitgliedstaaten.

(4) *[1]* Die Europäische Zentralbank wird gehört
– zu allen Vorschlägen für Rechtsakte der Union im Zuständigkeitsbereich der Europäischen Zentralbank,
– von den nationalen Behörden zu allen Entwürfen für Rechtsvorschriften im Zuständigkeitsbereich der Europäischen Zentralbank, und zwar innerhalb der Grenzen und unter den Bedingungen, die der Rat nach dem Verfahren des Artikels 129 Absatz 4 festlegt.

[2] Die Europäischen Zentralbank kann gegenüber den zuständigen Organen, Einrichtungen und sonstigen Stellen der Union und gegenüber den nationalen Behörden Stellungnahmen zu in ihren Zuständigkeitsbereich fallenden Fragen abgeben.

(5) Das ESZB trägt zur reibungslosen Durchführung der von den zuständigen Behörden auf dem Gebiet der Aufsicht über die Kreditinstitute und der Stabilität des Finanzsystems ergriffenen Maßnahmen bei.

(6) Der Rat kann einstimmig durch Verordnungen gemäß einem besonderen Gesetzgebungsverfahren und nach Anhörung des Europäischen Parlaments und der Europäischen Zentralbank besondere Aufgaben im Zusammenhang mit der Aufsicht über Kreditinstitute und sonstige Finanzinstitute mit Ausnahme von Versicherungsunternehmen der Europäischen Zentralbank übertragen.

Art. 128 [Ausgabe von Banknoten und Münzen] (1) [1] Die Europäische Zentralbank hat das ausschließliche Recht, die Ausgabe von Euro-Banknoten innerhalb der Union zu genehmigen. [2] Die Europäische Zentralbank und die nationalen Zentralbanken sind zur Ausgabe dieser Banknoten berechtigt. [3] Die von der Europäischen Zentralbank und den nationalen Zentralbanken ausgegebenen Banknoten sind die einzigen Banknoten, die in der Union als gesetzliches Zahlungsmittel gelten.

(2) [1] Die Mitgliedstaaten haben das Recht zur Ausgabe von Euro-Münzen, wobei der Umfang dieser Ausgabe der Genehmigung durch die Europäische Zentralbank bedarf. [2] Der Rat kann auf Vorschlag der Kommission und nach Anhörung des Europäischen Parlaments und der Europäischen Zentralbank Maßnahmen erlassen, um die Stückelung und die technischen Merkmale aller für den Umlauf bestimmten Münzen so weit zu harmonisieren, wie dies für deren reibungslosen Umlauf innerhalb der Union erforderlich ist.

Art. 129 [Struktur des ESZB; Satzung] (1) Das ESZB wird von den Beschlussorganen der Europäischen Zentralbank, nämlich dem Rat der Europäischen Zentralbank und dem Direktorium, geleitet.

(2) Die Satzung des Europäischen Systems der Zentralbanken und der Europäischen Zentralbank[1] (im Folgenden „Satzung des ESZB und der EZB") ist in einem den Verträgen beigefügten Protokoll festgelegt.

(3) [1]Das Europäische Parlament und der Rat können die Artikel 5.1, 5.2, 5.3, 17, 18, 19.1, 22, 23, 24, 26, 32.2, 32.3, 32.4, 32.6, 33.1 Buchstabe a und 36 der Satzung des ESZB und der EZB gemäß dem ordentlichen Gesetzgebungsverfahren ändern. [2]Sie beschließen entweder auf Empfehlung der Europäischen Zentralbank nach Anhörung der Kommission oder auf Empfehlung der Kommission nach Anhörung der Europäischen Zentralbank.

(4) Der Rat erlässt entweder auf Vorschlag der Kommission und nach Anhörung des Europäischen Parlaments und der Europäischen Zentralbank oder auf Empfehlung der Europäischen Zentralbank und nach Anhörung des Europäischen Parlaments und der Kommission die in den Artikeln 4, 5.4, 19.2, 20, 28.1, 29.2, 30.4 und 34.3 der Satzung des ESZB und der EZB genannten Bestimmungen.

Art. 130 [Unabhängigkeit von EZB und nationalen Zentralbanken]

[1]Bei der Wahrnehmung der ihnen durch die Verträge und die Satzung des ESZB und der EZB[1] übertragenen Befugnisse, Aufgaben und Pflichten darf weder die Europäische Zentralbank noch eine nationale Zentralbank noch ein Mitglied ihrer Beschlussorgane Weisungen von Organen, Einrichtungen oder sonstigen Stellen der Union, Regierungen der Mitgliedstaaten oder anderen Stellen einholen oder entgegennehmen. [2]Die Organe, Einrichtungen oder sonstigen Stellen der Union sowie die Regierungen der Mitgliedstaaten verpflichten sich, diesen Grundsatz zu beachten und nicht zu versuchen, die Mitglieder der Beschlussorgane der Europäischen Zentralbank oder der nationalen Zentralbanken bei der Wahrnehmung ihrer Aufgaben zu beeinflussen.

Art. 131 [Anpassungspflicht der Mitgliedstaaten] Jeder Mitgliedstaat stellt sicher, dass seine innerstaatlichen Rechtsvorschriften einschließlich der Satzung seiner nationalen Zentralbank mit den Verträgen sowie mit der Satzung des ESZB und der EZB[1] im Einklang stehen.

Art. 132 [Rechtsakte] (1) Zur Erfüllung der dem ESZB übertragenen Aufgaben werden von der Europäischen Zentralbank gemäß den Verträgen und unter den in der Satzung des ESZB und der EZB[1] vorgesehenen Bedingungen

- Verordnungen erlassen, insoweit dies für die Erfüllung der in Artikel 3.1 erster Gedankenstrich, Artikel 19.1, Artikel 22 oder Artikel 25.2 der Satzung des ESZB und der EZB festgelegten Aufgaben erforderlich ist; sie erlässt Verordnungen ferner in den Fällen, die in den Rechtsakten des Rates nach Artikel 129 Absatz 4 vorgesehen werden,
- Beschlüsse erlassen, die zur Erfüllung der dem ESZB nach den Verträgen und der Satzung des ESZB und der EZB übertragenen Aufgaben erforderlich sind,
- Empfehlungen und Stellungnahmen abgegeben.

---

[1] Nr. 2.

(2) Die Europäische Zentralbank kann die Veröffentlichung ihrer Beschlüsse, Empfehlungen und Stellungnahmen beschließen.

(3) Innerhalb der Grenzen und unter den Bedingungen, die der Rat nach dem Verfahren des Artikels 129 Absatz 4 festlegt, ist die Europäische Zentralbank befugt, Unternehmen bei Nichteinhaltung der Verpflichtungen, die sich aus ihren Verordnungen und Beschlüssen ergeben, mit Geldbußen oder in regelmäßigen Abständen zu zahlenden Zwangsgeldern zu belegen.

Art. 133 [Rechtsakte betreffend den Euro] [1] Unbeschadet der Befugnisse der Europäischen Zentralbank erlassen das Europäische Parlament und der Rat gemäß dem ordentlichen Gesetzgebungsverfahren die Maßnahmen, die für die Verwendung des Euro als einheitliche Währung erforderlich sind. [2] Diese Maßnahmen werden nach Anhörung der Europäischen Zentralbank erlassen.

Kapitel 3. Institutionelle Bestimmungen

Art. 134 [Wirtschafts- und Finanzausschuss] (1) Um die Koordinierung der Politiken der Mitgliedstaaten in dem für das Funktionieren des Binnenmarkts erforderlichen Umfang zu fördern, wird ein Wirtschafts- und Finanzausschuss eingesetzt.

(2) *[1]* Der Wirtschafts- und Finanzausschuss hat die Aufgabe,
- auf Ersuchen des Rates oder der Kommission oder von sich aus Stellungnahmen an diese Organe abzugeben;
- die Wirtschafts- und Finanzlage der Mitgliedstaaten und der Union zu beobachten und dem Rat und der Kommission regelmäßig darüber Bericht zu erstatten, insbesondere über die finanziellen Beziehungen zu dritten Ländern und internationalen Einrichtungen;
- unbeschadet des Artikels 240 an der Vorbereitung der in Artikel 66, Artikel 75, Artikel 121 Absätze 2, 3, 4 und 6, Artikel 122, Artikel 124, Artikel 125, Artikel 126, Artikel 127 Absatz 6, Artikel 128 Absatz 2, Artikel 129 Absätze 3 und 4, Artikel 138, Artikel 140 Absätze 2 und 3, Artikel 143, Artikel 144 Absätze 2 und 3 und Artikel 219 genannten Arbeiten des Rates mitzuwirken und die sonstigen ihm vom Rat übertragenen Beratungsaufgaben und vorbereitenden Arbeiten auszuführen;
- mindestens einmal jährlich die Lage hinsichtlich des Kapitalverkehrs und der Freiheit des Zahlungsverkehrs, wie sie sich aus der Anwendung der Verträge und der Maßnahmen des Rates ergeben, zu prüfen; die Prüfung erstreckt sich auf alle Maßnahmen im Zusammenhang mit dem Kapital- und Zahlungsverkehr; der Ausschuss erstattet der Kommission und dem Rat Bericht über das Ergebnis dieser Prüfung.

[2] Jeder Mitgliedstaat sowie die Kommission und die Europäische Zentralbank ernennen jeweils höchstens zwei Mitglieder des Ausschusses.

(3) [1] Der Rat legt auf Vorschlag der Kommission und nach Anhörung der Europäische Zentralbank und des in diesem Artikel genannten Ausschusses im Einzelnen fest, wie sich der Wirtschafts- und Finanzausschuss zusammensetzt. [2] Der Präsident des Rates unterrichtet das Europäische Parlament über diesen Beschluss.

(4) Sofern und solange es Mitgliedstaaten gibt, für die eine Ausnahmeregelung nach Artikel 139 gilt, hat der Ausschuss zusätzlich zu den in Absatz 2

beschriebenen Aufgaben die Währungs- und Finanzlage sowie den allgemeinen Zahlungsverkehr der betreffenden Mitgliedstaaten zu beobachten und dem Rat und der Kommission regelmäßig darüber Bericht zu erstatten.

Art. 135 [Empfehlungen und Vorschläge der Kommission] [1] Bei Fragen, die in den Geltungsbereich von Artikel 121 Absatz 4, Artikel 126 mit Ausnahme von Absatz 14, Artikel 138, Artikel 140 Absatz 1, Artikel 140 Absatz 2 Unterabsatz 1, Artikel 140 Absatz 3 und Artikel 219 fallen, kann der Rat oder ein Mitgliedstaat die Kommission ersuchen, je nach Zweckmäßigkeit eine Empfehlung oder einen Vorschlag zu unterbreiten. [2] Die Kommission prüft dieses Ersuchen und unterbreitet dem Rat umgehend ihre Schlussfolgerungen.

Kapitel 4. Besondere Bestimmungen für die Mitgliedstaaten, deren Währung der Euro ist

Art. 136 [Haushaltsdisziplin; Grundzüge der Wirtschaftspolitik]

(1) Im Hinblick auf das reibungslose Funktionieren der Wirtschafts- und Währungsunion erlässt der Rat für die Mitgliedstaaten, deren Währung der Euro ist, Maßnahmen nach den einschlägigen Bestimmungen der Verträge und dem entsprechenden Verfahren unter den in den Artikeln 121 und 126 genannten Verfahren, mit Ausnahme des in Artikel 126 Absatz 14 genannten Verfahrens, um

a) die Koordinierung und Überwachung ihrer Haushaltsdisziplin zu verstärken,
b) für diese Staaten Grundzüge der Wirtschaftspolitik auszuarbeiten, wobei darauf zu achten ist, dass diese mit den für die gesamte Union angenommenen Grundzügen der Wirtschaftspolitik vereinbar sind, und ihre Einhaltung zu überwachen.

(2) *[1]* Bei den in Absatz 1 genannten Maßnahmen sind nur die Mitglieder des Rates stimmberechtigt, die die Mitgliedstaaten vertreten, deren Währung der Euro ist.

[2] Die qualifizierte Mehrheit dieser Mitglieder bestimmt sich nach Artikel 238 Absatz 3 Buchstabe a.

(3) [1] Die Mitgliedstaaten, deren Währung der Euro ist, können einen Stabilitätsmechanismus einrichten, der aktiviert wird, wenn dies unabdingbar ist, um die Stabilität des Euro-Währungsgebiets insgesamt zu wahren. [2] Die Gewährung aller erforderlichen Finanzhilfen im Rahmen des Mechanismus wird strengen Auflagen unterliegen.

Art. 137 [Tagungen der Euro-Gruppe] Die Einzelheiten für die Tagungen der Minister der Mitgliedstaaten, deren Währung der Euro ist, sind in dem Protokoll betreffend die Euro-Gruppe festgelegt.

Art. 138 [Euro im internationalen Währungssystem] (1) [1] Zur Gewährleistung der Stellung des Euro im internationalen Währungssystem erlässt der Rat auf Vorschlag der Kommission einen Beschluss zur Festlegung der innerhalb der zuständigen internationalen Einrichtungen und Konferenzen im Finanzbereich einzunehmenden gemeinsamen Standpunkte zu den Fragen, die von besonderer Bedeutung für die Wirtschafts- und Währungsunion sind. [2] Der Rat beschließt nach Anhörung der Europäischen Zentralbank.

(2) [1]Der Rat kann auf Vorschlag der Kommission geeignete Maßnahmen mit dem Ziel erlassen, eine einheitliche Vertretung bei den internationalen Einrichtungen und Konferenzen im Finanzbereich sicherzustellen. [2]Der Rat beschließt nach Anhörung der Europäischen Zentralbank.

(3) *[1]* Bei den in den Absätzen 1 und 2 genannten Maßnahmen sind nur die Mitglieder des Rates stimmberechtigt, die die Mitgliedstaaten vertreten, deren Währung der Euro ist.

[2] Die qualifizierte Mehrheit dieser Mitglieder bestimmt sich nach Artikel 238 Absatz 3 Buchstabe a.

Kapitel 5. Übergangsbestimmungen

Art. 139 [Mitgliedstaaten mit Ausnahmeregelung] (1) Die Mitgliedstaaten, für die der Rat nicht beschlossen hat, dass sie die erforderlichen Voraussetzungen für die Einführung des Euro erfüllen, werden im Folgenden als „Mitgliedstaaten, für die eine Ausnahmeregelung gilt" oder „Mitgliedstaaten mit Ausnahmeregelung" bezeichnet.

(2) *[1]* Auf die Mitgliedstaaten, für die eine Ausnahmeregelung gilt, finden die im Folgenden aufgeführten Bestimmungen der Verträge keine Anwendung:

a) Annahme der das Euro-Währungsgebiet generell betreffenden Teile der Grundzüge der Wirtschaftspolitik (Artikel 121 Absatz 2);

b) Zwangsmittel zum Abbau eines übermäßigen Defizits (Artikel 126 Absätze 9 und 11);

c) Ziele und Aufgaben des ESZB (Artikel 127 Absätze 1, 2, 3 und 5);

d) Ausgabe des Euro (Artikel 128);

e) Rechtsakte der Europäischen Zentralbank (Artikel 132);

f) Maßnahmen bezüglich der Verwendung des Euro (Artikel 133);

g) Währungsvereinbarungen und andere Maßnahmen bezüglich der Wechselkurspolitik (Artikel 219);

h) Ernennung der Mitglieder des Direktoriums der Europäischen Zentralbank (Artikel 283 Absatz 2);

i) Beschlüsse zur Festlegung der innerhalb der zuständigen internationalen Einrichtungen und Konferenzen im Finanzbereich einzunehmenden gemeinsamen Standpunkte zu den Fragen, die von besonderer Bedeutung für die Wirtschafts- und Währungsunion sind (Artikel 138 Absatz 1);

j) Maßnahmen zur Sicherstellung einer einheitlichen Vertretung bei den internationalen Einrichtungen und Konferenzen im Finanzbereich (Artikel 138 Absatz 2).

[2] Somit sind „Mitgliedstaaten" im Sinne der in den Buchstaben a bis j genannten Artikel die Mitgliedstaaten, deren Währung der Euro ist.

(3) Die Mitgliedstaaten, für die eine Ausnahmeregelung gilt, und deren nationale Zentralbanken sind nach Kapitel IX der Satzung des ESZB und der EZB[1)] von den Rechten und Pflichten im Rahmen des ESZB ausgeschlossen.

[1)] Nr. 2.

(4) *[1]* Das Stimmrecht der Mitglieder des Rates, die Mitgliedstaaten mit Ausnahmeregelung vertreten, ruht beim Erlass von Maßnahmen nach den in Absatz 2 genannten Artikeln durch den Rat sowie bei

a) Empfehlungen an die Mitgliedstaaten, deren Währung der Euro ist, im Rahmen der multilateralen Überwachung, einschließlich Empfehlungen zu den Stabilitätsprogrammen und Verwarnungen (Artikel 121 Absatz 4);
b) Maßnahmen bei übermäßigem Defizit von Mitgliedstaaten, deren Währung der Euro ist (Artikel 126 Absätze 6, 7, 8, 12 und 13).

[2] Die qualifizierte Mehrheit der übrigen Mitglieder des Rates bestimmt sich nach Artikel 238 Absatz 3 Buchstabe a.

Art. 140 [Konvergenzbericht] (1) *[1]* [1] Mindestens einmal alle zwei Jahre oder auf Antrag eines Mitgliedstaats, für den eine Ausnahmeregelung gilt, berichten die Kommission und die Europäische Zentralbank dem Rat, inwieweit die Mitgliedstaaten, für die eine Ausnahmeregelung gilt, bei der Verwirklichung der Wirtschafts- und Währungsunion ihren Verpflichtungen bereits nachgekommen sind. [2] In ihren Berichten wird auch die Frage geprüft, inwieweit die innerstaatlichen Rechtsvorschriften jedes einzelnen dieser Mitgliedstaaten einschließlich der Satzung der jeweiligen nationalen Zentralbank mit Artikel 130 und Artikel 131 sowie der Satzung des ESZB und der EZB[1)] vereinbar sind. [3] Ferner wird darin geprüft, ob ein hoher Grad an dauerhafter Konvergenz erreicht ist; Maßstab hierfür ist, ob die einzelnen Mitgliedstaaten folgende Kriterien erfüllen:

– Erreichung eines hohen Grades an Preisstabilität, ersichtlich aus einer Inflationsrate, die der Inflationsrate jener – höchstens drei – Mitgliedstaaten nahe kommt, die auf dem Gebiet der Preisstabilität das beste Ergebnis erzielt haben;
– eine auf Dauer tragbare Finanzlage der öffentlichen Hand, ersichtlich aus einer öffentlichen Haushaltslage ohne übermäßiges Defizit im Sinne des Artikels 126 Absatz 6;
– Einhaltung der normalen Bandbreiten des Wechselkursmechanismus des Europäischen Währungssystems seit mindestens zwei Jahren ohne Abwertung gegenüber dem Euro;
– Dauerhaftigkeit der von dem Mitgliedstaat mit Ausnahmeregelung erreichten Konvergenz und seiner Teilnahme am Wechselkursmechanismus, die im Niveau der langfristigen Zinssätze zum Ausdruck kommt.

[2] [1] Die vier Kriterien in diesem Absatz sowie die jeweils erforderliche Dauer ihrer Einhaltung sind in einem den Verträgen beigefügten Protokoll näher festgelegt. [2] Die Berichte der Kommission und der Europäischen Zentralbank berücksichtigen auch die Ergebnisse bei der Integration der Märkte, den Stand und die Entwicklung der Leistungsbilanzen, die Entwicklung bei den Lohnstückkosten und andere Preisindizes.

(2) *[1]* Der Rat beschließt nach Anhörung des Europäischen Parlaments und nach Aussprache im Europäischen Rat auf Vorschlag der Kommission, welche der Mitgliedstaaten, für die eine Ausnahmeregelung gilt, die auf den Kriterien

---

[1)] Nr. 2.

des Absatzes 1 beruhenden Voraussetzungen erfüllen, und hebt die Ausnahmeregelungen der betreffenden Mitgliedstaaten auf.

[2] Der Rat beschließt auf Empfehlung einer qualifizierten Mehrheit derjenigen seiner Mitglieder, die Mitgliedstaaten vertreten, deren Währung der Euro ist. Diese Mitglieder beschließen innerhalb von sechs Monaten nach Eingang des Vorschlags der Kommission beim Rat.

[3] Die in Unterabsatz 2 genannte qualifizierte Mehrheit dieser Mitglieder bestimmt sich nach Artikel 238 Absatz 3 Buchstabe a.

(3) Wird nach dem Verfahren des Absatzes 2 beschlossen, eine Ausnahmeregelung aufzuheben, so legt der Rat aufgrund eines einstimmigen Beschlusses der Mitgliedstaaten, deren Währung der Euro ist, und des betreffenden Mitgliedstaats auf Vorschlag der Kommission und nach Anhörung der Europäischen Zentralbank den Kurs, zu dem dessen Währung durch den Euro ersetzt wird, unwiderruflich fest und ergreift die sonstigen erforderlichen Maßnahmen zur Einführung des Euro als einheitliche Währung in dem betreffenden Mitgliedstaat.

Art. 141 [Erweiterter Rat der EZB] (1) Sofern und solange es Mitgliedstaaten gibt, für die eine Ausnahmeregelung gilt, wird unbeschadet des Artikels 129 Absatz 1 der in Artikel 44 der Satzung des ESZB und der EZB[1] bezeichnete Erweiterte Rat der Europäischen Zentralbank als drittes Beschlussorgan der Europäischen Zentralbank errichtet.

(2) Sofern und solange es Mitgliedstaaten gibt, für die eine Ausnahmeregelung gilt, ist es die Aufgabe der Europäischen Zentralbank, in Bezug auf diese Mitgliedstaaten

- die Zusammenarbeit zwischen den nationalen Zentralbanken zu verstärken;
- die Koordinierung der Geldpolitiken der Mitgliedstaaten mit dem Ziel zu verstärken, die Preisstabilität aufrechtzuerhalten;
- das Funktionieren des Wechselkursmechanismus zu überwachen;
- Konsultationen zu Fragen durchzuführen, die in die Zuständigkeit der nationalen Zentralbanken fallen und die Stabilität der Finanzinstitute und -märkte berühren;
- die seinerzeitigen Aufgaben des Europäischen Fonds für währungspolitische Zusammenarbeit, die zuvor vom Europäischen Währungsinstitut übernommen worden waren, wahrzunehmen.

Art. 142 [Wechselkurspolitik] [1]Jeder Mitgliedstaat, für den eine Ausnahmeregelung gilt, behandelt seine Wechselkurspolitik als eine Angelegenheit von gemeinsamem Interesse. [2]Er berücksichtigt dabei die Erfahrungen, die bei der Zusammenarbeit im Rahmen des Wechselkursmechanismus gesammelt worden sind.

Art. 143 [Zahlungsbilanzschwierigkeiten] (1) *[1]* [1]Ist ein Mitgliedstaat, für den eine Ausnahmeregelung gilt, hinsichtlich seiner Zahlungsbilanz von Schwierigkeiten betroffen oder ernstlich bedroht, die sich entweder aus einem Ungleichgewicht seiner Gesamtzahlungsbilanz oder aus der Art der ihm zur

[1] Nr. 2.

Verfügung stehenden Devisen ergeben, und sind diese Schwierigkeiten geeignet, insbesondere das Funktionieren des Binnenmarkts oder die Verwirklichung der gemeinsamen Handelspolitik zu gefährden, so prüft die Kommission unverzüglich die Lage dieses Staates sowie die Maßnahmen, die er getroffen hat oder unter Einsatz aller ihm zur Verfügung stehenden Mittel nach den Verträgen treffen kann. 2 Die Kommission gibt die Maßnahmen an, die sie dem betreffenden Mitgliedsstaat empfiehlt.

[2] Erweisen sich die von einem Mitgliedstaat mit Ausnahmeregelung ergriffenen und die von der Kommission angeregten Maßnahmen als unzureichend, die aufgetretenen oder drohenden Schwierigkeiten zu beheben, so empfiehlt die Kommission dem Rat nach Anhörung des Wirtschafts- und Finanzausschusses einen gegenseitigen Beistand und die dafür geeigneten Methoden.

[3] Die Kommission unterrichtet den Rat regelmäßig über die Lage und ihre Entwicklung.

(2) 1 Der Rat gewährt den gegenseitigen Beistand; er erlässt Richtlinien oder Beschlüsse, welche die Bedingungen und Einzelheiten hierfür festlegen. 2 Der gegenseitige Beistand kann insbesondere erfolgen

a) durch ein abgestimmtes Vorgehen bei anderen internationalen Organisationen, an die sich die Mitgliedstaaten, für die eine Ausnahmeregelung gilt, wenden können;

b) durch Maßnahmen, die notwendig sind, um Verlagerungen von Handelsströmen zu vermeiden, falls der in Schwierigkeiten befindliche Mitgliedstaat mit Ausnahmeregelung mengenmäßige Beschränkungen gegenüber dritten Ländern beibehält oder wieder einführt;

c) durch Bereitstellung von Krediten in begrenzter Höhe seitens anderer Mitgliedstaaten; hierzu ist ihr Einverständnis erforderlich.

(3) *[1]* Stimmt der Rat dem von der Kommission empfohlenen gegenseitigen Beistand nicht zu oder sind der gewährte Beistand und die getroffenen Maßnahmen unzureichend, so ermächtigt die Kommission den in Schwierigkeiten befindlichen Mitgliedstaat mit Ausnahmeregelung, Schutzmaßnahmen zu treffen, deren Bedingungen und Einzelheiten sie festlegt.

[2] Der Rat kann diese Ermächtigung aufheben und die Bedingungen und Einzelheiten ändern.

Art. 144 [Plötzliche Zahlungsbilanzkrise; Schutzmaßnahmen]

(1) 1 Gerät ein Mitgliedstaat, für den eine Ausnahmeregelung gilt, in eine plötzliche Zahlungsbilanzkrise und wird ein Beschluss im Sinne des Artikels 143 Absatz 2 nicht unverzüglich getroffen, so kann der betreffende Staat vorsorglich die erforderlichen Schutzmaßnahmen ergreifen. 2 Sie dürfen nur ein Mindestmaß an Störungen im Funktionieren des Binnenmarkts hervorrufen und nicht über das zur Behebung der plötzlich aufgetretenen Schwierigkeiten unbedingt erforderliche Ausmaß hinausgehen.

(2) 1 Die Kommission und die anderen Mitgliedstaaten werden über die Schutzmaßnahmen spätestens bei deren Inkrafttreten unterrichtet. 2 Die Kommission kann dem Rat den gegenseitigen Beistand nach Artikel 143 empfehlen.

(3) Auf Empfehlung der Kommission und nach Anhörung des Wirtschafts- und Finanzausschusses kann der Rat beschließen, dass der betreffende Mitgliedstaat diese Schutzmaßnahmen zu ändern, auszusetzen oder aufzuheben hat.

Sechster Teil. Institutionelle Bestimmungen und Finanzvorschriften

Titel I. Vorschriften über die Organe

Kapitel 1.[1] Die Organe

Abschnitt 6. Die Europäische Zentralbank

Art. 282 [Aufgaben und Maßnahmen; Rechtspersönlichkeit; Unabhängigkeit; Anhörungsrecht] (1) [1] Die Europäische Zentralbank und die nationalen Zentralbanken bilden das Europäische System der Zentralbanken (ESZB). [2] Die Europäische Zentralbank und die nationalen Zentralbanken der Mitgliedstaaten, deren Währung der Euro ist, bilden das Eurosystem und betreiben die Währungspolitik der Union.

(2) [1] Das ESZB wird von den Beschlussorganen der Europäischen Zentralbank geleitet. [2] Sein vorrangiges Ziel ist es, die Preisstabilität zu gewährleisten. [3] Unbeschadet dieses Zieles unterstützt es die allgemeine Wirtschaftspolitik in der Union, um zur Verwirklichung ihrer Ziele beizutragen.

(3) [1] Die Europäische Zentralbank besitzt Rechtspersönlichkeit. [2] Sie allein ist befugt, die Ausgabe des Euro zu genehmigen. [3] Sie ist in der Ausübung ihrer Befugnisse und der Verwaltung ihrer Mittel unabhängig. [4] Die Organe, Einrichtungen oder sonstigen Stellen der Union sowie die Regierungen der Mitgliedstaaten achten diese Unabhängigkeit.

(4) [1] Die Europäische Zentralbank erlässt die für die Erfüllung ihrer Aufgaben erforderlichen Maßnahmen nach den Artikeln 127 bis 133 und Artikel 138 und nach Maßgabe der Satzung des ESZB und der EZB[2]. [2] Nach diesen Artikeln behalten die Mitgliedstaaten, deren Währung nicht der Euro ist, sowie deren Zentralbanken ihre Zuständigkeiten im Währungsbereich.

(5) Die Europäische Zentralbank wird in den Bereichen, auf die sich ihre Befugnisse erstrecken, zu allen Entwürfen für Rechtsakte der Union sowie zu allen Entwürfen für Rechtsvorschriften auf einzelstaatlicher Ebene gehört und kann Stellungnahmen abgeben.

Art. 283 [Organstruktur] (1) Der Rat der Europäischen Zentralbank besteht aus den Mitgliedern des Direktoriums der Europäischen Zentralbank und den Präsidenten der nationalen Zentralbanken der Mitgliedstaaten, deren Währung der Euro ist.

(2) *[1]* Das Direktorium besteht aus dem Präsidenten, dem Vizepräsidenten und vier weiteren Mitgliedern.

[2] Der Präsident, der Vizepräsident und die weiteren Mitglieder des Direktoriums werden vom Europäischen Rat auf Empfehlung des Rates, der hierzu das Europäische Parlament und den Rat der Europäischen Zentralbank anhört,

---

[1] Vgl. zu diesem Kapitel auch die „Erklärung zur Erweiterung der Europäischen Union" (Erklärung Nr. 20) zur Schlussakte v. 16.2.2001 (ABl. C 80 S. 70) der Konferenz von Nizza.
[2] Nr. **2**.

aus dem Kreis der in Währungs- oder Bankfragen anerkannten und erfahrenen Persönlichkeiten mit qualifizierter Mehrheit ausgewählt und ernannt.

[3] Ihre Amtszeit beträgt acht Jahre; Wiederernennung ist nicht zulässig.

[4] Nur Staatsangehörige der Mitgliedstaaten können Mitglieder des Direktoriums werden.

Art. 284 [Teilnahmerechte; Jahresbericht] (1) [1]Der Präsident des Rates und ein Mitglied der Kommission können ohne Stimmrecht an den Sitzungen des Rates der Europäischen Zentralbank teilnehmen. [2]Der Präsident des Rates kann dem Rat der Europäischen Zentralbank einen Antrag zur Beratung vorlegen.

(2) Der Präsident der Europäischen Zentralbank wird zur Teilnahme an den Tagungen des Rates eingeladen, wenn dieser Fragen im Zusammenhang mit den Zielen und Aufgaben des ESZB erörtert.

(3) *[1]* [1]Die Europäische Zentralbank unterbreitet dem Europäischen Parlament, dem Rat und der Kommission sowie auch dem Europäischen Rat einen Jahresbericht über die Tätigkeit des ESZB und die Geld- und Währungspolitik im vergangenen und im laufenden Jahr. [2]Der Präsident der Europäischen Zentralbank legt den Bericht dem Rat und dem Europäischen Parlament vor, das auf dieser Grundlage eine allgemeine Aussprache durchführen kann.

[2] Der Präsident der Europäischen Zentralbank und die anderen Mitglieder des Direktoriums können auf Ersuchen des Europäischen Parlaments oder auf ihre Initiative hin von den zuständigen Ausschüssen des Europäischen Parlaments gehört werden.

2. Protokoll über die Satzung des Europäischen Systems der Zentralbanken und der Europäischen Zentralbank[1)]

Vom 7. Februar 1992

(ABl. C 191 S. 68)

Celex-Nr. 1 1992 M/PRO/SEBC/00

zuletzt geänd. durch Art. 1 Abs. 4 Buchst. b, Abs. 5 Buchst. a, Abs. 6 Buchst. a, Abs. 8 Buchst. b, Abs. 11 Protokoll Nr. 1 zum Vertrag von Lissabon v. 13.12.2007 (ABl. C 306 S. 165, ber. 2008 C 111 S. 56 und 2009 C 290 S. 1)

Nichtamtliche Inhaltsübersicht

---

1) Die Verweise/Bezugnahmen auf Vorschriften des EUV und/oder AEUV sind bereits gemäß Art. 5 des Vertrags von Lissabon iVm der Übereinstimmungstabelle an die neue Nummerierung angepasst worden; die Artikelfolge des Protokoll ist gemäß Art. 2 Abs. 1 des Protokolls Nr. 1 zum Vertrag von Lissabon iVm der Übereinstimmungstabelle im Anhang zum Protokoll Nr. 1 an die neue Nummerierung angepasst worden.

DIE HOHEN VERTRAGSPARTEIEN –

IN DEM WUNSCH, die in Artikel 129 Absatz 2 des Vertrages über die Arbeitsweise der Europäischen Union[1)] vorgesehene Satzung des Europäischen Systems der Zentralbanken und der Europäischen Zentralbank festzulegen,

SIND über folgende Bestimmungen ÜBEREINGEKOMMEN, die dem Vertrag über die Europäische Union und dem Vertrag über die Arbeitsweise der Europäischen Union[2)] beigefügt sind:

Kapitel I. Das Europäische System der Zentralbanken

Art. 1 Das Europäische System der Zentralbanken. *[1]* [1]Die Europäische Zentralbank (EZB) und die nationalen Zentralbanken bilden nach Artikel 282 Absatz 1 des Vertrags über die Arbeitsweise der Europäischen Union[1)] das Europäische System der Zentralbanken (ESZB). [2]Die EZB und die nationalen Zentralbanken der Mitgliedstaaten, deren Währung der Euro ist, bilden das Eurosystem.

[2] Das ESZB und die EZB nehmen ihre Aufgaben und ihre Tätigkeit nach Maßgabe der Verträge und dieser Satzung wahr.

[1)] Nr. 1.
[2)] Auszugsweise abgedruckt unter Nr. 1.

Kapitel II. Ziele und Aufgaben des ESZB

Art. 2 Ziele. [1] Nach Artikel 127 Absatz 1 und Artikel 282 Absatz 2 des Vertrags über die Arbeitsweise der Europäischen Union[1)] ist es das vorrangige Ziel des ESZB, die Preisstabilität zu gewährleisten. [2] Soweit dies ohne Beeinträchtigung des Zieles der Preisstabilität möglich ist, unterstützt das ESZB die allgemeine Wirtschaftspolitik in der Union, um zur Verwirklichung der in Artikel 3 des Vertrags über die Europäische Union festgelegten Ziele der Union beizutragen. [3] Das ESZB handelt im Einklang mit dem Grundsatz einer offenen Marktwirtschaft mit freiem Wettbewerb, wodurch ein effizienter Einsatz der Ressourcen gefördert wird, und hält sich dabei an die in Artikel 119 des Vertrags über die Arbeitsweise der Europäischen Union genannten Grundsätze.

Art. 3 Aufgaben. 3.1. Nach Artikel 127 Absatz 2 des Vertrags über die Arbeitsweise der Europäischen Union[1)] bestehen die grundlegenden Aufgaben des ESZB darin,
- die Geldpolitik der Union festzulegen und auszuführen,
- Devisengeschäfte im Einklang mit Artikel 219 des genannten Vertrags durchzuführen,
- die offiziellen Währungsreserven der Mitgliedstaaten zu halten und zu verwalten,
- das reibungslose Funktionieren der Zahlungssysteme zu fördern.

3.2. Nach Artikel 127 Absatz 3 des genannten Vertrags berührt Artikel 3.1 dritter Gedankenstrich nicht die Haltung und Verwaltung von Arbeitsguthaben in Fremdwährungen durch die Regierungen der Mitgliedstaaten.

3.3. Das ESZB trägt nach Artikel 127 Absatz 5 des genannten Vertrags zur reibungslosen Durchführung der von den zuständigen Behörden auf dem Gebiet der Aufsicht über die Kreditinstitute und der Stabilität des Finanzsystems ergriffenen Maßnahmen bei.

Art. 4 Beratende Funktionen. Nach Artikel 127 Absatz 4 des Vertrags über die Arbeitsweise der Europäischen Union[1)]

a) wird die EZB gehört
   - zu allen Vorschlägen für Rechtsakte der Union im Zuständigkeitsbereich der EZB;
   - von den nationalen Behörden zu allen Entwürfen für Rechtsvorschriften im Zuständigkeitsbereich der EZB, und zwar innerhalb der Grenzen und unter den Bedingungen, die der Rat nach dem Verfahren des Artikels 41 festlegt;

b) kann die EZB gegenüber den Organen, Einrichtungen oder sonstigen Stellen der Union und gegenüber den nationalen Behörden Stellungnahmen zu in ihren Zuständigkeitsbereich fallenden Fragen abgeben.

---

1) Nr. **1**.

Art. 5[1] Erhebung von statistischen Daten. 5.1. [1] Zur Wahrnehmung der Aufgaben des ESZB holt die EZB mit Unterstützung der nationalen Zentralbanken die erforderlichen statistischen Daten entweder von den zuständigen nationalen Behörden oder unmittelbar von den Wirtschaftssubjekten ein. [2] Zu diesem Zweck arbeitet sie mit den Organen, Einrichtungen oder sonstigen Stellen der Union und den zuständigen Behörden der Mitgliedstaaten oder dritter Länder sowie mit internationalen Organisationen zusammen.

5.2. Die in Artikel 5.1 bezeichneten Aufgaben werden soweit wie möglich von den nationalen Zentralbanken ausgeführt.

5.3. Soweit erforderlich, fördert die EZB die Harmonisierung der Bestimmungen und Gepflogenheiten auf dem Gebiet der Erhebung, Zusammenstellung und Weitergabe von statistischen Daten in den in ihre Zuständigkeit fallenden Bereichen.

5.4. Der Kreis der berichtspflichtigen natürlichen und juristischen Personen, die Bestimmungen über die Vertraulichkeit sowie die geeigneten Vorkehrungen zu ihrer Durchsetzung werden vom Rat nach dem Verfahren des Artikel 41 festgelegt.

Art. 6 Internationale Zusammenarbeit. 6.1. Im Bereich der internationalen Zusammenarbeit, die die dem ESZB übertragenen Aufgaben betrifft, beschließt die EZB, wie das ESZB vertreten wird.

6.2. Die EZB und, soweit diese zustimmt, die nationalen Zentralbanken sind befugt, sich an internationalen Währungseinrichtungen zu beteiligen.

6.3. Die Artikel 6.1 und 6.2 finden unbeschadet des Artikels 138 des Vertrags über die Arbeitsweise der Europäischen Union[2] Anwendung.

Kapitel III. Organisation des ESZB

Art. 7 Unabhängigkeit. [1] Nach Artikel 130 des Vertrags über die Arbeitsweise der Europäischen Union[2] darf bei der Wahrnehmung der ihnen durch die Verträge und diese Satzung übertragenen Befugnisse, Aufgaben und Pflichten weder die EZB noch eine nationale Zentralbank noch ein Mitglied ihrer Beschlußorgane Weisungen von Organen, Einrichtungen oder sonstigen Stellen der Union, Regierungen der Mitgliedstaaten oder anderen Stellen einholen oder entgegennehmen. [2] Die Organe, Einrichtungen oder sonstigen Stellen der Union sowie die Regierungen der Mitgliedstaaten verpflichten sich, diesen Grundsatz zu beachten und nicht zu versuchen, die Mitglieder der Beschlußorgane der EZB oder der nationalen Zentralbanken bei der Wahrnehmung ihrer Aufgaben zu beeinflussen.

Art. 8 Allgemeiner Grundsatz. Das ESZB wird von den Beschlußorganen der EZB geleitet.

---

[1] Siehe hierzu die DBBank-Mitteilung Nr. 8001/2015 v. 13.5.2015 (BAnz AT 29.05.2015 B1).
[2] Nr. **1**.

Art. 9 Die Europäische Zentralbank. 9.1. Die EZB, die nach Artikel 282 Absatz 3 *dieses Vertrags*[1] mit Rechtspersönlichkeit ausgestattet ist, besitzt in jedem Mitgliedstaat die weitestgehende Rechts- und Geschäftsfähigkeit, die juristischen Personen nach dessen Rechtsvorschriften zuerkannt ist; sie kann insbesondere bewegliches und unbewegliches Vermögen erwerben und veräußern sowie vor Gericht stehen.

9.2. Die EZB stellt sicher, daß die dem ESZB nach Artikel 127 Absätze 2, 3 und 5 des genannten Vertrags[2] übertragenen Aufgaben entweder durch ihre eigene Tätigkeit nach Maßgabe dieser Satzung oder durch die nationalen Zentralbanken nach den Artikeln 12.1 und 14 erfüllt werden.

9.3. Die Beschlußorgane der EZB sind nach Artikel 129 Absatz 3 des genannten Vertrags der EZB-Rat und das Direktorium.

Art. 10 Der EZB-Rat. 10.1. Nach Artikel 283 Absatz 1 des Vertrags über die Arbeitsweise der Europäischen Union[2] besteht der EZB-Rat aus den Mitgliedern des Direktoriums der EZB und den Präsidenten der nationalen Zentralbanken der Mitgliedstaaten, deren Währung der Euro ist.

10.2. *[1]* [1]Jedes Mitglied des EZB-Rates hat eine Stimme. [2]Ab dem Zeitpunkt, zu dem die Anzahl der Mitglieder des EZB-Rates 21 übersteigt, hat jedes Mitglied des Direktoriums eine Stimme und beträgt die Anzahl der stimmberechtigten Präsidenten der nationalen Zentralbanken 15. [3]Die Verteilung und Rotation dieser Stimmrechte erfolgt wie im Folgenden dargelegt:

- Ab dem Zeitpunkt, zu dem die Anzahl der Präsidenten der nationalen Zentralbanken 15 übersteigt, und bis zu dem Zeitpunkt, zu dem diese 22 beträgt, werden die Präsidenten der nationalen Zentralbanken aufgrund der Position des Mitgliedstaats ihrer jeweiligen nationalen Zentralbank, die sich aus der Größe des Anteils des Mitgliedstaats ihrer jeweiligen nationalen Zentralbank am aggregierten Bruttoinlandsprodukt zu Marktpreisen und an der gesamten aggregierten Bilanz der monetären Finanzinstitute der Mitgliedstaaten, deren Währung der Euro ist, ergibt, in zwei Gruppen eingeteilt. Die Gewichtung der Anteile am aggregierten Bruttoinlandsprodukt zu Marktpreisen und an der gesamten aggregierten Bilanz der monetären Finanzinstitute beträgt ⅚ bzw. ⅙. Die erste Gruppe besteht aus fünf Präsidenten der nationalen Zentralbanken und die zweite Gruppe aus den übrigen Präsidenten der nationalen Zentralbanken. Die Präsidenten der nationalen Zentralbanken, die in die erste Gruppe eingeteilt werden, sind nicht weniger häufig stimmberechtigt als die Präsidenten der nationalen Zentralbanken der zweiten Gruppe. Vorbehaltlich des vorstehenden Satzes werden der ersten Gruppe vier Stimmrechte und der zweiten Gruppe elf Stimmrechte zugeteilt.
- Ab dem Zeitpunkt, zu dem die Anzahl der Präsidenten der nationalen Zentralbanken 22 beträgt, werden die Präsidenten der nationalen Zentralbanken nach Maßgabe der sich aufgrund der oben genannten Kriterien ergebenden Position in drei Gruppen eingeteilt. Die erste Gruppe, der vier Stimmrechte zugeteilt werden, besteht aus fünf Präsidenten der nationalen Zentralbanken. Die zweite Gruppe, der acht Stimmrechte zugeteilt werden, besteht aus der

[1] Berichtigung vmtl. fehlerhaft: es ist der Vertrag über die Arbeitsweise der Europäischen Union gemeint.
[2] Nr. **1**.

Hälfte aller Präsidenten der nationalen Zentralbanken, wobei jeder Bruchteil auf die nächste ganze Zahl aufgerundet wird. Die dritte Gruppe, der drei Stimmrechte zugeteilt werden, besteht aus den übrigen Präsidenten der nationalen Zentralbanken.

– Innerhalb jeder Gruppe sind die Präsidenten der nationalen Zentralbanken für gleich lange Zeiträume stimmberechtigt.

– Artikel 29.2 gilt für die Berechnung der Anteile am aggregierten Bruttoinlandsprodukt zu Marktpreisen. Die gesamte aggregierte Bilanz der monetären Finanzinstitute wird gemäß dem zum Zeitpunkt der Berechnung in der Europäischen Union geltenden statistischen Berichtsrahmen berechnet.

– Bei jeder Anpassung des aggregierten Bruttoinlandsprodukts zu Marktpreisen gemäß Artikel 29.3 oder bei jeder Erhöhung der Anzahl der Präsidenten der nationalen Zentralbanken wird die Größe und/oder die Zusammensetzung der Gruppen nach den oben genannten Grundsätzen angepasst.

– Der EZB-Rat trifft mit einer Mehrheit von zwei Dritteln seiner stimmberechtigten und nicht stimmberechtigten Mitglieder alle zur Durchführung der oben genannten Grundsätze erforderlichen Maßnahmen und kann beschließen, den Beginn des Rotationssystems bis zu dem Zeitpunkt zu verschieben, zu dem die Anzahl der Präsidenten der nationalen Zentralbanken 18 übersteigt.

[2] [1] Das Stimmrecht wird persönlich ausgeübt. [2] Abweichend von dieser Bestimmung kann in der in Artikel 12.3 genannten Geschäftsordnung vorgesehen werden, dass Mitglieder des EZB-Rates im Wege einer Telekonferenz an der Abstimmung teilnehmen können. [3] In der Geschäftsordnung wird ferner vorgesehen, dass ein für längere Zeit an der Teilnahme an Sitzungen des EZB-Rates verhindertes Mitglied einen Stellvertreter als Mitglied des EZB-Rates benennen kann.

[3] Die Stimmrechte aller stimmberechtigten und nicht stimmberechtigten Mitglieder des EZB-Rates gemäß den Artikeln 10.3, 40.2 und 40.3 bleiben von den Bestimmungen der vorstehenden Absätze unberührt.

[4] [1] Soweit in dieser Satzung nichts anderes bestimmt ist, beschließt der EZB-Rat mit einfacher Mehrheit seiner stimmberechtigten Mitglieder. [2] Bei Stimmengleichheit gibt die Stimme des Präsidenten den Ausschlag.

[5] [1] Der EZB-Rat ist beschlussfähig, wenn mindestens zwei Drittel seiner stimmberechtigten Mitglieder an der Abstimmung teilnehmen. [2] Ist der EZB-Rat nicht beschlussfähig, so kann der Präsident eine außerordentliche Sitzung einberufen, bei der für die Beschlussfähigkeit die Mindestteilnahmequote nicht erforderlich ist.

10.3. [1] Für alle Beschlüsse im Rahmen der Artikel 28, 29, 30, 32 und 33 werden die Stimmen im EZB-Rat nach den Anteilen der nationalen Zentralbank am gezeichneten Kapital der EZB gewogen. [2] Die Stimmen der Mitglieder des Direktoriums werden mit Null gewogen. [3] Ein Beschluß, der die qualifizierte Mehrheit der Stimmen erfordert, gilt als angenommen, wenn die abgegebenen Ja-Stimmen mindestens zwei Drittel des gezeichneten Kapitals der EZB und mindestens die Hälfte der Anteilseigner vertreten. [4] Bei Verhinderung eines Präsidenten einer nationalen Zentralbank kann dieser einen Stellvertreter zur Abgabe seiner gewogenen Stimme benennen.

10.4. [1]Die Aussprachen in den Ratssitzungen sind vertraulich. [2]Der EZB-Rat kann beschließen, das Ergebnis seiner Beratungen zu veröffentlichen.

10.5. Der EZB-Rat tritt mindestens zehnmal im Jahr zusammen.

Art. 11 Das Direktorium. 11.1. [1]Nach Artikel 283 Absatz 2 Buchstabe a des Vertrags über die Arbeitsweise der Europäischen Union[1)] besteht das Direktorium aus dem Präsidenten, dem Vizepräsidenten und vier weiteren Mitgliedern. [2]Die Mitglieder erfüllen ihre Pflichten hauptamtlich. [3]Ein Mitglied darf weder entgeltlich noch unentgeltlich einer anderen Beschäftigung nachgehen, es sei denn, der EZB-Rat erteilt hierzu ausnahmsweise seine Zustimmung.

11.2. *[1]* Nach Artikel 283 Absatz 2 Buchstabe b des genannten Vertrags werden der Präsident, der Vizepräsident und die weiteren Mitglieder des Direktoriums vom Europäischen Rat auf Empfehlung des Rates, der hierzu das Europäische Parlament und den EZB-Rat anhört, aus dem Kreis der in Währungs- oder Bankfragen anerkannten und erfahrenen Persönlichkeiten mit qualifizierter Mehrheit ernannt.

[2] Ihre Amtszeit beträgt acht Jahre; Wiederernennung ist nicht zulässig.

[3] Nur Staatsangehörige der Mitgliedstaaten können Mitglieder des Direktoriums sein.

11.3. [1]Die Beschäftigungsbedingungen für die Mitglieder des Direktoriums, insbesondere ihre Gehälter und Ruhegehälter sowie andere Leistungen der sozialen Sicherheit, sind Gegenstand von Verträgen mit der EZB und werden vom EZB-Rat auf Vorschlag eines Ausschusses festgelegt, der aus drei vom EZB-Rat und drei vom Rat ernannten Mitgliedern besteht. [2]Die Mitglieder des Direktoriums haben in den in diesem Absatz bezeichneten Angelegenheiten kein Stimmrecht.

11.4. Ein Mitglied des Direktoriums, das die Voraussetzungen für die Ausübung seines Amtes nicht mehr erfüllt oder eine schwere Verfehlung begangen hat, kann auf Antrag des EZB-Rates oder des Direktoriums durch den Gerichtshof seines Amtes enthoben werden.

11.5. [1]Jedes persönlich anwesende Mitglied des Direktoriums ist berechtigt, an Abstimmungen teilzunehmen, und hat zu diesem Zweck eine Stimme. [2]Soweit nichts anderes bestimmt ist, beschließt das Direktorium mit der einfachen Mehrheit der abgegebenen Stimmen. [3]Bei Stimmengleichheit gibt die Stimme des Präsidenten den Ausschlag. [4]Die Abstimmungsmodalitäten werden in der in Artikel 12.3 bezeichneten Geschäftsordnung geregelt.

11.6. Das Direktorium führt die laufenden Geschäfte der EZB.

11.7. Freiwerdende Sitze im Direktorium sind durch Ernennung eines neuen Mitglieds nach Artikel 11.2 zu besetzen.

Art. 12 Aufgaben der Beschlußorgane. 12.1. *[1]* [1]Der EZB-Rat erläßt die Leitlinien und Beschlüsse, die notwendig sind, um die Erfüllung der dem ESZB nach den Verträgen und dieser Satzung übertragenen Aufgaben zu gewährleisten. [2]Der EZB-Rat legt die Geldpolitik der Union fest, gegebenenfalls einschließlich von Beschlüssen in Bezug auf geldpolitische Zwischenziele,

---

1) Nr. 1.

Leitzinssätze und die Bereitstellung von Zentralbankgeld im ESZB, und erläßt die für ihre Ausführung notwendigen Leitlinien.

[2] [1]Das Direktorium führt die Geldpolitik gemäß den Leitlinien und Beschlüssen des EZB-Rates aus. [2]Es erteilt hierzu den nationalen Zentralbanken die erforderlichen Weisungen. [3]Ferner können dem Direktorium durch Beschluß des EZB-Rates bestimmte Befugnisse übertragen werden.

[3] Unbeschadet dieses Artikels nimmt die EZB die nationalen Zentralbanken zur Durchführung von Geschäften, die zu den Aufgaben des ESZB gehören, in Anspruch, soweit dies möglich und sachgerecht erscheint.

12.2. Die Vorbereitung der Sitzungen des EZB-Rates obliegt dem Direktorium.

12.3. Der EZB-Rat beschließt eine Geschäftsordnung, die die interne Organisation der EZB und ihrer Beschlußorgane regelt.

12.4. Der EZB-Rat nimmt die in Artikel 4 genannten beratenden Funktionen wahr.

12.5. Der EZB-Rat trifft die Beschlüsse nach Artikel 6.

Art. 13 Der Präsident. 13.1. Den Vorsitz im EZB-Rat und im Direktorium der EZB führt der Präsident oder, bei seiner Verhinderung, der Vizepräsident.

13.2. Unbeschadet des Artikels 38 vertritt der Präsident oder eine von ihm benannte Person die EZB nach außen.

Art. 14 Nationale Zentralbanken. 14.1. Nach Artikel 131 des Vertrags über die Arbeitsweise der Europäischen Union[1)] stellt jeder Mitgliedstaat sicher, daß seine innerstaatlichen Rechtsvorschriften einschließlich der Satzung seiner Zentralbank mit den Verträgen und dieser Satzung im Einklang stehen.

14.2. *[1]* In den Satzungen der nationalen Zentralbanken ist insbesondere vorzusehen, daß die Amtszeit des Präsidenten der jeweiligen nationalen Zentralbank mindestens fünf Jahre beträgt.

[2] [1]Der Präsident einer nationalen Zentralbank kann aus seinem Amt nur entlassen werden, wenn er die Voraussetzungen für die Ausübung seines Amtes nicht mehr erfüllt oder eine schwere Verfehlung begangen hat. [2]Gegen einen entsprechenden Beschluss kann der betreffende Präsident einer nationalen Zentralbank oder der EZB-Rat wegen Verletzung der Verträge oder einer bei ihrer Durchführung anzuwendenden Rechtsnorm den Gerichtshof anrufen. [3]Solche Klagen sind binnen zwei Monaten zu erheben; diese Frist läuft je nach Lage des Falles von der Bekanntgabe des betreffenden Beschlusses, ihrer Mitteilung an den Kläger oder in Ermangelung dessen von dem Zeitpunkt an, zu dem der Kläger von diesem Beschluss Kenntnis erlangt hat.

14.3. [1]Die nationalen Zentralbanken sind integraler Bestandteil des ESZB und handeln gemäß den Leitlinien und Weisungen der EZB. [2]Der EZB-Rat trifft die notwendigen Maßnahmen, um die Einhaltung der Leitlinien und Weisungen der EZB sicherzustellen, und kann verlangen, daß ihm hierzu alle erforderlichen Informationen zur Verfügung gestellt werden.

14.4. [1]Die nationalen Zentralbanken können andere als die in dieser Satzung bezeichneten Aufgaben wahrnehmen, es sei denn, der EZB-Rat stellt mit

---

[1)] Nr. **1**.

Zweidrittelmehrheit der abgegebenen Stimmen fest, daß diese Aufgaben nicht mit den Zielen und Aufgaben des ESZB vereinbar sind. [2] Derartige Aufgaben werden von den nationalen Zentralbanken in eigener Verantwortung und auf eigene Rechnung wahrgenommen und gelten nicht als Aufgaben des ESZB.

Art. 15 Berichtspflichten. 15.1. Die EZB erstellt und veröffentlicht mindestens vierteljährlich Berichte über die Tätigkeit des ESZB.

15.2. Ein konsolidierter Ausweis des ESZB wird wöchentlich veröffentlicht.

15.3. Nach Artikel 284 Absatz 3 des Vertrags über die Arbeitsweise der Europäischen Union[1)] unterbreitet die EZB dem Europäischen Parlament, dem Rat und der Kommission sowie auch dem Europäischen Rat einen Jahresbericht über die Tätigkeit des ESZB und die Geld- und Währungspolitik im vergangenen und im laufenden Jahr.

15.4. Die in diesem Artikel bezeichneten Berichte und Ausweise werden Interessenten kostenlos zur Verfügung gestellt.

Art. 16 Banknoten. *[1]* [1] Nach Artikel 128 Absatz 1 des Vertrags über die Arbeitsweise der Europäischen Union[2)] hat der EZB-Rat das ausschließliche Recht, die Ausgabe von Euro-Banknoten innerhalb der Union zu genehmigen. [2] Die EZB und die nationalen Zentralbanken sind zur Ausgabe dieser Banknoten berechtigt. [3] Die von der EZB und den nationalen Zentralbanken ausgegebenen Banknoten sind die einzigen Banknoten, die in der Union als gesetzliches Zahlungsmittel gelten.

[2] Die EZB berücksichtigt so weit wie möglich die Gepflogenheiten bei der Ausgabe und der Gestaltung von Banknoten.

Kapitel IV. Währungspolitische Aufgaben und Operationen des ESZB

Art. 17 Konten bei der EZB und den nationalen Zentralbanken. Zur Durchführung ihrer Geschäfte können die EZB und die nationalen Zentralbanken für Kreditinstitute, öffentliche Stellen und andere Marktteilnehmer Konten eröffnen und Vermögenswerte, einschließlich Schuldbuchforderungen, als Sicherheit hereinnehmen.

Art. 18 Offenmarkt- und Kreditgeschäfte. 18.1. Zur Erreichung der Ziele des ESZB und zur Erfüllung seiner Aufgaben können die EZB und die nationalen Zentralbanken

- auf den Finanzmärkten tätig werden, indem sie auf Euro oder sonstige Währungen lautende Forderungen und börsengängige Wertpapiere sowie Edelmetalle endgültig (per Kasse oder Termin) oder im Rahmen von Rückkaufsvereinbarungen kaufen und verkaufen oder entsprechende Darlehensgeschäfte tätigen;
- Kreditgeschäfte mit Kreditinstituten und anderen Marktteilnehmern abschließen, wobei für die Darlehen ausreichende Sicherheiten zu stellen sind.

---

1) Auszugsweise abgedruckt unter Nr. **1**.
2) Nr. **1**.

18.2. Die EZB stellt allgemeine Grundsätze für ihre eigenen Offenmarkt- und Kreditgeschäfte und die der nationalen Zentralbanken auf; hierzu gehören auch die Grundsätze für die Bekanntmachung der Bedingungen, zu denen sie bereit sind, derartige Geschäfte abzuschließen.

Art. 19 Mindestreserven. 19.1. [1] Vorbehaltlich des Artikels 2 kann die EZB zur Verwirklichung der geldpolitischen Ziele verlangen, daß die in den Mitgliedstaaten niedergelassenen Kreditinstitute Mindestreserven auf Konten bei der EZB und den nationalen Zentralbanken unterhalten. [2] Verordnungen über die Berechnung und Bestimmung des Mindestreservesolls können vom EZB-Rat erlassen werden. [3] Bei Nichteinhaltung kann die EZB Strafzinsen erheben und sonstige Sanktionen mit vergleichbarer Wirkung verhängen.

19.2. Zum Zwecke der Anwendung dieses Artikels legt der Rat nach dem Verfahren des Artikels 41 die Basis für die Mindestreserven und die höchstzulässigen Relationen zwischen diesen Mindestreserven und ihrer Basis sowie die angemessenen Sanktionen fest, die bei Nichteinhaltung anzuwenden sind.

Art. 20 Sonstige geldpolitische Instrumente. *[1]* Der EZB-Rat kann mit der Mehrheit von zwei Dritteln der abgegebenen Stimmen über die Anwendung anderer Instrumente der Geldpolitik entscheiden, die er bei Beachtung des Artikels 2 für zweckmäßig hält.

[2] Der Rat legt nach dem Verfahren des Artikels 41 den Anwendungsbereich solcher Instrumente fest, wenn sie Verpflichtungen für Dritte mit sich bringen.

Art. 21 Geschäfte mit öffentlichen Stellen. 21.1. Nach Artikel 123 des Vertrags über die Arbeitsweise der Europäischen Union[1)] sind Überziehungs- oder andere Kreditfazilitäten bei der EZB oder den nationalen Zentralbanken für Organe, Einrichtungen oder sonstige Stellen der Union, Zentralregierungen, regionale oder lokale Gebietskörperschaften oder andere öffentlich-rechtliche Körperschaften, sonstige Einrichtungen des öffentlichen Rechts oder öffentliche Unternehmen der Mitgliedstaaten ebenso verboten wie der unmittelbare Erwerb von Schuldtiteln von diesen durch die EZB oder die nationalen Zentralbanken.

21.2. Die EZB und die nationalen Zentralbanken können als Fiskalagent für die in Artikel 21.1 bezeichneten Stellen tätig werden.

21.3. Die Bestimmungen dieses Artikels gelten nicht für Kreditinstitute in öffentlichem Eigentum; diese werden von der jeweiligen nationalen Zentralbank und der EZB, was die Bereitstellung von Zentralbankgeld betrifft, wie private Kreditinstitute behandelt.

Art. 22 Verrechnungs- und Zahlungssysteme. Die EZB und die nationalen Zentralbanken können Einrichtungen zur Verfügung stellen und die EZB kann Verordnungen erlassen, um effiziente und zuverlässige Verrechnungs- und Zahlungssysteme innerhalb der Union und im Verkehr mit dritten Ländern zu gewährleisten.

[1)] Auszugsweise abgedruckt unter Nr. **1**.

Art. 23 Geschäfte mit dritten Ländern und internationalen Organisationen. Die EZB und die nationalen Zentralbanken sind befugt,

- mit Zentralbanken und Finanzinstituten in dritten Ländern und, soweit zweckdienlich, mit internationalen Organisationen Beziehungen aufzunehmen;
- alle Arten von Devisen und Edelmetalle per Kasse und per Termin zu kaufen und zu verkaufen; der Begriff „Devisen" schließt Wertpapiere und alle sonstigen Vermögenswerte, die auf beliebige Währungen oder Rechnungseinheiten lauten, unabhängig von deren Ausgestaltung ein;
- die in diesem Artikel bezeichneten Vermögendwerte zu halten und zu verwalten;
- alle Arten von Bankgeschäften, einschließlich der Aufnahme und Gewährung von Krediten, im Verkehr mit dritten Ländern sowie internationalen Organisationen zu tätigen.

Art. 24 Sonstige Geschäfte. Die EZB und die nationalen Zentralbanken sind befugt, außer den mit ihren Aufgaben verbundenen Geschäften auch Geschäfte für ihren eigenen Betrieb und für ihre Bediensteten zu tätigen.

Kapitel V. Aufsicht

Art. 25 Aufsicht. 25.1. Die EZB kann den Rat, die Kommission und die zuständigen Behörden der Mitgliedstaaten in Fragen des Geltungsbereichs und der Anwendung der Rechtsvorschriften der Union hinsichtlich der Aufsicht über die Kreditinstitute sowie die Stabilität des Finanzsystems beraten und von diesen konsultiert werden.

25.2. Aufgrund von Verordnungen des Rates nach Artikel 127 Absatz 6 des Vertrags über die Arbeitsweise der Europäischen Union[1] kann die EZB besondere Aufgaben im Zusammenhang mit der Aufsicht über die Kreditinstitute und sonstige Finanzinstitute mit Ausnahme von Versicherungsunternehmen wahrnehmen.

Kapitel VI. Finanzvorschriften des ESZB

Art. 26 Jahresabschlüsse. 26.1. Das Geschäftsjahr der EZB und der nationalen Zentralbanken beginnt am 1. Januar und endet am 31. Dezember.

26.2. [1]Der Jahresabschluß der EZB wird vom Direktorium nach den vom EZB-Rat aufgestellten Grundsätzen erstellt. [2]Der Jahresabschluß wird vom EZB-Rat festgestellt und sodann veröffentlicht.

26.3. Für Analyse- und Geschäftsführungszwecke erstellt das Direktorium eine konsolidierte Bilanz des ESZB, in der die zum ESZB gehörenden Aktiva und Passiva der nationalen Zentralbanken ausgewiesen werden.

26.4. Zur Anwendung dieses Artikel erläßt der EZB-Rat die notwendigen Vorschriften für die Standardisierung der buchmäßigen Erfassung und der Meldung der Geschäfte der nationalen Zentralbanken.

---

[1] Nr. 1.

Art. 27 Rechnungsprüfung. 27.1 [1] Die Jahresabschlüsse der EZB und der nationalen Zentralbanken werden von unabhängigen externen Rechnungsprüfern, die vom EZB-Rat empfohlen und vom Rat anerkannt wurden, geprüft. [2] Die Rechnungsprüfer sind befugt, alle Bücher und Konten der EZB und der nationalen Zentralbanken zu prüfen und alle Auskünfte über deren Geschäfte zu verlangen.

27.2. Artikel 287 des Vertrags über die Arbeitsweise der Europäischen Union[1)] ist nur auf eine Prüfung der Effizienz der Verwaltung der EZB anwendbar.

Art. 28 Kapital der EZB. 28.1. [1] Das Kapital der EZB beträgt 5 Milliarden Euro. [2] Das Kapital kann durch einen Beschluß des EZB-Rates mit der in Artikel 10.3 vorgesehenen qualifizierten Mehrheit innerhalb der Grenzen und unter den Bedingungen, die der Rat nach dem Verfahren des Artikels 41 festgelegt, erhöht werden.

28.2. [1] Die nationalen Zentralbanken sind alleinige Zeichner und Inhaber des Kapitals der EZB. [2] Die Zeichnung des Kapitals erfolgt nach dem gemäß Artikel 29 festgelegten Schlüssel.

28.3. Der EZB-Rat bestimmt mit der in Artikel 10.3 vorgesehenen qualifizierten Mehrheit, in welcher Höhe und welcher Form das Kapital einzuzahlen ist.

28.4. Vorbehaltlich des Artikels 28.5 können die Anteile der nationalen Zentralbanken am gezeichneten Kapital der EZB nicht übertragen, verpfändet oder gepfändet werden.

28.5. [1] Im Falle einer Anpassung des in Artikel 29 bezeichneten Schlüssels sorgen die nationalen Zentralbanken durch Übertragungen von Kapitalanteilen untereinander dafür, daß die Verteilung der Kapitalanteile dem angepaßten Schlüssel entspricht. [2] Die Bedingungen für derartige Übertragungen werden vom EZB-Rat festgelegt.

Art. 29 Schlüssel für die Kapitalzeichnung. 29.1. *[1]* Der Schlüssel für die Zeichnung des Kapitals der EZB, der 1998 bei der Errichtung des ESZB erstmals festgelegt wurde, wird festgelegt, indem jede nationale Zentralbank in diesem Schlüssel einen Gewichtsanteil, der der Summe folgender Prozentsätze entspricht, erhält:

– 50 % des Anteils des jeweiligen Mitgliedstaats an der Bevölkerung der Union im vorletzten Jahr vor der Errichtung des ESZB;

– 50 % des Anteils des jeweiligen Mitgliedstaats am Bruttoinlandsprodukt der Union zu Marktpreisen in den fünf Jahren vor dem vorletzten Jahr vor der Errichtung des ESZB.

[2] Die Prozentsätze werden zum nächsten Vielfachen von 0,0001 Prozentpunkten ab- oder aufgerundet.

29.2. Die zur Anwendung dieses Artikels zu verwendenden statistischen Daten werden von der Kommission nach den Regeln bereitgestellt, die der Rat nach dem Verfahren des Artikels 41 festlegt.

29.3. [1] Die den nationalen Zentralbanken zugeteilten Gewichtsanteile werden nach Errichtung des ESZB alle fünf Jahre unter sinngemäßer Anwendung

---

[1)] Auszugsweise abgedruckt unter Nr. **1**.

der Bestimmungen des Artikels 29.1 angepaßt. [2]Der neue Schlüssel gilt jeweils vom ersten Tag des folgenden Jahres an.

29.4. Der EZB-Rat trifft alle weiteren Maßnahmen, die zur Anwendung dieses Artikels erforderlich sind.

Art. 30 Übertragung von Währungsreserven auf die EZB. 30.1. [1]Unbeschadet des Artikels 28 wird die EZB von den nationalen Zentralbanken mit Währungsreserven, die jedoch nicht aus Währungen der Mitgliedstaaten, Euro, IWF-Reservepositionen und SZR gebildet werden dürfen, bis zu einem Gegenwert von 50 Milliarden Euro ausgestattet. [2]Der EZB-Rat entscheidet über den von der EZB nach ihrer Errichtung einzufordernden Teil sowie die zu späteren Zeitpunkten einzufordernden Beträge. [3]Die EZB hat das uneingeschränkte Recht, die ihr übertragenen Währungsreserven zu halten und zu verwalten sowie für die in dieser Satzung genannten Zwecke zu verwenden.

30.2. Die Beiträge der einzelnen nationalen Zentralbanken werden entsprechend ihrem jeweiligen Anteil am gezeichneten Kapital der EZB bestimmt.

30.3. [1]Die EZB schreibt jeder nationalen Zentralbank eine ihrem Beitrag entsprechende Forderung gut. [2]Der EZB-Rat entscheidet über die Denominierung und Verzinsung dieser Forderungen.

30.4. Die EZB kann nach Artikel 30.2 über den in Artikel 30.1 festgelegten Betrag hinaus innerhalb der Grenzen und unter den Bedingungen, die der Rat nach dem Verfahren des Artikels 41 festlegt, die Einzahlung weiterer Währungsreserven fordern.

30.5. Die EZB kann IWF-Reservepositionen und SZR halten und verwalten sowie die Zusammenlegung solcher Aktiva vorsehen.

30.6. Der EZB-Rat trifft alle weiteren Maßnahmen, die zur Anwendung dieses Artikels erforderlich sind.

Art. 31 Währungsreserven der nationalen Zentralbanken. 31.1. Die nationalen Zentralbanken sind befugt, zur Erfüllung ihrer Verpflichtungen gegenüber internationalen Organisationen nach Artikel 23 Geschäfte abzuschließen.

31.2. Alle sonstigen Geschäfte mit den Währungsreserven, die den nationalen Zentralbanken nach den in Artikel 30 genannten Übertragungen verbleiben, sowie von Mitgliedstaaten ausgeführte Transaktionen mit ihren Arbeitsguthaben in Fremdwährungen bedürfen oberhalb eines bestimmten, im Rahmen des Artikels 31.3 festzulegenden Betrags der Zustimmung der EZB, damit Übereinstimmung mit der Wechselkurs- und der Währungspolitik der Union gewährleistet ist.

31.3. Der EZB-Rat erläßt Richtlinien mit dem Ziel, derartige Geschäfte zu erleichtern.

Art. 32 Verteilung der monetären Einkünfte der nationalen Zentralbanken. 32.1. Die Einkünfte, die den nationalen Zentralbanken aus der Erfüllung der währungspolitischen Aufgaben des ESZB zufließen (im folgenden als „monetäre Einkünfte" bezeichnet), werden am Ende eines jeden Geschäftsjahrs nach diesem Artikel verteilt.

32.2. [1]Der Betrag der monetären Einkünfte einer jeden nationalen Zentralbank entspricht ihren jährlichen Einkünften aus Vermögenswerten, die sie als

Gegenposten zum Bargeldumlauf und zu ihren Verbindlichkeiten aus Einlagen der Kreditinstitute hält. [2]Diese Vermögenswerte werden von den nationalen Zentralbanken gemäß den vom EZB-Rat zu erlassenden Richtlinien gesondert erfaßt.

32.3. Wenn nach der Einführung des Euro die Bilanzstrukturen der nationalen Zentralbanken nach Auffassung des EZB-Rates die Anwendung des Artikels 32.2 nicht gestatten, kann der EZB-Rat mit qualifizierter Mehrheit beschließen, daß die monetären Einkünfte für einen Zeitraum von höchstens fünf Jahren abweichend von Artikel 32.2 nach einem anderen Verfahren bemessen werden.

32.4. *[1]* Der Betrag der monetären Einkünfte einer jeden nationalen Zentralbank vermindert sich um den Betrag etwaiger Zinsen, die von dieser Zentralbank auf ihre Verbindlichkeiten aus Einlagen der Kreditinstitute nach Artikel 19 gezahlt werden.

[2] [1]Der EZB-Rat kann beschließen, daß die nationalen Zentralbanken für Kosten in Verbindung mit der Ausgabe von Banknoten oder unter außergewöhnlichen Umständen für spezifische Verluste aus für das ESZB unternommenen währungspolitischen Operationen entschädigt werden. [2]Die Entschädigung erfolgt in einer Form, die der EZB-Rat für angemessen hält; diese Beträge können mit den monetären Einkünften der nationalen Zentralbanken verrechnet werden.

32.5. Die Summe der monetären Einkünfte der nationalen Zentralbanken wird vorbehaltlich etwaiger Beschlüsse des EZB-Rates nach Artikel 33.2 unter den nationalen Zentralbanken entsprechend ihren eingezahlten Anteilen am Kapital der EZB verteilt.

32.6. Die Verrechnung und den Ausgleich der Salden aus der Verteilung der monetären Einkünfte nimmt die EZB gemäß den Richtlinien des EZB-Rates vor.

32.7. Der EZB-Rat trifft alle weiteren Maßnahmen, die zur Anwendung dieses Artikels erforderlich sind.

Art. 33 Verteilung der Nettogewinne und Verluste der EZB. 33.1. Der Nettogewinn der EZB wird in der folgenden Reihenfolge verteilt:

a) Ein vom EZB-Rat zu bestimmender Betrag, der 20 % des Nettogewinns nicht übersteigen darf, wird dem allgemeinen Reservefonds bis zu einer Obergrenze von 100 % des Kapitals zugeführt;
b) der verbleibende Nettogewinn wird an die Anteilseigner der EZB entsprechend ihren eingezahlten Anteilen ausgeschüttet.

33.2. Falls die EZB einen Verlust erwirtschaftet, kann der Fehlbetrag aus dem allgemeinen Reservefonds der EZB und erforderlichenfalls nach einem entsprechenden Beschluß des EZB-Rates aus den monetären Einkünften des betreffenden Geschäftsjahrs im Verhältnis und bis in Höhe der Beträge gezahlt werden, die nach Artikel 32.5 an die nationalen Zentralbanken verteilt werden.

Kapitel VII. Allgemeine Bestimmungen

Art. 34 Rechtsakte. 34.1. Nach Artikel 132 des Vertrags über die Arbeitsweise der Europäischen Union[1] werden von der EZB

– Verordnungen erlassen, insoweit dies für die Erfüllung der in Artikel 3.1 erster Gedankenstrich, Artikel 19.1, Artikel 22 oder Artikel 25.2 festgelegten Aufgaben erforderlich ist; sie erläßt Verordnungen ferner in den Fällen, die in den Rechtsakten des Rates nach Artikel 41 vorgesehen werden,
– die Beschlüsse erlassen, die zur Erfüllung der dem ESZB nach den Verträgen und dieser Satzung übertragenen Aufgaben erforderlich sind,
– Empfehlungen und Stellungnahmen abgegeben.

34.2 Die EZB kann die Veröffentlichung ihrer Entscheidungen, Empfehlungen und Stellungnahmen beschließen.

34.3. Innerhalb der Grenzen und unter den Bedingungen, die der Rat nach dem Verfahren des Artikels 41 festlegt, ist die EZB befugt, Unternehmen bei Nichteinhaltung der Verpflichtungen, die sich aus ihren Verordnungen und Beschlüssen ergeben, mit Geldbußen oder in regelmäßigen Abständen zu zahlenden Strafgeldern zu belegen.

Art. 35 Gerichtliche Kontrolle und damit verbundene Angelegenheiten. 35.1. [1]Die Handlungen und Unterlassungen der EZB unterliegen in den Fällen und unter den Bedingungen, die in den Verträgen vorgesehen sind, der Überprüfung und Auslegung durch den Gerichtshof der Europäischen Union. [2]Die EZB ist in den Fällen und unter den Bedingungen, die in den Verträgen vorgesehen sind, klageberechtigt.

35.2. Über Rechtsstreitigkeiten zwischen der EZB einerseits und ihren Gläubigern, Schuldnern oder dritten Personen andererseits entscheiden die zuständigen Gerichte der einzelnen Staaten vorbehaltlich der Zuständigkeiten, die dem Gerichtshof der Europäischen Union zuerkannt sind.

35.3. [1]Die EZB unterliegt der Haftungsregelung des Artikels 340 des Vertrags über die Arbeitsweise der Europäischen Union[2]. [2]Die Haftung der nationalen Zentralbanken richtet sich nach dem jeweiligen innerstaatlichen Recht.

35.4. Der Gerichtshof der Europäischen Union ist für Entscheidungen aufgrund einer Schiedsklausel zuständig, die in einem von der EZB oder für ihre Rechnung abgeschlossenen öffentlich-rechtlichen oder privatrechtlichen Vertrag enthalten ist.

35.5. Für einen Beschluß der EZB, den Gerichtshof der Europäischen Union anzurufen, ist der EZB-Rat zuständig.

35.6. [1]Der Gerichtshof der Europäischen Union ist für Streitsachen zuständig, die die Erfüllung der Verpflichtungen aus den Verträgen und dieser Satzung durch eine nationale Zentralbank betreffen. [2]Ist die EZB der Auffassung, daß eine nationale Zentralbank einer Verpflichtung aus den Verträgen und dieser Satzung nicht nachgekommen ist, so legt sie in der betreffenden Sache eine mit

---

[1] Nr. **1**.
[2] Auszugsweise abgedruckt unter Nr. **1**.

Gründen versehene Stellungnahme vor, nachdem sie der nationalen Zentralbank Gelegenheit zur Vorlage von Bemerkungen gegeben hat. [3] Entspricht die nationale Zentralbank nicht innerhalb der von der EZB gesetzten Frist deren Stellungnahme, so kann die EZB den Gerichtshof der Europäischen Union anrufen.

Art. 36 Personal. 36.1. Der EZB-Rat legt auf Vorschlag des Direktoriums die Beschäftigungsbedingungen für das Personal der EZB fest.

36.2. Der Gerichtshof der Europäischen Union ist für alle Streitsachen zwischen der EZB und deren Bediensteten innerhalb der Grenzen und unter den Bedingungen zuständig, die sich aus den Beschäftigungsbedingungen ergeben.

Art. 37 Geheimhaltung. 37.1. Die Mitglieder der Leitungsgremien und des Personals der EZB und der nationalen Zentralbanken dürfen auch nach Beendigung ihres Dienstverhältnisses keine der Geheimhaltungspflicht unterliegenden Informationen weitergeben.

37.2. Auf Personen mit Zugang zu Daten, die unter Unionsvorschriften fallen, die eine Verpflichtung zur Geheimhaltung vorsehen, finden diese Unionsvorschriften Anwendung.

Art. 38 Unterschriftsberechtigte. Die EZB wird Dritten gegenüber durch den Präsidenten oder zwei Direktoriumsmitglieder oder durch die Unterschriften zweier vom Präsidenten zur Zeichnung im Namen der EZB gehörig ermächtigter Bediensteter der EZB rechtswirksam verpflichtet.

Art. 39 Vorrechte und Befreiungen. Die EZB genießt im Hoheitsgebiet der Mitgliedstaaten die zur Erfüllung ihrer Aufgabe erforderlichen Vorrechte und Befreiungen nach Maßgabe des Protokolls über die Vorrechte und Befreiungen der Europäischen Union[1)].

Kapitel VIII. Änderung der Satzung und ergänzende Rechtsvorschriften

Art. 40 Vereinfachtes Änderungsverfahren. 40.1. Nach Artikel 129 Absatz 5 des Vertrags über die Arbeitsweise der Europäischen Union[2)] können das Europäische Parlament und der Rat gemäß dem ordentlichen Gesetzgebungsverfahren die Artikel 5.1, 5.2, 5.3, 17, 18, 19.1, 22, 23, 24, 26, 32.2, 32.3, 32.4, 32.6, 33.1.a und 36 dieser Satzung entweder auf Empfehlung der EZB nach Anhörung der Kommission oder auf Vorschlag der Kommission nach Anhörung der EZB ändern.

40.2. [1] Artikel 10.2 kann durch einen Beschluss des Europäischen Rates entweder auf Empfehlung der Europäischen Zentralbank nach Anhörung des

---

[1)] S. hierzu auch das Abkommen zwischen der Regierung der Bundesrepublik Deutschland und der Europäischen Zentralbank über den Sitz der Europäischen Zentralbank v. 18.9.1998 (BGBl. II S. 2995, 2996), das mit Ausnahme seiner Art. 4, 6, und 14 Abs. 3 seit dem 9.12.1998 vorläufig angewendet wird (Bek. v. 12.1.1999 , BGBl. II S. 81) und am 4.3.1999 in Kraft getreten ist (Bek. v. 18.3.1999, BGBl. II S. 367).

[2)] Nr. **1**.

Europäischen Parlaments und der Kommission oder auf Empfehlung der Kommission nach Anhörung des Europäischen Parlaments und der Europäischen Zentralbank einstimmig geändert werden. [2]Diese Änderungen treten erst nach Zustimmung der Mitgliedstaaten im Einklang mit ihren jeweiligen verfassungsrechtlichen Vorschriften in Kraft.

40.3. Eine Empfehlung der EZB nach diesem Artikel erfordert einen einstimmigen Beschluß des EZB-Rates.

Art. 41 Ergänzende Rechtsvorschriften. Nach Artikel 129 Absatz 6 des Vertrags über die Arbeitsweise der Europäischen Union[1] erläßt der Rat entweder auf Vorschlag der Kommission nach Anhörung des Europäischen Parlaments und der EZB oder auf Empfehlung der EZB nach Anhörung des Europäischen Parlaments und der Kommission die in den Artikeln 4, 5.4, 19.2, 20, 28.1, 29.2, 30.4 und 34.3 dieser Satzung[2] genannten Bestimmungen.

Kapitel IX. Übergangsbestimmungen und sonstige Bestimmungen für das ESZB

Art. 42 Allgemeine Bestimmungen. 42.1. Eine Ausnahmeregelung nach Artikel 139 des Vertrags über die Arbeitsweise der Europäischen Union[1] bewirkt, daß folgende Artikel diese Satzung für den betreffenden Mitgliedstaat keinerlei Rechte oder Verpflichtungen entstehen lassen: Artikel 3, 6, 9.2, 12.1, 14.3, 16, 18, 19, 20, 22, 23, 26.2, 27, 30, 31, 32, 33, 34 und 49.

42.2. Die Zentralbanken der Mitgliedstaaten, für die eine Ausnahmeregelung nach Artikel 139 des genannten Vertrags gilt, behalten ihre währungspolitischen Befugnisse nach innerstaatlichem Recht.

42.3. In den Artikeln 3, 11.2 und 19 bezeichnet der Ausdruck „Mitgliedstaaten“ gemäß Artikel 139 des genannten Vertrags die „Mitgliedstaaten, deren Währung der Euro ist“.

42.4. In den Artikeln 9.2, 10.2, 10.3, 12.1, 16, 17, 18, 22, 23, 27, 30, 31, 32, 33.2 und 49 dieser Satzung ist der Ausdruck „nationale Zentralbanken“ im Sinne von „Zentralbanken der Mitgliedstaaten, deren Währung der Euro ist“ zu verstehen.

42.5. In den Artikeln 10.3 und 33.1 bezeichnet der Ausdruck „Anteilseigner“ die „Zentralbanken der Mitgliedstaaten, deren Währung der Euro ist“.

42.6. In den Artikeln 10.3 und 30.2 ist der Ausdruck „gezeichnetes Kapital der EZB“ im Sinne von „Kapital der EZB, das von den Zentralbanken der Mitgliedstaaten gezeichnet wurde, deren Währung der Euro ist“ zu verstehen.

Art. 43 Vorübergehende Aufgaben der EZB. *[1]* Die EZB übernimmt die in Artikel 141 Absatz 2 des Vertrags über die Arbeitsweise der Europäischen Union[1]genannten früheren Aufgaben des EWI, die infolge der für einen oder mehrere Mitgliedstaaten geltenden Ausnahmeregelungen nach Einführung des Euro noch erfüllt werden müssen.

---

[1] Nr. 1.
[2] Nr. 2.

[2] Bei der Vorbereitung der Aufhebung der Ausnahmeregelungen nach Artikel 140 des genannen Vertrags nimmt die EZB eine beratende Funktion wahr.

Art. 44 Der Erweiterte Rat der EZB. 44.1. Unbeschadet des Artikels 129 Absatz 3 des Vertrags über die Arbeitsweise der Europäischen Union[1] wird der Erweiterte Rat als drittes Beschlußorgan der EZB eingesetzt.

44.2. [1]Der Erweiterte Rat besteht aus dem Präsidenten und dem Vizepräsidenten der EZB sowie den Präsidenten der nationalen Zentralbanken. [2]Die weiteren Mitglieder des Direktoriums können an den Sitzungen des Erweiterten Rates teilnehmen, besitzen aber kein Stimmrecht.

44.3. Die Verantwortlichkeiten des Erweiterten Rates sind in Artikel 46 dieser Satzung vollständig aufgeführt.

Art. 45 Geschäftsordnung des Erweiterten Rates. 45.1. Der Präsident oder bei seiner Verhinderung der Vizepräsident der EZB führt den Vorsitz im Erweiterten Rat der EZB.

45.2. Der Präsident des Rates und ein Mitglied der Kommission können an den Sitzungen des Erweiterten Rates teilnehmen, besitzen aber kein Stimmrecht.

45.3. Der Präsident bereitet die Sitzungen des Erweiterten Rates vor.

45.4. Abweichend von Artikel 12.3 gibt sich der Erweiterte Rat eine Geschäftsordnung.

45.5. Das Sekretariat des Erweiterten Rates wird von der EZB gestellt.

Art. 46 Verantwortlichkeiten des Erweiterten Rates. 46.1. Der Erweiterte Rat

– nimmt die in Artikel 43 aufgeführten Aufgaben wahr,
– wirkt bei der Erfüllung der Beratungsfunktionen nach den Artikeln 4 und 25.1 mit.

46.2. Der Erweiterte Rat wirkt auch mit bei

– der Erhebung der statistischen Daten im Sinne von Artikel 5;
– den Berichtstätigkeiten der EZB im Sinne von Artikel 15;
– der Festlegung der erforderlichen Regeln für die Anwendung von Artikel 26 gemäß Artikel 26.4;
– allen sonstigen erforderlichen Maßnahmen zur Anwendung von Artikel 29 gemäß Artikel 29.4;
– der Festlegung der Beschäftigungsbedingungen für das Personal der EZB gemäß Artikel 36.

46.3. Der Erweiterte Rat trägt zu den Vorarbeiten bei, die erforderlich sind, um für die Währungen der Mitgliedstaaten, für die eine Ausnahmeregelung gilt, die Wechselkurse gegenüber dem Euro gemäß Artikel 140 Absatz 3 des Vertrags über die Arbeitsweise der Europäischen Union[1] unwiderruflich festzulegen.

---

[1] Nr. **1**.

46.4. Der Erweiterte Rat wird vom Präsidenten der EZB über die Beschlüsse des EZB-Rates unterrichtet.

Art. 47 Übergangsbestimmungen für das Kapital der EZB. [1] Nach Artikel 29.1 wird jeder nationalen Zentralbank ein Gewichtsanteil in dem Schlüssel für die Zeichnung des Kapitals der EZB zugeteilt. [2] Abweichend von Artikel 28.3 zahlen Zentralbanken von Mitgliedstaaten, für die eine Ausnahmeregelung gilt, das von ihnen gezeichnete Kapital nicht ein, es sei denn, daß der Erweiterte Rat mit der Mehrheit von mindestens zwei Dritteln des gezeichneten Kapitals der EZB und zumindest der Hälfte der Anteilseigner beschließt, daß als Beitrag zu den Betriebskosten der EZB ein Mindestprozentsatz eingezahlt werden muß.

Art. 48 Zurückgestellte Einzahlungen von Kapital, Reserven und Rückstellungen der EZB. 48.1. [1] Die Zentralbank eines Mitgliedstaats, dessen Ausnahmeregelung aufgehoben wurde, zahlt den von ihr gezeichneten Anteil am Kapital der EZB im selben Verhältnis wie die Zentralbanken von anderen Mitgliedstaaten ein, deren Währung der Euro ist, und überträgt der EZB Währungsreserven gemäß Artikel 30.1. [2] Die Höhe der Übertragungen bestimmt sich durch Multiplikation des in Euro zum jeweiligen Wechselkurs ausgedrückten Wertes der Währungsreserven, die der EZB schon gemäß Artikel 30.1 übertragen wurden, mit dem Faktor, der das Verhältnis zwischen der Anzahl der von der betreffenden nationalen Zentralbank gezeichneten Anteile und der Anzahl der von den anderen nationalen Zentralbanken bereits eingezahlten Anteile ausdrückt.

48.2. [1] Zusätzlich zu der Einzahlung nach Artikel 48.1 leistet die betreffende Zentralbank einen Beitrag zu den Reserven der EZB und zu den diesen Reserven gleichwertigen Rückstellungen sowie zu dem Betrag, der gemäß dem Saldo der Gewinn- und Verlustrechnung zum 31. Dezember des Jahres vor der Aufhebung der Ausnahmeregelung noch für die Reserven und Rückstellungen bereitzustellen ist. [2] Die Höhe des zu leistenden Beitrags bestimmt sich durch Multiplikation des in der genehmigten Bilanz der EZB ausgewiesenen Betrags der Reserven im Sinne der obigen Definition mit dem Faktor, der das Verhältnis zwischen der Anzahl der von der betreffenden Zentralbank gezeichneten Anteile und der Anzahl der von den anderen Zentralbanken bereits eingezahlten Anteile ausdrückt.

48.3. [1] Wenn ein Land oder mehrere Länder Mitgliedstaaten werden und ihre jeweiligen nationalen Zentralbanken sich dem ESZB anschließen, erhöht sich automatisch das gezeichnete Kapital der EZB und der Höchstbetrag der Währungsreserven, die der EZB übertragen werden können. [2] Die Erhöhung bestimmt sich durch Multiplikation der dann jeweils geltenden Beträge mit dem Faktor, der das Verhältnis zwischen dem Gewichtsanteil der betreffenden beitretenden nationalen Zentralbanken und dem Gewichtsanteil der nationalen Zentralbanken, die bereits Mitglied des ESZB sind, im Rahmen des erweiterten Schlüssels für die Zeichnung des Kapitals ausdrückt. [3] Der Gewichtsanteil jeder nationalen Zentralbank am Schlüssel für die Zeichnung des Kapitals wird analog zu Artikel 29.1 und nach Maßgabe des Artikels 29.2 berechnet. [4] Die Bezugszeiträume für die statistischen Daten entsprechen denjenigen, die für die letzte der alle fünf Jahre vorzunehmenden Anpassungen der Gewichtsanteile nach Artikel 29.3 herangezogen wurden.

Art. 49 Umtausch von auf Währungen der Mitgliedstaaten lautenden Banknoten. Im Anschluß an die unwiderrufliche Festlegung der Wechselkurse nach Artikel 140 Absatz 3 des Vertrags über die Arbeitsweise der Europäischen Union[1] ergreift der EZB-Rat die erforderlichen Maßnahmen, um sicherzustellen, daß Banknoten, die auf Währungen mit unwiderruflich festgelegten Wechselkursen lauten, von den nationalen Zentralbanken zu ihrer jeweiligen Parität umgetauscht werden.

Art. 50 Anwendbarkeit der Übergangsbestimmungen. Sofern und solange es Mitgliedstaaten gibt, für die eine Ausnahmeregelung gilt, sind die Artikel 42 bis 47 anwendbar.

[1] Nr. 1.

3. Verordnung (EG) Nr. 1745/2003 der Europäischen Zentralbank vom 12. September 2003 über die Auferlegung einer Mindestreservepflicht

(EZB/2003/9)

(ABl. L 250 S. 10, ber. 2004 Nr. 58 S. 28)

Celex-Nr. 3 2003 R 1745

zuletzt geänd. durch Art. 1 ÄndVO (EU) 2016/1705 v. 9.9.2016 (ABl. L 257 S. 10)

Nichtamtliche Inhaltsübersicht

DER EZB-RAT –

gestützt auf die Satzung des Europäischen Systems der Zentralbanken und der Europäischen Zentralbank[1], insbesondere auf Artikel 19.1,

gestützt auf die Verordnung (EG) Nr. 2531/98 des Rates vom 23. November 1998 über die Auferlegung einer Mindestreservepflicht durch die Europäische Zentralbank[2], zuletzt geändert durch die Verordnung (EG) Nr. 134/2002[3],

gestützt auf die Verordnung (EG) Nr. 2532/98 des Rates vom 23. November 1998 über das Recht der Europäischen Zentralbank, Sanktionen zu verhängen,[4]

in Erwägung nachstehender Gründe:

(1) Die Verordnung (EG) Nr. 2818/98 der Europäischen Zentralbank (EZB/1998/15) vom 1. Dezember 1998 über die Auferlegung einer Mindestreservepflicht[5] wurde zweimal erheblich geändert. Erstens wurden durch die

---

[1] Nr. 2.

[2] **Amtl. Anm.:** ABl. L 318 vom 27.11.1998, S. 1.

[3] **Amtl. Anm.:** ABl. L 24 vom 26.1.2002, S. 1.

[4] **Amtl. Anm.:** ABl. L 318 vom 27.11.1998, S. 4.

[5] **Amtl. Anm.:** ABl. L 356 vom 30.12.1998, S. 1.

Verordnung (EG) Nr. 1921/2000 der Europäischen Zentralbank (EZB/2000/8)[1] konkrete Verfahren für Verschmelzungen und Spaltungen unter Beteiligung von Kreditinstituten eingeführt, um Klarheit über die Verpflichtungen dieser Institute hinsichtlich ihres Mindestreserve-Solls zu schaffen. Zweitens wurden durch die Verordnung (EG) Nr. 690/2002 der Europäischen Zentralbank (EZB/2002/3)[2] aus Gründen der Effizienz weitere Bestimmungen geändert, um klarzustellen, dass E-Geld-Institute mindestreservepflichtig sind, und um eine allgemeine Regelung zu schaffen, nach der Kreditinstitute in der gesamten Mindestreserve-Erfüllungsperiode, in der sie aufhören zu bestehen, automatisch von der Mindestreservepflicht befreit werden, sowie um die Verpflichtung klarzustellen, die passiven Verrechnungsposten eines Instituts gegenüber einer sich außerhalb der teilnehmenden Mitgliedstaaten befindlichen Zweigstelle desselben Rechtssubjekts oder der sich außerhalb der teilnehmenden Mitgliedstaaten befindlichen Hauptniederlassung bzw. dem dort befindlichen Geschäftssitz desselben Rechtssubjekts in der Mindestreservebasis zu erfassen. Da die Verordnung (EG) Nr. 2818/98 (EZB/1998/15) erneut geändert wird, empfiehlt sich aus Gründen der Klarheit und Wirtschaftlichkeit eine Neufassung sowie die Zusammenfassung in einem einzigen Text.

(2) Artikel 19.1 der Satzung[3] bestimmt, dass, wenn die Europäische Zentralbank (EZB) von den in den teilnehmenden Mitgliedstaaten niedergelassenen Kreditinstituten verlangt, Mindestreserven zu unterhalten, diese auf Konten bei der EZB und den nationalen Zentralbanken der teilnehmenden Mitgliedstaaten (teilnehmende NZBen) unterhalten werden. Es wird dabei als sachgerecht erachtet, dass diese Mindestreserven ausschließlich auf Konten bei den teilnehmenden NZBen unterhalten werden.

(3) Damit die Mindestreservepflicht als Instrument wirksam ist, sind genaue Bestimmungen hinsichtlich der Berechnung und Haltung von Mindestreserven sowie der Berichts- und Prüfungsregelungen erforderlich.

(4) Für den Ausschluss von Interbankenverbindlichkeiten von der Mindestreservebasis muss jeder feste Betrag, der für Verbindlichkeiten mit Laufzeiten von bis zu zwei Jahren innerhalb der Kategorie Schuldverschreibungen abgezogen werden kann, auf einem für das Euro-Währungsgebiet geltenden Verhältnis („macro ratio") zwischen i) dem Bestand aller betreffenden Papiere, die von Kreditinstituten ausgegeben und von anderen Kreditinstituten und von der EZB und den teilnehmenden NZBen gehalten werden, und ii) den ausstehenden Gesamtbeträgen dieser von den Kreditinstituten ausgegebenen Papiere beruhen.

(5) Grundsätzlich wird der Kalender der Mindestreserve-Erfüllungsperioden mit dem Kalender der Sitzungen des EZB-Rates in Einklang gebracht, in denen die monatliche Beurteilung des geldpolitischen Kurses vorgesehen ist.

---

[1] **Amtl. Anm.:** Verordnung EZB/2000/8 vom 31. August 2000 zur Änderung der Verordnung (EG) Nr. 2818/98 über die Auferlegung einer Mindestreservepflicht (EZB/1998/15) und zur Änderung der Verordnung (EG) Nr. 2819/98 der Europäischen Zentralbank über die konsolidierte Bilanz des Sektors der monetären Finanzinstitute (EZB/1998/16) (ABl. L 229 vom 9.9.2000, S. 34).

[2] **Amtl. Anm.:** Verordnung EZB/2002/3 vom 18. April 2002 zur Änderung der Verordnung EZB/1998/15 über die Auferlegung einer Mindestreservepflicht (ABl. L 106 vom 23.4.2002, S. 9).

[3] Nr. 2.

(6) Es sind bestimmte Verfahren zur Meldung und Anerkennung des Mindestreserve-Solls erforderlich, damit Institute rechtzeitig von ihren Verpflichtungen in Hinblick auf Mindestreserven Kenntnis nehmen –

HAT FOLGENDE VERORDNUNG ERLASSEN:

Art. 1 Begriffsbestimmungen. Im Sinne dieser Verordnung sind die nachfolgend aufgeführten Begriffe wie folgt zu verstehen:

- „teilnehmender Mitgliedstaat“: ein Mitgliedstaat, der den Euro gemäß dem Vertrag eingeführt hat;
- „teilnehmende nationale Zentralbank“ (teilnehmende NZB): die nationale Zentralbank eines teilnehmenden Mitgliedstaats;
- „Eurosystem“: die EZB und die teilnehmenden NZBen;
- „Institut“: ein Rechtssubjekt in einem teilnehmenden Mitgliedstaat, das gemäß Artikel 19.1 der Satzung[1] von der EZB zur Haltung von Mindestreserven verpflichtet werden kann;
- „Mindestreservekonto“: das Konto eines Instituts bei einer teilnehmenden NZB, dessen Tagesendstand für die Erfüllung der Mindestreservepflicht des Instituts maßgebend ist;
- „Mindestreservepflicht“: die Pflicht eines Instituts, Mindestreserven auf Mindestreservekonten bei den teilnehmenden NZBen zu unterhalten;
- „Mindestreservesatz“: der Prozentsatz, der gemäß Artikel 4 für jede Position der Mindestreservebasis festgelegt werden kann;
- „Mindestreserve-Erfüllungsperiode“: der Zeitraum, für den die Erfüllung der Mindestreservepflicht berechnet wird und die Mindestreserven auf Reservekonten unterhalten werden müssen;
- „Tagesendstand“: Stand am Ende des Geschäftstages nach Abschluss aller Zahlungen und Buchungen von Eingängen hinsichtlich eines möglichen Zugangs zu den ständigen Fazilitäten des Eurosystems;
- „NZB-Geschäftstag“: jeder Tag, an dem eine teilnehmende NZB für die Durchführung der geldpolitischen Geschäfte des Eurosystems geöffnet ist;
- „Gebietsansässiger“: jede natürliche oder juristische Person, die in einem der teilnehmenden Mitgliedstaaten ansässig ist im Sinne von Artikel 1 Absatz 4 der Verordnung (EG) Nr. 2533/98 des Rates vom 23. November 1998 über die Erfassung statistischer Daten durch die Europäische Zentralbank[2];
- „Sanierungsmaßnahmen“: Maßnahmen, durch die die Finanzlage eines Instituts erhalten oder wiederhergestellt werden soll und die die bestehenden Rechte Dritter berühren können, einschließlich Maßnahmen, die zu einer Einstellung von Zahlungen, der Aussetzung von Vollstreckungsmaßnahmen oder einer Verringerung der Forderungen führen können;
- „Abwicklungsverfahren“: die Gesamtheit der Gläubiger betreffendes Verfahren, das die Intervention der Justizbehörden oder anderer zuständiger Behörden eines teilnehmenden Mitgliedstaats erfordert mit dem Ziel, unter der Aufsicht dieser Behörden Vermögenswerte eines Instituts zu liquidieren, ein-

---

[1] Nr. 2.
[2] **Amtl. Anm.:** ABl. L 318 vom 27.11.1998, S. 8.

schließlich der Fälle, in denen das Verfahren mit einem Vergleich oder einer vergleichbaren Maßnahme endet;

- „Verschmelzung": Vorgang, durch den ein Kreditinstitut oder mehrere Kreditinstitute (die „übertragenden Institute") zum Zeitpunkt ihrer Auflösung ohne Abwicklung ihr gesamtes Aktiv- und Passivvermögen auf ein anderes Kreditinstitut (das „übernehmende Institut"), gegebenenfalls ein neu gegründetes Kreditinstitut, übertragen;
- „Spaltung": Vorgang, durch den ein Kreditinstitut (das „übertragende Institut") zum Zeitpunkt seiner Auflösung ohne Abwicklung sein gesamtes Aktiv- und Passivvermögen auf mehrere Institute (die „übernehmenden Institute"), gegebenenfalls neu gegründete Kreditinstitute, überträgt.

Art. 2 Reservepflichtige Institute. (1) *[1]* Folgende Kategorien von Instituten unterliegen der Mindestreservepflicht:

a) Kreditinstitute im Sinne von Artikel 1 Nummer 1 Unterabsatz 1 der Richtlinie 2000/12/EG des Europäischen Parlaments und des Rates vom 20. März 2000 über die Aufnahme und Ausübung der Tätigkeit der Kreditinstitute[1] außer den teilnehmenden NZBen;

b) Zweigstellen gemäß Artikel 1 Nummer 3 der Richtlinie 2000/12/EG von Kreditinstituten im Sinne von Artikel 1 Nummer 1 Unterabsatz 1 derselben Richtlinie außer den teilnehmenden NZBen; dazu zählen auch Zweigstellen von Kreditinstituten, deren Geschäftssitz oder Hauptniederlassung nicht in einem teilnehmenden Mitgliedstaat liegt.

[2] Zweigstellen von Kreditinstituten mit Sitz in teilnehmenden Mitgliedstaaten, die sich außerhalb der teilnehmenden Mitgliedstaaten befinden, unterliegen nicht der Mindestreservepflicht.

(2) *[1]* Ohne verpflichtet zu sein, einen entsprechenden Antrag zu stellen, ist ein Institut vom Beginn der Mindestreserve-Erfüllungsperiode an von der Mindestreservepflicht befreit, in welcher seine Zulassung entzogen wird oder es diese aufgibt oder in welcher eine Justizbehörde oder andere zuständige Behörde eines teilnehmenden Mitgliedstaats beschließt, das Institut einem Abwicklungsverfahren zu unterwerfen.

[2] Die EZB kann unter Beachtung des Gleichbehandlungsgrundsatzes folgende Institute von der Mindestreservepflicht befreien:

a) Institute, die Sanierungsmaßnahmen unterworfen sind;

b) Institute, deren Vermögen eingefroren worden ist bzw. die sonstigen von der Gemeinschaft oder einem Mitgliedstaat gemäß Artikel 60 Absatz 2 des Vertrags verhängten Maßnahmen unterliegen, durch die sie in der Verfügung über ihr Vermögen eingeschränkt sind, oder gegen die der EZB-Rat eine Entscheidung erlassen hat, durch die ihr Zugang zu den Offenmarktgeschäften oder zu den ständigen Fazilitäten des Eurosystems vorübergehend oder dauerhaft ausgeschlossen wird;

---

[1] **Amtl. Anm.:** ABl. L 126 vom 26.5.2000, S. 1, geändert durch die Verordnung 2000/28/EG (ABl. L 275 vom 27.10.2000, S. 37).

c) Institute, deren Einbeziehung in das Mindestreservesystem der EZB nicht zweckmäßig wäre. Bei ihrer Entscheidung über eine solche Befreiung berücksichtigt die EZB eines oder mehrere der folgenden Kriterien:

i) Es handelt sich um ein Institut, das lediglich als Spezialinstitut zugelassen ist;

ii) dem Kreditinstitut ist die Ausübung von Bankfunktionen im Wettbewerb mit anderen Kreditinstituten untersagt;

iii) alle Einlagen des Instituts sind aufgrund einer rechtlichen Verpflichtung zweckgebundene Einlagen für die regionale und/oder internationale Entwicklungshilfe.

(3) *[1]* [1]Die EZB veröffentlicht eine Liste aller Institute, die der Mindestreservepflicht unterliegen. [2]Die EZB veröffentlicht ferner eine Liste der Institute, die von der Mindestreservepflicht befreit sind und deren Befreiung auf anderen als den folgenden Gründen beruht:

a) Sanierungsmaßnahmen;

b) die Einfrierung des Vermögens bzw. sonstige von der Gemeinschaft oder einem Mitgliedstaat verhängte Maßnahmen gemäß Artikel 60 Absatz 2 des Vertrags, durch welche die Verfügung über das Vermögen des Instituts eingeschränkt wird, oder eine Entscheidung des EZB-Rates, durch die es vorübergehend oder dauerhaft vom Zugang zu den Offenmarktgeschäften oder zu den ständigen Fazilitäten des Eurosystems ausgeschlossen wird.

[2] [1]Die Institute können diese Listen zur Feststellung heranziehen, ob ihrerseits Verbindlichkeiten gegenüber einem anderen Institut bestehen, das selbst mindestreservepflichtig ist. [2]Diese Listen sind im Hinblick auf die Mindestreservepflicht von Instituten gemäß Artikel 2 nicht maßgebend.

Art. 3 Mindestreservebasis. (1) *[1]* Die Mindestreservebasis eines Instituts umfasst gemäß dem in der Verordnung (EU) Nr. 1071/2013 der Europäischen Zentralbank (EZB/2013/33)[1)] festgelegten Berichtsrahmen der EZB folgende Verbindlichkeiten, die durch die Annahme von Geldern entstehen:

a) Einlagen und

b) ausgegebene Schuldverschreibungen.

[2] Hat ein Kreditinstitut passive Verrechnungsposten gegenüber einer sich außerhalb der teilnehmenden Mitgliedstaaten befindlichen Zweigstelle desselben Rechtssubjekts oder der sich außerhalb der teilnehmenden Mitgliedstaaten befindlichen Hauptniederlassung bzw. dem dort befindlichen Geschäftssitz desselben Rechtssubjekts, erfasst es solche Verrechnungsposten in der Mindestreservebasis.

(2) Folgende Verbindlichkeiten sind von der Mindestreservebasis ausgenommen:

a) Verbindlichkeiten gegenüber einem anderen Institut, das nicht als vom Mindestreservesystem der EZB gemäß Artikel 2 Absatz 3 befreit in der Liste aufgeführt ist, und

---

[1)] **Amtl. Anm.:** Verordnung (EU) Nr. 1071/2013 der Europäischen Zentralbank vom 24. September 2013 über die Bilanz des Sektors der monetären Finanzinstitute (EZB/2013/33) (ABl. L 297 vom 7.11.2013, S. 1).

b) Verbindlichkeiten gegenüber der EZB oder einer der teilnehmenden NZBen.

(2a) *[1]* [1] Für die in Absatz 1 Buchstabe a genannte Verbindlichkeitenkategorie „Einlagen" wird der Ausschluss nach Maßgabe von Absatz 2 in folgender Weise vorgenommen: Das Institut muss gegenüber der betreffenden teilnehmenden NZB entsprechende Nachweise über die Höhe der in Absatz 2 Buchstaben a und b genannten Verbindlichkeiten vorlegen. [2] Der nachgewiesene Betrag wird von der Reservebasis abgezogen.

[2] Für die in Absatz 1 Buchstabe b genannte Verbindlichkeitenkategorie „ausgegebene Schuldverschreibungen" wird der Ausschluss nach Maßgabe von Absatz 2 mittels Abzug eines Betrages von der Reservebasis in folgender Weise vorgenommen:

a) Das Institut muss gegenüber der betreffenden teilnehmenden NZB entsprechende Nachweise über die Höhe der in Absatz 2 Buchstaben a und b genannten Verbindlichkeiten vorlegen. Der nachgewiesene Betrag wird von der Reservebasis abgezogen;

b) Kann das Institut den Nachweis über die Höhe der in Absatz 2 Buchstaben a und b genannten Verbindlichkeiten gegenüber der betreffenden teilnehmenden NZB nicht erbringen, muss es den auf der Website der EZB veröffentlichten Standardabzug auf den ausstehenden Betrag der Schuldverschreibungen anwenden, die es ausgegeben hat und die eine Ursprungslaufzeit bis zu einschließlich zwei Jahren haben.

(3) [1] Das Institut berechnet die Mindestreservebasis für eine bestimmte Mindestreserve-Erfüllungsperiode anhand der Daten für den Monat, der zwei Monate vor dem Monat liegt, in dem die Mindestreserve-Erfüllungsperiode beginnt. [2] Das Institut meldet die Mindestreservebasis an die betreffende teilnehmenden NZB gemäß dem Berichtsrahmen der EZB, der in der Verordnung (EU) Nr. 1071/2013 (EZB/2013/33) festgelegt ist.

(4) [1] Bei Instituten, denen eine Ausnahmeregelung nach Artikel 9 Absatz 1 der Verordnung (EU) Nr. 1071/2013 der Europäischen Zentralbank (EZB/2013/33)[1)] eingeräumt worden ist (in das „Cutting-off-the-tail"-Verfahren einbezogene Institute), wird die Mindestreservebasis für zwei aufeinander folgende Mindestreserve-Erfüllungsperioden ab der Mindestreserve-Erfüllungsperiode, die im dritten Monat nach dem Quartalsende beginnt, auf der Basis der Quartalsenddaten berechnet, die gemäß Anhang III Teil 1 Nummer 4 der Verordnung (EU) Nr. 1071/2013 (EZB/2013/33) gemeldet werden. [2] Diese Institute melden ihr Mindestreservesoll gemäß Artikel 5.

Art. 4 Mindestreservesätze. (1) Für die nachstehend aufgeführten Kategorien von Verbindlichkeiten (gemäß dem Berichtsrahmen der EZB, der in der Verordnung (EU) Nr. 1071/2013 (EZB/2013/33) festgelegt ist) gilt ein Mindestreservesatz von 0 %:

a) Einlagen mit vereinbarter Laufzeit von über zwei Jahren,

b) Einlagen mit vereinbarter Kündigungsfrist von mehr als zwei Jahren,

---

[1)] **Amtl. Anm.:** Verordnung (EU) Nr. 1071/2013 der Europäischen Zentralbank vom 24. September 2013 über die Bilanz des Sektors der monetären Finanzinstitute (Neufassung) (EZB/2013/33) (ABl. L 297 vom 7.11.2013, S. 1).

c) Repogeschäfte,
d) Schuldverschreibungen mit Ursprungslaufzeit von über zwei Jahren.

(2) Für alle anderen in die Mindestreservebasis einbezogenen Verbindlichkeiten gilt ein Mindestreservesatz von 1 %.

Art. 5 Berechnung und Meldung des Mindestreserve-Solls. (1) [1] Die Höhe des Mindestreserve-Solls, das von einem Institut innerhalb einer bestimmten Mindestreserve-Erfüllungsperiode unterhalten werden muss, wird durch Anwendung der in Artikel 4 festgelegten Mindestreservesätze auf jede relevante Position der für diesen Zeitraum maßgebenden Mindestreservebasis berechnet. [2] Das Mindestreserve-Soll, das von der betreffenden teilnehmenden NZB und dem Institut entsprechend den in diesem Artikel genannten Verfahren ermittelt wird, bildet die Grundlage für i) die Verzinsung der Mindestreserveguthaben und ii) die Beurteilung der Einhaltung der Verpflichtung zur Erfüllung des Mindestreserve-Solls durch ein Institut.

(2) Vorbehaltlich der Bestimmungen der Artikel 11 und 13 wird jedem Institut ein Freibetrag in Höhe von 100 000 EUR gewährt, der von der Gesamtsumme des Mindestreserve-Solls abgezogen wird.

(3) [1] Die teilnehmenden NZBen legen ein Verfahren zur Meldung des jeweiligen Mindestreserve-Solls der Institute nach folgenden Grundsätzen fest. [2] Die betreffende teilnehmende NZB oder das Institut berechnet das Mindestreserve-Soll des Instituts für die betreffende Mindestreserve-Erfüllungsperiode auf der Basis der statistischen Daten und der gemäß Artikel 6 der Verordnung (EU) Nr. 1071/2013 (EZB/2013/33) gemeldeten Mindestreservebasis. [3] Die die Berechnung vornehmende Seite meldet der anderen Seite spätestens drei NZB-Geschäftstage vor Beginn der Mindestreserve-Erfüllungsperiode das berechnete Mindestreserve-Soll. [4] Die betreffende teilnehmende NZB kann das Fristende für die Meldung des Mindestreserve-Solls vorverlegen. [5] Sie kann ferner weitere Fristen festlegen, innerhalb derer das Institut Berichtigungen der Mindestreservebasis und Berichtigungen des gemeldeten Mindestreserve-Solls meldet. [6] Nimmt ein Institut die ihm von der teilnehmenden NZB gebotene Möglichkeit zur Berichtigung der Mindestreservebasis und des Mindestreserve-Solls missbräuchlich in Anspruch, kann die NZB die Möglichkeit zur Vorlage von Berichtigungen aussetzen. [7] Die andere Seite erkennt das berechnete Mindestreserve-Soll spätestens an dem NZB-Geschäftstag an, der dem Beginn der Mindestreserve-Erfüllungsperiode vorangeht. [8] Antwortet die andere Seite bis zum Ende des NZB-Geschäftstages, der dem Beginn der Mindestreserve-Erfüllungsperiode vorangeht, nicht auf die Meldung, gilt dies als Anerkennung des Mindestreserve-Solls des Instituts für die betreffende Mindestreserve-Erfüllungsperiode. [9] Ist das Mindestreserve-Soll des Instituts für die betreffende Mindestreserve-Erfüllungsperiode anerkannt, kann dieses nicht mehr berichtigt werden.

(4) Die teilnehmenden NZBen veröffentlichen zur Durchführung der in diesem Artikel genannten Verfahren Kalender mit den anstehenden Fristen für die Meldung und Anerkennung von Mindestreservedaten.

(5) [1] Kommt ein Institut der Pflicht, die in Artikel 5 der Verordnung (EU) Nr. 1071/2013 (EZB/2013/33) genannten statistischen Daten zu melden, nicht nach, teilt die betreffende teilnehmende NZB dem betreffenden Institut

für die jeweilige(n) Mindestreserve-Erfüllungsperiode(n) das gemäß den in diesem Artikel genannten Verfahren zu meldende und anzuerkennende Mindestreserve-Soll mit, welches auf der Grundlage früherer Meldungen sowie sonstiger relevanter Daten geschätzt wird. [2]Artikel 6 der Verordnung (EG) Nr. 2531/98 sowie das Recht der EZB, bei Verstößen gegen die statistischen Berichtspflichten der EZB Sanktionen zu verhängen, bleiben hiervon unberührt.

Art. 6 Haltung von Mindestreserven. (1) [1]Ein Institut muss seine Mindestreserven auf einem oder mehreren Mindestreservekonten bei der nationalen Zentralbank in jedem teilnehmenden Mitgliedstaat unterhalten, in dem das Institut eine Zweigstelle errichtet hat, und zwar entsprechend seiner Mindestreservebasis in dem betreffenden Mitgliedstaat. [2]Die Mindestreservekonten werden in Euro geführt. [3]Zahlungsverkehrskonten bei den teilnehmenden NZBen können als Mindestreservekonten verwendet werden.

(2) Die Mindestreservepflicht ist erfüllt, wenn der durchschnittliche Tagesendstand der Mindestreservekonten eines Instituts innerhalb der Mindestreserve-Erfüllungsperiode den Betrag nicht unterschreitet, der in dem Verfahren gemäß Artikel 5 für diesen Zeitraum festgelegt wurde.

(3) [1]Betreibt ein Institut in einem teilnehmenden Mitgliedstaat mehr als eine Zweigstelle, so ist sein eingetragener Geschäftssitz bzw. seine Hauptniederlassung, sofern sich diese in dem betreffenden Mitgliedstaat befindet, für die Erfüllung der Mindestreservepflicht des Instituts verantwortlich. [2]Liegen weder der Geschäftssitz noch die Hauptniederlassung in dem betreffenden Mitgliedstaat, benennt das Institut die Niederlassung, die für die Erfüllung der Mindestreservepflicht des Instituts verantwortlich ist. [3]Die Summe der Mindestreserven, die von den einzelnen Niederlassungen unterhalten werden, wird auf die Erfüllung der Mindestreservepflicht des Instituts in diesem Mitgliedstaat angerechnet.

Art. 7[1)] Mindestreserve-Erfüllungsperiode. (1) [1]Sofern der EZB-Rat nicht beschließt, den Kalender gemäß Absatz 2 zu ändern, beginnt die Mindestreserve-Erfüllungsperiode am Tag der Abwicklung des Hauptrefinanzierungsgeschäfts, der auf die Sitzung des EZB-Rates folgt, in der die Beurteilung des geldpolitischen Kurses vorgesehen ist. [2]Spätestens drei Monate vor Beginn jedes Kalenderjahres veröffentlicht das Direktorium der EZB einen Kalender der Mindestreserve-Erfüllungsperioden. [3]Dieser Kalender wird im *Amtsblatt der Europäischen Union* und auf der Website der EZB bzw. den Websites der teilnehmenden NZBen veröffentlicht.

(2) Der EZB-Rat beschließt alle Änderungen dieses Kalenders, die aufgrund von außergewöhnlichen Umständen erforderlich sind, und das Direktorium veröffentlicht diese Änderungen in derselben Weise rechtzeitig vor Beginn der Mindestreserve-Erfülllungsperiode, in der die Änderungen Anwendung finden.

Art. 8 Verzinsung. (1) *[1]* Mindestreserveguthaben werden bis zur Höhe des Mindestreserve-Solls zum durchschnittlichen Zinssatz der EZB für die Haupt-

1) Gem. Art. 2 Abs. 1 des Beschlusses 2014/4/EU v. 22.10.2013 (ABl. 2014 L 3 S. 9) gilt für in Lettland befindliche Institute übergangsweise eine Mindestreserve-Erfüllungsperiode vom 1. bis zum 14. Januar 2014.

refinanzierungsgeschäfte des Eurosystems über die Mindestreserve-Erfüllungsperiode (gewichtet nach der Anzahl der Kalendertage) nach der folgenden Formel verzinst, wobei das Ergebnis auf den nächsten vollen Cent gerundet wird.

$$R_t = \frac{H_t \cdot n_t \cdot r_t}{100 \cdot 360}$$

$$r_t = \sum_{i=1}^{n_t} \frac{MR_i}{n_t}$$

[2] Hierbei ist:

R_t = die Zinsen, die für die Mindestreserveguthaben in der Mindestreserve-Erfüllungsperiode *t* anfallen;

H_t = die tagesdurchschnittlichen Mindestreserveguthaben in der Mindestreserve-Erfüllungsperiode *t*;

n_t = die Anzahl der Kalendertage der Mindestreserve-Erfüllungsperiode *t*;

r_t = der Zinssatz auf Mindestreserveguthaben in der Mindestreserve-Erfüllungsperiode *t*. Der Zinssatz wird standardmäßig auf zwei Dezimalstellen gerundet;

i = der Kalendertag der Mindestreserve-Erfüllungsperiode *t*;

MR_i = der marginale Zinssatz des aktuellsten Refinanzierungsgeschäfts, das am oder vor dem Kalendertag *i* abgewickelt wurde.

(2) Die Zinsen werden am zweiten NZB-Geschäftstag nach Ablauf der Mindestreserve-Erfüllungsperiode gutgeschrieben, in der die Zinsen angefallen sind.

Art. 9 Überprüfungsrecht. Das in Artikel 6 der Verordnung (EG) Nr. 2531/98 bestimmte Recht, die Richtigkeit und Qualität der Daten zu überprüfen, die von den Instituten zum Nachweis der Erfüllung ihrer Mindestreservepflicht vorgelegt werden, wird von den teilnehmenden NZBen ausgeübt, unbeschadet des Rechts der EZB, dieses selbst wahrzunehmen.

Art. 10 Indirekte Haltung von Mindestreserven über einen Mittler.

(1) [1] Die Institute können die Erlaubnis beantragen, alle ihre Mindestreserven indirekt über einen Mittler zu unterhalten, der in demselben Mitgliedstaat ansässig ist. [2] Bei dem Mittler muss es sich um ein Institut handeln, das der Mindestreservepflicht unterliegt und das über die Haltung der Mindestreserven hinaus regelmäßig einen Teil der Geschäftsabwicklung (z.B. Finanzdisposition) des Instituts durchführt, für das es als Mittler tätig ist.

(2) [1] Der Antrag auf die vorstehend in Absatz 1 genannte Erlaubnis, Mindestreserven über einen Mittler zu unterhalten ist an die nationale Zentralbank des teilnehmenden Mitgliedstaats zu richten, in dem das antragstellende Institut niedergelassen ist. [2] Dem Antrag ist eine Kopie der Vereinbarung zwischen dem Mittler und dem antragstellenden Institut beizufügen, in der beide Parteien ihre

Zustimmung zu der Vereinbarung ausdrücken. [3] In der Vereinbarung ist auch anzugeben, ob das antragstellende Institut Zugang zu den ständigen Fazilitäten und Offenmarktgeschäften des Eurosystems wünscht. [4] Die Kündigungsfrist für die Vereinbarung muss mindestens zwölf Monate betragen. [5] Sind die vorstehend genannten Bedingungen erfüllt, kann die betreffende teilnehmende NZB dem antragstellenden Institut die Erlaubnis erteilen, Mindestreserven über einen Mittler zu unterhalten, vorbehaltlich der Bestimmungen von Absatz 4 dieses Artikels. [6] Die Erlaubnis wird mit Beginn der ersten Mindestreserve-Erfüllungsperiode nach der Erteilung der Erlaubnis wirksam und behält ihre Wirksamkeit für die Dauer der vorstehend genannten Vereinbarung zwischen den Parteien.

(3) [1] Der Mittler unterhält die Mindestreserven in Übereinstimmung mit den allgemeinen Bestimmungen des Mindestreservesystems der EZB. [2] Nicht nur die Institute, für die der Mittler tätig ist, sondern auch der Mittler selbst ist für die Erfüllung der Mindestreservepflicht dieser Institute verantwortlich. [3] Im Falle der Nichterfüllung kann die EZB dem Mittler, dem Institut, für das dieser als Mittler tätig ist, oder beiden entsprechend der Verantwortung für die Nichterfüllung vorgesehene Sanktionen auferlegen.

(4) *[1]* Die EZB oder die betreffende teilnehmende NZB kann die Erlaubnis, Mindestreserven indirekt über einen Mittler zu unterhalten jederzeit widerrufen:

i) wenn das Institut, das seine Mindestreserven indirekt über einen Mittler unterhält, oder der Mittler selbst den Verpflichtungen aus dem Mindestreservesystem der EZB nicht nachkommt;

ii) wenn die Bedingungen für die indirekte Haltung von Mindestreserven gemäß den Absätzen 1 und 2 dieses Artikels nicht mehr erfüllt sind oder

iii) aus aufsichtsrechtlichen Gründen in Bezug auf den Mittler.

[2] [1] Wird eine Erlaubnis aus aufsichtsrechtlichen Gründen in Bezug auf den Mittler widerrufen, kann die Rücknahme unmittelbar wirksam werden. [2] Gemäß den Bedingungen von Absatz 5 werden alle Rücknahmen aus anderen Gründen zum Ende der jeweilig laufenden Mindestreserve-Erfüllungsperiode wirksam. [3] Das Institut, das seine Mindestreserven über einen Mittler unterhält, oder der Mittler selbst kann jederzeit den Widerruf der Erlaubnis beantragen. [4] Ein Widerruf wird erst nach vorheriger Mitteilung durch die betreffende teilnehmende NZB wirksam.

(5) Das Institut, das seine Mindestreserven über einen Mittler unterhält, und der Mittler selbst werden über den Widerruf einer Genehmigung aus anderen Gründen als aus aufsichtsrechtlichen Gründen mindestens fünf Arbeitstage vor Ablauf der Mindestreserve-Erfüllungsperiode benachrichtigt, in der die Erlaubnis widerrufen wird.

(6) [1] Unbeschadet der statistischen Berichtspflichten des Instituts, das seine Mindestreserven über einen Mittler unterhält, meldet der Mittler umfassende Daten über die Mindestreservebasis an die EZB, damit diese deren Richtigkeit und Qualität gemäß den Bestimmungen des Artikels 9 überprüfen kann; ferner erfasst der Mittler das Mindestreserve-Soll und die Daten über die Reservehaltung jeweils für sich selbst sowie für jedes Institut, für das er als Mittler tätig ist. [2] Diese Daten werden an die teilnehmende NZB übermittelt, bei der die Mindestreserven unterhalten werden. [3] Der Mittler liefert die vorstehend ge-

nannten Daten über die Mindestreservebasis im gleichen Zeitabstand und Zeitplan, wie er in dem Berichtsrahmen der EZB vorgesehen ist, der in der Verordnung (EU) Nr. 1071/2013 (EZB/2013/33) festgelegt ist.

Art. 11 Konsolidierte Haltung von Mindestreserven. [1] Institute, die statistische Daten hinsichtlich ihrer konsolidierten Mindestreservebasis (gemäß dem in der Verordnung (EU) Nr. 1071/2013 (EZB/2013/33) festgelegten Berichtsrahmen der EZB) als Gruppe melden dürfen, halten ihre Mindestreserven durch eines der Institute der Gruppe, das ausschließlich für diese Institute als Mittler tätig ist und gemäß den Bestimmungen von Artikel 10 handelt. [2] Bei Zugang der Erlaubnis der EZB zur Meldung statistischer Daten hinsichtlich der konsolidierten Mindestreservebasis für die Institute der Gruppe wird das Institut, das als Mittler für die Gruppe handelt, automatisch von den Bestimmungen in Artikel 10 Absatz 6 befreit, und nur die Gruppe insgesamt hat Anspruch auf den in Artikel 5 Absatz 2 genannten Freibetrag.

Art. 12 NZB-Geschäftstage. Haben eine oder mehrere Zweigstellen einer teilnehmenden NZB an einem NZB-Geschäftstag aufgrund eines örtlichen oder regionalen Feiertags geschlossen, muss die betreffende teilnehmende NZB die Institute im Voraus über die Vorkehrungen informieren, die für Transaktionen mit den betroffenen Zweigstellen zu treffen sind.

Art. 13 Verschmelzungen und Spaltungen. (1) [1] Für die Mindestreserve-Erfüllungsperiode, in der die Verschmelzung wirksam wird, geht die Mindestreservepflicht der übertragenden Institute auf das übernehmende Institut über und dem übernehmenden Institut kommen alle den übertragenden Instituten gemäß Artikel 5 Absatz 2 eingeräumten Freibeträge zugute. [2] Die Summe der Mindestreserven, die von den übertragenden Instituten in der Mindestreserve-Erfüllungsperiode unterhalten werden, in der die Verschmelzung wirksam wird, wird insgesamt auf die Erfüllung der Mindestreservepflicht durch das übernehmende Institut angerechnet.

(2) [1] Von der Mindestreserve-Erfüllungsperiode an, die unmittelbar auf die Mindestreserve-Erfüllungsperiode folgt, in der die Verschmelzung wirksam wird, erhält das übernehmende Institut nur einen Freibetrag gemäß Artikel 5 Absatz 2. [2] Für die unmittelbar auf die Verschmelzung folgende Mindestreserve-Erfüllungsperiode wird das Mindestreserve-Soll des übernehmenden Instituts auf der Grundlage einer Mindestreservebasis errechnet, die sich aus den Mindestreservebasen der übertragenden Institute und gegebenenfalls des übernehmenden Instituts zusammensetzt. [3] Die zu aggregierenden Reservebasen entsprechen denjenigen, die für diese Mindestreserve-Erfüllungsperiode ohne die Verschmelzung zu Grunde gelegt worden wären. [4] Soweit dies zur Beschaffung ausreichender statistischer Daten für jedes der übertragenden Institute erforderlich ist, erfüllt das übernehmende Institut die statistischen Berichtspflichten der übertragenden Institute. [5] Sonderbestimmungen im Hinblick auf die beteiligten Institute sind in Anhang III der Verordnung (EU) Nr. 1071/2013 (EZB/2013/33) enthalten.

(3) [1] Für die Mindestreserve-Erfüllungsperiode, in der eine Spaltung wirksam wird, geht die Mindestreservepflicht des übertragenden Instituts auf die übernehmenden Institute, die Kreditinstitute sind, über. [2] Jedes der übernehmenden Institute haftet verhältnismäßig nach Maßgabe des von ihm übernommenen

Anteils an der Mindestreservebasis des übertragenden Instituts. [3]Nach dem gleichen Verhältnis werden die Mindestreserven, die vom übertragenden Institut während der Mindestreserve-Erfüllungsperiode, in der die Spaltung wirksam wird, unterhalten werden, auf die übernehmenden Institute, die Kreditinstitute sind, aufgeteilt. [4]Für die Mindestreserve-Erfüllungsperiode, in der die Spaltung wirksam wird, wird der in Artikel 5 Absatz 2 genannte Freibetrag jedem der übernehmenden Institute gewährt, die Kreditinstitute sind.

(4) [1]Von der Mindestreserve-Erfüllungsperiode an, die unmittelbar auf die Mindestreserve-Erfüllungsperiode folgt, in der die Spaltung wirksam wird, und bis die übernehmenden Institute, die Kreditinstitute sind, ihre jeweilige Mindestreservebasis gemäß Artikel 6 der Verordnung (EG) Nr. 1071/2013 (EZB/2013/33) gemeldet haben, erfüllt jedes übernehmende Institut, das ein Kreditinstitut ist, gegebenenfalls zusätzlich zu seiner eigenen Mindestreservepflicht, das auf der Grundlage der anteilig übernommenen Mindestreservebasis ermittelte Mindestreserve-Soll. [2]Von der Mindestreserve-Erfüllungsperiode an, die unmittelbar auf die Mindestreserve-Erfüllungsperiode folgt, in der die Spaltung wirksam wird, erhält jedes übernehmende Institut, das ein Kreditinstitut ist, einen Freibetrag gemäß Artikel 5 Absatz 2.

Art. 13a Erweiterung des Euro-Währungsgebiets. (1) *[1]* Der EZB-Rat ermächtigt das Direktorium der EZB in den Fällen, in denen ein Mitgliedstaat den Euro gemäß dem Vertrag einführt, unter Berücksichtigung der Ansichten des Ausschusses für Marktoperationen des ESZB gegebenenfalls über Folgendes zu entscheiden:

a) die Daten der übergangsweise geltenden Mindestreserve-Erfüllungsperiode für Institute mit Sitz im betreffenden Mitgliedstaat hinsichtlich der Auferlegung der Mindestreservepflicht, wobei diese Periode mit dem Datum der Einführung des Euro im betreffenden Mitgliedstaat beginnt;

b) die Art und Weise der Berechnung der Mindestreservebasis zur Bestimmung der Höhe der Mindestreserven, die Institute mit Sitz in dem den Euro einführenden Mitgliedstaat während der übergangsweise geltenden Mindestreserve-Erfüllungsperiode unter Berücksichtigung des in der Verordnung (EG) Nr. 1071/2013 (EZB/2013/33) festgelegten Berichtsrahmens der EZB halten müssen; und

c) die Frist, innerhalb deren die Institute mit Sitz in dem den Euro einführenden Mitgliedstaat und deren nationale Zentralbank die Berechnung und Überprüfung der Mindestreserven für die übergangsweise geltende Mindestreserve-Erfüllungsperiode vornehmen müssen.

[2] Das Direktorium veröffentlicht spätestens zwei Monate vor der Einführung des Euro im betreffenden Mitgliedstaat eine Erklärung zu seiner Entscheidung.

(2) [1]Des Weiteren ermächtigt der EZB-Rat das Direktorium der EZB, Instituten mit Sitz in einem anderen teilnehmenden Mitgliedstaat zu gestatten, für die mit der übergangsweise geltenden Mindestreserve-Erfüllungsperiode zusammenfallende und die auf diese folgende Mindestreserve-Erfüllungsperiode alle Verbindlichkeiten gegenüber Instituten mit Sitz in dem den Euro einführenden Mitgliedstaat von ihrer Mindestreservebasis abzuziehen, selbst wenn diese Institute zum Zeitpunkt der Berechnung der Mindestreserven nicht auf der in Artikel 2 Absatz 3 genannten Liste der der Mindestreservepflicht

unterliegenden Institute aufgeführt sind. [2] In diesem Falle können die vom Direktorium der EZB aufgrund dieses Absatzes erlassenen Entscheidungen genauere Angaben darüber enthalten, auf welche Weise der Abzug dieser Verbindlichkeiten erfolgt.

(3) Alle vom Direktorium gemäß den Absätzen 1 und 2 erlassenen Entscheidungen sind umgehend dem EZB-Rat mitzuteilen; das Direktorium der EZB befolgt alle diesbezüglichen Entscheidungen des EZB-Rates.

Art. 14 Übergangsbestimmungen. (1) Die am 24. Januar 2004 beginnende Mindestreserve-Erfüllungsperiode endet am 9. März 2004.

(2) [1] Das Mindestreserve-Soll für diese übergangsweise geltende Mindestreserve-Erfüllungsperiode wird auf der Grundlage der Mindestreservebasis vom 31. Dezember 2003 berechnet. [2] Die Mindestreservebasis vom 30. September 2003 wird für diejenigen Institute zugrunde gelegt, die vierteljährlich melden.

(3) Die in Artikel 5 Absätze 3, 4 und 6 der Verordnung (EG) Nr. 2818/98 (EZB/1998/15) festgelegten Verfahren für die Berechnung, Meldung, Bestätigung, Berichtigung und Anerkennung finden auf diese übergangsweise geltenden Mindestreserve-Erfüllungsperiode Anwendung.

Art. 15 Schlussbestimmungen. (1) Mit Ausnahme von Artikel 5 Absätze 3 und 5, die am 10. März 2004 in Kraft treten, tritt diese Verordnung am 24. Januar 2004 in Kraft.

(2) Mit Ausnahme von Artikel 5 Absätze 3, 4 und 6, die am 9. März 2004 aufgehoben werden, wird die Verordnung (EG) Nr. 2818/98 (EZB/1998/15) vom 1. Dezember 1998 über die Auferlegung einer Mindestreservepflicht am 23. Januar 2004 aufgehoben.

(3) Verweisungen auf die aufgehobene Verordnung gelten als Verweisungen auf die vorliegende Verordnung.

4. Gesetz über die Deutsche Bundesbank[1)]

In der Fassung der Bekanntmachung vom 22. Oktober 1992[2)]
(BGBl. I S. 1782)

FNA 7620-1

zuletzt geänd. durch Art. 23 AIFM-Umsetzungsgesetz v. 4.7.2013 (BGBl. I S. 1981)

Nichtamtliche Inhaltsübersicht

---

1) Siehe hierzu ua:
Bundesbank-Mitteilung Nr. 2007/2018 v. 24.10.2018 (BAnz AT 07.11.2018 B5),
Bundesbank-Mitteilung Nr. 2008/2018 v. 24.10.2018 (BAnz AT 07.11.2018 B6).

2) Neubekanntmachung des G über die Deutsche Bundesbank v. 26.7.1957 (BGBl. I S. 745) in der ab 1.11.1992 geltenden Fassung.

Erster Abschnitt. Rechtsform und Aufgabe

§ 1 *(aufgehoben)*

§ 2 Rechtsform, Grundkapital und Sitz. [1]Die Deutsche Bundesbank ist eine bundesunmittelbare juristische Person des öffentlichen Rechts. [2]Ihr Grundkapital im Betrage von 2,5 Milliarden Euro steht dem Bund zu. [3]Die Bank hat ihren Sitz in Frankfurt am Main.

§ 3 Aufgaben. [1]Die Deutsche Bundesbank ist als Zentralbank der Bundesrepublik Deutschland integraler Bestandteil des Europäischen Systems der Zentralbanken. [2]Sie wirkt an der Erfüllung seiner Aufgaben mit dem vorrangigen Ziel mit, die Preisstabilität zu gewährleisten, hält und verwaltet die Währungsreserven der Bundesrepublik Deutschland, sorgt für die bankmäßige Abwicklung des Zahlungsverkehrs im Inland und mit dem Ausland und trägt zur Stabilität der Zahlungs- und Verrechnungssysteme bei. [3]Sie nimmt darüber hinaus die ihr nach diesem Gesetz oder anderen Rechtsvorschriften übertragenen Aufgaben wahr.

§ 4 Beteiligungen. Die Deutsche Bundesbank ist unbeschadet des Artikels 6 Abs. 2 der Satzung des Europäischen Systems der Zentralbanken und der Europäischen Zentralbank berechtigt, sich an der Bank für Internationalen Zahlungsausgleich und mit Zustimmung der Bundesregierung an anderen Einrichtungen zu beteiligen, die einer übernationalen Währungspolitik oder dem internationalen Zahlungs- und Kreditverkehr dienen oder sonst geeignet sind, die Erfüllung ihrer Aufgabe zu fördern.

Zweiter Abschnitt. Organisation

§§ 5–6 *(aufgehoben)*

§ 7 Vorstand. (1) [1] Organ der Deutschen Bundesbank ist der Vorstand. [2] Er leitet und verwaltet die Bank. [3] Er beschließt ein Organisationsstatut[1)], das die Zuständigkeiten innerhalb des Vorstands und die Aufgaben, die den Hauptverwaltungen übertragen werden können, festlegt. [4] Der Vorstand kann die Wahrnehmung bestimmter Angelegenheiten einem Mitglied zur eigenverantwortlichen Erledigung übertragen.

(2) [1] Der Vorstand besteht aus dem Präsidenten und dem Vizepräsidenten und vier weiteren Mitgliedern. [2] Die Mitglieder des Vorstands müssen besondere fachliche Eignung besitzen.

(3) [1] Die Mitglieder des Vorstands werden vom Bundespräsidenten bestellt. [2] Die Bestellung des Präsidenten und des Vizepräsidenten sowie eines weiteren Mitglieds erfolgt auf Vorschlag der Bundesregierung, die der übrigen drei Mitglieder auf Vorschlag des Bundesrates im Einvernehmen mit der Bundesregierung. [3] Für die Bestellung des Vizepräsidenten kann der Bundesrat der Bundesregierung einen Vorschlag zuleiten. [4] Die Bundesregierung und der Bundesrat haben bei ihren Vorschlägen den Vorstand anzuhören. [5] Die Mitglieder werden für acht Jahre, ausnahmsweise auch für kürzere Zeit, mindestens jedoch für fünf Jahre bestellt. [6] Bestellung und Ausscheiden sind im Bundesanzeiger zu veröffentlichen.

(4) [1] Die Mitglieder des Vorstands stehen in einem öffentlich-rechtlichen Amtsverhältnis. [2] Ihre Rechtsverhältnisse gegenüber der Bank, insbesondere die Gehälter, Ruhegehälter und Hinterbliebenenbezüge, werden durch Verträge mit dem Vorstand geregelt. [3] Die Verträge bedürfen der Zustimmung der Bundesregierung.

(5) [1] Der Vorstand berät unter dem Vorsitz des Präsidenten oder des Vizepräsidenten. [2] Er fasst seine Beschlüsse mit einfacher Mehrheit der abgegebenen Stimmen. [3] Bei Stimmengleichheit gibt die Stimme des Vorsitzenden den Ausschlag. [4] Bei der Verteilung der Zuständigkeiten innerhalb des Vorstands kann nicht gegen den Präsidenten entschieden werden.

§ 8 Hauptverwaltungen. (1) Die Deutsche Bundesbank unterhält je eine Hauptverwaltung für den Bereich

1. des Landes Baden-Württemberg,
2. des Freistaates Bayern,
3. der Länder Berlin und Brandenburg,
4. der Freien Hansestadt Bremen und der Länder Niedersachsen und Sachsen-Anhalt,
5. der Freien und Hansestadt Hamburg und der Länder Mecklenburg-Vorpommern und Schleswig-Holstein,
6. des Landes Hessen,
7. des Landes Nordrhein-Westfalen,
8. der Länder Rheinland-Pfalz und Saarland,
9. der Freistaaten Sachsen und Thüringen.

[1)] Nr. **4a**.

(2) [1]Die Hauptverwaltungen werden jeweils von einem Präsidenten geleitet, der dem Vorstand der Deutschen Bundesbank untersteht. [2]Diese tragen die Bezeichnung Präsident der Hauptverwaltung.

§ 9 Beiräte bei den Hauptverwaltungen. (1) Bei jeder Hauptverwaltung besteht ein Beirat, der regelmäßig mit dem Präsidenten der Hauptverwaltung zusammentrifft und mit ihm über die Durchführung der in seinem Bereich anfallenden Arbeiten berät.

(2) [1]Der Beirat besteht aus höchstens vierzehn Mitgliedern, die besondere Kenntnisse auf dem Gebiet des Kreditwesens haben sollen. [2]Höchstens die Hälfte der Mitglieder soll aus den verschiedenen Zweigen des Kreditgewerbes, die übrigen Mitglieder sollen aus der gewerblichen Wirtschaft, dem Handel, der Versicherungswirtschaft, der Freien Berufe, der Landwirtschaft sowie der Arbeiter- und Angestelltenschaft ausgewählt werden. [3]Der Beirat soll zweimal im Jahr zusammentreten.

(3) Die Mitglieder des Beirats werden auf Vorschlag der zuständigen Landesregierungen durch den Präsidenten der Deutschen Bundesbank auf die Dauer von drei Jahren berufen.

(4) [1]Den Vorsitz im Beirat führt der Präsident der Hauptverwaltung. [2]Bei Beratungsgegenständen, die ihrer Natur nach vertraulich sind oder die der Vorsitzende ausdrücklich als vertraulich bezeichnet hat, sind die Teilnehmer an den Sitzungen des Beirats zur Verschwiegenheit verpflichtet.

§ 10 Filialen. Die Deutsche Bundesbank darf Filialen unterhalten, die der zuständigen Hauptverwaltung unterstehen.

§ 11 Vertretung. (1) [1]Die Deutsche Bundesbank wird gerichtlich und außergerichtlich durch den Vorstand vertreten. [2]§ 31 Abs. 2 und § 41 Abs. 4 bleiben unberührt.

(2) [1]Willenserklärungen sind für die Deutsche Bundesbank verbindlich, wenn sie von zwei Mitgliedern des Vorstands oder von zwei bevollmächtigten Vertretern abgegeben werden. [2]Zur Rechtswirksamkeit einer der Bank gegenüber abzugebenden Willenserklärung genügt die Erklärung gegenüber einem Vertretungsberechtigten.

(3) Die Vertretungsbefugnis kann durch die Bescheinigung eines Urkundsbeamten der Deutschen Bundesbank nachgewiesen werden.

(4) Klagen gegen die Deutsche Bundesbank, die auf den Geschäftsbetrieb einer Hauptverwaltung oder einer Filiale Bezug haben, können auch bei dem Gericht des Sitzes der Hauptverwaltung erhoben werden.

Dritter Abschnitt. Bundesregierung und Bundesbank

§ 12 Verhältnis der Bank zur Bundesregierung. [1]Die Deutsche Bundesbank ist bei der Ausübung der Befugnisse, die ihr nach diesem Gesetz zustehen, von Weisungen der Bundesregierung unabhängig. [2]Soweit dies unter Wahrung ihrer Aufgabe als Bestandteil des Europäischen Systems der Zentralbanken möglich ist, unterstützt sie die allgemeine Wirtschaftspolitik der Bundesregierung.

§ 13 Zusammenarbeit. (1) Die Deutsche Bundesbank hat die Bundesregierung in Angelegenheiten von wesentlicher währungspolitischer Bedeutung zu beraten und ihr auf Verlangen Auskunft zu geben.

(2) Die Bundesregierung soll den Präsidenten der Deutschen Bundesbank zu ihren Beratungen über Angelegenheiten von währungspolitischer Bedeutung zuziehen.

Vierter Abschnitt. Währungspolitische Befugnisse

§ 14 Notenausgabe. (1) [1]Die Deutsche Bundesbank hat unbeschadet des Artikels 128 Absatz 1 des Vertrages über die Arbeitsweise der Europäischen Union[1)] das ausschließliche Recht, Banknoten im Geltungsbereich dieses Gesetzes auszugeben. [2]Auf Euro lautende Banknoten sind das einzige unbeschränkte gesetzliche Zahlungsmittel. [3]Die Deutsche Bundesbank hat die Stückelung und die Unterscheidungsmerkmale der von ihr ausgegebenen Noten öffentlich bekannt zu machen.

(2) [1]Die Deutsche Bundesbank kann unbeschadet des Artikels 128 Absatz 1 des Vertrages über die Arbeitsweise der Europäischen Union Noten zur Einziehung aufrufen. [2]Aufgerufene Noten werden nach Ablauf der beim Aufruf bestimmten Umtauschfrist ungültig.

§§ 15–16 *(aufgehoben)*

§ 17 *(aufgehoben)*

§ 18[2)] Statistische Erhebungen. [1]Die Deutsche Bundesbank ist berechtigt, zur Erfüllung ihrer Aufgabe Statistiken auf dem Gebiet des Bank- und Geldwesens bei allen Kreditinstituten, Kapitalverwaltungsgesellschaften und extern verwalteten Investmentgesellschaften anzuordnen und durchzuführen. [2]§§ 9, 15 und 16 des Bundesstatistikgesetzes sind entsprechend anzuwenden. [3]Die Deutsche Bundesbank kann die Ergebnisse der Statistiken für allgemeine Zwecke veröffentlichen. [4]Die Veröffentlichungen dürfen keine Einzelangaben enthalten. [5]Den nach § 13 Abs. 1 Auskunftsberechtigten dürfen Einzelangaben nur mitgeteilt werden, wenn und soweit es in der Anordnung über die Statistik vorgesehen ist.

Fünfter Abschnitt. Geschäftskreis

§ 19 Geschäfte mit Kreditinstituten und anderen Marktteilnehmern. Die Deutsche Bundesbank darf mit Kreditinstituten und anderen Marktteilnehmern unbeschadet des Kapitels IV der Satzung des Europäischen Systems der Zentralbanken und der Europäischen Zentralbank (BGBl. 1992 II S. 1251, 1297) folgende Geschäfte betreiben:

1. Darlehen gegen Sicherheiten gewähren sowie am offenen Markt Forderungen, börsengängige Wertpapiere und Edelmetalle endgültig (per Kasse oder Termin) oder im Rahmen von Rückkaufsvereinbarungen kaufen oder ver-

---

1) Nr. **1**.
2) Siehe hierzu die DBBank-Mitteilung Nr. 8001/2015 v. 13.5.2015 (BAnz AT 29.05.2015 B1).

kaufen; bei Pfändern ist die Bank mit Eintritt der Pfandreife berechtigt, das Pfand durch einen ihrer Mitarbeiter oder durch eine zu Versteigerungen befugte Person zu versteigern oder, wenn der verpfändete Gegenstand einen Börsen- oder Marktpreis hat, durch eine der vorgenannten Personen oder einen Handelsmakler zum laufenden Preis zu verkaufen und sich aus dem Erlös für Kosten, Zinsen und Kapital zu befriedigen oder sich den verpfändeten Gegenstand anzueignen, wobei die Ansprüche der Bank in Höhe des Börsen- oder Marktpreises erlöschen; diese Rechte stehen der Bank auch gegenüber anderen Gläubigern und gegenüber der Insolvenzmasse des Schuldners sowie auch im Falle einer vorhergehenden Sicherungsmaßnahme gegen den Schuldner zu; sie gelten auch, wenn die Bank die Verwertung für ein anderes Mitglied des Europäischen Systems der Zentralbanken vornimmt;

2. Giroeinlagen und andere Einlagen annehmen;
3. Wertgegenstände, insbesondere Wertpapiere, in Verwahrung und Verwaltung nehmen; die Ausübung des Stimmrechts aus den von ihr verwahrten oder verwalteten Wertpapieren ist der Bank untersagt;
4. Schecks, Lastschriften, Wechsel, Anweisungen, Wertpapiere und Zinsscheine zum Einzug übernehmen und nach Deckung Zahlung leisten, soweit nicht die Bank für die Gutschrift des Gegenwertes für Schecks, Lastschriften und Anweisungen etwas anderes bestimmt;
5. andere bankmäßige Auftragsgeschäfte nach Deckung ausführen;
6. auf eine andere Währung als Euro lautende Zahlungsmittel einschließlich Wechsel und Schecks, Forderungen und Wertpapiere sowie Gold, Silber und Platin kaufen und verkaufen;
7. alle Bankgeschäfte im Verkehr mit dem Ausland vornehmen.

§ 20 Geschäfte mit öffentlichen Verwaltungen. [1]Die Deutsche Bundesbank darf mit dem Bund, den Sondervermögen des Bundes, den Ländern und anderen öffentlichen Verwaltungen die in § 19 Nr. 2 bis 7 bezeichneten Geschäfte vornehmen; dabei darf die Bank im Verlauf eines Tages Kontoüberziehungen zulassen. [2]Für diese Geschäfte darf die Bank dem Bund, den Sondervermögen des Bundes und den Ländern keine Kosten und Gebühren berechnen.

§ 21 *(aufgehoben)*

§ 22 Geschäfte mit jedermann. Die Deutsche Bundesbank darf mit natürlichen und juristischen Personen im In- und Ausland die in § 19 Nr. 2 bis 7 bezeichneten Geschäfte betreiben.

§ 23 Bestätigung von Schecks. (1) [1]Die Deutsche Bundesbank darf Schecks, die auf sie gezogen sind, nur nach Deckung bestätigen. [2]Aus dem Bestätigungsvermerk wird sie dem Inhaber zur Einlösung verpflichtet; für die Einlösung haftet sie auch dem Aussteller und dem Indossanten.

(2) Die Einlösung des bestätigten Schecks darf auch dann nicht verweigert werden, wenn inzwischen über das Vermögen des Ausstellers das Insolvenzverfahren eröffnet worden ist.

(3) [1]Die Verpflichtung aus der Bestätigung erlischt, wenn der Scheck nicht binnen acht Tagen nach der Ausstellung zur Zahlung vorgelegt wird. [2]Für den Nachweis der Vorlegung gilt Artikel 40 des Scheckgesetzes[1)].

(4) Der Anspruch aus der Bestätigung verjährt in zwei Jahren vom Ablauf der Vorlegungsfrist an.

(5) Auf die gerichtliche Geltendmachung von Ansprüchen auf Grund der Bestätigung sind die für Wechselsachen geltenden Zuständigkeits- und Verfahrensvorschriften entsprechend anzuwenden.

§ 24 *(aufgehoben)*

§ 25 Andere Geschäfte. Die Deutsche Bundesbank soll andere als die in den §§ 19, 20, 22 und 23 oder auf der Grundlage der Satzung des Europäischen Systems der Zentralbanken und der Europäischen Zentralbank zugelassenen Geschäfte nur zur Durchführung und Abwicklung zugelassener Geschäfte oder für den eigenen Betrieb oder für ihre Betriebsangehörigen vornehmen.

Sechster Abschnitt. Jahresabschluss, Kostenrechnung, Gewinnverteilung

§ 26 Jahresabschluss, Kostenrechnung. (1) Das Geschäftsjahr der Deutschen Bundesbank ist das Kalenderjahr.

(2) [1]Das Rechnungswesen der Deutschen Bundesbank hat den Grundsätzen ordnungsmäßiger Buchführung zu entsprechen. [2]Der Jahresabschluß ist unter Berücksichtigung der Aufgaben der Deutschen Bundesbank, insbesondere als Bestandteil des Europäischen Systems der Zentralbanken, aufzustellen und mit den entsprechenden Erläuterungen offenzulegen; die Haftungsverhältnisse brauchen nicht vermerkt zu werden. [3]Soweit sich aus Satz 2 keine Abweichungen ergeben, sind für die Wertansätze die Vorschriften des Handelsgesetzbuchs für Kapitalgesellschaften entsprechend anzuwenden. [4]Die Bildung von Passivposten im Rahmen der Ergebnisermittlung auch für allgemeine Wagnisse im In- und Auslandsgeschäft, wie sie unter Berücksichtigung der Aufgabe der Deutschen Bundesbank im Rahmen vernünftiger kaufmännischer Beurteilung für zulässig gehalten wird, bleibt unberührt.

(3) [1]Der Vorstand hat sobald wie möglich den Jahresabschluß aufzustellen. [2]Der Abschluss ist durch einen oder mehrere vom Vorstand im Einvernehmen mit dem Bundesrechnungshof bestellte Wirtschaftsprüfer zu prüfen und alsdann zu veröffentlichen. [3]Der Prüfungsbericht des Wirtschaftsprüfers dient dem Bundesrechnungshof als Grundlage für die von ihm durchzuführende Prüfung.

(4) [1]Zur Unterstützung ihrer Leitung und Verwaltung erstellt die Deutsche Bundesbank eine Kostenrechnung. [2]Vor Beginn eines Geschäftsjahres stellt die Deutsche Bundesbank eine Plankostenrechnung und einen Investitionsplan auf. [3]Nach Abschluss des Geschäftsjahres stellt sie den Planzahlen die tatsächlich angefallenen Kosten und Investitionen in einer Plan/Ist-Analyse gegenüber. [4]Die Plan/Ist-Analyse ist vom Wirtschaftsprüfer gesondert zu prüfen.

(5) [1]Der Jahresabschluss, die Plankostenrechnung, der Investitionsplan, die Plan/Ist-Analyse und die Prüfungsberichte des Wirtschaftsprüfers sind dem

---

[1)] Nr. **25**.

Bundesministerium der Finanzen und dem Bundesrechnungshof zuzuleiten. [2] Der Deutsche Bundestag erhält den Jahresabschluss, die Plan/Ist-Analyse und die Prüfungsberichte des Wirtschaftsprüfers.

(6) Der Bundesrechnungshof berichtet dem Deutschen Bundestag über seine Feststellungen nach Absatz 3.

§ 27 Gewinnverteilung. Der Reingewinn ist in nachstehender Reihenfolge zu verwenden:

1. zwanzig vom Hundert des Gewinns, jedoch mindestens zweihundertfünfzig Millionen Euro, sind einer gesetzlichen Rücklage, soweit sie den Betrag von 2,5 Milliarden Euro unterschreitet, bis zu ihrer Auffüllung zuzuführen; die gesetzliche Rücklage darf nur zum Ausgleich von Wertminderungen und zur Deckung anderer Verluste verwendet werden;
2. der Restbetrag ist an den Bund abzuführen.

§ 28 *(aufgehoben)*

Siebenter Abschnitt. Allgemeine Bestimmungen

§ 29 Sonderstellung der Deutschen Bundesbank. (1) [1] Der Vorstand mit der Zentrale am Sitz der Bank hat die Stellung einer obersten Bundesbehörde. [2] Die Hauptverwaltungen und Filialen haben die Stellung von Bundesbehörden.

(2) Die Deutsche Bundesbank und ihre Bediensteten genießen die Vergünstigungen, die in Bau-, Wohnungs- und Mietangelegenheiten für den Bund und seine Bediensteten gelten.

(3) Die Vorschriften des Handelsgesetzbuchs über die Eintragungen in das Handelsregister sowie die Vorschriften über die Zugehörigkeit zu den Industrie- und Handelskammern sind auf die Deutsche Bundesbank nicht anzuwenden.

§ 30 Urkundsbeamte. [1] Der Präsident der Deutschen Bundesbank kann für die Zwecke des § 11 Abs. 3 Urkundsbeamte bestellen. [2] Sie müssen die Befähigung zum Richteramt besitzen.

§ 31[1)] Rechtsverhältnisse der Beamten, Angestellten und Arbeiter der Deutschen Bundesbank. (1) Die Deutsche Bundesbank beschäftigt Beamte, Angestellte und Arbeiter.

(2) [1]Der Präsident der Deutschen Bundesbank ernennt die Beamten der Bank. [2]Er ist oberste Dienstbehörde und vertritt insoweit die Bank gerichtlich und außergerichtlich. [3]Als oberste Dienstbehörde stehen ihm sämtliche Disziplinarbefugnisse zu; er verhängt die Disziplinarmaßnahmen, soweit ihre Verhängung nicht den zuständigen Gerichten vorbehalten ist. [4]Der Präsident kann seine Befugnisse nach diesem Absatz auf ein Mitglied des Vorstands mit der Möglichkeit der Weiterübertragung übertragen.

(3) [1]Die Beamten der Deutschen Bundesbank sind Bundesbeamte. [2]Soweit nicht in diesem Gesetz etwas anderes bestimmt ist, sind die für Bundesbeamte allgemein geltenden Vorschriften anzuwenden. [3]An die Stelle des Inkrafttretens des Bundesbeamtengesetzes tritt das Inkrafttreten dieses Gesetzes.

(4) [1]Die Bundesregierung wird ermächtigt, durch Rechtsverordnung ohne Zustimmung des Bundesrates die Rechtsverhältnisse der Beamten, Angestellten und Arbeiter der Deutschen Bundesbank zu regeln, soweit die Bedürfnisse eines geordneten und leistungsfähigen Bankbetriebes es erfordern. [2]In der Rechtsverordnung nach Satz 1 kann nur bestimmt werden,

1. dass für die Beamten der Deutschen Bundesbank von folgenden Vorschriften des Bundesbeamtenrechts abgewichen wird:
   a) von den §§ 19, 22 Abs. 6, § 28 Abs. 1 und 2, § 33 Abs. 2, § 99 Abs. 1 Satz 2 Nr. 3 und § 100 Abs. 1 Nr. 2 des Bundesbeamtengesetzes und von § 11 Nr. 3 Buchstabe a des Beamtenversorgungsgesetzes;
   b) von den §§ 42 bis 49 des Bundesbesoldungsgesetzes in ihrer jeweils geltenden Fassung, soweit eine widerrufliche, nicht ruhegehaltfähige Bankzulage für eine Verwendung in der Zentrale bis zur Höhe von 9 vom Hundert des Grundgehalts und für eine Verwendung in den Hauptverwaltungen bis zur Höhe von 5 vom Hundert sowie in der Zentrale, den Hauptverwaltungen und Filialen eine Zuwendung für besondere Leistungen in Form einer Zulage oder einer Einmalzahlung gewährt werden;
   c) von den Vorschriften über die Gewährung von Unterhaltszuschüssen für Beamte im Vorbereitungsdienst;
2. dass, soweit die Bankzulage nach Nummer 1 Buchstabe b durch das Haushaltsbegleitgesetz 2006 mit Wirkung vom 1. August 2006 weggefallen oder gekürzt wurde, eine Ausgleichszulage gewährt wird in Höhe des Unterschiedsbetrages zwischen der bisherigen und der neuen Zulage, bei Wegfall

---

[1)] Siehe hierzu
– die VO zur Übertragung von Verordnungsermächtigungen der Bundesregierung nach § 31 BBankG v. 9.4.2009 (BGBl. I S. 813)
– die BundesbanklaufbahnVO v. 6.8.2010 (BGBl. I S. 1142)
– die VO über die Ausbildung und Prüfung für den mittleren Bankdienst der Deutschen Bundesbank (MBankDAPrV) v. 11.8.2011 (BGBl. I S. 1717), aufgeh. mit Ablauf des 30.9.2017 durch VO v. 30.8.2017 (BGBl. I S. 3316)
– die VO über die Ausbildung und Prüfung für den gehobenen Bankdienst der Deutschen Bundesbank (GBankDAPrV) v. 24.2.2011 (BGBl. I S. 318), aufgeh. mit Ablauf des 30.9.2017 durch VO v. 30.8.2017 (BGBl. I S. 3316)
– die Laufbahn-, Ausbildungs- und PrüfungsO für die Laufbahn des höheren Bankdienstes bei der Deutschen Bundesbank (LAPO-höhD) v. 30.10.1998 (BAnz. Nr. 223 S. 16638), aufgeh. durch VO v. 28.8.2012 (BGBl. I S. 1858)

der Zulage in Höhe der bisherigen Zulage. Maßgebend ist die Höhe der am 31. Juli 2006 gewährten Bankzulage. Für an diesem Tag Beurlaubte ist die Bankzulage maßgebend, die ohne Beurlaubung an diesem Tag zugestanden hätte. Die Ausgleichszulage wird gezahlt, soweit und solange die bisherigen Anspruchsvoraussetzungen weiter erfüllt sind. Die Ausgleichszulage vermindert sich bei jeder Erhöhung der Dienstbezüge um die Hälfte des Erhöhungsbetrages; dies gilt nicht für Erhöhungen, die der Anpassung an die Bezüge im bisherigen Bundesgebiet dienen. Dienstbezüge in diesem Sinne sind Grundgehalt, Amts- und Stellenzulagen. Zu den Dienstbezügen rechnen auch Überleitungszulagen und Ausgleichszulagen, soweit sie wegen des Wegfalls oder der Verminderung solcher Dienstbezüge gewährt werden;

3. dass die Angestellten der Deutschen Bundesbank
   a) zur Ausübung einer der in § 99 Abs. 1 Satz 2 Nr. 3 und § 100 Abs. 1 Nr. 2 des Bundesbeamtengesetzes bezeichneten Nebentätigkeiten der vorherigen Genehmigung bedürfen,
   b) die in Nummer 1 Buchstabe b bezeichneten Bezüge sowie die Ausgleichszulage nach Nummer 2 entsprechend erhalten;
4. dass die Arbeiter die in Nummer 1 Buchstabe b bezeichnete Zuwendung für besondere Leistungen erhalten.

[3] Die Bundesregierung kann die Befugnis nach Satz 1 durch Rechtsverordnung ohne Zustimmung des Bundesrates auf den Vorstand der Deutschen Bundesbank übertragen. [4] Rechtsverordnungen des Vorstandes der Deutschen Bundesbank bedürfen des Einvernehmens des Bundesministeriums des Innern und des Bundesministeriums der Finanzen.

(5) [1] Die in Absatz 4 Satz 2 Nr. 1 Buchstabe b bezeichneten Zuwendungen für besondere Leistungen dürfen insgesamt ein Zwanzigstel der Ausgaben für die Besoldung und Vergütung und Löhne der Beamten, Angestellten und Arbeiter der Deutschen Bundesbank nicht übersteigen. [2] Die Bankzulage nimmt ab dem 1. August 2006 nicht an allgemeinen Erhöhungen der Besoldung teil.

(6) [1] Die Bundesregierung wird ermächtigt, zum Zweck eines geordneten und leistungsfähigen Bankbetriebs durch Rechtsverordnung die Vorschriften über die Vorbildung und die Laufbahnen der Beamten der Deutschen Bundesbank sowie die besonderen Vorschriften für die einzelnen Laufbahnen (Laufbahn-, Ausbildungs- und Prüfungsordnungen) der Beamten der Deutschen Bundesbank zu erlassen. [2] In der Rechtsverordnung nach Satz 1 kann von den Vorschriften des Bundesbeamtenrechts über die Dauer des Vorbereitungsdienstes und der Probezeit sowie über die Dauer der Bewährungszeit für Beförderungen im gehobenen Dienst und für die Zulassung zum Aufstieg in den höheren Dienst abgewichen werden. [3] Die Bundesregierung kann die Befugnis nach Satz 1 durch Rechtsverordnung auf den Vorstand der Deutschen Bundesbank übertragen. [4] Rechtsverordnungen des Vorstands der Deutschen Bundesbank über die Vorbildung und die Laufbahnen bedürfen des Einvernehmens des Bundesministeriums des Innern und des Bundesministeriums der Finanzen; Rechtsverordnungen über die einzelnen Laufbahnen (Laufbahn-, Ausbildungs- und Prüfungsordnungen) bedürfen des Einvernehmens des Bundesministeriums des Innern.

§ 32 Schweigepflicht. [1] Sämtliche Personen im Dienste der Deutschen Bundesbank haben über die Angelegenheiten und Einrichtungen der Bank sowie über die von ihr geschlossenen Geschäfte Schweigen zu bewahren. [2] Sie dürfen über die ihnen hierüber bei ihrer Tätigkeit bekanntgewordenen Tatsachen auch nach ihrem Ausscheiden aus dem Dienste der Bank ohne Genehmigung weder vor Gericht noch außergerichtlich aussagen oder Erklärungen abgeben. [3] Die Genehmigung wird, soweit es sich um das Interesse der Bank handelt, den Mitgliedern des Vorstands von diesem, anderen Bediensteten der Bank vom Präsidenten erteilt, der diese Befugnis auf ein Mitglied des Vorstands mit der Möglichkeit der Weiterübertragung übertragen kann; die Genehmigung darf für eine gerichtliche Vernehmung nur versagt werden, wenn es das Wohl des Bundes oder die Interessen der Allgemeinheit erfordern.

§ 33 Veröffentlichungen. Die Deutsche Bundesbank hat ihre für die Öffentlichkeit bestimmten Bekanntmachungen, insbesondere den Aufruf von Noten sowie die Anordnung von Statistiken im Bundesanzeiger zu veröffentlichen.

§ 34 *(aufgehoben)*

Achter Abschnitt. Strafbestimmungen und Vorschriften über das Anhalten von Falschgeld

§ 35 Unbefugte Ausgabe und Verwendung von Geldzeichen. (1) Mit Freiheitsstrafe bis zu fünf Jahren oder mit Geldstrafe wird bestraft,

1. wer unbefugt Geldzeichen (Marken, Münzen, Scheine oder andere Urkunden, die geeignet sind, im Zahlungsverkehr an Stelle der gesetzlich zugelassenen Münzen oder Banknoten verwendet zu werden) oder unverzinsliche Inhaberschuldverschreibungen ausgibt, auch wenn ihre Wertbezeichnung nicht auf Euro lautet;
2. wer unbefugt ausgegebene Gegenstände der in Nummer 1 genannten Art zu Zahlungen verwendet.

(2) Der Versuch ist strafbar.

(3) Handelt der Täter in den Fällen des Absatzes 1 Nr. 2 fahrlässig, so ist die Strafe Freiheitsstrafe bis zu sechs Monaten oder Geldstrafe bis zu einhundertachtzig Tagessätzen.

§ 36 Anhalten von Falschgeld sowie unbefugt ausgegebener Geldzeichen. (1) [1] Die Deutsche Bundesbank sowie die Stellen und deren Beschäftigte, die in Artikel 6 Absatz 1 der Verordnung (EG) Nr. 1338/2001 des Rates vom 28. Juni 2001 zur Festlegung von zum Schutz des Euro gegen Geldfälschung erforderlichen Maßnahmen (ABl. L 181 vom 4.7.2001, S. 6) in der jeweils geltenden Fassung genannt sind, sind verpflichtet, nachgemachte oder verfälschte Banknoten oder Münzen (Falschgeld), als Falschgeld verdächtige Banknoten oder Münzen sowie unbefugt ausgegebene Gegenstände im Sinne des § 35 unverzüglich anzuhalten. [2] Dem Betroffenen ist eine Empfangsbescheinigung zu erteilen.

(2) Falschgeld oder Gegenstände der in § 35 genannten Art sind von den Verpflichteten mit einem beigefügten Bericht unverzüglich der zuständigen Polizeibehörde zu übermitteln.

(3) [1] Als Falschgeld verdächtige Banknoten oder Münzen sind von den Verpflichteten mit einem beigefügten Bericht unverzüglich der Deutschen Bundesbank zu übermitteln. [2] Stellt diese die Unechtheit der Banknoten oder Münzen fest, so übermittelt sie der zuständigen Polizeibehörde ein Gutachten und benachrichtigt die übermittelnde Stelle.

(4) Ordnungswidrig handelt, wer vorsätzlich oder fahrlässig

1. entgegen Absatz 1 Satz 1 Falschgeld oder einen dort genannten Gegenstand nicht anhält,
2. entgegen Absatz 2 oder Absatz 3 Satz 1, jeweils auch in Verbindung mit einer Rechtsverordnung nach § 36a Satz 1, Falschgeld oder einen dort genannten Gegenstand nicht oder nicht rechtzeitig übermittelt,
3. entgegen § 37a Absatz 1 Satz 1 eine Auskunft nicht, nicht richtig, nicht vollständig oder nicht rechtzeitig erteilt,
4. entgegen § 37a Absatz 2 Satz 2 eine dort genannte Maßnahme nicht duldet oder
5. einer vollziehbaren Anordnung nach § 37a Absatz 3 zuwiderhandelt.

(4a) Ordnungswidrig handelt, wer entgegen Artikel 6 Absatz 1 der Verordnung (EG) Nr. 1338/2001 des Rates vom 28. Juni 2001 zur Festlegung von zum Schutz des Euro gegen Geldfälschung erforderlichen Maßnahmen (ABl. L 181 vom 4.7.2001, S. 6), die durch die Verordnung (EG) Nr. 44/2009 (ABl. L 17 vom 22.1.2009, S. 1) geändert worden ist, nicht sicherstellt, dass die dort genannten Euro-Banknoten und Euro-Münzen auf Echtheit geprüft werden, oder nicht dafür Sorge trägt, dass Fälschungen aufgedeckt werden.

(5) Die Ordnungswidrigkeit kann mit einer Geldbuße bis zu einhunderttausend Euro geahndet werden.

(6) Verwaltungsbehörde im Sinne des § 36 Abs. 1 Nr. 1 des Gesetzes über Ordnungswidrigkeiten ist die Deutsche Bundesbank.

§ 36a Verordnungsermächtigung. [1] Das Bundesministerium der Finanzen wird ermächtigt, im Benehmen mit der Deutschen Bundesbank durch Rechtsverordnung ohne Zustimmung des Bundesrates nähere Bestimmungen zur Art und Weise sowie zum Umfang der Übermittlungspflichten nach § 36 Absatz 2 und 3 und der in diesem Zusammenhang zu übermittelnden Angaben zu regeln. [2] In der Rechtsverordnung nach Satz 1 kann insbesondere bestimmt werden, dass Verpflichtete, die Banknoten wieder in Umlauf geben, die Inbetriebnahme und Außerbetriebnahme von Systemen zur Banknotenbearbeitung sowie Art und Umfang der mit diesen Systemen vorgenommenen Transaktionen der Deutschen Bundesbank zu melden haben. [3] In der Rechtsverordnung nach Satz 1 kann auch geregelt werden, dass die Deutsche Bundesbank im Rahmen der Prüfungen nach § 37a Absatz 2 Stichproben der bearbeiteten Banknoten entnehmen kann, sofern deren Gegenwert dem Verpflichteten erstattet wird. [4] Das Bundesministerium der Finanzen kann die Befugnis nach den Sätzen 1 bis 3 durch Rechtsverordnung ohne Zustimmung des Bundesrates auf den Vorstand der Deutschen Bundesbank übertragen. [5] Rechtsverordnungen des Vorstandes der Deutschen Bundesbank bedürfen des Einvernehmens des Bundesministeriums der Finanzen.

§ 37 Einziehung. (1) Unbefugt ausgegebene Gegenstände der in § 35 genannten Art können eingezogen werden.

(2) [1] Nach Absatz 1 eingezogene Gegenstände sowie nach § 150 des Strafgesetzbuchs eingezogenes Falschgeld sind von der Deutschen Bundesbank aufzubewahren. [2] Sie können, wenn der Täter ermittelt worden ist, nach Ablauf von zehn Jahren und, wenn der Täter nicht ermittelt worden ist, nach Ablauf von zwanzig Jahren nach Rechtskraft des die Einziehung aussprechenden Urteils vernichtet werden.

§ 37a Auskünfte und Prüfungen, Untersagung der Wiederausgabe von Banknoten. (1) [1] Verpflichtete nach § 36 Absatz 1, die Banknoten wieder in Umlauf geben wollen, haben der Deutschen Bundesbank auf Verlangen Auskünfte über die Herkunft der Banknoten, deren Bearbeitung sowie die verwendeten Banknotenbearbeitungsgeräte zu erteilen und Unterlagen vorzulegen. [2] Die Auskunft kann verweigert werden, wenn die Beantwortung den Verpflichteten oder einen der in § 383 Absatz 1 Nummer 1 bis 3 der Zivilprozessordnung bezeichneten Angehörigen der Gefahr strafrechtlicher Verfolgung oder eines Verfahrens nach dem Gesetz über Ordnungswidrigkeiten aussetzen würde.

(2) [1] Die Deutsche Bundesbank kann, auch ohne besonderen Anlass, bei den Verpflichteten nach § 36 Absatz 1 Prüfungen vornehmen und die Geschäftsräume innerhalb der üblichen Betriebs- und Geschäftszeiten betreten; das gilt auch für Unternehmen, auf die die Verpflichteten ihre Tätigkeiten ausgelagert haben. [2] Die Betroffenen haben diese Maßnahmen zu dulden.

(3) Verstößt ein Verpflichteter nach § 36 Absatz 1 gegen die nach dem Beschluss EZB/2010/14 der Europäischen Zentralbank vom 16. September 2010 über die Prüfung der Echtheit und Umlauffähigkeit und über die Wiederausgabe von Euro-Banknoten (ABl. L 267 vom 9.10.2010, S. 1) zu erfüllenden Prüfpflichten, soll die Deutsche Bundesbank dem Verpflichteten untersagen, Banknoten oder bestimmte Banknotenstückelungen wieder in den Umlauf zu geben oder mittels bestimmter Systeme zur Banknotenbearbeitung zu prüfen.

Neunter Abschnitt. Übergangs- und Schlußbestimmungen

§ 38 Übergangsvorschrift für die Mitglieder der Organe der Bank.

[1] Die Mitglieder des Direktoriums, mit Ausnahme des Präsidenten, scheiden mit Inkrafttreten des Änderungsgesetzes aus ihren Ämtern aus; sie erhalten für die restliche Dauer ihrer vertraglich vorgesehenen Amtszeit die Amtsbezüge als Ruhegehalt und anschließend die vertragliche Regelversorgung, es sei denn, ein Vertrag nach § 7 Abs. 4 Satz 2 des Gesetzes über die Deutsche Bundesbank in der Fassung der Bekanntmachung vom 22. Oktober 1992 (BGBl. I S. 1782) enthält eine abweichende Regelung über die Folgen des Ausscheidens vor Ablauf der Amtszeit aufgrund eines Gesetzes zur Änderung des Gesetzes über die Deutsche Bundesbank. [2] Die Präsidenten der Landeszentralbanken werden für die restliche Dauer ihrer vertraglich vorgesehenen Amtszeit unter Fortgeltung ihrer Verträge im Übrigen als Präsidenten der Hauptverwaltungen über-

nommen. [3] Die Vizepräsidenten und weiteren Vorstandsmitglieder der Landeszentralbanken, deren Verträge die Beendigung ihres Vertragsverhältnisses im Falle eines Ausscheidens aufgrund eines Gesetzes zur Änderung des Gesetzes über die Deutsche Bundesbank vorsehen, scheiden mit Inkrafttreten des Änderungsgesetzes aus ihren Ämtern aus; die übrigen Vizepräsidenten und weiteren Vorstandsmitglieder werden für die restliche Dauer ihrer vertraglich vorgesehenen Amtszeit unter Fortgeltung ihrer Verträge im Übrigen unter Beachtung von § 8 dieses Gesetzes übernommen.

§ 39 Übergangsvorschrift für die Vorstände der Landeszentralbanken und die Beiräte. (1) [1] Die Mitglieder der Vorstände der am 1. November 1992 bestehenden Landeszentralbanken, deren Bereiche sich gemäß § 8 Abs. 1 Nr. 4, 5 und 8 verändern, scheiden am 1. November 1992 aus ihren Ämtern. [2] Sie erhalten für die restliche Dauer ihrer vertraglich vorgesehenen Amtszeit die Amtsbezüge als Ruhegehalt und anschließend die vertragliche Regelversorgung.

(2) Die am 1. November 1992 bestehenden Beiräte bei den Landeszentralbanken werden aufgelöst.

§ 40 Änderung der Dienstverhältnisse. (1) [1] Mit dem Inkrafttreten dieses Gesetzes werden die Beamten, Angestellten und Arbeiter der Bank deutscher Länder, der bisherigen Landeszentralbanken und der Berliner Zentralbank Beamte, Angestellte und Arbeiter der Deutschen Bundesbank. [2] Beamte auf Lebenszeit oder auf Probe erhalten die Rechtsstellung eines Beamten auf Lebenszeit oder auf Probe nach dem Bundesbeamtengesetz; Beamte auf Widerruf erhalten die Rechtsstellung eines Beamten auf Widerruf nach dem Bundesbeamtengesetz, soweit sie nicht bei Vorliegen der Voraussetzungen des § 6 Abs. 3 des Bundesbeamtengesetzes zu Beamten auf Probe ernannt werden; in Höhe der Unterschiedsbeträge zwischen bisherigen höheren Bezügen und den nach Inkrafttreten dieses Gesetzes zustehenden Bezügen wird eine nicht ruhegehaltfähige Ausgleichszulage so lange gewährt, bis sie durch Erhöhung der Bezüge ausgeglichen wird; Erhöhungen infolge einer Änderung des Familienstandes oder eines Wechsels der Ortsklasse sowie allgemeine Erhöhungen der Besoldungen infolge einer Änderung der wirtschaftlichen Verhältnisse bleiben außer Betracht.

(2) [1] Im übrigen sind die Vorschriften des Abschnitts 11 des Bundesbeamtengesetzes anzuwenden. [2] Dabei darf bei einem in den einstweiligen Ruhestand versetzten Beamten der Deutschen Bundesbank das Ruhegehalt für die Dauer von fünf Jahren nicht hinter fünfzig vom Hundert der ruhegehaltfähigen Dienstbezüge, berechnet aus der Endstufe seiner Besoldungsgruppe, zurückbleiben. [3] Dies gilt nicht für die Berechnung der Hinterbliebenenbezüge.

(3) [1] Mit dem Inkrafttreten dieses Gesetzes werden die Ruhestandsbeamten, Witwen, Waisen und sonstigen Versorgungsempfänger der Bank deutscher Länder, der bisherigen Landeszentralbanken und der Berliner Zentralbank Versorgungsempfänger der Deutschen Bundesbank. [2] § 180 des Bundesbeamtengesetzes ist entsprechend anzuwenden; dabei tritt an die Stelle des Inkrafttretens des Bundesbeamtengesetzes das Inkrafttreten dieses Gesetzes. [3] Für frühere Beamte der Bank deutscher Länder, der bisherigen Landeszentralbanken und der Berliner Zentralbank und ihre Hinterbliebenen gilt § 180 Abs. 4 des Bundesbeamtengesetzes.

(4) Absatz 3 ist auf die Beamten der Deutschen Reichsbank, die nach dem 8. Mai 1945 bei einer Dienststelle der Deutschen Reichsbank im Bundesgebiet entsprechend ihrer früheren Rechtsstellung wiederverwendet und in den Ruhestand getreten sind, ohne vorher in den Dienst der Bank deutscher Länder, einer bisherigen Landeszentralbank oder der Berliner Zentralbank übernommen worden zu sein, sowie auf ihre Hinterbliebenen sinngemäß anzuwenden.

(5) [1] Die nach den Bundesgesetzen zur Regelung der Wiedergutmachung nationalsozialistischen Unrechts für Angehörige des öffentlichen Dienstes und zur Regelung der Wiedergutmachung nationalsozialistischen Unrechts für die im Ausland lebenden Angehörigen des öffentlichen Dienstes bestehenden Ansprüche von Personen,

1. die im Bereich der Deutschen Reichsbank geschädigt worden sind oder
2. bei denen als Angehörigen oder ehemaligen Angehörigen der Bank deutscher Länder, der bisherigen Landeszentralbanken oder der Berliner Zentralbank die Voraussetzungen des § 22 Abs. 3 des *Gesetzes zur Regelung der Wiedergutmachung nationalsozialistischen Unrechts für Angehörige des öffentlichen Dienstes*[1)] gegeben sind,

richten sich gegen die Deutsche Bundesbank. [2] Dies gilt in den Fällen der Nummer 1 nicht, wenn ein anderer Dienstherr nach § 22 Abs. 3 des vorgenannten Gesetzes zur Wiedergutmachung verpflichtet ist.

(6) Für Personen, die Versorgungsbezüge nach dem *Gesetz zur Regelung der Rechtsverhältnisse der unter Artikel 131 des Grundgesetzes*[1)] fallenden Personen erhielten oder hätten erhalten können, gilt § 41 dieses Gesetzes.

(7) (gegenstandslose Überleitungsvorschrift)

§ 41 Rechtsverhältnisse der unter Artikel 131 des Grundgesetzes fallenden Personen. (1) Die Deutsche Bundesbank ist entsprechende Einrichtung im Sinne des § 61 des *Gesetzes zur Regelung der Rechtsverhältnisse der unter Artikel 131 des Grundgesetzes fallenden Personen*[1)] gegenüber der Deutschen Reichsbank, der Nationalbank für Böhmen und Mähren und ausländischen Notenbanken (Nr. 19 der Anlage A zu § 2 Abs. 1 des Gesetzes).

(2) Auf Beamte, Angestellte und Arbeiter der Deutschen Reichsbank, die am 8. Mai 1945 bei Dienststellen der Deutschen Reichsbank im Bundesgebiet und im Land Berlin im Dienst standen und

1. ihr Amt oder ihren Arbeitsplatz aus anderen als beamten- oder tarifrechtlichen Gründen verloren haben und noch nicht entsprechend ihrer früheren Rechtsstellung wiederverwendet worden sind oder
2. vor Inkrafttreten des in Absatz 1 bezeichneten Gesetzes das fünfundsechzigste Lebensjahr vollendet haben oder dienstunfähig geworden sind und aus anderen als beamten- oder tarifrechtlichen Gründen keine oder keine entsprechende Versorgung erhalten,

ist § 62 des in Absatz 1 bezeichneten Gesetzes entsprechend anzuwenden.

(3) [1] Bei Ruhestandsbeamten der Deutschen Reichsbank, die vor dem 1. September 1953 in den Ruhestand getreten sind (§ 5 Abs. 1 Nr. 1, § 6 Abs. 2, § 35 Abs. 1, § 48 des in Absatz 1 bezeichneten Gesetzes), bleibt es vorbehaltlich der Abweichungen, die sich aus §§ 7, 8, 29 Abs. 2 und 3 sowie §§ 30, 31

---

1) **Aufgehoben mWv 1.10.1994** durch G v. 10.9.1994 (BGBl. I S. 2442).

und 35 Abs. 3 des in Absatz 1 bezeichneten Gesetzes und §§ 108, 112, 117 Abs. 1, § 140 Abs. 2 und 3 Satz 1 und 2, § 156 Abs. 1, §§ 181a und 181b des Bundesbeamtengesetzes ergeben, bei der bisherigen Bemessungsgrundlage nach dem Deutschen Beamtengesetz in der Bundesfassung (ruhegehaltfähige Dienstbezüge, Ruhegehaltssätze); liegt der Berechnung der ruhegehaltfähigen Dienstzeit eine dem § 117 Abs. 2 des Bundesbeamtengesetzes oder dem § 181 Abs. 5 des Bundesbeamtengesetzes in der am 30. Juni 1975 geltenden Fassung entsprechende Vorschriften zugrunde, gilt § 117 Abs. 3 des Bundesbeamtengesetzes entsprechend. [2]Das Ruhegehalt darf fünfundsiebzig vom Hundert der ruhegehaltfähigen Dienstbezüge nicht übersteigen. [3]Entsprechendes gilt für die Hinterbliebenen. [4]§ 64 Abs. 1 Satz 6 Halbsatz 2 des in Absatz 1 bezeichneten Gesetzes ist anzuwenden.

(4) [1]Der Präsident der Deutschen Bundesbank ist oberste Dienstbehörde für die Personen, auf die die Vorschriften der Absätze 1 und 2 anzuwenden sind. [2]Er vertritt insoweit die Bank gerichtlich und außergerichtlich. [3]Er kann seine Aufgaben und Befugnisse nach den Sätzen 1 und 2 auf ein Mitglied des Vorstands übertragen. [4]In den Fällen des Absatzes 1 tritt er, soweit in dem dort bezeichneten Gesetz und den danach anzuwendenden beamtenrechtlichen Vorschriften die Mitwirkung des Bundesministeriums der Finanzen vorgesehen ist, an dessen Stelle.

§ 42 Ausgabe von Liquiditätspapieren. (1) [1]Der Bund hat der Deutschen Bundesbank auf Verlangen Schatzwechsel oder unverzinsliche Schatzanweisungen in einer Stückelung und Ausstattung nach deren Wahl als Liquiditätspapiere bis zum Höchstbetrag von 25 Milliarden Euro zur Verfügung zu stellen. [2]Die Liquiditätspapiere sind bei der Bank zahlbar. [3]Die Bank ist gegenüber dem Bund verpflichtet, alle Verbindlichkeiten aus den Liquiditätspapieren zu erfüllen.

(2) [1]Der Nennbetrag der begebenen Liquiditätspapiere ist von der Deutschen Bundesbank auf einem besonderen Konto zu verbuchen. [2]Der Betrag darf nur zur Einlösung fälliger oder von der Bank vor Verfall zurückgekaufter Liquiditätspapiere verwendet werden.

(3) Das Bundesministerium der Finanzen wird ermächtigt, Liquiditätspapiere gemäß Absatz 1 zu begeben.

(4) Die Deutsche Bundesbank darf auf Euro lautende Schuldverschreibungen in einer Stückelung und Ausstattung nach ihrer Wahl begeben.

§ 43 (Aufhebung und Änderung von Rechtsvorschriften)

§ 44 Auflösung. [1]Die Deutsche Bundesbank kann nur durch Gesetz aufgelöst werden. [2]Das Auflösungsgesetz bestimmt über die Verwendung des Vermögens.

§ 45 Weitere Übergangsvorschriften. (1) [1]§ 2 Satz 2 und § 27 Nr. 1, jeweils in der Fassung des Sechsten Gesetzes zur Änderung des Gesetzes über die Deutsche Bundesbank, sind erstmals auf den Jahresabschluß zu dem Stichtag anzuwenden, der dem Beginn des ersten Jahres der Teilnahme der Bundesrepublik Deutschland an der dritten Stufe der Währungsunion gemäß Artikel 109j des EG-Vertrages unmittelbar vorausgeht. [2]§ 26 Abs. 2 Satz 2 und 3 in der Fassung des Sechsten Gesetzes zur Änderung des Gesetzes über die Deutsche Bundesbank ist erstmals auf das darauf folgende Geschäftsjahr anzuwenden.

(2) [1]Die bisher nach § 27 Nr. 2 in der bis zum Tage vor dem in Artikel 2 Satz 2 des Sechsten Gesetzes zur Änderung des Gesetzes über die Deutsche Bundesbank bestimmten Inkrafttreten dieses Gesetzes geltenden Fassung gebildete Rücklage und die gesetzliche Rücklage, soweit sie den Betrag von fünf Milliarden Deutsche Mark übersteigt, werden im Jahresabschluß zu dem Stichtag aufgelöst, der dem Beginn des ersten Jahres der Teilnahme der Bundesrepublik Deutschland an der dritten Stufe der Währungsunion gemäß Artikel 109j des EG-Vertrages unmittelbar vorausgeht. [2]Die sich aus der Auflösung ergebenden Beträge werden in das Grundkapital eingestellt, bis dieses fünf Milliarden Deutsche Mark beträgt. [3]Der überschießende Betrag wird dem Reingewinn zugeführt.

(3) [1]§ 2 Satz 2 und § 27 Nr. 1, jeweils in der Fassung des Siebenten Gesetzes zur Änderung des Gesetzes über die Deutsche Bundesbank, sind erstmals auf den Jahresabschluss zu dem Stichtag anzuwenden, der dem Zeitpunkt des Inkrafttretens[1)] des genannten Gesetzes unmittelbar nachfolgt. [2]Der 2,5 Milliarden Euro übersteigende Teil des Grundkapitals wird der gesetzlichen Rücklage zugeführt. [3]Falls die gesetzliche Rücklage nach einer Zuweisung aus dem Jahresabschluss zu dem Stichtag, der dem Inkrafttreten nach Satz 1 nachfolgt, 2,5 Milliarden Euro übersteigt, wird der überschießende Betrag dem Reingewinn zugeführt.

(4) Abweichend von § 7 Abs. 2 Satz 1 in der ab dem 20. Juli 2007 geltenden Fassung kann der Vorstand bis zum 30. April 2009 aus dem Präsidenten, dem Vizepräsidenten und fünf weiteren Mitgliedern bestehen.

(5) Das auf Grundlage von § 31 Abs. 4 in der am 11. Februar 2009 geltenden Fassung erlassene Personalstatut gilt bis zum Inkrafttreten einer das Personalstatut ersetzenden Rechtsverordnung nach § 31 Abs. 4 weiter, längstens jedoch bis zum 30. Juni 2009.

§ 46 (weggefallen)

§ 47 (Inkrafttreten)

[1)] Inkrafttreten gem. Art. 2 G v. 23.3.2002 (BGBl. I S. 1159) am 30.4.2002.

4a. Organisationsstatut für die Deutsche Bundesbank[1)]

Vom 8. Mai 2002, zuletzt geändert am 8.3.2016

I. Allgemeine Bestimmungen

§ 1 [Organisation, Zuständigkeiten] (1) Der Vorstand leitet und verwaltet die Bank in gemeinsamer Verantwortung.

(2) Der Vorstand berät den Präsidenten der Deutschen Bundesbank in seiner Eigenschaft als Mitglied des EZB-Rates und des Erweiterten Rates.

(3) [1]Der Vorstand beschließt über die Verteilung der Zuständigkeiten unter seinen Mitgliedern (Geschäftsverteilungsplan); ein solcher Beschluss soll nur bei Anwesenheit aller Mitglieder und kann nicht gegen die Stimme des Präsidenten gefasst werden. [2]Die einzelnen Vorstandsmitglieder übernehmen jeweils Eigenverantwortung für die ihnen übertragenen Geschäftsbereiche.

(4) [1]Die Verteilung der Zuständigkeiten befreit kein Mitglied des Vorstands von der gemeinschaftlichen Verantwortung für die Führung der Geschäfte. [2]Die Mitglieder des Vorstands setzen sich fortlaufend und rechtzeitig über alle wichtigen Entscheidungen und Geschäftsvorfälle in Kenntnis, um jedem Mitglied zu ermöglichen, seine Auffassung zu wichtigen Geschäftsvorgängen rechtzeitig zur Geltung zu bringen.

(5) [1]Die Vertretung der Vorstandsmitglieder regelt der Geschäftsverteilungsplan. [2]Bei vorübergehender Abwesenheit des zuständigen Vorstandsmitglieds dürfen grundlegende Entscheidungen und organisatorische Veränderungen nicht ohne zwingenden Grund von dem Vertreter veranlasst werden.

(6) [1]In Angelegenheiten, die die Zuständigkeiten mehrerer Vorstandsmitglieder berühren, haben sich die betroffenen Vorstandsmitglieder abzustimmen. [2]Ein Vorstandsmitglied kann ausnahmsweise allein handeln, wenn dies nach pflichtgemäßem Ermessen zur Vermeidung unmittelbar drohender Nachteile für die Deutsche Bundesbank erforderlich erscheint. [3]Die Maßnahme darf nicht weitergehen, als es zur Vermeidung der Nachteile notwendig ist. [4]Das in diesem Fall betroffene, aber nicht beteiligte Vorstandsmitglied ist umgehend in Kenntnis zu setzen.

(7) Die Plankostenrechnung und der Investitionsplan unterliegen der Beschlussfassung des Vorstands.

II. Sitzungen und Beschlüsse des Vorstands

§ 2 [Vorstandssitzungen] (1) [1]Sitzungen des Vorstands finden auf Einladung des Präsidenten der Deutschen Bundesbank statt. [2]Der Vorstand tritt in der Regel in Abständen von einer Woche zusammen. [3]Sitzungen sind ferner auf Antrag von mindestens zwei Mitgliedern anzuberaumen.

---

1) **Amtl. Anm.:** Beschluss des Vorstands der Deutschen Bundesbank vom 8. Mai 2002 gemäß § 7 Abs. 1 Satz 3 BBankG, zuletzt geändert durch Beschluss des Vorstands der Deutschen Bundesbank vom 8. März 2016.

(2) Jedes Mitglied des Vorstands kann verlangen, dass eine Angelegenheit, auch wenn sie nicht zu seinem Geschäftsbereich gehört, in einer Vorstandssitzung behandelt wird.

(3) Beschlüsse über die Aufstellung des Jahresabschlusses, der Plankostenrechnung und des Investitionsplans sollen nur bei Anwesenheit aller Vorstandsmitglieder gefasst werden.

§ 3 [Beschlüsse] (1) [1] Der Vorstand berät unter dem Vorsitz des Präsidenten oder des Vizepräsidenten. [2] Bei gleichzeitiger Verhinderung des Präsidenten und des Vizepräsidenten führt das Vorstandsmitglied mit der längsten Dienstzeit im obersten Leitungsgremium der Deutschen Bundesbank den Vorsitz.

(2) Der Vorstand ist beschlussfähig, wenn mindestens die Hälfte seiner Mitglieder anwesend sind.

(3) Beschlussfassung durch schriftliche, telefonische oder technisch gleichwertige Stimmabgabe ist zulässig, es sei denn mindestens zwei Mitglieder widersprechen.

(4) [1] Der Vorstand fasst seine Beschlüsse mit einfacher Mehrheit der Stimmen. [2] Bei Stimmengleichheit gibt die Stimme des Vorsitzenden den Ausschlag. [3] Bei der Verteilung der Zuständigkeiten innerhalb des Vorstands kann nicht gegen den Präsidenten entschieden werden.

(5) [1] Bei Beschlüssen des Vorstands in personellen Angelegenheiten, die ein Mitglied des Vorstands betreffen, wird geheim abgestimmt. [2] Jedes Mitglied des Vorstands kann beantragen, auch über andere Angelegenheiten geheim abzustimmen.

(6) Werden persönliche Angelegenheiten eines Vorstandsmitglieds beraten, so hat dieses Mitglied die Möglichkeit zur Stellungnahme, nimmt jedoch an der Beratung und Beschlussfassung nicht teil.

§ 4 [Verträge] Die vom Vorstand beschlossenen Verträge mit den Mitgliedern des Vorstands werden für den Vorstand von dem Präsidenten der Deutschen Bundesbank, in seinem Falle vom Vizepräsidenten und jeweils einem weiteren vom Vorstand zu benennenden Mitglied unterzeichnet.

III. Ausschüsse

§ 5 [Ausschüsse] Der Vorstand kann Ausschüsse zur Beratung, Koordinierung und Entscheidungsvorbereitung einrichten.

IV. Zentralbereiche

§ 6 [Zentralbereiche] [1] Die Zentralbereiche sind für die Erfüllung der ihnen vom Vorstand übertragenen Aufgaben verantwortlich und berichten über das für sie zuständige Mitglied des Vorstands an den Vorstand. [2] Über die Errichtung von Servicezentren beschließt der Vorstand.

V. Hauptverwaltungen und Filialen

§ 7 [Hauptverwaltung] [1] Die Hauptverwaltungen werden von einem Präsidenten geleitet und sind für die Erfüllung der ihnen vom Vorstand übertragenen Aufgaben nach dessen Vorgaben verantwortlich. [2]Sie berichten an den jeweils fachlich zuständigen Zentralbereich.

§ 8 [Filialen] [1]Über die Errichtung und Schließung von Filialen beschließt der Vorstand. [2]Die Filialen berichten an die übergeordnete Hauptverwaltung.

VI. Verschiedenes

§ 9 [Verschiedenes] Im jährlichen Geschäftsbericht der Deutschen Bundesbank sind die Gesamtbezüge der amtierenden und ehemaligen Mitglieder des Vorstands bzw. des Direktoriums der Deutschen Bundesbank bzw. des Zentralbankrats und des Direktoriums der Bank deutscher Länder und der Vorstände der Landeszentralbanken einschließlich ihrer Hinterbliebenen in einer Summe anzugeben.

VII. Übergangsbestimmungen

§ 10 [Übergangsbestimmungen] Soweit in Rechtsvorschriften und Dienstvorschriften der Deutschen Bundesbank der Zentralbankrat der Deutschen Bundesbank, das Direktorium der Deutschen Bundesbank, die Präsidenten oder Vorstände der Landeszentralbanken genannt sind, tritt an ihre Stelle der Vorstand.

5. Verordnung (EU) Nr. 1024/2013 des Rates vom 15. Oktober 2013 zur Übertragung besonderer Aufgaben im Zusammenhang mit der Aufsicht über Kreditinstitute auf die Europäische Zentralbank[1)]

(ABl. L 287 S. 63, ber. 2015 L 218 S. 82)

Celex-Nr. 3 2013 R 1024

DER RAT DER EUROPÄISCHEN UNION –

gestützt auf den Vertrag über die Arbeitsweise der Europäischen Union, insbesondere auf Artikel 127 Absatz 6,

auf Vorschlag der Europäischen Kommission,

nach Zuleitung des Entwurfs des Gesetzgebungsakts an die nationalen Parlamente,

nach Stellungnahme des Europäischen Parlaments,

nach Stellungnahme der Europäischen Zentralbank,

gemäß einem besonderen Gesetzgebungsverfahren,

in Erwägung nachstehender Gründe:

(1) Die Union hat in den letzten Jahrzehnten erhebliche Fortschritte bei der Schaffung eines Binnenmarkts für Bankdienstleistungen gemacht. In vielen Mitgliedstaaten halten Bankengruppen, deren Hauptsitz sich in einem anderen Mitgliedstaat befindet, daher beträchtliche Marktanteile, und die Kreditinstitute haben ihre Geschäftstätigkeiten sowohl innerhalb als auch außerhalb des Euro-Währungsgebiets geografisch diversifiziert.

(2) Die derzeitige Finanz- und Wirtschaftskrise hat gezeigt, dass die Fragmentierung des Finanzsektors eine Gefahr für die Integrität der gemeinsamen Währung und des Binnenmarkts darstellen kann. Daher muss die Integration der Bankenaufsicht unbedingt vorangetrieben werden, um die Union zu stärken, die Finanzmarktstabilität wiederherzustellen und die Voraussetzungen für eine wirtschaftliche Erholung zu schaffen.

(3) Die Aufrechterhaltung und Vertiefung des Binnenmarkts für Bankdienstleistungen ist für die Förderung des Wirtschaftswachstums in der Union und einer angemessenen Finanzierung der Realwirtschaft von entscheidender Bedeutung. Dies erweist sich jedoch zunehmend als Herausforde-

---

[1)] Siehe hierzu ua:
- DB 2014/77/EU zur Durchführung der VO (EU) 1024/2013 v. 11.2.2014 (ABl. L 41 S. 19)
- Beschluss (EU) 2015/2218 der Europäischen Zentralbank zum Verfahren bei Ausnahmen für Mitarbeiter von der Annahme ihres wesentlichen Einflusses auf das Risikoprofil eines beaufsichtigten Kreditinstituts (EZB/2015/38) v. 20.11.2015 (ABl. L 314 S. 66)
- B EZB/2015/36 zur SSM-Leistungsbeurteilung v. 18.11.2015 (ABl. 2016 L 1 S. 4), aufgeh. durch Beschl. v. 10.2.2017 (ABl. L 40 S. 72)
- LL EZB/2016/37 zur Koordination zwischen EZB und NCAs bzgl. IPS-Bewertung und IPS-Überwachung v. 4.11.2016 (ABl. L 306 S. 32)
- LL EZB/2016/38 zur Anerkennung institutsbezogener Sicherungssysteme für Aufsichtszwecke v. 4.11.2016 (ABl. L 306 S. 37)

rung. Die Integration der Bankenmärkte in der Union kommt derzeit nachweislich zum Stillstand.

(4) Angesichts der aus der Finanzkrise der letzten Jahre zu ziehenden Lehren müssen – neben der Annahme eines verbesserten Regelungsrahmens der Union – die Aufsichtsbehörden gleichzeitig ihre Aufsicht verstärken und in der Lage sein, hoch komplexe und miteinander vernetzte Märkte und Institute zu überwachen.

(5) Für die Beaufsichtigung der einzelnen Kreditinstitute in der Union sind nach wie vor im Wesentlichen die nationalen Behörden zuständig. Die Abstimmung zwischen den Aufsichtsbehörden ist zwar entscheidend, aber die Krise hat gezeigt, dass Abstimmung allein insbesondere im Zusammenhang mit einer gemeinsamen Währung nicht ausreicht. Um die Finanzstabilität in der Union zu erhalten und die positiven Auswirkungen der Marktintegration auf Wachstum und Wohlstand zu fördern, sollte die Integration der aufsichtlichen Verantwortlichkeiten stärker vorangetrieben werden. Dies ist von besonderer Bedeutung, damit stets ein genauer Überblick über ganze Bankengruppen und deren Solidität gewährleistet ist, und würde auch das Risiko von Diskrepanzen bei der Bewertung und widersprüchlichen Entscheidungen auf Ebene der einzelnen Unternehmen verringern.

(6) Die Stabilität der Kreditinstitute ist heute noch immer in vielen Fällen eng mit dem Mitgliedstaat der Niederlassung verknüpft. Zweifel an der langfristigen Tragfähigkeit der Staatsverschuldung, den Aussichten für das Wirtschaftswachstum und der Existenzfähigkeit von Kreditinstituten haben negative, sich gegenseitig verstärkende Markttrends hervorgebracht. Dies kann Risiken für die Existenzfähigkeit einiger Kreditinstitute sowie für die Stabilität des Finanzsystems im Euro-Währungsgebiet und der Union als Ganzes mit sich bringen und die ohnehin schon angespannten öffentlichen Finanzen der betroffenen Mitgliedstaaten schwer belasten.

(7) Die Europäische Aufsichtsbehörde (Europäische Bankenaufsichtsbehörde) (EBA), die im Jahr 2011 gemäß der Verordnung (EU) Nr. 1093/2010 des Europäischen Parlaments und des Rates vom 24. November 2010 zur Errichtung einer Europäischen Aufsichtsbehörde (Europäische Bankenaufsichtsbehörde) [1] eingerichtet wurde, und das Europäische Finanzaufsichtssystem (ESFS), das mit Artikel 2 der genannten Verordnung und Artikel 2 der Verordnung (EU) Nr. 1094/2010 des Europäischen Parlaments und des Rates vom 24. November 2010 zur Errichtung einer Europäischen Aufsichtsbehörde (Europäische Aufsichtsbehörde für das Versicherungswesen und die betriebliche Altersversorgung) [2] (EIOPA) und Artikel 2 der Verordnung (EU) Nr. 1095/2010 des Europäischen Parlaments und des Rates vom 24. November 2010 zur Errichtung einer Europäischen Aufsichtsbehörde (Europäische Wertpapier- und Marktaufsichtsbehörde) [3] (ESMA) eingerichtet wurde, haben die Zusammenarbeit zwischen den Bankenaufsichtsbehörden in der Union erheblich verbessert. Die EBA leistet einen wichtigen Beitrag zur Schaffung eines einheitlichen Regel-

---

[1] **Amtl. Anm.:** ABl. L 331 vom 15.12.2010, S. 12
[2] **Amtl. Anm.:** ABl. L 331 vom 15.12.2010, S. 48.
[3] **Amtl. Anm.:** ABl. L 331 vom 15.12.2010, S. 84.

werks für Finanzdienstleistungen in der Union und war bei der einheitlichen Durchführung der auf dem Euro-Gipfel vom 26. Oktober 2011 beschlossenen Rekapitalisierung großer Kreditinstitute in der Union im Einklang mit den von der Kommission angenommenen Leitlinien und Auflagen im Zusammenhang mit staatlichen Beihilfen von zentraler Bedeutung.

(8) Das Europäische Parlament hat bei mehreren Gelegenheiten dazu aufgerufen, eine europäische Einrichtung zu schaffen, die für bestimmte Aufgaben bei der Beaufsichtigung von Finanzinstituten unmittelbar zuständig ist, so erstmals in seinen Entschließungen vom 13. April 2000 zu der Mitteilung der Kommission „Umsetzung des Finanzmarktrahmens: Aktionsplan"[1] und vom 21. November 2002 zu den aufsichtsrechtlichen Vorschriften in der Europäischen Union[2].

(9) In den Schlussfolgerungen des Europäischen Rates vom 29. Juni 2012 wurde der Präsident des Europäischen Rates gebeten, einen Fahrplan für die Verwirklichung einer echten Wirtschafts- und Währungsunion auszuarbeiten. Am selben Tag stellte der Euro-Gipfel in Aussicht, dass der Europäische Stabilitätsmechanismus (ESM) nach einem ordentlichen Beschluss die Möglichkeit haben könnte, Banken direkt zu rekapitalisieren, sobald unter Einbeziehung der Europäischen Zentralbank (EZB) ein wirksamer einheitlicher Aufsichtsmechanismus für Banken des Euro-Währungsgebiets eingerichtet worden ist; diese Möglichkeit wäre an angemessene Bedingungen geknüpft, darunter die Einhaltung der Vorschriften über staatliche Beihilfen.

(10) Der Europäische Rat gelangte auf seiner Tagung vom 19. Oktober 2012 zu dem Schluss, dass die Entwicklung hin zu einer vertieften Wirtschafts- und Währungsunion auf dem institutionellen und rechtlichen Rahmen der Union aufbauen und von Offenheit und Transparenz gegenüber den Mitgliedstaaten, deren Währung nicht der Euro ist, und von der Wahrung der Integrität des Binnenmarkts geprägt sein sollte. Im integrierten Finanzrahmen wird es einen einheitlichen Aufsichtsmechanismus geben, der so weit wie möglich allen Mitgliedstaaten offensteht, die eine Teilnahme wünschen.

(11) Es sollte daher eine Bankenunion in der Union geschaffen werden, die sich auf ein umfassendes und detailliertes einheitliches Regelwerk für Finanzdienstleistungen im Binnenmarkt als Ganzes stützt und einen einheitlichen Aufsichtsmechanismus sowie neue Rahmenbedingungen für die Einlagensicherung und die Abwicklung von Kreditinstituten umfasst. Angesichts der engen Verbindungen und Interaktionen zwischen den Mitgliedstaaten, deren Währung der Euro ist, sollte die Bankenunion zumindest alle Mitgliedstaaten des Euro-Währungsgebiets umfassen. Im Hinblick auf die Aufrechterhaltung und Vertiefung des Binnenmarkts sollte die Bankenunion aber auch anderen Mitgliedstaaten offenstehen, soweit die institutionellen Möglichkeiten dies zulassen.

(12) Als erster Schritt zur Schaffung der Bankenunion sollte ein einheitlicher Aufsichtsmechanismus sicherstellen, dass die Politik der Union hinsichtlich

---

[1] **Amtl. Anm.:** ABl. C 40 vom 7.2.2001, S. 453.
[2] **Amtl. Anm.:** ABl. C 25 E vom 29.1.2004, S. 394.

der Beaufsichtigung von Kreditinstituten kohärent und wirksam umgesetzt wird, dass das einheitliche Regelwerk für Finanzdienstleistungen auf die Kreditinstitute in allen betroffenen Mitgliedstaaten ebenso angewandt wird und dass bei der Beaufsichtigung dieser Kreditinstitute höchste, von nichtaufsichtsrechtlichen Überlegungen unbeeinflusste Standards Anwendung finden. Der einheitliche Aufsichtsmechanismus sollte insbesondere mit den Abläufen im Binnenmarkt für Finanzdienstleistungen und dem freien Kapitalverkehr im Einklang stehen. Ein einheitlicher Aufsichtsmechanismus ist die Grundlage für die nächsten Schritte in Richtung der Bankenunion. Dies entspricht dem Grundsatz, dass der ESM nach einem ordentlichen Beschluss die Möglichkeit haben wird, Banken direkt zu rekapitalisieren, sobald ein wirksamer einheitlicher Aufsichtsmechanismus eingerichtet worden ist. Der Europäische Rat stellte in seinen Schlussfolgerungen vom 13./14. Dezember 2012 Folgendes fest: „In einem Umfeld, in dem die Bankenaufsicht effektiv einem einheitlichen Aufsichtsmechanismus übertragen wird, ist auch ein einheitlicher Abwicklungsmechanismus erforderlich, der mit den notwendigen Befugnissen ausgestattet ist, um sicherzustellen, dass jede Bank in den teilnehmenden Mitgliedstaaten mit geeigneten Instrumenten abgewickelt werden kann“, und „[e]r sollte auf Beiträgen des Finanzsektors selbst basieren und eine geeignete und wirksame Letztsicherung („Backstop“) einschließen“.

(13) Als Zentralbank des Euro-Währungsgebiets verfügt die EZB über umfangreiches Fachwissen in makroökonomischen und die Finanzstabilität betreffenden Fragen und ist damit gut geeignet, eindeutig festgelegte Aufsichtsaufgaben wahrzunehmen, mit einem Schwerpunkt auf dem Schutz der Stabilität des Finanzsystems der Union. Viele Zentralbanken der Mitgliedstaaten sind bereits für die Bankenaufsicht zuständig. Der EZB sollten daher besondere Aufgaben im Zusammenhang mit der Aufsicht über Kreditinstitute in den teilnehmenden Mitgliedstaaten übertragen werden.

(14) Die EZB und die zuständigen Behörden von Mitgliedstaaten, die nicht teilnehmende Mitgliedstaaten sind (im Folgenden: „nicht teilnehmende Mitgliedstaaten“) sollten eine Vereinbarung eingehen, in der allgemein beschrieben wird, wie ihre Zusammenarbeit bei der Wahrnehmung ihrer Aufsichtsaufgaben nach dem Unionsrecht in Bezug auf die in dieser Verordnung genannten Finanzinstitute gestaltet werden soll. In der Vereinbarung könnten unter anderem die Konsultation in Bezug auf Beschlüsse der EZB mit Auswirkung auf in einem nicht teilnehmenden Mitgliedstaat niedergelassene Tochtergesellschaften oder Zweigstellen, deren Muttergesellschaft in einem teilnehmenden Mitgliedstaat niedergelassen ist, sowie die Zusammenarbeit in Ausnahmesituationen einschließlich Frühwarnmechanismen im Einklang mit den im einschlägigen Unionsrecht festgelegten Verfahren präzisiert werden. Die Vereinbarung sollte regelmäßig überprüft werden.

(15) Die besonderen Aufsichtsaufgaben, die für eine kohärente und wirksame Umsetzung der Politik der Union hinsichtlich der Beaufsichtigung von Kreditinstituten entscheidend sind, sollten der EZB übertragen werden, während andere Aufgaben bei den nationalen Behörden verbleiben sollten. Die Aufgaben der EZB sollten vorbehaltlich spezieller Regelungen, die

der Rolle der nationalen Aufsichtsbehörden Rechnung tragen, Maßnahmen zur Sicherstellung der makroprudenziellen Stabilität umfassen.

(16) Die Sicherheit und Solidität großer Kreditinstitute sind für die Gewährleistung der Stabilität des Finanzsystems von entscheidender Bedeutung. In der jüngsten Vergangenheit hat sich jedoch gezeigt, dass auch von kleineren Kreditinstituten Risiken für die Finanzmarktstabilität ausgehen können. Die EZB sollte daher in Bezug auf alle in teilnehmenden Mitgliedstaaten zugelassenen Kreditinstitute und alle Zweigstellen in teilnehmenden Mitgliedstaaten Aufsichtsaufgaben ausüben können.

(17) Bei der Wahrnehmung der ihr übertragenen Aufgaben sollte die EZB unbeschadet des Ziels, die Sicherheit und Solidität der Kreditinstitute zu gewährleisten, die Vielfalt der Kreditinstitute, ihre Größe und ihre Geschäftsmodelle sowie die systemischen Vorteile der Vielfalt im Bankensektor der Union in vollem Umfang berücksichtigen.

(18) Durch die Ausübung ihrer Aufgaben sollte die EZB insbesondere dazu beitragen, dass die Kreditinstitute alle durch ihre Tätigkeiten entstandenen Kosten vollständig internalisieren, damit sorgloses Verhalten und die daraus resultierende übermäßige Risikobereitschaft vermieden werden. Sie sollte den jeweiligen makroökonomischen Bedingungen in den Mitgliedstaaten, insbesondere der Stabilität der Kreditversorgung und der Erleichterung der Produktionstätigkeiten für die Volkswirtschaften insgesamt, in vollem Umfang Rechnung tragen.

(19) Kein Teil dieser Verordnung sollte dahin gehend ausgelegt werden, dass er den nach anderen Rechtsakten der Union und nationalem Recht anwendbaren Rechnungslegungsrahmen ändert.

(20) Die Zulassung von Kreditinstituten vor der Aufnahme der Geschäftstätigkeit ist ein wichtiges aufsichtsrechtliches Mittel, um sicherzustellen, dass diese Tätigkeiten nur von Unternehmen ausgeübt werden, die über eine solide wirtschaftliche Grundlage, eine geeignete Organisation für den Umgang mit den besonderen Risiken des Einlagen- und Kreditgeschäfts sowie über geeignete Geschäftsleiter verfügen. Die EZB sollte daher vorbehaltlich spezieller Regelungen, die der Rolle der nationalen Aufsichtsbehörden Rechnung tragen, mit der Zulassung von Kreditinstituten beauftragt werden, die in einem teilnehmenden Mitgliedstaat gegründet werden sollen, und diese Zulassungen auch entziehen können.

(21) Neben den im Unionsrecht vorgesehenen Bedingungen für die Zulassung von Kreditinstituten und den Entzug dieser Zulassungen können die Mitgliedstaaten derzeit weitere Bedingungen für die Zulassung von Kreditinstituten und Gründe für den Entzug der Zulassung festlegen. Die EZB sollte daher ihre Aufgaben in Bezug auf die Zulassung von Kreditinstituten und den Entzug dieser Zulassung bei Nichteinhaltung nationaler Rechtsvorschriften auf der Grundlage eines Vorschlags der betreffenden nationalen zuständigen Behörde, die die Einhaltung der einschlägigen, im nationalen Recht festgelegten Bedingungen prüft, wahrnehmen.

(22) Die Beurteilung der Eignung eines neuen Eigentümers im Vorfeld des Erwerbs einer erheblichen Beteiligung an einem Kreditinstitut ist ein unverzichtbares Mittel, um die Eignung und finanzielle Solidität der Eigentümer von Kreditinstituten kontinuierlich sicherzustellen. Als Organ der Union verfügt die EZB über gute Voraussetzungen für die Durch-

führung einer solchen Beurteilung, ohne dass dies den Binnenmarkt unangemessen einschränkt. Die EZB sollte daher beauftragt werden, den Erwerb und die Veräußerung erheblicher Anteile an Kreditinstituten, außer im Rahmen einer Bankenabwicklung, zu beurteilen.

(23) Die Einhaltung von Unionsvorschriften, die Kreditinstitute dazu verpflichten, gegen die Risiken ihrer Geschäftstätigkeit Eigenmittel in bestimmter Höhe vorzuhalten, die Höhe der Forderungen gegenüber einzelnen Gegenparteien zu begrenzen, Informationen zu ihrer Finanzlage zu veröffentlichen, ausreichend liquide Aktiva vorzuhalten, um Spannungen an den Märkten standhalten zu können, und den Verschuldungsgrad zu begrenzen, ist Voraussetzung für die aufsichtsrechtliche Solidität von Kreditinstituten. Es sollte Aufgabe der EZB sein, die Einhaltung dieser Vorschriften sicherzustellen, was insbesondere die für die Zwecke dieser Vorschriften vorgesehene Erteilung von Genehmigungen, Erlaubnissen, Ausnahmen oder Freistellungen einschließt.

(24) Zusätzliche Kapitalpuffer, wie Kapitalerhaltungspuffer, antizyklische Kapitalpuffer, mit denen sichergestellt wird, dass Kreditinstitute in Phasen des Wirtschaftswachstums eine ausreichende Eigenmittelgrundlage aufbauen, um Verluste in schwierigeren Zeiten absorbieren zu können, globale und andere Puffer für systemrelevante Institute sowie sonstige Maßnahmen zur Abwendung von Systemrisiken oder makroprudenziellen Risiken sind wesentliche Aufsichtsinstrumente. Im Interesse einer umfassenden Abstimmung sollte die EZB ordnungsgemäß unterrichtet werden, wenn die nationalen zuständigen Behörden oder nationalen benannten Behörden solche Maßnahmen treffen. Außerdem sollte die EZB erforderlichenfalls vorbehaltlich einer engen Abstimmung mit den nationalen Behörden strengere Anforderungen und Maßnahmen anwenden können. Die Bestimmungen in dieser Verordnung über Maßnahmen zur Abwendung von Systemrisiken oder makroprudenziellen Risiken lassen alle Abstimmungsverfahren, die in anderen Rechtsakten der Union vorgesehen sind, unberührt. Die nationalen zuständigen Behörden oder nationalen benannten Behörden und die EZB müssen jedes in diesen Rechtsakten vorgesehene Abstimmungsverfahren berücksichtigen, nachdem sie die Verfahren gemäß dieser Verordnung angewandt haben.

(25) Die Sicherheit und Solidität von Kreditinstituten hängen auch von der Vorhaltung von internem Kapital in angemessener, den möglichen Risiken entsprechender Höhe sowie von geeigneten internen Organisationsstrukturen und Regelungen für die Unternehmensführung ab. Die EZB sollte daher mit der Festlegung von Anforderungen beauftragt werden, mit denen sichergestellt wird, dass Kreditinstitute in den teilnehmenden Mitgliedstaaten über solide Regelungen für die Unternehmensführung, Verfahren und Mechanismen verfügen, einschließlich Strategien und Verfahren zur Prüfung und Aufrechterhaltung der Angemessenheit ihres internen Kapitals. Bei Unzulänglichkeiten sollte die EZB zudem die Aufgabe haben, geeignete Maßnahmen zu treffen, einschließlich besonderer zusätzlicher Eigenmittelanforderungen, besonderer Offenlegungspflichten und besonderer Liquiditätsanforderungen.

(26) Risiken für die Sicherheit und Solidität von Kreditinstituten können sowohl auf der Ebene einzelner Kreditinstitute als auch auf der Ebene von

Bankengruppen oder Finanzkonglomeraten entstehen. Besondere Aufsichtsregelungen zur Verringerung dieser Risiken sind wichtig, um die Sicherheit und Solidität von Kreditinstituten zu gewährleisten. Neben der Einzelaufsicht über Kreditinstitute sollten die Aufgaben der EZB auch die Beaufsichtigung auf konsolidierter Basis, ergänzende Aufsichtsaufgaben sowie die Beaufsichtigung von Finanzholdinggesellschaften und von gemischten Finanzholdinggesellschaften, nicht aber von Versicherungsunternehmen umfassen.

(27) Zur Erhaltung der Finanzstabilität muss eine Verschlechterung der finanziellen und wirtschaftlichen Situation eines Kreditinstituts in einem frühen Stadium behoben werden. Die EZB sollte daher beauftragt werden, im einschlägigen Unionsrecht vorgesehene Frühinterventionsmaßnahmen durchzuführen. Sie sollte ihre Frühinterventionsmaßnahmen jedoch mit den zuständigen Abwicklungsbehörden koordinieren. Solange die nationalen Behörden für die Abwicklung von Kreditinstituten zuständig sind, sollte die EZB ihr Handeln darüber hinaus in geeigneter Weise mit den betroffenen nationalen Behörden koordinieren, um sich über die jeweiligen Zuständigkeiten im Krisenfall, insbesondere im Rahmen der für diese Zwecke eingerichteten grenzüberschreitenden Krisenmanagementgruppen und künftigen Abwicklungskollegien, zu verständigen.

(28) Der EZB nicht übertragene Aufsichtsaufgaben sollten bei den nationalen Behörden verbleiben. Dazu zählen die Befugnis zur Entgegennahme von Mitteilungen der Kreditinstitute im Zusammenhang mit dem Niederlassungsrecht und der Dienstleistungsfreiheit, die Beaufsichtigung von Einrichtungen, die keine Kreditinstitute im Sinne des Unionsrechts sind, die aber nach nationalem Recht wie Kreditinstitute zu beaufsichtigen sind, die Beaufsichtigung von Kreditinstituten aus Drittländern, die in der Union eine Zweigstelle errichten oder grenzüberschreitend Dienstleistungen erbringen, die Überwachung von Zahlungsdienstleistungen, die Durchführung der täglichen Überprüfung von Kreditinstituten, die Wahrnehmung der Funktionen der zuständigen Behörden in Bezug auf Kreditinstitute hinsichtlich der Märkte für Finanzinstrumente und die Bekämpfung des Missbrauchs des Finanzsystems für Geldwäsche und Terrorismusfinanzierung sowie der Verbraucherschutz.

(29) Die EZB sollte, soweit angemessen, uneingeschränkt mit den nationalen Behörden zusammenarbeiten, die dafür zuständig sind, ein hohes Verbraucherschutzniveau und die Bekämpfung der Geldwäsche sicherzustellen.

(30) Die EZB sollte die ihr übertragenen Aufgaben mit dem Ziel wahrnehmen, gemäß dem einheitlichen Regelwerk für Finanzdienstleistungen in der Union die Sicherheit und Solidität der Kreditinstitute, die Stabilität des Finanzsystems der Union und der einzelnen teilnehmenden Mitgliedstaaten sowie die Einheit und Integrität des Binnenmarkts und somit auch den Einlegerschutz zu gewährleisten und die Funktionsweise des Binnenmarkts zu verbessern. Insbesondere sollte die EZB den Grundsatz der Gleichbehandlung und den Grundsatz der Nichtdiskriminierung gebührend beachten.

(31) Die Übertragung von Aufsichtsaufgaben auf die EZB sollte mit dem ESFS und dem zugrunde liegenden Ziel der Ausarbeitung eines einheitlichen Regelwerks und der Stärkung der Konvergenz der Aufsichtspraktiken in

der gesamten Union im Einklang stehen. Für die Behandlung von Fragen von gemeinsamem Interesse sowie für eine ordnungsgemäße Beaufsichtigung von Kreditinstituten, die zusätzlich im Versicherungs- und Wertpapierbereich tätig sind, ist auch die Zusammenarbeit zwischen Bankenaufsichtsbehörden und Aufsichtsbehörden für die Versicherungs- und Wertpapiermärkte von Bedeutung. Die EZB sollte daher verpflichtet werden eng mit der EBA, der ESMA, der EIOPA, dem Europäischen Ausschuss für Systemrisiken (ESRB) und anderen am ESFS teilnehmenden Behörden zusammenzuarbeiten. Die EZB sollte ihre Aufgaben im Einklang mit den Bestimmungen dieser Verordnung und unbeschadet der Zuständigkeiten und Aufgaben der anderen Teilnehmer im Rahmen des ESFS wahrnehmen. Sie sollte ferner verpflichtet werden, mit den jeweiligen Abwicklungsbehörden und Fazilitäten zusammenzuarbeiten, die direkte oder indirekte öffentliche Finanzhilfen finanzieren.

(32) Die EZB sollte ihre Aufgaben gemäß und in Übereinstimmung mit dem einschlägigen Unionsrecht ausüben, einschließlich des gesamten Primär- und Sekundärrechts der Union, der Beschlüsse der Kommission zu staatlichen Beihilfen, der Wettbewerbsvorschriften und der Bestimmungen zur Fusionskontrolle sowie des für alle Mitgliedstaaten geltenden einheitlichen Regelwerks. Die EBA hat den Auftrag, technische Standards, Leitlinien und Empfehlungen auszuarbeiten, um die aufsichtsrechtliche Konvergenz und die Kohärenz der Aufsichtsergebnisse innerhalb der Union sicherzustellen. Diese Aufgaben sollten bei der EBA verbleiben, weshalb die EZB gemäß Artikel 132 des Vertrags über die Arbeitsweise der Europäischen Union[1)] (AEUV) und den Rechtsakten der Union, die die Europäische Kommission auf der Grundlage von Entwürfen der EBA erlassen hat, und vorbehaltlich des Artikels 16 der Verordnung (EU) Nr. 1093/2010, Verordnungen erlassen sollte.

(33) Soweit erforderlich sollte die EZB mit den zuständigen Behörden, die für die Märkte für Finanzinstrumente zuständig sind, Vereinbarungen eingehen, in denen allgemein beschrieben wird, wie ihre Zusammenarbeit miteinander bei der Wahrnehmung ihrer Aufsichtsaufgaben nach Unionsrecht in Bezug auf die in dieser Verordnung genannten Finanzinstitute ausgestaltet werden soll. Diese Vereinbarungen sollten dem Europäischen Parlament, dem Rat und den zuständige Behörden aller Mitgliedstaaten zur Verfügung gestellt werden.

(34) Zur Wahrnehmung ihrer Aufgaben und zur Ausübung ihrer Aufsichtsbefugnisse sollte die EZB die materiellen Vorschriften für die Beaufsichtigung von Kreditinstituten anwenden. Diese Vorschriften sind die des einschlägigen Unionsrechts, insbesondere unmittelbar geltende Verordnungen oder Richtlinien, wie diejenigen über die Eigenmittelausstattung von Kreditinstituten und über Finanzkonglomerate. Liegen die materiellen Vorschriften für die Beaufsichtigung von Kreditinstituten in Form von Richtlinien vor, so sollte die EZB die nationalen Rechtsvorschriften zur Umsetzung der betreffenden Richtlinien anwenden. Soweit das einschlägige Unionsrecht aus Verordnungen besteht, sollte die EZB in Bereichen, in denen diese Verordnungen den Mitgliedstaaten zum Zeitpunkt des Inkraft-

---

1) Nr. 1.

tretens dieser Verordnung ausdrücklich Wahlrechte einräumen, auch die nationalen Rechtsvorschriften anwenden, durch die diese Wahlrechte ausgeübt werden. Diese Wahlrechte sollten dahin gehend ausgelegt werden, dass sie Wahlrechte ausschließen, die alleine den zuständigen oder benannten Behörden vorbehalten sind. Der Grundsatz des Vorrangs des Unionsrechts wird hierdurch nicht berührt. Daraus folgt, dass die EZB ihre Leitlinien oder Empfehlungen sowie ihre Beschlüsse auf das einschlägige bindende Unionsrecht stützen und im Einklang mit diesem erlassen sollte.

(35) Im Rahmen der der EZB übertragenen Aufgaben werden den nationalen zuständigen Behörden durch das nationale Recht bestimmte Befugnisse übertragen, die bisher durch Unionsrecht nicht gefordert waren, einschließlich der Befugnis zu frühzeitigem Eingreifen und zum Ergreifen von Vorsichtsmaßnahmen. Die EZB sollte die nationalen Behörden in den teilnehmenden Mitgliedstaaten auffordern dürfen, von diesen Befugnissen Gebrauch zu machen, um die Ausübung einer umfassenden und wirksamen Beaufsichtigung innerhalb des einheitlichen Aufsichtsmechanismus sicherzustellen.

(36) Zur Sicherstellung der Anwendung der Aufsichtsregeln und -beschlüsse durch Kreditinstitute, Finanzholdinggesellschaften und gemischte Finanzholdinggesellschaften sollten im Falle eines Verstoßes wirksame, verhältnismäßige und abschreckende Sanktionen verhängt werden. Gemäß Artikel 132 Absatz 3 AEUV[1] und der Verordnung (EG) Nr. 2532/98 des Rates vom 23. November 1998 über das Recht der Europäischen Zentralbank, Sanktionen zu verhängen[2], ist die EZB berechtigt, Unternehmen mit Geldbußen oder Zwangsgeldern zu belegen, wenn sie ihre Verpflichtungen aus den Verordnungen und Beschlüssen der EZB nicht einhalten. Damit die EZB ihre Aufgaben im Zusammenhang mit der Durchsetzung der Aufsichtsregeln des unmittelbar anwendbaren Unionsrechts wirksam wahrnehmen kann, sollte sie die Befugnis erhalten, bei Verstößen gegen solche Bestimmungen Geldbußen gegen Kreditinstitute, Finanzholdinggesellschaften und gemischte Finanzholdinggesellschaften zu verhängen. Die nationalen Behörden sollten bei Verstößen gegen Verpflichtungen aus nationalen Rechtsvorschriften zur Umsetzung von Unionsrichtlinien weiterhin Sanktionen verhängen können. Hält die EZB es für die Erfüllung ihrer Aufgaben für angebracht, bei solchen Verstößen eine Sanktion zu verhängen, sollte sie die Angelegenheit zu diesem Zweck an die nationalen zuständigen Behörden weiterleiten können.

(37) Die nationalen Aufsichtsbehörden verfügen über umfangreiche, langjährige Erfahrung mit der Beaufsichtigung von Kreditinstituten in ihrem Hoheitsgebiet sowie über umfangreiches Fachwissen der jeweiligen wirtschaftlichen, organisatorischen und kulturellen Besonderheiten. Dazu wurde ein engagierter und hoch qualifizierter Mitarbeiterstab eingerichtet. Um die Einhaltung höchster Standards bei der Beaufsichtigung auf Unionsebene sicherzustellen, sollten die nationalen zuständigen Behörden dafür verantwortlich sein, die EZB bei der Vorbereitung und Umsetzung von Rechtsakten im Zusammenhang mit der Wahrnehmung ihrer Auf-

---

[1] Nr. **1**.
[2] **Amtl. Anm.:** ABl. L 318 vom 27.11.1998, S. 4.

sichtsaufgaben zu unterstützen. Dazu sollten insbesondere die laufende tägliche Bewertung der Lage eines Kreditinstituts und die damit verbundenen Prüfungen vor Ort gehören.

(38) Die in dieser Verordnung festgelegten Kriterien, anhand derer ermittelt wird, welche Institute auf konsolidierter Basis als weniger bedeutend anzusehen sind, sollten auf der obersten Konsolidierungsebene innerhalb des teilnehmenden Mitgliedstaats auf der Grundlage konsolidierter Daten angewandt werden. Wenn die EZB die ihr durch diese Verordnung übertragenen Aufgaben in Bezug auf eine Gruppe wahrnimmt, die auf konsolidierter Basis nicht als weniger bedeutend gilt, sollte sie dies in Bezug auf die Gruppe von Kreditinstituten auf konsolidierter Basis und in Bezug auf die Tochterbanken und Zweigstellen jener Gruppe in den teilnehmenden Mitgliedstaaten auf Ebene des einzelnen Kreditinstituts tun.

(39) Diese in dieser Verordnung festgelegten Kriterien, anhand derer ermittelt wird, welche Institute auf konsolidierter Basis als weniger bedeutend anzusehen sind, sollten in einem Rahmenwerk näher bestimmt werden, das von der EZB in Abstimmung mit den nationalen zuständigen Behörden angenommen und veröffentlicht wird. Auf dieser Grundlage sollte die EZB dafür verantwortlich sein, diese Kriterien anzuwenden und mittels eigener Berechnungen zu überprüfen, ob sie erfüllt sind. Die Anforderung von Informationen durch die EZB für ihre Berechnungen, sollte die Institute nicht dazu zwingen, andere Rechnungslegungsrahmen anzuwenden als diejenigen, die gemäß anderen Rechtsakten der Union und nationalen Rechtsakten für sie anwendbar sind.

(40) Wurde ein Kreditinstitut als bedeutend oder weniger bedeutend eingestuft, so sollte diese Bewertung im Allgemeinen innerhalb von 12 Monaten nicht öfter als einmal geändert werden, es sei denn, die Bankengruppen wurden strukturellen Änderungen, wie Zusammenschlüssen oder Veräußerungen, unterzogen.

(41) Wenn die EZB – im Anschluss an eine Anzeige einer nationalen zuständigen Behörde – darüber entscheidet, ob ein Institut für die betreffende Volkswirtschaft bedeutend ist und daher von der EZB beaufsichtigt werden sollte, sollte sie allen relevanten Umständen, einschließlich Überlegungen hinsichtlich gleicher Voraussetzungen, Rechnung tragen.

(42) Hinsichtlich der Beaufsichtigung grenzüberschreitend tätiger Kreditinstitute, die sowohl innerhalb als auch außerhalb des Euro-Währungsgebiets tätig sind, sollte die EZB eng mit den zuständigen Behörden der nicht teilnehmenden Mitgliedstaaten zusammenarbeiten. Als zuständige Behörde sollte die EZB den im Unionsrecht festgelegten Verpflichtungen zur Zusammenarbeit und zum Informationsaustausch unterliegen und an den Aufsichtskollegien uneingeschränkt teilnehmen. Da die Wahrnehmung von Aufsichtsaufgaben durch ein Unionsorgan mit klaren Vorteilen für die Finanzstabilität und eine nachhaltige Marktintegration verbunden ist, sollten Mitgliedstaaten, deren Währung nicht der Euro ist ebenfalls am einheitlichen Aufsichtsmechanismus teilnehmen können. Unabdingbare Voraussetzung für die wirksame Ausübung von Aufsichtsaufgaben ist jedoch die vollständige und unverzügliche Umsetzung von Aufsichtsbeschlüssen. Mitgliedstaaten, die am einheitlichen Aufsichtsmechanismus teilnehmen möchten, sollten sich daher verpflichten, dafür zu sorgen, dass ihre na-

tionalen zuständigen Behörden alle von der EZB geforderten Maßnahmen in Bezug auf Kreditinstitute befolgen und umsetzen. Die EZB sollte eine enge Zusammenarbeit mit den zuständigen Behörden von Mitgliedstaaten, deren Währung nicht der Euro ist, eingehen können. Sie sollte verpflichtet sein, eine solche Zusammenarbeit einzugehen, wenn die in dieser Verordnung festgelegten Bedingungen erfüllt sind.

(43) Da teilnehmende Mitgliedstaaten, deren Währung nicht der Euro ist, bis zur Einführung des Euro gemäß dem AEUV nicht im EZB-Rat vertreten sind und von anderen Mechanismen für Mitgliedstaaten, deren Währung der Euro ist, nicht in vollem Umfang profitieren können, sind in dieser Verordnung zusätzliche Garantien im Beschlussfassungsverfahren geregelt. Diese Garantien, insbesondere die Möglichkeit für teilnehmende Mitgliedstaaten, deren Währung nicht der Euro ist, um die unmittelbare Beendigung der engen Zusammenarbeit zu ersuchen, nach Mitteilung an den EZB-Rat in einer begründeten Stellungnahme, dass sie einem Beschlussentwurf des Aufsichtsgremiums nicht zustimmen, sollten jedoch nur in hinreichend begründeten Ausnahmefällen Anwendung finden. Sie sollten nur Anwendung finden, solange diese besonderen Umstände vorliegen. Die Garantien bestehen aufgrund der besonderen Umstände, die in Mitgliedstaaten, deren Währung nicht der Euro ist, nach dieser Verordnung vorliegen, weil sie im EZB-Rat nicht vertreten sind und von anderen Mechanismen für Mitgliedstaaten, deren Währung der Euro ist, nicht in vollem Umfang profitieren können. Daher können und sollten die Garantien nicht als Präzedenzfall für andere Bereiche der Unionspolitik verstanden werden.

(44) Durch keinen Teil dieser Verordnung sollte der bestehende Rahmen für die Änderung der Rechtsform von Tochtergesellschaften oder Zweigstellen bzw. die Anwendung eines solchen Rahmens in irgendeiner Weise geändert werden; noch sollte irgendein Teil dieser Verordnung in einer Weise ausgelegt oder angewandt werden, die einen Anreiz für eine solche Änderung darstellt. Diesbezüglich sollte die Zuständigkeit der zuständigen Behörden der nicht teilnehmenden Mitgliedstaaten in vollem Umfang geachtet werden, damit diese Behörden gegenüber in ihrem Hoheitsgebiet tätigen Kreditinstituten weiterhin über ausreichende Instrumente und Befugnisse verfügen, um diese Zuständigkeit wahrzunehmen und die Finanzmarktstabilität und das öffentliche Interesse wirksam wahren zu können. Um die zuständigen Behörden bei der Wahrnehmung ihrer Aufgaben zu unterstützen, sollten sowohl Einlegern und als auch den zuständigen Behörden außerdem rechtzeitig Informationen über die Änderung der Rechtsform einer Tochtergesellschaft oder Zweigstelle bereitgestellt werden.

(45) Damit die EZB ihre Aufgaben wahrnehmen kann, sollte sie angemessene Aufsichtsbefugnisse haben. Die Rechtsvorschriften der Union über die Beaufsichtigung von Kreditinstituten übertragen zu diesen Zwecken bestimmte Befugnisse auf die von den Mitgliedstaaten benannten zuständigen Behörden. Soweit diese Befugnisse die der EZB übertragenen Aufsichtsaufgaben betreffen, sollte die EZB für die teilnehmenden Mitgliedstaaten als zuständige Behörde gelten und über die Befugnisse verfügen, die den zuständigen Behörden nach dem Unionsrecht erteilt wurden. Dazu gehö-

ren die den zuständigen Behörden des Herkunfts- und Aufnahmemitgliedstaates mit diesen Rechtsakten übertragenen Befugnisse und die den benannten Behörden erteilten Befugnisse.

(46) Die EZB sollte die Aufsichtsbefugnis haben, ein Mitglied eines Leitungsorgans gemäß dieser Verordnung abzuberufen.

(47) Im Interesse einer wirksamen Wahrnehmung ihrer Aufgaben sollte die EZB berechtigt sein, alle erforderlichen Informationen anzufordern sowie gegebenenfalls in Zusammenarbeit mit den zuständigen nationalen Behörden Untersuchungen und Prüfungen vor Ort durchzuführen. Die EZB und die nationalen zuständigen Behörden sollten auf dieselben Informationen zugreifen können, so dass Kreditinstitute diese Daten nicht mehrfach bereitstellen müssen.

(48) Das Privileg der Angehörigen von Rechtsberufen ist ein grundlegendes Prinzip des Unionsrechts, das die Vertraulichkeit der Kommunikation zwischen natürlichen oder juristischen Personen und ihren Rechtsbeiständen nach den von der Rechtsprechung des Gerichtshofs der Europäischen Union (EUGH) entwickelten Bedingungen schützt.

(49) Benötigt die EZB Informationen von einer Person, die in einem nicht teilnehmenden Mitgliedstaat niedergelassen ist, aber zu einem Kreditinstitut, einer Finanzholdinggesellschaft oder einer gemischten Finanzholdinggesellschaft gehört, das/die in einem teilnehmenden Mitgliedstaat niedergelassen ist, oder auf die das betreffende Kreditinstitut bzw. die Finanzholdinggesellschaft oder gemischte Finanzholdinggesellschaft betriebliche Funktionen oder Tätigkeiten ausgelagert hat, und ist ein solches Informationsersuchen in dem nicht teilnehmenden Mitgliedstaat nicht wirksam oder vollstreckbar, so sollte sich die EZB mit der zuständigen Behörde des nicht teilnehmenden Mitgliedstaats abstimmen.

(50) Durch diese Verordnung wird die Anwendung der Bestimmungen nach Maßgabe der Artikel 34 und 42 des dem Vertrag über die Europäische Union (EUV) und dem AEUV beigefügten Protokolls Nr. 4 über die Satzung des Europäischen Systems der Zentralbanken und der Europäischen Zentralbank (im Folgenden „Satzung des ESZB und der EZB") nicht berührt. Gemäß diesem Protokoll und dem dem EUV und dem AEUV beigefügten Protokoll Nr. 15 über einige Bestimmungen betreffend das Vereinigte Königreich Großbritannien und Nordirland sollten die von der EZB im Rahmen dieser Verordnung angenommenen Rechtsakte nicht teilnehmenden Mitgliedstaaten keinerlei Rechte einräumen und keinerlei Verpflichtungen auferlegen, es sei denn diese Rechtsakte stehen im Einklang mit dem einschlägigen Unionsrecht.

(51) Hinsichtlich der Ausübung des Niederlassungsrechts oder des Rechts zur Erbringung von Dienstleistungen in einem anderen Mitgliedstaat sowie in Fällen, in denen mehrere Unternehmen einer Gruppe in unterschiedlichen Mitgliedstaaten niedergelassen sind, sieht das Unionsrecht besondere Verfahren und die Aufteilung der Zuständigkeiten zwischen den betroffenen Mitgliedstaaten vor. Soweit die EZB bestimmte Aufsichtsaufgaben für alle teilnehmenden Mitgliedstaaten übernimmt, sollten diese Verfahren und Aufteilungen nicht für die Ausübung des Niederlassungsrechts oder des Rechts auf Dienstleistungserbringung in einem anderen teilnehmenden Mitgliedstaat gelten.

(52) Bei der Wahrnehmung ihrer Aufgaben im Rahmen dieser Verordnung und bei ihren Amtshilfeersuchen an nationale zuständige Behörden sollte die EZB auf eine ausgewogene Beteiligung aller betroffenen nationalen zuständigen Behörden achten, die den im maßgebenden Unionsrecht festgelegten Verantwortlichkeiten für die Einzelaufsicht sowie die Aufsicht auf teilkonsolidierter und konsolidierter Basis entspricht.

(53) Kein Teil dieser Verordnung sollte dahin gehend ausgelegt werden, dass er der EZB die Befugnis überträgt, Sanktionen gegen natürliche oder andere juristische Personen als Kreditinstitute, Finanzholdinggesellschaften oder gemischte Finanzholdinggesellschaften zu verhängen; dies gilt unbeschadet der Befugnis der EZB, von den nationalen zuständigen Behörden zu verlangen, dass sie Maßnahmen ergreifen, um sicherzustellen, dass geeignete Sanktionen verhängt werden.

(54) Die EZB wurde durch die Verträge errichtet und ist damit ein Organ der Union als Ganzes. Sie sollte bei ihren Beschlussfassungsverfahren an Unionsvorschriften und allgemeine Grundsätze für ein ordnungsgemäßes Verfahren und Transparenz gebunden sein. Das Recht der Adressaten der EZB-Beschlüsse auf Anhörung sowie ihr Recht, gemäß den in dieser Verordnung festgelegten Bestimmungen eine Überprüfung der EZB-Beschlüsse zu beantragen, sollte umfassend geachtet werden.

(55) Die Übertragung von Aufsichtsaufgaben geht mit einer erheblichen Verantwortung der EZB für den Schutz der Finanzmarktstabilität in der Union und mit der Verpflichtung einher, die Aufsichtsbefugnisse auf möglichst wirksame und verhältnismäßige Weise auszuüben. Bei einer Verlagerung von Aufsichtsbefugnissen von den Mitgliedstaaten auf die EU-Ebene sollte durch entsprechende Anforderungen hinsichtlich Transparenz und Rechenschaftspflicht für ausgewogene Verhältnisse gesorgt werden. Die EZB sollte daher dem Europäischen Parlament und dem Rat als den demokratisch legitimierten Organen, die die Bürger der Union und der Mitgliedstaaten vertreten, hinsichtlich der Ausübung dieser Aufgaben Rechenschaft ablegen. Dies sollte die regelmäßige Berichterstattung und die Beantwortung von Fragen des Europäischen Parlaments gemäß seiner Geschäftsordnung sowie der Euro-Gruppe gemäß ihrer Verfahrensregeln umfassen. Alle Berichterstattungspflichten sollten den einschlägigen beruflichen Geheimhaltungspflichten unterliegen.

(56) Die EZB sollte die Berichte, die sie an das Europäische Parlament und den Rat richtet, auch den nationalen Parlamenten der teilnehmenden Mitgliedstaaten zuleiten. Die nationalen Parlamente der teilnehmenden Mitgliedstaaten sollten die Möglichkeit haben, Bemerkungen und Fragen an die EZB bezüglich der Ausübung ihrer Aufsichtsaufgaben zu richten, zu denen die EZB sich äußern kann. Die internen Vorschriften dieser nationalen Parlamente sollten den Einzelheiten der einschlägigen Verfahren und Regelungen für die Übermittlung von Bemerkungen und Fragen an die EZB Rechnung tragen. Hierbei sollte besonderes Augenmerk auf Bemerkungen oder Fragen im Zusammenhang mit dem Entzug der Zulassung von Kreditinstituten gerichtet werden, in Bezug auf welche die nationalen zuständigen Behörden gemäß dem Verfahren nach dieser Verordnung Maßnahmen zur Abwicklung oder zum Erhalt der Finanzmarktstabilität ergriffen haben. Das nationale Parlament eines teilnehmenden

Mitgliedstaats sollte ferner den Vorsitzenden oder einen Vertreter des Aufsichtsgremiums ersuchen können, gemeinsam mit einem Vertreter der nationalen zuständigen Behörde an einem Gedankenaustausch über die Beaufsichtigung von Kreditinstituten in diesem Mitgliedstaat teilzunehmen. Diese Rolle der nationalen Parlamente ist aufgrund der potenziellen Auswirkungen, die die Aufsichtsmaßnahmen auf die öffentlichen Finanzen, die Kreditinstitute, deren Kunden und Angestellte sowie auf die Märkte in den teilnehmenden Mitgliedstaaten haben können, durchaus angemessen. Ergreifen nationale zuständige Behörden Maßnahmen gemäß dieser Verordnung, so sollten auch weiterhin nationale Rechenschaftspflichten Anwendung finden.

(57) Das Recht des Europäischen Parlaments auf Einsetzung eines nichtständigen Untersuchungsausschusses zur Prüfung behaupteter Verstöße gegen das Unionsrecht oder Missstände bei der Anwendung desselben gemäß Artikel 226 AEUV[1] oder auf Ausübung seiner politischen Kontrollfunktion nach Maßgabe der Verträge, einschließlich seines Rechts, Stellungnahmen abzugeben oder Entschließungen anzunehmen, wenn es dies für angemessen erachtet, bleibt von dieser Verordnung unberührt.

(58) Die EZB sollte im Einklang mit den Grundsätzen für ein ordnungsgemäßes Verfahren und für Transparenz handeln.

(59) Durch die in Artikel 15 Absatz 3 AEUV[1] genannte Verordnung sollten gemäß dem AEUV detaillierte Vorschriften festgelegt werden, mit denen der Zugang zu Dokumenten ermöglicht wird, die sich infolge der Wahrnehmung von Aufsichtsaufgaben im Besitz der EZB befinden.

(60) Nach Artikel 263 AEUV[1] obliegt es dem EUGH, die Rechtmäßigkeit der Maßnahmen, die auf die Herbeiführung von Rechtswirkungen gegenüber Dritten gerichtet sind – unter anderem solche der EZB, soweit es sich nicht um Empfehlungen oder Stellungnahmen handelt – zu überwachen.

(61) Im Einklang mit Artikel 340 AEUV[1] sollte die EZB den durch sie oder ihre Bediensteten in Ausübung ihrer Amtstätigkeit verursachten Schaden nach den allgemeinen Rechtsgrundsätzen, die den Rechtsordnungen der Mitgliedstaaten gemeinsam sind, ersetzen. Die Haftung der nationalen zuständigen Behörden für den durch sie oder ihre Bediensteten in Ausübung ihrer Amtstätigkeit verursachten Schaden nach nationalem Recht sollte davon unberührt bleiben.

(62) Für die EZB gilt gemäß Artikel 342 AEUV[1] die Verordnung Nr. 1 des Rates zur Regelung der Sprachenfrage für die Europäische Wirtschaftsgemeinschaft[2].

(63) Wenn die EZB prüft, ob das Recht Betroffener auf Akteneinsicht beschränkt werden sollte, sollte sie die Grundrechte wahren und die in der Charta der Grundrechte der Europäischen Union verankerten Grundsätze, insbesondere das Recht auf einen wirksamen Rechtsbehelf und ein unparteiisches Gericht, achten.

(64) Die EZB sollte vorsehen, dass natürliche und juristische Personen die Überprüfung von an sie gerichteten oder sie direkt individuell betreffen-

---

[1] Auszugsweise abgedruckt unter Nr. **1**.
[2] **Amtl. Anm.:** ABl. 17 vom 6.10.1958, S. 385

den Beschlüssen verlangen können, die die EZB aufgrund der ihr durch diese Verordnung übertragenen Befugnissen erlassen hat. Die Überprüfung sollte sich auf die verfahrensmäßige und materielle Übereinstimmung solcher Beschlüsse mit dieser Verordnung erstrecken, wobei gleichzeitig der der EZB überlassene Ermessensspielraum, über die Zweckmäßigkeit dieser Beschlüsse zu entscheiden, zu achten ist. Für diesen Zweck und aus Gründen der Verfahrensökonomie sollte die EZB einen administrativen Überprüfungsausschuss einrichten, der diese internen Überprüfungen vornimmt. Der EZB-Rat sollte Persönlichkeiten von hohem Ansehen in diesen Ausschuss berufen. Bei seiner Auswahl sollte der EZB-Rat soweit wie möglich eine ausgewogene Zusammensetzung nach geografischer Herkunft und Geschlechtern aus den Mitgliedstaaten sicherstellen. Das Verfahren für die Überprüfung sollte vorsehen, dass das Aufsichtsgremium seinen vorherigen Beschlussentwurf gegebenenfalls überarbeitet.

(65) Die EZB übt gemäß Artikel 127 Absatz 1 AEUV[1] geldpolitische Funktionen zur Erhaltung der Preisstabilität aus. Die Ausübung von Aufsichtsaufgaben dient dem Schutz der Sicherheit und Solidität von Kreditinstituten und der Stabilität des Finanzsystems. Beide Funktionen sollten daher vollständig voneinander getrennt sein, um Interessenkonflikte zu vermeiden und zu gewährleisten, dass jede Funktion gemäß den jeweiligen Zielen ausgeübt wird. Die EZB sollte in der Lage sein sicherzustellen, dass der EZB-Rat seine geldpolitischen und seine aufsichtlichen Funktionen in vollkommen getrennter Weise wahrnimmt. Diese Abgrenzung sollte zumindest eine strikte Trennung der Sitzungen und der Tagesordnungen umfassen.

(66) Die organisatorische Trennung des Personals sollte alle für unabhängige geldpolitische Zwecke benötigte Dienste betreffen und sicherstellen, dass die Wahrnehmung der durch diese Verordnung übertragenen Aufgaben in vollem Umfang der demokratischen Rechenschaftspflicht und Aufsicht nach Maßgabe dieser Verordnung unterliegt. Das Personal, das an der Wahrnehmung der der EZB durch diese Verordnung übertragenen Aufgaben beteiligt ist, sollte dem Vorsitzenden des Aufsichtsgremiums Bericht erstatten.

(67) Insbesondere sollte in der EZB ein Aufsichtsgremium eingerichtet werden, das für die Vorbereitung von Beschlüssen in aufsichtlichen Angelegenheiten zuständig ist und sich auf die spezifischen Kenntnisse der nationalen Aufsichtsbehörden stützen kann. Das Gremium sollte daher einen Vorsitzenden und einen stellvertretenden Vorsitzenden haben und Vertreter der EZB und der nationalen zuständigen Behörden umfassen. Bei der Besetzung des Aufsichtsgremiums nach Maßgabe dieser Verordnung sollten die Grundsätze der Ausgewogenheit der Geschlechter, der Erfahrung und der Qualifikation geachtet werden. Alle Mitglieder des Aufsichtsgremiums sollten fristgerecht und umfassend über die Tagesordnungspunkte ihrer Sitzungen informiert werden, damit die Beratungen und die Ausarbeitung der Beschlussentwürfe möglichst wirksam durchgeführt werden können.

(68) Bei der Ausübung seiner Aufgaben sollte das Aufsichtsgremium allen relevanten Tatsachen und Umständen in den teilnehmenden Mitgliedstaa-

---

[1] Nr. **1**.

ten Rechnung tragen und seine Pflichten im Interesse der Union als Ganzes wahrnehmen.

(69) Unter uneingeschränkter Achtung der durch die Verträge festgelegten institutionellen Vorkehrungen und der Abstimmungsmodalitäten sollte das Aufsichtsgremium der EZB ein zentrales Gremium für die Ausübung der Aufsichtsaufgaben sein, die bislang in den Händen der nationalen zuständigen Behörden lagen. Aus diesem Grund sollte dem Rat die Befugnis übertragen werden, einen Durchführungsbeschluss zur Ernennung des Vorsitzenden und des stellvertretenden Vorsitzenden des Aufsichtsgremiums zu erlassen. Nach Anhörung des Aufsichtsgremiums sollte die EZB dem Europäischen Parlament einen Vorschlag für die Ernennung des Vorsitzenden und des stellvertretenden Vorsitzenden zur Billigung übermitteln. Nach der Billigung dieses Vorschlags sollte der Rat den Durchführungsbeschluss erlassen. Der Vorsitzende sollte auf der Grundlage eines offenen Auswahlverfahrens ausgewählt werden, über das das Europäische Parlament und der Rat ordnungsgemäß unterrichtet werden sollten.

(70) Zur Ermöglichung einer angemessenen Rotation bei gleichzeitiger Gewährleistung der vollständigen Unabhängigkeit des Vorsitzenden sollte dessen Amtszeit fünf Jahre nicht überschreiten und nicht erneuerbar sein. Im Interesse einer umfassenden Abstimmung mit den Tätigkeiten der EBA und den aufsichtspolitischen Tätigkeiten der Union sollte das Aufsichtsgremium die EBA und die Kommission als Beobachter einladen können. Nachdem die Europäische Abwicklungsbehörde eingerichtet ist, sollte ihr Vorsitzender als Beobachter an den Sitzungen des Aufsichtsgremiums teilnehmen.

(71) Das Aufsichtsgremium sollte von einem Lenkungsausschuss mit kleinerer Zusammensetzung unterstützt werden. Der Lenkungsausschuss sollte die Sitzungen des Aufsichtsgremiums vorbereiten, seine Pflichten nur im Interesse der Union als Ganzes wahrnehmen und in völliger Transparenz mit dem Aufsichtsgremium zusammenarbeiten.

(72) Der EZB-Rat sollte die Vertreter teilnehmender Mitgliedstaaten, deren Währung nicht der Euro ist, jedes Mal einladen, wenn er erwägt, Einwände gegen einen Beschlussentwurf des Aufsichtsgremiums zu erheben, oder wenn die betroffenen nationalen zuständigen Behörden dem EZB-Rat in einer begründeten Stellungnahme mitteilen, dass sie einen Beschlussentwurf des Aufsichtsgremiums ablehnen, soweit dieser Beschluss an die nationalen Behörden gerichtet ist und sich auf Kreditinstitute aus teilnehmenden Mitgliedstaaten, deren Währung nicht der Euro ist, bezieht.

(73) Um die Trennung zwischen geldpolitischen und aufsichtlichen Aufgaben sicherzustellen, sollte die EZB verpflichtet werden, eine Schlichtungsstelle einzurichten. Die Einrichtung der Stelle und insbesondere ihre Zusammensetzung sollten sicherstellen, dass sie Meinungsverschiedenheiten auf ausgewogene Weise und im Interesse der Union als Ganzes beilegen.

(74) Das Aufsichtsgremium, der Lenkungsausschuss und die Mitarbeiter der EZB, die Aufsichtsaufgaben wahrnehmen, sollten angemessenen Geheimhaltungspflichten unterliegen. Ähnliche Anforderungen sollten auch für den Informationsaustausch mit Mitarbeitern der EZB gelten, die nicht an den Aufsichtstätigkeiten beteiligt sind. Dies sollte die EZB nicht davon abhalten, innerhalb der in den einschlägigen Unionsrechtsakten festgeleg-

ten Grenzen und unter den darin vorgesehenen Bedingungen Informationen auszutauschen, einschließlich mit der Kommission für die Zwecke ihrer Aufgaben gemäß den Artikeln 107 und 108 AEUV[1)] und gemäß den Unionsvorschriften über eine verstärkte wirtschaftliche und haushaltspolitische Überwachung.

(75) Im Interesse einer wirksamen Wahrnehmung ihrer Aufsichtsaufgaben sollte die EZB die ihr übertragenen Aufsichtsaufgaben vollständig unabhängig ausüben, insbesondere frei von ungebührlicher politischer Einflussnahme sowie von Einmischungen der Industrie, die ihre operative Unabhängigkeit beeinträchtigen würden.

(76) Die Anwendung von Zeiträumen den Unvereinbarkeit in Aufsichtsbehörden trägt wesentlich dazu bei, die Wirksamkeit und Unabhängigkeit der von diesen Behörden durchgeführten Beaufsichtigung sicherzustellen. Unbeschadet der Anwendung strengerer nationaler Vorschriften sollte die EZB zu diesem Zweck umfassende und formelle Verfahren, einschließlich verhältnismäßiger Überprüfungszeiträume, einrichten und beibehalten, um mögliche Konflikte mit den berechtigten Interessen des einheitlichen Aufsichtsmechanismus/der EZB bereits im Voraus zu beurteilen und abzuwenden, wenn ein früheres Mitglied des Aufsichtsgremiums eine Stelle in der Bankenindustrie antritt, der zuvor von diesem Mitglied beaufsichtigt wurde.

(77) Im Interesse einer wirksamen Wahrnehmung ihrer Aufsichtsaufgaben sollte die EZB über angemessene Ressourcen verfügen. Sie sollte diese Ressourcen auf eine Weise beschaffen, die ihre Unabhängigkeit von einer ungebührlichen Einflussnahme der nationalen zuständigen Behörden und der Marktteilnehmer sicherstellt und die Trennung zwischen geldpolitischen und aufsichtlichen Aufgaben gewährleistet. Die Kosten der Beaufsichtigung sollten von den beaufsichtigten Unternehmen übernommen werden. Die Ausübung von Aufsichtsaufgaben durch die EZB sollte daher durch jährliche Gebühren finanziert werden, die in den teilnehmenden Mitgliedstaaten niedergelassene Kreditinstitute entrichten. Die EZB sollte auch von in einem teilnehmenden Mitgliedstaat niedergelassenen Zweigstellen eines in einem nicht teilnehmenden Mitgliedstaat niedergelassenen Kreditinstituts Gebühren erheben dürfen, um ihre Kosten der Beaufsichtigung dieser Zweigstellen als Aufsichtsbehörde des Aufnahmemitgliedstaats zu decken. Wird ein Kreditinstitut oder eine Zweigstelle auf konsolidierter Basis beaufsichtigt, sollte die Gebühr auf der obersten Ebene eines Kreditinstituts innerhalb der betreffenden Gruppe mit Niederlassungen in den teilnehmenden Mitgliedstaaten erhoben werden. Bei der Berechnung der Gebühren sollten Tochtergesellschaften in nicht teilnehmenden Mitgliedstaaten unberücksichtigt bleiben.

(78) Ist ein Kreditinstitut in die Aufsicht auf konsolidierter Basis einbezogen, so sollte die Gebühr auf der obersten Konsolidierungsebene innerhalb teilnehmender Mitgliedstaaten berechnet werden und von den in die Aufsicht auf konsolidierter Basis einbezogenen Kreditinstituten in einem teilnehmenden Mitgliedstaat auf der Grundlage objektiver Kriterien, die an die

[1)] Auszugsweise abgedruckt unter Nr. **1**.

Bedeutung und das Risikoprofil, einschließlich der risikogewichteten Aktiva, anknüpfen, erhoben werden.

(79) Hoch motivierte, gut ausgebildete und unparteiische Mitarbeiter sind für eine wirksame Aufsicht von entscheidender Bedeutung. Im Interesse der Einrichtung eines wirklich integrierten Aufsichtsmechanismus sollten daher ein angemessener Austausch mit und zwischen allen nationalen Aufsichtsbehörden der teilnehmenden Mitgliedstaaten und der EZB sowie die Entsendung von Mitarbeitern an diese Behörden gewährleistet sein. Um eine kontinuierliche Kontrolle unter Gleichgestellten insbesondere bei der Beaufsichtigung großer Kreditinstitute zu gewährleisten, sollte die EZB die nationalen zuständigen Behörden auffordern können, Mitarbeiter der zuständigen Behörden anderer teilnehmender Mitgliedstaaten in die jeweiligen Teams einzubeziehen, wodurch ermöglicht wird, Aufsichtsteams von geografischer Diversität mit speziellem Fachwissen und Profil aufzustellen. Durch den Austausch und die Entsendung von Mitarbeitern sollte eine gemeinsame Aufsichtskultur geschaffen werden. Die EZB sollte regelmäßig Informationen darüber zur Verfügung stellen, wie viele Mitarbeiter der nationalen zuständigen Behörden für die Zwecke des einheitlichen Aufsichtsmechanismus an die EZB entsandt sind.

(80) Angesichts der Globalisierung der Bankdienstleistungen und der wachsenden Bedeutung internationaler Standards sollte die EZB ihre Aufgaben gemäß internationalen Standards und im Dialog sowie in enger Zusammenarbeit mit Aufsichtsbehörden außerhalb der Union wahrnehmen, ohne jedoch die internationale Rolle der EBA zu duplizieren. Sie sollte die Befugnis erhalten, in Zusammenarbeit mit der EBA und unter umfassender Berücksichtigung der bestehenden Rollen und jeweiligen Zuständigkeiten der Mitgliedstaaten und der Organe der Union Kontakte mit den Aufsichtsbehörden und -stellen von Drittländern sowie mit internationalen Organisationen zu knüpfen und mit ihnen Verwaltungsvereinbarungen einzugehen.

(81) Die Richtlinie 95/46/EG des Europäischen Parlaments und des Rates vom 24. Oktober 1995 zum Schutz natürlicher Personen bei der Verarbeitung personenbezogener Daten und zum freien Datenverkehr[1] und die Verordnung (EG) Nr. 45/2001 des Europäischen Parlaments und des Rates vom 18. Dezember 2000 zum Schutz natürlicher Personen bei der Verarbeitung personenbezogener Daten durch die Organe und Einrichtungen der Gemeinschaft und zum freien Datenverkehr[2] finden auf die Verarbeitung personenbezogener Daten durch die EZB für die Zwecke dieser Verordnung ohne Einschränkung Anwendung.

(82) Die Verordnung (EG) Nr. 1073/1999 des Europäischen Parlaments und des Rates vom 25. Mai 1999 über die Untersuchungen des Europäischen Amtes für Betrugsbekämpfung (OLAF)[3] gilt auch für die EZB. Die EZB

[1] **Amtl. Anm.:** ABl. L 281 vom 23.11.1995, S. 31

[2] **Amtl. Anm.:** ABl. L 8 vom 12.1.2001, S. 1.

[3] **Amtl. Anm.:** ABl. L 136 vom 31.5.1999, S. 1.

hat den Beschluss EZB/2004/11[1] über die Bedingungen und Modalitäten der Untersuchungen des Europäischen Amtes für Betrugsbekämpfung in der Europäischen Zentralbank angenommen.

(83) Um sicherzustellen, dass Kreditinstitute einer von nicht-aufsichtsrechtlichen Überlegungen unbeeinflussten Beaufsichtigung nach höchsten Standards unterliegen und dass die sich gegenseitig verstärkenden negativen Auswirkungen von Marktentwicklungen auf Kreditinstitute und Mitgliedstaaten rechtzeitig und wirksam behoben werden können, sollte die EZB die ihr übertragenen besonderen Aufsichtsaufgaben so bald wie möglich übernehmen. Die Übertragung von Aufsichtsaufgaben von den nationalen Aufsichtsbehörden auf die EZB erfordert jedoch eine gewisse Vorbereitungszeit. Daher sollte ein angemessener Übergangszeitraum vorgesehen werden.

(84) Die EZB sollte bei der Festlegung der detaillierten operativen Bestimmungen für die Wahrnehmung der ihr durch diese Verordnung übertragenen Aufgaben Übergangsregelungen vorsehen, durch die der Abschluss der laufenden Aufsichtsverfahren, einschließlich aller vor dem Inkrafttreten dieser Verordnung gefassten Beschlüsse und/oder ergriffenen Maßnahmen oder begonnenen Untersuchungen, sichergestellt wird.

(85) Die Kommission hat in ihrer Mitteilung vom 28. November 2012 über ein Konzept für eine vertiefte und echte Wirtschafts- und Währungsunion erklärt, dass Artikel 127 Absatz 6 AEUV[2] geändert werden könnte, um das ordentliche Gesetzgebungsverfahren zur Anwendung zu bringen und einige der rechtlichen Beschränkungen zu beseitigen, die derzeit beim einheitlichen Aufsichtsmechanismus bestehen (z.B. Aufnahme einer Klausel für eine direkte, unwiderrufliche Beteiligung von Mitgliedstaaten, deren Währung nicht der Euro ist, am einheitlichen Aufsichtsmechanismus über das Modell der „engen Zusammenarbeit" hinaus, gleichberechtigte Teilnahme dieser Mitgliedstaaten, die für den einheitlichen Aufsichtsmechanismus optieren, an der Beschlussfassung der EZB und weitergehende interne Trennung zwischen der Beschlussfassung zu Währungs- und zu Aufsichtsfragen). Ferner hat sie festgestellt, dass ein Anliegen, das mit einer Vertragsänderung zu bewerkstelligen wäre, die Stärkung der demokratischen Rechenschaftspflicht der EZB ist, soweit sie als Bankenaufseher tätig ist. Es sei daran erinnert, dass im EUV vorgesehen ist, dass Vorschläge für eine Vertragsänderung von der Regierung jedes Mitgliedstaats, dem Europäischen Parlament oder der Kommission übermittelt werden können und sich auf jeden Aspekt der Verträge beziehen können.

(86) Diese Verordnung wahrt die Grundrechte und achtet die in der Charta der Grundrechte der Europäischen Union verankerten Grundsätze, insbesondere das Recht auf den Schutz personenbezogener Daten, die unternehmerische Freiheit, das Recht auf einen wirksamen Rechtsbehelf und ein

---

[1] **Amtl. Anm.:** Beschluss EZB/2004/11 der Europäischen Zentralbank vom 3. Juni 2004 über die Bedingungen und Modalitäten der Untersuchungen des Europäischen Amtes für Betrugsbekämpfung in der Europäischen Zentralbank Bekämpfung von Betrug, Korruption und sonstigen rechtswidrigen Handlungen zum Nachteil der finanziellen Interessen der Europäischen Gemeinschaften und zur Änderung der Beschäftigungsbedingungen für das Personal der Europäischen Zentralbank (ABl. L 230 vom 30.6.2004, S. 56).

[2] Nr. **1**.

unparteiisches Gericht, und ist gemäß diesen Rechten und Grundsätzen anzuwenden.

(87) Da die Ziele dieser Verordnung, nämlich die Schaffung eines effizienten und wirksamen Rahmens für die Ausübung besonderer Aufgaben im Zusammenhang mit der Beaufsichtigung von Kreditinstituten durch ein Organ der Union und die Sicherstellung der kohärenten Anwendung des einheitlichen Regelwerks für Kreditinstitute, auf der Ebene der Mitgliedstaaten nicht ausreichend verwirklicht werden können und angesichts der unionsweiten Struktur des Bankenmarkts und der Auswirkungen des Zusammenbruchs von Kreditinstituten auf andere Mitgliedstaaten besser auf Unionsebene zu verwirklichen sind, kann die Union gemäß dem in Artikel 5 EUV niedergelegten Subsidiaritätsprinzip tätig werden. Entsprechend dem in demselben Artikel genannten Grundsatz der Verhältnismäßigkeit geht diese Verordnung nicht über das zur Erreichung dieser Ziele erforderliche Maß hinaus –

HAT FOLGENDE VERORDNUNG ERLASSEN:

Kapitel I. Gegenstand und Begriffsbestimmungen

Art. 1 Gegenstand und Geltungsbereich. *[1]* Durch diese Verordnung werden der EZB mit voller Rücksichtnahme auf und unter Wahrung der Sorgfaltspflicht für die Einheit und Integrität des Binnenmarkts auf der Grundlage der Gleichbehandlung der Kreditinstitute mit dem Ziel, Aufsichtsarbitrage zu verhindern, besondere Aufgaben im Zusammenhang mit der Aufsicht über Kreditinstitute übertragen, um einen Beitrag zur Sicherheit und Solidität von Kreditinstituten sowie zur Stabilität des Finanzsystems in der Union und jedem einzelnen Mitgliedstaat zu leisten.

[2] [1] Die in Artikel 2 Absatz 5 der Richtlinie 2013/36/EU des Europäischen Parlaments und des Rates vom 26. Juni 2013 über den Zugang zur Tätigkeit von Kreditinstituten und die Beaufsichtigung von Kreditinstituten und Wertpapierfirmen[1)] genannten Institutionen sind von den der EZB gemäß Artikel 4 dieser Verordnung übertragenen Aufsichtsaufgaben ausgenommen. [2] Der Umfang der Aufsichtsaufgaben der EZB beschränkt sich auf die Beaufsichtigung von Kreditinstituten gemäß dieser Verordnung. [3] Durch diese Verordnung werden der EZB keine weiteren Aufsichtsaufgaben, wie beispielsweise Aufgaben im Zusammenhang mit der Aufsicht über zentrale Gegenparteien, übertragen.

[3] Bei der Wahrnehmung ihrer Aufgaben gemäß dieser Verordnung berücksichtigt die EZB unbeschadet des Ziels, die Sicherheit und Solidität von Kreditinstituten zu gewährleisten, in vollem Umfang die verschiedenen Arten, Geschäftsmodelle und die Größe der Kreditinstitute.

[4] Die Maßnahmen, Vorschläge oder Strategien der EZB dürfen in keiner Weise, weder direkt noch indirekt, einen Mitgliedstaat oder eine Gruppe von Mitgliedstaaten als Ort für die Bereitstellung von Leistungen von Bank- oder anderen Finanzdienstleistungen in jeglicher Währung benachteiligen.

[5] Diese Verordnung berührt nicht die Verantwortlichkeiten und dazu gehörenden Befugnisse der zuständigen Behörden der teilnehmenden Mitglied-

---

1) **Amtl. Anm.:** ABl. L 176 vom 27.6.2013, S. 338.

staaten zur Wahrnehmung von Aufsichtsaufgaben, die der EZB nicht durch diese Verordnung übertragen wurden.

[6] Diese Verordnung berührt auch nicht die Verantwortlichkeiten und dazu gehörenden Befugnisse der zuständigen oder benannten Behörden der teilnehmenden Mitgliedstaaten zur Anwendung von nicht durch einschlägige Rechtsakte der Union vorgesehenen makroprudenziellen Instrumenten.

Art. 2 Begriffsbestimmungen. Im Sinne dieser Verordnung bezeichnet der Ausdruck

1. „teilnehmender Mitgliedstaat" einen Mitgliedstaat, dessen Währung der Euro ist, bzw. einen Mitgliedstaat, dessen Währung nicht der Euro ist, sofern er eine enge Zusammenarbeit nach Maßgabe des Artikels 7 eingegangen ist;
2. „nationale zuständige Behörde" eine nationale zuständige Behörde, die von den teilnehmenden Mitgliedstaaten im Einklang mit der Verordnung (EU) Nr. 575/2013[1] des Europäischen Parlaments und des Rates vom 26. Juni 2013 über Aufsichtsanforderungen an Kreditinstitute und Wertpapierfirmen[2] und der Richtlinie 2013/36/EU benannt worden ist;
3. „Kreditinstitut" ein Kreditinstitut im Sinne des Artikels 4 Absatz 1 Nummer 1 der Verordnung (EU) Nr. 575/2013;
4. „Finanzholdinggesellschaft" eine Finanzholdinggesellschaft im Sinne des Artikels 4 Absatz 1 Nummer 20 der Verordnung (EU) Nr. 575/2013;
5. „gemischte Finanzholdinggesellschaft" eine gemischte Finanzholdinggesellschaft im Sinne des Artikels 2 Nummer 15 der Richtlinie 2002/87/EG des Europäischen Parlaments und des Rates vom 16. Dezember 2002 über die zusätzliche Beaufsichtigung der Kreditinstitute, Versicherungsunternehmen und Wertpapierfirmen eines Finanzkonglomerats[3];
6. „Finanzkonglomerat" ein Finanzkonglomerat im Sinne des Artikels 2 Nummer 14 der Richtlinie 2002/87/EG;
7. „nationale benannte Behörde" eine benannte Behörde eines teilnehmenden Mitgliedstaats im Sinne des einschlägigen Unionsrechts;
8. „qualifizierte Beteiligung" eine qualifizierte Beteiligung im Sinne des Artikels 4 Absatz 1 Nummer 36 der Verordnung (EU) Nr. 575/2013;
9. „Einheitlicher Aufsichtsmechanismus" das Finanzaufsichtssystem, das sich aus der EZB und den nationalen zuständigen Behörden teilnehmender Mitgliedstaaten entsprechend der Beschreibung in Artikel 6 dieser Verordnung zusammensetzt.

Kapitel II. Zusammenarbeit und Aufgaben

Art. 3 Zusammenarbeit. (1) *[1]* Die EZB arbeitet eng mit der EBA, der ESMA, der EIOPA sowie dem Europäischen Ausschuss für Systemrisiken (ESRB) und den anderen Behörden zusammen, die Teil des ESFS sind und in der Union für eine angemessene Regulierung und Beaufsichtigung sorgen.

---

[1] Nr. **6**.
[2] **Amtl. Anm.:** ABl. L 176 vom 27.6.2013, S. 1.
[3] **Amtl. Anm.:** ABl. L 35 vom 11.2.2003, S. 1.

[2] [1] Erforderlichenfalls geht die EZB Vereinbarungen mit den zuständigen Behörden der Mitgliedstaaten ein, die für die Märkte für Finanzinstrumente verantwortlich sind. [2] Diese Vereinbarungen werden dem Europäischen Parlament, dem Rat und den zuständigen Behörden aller Mitgliedstaaten zur Verfügung gestellt.

(2) Für die Zwecke dieser Verordnung ist die EZB unter den Bedingungen des Artikels 40 der Verordnung (EU) Nr. 1093/2010 im Rat der Aufseher der EBA vertreten.

(3) Die EZB nimmt ihre Aufgaben im Einklang mit dieser Verordnung und unbeschadet der Zuständigkeiten und Aufgaben der EBA, ESMA, EIOPA und des ESRB wahr.

(4) Die EZB arbeitet eng mit den Behörden zusammen, die zur Abwicklung von Kreditinstituten ermächtigt sind, einschließlich bei der Vorbereitung von Abwicklungsplänen.

(5) Vorbehaltlich der Artikel 1, 4 und 6 arbeitet die EZB eng mit jeder Fazilität für eine öffentliche finanzielle Unterstützung zusammen, einschließlich der Europäischen Finanzstabilisierungsfazilität (EFSF) und dem ESM, insbesondere wenn eine solche Fazilität einem Kreditinstitut, für das Artikel 4 gilt, eine direkte oder indirekte finanzielle Unterstützung gewährt bzw. voraussichtlich gewähren wird.

(6) [1] [1] Die EZB und die zuständigen Behörden der nicht teilnehmenden Mitgliedstaaten gehen eine Vereinbarung ein, in der allgemein beschrieben wird, wie ihre Zusammenarbeit bei der Wahrnehmung ihrer Aufsichtsaufgaben nach dem Unionsrecht in Bezug auf die in Artikel 2 genannten Finanzinstitute gestaltet werden soll. [2] Die Vereinbarung wird regelmäßig überprüft.

[2] Unbeschadet des ersten Unterabsatzes geht die EZB eine Vereinbarung mit der zuständigen Behörde jedes nicht teilnehmenden Mitgliedstaats ein, der Herkunftsstaat mindestens eines global systemrelevanten Instituts im Sinne des Unionsrechts ist.

[3] Jede Vereinbarung wird regelmäßig überprüft und vorbehaltlich der angemessenen Behandlung vertraulicher Informationen veröffentlicht.

Art. 4 Der EZB übertragene Aufgaben. (1) Im Rahmen des Artikels 6 ist die EZB im Einklang mit Absatz 3 ausschließlich für die Wahrnehmung der folgenden Aufgaben zur Beaufsichtigung sämtlicher in den teilnehmenden Mitgliedstaaten niedergelassenen Kreditinstitute zuständig:

a) Zulassung von Kreditinstituten und Entzug der Zulassung von Kreditinstituten vorbehaltlich der Bestimmungen des Artikels 14;

b) für in einem teilnehmenden Mitgliedstaat niedergelassene Kreditinstitute, die in einem nicht teilnehmenden Mitgliedstaat eine Zweigstelle errichten oder grenzüberschreitende Dienstleistungen erbringen wollen, Wahrnehmung der Aufgaben, die die zuständige Behörde des Herkunftsmitgliedstaats nach Maßgabe des einschlägigen Unionsrechts hat;

c) Beurteilung der Anzeige über den Erwerb oder die Veräußerung von qualifizierten Beteiligungen an Kreditinstituten, außer im Fall einer Bankenabwicklung und vorbehaltlich des Artikels 15;

d) Gewährleistung der Einhaltung der in Artikel 4 Absatz 3 Unterabsatz 1 genannten Rechtsakte, die Aufsichtsanforderungen an Kreditinstitute in Bezug auf Eigenmittelanforderungen, Verbriefung, Beschränkungen für Großkredite, Liquidität, Verschuldungsgrad sowie Meldung und Veröffentlichung entsprechender Informationen festlegen;

e) Gewährleistung der Einhaltung der in Artikel 4 Absatz 3 Unterabsatz 1 genannten Rechtsakte, die Anforderungen an Kreditinstitute hinsichtlich solider Regelungen für die Unternehmensführung, einschließlich Eignungsanforderungen an die für die Geschäftsführung der Kreditinstitute verantwortlichen Personen, Risikomanagementverfahren, interner Kontrollmechanismen, Vergütungspolitiken und -praktiken sowie wirksamer Verfahren zur Beurteilung der Angemessenheit des internen Kapitals, einschließlich auf internen Ratings basierender Modelle festlegen;

f) Durchführung von aufsichtlichen Überprüfungen – wenn dies angebracht ist auch in Abstimmung mit der EBA –, Stresstests und deren etwaiger Veröffentlichung zur Feststellung, ob die Regelungen, Strategien, Verfahren und Mechanismen der Kreditinstitute und ihre Eigenmittelausstattung ein solides Risikomanagement und eine solide Risikoabdeckung gewährleisten, und auf der Grundlage dieser aufsichtlichen Überprüfung Festlegung besonderer zusätzlicher Eigenmittelanforderungen, besonderer Offenlegungspflichten, besonderer Liquiditätsanforderungen und sonstiger Maßnahmen für Kreditinstitute, sofern diese Befugnisse nach dem einschlägigen Unionsrecht ausdrücklich den zuständigen Behörden zustehen;

g) Beaufsichtigung auf konsolidierter Basis der in einem teilnehmenden Mitgliedstaat niedergelassenen Muttergesellschaften von Kreditinstituten, einschließlich der Finanzholdinggesellschaften und der gemischten Finanzholdinggesellschaften, sowie Mitwirkung an der Beaufsichtigung auf konsolidierter Basis von Muttergesellschaften, die nicht in einem teilnehmenden Mitgliedstaat niedergelassen sind, einschließlich in Aufsichtskollegien unbeschadet der Beteiligung der nationalen zuständigen Behörden als Beobachter in diesen Aufsichtskollegien;

h) Mitwirkung an der zusätzlichen Beaufsichtigung eines Finanzkonglomerats in Bezug auf zugehörige Kreditinstitute und Wahrnehmung der Aufgaben eines Koordinators, wenn die EZB nach Maßgabe der im einschlägigen Unionsrecht festgelegten Kriterien als Koordinator für ein Finanzkonglomerat benannt ist;

i) Wahrnehmung von Aufsichtsaufgaben in Bezug auf Sanierungspläne und frühzeitiges Eingreifen, wenn ein Kreditinstitut oder eine Gruppe, für die die EZB die konsolidierende Aufsichtsbehörde ist, die geltenden aufsichtsrechtlichen Anforderungen nicht erfüllt oder voraussichtlich nicht erfüllen wird, sowie – nur in den im einschlägigen Unionsrecht für die zuständigen Behörden ausdrücklich vorgesehenen Fällen – in Bezug auf erforderliche strukturelle Änderungen bei Kreditinstituten zur Verhinderung finanzieller Stresssituationen oder von Zusammenbrüchen, jedoch ausschließlich jeglicher Abwicklungsbefugnisse.

(2) Für in einem nicht teilnehmenden Mitgliedstaat niedergelassene Kreditinstitute, die in einem teilnehmenden Mitgliedstaat eine Zweigstelle errichten oder grenzüberschreitende Dienstleistungen erbringen, nimmt die EZB im Rahmen des Geltungsbereichs von Absatz 1 die Aufgaben wahr, für die die nationalen zuständigen Behörden im Einklang mit dem einschlägigen Unionsrecht verantwortlich sind.

(3) *[1]* [1] Zur Wahrnehmung der ihr durch diese Verordnung übertragenen Aufgaben und mit dem Ziel, hohe Aufsichtsstandards zu gewährleisten, wendet die EZB das einschlägige Unionsrecht an, und wenn dieses Unionsrecht aus Richtlinien besteht, wendet sie die nationalen Rechtsvorschriften an, mit denen diese Richtlinien umgesetzt wurden. [2] Wenn das einschlägige Unionsrecht aus Verordnungen besteht und den Mitgliedstaaten durch diese Verordnungen derzeit ausdrücklich Wahlrechte eingeräumt werden, wendet die EZB auch die nationalen Rechtsvorschriften an, mit denen diese Wahlrechte ausgeübt werden.

[2] [1] Zu diesem Zweck nimmt die EZB – vorbehaltlich des einschlägigen Unionsrechts und insbesondere aller Rechtsakte mit und ohne Gesetzescharakter, einschließlich der Rechtsakte gemäß den Artikeln 290 und 291 AEUV[1)], und im Einklang mit diesen – Leitlinien sowie Empfehlungen an und fasst Beschlüsse. [2] Dabei unterliegt sie insbesondere den von der EBA ausgearbeiteten und von der Kommission gemäß den Artikeln 10 bis 15 der Verordnung (EU) Nr. 1093/2010 erlassenen verbindlichen technischen Regulierungs- und Durchführungsstandards, dem Artikel 16 der genannten Verordnung sowie den Bestimmungen jener Verordnung zum von der EBA im Einklang mit jener Verordnung ausgearbeiteten europäischen Aufsichtshandbuch. [3] Die EZB kann auch Verordnungen erlassen, allerdings nur soweit dies für die Gestaltung oder Festlegung der Modalitäten zur Wahrnehmung der ihr durch die vorliegende Verordnung übertragenen Aufgaben erforderlich ist.

[3] Vor dem Erlass einer Verordnung führt die EZB offene öffentliche Anhörungen durch und analysiert die potenziell anfallenden Kosten und den potenziellen Nutzen, es sei denn, solche Anhörungen und Analysen sind im Verhältnis zum Anwendungsbereich und zu den Auswirkungen der betreffenden Verordnungen oder im Verhältnis zur besonderen Dringlichkeit der Angelegenheit unangemessen; in diesem Fall begründet die EZB diese Dringlichkeit.

[4] Erforderlichenfalls trägt die EZB in jeglicher teilnehmenden Rolle zur Erstellung eines Entwurfs technischer Regulierungs- bzw. Durchführungsstandards durch die EBA gemäß der Verordnung (EU) Nr. 1093/2010 bei oder weist die EBA auf die etwaige Notwendigkeit hin, der Kommission einen Entwurf für Standards zur Änderung bestehender technischer Regulierungs- oder Durchführungsstandards vorzulegen.

Art. 5 Makroprudenzielle Aufgaben und Instrumente. (1) [1] Soweit zweckmäßig oder erforderlich und unbeschadet des Absatzes 2 dieses Artikels legen die nationalen zuständigen Behörden oder die nationalen benannten Behörden der teilnehmenden Mitgliedstaaten Anforderungen für Kapitalpuffer fest, die Kreditinstitute auf der nach dem einschlägigen Unionsrecht jeweils vorgeschriebenen Ebene zusätzlich zu den Eigenmittelanforderungen nach Artikel 4 Absatz 1 Buchstabe d dieser Verordnung vorhalten müssen, einschließlich der Quoten für antizyklische Puffer, und sonstige Maßnahmen zur Abwendung von Systemrisiken oder makroprudenziellen Risiken gemäß der Verordnung (EU) Nr. 575/2013[2)] und der Richtlinie 2013/36/EU und vorbehaltlich der darin festgelegten Verfahren in den im einschlägigen Unionsrecht ausdrücklich festgelegten Fällen. [2] Die betreffende Behörde teilt der EZB zehn

---

1) Auszugsweise abgedruckt unter Nr. **1**.
2) Nr. **6**.

Arbeitstage, bevor sie eine solche Entscheidung fasst, diese Absicht ordnungsgemäß mit. [3]Erhebt die EZB Einwände, so begründet sie diese innerhalb von fünf Arbeitstagen schriftlich. [4]Die betreffende Behörde trägt der Begründung der EZB gebührend Rechnung, bevor sie die Beschlussfassung gegebenenfalls fortsetzt.

(2) Vorbehaltlich der Bedingungen der Absätze 4 und 5 kann die EZB erforderlichenfalls anstelle der nationalen zuständigen Behörden oder nationalen benannten Behörden des teilnehmenden Mitgliedstaats strengere als die von diesen festgelegten Anforderungen für Kapitalpuffer, die Kreditinstitute auf der nach dem einschlägigen Unionsrecht jeweils vorgeschriebenen Ebene zusätzlich zu den Eigenmittelanforderungen nach Artikel 4 Absatz 1 Buchstabe d dieser Verordnung vorhalten müssen, einschließlich der Quoten für antizyklische Puffer, und strengere Maßnahmen zur Abwendung von Systemrisiken oder makroprudenziellen Risiken auf Ebene der Kreditinstitute vorbehaltlich der in der Verordnung (EU) Nr. 575/2013 und der Richtlinie 2013/36/EU festgelegten Verfahren in den im einschlägigen Unionsrecht ausdrücklich bestimmten Fällen festlegen.

(3) Jede nationale zuständige Behörde oder eine nationale benannte Behörde kann der EZB vorschlagen, im Rahmen von Absatz 2 tätig zu werden, um der besonderen Situation des Finanzsystems und der Wirtschaft in ihrem Mitgliedstaat zu begegnen.

(4) [1]Beabsichtigt die EZB gemäß Absatz 2 vorzugehen, so arbeitet sie eng mit den nationalen benannten Behörden der betreffenden Mitgliedstaaten zusammen. [2]Sie teilt ihre Absicht insbesondere den betreffenden nationalen zuständigen Behörden oder nationalen benannten Behörden zehn Arbeitstage, bevor sie einen solchen Beschluss fasst, mit. [3]Erhebt eine der betreffenden Behörden Einwände, so begründet sie diese innerhalb von fünf Arbeitstagen schriftlich. [4]Die EZB trägt dieser Begründung gebührend Rechnung, bevor sie die Beschlussfassung gegebenenfalls fortsetzt.

(5) Bei der Wahrnehmung der in Absatz 2 genannten Aufgaben trägt die EZB der besonderen Situation des Finanzsystems, der Wirtschaftslage und des Konjunkturzyklus in den einzelnen Mitgliedstaaten oder Teilen von Mitgliedstaaten Rechnung.

Art. 6 Zusammenarbeit innerhalb des einheitlichen Aufsichtsmechanismus. (1) [1]Die EZB nimmt ihre Aufgaben innerhalb eines einheitlichen Aufsichtsmechanismus wahr, der aus der EZB und den nationalen zuständigen Behörden besteht. [2]Die EZB ist dafür verantwortlich, dass der einheitliche Aufsichtsmechanismus wirksam und einheitlich funktioniert.

(2) *[1]* Sowohl die EZB als auch die nationalen zuständigen Behörden unterliegen der Pflicht zur loyalen Zusammenarbeit und zum Informationsaustausch.

[2] Unbeschadet der Befugnis der EZB, Informationen, die von den Kreditinstituten regelmäßig zu übermitteln sind, direkt zu erhalten oder direkt auf sie zuzugreifen, stellen die nationalen zuständigen Behörden der EZB insbesondere alle Informationen zur Verfügung, die sie zur Wahrnehmung der ihr durch diese Verordnung übertragenen Aufgaben benötigt.

(3) [1]Gegebenenfalls und unbeschadet der Verantwortung und der Rechenschaftspflicht der EZB für die ihr durch diese Verordnung übertragenen Aufgaben sind die nationalen zuständigen Behörden dafür verantwortlich, die EZB

gemäß den Bedingungen des in Absatz 7 dieses Artikels genannten Rahmenwerks bei der Vorbereitung und Durchführung sämtlicher Rechtsakte im Zusammenhang mit den Aufgaben nach Artikel 4 in Bezug auf alle Kreditinstitute, einschließlich bei Überprüfungstätigkeiten, zu unterstützen. [2]Bei der Wahrnehmung der Aufgaben nach Artikel 4 folgen sie den Anweisungen der EZB.

(4) *[1]* In Bezug auf die Aufgaben nach Artikel 4 – mit Ausnahme von Absatz 1 Buchstaben a und c – haben die EZB die Zuständigkeiten gemäß Absatz 5 dieses Artikels und die nationalen zuständigen Behörden die Zuständigkeiten gemäß Absatz 6 dieses Artikels – innerhalb des in Absatz 7 dieses Artikels festgelegten Rahmenwerks und vorbehaltlich der darin festgelegten Verfahren – für die Beaufsichtigung folgender Kreditinstitute, Finanzholdinggesellschaften oder gemischter Finanzholdinggesellschaften oder in teilnehmenden Mitgliedstaaten niedergelassenen Zweigstellen von in nicht teilnehmenden Mitgliedstaaten niedergelassenen Kreditinstituten:

– auf konsolidierter Basis weniger bedeutende Institute, Gruppen oder Zweigstellen, wenn die oberste Konsolidierungsebene in den teilnehmenden Mitgliedstaaten liegt, oder einzeln im speziellen Fall von in teilnehmenden Mitgliedstaaten niedergelassenen Zweigstellen von in nicht teilnehmenden Mitgliedstaaten niedergelassenen Kreditinstituten. Die Bedeutung wird anhand folgender Kriterien bestimmt:
  i) Größe
  ii) Relevanz für die Wirtschaft der Union oder eines teilnehmenden Mitgliedstaats
  iii) Bedeutung der grenzüberschreitenden Tätigkeiten.

[2] Sofern nicht durch besondere Umstände, die in der Methodik zu benennen sind, gerechtfertigt, gilt in Bezug auf Unterabsatz 1 ein Kreditinstitut, eine Finanzholdinggesellschaft oder eine gemischte Finanzholdinggesellschaft nicht als weniger bedeutend, wenn eine der folgende Bedingungen erfüllt ist:

i) der Gesamtwert der Aktiva übersteigt 30 Mrd. EUR,

ii) das Verhältnis der gesamten Aktiva zum BIP des teilnehmenden Mitgliedstaats der Niederlassung übersteigt 20 %, es sei denn, der Gesamtwert der Aktiva liegt unter 5 Mrd. EUR,

iii) nach der Anzeige der nationalen zuständigen Behörde, dass sie ein solches Institut als bedeutend für die betreffende Volkswirtschaft betrachtet, fasst die EZB nach einer umfassenden Bewertung, einschließlich einer Bilanzbewertung, des betreffenden Kreditinstituts ihrerseits einen Beschluss, der diese Bedeutung bestätigt.

[3] Die EZB kann ein Institut auch von sich aus als bedeutend betrachten, wenn es Tochterbanken in mehr als einem teilnehmenden Mitgliedstaat errichtet hat und seine grenzüberschreitenden Aktiva oder Passiva einen wesentlichen Teil seiner gesamten Aktiva oder Passiva darstellen, vorbehaltlich der nach der Methodik festgelegten Bedingungen.

[4] Die Institute, für die eine direkte öffentliche finanzielle Unterstützung durch die EFSF oder den ESM beantragt oder entgegengenommen wurde, gelten nicht als weniger bedeutend.

[5] Ungeachtet der vorhergehenden Unterabsätze und sofern nicht durch besondere Umstände gerechtfertigt, übt die EZB die ihr durch diese Verord-

nung übertragenen Aufgaben in Bezug auf die drei bedeutendsten Kreditinstitute in jedem teilnehmenden Mitgliedstaat aus.

(5) In Bezug auf die in Absatz 4 genannten Kreditinstitute und innerhalb des in Absatz 7 festgelegten Rahmenwerks

a) erlässt die EZB gegenüber den nationalen zuständigen Behörden Verordnungen, Leitlinien oder allgemeine Weisungen, nach denen die nationalen zuständigen Behörden die Aufgaben nach Artikel 4 – mit Ausnahme von Absatz 1 Buchstaben a und c – wahrnehmen und Aufsichtsbeschlüsse fassen. Diese Weisungen können sich auf die besonderen Befugnisse nach Artikel 16 Absatz 2 in Bezug auf Gruppen oder Arten von Kreditinstituten beziehen, um die Kohärenz der Aufsichtsergebnisse innerhalb des einheitlichen Aufsichtsmechanismus sicherzustellen;

b) kann die EZB jederzeit von sich aus, wenn dies für die Sicherstellung der kohärenten Anwendung hoher Aufsichtsstandards erforderlich ist, nach Konsultation der nationalen zuständigen Behörden oder auf Ersuchen einer nationalen zuständigen Behörde beschließen, sämtliche einschlägigen Befugnisse in Bezug auf ein oder mehrere in Absatz 4 genannte Kreditinstitute unmittelbar selbst auszuüben, einschließlich in den Fällen, in denen eine indirekte finanzielle Unterstützung durch die EFSF oder den ESM beantragt oder entgegengenommen wurde;

c) übt die EZB auf der Grundlage der in diesem Artikel und insbesondere in Absatz 7 Buchstabe c festgelegten Zuständigkeiten und Verfahren die Aufsicht über das Funktionieren des Systems aus;

d) kann die EZB jederzeit von den in den Artikeln 10 bis 13 genannten Befugnissen Gebrauch machen;

e) kann die EZB auch auf Ad-hoc-Basis oder auf kontinuierlicher Basis Informationen von den nationalen zuständigen Behörden über die Ausübung der von ihnen gemäß diesem Artikel wahrgenommenen Aufgaben anfordern.

(6) *[1]* Unbeschadet des Absatzes 5 dieses Artikels nehmen die nationalen zuständigen Behörden in Bezug auf die in Absatz 4 Unterabsatz 1 dieses Artikels genannten Kreditinstitute innerhalb des in Absatz 7 dieses Artikels genannten Rahmenwerks und vorbehaltlich der darin festgelegten Verfahren die in Artikel 4 Absatz 1 Buchstaben b, d bis g und i genannten Aufgaben wahr und sind für diese sowie für die Annahme aller einschlägigen Aufsichtsbeschlüsse verantwortlich.

[2] [1] Unbeschadet der Artikel 10 bis 13 behalten die nationalen zuständigen Behörden und die nationalen benannten Behörden die Befugnis, nach nationalem Recht Informationen von Kreditinstituten, Holdinggesellschaften, gemischten Holdinggesellschaften und Unternehmen, die in die konsolidierte Finanzlage eines Kreditinstituts einbezogen sind, einzuholen und vor Ort Prüfungen dieser Kreditinstitute, Holdinggesellschaften, gemischten Holdinggesellschaften und Unternehmen durchzuführen. [2] Die nationalen zuständigen Behörden unterrichten die EZB im Einklang mit dem in Absatz 7 dieses Artikels festgelegten Rahmenwerks über die gemäß diesem Absatz ergriffenen Maßnahmen und koordinieren diese in enger Zusammenarbeit mit der EZB.

[3] Die nationalen zuständigen Behörden erstatten der EZB regelmäßig Bericht über die Ausübung der von ihnen gemäß diesem Artikel wahrgenommenen Aufgaben.

(7) [1] Die EZB nimmt in Abstimmung mit den nationalen zuständigen Behörden und auf Grundlage eines Vorschlags des Aufsichtsgremiums ein Rahmenwerk zur Gestaltung der praktischen Modalitäten für die Durchführung dieses Artikels an und veröffentlicht ihn. [2] Das Rahmenwerk umfasst zumindest Folgendes:

a) die besondere Methodik für die Bewertung der in Absatz 4 Unterabsätze 1 bis 3 genannten Kriterien, die Umstände, unter denen Absatz 4 Unterabsatz 4 für ein bestimmtes Kreditinstitut nicht mehr gilt, und die sich ergebenden Vereinbarungen für die Durchführung der Absätze 5 und 6. Diese Vereinbarungen und die Methodik für die Bewertung der in Absatz 4 Unterabsätze 1 bis 3 genannten Kriterien werden überprüft, um wichtige Änderungen zu berücksichtigen, und stellen sicher, dass – wenn ein Kreditinstitut als bedeutend oder als weniger bedeutend eingestuft wurde – diese Bewertung nur aufgrund wesentlicher und nicht vorübergehender Änderungen von Umständen, insbesondere der Umstände, die sich auf die Situation des Kreditinstituts beziehen und die für diese Bewertung von Belang sind, geändert wird;

b) die Festlegung der Verfahren, einschließlich Fristen, und die Möglichkeit, Beschlussentwürfe zur Übermittlung an die EZB zur Berücksichtigung auszuarbeiten, betreffend das Verhältnis zwischen der EZB und den nationalen zuständigen Behörden in Bezug auf die Beaufsichtigung von Kreditinstituten, die gemäß Absatz 4 nicht als weniger bedeutend betrachtet werden;

c) die Festlegung der Verfahren, einschließlich Fristen, für das Verhältnis zwischen der EZB und den nationalen zuständigen Behörden in Bezug auf die Beaufsichtigung von Kreditinstituten, die gemäß Absatz 4 als weniger bedeutend betrachtet werden. Diese Verfahren verpflichten die nationalen zuständigen Behörden insbesondere je nach den in dem Rahmenwerk festgelegten Fällen,
   i) die EZB über jedes wesentliche Aufsichtsverfahren zu informieren,
   ii) auf Ersuchen der EZB bestimmte Aspekte des Verfahrens weiter zu bewerten,
   iii) der EZB Entwürfe von wesentlichen Aufsichtsbeschlüssen zu übermitteln, zu denen die EZB eine Stellungnahme abgeben kann.

(8) Wird die EZB bei der Wahrnehmung der ihr durch diese Verordnung übertragenen Aufgaben von nationalen zuständigen Behörden oder nationalen benannten Behörden unterstützt, so halten die EZB und die nationalen zuständigen Behörden dabei die in den einschlägigen Rechtsakten der Union enthaltenen Bestimmungen hinsichtlich der Verteilung der Zuständigkeiten und der Zusammenarbeit zwischen den zuständigen Behörden verschiedener Mitgliedstaaten ein.

Art. 7 Enge Zusammenarbeit mit den zuständigen Behörden der teilnehmenden Mitgliedstaaten, deren Währung nicht der Euro ist.

(1) *[1]* Innerhalb der Grenzen dieses Artikels nimmt die EZB die Aufgaben in den in Artikel 4 Absätze 1 und 2 sowie in Artikel 5 genannten Bereichen in Bezug auf Kreditinstitute wahr, die in einem Mitgliedstaat niedergelassen sind, dessen Währung nicht der Euro ist, wenn zwischen der EZB und der nationa-

len zuständigen Behörde dieses Mitgliedstaats eine enge Zusammenarbeit nach Maßgabe dieses Artikels eingegangen wurde.

[2] Zu diesem Zweck kann die EZB Anweisungen an die nationale zuständige Behörde oder die nationalen benannten Behörden des teilnehmenden Mitgliedstaats richten, dessen Währung nicht der Euro ist.

(2) Die EZB geht in der Form des Erlasses eines Beschlusses eine enge Zusammenarbeit mit der nationalen zuständigen Behörde eines teilnehmenden Mitgliedstaats ein, dessen Währung nicht der Euro ist, wenn die folgenden Voraussetzungen erfüllt sind:

a) der betreffende Mitgliedstaat teilt den anderen Mitgliedstaaten, der Kommission, der EZB und der EBA sein Ersuchen mit, eine enge Zusammenarbeit nach Maßgabe von Artikel 6 mit der EZB hinsichtlich der Wahrnehmung der Aufgaben nach den Artikeln 4 und 5 in Bezug auf sämtliche in dem betreffenden Mitgliedstaat niedergelassenen Kreditinstitute einzugehen;

b) in der Mitteilung verpflichtet sich der betreffende Mitgliedstaat,
- sicherzustellen, dass seine nationale zuständige Behörde bzw. seine nationale benannte Behörde allen Leitlinien und Aufforderungen der EZB nachkommen wird; und
- sämtliche Informationen zu den in diesem Mitgliedstaat niedergelassenen Kreditinstituten vorzulegen, die die EZB zum Zwecke der Durchführung einer umfassenden Bewertung dieser Kreditinstitute möglicherweise anfordert.

c) der betreffende Mitgliedstaat hat einschlägige nationale Rechtsvorschriften erlassen, die gewährleisten, dass seine nationale zuständige Behörde verpflichtet ist, sämtliche Maßnahmen in Bezug auf Kreditinstitute zu ergreifen, zu denen die EZB im Einklang mit Absatz 4 auffordert.

(3) [1] Der Beschluss nach Absatz 2 wird im *Amtsblatt der Europäischen Union* veröffentlicht. [2] Der Beschluss gilt nach Ablauf von 14 Tagen nach seiner Veröffentlichung.

(4) *[1]* Ist die EZB der Auffassung, dass die nationale zuständige Behörde eines betreffenden Mitgliedstaats in Bezug auf ein Kreditinstitut, eine Finanzholdinggesellschaft oder eine gemischte Finanzholdinggesellschaft eine Maßnahme im Zusammenhang mit den Aufgaben nach Absatz 1 ergreifen sollte, so richtet sie unter Vorgabe eines entsprechenden Zeitrahmens Anweisungen an diese Behörde.

[2] [1] Dieser Zeitrahmen sollte mindestens 48 Stunden betragen, sofern nicht eine frühzeitigere Durchführung unabdingbar ist, um einen nicht wieder gutzumachenden Schaden abzuwenden. [2] Die nationale zuständige Behörde des betroffenen Mitgliedstaats ergreift gemäß der in Absatz 2 Buchstabe c genannten Verpflichtung alle notwendigen Maßnahmen.

(5) *[1]* Die EZB kann beschließen, dem betroffenen Mitgliedstaat in den folgenden Fällen eine Verwarnung dahin gehend zu erteilen, dass die enge Zusammenarbeit ausgesetzt oder beendet wird, sofern keine entscheidenden Korrekturmaßnahmen ergriffen werden:

a) der betroffene Mitgliedstaat erfüllt nach Auffassung der EZB nicht länger die Voraussetzungen nach Absatz 2 Buchstaben a bis c, oder

b) die nationale zuständige Behörde des betroffenen Mitgliedstaats handelt nach Auffassung der EZB nicht gemäß der Verpflichtung nach Absatz 2 Buchstabe c.

[2] Werden innerhalb von 15 Tagen nach Mitteilung einer solchen Verwarnung keine Korrekturmaßnahmen ergriffen, so kann die EZB die enge Zusammenarbeit mit diesem Mitgliedstaat aussetzen oder beenden.

[3] [1] Der Beschluss über die Aussetzung oder die Beendigung der engen Zusammenarbeit wird dem betreffenden Mitgliedstaat mitgeteilt und im *Amtsblatt der Europäischen Union* veröffentlicht. [2] In dem Beschluss wird der Zeitpunkt angegeben, ab dem er gilt, wobei der Wirksamkeit der Aufsicht und den legitimen Interessen von Kreditinstituten gebührend Rechnung getragen wird.

(6) [1] Nach Ablauf von drei Jahren nach dem Datum der Veröffentlichung des Beschlusses der EZB zur Aufnahme einer engen Zusammenarbeit im *Amtsblatt der Europäischen Union* kann ein Mitgliedstaat die EZB jederzeit um die Beendigung der engen Zusammenarbeit ersuchen. [2] In dem Ersuchen werden die Gründe für die Beendigung erläutert, gegebenenfalls einschließlich der potenziellen erheblichen nachteiligen Auswirkungen hinsichtlich der haushaltspolitischen Verantwortlichkeit des Mitgliedstaats. [3] In diesem Fall leitet die EZB unverzüglich den Erlass eines Beschlusses zur Beendigung der engen Zusammenarbeit ein und gibt den Zeitpunkt an, ab dem er gilt – spätestens innerhalb von drei Monaten –, wobei der Wirksamkeit der Aufsicht und den legitimen Interessen von Kreditinstituten gebührend Rechnung getragen wird. [4] Der Beschluss wird im *Amtsblatt der Europäischen Union* veröffentlicht.

(7) *[1]* Teilt ein teilnehmender Mitgliedstaat, dessen Währung nicht der Euro ist, der EZB im Einklang mit Artikel 26 Absatz 8 in einer begründeten Stellungnahme mit, dass er dem Widerspruch des EZB-Rates gegen einen Beschlussentwurf des Aufsichtsgremiums nicht zustimmt, so äußert sich der EZB-Rat innerhalb einer Frist von 30 Tagen zu dieser begründeten Stellungnahme des Mitgliedstaats, wobei er seinen Widerspruch unter Angabe seiner Gründe entweder bestätigt oder zurückzieht.

[2] Bestätigt der EZB-Rat seinen Widerspruch, kann der teilnehmende Mitgliedstaat, dessen Währung nicht der Euro ist, der EZB mitteilen, dass er durch den möglichen Beschluss betreffend einen etwaigen geänderten Beschlussentwurf des Aufsichtsgremiums nicht gebunden ist.

[3] Die EZB erwägt dann unter gebührender Berücksichtigung der Wirksamkeit der Aufsicht die Möglichkeit einer Aussetzung oder Beendigung der engen Zusammenarbeit mit diesem Mitgliedstaat und erlässt diesbezüglich einen Beschluss.

[4] Die EZB berücksichtigt dabei insbesondere Folgendes:

a) ob das Absehen von einer solchen Aussetzung oder Beendigung die Integrität des einheitlichen Aufsichtsmechanismus gefährden oder erhebliche nachteilige Auswirkungen hinsichtlich der haushaltspolitischen Verantwortlichkeit der Mitgliedstaaten haben könnte;
b) ob eine solche Aussetzung oder Beendigung erhebliche nachteilige Auswirkungen hinsichtlich der haushaltspolitischen Verantwortlichkeit des Mitgliedstaats haben könnte, der seine begründete Stellungnahme gemäß Artikel 26 Absatz 8 mitgeteilt hat;

c) ob die betroffene nationale zuständige Behörde nachweislich Maßnahmen ergriffen hat, die nach Auffassung der EZB
   – gewährleisten, dass die Kreditinstitute in dem Mitgliedstaat, der seine begründete Stellungnahme gemäß dem vorherigen Unterabsatz mitgeteilt hat, keine günstigere Behandlung erhalten als die Kreditinstitute in den anderen teilnehmenden Mitgliedstaaten, und
   – zur Erreichung der Ziele des Artikels 1 und zur Gewährleistung der Einhaltung des einschlägigen Unionsrechts genauso wirksam sind wie der Beschluss des EZB-Rates gemäß Unterabsatz 2 dieses Absatzes.

[5] Die EZB berücksichtigt diese Erwägungen in ihrem Beschluss und teilt sie dem betroffenen Mitgliedstaat mit.

(8) [1] Lehnt ein teilnehmender Mitgliedstaat, dessen Währung nicht der Euro ist, einen Beschlussentwurf des Aufsichtsgremiums ab, so teilt er dem EZB-Rat seine Ablehnung in einer begründeten Stellungnahme innerhalb von fünf Arbeitstagen nach Erhalt des Beschlussentwurfs mit. [2] Das Aufsichtsgremium beschließt dann innerhalb von fünf Arbeitstagen in der Sache unter umfassender Berücksichtigung jener Gründe und erläutert dem betroffenen Mitgliedstaat seinen Beschluss schriftlich. [3] Der betroffene Mitgliedstaat kann die EZB ersuchen, die enge Zusammenarbeit unmittelbar zu beenden, und ist durch den anschließenden Beschluss nicht gebunden.

(9) Ein Mitgliedstaat, der seine enge Zusammenarbeit mit der EZB beendet hat, darf vor Ablauf von drei Jahren nach Veröffentlichung des EZB-Beschlusses zur Beendigung der engen Zusammenarbeit im *Amtsblatt der Europäischen Union* keine erneute enge Zusammenarbeit mit ihr eingehen.

Art. 8 Internationale Beziehungen. [1] Unbeschadet der jeweiligen Zuständigkeiten der Mitgliedstaaten und der übrigen Organe und Einrichtungen der Union, mit Ausnahme der EZB, einschließlich der EBA, kann die EZB in Bezug auf die ihr durch diese Verordnung übertragenen Aufgaben vorbehaltlich einer angemessenen Abstimmung mit der EBA Kontakte zu Aufsichtsbehörden, internationalen Organisationen und den Verwaltungen von Drittländern aufbauen und Verwaltungsvereinbarungen mit ihnen schließen. [2] Diese Vereinbarungen schaffen keine rechtlichen Verpflichtungen für die Union und ihre Mitgliedstaaten.

Kapitel III. Befugnisse der EZB

Art. 9 Aufsichts- und Untersuchungsbefugnisse. (1) *[1]* Ausschließlich zum Zweck der Wahrnehmung der ihr nach Artikel 4 Absätze 1 und 2 und Artikel 5 Absatz 2 übertragenen Aufgaben gilt die EZB nach Maßgabe des einschlägigen Unionsrechts in den teilnehmenden Mitgliedstaaten je nach Sachlage als die zuständige oder die benannte Behörde.

[2] [1] Ausschließlich zu demselben Zweck hat die EZB sämtliche in dieser Verordnung genannten Befugnisse und Pflichten. [2] Ebenso hat sie sämtliche Befugnisse und Pflichten, die zuständige und benannte Behörden nach dem einschlägigen Unionsrecht haben, sofern diese Verordnung nichts anderes vorsieht. [3] Insbesondere hat die EZB die in den Abschnitten 1 und 2 dieses Kapitels genannten Befugnisse.

[3] [1]Soweit zur Wahrnehmung der ihr durch diese Verordnung übertragenen Aufgaben erforderlich, kann die EZB die nationalen Behörden durch Anweisung auffordern, gemäß und im Einklang mit ihrem jeweiligen nationalen Recht von ihren Befugnissen in den Fällen Gebrauch zu machen, in denen diese Verordnung der EZB die entsprechenden Befugnisse nicht übertragen hat. [2]Die nationalen Behörden unterrichten die EZB in vollem Umfang über die Ausübung dieser Befugnisse.

(2) [1]Die EZB übt die Befugnisse nach Absatz 1 dieses Artikels im Einklang mit den in Artikel 4 Absatz 3 Unterabsatz 1 genannten Rechtsakten aus. [2]Bei der Ausübung ihrer jeweiligen Aufsichts- und Untersuchungsbefugnisse arbeiten die EZB und die nationalen zuständigen Behörden eng zusammen.

(3) Abweichend von Absatz 1 dieses Artikels übt die EZB in Bezug auf Kreditinstitute, die in teilnehmenden Mitgliedstaaten niedergelassen sind, deren Währung nicht der Euro ist, ihre Befugnisse gemäß Artikel 7 aus.

Abschnitt 1. Untersuchungsbefugnisse

Art. 10 Informationsersuchen. (1) Unbeschadet der Befugnisse nach Artikel 9 Absatz 1 und vorbehaltlich der im einschlägigen Unionsrecht vorgesehenen Bedingungen kann die EZB von den folgenden juristischen oder natürlichen Personen vorbehaltlich des Artikels 4 die Vorlage sämtlicher Informationen verlangen, die sie für die Wahrnehmung der ihr durch diese Verordnung übertragenen Aufgaben benötigt, einschließlich der Informationen, die in regelmäßigen Abständen und in festgelegten Formaten zu Aufsichts- und entsprechenden Statistikzwecken zur Verfügung zu stellen sind:

a) Kreditinstitute, die in den teilnehmenden Mitgliedstaaten niedergelassen sind,

b) Finanzholdinggesellschaften, die in den teilnehmenden Mitgliedstaaten niedergelassen sind,

c) gemischte Finanzholdinggesellschaften, die in den teilnehmenden Mitgliedstaaten niedergelassen sind,

d) gemischte Holdinggesellschaften, die in den teilnehmenden Mitgliedstaaten niedergelassen sind,

e) Personen, die zu den Körperschaften im Sinne der Buchstaben a bis d gehören,

f) Dritte, auf die die unter den Buchstaben a bis d genannten Unternehmen Funktionen oder Tätigkeiten ausgelagert haben.

(2) [1]Die in Absatz 1 genannten Personen stellen die verlangten Informationen zur Verfügung. [2]Vorschriften über die Geheimhaltung führen nicht dazu, dass Personen von der Pflicht freigestellt werden, diese Informationen zur Verfügung zu stellen. [3]Die Bereitstellung dieser Informationen gilt nicht als Verstoß gegen die Geheimhaltungspflicht.

(3) Erhält die EZB Informationen direkt von den in Absatz 1 genannten juristischen oder natürlichen Personen, so übermittelt sie diese den betroffenen nationalen zuständigen Behörden.

Art. 11 Allgemeine Untersuchungen. (1) *[1]* Zur Wahrnehmung der ihr durch diese Verordnung übertragenen Aufgaben kann die EZB vorbehaltlich anderer Bedingungen nach dem einschlägigen Unionsrecht im Hinblick auf jede in Artikel 10 Absatz 1 genannte Person, die in einem teilnehmenden Mitgliedstaat niedergelassen oder ansässig ist, alle erforderlichen Untersuchungen durchführen.

[2] Zu diesem Zweck hat die EZB das Recht,

a) die Vorlage von Unterlagen zu verlangen,

b) die Bücher und Aufzeichnungen von Personen im Sinne des Artikels 10 Absatz 1 zu prüfen und Kopien oder Auszüge dieser Bücher und Aufzeichnungen anzufertigen,

c) von einer Person im Sinne des Artikels 10 Absatz 1 oder deren Vertretern oder Mitarbeitern schriftliche oder mündliche Erklärungen einzuholen,

d) jede andere Person zu befragen, die dieser Befragung zum Zweck der Einholung von Informationen über den Gegenstand einer Untersuchung zustimmt.

(2) *[1]* Personen im Sinne des Artikels 10 Absatz 1 müssen sich den durch einen Beschluss der EZB eingeleiteten Untersuchungen unterziehen.

[2] Behindert eine Person die Durchführung einer Untersuchung, leistet die nationale zuständige Behörde des teilnehmenden Mitgliedstaats, in dem sich die betroffenen Räumlichkeiten befinden, die erforderliche Amtshilfe im Einklang mit dem jeweiligen nationalen Recht, einschließlich – in den in den Artikeln 12 und 13 genannten Fällen – Hilfe beim Zugang der EZB zu den Geschäftsräumen von juristischen Personen im Sinne des Artikels 10 Absatz 1, so dass die obengenannten Rechte ausgeübt werden können.

Art. 12 Prüfungen vor Ort. (1) [1] Zur Wahrnehmung der ihr durch diese Verordnung übertragenen Aufgaben kann die EZB vorbehaltlich anderer Bedingungen nach dem einschlägigen Unionsrecht im Einklang mit Artikel 13 und nach vorheriger Unterrichtung der betroffenen nationalen zuständigen Behörde alle erforderlichen Prüfungen vor Ort in den Geschäftsräumen von juristischen Personen im Sinne des Artikels 10 Absatz 1 und von sonstigen Unternehmen, die in die Beaufsichtigung auf konsolidierter Basis einbezogen sind und für die die EZB nach Artikel 4 Absatz 1 Buchstabe g die konsolidierende Aufsichtsbehörde ist, durchführen. [2] Die EZB kann die Prüfung vor Ort ohne vorherige Mitteilung an diese juristischen Personen durchführen, wenn die ordnungsgemäße Durchführung und die Effizienz der Prüfung dies erfordern.

(2) Die Bediensteten der EZB und sonstige von ihr zur Durchführung der Prüfungen vor Ort bevollmächtigte Personen sind befugt, die Geschäftsräume und Grundstücke der juristischen Personen, gegen die sich der Beschluss der EZB über die Einleitung einer Untersuchung richtet, zu betreten, und verfügen über sämtliche in Artikel 11 Absatz 1 genannten Befugnisse.

(3) Prüfungen vor Ort bei juristischen Personen im Sinne des Artikels 10 Absatz 1 erfolgen auf der Grundlage eines Beschlusses der EZB.

(4) [1] Die Bediensteten der nationalen zuständigen Behörde des Mitgliedstaats, in dem die Prüfung vorgenommen werden soll, sowie andere von dieser Behörde entsprechend bevollmächtigte oder bestellte Begleitpersonen unterstützen unter Aufsicht und Koordinierung der EZB die Bediensteten der EZB und sonstige von ihr bevollmächtigte Personen aktiv. [2] Sie verfügen hierzu über die in Absatz 2 genannten Befugnisse. [3] Die Bediensteten der nationalen zu-

ständigen Behörde des betroffenen teilnehmenden Mitgliedstaats haben ferner das Recht, an den Prüfungen vor Ort teilzunehmen.

(5) [1] Stellen die Bediensteten der EZB und andere von ihr bevollmächtigte oder bestellte Begleitpersonen fest, dass sich eine Person einer nach Maßgabe dieses Artikels angeordneten Prüfung widersetzt, so leistet die nationale zuständige Behörde des betroffenen teilnehmenden Mitgliedstaats im Einklang mit ihrem nationalen Recht die erforderliche Amtshilfe. [2] Soweit dies für die Prüfung erforderlich ist, schließt diese Amtshilfe die Versiegelung jeglicher Geschäftsräume und Bücher oder Aufzeichnungen ein. [3] Verfügt die betreffende nationale zuständige Behörde nicht über die dafür erforderliche Befugnis, so nutzt sie ihre Befugnisse, um die erforderliche Amtshilfe von anderen nationalen Behörden anzufordern.

Art. 13 Gerichtliche Genehmigung. (1) Ist für eine Prüfung vor Ort nach Artikel 12 Absätze 1 und 2 oder für die Amtshilfe nach Artikel 12 Absatz 5 nach nationalem Recht eine gerichtliche Genehmigung erforderlich, so muss diese eingeholt werden.

(2) [1] Wird eine Genehmigung nach Absatz 1 dieses Artikels beantragt, so prüft das nationale Gericht, ob der Beschluss der EZB echt ist und ob die beabsichtigten Zwangsmaßnahmen im Hinblick auf den Gegenstand der Prüfung nicht willkürlich oder unverhältnismäßig sind. [2] Bei der Prüfung der Verhältnismäßigkeit der Zwangsmaßnahmen kann das nationale Gericht die EZB um detaillierte Erläuterungen bitten, insbesondere in Bezug auf die Gründe, aus denen die EZB annimmt, dass ein Verstoß gegen die in Artikel 4 Absatz 3 Unterabsatz 1 genannten Rechtsakte vorliegt, sowie die Schwere des mutmaßlichen Verstoßes und die Art der Beteiligung der den Zwangsmaßnahmen unterworfenen Person. [3] Das nationale Gericht prüft jedoch weder die Notwendigkeit der Prüfung noch verlangt es die Übermittlung der in den Akten der EZB enthaltenen Informationen. [4] Die Rechtmäßigkeit des Beschlusses der EZB unterliegt ausschließlich der Prüfung durch den EUGH.

Abschnitt 2. Besondere Aufsichtsbefugnisse

Art. 14 Zulassung. (1) Anträge auf Zulassung zur Aufnahme der Tätigkeit eines Kreditinstituts in einem teilnehmenden Mitgliedstaat werden bei den nationalen zuständigen Behörden des Mitgliedstaats eingereicht, in dem das Kreditinstitut seinen Sitz haben soll, im Einklang mit den Anforderungen des einschlägigen nationalen Rechts.

(2) [1] Erfüllt der Antragsteller alle Zulassungsbedingungen des einschlägigen nationalen Rechts dieses Mitgliedstaats, so erlässt die nationale zuständige Behörde innerhalb der im einschlägigen nationalen Recht festgelegten Frist einen Beschlussentwurf, mit dem der EZB die Erteilung der Zulassung vorgeschlagen wird. [2] Der Beschlussentwurf wird der EZB und dem Antragsteller mitgeteilt. [3] Andernfalls lehnt die nationale zuständige Behörde den Antrag auf Zulassung ab.

(3) [1] Der Beschlussentwurf gilt als von der EZB angenommen, wenn sie nicht innerhalb eines Zeitraums von höchstens zehn Arbeitstagen, der in hinreichend begründeten Fällen einmal um den gleichen Zeitraum verlängert werden kann, widerspricht. [2] Die EZB erhebt nur dann Widerspruch gegen den Beschlussentwurf, wenn die Voraussetzungen des einschlägigen Unions-

rechts für die Zulassung nicht erfüllt sind. [3] Sie teilt die Gründe für die Ablehnung schriftlich mit.

(4) Der gemäß den Absätzen 2 und 3 erlassene Beschluss wird dem Antragsteller von der nationalen zuständigen Behörde mitgeteilt.

(5) *[1]* [1] Vorbehaltlich des Absatzes 6 kann die EZB die Zulassung von sich aus nach Konsultation der nationalen zuständigen Behörde des teilnehmenden Mitgliedstaats, in dem das Kreditinstitut niedergelassen ist, oder auf Vorschlag einer solchen nationalen zuständigen Behörde in den im Unionsrecht festgelegten Fällen entziehen. [2] Diese Konsultation stellt insbesondere sicher, dass die EZB vor einem Beschluss über den Entzug einer Zulassung den nationalen Behörden ausreichend Zeit einräumt, um über die notwendigen Korrekturmaßnahmen, einschließlich etwaiger Abwicklungsmaßnahmen, zu entscheiden, und diesen Rechnung trägt.

[2] [1] Ist nach Auffassung der nationalen zuständigen Behörde, die die Zulassung gemäß Absatz 1 vorgeschlagen hat, die Zulassung nach dem einschlägigen nationalen Recht zu entziehen, so legt sie der EZB einen entsprechenden Vorschlag vor. [2] In diesem Fall erlässt die EZB einen Beschluss über den vorgeschlagenen Entzug der Zulassung, wobei sie die von der nationalen zuständigen Behörde vorgelegte Begründung in vollem Umfang berücksichtigt.

(6) [1] Solange die nationalen Behörden für die Abwicklung von Kreditinstituten zuständig sind, teilen sie in den Fällen, in denen sie der Auffassung sind, dass die angemessene Durchführung der für eine Abwicklung oder die Aufrechterhaltung der Finanzmarktstabilität erforderlichen Maßnahmen durch den Entzug der Zulassung beeinträchtigt würde, der EZB ihre Bedenken rechtzeitig mit und erläutern im Einzelnen, welche nachteiligen Auswirkungen der Entzug mit sich bringen würde. [2] In diesen Fällen sieht die EZB während eines gemeinsam mit den nationalen Behörden vereinbarten Zeitraums vom Entzug der Zulassung ab. [3] Die EZB kann entscheiden, diesen Zeitraum zu verlängern, wenn sie der Ansicht ist, dass ausreichende Fortschritte gemacht wurden. [4] Stellt die EZB in einem begründeten Beschluss fest, dass die nationalen Behörden keine angemessenen zur Aufrechterhaltung der Finanzmarktstabilität erforderlichen Maßnahmen ergriffen haben, so wird der Entzug der Zulassung unmittelbar wirksam.

Art. 15 Beurteilung des Erwerbs von qualifizierten Beteiligungen. (1) Ungeachtet der Ausnahmen nach Artikel 4 Absatz 1 Buchstabe c werden alle Anzeigen über den Erwerb einer qualifizierten Beteiligung an einem in einem teilnehmenden Mitgliedstaat niedergelassenen Kreditinstitut und alle damit zusammenhängenden Informationen im Einklang mit dem einschlägigen, auf die Rechtsakte nach Artikel 4 Absatz 3 Unterabsatz 1 gestützten nationalen Recht an die nationalen zuständigen Behörden gerichtet, in dem das Kreditinstitut niedergelassen ist.

(2) Die nationale zuständige Behörde prüft den geplanten Erwerb und leitet die Anzeige gemeinsam mit einem Vorschlag für einen Beschluss, mit dem der Erwerb auf Grundlage der in den Rechtsakten nach Artikel 4 Absatz 3 Unterabsatz 1 festgelegten Kriterien abgelehnt oder nicht abgelehnt wird, der EZB spätestens zehn Arbeitstage vor Ablauf des jeweiligen im Unionsrecht festgelegten Beurteilungszeitraums zu und unterstützt die EZB nach Maßgabe des Artikels 6.

(3) Die EZB beschließt auf Grundlage der Beurteilungskriterien des Unionsrechts und im Einklang mit den darin geregelten Verfahren und innerhalb des darin festgelegten Beurteilungszeitraums, ob der Erwerb abzulehnen ist.

Art. 16 Aufsichtsbefugnisse. (1) Zur Wahrnehmung der ihr durch Artikel 4 Absatz 1 übertragenen Aufgaben und unbeschadet anderer ihr übertragenen Befugnisse, verfügt die EZB über die in Absatz 2 dieses Artikels genannten Befugnisse, jedes Kreditinstitut und jede Finanzholdinggesellschaft oder gemischte Finanzholdinggesellschaft in den teilnehmenden Mitgliedstaaten zu verpflichten, frühzeitig Maßnahmen zu ergreifen, die erforderlich sind, etwaigen Problemen zu begegnen, wenn eine der folgenden Situationen vorliegt:

a) das Kreditinstitut erfüllt nicht die Anforderungen der Rechtsakte nach Artikel 4 Absatz 3 Unterabsatz 1;

b) der EZB ist nachweislich bekannt, dass das Kreditinstitut die innerhalb der nächsten zwölf Monate voraussichtlich gegen die Anforderungen der Rechtsakte nach Artikel 4 Absatz 3 Unterabsatz 1 verstoßen wird;

c) die EZB hat im Rahmen einer aufsichtlichen Überprüfung gemäß Artikel 4 Absatz 1 Buchstabe f festgestellt, dass die von dem Kreditinstitut angewandten Regelungen, Strategien, Verfahren und Mechanismen sowie seine Eigenmittelausstattung und Liquidität kein solides Risikomanagement und keine solide Risikoabdeckung gewährleisten.

(2) Für die Zwecke des Artikels 9 Absatz 1 hat die EZB insbesondere folgende Befugnisse:

a) von Instituten zu verlangen, dass sie über die Anforderungen der Rechtsakte nach Artikel 4 Absatz 3 Unterabsatz 1 hinaus Eigenmittel zur Unterlegung von nicht durch die einschlägigen Rechtsakte der Union erfassten Risikokomponenten und Risiken vorhalten;

b) eine Verstärkung der Regelungen, Verfahren, Mechanismen und Strategien zu verlangen;

c) von den Instituten die Vorlage eines Plans die Rückkehr zur Erfüllung der Aufsichtsanforderungen gemäß den Rechtsakten nach Artikel 4 Absatz 3 Unterabsatz 1 zu verlangen und eine Frist für die Durchführung dieses Plans zu setzen, sowie gegebenenfalls Nachbesserungen hinsichtlich seinen Anwendungsbereichs und Zeitrahmens zu verlangen;

d) Instituten eine bestimmte Rückstellungspolitik oder eine bestimmte Behandlung ihrer Aktiva bezüglich der Eigenmittelanforderungen vorzuschreiben;

e) die Geschäftsbereiche, die Tätigkeiten oder das Netz von Instituten einzuschränken oder zu begrenzen oder die Veräußerung von Geschäftszweigen, die für die Solidität des Instituts mit zu großen Risiken verbunden sind, zu verlangen;

f) eine Verringerung des mit den Tätigkeiten, Produkten und Systemen von Instituten verbundenen Risikos zu verlangen;

g) Instituten vorzuschreiben, die variable Vergütung auf einen Prozentsatz der Nettoeinkünfte zu begrenzen, sofern diese Vergütung nicht mit der Erhaltung einer soliden Kapitalausstattung zu vereinbaren ist;

h) von den Instituten zu verlangen, Nettogewinne zur Stärkung der Eigenmittel einzusetzen;
i) Ausschüttungen des Instituts an Anteilseigner, Gesellschafter oder Inhaber von Instrumenten des zusätzlichen Kernkapitals einzuschränken oder zu untersagen, sofern die Nichtzahlung nicht ein Ausfallereignis für das Institut darstellt;
j) zusätzliche Meldepflichten oder eine häufigere Meldung, auch zur Eigenmittel- und Liquiditätslage vorzuschreiben;
k) besondere Liquiditätsanforderungen vorzuschreiben, einschließlich der Beschränkung von Laufzeitinkongruenzen zwischen Aktiva und Passiva;
l) ergänzende Informationen zu verlangen;
m) Mitglieder des Leitungsorgans von Kreditinstituten, die den Anforderungen der Rechtsakte nach Artikel 4 Absatz 3 Unterabsatz 1 nicht entsprechen, jederzeit abzuberufen.

Art. 17 Befugnisse der Behörden des Aufnahmemitgliedstaats und Zusammenarbeit bei der Beaufsichtigung auf konsolidierter Basis.

(1) Zwischen den teilnehmenden Mitgliedstaaten gelten die Verfahren des einschlägigen Unionsrechts in Bezug auf Kreditinstitute, die die Errichtung einer Zweigstelle oder die Ausübung des freien Dienstleistungsverkehrs durch Ausübung ihrer Tätigkeit im Hoheitsgebiet eines anderen Mitgliedstaats anstreben, und die damit verbundenen Befugnisse des Herkunfts- und des Aufnahmemitgliedstaats nur für die Zwecke der Aufgaben, die nicht durch Artikel 4 der EZB übertragen worden sind.

(2) Die Vorschriften des einschlägigen Unionsrechts für die Zusammenarbeit zwischen den zuständigen Behörden verschiedener Mitgliedstaaten bei der Beaufsichtigung auf konsolidierter Basis finden keine Anwendung, soweit die EZB die einzige beteiligte zuständige Behörde ist.

(3) Bei der Wahrnehmung ihrer Aufgaben gemäß den Artikeln 4 und 5 achtet die EZB auf ein ausgeglichenes Verhältnis zwischen allen teilnehmenden Mitgliedstaaten im Einklang mit Artikel 6 Absatz 8, und in ihrer Beziehung zu nicht teilnehmenden Mitgliedstaaten beachtet sie das Gleichgewicht zwischen den Herkunfts- und den Aufnahmemitgliedstaaten gemäß dem einschlägigen Unionsrecht.

Art. 18 Verwaltungssanktionen. (1) Wenn Kreditinstitute, Finanzholdinggesellschaften oder gemischte Finanzholdinggesellschaften vorsätzlich oder fahrlässig gegen eine Anforderung aus direkt anwendbaren Rechtsakten der Union verstoßen und den zuständigen Behörden nach dem Unionsrecht wegen dieses Verstoßes die Möglichkeit, Verwaltungsgeldbußen zu verhängen, zur Verfügung gestellt wird, kann die EZB für die Zwecke der Wahrnehmung der ihr durch diese Verordnung übertragenen Aufgaben Verwaltungsgeldbußen bis zur zweifachen Höhe der aufgrund des Verstoßes erzielten Gewinne oder verhinderten Verluste – sofern diese sich beziffern lassen – oder von bis zu 10 % des jährlichen Gesamtumsatzes im Sinne des einschlägigen Unionsrechts einer juristischen Person im vorangegangenen Geschäftsjahr oder gegebenenfalls andere im einschlägigen Unionsrecht vorgesehene Geldbußen verhängen.

(2) Handelt es sich bei der juristischen Person um die Tochtergesellschaft einer Muttergesellschaft, so ist der relevante jährliche Gesamtumsatz nach Absatz 1 der jährliche Gesamtumsatz, der im vorangegangenen Geschäftsjahr im konsolidierten Abschluss der an der Spitze stehenden Muttergesellschaft ausgewiesen ist.

(3) [1]Die Sanktionen müssen wirksam, verhältnismäßig und abschreckend sein. [2]Bei der Entscheidung, ob eine Sanktion zu verhängen ist und welche Art von Sanktion geeignet ist, handelt die EZB im Einklang mit Artikel 9 Absatz 2.

(4) Die EZB wendet diesen Artikel nach Maßgabe der Rechtsakte nach Artikel 4 Absatz 3 Unterabsatz 1 dieser Verordnung einschließlich – soweit angemessen – der Verfahren nach der Verordnung (EG) Nr. 2532/98 an.

(5) *[1]* [1]In von Absatz 1 dieses Artikels nicht erfassten Fällen kann die EZB, wenn dies für die Zwecke der Wahrnehmung der ihr durch diese Verordnung übertragenen Aufgaben erforderlich ist, von den nationalen zuständigen Behörden verlangen, Verfahren einzuleiten, damit Maßnahmen ergriffen werden, um sicherzustellen, dass im Einklang mit den Rechtsakten nach Artikel 4 Absatz 3 Unterabsatz 1 und allen einschlägigen nationalen Rechtsvorschriften, die besondere Befugnisse zuweisen, die bisher durch Unionsrecht nicht gefordert waren, geeignete Sanktionen verhängt werden. [2]Die Sanktionen der nationalen zuständigen Behörden müssen wirksam, verhältnismäßig und abschreckend sein.

[2] Unterabsatz 1 dieses Absatzes gilt insbesondere für Geldbußen, die gegen Kreditinstitute, Finanzholdinggesellschaften oder gemischte Finanzholdinggesellschaften wegen eines Verstoßes gegen nationale Rechtsvorschriften zu verhängen sind, mit denen einschlägige Richtlinien umgesetzt werden, und für Verwaltungssanktionen oder -maßnahmen, die gegen Mitglieder des Leitungsorgans eines Kreditinstituts, einer Finanzholdinggesellschaft oder einer gemischten Finanzholdinggesellschaft oder andere Personen zu verhängen sind, die nach nationalem Recht für einen Verstoß eines Kreditinstituts, einer Finanzholdinggesellschaft oder einer gemischten Finanzholdinggesellschaft verantwortlich sind.

(6) Die EZB veröffentlicht jede Sanktion nach Absatz 1 unabhängig davon, ob gegen sie Beschwerde eingelegt worden ist oder nicht in den im einschlägigen Unionsrecht vorgesehenen Fällen und im Einklang mit den darin festgelegten Bedingungen.

(7) Unbeschadet der Absätze 1 bis 6 kann die EZB für die Zwecke der Wahrnehmung der ihr durch diese Verordnung übertragenen Aufgaben im Fall eines Verstoßes gegen ihre Verordnungen oder Beschlüsse nach Maßgabe der Verordnung (EG) Nr. 2532/98 Sanktionen verhängen.

Kapitel IV. Organisatorische Grundsätze

Art. 19 Unabhängigkeit. (1) [1]Bei der Wahrnehmung der der EZB durch diese Verordnung übertragenen Aufgaben handeln die EZB und die nationalen zuständigen Behörden, die innerhalb des einheitlichen Aufsichtsmechanismus handeln, unabhängig. [2]Die Mitglieder des Aufsichtsgremiums und des Lenkungsausschusses handeln unabhängig und objektiv im Interesse der Union als Ganzes und dürfen von den Organen oder Einrichtungen der Union, von der

Regierung eines Mitgliedstaats oder von öffentlichen oder privaten Stellen weder Weisungen anfordern noch entgegennehmen.

(2) Die Organe, Einrichtungen, Ämter und Agenturen der Union sowie die Regierungen der Mitgliedstaaten und alle anderen Einrichtungen achten diese Unabhängigkeit.

(3) Nachdem das Aufsichtsgremium die Notwendigkeit eines Verhaltenskodexes geprüft hat, erstellt und veröffentlicht der EZB-Rat einen Verhaltenskodex für die Mitarbeiter und leitenden Angestellten der EZB, die an der Bankenaufsicht beteiligt sind, insbesondere in Bezug auf Interessenkonflikte.

Art. 20 Rechenschaftspflicht und Berichterstattung. (1) Die EZB ist nach Maßgabe dieses Kapitels dem Europäischen Parlament und dem Rat für die Durchführung dieser Verordnung rechenschaftspflichtig.

(2) Die EZB legt dem Europäischen Parlament, dem Rat, der Kommission und der Euro-Gruppe jährlich einen Bericht über die Wahrnehmung der ihr durch diese Verordnung übertragenen Aufgaben vor, der auch Informationen über die voraussichtliche Entwicklung der Struktur und der Höhe der Aufsichtsgebühren gemäß Artikel 30 enthält.

(3) Der Vorsitzende des Aufsichtsgremiums der EZB stellt diesen Bericht öffentlich dem Europäischen Parlament und der Euro-Gruppe im Beisein von Vertretern der teilnehmenden Mitgliedstaaten, deren Währung nicht der Euro ist, vor.

(4) Der Vorsitzende des Aufsichtsgremiums der EZB kann von der Euro-Gruppe auf deren Verlangen im Beisein von Vertretern der teilnehmenden Mitgliedstaaten, deren Währung nicht der Euro ist, zur Wahrnehmung seiner Aufsichtsaufgaben gehört werden.

(5) Der Vorsitzende des Aufsichtsgremiums der EZB nimmt auf Verlangen des Europäischen Parlaments an einer Anhörung zur Wahrnehmung seiner Aufsichtsaufgaben teil, die von den zuständigen Ausschüssen des Europäischen Parlaments durchgeführt wird.

(6) Die EZB antwortet im Beisein von Vertretern der teilnehmenden Mitgliedstaaten, deren Währung nicht der Euro ist, mündlich oder schriftlich auf Fragen, die ihr vom Europäischen Parlament oder von der Euro-Gruppe gemäß ihrer eigenen Verfahren gestellt werden.

(7) Der Europäische Rechnungshof trägt bei der Prüfung der Effizienz der Verwaltung der EZB nach Artikel 27.2 der Satzung des ESZB und der EZB auch den der EZB durch diese Verordnung übertragenen Aufsichtsaufgaben Rechnung.

(8) [1] Auf Verlangen führt der Vorsitzende des Aufsichtsgremiums der EZB mit dem Vorsitzenden und den stellvertretenden Vorsitzenden des zuständigen Ausschusses des Europäischen Parlaments unter Ausschluss der Öffentlichkeit vertrauliche Gespräche in Bezug auf seine Aufsichtsaufgaben, sofern solche Gespräche erforderlich sind, damit das Europäische Parlament seine Befugnisse gemäß dem AEUV wahrnehmen kann. [2] Das Europäische Parlament und die EZB schließen eine Vereinbarung über die detaillierten Modalitäten für die Durchführung solcher Gespräche im Hinblick auf die Gewährleistung absoluter Vertraulichkeit gemäß den Vertraulichkeitspflichten, die der EZB als zuständige Behörde gemäß dem einschlägigen Unionsrecht auferlegt wurden.

(9) [1] Die EZB beteiligt sich unter Wahrung des AEUV loyal an jeglichen Untersuchungen des Europäischen Parlaments. [2] Die EZB und das Europäische Parlament schließen angemessene Vereinbarungen über die praktischen Modalitäten für die Ausübung der demokratischen Rechenschaftspflicht und die Kontrolle über die Wahrnehmung der der EZB durch diese Verordnung übertragenen Aufgaben. [3] Diese Vereinbarungen umfassen u.a. den Zugang zu Informationen, die Zusammenarbeit bei Untersuchungen und die Unterrichtung über das Verfahren zur Auswahl des Vorsitzenden des Aufsichtsgremiums.

Art. 21 Nationale Parlamente. (1) *[1]* Gleichzeitig mit der Vorlage des Berichts nach Artikel 20 Absatz 2 leitet die EZB diesen Bericht den nationalen Parlamenten der teilnehmenden Mitgliedstaaten unmittelbar zu.

[2] Die nationalen Parlamente können der EZB begründete Stellungnahmen zu diesem Bericht übermitteln.

(2) Die nationalen Parlamente der teilnehmenden Mitgliedstaaten können die EZB im Rahmen ihrer eigenen Verfahren ersuchen, schriftlich auf ihre an die EZB gerichteten Bemerkungen oder Fragen zu den Aufgaben der EZB nach dieser Verordnung zu antworten.

(3) Das nationale Parlament eines teilnehmenden Mitgliedstaats kann den Vorsitzenden oder ein Mitglied des Aufsichtsgremiums einladen, gemeinsam mit einem Vertreter der nationalen zuständigen Behörde an einem Gedankenaustausch über die Beaufsichtigung von Kreditinstituten in diesem Mitgliedstaat teilzunehmen.

(4) Diese Verordnung berührt nicht die Rechenschaftspflicht der nationalen zuständigen Behörden gegenüber ihren nationalen Parlamenten nach Maßgabe des nationalen Rechts in Bezug auf die Ausübung der Aufgaben, die der EZB durch diese Verordnung nicht übertragen werden, sowie auf die Ausübung ihrer Tätigkeit nach Artikel 6.

Art. 22 Ordnungsgemäßes Verfahren für die Annahme von Aufsichtsbeschlüssen. (1) *[1]* [1] Vor dem Erlass von Aufsichtsbeschlüssen im Einklang mit Artikel 4 und Kapitel III Abschnitt 2 gibt die EZB den Personen, auf die sich das Verfahren bezieht, Gelegenheit, gehört zu werden. [2] Die EZB stützt ihre Beschlüsse nur auf die Beschwerdepunkte, zu denen sich die betreffenden Parteien äußern konnten.

[2] [1] Unterabsatz 1 gilt nicht für den Fall dringender Maßnahmen, die ergriffen werden müssen, um ernsthaften Schaden vom Finanzsystem abzuwenden. [2] In einem solchen Fall kann die EZB einen vorläufigen Beschluss fassen und muss den betreffenden Personen die Gelegenheit geben, so bald wie möglich nach Erlass ihres Beschlusses gehört zu werden.

(2) *[1]* [1] Die Verteidigungsrechte der betroffenen Personen müssen während des Verfahrens in vollem Umfang gewahrt werden. [2] Die Personen haben Recht auf Einsicht in die EZB-Akten, vorbehaltlich des berechtigten Interesses anderer Personen an der Wahrung ihrer Geschäftsgeheimnisse. [3] Das Recht auf Akteneinsicht gilt nicht für vertrauliche Informationen.

[2] Die Beschlüsse der EZB sind zu begründen.

Art. 23 Meldung von Verstößen. [1] Die EZB sorgt dafür, dass wirksame Mechanismen für die Meldung von Verstößen gegen die in Artikel 4 Absatz 3 genannten Rechtsakte durch Kreditinstitute, Finanzholdinggesellschaften oder gemischte Finanzholdinggesellschaften bzw. zuständige Behörden in den teilnehmenden Mitgliedstaaten eingerichtet werden, einschließlich spezieller Verfahren für die Entgegennahme von Meldungen über Verstöße und ihre Weiterbehandlung. [2] Solche Verfahren müssen mit den einschlägigen Rechtsvorschriften der Union im Einklang stehen und gewährleisten, dass die folgenden Grundsätze eingehalten werden: angemessener Schutz von Personen, die Verstöße melden, Schutz personenbezogener Daten sowie angemessener Schutz der beschuldigten Person.

Art. 24 Administrativer Überprüfungsausschuss. (1) [1] Die EZB richtet einen administrativen Überprüfungsausschuss ein, der eine interne administrative Überprüfung der Beschlüsse vornimmt, die die EZB im Rahmen der Ausübung der ihr durch diese Verordnung übertragenen Befugnisse erlassen hat, nachdem nach Absatz 5 die Überprüfung eines Beschlusses beantragt wurde. [2] Die interne administrative Überprüfung erstreckt sich auf die verfahrensmäßige und materielle Übereinstimmung solcher Beschlüsse mit dieser Verordnung.

(2) [1] Der administrative Überprüfungsausschuss besteht aus fünf Personen, die ein hohes Ansehen genießen, aus den Mitgliedstaaten stammen und nachweislich über einschlägige Kenntnisse und berufliche Erfahrungen, auch im Aufsichtswesen, von ausreichend hohem Niveau im Bankensektor oder im Bereich anderer Finanzdienstleistungen verfügen und nicht zum aktuellen Personal der EZB, der zuständigen Behörden oder anderer Organe, Einrichtungen, Ämter und Agenturen der Mitgliedstaaten oder der Union gehören, das an der Wahrnehmung der Aufgaben, die der EZB durch diese Verordnung übertragen wurden, beteiligt ist. [2] Der administrative Überprüfungsausschuss verfügt über ausreichende Ressourcen und ausreichendes Fachwissen, um die Ausübung der Befugnisse durch die EZB nach dieser Verordnung beurteilen zu können. [3] Die Mitglieder des administrativen Überprüfungsausschusses und zwei stellvertretende Mitglieder werden von der EZB für eine Amtszeit von fünf Jahren, die einmal verlängert werden kann, im Anschluss an eine im *Amtsblatt der Europäischen Union* veröffentlichte Aufforderung zur Interessenbekundung ernannt. [4] Sie sind an keinerlei Weisungen gebunden.

(3) Der administrative Überprüfungsausschuss fasst seine Beschlüsse mit einer Mehrheit von mindestens drei seiner fünf Mitglieder.

(4) [1] Die Mitglieder des administrativen Überprüfungsausschusses handeln unabhängig und im öffentlichen Interesse. [2] Zu diesem Zweck geben sie eine öffentliche Verpflichtungserklärung und eine öffentliche Interessenerklärung ab, in der angegeben wird, welche direkten oder indirekten Interessen bestehen, die als ihre Unabhängigkeit beeinträchtigend angesehen werden könnten, oder in der angegeben wird, dass keine solchen Interessen bestehen.

(5) [1] Jede natürliche oder juristische Person kann in den Fällen des Absatzes 1 die Überprüfung eines Beschlusses der EZB nach dieser Verordnung beantragen, der an diese Person gerichtet ist oder sie unmittelbar und individuell betrifft. [2] Ein Antrag auf Überprüfung eines Beschlusses des EZB-Rates im Sinne des Absatzes 7 ist nicht zulässig.

(6) Der Antrag auf Überprüfung ist schriftlich zu stellen, hat eine Begründung zu enthalten und ist bei der EZB innerhalb eines Monats nach Bekanntgabe des Beschlusses an die eine Überprüfung verlangende Person oder, sofern

eine solche Bekanntgabe nicht erfolgt ist, innerhalb eines Monats ab dem Zeitpunkt, zu dem sie von dem Beschluss Kenntnis erlangt hat, einzureichen.

(7) [1] Nach einer Entscheidung über die Zulässigkeit der Überprüfung gibt der administrative Überprüfungsausschuss innerhalb einer Frist, die der Dringlichkeit der Angelegenheit angemessen ist, spätestens jedoch zwei Monate nach Eingang des Antrags, eine Stellungnahme ab und überweist den Fall zwecks Ausarbeitung eines neuen Beschlussentwurfs an das Aufsichtsgremium. [2] Das Aufsichtsgremium unterbreitet dem EZB-Rat unverzüglich einen neuen Beschlussentwurf, der der Stellungnahme des administrativen Überprüfungsausschusses Rechnung trägt. [3] Der neue Beschlussentwurf hebt den ursprünglichen Beschluss auf oder ersetzt ihn durch einen Beschluss desselben Inhalts oder durch einen geänderten Beschluss. [4] Der neue Beschlussentwurf gilt als angenommen, wenn der EZB-Rat nicht innerhalb eines Zeitraums von höchstens zehn Arbeitstagen widerspricht.

(8) [1] Ein Antrag auf Überprüfung nach Absatz 5 hat keine aufschiebende Wirkung. [2] Der EZB-Rat kann jedoch auf Vorschlag des administrativen Überprüfungsausschusses den Vollzug des angefochtenen Beschlusses aussetzen, wenn die Umstände dies nach seiner Auffassung erfordern.

(9) Die Stellungnahme des administrativen Überprüfungsausschusses, der neue Beschlussentwurf des Aufsichtsgremiums und der vom EZB-Rat nach Maßgabe dieses Artikels gefasste Beschluss sind zu begründen und den Parteien bekanntzugeben.

(10) Die EZB erlässt einen Beschluss, mit dem die Vorschriften für die Arbeitsweise des administrativen Überprüfungsausschusses festgelegt werden.

(11) Dieser Artikel berührt nicht das Recht, gemäß den Verträgen ein Verfahren vor dem EUGH anzustrengen.

Art. 25 Trennung von der geldpolitischen Funktion. (1) Bei der Wahrnehmung der ihr durch diese Verordnung übertragenen Aufgaben verfolgt die EZB ausschließlich die Ziele dieser Verordnung.

(2) *[1]* [1] Die EZB nimmt die ihr durch diese Verordnung übertragenen Aufgaben unbeschadet und getrennt von ihren Aufgaben im Bereich der Geldpolitik und von sonstigen Aufgaben wahr. [2] Die der EZB durch diese Verordnung übertragenen Aufgaben dürfen weder ihre Aufgaben im Bereich der Geldpolitik beeinträchtigen noch durch diese bestimmt werden. [3] Ebenso wenig dürfen die der EZB durch diese Verordnung übertragenen Aufgaben ihre Aufgaben im Zusammenhang mit dem ESRB und sonstige Aufgaben beeinträchtigen. [4] Die EZB berichtet dem Europäischen Parlament und dem Rat darüber, wie sie diese Bestimmung eingehalten hat. [5] Die der EZB durch diese Verordnung übertragenen Aufgaben ändern nicht die laufende Überwachung der Solvenz ihrer Geschäftspartner für geldpolitische Geschäfte.

[2] Das mit der Wahrnehmung der der EZB durch diese Verordnung übertragenen Aufgaben befasste Personal ist von dem mit der Wahrnehmung anderer der EZB übertragener Aufgaben befassten Personal organisatorisch getrennt und unterliegt einer von diesem Personal getrennten Berichterstattung.

(3) Für die Zwecke der Absätze 1 und 2 erlässt und veröffentlicht die EZB die erforderlichen internen Vorschriften, einschließlich der Regelungen zum Berufsgeheimnis und zum Informationsaustausch zwischen den beiden funktionellen Bereichen.

(4) [1]Die EZB stellt sicher, dass der EZB-Rat seine geldpolitischen und aufsichtlichen Funktionen in vollkommen getrennter Weise wahrnimmt. [2]Diese Unterscheidung umfasst eine strikte Trennung der Sitzungen und Tagesordnungen.

(5) [1]Um die Trennung zwischen den geldpolitischen und aufsichtlichen Aufgaben sicherzustellen, richtet die EZB eine Schlichtungsstelle ein. [2]Diese Schlichtungsstelle legt Meinungsverschiedenheiten der zuständigen Behörden der betroffenen teilnehmenden Mitgliedstaaten in Bezug auf Einwände des EZB-Rates gegen einen Beschlussentwurf des Aufsichtsgremiums bei. [3]Sie besteht aus einem Mitglied je teilnehmendem Mitgliedstaat, das von jedem Mitgliedstaat unter den Mitgliedern des EZB-Rates und des Aufsichtsgremiums ausgewählt wird, und fasst ihre Beschlüsse mit einfacher Mehrheit, wobei jedes Mitglied über eine Stimme verfügt. [4]Die EZB erlässt eine Verordnung[1)] zur Einrichtung dieser Schlichtungsstelle und zur Festlegung ihrer Geschäftsordnung *an*[2)] und veröffentlicht diese.

Art. 26 Aufsichtsgremium. (1) *[1]* [1]Die Planung und Ausführung der der EZB übertragenen Aufgaben erfolgt uneingeschränkt durch ein internes Organ, das sich aus seinen gemäß Absatz 3 ernannten Vorsitzenden und stellvertretenden Vorsitzenden, vier gemäß Absatz 5 ernannten Vertretern der EZB und jeweils einem Vertreter der für die Beaufsichtigung von Kreditinstituten in den einzelnen teilnehmenden Mitgliedstaaten verantwortlichen nationalen zuständigen Behörden zusammensetzt (im Folgenden „Aufsichtsgremium"). [2]Alle Mitglieder des Aufsichtsgremiums handeln im Interesse der Union als Ganzes.

[2] [1]Handelt es sich bei der zuständigen Behörde nicht um eine Zentralbank, so kann das in Unterabsatz 1 genannte Mitglied des Aufsichtsgremiums beschließen, einen Vertreter der Zentralbank des Mitgliedstaats mitzubringen. [2]Für die Zwecke des Abstimmungsverfahrens nach Maßgabe des Absatzes 6 gelten die Vertreter der Behörden eines Mitgliedstaats als ein einziges Mitglied.

(2) Bei der Besetzung des Aufsichtsgremiums nach Maßgabe dieser Verordnung werden die Grundsätze der Ausgewogenheit der Geschlechter, der Erfahrung und der Qualifikation geachtet.

(3) *[1]* [1]Nach Anhörung des Aufsichtsgremiums übermittelt die EZB dem Europäischen Parlament einen Vorschlag für die Ernennung des Vorsitzenden und des stellvertretenden Vorsitzenden zur Billigung. [2]Nach Billigung dieses Vorschlags erlässt der Rat einen Durchführungsbeschluss zur Ernennung des Vorsitzenden und des stellvertretenden Vorsitzenden des Aufsichtsgremiums. [3]Der Vorsitzende wird auf der Grundlage eines offenen Auswahlverfahrens, über das das Europäische Parlament und der Rat ordnungsgemäß unterrichtet werden, aus dem Kreis der in Banken- und Finanzfragen anerkannten und erfahrenen Persönlichkeiten, die nicht Mitglied des EZB-Rates sind, ausgewählt. [4]Der stellvertretende Vorsitzende des Aufsichtsgremiums wird aus den Mitgliedern des Direktoriums der EZB ausgewählt. [5]Der Rat beschließt mit qualifizierter Mehrheit, ohne Berücksichtigung der Stimmen der Mitglieder des Rates, die nicht teilnehmende Mitgliedstaaten sind.

---

1) Siehe die VO (EU) Nr. 673/2014 der Europäischen Zentralbank über die Einrichtung einer Schlichtungsstelle und zur Festlegung ihrer Geschäftsordnung (EZB/2014/26) v. 2.6.2014 (ABl. L 179 S. 72).

2) Wortlaut amtlich.

[2] [1]Nach seiner Ernennung nimmt der Vorsitzende sein Amt als Vollzeitbeschäftigter wahr und darf kein anderes Amt bei den nationalen zuständigen Behörden bekleiden. [2]Seine Amtszeit beträgt fünf Jahre und ist nicht verlängerbar.

(4) *[1]* [1]Erfüllt der Vorsitzende des Aufsichtsgremiums die für die Ausübung seines Amtes erforderlichen Voraussetzungen nicht mehr oder hat er sich eines schweren Fehlverhaltens schuldig gemacht, so kann der Rat auf Vorschlag der EZB, der vom Europäischen Parlament gebilligt wurde, einen Durchführungsbeschluss erlassen, mit dem der Vorsitzende seines Amtes enthoben wird. [2]Der Rat beschließt mit qualifizierter Mehrheit, wobei die Stimmen der Mitglieder des Rates, die nicht teilnehmende Mitgliedstaaten sind, keine Berücksichtigung finden.

[2] [1]Nachdem der stellvertretende Vorsitzende des Aufsichtsgremiums von Amts wegen als Mitglied des Direktoriums gemäß der Satzung des ESZB und der EZB entlassen worden ist, kann der Rat auf Vorschlag der EZB, der vom Europäischen Parlament gebilligt wurde, einen Durchführungsbeschluss erlassen, mit dem der stellvertretende Vorsitzende seines Amtes enthoben wird. [2]Der Rat beschließt mit qualifizierter Mehrheit, wobei die Stimmen der Mitglieder des Rates, die nicht teilnehmende Mitgliedstaaten sind, keine Berücksichtigung finden.

[3] Für diese Zwecke können das Europäische Parlament oder der Rat die EZB darüber unterrichten, dass ihres Erachtens die Voraussetzungen erfüllt sind, um den Vorsitzenden oder den stellvertretenden Vorsitzenden des Aufsichtsgremiums seines Amtes zu entheben; die EZB nimmt dazu Stellung.

(5) [1]Die vier vom EZB-Rat ernannten Vertreter der EZB nehmen keine Aufgaben im direkten Zusammenhang mit der geldpolitischen Funktion der EZB wahr. [2]Alle Vertreter der EZB sind stimmberechtigt.

(6) [1]Das Aufsichtsgremium fasst seine Beschlüsse mit der einfachen Mehrheit seiner Mitglieder. [2]Jedes Mitglied hat eine Stimme. [3]Bei Stimmengleichheit gibt die Stimme des Vorsitzenden den Ausschlag.

(7) [1]Abweichend von Absatz 6 fasst das Aufsichtsgremium Beschlüsse zum Erlass von Verordnungen aufgrund von Artikel 4 Absatz 3 mit der qualifizierten Mehrheit seiner Mitglieder im Sinne des Artikels 16 Absatz 4 des EUV und des Artikels 3 des dem EUV und dem AEUV beigefügten Protokolls Nr. 36 über die Übergangsbestimmungen in Bezug auf die die Behörden der teilnehmenden Mitgliedstaaten vertretenden Mitglieder. [2]Jeder der vier vom EZB-Rat benannten Vertreter der EZB hat eine Stimme, die dem Median der Stimmen der anderen Mitglieder entspricht.

(8) [1]Unbeschadet des Artikels 6 übernimmt das Aufsichtsgremium nach einem von der EZB festzulegenden Verfahren die Vorbereitungstätigkeiten für die der EZB übertragenen Aufsichtsaufgaben und schlägt dem EZB-Rat fertige Beschlussentwürfe zur Annahme vor. [2]Die Beschlussentwürfe werden gleichzeitig den nationalen zuständigen Behörden der betroffenen Mitgliedstaaten übermittelt. [3]Ein Beschlussentwurf gilt als angenommen, wenn der EZB-Rat nicht innerhalb einer Frist, die im Rahmen des obengenannten Verfahrens festgelegt wird, jedoch höchstens zehn Arbeitstage betragen darf, widerspricht. [4]Lehnt jedoch ein teilnehmender Mitgliedstaat, dessen Währung nicht der Euro ist, einen Beschlussentwurf des Aufsichtsgremiums ab, findet das Verfahren des Artikels 7 Absatz 8 Anwendung. [5]In Ausnahmesituationen beträgt die genann-

te Frist höchstens 48 Stunden. [6]Widerspricht der EZB-Rat einem Beschlussentwurf, so begründet er seinen Widerspruch schriftlich, insbesondere durch Verweis auf geldpolitische Erwägungen. [7]Wird ein Beschluss infolge eines Widerspruchs des EZB-Rates geändert, so kann ein teilnehmender Mitgliedstaat, dessen Währung nicht der Euro ist, der EZB in einer begründeten Stellungnahme mitteilen, dass er dem Widerspruch nicht zustimmt; in diesem Fall findet das Verfahren des Artikels 7 Absatz 7 Anwendung.

(9) Das Aufsichtsgremium wird bei seiner Tätigkeit von einem Sekretariat auf Vollzeitbasis unterstützt, das auch die Sitzungen vorbereitet.

(10) *[1]* Das Aufsichtsgremium richtet durch eine Abstimmung gemäß der Regelung nach Absatz 6 aus den Reihen seiner Mitglieder einen Lenkungsausschuss mit kleinerer Zusammensetzung ein, der seine Tätigkeiten, einschließlich der Vorbereitung der Sitzungen, unterstützt.

[2] [1]Der Lenkungsausschuss des Aufsichtsgremiums hat keine Beschlussfassungsbefugnisse. [2]Den Vorsitz des Lenkungsausschusses nimmt der Vorsitzende oder – bei außergewöhnlicher Abwesenheit des Vorsitzenden – der stellvertretende Vorsitzende des Aufsichtsgremiums wahr. [3]Die Zusammensetzung des Lenkungsausschusses gewährleistet ein ausgewogenes Verhältnis und eine Rotation zwischen den nationalen zuständigen Behörden. [4]Er besteht aus höchstens zehn Mitgliedern, einschließlich des Vorsitzenden, des stellvertretenden Vorsitzenden und eines zusätzlichen Vertreters der EZB. [5]Der Lenkungsausschuss führt die ihm obliegenden vorbereitenden Arbeiten im Interesse der Union als Ganzes aus und arbeitet in völliger Transparenz mit dem Aufsichtsgremium zusammen.

(11) [1]Ein Vertreter der Kommission kann nach entsprechender Einladung als Beobachter an den Sitzungen des Aufsichtsgremiums teilnehmen. [2]Beobachter haben keinen Zugriff auf vertrauliche Informationen über einzelne Institute.

(12) [1]Der EZB-Rat erlässt interne Vorschriften, in denen sein Verhältnis zum Aufsichtsgremium detailliert geregelt wird. [2]Das Aufsichtsgremium legt durch eine Abstimmung nach der Regelung nach Absatz 6 auch seine Verfahrensordnung fest. [3]Beide Regelwerke werden veröffentlicht. [4]Die Verfahrensordnung des Aufsichtsgremiums stellt die Gleichbehandlung aller teilnehmenden Mitgliedstaaten sicher.

Art. 27 Geheimhaltung und Informationsaustausch. (1) *[1]* Die Mitglieder des Aufsichtsgremiums, die Mitarbeiter der EZB und von den teilnehmenden Mitgliedstaaten abgeordnetes Personal, die Aufsichtsaufgaben wahrnehmen, unterliegen auch nach Beendigung ihrer Amtstätigkeit den Geheimhaltungspflichten nach Artikel 37 der Satzung des ESZB und der EZB und den einschlägigen Rechtsakten der Union.

[2] Die EZB stellt sicher, dass Einzelpersonen, die direkt oder indirekt, ständig oder gelegentlich Dienstleistungen im Zusammenhang mit der Wahrnehmung von Aufsichtsaufgaben erbringen, entsprechenden Geheimhaltungspflichten unterliegen.

(2) Zur Wahrnehmung der ihr durch diese Verordnung übertragenen Aufgaben ist die EZB befugt, innerhalb der im einschlägigen Unionsrecht festgelegten Grenzen und gemäß den darin vorgesehenen Bedingungen Informationen mit nationalen Behörden oder Behörden und sonstigen Einrichtungen der Union in den Fällen auszutauschen, in denen die einschlägigen Rechtsakte

der Union es den nationalen zuständigen Behörden gestatten, solchen Stellen Informationen zu übermitteln, oder in denen die Mitgliedstaaten nach dem einschlägigen Unionsrecht eine solche Weitergabe vorsehen können.

Art. 28 Ressourcen. Die EZB ist dafür verantwortlich, die für die Wahrnehmung der ihr durch diese Verordnung übertragenen Aufgaben erforderlichen finanziellen Mittel sowie das dafür erforderliche Personal einzusetzen.

Art. 29 Haushalt und Jahresabschlüsse. (1) Die Ausgaben der EZB für die Wahrnehmung der ihr durch diese Verordnung übertragenen Aufgaben sind im Haushaltsplan der EZB gesondert ausgewiesen.

(2) [1] Die EZB legt in dem Bericht nach Artikel 20 auch die Einzelheiten ihres Haushaltsplans für ihre Aufsichtsaufgaben dar. [2] Die von der EZB gemäß Artikel 26.2 der Satzung des ESZB und der EZB erstellten und veröffentlichten Jahresabschlüsse enthalten die Einnahmen und Ausgaben im Zusammenhang mit den Aufsichtsaufgaben.

(3) Der Abschnitt der Jahresabschlüsse, der der Beaufsichtigung gewidmet ist, wird im Einklang mit Artikel 27.1 der Satzung des ESZB und der EZB geprüft.

Art. 30 Aufsichtsgebühren. (1) [1] Die EZB erhebt bei den in den teilnehmenden Mitgliedstaaten niedergelassenen Kreditinstituten und bei den in teilnehmenden Mitgliedstaaten niedergelassenen Zweigstellen von in nicht teilnehmenden Mitgliedstaat niedergelassenen Kreditinstituten eine jährliche Aufsichtsgebühr. [2] Diese Gebühren decken die Ausgaben der EZB für die Wahrnehmung der ihr durch die Artikel 4 bis 6 dieser Verordnung übertragenen Aufgaben. [3] Diese Gebühren dürfen die Ausgaben im Zusammenhang mit diesen Aufgaben nicht übersteigen.

(2) *[1]* Der Betrag der von einem Kreditinstitut oder einer Zweigstelle erhobenen Gebühr wird gemäß den von der EZB festgelegten und vorab veröffentlichten Modalitäten berechnet.

[2] Vor der Festlegung dieser Modalitäten führt die EZB offene öffentliche Anhörungen durch, analysiert die potenziell anfallenden Kosten und den potenziellen Nutzen und veröffentlicht die Ergebnisse beider Maßnahmen.

(3) *[1]* Die Gebühren werden auf der obersten Konsolidierungsebene innerhalb eines teilnehmenden Mitgliedstaats anhand objektiver Kriterien in Bezug auf die Bedeutung und das Risikoprofil des betreffenden Kreditinstituts, einschließlich seiner risikogewichteten Aktiva, berechnet.

[2] [1] Grundlage für die Berechnung der jährlichen Aufsichtsgebühr für ein bestimmtes Kalenderjahr sind die Ausgaben für die Beaufsichtigung von Kreditinstituten und Zweigstellen für das betreffende Jahr. [2] Die EZB kann Vorauszahlungen auf die jährliche Aufsichtsgebühr verlangen, die auf der Grundlage eines angemessenen Voranschlags berechnet werden. [3] Sie verständigt sich vor der Entscheidung über die endgültige Höhe der Gebühr mit den nationalen zuständigen Behörden, um sicherzustellen, dass die Kosten für die Beaufsichtigung für alle Kreditinstitute und Zweigstellen tragbar und angemessen sind. [4] Sie unterrichtet die Kreditinstitute und Zweigstellen über die Grundlage für die Berechnung der jährlichen Aufsichtsgebühr.

(4) Die EZB erstattet gemäß Artikel 20 Bericht.

(5) Dieser Artikel steht dem Recht nationaler zuständiger Behörden nicht entgegen, nach Maßgabe ihres nationalen Rechts und soweit Aufsichtsaufgaben nicht der EZB übertragen wurden oder gemäß dem einschlägigen Unionsrecht und vorbehaltlich der Bestimmungen zur Durchführung dieser Verordnung, einschließlich der Artikel 6 und 12, für Kosten aufgrund der Zusammenarbeit mit der EZB, ihrer Unterstützung und der Ausführung ihrer Anweisungen Gebühren zu erheben.

Art. 31 Personal und Austausch von Personal. (1) Die EZB legt gemeinsam mit allen nationalen zuständigen Behörden Regelungen fest, um für einen angemessenen Austausch mit und zwischen den nationalen zuständigen Behörden und für eine angemessene gegenseitige Entsendung von Mitarbeitern zu sorgen.

(2) Die EZB kann, wenn dies angebracht ist, verlangen, dass Aufsichtsteams der nationalen zuständigen Behörden, die in Bezug auf ein Kreditinstitut, eine Finanzholdinggesellschaft oder eine gemischte Finanzholdinggesellschaft in einem teilnehmenden Mitgliedstaat Aufsichtsmaßnahmen nach Maßgaben dieser Verordnung ergreifen, auch Mitarbeiter der nationalen zuständigen Behörden anderer teilnehmender Mitgliedstaaten einbeziehen.

(3) *[1]* Die EZB richtet umfassende und formelle Verfahren einschließlich Ethikverfahren und verhältnismäßiger Überprüfungszeiträume ein und erhält diese aufrecht, um etwaige Interessenkonflikte aufgrund einer innerhalb von zwei Jahren erfolgenden Anschlussbeschäftigung von Mitgliedern des Aufsichtsgremiums und Mitarbeitern der EZB, die an Aufsichtstätigkeiten beteiligt waren, bereits im Voraus zu beurteilen und abzuwenden, und sieht eine angemessene Offenlegung unter Einhaltung der geltenden Datenschutzvorschriften vor.

[2] [1] Diese Verfahren gelten unbeschadet der Anwendung strengerer nationaler Vorschriften. [2] Für Mitglieder des Aufsichtsgremiums, die Vertreter nationaler zuständiger Behörden sind, werden diese Verfahren, unbeschadet der geltenden nationalen Rechtsvorschriften, in Zusammenarbeit mit den nationalen zuständigen Behörden eingerichtet und umgesetzt.

[3] Für Mitarbeiter der EZB, die an Aufsichtstätigkeiten beteiligt sind, werden durch diese Verfahren die Arbeitsplatzkategorien, für die eine solche Beurteilung gilt, sowie Zeiträume festgelegt, die in einem angemessenen Verhältnis zu den Funktionen stehen, die diese Mitarbeiter bei den Aufsichtstätigkeiten während ihrer Beschäftigung bei der EZB wahrgenommen haben.

(4) *[1]* Die in Absatz 3 genannten Verfahren sehen vor, dass die EZB prüft, ob Einwände dagegen bestehen, dass Mitglieder des Aufsichtsgremiums nach Beendigung ihrer Amtstätigkeit bezahlte Arbeit bei Instituten des Privatsektors annehmen, die der aufsichtlichen Zuständigkeit der EZB unterliegen.

[2] Die in Absatz 3 genannten Verfahren gelten grundsätzlich für eine Dauer von zwei Jahren nach Beendigung der Amtstätigkeit der Mitglieder des Aufsichtsgremiums und können auf der Grundlage einer hinreichenden Begründung in einem angemessen Verhältnis zu den Funktionen, die während der Amtstätigkeit wahrgenommen wurden, und zur Dauer dieser Amtstätigkeit angepasst werden.

(5) Der Jahresbericht der EZB gemäß Artikel 20 enthält detaillierte Informationen, einschließlich statistischer Daten, über die Anwendung der in den Absätzen 3 und 4 dieses Artikels genannten Verfahren.

Kapitel V. Allgemeine und Schlussbestimmungen

Art. 32 Überprüfung. *[1]* [1]Die Kommission veröffentlicht spätestens am 31. Dezember 2015 und danach alle drei Jahre einen Bericht über die Anwendung dieser Verordnung, wobei sie einen besonderen Schwerpunkt auf die Überwachung der möglichen Auswirkungen auf das reibungslose Funktionieren des Binnenmarkts legt. [2]In dem Bericht wird unter anderem Folgendes bewertet:

a) das Funktionieren des einheitlichen Aufsichtsmechanismus innerhalb des Europäischen Finanzaufsichtssystems und die Auswirkungen der Aufsichtstätigkeiten der EZB auf die Interessen der Union als Ganzes und auf die Kohärenz und Integrität des Binnenmarkts für Finanzdienstleistungen, einschließlich der möglichen Auswirkungen auf die Strukturen der nationalen Bankensysteme innerhalb der Union, und in Bezug auf die Wirksamkeit der Zusammenarbeit und der Informationsaustauschregelungen zwischen dem einheitlichen Aufsichtsmechanismus und den zuständigen Behörden der nicht teilnehmenden Mitgliedstaaten;

b) die Aufteilung der Aufgaben zwischen der EZB und den nationalen zuständigen Behörden innerhalb des einheitlichen Aufsichtsmechanismus, die Wirksamkeit der von der EZB angenommenen praktischen Modalitäten der Organisation sowie die Auswirkungen des einheitlichen Aufsichtsmechanismus auf das Funktionieren der noch bestehenden Aufsichtskollegien;

c) die Wirksamkeit der Aufsichtsbefugnisse und Sanktionsbefugnisse der EZB sowie die Angemessenheit der Übertragung zusätzlicher Sanktionsbefugnisse auf die EZB, auch in Bezug auf andere Personen als Kreditinstitute, Finanzholdinggesellschaften oder gemischte Finanzholdinggesellschaften;

d) die Zweckmäßigkeit der Regelungen des Artikels 5 hinsichtlich der makroprudenziellen Aufgaben und Instrumente sowie der Regelungen des Artikels 14 für die Erteilung und den Entzug von Zulassungen;

e) die Wirksamkeit der Regelungen bezüglich der Unabhängigkeit und der Rechenschaftspflicht;

f) das Zusammenwirken von EZB und EBA;

g) die Zweckmäßigkeit der Regelungen für die Unternehmensführung einschließlich der Zusammensetzung und der Abstimmungsmodalitäten des Aufsichtsgremiums und seines Verhältnisses zum EZB-Rat sowie der Zusammenarbeit im Aufsichtsgremium zwischen den Mitgliedstaaten, deren Währung der Euro ist, und den anderen am einheitlichen Aufsichtsmechanismus teilnehmenden Mitgliedstaaten;

h) das Zusammenwirken von EZB und nationalen zuständigen Behörden nicht teilnehmender Mitgliedstaaten und die Auswirkungen des einheitlichen Aufsichtsmechanismus auf diese Mitgliedstaaten;

i) die Wirksamkeit des Beschwerdemechanismus gegen Beschlüsse der EZB;

j) die Kosteneffizienz des einheitlichen Aufsichtsmechanismus;

k) die möglichen Auswirkungen der Anwendung des Artikels 7 Absätze 6, 7 und 8 auf das Funktionieren und die Integrität des einheitlichen Aufsichtsmechanismus;

l) die Wirksamkeit der Trennung zwischen den aufsichtlichen und geldpolitischen Funktionen innerhalb der EZB sowie der Trennung der den Aufsichtsaufgaben gewidmeten finanziellen Mittel vom Haushalt der EZB, wobei jeglichen Änderungen der einschlägigen gesetzlichen Bestimmungen, auch auf Ebene des Primärrechts, Rechnung zu tragen ist;

m) die Auswirkungen der Aufsichtsbeschlüsse des einheitlichen Aufsichtsmechanismus auf die Haushalte der teilnehmenden Mitgliedstaaten sowie die Auswirkungen jeglicher Entwicklungen im Zusammenhang mit den Regelungen in Bezug auf die Abwicklungsfinanzierung;

n) die Möglichkeiten, den einheitlichen Aufsichtsmechanismus weiterzuentwickeln, wobei jegliche Änderungen der einschlägigen Bestimmungen, auch auf Ebene des Primärrechts, sowie die Frage zu berücksichtigen sind, ob die Begründung für die institutionellen Bestimmungen in dieser Verordnung nicht mehr besteht, einschließlich der Möglichkeit, die Rechte und Pflichten der Mitgliedstaaten, deren Währung der Euro ist, und der anderen teilnehmenden Mitgliedstaaten vollständig anzugleichen.

[2] [1] Der Bericht wird dem Europäischen Parlament und dem Rat übermittelt. [2] Die Kommission macht gegebenenfalls begleitende Vorschläge.

Art. 33 Übergangsbestimmungen. (1) Die EZB veröffentlicht das Rahmenwerk nach Artikel 5 Absatz 7 bis zum 4. Mai 2014.

(2) *[1]* Die EZB übernimmt die ihr durch diese Verordnung übertragenen Aufgaben am 4. November 2014, vorbehaltlich der Durchführungsbestimmungen und Maßnahmen dieses Absatzes.

[2] Nach dem 3. November 2013 veröffentlicht die EZB im Wege von Verordnungen und Beschlüssen die detaillierten operativen Bestimmungen zur Wahrnehmung der ihr durch diese Verordnung übertragenen Aufgaben.

[3] Ab dem 3. November 2013 übermittelt die EZB dem Europäischen Parlament, dem Rat und der Kommission vierteljährlich einen Bericht über die Fortschritte bei der operativen Durchführung dieser Verordnung.

[4] Wird aus den in Unterabsatz 3 dieses Absatzes genannten Berichten und nach Beratungen im Europäischen Parlament und im Rat über diese Berichte deutlich, dass die EZB ihre Aufgaben am 4. November 2014 nicht in vollem Umfang wahrnehmen können wird, so kann sie einen Beschluss erlassen, um ein späteres als das in Unterabsatz 1 dieses Absatzes genannte Datum festzulegen, damit während des Übergangs von der nationalen Aufsicht zum einheitlichen Aufsichtsmechanismus die Kontinuität und, je nach der Verfügbarkeit von Personal, die Einführung geeigneter Berichtsverfahren und Vereinbarungen über die Zusammenarbeit mit den nationalen zuständigen Behörden gemäß Artikel 6 gewährleistet ist.

(3) *[1]* Unbeschadet des Absatzes 2 und der Ausübung der ihr durch diese Verordnung übertragenen Untersuchungsbefugnisse kann die EZB ab dem 3. November 2013 mit der Wahrnehmung der ihr durch diese Verordnung übertragenen Aufgaben, mit Ausnahme des Erlasses von Aufsichtsbeschlüssen, in Bezug auf Kreditinstitute, Finanzholdinggesellschaften oder gemischte Fi-

nanzholdinggesellschaften beginnen, nachdem den betroffenen Unternehmen und den nationalen zuständigen Behörden ein entsprechender Beschluss zugeleitet wurde.

[2] Wenn die EZB vom ESM einstimmig ersucht wird, als Voraussetzung für die direkte Rekapitalisierung eines Kreditinstituts, einer Finanzholdinggesellschaft oder einer gemischten Finanzholdinggesellschaft dessen bzw. deren direkte Beaufsichtigung zu übernehmen, kann sie unbeschadet des Absatzes 2 unverzüglich mit der Wahrnehmung der ihr durch diese Verordnung übertragenen Aufgaben in Bezug auf Kreditinstitute, Finanzholdinggesellschaften oder gemischte Finanzholdinggesellschaften beginnen, nachdem den betroffenen Unternehmen und den betroffenen nationalen zuständigen Behörden ein entsprechender Beschluss zugeleitet wurde.

(4) [1] Ab dem 3. November 2013 kann die EZB mit Blick auf die Übernahme ihrer Aufgaben die nationalen zuständigen Behörden und Personen im Sinne des Artikels 10 Absatz 1 auffordern, alle Informationen vorzulegen, die für sie von Belang sind, um eine umfassende Prüfung der Kreditinstitute des teilnehmenden Mitgliedstaats, einschließlich einer Bilanzbewertung, durchzuführen. [2] Sie nimmt eine solche Bewertung mindestens für Kreditinstitute vor, die nicht unter Artikel 6 Absatz 4 fallen. [3] Das Kreditinstitut und die zuständige Behörde legen die verlangten Informationen vor.

(5) [1] Von den teilnehmenden Mitgliedstaaten am 3. November 2013 oder gegebenenfalls an den in den Absätzen 2 und 3 dieses Artikels genannten Tagen zugelassene Kreditinstitute gelten als gemäß Artikel 14 zugelassen und dürfen ihre Tätigkeit weiterhin ausüben. [2] Die nationalen zuständigen Behörden teilen der EZB vor dem Geltungsbeginn dieser Verordnung oder gegebenenfalls vor dem in den Absätzen 2 und 3 dieses Artikels genannten Tag die Identität dieser Kreditinstitute mit und legen einen Bericht über die bisherige Aufsichtsbilanz und das Risikoprofil der betreffenden Institute sowie alle weiteren von der EZB angeforderten Informationen vor. [3] Die Informationen sind in dem von der EZB verlangten Format vorzulegen.

(6) Unbeschadet des Artikels 26 Absatz 7 finden bis zum 31. Dezember 2015 sowohl Abstimmungen mit qualifizierter Mehrheit als auch Abstimmungen mit einfacher Mehrheit zum Erlass der in Artikel 4 Absatz 3 genannten Verordnungen Anwendung.

Art. 34 Inkrafttreten. Diese Verordnung tritt am fünften Tag nach ihrer Veröffentlichung[1] im *Amtsblatt der Europäischen Union* in Kraft.

Diese Verordnung ist in allen ihren Teilen verbindlich und gilt unmittelbar in jedem Mitgliedstaat.

---

[1] Veröffentlicht am 29.10.2013.

6. Verordnung (EU) Nr. 575/2013 des Europäischen Parlaments und des Rates vom 26. Juni 2013 über Aufsichtsanforderungen an Kreditinstitute und Wertpapierfirmen und zur Änderung der Verordnung (EU) Nr. 646/2012 [1) 2) 3)4)]

(Text von Bedeutung für den EWR)

(ABl. L 176 S. 1, ber. L 208 S. 68, L 321 S. 6, 2015 L 193 S. 166, 2017 L 20 S. 3)

Celex-Nr. 3 2013 R 0575

zuletzt geänd. durch Art. 1 VO (EU) 2019/2160 v. 27.11.2019 (ABl. L 328 S. 1)

Nichtamtliche Inhaltsübersicht

---

1) Die Änderungen durch VO v. 20.5.2019 (ABl. L 150 S. 1) treten teilweise erst **mWv 28.12.2020**, **mWv 28.6.2021**, **mWv1.1.2022**, **mWv 28.6.2023** und mit noch unbestimmten Datum in Kraft und sind insoweit im Text noch nicht berücksichtigt.

2) Die Änderungen durch VO v. 27.11.2019 (ABl. L 314 S. 1) treten teilweise erst **mWv 26.6.2021** in Kraft und sind insoweit im Text noch nicht berücksichtigt.

3) Die Änderungen durch VO v. 27.11.2019 (ABl. L 328 S. 1) treten erst **mWv 8.7.2022** in Kraft und sind im Text noch nicht berücksichtigt.

4) Zum Inkrafttreten und Geltungsbeginn siehe Art. 521.

DAS EUROPÄISCHE PARLAMENT UND DER RAT DER EUROPÄISCHEN UNION –

gestützt auf den Vertrag über die Arbeitsweise der Europäischen Union[1], insbesondere auf Artikel 114,

auf Vorschlag der Europäischen Kommission,

nach Zuleitung des Entwurfs des Gesetzgebungsakts an die nationalen Parlamente,

nach Stellungnahme der Europäischen Zentralbank[2],

nach Stellungnahme des Europäischen Wirtschafts- und Sozialausschusses[3],

gemäß dem ordentlichen Gesetzgebungsverfahren,

in Erwägung nachstehender Gründe:

(1) In der G20-Erklärung zur Stärkung des Finanzsystems vom 2. April 2009 wurden international abgestimmte Anstrengungen gefordert, um Transparenz, Rechenschaftspflicht und Regulierung durch eine quantitative und qualitative Verbesserung der Kapitalbasis im Bankensystem zu stärken, sobald die wirtschaftliche Erholung sichergestellt ist. Zudem wurde in der Erklärung gefordert, ein ergänzendes, nicht risikobasiertes Modell einzuführen, um das Anwachsen der Verschuldung im Bankensystem einzudämmen, und einen Rahmen für solidere Liquiditätspuffer zu entwickeln. Im September 2009 beschloss die Gruppe der Notenbankpräsidenten und Leiter der Aufsichtsbehörden (Group of Governors and Heads of Supervision – GHOS) als Reaktion auf den Auftrag der G20

[1] Auszugsweise abgedruckt unter Nr. **1**.
[2] **Amtl. Anm.:** ABl. C 105 vom 11.4.2012, S. 1.
[3] **Amtl. Anm.:** ABl. C 68 vom 6.3.2012, S. 9.

verschiedene Maßnahmen für eine stärkere Regulierung im Bankensektor. Diese Maßnahmen wurden auf dem G20-Gipfel von Pittsburgh vom 24./25. September 2009 bestätigt und im Dezember 2009 im Einzelnen dargelegt. Im Juli und September 2010 veröffentlichte die GHOS zwei weitere Ankündigungen bezüglich der Gestaltung und Kalibrierung dieser neuen Maßnahmen und im Dezember 2010 veröffentlichte der Baseler Ausschuss für Bankenaufsicht (Basler Ausschuss) die endgültige Fassung der Maßnahmen, die sogenannte Basel-III-Rahmenregelung.

(2) Die Hochrangige Expertengruppe für Finanzaufsicht unter dem Vorsitz von Jacques de Larosière (de Larosière-Gruppe) forderte die Union auf, die Regulierung der Finanzmärkte stärker zu harmonisieren. Auch auf der Tagung des Europäischen Rates vom 18. und 19. Juni 2009 wurde vor dem Hintergrund der künftigen europäischen Aufsichtsarchitektur auf die Notwendigkeit hingewiesen, ein gemeinsames europäisches Regelwerk für alle Kreditinstitute und Wertpapierfirmen auf dem Binnenmarkt einzuführen.

(3) Wie im Bericht der de Larosière-Gruppe vom 25. Februar 2009 (De-Larosière-Bericht) dargelegt, sollten „die Mitgliedstaaten (…) die Möglichkeit haben, strengere Regulierungsmaßnahmen zu beschließen, wenn sie diese zum Schutz der Finanzmarktstabilität des eigenen Landes für erforderlich halten und dabei die Grundsätze des Binnenmarkts und die vereinbarten Mindeststandards einhalten".

(4) Die Richtlinie 2006/48/EG des Europäischen Parlaments und des Rates vom 14. Juni 2006 über die Aufnahme und Ausübung der Tätigkeit der Kreditinstitute[1)] und die Richtlinie 2006/49/EG des Europäischen Parlaments und des Rates vom 14. Juni 2006 über die angemessene Eigenkapitalausstattung von Wertpapierfirmen und Kreditinstituten[2)] wurden mehrfach in erheblichem Umfang geändert. Viele Bestimmungen der Richtlinien 2006/48/EG und 2006/49/EG gelten für Kreditinstitute und Wertpapierfirmen gleichermaßen. Aus Gründen der Klarheit und einer kohärenten Anwendung dieser Bestimmungen sollten sie in neuen Gesetzgebungsakten zusammengefasst werden, die sowohl für Kreditinstitute als auch für Wertpapierfirmen gelten, und zwar dieser Verordnung und der Richtlinie 2013/36/EU des Europäischen Parlaments und des Rates vom 26. Juni 2013[3)]. Zwecks leichterer Zugänglichkeit sollten die Bestimmungen in den Anhängen der Richtlinien 2006/48/EG und 2006/49/EU in den verfügenden Teil der Richtlinie 2013/36/EU und dieser Verordnung integriert werden.

(5) Diese Verordnung und die Richtlinie 2013/36/EU sollten zusammen den Rechtsrahmen für den Zugang zur Tätigkeit, den Aufsichtsrahmen und die Aufsichtsvorschriften für Kreditinstitute und Wertpapierfirmen (im Folgenden „Institute") bilden. Daher sollte diese Verordnung zusammen mit jener Richtlinie gelesen werden.

[1)] **Amtl. Anm.:** ABl. L 177 vom 30.6.2006, S. 1.
[2)] **Amtl. Anm.:** ABl. L 177 vom 30.6.2006, S. 201.
[3)] **Amtl. Anm.:** ABl. L 176 vom 27.6.2013, S. 338.

(6) Die Richtlinie 2013/36/EU, deren Rechtsgrundlage Artikel 53 Absatz 1 des Vertrags über die Funktionsweise der Europäischen Union (AEUV)[1] ist, sollte unter anderem die Bestimmungen über den Zugang zur Tätigkeit von Instituten, die Modalitäten der Unternehmensführung und -kontrolle und den Aufsichtsrahmen festlegen, d.h. Bestimmungen über die Zulassung der betreffenden Institute, den Erwerb qualifizierter Beteiligungen, die Ausübung der Niederlassungs- und der Dienstleistungsfreiheit, die diesbezüglichen Befugnisse der zuständigen Behörden der Herkunfts- und der Aufnahmemitgliedstaaten sowie Bestimmungen über das Anfangskapital und die aufsichtliche Überprüfung von Instituten enthalten.

(7) Mit dieser Verordnung sollten unter anderem die Aufsichtsanforderungen für Institute festgelegt werden, die sich strikt auf die Funktionsweise der Bank- und Finanzdienstleistungsmärkte beziehen und die Finanzstabilität der Wirtschaftsteilnehmer an diesen Märkten sichern sowie einen hohen Grad an Anleger- und Einlegerschutz gewährleisten sollen. Diese Verordnung soll in entscheidender Weise zum reibungslosen Funktionieren des Binnenmarkts beitragen und sollte sich deshalb auf Artikel 114 AEUV[1] in der Auslegung der ständigen Rechtsprechung des Gerichtshofs der Europäischen Union stützen.

(8) Die Richtlinien 2006/48/EG und 2006/49/EG haben zwar zu einer gewissen Harmonisierung der Aufsichtsvorschriften der Mitgliedstaaten geführt, bieten aber den Mitgliedstaaten zahlreiche Optionen und Möglichkeiten, strengere Vorschriften als die jener Richtlinien vorzusehen. Daraus ergeben sich Divergenzen zwischen nationalen Rechtsvorschriften, die die grenzüberschreitende Erbringung von Dienstleistungen und die Niederlassungsfreiheit beeinträchtigen könnten und so das reibungslose Funktionieren des Binnenmarkts behindern.

(9) Aus Gründen der Rechtssicherheit und der Notwendigkeit gleicher Wettbewerbsbedingungen innerhalb der Union ist ein einheitliches Regelwerk für alle Marktteilnehmer ein zentrales Element für das Funktionieren des Binnenmarktes. Zur Vermeidung von Marktstörungen und Aufsichtsarbitrage sollten aufsichtliche Mindestvorschriften größtmögliche Harmonisierung gewährleisten. Folglich sind die Übergangszeiträume gemäß dieser Verordnung für ihre reibungslose Umsetzung und zur Vermeidung von Unsicherheiten auf den Märkten von zentraler Bedeutung.

(10) Unter Bezugnahme auf die Arbeit der „Standards Implementation Group" des Basler Ausschusses betreffend die Kontrolle und Überprüfung der Umsetzung der Basel-III-Rahmenregelung durch die Mitgliedsländer sollte die Kommission regelmäßig – zumindest aber im Anschluss an die Veröffentlichung jedes Fortschrittsberichts des Basler Ausschusses zur Umsetzung der Basel-III-Vereinbarung – aktuelle Berichte vorlegen über die Umsetzung und innerstaatliche Annahme der Basel-III-Rahmenregelung in anderen wichtigen Rechtsordnungen, einschließlich einer Bewertung dessen, inwieweit die Rechtsvorschriften oder Regelungen anderer Länder den internationalen Mindeststandards entsprechen, damit Unterschiede aufgedeckt werden können, die Anlass zu Bedenken in Bezug auf die Gleichheit der Wettbewerbsbedingungen geben könnten.

---

[1] Auszugsweise abgedruckt unter Nr. **1**.

(11) Um Handelshemmnisse und Wettbewerbsverzerrungen aufgrund divergierender nationaler Rechtsvorschriften zu beseitigen und neue Handelshemmnisse und signifikante Wettbewerbsverzerrungen zu vermeiden, ist es deshalb notwendig, eine Verordnung zu verabschieden, die einheitliche und in allen Mitgliedstaaten geltende Vorschriften festlegt.

(12) Die Festlegung von Aufsichtsanforderungen in Form einer Verordnung würde sicherstellen, dass diese Anforderungen direkt anwendbar sind. Damit würden Abweichungen bei den nationalen Anforderungen zur Umsetzung einer Richtlinie vermieden und einheitliche Bedingungen geschaffen. Mit dieser Verordnung würden alle Institute in der gesamten Union zur Einhaltung derselben Bestimmungen verpflichtet, was – insbesondere in Stressphasen – auch das Vertrauen in die Stabilität von Instituten stärken würde. Eine Verordnung würde die Komplexität der Vorschriften und die Befolgungskosten für die Firmen – insbesondere für grenzüberschreitend tätige Institute – verringern und dazu beitragen, Wettbewerbsverzerrungen zu beseitigen. Aufgrund der Besonderheiten von Immobilienmärkten, die je nach wirtschaftlicher Entwicklung und rechtlichen Besonderheiten nicht in allen Mitgliedstaaten, Regionen oder lokalen Räumen die gleichen Merkmale aufweisen, sollten die zuständigen Behörden die Möglichkeit haben, auf der Grundlage ihrer Erfahrungen mit Ausfallwerten und der erwarteten Marktentwicklungen hinsichtlich durch Immobilien besicherter Risikopositionen in bestimmten Gebieten höhere Risikogewichte festzulegen oder strengere Kriterien anzuwenden.

(13) Die zuständigen Behörden oder Mitgliedstaaten sollten die Möglichkeit haben, nationale Vorschriften in nicht unter diese Verordnung fallenden Bereichen, beispielsweise dynamische Rückstellungen, nationale Vorschriften für gedeckte Schuldverschreibungen, die keinen Bezug zur Behandlung gedeckter Schuldverschreibungen gemäß dieser Verordnung haben, oder Erwerb und Halten von Beteiligungen an Finanz- und Nichtfinanzunternehmen zu Zwecken, die keinen Bezug zu den Aufsichtsanforderungen dieser Verordnung haben, zu erlassen, sofern diese nicht im Widerspruch zu dieser Verordnung stehen.

(14) Die bedeutendsten Empfehlungen des De-Larosière-Berichts, die später in der Union umgesetzt wurden, bestanden in der Schaffung eines einheitlichen Regelwerks und eines europäischen Regelungsrahmens für die Finanzaufsicht auf Makroebene, die beide zusammen Finanzstabilität sicherstellen sollen. Das einheitliche Regelwerk gewährleistet einen soliden und einheitlichen Regelungsrahmen, der dem Binnenmarkt förderlich ist und Aufsichtsarbitrage verhindert. Innerhalb des Binnenmarkts für Finanzdienstleistungen können sich die Makroaufsichtsrisiken allerdings aufgrund der Bandbreite nationaler Besonderheiten in mancher Hinsicht insofern unterscheiden, als dass beispielsweise Struktur und Größe des Bankensektors im Vergleich zur Wirtschaft allgemein und der Kreditzyklus variieren.

(15) In dieser Verordnung und der Richtlinie 2013/36/EU sind eine Reihe von Instrumenten zur Abwendung und Eindämmung von Makroaufsichts- und Systemrisiken vorgesehen, um einerseits Flexibilität und andererseits eine angemessene Kontrolle der Nutzung dieser Instrumente zu gewährleisten, damit das reibungslose Funktionieren des Binnenmarkts nicht

beeinträchtigt wird, und auch sicherzustellen, dass diese Instrumente in transparenter und kohärenter Weise angewendet werden.

(16) Betreffen Makroaufsichts- oder Systemrisiken lediglich einen Mitgliedstaat, sollte es den zuständigen oder benannten Behörden dieses Mitgliedstaats möglich sein, über den in der Richtlinie 2013/36/EU vorgesehenen Systemrisikopuffer hinaus bestimmte spezifische nationale Maßnahmen der Makroaufsicht zu ergreifen, wenn dies als wirksameres Mittel zur Abwendung dieser Risiken erachtet wird. Der durch die Verordnung (EU) Nr. 1092/2010 des Europäischen Parlaments und des Rates vom 24. November 2010[1] eingesetzte Europäische Ausschuss für Systemrisiken (ESRB) und die durch die Verordnung (EU) Nr. 1093/2010 des Europäischen Parlaments und des Rates vom 24. November 2010[2] errichtete Europäische Aufsichtsbehörde (Europäische Bankenaufsichtsbehörde) (EBA) sollten Gelegenheit haben, sich dazu zu äußern, ob die Voraussetzungen für das Ergreifen solcher nationaler Makroaufsichtsmaßnahmen gegeben sind, und es sollte einen Mechanismus auf Unionsebene geben, der verhindert, dass solche Maßnahmen ergriffen werden, wenn sehr starke Anhaltspunkte dafür vorliegen, dass die betreffenden Voraussetzungen nicht gegeben sind. Während mit dieser Verordnung einheitliche Regeln für die Beaufsichtigung von Instituten auf Mikroebene festgelegt werden, verbleibt die Hauptverantwortung für die Finanzaufsicht auf Makroebene bei den Mitgliedstaaten, da sie über das entsprechende Fachwissen verfügen und bestimmte Verantwortlichkeiten in Bezug auf die Finanzstabilität haben. In diesem besonderen Fall, in dem die Entscheidung, nationale Maßnahmen der Makroaufsicht zu erlassen, bestimmte Bewertungen in Bezug auf Risiken beinhaltet, die letztendlich Auswirkungen auf die gesamtwirtschaftliche, die finanzpolitische und die Haushaltslage des betreffenden Mitgliedstaats haben können, ist es erforderlich, dass die Befugnis, die vorgeschlagenen nationalen Makroaufsichtsmaßnahmen abzulehnen, im Einklang mit Artikel 291 AEUV[3] dem Rat übertragen wird, der auf Vorschlag der Kommission tätig wird.

17.[4] Hat die Kommission dem Rat einen Vorschlag zur Ablehnung nationaler Maßnahmen der Makroaufsicht vorgelegt, sollte der Rat diesen unverzüglich prüfen und entscheiden, ob die nationalen Maßnahmen abzulehnen sind oder nicht. Auf Antrag eines Mitgliedstaats oder der Kommission könnte im Einklang mit der Geschäftsordnung des Rates[5] abgestimmt werden. Im Einklang mit Artikel 296 AEUV[3] sollte der Rat seinen Beschluss unter Bezugnahme auf die Wahrung der in dieser Verordnung festgelegten Voraussetzungen für sein Tätigwerden begründen. In Anbetracht der Bedeutung des Makroaufsichts- und des Systemrisikos für den Finanzmarkt des betroffenen Mitgliedstaats und damit der Notwendigkeit schnellen Handelns, ist es wichtig, als Frist für den Erlass eines solchen Beschlusses des Rates einen Monat festzusetzen. Gelangt der Rat nach

---

[1] **Amtl. Anm.:** ABl. L 331 vom 15.12.2010, S. 1

[2] **Amtl. Anm.:** ABl. L 331 vom 15.12.2010, S. 10.

[3] Auszugsweise abgedruckt unter Nr. **1**.

[4] Richtig wohl: „(17)".

[5] **Amtl. Anm.:** Beschluss 2009/937/EU des Rates vom 1. Dezember 2009 zur Annahme seiner Geschäftsordnung (ABl. L 325 vom 11.12.2009, S. 35).

eingehender Prüfung des Vorschlags der Kommission zur Ablehnung der vorgeschlagenen nationalen Maßnahme zu dem Schluss, dass die Voraussetzungen dieser Verordnung für eine Ablehnung nicht erfüllt sind, sollte er dies stets klar und unzweideutig begründen.

(18) Bis zur Harmonisierung der Liquiditätsanforderungen im Jahr 2015 und der Verschuldungsquote im Jahr 2018 sollten die Mitgliedstaaten solche Maßnahmen nach eigenem Ermessen ergreifen können; dies gilt auch für die Eindämmung eines Makroaufsichts- oder Systemrisikos in einem bestimmten Mitgliedstaat.

(19) Es sollte möglich sein, Systemrisikopuffer oder individuelle Maßnahmen, mit denen Mitgliedstaaten sie betreffende Systemrisiken angehen, für den gesamten Bankensektor oder für einen oder mehrere seiner Teilbereiche, d.h. für Institute mit ähnlichen Risikoprofilen in ihrer Geschäftstätigkeit, oder für Risikopositionen in einem oder mehreren einheimischen Wirtschaftszweigen oder geografischen Bereichen im gesamten Bankensektor zu ergreifen.

(20) Stellen benannte Behörden von zwei oder mehr Mitgliedstaaten dieselben Veränderungen in der Intensität des Makroaufsichts- oder des Systemrisikos fest und stellen diese Veränderungen eine Gefahr für die nationale Finanzstabilität in jedem dieser Mitgliedstaaten dar, die nach Ansicht der benannten Behörden besser mit Hilfe nationaler Maßnahmen bekämpft werden sollte, können die Mitgliedstaaten dem Rat, der Kommission, dem ESRB und der EBA eine entsprechende gemeinsame Mitteilung vorlegen. Die Mitgliedstaaten sollten dieser Mitteilung an den Rat, die Kommission, den ESRB und die EBA einschlägige Nachweise, einschließlich einer Begründung für die gemeinsame Mitteilung beifügen.

(21) Der Kommission sollte ferner die Befugnis übertragen werden, einen delegierten Rechtsakt zur vorübergehenden Erhöhung der vorzuhaltenden Eigenmittel oder mit strengeren Anforderungen an Großkredite und die Offenlegung zu erlassen. Solche Bestimmungen sollten für einen Zeitraum von einem Jahr gelten, es sei denn, das Europäische Parlament oder der Rat haben innerhalb von drei Monaten Einwände gegen den delegierten Rechtsakt erhoben. Die Kommission sollte die Gründe für die Anwendung dieses Verfahrens angeben. Die Kommission sollte lediglich dann befugt sein, strengere Aufsichtsanforderungen für Risiken festzulegen, wenn diese sich aus Marktentwicklungen in der Union oder außerhalb der Union mit negativen Auswirkungen auf alle Mitgliedstaaten ergeben.

(22) Eine Überprüfung der Vorschriften für die Makrofinanzaufsicht ist dadurch gerechtfertigt, dass die Kommission so unter anderem bewerten kann, ob die Instrumente der Makrofinanzaufsicht dieser Verordnung oder der Richtlinie 2013/36/EU wirksam, effizient und transparent sind, ob neue Instrumente vorgeschlagen werden sollten, ob die Deckung und das Ausmaß etwaiger Überschneidungen der auf ähnliche Risiken ausgerichteten Instrumente der Makrofinanzaufsicht in dieser Verordnung oder der Richtlinie 2013/36/EU angemessen sind und wie international vereinbarte Standards für systemrelevante Institute mit den Bestimmungen dieser Verordnung oder der Richtlinie 2013/36/EU zusammenwirken.

(23) Wenn Mitgliedstaaten Leitlinien von allgemeiner Tragweite verabschieden, so dürfen diese Leitlinien – insbesondere in Bereichen, in denen Entwürfe technischer Standards der Kommission anstehen, – weder gegen das Unionsrecht verstoßen noch dessen Anwendung untergraben.

(24) Diese Verordnung steht dem nicht entgegen, dass Mitgliedstaaten an Unternehmen, die nicht unter den Anwendungsbereich der Verordnung fallen, gegebenenfalls gleichwertige Anforderungen stellen.

(25) Die allgemeinen Aufsichtsanforderungen dieser Verordnung werden durch individuelle Regelungen ergänzt, die die zuständigen Behörden infolge ihrer laufenden aufsichtlichen Überprüfung einzelner Institute beschließen. Das Spektrum derartiger Aufsichtsregelungen sollte unter anderem in der Richtlinie 2013/36/EU festgelegt werden, weil die zuständigen Behörden in der Lage sein sollten, selbst zu entscheiden, welche Regelungen anzuwenden sind.

(26) Diese Verordnung sollte dem nicht entgegenstehen, dass die zuständigen Behörden im Rahmen der aufsichtlichen Überprüfung und Bewertung gemäß der Richtlinie 2013/36/EU spezifische Anforderungen festlegen, die auf das Risikoprofil der betreffenden Kreditinstitute und Wertpapierfirmen zugeschnitten sind.

(27) Mit der Verordnung (EU) Nr. 1093/2010 wird eine Verbesserung der Qualität und Kohärenz der nationalen Beaufsichtigung und eine Stärkung der Beaufsichtigung grenzüberschreitend tätiger Gruppen angestrebt.

(28) Angesichts der Zunahme in der Zahl der Aufgaben, die der EBA mit dieser Verordnung und der Richtlinie 2013/36/EU übertragen werden, sollten das Europäische Parlament, der Rat und die Kommission sicherstellen, dass angemessene personelle und finanzielle Ressourcen umgehend bereitgestellt werden.

(29) Die EBA handelt laut der Verordnung (EU) Nr. 1093/2010 innerhalb des Anwendungsbereichs der Richtlinien 2006/48/EG und 2006/49/EG. Ferner ist die EBA im Hinblick auf die Tätigkeiten von Instituten verpflichtet, in Fragen tätig zu werden, die nicht direkt durch diese beiden Richtlinien abgedeckt sind, sofern solche Maßnahmen erforderlich sind, um eine wirksame und kohärente Anwendung jener Richtlinien zu gewährleisten. Diese Verordnung sollte der Rolle und Aufgabe der EBA Rechnung tragen und die Ausübung der in der Verordnung (EU) Nr. 1093/2010 beschriebenen Befugnisse der EBA erleichtern.

(30) Nach Ablauf des Beobachtungszeitraums und der vollständigen Einführung einer Liquiditätsdeckungsanforderung gemäß dieser Verordnung sollte die Kommission prüfen, ob es die Bildung und das Funktionieren zusammengefasster Liquiditätsuntergruppen in der Praxis und die Feststellung, ob die Kriterien für eine spezielle gruppeninterne Behandlung grenzüberschreitend tätiger Institute erfüllt sind, erleichtern würde, wenn der EBA die Befugnis übertragen würde, in Bezug auf gemeinsame Entscheidungen der zuständigen Behörden nach den Artikeln 20 und 21 dieser Verordnung von sich aus als verbindliche Vermittlerin aufzutreten. Daher sollte die Kommission zu jenem Zeitpunkt im Rahmen eines ihrer regelmäßigen Berichte über die Tätigkeit der EBA nach Artikel 81 der Verordnung (EU) Nr. 1093/2010 besonders prüfen, ob der EBA eine

derartige Befugnis übertragen werden sollte und das Ergebnis dieser Prüfung, gegebenenfalls zusammen mit entsprechenden Vorschlägen, in den Bericht aufnehmen.

(31) Laut dem De-Larosière-Bericht kann die Aufsicht auf Einzelunternehmensebene die Stabilität des Finanzsystems nur wirksam schützen, wenn sie den Entwicklungen auf gesamtwirtschaftlicher Ebene angemessen Rechnung trägt, während gesamtwirtschaftliche Aufsicht nur dann sinnvoll ist, wenn sie sich in irgendeiner Weise auf Unternehmensebene auswirkt. Eine enge Zusammenarbeit zwischen der EBA und dem ESRB ist entscheidend, damit die Funktionsweise des ESRB und die Reaktionen auf seine Warnungen und Empfehlungen ihre Wirksamkeit voll entfalten können. Insbesondere sollte die EBA in der Lage sein, dem ESRB alle wichtigen Informationen zu übermitteln, die die zuständigen Behörden gemäß den in dieser Verordnung festgelegten Anforderungen an Berichterstattung und Meldung erhoben haben.

(32) Vor dem Hintergrund der verheerenden Auswirkungen der letzten Finanzkrise bestehen die allgemeinen Ziele dieser Verordnung darin, wirtschaftlich nützliche Banktätigkeiten zu fördern, die dem allgemeinen Interesse dienen, und untragbare Finanzspekulationen, die keinen echten Mehrwert erzeugen, zurückzudrängen. Dazu bedarf es einer umfassenden Reform der Art und Weise, in der Ersparnisse in Richtung produktiver Anlagen geleitet werden. Um ein dauerhaft tragfähiges und vielfältiges Bankenumfeld in der Union zu erhalten, sollten die zuständigen Behörden ermächtigt werden, für systemrelevante Institute, die aufgrund ihrer Geschäftstätigkeit eine Gefahr für die Weltwirtschaft darstellen können, höhere Eigenmittelanforderungen vorzuschreiben.

(33) Um Sparern vergleichbare Sicherheiten zu bieten und gerechte Bedingungen für den Wettbewerb zwischen vergleichbaren Gruppen von Instituten zu gewährleisten, die Geld oder Wertpapiere ihrer Kunden halten, müssen an Institute gleichwertige finanzielle Anforderungen gestellt werden.

(34) Da Institute im Binnenmarkt in direktem Wettbewerb zueinander stehen, sollten die aufsichtsrechtlichen Vorschriften in der gesamten Union unter Berücksichtigung der unterschiedlichen Risikoprofile der Institute gleichwertig sein.

(35) Wenn es im Zuge der Aufsicht notwendig ist, den Umfang der konsolidierten Eigenmittel einer Gruppe von Instituten zu ermitteln, sollte die Berechnung gemäß dieser Verordnung erfolgen.

(36) Dieser Verordnung zufolge gelten die Eigenmittelanforderungen auf Einzelbasis und auf konsolidierter Basis, es sei denn, die zuständigen Behörden verzichten auf die Einzelaufsicht, wo sie dies für angemessen halten. Die Beaufsichtigung auf Einzelbasis, auf konsolidierter und auf grenzüberschreitender Basis stellen nützliche Instrumente zur Überwachung von Instituten dar.

(37) Um eine angemessene Solvenz von Instituten einer Gruppe zu gewährleisten, müssen die Eigenmittelanforderungen für die Institute dieser Gruppe unbedingt auf konsolidierter Basis gelten. Um sicherzustellen, dass die Eigenmittel innerhalb der Gruppe angemessen verteilt und bei Bedarf zum Schutz der Einlagen verfügbar sind, sollten die Eigenmittelanforde-

rungen für jedes einzelne Institut einer Gruppe gelten, es sei denn, dieses Ziel kann auf anderem Wege wirksam erreicht werden.

(38) Die Minderheitsbeteiligungen aus zwischengeschalteten Finanzholdinggesellschaften, die den Vorschriften dieser Verordnung auf teilkonsolidierter Basis unterliegen, können (innerhalb der einschlägigen Grenzen) ebenfalls als Teil des harten Kernkapitals der Gruppe auf konsolidierter Basis anerkannt werden, da das harte Kernkapital einer zwischengeschalteten Finanzholdinggesellschaft, das Minderheitsbeteiligungen zuzuordnen ist, und der Teil desselben Kapitals, der dem Mutterunternehmen zuzuordnen ist, gleichrangig für die etwaigen Verluste ihrer Tochtergesellschaften einstehen.

(39) Die Bilanzierungstechnik, die für die Berechnung der Eigenmittel, ihrer Angemessenheit für das Risiko, dem ein Institut ausgesetzt ist, sowie für die Bewertung der Konzentration von Krediten im Einzelnen anzuwenden ist, sollte entweder den Bestimmungen der Richtlinie 86/635/EWG des Rates vom 8. Dezember 1986 über den Jahresabschluss und den konsolidierten Abschluss von Banken und anderen Finanzinstituten[1], die eine Reihe von Anpassungen der Bestimmungen der Siebenten Richtlinie 83/349/EWG des Rates vom 13. Juni 1983 über den konsolidierten Abschluss[2] enthält, oder der Verordnung (EG) Nr. 1606/2002 des Europäischen Parlaments und des Rates vom 19. Juli 2002 betreffend die Anwendung internationaler Rechnungslegungsstandards[3] Rechnung tragen, je nachdem, welche Bestimmungen nach nationalem Recht für die Rechnungslegung der Institute verbindlich sind.

(40) Um eine angemessene Solvenz sicherzustellen, sollte bei der Festlegung von Eigenmittelanforderungen auf eine risikogerechte Gewichtung der Aktiva und außerbilanziellen Posten geachtet werden.

(41) Am 26. Juni 2004 verabschiedete der Basler Ausschuss eine Rahmenvereinbarung über die internationale Konvergenz der Kapitalmessung und Eigenmittelanforderungen („Basel-II-Rahmenregelung"). Die in diese Verordnung übernommenen Bestimmungen der Richtlinien 2006/48/EG und 2006/49/EG sind den Bestimmungen der Basel-II-Rahmenregelung gleichwertig. Folglich ist diese Verordnung durch Aufnahme der ergänzenden Elemente der Basel-III-Regelung den Bestimmungen der Basel-II- und der Basel-III-Rahmenregelung gleichwertig.

(42) Da der Vielfalt der Institute in der Union unbedingt Rechnung zu tragen ist, sollten bei der Berechnung der Eigenmittelanforderungen für das Kreditrisiko verschiedene Ansätze mit unterschiedlich hohem Grad an Risikosensitivität und Differenziertheit vorgesehen werden. Durch die Verwendung externer Bonitätsbeurteilungen und der von den Instituten selbst vorgenommenen Schätzungen einzelner Kreditrisikoparameter gewinnen die Bestimmungen zum Kreditrisiko erheblich an Risikosensitivität und aufsichtsrechtlicher Solidität. Institute sollten zu einer Umstellung auf Ansätze mit höherer Risikosensitivität angehalten werden. Wenn Institute die zur Anwendung der in dieser Verordnung vorgesehenen Ansät-

---

[1] **Amtl. Anm.:** ABl. L 372 vom 31.12.1986, S. 1.
[2] **Amtl. Anm.:** ABl. L 193 vom 18.7.1983, S. 1.
[3] **Amtl. Anm.:** ABl. L 243 vom 11. 9. *2992* [richtig wohl: „2002"], S. 1.

ze zur Ermittlung des Kreditrisikos benötigten Schätzungen vorlegen, sollten sie ihre Verfahren für Kreditrisikomessung und Kreditrisikomanagement verbessern, damit für die Festlegung der aufsichtsrechtlichen Eigenmittelanforderungen Methoden zur Verfügung stehen, die der Art, dem Umfang und der Komplexität der Verfahren der einzelnen Institute Rechnung tragen. In dieser Hinsicht sollte zur Datenverarbeitung im Zusammenhang mit der Vergabe und der Verwaltung von Krediten an Kunden auch die Entwicklung und Validierung von Systemen für das Kreditrisikomanagement und die Kreditrisikomessung gehören. Dies dient nicht nur den legitimen Interessen von Instituten, sondern auch dem Ziel dieser Verordnung, bessere Methoden für Risikomessung und -management anzuwenden und diese Methoden auch im Hinblick auf die vorgeschriebenen Eigenmittel zu nutzen. Ungeachtet dessen erfordern Ansätze mit höherer Risikosensitivität erhebliche Sachkenntnisse und Ressourcen sowie qualitativ hochwertige und ausreichende Daten. Institute sollten daher hohen Standards genügen, bevor sie diese Ansätze im Hinblick auf die vorgeschriebenen Eigenmittel nutzen. Angesichts der laufenden Arbeiten, die sicherstellen sollen, dass interne Modelle über angemessene Sicherheitsmechanismen verfügen, sollte die Kommission einen Bericht über die Möglichkeit, die Basel-I-Untergrenze auszudehnen, erstellen und diesem gegebenenfalls einen Gesetzgebungsvorschlag beifügen.

(43) Die Eigenmittelanforderungen sollten in einem angemessenen Verhältnis zu den jeweiligen Risiken stehen. Insbesondere sollten sie der Tatsache Rechnung tragen, dass eine große Anzahl relativ kleiner Kredite risikomindernd wirkt.

(44) Kleine und mittlere Unternehmen (KMU) sind wegen ihrer grundlegenden Bedeutung für die Schaffung von wirtschaftlichem Wachstum und Arbeitsplätzen einer der Stützpfeiler der Wirtschaft der Union. Aufschwung und künftiges Wachstum der Wirtschaft der Union hängen in großem Maße von der Kapitalausstattung und Mittelvergabe an kleine und mittlere Unternehmen in der Union ab, damit sie die notwendigen Investitionen zur Übernahme neuer Technologien und Ausrüstungen tätigen und dadurch ihre Wettbewerbsfähigkeit verbessern können. Die beschränkte Zahl alternativer Finanzierungsquellen haben in der Union niedergelassene KMU noch anfälliger für die Auswirkungen der Bankenkrise gemacht. Es ist daher wichtig, die vorhandene Finanzierungslücke für KMU zu schließen und im derzeitigen Umfeld ein angemessenes Maß der Kreditvergabe durch Banken an KMU sicherzustellen. Die Eigenmittelunterlegung von Risikopositionen gegenüber KMU sollten durch Anwendung eines Unterstützungsfaktors von 0,7619 reduziert werden, damit Kreditinstitute ihre Darlehensvergabe an KMU erhöhen können. Im Hinblick auf dieses Ziel sollten Kreditinstitute die Lockerung der Eigenmittelanforderung infolge der Anwendung des Unterstützungsfaktors tatsächlich verwenden, um für einen angemessenen Kreditfluss an in der Union niedergelassene KMU zu sorgen. Die zuständigen Behörden sollten regelmäßig den Gesamtbetrag der Risikopositionen von Kreditinstituten gegenüber KMU und den Gesamtbetrag der Eigenmittelabzüge überwachen.

(45) Im Einklang mit dem Beschluss des Basler *Ausschuss*[1], den die GHOS am 10. Januar 2011 befürworteten, sollten alle Instrumente des zusätzlichen Kernkapitals und des Ergänzungskapitals eines Instituts, dessen Fortbestand nicht mehr gegeben ist, zur Gänze und dauerhaft abgeschrieben oder in hartes Kernkapital umwandelt werden können. Die Rechtsvorschriften, die erforderlich sind, damit der zusätzliche Verlustauffangmechanismus für Eigenmittelinstrumente gilt, sollten als Teil der Anforderungen im Zusammenhang mit der Sanierung und Abwicklung von Kreditinstituten und Wertpapierfirmen in das Unionsrecht aufgenommen werden. Wurden bis zum 31. Dezember 2015 keine Rechtsvorschriften der Union erlassen, die vorschreiben, dass Kapitalinstrumente vollständig und dauerhaft abgeschrieben oder in Instrumente des harten Eigenkapitals umgewandelt werden können, wenn der Fortbestand eines Instituts nicht mehr gegeben ist, sollte die Kommission prüfen, ob eine solche Vorschrift in diese Verordnung aufgenommen werden sollte und darüber Bericht erstatten, wobei sie im Lichte jener Prüfung auch geeignete Gesetzgebungsvorschläge unterbreiten sollte.

(46) Die Bestimmungen dieser Verordnung wahren den Grundsatz der Verhältnismäßigkeit, da sie insbesondere im Hinblick auf Größe und Umfang der getätigten Geschäfte und des Tätigkeitsbereichs den Unterschieden zwischen Instituten Rechnung tragen. Die Wahrung des Grundsatzes der Verhältnismäßigkeit bedeutet auch, dass für Risikopositionen des Mengengeschäfts selbst im Rahmen des auf internen Beurteilungen basierenden Ansatzes („IRB-Ansatz“) möglichst einfache Verfahren zur Bonitätsbeurteilung anerkannt werden. Die Mitgliedstaaten sollten sicherstellen, dass die Anforderungen dieser Verordnung in angemessenem Verhältnis zu Art, Umfang und Komplexität der Risiken stehen, die mit dem Geschäftsmodell und der Tätigkeit eines Instituts einhergehen. Die Kommission sollte sicherstellen, dass delegierte Rechtsakte und Durchführungsrechtsakte, technische Regulierungsstandards und technische Durchführungsstandards dem Prinzip der Verhältnismäßigkeit genügen, um zu gewährleisten, dass diese Verordnung in angemessener Weise angewandt wird. Die EBA sollte daher sicherstellen, dass alle technischen Regulierungs- und Durchführungsstandards in einer Weise formuliert sind, die mit dem Grundsatz der Verhältnismäßigkeit vereinbar ist und diesen aufrechterhält.

(47) Die zuständigen Behörden sollten den Fällen angemessene Aufmerksamkeit schenken, in denen der Verdacht besteht, dass Angaben als Geschäftsgeheimnis oder als vertraulich eingestuft werden, um ihre Offenlegung zu vermeiden. Entscheidet sich ein Institut dafür, als Geschäftsgeheimnis oder als vertraulich eingestufte Angaben nicht offenzulegen, befreit es diese Einstufung nicht von der Haftung aufgrund der Nichtveröffentlichung der betreffenden Angaben, wenn dieser Nichtveröffentlichung eine wesentliche Tragweite zugesprochen wird.

(48) Der „evolutive“ Charakter dieser Verordnung ermöglicht es Instituten, in Bezug auf das Kreditrisiko zwischen drei Ansätzen unterschiedlicher Komplexität zu wählen. Um insbesondere kleinen Instituten die Möglichkeit zu bieten, sich für den risikosensitiveren IRB-Ansatz zu entscheiden, sind

[1] Richtig wohl: „Ausschusses“.

die einschlägigen Bestimmungen so auszulegen, dass Risikopositionsklassen alle Risikopositionen einschließen, die ihnen in dieser Verordnung direkt oder indirekt zugeordnet werden. Die zuständigen Behörden sollten bei der Beaufsichtigung grundsätzlich nicht zwischen den drei Ansätzen unterscheiden, d.h., Institute, die den Standardansatz anwenden, sollten nicht allein aus diesem Grund einer strengeren Aufsicht unterliegen.

(49) Kreditrisikominderungstechniken sollten verstärkt anerkannt werden, wobei der rechtliche Rahmen insgesamt gewährleisten muss, dass die Solvenz nicht durch eine unzulässige Anerkennung beeinträchtigt wird. Die in den Mitgliedstaaten banküblichen Sicherheiten zur Minderung von Kreditrisiken sollten, wenn möglich, im Standardansatz, aber auch in den anderen Ansätzen, anerkannt werden.

(50) Um sicherzustellen, dass sich die Risiken und risikomindernden Effekte aus Verbriefungen und Investitionen von Instituten angemessen in deren Eigenmittelanforderungen niederschlagen, müssen Bestimmungen erlassen werden, die eine risikosensitive und aufsichtsrechtlich solide Behandlung dieser Transaktionen und Investitionen garantieren. Zu diesem Zweck wird eine klare und umfassende Bestimmung des Begriffs der Verbriefung benötigt, der alle Geschäfte und Strukturen erfasst, bei denen das mit einer Risikoposition oder einem Pool von Risikopositionen verbundene Kreditrisiko in Tranchen unterteilt wird. Eine Risikoposition, die für ein Geschäft oder eine Struktur eine direkte Zahlungsverpflichtung aus der Finanzierung oder dem Betrieb von Sachanlagen schafft, sollte nicht als Risikoposition in einer Verbriefung gelten, selbst wenn die Zahlungsverpflichtungen aufgrund des Geschäfts oder der Struktur unterschiedlichen Rang haben.

(51) Neben der Überwachung zur Sicherstellung der Finanzstabilität sind Mechanismen zur Verstärkung und Weiterentwicklung einer wirksamen Überwachung und Vermeidung möglicher Blasen vonnöten, um in Anbetracht der makroökonomischen Herausforderungen und Ziele, insbesondere hinsichtlich langfristiger Investitionen in die Realwirtschaft, eine optimale Kapitalallokation sicherzustellen.

(52) Institute tragen ein erhebliches operationelles Risiko, das durch Eigenmittel unterlegt werden muss. Da der Vielfalt der Institute in der Union unbedingt Rechnung zu tragen ist, sollten bei der Berechnung der Eigenmittelanforderungen für das operationelle Risiko verschiedene Ansätze mit unterschiedlich hohem Grad an Risikosensitivität und Differenziertheit vorgesehen werden. Den Instituten sollten angemessene Anreize zu einer Umstellung auf Ansätze mit höherer Risikosensitivität gegeben werden. Da die Techniken für Messung und Management des operationellen Risikos noch in Entwicklung befindlich sind, sollten diese Vorschriften regelmäßig überprüft und bei Bedarf aktualisiert werden, auch im Hinblick auf die Eigenmittelanforderungen für unterschiedliche Geschäftsfelder und die Anerkennung von Risikominderungstechniken. Besondere Aufmerksamkeit sollte in diesem Zusammenhang der Berücksichtigung von Versicherungen in den einfachen Ansätzen zur Berechnung der Eigenmittelanforderungen für das operationelle Risiko gelten.

(53) Die Überwachung und Kontrolle der Risikopositionen eines Instituts sollte fester Bestandteil der Beaufsichtigung sein. Eine zu starke Konzen-

tration von Krediten auf einen einzigen Kunden oder eine Gruppe verbundener Kunden kann ein inakzeptables Verlustrisiko zur Folge haben. Eine derartige Situation kann der Solvenz eines Instituts als abträglich angesehen werden.

(54) Bei der Feststellung, ob eine Gruppe verbundener Kunden vorliegt und die Risikopositionen somit ein einziges Risiko darstellen, sind auch die Risiken zu berücksichtigen, die sich aus einer gemeinsamen Quelle signifikanter Finanzierungen des Instituts selbst, seiner Finanzgruppe oder der mit ihnen verbundenen Parteien ergeben.

(55) Auch wenn die Kalkulation des Risikopositionswerts auf die für die Bestimmung der Eigenmittelanforderungen vorgesehene Berechnung gestützt werden sollte, ist es doch sinnvoll, für die Überwachung von Großkrediten Vorschriften ohne Risikogewichte oder Risikograde festzulegen. Außerdem wurde bei der Entwicklung der Kreditrisikominderungstechniken für die Solvenzordnung von der Annahme eines weit diversifizierten Kreditrisikos ausgegangen. Bei Großkrediten mit dem Risiko einer Konzentration auf eine einzige Adresse ist das Kreditrisiko nicht weit diversifiziert. Die Auswirkungen solcher Techniken sollten daher aufsichtsrechtlichen Sicherheitsvorkehrungen unterliegen. Bei Großkrediten muss in diesem Zusammenhang eine wirksame Kreditbesicherung vorgesehen werden.

(56) Da ein Verlust aus einem Kredit an ein Institut ebenso schwer ausfallen kann wie bei jedem anderen Kredit, sollten diese Kredite wie alle anderen behandelt und gemeldet werden. Es wurde eine alternative quantitative Obergrenze eingeführt, um unverhältnismäßige Auswirkungen dieses Ansatzes auf kleinere Institute abzuschwächen. Darüber hinaus sind sehr kurzfristige Risikopositionen im Zusammenhang mit Diensten des Zahlungsverkehrs, einschließlich Zahlungs-, Clearing- und Abwicklungs- sowie Verwahrdiensten für den Kunden, ausgenommen, um ein reibungsloses Funktionieren der Finanzmärkte und der damit zusammenhängenden Infrastruktur zu erleichtern. Zu diesen Diensten zählen beispielsweise Liquiditätsausgleich und -abrechnung sowie ähnliche Tätigkeiten zur Erleichterung der Abrechnung. Die damit verbundenen Risikopositionen umfassen Positionen, die gegebenenfalls nicht vorhersehbar sind und daher nicht der vollen Kontrolle eines Kreditinstituts unterliegen, unter anderem Guthaben auf Interbankenkonten, die sich aus Kundenzahlungen, einschließlich kreditierter oder debitierter Gebühren und Zinsen, und anderen Zahlungen für Kundendienstleistungen ergeben, sowie geleistete oder gestellte Sicherheiten.

(57) Die Interessen von Unternehmen, die Kredite in handelbare Wertpapiere und andere Finanzinstrumente „umverpacken“ (Originatoren oder Sponsoren), und Unternehmen, die in diese Wertpapiere oder Instrumente investieren (Anleger), müssen in Einklang gebracht werden. Um dies zu gewährleisten, sollte der Originator oder Sponsor ein signifikantes Interesse an den zugrunde liegenden Aktiva behalten. Daher ist es wichtig, dass ein Teil des Risikos aus den betreffenden Krediten bei den Originatoren oder Sponsoren verbleibt. Generell sollten Verbriefungstransaktionen nicht so strukturiert sein, dass diese Pflicht zum Selbstbehalt – insbesondere durch Gebühren- und/oder Prämienstrukturen – umgangen wird. Die

Selbstbehaltpflicht sollte in allen Situationen gelten, in denen es um die wirtschaftliche Substanz einer Verbriefung geht, ungeachtet der rechtlichen Strukturen oder Instrumente, die verwendet werden, um diese wirtschaftliche Substanz zu erhalten. Insbesondere wenn durch eine Verbriefung Kreditrisiken übertragen werden, sollten die Anleger ihre Entscheidungen erst nach gebührend sorgfältiger Abwägung treffen, weshalb sie hinreichend über die Verbriefungen informiert sein müssen.

(58) Diese Verordnung sieht ferner vor, dass die Vorschriften über die Haltepflicht nicht mehrfach zur Anwendung gebracht werden. Bei einer Verbriefungstransaktion genügt es, wenn nur der Originator, der Sponsor oder der ursprüngliche Kreditgeber unter die Pflicht zum Selbstbehalt fällt. Desgleichen sollte bei Verbriefungstransaktionen, denen andere Verbriefungen zugrunde liegen, die Selbstbehaltpflicht nur für die Verbriefung gelten, die Gegenstand der Investition ist. Angekaufte Forderungen sollten nicht unter die Selbstbehaltpflicht fallen, wenn sie aus einer Unternehmenstätigkeit stammen und zur Finanzierung einer solchen Tätigkeit mit einem Abschlag übertragen oder verkauft werden. Die zuständigen Behörden sollten im Falle nicht unerheblicher Verstöße gegen Grundsätze und Verfahren, die für die Analyse der zugrunde liegenden Risiken relevant sind, das Risikogewicht für die Nichterfüllung von Sorgfalts- und Risikomanagementpflichten bei Verbriefungen anwenden. Die Kommission sollte ebenfalls prüfen, ob der Grundsatz, nach dem die Vorschriften über die Selbstbehaltpflicht nicht mehrfach zur Anwendung gebracht werden, zur Umgehung der Haltepflicht führen könnte und ob die Vorschriften für Verbriefungen von den zuständigen Behörden wirksam durchgesetzt werden.

(59) Um die Risiken, die sich aus verbrieften Krediten für Handelsbuch und Anlagebuch ergeben, korrekt bewerten zu können, sollte die gebotene Sorgfalt angewendet werden. Die Sorgfaltspflichten müssen zudem verhältnismäßig sein. Verfahren zur Wahrung der Sorgfaltspflicht sollten zu mehr Vertrauen zwischen Originatoren, Sponsoren und Anlegern führen. Deshalb wäre es wünschenswert, dass einschlägige Informationen zu diesen Verfahren ordnungsgemäß offen gelegt werden.

(60) Wenn ein Institut seinem Mutterunternehmen oder anderen Tochterunternehmen dieses Mutterunternehmens Kredite gewährt, ist besondere Vorsicht geboten. Eine solche Kreditgewährung seitens eines Instituts sollte völlig autonom, nach den Prinzipien einer soliden Geschäftsführung und ohne Berücksichtigung sonstiger Gesichtspunkte erfolgen. Dies ist insbesondere bei Großkrediten und in Fällen, die nicht nur mit der gruppeninternen Verwaltung oder üblichen gruppeninternen Geschäften im Zusammenhang stehen, von Bedeutung. Die zuständigen Behörden sollten solchen gruppeninternen Krediten besondere Aufmerksamkeit schenken. Von einer Anwendung dieser Normen kann jedoch abgesehen werden, wenn das Mutterunternehmen eine Finanzholdinggesellschaft oder ein Kreditinstitut ist oder die anderen Tochterunternehmen Kreditinstitute, Finanzinstitute oder Anbieter von Nebendienstleistungen sind und all diese Unternehmen in die Beaufsichtigung des Kreditinstituts auf konsolidierter Basis einbezogen werden.

(61) In Anbetracht der Risikosensitivität der Eigenmittelanforderungen sollte regelmäßig überprüft werden, ob diese signifikante Auswirkungen auf den Konjunkturzyklus haben. Die Kommission sollte dem Europäischen Parlament und dem Rat unter Berücksichtigung des Beitrags der Europäischen Zentralbank (EZB) darüber Bericht erstatten.

(62) Die Eigenmittelanforderungen an Warenhändler, einschließlich der Händler, die derzeit von den Anforderungen der Richtlinie 2004/39/EG des Europäischen Parlaments und des Rates vom 21. April 2004 über Märkte für Finanzinstrumente[1] ausgenommen sind, sollten überprüft werden.

(63) Die Liberalisierung der Gas- und Elektrizitätsmärkte ist sowohl in wirtschaftlicher als auch in politischer Hinsicht ein wichtiges Ziel der Union. Daher sollten die Eigenmittelanforderungen und sonstigen Aufsichtsvorschriften für Unternehmen, die in diesen Märkten tätig sind, verhältnismäßig sein und die Verwirklichung der Liberalisierung nicht ungebührlich behindern. Das Ziel der Liberalisierung sollte insbesondere auch bei Überarbeitungen dieser Verordnung berücksichtigt werden.

(64) Institute, die in Wiederverbriefungen investieren, sollten auch in Bezug auf die zugrunde liegenden Verbriefungen und die unverbrieften Basispositionen die gebotene Sorgfalt walten lassen. Institute sollten prüfen, ob Risikopositionen aus Programmen forderungsgedeckter Geldmarktpapiere Wiederverbriefungspositionen darstellen, einschließlich Risikopositionen aus Programmen, bei denen vorrangige Tranchen getrennter Darlehens-Portfolios erworben werden, bei denen keines der Darlehen eine Verbriefungs- oder Wiederverbriefungsposition darstellt und die Erstverlustbesicherung jeder Anlage vom Verkäufer des Kredits übernommen wird. Im zuletzt genannten Fall sollte eine poolspezifische Liquiditätsfazilität generell nicht als Wiederverbriefungsposition betrachtet werden, da sie eine Tranche eines einzelnen Pools von Vermögenswerten darstellt (nämlich des jeweiligen Darlehens-Portfolios), der keine Verbriefungspositionen beinhaltet. Im Gegensatz dazu würde es sich bei einer programmweiten Bonitätsverbesserung, die nur einen Teil der Verluste abdeckt, die oberhalb der vom Verkäufer abgesicherten Verluste für die verschiedenen Pools liegen, generell um eine Tranchierung des Verlustrisikos eines Pools unterschiedlicher Vermögenswerte, der mindestens eine Verbriefungsposition beinhaltet, handeln und somit eine Wiederverbriefungsposition darstellen. Finanziert sich ein solches Emissionsprogramm jedoch vollständig über eine einzige Kategorie von Geldmarktpapieren und ist entweder die programmweite Bonitätsverbesserung keine Wiederverbriefung oder wird das Geldmarktpapier von dem Sponsor-Institut vollständig unterstützt, so dass der die Geldmarktpapiere erwerbende Anleger effektiv das Ausfallrisiko des Sponsor-Kreditinstituts und nicht das des zugrunde liegenden Pools oder der zugrunde liegenden Vermögenswerte trägt, sollten derartige Geldmarktpapiere generell nicht als Wiederverbriefungsposition betrachtet werden.

(65) Die Bestimmungen zur vorsichtigen Bewertung des Handelsbuchs sollten für alle zum beizulegenden Zeitwert bewerteten Instrumente gelten, unabhängig davon, ob sie im Handels- oder im Anlagebuch von Instituten

---

[1] **Amtl. Anm.:** ABl. L 145 vom 30.4.2004, S. 1.

erfasst sind. Es sollte klargestellt werden, dass in Fällen, in denen die vorsichtige Bewertung einen niedrigeren als den tatsächlich angesetzten Buchwert zur Folge hätte, der absolute Wert der Differenz von den Eigenmitteln abgezogen werden sollte.

(66) Institute sollten wählen können, ob sie Verbriefungspositionen, denen nach dieser Verordnung ein Risikogewicht von 1 250 % zugewiesen wird, mit Eigenmitteln unterlegen oder vom harten Kernkapital abziehen, wobei es keine Rolle spielt, ob diese Positionen im Handels- oder im Anlagebuch erfasst sind.

(67) Originatoren oder Sponsoren sollten das Verbot der impliziten Kreditunterstützung nicht durch die Verwendung ihres Handelsbuches für solche Zwecke umgehen können.

(68) Unbeschadet der in dieser Verordnung ausdrücklich vorgeschriebenen Angaben sollten die Offenlegungspflichten zum Ziel haben, den Marktteilnehmern präzise und umfassende Angaben zum Risikoprofil einzelner Institute zur Verfügung zu stellen. Aus diesem Grund sollte Instituten die Offenlegung zusätzlicher, in dieser Verordnung nicht ausdrücklich genannter Angaben vorgeschrieben werden, wenn eine solche Offenlegung zur Erreichung dieses Ziels erforderlich ist. Gleichzeitig sollten die zuständigen Behörden den Fällen angemessene Aufmerksamkeit schenken, in denen der Verdacht besteht, dass ein Institut Angaben als Geschäftsgeheimnis oder als vertraulich einstuft, um ihre Offenlegung zu vermeiden.

(69) Werden bei einer externen Bonitätsbeurteilung für eine Verbriefungsposition die Auswirkungen einer Besicherung durch das investierende Institut selbst berücksichtigt, sollte das Institut nicht von dem aus dieser Besicherung resultierenden niedrigeren Risikogewicht profitieren können. Wenn es andere Wege gibt, das Risikogewicht dem tatsächlichen Risiko der Position entsprechend zu bestimmen, ohne dabei diese Besicherung zu berücksichtigen, sollte die Verbriefungsposition nicht von den Eigenmitteln abgezogen werden.

(70) Angesichts der schwachen Ergebnisse in jüngerer Zeit sollten die Standards für interne Modelle zur Berechnung der Eigenmittelanforderungen für das Marktrisiko angehoben werden. Insbesondere die Risikoerfassung sollte mit Blick auf die Kreditrisiken im Handelsbuch vervollständigt werden. Darüber hinaus sollten die Eigenmittelanforderungen eine Komponente für Stresssituationen enthalten, um die Anforderungen bei sich verschlechternden Marktbedingungen zu stärken und mögliche prozyklische Wirkungen zu verringern. Ebenso sollten Institute umgekehrte Stresstests durchführen, um zu prüfen, welche Szenarien eine Gefahr für den Fortbestand des Instituts darstellen könnten, es sei denn, sie können nachweisen, dass auf einen solchen Test verzichtet werden kann. Angesichts der jüngst festgestellten besonderen Schwierigkeiten bei der Verwendung interner Modelle für Verbriefungspositionen sollte die Anerkennung der Modelle von *Institute*[1] zur Berechnung der Eigenmittelanforderung für ihre Verbriefungsrisiken im Handelsbuch begrenzt und für Verbriefungs-

[1] Richtig wohl: „Instituten".

positionen im Handelsbuch eine standardisierte Eigenmittelunterlegung vorgeschrieben werden.

(71) Mit dieser Verordnung werden begrenzte Ausnahmen für bestimmte Korrelationshandelsaktivitäten festgelegt, gemäß denen es Instituten von ihren Aufsichtsbehörden gestattet werden kann, eine Eigenmittelanforderung für das Gesamtrisiko zu berechnen, wobei jedoch strenge Anforderungen zu erfüllen sind. In solchen Fällen sollte von den Instituten verlangt werden, für die Korrelationshandelsaktivitäten den Betrag der Eigenmittelanforderung gemäß dem internen Ansatz oder 8 % der Eigenmittelanforderung für das spezifische Risiko nach dem Standard-Messverfahren, wenn dieser Betrag höher ist, zu verwenden. Von den Instituten sollte nicht verlangt werden, diese Positionen in den Ansatz für zusätzliche Risiken einzubeziehen, allerdings sollten sie in die Modelle für das Risikopotenzial („Value-at-Risk") und die Modelle für das Risikopotenzial unter Stressbedingungen („Stressed Value-at-risk") einbezogen werden.

(72) Angesichts der Art und des Umfangs der unerwarteten Verluste, die Institute in der Wirtschafts- und Finanzkrise erlitten haben, müssen die Qualität der von Instituten vorzuhaltenden Eigenmittel verbessert und die Harmonisierung in diesem Bereich weiter vorangebracht werden. Dies sollte auch die Einführung einer neuen Definition der Kernelemente der zum Auffangen unerwarteter Verluste verfügbaren Eigenmittel umfassen sowie Verbesserungen der Definition von Hybridkapital und die Vereinheitlichung der aufsichtlichen Anpassungen in Bezug auf die Eigenmittel. Ferner müssen die Untergrenzen für die Eigenmittelausstattung deutlich angehoben und neue Kapitalquoten festgelegt werden, wobei der Schwerpunkt auf den zum Auffangen entstehender Verluste verfügbaren Kernbestandteilen der Eigenmittel liegt. Es wird erwartet, dass Institute, deren Aktien zum Handel an einem geregelten Markt zugelassen sind, die für sie geltenden Eigenmittelanforderungen hinsichtlich der Kernbestandteile der Eigenmittel ausschließlich durch diese Aktien, die strengen Kriterien für die Kerninstrumente der Eigenmittel genügen müssen, und die offengelegten Rücklagen des Instituts decken. Um die Vielfalt der Rechtsformen, unter denen Institute in der Union betrieben werden, ausreichend zu berücksichtigen, sollten die strengen Kriterien für die Kernkapitalinstrumente gewährleisten, dass diese Instrumente für Institute, deren Aktien nicht zum Handel an einem geregelten Markt zugelassen sind, von höchster Qualität sind. Unbeschadet dessen sollten Institute für Aktien, an die ein geringeres oder kein Stimmrecht geknüpft ist, Dividenden in mehrfacher Höhe der Dividenden für Aktien mit relativ höherem Stimmrecht ausschütten dürfen, sofern die strengen Kriterien in Bezug auf Instrumente des harten Kernkapitals, einschließlich derjenigen hinsichtlich der Flexibilität bei Ausschüttungen unabhängig vom Umfang der Stimmrechte eingehalten werden und sofern im Ausschüttungsfall etwaige Dividenden für alle von dem Institut begebenen Aktien zu zahlen sind.

(73) Risikopositionen aus der Handelsfinanzierung unterscheiden sich zwar in ihrer Art, teilen jedoch bestimmte Eigenschaften wie einen geringen Positionswert und kurze Laufzeiten und haben eine feststellbare Rückzahlungsquelle. Sie stützen sich auf den Austausch von Waren und Dienstleistungen, mit dem die Realwirtschaft unterstützt wird, und helfen in den

meisten Fällen kleineren Unternehmen bei ihrem Tagesgeschäft und fördern so Wachstum und Beschäftigung. Zuflüssen stehen in der Regel Abflüsse in gleicher Höhe gegenüber, wodurch das Liquiditätsrisiko begrenzt wird.

(74) Es ist angebracht, dass die EBA ein laufend aktualisiertes Verzeichnis aller Arten von Kapitalinstrumenten in jedem Mitgliedstaat führt, die als Instrumente des harten Kernkapitals akzeptiert werden. Sie sollte nach dem Inkrafttreten dieser Verordnung begebene Instrumente, die keine Instrumente der staatlichen Beihilfe sind und die die Kriterien dieser Verordnung nicht erfüllen, aus diesem Verzeichnis löschen und diese Löschung bekanntmachen. Werden Instrumente, die die EBA aus dem Verzeichnis gelöscht hat, nach der Bekanntmachung der EBA weiter anerkannt, sollte die EBA uneingeschränkt Gebrauch von ihren Befugnissen machen, insbesondere denen, die ihr gemäß Artikel 17 der Verordnung (EU) Nr. 1093/2010 in Bezug auf Verstöße gegen Unionsrecht übertragen worden sind. Bekanntlich gibt es einen dreistufigen Mechanismus, der bei nicht ordnungsgemäßer oder unzureichender Befolgung des Unionsrechts eine dem jeweiligen Fall entsprechende Reaktion ermöglicht; dabei ist die EBA in der ersten Stufe befugt, behauptete Fälle nicht ordnungsgemäßer oder unzureichender Einhaltung von Vorschriften des Unionsrechts in der Aufsichtspraxis einzelstaatlicher Behörden zu untersuchen und daraufhin eine Empfehlung auszusprechen. Kommt die zuständige nationale Behörde der Empfehlung nicht nach, ist die Kommission zweitens befugt, eine förmliche Stellungnahme abzugeben, in der sie die zuständige Behörde unter Berücksichtigung der Empfehlung der EBA auffordert, die die Befolgung des Unionsrechts durch entsprechende Maßnahmen zu gewährleisten. Um Ausnahmesituationen ein Ende zu setzen, in denen die zuständige Behörde anhaltend nicht reagiert, hat die EBA drittens als letztes Mittel die Befugnis, Beschlüsse zu erlassen, die an einzelne Finanzinstitute gerichtet sind. Ferner ist die Kommission bekanntlich nach Artikel 258 AEUV[1] befugt, den Gerichtshof der Europäischen Union anzurufen, wenn sie der Auffassung ist, dass ein Mitgliedstaat gegen eine Verpflichtung aus den Verträgen verstoßen hat.

(75) Die zuständigen Behörden sollten unbeschadet dieser Verordnung weiterhin in der Lage sein, Voraberlaubnisverfahren in Bezug auf Verträge über Instrumente für zusätzliches Kernkapital und Ergänzungskapital durchzuführen. In diesen Fällen sollten solche Kapitalinstrumente nur dann dem zusätzlichen Kernkapital oder dem Ergänzungskapital des Instituts zugerechnet werden, wenn sie diese Verfahren erfolgreich durchlaufen haben.

(76) Um Marktdisziplin und Finanzstabilität zu stärken, müssen detailliertere Offenlegungspflichten hinsichtlich Form und Art der aufsichtsrechtlichen Eigenmittel sowie der aufsichtlichen Anpassungen eingeführt werden, die gewährleisten, dass An- und Einleger in ausreichendem Maße über die Solvenz der Kreditinstitute und Wertpapierfirmen informiert sind.

(77) Darüber hinaus müssen die zuständigen Behörden, zumindest in zusammengefasster Form, Kenntnis von der Höhe von Rückkaufsvereinbarungen, Wertpapierleihgeschäften und allen Formen der Belastung von Ver-

[1] Auszugsweise abgedruckt unter Nr. **1**.

mögenswerten haben. Diese Angaben sollten den zuständigen Behörden zu melden sein. Um die Marktdisziplin zu stärken, sollten ausführlichere Pflichten in Bezug auf die Offenlegung von Rückkaufsvereinbarungen und gesicherten Finanzierungen eingeführt werden.

(78) Bei der neuen Definition der Eigenmittel und der aufsichtsrechtlichen Eigenmittelanforderungen sollten die unterschiedlichen nationalen Ausgangspositionen und Gegebenheiten berücksichtigt werden, wobei sich die anfänglichen Abweichungen von den neuen Standards im Laufe des Übergangszeitraums verringern werden. Um hinsichtlich der Höhe der vorgehaltenen Eigenmittel eine angemessene Kontinuität sicherzustellen, genießen im Rahmen einer Rekapitalisierungsmaßnahme gemäß den Vorschriften für staatliche Beihilfen und vor dem Datum der Anwendung dieser Verordnung begebene Instrumente während des Übergangszeitraums Bestandsschutz. Der Rückgriff auf staatliche Beihilfen sollte in Zukunft so weit wie möglich zurückgefahren werden. Sofern staatliche Beihilfen jedoch in bestimmten Situationen notwendig sind, sollte diese Verordnung einen Rahmen für solche Fälle vorsehen. Sie sollte insbesondere präzisieren, wie im Kontext einer Rekapitalisierungsmaßnahme gemäß den Vorschriften für staatliche Beihilfen begebene Eigenmittelinstrumente behandelt werden sollten. Es sollten strikte Voraussetzungen zu erfüllen sein, wenn Institute eine solche Behandlung nutzen wollen. Darüber hinaus sollte diese Behandlung, insofern sie Abweichungen von den neuen Kriterien über die Güte von Eigenmittelinstrumenten zulässt, diese Abweichungen so weit wie möglich einschränken. Die Behandlung vorhandener im Kontext einer Rekapitalisierungsmaßnahme gemäß den Vorschriften für staatliche Beihilfen begebener Eigenmittelinstrumente sollte deutlich zwischen Instrumenten, die den Anforderungen dieser Verordnung genügen und denen, die das nicht tun, unterscheiden. Für letztere sollten daher in dieser Verordnung geeignete Übergangsmaßnahmen vorgesehen werden.

(79) Gemäß der Richtlinie 2006/48/EG mussten Kreditinstitute bis zum 31. Dezember 2011 Eigenmittel in einer vorgeschriebenen Mindesthöhe vorhalten. Da der Bankensektor die Auswirkungen der Finanzkrise noch nicht überwunden hat und die vom Basler Ausschuss verabschiedeten Übergangsbestimmungen für die Eigenmittelanforderungen verlängert wurden, sollte für einen beschränkten Zeitraum erneut ein niedrigerer Grenzwert eingeführt werden, bis im Einklang mit den in dieser Verordnung festgelegten Übergangsbestimmungen, die ab dem Datum der Anwendung dieser Verordnung bis 2019 schrittweise eingeführt werden, Eigenmittel in ausreichender Höhe konstituiert wurden.

(80) Für Gruppen mit signifikanter Banken- oder Anlage- und Versicherungstätigkeit wurden in die Richtlinie 2002/87/EG des Europäischen Parlaments und des Rates vom 16. Dezember 2002 über die zusätzliche Beaufsichtigung von Kreditinstituten, Versicherungsunternehmen und Wertpapierfirmen in einem Finanzkonglomerat[1)] eigene Vorschriften über die „Doppelbelegung" von Eigenmitteln aufgenommen. Die Richtlinie 2002/87/EG stützt sich auf international anerkannte Prinzipien für den

---

[1)] **Amtl. Anm.:** ABl. L 35 vom 11.2.2003, S. 1.

Umgang mit Risiken in unterschiedlichen Branchen. Diese Verordnung stärkt die Anwendung dieser Vorschriften für Finanzkonglomerate auf Banken- und Wertpapierfirmengruppen und gewährleistet eine konsequente und kohärente Anwendung. Weitere Änderungen, die sich gegebenenfalls als nötig erweisen, werden bei der 2015 erwarteten Überarbeitung der Richtlinie 2002/87/EG behandelt.

(81) In der Finanzkrise hat sich deutlich gezeigt, dass Institute das Gegenparteiausfallrisiko bei OTC-Derivaten erheblich unterschätzten. Deshalb wurde auf dem G20-Gipfel vom September 2009 für mehr OTC-Derivate ein Clearing über eine zentrale Gegenpartei (ZGP) gefordert. Zudem wurde verlangt, OTC-Derivate, für die ein zentrales Clearing nicht möglich ist, strengeren Eigenmittelanforderungen zu unterwerfen, um die höheren Risiken, die mit diesen Produkten verbunden sind, angemessen widerzuspiegeln.

(82) Im Anschluss an diese Forderung der G20 hat der Basler Ausschuss als Teil der Basel-III-Rahmenregelung die Regelung für das Gegenparteiausfallrisiko erheblich geändert. Die Basel-III-Rahmenregelung wird die Eigenmittelanforderungen für OTC-Derivate und Wertpapierfinanzierungsgeschäfte von Instituten voraussichtlich deutlich verschärfen und für diese starke Anreize schaffen, zentrale Gegenparteien in Anspruch zu nehmen. Die Basel-III-Rahmenregelung dürfte auch weitere Anreize bieten, das Risikomanagement von Risikopositionen gegenüber Gegenparteien zu verbessern, und die aktuelle Regelung für den Umgang mit dem Gegenparteiausfallrisiko hinsichtlich ZGP ändern.

(83) Institute sollten zusätzliche Eigenmittel vorhalten, um dem Risiko einer Anpassung der Kreditbewertung von OTC-Derivaten Rechnung zu tragen. Ferner sollten Institute bei der Berechnung der Eigenmittelanforderungen für Gegenparteiausfallrisiko-Positionen aus OTC-Derivaten und Wertpapierfinanzierungsgeschäften für bestimmte Finanzinstitute eine höhere Vermögenswert-Korrelation anwenden. Institute sollten auch verpflichtet sein, die Messung des Gegenparteiausfallrisikos und den Umgang damit deutlich zu verbessern und zu diesem Zweck Korrelationsrisiken, Gegenparteien mit hohem Fremdfinanzierungsgrad und Sicherheiten genauer prüfen und Rückvergleiche und Stresstests entsprechend verbessern.

(84) Auf Handelsrisikopositionen gegenüber ZGP wird üblicherweise der multilaterale Aufrechnungs- und Verlustübernahmemechanismus der ZGP angewandt. Diese Positionen haben deshalb ein sehr niedriges Gegenparteiausfallrisiko und sollten nur sehr niedrigen Eigenmittelanforderungen unterliegen. Die Anforderung sollte jedoch im positiven Bereich liegen, um sicherzustellen, dass Institute ihre Risikopositionen gegenüber ZGP im Rahmen eines guten Risikomanagements aufzeichnen und überwachen, und um zu zeigen, dass selbst Handelsrisikopositionen gegenüber ZGP nicht risikofrei sind.

(85) Ausfallfonds der ZGP sind Mechanismen, die eine Aufteilung (Umlage) von Verlusten zwischen den Clearingmitgliedern der ZGP ermöglichen. Sie werden genutzt, wenn die nach Ausfall eines Clearingmitglieds eintretenden Verluste der ZGP höher sind als die Einschüsse und die Beiträge des betreffenden Clearingmitglieds zum Ausfallfonds sowie jeglicher sonstige Schutzmechanismus, den die ZGP vor einem Zugriff auf die Beiträge

der anderen Clearingmitglieder zum Ausfallfonds nutzen kann. Vor diesem Hintergrund ist das Verlustrisiko aufgrund von Risikopositionen aus Beiträgen zu Ausfallfonds höher als das Risiko aus Handelsrisikopositionen. Deshalb sollten für diese Art von Risikopositionen höhere Eigenmittelanforderungen gelten.

(86) Die „hypothetische Kapitalanforderung" einer ZGP sollte eine Variable sein, die bei der Berechnung der Eigenmittelunterlegung der Risikopositionen eines Clearingmitglieds aus seinen Beiträgen zum Ausfallfonds einer ZGP berücksichtigt wird. Es sollte keine andere Bedeutung haben. Es sollte insbesondere nicht als das Kapital verstanden werden, das eine ZGP auf Verlangen ihrer zuständigen Behörde vorhalten muss.

(87) Die Überprüfung der Behandlung des Gegenparteiausfallrisikos und insbesondere die Festlegung höherer Eigenmittelanforderungen für bilaterale Derivatkontrakte, deren höheres Risiko für das Finanzsystem besser reflektiert werden soll, ist fester Bestandteil der Anstrengungen der Kommission zur Schaffung effizienter, sicherer und solider Derivatemärkte. Somit ergänzt diese Verordnung die Verordnung (EU) Nr. 648/2012 des Europäischen Parlaments und des Rates vom 4. Juli 2012 über OTC-Derivate, zentrale Gegenparteien und Transaktionsregister[1].

(88) Die Kommission sollte die einschlägigen Ausnahmen für Großkredite bis 31. Dezember 2015 überprüfen. Bis die Ergebnisse dieser Überprüfung vorliegen, sollten die Mitgliedstaaten während einer ausreichend langen Übergangszeit weiterhin die Möglichkeit haben, für bestimmte Großkredite eine Ausnahme von diesen Vorschriften zu gewähren. Aufbauend auf den Arbeiten im Rahmen der Ausarbeitung und Aushandlung der Richtlinie 2009/111/EG des Europäischen Parlaments und des Rates vom 16. September 2009 zur Änderung der Richtlinien 2006/48/EG, 2006/49/EG und 2007/64/EG hinsichtlich Zentralorganisationen zugeordneter Banken, bestimmter Eigenmittelbestandteile, Großkredite, Aufsichtsregelungen und Krisenmanagement[2] und unter Berücksichtigung der Entwicklungen in diesen Fragen auf internationaler und auf Unionsebene sollte die Kommission prüfen, ob diese Ausnahmen weiterhin individuell oder auf allgemeinere Weise angewandt werden sollten, und darüber, ob die mit diesen Krediten verbundenen Risiken durch andere, in dieser Verordnung festgelegte wirksame Maßnahmen erfasst werden.

(89) Um sicherzustellen, dass von den zuständigen Behörden gewährte Ausnahmen für Kredite die Kohärenz der mit dieser Verordnung festgelegten einheitlichen Vorschriften nicht dauerhaft gefährden, sollten die zuständigen Behörden nach einer Übergangszeit – und falls die Überprüfung keine Ergebnisse bringt – die EBA dazu konsultieren, ob es nach wie vor zweckmäßig ist, die Möglichkeit, Ausnahmen für bestimmte Kredite zu gewähren, zu nutzen.

(90) Die Jahre vor Ausbruch der Finanzkrise waren durch ein exzessives Wachstum der Risikopositionen von Instituten im Verhältnis zu ihren Eigenmitteln (Verschuldung) gekennzeichnet. Während der Finanzkrise sahen sich Institute aufgrund von Verlusten und Refinanzierungsengpässen ge-

---

[1] **Amtl. Anm.:** ABl. L 201 vom 27.7.2012, S. 1.
[2] **Amtl. Anm.:** ABl. L 302 vom 17.11.2009, S. 97.

zwungen, diese Verschuldung innerhalb eines sehr kurzen Zeitraums deutlich zu verringern. Dies verstärkte den Abwärtsdruck auf Vermögenspreise und führte zu weiteren Verlusten für Kreditinstitute und Wertpapierfirmen, so dass sich deren Eigenmittel weiter verringerten. Infolge dieser Negativspirale kam es zu einer Kreditknappheit in der Realwirtschaft und es entstand eine tiefere und länger andauernde Krise.

(91) Risikobasierte Eigenmittelanforderungen sind von wesentlicher Bedeutung, um sicherzustellen, dass genügend Eigenmittel zur Deckung unerwarteter Verluste zur Verfügung stehen. Die Krise hat jedoch gezeigt, dass diese Anforderungen alleine nicht ausreichen, um Institute davon abzuhalten, exzessive, auf Dauer nicht tragbare Verschuldungsrisiken einzugehen.

(92) Im September 2009 wurde auf dem G20-Gipfel beschlossen, international anerkannte Regeln zu erarbeiten, die einer exzessiven Verschuldung entgegenwirken. Zu diesem Zweck wurde die Einführung einer Verschuldungsquote als ergänzende Maßnahme zur Basel-II-Rahmenregelung befürwortet.

(93) Im Dezember 2010 veröffentlichte der Basler Ausschuss Leitlinien, in denen eine Methodik für die Berechnung der Verschuldungsquote beschrieben ist. In den einschlägigen Bestimmungen ist ein Beobachtungszeitraum vorgesehen, der vom 1. Januar 2013 bis zum 1. Januar 2017 läuft und dazu dient, die Verschuldungsquote, ihre Komponenten und die Wechselwirkungen mit der risikobasierten Eigenmittelunterlegung zu überwachen. Je nach den Ergebnissen dieses Beobachtungszeitraums plant der Basler Ausschuss, in der ersten Jahreshälfte 2017 etwaige letzte Anpassungen der Definition und Kalibrierung der Verschuldungsquote vorzunehmen, um am 1. Januar 2018 zu einer verpflichtenden Anforderung überzugehen, die auf einer angemessenen Definition und Kalibrierung basiert. In den Leitlinien des Basler Ausschusses ist auch die Offenlegung der Verschuldungsquote und ihrer Komponenten ab dem 1. Januar 2015 vorgesehen.

(94) Die Verschuldungsquote ist ein neues Regelungs- und Aufsichtsinstrument der Union. Es sollte im Einklang mit internationalen Vereinbarungen zunächst als ergänzendes Werkzeug eingeführt werden, das nach Ermessen der Aufsichtsbehörden auf einzelne Institute angewandt werden kann. Die Meldepflichten der Institute würden eine angemessene Überprüfung und Kalibrierung und einen Übergang zu einer verbindlichen Maßnahme im Jahr 2018 ermöglichen.

(95) Bei der Prüfung der Auswirkungen der Verschuldungsquote auf verschiedene Geschäftsmodelle sollte Geschäftsmodellen mit anscheinend niedrigem Risiko, z.B. Hypothekendarlehen und Spezialfinanzierungen für regionale oder lokale Gebietskörperschaften oder öffentliche Stellen besondere Aufmerksamkeit geschenkt werden. Ausgehend von den übermittelten Daten und den Ergebnissen der aufsichtlichen Überprüfung während eines Beobachtungszeitraums sollte die EBA in Zusammenarbeit mit den zuständigen Behörden eine Klassifikation der Geschäftsmodelle und Risiken ausarbeiten. Gestützt auf geeignete Analysen und unter Berücksichtigung von historischen Daten und Stressszenarien sollte bewertet werden, welche Stufen der Verschuldungsquote geeignet sind, um

die Widerstandsfähigkeit der verschiedenen Geschäftsmodelle zu sichern und ob die Stufen als Schwellenwerte oder als Bandbreiten festgelegt werden sollten. Nach dem Beobachtungszeitraum und der Kalibrierung der jeweiligen Stufen der Verschuldungsquote kann die EBA ausgehend von der Bewertung eine geeignete statistische Überprüfung, einschließlich Mittelwerten und Standardabweichungen, der Verschuldungsquote veröffentlichen. Nach ihrer Annahme sollte die EBA eine geeignete statistische Überprüfung, einschließlich Mittelwerten und Standardabweichungen, der Verschuldungsquote in Bezug auf die festgelegten Kategorien von Instituten veröffentlichen.

(96) Institute sollten im Rahmen des Verfahrens zur Beurteilung der Angemessenheit ihres internen Kapitals (ICAAP) Höhe und Veränderungen der Verschuldungsquote und des Verschuldungsrisikos überwachen. Diese Überwachung sollte in die aufsichtliche Überprüfung eingegliedert werden. Insbesondere sollten die zuständigen Behörden nach dem Inkrafttreten der Anforderungen an die Verschuldungsquote die Entwicklungen der Geschäftsmodelle und der zugehörigen Risikoprofile beobachten, damit die Klassifikation der Institute stets aktuell und korrekt ist.

(97) Strukturen der verantwortlichen Unternehmensführung, Transparenz und Offenlegung sind für eine solide Vergütungspolitik von wesentlicher Bedeutung. Um dem Markt gegenüber eine angemessene Transparenz ihrer Vergütungsstrukturen und den damit verbundenen Risiken zu gewährleisten, sollten Institute ihre Vergütungspolitik und -praxis sowie die aus Vertraulichkeitsgründen aggregierten Vergütungssummen für alle Beschäftigten, deren berufliche Tätigkeiten sich wesentlich auf das Risikoprofil des Instituts auswirken, detailliert offenlegen. Diese Information sollte der Öffentlichkeit zugänglich gemacht werden. Diese besonderen Anforderungen sollten branchenübergreifend geltende allgemeinere Offenlegungspflichten hinsichtlich der Vergütungspolitik nicht berühren. Darüber hinaus sollten Mitgliedstaaten Instituten vorschreiben dürfen, ausführlichere Angaben zu Vergütungen zur Verfügung zu stellen.

(98) Die Anerkennung einer Ratingagentur als externe Ratingagentur (ECAI) darf nicht dazu führen, dass sich ein Markt, der bereits von drei großen Unternehmen beherrscht wird, noch weiter abschottet. Ohne das Verfahren einfacher oder weniger anspruchsvoll zu machen, sollten die EBA und die Zentralbanken des ESZB dafür sorgen, dass mehr Ratingagenturen als ECAI anerkannt werden, um den Markt für andere Unternehmen zu öffnen.

(99) Bei der Verarbeitung personenbezogener Daten für die Zwecke dieser Verordnung sollten die Richtlinie 95/46/EG des Europäischen Parlaments und des Rates vom 24. Oktober 1995 zum Schutz natürlicher Personen bei der Verarbeitung personenbezogener Daten und zum freien Datenverkehr[1] und die Verordnung (EG) Nr. 45/2001 des Europäischen Parlaments und des Rates vom 18. Dezember 2000 zum Schutz natürlicher Personen bei der Verarbeitung personenbezogener Daten durch die Orga-

---

1) **Amtl. Anm.:** ABl. L 281 vom 23.11.1995, S. 31.

ne und Einrichtungen der Gemeinschaft und zum freien Datenverkehr[1] uneingeschränkt angewandt werden.

(100) Institute sollten einen diversifizierten Puffer liquider Aktiva halten, um bei kurzfristig angespannter Liquiditätslage den Liquiditätsbedarf decken zu können. Da es nicht möglich ist, im Vorhinein mit Sicherheit zu wissen, welche Vermögenswerte innerhalb jeder Anlageklasse im Nachhinein Schocks ausgesetzt sein werden, ist es angebracht, die Schaffung eines diversifizierten und hochwertigen, *aus verschiedenen Kategorien Vermögenswerten bestehenden Liquiditätspuffer*[2] zu fördern. Eine Konzentration von Vermögenswerten und ein übermäßiger Rückgriff auf Marktliquidität schaffen Systemrisiken für den Finanzsektor und sollten vermieden werden. Während eines ersten Beobachtungszeitraums, der zur Ausarbeitung einer Definition einer Liquiditätsdeckungsanforderung dienen wird, sollte daher eine große Bandbreite hochwertiger Vermögenswerte in Betracht gezogen werden. Bei der Ausarbeitung einer einheitlichen Definition von liquiden Aktiva sollte davon ausgegangen werden, dass zumindest Staatsanleihen und gedeckte Schuldverschreibungen, die mit einem laufenden Umsatz an transparenten Märkten gehandelt werden, als Aktiva mit äußerst hoher Liquidität und Kreditwürdigkeit gelten. Es wäre ferner angebracht, dass Vermögenswerte im Sinne des Artikels 416 Absatz 1 Buchstaben a bis c ohne Einschränkung in den Puffer einbezogen werden. Wenn Institute auf diesen Liquiditätsbestand zurückgreifen, sollten sie einen Plan zur Wiederauffüllung ihrer Bestände an liquiden Aktiva erstellen, dessen Angemessenheit und Umsetzung durch die zuständigen Behörden sicherzustellen ist.

(101) Der Bestand an liquiden Aktiva sollte jederzeit verfügbar sein, um auf Liquiditätsabflüsse reagieren zu können. Die Höhe des Liquiditätsbedarfs bei kurzfristig angespannter Liquiditätslage sollte nach einem Standardkonzept ermittelt werden, um einheitliche Solidität und gleiche Wettbewerbsbedingungen sicherzustellen. Dabei ist zu gewährleisten, dass eine solche standardisierte Ermittlung keine unerwünschten Auswirkungen auf Finanzmärkte, Kreditvergabe und Wirtschaftswachstum hat, wobei auch die unterschiedlichen Geschäfts- und Anlagemodelle und Refinanzierungsbedingungen von Instituten in der Union zu berücksichtigen sind. Deshalb sollte für die Liquiditätsdeckungsanforderung ein Beobachtungszeitraum angesetzt werden. Der Kommission sollte die Befugnis übertragen werden, auf der Grundlage dieser Beobachtungen und gestützt auf Berichte der EBA, einen delegierten Rechtsakt zur zeitnahen Einführung einer detaillierten und harmonisierten Liquiditätsdeckungsanforderung für die Union zu erlassen. Um eine globale Harmonisierung im Bereich der Liquiditätsvorschriften zu gewährleisten, sollte jeder delegierte Rechtsakt zur Einführung der Liquiditätsdeckungsanforderung unter Berücksichtigung unionsspezifischer und nationaler Besonderheiten der Liquiditätsdeckungsquote vergleichbar sein, die die endgültige internationale Vereinbarung über Messung, Standards und Überwachung in Bezug auf das Liquiditätsrisiko des Basler Ausschusses vorsieht.

---

[1] **Amtl. Anm.:** ABl. L 8 vom 12.1.2001, S. 1.

[2] Richtig wohl: „aus verschiedenen Kategorien von Vermögenswerten bestehenden Liquiditätspuffers".

(102) Zu diesem Zweck sollte die EBA im Beobachtungszeitraum unter anderem prüfen und bewerten, ob ein Schwellenwert von 60 % für liquide Aktiva der Stufe 1, eine Begrenzung der Zuflüsse auf 75 % der Abflüsse und die schrittweise Einführung der Liquiditätsdeckungsanforderung von 60 % ab dem 1. Januar 2015 und stufenweise auf 100 % ansteigend angemessen sind. Bei der Bewertung und Berichterstattung über die einheitlichen Begriffsbestimmungen des Bestands an liquiden Aktiva sollte die EBA von der Definition der erstklassigen liquiden Aktiva des Basler Ausschusses ausgehen und dabei unionsspezifische und nationale Besonderheiten berücksichtigen. Die EBA sollte zum einen die Währungen ermitteln, bei denen der Bedarf von in der Union niedergelassenen Instituten an liquiden Aktiva deren Verfügbarkeit in der betreffenden Währung übersteigt, und zum anderen jährlich prüfen, ob Ausnahmen, einschließlich derjenigen dieser Verordnung gewährt werden sollten. Des Weiteren sollte sie jährlich bewerten, ob die Inanspruchnahme solcher Ausnahmen sowie der nach dieser Verordnung bereits gewährten Ausnahmen durch in der Union niedergelassene Institute an zusätzliche Bedingungen geknüpft werden sollte oder die bestehenden Bedingungen überprüft werden sollten. Sie sollte die Ergebnisse ihrer Analyse der Kommission in einem Jahresbericht vorlegen.

(103) Um die Effizienz zu erhöhen und Verwaltungslasten zu senken, sollte die EBA einen kohärenten Melderahmen auf der Grundlage eines harmonisierten Satzes von Standards für Liquiditätsanforderungen einrichten, der in der gesamten Union angewandt werden sollte. Zu diesem Zweck sollte sie einheitliche Meldeformate und IT-Lösungen ausarbeiten, die den Bestimmungen dieser Verordnung und der Richtlinie 2013/36/EU Rechnung tragen. Bis zum Datum der Anwendung der vollständigen Liquiditätsanforderungen sollten Institute weiterhin ihre nationalen Meldepflichten erfüllen.

(104) Die EBA sollte in Zusammenarbeit mit dem ESRB Orientierungen zu den Grundsätzen für die Verwendung des liquiden Bestands in Stresssituationen herausgeben.

(105) Es sollte nicht mit Sicherheit davon ausgegangen werden, dass Institute, die Schwierigkeiten haben, ihren Zahlungsverpflichtungen nachzukommen, Liquiditätsstützen von anderen Instituten derselben Gruppe erhalten. Die zuständigen Behörden sollten jedoch unter strengen Voraussetzungen und sofern jede der daran beteiligten zuständigen Behörden dem zustimmt, die Möglichkeit haben, von der Anwendung der Liquiditätsanforderung auf einzelne Institute abzusehen und für diese Institute konsolidierte Anforderungen festzulegen, damit sie die Möglichkeit haben, ihre Liquidität zentral, auf Gruppen- oder Untergruppenebene, zu steuern.

(106) Ebenso sollten, wenn keine Ausnahme gewährt wird und sobald die Liquiditätsanforderung verbindlich ist, für die Liquiditätsflüsse zwischen zwei Instituten derselben Gruppe, die einer Beaufsichtigung auf konsolidierter Basis unterliegen, günstigere Prozentsätze für Zu- und Abflüsse nur dann gelten, wenn sämtliche erforderlichen Schutzbestimmungen gegeben sind. Eine solche spezifische günstigere Behandlung sollte genau definiert und an die Erfüllung einer Reihe strenger und objektiver Bedingungen geknüpft werden. Die für einen bestimmten gruppeninternen Liquiditäts-

fluss geltende spezifische Behandlung sollte sich aus einer Methodik ergeben, bei der die spezifische Höhe der Zu- bzw. Abflüsse zwischen dem Institut und der Gegenpartei anhand objektiver Kriterien und Parameter bestimmt wird. Auf der Grundlage von Beobachtungen und gestützt auf den Bericht der EBA sollte der Kommission gegebenenfalls und im Rahmen des aufgrund dieser Verordnung erlassenen delegierten Rechtsakts zur Präzisierung der Liquiditätsdeckungsanforderung die Befugnis übertragen werden, delegierte Rechtsakte zur Festlegung dieser spezifischen gruppeninternen Behandlungen, der Methodik und der objektiven Kriterien, an die sie geknüpft sind, sowie der Modalitäten für gemeinsame Entscheidungen zur Bewertung dieser Kriterien zu erlassen.

(107) Von der irischen National Asset Management Agency (NAMA) begebene Anleihen sind für die Sanierung der irischen Banken von großer Bedeutung; ihre Ausgabe wurde zuvor von den Mitgliedstaaten gebilligt und von der Kommission als Beihilfe genehmigt, mit der die Auslagerung wertgeminderter Aktiva aus der Bilanz bestimmter Kreditinstitute unterstützt werden soll. Die Emission derartiger Anleihen, eine vorübergehende, von der Kommission und der EZB gestützte Maßnahme, ist Bestandteil der Umstrukturierung des irischen Bankensektors. Die Anleihen sind von der irischen Regierung garantiert und werden von den Währungsbehörden als anerkennungsfähige Sicherheit akzeptiert. Die Kommission sollte die Frage besonderer Mechanismen für den Bestandsschutz übertragbarer Vermögenswerte, die von Körperschaften mit einer Genehmigung der Union für staatliche Beihilfen begeben oder garantiert werden, im Rahmen des aufgrund dieser Verordnung erlassenen delegierten Rechtsakts zur Präzisierung der Liquiditätsdeckungsanforderung prüfen. Dabei sollte sie berücksichtigen, dass es Instituten gestattet sein sollte, bei der Berechnung der Liquiditätsdeckungsanforderungen gemäß dieser Verordnung vorrangige Anleihen der NAMA bis Dezember 2019 als Aktiva mit äußerst hoher Liquidität und Kreditqualität einzubeziehen.

(108) Ebenso sind die von der spanischen Vermögensverwaltungsgesellschaft begebenen Anleihen von besonderer Bedeutung für die Sanierung des spanischen Bankensektors und stellen eine von der Kommission und der EZB unterstützte vorübergehende Maßnahme dar, die Bestandteil der Umstrukturierung des spanischen Bankensystems ist. Da ihre Ausgabe in der von der Kommission und der spanischen Regierung am 23. Juli 2012 unterzeichneten Gemeinsamen Absichtserklärung (Memorandum of Understanding on Financial Sector Policy Conditionality) vorgesehen ist und die Übertragung der Vermögenswerte durch die Kommission als Maßnahme der staatlichen Beihilfe zur Auslagerung wertgeminderter Aktiva aus der Bilanz bestimmter Kreditinstitute genehmigt werden muss, und insofern als sie von der spanischen Regierung garantiert und von den Währungsbehörden als anerkennungsfähige Sicherheit akzeptiert werden, sollte die Kommission die Frage besonderer Mechanismen für den Bestandsschutz übertragbarer Vermögenswerte, die von Körperschaften mit einer Genehmigung der Union für staatliche Beihilfen begeben oder garantiert werden, prüfen. Dabei sollte sie berücksichtigen, dass es Instituten gestattet sein sollte, bei der Berechnung der Liquiditätsdeckungsanforderungen gemäß dieser Verordnung vorrangige Anleihen der spanischen

Vermögensverwaltungsgesellschaft mindestens bis Dezember 2023 als Aktiva mit äußerst hoher Liquidität und Kreditqualität einzubeziehen.

(109) Ausgehend von den von der EBA vorzulegenden Berichten sollte die Kommission bei der Ausarbeitung ihres Vorschlags für einen delegierten Rechtsakt über die Liquiditätsanforderungen auch prüfen, ob vorrangige Anleihen, die von Körperschaften begeben werden, die der irischen NAMA und der spanischen Vermögensverwaltungsgesellschaft vergleichbar sind, zu demselben Zweck gegründet wurden und von besonderer Bedeutung für die Sanierung von Banken in einem anderen Mitgliedstaat sind, ebenso behandelt werden sollten, insofern sie von der Zentralregierung des betreffenden Mitgliedstaats garantiert und von den Währungsbehörden als anerkennungsfähige Sicherheit akzeptiert werden.

(110) Bei der Ausarbeitung der Entwürfe technischer Regulierungsstandards zur Festlegung von Methoden zur Messung des zusätzlichen Liquiditätsabflusses sollte die EBA einen standardisierten Ansatz des historischen Rückblicks als Methode für diese in Betracht ziehen.

(111) Bis zur Einführung der strukturellen Liquiditätsquote (NSFR) als verbindlichem Mindeststandard sollten Institute die allgemeine Pflicht in Bezug auf die Refinanzierung einhalten. Diese allgemeine Pflicht sollte nicht in einer vorgeschriebenen Quote bestehen. Wird im Wege einer einzelstaatlichen Vorschrift eine stabile Refinanzierungsquote eingeführt, solange die NSFR noch nicht eingeführt wurde, sollten Institute diesen Mindeststandard entsprechend einhalten.

(112) Über die Regelung des kurzfristigen Liquiditätsbedarfs hinaus sollten Institute auch Refinanzierungsstrukturen schaffen, die auf längere Sicht Stabilität bieten. Im Dezember 2010 beschloss der Basler Ausschuss, die NSFR bis zum 1. Januar 2018 zu einem Mindeststandard zu machen und strikte Meldeverfahren zur Überwachung dieser Quote während eines Übergangszeitraums zu schaffen; die Auswirkungen dieser Standards auf Finanzmärkte, Kreditvergabe und Wirtschaftswachstum werden weiterhin beobachtet und unerwünschte Folgen erforderlichenfalls angegangen. Deshalb beschloss der Basler Ausschuss einen Beobachtungszeitraum und eine Revisionsklausel für die NSFR. Die EBA sollte in diesem Zusammenhang anhand der vorgeschriebenen Meldungen nach dieser Verordnung beurteilen, wie eine Anforderung an die stabile Refinanzierung gestaltet werden sollte. Die Kommission sollte auf der Grundlage dieser Untersuchung dem Europäischen Parlament und dem Rat Bericht erstatten und gegebenenfalls geeignete Vorschläge zur Einführung einer solchen Anforderung bis zum Jahr 2018 unterbreiten.

(113) Defizite in der Unternehmensführung bei einer Reihe von Instituten haben zu einer übermäßigen und unvorsichtigen Übernahme von Risiken im Bankensektor beigetragen, was zum Ausfall einzelner Institute und zu Systemproblemen geführt hat.

(114) Um die Überwachung der Unternehmensführung der einzelnen Institute zu vereinfachen und die Marktdisziplin zu verbessern, sollten Institute ihre Unternehmensführungsregelungen öffentlich bekanntmachen. Ihre Leitungsorgane sollten eine Erklärung verfassen und veröffentlichen, damit die Öffentlichkeit sicher sein kann, dass diese Regelungen angemessen und effizient sind.

(115) Um der Vielfalt der Geschäftsmodelle von Instituten im Binnenmarkt gerecht zu werden, sollten bestimmte langfristige strukturelle Anforderungen wie die NSFR und die Verschuldungsquote genau geprüft werden, um eine Vielzahl solider Bankenstrukturen zu fördern, die bislang Dienstleistungen für die Wirtschaft der Union erbracht haben und dies auch weiterhin tun sollten.

(116) Damit Haushalten und Unternehmen stets Finanzdienstleistungen bereitgestellt werden können, sind stabile Refinanzierungsstrukturen erforderlich. Langfristige Refinanzierungsströme in auf Banken gestützten Finanzsystemen können in vielen Mitgliedstaaten generell andere Merkmale aufweisen als die in anderen internationalen Märkten. Zusätzlich wurden in den Mitgliedstaaten spezifische Refinanzierungsstrukturen entwickelt, um eine stabile Refinanzierung langfristiger Investitionen zu gewährleisten, einschließlich dezentralisierter Bankenstrukturen zur Kanalisierung von Liquidität oder hypothekarisch gesicherter Wertpapiere, die an Märkten mit hoher Liquidität gehandelt werden oder für Anleger mit langfristigen Anlagestrategien in Betracht kommen. Diese strukturellen Faktoren sollten sorgfältig geprüft werden. Zu diesem Zweck müssen die EBA und der ESRB – sobald internationale Standards vorliegen – anhand der vorgeschriebenen Meldungen nach dieser Verordnung beurteilen, wie eine Anforderung an die stabile Refinanzierung unter Berücksichtigung der verschiedenen Refinanzierungsstrukturen des Bankenmarktes in der Union gestaltet werden sollte.

(117) Um während eines Übergangszeitraums die Höhe der Eigenmittel und die auf die unionsweite Eigenmitteldefinition einerseits und auf die Eigenmitteldefinition dieser Verordnung andererseits angewandten aufsichtlichen Anpassungen allmählich aneinander anzugleichen, sollten die Eigenmittelanforderungen dieser Verordnung stufenweise eingeführt werden. Dabei muss sichergestellt werden, dass diese stufenweise Einführung mit den jüngsten Anpassungen der Mitgliedstaaten hinsichtlich der geforderten Höhe der Eigenmittel und hinsichtlich der in den Mitgliedstaaten geltenden Eigenmitteldefinition vereinbar ist. Zu diesem Zweck sollten die zuständigen Behörden während des Übergangszeitraums innerhalb vorgegebener Unter- und Obergrenzen festlegen, wie schnell die geforderte Höhe der Eigenmittel erreicht und die aufsichtlichen Anpassungen eingeführt werden.

(118) Um einen reibungslosen Übergang von den derzeit divergierenden aufsichtlichen Anpassungen in den Mitgliedstaaten zu dem in dieser Verordnung festgelegten einheitlichen Satz aufsichtlicher Anpassungen zu gewährleisten, sollten die zuständigen Behörden während eines Übergangszeitraums von den Instituten weiterhin in beschränktem Umfang von dieser Verordnung abweichende aufsichtliche Anpassungen der Eigenmittel verlangen können.

(119) Um sicherzustellen, dass die Institute über ausreichend Zeit für die Erfüllung der neuen Anforderungen an Höhe und Definition der Eigenmittel verfügen, sollte die Anerkennung bestimmter Kapitalinstrumente, die die Definition von Eigenmitteln dieser Verordnung nicht erfüllen, zwischen dem 1. Januar 2013 und dem 31. Dezember 2021 schrittweise eingestellt werden. Zudem sollten bestimmte von staatlicher Seite geführte Instru-

mente während eines befristeten Zeitraums voll als Eigenmittel anerkannt werden. Ferner sollte das Agio, das mit Posten verbunden ist, die nach den nationalen Maßnahmen zur Umsetzung der Richtlinie 2006/48/EG als Eigenmittel anerkannt wurden, unter bestimmten Umständen als hartes Kernkapital anerkannt werden.

(120) Um eine allmähliche Konvergenz zu einheitlichen Offenlegungspflichten der Institute zu erreichen und den Marktteilnehmern genaue und umfassende Informationen über das Risikoprofil einzelner Institute zu bieten, sollten schrittweise Offenlegungspflichten eingeführt werden.

(121) Um den Marktentwicklungen und den Erfahrungen mit der Anwendung dieser Verordnung Rechnung zu tragen, sollte die Kommission verpflichtet sein, dem Europäischen Parlament und dem Rat – gegebenenfalls zusammen mit entsprechenden Gesetzgebungsvorschlägen – Berichte zu unterbreiten, in denen sie auf mögliche Auswirkungen der Eigenmittelanforderungen auf den Konjunkturzyklus eingeht sowie auf die Eigenmittelunterlegung von Risikopositionen in Form gedeckter Schuldverschreibungen, Großkredite, Liquiditätsanforderungen, Verschuldungsgrad, Risikopositionen aus übertragenem Kreditrisiko, das Gegenparteiausfallrisiko und die Ursprungsrisikomethode, Risikopositionen aus dem Mengengeschäft, die Definition anrechenbarer Eigenmittel und den Umfang der Anwendung dieser Verordnung.

(122) Der Rechtsrahmen für Kreditinstitute sollte in erster Linie das Funktionieren von für die Realwirtschaft lebensnotwendigen Dienstleistungen sicherstellen und dabei das Risiko unvorsichtigen Verhaltens begrenzen. Die strukturelle Trennung von Privatkunden- und Anlagegeschäft innerhalb einer Bankengruppe könnte im Hinblick auf dieses Ziel ein wichtiges Instrument sein. Daher sollte der derzeitige aufsichtsrechtliche Rahmen der Einführung von Maßnahmen, die einer solchen Trennung dienen, nicht entgegenstehen. Die Kommission sollte aufgefordert werden, die Frage der strukturellen Trennung zu untersuchen und dem Europäischen Parlament und dem Rat einen Bericht, gegebenenfalls mit entsprechenden Gesetzgebungsvorschlägen, vorzulegen.

(123) Ebenso sollten Mitgliedstaaten zum Schutze der Einleger und zur Wahrung der Finanzstabilität strukturelle Maßnahmen ergreifen dürfen, um von in dem betreffenden Mitgliedstaat zugelassenen Kreditinstituten zu verlangen, ihre Risikopositionen gegenüber verschiedenen Rechtsträgern je nach deren Tätigkeiten, aber unabhängig vom Ort, an dem diese ausgeübt werden, zu verringern. Da solche Maßnahmen sich jedoch wegen der Aufsplitterung des Binnenmarktes negativ auswirken, sollten sie nur unter strengen Auflagen und bis zum Inkrafttreten eines künftigen Gesetzgebungsakts zu ihrer ausdrücklichen Harmonisierung gebilligt werden.

(124) Zur Präzisierung der Anforderungen dieser Verordnung sollte der Kommission die Befugnis zur Verabschiedung von Rechtsakten nach Artikel 290 AEUV[1)] übertragen werden, um durch technische Anpassungen dieser Verordnung Begriffsbestimmungen zu klären und eine einheitliche Anwendung dieser Verordnung sicherzustellen oder den Entwicklungen

---

[1)] Auszugsweise abgedruckt unter Nr. **1**.

an den Finanzmärkten Rechnung zu tragen; die Terminologie und die Formulierung der Begriffsbestimmungen an spätere einschlägige Rechtsakte anzupassen; die Eigenmittelbestimmungen dieser Verordnung an Entwicklungen bei den Rechnungslegungsstandards oder im Unionsrecht oder im Hinblick auf die Konvergenz der Aufsichtspraktiken anzupassen; die Verzeichnisse der Risikopositionsklassen für die Zwecke des Standardansatzes oder des IRB-Ansatzes zu erweitern und die Entwicklungen an den Finanzmärkten zu berücksichtigen; bestimmte für diese Risikopositionsklassen relevante Beträge an die Inflation anzupassen; das Verzeichnis und die Klassifizierung der außerbilanziellen Posten anzupassen; spezielle Vorschriften und technische Kriterien für die Behandlung von Gegenparteiausfallrisiken, den Standardansatz und den IRB-Ansatz, die Kreditrisikominderung, Verbriefungen, das operationelle Risiko, das Marktrisiko, die Liquidität, die Verschuldung und die Offenlegung an Entwicklungen an den Finanzmärkten oder bei den Rechnungslegungsstandards oder im Unionsrecht oder im Hinblick auf die Konvergenz bei der Aufsichtspraxis und der Risikobewertung anzupassen und die Ergebnisse der Überprüfung verschiedener Aspekte im Zusammenhang mit dem Anwendungsbereich der Richtlinie 2004/39/EG zu berücksichtigen.

(125) Die Befugnis, Rechtsakte nach Artikel 290 AEUV[1)] zu erlassen, sollte der Kommission auch übertragen werden, um eine vorübergehende Herabsetzung der Eigenmittelanforderungen oder der gemäß dieser Verordnung festgelegten Risikogewichte zur Berücksichtigung besonderer Umstände vorzuschreiben; für bestimmte Risikopositionen gewährte Ausnahmen von der Anwendung der Bestimmungen dieser Verordnung über Großkredite zu klären; zur Berücksichtigung wirtschaftlicher und währungspolitischer Entwicklungen die für die Berechnung der Eigenmittelanforderungen für das Handelsbuch relevanten Beträge festzulegen; die Kategorien von Wertpapierfirmen anzupassen, denen zur Berücksichtigung von Entwicklungen an den Finanzmärkten bestimmte Ausnahmen von der erforderlichen Höhe der Eigenmittel gewährt werden können; im Interesse einer einheitlichen Anwendung dieser Verordnung die Anforderung, dass Wertpapierfirmen Eigenmittel in Höhe eines Viertels ihrer fixen Gemeinkosten des Vorjahres halten müssen, zu präzisieren; festzulegen, von welchen Eigenmittelbestandteilen Beteiligungen eines Instituts an Instrumenten relevanter Unternehmen abgezogen werden sollten; ergänzende Übergangsbestimmungen für die Behandlung versicherungsmathematischer Gewinne und Verluste bei der Messung der Verbindlichkeiten aufgrund Pensionsleistungszusagen von Instituten einzuführen. Es ist besonders wichtig, dass die Kommission bei ihren Vorbereitungsarbeiten – auch auf Sachverständigenebene – angemessene Konsultationen durchführt. Bei der Vorbereitung und Ausarbeitung delegierter Rechtsakte sollte die Kommission die zeitgleiche, zügige und angemessene Weiterleitung relevanter Dokumente an das Europäische Parlament und den Rat gewährleisten.

(126) Gemäß der Erklärung Nr. 39 zu Artikel 290 AEUV[1)] sollte die Kommission bei der Ausarbeitung ihrer Entwürfe für delegierte Rechtsakte im

---

[1)] Auszugsweise abgedruckt unter Nr. 1.

Bereich der Finanzdienstleistungen nach ihrer üblichen Vorgehensweise weiterhin von den Mitgliedstaaten benannte Experten konsultieren.

(127) Technische Standards für die Finanzdienstleistungsbranche sollten eine Harmonisierung, einheitliche Bedingungen und einen angemessenen Schutz von Einlegern, Anlegern und Verbrauchern in der gesamten Union gewährleisten. Da die EBA über spezialisierte Fachkräfte verfügt, wäre es sinnvoll und angemessen, ihr die Aufgabe zu übertragen, für technische Regulierungs- und Durchführungsstandards, die keine politischen Entscheidungen erfordern, Entwürfe auszuarbeiten und der Kommission vorzulegen. Die EBA sollte bei der Ausarbeitung technischer Standards effiziente Verwaltungs- und Meldeverfahren gewährleisten. Die Meldeformate sollten der Art, dem Umfang und der Komplexität der Geschäfte des Instituts angemessen sein.

(128) Die Entwürfe technischer Regulierungsstandards, die die EBA in Bezug auf Gegenseitigkeitsgesellschaften, Genossenschaften, Sparkassen und ähnliche Institute, bestimmte Eigenmittelinstrumente, aufsichtliche Anpassungen, Abzüge von Eigenmitteln, zusätzliche Eigenmittelinstrumente, Minderheitsbeteiligungen, Hilfstätigkeiten zur Banktätigkeit, Verfahren bei Kreditrisikoanpassungen, Ausfallwahrscheinlichkeit, Verlustquote bei Ausfall, Ansätze für die Risikogewichtung von Vermögenswerten, Konvergenz der Aufsichtspraxis, Liquidität und Übergangsbestimmungen für Eigenmittel ausarbeitet, sollten von der Kommission im Wege delegierter Rechtsakte gemäß Artikel 290 AEUV[1] und gemäß den Artikeln 10 bis 14 der Verordnung (EU) Nr. 1093/2010 erlassen werden. Es ist von besonderer Bedeutung, dass die Kommission im Zuge ihrer Vorbereitungsarbeit angemessene Konsultationen, auch auf der Ebene von Sachverständigen, durchführt. Die Kommission und die EBA sollten sicherstellen, dass diese Standards und Anforderungen von allen betroffenen Instituten auf eine Weise angewandt werden können, die der Art, dem Umfang und der Komplexität dieser Institute und ihrer Tätigkeiten angemessen ist.

(129) Die Anwendung einiger der in dieser Verordnung vorgesehenen delegierten Rechtsakte, beispielsweise des delegierten Rechtsakts betreffend die Liquiditätsdeckungsanforderung, hat möglicherweise wesentliche Auswirkungen auf beaufsichtigte Institute und die Realwirtschaft. Die Kommission sollte sicherstellen, dass das Europäische Parlament und der Rat bereits vor der Veröffentlichung der delegierten Rechtsakte stets ausreichend über die einschlägigen Entwicklungen auf internationaler Ebene und aktuelle Überlegungen bei der Kommission unterrichtet sind.

(130) Der Kommission sollte außerdem die Befugnis übertragen werden, von der EBA ausgearbeitete technische Durchführungsstandards in Bezug auf Konsolidierung, gemeinsame Entscheidungen, Meldepflichten, Offenlegung, durch Immobilien besicherte Risikopositionen, Risikobewertung, Ansätze für die Risikogewichtung von Vermögenswerten, Risikogewichte und Spezifikation bestimmter Risikopositionen, Behandlung von Optionen und Optionsscheinen, Positionen in Eigenkapitalinstrumenten und Fremdwährungen, Verwendung interner Modelle, Verschuldung und außerbilanzielle Positionen mittels Durchführungsrechtsakten gemäß Arti-

[1] Auszugsweise abgedruckt unter Nr. **1**.

kel 291 AEUV[1] und gemäß Artikel 15 der Verordnung (EU) Nr. 1093/2010 zu erlassen.

(131) Angesichts der Ausführlichkeit und der Zahl der technischen Regulierungsstandards, die gemäß dieser Verordnung zu erlassen sind, sollte – wenn die Kommission einen technischen Regulierungsstandard erlässt, der mit dem von der EBA vorgelegten Entwurf identisch ist – der Zeitraum, innerhalb dessen das Europäische Parlament oder der Rat Einwände gegen einen technischen Regulierungsstandard erheben können, gegebenenfalls um einen weiteren Monat verlängert werden. Ferner sollte die Kommission die technischen Regulierungsstandards möglichst so rechtzeitig erlassen, dass das Europäische Parlament und der Rat unter Berücksichtigung des Umfangs und der Komplexität technischer Regulierungsstandards sowie der Besonderheiten der Geschäftsordnungen, der Arbeitsplanung und der Zusammensetzung des Europäischen Parlaments und des Rates eine vollständige Prüfung vornehmen können.

(132) Um ein hohes Maß an Transparenz zu gewährleisten, sollte die EBA Konsultationen zu den in dieser Verordnung genannten Entwürfen technischer Standards einleiten. Die EBA und die Kommission sollten so rasch wie möglich mit der Erstellung ihrer nach dieser Verordnung vorgesehenen Berichte über Liquiditätsanforderungen und Verschuldung beginnen.

(133) Um einheitliche Bedingungen für die Durchführung dieser Verordnung zu gewährleisten, sollten der Kommission Durchführungsbefugnisse übertragen werden. Diese Befugnisse sollten gemäß der Verordnung (EU) Nr. 182/2011 des Europäischen Parlaments und des Rates vom 16. Februar 2011 zur Festlegung der allgemeinen Regeln und Grundsätze, nach denen die Mitgliedstaaten die Wahrnehmung der Durchführungsbefugnisse durch die Kommission kontrollieren[2], wahrgenommen werden.

(134) Im Einklang mit Artikel 345 AEUV[1], wonach die Verträge die Eigentumsordnung in den verschiedenen Mitgliedstaaten unberührt lassen, werden die Eigentumsverhältnisse, die in den Anwendungsbereich dieser Verordnung fallen, durch sie weder gefördert noch benachteiligt.

(135) Der Europäische Datenschutzbeauftragte wurde im Einklang mit Artikel 28 Absatz 2 der Verordnung (EG) Nr. 45/2001 konsultiert und hat eine Stellungnahme[3] abgegeben.

(136) Die Verordnung (EU) Nr. 648/2012 sollte daher geändert werden –

HABEN FOLGENDE VERORDNUNG ERLASSEN:

Teil 1. Allgemeine Bestimmungen

Titel I. Gegenstand, Anwendungsbereich und Begriffsbestimmungen

Art. 1 Anwendungsbereich *[1]* [1]Diese Verordnung legt einheitliche Regeln für allgemeine Aufsichtsanforderungen fest, die im Rahmen der Richtlinie 2013/36/EU beaufsichtigte Institute, Finanzholdinggesellschaften und gemisch-

---

[1] Auszugsweise abgedruckt unter Nr. **1**.
[2] **Amtl. Anm.:** ABl. L 55 vom 28.2.2011, S. 13.
[3] **Amtl. Anm.:** ABl. C 175 vom 19.6.2012, S. 1.

te Finanzholdinggesellschaften im Hinblick auf folgende Punkte erfüllen müssen:

a) Eigenmittelanforderungen im Hinblick auf vollständig quantifizierbare, einheitliche und standardisierte Komponenten von Kredit-, Markt-, operationellem und Abwicklungsrisiko sowie Verschuldung,

b) Vorschriften zur Begrenzung von Großkrediten,

c) Liquiditätsanforderungen im Hinblick auf vollständig quantifizierbare, einheitliche und standardisierte Komponenten des Liquiditätsrisikos,

d) Berichtspflichten hinsichtlich der Buchstaben a, b und c,

e) Offenlegungspflichten.

[2] Diese Verordnung legt einheitliche Regeln hinsichtlich der Anforderungen an Eigenmittel und berücksichtigungsfähige Verbindlichkeiten fest, die Abwicklungseinheiten, bei denen es sich um global systemrelevante Institute (G-SRI) handelt oder die Teil von G-SRI sind, sowie bedeutende Tochterunternehmen von Nicht-EU-G-SRI erfüllen müssen.

[2] Diese Verordnung gilt nicht für die Bekanntmachungspflichten der zuständigen Behörden im Bereich der Aufsichtsvorschriften und der Beaufsichtigung von Instituten gemäß der Richtlinie 2013/36/EU.

Art. 2 Aufsichtsbefugnisse. (1) Um die Einhaltung der Bestimmungen dieser Verordnung zu gewährleisten, werden die zuständigen Behörden mit den in der Richtlinie 2013/36/EU und in dieser Verordnung genannten Befugnissen ausgestattet und wenden die darin beschriebenen Verfahren an.

(2) Um die Einhaltung der Bestimmungen dieser Verordnung zu gewährleisten, werden die Abwicklungsbehörden mit den in der Richtlinie 2014/59/EU des Europäischen Parlaments und des Rates[1)] und in dieser Verordnung genannten Befugnissen ausgestattet und wenden die darin beschriebenen Verfahren an.

(3) Um die Einhaltung der Anforderungen an die Eigenmittel und berücksichtigungsfähigen Verbindlichkeiten zu gewährleisten, arbeiten die zuständigen Behörden und die Abwicklungsbehörden zusammen.

(4) Um die Einhaltung der Verpflichtungen im Rahmen ihrer jeweiligen Befugnisse zu gewährleisten, sorgen der durch Artikel 42 der Verordnung (EU) Nr. 806/2014 des Europäischen Parlaments und des Rates[2)] geschaffene Einheitliche Abwicklungsausschuss und die Europäische Zentralbank, wenn es um Angelegenheiten geht, welche die ihr durch die Verordnung (EU) Nr. 1024/

[1)] **Amtl. Anm.:** Richtlinie 2014/59/EU des Europäischen Parlaments und des Rates vom 15. Mai 2014 zur Festlegung eines Rahmens für die Sanierung und Abwicklung von Kreditinstituten und Wertpapierfirmen und zur Änderung der Richtlinie 82/891/EWG des Rates, der Richtlinien 2001/24/EG, 2002/47/EG, 2004/25/EG, 2005/56/EG, 2007/36/EG, 2011/35/EU, 2012/30/EU und 2013/36/EU sowie der Verordnungen (EU) Nr. 1093/2010 und (EU) Nr. 648/2012 des Europäischen Parlaments und des Rates (ABl. L 173 vom 12.6.2014, S. 190).

[2)] **Amtl. Anm.:** Verordnung (EU) Nr. 806/2014 des Europäischen Parlaments und des Rates vom 15. Juli 2014 zur Festlegung einheitlicher Vorschriften und eines einheitlichen Verfahrens für die Abwicklung von Kreditinstituten und bestimmten Wertpapierfirmen im Rahmen eines einheitlichen Abwicklungsmechanismus und eines einheitlichen Abwicklungsfonds sowie zur Änderung der Verordnung (EU) Nr. 1093/2010 (ABl. L 225 vom 30.7.2014, S. 1).

2013[1] des Rates[2] übertragenen Aufgaben betreffen, für den regelmäßigen und zuverlässigen Informationsaustausch untereinander.

Art. 3 Anwendung strengerer Anforderungen durch Institute. Diese Verordnung hindert Institute nicht daran, mehr Eigenmittel und Eigenmittelkomponenten zu halten als in dieser Verordnung gefordert oder strengere als die in dieser Verordnung festgelegten Maßnahmen anzuwenden.

Art. 4 Begriffsbestimmungen. (1) Für die Zwecke dieser Verordnung bezeichnet der Ausdruck

1. „Kreditinstitut" ein Unternehmen, dessen Tätigkeit darin besteht, Einlagen oder andere rückzahlbare Gelder des Publikums entgegenzunehmen und Kredite für eigene Rechnung zu gewähren;
2. „Wertpapierfirma" eine Person im Sinne des Artikels 4 Absatz 1 Nummer 1 der Richtlinie 2004/39/EG, die den Vorschriften jener Richtlinie unterliegt, mit Ausnahme von
   a) Kreditinstituten,
   b) lokalen Firmen;
   c) Firmen, denen nicht erlaubt ist, die in Abschnitt B Nummer 1 der Richtlinie 2004/39/EG genannte Nebendienstleistung zu erbringen, die lediglich eine oder mehrere der in Anhang I Abschnitt A Nummern 1, 2, 4 und 5 jener Richtlinie genannten Wertpapierdienstleistungen und Anlagetätigkeiten erbringen und die weder Geld noch Wertpapiere ihrer Kunden halten dürfen, und deshalb zu keinem Zeitpunkt Schuldner dieser Kunden sein können;
3. „Institut" ein Kreditinstitut oder eine Wertpapierfirma;
4. „lokale Firma" eine Firma, die auf Finanztermin- oder Options- oder anderen Derivatemärkten und auf Kassamärkten für eigene Rechnung mit dem alleinigen Ziel der Absicherung von Positionen auf Derivatemärkten tätig ist oder die für Rechnung anderer Mitglieder dieser Märkte handelt und die über eine Garantie seitens der Clearingmitglieder der genannten Märkte verfügt, wobei die Verantwortung für die Erfüllung der von einer solchen Firma abgeschlossenen Geschäfte von Clearingmitgliedern der selben Märkte übernommen wird;
5. „Versicherungsunternehmen" ein Versicherungsunternehmen im Sinne des Artikels 13 Nummer 1 der Richtlinie 2009/138/EG des Europäischen Parlaments und des Rates vom 25. November 2009 betreffend die Aufnahme und Ausübung der Versicherungs- und der Rückversicherungstätigkeit (Solvabilität II)[3];
6. „Rückversicherungsunternehmen" ein Rückversicherungsunternehmen im Sinne des Artikels 13 Nummer 4 der Richtlinie 2009/138/EG;
7. „Organismus für gemeinsame Anlagen" und „OGA" einen Organismus für gemeinsame Anlagen in Wertpapieren (OGAW) im Sinne des Artikels 1

---

[1] Nr. 5.

[2] **Amtl. Anm.:** Verordnung (EU) Nr. 1024/2013 des Rates vom 15. Oktober 2013 zur Übertragung besonderer Aufgaben im Zusammenhang mit der Aufsicht über Kreditinstitute auf die Europäische Zentralbank (ABl. L 287 vom 29.10.2013, S. 63).

[3] **Amtl. Anm.:** ABl. L 335 vom 17.12.2009, S. 1.

Nummer 2 der Richtlinie 2009/65/EG des Europäischen Parlaments und des Rates[1] oder einen alternativen Investmentfonds (AIF) im Sinne des Artikels 4 Absatz 1 Buchstabe a der Richtlinie 2011/61/EU des Europäischen Parlaments und des Rates[2];

8. „öffentliche Stelle“ eine Verwaltungseinrichtung ohne Erwerbszweck, die Zentralstaaten, regionalen oder lokalen Gebietskörperschaften oder Behörden, die die gleichen Aufgaben wie regionale und lokale Behörden wahrnehmen, unterstehen oder ein im Besitz von Zentralstaaten oder regionalen oder lokalen Gebietskörperschaften befindliches oder von diesen errichtetes und gefördertes Unternehmen ohne Erwerbszweck, für das eine einer ausdrücklichen Garantie gleichstehende Haftung gilt, und kann selbstverwaltete Einrichtungen des öffentlichen Rechts, die einer öffentlichen Beaufsichtigung unterliegen, einschließen;
9. „Leitungsorgan“ ein Leitungsorgan im Sinne des Artikels 3 Absatz 1 Nummer 7 der Richtlinie 2013/36/EU;
10. „Geschäftsleitung“ eine Geschäftsleitung im Sinne des Artikels 3 Absatz 1 Nummer 9 der Richtlinie 2013/36/EU;
11. „Systemrisiko“ das Systemrisiko im Sinne des Artikels 3 Absatz 1 Nummer 10 der Richtlinie 2013/36/EU;
12. „Modellrisiko“ das Modellrisiko im Sinne des Artikels 3 Absatz 1 Nummer 11 der Richtlinie 2013/36/EU;
13. „Originator“ einen Originator im Sinne des Artikels 2 Nummer 3 der Verordnung (EU) 2017/2402[3];
14. „Sponsor“ einen Sponsor im Sinne des Artikels 2 Nummer 5 der Verordnung (EU) 2017/2402;

14a. „ursprünglicher Kreditgeber“ einen ursprünglichen Kreditgeber im Sinne des Artikels 2 Nummer 20 der Verordnung (EU) 2017/2402;

15. „Mutterunternehmen“
    a) ein Mutterunternehmen im Sinne der Artikel 1 und 2 der Richtlinie 83/349/EWG,
    b) für die Zwecke von Titel VII Kapitel 3 und 4 Abschnitt 2 und Titel VIII der Richtlinie 2013/36/EU und Teil 5 dieser Verordnung ein Mutterunternehmen im Sinne des Artikels 1 Absatz 1 der Richtlinie 83/349/EWG sowie jedes Unternehmen, das tatsächlich einen beherrschenden Einfluss auf ein anderes Unternehmen ausübt;
16. „Tochterunternehmen“

---

[1] **Amtl. Anm.:** Richtlinie 2009/65/EG des Europäischen Parlaments und des Rates vom 13. Juli 2009 zur Koordinierung der Rechts- und Verwaltungsvorschriften betreffend bestimmte Organismen für gemeinsame Anlagen in Wertpapieren (OGAW) (ABl. L 302 vom 17.11.2009, S. 32).

[2] **Amtl. Anm.:** Richtlinie 2011/61/EU des Europäischen Parlaments und des Rates vom 8. Juni 2011 über die Verwalter alternativer Investmentfonds und zur Änderung der Richtlinien 2003/41/EG und 2009/65/EG und der Verordnungen (EG) Nr. 1060/2009 und (EU) Nr. 1095/2010 (ABl. L 174 vom 1.7.2011, S. 1).

[3] **Amtl. Anm.:** Verordnung (EU) 2017/2402 des Europäischen Parlaments und des Rates vom 12. Dezember 2017 zur Festlegung eines allgemeinen Rahmens für Verbriefungen und zur Schaffung eines spezifischen Rahmens für einfache, transparente und standardisierte Verbriefung und zur Änderung der Richtlinien 2009/65/EG, 2009/138/EG, 2011/61/EU und der Verordnungen (EG) Nr. 1060/2009 und (EU) Nr. 648/2012 (ABl. L 347 vom 28.12.2017, S. 35).

a) ein Tochterunternehmen im Sinne der Artikel 1 und 2 der Richtlinie 83/349/EWG,

b) ein Tochterunternehmen im Sinne des Artikels 1 Absatz 1 der Richtlinie 83/349/EWG sowie jedes Unternehmen, auf das ein Mutterunternehmen tatsächlich einen beherrschenden Einfluss ausübt.

Tochterunternehmen von Tochterunternehmen gelten ebenfalls als Tochterunternehmen des ursprünglichen Mutterunternehmens;

17. „Zweigstelle" eine Betriebsstelle, die einen rechtlich unselbständigen Teil eines Instituts bildet und sämtliche Geschäfte oder einen Teil der Geschäfte, die mit der Tätigkeit eines Instituts verbunden sind, unmittelbar betreibt;

18. „Anbieter von Nebendienstleistungen" ein Unternehmen, dessen Haupttätigkeit im Besitz oder in der Verwaltung von Immobilien, der Verwaltung von Datenverarbeitungsdiensten oder einer ähnlichen Tätigkeit besteht, die im Verhältnis zur Haupttätigkeit eines oder mehrerer Institute den Charakter einer Nebentätigkeit hat;

19. „Vermögensverwaltungsgesellschaft" eine Vermögensverwaltungsgesellschaft im Sinne des Artikels 2 Nummer 5 der Richtlinie 2002/87/EG oder einen AFIM im Sinne des Artikels 4 Nummer 1 Buchstabe b der Richtlinie 2011/61/EU einschließlich – sofern nicht anders festgelegt – Unternehmen eines Drittlandes, die ähnliche Tätigkeiten ausüben und die dem Recht eines Drittlandes unterliegen, dessen aufsichtliche und rechtliche Anforderungen denen der Union zumindest gleichwertig sind;

20. „Finanzholdinggesellschaft" ein Finanzinstitut, das keine gemischte Finanzholdinggesellschaft ist und dessen Tochterunternehmen ausschließlich oder hauptsächlich Institute oder Finanzinstitute sind; die Tochterunternehmen eines Finanzinstituts sind dann hauptsächlich Institute oder Finanzinstitute, wenn mindestens eines dieser Tochterunternehmen ein Institut ist und wenn über 50 % des Eigenkapitals, der konsolidierten Bilanzsumme, der Einkünfte, des Personals des Finanzinstituts oder eines anderen von der zuständigen Behörde als relevant erachteten Indikators Tochterunternehmen zuzuordnen sind, bei denen es sich um Institute oder Finanzinstitute handelt;

21. „gemischte Finanzholdinggesellschaft" eine gemischte Finanzholdinggesellschaft im Sinne des Artikels 2 Nummer 15 der Richtlinie 2002/87/EG;

22. „gemischte Holdinggesellschaft" ein Mutterunternehmen, das weder eine Finanzholdinggesellschaft noch ein Institut noch eine gemischte Finanzholdinggesellschaft ist und zu deren Tochterunternehmen mindestens ein Institut gehört;

23. „Drittland-Versicherungsunternehmen" ein Drittland-Versicherungsunternehmen im Sinne des Artikels 13 Nummer 3 der Richtlinie 2009/138/EG;

24. „Drittland-Rückversicherungsunternehmen" ein Drittland-Rückversicherungsunternehmen im Sinne des Artikels 13 Nummer 6 der Richtlinie 2009/138/EG;

25. „anerkannte Drittland-Wertpapierfirma" eine Firma, die die folgenden Bedingungen erfüllt:

a) sie würde unter die Definition der Wertpapierfirma fallen, wenn sie ihren Sitz in der Union hätte,
b) sie ist in einem Drittland zugelassen,
c) sie unterliegt und befolgt Aufsichtsregeln, die nach Auffassung der zuständigen Behörden mindestens genauso streng sind wie die Aufsichtsregeln gemäß dieser Verordnung oder der Richtlinie 2013/36/EU;

26. „Finanzinstitut" ein Unternehmen, das kein Institut und keine reine Industrieholdinggesellschaft ist und dessen Haupttätigkeit darin besteht, Beteiligungen zu erwerben oder eines oder mehrere der in Anhang I Nummern 2 bis 12 und 15 der Richtlinie 2013/36/EU genannten Geschäfte zu betreiben; diese Definition schließt Finanzholdinggesellschaften, gemischte Finanzholdinggesellschaften, Zahlungsinstitute im Sinne des Artikels 4 Nummer 4 der Richtlinie (EU) 2015/2366 des Europäischen Parlaments und des Rates[1] und Vermögensverwaltungsgesellschaften ein, jedoch nicht Versicherungsholdinggesellschaften oder gemischte Versicherungsholdinggesellschaften im Sinne des Artikels 212 Absatz 1 Buchstabe f beziehungsweise Buchstabe g der Richtlinie 2009/138/EG;

27. „Unternehmen der Finanzbranche":
a) ein Institut,
b) ein Finanzinstitut,
c) einen in die konsolidierte Finanzlage eines Instituts einbezogenen Anbieter von Nebendienstleistungen,
d) ein Versicherungsunternehmen,
e) ein Drittland-Versicherungsunternehmen,
f) ein Rückversicherungsunternehmen,
g) ein Drittland-Rückversicherungsunternehmen,
h) eine Versicherungs-Holdinggesellschaft im Sinne des Artikels 212 Absatz 1 Buchstabe f der Richtlinie 2009/138/EG,
i), j) *(nicht belegt)*
k) ein gemäß den Bedingungen des Artikels 4 der Richtlinie 2009/138/EG aus dem Anwendungsbereich jener Richtlinie ausgenommenes Unternehmen,
l) ein Drittlandsunternehmen, dessen Hauptgeschäftstätigkeit der eines Unternehmens unter den Buchstaben a bis k vergleichbar ist;

28. „Mutterinstitut in einem Mitgliedstaat" ein Institut in einem Mitgliedstaat, das ein Institut, ein Finanzinstitut oder einen Anbieter von Nebendienstleistungen als Tochter hat oder eine Beteiligung an einem Institut, einem Finanzinstitut oder einem Anbieter von Nebendienstleistungen hält und nicht selbst Tochterunternehmen eines anderen im selben Mitgliedstaat zugelassenen Instituts oder einer im selben Mitgliedstaat errichteten Finanzholdinggesellschaft oder gemischten Finanzholdinggesellschaft ist;

---

[1] **Amtl. Anm.:** Richtlinie (EU) 2015/2366 des Europäischen Parlaments und des Rates vom 25. November 2015 über Zahlungsdienste im Binnenmarkt, zur Änderung der Richtlinien 2002/65/EG, 2009/110/EG und 2013/36/EU und der Verordnung (EU) Nr. 1093/2010 sowie zur Aufhebung der Richtlinie 2007/64/EG (ABl. L 337 vom 23.12.2015, S. 35).

29. „EU-Mutterinstitut" ein Mutterinstitut in einem Mitgliedstaat, das nicht Tochterunternehmen eines anderen, in einem Mitgliedstaat zugelassenen Instituts oder einer in einem Mitgliedstaat errichteten Finanzholdinggesellschaft oder gemischten Finanzholdinggesellschaft ist;

29a. „Mutterwertpapierfirma in einem Mitgliedstaat" ein Mutterinstitut in einem Mitgliedstaat, bei dem es sich um eine Wertpapierfirma handelt;

29b. „EU-Mutterwertpapierfirma, ein EU-Mutterinstitut" bei dem es sich um eine Wertpapierfirma handelt;

29c. „Mutterkreditinstitut in einem Mitgliedstaat" ein Mutterinstitut in einem Mitgliedstaat, bei dem es sich um ein Kreditinstitut handelt;

29d. „EU-Mutterkreditinstitut, ein EU-Mutterinstitut" bei dem es sich um ein Kreditinstitut handelt;

30. „Mutterfinanzholdinggesellschaft in einem Mitgliedstaat" eine Finanzholdinggesellschaft, die nicht Tochterunternehmen eines im selben Mitgliedstaat zugelassenen Instituts oder einer im selben Mitgliedstaat errichteten Finanzholdinggesellschaft oder gemischten Finanzholdinggesellschaft ist;

31. „EU-Mutterfinanzholdinggesellschaft" eine Mutterfinanzholdinggesellschaft in einem Mitgliedstaat, die nicht Tochterunternehmen eines in einem Mitgliedstaat zugelassenen Instituts oder einer anderen, in einem Mitgliedstaat errichteten Finanzholdinggesellschaft oder gemischten Finanzholdinggesellschaft ist;

32. „gemischte Mutterfinanzholdinggesellschaft in einem Mitgliedstaat" eine gemischte Finanzholdinggesellschaft, die nicht Tochterunternehmen eines im selben Mitgliedstaat zugelassenen Instituts oder einer im selben Mitgliedstaat errichteten Finanzholdinggesellschaft oder gemischten Finanzholdinggesellschaft ist;

33. „gemischte EU-Mutterfinanzholdinggesellschaft" eine gemischte Mutterfinanzholdinggesellschaft in einem Mitgliedstaat, die nicht Tochterunternehmen eines in einem Mitgliedstaat zugelassenen Instituts oder einer anderen, in einem Mitgliedstaat errichteten Finanzholdinggesellschaft oder gemischten Finanzholdinggesellschaft ist;

34. „zentrale Gegenpartei" oder „ZGP" eine zentrale Gegenpartei im Sinne des Artikels 2 Nummer 1 der Verordnung (EU) Nr. 648/2012;

35. „Beteiligung" eine Beteiligung im Sinne des Artikels 17 Satz 1 der Vierten Richtlinie 78/660/EWG des Rates vom 25. Juli 1978 über den Jahresabschluss von Gesellschaften bestimmter Rechtsformen[1] oder das direkte oder indirekte Halten von mindestens 20 % der Stimmrechte oder des Kapitals an einem anderen Unternehmen;

36. „qualifizierte Beteiligung" das direkte oder indirekte Halten von mindestens 10 % des Kapitals oder der Stimmrechte eines Unternehmens oder eine andere Möglichkeit der Wahrnehmung eines maßgeblichen Einflusses auf die Geschäftsführung dieses Unternehmens;

37. „Kontrolle" das Verhältnis zwischen einem Mutter- und einem Tochterunternehmen im Sinne des Artikels 1 der Richtlinie 83/349/EWG, oder der Rechnungslegungsstandards, die gemäß der Verordnung (EU)

---

[1] **Amtl. Anm.:** ABl. L 222 vom 14.8.1978, S. 11.

Nr. 1606/2002 für ein Institut gelten, oder ein vergleichbares Verhältnis zwischen einer natürlichen oder juristischen Person und einem Unternehmen;

38. „enge Verbindung" eine Situation, in der zwei oder mehr natürliche oder juristische Personen auf eine der folgenden Weisen miteinander verbunden sind:
    a) über eine Beteiligung in Form des direkten Haltens oder durch Kontrolle von mindestens 20 % der Stimmrechte oder des Kapitals an einem Unternehmen,
    b) durch Kontrolle,
    c) über ein dauerhaftes Kontrollverhältnis beider oder aller mit ein und derselben dritten Person;

39. „Gruppe verbundener Kunden" jeden der folgenden Fälle:
    a) zwei oder mehr natürliche oder juristische Personen, die – sofern nicht das Gegenteil nachgewiesen wird – im Hinblick auf das Risiko insofern eine Einheit bilden, als eine von ihnen über eine direkte oder indirekte Kontrolle über die andere oder die anderen verfügt,
    b) zwei oder mehr natürliche oder juristische Personen, zwischen denen kein Kontrollverhältnis im Sinne des Buchstabens a besteht, die aber im Hinblick auf das Risiko als Einheit anzusehen sind, da zwischen ihnen Abhängigkeiten bestehen, die es wahrscheinlich erscheinen lassen, dass bei finanziellen Schwierigkeiten, insbesondere Finanzierungs- oder Rückzahlungsschwierigkeiten, eines dieser Kunden auch andere bzw. alle anderen auf Finanzierungs- oder Rückzahlungsschwierigkeiten stoßen.

    Übt ein Zentralstaat die direkte Kontrolle über mehr als eine natürliche oder juristische Person aus oder besteht zwischen einem Zentralstaat und mehr als einer natürlichen oder juristischen Person eine direkte Abhängigkeit, so kann unbeschadet der Buchstaben a und b die Gruppe aus dem Zentralstaat und allen natürlichen oder juristischen Personen, die er gemäß Buchstabe a direkt oder indirekt kontrolliert oder die gemäß Buchstabe b mit ihm verbunden sind, als Gruppe betrachtet werden, die keine Gruppe verbundener Kunden ist. Stattdessen kann die Existenz einer aus dem Zentralstaat und anderen natürlichen oder juristischen Personen bestehenden Gruppe verbundener Kunden für jede gemäß Buchstabe a direkt vom Zentralstaat kontrollierte oder gemäß Buchstabe b direkt mit dem Zentralstaat verbundene Person und alle natürlichen oder juristischen Personen, die gemäß Buchstabe a von dieser Person kontrolliert werden oder gemäß Buchstabe b mit dieser Person verbunden sind, einschließlich der Zentralregierung, gesondert beurteilt werden. Dies gilt auch im Falle von regionalen und lokalen Gebietskörperschaften, auf die Artikel 115 Absatz 2 Anwendung findet.

    Zwei oder mehr natürliche oder juristische Personen, die die unter Buchstabe a oder b genannten Bedingungen aufgrund ihrer direkten Risikoposition gegenüber derselben ZGP zu Zwecken von Clearingtätigkeiten erfüllen, werden nicht als Gruppe betrachtet, die eine Gruppe verbundener Kunden bildet;

40. „zuständige Behörde" eine nach einzelstaatlichem Recht offiziell anerkannte öffentliche Behörde oder Einrichtung, die nach diesem Recht zur Beaufsichtigung von Instituten als Teil des in dem betreffenden Mitgliedstaat geltenden Aufsichtssystems befugt ist;
41. „konsolidierende Aufsichtsbehörde" eine zuständige Behörde, die gemäß Artikel 111 der Richtlinie 2013/36/EG für die Ausübung der Aufsicht auf konsolidierter Basis verantwortlich ist;
42. „Zulassung" einen Hoheitsakt gleich welcher Form, mit dem die Behörden das Recht zur Ausübung der Geschäftstätigkeit erteilen;
43. „Herkunftsmitgliedstaat" den Mitgliedstaat, in dem einem Institut die Zulassung erteilt wurde;
44. „Aufnahmemitgliedstaat" den Mitgliedstaat, in dem ein Institut eine Zweigstelle hat oder Dienstleistungen erbringt;
45. „Zentralbanken des ESZB" die nationalen Zentralbanken, die Mitglieder des Europäischen Systems der Zentralbanken (ESZB) sind, und die Europäische Zentralbank (EZB);
46. „Zentralbanken" die Zentralbanken des ESZB sowie Zentralbanken dritter Länder;
47. „konsolidierte Lage" die Lage, die sich ergibt, wenn die Anforderungen dieser Verordnung gemäß Teil 1 Titel II Kapitel 2 so auf ein Institut angewandt werden, als bildete dieses Institut zusammen mit einem oder mehreren anderen Unternehmen ein einziges Institut;
48. „auf konsolidierter Basis" auf Basis der konsolidierten Lage;
49. „auf teilkonsolidierter Basis" auf Basis der konsolidierten Lage eines Mutterinstituts, einer Finanzholdinggesellschaft oder einer gemischten Finanzholdinggesellschaft unter Ausschluss einer Teilgruppe von Unternehmen, oder auf Basis der konsolidierten Lage eines Mutterinstituts, einer Finanzholdinggesellschaft oder einer gemischten Finanzholdinggesellschaft, das/die nicht oberstes Mutterinstitut bzw. oberste Finanzholdinggesellschaft oder gemischte Finanzholdinggesellschaft ist;
50. „Finanzinstrument"
    a) einen Vertrag, der für eine der beteiligten Seiten einen finanziellen Vermögenswert und für die andere Seite eine finanzielle Verbindlichkeit oder ein Eigenkapitalinstrument schafft,
    b) ein in Anhang I Abschnitt C der Richtlinie 2004/39/EG genanntes Instrument,
    c) ein derivatives Finanzinstrument,
    d) ein Primärfinanzinstrument,
    e) ein Kassainstrument.

    Die unter den Buchstaben a, b und c genannten Instrumente sind nur dann als Finanzinstrumente zu betrachten, wenn ihr Wert sich aus dem Kurs eines zugrunde liegenden Finanzinstruments oder eines anderen Basiswerts, einem Satz oder einem Index errechnet;
51. „Anfangskapital" die in Artikel 12 der Richtlinie 2013/36/EU für Kreditinstitute und in Titel IV jener Richtlinie für Wertpapierfirmen genannten Beträge und Arten von Eigenmitteln;

52. „operationelles Risiko" das Risiko von Verlusten, die durch die Unangemessenheit oder das Versagen von internen Verfahren, Menschen und Systemen oder durch externe Ereignisse verursacht werden, einschließlich Rechtsrisiken;
53. „Verwässerungsrisiko" das Risiko, dass sich der Betrag einer Forderung durch bare oder unbare Ansprüche des Schuldners vermindert;
54. „Ausfallwahrscheinlichkeit" und „PD" die Wahrscheinlichkeit des Ausfalls einer Gegenpartei im Laufe eines Jahres;
55. „Verlustquote bei Ausfall" und „LGD" die Höhe des Verlusts für eine Risikoposition bei Ausfall der Gegenpartei gemessen am Betrag der zum Zeitpunkt des Ausfalls ausstehenden Risikopositionen;
56. „Umrechnungsfaktor" das Verhältnis zwischen dem gegenwärtig nicht in Anspruch genommenen Betrag einer Zusage, der in Anspruch genommen werden könnte und daher bei Ausfall ausstünde, und dem gegenwärtig nicht in Anspruch genommenen Betrag dieser Zusage, wobei sich der Umfang der Zusage nach dem mitgeteilten Limit bestimmt, es sei denn, das nicht mitgeteilte Limit ist höher;
57. „Kreditrisikominderung" ein Verfahren, das ein Institut einsetzt, um das mit einer oder mehreren Risikopositionen, die es im Bestand behält, verbundene Kreditrisiko herabzusetzen;
58. „Besicherung mit Sicherheitsleistung" ein Verfahren der Kreditrisikominderung, bei dem sich das mit der Risikoposition eines Instituts verbundene Kreditrisiko dadurch vermindert, dass das Institut das Recht hat, bei Ausfall der Gegenpartei oder bei bestimmten anderen, mit der Gegenpartei zusammenhängenden Kreditereignissen bestimmte Vermögenswerte oder Beträge zu verwerten, ihren Transfer oder ihre Aneignung zu erwirken oder sie einzubehalten oder aber den Risikopositionsbetrag auf die Differenz zwischen diesem und dem Betrag einer Forderung gegen das Institut herabzusetzen bzw. diesen durch diese Differenz zu ersetzen;
59. „Absicherung ohne Sicherheitsleistung" ein Verfahren der Kreditrisikominderung, bei dem sich das mit der Risikoposition eines Instituts verbundene Kreditrisiko durch die Verpflichtung eines Dritten vermindert, bei Ausfall des Kreditnehmers oder bestimmten anderen Kreditereignissen eine Zahlung zu leisten;
60. „bargeldnahes Instrument" ein Einlagenzertifikat, eine Schuldverschreibung, einschließlich einer gedeckten Schuldverschreibung, oder ein ähnliches nicht nachrangiges Instrument, das ein Institut ausgegeben hat, für das es bereits die vollständige Zahlung erhalten hat und das es uneingeschränkt zum Nennwert zurückzahlen muss;
61. „Verbriefung" eine Verbriefung im Sinne des Artikels 2 Nummer 1 der Verordnung (EU) 2017/2402;
62. „Verbriefungsposition" eine Verbriefungsposition im Sinne des Artikels 2 Nummer 19 der Verordnung (EU) 2017/2402;
63. „Wiederverbriefung" eine Wiederverbriefung im Sinne des Artikels 2 Nummer 4 der Verordnung (EU) 2017/2402;
64. „Wiederverbriefungsposition" eine Risikoposition in einer Wiederverbriefung;

65. „Bonitätsverbesserung" eine vertragliche Vereinbarung, durch die die Kreditqualität einer Verbriefungsposition gegenüber dem Stand ohne eine solche Vereinbarung verbessert wird; dazu zählen auch Verbesserungen, die durch nachrangigere Tranchen in der Verbriefung und andere Arten der Besicherung erzielt werden;
66. „Verbriefungszweckgesellschaft" eine Verbriefungszweckgesellschaft im Sinne des Artikels 2 Nummer 2 der Verordnung (EU) 2017/2402;
67. „Tranche" eine Tranch im Sinne des Artikels 2 Nummer 6 der Verordnung (EU) 2017/2402;
68. „Bewertung zu Marktpreisen" die Bewertung von Positionen auf der Grundlage einfach feststellbarer Glattstellungspreise, die aus neutralen Quellen bezogen werden, einschließlich Börsenkursen, über Handelssysteme angezeigten Preisen oder Quotierungen von verschiedenen unabhängigen, angesehenen Brokern;
69. „Bewertung zu Modellpreisen" jede Bewertung, die aus einem oder mehreren Marktwerten abgeleitet, extrapoliert oder auf andere Weise errechnet werden muss;
70. „unabhängige Preisüberprüfung" den Prozess der regelmäßigen Überprüfung von Marktpreisen und Modellparametern auf Exaktheit und Unabhängigkeit;
71. „anrechenbare Eigenmittel" folgende Komponenten:
    a) für die Zwecke des Teils 2 Titel III die Summe folgender Komponenten:
        i) Kernkapital im Sinne des Artikels 25 ohne die Abzüge nach Artikel 36 Absatz 1 Buchstabe k Ziffer i,
        ii) Ergänzungskapital im Sinne des Artikels 71 in Höhe von höchstens einem Drittel des nach Ziffer i berechneten Kernkapitals;
    b) für die Zwecke des Artikels 97 die Summe folgender Komponenten:
        i) Kernkapital im Sinne des Artikels 25,
        ii) Ergänzungskapital im Sinne des Artikels 71 in Höhe von höchstens einem Drittel des Kernkapitals;
72. „anerkannte Börse" eine Börse, die die folgenden Bedingungen erfüllt:
    a) Sie ist ein geregelter Markt oder ein Markt eines Drittlands, der gemäß dem Verfahren nach Artikel 25 Absatz 4 Buchstabe a der Richtlinie 2014/65/EU des Europäischen Parlaments und des Rates[1)] als einem geregelten Markt gleichwertig angesehen wird;
    b) sie verfügt über einen Clearingmechanismus, der für die in Anhang II genannten Geschäfte eine tägliche Berechnung der Einschussforderungen vorsieht und damit nach Auffassung der zuständigen Behörden einen angemessenen Schutz bietet;
73. „freiwillige Altersversorgungsleistungen" eine verbesserte Altersversorgung, die einem Mitarbeiter von einem Institut nach Ermessen im Rahmen

---

[1)] **Amtl. Anm.:** Richtlinie 2014/65/EU des Europäischen Parlaments und des Rates vom 15. Mai 2014 über Märkte für Finanzinstrumente sowie zur Änderung der Richtlinien 2002/92/EG und 2011/61/EU (ABl. L 173 vom 12.6.2014, S. 349).

seines variablen Vergütungspakets gewährt wird; Anwartschaften eines Mitarbeiters im Rahmen des betrieblichen Altersversorgungssystems fallen nicht darunter;

74. „Beleihungswert" den Wert einer Immobilie, der bei einer vorsichtigen Bewertung ihrer künftigen Marktgängigkeit unter Berücksichtigung ihrer langfristigen dauerhaften Eigenschaften, der normalen und örtlichen Marktbedingungen, der derzeitigen Nutzung sowie angemessener Alternativnutzungen bestimmt wird;

75. „Wohnimmobilie" eine Wohnung oder ein Wohnhaus, die/das vom Eigentümer oder Mieter bewohnt wird, einschließlich des Wohnrechts in Wohnungsgenossenschaften in Schweden;

76. „Marktwert" im Hinblick auf Immobilien den geschätzten Betrag, zu dem die Immobilie am Tag der Bewertung nach angemessener Vermarktung im Rahmen eines zu marktüblichen Konditionen getätigten Geschäfts, das die Parteien in Kenntnis der Sachlage, umsichtig und ohne Zwang abschließen, von einem veräußerungswilligen Verkäufer auf einen kaufwilligen Käufer übergehen dürfte;

77. „geltender Rechnungslegungsrahmen" die Rechnungslegungsstandards, denen ein Institut gemäß der Verordnung (EG) Nr. 1606/2002 oder der Richtlinie 86/635/EWG unterliegt;

78. „Einjahresausfallquote" das Verhältnis der während des Zeitraums von einem Jahr bis zum Zeitpunkt T eingetretenen Ausfälle zur Anzahl der ein Jahr vor diesem Datum dieser Klasse bzw. diesem Pool zugeordneten Schuldner;

79. „spekulative Immobilienfinanzierung" Darlehen zum Zwecke des Erwerbs, der Entwicklung oder des Baus von oder im Zusammenhang mit Immobilien bzw. Flächen für solche Immobilien mit der Absicht, diese gewinnbringend zu verkaufen;

80. „Handelsfinanzierung" Finanzierungstätigkeiten einschließlich Bürgschaften im Zusammenhang mit dem Austausch von Gütern und Dienstleistungen durch Finanzprodukte mit fester kurzer Laufzeit (im Allgemeinen weniger als ein Jahr) ohne automatische Verlängerung;

81. „öffentlich unterstützte Exportkredite" Darlehen oder Kredite zur Finanzierung der Ausfuhr von Gütern und Dienstleistungen, für die eine offizielle Exportversicherungsagentur Bürgschaften, Versicherungen oder Direktfinanzierungen bereitstellt;

82. „Rückkaufsvereinbarung" und „umgekehrte Rückkaufsvereinbarung" eine Vereinbarung, durch die ein Institut oder seine Gegenpartei Wertpapiere oder Waren oder garantierte Rechtsansprüche auf Wertpapiere oder Waren – wenn die Garantie von einer anerkannten Börse, die die Rechte an den Wertpapieren oder Waren hält, gegeben wird und die Vereinbarung es dem Institut nicht erlaubt, ein bestimmtes Wertpapier oder eine bestimmte Ware gleichzeitig mehr als einer Gegenpartei zu übertragen oder zu verpfänden, und die Übertragung in Verbindung mit einer Rückkaufzusage erfolgt – oder ersatzweise auf Wertpapiere oder Waren derselben Ausstattung zu einem festen Preis und zu einem vom Pensionsgeber festgesetzten oder noch festzusetzenden späteren Zeitpunkt überträgt; dabei handelt es sich für das Institut, das die Wertpapiere oder Waren veräußert, um eine Rück-

kaufsvereinbarung und für das Institut, das sie erwirbt, um eine umgekehrte Rückkaufsvereinbarung;

83. „Pensionsgeschäft" jedes Geschäft, das als „Rückkaufsvereinbarung" oder „umgekehrte Rückkaufsvereinbarung" gilt;

84. „einfache Rückkaufsvereinbarung" ein Pensionsgeschäft mit einem einzigen Vermögenswert oder mit ähnlichen nichtkomplexen Vermögenswerten im Gegensatz zu einem Korb von Vermögenswerten;

85. „Positionen, die mit Handelsabsicht gehalten werden",
    a) Eigenhandelspositionen und Positionen, die sich aus Kundenbetreuung und Marktpflege ergeben,
    b) Positionen, die zum kurzfristigen Wiederverkauf gehalten werden,
    c) Positionen, bei denen die Absicht besteht, aus bestehenden oder erwarteten kurzfristigen Kursunterschieden zwischen Ankaufs- und Verkaufskurs oder aus anderen Kurs- oder Zinsschwankungen Profit zu ziehen;

86. „Handelsbuch" alle Positionen in Finanzinstrumenten und Waren, die ein Institut entweder mit Handelsabsicht oder zur Absicherung von mit Handelsabsicht gehaltenen Positionen gemäß Artikel 104 hält;

87. „multilaterales Handelssystem" ein multilaterales Handelssystem im Sinne des Artikels 4 Nummer 15 der Richtlinie 2004/39/EG;

88. „qualifizierte zentrale Gegenpartei" oder „qualifizierte ZGP" eine zentrale Gegenpartei, die entweder nach Artikel 14 der Verordnung (EU) Nr. 648/2012 zugelassen oder nach Artikel 25 jener Verordnung anerkannt wurde;

89. „Ausfallfonds" einen von einer zentralen Gegenpartei gemäß Artikel 42 der Verordnung (EU) Nr. 648/2012 eingerichteten und gemäß Artikel 45 jener Verordnung genutzten Fonds;

90. „vorfinanzierter Beitrag zum Ausfallfonds einer ZGP" einen in den Ausfallfonds einer zentralen Gegenpartei eingezahlten Beitrag eines Instituts;

91. „Handelsrisikoposition" eine aus Geschäften im Sinne des Artikels 301 Absatz 1 Buchstaben a, b und c sowie aus der Einschussforderung herrührende aktuelle Risikoposition, einschließlich eines einem Clearingmitglied zustehenden und noch nicht eingegangenen Nachschusses, und jede potenzielle künftige Risikoposition eines Clearingmitglieds oder eines Kunden gegenüber einer ZGP;

92. „geregelter Markt" einen geregelten Markt im Sinne des Artikels 4 Nummer 14 der Richtlinie 2004/39/EG;

93. „Verschuldung" die an den Eigenmitteln eines Instituts gemessene relative Höhe der Aktiva, außerbilanziellen Verpflichtungen und Eventualverpflichtungen zu Zahlung, Lieferung oder dem Stellen von Sicherheiten, einschließlich Verpflichtungen aus erhaltenen Finanzierungen, gegebenen Zusagen, Derivaten oder Rückkaufsvereinbarungen, aber ausschließlich Verpflichtungen, die nur bei Liquidation des Instituts eingefordert werden können;

94. „Risiko einer übermäßigen Verschuldung" das Risiko, das aus der Anfälligkeit eines Instituts aufgrund von Verschuldung oder Eventualverschuldung erwächst, die möglicherweise unvorgesehene Korrekturen seines Geschäftsplans erfordert, einschließlich der Veräußerung von Aktiva in einer

Notlage, was zu Verlusten oder Bewertungsanpassungen der verbleibenden Aktiva führen könnte;

95. „Kreditrisikoanpassung" den Betrag der spezifischen und allgemeinen Rückstellungen für Kreditverluste zur Unterlegung der Kreditrisiken, die gemäß dem geltenden Rechnungslegungsrahmen im Jahresabschluss des Instituts anerkannt wurden;
96. „internes Sicherungsgeschäft" eine Position, die die Risikobestandteile zwischen einer Position im Handelsbuch und einer oder mehreren Positionen im Anlagebuch oder zwischen zwei Handelstischen im Wesentlichen ausgleicht;
97. „Referenzverbindlichkeit" eine Verbindlichkeit, die zur Bestimmung der Höhe des Barausgleichs für ein Kreditderivat herangezogen wird;
98. „externe Ratingagentur" oder „ECAI" eine gemäß der Verordnung (EG) Nr. 1060/2009 des Europäischen Parlaments und des Rates vom 16. September 2009 über Ratingagenturen[1)] zugelassene oder zertifizierte Ratingagentur oder eine Zentralbank, die Bonitätsbeurteilungen abgibt, die von der Anwendung der genannten Verordnung ausgenommen sind;
99. „benannte ECAI" eine von einem Institut benannte ECAI;
100. „kumuliertes sonstiges Ergebnis" ein kumuliertes sonstiges Ergebnis im Sinne des nach Maßgabe der Verordnung (EG) Nr. 1606/2002 anwendbaren internationalen Rechnungslegungsstandards (IAS) 1;
101. „Basiseigenmittel" Eigenmittel im Sinne des Artikels 88 der Richtlinie 2009/138/EG;
102. „Kernkapital von Versicherungsunternehmen" die Bestandteile der Basiseigenmittel von Unternehmen, die den Anforderungen der Richtlinie 2009/138/EG unterliegen, wenn diese Bestandteile gemäß Artikel 94 Absatz 1 jener Richtlinie in die Klasse „Tier 1" im Sinne jener Richtlinie eingestuft werden;
103. „zusätzliches Kernkapital von Versicherungsunternehmen" Bestandteile der Basiseigenmittel von Unternehmen, die den Anforderungen der Richtlinie 2009/138/EG unterliegen, wenn diese Bestandteile gemäß Artikel 94 Absatz 1 jener Richtlinie in die Klasse „Tier 1" im Sinne jener Richtlinie eingestuft werden und die Einbeziehung dieser Bestandteile durch gemäß Artikel 99 jener Richtlinie erlassene delegierte Rechtsakte begrenzt wird;
104. „Ergänzungskapital von Versicherungsunternehmen" Bestandteile der Basiseigenmittel von Unternehmen, die den Anforderungen der Richtlinie 2009/138/EG unterliegen, wenn diese Bestandteile gemäß Artikel 94 Absatz 2 jener Richtlinie in die Klasse „Tier 2" im Sinne jener Richtlinie eingestuft werden;
105. „Drittrangmittel von Versicherungsunternehmen" Bestandteile der Basiseigenmittel von Unternehmen, die den Anforderungen der Richtlinie 2009/138/EG unterliegen, wenn diese Bestandteile gemäß Artikel 94 Absatz 3 jener Richtlinie in die Klasse „Tier 3" im Sinne jener Richtlinie eingestuft werden;

---

1) **Amtl. Anm.:** ABl. L 302 vom 17.11.2009, S. 1.

106. „latente Steueransprüche" latente Steueransprüche im Sinne des geltenden Rechnungslegungsrahmens;
107. „von der künftigen Rentabilität abhängige latente Steueransprüche" latente Steueransprüche, deren künftiger Wert nur realisiert werden kann, wenn das Institut in Zukunft ein zu versteuerndes Ergebnis erzielt;
108. „latente Steuerschulden" latente Steuerschulden im Sinne des geltenden Rechnungslegungsrahmens;
109. „Vermögenswerte aus Pensionsfonds mit Leistungszusage" die Vermögenswerte aus einem Pensionsfonds oder einem Altersversorgungsplan mit Leistungszusage nach Abzug der Verbindlichkeiten dieses Fonds bzw. Plans;
110. „Ausschüttung" jede Art der Auszahlung von Dividenden oder Zinsen;
111. „Finanzunternehmen" ein Finanzunternehmen im Sinne des Artikels 13 Nummer 25 Buchstaben b und d der Richtlinie 2009/138/EG;
112. „Fonds für allgemeine Bankrisiken" einen Fonds für allgemeine Bankrisiken im Sinne des Artikels 38 der Richtlinie 86/635/EWG;
113. „Geschäfts- oder Firmenwert" den Geschäfts- oder Firmenwert im Sinne des geltenden Rechnungslegungsrahmens;
114. „indirekte Position" eine Risikoposition gegenüber einem Intermediär, der Risikopositionen aus Kapitalinstrumenten eines Unternehmens der Finanzbranche hält, wobei im Falle einer endgültigen Abschreibung der Kapitalinstrumente des Unternehmens der Finanzbranche der dem Institut dadurch entstehende Verlust nicht wesentlich von dem Verlust abweichen würde, der ihm aus dem direkten Halten jener Kapitalinstrumente des Unternehmens der Finanzbranche erwachsen würde;
115. „immaterielle Vermögenswerte" immaterielle Vermögenswerte im Sinne des geltenden Rechnungslegungsrahmens, einschließlich des Geschäfts- bzw. Firmenwerts;
116. „andere Kapitalinstrumente" von Unternehmen der Finanzbranche begebene Kapitalinstrumente, die nicht zu den Instrumenten des harten Kernkapitals, des zusätzlichen Kernkapitals oder des Ergänzungskapitals oder zum Kernkapital von Versicherungsunternehmen, dem zusätzlichen Kernkapital von Versicherungsunternehmen, dem Ergänzungskapital von Versicherungsunternehmen oder den Drittrangmitteln von Versicherungsunternehmen zählen;
117. „sonstige Rücklagen" Rücklagen im Sinne des geltenden Rechnungslegungsrahmens, die gemäß dem geltenden Rechnungslegungsstandard offengelegt werden müssen, ausschließlich aller Beträge, die bereits im kumulierten sonstigen Ergebnis oder in den einbehaltenen Gewinnen ausgewiesen sind;
118. „Eigenmittel" die Summe aus Kernkapital und Ergänzungskapital;
119. „Eigenmittelinstrumente" Kapitalinstrumente des Instituts, die zu den Instrumenten des harten Kernkapitals, des zusätzlichen Kernkapitals oder des Ergänzungskapitals zählen;
120. „Minderheitsbeteiligung" den Betrag des harten Kernkapitals eines Tochterunternehmens eines Instituts, der nicht in den aufsichtlichen Konsolidierungskreis des Instituts einbezogenen natürlichen oder juristischen Personen zuzurechnen ist;

121. „Gewinn" Gewinn im Sinne des geltenden Rechnungslegungsrahmens;
122. „Überkreuzbeteiligung" die Beteiligung eines Instituts an Eigenmittelinstrumenten oder anderen Kapitalinstrumenten von Unternehmen der Finanzbranche, die selbst Eigenmittelinstrumente des betreffenden Instituts halten;
123. „einbehaltene Gewinne" die nach Zuweisung des endgültigen Ergebnisses gemäß dem geltenden Rechnungslegungsrahmen fortgeschriebenen Gewinne und Verluste;
124. „Agio" das Agio im Sinne des geltenden Rechnungslegungsrahmens;
125. „temporäre Differenzen" temporäre Differenzen im Sinne des geltenden Rechnungslegungsrahmen;
126. „synthetische Position" die Investition eines Instituts in ein Finanzinstrument, dessen Wert direkt an den Wert der Kapitalinstrumente eines Unternehmens der Finanzbranche gekoppelt ist;
127. „Haftungsverbund" ein System, das alle nachstehenden Voraussetzungen erfüllt:
    a) Die Institute gehören demselben institutsbezogenen Sicherungssystem wie in Artikel 113 Absatz 7 genannt an oder sind im Rahmen eines Netzes einer Zentralorganisation ständig zugeordnet;
    b) die Institute sind gemäß Artikel 1 Absatz 1 Buchstaben b, c und d oder Artikel 1 Absatz 2 der Richtlinie 83/349/EWG voll konsolidiert und in die Aufsicht auf konsolidierter Basis eines Instituts, das Mutterinstitut in einem Mitgliedstaat im Sinne des Teils 1 Titel II Kapitel 2 dieser Verordnung ist, einbezogen, und unterliegen Eigenmittelanforderungen,
    c) das Mutterinstitut in einem Mitgliedstaat und die Tochterunternehmen befinden sich im selben Mitgliedstaat und unterliegen den Zulassungsvoraussetzungen und Kontrollen derselben zuständigen Behörde,
    d) das Mutterinstitut in einem Mitgliedstaat und die Tochterunternehmen haben eine vertragliche oder satzungsmäßige Haftungsvereinbarung geschlossen, die diese Institute schützt und insbesondere ihre Liquidität und Solvenz gewährleistet, um einen Konkurs zu vermeiden, falls dies erforderlich wird,;[1]
    e) es wurden Vereinbarungen getroffen, die eine sofortige Bereitstellung finanzieller Mittel in Form von Kapital und Liquidität gewährleisten, sofern dies nach der vertraglichen oder satzungsmäßigen Haftungsvereinbarung gemäß Buchstabe d erforderlich ist,
    f) die Angemessenheit der Vereinbarungen gemäß den Buchstaben d und e wird von den jeweiligen zuständigen Behörden regelmäßig kontrolliert,
    g) die Mindestfrist für die Bekanntgabe des freiwilligen Ausscheidens eines Tochterunternehmens aus der Haftungsvereinbarung beträgt zehn Jahre,

---

[1] Zeichensetzung amtlich.

h) die jeweils zuständige Behörde ist befugt, das freiwillige Ausscheiden eines Tochterunternehmens aus der Haftungsvereinbarung zu untersagen;

128. „ausschüttungsfähige Posten" den Gewinn am Ende des letzten Finanzjahres zuzüglich etwaiger vorgetragener Gewinne und für diesen Zweck verfügbarer Rücklagen, vor der Ausschüttung an die Eigner von Eigenmittelinstrumenten, abzüglich etwaiger vorgetragener Verluste, etwaiger gemäß Unionsrechtsvorschriften oder nationalen Rechtsvorschriften oder der Satzung des Instituts nicht ausschüttungsfähiger Gewinne und gemäß nationalen Rechtsvorschriften oder der Satzung des Instituts in die nicht ausschüttungsfähigen Rücklagen eingestellter Beträge, jeweils in Bezug auf die spezifische Kategorie von Eigenmittelinstrumenten, auf die sich die Unionsrechtsvorschriften, die nationalen Rechtsvorschriften, die Satzung des Instituts oder das Statut beziehen, wobei diese Gewinne, Verluste und Rücklagen ausgehend vom Einzelabschluss des jeweiligen Instituts und nicht auf der Basis des konsolidierten Abschlusses festgestellt werden;

129. „Forderungsverwalter" ein Forderungsverwalter im Sinne des Artikels 2 Nummer 13 der Verordnung (EU) 2017/2402.

130. „Abwicklungsbehörde" eine Abwicklungsbehörde im Sinne des Artikels 2 Absatz 1 Nummer 18 der Richtlinie 2014/59/EU;

131. „Abwicklungseinheit" eine Abwicklungseinheit im Sinne des Artikels 2 Absatz 1 Nummer 83a der Richtlinie 2014/59/EU;

132. „Abwicklungsgruppe" eine Abwicklungsgruppe im Sinne des Artikels 2 Absatz 1 Nummer 83b der Richtlinie 2014/59/EU;

133. „global systemrelevantes Institut" oder „G-SRI" ein G-SRI, das im Einklang mit Artikel 131 Absätze 1 und 2 der Richtlinie 2013/36/EU ermittelt wurde;

134. „global systemrelevantes Nicht-EU-Institut" oder „Nicht-EU-G-SRI" eine global systemrelevante Bankengruppe oder Bank (G-SIB), bei der es sich nicht um ein G-SRI handelt und die in der vom Rat für Finanzstabilität veröffentlichten und regelmäßig aktualisierten Liste aufgeführt ist;

135. „bedeutendes Tochterunternehmen" ein Tochterunternehmen, das auf Einzelbasis oder konsolidierter Basis eine der folgenden Bedingungen erfüllt:

a) Das Tochterunternehmen hält mehr als 5 % der konsolidierten risikogewichteten Aktiva seines ursprünglichen Mutterunternehmens;

b) das Tochterunternehmen generiert mehr als 5 % der gesamten betrieblichen Erträge seines ursprünglichen Mutterunternehmens;

c) die in Artikel 429 Absatz 4 der vorliegenden Verordnung genannte Gesamtrisikopositionsmessgröße des Tochterunternehmens übersteigt 5 % der konsolidierten Gesamtrisikopositionsmessgröße seines ursprünglichen Mutterunternehmens;

für den Zweck der Bestimmung des bedeutenden Tochterunternehmens zählen – sofern Artikel 21b Absatz 2 der Richtlinie 2013/36/EU Anwendung findet – die zwei zwischengeschalteten EU-Mutterunternehmen unter Zugrundelegung ihrer konsolidierten Lage als eine einzige Tochtergesellschaft;

136. „G-SRI-Einheit" eine Einheit mit Rechtspersönlichkeit, bei der es sich um ein G-SRI handelt oder die Teil eines G-SRI oder eines Nicht-EU-G-SRI ist;
137. „Bail-in-Instrument" ein Bail-in-Instrument im Sinne des Artikels 2 Absatz 1 Nummer 57 der Richtlinie 2014/59/EU;
138. „Gruppe" eine Gruppe von Unternehmen, von denen mindestens eines ein Institut ist und die aus einem Mutterunternehmen und seinen Tochterunternehmen oder aus Unternehmen besteht, die untereinander in der in Artikel 22 der Richtlinie 2013/34/EU des Europäischen Parlaments und des Rates[1] bezeichneten Beziehung stehen;
139. „Wertpapierfinanzierungsgeschäft" oder ein Pensionsgeschäft, ein Wertpapier- oder Warenverleih- oder -leihgeschäft oder ein Lombardgeschäft;
140. „Ersteinschuss" jede Sicherheit, bei der es sich nicht um einen Nachschuss handelt und die von einer Einheit entgegengenommen oder geleistet wird, um aktuelle und potenzielle künftige Risikopositionen eines Geschäfts oder eines Portfolios von Geschäften in dem Zeitraum zu decken, der zur Verwertung dieser Geschäfte notwendig ist, oder um deren Marktrisiko infolge eines Ausfalls der Gegenpartei des Geschäfts oder des Portfolios von Geschäften neu abzusichern;
141. „Marktrisiko" das aus Marktpreisbewegungen, einschließlich Wechselkurs- oder Warenpreisbewegungen, erwachsende Verlustrisiko;
142. „Fremdwährungsrisiko" das aus Wechselkursbewegungen erwachsende Verlustrisiko;
143. „Warenpositionsrisiko" das aus Warenpreisbewegungen erwachsende Verlustrisiko;
144. „Handelstisch" eine genau definierte Gruppe von Händlern, die von einem Institut für die gemeinsame Verwaltung eines Portfolios von Handelsbuchpositionen im Einklang mit einer genau festgelegten und kohärenten Geschäftsstrategie eingerichtet wurde und innerhalb derselben Risikomanagementstruktur agiert;
145. „kleines und nicht komplexes Institut" ein Institut, das alle folgenden Bedingungen erfüllt:
   a) Es ist kein großes Institut;
   b) der Gesamtwert seiner Vermögenswerte ist auf Einzelbasis oder gegebenenfalls auf konsolidierter Basis gemäß dieser Verordnung und der Richtlinie 2013/36/EU während des Vierjahreszeitraums, der dem laufenden jährlichen Berichtszeitraum unmittelbar vorangeht, im Durchschnitt kleiner oder gleich dem Schwellenwert von 5 Mrd. EUR; die Mitgliedstaaten können einen niedrigeren Schwellenwert festsetzen;

---

[1] **Amtl. Anm.:** Richtlinie 2013/34/EU des Europäischen Parlaments und des Rates vom 26. Juni 2013 über den Jahresabschluss, den konsolidierten Abschluss und damit verbundene Berichte von Unternehmen bestimmter Rechtsformen und zur Änderung der Richtlinie 2006/43/EG des Europäischen Parlaments und des Rates und zur Aufhebung der Richtlinien 78/660/EWG und 83/349/EWG des Rates (ABl. L 182 vom 29.6.2013, S. 19).

c) es unterliegt keinen Anforderungen oder unterliegt vereinfachten Anforderungen in Bezug auf die Sanierungs- und Abwicklungsplanung im Einklang mit Artikel 4 der Richtlinie 2014/59/EU;

d) seine Handelsbuchtätigkeiten werden als von geringem Umfang im Sinne des Artikels 94 Absatz 1 eingestuft;

e) der Gesamtwert seiner Derivatepositionen des Instituts, die mit Handelsabsicht gehalten werden, übersteigt nicht 2 % seiner gesamten bilanziellen und außerbilanziellen Vermögenswerte; und der Gesamtwert seiner gesamten Derivatepositionen übersteigt nicht 5 %, wobei beide Werte gemäß Artikel 273a Absatz 3 berechnet werden;

f) mehr als 75 % sowohl der konsolidierten Gesamtaktiva als auch der konsolidierten Gesamtpassiva des Instituts, in beiden Fällen mit Ausnahme der gruppeninternen Risikopositionen, betreffen Tätigkeiten mit Gegenparteien, die ihren Sitz im Europäischen Wirtschaftsraum haben;

g) das Institut verwendet keine internen Modelle, um seine Aufsichtsanforderungen gemäß dieser Verordnung zu erfüllen; hiervon ausgenommen sind Tochterunternehmen, die auf Gruppenebene entwickelte interne Modelle verwenden, sofern die Gruppe den Offenlegungspflichten nach Artikel 433a oder Artikel 433c auf konsolidierter Basis unterliegt;

h) das Institut hat sich nicht bei der zuständigen Behörde gegen eine Qualifizierung als kleines und nicht komplexes Institut ausgesprochen;

i) die zuständige Behörde hat nicht entschieden, dass das Institut auf der Grundlage einer Analyse der Größe, Verflechtung, Komplexität oder des Risikoprofils nicht als kleines und nicht komplexes Institut zu betrachten ist;

146. „großes Institut" ein Institut, das eine der folgenden Bedingungen erfüllt:

a) Es handelt sich um ein G-SRI;

b) es wurde gemäß Artikel 131 Absätze 1 und 3 der Richtlinie 2013/36/EU als anderes systemrelevantes Institut („A-SRI") ermittelt;

c) es zählt in dem Mitgliedstaat, in dem es niedergelassen ist, nach dem Gesamtwert der Vermögenswerte zu den drei größten Instituten;

d) der Gesamtwert seiner Vermögenswerte auf Einzelbasis oder gegebenenfalls auf Basis der konsolidierten Gesamtlage gemäß dieser Verordnung und der Richtlinie 2013/36/EU ist größer oder gleich 30 Mrd. EUR;

147. „großes Tochterunternehmen" ein Tochterunternehmen, das zu den großen Instituten zählt;

148. „nicht börsennotiertes Institut" ein Institut, das keine Wertpapiere emittiert hat, die zum Handel an einem geregelten Markt eines Mitgliedstaats im Sinne des Artikels 4 Absatz 1 Nummer 21 der Richtlinie 2014/65/EU zugelassen sind;

149. „Finanzbericht" – für die Zwecke von Teil 8 – einen Finanzbericht im Sinne der Artikel 4 und 5 der Richtlinie 2004/109/EG des Europäischen Parlaments und des Rates[1];

(2) [1] Bezugnahmen auf Immobilien, Wohnimmobilien oder Gewerbeimmobilien oder auf Grundpfandrechte auf solche Immobilien in dieser Verordnung schließen auch Anteile an finnischen Wohnungsbaugesellschaften im Sinne des finnischen Gesetzes von 1991 über Wohnungsbaugesellschaften oder nachfolgender entsprechender Gesetze ein. [2] Die Mitgliedstaaten oder ihre zuständigen Behörden können zulassen, dass Anteile, die eine entsprechende indirekte Beteiligung an Immobilien darstellen, wie eine direkte Beteiligung an Immobilien behandelt werden, wenn eine solche indirekte Beteiligung im nationalen Recht des betreffenden Mitgliedstaates ausdrücklich geregelt ist und wenn sie, als Sicherheit gestellt, Gläubigern einen gleichwertigen Schutz bietet.

(3) Handelsfinanzierungen im Sinne des Absatzes 1 Nummer 80 sind im Allgemeinen nicht fest zugesagt und erfordern zufriedenstellende Belege über alle Transaktionen für jeden Kreditantrag, sodass eine Ablehnung der Finanzierung möglich wird, wenn Zweifel an der Kreditwürdigkeit oder den Belegen über die Transaktionen auftreten; die Rückzahlung von Risikopositionen aus der Handelsfinanzierung ist in der Regel unabhängig vom Kreditnehmer, vielmehr stammen die Mittel aus Zahlungen von Importeuren oder den Erlösen aus dem Verkauf der zugrundeliegenden Güter.

(4) *[1]* Die EBA arbeitet Entwürfe technischer Regulierungsstandards aus, um zu präzisieren, unter welchen Umständen die in Absatz 1 Nummer 39 festgelegten Bedingungen erfüllt sind.

[2] Die EBA übermittelt der Kommission diese Entwürfe technischer Regulierungsstandards bis zum 28. Juni 2020.

[3] Der Kommission wird die Befugnis übertragen, die in Unterabsatz 1 genannten technischen Regulierungsstandards gemäß den Artikeln 10 bis 14 der Verordnung (EU) Nr. 1093/2010 zur Ergänzung dieser Verordnung zu erlassen.

Art. 5 Besondere Begriffsbestimmungen für Eigenmittelanforderungen für das Kreditrisiko. Für die Zwecke des Teils 3 Titel II bezeichnet der Ausdruck

1. „Risikoposition" einen Aktivposten (Vermögenswert) oder einen außerbilanziellen Posten;
2. „Verlust" den wirtschaftlichen Verlust einschließlich wesentlicher Diskontierungseffekte sowie wesentlicher direkter und indirekter Kosten der Beitreibung;
3. „erwarteter Verlust" und „EL" das Verhältnis der Höhe des Verlusts, der bei einem etwaigen Ausfall der Gegenpartei oder bei Verwässerung über einen Einjahreszeitraum zu erwarten ist, zu dem zum Zeitpunkt des Ausfalls ausstehenden Betrag;[2]

---

[1] **Amtl. Anm.:** Richtlinie 2004/109/EG des Europäischen Parlaments und des Rates vom 15. Dezember 2004 zur Harmonisierung der Transparenzanforderungen in Bezug auf Informationen über Emittenten, deren Wertpapiere zum Handel auf einem geregelten Markt zugelassen sind, und zur Änderung der Richtlinie 2001/34/EG (ABl. L 390 vom 31.12.2004, S. 38).

[2] Zeichensetzung amtlich.

Titel II. Anwendungsebenen

Kapitel 1. Erfüllung der Anforderungen auf Einzelbasis

Art. 6 Allgemeine Grundsätze. (1) Institute halten die in den Teilen 2 bis 5 und 8 festgelegten Anforderungen auf Einzelbasis ein.

(1a) *[1]* Abweichend von Absatz 1 des vorliegenden Artikels halten lediglich die als Abwicklungseinheiten eingestuften Institute, bei denen es sich außerdem um G-SRI handelt oder die Teil eines G-SRI sind und die keine Tochterunternehmen haben, die in Artikel 92a festgelegte Anforderung auf Einzelbasis ein.

[2] Bedeutende Tochterunternehmen eines Nicht-EU-G-SRI halten Artikel 92b auf Einzelbasis ein, wenn sie alle folgenden Bedingungen erfüllen:

a) Sie sind keine Abwicklungseinheiten,

b) sie haben keine Tochterunternehmen,

c) sie sind nicht die Tochterunternehmen eines EU-Mutterinstituts.

(2) Kein Institut, das im Mitgliedstaat seiner Zulassung und Beaufsichtigung entweder Tochterunternehmen oder Mutterunternehmen ist, und kein Institut, das in die Konsolidierung nach Artikel 18 einbezogen ist, ist gehalten, die Anforderungen der Artikel 89, 90 und 91 auf Einzelbasis einzuhalten.

(3) Kein Institut, das entweder Mutterunternehmen oder ein Tochterunternehmen ist, und kein Institut, das in die Konsolidierung nach Artikel 18 einbezogen ist, ist gehalten, die Anforderungen des Teils 8 auf Einzelbasis einzuhalten.

(4) [1] Kreditinstitute und Wertpapierfirmen, die für die Erbringung der in Anhang I Abschnitt A Nummern 3 und 6 der Richtlinie 2004/39/EG genannten Wertpapierdienstleistungen und Anlagetätigkeiten zugelassen sind, müssen die Anforderungen des Teils 6 auf Einzelbasis einhalten. [2] Bis der Bericht der Kommission nach Artikel 508 Absatz 3 vorliegt, können die zuständigen Behörden Wertpapierfirmen von der Einhaltung der Anforderungen nach Teil 6 befreien, wobei sie die Art, den Umfang und die Komplexität der Geschäfte dieser Firmen berücksichtigen.

(5) Institute – mit Ausnahme von Wertpapierfirmen im Sinne der Artikel 95 Absatz 1 und 96 Absatz 1 und Instituten, für die die zuständigen Behörden die Ausnahmen gemäß Artikel 7 Absätze 1 oder 3 gewährt haben – müssen die Anforderungen des Teils 7 auf Einzelbasis einhalten.

Art. 7 Ausnahmen von der Anwendung der Aufsichtsanforderungen auf Einzelbasis. (1) Die zuständigen Behörden können Tochterunternehmen eines Instituts von der Anwendung des Artikels 6 Absatz 1 ausnehmen, wenn sowohl das Tochterunternehmen als auch das Institut von dem betreffenden Mitgliedstaat zugelassen und beaufsichtigt werden, das Tochterunternehmen in die konsolidierte Beaufsichtigung des Mutterunternehmens einbezogen ist und alle nachstehenden Bedingungen erfüllt sind, so dass eine angemessene Verteilung der Eigenmittel zwischen dem Mutterunternehmen und den Tochterunternehmen gewährleistet ist:

a) ein wesentliches tatsächliches oder rechtliches Hindernis für die unverzügliche Übertragung von Eigenmitteln oder die Rückzahlung von Verbindlichkeiten durch das Mutterunternehmen ist weder vorhanden noch abzusehen;

b) entweder das Mutterunternehmen erfüllt in Bezug auf die umsichtige Führung des Tochterunternehmens die Anforderungen der zuständigen Behörde und hat mit deren Genehmigung erklärt, dass es für die von seinem Tochterunternehmen eingegangenen Verpflichtungen bürgt, oder die durch das Tochterunternehmen verursachten Risiken können vernachlässigt werden;

c) die Risikobewertungs-, -mess- und -kontrollverfahren des Mutterunternehmens erstrecken sich auch auf das Tochterunternehmen;

d) das Mutterunternehmen hält mehr als 50 % der mit den Anteilen oder Aktien des Tochterunternehmens verbundenen Stimmrechte oder ist zur Bestellung oder Abberufung der Mehrheit der Mitglieder des Leitungsorgans des Tochterunternehmens berechtigt.

(2) Die zuständigen Behörden können von der in Absatz 1 genannten Möglichkeit Gebrauch machen, wenn es sich bei dem Mutterunternehmen um eine Finanzholdinggesellschaft oder gemischte Finanzholdinggesellschaft handelt, die im gleichen Mitgliedstaat wie das Institut errichtet wurde, und sofern sie – insbesondere im Hinblick auf die in Artikel 11 Absatz 1 festgelegten Standards – der gleichen Aufsicht unterliegt wie Institute.

(3) *[1]* Die zuständigen Behörden können ein Mutterinstitut in einem Mitgliedstaat, in dem das Institut der Zulassung und Beaufsichtigung durch den betreffenden Mitgliedstaat unterliegt und es in die Beaufsichtigung auf konsolidierter Basis eingebunden ist, von der Anwendung des Artikels 6 Absatz 1 ausnehmen, wenn alle nachstehenden Voraussetzungen erfüllt sind, so dass eine angemessene Verteilung der Eigenmittel zwischen dem Mutterunternehmen und den Tochterunternehmen gewährleistet ist:

a) ein wesentliches tatsächliches oder rechtliches Hindernis für die unverzügliche Übertragung von Eigenmitteln oder die Rückzahlung von Verbindlichkeiten an das Mutterinstitut in einem Mitgliedstaat ist weder vorhanden noch abzusehen;

b) die für eine konsolidierte Beaufsichtigung erforderlichen Risikobewertungs-, -mess- und -kontrollverfahren erstrecken sich auch auf das Mutterinstitut in einem Mitgliedstaat.

[2] Die zuständige Behörde, die diese Bestimmung anwendet, unterrichtet die zuständigen Behörden aller anderen Mitgliedstaaten.

Art. 8 Ausnahmen von der Anwendung der Liquiditätsanforderungen auf Einzelbasis. (1) *[1]* Die zuständigen Behörden können ein Institut und alle oder einige seiner Tochterunternehmen in der Union vollständig oder teilweise von der Anwendung des Teils 6 ausnehmen und diese als zusammengefasste Liquiditätsuntergruppe überwachen, solange folgende Voraussetzungen erfüllt sind:

a) die Anforderungen des Teils 6 werden von dem Mutterinstitut auf konsolidierter Basis bzw. von einem Tochterinstitut auf teilkonsolidierter Basis eingehalten;

b) die Liquiditätspositionen aller Institute der ausgenommenen Gruppe bzw. Untergruppe werden von dem Mutterinstitut auf konsolidierter Basis oder dem Tochterinstitut auf teilkonsolidierter Basis kontinuierlich verfolgt und überwacht und es gewährleistet *eine*[1] ausreichend hohes Liquiditätsniveau aller betroffenen Institute;

c) die Institute haben Verträge abgeschlossen, die nach Überzeugung der zuständigen Behörden einen freien Fluss finanzieller Mittel zwischen ihnen gewährleisten, so dass sie ihren individuellen und gemeinsamen Verpflichtungen bei Fälligkeit nachkommen können;

d) ein wesentliches tatsächliches oder rechtliches Hindernis für die Erfüllung der Verträge nach Buchstabe c ist weder vorhanden noch abzusehen.

[2] Bis zum 1. Januar 2014 erstattet die Kommission dem Europäischen Parlament und dem Rat Bericht über rechtliche Hürden, die die Anwendung von Buchstabe c des ersten Unterabsatzes verhindern können und sollte gegebenenfalls bis zum 31. Dezember 2015 einen geeigneten Gesetzgebungsvorschlag dazu vorlegen, welche dieser Hürden beseitigt werden sollten.

(2) Die zuständigen Behörden können Institute und alle oder einige ihrer Tochterunternehmen vollständig oder teilweise von der Anwendung des Teils 6 ausnehmen, wenn alle Institute der zusammengefassten Liquiditätsuntergruppe im selben Mitgliedstaat zugelassen und die Bedingungen des Absatzes 1 erfüllt sind.

(3)[2] Sind Institute der zusammengefassten Liquiditätsuntergruppe in verschiedenen Mitgliedstaaten zugelassen, so wird Absatz 1 erst nach Anwendung des Verfahrens nach Artikel 21 und nur auf Institute angewandt, deren zuständige Behörden hinsichtlich der folgenden Elemente derselben Auffassung sind:

a) ihre Beurteilung der Einhaltung der Anforderungen des Artikels 86 der Richtlinie 2013/36/EU hinsichtlich der Organisation und der Behandlung des Liquiditätsrisikos innerhalb der zusammengefassten Liquiditätsuntergruppe;

b) die Verteilung der Beträge, Belegenheit und des Eigentums an den erforderlichen liquiden Aktiva, die in der zusammengefassten Liquiditätsuntergruppe gehalten werden müssen;

c) die Festlegung der Mindestbeträge an liquiden Aktiva, die von der Anwendung des Teils 6 ausgenommene Institute halten müssen;

d) die Notwendigkeit strengerer Parameter als in Teil 6 vorgesehen;

e) unbeschränkter Austausch lückenloser Informationen zwischen den zuständigen Behörden;

f) das umfassende Verständnis der Auswirkungen einer solchen Befreiung.

(4) [1]Die zuständigen Behörden können die Absätze 1, 2 und 3 auch auf Institute anwenden, die Mitglied desselben institutsbezogenen Sicherungssystems im Sinne des Artikels 113 Absatz 7 sind, sofern sie alle Voraussetzungen jenes Artikels erfüllen, sowie auf andere Institute, die in einer Beziehung im Sinne des Artikels 113 Absatz 6 zueinander stehen, sofern sie alle dort genannten Voraussetzungen erfüllen. [2]Die zuständigen Behörden bestimmen in diesem Fall eines der unter die Ausnahme fallenden Institute, das Teil 6 auf Basis der konsolidierten Lage aller Institute der zusammengefassten Liquiditätsuntergruppe erfüllen muss.

---

[1] Richtig wohl: „ein".

[2] Art. 8 Abs. 3 gilt gem. Art. 521 Abs. 2 UAbs. 1 Buchst. a ab dem 1.1.2015.

(5) Wurde eine Ausnahmegenehmigung nach Absatz 1 oder 2 erteilt, können die zuständigen Behörden auch Artikel 86 der Richtlinie 2013/36/EU ganz oder teilweise auf Ebene der zusammengefassten Liquiditätsuntergruppe anwenden und auf Einzelbasis von der Anwendung des Artikels 86 der Richtlinie 2013/36/EU oder Teilen davon absehen.

Art. 9 Konsolidierung auf Einzelbasis. (1) Die zuständigen Behörden können vorbehaltlich der Absätze 2 und 3 und des Artikels 144 Absatz 3 der Richtlinie 2013/36/EU Mutterinstituten auf Einzelfallbasis gestatten, in ihre Berechnung nach Artikel 6 Absatz 1 Tochterunternehmen einzubeziehen, die die Bedingungen des Artikels 7 Absatz 1 Buchstaben c und d erfüllen und deren wesentliche Risikopositionen oder Verbindlichkeiten gegenüber diesem Mutterinstitut bestehen.

(2) Die Behandlung gemäß Absatz 1 ist nur zulässig, wenn das Mutterinstitut den zuständigen Behörden die Umstände und Vorkehrungen, einschließlich rechtlicher Vereinbarungen, uneingeschränkt offenlegt, wonach ein wesentliches tatsächliches oder rechtliches Hindernis für die unverzügliche Übertragung von Eigenmitteln oder die Begleichung fälliger Verbindlichkeiten des Tochterunternehmens gegenüber dem Mutterunternehmen weder vorhanden noch abzusehen ist.

(3) [1] Macht eine zuständige Behörde von ihrem Ermessen gemäß Absatz 1 Gebrauch, so unterrichtet sie regelmäßig, mindestens jedoch einmal jährlich die zuständigen Behörden aller übrigen Mitgliedstaaten über die Anwendung von Absatz 1 sowie über die Umstände und Vorkehrungen nach Absatz 2. [2] Befindet sich das Tochterunternehmen in einem Drittland, so unterrichten die zuständigen Behörden die zuständigen Behörden dieses Drittlandes in gleicher Weise.

Art. 10 Ausnahmen für Kreditinstitute, die einer Zentralorganisation ständig zugeordnet sind. (1) *[1]* Die zuständigen Behörden können nach Maßgabe des nationalen Rechts ein Institut oder mehrere Institute, die im selben Mitgliedstaat niedergelassen und ständig einer Zentralorganisation im selben Mitgliedstaat, die sie beaufsichtigt, zugeordnet sind, ganz oder teilweise von den Anforderungen gemäß den Teilen 2 bis 8 ausnehmen, vorausgesetzt dass

a) die Verbindlichkeiten der Zentralorganisation und der ihr angeschlossenen Institute gemeinsame Verbindlichkeiten sind oder die Verbindlichkeiten der angeschlossenen Institute von der Zentralorganisation in vollem Umfang garantiert werden,
b) die Solvenz und Liquidität der Zentralorganisation sowie aller angeschlossenen Institute insgesamt auf der Grundlage konsolidierter Abschlüsse dieser Institute überwacht werden,
c) die Leitung der Zentralorganisation befugt ist, der Leitung der angeschlossenen Institute Weisungen zu erteilen.

[2] Die Mitgliedstaaten dürfen nationale Rechtsvorschriften, die die Gewährung der Ausnahmen nach Unterabsatz 1 betreffen, beibehalten und anwenden, so lange diese nicht mit denen dieser Verordnung oder denen der Richtlinie 2013/36/EU kollidieren.

(2) Haben sich die zuständigen Behörden davon überzeugt, dass die Voraussetzungen nach Absatz 1 erfüllt sind und werden die Verbindlichkeiten der

Zentralorganisation in vollem Umfang von den angeschlossenen Instituten garantiert, können sie die Zentralorganisation auf Einzelbasis von den Anforderungen gemäß den Teilen 2 bis 8 ausnehmen.

Kapitel 2. Aufsichtliche Konsolidierung

Abschnitt 1. Anwendung der Anforderungen auf konsolidierter Basis

Art. 11 Allgemeine Behandlung. ***[Abs. 1 bis 27.12.2020:]***

(1) [1] Mutterinstitute in einem Mitgliedstaat erfüllen die in den Teilen 2 bis 4 und 7 festgelegten Pflichten in dem in Artikel 18 vorgesehenen Umfang und der dort vorgesehenen Weise auf Basis der konsolidierten Lage. [2] Die Mutter- und ihre Tochterunternehmen, soweit sie unter diese Verordnung fallen, errichten eine angemessene Organisationsstruktur und geeignete interne Kontrollmechanismen, um sicherzustellen, dass die für die Konsolidierung erforderlichen Daten ordnungsgemäß verarbeitet und weitergeleitet werden. [3] Sie stellen insbesondere sicher, dass die nicht unter diese Verordnung fallenden Tochterunternehmen Regelungen, Verfahren und Mechanismen schaffen, die eine ordnungsgemäße Konsolidierung gewährleisten.

[Abs. 1 ab 28.12.2020:]

(1) [1] Mutterinstitute in einem Mitgliedstaat erfüllen die in den Teilen 2, 3, 4, 7 und 7A festgelegten Pflichten in dem in Artikel 18 vorgesehenen Umfang und der dort vorgesehenen Weise auf Basis der konsolidierten Lage; hiervon ausgenommen ist Artikel 430 Absatz 1 Buchstabe d. [2] Die Mutter- und ihre Tochterunternehmen, die unter diese Verordnung fallen, errichten eine angemessene Organisationsstruktur und geeignete interne Kontrollmechanismen, um sicherzustellen, dass die für die Konsolidierung erforderlichen Daten ordnungsgemäß verarbeitet und weitergeleitet werden. [3] Sie stellen insbesondere sicher, dass die nicht unter diese Verordnung fallenden Tochterunternehmen Regelungen, Verfahren und Mechanismen schaffen, die eine ordnungsgemäße Konsolidierung gewährleisten.

[Abs. 2 bis 27.12.2020:]

(2) *[1]* Institute, die von einer Mutterfinanzholdinggesellschaft oder einer gemischten Mutterfinanzholdinggesellschaft in einem Mitgliedstaat kontrolliert werden, erfüllen die in den Teilen 2 bis 4 und 7 festgelegten Pflichten in dem in Artikel 18 vorgesehenen Umfang und der dort vorgesehenen Weise auf Basis der konsolidierten Lage dieser Finanzholdinggesellschaft oder gemischten Finanzholdinggesellschaft.

[2] Kontrolliert eine Mutterfinanzholdinggesellschaft oder eine gemischte Mutterfinanzholdinggesellschaft in einem Mitgliedstaat mehr als ein Institut, so gilt Unterabsatz 1 nur für das Institut, das gemäß Artikel 111 der Richtlinie 2013/36/EU der Beaufsichtigung auf konsolidierter Basis unterliegt.

[Abs. 2 ab 28.12.2020:]

(2) [1] Um sicherzustellen, dass die Anforderungen dieser Verordnung auf konsolidierter Basis angewendet werden, beziehen sich die Bezeichnungen 'Institut', 'Mutterinstitut in einem Mitgliedstaat', 'EU-Mutterinstitut' und 'Mutterunternehmen' gegebenenfalls auch auf

a) eine gemäß Artikel 21a der Richtlinie 2013/36/EU zugelassene Finanzholdinggesellschaft und eine gemischte Finanzholdinggesellschaft,

b) ein benanntes Institut, das von einer Mutterfinanzholdinggesellschaft oder einer gemischten Mutterfinanzholdinggesellschaft kontrolliert wird, sofern diese Muttergesell-

schaft gemäß Artikel 21a Absatz 4 der Richtlinie 2013/36/EU nicht zugelassen werden muss,

c) eine gemäß Artikel 21a Absatz 6 Buchstabe d der Richtlinie 2013/36/EU benannte Finanzholdinggesellschaft, gemischte Finanzholdinggesellschaft oder ein solches Institut.

[2] [1] Die konsolidierte Lage eines Unternehmens nach Unterabsatz 1 Buchstabe b dieses Absatzes ist die konsolidierte Lage der Mutterfinanzholdinggesellschaft oder der gemischten Mutterfinanzholdinggesellschaft, die gemäß Artikel 21a Absatz 4 der Richtlinie 2013/36/EU nicht zugelassen werden muss. [2] Die konsolidierte Lage eines Unternehmens nach Unterabsatz 1 Buchstabe c dieses Absatzes ist die konsolidierte Lage seiner Mutterfinanzholdinggesellschaft oder gemischten Mutterfinanzholdinggesellschaft.

[Abs. 3 bis 27.12.2020:]

(3) [1] EU-Mutterinstitute und Institute, die von einer EU-Mutterfinanzholdinggesellschaft kontrolliert werden, sowie Institute, die von einer gemischten EU-Mutterfinanzholdinggesellschaft kontrolliert werden, kommen den in Teil 6 festgelegten Pflichten auf Basis der konsolidierten Lage des Mutterinstituts, der Finanzholdinggesellschaft oder gemischten Finanzholdinggesellschaft nach, sofern die Gruppe eines oder mehrere Kreditinstitute oder eine oder mehrere für die Erbringung der in Anhang I Abschnitt A Nummern 3 und 6 der Richtlinie 2004/39/EG genannten Wertpapierdienstleistungen und Anlagetätigkeiten zugelassene Wertpapierfirmen umfasst. [2] Bis der Bericht der Kommission nach Artikel 508 Absatz 2 dieser Verordnung vorliegt und wenn der Gruppe ausschließlich Wertpapierfirmen angehören, können die zuständigen Behörden Wertpapierfirmen von der Einhaltung der Anforderungen nach Teil 6 auf konsolidierter Basis befreien, wobei sie die Art, den Umfang und die Komplexität der Geschäfte dieser Firmen berücksichtigen.

[Abs. 3 ab 28.12.2020:]

(3) (aufgehoben)

(3a) *[1]* Abweichend von Absatz 2 des vorliegenden Artikels erfüllen lediglich die als Abwicklungseinheiten eingestuften Mutterinstitute, bei denen es sich um G-SRI handelt oder die Teil von G-SRI oder von Nicht-EU-G-SRI sind, Artikel 92a dieser Verordnung in dem in Artikel 18 dieser Verordnung vorgesehenen Umfang und der dort vorgesehenen Weise auf konsolidierter Basis.

[2] [1] Lediglich EU-Mutterunternehmen, bei denen es sich um bedeutende Tochterunternehmen von Nicht-EU-G-SRI und nicht um Abwicklungseinheiten handelt, erfüllen Artikel 92b dieser Verordnung in dem in Artikel 18 dieser Verordnung vorgesehenen Umfang und der dort vorgesehenen Weise auf konsolidierter Basis. [2] Findet Artikel 21b Absatz 2 der Richtlinie 2013/36/EU Anwendung, so muss jedes der zwei zwischengeschalteten EU-Mutterunternehmen, die zusammen als ein bedeutendes Tochterunternehmen eingestuft werden, Artikel 92b dieser Verordnung auf Basis ihrer konsolidierten Lage einhalten.

[Abs. 4 bis 27.12.2020:]

(4) Findet Artikel 10 Anwendung, so muss die dort genannte Zentralorganisation die Anforderungen nach den Teilen 2 bis 8 auf Basis der konsolidierten Gesamtlage der Zentralorganisation und der ihr angeschlossenen Institute einhalten.

[Abs. 4 ab 28.12.2020:]

(4) [1] [1] EU-Mutterinstitute erfüllen Teil 6 und Artikel 430 Absatz 1 Buchstabe d dieser Verordnung auf Basis ihrer konsolidierten Lage, sofern die Gruppe ein oder mehrere Kreditinstitute oder für die Erbringung der in Anhang I Abschnitt A Nummern 3 und 6 der Richtlinie 2014/65/EU genannten Wertpapierdienstleistungen und Anlagetätigkeiten zugelassene Wertpapierfirmen umfasst. [2] Bis der in Artikel 508 Absatz 2 dieser Verordnung genannte Bericht der Kommission vorliegt, und wenn der Gruppe ausschließlich Wertpapierfirmen angehören, können die zuständigen Behörden die EU-Mutterinstitute von der Einhaltung von Teil 6 und Artikel 430 Absatz 1 Buchstabe d dieser Verordnung auf konsolidierter Basis befreien, wobei sie die Art, den Umfang und die Komplexität der Geschäfte der Wertpapierfirmen berücksichtigen.

[2] Wurde eine Ausnahme nach Artikel 8 Absätze 1 bis 5 gewährt, erfüllen die Institute und gegebenenfalls die Finanzholdinggesellschaften oder gemischten Finanzholdinggesellschaften, die Teil einer Liquiditätsuntergruppe sind, Teil 6 und Artikel 430 Absatz 1 Buchstabe d auf konsolidierter Basis oder auf teilkonsolidierter Basis der Liquiditätsuntergruppe.

[Abs. 5 bis 27.12.2020:]

(5) *[1]* Zusätzlich zu den Anforderungen der Absätze 1 bis 4 und ungeachtet anderer Bestimmungen dieser Verordnung und der Richtlinie 2013/36/EU können die zuständigen Behörden verlangen, dass strukturell getrennte Institute die Anforderungen der Teile 2 bis 4 und 6 bis 8 und des Titels VII der Richtlinie 2013/36/EU auf teilkonsolidierter Basis einhalten, wenn dies zu Aufsichtszwecken aufgrund der Besonderheiten des Risikos oder der Kapitalstruktur eines Instituts oder wenn Mitgliedstaaten nationale Rechtsvorschriften erlassen, die die strukturelle Trennung von Tätigkeiten innerhalb einer Bankengruppe vorschreiben, gerechtfertigt ist.

[2] Die Anwendung des Ansatzes nach Unterabsatz 1 darf die wirksame Aufsicht auf konsolidierter Basis nicht berühren und keine unverhältnismäßig nachteiligen Auswirkungen auf das Finanzsystem anderer Mitgliedstaaten insgesamt oder auf Teile davon oder das Finanzsystem in der Union insgesamt haben noch ein Hindernis für das Funktionieren des Binnenmarktes bilden oder schaffen.

[Abs. 5 ab 28.12.2020:]

(5) Findet Artikel 10 dieser Verordnung Anwendung, so muss die dort genannte Zentralorganisation die Anforderungen nach den Teilen 2 bis 8 der vorliegenden Verordnung und Kapitel 2 der Verordnung (EU) 2017/2402 auf Basis der konsolidierten Gesamtlage der Zentralorganisation und der ihr angeschlossenen Institute einhalten.

[Abs. 6 ab 28.12.2020:]

(6) [1] Zusätzlich zu den in den Absätzen 1 bis 5 dieses Artikels festgelegten Anforderungen und unbeschadet anderer Bestimmungen dieser Verordnung und der Richtlinie 2013/36/EU können die zuständigen Behörden verlangen, dass ein Institut die Anforderungen der Teile 2 bis 8 dieser Verordnung und des Titels VII der Richtlinie 2013/36/EU auf teilkonsolidierter Basis einhält, wenn dies zu Aufsichtszwecken aufgrund der Besonderheiten des Risikos oder der Kapitalstruktur eines Instituts oder wenn Mitgliedstaaten nationale Rechtsvorschriften erlassen, die die strukturelle Trennung von Tätigkeiten innerhalb einer Bankengruppe vorschreiben, gerechtfertigt ist.

[2] Die Anwendung des Ansatzes nach Unterabsatz 1 darf die wirksame Aufsicht auf konsolidierter Basis nicht berühren und weder unverhältnismäßig nachteilige Auswirkungen auf das Finanzsystem anderer Mitgliedstaaten insgesamt oder auf Teile davon oder

das Finanzsystem in der Union insgesamt haben noch ein Hindernis für das Funktionieren des Binnenmarktes bilden oder schaffen.

[Artikel 12 bis 27.12.2020:]
Art. 12 Finanzholdinggesellschaft oder gemischte Finanzholdinggesellschaft mit sowohl einem Kreditinstitut als auch einer Wertpapierfirma als Tochterunternehmen. Hat eine Finanzholdinggesellschaft oder gemischte Finanzholdinggesellschaft zumindest ein Kreditinstitut und eine Wertpapierfirma als Tochterunternehmen, so gelten die Anforderungen, die auf Basis der konsolidierten Lage der Finanzholdinggesellschaft oder gemischten Finanzholdinggesellschaft zu erfüllen sind, für das Kreditinstitut.

[Artikel 12 ab 28.12.2020:]
Art. 12 *(aufgehoben)*

Art. 12a Konsolidierte Berechnung für G-SRI mit mehreren Abwicklungseinheiten. *[1]* [1] Handelt es sich bei mindestens zwei G-SRI-Einheiten, die derselben G-SRI angehören, um Abwicklungseinheiten, so berechnet das EU-Mutterinstitut dieses G-SRI den Betrag der Eigenmittel und der berücksichtigungsfähigen Verbindlichkeiten nach Artikel 92a Absatz 1 Buchstabe a dieser Verordnung. [2] Diese Berechnung erfolgt auf Basis der konsolidierten Lage des EU-Mutterinstituts so, als sei es die einzige Abwicklungseinheit des G-SRI.

[2] Ist der im Einklang mit Absatz 1 des vorliegenden Artikels berechnete Betrag niedriger als die Summe der Beträge der Eigenmittel und berücksichtigungsfähigen Verbindlichkeiten nach Artikel 92a Absatz 1 Buchstabe a dieser Verordnung aller zu dem G-SRI gehörenden Abwicklungseinheiten, so gehen die Abwicklungsbehörden im Einklang mit Artikel 45d Absatz 3 und Artikel 45h Absatz 2 der Richtlinie 2014/59/EU vor.

[3] Ist der im Einklang mit Absatz 1 des vorliegenden Artikels berechnete Betrag höher als die Summe der Beträge der Eigenmittel und berücksichtigungsfähigen Verbindlichkeiten nach Artikel 92a Absatz 1 Buchstabe a dieser Verordnung aller zu dem G-SRI gehörenden Abwicklungseinheiten, so können die Abwicklungsbehörden im Einklang mit Artikel 45d Absatz 3 und Artikel 45h Absatz 2 der Richtlinie 2014/59/EU vorgehen.

Art. 13 Anwendung der Offenlegungspflichten auf konsolidierter Basis. (1) *[1]* EU-Mutterinstitute müssen Teil 8 auf Basis der konsolidierten Lage erfüllen.

[2] Große Tochterunternehmen von EU-Mutterinstituten legen die in den Artikeln 437, 438, 440, 442, 450, 451, 451a und 453 spezifizierten Informationen auf Einzelbasis oder gegebenenfalls im Einklang mit dieser Verordnung und der Richtlinie 2013/36/EU auf teilkonsolidierter Basis offen.

(2) Als Abwicklungseinheiten eingestufte Institute, bei denen es sich um G-SRI handelt oder die Teil eines G-SRI sind, erfüllen Artikel 437a und Artikel 447 Buchstabe h auf der Basis der konsolidierten Lage ihrer Abwicklungsgruppe.

(3) *[1]* Absatz 1 Unterabsatz 1 findet keine Anwendung auf EU-Mutterinstitute, EU-Mutterfinanzholdinggesellschaften, gemischte EU-Mutterfinanzholdinggesellschaften oder Abwicklungseinheiten, wenn von einem Mutterunter-

nehmen mit Sitz in einem Drittland bereits gleichwertige Angaben auf konsolidierter Basis veröffentlicht werden.

[2] Absatz 1 Unterabsatz 2 findet Anwendung auf Tochterunternehmen von Mutterunternehmen mit Sitz in einem Drittland, wenn diese Tochterunternehmen als große Tochterunternehmen gelten.

(4) [1] Findet Artikel 10 Anwendung, so muss die Zentralorganisation im Sinne jenes Artikels Teil 8 auf Basis der konsolidierten Lage der Zentralorganisation erfüllen. [2] Auf die Zentralorganisation findet Artikel 18 Absatz 1 Anwendung, die angeschlossenen Institute werden als Tochterunternehmen der Zentralorganisation behandelt.

Art. 14 Anwendung der Anforderungen nach Artikel 5 der Verordnung (EU) 2017/2402 auf konsolidierter Basis. (1) [1] Die Mutterunternehmen und ihre Tochterunternehmen, soweit sie unter die vorliegende Verordnung fallen, müssen die in Artikel 5 der Verordnung (EU) 2017/2402 festgelegten Pflichten auf konsolidierter oder teilkonsolidierter Basis erfüllen, um sicherzustellen, dass die von ihnen aufgrund jener Bestimmungen eingeführten Regelungen, Verfahren und Mechanismen kohärent und gut aufeinander abgestimmt sind und alle für die Aufsicht relevanten Daten und Informationen vorgelegt werden können. [2] Sie stellen insbesondere sicher, dass die nicht unter die vorliegende Verordnung fallenden Tochterunternehmen Regelungen, Verfahren und Mechanismen schaffen, die die Einhaltung dieser Bestimmungen gewährleisten.

(2) Institute setzen bei Anwendung von Artikel 92 der vorliegenden Verordnung auf konsolidierter oder teilkonsolidierter Basis ein zusätzliches Risikogewicht gemäß Artikel 270a der vorliegenden Verordnung an, wenn auf Ebene eines in einem Drittland niedergelassenen und in die Konsolidierung gemäß Artikel 18 der vorliegenden Verordnung einbezogenen Unternehmens gegen die Anforderungen des Artikels 5 der Verordnung (EU) 2017/2402 verstoßen wird und es sich im Hinblick auf das Gesamtrisikoprofil der Gruppe dabei um einen wesentlichen Verstoß handelt.

Art. 15 Ausnahme von der Anwendung der Eigenmittelanforderungen auf konsolidierter Basis für Wertpapierfirmengruppen. (1) *[1]* Die konsolidierende Aufsichtsbehörde kann im Einzelfall von der Anwendung des Teils 3 und des Titels VII Kapitel 4 der Richtlinie 2013/36/EU auf konsolidierter Basis absehen, vorausgesetzt

a) jede EU-Wertpapierfirma der Gruppe ermittelt den Gesamtrisikobetrag anhand der in Artikel 95 Absatz 2 oder Artikel 96 Absatz 2 beschriebenen alternativen Methode;

b) alle Wertpapierfirmen der Gruppe fallen unter die in Artikel 95 Absatz 1 oder Artikel 96 Absatz 1 genannten Kategorien;

c) jede EU-Wertpapierfirma der Gruppe kommt den Anforderungen des Artikels 95 oder des Artikels 96 auf Einzelbasis nach und bringt gleichzeitig sämtliche Eventualverbindlichkeiten gegenüber Wertpapierfirmen, Finanzinstituten, Vermögensverwaltungsgesellschaften und Anbietern von Nebendienstleistungen, die ansonsten konsolidiert würden, von ihrem harten Kernkapital in Abzug;

d) eine Finanzholdinggesellschaft, die für eine Wertpapierfirma der Gruppe die Mutterfinanzholdinggesellschaft in einem Mitgliedstaat ist, hält Eigenmittel –

die für diese Zwecke als Summe der Posten nach Artikel 26 Absatz 1, Artikel 51 Absatz 1 und Artikel 62 Absatz 1 definiert werden – in einer Höhe, die zumindest der Summe aus folgenden Elementen entspricht:

i) der Summe des gesamten Buchwerts von Beteiligungen, nachrangigen Ansprüchen und Instrumenten im Sinne der Artikel 36 Absatz 1 Buchstaben h und i, Artikel 56 Buchstaben c und d sowie Artikel 66 Buchstaben c und d an, gegen bzw. in Bezug auf Wertpapierfirmen, Finanzinstituten, Vermögensverwaltungsgesellschaften und Anbietern von Nebendienstleistungen, die ansonsten konsolidiert würden, und

ii) des Gesamtbetrags sämtlicher Eventualverbindlichkeiten gegenüber Wertpapierfirmen, Finanzinstituten, Vermögensverwaltungsgesellschaften und Anbietern von Nebendienstleistungen, die ansonsten konsolidiert würden;

e) der Gruppe gehören keine Kreditinstitute an.

[2] Sind die Kriterien des Unterabsatzes 1 erfüllt, muss jede EU-Wertpapierfirma über Systeme zur Überwachung und Kontrolle der Herkunft des Kapitals und der Finanzausstattung aller zur Gruppe gehörenden Finanzholdinggesellschaften, Wertpapierfirmen, Finanzinstitute, Vermögensverwaltungsgesellschaften und Anbieter von Nebendienstleistungen verfügen.

(2) [1] Die zuständigen Behörden können die Ausnahme auch dann genehmigen, wenn die Eigenmittel der Finanzholdinggesellschaften zwar unter dem nach Absatz 1 Buchstabe d ermittelten Betrag liegen, nicht aber unter der Summe der auf Einzelbasis geltenden Eigenmittelanforderungen an Wertpapierfirmen, Finanzinstitute, Vermögensverwaltungsgesellschaften und Anbietern von Nebendienstleistungen erbringen, die ansonsten konsolidiert würden, unter der Gesamtsumme aus sämtlichen Eventualverbindlichkeiten gegenüber Wertpapierfirmen, Finanzinstituten, Vermögensverwaltungsgesellschaften und Anbietern von Nebendienstleistungen, die ansonsten konsolidiert würden. [2] Für die Zwecke dieses Absatzes handelt es sich bei der Eigenmittelanforderung an Wertpapierfirmen aus Drittländern, Finanzinstitute, Vermögensverwaltungsgesellschaften und Anbieter von Nebendienstleistungen um eine nominelle Eigenmittelanforderung.

Art. 16 Ausnahme von der Anwendung der Anforderungen hinsichtlich der Verschuldungsquote auf konsolidierter Basis auf Wertpapierfirmengruppen. Sind alle Unternehmen einer Wertpapierfirmengruppe, einschließlich des Mutterunternehmens, Wertpapierfirmen, die auf Einzelbasis gemäß Artikel 6 Absatz 5 von der Anwendung der Anforderungen des Teils 7 ausgenommen sind, so kann die Mutterwertpapierfirma entscheiden, die Anforderungen des Teils 7 auf konsolidierter Basis nicht anzuwenden.

Art. 17 Beaufsichtigung von Wertpapierfirmen mit einer Befreiung von den Eigenmittelanforderungen auf konsolidierter Basis. (1) Wertpapierfirmen einer unter die Ausnahmeregelung nach Artikel 15 fallenden Gruppe unterrichten die zuständigen Behörden über Risiken, die ihre Finanzlage gefährden könnten, einschließlich der Risiken aufgrund der Zusammensetzung und der Herkunft ihrer Eigenmittel, ihres internen Kapitals und ihrer Finanzausstattung.

(2) Verzichten die für die Beaufsichtigung der Wertpapierfirma zuständigen Behörden gemäß Artikel 15 auf die Beaufsichtigung auf konsolidierter Basis, so

ergreifen sie andere geeignete Maßnahmen zur Überwachung der Risiken, insbesondere der Risiken aus Großkrediten, der gesamten Gruppe, einschließlich der nicht in einem Mitgliedstaat ansässigen Unternehmen.

(3) Verzichten die für die Beaufsichtigung der Wertpapierfirma zuständigen Behörden gemäß Artikel 15 auf die Anwendung der Eigenmittelanforderungen auf konsolidierter Basis, so gelten die Anforderungen des Teils 8 auf Einzelbasis.

Abschnitt 2. Methoden der aufsichtlichen Konsolidierung

[Artikel 18 bis 27.12.2020:]

Art. 18 Methoden der aufsichtlichen Konsolidierung. (1) [1] Institute, die den in Abschnitt 1 genannten Anforderungen auf Basis der konsolidierten Lage unterliegen, nehmen eine Vollkonsolidierung aller Institute und Finanzinstitute vor, die ihre Tochterunternehmen oder, sofern relevant, Tochterunternehmen der gleichen Mutterfinanzholdinggesellschaft oder gemischten Mutterfinanzholdinggesellschaft sind. [2] Die Absätze 2 bis 8 kommen nicht zur Anwendung, wenn Teil 6 auf Basis der konsolidierten Lage eines Instituts angewandt wird.

(2) [1] Die zuständigen Behörden können im Einzelfall jedoch eine anteilmäßige Konsolidierung entsprechend dem von der Muttergesellschaft an dem Tochterunternehmen gehaltenen Kapitalanteil gestatten. [2] Die anteilmäßige Konsolidierung darf nur gestattet werden, wenn alle nachstehend genannten Bedingungen erfüllt sind:

a) die Haftung des Mutterunternehmens ist im Hinblick auf die Haftung der anderen Anteilseigner oder Gesellschafter auf den Kapitalanteil beschränkt, den das Mutterunternehmen an dem Tochterunternehmen hält;
b) die Solvenz jener anderen Anteilseigner oder Gesellschafter ist zufriedenstellend;
c) die Haftung der anderen Anteilseigner oder Gesellschafter ist eindeutig und rechtsverbindlich festgelegt.

(3) Sind Unternehmen untereinander durch eine Beziehung im Sinne des Artikels 12 Absatz 1 der Richtlinie 83/349/EWG verbunden, so bestimmen die zuständigen Behörden, in welcher Form die Konsolidierung erfolgt.

(4) Die konsolidierende Aufsichtsbehörde verlangt eine anteilmäßige Konsolidierung entsprechend dem Kapitalanteil von Beteiligungen an Instituten und Finanzinstituten, die von einem in die Konsolidierung einbezogenen Unternehmen gemeinsam mit einem oder mehreren nicht in die Konsolidierung einbezogenen Unternehmen geleitet werden, wenn die Haftung der betreffenden Unternehmen auf ihren Kapitalanteil beschränkt ist.

(5) [1] In anderen als den in den Absätzen 1 und 4 genannten Fällen von Beteiligungen oder sonstigen Kapitalbeziehungen entscheiden die zuständigen Behörden, ob und in welcher Form die Konsolidierung zu erfolgen hat. [2] Sie können insbesondere die Anwendung der Äquivalenzmethode gestatten oder vorschreiben. [3] Die Anwendung dieser Methode bedeutet jedoch nicht, dass die betreffenden Unternehmen in die Beaufsichtigung auf konsolidierter Basis einbezogen werden.

(6) *[1]* Die zuständigen Behörden bestimmen, ob und in welcher Form die Konsolidierung vorzunehmen ist, wenn

a) ein Institut nach Auffassung der zuständigen Behörden einen signifikanten Einfluss auf ein oder mehrere Institute oder Finanzinstitute ausübt, ohne jedoch eine Beteiligung an diesen Instituten zu halten oder andere Kapitalbeziehungen zu diesen Instituten zu haben, und
b) zwei oder mehr Institute oder Finanzinstitute einer einheitlichen Leitung unterstehen, ohne dass diese vertraglich oder satzungsmäßig festgelegt ist.

[2] [1]Die zuständigen Behörden können insbesondere die Anwendung der in Artikel 12 der Richtlinie 83/349/EWG beschriebenen Methode gestatten oder vorschreiben. [2]Die Anwendung dieser Methode bedeutet jedoch nicht, dass die betreffenden Unternehmen in die Beaufsichtigung auf konsolidierter Basis einbezogen werden.

(7) *[1]* Die EBA arbeitet Entwürfe technischer Regulierungsstandards zur Festlegung der Bedingungen für eine Konsolidierung in den in den Absätzen 2 bis 6 beschriebenen Fällen aus.

[2] Die EBA legt der Kommission diese Entwürfe technischer Regulierungsstandards bis zum 31. Dezember 2016 vor.

[3] Der Kommission wird die Befugnis übertragen, die in Unterabsatz 1 genannten technischen Regulierungsstandards gemäß Artikel 10 bis 14 der Verordnung (EU) Nr. 1093/2010 zu erlassen.

(8) Ist nach Artikel 111 der Richtlinie 2013/36/EU die Beaufsichtigung auf konsolidierter Basis vorgeschrieben, so werden Anbieter von Nebendienstleistungen und Vermögensverwaltungsgesellschaften im Sinne der Richtlinie 2002/87/EG in den Fällen und gemäß den Methoden, die in diesem Artikel festgelegt sind, in die Konsolidierung einbezogen.

[Artikel 18 ab 28.12.2020:]
Art. 18 Methoden der aufsichtlichen Konsolidierung. *(1)[1)] [1] [1]Institute, Finanzholdinggesellschaften und gemischte Finanzholdinggesellschaften, die den in Abschnitt 1 dieses Kapitels genannten Anforderungen auf Basis ihrer konsolidierten Lage unterliegen, nehmen eine Vollkonsolidierung aller Institute und Finanzinstitute vor, die ihre Tochterunternehmen sind. [2]Die Absätze 3 bis 6 und 9 des vorliegenden Artikels finden keine Anwendung, wenn Teil 6 und Artikel 430 Absatz 1 Buchstabe d auf Basis der konsolidierten Lage eines Instituts, einer Finanzholdinggesellschaft oder einer gemischten Finanzholdinggesellschaft oder bei einer Liquiditätsuntergruppe gemäß den Artikeln 8 und 10 auf teilkonsolidierter Basis angewandt werden.*

[2] Für die Zwecke des Artikels 11 Absatz 3a gilt, dass Institute, die den in Artikel 92a oder 92b genannten Anforderungen auf Basis ihrer konsolidierten Lage unterliegen, eine Vollkonsolidierung aller Institute und Finanzinstitute vornehmen, bei denen es sich um ihre Tochterunternehmen in den einschlägigen Abwicklungsgruppen handelt.

(2) Die Anbieter von Nebendienstleistungen werden in den Fällen und gemäß den Methoden, die in diesem Artikel festgelegt sind, in die Konsolidierung einbezogen.

(3) Stehen Unternehmen untereinander in der in Artikel 22 Absatz 7 der Richtlinie 2013/34/EU bezeichneten Beziehung, so bestimmen die zuständigen Behörden, in welcher Form die Konsolidierung erfolgt.

[1)] Art. 18 Abs. 1 UAbs. 2 neu gef. mWv 27.6.2019 durch VO v. 20.5.2019 (ABl. L 150 S. 1).

(4) Die konsolidierende Aufsichtsbehörde verlangt eine proportionale Konsolidierung entsprechend dem Kapitalanteil von Beteiligungen an Instituten und Finanzinstituten, die von einem in die Konsolidierung einbezogenen Unternehmen gemeinsam mit einem oder mehreren nicht in die Konsolidierung einbezogenen Unternehmen geleitet werden, wenn die Haftung der betreffenden Unternehmen auf ihren Kapitalanteil beschränkt ist.

(5) [1] In anderen als den in den Absätzen 1 und 4 genannten Fällen von Beteiligungen oder sonstigen Kapitalbeziehungen entscheiden die zuständigen Behörden, ob und in welcher Form die Konsolidierung zu erfolgen hat. [2] Sie können insbesondere die Anwendung der Äquivalenzmethode gestatten oder vorschreiben. [3] Die Anwendung dieser Methode bedeutet jedoch nicht, dass die betreffenden Unternehmen in die Beaufsichtigung auf konsolidierter Basis einbezogen werden.

(6) [1] Die zuständigen Behörden bestimmen in den folgenden Fällen, ob und in welcher Form die Konsolidierung vorzunehmen ist:

a) ein Institut übt nach Auffassung der zuständigen Behörden einen signifikanten Einfluss auf ein oder mehrere Institute oder Finanzinstitute aus, ohne jedoch eine Beteiligung an diesen Instituten zu halten oder andere Kapitalbeziehungen zu diesen Instituten zu haben, und

b) zwei oder mehr Institute oder Finanzinstitute unterstehen einer einheitlichen Leitung, ohne dass diese vertraglich oder satzungsmäßig festgelegt ist.

[2] [2] Die zuständigen Behörden können insbesondere die Anwendung der in Artikel 22 Absätze 7, 8 und 9 der Richtlinie 2013/34/EU beschriebenen Methode gestatten oder vorschreiben. [3] Die Anwendung dieser Methode bedeutet jedoch nicht, dass die betreffenden Unternehmen in die Beaufsichtigung auf konsolidierter Basis einbezogen werden.

(7) [1] [1] Hat ein Institut ein Tochterunternehmen, das ein anderes Unternehmen als ein Institut, ein Finanzinstitut oder ein Anbieter von Nebendienstleistungen ist oder eine Beteiligung an einem solchen Unternehmen hält, so wendet es auf diese Tochtergesellschaft oder Beteiligung die Äquivalenzmethode an. [2] Die Anwendung dieser Methode bedeutet jedoch nicht, dass die betreffenden Unternehmen in die Beaufsichtigung auf konsolidierter Basis einbezogen werden.

[2] Abweichend von Unterabsatz 1 können zuständige Behörden Instituten gestatten oder ihnen vorschreiben, dass sie eine andere Methode auf solche Tochterunternehmen oder Beteiligungen anwenden, einschließlich der nach Maßgabe des geltenden Rechnungslegungsrahmens erforderlichen Methode, sofern

a) das Institut die Äquivalenzmethode am 28. Dezember 2020 noch nicht anwendet,

b) die Anwendung der Äquivalenzmethode unverhältnismäßig aufwendig wäre oder die Äquivalenzmethode die Risiken, die das in Unterabsatz 1 genannte Unternehmen für das Institut darstellt, nicht angemessen widerspiegelt und

c) die Methode im Ergebnis nicht zu einer Vollkonsolidierung oder proportionalen Konsolidierung dieses Unternehmens führt.

(8) Die zuständigen Behörden können eine Vollkonsolidierung oder proportionale Konsolidierung eines Tochterunternehmens oder eines Unternehmens, an dem ein Institut eine Beteiligung hält, vorschreiben, wenn dieses Tochterunternehmen oder Unternehmen kein Institut, Finanzinstitut oder Anbieter von Nebendienstleistungen ist, und wenn alle folgenden Bedingungen erfüllt sind:

a) bei dem Unternehmen handelt es sich nicht um ein Versicherungsunternehmen, ein Drittlands-Versicherungsunternehmen, ein Rückversicherungsunternehmen, ein Drittland-Rückversicherungsunternehmen, eine Versicherungsholdinggesellschaft oder ein

Unternehmen, das gemäß Artikel 4 der Richtlinie 2009/138/EG aus dem Anwendungsbereich der genannten Richtlinie ausgenommen ist;

b) es besteht ein erhebliches Risiko, dass das Institut beschließt, für dieses Unternehmen unter Stressbedingungen finanzielle Unterstützung bereitzustellen, selbst wenn es keinen vertraglichen Verpflichtungen unterliegt, solche Unterstützung bereitzustellen, oder auch über bestehende vertragliche Verpflichtungen in diesem Sinne hinaus.

(9)[1] [1] Die EBA arbeitet Entwürfe technischer Regulierungsstandards zur Festlegung der Bedingungen für eine Konsolidierung in den in den Absätzen 3 bis 6 und 8 beschriebenen Fällen aus.

[2] Die EBA legt der Kommission diese Entwürfe technischer Regulierungsstandards bis zum 31. Dezember 2020 vor.

[3] Der Kommission wird die Befugnis übertragen, die in Unterabsatz 1 genannten technischen Regulierungsstandards gemäß den Artikeln 10 bis 14 der Verordnung (EU) Nr. 1093/2010 zur Ergänzung dieser Verordnung zu erlassen.

Abschnitt 3. Aufsichtlicher Konsolidierungskreis

Art. 19 Aus dem aufsichtlichen Konsolidierungskreis ausgenommene Unternehmen. (1) Institute, Finanzinstitute oder Anbieter von Nebendienstleistungen, die Tochterunternehmen sind oder an denen eine Beteiligung gehalten wird, dürfen aus dem Konsolidierungskreis ausgenommen werden, wenn die Gesamtsumme der Vermögenswerte und außerbilanziellen Posten des betreffenden Unternehmens unter dem niedrigeren der beiden folgenden Beträge liegt:

a) 10 Millionen EUR,

b) 1 % der Gesamtsumme der Vermögenswerte und außerbilanziellen Posten des Mutterunternehmens oder des Unternehmens, das die Beteiligung hält.

(2) Die gemäß Artikel 111 der Richtlinie 2013/36/EU für die Beaufsichtigung auf konsolidierter Basis zuständigen Behörden können im Einzelfall darauf verzichten, Institute, Finanzinstitute oder Anbieter von Nebendienstleistungen, die Tochterunternehmen sind oder an denen eine Beteiligung gehalten wird, in die Konsolidierung einzubeziehen, wenn

a) das betreffende Unternehmen seinen Sitz in einem Drittland hat, in dem der Übermittlung der notwendigen Informationen rechtliche Hindernisse im Wege stehen;

b) das betreffende Unternehmen im Hinblick auf die Ziele der Aufsicht über die Institute vernachlässigt werden kann;

c) nach Auffassung der zuständigen Behörden, die für die Beaufsichtigung auf konsolidierter Basis verantwortlich sind, eine Konsolidierung der Finanzlage des betreffenden Unternehmens in Bezug auf die Ziele der Beaufsichtigung von Instituten ungeeignet oder irreführend wäre.

(3) Wenn in den Fällen nach Absatz 1 und Absatz 2 Buchstabe b mehrere Unternehmen die dort genannten Kriterien erfüllen, werden sie dennoch in die Konsolidierung einbezogen, wenn sie in Bezug auf die erwähnten Ziele zusammengenommen von nicht unerheblicher Bedeutung sind.

---

[1] Art. 18 Abs. 9 neu gef. mWv 27.6.2019 durch VO v. 20.5.2019 (ABl. L 150 S. 1).

Art. 20 Gemeinsame Entscheidungen über Aufsichtsanforderungen.

(1) *[1]* Die zuständigen Behörden arbeiten in umfassender Abstimmung zusammen

a) bei Anträgen eines EU-Mutterinstituts und seiner Tochterunternehmen oder Anträgen der Gesamtheit der Tochterunternehmen einer EU-Mutterfinanzholdinggesellschaft oder einer gemischten EU-Mutterfinanzholdinggesellschaft auf Genehmigung gemäß Artikel 143 Absatz 1, Artikel 151 Absätze 4 und 9, Artikel 283, Artikel 312 Absatz 2 bzw. Artikel 363, um zu entscheiden, ob dem Antrag stattgegeben wird und an welche Bedingungen die Genehmigung gegebenenfalls geknüpft werden sollte;

b) um festzustellen, ob die in Artikel 422 Absatz 9 und Artikel 425 Absatz 5 genannten, durch die in Artikel 422 Absatz 10 und Artikel 425 Absatz 6 technischen Regulierungsstandards der EBA ergänzten Kriterien für eine spezielle gruppeninterne Behandlung erfüllt sind.

[2] Anträge werden ausschließlich bei der konsolidierenden Aufsichtsbehörde gestellt.

[3] [1]Dem Antrag nach Artikel 312 Absatz 2 wird eine Beschreibung der Allokationsmethodik beigefügt, nach der die Eigenmittel zur Unterlegung des operationellen Risikos auf die verschiedenen Unternehmen der Gruppe verteilt werden. [2]In dem Antrag ist zudem anzugeben, ob und wie im Risikomesssystem Diversifizierungseffekte berücksichtigt werden sollen.

(2) *[1]* Die zuständigen Behörden setzen alles daran, innerhalb von sechs Monaten zu einer gemeinsamen Entscheidung zu gelangen über

a) den Antrag nach Absatz 1 Buchstabe a,

b) die Bewertung der Kriterien und die Festlegung der speziellen Behandlung gemäß Absatz 1 Buchstabe b.

[2] Diese gemeinsame Entscheidung wird dem Antragsteller in einem Dokument, das eine vollständige Begründung enthält, durch die in Absatz 1 genannte zuständige Behörde zugeleitet.

(3) Die in Absatz 2 genannte Frist beginnt

a) mit dem Tag des Eingangs des vollständigen Antrags nach Absatz 1 Buchstabe a bei der konsolidierenden Aufsichtsbehörde. Die konsolidierende Aufsichtsbehörde leitet den vollständigen Antrag umgehend an die anderen zuständigen Behörden weiter;

b) mit dem Tag des Eingangs eines von der konsolidierenden Aufsichtsbehörde erstellten Berichts über die gruppeninternen Verpflichtungen innerhalb der Gruppe bei den zuständigen Behörden.

(4) *[1]* [1]Wenn die zuständigen Behörden nicht innerhalb von sechs Monaten zu einer gemeinsamen Entscheidung gelangen, entscheidet die konsolidierende Aufsichtsbehörde selbst über den Antrag nach Absatz 1 Buchstabe a. [2]Die Entscheidung der konsolidierenden Aufsichtsbehörde beschneidet nicht die Befugnisse der zuständigen Behörden gemäß Artikel 105 der Richtlinie 2013/36/EU.

[2] Die Entscheidung wird in einem Dokument dargelegt, das die vollständige Begründung enthält und die von den anderen zuständigen Behörden innerhalb des Zeitraums von sechs Monaten geäußerten Standpunkte und Vorbehalte berücksichtigt.

[3] Die konsolidierende Aufsichtsbehörde übermittelt die Entscheidung dem EU-Mutterinstitut, der EU-Mutterfinanzholdinggesellschaft oder der gemischten EU-Mutterfinanzholdinggesellschaft und den anderen zuständigen Behörden.

[4] [1] Hat eine der betreffenden zuständigen Behörden bei Ende der Sechsmonatsfrist die Angelegenheit gemäß Artikel 19 der Verordnung (EU) Nr. 1093/2010 an die EBA verwiesen, so stellt die konsolidierende Aufsichtsbehörde ihre Entscheidung in Bezug auf Absatz 1 Buchstabe a zurück, bis ein Beschluss der EBA gemäß Artikel 19 Absatz 3 jener Verordnung über ihre Entscheidung ergangen ist, und entscheidet dann in Übereinstimmung mit dem Beschluss der EBA. [2] Die Sechsmonatsfrist gilt als Frist für die Beilegung von Meinungsverschiedenheiten im Sinne jener Verordnung. [3] Die EBA beschließt binnen eines Monats. [4] Nach Ablauf der Sechsmonatsfrist oder sobald eine gemeinsame Entscheidung vorliegt, kann die Angelegenheit nicht mehr an die EBA verwiesen werden.

(5) *[1]* Gelangen die zuständigen Behörden nicht innerhalb von sechs Monaten zu einer gemeinsamen Entscheidung, entscheidet die für die Beaufsichtigung des Tochterunternehmens auf Einzelbasis zuständige Behörde selbst über den Antrag nach Absatz 1 Buchstabe b.

[2] Die Entscheidung wird in einem Dokument dargelegt, das die vollständige Begründung enthält und die von den anderen zuständigen Behörden innerhalb des Zeitraums von sechs Monaten geäußerten Standpunkte und Vorbehalte berücksichtigt.

[3] Die Entscheidung wird der konsolidierenden Aufsichtsbehörde mitgeteilt, die sie dem EU-Mutterinstitut, der EU-Mutterfinanzholdinggesellschaft oder der gemischten EU-Mutterfinanzholdinggesellschaft übermittelt.

[4] [1] Hat die konsolidierende Aufsichtsbehörde bei Ende der Sechsmonatsfrist die Angelegenheit gemäß Artikel 19 der Verordnung (EU) Nr. 1093/2010 an die EBA verwiesen, so stellt die für die Beaufsichtigung des Tochterunternehmens auf Einzelbasis zuständige Behörde ihre Entscheidung in Bezug auf Absatz 1 Buchstabe b zurück, bis ein Beschluss der EBA gemäß Artikel 19 Absatz 3 jener Verordnung über ihre Entscheidung ergangen ist, und entscheidet dann in Übereinstimmung mit dem Beschluss der EBA. [2] Die Sechsmonatsfrist gilt als Frist für die Beilegung von Meinungsverschiedenheiten im Sinne der genannten Verordnung. [3] Die EBA trifft ihren Beschluss binnen eines Monats. [4] Nach Ablauf der Sechsmonatsfrist oder sobald eine gemeinsame Entscheidung vorliegt, kann die Angelegenheit nicht mehr an die EBA verwiesen werden.

(6) Wenden ein EU-Mutterinstitut und seine Tochterunternehmen, die Tochterunternehmen einer EU-Mutterfinanzholdinggesellschaft oder gemischten EU-Mutterfinanzholdinggesellschaft einen fortgeschrittenen Messansatz nach Artikel 312 Absatz 2 oder den IRB-Ansatz nach Artikel 143 einheitlich an, so gestatten die zuständigen Behörden, dass Mutter und Töchter die Kriterien der Artikel 321 und 322 oder des Teils 3 Titel II Kapitel 3 Abschnitt 6 gemeinsam und in einer Weise erfüllen, die mit der Struktur der Gruppe und ihren Risikomanagementsystemen, -verfahren und -methoden vereinbar ist.

(7) Die Entscheidungen gemäß den Absätzen 2, 4 und 5 werden von den zuständigen Behörden in den betreffenden Mitgliedstaaten als maßgebend anerkannt und angewandt.

(8) *[1]* Um gemeinsame Entscheidungen zu erleichtern, arbeitet die EBA Entwürfe technischer Durchführungsstandards zur Spezifizierung des Verfahrens für gemeinsame Entscheidungen nach Absatz 1 Buchstabe a über Anträge auf Genehmigungen nach Artikel 143 Absatz 1, Artikel 151 Absätze 4 und 9, Artikel 283, Artikel 312 Absatz 2 und Artikel 363 aus.

[2] Die EBA legt der Kommission diese Entwürfe technischer Durchführungsstandards bis zum 31. Dezember 2014 vor.

[3] Der Kommission wird die Befugnis übertragen, die technischen Durchführungsstandards nach Unterabsatz 1 gemäß Artikel 15 der Verordnung (EU) Nr. 1093/2010 zu erlassen.

Art. 21[1)] Gemeinsame Entscheidungen über die Anwendungsebene von Liquiditätsanforderungen. (1) *[1]* Bei Anträgen eines EU-Mutterinstituts oder einer EU-Mutterfinanzholdinggesellschaft oder einer gemischten EU-Mutterfinanzholdinggesellschaft oder eines teilkonsolidierten Tochterunternehmens eines EU-Mutterinstituts oder einer EU-Mutterfinanzholdinggesellschaft oder einer gemischten EU-Mutterfinanzholdinggesellschaft setzen die konsolidierende Aufsichtsbehörde und die in einem Mitgliedstaat für die Beaufsichtigung von Tochterunternehmen eines EU-Mutterinstituts oder einer EU-Mutterfinanzholdinggesellschaft oder einer gemischten EU-Mutterfinanzholdinggesellschaft zuständigen Behörden alles daran, zu einer gemeinsamen Entscheidung darüber zu gelangen, ob die Voraussetzungen des Artikels 8 Absatz 1 Buchstaben a bis d erfüllt sind und um für die Anwendung des Artikels 8 eine zusammengefasste Liquiditätsuntergruppe zu bestimmen.

[2] [1] Die gemeinsame Entscheidung wird innerhalb von sechs Monaten nach Vorlage eines Berichts der konsolidierenden Aufsichtsbehörde getroffen, in dem diese auf der Grundlage der Kriterien des Artikels 8 eine zusammengefasste Liquiditätsuntergruppe bestimmt. [2] Besteht vor Ablauf dieser Sechsmonatefrist Uneinigkeit, so konsultiert die konsolidierende Aufsichtsbehörde auf Verlangen einer anderen zuständigen Behörde die EBA. [3] Die konsolidierende Aufsichtsbehörde kann die EBA auch von sich aus konsultieren.

[3] In der gemeinsamen Entscheidung können auch Beschränkungen hinsichtlich der Belegenheit und des Eigentums an liquiden Aktiva auferlegt und den von der Anwendung des Teils 6 ausgenommenen Instituten das Halten bestimmter Mindestbeträge an liquiden Aktiva vorgeschrieben werden.

[4] Die gemeinsame Entscheidung wird in einem Dokument mit einer vollständigen Begründung dargelegt, das die konsolidierende Aufsichtsbehörde dem Mutterinstitut der betroffenen zusammengefassten Liquiditätsuntergruppe übermittelt.

(2) *[1]* Liegt innerhalb von sechs Monaten keine gemeinsame Entscheidung vor, so entscheidet jede für die Einzelaufsicht zuständige Behörde allein über den Antrag.

[2] [1] Während des Sechsmonatezeitraums kann sich jedoch jede zuständige Behörde mit Fragen hinsichtlich der Erfüllung der Voraussetzungen von Artikel 8 Absatz 1 Buchstaben a bis d an die EBA wenden. [2] In diesem Fall kann die EBA ihre nicht bindende Vermittlertätigkeit gemäß Artikel 31 Buchstabe c der Verordnung (EU) Nr. 1093/2010 wahrnehmen und alle beteiligten zuständigen

---

1) Art. 21 gilt gem. Art. 521 Abs. 2 UAbs. 1 Buchst. a ab dem 1.1.2015.

Behörden stellen ihre Entscheidung bis zum Abschluss der nicht bindenden Vermittlertätigkeit zurück. [3]Erzielen die zuständigen Behörden während der Vermittlung innerhalb von drei Monaten keine Einigung, so entscheidet jede für die Einzelaufsicht zuständige Behörde allein unter Berücksichtigung der Verhältnismäßigkeit von Nutzen und Risiken sowohl auf der Ebene des Mitgliedstaats des Mutterinstituts als auch auf der Ebene des Mitgliedstaats des Tochterunternehmens. [4]Nach Ablauf der Sechsmonatsfrist oder sobald eine gemeinsame Entscheidung vorliegt, kann die Angelegenheit nicht mehr an die EBA verwiesen werden.

[3] Die gemeinsame Entscheidung nach Absatz 1 und die Entscheidungen gemäß Unterabsatz 2 sind verbindlich.

(3) [1]Ferner kann jede zuständige Behörde während des Sechsmonatszeitraums die EBA konsultieren, wenn Uneinigkeit über die Voraussetzungen des Artikels 8 Absatz 3 Buchstaben a bis d besteht. [2]In diesem Fall kann die EBA ihre nicht bindende Vermittlertätigkeit gemäß Artikel 31 Buchstabe c der Verordnung (EU) Nr. 1093/2010 wahrnehmen. [3]Die beteiligten zuständigen Behörden stellen ihre Entscheidung bis zum Abschluss der nicht bindenden Vermittlertätigkeit zurück. [4]Erzielen die zuständigen Behörden während der Vermittlung innerhalb von drei Monaten keine Einigung, so entscheidet jede für die Einzelaufsicht zuständige Behörde allein.

Art. 22 Teilkonsolidierung von Unternehmen in Drittländern. Tochterunternehmen wenden die Anforderungen,[1)] der Artikel 89 bis 91, des Teils 3 und des Teils 4 auf teilkonsolidierter Basis an, wenn die betreffenden Institute oder ihr Mutterunternehmen – sofern es sich dabei um eine Finanzholdinggesellschaft oder gemischte Finanzholdinggesellschaft handelt – ein Institut oder ein Finanzinstitut als Tochterunternehmen in einem Drittland haben oder eine Beteiligung an einem solchen Unternehmen halten.

Art. 23 Unternehmen in Drittländern. Für die Zwecke der Beaufsichtigung auf konsolidierter Basis gemäß diesem Kapitel schließen die Begriffe „Wertpapierfirma", „Kreditinstitut", „Finanzinstitut" und „Institut" auch in Drittländern niedergelassene Unternehmen ein, die, wenn sie in der Union niedergelassen wären, unter die Bestimmung dieser Begriffe nach Artikel 4 fallen würden.

Art. 24 Bewertung von Vermögenswerten und außerbilanziellen Posten. (1) Vermögenswerte und außerbilanzielle Posten werden nach dem geltenden Rechnungslegungsrahmen bewertet.

(2) Abweichend von Absatz 1 können die zuständigen Behörden verlangen, dass Institute die Bewertung von Vermögenswerten und außerbilanziellen Posten und die Ermittlung der Eigenmittel gemäß den Internationalen Rechnungslegungsstandards nach Maßgabe der Verordnung (EG) Nr. 1606/2002 vornehmen.

---

1) Zeichensetzung amtlich.

Teil 2. Eigenmittel und berücksichtigungsfähige Verbindlichkeiten

Titel I. Bestandteile der Eigenmittel

Kapitel 1. Kernkapital

Art. 25 Kernkapital. Das Kernkapital eines Instituts besteht aus der Summe des harten Kernkapitals und des zusätzlichen Kernkapitals.

Kapitel 2. Hartes Kernkapital

Abschnitt 1. Posten und Instrumente des harten Kernkapitals

Art. 26 Posten des harten Kernkapitals. (1) *[1]* Das harte Kernkapital eines Instituts umfasst folgende Posten:

a) Kapitalinstrumente, die die Voraussetzungen des Artikels 28, oder gegebenenfalls des Artikels 29 erfüllen,

b) das mit den Instrumenten nach Buchstabe a verbundene Agio,

c) einbehaltene Gewinne,

d) das kumulierte sonstige Ergebnis, → Artikel 37, 42

e) sonstige Rücklagen,

f) den Fonds für allgemeine Bankrisiken.

[2] Die unter den Buchstaben c bis f genannten Posten werden nur dann als hartes Kernkapital anerkannt, wenn sie dem Institut uneingeschränkt und unmittelbar zur sofortigen Deckung von Risiken oder Verlusten zur Verfügung stehen.

(2)[1)] *[1]* [1] Institute dürfen vor dem offiziellen Beschluss zur Bestätigung ihres endgültigen Jahresergebnisses Zwischengewinne oder Gewinne zum Jahresende nur nach vorheriger Erlaubnis der zuständigen Behörde für die Zwecke von Absatz 1 Buchstabe c zum harten Kernkapital rechnen. [2] Die zuständige Behörde gibt die Erlaubnis, vorausgesetzt

a) die Gewinne wurden durch Personen überprüft, die vom Institut unabhängig und für dessen Buchprüfung zuständig sind;

b) das Institut hat den zuständigen Behörden hinreichend nachgewiesen, dass alle vorhersehbaren Abgaben oder Dividenden von dem Gewinnbetrag abgezogen wurden.

[2] Eine Überprüfung der Zwischengewinne oder Jahresendgewinne des Instituts muss in angemessenem Maße gewährleisten, dass diese Gewinne im Einklang mit den Grundsätzen des geltenden Rechnungslegungsrahmens ermittelt wurden.

(3) *[1]* [1] Die zuständigen Behörden bewerten, ob die Emissionen von Kapitalinstrumenten die Kriterien des Artikels 28 oder gegebenenfalls des Artikels 29 erfüllen. [2] Emissionen von Kapitalinstrumenten werden von den Instituten nur

---

[1)] Siehe hierzu Beschluss (EU) 2015/656 der Europäischen Zentralbank über die Bedingungen, unter denen Kreditinstitute gemäß Artikel 26 Absatz 2 der VO (EU) Nr. 575/2013 Zwischen- oder Jahresendgewinne dem harten Kernkapital (CET1) zurechnen dürfen (EZB/2015/4) v. 4.2.2015 (ABl. L 107 S. 76).

dann als Instrumente des harten Kernkapitals eingestuft, wenn die zuständigen Behörden zuvor die Erlaubnis gegeben haben.

[2] [1] Abweichend von Unterabsatz 1 können Institute spätere Emissionen einer Art von Instrumenten des harten Kernkapitals als Instrumente des harten Kernkapitals einstufen, wenn sie für diese bereits diese Erlaubnis erhalten haben, sofern die folgenden beiden Bedingungen erfüllt sind:

a) die für diese späteren Emissionen geltenden Bestimmungen sind im Wesentlichen identisch mit den Bestimmungen, die für die Emissionen gelten, für die die Institute bereits eine Erlaubnis erhalten haben;

b) die Institute haben diese späteren Emissionen den zuständigen Behörden rechtzeitig vor der Einstufung als Instrumente des harten Kernkapitals mitgeteilt.

[3] [1] Bevor die zuständigen Behörden die Erlaubnis für die Einstufung neuer Arten von Kapitalinstrumenten als Instrumente des harten Kernkapitals erteilen, holen sie die Stellungnahme der EBA ein. [2] Die zuständigen Behörden berücksichtigen die Stellungnahme der EBA gebührend und richten in dem Fall, dass sie beschließen, hiervon abzuweichen, innerhalb von drei Monaten ab dem Tag des Eingangs der Stellungnahme der EBA ein Schreiben an die EBA, in dem sie die Beweggründe für die Abweichung von der Stellungnahme darlegen. [3] Dieser Unterabsatz gilt nicht für die in Artikel 31 genannten Kapitalinstrumente.

[4] [1] Auf der Grundlage der Angaben der zuständigen Behörden erstellt, führt und veröffentlicht die EBA ein Verzeichnis sämtlicher Arten von Kapitalinstrumenten in jedem Mitgliedstaat, die als Instrumente des harten Kernkapitals akzeptiert werden. [2] Gemäß Artikel 35 der Verordnung (EU) Nr. 1093/2010 kann die EBA alle Informationen im Zusammenhang mit Instrumenten des harten Kernkapitals einholen, die sie für erforderlich hält, um die Einhaltung der Kriterien des Artikels 28 oder gegebenenfalls des Artikels 29 der vorliegenden Verordnung zu überprüfen und das in diesem Unterabsatz genannte Verzeichnis zu führen und zu aktualisieren.

[5] [1] Nach der Prüfung gemäß Artikel 80 kann die EBA, sofern es hinreichende Belege dafür gibt, dass die einschlägigen Kapitalinstrumente die Kriterien des Artikels 28 oder gegebenenfalls des Artikels 29 nicht oder nicht mehr erfüllen, je nach Lage des Falls beschließen, diese Instrumente nicht in das Verzeichnis nach Unterabsatz 4 aufzunehmen oder sie aus diesem Verzeichnis zu streichen. [2] Die EBA veröffentlicht eine entsprechende Bekanntmachung, in der auch auf den diesbezüglich einschlägigen Standpunkt der zuständigen Behörde Bezug genommen wird. [3] Dieser Unterabsatz gilt nicht für die in Artikel 31 genannten Kapitalinstrumente.

(4) *[1]* Die EBA arbeitet Entwürfe technischer Regulierungsstandards zur Klärung des Begriffs „vorhersehbar" aus, wenn ermittelt wird, ob alle vorhersehbaren Abgaben oder Dividenden in Abzug gebracht wurden.

[2] Die EBA legt der Kommission diese Entwürfe technischer Regulierungsstandards bis zum 28. Juli 2013 vor.

[3] Der Kommission wird die Befugnis übertragen, die technischen Regulierungsstandards nach Unterabsatz 1 gemäß den Artikeln 10 bis 14 der Verordnung (EU) Nr. 1093/2010 zu erlassen.

Art. 27 Zu den Posten des harten Kernkapitals zählende Kapitalinstrumente von Gegenseitigkeitsgesellschaften, Genossenschaften, Sparkassen und ähnlichen Instituten. (1) *[1]* Posten des harten Kernkapitals umfassen alle von einem Institut gemäß seiner Satzung begebenen Kapitalinstrumente, vorausgesetzt

a) das Institut hat eine im maßgebenden einzelstaatlichen Recht definierte Unternehmensform und gilt nach Auffassung der zuständige Behörde für die Zwecke dieses Teils als
   i) Gegenseitigkeitsgesellschaft,
   ii) Genossenschaft,
   iii) Sparkasse,
   iv) ähnliches Institut,
   v) Kreditinstitut im vollständigen Eigentum eines unter Ziffer i bis iv genannten Instituts, das mit Genehmigung der jeweils zuständigen Behörde diesen Artikel nutzen darf, sofern und solange 100 % seiner ausgegebenen Stammaktien direkt oder indirekt von einem unter Ziffer i bis iii genannten Institut gehalten werden;
b) die Bedingungen des Artikels 28, oder gegebenenfalls des Artikels 29 sind erfüllt;[1)]

[2] Nach geltendem einzelstaatlichen Recht vor dem 31. Dezember 2012 als solche anerkannte Gegenseitigkeitsgesellschaften, Genossenschaften oder Sparkassen gelten für die Zwecke dieses Teils weiter als solche, sofern und solange die anerkennungsbegründenden Voraussetzungen erfüllt sind.

(2) *[1]* Die EBA arbeitet Entwürfe technischer Regulierungsstandards aus, in denen die Bedingungen präzisiert werden, anhand *deren*[2)] die zuständigen Behörden entscheiden können, ob eine im maßgebenden einzelstaatlichen Recht anerkannte Unternehmensform für die Zwecke dieses Teils als Gegenseitigkeitsgesellschaft, Genossenschaft, Sparkasse oder ähnliches Institut gilt.

[2] Die EBA übermittelt der Kommission diesen Entwurf eines technischen Regulierungsstandards bis zum 28. Juli 2013.

[3] Der Kommission wird die Befugnis übertragen, die technischen Regulierungsstandards nach Unterabsatz 1 gemäß den Artikeln 10 bis 14 der Verordnung (EU) Nr. 1093/2010 zu erlassen.

Art. 28 Instrumente des harten Kernkapitals. (1) *[1]* Kapitalinstrumente gelten nur dann als Instrumente des harten Kernkapitals, wenn alle folgenden Bedingungen erfüllt sind:

a) sie werden vom Institut mit vorheriger Zustimmung der Eigentümer oder – wenn dies nach *einzelstaatlichen*[3)] Recht zulässig ist – des Leitungsorgans des Instituts direkt begeben;
b) sie sind voll eingezahlt, und der Erwerb des Eigentums an diesen Instrumenten wird weder direkt noch indirekt durch das Institut finanziert;
c) sie erfüllen hinsichtlich ihrer Einstufung alle folgenden Bedingungen:

---

1) Zeichensetzung amtlich.
2) Richtig wohl: „derer".
3) Richtig wohl: „einzelstaatlichem".

i) sie gelten als Kapital im Sinne des Artikels 22 der Richtlinie 86/635/EWG,

ii) sie gelten als Eigenkapital im Sinne des geltenden Rechnungslegungsrahmens,

iii) sie gelten gegebenenfalls nach Maßgabe einzelstaatlicher Insolvenzvorschriften als Eigenkapital zum Zwecke der Feststellung der Insolvenz aufgrund buchmäßiger Überschuldung,

d) sie sind in der Bilanz des Jahresabschlusses des Instituts eindeutig und gesondert offengelegt;

e) sie sind zeitlich unbefristet;

f) ihr Kapitalbetrag darf nur in einem der beiden folgenden Fälle verringert oder zurückgezahlt werden:

i) Liquidation des Instituts,

ii) Rückkäufe der Instrumente nach Ermessen oder andere Ermessensmaßnahmen zur Verringerung der Eigenmittel nach vorheriger Erlaubnis der zuständigen Behörde gemäß Artikel 77,

g) die für das Instrument geltenden Bestimmungen lassen weder explizit noch implizit erkennen, dass sein Kapitalbetrag außer im Fall der Liquidation des Instituts verringert oder zurückgezahlt werden kann oder darf, und das Institut gibt vor oder während der Emission der Instrumente auch anderweitig keinen dahingehenden Hinweis, außer im Hinblick auf die in Artikel 27 genannten Instrumente, wenn eine Rückzahlungsweigerung des Instituts für solche Instrumente nach einzelstaatlichem Recht verboten ist;

h) sie erfüllen hinsichtlich Ausschüttungen die folgenden Bedingungen:

i) es gibt keine Vorzugsbehandlung in Bezug auf die Reihenfolge der Ausschüttungen, auch nicht im Zusammenhang mit anderen Instrumenten des harten Kernkapitals, und in den für das Instrument geltenden Bestimmungen sind keine Vorzugsrechte für die Auszahlung von Ausschüttungen vorgesehen,

ii) Ausschüttungen an die Inhaber der Instrumente dürfen nur aus ausschüttungsfähigen Posten ausgezahlt werden,

iii) die für das Instrument geltenden Bestimmungen sehen außer im Falle der in Artikel 27 genannten Instrumente keine Obergrenze oder andere Beschränkung des Höchstbetrags der Ausschüttungen vor,

iv) die Höhe der Ausschüttungen wird außer im Falle der in Artikel 27 genannten Instrumente nicht auf der Grundlage des Anschaffungspreises der Instrumente bestimmt,

v) die für das Instrument geltenden Bestimmungen sehen keine Ausschüttungspflicht des Instituts vor, und das Institut unterliegt auch anderweitig keiner solchen Verpflichtung,

vi) die Nichtzahlung von Ausschüttungen stellt keinen Ausfall des Instituts dar,

vii) durch die Streichung von Ausschüttungen werden dem Institut keine Beschränkungen auferlegt;

i) die Instrumente tragen, gemessen an allen vom Institut begebenen Kapitalinstrumenten, bei Auftreten von Verlusten deren ersten und proportional größten Anteil, und jedes Instrument trägt Verluste im gleichen Grad wie alle anderen Instrumente des harten Kernkapitals;

j) die Instrumente sind bei Insolvenz oder Liquidation des Instituts nachrangig gegenüber allen anderen Ansprüchen;

k) die Instrumente verleihen ihren Eigentümern einen Anspruch auf die Restaktiva des Instituts, der im Falle der Liquidation und nach Zahlung aller vorrangigen Forderungen proportional zur Summe der ausgegebenen Instrumente besteht, keinen festen Wert hat und keiner Obergrenze unterliegt, außer im Falle der in Artikel 27 genannten Kapitalinstrumente;

l) die Instrumente sind nicht durch eines der folgenden Unternehmen besichert oder Gegenstand einer von ihnen gestellten Garantie, die den Ansprüchen einen höheren Rang verleiht:

   i) das Institut oder seine Tochterunternehmen,
   ii) das Mutterunternehmen des Instituts oder dessen Tochterunternehmen,
   iii) die Mutterfinanzholdinggesellschaft oder ihre Tochterunternehmen;[1)]
   iv) die gemischte Holdinggesellschaft oder ihre Tochterunternehmen,
   v) die gemischte Finanzholdinggesellschaft und ihre Tochterunternehmen,
   vi) jedes Unternehmen mit engen Verbindungen zu den unter den Ziffern i bis v genannten Unternehmen;

m) es bestehen keine vertraglichen oder sonstigen Vereinbarungen in Bezug auf die Instrumente, die den Ansprüchen aus den Instrumenten bei Insolvenz oder Liquidation einen höheren Rang verleihen.

[2] Sofern die Instrumente gleichrangig sind, gilt die Bedingung nach Unterabsatz 1 Buchstabe j ungeachtet dessen, dass sie dem zusätzlichen Kernkapital oder dem Ergänzungskapital zugerechnet werden, kraft Artikel 484 Absatz 3 als erfüllt.

[3] Für die Zwecke von Unterabsatz 1 Buchstabe b kann nur der Teil eines Kapitalinstruments, der voll eingezahlt ist, als Instrument des harten Kernkapitals gelten.

(2) *[1]* Die Bedingungen nach Absatz 1 Buchstabe i gelten unbeschadet einer dauerhaften Wertberichtigung des Kapitalbetrags von Instrumenten des zusätzlichen Kernkapitals oder des Ergänzungskapitals als erfüllt.

[2] Die Bedingung nach Absatz 1 Buchstabe f gilt als erfüllt, selbst wenn der Kapitalbetrag des Instruments im Rahmen eines Abwicklungsverfahrens oder infolge einer von der für das Institut zuständigen Abwicklungsbehörde geforderten Wertminderung von Kapitalinstrumenten herabgesetzt wird.

[3] Die Bedingung nach Absatz 1 Buchstabe g gilt als erfüllt, selbst wenn die für das Kapitalinstrument geltenden Bestimmungen ausdrücklich oder implizit vorsehen, dass der Kapitalbetrag des Instruments im Rahmen eines Abwicklungsverfahrens oder infolge einer von der für das Institut zuständigen Abwicklungsbehörde geforderten Wertminderung von Kapitalinstrumenten möglicherweise herabgesetzt wird oder werden kann.

(3) *[1]* Die Bedingung nach Absatz 1 Buchstabe h Ziffer iii gilt als erfüllt, selbst wenn auf das Instrument eine Mehrfachdividende gezahlt wird, voraus-

---

[1)] Zeichensetzung amtlich.

gesetzt diese Mehrfachdividende führt nicht zu einer Ausschüttung, die einen unverhältnismäßig hohen Abfluss bei den Eigenmitteln verursacht.

[2] Die Bedingung nach Absatz 1 Unterabsatz 1 Buchstabe h Ziffer v gilt als erfüllt, selbst wenn für ein Tochterunternehmen ein Ergebnisabführungsvertrag mit seinem Mutterunternehmen gilt, nach dem das Tochterunternehmen verpflichtet ist, nach Erstellung seines Jahresabschlusses sein Jahresergebnis an sein Mutterunternehmen zu überweisen, wenn alle folgenden Bedingungen erfüllt sind:

a) Mindestens 90 % der Stimmrechte und des Kapitals des Tochterunternehmens befinden sich im Eigentum des Mutterunternehmens;

b) das Mutterunternehmen und das Tochterunternehmen sind im selben Mitgliedstaat niedergelassen;

c) der Vertrag wurde zu rechtmäßigen Steuerzwecken geschlossen;

d) das Tochterunternehmen hat bei der Erstellung seines Jahresabschlusses einen Ermessensspielraum für die Verringerung des Betrags der Ausschüttungen dadurch, dass es seine Gewinne ganz oder teilweise in seine eigenen Rücklagen einstellt oder dem Fonds für allgemeine Bankrisiken zuweist, bevor es eine Zahlung an sein Mutterunternehmen leistet;

e) das Mutterunternehmen ist nach dem Vertrag verpflichtet, dem Tochterunternehmen einen vollen Ausgleich für alle Verluste des Tochterunternehmens zu gewähren;

f) der Vertrag sieht eine Kündigungsfrist vor, der zufolge der Vertrag nur am Ende eines Geschäftsjahres – mit Wirkung der Kündigung frühestens ab dem Beginn des folgenden Geschäftsjahres – beendet werden kann, wodurch sich nichts an der Verpflichtung des Mutterunternehmens ändert, dem Tochterunternehmen einen vollen Ausgleich für alle während des laufenden Geschäftsjahres entstandenen Verluste zu gewähren.

[3] [1] Hat ein Institut einen Ergebnisabführungsvertrag geschlossen, so teilt es dies der zuständigen Behörde unverzüglich mit und übermittelt der zuständigen Behörde eine Kopie des Vertrags. [2] Das Institut muss zudem der zuständigen Behörde unverzüglich alle Änderungen des Ergebnisabführungsvertrags und die Kündigung dieses Vertrags mitteilen. [3] Ein Institut darf nicht mehr als einen Ergebnisabführungsvertrag schließen.

(4) [1] Für die Zwecke des Absatzes 1 Buchstabe h Ziffer i dürfen Unterschiede bei der Ausschüttung nur Ausdruck von Unterschieden bei den Stimmrechten sein. [2] Hierbei darf eine höhere Ausschüttung nur für Instrumente des harten Kernkapitals vorgenommen werden, an die weniger oder keine Stimmrechte geknüpft sind.

(5) *[1]* Die EBA arbeitet Entwürfe technischer Regulierungsstandards aus, in denen Folgendes präzisiert wird:

a) die anwendbaren Formen und Arten indirekter Finanzierung von Eigenmittelinstrumenten,

b) ob und wann Mehrfachausschüttungen einen unverhältnismäßig hohen Abfluss bei den Eigenmitteln verursachen,

c) die Bedeutung des Begriffs Vorzugsausschüttung.

[2] Die EBA legt der Kommission diese Entwürfe technischer Regulierungsstandards bis zum 28. Juli 2013 vor.

[3] Der Kommission wird die Befugnis übertragen, die technischen Regulierungsstandards nach Unterabsatz 1 gemäß den Artikeln 10 bis 14 der Verordnung (EU) Nr. 1093/2010 zu erlassen.

Art. 29 Kapitalinstrumente von Gegenseitigkeitsgesellschaften, Genossenschaften, Sparkassen und ähnlichen Instituten. (1) Von Gegenseitigkeitsgesellschaften, Genossenschaften, Sparkassen und ähnlichen Instituten begebene Kapitalinstrumente gelten nur dann als Instrumente des harten Kernkapitals, wenn die Bedingungen des Artikels 28, mit den durch die Anwendung dieses Artikels bedingten Änderungen, erfüllt sind.

(2) Die Rückzahlung der Kapitalinstrumente unterliegt folgenden Voraussetzungen:

a) das Institut kann die Rückzahlung der Instrumente verweigern, es sei denn, dies ist nach einzelstaatlichem Recht verboten;
b) kann das Institut die Rückzahlung der Instrumente laut einzelstaatlichem Recht nicht verweigern, so wird ihm in den für das Instrument geltenden Bestimmungen die Möglichkeit gegeben, die Rückzahlung zu beschränken;
c) die Verweigerung oder Beschränkung der Rückzahlung der Instrumente stellt keinen Ausfall des Instituts dar.

(3) Die Kapitalinstrumente dürfen nur dann eine Obergrenze oder eine Beschränkung des Ausschüttungshöchstbetrags vorsehen, wenn diese Obergrenze oder Beschränkung im einzelstaatlichen Recht oder in der Satzung des Instituts vorgesehen ist.

(4) *[1]* Haben die Inhaber der Kapitalinstrumente bei Insolvenz oder Liquidation des Instituts Ansprüche auf dessen Rücklagen und sind diese Ansprüche auf den Nennwert der Instrumente beschränkt, so gilt diese Beschränkung gleichermaßen für die Inhaber aller anderen von diesem Institut begebenen Instrumente des harten Kernkapitals.

[2] Unbeschadet der Bedingung nach Unterabsatz 1 kann eine Gegenseitigkeitsgesellschaft, Genossenschaft, Sparkasse oder ein ähnliches Institut im Rahmen ihres (seines) harten Kernkapitals Instrumente anerkennen, die dem Inhaber kein Stimmrecht gewähren und die alle folgenden Bedingungen erfüllen:

a) die Ansprüche der Inhaber der nicht stimmberechtigten Instrumente im Falle der Insolvenz oder Liquidation des Instituts entspricht dem Anteil dieser nicht stimmberechtigten Instrumente an der Gesamtheit der Instrumente des harten Kernkapitals;
b) die Instrumente gelten in übriger Hinsicht als Instrumente des harten Kernkapitals.

(5) Haben die Inhaber der Kapitalinstrumente bei Insolvenz oder Liquidation des Instituts Ansprüche auf dessen Vermögenswerte und haben diese Ansprüche einen festen Wert oder unterliegen einer Obergrenze, so gilt diese Beschränkung gleichermaßen für alle Inhaber aller von diesem Institut aufgelegten Instrumente des harten Kernkapitals.

(6) *[1]* Die EBA arbeitet Entwürfe technischer Regulierungsstandards zur Spezifizierung der Art der Rückzahlungsbeschränkungen aus, die erforderlich sind, wenn eine Weigerung des Instituts, Eigenmittelinstrumente zurückzuzahlen, nach einzelstaatlichem Recht verboten ist.

[2] Die EBA legt der Kommission diese Entwürfe technischer Regulierungsstandards bis zum 28. Juli 2013 vor.

[3] Der Kommission wird die Befugnis übertragen, die technischen Regulierungsstandards nach Unterabsatz 1 gemäß den Artikeln 10 bis 14 der Verordnung (EU) Nr. 1093/2010 zu erlassen.

Art. 30 Nichterfüllung der Bedingungen für Instrumente des harten Kernkapitals. Wenn hinsichtlich eines Instruments des harten Kernkapitals die Bedingungen des Artikels 28 oder gegebenenfalls des Artikels 29 nicht länger erfüllt sind, gilt Folgendes:

a) das betreffende Instrument gilt mit unmittelbarer Wirkung nicht länger als Instrument des harten Kernkapitals,

b) das mit dem betreffenden Instrument verbundene Agio gilt mit unmittelbarer Wirkung nicht länger als Posten des harten Kernkapitals.

Art. 31 Von staatlichen Stellen im Notfall gezeichnete Kapitalinstrumente. (1) In Notfällen können die zuständigen Behörden einem Institut gestatten, Kapitalinstrumente zum harten Kernkapital zu rechnen, die mindestens die Bedingungen des Artikels 28 Absatz 1 Buchstaben b bis e erfüllen,[1] sofern die folgenden Bedingungen erfüllt sind:

a) Die Kapitalinstrumente werden nach dem 1. Januar 2014 begeben;

b) Sie werden von der Kommission als Instrumente der staatlichen Beihilfe eingestuft;

c) Sie werden im Rahmen von Rekapitalisierungsmaßnahmen gemäß den zu jenem Zeitpunkt geltenden Vorschriften betreffend staatliche Beihilfen begeben;

d) Sie sind voll eingezahlt und werden vom Staat oder einer einschlägigen staatlichen Stelle oder Einrichtung in staatlichem Eigentum gehalten;

e) Sie sind geeignet, Verluste aufzufangen;

f) Außer bei Kapitalinstrumenten im Sinne des Artikels 27 verleihen die Kapitalinstrumente im Liquidationsfall ihren Inhabern einen Anspruch auf die nach der Befriedigung aller vorrangigen Ansprüche verbleibenden Vermögenswerte des Instituts;

g) Es sind angemessene Mechanismen für den Ausstieg des Staates bzw. der einschlägigen *staatliche*[2] Stelle oder der Einrichtung in staatlichem Eigentum vorgesehen;

h) Die zuständige Behörde hat zuvor die Erlaubnis gegeben und ihre Entscheidung zusammen mit deren Begründung veröffentlicht.

(2) Auf begründeten Antrag der jeweils zuständigen Behörde und in Zusammenarbeit mit dieser betrachtet die EBA die in Absatz 1 genannten Kapitalinstrumente für die Zwecke dieser Verordnung als Instrumenten des harten Kernkapitals gleichwertig.

---

[1] Komma fehlt im ABl.EU.

[2] Richtig wohl: „staatlichen".

Abschnitt 2. Aufsichtliche Korrekturposten

Art. 32 Verbriefte Aktiva. (1) Institute schließen von den Bestandteilen der Eigenmittel jeglichen Anstieg des Eigenkapitals nach dem geltenden Rechnungslegungsrahmen aus, wenn dieser Anstieg sich aus verbrieften Aktiva ergibt, einschließlich:

a) eines Anstiegs im Zusammenhang mit künftigen Margenerträgen, die einen Veräußerungsgewinn für das Institut darstellen,

b) wenn das Institut Originator einer Verbriefung ist, der Nettoerträge aus der Kapitalisierung künftiger Erträge aus verbrieften Aktiva, die eine Bonitätsverbesserung für Verbriefungspositionen bieten.

(2) *[1]* Die EBA arbeitet Entwürfe technischer Regulierungsstandards zur weiteren Klärung des in Absatz 1 Buchstabe a genannten Konzepts der Verkaufsgewinne aus.

[2] Die EBA übermittelt der Kommission diese Entwürfe technischer Regulierungsstandards bis zum 28. Juli 2013.

[3] Der Kommission wird die Befugnis übertragen, die technischen Regulierungsstandards nach Unterabsatz 1 gemäß dem Verfahren nach den Artikeln 10 bis 14 der Verordnung (EU) Nr. 1093/2010 zu erlassen.

Art. 33 Sicherungsgeschäfte für Zahlungsströme und Wertänderungen eigener Verbindlichkeiten. (1) Institute schließen aus den Bestandteilen der Eigenmittel folgende Posten aus:

a) Rücklagen aus Gewinnen oder Verlusten aus zeitwertbilanzierten Geschäften zur Absicherung von Zahlungsströmen für nicht zeitwertbilanzierte Finanzinstrumente, einschließlich erwarteter Zahlungsströme,

b) durch Veränderungen der eigenen Bonität bedingte Gewinne oder Verluste des Instituts aus zum beizulegenden Zeitwert bewerteten eigenen Verbindlichkeiten,

c) Gewinne und Verluste aus zum Zeitwert bilanzierten Derivatverbindlichkeiten des Instituts, die aus Veränderungen seines eigenen Kreditrisikos resultieren.

(2) Für die Zwecke des Absatzes 1 Buchstabe c dürfen Institute die aus dem eigenen Kreditrisiko resultierenden Zeitwertgewinne und -verluste nicht gegen solche aus ihrem Gegenparteiausfallrisiko aufrechnen.

(3) Unbeschadet des Absatzes 1 Buchstabe b dürfen Institute den Betrag an Gewinnen und Verlusten bei ihren Eigenmitteln berücksichtigen, wenn alle folgenden Bedingungen erfüllt sind:

a) die Verbindlichkeiten sind Schuldverschreibungen im Sinne des Artikels 52 Absatz 4 der Richtlinie 2009/65/EG,

b) die Wertänderungen der Aktiva und Passiva des Instituts sind Folge derselben Änderung der Bonität des Instituts,

c) zwischen dem Wert der Schuldverschreibungen nach Buchstabe a und dem Wert der Aktiva des Instituts besteht enge Übereinstimmung,

d) die Hypothekenkredite können durch Rückkauf der diese Kredite finanzierenden Hypothekenanleihen zum Nenn- oder Marktwert abgelöst werden.

(4) *[1]* Die EBA arbeitet Entwürfe technischer Regulierungsstandards aus, um zu präzisieren, was eine enge Übereinstimmung zwischen dem Wert der Schuldverschreibungen und dem Wert der Aktiva im Sinne des Absatzes 3 Buchstabe c darstellt.

[2] Die EBA übermittelt der Kommission diese Entwürfe technischer Regulierungsstandards bis zum 30. September 2015.

[3] Der Kommission wird die Befugnis übertragen, die technischen Regulierungsstandards nach Unterabsatz 1 gemäß den Artikeln 10 bis 14 der Verordnung (EU) Nr. 1093/2010 zu erlassen.

Art. 34 Zusätzliche Bewertungsanpassungen. Institute wenden bei der Berechnung ihrer Eigenmittel die Anforderungen des Artikels 105 auf all ihre zeitwertbilanzierten Vermögenswerte an und ziehen vom harten Kernkapital den Betrag der erforderlichen zusätzlichen Bewertungsanpassungen ab.

Art. 35 Aus der Zeitwertbilanzierung resultierende nicht realisierte Gewinne und Verluste. Institute nehmen keine Bewertungsanpassungen vor, die dem Ziel dienen, von den Eigenmitteln nicht realisierte,[1)] Gewinne und Verluste aus zum Zeitwert bilanzierten Aktiva oder Passiva auszunehmen, es sei denn, dies betrifft die in Artikel 33 genannten Posten.

Abschnitt 3. Abzüge von den Posten des harten Kernkapitals, Ausnahmen und Alternativen

Unterabschnitt 1. Abzüge von den Posten des harten Kernkapitals

Art. 36 Abzüge von den Posten des harten Kernkapitals. (1) Die Institute ziehen von den Posten ihres harten Kernkapitals folgende Positionen ab:

a) Verluste des laufenden Geschäftsjahres,

b) immaterielle Vermögenswerte,

c) von der künftigen Rentabilität abhängige latente Steueransprüche,

d) für Institute, die risikogewichtete Positionsbeträge nach dem auf internen Beurteilungen basierenden Ansatz (IRB-Ansatz) berechnen, die negativen Beträge aus der Berechnung der erwarteten Verlustbeträge nach den Artikeln 158 und 159,

e) in der Bilanz des Instituts ausgewiesene Vermögenswerte aus Pensionsfonds mit Leistungszusage,

f) direkte, indirekte und synthetische Positionen eines Instituts in eigenen Instrumenten des harten Kernkapitals, einschließlich eigener Instrumente des harten Kernkapitals, die das Institut aufgrund einer bestehenden vertraglichen Verpflichtung tatsächlich oder möglicherweise zu kaufen verpflichtet ist,

g) direkte, indirekte und synthetische Positionen in Instrumenten des harten Kernkapitals von Unternehmen der Finanzbranche, die eine Überkreuzbeteiligung mit dem Institut eingegangen sind, die nach Ansicht der zuständigen Behörden dem Ziel dient, dessen Eigenmittel künstlich zu erhöhen,

---

1) Zeichensetzung amtlich.

h) den maßgeblichen Betrag der direkten, indirekten und synthetischen Positionen in Instrumenten des harten Kernkapitals von Unternehmen der Finanzbranche, an denen das Institut keine wesentliche Beteiligung hält,

i) den maßgeblichen Betrag der direkten, indirekten und synthetischen Positionen in Instrumenten des harten Kernkapitals von Unternehmen der Finanzbranche, an denen das Institut eine wesentliche Beteiligung hält,

j) den Betrag der gemäß Artikel 56 von den Posten des zusätzlichen Kernkapitals in Abzug zu bringenden Posten, der die Posten des zusätzlichen Kernkapitals des Instituts überschreitet,

k) den Risikopositionsbetrag aus folgenden Posten, denen ein Risikogewicht von 1 250 % zuzuordnen ist, wenn das Institut als Alternative zur Anwendung eines Risikogewichts von 1 250 % jenen Risikopositionsbetrag vom Betrag der Posten des harten Kernkapitals abzieht:

   i) qualifizierte Beteiligungen außerhalb des Finanzsektors,

   ii) Verbriefungspositionen gemäß Artikel 244 Absatz 1 Buchstabe b, Artikel 245 Absatz 1 Buchstabe b und Artikel 253,

   iii) Vorleistungen gemäß Artikel 379 Absatz 3,

   iv) Positionen in einem Korb, deren Risikogewichte ein Institut gemäß Artikel 153 Absatz 8 nicht nach dem IRB-Ansatz bestimmen kann,;[1]

   v) Beteiligungspositionen im Rahmen eines auf internen Modellen basierenden Ansatzes gemäß Artikel 155 Absatz 4,

l) jede zum jeweiligen Berechnungszeitpunkt vorhersehbare steuerliche Belastung auf Posten des harten Kernkapitals, es sei denn, das Institut passt den Betrag der Posten des harten Kernkapitals in angemessener Form an, wenn eine solche steuerliche Belastung die Summe, bis zu der diese Posten zur Deckung von Risiken oder Verlusten dienen können, verringert,

m) den maßgeblichen Betrag der unzureichenden Deckung notleidender Risikopositionen.

(2) *[1]* Die EBA arbeitet Entwürfe technischer Regulierungsstandards aus, um die Anwendung der Abzüge nach Absatz 1 Buchstaben a, c, e, f, h, i und l sowie der entsprechenden Abzüge nach Artikel 56 Buchstaben a, c, d und f und Artikel 66 Buchstaben a, c und d zu präzisieren.

[2] Die EBA übermittelt der Kommission diese Entwürfe technischer Regulierungsstandards bis zum 28. Juli 2013.

[3] Der Kommission wird die Befugnis übertragen, die technischen Regulierungsstandards nach Unterabsatz 1 gemäß den Artikeln 10 bis 14 der Verordnung (EU) Nr. 1093/2010 zu erlassen.

(3) *[1]* Die EBA arbeitet Entwürfe technischer Regulierungsstandards aus, um zu präzisieren welche Arten von Kapitalinstrumenten von Finanzinstituten und – in Abstimmung mit der durch die Verordnung (EU) Nr. 1094/2010 des Europäischen Parlaments und des Rates vom 24. November 2010[2] *errichtete*[3] Europäischen Aufsichtsbehörde (Europäische Aufsichtsbehörde für das Versicherungswesen und die betriebliche Altersversorgung) (EIOPA) – von Drittland-

---

[1] Zeichensetzung amtlich.
[2] **Amtl. Anm.:** ABl. L 331 vom 15.12.2010, S. 48.
[3] Richtig wohl: „errichteten".

Versicherungsunternehmen und -Rückversicherungsunternehmen sowie Unternehmen, die gemäß Artikel 4 der Richtlinie 2009/138/EG von deren Anwendungsbereich ausgenommen sind, von den folgenden Eigenmittelelementen in Abzug gebracht werden:

a) Posten des harten Kernkapitals,

b) Posten des zusätzlichen Kernkapitals,

c) Posten des Ergänzungskapitals.

[2] Die EBA übermittelt der Kommission diese Entwürfe technischer Regulierungsstandards bis zum 28. Juli 2013.

[3] Der Kommission wird die Befugnis übertragen, die technischen Regulierungsstandards nach Unterabsatz 1 gemäß den Artikeln 10 bis 14 der Verordnung (EU) Nr. 1093/2010 zu erlassen.

(4) *[1]* Die EBA arbeitet Entwürfe technischer Regulierungsstandards aus, in denen die Anwendung der Abzüge nach Absatz 1 Buchstabe b präzisiert wird, einschließlich der Wesentlichkeit der negativen Auswirkungen auf den Wert, die nicht zu aufsichtlichen Bedenken Anlass geben.

[2] Die EBA übermittelt der Kommission diese Entwürfe technischer Regulierungsstandards bis zum 28. Juni 2020.

[3] Der Kommission wird die Befugnis übertragen, die in Unterabsatz 1 genannten technischen Regulierungsstandards gemäß den Artikeln 10 bis 14 der Verordnung (EU) Nr. 1093/2010 zur Ergänzung dieser Verordnung zu erlassen.

Art. 37 Abzug immaterieller Vermögenswerte. Die Institute ermitteln den in Abzug zu bringenden Betrag der immateriellen Vermögenswerte gemäß folgenden Grundsätzen:

a) der in Abzug zu bringende Betrag wird um den Betrag der verbundenen latenten Steuerschulden verringert, die aufgehoben würden, wenn die immateriellen Vermögenswerte wertgemindert worden wären oder nach dem geltenden Rechnungslegungsrahmen aus der Bilanz ausgebucht würden;

b) der in Abzug zu bringende Betrag umfasst den in den Wertansätzen der wesentlichen Beteiligungen des Instituts enthaltenen Geschäfts- oder Firmenwert;

c) der in Abzug zu bringende Betrag wird um den Betrag der bilanziellen Neubewertung der sich aus der Konsolidierung von Tochterunternehmen ergebenden immateriellen Vermögenswerte der Tochterunternehmen verringert, die anderen Personen als den in die Konsolidierung nach Teil 1 Titel II Kapitel 2 einbezogenen Unternehmen zuzurechnen sind.

Art. 38 Abzug von der künftigen Rentabilität abhängiger latenter Steueransprüche. (1) Die Institute ermitteln den in Abzug zu bringenden Betrag der von der künftigen Rentabilität abhängigen latenten Steueransprüche gemäß diesem Artikel.

(2) Der Betrag der von der künftigen Rentabilität abhängigen latenten Steueransprüche wird nicht um den Betrag der verbundenen latenten Steuerschulden des Instituts verringert, es sei denn, die in Absatz 3 festgelegten Bedingungen sind erfüllt.

(3) Der Betrag der von der künftigen Rentabilität abhängigen latenten Steueransprüche kann um den Betrag der verbundenen latenten Steuerschulden des Instituts verringert werden, wenn folgende Bedingungen erfüllt sind:

a) das Institut hat nach dem maßgebenden einzelstaatlichen Recht ein einklagbares Recht zur Aufrechnung der tatsächlichen Steuererstattungsansprüche gegen tatsächliche Steuerschulden;

b) die latenten Steueransprüche und verbundenen latenten Steuerschulden beziehen sich auf Steuern, die von derselben Steuerbehörde für dasselbe Steuersubjekt erhoben werden.

(4) Verbundene latente Steuerschulden des Instituts, die zu Zwecken des Absatzes 3 genutzt werden, dürfen keine latenten Steuerschulden einschließen, die den in Abzug zu bringenden Betrag der immateriellen Vermögenswerte oder der Vermögenswerte von Pensionsfonds mit Leistungszusage verringern.

(5) *[1]* Der in Absatz 4 genannte Betrag der verbundenen latenten Steuerschulden wird zwischen folgenden Posten aufgeteilt:

a) von der künftigen Rentabilität abhängige latente Steueransprüche, die aus temporären Differenzen resultieren und gemäß Artikel 48 Absatz 1 nicht abgezogen werden,

b) alle anderen von der künftigen Rentabilität abhängigen latenten Steueransprüche.

[2] Die Institute weisen die verbundenen latenten Steuerschulden entsprechend dem jeweiligen Anteil, den die unter den Buchstaben a und b genannten Posten darstellen, den von der künftigen Rentabilität abhängigen latenten Steueransprüchen zu.

Art. 39 Steuerüberzahlungen, Verlustrückträge und nicht von der künftigen Rentabilität abhängige latente Steueransprüche. (1) Folgende Posten werden nicht von den Eigenmitteln in Abzug gebracht und unterliegen dem jeweils anwendbaren Risikogewicht nach Teil 3 Titel II Kapitel 2 oder 3:

a) Steuerüberzahlungen des Instituts im laufenden Jahr,

b) im laufenden Jahr entstandene, auf frühere Jahre übertragene steuerliche Verluste des Instituts, aus denen ein Anspruch oder eine Forderung gegenüber dem Zentralstaat, einer regionalen oder lokalen Gebietskörperschaft oder einer lokalen Steuerbehörde erwächst.

(2) *[1]* Nicht von der künftigen Rentabilität abhängige latente Steueransprüche beschränken sich auf latente Steueransprüche, die vor dem 23. November 2016 entstanden sind und die aus temporären Differenzen resultieren, wobei alle folgenden Bedingungen erfüllt sein müssen:

a) sie werden unverzüglich automatisch und zwingend durch eine Steuergutschrift ersetzt, falls das Institut bei der förmlichen Feststellung seines Jahresabschlusses einen Verlust ausweist oder im Falle der Liquidation oder Insolvenz des Instituts;

b) ein Institut kann im Rahmen des maßgebenden einzelstaatlichen Steuerrechts eine Steuergutschrift nach Buchstabe a mit seiner eigenen Steuerschuld oder der jedes Unternehmens, das für Steuerzwecke gemäß jenem Steuerrecht in dieselbe Konsolidierung wie es selbst einbezogen ist, oder der jedes Unternehmens, das der Beaufsichtigung auf konsolidierter Basis gemäß Teil 1 Titel II Kapitel 2 unterliegt, verrechnen;

c) übersteigt der Betrag der Steuergutschriften nach Buchstabe b die dort erwähnte Steuerschuld, so wird der entsprechende Saldo unverzüglich durch einen direkten Anspruch gegenüber der Zentralregierung des Mitgliedstaats, in dem das Institut seinen Sitz hat, ersetzt.

[2] Institute wenden auf latente Steueransprüche ein Risikogewicht von 100 %, wenn die Bedingungen der Buchstaben a, b und c erfüllt sind.

Art. 40 Abzug negativer Beträge aus der Berechnung der erwarteten Verlustbeträge. Der gemäß Artikel 36 Absatz 1 Buchstabe d in Abzug zu bringende Betrag wird nicht durch eine Erhöhung des Betrags der von der künftigen Rentabilität abhängigen latenten Steueransprüche oder durch andere zusätzliche Steuereffekte verringert, die eintreten könnten, wenn Wertberichtigungen auf den Betrag der in Teil 3 Titel II Kapitel 3 Abschnitt 3 genannten erwarteten Verlustbeträge ansteigen.

Art. 41 Abzug der Vermögenswerte aus Pensionsfonds mit Leistungszusage. (1) *[1]* Für die Zwecke des Artikels 36 Absatz 1 Buchstabe e wird der in Abzug zu bringende Betrag der Vermögenswerte aus Pensionsfonds mit Leistungszusage um folgende Beträge verringert:

a) den Betrag jeglicher verbundener latenter Steuerschulden, die aufgehoben werden können, wenn die Vermögenswerte wertgemindert oder nach dem geltenden Rechnungslegungsrahmen aus der Bilanz ausgebucht würden;

b) den Betrag der Vermögenswerte aus Pensionsfonds mit Leistungszusage, die das Institut – vorbehaltlich der vorherigen Erlaubnis der zuständigen Behörde – uneingeschränkt nutzen darf.

[2] Die zur Verringerung des in Abzug zu bringenden Betrags genutzten Vermögenswerte erhalten ein Risikogewicht gemäß Teil 3 Titel II Kapitel 2 oder 3.

(2) *[1]* Die EBA arbeitet Entwürfe technischer Regulierungsstandards zur Klärung der Kriterien aus, nach denen zuständige Behörden Instituten die Verringerung des Betrags der Vermögenswerte aus Pensionsfonds mit Leistungszusage gemäß Absatz 1 Buchstabe b gestatten.

[2] Die EBA übermittelt der Kommission diese Entwürfe technischer Regulierungsstandards bis zum 28. Juli 2013.

[3] Der Kommission wird die Befugnis übertragen, die technischen Regulierungsstandards nach Unterabsatz 1 gemäß den Artikeln 10 bis 14 der Verordnung (EU) Nr. 1093/2010 zu erlassen.

Art. 42 Abzug von Positionen in eigenen Instrumenten des harten Kernkapitals. Für die Zwecke des Artikels 36 Absatz 1 Buchstabe f berechnen Institute Positionen in eigenen Instrumenten des harten Kernkapitals auf der Grundlage der Bruttokaufpositionen, wobei folgende Ausnahmen gelten:

a) Institute dürfen den Betrag von Positionen in eigenen Instrumenten des harten Kernkapitals auf der Grundlage der Nettokaufposition berechnen, sofern die beiden nachstehenden Bedingungen erfüllt sind:

i) die Kauf- und Verkaufspositionen beziehen sich auf die gleiche zugrunde liegende Risikoposition und die Verkaufspositionen unterliegen keinem Gegenparteiausfallrisiko;

ii) die Kauf- und die Verkaufsposition werden entweder beide im Handelsbuch oder beide im Anlagebuch gehalten;

b) die Institute ermitteln den für direkte, indirekte und synthetische Positionen in Indexpapieren in Abzug zu bringenden Betrag durch Berechnung der zugrunde liegenden Risikopositionen gegenüber eigenen Instrumenten des harten Kernkapitals, die in den entsprechenden Indizes enthalten sind;

c) die Institute dürfen Bruttokaufpositionen in eigenen Instrumenten des harten Kernkapitals, die aus Positionen in Indexpapieren resultieren, gegen Verkaufpositionen in eigenen Instrumenten des harten Kernkapitals, die aus Verkaufpositionen in den zugrunde liegenden Indizes resultieren, aufrechnen, auch wenn für diese Verkaufpositionen ein Gegenparteiausfallrisiko besteht, sofern die beiden nachstehenden Bedingungen erfüllt sind:

i) die Kauf- und Verkaufspositionen beziehen sich auf dieselben zugrunde liegenden Indizes;

ii) die Kauf- und die Verkaufsposition werden entweder beide im Handelsbuch oder beide im Anlagebuch gehalten;[1]

Art. 43 Wesentliche Beteiligung an einem Unternehmen der Finanzbranche. Eine Beteiligung an einem Unternehmen der Finanzbranche gilt für die Zwecke des Abzugs als wesentlich, wenn eine der folgenden Voraussetzungen erfüllt ist:

a) Mehr als 10 % der von dem betreffenden Unternehmen ausgegebenen Instrumente des harten Kernkapitals befinden sich im Eigentum des Instituts;

b) das Institut hat enge Verbindungen zu dem betreffenden Unternehmen und ist Eigentümer von von diesem ausgegebenen Instrumenten des harten Kernkapitals;

c) das Institut ist Eigentümer von von dem betreffenden Unternehmen ausgegebenen Instrumenten des harten Kernkapitals, und das Unternehmen ist nicht in eine Konsolidierung gemäß Teil 1 Titel II Kapitel 2 einbezogen, für die Zwecke der Rechnungslegung nach dem geltenden Rechnungslegungsrahmen aber im gleichen konsolidierten Abschluss berücksichtigt wie das Institut.

Art. 44 Abzug von Positionen in Instrumenten des harten Kernkapitals von Unternehmen der Finanzbranche und bei Überkreuzbeteiligung eines Instituts mit dem Ziel der künstlichen Erhöhung der Eigenmittel.

Institute nehmen die in Artikel 36 Absatz 1 Buchstaben g, h und i genannten Abzüge wie folgt vor:

a) Positionen in Instrumenten des harten Kernkapitals und anderen Kapitalinstrumenten von Unternehmen der Finanzbranche werden auf der Grundlage der Bruttokaufpositionen berechnet;

---

[1] Zeichensetzung amtlich.

b) Kernkapital von Versicherungsunternehmen wird für die Zwecke des Abzugs wie Positionen in Instrumenten des harten Kernkapitals behandelt.

Art. 45 Abzug von Positionen in Instrumenten des harten Kernkapitals von Unternehmen der Finanzbranche. Institute nehmen die gemäß Artikel 36 Absatz 1 Buchstaben h und i erforderlichen Abzüge wie folgt vor:

a) sie dürfen direkte, indirekte und synthetische Positionen in Unternehmen des harten Kernkapitals von Unternehmen der Finanzbranche auf der Grundlage der Nettokaufposition in der gleichen zugrunde liegenden Risikoposition berechnen, sofern die beiden nachstehenden Bedingungen erfüllt sind:
   i) der Fälligkeitstermin der Verkaufsposition entspricht entweder dem Fälligkeitstermin der Kaufposition oder er fällt auf einen Zeitpunkt nach dem zuletzt genannten Termin, oder die Restlaufzeit der Verkaufsposition beträgt mindestens ein Jahr;
   ii) die Kauf- und die Verkaufsposition werden entweder beide im Handelsbuch oder beide im Anlagebuch gehalten;

b) sie ermitteln den für direkte, indirekte und synthetische Positionen in Indexpapieren in Abzug zu bringenden Betrag durch Berechnung der zugrunde liegenden Risikopositionen gegenüber den Kapitalinstrumenten der Unternehmen der Finanzbranche in den entsprechenden Indizes.

Art. 46 Abzug von Positionen in Instrumenten des harten Kernkapitals von Unternehmen der Finanzbranche, an denen ein Institut keine wesentliche Beteiligung hält. (1) Die Institute berechnen für die Zwecke von Artikel 36 Absatz 1 Buchstabe h den in Abzug zu bringenden Betrag durch Multiplikation des unter Buchstabe a genannten Betrags mit dem aus der Berechnung gemäß Buchstabe b abgeleiteten Faktor:

a) Gesamtbetrag, um den die direkten, indirekten und synthetischen Positionen des Instituts in den Instrumenten des harten Kernkapitals, zusätzlichen Kernkapitals und Ergänzungskapitals von Unternehmen der Finanzbranche, an denen es keine wesentliche Beteiligung hält, 10 % des Gesamtbetrags der Posten des harten Kernkapitals des Instituts überschreiten, berechnet nach Anwendung folgender Bestimmungen auf die Posten des harten Kernkapitals:
   i) Artikel 32 bis 35,
   ii) die Abzüge nach Artikel 36 Absatz 1 Buchstaben a bis g, Buchstabe k Ziffern ii bis v und Buchstabe l, mit Ausnahme des in Abzug zu bringenden Betrags für von der künftigen Rentabilität abhängige latente Steueransprüche, die aus temporären Differenzen resultieren,
   iii) Artikel 44 und 45;

b) Quotient aus dem Betrag der direkten, indirekten und synthetischen Positionen des Instituts in Instrumenten des harten Kernkapitals der Unternehmen der Finanzbranche, an denen es keine wesentliche Beteiligung hält, und dem Gesamtbetrag der direkten, indirekten und synthetischen Positionen des Instituts in den Instrumenten des harten Kernkapitals, des zusätzlichen Kernkapitals und des Ergänzungskapitals jener Unternehmen der Finanzbranche.

(2) Institute berücksichtigen bei dem Betrag nach Absatz 1 Buchstabe a und der Berechnung des Faktors nach Absatz 1 Buchstabe b keine mit Übernahmegarantie versehenen Positionen, die sie seit höchstens fünf Arbeitstagen halten.

(3) [1] Der gemäß Absatz 1 in Abzug zu bringende Betrag wird auf alle gehaltenen Instrumente des harten Kernkapitals aufgeteilt. [2] Die Institute ermitteln den gemäß Absatz 1 in Abzug zu bringenden Betrag jeden Instruments des harten Kernkapitals durch Multiplikation des Betrags nach Buchstabe a mit dem Anteil nach Buchstabe b:

a) Betrag der gemäß Absatz 1 in Abzug zu bringenden Positionen,

b) auf jedes gehaltene Instrument des harten Kernkapitals entfallender Anteil am Gesamtbetrag der direkten, indirekten und synthetischen Positionen des Instituts in den Instrumenten des harten Kernkapitals von Unternehmen der Finanzbranche, an denen das Institut keine wesentliche Beteiligung hält.

(4) Der Betrag der Positionen nach Artikel 36 Absatz 1 Buchstabe h, der nach Anwendung des Absatzes 1 Buchstabe a Ziffern i bis iii höchstens 10 % der Posten des harten Kernkapitals des Instituts entspricht, wird nicht in Abzug gebracht und unterliegt den anwendbaren Risikogewichten nach Teil 3 Titel II Kapitel 2 beziehungsweise Kapitel 3 und gegebenenfalls den Anforderungen des Teils 3 Titel IV.

(5) Institute ermitteln den Betrag jeden Instruments des harten Kernkapitals, das gemäß Absatz 4 ein Risikogewicht erhält, durch Multiplikation des Betrags nach Buchstabe a mit dem Betrag nach Buchstabe b:

a) Betrag der gemäß Absatz 4 mit einem Risikogewicht zu versehenden Positionen,

b) aus der Berechnung nach Absatz 3 Buchstabe b resultierender Anteil.

Art. 47 Abzug von Positionen in Instrumenten des harten Kernkapitals, wenn ein Institut eine wesentliche Beteiligung an einem Unternehmen der Finanzbranche hält. Für die Zwecke des Artikels 36 Absatz 1 Buchstabe i werden in dem von den Posten des harten Kernkapitals in Abzug zu bringenden Betrag keine mit einer Übernahmegarantie versehenen Positionen, die seit höchstens fünf Arbeitstagen gehalten werden, berücksichtigt und wird dieser Betrag gemäß den Artikeln 44 und 45 und Unterabschnitt 2 ermittelt.

Art. 47a Notleidende Risikopositionen. (1) Für die Zwecke des Artikels 36 Absatz 1 Buchstabe m werden als „Risikoposition" alle folgenden Posten berücksichtigt, sofern sie nicht im Handelsbuch des Instituts geführt werden:

a) Schuldtitel, insbesondere auch Schuldverschreibungen, Darlehen, Kredite und Sichteinlagen;

b) erteilte Kreditzusagen, erteilte Finanzgarantien oder sonstige erteilte Zusagen, unabhängig davon, ob sie widerruflich oder unwiderruflich sind, mit Ausnahme nicht in Anspruch genommener Kreditfazilitäten, die jederzeit uneingeschränkt und fristlos widerrufen werden können, oder bei denen eine Bonitätsverschlechterung beim Kreditnehmer automatisch zum Widerruf führt.

(2) *[1]* Für die Zwecke des Artikels 36 Absatz 1 Buchstabe m ist der Risikopositionswert eines Schuldtitels dessen Buchwert, der ohne Berücksichtigung

spezifischer Kreditrisikoanpassungen, zusätzlicher Bewertungsanpassungen gemäß den Artikeln 34 und 105, gemäß Artikel 36 Absatz 1 Buchstabe m abgezogener Beträge, sonstiger mit der Risikoposition verknüpfter Verringerungen der Eigenmittel oder teilweiser Abschreibungen, die das Institut seit der letzten Einstufung der Risikoposition als notleidend vorgenommen hat, bemessen wird.

[2] Für die Zwecke des Artikels 36 Absatz 1 Buchstabe m umfasst der Risikopositionswert eines Schuldtitels, der zu einem Preis gekauft wurde, der niedriger als der vom Schuldner geschuldete Betrag ist, auch die Differenz zwischen dem Kaufpreis und dem vom Schuldner geschuldeten Betrag.

[3] [1] Für die Zwecke des Artikels 36 Absatz 1 Buchstabe m ist der Risikopositionswert einer erteilten Kreditzusage, einer erteilten Finanzgarantie oder einer sonstigen gemäß Absatz 1 Buchstabe b dieses Artikels erteilten Zusage deren Nominalwert, der die höchstmögliche Belastung des Instituts durch Kreditrisiken ohne Berücksichtigung einer etwaigen Besicherung mit oder Absicherung ohne Sicherheitsleistung angibt. [2] Der Nominalwert einer erteilten Kreditzusage entspricht dem nicht in Anspruch genommenen Betrag, zu dessen Ausleihung sich das Institut verpflichtet hat, und der Nominalwert einer erteilten Finanzgarantie entspricht dem höchstmöglichen Betrag, den das Unternehmen bei einer Inanspruchnahme der Garantie zahlen müsste.

[4] Der in Unterabsatz 3 dieses Absatzes genannte Nominalwert bemisst sich ohne Berücksichtigung spezifischer Kreditrisikoanpassungen, zusätzlicher Bewertungsanpassungen gemäß den Artikeln 34 und 105, gemäß Artikel 36 Absatz 1 Buchstabe m abgezogener Beträge oder sonstiger mit der Risikoposition verknüpfter Verringerungen der Eigenmittel.

(3) *[1]* Für die Zwecke des Artikels 36 Absatz 1 Buchstabe m werden die folgenden Risikopositionen als notleidend eingestuft:

a) eine Risikoposition, bei der ein Ausfall gemäß Artikel 178 als eingetreten gilt;
b) eine Risikoposition, die nach dem geltenden Rechnungslegungsrahmen als wertgemindert betrachtet wird;
c) eine gemäß Absatz 7 im Probezeitraum befindliche Risikoposition, wenn zusätzliche Stundungsmaßnahmen gewährt werden oder wenn die Risikoposition mehr als 30 Tage überfällig wird;
d) eine Risikoposition in Form einer Zusage, die im Falle der Inanspruchnahme oder anderweitigen Verwendung wahrscheinlich nicht ohne eine Verwertung von Sicherheiten in voller Höhe zurückgezahlt wird;
e) eine Risikoposition in Form einer Finanzgarantie, die wahrscheinlich vom Garantienehmer in Anspruch genommen wird, und zwar insbesondere auch dann, wenn die von der Garantie abgedeckte zugrunde liegende Risikoposition die Kriterien für eine Einstufung als notleidend erfüllt.

[2] Für die Zwecke des Buchstaben a werden für den Fall, dass ein Institut bilanzielle Risikopositionen gegenüber einem Schuldner hat, die mehr als 90 Tage überfällig sind und mehr als 20 % aller bilanziellen Risikopositionen gegenüber diesem Schuldner ausmachen, alle bilanziellen und außerbilanziellen Risikopositionen gegenüber diesem Schuldner als notleidend angesehen.

(4) Risikopositionen, die nicht Gegenstand einer Stundungsmaßnahme waren, werden für die Zwecke des Artikels 36 Absatz 1 Buchstabe m nicht mehr als notleidend eingestuft, wenn alle folgenden Bedingungen erfüllt sind:

a) die Risikoposition erfüllt die Kriterien, die das Institut für die Aufhebung der Einstufung als wertgemindert im Einklang mit dem geltenden Rechnungslegungsrahmen und der Einstufung als ausgefallen im Einklang mit Artikel 178 anwendet;
b) die Lage des Schuldners hat sich so weit verbessert, dass das Institut von der Wahrscheinlichkeit einer vollständigen und fristgerechten Rückzahlung überzeugt ist;
c) der Schuldner ist mit keiner Zahlung mehr als 90 Tage in Verzug.

(5) Die Einstufung einer notleidenden Risikoposition als zur Veräußerung gehaltener langfristiger Vermögenswert nach dem geltenden Rechnungslegungsrahmen hat nicht die Aufhebung ihrer Einstufung als notleidend für die Zwecke des Artikels 36 Absatz 1 Buchstabe m zur Folge.

(6) *[1]* Notleidende Risikopositionen, die Gegenstand von Stundungsmaßnahmen sind, werden für die Zwecke des Artikels 36 Absatz 1 Buchstabe m nicht mehr als notleidend eingestuft, wenn alle folgenden Bedingungen erfüllt sind:
a) bei den Risikopositionen liegt kein Sachverhalt mehr vor, der ihre Einstufung als notleidend gemäß Absatz 3 zur Folge hätte;
b) seit dem Zeitpunkt, zu dem die Stundungsmaßnahmen gewährt wurden, oder dem Zeitpunkt, zu dem die Risikopositionen als notleidend eingestuft wurden, je nachdem, welcher der spätere ist, ist mindestens ein Jahr vergangen;
c) seit Anwendung der Stundungsmaßnahmen sind keine Zahlungen mehr überfällig, und das Institut ist aufgrund der Analyse der Finanzlage des Schuldners von der Wahrscheinlichkeit der vollständigen und fristgerechten Rückzahlung überzeugt.

[2] Eine vollständige und fristgerechte Rückzahlung gilt nicht als wahrscheinlich, wenn der Schuldner nicht regelmäßige und fristgerechte Zahlungen in einer Höhe geleistet hat, die einem der folgenden Beträge entspricht:
a) dem Betrag, der vor der Stundungsmaßnahme überfällig war, wenn Beträge überfällig waren;
b) dem Betrag, der im Rahmen der Stundungsmaßnahme abgeschrieben wurde, wenn keine Beträge überfällig waren.

(7) Wird eine notleidende Risikoposition gemäß Absatz 6 nicht mehr als notleidend eingestuft, befindet sich diese Risikoposition solange im Probezeitraum, bis alle folgenden Bedingungen erfüllt sind:
a) seit dem Tag, an dem die Risikoposition, die Gegenstand von Stundungsmaßnahmen ist, wieder als vertragsgemäß bedient eingestuft wurde, sind mindestens zwei Jahre vergangen;
b) während mindestens der Hälfte des Zeitraums, in dem sich die Risikoposition im Probezeitraum befand, wurden regelmäßige und fristgerechte Zahlungen geleistet, sodass insgesamt ein wesentlicher Tilgungs- oder Zinsbetrag gezahlt wurde;
c) keine der Risikopositionen gegenüber dem Schuldner ist mehr als 30 Tage überfällig.

Art. 47b Stundungsmaßnahmen. (1) [1]Eine „Stundungsmaßnahme“ ist eine Konzession eines Instituts an einen Schuldner, der Schwierigkeiten hat oder wahrscheinlich haben wird, seinen finanziellen Verpflichtungen nachzukommen. [2]Eine Konzession kann für den Kreditgeber einen Verlust mit sich bringen und bezeichnet eine der folgenden Maßnahmen:

a) eine Änderung der Bedingungen einer Kreditverpflichtung, wenn diese Änderung nicht eingeräumt worden wäre, wenn der Schuldner keine Schwierigkeiten gehabt hätte, seinen finanziellen Verpflichtungen nachzukommen;
b) eine vollständige oder teilweise Refinanzierung einer Kreditverpflichtung, wenn diese Refinanzierung nicht eingeräumt worden wäre, wenn der Schuldner keine Schwierigkeiten gehabt hätte, seinen finanziellen Verpflichtungen nachzukommen.

(2) Mindestens die folgenden Sachverhalte werden als Stundungsmaßnahmen angesehen:

a) die neuen Vertragsbedingungen sind für den Schuldner günstiger als die vorherigen Vertragsbedingungen, wenn der Schuldner Schwierigkeiten hat oder wahrscheinlich haben wird, seinen finanziellen Verpflichtungen nachzukommen;
b) die neuen Vertragsbedingungen sind für den Schuldner günstiger als die Vertragsbedingungen, die dasselbe Institut Schuldnern mit ähnlichem Risikoprofil zur gleichen Zeit anbietet, wenn der Schuldner Schwierigkeiten hat oder wahrscheinlich haben wird, seinen finanziellen Verpflichtungen nachzukommen;
c) die nach den ursprünglichen Vertragsbedingungen bestehende Risikoposition wurde vor der Änderung der Vertragsbedingungen als notleidend eingestuft oder wäre ohne die Änderung der Vertragsbedingungen als notleidend eingestuft worden;
d) die Maßnahme führt zur vollständigen oder teilweisen Annullierung der Kreditverpflichtung;
e) das Institut stimmt der Ausübung von Klauseln zu, die dem Schuldner eine Möglichkeit zur Änderung der Vertragsbedingungen geben, und die Risikoposition wurde vor der Ausübung der Klauseln als notleidend eingestuft oder wäre ohne die Ausübung der Klauseln als notleidend eingestuft worden;
f) zu oder nahe dem Zeitpunkt der Kreditgewährung hat der Schuldner Tilgungs- oder Zinszahlungen für eine andere Kreditverpflichtung gegenüber demselben Institut geleistet, die als notleidende Risikoposition eingestuft wurde oder ohne diese Zahlungen als notleidend eingestuft worden wäre;
g) die Änderung der Vertragsbedingungen zieht Rückzahlungen durch Verwertung von Sicherheiten nach sich, wenn diese Änderung eine Konzession darstellt.

(3) Die folgenden Umstände sind Hinweise darauf, dass Stundungsmaßnahmen beschlossen worden sein könnten:

a) der ursprüngliche Vertrag war in den drei Monaten vor seiner Änderung mindestens einmal mehr als 30 Tage überfällig oder wäre ohne die Änderung mehr als 30 Tage überfällig;
b) zu oder nahe dem Zeitpunkt des Abschlusses des Kreditvertrags hat der Schuldner Tilgungs- oder Zinszahlungen für eine andere Kreditverpflichtung

gegenüber demselben Institut geleistet, die in den drei Monaten vor der Gewährung des neuen Kredits mindestens einmal mehr als 30 Tage überfällig war;

c) das Institut stimmt der Ausübung von Klauseln zu, die dem Schuldner eine Möglichkeit zur Änderung der Vertragsbedingungen geben, und die Risikoposition ist 30 Tage überfällig oder wäre ohne die Ausübung der Klauseln 30 Tage überfällig.

(4) Für die Zwecke dieses Artikels werden die Schwierigkeiten eines Schuldners, seinen finanziellen Verpflichtungen nachzukommen, auf der Ebene des Schuldners beurteilt, wobei alle in den Konsolidierungskreis für Rechnungslegungszwecke fallenden juristischen Personen in der Gruppe des Schuldners sowie die natürlichen Personen, die diese Gruppe kontrollieren, berücksichtigt werden.

Art. 47c Abzug für notleidende Risikopositionen. (1) *[1]* Für die Zwecke des Artikels 36 Absatz 1 Buchstabe m ermitteln die Institute für jede notleidende Risikoposition gesondert den maßgeblichen Betrag der unzureichenden Deckung, der von den Posten des harten Kernkapitals abzuziehen ist, indem sie den unter Buchstabe b dieses Absatzes ermittelten Betrag von dem unter Buchstabe a dieses Absatzes ermittelten Betrag abziehen, wenn der in Buchstabe a genannte Betrag über dem in Buchstabe b genannten Betrag liegt:

a) die Summe aus:
   i) dem unbesicherten Teil jeder notleidenden Risikoposition, sofern vorhanden, multipliziert mit dem in Absatz 2 genannten anwendbaren Faktor;
   ii) dem besicherten Teil jeder notleidenden Risikoposition, sofern vorhanden, multipliziert mit dem in Absatz 3 genannten anwendbaren Faktor;

b) die Summe aus folgenden Posten, sofern sie sich auf dieselbe notleidende Risikoposition beziehen:
   i) den spezifischen Kreditrisikoanpassungen;
   ii) den zusätzlichen Bewertungsanpassungen gemäß den Artikeln 34 und 105;
   iii) den sonstigen Verringerungen der Eigenmittel;
   iv) für Institute, die risikogewichtete Risikopositionsbeträge nach dem auf internen Beurteilungen basierenden Ansatz berechnen, dem absoluten Wert der gemäß Artikel 36 Absatz 1 Buchstabe d in Abzug gebrachten Beträge, die sich auf notleidende Risikopositionen beziehen, wobei der jeder notleidenden Risikoposition zurechenbare absolute Wert ermittelt wird, indem die gemäß Artikel 36 Absatz 1 Buchstabe d in Abzug gebrachten Beträge mit dem Beitrag des erwarteten Verlustbetrags für die notleidende Risikoposition zu den gesamten erwarteten Verlustbeträgen für ausgefallene oder nicht ausgefallene Risikopositionen, je nach Anwendbarkeit, multipliziert werden;
   v) wenn eine notleidende Risikoposition zu einem Preis gekauft wurde, der unter dem vom Schuldner geschuldeten Betrag liegt, der Differenz zwischen dem Kaufpreis und dem vom Schuldner geschuldeten Betrag;
   vi) den Beträgen, die von dem Institut seit der Einstufung der Risikoposition als notleidend abgeschrieben wurden.

[2] Der besicherte Teil einer notleidenden Risikoposition ist derjenige Teil der Risikoposition, bei dem für die Zwecke der Berechnung der Eigenmittelanforderungen nach Teil 3 Titel II davon ausgegangen wird, dass eine Besicherung mit Sicherheitsleistung oder eine Absicherung ohne Sicherheitsleistung besteht oder dass er vollständig durch Grundpfandrechte besichert ist.

[3] Der unbesicherte Teil einer notleidenden Risikoposition entspricht der Differenz, sofern vorhanden, zwischen dem Wert der in Artikel 47a Absatz 1 genannten Risikoposition und dem besicherten Teil der Risikoposition, sofern vorhanden.

(2) Für die Zwecke des Absatzes 1 Buchstabe a Ziffer i werden folgende Faktoren angewandt:

a) 0,35 für den unbesicherten Teil einer notleidenden Risikoposition in der Zeitspanne, die am ersten Tag des dritten Jahres nach ihrer Einstufung als notleidend beginnt und am letzten Tag des dritten Jahres nach ihrer Einstufung als notleidend endet;

b) 1 für den unbesicherten Teil einer notleidenden Risikoposition ab dem ersten Tag des vierten Jahres nach ihrer Einstufung als notleidend.

(3) Für die Zwecke des Absatzes 1 Buchstabe a Ziffer ii werden folgende Faktoren angewandt:

a) 0,25 für den besicherten Teil einer notleidenden Risikoposition in der Zeitspanne, die am ersten Tag des vierten Jahres nach ihrer Einstufung als notleidend beginnt und am letzten Tag des vierten Jahres nach ihrer Einstufung als notleidend endet;

b) 0,35 für den besicherten Teil einer notleidenden Risikoposition in der Zeitspanne, die am ersten Tag des fünften Jahres nach ihrer Einstufung als notleidend beginnt und am letzten Tag des fünften Jahres nach ihrer Einstufung als notleidend endet;

c) 0,55 für den besicherten Teil einer notleidenden Risikoposition in der Zeitspanne, die am ersten Tag des sechsten Jahres nach ihrer Einstufung als notleidend beginnt und am letzten Tag des sechsten Jahres nach ihrer Einstufung als notleidend endet;

d) 0,70 für den gemäß Teil 3 Titel II durch Immobilien besicherten Teil einer notleidenden Risikoposition oder für denjenigen Teil, der ein durch einen anerkennungsfähigen Sicherungsgeber nach Artikel 201 garantierter Kredit für Wohnimmobilien ist, in der Zeitspanne, die am ersten Tag des siebten Jahres nach ihrer Einstufung als notleidend beginnt und am letzten Tag des siebten Jahres nach ihrer Einstufung als notleidend endet;

e) 0,80 für den Teil einer notleidenden Risikoposition, für den eine andere Besicherung mit oder Absicherung ohne Sicherheitsleistung gemäß Teil 3 Titel II besteht, in der Zeitspanne, die am ersten Tag des siebten Jahres nach ihrer Einstufung als notleidend beginnt und am letzten Tag des siebten Jahres nach ihrer Einstufung als notleidend endet;

f) 0,80 für den gemäß Teil 3 Titel II durch Immobilien besicherten Teil einer notleidenden Risikoposition oder für denjenigen Teil, der ein durch einen anerkennungsfähigen Sicherungsgeber nach Artikel 201 garantierter Kredit für Wohnimmobilien ist, in der Zeitspanne, die am ersten Tag des achten Jahres nach ihrer Einstufung als notleidend beginnt und am letzten Tag des achten Jahres nach ihrer Einstufung als notleidend endet;

g) 1 für den Teil einer notleidenden Risikoposition, für den eine andere Besicherung mit oder Absicherung ohne Sicherheitsleistung gemäß Teil 3 Titel II besteht, ab dem ersten Tag des achten Jahres nach ihrer Einstufung als notleidend;

h) 0,85 für den gemäß Teil 3 Titel II durch Immobilien besicherten Teil einer notleidenden Risikoposition oder für denjenigen Teil, der ein durch einen anerkennungsfähigen Sicherungsgeber nach Artikel 201 garantierter Kredit für Wohnimmobilien ist, in der Zeitspanne, die am ersten Tag des neunten Jahres nach ihrer Einstufung als notleidend beginnt und am letzten Tag des neunten Jahres nach ihrer Einstufung als notleidend endet;

i) 1 für den gemäß Teil 3 Titel II durch Immobilien besicherten Teil einer notleidenden Risikoposition oder für denjenigen Teil, der ein durch einen anerkennungsfähigen Sicherungsgeber nach Artikel 201 garantierter Kredit für Wohnimmobilien ist, ab dem ersten Tag des zehnten Jahres nach ihrer Einstufung als notleidend.

(4) Abweichend von Absatz 3 werden folgende Faktoren auf den Teil der notleidenden Risikoposition angewandt, für den eine Bürgschaft oder Versicherung einer offiziellen Exportversicherungsagentur besteht:

a) 0 für den besicherten Teil der notleidenden Risikoposition in der Zeitspanne, die ein Jahr nach ihrer Einstufung als notleidend beginnt und sieben Jahre nach ihrer Einstufung als notleidend endet, und

b) 1 für den besicherten Teil der notleidenden Risikoposition ab dem ersten Tag des achten Jahres nach ihrer Einstufung als notleidend.

(5) *[1]* [1] Die EBA bewertet die Bandbreite der zur Bewertung von besicherten notleidenden Risikopositionen angewandten Verfahren und kann Leitlinien ausarbeiten, um eine gemeinsame Methodik – einschließlich etwaiger zeitlicher Mindestvorgaben für die Neubewertung und Ad-hoc-Verfahren – festzulegen, die bei der aufsichtsrechtlichen Bewertung anerkennungsfähiger Formen der Besicherung mit und Absicherung ohne Sicherheitsleistung, insbesondere in Bezug auf die Annahmen für ihre Einbringlichkeit und Durchsetzbarkeit, anzuwenden ist. [2] Diese Leitlinien können auch eine gemeinsame Methodik für die Bestimmung des besicherten Teils einer notleidenden Risikoposition gemäß Absatz 1 enthalten.

[2] Diese Leitlinien werden gemäß Artikel 16 der Verordnung (EU) Nr. 1093/2010 herausgegeben.

(6) *[1]* Abweichend von Absatz 2 gilt für den Fall, dass für eine Risikoposition eine Stundungsmaßnahme in der Zeitspanne, die ein Jahr nach ihrer Einstufung als notleidend beginnt und zwei Jahre nach ihrer Einstufung als notleidend endet, gewährt wurde, der zum Zeitpunkt der Gewährung der Stundungsmaßnahme anwendbare Faktor gemäß Absatz 2 für ein weiteres Jahr.

[2] Abweichend von Absatz 3 gilt für den Fall, dass für eine Risikoposition eine Stundungsmaßnahme in der Zeitspanne, die zwei Jahre nach ihrer Einstufung als notleidend beginnt und sechs Jahre nach ihrer Einstufung als notleidend endet, gewährt wurde, der zum Zeitpunkt der Gewährung der Stundungsmaßnahme anwendbare Faktor gemäß Absatz 3 für ein weiteres Jahr.

[3] Dieser Absatz kommt nur in Bezug auf die erste Stundungsmaßnahme zur Anwendung, die seit der Einstufung der Risikoposition als notleidend gewährt wurde.

Unterabschnitt 2. Abzug von Posten des harten Kernkapitals – Ausnahmen und Alternativen

Art. 48 Schwellenwerte für Ausnahmen vom Abzug von Posten des harten Kernkapitals. (1) Institute brauchen bei den Abzügen nach Artikel 36 Absatz 1 Buchstaben c und i die Beträge der unter den Buchstaben a und b genannten Posten nicht abzuziehen, die zusammengerechnet den Schwellenwert nach Absatz 2 nicht überschreiten:

a) von der künftigen Rentabilität abhängige latente Steueransprüche, die aus temporären Differenzen resultieren und zusammengerechnet höchstens 10 % der Posten des harten Kernkapitals des Instituts ausmachen, berechnet nach Anwendung folgender Bestimmungen:
   i) Artikel 32 bis 35,
   ii) Artikel 36 Absatz 1 Buchstaben a bis h, Buchstabe k Ziffern ii bis v und Buchstabe l, ausgenommen von der künftigen Rentabilität abhängige latente Steueransprüche, die aus temporären Differenzen resultieren;

b) wenn ein Institut eine wesentliche Beteiligung an einem Unternehmen der Finanzbranche hält, seine direkten, indirekten und synthetischen Positionen in Instrumenten des harten Kernkapitals des betreffenden Unternehmens, die zusammengerechnet höchstens 10 % der Posten des harten Kernkapitals betragen, berechnet nach Anwendung folgender Bestimmungen:
   i) Artikel 32 bis 35,
   ii) Artikel 36 Absatz 1 Buchstaben a bis h, Buchstabe k Ziffern ii bis v und Buchstabe l, ausgenommen von der künftigen Rentabilität abhängige latente Steueransprüche, die aus temporären Differenzen resultieren.

(2) Für die Zwecke des Absatzes 1 entspricht der Schwellenwert dem Betrag nach Buchstabe a multipliziert mit dem Prozentsatz nach Buchstabe b:

a) verbleibender Betrag der Posten des harten Kernkapitals nach vollständiger Anwendung der Anpassungen und Abzüge gemäß den Artikeln 32 bis 36 und ohne Anwendung der Schwellenwerte für Ausnahmen gemäß diesem Artikel;

b) 17,65 %.

(3) *[1]* Für die Zwecke des Absatzes 1 ermittelt ein Institut den Anteil der latenten Steueransprüche am Gesamtbetrag der Posten, der nicht abgezogen werden muss, indem es den Quotienten aus dem Betrag nach Buchstabe a und der Summe nach Buchstabe b berechnet:

a) Betrag der von der künftigen Rentabilität abhängigen latenten Steueransprüche, die aus temporären Differenzen resultieren und zusammengerechnet höchstens 10 % der Posten des harten Kernkapitals des Instituts ausmachen;

b) die Summe aus
   i) dem Betrag nach Buchstabe a,
   ii) dem Betrag der direkten, indirekten und synthetischen Positionen des Instituts in den Eigenmittelinstrumenten von Unternehmen der Finanz-

branche, an denen es eine wesentliche Beteiligung hält, und die zusammengerechnet höchstens 10 % der Posten seines harten Kernkapitals entsprechen.

[2] Der Anteil wesentlicher Beteiligungen am Gesamtbetrag der Posten, der nicht abgezogen werden muss, entspricht dem Wert von eins abzüglich des Anteils gemäß Unterabsatz 1.

(4) Der Betrag der gemäß Absatz 1 nicht in Abzug gebrachten Posten erhält ein Risikogewicht von 250 %.

Art. 49 Erfordernis von Abzügen im Falle von Konsolidierung, zusätzlicher Beaufsichtigung oder institutsbezogenen Sicherungssystemen.

(1) *[1]* Wenn die zuständigen Behörden für die Zwecke der Berechnung der Eigenmittel auf Einzel-, teilkonsolidierter oder konsolidierter Basis Instituten vorschreiben oder gestatten, die in Anhang I der Richtlinie 2002/87/EG beschriebenen Methoden 1, 2 oder 3 anzuwenden, können sie ihnen auch gestatten, die Positionen in Eigenmittelinstrumenten eines Unternehmens der Finanzbranche, an dem das Mutterinstitut, die Mutterfinanzholdinggesellschaft oder gemischte Mutterfinanzholdinggesellschaft oder das Institut eine wesentliche Beteiligung hält, nicht in Abzug zu bringen, sofern die nachstehend unter den Buchstaben a bis e genannten Bedingungen erfüllt sind:

a) das Unternehmen der Finanzbranche ist ein Versicherungsunternehmen, ein Rückversicherungsunternehmen oder eine Versicherungsholdinggesellschaft;

b) das Versicherungsunternehmen, Rückversicherungsunternehmen oder die Versicherungsholdinggesellschaft ist in die gleiche zusätzliche Beaufsichtigung gemäß der Richtlinie 2002/87/EG einbezogen wie das Mutterinstitut, die Mutterfinanzholdinggesellschaft oder gemischte Mutterfinanzholdinggesellschaft oder das Institut, das bzw. die die Beteiligung hält;

c) das Institut hat vorab eine entsprechende Erlaubnis der zuständigen Behörden erhalten;

d) die zuständigen Behörden überzeugen sich vor der Erteilung der Erlaubnis nach Buchstabe c und danach kontinuierlich davon, dass das integrierte Management, das Risikomanagement und die interne Kontrolle hinsichtlich der gemäß Methode 1, 2 oder 3 in den Konsolidierungskreis einbezogenen Unternehmen in angemessenem Umfang gegeben sind;

e) die Positionen in dem betreffenden Unternehmen gehören
   i) dem Mutterkreditinstitut,
   ii) der Mutterfinanzholdinggesellschaft,
   iii) der gemischten Mutterfinanzholdinggesellschaft,
   iv) dem Institut oder
   v) einem Tochterunternehmen eines der unter den Ziffern i bis iv genannten Unternehmen, die in die Konsolidierung nach Teil 1 Titel II Kapitel 2 einbezogen ist.

[2] Die gewählte Methode ist auf Dauer einheitlich anzuwenden.

(2) *[1]* Institute, die der Beaufsichtigung auf konsolidierter Basis gemäß *Teil I*[1)] Titel II Kapitel 2 unterliegen, bringen bei der Berechnung der Eigenmittel auf Einzel- und auf teilkonsolidierter Basis Positionen in Eigenmittelinstrumenten von Unternehmen der Finanzbranche, die in den Konsolidierungskreis einbezogen sind, nicht in Abzug, es sei denn, die zuständigen Behörden entscheiden, dass diese Abzüge für spezifische Zwecke, insbesondere die strukturelle Trennung von Banktätigkeiten, und für die Abwicklungsplanung vorzunehmen sind.

[2] Die Anwendung des Ansatzes nach Unterabsatz 1 darf keine unverhältnismäßigen nachteiligen Auswirkungen auf das Finanzsystem anderer Mitgliedstaaten insgesamt oder auf Teile davon oder das Finanzsystem der Union insgesamt in Form oder durch Schaffung eines Hindernisses für das Funktionieren des Binnenmarktes nach sich ziehen.

[3] Dieser Absatz findet keine Anwendung bei der Berechnung von Eigenmitteln für die Zwecke der in den Artikeln 92a und 92b festgelegten Anforderungen, die im Einklang mit dem in Artikel 72e Absatz 4 festgelegten Rahmen für Abzüge berechnet werden müssen.

(3) Für die Zwecke der Ermittlung der Eigenmittel auf Einzel- oder teilkonsolidierter Basis können die zuständigen Behörden Instituten gestatten, Positionen in Eigenmittelinstrumenten in folgenden Fällen nicht in Abzug zu bringen:

a) ein Institut hält eine Beteiligung an einem anderen Institut und die Voraussetzungen der Ziffern i bis v sind erfüllt,
   i) die Institute fallen unter das gleiche institutsbezogene Sicherungssystem nach Artikel 113 Absatz 7,
   ii) die zuständigen Behörden haben die Erlaubnis nach Artikel 113 Absatz 7 erteilt,
   iii) die Bedingungen des Artikels 113 Absatz 7 sind erfüllt,
   iv) das institutsbezogene Sicherungssystem erstellt eine konsolidierte Bilanz nach Artikel 113 Absatz 7 Buchstabe e oder – falls es keinen konsolidierten Abschluss aufzustellen braucht – eine erweiterte Zusammenfassungsrechnung, die nach Auffassung der zuständigen Behörden den Bestimmungen der Richtlinie 86/635/EWG, die bestimmte Anpassungen der Richtlinie 83/349/EWG enthält, oder denen der Verordnung (EG) Nr. 1606/2002, die die konsolidierten Abschlüsse von Kreditinstitutegruppen regelt, gleichwertig ist. Die Gleichwertigkeit der erweiterten Zusammenfassungsrechnung wird durch einen externen Abschlussprüfer überprüft, der insbesondere bestätigt, dass die Mehrfachbelegung anerkennungsfähiger Eigenmittelbestandteile und jede etwaige unangemessene Bildung von Eigenmitteln zwischen den Mitgliedern des institutsbezogenen Sicherungssystems bei der Berechnung beseitigt wurden. Die konsolidierte Bilanz oder die erweiterte Zusammenfassungsrechnung wird den zuständigen Behörden so häufig wie in den in Artikel 430 Absatz 7 genannten technischen Durchführungsstandards vorgeschrieben vorgelegt.[2)]

[1)] Richtig wohl: „Teil 1“.
[2)] Zeichensetzung amtlich.

v) die in das jeweilige institutsbezogene Sicherungssystem einbezogenen Institute erfüllen zusammen auf konsolidierter Basis oder auf Basis der erweiterten Zusammenfassungsrechnung die Anforderungen nach Artikel 92 und melden die Einhaltung dieser Anforderungen nach Maßgabe des Artikels 430. Innerhalb eines institutsbezogenen Sicherungssystems wird der Abzug von Beteiligungen, die Genossen oder nicht dem System angehörenden Rechtsträgern gehören, nicht gefordert, wenn die Mehrfachbelegung möglicher Eigenmittelbestandteile und jede etwaige unangemessene Schaffung von Eigenmitteln zwischen den Mitgliedern des institutsbezogenen Sicherungssystems und dem Minderheitsaktionär – sofern dieser ein Institut ist – beseitigt wird,

b) ein regionales Kreditinstitut hält eine Beteiligung an seinem Zentralkreditinstitut oder einem anderen regionalen Kreditinstitut, und die Voraussetzungen nach Buchstabe a Ziffern i bis v sind erfüllt.

(4) Die gemäß Absatz 1, 2 oder 3 nicht in Abzug gebrachten Beteiligungen gelten als Risikopositionen und erhalten ein Risikogewicht gemäß Teil 3 Titel II Kapitel 2 beziehungsweise Kapitel 3.

(5) Wendet ein Institut die Methode 1, 2 oder 3 des Anhangs I der Richtlinie 2002/87/EG an, legt es die zusätzliche Eigenmittelanforderung und den Eigenkapitalkoeffizienten des Finanzkonglomerats offen, die sich aus der Berechnung nach Maßgabe des Artikels 6 und des Anhangs I jener Richtlinie ergeben.

(6) *[1]* Die EBA, die EIOPA und die durch die Verordnung (EU) Nr. 1095/2010 des Europäischen Parlaments und des Rates vom 24. November 2010 errichtete Europäische Aufsichtsbehörde (Europäische Wertpapier- und Marktaufsichtsbehörde)[1] (ESMA) arbeiten über den Gemeinsamen Ausschuss Entwürfe technischer Regulierungsstandards aus, um für die Zwecke dieses Artikels die Bedingungen für die Anwendung der in Anhang I Teil II der Richtlinie 2002/87/EG genannten Berechnungsmethoden für die Alternativen zum Abzug gemäß Absatz 1 festzulegen.

[2] Die EBA, die EIOPA und die ESMA übermitteln der Kommission diese Entwürfe technischer Regulierungsstandards bis zum 28. Juli 2013.

[3] Der Kommission wird die Befugnis übertragen, die technischen Regulierungsstandards nach Unterabsatz 1 gemäß den Artikeln 10 bis 14 der Verordnung (EU) Nr. 1093/2010, der Verordnung (EU) Nr. 1094/2010 bzw. der Verordnung (EU) Nr. 1095/2010 zu erlassen.

Abschnitt 4. Hartes Kernkapital

Art. 50 Hartes Kernkapital. Das harte Kernkapital eines Instituts besteht aus den Posten des harten Kernkapitals nach den gemäß den Artikeln 32 bis 35 erforderlichen Anpassungen, den in Artikel 36 vorgesehenen Abzügen und nach Anwendung der in den Artikeln 48, 49 und 79 beschriebenen Ausnahmen und Alternativen.

[1] **Amtl. Anm.:** ABl. L 331 vom 15.12.2010, S. 84.

Kapitel 3. Zusätzliches Kernkapital

Abschnitt 1. Posten und Instrumente des zusätzlichen Kernkapitals

Art. 51 Posten des zusätzlichen Kernkapitals. *[1]* Die Posten des zusätzlichen Kernkapitals bestehen aus:

a) Kapitalinstrumenten, die die Voraussetzungen von Artikel 52 Absatz 1 erfüllen;

b) dem mit den Instrumenten gemäß Buchstabe a verbundenen Agio.

[2] Die unter Buchstabe a genannten Instrumente gelten nicht als Posten des harten Kernkapitals oder des Ergänzungskapitals.

Art. 52 Instrumente des zusätzlichen Kernkapitals. (1) *[1]* Kapitalinstrumente zählen nur dann zu den Instrumenten des zusätzlichen Kernkapitals, wenn alle folgenden Bedingungen erfüllt sind:

a) die Instrumente sind unmittelbar von einem Institut ausgegeben und voll eingezahlt,

b) die Instrumente sind nicht Eigentum von
   i) dem Institut oder seinen Tochterunternehmen,
   ii) einem Unternehmen, an dem das Institut eine Beteiligung in Form des direkten Haltens oder durch Kontrolle von mindestens 20 % der Stimmrechte oder des Kapitals jenes Unternehmens hält,

c) der Erwerb des Eigentums an den Instrumenten wird weder direkt noch indirekt durch das Institut finanziert,

d) die Instrumente sind bei Insolvenz des Instituts nachrangig gegenüber Instrumenten des Ergänzungskapitals,

e) die Instrumente sind nicht durch eines der folgenden Unternehmen besichert oder Gegenstand einer von ihnen gestellten Garantie, die den Ansprüchen einen höheren Rang verleiht:
   i) das Institut oder seine Tochterunternehmen,
   ii) das Mutterunternehmen des Instituts oder dessen Tochterunternehmen,
   iii) die Mutterfinanzholdinggesellschaft oder ihre Tochterunternehmen,
   iv) die gemischte Holdinggesellschaft oder ihre Tochterunternehmen,
   v) die gemischte Finanzholdinggesellschaft und ihre Tochterunternehmen,
   vi) ein Unternehmen mit engen Verbindungen zu den unter den Ziffern i bis v genannten Unternehmen,

f) es bestehen keine vertraglichen oder sonstigen Vereinbarungen in Bezug auf die Instrumente, die den Ansprüchen aus den Instrumenten bei Insolvenz oder Liquidation einen höheren Rang verleihen,

g) die Instrumente sind zeitlich unbefristet, und die für die Instrumente geltenden Bestimmungen enthalten keinen Tilgungsanreiz für das Institut,

h) enthalten die Instrumente eine oder mehrere Optionen zur vorzeitigen Tilgung einschließlich Optionen zur Kündigung, so können diese nur nach Ermessen des Emittenten ausgeübt werden,

i) die Instrumente können nur gekündigt, zurückgezahlt oder zurückgekauft werden, wenn die Voraussetzungen des Artikels 77 erfüllt sind und das

Emissionsdatum mindestens fünf Jahre zurückliegt, es sei denn, die Voraussetzungen des Artikels 78 Absatz 4 sind erfüllt,

j) die für die Instrumente geltenden Bestimmungen lassen weder explizit noch implizit erkennen, dass das Institut die Instrumente – außer im Falle der Insolvenz oder Liquidation des Instituts – gegebenenfalls kündigen, tilgen oder zurückkaufen wird, und das Institut gibt auch anderweitig keinen dahingehenden Hinweis,

k) das Institut liefert weder explizite noch implizite Hinweise darauf, dass die zuständige Behörde einem Antrag auf Kündigung, Rückzahlung oder Rückkauf der Instrumente stattgeben könnte,

l) Ausschüttungen auf die Instrumente erfüllen folgende Voraussetzungen:
   i) sie werden aus ausschüttungsfähigen Posten ausgezahlt,
   ii) die Höhe der Ausschüttungen auf die Instrumente wird nicht aufgrund der Bonität des Instituts oder seines Mutterunternehmens angepasst,
   iii) die für die Instrumente geltenden Bestimmungen verleihen dem Institut das Recht, die Ausschüttungen auf die Instrumente jederzeit nach eigenem Ermessen für unbefristete Zeit und auf nicht kumulierter Basis ausfallen zu lassen, und das Institut kann die Mittel aus den ausgefallenen Auszahlungen uneingeschränkt zur Erfüllung seiner eigenen Verpflichtungen bei deren Fälligkeit nutzen,
   iv) der Ausfall von Ausschüttungen stellt keinen Ausfall des Instituts dar,
   v) durch den Ausfall von Ausschüttungen werden dem Institut keine Beschränkungen auferlegt,

m) die Instrumente tragen nicht zur Feststellung bei, dass die Verbindlichkeiten eines Instituts seine Vermögenswerte überschreiten, wenn eine solche Feststellung gemäß dem einzelstaatlichen Recht einen Insolvenztatbestand darstellt,

n) laut den für die Instrumente geltenden Bestimmungen muss bei Eintreten eines Auslöseereignisses der Kapitalbetrag der Instrumente dauerhaft oder vorübergehend herabgeschrieben oder die Instrumente in Instrumente des harten Kernkapitals umgewandelt werden,

o) die für die Instrumente geltenden Bestimmungen enthalten kein Merkmal, das eine Rekapitalisierung des Instituts behindern könnte,

p) hat der Emittent seinen Sitz in einem Drittland und wurde er gemäß Artikel 12 der Richtlinie 2014/59/EU als Teil einer Abwicklungsgruppe benannt, deren Abwicklungseinheit ihren Sitz in der Union hat, oder hat der Emittent seinen Sitz in einem Mitgliedstaat, so muss laut den für die Instrumente geltenden Rechtsvorschriften oder Vertragsbestimmungen auf Beschluss der Abwicklungsbehörde, von ihrer Herabschreibungs- oder Umwandlungsbefugnis gemäß Artikel 59 der genannten Richtlinie Gebrauch zu machen, der Kapitalbetrag der Instrumente dauerhaft herabgeschrieben werden oder die Instrumente müssen in Instrumente des harten Kernkapitals umgewandelt werden.

   Hat der Emittent seinen Sitz in einem Drittland und wurde er nicht gemäß Artikel 12 der Richtlinie 2014/59/EU als Teil einer Abwicklungsgruppe benannt, deren Abwicklungseinheit ihren Sitz in der Union hat, so muss laut den für die Instrumente geltenden Rechtsvorschriften oder Vertragsbestimmungen auf Beschluss der zuständigen Drittlandsbehörde der Kapitalbetrag der Instrumente dauerhaft herabgeschrieben werden oder die Instrumente müssen in Instrumente des harten Kernkapitals umgewandelt werden,

q) hat der Emittent seinen Sitz in einem Drittland und wurde er gemäß Artikel 12 der Richtlinie 2014/59/EU als Teil einer Abwicklungsgruppe benannt, deren Abwicklungseinheit ihren Sitz in der Union hat, oder hat der Emittent seinen Sitz in einem Mitgliedstaat, so dürfen die Instrumente nur dann gemäß den Rechtsvorschriften eines Drittlands begeben werden oder anderweitig solchen Rechtsvorschriften unterliegen, wenn nach diesen Vorschriften die Ausübung der Herabschreibungs- oder Umwandlungsbefugnis gemäß Artikel 59 der genannten Richtlinie auf der Grundlage gesetzlicher Bestimmungen oder rechtlich durchsetzbarer Vertragsbestimmungen, in denen Abwicklungs- oder andere Herabschreibungs- oder Umwandlungsmaßnahmen anerkannt sind, wirksam und durchsetzbar ist,

r) die Instrumente unterliegen keinen Aufrechnungs- oder Nettingvereinbarungen, die deren Verlustabsorptionsfähigkeit beeinträchtigen würden.

[2] Sofern die Instrumente gleichrangig sind, gilt die Bedingung nach Unterabsatz 1 Buchstabe d als erfüllt, selbst wenn sie kraft Artikel 484 Absatz 3 dem zusätzlichen Kernkapital oder dem Ergänzungskapital zugerechnet werden.

[3] Für die Zwecke von Unterabsatz 1 Buchstabe a kann nur der Teil eines Kapitalinstruments, der voll eingezahlt ist, als Instrument des zusätzlichen Kernkapitals gelten.

(2) *[1]* Die EBA arbeitet Entwürfe technischer Regulierungsstandards aus, in denen Folgendes präzisiert wird:

a) Form und Art der Tilgungsanreize,

b) die Art einer Wiederzuschreibung des Kapitalbetrags eines Instruments des zusätzlichen Kernkapitals nach einer vorübergehenden Herabschreibung seines Kapitalbetrags,

c) Verfahren und Zeitplan für
   i) die Feststellung eines Auslöseereignisses,
   ii) die Wiederzuschreibung des Kapitalbetrags eines Instruments des zusätzlichen Kernkapitals nach einer vorübergehenden Herabschreibung seines Kapitalbetrags,

d) Merkmale von Instrumenten, die eine Rekapitalisierung des Instituts behindern könnten,

e) die Nutzung von Zweckgesellschaften für die indirekte Ausgabe von Eigenmittelinstrumenten.

[2] Die EBA übermittelt der Kommission diese Entwürfe technischer Regulierungsstandards bis zum 28. Juli 2013.

[3] Der Kommission wird die Befugnis übertragen, die technischen Regulierungsstandards nach Unterabsatz 1 gemäß den Artikeln 10 bis 14 der Verordnung (EU) Nr. 1093/2010 zu erlassen.

Art. 53 Beschränkungen hinsichtlich des Ausfalls von Ausschüttungen aus Instrumenten des zusätzlichen Kernkapitals und Merkmale von Instrumenten, die eine Rekapitalisierung des Instituts behindern könnten. Für die Zwecke von Artikel 52 Absatz 1 Buchstabe l Ziffer v und Buchstabe o enthalten Bestimmungen für Instrumente des zusätzlichen Kernkapitals keine

a) Verpflichtung zur Leistung von Ausschüttungen auf die Instrumente, wenn auf ein vom Institut begebenes Instrument, das gegenüber einem Instrument des zusätzlichen Kernkapitals, einschließlich eines Instruments des harten Kernkapitals, gleich- oder nachrangig ist, eine Ausschüttung geleistet wird,
b) Verpflichtung zum Ausfall von Ausschüttungen auf Instrumente des harten Kernkapitals, des zusätzlichen Kernkapitals und des Ergänzungskapitals, wenn auf die betreffenden Instrumente des zusätzlichen Kernkapitals keine Ausschüttung geleistet wird,
c) Verpflichtung, die Auszahlung von Zinsen oder Dividenden durch eine Auszahlung in anderer Form zu ersetzen. Das Institut unterliegt auch nicht anderweitig einer solchen Verpflichtung.

Art. 54 Herabschreibung oder Umwandlung von Instrumenten des zusätzlichen Kernkapitals. (1) Für die Zwecke von Artikel 52 Absatz 1 Buchstabe n gelten für Instrumente des zusätzlichen Kernkapitals folgende Bestimmungen:

a) ein Auslöseereignis liegt vor, wenn die in Artikel 92 Absatz 1 Buchstabe a genannte harte Kernkapitalquote des Instituts unter einen der folgenden Werte fällt:
   i) 5,125 %,
   ii) einen über 5,125 % liegenden Wert, der vom Institut festgelegt und in den für das Instrument geltenden Bestimmungen spezifiziert wurde;
b) die Institute dürfen in den für das Instrument geltenden Bestimmungen zusätzlich zu dem unter Buchstabe a genannten Auslöseereignis ein oder mehrere weitere Auslöseereignisse festlegen;
c) sehen die für die Instrumente geltenden Bestimmungen bei Eintreten eines Auslöseereignisses eine Umwandlung in Instrumente des harten Kernkapitals vor, so ist in diesen Bestimmungen Folgendes zu spezifizieren:
   i) entweder die Quote einer solchen Umwandlung und eine Obergrenze für die gestattete Umwandlungsmenge
   ii) oder eine Spanne, innerhalb *dessen*[1] die Instrumente in Instrumente des harten Kernkapitals umgewandelt werden;
d) sehen die für das Instrument geltenden Bestimmungen bei Eintreten eines Auslöseereignisses eine Herabschreibung des Kapitalbetrags vor, so führt diese Herabschreibung zur Verminderung
   i) der Forderung des Inhabers des Instruments im Falle der Insolvenz oder Liquidation des Instituts,
   ii) der bei Kündigung oder Rückzahlung des Instruments auszuzahlenden Summe und
   iii) der Ausschüttungen auf das Instrument;

[1] Richtig wohl: „derer".

e) wurden die Instrumente des zusätzlichen Kernkapitals von einem Tochterunternehmen mit Sitz in einem Drittland ausgegeben, so wird das unter Buchstabe a genannte Auslöseereignis mit einem Wert von mindestens 5,125 % nach dem nationalen Recht dieses Drittlandes oder Vertragsbestimmungen für die Instrumente berechnet, vorausgesetzt, die zuständige Behörde ist nach Konsultation der EBA davon überzeugt, dass diese Bestimmungen den Anforderungen dieses Artikels mindestens gleichwertig sind.

(2) Aus der Herabschreibung oder Umwandlung eines Instruments des zusätzlichen Kernkapitals müssen sich nach dem geltenden Rechnungslegungsrahmen Posten ergeben, die zu den Posten des harten Kernkapitals gerechnet werden können.

(3) Der Betrag der in den Posten des zusätzlichen Kernkapitals anerkannten Instrumente des zusätzlichen Kernkapitals ist beschränkt auf den Mindestbetrag der Posten des harten Kernkapitals, der sich ergeben würde, wenn der Kapitalbetrag der Instrumente des zusätzlichen Kernkapitals vollständig herabgeschrieben oder in Instrumente des harten Kernkapitals umgewandelt würde.

(4) Der Gesamtbetrag der Instrumente des zusätzlichen Kernkapitals, der bei Eintreten eines Auslöseereignisses herabzuschreiben oder umzuwandeln ist, darf den niedrigeren der beiden folgenden Werte nicht unterschreiten:

a) den Betrag, der zur vollständigen Wiederherstellung der harten Kernkapitalquote des Instituts von 5,125 % erforderlich ist,

b) den vollständigen Kapitalbetrag des Instruments.

(5) Bei Eintreten eines Auslöseereignisses verfahren die Institute wie folgt:

a) sie setzen unverzüglich die zuständige Behörde in Kenntnis,

b) sie unterrichten die Inhaber der Instrumente des zusätzlichen Kernkapitals,

c) gemäß den Anforderungen dieses Artikels nehmen sie unverzüglich, spätestens jedoch innerhalb eines Monats, eine Herabschreibung des Kapitalbetrags der Instrumente vor oder wandeln diese in Instrumente des harten Kernkapitals um.

(6) [1] Ein Institut, das Instrumente des zusätzlichen Kernkapitals begibt, die bei Eintreten eines Auslöseereignisses in Instrumente des harten Kernkapitals umgewandelt werden, stellt sicher, dass sein genehmigtes Stammkapital jederzeit ausreicht, um sämtliche umwandelbaren Instrumente des zusätzlichen Kernkapitals bei Eintreten eines Auslöseereignisses in Aktien umzuwandeln. [2] Zum Zeitpunkt der Ausgabe derartiger Wandelinstrumente des zusätzlichen Kernkapitals müssen alle erforderlichen Bewilligungen vorliegen. [3] Das Institut verfügt zu jedwedem Zeitpunkt über die erforderliche Vorabbewilligung zur Ausgabe von Instrumenten des harten Kernkapitals, in die die Instrumente des zusätzlichen Kernkapitals bei Eintreten eines Auslöseereignisses umgewandelt würden.

(7) Ein Institut, das Instrumente des zusätzlichen Kernkapitals begibt, die bei Eintreten eines Auslöseereignisses in Instrumente des harten Kernkapitals umgewandelt werden, stellt sicher, dass einer solchen Umwandlung keine verfahrenstechnischen Hindernisse aufgrund seiner Satzung oder anderer satzungsmäßiger oder vertraglicher Regelungen entgegen stehen.

Art. 55 Nichterfüllung der Bedingungen für Instrumente des zusätzlichen Kernkapitals. Wenn hinsichtlich eines Instruments des zusätzlichen Kernkapitals die in Artikel 52 Absatz 1 festgelegten Bedingungen nicht länger erfüllt sind, gilt Folgendes:

a) das betreffende Instrument gilt mit unmittelbarer Wirkung nicht länger als Instrument des zusätzlichen Kernkapitals,

b) der Teil des Agios, der mit dem betreffenden Instrument verbunden ist, gilt mit unmittelbarer Wirkung nicht länger als Posten des zusätzlichen Kernkapitals.

Abschnitt 2. Abzüge von Posten des zusätzlichen Kernkapitals

Art. 56 Abzüge von Posten des zusätzlichen Kernkapitals. Die Institute ziehen von ihrem zusätzlichen Kernkapital folgende Posten ab:

a) direkte, indirekte und synthetische Positionen eines Instituts in eigenen Instrumenten des zusätzlichen Kernkapitals, einschließlich eigener Instrumente des zusätzlichen Kernkapitals, zu deren Kauf das Institut aufgrund bestehender vertraglicher Verpflichtungen verpflichtet sein könnte;

b) direkte, indirekte und synthetische Positionen in Instrumenten des zusätzlichen Kernkapitals von Unternehmen der Finanzbranche, mit denen das Institut Überkreuzbeteiligungen hält, die nach Ansicht der zuständigen Behörde dem Ziel dienen, die Eigenmittel des Instituts künstlich zu erhöhen;

c) den gemäß Artikel 60 ermittelten Betrag der direkten, indirekten und synthetischen Positionen in Instrumenten des zusätzlichen Kernkapitals von Unternehmen der Finanzbranche, an denen das Institut keine wesentliche Beteiligung hält;

d) direkte, indirekte und synthetische Positionen des Instituts in Instrumenten des zusätzlichen Kernkapitals von Unternehmen der Finanzbranche, an denen das Institut eine wesentliche Beteiligung hält, ausgenommen mit Übernahmegarantie versehene Positionen, die das Institut seit höchstens fünf Arbeitstagen hält;

e) den Betrag der gemäß Artikel 66 von den Posten des Ergänzungskapitals in Abzug zu bringenden Posten, der die Posten des Ergänzungskapitals des Instituts überschreitet;

f) jede zum Berechnungszeitpunkt vorhersehbare steuerliche Belastung aus Posten des zusätzlichen Kernkapitals, es sei denn, das Institut passt den Betrag der Posten des zusätzlichen Kernkapitals in angemessener Form an, wenn eine solche steuerliche Belastung die Summe, bis zu der diese Posten zur Deckung von Risiken oder Verlusten dienen können, verringert.

Art. 57 Abzug von Positionen in eigenen Instrumenten des zusätzlichen Kernkapitals. Für die Zwecke des Artikels 56 Buchstabe a berechnen Institute Positionen in eigenen Instrumenten des zusätzlichen Kernkapitals auf der Grundlage der Bruttokaufpositionen, wobei folgende Ausnahmen gelten:

a) Institute dürfen den Betrag von Positionen in eigenen Instrumenten des zusätzlichen Kernkapitals auf der Grundlage der Nettokaufposition berechnen, sofern die beiden nachstehenden Bedingungen erfüllt sind:

i) die Kauf- und Verkaufspositionen beziehen sich auf die gleiche zugrunde liegende Risikoposition und die Verkaufspositionen unterliegen keinem Gegenparteiausfallrisiko,

ii) die Kauf- und die Verkaufsposition werden entweder beide im Handelsbuch oder beide im Anlagebuch gehalten;

b) die Institute ermitteln den für direkte, indirekte oder synthetische Positionen in Indexpapieren in Abzug zu bringenden Betrag durch Berechnung der zugrunde liegenden Risikopositionen gegenüber eigenen Instrumenten des zusätzlichen Kernkapitals in den entsprechenden Indizes;

c) die Institute dürfen Bruttokaufpositionen in eigenen Instrumenten des zusätzlichen Kernkapitals, die aus Positionen in Indexpapieren resultieren, gegen Verkaufspositionen in eigenen Instrumenten des zusätzlichen Kernkapitals, die aus Verkaufspositionen in den zugrunde liegenden Indizes resultieren, aufrechnen, auch wenn für diese Verkaufspositionen ein Gegenparteiausfallrisiko besteht, sofern die beiden nachstehenden Bedingungen erfüllt sind:

i) die Kauf- und Verkaufspositionen beziehen sich auf dieselben zugrunde liegenden Indizes,

ii) die Kauf- und die Verkaufsposition werden entweder beide im Handelsbuch oder beide im Anlagebuch gehalten.

Art. 58 Abzug von Positionen in Instrumenten des zusätzlichen Kernkapitals von Unternehmen der Finanzbranche und bei Überkreuzbeteiligung eines Instituts mit dem Ziel der künstlichen Erhöhung der Eigenmittel. Die Institute nehmen die gemäß Artikel 56 Buchstaben b, c und d erforderlichen Abzüge wie folgt vor:

a) Positionen in Instrumenten des zusätzlichen Kernkapitals werden auf der Grundlage der Bruttokaufpositionen berechnet,

b) zusätzliches Kernkapital von Versicherungsunternehmen wird für die Zwecke des Abzugs wie Positionen in Instrumenten des zusätzlichen Kernkapitals behandelt.

Art. 59 Abzug von Positionen in Instrumenten des zusätzlichen Kernkapitals von Unternehmen der Finanzbranche. Die Institute nehmen die gemäß Artikel 56 Buchstaben c und d erforderlichen Abzüge wie folgt vor:

a) sie dürfen direkte, indirekte und synthetische Positionen in Instrumenten des zusätzlichen Kernkapitals von Unternehmen der Finanzbranche auf der Grundlage der Nettokaufposition in derselben zugrunde liegenden Risikoposition berechnen, sofern die beiden nachstehenden Bedingungen erfüllt sind:

i) der Fälligkeitstermin der Verkaufsposition entspricht entweder dem Fälligkeitstermin der Kaufposition oder er fällt auf einen Zeitpunkt nach dem zuletzt genannten Termin, oder die Restlaufzeit der Verkaufsposition beträgt mindestens ein Jahr,

ii) die Kauf- und die Verkaufsposition werden entweder beide im Handelsbuch oder beide im Anlagebuch gehalten;

b) sie ermitteln den für direkte, indirekte und synthetische Positionen in Indexpapieren in Abzug zu bringenden Betrag durch Berechnung der zugrunde liegenden Risikopositionen aus den Kapitalinstrumenten der Unternehmen der Finanzbranche in den entsprechenden Indizes.

Art. 60 Abzug von Positionen in Instrumenten des zusätzlichen Kernkapitals von Unternehmen der Finanzbranche, an denen ein Institut keine wesentliche Beteiligung hält. (1) Die Institute berechnen für die Zwecke des Artikels 56 Buchstabe c den in Abzug zu bringenden Betrag durch Multiplikation des Betrags nach Buchstabe a mit dem aus der Berechnung gemäß Buchstabe b abgeleiteten Faktor:

a) Gesamtbetrag, um den die direkten, indirekten und synthetischen Positionen des Instituts in den Instrumenten des harten Kernkapitals, des zusätzlichen Kernkapitals und des Ergänzungskapitals von Unternehmen der Finanzbranche, an denen es keine wesentliche Beteiligung hält, 10 % der Posten des harten Kernkapitals des Instituts überschreiten, berechnet nach Anwendung folgender Bestimmungen:
   i) Artikel 32 bis 35,
   ii) Artikel 36 Absatz 1 Buchstaben a bis g, Buchstabe k Ziffern ii bis v und Buchstabe l, ausgenommen von der künftigen Rentabilität abhängige latente Steueransprüche, die aus temporären Differenzen resultieren,
   iii) Artikel 44 und 45;
b) Quotient aus dem Betrag der direkten, indirekten und synthetischen Positionen des Instituts in Instrumenten des zusätzlichen Kernkapitals der Unternehmen der Finanzbranche, an denen es keine wesentliche Beteiligung hält, und dem Gesamtbetrag aller seiner direkten, indirekten und synthetischen Positionen in den Instrumenten des harten Kernkapitals, des zusätzlichen Kernkapitals und des Ergänzungskapitals jener Unternehmen der Finanzbranche.

(2) Institute berücksichtigen bei dem Betrag nach Absatz 1 Buchstabe a und der Berechnung des Faktors nach Absatz 1 Buchstabe b keine mit Übernahmegarantie versehenen Positionen, die sie seit höchstens fünf Arbeitstagen halten.

(3) [1] Der gemäß Absatz 1 in Abzug zu bringende Betrag wird auf alle gehaltenen Instrumente des zusätzlichen Kernkapitals aufgeteilt. [2] Die Institute ermitteln den gemäß Absatz 1 in Abzug zu bringenden Betrag jeden Instruments des zusätzlichen Eigenkapitals durch Multiplikation des Betrags nach Buchstabe a mit dem Anteil nach Buchstabe b:

a) Betrag der gemäß Absatz 1 in Abzug zu bringenden Positionen,
b) auf jedes gehaltene Instrument des zusätzlichen Kernkapitals entfallender Anteil am Gesamtbetrag der direkten, indirekten und synthetischen Positionen des Instituts in den Instrumenten des zusätzlichen Kernkapitals von Unternehmen der Finanzbranche, an denen das Institut keine wesentliche Beteiligung hält.

(4) Der Betrag der Positionen nach Artikel 56 Absatz 1 Buchstabe c, der nach Anwendung des Absatzes 1 Buchstabe a Ziffern i, ii und iii höchstens 10 % der Posten des harten Kernkapitals des Instituts entspricht, wird nicht in Abzug gebracht und unterliegt den anwendbaren Risikogewichten nach Teil 3 Titel II Kapitel 2 beziehungsweise Kapitel 3 und gegebenenfalls den Anforderungen des Teils 3 Titel IV.

(5) Institute ermitteln den Betrag jeden Instruments des zusätzlichen Kernkapitals, das gemäß Absatz 4 ein Risikogewicht erhält, durch Multiplikation des Betrags nach Buchstabe a mit dem Betrag nach Buchstabe b:

a) Betrag der gemäß Absatz 4 mit einem Risikogewicht zu versehenden Positionen;

b) aus der Berechnung nach Absatz 3 Buchstabe b resultierender Anteil.

Abschnitt 3. Zusätzliches Kernkapital

Art. 61 Zusätzliches Kernkapital. Das zusätzliche Kernkapital eines Instituts besteht aus den Posten des zusätzlichen Kernkapitals nach Abzug der in Artikel 56 genannten Posten und nach Anwendung des Artikels 79.

Kapitel 4. Ergänzungskapital

Abschnitt 1. Posten und Instrumente des Ergänzungskapitals

Art. 62 Posten des Ergänzungskapitals. *[1]* Posten des Ergänzungskapitals bestehen aus:

a) Kapitalinstrumenten, die die Voraussetzungen des Artikels 63 erfüllen, und zwar in dem in Artikel 64 festgelegten Umfang,

b) dem Agio, das mit unter Buchstabe a genannten Instrumenten verbunden ist,

c) für Institute, die risikogewichtete Positionsbeträge gemäß Teil 3 Titel II Kapitel 2 berechnen, allgemeinen Kreditrisikoanpassungen – vor Abzug von Steuereffekten – bis zu 1,25 % der gemäß Teil 3 Titel II Kapitel 2 berechneten risikogewichteten Positionsbeträge,[1)]

d) für Institute, die risikogewichtete Positionsbeträge gemäß Teil 3 Titel II Kapitel 3 berechnen, positiven Beträgen – vor Abzug von Steuereffekten – aus der in den Artikeln 158 und 159 beschriebenen Berechnung bis zu 0,6 % der gemäß Teil 3 Titel II Kapitel 3 berechneten risikogewichteten Positionsbeträge.

[2] Die unter Buchstabe a genannten Posten gelten nicht als Posten des harten Kernkapitals oder des zusätzlichen Kernkapitals.

Art. 63 Instrumente des Ergänzungskapitals. (1) Kapitalinstrumente zählen zu den Ergänzungskapitalinstrumenten, wenn die folgenden Bedingungen erfüllt sind:

a) die Instrumente werden unmittelbar von einem Institut ausgegeben und sind voll eingezahlt,

b) die Instrumente sind nicht Eigentum von
   i) dem Institut oder seinen Tochterunternehmen,
   ii) einem Unternehmen, an dem das Institut eine Beteiligung in Form des direkten Haltens oder durch Kontrolle von mindestens 20 % der Stimmrechte oder des Kapitals jenes Unternehmens hält,

c) der Erwerb des Eigentums an den Instrumenten wird weder direkt noch indirekt durch das Institut finanziert,

---

[1)] Komma fehlt im ABl.EU.

d) Ansprüche auf den Kapitalbetrag der Instrumente sind laut den für die Instrumente geltenden Bestimmungen etwaigen Ansprüchen aus Instrumenten berücksichtigungsfähiger Verbindlichkeiten gegenüber nachrangig,

e) die Instrumente sind nicht durch eines der folgenden Unternehmen besichert oder Gegenstand einer von ihnen gestellten Garantie, die den Ansprüchen einen höheren Rang verleiht:

   i) das Institut oder seine Tochterunternehmen,

   ii) das Mutterunternehmen des Instituts oder dessen Tochterunternehmen,

   iii) die Mutterfinanzholdinggesellschaft oder ihre Tochterunternehmen,

   iv) die gemischte Holdinggesellschaft oder ihre Tochterunternehmen,

   v) die gemischte Finanzholdinggesellschaft oder ihre Tochterunternehmen,

   vi) ein Unternehmen mit engen Verbindungen zu den unter den Ziffern i bis v genannten Unternehmen,

f) für die Instrumente bestehen keine Vereinbarungen, denen zufolge die Ansprüche aufgrund der Instrumente einen höheren Rang erhalten,

g) die Instrumente haben eine Ursprungslaufzeit von mindestens fünf Jahren,

h) die für die Instrumente geltenden Bestimmungen enthalten für das Institut keinen Anreiz, den Kapitalbetrag der Instrumente vor dessen Fälligkeit gegebenenfalls zu tilgen oder zurückzuzahlen,

i) enthalten die Instrumente eine oder mehrere Optionen zur vorzeitigen Rückzahlung einschließlich Optionen zur Kündigung, so können diese nur nach Ermessen des Emittenten ausgeübt werden,

j) die Instrumente können nur vorzeitig gekündigt, getilgt, zurückgezahlt oder zurückgekauft werden, wenn die Voraussetzungen des Artikels 77 erfüllt sind und der Zeitpunkt der Emission mindestens fünf Jahre zurückliegt, es sei denn, die Voraussetzungen des Artikels 78 Absatz 4 sind erfüllt,

k) die für die Instrumente geltenden Bestimmungen lassen weder explizit noch implizit erkennen, dass das Institut die Instrumente – außer im Falle der Insolvenz oder Liquidation des Instituts – gegebenenfalls vorzeitig kündigen, tilgen, zurückzahlen oder zurückkaufen wird, und das Institut gibt auch anderweitig keinen dahingehenden Hinweis,

l) die für das Instrument geltenden Bestimmungen verleihen dem Inhaber nicht das Recht, die künftige planmäßige Auszahlung von Zinsen oder des Kapitalbetrags zu beschleunigen, es sei denn im Fall der Insolvenz oder der Liquidation des Instituts,

m) die Höhe der auf das Instrument fälligen Zins- bzw. Dividendenzahlungen wird nicht aufgrund der Bonität des Instituts oder seines Mutterunternehmens angepasst,

n) hat der Emittent seinen Sitz in einem Drittland und wurde er gemäß Artikel 12 der Richtlinie 2014/59/EU als Teil einer Abwicklungsgruppe benannt, deren Abwicklungseinheit ihren Sitz in der Union hat, oder hat der Emittent seinen Sitz in einem Mitgliedstaat, so muss laut den für die Instrumente geltenden Rechtsvorschriften oder Vertragsbestimmungen auf Beschluss der Abwicklungsbehörde, von ihrer Herabschreibungs- oder Umwandlungsbefugnis gemäß Artikel 59 der genannten Richtlinie Gebrauch zu machen, der Kapitalbetrag der Instrumente dauerhaft herabgeschrieben werden oder die Instrumente müssen in Instrumente des harten Kernkapitals umgewandelt werden.

Hat der Emittent seinen Sitz in einem Drittland und wurde er nicht gemäß Artikel 12 der Richtlinie 2014/59/EU als Teil einer Abwicklungsgruppe benannt, deren Abwicklungseinheit ihren Sitz in der Union hat, so muss laut den für die Instrumente geltenden Rechtsvorschriften oder Vertragsbestimmungen auf Beschluss der zuständigen Drittlandsbehörde der Kapitalbetrag der Instrumente dauerhaft herabgeschrieben werden oder die Instrumente müssen in Instrumente des harten Kernkapitals umgewandelt werden,

o) hat der Emittent seinen Sitz in einem Drittland und wurde er gemäß Artikel 12 der Richtlinie 2014/59/EU als Teil einer Abwicklungsgruppe benannt, deren Abwicklungseinheit ihren Sitz in der Union hat, oder hat der Emittent seinen Sitz in einem Mitgliedstaat, so dürfen die Instrumente nur dann gemäß den Rechtsvorschriften eines Drittlands begeben werden oder anderweitig solchen Rechtsvorschriften unterliegen, wenn nach diesen Vorschriften die Ausübung der Herabschreibungs- oder Umwandlungsbefugnis gemäß Artikel 59 der genannten Richtlinie auf der Grundlage gesetzlicher Bestimmungen oder rechtlich durchsetzbarer Vertragsbestimmungen, in denen Abwicklungs- oder andere Herabschreibungs- oder Umwandlungsmaßnahmen anerkannt sind, wirksam und durchsetzbar ist,

p) die Instrumente unterliegen keinen Aufrechnungs- oder Nettingvereinbarungen, die deren Verlustabsorptionsfähigkeit beeinträchtigen würden.

(2) Für die Zwecke von Absatz 1 Buchstabe a kann nur der Teil eines Kapitalinstruments, der voll eingezahlt ist, als Ergänzungskapitalinstrument gelten.

Art. 64 Amortisierung von Ergänzungskapitalinstrumenten. (1) Ergänzungskapitalinstrumente mit einer Restlaufzeit von mehr als fünf Jahren gelten in voller Höhe als Posten des Ergänzungskapitals.

(2) In welchem Umfang Ergänzungskapitalinstrumente während der letzten fünf Jahre ihrer Laufzeit als Posten des Ergänzungskapitals gelten, wird durch Multiplikation des Ergebnisses aus der Berechnung nach Buchstabe a mit dem unter Buchstabe b genannten Betrag wie folgt ermittelt:

a) Buchwert der Instrumente am ersten Tag der letzten Fünfjahresperiode der vertraglichen Laufzeit, geteilt durch die Anzahl der Tage in dieser Periode;

b) Anzahl der verbleibenden Tage der vertraglichen Laufzeit der Instrumente.

Art. 65 Nichterfüllung der Bedingungen für Ergänzungskapitalinstrumente. Sind hinsichtlich eines Ergänzungskapitalinstruments die Bedingungen des Artikels 63 nicht länger erfüllt, gilt Folgendes:

a) Das betreffende Instrument gilt mit unmittelbarer Wirkung nicht länger als Instrument des Ergänzungskapitals,

b) der Teil des Agios, der mit dem betreffenden Instrument verbunden ist, gilt mit unmittelbarer Wirkung nicht länger als Posten des Ergänzungskapitals.

Abschnitt 2. Abzüge von Posten des Ergänzungskapitals

Art. 66 Abzüge von Posten des Ergänzungskapitals. Von den Posten des Ergänzungskapitals werden folgende Elemente abgezogen:

a) direkte, indirekte und synthetische Positionen eines Instituts in eigenen Ergänzungskapitalinstrumenten, einschließlich eigener Ergänzungskapitalinstrumente, zu deren Kauf das Institut aufgrund bestehender vertraglicher Verpflichtungen verpflichtet sein könnte,
b) direkte, indirekte und synthetische Positionen in Ergänzungskapitalinstrumenten von Unternehmen der Finanzbranche, mit denen das Institut gegenseitige Überkreuzbeteiligungen hält, die nach Ansicht der zuständigen Behörde dem Ziel dienen, die Eigenmittel des Instituts künstlich zu erhöhen,
c) den gemäß Artikel 70 ermittelten Betrag der direkten, indirekten und synthetischen Positionen in Ergänzungskapitalinstrumenten von Unternehmen der Finanzbranche, an denen das Institut keine wesentliche Beteiligung hält,
d) direkte, indirekte und synthetische Positionen des Instituts in Instrumenten des Ergänzungskapitals von Unternehmen der Finanzbranche, an denen das Institut eine wesentliche Beteiligung hält, ausgenommen mit einer Übernahmegarantie versehene Positionen, die das Institut seit weniger als fünf Arbeitstagen hält,
e) der Betrag der gemäß Artikel 72e von den Posten der berücksichtigungsfähigen Verbindlichkeiten in Abzug zu bringenden Posten, der die Posten der berücksichtigungsfähigen Verbindlichkeiten des Instituts überschreitet.

Art. 67 Abzüge von Positionen in eigenen Ergänzungskapitalinstrumenten. Für die Zwecke des Artikels 66 Buchstabe a berechnen Institute Positionen auf der Grundlage der Bruttokaufpositionen, wobei folgende Ausnahmen gelten:

a) Institute dürfen den Betrag von Positionen auf der Grundlage der Nettokaufposition berechnen, sofern die beiden nachstehenden Bedingungen erfüllt sind:
   i) die Kauf- und Verkaufspositionen resultieren aus der gleichen zugrunde liegenden Risikoposition und die Verkaufspositionen unterliegen keinem Gegenparteiausfallrisiko,
   ii) die Kauf- und die Verkaufsposition werden entweder beide im Handelsbuch oder beide im Anlagebuch gehalten;
b) die Institute ermitteln den für direkte, indirekte und synthetische Positionen in Indexpapieren in Abzug zu bringenden Betrag durch Berechnung der zugrunde liegenden Risikopositionen gegenüber eigenen Ergänzungskapitalinstrumenten in den entsprechenden Indizes;
c) die Institute dürfen Bruttokaufpositionen in eigenen Ergänzungskapitalinstrumenten, die aus Positionen in Indexpapieren resultieren, gegen Verkaufspositionen in eigenen Ergänzungskapitalinstrumenten, die aus Verkaufspositionen in den zugrunde liegenden Indizes resultieren, aufrechnen, auch wenn für diese Verkaufspositionen ein Gegenparteiausfallrisiko besteht, sofern die beiden nachstehenden Bedingungen erfüllt sind:
   i) die Kauf- und Verkaufspositionen beziehen sich auf dieselben zugrunde liegenden Indizes,
   ii) die Kauf- und die Verkaufsposition werden entweder beide im Handelsbuch oder beide im Anlagebuch gehalten.

Art. 68 Abzug von Positionen in Ergänzungskapitalinstrumenten von Unternehmen der Finanzbranche und bei Überkreuzbeteiligung eines Instituts mit dem Ziel der künstlichen Erhöhung der Eigenmittel.

Die Institute nehmen die gemäß Artikel 66 Buchstaben b, c und d erforderlichen Abzüge wie folgt vor:

a) Positionen in Ergänzungskapitalinstrumenten werden auf der Grundlage der Bruttokaufpositionen berechnet,

b) Ergänzungskapital und Drittrangmittel von Versicherungsunternehmen werden für die Zwecke des Abzugs wie Positionen in Ergänzungskapitalinstrumenten behandelt.

Art. 69 Abzug von Positionen in Ergänzungskapitalinstrumenten von Unternehmen der Finanzbranche. Die Institute nehmen die gemäß Artikel 66 Buchstaben c und d erforderlichen Abzüge wie folgt vor:

a) sie dürfen direkte, indirekte und synthetische Positionen in Ergänzungskapitalinstrumenten von Unternehmen der Finanzbranche auf der Grundlage der Nettokaufposition in derselben zugrunde liegenden Risikoposition berechnen, sofern die beiden nachstehenden Bedingungen erfüllt sind:

   i) der Fälligkeitstermin der Verkaufsposition entspricht entweder dem Fälligkeitstermin der Kaufposition oder er fällt auf einen Zeitpunkt nach dem zuletzt genannten Termin, oder die Restlaufzeit der Verkaufsposition beträgt mindestens ein Jahr,

   ii) die Kauf- und die Verkaufsposition werden entweder beide im Handelsbuch oder beide im Anlagebuch gehalten;

b) sie ermitteln den in Abzug zu bringenden Betrag für direkte, indirekte und synthetische Positionen in Indexpapieren durch Berechnung der zugrunde liegenden Risikopositionen aus den Kapitalinstrumenten der Unternehmen der Finanzbranche in den entsprechenden Indizes.

Art. 70 Abzug von Ergänzungskapitalinstrumenten, wenn ein Institut keine wesentliche Beteiligung an einem relevanten Unternehmen hält.

(1) Die Institute berechnen für die Zwecke des Artikels 66 Buchstabe c den in Abzug zu bringenden Betrag durch Multiplikation des Betrags nach Buchstabe a mit dem aus der Berechnung gemäß Buchstabe b abgeleiteten Faktor:

a) Gesamtbetrag, um den die direkten, indirekten und synthetischen Positionen des Instituts in den Instrumenten des harten Kernkapitals, des zusätzlichen Kernkapitals und des Ergänzungskapitals von Unternehmen der Finanzbranche, an denen es keine wesentliche Beteiligung hält, 10 % der Posten des harten Kernkapitals des Instituts überschreiten, berechnet nach Anwendung folgender Bestimmungen:

   i) Artikel 32 bis 35,

   ii) Artikel 36 Absatz 1 Buchstaben a bis g, Buchstabe k Ziffern ii bis v und Buchstabe l, mit Ausnahme des in Abzug zu bringenden Betrags für von der künftigen Rentabilität abhängige latente Steueransprüche, die aus temporären Differenzen resultieren,

   iii) Artikel 44 und 45;

b) Quotient aus dem Betrag der direkten, indirekten und synthetischen Positionen des Instituts an Ergänzungskapitalinstrumenten von Unternehmen der Finanzbranche, an denen es keine wesentliche Beteiligung hält, und dem Gesamtbetrag aller direkten, indirekten und synthetischen Positionen des Instituts in den Instrumenten des harten Kernkapitals, des zusätzlichen Kernkapitals und des Ergänzungskapitals jener Unternehmen der Finanzbranche.

(2) Institute berücksichtigen bei dem Betrag nach Absatz 1 Buchstabe a und der Berechnung des Faktors nach Absatz 1 Buchstabe b keine mit Übernahmegarantie versehenen Positionen, die sie seit höchstens fünf Arbeitstagen halten.

(3) [1] Der gemäß Absatz 1 in Abzug zu bringende Betrag wird auf alle gehaltenen Instrumente des Ergänzungskapitals aufgeteilt. [2] Die Institute ermitteln den gemäß Absatz 1 in Abzug zu bringenden Betrag jeden Instruments des Ergänzungskapitals durch Multiplikation des Betrags nach Buchstabe a mit dem Anteil nach Buchstabe b:

a) Gesamtbetrag der gemäß Absatz 1 in Abzug zu bringenden Positionen,

b) auf jedes gehaltene Instrument des harten Kernkapitals entfallender Anteil am Gesamtbetrag der direkten, indirekten und synthetischen Positionen des Instituts in den Instrumenten des Ergänzungskapitals von Unternehmen der Finanzbranche, an denen das Institut keine wesentliche Beteiligung hält.

(4) Der Betrag der Positionen nach Artikel 66 Absatz 1 Buchstabe c, der nach Anwendung des Absatzes 1 Buchstabe a Ziffern i bis iii höchstens 10 % der Posten des harten Kernkapitals des Instituts entspricht, wird nicht in Abzug gebracht und unterliegt den anwendbaren Risikogewichten nach Teil 3 Titel II Kapitel 2 beziehungsweise Kapitel 3 und gegebenenfalls den Anforderungen des Teils 3 Titel IV.

(5) Institute ermitteln den Betrag jeden Instruments des Ergänzungskapitals, der gemäß Absatz 4 ein Risikogewicht erhält, durch Multiplikation des Betrags nach Buchstabe a mit dem Betrag nach Buchstabe b:

a) Betrag der gemäß Absatz 4 mit einem Risikogewicht zu versehenden Positionen;

b) aus der Berechnung nach Absatz 3 Buchstabe b resultierender Anteil.

Abschnitt 3. Ergänzungskapital

Art. 71 Ergänzungskapital. Das Ergänzungskapital eines Instituts besteht aus den Posten des Ergänzungskapitals nach den Abzügen gemäß Artikel 66 und nach Anwendung des Artikels 79.

Kapitel 5. Eigenmittel

Art. 72 Eigenmittel. Die Eigenmittel eines Instituts ergeben sich aus der Summe von Kernkapital und Ergänzungskapital.

Kapitel 5a. Berücksichtigungsfähige Verbindlichkeiten

Abschnitt 1. Posten und Instrumente berücksichtigungsfähiger Verbindlichkeiten

Art. 72a Posten berücksichtigungsfähiger Verbindlichkeiten. (1) Sofern die Posten der berücksichtigungsfähigen Verbindlichkeiten nicht in eine der in

Absatz 2 des vorliegenden Artikels genannten Kategorien der ausgenommenen Verbindlichkeiten fallen, und zwar in dem in Artikel 72c festgelegten Umfang, umfassen sie Folgendes:

a) Instrumente berücksichtigungsfähiger Verbindlichkeiten, wenn die in Artikel 72b festgelegten Bedingungen erfüllt sind, sofern die Instrumente nicht als Posten des harten Kernkapitals, des zusätzlichen Kernkapitals oder des Ergänzungskapitals gelten;

b) Ergänzungskapitalinstrumente mit einer Restlaufzeit von mindestens einem Jahr, in dem Umfang, in dem sie nicht als Ergänzungskapitalposten nach Artikel 64 gelten.

(2) *[1]* Die folgenden Verbindlichkeiten gelten nicht als Posten der berücksichtigungsfähigen Verbindlichkeiten:

a) gedeckte Einlagen,

b) Sichteinlagen und kurzfristige Einlagen mit einer ursprünglichen Laufzeit von weniger als einem Jahr,

c) der Teil erstattungsfähiger Einlagen von natürlichen Personen, Kleinstunternehmen und kleinen und mittleren Unternehmen, der die in Artikel 6 der Richtlinie 2014/49/EU des Europäischen Parlaments und des Rates[1] festgelegte Deckungssumme überschreitet,

d) Einlagen, die als erstattungsfähige Einlagen von natürlichen Personen, Kleinstunternehmen und kleinen und mittleren Unternehmen gelten würden, wenn sie nicht auf Zweigstellen von Instituten mit Sitz in der Union zurückgehen würden, die sich außerhalb der Union befinden,

e) besicherte Verbindlichkeiten einschließlich gedeckter Schuldverschreibungen und Verbindlichkeiten in Form von Finanzinstrumenten, die zu Absicherungszwecken verwendet werden, die einen festen Bestandteil des Deckungsstocks bilden und die nach nationalem Recht ähnlich wie gedeckte Schuldverschreibungen besichert sind, sofern sämtliche besicherten Vermögenswerte im Zusammenhang mit einem Deckungsstock für gedeckte Schuldverschreibungen weiterhin unberührt bleiben, getrennt behandelt werden und mit ausreichenden Mitteln ausgestattet sind, unter Ausschluss jeglichen Teils einer mit Sicherheiten unterlegten Verbindlichkeit oder einer Verbindlichkeit, für die eine Sicherheit gestellt wurde, die den Wert der Vermögenswerte, des als Sicherheit gestellten Pfands, des Zurückbehaltungsrechts oder der Sicherheit, gegen die sie besichert ist, übersteigt,

f) jegliche Verbindlichkeiten aus der wahrgenommenen Verwaltung von Kundenvermögen oder Kundengeldern, darunter Kundenvermögen oder Kundengelder, die im Namen von Organismen für gemeinsame Anlagen in Wertpapieren hinterlegt wurden, sofern der jeweilige Kunde durch das anwendbare Insolvenzrecht geschützt ist,

g) jegliche Verbindlichkeiten aus einem Treuhandverhältnis zwischen der Abwicklungseinheit oder einem ihrer Tochterunternehmen (als Treuhänder) und einer anderen Person (als Begünstigtem), sofern der Begünstigte durch das anwendbare Insolvenz- oder Zivilrecht geschützt ist,

---

[1] **Amtl. Anm.:** Richtlinie 2014/49/EU des Europäischen Parlaments und des Rates vom 16. April 2014 über Einlagensicherungssysteme (ABl. L 173 vom 12.6.2014, S. 149).

h) Verbindlichkeiten gegenüber Instituten mit einer ursprünglichen Laufzeit von weniger als sieben Tagen, ausgenommen Verbindlichkeiten gegenüber Einheiten, die Teil derselben Gruppe sind,

i) Verbindlichkeiten mit einer Restlaufzeit von weniger als sieben Tagen gegenüber
   i) Systemen oder Betreibern von Systemen, die gemäß der Richtlinie 98/26/EG des Europäischen Parlaments und des Rates[1] angesehen wurden,
   ii) Teilnehmern an einem gemäß der Richtlinie 98/26/EG angesehenen System, und die aus der Teilnahme an einem solchen System resultieren, oder
   iii) zentralen Gegenparteien aus Drittländern, die gemäß Artikel 25 der Verordnung (EU) Nr. 648/2012 anerkannt wurden,

j) Verbindlichkeiten gegenüber
   i) Beschäftigten aufgrund ausstehender Lohnforderungen, Rentenleistungen oder anderer fester Vergütungen; hiervon ausgenommen sind variable Vergütungsbestandteile, die nicht tarifvertraglich geregelt sind, und die variable Komponente von Vergütungen von Trägern eines erheblichen Risikos nach Artikel 92 Absatz 2 der Richtlinie 2013/36/EU,
   ii) Geschäfts- oder Handelsgläubigern, wenn die Verbindlichkeit aufgrund von Lieferungen von Gütern oder der Erbringung von Dienstleistungen für das Institut oder das Mutterunternehmen entsteht, die für den alltäglichen Geschäftsbetrieb des Instituts oder des Mutterunternehmens wesentlich sind, einschließlich IT-Diensten, Versorgungsdiensten sowie Anmietung, Bewirtschaftung und Instandhaltung von Gebäuden,
   iii) Steuer- und Sozialversicherungsbehörden, sofern es sich nach dem anwendbaren Recht um vorrangige Verbindlichkeiten handelt,
   iv) Einlagensicherungssystemen, wenn die Verbindlichkeit aus fälligen Beiträgen nach der Richtlinie 2014/49/EU entsteht,

k) aus Derivaten entstehende Verbindlichkeiten,

l) aus Schuldinstrumenten mit eingebetteten Derivaten entstehende Verbindlichkeiten.

[2] Für die Zwecke von Unterabsatz 1 Buchstabe l werden Schuldinstrumente mit Optionen zur vorzeitigen Tilgung, die nach Ermessen des Emittenten oder des Inhabers ausgeübt werden können, und Schuldinstrumente mit variabler Verzinsung, die sich aus einem in großem Umfang genutzten Referenzsatz, wie Euribor oder LIBOR, ableitet, nicht allein wegen dieser Merkmale als Schuldinstrumente, die eingebettete Derivate umfassen, betrachtet.

Art. 72b Instrumente berücksichtigungsfähiger Verbindlichkeiten. (1) Verbindlichkeiten gelten als Instrumente berücksichtigungsfähiger Verbindlichkeiten, sofern sie die in diesem Artikel festgelegten Bedingungen erfüllen, und zwar lediglich in dem in diesem Artikel genannten Umfang.

---

[1] **Amtl. Anm.:** Richtlinie 98/26/EG des Europäischen Parlaments und des Rates vom 19. Mai 1998 über die Wirksamkeit von Abrechnungen in Zahlungs- sowie Wertpapierliefer- und -abrechnungssystemen (ABl. L 166 vom 11.6.1998, S. 45).

(2) *[1]* Verbindlichkeiten gelten als Instrumente berücksichtigungsfähiger Verbindlichkeiten, sofern alle folgenden Bedingungen erfüllt sind:

a) Die Verbindlichkeiten werden unmittelbar von einem Institut begeben bzw. aufgenommen und sind voll eingezahlt;

b) die Verbindlichkeiten sind nicht Eigentum
   i) des Instituts oder einer Einheit derselben Abwicklungsgruppe,
   ii) eines Unternehmens, an dem das Institut eine direkte oder indirekte Beteiligung in Form des direkten Haltens oder durch Kontrolle von mindestens 20 % der Stimmrechte oder des Kapitals jenes Unternehmens hält;

c) der Erwerb des Eigentums an den Verbindlichkeiten wird weder direkt noch indirekt durch die Abwicklungseinheit finanziert;

d) Ansprüche auf den Kapitalbetrag der Verbindlichkeiten sind laut den für die Instrumente geltenden Bestimmungen den Ansprüchen aus den ausgenommenen Verbindlichkeiten nach Artikel 72a Absatz 2 in voller Höhe nachrangig; diese Anforderung in Bezug auf die Nachrangigkeit gilt in jeder der folgenden Situationen als erfüllt:
   i) In den für die Verbindlichkeiten geltenden Vertragsbestimmungen ist spezifiziert, dass im Falle eines regulären Insolvenzverfahrens gemäß Artikel 2 Absatz 1 Nummer 47 der Richtlinie 2014/59/EU Ansprüche auf den Kapitalbetrag der Instrumente den Ansprüchen aus den ausgenommenen Verbindlichkeiten nach Artikel 72a Absatz 2 dieser Verordnung nachrangig sind,
   ii) in den geltenden Rechtsvorschriften ist spezifiziert, dass im Falle eines regulären Insolvenzverfahrens gemäß Artikel 2 Absatz 1 Nummer 47 der Richtlinie 2014/59/EU Ansprüche auf den Kapitalbetrag der Instrumente den Ansprüchen aus den ausgenommenen Verbindlichkeiten nach Artikel 72a Absatz 2 dieser Verordnung nachrangig sind,
   iii) die Instrumente werden von einer Abwicklungseinheit begeben, deren Bilanz keine ausgenommenen Verbindlichkeiten nach Artikel 72a Absatz 2 dieser Verordnung enthält, die Instrumenten berücksichtigungsfähiger Verbindlichkeiten gleichrangig oder nachrangig sind;

e) die Verbindlichkeiten sind nicht durch eines der folgenden Unternehmen besichert oder Gegenstand einer von ihnen gestellten Garantie oder einer anderen Regelung, die den Ansprüchen einen höheren Rang verleiht:
   i) das Institut oder seine Tochterunternehmen,
   ii) das Mutterunternehmen des Instituts oder dessen Tochterunternehmen,
   iii) ein Unternehmen mit engen Verbindungen zu den unter den Ziffern i und ii genannten Unternehmen;

f) die Verbindlichkeiten unterliegen keinen Aufrechnungs- oder Nettingvereinbarungen, die deren Verlustabsorptionsfähigkeit bei der Abwicklung beeinträchtigen würden;

g) die für die Verbindlichkeiten geltenden Bestimmungen enthalten keinen Anreiz für das Institut, ihren Kapitalbetrag gegebenenfalls vor der Fälligkeit zu kündigen, zu tilgen oder zurückzukaufen bzw. vorzeitig zurückzuzahlen; hiervon ausgenommen sind die in Artikel 72c Absatz 3 genannten Fälle;

h) die Verbindlichkeiten sind nicht von den Inhabern der Instrumente vor Fälligkeit rückzahlbar; hiervon ausgenommen sind die in Artikel 72c Absatz 2 genannten Fälle;

i) vorbehaltlich von Artikel 72c Absätze 3 und 4 gilt: enthalten die Verbindlichkeiten eine oder mehrere Optionen zur vorzeitigen Rückzahlung einschließlich Optionen zur Kündigung, so können diese nur nach Ermessen des Emittenten ausgeübt werden; hiervon ausgenommen sind die in Artikel 72c Absatz 2 genannten Fälle;

j) die Verbindlichkeiten können nur dann vorzeitig gekündigt, getilgt, zurückgezahlt oder zurückgekauft werden, wenn die Anforderungen der Artikel 77 und 78a erfüllt sind;

k) die für die Verbindlichkeiten geltenden Bestimmungen lassen weder explizit noch implizit erkennen, dass die Abwicklungseinheit die Verbindlichkeiten – außer im Falle der Insolvenz oder Liquidation des Instituts – gegebenenfalls vorzeitig kündigen, tilgen, zurückzahlen oder zurückkaufen wird, und das Institut gibt auch anderweitig keinen dahingehenden Hinweis;

l) die für die Verbindlichkeiten geltenden Bestimmungen verleihen dem Inhaber nicht das Recht, die planmäßige künftige Auszahlung von Zinsen oder des Kapitalbetrags zu beschleunigen, außer im Falle der Insolvenz oder Liquidation der Abwicklungseinheit;

m) die Höhe der auf die Verbindlichkeiten fälligen Zins- bzw. Dividendenzahlungen wird nicht aufgrund der Bonität der Abwicklungseinheit oder ihres Mutterunternehmens angepasst;

n) für nach dem 28. Juni 2021 ausgegebene Instrumente wird in den einschlägigen Vertragsunterlagen und gegebenenfalls im Prospekt im Zusammenhang mit ihrer Emission explizit auf die mögliche Ausübung der Herabschreibungs- und Umwandlungsbefugnisse gemäß Artikel 48 der Richtlinie 2014/59/EU hingewiesen.

[2] Für die Zwecke von Unterabsatz 1 Buchstabe a können nur die Teile von Verbindlichkeiten, die voll eingezahlt sind, als Instrumente berücksichtigungsfähiger Verbindlichkeiten gelten.

[3] Wenn einige der in Artikel 72a Absatz 2 genannten ausgenommenen Verbindlichkeiten gemäß einzelstaatlichem Insolvenzrecht den gewöhnlichen unbesicherten Forderungen nachrangig sind, unter anderem da sie von einem Gläubiger gehalten werden, der enge Verbindungen zu dem Schuldner hat, da er ein Anteilseigner war oder ist, da er in einem Kontrollverhältnis oder Konzernverhältnis war oder ist, da er Mitglied eines Verwaltungsorgans war oder ist oder mit einer dieser Personen verwandt war oder ist, ist die Nachrangigkeit für die Zwecke von Unterabsatz 1 Buchstabe d des vorliegenden Artikels nicht unter Bezugnahme auf Forderungen, die aus solchen ausgenommenen Verbindlichkeiten entstehen, zu beurteilen.

(3) Zusätzlich zu den Verbindlichkeiten nach Absatz 2 des vorliegenden Artikels kann die Abwicklungsbehörde gestatten, dass Verbindlichkeiten bis zu einem aggregierten Betrag, der 3,5 % des im Einklang mit Artikel 92 Absätze 3 und 4 berechneten Gesamtrisikobetrags nicht übersteigt, als Instrumente berücksichtigungsfähiger Verbindlichkeiten gelten, sofern

a) sämtliche Bedingungen des Absatzes 2, ausgenommen die Bedingung nach Absatz 2 Unterabsatz 1 Buchstabe d, erfüllt sind;

b) die Verbindlichkeiten den am niedrigsten eingestuften ausgenommenen Verbindlichkeiten nach Artikel 72a Absatz 2 gleichrangig sind; hiervon ausgenommen sind die ausgenommenen Verbindlichkeiten nach Absatz 2 Unterabsatz 3 des vorliegenden Artikels, die nach nationalem Insolvenzrecht gewöhnlichen unbesicherten Forderungen nachrangig sind; und

c) die Einbeziehung dieser Verbindlichkeiten in die Posten berücksichtigungsfähiger Verbindlichkeiten nicht zu einem wesentlichen Risiko für eine erfolgreiche rechtliche Anfechtung oder berechtigte Entschädigungsansprüche gemäß entsprechender Bewertung der Abwicklungsbehörde im Zusammenhang mit den in Artikel 34 Absatz 1 Buchstabe g und Artikel 75 der Richtlinie 2014/59/EU genannten Grundsätzen führen würde.

(4) Die Abwicklungsbehörde kann gestatten, dass Verbindlichkeiten zusätzlich zu den Verbindlichkeiten nach Absatz 2 als Instrumente berücksichtigungsfähiger Verbindlichkeiten gelten, sofern

a) es dem Institut nicht gestattet ist, Verbindlichkeiten nach Absatz 3 in die Posten berücksichtigungsfähiger Verbindlichkeiten einzubeziehen;

b) sämtliche Bedingungen des Absatzes 2, ausgenommen die Bedingung nach Absatz 2 Unterabsatz 1 Buchstabe d, erfüllt sind;

c) die Verbindlichkeiten den am niedrigsten eingestuften ausgenommenen Verbindlichkeiten nach Artikel 72a Absatz 2 gleichrangig oder höherrangig sind; hiervon ausgenommen sind die ausgenommenen Verbindlichkeiten nach Absatz 2 Unterabsatz 3 des vorliegenden Artikels, die nach nationalem Insolvenzrecht gewöhnlichen unbesicherten Forderungen nachrangig sind;

d) der Betrag der ausgenommenen Verbindlichkeiten nach Artikel 72a Absatz 2, die diesen Verbindlichkeiten bei einer Insolvenz gleichrangig oder nachrangig sind, in der Bilanz des Instituts 5 % des Betrags der Eigenmittel und berücksichtigungsfähigen Verbindlichkeiten des Instituts nicht überschreitet;

e) die Einbeziehung dieser Verbindlichkeiten in die Posten berücksichtigungsfähiger Verbindlichkeiten nicht zu einem wesentlichen Risiko für eine erfolgreiche rechtliche Anfechtung oder berechtigte Entschädigungsansprüche gemäß entsprechender Bewertung der Abwicklungsbehörde im Zusammenhang mit den in Artikel 34 Absatz 1 Buchstabe g und Artikel 75 der Richtlinie 2014/59/EU genannten Grundsätzen führen würde.

(5) Die Abwicklungsbehörde kann einem Institut nur gestatten, Verbindlichkeiten, auf die entweder in Absatz 3 oder in Absatz 4 Bezug genommen wird, als Posten berücksichtigungsfähiger Verbindlichkeiten einzubeziehen.

(6) Bei der Überprüfung, ob die Bedingungen dieses Artikels erfüllt sind, konsultiert die Abwicklungsbehörde die zuständige Behörde.

(7) *[1]* Die EBA arbeitet Entwürfe technischer Regulierungsstandards aus, in denen Folgendes präzisiert wird:

a) die anwendbaren Formen und Arten indirekter Finanzierung von Instrumenten berücksichtigungsfähiger Verbindlichkeiten,

b) die Form und Art von Tilgungsanreizen für die Zwecke der Bedingung nach Absatz 2 Unterabsatz 1 Buchstabe g des vorliegenden Artikels und Artikel 72c Absatz 3.

[2] Diese Entwürfe technischer Regulierungsstandards werden in vollem Umfang an den in Artikel 28 Absatz 5 Buchstabe a und in Artikel 52 Absatz 2 Buchstabe a genannten delegierten Rechtsakt angeglichen.

[3] Die EBA übermittelt der Kommission diese Entwürfe technischer Regulierungsstandards bis zum 28. Dezember 2019.

[4] Der Kommission wird die Befugnis übertragen, die in Unterabsatz 1 genannten technischen Regulierungsstandards gemäß den Artikeln 10 bis 14 der Verordnung (EU) Nr. 1093/2010 zur Ergänzung dieser Verordnung zu erlassen.

Art. 72c Amortisierung von Instrumenten berücksichtigungsfähiger Verbindlichkeiten. (1) *[1]* Instrumente berücksichtigungsfähiger Verbindlichkeiten mit einer Restlaufzeit von mindestens einem Jahr gelten in voller Höhe als Posten berücksichtigungsfähiger Verbindlichkeiten.

[2] Instrumente berücksichtigungsfähiger Verbindlichkeiten mit einer Restlaufzeit von weniger als einem Jahr gelten nicht als Posten berücksichtigungsfähiger Verbindlichkeiten.

(2) Umfasst ein Instrument berücksichtigungsfähiger Verbindlichkeiten eine Rückzahlungsoption für den Inhaber, die vor der ursprünglich festgelegten Laufzeit des Instruments ausübbar ist, so endet für die Zwecke von Absatz 1 die Laufzeit des Instruments zum frühestmöglichen Zeitpunkt, zu dem der Inhaber die Rückzahlungsoption ausüben und die Tilgung oder Rückzahlung des Instruments fordern kann.

(3) Umfasst ein Instrument berücksichtigungsfähiger Verbindlichkeiten einen Anreiz für den Emittenten, das Instrument vor der ursprünglich festgelegten Fälligkeit des Instruments vorzeitig zu kündigen, zu tilgen, zurückzuzahlen oder zurückzukaufen, so wird für die Zwecke von Absatz 1 die Laufzeit des Instruments definiert als der frühestmögliche Zeitpunkt, zu dem der Emittent diese Option ausüben und die Tilgung bzw. Rückzahlung des Instruments fordern kann.

(4) Umfasst ein Instrument berücksichtigungsfähiger Verbindlichkeiten Optionen zur vorzeitigen Tilgung, die nur nach Ermessen des Emittenten vor der ursprünglich festgelegten Fälligkeit des Instruments ausgeübt werden können, ohne dass jedoch in den für das Instrument geltenden Bestimmungen ein Anreiz, das Instrument vor seiner Fälligkeit zu kündigen, zu tilgen, zurückzuzahlen oder zurückzukaufen, oder eine in das Ermessen der Inhaber gestellte Tilgungs- bzw. Rückzahlungsoption vorgesehen ist, so wird für die Zwecke des Absatzes 1 die Laufzeit definiert als die ursprünglich festgelegte Fälligkeit.

Art. 72d Folgen der Nichterfüllung der Bedingungen für die Berücksichtigungsfähigkeit. *[1]* Sind hinsichtlich eines Instruments berücksichtigungsfähiger Verbindlichkeiten die Bedingungen des Artikels 72b nicht länger erfüllt, so gelten die Verbindlichkeiten sofort nicht mehr als Instrumente berücksichtigungsfähiger Verbindlichkeiten.

[2] Verbindlichkeiten nach Artikel 72b Absatz 2 können weiter zu den Instrumenten berücksichtigungsfähiger Verbindlichkeiten gerechnet werden, solange sie nach Artikel 72b Absatz 3 oder Absatz 4 als Instrumente berücksichtigungsfähiger Verbindlichkeiten gelten.

Abschnitt 2. Abzüge von Posten berücksichtigungsfähiger Verbindlichkeiten

Art. 72e Abzüge von Posten berücksichtigungsfähiger Verbindlichkeiten. (1) Institute, die Artikel 92a unterliegen, ziehen von den Posten berücksichtigungsfähiger Verbindlichkeiten Folgendes ab:

a) direkte, indirekte und synthetische Positionen des Instituts in eigenen Instrumenten berücksichtigungsfähiger Verbindlichkeiten, einschließlich eigener Verbindlichkeiten, zu deren Kauf das Institut aufgrund bestehender vertraglicher Verpflichtungen verpflichtet sein könnte;

b) direkte, indirekte und synthetische Positionen des Instituts in Instrumenten berücksichtigungsfähiger Verbindlichkeiten von G-SRI-Einheiten, mit denen das Institut Überkreuzbeteiligungen hält, die nach Ansicht der zuständigen Behörde dem Ziel dienen, die Verlustabsorptions- und Rekapitalisierungsfähigkeit der Abwicklungseinheit künstlich zu erhöhen;

c) den gemäß Artikel 72i ermittelten Betrag der direkten, indirekten und synthetischen Positionen in Instrumenten berücksichtigungsfähiger Verbindlichkeiten von G-SRI-Einheiten, an denen das Institut keine wesentliche Beteiligung hält;

d) direkte, indirekte und synthetische Positionen des Instituts in Instrumenten berücksichtigungsfähiger Verbindlichkeiten von G-SRI-Einheiten, an denen das Institut eine wesentliche Beteiligung hält, ausgenommen mit einer Übernahmegarantie versehene Positionen, die das Institut seit höchstens fünf Geschäftstagen hält.

(2) Für die Zwecke dieses Abschnitts werden sämtliche Instrumente, die Instrumenten berücksichtigungsfähiger Verbindlichkeiten gleichrangig sind, als Instrumente berücksichtigungsfähiger Verbindlichkeiten behandelt, ausgenommen Instrumente, die als berücksichtigungsfähige Verbindlichkeiten gemäß Artikel 72b Absätze 3 und 4 anerkannten Instrumenten gleichrangig sind.

(3) Für die Zwecke dieses Abschnitts können die Institute den Betrag der Positionen in Instrumenten berücksichtigungsfähiger Verbindlichkeiten nach Artikel 72b Absatz 3 wie folgt berechnen:

$$h = \sum_i \left(H_i \cdot \frac{l_i}{L_i} \right)$$

dabei gilt:

h = Betrag der Positionen in Instrumenten berücksichtigungsfähiger Verbindlichkeiten nach Artikel 72b Absatz 3;

i = Index, der das emittierende Institut bezeichnet;

H_i = Gesamtbetrag der Positionen in berücksichtigungsfähigen Verbindlichkeiten des emittierenden Instituts i nach Artikel 72b Absatz 3;

l_i = Betrag der von dem emittierenden Institut innerhalb der in Artikel 72b Absatz 3 festgelegten Grenzen in die Posten berücksichtigungsfähiger Verbindlichkeiten einbezogenen Verbindlichkeiten gemäß den letzten Offenlegungen des emittierenden Instituts; und

L_i = Gesamtbetrag der ausstehenden Verbindlichkeiten des emittierenden Instituts i nach Artikel 72b Absatz 3 gemäß den letzten Offenlegungen des Emittenten.

(4) *[1]* [1] Hält ein EU-Mutterinstitut oder ein Mutterinstitut in einem Mitgliedstaat, das Artikel 92a unterliegt, direkte, indirekte oder synthetische Positionen in Eigenmittelinstrumenten oder Instrumenten berücksichtigungsfähiger Verbindlichkeiten eines oder mehrerer Tochterunternehmen, die nicht zur selben Abwicklungsgruppe wie das Mutterinstitut gehören, so kann die Abwicklungsbehörde dieses Mutterinstituts nach gebührender Berücksichtigung der Stellungnahme der Abwicklungsbehörden etwaiger betroffener Tochterunternehmen dem Mutterinstitut erlauben, solche Positionen in Abzug zu bringen, indem ein von der Abwicklungsbehörde dieses Mutterinstituts festgelegter geringerer Betrag in Abzug gebracht wird. [2] Dieser angepasste Betrag muss mindestens so hoch sein wie der wie folgt berechnete Betrag m:

$$m_i = \max\{0; OP_i + LP_i - \max\{0; \beta \cdot [O_i + L_i - r_i \cdot aRWA_i]\}\}$$

dabei gilt:

i = Index, der das Tochterunternehmen bezeichnet;

OP_i = Betrag der von dem Tochterunternehmen i begebenen und von dem Mutterinstitut gehaltenen Eigenmittelinstrumente;

LP_i = Betrag der von dem Tochterunternehmen i begebenen und von dem Mutterinstitut gehaltenen Posten der berücksichtigungsfähigen Verbindlichkeiten;

β = prozentualer Anteil der Eigenmittelinstrumente und der Posten der berücksichtigungsfähigen Verbindlichkeiten, der von dem Tochterunternehmen i begeben und vom Mutterunternehmen gehalten wird,

O_i = Betrag der Eigenmittel des Tochterunternehmens i, wobei der gemäß diesem Absatz berechnete Abzug nicht berücksichtigt wird;

L_i = Betrag der berücksichtigungsfähigen Verbindlichkeiten des Tochterunternehmens i, wobei der gemäß diesem Absatz berechnete Abzug nicht berücksichtigt wird;

r_i = die auf das Tochterunternehmen i auf Ebene ihrer Abwicklungsgruppe gemäß Artikel 92a Absatz 1 Buchstabe a dieser Verordnung und Artikel 45d der Richtlinie 2014/59/EU anwendbare Quote; und

$aRWA_i$ = der gemäß Artikel 92 Absätze 3 und 4 – unter Berücksichtigung der Anpassungen nach Artikel 12a – berechnete Gesamtrisikobetrag der G-SRI-Einheit i.

[2] Darf ein Mutterinstitut gemäß Unterabsatz 1 den angepassten Betrag in Abzug bringen, so zieht das Tochterunternehmen die Differenz zwischen dem Betrag der Positionen in Eigenmittelinstrumenten und Instrumenten berücksichtigungsfähiger Verbindlichkeiten nach Unterabsatz 1 und diesem angepassten Betrag ab.

Art. 72f Abzug von Positionen in eigenen Instrumenten berücksichtigungsfähiger Verbindlichkeiten. Für die Zwecke des Artikels 72e Absatz 1 Buchstabe a berechnen die Institute die Positionen auf der Grundlage der Bruttokaufpositionen, wobei folgende Ausnahmen gelten:

a) Institute dürfen den Betrag von Positionen auf der Grundlage der Nettokaufposition berechnen, sofern die beiden nachstehenden Bedingungen erfüllt sind:
   i) die Kauf- und Verkaufspositionen beziehen sich auf die gleiche zugrunde liegende Risikoposition und die Verkaufspositionen unterliegen keinem Gegenparteiausfallrisiko;
   ii) die Kauf- und die Verkaufsposition werden entweder beide im Handelsbuch oder beide im Anlagebuch gehalten;

b) die Institute ermitteln den für direkte, indirekte und synthetische Positionen in Indexpapieren in Abzug zu bringenden Betrag durch Berechnung der zugrunde liegenden Risikoposition aus eigenen Instrumenten berücksichtigungsfähiger Verbindlichkeiten in den entsprechenden Indizes;

c) die Institute dürfen Bruttokaufpositionen in eigenen Instrumenten berücksichtigungsfähiger Verbindlichkeiten, die aus Positionen in Indexpapieren resultieren, gegen Verkaufspositionen in eigenen Instrumenten berücksichtigungsfähiger Verbindlichkeiten, die aus Verkaufspositionen in zugrunde liegenden Indizes resultieren, aufrechnen, auch wenn für diese Verkaufspositionen ein Gegenparteiausfallrisiko besteht, sofern die beiden nachstehenden Bedingungen erfüllt sind:
   i) die Kauf- und Verkaufspositionen beziehen sich auf dieselben zugrunde liegenden Indizes;
   ii) die Kauf- und die Verkaufsposition werden entweder beide im Handelsbuch oder beide im Anlagebuch gehalten.

Art. 72g Abzugsbasis für Posten berücksichtigungsfähiger Verbindlichkeiten. Für die Zwecke des Artikels 72e Absatz 1 Buchstaben b, c und d bringen die Institute die Bruttokaufpositionen vorbehaltlich der in den Artikeln 72h und 72i festgelegten Ausnahmen in Abzug.

Art. 72h Abzug von Positionen in berücksichtigungsfähigen Verbindlichkeiten von anderen G-SRI-Einheiten. Institute, die nicht die Ausnahme nach Artikel 72j in Anspruch nehmen, nehmen die Abzüge nach Artikel 72e Absatz 1 Buchstaben c und d nach folgenden Regeln vor:

a) sie dürfen direkte, indirekte und synthetische Positionen in Instrumenten berücksichtigungsfähiger Verbindlichkeiten auf der Grundlage der Nettokaufposition in derselben zugrunde liegenden Risikoposition berechnen, sofern die beiden nachstehenden Bedingungen erfüllt sind:
   i) der Fälligkeitstermin der Verkaufsposition entspricht entweder dem Fälligkeitstermin der Kaufposition oder er fällt auf einen Zeitpunkt nach dem zuletzt genannten Termin, oder die Restlaufzeit der Verkaufsposition beträgt mindestens ein Jahr;
   ii) die Kauf- und die Verkaufsposition werden entweder beide im Handelsbuch oder beide im Anlagebuch gehalten;

b) sie ermitteln den für direkte, indirekte und synthetische Positionen in Indexpapieren in Abzug zu bringenden Betrag durch Berechnung der zugrunde liegenden Risikopositionen gegenüber den Instrumenten berücksichtigungsfähiger Verbindlichkeiten in den entsprechenden Indizes.

Art. 72i Abzug von berücksichtigungsfähigen Verbindlichkeiten, wenn das Institut keine wesentliche Beteiligung an G-SRI-Einheiten hält.

(1) Die Institute berechnen für die Zwecke des Artikels 72e Absatz 1 Buchstabe c den in Abzug zu bringenden Betrag durch Multiplikation des unter Buchstabe a des vorliegenden Absatzes genannten Betrags mit dem aus der Berechnung gemäß Buchstabe b des vorliegenden Absatzes abgeleiteten Faktor:

a) Gesamtbetrag, um den die direkten, indirekten und synthetischen Positionen des Instituts in den Instrumenten des harten Kernkapitals, des zusätzlichen Kernkapitals und des Ergänzungskapitals von Unternehmen der Finanzbranche sowie in Instrumenten berücksichtigungsfähiger Verbindlichkeiten von G-SRI-Einheiten, an denen das Institut keine wesentliche Beteiligung hält, 10 % der Posten des harten Kernkapitals des Instituts nach Anwendung folgender Bestimmungen überschreiten:
   i) Artikel 32 bis 35,
   ii) Artikel 36 Absatz 1 Buchstaben a bis g, Buchstabe k Ziffern ii bis v und Buchstabe l, mit Ausnahme des in Abzug zu bringenden Betrags für von der künftigen Rentabilität abhängige latente Steueransprüche, die aus temporären Differenzen resultieren,
   iii) Artikel 44 und 45;

b) Quotient aus dem Betrag der direkten, indirekten und synthetischen Positionen des Instituts in Instrumenten berücksichtigungsfähiger Verbindlichkeiten von G-SRI-Einheiten, an denen das Institut keine wesentliche Beteiligung hält, und dem Gesamtbetrag der direkten, indirekten und synthetischen Positionen des Instituts in den Instrumenten des harten Kernkapitals, des zusätzlichen Kernkapitals, des Ergänzungskapitals jener Unternehmen der Finanzbranche sowie in den Instrumenten berücksichtigungsfähiger Verbindlichkeiten von G-SRI-Einheiten, an denen die Abwicklungsbehörde keine wesentliche Beteiligung hält.

(2) Die Institute berücksichtigen bei den Beträgen nach Absatz 1 Buchstabe a und der Berechnung des Faktors gemäß Absatz 1 Buchstabe b keine mit Übernahmegarantie versehenen Positionen, die sie für höchstens fünf Geschäftstage halten.

(3) [1] Der gemäß Absatz 1 in Abzug zu bringende Betrag wird auf alle Instrumente berücksichtigungsfähiger Verbindlichkeiten einer G-SRI-Einheit, die von dem Institut gehalten werden, aufgeteilt. [2] Die Institute ermitteln den gemäß Absatz 1 in Abzug zu bringenden Betrag jedes Instruments der berücksichtigungsfähigen Verbindlichkeiten durch Multiplikation des Betrags nach Buchstabe a des vorliegenden Absatzes mit dem Anteil nach Buchstabe b des vorliegenden Absatzes:

a) Betrag der gemäß Absatz 1 in Abzug zu bringenden Positionen;

b) auf jedes von dem Institut gehaltene Instrument der berücksichtigungsfähigen Verbindlichkeiten entfallender Anteil am Gesamtbetrag der direkten, indirekten und synthetischen Positionen des Instituts in den Instrumenten berücksichtigungsfähiger Verbindlichkeiten von G-SRI-Einheiten, an denen das Institut keine wesentliche Beteiligung hält.

(4) Der Betrag der Positionen nach Artikel 72e Absatz 1 Buchstabe c, der nach Anwendung des Absatzes 1 Buchstabe a Ziffern i, ii und iii des vorliegenden Artikels höchstens 10 % der Posten des harten Kernkapitals des Instituts entspricht, wird nicht in Abzug gebracht und unterliegt den anwendbaren Risikogewichten im Einklang mit Teil 3 Titel II Kapitel 2 beziehungsweise Kapitel 3 und gegebenenfalls den Anforderungen des Teils 3 Titel IV.

(5) Die Institute ermitteln den Betrag jedes Instruments der berücksichtigungsfähigen Verbindlichkeiten, der gemäß Absatz 4 ein Risikogewicht erhält, durch Multiplikation des für eine Risikogewichtung nach Absatz 4 erforderlichen Betrags der Positionen mit dem aus der Berechnung nach Absatz 3 Buchstabe b resultierenden Anteil.

Art. 72j Ausnahme von Abzügen von Posten berücksichtigungsfähiger Verbindlichkeiten für Positionen des Handelsbuchs. (1) Die Institute können beschließen, einen bestimmten Teil ihrer direkten, indirekten und synthetischen Positionen in Instrumenten berücksichtigungsfähiger Verbindlichkeiten, der aggregiert und gemessen an den Bruttokaufpositionen nach Anwendung der Artikel 32 bis 36 höchstens 5 % der Posten des harten Kernkapitals des Instituts entspricht, nicht in Abzug zu bringen, sofern alle folgenden Bedingungen erfüllt sind:

a) es handelt sich um im Handelsbuch enthaltene Positionen;
b) die Instrumente berücksichtigungsfähiger Verbindlichkeiten werden höchstens 30 Geschäftstage gehalten.

(2) Der Betrag der gemäß Absatz 1 nicht in Abzug gebrachten Posten unterliegt den Eigenmittelanforderungen für Posten im Handelsbuch.

(3) Falls bei Positionen, die nicht gemäß Absatz 1 in Abzug gebracht wurden, die in diesem Absatz festgelegten Bedingungen nicht länger erfüllt sind, werden die Positionen im Einklang mit Artikel 72g ohne Anwendung der in den Artikeln 72h und 72i festgelegten Ausnahmeregelungen in Abzug gebracht.

Abschnitt 3. Eigenmittel und berücksichtigungsfähige Verbindlichkeiten

Art. 72k Berücksichtigungsfähige Verbindlichkeiten. Die berücksichtigungsfähigen Verbindlichkeiten eines Instituts bestehen aus den Posten berücksichtigungsfähiger Verbindlichkeiten des Instituts nach den Abzügen gemäß Artikel 72e.

Art. 72l Eigenmittel und berücksichtigungsfähige Verbindlichkeiten.

Die Eigenmittel und berücksichtigungsfähigen Verbindlichkeiten eines Instituts ergeben sich aus der Summe seiner Eigenmittel und seiner berücksichtigungsfähigen Verbindlichkeiten.

Kapitel 6. Allgemeine Anforderungen an Eigenmittel und berücksichtigungsfähige Verbindlichkeiten

Art. 73 Ausschüttungen auf Instrumente. (1) Kapitalinstrumente und Verbindlichkeiten, bei denen ein Institut allein entscheiden kann, ob es Ausschüttungen in einer anderen Form als Bargeld oder Eigenmittelinstrumenten vornimmt, können nicht als Instrumente des harten Kernkapitals, des zusätzlichen Kernkapitals, des Ergänzungskapitals oder Instrumente berücksichtigungsfähiger Verbindlichkeiten gelten, es sei denn, das Institut hat die vorherige Erlaubnis der zuständigen Behörde erhalten.

(2) *[1]* Die zuständigen Behörden geben die vorherige Erlaubnis gemäß Absatz 1 nur, wenn sie der Ansicht sind, dass alle folgenden Bedingungen erfüllt sind:

a) Die Fähigkeit des Instituts, Zahlungen im Rahmen des Instruments zu streichen, wird durch die Ermessensbefugnis gemäß Absatz 1 oder durch die Form, in der die Ausschüttungen erfolgen können, nicht beeinträchtigt;

b) die Fähigkeit des Kapitalinstruments oder der Verbindlichkeit, Verluste zu absorbieren, wird durch die Ermessensbefugnis gemäß Absatz 1 oder durch die Form, in der die Ausschüttungen erfolgen können, nicht beeinträchtigt;

c) die Qualität des Kapitalinstruments oder der Verbindlichkeit wird durch die Ermessensbefugnis gemäß Absatz 1 oder durch die Form, in der die Ausschüttungen erfolgen können, in keiner anderen Weise verringert.

[2] Die zuständige Behörde konsultiert die Abwicklungsbehörde hinsichtlich der Erfüllung dieser Bedingungen durch ein Institut, bevor die vorherige Erlaubnis gemäß Absatz 1 gewährt wird.

(3) Kapitalinstrumente und Verbindlichkeiten, bei denen eine andere juristische Person als das begebende Institut entscheiden oder fordern kann, dass Ausschüttungen auf diese Instrumente oder Verbindlichkeiten in einer anderen Form als Bargeld oder Eigenmittelinstrumenten zu erfolgen haben, können nicht als Instrumente des harten Kernkapitals, des zusätzlichen Kernkapitals, des Ergänzungskapitals oder Instrumente berücksichtigungsfähiger Verbindlichkeiten gelten.

(4) Die Institute können einen breiten Marktindex als eine der Grundlagen für die Bestimmung der Höhe der Ausschüttungen auf Instrumente des zusätzlichen Kernkapitals, des Ergänzungskapitals und der Instrumente berücksichtigungsfähiger Verbindlichkeiten heranziehen.

(5) Absatz 4 gilt nicht, wenn das Institut ein Referenzunternehmen in diesem breiten Marktindex ist, es sei denn die beiden folgenden Bedingungen sind erfüllt:

a) Das Institut ist der Ansicht, dass zwischen den Bewegungen in diesem breiten Marktindex und seiner Bonität oder der seines Mutterinstituts oder seiner Mutterfinanzholdinggesellschaft oder gemischten Mutterfinanzholdinggesellschaft oder gemischten Mutterholdinggesellschaft keine wesentliche Korrelation besteht;

b) die zuständige Behörde ist in Bezug auf Buchstabe a zu keinem anderen Schluss gelangt.

(6) Die Institute melden und veröffentlichen die breiten Marktindizes, auf die sich ihre Kapitalinstrumente und Instrumente berücksichtigungsfähiger Verbindlichkeiten stützen.

(7) *[1]* Die EBA arbeitet Entwürfe technischer Regulierungsstandards zur Präzisierung der Bedingungen aus, unter denen Indizes als breite Marktindizes für die Zwecke des Absatzes 4 angesehen werden.

[2] Die EBA übermittelt der Kommission diese Entwürfe technischer Regulierungsstandards bis zum 28. Juli 2013.

[3] Der Kommission wird die Befugnis übertragen, die technischen Regulierungsstandards nach Unterabsatz 1 gemäß den Artikeln 10 bis 14 der Verordnung (EU) Nr. 1093/2010 zu erlassen.

Art. 74 Positionen in von beaufsichtigten Unternehmen der Finanzbranche begebenen Kapitalinstrumenten, die nicht zu den aufsichtsrechtlichen Eigenmitteln zählen. [1] Institute ziehen von keinem Bestandteil der Eigenmittel direkte, indirekte oder synthetische Positionen in von einem beaufsichtigten Unternehmen der Finanzbranche begebenen Kapitalinstrumenten ab, die nicht zu den aufsichtsrechtlichen Eigenmitteln dieses Unternehmens zählen. [2] Institute wenden auf solche Positionen Risikogewichte gemäß Teil 3 Titel II Kapitel 2 beziehungsweise Kapitel 3 an.

Art. 75 Abzüge und Laufzeitanforderungen für Verkaufspositionen.

Die Laufzeitanforderungen für Verkaufspositionen gemäß Artikel 45 Buchstabe a, Artikel 59 Buchstabe a, Artikel 69 Buchstabe a und Artikel 72h Buchstabe a werden in Bezug auf solche Positionen als erfüllt betrachtet, sofern alle folgenden Bedingungen erfüllt sind:

a) Das Institut besitzt das vertragliche Recht, die abgesicherte Kaufposition zu einem bestimmten künftigen Zeitpunkt an die sicherungsgebende Gegenpartei zu verkaufen;

b) die sicherungsgebende Gegenpartei des Instituts ist vertraglich verpflichtet, dem Institut die Kaufposition nach Buchstabe a zu diesem bestimmten künftigen Zeitpunkt abzukaufen.

Art. 76 Indexpositionen in Kapitalinstrumenten. (1) Für die Zwecke von Artikel 42 Buchstabe a, Artikel 45 Buchstabe a, Artikel 57 Buchstabe a, Artikel 59 Buchstabe a, Artikel 67 Buchstabe a, Artikel 69 Buchstabe a und Artikel 72h Buchstabe a dürfen Institute den Betrag einer Kaufposition in einem Kapitalinstrument um den Anteil eines Indexes verringern, der aus derselben abgesicherten zugrunde liegenden Risikoposition besteht, sofern alle folgenden Bedingungen erfüllt sind:

a) Die abgesicherte Kaufposition und die zur Absicherung dieser Kaufposition verwendete Verkaufsposition in einem Index werden entweder beide im Handelsbuch oder beide im Anlagebuch gehalten;

b) die Positionen nach Buchstabe a werden in der Bilanz des Instituts mit dem beizulegenden Zeitwert ausgewiesen;

c) die Verkaufsposition nach Buchstabe a gilt nach den internen Kontrollverfahren des Instituts als wirksame Absicherung;

d) die zuständigen Behörden bewerten die Angemessenheit der unter Buchstabe c genannten internen Kontrollverfahren mindestens einmal jährlich und haben sich von deren andauernder Eignung überzeugt.

(2) Ein Institut darf vorbehaltlich der vorherigen Erlaubnis der zuständigen Behörde eine konservative Schätzung seiner zugrunde liegenden Risikoposition aus in Indizes enthaltenen Instrumenten als Alternative zur Berechnung der Risikopositionen aus den unter einen oder mehrere der folgenden Punkte fallenden Posten vornehmen:

a) in Indizes enthaltene eigene Instrumente des harten Kernkapitals, des zusätzlichen Kernkapitals, des Ergänzungskapitals und Instrumente berücksichtigungsfähiger Verbindlichkeiten;
b) in Indizes enthaltene Instrumente des harten Kernkapitals, des zusätzlichen Kernkapitals und des Ergänzungskapitals von Unternehmen der Finanzbranche;
c) in Indizes enthaltene Instrumente berücksichtigungsfähiger Verbindlichkeiten von Instituten.

(3) Die zuständigen Behörden geben die vorherige Erlaubnis nach Absatz 2 nur dann, wenn das Institut ihnen hinreichend nachgewiesen hat, dass die Überwachung seiner zugrunde liegenden Risikopositionen aus den in einem oder gegebenenfalls mehreren Buchstaben von Absatz 2 genannten Posten mit hohem betrieblichem Aufwand verbunden wäre.

(4) *[1]* Die EBA arbeitet Entwürfe technischer Regulierungsstandards aus, in denen Folgendes präzisiert wird:

a) wann eine Schätzung nach Absatz 2, die als Alternative zur Berechnung der zugrunde liegenden Risikoposition vorgenommen wird, ausreichend konservativ ist,
b) welche Bedeutung der Begriff „hoher betrieblicher Aufwand" für die Zwecke von Absatz 3 hat.

[2] Die EBA übermittelt der Kommission diese Entwürfe technischer Regulierungsstandards bis zum 28. Juli 2013.

[3] Der Kommission wird die Befugnis übertragen, die technischen Regulierungsstandards nach Unterabsatz 1 gemäß den Artikeln 10 bis 14 der Verordnung (EU) Nr. 1093/2010 zu erlassen.

Art. 77 Bedingungen für die Verringerung von Eigenmitteln und berücksichtigungsfähigen Verbindlichkeiten. (1) Ein Institut holt für jede der folgenden Handlungen zuvor die Erlaubnis der zuständigen Behörde ein:

a) Verringerung, Tilgung oder Rückkauf von Instrumenten des harten Kernkapitals, die das Institut begeben hat, in einer gemäß dem einzelstaatlichen Recht zulässigen Weise;
b) Verringerung oder Ausschüttung des mit Eigenmittelinstrumenten verbundenen Agios oder dessen Neueinstufung als anderer Eigenmittelposten;
c) Kündigung, Tilgung, Rückzahlung oder Rückkauf von Instrumenten des zusätzlichen Kernkapitals oder des Ergänzungskapitals vor ihrer vertraglichen Fälligkeit.

(2) Ein Institut holt die vorherige Erlaubnis der Abwicklungsbehörde ein, wenn es nicht unter Absatz 1 fallende Instrumente berücksichtigungsfähiger Verbindlichkeiten vor ihrer vertraglichen Fälligkeit kündigen, tilgen, zurückzahlen oder zurückkaufen will.

Art. 78 Erlaubnis der Aufsichtsbehörden zur Verringerung von Eigenmitteln. (1) *[1]* Die zuständige Behörde gibt einem Institut die Erlaubnis zu Verringerung, Kündigung, Tilgung, Rückzahlung oder Rückkauf von Instrumenten des harten Kernkapitals, des zusätzlichen Kernkapitals oder des Ergänzungskapitals oder zu Verringerung, Ausschüttung oder Neueinstufung des mit solchen Instrumenten verbundenen Agios, wenn eine der folgenden Bedingungen erfüllt ist:

a) das Institut ersetzt die Instrumente oder das damit verbundene Agio nach Artikel 77 Absatz 1 vor oder gleichzeitig mit jeder der Handlungen nach Artikel 77 Absatz 1 durch Eigenmittelinstrumente zumindest gleicher Qualität zu Bedingungen, die im Hinblick auf die Ertragsmöglichkeiten des Instituts nachhaltig sind;

b) das Institut hat der zuständigen Behörde hinreichend nachgewiesen, dass seine Eigenmittel und berücksichtigungsfähigen Verbindlichkeiten nach der in Artikel 77 Absatz 1 dieser Verordnung genannten Handlung die Anforderungen nach dieser Verordnung und in den Richtlinien 2013/36/EU und 2014/59/EU um eine Spanne übersteigen, die die zuständige Behörde für erforderlich hält.

[2] [1] Trifft ein Institut ausreichende Vorkehrungen hinsichtlich seiner Fähigkeit, mit Eigenmitteln, die die in dieser Verordnung und der Richtlinie 2013/36/EU vorgeschriebenen Beträge übersteigen, tätig zu sein, so kann die zuständige Behörde diesem Institut für jede der Handlungen nach Artikel 77 Absatz 1 dieser Verordnung eine allgemeine vorherige Erlaubnis erteilen, die Kriterien unterliegt, die sicherstellen, dass jede derartige künftige Handlung im Einklang mit den im vorliegenden Absatz unter den Buchstaben a und b festgelegten Bedingungen vonstattengeht. [2] Diese allgemeine vorherige Erlaubnis darf nur für einen bestimmten Zeitraum gewährt werden, der auf ein Jahr begrenzt ist und danach verlängert werden kann. [3] Die allgemeine vorherige Erlaubnis wird für einen bestimmten vorab festgelegten Betrag gewährt, der von der zuständigen Behörde bestimmt wird. [4] Bei Instrumenten des harten Kernkapitals ist dieser vorab festgelegte Betrag auf höchstens 3 % der einschlägigen Ausgabe beschränkt und darf 10 % des Betrags, um den das harte Kernkapital die Summe aus dem gemäß dieser Verordnung, der Richtlinie 2013/36/EU und der Richtlinie 2014/59/EU vorzuhaltenden harten Kernkapital übersteigt, nicht um eine Spanne übersteigen, die die zuständige Behörde für erforderlich hält. [5] Bei Instrumenten des zusätzlichen Kernkapitals oder Ergänzungskapitalinstrumenten ist dieser vorab festgelegte Betrag auf höchstens 10 % der einschlägigen Ausgabe beschränkt und darf 3 % des Gesamtbetrags der Umlaufinstrumente des zusätzlichen Eigenkapitals oder des Ergänzungskapitals, falls anwendbar, nicht übersteigen.

[3] Die zuständigen Behörden entziehen einem Institut die allgemeine vorherige Erlaubnis, wenn es die für die Zwecke der Erlaubnis maßgeblichen Kriterien nicht mehr erfüllt.

(2) Bei der Bewertung der Nachhaltigkeit der Ersatzinstrumente im Hinblick auf die Ertragsmöglichkeiten des Instituts gemäß Absatz 1 Buchstabe a berücksichtigen die zuständigen Behörden das Ausmaß, in dem diese Ersatz-Kapitalinstrumente kostspieliger für das Institut wären als die Kapitalinstrumente oder Agios, die sie ersetzen würden.

(3) Nimmt ein Institut eine in Artikel 77 Absatz 1 Buchstabe a genannte Handlung vor und ist die Verweigerung der Rückzahlung der in Artikel 27 genannten Instrumente des harten Kernkapitals nach einzelstaatlichem Recht verboten, so kann die zuständige Behörde eine Befreiung von den in Absatz 1 festgelegten Bedingungen unter der Voraussetzung gewähren, dass sie vom Institut eine angemessene Beschränkung der Rückzahlung solcher Instrumente verlangt.

(4) Die zuständigen Behörden können einem Institut die Kündigung, Tilgung bzw. Rückzahlung oder den Rückkauf von Instrumenten des zusätzlichen Kernkapitals oder des Ergänzungskapitals oder des damit verbundenen Agios innerhalb von fünf Jahren nach dem Zeitpunkt ihrer Ausgabe gestatten, wenn die Bedingungen nach Absatz 1 erfüllt sind sowie eine der folgenden Bedingungen zutrifft:

a) die aufsichtsrechtliche Einstufung der betreffenden Instrumente ändert sich, was wahrscheinlich zu ihrem Ausschluss aus den Eigenmitteln oder ihrer Neueinstufung als Eigenmittel geringerer Qualität führen würde, und die beiden folgenden Bedingungen sind erfüllt:
   i) die zuständige Behörde hält es für ausreichend sicher, dass eine solche Änderung stattfindet,
   ii) das Institut weist der zuständigen Behörde hinreichend nach, dass zum Zeitpunkt der Emission der Instrumente die aufsichtsrechtliche Neueinstufung nicht vernünftigerweise vorherzusehen war;
b) die geltende steuerliche Behandlung der betreffenden Instrumente ändert sich, und das Institut weist der zuständigen Behörde hinreichend nach, dass diese wesentlich ist und zum Zeitpunkt der Emission der Instrumente nicht vorherzusehen war;
c) die Instrumente und das damit verbundene Agio fallen unter den Bestandsschutz nach Artikel 494b;
d) das Institut ersetzt die Instrumente oder das damit verbundene Agio nach Artikel 77 Absatz 1 vor oder gleichzeitig mit der Handlung nach Artikel 77 Absatz 1 durch Eigenmittelinstrumente zumindest gleicher Qualität zu Bedingungen, die im Hinblick auf die Ertragsmöglichkeiten des Instituts nachhaltig sind, und die zuständige Behörde hat die Handlung auf der Grundlage der Feststellung erlaubt, dass sie aus aufsichtlicher Sicht vorteilhaft und durch außergewöhnliche Umstände gerechtfertigt ist;
e) die Instrumente des zusätzlichen Kernkapitals oder die Ergänzungskapitalinstrumente werden für Market-Making-Zwecke zurückgekauft.

(5) *[1]* Die EBA arbeitet Entwürfe technischer Regulierungsstandards aus, in denen Folgendes präzisiert wird:

a) die Bedeutung des Ausdrucks 'im Hinblick auf die Ertragsmöglichkeiten des Instituts nachhaltig',
b) die angemessene Beschränkung der Rückzahlung im Sinne des Absatzes 3,

c) die Verfahrensanforderungen, einschließlich der Fristen und Modalitäten für die vorherige Erteilung der Erlaubnis durch die zuständigen Behörden für eine Handlung nach Artikel 77 Absatz 1, und die Datenanforderungen für den Antrag eines Instituts auf Erlaubnis der zuständigen Behörde zur Vornahme einer dort genannten Handlung, einschließlich des Verfahrens, das im Falle des Rückkaufs der an Genossen ausgegebenen Anteile anzuwenden ist, und der Fristen für die Bearbeitung eines solchen Antrags.

[2] Die EBA legt der Kommission diese Entwürfe technischer Regulierungsstandards bis zum 28. Juli 2013 vor.

[3] Der Kommission wird die Befugnis übertragen, die in Unterabsatz 1 genannten technischen Regulierungsstandards gemäß den Artikeln 10 bis 14 der Verordnung (EU) Nr. 1093/2010 zu erlassen.

Art. 78a Erlaubnis zur Verringerung von Instrumenten berücksichtigungsfähiger Verbindlichkeiten. (1) *[1]* Die Abwicklungsbehörde erteilt einem Institut die Erlaubnis zur Kündigung, zur Tilgung, zur Rückzahlung oder zum Rückkauf von Instrumenten berücksichtigungsfähiger Verbindlichkeiten, wenn eine der folgenden Bedingungen erfüllt ist:

a) das Institut ersetzt die Instrumente berücksichtigungsfähiger Verbindlichkeiten vor oder gleichzeitig mit jeder der Handlungen nach Artikel 77 Absatz 2 durch Eigenmittelinstrumente oder Instrumente berücksichtigungsfähiger Verbindlichkeiten zumindest gleicher Qualität zu Bedingungen, die im Hinblick auf die Ertragsmöglichkeiten des Instituts nachhaltig sind;

b) das Institut hat der Abwicklungsbehörde hinreichend nachgewiesen, dass seine Eigenmittel und berücksichtigungsfähigen Verbindlichkeiten nach der Handlung nach Artikel 77 Absatz 2 der vorliegenden Verordnung die Anforderungen an Eigenmittel und berücksichtigungsfähige Verbindlichkeiten nach dieser Verordnung, den Richtlinien 2013/36/EU und 2014/59/EU um eine Spanne übersteigen, die die Abwicklungsbehörde im Einvernehmen mit der zuständigen Behörde für erforderlich hält;

c) das Institut der Abwicklungsbehörde hinreichend nachgewiesen hat, dass die teilweise oder vollständige Ersetzung der berücksichtigungsfähigen Verbindlichkeiten durch Eigenmittelinstrumente erforderlich ist, um die Einhaltung der Eigenmittelanforderungen gemäß dieser Verordnung und der Richtlinie 2013/36/EU zum Zwecke einer dauerhaften Zulassung zu gewährleisten.

[2] [1] Trifft ein Institut ausreichende Vorkehrungen hinsichtlich seiner Fähigkeit, mit Eigenmitteln und berücksichtigungsfähigen Verbindlichkeiten, die den in den Anforderungen dieser Verordnung, der Richtlinien 2013/36/EU und 2014/59/EU festgelegten Betrag übersteigen, tätig zu sein, so kann die Abwicklungsbehörde nach Rücksprache mit der zuständigen Behörde diesem Institut vorab eine allgemeine Erlaubnis erteilen, Kündigungen, Tilgungen bzw. Rückzahlungen oder Rückkäufe von Instrumenten berücksichtigungsfähiger Verbindlichkeiten vorzunehmen, die Kriterien unterliegen, die sicherstellen, dass jede derartige künftige Handlung im Einklang mit den in diesem Absatz unter den Buchstaben a und b festgelegten Bedingungen vonstattengeht. [2] Diese allgemeine vorherige Erlaubnis darf nur für einen bestimmten Zeitraum gewährt werden, der auf ein Jahr begrenzt ist und danach verlängert werden kann. [3] Die allgemeine vorherige Erlaubnis wird für einen bestimmten vorab festgelegten

Betrag gewährt, der von der Abwicklungsbehörde bestimmt wird. [4]Die Abwicklungsbehörden unterrichten die zuständigen Behörden über jedwede erteilte allgemeine vorherige Erlaubnis.

[3] Die Abwicklungsbehörde entzieht einem Institut die allgemeine vorherige Erlaubnis, wenn es die für die Zwecke der Erlaubnis maßgeblichen Kriterien nicht mehr erfüllt.

(2) Bei der Bewertung der Nachhaltigkeit der Ersatzinstrumente im Hinblick auf die Ertragsmöglichkeiten des Instituts nach Absatz 1 Buchstabe a berücksichtigen die Abwicklungsbehörden das Ausmaß, in dem diese Ersatz-Kapitalinstrumente oder diese als Ersatz dienenden berücksichtigungsfähigen Verbindlichkeiten kostspieliger für das Institut wären als die Instrumente, die sie ersetzen würden.

(3) *[1]* Die EBA arbeitet Entwürfe technischer Regulierungsstandards aus, in denen Folgendes präzisiert wird:

a) das Verfahren für die Zusammenarbeit zwischen der zuständigen Behörde und der Abwicklungsbehörde,
b) das Verfahren, einschließlich der Fristen und Informationsanforderungen, für die Erteilung der Erlaubnis gemäß Absatz 1 Unterabsatz 1,
c) das Verfahren, einschließlich der Fristen und Informationsanforderungen, für die Erteilung der allgemeinen vorherigen Erlaubnis gemäß Absatz 1 Unterabsatz 2,
d) die Bedeutung des Ausdrucks 'im Hinblick auf die Ertragsmöglichkeiten des Instituts nachhaltig'.

[2] Für die Zwecke von Unterabsatz 1 Buchstabe d dieses Absatzes werden die Entwürfe technischer Regulierungsstandards in vollem Umfang an den in Artikel 78 genannten delegierten Rechtsakt angeglichen.

[3] Die EBA übermittelt der Kommission diese Entwürfe technischer Regulierungsstandards bis zum 28. Dezember 2019.

[4] Der Kommission wird die Befugnis übertragen, die in Unterabsatz 1 genannten technischen Regulierungsstandards gemäß den Artikeln 10 bis 14 der Verordnung (EU) Nr. 1093/2010 zur Ergänzung dieser Verordnung zu erlassen.

Art. 79 Befristete Ausnahme vom Abzug von den Eigenmitteln und berücksichtigungsfähigen Verbindlichkeiten. (1) Hält ein Institut Kapitalinstrumente oder Verbindlichkeiten, die als Eigenmittelinstrumente eines Unternehmens der Finanzbranche oder als Instrumente berücksichtigungsfähiger Verbindlichkeiten eines Instituts gelten, und dienen diese Positionen nach Ansicht der zuständigen Behörde dem Zweck einer finanziellen Stützungsaktion zur Sanierung und Wiederherstellung der Existenzfähigkeit des genannten Unternehmens oder Instituts, so kann sie eine befristete Ausnahme von den ansonsten für diese Instrumente geltenden Abzugsbestimmungen gewähren.

(2) *[1]* Die EBA arbeitet Entwürfe technischer Regulierungsstandards zur Präzisierung des Konzepts der Befristung für die Zwecke von Absatz 1 und der Bedingungen, unter denen eine zuständige Behörde davon ausgehen kann, dass diese befristet gehaltenen Positionen dem Zweck einer finanziellen Stützungsaktion zur Sanierung und Rettung eines relevanten Unternehmens dienen.

[2] Die EBA übermittelt der Kommission diese Entwürfe technischer Regulierungsstandards bis zum 28. Juli 2013.

[3] Der Kommission wird die Befugnis übertragen, die technischen Regulierungsstandards nach Unterabsatz 1 gemäß den Artikeln 10 bis 14 der Verordnung (EU) Nr. 1093/2010 zu erlassen.

Art. 79a Bewertung der Einhaltung der Anforderungen an Eigenmittelinstrumente und Instrumente berücksichtigungsfähiger Verbindlichkeiten. [1] Die Institute müssen bei der Bewertung der Einhaltung der in Teil 2 festgelegten Anforderungen die wesentlichen Merkmale von Instrumenten und nicht nur deren rechtliche Form berücksichtigen. [2] Bei der Bewertung der wesentlichen Merkmale eines Instruments muss allen Vereinbarungen in Bezug auf die Instrumente Rechnung getragen werden, auch wenn diese nicht ausdrücklich in den Bedingungen der Instrumente selbst aufgeführt sind, damit bestimmt werden kann, dass die kombinierten wirtschaftlichen Auswirkungen dieser Vereinbarungen mit der Zielsetzung der einschlägigen Bestimmungen in Einklang stehen.

Art. 80 Kontinuierliche Prüfung der Qualität von Eigenmittelinstrumenten und Instrumenten berücksichtigungsfähiger Verbindlichkeiten.

(1) *[1]* Die EBA überwacht die Qualität von Eigenmittelinstrumenten und Instrumenten berücksichtigungsfähiger Verbindlichkeiten, die Institute in der gesamten Union begeben, und unterrichtet die Kommission unverzüglich, wenn es signifikante Belege dafür gibt, dass jene Instrumente die jeweiligen in dieser Verordnung festgelegten Kriterien für die Berücksichtigungsfähigkeit nicht erfüllen.

[2] Die zuständigen Behörden übermitteln der EBA auf deren Ersuchen unverzüglich alle Angaben zu neu begebenen Kapitalinstrumenten oder neuen Arten von Verbindlichkeiten, die diese für erforderlich hält, um die Qualität der von Instituten in der gesamten Union begebenen Eigenmittelinstrumente und Instrumente berücksichtigungsfähiger Verbindlichkeiten zu überwachen zu können.

(2) Eine Mitteilung umfasst Folgendes:

a) eine detaillierte Beschreibung der Art und des Ausmaßes der festgestellten Mängel,
b) technische Hinweise zu den Maßnahmen, die die Kommission nach Ansicht der EBA ergreifen sollte,
c) wichtige Entwicklungen in der EBA-Stresstestmethodik zur Prüfung der Solvenz von Instituten.

(3) Die EBA berät die Kommission zu technischen Aspekten jeglicher bedeutsamer Veränderungen, die ihrer Ansicht nach an der Definition von Eigenmitteln und berücksichtigungsfähigen Verbindlichkeiten in folgenden Fällen vorgenommen werden sollten:

a) bei einschlägigen Entwicklungen in Marktstandards oder -praxis,
b) bei Änderungen der einschlägigen Rechts- oder Rechnungslegungsstandards,
c) bei wichtigen Entwicklungen in der EBA-Stresstestmethodik zur Prüfung der Solvenz von Instituten.

(4) [1] Die EBA berät die Kommission bis zum 1. Januar 2014 zu technischen Aspekten eines anderen Umgangs mit zeitwertbilanzierten nicht realisierten Gewinnen als der ohne Anpassung vorgenommenen Zurechnung zum harten Kernkapital. [2] Bei einschlägigen Empfehlungen werden relevante Entwicklungen bei den internationalen Rechnungslegungsstandards und den internationalen Vereinbarungen über Aufsichtsstandards für Banken berücksichtigt.

Titel II. Minderheitsbeteiligungen und durch Tochterunternehmen begebene Instrumente des zusätzlichen Kernkapitals und des Ergänzungskapitals

Art. 81 Minderheitsbeteiligungen, die zum konsolidierten harten Kernkapital zählen. (1) Minderheitsbeteiligungen umfassen die Summe der Posten des harten Kernkapitals eines Tochterunternehmens, wenn die folgenden Bedingungen erfüllt sind:

a) Das Tochterunternehmen ist ein
   i) Institut,
   ii) Unternehmen, das gemäß den anwendbaren nationalen Rechtsvorschriften den Anforderungen dieser Verordnung und der Richtlinie 2013/36/EU unterliegt,
   iii) eine zwischengeschaltete Finanzholdinggesellschaft in einem Drittland, die genauso strengen Aufsichtsanforderungen unterliegt wie sie für Kreditinstitute dieses Drittlands gelten, und bezüglich derer die Kommission gemäß Artikel 107 Absatz 4 beschlossen hat, dass diese Aufsichtsanforderungen den in dieser Verordnung enthaltenen Vorschriften mindestens gleichwertig sind;

b) das Tochterunternehmen ist vollständig in die Konsolidierung nach Teil 1 Titel II Kapitel 2 einbezogen;

c) die im einleitenden Teil dieses Absatzes genannten Posten des harten Kernkapitals sind Eigentum anderer Personen als der in die Konsolidierung nach Teil 1 Titel II Kapitel 2 einbezogenen Unternehmen.

(2) Minderheitsbeteiligungen, die das Mutterunternehmen des Instituts oder seine Tochterunternehmen über eine Zweckgesellschaft oder anderweitig direkt oder indirekt finanzieren, zählen nicht zum konsolidierten harten Kernkapital.

Art. 82 Qualifiziertes zusätzliches Kernkapital, Kernkapital, Ergänzungskapital und qualifizierte Eigenmittel. Qualifiziertes zusätzliches Kernkapital, Kernkapital, Ergänzungskapital und qualifizierte Eigenmittel umfassen die Minderheitsbeteiligungen und die Instrumente des zusätzlichen Kernkapitals bzw. des Ergänzungskapitals, zuzüglich der verbundenen einbehaltenen Gewinne und des Agios, eines Tochterunternehmens, wenn die folgenden Bedingungen erfüllt sind:

a) Das Tochterunternehmen ist ein
   i) Institut,
   ii) Unternehmen, das gemäß den anwendbaren nationalen Rechtsvorschriften den Anforderungen dieser Verordnung und der Richtlinie 2013/36/EU unterliegt,

iii) eine zwischengeschaltete Finanzholdinggesellschaft in einem Drittland, die genauso strengen Aufsichtsanforderungen unterliegt wie sie für Kreditinstitute dieses Drittlands gelten, und bezüglich derer die Kommission gemäß Artikel 107 Absatz 4 beschlossen hat, dass diese Aufsichtsanforderungen den in dieser Verordnung enthaltenen Vorschriften mindestens gleichwertig sind;

b) das Tochterunternehmen ist vollständig in die Konsolidierung nach Teil 1 Titel II Kapitel 2 einbezogen;

c) die betreffenden Instrumente sind Eigentum anderer Personen als der in die Konsolidierung nach Teil 1 Titel II Kapitel 2 einbezogenen Unternehmen.

Art. 83 Qualifiziertes zusätzliches Kernkapital und Ergänzungskapital einer Zweckgesellschaft. (1) *[1]* Von einer Zweckgesellschaft begebene Instrumente des zusätzlichen Kernkapitals und des Ergänzungskapitals und das damit verbundene Agio zählen nur dann bis zum 31. Dezember 2021 zum qualifizierten zusätzlichen Kernkapital, Kernkapital, Ergänzungskapital bzw. den qualifizierten Eigenmitteln, wenn die folgenden Bedingungen erfüllt sind:

a) Die Zweckgesellschaft, die die betreffenden Instrumente begibt, ist vollständig in die Konsolidierung nach Teil 1 Titel II Kapitel 2 einbezogen,[1)]

b) die Instrumente und das verbundene Agio werden dem qualifizierten zusätzlichen Kernkapital nur zugerechnet, wenn die Bedingungen des Artikels 52 Absatz 1 erfüllt sind,

c) die Instrumente und das verbundene Agio werden dem qualifizierten Ergänzungskapital nur zugerechnet, wenn die Bedingungen des Artikels 63 erfüllt sind,

d) der einzige Vermögenswert der Zweckgesellschaft ist ihre Beteiligung an den Eigenmitteln des Mutterunternehmens oder eines vollständig in die Konsolidierung nach Teil 1 Titel II Kapitel 2 einbezogenen Tochterunternehmens dieses Mutterunternehmens, der aufgrund seiner Form den Bedingungen des Artikels 52 Absatz 1 bzw. Artikel 63 genügt.

[2] Ist die zuständige Behörde der Ansicht, dass die Vermögenswerte einer Zweckgesellschaft, die nicht deren Anteil an den Eigenmitteln des Mutterunternehmens oder eines in die Konsolidierung nach Teil 1 Titel II Kapitel 2 einbezogenen Tochterunternehmens dieses Mutterunternehmens sind, sehr gering und für die Gesellschaft nicht wesentlich sind, so kann sie davon absehen, die Bedingung nach Unterabsatz 1 Buchstabe d anzuwenden.

(2) *[1]* Die EBA arbeitet Entwürfe technischer Regulierungsstandards zur Klärung der Arten von Vermögenswerten, die dem Betrieb von Zweckgesellschaften zugeordnet werden können, und der in Absatz 1 Unterabsatz 2 genannten Konzepte des sehr geringen und nicht signifikanten Vermögenswerts aus.

[2] Die EBA übermittelt der Kommission diese Entwürfe technischer Regulierungsstandards bis zum 28. Juli 2013.

---

1) Komma fehlt im ABl.EU.

[3] Der Kommission wird die Befugnis übertragen, die technischen Regulierungsstandards nach Unterabsatz 1 gemäß den Artikeln 10 bis 14 der Verordnung (EU) Nr. 1093/2010 zu erlassen.

Art. 84 Zum konsolidierten harten Kernkapital gerechnete Minderheitsbeteiligungen. (1) Die Institute ermitteln den Betrag der Minderheitsbeteiligungen eines Tochterunternehmens, die dem konsolidierten harten Kernkapital zugerechnet werden, indem sie von den Minderheitsbeteiligungen des betreffenden Unternehmens das Ergebnis der Multiplikation des unter Buchstabe a genannten Betrags mit dem unter Buchstabe b genannten Prozentsatz abziehen:

a) hartes Kernkapital des Tochterunternehmens, abzüglich des niedrigeren Wertes
   i) des Betrags des harten Kernkapitals des betreffenden Tochterunternehmens, der erforderlich ist, um die Summe aus der Anforderung nach Artikel 92 Absatz 1 Buchstabe a, den Anforderungen nach Artikel 458 und 459, den speziellen Eigenmittelanforderungen nach Artikel 104 der Richtlinie 2013/36/EU, der kombinierten Kapitalpufferanforderung im Sinne des Artikels 128 Nummer 6 der Richtlinie 2013/36/EU, den Anforderungen nach Artikel 500 und etwaigen zusätzlichen lokalen aufsichtsrechtlichen Vorschriften dritter Länder zu erreichen, soweit das harte Kernkapital diese Anforderungen erfüllen muss;
   ii) des sich auf jenes Tochterunternehmen beziehenden Betrags des konsolidierten harten Kernkapitals, der auf konsolidierter Basis erforderlich ist, um die Summe aus der Anforderung nach Artikel 92 Absatz 1 Buchstabe a, den Anforderungen nach Artikel 458 und 459, den speziellen Eigenmittelanforderungen nach Artikel 104 der Richtlinie 2013/36/EU, der kombinierten Kapitalpufferanforderung im Sinne des Artikels 128 Nummer 6 der Richtlinie 2013/36/EU, den Anforderungen nach Artikel 500 und etwaigen zusätzlichen lokalen aufsichtsrechtlichen Vorschriften dritter Länder zu erreichen, soweit das harte Kernkapital diese Anforderungen erfüllen muss;

b) Minderheitsbeteiligungen des Tochterunternehmens, ausgedrückt als Prozentanteil aller Instrumente des harten Kernkapitals des betreffenden Unternehmens, zuzüglich des verbundenen Agios, einbehaltener Gewinne und sonstiger Rücklagen.

(2) *[1]* Die Berechnung nach Absatz 1 wird auf teilkonsolidierter Basis für jedes Tochterunternehmen gemäß Artikel 81 Absatz 1 vorgenommen.

[2] [1] Ein Institut kann entscheiden, diese Berechnung für ein Tochterunternehmen im Sinne des Artikels 81 Absatz 1 nicht vorzunehmen. [2] In diesem Fall darf die Minderheitsbeteiligung jenes Tochterunternehmens nicht dem konsolidierten harten Kernkapital zugerechnet werden.

(3) Sieht eine zuständige Behörde gemäß Artikel 7 von der Anwendung der Aufsichtsanforderungen auf Einzelbasis ab, werden Minderheitsbeteiligungen innerhalb der Tochterunternehmen, für die die Ausnahme gilt, nicht dem harten Kernkapital auf teilkonsolidierter bzw. konsolidierter Basis zugerechnet.

(4) *[1]* Die EBA arbeitet Entwürfe technischer Regulierungsstandards zur Spezifizierung der Teilkonsolidierungsberechnung aus, die für Absatz 2 und für die Artikel 85 und 87 erforderlich ist.

[2] Die EBA übermittelt der Kommission diese Entwürfe technischer Regulierungsstandards bis zum 28. Juli 2013.

[3] Der Kommission wird die Befugnis übertragen, die technischen Regulierungsstandards nach Unterabsatz 1 gemäß den Artikeln 10 bis 14 der Verordnung (EU) Nr. 1093/2010 zu erlassen.

(5) *[1]* Die zuständigen Behörden können eine Mutterfinanzholdinggesellschaft, die alle nachstehenden Voraussetzungen erfüllt, von der Anwendung dieses Artikels ausnehmen:

a) Haupttätigkeit der Gesellschaft ist der Erwerb von Beteiligungen,

b) sie unterliegt einer Aufsicht auf konsolidierter Basis,

c) zu ihrem Konsolidierungskreis gehört ein Tochterinstitut, an dem sie – gemäß der Definition eines Kontrollverhältnisses des Artikels 1 der Richtlinie 83/349/EWG – nur eine Minderheitsbeteiligung hält,

d) bei einer Berechnung auf teilkonsolidierter Basis stammt das geforderte konsolidierte harte Kernkapital zu mehr als 90 % von dem Tochterinstitut nach Buchstabe c.

[2] Wird eine Mutterfinanzholdinggesellschaft, die alle Voraussetzungen des Unterabsatzes 1 erfüllt, nach dem 28. Juni 2013 zu einer gemischten Finanzholdinggesellschaft, können die zuständigen Behörden die Freistellung nach Unterabsatz 1 dieser gemischten Mutterfinanzholdinggesellschaft gewähren, sofern sie die Voraussetzungen des Unterabsatzes 1 erfüllt.

(6) Wenn Kreditinstitute, die in einem Verbund einer Zentralorganisation ständig zugeordnet sind, und Institute, die einem institutsbezogenen Sicherungssystem unter den Bedingungen des Artikels 113 Absatz 7 angeschlossen sind, einen Haftungsverbund eingerichtet haben, *dass*[1)] sicherstellt, dass einer Übertragung von Eigenmitteln von der Gegenpartei auf das Kreditinstitut über die aufsichtsrechtlichen Anforderungen hinaus keine vorhandenen oder absehbaren wesentlichen, tatsächlichen oder rechtlichen Hindernisse entgegenstehen, werden diese Institute von den Bestimmungen dieses Artikels bezüglich Abzügen befreit und dürfen Minderheitsbeteiligungen innerhalb des Haftungsverbunds vollständig anrechnen.

Art. 85 Zum konsolidierten Kernkapital zählende qualifizierte Kernkapitalinstrumente. (1) Die Institute ermitteln den Betrag des zu den konsolidierten Eigenmitteln zählenden qualifizierten Kernkapitals eines Tochterunternehmens, indem sie von dem qualifizierten Kernkapital des betreffenden Unternehmens das Ergebnis der Multiplikation des unter Buchstabe a genannten Betrags mit dem unter Buchstabe b genannten Prozentsatz abziehen:

a) Kernkapital des Tochterunternehmens, abzüglich des niedrigeren Wertes

  i) des Betrags des Kernkapitals des betreffenden Tochterunternehmens, der erforderlich ist, um die Summe aus der Anforderung nach Artikel 92 Absatz 1 Buchstabe b, den Anforderungen nach Artikel 458 und 459, den

---

1) Richtig wohl: „der".

speziellen Eigenmittelanforderungen nach Artikel 104 der Richtlinie 2013/36/EU, der kombinierten Kapitalpufferanforderung im Sinne des Artikels 128 Nummer 6 der Richtlinie 2013/36/EU, den Anforderungen nach Artikel 500 und etwaigen zusätzlichen lokalen aufsichtsrechtlichen Vorschriften dritter Länder zu erreichen, soweit das Kernkapital diese Anforderungen erfüllen muss;

ii) des sich auf das Tochterunternehmen beziehenden Betrags des konsolidierten Kernkapitals, der auf konsolidierter Basis erforderlich ist, um die Summe aus *der Anforderung*[1] Artikel 92 Absatz 1 Buchstabe b, den Anforderungen nach Artikel 458 und 459, den speziellen Eigenmittelanforderungen nach Artikel 104 der Richtlinie 2013/36/EU, der kombinierten Kapitalpufferanforderung im Sinne des Artikels 128 Nummer 6 der Richtlinie 2013/36/EU, *den Anforderungen*[2] Artikel 500 und etwaigen zusätzlichen lokalen aufsichtsrechtlichen Vorschriften dritter Länder zu erreichen, soweit das Kernkapital diese Anforderungen erfüllen muss;

b) qualifiziertes Kernkapital des Tochterunternehmens, ausgedrückt als Prozentanteil aller Kernkapitalinstrumente des betreffenden Unternehmens, zuzüglich des verbundenen Agios, einbehaltener Gewinne und sonstiger Rücklagen.

(2) *[1]* Die Berechnung nach Absatz 1 wird auf teilkonsolidierter Basis für jedes Tochterunternehmen gemäß Artikel 81 Absatz 1 vorgenommen.

[2] [1] Ein Institut kann entscheiden, diese Berechnung für ein Tochterunternehmen im Sinne des Artikels 81 Absatz 1 nicht vorzunehmen. [2] In diesem Fall darf das qualifizierte Kernkapital dieses Tochterunternehmens nicht dem konsolidierten Kernkapital zugerechnet werden.

(3) Sieht eine zuständige Behörde gemäß Artikel 7 von der Anwendung der Aufsichtsanforderungen auf Einzelbasis ab, werden Kernkapitalinstrumente innerhalb der Tochterunternehmen, für die die Ausnahme gilt, nicht den Eigenmitteln auf teilkonsolidierter bzw. konsolidierter Basis zugerechnet.

Art. 86 Zum konsolidierten zusätzlichen Kernkapital zählendes qualifiziertes Kernkapital. Unbeschadet des Artikels 84 Absätze 5 oder 6 ermitteln Institute den Betrag des zum konsolidierten zusätzlichen Kernkapital zählenden qualifizierten Kernkapitals eines Tochterunternehmens, indem sie vom qualifizierten Kernkapital des betreffenden Unternehmens, das zum konsolidierten Kernkapital zählt, die Minderheitsbeteiligungen des betreffenden Unternehmens, die dem konsolidierten harten Kernkapital zugerechnet werden, abziehen.

Art. 87 Zu den konsolidierten Eigenmitteln zählende qualifizierte Eigenmittel. (1) Die Institute ermitteln den Betrag der zu den konsolidierten Eigenmitteln zählenden qualifizierten Eigenmittel eines Tochterunternehmens, indem sie von den qualifizierten Eigenmitteln des betreffenden Unternehmens das Ergebnis der Multiplikation des unter Buchstabe a genannten Betrags mit dem unter Buchstabe b genannten Prozentsatz abziehen:

a) Eigenmittel des Tochterunternehmens, abzüglich des niedrigeren Wertes

---

[1] Richtig wohl: „der Anforderung nach".
[2] Richtig wohl: „den Anforderungen nach".

i) des Betrags der Eigenmittel des Tochterunternehmens, der erforderlich ist, um die Summe aus der Anforderung nach Artikel 92 Absatz 1 Buchstabe c, den Anforderungen nach Artikel 458 und 459, den speziellen Eigenmittelanforderungen nach Artikel 104 der Richtlinie 2013/36/EU, der kombinierten Kapitalpufferanforderung im Sinne des Artikels 128 Nummer 6 der Richtlinie 2013/36/EU, *den Anforderungen*[1)] Artikel 500 und etwaigen zusätzlichen lokalen aufsichtsrechtlichen Vorschriften dritter Länder zu erreichen;

ii) des sich auf das Tochterunternehmen beziehenden Betrags der Eigenmittel, der auf konsolidierter Basis erforderlich ist, um die Summe aus der Anforderung nach Artikel 92 Absatz 1 Buchstabe c, den Anforderungen nach Artikel 458 und 459, den speziellen Eigenmittelanforderungen nach Artikel 104 der Richtlinie 2013/36/EU, der kombinierten Kapitalpufferanforderung im Sinne des Artikels 128 Nummer 6 der Richtlinie 2013/36/EU, den Anforderungen nach Artikel 500 und etwaigen zusätzlichen lokalen aufsichtsrechtlichen Vorschriften dritter Länder zu erreichen;

b) qualifizierte Eigenmittel des Unternehmens, ausgedrückt als Prozentanteil aller als Posten des harten Kernkapitals, des zusätzlichen Kernkapitals und des Ergänzungskapitals zählenden Eigenmittelinstrumente des Tochterunternehmens, zuzüglich der verbundenen Agios, einbehaltenen Gewinne und sonstigen Rücklagen.

(2) *[1]* Die Berechnung nach Absatz 1 wird auf teilkonsolidierter Basis für jedes Tochterunternehmen gemäß Artikel 81 Absatz 1 vorgenommen.

[2] [1] Ein Institut kann sich dafür entscheiden, diese Berechnung für ein Tochterunternehmen im Sinne des Artikels 81 Absatz 1 nicht vorzunehmen. [2] In diesem Fall dürfen die qualifizierten Eigenmittel dieser Tochtergesellschaft nicht den konsolidierten Eigenmitteln zugerechnet werden.

(3) Sieht eine zuständige Behörde gemäß Artikel 7 von der Anwendung der Aufsichtsanforderungen auf Einzelbasis ab, werden Eigenmittelinstrumente innerhalb der Tochterunternehmen, für die die Ausnahme gilt, nicht den Eigenmitteln auf teilkonsolidierter bzw. konsolidierter Basis zugerechnet.

Art. 88 Zum konsolidierten Ergänzungskapital zählende qualifizierte Eigenmittelinstrumente. Unbeschadet des Artikels 84 Absätze 5 und 6 ermitteln Institute den Betrag der zum konsolidierten Ergänzungskapital zählenden qualifizierten Eigenmittel eines Tochterunternehmens, indem sie von den qualifizierten Eigenmitteln des betreffenden Unternehmens, die zu den konsolidierten Eigenmitteln zählen, das qualifizierte Kernkapital des betreffenden Unternehmens, das zum konsolidierten Kernkapital zählt, abziehen.

Titel III. Qualifizierte Beteiligungen außerhalb des Finanzsektors

Art. 89 Risikogewichtung und Verbot qualifizierter Beteiligungen außerhalb des Finanzsektors. (1) Qualifizierte Beteiligungen, deren Betrag 15 % der anrechenbaren Eigenmittel des Instituts überschreitet, unterliegen den Bestimmungen von Absatz 3, wenn sie an einem anderen als den nachstehend genannten Unternehmen gehalten werden:

[1)] Richtig wohl: „den Anforderungen nach".

a) einem Unternehmen der Finanzbranche,
b) einem Unternehmen, das kein Unternehmen der Finanzbranche ist und Tätigkeiten ausübt, die nach Ansicht der zuständigen Behörde eine der folgenden Tätigkeiten ist:
   i) eine direkte Verlängerung der Banktätigkeit,
   ii) eine Hilfstätigkeit zur Banktätigkeit,
   iii) Leasing, Factoring, Verwaltung von Investmentfonds oder von Rechenzentren oder andere ähnliche Tätigkeiten.

(2) Der Gesamtbetrag der qualifizierten Beteiligungen eines Instituts an anderen als den unter Absatz 1 Buchstaben a und b genannten Unternehmen, der 60 % der anrechenbaren Eigenmittel des Instituts überschreitet, unterliegt den Bestimmungen von Absatz 3.

(3) *[1]* Die zuständigen Behörden wenden auf die in den Absätzen 1 und 2 genannten qualifizierten Beteiligungen von Instituten die Bestimmungen der Buchstaben a oder b an:
a) Zur Berechnung der Mindestkapitalanforderung gemäß Teil 3 wenden die Institute auf den größeren der folgenden Beträge ein Risikogewicht von 1 250 % an:
   i) den Betrag der in Absatz 1 genannten qualifizierten Beteiligungen, der 15 % der anrechenbaren Eigenmittel des Instituts überschreitet,
   ii) den Gesamtbetrag der in Absatz 2 genannten qualifizierten Beteiligungen, der 60 % der anrechenbaren Eigenmittel des Instituts überschreitet,
b) die zuständigen Behörden untersagen Instituten das Halten der in den Absätzen 1 und 2 genannten qualifizierten Beteiligungen, deren Betrag den in diesen Absätzen festgelegten Prozentanteil an den anrechenbaren Eigenmitteln des Instituts überschreitet.

[2] Die zuständigen Behörden machen ihre Entscheidung für den Buchstaben a oder den Buchstaben b bekannt.

(4) *[1]* Für die Zwecke des Absatzes 1 Buchstabe b gibt die EBA Leitlinien zur Präzisierung folgender Begriffe heraus:
a) Tätigkeiten, die eine direkte Verlängerung zur Banktätigkeit darstellen,
b) Hilfstätigkeiten zur Banktätigkeit,
c) ähnliche Tätigkeiten.

[2] Diese Leitlinien werden gemäß Artikel 16 der Verordnung (EU) Nr. 1093/2010 angenommen.

Art. 90 Alternative zum Risikogewicht von 1 250 %. Alternativ zur Anwendung eines Risikogewichts von 1 250 % auf Beträge, die die Höchstgrenzen nach Artikel 89 Absätze 1 und 2 überschreiten, dürfen Institute diese Beträge gemäß Artikel 36 Absatz 1 Buchstabe k von den Posten des harten Kernkapitals abziehen.

Art. 91 Ausnahmen. (1) Aktien oder Anteile anderer Unternehmen als der im Sinne des Artikels 89 Absatz 1 Buchstaben a und b werden bei der Berechnung der Höchstgrenzen jenes Artikels für die anrechenbaren Eigenmittel nicht berücksichtigt, wenn eine der folgenden Bedingungen zutrifft:

a) die Aktien oder Anteile werden vorübergehend für eine finanzielle Stützungsaktion im Sinne des Artikels 79 gehalten,
b) diese gehaltenen Aktien oder Anteile sind eine mit einer Übernahmegarantie versehene Position, die seit höchstens fünf Arbeitstagen gehalten wird,
c) die Aktien oder Anteile werden im Namen des Instituts und für Rechnung Dritter gehalten.

(2) Aktien oder Anteile, die keine Finanzanlagen im Sinne des Artikels 35 Absatz 2 der Richtlinie 86/635/EWG sind, werden in die Berechnung nach Artikel 89 nicht einbezogen.

Teil 3. Eigenmittelanforderungen

Titel I. Allgemeine Anforderungen, Bewertung und Meldung

Kapitel 1. Mindesthöhe der Eigenmittel

Abschnitt 1. Eigenmittelanforderungen an Institute

Art. 92 Eigenmittelanforderungen. (1) Unbeschadet der Artikel 93 und 94 müssen Institute zu jedem Zeitpunkt folgende Eigenmittelanforderungen erfüllen:
a) eine harte Kernkapitalquote von 4,5 %,
b) eine Kernkapitalquote von 6 %,
c) eine Gesamtkapitalquote von 8 %.

(2) Die Institute berechnen ihre Kapitalquoten wie folgt:
a) Die harte Kernkapitalquote ergibt sich aus dem harten Kernkapital des Instituts, ausgedrückt als Prozentsatz des Gesamtrisikobetrags,
b) die Kernkapitalquote ergibt sich aus dem Kernkapital des Instituts, ausgedrückt als Prozentsatz des Gesamtrisikobetrags,
c) die Gesamtkapitalquote ergibt sich aus den Eigenmitteln des Instituts, ausgedrückt als Prozentsatz des Gesamtrisikobetrags.

(3) Der Gesamtrisikobetrag berechnet sich als Summe der Elemente unter den Buchstaben a bis f dieses Absatzes unter Berücksichtigung der Anforderungen nach Absatz 4:
a) die gemäß Titel II und Artikel 379 berechneten risikogewichteten Positionsbeträge für das Kredit- und das Verwässerungsrisiko in allen Geschäftsfeldern eines Instituts, ausschließlich der risikogewichteten Positionsbeträge aus der Handelsbuchtätigkeit des Instituts,
b) die gemäß Titel IV dieses Teils oder Teil 4 ermittelten Eigenmittelanforderungen für die Handelsbuchtätigkeit des Instituts für
   i) das Positionsrisiko,
   ii) Großkredite oberhalb der Obergrenzen der Artikel 395 bis 401, soweit dem Institut eine Überschreitung jener Obergrenzen gestattet ist,
c) die gemäß Titel IV bzw. Titel V mit Ausnahme des Artikels 379 ermittelten Eigenmittelanforderungen für
   i) Fremdwährungsrisiko,
   ii) das Abwicklungsrisiko,

iii) das Warenpositionsrisiko,

d) die gemäß Titel VI berechneten Eigenmittelanforderungen für das Risiko einer Anpassung der Kreditbewertung bei OTC-Derivaten außer anerkannten Kreditderivaten zur Verringerung der risikogewichteten Positionsbeträge für das Kreditrisiko,

e) die gemäß Titel III bestimmten Eigenmittelanforderungen für das operationelle Risiko,

f) die gemäß Titel II ermittelten risikogewichteten Positionsbeträge für das Gegenparteirisiko aus der Handelsbuchtätigkeit des Instituts für folgende Arten von Geschäften und Vereinbarungen:

i) in Anhang II genannte Geschäfte sowie Kreditderivate,

ii) Pensionsgeschäfte, Wertpapier- oder Warenverleih- oder -leihgeschäfte,

iii) Lombardgeschäfte auf der Grundlage von Wertpapieren oder Waren,

iv) Geschäfte mit langer Abwicklungsfrist.

(4) Für die Berechnung des in Absatz 3 genannten Gesamtrisikobetrags gelten folgende Bestimmungen:

a) die Eigenmittelanforderungen nach Absatz 3 Buchstaben c bis e umfassen die Anforderungen aus allen Geschäftsfeldern eines Instituts;

b) die Institute multiplizieren die Eigenmittelanforderungen nach Absatz 3 Buchstaben b bis e mit dem Faktor 12,5.

Art. 92a Anforderungen an Eigenmittel und berücksichtigungsfähige Verbindlichkeiten für G-SRI. (1) Vorbehaltlich der Artikel 93 und 94 und der in Absatz 2 dieses Artikels genannten Ausnahmeregelungen müssen als Abwicklungseinheiten eingestufte Institute, bei denen es sich um G-SRI oder Teile eines G-SRI handelt, zu jedem Zeitpunkt die folgenden Anforderungen an die Eigenmittel und berücksichtigungsfähigen Verbindlichkeiten erfüllen:

a) eine risikobasierte Quote von 18 %, die den Eigenmitteln und berücksichtigungsfähigen Verbindlichkeiten des Instituts, ausgedrückt als Prozentsatz des gemäß Artikel 92 Absätze 3 und 4 berechneten Gesamtrisikobetrags, entspricht;

b) eine nicht-risikobasierte Quote von 6,75 %, die den Eigenmitteln und berücksichtigungsfähigen Verbindlichkeiten des Instituts, ausgedrückt als Prozentsatz der Gesamtrisikopositionsmessgröße nach Artikel 429 Absatz 4, entspricht.

(2) Die in Absatz 1 festgelegten Anforderungen finden in folgenden Zeiträumen keine Anwendung:

a) für einen Zeitraum von drei Jahren ab dem Tag, an dem das Institut oder die Gruppe, der das Institut angehört, als G-SRI eingestuft wurde;

b) für einen Zeitraum von zwei Jahren ab dem Tag, an dem die Abwicklungsbehörde das Bail-in-Instrument im Einklang mit der Richtlinie 2014/59/EU angewandt hat;

c) für einen Zeitraum von zwei Jahren ab dem Tag, an dem die Abwicklungseinheit eine alternative Maßnahme der Privatwirtschaft nach Artikel 32 Absatz 1 Buchstabe b der Richtlinie 2014/59/EU eingeführt hat, durch die

Kapitalinstrumente und andere Verbindlichkeiten herabgeschrieben oder in Posten des harten Kernkapitals umgewandelt worden sind, um die Abwicklungseinheit ohne Anwendung von Abwicklungsinstrumenten zu rekapitalisieren.

(3) Übersteigt der Gesamtbetrag, der aus der Anwendung der Anforderung nach Absatz 1 Buchstabe a des vorliegenden Artikels auf jede Abwicklungseinheit derselben G-SRI resultiert, die gemäß Artikel 12a dieser Verordnung berechnete Anforderung an die Eigenmittel und berücksichtigungsfähigen Verbindlichkeiten, so darf die Abwicklungsbehörde des EU-Mutterinstituts nach Rücksprache mit den anderen einschlägigen Abwicklungsbehörden gemäß Artikel 45d Absatz 4 oder Artikel 45h Absatz 1 der Richtlinie 2014/59/EU vorgehen.

Art. 92b Anforderungen an Eigenmittel und berücksichtigungsfähige Verbindlichkeiten für Nicht-EU-G-SRI. (1) Institute, bei denen es sich um bedeutende Tochterunternehmen von Nicht-EU-G-SRI handelt und die keine Abwicklungseinheiten sind, erfüllen zu jedem Zeitpunkt Anforderungen an Eigenmittel und berücksichtigungsfähige Verbindlichkeiten, die 90 % der in Artikel 92a festgelegten Anforderungen an Eigenmittel und berücksichtigungsfähige Verbindlichkeiten entsprechen.

(2) Für den Zweck der Einhaltung von Absatz 1 werden Instrumente des zusätzlichen Kernkapitals, Ergänzungskapitalinstrumente und Instrumente berücksichtigungsfähiger Verbindlichkeiten nur dann berücksichtigt, wenn diese Instrumente sich im Eigentum des obersten Mutterunternehmens des Nicht-EU-G-SRI befinden und direkt oder indirekt über andere Einheiten in derselben Gruppe ausgegeben wurden, vorausgesetzt, dass alle diese Einheiten ihren Sitz in demselben Drittland wie das oberste Mutterunternehmen oder in einem Mitgliedstaat haben.

(3) Ein Instrument berücksichtigungsfähiger Verbindlichkeiten wird für die Zwecke der Einhaltung des Absatzes 1 nur dann berücksichtigt, wenn es alle folgenden zusätzlichen Bedingungen erfüllt:

a) im Falle eines regulären Insolvenzverfahrens im Sinne des Artikels 2 Absatz 1 Nummer 47 der Richtlinie 2014/59/EU ist die sich aus der Verbindlichkeit ergebende Forderung gegenüber Forderungen, die sich aus Verbindlichkeiten ergeben, welche die in Absatz 2 des vorliegenden Artikels genannten Bedingungen nicht erfüllen und nicht als Eigenmittel gelten können, nachrangig;
b) es unterliegt den Herabschreibungs- oder Umwandlungsbefugnissen gemäß den Artikeln 59 bis 62 der Richtlinie 2014/59/EU.

Art. 93 Anfangskapitalanforderung an bereits bestehende Unternehmen. (1) Die Eigenmittel eines Instituts dürfen nicht unter den zum Zeitpunkt seiner Zulassung als Anfangskapital geforderten Betrag fallen.

(2) [1] Kreditinstitute, die am 1. Januar 1993 bereits bestanden, dürfen ihre Tätigkeiten fortsetzen, auch wenn der Betrag ihrer Eigenmittel den als Anfangskapital geforderten Betrag nicht erreicht. [2] In diesem Fall darf der Betrag der Eigenmittel dieser Institute nicht unter den seit dem 22. Dezember 1989 erreichten Höchstbetrag absinken.

(3) [1] Zugelassene Wertpapierfirmen und Firmen, die unter Artikel 6 der Richtlinie 2006/49/EG fielen und bereits vor dem 31. Dezember 1995 bestanden, dürfen ihre Tätigkeiten fortsetzen, auch wenn der Betrag ihrer Eigenmittel den als Anfangskapital geforderten Betrag nicht erreicht. [2] Die Eigenmittel dieser Firmen oder Wertpapierfirmen dürfen nicht unter den nach dem in der Richtlinie 93/6/EWG des Rates vom 15. März 1993 über die angemessene Eigenkapitalausstattung von Kreditinstituten und Wertpapierfirmen[1)] genannten Bekanntgabedatum berechneten höchsten Bezugswert absinken. [3] Der Bezugswert ist der durchschnittliche tägliche Betrag der Eigenmittel während eines Zeitraums von sechs Monaten vor dem Berechnungsstichtag. [4] Er wird alle sechs Monate für den vorausgegangenen Sechsmonatszeitraum berechnet.

(4) Wenn die Kontrolle über ein Institut, das unter die in Absatz 2 oder 3 genannte Kategorie fällt, von einer anderen natürlichen oder juristischen Person als derjenigen übernommen wird, die zuvor die Kontrolle über das Institut ausgeübt hat, so muss der Betrag der Eigenmittel dieses Instituts den als Anfangskapital geforderten Betrag erreichen.

(5) Bei einem Zusammenschluss von zwei oder mehr Instituten der in Absatz 2 oder 3 genannten Kategorie darf der Betrag der Eigenmittel des aus dem Zusammenschluss hervorgehenden Instituts nicht unter die zum Zeitpunkt des Zusammenschlusses bestehende Summe der Eigenmittel der zusammengeschlossenen Institute fallen, bis der als Anfangskapital geforderte Betrag erreicht wird.

(6) Ist es nach Ansicht der zuständigen Behörden erforderlich, dass die Anforderung nach Absatz 1 erfüllt wird, um die Solvenz eines Instituts sicherzustellen, so kommen die Absätze 2 bis 5 nicht zur Anwendung.

Art. 94 Ausnahme für Handelsbuchtätigkeiten von geringem Umfang.

(1) Institute können für ihre Handelsbuchtätigkeit die Eigenmittelanforderung nach Artikel 92 Absatz 3 Buchstabe b genannte durch eine gemäß Artikel 92 Absatz 3 Buchstabe a berechnete Eigenmittelanforderung ersetzen, sofern der Umfang ihrer bilanz- und außerbilanzmäßigen Handelsbuchtätigkeit die beiden folgenden Bedingungen erfüllt:

a) Er liegt in der Regel unter 5 % der Gesamtaktiva und unter 15 Mio. EUR,

b) er übersteigt nie 6 % der Gesamtaktiva und 20 Mio. EUR.

(2) Bei der Berechnung der Gesamtsumme der bilanzmäßigen und außerbilanziellen Geschäfte gehen Institute wie folgt vor:

a) für Schuldtitel wird deren Marktpreis oder Nennwert und für Aktien der Marktpreis angesetzt; Derivate werden entsprechend dem Nennwert oder Marktpreis der ihnen zugrunde liegenden Instrumente bewertet;

b) der absolute Wert von Kaufpositionen und der absolute Wert von Verkaufspositionen werden zusammenaddiert.

(3) [1] Erfüllt ein Institut die Bedingung von Absatz 1 Buchstabe b nicht, so zeigt es dies der zuständigen Behörde unverzüglich an. [2] Wenn die zuständige Behörde nach ihrer Bewertung zu dem Schluss kommt und dem Institut mitteilt, dass die Anforderung nach Absatz 1 Buchstabe a nicht erfüllt ist, so wendet das Institut ab dem Datum der nächsten Meldung Absatz 1 nicht mehr an.

[1)] **Amtl. Anm.:** ABl. L 144 vom 11.6.1993, S. 1.

Abschnitt 2. Eigenmittelanforderungen an Wertpapierfirmen mit beschränkter Zulassung für die Erbringung von Finanzdienstleistungen

Art. 95 Eigenmittelanforderungen an Wertpapierfirmen mit beschränkter Zulassung für die Erbringung von Finanzdienstleistungen.

(1) Für die Zwecke des Artikels 92 Absatz 3 berechnen Wertpapierfirmen, die keine Zulassung für die Erbringung der in Anhang I Abschnitt A Nummern 3 und 6 der Richtlinie 2004/39/EG genannten Wertpapierdienstleistungen und Anlagetätigkeiten haben, den Gesamtrisikobetrag nach der in Absatz 2 beschriebenen Methode.

(2) *[1]* Wertpapierfirmen im Sinne des Absatzes 1 und Firmen im Sinne des Artikels 4 Absatz 1 Nummer 2 Buchstabe c, die die in Anhang I Abschnitt A Nummern 2 und 4 der Richtlinie 2004/39/EG genannten Wertpapierdienstleistungen und Anlagetätigkeiten erbringen, berechnen den Gesamtrisikobetrag als den höheren der folgenden Beträge:

a) Summe der in Artikel 92 Absatz 3 Buchstaben a bis d und f genannten Posten nach Anwendung des Artikels 92 Absatz 4,

b) in Artikel 97 genannter Betrag, multipliziert mit dem Faktor 12,5.

[2] Firmen im Sinne des Artikels 4 Absatz 1 Nummer 2 Buchstabe c, die die in Anhang I Abschnitt A Nummern 2 und 4 der Richtlinie 2004/39/EG genannten Wertpapierdienstleistungen und Anlagetätigkeiten erbringen, müssen die Anforderungen des Artikels 92 Absätze 1 und 2, ausgehend von dem Gesamtrisikobetrag nach Unterabsatz 1 berechnen.

[3] Die zuständigen Behörden können als Eigenmittelanforderungen an Firmen im Sinne des Artikels 4 Absatz 1 Nummer 2 Buchstabe c, die die in Anhang I Abschnitt A Nummern 2 und 4 der Richtlinie 2004/39/EG über Märkte für Finanzdienstleistungen genannten Wertpapierdienstleistungen und Anlagetätigkeiten erbringen, die Eigenmittelanforderungen festlegen, die für diese Firmen aufgrund der einzelstaatlichen Maßnahmen zur Umsetzung der Richtlinien 2006/49/EG und 2006/48/EG am 31. Dezember 2013 gelten.

(3) Die Wertpapierfirmen nach Absatz 1 unterliegen sämtlichen anderen Bestimmungen des Titels VII Kapitel 2 Abschnitt 2 Unterabschnitt 2 der Richtlinie 2013/36/EU über das operationelle Risiko.

Art. 96 Eigenmittelanforderungen an Wertpapierfirmen mit einem Anfangskapital in der in Artikel 28 Absatz 2 der Richtlinie 2013/36/EU festgelegten Höhe. (1) Für die Zwecke des Artikels 92 Absatz 3 berechnen folgende Kategorien von Wertpapierfirmen, die Anfangskapital gemäß den Anforderungen des Artikels 28 Absatz 2 der Richtlinie 2013/36/EU vorhalten, den Gesamtrisikobetrag nach der in Absatz 2 beschriebenen Methode:

a) Wertpapierfirmen, die für eigene Rechnung ausschließlich zum Zwecke der Erfüllung oder Ausführung eines Kundenauftrags oder des möglichen Zugangs zu einem Clearing- und Abwicklungssystem oder einer anerkannten Börse handeln, sofern sie kommissionsweise tätig sind oder einen Kundenauftrag ausführen;

b) Wertpapierfirmen, die sämtliche nachstehenden Bedingungen erfüllen:
   i) sie halten keine Kundengelder oder -wertpapiere,
   ii) sie treiben nur Handel für eigene Rechnung,

iii) sie haben keine externen Kunden,

iv) sie lassen ihre Geschäfte unter der Verantwortung eines Clearinginstituts ausführen und abwickeln, wobei letzteres die Garantie dafür übernimmt.

(2) Für die in Absatz 1 genannten Wertpapierfirmen wird der Gesamtrisikobetrag als Summe folgender Summanden berechnet:

a) die in Artikel 92 Absatz 3 Buchstaben a bis d und f genannten Posten nach Anwendung des Artikels 92 Absatz 4,

b) der in Artikel 97 genannte Betrag, multipliziert mit dem Faktor 12,5.

(3) Wertpapierfirmen im Sinne des Absatzes 1 unterliegen sämtlichen anderen Bestimmungen des Titels VII Kapitel 3 Abschnitt 2 Unterabschnitt 1 der Richtlinie 2013/36/EU über das operationelle Risiko.

Art. 97 Eigenmittel auf der Grundlage der fixen Gemeinkosten.

(1) Im Einklang mit den Artikeln 95 und 96 halten Wertpapierfirmen und Firmen im Sinne des Artikels 4 Absatz 1 Nummer 2 Buchstabe c, die die in Anhang I Abschnitt A Nummern 2 und 4 der Richtlinie 2004/39/EG genannten Wertpapierdienstleistungen und Anlagetätigkeiten erbringen, anrechenbare Eigenmittel von mindestens einem Viertel der im vorausgegangen Jahr angefallenen fixen Gemeinkosten vor.

(2) Ist seit dem vorausgegangenen Jahr eine nach Ansicht der zuständigen Behörde wesentliche Änderung der Geschäftstätigkeit einer Wertpapierfirma eingetreten, kann die zuständige Behörde die Anforderung nach Absatz 1 anpassen.

(3) Wertpapierfirmen, die ihre Geschäftstätigkeit seit weniger als einem Jahr (ab dem Tag der Aufnahme der Geschäftstätigkeit) ausüben, müssen anrechenbare Eigenmittel in Höhe von mindestens einem Viertel der im Geschäftsplan veranschlagten fixen Gemeinkosten vorhalten, sofern die zuständige Behörde nicht eine Anpassung dieses Plans verlangt.

(4) *[1]* Die EBA arbeitet in Abstimmung mit der ESMA Entwürfe technischer Regulierungsstandards aus, in denen Folgendes präzisiert wird:

a) die Berechnung der Anforderung, anrechenbare Eigenmittel in Höhe von mindestens einem Viertel der im vorausgegangenen Jahr angefallenen fixen Gemeinkosten vorzuhalten,

b) die Bedingungen für die Anpassung der Anforderung, anrechenbare Eigenmittel in Höhe von mindestens einem Viertel der im vorausgegangenen Jahr angefallenen fixen Gemeinkosten vorzuhalten, durch die zuständige Behörde,[1)]

c) die Berechnung der veranschlagten fixen Gemeinkosten von Wertpapierfirmen, die ihre Geschäftstätigkeit seit weniger als einem Jahr ausüben.

[2] Die EBA legt der Kommission diese Entwürfe technischer Regulierungsstandards bis zum 1. März 2014 vor.

[3] Der Kommission wird die Befugnis übertragen, die technischen Regulierungsstandards nach Unterabsatz 1 gemäß den Artikeln 10 bis 14 der Verordnung (EU) Nr. 1093/2010 zu erlassen.

[1)] Komma fehlt im ABl.EU.

Art. 98 Eigenmittel von Wertpapierfirmen auf konsolidierter Basis.

(1) Bei Wertpapierfirmen im Sinne des Artikels 95 Absatz 1, die einer Gruppe angehören, die keine Kreditinstitute umfasst, wendet die Mutterwertpapierfirma in einem Mitgliedstaat Artikel 92 auf konsolidierter Basis wie folgt an:

a) Berechnung des Gesamtrisikobetrags gemäß Artikel 95 Absatz 2,

b) Berechnung der Eigenmittel auf der Grundlage der konsolidierten Lage der Mutterwertpapierfirma, Finanzholdinggesellschaft bzw. gemischten Finanzholdinggesellschaft.

(2) Bei Wertpapierfirmen im Sinne des Artikels 96 Absatz 1, die einer Gruppe angehören, die keine Kreditinstitute umfasst, wenden eine Mutterwertpapierfirma in einem Mitgliedstaat und eine von einer Finanzholdinggesellschaft oder einer gemischten Finanzholdinggesellschaft kontrollierte Wertpapierfirma Artikel 92 auf konsolidierter Basis wie folgt an:

a) Berechnung des Gesamtrisikobetrags gemäß Artikel 96 Absatz 2,

b) Berechnung der Eigenmittel auf der Grundlage der konsolidierten Lage der Mutterwertpapierfirma, Finanzholdinggesellschaft bzw. gemischten Finanzholdinggesellschaft und gemäß Teil 1 Titel II Kapitel 2.

Kapitel 2. Berechnung und Meldepflichten

Art. 99 Meldung über Eigenmittelanforderungen und Finanzinformationen. (1) Institute legen den zuständigen Behörden zumindest halbjährlich Meldungen über die Verpflichtungen nach Artikel 92 vor.

(2) Institute, die unter Artikel 4 der Verordnung (EG) Nr. 1606/2002 fallen, sowie andere als die in Artikel 4 jener Verordnung bezeichneten Kreditinstitute, die ihren konsolidierten Abschluss nach den internationalen Rechnungslegungsstandards aufstellen, die nach dem Verfahren des Artikels 6 Absatz 2 jener Verordnung übernommen wurden, legen ebenfalls Finanzinformationen vor.

(3) Die zuständigen Behörden können auch von Kreditinstituten, die internationale Rechnungslegungsstandards nach Maßgabe der Verordnung (EG) Nr. 1606/2002 anwenden, um gemäß Artikel 24 Absatz 2 Eigenmittel auf konsolidierter Basis zu melden, verlangen, Finanzinformationen vorzulegen.

(4) Finanzinformationen nach den Absätzen 2 und 3 sind insoweit vorzulegen, als dies erforderlich ist, um einen umfassenden Überblick über das Risikoprofil der Tätigkeiten eines Instituts und – im Einklang mit der Verordnung (EU) Nr. 1093/2010 – über die von Instituten für den Finanzsektor oder die Realwirtschaft ausgehenden Systemrisiken zu geben.

(5) *[1]* Die EBA arbeitet Entwürfe technischer Durchführungsstandards aus, um einheitliche Meldeformate, -intervalle und -termine, Begriffsbestimmungen sowie die in der Union anzuwendenden IT-Lösungen für die Meldungen gemäß den Absätzen 1 bis 4 zu spezifizieren.

[2] Die Meldepflichten müssen der Art, dem Umfang und der Komplexität der Geschäfte des Instituts angemessen sein.

[3] Die EBA übermittelt der Kommission diese Entwürfe technischer Durchführungsstandards bis zum 28. Juli 2013.

[4] Der Kommission wird die Befugnis übertragen, die technischen Durchführungsstandards nach Unterabsatz 1 gemäß Artikel 15 der Verordnung (EU) Nr. 1093/2010 zu erlassen.

(6) *[1]* Ist eine zuständige Behörde der Ansicht, dass die nach Absatz 2 geforderten Finanzinformationen erforderlich sind, um in Bezug auf andere als die in den Absätzen 2 und 3 bezeichneten Institute, für die ein auf die Richtlinie 86/635/EWG gestützter Rechnungslegungsrahmen gilt, einen umfassenden Überblick über das Risikoprofil ihrer Tätigkeiten und die von ihnen ausgehenden Systemrisiken für den Finanzsektor oder die Realwirtschaft zu erhalten, konsultieren die zuständige Behörde die EBA zu der Frage, ob die Pflicht zur Vorlage von Finanzinformationen auf konsolidierter Basis auf solche Institute auszuweiten ist, sofern sie die Informationen auf dieser Basis nicht bereits vorlegen.

[2] Die EBA arbeitet Entwürfe technischer Durchführungsstandards aus, in denen die von den Instituten zu verwendenden Formate spezifiziert werden, mittels derer die zuständigen Behörden die Meldepflicht gemäß Unterabsatz 1 ausweiten können.

[3] Die EBA übermittelt der Kommission diese Entwürfe technischer Durchführungsstandards bis zum 28. Juli 2013.

[4] Der Kommission wird die Befugnis übertragen, die technischen Durchführungsstandards nach Unterabsatz 2 gemäß Artikel 15 der Verordnung (EU) Nr. 1093/2010 zu erlassen.

(7) Werden Informationen, die nach Ansicht einer zuständigen Behörde für die Zwecke des Absatzes 4 benötigt werden, von den technischen Durchführungsstandards nach Absatz 5 nicht erfasst, teilt sie der EBA und dem ESRB mit, welche zusätzlichen Informationen ihrer Ansicht nach in die technischen Durchführungsstandards nach Absatz 5 aufzunehmen sind.

Art. 100 Zusätzliche Meldepflichten. *[1]* Institute melden, zumindest in zusammengefasster Form, die Höhe von Rückkaufsvereinbarungen, Wertpapierleihgeschäften und alle Formen der Belastung von Vermögenswerten.

[2] Die EBA nimmt diese Informationen in die technischen Durchführungsstandards zu den Meldepflichten nach Artikel 99 Absatz 5 auf.

Art. 101 Besondere Meldepflichten. (1) Institute melden für jeden einzelstaatlichen Immobilienmarkt, an dem sie finanziell engagiert sind, den zuständigen Behörden halbjährlich folgende Daten:

a) Verluste aus Risikopositionen, für die ein Institut Wohnimmobilien als Sicherheit anerkannt hat, bis zur Höhe des als Sicherheit verpfändeten Betrags oder, falls dieser niedriger ist, 80 % des Marktwerts bzw. 80 % des Beleihungswerts vorbehaltlich der Bestimmungen von Artikel 124 Absatz 2,

b) Gesamtverluste aus Risikopositionen, für die ein Institut Wohnimmobilien als Sicherheit anerkannt hat, bis zu dem Teil der Risikoposition, der gemäß Artikel 124 Absatz 1 als vollständig durch Wohnimmobilien besichert gilt,

c) Risikopositionswert sämtlicher ausstehenden Risikopositionen, für die ein Institut Wohnimmobilien als Sicherheit anerkannt hat, begrenzt auf den Teil der Risikoposition, der gemäß Artikel 124 Absatz 1 als vollständig durch Wohnimmobilien besichert gilt,

d) Verluste aus Risikopositionen, für die ein Institut Gewerbeimmobilien als Sicherheit anerkannt hat, bis zum Wert des als Sicherheit hinterlegten Betrags oder 50 % des Marktwerts bzw. 60 % des Beleihungswerts, falls dieser niedriger ist, vorbehaltlich der Bestimmungen des Artikels 124 Absatz 2,

e) Gesamtverluste aus Risikopositionen, für die ein Institut Gewerbeimmobilien als Sicherheit anerkannt hat, bis zu dem Teil der Risikoposition, der gemäß Artikel 124 Absatz 1 als vollständig durch Gewerbeimmobilien besichert gilt,

f) Risikopositionswert sämtlicher ausstehenden Risikopositionen, für die ein Institut Gewerbeimmobilien als Sicherheit anerkannt hat, begrenzt auf den Teil der Risikoposition, der gemäß Artikel 124 Absatz 1 als vollständig durch Gewerbeimmobilien besichert gilt.

(2) [1] Die Daten nach Absatz 1 werden der zuständigen Behörde des Herkunftsmitgliedstaats des jeweiligen Instituts gemeldet. [2] Hat ein Institut eine Zweigstelle in einem anderen Mitgliedstaat, werden die Daten bezüglich dieser Zweigstelle auch der zuständigen Behörde des Aufnahmemitgliedstaats gemeldet. [3] Die Daten werden getrennt für jeden Immobilienmarkt innerhalb der Union, an dem das jeweilige Institut finanziell engagiert ist, gemeldet.

(3) [1] Die zuständigen Behörden veröffentlichen jährlich auf aggregierter Basis die in Absatz 1 Buchstaben a bis f genannten Daten zusammen mit historischen Daten, sofern diese verfügbar sind. [2] Eine zuständige Behörde übermittelt der zuständigen Behörde eines Mitgliedstaats oder der EBA auf Antrag dieser zuständigen Behörde oder der EBA detailliertere Informationen über den Zustand der Märkte für Wohn- oder Gewerbeimmobilien in dem betreffenden Mitgliedstaat.

(4) *[1]* Die EBA arbeitet Entwürfe technischer Durchführungsstandards aus, in denen Folgendes präzisiert wird:

a) einheitliche Formate, Begriffsbestimmungen, Meldeintervalle und -termine der Positionen sowie die IT-Lösungen für die Meldungen nach Absatz 1,

b) einheitliche Formate, Begriffsbestimmungen, Meldeintervalle und -termine der aggregierten Daten sowie die IT-Lösungen für die Meldungen nach Absatz 3.

[2] Die EBA übermittelt der Kommission diese Entwürfe technischer Durchführungsstandards bis zum 28. Juli 2013.

[3] Der Kommission wird die Befugnis übertragen, die technischen Durchführungsstandards nach Unterabsatz 1 gemäß Artikel 15 der Verordnung (EU) Nr. 1093/2010 zu erlassen.

Kapitel 3. Handelsbuch

Art. 102 Anforderungen für das Handelsbuch. (1) Positionen im Handelsbuch unterliegen entweder keinen Beschränkungen in Bezug auf ihre Marktfähigkeit oder können abgesichert werden.

(2) Die Handelsabsicht wird anhand der Strategien, Regeln und Verfahren nachgewiesen, die vom Institut aufgestellt wurden, um die Position oder das Portfolio im Sinne von Artikel 103 zu führen.

(3) Institute führen Systeme und Kontrollen ein, die der Führung ihres Handelsbuchs im Sinne der Artikel 104 und 105 dienen, und erhalten diese aufrecht.

(4) Institute können bei der Berechnung der Eigenmittelanforderungen für das Positionsrisiko interne Sicherungsgeschäfte einbeziehen, sofern sie mit Handelsabsicht gehalten werden und die Anforderungen der Artikel 103 bis 106 erfüllt sind.

Art. 103 Führung des Handelsbuchs. Das Institut erfüllt bei der Führung von Positionen bzw. Positionsgruppen im Handelsbuch alle der folgenden Anforderungen:

a) Das Institut verfolgt für die Position/das Instrument oder die Portfolios eine klar dokumentierte Handelsstrategie, die von der Geschäftsleitung genehmigt ist und die erwartete Haltedauer beinhaltet;

b) das Institut verfügt über eindeutig definierte Regeln und Verfahren für die aktive Steuerung der von einer Handelsabteilung eingegangenen Positionen. Diese enthalten Folgendes:

i) welche Positionen von welcher Handelsabteilung eingegangen werden dürfen,

ii) Positionslimits werden festgelegt und ihre Angemessenheit überwacht,

iii) Händler können im Rahmen festgelegter Limits und der genehmigten Strategie eigenständig Positionen eingehen und steuern,

iv) die Berichterstattung über die Positionen an die Geschäftsleitung ist fester Bestandteil des Risikomanagementverfahrens des Instituts,

v) Positionen werden unter Bezug auf Informationsquellen aus dem Markt aktiv überwacht, wobei die Marktfähigkeit oder die Absicherungsmöglichkeiten der Position bzw. der Risiken ihrer Bestandteile beurteilt werden; hierzu gehören auch die Beurteilung, die Qualität und die Verfügbarkeit von Marktinformationen für das Bewertungsverfahren, die Umsatzvolumina am Markt und die Größe der am Markt gehandelten Positionen,

(vi)[1] Verfahren und Kontrollen zur aktiven Verhinderung von Betrug;

c) das Institut verfügt über klar definierte Regeln und Verfahren zur Überwachung der Positionen auf Übereinstimmung mit der Handelsstrategie, einschließlich der Überwachung des Umsatzes und der Positionen, deren ursprünglich beabsichtigte Haltedauer überschritten wurde.

Art. 104 Einbeziehung in das Handelsbuch. (1) [1] Institute haben entsprechend den Anforderungen des Artikels 102 und der Definition des Handelsbuchs in Artikel 4 Absatz 1 Nummer 86 sowie unter Berücksichtigung der eigenen Risikomanagement-Fähigkeiten und -Praxis klar definierte Grundsätze und Verfahren zur Ermittlung der Positionen, die für die Berechnung ihrer Eigenmittelanforderungen dem Handelsbuch zuzurechnen sind. [2] Die Institute dokumentieren die Einhaltung dieser Grundsätze und Verfahren vollständig und unterziehen sie einer regelmäßigen internen Überprüfung.

---

[1] Richtig wohl: „vi)".

(2) [1] Die Institute verfügen über eindeutig festgelegte Regeln und Verfahren für die Gesamtführung ihres Handelsbuchs. [2] Diese Regeln und Verfahren betreffen zumindest Folgendes:

a) die Tätigkeiten, die das Institut im Hinblick auf die Eigenmittelanforderungen als Handel und als Bestandteil des Handelsbuchs betrachtet;

b) das Ausmaß, in dem eine Position täglich zum Marktwert bewertet werden kann („marked-to-market"), mit Bezug auf einen aktiven, aus Käufer- und Verkäufersicht hinreichend liquiden Markt;

c) im Fall von Positionen, die zu Modellpreisen bewertet werden („marked-to-model"), das Ausmaß, in dem ein Institut

   i) alle wesentlichen Risiken der Position ermitteln kann,

   ii) alle wesentlichen Risiken der Position durch Instrumente absichern kann, für die ein aktiver, aus Käufer- und Verkäufersicht hinreichend liquider Markt besteht,

   iii) verlässliche Schätzungen für die wichtigsten Annahmen und Parameter, die im Modell Verwendung finden, ableiten kann;

d) das Ausmaß, in dem das Institut in der Lage und verpflichtet ist, Bewertungen für die Position zu liefern, die extern einheitlich validiert werden können;

e) das Ausmaß, in dem rechtliche Beschränkungen oder andere operative Anforderungen die Fähigkeit des Instituts behindern würden, kurzfristig eine Veräußerung oder Absicherung der Position vorzunehmen;

f) das Ausmaß, in dem das Institut in der Lage und verpflichtet ist, die Risiken der Positionen aktiv innerhalb seiner Handelstätigkeiten zu steuern;

g) das Ausmaß, in dem das Institut Risiken oder Positionen zwischen dem Anlagebuch und dem Handelsbuch übertragen kann, und die Kriterien für solche Übertragungen.

Art. 104b Anforderungen an Handelstische. (1) [1] Für die Zwecke der Meldepflichten gemäß Artikel 430b Absatz 3 richten die Institute Handelstische ein und ordnen jede ihrer Handelsbuchpositionen einem dieser Handelstische zu. [2] Handelsbuchpositionen werden nur dann demselben Handelstisch zugeordnet, wenn sie der vereinbarten Geschäftsstrategie des Handelstischs entsprechen und stetig gemäß Absatz 2 des vorliegenden Artikels verwaltet und überwacht werden.

(2) Die Handelstische der Institute genügen zu jedem Zeitpunkt sämtlichen folgenden Anforderungen:

a) jeder Handelstisch verfolgt eine klare und eindeutige Geschäftsstrategie und verfügt über eine ihrer Geschäftsstrategie angemessene Risikomanagementstruktur;

b) jeder Handelstisch verfügt über eine klare Organisationsstruktur; die Positionen eines bestimmten Handelstischs werden von benannten Händlern innerhalb des Instituts verwaltet; jeder Händler nimmt bestimmte Funktionen des Handelstischs wahr; jeder Händler wird nur einem Handelstisch zugeordnet;

c) innerhalb jedes Handelstischs werden im Einklang mit der Geschäftsstrategie des Handelstischs Positionslimits festgesetzt;

d) Berichte über die Tätigkeiten, die Rentabilität, das Risikomanagement und die rechtlichen Anforderungen an den Handelstisch werden mindestens wöchentlich erstellt und dem Leitungsorgan regelmäßig übermittelt;

e) für jeden Handelstisch gibt es einen klaren jährlichen Geschäftsplan, der eine genau festgelegte Vergütungspolitik umfasst, die auf soliden Kriterien für die Erfolgsmessung gründet;

f) Berichte über fällig werdende Positionen, über Verstöße gegen innerhalb eines Tages geltende Handelsobergrenzen, Verstöße gegen für einen Tag geltende Handelsobergrenzen und die von dem Institut ergriffenen Gegenmaßnahmen sowie über die Bewertungen der Marktliquidität werden monatlich für jeden Handelstisch erstellt und den zuständigen Behörden zur Verfügung gestellt.

(3) Abweichend von Absatz 2 Buchstabe b kann ein Institut einen Händler mehr als einem Handelstisch zuordnen, sofern das Institut seiner zuständigen Behörde hinreichend nachweist, dass die Zuordnung aus geschäftlichen oder ressourcenbezogenen Erwägungen vorgenommen wurde und dass die anderen in diesem Artikel dargelegten qualitativen Anforderungen, die für Händler und Handelstische gelten, im Zuge dieser Zuordnung erhalten bleiben.

(4) [1] Die Institute unterrichten die zuständigen Behörden darüber, in welcher Form sie Absatz 2 genügen. [2] Die zuständigen Behörden können von einem Institut verlangen, dass es die Struktur oder die Organisation seiner Handelstische ändert, um die Anforderungen dieses Artikels zu erfüllen.

Art. 105 Anforderungen für eine vorsichtige Bewertung. (1) [1] Alle Handelsbuchpositionen unterliegen den in diesem Artikel festgelegten Standards für eine vorsichtige Bewertung. [2] Die Institute stellen insbesondere sicher, dass mit der vorsichtigen Bewertung ihrer Handelsbuchpositionen ein angemessener Grad an Sicherheit erzielt wird, der dem dynamischen Charakter der Handelsbuchpositionen, den Anforderungen der aufsichtlichen Solidität sowie der Funktionsweise und dem Zweck der Eigenmittelanforderungen im Hinblick auf die Handelsbuchpositionen Rechnung trägt.

(2) [1] Die Institute führen angemessene Systeme und Kontrollen ein und erhalten diese aufrecht, um vorsichtige und zuverlässige Schätzwerte zu liefern. [2] Diese Systeme und Kontrollen beinhalten zumindest die folgenden Elemente:

a) schriftlich niedergelegte Regeln und Verfahren für den Bewertungsprozess, einschließlich klar definierter Zuständigkeiten für die verschiedenen an der Bewertung beteiligten Bereiche, der Quellen für die Marktinformationen und die Überprüfung von deren Eignung, von Leitlinien für die Verwendung von nicht beobachtbaren Parametern, die die Annahmen des Instituts über die von den Marktteilnehmern für die Preisbildung verwendeten Größen widerspiegeln, der Häufigkeit der unabhängigen Bewertung, des Zeitpunkts für die Erhebung der Tagesschlusspreise, des Vorgehens bei Bewertungsanpassungen sowie Monatsend- und Ad-hoc-Verifikationsverfahren,

b) Berichtswege für die Bewertungsabteilung, die klar und unabhängig von denen der Handelsabteilung sind und in letzter Instanz beim Leitungsorgan enden.

(3) Die Institute bewerten die Handelsbuchpositionen zumindest einmal täglich neu.

(4) Die Institute bewerten ihre Positionen wenn immer möglich zu Marktpreisen, auch bei der Anwendung der Eigenmittelvorschriften für das Handelsbuch.

(5) [1] Bei der Bewertung zu Marktpreisen verwendet das Institut die vorsichtigere Seite der Geld- und Briefkurse, es sei denn, das Institut kann zu Mittelkursen („mid market") glattstellen. [2] Machen Institute von dieser Ausnahme Gebrauch, melden sie ihren zuständigen Behörden alle sechs Monate die betroffenen Positionen und weisen nach, dass sie zu Mittelkursen glattstellen können.

(6) Wenn eine Bewertung zu Marktpreisen nicht möglich ist, nehmen die Institute eine vorsichtige Bewertung ihrer Positionen und Portfolios zu Modellpreisen vor, auch bei der Berechnung der Eigenmittelanforderungen für Positionen im Handelsbuch.

(7) *[1]* Die Institute erfüllen bei der Bewertung zu Modellpreisen die folgenden Anforderungen:

a) Der Geschäftsleitung ist bekannt, welche Elemente des Handelsbuchs oder andere zum Zeitwert bewertete Positionen zu Modellpreisen bewertet werden, und ihm ist die Bedeutung des Unsicherheitsfaktors bewusst, der dadurch in die Berichterstattung über die Risiken/Erfolgsbeiträge des Geschäftsfelds einfließt;

b) die Institute beziehen die Marktdaten, soweit möglich, im Einklang mit den Marktpreisen und überprüfen häufig die Eignung der Marktdaten für die Bewertung der Position sowie die Parameter des Modells;

c) soweit verfügbar, verwenden die Institute für bestimmte Finanzinstrumente oder Waren der marktüblichen Praxis entsprechende Bewertungsmethoden;

d) wenn das Modell vom Institut selbst entwickelt wurde, basiert es auf geeigneten Annahmen, die von angemessen qualifizierten Dritten, die nicht in den Entwicklungsprozess eingebunden waren, beurteilt und kritisch geprüft worden sind;

e) die Institute verfügen über formale Verfahren für die Kontrolle von Änderungen, bewahren eine Sicherheitskopie des Modells auf und verwenden diese regelmäßig, um die Bewertungen zu prüfen,

f) das Risikomanagement kennt die Schwächen des verwendeten Modells und weiß, wie diese am besten in den Bewertungsergebnissen zu berücksichtigen sind und

g) die Modelle der Institute werden regelmäßig überprüft, um die Genauigkeit ihrer Ergebnisse festzustellen, einschließlich einer Beurteilung, ob die Annahmen weiterhin angemessen sind, einer Analyse der Gewinne und Verluste gegenüber den Risikofaktoren und einem Vergleich der tatsächlichen Glattstellungspreise mit den Modellergebnissen.

[2] Für die Zwecke von Buchstabe d wird das Modell unabhängig vom Handelstisch entwickelt bzw. abgenommen und einer unabhängigen Prüfung unterzogen, einschließlich einer Bewertung der mathematischen Grundlagen, der Annahmen und der Softwareimplementierung.

(8) [1] Die Institute nehmen eine unabhängige Preisüberprüfung vor, zusätzlich zur täglichen Marktbewertung oder Modellbewertung. [2] Die Überprüfung der Marktpreise und Modellparameter wird von einer Person bzw. Einheit, die unabhängig von den Personen bzw. Einheiten ist, denen das Handelsbuch

zugute kommt, mindestens einmal pro Monat durchgeführt (oder häufiger, je nach Art des Markt- oder Handelsgeschäfts). [3] Falls keine unabhängigen Quellen für die Preisbildung verfügbar sind oder diese eher subjektiv sind, sind unter Umständen vorsichtige Schätzungen wie Bewertungsanpassungen angemessen.

(9) Die Institute führen Verfahren für die Berücksichtigung von Bewertungsanpassungen ein und erhalten diese aufrecht.

(10) Die Institute berücksichtigen ausdrücklich die folgenden Bewertungsanpassungen: noch nicht eingenommene Kreditrisikoprämien (Kreditspreads), Glattstellungskosten, operationelle Risiken, Marktpreisunsicherheit, vorzeitige Vertragsbeendigung, Geldanlage- und Finanzierungskosten sowie künftige Verwaltungskosten und gegebenenfalls Modellrisiken.

(11) [1] Die Institute führen Verfahren für die Berechnung einer Anpassung der aktuellen Bewertung von weniger liquiden Positionen ein und erhalten diese aufrecht, wobei diese weniger liquiden Positionen insbesondere von Marktereignissen oder institutsbedingten Situationen herrühren können, wie konzentrierten Positionen und/oder Positionen, deren ursprünglich beabsichtigte Haltedauer überschritten wurde. [2] Die Institute nehmen solche Anpassungen gegebenenfalls zusätzlich zu den für Rechnungslegungszwecke erforderlichen Wertberichtigungen der Position vor und gestalten diese so, dass sie die Illiquidität der Position widerspiegeln. [3] Bei diesem Verfahren ziehen die Institute verschiedene Faktoren in Betracht, wenn sie darüber entscheiden, ob eine Bewertungsanpassung für weniger liquide Positionen notwendig ist. [4] Diese Faktoren enthalten

a) die Zeit, die notwendig wäre, um die Position oder die Positionsrisiken abzusichern,
b) die Volatilität und den Durchschnitt von Geld-/Briefspannen,
c) die Verfügbarkeit von Marktnotierungen (Anzahl und Identität der Marktpfleger) und die Volatilität und den Durchschnitt der Handelsvolumina, einschließlich in Stressphasen an den Märkten,
d) Marktkonzentrationen,
e) die Alterung von Positionen,
f) das Ausmaß, in dem die Bewertung auf einer Bewertung zu Modellpreisen beruht,
g) die Auswirkungen anderer Modellrisiken.

(12) [1] Beim Rückgriff auf die Bewertungen Dritter bzw. auf Bewertungen zu Modellpreisen prüfen die Institute die Notwendigkeit einer Bewertungsanpassung. [2] Zudem wägen die Institute ab, ob Anpassungen für weniger liquide Positionen *vorzunehmen*[1)] und überprüfen regelmäßig deren Zweckmäßigkeit. [3] Die Institute prüfen ferner ausdrücklich, ob im Zusammenhang mit der Unsicherheit der in den Modellen verwendeten Parameter Bewertungsanpassungen erforderlich sind.

(13) Die Institute prüfen bei komplexen Produkten, einschließlich Verbriefungspositionen und n-ter-Ausfall-Kreditderivaten ausdrücklich, ob Bewertungsanpassungen erforderlich sind, um dem Modellrisiko, das mit der Verwendung einer möglicherweise falschen Bewertungsmethodik verknüpft ist, und dem Modellrisiko, das mit der Verwendung von nicht beobachtbaren (und

---

1) Richtig wohl: „vorzunehmen sind,".

möglicherweise falschen) Kalibrierungsparametern im Bewertungsmodell verknüpft ist, Rechnung zu tragen.

(14) *[1]* Die EBA arbeitet Entwürfe technischer Regulierungsstandards zur Klärung der Modalitäten für die Anwendung der Anforderungen nach Artikel 105 für die Zwecke von Absatz 1 aus.

[2] Die EBA übermittelt der Kommission diese Entwürfe technischer Regulierungsstandards bis zum 28. Juli 2013.

[3] Der Kommission wird die Befugnis übertragen, die technischen Regulierungsstandards nach Unterabsatz 1 gemäß den Artikeln 10 bis 14 der Verordnung (EU) Nr. 1093/2010 zu erlassen.

Art. 106 Interne Sicherungsgeschäfte. (1) Ein internes Sicherungsgeschäft erfüllt insbesondere die folgenden Anforderungen:

a) Es wird nicht in erster Linie dazu verwendet, die Eigenmittelanforderungen zu umgehen oder zu mindern,

b) es wird angemessen dokumentiert und unterliegt speziellen internen Genehmigungs- und Auditverfahren,

c) es wird zu Marktbedingungen durchgeführt,

d) das durch interne Absicherungen hervorgerufene Marktrisiko wird im Handelsbuch innerhalb der zulässigen Grenzen dynamisch gesteuert,

e) es wird anhand angemessener Verfahren sorgfältig überwacht.

(2) Die Anforderungen nach Absatz 1 lassen die Anforderungen unberührt, die für abgesicherte *Position*[1)] im Anlagebuch gelten.

(3) [1] Wenn ein Institut ein Kreditrisiko oder ein Gegenparteirisiko des Anlagebuchs absichert, indem es über ein internes Sicherungsgeschäft ein in seinem Handelsbuch verbuchtes Kreditderivat verwendet, gilt abweichend von den Absätzen 1 und 2 das Kreditrisiko oder das Gegenparteirisiko des Anlagebuchs für die Berechnung der risikogewichteten Positionsbeträge als nicht abgesichert, es sei denn, das Institut kauft von einem anerkannten dritten Sicherungsgeber ein Kreditderivat, das die Anforderungen für eine Absicherung ohne Sicherheitsleistung im Anlagebuch erfüllt. [2] Wenn eine solche Drittabsicherung gekauft und für die Berechnung der Eigenmittelanforderungen als Absicherung für ein Anlagebuchrisiko anerkannt wird, werden unbeschadet des Artikels 299 Absatz 2 Buchstabe h weder die interne noch die externe Absicherung durch ein Kreditderivat für die Berechnung der Eigenmittelanforderungen im Handelsbuch erfasst.

Titel II. Eigenmittelanforderungen für das Kreditrisiko

Kapitel 1. Allgemeine Grundsätze

Art. 107 Ansätze zur Ermittlung des Kreditrisikos. (1) Zur Berechnung ihrer risikogewichteten Positionsbeträge im Sinne des Artikels 92 Absatz 3 Buchstaben a und f wenden die Institute entweder den Standardansatz nach Kapitel 2 oder – wenn die zuständigen Behörden dies gemäß Artikel 143 gestattet haben – den auf internen Beurteilungen basierenden Ansatz (IRB-Ansatz) nach Kapitel 3 an.

---

1) Richtig wohl: „Positionen".

(2) [1] Für Handelsrisikopositionen und Beiträge zum Ausfallfonds einer zentralen Gegenpartei wenden die Institute zur Berechnung ihrer risikogewichteten Positionsbeträge im Sinne von Artikel 92 Absatz 3 Buchstaben a und f die Behandlung gemäß Kapitel 6 Abschnitt 9 an. [2] Institute behandeln alle anderen Arten von Risikopositionen gegenüber zentralen Gegenparteien wie folgt:

a) andere Arten von Risikopositionen gegenüber einer qualifizierten zentralen Gegenpartei wie Risikopositionen gegenüber einem Institut,

b) andere Arten von Risikopositionen gegenüber einer nicht qualifizierten zentralen Gegenpartei wie Risikopositionen gegenüber einem Unternehmen.

(3) Für die Zwecke dieser Verordnung werden Risikopositionen gegenüber Drittland-Wertpapierfirmen und Risikopositionen gegenüber Drittland-Kreditinstituten sowie Risikopositionen gegenüber Drittland-Clearinghäusern und -Börsen nur dann wie Risikopositionen gegenüber einem Institut behandelt, wenn die aufsichtlichen und rechtlichen Anforderungen des Drittlandes an das betreffende Unternehmen denen der Union zumindest gleichwertig sind.

(4) [1] Für die Zwecke des Absatzes 2 kann die Kommission im Wege von Durchführungsrechtsakten und vorbehaltlich des in Artikel 464 Absatz 2 genannten Prüfverfahrens einen Beschluss dazu erlassen, ob die aufsichtlichen und rechtlichen Anforderungen eines Drittlands denen der Union zumindest gleichwertig sind. [2] Solange kein solcher Beschluss erlassen wurde, dürfen Institute bis zum 1. Januar 2015 Risikopositionen gegenüber in Absatz 3 genannten Unternehmen weiterhin wie Risikopositionen gegenüber Instituten behandeln, sofern die jeweiligen zuständigen Behörden vor dem 1. Januar 2014 diese Behandlung als für das betreffende Drittland zulässig anerkannt haben.

Art. 108 Verwendung des Verfahrens zur Kreditrisikominderung gemäß dem Standard- und dem IRB-Ansatz. (1) Im Fall einer Risikoposition, für die ein Institut den Standardansatz nach Kapitel 2 oder den IRB-Ansatz nach Kapitel 3 anwendet, aber keine eigenen Schätzungen der Verlustquote bei Ausfall (LGD) und der Umrechnungsfaktoren gemäß Artikel 151 verwendet, darf es bei der Berechnung risikogewichteter Positionsbeträge im Sinne des Artikels 92 Absatz 3 Buchstaben a und f oder gegebenenfalls erwarteter Verlustbeträge für die Berechnung nach Artikel 36 Absatz 1 Buchstabe d und Artikel 62 Buchstabe c eine Kreditrisikominderung gemäß Kapitel 4 anwenden.

(2) Im Fall einer Risikoposition, für die ein Institut den IRB-Ansatz anwendet und dabei seine eigenen Schätzungen der LGD und der Umrechnungsfaktoren gemäß Artikel 151 verwendet, darf es eine Kreditrisikominderung gemäß Kapitel 3 anwenden.

Art. 109 Behandlung von Verbriefungspositionen. Die Institute berechnen den risikogewichteten Positionsbetrag für eine Position, die sie in einer Verbriefung halten, im Einklang mit Kapitel 5.

Art. 110 Behandlung der Kreditrisikoanpassung. (1) Institute, die den Standardansatz anwenden, behandeln allgemeine Kreditrisikoanpassungen gemäß Artikel 62 Buchstabe c.

(2) *[1]* Institute, die den IRB-Ansatz anwenden, behandeln allgemeine Kreditrisikoanpassungen gemäß Artikel 159, Artikel 62 Buchstabe d und Artikel 36 Absatz 1 Buchstabe d.

[2] Allgemeine und spezifische Kreditrisikoanpassungen schließen für die Zwecke dieses Artikels und der Kapitel 2 und 3 den Fonds für allgemeine Bankrisiken aus.

(3) Institute, die zwar den IRB-Ansatz verwenden, aber auf konsolidierter bzw. Einzelbasis für einen Teil ihrer Risikopositionen gemäß den Artikeln 148 und 150 den Standardansatz anwenden, bestimmen den Teil der allgemeinen Kreditrisikoanpassung, der der Behandlung nach dem Standardansatz bzw. der Behandlung nach dem IRB-Ansatz zugewiesen wird, nach den folgenden Kriterien:

a) Wendet ein in die Konsolidierung einbezogenes Institut ausschließlich den IRB-Ansatz an, werden die allgemeinen Kreditrisikoanpassungen dieses Instituts gegebenenfalls der Behandlung nach Absatz 2 zugewiesen;

b) wendet ein in die Konsolidierung einbezogenes Institut ausschließlich den Standardansatz an, werden die allgemeinen Kreditrisikoanpassungen dieses Instituts gegebenenfalls der Behandlung nach Absatz 1 zugewiesen;

c) die restlichen Kreditrisikoanpassungen werden auf einer anteilsmäßigen Basis nach dem Anteil der risikogewichteten Positionsbeträge, der unter den Standardansatz bzw. den IRB-Ansatz fällt, zugewiesen.

(4) *[1]* Die EBA arbeitet Entwürfe technischer Regulierungsstandards aus, um die Berechnung der spezifischen und allgemeinen Kreditrisikoanpassungen nach dem geltenden Rechnungslegungsrahmen festzulegen für:

a) den Risikopositionswert nach dem Standardansatz gemäß Artikel 111,

b) den Risikopositionswert nach dem IRB-Ansatz gemäß den Artikeln 166 bis 168,

c) die Behandlung der erwarteten Verlustbeträge gemäß Artikel 159,

d) den Risikopositionswert für die Berechnung der risikogewichteten Positionsbeträge für eine Verbriefungsposition gemäß den Artikeln 246 und 266,

e) die Feststellung eines Ausfalls *Im*[1] Sinne des Artikels 178.

[2] Die EBA übermittelt der Kommission diese Entwürfe technischer Regulierungsstandards bis zum 28. Juli 2013.

[3] Der Kommission wird die Befugnis übertragen, die technischen Regulierungsstandards nach Unterabsatz 1 gemäß den Artikeln 10 bis 14 der Verordnung (EU) Nr. 1093/2010 zu erlassen.

Kapitel 2. Standardansatz

Abschnitt 1. Allgemeine Grundsätze

Art. 111 Risikopositionswert. (1) *[1]* [1] Der Risikopositionswert einer Aktivposition ist der nach spezifischen Kreditrisikoanpassungen gemäß Artikel 110, zusätzlichen Bewertungsanpassungen gemäß den Artikeln 34 und 105, gemäß Artikel 36 Absatz 1 Buchstabe m abgezogenen Beträgen sowie weiteren mit der Aktivposition verknüpften Verringerungen der Eigenmittel verbleibende Buchwert. [2] Der Risikopositionswert einer in Anhang I genannten außerbilanziellen Position entspricht dem folgenden Prozentsatz des Nominalwerts nach Abzug

[1] Richtig wohl: „im".

spezifischer Kreditrisikoanpassungen und gemäß Artikel 36 Absatz 1 Buchstabe m abgezogenen Beträgen:

a) 100 % bei Positionen mit hohem Risiko,

b) 50 % bei Positionen mit mittlerem Risiko,

c) 20 % bei Posten mit mittlerem/niedrigem Risiko,

d) 0 % bei Positionen mit niedrigem Risiko.

[2] Die in Unterabsatz 1 Satz 3 genannten außerbilanziellen Positionen werden den in Anhang I genannten Risikokategorien zugeordnet.

[3] Wendet ein Institut die umfassende Methode zur Berücksichtigung finanzieller Sicherheiten nach Artikel 223 an, so wird der Risikopositionswert von Wertpapieren oder Waren, die im Rahmen eines Pensions-, Wertpapier- oder Warenverleih- oder -leihgeschäfts veräußert, hinterlegt oder verliehen werden, und von Lombardgeschäften um die nach Maßgabe der Artikel 223 bis 225 für solche Wertpapiere oder Waren angemessene Volatilitätsanpassung heraufgesetzt.

(2) [1] Der Risikopositionswert eines in Anhang II genannten Derivats wird nach Kapitel 6 ermittelt, wobei den Auswirkungen von Schuldumwandlungsverträgen und sonstigen Netting-Vereinbarungen für diese Methoden nach Maßgabe des Kapitels 6 Rechnung getragen wird. [2] Der Risikopositionswert von Pensionsgeschäften, Wertpapier- oder Warenverleih- oder -leihgeschäften, Geschäften mit langer Abwicklungsfrist und Lombardgeschäften kann entweder nach Kapitel 6 oder nach Kapitel 4 bestimmt werden.

(3) Ist eine Risikoposition durch eine Sicherheitsleistung besichert, kann der Risikopositionswert für diese Position gemäß Kapitel 4 angepasst werden.

Art. 112 Risikopositionsklassen. Jede Risikoposition wird einer der folgenden Risikopositionsklassen zugeordnet:

a) Risikopositionen gegenüber Zentralstaaten oder Zentralbanken,

b) Risikopositionen gegenüber regionalen oder lokalen Gebietskörperschaften,

c) Risikopositionen gegenüber öffentlichen Stellen,

d) Risikopositionen gegenüber multilateralen Entwicklungsbanken,

e) Risikopositionen gegenüber internationalen Organisationen,

f) Risikopositionen gegenüber Instituten,

g) Risikopositionen gegenüber Unternehmen,

h) Risikopositionen aus dem Mengengeschäft,

i) durch Immobilien besicherte Risikopositionen,

j) ausgefallene Risikopositionen,

k) mit besonders hohen Risiken verbundene Risikopositionen,

l) Risikopositionen in Form von gedeckten Schuldverschreibungen,

m) Positionen, die Verbriefungspositionen darstellen,

n) Risikopositionen gegenüber Instituten und Unternehmen mit kurzfristiger Bonitätsbeurteilung,

o) Risikopositionen in Form von Anteilen an Organismen für Gemeinsame Anlagen (OGA),

p) Beteiligungsrisikopositionen,

q) sonstige Posten.

Art. 113 Berechnung der risikogewichteten Positionsbeträge. (1) [1] Zur Berechnung der risikogewichteten Positionsbeträge werden allen Risikopositionen, sofern sie nicht von den Eigenmitteln abgezogen werden, Risikogewichte nach Maßgabe des Abschnitts 2 zugewiesen. [2] Die Zuweisung der Risikogewichte richtet sich nach der Risikopositionsklasse, der die Risikoposition zugeordnet wird, und, soweit in Abschnitt 2 vorgesehen, nach deren Bonität. [3] Zur Ermittlung der Bonität können die Bonitätsbeurteilungen von ECAI oder gemäß Abschnitt 3 die Bonitätsbeurteilungen von Exportversicherungsagenturen herangezogen werden.

(2) Für die Zuweisung eines Risikogewichts gemäß Absatz 1 wird der Risikopositionswert mit dem nach Abschnitt 2 festgelegten oder ermittelten Risikogewicht multipliziert.

(3) Besteht für eine Risikoposition eine Kreditabsicherung, kann das Risikogewicht für diese Position gemäß Kapitel 4 angepasst werden.

(4) Risikogewichtete Positionsbeträge für verbriefte Risikopositionen werden gemäß Kapitel 5 berechnet.

(5) Risikopositionen, für die in Abschnitt 2 keine Berechnungsformel vorgesehen ist, wird ein Risikogewicht von 100 % zugewiesen.

(6) *[1]* [1] Mit Ausnahme von Risikopositionen, die Posten des harten Kernkapitals, des zusätzlichen Kernkapitals oder des Ergänzungskapitals begründen, kann ein Institut, nach vorheriger Genehmigung der zuständigen Behörden, beschließen, die Anforderungen aus Absatz 1 dieses Artikels nicht auf Risikopositionen dieses Instituts gegenüber einer Gegenpartei anzuwenden, wenn diese Gegenpartei sein Mutterunternehmen, sein Tochterunternehmen, ein Tochterunternehmen seines Mutterunternehmens oder ein Unternehmen ist, mit dem es durch eine Beziehung im Sinne des Artikels 12 Absatz 1 der Richtlinie 83/349/EWG verbunden ist. [2] Die zuständigen Behörden sind befugt, die Genehmigung zu erteilen, sofern die folgenden Bedingungen erfüllt sind:

a) Die Gegenpartei ist ein Institut, ein Finanzinstitut oder ein Anbieter von Nebendienstleistungen und unterliegt angemessenen Aufsichtsvorschriften,
b) die Gegenpartei ist in dieselbe Vollkonsolidierung einbezogen wie das Institut,
c) die Gegenpartei unterliegt den gleichen Risikobewertungs-, Risikomess- und Risikokontrollverfahren wie das Institut,
d) die Gegenpartei hat ihren Sitz in demselben Mitgliedstaat wie das Institut,
e) ein wesentliches tatsächliches oder rechtliches Hindernis für die unverzügliche Übertragung von Eigenmitteln von der Gegenpartei auf das Institut oder die Rückzahlung von Verbindlichkeiten an das Institut durch die Gegenpartei ist weder vorhanden noch abzusehen.

[2] Ist es einem Institut im Einklang mit diesem Absatz gestattet, die Anforderungen des Absatzes 1 nicht anzuwenden, darf ein Risikogewicht von 0 % zugewiesen werden.

(7) *[1]* [1] Mit Ausnahme von Risikopositionen, die Posten des harten Kernkapitals, des zusätzlichen Kernkapitals und des Ergänzungskapitals begründen, darf ein Institut nach vorheriger Erlaubnis der zuständigen Behörden Risiko-

positionen gegenüber Gegenparteien, mit denen es ein institutsbezogenes Sicherungssystem gebildet hat, d.h. eine vertragliche oder satzungsmäßige Haftungsvereinbarung geschlossen hat, die Institute absichert und insbesondere bei Bedarf ihre Liquidität und Solvenz sicherstellt, um einen Konkurs zu vermeiden, von den Anforderungen nach Absatz 1 ausnehmen. [2] Die zuständigen Behörden sind befugt, die Erlaubnis zu geben, sofern die folgenden Voraussetzungen erfüllt sind:

a) die Anforderungen gemäß Absatz 6 Buchstaben a, d und e sind erfüllt,
b) die Haftungsvereinbarung stellt sicher, dass das institutsbezogene Sicherungssystem im Rahmen seiner Verpflichtung die notwendige Unterstützung aus sofort verfügbaren Mitteln gewähren kann,
c) das institutsbezogene Sicherungssystem verfügt über geeignete und einheitlich geregelte Systeme für die Überwachung und Einstufung der Risiken, wodurch ein vollständiger Überblick über die Risikosituationen der einzelnen Mitglieder und das institutsbezogene Sicherungssystem insgesamt geliefert wird, mit entsprechenden Möglichkeiten der Einflussnahme; diese Systeme stellen eine angemessene Überwachung von Risikopositionsausfällen gemäß Artikel 178 Absatz 1 sicher,
d) das institutsbezogene Sicherungssystem führt eine eigene Risikobewertung durch, die den einzelnen Mitgliedern mitgeteilt wird,
e) das institutsbezogene Sicherungssystem erstellt und veröffentlicht jährlich einen konsolidierten Bericht mit der Bilanz, der Gewinn- und Verlustrechnung, dem Lagebericht und dem Risikobericht über das institutsbezogene Sicherungssystem insgesamt oder einen Bericht mit der aggregierten Bilanz, der aggregierten Gewinn- und Verlustrechnung, dem Lagebericht und dem Risikobericht zum institutsbezogenen Sicherungssystem insgesamt,
f) die Mitglieder des institutsbezogenen Sicherungssystems sind verpflichtet, ihre Absicht, aus dem System auszuscheiden, mindestens 24 Monate im Voraus zu melden,
g) die mehrfache Nutzung von für die Berechnung von Eigenmitteln anerkennungsfähigen Bestandteilen („Mehrfachbelegung") sowie jegliche unangemessene Bildung von Eigenmitteln zwischen den Mitgliedern des institutsbezogenen Sicherungssystems wird unterlassen,
h) das institutsbezogene Sicherungssystem stützt sich auf eine breite Mitgliedschaft von Kreditinstituten mit einem überwiegend homogenen Geschäftsprofil,
i) die Angemessenheit der Systeme nach den Buchstaben c und d wird von den jeweiligen zuständigen Behörden bestätigt und regelmäßig überwacht.

[2] Sollte ein Institut im Einklang mit diesem Absatz beschließen, die Anforderungen von Absatz 1 nicht anzuwenden, darf ein Risikogewicht von 0 % zugewiesen werden.

Abschnitt 2. Risikogewichte

Art. 114 Risikopositionen gegenüber Zentralstaaten oder Zentralbanken. (1) Risikopositionen gegenüber Zentralstaaten und Zentralbanken wird ein Risikogewicht von 100 % zugewiesen, es sei denn, es wird eine Behandlung nach den Absätzen 2 bis 7 angewandt.

(2) Risikopositionen gegenüber Zentralstaaten und Zentralbanken, für die eine Bonitätsbeurteilung einer benannten ECAI vorliegt, wird ein Risikogewicht nach Tabelle 1 zugewiesen, das gemäß Artikel 136 der Bonitätsbeurteilung der ECAI entspricht.

Tabelle 1

Bonitätsstufe	1	2	3	4	5	6
Risikogewicht	0 %	20 %	50 %	100 %	100 %	150 %

(3) Risikopositionen gegenüber der EZB wird ein Risikogewicht von 0 % zugewiesen.

(4) Risikopositionen gegenüber Zentralstaaten und Zentralbanken der Mitgliedstaaten, die auf die Landeswährung dieses Zentralstaats und dieser Zentralbank lauten und in dieser Währung refinanziert sind, wird ein Risikogewicht von 0 % zugewiesen.

(5) *(nicht belegt)*

(6) Bei den Risikopositionen nach Artikel 495 Absatz 2 werden

a) 2018 20 % des diesen Risikopositionen gemäß Absatz 2 zugewiesenen Risikogewichts als auf diese Risikopositionswerte angewandtes Risikogewicht festgesetzt,

b) 2019 50 % des diesen Risikopositionen gemäß Absatz 2 zugewiesenen Risikogewichts als auf diese Risikopositionswerte angewandtes Risikogewicht festgesetzt,

c) ab 2020 100 % des diesen Risikopositionen gemäß Absatz 2 zugewiesenen Risikogewichts als auf diese Risikopositionswerte angewandtes Risikogewicht festgesetzt.

(7) *[1]* Weisen die zuständigen Behörden eines Drittlands, dessen aufsichtliche und rechtliche Vorschriften denen der Union mindestens gleichwertig sind, den Risikopositionen gegenüber ihrem Zentralstaat und ihrer Zentralbank, die auf die Landeswährung dieses Drittlands lauten und in dieser Währung refinanziert sind, ein niedrigeres Risikogewicht zu als in den Absätzen 1 und 2 vorgesehen ist, so können die Institute solche Risikopositionen in der gleichen Weise gewichten.

[2] [1] Für die Zwecke dieses Absatzes kann die Kommission im Wege von Durchführungsrechtsakten vorbehaltlich des in Artikel 464 Absatz 2 genannten Prüfverfahrens einen Beschluss dazu erlassen, ob die aufsichtlichen und rechtlichen Vorschriften eines Drittlands denen der Union mindestens gleichwertig sind. [2] Solange kein solcher Beschluss erlassen wurde, dürfen Institute bis zum 1. Januar 2015 Risikopositionen gegenüber dem Zentralstaat oder der Zentralbank eines Drittlands weiterhin gemäß diesem Absatz behandeln, sofern die jeweiligen zuständigen Behörden vor dem 1. Januar 2014 diese Behandlung als für das Drittland zulässig anerkannt haben.

Art. 115 Risikopositionen gegenüber regionalen oder lokalen Gebietskörperschaften. (1) [1] Risikopositionen gegenüber regionalen oder lokalen Gebietskörperschaften werden mit demselben Risikogewicht belegt wie Risikopositionen gegenüber Instituten, es sei denn, sie werden wie Risikopositionen gegenüber Zentralstaaten gemäß den Absätzen 2 oder 4 behandelt oder erhalten ein Risikogewicht gemäß Absatz 5. [2]Die günstigere Behandlung für kurzfristige Risikopositionen nach den Artikeln 119 Absatz 2 und 120 Absatz 2 findet keine Anwendung.

(2) *[1]* Risikopositionen gegenüber regionalen oder lokalen Gebietskörperschaften werden behandelt wie Risikopositionen gegenüber dem Zentralstaat, in deren Hoheitsgebiet sie sich befinden, sofern kein Unterschied zwischen den Risiken solcher Positionen aufgrund der speziellen Steuererhebungsbefugnisse dieser Gebietskörperschaften und aufgrund der besonderen institutionellen Vorkehrungen besteht, die zur Verringerung ihres Ausfallrisikos getroffen wurden.

[2] Die EBA betreibt eine öffentlich zugängliche Datenbank, in der all jene regionalen und lokalen Gebietskörperschaften in der Union erfasst werden, bei denen die zuständigen Behörden die Risikopositionen wie Risikopositionen gegenüber ihrem jeweiligen Zentralstaat behandeln.

(3) [1]Risikopositionen gegenüber Kirchen oder Religionsgemeinschaften werden wie Risikopositionen gegenüber regionalen und lokalen Gebietskörperschaften behandelt, sofern sich diese Kirchen oder Religionsgemeinschaften als juristische Person des öffentlichen Rechts konstituiert haben und im Rahmen entsprechender gesetzlicher Befugnisse Abgaben erheben. [2]In diesem Fall gilt Absatz 2 nicht und für die Zwecke des Artikels 150 Absatz 1 Buchstabe a wird die Genehmigung der Anwendung des Standardansatzes nicht verweigert.

(4) *[1]* Behandeln die zuständigen Behörden eines Drittlands, dessen aufsichtliche und rechtliche Vorschriften denen der Union mindestens gleichwertig sind, Risikopositionen gegenüber regionalen oder lokalen Gebietskörperschaften wie Risikopositionen gegenüber ihrem Zentralstaat und besteht kein Unterschied zwischen den Risiken solcher Positionen aufgrund der speziellen Steuererhebungsbefugnisse dieser Gebietskörperschaften und aufgrund der besonderen institutionellen Vorkehrungen, die zur Verringerung ihres Ausfallrisikos getroffen wurden, dürfen die Institute Risikopositionen gegenüber solchen regionalen oder lokalen Gebietskörperschaften in derselben Weise gewichten.

[2] [1]Für die Zwecke dieses Absatzes kann die Kommission im Wege von Durchführungsrechtsakten vorbehaltlich des in Artikel 464 Absatz 2 genannten Prüfverfahrens einen Beschluss dazu erlassen, ob die aufsichtlichen und rechtlichen Vorschriften eines Drittlands denen der Union mindestens gleichwertig sind. [2]Solange kein solcher Beschluss erlassen wurde, dürfen Institute bis zum 1. Januar 2015 das Drittland weiterhin gemäß diesem Absatz behandeln, sofern die jeweiligen zuständigen Behörden vor dem 1. Januar 2014 diese Behandlung als für das Drittland zulässig anerkannt haben.

(5) Risikopositionen gegenüber regionalen oder lokalen Gebietskörperschaften der Mitgliedstaaten, die nicht unter die Absätze 2 bis 4 fallen und die auf die Landeswährung dieser regionalen oder lokalen Gebietskörperschaft lauten und in dieser Währung refinanziert sind, wird ein Risikogewicht von 20 % zugewiesen.

Art. 116 Risikopositionen gegenüber öffentlichen Stellen. (1) *[1]* Risikopositionen gegenüber öffentlichen Stellen, für die keine Bonitätsbeurteilung einer benannten ECAI vorliegt, wird gemäß Tabelle 2 ein Risikogewicht nach der Bonitätsstufe zugewiesen, der Risikopositionen gegenüber dem Zentralstaat zugeordnet sind, in deren Hoheitsgebiet die öffentliche Stelle ihren Sitz hat:

Tabelle 2

Bonitätsstufe des Zentralstaats	1	2	3	4	5	6
Risikogewicht	20 %	50 %	100 %	100 %	100 %	150 %

[2] Risikopositionen gegenüber öffentlichen Stellen mit Sitz in einem Land, dessen Zentralstaat unbeurteilt ist, werden mit einem Risikogewicht von 100 % belegt.

(2) [1] Risikopositionen gegenüber öffentlichen Stellen, für die eine Bonitätsbeurteilung einer benannten ECAI vorliegt, werden gemäß Artikel 120 behandelt. [2] Die günstigere Behandlung kurzfristiger Risikopositionen nach den Artikeln 119 Absatz 2 und 120 Absatz 2 findet keine Anwendung auf diese Stellen.

(3) Risikopositionen gegenüber öffentlichen Stellen mit einer ursprünglichen Laufzeit von drei Monaten oder weniger wird ein Risikogewicht von 20 % zugewiesen.

(4) In Ausnahmefällen können Risikopositionen gegenüber öffentlichen Stellen behandelt werden wie Risikopositionen gegenüber dem Zentralstaat oder der regionalen oder lokalen Gebietskörperschaft, in dessen bzw. deren Hoheitsgebiet sie ansässig sind, sofern nach Ansicht der zuständigen Behörden des betreffenden Hoheitsgebiets aufgrund einer vom Zentralstaat oder der regionalen oder lokalen Gebietskörperschaft gestellten angemessenen Garantie kein Unterschied zwischen den Risiken der Positionen besteht.

(5) *[1]* [1] Behandeln die zuständigen Behörden eines Drittlands, dessen aufsichtliche und rechtliche Vorschriften jenen der Union mindestens gleichwertig sind, Risikopositionen gegenüber öffentlichen Stellen gemäß Absatz 1 oder 2, so dürfen die Institute Risikopositionen gegenüber diesen öffentlichen Stellen in derselben Weise gewichten. [2] Andernfalls setzen die Institute ein Risikogewicht von 100 % an.

[2] [1] Für die Zwecke dieses Absatzes kann die Kommission im Wege von Durchführungsrechtsakten vorbehaltlich des in Artikel 464 Absatz 2 genannten Prüfverfahrens einen Beschluss dazu erlassen, ob die aufsichtlichen und rechtlichen Vorschriften eines Drittlands denen der Union mindestens gleichwertig sind. [2] Solange kein solcher Beschluss erlassen wurde, dürfen die Institute bis zum 1. Januar 2015 das Drittland weiterhin gemäß diesem Absatz behandeln, sofern die jeweiligen zuständigen Behörden vor dem 1. Januar 2014 diese Behandlung als für das Drittland zulässig anerkannt haben.

Art. 117 Risikopositionen gegenüber multilateralen Entwicklungsbanken. (1) *[1]* [1] Risikopositionen gegenüber multilateralen Entwicklungsbanken, die nicht unter Absatz 2 fallen, werden behandelt wie Risikopositionen gegenüber Instituten. [2] Die günstigere Behandlung für kurzfristige Risikopositionen nach Artikel 119 Absatz 2, Artikel 120 Absatz 2 und Artikel 121Absatz 3 findet keine Anwendung.

[2] Die Interamerikanische Investitionsgesellschaft (IIC), die Schwarzmeer-Handels- und Entwicklungsbank, die Zentralamerikanische Bank für wirtschaftliche Integration und die lateinamerikanische Entwicklungsbank CAF gelten als multilaterale Entwicklungsbanken (MDB).

(2) *[1]* Risikopositionen gegenüber den folgenden multilateralen Entwicklungsbanken wird ein Risikogewicht von 0 % zugewiesen:
a) Internationale Bank für Wiederaufbau und Entwicklung,
b) Internationale Finanz-Corporation,
c) Interamerikanische Entwicklungsbank,
d) Asiatische Entwicklungsbank,
e) Afrikanische Entwicklungsbank,
f) Entwicklungsbank des Europarates,
g) Nordische Investitionsbank,
h) Karibische Entwicklungsbank,
i) Europäische Bank für Wiederaufbau und Entwicklung,
j) Europäische Investitionsbank,
k) Europäischer Investitionsfonds,
l) Multilaterale Investitions-Garantie-Agentur,
m) Internationale Finanzierungsfazilität für Impfungen,
n) Islamische Entwicklungsbank,
o) Internationale Entwicklungsorganisation,
p) Asiatische Infrastruktur-Investitionsbank.

[2] Der Kommission wird die Befugnis übertragen, die vorliegende Verordnung durch den Erlass delegierter Rechtsakte gemäß Artikel 462 abzuändern, um die Liste der multilateralen Entwicklungsbanken nach Unterabsatz 1 im Einklang mit internationalen Standards zu ändern.

(3) Dem nicht eingezahlten Teil des gezeichneten Kapitals des Europäischen Investitionsfonds wird ein Risikogewicht von 20 % zugewiesen.

Art. 118 Risikopositionen gegenüber internationalen Organisationen. Risikopositionen gegenüber folgenden internationalen Organisationen wird ein Risikogewicht von 0 % zugewiesen:
a) Europäische Union und Europäische Atomgemeinschaft,
b) Internationaler Währungsfonds,
c) Bank für Internationalen Zahlungsausgleich,
d) Europäische Finanzstabilitätsfazilität,
e) Europäischer Stabilitätsmechanismus;
f) ein internationales Finanzinstitut, das von zwei oder mehr Mitgliedstaaten mit dem Ziel eingerichtet wurde, für diejenigen seiner Mitglieder, die schwerwiegende Finanzierungsprobleme haben oder denen solche Probleme drohen, finanzielle Mittel zu mobilisieren und ihnen finanzielle Hilfe zu gewähren.

Art. 119 Risikopositionen gegenüber Instituten. (1) [1] Für Risikopositionen gegenüber Instituten, für die eine Bonitätsbeurteilung einer benannten ECAI vorliegt, wird eine Risikogewichtung gemäß Artikel 120 vorgenommen. [2] Für Risikopositionen gegenüber Instituten, für die keine Bonitätsbeurteilung einer benannten ECAI vorliegt, wird eine Risikogewichtung gemäß Artikel 121 vorgenommen.

(2) Risikopositionen gegenüber Instituten mit einer Restlaufzeit von drei Monaten oder weniger, die auf die Landeswährung des Kreditnehmers lauten und in dieser Währung refinanziert sind, werden mit einem Risikogewicht belegt, das um eine Stufe ungünstiger ist als das Vorzugs-Risikogewicht nach Artikel 114 Absätze 4 bis 7, das Risikopositionen gegenüber dem Zentralstaat, in dessen Hoheitsgebiet das Institut seinen Sitz hat, zugewiesen wird.

(3) In keinem Fall erhalten Risikopositionen mit einer Restlaufzeit von drei Monaten oder weniger, die auf die Landeswährung des Kreditnehmers lauten und in dieser Währung refinanziert sind, ein Risikogewicht von unter 20 %.

(4) Risikopositionen gegenüber einem Institut in Form von Mindestreserven, die von einem Institut aufgrund von Auflagen der EZB oder der Zentralbank eines Mitgliedstaats zu halten sind, dürfen mit demselben Risikogewicht belegt werden wie Risikopositionen gegenüber der Zentralbank des betreffenden Mitgliedstaats, sofern

a) die Reserven gemäß der Verordnung (EG) Nr. 1745/2003[1] der Europäischen Zentralbank vom 12. September 2003 über die Auferlegung einer Mindestreservepflicht[2] oder gemäß nationalen Anforderungen, die jener Verordnung in allen sachlichen Aspekten gleichwertig sind, gehalten werden,

b) die Reserven im Falle des Konkurses oder der Insolvenz des Instituts, bei dem sie gehalten werden, rechtzeitig in vollem Umfang an das Institut zurückgezahlt und nicht zur Deckung anderer Verbindlichkeiten des Instituts zur Verfügung gestellt werden.

(5) Risikopositionen gegenüber Finanzinstituten, die von den zuständigen Behörden zugelassen wurden und beaufsichtigt werden und hinsichtlich der Robustheit vergleichbaren Aufsichtsvorschriften unterliegen wie Institute, werden wie Risikopositionen gegenüber Instituten behandelt.

Art. 120 Risikopositionen gegenüber beurteilten Instituten. (1) Risikopositionen gegenüber Instituten mit einer Restlaufzeit von über drei Monaten, für die eine Bonitätsbeurteilung einer benannten ECAI vorliegt, wird ein Risikogewicht nach Tabelle 3 zugewiesen, das gemäß Artikel 136 der Bonitätsbeurteilung der ECAI entspricht.

Tabelle 3

Bonitätsstufe	1	2	3	4	5	6
Risikogewicht	20 %	50 %	50 %	100 %	100 %	150 %

(2) Risikopositionen gegenüber Instituten mit einer Restlaufzeit von bis zu drei Monaten, für die eine Bonitätsbeurteilung einer benannten ECAI vorliegt, wird ein Risikogewicht nach Tabelle 4 zugewiesen, das gemäß Artikel 136 der Bonitätsbeurteilung der ECAI entspricht.

Tabelle 4

[1] Nr. **3**.
[2] **Amtl. Anm.:** ABl. L 250 vom 2.10.2003, S. 10.

Bonitätsstufe	1	2	3	4	5	6
Risikogewicht	20 %	20 %	20 %	50 %	50 %	150 %

(3) Die Interaktion zwischen der Behandlung kurzfristiger Bonitätsbeurteilungen nach Artikel 131 und der generellen Vorzugsbehandlung kurzfristiger Risikopositionen gemäß Absatz 2 verläuft wie folgt:

a) Liegt für eine Risikoposition keine kurzfristige Bonitätsbeurteilung vor, wird auf alle Risikopositionen gegenüber Instituten mit einer Restlaufzeit von bis zu drei Monaten die generelle Vorzugsbehandlung kurzfristiger Risikopositionen gemäß Absatz 2 angewandt;

b) liegt eine kurzfristige Bonitätsbeurteilung vor und zieht diese ein günstigeres Risikogewicht als die Anwendung der generellen Vorzugsbehandlung kurzfristiger Risikopositionen gemäß Absatz 2 oder dasselbe Risikogewicht nach sich, wird die kurzfristige Bonitätsbeurteilung nur für diese bestimmte Risikoposition verwendet. Auf andere kurzfristige Risikopositionen wird die generelle Vorzugsbehandlung kurzfristiger Risikopositionen gemäß Absatz 2 angewandt;

c) liegt eine kurzfristige Bonitätsbeurteilung vor und zieht diese ein weniger günstiges Risikogewicht nach sich als die Anwendung der generellen Vorzugsbehandlung kurzfristiger Risikopositionen gemäß Absatz 2, so wird die *generellen*[1] Vorzugsbehandlung kurzfristiger Risikopositionen nicht angewandt und allen unbeurteilten kurzfristigen Risikopositionen dasselbe Risikogewicht zugewiesen, das sich aus der spezifischen kurzfristigen Bonitätsbeurteilung ergibt.

Art. 121 Risikopositionen gegenüber unbeurteilten Instituten.

(1) Risikopositionen gegenüber Instituten, für die keine Bonitätsbeurteilung einer benannten ECAI vorliegt, wird gemäß Tabelle 5 ein Risikogewicht nach der Bonitätsstufe zugewiesen, die Risikopositionen gegenüber dem Zentralstaat zugewiesen wurde, in dessen Hoheitsgebiet das Institut seinen Sitz hat.

Tabelle 5

Bonitätsstufe des Zentralstaats	1	2	3	4	5	6
Risikogewicht der Position	20 %	50 %	100 %	100 %	100 %	150 %

(2) Risikopositionen gegenüber unbeurteilten Instituten mit Sitz in einem Land, dessen Zentralstaat unbeurteilt ist, wird ein Risikogewicht von 100 % zugewiesen.

(3) Risikopositionen gegenüber unbeurteilten Instituten mit einer ursprünglichen effektiven Laufzeit von drei Monaten oder weniger wird ein Risikogewicht von 20 % zugewiesen.

(4) Unbeschadet der Absätze 2 und 3 wird Risikopositionen aus Handelsfinanzierungsgeschäften – im Sinne des Artikels 162 Absatz 3 Unterabsatz 2 Buchstabe b mit unbeurteilten Instituten ein Risikogewicht von 50 % zugewiesen und ein Risikogewicht von 20 %, wenn die Restlaufzeit solcher Risikopositionen noch höchstens drei Monate beträgt.

[1] Richtig wohl: „generelle".

Art. 122 Risikopositionen gegenüber Unternehmen. (1) Risikopositionen, für die eine Bonitätsbeurteilung einer benannten ECAI vorliegt, wird ein Risikogewicht nach Tabelle 6 zugewiesen, das gemäß Artikel 136 der Bonitätsbeurteilung der ECAI entspricht.

Tabelle 6

Bonitätsstufe	1	2	3	4	5	6
Risikogewicht	20 %	50 %	100 %	100 %	150 %	150 %

(2) Risikopositionen, für die keine *solches*[1] Bonitätsbeurteilung vorliegt, wird ein Risikogewicht von 100 % zugewiesen oder das Risikogewicht für Risikopositionen gegenüber dem Zentralstaat, in dessen Hoheitsgebiet das Unternehmen seinen Sitz hat, falls dieses höher ist.

Art. 123 Risikopositionen aus dem Mengengeschäft. *[1]* Einer Risikoposition, die die folgenden Kriterien erfüllt, wird ein Risikogewicht von 75 % zugewiesen:

a) Sie besteht entweder gegenüber einer natürlichen *Personen*[2] oder einem kleinen oder mittleren Unternehmen (KMU),

b) sie ist eine von vielen Risikopositionen mit ähnlichen Merkmalen, so dass die Risiken dieser Darlehensgeschäfte erheblich reduziert werden,

c) der dem Institut sowie dem Mutterunternehmen und dessen Tochterunternehmen von dem Kunden oder der Gruppe verbundener Kunden insgesamt geschuldete Betrag einschließlich etwaiger überfälliger Positionen, mit Ausnahme von Risikopositionen, die vollständig durch Wohnimmobilien besichert sind und die der in Artikel 112 Buchstabe i genannten Risikopositionsklasse zugewiesen wurden, ist – soweit dem Institut bekannt – nicht höher als 1 Mio. EUR. Das Institut unternimmt angemessene Schritte, um sich diese Kenntnis zu verschaffen.

[2] Wertpapiere werden in der Risikopositionsklasse „Mengengeschäft" nicht anerkannt.

[3] Risikopositionen, die die Kriterien des Unterabsatzes 1 Buchstaben a bis c nicht erfüllen, werden in der Risikopositionsklasse „Mengengeschäft" nicht anerkannt.

[4] Der Gegenwartswert von Mindestleasingzahlungen im Mengengeschäft wird in der Risikopositionsklasse „Mengengeschäft" anerkannt.

[Artikel 124 bis 27.12.2020:]

Art. 124 Durch Immobilien besicherte Risikopositionen. (1) *[1]* [1] Risikopositionen oder Teilen einer Risikoposition, die durch Grundpfandrechte auf Immobilien vollständig besichert sind – ausgenommen Teile der Risikoposition, die einer anderen Risikopositionsklasse zugeordnet sind –, wird ein Risikogewicht von 100 % zugewiesen, wenn die Bedingungen der Artikel 125 oder 126 nicht erfüllt sind. [2] Dem über den Wert des Grundpfandrechts an der Immobilie hinausgehenden Teil der Risikoposition wird das Risikogewicht für unbesicherte Risikopositionen gegenüber der beteiligten Gegenpartei zugewiesen.

---

[1] Richtig wohl: „solche".
[2] Richtig wohl: „Person".

[2] Der Teil einer Risikoposition, der als durch eine Immobilie vollständig besichert behandelt wird, übersteigt nicht den als Sicherheit hinterlegten Betrag des Marktwerts bzw. im Fall der Mitgliedstaaten, deren Rechts- und Verwaltungsvorschriften strenge Vorgaben für die Bemessung des Beleihungswerts setzen, den Beleihungswert der betreffenden Immobilie.

(2) *[1]* Auf der Grundlage der nach Artikel 101 erhobenen Daten und aller anderen maßgeblichen Indikatoren bewerten die zuständigen Behörden regelmäßig, mindestens jedoch einmal jährlich, ob das Risikogewicht von 35 % für durch Grundpfandrechte auf Wohnimmobilien besicherte Risikopositionen nach Artikel 125 und das Risikogewicht von 50 % für durch Gewerbeimmobilien besicherte Risikopositionen nach Artikel 126 für Immobilien in ihrem Land sich in angemessener Weise auf Folgendes stützen:

a) die Verlusterfahrungswerte für durch Immobilien besicherte Risikopositionen,
b) zukunftsorientierte Immobilienmarktentwicklungen.

[2] Die zuständigen Behörden können auf der Grundlage von Erwägungen in Bezug auf die Finanzmarktstabilität auch ein höheres Risikogewicht ansetzen oder strengere Kriterien anwenden als in Artikel 125 Absatz 2 und Artikel 126 Absatz 2 vorgesehen sind.

[3] Für Risikopositionen, die durch Grundpfandrechte auf Wohnimmobilien besichert sind, setzt die zuständige Behörde ein Risikogewicht zwischen 35 % und 150 % an.

[4] Für Risikopositionen, die durch Gewerbeimmobilien besichert sind, setzt die zuständige Behörde ein Risikogewicht zwischen 50 % und 150 % an.

[5] [1] Innerhalb dieser Spannen wird das höhere Risikogewicht auf der Grundlage von Verlusterfahrungswerten und unter Berücksichtigung zukunftsorientierter Marktentwicklungen und von Erwägungen in Bezug auf die Finanzmarktstabilität angesetzt. [2] Ergibt sich aus der Bewertung, dass die Risikogewichte nach Artikel 125 Absatz 2 und Artikel 126 Absatz 2 nicht die tatsächlichen Risiken widerspiegeln, die mit einem oder mehreren Immobiliensegmenten dieser Risikopositionen verbunden sind, die durch Grundpfandrechte auf Wohnimmobilien oder auf in einem Teil oder Teilen ihres Hoheitsgebiets belegene Gewerbeimmobilien vollständig besichert sind, so setzen die zuständigen Behörden für diese Immobiliensegmente der Risikopositionen ein den tatsächlichen Risiken entsprechendes höheres Risikogewicht an.

[6] [1] Die zuständigen Behörden konsultieren die EBA im Hinblick auf die Anpassung der Risikogewichte und die angewandten Kriterien, die im Einklang mit den Kriterien dieses Absatzes gemäß den in Absatz 4 genannten technischen Regulierungsstandards berechnet werden. [2] Die EBA veröffentlicht die von den zuständigen Behörden angesetzten Risikogewichte und Kriterien für Risikopositionen nach den Artikeln 125, 126 und 199 Absatz 1 Buchstabe a.

(3) Setzen die zuständigen Behörden ein höheres Risikogewicht an oder wenden sie strengere Kriterien an, verfügen die Institute über einen sechsmonatigen Übergangszeitraum, um das neue Risikogewicht anzuwenden.

(4) *[1]* Die EBA arbeitet Entwürfe technischer Regulierungsstandards aus, in denen Folgendes präzisiert wird:

a) die strengen Kriterien für die Bemessung des Beleihungswerts gemäß Absatz 1,

b) die in Absatz 2 genannten Bedingungen, die die zuständigen Behörden bei der Festsetzung höherer Risikogewichte zu berücksichtigen haben, insbesondere der Ausdruck „Erwägungen in Bezug auf die Finanzmarktstabilität".

[2] Die EBA legt der Kommission diese Entwürfe technischer Regulierungsstandards bis 31. Dezember 2014 vor.

[3] Der Kommission wird die Befugnis übertragen, die technischen Regulierungsstandards nach Unterabsatz 1 gemäß den Artikeln 10 bis 14 der Verordnung (EU) Nr. 1093/2010 zu erlassen.

(5) Die Institute eines Mitgliedstaats wenden die Risikogewichte und Kriterien an, die von den zuständigen Behörden eines anderen Mitgliedstaats für die Risikopositionen festgelegt wurden, die durch Grundpfandrechte auf in diesem anderen Mitgliedstaat belegene Gewerbeimmobilien und Wohnimmobilien besichert sind.

[Artikel 124 ab 28.12.2020:]

Art. 124 Durch Grundpfandrechte an Immobilien besicherte Risikopositionen.

(1) [1] [1] Risikopositionen oder Teilen einer Risikoposition, die durch Grundpfandrechte an Immobilien vollständig besichert sind – ausgenommen Teile der Risikoposition, die einer anderen Risikopositionsklasse zugeordnet sind –, wird ein Risikogewicht von 100 % zugewiesen, wenn die Bedingungen nach Artikel 125 oder Artikel 126 nicht erfüllt sind. [2] Dem über den Wert des Grundpfandrechts an der Immobilie hinausgehenden Teil der Risikoposition wird das Risikogewicht für unbesicherte Risikopositionen gegenüber der beteiligten Gegenpartei zugewiesen.

[2] Der Teil einer Risikoposition, der als durch eine Immobilie vollständig besichert behandelt wird, übersteigt nicht den als Sicherheit hinterlegten Betrag des Marktwerts bzw. im Fall der Mitgliedstaaten, deren Rechts- und Verwaltungsvorschriften strenge Vorgaben für die Bemessung des Beleihungswerts setzen, den Beleihungswert der betreffenden Immobilie.

(1a) [1] [1] Die Mitgliedstaaten benennen eine Behörde, die für die Anwendung des Absatzes 2 zuständig ist. [2] Diese Behörde ist die zuständige Behörde oder die benannte Behörde.

[2] Ist die von dem Mitgliedstaat für die Anwendung dieses Artikels benannte Behörde die zuständige Behörde, so stellt sie sicher, dass die relevanten nationalen Stellen und Behörden, die ein makroprudenzielles Mandat haben, gebührend darüber unterrichtet sind, dass die zuständige Behörde beabsichtigt, von diesem Artikel Gebrauch zu machen, und dass sie an der Bewertung der Bedenken hinsichtlich der Finanzstabilität in ihrem Mitgliedstaat im Einklang mit Absatz 2 in angemessener Weise beteiligt werden.

[3] [1] Ist die von dem Mitgliedstaat für die Anwendung dieses Artikels benannte Behörde nicht die zuständige Behörde, so trifft der Mitgliedstaat die notwendigen Vorkehrungen, um eine ordnungsgemäße Koordinierung und einen ordnungsgemäßen Informationsaustausch zwischen der zuständigen und der benannten Behörde sicherzustellen, damit dieser Artikel ordnungsgemäß angewendet wird. [2] Insbesondere müssen die Behörden eng zusammenarbeiten und alle Informationen gemeinsam nutzen, die für die angemessene Erfüllung der Pflichten, die der benannten Behörde gemäß diesem Artikel obliegen, erforderlich sein können. [3] Mit dieser Zusammenarbeit soll jede Form von sich überschneidenden oder nicht miteinander zu vereinbarenden Maßnahmen zwischen der

zuständigen und der benannten Behörde vermieden sowie auch sichergestellt werden, dass die Wechselwirkung mit anderen Maßnahmen, insbesondere solchen, die gemäß Artikel 458 dieser Verordnung und Artikel 133 der Richtlinie 2013/36/EU ergriffen werden, gebührend berücksichtigt wird.

(2) [1] [1] Auf der Grundlage der nach Artikel 430a erhobenen Daten und aller anderen maßgeblichen Indikatoren bewertet die gemäß Absatz 1a des vorliegenden Artikels benannte Behörde regelmäßig, mindestens jedoch einmal jährlich, ob das Risikogewicht von 35 % für mit einem oder mehreren Immobiliensegmenten in Zusammenhang stehende und durch Grundpfandrechte an Wohnimmobilien besicherte Risikopositionen nach Artikel 125, die in einem oder mehreren Teilen des Hoheitsgebiets des Mitgliedstaats der jeweiligen Behörde belegen sind, und das Risikogewicht von 50 % für durch Grundpfandrechte an Gewerbeimmobilien besicherte Risikopositionen nach Artikel 126, die in einem oder mehreren Teilen des Hoheitsgebiets des Mitgliedstaats der jeweiligen Behörde belegen sind, sich in angemessener Weise auf Folgendes stützen:

a) die Verlusterfahrungswerte für durch Immobilien besicherte Risikopositionen;

b) zukunftsorientierte Immobilienmarktentwicklungen.

[2] Kommt die gemäß Absatz 1a des vorliegenden Artikels benannte Behörde auf der Grundlage der Bewertung nach Unterabsatz 1 des vorliegenden Absatzes zu dem Schluss, dass die Risikogewichte nach Artikel 125 Absatz 2 oder Artikel 126 Absatz 2 die tatsächlichen Risiken nicht in angemessener Weise widerspiegeln, die mit einem oder mehreren Immobiliensegmenten von Risikopostionen verbunden sind, welche durch Grundpfandrechte an in einem oder mehreren Teilen des Hoheitsgebiets des Mitgliedstaats der jeweiligen Behörde belegenen Wohnimmobilien oder Gewerbeimmobilien vollständig besichert sind, und ist sie der Auffassung, dass die Unangemessenheit der Risikogewichte sich negativ auf die gegenwärtige oder künftige Finanzstabilität in ihrem Mitgliedstaat auswirken könnte, so kann sie die für diese Risikopositionen anwendbaren Risikogewichte innerhalb der in Unterabsatz 4 des vorliegenden Absatzes festgelegten Spannen erhöhen oder strengere Kriterien einführen als in Artikel 125 Absatz 2 oder Artikel 126 Absatz 2 festgelegt.

[2] [1] Die gemäß Absatz 1a des vorliegenden Artikels benannte Behörde teilt der EBA und dem ESRB jegliche Anpassungen der Risikogewichte und der angewandten Kriterien nach diesem Absatz mit. [2] Innerhalb eines Monats nach Eingang dieser Mitteilung übermitteln die EBA und der ESRB dem betreffenden Mitgliedstaat ihre Stellungnahme. [3] Die EBA und der ESRB veröffentlichen die Risikogewichte und Kriterien für Risikopositionen nach den Artikeln 125 und 126 und Artikel 199 Absatz 1 Buchstabe a, wie sie von der jeweiligen Behörde umgesetzt werden.

[3] Für die Zwecke des Unterabsatzes 2 dieses Absatzes kann die gemäß Absatz 1a benannte Behörde die Risikogewichte innerhalb der folgenden Spannen festsetzen:

a) zwischen 35 % und 150 % für durch Grundpfandrechte an Wohnimmobilien besicherte Risikopositionen;

b) zwischen 50 % und 150 % für durch Grundpfandrechte an Gewerbeimmobilien besicherte Risikopositionen.

(3) Setzt die gemäß Absatz 1a benannte Behörde gemäß Absatz 2 Unterabsatz 2 höhere Risikogewichte fest oder führt sie strengere Kriterien ein, so verfügen die Institute über einen sechsmonatigen Übergangszeitraum, um diese anzuwenden.

(4)[1] [1] Die EBA arbeitet in enger Zusammenarbeit mit dem ESRB Entwürfe technischer Regulierungsstandards aus, in denen die strengen Kriterien für die Bemessung des Beleihungswerts gemäß Absatz 1 und die Arten von Faktoren, die bei der Bewertung der Angemessenheit der Risikogewichte nach Absatz 2 Unterabsatz 1 berücksichtigt werden müssen, festgelegt sind.

[2] Die EBA legt der Kommission diese Entwürfe technischer Regulierungsstandards bis zum 31. Dezember 2019 vor.

[3] Der Kommission wird die Befugnis übertragen, die in Unterabsatz 1 genannten technischen Regulierungsstandards gemäß den Artikeln 10 bis 14 der Verordnung (EU) Nr. 1093/2010 zur Ergänzung dieser Verordnung zu erlassen.

(5)[1] Der ESRB kann den gemäß Absatz 1a des vorliegenden Artikels benannten Behörden durch Empfehlungen nach Artikel 16 der Verordnung (EU) Nr. 1092/2010 und in enger Zusammenarbeit mit der EBA Orientierungen zu Folgendem vorgeben:

a) den Faktoren, die 'sich negativ auf die gegenwärtige oder künftige Finanzstabilität auswirken könnten' wie in Absatz 2 Unterabsatz 2 angeführt;

b) den indikativen Referenzwerten, die die gemäß Absatz 1a benannte Behörde bei der Festlegung höherer Risikogewichte berücksichtigen muss.

(6) Die Institute eines Mitgliedstaats wenden die Risikogewichte und Kriterien, die von den zuständigen Behörden eines anderen Mitgliedstaats gemäß Absatz 2 festgelegt wurden, auf alle ihre entsprechenden Risikopositionen an, die durch Grundpfandrechte an in einem oder mehreren Teilen dieses anderen Mitgliedstaats belegenen Wohnimmobilien oder Gewerbeimmobilien besichert sind.

Art. 125 Durch Wohnimmobilien vollständig besicherte Risikopositionen. (1) Soweit die zuständigen Behörden nicht gemäß Artikel 124 Absatz 2 anders entschieden haben, werden durch Grundpfandrechte auf Wohnimmobilien vollständig besicherte Risikopositionen wie folgt behandelt:

a) Risikopositionen oder Teile einer Risikoposition, die durch Grundpfandrechte auf Wohnimmobilien vollständig besichert sind, welche vom Eigentümer bzw. im Falle einer privaten Beteiligungsgesellschaft vom begünstigten Eigentümer gegenwärtig oder künftig selbst genutzt oder vermietet werden, wird ein Risikogewicht von 35 % zugewiesen;

b) Risikopositionen gegenüber einem Leasingnehmer in Immobilien-Leasing-Geschäften mit Wohnimmobilien, bei denen ein Institut der Leasinggeber ist und der Leasingnehmer eine Kaufoption hat, wird ein Risikogewicht von 35 % zugewiesen, sofern die Risikoposition des Instituts durch sein Eigentum an der Immobilie vollständig besichert ist.

(2) Die Institute betrachten eine Risikoposition oder einen Teil einer Risikoposition nur dann als vollständig besichert im Sinne von Absatz 1, wenn die folgenden Bedingungen erfüllt sind:

a) Der Wert der Immobilie hängt nicht wesentlich von der Bonität des Schuldners ab. Bei der Bestimmung der Wesentlichkeit einer solchen Abhängigkeit können die Institute Fälle ausklammern, in denen rein makroökonomische Faktoren sowohl den Wert der Immobilie als auch die Leistungsfähigkeit des Schuldners beeinträchtigen;

[1] Art. 124 Abs. 4 und 5 gelten bereits mWv 27.6.2019, siehe hierzu VO v. 20.5.2019 (ABl. L 150 S. 1).

b) das Risiko des Schuldners hängt nicht wesentlich von der Wertentwicklung der zugrunde liegenden Immobilie oder des Projekts ab, sondern von der Fähigkeit des Schuldners, seine Schulden aus anderen Quellen zurückzuzahlen, so dass auch die Rückzahlung der Fazilität nicht wesentlich von Zahlungsströmen abhängt, die durch die als Sicherheit gestellte Immobilie generiert werden. Für diese anderen Quellen legen die Institute im Rahmen ihrer Kreditpolitik Höchstwerte für das Verhältnis zwischen Darlehenshöhe und Einkommen fest und verlangen bei der Kreditvergabe einen geeigneten Einkommensnachweis;

c) die Anforderungen des Artikels 208 und die Bewertungsgrundsätze nach Artikel 229 Absatz 1 werden eingehalten;

d) sofern nach Artikel 124 Absatz 2 nichts anderes bestimmt ist, übersteigt der Teil des Darlehens, dem ein Risikogewicht von 35 % zugewiesen wird, in den Mitgliedstaaten, die in ihren Rechts- und Verwaltungsvorschriften strenge Vorgaben für die Bemessung des Beleihungswerts festgelegt haben, nicht *80 %* –[1] des Marktwerts der betreffenden Immobilie bzw. 80 % des Beleihungswerts der betreffenden Immobilie.

(3) Bei Risikopositionen, die durch Grundpfandrechte auf in einem Mitgliedstaat belegene Wohnimmobilien vollständig besichert sind, dürfen Institute von Absatz 2 Buchstabe b abweichen, wenn die zuständige Behörde dieses Mitgliedstaats Nachweise dafür veröffentlicht hat, dass es im Gebiet dieses Mitgliedstaats einen gut entwickelten, seit langem etablierten Wohnimmobilienmarkt gibt, dessen Verlustraten folgende Obergrenzen nicht überschreiten:

a) Die Verluste aus Darlehensgeschäften, die – sofern in Artikel 124 Absatz 2 nichts anderes bestimmt ist – bis zu 80 % des Marktwerts oder 80 % des Beleihungswerts durch Wohnimmobilien besichert sind, gehen in keinem Jahr über 0,3 % der ausstehenden, durch Wohnimmobilien besicherten Darlehen hinaus;

b) die Gesamtverluste aus Darlehensgeschäften, die durch Wohnimmobilien besichert sind, gehen in keinem Jahr über 0,5 % der ausstehenden, durch Wohnimmobilien besicherten Darlehen hinaus.

(4) Wird eine der beiden Voraussetzungen unter Absatz 3 in einem Jahr nicht erfüllt, so kann Absatz 3 nicht mehr angewandt werden und gilt die Voraussetzung unter Absatz 2 Buchstabe b, bis die Voraussetzungen unter Absatz 3 in einem der Folgejahre erfüllt sind.

Art. 126 Durch Gewerbeimmobilien vollständig besicherte Risikopositionen. (1) Soweit die zuständigen Behörden nicht gemäß Artikel 124 Absatz 2 anders entschieden haben, werden durch Grundpfandrechte auf Gewerbeimmobilien vollständig besicherte Risikopositionen wie folgt behandelt:

a) Risikopositionen oder Teilen einer Risikoposition, die durch Grundpfandrechte auf Büro- oder sonstige Gewerbeimmobilien vollständig besichert sind, kann ein Risikogewicht von 50 % zugewiesen werden;

b) Risikopositionen in Verbindung mit Immobilien-Leasing-Geschäften, die Büro- oder sonstige Gewerbeimmobilien betreffen, bei denen ein Institut der

---

[1] Richtig wohl: „80 %".

Leasinggeber ist und der Leasingnehmer eine Kaufoption hat, kann ein Risikogewicht von 50 % zugewiesen werden, sofern die Risikoposition des Instituts durch sein Eigentum an der Immobilie vollständig besichert ist.

(2) Die Institute betrachten eine Risikoposition oder einen Teil einer Risikoposition nur dann als vollständig besichert im Sinne von Absatz 1, wenn die folgenden Bedingungen erfüllt sind:

a) Der Wert der Immobilie hängt nicht wesentlich von der Bonität des Schuldners ab. Bei der Bestimmung der Wesentlichkeit einer solchen Abhängigkeit können die Institute Fälle ausklammern, in denen rein makroökonomische Faktoren sowohl den Wert der Immobilie als auch die Leistungsfähigkeit des Schuldners beeinträchtigen;
b) das Risiko des Schuldners hängt nicht wesentlich von der Wertentwicklung der zugrunde liegenden Immobilie oder des Projekts ab, sondern von der Fähigkeit des Schuldners, seine Schulden aus anderen Quellen zurückzuzahlen, so dass auch die Rückzahlung der Fazilität nicht wesentlich von Zahlungsströmen abhängt, die durch die als Sicherheit gestellte Immobilie generiert werden.
c) die Anforderungen des Artikels 208 und die Bewertungsgrundsätze nach Artikel 229 Absatz 1 werden eingehalten;
d) sofern nach Artikel 124 Absatz 2 nichts anderes bestimmt ist, wird das Risikogewicht von 50 % dem Teil des Darlehens zugewiesen, der in den Mitgliedstaaten, die in ihren Rechts- und Verwaltungsvorschriften strenge Vorgaben für die Bemessung des Beleihungswerts festgelegt haben, 50 % des Marktwerts der Immobilie bzw. 60 % des Beleihungswerts der betreffenden Immobilie – sofern nach Artikel 124 Absatz 2 nichts anderes bestimmt ist – nicht übersteigt.

(3) Bei Risikopositionen, die durch Grundpfandrechte auf in einem Mitgliedstaat gelegene Gewerbeimmobilien vollständig besichert sind, dürfen Institute von Absatz 2 Buchstabe b abweichen, wenn die zuständige Behörde dieses Mitgliedstaats Nachweise dafür veröffentlicht hat, dass es im Gebiet dieses Mitgliedstaats einen gut entwickelten, seit langem etablierten Markt für Gewerbeimmobilien gibt, dessen Verlustraten folgende Obergrenzen nicht überschreiten:

a) die Verluste aus Darlehensgeschäften, die – sofern Artikel 124 Absatz 2 nichts anderes vorsieht – bis zu 50 % des Marktwerts oder 60 % des Beleihungswerts durch Gewerbeimmobilien besichert sind, gehen nicht über 0,3 % der ausstehenden, durch Gewerbeimmobilien besicherten Darlehen hinaus;
b) die Gesamtverluste aus Darlehensgeschäften, die durch Gewerbeimmobilien besichert sind, gehen nicht über 0,5 % der ausstehenden, durch Gewerbeimmobilien besicherten Darlehen hinaus.

(4) Wird eine der beiden Voraussetzungen unter Absatz 3 in einem Jahr nicht erfüllt, so kann Absatz 3 nicht mehr angewandt werden und gilt die Voraussetzung unter Absatz 2 Buchstabe b, bis die Voraussetzungen unter Absatz 3 in einem der Folgejahre erfüllt sind.

Art. 127 Ausgefallene Positionen. (1) Dem unbesicherten Teil einer Risikoposition, bei dem ein Ausfall des Schuldners gemäß Artikel 178 eingetreten ist, oder – im Fall von Risikopositionen des Mengengeschäfts – dem unbesicherten Teil einer Kreditfazilität, bei der ein Ausfall nach Artikel 178 eingetreten ist, wird folgendes Risikogewicht zugewiesen:

a) 150 %, wenn die Summe der spezifischen Kreditrisikoanpassungen und der gemäß Artikel 36 Absatz 1 Buchstabe m abgezogenen Beträge weniger als 20 % des Werts des unbesicherten Teils der Risikoposition beträgt, wenn diese spezifischen Kreditrisikoanpassungen und Abzüge nicht vorgenommen würden;

b) 100 %, wenn die Summe der spezifischen Kreditrisikoanpassungen und der gemäß Artikel 36 Absatz 1 Buchstabe m abgezogenen Beträge nicht weniger als 20 % des Werts des unbesicherten Teils der Risikoposition beträgt, wenn diese spezifischen Kreditrisikoanpassungen und Abzüge nicht vorgenommen würden.

(2) Für die Zwecke der Bestimmung des besicherten Teils der überfälligen Position gelten dieselben Sicherheiten und Garantien als anerkennungsfähig wie für die Kreditrisikominderung nach Kapitel 4.

(3) Dem nach den spezifischen Kreditrisikoanpassungen verbleibenden Positionswert von Risikopositionen, die nach Maßgabe des Artikels 125 durch Grundpfandrechte auf Wohnimmobilien vollständig besichert sind, wird ein Risikogewicht von 100 % zugewiesen, wenn ein Ausfall gemäß Artikel 178 eingetreten ist.

(4) Dem nach den spezifischen Kreditrisikoanpassungen verbleibenden Positionswert von Risikopositionen, die nach Maßgabe von Artikel 126 durch Grundpfandrechte auf Gewerbeimmobilien vollständig besichert sind, wird ein Risikogewicht von 100 % zugewiesen, wenn ein Ausfall gemäß Artikel 178 eingetreten ist.

Art. 128 Mit besonders hohem Risiko verbundene Positionen.

(1) Die Institute weisen Positionen, einschließlich Positionen in Form von Anteilen an einem OGA, die mit besonders hohen Risiken verbunden sind, gegebenenfalls ein Risikogewicht von 150 % zu.

(2) Als Positionen mit besonders hohen Risiken gelten

a) Beteiligungen an Risikokapitalgesellschaften,

b) Beteiligungen an AIF im Sinne des Artikels 4 Absatz 1 Buchstabe a der Richtlinie 2011/61/EU, außer in den Fällen, in denen das Mandat des Fonds keine höhere Fremdfinanzierung erlaubt als die gemäß den Anforderungen des Artikels 51 Absatz 3 der Richtlinie 2009/65/EU,

c) Positionen aus privatem Beteiligungskapital,

d) spekulative Immobilienfinanzierung.

(3) *[1]* Bei der Beurteilung, ob eine Position, die nicht in Absatz 2 genannt ist, mit besonders hohen Risiken verbunden ist, tragen die Institute den folgenden Risikomerkmalen Rechnung:

a) Es besteht ein hohes Verlustrisiko infolge eines Ausfalls des Schuldners,

b) es kann nicht eindeutig ermittelt werden, ob die Position unter Buchstabe a fällt.

[2] Die EBA gibt Leitlinien heraus, in denen geklärt wird, welche Arten von Positionen unter welchen Umständen mit besonders hohem Risiko verbunden sind.

[3] Diese Leitlinien werden gemäß Artikel 16 der Verordnung (EU) Nr. 1093/2010 angenommen.

Art. 129 Risikopositionen in Form gedeckter Schuldverschreibungen.

(1) *[1]* Damit Schuldverschreibungen im Sinne des Artikels 52 Absatz 4 der Richtlinie 2009/65/EG (gedeckte Schuldverschreibungen) für die günstigere Behandlung nach den Absätzen 3 und 4 in Betracht kommen können, müssen sie den Anforderungen des Absatzes 7 genügen und durch einen der folgenden anerkennungsfähigen Vermögenswerte besichert sein:

a) Risikopositionen, die gegenüber Zentralstaaten, Zentralbanken des ESZB, öffentlichen Stellen oder regionalen oder lokalen Gebietskörperschaften in der Union bestehen oder von diesen garantiert werden;

b) Risikopositionen, die gegenüber dem Zentralstaat dritter Länder, Zentralbanken dritter Länder, multilateralen Entwicklungsbanken, internationalen Organisationen der Bonitätsstufe 1 gemäß diesem Kapitel bestehen oder von diesen garantiert werden, sowie Risikopositionen, die gegenüber öffentlichen Stellen oder regionalen oder lokalen Gebietskörperschaften dritter Länder bestehen oder von diesen garantiert werden, und denen dasselbe Risikogewicht zugewiesen wurde wie Risikopositionen nach Artikel 115 Absätze 1 und 2 oder Artikel 116 Absätze 1, 2 bzw. 4 gegenüber Instituten bzw. Zentralstaaten und Zentralbanken der Bonitätsstufe 1 gemäß diesem Kapitel, sowie Risikopositionen im Sinne dieses Buchstabens, die gemäß diesem Kapitel mindestens der Bonitätsstufe 2 zugeordnet werden, sofern sie 20 % des Nominalbetrags der ausstehenden gedeckten Schuldverschreibungen der Emissionsinstitute nicht übersteigen;

c) Risikopositionen gegenüber Instituten, die gemäß diesem Kapitel der Bonitätsstufe 1 zuzuordnen sind. Die Gesamtrisikoposition dieser Art übersteigt nicht 15 % des Nominalbetrags der ausstehenden gedeckten Schuldverschreibungen des Emissionsinstituts. Risikopositionen gegenüber Instituten in der Union mit einer Fälligkeit von bis zu 100 Tagen fallen nicht unter die Anforderungen der Bonitätsstufe 1, sind allerdings gemäß diesem Kapitel mindestens der Bonitätsstufe 2 zuzuordnen.

d) Darlehen, die besichert sind durch

   i) Wohnimmobilien bis zur Höhe des Werts der Grundpfandrechte einschließlich aller vorrangigen Grundpfandrechte oder 80 % des Werts der als Sicherheit gestellten Immobilien, falls dieser niedriger ist, oder

   ii) vorrangige Anteile, die von französischen Fonds Communs de Titrisation oder durch gleichwertige unter das Recht eines Mitgliedstaats fallende Verbriefungsorganismen, die Risikopositionen im Zusammenhang mit Wohnimmobilien verbriefen, ausgegeben wurden. Werden solche vorrangigen Anteile als Sicherheiten verwendet, so stellt die jeweilige öffentliche Aufsicht zum Schutz der Inhaber von Schuldverschreibungen gemäß Artikel 52 Absatz 4 der Richtlinie 2009/65/EG sicher, dass die diesen Anteilen zugrunde liegenden Vermögenswerte für die gesamte Dauer ihrer

Einbeziehung in den Deckungspool mindestens zu 90 % aus *Grundpfandrechte*[1] auf Wohnimmobilien einschließlich aller vorrangigen Grundpfandrechte bis zur Höhe des Werts der nach diesen Anteilen fälligen Darlehensbeträge, des Werts der Grundpfandrechte oder 80 % des Werts der als Sicherheit gestellten Immobilien – je nach dem, welcher Wert niedriger ist – bestehen, dass die Anteile gemäß diesem Kapitel der Bonitätsstufe 1 zuzuordnen sind und dass diese Anteile 10 % des Nominalwerts der ausstehenden Emission nicht übersteigen;

e) durch einen anerkennungsfähigen Sicherungsgeber im Sinne des Artikels 201 garantierte Darlehen für Wohnimmobilien, die gemäß diesem Kapitel mindestens der Bonitätsstufe 2 zuzuordnen sind, sofern der Anteil jedes Darlehens, der dazu verwendet wird, die Anforderungen dieses Absatzes in Bezug auf die Besicherung der gedeckten Schuldverschreibung zu erfüllen, höchstens 80 % des Werts der entsprechenden in Frankreich belegenen Wohnimmobilie beträgt und sofern das Verhältnis von Kredithöhe zu Einkommen nach Gewährung des Darlehens 33 % nicht überschreitet. Die Wohnimmobilie darf bei Gewährung des Darlehens nicht mit einem Grundpfandrecht belastet sein und bei ab dem 1. Januar 2014 gewährten Darlehen darf der Darlehensnehmer kein solches Pfandrecht ohne Zustimmung des das Darlehen vergebenden Kreditinstituts bestellen. Das Verhältnis von Kredithöhe zu Einkommen misst den Anteil des Bruttoeinkommens des Darlehensnehmers, der für die Rückzahlung des Darlehens einschließlich Zinsen verwendet wird. Der Sicherungsgeber ist entweder ein durch die zuständigen Behörden zugelassenes und beaufsichtigtes Finanzinstitut, das Aufsichtsanforderungen unterliegt, die ebenso solide sind wie die für Institute geltenden, oder ein Institut oder Versicherungsunternehmen. Er richtet einen Kreditgarantiefonds oder einen vergleichbaren Schutz für Versicherungsunternehmen ein, um Kreditverluste aufzufangen, dessen Kalibrierung von den zuständigen Behörden regelmäßig überprüft wird. Sowohl das Kreditinstitut als auch der Sicherungsgeber führen eine Prüfung der Kreditwürdigkeit des Schuldners durch;

f) Darlehen, die besichert sind durch
   i) Gewerbeimmobilien bis zur Höhe des Werts der Grundpfandrechte einschließlich aller vorrangigen Grundpfandrechte oder 60 % des Werts der als Sicherheit gestellten Immobilien, falls dieser niedriger ist oder
   ii) vorrangige Anteile, die von französischen Fonds Communs de Titrisation oder durch gleichwertige unter das Recht eines Mitgliedstaats fallende Verbriefungsorganismen, die Risikopositionen im Zusammenhang mit Gewerbeimmobilien verbriefen, ausgegeben wurden. Werden solche vorrangigen Anteile als Sicherheiten verwendet, so stellt die jeweilige öffentliche Aufsicht zum Schutz der Inhaber von Schuldverschreibungen gemäß Artikel 52 Absatz 4 der Richtlinie 2009/65/EG sicher, dass die diesen Anteilen zugrunde liegenden Vermögenswerte für die gesamte Dauer ihrer Einbeziehung in den Deckungspool mindestens zu 90 % aus *Grundpfandrechte*[1] auf Gewerbeimmobilien einschließlich aller vorrangigen Grundpfandrechte bis zur Höhe des Werts der nach diesen Anteilen fälligen Darlehensbeträge, des Werts der Grundpfandrechte oder 60 % des Werts der als Sicherheit gestellten Immobilien – je nachdem, welcher Wert nied-

[1] Richtig wohl: „Grundpfandrechten".

riger ist – bestehen, dass die Anteile gemäß diesem Kapitel der Bonitätsstufe 1 zuzuordnen sind und dass diese Anteile 10 % des Nominalwerts der ausstehenden Emission nicht übersteigen.

Durch Gewerbeimmobilien besicherte Darlehen sind anerkennungsfähig, wenn der Beleihungsauslauf von 60 % bis zu einer Obergrenze von maximal 70 % überschritten wird, der Wert der gesamten Vermögenswerte, die für die gedeckten Schuldverschreibungen als Sicherheiten gestellt werden, den ausstehenden Nominalbetrag der gedeckten Schuldverschreibung um mindestens 10 % übersteigt und die Forderung des Schuldverschreibungsinhabers die in Kapitel 4 festgelegten Anforderungen hinsichtlich der Rechtssicherheit erfüllt. Die Forderung des Schuldverschreibungsinhabers hat Vorrang vor allen anderen Ansprüchen auf die Sicherheit;

g) durch Schiffspfandrechte besicherte Darlehen, deren Betrag höchstens der Differenz zwischen 60 % des Werts des als Sicherheit gestellten Schiffs und aller vorrangigen Schiffspfandrechte ausmacht.

[2] Für die Zwecke des Unterabsatzes 1 Buchstabe c, Buchstabe d Ziffer ii und Buchstabe f Ziffer ii werden Risikopositionen, die durch die Übertragung und Verwaltung von Zahlungen der Schuldner bzw. des Liquidationserlöses von durch Immobilien besicherten Krediten an die Inhaber gedeckter Schuldverschreibungen entstehen, bei der Berechnung der in den jeweiligen Bestimmungen genannten Grenzen nicht berücksichtigt.

[3] Die zuständigen Behörden können nach Konsultation der EBA die Anwendung des Unterabsatzes 1 Buchstabe c teilweise aussetzen und für bis zu 10 % der Gesamtrisikoposition des Nominalbetrags der ausstehenden gedeckten Schuldverschreibungen des Emissionsinstituts die Bonitätsstufe 2 genehmigen, wenn in den betroffenen Mitgliedstaaten erhebliche potenzielle Konzentrationsprobleme infolge der Anwendung der Bonitätsstufe 1 gemäß jenem Buchstaben belegt werden können.

(2) Die Fälle nach Absatz 1 Buchstaben a bis f beziehen sich auch auf Sicherheiten, die nach den geltenden Rechtsvorschriften ausschließlich für den Schutz der Schuldverschreibungsinhaber vor Verlusten bestimmt sind.

(3) Die Institute erfüllen bei der Besicherung gedeckter Schuldverschreibungen mit Immobilien die Anforderungen von Artikel 208 sowie die Bewertungsgrundsätze von Artikel 229 Absatz 1.

(4) Gedeckten Schuldverschreibungen, für die eine Bonitätsbeurteilung einer benannten ECAI vorliegt, wird ein Risikogewicht nach Tabelle 6a zugewiesen, das gemäß Artikel 136 der Bonitätsbeurteilung der ECAI entspricht.

Tabelle 6a

Bonitätsstufe	1	2	3	4	5	6
Risikogewicht	10 %	20 %	20 %	50 %	50 %	100 %

(5) [1] Gedeckten Schuldverschreibungen, für die keine Bonitätsbeurteilung einer benannten ECAI vorliegt, wird ein Risikogewicht zugewiesen, das sich auf das Risikogewicht vorrangiger unbesicherter Risikopositionen gegenüber dem emittierenden Institut stützt. [2] Für die Risikogewichte gelten folgende Entsprechungen:

a) gilt für die Risikoposition gegenüber dem Institut ein Risikogewicht von 20 %, wird der gedeckten Schuldverschreibung ein Risikogewicht von 10 % zugewiesen;
b) gilt für die Risikoposition gegenüber dem Institut ein Risikogewicht von 50 %, wird der gedeckten Schuldverschreibung ein Risikogewicht von 20 % zugewiesen;
c) gilt für die Risikoposition gegenüber dem Institut ein Risikogewicht von 100 %, wird der gedeckten Schuldverschreibung ein Risikogewicht von 50 % zugewiesen;
d) gilt für die Risikoposition gegenüber dem Institut ein Risikogewicht von 150 %, wird der gedeckten Schuldverschreibung ein Risikogewicht von 100 % zugewiesen.

(6) [1] Vor dem 31. Dezember 2007 ausgegebene gedeckte Schuldverschreibungen fallen nicht unter die Anforderungen der Absätze 1 und 3. [2] Auf sie darf bis zu ihrer Fälligkeit die günstigere Behandlung nach den Absätzen 4 und 5 angewandt werden.

(7) Auf Risikopositionen in Form gedeckter Schuldverschreibungen darf eine günstigere Behandlung angewandt werden, wenn das Institut, das in sie investiert, den zuständigen Behörden nachweisen kann, dass
a) es Portfolio-Informationen zumindest in Bezug auf Folgendes erhält:
   i) den Wert des Deckungspools und der noch nicht getilgten gedeckten Schuldverschreibungen,
   ii) geographische Verteilung und Art der Deckungsaktiva, Darlehenshöhe, Zinssatz- und Währungsrisiken,
   iii) Fälligkeitsstruktur der Deckungsaktiva und der gedeckten Schuldverschreibungen,
   iv) Prozentsatz der seit mehr als neunzig Tagen überfälligen Darlehen,
b) der Emittent die Angaben nach Buchstabe a dem Institut mindestens halbjährlich zur Verfügung stellt.

Art. 130 Verbriefungspositionen. Risikogewichtete Positionsbeträge für Verbriefungspositionen werden gemäß Kapitel 5 ermittelt.

Art. 131 Risikopositionen gegenüber Instituten und Unternehmen mit kurzfristiger Bonitätsbeurteilung. Risikopositionen gegenüber Instituten und Unternehmen, für die eine kurzfristige Bonitätsbeurteilung einer benannten ECAI vorliegt, wird ein Risikogewicht nach Tabelle 7 zugewiesen, das gemäß Artikel 136 der Bonitätsbeurteilung der ECAI entspricht.

Tabelle 7

Bonitätsstufe	1	2	3	4	5	6
Risikogewicht	20 %	50 %	100 %	150 %	150 %	150 %

Art. 132 Risikopositionen in Form von Anteilen an OGA. (1) Risikopositionen in Form von Anteilen an OGA wird ein Risikogewicht von 100 % zugewiesen, sofern das Institut nicht die Kreditrisikoeinschätzungsmethode ge-

mäß Absatz 2, den Transparenzansatz gemäß Absatz 4 oder den Ansatz des durchschnittlichen Risikogewichts gemäß Absatz 5 anwendet und die Bedingungen des Absatzes 3 erfüllt sind.

(2) Risikopositionen in Form von Anteilen an OGA, für die eine Bonitätsbeurteilung einer benannten ECAI vorliegt, wird ein Risikogewicht nach Tabelle 8 zugewiesen, das gemäß Artikel 136 der Bonitätsbeurteilung der ECAI entspricht.

Tabelle 8

Bonitätsstufe	1	2	3	4	5	6
Risikogewicht	20 %	50 %	100 %	100 %	150 %	150 %

(3) *[1]* Die Institute dürfen das Risikogewicht für OGA nach den Absätzen 4 und 5 ermitteln, wenn die folgenden Kriterien für die Anerkennungsfähigkeit erfüllt sind:

a) Der OGA wird von einer Gesellschaft verwaltet, die der Aufsicht in einem Mitgliedstaat unterliegt, oder im Fall von Drittland-OGA, wenn die folgenden Bedingungen erfüllt sind:
   i) der OGA wird von einer Gesellschaft verwaltet, die einer Aufsicht unterliegt, die der im Unionsrecht vorgesehenen Aufsicht gleichwertig ist;
   ii) die Zusammenarbeit zwischen den zuständigen Behörden ist in ausreichendem Maße sichergestellt;
b) der Prospekt oder die gleichwertigen Unterlagen des OGA enthalten folgende Angaben:
   i) die Kategorien von Vermögenswerten, in die der OGA investieren darf;
   ii) falls Anlagehöchstgrenzen gelten, die entsprechenden Grenzen und die Methoden zu ihrer Berechnung;
c) der OGA erstattet mindestens einmal jährlich Bericht über seine Geschäftstätigkeit, damit seine Forderungen und Verbindlichkeiten sowie seine Einkünfte und Geschäfte im Berichtszeitraum beurteilt werden können.

[2] [1] Für die Zwecke von Buchstabe a kann die Kommission im Wege von Durchführungsrechtsakten vorbehaltlich des in Artikel 464 Absatz 2 genannten Prüfverfahrens einen Beschluss dazu erlassen, ob die aufsichtlichen und rechtlichen Vorschriften eines Drittlands denen der Union mindestens gleichwertig sind. [2] Solange kein solcher Beschluss erlassen wurde, dürfen Institute bis zum 1. Januar 2015 Risikopositionen in Form von Anteilen an OGA dritter Länder weiterhin gemäß diesem Absatz behandeln, sofern die jeweiligen zuständigen Behörden vor dem 1. Januar 2014 diese Behandlung als für das Drittland zulässig anerkannt haben.

(4) [1] Sind dem Institut die zugrunde liegenden Risikopositionen eines OGA bekannt, darf es diese direkt heranziehen (Transparenzansatz), um ein durchschnittliches Risikogewicht für seine Risikopositionen in Form von Anteilen an OGA gemäß den in diesem Kapitel festgelegten Methoden zu berechnen. [2] Wenn eine zugrunde liegende Risikoposition des OGA selbst eine Risikoposition in Form von Anteilen an einem anderen OGA ist, der die Kriterien des Absatzes 3 erfüllt, darf das Institut die zugrunde liegenden Risikopositionen dieses anderen OGA direkt heranziehen.

(5) *[1]* Sind dem Institut die zugrunde liegenden Risikopositionen eines OGA nicht bekannt, darf es ein durchschnittliches Risikogewicht für seine Risikopositionen in Form von Anteilen an dem OGA gemäß den in diesem Kapitel festgelegten Methoden berechnen; dabei wird davon ausgegangen, dass der OGA zunächst bis zur laut seinem Mandat zulässigen Höchstgrenze in Risikopositionsklassen mit der höchsten Eigenmittelanforderung investiert und in der Folge Anlagen in absteigender Reihenfolge tätigt, bis die maximale Gesamtanlagengrenze erreicht ist.

[2] Die Institute können folgende Dritte damit beauftragen, ein Risikogewicht für den OGA gemäß den in den Absätzen 4 und 5 festgelegten Methoden zu berechnen und darüber Bericht zu erstatten:

a) die Verwahrstelle bzw. das verwahrende Finanzinstitut des OGA, sofern der OGA ausschließlich in Wertpapiere investiert und sämtliche Wertpapiere bei dieser Verwahrstelle bzw. diesem Finanzinstitut hinterlegt,

b) im Fall von OGA, die nicht unter Buchstabe a fallen, die OGA-Verwaltungsgesellschaft, sofern diese die in Absatz 3 Buchstabe a festgelegten Kriterien erfüllt.

[3] Die Richtigkeit der in Unterabsatz 1 genannten Berechnung wird von einem externen Prüfer bestätigt.

Art. 133 Beteiligungsrisikopositionen. (1) Die folgenden Risikopositionen werden als Beteiligungsrisikopositionen betrachtet:

a) nicht durch Schuldtitel gebildete Risikopositionen, die einen nachrangigen Residualanspruch auf die Vermögenswerte oder die Einkünfte des Emittenten darstellen,

b) durch Schuldtitel gebildete Risikopositionen und andere Wertpapiere, Partnerschaften, Derivate oder sonstige Instrumente mit ähnlicher wirtschaftlicher Substanz wie die unter Buchstabe a genannten Risikopositionen.

(2) Beteiligungspositionen wird ein Risikogewicht von 100 % zugewiesen, sofern sie nicht gemäß Teil 2 abgezogen werden müssen, ein Risikogewicht von 250 % gemäß Artikel 48 Absatz 4 bzw. ein Risikogewicht von 1 250 % gemäß Artikel 89 Absatz 3 erhalten oder gemäß Artikel 128 als Positionen mit besonders hohem Risiko behandelt werden.

(3) Anlagen in von Instituten begebene Eigenkapitalinstrumente oder Instrumente der aufsichtsrechtlichen Eigenmittel werden als Beteiligungspositionen eingestuft, sofern sie nicht von den Eigenmitteln abgezogen werden oder ein Risikogewicht von 250 % gemäß Artikel 48 Absatz 4 erhalten oder gemäß Artikel 128 als Positionen mit besonders hohem Risiko behandelt werden.

Art. 134 Sonstige Positionen. (1) Sachanlagen im Sinne von Artikel 4 Überschrift „Aktiva" Posten 10 der Richtlinie 86/635/EWG wird ein Risikogewicht von 100 % zugewiesen.

(2) Rechnungsabgrenzungsposten, bei denen ein Institut die Gegenpartei nicht nach Maßgabe der Richtlinie 86/635/EWG bestimmen kann, wird ein Risikogewicht von 100 % zugewiesen.

(3) [1] Im Einzug befindliche Kassenpositionen werden mit einem Risikogewicht von 20 % belegt. [2] Dem Kassenbestand und gleichwertigen Positionen wird ein Risikogewicht von 0 % zugewiesen.

(4) Goldbarren, die in eigenen Tresoren oder in Gemeinschaftsverwaltung gehalten werden, wird ein Risikogewicht von 0 % zugewiesen, soweit sie durch entsprechende Goldverbindlichkeiten gedeckt sind.

(5) Bei Anlagenverkäufen und Rückkaufsvereinbarungen sowie Terminkäufen mit vereinbartem Erfüllungstag (outright forward) wird das Risikogewicht den betreffenden Vermögenswerten, nicht den beteiligten Gegenparteien zugewiesen.

(6) [1] Stellt ein Institut eine Besicherung für mehrere Risikopositionen unter der Bedingung, dass der n-te bei diesen Risikopositionen eintretende Ausfall die Zahlung auslöst und dieses Kreditereignis auch den Kontrakt beendet, werden die Risikogewichte der im Korb enthaltenen Risikopositionen, ohne n-1 Risikopositionen, bis maximal 1 250 % aggregiert und mit dem durch das Kreditderivat abgesicherten Nominalbetrag multipliziert, um den risikogewichteten Positionsbetrag zu ermitteln. [2] Die aus der Aggregation auszunehmenden n-1 Risikopositionen werden so bestimmt, dass zu ihnen jede Risikoposition gehört, die einen risikogewichteten Positionsbetrag ergibt, der niedriger ist als der risikogewichtete Positionsbetrag jeder in die Aggregation eingehenden Risikoposition.

(7) [1] Bei einem Leasing entspricht der Risikopositionswert den abgezinsten Mindestleasingzahlungen. [2] Mindestleasingzahlungen sind Zahlungen, zu denen der Leasingnehmer über den Leasingzeitraum verpflichtet ist oder verpflichtet werden kann und jede günstige Kaufoption, deren Ausübung nach vernünftigen Maßstäben als sicher erscheint. [3] Eine andere Partei als der Leasingnehmer kann zu einer Zahlung für den Restwert eines geleasten Vermögenswerts verpflichtet werden; diese Zahlungsverpflichtung erfüllt die in Artikel 201 für die Anerkennungsfähigkeit von Sicherungsgebern festgelegten Bedingungen sowie die in den Artikeln 213 bis 215 für die Anerkennung anderer Garantiearten vorgesehenen Anforderungen und kann gemäß Kapitel 4 als Absicherung ohne Sicherheitsleistung berücksichtigt werden. [4] Diese werden in Einklang mit Artikel 112 der entsprechenden Risikopositionsklasse zugewiesen. [5] Handelt es sich bei der Risikoposition um den Restwert von geleasten Vermögenswerten, wird der risikogewichtete Positionsbetrag wie folgt berechnet: 1/t * 100 % * Restwert, wobei t entweder 1 ist oder der nächstliegenden Anzahl voller Jahre der verbleibenden Leasingdauer entspricht, je nachdem welcher Wert höher ist.

Abschnitt 3. Anerkennung und Zuordnung von Bonitätsbeurteilungen

Unterabschnitt 1. Anerkennung von ECAI

Art. 135 Verwendung der Bonitätsbeurteilungen von ECAI. (1) Eine externe Bonitätsbeurteilung darf nur dann für die Bestimmung des Risikogewichts einer Risikoposition nach diesem Kapitel herangezogen werden, wenn sie von einer ECAI stammt oder von einer ECAI in Einklang mit der Verordnung (EG) Nr. 1060/2009 bestätigt wurde.

(2) Die EBA veröffentlicht das Verzeichnis der ECAI im Einklang mit Artikel 2 Absatz 4 und Artikel 18 Absatz 3 der Verordnung (EG) Nr. 1060/2009 auf ihrer Website.

Unterabschnitt 2. Zuordnung der Bonitätsbeurteilungen von ECAI

Art. 136 Zuordnung der Bonitätsbeurteilungen von ECAI.

(1) *[1]* [1] EBA, EIOPA und ESMA arbeiten über den Gemeinsamen Ausschuss Entwürfe technischer Durchführungsstandards aus, um für alle ECAI festzulegen, welcher Bonitätsstufe nach Abschnitt 2 die jeweilige Bonitätsbeurteilung der ECAI entspricht („Zuordnung"). [2] Bei dieser Zuordnung wird objektiv und einheitlich verfahren.

[2] EBA, EIOPA und ESMA legen der Kommission diese Entwürfe technischer Durchführungsstandards bis 1. Juli 2014 vor und legen gegebenenfalls überarbeitete Entwürfe technischer Durchführungsstandards vor.

[3] Der Kommission wird die Befugnis übertragen, die technischen Durchführungsstandards nach Unterabsatz 1 gemäß Artikel 15 der Verordnung (EU) Nr. 1093/2010, der Verordnung (EU) Nr. 1094/2010 bzw. der Verordnung (EU) Nr. 1095/2010 zu erlassen.

(2) EBA, EIOPA und ESMA legen die Zuordnung von Bonitätsbeurteilungen in Einklang mit den folgenden Anforderungen fest:

a) Um zwischen den relativen Risikograden, die mit jeder Bonitätsbeurteilung zum Ausdruck gebracht werden, zu differenzieren, *berücksichtige*[1)] EBA, EIOPA und ESMA quantitative Faktoren wie die langfristige Ausfallrate aller Posten mit derselben Bonitätsbeurteilung. Von neuen ECAI oder Ratingagenturen, die erst eine kurze Aufzeichnung von Ausfalldaten erstellt haben, verlangen EBA, EIOPA und ESMA von den ECAI eine Schätzung der langfristigen Ausfallrate sämtlicher Posten mit derselben Bonitätsbeurteilung;

b) um zwischen den relativen Risikograden, die mit jeder Bonitätsbeurteilung zum Ausdruck gebracht werden, zu differenzieren, berücksichtigen EBA, EIOPA und ESMA qualitative Faktoren wie den von der ECAI beurteilten Emittentenkreis, die Bandbreite ihrer Bonitätsbeurteilungen, die Bedeutung jeder Bonitätsbeurteilung und die von der ECAI verwendete Ausfalldefinition;

c) EBA, EIOPA und ESMA vergleichen die für jede Bonitätsbeurteilung einer bestimmten ECAI verzeichneten Ausfallraten und *stellt*[2)] sie einem Referenzwert gegenüber, der anhand der von anderen ECAI verzeichneten Ausfallraten für einen mit gleichwertigem Kreditrisiko behafteten Emittentenkreis ermittelt wurde;

d) sind die für die Bonitätsbeurteilungen einer bestimmten ECAI verzeichneten Ausfallraten wesentlich und systematisch höher als der Referenzwert, weisen EBA, EIOPA und ESMA die Bonitätsbeurteilung dieser ECAI einer höheren Bonitätsstufe zu;

e) wenn EBA, EIOPA und ESMA das Risikogewicht für eine bestimmte Bonitätsbeurteilung einer bestimmten ECAI angehoben haben, können sie es in der Skala der ECAI-Bonitätsbeurteilungen auf die ursprüngliche Bonitätsstufe zurücksetzen, wenn die für die Bonitätsbeurteilungen dieser ECAI verzeichneten Ausfallraten nicht mehr wesentlich und systematisch über dem Referenzwert liegen.

---

1) Richtig wohl: „berücksichtigen".
2) Richtig wohl: „stellen".

(3) *[1]* EBA, EIOPA und ESMA arbeiten Entwürfe technischer Durchführungsstandards aus, um die quantitativen Faktoren nach Absatz 2 Buchstabe a, die qualitativen Faktoren nach Buchstabe b und den Referenzwert nach Buchstabe c festzulegen.

[2] EBA, EIOPA und ESMA legen der Kommission diese Entwürfe technischer Durchführungsstandards bis 1. Juli 2014 vor.

[3] Der Kommission wird die Befugnis übertragen, die technischen Durchführungsstandards nach Unterabsatz 1 gemäß Artikel 15 der Verordnung (EU) Nr. 1093/2010 zu erlassen.

Unterabschnitt 3. Verwendung der Bonitätsbeurteilungen von Exportversicherungsagenturen

Art. 137 Verwendung der Bonitätsbeurteilungen von Exportversicherungsagenturen. (1) Für die Zwecke von Artikel 114 dürfen Institute die Bonitätsbeurteilungen einer von ihnen benannten Exportversicherungsagentur verwenden, wenn eine der folgenden Voraussetzungen erfüllt ist:

a) Es handelt sich um die Konsensländerklassifizierung von Exportversicherungsagenturen, die die OECD-Vereinbarung über die Leitlinien für öffentlich unterstützte Exportkredite anerkannt haben;

b) die Exportversicherungsagentur veröffentlicht ihre Bonitätsbeurteilungen und wendet die OECD-Methode an, und der Bonitätsbeurteilung ist eine der acht bei der OECD-Methode vorgesehenen Mindestprämien für Exportversicherungen (MEIP) zugeordnet. Ein Institut darf die Benennung einer Exportversicherungsagentur widerrufen. Ein Institut begründet den Widerruf, wenn es konkrete Hinweise darauf gibt, dass dem Widerruf die Absicht zugrunde liegt, die Eigenmittelanforderungen zu verringern.

(2) Risikopositionen, für die die Bonitätsbeurteilung einer Exportversicherungsagentur für die Risikogewichtung anerkannt wird, erhalten ein Risikogewicht nach Tabelle 9.

Tabelle 9

MEIP	0	1	2	3	4	5	6	7
Risikogewicht	0 %	0 %	20 %	50 %	100 %	100 %	100 %	150 %

Abschnitt 4. Verwendung der Bonitätsbeurteilungen von ECAI zur Bestimmung des Risikogewichts

Art. 138 Allgemeine Anforderungen. [1] Ein Institut kann eine oder mehrere ECAI benennen, die für die Ermittlung der den Aktiva und außerbilanziellen Posten zuzuweisenden Risikogewichten herangezogen werden. [2] Ein Institut darf die Benennung einer ECAI widerrufen. [3] Ein Institut begründet den Widerruf, wenn es konkrete Hinweise darauf gibt, dass dem Widerruf die Absicht zugrunde liegt, die Eigenmittelanforderungen zu verringern. [4] Eine selektive Nutzung einzelner Bonitätsbeurteilungen ist nicht zulässig. [5] Ein Institut verwendet in Auftrag gegebene Bonitätsbeurteilungen. [6] Es darf jedoch auch ohne Auftrag abgegebene Bonitätsbeurteilungen verwenden, wenn die EBA bestätigt hat, dass zwischen ohne Auftrag abgegebenen Bonitätsbeurteilungen einer ECAI und in Auftrag gegebenen Bonitätsbeurteilungen dieser ECAI keine Qualitätsunterschiede bestehen. [7] Die EBA verweigert oder widerruft diese

Bestätigung insbesondere dann, wenn die ECAI eine ohne Auftrag abgegebene Bonitätsbeurteilung dazu verwendet hat, das beurteilte Unternehmen unter Druck zu setzen, damit dieses eine Bonitätsbeurteilung oder andere Dienstleistungen in Auftrag gibt. [8]Bei der Verwendung von Bonitätsbeurteilungen halten Institute die folgenden Anforderungen ein:

a) Ein Institut, das die von einer ECAI für eine bestimmte Klasse von Posten abgegebenen Bonitätsbeurteilungen heranzieht, verwendet diese Bonitätsbeurteilungen durchgängig für sämtliche zu dieser Klasse gehörenden Risikopositionen;

b) ein Institut, das die von einer ECAI abgegebenen Bonitätsbeurteilungen heranzieht, verwendet diese fortlaufend und im Zeitablauf einheitlich;

c) ein Institut verwendet nur die Bonitätsbeurteilungen von ECAI, die alle Beträge sowohl von Kapital- als auch von Zinsforderungen berücksichtigen;

d) liegt für eine beurteilte Position nur eine einzige Bonitätsbeurteilung einer benannten ECAI vor, wird diese zur Bestimmung des auf diese Position anzuwendenden Risikogewichts herangezogen;

e) liegen für eine beurteilte Position zwei Bonitätsbeurteilungen von benannten ECAI vor, die unterschiedlichen Risikogewichten entsprechen, wird das jeweils höhere Risikogewicht angewandt;

f) liegen für eine beurteilte Position mehr als zwei Bonitätsbeurteilungen von benannten ECAI vor, werden die beiden Bonitätsbeurteilungen zugrunde gelegt, die zu den beiden niedrigsten Risikogewichten führen. Sind die beiden niedrigsten Risikogewichte unterschiedlich, wird das höhere Risikogewicht zugewiesen. Sind die beiden niedrigsten Risikogewichte identisch, wird dieses Risikogewicht zugewiesen.

Art. 139 Bonitätsbeurteilung von Emittenten und Emissionen.

(1) Gehört der Posten, der eine Risikoposition begründet, zu einem bestimmten Emissionsprogramm oder einer bestimmten Fazilität und liegt für dieses Programm bzw. diese Fazilität eine Bonitätsbeurteilung vor, wird diese für die Bestimmung des diesem Posten zuzuweisenden Risikogewichts verwendet.

(2) *[1]* Liegt für einen bestimmten Posten keine direkt anwendbare Bonitätsbeurteilung vor, hingegen eine Bonitätsbeurteilung eines bestimmten Emissionsprogramms oder einer bestimmten Fazilität, zu dem/der der Posten, der die Risikoposition begründet, nicht gehört, oder liegt eine allgemeine Bonitätsbeurteilung des Emittenten vor, wird diese in einem der folgenden Fälle verwendet:

a) wenn sie zu einem höheren Risikogewicht führt als es sonst der Fall wäre und die fragliche Risikoposition in jeder Hinsicht den gleichen oder einen niedrigeren Rang hat als das betreffende Emissionsprogramm, die betreffende Fazilität bzw. vorrangigen unbesicherten Risikopositionen des Emittenten;

b) wenn sie zu einem niedrigeren Risikogewicht führt und die fragliche Risikoposition in jeder Hinsicht den gleichen oder einen höheren Rang hat als das betreffende Emissionsprogramm, die betreffende Fazilität bzw. die vorrangigen unbesicherten Risikopositionen des Emittenten.

[2] In allen anderen Fällen wird die Risikoposition wie eine unbeurteilte Risikoposition behandelt.

(3) Die Absätze 1 und 2 stehen der Anwendung des Artikels 129 nicht entgegen.

(4) Bonitätsbeurteilungen von Emittenten aus einer Unternehmensgruppe dürfen nicht als Bonitätsbeurteilung anderer Emittenten in derselben Unternehmensgruppe verwendet werden.

Art. 140 Lang- und kurzfristige Bonitätsbeurteilungen. (1) Kurzfristige Bonitätsbeurteilungen dürfen nur für Umlaufvermögen und außerbilanzielle Positionen in Form von Risikopositionen gegenüber Instituten und Unternehmen verwendet werden.

(2) Kurzfristige Bonitätsbeurteilungen werden nur für die Position, auf die sie sich beziehen, verwendet, nicht jedoch dazu, Risikogewichte für andere Positionen abzuleiten, mit Ausnahme der folgenden Fälle:

a) Wenn einer Fazilität mit einer kurzfristigen Bonitätsbeurteilung ein Risikogewicht von 150 % zugewiesen wird, wird auch allen unbeurteilten unbesicherten lang- oder kurzfristigen Risikopositionen dieses Schuldners ein Risikogewicht von 150 % zugewiesen;

b) wenn einer Fazilität mit einer kurzfristigen Bonitätsbeurteilung ein Risikogewicht von 50 % zugewiesen wird, wird keiner unbeurteilten kurzfristigen Risikoposition ein Risikogewicht unter 100 % zugewiesen.

Art. 141 Positionen in der Landeswährung und in ausländischer Währung. *[1]* Eine Bonitätsbeurteilung einer auf die Landeswährung des Schuldners lautenden Position darf nicht verwendet werden, um ein Risikogewicht für eine andere auf eine ausländische Währung lautende Risikoposition desselben Schuldners abzuleiten.

[2] Entsteht eine Risikoposition durch die Beteiligung eines Instituts an einem von einer multilateralen Entwicklungsbank vergebenen Kredit, deren Status als bevorrechtigter Gläubiger am Markt anerkannt ist, darf die Bonitätsbeurteilung für die auf die Landeswährung des Schuldners lautende Position für Risikogewichtungen herangezogen werden.

Kapitel 3. Auf internen Einstufungen basierender Ansatz (IRB-Ansatz)

Abschnitt 1. Erlaubnis der zuständigen Behörden zur Anwendung des IRB-Ansatzes

Art. 142 Begriffsbestimmungen. (1) Für die Zwecke dieses Kapitels bezeichnet der Ausdruck

1. „Ratingsystem" alle Methoden, Prozesse, Kontrollen, Datenerhebungs- und IT-Systeme, die zur Beurteilung von Kreditrisiken, zur Zuordnung von Risikopositionen zu Bonitätsstufen oder -pools sowie zur Quantifizierung von Ausfall- und Verlustschätzungen für eine bestimmte Risikopositionsart dienen,
2. „Risikopositionsart" eine Gruppe einheitlich gesteuerter Risikopositionen, die von einer bestimmten Art von Fazilitäten gebildet werden und auf ein einziges Unternehmen oder eine einzige Untergruppe von Unternehmen in einer Gruppe beschränkt werden können, sofern dieselbe Risikopositionsart in anderen Unternehmen der Gruppe unterschiedlich gesteuert wird,

3. „Geschäftsbereich" getrennte organisatorische oder rechtliche Einheiten, Geschäftsfelder oder geografische Standorte,
4. „großes Unternehmen der Finanzbranche" ein Unternehmen der Finanzbranche, das folgenden Kriterien genügt:
   a) seine auf Einzel- oder konsolidierter Basis berechnete Bilanzsumme erreicht mindestens den Schwellenwert von 70 Mrd. EUR, wobei zur Ermittlung der Bilanzsumme der jüngste geprüfte Jahresabschluss bzw. konsolidierte Jahresabschluss herangezogen wird, und
   b) das Unternehmen selbst oder eines seiner Tochterunternehmen unterliegt Aufsichtsvorschriften in der Union oder dem Recht eines Drittlandes, das aufsichtliche und rechtliche Anforderungen anwendet, die denen der Union zumindest gleichwertig sind,
5. „nicht beaufsichtigtes Unternehmen der Finanzbranche" jedes andere Unternehmen, das kein beaufsichtigtes Unternehmen der Finanzbranche ist, aber als Haupttätigkeit eine oder mehrere der in Anhang I der Richtlinie 2013/36/EU bzw. in Anhang I der Richtlinie 2004/39/EG genannten Tätigkeiten ausübt,
6. „Schuldnerklasse" eine Risikokategorie innerhalb der Schuldner-Ratingskala eines Ratingsystems, der Schuldner auf der Grundlage von festgelegten und eindeutigen Ratingkriterien zugeordnet werden und von der Schätzungen in Bezug auf die Ausfallwahrscheinlichkeit (PD) abgeleitet werden;
7. „Fazilitätsklasse" eine Risikokategorie innerhalb der Fazilitäts-Ratingskala eines Ratingsystems, der Risikopositionen auf der Grundlage von festgelegten und eindeutigen Ratingkriterien zugeordnet werden und von der eigene Schätzungen der LGD abgeleitet werden;
8. *(aufgehoben)*

(2) [1] Für die Zwecke von Absatz 1 Nummer 4 Buchstabe b kann die Kommission im Wege von Durchführungsrechtsakten vorbehaltlich des in Artikel 464 Absatz 2 genannten Prüfverfahrens einen Beschluss dazu erlassen, ob die aufsichtlichen und rechtlichen Vorschriften eines Drittlandes denen der Europäischen Union mindestens gleichwertig sind. [2] Solange kein solcher Beschluss erlassen wurde, dürfen Institute bis zum 1. Januar 2015 ein Drittland weiterhin gemäß diesem Absatz behandeln, sofern die jeweiligen zuständigen Behörden vor dem 1. Januar 2014 diese Behandlung als das für das betreffende Drittland zulässig anerkannt haben.

Art. 143 Erlaubnis zur Verwendung des IRB-Ansatzes. (1) Wenn die Bedingungen dieses Abschnitts erfüllt sind, gestattet die zuständige Behörde den Instituten, ihre risikogewichteten Positionsbeträge anhand des auf internen Einstufungen basierenden Ansatzes (im Folgenden „IRB-Ansatz") zu berechnen.

(2) Die Verwendung des IRB-Ansatzes, einschließlich eigener Schätzungen der LGD und der Umrechnungsfaktoren, muss für jede Risikopositionsklasse und jedes Ratingsystem, für jeden auf internen Modellen basierenden Ansatz für Beteiligungspositionen und für jeden Ansatz für Schätzungen der LGD und Umrechnungsfaktoren zuvor erlaubt werden.

(3) *[1]* Institute müssen für folgende Änderungen zuvor die Erlaubnis der zuständigen Behörden einholen:

a) wesentliche Änderungen des Anwendungsbereichs eines Ratingsystems oder eines auf internen Modellen basierenden Ansatzes für Beteiligungspositionen, dessen Verwendung dem Institut erlaubt worden ist,
b) wesentliche Änderungen eines Ratingsystems oder eines auf internen Modellen basierenden Ansatzes für Beteiligungspositionen, dessen Verwendung dem Institut erlaubt worden ist.

[2] Der Anwendungsbereich eines Ratingsystems erstreckt sich auf alle Positionen der jeweiligen Risikopositionsart, für die dieses Ratingsystem entwickelt wurde.

(4) Die Institute zeigen den zuständigen Behörden alle Änderungen der Ratingsysteme und der auf internen Modellen basierenden Ansätze für Beteiligungspositionen an.

(5) *[1]* Die EBA arbeitet Entwürfe technischer Regulierungsstandards aus, um die Bedingungen festzulegen, nach denen beurteilt wird, ob die Verwendung eines bestehenden Ratingsystems für weitere Risikopositionen, die nicht bereits durch dieses Ratingsystem erfasst sind, und Änderungen der Ratingsysteme und der auf internen Modellen basierenden Ansätze für Beteiligungspositionen gemäß dem IRB-Ansatz wesentlich sind.

[2] Die EBA legt der Kommission diese Entwürfe technischer Regulierungsstandards bis zum 31. Dezember 2013 vor.

[3] Der Kommission wird die Befugnis übertragen, die technischen Regulierungsstandards nach Unterabsatz 1 gemäß den Artikeln 10 bis 14 der Verordnung (EU) Nr. 1093/2010 zu erlassen.

Art. 144 Prüfung eines Antrags auf Verwendung des IRB-Ansatzes durch die zuständigen Behörden. (1) *[1]* Die zuständige Behörde erteilt einem Institut die Erlaubnis gemäß Artikel 143 zur Anwendung des IRB-Ansatzes, einschließlich der Verwendung eigener Schätzungen der LGD und der Umrechnungsfaktoren nur, wenn sie davon überzeugt ist, dass die Anforderungen dieses Kapitels, insbesondere des Abschnitts 6, erfüllt sind und die Systeme des Instituts für die Steuerung und die Einstufung von Kreditrisikopositionen solide sind und unter Sicherstellung ihrer Integrität angewandt werden, wobei insbesondere das Institut gegenüber der zuständigen Behörde glaubhaft nachgewiesen haben muss, dass die folgenden Standards eingehalten werden:
a) Die Ratingsysteme des Instituts liefern eine aussagekräftige Beurteilung der Merkmale von Schuldner und Geschäft, eine aussagekräftige Risikodifferenzierung sowie genaue und einheitliche quantitative Risikoschätzungen;
b) die bei der Berechnung der Eigenmittelanforderungen verwendeten internen Einstufungen, Ausfall- und Verlustschätzungen sowie die damit zusammenhängenden Systeme und Verfahren spielen eine wesentliche Rolle beim Risikomanagement und im Entscheidungsprozess sowie bei der Kreditbewilligung, der Allokation des internen Kapitals und der Unternehmensführung des Instituts;
c) das Institut hat eine Stelle für die Kreditrisikoüberwachung, die für seine Ratingsysteme zuständig ist, über das notwendige Maß an Unabhängigkeit verfügt und vor ungebührlicher Einflussnahme geschützt ist;
d) das Institut erfasst und speichert alle relevanten Daten, um die Kreditrisikomessung und das Kreditrisikomanagement wirksam zu unterstützen;

e) das Institut dokumentiert seine Ratingsysteme sowie die Begründung für ihre Gestaltung und validiert diese Systeme;

f) das Institut hat jedes Ratingsystem und jeden auf internen Modellen basierenden Ansatz für Beteiligungspositionen innerhalb eines angemessenen Zeitraums vor der Erlaubnis, dieses Ratingsystem oder den auf internen Modellen basierenden Ansatz für Beteiligungspositionen zu verwenden, validiert, innerhalb dieses Zeitraums geprüft, ob das Ratingsystem oder der auf internen Modellen basierende Ansatz für Beteiligungspositionen für den Anwendungsbereich des Ratingsystems oder des auf internen Modellen basierenden Ansatzes für Beteiligungspositionen geeignet ist und die aufgrund dieser Prüfung erforderlichen Änderungen an diesen Ratingsystemen oder auf internen Modellen basierenden Ansätzen für Beteiligungspositionen vorgenommen;

g) das Institut hat die sich aus seinen Risikoparameterschätzungen ergebenden Eigenmittelanforderungen nach dem IRB-Ansatz berechnet und ist in der Lage, die Meldung gemäß Artikel 99 einzureichen;

h) das Institut hat jede Risikoposition im Anwendungsbereich eines Ratingsystems einer Ratingklasse oder einem Pool dieses Ratingsystems zugeordnet und führt diese Zuordnungen weiter durch; das Institut hat jede Risikoposition im Anwendungsbereich eines Ansatzes für Beteiligungspositionen diesem auf internen Modellen basierenden Ansatz zugeordnet und führt diese Zuordnungen weiter durch.

[2] Die Anforderungen für die Anwendung des IRB-Ansatzes, einschließlich der Verwendung eigener Schätzungen der LGD und der Umrechnungsfaktoren, finden auch Anwendung, wenn ein Institut ein Ratingsystem bzw. ein in einem Ratingsystem verwendetes Modell anwendet, das es von einem Dritten erworben hat.

(2) *[1]* Die EBA arbeitet Entwürfe technischer Regulierungsstandards aus, um die Bewertungsmethode festzulegen, anhand derer die zuständigen Behörden beurteilen, ob ein Institut die Anforderungen für die Anwendung des IRB-Ansatzes einhält.

[2] Die EBA legt der Kommission diese Entwürfe technischer Regulierungsstandards bis zum 31. Dezember 2014 vor.

[3] Der Kommission wird die Befugnis übertragen, die technischen Regulierungsstandards nach Unterabsatz 1 gemäß den Artikeln 10 bis 14 der Verordnung (EU) Nr. 1093/2010 zu erlassen.

Art. 145 Erfahrung mit der Verwendung von IRB-Ansätzen. (1) Ein Institut, das die Anwendung des IRB-Ansatzes beantragt, muss für die betreffenden IRB-Risikopositionsklassen mindestens drei Jahre lang Ratingsysteme verwendet haben, die den Anforderungen des Abschnitts 6 an die interne Risikomessung und das interne Risikomanagement im Wesentlichen entsprechen, bevor es berechtigt ist, den IRB-Ansatz zu verwenden.

(2) Ein Institut, das die Anwendung seiner eigenen Schätzungen der LGD und der Umrechnungsfaktoren beantragt, weist den zuständigen Behörden glaubhaft nach, dass es seine eigenen Schätzungen der LGD und der Umrechnungsfaktoren mindestens drei Jahre lang in einer Weise ermittelt und verwendet hat, die den Anforderungen des Abschnitts 6 an die Nutzung eigener

Schätzungen für diese Parameter im Wesentlichen entspricht, bevor es berechtigt ist, den IRB-Ansatz zu verwenden.

(3) [1] Wenn ein Institut die Verwendung des IRB-Ansatzes nach der ursprünglichen Erlaubnis ausweitet, muss seine Erfahrung ausreichend groß sein, um die Anforderungen der Absätze 1 und 2 in Bezug auf die zusätzlichen Risikopositionen zu erfüllen. [2] Wird die Verwendung von Ratingsystemen auf Risikopositionen ausgeweitet, die sich wesentlich von dem bestehenden Anwendungsbereich unterscheiden, so dass die Erfahrung nicht eindeutig als ausreichend betrachtet werden kann, um die Anforderungen dieser Bestimmungen in Bezug auf die zusätzlichen Risikopositionen zu erfüllen, finden die Anforderungen der Absätze 1 und 2 für diese zusätzlichen Risikopositionen getrennt Anwendung.

Art. 146 Erforderliche Maßnahmen bei Nichterfüllung der Anforderungen dieses Kapitels. Erfüllt ein Institut die Anforderungen dieses Kapitels nicht mehr, setzt es die zuständige Behörde davon in Kenntnis und ergreift eine der folgenden Maßnahmen:

a) Es legt der zuständigen Behörde einen Plan zur zeitnahen Wiedereinhaltung der Anforderungen vor und setzt diesen Plan innerhalb eines mit der zuständigen Behörde vereinbarten Zeitraums um;

b) es weist gegenüber den zuständigen Behörden glaubhaft nach, dass die Nichterfüllung keine wesentlichen Auswirkungen hat.

Art. 147 Methode für die Zuordnung von Risikopositionen zu Risikopositionsklassen. (1) Das Institut verwendet bei der Zuordnung von Risikopositionen zu verschiedenen Risikopositionsklassen eine geeignete und dauerhaft kohärente Methode.

(2) Jede Risikoposition wird einer der folgenden Risikopositionsklassen zugeordnet:

a) Risikopositionen gegenüber Zentralstaaten und Zentralbanken,

b) Risikopositionen gegenüber Instituten,

c) Risikopositionen gegenüber Unternehmen,

d) Risikopositionen aus dem Mengengeschäft,

e) Beteiligungsrisikopositionen,

f) Positionen, die Verbriefungspositionen darstellen,

g) sonstige Aktiva ohne Kreditverpflichtungen.

(3) Die folgenden Risikopositionen werden der Risikopositionsklasse nach Absatz 2 Buchstabe a zugeordnet:

a) Risikopositionen gegenüber regionalen oder lokalen Gebietskörperschaften oder öffentlichen Stellen, die gemäß den Artikeln 115 und 116 wie Risikopositionen gegenüber Zentralstaaten behandelt werden,

b) Risikopositionen gegenüber multilateralen Entwicklungsbanken im Sinne des Artikels 117 Absatz 2;

c) Risikopositionen gegenüber internationalen Organisationen, denen gemäß Artikel 118 ein Risikogewicht von 0 % zugewiesen wird.

(4) Die folgenden Risikopositionen werden der Risikopositionsklasse nach Absatz 2 Buchstabe b zugeordnet:

a) Risikopositionen gegenüber regionalen oder lokalen Gebietskörperschaften, die nicht gemäß Artikel 115 Absätze 2 und 4 wie Risikopositionen gegenüber Zentralstaaten behandelt werden,
b) Risikopositionen gegenüber öffentlichen Stellen, die nicht gemäß Artikel 116 Absatz 4 wie Risikopositionen gegenüber Zentralstaaten behandelt werden,
c) Risikopositionen gegenüber multilateralen Entwicklungsbanken, denen nicht gemäß Artikel 117 ein Risikogewicht von 0 % zugewiesen wurde, und
d) Risikopositionen gegenüber Finanzinstituten, die gemäß Artikel 119 Absatz 5 wie Risikopositionen gegenüber Instituten behandelt werden.

(5) *[1]* Um der Risikopositionsklasse „Mengengeschäft" nach Absatz 2 Buchstabe d zugeordnet werden zu können, müssen Risikopositionen die folgenden Kriterien erfüllen:

a) Es sind
   i) Risikopositionen gegenüber einer oder mehreren natürlichen Person (Personen),
   ii) Risikopositionen gegenüber einem KMU, wenn in diesem Fall der dem Institut und den Mutterunternehmen und dessen Tochterunternehmen von dem Kunden oder der Gruppe verbundener Kunden insgesamt geschuldete Betrag, einschließlich etwaiger überfälliger Risikopositionen, jedoch mit Ausnahme von Risikopositionen, die durch Wohneigentum besichert sind, soweit dem Institut bekannt nicht über 1 Mio. EUR hinausgeht; das Institut muss angemessene Schritte unternommen haben, um sich von der Richtigkeit seines Kenntnisstands zu überzeugen;
b) sie werden vom Institut im Risikomanagement im Zeitverlauf konsistent und in vergleichbarer Weise behandelt;
c) sie werden nicht genau so individuell wie Risikopositionen der Risikopositionsklasse „Risikopositionen gegenüber Unternehmen" gesteuert;
d) sie sind jeweils Teil einer größeren Zahl ähnlich gesteuerter Risikopositionen.

[2] Zusätzlich zu den in Unterabsatz 1 genannten Risikopositionen umfasst die Risikopositionsklasse „Mengengeschäft" den Gegenwartswert von Mindestleasingzahlungen im Mengengeschäft.

(6) Die folgenden Risikopositionen werden der Risikopositionsklasse „Beteiligungsrisikopositionen' nach Absatz 2 Buchstabe e zugeordnet:

a) nicht durch Schuldtitel gebildete Risikopositionen, die einen nachrangigen Residualanspruch auf die Vermögenswerte oder die Einkünfte des Emittenten darstellen,
b) durch Schuldtitel gebildete Risikopositionen und andere Wertpapiere, Partnerschaften, Derivate oder sonstige Instrumente mit ähnlicher wirtschaftlicher Substanz wie die unter Buchstabe a genannten Risikopositionen.

(7) Kreditverpflichtungen, die nicht den in Absatz 2 Buchstaben a, b, d, e und f genannten Risikopositionsklassen zugeordnet sind, werden der Risikopositionsklasse „Risikopositionen gegenüber Unternehmen" nach Absatz 2 Buchstabe c zugeordnet.

(8) Innerhalb der Risikopositionsklasse „Risikopositionen gegenüber Unternehmen" nach Absatz 2 Buchstabe c werden Risikopositionen mit folgenden

Merkmalen von den Instituten getrennt als Spezialfinanzierungspositionen bezeichnet:

a) die Risikoposition besteht gegenüber einem speziell zur Finanzierung oder zum Betrieb von Sachanlagen errichteten Rechtsträger oder ist eine wirtschaftlich vergleichbare Risikoposition;

b) die vertraglichen Vereinbarungen verschaffen dem Kreditgeber einen erheblichen Einfluss auf die betreffenden Vermögenswerte und die durch diese generierten Einkünfte;

c) die Rückzahlung der Verpflichtung speist sich in erster Linie aus den durch die finanzierten Vermögenswerte generierten *Einkünfte*[1] und nicht aus der unabhängigen Zahlungsfähigkeit eines größeren Wirtschaftsunternehmens.

(9) Der Restwert von Leasingobjekten wird der in Absatz 2 Buchstabe g genannten Risikopositionsklasse zugeordnet, sofern er nicht bereits Bestandteil der Risikoposition aus Leasinggeschäften gemäß Artikel 166 Absatz 4 ist.

(10) Die Risikoposition, die sich aus der Sicherungsstellung im Rahmen eines Risikopositionskorb-Kreditderivats des Typs n-ter-Ausfall-Kreditderivat ergibt, wird derselben Klasse gemäß Absatz 2 zugeordnet, der die Risikopositionen des Korbs zugeordnet würden, außer wenn die einzelnen Risikopositionen im Korb unterschiedlichen Risikopositionsklassen zugeordnet würden – in diesem Fall wird die Risikoposition der Risikopositionsklasse „Risikopositionen gegenüber Unternehmen" nach Absatz 2 Buchstabe c zugeordnet.

Art. 148 Bedingungen für die Einführung des IRB-Ansatzes in verschiedenen Risikopositionsklassen und Geschäftsbereichen. (1) *[1]* Institute und jedes Mutterunternehmen und seine Tochterunternehmen wenden den IRB-Ansatz auf alle Risikopositionen an, es sei denn, sie haben die Erlaubnis der zuständigen Behörden erhalten, im Einklang mit Artikel 150 dauerhaft den Standardansatz zu verwenden.

[2] Soweit von den zuständigen Behörden zuvor erlaubt, kann die Einführung schrittweise über die verschiedenen Risikopositionsklassen nach Artikel 147 innerhalb desselben Geschäftsbereichs, über die verschiedenen Geschäftsbereiche innerhalb derselben Gruppe oder für die Verwendung eigener Schätzungen der LGD und der Umrechnungsfaktoren zur Berechnung der Risikogewichte von Risikopositionen gegenüber Unternehmen, Instituten, Zentralstaaten und Zentralbanken erfolgen.

[3] Im Fall der Risikopositionsklasse „Mengengeschäft" nach Artikel 147 Absatz 5 kann die Einführung schrittweise über die Risikopositionskategorien, denen die verschiedenen in Artikel 154 genannten Korrelationen entsprechen, erfolgen.

(2) [1] Die zuständigen Behörden legen die Frist fest, bis zu der ein Institut und jedes Mutterunternehmen und seine Tochterunternehmen den IRB-Ansatz für alle Risikopositionen einführen müssen. [2] Diese Frist ist diejenige, die die zuständigen Behörden angesichts der Art und des Umfangs der Tätigkeiten der Institute oder des Mutterunternehmens und seiner Tochterunternehmen sowie der Anzahl und Art der einzuführenden Ratingsysteme als angemessen betrachten.

---

[1] Richtig wohl: „Einkünften".

(3) [1]Die Institute führen den IRB-Ansatz nach den von den zuständigen Behörden festgelegten Bedingungen ein. [2]Die zuständige Behörde gestaltet diese Bedingungen so, dass sie sicherstellen, dass der in Absatz 1 eingeräumte Spielraum nicht selektiv mit dem Ziel genutzt wird, niedrigere Eigenmittelanforderungen für die noch in den IRB-Ansatz oder die Verwendung eigener Schätzungen der LGD und der Umrechnungsfaktoren einzubeziehenden Risikopositionsklassen oder Geschäftsbereiche zu erreichen.

(4) Institute, die den IRB-Ansatz erst nach dem 1. Januar 2013 erstmals angewandt haben oder bis zu diesem Datum entsprechend den Anforderungen der zuständigen Behörden in der Lage sein mussten, bei der Berechnung ihrer Eigenmittelanforderungen den Standardansatz anzuwenden, müssen während der Übergangsfrist weiterhin in der Lage sein, bei der Berechnung der Eigenmittelanforderungen für alle ihre Risikopositionen den Standardansatz anzuwenden, bis sie von den zuständigen Behörden darüber in Kenntnis gesetzt werden, dass diese die Gewissheit haben, dass die Umsetzung des IRB-Ansatzes mit hinreichender Sicherheit durchgeführt wird.

(5) Ein Institut, dem erlaubt worden ist, den IRB-Ansatz auf irgendeine Risikopositionsklasse anzuwenden, wendet den IRB-Ansatz auch auf die Risikopositionsklasse Beteiligungsrisikopositionen nach Artikel 147 Absatz 2 Buchstabe e – es sei denn, ihm wurde gemäß Artikel 150 erlaubt, auf Beteiligungsrisikopositionen den Standardansatz anzuwenden – und auf die Risikopositionsklasse „Sonstige Aktiva ohne Kreditverpflichtungen" nach Artikel 147 Absatz 2 Buchstabe g an.

(6) *[1]* Die EBA arbeitet Entwürfe technischer Regulierungsstandards aus, um die Kriterien zu präzisieren, nach denen die zuständigen Behörden die geeignete Vorgehensweise und den Zeitplan bei der schrittweisen Ausweitung des IRB-Ansatzes auf die in Absatz 3 genannten Risikopositionsklassen festlegen.

[2] Die EBA legt der Kommission diese Entwürfe technischer Regulierungsstandards bis zum 31. Dezember 2014 vor.

[3] Der Kommission wird die Befugnis übertragen, die technischen Regulierungsstandards nach Unterabsatz 1 gemäß den Artikeln 10 bis 14 der Verordnung (EU) Nr. 1093/2010 zu erlassen.

Art. 149 Bedingungen für die Rückkehr zu weniger anspruchsvollen Ansätzen. (1) Ein Institut, das auf eine bestimmte Risikopositionsklasse oder Risikopositionsart den IRB-Ansatz anwendet, behält diese Anwendung bei und gibt sie für die Berechnung der risikogewichteten Positionsbeträge nicht zugunsten des Standardansatzes auf, es sei denn, die folgenden Bedingungen sind erfüllt:

a) Das Institut hat den zuständigen Behörden glaubhaft nachgewiesen, dass es die Anwendung des Standardansatzes nicht vorschlägt, um seine Eigenmittelanforderungen zu verringern, und die Anwendung dieses Ansatzes angesichts der Art und der Komplexität des Gesamtbestands seiner Risikopositionen dieser Art notwendig ist und weder seine Solvenz noch seine Fähigkeit, Risiken wirksam zu steuern, wesentlich beeinträchtigen würde;

b) Es hat vorab eine entsprechende Erlaubnis der zuständigen Behörde erhalten.

(2) Institute, denen nach Artikel 151 Absatz 9 die Verwendung ihrer eigenen Schätzungen der LGD und der Umrechnungsfaktoren gestattet wurde, kehren

nicht zur Verwendung der LGD-Werte und Umrechnungsfaktoren nach Artikel 151 Absatz 8 zurück, es sei denn, die folgenden Bedingungen sind erfüllt:

a) Das Institut hat den zuständigen Behörden glaubhaft nachgewiesen, dass es die Verwendung der LGD-Werte und Umrechnungsfaktoren nach Artikel 151 Absatz 8 für eine bestimmte Risikopositionsklasse oder Risikopositionsart nicht vorschlägt, um seine Eigenmittelanforderungen zu verringern, und diese Verwendung angesichts der Art und der Komplexität des Gesamtbestands seiner Risikopositionen dieser Art notwendig ist und weder seine Solvenz noch seine Fähigkeit, Risiken wirksam zu steuern, wesentlich beeinträchtigen würde;

b) Es hat vorab eine entsprechende Erlaubnis der zuständigen Behörde erhalten.

(3) Die Anwendung der Absätze 1 und 2 unterliegt den von den zuständigen Behörden in Einklang mit Artikel 148 festgelegten Bedingungen für eine Ausweitung des IRB-Ansatzes und der Erlaubnis zur dauerhaften teilweisen Verwendung gemäß Artikel 150.

Art. 150 Bedingungen für eine dauerhafte teilweise Verwendung.

(1) *[1]* Soweit sie zuvor die Erlaubnis der zuständigen Behörden erhalten haben, dürfen Institute, denen für die Berechnung der risikogewichteten Positionsbeträge und der erwarteten Verlustbeträge für eine oder mehrere Risikopositionsklassen die Verwendung des IRB-Ansatzes erlaubt worden ist, auf folgende Risikopositionen den Standardansatz anwenden:

a) die Risikopositionsklasse nach Artikel 147 Absatz 2 Buchstabe a, wenn die Zahl der bedeutenden Gegenparteien begrenzt ist und die Einrichtung eines Ratingsystems für diese Gegenparteien für das Institut mit einem unverhältnismäßig großen Aufwand verbunden wäre;

b) die Risikopositionsklasse nach Artikel 147 Absatz 2 Buchstabe b, wenn die Zahl der bedeutenden Gegenparteien begrenzt ist und die Einrichtung eines Ratingsystems für diese Gegenparteien für das Institut mit einem unverhältnismäßig großen Aufwand verbunden wäre;

c) Risikopositionen in unbedeutenden Geschäftsbereichen sowie Risikopositionsklassen oder Risikopositionsarten, die hinsichtlich Volumen und wahrgenommenem Risikoprofil unwesentlich sind;

d) Risikopositionen gegenüber den Zentralstaaten und Zentralbanken der Mitgliedstaaten und deren regionalen und lokalen Gebietskörperschaften, Verwaltungseinrichtungen und öffentlichen Stellen, wenn

i) es zwischen Risikopositionen gegenüber diesem Zentralstaat und dieser Zentralbank und den genannten anderen Risikopositionen infolge besonderer öffentlicher Vorkehrungen keine Risikounterschiede gibt, und

ii) den Risikopositionen gegenüber dem Zentralstaat und der Zentralbank gemäß Artikel 114 Absatz 2 oder 4 oder Artikel 495 Absatz 2 ein Risikogewicht von 0 % zugewiesen wird;

e) Risikopositionen eines Instituts gegenüber einer Gegenpartei, die sein Mutterunternehmen, ein Tochterunternehmen oder eine Tochter seines Mutterunternehmens ist, wenn diese Gegenpartei ein Institut oder eine Finanzholdinggesellschaft, eine gemischte Finanzholdinggesellschaft, ein Finanzinstitut, eine Vermögensverwaltungsgesellschaft oder ein Anbieter von Nebendienstleistungen ist und angemessenen Aufsichtsvorschriften unterliegt, oder ein verbundenes Unternehmen im Sinne des Artikels 12 Absatz 1 der Richtlinie 83/349/EWG ist;

f) Risikopositionen zwischen Instituten, die die Anforderungen des Artikels 113 Absatz 7 erfüllen;

g) Beteiligungsrisikopositionen gegenüber Unternehmen, deren Kreditverpflichtungen gemäß Kapitel 2 ein Risikogewicht von 0 % zugewiesen wird, einschließlich Beteiligungspositionen an öffentlich geförderten Unternehmen, denen ein Risikogewicht von 0 % zugewiesen werden kann;

h) Beteiligungsrisikopositionen im Rahmen staatlicher Programme zur Förderung bestimmter Wirtschaftszweige, die dem Institut für die Investition erhebliche Zuschüsse zur Verfügung stellen und mit einer gewissen staatlichen Aufsicht und gewissen Beschränkungen für die Investition in die Beteiligungen verbunden sind, wobei solche Risikopositionen insgesamt nur bis zu einem Höchstwert von 10 % der Eigenmittel vom IRB-Ansatz ausgenommen werden können;

i) Risikopositionen im Sinne des Artikels 119 Absatz 4, sofern sie die Bedingungen dieses Artikels erfüllen;

j) die in Artikel 215 Absatz 2 genannten staatlichen und staatlich rückverbürgten Garantien.

[2] [1] Die zuständigen Behörden erlauben die Anwendung des Standardansatzes auf Beteiligungspositionen nach Unterabsatz 1 Buchstaben g und h, für die eine solche Behandlung in anderen Mitgliedstaaten erlaubt wurde. [2] Die EBA veröffentlicht auf ihrer Website ein Verzeichnis der Risikopositionen im Sinne jener Buchstaben, die gemäß dem Standardansatz zu behandeln sind, und aktualisiert dieses regelmäßig.

(2) [1] Für die Zwecke von Absatz 1 wird die Risikopositionsklasse „Beteiligungsrisikopositionen" eines Instituts als wesentlich angesehen, wenn ihr Gesamtwert, ohne die in Absatz 1 Buchstabe h genannten Beteiligungsrisikopositionen im Rahmen staatlicher Programme, im Durchschnitt des Vorjahres mehr als 10 % der Eigenmittel des Instituts beträgt. [2] Liegt die Zahl dieser Beteiligungsrisikopositionen unter 10 einzelnen Beteiligungen, ist diese Schwelle bei 5 % der Eigenmittel des Instituts festgesetzt.

(3) *[1]* Die EBA arbeitet Entwürfe technischer Regulierungsstandards aus, um die Kriterien für die Anwendung von Absatz 1 Buchstaben a, b und c festzulegen.

[2] Die EBA legt der Kommission diese Entwürfe technischer Regulierungsstandards bis zum 31. Dezember 2014 vor.

[3] Der Kommission wird die Befugnis übertragen, die technischen Regulierungsstandards nach Unterabsatz 1 gemäß den Artikeln 10 bis 14 der Verordnung (EU) Nr. 1093/2010 zu erlassen.

(4) *[1]* Die EBA gibt 2018 Leitlinien zur Anwendung des Absatzes 1 Unterabsatz 1 Buchstabe d heraus, in denen sie Grenzwerte, ausgedrückt als Prozentsatz der Bilanzsumme oder der risikogewichteten Vermögenswerte, empfiehlt, bis zu denen die Berechnung nach dem Standardansatz erfolgen sollte.

[2] Diese Leitlinien werden gemäß Artikel 16 der Verordnung (EU) Nr. 1093/2010 erlassen.

Abschnitt 2. Berechnung risikogewichteter Positionsbeträge

Unterabschnitt 1. Behandlung nach Art der Risikopositionsklasse

Art. 151 Behandlung nach Risikopositionsklasse. (1) Die risikogewichteten Positionsbeträge für das Kreditrisiko von Positionen, die unter eine der in Artikel 147 Absatz 2 Buchstaben a bis e und g genannten Risikopositionsklassen fallen, werden – sofern sie nicht von den Eigenmitteln abgezogen werden – in Einklang mit Unterabschnitt 2 berechnet, es sei denn diese Positionen werden von den Posten des harten Kernkapitals, des zusätzlichen Kernkapitals oder des Ergänzungskapitals abgezogen.

(2) [1] Die risikogewichteten Positionsbeträge für das Verwässerungsrisiko bei gekauften Forderungen werden nach Artikel 157 berechnet. [2] Hat ein Institut für das Ausfall- und für das Verwässerungsrisiko volles Rückgriffsrecht auf den Verkäufer der gekauften Forderungen, finden die Bestimmungen dieses Artikels und des Artikels 152 sowie Artikel 158 Absätze 1 bis 4 in Bezug auf gekaufte Forderungen keine Anwendung und die Position wird als besicherte Risikoposition behandelt.

(3) [1] Die risikogewichteten Positionsbeträge für das Kredit- und das Verwässerungsrisiko werden anhand der mit der jeweiligen Risikoposition verbundenen Parameter berechnet. [2] Dazu zählen die PD, die LGD, die effektive Restlaufzeit (im Folgenden „M") und der Risikopositionswert. [3] PD und LGD können nach Maßgabe von Abschnitt 4 gesondert oder gemeinsam berücksichtigt werden.

(4) [1] Institute berechnen die risikogewichteten Positionsbeträge für das Kreditrisiko für alle Risikopositionen der Risikopositionsklasse „Beteiligungsrisikopositionen" nach Artikel 147 Absatz 2 Buchstabe e gemäß Artikel 155. [2] Sie dürfen die Ansätze nach Artikel 155 Absätze 3 und 4 verwenden, sofern sie die vorherige Erlaubnis der zuständigen Behörden erhalten haben. [3] Die zuständigen Behörden erlauben einem Institut die Verwendung des auf internen Modellen basierenden Ansatzes nach Artikel 155 Absatz 4, sofern das Institut die Anforderungen des Abschnitts 6 Unterabschnitt 4 erfüllt.

(5) Die risikogewichteten Positionsbeträge für das mit Spezialfinanzierungsrisikopositionen verbundene Kreditrisiko werden gemäß Artikel 153 Absatz 5 berechnet.

(6) Für Risikopositionen der Risikopositionsklassen nach Artikel 147 Absatz 2 Buchstaben a bis d nehmen die Institute nach Maßgabe von Artikel 143 und Abschnitt 6 ihre eigenen PD-Schätzungen vor.

(7) Für Risikopositionen der Risikopositionsklasse nach Artikel 147 Absatz 2 Buchstabe d nehmen die Institute nach Maßgabe des Artikels 143 und des Abschnitts 6 ihre eigenen Schätzungen der LGD und der Umrechnungsfaktoren vor.

(8) Für Risikopositionen der Risikopositionsklassen nach Artikel 147 Absatz 2 Buchstaben a bis c verwenden die Institute die in Artikel 161 Absatz 1 festgelegten LGD-Werte und die in Artikel 166 Absatz 8 Buchstaben a bis d festgelegten Umrechnungsfaktoren, es sei denn, ihnen wurde gemäß Absatz 9 die Verwendung eigener Schätzungen der LGD und der Umrechnungsfaktoren für diese Risikopositionsklassen gestattet.

(9) Für Risikopositionen der Risikopositionsklassen nach Artikel 147 Absatz 2 Buchstaben a bis c erlauben die zuständigen Behörden den Instituten die Ver-

wendung ihrer eigenen Schätzungen der LGD und der Umrechnungsfaktoren nach Maßgabe des Artikels 143 und des Abschnitts 6.

(10) Die risikogewichteten Positionsbeträge für verbriefte Risikopositionen und Risikopositionen der Risikopositionsklasse nach Artikel 147 Absatz 2 Buchstabe f werden nach Kapitel 5 berechnet.

Art. 152 Behandlung von Risikopositionen in Form von Anteilen an OGA. (1) *[1]* Erfüllen Risikopositionen in Form von Anteilen an OGA die Kriterien des Artikels 132 Absatz 3 und sind dem Institut alle oder ein Teil der zugrunde liegenden Risikopositionen des OGA bekannt, berechnet das Institut die risikogewichteten Positionsbeträge und die erwarteten Verlustbeträge gemäß den in diesem Kapitel beschriebenen Methoden mittels Durchschau auf diese zugrunde liegenden Risikopositionen.

[2] Wenn eine zugrunde liegende Risikoposition des OGA selbst eine Risikoposition in Form von Anteilen an einem anderen OGA ist, wendet das erstgenannte Institut die Durchschau ebenfalls auf die zugrunde liegenden Risikopositionen dieses anderen OGA an.

(2) *[1]* Werden die Voraussetzungen für die Anwendung der in diesem Kapitel beschriebenen Methoden für alle oder einen Teil der zugrunde liegenden Risikopositionen des OGA von dem Institut nicht erfüllt, werden die risikogewichteten Positionsbeträge und erwarteten Verlustbeträge nach den folgenden Ansätzen berechnet:

a) im Fall von Risikopositionen der Risikopositionsklasse „Beteiligungsrisikopositionen" nach Artikel 147 Absatz 2 Buchstabe e wenden die Institute den einfachen Risikogewichtungsansatz nach Artikel 155 Absatz 2 an;

b) im Fall aller anderen in Absatz 1 genannten zugrunde liegenden Risikopositionen wenden die Institute den Standardansatz nach Kapitel 2 wie folgt an:

   i) bei Positionen, für die ein bestimmtes Risikogewicht für unbeurteilte Risikopositionen oder die Bonitätsstufe mit dem höchsten Risikogewicht für eine bestimmte Risikopositionsklasse gilt, wird das Risikogewicht mit dem Faktor 2 multipliziert, darf jedoch nicht mehr als 1 250 % betragen,

   ii) bei allen anderen Risikopositionen wird das Risikogewicht mit dem Faktor 1,1 multipliziert, darf jedoch nicht weniger als 5 % betragen.

[2] [1] Ist das Institut nicht in der Lage, für die Zwecke von Buchstabe a zwischen Positionen aus privatem Beteiligungskapital und börsengehandelten sowie sonstigen Beteiligungspositionen zu unterscheiden, behandelt es die betreffenden Risikopositionen als sonstige Beteiligungspositionen. [2] Sind diese Risikopositionen zusammen mit den direkten Risikopositionen des Instituts in dieser Risikopositionsklasse nicht wesentlich im Sinne des Artikels 150 Absatz 2, darf mit Erlaubnis der zuständigen Behörden Artikel 150 Absatz 1 angewandt werden.

(3) *[1]* Erfüllen Risikopositionen in Form von Anteilen an einem OGA die in Artikel 132 Absatz 3 genannten Kriterien nicht oder sind dem Institut nicht alle der zugrunde liegenden Risikopositionen des OGA oder der zugrunde liegenden Risikopositionen eines OGA-Anteils, der selbst eine Risikoposition des OGA darstellt, bekannt, berechnet das Institut die risikogewichteten Positionsbeträge und die erwarteten Verlustbeträge nach dem einfachen Risikogewich-

tungsansatz nach Artikel 155 Absatz 2 mittels Durchschau auf diese zugrunde liegenden Risikopositionen.

[2] [1] Ist das Institut nicht in der Lage, zwischen Positionen aus privatem Beteiligungskapital und börsengehandelten sowie sonstigen Beteiligungspositionen zu unterscheiden, behandelt es die betreffenden Risikopositionen als sonstige Beteiligungspositionen. [2] Es ordnet Risikopositionen, die keine Beteiligungsrisikopositionen sind, der Risikopositionsklasse sonstige Beteiligungspositionen zu.

(4) *[1]* Alternativ zu der in Absatz 3 beschriebenen Methode dürfen Institute im Einklang mit den Ansätzen nach Absatz 2 Buchstaben a und b die durchschnittlichen risikogewichteten Positionsbeträge auf der Grundlage der zugrunde liegenden Risikopositionen des OGA selbst berechnen oder sich für deren Berechnung und Meldung auf folgende Dritte stützen:

a) die Verwahrstelle oder das Finanzinstitut des OGA, sofern der OGA ausschließlich in Wertpapiere investiert und sämtliche Wertpapiere bei dieser Verwahrstelle bzw. diesem Finanzinstitut hinterlegt;

b) die Verwaltungsgesellschaft des OGA im Fall anderer OGA, sofern diese die in Artikel 132 Absatz 3 Buchstabe a festgelegten Kriterien erfüllt.

[2] Die Richtigkeit der Berechnung wird von einem externen Prüfer bestätigt.

(5) *[1]* Die EBA arbeitet Entwürfe technischer Regulierungsstandards aus, um die Kriterien festzulegen, nach denen die zuständigen Behörden Instituten gemäß Absatz 2 Buchstabe b die Verwendung des Standardansatzes nach Artikel 150 Absatz 1 erlauben können.

[2] Die EBA legt der Kommission diese Entwürfe technischer Regulierungsstandards bis zum 30. Juni 2014 vor.

[3] Der Kommission wird die Befugnis übertragen, die technischen Regulierungsstandards nach Unterabsatz 1 gemäß den Artikeln 10 bis 14 der Verordnung (EU) Nr. 1093/2010 zu erlassen.

Unterabschnitt 2. Berechnung der risikogewichteten Positionsbeträge für das Kreditrisiko

Art. 153 Risikogewichtete Positionsbeträge für Risikopositionen gegenüber Unternehmen, Instituten, Zentralstaaten und Zentralbanken.

(1) Vorbehaltlich der Anwendung der spezifischen Behandlungen gemäß den Absätzen 2, 3 bzw. 4 werden die risikogewichteten Positionsbeträge für Risikopositionen gegenüber Unternehmen, Instituten, Zentralstaaten und Zentralbanken gemäß den nachstehenden Formeln berechnet:

$$\textit{risikogewichteter Positionsbetrag} = RW \times \textit{Risikopositionsbetrag}$$

wobei das Risikogewicht (RW) wie folgt festgelegt ist:

i) wenn PD = 0, ist RW = 0;

ii) wenn PD = 1, d.h. bei ausgefallenen Risikopositionen:

– wenn ein Institut die LGD-Werte nach Artikel 161 Absatz 1 verwendet, ist RW = 0;

– wenn ein Institut eigene LGD-Schätzungen verwendet, ist $RW = max\{0; 12{,}5 \cdot (LGD - ELBE)\}$, wobei die genaueste Schätzung des zu erwarteten Verlusts (im Folgenden „ELBE" expected loss best estimate) die bestmögliche Schätzung des Instituts für den aufgrund des Ausfalls der Risikoposition zu erwarteten Verlust gemäß Artikel 181 Absatz 1 Buchstabe h ist;

iii) wenn 0 < PD < 1, ist

$$RW = \left(LGD \cdot N\left(\frac{1}{\sqrt{1-R}} \cdot G(PD) + \sqrt{\frac{R}{1-R}} \cdot G(0.999) \right) - LGD \cdot PD \right) \cdot \frac{1+(M-2,5) \cdot b}{1-1,5 \cdot b} \cdot 12,5 \cdot 1,06$$

dabei entspricht

N(x) = der kumulativen Verteilungsfunktion einer standardnormalverteilten Zufallsvariablen (d.h. der Wahrscheinlichkeit, dass eine normalverteilte Zufallsvariable mit einem Erwartungswert von null und einer Standardabweichung von eins kleiner oder gleich x ist),

G(Z) = der inversen kumulativen Verteilungsfunktion einer standardnormalverteilten Zufallsvariablen (d.h. dem Wert von x, so dass N (x) = z),

R = dem Korrelationskoeffizienten, festgelegt als

$$R = 0.12 \cdot \frac{1-e^{-50 \cdot PD}}{1-e^{-50}} + 0.24 \cdot \left(1 - \frac{1-e^{-50 \cdot PD}}{1-e^{-50}} \right)$$

b = dem Laufzeitanpassungsfaktor, festgelegt als

$$b = (0.11852 - 0.05478 \cdot ln(PD))^2.$$

(2) [1] Bei allen Risikopositionen gegenüber großen Unternehmen der Finanzbranche wird der Korrelationskoeffizient nach Absatz 1 Ziffer iii mit 1,25 multipliziert. [2] Bei allen Risikopositionen gegenüber nicht beaufsichtigten Finanzunternehmen werden die Korrelationskoeffizienten nach Absatz 1 Ziffer iii bzw. Absatz 4 mit 1,25 multipliziert.

(3) *[1]* Der risikogewichtete Positionsbetrag darf für jede Risikoposition, die die Anforderungen der Artikel 202 und 217, nach folgender Formel angepasst werden:

$$risikogewichteter\ Positionsbetrag = RW \times Risikopositionswert \times (0{,}15 + 160 \times PD_{pp})$$

dabei entspricht

PD_{pp} = der PD des Sicherungsgebers.

[2] [1] Das RW wird anhand der entsprechenden Formel gemäß Absatz 1 für die Risikoposition, die Ausfallwahrscheinlichkeit des Schuldners und die LGD einer vergleichbaren direkten Risikoposition gegenüber dem Sicherungsgeber berechnet. [2] Der Laufzeitfaktor b) wird anhand der PD des Sicherungsgebers oder der PD des Schuldners berechnet, je nachdem, welche niedriger ist.

(4) *[1]* [1] Für Risikopositionen gegenüber Unternehmen, die einer Gruppe angehören, deren konsolidierter Gesamtjahresumsatz weniger als 50 Mio. EUR

beträgt, darf ein Institut zur Berechnung der Risikogewichte für Risikopositionen gegenüber Unternehmen nach Absatz 1 Ziffer iii folgende Korrelationsformel verwenden. [2] In dieser Formel wird S als Gesamtjahresumsatz in Millionen Euro angegeben, wobei gilt: 5 Mio. EUR ≤ S ≤ 50 Mio. EUR. [3] Gemeldete Umsätze von unter 5 Mio. EUR werden wie Umsätze von 5 Mio. EUR behandelt. [4] Bei gekauften Forderungen errechnet sich der Gesamtjahresumsatz aus dem gewichteten Durchschnitt der einzelnen Risikopositionen des Pools.

$$R = 0.12 \cdot \frac{1-e^{-50 \cdot PD}}{1-e^{-50}} + 0.24 \cdot \left(1 - \frac{1-e^{-50 \cdot PD}}{1-e^{-50}}\right) - 0.04 \cdot \left(1 - \frac{min\{max\{5,S\},50\}-5}{45}\right)$$

[2] Die Institute ersetzen den Gesamtjahresumsatz durch die Bilanzsumme der konsolidierten Gruppe, wenn der Gesamtjahresumsatz kein sinnvoller Indikator für die Unternehmensgröße ist und die Bilanzsumme als Indikator sinnvoller ist.

(5) *[1]* Bei Spezialfinanzierungsrisikopositionen, deren Ausfallwahrscheinlichkeit ein Institut nicht schätzen kann oder bei denen die PD-Schätzungen des Instituts die Anforderungen des Abschnitts 6 nicht erfüllen, weist das Institut diesen Risikopositionen Risikogewichte gemäß Tabelle 1 zu:

Tabelle 1

Restlaufzeit	Kategorie 1	Kategorie 2	Kategorie 3	Kategorie 4	Kategorie 5
Unter 2,5 Jahren	50 %	70 %	115 %	250 %	0 %
2,5 Jahre oder länger	70 %	90 %	115 %	250 %	0 %

[2] Bei der Zuteilung von Risikogewichten für Spezialfinanzierungsrisikopositionen berücksichtigen die Institute folgende Faktoren: Finanzkraft, politische und rechtliche Rahmenbedingungen, Transaktions- und/oder Vermögenswertmerkmale, Stärke des Geldgebers und des Trägers unter Berücksichtigung etwaiger Einkünfte aus öffentlich-privaten Partnerschaften sowie Absicherungspaket.

(6) [1] Die Institute halten hinsichtlich ihrer gekauften Unternehmensforderungen die Anforderungen des Artikels 184 ein. [2] Bei gekauften Unternehmensforderungen, die außerdem die Bedingungen des Artikels 154 Absatz 5 erfüllen, dürfen die Standards für die Risikoquantifizierung von Risikopositionen aus dem Mengengeschäft gemäß Abschnitt 6 angewandt werden, wenn die Anwendung der Standards für die Risikoquantifizierung von Risikopositionen gegenüber Unternehmen ein Institut unverhältnismäßig belasten würde.

(7) [1] Bei gekauften Unternehmensforderungen können erstattungsfähige Kaufpreisnachlässe, Sicherheiten oder Teilgarantien, die eine Erstverlustabsicherung gegen Ausfallverluste, Verwässerungsverluste oder beide bieten, vom Käufer der Forderungen oder vom Begünstigten der Sicherheit oder der Teilgarantie im Einklang mit Kapitel 5 Abschnitt 3 Unterabschnitte 2 und 3 als Erstverlustabsicherung behandelt werden. [2] Der Verkäufer, der den erstattungsfähigen Kaufpreisnachlass anbietet, und der Geber einer Sicherheit oder Teilgarantie behandeln diese gemäß Kapitel 5 Abschnitt 3 Unterabschnitte 2 und 3 als Risikoposition in einer Erstverlustposition.

(8) [1] Stellt ein Institut eine Besicherung für mehrere Risikopositionen unter der Bedingung, dass der n-te bei diesen Risikopositionen eintretende Ausfall die Zahlung auslöst und dieses Kreditereignis auch den Kontrakt beendet, werden die Risikogewichte der im Korb enthaltenen Risikopositionen, ohne n-1 Risikopositionen, aggregiert, wobei die Summe des erwarteten Verlustbetrags multipliziert mit 12,5 und der Betrag des risikogewichteten Positionsbetrags den durch das Kreditderivat abgesicherten Nominalbetrag um das 12,5-Fache nicht überschreiten darf. [2] Die aus der Aggregation auszunehmenden n-1 Risikopositionen werden so bestimmt, dass zu ihnen jede Risikoposition gehört, die einen risikogewichteten Positionsbetrag ergibt, der niedriger ist als der risikogewichtete Positionsbetrag jeder in die Aggregation eingehenden Risikoposition. [3] Ein Risikogewicht von 1 250 % soll für alle Positionen im Korb angesetzt werden, für die ein Institut das Risikogewicht nicht nach dem IRB-Ansatz bestimmen kann.

(9) *[1]* Die EBA arbeitet Entwürfe technischer Regulierungsstandards aus, um zu präzisieren, wie Institute die Faktoren nach in Absatz 5 Unterabsatz 2 bei der Zuweisung von Risikogewichten für Spezialfinanzierungen berücksichtigen müssen.

[2] Die EBA legt der Kommission diese Entwürfe technischer Regulierungsstandards bis zum 31. Dezember 2014 vor.

[3] Der Kommission wird die Befugnis übertragen, die technischen Regulierungsstandards nach Unterabsatz 1 gemäß den Artikeln 10 bis 14 der Verordnung (EU) Nr. 1093/2010 zu erlassen.

Art. 154 Risikogewichtete Positionsbeträge von Risikopositionen aus dem Mengengeschäft. (1) Die risikogewichteten Positionsbeträge von Risikopositionen aus dem Mengengeschäft werden nach den folgenden Formeln berechnet:

$$\textit{risikogewichteter Positionsbetrag} = RW \times \textit{Risikopositionswert}$$

wobei das Risikogewicht (RW) wie folgt definiert ist:

i) wenn PD = 1, d.h. bei ausgefallenen Risikopositionen, beträgt

$$RW = max\ \{0; 12{,}5 \cdot (LGD - EL_{BE})\};$$

wobei EL_{BE} die bestmögliche Schätzung des Instituts für den aufgrund des Ausfalls der Risikoposition *zu erwarteten*[1)] Verlust gemäß Artikel 181 Absatz 1 Buchstabe h ist;

ii) wenn 0 < PD < 1, d.h. für jeden anderen möglichen Wert von PD außerdem unter Ziffer ii genannten Wert:

$$RW = \left(LGD \cdot N\left(\frac{1}{\sqrt{1-R}} \cdot G(PD) + \sqrt{\frac{R}{1-R}} \cdot G(0.999) \right) - LGD \cdot PD \right) \cdot 12{,}5 \cdot 1{,}06$$

dabei entspricht

1) Richtig wohl: „zu erwartenden".

N(x) = der kumulativen Verteilungsfunktion einer standardnormalverteilten Zufallsvariablen (d.h. der Wahrscheinlichkeit, dass eine normalverteilte Zufallsvariable mit einem Erwartungswert von null und einer Standardabweichung von eins kleiner oder gleich x ist),

G (Z) = der inversen kumulativen Verteilungsfunktion einer standardnormalverteilten Zufallsvariablen (d.h. der Wert von x, so dass N(x) = z),

R = dem Korrelationskoeffizienten, festgelegt als

$$R = 0.03 \cdot \frac{1-e^{-35 \cdot PD}}{1-e^{-35}} + 0.16 \cdot \left(1 - \frac{1-e^{-35 \cdot PD}}{1-e^{-35}}\right)$$

(2) Der risikogewichtete Positionsbetrag für jede Risikoposition gegenüber einem KMU im Sinne des Artikels 147 Absatz 5, die die Anforderungen der Artikel 202 und 217 erfüllt, darf gemäß Artikel 153 Absatz 3 berechnet werden.

(3) Bei Risikopositionen aus dem Mengengeschäft, die durch Immobilien besichert sind, wird die sich aus der Korrelationsformel gemäß Absatz 1 ergebende Zahl durch einen Korrelationskoeffizienten (R) von 0,15 ersetzt.

(4) *[1]* Bei qualifizierten revolvierenden Risikopositionen aus dem Mengengeschäft im Sinne der Buchstaben a bis e wird die sich aus der Korrelationsformel gemäß Absatz 1 ergebende Zahl durch einen Korrelationskoeffizienten (R) von 0,04 ersetzt.

[2] Risikopositionen gelten als qualifizierte revolvierende Risikopositionen aus dem Mengengeschäft, wenn folgende Voraussetzungen erfüllt sind:

a) Die Risikopositionen bestehen gegenüber natürlichen Personen;
b) die Risikopositionen sind revolvierend, unbesichert und, soweit sie nicht in Anspruch genommen werden, vom Institut jederzeit und unbedingt kündbar. In diesem Zusammenhang sind revolvierende Risikopositionen definiert als Risikopositionen, bei denen die Kreditinanspruchnahme bis zu einem vom Institut gesetzten Limit durch Inanspruchnahmen und Rückzahlungen nach dem freien Ermessen des Kunden schwanken darf. Nicht in Anspruch genommene Zusagen können als unbedingt kündbar betrachtet werden, wenn die Vertragsbedingungen es dem Institut erlauben, die nach dem Verbraucherschutzrecht und den damit verbundenen Rechtsvorschriften bestehenden Kündigungsmöglichkeiten voll auszuschöpfen;
c) die maximale Risikoposition gegenüber einer einzigen natürlichen Person in dem Unterportfolio beträgt höchstens 100 000 EUR;
d) die in diesem Absatz angegebene Korrelation wird nur auf Portfolios angewandt, die im Vergleich zu ihren durchschnittlichen Verlustraten eine geringe Volatilität der Verlustraten aufweisen, insbesondere in den niedrigen PD-Bereichen;
e) die Behandlung als qualifizierte revolvierende Risikoposition aus dem Mengengeschäft entspricht den zugrunde liegenden Risikomerkmalen des Unterportfolios.

[3] [1] Abweichend von Buchstabe b findet die Anforderung, dass eine Risikoposition unbesichert zu sein hat, im Fall von besicherten Kreditfazilitäten in Verbindung mit einem Gehaltskonto keine Anwendung. [2] In diesem Falle werden die eingezogenen Beträge aus dieser Sicherheit bei der LGD-Schätzung nicht berücksichtigt.

[4] Die zuständigen Behörden überprüfen die relative Volatilität der Verlustraten in den verschiedenen Unterportfolios und dem aggregierten Portfolio der qualifizierten revolvierenden Risikopositionen aus dem Mengengeschäft und tauschen Informationen über die typischen Merkmale der Verlustraten bei qualifizierten revolvierenden Risikopositionen aus dem Mengengeschäft in den verschiedenen Mitgliedstaaten aus.

(5) Um für die Behandlung als Risikoposition aus dem Mengengeschäft in Frage zu kommen, müssen gekaufte Forderungen die Anforderungen des Artikels 184 sowie die folgenden Voraussetzungen erfüllen:

a) Das Institut hat die Forderungen von einem nicht mit ihm verbundenen Dritten gekauft, und seine Risikoposition gegenüber dem Schuldner beinhaltet keine Risikopositionen, die von ihm direkt oder indirekt begründet wurden;
b) die gekauften Forderungen sind im Rahmen eines zu marktüblichen Konditionen geschlossenen Geschäfts zwischen Forderungsverkäufer und Schuldner entstanden. Als solches sind unternehmensinterne Kontoforderungen und Forderungen im Zusammenhang mit Gegenkonten zwischen Unternehmen, die in wechselseitigen Kauf- und Verkaufsbeziehungen stehen, nicht zulässig;
c) das kaufende Institut hat einen Anspruch auf alle Erträge aus den gekauften Forderungen oder ist anteilig an diesen Erträgen beteiligt; und
d) das Portfolio der gekauften Forderungen ist ausreichend diversifiziert.

(6) [1] Bei gekauften Mengengeschäftsforderungen können erstattungsfähige Kaufpreisnachlässe, Sicherheiten oder Teilgarantien, die eine Erstverlustabsicherung gegen Ausfallverluste, Verwässerungsverluste oder beide bieten, vom Käufer der Forderungen oder vom Begünstigten der Sicherheit oder der Teilgarantie im Einklang mit Kapitel 5 Abschnitt 3 Unterabschnitte 2 und 3 als Erstverlustabsicherung behandelt werden. [2] Der Verkäufer, der den erstattungsfähigen Kaufpreisnachlass anbietet, und der Geber einer Sicherheit oder einer Teilgarantie behandeln diese gemäß Kapitel 5 Abschnitt 3 Unterabschnitte 2 und 3 als Risikoposition in einer Erstverlustposition.

(7) Bei hybriden Pools gekaufter Forderungen aus dem Mengengeschäft, bei denen das kaufende Institut durch Immobilien besicherte Risikopositionen und qualifizierte revolvierende Risikopositionen aus dem Mengengeschäft nicht von anderen Risikopositionen aus dem Mengengeschäft trennen kann, wird die Risikogewichtsfunktion angewandt, die die höchste Eigenmittelanforderung für diese Risikopositionen nach sich zieht.

Art. 155 Risikogewichtete Positionsbeträge von Beteiligungspositionen. (1) *[1]* [1] Institute ermitteln die risikogewichteten Positionsbeträge ihrer Beteiligungspositionen, mit Ausnahme derer, die nach Maßgabe des Teils 2 abgezogen werden oder für die gemäß Artikel 48 ein Risikogewicht von 250 % gilt, gemäß den Ansätzen nach den Absätzen 2, 3 und 4. [2] Ein Institut darf auf die verschiedenen Beteiligungsportfolios unterschiedliche Ansätze anwenden, wenn es selbst unterschiedliche Ansätze für das interne Risikomanagement verwendet. [3] Wendet ein Institut unterschiedliche Ansätze an, wird die Entscheidung für den PD-/LGD-Ansatz oder die Verwendung interner Modelle einheitlich – auch im Zeitverlauf – sowie in Übereinstimmung mit dem für das interne Risikomanagement der jeweiligen Beteiligungsposition verwendeten Ansatz getroffen und nicht durch Aufsichtsarbitrageerwägungen bestimmt.

[2] Institute dürfen Beteiligungspositionen gegenüber Anbietern von Nebendienstleistungen auf dieselbe Weise behandeln wie sonstige Aktiva ohne Kreditverpflichtungen.

(2) *[1]* Bei dem einfachen Risikogewichtungsansatz werden die risikogewichteten Positionsbeträge nach der Formel „risikogewichteter Positionsbetrag = RW * Positionswert" für jede der nachstehenden Risikopositionen berechnet, wobei

Risikogewicht (RW) = 190 % für Positionen aus privatem Beteiligungskapital in ausreichend diversifizierten Portfolios,

Risikogewicht (RW) = 290 % für börsengehandelte Beteiligungspositionen,

Risikogewicht (RW) = 370 % für alle sonstigen Beteiligungspositionen.

[2] [1] Kassa-Verkaufspositionen und derivative Instrumente, die im Anlagebuch gehalten werden, dürfen mit Kaufpositionen in der gleichen Aktie verrechnet werden, vorausgesetzt, dass diese Instrumente ausdrücklich zur Absicherung bestimmter Beteiligungspositionen benutzt werden und eine Absicherung für mindestens ein weiteres Jahr bieten. [2] Andere Verkaufspositionen sind wie Kaufpositionen zu behandeln, wobei das entsprechende Risikogewicht dem absoluten Wert einer jeden Position zuzuweisen ist. [3] Bei laufzeitinkongruenten Positionen wird dieselbe Methode angewandt wie die Methode nach Artikel 162 Absatz 5 für Risikopositionen gegenüber Unternehmen.

[3] Institute dürfen eine Absicherung von Beteiligungspositionen ohne Sicherheitsleistung gemäß den Methoden nach Kapitel 4 anerkennen.

(3) *[1]* [1] Im Rahmen des PD-/LGD-Ansatzes werden die risikogewichteten Positionsbeträge nach den Formeln des Artikels 153 Absatz 1 berechnet. [2] Verfügen die Institute nicht über ausreichende Informationen, um die Ausfalldefinition des Artikels 178 anzuwenden, wird den Risikogewichten ein Skalierungsfaktor von 1,5 zugewiesen.

[2] Auf Ebene der einzelnen Risikoposition darf die Summe des 12,5-fachen erwarteten Verlustbetrags und des risikogewichteten Positionsbetrags den 12,5-fachen Risikopositionswert nicht übersteigen.

[3] [1] Institute dürfen eine Absicherung von Beteiligungspositionen ohne Sicherheitsleistung gemäß den Methoden nach Kapitel 4 anerkennen. [2] Dabei ist für die Risikoposition gegenüber dem Sicherungsgeber eine LGD von 90 % vorgegeben. [3] Bei Positionen aus privatem Beteiligungskapital in ausreichend diversifizierten Portfolios darf eine LGD von 65 % angewandt werden. [4] Für diese Zwecke beträgt M fünf Jahre.

(4) *[1]* [1] Im Rahmen des auf internen Modellen basierenden Ansatzes entspricht der risikogewichtete Positionsbetrag dem potenziellen Verlust aus den Beteiligungspositionen des Instituts, der mittels interner Risikopotenzial-Modelle ermittelt wird, die dem 99. Perzentil eines einseitigen Konfidenzintervalls der über einen langen Zeitraum hinweg berechneten Differenz zwischen dem vierteljährlichen Ertrag und einem angemessenen risikolosen Zinssatz multipli-

ziert mit dem Faktor 12,5 unterliegen. ²Die risikogewichteten Positionsbeträge auf der Ebene des Beteiligungsportfolios dürfen nicht geringer sein als die Gesamtsummen der

a) nach dem PD-/LGD-Ansatz vorgeschriebenen risikogewichteten Positionsbeträge und
b) der entsprechenden erwarteten Verlustbeträge, multipliziert mit dem Faktor 12,5.

[2] Die Beträge nach den Buchstaben a und b werden auf der Grundlage der PD-Werte nach Artikel 165 Absatz 1 und der entsprechenden LGD-Werte nach Artikel 165 Absatz 2 berechnet.

[3] Institute dürfen eine Absicherung von Beteiligungspositionen ohne Sicherheitsleistung anerkennen.

Art. 156 Risikogewichtete Positionsbeträge von sonstigen Aktiva ohne Kreditverpflichtungen. Die risikogewichteten Positionsbeträge sonstiger Aktiva ohne Kreditverpflichtungen werden nach der folgenden Formel berechnet

$$\textit{risikogewichteter Positionsbetrag} = 100\,\% \times \textit{Risikopositionswert};$$

davon ausgenommen sind

a) der Kassenbestand und gleichwertige Positionen sowie Goldbarren, die in eigenen Tresoren oder in Gemeinschaftsverwaltung gehalten werden, denen ein Risikogewicht von 0 % zugewiesen wird, soweit sie durch Goldverbindlichkeiten gedeckt sind,
b) Risikopositionen, bei denen es sich um den Restwert von Leasingobjekten handelt; in diesem Fall werden die risikogewichteten Positionsbeträge wie folgt berechnet:

$$\frac{1}{t} \cdot 100\% \cdot \textit{Forderungswert}$$

wobei t entweder 1 ist oder der nächstliegenden Anzahl voller Jahre der verbleibenden Leasingdauer entspricht, je nachdem welcher Wert höher ist.

Unterabschnitt 3. Berechnung der risikogewichteten Positionsbeträge für das *Verwässerungrisiko*[1] gekaufter Forderungen

Art. 157 Risikogewichtete Positionsbeträge für das Verwässerungsrisiko gekaufter Forderungen. (1) Die Institute berechnen die risikogewichteten Positionsbeträge für das Verwässerungsrisiko gekaufter Unternehmens- und Mengengeschäftsforderungen nach der Formel des Artikels 153 Absatz 1.

(2) Die Institute bestimmen die PD- und LGD-Parameter gemäß Abschnitt 4.

(3) Die Institute bestimmen den Risikopositionswert gemäß Abschnitt 5.

(4) Für die Zwecke dieses Artikels beträgt der Wert von M ein Jahr.

(5) Die zuständigen Behörden befreien ein Institut von der Berechnung und Anerkennung risikogewichteter Positionsbeträge für das Verwässerungsrisiko

---

[1] Richtig wohl: „Verwässerungsrisiko".

einer Art von Risikopositionen, das von gekauften Unternehmens- oder Mengengeschäftsforderungen verursacht wird, wenn das Institut gegenüber der zuständigen Behörde glaubhaft nachgewiesen hat, dass für dieses Institut das Verwässerungsrisiko für diese Art von Risikopositionen unerheblich ist.

Abschnitt 3. Erwartete Verlustbeträge

Art. 158 Behandlung nach Risikopositionsart. (1) Bei der Berechnung der erwarteten Verlustbeträge werden für jede Risikoposition dieselben PD-, LGD- und Risikopositionswerte zugrunde gelegt wie bei der Berechnung der risikogewichteten Positionsbeträge gemäß Artikel 151.

(2) Bei Verbriefungspositionen werden die erwarteten Verlustbeträge nach Kapitel 5 ermittelt.

(3) Bei Risikopositionen der Risikopositionsklasse „Sonstige Aktiva ohne Kreditverpflichtungen" nach Artikel 147 Absatz 2 Buchstabe g ist der erwartete Verlustbetrag Null.

(4) Bei Risikopositionen in Form von Anteilen an einem OGA im Sinne des Artikels 152 werden die erwarteten Verlustbeträge *nach den Methoden dieses Artikels Methoden*[1] ermittelt.

(5) *[1]* Bei Risikopositionen gegenüber Unternehmen, Instituten, Zentralstaaten und Zentralbanken sowie bei Risikopositionen aus dem Mengengeschäft werden der erwartete Verlust (EL) und die erwarteten Verlustbeträge nach folgenden Formeln ermittelt:

$$\textit{Erwarteter Verlust (EL)} = PD \star LGD$$

Erwarteter Verlustbetrag = EL × Risikopositionswert.

[2] Bei ausgefallenen Risikopositionen (PD = 100 %), für die Institute eigene LGD-Schätzungen zugrunde legen, ist EL = ELBE, d.h. die bestmögliche Schätzung des Instituts für den aufgrund des *Ausfall der Risikoposition zu erwarteten*[2] Verlust gemäß Artikel 181 Absatz 1 Buchstabe h.

[3] Bei Risikopositionen, bei denen nach Artikel 153 Absatz 3 verfahren wird, ist EL gleich 0 %.

(6) Bei Spezialfinanzierungen, die von den Instituten nach den Methoden nach Artikel 153 Absatz 5 risikogewichtet werden, werden die EL-Werte nach Tabelle 2 zugewiesen.

Tabelle 2

Restlaufzeit	Kategorie 1	Kategorie 2	Kategorie 3	Kategorie 4	Kategorie 5
Unter 2,5 Jahren	0 %	0,4 %	2,8 %	8 %	50 %
2,5 Jahre oder mehr	0,4 %	0,8 %	2,8 %	8 %	50 %

(7) [1] Bei Beteiligungspositionen, bei denen die risikogewichteten Positionsbeträge nach dem einfachen Risikogewichtungsansatz berechnet werden, werden die erwarteten Verlustbeträge nach folgender Formel ermittelt:

$$\textit{Erwarteter Verlustbetrag} = EL \times \textit{Risikopositionswert}$$

---

[1] Richtig wohl: „nach den Methoden dieses Artikels".
[2] Richtig wohl: „Ausfalls der Risikoposition zu erwartenden".

[2] Die EL-Werte werden wie folgt angesetzt:
Erwarteter Verlust (EL) = 0,8 % für Positionen aus privatem Beteiligungskapital in hinreichend diversifizierten Portfolios,
Erwarteter Verlust (EL) = 0,8 % für börsengehandelte Beteiligungspositionen,
Erwarteter Verlust (EL) = 2,4 % für alle übrigen Beteiligungspositionen.

(8) Bei Beteiligungspositionen, bei denen die risikogewichteten Positionsbeträge nach dem PD-/LGD-Ansatz berechnet werden, werden der erwartete Verlust und die erwarteten Verlustbeträge nach folgenden Formeln ermittelt:

$$\textit{Erwarteter Verlust (EL)} = PD \times LGD$$

$$\textit{Erwarteter Verlustbetrag} = EL \times \textit{Risikopositionswert.}$$

(9) Bei Beteiligungspositionen, bei denen die risikogewichteten Positionsbeträge nach einem internen Modell berechnet werden, werden die erwarteten Verlustbeträge mit Null angesetzt.

(10) Die erwarteten Verlustbeträge für das Verwässerungsrisiko bei angekauften Forderungen werden nach folgender Formel berechnet:

$$\textit{Erwarteter Verlust (EL)} = PD \times LGD$$

$$\textit{Erwarteter Verlustbetrag} = EL \times \textit{Risikopositionswert.}$$

Art. 159 Behandlung erwarteter Verlustbeträge. [1] Institute ziehen die nach Artikel 158 Absätze 5, 6 und 10 ermittelten erwarteten Verlustbeträge von den für die entsprechenden Risikopositionen vorgenommenen allgemeinen und spezifischen Kreditrisikoanpassungen gemäß Artikel 110, zusätzlichen Bewertungsanpassungen gemäß den Artikeln 34 und 105 sowie weiteren Verringerungen der Eigenmittel mit Ausnahme von Abzügen nach Artikel 36 Absatz 1 Buchstabe m ab. [2] Abschläge auf zum Zeitpunkt des Ankaufs bereits ausgefallene bilanzielle Risikopositionen im Sinne des Artikels 166 Absatz 1 werden behandelt wie spezifische Kreditrisikoanpassungen. [3] Spezifische Kreditrisikoanpassungen für ausgefallene Risikopositionen werden nicht zur Deckung der bei anderen Risikopositionen erwarteten Verlustbeträge verwendet. [4] Die bei verbrieften Risikopositionen erwarteten Verlustbeträge sowie die für diese Risikopositionen vorgenommenen allgemeinen und spezifischen Kreditrisikoanpassungen werden nicht in diese Berechnung einbezogen.

Abschnitt 4. PD, LGD *Und*[1] Laufzeit

Unterabschnitt 1. Risikopositionen gegenüber Unternehmen, Instituten, Zentralstaaten und Zentralbanken

Art. 160 Ausfallwahrscheinlichkeit (PD) (1) Die PD einer Risikoposition gegenüber einem Unternehmen oder Institut beträgt mindestens 0,03 %.

(2) Bei angekauften Unternehmensforderungen, deren Ausfallwahrscheinlichkeit ein Institut nicht schätzen kann oder bei denen die PD-Schätzungen des Instituts die Anforderungen des Abschnitts 6 nicht erfüllen, wird die Ausfallwahrscheinlichkeit nach folgenden Methoden bestimmt:

---

[1] Richtig wohl: „und".

a) Bei vorrangigen Ansprüchen auf angekaufte Unternehmensforderungen ist die PD der vom Institut geschätzte erwartete Verlust (EL), geteilt durch die Verlustquote bei Ausfall (LGD) dieser Forderungen;[1)]

b) Bei nachrangigen Ansprüchen auf angekaufte Unternehmensforderungen ist die PD der vom Kreditinstitut geschätzte EL;[1)]

c) Ein Institut, das gemäß Artikel 143 *die Genehmigung über*[2)] Unternehmen eigene LGD-Schätzungen zu verwenden, und in der Lage ist, seine EL-Schätzungen für angekaufte Unternehmensforderungen in einer Weise in PD und LGD aufzulösen, die die zuständige Behörde für zuverlässig hält, darf die aus dieser Auflösung resultierende PD-Schätzung verwenden.

(3) Die PD ausgefallener Schuldner beträgt 100 %.

(4) [1] Gemäß Kapitel 4 dürfen Institute bei der PD eine Absicherung ohne Sicherheitsleistung berücksichtigen. [2] Zur Absicherung des Verwässerungsrisikos kann neben den in Artikel 201 Absatz 1 Buchstabe g genannten Sicherungsgebern auch der Verkäufer der angekauften Forderungen als Sicherungsgeber anerkannt werden, sofern folgende Bedingungen erfüllt sind:

a) Für das Unternehmen liegt eine Bonitätsbeurteilung einer ECAI vor, die von der EBA nach den Vorschriften des Kapitels 2 über die Risikogewichtung von Risikopositionen gegenüber Unternehmen mit einer Bonitätsstufe von mindestens 3 gleichgesetzt wird.

b) Für das Unternehmen liegt im Fall von Instituten, die die risikogewichteten Positionsbeträge und erwarteten Verlustbeträge nach dem IRB-Ansatz berechnen, keine Bonitätsbeurteilung einer benannten ECAI vor und es wird nach der internen Beurteilung eine PD angesetzt, die der Bonitätsbeurteilung einer benannten ECAI gleichwertig ist, welche von der EBA nach den Vorschriften des Kapitels 2 über die Risikogewichtung von Risikopositionen gegenüber Unternehmen mit einer Bonitätsstufe von mindestens 3 gleichgesetzt wird.

(5) Institute, die eigene LGD-Schätzungen verwenden, können eine Absicherung ohne Sicherheitsleistung vorbehaltlich des Artikels 161 Absatz 3 durch Anpassung der PD anerkennen.

(6) [1] Für das Verwässerungsrisiko bei angekauften Unternehmensforderungen wird die PD mit der EL-Schätzung des Instituts für das Verwässerungsrisiko gleichgesetzt. [2] Ein Institut, dem die zuständige Behörde gemäß Artikel 143 erlaubt hat, für Risikopositionen gegenüber Unternehmen eigene LGD-Schätzungen zu verwenden, und das in der Lage ist, seine EL-Schätzungen für das Verwässerungsrisiko bei angekauften Unternehmensforderungen in einer Weise in PD und LGD aufzulösen, die die zuständige Behörde für zuverlässig hält, darf die aus dieser Auflösung resultierende PD-Schätzung verwenden. [3] Bei der Ermittlung der PD dürfen Institute gemäß Kapitel 4 eine Absicherung ohne Sicherheitsleistung anerkennen. [4] Zur Absicherung des Verwässerungsrisikos kann neben den in Artikel 201 Absatz 1 Buchstabe g genannten Sicherungsgebern auch der Verkäufer der angekauften Forderungen als Sicherungsgeber anerkannt werden, sofern die Bedingungen des Absatzes 4 erfüllt sind.

[1)] Zeichensetzung amtlich.
[2)] Richtig wohl: „die Genehmigung erhalten hat, über".

(7) *[1]* Abweichend von Artikel 201 Absatz 1 Buchstabe g können Unternehmen, die die Bedingungen des Absatzes 4 erfüllen, als Sicherungsgeber anerkannt werden.

[2] Ein Institut, das die Erlaubnis der zuständigen Behörde gemäß Artikel 143 erhalten hat, für das Verwässerungsrisiko bei angekauften Unternehmensforderungen eigene LGD-Schätzungen zu verwenden, darf eine Absicherung ohne Sicherheitsleistung vorbehaltlich des Artikels 161 Absatz 3 durch Anpassung der PD anerkennen.

Art. 161 Verlustquote bei Ausfall (LGD) (1) Die Institute verwenden die folgenden LGD-Werte:

a) vorrangige Risikopositionen ohne anerkannte Sicherheit: 45 %,
b) nachrangige Risikopositionen ohne anerkannte Sicherheit: 75 %,
c) bei der Ermittlung der LGD dürfen die Institute gemäß Kapitel 4 eine Besicherung mit und eine Absicherung ohne Sicherheitsleistung anerkennen,
d) gedeckten Schuldverschreibungen, die für eine Behandlung nach Artikel 129 Absätze 4 oder 5 in Frage kommen, darf ein LGD-Wert von 11,25 % zugewiesen werden,
e) angekaufte vorrangige Unternehmensforderungen, wenn ein Institut nicht in der Lage ist, die PD zu schätzen oder die PD-Schätzungen des Instituts die Anforderungen des Abschnitts 6 nicht erfüllen: 45 %,
f) angekaufte nachrangige Unternehmensforderungen, wenn ein Institut nicht in der Lage ist, die PD zu schätzen oder die PD-Schätzungen des Instituts die Anforderungen des Abschnitts 6 nicht erfüllen: 100 %,
g) Verwässerungsrisiko bei angekauften Unternehmensforderungen: 75 %.

(2) Hat ein Institut die Erlaubnis der zuständigen Behörde gemäß Artikel 143 erhalten, für Risikopositionen gegenüber Unternehmen eigene LGD-Schätzungen zu verwenden, und kann es seine EL-Schätzungen für angekaufte Unternehmensforderungen in einer Weise in PD und LGD auflösen, die die zuständige Behörde für zuverlässig hält, darf es in Bezug auf das Verwässerungs- und das Ausfallrisiko die LGD-Schätzung für angekaufte Unternehmensforderungen verwenden.

(3) [1] Hat ein Institut die Erlaubnis der zuständigen Behörde gemäß Artikel 143 erhalten, für Risikopositionen gegenüber Unternehmen, Instituten, Zentralstaaten und Zentralbanken eigene LGD-Schätzungen zu verwenden, kann eine Absicherung ohne Sicherheitsleistung vorbehaltlich der Anforderungen in Abschnitt 6 und der Genehmigung der zuständigen Behörden durch Anpassung von PD oder LGD anerkannt werden. [2] Ein Institut darf garantierten Risikopositionen keine angepasste PD oder LGD zuweisen, wenn dies dazu führen würde, dass das angepasste Risikogewicht niedriger wäre als das einer vergleichbaren direkten *Risikopositionen*[1)] gegenüber dem Garantiegeber.

(4) Für die Zwecke der in Artikel 153 Absatz 3 genannten Unternehmen ist die LGD einer vergleichbaren direkten Risikoposition gegenüber dem Sicherungsgeber die LGD, die entweder für eine nicht abgesicherte Fazilität für den Garantiegeber oder für die nicht abgesicherte Fazilität des Schuldners angesetzt

1) Richtig wohl: „Risikoposition".

ist, je nachdem, ob für den Fall, dass sowohl Garantiegeber als auch Schuldner während der Laufzeit des abgesicherten Geschäfts ausfallen, die zur Verfügung stehenden Informationen und die Struktur der Garantie darauf hindeuten, dass die Höhe des wiedererlangten Betrags von der Finanzlage des Garantiegebers bzw. des Schuldners abhängt.

Art. 162 Laufzeit. (1) *[1]* Institute, die keine Erlaubnis erhalten haben, für Risikopositionen gegenüber Unternehmen, Instituten, Zentralstaaten oder Zentralbanken eigene LGD und eigene Umrechnungsfaktoren zu verwenden, weisen den aus Pensionsgeschäften oder Wertpapier- oder Warenleih- oder -verleihgeschäften resultierenden Risikopositionen eine effektive Restlaufzeit (M) von 0,5 Jahren und allen anderen Risikopositionen eine M von 2,5 Jahren zu.

[2] Alternativ dazu entscheiden die zuständigen Behörden, wenn sie die Erlaubnis nach Artikel 143 geben, ob das Institut für jede Risikoposition gemäß Absatz 2 die effektive Restlaufzeit (M) berechnen muss.

(2) [1] Institute, die die Erlaubnis der zuständigen Behörde erhalten haben, für Risikopositionen gegenüber Unternehmen, Instituten, Zentralstaaten oder Zentralbanken eigene LGD und eigene Umrechnungsfaktoren zu verwenden, berechnen M für jede dieser Risikopositionen gemäß den Buchstaben a bis e und vorbehaltlich der Absätze 3 bis 5. [2] M darf nicht mehr als fünf Jahre betragen, außer in den Fällen nach Artikel 384 Absatz 1, in denen der dort für M festgelegte Wert verwendet wird.

a) Bei einem Instrument mit festgelegtem Zins- und Tilgungsplan wird M nach folgender Formel berechnet:

$$M = max\left\{1, min\left\{\frac{\sum_t t \cdot CF_t}{\sum_t CF_t}, 5\right\}\right\}$$

wobei CF_t die vertraglichen Zahlungsströme (Nominalbetrag, Zinsen und Gebühren) bezeichnet, die der Schuldner in Periode t zu leisten hat.

b) Bei Derivaten, die einer Netting-Rahmenvereinbarung unterliegen, ist M die gewichtete durchschnittliche Restlaufzeit der Risikoposition, wobei M mindestens ein Jahr beträgt und für die Gewichtung der Laufzeit der Nominalbetrag der einzelnen Risikopositionen herangezogen wird.

c) Bei Risikopositionen aus vollständig oder nahezu vollständig besicherten Derivatgeschäften der Liste in Anhang II und vollständig oder nahezu vollständig besicherten Lombardgeschäften, die einer Netting-Rahmenvereinbarung unterliegen, ist M die gewichtete durchschnittliche Restlaufzeit, wobei M mindestens 10 Tage beträgt.

d) Bei Pensionsgeschäften oder Wertpapier- oder Warenleih- oder -verleihgeschäften, die einer Netting-Rahmenvereinbarung unterliegen, ist M die gewichtete durchschnittliche Restlaufzeit, wobei M mindestens 5 Tage beträgt. Für die Gewichtung der Laufzeit wird der Nominalbetrag des einzelnen Geschäfts herangezogen.

e) Bei einem Institut, das die Erlaubnis der zuständigen Behörde gemäß Artikel 138 erhalten hat, für angekaufte Unternehmensforderungen eigene PD-

Schätzungen zu verwenden, ist M bei in Anspruch genommenen Beträgen gleich der gewichteten durchschnittlichen Laufzeit der angekauften Forderungen, wobei M mindestens 90 Tage beträgt. Der gleiche M-Wert wird auch für nicht in Anspruch genommene Beträge im Rahmen einer Ankaufszusage verwendet, sofern die Fazilität wirksame Vertragsbestandteile, Auslöser für eine vorzeitige Tilgung oder andere Merkmale enthält, die das ankaufende Institut über die gesamte Fazilitätslaufzeit gegen wesentliche Qualitätsverschlechterungen bei künftigen Forderungen absichern. Fehlen solche wirksamen Absicherungen, so ist M für die nicht in Anspruch genommenen Beträge die Summe aus der Forderung mit der im Rahmen der Ankaufvereinbarung potenziell längsten Laufzeit und der Restlaufzeit der Fazilität, wobei M mindestens 90 Tage beträgt.

f) Bei allen anderen in diesem Absatz *genannten nicht*[1] Instrumenten oder wenn ein Institut M nicht gemäß Buchstabe a berechnen kann, ist M gleich der maximalen Zeitspanne (in Jahren), die dem Schuldner zur vollständigen Erfüllung seiner vertraglichen Pflichten zur Verfügung steht, beträgt aber mindestens ein Jahr.

g) Institute, die zur Berechnung der Risikopositionswerte die auf einem internen Modell beruhende Methode gemäß Kapitel 6 Abschnitt 6 verwenden, ermitteln für Risikopositionen, bei denen sie nach dieser Methode verfahren und bei denen die Laufzeit des Vertrags mit der längsten Laufzeit im Netting-Satz mehr als ein Jahr beträgt, M nach folgender Formel:

$$M = min\left\{\frac{\sum_k Effective\,EE_{t_k} \cdot \Delta t_k \cdot df_{t_k} \cdot s_{t_k} + \sum_k EE_{t_k} \cdot \Delta t_k \cdot df_{t_k} \cdot \left(1 - s_{t_k}\right)}{\sum_k Effective\,EE_{t_k} \cdot \Delta t_k \cdot df_{t_k} \cdot s_{t_k}}, 5\right\}$$

dabei entspricht

S_{t_k} = einer Scheinvariablen, deren Wert im künftigen Zeitraum tk gleich 0 ist, wenn tk > 1 Jahr und gleich 1, wenn tk ≤ 1,

EE_{t_k} = dem zum künftigen Zeitraum tk erwarteten Wiederbeschaffungswert,

$Effective\,EE_{t_k}$ = dem zum künftigen Zeitraum tk erwarteten effektiven Wiederbeschaffungswert,

df_{t_k} = dem risikolosen Abzinsungsfaktor für den künftigen Zeitraum tk,

[1] Richtig wohl: „nicht genannten".

$$\Delta t_k = t_k - t_{k-1}.$$

h) Ein Institut, das zur Berechnung einer einseitigen kreditrisikobezogenen Bewertungsanpassung ein internes Modell verwendet, darf bei entsprechender Genehmigung der zuständigen Behörden die anhand eines internen Modells geschätzte effektive Kreditlaufzeit als M einsetzen.
Vorbehaltlich des Absatzes 2 gilt für Netting-Sätze, bei denen alle Verträge eine Ursprungslaufzeit von weniger als einem Jahr haben, die Formel nach Buchstabe a;[1)]

i) Bei Instituten, die zur Berechnung der Risikopositionswerte die auf einem internen Modell beruhende Methode nach Kapitel 6 Abschnitt 6 verwenden, und denen gemäß Teil 3 Titel IV Kapitel 5 erlaubt wurde, für das spezifische Risiko gehandelter Schuldinstrumente ein internes Modell zu verwenden, wird M *in der in*[2)] Formel nach Artikel 153 Absatz 1 gleich 1 gesetzt, sofern das Institut den zuständigen Behörden gegenüber nachweisen kann, dass sein gemäß Artikel 383 angewandtes internes Modell für das spezifische Risiko gehandelter Schuldinstrumente den Auswirkungen von Ratingmigrationen Rechnung trägt.

j) Für die Zwecke des Artikels 153 Absatz 3 ist M gleich der effektiven Laufzeit der Kreditabsicherung, beträgt aber mindestens ein Jahr.

(3) *[1]* Sofern die Dokumentation tägliche Nachschusszahlungen und eine tägliche Neubewertung vorschreibt und Bestimmungen enthält, die bei Ausfall oder ausbleibenden Nachschusszahlungen die umgehende Verwertung oder Verrechnung der Sicherheiten ermöglichen, beträgt M in nachstehend genannten Fällen mindestens einen Tag:

a) bei vollständig oder nahezu vollständig abgesicherten Derivatgeschäften der Liste in Anhang II,
b) bei vollständig oder nahezu vollständig abgesicherten Lombardgeschäften,
c) bei Pensionsgeschäften und Wertpapier- oder Warenleih- oder -verleihgeschäften.

[2] [1] Auch bei anerkennungsfähigen kurzfristigen Risikopositionen, die nicht Teil einer fortlaufenden Finanzierung des Schuldners durch das Institut sind, beträgt M mindestens einen Tag. [2] Anerkennungsfähige kurzfristige Risikopositionen sind unter anderem:

a) Risikopositionen gegenüber Instituten, die sich aus der Abwicklung von Fremdwährungsverbindlichkeiten ergeben,
b) sich selbst liquidierende kurzfristige Handelsfinanzierungsgeschäfte im Zusammenhang mit dem Austausch von Waren oder Dienstleistungen mit maximal einjähriger Restlaufzeit im Sinne des Artikels 4 Absatz 1 Nummer 80,
c) Risikopositionen, die sich aus der Abrechnung von Wertpapieran- und -verkäufen innerhalb der üblichen Lieferfrist oder innerhalb von zwei Geschäftstagen ergeben,

---

1) Zeichensetzung amtlich.
2) Richtig wohl: „in der".

d) Risikopositionen, die sich aus dem elektronischen Barausgleich, der Abrechnung elektronischer Zahlungsvorgänge und im Voraus beglichener Kosten ergeben, einschließlich Überziehungen, die durch fehlgeschlagene Geschäfte bedingt sind und nicht über eine vereinbarte geringe Anzahl von Geschäftstagen hinausgehen.

(4) [1]Bei Risikopositionen gegenüber Unternehmen mit Sitz in der Union sowie einem konsolidierten Jahresumsatz und einer konsolidierten Bilanzsumme von weniger als 500 Mio. EUR können Institute sich dafür entscheiden, M durchgängig nach Absatz 1 anstatt nach Absatz 2 festzulegen. [2]Bei Unternehmen, deren Geschäft im Wesentlichen im Besitz und in der Vermietung nicht spekulativer Wohnobjekte besteht, dürfen die Institute den Betrag von 500 Mio. EUR für die Bilanzsumme durch 1 000 Mio. EUR ersetzen.

(5) Laufzeitinkongruenzen werden gemäß Kapitel 4 behandelt.

Unterabschnitt 2. Risikopositionen aus dem Mengengeschäft

Art. 163 Ausfallwahrscheinlichkeit (PD) (1) Die PD einer Risikoposition beträgt mindestens 0,03 %.

(2) Die PD von Schuldnern oder für den Fall, dass von der Fazilität ausgegangen wird, von ausgefallenen Risikopositionen beträgt 100 %.

(3) [1]Für das Verwässerungsrisiko bei angekauften Forderungen wird die PD mit den EL-Schätzungen für das Verwässerungsrisiko gleichgesetzt. [2]Kann ein Institut seine EL-Schätzungen für das Verwässerungsrisiko bei angekauften Forderungen in einer Weise in PD und LGD auflösen, die die zuständigen Behörden für zuverlässig halten, darf die PD-Schätzung verwendet werden.

(4) [1]Einer Absicherung ohne Sicherheitsleistung kann vorbehaltlich des Artikels 164 Absatz 2 durch Anpassung der PD Rechnung getragen werden. [2]Zur Absicherung des Verwässerungsrisikos kann neben den in Artikel 201 Absatz 1 Buchstabe g genannten Sicherungsgebern auch der Verkäufer der angekauften Forderungen als Sicherungsgeber anerkannt werden, wenn die Bedingungen des Artikels 160 Absatz 4 erfüllt sind.

[Artikel 164 bis 27.12.2020:]
Art. 164 Verlustquote bei Ausfall (LGD) (1) [1]Vorbehaltlich der Anforderungen des Abschnitts 6 und der Erlaubnis der zuständigen Behörden nach Artikel 143 legen die Institute eigene LGD-Schätzungen vor. [2]Für das Verwässerungsrisiko bei angekauften Forderungen wird ein LGD-Wert von 75 % angesetzt. [3]Kann ein Institut seine EL-Schätzungen für das Verwässerungsrisiko bei angekauften Forderungen verlässlich in PD und LGD auflösen, darf es seine eigene LGD-Schätzung verwenden.

(2) [1]Eine Absicherung ohne Sicherheitsleistung kann vorbehaltlich der Anforderungen des Artikels 183 Absätze 1, 2 und 3 und einer entsprechenden Erlaubnis der zuständigen Behörden zur Unterlegung einer einzelnen Risikoposition oder eines Risikopositionen-Pools durch Anpassung der PD- oder LGD-Schätzungen als anerkennungsfähig anerkannt werden. [2]Ein Institut darf garantierten Risikopositionen keine angepasste PD oder LGD zuweisen, wenn dies dazu führen würde, dass das angepasste Risikogewicht niedriger wäre als das einer vergleichbaren direkten Risikoposition gegenüber dem Garantiegeber.

(3) Für die Zwecke des Artikels 154 Absatz 2 ist die in Artikel 153 Absatz 3 genannte LGD einer vergleichbaren direkten Risikoposition gegenüber dem Sicherungsgeber die LGD, die entweder für eine nicht abgesicherte Fazilität für den Garantiegeber oder für die nicht abgesicherte Fazilität des Schuldners angesetzt ist, je nachdem, ob für den Fall, dass sowohl Garantiegeber als auch Schuldner während der Laufzeit des abgesicherten Geschäfts ausfallen, die zur Verfügung stehenden Informationen und die Struktur der Garantie darauf hindeuten, dass die Höhe des wiedererlangten Betrags von der Finanzlage des Garantiegebers bzw. des Schuldners abhängt.

(4) *[1]* Bei allen durch Wohnimmobilien besicherten Risikopositionen aus dem Mengengeschäft, für die keine Garantie eines Zentralstaats besteht, beträgt die risikopositionsgewichtete durchschnittliche LGD mindestens 10 %.

[2] Bei allen durch Gewerbeimmobilien besicherten Risikopositionen aus dem Mengengeschäft, für die keine Garantie eines Zentralstaats besteht, beträgt die risikopositionsgewichtete durchschnittliche LGD mindestens 15 %.

(5) *[1]* [1] Auf der Grundlage der nach Artikel 101 erhobenen Daten und unter Berücksichtigung zukunftsorientierter Immobilienmarktentwicklungen und aller anderen maßgeblichen Indikatoren bewerten die zuständigen Behörden regelmäßig, mindestens jedoch jährlich, ob die LGD-Mindestwerte des Absatzes 4 für Risikopositionen angemessen sind, die durch im Hoheitsgebiet ihres Landes belegene Wohn- oder Gewerbeimmobilien besichert sind. [2] Die zuständigen Behörden können gegebenenfalls auf der Grundlage von Erwägungen in Bezug auf die Finanzmarktstabilität höhere Mindestwerte bei der risikopositionsgewichteten durchschnittlichen LGD für durch Immobilien im Hoheitsgebiet ihres Landes besicherte Risikopositionen ansetzen.

[2] Die zuständigen Behörden zeigen jede Änderung der LGD-Mindestwerte, die sie gemäß Unterabsatz 1 vornehmen, der EBA an, die diese LGD-Werte daraufhin veröffentlicht.

(6) *[1]* Die EBA arbeitet technische Regulierungsstandards zur Festlegung der Bedingungen aus, denen die zuständigen Behörden bei der Festlegung höherer LGD-Mindestwerte Rechnung tragen müssen.

[2] Die EBA legt der Kommission diese Entwürfe technischer Regulierungsstandards bis 31. Dezember 2014 vor.

[3] Der Kommission wird die Befugnis übertragen, die technischen Regulierungsstandards nach Unterabsatz 1 gemäß den Artikeln 10 bis 14 der Verordnung (EU) Nr. 1093/2010 zu erlassen.

(7) Die Institute eines Mitgliedstaats wenden die höheren LGD-Mindestwerte an, die von den zuständigen Behörden eines anderen Mitgliedstaats für die Risikopositionen festgelegt wurden, die durch in diesem Mitgliedstaat belegene Immobilien besichert sind.

[Artikel 164 ab 28.12.2020:]

Art. 164 Verlustquote bei Ausfall (LGD) *(1) [1] Vorbehaltlich der Anforderungen des Abschnitts 6 dieses Kapitels und der Erlaubnis der zuständigen Behörden nach Artikel 143 legen die Institute eigene LGD-Schätzungen vor. [2] Für das Verwässerungsrisiko bei angekauften Forderungen wird ein LGD-Wert von 75 % angesetzt. [3] Kann ein Institut seine EL-Schätzungen für das Verwässerungsrisiko bei angekauften Forderungen verlässlich in PD und LGD auflösen, darf es seine eigene LGD-Schätzung verwenden.*

(2) [1] Eine Absicherung ohne Sicherheitsleistung kann vorbehaltlich der Anforderungen des Artikels 183 Absätze 1, 2 und 3 und der entsprechenden Erlaubnis der zuständigen Behörden zur Unterlegung einer einzelnen Risikoposition oder eines Risikopositionen-Pools durch Anpassung der PD- oder LGD-Schätzungen als anerkennungsfähig anerkannt werden. [2] Ein Institut darf garantierten Risikopositionen keine angepasste PD oder LGD zuweisen, wenn dies dazu führen würde, dass das angepasste Risikogewicht niedriger wäre als das einer vergleichbaren direkten Risikoposition gegenüber dem Garantiegeber.

(3) Für die Zwecke des Artikels 154 Absatz 2 ist die in Artikel 153 Absatz 3 genannte LGD einer vergleichbaren direkten Risikoposition gegenüber dem Sicherungsgeber die LGD, die entweder für eine nicht abgesicherte Fazilität für den Garantiegeber oder für die nicht abgesicherte Fazilität des Schuldners angesetzt ist, je nachdem, ob für den Fall, dass sowohl Garantiegeber als auch der Schuldner während der Laufzeit des abgesicherten Geschäfts ausfallen, die zur Verfügung stehenden Informationen und die Struktur der Garantie darauf hindeuten, dass die Höhe des wiedererlangten Betrags von der Finanzlage des Garantiegebers bzw. des Schuldners abhängt.

(4) [1] Bei allen durch Wohnimmobilien besicherten Risikopositionen aus dem Mengengeschäft, für die keine Garantie eines Zentralstaats besteht, beträgt die risikopositionsgewichtete durchschnittliche LGD mindestens 10 %.

[2] Bei allen durch Gewerbeimmobilien besicherten Risikopositionen aus dem Mengengeschäft, für die keine Garantie eines Zentralstaats besteht, beträgt die risikopositionsgewichtete durchschnittliche LGD mindestens 15 %.

(5) [1] [1] Die Mitgliedstaaten benennen eine Behörde, die für die Anwendung von Absatz 6 zuständig ist. [2] Diese Behörde ist die zuständige Behörde oder die benannte Behörde.

[2] Ist die von dem Mitgliedstaat für die Anwendung dieses Artikels benannte Behörde die zuständige Behörde, so stellt sie sicher, dass die relevanten nationalen Stellen und Behörden, die ein makroprudenzielles Mandat haben, gebührend darüber unterrichtet sind, dass die zuständige Behörde beabsichtigt, von diesem Artikel Gebrauch zu machen, und dass sie an der Bewertung der Bedenken hinsichtlich der Finanzstabilität in ihrem Mitgliedstaat im Einklang mit Absatz 6 in angemessener Weise beteiligt werden.

[3] [1] Ist die von dem Mitgliedstaat für die Anwendung dieses Artikels benannte Behörde nicht die zuständige Behörde, so trifft der Mitgliedstaat die notwendigen Vorkehrungen, um eine ordnungsgemäße Koordinierung und einen ordnungsgemäßen Informationsaustausch zwischen der zuständigen und der benannten Behörde sicherzustellen, damit dieser Artikel ordnungsgemäß angewendet wird. [2] Insbesondere müssen die Behörden eng zusammenarbeiten und alle Informationen gemeinsam nutzen, die für die angemessene Erfüllung der Pflichten, die der benannten Behörde gemäß diesem Artikel obliegen, erforderlich sein können. [3] Mit dieser Zusammenarbeit soll jede Form von sich überschneidenden oder nicht miteinander zu vereinbarenden Maßnahmen zwischen der zuständigen und der benannten Behörde vermieden sowie auch sichergestellt werden, dass die Wechselwirkung mit anderen Maßnahmen, insbesondere solchen, die gemäß Artikel 458 dieser Verordnung und Artikel 133 der Richtlinie 2013/36/EU ergriffen werden, gebührend berücksichtigt wird.

(6) [1] Auf der Grundlage der nach Artikel 430a erhobenen Daten und aller anderen relevanten Indikatoren sowie unter Berücksichtigung zukunftsorientierter Immobilienmarktentwicklungen bewertet die gemäß Absatz 5 des vorliegenden Artikels benannte Behörde regelmäßig, mindestens jedoch jährlich, ob die LGD-Mindestwerte nach Absatz 4 des vorliegenden Artikels für Risikopositionen angemessen sind, die durch Grundpfand-

rechte an in einem oder mehreren Teilen des Hoheitsgebiets des Mitgliedstaats der jeweiligen Behörde belegenen Wohn- oder Gewerbeimmobilien besichert sind.

[2] [1] Kommt die gemäß Absatz 5 benannte Behörde auf der Grundlage der Bewertung nach Unterabsatz 1 zu dem Schluss, dass die LGD-Mindestwerte nach Absatz 4 nicht angemessen sind, und ist sie der Auffassung, dass die Unangemessenheit der LGD-Werte sich negativ auf die gegenwärtige oder künftige Finanzstabilität in ihrem Mitgliedstaat auswirken könnte, so kann sie höhere LGD-Mindestwerte für die betreffenden Risikopositionen, die in einem oder mehreren Teilen des Hoheitsgebiets des Mitgliedstaats der jeweiligen Behörde belegen sind, festsetzen. [2] Diese höheren Mindestwerte können auch auf Ebene eines oder mehrerer Immobiliensegmente solcher Risikopositionen angewendet werden.

[3] [1] Die gemäß Absatz 5 benannte Behörde informiert die EBA und den ESRB, bevor sie die Entscheidung nach diesem Absatz trifft. [2] Innerhalb eines Monats nach Eingang dieser Mitteilung übermitteln die EBA und der ESRB dem betreffenden Mitgliedstaat ihre Stellungnahme. [3] Die EBA und der ESRB veröffentlichen diese LGD-Werte.

(7) Setzt die gemäß Absatz 5 benannte Behörde gemäß Absatz 6 höhere LGD-Mindestwerte fest oder führt sie strengere Kriterien ein, so verfügen die Institute über einen sechsmonatigen Übergangszeitraum, um diese anzuwenden.

(8)[1)] [1] Die EBA arbeitet in enger Zusammenarbeit mit dem ESRB Entwürfe technischer Regulierungsstandards für die Festlegung der Bedingungen aus, die die gemäß Absatz 5 benannte Behörde bei der Bewertung der Angemessenheit von LGD-Werten als Teil der Bewertung nach Absatz 6 zu berücksichtigen hat.

[2] [1] Die EBA legt der Kommission diese Entwürfe technischer Regulierungsstandards bis zum 31. Dezember 2019 vor. [2] Der Kommission wird die Befugnis übertragen, die in Unterabsatz 1 genannten technischen Regulierungsstandards gemäß den Artikeln 10 bis 14 der Verordnung (EU) Nr. 1093/2010 zur Ergänzung dieser Verordnung zu erlassen.

(9)[1)] Der ESRB kann den gemäß Absatz 5 benannten Behörden durch Empfehlungen nach Artikel 16 der Verordnung (EU) Nr. 1092/2010 und in enger Zusammenarbeit mit der EBA Orientierungen zu Folgendem vorgeben:

a) den Faktoren, die 'sich negativ auf die gegenwärtige oder künftige Finanzstabilität auswirken könnten' wie in Absatz 6 angeführt, und

b) den indikativen Referenzwerten, die die gemäß Absatz 5 benannte Behörde bei der Festlegung höherer LGD-Mindestwerte berücksichtigen muss.

(10) Die Institute eines Mitgliedstaats wenden die höheren LGD-Mindestwerte, die von den Behörden eines anderen Mitgliedstaats gemäß Absatz 6 festgelegt wurden, auf alle ihre entsprechenden Risikopositionen an, die durch Grundpfandrechte an in einem oder mehreren Teilen dieses anderen Mitgliedstaats belegenen Wohnimmobilien oder Gewerbeimmobilien besichert sind.

---

1) Art. 164 Abs. 8 und 9 gelten bereits mWv 27.6.2019, siehe hierzu VO v. 20.5.2019 (ABl. L 150 S. 1).

Unterabschnitt 3. Beteiligungspositionen, bei denen nach der PD-/LGD-Methode verfahren werden muss

Art. 165 Beteiligungspositionen, bei denen nach der PD/LGD-Methode verfahren werden muss. (1) *[1]* PD werden nach den für Risikopositionen gegenüber Unternehmen geltenden Methoden ermittelt.

[2] Es gelten folgende Mindestwerte für PD:

a) 0,09 % für börsengehandelte Beteiligungspositionen, wenn die Beteiligung im Rahmen einer langjährigen Kundenbeziehung eingegangen wird,

b) 0,09 % für nicht börsengehandelte Beteiligungspositionen, bei denen die Renditen auf regelmäßig wiederkehrenden Zahlungen und nicht auf Kursgewinnen basieren,

c) 0,40 % für börsengehandelte Beteiligungspositionen einschließlich sonstiger Verkaufspositionen gemäß Artikel 155 Absatz 2,

d) 1,25 % für alle übrigen Beteiligungspositionen einschließlich sonstiger Verkaufspositionen gemäß Artikel 155 Absatz 2.

(2) [1] Bei Positionen aus privatem Beteiligungskapital in hinreichend diversifizierten Portfolios darf die LGD mit 65 % angesetzt werden. [2] Bei allen anderen derartigen Positionen wird die LGD mit 90 % angesetzt.

(3) M wird bei allen Positionen mit fünf Jahren angesetzt.

Abschnitt 5. Risikopositionswert

Art. 166 Risikopositionen gegenüber Unternehmen, Instituten, Zentralstaaten und Zentralbanken sowie Risikopositionen aus dem Mengengeschäft. (1) *[1]* Sofern nicht anders angegeben, ist der Wert bilanzieller Risikopositionen der Buchwert, der ohne Berücksichtigung etwaiger Kreditrisikoanpassungen bemessen wird.

[2] Dies gilt auch für Vermögenswerte, die zu einem anderen Preis als dem geschuldeten Betrag angekauft wurden.

[3] Bei angekauften Vermögenswerten wird die beim Ankauf in der Bilanz des Instituts erfasste Differenz zwischen dem geschuldeten Betrag und dem nach spezifischen Kreditrisikoanpassungen verbleibenden Buchwert als Abschlag bezeichnet, wenn der geschuldete Betrag größer ist, und als Prämie, wenn er kleiner ist.

(2) Macht ein Institut bei Pensionsgeschäften oder Wertpapier- oder *Warenverleih*[1)] oder -leihgeschäften von Netting-Rahmenvereinbarungen Gebrauch, so wird der Risikopositionswert gemäß Kapitel 4 oder 6 berechnet.

(3) Für das Netting bilanzierter Kredite und Einlagen berechnen die Institute den Risikopositionswert nach den in Kapitel 4 beschriebenen Methoden.

(4) [1] Bei einem Leasinggeschäft entspricht der Risikopositionswert den abgezinsten Mindestleasingzahlungen. [2] Mindestleasingzahlungen umfassen Zahlungen, zu denen der Leasingnehmer über den Leasingzeitraum verpflichtet ist oder verpflichtet werden kann und jede günstige Kaufoption (d.h. eine Option, deren Ausübung nach vernünftigen Maßstäben als sicher erscheint). [3] Kann eine andere Partei als der Leasingnehmer zur Zahlung des Restwerts eines geleasten Vermögenswerts verpflichtet werden und genügt diese Zahlungsverpflichtung den

---

[1)] Richtig wohl: „Warenverleih-".

Bedingungen des Artikels 201 für die Anerkennungsfähigkeit von Sicherungsgebern sowie den Anforderungen des Artikels 213 für die Anerkennung anderer Garantiearten, kann die Zahlungsverpflichtung gemäß Kapitel 4 als Absicherung ohne Sicherheitsleistung anerkannt werden.

(5) Bei den in Anhang II genannten Geschäften wird der Risikopositionswert nach den in Kapitel 6 beschriebenen Methoden ermittelt, wobei etwaige Kreditrisikoanpassungen unberücksichtigt bleiben.

(6) Der Risikopositionswert zur Berechnung der risikogewichteten Positionsbeträge angekaufter Risikopositionen ist der nach Absatz 1 ermittelte Wert abzüglich der Eigenmittelanforderungen für das Verwässerungsrisiko vor Anwendung von Risikominderungstechniken.

(7) [1] Bei Risikopositionen in Form von Wertpapieren oder Waren, die im Rahmen von Pensions-, Wertpapier- oder Warenleihgeschäften, Geschäften mit langer Abwicklungsfrist und Lombardgeschäften veräußert, hinterlegt oder verliehen werden, ist der Risikopositionswert der nach Artikel 24 ermittelte Wert der Wertpapiere oder Waren. [2] Wird die umfassende Methode zur Berücksichtigung finanzieller Sicherheiten nach Artikel 223 angewandt, wird auf den Risikopositionswert die nach Maßgabe dieser Methode für solche Wertpapiere oder Waren als angemessen anzusehende Volatilitätsanpassung aufgeschlagen. [3] Der Risikopositionswert von Pensionsgeschäften, Wertpapier- oder Warenleihgeschäften, Geschäften mit langer Abwicklungsfrist und Lombardgeschäften kann entweder nach Kapitel 6 oder nach Artikel 220 Absatz 2 bestimmt werden.

(8) *[1]* [1] In nachstehend genannten Fällen errechnet sich der Risikopositionswert aus dem zugesagten, aber nicht in Anspruch genommenen Betrag, multipliziert mit einem Umrechnungsfaktor. [2] Zu diesem Zweck verwenden die Institute gemäß Artikel 151 Absatz 8 die folgenden Umrechnungsfaktoren für Risikopositionen gegenüber Unternehmen, Instituten, Zentralstaaten und Zentralbanken:

a) Für Kreditlinien, die ein Institut jederzeit unangekündigt und bedingungslos kündigen kann, oder die bei einer Verschlechterung der Bonität des Kreditnehmers automatisch eine Kündigung nach sich ziehen, gilt ein Umrechnungsfaktor von 0 %. Um einen Umrechnungsfaktor von 0 % anwenden zu können, überwachen die Institute die Finanzlage des Schuldners aktiv und verfügen über interne Kontrollsysteme, die es ihnen ermöglichen, eine Bonitätsverschlechterung beim Schuldner sofort festzustellen. Nicht in Anspruch genommene Kreditlinien können als uneingeschränkt kündbar angesehen werden, wenn die Vertragsbedingungen es dem Institut erlauben, die nach dem Verbraucherschutzrecht und den damit verbundenen Rechtsvorschriften zulässigen Kündigungsmöglichkeiten voll auszuschöpfen;

b) für kurzfristige Dokumentenakkreditive, die anlässlich eines Warentransfers ausgestellt werden, gilt sowohl für das emittierende als auch für das bestätigende Institut ein Umrechnungsfaktor von 20 %;

c) für nicht in Anspruch genommene Ankaufszusagen für revolvierende angekaufte Risikopositionen, die uneingeschränkt kündbar sind oder deren Vertragsbedingungen die Möglichkeit einer jederzeitigen unangekündigten automatischen Kündigung durch das Institut vorsehen, gilt ein Umrechnungsfaktor von 0 %. Um einen Umrechnungsfaktor von 0 % anwenden zu können, überwachen die Institute die Finanzlage des Schuldners aktiv und verfügen über interne Kontrollsysteme, die es ihnen ermöglichen, eine Bonitätsverschlechterung beim Schuldner sofort festzustellen;

d) für sonstige Kreditlinien, Absicherungsfazilitäten („note issuance facilities", NIF) und Fazilitäten zur revolvierenden Platzierung von Geldmarktpapieren („revolving underwriting facilities", RUF) gilt ein Umrechnungsfaktor von 75 %.

[2] Institute, die die Anforderungen des Abschnitts 6 für die Verwendung eigener Umrechnungsfaktor-Schätzungen erfüllen, können mit Genehmigung der zuständigen Behörden bei den unter den Buchstaben a bis d genannten verschiedenen Produktarten ihre eigenen Umrechnungsfaktor-Schätzungen verwenden.

(9) Hat eine Zusage die Verlängerung einer anderen Zusage zum Gegenstand, so wird von den für die einzelnen Zusagen geltenden Umrechnungsfaktoren der niedrigere verwendet.

(10) *[1]* Bei allen anderen, nicht in den Absätzen 1 bis 8 genannten außerbilanziellen Positionen ist der Risikopositionswert der folgende Prozentsatz seines Werts:

a) 100 % bei Positionen mit hohem Risiko,

b) 50 % bei Positionen mit mittlerem Risiko,

c) 20 % bei Positionen mit mittlerem/niedrigem Risiko,

d) 0 % bei Positionen mit niedrigem Risiko.

[2] Für die Zwecke dieses Absatzes werden die außerbilanziellen Positionen gemäß Anhang I Risikokategorien zugeordnet.

Art. 167 Beteiligungspositionen. (1) Der Risikopositionswert von Beteiligungspositionen ist der nach spezifischen Kreditrisikoanpassungen verbleibende Buchwert.

(2) Der Risikopositionswert außerbilanzieller Beteiligungspositionen ist der Nominalwert abzüglich spezifischer Kreditrisikoanpassungen für die betreffende Risikoposition.

Art. 168 Sonstige Aktiva ohne Kreditverpflichtungen. Der Risikopositionswert sonstiger Aktiva ohne Kreditverpflichtungen ist der nach spezifischen Kreditrisikoanpassungen verbleibende Buchwert.

Abschnitt 6. Anforderungen an die Anwendung des IRB-Ansatzes

Unterabschnitt 1. Ratingsysteme

Art. 169 Allgemeine Grundsätze. (1) Verwendet ein Institut mehrere unterschiedliche Ratingsysteme, so werden die Kriterien für die Zuordnung eines Schuldners oder eines Geschäfts zu einem Ratingsystem dokumentiert und so angewandt, dass dem jeweiligen Risiko angemessen Rechnung getragen wird.

(2) Die Zuordnungskriterien und -verfahren werden in regelmäßigen Abständen im Hinblick darauf überprüft, ob sie für das aktuelle Portfolio und die externen Bedingungen weiterhin angemessen sind.

(3) Verwendet ein Institut für einzelne Schuldner oder Risikopositionen direkte Risikoparameter-Schätzungen, so können diese als den Ratingstufen

einer fortlaufenden Risikoeinstufungsskala zugeordnete Schätzungen betrachtet werden.

Art. 170 Struktur von Ratingsystemen. (1) Ratingsysteme für Risikopositionen gegenüber Unternehmen, Instituten, Zentralstaaten und Zentralbanken sind so strukturiert, dass sie folgende Anforderungen erfüllen:

a) Ein Ratingsystem trägt den Risikomerkmalen von Schuldner und Geschäft Rechnung;

b) ein Ratingsystem beinhaltet eine Risikoeinstufungsskala für Schuldner, die ausschließlich die Höhe des Schuldnerausfallrisikos erfasst. Diese Skala umfasst mindestens 7 Ratingstufen für nicht ausgefallene Schuldner und eine Stufe für ausgefallene Schuldner;

c) die Institute dokumentieren, in welchem Verhältnis die Schuldner-Ratingstufen, gemessen an der Höhe des jeweiligen Ausfallrisikos der einzelnen Stufen, zueinander stehen, und anhand welcher Kriterien diese Ausfallrisikohöhe bestimmt wird;

d) Institute, deren Portfolios sich auf ein bestimmtes Marktsegment und eine bestimmte Ausfallrisikospanne konzentrieren, verfügen innerhalb dieser Spanne über eine ausreichende Anzahl von Schuldner-Ratingstufen, um eine übermäßige Konzentration von Schuldnern innerhalb einer Ratingstufe zu vermeiden. Bei erheblichen Konzentrationen in einer Schuldner-Ratingstufe wird durch überzeugende empirische Nachweise belegt, dass diese Ratingstufe eine hinreichend enge PD-Spanne abdeckt und das Ausfallrisiko aller Schuldner dieser Ratingstufe innerhalb dieser Spanne liegt;

e) um von der zuständigen Behörde für die Verwendung eigener LGD-Schätzungen zur Berechnung der Eigenmittelanforderung anerkannt zu werden, beinhaltet ein Ratingsystem eine gesonderte Risikoeinstufungsskala für Fazilitäten, die ausschließlich LGD-bezogene Merkmale von Geschäften erfasst. Die Definition der Fazilitäts-Ratingstufe umfasst sowohl eine Beschreibung, wie Risikopositionen der jeweiligen Ratingstufe zugeordnet werden, als auch eine Beschreibung der Kriterien, anhand deren die Höhe des Risikos von Stufe zu Stufe abgegrenzt wird;

f) bei erheblichen Konzentrationen in einer Fazilitäts-Ratingstufe wird durch überzeugende empirische Nachweise belegt, dass diese Ratingstufe eine hinreichend enge LGD-Spanne abdeckt und das mit allen Risikopositionen dieser Stufe verbundene Risiko innerhalb dieser Spanne liegt;[1)]

(2) [1] Institute, die die Risikogewichtung bei Spezialfinanzierungen nach den Methoden des Artikels 153 Absatz 5 vornehmen, müssen nicht über eine Risikoeinstufungsskala für Schuldner verfügen, die ausschließlich die Höhe des Schuldnerausfallrisikos erfasst. [2] Diese Institute sehen für diese Risikopositionen mindestens 4 Ratingstufen für nicht ausgefallene Schuldner und mindestens eine Stufe für ausgefallene Schuldner vor.

(3) Ratingsysteme für Risikopositionen aus dem Mengengeschäft sind so strukturiert, dass sie folgende Anforderungen erfüllen:

[1)] Zeichensetzung amtlich.

a) Die Ratingsysteme bringen sowohl das Schuldner- als auch das Transaktionsrisiko zum Ausdruck und erfassen alle relevanten Schuldner- und Transaktionsmerkmale;
b) der Grad der Risikodifferenzierung gewährleistet, dass die Zahl der Risikopositionen in einer bestimmten Ratingstufe oder einem bestimmten Risikopool ausreicht, um eine aussagekräftige Quantifizierung und Validierung der Verlusteigenschaften auf Ebene der Stufe bzw. des Pools zu ermöglichen. Die Risikopositionen und Schuldner verteilen sich so auf die verschiedenen Stufen oder Pools, dass übermäßige Konzentrationen vermieden werden;
c) das Verfahren für die Zuordnung von Risikopositionen zu Ratingstufen oder Risikopools gewährleistet eine aussagekräftige Differenzierung der Risiken und eine Zusammenfassung hinreichend gleichartiger Risikopositionen und ermöglicht eine genaue und konsistente Schätzung der Verlusteigenschaften auf Ebene der Stufe bzw. des Pools. Bei gekauften Forderungen spiegelt die Zusammenfassung die Kreditvergabepraxis des Verkäufers und die Heterogenität seiner Kundenstruktur wider.

(4) Bei der Zuordnung von Risikopositionen zu Ratingstufen oder Risikopools tragen die Institute folgenden Risikofaktoren Rechnung:
a) Risikomerkmale des Schuldners,
b) Risikomerkmale der des Geschäfts, einschließlich der Art des Produkts und/oder der Sicherheiten. Die Institute berücksichtigen insbesondere Fälle, in denen ein und dieselbe Sicherheit für mehrere einzelne Risikopositionen gestellt wird,
c) Verzugsstatus, außer ein Institut weist seiner zuständigen Behörde nach, dass der Verzugsstatus für die betreffende Risikoposition keinen wesentlichen Risikofaktor darstellt.

Art. 171 Zuordnung zu Ratingstufen oder Risikopools. (1) Ein Institut verfügt über genau festgelegte Definitionen, Prozesse und Kriterien für die Zuordnung von Risikopositionen zu den Ratingstufen oder Risikopools eines Ratingsystems; diese erfüllen die folgenden Anforderungen:
a) Die Definitionen der Ratingstufen und Risikopools sind detailliert genug, um die für die Zuordnung von Bonitätsbeurteilungen zuständigen Personen in die Lage zu versetzen, Schuldner oder Fazilitäten, die vergleichbare Risiken darstellen, in konsistenter Weise derselben Stufe bzw. demselben Pool zuzuordnen. Diese Konsistenz wird über Geschäftsfelder, Abteilungen und geographische Standorte hinweg gewahrt;
b) die Dokumentation des Ratingprozesses gibt Dritten die Möglichkeit, die Zuordnung von Risikopositionen zu Ratingstufen oder Risikopools nachzuvollziehen, zu reproduzieren und ihre Angemessenheit zu beurteilen;
c) die Zuordnungskriterien stimmen außerdem mit den internen Kreditvergaberichtlinien und den internen Vorschriften des Instituts für den Umgang mit problembehafteten Kreditnehmern und Fazilitäten überein.

(2) [1] Bei der Zuordnung von Schuldnern und Fazilitäten zu einer Ratingstufe oder einem Risikopool trägt ein Institut allen relevanten Informationen Rechnung. [2] Die Informationen sind aktuell und ermöglichen dem Institut eine Prognose der künftigen Entwicklung der Risikoposition. [3] Je weniger Informa-

tionen einem Institut zur Verfügung stehen, desto konservativer verfährt es bei der Zuordnung von Risikopositionen zu Schuldner- bzw. Fazilitäts-*Ratingsstufen*[1] oder Risikopools. [4] Stützt sich ein Institut bei der Festlegung einer internen Beurteilung hauptsächlich auf eine externe Bonitätsbeurteilung, so stellt es sicher, dass auch andere relevante Informationen berücksichtigt werden.

Art. 172 Zuordnung von Risikopositionen. (1) Bei Risikopositionen gegenüber Unternehmen, Instituten, Zentralstaaten und Zentralbanken sowie bei Beteiligungspositionen, auf die ein Institut den PD-/LGD-Ansatz nach Artikel 155 Absatz 3 anwendet, erfolgt die Zuordnung nach folgenden Kriterien:

a) Im Zuge des Kreditgenehmigungsverfahrens wird jeder Schuldner einer Schuldner-Ratingstufe zugeordnet;

b) bei Risikopositionen, für die ein Institut gemäß Artikel 143 die Erlaubnis der zuständigen Behörde erhalten hat, eigene LGD- und Umrechnungsfaktorschätzungen zu verwenden, wird im Zuge des Kreditgenehmigungsverfahrens außerdem jede Risikoposition einer Fazilitäts-Ratingstufe zugeordnet;

c) Institute, die die Risikogewichtung bei Spezialfinanzierungen nach den Methoden des Artikels 153 Absatz 5 vornehmen, ordnen jede dieser Risikopositionen einer der Ratingstufen nach *Artikel 1170 Absatz 2*[2] zu;

d) jeder einzelne Rechtsträger, gegenüber dem ein Institut eine Risikoposition hat, wird gesondert beurteilt. Ein Institut verfügt über angemessene Vorschriften für die Behandlung von einzelnen Schuldnern/Kunden und von Gruppen verbundener Kunden;

e) getrennte Risikopositionen gegenüber demselben Schuldner werden ungeachtet etwaiger Unterschiede in der Art des einzelnen Geschäfts derselben Schuldner-Ratingstufe zugeordnet. Getrennte Risikopositionen gegenüber demselben Schuldner können jedoch verschiedenen Ratingstufen zugeordnet werden, wenn

   i) ein Transferrisiko vorliegt, was davon abhängt, ob die Risikopositionen auf Landeswährung oder eine ausländische Währung lauten,

   ii) die mit einer Risikoposition verbundenen Garantien durch angepasste Zuordnung zu einer Schuldner-Ratingstufe berücksichtigt werden dürfen,

   iii) Verbraucherschutzbestimmungen, Rechtsvorschriften über das Bankgeheimnis oder andere Rechtsvorschriften den Austausch von Kundendaten untersagen.

(2) Bei Risikopositionen aus dem Mengengeschäft wird im Zuge des Kreditgenehmigungsverfahrens jede Position einer Ratingstufe oder einem Risikopool zugeordnet.

(3) [1] Im Hinblick auf die Zuordnung zu Ratingstufen und Risikopools dokumentieren die Institute, in welchen Fällen die Eingaben und Ergebnisse des Zuordnungsprozesses durch individuelle Beurteilung verändert werden dürfen und von wem derartige Abänderungen zu genehmigen sind. [2] Die Institute dokumentieren die Abänderungen und die dafür verantwortlichen Mitarbeiter. [3] Die Institute analysieren die Wertentwicklung der Risikopositionen, deren Zuordnung abgeändert wurde. [4] Diese Analyse umfasst eine Bewertung der

---

[1] Richtig wohl: „Ratingstufen".
[2] Richtig wohl: „Artikel 170 Absatz 2".

Wertentwicklung von Risikopositionen, deren Bonitätsbeurteilung durch eine bestimmte Person abgeändert wurde, wobei über alle verantwortlichen Mitarbeiter Buch geführt wird.

Art. 173 Integrität des Zuordnungsprozesses. (1) Bei Risikopositionen gegenüber Unternehmen, Instituten, Zentralstaaten und Zentralbanken sowie bei Beteiligungspositionen, für die ein Institut den PD-/LGD-Ansatz nach Artikel 155 Absatz 3 anwendet, erfüllt das Zuordnungsverfahren die folgenden Integritätsanforderungen:

a) Die Zuordnungen und deren regelmäßige Überprüfung werden von einer unabhängigen Partei vorgenommen oder genehmigt, die keinen unmittelbaren Nutzen aus Entscheidungen über die Kreditvergabe zieht;

b) die Institute überprüfen die Zuordnungen mindestens einmal jährlich und passen eine Zuordnung an, wenn das Ergebnis der Überprüfung die Aufrechterhaltung der bisherigen Zuordnung nicht rechtfertigt. Schuldner mit hohem Risiko und problembehaftete Risikopositionen werden in kürzeren Intervallen überprüft. Die Institute nehmen eine neue Zuordnung vor, wenn wesentliche Informationen über den Schuldner oder die Risikoposition bekannt werden;

c) ein Institut verfügt über ein wirksames Verfahren, um maßgebliche Informationen über Schuldnermerkmale mit Auswirkungen auf die PD und über Geschäftsmerkmale mit Auswirkungen auf die LGD oder die Umrechnungsfaktoren zu beschaffen und auf dem neuesten Stand zu halten.

(2) [1] Bei Risikopositionen aus dem Mengengeschäft überprüft ein Institut mindestens einmal jährlich die Schuldner- und Fazilitätszuordnungen und passt eine Zuordnung an, wenn das Ergebnis der Überprüfung die Aufrechterhaltung der bisherigen Zuordnung nicht rechtfertigt, bzw. überprüft mindestens einmal jährlich die Verlusteigenschaften und den Verzugsstatus der einzelnen Risikopools. [2] Ein Institut überprüft außerdem mindestens einmal jährlich anhand einer repräsentativen Stichprobe den Status der einzelnen Risikopositionen innerhalb jedes Pools, um sicherzustellen, dass die Positionen nach wie vor dem richtigen Pool zugeordnet sind, und passt die Zuordnung an, wenn das Ergebnis der Überprüfung die Aufrechterhaltung der bisherigen Zuordnung nicht rechtfertigt.

(3) *[1]* Die EBA arbeitet Entwürfe technischer Regulierungsstandards für die Methoden aus, anhand deren die zuständigen Behörden die Integrität des Zuordnungsprozesses und eine regelmäßige und unabhängige Risikobewertung beurteilen.

[2] Die EBA legt der Kommission diese Entwürfe technischer Regulierungsstandards bis zum 31. Dezember 2014 vor.

[3] Der Kommission wird die Befugnis übertragen, die technischen Regulierungsstandards nach Unterabsatz 1 gemäß den Artikeln 10 bis 14 der Verordnung (EU) Nr. 1093/2010 zu erlassen.

Art. 174 Verwendung von Modellen. Verwendet ein Institut für die Zuordnung von Risikopositionen zu Schuldner- bzw. Fazilitäts-Ratingstufen oder

Risikopools statistische Modelle und andere *algorithmisch*[1] Verfahren, erfüllt es dabei die folgenden Anforderungen:

a) Die Prognosefähigkeit des Modells ist gut, und die Eigenmittelanforderungen werden durch seine Verwendung nicht verzerrt. Die Input-Variablen bilden eine vernünftige und effektive Grundlage für die daraus resultierenden Prognosen. Das Modell darf keine wesentlichen systematischen Fehler enthalten;

b) das Institut verfügt über ein Verfahren zur Überprüfung der in das Modell einfließenden Daten, das eine Bewertung der Genauigkeit, Vollständigkeit und Angemessenheit der Daten umfasst;

c) die für die Entwicklung des Modells herangezogenen Daten sind repräsentativ für die aktuelle Schuldner- und Risikopositionsstruktur des Instituts;

d) das Institut führt regelmäßig Modellvalidierungen durch, die die Überwachung der Leistung und Stabilität des Modells, die Überprüfung der Modellspezifikation und die Gegenüberstellung der Modellergebnisse mit den tatsächlichen Ergebnissen umfassen;

e) um die modellgestützten Zuordnungen zu überprüfen und zu gewährleisten, dass die Modelle ordnungsgemäß verwendet werden, ergänzt das Institut das statistische Modell durch individuelle Beurteilung und Kontrolle. Die Überprüfungsverfahren zielen darauf ab, durch Modellschwächen bedingte Fehler zu finden und zu begrenzen. Im Rahmen der individuellen Beurteilung tragen die zuständigen Mitarbeiter allen einschlägigen Informationen Rechnung, die durch das Modell nicht erfasst werden. Das Institut legt schriftlich nieder, wie die individuelle Beurteilung durch Mitarbeiter und die Modellergebnisse miteinander zu kombinieren sind.

Art. 175 Dokumentierung von Ratingsystemen. (1) [1]Die Institute dokumentieren die Gestaltung und die operationellen Einzelheiten ihrer Ratingsysteme. [2]Die Dokumentation belegt, dass die Anforderungen dieses Abschnitts eingehalten werden, und gibt unter anderem Aufschluss über die Portfoliodifferenzierung, die Kriterien für die Bonitätsbeurteilung (Ratingkriterien), die Verantwortlichkeiten der für die Bonitätsbeurteilung von Schuldnern und Risikopositionen zuständigen Stellen, die Intervalle für die Überprüfung der Zuordnungen und die Überwachung des Verfahrens der Bonitätsbeurteilung durch das Management.

(2) [1]Das Institut dokumentiert die Gründe für die Wahl seiner Ratingkriterien und belegt sie durch Analysen. [2]Das Institut dokumentiert alle größeren Änderungen des Risikorating-Verfahrens; aus dieser Dokumentation müssen die Änderungen des Risikorating-Verfahrens seit der letzten Überprüfung durch die zuständigen Behörden eindeutig hervorgehen. [3]Auch die Organisation der Zuordnung von Beurteilungen einschließlich des Zuordnungsverfahrens und der internen Kontrollstrukturen wird dokumentiert.

(3) Die Institute dokumentieren die intern verwendeten Ausfall- und Verlustdefinitionen und weisen nach, dass sie mit den Begriffsbestimmungen dieser Verordnung übereinstimmen.

---

[1] Richtig wohl: „algorithmische“.

(4) [1]Setzt ein Institut im Rahmen des Verfahrens der Bonitätsbeurteilung statistische Modelle ein, so dokumentiert es deren Methodik. [2]Diese Dokumentation umfasst

a) eine detaillierte Beschreibung der Theorie, der Annahmen und der mathematischen und empirischen Basis für die Zuordnung von Schätzwerten zu Ratingstufen, einzelnen Schuldnern, Risikopositionen oder Risikopools sowie der Datenquelle(n), die für die Schätzung des Modells herangezogen werden,
b) einen strengen statistischen Prozess einschließlich Leistungsfähigkeitstests außerhalb des Beobachtungszeitraums (out-of-time) und außerhalb der Stichprobe (out-of-sample) zur Validierung des Modells,
c) Hinweise auf sämtliche Umstände, unter denen das Modell nicht effizient arbeitet.

(5) Hat ein Institut ein Ratingsystem oder ein innerhalb eines Ratingsystems verwendetes Modell von einem Dritten erworben und verweigert oder beschränkt dieser Verkäufer unter Verweis auf den Schutz des Geschäftsgeheimnisses den Zugang des Instituts zu Informationen über die Methodik des betreffenden Systems oder Modells oder zu Basisdaten, die zur Entwicklung dieser Methodik oder dieses Modells verwendet wurden, so weist das Institut seiner zuständigen Behörde nach, dass die Anforderungen dieses Artikels erfüllt sind.

Art. 176 Datenpflege. (1) Die Institute erfassen und speichern Daten zu bestimmten Aspekten ihrer internen Beurteilungen nach Maßgabe des Teils 8.

(2) In Bezug auf Risikopositionen gegenüber Unternehmen, Instituten, Zentralstaaten und Zentralbanken sowie in Bezug auf Beteiligungspositionen, für die ein Institut den PD-/LGD-Ansatz nach Artikel 155 Absatz 3 anwendet, erfassen und speichern die Institute Folgendes:

a) die lückenlose Beurteilungshistorie der Schuldner und anerkannten Garantiegeber,
b) die Vergabedaten der Beurteilungen,
c) die zur Ableitung der Beurteilungen herangezogenen wichtigsten Daten und Methodik,
d) den Namen der für die Zuordnung der Beurteilungen verantwortlichen Person,
e) die ausgefallenen Schuldner und Risikopositionen,
f) den Zeitpunkt und die Umstände dieser Ausfälle,
g) Daten zu den Ausfallwahrscheinlichkeiten (PD) und den tatsächlichen Ausfallraten, die mit den Ratingstufen und der Ratingmigration verbunden sind.

(3) Institute, die keine eigenen LGD- und Umrechnungsfaktorschätzungen verwenden, erfassen und speichern die Daten, die zu den Vergleichen zwischen den tatsächlichen LGD und den in Artikel 161 Absatz 1 genannten Werten und zwischen den tatsächlichen Umrechnungsfaktoren und den in Artikel 166 Absatz 8 genannten Werten vorliegen.

(4) Institute, die eigene LGD- und Umrechnungsfaktorschätzungen verwenden, erfassen und speichern Folgendes:

a) die lückenlosen Datenhistorien der Fazilitätsratings sowie die zu jeder einzelnen Risikoeinstufungsskala gehörenden LGD- und Umrechnungsfaktorschätzungen,
b) das Datum, an dem die Beurteilungen zugeordnet und die Schätzungen vorgenommen wurden,
c) die zur Ableitung der Fazilitätsratings sowie der LGD- und Umrechnungsfaktorschätzungen herangezogenen wichtigsten Daten und Methodik,
d) den Namen der Person, von der das Fazilitätsrating vergeben wurde, und den Namen der Person, von der die LGD- und Umrechnungsfaktorschätzungen geliefert wurden,
e) Daten über die geschätzten und tatsächlichen LGD und Umrechnungsfaktoren für jede einzelne ausgefallene Risikoposition,
f) bei Instituten, die die kreditrisikomindernde Wirkung von Garantien oder Kreditderivaten bei der LGD berücksichtigen, Daten über die LGD der Risikoposition vor und nach Bewertung der Auswirkungen einer Garantie oder eines Kreditderivats,
g) Daten über die Verlustkomponenten bei jeder einzelnen ausgefallenen Risikoposition.

(5) In Bezug auf Risikopositionen aus dem Mengengeschäft erfassen und speichern die Institute Folgendes:
a) die bei der Zuordnung von Risikopositionen zu Ratingstufen oder Risikopools verwendeten Daten,
b) Daten über die geschätzten PD, LGD und Umrechnungsfaktoren für Ratingstufen oder Pools von Risikopositionen,
c) die ausgefallenen Schuldner und Risikopositionen,
d) bei ausgefallenen Risikopositionen Daten über die Ratingstufen oder Risikopools, denen die Risikopositionen während des Jahres vor dem Ausfall zugeordnet waren, sowie die tatsächlichen LGD- und Umrechnungsfaktorwerte,
e) Daten über die Verlustquoten bei qualifizierten revolvierenden Risikopositionen aus dem Mengengeschäft.

Art. 177 Stresstests zur Beurteilung der Angemessenheit der Eigenmittelausstattung. (1) [1] Ein Institut verfügt zur Bewertung der Angemessenheit seiner Eigenmittelausstattung über solide Stresstest-Verfahren. [2] Bei den Stresstests sind auch mögliche Ereignisse oder künftige Veränderungen der ökonomischen Rahmenbedingungen zu ermitteln, die sich nachteilig auf die Kreditrisikopositionen eines Instituts auswirken könnten, wobei auch die Fähigkeit des Instituts zu bewerten ist, derartigen Veränderungen standzuhalten.

(2) [1] Ein Institut führt regelmäßig Kreditrisiko-Stresstests durch, um den Einfluss bestimmter Bedingungen auf seine gesamten Eigenmittelanforderungen für das Kreditrisiko abzuschätzen. [2] Der Test wird vom Institut vorbehaltlich der aufsichtlichen Überprüfung ausgewählt. [3] Der zu verwendende Test ist aussagekräftig und berücksichtigt die Auswirkungen schwerer, aber plausibler Rezessionsszenarios. [4] Ein Institut beurteilt die Ratingmigration unter den Bedingungen der Stresstest-Szenarien. [5] Die im Rahmen der Stresstests untersuchten

Portfolios umfassen die überwiegende Mehrheit aller Risikopositionen des Instituts.

(3) Institute, die nach Artikel 153 Absatz 3 verfahren, berücksichtigen im Rahmen ihrer Stresstests die Auswirkungen einer Bonitätsverschlechterung von Sicherungsgebern, insbesondere die Auswirkungen der Tatsache, dass Sicherungsgeber die Anerkennungskriterien nicht mehr erfüllen.

Unterabschnitt 2. Risikoquantifizierung

Art. 178 Schuldnerausfall. (1) *[1]* Der Ausfall eines bestimmten Schuldners gilt als gegeben, wenn einer oder beide der folgenden Fälle eingetreten sind:

a) Das Institut sieht es als unwahrscheinlich an, dass der Schuldner seine Verbindlichkeiten gegenüber dem Institut, seinem Mutterunternehmen oder einem seiner Tochterunternehmen in voller Höhe begleichen wird, ohne dass das Institut auf Maßnahmen wie die Verwertung von Sicherheiten zurückgreift.

b) Eine wesentliche Verbindlichkeit des Schuldners gegenüber dem Institut, seinem Mutterunternehmen oder einem seiner Tochterunternehmen ist mehr als 90 Tage überfällig. Die zuständigen Behörden dürfen für durch Wohnimmobilien oder für durch Gewerbeimmobilien von KMU besicherte Risikopositionen der Risikopositionsklasse „Mengengeschäft" und für Risikopositionen gegenüber öffentlichen Stellen den Zeitraum von 90 Tagen durch 180 Tage ersetzen. Der Zeitraum von 180 Tagen gilt nicht für die Zwecke des Artikels 36 Absatz 1 Buchstabe m oder des Artikels 127.

[2] Bei Risikopositionen aus dem Mengengeschäft dürfen die Institute so verfahren, dass sie die Ausfalldefinition gemäß Unterabsatz 1 Buchstaben a und b auf einzelne Kreditfazilitäten anwenden und nicht auf die gesamten Verbindlichkeiten eines Kreditnehmers.

(2) Für die Zwecke von Absatz 1 Buchstabe b gilt Folgendes:

a) bei Überziehungen beginnt die Überfälligkeit mit dem Tag, an dem der Kreditnehmer ein mitgeteiltes Limit überschritten hat, ihm ein geringeres Limit als die aktuelle Inanspruchnahme mitgeteilt wurde oder er einen nicht genehmigten Kredit in Anspruch genommen hat und der zugrunde liegende Betrag erheblich ist;

b) für die Zwecke von Buchstabe a ist ein mitgeteiltes Limit jedes vom Institut festgelegte Kreditlimit, das dem Schuldner von dem Institut mitgeteilt worden ist;

c) bei Kreditkarten beginnt die Überfälligkeit mit dem frühesten Fälligkeitstag;

d) die Erheblichkeit einer überfälligen Verbindlichkeit wird durch Vergleich mit einer von den zuständigen Behörden festgelegten Schwelle beurteilt. Diese Schwelle spiegelt die von der zuständigen Behörde als vertretbar angesehene Risikohöhe wider;

e) die Institute verfügen über schriftlich niedergelegte Grundsätze für die Zählung von Verzugstagen, insbesondere für das Zurücksetzen („Re-ageing") der Kreditfazilitäten und die Gewährung von Verlängerungen, Änderungen oder Zahlungsaufschüben, Erneuerungen und die Verrechnung bestehender Konten. Diese Grundsätze werden im Zeitverlauf konsistent angewandt und stehen mit dem internen Risikomanagement und dem internen Entscheidungsprozess des Instituts in Einklang.

(3) Für die Zwecke von Absatz 1 Buchstabe a sind die nachstehenden Elemente als Hinweis darauf anzusehen, dass eine Verbindlichkeit wahrscheinlich nicht beglichen wird:

a) das Institut verzichtet auf die laufende Belastung von Zinsen,
b) das Institut erfasst eine erhebliche Kreditrisikoanpassung, weil sich die Bonität nach der Vergabe des Kredits durch das Institut deutlich verschlechtert hat,
c) das Institut veräußert die Verbindlichkeit mit einem bedeutenden bonitätsbedingten wirtschaftlichen Verlust,
d) das Institut stimmt einer krisenbedingten Restrukturierung der Verbindlichkeit zu, wenn dies voraussichtlich dazu führt, dass sich die finanzielle Verpflichtung durch einen bedeutenden Erlass oder durch Stundung des Nominalbetrags, der Zinsen oder gegebenenfalls der Gebühren verringert. Bei Beteiligungen, die nach dem PD/LGD-Ansatz beurteilt werden, schließt dies die krisenbedingte Restrukturierung der Beteiligung selbst ein,
e) das Institut hat Antrag auf Insolvenz des Schuldners gestellt oder eine vergleichbare Maßnahme in Bezug auf die Verbindlichkeiten des Schuldners gegenüber dem Institut, seinem Mutterunternehmen oder einem seiner Tochterunternehmen ergriffen,
f) der Schuldner hat Insolvenz beantragt, wurde für insolvent erklärt oder unter einen vergleichbaren Schutz gestellt, so dass die Rückzahlung einer Verbindlichkeit gegenüber dem Institut, dem Mutterunternehmen oder einem seiner Tochterunternehmen verhindert oder verzögert würde.

(4) Institute, die externe Daten verwenden, die nicht mit der Ausfalldefinition des Absatzes 1 übereinstimmen, nehmen angemessene Anpassungen vor, um eine weitgehende Übereinstimmung mit dieser Definition zu erreichen.

(5) [1] Ist das Institut der Auffassung, dass auf eine zuvor als ausgefallen eingestufte Risikoposition keiner der für diese Einstufung maßgeblichen Faktoren mehr zutrifft, so weist es dem Schuldner oder der Fazilität eine Einstufung wie für eine nicht ausgefallene Risikoposition zu. [2] Wird die Ausfalldefinition später wieder ausgelöst, so gilt ein weiterer Ausfall als eingetreten.

(6) *[1]* Die EBA arbeitet Entwürfe technischer Regulierungsstandards aus, in denen festgelegt wird, nach welchen Kriterien eine zuständige Behörde die in Absatz 2 Buchstabe d genannte Schwelle festzulegen hat.

[2] Die EBA legt der Kommission diese Entwürfe technischer Regulierungsstandards bis zum 31. Dezember 2014 vor.

[3] Der Kommission wird die Befugnis übertragen, die technischen Regulierungsstandards nach Unterabsatz 1 gemäß den Artikeln 10 bis 14 der Verordnung (EU) Nr. 1093/2010 zu erlassen.

(7) [1] Die EBA gibt für die Anwendung dieses Artikels Leitlinien heraus. [2] Diese Leitlinien werden gemäß Artikel 16 der Verordnung (EU) Nr. 1093/2010 erlassen.

Art. 179 Allgemeine Anforderungen an Schätzungen. (1) *[1]* Bei der Quantifizierung der Risikoparameter für bestimmte Bonitätsstufen oder -pools halten die Institute folgende Vorgaben ein:

a) In die institutseigenen Risikoparameter-, PD-, LGD-, Umrechnungsfaktor- und EL-Schätzungen fließen alle einschlägigen Daten, Informationen und

Methoden ein. Die Schätzungen werden aus historischen Werten und empirischen Nachweisen abgeleitet und dürfen nicht allein auf wertenden Erwägungen beruhen. Die Schätzungen sind plausibel und einleuchtend und beruhen auf den wesentlichen Bestimmungsfaktoren für die jeweiligen Risikoparameter. Je weniger Daten einem Institut zur Verfügung stehen, desto konservativer ist seine Schätzung;

b) das Institut kann seine Verlust-Erfahrungswerte, d.h. Ausfallhäufigkeit, LGD, Umrechnungsfaktor bzw. Verlust bei Verwendung von EL-Schätzungen nach den Faktoren aufschlüsseln, die es als Hauptbestimmungsfaktoren für die jeweiligen Risikoparameter ansieht. Die Schätzungen des Instituts geben die langfristigen Erfahrungen repräsentativ wieder;

c) jede Änderung in der Kreditvergabepraxis oder beim Prozess der Sicherheitenverwertung, die in den Beobachtungszeiträumen nach Artikel 180 Absatz 1 Buchstabe h und Absatz 2 Buchstabe e, Artikel 181 Absatz 1 Buchstabe j und Absatz 2 und Artikel 182 Absätze 2 und 3 eintritt, wird berücksichtigt. Die Auswirkungen technischer Fortschritte, neuer Daten und sonstiger Informationen werden in den Schätzungen eines Instituts berücksichtigt, sobald sie verfügbar sind. Die Institute überprüfen ihre Schätzungen, sobald neue Informationen vorliegen, mindestens aber einmal jährlich;

d) die Grundgesamtheit der Risikopositionen, die den für die Schätzungen herangezogenen Daten zugrunde liegen, sowie die zum Zeitpunkt der Datenerhebung geltenden Kreditvergaberichtlinien und sonstigen relevanten Merkmale sind mit der aktuellen Kreditstruktur und den aktuellen Risikopositionen und Standards des Instituts vergleichbar. Die wirtschaftlichen Rahmenbedingungen und das Marktumfeld aus der Zeit, auf die sich die Daten beziehen, treffen auf die gegenwärtigen und absehbaren Verhältnisse ebenso zu. Die Zahl der in der Stichprobe enthaltenen Risikopositionen und der für die Quantifizierung genutzte Erhebungszeitraum sind so bemessen, dass das Institut von einer genauen und soliden Schätzung ausgehen kann;

e) bei angekauften Forderungen berücksichtigen die Schätzungen alle maßgeblichen Informationen, die dem ankaufenden Institut in Bezug auf die Qualität der zugrunde liegenden Forderungen zur Verfügung stehen, einschließlich der vom Verkäufer, vom ankaufenden Institut oder aus externen Quellen stammenden Daten für vergleichbare Pools. Das ankaufende Institut unterzieht alle vom Verkäufer gelieferten verwendeten Daten einer Bewertung;

f) ein Institut sieht bei seinen Schätzungen eine Sicherheitsspanne vor, die in Relation zum erwarteten Schätzfehlerbereich steht. Werden die Methoden und Daten als weniger zufriedenstellend angesehen, ist der erwartete Fehlerbereich größer und die Sicherheitsspanne entsprechend höher anzusetzen.

[2] [1] Verwendet ein Institut für die Berechnung der Risikogewichte und für interne Zwecke unterschiedliche Schätzungen, wird dies dokumentiert und muss vertretbar sein. [2] Kann ein Institut seinen zuständigen Behörden nachweisen, dass für die vor dem 1. Januar 2007 erhobenen Daten angemessene Anpassungen vorgenommen wurden, um weitgehende Übereinstimmung mit der Ausfalldefinition des Artikels 178 oder der Verlustdefinition herzustellen, so können die zuständigen Behörden ihm eine gewisse Flexibilität bei der Anwendung der geforderten Datenstandards einräumen.

(2) Greift ein Institut auf institutsübergreifend in einem Pool zusammengefasste Daten zurück, erfüllt es dabei die folgenden Anforderungen:

a) Die Ratingsysteme und -kriterien der anderen Institute im Pool sind mit seinen eigenen vergleichbar,

b) der Pool ist für das Portfolio, für das die zusammengefassten Daten verwendet werden, repräsentativ,

c) das Institut nutzt die zusammengefassten Daten über längere Zeit kohärent für seine Schätzungen,

d) das Institut bleibt für die Integrität seiner Ratingsysteme verantwortlich,

e) das Institut verfügt auch weiterhin über ausreichende interne Kenntnisse über sein Ratingsystem, wozu auch die Fähigkeit einer wirksamen Überwachung und Prüfung des Ratingprozesses zählt.

Art. 180 Besondere Anforderungen an PD-Schätzungen. (1) Bei der Quantifizierung der Risikoparameter für bestimmte Bonitätsstufen oder -pools wenden die Institute bei PD-Schätzungen für Risikopositionen gegenüber Unternehmen, Instituten, Zentralstaaten und Zentralbanken sowie für Beteiligungspositionen, für die sie den PD-/LGD-Ansatz nach Artikel 155 Absatz 3 anwenden, die folgenden besonderen Anforderungen an:

a) Die Institute schätzen die PD für die einzelnen Schuldner-Bonitätsstufen ausgehend von den langfristigen Durchschnitten der jährlichen Ausfallraten. Bei PD-Schätzungen für Schuldner mit hoher Fremdkapitalquote oder Schuldner, deren Aktiva vorwiegend gehandelte Vermögenswerte sind, wird der Wertentwicklung der zugrunde liegenden Aktiva in Zeiten hoher Volatilität Rechnung getragen;

b) bei angekauften Forderungen an Unternehmen dürfen Institute den Wert für EL für die einzelnen Schuldnerstufen ausgehend von den langfristigen Durchschnitten der jährlich realisierten Ausfallraten schätzen;

c) leitet ein Institut langfristige PD- und LGD-Durchschnittsschätzungen für angekaufte Unternehmensforderungen von einer EL-Schätzung und einer angemessenen PD- oder LGD-Schätzung ab, so erfolgt die Schätzung der Gesamtverluste nach den in diesem Teil für die PD- und LGD-Schätzung festgelegten allgemeinen Standards und das Ergebnis ist mit dem LGD-Konzept nach Artikel 181 Absatz 1 Buchstabe a vereinbar;

d) die Institute wenden PD-Schätzverfahren nur in Kombination mit ergänzenden Analysen an. Bei Zusammenführung der Ergebnisse der verschiedenen Verfahren und bei Anpassungen, die aufgrund technischer oder informationsbedingter Beschränkungen vorgenommen werden, berücksichtigen die Institute die Bedeutung wertender Erwägungen;

e) nutzt ein Institut für seine PD-Schätzungen eigene Ausfallerfahrungswerte, so tragen diese Schätzungen den Kreditvergaberichtlinien sowie allen etwaigen Unterschieden zwischen dem die Daten liefernden Ratingsystem und dem aktuell verwendeten Ratingsystem Rechnung. Haben sich die Kreditvergaberichtlinien oder Ratingsysteme geändert, sieht das Institut in seiner PD-Schätzung eine höhere Sicherheitsspanne vor;

f) soweit ein Institut seine internen Bonitätsstufen *mit der*[1] Bonitätsskala einer ECAI oder vergleichbarer Einrichtungen zuordnet oder auf einer solchen Skala abbildet und anschließend die für die Stufen der externen Organisation beobachteten Ausfallraten seinen internen Stufen zuordnet, erfolgt diese Zuordnung anhand eines Vergleichs zwischen den internen Einstufungskriterien und den Kriterien der externen Organisation und eines Vergleichs zwischen internen und externen Einstufungen etwaiger gemeinsamer Schuldner. Verzerrungen oder Inkonsistenzen im Zuordnungsverfahren oder bei den zugrunde liegenden Daten werden dabei vermieden. Die Kriterien der externen Organisation, die den für die Quantifizierung herangezogenen Daten zugrunde liegen, sind ausschließlich auf das Ausfallrisiko ausgerichtet und spiegeln keine Transaktionsmerkmale wider. Die vom Institut durchgeführte Analyse umfasst vorbehaltlich der Anforderungen des Artikels 178 auch einen Vergleich der verwendeten Ausfalldefinitionen. Das Institut dokumentiert die Grundlagen einer derartigen Zuordnung;

g) verwendet ein Institut zur Ausfallvorhersage statistische Modelle, so darf es den einfachen Durchschnitt der Ausfallwahrscheinlichkeitsschätzungen für einzelne Schuldner einer bestimmten Stufe als PD verwenden. Verwendet ein Institut zu diesem Zweck Modelle zur Schätzung der Ausfallwahrscheinlichkeit, so hält es dabei die Standards des Artikels 174 ein;

h) unabhängig davon, ob ein Institut für seine PD-Schätzung externe, interne oder zusammengefasste Datenquellen oder eine Kombination daraus verwendet, muss der zugrunde liegende historische Beobachtungszeitraum für zumindest eine Datenquelle mindestens fünf Jahre betragen. Wurde eine Datenquelle über einen längeren Zeitraum beobachtet und sind die entsprechenden Daten relevant, so wird dieser längere Beobachtungszeitraum herangezogen. Dies gilt auch für den PD/LGD-Ansatz bei Beteiligungen. Bei entsprechender Genehmigung der zuständigen Behörden können Institute, die keine Genehmigung der zuständigen Behörde gemäß Artikel 143 erhalten haben, eigene LGD- oder Umrechnungsfaktorschätzungen zu verwenden, bei der Anwendung des IRB-Ansatzes relevante Daten aus einem Zweijahreszeitraum verwenden. Dieser Zeitraum verlängert sich jährlich um ein Jahr, bis relevante Daten für einen Zeitraum von fünf Jahren vorliegen.

(2) *[1]* Für Risikopositionen aus dem Mengengeschäft gelten die folgenden Anforderungen:

a) Die Institute schätzen die PD für die einzelnen Schuldnerstufen oder -pools anhand der langfristigen Durchschnitte der jährlichen Ausfallraten;

b) die PD-Schätzungen dürfen auch von einer Gesamtverlustschätzung und von geeigneten LGD-Schätzungen abgeleitet werden;

c) die Institute betrachten die internen Daten für die Zuordnung von Risikopositionen zu Stufen oder Pools als primäre Informationsquelle für die Schätzung der Verlustmerkmale. Für die Quantifizierung können die Institute externe (einschließlich zusammengefasster) Daten oder statistische Modelle heranziehen, wenn die beiden folgenden engen Verbindungen bestehen:

---

[1] Richtig wohl: „der".

i) zwischen dem Verfahren, das das Institut für die Zuordnung von Risikopositionen zu Stufen oder Pools verwendet, und dem von der externen Datenquelle eingesetzten Verfahren und

ii) zwischen dem internen Risikoprofil des Instituts und der Zusammensetzung der externen Daten;

d) leitet ein Institut langfristige PD- und LGD-Durchschnittsschätzungen für Risikopositionen aus dem Mengengeschäft von einer Gesamtverlustschätzung und einer angemessenen PD- oder LGD-Schätzung ab, so erfolgt die Schätzung der Gesamtverluste nach den in diesem Teil für die PD- und LGD-Schätzung festgelegten allgemeinen Standards und das Ergebnis ist mit dem LGD-Konzept nach Artikel 181 Absatz 1 Buchstabe a vereinbar;

e) unabhängig davon, ob ein Institut für seine Schätzung der Verlustmerkmale externe, interne oder zusammengefasste Datenquellen oder eine Kombination daraus verwendet, muss der zugrunde liegende historische Beobachtungszeitraum für zumindest eine Datenquelle mindestens fünf Jahre betragen. Wurde eine Datenquelle über einen längeren Zeitraum beobachtet und sind die entsprechenden Daten relevant, so wird dieser längere Beobachtungszeitraum herangezogen. Wenn sich neuere Daten besser zur Vorhersage der Verlustquoten eignen, muss ein Institut historischen Daten nicht die gleiche Bedeutung beimessen. Bei entsprechender Genehmigung der zuständigen Behörden können Institute bei der Anwendung des IRB-Ansatzes relevante Daten aus einem Zweijahreszeitraum verwenden. Dieser Zeitraum verlängert sich jährlich um ein Jahr, bis relevante Daten für einen Zeitraum von fünf Jahren vorliegen;

f) die Institute ermitteln und analysieren die erwarteten Veränderungen der Risikoparameter während der Laufzeit einer Risikoposition (Saisoneffekte).

[2] [1] Bei angekauften Risikopositionen aus dem Mengengeschäft können die Institute externe und interne Referenzdaten verwenden. [2] Die Institute ziehen alle einschlägigen Datenquellen für Vergleichszwecke heran.

(3) *[1]* Die EBA arbeitet Entwürfe technischer Regulierungsstandards aus, in denen Folgendes präzisiert wird:

a) die Bedingungen, unter denen zuständige Behörden die in Absatz 1 Buchstabe h und Absatz 2 Buchstabe e genannte Genehmigung erteilen dürfen,

b) die Methoden, nach denen zuständige Behörden gemäß Artikel 143 die von einem Institut zur PD-Schätzung verwendete Methode bewerten.

[2] Die EBA legt der Kommission diese Entwürfe technischer Regulierungsstandards bis zum 31. Dezember 2014 vor.

[3] Der Kommission wird die Befugnis übertragen, die technischen Regulierungsstandards nach Unterabsatz 1 gemäß den Artikeln 10 bis 14 der Verordnung (EU) Nr. 1093/2010 zu erlassen.

Art. 181 Besondere Anforderungen an eigene LGD-Schätzungen.

(1) Bei der Quantifizierung der Risikoparameter für bestimmte Bonitätsstufen oder -pools halten die Institute die folgenden besonderen Anforderungen an eigene LGD-Schätzungen ein:

a) Die Institute schätzen die LGD für die einzelnen Stufen oder Pools von Kreditfazilitäten anhand der in den einzelnen Fazilitätsstufen bzw. -pools im

Durchschnitt realisierten LGD, wobei alle innerhalb der Datenquellen verzeichneten Ausfälle einbezogen werden (ausfallgewichteter Durchschnitt);

b) die Institute verwenden einem Konjunkturabschwung angemessene LGD-Schätzungen, falls diese konservativer sind als der langfristige Durchschnitt. Ist ein Ratingsystem so ausgelegt, dass es die realisierten LGD im Zeitverlauf konstant nach Stufen bzw. Pools liefert, so passen die Institute ihre Risikoparameterschätzungen für die einzelnen Stufen bzw. Pools an, um die Auswirkungen eines Konjunkturabschwungs auf die Eigenmittel zu begrenzen;

c) ein Institut berücksichtigt den Umfang etwaiger Abhängigkeiten zwischen dem Risiko des Schuldners und dem Risiko der Sicherheit bzw. des Sicherheitengebers. Signifikante Abhängigkeiten sind in vorsichtiger Weise zu berücksichtigen;

d) Währungsinkongruenzen zwischen der zugrunde liegenden Verbindlichkeit und der Sicherheit werden bei der LGD-Bewertung des Instituts in vorsichtiger Weise berücksichtigt;

e) werden bei den LGD-Schätzungen Sicherheiten berücksichtigt, so wird dabei nicht nur der geschätzte Marktwert der Sicherheit zugrunde gelegt. Die LGD-Schätzungen tragen der Tatsache Rechnung, dass die Institute möglicherweise nicht in der Lage sein werden, rasch auf die Sicherheiten zuzugreifen und sie zu verwerten;

f) werden bei den LGD-Schätzungen Sicherheiten berücksichtigt, legen die Institute interne Anforderungen an Sicherheitenmanagement, Rechtssicherheit und Risikomanagement fest, die im Großen und Ganzen mit den in Kapitel 4 Abschnitt 3 festgelegten Anforderungen in Einklang stehen;

g) erkennt ein Institut zur Bestimmung des Risikopositionswerts für das Gegenparteiausfallrisiko gemäß Kapitel 6 Abschnitt 5 oder 6 Sicherheiten an, werden Beträge, die aus den Sicherheiten erwartet werden, bei den LGD-Schätzungen nicht berücksichtigt;

h) im Sonderfall bereits ausgefallener Risikopositionen legt das Institut die Gesamtsumme der besten eigenen Schätzung der erwarteten Verluste aus jeder einzelnen Risikoposition unter Berücksichtigung der aktuellen wirtschaftlichen Situation und des Status der Risikoposition und der eigenen Schätzung des Anstiegs der Verlustquote infolge der Möglichkeit zusätzlicher unerwarteter Verluste während des Verwertungszeitraums, d.h. zwischen dem Ausfallzeitpunkt und der endgültigen Abwicklung der Risikoposition, zugrunde;

i) noch nicht entrichtete Verzugsgebühren werden der Risikoposition bzw. dem Verlust in dem Umfang hinzugerechnet, wie sie von dem Institut bereits erfolgswirksam verbucht wurden;

j) bei Risikopositionen gegenüber Unternehmen, Instituten, Zentralstaaten und Zentralbanken stützen sich die LGD-Schätzungen zumindest für eine Datenquelle auf einen mindestens fünfjährigen Zeitraum, der jährlich nach der Umsetzung um ein Jahr verlängert wird, bis ein Minimum von sieben Jahren erreicht ist. Wurde eine Datenquelle über einen längeren Zeitraum beobachtet und sind die entsprechenden Daten relevant, so wird dieser längere Beobachtungszeitraum herangezogen.

(2) *[1]* Bei Risikopositionen aus dem Mengengeschäft dürfen die Institute

a) LGD-Schätzungen von tatsächlichen Verlusten und geeigneten PD-Schätzungen ableiten,
b) künftige Inanspruchnahmen entweder in ihren Umrechnungsfaktoren oder in ihren LGD-Schätzungen berücksichtigen,
c) zur Schätzung der LGD externe und interne Referenzdaten verwenden, wenn es sich um angekaufte Risikopositionen aus dem Mengengeschäft handelt.

[2] [1] Bei Risikopositionen aus dem Mengengeschäft stützen sich die LGD-Schätzungen auf Daten eines mindestens fünfjährigen Zeitraums. [2] Wenn sich neuere Daten besser zur Vorhersage der Verlustquoten eignen, muss ein Institut historischen Daten nicht die gleiche Bedeutung beimessen. [3] Bei entsprechender Erlaubnis der zuständigen Behörden können Institute bei der Anwendung des IRB-Ansatzes relevante Daten aus einem Zweijahreszeitraum verwenden. [4] Dieser Zeitraum verlängert sich jährlich um ein Jahr, bis relevante Daten für einen Zeitraum von fünf Jahren vorliegen.

(3) *[1]* Die EBA arbeitet Entwürfe technischer Regulierungsstandards aus, in denen Folgendes präzisiert wird:
a) die Art, Schwere und Dauer eines Konjunkturabschwungs im Sinne des Absatzes 1,
b) die Bedingungen, unter denen eine zuständige Behörde einem Institut, wenn es den IRB-Ansatz anwendet, nach Absatz 2 gestatten kann, relevante Daten aus einem Zweijahreszeitraum zu verwenden.

[2] Die EBA legt der Kommission diese Entwürfe technischer Regulierungsstandards bis zum 31. Dezember 2014 vor.

[3] Der Kommission wird die Befugnis übertragen, die technischen Regulierungsstandards nach Unterabsatz 1 gemäß den Artikeln 10 bis 14 der Verordnung (EU) Nr. 1093/2010 zu erlassen.

Art. 182 Besondere Anforderungen an eigene Umrechnungsfaktorschätzungen. (1) Bei der Quantifizierung der Risikoparameter für bestimmte Bonitätsstufen oder -pools halten die Institute die folgenden besonderen Anforderungen an eigene Umrechnungsfaktorschätzungen ein:
a) Die Institute schätzen die Umrechnungsfaktoren für die einzelnen Stufen oder Pools von Kreditfazilitäten anhand der in den einzelnen Fazilitätsstufen bzw. -pools im Durchschnitt realisierten Umrechnungsfaktoren, wobei sie den ausfallgewichteten Durchschnitt aus allen innerhalb der Datenquelle verzeichneten Ausfällen heranziehen;
b) die Institute verwenden die einem Konjunkturabschwung angemessenen Umrechnungsfaktorschätzungen, falls diese konservativer sind als der langfristige Durchschnitt. Ist ein Ratingsystem so ausgelegt, dass es die realisierten Umrechnungsfaktoren im Zeitverlauf konstant nach Stufen bzw. Pools liefert, so passen die Institute ihre Risikoparameterschätzungen für die einzelnen Stufen bzw. Pools an, um die Auswirkungen eines Konjunkturabschwungs auf die Eigenmittel zu begrenzen.[1)]

[1)] Zeichensetzung amtlich.

c) bei der Schätzung der Umrechnungsfaktoren berücksichtigen die Institute die Möglichkeit zusätzlicher Inanspruchnahmen durch den Schuldner bis zum Zeitpunkt und nach Eintritt des Ausfalls. Auf die Umrechnungsfaktorschätzung wird eine höhere Sicherheitsspanne vorgesehen, wenn von einer starken positiven Korrelation zwischen der Ausfallhäufigkeit und der Größe des Umrechnungsfaktors auszugehen ist;

d) bei der Schätzung der Umrechnungsfaktoren berücksichtigen die Institute ihre spezifischen Grundsätze und Strategien, die sie für Kontoüberwachung und Zahlungsabwicklung festgelegt haben. Die Institute berücksichtigen auch, inwieweit sie imstande und bereit sind, in anderen Situationen als einem Zahlungsausfall, wie Vertragsverletzungen oder anderen technisch bedingten Ausfällen, weitere Inanspruchnahmen zu verhindern;

e) die Institute verfügen über angemessene Systeme und Verfahren, um die Höhe von Kreditfazilitäten, die aktuelle Inanspruchnahme zugesagter Kreditlinien und Veränderungen bei der Inanspruchnahme nach Schuldnern und Klassen zu überwachen. Das Institut ist in der Lage, offene Salden auf täglicher Basis zu überwachen;

f) verwendet ein Institut für die Berechnung der risikogewichteten Positionsbeträge und für interne Zwecke unterschiedliche Umrechnungsfaktorschätzungen, wird dies dokumentiert und muss vertretbar sein.

(2) [1] Bei Risikopositionen gegenüber Unternehmen, Instituten, Zentralstaaten und Zentralbanken stützen sich die Umrechnungsfaktorschätzungen zumindest bei einer Datenquelle auf einen mindestens fünfjährigen Zeitraum, der jährlich nach der Umsetzung um ein Jahr verlängert wird, bis ein Minimum von sieben Jahren erreicht ist. [2] Wurde eine Datenquelle über einen längeren Zeitraum beobachtet und sind die entsprechenden Daten relevant, so wird dieser längere Beobachtungszeitraum herangezogen.

(3) *[1]* Bei Risikopositionen aus dem Mengengeschäft dürfen die Institute künftige Inanspruchnahmen entweder in ihren Umrechnungsfaktoren oder in ihren LGD-Schätzungen berücksichtigen.

[2] [1] Bei Risikopositionen aus dem Mengengeschäft stützen sich die Umrechnungsfaktorschätzungen auf Daten eines mindestens fünfjährigen Zeitraums. [2] Abweichend von Absatz 1 Buchstabe a braucht ein Institut historischen Daten nicht die gleiche Bedeutung beizumessen, wenn sich neuere Daten besser zur Vorhersage zusätzlicher Inanspruchnahmen eignen. [3] Bei entsprechender Erlaubnis der zuständigen Behörden dürfen Institute bei der Anwendung des IRB-Ansatzes relevante Daten aus einem Zweijahreszeitraum verwenden. [4] Dieser Zeitraum verlängert sich jährlich um ein Jahr, bis relevante Daten für einen Zeitraum von fünf Jahren vorliegen.

(4) *[1]* Die EBA arbeitet Entwürfe technischer Regulierungsstandards aus, in denen Folgendes präzisiert wird:

a) die Art, Schwere und Dauer eines Konjunkturabschwungs im Sinne des Absatzes 1,

b) die Bedingungen, unter denen eine zuständige Behörde einem Institut bei erstmaliger Anwendung des IRB-Ansatzes gestatten kann, relevante Daten aus einem Zweijahreszeitraum zu verwenden.

[2] Die EBA legt der Kommission diese Entwürfe technischer Regulierungsstandards bis zum 31. Dezember 2014 vor.

[3] Der Kommission wird die Befugnis übertragen, die technischen Regulierungsstandards nach Unterabsatz 1 gemäß den Artikeln 10 bis 14 der Verordnung (EU) Nr. 1093/2010 zu erlassen.

Art. 183 Anforderungen an die Bewertung der Auswirkungen von Garantien und Kreditderivaten auf Risikopositionen gegenüber Unternehmen, Instituten, Zentralstaaten und Zentralbanken, wenn dabei eigene LGD-Schätzungen verwendet werden, und bei Risikopositionen aus dem Mengengeschäft. (1) In Bezug auf anerkennungsfähige Garantiegeber und Garantien gelten die folgenden Anforderungen:

a) Institute haben klar festgelegte Kriterien dafür, welche Arten von Garantiegebern sie für die Berechnung der risikogewichteten Positionsbeträge anerkennen,

b) für anerkannte Garantiegeber gelten dieselben Regeln wie für Schuldner (Artikel 171, 172 und 173),

c) die Garantie liegt in Schriftform vor, kann vom Garantiegeber nicht widerrufen werden, gilt (nach Maßgabe der Höhe und Laufzeit der Garantieerklärung) bis zur vollständigen Erfüllung der Zahlungsverpflichtung und kann in dem Rechtsraum, in dem der Garantiegeber über Vermögenswerte verfügt, die durch ein vollstreckbares Urteil gepfändet werden können, gegenüber dem Garantiegeber rechtlich durchgesetzt werden. Bedingte Garantien, bei denen festgelegt ist, unter welchen Bedingungen der Garantiegeber unter Umständen von seiner Pflicht zur Garantieerfüllung befreit ist, können bei entsprechender Erlaubnis der zuständigen Behörden anerkannt werden. Die Zuordnungskriterien zu Klassen oder Pools tragen möglichen Verschlechterungen der Kreditsicherungseigenschaften angemessen Rechnung.

(2) *[1]* [1]Institute haben klar festgelegte Kriterien, nach denen sie Klassen, Pools oder LGD-Schätzungen und im Falle von Risikopositionen aus dem Mengengeschäft und anerkennungsfähigen angekauften Forderungen auch den Prozess der Zuordnung von Risikopositionen zu Klassen oder Pools anpassen, um bei der Berechnung der risikogewichteten Positionsbeträge der Auswirkung von Garantien Rechnung zu tragen. [2]Diese Kriterien entsprechen den Anforderungen der Artikel 171, 172 und 173.

[2] [1]Die Kriterien sind plausibel und einleuchtend. [2]Sie berücksichtigen die Fähigkeit und die Bereitschaft des Garantiegebers, seinen Verpflichtungen aus der Garantie nachzukommen, den wahrscheinlichen Zeitpunkt der Zahlungen, den Grad der Korrelation zwischen der Fähigkeit des Garantiegebers, seinen Verpflichtungen aus der Garantie nachzukommen, und der Rückzahlungsfähigkeit des Schuldners sowie das möglicherweise für den Schuldner verbleibende Restrisiko.

(3) *[1]* [1]Die Anforderungen dieses Artikels an Garantien gelten auch für Einzeladressen-Kreditderivate. [2]Bei Inkongruenz zwischen der zugrunde liegenden Verbindlichkeit und der Referenzverbindlichkeit des Kreditderivats oder der Verbindlichkeit, die zur Bestimmung des Eintritts eines Kreditereignisses herangezogen wird, gelten die Anforderungen des Artikels 216 Absatz 2. [3]Bei Risikopositionen aus dem Mengengeschäft und anerkennungsfähigen angekauf-

ten Forderungen gilt dieser Absatz für die Zuordnung von Risikopositionen zu Klassen oder Pools.

[2] [1] Die Kriterien berücksichtigen die Auszahlungsstruktur des Kreditderivats und tragen deren Einfluss auf Höhe und Zeitpunkt der Rückflüsse in konservativer Weise Rechnung. [2] Das Institut berücksichtigt, in welchem Umfang andere Arten von Restrisiken verbleiben.

(4) [1] Die Anforderungen der Absätze 1 bis 3 gelten nicht für Garantien von Instituten, Zentralstaaten und Zentralbanken sowie Unternehmen, die die Anforderungen des Artikels 201 Absatz 1 Buchstabe g erfüllen, wenn das Institut die Erlaubnis erhalten hat, bei Risikopositionen gegenüber solchen Adressen gemäß den Artikeln 148 und 150 nach dem Standardansatz zu verfahren. [2] In diesem Fall gelten die Anforderungen des Kapitels 4.

(5) Bei Garantien an Privatkunden gelten die Anforderungen der Absätze 1, 2 und 3 auch für die Zuordnung von Risikopositionen zu Klassen oder Pools und die PD-Schätzung.

(6) *[1]* Die EBA arbeitet Entwürfe technischer Regulierungsstandards zur Festlegung der Bedingungen aus, unter denen zuständige Behörden die Anerkennung bedingter Garantien gestatten können.

[2] Die EBA legt der Kommission diese Entwürfe technischer Regulierungsstandards nach Unterabsatz 1 bis zum 31. Dezember 2014 vor.

[3] Der Kommission wird die Befugnis übertragen, die technischen Regulierungsstandards nach Unterabsatz 1 gemäß den Artikeln 10 bis 14 der Verordnung (EU) Nr. 1093/2010 zu erlassen.

Art. 184 Anforderungen an angekaufte Forderungen. (1) Bei der Quantifizierung der Risikoparameter für die Bonitätsstufen oder -pools für angekaufte Forderungen stellen die Institute sicher, dass die Bedingungen der Absätze 2 bis 6 erfüllt sind.

(2) [1] Die Struktur der Fazilität gewährleistet, dass das Institut unter allen vorhersehbaren Umständen der tatsächliche Eigentümer der Geldeingänge aus den Forderungen ist und diese kontrolliert. [2] Leistet der Schuldner Zahlungen direkt an einen Verkäufer oder Forderungsverwalter, überzeugt sich das Institut regelmäßig davon, dass die Zahlungen in voller Höhe und gemäß der vertraglichen Vereinbarung weitergeleitet werden. [3] Die Institute stellen durch geeignete Verfahren sicher, dass das Eigentum an den Forderungen und Geldeingängen vor Forderungen aus Konkursverfahren und sonstigen Rechtsansprüchen geschützt ist, die die Möglichkeiten des Kreditgebers zum Einzug oder zur Übertragung der Forderungen oder zur fortgeführten Ausübung der Kontrolle über die Geldeingänge erheblich verzögern könnten.

(3) [1] Das Institut überwacht sowohl die Qualität der angekauften Forderungen als auch die Finanzlage des Verkäufers und des Forderungsverwalters. [2] Es gilt Folgendes:

a) Das Institut bewertet die Korrelation zwischen der Qualität der angekauften Forderungen und der Finanzlage des Verkäufers und des Forderungsverwalters und verfügt über interne Grundsätze und Verfahren, die eine angemessene Absicherung gegen alle Eventualitäten bieten, unter anderem indem jedem Verkäufer und Forderungsverwalter eine interne Beurteilung zugeordnet wird;

b) zur Feststellung der Anerkennungsfähigkeit von Verkäufer und Forderungsverwalter verfügt das Institut über klare und wirksame Grundsätze und Verfahren. Das Institut oder dessen Beauftragter unterzieht Verkäufer und Forderungsverwalter in regelmäßigen Abständen einer Überprüfung, um sich von der Richtigkeit ihrer Berichte zu überzeugen, Betrugsfälle und betriebliche Schwachstellen aufzudecken und die Qualität der Kreditvergabepraktiken des Verkäufers bzw. der Auswahlvorschriften und -verfahren des Forderungsverwalters zu überprüfen. Die Ergebnisse dieser Überprüfungen werden dokumentiert;

c) das Institut bewertet die Merkmale des Pools angekaufter Forderungen, einschließlich etwaiger Überziehungen (over-advances), der bisherigen Zahlungsrückstände, uneinbringlichen Forderungen und Wertberichtigungen auf uneinbringliche Forderungen des Verkäufers, sowie der Zahlungsbedingungen und etwaiger Gegenkonten;

d) das Institut hat wirksame Grundsätze und Verfahren, um sowohl innerhalb eines Pools aus angekauften Forderungen als auch über verschiedene solcher Pools hinweg Konzentrationen auf einzelne Schuldner auf aggregierter Basis überwachen zu können;

e) das Institut stellt sicher, dass es vom Forderungsverwalter zeitnahe und ausreichend detaillierte Berichte über die Laufzeitenstruktur (Alterung) und Verwässerung der Forderungen erhält, um die Einhaltung der Anerkennungsfähigkeitskriterien und der Vorauszahlungsleitlinien des Instituts für angekaufte Forderungen sicherzustellen und die Verkaufskonditionen des Verkäufers und die Verwässerung wirksam überwachen und beurteilen zu können.

(4) [1]Das Institut hat Systeme und Verfahren, um eine Verschlechterung der Finanzlage des Verkäufers und der Qualität der angekauften Forderungen frühzeitig feststellen und aufkommenden Problemen proaktiv begegnen zu können. [2]Es hat insbesondere klare und wirksame Grundsätze, Verfahren und IT-Systeme zur Überwachung von Vertragsverletzungen sowie klare und wirksame Grundsätze und Verfahren für die Einleitung rechtlicher Schritte und den Umgang mit problembehafteten Forderungsankäufen.

(5) [1]Das Institut hat klare und wirksame Grundsätze und Verfahren für die Überwachung der angekauften Forderungen, der Kreditgewährung und der Zahlungen. [2]Insbesondere werden in schriftlich niedergelegten internen Grundsätzen alle wesentlichen Elemente des Forderungsankaufsprogramms spezifiziert, einschließlich Vorauszahlungen, anerkennungsfähiger Sicherheiten, erforderlicher Dokumentationen, Konzentrationslimits und der Behandlung von Geldeingängen. [3]Diese Elemente berücksichtigen in angemessener Weise alle relevanten und wesentlichen Faktoren, einschließlich der Finanzlage des Verkäufers und des Forderungsverwalters, Risikokonzentrationen und Trends bei der Entwicklung der Qualität der angekauften Forderungen sowie des Kundenstammes des Verkäufers; die internen Systeme stellen außerdem sicher, dass Vorauszahlungen nur gegen genau bezeichnete Sicherheiten und eine genau bezeichnete Dokumentation erfolgen.

(6) [1]Das Institut hat wirksame interne Verfahren, um die Einhaltung sämtlicher internen Grundsätze und Verfahren beurteilen zu können. [2]Diese Verfahren umfassen unter anderem regelmäßige Überprüfungen aller kritischen Phasen des Forderungsankaufsprogramms des Instituts, eine Überprüfung der

Aufgabentrennung erstens zwischen der Beurteilung des Verkäufers und des Forderungsverwalters auf der einen und der Beurteilung des Schuldners auf der anderen Seite sowie zweitens zwischen der Beurteilung des Verkäufers und des Forderungsverwalters auf der einen und der externen Revision des Verkäufers und des Forderungsverwalters auf der anderen Seite sowie eine Bewertung der Abwicklung, mit besonderem Augenmerk auf Qualifikation, Erfahrung und Anzahl der eingesetzten Mitarbeiter, sowie der unterstützenden maschinellen Systeme.

Unterabschnitt 3. Validierung der internen Schätzungen

Art. 185 Validierung interner Schätzungen. Institute validieren ihre internen Schätzungen unter Einhaltung der folgenden Anforderungen:

a) Die Institute verfügen über robuste Systeme für die Validierung der Genauigkeit und Konsistenz von Ratingsystemen, Verfahren und der Schätzung aller relevanten Risikoparameter. Der interne Validierungsprozess muss dem Institut die Möglichkeit geben, die Leistungsfähigkeit der Systeme der internen Beurteilung und der Risikoschätzung konsistent und aussagekräftig zu beurteilen;

b) die Institute vergleichen die tatsächlichen Ausfallraten in den einzelnen Stufen regelmäßig mit den entsprechenden PD-Schätzungen; liegen die tatsächlichen Ausfallraten außerhalb der für die betreffende Stufe erwarteten Bandbreite, so analysieren die Institute insbesondere die Gründe für die Abweichung. Institute, die eigene LGD- und Umrechnungsfaktorschätzungen verwenden, führen auch für diese Schätzungen eine entsprechende Analyse durch. Für solche Vergleiche werden historische Daten herangezogen, die einen möglichst langen Zeitraum abdecken. Die Institute dokumentieren die für solche Vergleiche verwendeten Methoden und Daten. Diese Analyse und Dokumentation wird mindestens einmal jährlich aktualisiert;

c) die Institute ziehen auch andere quantitative Validierungsinstrumente und Vergleiche mit relevanten externen Datenquellen heran. Die Analyse stützt sich auf Daten, die dem entsprechenden Portfolio angemessen sind, regelmäßig aktualisiert werden und einen aussagekräftigen Beobachtungszeitraum abdecken. Zur internen Bewertung der Leistungsfähigkeit ihrer Ratingsysteme ziehen die Institute einen möglichst langen Zeitraum heran;

d) für die quantitative Validierung werden durchgängig die gleichen Methoden und Daten verwendet. Veränderungen bei Schätz- und Validierungsmethoden und -daten (sowohl der Datenquellen als auch der herangezogenen Zeiträume) werden dokumentiert;

e) die Institute verfügen über solide interne Standards für den Fall, dass die tatsächlichen PD, LGD, Umrechnungsfaktoren und die Gesamtverluste – bei Verwendung von EL – so signifikant von den Erwartungen abweichen, dass die Validität der Schätzungen in Frage gestellt wird. Diese Standards tragen Konjunkturzyklen und ähnlichen systematischen Schwankungen der Ausfallwerte Rechnung. Liegen die tatsächlichen Werte kontinuierlich über den Erwartungen, setzen die Institute ihre Schätzungen herauf, um ihren Ausfall- und Verlusterfahrungswerten Rechnung zu tragen.

Unterabschnitt 4. Anforderungen an Beteiligungspositionen bei der Verwendung interner Modelle

Art. 186 Eigenmittelanforderung und Risikoquantifizierung. Bei der Berechnung der Eigenmittelanforderungen halten Institute die folgenden Standards ein:

a) Die Schätzung des Verlustpotenzials hält ungünstigen Marktbewegungen, die für das langfristige Risikoprofil der Beteiligungen des Instituts an bestimmten Unternehmen relevant sind, stand. Die zur Herleitung der Ertragsausschüttung verwendeten Daten reichen soweit wie möglich in die Vergangenheit zurück und spiegeln das Risikoprofil der Beteiligungen des Instituts an bestimmten Unternehmen aussagekräftig wider. Die verwendeten Daten reichen aus, um konservative, statistisch verlässliche und robuste Verlustschätzungen zu liefern, die nicht auf rein subjektiven oder wertenden Überlegungen basieren. Der unterstellte Schock führt zu einer konservativen Schätzung der potenziellen Verluste innerhalb eines relevanten langfristigen Markt- oder Konjunkturzyklus. Um realistische und konservative Modellergebnisse zu erzielen, kombiniert das Institut die empirische Analyse der verfügbaren Daten mit Anpassungen, die sich auf unterschiedliche Faktoren stützen. Beim Aufbau von Value-at-Risk-(VaR-)Modellen zur Schätzung potentieller Quartalsverluste können die Institute Quartalsdaten verwenden oder Daten mit kürzerem Zeithorizont mit einer analytisch angemessenen, durch empirische Daten gestützten Methode auf der Basis wohl durchdachter und dokumentierter Überlegungen und Analysen in Quartalsdaten umwandeln. Dabei ist konservativ und im Zeitverlauf konsistent zu verfahren. Sind relevante Daten nur eingeschränkt verfügbar, sieht das Institut angemessene Sicherheitsspannen vor;

b) die verwendeten Modelle bilden alle wesentlichen, mit den Eigenkapitalrenditen verbundenen Risiken adäquat ab, einschließlich des allgemeinen Marktrisikos und der speziellen Risiken des Beteiligungsportfolios des Instituts. Die internen Modelle erklären die historischen Preisschwankungen in angemessener Weise, stellen sowohl die Größenordnung als auch Veränderungen bei der Zusammensetzung potentieller Konzentrationen dar und halten widrigen Rahmenbedingungen am Markt stand. Die Risiken, die in den für die Schätzung verwendeten Daten enthalten sind, entsprechen in hohem Maße den mit den Beteiligungspositionen des Instituts verbundenen Risiken oder sind zumindest mit diesen vergleichbar;

c) das interne Modell ist dem Risikoprofil und der Komplexität des Beteiligungsportfolios des Instituts angemessen. Hält ein Institut wesentliche Beteiligungen, deren Wertentwicklung naturgemäß alles andere als linear verläuft, sind die internen Modelle so ausgelegt, dass sie die mit solchen Instrumenten verbundenen Risiken angemessen erfassen;

d) die Zuordnung einzelner Positionen zu Näherungswerten, Marktindizes und Risikofaktoren ist plausibel, einleuchtend und konzeptionell solide;

e) die Institute weisen durch empirische Analysen nach, dass die Risikofaktoren angemessen sind und insbesondere das allgemeine wie das besondere Risiko abdecken können;

f) für die Schätzungen der Renditevolatilität von Beteiligungspositionen werden relevante und verfügbare Daten, Informationen und Methoden herangezogen. Verwendet werden interne Daten, die von unabhängiger Seite geprüft wurden, oder Daten aus externen Quellen (einschließlich zusammengefasster Daten);

g) es ist ein rigoroses und umfassendes Stresstest-Programm vorhanden.

Art. 187 Risikomanagement-Prozess und -Kontrollen. [1]Die Institute legen für die Entwicklung und den Einsatz interner Modelle zur Berechnung der Eigenmittelanforderungen Grundsätze, Verfahren und Kontrollen fest, um die Integrität des Modells und des Modellierungsprozesses sicherzustellen. [2]Diese Grundsätze, Verfahren und Kontrollen beinhalten unter anderem Folgendes:

a) Die vollständige Integration des internen Modells in die allgemeinen Management-Informationssysteme des Instituts und in die Verwaltung des im Anlagebuch geführten Beteiligungsportfolios. Werden interne Modelle insbesondere bei der Messung und Bewertung der Wertentwicklung eines Beteiligungsportfolios (einschließlich der risikobereinigten Wertentwicklung), der Allokation des internen Kapitals auf die verschiedenen Beteiligungspositionen und der Bewertung der Gesamtkapitaladäquanz und des Anlagemanagements eingesetzt, werden sie vollständig in die Risikomanagement-Infrastruktur des Instituts integriert;

b) etablierte Managementsysteme, -verfahren und -kontrollfunktionen zur Gewährleistung einer regelmäßigen und unabhängigen Überprüfung aller Bestandteile des internen Modellierungsprozesses, einschließlich der Genehmigung von Modelländerungen, der sachkundigen Beurteilung der Modelleingaben und der Überprüfung der Modellergebnisse, wie die direkte Nachprüfung von Risikoberechnungen. Im Rahmen dieser Überprüfungen wird die Genauigkeit, Vollständigkeit und Angemessenheit der Modelleingaben und -ergebnisse eingeschätzt und der Schwerpunkt darauf gelegt, potenzielle Fehler, die durch bekannte Modellschwächen bedingt sind, zu erkennen und zu begrenzen sowie bis dato unbekannte Schwächen des Modells aufzudecken. Derartige Überprüfungen können von einer unabhängigen internen Abteilung oder von einer unabhängigen externen Partei durchgeführt werden;

c) angemessene Systeme und Verfahren zur Überwachung von Anlagelimits und Risiken bei Beteiligungspositionen;

d) funktionelle Unabhängigkeit der für die Entwicklung und Anwendung des Modells verantwortlichen Abteilungen von den für die Verwaltung der einzelnen Anlagen verantwortlichen Abteilungen;

e) angemessene Qualifikation all derjenigen, die in irgendeiner Weise an der Modellentwicklung beteiligt sind. Das Management weist der Modellentwicklung ausreichende personelle Ressourcen mit der erforderlichen Qualifikation und Kompetenz zu.

Art. 188 Validierung und Dokumentierung. *[1]* [1]Die Institute verfügen über robuste Systeme zur Validierung der Genauigkeit und Schlüssigkeit ihrer internen Modelle und Modellierungsverfahren. [2]Alle wesentlichen Komponenten der internen Modelle sowie die Modellentwicklung und -validierung werden dokumentiert.

[2] Für Validierung und Dokumentierung der internen Modelle und der Modellentwicklung der Institute gelten folgende Anforderungen:

a) Die Institute nutzen den internen Validierungsprozess, um die Leistungsfähigkeit ihrer internen Modelle und Prozesse kohärent und aussagekräftig zu bewerten;
b) für die quantitative Validierung werden durchgängig die gleichen Methoden und Daten verwendet. Veränderungen bei Schätz- und Validierungsmethoden und -daten (sowohl bei Datenquellen als auch bei zugrunde gelegten Zeiträumen) werden dokumentiert;
c) die Institute vergleichen die tatsächlichen Eigenkapitalrenditen, die anhand der realisierten und nicht realisierten Gewinne und Verluste ermittelt werden, regelmäßig mit den Modellschätzungen. Für solche Vergleiche werden historische Daten herangezogen, die einen möglichst langen Zeitraum abdecken. Die Institute dokumentieren die für solche Vergleiche herangezogenen Methoden und Daten. Diese Analyse und Dokumentation wird mindestens einmal jährlich aktualisiert;[1)]
d) die Institute nutzen andere quantitative Validierungsinstrumente und Vergleiche mit externen Datenquellen. Die Analyse stützt sich auf Daten, die dem entsprechenden Portfolio angemessen sind, regelmäßig aktualisiert werden und einen aussagekräftigen Beobachtungszeitraum abdecken. Zur internen Bewertung der Leistungsfähigkeit ihrer Modelle stützen sich die Institute auf einen möglichst langen Zeitraum;
e) die Institute verfügen über solide interne Standards für den Fall, dass ein Vergleich der tatsächlichen Eigenkapitalrenditen mit den Modellschätzungen die Validität der Schätzungen oder der Modelle selbst in Frage stellt. Diese Standards tragen Konjunkturzyklen und ähnlichen systematischen Schwankungen der Eigenkapitalrenditen Rechnung. Alle Anpassungen, die als Reaktion auf eine Modellüberprüfung an den internen Modellen vorgenommen werden, werden dokumentiert und stehen mit den Modellüberprüfungsstandards des Instituts in Einklang;
f) internes Modell und Modellentwicklung werden dokumentiert, was auch für die Pflichten der an der Modellentwicklung, der Modellabnahme sowie der Modellüberprüfung Beteiligten gilt.

Unterabschnitt 5. Interne Unternehmensführung und Überwachung

Art. 189 Unternehmensführung. (1) [1] Alle wesentlichen Aspekte der Rating- und Schätzverfahren werden vom Leitungsorgan des Instituts bzw. von einem seiner zu diesem Zweck benannten Ausschüsse und der Geschäftsleitung gebilligt. [2] Die Mitglieder dieser Gremien verfügen über allgemeine Kenntnisse der Ratingsysteme des Instituts und genaue Kenntnisse der damit zusammenhängenden Managementberichte.

(2) *[1]* Die Geschäftsleitung erfüllt folgende Anforderungen:
a) Es setzt das Leitungsorgan oder einen seiner zu diesem Zweck benannten Ausschüsse über wesentliche Änderungen an oder Abweichungen von etablierten Grundsätzen in Kenntnis, die erhebliche Auswirkungen auf die Funktionsweise der Ratingsysteme des Instituts haben werden;
b) es verfügt über gute Kenntnisse des Aufbaus und der Funktionsweise der Ratingsysteme;

[1)] Semikolon fehlt im Abl.EU.

c) es stellt fortlaufend sicher, dass die Ratingsysteme ordnungsgemäß funktionieren.

[2] Die Geschäftsleitung wird von den für die Kreditrisikoüberwachung zuständigen Stellen regelmäßig über die Leistungsfähigkeit des Beurteilungsprozesses, die verbesserungsbedürftigen Bereiche und den Stand der Arbeiten an der Behebung festgestellter Schwächen unterrichtet.

(3) [1] Die auf internen Einstufungen basierende Analyse des Kreditrisikoprofils des Instituts ist wesentlicher Bestandteil der Berichterstattung an die Geschäftsleitung. [2] Die Berichterstattung betrifft zumindest die Risikoprofile je Stufe, die Ratingmigration zwischen Stufen, die Schätzung der einschlägigen Parameter je Klasse und den Vergleich der tatsächlichen Ausfallraten und, soweit eigene Schätzungen verwendet werden, der realisierten LGD und realisierten Umrechnungsfaktoren mit den Erwartungen und Stresstest-Ergebnissen. [3] Die Berichtsintervalle richten sich nach der Signifikanz und Art der Informationen sowie der Hierarchiestufe des Empfängers.

Art. 190 Kreditrisikoüberwachung. (1) [1] Die für die Kreditrisikoüberwachung zuständige Stelle ist von den Personal- und Managementfunktionen, die für die Eröffnung und Verlängerung von Positionen verantwortlich sind, unabhängig und unmittelbar der Geschäftsleitung unterstellt. [2] Sie ist für die Gestaltung bzw. Wahl, Umsetzung, Überwachung und Leistungsfähigkeit der Ratingsysteme verantwortlich. [3] Sie erstellt und analysiert regelmäßig Berichte über die Ergebnisse dieser Systeme.

(2) Die Aufgaben der für die Kreditrisikoüberwachung zuständige(n) Stelle(n) umfassen unter anderem:

a) Das Testen und Überwachen von Bonitätsstufen und -pools,

b) die Erstellung und Auswertung von zusammenfassenden Berichten der Ratingsysteme des Instituts,

c) die Umsetzung von Verfahren zur Überprüfung, ob die Stufen- und Pooldefinitionen in allen Abteilungen und geographischen Gebieten durchgängig angewandt werden,

d) Überprüfung und Dokumentierung aller etwaigen Änderungen am Beurteilungsprozess unter Angabe der Gründe für die Änderungen,

e) Überprüfung der Ratingkriterien im Hinblick darauf, ob sie für die Risikoeinschätzung weiterhin aussagekräftig sind. Änderungen am Beurteilungsprozess, an den Kriterien oder den einzelnen Beurteilungsparametern werden dokumentiert und archiviert,

f) aktive Beteiligung an der Gestaltung bzw. Wahl, Umsetzung und Validierung der im Beurteilungsprozess eingesetzten Modelle,

g) Beaufsichtigung und Überwachung der im Beurteilungsprozess eingesetzten Modelle,

h) fortlaufende Überprüfung und Änderung der im Beurteilungsprozess eingesetzten Modelle.

(3) Institute, die gemäß Artikel 179 Absatz 2 zusammengefasste Daten verwenden, können folgende Aufgaben auslagern:

a) Zusammenstellung von Informationen, die für das Testen und Überwachen von Bonitätsstufen und -pools relevant sind,
b) Erstellung zusammenfassender Berichte der Ratingsysteme des Instituts,
c) Zusammenstellung von Informationen, die für die Überprüfung der Ratingkriterien im Hinblick darauf, ob diese für die Risikoeinschätzung weiterhin aussagekräftig sind, relevant sind,
d) Dokumentierung der Änderungen am Beurteilungsprozess, an den Kriterien oder den einzelnen Beurteilungsparametern,
e) Zusammenstellung von Informationen, die für die aktuelle Überprüfung und Änderung der im Beurteilungsprozess eingesetzten Modelle relevant sind.

(4) Institute, die von Absatz 3 Gebrauch machen, stellen sicher, dass die zuständigen Behörden auf alle einschlägigen Informationen dieses Dritten, die zur Überprüfung der Einhaltung der Anforderungen notwendig sind, zugreifen können, und dass die zuständigen Behörden Vor-Ort-Prüfungen im gleichen Umfang durchführen können wie bei dem Institut selbst.

Art. 191 Innenrevision. [1]Die Innenrevision oder eine andere vergleichbare unabhängige Revisionsstelle prüft mindestens einmal jährlich die Ratingsysteme des Instituts und deren Funktionsweise, einschließlich der Tätigkeit der Kreditabteilung sowie der PD-, LGD-, EL- und Umrechnungsfaktor-Schätzungen. [2]Überprüft wird die Einhaltung aller geltenden Anforderungen.

Kapitel 4. Kreditrisikominderung

Abschnitt 1. Begriffsbestimmungen und allgemeine Anforderungen

Art. 192 Begriffsbestimmungen. Für die Zwecke dieses Kapitels bezeichnet der Ausdruck
1. „kreditgebendes Institut" das Institut, das die betreffende Risikoposition hält;
2. „besicherte Kreditvergabe" jedes Geschäft, das eine sicherheitsunterlegte Risikoposition begründet und keine Klausel enthält, die dem Institut das Recht auf mindestens tägliche Nachschusszahlungen einräumt;
3. „Kapitalmarkttransaktion" jedes Geschäft, das eine sicherheitsunterlegte Risikoposition begründet und eine Klausel enthält, die dem Institut das Recht auf mindestens tägliche Nachschusszahlungen einräumt;
4. „Basis-OGA" einen OGA, dessen Anteile von einem anderen OGA erworben wurden.

Art. 193 Grundsätze für die Anerkennung der Wirkung von Kreditrisikominderungstechniken. (1) Keine Risikoposition, für die ein Institut eine Kreditrisikominderung erreicht hat, darf einen höheren risikogewichteten Positionsbetrag oder höheren erwarteten Verlustbetrag ergeben als eine Risikoposition, für die keine Kreditrisikominderung vorliegt, die ansonsten aber identisch ist.

(2) Wird eine Kreditabsicherung bereits gemäß Kapitel 2 oder Kapitel 3 beim risikogewichteten Positionsbetrag berücksichtigt, beziehen die Institute diese Kreditabsicherung nicht in die im vorliegenden Kapitel vorgesehenen Berechnungen ein.

(3) Sind die Bestimmungen der Abschnitte 2 und 3 erfüllt, können die Institute die Berechnung der risikogewichteten Positionsbeträge nach dem Standardansatz und die Berechnung der risikogewichteten Positionsbeträge und erwarteten Verlustbeträge nach dem IRB-Ansatz gemäß den Bestimmungen der Abschnitte 4, 5 und 6 anpassen.

(4) Barmittel, Wertpapiere oder Waren, die im Rahmen eines Pensions- oder Wertpapier- bzw. Warenleihgeschäfts erworben, geliehen oder eingeliefert werden, werden von den Instituten wie Sicherheiten behandelt.

(5) Hat ein Institut, das die risikogewichteten Positionsbeträge nach dem Standardansatz berechnet, für eine Risikoposition mehr als eine Form der Kreditrisikominderung, so verfährt es wie folgt:

a) Es unterteilt die Risikoposition in die durch die jeweiligen Kreditrisikominderungsinstrumente abgedeckten Einzelteile und
b) berechnet den risikogewichteten Positionsbetrag für jeden gemäß Buchstabe a erhaltenen Einzelteil gesondert nach den Bestimmungen des Kapitels 2 und des vorliegenden Kapitels.

(6) Unterlegt ein Institut, das die risikogewichteten Positionsbeträge nach dem Standardansatz berechnet, eine einzelne Risikoposition mit der Besicherung eines einzigen Sicherungsgebers und hat diese Besicherung unterschiedliche Laufzeiten, so verfährt es wie folgt:

a) Es unterteilt die Risikoposition in die durch die jeweiligen Kreditrisikominderungsinstrumente abgedeckten Einzelteile und
b) berechnet den risikogewichteten Positionsbetrag für jeden gemäß Buchstabe a erhaltenen Einzelteil gesondert nach den Bestimmungen des Kapitels 2 und des vorliegenden Kapitels.

Art. 194 Grundsätze für die Anerkennungsfähigkeit von Kreditrisikominderungstechniken. (1) *[1]* Das zur Besicherung eingesetzte Verfahren gewährleistet zusammen mit den Maßnahmen, Schritten, Verfahren und Grundsätzen des kreditgebenden Instituts eine Besicherung, die in allen relevanten Rechtsräumen rechtswirksam und durchsetzbar ist.

[2] Das kreditgebende Institut stellt auf Anforderung der zuständigen Behörde die jüngste Fassung des/der unabhängigen, schriftlichen und mit einer Begründung versehenen Rechtsgutachten(s) bereit, das/die es verwendet hat, um zu ermitteln, ob seine Sicherungsvereinbarung(en) die in Unterabsatz 1 festgelegte Voraussetzung erfüllt/erfüllen.

(2) Das kreditgebende Institut ergreift alle Maßnahmen, die erforderlich sind, um die Wirksamkeit der Besicherung zu gewährleisten und die damit verbundenen Risiken anzugehen.

(3) Institute dürfen eine Besicherung mit Sicherheitsleistung bei der Berechnung der Wirkung einer Kreditrisikominderung nur anerkennen, wenn die zur Besicherung dienenden Vermögenswerte die beiden folgenden Bedingungen erfüllen:

a) Sie sind in der jeweiligen Aufstellung der anerkennungsfähigen Vermögenswerte in den Artikeln 197 bis 200 genannt;
b) sie sind ausreichend liquide und ihr Wert ist im Zeitverlauf ausreichend stabil, so dass sie unter Berücksichtigung des zur Berechnung der risikogewichteten

Positionsbeträge verwendeten Ansatzes und des zulässigen Maßes an Anerkennung als angemessene Besicherung angesehen werden können.

(4) [1] Institute dürfen eine Besicherung mit Sicherheitsleistung bei der Berechnung der Wirkung einer Kreditrisikominderung nur anerkennen, wenn das kreditgebende Institut das Recht hat, bei Ausfall, Insolvenz oder Konkurs – oder einem anderen in der entsprechenden Vereinbarung genannten Kreditereignis – des Schuldners bzw. gegebenenfalls des Sicherheitenverwahrers die als Sicherheit zur Verfügung gestellten Vermögenswerte zeitnah zu liquidieren oder einzubehalten. [2] Der Grad an Korrelation zwischen den zur Besicherung dienenden Vermögenswerten und der Bonität des Schuldners darf nicht zu hoch sein.

(5) Bei einer Absicherung ohne Sicherheitsleistung kann ein Sicherungsgeber nur anerkannt werden, wenn er in der Aufstellung anerkennungsfähiger Sicherungsgeber in den Artikeln 201 bzw. 202 genannt ist.

(6) Bei einer Absicherung ohne Sicherheitsleistung kann eine Sicherungsvereinbarung nur anerkannt werden, wenn sie die beiden folgenden Bedingungen erfüllt:

a) Sie ist in der jeweiligen Aufstellung der anerkennungsfähigen Sicherungsvereinbarungen in den Artikeln 203 und 204 Absatz 1 genannt;
b) sie ist in den relevanten Rechtsräumen rechtswirksam und durchsetzbar, so dass sie angemessene Gewissheit hinsichtlich der gebotenen Absicherung – unter Berücksichtigung des zur Berechnung der risikogewichteten Positionsbeträge verwendeten Ansatzes und des zulässigen Maßes an Anerkennung – bietet;
c) der Sicherungsgeber erfüllt die Kriterien des Absatzes 5.

(7) Eine Kreditabsicherung erfüllt gegebenenfalls die Anforderungen des Abschnitts 3.

(8) Ein Institut muss den zuständigen Behörden nachweisen können, dass es ein angemessenes Risikomanagement hat, um die Risiken, die ihm aus dem Einsatz von Kreditrisikominderungstechniken erwachsen können, kontrollieren zu können.

(9) [1] Ungeachtet der Berücksichtigung kreditrisikomindernder Maßnahmen bei der Berechnung der risikogewichteten Positionsbeträge und gegebenenfalls der erwarteten Verlustbeträge berücksichtigt werden, bewerten die Institute das Kreditrisiko der zugrunde liegenden Risikoposition fortlaufend umfassend und können den zuständigen Behörden gegenüber die Einhaltung dieser Auflage nachweisen. [2] Bei Pensionsgeschäften und Wertpapierleih- oder Warenleih- oder -verleihgeschäften gilt nur für die Zwecke dieses Absatzes der Nettobetrag der Risikoposition als zugrunde liegende Risikoposition.

(10) *[1]* Die EBA arbeitet Entwürfe technischer Regulierungsstandards aus, in denen präzisiert wird, was für die Zwecke des Absatzes 3 als ausreichend liquide Vermögenswerte gilt und wann für die Zwecke des Absatzes 3 der Wert von Vermögenswerten als ausreichend stabil angesehen werden kann.

[2] Die EBA arbeitet diese Entwürfe technischer Regulierungsstandards aus und legt sie bis zum 30. Juni 2014 der Kommission vor.

[3] Der Kommission wird die Befugnis übertragen, die technischen Regulierungsstandards nach Unterabsatz 1 gemäß den Artikeln 10 bis 14 der Verordnung (EU) Nr. 1093/2010 zu erlassen.

Abschnitt 2. Zulässige Formen der Kreditrisikominderung

Unterabschnitt 1. Besicherung mit Sicherheitsleistung

Art. 195 Netting von Bilanzpositionen. *[1]* Bilanzielles Netting gegenseitiger Forderungen des Instituts und der Gegenpartei ist für ein Institut eine zulässige Form der Kreditrisikominderung.

[2] [1] Unbeschadet des Artikels 196 ist die Zulässigkeit auf gegenseitige Barguthaben beschränkt. [2] Institute dürfen die risikogewichteten Positionsbeträge und gegebenenfalls die erwarteten Verlustbeträge nur für Darlehen und Einlagen anpassen, die bei ihnen selbst eingeliefert wurden und die einer Vereinbarung über das Netting von Bilanzpositionen unterliegen.

Art. 196 Netting-Rahmenvereinbarungen, die Pensionsgeschäfte, Wertpapier- oder Warenverleih- oder -leihgeschäfte oder andere Kapitalmarkttransaktionen betreffen. [1] Institute, die die umfassende Methode zur Berücksichtigung finanzieller Sicherheiten nach Artikel 223 anwenden, dürfen die Auswirkungen bilateraler Nettingvereinbarungen für Pensionsgeschäfte, Wertpapier- oder Warenverleih- oder -leihgeschäfte oder andere Kapitalmarkttransaktionen mit einer Gegenpartei berücksichtigen. [2] Unbeschadet des Artikels 299 müssen die im Rahmen solcher Vereinbarungen entgegengenommenen Sicherheiten und ausgeliehenen Wertpapiere oder Waren die Voraussetzungen der Artikel 197 und 198 für die Anerkennungsfähigkeit von Sicherheiten erfüllen.

Art. 197 Anerkennungsfähigkeit von Sicherheiten unabhängig von Ansatz und Methode. (1) Institute dürfen die folgenden Positionen bei allen Ansätzen und Methoden als Sicherheit verwenden:

a) Bareinlagen beim kreditgebenden Institut oder von diesem verwahrte bargeldähnliche Instrumente,

b) Schuldverschreibungen von Zentralstaaten oder Zentralbanken, deren Wertpapiere eine Bonitätsbeurteilung einer für die Zwecke des Kapitels 2 anerkannten ECAI oder Exportversicherungsagentur haben, die von der EBA gemäß den Bestimmungen des Kapitels 2 über die Risikogewichtung von Risikopositionen gegenüber Zentralstaaten und Zentralbanken mit einer Bonitätsstufe von mindestens 4 gleichgesetzt wird,

c) Schuldverschreibungen von Instituten, deren Wertpapiere eine Bonitätsbeurteilung einer ECAI haben, die von der EBA gemäß den Bestimmungen des Kapitels 2 über die Risikogewichtung von Risikopositionen gegenüber Instituten mit einer Bonitätsstufe von mindestens 3 gleichgesetzt wird,

d) Schuldverschreibungen anderer Emittenten, deren Wertpapiere eine Bonitätsbeurteilung einer ECAI haben, die von der EBA gemäß den Bestimmungen des Kapitels 2 über die Risikogewichtung von Risikopositionen gegenüber Unternehmen mit einer Bonitätsstufe von mindestens 3 gleichgesetzt wird,

e) Schuldverschreibungen, die eine kurzfristige Bonitätsbeurteilung einer ECAI haben, die von der EBA gemäß den Bestimmungen des Kapitels 2 über die Risikogewichtung kurzfristiger Risikopositionen mit einer Bonitätsstufe von mindestens 3 gleichgesetzt wird,

f) in einem Hauptindex vertretene Aktien oder Wandelschuldverschreibungen,

g) Gold,

h) Verbriefungspositionen, außer Wiederverbriefungspositionen, die gemäß den Artikeln 261 bis 264 mit einer Risikogewichtung von 100 % oder weniger belegt sind.

(2) Die in Absatz 1 Buchstabe b genannten „Schuldverschreibungen von Zentralstaaten oder Zentralbanken" umfassen

a) Schuldverschreibungen von regionalen oder lokalen Gebietskörperschaften, deren Schuldtitel im Rahmen von Artikel 115 Absatz 2 wie Risikopositionen gegenüber dem Zentralstaat, dem sie zuzuordnen sind, behandelt werden,
b) Schuldverschreibungen öffentlicher Stellen, die gemäß Artikel 116 Absatz 4 wie Risikopositionen gegenüber Zentralstaaten behandelt werden,
c) Schuldverschreibungen multilateraler Entwicklungsbanken, denen nach Artikel 117 Absatz 2 ein Risikogewicht von 0 % zugewiesen wird,
d) Schuldverschreibungen internationaler Organisationen, denen nach Artikel 118 ein Risikogewicht von 0 % zugewiesen wird.

(3) Die in Absatz 1 Buchstabe c genannten „Schuldverschreibungen von Instituten" umfassen

a) Schuldverschreibungen von regionalen oder lokalen Gebietskörperschaften mit Ausnahme der in Absatz 2 Buchstabe a genannten Schuldverschreibungen,
b) Schuldverschreibungen öffentlicher Stellen, deren Schuldtitel gemäß Artikel 116 Absätze 1 und 2 behandelt werden,
c) Schuldverschreibungen multilateraler Entwicklungsbanken, die kein Risikogewicht von 0 % gemäß Artikel 117 Absatz 2 erhalten.

(4) Ein Institut darf Schuldverschreibungen anderer Institute, die keine Bonitätsbeurteilung einer ECAI haben, als Sicherheit verwenden, wenn folgende Kriterien erfüllt sind:

a) Sie werden an einer anerkannten Börse notiert;
b) sie sind vorrangig zu bedienen;
c) alle gleichrangigen, beurteilten Wertpapiere des Instituts haben eine Bonitätsbeurteilung einer ECAI, die von der EBA gemäß den Bestimmungen des Kapitels 2 über die Risikogewichtung von Risikopositionen gegenüber Instituten oder kurzfristigen Risikopositionen mit einer Bonitätsstufe von mindestens 3 gleichgesetzt wird;
d) dem kreditgebenden Institut liegen keine Hinweise dafür vor, dass für das Wertpapier eine schlechtere Bonitätsbeurteilung als das unter c genannte gerechtfertigt wäre;
e) die Marktliquidität des Instruments ist für diese Zwecke ausreichend.

(5) *[1]* Institute dürfen Anteile an OGA als Sicherheiten verwenden, wenn alle folgenden Bedingungen erfüllt sind:

a) Der Kurs der Anteile wird täglich festgestellt,
b) die OGA dürfen nur in Instrumente investieren, die gemäß den Absätzen 1 und 4 anerkennungsfähig sind,
c) die OGA erfüllen die Bedingungen des Artikels 132 Absatz 3.

[2] Erwirbt ein OGA Anteile eines anderen OGA, so gelten die in Unterabsatz 1 Buchstaben a bis c festgelegten Bedingungen für den Basis-OGA gleichermaßen.

[3] Sichert ein OGA zulässige Anlagen durch Derivate ab, so steht dies der Anerkennungsfähigkeit seiner Anteile als Sicherheiten nicht im Wege.

(6) *[1]* Für die Zwecke des Absatzes 5 können Institute für den Fall, dass ein OGA (der „ursprüngliche OGA") oder einer seiner Basis-OGA in seinen Anlagen nicht auf die nach den Absätzen 1 und 4 anerkennungsfähigen Instrumente beschränkt ist, Anteile an diesem OGA bis zu einem Betrag als Sicherheit nutzen, der dem Wert der anerkennungsfähigen Vermögenswerte entspricht, die dieser OGA hält, wobei unterstellt wird, dass er selbst oder einer seiner Basis-OGA in dem nach seinem Mandat maximal zulässigen Maß in nicht anerkennungsfähige Vermögenswerte investiert hat.

[2] Hat ein Basis-OGA seinerseits Basis-OGA, so können die Institute Anteile am ursprünglichen OGA als anerkennungsfähige Sicherheit nutzen, sofern sie die in Unterabsatz 1 beschriebene Methode anwenden.

[3] Können nicht anerkennungsfähige Vermögenswerte aufgrund von Verbindlichkeiten oder Eventualverbindlichkeiten, die mit ihrem Eigentum verbunden sind, einen negativen Wert annehmen, verfahren die Institute wie folgt:

a) Sie berechnen den Gesamtwert der nicht anerkennungsfähigen Vermögenswerte und
b) ziehen für den Fall, dass der nach Buchstabe a ermittelte Wert negativ ist, den absoluten Wert des betreffenden Betrags vom Gesamtwert der anerkennungsfähigen Vermögenswerte ab.

(7) [1] Liegen für ein Wertpapier zwei Bonitätsbeurteilungen von ECAI vor, so gilt in Bezug auf Absatz 1 Buchstaben b bis e die ungünstigere von beiden. [2] Liegen für ein Wertpapier mehr als zwei Bonitätsbeurteilungen von ECAI vor, so legen die Institute die beiden besten zugrunde. [3] Weichen die beiden besten voneinander ab, legen die Institute die ungünstigere von beiden zugrunde.

(8) *[1]* Die ESMA arbeitet Entwürfe technischer Durchführungsstandards aus, in denen Folgendes präzisiert wird:

a) die in Absatz 1 Buchstabe f, Artikel 198 Absatz 1 Buchstabe a, Artikel 224 Absätze 1 und 4 und Artikel 299 Absatz 2 Buchstabe e genannten Hauptindizes,
b) die in Absatz 4 Buchstabe a, Artikel 198 Absatz 1, Artikel 224 Absätze 1 und 4, Artikel 299 Absatz 2 Buchstabe e, Artikel 400 Absatz 2 Buchstabe k, Artikel 416 Absatz 3 Buchstabe d, Artikel 428 Absatz 1 Buchstabe c und Anhang III Teil 3 Nummer 12 genannten anerkannten Börsen gemäß den Bedingungen des Artikels 4 Absatz 1 Nummer 72.

[2] Die ESMA legt der Kommission diese Entwürfe technischer Durchführungsstandards bis zum 31. Dezember 2014 vor.

[3] Der Kommission wird die Befugnis übertragen, die technischen Durchführungsstandards nach Unterabsatz 1 gemäß Artikel 15 der Verordnung (EU) Nr. 1095/2010 zu erlassen.

Art. 198 Zusätzliche Anerkennungsfähigkeit von Sicherheiten bei der umfassenden Methode zur Berücksichtigung finanzieller Sicherheiten.

(1) *[1]* Institute, die die umfassende Methode zur Berücksichtigung finanzieller Sicherheiten nach Artikel 223 anwenden, dürfen zusätzlich zu den in Artikel 197 genannten Sicherheiten Folgendes als Sicherheit verwenden:

a) Aktien oder Wandelschuldverschreibungen, die nicht in einem Hauptindex vertreten sind, aber an einer anerkannten Börse gehandelt werden,

b) Anteile an OGA, wenn die beiden folgenden Bedingungen erfüllt sind:

   i) Der Kurs der Anteile wird täglich festgestellt,

   ii) der OGA darf nur in Instrumente, die nach Artikel 197 Absätze 1 und 4 anerkannt werden können, sowie in die unter Buchstabe a genannten Werte investieren.

[2] Erwirbt ein OGA Anteile eines anderen OGA, gelten die Buchstaben a und b für den Basis-OGA gleichermaßen.

[3] Sichert ein OGA zulässige Anlagen durch Derivate ab, so steht dies der Anerkennungsfähigkeit seiner Anteile als Sicherheiten nicht im Wege.

(2) *[1]* Ist der OGA oder einer seiner Basis-OGA in seinen Anlagen nicht auf die nach Artikel 197 Absätze 1 und 4 anerkennungsfähigen Instrumente und die in Absatz 1 Buchstabe a genannten Werte beschränkt, können die Institute Anteile an diesem OGA bis zu einem Betrag als Sicherheit nutzen, der dem Wert der anerkennungsfähigen Vermögenswerte entspricht, die dieser OGA hält, wobei unterstellt wird, dass er selbst oder einer seiner Basis-OGA in dem nach seinem Mandat maximal zulässigen Maß in nicht anerkennungsfähige Vermögenswerte investiert hat.

[2] Können nicht anerkennungsfähige Vermögenswerte aufgrund von Verbindlichkeiten oder Eventualverbindlichkeiten, die mit ihrem Eigentum verbunden sind, einen negativen Wert annehmen, verfahren die Institute wie folgt:

a) Sie berechnen den Gesamtwert der nicht anerkennungsfähigen Vermögenswerte und

b) ziehen für den Fall, dass der nach Buchstabe a ermittelte Wert negativ ist, den absoluten Wert des betreffenden Betrags vom Gesamtwert der anerkennungsfähigen Vermögenswerte ab.

Art. 199 Zusätzliche Anerkennungsfähigkeit von Sicherheiten beim IRB-Ansatz. (1) Institute, die die risikogewichteten Positionsbeträge und erwarteten Verlustbeträge nach dem IRB-Ansatz berechnen, dürfen zusätzlich zu den in den Artikeln 197 und 198 genannten Sicherheiten folgende Arten von Sicherheiten verwenden:

a) Immobiliensicherheiten gemäß den Absätzen 2, 3 und 4,

b) Forderungen gemäß Absatz 5,

c) sonstige Sachsicherheiten gemäß den Absätzen 6 und 8,

d) Leasing gemäß Absatz 7.

(2) Sofern in Artikel 124 Absatz 2 nicht anders festgelegt, können die Institute Wohnimmobilien, die vom Eigentümer selbst oder, im Falle von persönlichen Investitionsunternehmen, vom Nutznießer genutzt oder vermietet werden bzw. werden sollen, sowie Gewerbeimmobilien einschließlich Büro- und sonstige

Gewerberäume als Sicherheit einsetzen, wenn die beiden folgenden Bedingungen erfüllt sind:

a) Der Wert der Immobilie hängt nicht wesentlich von der Bonität des Schuldners ab. Bei der Bestimmung der Wesentlichkeit einer solchen Abhängigkeit können die Institute Fälle ausklammern, in denen rein makroökonomische Faktoren sowohl den Wert der Immobilie als auch die Leistungsfähigkeit des Schuldners beeinträchtigen;

b) das Risiko des Kreditnehmers hängt nicht wesentlich von der Wertentwicklung der Immobilie/des Vorhabens ab, sondern von seiner Fähigkeit, seine Schulden aus anderen Quellen zurückzuzahlen, so dass auch die Rückzahlung des Kredits nicht wesentlich von Zahlungsströmen abhängt, die durch die als Sicherheit gestellte Immobilie generiert werden.

(3) *[1]* Bei Risikopositionen, die durch in einem Mitgliedstaat belegene Wohnimmobilien besichert sind, können die Institute von Absatz 2 Buchstabe b abweichen, wenn die zuständige Behörde dieses Mitgliedstaats Nachweise dafür veröffentlicht hat, dass es im Gebiet dieses Mitgliedstaats einen gut entwickelten, seit langem etablierten Wohnimmobilienmarkt gibt, dessen Verlustraten folgende Obergrenzen nicht überschreiten:

a) Die Verluste aus Darlehen, die – sofern in Artikel 124 Absatz 2 nicht anders bestimmt – bis zu 80 % des Marktwerts oder 80 % des Beleihungswerts durch Wohnimmobilien besichert sind, gehen in keinem Jahr über 0,3 % der ausstehenden, durch Wohnimmobilien besicherten Darlehen hinaus;

b) die Gesamtverluste aus Darlehen, die durch Wohnimmobilien besichert sind, gehen in keinem Jahr über 0,5 % der ausstehenden, durch Wohnimmobilien besicherten Darlehen hinaus.

[2] Ist eine der Bedingungen nach Unterabsatz 1 Buchstaben a und b in einem bestimmten Jahr nicht erfüllt, verfahren die Institute so lange nicht nach diesem Unterabsatz, bis in einem Folgejahr beide Bedingungen erfüllt sind.

(4) *[1]* Bei Risikopositionen, die durch in einem Mitgliedstaat belegene Gewerbeimmobilien besichert sind, können die Institute von Absatz 2 Buchstabe b abweichen, wenn die zuständige Behörde dieses Mitgliedstaats Nachweise dafür veröffentlicht hat, dass es im Gebiet dieses Mitgliedstaats einen gut entwickelten, seit langem etablierten Gewerbeimmobilienmarkt gibt, dessen Verlustraten folgende Obergrenzen nicht überschreiten:

a) Die Verluste aus Darlehen, die bis zu 50 % des Marktwerts oder 60 % des Beleihungswerts durch Gewerbeimmobilien besichert sind, gehen in keinem Jahr über 0,3 % der ausstehenden, durch Gewerbeimmobilien besicherten Darlehen hinaus;

b) die Gesamtverluste aus Darlehen, die durch Gewerbeimmobilien besichert sind, gehen in keinem Jahr über 0,5 % der ausstehenden, durch Gewerbeimmobilien besicherten Darlehen hinaus.

[2] Ist eine der Bedingungen nach Unterabsatz 1 Buchstaben a und b in einem bestimmten Jahr nicht erfüllt, verfahren die Institute so lange nicht nach diesem Unterabsatz, bis in einem Folgejahr beide Bedingungen erfüllt sind.

(5) [1] Die Institute dürfen Forderungen, die mit einer kommerziellen Transaktion oder mit Transaktionen mit einer ursprünglichen Laufzeit von maximal einem Jahr zusammenhängen, als Sicherheit verwenden. [2] Nicht anerkennungs-

fähig sind Forderungen, die mit Verbriefungen, Unterbeteiligungen oder Kreditderivaten zusammenhängen, oder Beträge, die von verbundenen Unternehmen geschuldet werden.

(6) *[1]* Die zuständigen Behörden gestatten einem Institut, Sachsicherheiten mit Ausnahme der in den Absätzen 2, 3 und 4 genannten als Sicherheit zu verwenden, wenn alle folgenden Bedingungen erfüllt sind:

a) Für die rasche und wirtschaftliche Verwertung der Sicherheit bestehen liquide Märkte, deren Existenz durch häufige Transaktionen entsprechend der Art der Aktiva erwiesen ist. Ob diese Voraussetzung erfüllt ist, bewerten die Institute regelmäßig sowie immer dann, wenn Hinweise auf wesentliche Marktveränderungen vorliegen;

b) für die Sicherheit existieren allgemein anerkannte, öffentlich verfügbare Marktpreise. Die Institute können Marktpreise als allgemein anerkannt betrachten, wenn sie aus verlässlichen Quellen, wie einem öffentlichen Index, stammen und den Preis der Transaktionen unter normalen Bedingungen widerspiegeln. Die Institute können Marktpreise als öffentlich verfügbar betrachten, wenn sie veröffentlicht werden, leicht zugänglich und regelmäßig sowie ohne ungebührlichen administrativen oder finanziellen Aufwand erhältlich sind;

c) das Institut analysiert die Marktpreise, den zur Verwertung der Sicherheit erforderlichen Zeit- und Kostenaufwand und die mit der Sicherheit erzielten Erlöse;

d) das Institut weist nach, dass bei mehr als 10 % aller Liquidierungen bei einer bestimmten Art von Sicherheit die erzielten Erlöse nicht unter 70 % des Werts der Sicherheit liegen. Ist bei den Marktpreisen eine erhebliche Volatilität zu verzeichnen, weist das Institut den zuständigen Behörden gegenüber hinreichend nach, dass es die Sicherheit ausreichend konservativ bewertet hat.

[2] Die Institute dokumentieren, dass sie die die in Unterabsatz 1 Buchstaben a bis d und in Artikel 210 genannten Bedingungen erfüllen.

(7) Risikopositionen aus Leasinggeschäften, bei denen ein Institut der Leasinggeber und ein Dritter der Leasingnehmer ist, können – sofern die Anforderungen des Artikels 211 erfüllt sind – vorbehaltlich der Bestimmungen des Artikels 230 Absatz 2 wie Darlehen behandelt werden, die durch die gleiche Art von Gegenstand wie das Leasingobjekt besichert sind.

(8) Die EBA veröffentlicht ein Verzeichnis der Arten von Sachsicherheiten, bei denen Institute voraussetzen können, dass die Bedingungen des Absatzes 6 Buchstaben a und b erfüllt sind.

Art. 200 Andere Formen der Besicherung mit Sicherheitsleistung.

Die Institute dürfen die nachstehend genannten anderen Formen der Besicherung mit Sicherheitsleistung als Sicherheit verwenden:

a) Bareinlagen bei einem Drittinstitut oder von diesem verwahrte bargeldähnliche Instrumente, die nicht im Rahmen eines Depotvertrags verwahrt werden und an das kreditgebende Institut verpfändet wurden,

b) an das kreditgebende Institut verpfändete Lebensversicherungen,

c) von Drittinstituten emittierte Instrumente, die von diesem Institut auf Verlangen zurückgekauft werden.

Unterabschnitt 2. Absicherung ohne Sicherheitsleistung

Art. 201 Ansatzunabhängige Anerkennungsfähigkeit von Sicherungsgebern. (1) Die Institute dürfen folgende Parteien als Steller einer Absicherung ohne Sicherheitsleistung nutzen:

a) Zentralstaaten und Zentralbanken,

b) regionale und lokale Gebietskörperschaften,

c) multilaterale Entwicklungsbanken,

d) internationale Organisationen, wenn Risikopositionen ihnen gegenüber nach Artikel 117 ein Risikogewicht von 0 % zugewiesen wird,

e) öffentliche Stellen, wenn Ansprüche an sie gemäß Artikel 116 behandelt werden,

f) Institute und Finanzinstitute, bei denen Risikopositionen gegenüber dem Finanzinstitut wie Risikopositionen gegenüber Instituten gemäß Artikel 119 Absatz 5 behandelt werden,

g) andere Unternehmen, einschließlich Mutterunternehmen, Tochterunternehmen und verbundene Unternehmen des Instituts, wenn eine der folgenden Bedingungen erfüllt ist:

i) für diese anderen Unternehmen liegt eine Bonitätsbeurteilung einer ECAI vor,

ii) im Fall von Instituten, die die risikogewichteten Positionsbeträge und erwarteten Verlustbeträge nach dem IRB-Ansatz ermitteln, liegt für diese anderen Unternehmen keine Bonitätsbeurteilung einer anerkannten ECAI vor und sie werden von dem jeweiligen Institut intern beurteilt,

h) zentrale Gegenparteien.

(2) *[1]* Bei Instituten, die die risikogewichteten Positionsbeträge und erwarteten Verlustbeträge nach dem IRB-Ansatz berechnen, kann ein Garantiegeber nur dann als Steller einer Absicherung ohne Sicherheitsleistung anerkannt werden, wenn seine Bonität von dem Institut gemäß den Bestimmungen des Kapitels 3 Abschnitt 6 intern bewertet wird.

[2] Die zuständigen Behörden führen und veröffentlichen ein Verzeichnis der Finanzinstitute, die anerkennungsfähige Steller von Absicherungen ohne Sicherheitsleistung im Sinne des Absatzes 1 Buchstabe f sind, oder die Kriterien zur Ermittlung solcher anerkennungsfähigen Steller von Absicherungen ohne Sicherheitsleistung samt einer Beschreibung der maßgebenden Aufsichtsanforderungen und stellen dieses Verzeichnis gemäß Artikel 117 der Richtlinie 2013/36/EU den anderen zuständigen Behörden zur Verfügung.

Art. 202 Anerkennungsfähigkeit von Sicherungsgebern, die die Voraussetzungen für die Behandlung nach Artikel 153 Absatz 3 erfüllen, im Rahmen des IRB-Ansatzes. *[1]* Ein Institut darf Institute, Versicherungs- und Rückversicherungsgesellschaften sowie Exportversicherungsagenturen als Steller von Absicherungen ohne Sicherheitsleistung, die die Voraussetzungen für die Behandlung nach Artikel 153 Absatz 3 erfüllen, nutzen, wenn diese alle folgenden Bedingungen erfüllen:

a) Sie verfügen über ausreichende Sachkenntnis im Stellen von Absicherungen ohne Sicherheitsleistung;

b) sie unterliegen einem den Bestimmungen dieser Verordnung gleichwertigen Regelwerk oder haben zum Zeitpunkt der Absicherung eine Bonitätsbeurteilung einer anerkannten ECAI, das von der EBA gemäß den Bestimmungen des Kapitels 2 über die Risikogewichtung von Risikopositionen gegenüber Unternehmen mit einer Bonitätsstufe von mindestens 3 gleichgesetzt wird;
c) für sie liegt zum Zeitpunkt der Absicherung oder für jeden darauffolgenden Zeitraum eine interne Beurteilung mit einer PD vor, die gemäß den Bestimmungen des Kapitels 2 über die Risikogewichtung von Risikopositionen gegenüber Unternehmen mit einer Bonitätsstufe von mindestens 2 gleichgesetzt wird;
d) für sie liegt eine interne Beurteilung mit einer PD vor, die gemäß den Bestimmungen des Kapitels 2 über die Risikogewichtung von Risikopositionen gegenüber Unternehmen mit einer Bonitätsstufe von mindestens 3 gleichgesetzt wird.

[2] Für die Zwecke dieses Artikels darf eine von Exportversicherungsagenturen gestellte Absicherung nicht durch eine ausdrückliche Rückbürgschaft eines Zentralstaats abgesichert sein.

Art. 203 Anerkennungsfähigkeit von Garantien als Absicherung ohne Sicherheitsleistung. Institute dürfen Garantien als anerkennungsfähige Absicherung ohne Sicherheitsleistung verwenden.

Unterabschnitt 3. Arten von Derivaten

Art. 204 Anerkennungsfähige Arten von Kreditderivaten. (1) *[1]* Die Institute dürfen die folgenden Arten von Kreditderivaten sowie Instrumente, die sich aus solchen Kreditderivaten zusammensetzen oder wirtschaftlich die gleiche Wirkung haben, als Kreditbesicherung verwenden:
a) Kreditausfallswaps,
b) Gesamtrendite-Swaps,
c) synthetische Unternehmensanleihen („Credit Linked Notes"), soweit diese mit Barmitteln unterlegt sind.

[2] Erwirbt ein Institut eine Kreditbesicherung in Form eines Gesamtrendite-Swaps und erfasst die Nettozahlungen aus dem Swap als Nettoertrag, trägt jedoch dem den Zahlungen gegenüberstehenden Wertverlust der abgesicherten Forderung nicht durch Herabsetzung des beizulegenden Zeitwerts oder durch Erhöhung der Risikovorsorge Rechnung, so ist diese Kreditbesicherung nicht anerkennungsfähig.

(2) *[1]* Tätigt ein Institut mit Hilfe eines Kreditderivats ein internes Sicherungsgeschäft, kann die Kreditbesicherung für die Zwecke dieses Kapitels nur dann anerkannt werden, wenn das auf das Handelsbuch übertragene Kreditrisiko auf einen oder mehrere Dritte übertragen wird.

[2] Wurde ein internes Sicherungsgeschäft gemäß Unterabsatz 1 getätigt und sind die Anforderungen dieses Kapitels erfüllt, so berechnen die Institute bei Erwerb einer Absicherung ohne Sicherheitsleistung die risikogewichteten Positionsbeträge und erwarteten Verlustbeträge nach den Vorschriften der Abschnitte 4 bis 6.

Abschnitt 3. Anforderungen

Unterabschnitt 1. Besicherung mit Sicherheitsleistung

Art. 205 Anforderungen an Vereinbarungen über bilanzielles Netting (außer Netting-Rahmenvereinbarungen im Sinne des Artikels 206)

Vereinbarungen über die Aufrechnung (Netting) von Bilanzpositionen mit Ausnahme von Aufrechnungs(Netting)-Rahmenvereinbarungen im Sinne des Artikels 206 können als Form der Kreditrisikominderung anerkannt werden, wenn alle folgenden Bedingungen erfüllt sind:

a) Die Vereinbarungen sind selbst bei Insolvenz oder Konkurs der Gegenpartei in allen relevanten Rechtsräumen rechtswirksam und rechtlich durchsetzbar;
b) die Institute sind jederzeit in der Lage, die unter die Vereinbarungen fallenden Forderungen und Verbindlichkeiten zu bestimmen;
c) die Institute überwachen und steuern die mit der Beendigung der Besicherung verbundenen Risiken kontinuierlich;
d) die Institute überwachen und steuern die betreffenden Risikopositionen auf Nettobasis kontinuierlich.

Art. 206 Anforderungen an Aufrechnungs(Netting)-Rahmenvereinbarungen für Pensionsgeschäfte, Wertpapier- oder Warenverleih- oder -leihgeschäfte oder andere Kapitalmarkttransaktionen. Aufrechnungs (Netting)-Rahmenvereinbarungen, die Pensionsgeschäfte, Wertpapier- oder Warenleih- oder -leihgeschäfte oder andere Kapitalmarkttransaktionen betreffen, können als Form der Kreditrisikominderung anerkannt werden, wenn die im Rahmen solcher Vereinbarungen gestellte Sicherheit allen Anforderungen des Artikels 207 Absätze 2 bis 4 genügt und alle nachstehenden Bedingungen erfüllt sind:

a) Die Vereinbarungen sind selbst bei Konkurs oder Insolvenz der Gegenpartei in allen relevanten Rechtsräumen rechtswirksam und rechtlich durchsetzbar;
b) sie geben der nicht ausfallenden Partei das Recht, bei einem Ausfall, einschließlich Konkurs oder Insolvenz der Gegenpartei, alle unter die Vereinbarung fallenden Geschäfte zeitnah zu beenden und glattzustellen;
c) sie sehen die Aufrechnung (Netting) der Gewinne und Verluste aus den im Rahmen einer Vereinbarung verrechneten Transaktionen vor, so dass die eine Partei der anderen einen einzigen Nettobetrag schuldet.

Art. 207 Anforderungen an Finanzsicherheiten. (1) Finanzsicherheiten und Gold können unabhängig von Ansatz und Methode als Sicherheit anerkannt werden, wenn alle Anforderungen der Absätze 2 bis 4 erfüllt sind.

(2) *[1]* [1] Zwischen der Bonität des Schuldners und dem Wert der Sicherheit darf keine wesentliche positive Korrelation bestehen. [2] Eine erhebliche Verringerung des Werts der Sicherheit bedeutet für sich allein genommen keine erhebliche Verschlechterung der Bonität des Schuldners. [3] Ein Absinken der Bonität des Schuldners auf ein kritisches Niveau bedeutet für sich allein genommen keine erhebliche Verringerung des Werts der Sicherheit.

[2] [1] Vom Schuldner oder einem verbundenen Unternehmen emittierte Wertpapiere können nicht als Sicherheit anerkannt werden. [2] Vom Schuldner selbst emittierte gedeckte Schuldverschreibungen, die unter Artikel 129 fallen, kön-

nen jedoch als Sicherheit anerkannt werden, wenn sie als Sicherheit für ein Pensionsgeschäft hinterlegt werden und die Bedingung nach Unterabsatz 1 erfüllen.

(3) *[1]* Die Institute erfüllen alle vertraglichen und gesetzlichen Anforderungen an die Durchsetzbarkeit ihres Sicherungsrechts in ihrem Rechtssystem und leiten alle zu diesem Zweck notwendigen Schritte ein.

[2] [1] Die Institute haben sich durch ausreichende rechtliche Prüfungen von der Durchsetzbarkeit der Sicherungsvereinbarung in allen relevanten Rechtsräumen überzeugt. [2] Um eine kontinuierliche Durchsetzbarkeit zu gewährleisten, wiederholen sie diese Prüfungen bei Bedarf.

(4) Die Institute erfüllen alle folgenden operationellen Anforderungen:

a) Sie dokumentieren die Sicherungsvereinbarungen angemessen und verfügen über ein klares und solides Verfahren für die zeitnahe Verwertung der Sicherheiten;

b) zur Steuerung der Risiken, die aus dem Einsatz von Sicherheiten resultieren, setzen sie solide Verfahren und Prozesse ein – zu diesen Risiken zählen eine ausbleibende oder unzureichende Besicherung, Bewertungsrisiken, das Risiko einer möglichen Aufkündigung der Besicherung; das mit dem Einsatz von Sicherheiten verbundene Konzentrationsrisiko und Wechselwirkungen mit dem Gesamtrisikoprofil des Instituts;

c) sie verfügen in der Frage, welche Arten von Sicherheiten akzeptiert werden und bis zu welchem Betrag diese gehen können, über dokumentierte Vorschriften und Verfahren;

d) sie berechnen den Marktwert der Sicherheiten und bewerten ihn mindestens alle sechs Monate sowie immer dann neu, wenn sie Grund zu der Annahme haben, dass der Marktwert erheblich gesunken ist;

e) wird die Sicherheit von einem Dritten verwahrt, so ergreifen sie angemessene Maßnahmen, um zu gewährleisten, dass dieser Dritte die Sicherheit von seinem eigenen Vermögen trennt;

f) sie stellen sicher, dass sie für die ordnungsgemäße Funktionsweise von Nachschussvereinbarungen mit den Gegenparteien bei OTC-Derivatgeschäften und Wertpapierfinanzierungen ausreichend Ressourcen bereitstellen, was sich an Rechtzeitigkeit und Genauigkeit ihrer ausgehenden Nachschussforderungen und den Antwortzeiten auf eingehende Nachschussforderungen ablesen lässt;

g) sie verfügen über Vorschriften zur Sicherheitenverwaltung, anhand deren Folgendes kontrolliert, überwacht und gemeldet werden kann:

   i) die Risiken, denen sie aufgrund von Nachschussvereinbarungen ausgesetzt sind,

   ii) das Konzentrationsrisiko bei bestimmten Arten von als Sicherheit dienenden Vermögenswerten,

   iii) die Wiederverwendung von Sicherheiten einschließlich potenzieller Liquiditätsdefizite, die durch die Wiederverwendung der von Gegenparteien erhaltenen Sicherheiten bedingt sind,

   iv) der Verzicht auf Rechte an bei Gegenparteien hinterlegten Sicherheiten.

(5) Damit eine Finanzsicherheit im Rahmen der einfachen Methode als Sicherheit anerkannt werden kann, muss zusätzlich zur Erfüllung aller in den

Absätzen 2 bis 4 genannten Anforderungen die Restlaufzeit der Besicherung zumindest so lang sein wie die Restlaufzeit der Risikoposition.

Art. 208 Anforderungen an Immobiliensicherheiten. (1) Immobilien können nur dann als Sicherheit anerkannt werden, wenn alle Anforderungen der Absätze 2 bis 5 erfüllt sind.

(2) Anforderungen an die Rechtssicherheit:

a) Eine Hypothek oder ein Sicherungspfandrecht ist in allen zum Zeitpunkt des Kreditvertragsschlusses relevanten Rechtsräumen durchsetzbar und ist ordnungsgemäß und fristgerecht eingetragen;

b) alle rechtlichen Anforderungen zum Nachweis des Pfands sind erfüllt;

c) die Sicherungsvereinbarung und das ihr zugrunde liegende rechtliche Verfahren versetzen das Institut in die Lage, die Sicherheit innerhalb eines angemessenen Zeitraums zu verwerten.

(3) *[1]* Anforderungen an die Überwachung des Immobilienwerts und die Immobilienbewertung:

a) Die Institute überwachen den Wert der Immobilie häufig, mindestens jedoch einmal jährlich bei Gewerbeimmobilien und alle drei Jahre bei Wohnimmobilien. Ist der Markt starken Schwankungen ausgesetzt, findet diese Überprüfung häufiger statt;

b) liegen den Instituten Hinweise darauf vor, dass die Immobilie im Verhältnis zu den allgemeinen Marktpreisen erheblich an Wert verloren haben könnte, so wird die Bewertung von einem Sachverständigen überprüft, der über die zur Durchführung einer solchen Bewertung erforderlichen Qualifikationen, Fähigkeiten und Erfahrungen verfügt und von der Kreditvergabeentscheidung unabhängig ist. Bei Krediten, die über 3 Mio. EUR oder 5 % der Eigenmittel des Instituts hinausgehen, wird die Bewertung mindestens alle drei Jahre von einem solchen Sachverständigen überprüft.

[2] Die Institute können zur Überprüfung des Immobilienwerts und zur Ermittlung derjenigen Immobilien, die einer Neubewertung bedürfen, statistische Verfahren heranziehen.

(4) Welche Arten von Wohnimmobilien und Gewerbeimmobilien die Institute als Sicherheiten akzeptieren, wird samt der diesbezüglichen Grundsätze für die Kreditvergabe von den Instituten klar dokumentiert.

(5) Die Institute verfügen über Verfahren, mit denen sie überwachen, dass die als Sicherheit akzeptierte Immobilie angemessen gegen Schäden versichert ist.

Art. 209 Anforderungen an Forderungen. (1) Forderungen können nur dann als Sicherheit anerkannt werden, wenn alle Anforderungen der Absätze 2 und 3 erfüllt sind.

(2) Anforderungen an die Rechtssicherheit:

a) Der rechtliche Mechanismus, über den die Sicherheit dem kreditgebenden Institut gestellt wird, ist robust und wirksam und sichert die eindeutigen Rechte des Instituts an der Sicherheit einschließlich des Rechts am Erlös ihres Verkaufs;

b) die Institute leiten alle notwendigen Schritte ein, um die ortsüblichen Anforderungen an die Durchsetzbarkeit der Sicherungsrechte zu erfüllen. Kreditgebende Institute haben einen erstrangigen Anspruch auf die Sicherheit, wenngleich derartige Forderungen immer noch den in Rechtsbestimmungen festgelegten Forderungen bevorrechtigter Gläubiger nachgeordnet sein können;

c) die Institute haben sich durch ausreichende rechtliche Prüfungen von der Durchsetzbarkeit der Sicherungsvereinbarung in allen relevanten Rechtsräumen überzeugt;

d) die Institute dokumentieren ihre Sicherungsvereinbarungen angemessen und verfügen über klare und solide Verfahren für die zeitnahe Verwertung der Sicherheiten;

e) die Institute verfügen über Verfahren, die gewährleisten, dass alle zur Feststellung der Zahlungsunfähigkeit eines Kreditnehmers und zur zeitnahen Verwertung der Sicherheit notwendigen rechtlichen Voraussetzungen erfüllt sind;

f) bei Zahlungsschwierigkeiten oder Ausfall eines Kreditnehmers haben die Institute das Recht, die Forderungen ohne Zustimmung des Forderungsschuldners zu verkaufen oder auf andere Parteien zu übertragen.

(3) Anforderungen an das Risikomanagement:

a) Ein Institut verfügt über ein zuverlässiges Verfahren zur Bestimmung des mit den Forderungen verbundenen Kreditrisikos. Bei einem solchen Verfahren werden unter anderem das Unternehmen und die Branche sowie die Arten von Kunden des Kreditnehmers analysiert. Verlässt sich das Institut bei der Ermittlung des Kreditrisikos dieser Kunden auf die Angaben seiner Kreditnehmer, so überprüft es deren Kreditvergabepraxis auf ihre Solidität und Glaubwürdigkeit hin;

b) die Differenz zwischen der Höhe der eigenen Risikoposition und dem Wert der verpfändeten Forderungen trägt allen wesentlichen Faktoren Rechnung, einschließlich der Inkassokosten, der Konzentration innerhalb der einzelnen verpfändeten Forderungspools und möglicher Konzentrationsrisiken im Gesamtkreditbestand des Instituts, die nicht vom generellen Risikomanagement des Instituts erfasst werden. Die Institute stellen eine den Forderungen angemessene fortlaufende Überwachung sicher. Darüber hinaus überprüfen sie regelmäßig, ob Kreditauflagen, Umweltauflagen und andere rechtliche Anforderungen erfüllt sind;

c) die von einem Kreditnehmer verpfändeten Forderungen sind diversifiziert und nicht übermäßig mit diesem Kreditnehmer korreliert. Wenn eine wesentliche positive Korrelation besteht, tragen die Institute den damit verbundenen Risiken bei der Festlegung von Sicherheitsabschlägen für den Forderungspool als Ganzen Rechnung,

d) Forderungen von mit dem Kreditnehmer verbundenen Adressen, einschließlich Tochterunternehmen und *Beschäftigen*[1)], werden von den Instituten nicht als anerkennungsfähige Kreditbesicherung eingesetzt;

e) die Institute verfügen über ein dokumentiertes Verfahren für das Forderungsinkasso bei Zahlungsschwierigkeiten. Die Institute verfügen über die hierfür

---

[1)] Richtig wohl: „Beschäftigten".

erforderlichen Einrichtungen, auch wenn normalerweise ihre Kreditnehmer für das Inkasso zuständig sind.

Art. 210 Anforderungen an sonstige Sachsicherheiten. Sachsicherheiten außer Immobiliensicherheiten können im Rahmen des IRB-Ansatzes als Sicherheiten anerkannt werden, wenn alle folgenden Bedingungen erfüllt sind:

a) Die Sicherungsvereinbarung, in deren Rahmen einem Institut eine Sachsicherheit gestellt wird, ist in allen relevanten Rechtsräumen rechtswirksam und durchsetzbar und versetzt das betreffende Institut in die Lage, die Sicherheit innerhalb eines angemessenen Zeitraums zu verwerten;

b) abgesehen von der einzigen Ausnahme der in Artikel 209 Absatz 2 Buchstabe b genannten erstrangigen Ansprüche können nur erstrangige Pfandrechte oder Ansprüche auf Sicherheiten als Sicherheiten anerkannt werden, und ein Institut hat bei den realisierten Erlösen aus der Sicherheit Vorrang vor allen anderen Gläubigern;

c) die Institute überprüfen den Wert der Sicherheit häufig, mindestens jedoch einmal jährlich. Ist der Markt starken Schwankungen ausgesetzt, findet diese Überprüfung häufiger statt;

d) der Kreditvertrag enthält eine detaillierte Beschreibung der Sicherheiten sowie umfassende Angaben zu Art und Häufigkeit der Neubewertung;

e) aus den internen Kreditvergabevorschriften und -verfahren der Institute, die für eine Überprüfung zur Verfügung stehen, geht eindeutig hervor, welche Arten von Sachsicherheiten die Institute akzeptieren und welche Grundsätze und Verfahrensweisen sie bei der Bestimmung der für den Kreditbetrag angemessenen Höhe der verschiedenen Sicherheitsarten anwenden;

f) in Bezug auf die Transaktionsstruktur müssen die Kreditvergabegrundsätze von Instituten Folgendes betreffen:
   i) der Höhe des Kredits angemessene Anforderungen an die Sicherheiten,
   ii) die Möglichkeit einer raschen Verwertung der Sicherheit,
   iii) die Fähigkeit der objektiven Feststellung eines Preises oder Marktwerts,
   iv) die Häufigkeit, mit der dieser Preis problemlos erzielt werden kann (einschließlich einer Schätzung oder Bewertung durch einen Spezialisten),
   v) die Volatilität oder eine repräsentative Variable der Volatilität des Sicherheitenwerts;

g) wenn Institute Bewertungen und Neubewertungen vornehmen, tragen sie jeder Wertminderung oder Veralterung der Sicherheiten in vollem Umfang Rechnung und richten bei mode- oder terminabhängigen Sicherheiten ihr Augenmerk insbesondere auf den Faktor Zeit;

h) die Institute haben das Recht, den Sicherungsgegenstand materiell zu prüfen. Sie verfügen ferner über Vorschriften und Verfahren, die die Wahrnehmung ihres Rechts auf materielle Prüfung zum Gegenstand haben;

i) die akzeptierte Kreditsicherheit ist angemessen gegen Schäden versichert und die Institute verfügen über Verfahren, um dies zu überwachen.

Art. 211 Anforderungen, die erfüllt sein müssen, um Leasingrisikopositionen als besichert ansehen zu können. Risikopositionen aus Leasinggeschäften werden von den Instituten als durch das Leasingobjekt besichert angesehen, wenn alle folgenden Bedingungen erfüllt sind:

a) Die Bedingungen nach Artikel 208 bzw. 210 für die Anerkennung der betreffenden Art von Leasingobjekt als Sicherheit sind erfüllt;

b) der Leasinggeber verfügt im Hinblick auf den Verwendungszweck des geleasten Vermögenswertes, dessen Standort, Alter und geplante Nutzungsdauer über ein solides Risikomanagement, das auch eine angemessene Überwachung des Wertes der Sicherheit einschließt;

c) der Leasinggeber ist rechtlicher Eigentümer des Leasingobjekts und zur zeitnahen Wahrnehmung seiner Eigentumsrechte in der Lage;

d) soweit nicht bereits bei der Berechnung der LGD-Höhe festgestellt, geht die Differenz zwischen dem noch nicht getilgten Betrag und dem Marktwert der Sicherheit nicht über den kreditrisikomindernden Effekt des Leasingobjekts hinaus.

Art. 212 Anforderungen an sonstige Arten der Besicherung mit Sicherheitsleistung. (1) Bareinlagen bei einem Drittinstitut oder von diesem verwahrte bargeldähnliche Instrumente können gemäß Artikel 232 Absatz 1 behandelt werden, wenn alle folgenden Bedingungen erfüllt sind:

a) Die Forderung des Kreditnehmers gegenüber dem Drittinstitut wurde offen an das kreditgebende Institut verpfändet oder abgetreten und diese Verpfändung oder Abtretung ist in allen relevanten Rechtsräumen rechtswirksam und rechtlich durchsetzbar und zugleich uneingeschränkt und unwiderruflich;

b) dem Drittinstitut wurde die Verpfändung bzw. Abtretung mitgeteilt;

c) aufgrund dieser Mitteilung darf das Drittinstitut Zahlungen nur an das kreditgebende Institut oder Zahlungen an andere Parteien nur mit vorheriger Zustimmung des kreditgebenden Instituts vornehmen.

(2) An das kreditgebende Institut verpfändete Lebensversicherungen können als Sicherheit anerkannt werden, wenn alle folgenden Bedingungen erfüllt sind:

a) Die Lebensversicherung wurde offen an das kreditgebende Institut verpfändet oder abgetreten;

b) der betreffende Lebensversicherer wurde über die Verpfändung bzw. Abtretung in Kenntnis gesetzt und darf aufgrund dieser Mitteilung die im Rahmen des Vertrags fälligen Beträge nur mit vorheriger Zustimmung des kreditgebenden Instituts auszahlen;

c) das kreditgebende Institut hat bei Ausfall des Kreditnehmers das Recht auf Kündigung des Vertrags und Auszahlung des Rückkaufswerts;

d) das kreditgebende Institut wird über jeden Zahlungsrückstand des Versicherungsnehmers informiert;

e) die Sicherheit wird für die Laufzeit des Darlehens gestellt. Ist dies nicht möglich, weil das Versicherungsverhältnis bereits vor Ablauf der Kreditbeziehung endet, so stellt das Institut sicher, dass der aus dem Versicherungsvertrag fließende Betrag ihm bis zum Ende der Laufzeit des Darlehensvertrages als Sicherheit dient;

f) das Pfand oder die Abtretung ist in allen zum Zeitpunkt der Darlehensvereinbarung relevanten Rechtsräumen rechtswirksam und durchsetzbar;

g) der Rückkaufswert wird vom Lebensversicherer deklariert und kann nicht herabgesetzt werden;
h) der Rückkaufswert ist vom Lebensversicherer auf einen entsprechenden Antrag hin zeitnah auszuzahlen;
i) die Auszahlung des Rückkaufswerts wird nicht ohne vorherige Zustimmung des Instituts beantragt;
j) das Versicherungsunternehmen unterliegt der Richtlinie 2009/138/EG des Europäischen Parlaments und des Rates oder der Aufsicht der zuständigen Behörde eines Drittlandes, dessen Aufsichts- und Regulierungsvorschriften mindestens den in der Europäischen Union geltenden Vorschriften entsprechen.

Unterabschnitt 2. Absicherung ohne Sicherheitsleistung und synthetische Unternehmensanleihen (Credit Linked Notes)

Art. 213 Gemeinsame Anforderungen an Garantien und Kreditderivate. (1) Vorbehaltlich des Artikels 214 Absatz 1 kann eine Absicherung, die sich aus einer Garantie oder einem Kreditderivat herleitet, als Absicherung ohne Sicherheitsleistung anerkannt werden, wenn alle folgenden Bedingungen erfüllt sind:
a) Die Absicherung ist unmittelbar;
b) der Umfang der Absicherung ist eindeutig festgelegt und unstrittig;
c) der Sicherungsvertrag enthält keine Klausel, deren Einhaltung sich dem direkten Einfluss des Kreditgebers entzieht, und die
   i) dem Sicherungsgeber die einseitige Kündigung der Kreditabsicherung ermöglichen würde,
   ii) bei einer Verschlechterung der Kreditqualität der abgesicherten Risikoposition die tatsächlichen Kosten der Absicherung in die Höhe treiben würde,
   iii) den Sicherungsgeber für den Fall, dass *der der*[1] ursprüngliche Schuldner seinen Zahlungsverpflichtungen nicht nachkommt oder bei Ablauf des Leasingvertrags für die Zwecke der Anerkennung des garantierten Restwerts gemäß Artikel 134 Absatz 7 und Artikel 166 Absatz 4, von seiner Pflicht befreien könnte, zeitnah zu zahlen,
   iv) es dem Sicherungsgeber ermöglichen könnte, die Laufzeit der Absicherung zu verkürzen;
d) der Sicherungsvertrag ist in allen zum Zeitpunkt der Darlehensvereinbarung relevanten Rechtsräumen rechtswirksam und durchsetzbar.

(2) [1]Das Institut weist den zuständigen Behörden gegenüber nach, dass es über Systeme verfügt, mit denen etwaige, durch den Einsatz von Garantien und Kreditderivaten bedingte Risikokonzentrationen gesteuert werden können. [2]Das Institut kann den zuständigen Behörden gegenüber hinreichend darlegen, wie die von ihm beim Einsatz von Kreditderivaten und Garantien verfolgte Strategie und sein Management des Gesamtrisikoprofils zusammenwirken.

---

[1] Richtig wohl: „der".

(3) *[1]* Ein Institut erfüllt alle vertraglichen und gesetzlichen Anforderungen, die nach dem für seinen Anteil an der Absicherung maßgeblichen Recht für die Durchsetzbarkeit seiner Absicherung ohne Sicherheitsleistung gelten, und leitet alle zu diesem Zweck notwendigen Schritte ein.

[2] [1] Das Institut hat sich durch ausreichende rechtliche Prüfungen von der Durchsetzbarkeit der Absicherung ohne Sicherheitsleistung in allen relevanten Rechtsräumen überzeugt. [2] Um eine kontinuierliche Durchsetzbarkeit zu gewährleisten, wiederholt es diese Prüfungen bei Bedarf.

Art. 214 Rückbürgschaften von Staaten und anderen öffentlichen Stellen. (1) Institute dürfen die in Absatz 2 genannten Risikopositionen wie Risikopositionen behandeln, die durch eine von den dort genannten Stellen geleistete Garantie abgesichert sind, wenn alle folgenden Bedingungen erfüllt sind:

a) Die Rückbürgschaft deckt sämtliche Kreditrisiken der Forderung ab;
b) sowohl die Erstgarantie als auch die Rückbürgschaft erfüllen die Anforderungen nach Artikel 213 und Artikel 215 Absatz 1 an Garantien, mit der Ausnahme, dass die Rückbürgschaft nicht direkt sein muss;
c) die Absicherung ist solide und in Anbetracht der bisherigen Erfahrungen deutet nichts darauf hin, dass die Rückbürgschaft weniger werthaltig ist als eine direkte Garantie der betreffenden Stelle.

(2) Die Behandlung nach Absatz 1 wird auf Risikopositionen angewandt, die durch eine Garantie abgesichert sind, für die eine der folgenden Stellen eine Rückbürgschaft gestellt hat:

a) ein Zentralstaat oder eine Zentralbank,
b) eine regionale oder lokale Gebietskörperschaft,
c) eine öffentliche Einrichtung, deren Schuldtitel gemäß Artikel 116 Absatz 4 wie Risikopositionen gegenüber dem Zentralstaat behandelt werden,
d) eine multilaterale Entwicklungsbank oder internationale Organisation, der nach Artikel 117 Absatz 2 bzw. Artikel 118 ein Risikogewicht von 0% zugewiesen wird,
e) eine öffentliche Stelle, deren Schuldtitel gemäß Artikel 116 Absätze 1 und 2 behandelt werden.

(3) Die Institute wenden die Behandlung nach Absatz 1 auch auf Risikopositionen an, für die keine Rückbürgschaft einer der in Absatz 2 genannten Stellen besteht, die Rückbürgschaften für diese Risikopositionen aber direkt von einer dieser Stellen garantiert werden und die in Absatz 1 genannten Bedingungen erfüllt sind.

Art. 215 Zusätzliche Anforderungen an Garantien. (1) Garantien können als Absicherung ohne Sicherheitsleistung anerkannt werden, wenn alle in Artikel 213 sowie alle nachstehend genannten Bedingungen erfüllt sind:

a) Bei dem die Garantie auslösenden Ausfall oder bei Zahlungsversäumnis der Gegenpartei hat das kreditgebende Institut das Recht, den Garantiegeber zeitnah für alle Zahlungen in Anspruch zu nehmen, die im Rahmen der von ihm abgesicherten Forderung ausstehen, und die Zahlung des Garantiegebers darf nicht unter dem Vorbehalt stehen, dass das kreditgebende Institut den geschuldeten Betrag zunächst beim Schuldner einfordern muss.

Deckt eine Absicherung ohne Sicherheitsleistung Hypothekendarlehen auf Wohnimmobilien ab, so sind die Anforderungen nach Artikel 213 Absatz 1 Buchstabe c Ziffer iii und Unterabsatz 1 dieses Absatzes lediglich innerhalb von 24 Monaten zu erfüllen;

b) die Garantie ist eine ausdrücklich dokumentierte, vom Garantiegeber eingegangene Verpflichtung.

c) Eine der folgenden Bedingungen ist erfüllt:

i) Die Garantie erstreckt sich auf alle Arten von Zahlungen, die der Schuldner im Rahmen der Forderung zu leisten hat;

ii) sind bestimmte Zahlungsarten von der Garantie ausgenommen, hat das kreditgebende Institut den anerkannten Garantiebetrag entsprechend herabgesetzt.

(2) Bei Garantien, die im Rahmen von Bürgschaftsprogrammen oder von den in Artikel 214 Absatz 2 genannten Stellen gestellt werden, oder für die eine Rückbürgschaft Letzterer vorliegt, gelten die in Absatz 1 Buchstabe a genannten Anforderungen als erfüllt, wenn eine der folgenden Bedingungen erfüllt ist:

a) Das kreditgebende Institut hat das Recht, vom Garantiegeber zeitnah eine vorläufige Zahlung zu erwirken, die die beiden folgenden Bedingungen erfüllt:

i) ihre Höhe wird durch eine robuste Schätzung der Verluste ermittelt, die dem kreditgebenden Institut entstehen dürften, wozu auch Verluste zählen, die durch die Einstellung von Zins- und sonstigen Zahlungen, zu denen der Kreditnehmer verpflichtet ist, verursacht werden,

ii) sie ist proportional zur Garantiedeckung;

b) das kreditgebende Institut kann den zuständigen Behörden nachweisen, dass die Auswirkungen der Garantie, die sich auch auf Verluste erstreckt, die durch die Einstellung von Zins- und sonstigen Zahlungen, zu denen der Kreditnehmer verpflichtet ist, verursacht werden, eine solche Behandlung rechtfertigen.

Art. 216 Zusätzliche Anforderungen an Kreditderivate. (1) *[1]* Kreditderivate können als Absicherung ohne Sicherheitsleistung anerkannt werden, wenn alle in Artikel 213 sowie alle nachstehend genannten Bedingungen erfüllt sind:

a) Die im Vertrag vereinbarten Kreditereignisse umfassen

i) das Versäumnis, die fälligen Zahlungen nach den zum Zeitpunkt des Versäumnisses geltenden Konditionen der zugrunde liegenden Verbindlichkeit zu erbringen, wobei die Nachfrist der der zugrunde liegenden Verbindlichkeit entspricht oder darunter liegt,

ii) den Konkurs, die Insolvenz oder die Unfähigkeit des Schuldners zur Bedienung seiner Schulden oder sein schriftliches Eingeständnis, generell nicht mehr zur Begleichung fällig werdender Schulden in der Lage zu sein, sowie ähnliche Ereignisse,

iii) die Neustrukturierung der zugrunde liegenden Verbindlichkeit, verbunden mit einem Erlass oder einer Stundung der Darlehenssumme, der Zinsen oder der Gebühren, die zu einem Verlust auf Seiten des Kreditgebers führt;

b) für Kreditderivate, die einen Barausgleich ermöglichen, gilt:
   i) die Institute verfügen über ein solides Bewertungsverfahren, das eine zuverlässige Verlustschätzung ermöglicht,
   ii) für die Bewertung der zugrunde liegenden Verbindlichkeit nach dem Kreditereignis besteht eine genaue zeitliche Vorgabe;
c) setzt die Erfüllung das Recht und die Fähigkeit des Sicherungsnehmers zur Übertragung der zugrunde liegenden Verbindlichkeit an den Sicherungsgeber voraus, so muss aus den Konditionen der zugrunde liegenden Verbindlichkeit hervorgehen, dass eine gegebenenfalls erforderliche Einwilligung zu einer solchen Übertragung nicht ohne angemessenen Grund versagt werden darf;
d) es ist eindeutig festgelegt, wer darüber entscheidet, ob ein Kreditereignis vorliegt;
e) diese Entscheidung obliegt nicht allein dem Sicherungsgeber;
f) der Käufer der Absicherung hat das Recht oder die Möglichkeit, den Sicherungsgeber über den Eintritt eines Kreditereignisses zu informieren.

[2] Sollten die Kreditereignisse keine Neustrukturierung der zugrunde liegenden Verbindlichkeit im Sinne von Buchstabe a Ziffer iii umfassen, kann die Absicherung vorbehaltlich einer Herabsetzung des Werts gemäß Artikel 233 Absatz 2 dennoch anerkannt werden.

(2) Eine Inkongruenz zwischen der zugrunde liegenden Verbindlichkeit und der Referenzverbindlichkeit des Kreditderivats oder zwischen der zugrunde liegenden Verbindlichkeit und der Verbindlichkeit, anhand deren bestimmt wird, ob ein Kreditereignis eingetreten ist, ist nur zulässig, wenn die beiden folgenden Bedingungen erfüllt sind:
a) Die Referenzverbindlichkeit bzw. die Verbindlichkeit, anhand deren bestimmt wird, ob ein Kreditereignis eingetreten ist, ist der zugrunde liegenden Verbindlichkeit im Rang gleich- oder nachgestellt:[1]
b) die zugrunde liegende Verbindlichkeit und die Referenzverbindlichkeit bzw. die Verbindlichkeit, anhand deren bestimmt wird, ob ein Kreditereignis eingetreten ist, haben denselben Schuldner und beinhalten rechtlich durchsetzbare wechselseitige Ausfall- oder Vorfälligkeitsklauseln.

Art. 217 Anforderungen, die für eine Behandlung nach Artikel 153 Absatz 3 erfüllt sein müssen. (1) Um für die Behandlung nach Artikel 153 Absatz 3 in Frage zu kommen, muss eine Absicherung, die sich aus einer Garantie oder einem Kreditderivat herleitet, die folgenden Bedingungen erfüllen:
a) Die zugrunde liegende Verbindlichkeit bezieht sich auf eine der folgenden Risikopositionen:
   i) eine Risikoposition gegenüber einem Unternehmen im Sinne des Artikels 147, mit Ausnahme von Versicherungs- und Rückversicherungsgesellschaften,

[1] Zeichensetzung amtlich.

ii) eine Risikoposition gegenüber einer *regionale oder lokale*[1] Gebietskörperschaft oder *eine öffentliche*[2] Stelle, die nicht gemäß Artikel 147 als Risikoposition gegenüber einem Zentralstaat oder einer Zentralbank behandelt wird,

iii) einer Risikoposition gegenüber einem KMU, die gemäß Artikel 147 Absatz 5 als Risikoposition aus dem Mengengeschäft eingestuft ist;

b) die abgesicherten Kreditnehmer gehören nicht der gleichen Gruppe an wie der Sicherungsgeber;

c) *Die*[3] Risikoposition wird durch eines der folgenden Instrumente abgesichert:

i) auf einzelne Adressen bezogene Kreditderivate ohne Sicherheitsleistung oder auf einzelne Adressen bezogene Garantien,

ii) Forderungskorbprodukte, bei denen der erste Ausfall der im Korb enthaltenen Forderungen die Zahlung auslöst („First-to-Default Basket Products"),

iii) Forderungskorbprodukte, bei denen der n-te Ausfall der im Korb enthaltenen Forderungen die Zahlung auslöst („Nth-to-Default Basket Products");

d) die Absicherung erfüllt die Anforderungen des Artikels 213, 215 bzw. 216;

e) das Risikogewicht, das der Risikoposition vor Anwendung der Behandlung nach Artikel 153 Absatz 3 zugewiesen wurde, trägt noch keinem Aspekt der Absicherung Rechnung;

f) das Institut hat das Recht und die Erwartung, dass der Sicherungsgeber zahlt, ohne dass es rechtliche Schritte zur Beitreibung der Zahlung bei der Gegenpartei einleiten muss. Das Institut überzeugt sich so weit wie möglich selbst davon, dass der Sicherungsgeber im Falle eines Kreditereignisses zur umgehenden Zahlung bereit ist;

g) die erworbene Absicherung deckt alle beim abgesicherten Teil der Risikoposition erlittenen Verluste, die durch Eintritt der im Kontrakt bestimmten Kreditereignisse bedingt sind, ab;

h) ist im Rahmen einer Absicherung die effektive Lieferung vorgesehen, so besteht hinsichtlich der Lieferbarkeit eines Darlehens, einer Anleihe oder einer Eventualverpflichtung Rechtssicherheit;

i) hat ein Institut die Absicht, anstelle der zugrunde liegenden Risikoposition eine andere Verbindlichkeit zu liefern, so stellt es sicher, dass die lieferbare Verbindlichkeit so liquide ist, dass es sie zur vertragsgemäßen Lieferung ankaufen könnte;

j) die Konditionen von Sicherungsvereinbarungen sind sowohl vom Sicherungsgeber als auch vom Institut rechtsgültig schriftlich bestätigt;

k) das Institut verfügt über Verfahren zur Ermittlung eines übermäßigen Korrelationsrisikos zwischen der Bonität eines Sicherungsgebers und dem abgesicherten Kreditnehmer, das darauf beruht, dass ihr Geschäftsergebnis von

---

[1] Richtig wohl: „regionalen oder lokalen".
[2] Richtig wohl: „einer öffentlichen".
[3] Richtig wohl: „die".

gemeinsamen Faktoren, die über den systematischen Risikofaktor hinausgehen, abhängig ist;.[1)]

l) bei einer Absicherung des Verwässerungsrisikos gehört der Verkäufer der angekauften Forderungen nicht derselben Gruppe an wie der Sicherungsgeber.

(2) Für die Zwecke des Absatzes 1 Buchstabe c Ziffer ii wenden die Institute die Behandlung nach Artikel 153 Absatz 3 auf die Forderung des Korbes mit dem niedrigsten risikogewichteten Positionsbetrag an.

(3) [1] Für die Zwecke des Absatzes 1 Buchstabe c Ziffer iii kann die erlangte Absicherung nur dann innerhalb dieses Rahmens berücksichtigt werden, wenn ebenfalls eine anerkennungsfähige Absicherung für den (n-1)ten Ausfall vorliegt oder (n-1) der im Korb enthaltenen Forderungen bereits ausgefallen sind. [2] Ist dies der Fall, wenden die Institute die Behandlung nach Artikel 153 Absatz 3 auf diejenige Forderung des Korbes mit dem niedrigsten risikogewichteten Positionsbetrag an.

Abschnitt 4. Berechnung der Auswirkungen der Kreditrisikominderung

Unterabschnitt 1. Besicherung mit Sicherheitsleistung

Art. 218 Synthetische Unternehmensanleihen („Credit Linked Notes") [1] Anlagen in synthetische Unternehmensanleihen („Credit Linked Notes"), die von dem kreditgebenden Institut ausgegeben werden, können zwecks Berechnung der Auswirkungen der Kreditrisikominderung gemäß diesem Unterabschnitt wie Barsicherheiten behandelt werden, wenn der in die synthetische Unternehmensanleihe eingebettete Kreditausfallswap als Absicherung ohne Sicherheitsleistung anerkannt werden kann. [2] Um festzustellen, ob der in die synthetische Unternehmensanleihe eingebettete Kreditausfallswap als Absicherung ohne Sicherheitsleistung anerkannt werden kann, darf das Institut die Voraussetzung des Artikels 194 Absatz 6 Buchstabe c als erfüllt betrachten.

Art. 219 Netting von Bilanzpositionen. Zur Berechnung der Auswirkung einer Besicherung mit Sicherheitsleistung derjenigen Darlehen und Einlagen des kreditgebenden Instituts, bei denen ein bilanzielles Netting vorgenommen wird, die auf dieselbe Währung lauten, sind Darlehen an das kreditgebende Institut und Einlagen bei diesem, bei denen ein bilanzielles Netting vorgenommen wird, von diesem Institut wie Barsicherheiten zu behandeln.

Art. 220 Verwendung der aufsichtlichen oder der auf eigenen Schätzungen beruhenden Volatilitätsanpassungen bei Netting-Rahmenvereinbarungen. (1) *[1]* Bei der Berechnung des „vollständig angepassten Risikopositionswerts" (E*) von Risikopositionen, die einer anerkennungsfähigen Netting-Rahmenvereinbarung für Pensionsgeschäfte, Wertpapier- oder Warenverleih- oder -leihgeschäfte oder andere Kapitalmarkttransaktionen unterliegen, legen die Institute für die erforderlichen Volatilitätsanpassungen entweder die aufsichtlichen oder die auf eigenen Schätzungen beruhenden Volatilitätsanpassungen zugrunde; beide Verfahren sind in den Artikeln 223 bis 226 für die umfassende Methode zur Berücksichtigung finanzieller Sicherheiten dargelegt.

---

1) Zeichensetzung amtlich.

[2] Für die auf eigenen Schätzungen beruhende Methode gelten dieselben Bedingungen und Anforderungen wie für die umfassende Methode zur Berücksichtigung finanzieller Sicherheiten.

(2) Bei der Berechnung von E* verfahren die Institute wie folgt:

a) Sie berechnen die Nettoposition für jede Wertpapiergruppe oder Warenart, indem sie den Betrag aus Ziffer ii von dem Betrag aus Ziffer i abziehen:
   i) Gesamtwert einer aufgrund der Netting-Rahmenvereinbarung verliehenen, verkauften oder gelieferten Gruppe von Wertpapieren oder Waren derselben Art,
   ii) Gesamtwert einer aufgrund der Netting-Rahmenvereinbarung geliehenen, angekauften oder entgegengenommenen Gruppe von Wertpapieren oder Waren derselben Art;
b) sie berechnen die Nettoposition für jede Währung außer der Verrechnungswährung der Netting-Rahmenvereinbarung, indem sie den Betrag aus Ziffer ii von dem Betrag aus Ziffer i abziehen:
   i) Gesamtwert der aufgrund der Netting-Rahmenvereinbarung verliehenen, verkauften oder gelieferten und auf die betreffende Währung lautenden Wertpapiere plus Betrag an Bargeld, der im Rahmen dieser Vereinbarung in dieser Währung ausgeliehen oder übertragen wurde,
   ii) Gesamtwert der aufgrund der Netting-Rahmenvereinbarung geliehenen, angekauften oder entgegengenommenen und auf die betreffende Währung lautenden Wertpapiere plus Betrag an Bargeld, der im Rahmen dieser Vereinbarung in dieser Währung geliehen oder entgegengenommen wurde;
c) sie nehmen die für eine bestimmte Wertpapiergruppe oder Barmittelposition angemessene Volatilitätsanpassung am absoluten Wert der positiven oder negativen Nettoposition der Wertpapiere in dieser Gruppe vor;
d) sie nehmen die Volatilitätsanpassung für das Wechselkursrisiko (fx) an der positiven oder negativen Nettoposition jeder Währung außer der Verrechnungswährung der Netting-Rahmenvereinbarung vor.

(3) Institute berechnen E* nach folgender Formel:

$$E^{*} = max\left\{0, \left(\sum_i E_i - \sum_i C_i\right) + \sum_j \left|E_j^{sec}\right| \cdot H_j^{sec} + \sum_k \left|E_k^{fx}\right| \cdot H_k^{fx}\right\}$$

dabei entspricht

E_i = dem Risikopositionswert jeder einzelnen im Rahmen der Vereinbarung bestehenden Risikoposition i, der bei fehlender Besicherung zur Anwendung käme, wenn die Institute die risikogewichteten Positionsbeträge nach dem Standardansatz berechnen oder sie die risikogewichteten Positionsbeträge und erwarteten Verlustbeträge nach dem IRB-Ansatz berechnen,

C_i = dem Wert der Wertpapiere in jeder Gruppe oder Waren derselben Art, die in Bezug auf jede Risikoposition i geliehen, angekauft oder eingeliefert werden, oder der Barmittel, die in Bezug auf jede Risikoposition i geliehen oder eingeliefert werden,

E_j^{sec} = der (positiven oder negativen) Nettoposition in einer bestimmten Wertpapiergruppe j,

E_k^{fx} = der (positiven oder negativen) Nettoposition in einer anderen Währung (Währung k) als der Verrechnungswährung der Vereinbarung, die nach Absatz 2 Buchstabe b errechnet wird,

H_j^{sec} = der für eine bestimmte Wertpapiergruppe j angemessenen Volatilitätsanpassung,

H_k^{fx} = der Volatilitätsanpassung für das Wechselkursrisiko bei Währung k.

(4) Zur Berechnung der risikogewichteten Positionsbeträge und erwarteten Verlustbeträge bei Pensionsgeschäften, Wertpapier- oder Warenverleih- oder -leihgeschäften oder anderen Kapitalmarkttransaktionen, für die Netting-Rahmenvereinbarungen gelten, setzen die Institute für die Zwecke des Artikels 113 im Rahmen des Standardansatzes und des Kapitels 3 im Rahmen des IRB-Ansatzes den nach Absatz 3 berechneten Wert E* als Wert der Risikoposition gegenüber der Gegenpartei ein, die aus den von der Netting-Rahmenvereinbarung erfassten Geschäften resultiert.

(5) Für die Zwecke der Absätze 2 und 3 bezeichnet „Wertpapiergruppe" Wertpapiere, die von ein und demselben Emittenten am selben Tag ausgegeben wurden, die gleiche Laufzeit haben, den gleichen Bedingungen und Konditionen unterliegen und für die die gleichen, in Artikel 224 beziehungsweise 225 genannten Verwertungszeiträume gelten.

Art. 221 Verwendung interner Modelle für Netting-Rahmenvereinbarungen. (1) Mit Erlaubnis der zuständigen Behörden können die Institute alternativ zu den von der Aufsicht vorgegebenen oder auf eigenen Schätzungen beruhenden Volatilitätsanpassungen für die Berechnung des vollständig angepassten Risikopositionswerts (E*), der sich aus der Anwendung einer anerkennungsfähigen Netting-Rahmenvereinbarung für Pensionsgeschäfte, Wertpapier- oder Warenverleih- oder -leihgeschäfte oder andere Kapitalmarkttransaktionen, bei denen es sich nicht um Derivatgeschäfte handelt, ergibt, interne Modelle verwenden, sofern diese Modelle Korrelationseffekten zwischen Wertpapierpositionen, die von der Netting-Rahmenvereinbarung erfasst werden, sowie der Liquidität der betreffenden Instrumente Rechnung tragen.

(2) Mit Erlaubnis der zuständigen Behörden dürfen Institute ihre internen Modelle auch für Lombardgeschäfte verwenden, wenn für diese eine bilaterale Netting-Rahmenvereinbarung gilt, die die Anforderungen des Kapitels 6 Abschnitt 7 erfüllt.

(3) *[1]* [1] Ein Institut kann unabhängig davon, ob es zur Berechnung der risikogewichteten Positionsbeträge nach dem Standardansatz oder dem IRB-Ansatz verfährt, beschließen, auf ein internes Modell zurückzugreifen. [2] Hat sich ein Institut jedoch für die Verwendung eines internen Modells entschieden, so

wendet es dieses auf alle Gegenparteien und Wertpapiere an, außer auf unwesentliche Portfolios, bei denen es gemäß Artikel 220 die aufsichtlichen oder die auf eigenen Schätzungen beruhenden Volatilitätsanpassungen zugrunde legen kann.

[2] [1] Institute, die im Rahmen von Titel IV Kapitel 5 die Genehmigung für ein internes Risikomessmodell erhalten haben, können auf interne Modelle zurückgreifen. [2] Hat ein Institut eine solche Genehmigung nicht erhalten, kann es bei den zuständigen Behörden dennoch beantragen, für die Zwecke dieses Artikels interne Modelle verwenden zu dürfen.

(4) Die zuständigen Behörden gestatten einem Institut die Nutzung interner Modelle nur dann, wenn sie sich davon überzeugt haben, dass das System, mit dem das Institut die Risiken aus den unter die Netting-Rahmenvereinbarung fallenden Geschäften steuert, konzeptionell solide ist, unter Sicherstellung seiner Integrität angewandt wird und den folgenden Qualitätsstandards genügt:

a) Das interne Risikomessmodell, das zur Ermittlung der potenziellen Preisvolatilität verwendet wird, ist in das tägliche Risikomanagement eingebettet und dient als Grundlage für die Meldung von Risiken an die Geschäftsleitung des Instituts;
b) das Institut hat eine Abteilung „Risikoüberwachung“, die alle folgenden Anforderungen erfüllt:
   i) Sie ist vom Handelsbereich unabhängig und erstattet der Geschäftsleitung unmittelbar Bericht,
   ii) sie ist für die Gestaltung und Umsetzung des Risikomanagementsystems des Instituts verantwortlich;
   iii) sie erstellt und analysiert täglich Berichte über die Ergebnisse des Risikomessmodells und über die Maßnahmen, die im Hinblick auf Positionslimitierungen getroffen werden sollten;
c) die von dieser Abteilung erstellten Tagesberichte werden von einer Managementebene geprüft, die über ausreichende Befugnisse verfügt, um die Herabsetzung übernommener Positionen und des Gesamtrisikos durchzusetzen;
d) das Institut beschäftigt in dieser Abteilung eine ausreichende Zahl in der Verwendung komplexer Modelle geschulter Mitarbeiter;
e) das Institut hat Verfahren eingerichtet, um die Einhaltung der schriftlich niedergelegten internen Grundsätze für das Risikomesssystem und die dazugehörigen Kontrollen zu gewährleisten;
f) die Modelle des Instituts haben in der Vergangenheit eine ausreichend präzise Risikomessung gewährleistet, was durch Rückvergleiche der Ergebnisse mit den Daten von mindestens einem Jahr nachgewiesen werden kann;
g) das Institut führt im Rahmen eines strengen Stresstest-Programms häufig Tests durch, deren Ergebnisse von der Geschäftsleitung geprüft und in den von ihm festgelegten Grundsätzen und Obergrenzen berücksichtigt werden;
h) das Institut unterzieht sein Risikomesssystem im Rahmen der Innenrevision einer unabhängigen Prüfung. Diese umfasst sowohl die Tätigkeiten der Handelsabteilungen als auch der unabhängigen Abteilung „Risikoüberwachung“;
i) das Institut unterzieht sein Risikomanagement mindestens einmal jährlich einer Prüfung;

j) das interne Modell erfüllt die Anforderungen der Artikel 292 Absätze 8 und 9 und Artikel 294.

(5) *[1]* Das interne Risikomessmodell eines Instituts trägt einer ausreichenden Zahl von Risikofaktoren Rechnung, damit alle wesentlichen Kursrisiken erfasst werden.

[2] Ein Institut kann innerhalb der einzelnen Risikokategorien und kategorienübergreifend empirische Korrelationen verwenden, wenn sein System zur Messung der Korrelationen solide ist und unter Sicherstellung seiner Integrität angewandt wird.

(6) *[1]* Institute, die interne Modelle verwenden, berechnen E* nach folgender Formel:

$$E^* = max\left\{0, \left(\sum_i E_i - \sum_i C_i\right) + potenzielle\ Wertänderung\right\}$$

dabei entspricht

E_i = dem Risikopositionswert jeder einzelnen im Rahmen der Vereinbarung bestehenden Risikoposition i, der bei fehlender Besicherung zur Anwendung käme, wenn die Institute die risikogewichteten Positionsbeträge nach dem Standardansatz berechnen oder sie die risikogewichteten Positionsbeträge und erwarteten Verlustbeträge nach dem IRB-Ansatz berechnen,

C_i = dem Wert der Wertpapiere, die in Bezug auf jede Risikoposition i geliehen, angekauft oder geliefert werden, oder der Barmittel, die in Bezug auf jede Risikoposition i geliehen oder geliefert werden.

[2] Institute, die die risikogewichteten Positionsbeträge mit Hilfe interner Modelle berechnen, verwenden zu diesem Zweck die Modellergebnisse des vorangegangenen Handelstags.

(7) *[1]* Für die Berechnung der in Absatz 6 genannten potenziellen Wertänderung gelten alle folgenden Standards:

a) Die Berechnung erfolgt mindestens einmal pro Tag;
b) sie stützt sich auf ein einseitiges Konfidenzniveau von 99 %,
c) sie legt einen Verwertungszeitraum von fünf Tagen zugrunde, außer bei Geschäften, bei denen es sich nicht um Wertpapierpensionsgeschäfte oder Wertpapierleihgeschäfte handelt, für die ein Verwertungszeitraum von zehn Tagen zugrunde gelegt wird;
d) sie stützt sich auf einen effektiven historischen Beobachtungszeitraum von mindestens einem Jahr, es sei denn, aufgrund einer erheblichen Zunahme der Preisvolatilität ist ein kürzerer Beobachtungszeitraum gerechtfertigt;
e) die bei der Berechnung verwendeten Daten werden alle drei Monate aktualisiert.

[2] Hat ein Institut ein Pensionsgeschäft, ein Wertpapier- oder Warenverleih- oder -leihgeschäft und ein Lombard- oder ähnliches Geschäft oder einen Netting-Satz in seinem Bestand, das/der die Kriterien des Artikels 285 Absätze 2, 3

und 4 erfüllt, so wird die Mindesthaltedauer der Nachschuss-Risikoperiode angeglichen, die gemäß diesen Absätzen in Verbindung mit Artikel 285 Absatz 5 gelten würde.

(8) Zur Berechnung der risikogewichteten Positionsbeträge und erwarteten Verlustbeträge bei Pensionsgeschäften, Wertpapier- oder Warenleihgeschäften oder Wertpapier- oder Warenverleihgeschäften oder anderen Kapitalmarkttransaktionen, für die Netting-Rahmenvereinbarungen gelten, setzen die Institute für die Zwecke des Artikels 113 im Rahmen des Standardansatzes und des Kapitels 3 im Rahmen des IRB-Ansatzes den nach Absatz 6 berechneten Wert E* als Wert der Risikoposition gegenüber der Gegenpartei ein, die aus den von der Netting-Rahmenvereinbarung erfassten Geschäften resultiert.

(9) *[1]* Die EBA arbeitet Entwürfe technischer Regulierungsstandards aus, in denen Folgendes präzisiert wird:

a) was für die Zwecke von Absatz 3 ein unwesentliches Portfolio darstellt,
b) die Kriterien, anhand deren für den Zweck der Absätze 4 und 5 und von Netting-Rahmenvereinbarungen entschieden wird, ob ein internes Modell solide ist und unter Sicherstellung seiner Integrität angewandt wird.

[2] Die EBA legt der Kommission diese Entwürfe technischer Regulierungsstandards bis zum 31. Dezember 2015 vor.

[3] Der Kommission wird die Befugnis übertragen, die technischen Regulierungsstandards nach Unterabsatz 1 gemäß den Artikeln 10 bis 14 der Verordnung (EU) Nr. 1093/2010 zu erlassen.

Art. 222 Einfache Methode zur Berücksichtigung finanzieller Sicherheiten. (1) [1] Institute dürfen die einfache Methode zur Berücksichtigung finanzieller Sicherheiten nur anwenden, wenn sie die risikogewichteten Positionsbeträge nach dem Standardansatz berechnen. [2] Außer für die Zwecke des Artikels 148 Absatz 1 und des Artikels 150 Absatz 1 wenden die Institute nicht gleichzeitig die einfache und die umfassende Methode zur Berücksichtigung finanzieller Sicherheiten an. [3] Die Institute nutzen diese Ausnahme nicht selektiv dazu, niedrigere Eigenmittelanforderungen zu erreichen oder um Aufsichtsarbitrage zu betreiben.

(2) Bei der einfachen Methode zur Berücksichtigung finanzieller Sicherheiten setzen die Institute anerkennungsfähige Finanzsicherheiten zu ihrem nach Artikel 207 Absatz 4 Buchstabe d bestimmten Marktwert an.

(3) *[1]* [1] Den durch den Marktwert der anerkennungsfähigen Sicherheit gedeckten Teilen der Risikopositionswerte weisen die Institute das Risikogewicht zu, das sie nach Kapitel 2 ansetzen würden, wenn das kreditgebende Institut eine direkte Risikoposition aus dem Sicherungsinstrument hätte. [2] Der Risikopositionswert eines in Anhang I genannten außerbilanziellen Postens wird zu diesem Zweck nicht mit dem in Artikel 111 Absatz 1 genannten Risikopositionswert, sondern mit 100 % seines Werts angesetzt.

[2] [1] Das Risikogewicht des besicherten Teils beträgt (mit Ausnahme der in den Absätzen 4 bis 6 genannten Fälle) mindestens 20 %. [2] Dem übrigen Teil der Risikoposition weisen die Institute das Risikogewicht zu, das sie nach Kapitel 2 für eine unbesicherte Risikoposition an die Gegenpartei ansetzen würden.

(4) [1] Dem besicherten Teil einer Risikoposition aus Pensions- und Wertpapierverleih- oder -leihgeschäften, die die Kriterien des Artikels 227 erfüllen,

weisen die Institute das Risikogewicht 0 % zu. [2]Ist die Gegenpartei eines solchen Geschäfts kein wesentlicher Marktteilnehmer, weisen die Institute ein Risikogewicht von 10 % zu.

(5) *[1]* Den Risikopositionswerten, die nach Kapitel 6 für die in Anhang II genannten, durch Bargeld oder bargeldähnliche Instrumente abgesicherten Derivatgeschäfte mit täglicher Marktbewertung bestimmt werden, weisen die Institute – wenn keine Währungsinkongruenz vorliegt – in der Höhe der Besicherung das Risikogewicht 0 % zu.

[2] Sind die genannten Geschäfte durch Schuldverschreibungen von Zentralstaaten oder Zentralbanken abgesichert, die nach Kapitel 2 ein Risikogewicht von 0 % erhalten, weisen die Institute den Risikopositionswerten in der Höhe der Besicherung das Risikogewicht 10 % zu.

(6) Nicht in den Absätzen 4 und 5 genannten Geschäften können Institute ein Risikogewicht von 0 % zuweisen, wenn Risikoposition und Sicherheit auf dieselbe Währung lauten und eine der folgenden Bedingungen erfüllt ist:

a) Die Sicherheit besteht aus einer Bareinlage oder einem bargeldähnlichen Instrument;

b) die Sicherheit besteht aus Schuldverschreibungen von Zentralstaaten oder Zentralbanken, die nach Artikel 114 das Risikogewicht 0 % erhalten können und auf deren Marktwert ein 20 %iger Abschlag vorgenommen wurde.

(7) Für die Zwecke der Absätze 5 und 6 umfassen Schuldverschreibungen von Zentralstaaten oder Zentralbanken:

a) Schuldverschreibungen von regionalen oder lokalen Gebietskörperschaften, deren Schuldtitel im Rahmen von Artikel 115 wie Risikopositionen gegenüber dem Zentralstaat, dem sie zuzuordnen sind, behandelt werden,

b) Schuldverschreibungen multilateraler Entwicklungsbanken, denen nach Artikel 117 Absatz 2 ein Risikogewicht von 0 % zugewiesen wird,

c) Schuldverschreibungen internationaler Organisationen, denen nach Artikel 118 ein Risikogewicht von 0 % zugewiesen wird.[1)]

d) Schuldverschreibungen öffentlicher Stellen, die gemäß Artikel 116 Absatz 4 wie Risikopositionen gegenüber Zentralstaaten behandelt werden.

Art. 223 Umfassende Methode zur Berücksichtigung finanzieller Sicherheiten. (1) *[1]* Um der Kursvolatilität Rechnung zu tragen, nehmen Institute bei der Bewertung einer finanziellen Sicherheit im Rahmen der umfassenden Methode zur Berücksichtigung finanzieller Sicherheiten am Marktwert der Sicherheit gemäß den Artikeln 224 bis 227 Volatilitätsanpassungen vor.

[2] Lauten Sicherheit und zugrunde liegende Risikoposition auf unterschiedliche Währungen, nehmen Institute zusätzlich zu der nach den Artikeln 224 bis 227 für die Sicherheit angemessenen Volatilitätsanpassung eine weitere Anpassung für die Wechselkursvolatilität vor.

[3] [1]Bei OTC-Derivaten, für die eine von den zuständigen Behörden gemäß Kapitel 6 anerkannte Netting-Vereinbarung gilt, nehmen die Institute eine Anpassung für die Wechselkursvolatilität immer dann vor, wenn sich die Währung der Sicherheit und die Verrechnungswährung nicht decken. [2]Auch wenn

[1)] Zeichensetzung amtlich.

die von der Netting-Vereinbarung erfassten Geschäfte in mehreren Währungen abgewickelt werden, nehmen die Institute nur eine Volatilitätsanpassung vor.

(2) *[1]* Institute berechnen den zu berücksichtigenden volatilitätsangepassten Wert der Sicherheit (CVA) wie folgt:

$$C_{VA} = C \cdot (1 - H_C - H_{fx})$$

dabei entspricht

C = dem Wert der Sicherheit,

H_C = der nach den Artikeln 224 und 227 berechneten, der Sicherheit angemessenen Volatilitätsanpassung,

H_{fx} = der nach den Artikeln 224 und 227 berechneten, der Währungsinkongruenz angemessenen Volatilitätsanpassung.

[2] Diese Formel verwenden die Institute bei allen Geschäften mit Ausnahme solcher, die von anerkannten Netting-Rahmenvereinbarungen erfasst werden und für die die Bestimmungen der Artikel 220 und 221 gelten.

(3) *[1]* Institute berechnen den zu berücksichtigenden volatilitätsangepassten Wert der Risikoposition (EVA) wie folgt:

$$E_{VA} = E \cdot (1 + H_E)$$

dabei entspricht

E = dem Risikopositionswert, der nach Kapitel 2 oder 3 als angemessen festgesetzt würde, wäre die Risikoposition unbesichert,

HE = der nach den Artikeln 224 und 227 berechneten, der Risikoposition angemessenen Volatilitätsanpassung.

[2] Bei OTC-Derivaten berechnen die Institute EVA wie folgt:

$$E_{VA} = E.$$

(4) Für die Berechnung von E in Absatz 3 gilt Folgendes:

a) Institute, die die risikogewichteten Positionsbeträge nach dem Standardansatz berechnen, setzen den Risikopositionswert eines in Anhang I genannten außerbilanziellen Postens nicht mit dem in Artikel 111 Absatz 1 genannten Risikopositionswert, sondern mit 100 % seines Werts an;

b) Institute, die die risikogewichteten Positionsbeträge nach dem IRB-Ansatz berechnen, ermitteln den Risikopositionswert der in Artikel 166 Absätze 8 bis 10 aufgeführten Posten, indem sie anstelle der dort genannten Umrechnungsfaktoren oder Prozentsätze einen Umrechnungsfaktor von 100 % zugrunde legen.

(5) Institute berechnen den vollständig angepassten Risikopositionswert (E*), der sowohl der Volatilität als auch den risikomindernden Auswirkungen der Sicherheit Rechnung trägt, wie folgt:

$$E^{\star} = max\{0, E_{VA} - C_{VAM}\}$$

dabei entspricht

E_{VA} = dem nach Absatz 3 berechneten volatilitätsangepassten Wert der Risikoposition,

C_{VAM} = CVA mit weiteren Anpassungen für etwaige Laufzeitinkongruenzen gemäß Abschnitt 5.

(6) *[1]* Institute dürfen Volatilitätsanpassungen entweder anhand der aufsichtlichen Volatilitätsanpassungen nach Artikel 224 oder anhand eigener Schätzungen gemäß Artikel 225 berechnen.

[2] Ein Institut kann sich unabhängig davon, ob es zur Berechnung der risikogewichteten Positionsbeträge nach dem Standardansatz oder dem IRB-Ansatz verfährt, für die Verwendung der aufsichtlichen Volatilitätsanpassungen oder die Verwendung der auf eigenen Schätzungen beruhenden Methode entscheiden.

[3] Wendet ein Institut allerdings die auf eigenen Schätzungen beruhende Methode an, so wendet es diese auf alle Arten von Instrumenten an, außer auf unwesentliche Portfolios, bei denen es nach der auf aufsichtlichen Vorgaben beruhenden Methode verfahren kann.

(7) Wenn eine Sicherheit sich aus mehreren anerkennungsfähigen Werten zusammensetzt, berechnen die Institute die Volatilitätsanpassung (H) wie folgt:

$$H = \sum_i a_i H_i$$

dabei entspricht

a_i = dem Anteil eines anerkennungsfähigen Werts i an der Sicherheit insgesamt,

H_i = der für den anerkennungsfähigen Wert i geltenden Volatilitätsanpassung.

Art. 224 Aufsichtliche Volatilitätsanpassungen bei der umfassenden Methode zur Berücksichtigung finanzieller Sicherheiten. (1) Bei der auf aufsichtlichen Vorgaben beruhenden Methode nehmen die Institute (unter der Voraussetzung einer täglichen Neubewertung) die in den Tabellen 1 bis 4 genannten Volatilitätsanpassungen vor.

Volatilitätsanpassungen

Tabelle 1

der Bonitätsbeurteilung der Schuldverschreibung zugeordnete Bonitätsstufe	Restlaufzeit	Volatilitätsanpassungen für Schuldverschreibungen der in Artikel 197 Absatz 1 Buchstabe b bezeichneten Emittenten			Volatilitätsanpassungen für Schuldverschreibungen der in Artikel 197 Absatz 1 Buchstaben c und d bezeichneten Emittenten			Volatilitätsanpassungen für Verbriefungspositionen, die die Kriterien des Artikels 197 Absatz 1 Buchstabe h erfüllen		
		20-täg. Verwertungszeitraum	10-täg. Verwertungszeitraum	5-täg. Verwertungszeitraum	20-täg. Verwertungszeitraum	10-täg. Verwertungszeitraum	5-täg. Verwertungszeitraum	20-täg. Verwertungszeitraum	10-täg. Verwertungszeitraum	5-täg. Verwertungszeitraum
1	≤ 1 Jahr	0,707	0,5	0,354	1,414	1	0,707	2,829	2	1,414
	1 ≤ 5 Jahre	2,828	2	1,414	5,657	4	2,828	11,314	8	5,657
	> 5 Jahre	5,657	4	2,828	11,314	8	5,657	22,628	16	11,313

der Bonitätsbeurteilung der Schuldverschreibung zugeordnete Bonitätsstufe	Restlaufzeit	Volatilitätsanpassungen für Schuldverschreibungen der in Artikel 197 Absatz 1 Buchstabe b bezeichneten Emittenten			Volatilitätsanpassungen für Schuldverschreibungen der in Artikel 197 Absatz 1 Buchstaben c und d bezeichneten Emittenten			Volatilitätsanpassungen für Verbriefungspositionen, die die Kriterien des Artikels 197 Absatz 1 Buchstabe h erfüllen		
		20-täg. Verwertungszeitraum	10-täg. Verwertungszeitraum	5-täg. Verwertungszeitraum	20-täg. Verwertungszeitraum	10-täg. Verwertungszeitraum	5-täg. Verwertungszeitraum	20-täg. Verwertungszeitraum	10-täg. Verwertungszeitraum	5-täg. Verwertungszeitraum
2–3	≤ 1 Jahr	1,414	1	0,707	2,828	2	1.,14[1]	5,657	4	2,828
	1 ≤ 5 Jahre	4,243	3	2,121	8,485	6	4,243	16,971	12	8,485
	> 5 Jahre	8,485	6	4,243	16,971	12	8,485	33,942	24	16,970
4	≤ 1 Jahr	21,213	15	10,607	Entfällt	Entfällt	Entfällt	Entfällt	Entfällt	Entfällt
	1 ≤ 5 Jahre	21.,213[2]	15	10,607	Entfällt	Entfällt	Entfällt	Entfällt	Entfällt	Entfällt
	> 5 Jahre	21,213	15	10,607	Entfällt	Entfällt	Entfällt	Entfällt	Entfällt	Entfällt

Tabelle 2

der Bonitätsbeurteilung einer kurzfristigen Schuldverschreibung zugeordnete Bonitätsstufe	Volatilitätsanpassungen für Schuldverschreibungen von Emittenten mit kurzfristiger Bonitätsbeurteilung nach Artikel 197 Absatz 1 Buchstabe b			Volatilitätsanpassungen für Schuldverschreibungen von Emittenten mit kurzfristiger Bonitätsbeurteilung nach Artikel 197 Absatz 1 Buchstaben c und d			Volatilitätsanpassungen für Verbriefungspositionen, die die Kriterien des Artikels 197 Absatz 1 Buchstabe h erfüllen		
	20-täg. Verwertungszeitraum	10-täg. Verwertungszeitraum	5-täg. Verwertungszeitraum	20-täg. Verwertungszeitraum	10-täg. Verwertungszeitraum	5-täg. Verwertungszeitraum	20-täg. Verwertungszeitraum	10-täg. Verwertungszeitraum	5-täg. Verwertungszeitraum
1	0,707	0,5	0,354	1,414	1	0,707	2,829	2	1,414
2–3	1,414	1	0,707	2,828	2	1,414	5,657	4	2,828

Tabelle 3

Sonstige Arten von Sicherheiten oder Risikopositionen

	20-täg. Verwertungszeitraum	10-täg. Verwertungszeitraum	5-täg. Verwertungszeitraum
Hauptindex-Aktien, Hauptindex-Wandelschuldverschreibungen	21,213	15	10,607
Andere an einer anerkannten Börse gehandelte Aktien oder Wandelschuldverschreibungen	35,355	25	17,678
Bargeld	0	0	0
Gold	21,213	15	10,607

Tabelle 4

[1] Richtig wohl: „1,14".
[2] Richtig wohl: „21,213".

Volatilitätsanpassungen für Währungsinkongruenzen

20-täg. Verwertungszeitraum	10-täg. Verwertungszeitraum	5-täg. Verwertungszeitraum
11,314	8	5,657

(2) *[1]* Für die Berechnung der Volatilitätsanpassungen gemäß Absatz 1 gelten folgende Bedingungen:

a) Bei besicherten Kreditvergaben beträgt der Verwertungszeitraum 20 Handelstage.

b) Bei Pensionsgeschäften – sofern diese nicht mit der Übertragung von Waren oder garantierten Eigentumsrechten an diesen Waren verbunden sind – und Wertpapierverleih- oder -leihgeschäften beträgt der Verwertungszeitraum 5 Handelstage.

c) Bei anderen Kapitalmarkttransaktionen beträgt der Verwertungszeitraum 10 Handelstage.

[2] Hat ein Institut ein Geschäft oder einen Netting-Satz im Bestand, das/der die Kriterien des Artikels 285 Absätze 2, 3 und 4 erfüllt, so wird die Mindesthaltedauer der Nachschuss-Risikoperiode angeglichen, die gemäß diesen Absätzen gelten würde.

(3) *[1]* Bei den in Absatz 1 Tabellen 1 bis 4 und in den Absätzen 4 bis 6 genannten, mit einer Bonitätsbeurteilung von Schuldverschreibungen verknüpften Bonitätsstufen handelt es sich um die Stufen, die von der EBA gemäß Kapitel 2 einer bestimmten Bonitätsbeurteilung zugeordnet wurden.

[2] Für die Zwecke der Festlegung der Bonitätsstufe nach Unterabsatz 1, die einer Bonitätsbeurteilung von Schuldverschreibungen zugeordnet ist, findet auch Artikel 197 Absatz 7 Anwendung.

(4) Bei nicht anerkennungsfähigen Wertpapieren oder bei Waren, die im Rahmen von Pensions- oder Wertpapier- oder Warenleihgeschäften oder Wertpapier- oder Warenverleihgeschäften verliehen oder veräußert werden, wird die gleiche Volatilitätsanpassung vorgenommen wie bei Aktien, die nicht in einem Hauptindex vertreten, aber an einer anerkannten Börse notiert sind.

(5) *[1]* Bei anerkennungsfähigen Anteilen an OGA entspricht die Volatilitätsanpassung dem gewichteten Durchschnitt der Volatilitätsanpassungen, der unter Berücksichtigung des in Absatz 2 genannten Verwertungszeitraums für die Vermögenswerte, in die der Fonds investiert hat, gelten würde.

[2] Sind die Vermögenswerte, in die der Fonds investiert hat, dem Institut unbekannt, so entspricht die Volatilitätsanpassung dem Höchstwert, der für jeden Titel, in den der Fonds investieren darf, gelten würde.

(6) Bei unbeurteilten Schuldverschreibungen von Instituten, die nach Artikel 197 Absatz 4 anerkannt werden können, wird die gleiche Volatilitätsanpassung vorgenommen wie bei Titeln von Instituten oder Unternehmen, deren Bonitätsbeurteilung mit den Bonitätsstufen 2 oder 3 gleichgesetzt wird.

Art. 225 Auf eigenen Schätzungen beruhende Volatilitätsanpassungen bei der umfassenden Methode zur Berücksichtigung finanzieller Sicherheiten. (1) *[1]* [1]Die zuständigen Behörden gestatten den Instituten, bei der Berechnung der Volatilitätsanpassungen für Sicherheiten und Risikopositionen ihre eigenen Volatilitätsschätzungen zu verwenden, wenn die Institute die Anforderungen der Absätze 2 und 3 erfüllen. [2]Institute, denen die Verwendung eigener Volatilitätsschätzungen gestattet wurde, kehren nicht zu anderen Methoden zurück, es sei denn, es bestehen dafür nachweislich triftige Gründe und die zuständigen Behörden haben dies genehmigt.

[2] Bei Schuldverschreibungen, die von einer ECAI als „Investment Grade" oder besser eingestuft wurden, können die Institute für jede Wertpapierkategorie eine Volatilitätsschätzung ermitteln.

[3] Für Schuldverschreibungen, die von einer ECAI schlechter als „Investment Grade" eingestuft wurden, und für sonstige anerkennungsfähige Sicherheiten ermitteln die Institute die Volatilitätsanpassungen für jedes Papier einzeln.

[4] Institute, die nach der auf eigenen Schätzungen basierenden Methode verfahren, lassen bei der Schätzung der Volatilität der Sicherheit oder der Währungsinkongruenz etwaige Korrelationen zwischen der unbesicherten Risikoposition, der Sicherheit und/oder Wechselkursen außer Acht.

[5] [1]Bei der Abgrenzung der Wertpapierkategorien tragen die Institute der Art des Emittenten, der Bonitätsbeurteilung der Wertpapiere, ihrer Restlaufzeit und ihrer modifizierten Laufzeit Rechnung. [2]Volatilitätsschätzungen sind für die Wertpapiere, die das Institut in die Kategorie aufgenommen hat, repräsentativ.

(2) Die Berechnung der Volatilitätsanpassungen erfüllt alle folgenden Kriterien:

a) Die Institute legen bei der Berechnung ein einseitiges Konfidenzniveau von 99 % zugrunde;

b) die Institute legen bei der Berechnung die folgenden Verwertungszeiträume zugrunde:

   i) 20 Handelstage für besicherte Kreditvergaben,

   ii) 5 Handelstage für Pensionsgeschäfte, sofern diese nicht mit der Übertragung von Waren oder garantierten Eigentumsrechten an diesen Waren verbunden sind, und für Wertpapierverleih- oder -leihgeschäfte,

   iii) 10 Handelstage für andere Kapitalmarkttransaktionen;

c) die Institute können für die Volatilitätsanpassung Werte verwenden, die unter Zugrundelegung kürzerer oder längerer Verwertungszeiträume berechnet und für das betreffende Geschäft mit Hilfe nachstehender Wurzel-Zeit-Formel auf den unter Buchstabe b angegebenen Verwertungszeitraum herauf- oder herabskaliert werden:

$$H_M = H_N \cdot \sqrt{\frac{T_M}{T_N}}$$

dabei entspricht

T_M = dem jeweiligen Verwertungszeitraum,

H_M = der auf dem Verwertungszeitraum T_M basierenden Volatilitätsanpassung,

H_N = der auf dem Verwertungszeitraum T_N basierenden Volatilitätsanpassung;

d) die Institute tragen der Illiquidität von Aktiva geringerer Qualität Rechnung. Bestehen Zweifel an der Liquidität einer Sicherheit, verlängern sie den Verwertungszeitraum. Sie stellen ferner fest, wo historische Daten möglicherweise eine Unterschätzung der potenziellen Volatilität bewirken. In solchen Fällen werden die Daten einem Stresstest unterzogen;

e) der historische Beobachtungszeitraum, den die Institute für die Berechnung der Volatilitätsanpassungen heranziehen, beträgt mindestens ein Jahr. Bei Instituten, die ein Gewichtungsschema oder andere Methoden verwenden, beträgt der effektive Beobachtungszeitraum mindestens ein Jahr. Die zuständigen Behörden können einem Institut ferner vorschreiben, seine Volatilitätsanpassungen anhand eines kürzeren Beobachtungszeitraums zu berechnen, wenn sie dies aufgrund eines signifikanten Anstiegs der Kursvolatilität für gerechtfertigt halten;

f) die Institute aktualisieren ihre Daten und berechnen ihre Volatilitätsanpassungen mindestens alle drei Monate. Darüber hinaus bewerten sie ihre Daten bei jeder wesentlichen Änderung der Marktpreise neu;[1)]

(3) Die Schätzung der Volatilitätsanpassungen erfüllt alle folgenden qualitativen Kriterien:

a) Das Institut nutzt die Volatilitätsschätzungen in seinem täglichen Risikomanagement – auch in Bezug auf seine internen Risikolimits;

b) ist der Verwertungszeitraum, den das Institut bei seinem täglichen Risikomanagement zugrunde legt, länger als der, der in diesem Abschnitt für den betreffenden Transaktionstyp festgelegt ist, so skaliert es die Volatilitätsanpassungen nach der in Absatz 2 Buchstabe c angegebenen Wurzel-Zeit-Formel nach oben;

c) das Institut hat Verfahren, um die Einhaltung der schriftlich niedergelegten Grundsätze für die Schätzung der Volatilitätsanpassungen und die Integration dieser Schätzungen in sein Risikomanagement sowie die dazugehörigen Kontrollen zu gewährleisten;

d) das System, das das Institut zur Schätzung der Volatilitätsanpassungen anwendet, wird im Rahmen der Innenrevision regelmäßig einer unabhängigen Prüfung unterzogen. Das gesamte System für die Schätzung der Volatilitätsanpassungen und deren Einbettung in das Risikomanagement des Instituts wird mindestens einmal jährlich überprüft. Diese Überprüfung umfasst zumindest

   i) die Einbeziehung der geschätzten Volatilitätsanpassungen in das tägliche Risikomanagement,

   ii) die Validierung jeder wesentlichen Änderung des Schätzverfahrens,

   iii) die Konsistenz, Zeitnähe und Zuverlässigkeit der Datenquellen, auf die sich das Institut bei der Schätzung der Volatilitätsanpassungen stützt, einschließlich der Unabhängigkeit dieser Quellen,

   iv) die Genauigkeit und Angemessenheit der Volatilitätsannahmen.

Art. 226 Heraufskalierung von Volatilitätsanpassungen bei der umfassenden Methode zur Berücksichtigung finanzieller Sicherheiten. [1]Die

---

1) Zeichensetzung amtlich.

Volatilitätsanpassungen nach Artikel 224 gelten für den Fall einer täglichen Neubewertung. [2]Ebenso stellt ein Institut, das gemäß Artikel 225 seine eigenen Schätzungen verwendet, seine Berechnungen zunächst auf der Grundlage einer täglichen Neubewertung an. [3]Erfolgt die Neubewertung seltener als einmal täglich, so nehmen die Institute größere Volatilitätsanpassungen vor. [4]Diese werden von den Instituten anhand nachstehender Wurzel-Zeit-Formel durch Heraufskalierung der auf einer täglichen Neubewertung basierenden Volatilitätsanpassungen ermittelt:

$$H = H_M \cdot \sqrt{\frac{N_R + (T_M - 1)}{T_M}}$$

dabei entspricht

H = der vorzunehmenden Volatilitätsanpassung,
H_M = der Volatilitätsanpassung bei täglicher Neubewertung,
N_R = der tatsächlichen Zahl der Handelstage zwischen Neubewertungen,
T_M = dem Verwertungszeitraum für das betreffende Geschäft.

Art. 227 Bedingungen für eine 0 %ige Volatilitätsanpassung bei der umfassenden Methode zur Berücksichtigung finanzieller Sicherheiten.

(1) [1]Wenn die Bedingungen des Absatzes 2 Buchstaben a bis h erfüllt sind, dürfen Institute, die nach der auf aufsichtlichen Vorgaben beruhenden Methode nach Artikel 224 oder der auf eigenen Schätzungen basierenden Methode nach Artikel 225 verfahren, bei Pensionsgeschäften und Wertpapierverleih- oder *Leihgeschäften*[1)] anstelle der nach den Artikeln 224 bis 226 berechneten Volatilitätsanpassungen eine Anpassung von 0 % vornehmen. [2]Institute, die interne Modelle nach Artikel 221 verwenden, machen keinen Gebrauch von der in diesem Artikel festgelegten Behandlung.

(2) Die Institute können eine Volatilitätsanpassung von 0 % vornehmen, wenn alle folgenden Bedingungen erfüllt sind:

a) Sowohl die Risikoposition als auch die Sicherheit sind Barmittel oder Schuldverschreibungen von Zentralstaaten oder Zentralbanken im Sinne von Artikel 197 Absatz 1 Buchstabe b, die nach Kapitel 2 mit einem Risiko von 0 % gewichtet werden können;
b) Risikoposition und Sicherheit lauten auf dieselbe Währung;
c) entweder die Laufzeit des Geschäfts beträgt nicht mehr als einen Tag oder sowohl die Risikoposition als auch die Sicherheit werden täglich zu Marktpreisen bewertet und unterliegen täglichen Nachschussverpflichtungen;
d) zwischen der letzten Neubewertung vor dem Versäumnis der Gegenpartei, Sicherheiten nachzuliefern, und der Veräußerung der Sicherheit liegen nicht mehr als vier Handelstage;
e) das Geschäft wird in einem für diese Art von Geschäft bewährten Abrechnungssystem abgewickelt;

[1)] Richtig wohl: „-leihgeschäften".

f) die für die Vereinbarung oder das Geschäft maßgeblichen Dokumente sind die für Pensionsgeschäfte oder Leih- oder Verleihgeschäfte mit den betreffenden Wertpapieren üblichen Standarddokumente;

g) aus den für das Geschäft maßgeblichen Dokumenten geht hervor, dass das Geschäft fristlos kündbar ist, wenn die Gegenpartei ihrer Verpflichtung zur Einlieferung von Barmitteln oder Wertpapieren oder zur Leistung von Nachschusszahlungen nicht nachkommt oder in anderer Weise ausfällt;

h) die Gegenpartei wird von den zuständigen Behörden als wesentlicher Marktteilnehmer angesehen.

(3) Die in Absatz 2 Buchstabe h genannten wesentlichen Marktteilnehmer umfassen

a) die in Artikel 197 Absatz 1 Buchstabe b bezeichneten Emittenten, deren Titel nach Kapitel 2 ein Risikogewicht von 0 % erhalten,

b) Institute,

c) sonstige Finanzunternehmen im Sinne des Artikels 13 Nummer 25 Buchstaben b und d der Richtlinie 2009/138/EG, deren Schuldtiteln nach dem Standardansatz ein Risikogewicht von 20 % zugewiesen wird, oder die – sollte es sich um Institute handeln, die die risikogewichteten Positionsbeträge und erwarteten Verlustbeträge nach dem IRB-Ansatz ermitteln – keine Bonitätsbeurteilung einer anerkannten ECAI haben und von dem Institut intern beurteilt werden,

d) beaufsichtigte OGA, die Eigenmittelanforderungen oder Verschuldungslimits unterliegen,

e) beaufsichtigte Pensionsfonds,

f) anerkannte Clearing-Organisationen.

Art. 228 Berechnung der risikogewichteten Positionsbeträge und erwarteten Verlustbeträge bei der umfassenden Methode zur Berücksichtigung finanzieller Sicherheiten. (1) [1] Im Rahmen des Standardansatzes verwenden Institute für die Zwecke des Artikels 113 als Risikopositionswert den nach Artikel 223 Absatz 5 berechneten Wert E*. [2] Bei den in Anhang I genannten außerbilanziellen Posten legen die Institute E* als den Wert zugrunde, auf den die in Artikel 111 Absatz 1 genannten Prozentsätze angewandt werden, um den Risikopositionswert zu ermitteln.

(2) [1] Im Rahmen des IRB-Ansatzes setzen die Institute für die Zwecke des Kapitels 3 den tatsächlichen Wert der LGD (LGD*) als LGD-Wert an. [2] Die Institute berechnen LGD* wie folgt:

$$LGD^* = LGD \cdot \frac{E^*}{E}$$

dabei entspricht

LGD = der LGD, die nach Kapitel 3 für die Risikoposition gelten würde, wäre sie unbesichert,

E = dem Risikopositionswert gemäß Artikel 223 Absatz 3,

E* = dem vollständig angepassten Risikopositionswert gemäß Artikel 223 Absatz 5.

Art. 229 Bewertungsgrundsätze für sonstige anerkennungsfähige Sicherheiten beim IRB-Ansatz. (1) *[1]* [1] Bei Immobiliensicherheiten wird die Sicherheit von einem unabhängigen Sachverständigen zum oder unter Marktwert bewertet. [2] Das Institut verpflichtet den Sachverständigen, den Marktwert transparent und klar zu dokumentieren.

[2] [1] In Mitgliedstaaten, deren Rechts- und Verwaltungsvorschriften strenge Vorgaben für die Bemessung des Beleihungswerts setzen, kann die Immobilie stattdessen von einem unabhängigen Sachverständigen zum oder unter Beleihungswert bewertet werden. [2] Institute verlangen, dass der unabhängige Sachverständige bei der Bestimmung des Beleihungswerts spekulative Elemente außer Acht lässt und diesen Wert auf transparente und klare Weise dokumentiert.

[3] Der Wert der Sicherheit ist der Markt- oder Beleihungswert, der gegebenenfalls aufgrund der Ergebnisse der in Artikel 208 Absatz 3 vorgesehenen Überprüfung und eventueller vorrangiger Forderungen auf die Immobilie herabgesetzt wird.

(2) Bei Forderungen ist der Wert der Forderungsbetrag.

(3) [1] Sachsicherheiten, bei denen es sich nicht um Immobiliensicherheiten handelt, werden von den Instituten zum Marktwert bewertet. [2] Für die Zwecke dieses Artikels ist der Marktwert der geschätzte Betrag, zu dem die Sicherheit am Tag der Bewertung im Rahmen eines zu marktüblichen Konditionen geschlossenen Geschäfts vom Besitz eines veräußerungswilligen Verkäufers in den Besitz eines kaufwilligen Käufers übergehen dürfte.

Art. 230 Berechnung der risikogewichteten Positionsbeträge und erwarteten Verlustbeträge für andere anerkennungsfähige Sicherheiten beim IRB-Ansatz. (1) *[1]* Institute verwenden für die Zwecke des Kapitels 3 als LGD die nach diesem Absatz und nach Absatz 2 berechnete LGD*.

[2] [1] Fällt das Verhältnis des Werts der Sicherheit (C) zum Risikopositionswert (E) unter den in Tabelle 5 für die Risikoposition vorgeschriebenen Mindestbesicherungsgrad (C*), so ist LGD* gleich der in Kapitel 3 für unbesicherte Risikopositionen an die Gegenpartei festgelegten LGD. [2] Zu diesem Zweck legen die Institute bei der Berechnung des Risikopositionswerts der in Artikel 166 Absätze 8 bis 10 aufgeführten Posten anstelle der dort genannten Umrechnungsfaktoren oder Prozentsätze einen Umrechnungsfaktor oder Prozentsatz von 100 % zugrunde.

[3] Übersteigt das Verhältnis des Werts der Sicherheit zum Risikopositionswert die in Tabelle 5 festgelegte zweite, höhere Schwelle C**, so ist LGD* gleich dem in Tabelle 5 vorgeschriebenen Wert.

[4] Wird der erforderliche Grad an Besicherung C** für die Risikoposition insgesamt nicht erreicht, so behandeln die Institute die Risikoposition wie zwei Risikopositionen – eine, bei der der erforderliche Grad an Besicherung C** gegeben ist und eine (der verbleibende Teil), bei der dies nicht der Fall ist.

(2) Welcher Wert für LGD* anzusetzen ist und welcher Grad an Besicherung für die besicherten Risikopositionsteile erforderlich ist, ist Tabelle 5 zu entnehmen:

Tabelle 5
Mindest-LGD für besicherte Risikopositionsteile

	LGD* bei vorrangigen Risikopositionen	LGD* bei nachrangigen Risikopositionen	Erforderlicher Grad an Mindestbesicherung der Risikoposition (C*)	Erforderlicher Grad an Mindestbesicherung der Risikoposition (C**)
Forderungen	35 %	65 %	0 %	125 %
Wohnimmobilien/ Gewerbeimmobilien	35 %	65 %	30 %	140 %
Sonstige Sicherheiten	40 %	70 %	30 %	140 %

(3) Alternativ zu der Behandlung nach den Absätzen 1 und 2 und vorbehaltlich des Artikels 124 Absatz 2 dürfen Institute dem Teil der Risikoposition, der innerhalb der in Artikel 125 Absatz 2 Buchstabe d bzw. Artikel 126 Absatz 2 Buchstabe d festgelegten Grenzen in voller Höhe durch Wohnimmobilien oder Gewerbeimmobilien im Hoheitsgebiet eines Mitgliedstaats besichert ist, ein Risikogewicht von 50 % zuweisen, wenn alle in Artikel 199 Absatz 3 oder 4 genannten Bedingungen erfüllt sind.

Art. 231 Berechnung der risikogewichteten Positionsbeträge und erwarteten Verlustbeträge bei gemischten Sicherheitenpools. (1) Der Wert der zugrunde zu legenden LGD* wird von einem Institut als LGD für die Zwecke von Kapitel 3 nach den Absätzen 2 und 3 berechnet, wenn die beiden folgenden Bedingungen erfüllt sind:

a) Das Institut berechnet die risikogewichteten Positionsbeträge und erwarteten Verlustbeträge nach dem IRB-Ansatz;
b) die Risikoposition ist sowohl durch Finanzsicherheiten als auch durch andere anerkennungsfähige Sicherheiten besichert.

(2) Die Institute sind dazu verpflichtet, den volatilitätsangepassten Wert der Risikoposition, den sie erhalten, indem sie am Risikopositionswert die in Artikel 223 Absatz 5 genannte Volatilitätsanpassung vornehmen, in verschiedene Teile aufzuteilen, so dass sich ein durch anerkennungsfähige finanzielle Sicherheiten unterlegter Anteil, ein durch Forderungsabtretungen besicherter Anteil, ein durch Gewerbe- oder Wohnimmobilien besicherter Anteil, ein durch sonstige anerkennungsfähige Sicherheiten unterlegter Anteil sowie gegebenenfalls der unbesicherte Anteil ergibt.

(3) Die Institute ermitteln die LGD* nach den einschlägigen Bestimmungen dieses Kapitels für jeden der nach Absatz 2 ermittelten Anteile gesondert.

Art. 232 Andere Formen der Besicherung mit Sicherheitsleistung.

(1) Sind die Bedingungen des Artikels 212 Absatz 1 erfüllt, können Einlagen bei Drittinstituten wie eine Garantie dieses Drittinstituts behandelt werden.

(2) *[1]* Sind die Bedingungen des Artikels 212 Absatz 2 erfüllt, verfahren die Institute mit dem Teil der Risikoposition, der durch den gegenwärtigen Rück-

kaufswert der an das kreditgebende Institut verpfändeten Lebensversicherungen besichert ist, wie folgt:

a) Wenn für die Risikoposition der Standardansatz verwendet wird, wird ihr eines der in Absatz 3 festgelegten Risikogewichte zugewiesen;

b) wenn für die Risikoposition der IRB-Ansatz, nicht aber die institutseigenen LGD-Schätzungen verwendet werden, wird ihr eine LGD von 40 % zugewiesen.

[2] Im Falle einer Währungsinkongruenz setzen die Institute den gegenwärtigen Rückkaufswert gemäß Artikel 233 Absatz 3 herab, wobei der Wert der Besicherung dem gegenwärtigen Rückkaufswert der Lebensversicherung entspricht.

(3) Für die Zwecke des Absatzes 2 Buchstabe a weisen die Institute die folgenden Risikogewichte zu, wobei das Risikogewicht einer vorrangigen unbesicherten Risikoposition gegenüber dem Lebensversicherer als Grundlage dient:

a) ein Risikogewicht von 20 %, wenn der vorrangigen unbesicherten Risikoposition gegenüber dem Lebensversicherer ein Risikogewicht von 20 % zugeordnet wird,

b) ein Risikogewicht von 35 %, wenn der vorrangigen unbesicherten Risikoposition gegenüber dem Lebensversicherer ein Risikogewicht von 50 % zugeordnet wird,

c) ein Risikogewicht von 70 %, wenn der vorrangigen unbesicherten Risikoposition gegenüber dem Lebensversicherer ein Risikogewicht von 100 % zugeordnet wird,

d) ein Risikogewicht von 150 %, wenn der vorrangigen unbesicherten Risikoposition gegenüber dem Lebensversicherer ein Risikogewicht von 150 % zugeordnet wird.

(4) [1] Institute dürfen auf Anforderung zurückgekaufte Instrumente, die nach Artikel 200 Buchstabe c anerkennungsfähig sind, wie eine Garantie des emittierenden Instituts behandeln. [2] Der Wert der anerkennungsfähigen Besicherung ist Folgender:

a) Wird der Titel zu seinem Nennwert zurückgekauft, so gilt als Besicherungswert dieser Betrag;

b) wird das Instrument zum Marktpreis zurückgekauft, so wird der Besicherungswert nach dem gleichen Verfahren ermittelt wie bei den Schuldverschreibungen, die die Bedingungen des Artikels 197 Absatz 4 erfüllen.

Unterabschnitt 2. Absicherung ohne Sicherheitsleistung

Art. 233 Bewertung. (1) Für die Berechnung der Auswirkungen einer Absicherung ohne Sicherheitsleistung gemäß diesem Unterabschnitt wird als Wert der Absicherung ohne Sicherheitsleistung (G) der Betrag angesetzt, zu dessen Zahlung sich der Sicherungsgeber für den Fall verpflichtet hat, dass der Kreditnehmer ausfällt, seinen Zahlungsverpflichtungen nicht nachkommt oder ein bestimmtes anderes Kreditereignis eintritt.

(2) Für Kreditderivate, bei denen eine Neustrukturierung der zugrunde liegenden Verbindlichkeit, verbunden mit einem Erlass oder einer Stundung der Darlehenssumme, der Zinsen oder der Gebühren, die zu einem Verlust auf

Seiten des Kreditgebers führt, nicht als Kreditereignis angesehen wird, gilt Folgendes:

a) Wenn der Betrag, zu dessen Zahlung sich der Sicherungsgeber verpflichtet hat, den Risikopositionswert nicht übersteigt, setzen die Institute den nach Absatz 1 ermittelten Wert der Absicherung um 40 % herab;

b) wenn der Betrag, zu dessen Zahlung sich der Sicherungsgeber verpflichtet hat, den Risikopositionswert übersteigt, darf der Wert der Absicherung höchstens 60 % des Risikopositionswerts betragen.

(3) *[1]* Lautet eine Absicherung ohne Sicherheitsleistung auf eine andere Währung als die Risikoposition, so setzen die Institute den Wert der Absicherung mit Hilfe einer Volatilitätsanpassung wie folgt herab:

$$G^{\star} = G \cdot (1 - H_{fx})$$

dabei entspricht

$G^{\star}$ = dem an das Fremdwährungsrisiko angepassten Betrag der Absicherung,

G = dem Nominalbetrag der Absicherung,

H_{fx} = der nach Absatz 4 ermittelten Volatilitätsanpassung für etwaige Währungsinkongruenzen zwischen der Absicherung und der zugrunde liegenden Verbindlichkeit.

[2] Liegt keine Währungsinkongruenz vor, ist H_{fx} gleich Null.

(4) [1] Bei Volatilitätsanpassungen für Währungsinkongruenzen legen die Institute unter der Annahme einer täglichen Neubewertung einen Verwertungszeitraum von zehn Handelstagen zugrunde und können bei der Berechnung dieser Anpassungen nach der auf aufsichtlichen Vorgaben oder der auf eigenen Schätzungen beruhenden Methode (Artikel 224 bzw. 225) verfahren. [2] Die Institute skalieren die Volatilitätsanpassungen gemäß Artikel 226 herauf.

Art. 234 Berechnung der risikogewichteten Positionsbeträge und erwarteten Verlustbeträge im Falle einer Teilabsicherung und Unterteilung in Tranchen. [1] Überträgt das Institut einen Teil des Kreditrisikos auf eine oder mehrere Tranchen, so gelten die Regeln des Kapitels 5. [2] Die Institute können Erheblichkeitsschwellen für Zahlungen, unterhalb derer im Falle eines Verlusts keine Zahlungen geleistet werden, mit zurückbehaltenen Erstverlust-Positionen gleichsetzen und als Risikotransfer in Tranchen betrachten.

Art. 235 Berechnung der risikogewichteten Positionsbeträge beim Standardansatz. (1) Die Institute berechnen die risikogewichteten Positionsbeträge für die Zwecke des Artikels 113 Absatz 3 nach folgender Formel:

$$\max\{0, E - G_A\} \cdot \mathrm{r} + G_A \cdot g$$

dabei entspricht

E = dem Risikopositionswert gemäß Artikel 111; der Risikopositionswert eines in Anhang I genannten außerbilanziellen Postens wird zu diesem Zweck nicht mit dem in Artikel 111 Absatz 1 genannten Risikopositionswert, sondern mit 100 % seines Werts angesetzt,

G_A = der nach Artikel 233 Absatz 3 errechneten Höhe der Absicherung (G*), die nach Maßgabe des Abschnitts 5 an etwaige Laufzeitinkongruenzen angepasst wird,

r = dem in Kapitel 2 genannten Risikogewicht von Risikopositionen gegenüber dem Schuldner,

g = dem Risikogewicht von Risikopositionen gegenüber dem Sicherungsgeber gemäß in Kapitel 2.

(2) Ist der abgesicherte Betrag (G_A) geringer als die Risikoposition (E), dürfen die Institute die Formel in Absatz 1 nur anwenden, wenn die abgesicherten und nicht abgesicherten Teile der Risikoposition gleichrangig sind.

(3) Institute dürfen die Behandlung nach Artikel 114 Absätze 4 und 7 auf Risikopositionen oder Teile von Risikopositionen ausdehnen, für die eine Garantie des Zentralstaats oder der Zentralbank besteht, wenn diese Garantie auf die Landeswährung des Kreditnehmers lautet und auch in dieser Währung abgesichert ist.

Art. 236 Berechnung der risikogewichteten Positionsbeträge und erwarteten Verlustbeträge beim IRB-Ansatz. (1) [1] Für den auf dem angepassten Wert der Kreditabsicherung G_A basierenden abgesicherten Teil des Risikopositionswerts (E) darf für den Fall, dass eine vollständige Substitution nicht gerechtfertigt erscheint, für die Zwecke des Kapitels 3 Abschnitt 4 als PD die PD des Sicherungsgebers oder eine PD zwischen der des Kreditnehmers und der des Garanten angesetzt werden. [2] Bei nachrangigen Risikopositionen und einer nicht nachrangigen Absicherung ohne Sicherheitsleistung können die Institute für die Zwecke von Kapitel 3 Abschnitt 4 als LGD die LGD vorrangiger Risikopositionen heranziehen.

(2) Für jeden unbesicherten Teil des Risikopositionswerts (E) wird als PD die PD des Kreditnehmers und als LGD die LGD der zugrunde liegenden Risikoposition verwendet.

(3) [1] Für die Zwecke dieses Artikels ist G_A der nach Artikel 233 Absatz 3 ermittelte Wert G*, der nach Maßgabe des Abschnitts 5 an etwaige Laufzeitinkongruenzen angepasst wird. [2] E ist der gemäß Kapitel 3 Abschnitt 5 ermittelte Risikopositionswert. [3] Zu diesem Zweck legen die Institute bei der Berechnung des Risikopositionswerts der in Artikel 166 Absätze 8 bis 10 genannten Posten anstelle der dort genannten Umrechnungsfaktoren oder Prozentsätze einen Umrechnungsfaktor oder Prozentsatz von 100 % zugrunde.

Abschnitt 5. Laufzeitinkongruenz

Art. 237 Laufzeitinkongruenz. (1) [1] Bei der Berechnung der risikogewichteten Positionsbeträge liegt eine Laufzeitinkongruenz dann vor, wenn die Restlaufzeit der Kreditbesicherung kürzer ist als die der besicherten Risikoposition. [2] Eine Besicherung, deren Restlaufzeit weniger als drei Monate beträgt und deren Laufzeit kürzer ist als die der zugrunde liegenden Risikoposition, stellt keine anerkennungsfähige Besicherung dar.

(2) Liegt eine Laufzeitinkongruenz vor, kann eine Besicherung nicht anerkannt werden, wenn eine der folgenden Bedingungen erfüllt ist:

a) Die Ursprungslaufzeit der Besicherung beträgt weniger als ein Jahr.

b) Bei der Risikoposition handelt es sich um eine kurzfristige Risikoposition, bei der nach den Vorgaben der zuständigen Behörden für die effektive Restlaufzeit (M) gemäß Artikel 162 Absatz 3 anstelle der Untergrenze von einem Jahr eine Untergrenze von einem Tag gilt.

Art. 238 Laufzeit der Kreditbesicherung. (1) [1] Vorbehaltlich einer Höchstgrenze von 5 Jahren entspricht die effektive Laufzeit der zugrunde liegenden Verbindlichkeiten dem Zeitraum, nach dessen Ablauf der Schuldner seine Verpflichtungen spätestens erfüllt haben muss. [2] Vorbehaltlich des Absatzes 2 entspricht die Laufzeit der Kreditbesicherung dem Zeitraum bis zum frühestmöglichen Termin des Ablaufs bzw. der Kündigung der Besicherung.

(2) [1] Hat der Sicherungsgeber die Möglichkeit, die Besicherung zu kündigen, so setzen die Institute den Zeitraum bis zur frühestmöglichen Kündigung als Laufzeit der Besicherung an. [2] Hat der Sicherungsnehmer die Möglichkeit, die Besicherung zu kündigen, und bieten die vertraglichen Konditionen bei Abschluss des Sicherungsgeschäfts dem Institut einen Anreiz, die Transaktion vor Ablauf der vertraglichen Laufzeit zu kündigen, so setzt das Institut den Zeitraum bis zur frühestmöglichen Kündigung als Laufzeit der Besicherung an; in allen anderen Fällen kann das Institut annehmen, dass sich die Kündigungsmöglichkeit nicht auf die Laufzeit der Besicherung auswirkt.

(3) Darf ein Kreditderivat vor Ablauf der Toleranzzeiträume enden, die zur Feststellung eines Ausfalls wegen Zahlungsversäumnis bei der zugrunde liegenden Verbindlichkeit erforderlich sind, so setzen die Institute die Laufzeit der Besicherung um die Dauer des Toleranzzeitraums herab.

Art. 239 Bewertung der Besicherung. (1) Liegt bei durch finanzielle Sicherheiten besicherten Geschäften,[1] eine Inkongruenz zwischen der Laufzeit der Risikoposition und der Laufzeit der Besicherung vor, werden diese Sicherheiten bei Anwendung der einfachen Methode zur Berücksichtigung finanzieller Sicherheiten nicht anerkannt.

(2) *[1]* Bei Geschäften, die durch finanzielle Sicherheiten besichert sind, tragen Institute bei Anwendung der umfassenden Methode zur Berücksichtigung finanzieller Sicherheiten den Laufzeiten der Besicherung und der Risikoposition beim angepassten Wert der Sicherheit nach folgender Formel Rechnung:

$$C_{VAM} = C_{VA} \cdot \frac{t - t^*}{T - t^*}$$

dabei entspricht

CVA = dem volatilitätsangepassten Wert der Sicherheit gemäß Artikel 223 Absatz 2 oder dem Risikopositionsbetrag, wenn dieser niedriger ist,

t = der verbleibenden Zahl von Jahren bis zu dem nach Artikel 238 errechneten Fälligkeitstermin der Kreditbesicherung oder T, wenn dieser Wert niedriger ist,

---

[1] Zeichensetzung amtlich.

T = der verbleibenden Anzahl von Jahren bis zu dem nach Artikel 238 bestimmten Fälligkeitstermin der Risikoposition oder fünf Jahren, wenn dieser Wert niedriger ist,

t⋆ = 0,25.

[2] Institute verwenden in der Formel nach Artikel 223 Absatz 5 für die Berechnung des vollständig angepassten Risikopositionswerts (E⋆) CVAM als den weiter um Laufzeitinkongruenz angepassten CVA.

(3) *[1]* Bei Geschäften mit Absicherung ohne Sicherheitsleistung tragen Institute den Laufzeiten der Absicherung und der Risikoposition beim angepassten Wert der Sicherheit nach folgender Formel Rechnung:

$$G_A = G^* \cdot \frac{t - t^*}{T - t^*}$$

dabei entspricht

GA = dem um etwaige Laufzeitinkongruenzen angepassten Wert G⋆,

G⋆ = dem um etwaige Währungsinkongruenzen angepassten Betrag der Absicherung,

t = der verbleibenden Zahl von Jahren bis zu dem nach Artikel 238 errechneten Fälligkeitstermin der Kreditbesicherung oder T, wenn dieser Wert niedriger ist,

T = der verbleibenden Zahl von Jahren bis zu dem nach Artikel 238 errechneten Fälligkeitstermin der Risikoposition oder fünf Jahren, wenn dieser Wert niedriger ist,

t⋆ = 0,25.

[2] Für die Zwecke der Artikel 233 bis 236 verwenden Institute GA als Wert der Absicherung.

Abschnitt 6. Kreditrisikominderungstechniken für Forderungskörbe

Art. 240 Erstausfall-Kreditderivate (First-to-default credit derivatives)

[1] Erwirbt ein Institut für einen Forderungskorb eine Besicherung, bei der der erste Ausfall in diesem Korb die Zahlung auslöst und dieses Kreditereignis den Kontrakt beendet, so darf das Institut die Berechnung des risikogewichteten Positionsbetrags und gegebenenfalls des erwarteten Verlustbetrags, die ohne die Kreditbesicherung den niedrigsten risikogewichteten Positionsbetrag ergäbe, gemäß diesem Kapitel anpassen;[1)]

a) Bei Instituten, die den Standardansatz verwenden, entspricht der risikogewichtete Positionsbetrag dem nach diesem Standardansatz berechneten risikogewichteten Positionsbetrag;

b) bei Instituten, die den IRB-Ansatz verwenden, entspricht der risikogewichtete Positionsbetrag der Summe aus dem nach dem IRB-Ansatz berechneten risikogewichteten Positionsbetrag und dem 12,5fachen des erwarteten Verlustbetrags.

[1)] Zeichensetzung amtlich.

[2] Das Verfahren nach diesem Artikel wird nur angewandt, wenn der Risikopositionswert den Wert der Kreditbesicherung nicht übersteigt.

Art. 241 N-ter-Ausfall-Kreditderivate (Nth-to-default credit derivatives) *[1]* [1] Löst der n-te Ausfall im Korb laut Besicherungskonditionen die Zahlung aus, so darf das die Besicherung erwerbende Institut diese bei der Berechnung der risikogewichteten Positionsbeträge und gegebenenfalls der erwarteten Verlustbeträge nur dann berücksichtigen, wenn die Besicherung auch für die Ausfälle 1 bis n-1 erworben wurde oder wenn bereits n-1 Ausfälle eingetreten sind. [2] In solchen Fällen darf das Institut die Berechnung des risikogewichteten Positionsbetrags und gegebenenfalls des erwarteten Verlustbetrags anpassen, die ohne die Kreditbesicherung den n-ten niedrigsten risikogewichteten Positionsbetrag gemäß diesem Kapitel ergäbe. [3] Institute berechnen den n-ten niedrigsten Betrag wie in Artikel 240 Buchstaben a und b angegeben.

[2] Das Verfahren nach diesem Artikel wird nur angewandt, wenn der Risikopositionswert den Wert der Kreditbesicherung nicht übersteigt.

[3] Alle Risikopositionen im Korb erfüllen die Anforderungen nach Artikel 204 Absatz 2 und Artikel 216 Absatz 1 Buchstabe d.

Kapitel 5. Verbriefung

Abschnitt 1. Begriffsbestimmungen und Kriterien für einfache, transparente und standardisierte Verbriefungen

Art. 242 Begriffsbestimmungen. Für die Zwecke dieses Kapitels bezeichnet der Ausdruck

1. „Rückführungsoption" (Clean-up call option) eine vertragliche Option, die den Originator berechtigt, die Verbriefungspositionen vor der vollständigen Rückzahlung aller verbrieften Risikopositionen zu kündigen – entweder durch den Rückkauf der im Pool verbliebenen zugrunde liegenden Risikopositionen im Falle einer traditionellen Verbriefung oder durch die Beendigung der Besicherung im Falle von synthetischen Verbriefungen –, wenn der Restbetrag der noch ausstehenden zugrunde liegenden Risikopositionen auf oder unter eine bestimmte Schwelle fällt;
2. „bonitätsverbessernder Zinsstrip" einen in der Bilanz ausgewiesenen Vermögenswert, der eine Bewertung der Zahlungsströme im Zusammenhang mit künftigen Margenerträgen darstellt und bei dem es sich um eine nachrangige Tranche in der Verbriefung handelt;
3. „Liquiditätsfazilität" eine Liquiditätsfazilität im Sinne des Artikels 2 Nummer 14 der Verordnung (EU) 2017/2402;
4. „unbeurteilte Position" eine Verbriefungsposition, für die keine anerkennungsfähige Bonitätsbeurteilung gemäß Abschnitt 4 vorliegt;
5. „beurteilte Position" eine Verbriefungsposition, für die eine anerkennungsfähige Bonitätsbeurteilung gemäß Abschnitt 4 vorliegt;
6. „vorrangige Verbriefungsposition" eine Position, die durch einen erstrangigen Anspruch auf die Gesamtheit der zugrunde liegenden Risikopositionen unterlegt oder besichert wird, wobei für diese Zwecke keine Beträge berücksichtigt werden, die sich aus Zins- oder Währungsderivategeschäften, Gebühren oder anderen ähnlichen Zahlungen ergeben, und auch keine

Unterschiede in der Laufzeit bei einer oder mehreren anderen vorrangigen Tranchen, mit denen diese Position anteilmäßig Verluste teilt;

7. „IRB-Pool" einen Pool zugrunde liegender Risikopositionen einer Sorte, für die das Institut den IRB-Ansatz verwenden darf und die risikogewichteten Positionsbeträge gemäß Kapitel 3 für all diese Risikopositionen berechnen kann;
8. „gemischter Pool" einen Pool zugrunde liegender Risikopositionen einer Sorte, für die das Institut den IRB-Ansatz verwenden darf und die risikogewichteten Positionsbeträge gemäß Kapitel 3 für einige, jedoch nicht alle, dieser Risikopositionen berechnen kann;
9. „Übersicherung" jede Form der Bonitätsverbesserung, durch die für die zugrunde liegenden Risikopositionen ein Wert ausgewiesen wird, der höher als der Wert der Verbriefungspositionen ist;
10. „einfache, transparente und standardisierte Verbriefung" oder „STS-Verbriefung" eine Verbriefung, die die Anforderungen des Artikels 18 der Verordnung (EU) 2017/2402 erfüllt;
11. „Programm forderungsgedeckter Geldmarktpapiere" oder „ABCP-Programm" ein Programm forderungsgedeckter Geldmarktpapiere oder ABCP-Programm im Sinne des Artikels 2 Nummer 7 der Verordnung (EU) 2017/2402;
12. „Transaktion mit forderungsgedeckten Geldmarktpapieren" oder „ABCP-Transaktion" eine Transaktion mit forderungsgedeckten Geldmarktpapieren oder ABCP-Transaktion im Sinne des Artikels 2 Nummer 8 der Verordnung (EU) 2017/2402;
13. „traditionelle Verbriefung" eine traditionelle Verbriefung im Sinne des Artikels 2 Nummer 9 der Verordnung (EU) 2017/2402;
14. „synthetische Verbriefung" eine synthetische Verbriefung im Sinne des Artikels 2 Nummer 10 der Verordnung (EU) 2017/2402;
15. „revolvierende Risikoposition" eine revolvierende Risikoposition im Sinne des Artikels 2 Nummer 15 der Verordnung (EU) 2017/2402;
16. „Klausel der vorzeitigen Rückzahlung" eine Klausel der vorzeitigen Rückzahlung im Sinne des Artikels 2 Nummer 17 der Verordnung (EU) 2017/2402;
17. „Erstverlust-Tranche" eine Erstverlust-Tranche im Sinne des Artikels 2 Nummer 18 der Verordnung (EU) 2017/2402;
18. „mezzanine Verbriefungsposition" eine Verbriefungsposition, die der vorrangigen Verbriefungsposition im Rang nachgeht und der Erstverlust-Tranche im Rang vorgeht und der ein Risikogewicht von weniger als 1 250 % und mehr als 25 % im Einklang mit Abschnitt 3 Abschnitte 2 und 3 zugewiesen wurde;
19. „Fördereinrichtung" ein Unternehmen oder eine Einrichtung, das/die von der Zentralregierung, einer regionalen oder einer lokalen Gebietskörperschaft eines Mitgliedstaats eingerichtet wurde, das/die Förderdarlehen oder Fördergarantien vergibt und dessen/deren primäres Ziel nicht die Erzielung von Gewinnen oder die Maximierung von Marktanteilen, sondern die Förderung der Gemeinwohlziele der betreffenden Regierung oder Gebietskörperschaft ist, sofern – vorbehaltlich der Vorschriften über staatliche Beihilfen

– diese Regierung oder Gebietskörperschaft verpflichtet ist, die wirtschaftliche Grundlage des Unternehmens/der Einrichtung zeit seines/ihres Bestehens zu schützen und seine/ihre Lebensfähigkeit zu sichern, oder sofern mindestens 90 % seines/ihres ursprünglichen Kapitals oder seiner/ihrer ursprünglichen Finanzierung oder des von ihm/ihr vergebenen Förderdarlehens direkt oder indirekt von der Zentralregierung, der regionalen oder der lokalen Gebietskörperschaft des Mitgliedstaats garantiert werden.

Art. 243 Kriterien für STS-Verbriefungen, die für eine differenzierte Eigenmittelbehandlung in Frage kommen. (1) *[1]* Positionen in einem ABCP-Programm oder einer ABCP-Transaktion, die als Positionen in einer STS-Verbriefung gelten, kommen für die Behandlung gemäß den Artikeln 260, 262 und 264 in Frage, wenn die folgenden Anforderungen erfüllt sind:

a) Die zugrunde liegenden Risikopositionen erfüllen zum Zeitpunkt der Aufnahme in das ABCP-Programm nach bestem Wissen des Originators oder des ursprünglichen Kreditgebers die Bedingungen, um nach dem Standardansatz und unter Berücksichtigung aller zulässigen Kreditrisikominderungen auf individueller Basis eine Risikogewichtung von 75 % oder weniger, sofern es sich um eine Risikoposition aus dem Mengengeschäft handelt, oder eine Risikogewichtung von 100 % für alle sonstigen Risikopositionen zu erhalten; und

b) der aggregierte Risikopositionswert aller auf einen einzigen Schuldner bezogenen Risikopositionen auf Ebene eines ABCP-Programms darf 2 % des aggregierten Risikopositionswerts aller Risikopositionen im Rahmen des ABCP- Programms zum Zeitpunkt, zu dem die Risikopositionen dem ABCP-Programm hinzugefügt wurden, nicht überschreiten. Für die Zwecke dieser Berechnung gelten Darlehen oder Leasinggeschäfte mit einer Gruppe verbundener Kunden – nach bestem Wissen des Sponsors – als auf einen einzigen Schuldner bezogene Risikopositionen.

[2] [1] Im Fall von Handelsforderungen findet Unterabsatz 1 Buchstabe b keine Anwendung, wenn das Kreditrisiko dieser Handelsforderungen in vollem Umfang durch eine anerkennungsfähige Besicherung nach Kapitel 4 gedeckt ist, vorausgesetzt, dass es sich in diesem Fall beim Sicherungsgeber um ein Institut, ein Versicherungsunternehmen oder ein Rückversicherungsunternehmen handelt. [2] Für die Zwecke dieses Unterabsatzes wird nur der Teil der Handelsforderungen, der nach Berücksichtigung der Wirkung eines Kaufpreisnachlasses und einer Übersicherung verbleibt, für die Feststellung verwendet, ob diese vollständig gedeckt sind und ob die Konzentrationsgrenze eingehalten wird.

[3] Im Falle verbriefter Restwerte aus Leasinggeschäften findet Unterabsatz 1 Buchstabe b keine Anwendung, wenn bei diesen Werten nicht das Risiko einer Refinanzierung oder eines Weiterverkaufs besteht, da sich ein gemäß Artikel 201 Absatz 1 anerkennungsfähiger Dritter rechtsverbindlich verpflichtet hat, die Risikoposition zu einem im Voraus festgelegten Betrag zurückzukaufen oder zu refinanzieren.

[4] Abweichend von Unterabsatz 1 Buchstabe a beträgt die Risikogewichtung, die das Institut einer Liquiditätsfazilität zuordnen würde, die die im Rahmen des Programms emittierten forderungsgedeckten Geldmarktpapiere vollständig deckt, 100 % oder weniger, wenn dieses Institut Artikel 248 Absatz 3

anwendet oder ihm gestattet wurde, den Internen Bemessungsansatz nach Artikel 265 anzuwenden.

(2) Positionen in einer Verbriefung, bei der es sich nicht um ein ABCP-Programm oder eine ABCP-Transaktion handelt, die als Positionen in einer STS-Verbriefung gelten, kommen für die Behandlung gemäß den Artikeln 260, 262 und 264 in Frage, wenn die folgenden Anforderungen erfüllt sind:

a) zum Zeitpunkt der Aufnahme in die Verbriefung übersteigt der aggregierte Risikopositionswert aller auf einen einzigen Schuldner bezogenen Risikopositionen im Pool nicht 2 % der Positionswerte der aggregierten ausstehenden Risikopositionen des Pools zugrunde liegender Risikopositionen. Für die Zwecke dieser Berechnung gelten Darlehen oder Leasinggeschäfte mit einer Gruppe verbundener Kunden als auf einen einzigen Schuldner bezogene Risikopositionen.
Im Falle verbriefter Restwerte aus Leasinggeschäften findet Unterabsatz 1 dieses Buchstabens keine Anwendung, wenn bei diesen Werten nicht das Risiko einer Refinanzierung oder eines Weiterverkaufs besteht, da sich ein gemäß Artikel 201 Absatz 1 anerkennungsfähiger Dritter rechtsverbindlich verpflichtet hat, die Risikoposition zu einem im Voraus festgelegten Betrag zurückzukaufen oder zu refinanzieren;

b) zum Zeitpunkt ihrer Aufnahme in die Verbriefung erfüllen die zugrunde liegenden Risikopositionen die Bedingungen, um nach dem Standardansatz und unter Berücksichtigung aller zulässigen Kreditrisikominderungen eine Risikogewichtung zu erhalten, die folgenden Werten entspricht oder darunter liegt:
   i) 40 % auf der Grundlage eines nach dem Risikopositionswert gewichteten Durchschnitts für das Portfolio, wenn es sich bei den Risikopositionen um durch Hypotheken auf Wohnimmobilien besicherte Darlehen oder in vollem Umfang garantierte Darlehen für Wohnimmobilien gemäß Artikel 129 Absatz 1 Buchstabe e handelt;
   ii) 50 % auf der Grundlage einzelner Risikopositionen, wenn es sich bei der Risikoposition um ein durch eine Hypothek auf Gewerbeimmobilien besichertes Darlehen handelt;
   iii) 75 % auf der Grundlage einzelner Risikopositionen, wenn es sich bei der Risikoposition um eine Risikoposition aus dem Mengengeschäft handelt;
   iv) 100 % auf der Grundlage einzelner Risikopositionen für alle sonstigen Risikopositionen;

c) findet Buchstabe b Ziffern i und ii Anwendung, so werden die durch nachrangige Sicherungsrechte an einem bestimmten Vermögenswert besicherten Darlehen nur dann in die Verbriefung aufgenommen, wenn alle durch bevorrechtigte Sicherungsrechte an diesem Vermögenswert besicherten Darlehen auch Gegenstand der Verbriefung sind;

d) findet Buchstabe b Ziffer i dieses Absatzes Anwendung, so darf die gemäß Artikel 129 Absatz 1 Buchstabe d Ziffer i und Artikel 229 Absatz 1 gemessene Beleihungsquote bei keinem Darlehen im Pool der zugrunde liegenden Risikopositionen zum Zeitpunkt der Aufnahme in die Verbriefung mehr als 100 % betragen.

Abschnitt 2. Anerkennung der Übertragung eines signifikanten Risikos

Art. 244 Traditionelle Verbriefung. (1) Der Originator einer traditionellen Verbriefung kann die zugrunde liegenden Risikopositionen von seiner Berechnung der risikogewichteten Positionsbeträge und gegebenenfalls der erwarteten Verlustbeträge ausnehmen, wenn eine der folgenden Bedingungen erfüllt ist:

a) Ein mit den zugrunde liegenden Risikopositionen verbundenes signifikantes Kreditrisiko wurde auf Dritte übertragen;

b) der Originator setzt für alle Verbriefungspositionen, die er in der Verbriefung hält, ein Risikogewicht von 1 250 % an oder zieht diese Verbriefungspositionen gemäß Artikel 36 Absatz 1 Buchstabe k von seinem harten Kernkapital ab.

(2) *[1]* Ein signifikantes Kreditrisiko ist in einem der folgenden Fälle als übertragen zu betrachten:

a) Die risikogewichteten Positionsbeträge der von dem Originator an der Verbriefung gehaltenen mezzaninen Verbriefungspositionen gehen nicht über 50 % der risikogewichteten Positionsbeträge aller mezzaninen Verbriefungspositionen bei dieser Verbriefung hinaus;

b) der Originator hält nicht mehr als 20 % am Risikopositionswert der Erstverlust-Tranche in der Verbriefung, sofern die folgenden beiden Bedingungen erfüllt sind:

   i) der Originator kann nachweisen, dass der Risikopositionswert der Erstverlust-Tranche erheblich über eine begründete Schätzung des für die zugrunde liegenden Risikopositionen erwarteten Verlusts hinausgeht;

   ii) die Verbriefung umfasst keine mezzaninen Positionen.

[2] Ist die mögliche Verringerung der risikogewichteten Positionsbeträge, die der Originator durch die Verbriefung nach den Buchstaben a oder b erreichen würde, nicht durch eine entsprechende Übertragung von Kreditrisiko auf Dritte gerechtfertigt, können die zuständigen Behörden im Einzelfall entscheiden, dass keine Übertragung eines signifikanten Kreditrisikos auf Dritte vorliegt.

(3) [1] Abweichend von Absatz 2 können die zuständigen Behörden einem Originator gestatten, eine Übertragung eines signifikanten Kreditrisikos im Zusammenhang mit einer Verbriefung zu berücksichtigen, wenn der Originator für jeden Fall nachweisen kann, dass die Verringerung der Eigenmittelanforderungen, die er durch die Verbriefung erreicht, durch eine entsprechende Übertragung von Kreditrisiko auf Dritte gerechtfertigt ist. [2] Diese Erlaubnis wird nur erteilt, wenn das Institut die beiden folgenden Bedingungen erfüllt:

a) Es verfügt über angemessene interne Risikomanagementstrategien und Methoden zur Beurteilung der Kreditrisikoübertragung;

b) es hat in jedem einzelnen Fall die Risikoübertragung auf Dritte auch bei seinem internen Risikomanagement und der Allokation seines internen Kapitals berücksichtigt.

(4) Zusätzlich zu den Anforderungen der Absätze 1, 2 und 3 sind alle folgenden Bedingungen zu erfüllen:

a) Aus den Unterlagen der Transaktion geht die wirtschaftliche Substanz der Verbriefung hervor;

b) die Verbriefungspositionen stellen für den Originator keine Zahlungsverpflichtung dar;
c) auf die zugrunde liegenden Risikopositionen kann von Seiten des Originators und seiner Gläubiger im Einklang mit den Anforderungen des Artikels 20 Absatz 1 der Verordnung (EU) 2017/2402 nicht zurückgegriffen werden;
d) der Originator behält nicht die Kontrolle über die zugrunde liegenden Risikopositionen. Es wird davon ausgegangen, dass ein Originator die Kontrolle über die zugrunde liegenden Risikopositionen behalten hat, wenn er das Recht hat, vom Käufer der Risikopositionen die zuvor übertragenen Risikopositionen zurückzukaufen, um deren Gewinne zu realisieren, oder wenn er anderweitig verpflichtet ist, die übertragenen Risiken erneut zu übernehmen. Der Verbleib der Verwaltung von Rechten und Pflichten in Bezug auf die zugrunde liegenden Risikopositionen beim Originator stellt als solche keine Kontrolle über die Risikopositionen dar;
e) die Unterlagen der Verbriefung enthalten keine Bestimmungen oder Bedingungen, die
   i) den Originator zur Änderung der zugrunde liegenden Risikopositionen verpflichten, um die Durchschnittsqualität des Pools zu verbessern; oder
   ii) die an die Inhaber von Positionen zu zahlende Rendite erhöhen oder die Positionen in der Verbriefung anderweitig verbessern, wenn es zu einer Verschlechterung der Kreditqualität der zugrunde liegenden Risikopositionen kommt;
f) gegebenenfalls wird in den Unterlagen der Transaktion präzisiert, dass der Originator oder Sponsor nur dann Verbriefungspositionen kaufen oder zurückkaufen oder die zugrunde liegenden Risikopositionen über die vertraglichen Verpflichtungen hinaus zurückkaufen, umstrukturieren oder ersetzen darf, wenn dies im Einklang mit den vorherrschenden Marktbedingungen durchgeführt wird und die jeweiligen Parteien in ihrem eigenen Interesse und als freie und unabhängige Parteien handeln (zu marktüblichen Konditionen);
g) Rückführungsoptionen erfüllen darüber hinaus alle folgenden Bedingungen:
   i) ihre Ausübung liegt im Ermessen des Originators;
   ii) sie können nur ausgeübt werden, wenn maximal 10 % des ursprünglichen Werts der zugrunde liegenden Risikopositionen ungetilgt sind;
   iii) sie sind nicht im Hinblick darauf strukturiert, die Zuweisung von Verlusten zu Bonitätsverbesserungspositionen oder anderen von den Anlegern im Rahmen der Verbriefung gehaltenen Positionen zu vermeiden, und sind auch nicht anderweitig im Hinblick auf eine Bonitätsverbesserung strukturiert;
h) der Originator hat ein Gutachten eines qualifizierten Rechtsberaters erhalten, das bestätigt, dass die Verbriefung die in Buchstabe c dieses Absatzes genannten Bedingungen erfüllt.

(5) Die zuständigen Behörden unterrichten die EBA über die Fälle, in denen sie entschieden haben, dass die mögliche Verringerung der risikogewichteten Positionsbeträge nicht durch eine entsprechende Übertragung von Kreditrisiko auf Dritte im Einklang mit Absatz 2 gerechtfertigt ist, sowie über Fälle, in denen die Institute entschieden haben, von Absatz 3 Gebrauch zu machen.

(6) *[1]* [1]Die EBA überwacht die Bandbreite der Aufsichtspraktiken in Bezug auf die Anerkennung der Übertragung eines signifikanten Risikos bei traditionellen Verbriefungen gemäß diesem Artikel. [2]Insbesondere überprüft die EBA:

a) die Bedingungen für die Übertragung eines signifikanten Kreditrisikos auf Dritte im Einklang mit den Absätzen 2, 3 und 4;
b) die Auslegung des Konzepts der entsprechenden Übertragung von Kreditrisiko auf Dritte für die Zwecke der in Absatz 2 Unterabsatz 2 und in Absatz 3 vorgesehenen Bewertung durch die zuständigen Behörden;
c) die Voraussetzungen für die von den zuständigen Behörden vorgenommene Bewertung von Verbriefungstransaktionen, für die der Originator sich um eine Anerkennung der Übertragung eines signifikanten Kreditrisikos auf Dritte gemäß Absatz 2 oder 3 bemüht.

[2] [1]Die EBA meldet der Kommission ihre Ergebnisse bis zum 2. Januar 2021. [2]Die Kommission kann nach Berücksichtigung des Berichts der EBA einen delegierten Rechtsakt gemäß Artikel 462 erlassen, um diese Verordnung durch eine genauere Festlegung der unter den Buchstaben a, b und c genannten Elemente zu ergänzen.

Art. 245 Synthetische Verbriefung. (1) Der Originator einer synthetischen Verbriefung kann die risikogewichteten Positionsbeträge und gegebenenfalls die erwarteten Verlustbeträge in Bezug auf die zugrunde liegenden Risikopositionen gemäß den Artikeln 251 und 252 berechnen, wenn eine der folgenden Bedingungen erfüllt ist:

a) Ein signifikantes Kreditrisiko wurde durch Besicherung mit oder Absicherung ohne Sicherheitsleistung auf Dritte übertragen;
b) der Originator setzt für alle Verbriefungspositionen, die er an der Verbriefung hält, ein Risikogewicht von 1 250 % an oder zieht diese Verbriefungspositionen gemäß Artikel 36 Absatz 1 Buchstabe k von seinem harten Kernkapital ab.

(2) *[1]* Ein signifikantes Kreditrisiko ist in einem der folgenden Fälle als übertragen zu betrachten:

a) Die risikogewichteten Positionsbeträge der von dem Originator an der Verbriefung gehaltenen mezzaninen Verbriefungspositionen gehen nicht über 50 % der risikogewichteten Positionsbeträge aller mezzaninen Verbriefungspositionen bei dieser Verbriefung hinaus;
b) der Originator hält nicht mehr als 20 % am Risikopositionswert der Erstverlust-Tranche in der Verbriefung, sofern die folgenden beiden Bedingungen erfüllt sind:
   i) der Originator kann nachweisen, dass der Risikopositionswert der Erstverlust-Tranche erheblich über eine begründete Schätzung des für die zugrunde liegenden Risikopositionen erwarteten Verlusts hinausgeht;
   ii) es gibt keine mezzaninen Verbriefungspositionen.

[2] Ist die mögliche Verringerung der risikogewichteten Positionsbeträge, die der Originator durch die Verbriefung erreichen würde, nicht durch eine entsprechende Übertragung des Kreditrisikos auf Dritte gerechtfertigt, können die zuständigen Behörden im Einzelfall entscheiden, dass keine Übertragung eines signifikanten Kreditrisikos auf Dritte vorliegt.

(3) [1] Abweichend von Absatz 2 können die zuständigen Behörden einem Originator gestatten, eine Übertragung eines signifikanten Kreditrisikos im Zusammenhang mit einer Verbriefung zu berücksichtigen, wenn der Originator für jeden Fall nachweisen kann, dass die Verringerung der Eigenmittelanforderungen, die er durch die Verbriefung erreicht, durch eine entsprechende Übertragung von Kreditrisiko auf Dritte gerechtfertigt ist. [2] Diese Erlaubnis wird nur erteilt, wenn das betreffende Institut die folgenden beiden Bedingungen erfüllt:

a) Es verfügt über angemessene interne Risikomanagementstrategien und Methoden zur Beurteilung der Risikoübertragung;
b) es hat in jedem einzelnen Fall die Risikoübertragung auf Dritte auch bei seinem internen Risikomanagement und der Allokation seines internen Kapitals berücksichtigt.

(4) Zusätzlich zu den Anforderungen der Absätze 1, 2 und 3 sind alle folgenden Bedingungen zu erfüllen:

a) Aus den Unterlagen der Transaktion geht die wirtschaftliche Substanz der Verbriefung hervor;
b) die Besicherung, durch die das Kreditrisiko übertragen wird, entspricht Artikel 249;
c) die Unterlagen der Verbriefung enthalten keine Bestimmungen oder Bedingungen, die
   i) wesentliche Erheblichkeitsschwellen festlegen, unterhalb deren eine Besicherung nicht als ausgelöst gilt, wenn ein Kreditereignis eintritt,
   ii) die Kündigung der Besicherung ermöglichen, wenn sich die Kreditqualität der zugrunde liegenden Risikopositionen verschlechtert,
   iii) den Originator zur Änderung der Zusammensetzung der zugrunde liegenden Risikopositionen verpflichten, um die Durchschnittsqualität des Pools zu verbessern; oder
   iv) die Kosten des Instituts für die Besicherung erhöhen bzw. die an die Inhaber von Verbriefungspositionen zu zahlende Rendite aufstocken, wenn sich die Kreditqualität des zugrunde liegenden Pools verschlechtert hat;
d) die Besicherung ist in allen relevanten Rechtsräumen durchsetzbar;
e) gegebenenfalls wird in den Unterlagen der Transaktion präzisiert, dass der Originator oder Sponsor nur dann Verbriefungspositionen kaufen oder zurückkaufen oder die zugrunde liegenden Risikopositionen über die vertraglichen Verpflichtungen hinaus zurückkaufen, umstrukturieren oder ersetzen darf, wenn diese im Einklang mit den vorherrschenden Marktbedingungen durchgeführt werden und die jeweiligen Parteien in ihrem eigenen Interesse und als freie und unabhängige Parteien handeln (zu marktüblichen Konditionen);
f) Rückführungsoptionen erfüllen alle folgenden Bedingungen:
   i) sie können im Ermessen des Originators ausgeübt werden;
   ii) sie können nur ausgeübt werden, wenn maximal 10 % des ursprünglichen Werts der zugrunde liegenden Risikopositionen ungetilgt sind;
   iii) sie sind nicht im Hinblick darauf strukturiert, die Zuweisung von Verlusten zu Bonitätsverbesserungspositionen oder anderen von den Anlegern

im Rahmen der Verbriefung gehaltenen Positionen zu vermeiden, und sind auch nicht anderweitig im Hinblick auf eine Bonitätsverbesserung strukturiert;

g) der Originator hat ein Gutachten eines qualifizierten Rechtsberaters erhalten, das bestätigt, dass die Verbriefung die in Buchstabe d dieses Absatzes genannten Bedingungen erfüllt.

(5) Die zuständigen Behörden unterrichten die EBA über die Fälle, in denen sie entschieden haben, dass die mögliche Verringerung der risikogewichteten Positionsbeträge nicht durch eine entsprechende Übertragung von Kreditrisiko auf Dritte im Einklang mit Absatz 2 gerechtfertigt ist, sowie über Fälle, in denen die Institute entschieden haben, von Absatz 3 Gebrauch zu machen.

(6) *[1]* [1] Die EBA überwacht die Bandbreite der Aufsichtspraktiken in Bezug auf die Anerkennung der Übertragung eines signifikanten Risikos bei synthetischen Verbriefungen gemäß diesem Artikel. [2] Insbesondere überprüft die EBA:

a) Die Bedingungen für die Übertragung eines signifikanten Kreditrisikos auf Dritte im Einklang mit den Absätzen 2, 3 und 4;

b) die Auslegung des Konzepts der entsprechenden Übertragung von Kreditrisiko auf Dritte für die Zwecke der in Absatz 2 Unterabsatz 2 und in Absatz 3 vorgesehenen Bewertung durch die zuständigen Behörden; und

c) die Voraussetzungen für die von den zuständigen Behörden vorgenommene Bewertung von Verbriefungstransaktionen, für die der Originator sich um eine Anerkennung der Übertragung eines signifikanten Kreditrisikos auf Dritte gemäß Absatz 2 oder 3 bemüht.

[2] [1] Die EBA meldet der Kommission ihre Ergebnisse bis zum 2. Januar 2021. [2] Die Kommission kann nach Berücksichtigung des Berichts der EBA einen delegierten Rechtsakt gemäß Artikel 462 erlassen, um diese Verordnung durch eine genauere Festlegung der unter den Buchstaben a, b und c genannten Elemente zu ergänzen.

Art. 246 Operationelle Anforderungen für Klauseln der vorzeitigen Rückzahlung. Umfasst die Verbriefung revolvierende Risikopositionen und Klauseln der vorzeitigen Rückzahlung oder ähnliche Bestimmungen, so gilt ein signifikantes Kreditrisiko nur dann als vom Originator übertragen, wenn die in den Artikeln 244 und 245 festgelegten Anforderungen erfüllt sind und die einmal ausgelöste Klausel der vorzeitigen Rückzahlung nicht Folgendes bewirkt:

a) der vorrangige oder gleichrangige Anspruch des Instituts auf die zugrunde liegenden Risikopositionen wird gegenüber den Ansprüchen anderer Anleger als nachrangig behandelt;

b) der Anspruch des Instituts auf die zugrunde liegenden Risikopositionen wird gegenüber den Ansprüchen anderer Parteien als weiter nachrangig behandelt; oder

c) es ergibt sich ein anderweitiger Anstieg der mit den zugrunde liegenden revolvierenden Risikopositionen verbundenen Verlustrisiken des Instituts.

Abschnitt 3. Berechnung der risikogewichteten Positionsbeträge

Unterabschnitt 1. Allgemeine Bestimmungen

Art. 247 Berechnung der risikogewichteten Positionsbeträge. (1) Hat ein Originator ein mit den zugrunde liegenden Risikopositionen der Verbriefung verbundenes signifikantes Kreditrisiko gemäß Abschnitt 2 übertragen, so kann er

a) bei einer traditionellen Verbriefung die zugrunde liegenden Risikopositionen von seiner Berechnung der risikogewichteten Positionsbeträge und gegebenenfalls der Berechnung der erwarteten Verlustbeträge ausnehmen;

b) bei einer synthetischen Verbriefung die risikogewichteten Positionsbeträge und gegebenenfalls die erwarteten Verlustbeträge in Bezug auf die zugrunde liegenden Risikopositionen gemäß den Artikeln 251 und 252 berechnen.

(2) *[1]* Hat der Originator sich für die Anwendung des Absatzes 1 entschieden, so berechnet er die in diesem Kapitel festgelegten risikogewichteten Positionsbeträge für die Positionen, die er gegebenenfalls in der Verbriefung hält.

[2] Hat der Originator ein signifikantes Kreditrisiko nicht übertragen oder sich gegen eine Anwendung des Absatzes 1 entschieden, so ist er nicht verpflichtet, für Positionen, die er gegebenenfalls in der Verbriefung hält, risikogewichtete Positionsbeträge zu berechnen, sondern bezieht die zugrunde liegenden Risikopositionen auch weiterhin so in seine Berechnung der risikogewichteten Positionsbeträge und gegebenenfalls der Berechnung der erwarteten Verlustbeträge ein, als hätte keine Verbriefung stattgefunden.

(3) [1] Besteht eine Risikoposition gegenüber Positionen in verschiedenen Tranchen einer Verbriefung, so werden die zu jeweils einer Tranche gehörigen Teile dieser Risikoposition als gesonderte Verbriefungspositionen betrachtet. [2] Die Sicherungssteller bei Verbriefungspositionen werden als Anleger in diese Verbriefungspositionen betrachtet. [3] Verbriefungspositionen schließen auch Risikopositionen aus einer Verbriefung ein, die aus Zins- oder Währungsderivategeschäften, die das Institut mit der Transaktion eingegangen ist, resultieren.

(4) Sofern eine Verbriefungsposition nicht gemäß Artikel 36 Absatz 1 Buchstabe k vom harten Kernkapital abgezogen wird, wird der risikogewichtete Positionsbetrag für die Zwecke des Artikels 92 Absatz 3 in die Gesamtsumme der risikogewichteten Positionsbeträge des Instituts aufgenommen.

(5) Der risikogewichtete Positionsbetrag einer Verbriefungsposition wird ermittelt, indem der gemäß Artikel 248 berechnete Risikopositionswert der Position mit dem relevanten Gesamtrisikogewicht multipliziert wird.

(6) Das Gesamtrisikogewicht ist die Summe der in diesem Kapitel festgelegten Risikogewichte plus aller etwaigen zusätzlichen Risikogewichte gemäß Artikel 270a.

Art. 248 Risikopositionswert. (1) *[1]* Der Risikopositionswert einer Verbriefungsposition wird wie folgt berechnet:

a) Der Risikopositionswert einer in der Bilanz ausgewiesenen Verbriefungsposition ist ihr Buchwert, der nach der Anwendung jeglicher einschlägigen spezifischen Kreditrisikoanpassungen auf die Verbriefungsposition gemäß Artikel 110 verbleibt;

b) der Risikopositionswert einer nicht in der Bilanz ausgewiesenen Verbriefungsposition ist ihr Nominalwert abzüglich aller etwaigen einschlägigen spezifischen Kreditrisikoanpassungen auf die Verbriefungsposition gemäß Artikel 110, multipliziert mit dem in diesem Buchstaben festgelegten einschlägigen Umrechnungsfaktor. Außer im Fall von Barkreditfazilitäten beträgt dieser Umrechnungsfaktor 100 %. Zur Bestimmung des Risikopositionswerts des nicht in Anspruch genommenen Teils der Barkreditfazilitäten kann auf den Nominalwert einer uneingeschränkt kündbaren Liquiditätsfazilität ein Umrechnungsfaktor von 0 % angewandt werden, wenn die Rückzahlung von Ziehungen aus der Fazilität vor allen anderen Ansprüchen auf Zahlungsströme aus den zugrunde liegenden Risikopositionen Vorrang hat und wenn das Institut der zuständigen Behörde glaubhaft nachgewiesen hat, dass es eine angemessen konservative Methode für die Berechnung des Betrags des nicht in Anspruch genommenen Teils anwendet;

c) der Risikopositionswert für das Gegenparteiausfallrisiko einer Verbriefungsposition, die aus einem der in Anhang II genannten Derivatgeschäfte resultiert, wird nach Kapitel 6 festgelegt;

d) ein Originator kann von dem Risikopositionswert einer Verbriefungsposition, die gemäß Unterabschnitt 3 mit einem Risikogewicht von 1 250 % belegt wird oder gemäß Artikel 36 Absatz 1 Buchstabe k von seinem harten Kernkapital abgezogen wird, den Betrag der spezifischen Kreditrisikoanpassungen in Bezug auf die zugrunde liegenden Risikopositionen gemäß Artikel 110 und alle nicht erstattungsfähigen Kaufpreisnachlässe im Zusammenhang mit solchen zugrunde liegenden Risikopositionen insoweit abziehen, als diese Nachlässe zu einer Verringerung seiner Eigenmittel geführt haben.

[2] Die EBA arbeitet Entwürfe technischer Regulierungsstandards aus, um zu präzisieren, was eine angemessen konservative Methode für die Berechnung des Betrags des nicht in Anspruch genommenen Teils gemäß Unterabsatz 1 Buchstabe b darstellt.

[3] Die EBA legt der Kommission diese Entwürfe technischer Regulierungsstandards bis zum 18. Januar 2019 vor.

[4] Der Kommission wird die Befugnis übertragen, diese Verordnung durch Erlass der in Unterabsatz 3 dieses Absatzes genannten technischen Regulierungsstandards gemäß den Artikeln 10 bis 14 der Verordnung (EU) Nr. 1093/2010 zu ergänzen.

(2) *[1]* Hat ein Institut zwei oder mehr sich überschneidende Positionen in einer Verbriefung, so bezieht es in seine Berechnung der risikogewichteten Positionsbeträge nur eine der Positionen ein.

[2] [1] Überschneiden sich die Positionen teilweise, so kann das Institut die Position in zwei Teile aufteilen und die Überschneidungen in Bezug auf nur einen Teil gemäß Unterabsatz 1 berücksichtigen. [2] Alternativ dazu kann das Institut die Positionen so behandeln, als würden sie sich vollständig überschneiden, indem die Position, für die die risikogewichteten Positionsbeträge höher ausfallen, zur Berechnung der Eigenmittelanforderungen erweitert wird.

[3] Das Institut darf eine Überschneidung auch bei den Eigenmittelanforderungen für das spezifische Risiko von Positionen im Handelsbuch einerseits und den Eigenmittelanforderungen für Positionen im Anlagebuch andererseits be-

rücksichtigen, wenn es in der Lage ist, die Eigenmittelanforderungen für die betreffenden Positionen zu berechnen und zu vergleichen.

[4] Für die Zwecke dieses Absatzes ist eine Überschneidung von zwei Positionen dann gegeben, wenn sie sich gegenseitig so ausgleichen, dass das Institut in der Lage ist, die aus einer Position resultierenden Verluste auszuschließen, indem die aufgrund der anderen Position einzuhaltenden Verpflichtungen erfüllt werden.

(3) [1] Ist Artikel 270c Buchstabe d auf Positionen in einem forderungsgedeckten Geldmarktpapier anzuwenden, so darf das Institut zur Berechnung des risikogewichteten Positionsbetrags für das Geldmarktpapier das einer Liquiditätsfazilität zugewiesene Risikogewicht verwenden, sofern die im Rahmen des Programms forderungsgedeckter Geldmarktpapiere emittierten Geldmarktpapiere zu 100 % von der Liquiditätsfazilität gedeckt sind und die Liquiditätsfazilität mit dem Geldmarktpapier gleichrangig ist, sodass sie eine sich überschneidende Position bilden. [2] Das Institut setzt die zuständigen Behörden davon in Kenntnis, wenn es die in diesem Absatz festgelegten Bestimmungen angewandt hat. [3] Für die Zwecke der Bestimmung des in diesem Absatz festgelegten Deckungsgrads von 100 % kann das Institut andere Liquiditätsfazilitäten im Rahmen des Programms forderungsgedeckter Geldmarktpapiere berücksichtigen, sofern sie eine sich überschneidende Position mit dem Geldmarktpapier bilden.

Art. 249 Anerkennung der Kreditrisikominderung bei Verbriefungspositionen. (1) Besteht für eine Verbriefungsposition eine Besicherung mit oder eine Absicherung ohne Sicherheitsleistung, so darf ein Institut diese vorbehaltlich der Anforderungen an die Kreditrisikominderung gemäß diesem Kapitel und des Kapitels 4 anerkennen.

(2) *[1]* Als Besicherung mit Sicherheitsleistung anerkannt werden können nur Finanzsicherheiten, die gemäß Kapitel 4 für die Berechnung der risikogewichteten Positionsbeträge nach Kapitel 2 anerkennungsfähig sind, und für die Anerkennung der Kreditrisikominderung müssen die in Kapitel 4 festgelegten einschlägigen Anforderungen erfüllt sein.

[2] Als Absicherungen ohne Sicherheitsleistung und Steller einer Absicherung ohne Sicherheitsleistung anerkannt werden können nur solche, die im Einklang mit Kapitel 4 anerkennungsfähig sind, und für die Anerkennung der Kreditrisikominderung müssen die in Kapitel 4 festgelegten einschlägigen Anforderungen erfüllt sein.

(3) *[1]* [1] Abweichend von Absatz 2 müssen die in Artikel 201 Absatz 1 Buchstaben a bis h genannten anerkennungsfähigen Steller einer Absicherung ohne Sicherheitsleistung eine Bonitätsbeurteilung einer anerkannten ECAI haben, die einer Bonitätsstufe von mindestens 3 zugeordnet wird und zum Zeitpunkt der erstmaligen Anerkennung der Besicherung einer Bonitätsstufe von mindestens 2 zugeordnet wurde. [2] Die Anforderung gemäß diesem Unterabsatz gilt nicht für qualifizierte zentrale Gegenparteien.

[2] Institute, die auf eine direkte Risikoposition gegenüber dem Sicherungsgeber den IRB-Ansatz anwenden dürfen, können die Anerkennungsfähigkeit anhand des ersten Unterabsatzes und ausgehend von der Äquivalenz zwischen der PD des Sicherungsgebers und der PD, die mit der in Artikel 136 angegebenen Bonitätsstufe verknüpft ist, bewerten.

(4) Abweichend von Absatz 2 können Verbriefungszweckgesellschaften als Sicherungsgeber anerkannt werden, wenn sämtliche der folgenden Bedingungen erfüllt sind:

a) Die Verbriefungszweckgesellschaft besitzt Vermögenswerte, die als Finanzsicherheiten im Einklang mit Kapitel 4 qualifiziert sind;

b) auf die unter Buchstabe a genannten Vermögenswerte bestehen keine Rechte oder Anwartschaften, die den Anwartschaften des Instituts, das die Absicherung ohne Sicherheitsleistung erhält, im Rang vorausgehen oder gleichstehen; und

c) alle in Kapitel 4 genannten Anforderungen an die Anerkennung von Finanzsicherheiten sind erfüllt.

(5) Für die Zwecke des Absatzes 4 ist der gemäß Kapitel 4 um etwaige Währungs- oder Laufzeitinkongruenzen bereinigte Absicherungsbetrag (GA) auf den volatilitätsangepassten Marktwert dieser Vermögenswerte beschränkt und wird das Risikogewicht von Risikopositionen gegenüber dem Sicherungsgeber gemäß dem Standardansatz (g) als gewichtetes Durchschnittsrisikogewicht berechnet, das im Rahmen des Standardansatzes für solche Vermögenswerte als Finanzsicherheit angesetzt würde.

(6) Kommt einer Verbriefungsposition eine Besicherung in vollem Umfang oder eine anteilige Besicherung zugute, so gelten folgende Anforderungen:

a) Das die Besicherung stellende Institut berechnet die risikogewichteten Positionsbeträge für den Teil der Verbriefungsposition, dem die Besicherung gemäß Unterabschnitt 3 zugutekommt, als ob es diesen Teil der Position direkt hielte;

b) das Institut, das die Besicherung erwirbt, berechnet die risikogewichteten Positionsbeträge gemäß Kapitel 4 für den besicherten Teil.

(7) In allen nicht von Absatz 6 abgedeckten Fällen gelten die folgenden Anforderungen:

a) Das die Besicherung stellende Institut behandelt den Teil der Position, dem die Besicherung zugutekommt, als eine Verbriefungsposition und berechnet die risikogewichteten Positionsbeträge, als ob es diese Position direkt im Einklang mit Unterabschnitt 3 hielte, vorbehaltlich der Absätze 8, 9 und 10;

b) das Institut, das die Besicherung erwirbt, berechnet die risikogewichteten Positionsbeträge für den besicherten Teil der Position, auf die in Buchstabe a Bezug genommen wird, gemäß Kapitel 4. Das Institut behandelt den Teil der Verbriefungsposition, dem keine Besicherung zugutekommt, als eine gesonderte Verbriefungsposition und berechnet die risikogewichteten Positionsbeträge im Einklang mit Unterabschnitt 3, vorbehaltlich der Absätze 8, 9 und 10.

(8) Institute, die den auf internen Beurteilungen basierenden Ansatz (SEC-IRBA) oder den Standardansatz für Verbriefungen (SEC-SA) nach Unterabschnitt 3 verwenden, bestimmen den unteren Tranchierungspunkt (A) und den oberen Tranchierungspunkt (D) gesondert für jede der im Einklang mit Absatz 7 abgeleiteten Positionen, als ob diese zum Zeitpunkt der Originierung der Transaktion als gesonderte Verbriefungspositionen emittiert worden wären. Der Wert von K_{irb} bzw. K_{SA} wird unter Berücksichtigung des ursprünglichen Pools von Risikopositionen, die der Verbriefung zugrunde liegen, berechnet.

(9) Institute, die für die ursprüngliche Verbriefungsposition den auf externen Beurteilungen basierenden Ansatz (SEC-ERBA) nach Unterabschnitt 3 verwenden, berechnen die risikogewichteten Positionsbeträge für die im Einklang mit Absatz 7 abgeleiteten Positionen wie folgt:

a) Wenn die abgeleitete Position höherrangig ist, wird ihr das Risikogewicht der ursprünglichen Verbriefungsposition zugewiesen;

b) wenn die abgeleitete Position niederrangig ist, kann ihr ein abgeleitetes Rating im Einklang mit Artikel 263 Absatz 7 zugewiesen werden. Der Parameter für die Dicke der Tranche (T) wird in diesem Fall allein auf der Grundlage der abgeleiteten Position berechnet. Kann kein Rating abgeleitet werden, so wendet das Institut das jeweils höhere Risikogewicht an, das sich aus Folgendem ergibt:

   i) der Anwendung des SEC-SA im Einklang mit Absatz 8 und Unterabschnitt 3; oder

   ii) dem Risikogewicht der ursprünglichen Verbriefungsposition nach dem SEC-ERBA.

(10) Die niederrangige abgeleitete Position ist selbst dann als nicht vorrangige Verbriefungsposition zu behandeln, wenn die ursprüngliche Verbriefungsposition vor der Besicherung als vorrangig gilt.

Art. 250 Außervertragliche Kreditunterstützung. (1) Ein Sponsor oder ein Originator, der bei der Berechnung der risikogewichteten Positionsbeträge in Bezug auf eine Verbriefung von Artikel 247 Absätze 1 und 2 Gebrauch gemacht oder Instrumente aus seinem Handelsbuch veräußert hat, sodass er für die mit diesen Instrumenten verbundenen Risiken keine Eigenmittel mehr vorhalten muss, darf die Verbriefung weder direkt noch indirekt über seine vertraglichen Verpflichtungen hinaus unterstützen, um dadurch die potenziellen oder tatsächlichen Verluste der Anleger zu verringern.

(2) [1] Eine Transaktion gilt nicht als Kreditunterstützung für die Zwecke des Absatzes 1, wenn es bei der Beurteilung der Übertragung eines signifikanten Kreditrisikos gebührend berücksichtigt wurde und beide Parteien die Transaktion in ihrem eigenen Interesse und als freie und unabhängige Parteien durchgeführt haben (zu marktüblichen Konditionen). [2] Zu diesen Zwecken nimmt das Institut eine vollständige Kreditprüfung der Transaktion vor und trägt dabei zumindest sämtlichen der folgenden Elemente Rechnung:

a) dem Rückkaufspreis;

b) der Kapital- und Liquiditätslage des Instituts vor und nach dem Rückkauf;

c) der Wertentwicklung der zugrunde liegenden Risikopositionen;

d) der Wertentwicklung der Verbriefungspositionen;

e) den Auswirkungen der Kreditunterstützung auf die erwarteten Verluste des Originators im Verhältnis zu denen der Anleger.

(3) Der Originator und der Sponsor teilen der zuständigen Behörde jede Transaktion mit, die in Bezug auf die Verbriefung gemäß Absatz 2 eingegangen wurde.

(4) Die EBA gibt gemäß Artikel 16 der Verordnung (EU) Nr. 1093/2010 Leitlinien im Hinblick darauf heraus, was für die Zwecke des vorliegenden Artikels unter marktüblichen Konditionen zu verstehen ist und die Umstände

unter denen eine Transaktion so strukturiert ist, dass sie keine Kreditunterstützung darstellt.

(5) Hält ein Originator oder Sponsor bei einer Verbriefung Absatz 1 nicht ein, so muss er alle zugrunde liegenden Risikopositionen dieser Verbriefung in seiner Berechnung der risikogewichteten Positionsbeträge so berücksichtigen, wie er sie ohne Verbriefung hätte berücksichtigen müssen, und Folgendes offenlegen:

a) seine Unterstützung für die Verbriefung entgegen Absatz 1; und

b) die Auswirkungen der geleisteten Unterstützung im Hinblick auf die Eigenmittelanforderungen.

Art. 251 Berechnung der risikogewichteten Positionsbeträge für Risikopositionen, die Gegenstand einer synthetischen Verbriefung sind, durch den Originator. (1) [1] Für die Zwecke der Berechnung der risikogewichteten Positionsbeträge für die zugrunde liegenden Risikopositionen wendet der Originator einer synthetischen Verbriefung gegebenenfalls nicht die in Kapitel 2, sondern die in diesem Abschnitt festgelegten Berechnungsmethoden an. [2] Bei Instituten, die die risikogewichteten Positionsbeträge und gegebenenfalls die erwarteten Verlustbeträge in Bezug auf die zugrunde liegenden Risikopositionen gemäß Kapitel 3 berechnen, beträgt der bei solchen Risikopositionen erwartete Verlustbetrag null.

(2) [1] Die in Absatz 1 des vorliegenden Artikels genannten Anforderungen gelten für den gesamten Risikopositionspool, der Gegenstand der Verbriefung ist. [2] Vorbehaltlich des Artikels 252 berechnet der Originator die risikogewichteten Positionsbeträge für alle Tranchen in der Verbriefung gemäß dieses Abschnitts, darunter fallen auch Positionen, bei denen das Institut eine Kreditrisikominderung gemäß Artikel 249 anerkennen kann. [3] Das für Positionen, denen die Kreditrisikominderung zugutekommt, anzusetzende Risikogewicht darf gemäß Kapitel 4 angepasst werden.

Art. 252 Behandlung von Laufzeitinkongruenzen bei synthetischen Verbriefungen. Für die Zwecke der Berechnung der risikogewichteten Positionsbeträge gemäß Artikel 251 wird jeder Laufzeitinkongruenz zwischen der Besicherung, durch die die Übertragung des Risikos erreicht wird, und den zugrunde liegenden Risikopositionen wie folgt Rechnung getragen:

a) Als Laufzeit der zugrunde liegenden Risikopositionen wird vorbehaltlich einer Höchstdauer von fünf Jahren die längste in der Verbriefung vertretene Laufzeit angesetzt. Die Laufzeit der Besicherung wird gemäß Kapitel 4 ermittelt;

b) bei der Berechnung der risikogewichteten Positionsbeträge für Verbriefungspositionen, die im Einklang mit diesem Abschnitt mit einem Risikogewicht von 1 250 % belegt werden, lässt der Originator etwaige Laufzeitinkongruenzen außer Acht. Bei allen anderen Positionen wird der in Kapitel 4 dargelegte Umgang mit Laufzeitinkongruenzen nach folgender Formel erfasst:

$RW^{*} = RW_{SP} \cdot [(t - t^{*})/(T - t^{*})] + RW_{Ass} \cdot [(T - t)/(T - t^{*})]$

dabei entspricht

RW^{*} = den risikogewichteten Positionsbeträgen für die Zwecke des Artikels 92 Absatz 3 Buchstabe a,

RW_{Ass} = den risikogewichteten Positionsbeträgen für die zugrunde liegenden Risikopositionen, die anteilmäßig wie für unverbriefte Risikopositionen berechnet werden,

RW_{SP} = den risikogewichteten Positionsbeträgen, die nach Artikel 251 berechnet werden, als gäbe es keine Laufzeitinkongruenz,

T = der Laufzeit der zugrunde liegenden Risikopositionen in Jahren,

t = der Laufzeit der Besicherung in Jahren,

t^* = 0,25.

Art. 253 Verringerung der risikogewichteten Positionsbeträge. (1) [1] Wird einer Verbriefungsposition ein Risikogewicht von 1 250 % gemäß diesem Abschnitt zugewiesen, können die Institute – alternativ zur Einbeziehung der Position in ihre Berechnung der risikogewichteten Positionsbeträge – den Risikopositionswert einer solchen Position vom harten Kernkapital im Einklang mit Artikel 36 Absatz 1 Buchstabe k abziehen. [2] Zu diesem Zweck kann eine anerkennungsfähige Besicherung mit Sicherheitsleistung bei der Berechnung des Risikopositionswerts im Einklang mit Artikel 249 berücksichtigt werden.

(2) Macht ein Institut von der Alternative nach Absatz 1 Gebrauch, so kann es den gemäß Artikel 36 Absatz 1 Buchstabe k in Abzug gebrachten Betrag von dem Betrag abziehen, der in Artikel 268 als maximale Kapitalanforderung genannt wird, die für die zugrunde liegenden Risikopositionen berechnet würde, als hätte keine Verbriefung stattgefunden.

Unterabschnitt 2. Rangfolge der Ansätze und gemeinsame Parameter

Art. 254 Rangfolge der Ansätze. (1) Die Institute verwenden eine der in Unterabschnitt 3 dargelegten Methoden, um die risikogewichteten Positionsbeträge gemäß der folgenden Rangfolge zu berechnen:

a) Sind die Anforderungen des Artikels 258 erfüllt, verwendet das Institut den SEC-IRBA gemäß den Artikeln 259 und 260;

b) darf der SEC-IRBA nicht verwendet werden, zieht das Institut den SEC-SA gemäß den Artikeln 261 und 262 heran;

c) darf der SEC-SA nicht verwendet werden, so zieht das Institut den SEC-ERBA gemäß den Artikeln 263 und 264 für beurteilte Positionen oder Positionen, für die ein abgeleitetes Rating verwendet werden darf, heran.

(2) Für beurteilte Positionen oder Positionen, für die ein abgeleitetes Rating verwendet werden darf, verwendet das Institut in jedem der folgenden Fälle anstelle des SEC-SA den SEC-ERBA:

a) wenn das Risikogewicht für Positionen, die als Positionen in einer STS-Verbriefung gelten, bei Anwendung des SEC-SA über 25 % läge;

b) wenn das Risikogewicht für Positionen, die nicht als Positionen in einer STS-Verbriefung gelten, bei Anwendung des SEC-SA über 25 % oder bei Anwendung des SEC-ERBA über 75 % läge;

c) im Falle von Verbriefungstransaktionen, denen Pools von Darlehen für Kfz-Käufe sowie von Geschäften betreffend das Leasing von Kfz und Ausrüstungsgegenständen zugrunde liegen.

(3) *[1]* In nicht von Absatz 2 erfassten Fällen und abweichend von Absatz 1 Buchstabe b darf das Institut entscheiden, auf alle seine beurteilten Verbriefungspositionen oder Positionen, für die ein abgeleitetes Rating verwendet werden darf, anstelle des SEC-SA den SEC-ERBA anzuwenden.

[2] Für die Zwecke des Unterabsatzes 1 teilen die Institute ihre Entscheidung der zuständigen Behörde spätestens am 17. November 2018 mit.

[3] Alle späteren Entscheidungen über weitere Änderungen des auf alle ihre beurteilten Verbriefungspositionen angewendeten Ansatzes teilen die Institute ihrer zuständigen Behörde vor dem unmittelbar auf die betreffende Entscheidung folgenden 15. November mit.

[4] [1] Erhebt die zuständige Behörde bis zu dem unmittelbar auf die in Unterabsatz 2 oder gegebenenfalls Unterabsatz 3 genannte Frist folgenden 15. Dezember keine Einwände, so wird die von dem betreffenden Institut mitgeteilte Entscheidung am 1. Januar des folgenden Jahres wirksam und gilt bis zum Inkrafttreten einer anschließend mitgeteilten Entscheidung. [2] Das Institut darf im Laufe ein und desselben Jahres keine unterschiedlichen Ansätze anwenden.

(4) [1] Abweichend von Absatz 1 können die zuständigen Behörden den Instituten im Einzelfall die Anwendung des SEC-SA untersagen, wenn der aus der Anwendung des SEC-SA resultierende risikogewichtete Positionsbetrag nicht den Risiken für das betreffende Institut oder die Finanzstabilität angemessen ist, was auch das mit den der Verbriefung zugrunde liegenden Risikopositionen verbundene Kreditrisiko einschließt, aber nicht darauf beschränkt ist. [2] Im Fall von Risikopositionen, die nicht als Positionen in einer STS-Verbriefung gelten, sind Verbriefungen mit hochgradig komplexen und risikoreichen Merkmalen besonders zu berücksichtigen.

(5) [1] Unbeschadet des Absatzes 1 des vorliegenden Artikels darf das Institut den Internen Bemessungsansatz zur Berechnung der risikogewichteten Positionsbeträge in Bezug auf eine unbeurteilte Position in einem ABCP-Programm oder einer ABCP-Transaktion gemäß Artikel 266 verwenden, sofern die in Artikel 265 aufgeführten Bedingungen erfüllt sind. [2] Hat ein Institut die Genehmigung zur Anwendung des Internen Bemessungsansatzes gemäß Artikel 265 Absatz 2 erhalten und fällt eine spezifische Position in einem ABCP-Programm oder einer ABCP-Transaktion in den Geltungsbereich einer solchen Genehmigung, so wendet das Institut für die Berechnung des betreffenden risikogewichteten Positionsbetrags diesen Ansatz an.

(6) Für eine Position in einer Wiederverbriefung wenden die Institute den SEC-SA gemäß Artikel 261 mit den Änderungen gemäß Artikel 269 an.

(7) In allen anderen Fällen wird Verbriefungspositionen ein Risikogewicht von 1 250 % zugewiesen.

(8) [1] Die zuständigen Behörden unterrichten die EBA über jede gemäß Absatz 3 des vorliegenden Artikels erfolgte Mitteilung. [2] Die EBA überwacht die Auswirkungen des vorliegenden Artikels auf die Eigenmittelanforderungen und das Spektrum an Aufsichtspraktiken in Verbindung mit Absatz 4 des vorliegenden Artikels, erstattet der Kommission jährlich über ihre Erkenntnisse Bericht und gibt Leitlinien gemäß Artikel 16 der Verordnung (EU) Nr. 1093/2010 heraus.

Art. 255 Bestimmung von K_{irb} und K_{SA}. (1) Wendet ein Institut den SEC-IRBA gemäß Unterabschnitt 3 an, berechnet es K_{irb} gemäß den Absätzen 2 bis 5.

(2) [1] K_{irb} wird von den Instituten bestimmt, indem die risikogewichteten Positionsbeträge, die gemäß Kapitel 3 in Bezug auf die zugrunde liegenden Risikopositionen berechnet würden, als wären diese nicht verbrieft worden, mit dem Quotienten aus 8 % und dem Risikopositionswert der zugrunde liegenden Risikopositionen multipliziert werden. [2] K_{irb} wird als Dezimalwert zwischen null und eins ausgedrückt.

(3) Für die Zwecke der Berechnung von K_{irb} umfassen die risikogewichteten Positionsbeträge, die gemäß Kapitel 3 in Bezug auf die zugrunde liegenden Risikopositionen berechnet würden, Folgendes:

a) den Betrag der erwarteten Verluste im Zusammenhang mit allen zugrunde liegenden Risikopositionen der Verbriefung, einschließlich der ausgefallenen zugrunde liegenden Risikopositionen, die weiterhin gemäß Kapitel 3 Teil des Pools sind; und

b) den Betrag der unerwarteten Verluste im Zusammenhang mit allen zugrunde liegenden Risikopositionen, einschließlich der ausgefallenen zugrunde liegenden Risikopositionen im Pool gemäß Kapitel 3.

(4) [1] Die Institute können K_{irb} in Bezug auf die zugrunde liegenden Risikopositionen der Verbriefung im Einklang mit den Bestimmungen des Kapitels 3 zur Berechnung der Eigenmittelanforderungen für angekaufte Forderungen berechnen. [2] Für diese Zwecke werden die Risikopositionen des Mengengeschäfts als angekaufte Mengengeschäftsforderungen und die Nicht-Mengengeschäfts-Risikopositionen als angekaufte Unternehmensforderungen behandelt.

(5) *[1]* Die Institute berechnen K_{irb} gesondert für das Verwässerungsrisiko in Bezug auf die zugrunde liegenden Risikopositionen einer Verbriefung, bei der das Verwässerungsrisiko für derartige Risikopositionen erheblich ist.

[2] [1] Werden Verluste aus Verwässerungs- und Kreditrisiken in aggregierter Form in der Verbriefung behandelt, so fassen die Institute K_{irb} für das Verwässerungsrisiko und K_{irb} für das Kreditrisiko in einem einzigen Wert für K_{irb} im Sinne des Unterabschnitts 3 zusammen. [2] Besteht zur Deckung von Verlusten aus dem Kredit- oder Verwässerungsrisiko ein einziger Reservefonds oder eine Übersicherung, so kann dies als Hinweis auf eine aggregierte Behandlung dieser Risiken angesehen werden.

[3] Werden das Verwässerungs- und das Kreditrisiko nicht in aggregierter Form in der Verbriefung behandelt, so passen die Institute die Behandlung gemäß Unterabsatz 2 an, um K_{irb} für das Verwässerungsrisiko und K_{irb} für das Kreditrisiko umsichtig zusammenzufassen.

(6) *[1]* [1] Wendet ein Institut den SEC-SA gemäß Unterabschnitt 3 an, so berechnet es K_{SA}, indem es die risikogewichteten Positionsbeträge, die nach Kapitel 2 in Bezug auf die zugrunde liegenden Risikopositionen berechnet würden, als wären diese nicht verbrieft worden, mit dem Quotienten aus 8 % und dem Wert der zugrunde liegenden Risikopositionen multipliziert. [2] K_{SA} wird als Dezimalwert zwischen null und eins ausgedrückt.

[2] Für die Zwecke dieses Absatzes berechnen die Institute den Positionswert der zugrunde liegenden Risikopositionen ohne Saldierung etwaiger spezifischer

Kreditrisikoanpassungen und zusätzlicher Bewertungsanpassungen gemäß den Artikeln 34 und 110 sowie weiterer Verringerungen der Eigenmittel.

(7) *[1]* [1] Für die Zwecke der Absätze 1 bis 6 werden bei Verbriefungsstrukturen, die die Verwendung einer Verbriefungszweckgesellschaft beinhalten, alle Risikopositionen der Verbriefungszweckgesellschaft im Zusammenhang mit der Verbriefung als zugrunde liegende Risikopositionen behandelt. [2] Dessen unbeschadet kann das Institut die Risikopositionen der Verbriefungszweckgesellschaft aus dem Pool der zugrunde liegenden Risikopositionen für die Zwecke der Berechnung von K_{irb} oder K_{SA} ausschließen, wenn das aus den Risikopositionen der Verbriefungszweckgesellschaft erwachsende Risiko unerheblich ist oder die Verbriefungsposition des Instituts nicht beeinträchtigt.

[2] Bei synthetischen Verbriefungen mit Sicherheitsleistung werden alle erheblichen Erträge aus der Emission von synthetischen Unternehmensanleihen (Credit Linked Notes) oder anderen Verpflichtungen mit Sicherheitsleistungen der Verbriefungszweckgesellschaft, die als Sicherheiten für die Rückzahlung der Verbriefungspositionen dienen, in die Berechnung von K_{irb} oder K_{SA} einbezogen, wenn das Kreditrisiko der Sicherheit der in Tranchen unterteilten Verlustzuweisung unterliegt.

(8) Für die Zwecke von Absatz 5 Unterabsatz 3 des vorliegenden Artikels gibt die EBA Leitlinien gemäß Artikel 16 der Verordnung (EU) Nr. 1093/2010 über geeignete Methoden heraus, wie K_{irb} für das Verwässerungsrisiko und K_{irb} für das Kreditrisiko zusammengefasst werden können, wenn diese Risiken nicht in aggregierter Form in einer Verbriefung behandelt werden.

(9) *[1]* Die EBA arbeitet Entwürfe technischer Regulierungsstandards zur weiteren Präzisierung der Bedingungen aus, nach denen die Institute K_{irb} für die Pools zugrunde liegender Risikopositionen gemäß Absatz 4 berechnen können, insbesondere mit Blick auf

a) die internen Kreditvergabevorschriften und Modelle für die Berechnung von K_{irb} für Verbriefungen;

b) die Einbeziehung verschiedener Risikofaktoren im Zusammenhang mit dem Pool zugrunde liegender Risikopositionen und – bei Nichtverfügbarkeit ausreichender genauer oder zuverlässiger Daten zu diesem Pool – die Einbeziehung von Näherungswerten zwecks PD- und LGD-Schätzungen; und

c) die Anforderungen in Bezug auf Sorgfaltspflichten bei der Überwachung der Tätigkeit und des Geschäftsgebarens der Verkäufer von Forderungen oder anderer Originatoren.

[2] Die EBA übermittelt der Kommission diese Entwürfe technischer Regulierungsstandards spätestens am 18. Januar 2019.

[3] Der Kommission wird die Befugnis übertragen, diese Verordnung durch Erlass der in Unterabsatz 2 dieses Absatzes genannten technischen Regulierungsstandards gemäß den Artikeln 10 bis 14 der Verordnung (EU) Nr. 1093/2010 ergänzen.

Art. 256 Bestimmung von unterem Tranchierungspunkt (Attachment Point) (A) und oberem Tranchierungspunkt (Detachment Point) (D)

(1) *[1]* Für die Zwecke des Unterabschnitts 3 setzen die Institute den unteren Tranchierungspunkt (A) bei dem Schwellenwert fest, ab dem Verluste innerhalb

des Pools der zugrunde liegenden Risikopositionen der betreffenden Verbriefungsposition zugeordnet würden.

[2] Der untere Tranchierungspunkt (A) wird ausgedrückt als ein Dezimalwert zwischen null und eins und ist gleich null oder – sollte dieser Wert höher sein – gleich dem Verhältnis zwischen dem offenen Saldo beim Pool aus den der Verbriefung zugrunde liegenden Risikopositionen abzüglich des offenen Saldos bei allen Tranchen, die gegenüber der Tranche mit der betreffenden Verbriefungsposition, einschließlich der Risikoposition selbst, vorrangig oder gleichrangig sind, und dem offenen Saldo bei allen der Verbriefung zugrunde liegenden Risikopositionen.

(2) *[1]* Für die Zwecke des Unterabschnitts 3 setzen die Institute den oberen Tranchierungspunkt (D) bei dem Schwellenwert fest, bei dem Verluste innerhalb des Pools der zugrunde liegenden Risikopositionen einen kompletten Verlust des eingesetzten Kapitals bei der Tranche mit der betreffenden Verbriefungsposition bewirken würden.

[2] Der obere Tranchierungspunkt (D) wird ausgedrückt als ein Dezimalwert zwischen null und eins und ist gleich null oder – sollte dieser Wert höher sein – gleich dem Verhältnis zwischen dem offenen Saldo beim Pool aus den der Verbriefung zugrunde liegenden Risikopositionen abzüglich des offenen Saldos bei allen Tranchen, die gegenüber der Tranche mit der betreffenden Verbriefungsposition vorrangig sind, und dem offenen Saldo bei allen der Verbriefung zugrunde liegenden Risikopositionen.

(3) Für die Zwecke der Absätze 1 und 2 behandeln die Institute Übersicherungen und Reservekonten mit Sicherheitsleistung als Tranchen und die Vermögenswerte, die solche Konten einschließen, als zugrunde liegende Risikopositionen.

(4) [1] Unberücksichtigt lassen die Institute für die Zwecke der Absätze 1 und 2 Reservekonten ohne Sicherheitsleistung und Vermögenswerte, die keine Bonitätsverbesserung bieten, wie solche, die lediglich eine Liquiditätsunterstützung darstellen, Währungs- oder Zinsswaps und Barreservekonten für diese Positionen in der Verbriefung. [2] Bei Reservekonten mit Sicherheitsleistung und Vermögenswerten, die eine Bonitätsverbesserung darstellen, behandeln die Institute nur die verlustausgleichenden Teile dieser Konten oder Vermögenswerte als Verbriefungspositionen.

(5) Haben zwei oder mehr Positionen einer Transaktion unterschiedliche Laufzeiten, aber die gleiche anteilige Verlustzuweisung, so basiert die Berechnung der unteren Tranchierungspunkte (A) und der oberen Tranchierungspunkte (D) auf dem aggregierten offenen Saldo dieser Positionen; die resultierenden unteren Tranchierungspunkte (A) und oberen Tranchierungspunkte (D) sind identisch.

Art. 257 Bestimmung der Laufzeit einer Tranche (M_T). (1) Für die Zwecke des Unterabschnitts 3 und vorbehaltlich des Absatzes 2 können die Institute die Laufzeit einer Tranche (M_T) bemessen als

a) die gewichtete durchschnittliche Laufzeit der innerhalb der Tranche fälligen vertraglichen Zahlungen nach folgender Formel:

$$\sum_t t \cdot CF_t / \sum_t CF_t,$$

wobei CF_t alle vom Kreditnehmer im Zeitraum t zu leistenden vertraglichen Zahlungen (Kapitalbetrag, Zinsen und Gebühren) bezeichnet, oder

b) die rechtliche Endfälligkeit der Tranche nach folgender Formel:
$M_T = 1 + (M_L - 1) \star 80\,\%$,
wobei M_L die rechtliche Endfälligkeit der Tranche bezeichnet.

(2) Für die Zwecke des Absatzes 1 gilt für die Bestimmung der Laufzeit einer Tranche (M_T) in jedem Fall eine Untergrenze von einem Jahr und eine Obergrenze von fünf Jahren.

(3) [1] Besteht einem Kontrakt zufolge die Möglichkeit, dass ein Institut potenzielle Verluste aus den zugrunde liegenden Risikopositionen tragen muss, so berücksichtigt es bei der Bestimmung der Laufzeit der Verbriefungsposition die Laufzeit des Kontrakts zuzüglich der längsten Laufzeit der zugrunde liegenden Risikopositionen. [2] Bei revolvierenden Risikopositionen ist die längste vertraglich mögliche Restlaufzeit der Risikoposition zugrunde zu legen, die in der revolvierenden Periode hinzugefügt werden kann.

(4) Die EBA überwacht die verschiedenen Vorgehensweisen in diesem Bereich unter besonderer Berücksichtigung der Anwendung des Absatzes 1 Buchstabe a des vorliegenden Artikels und gibt gemäß Artikel 16 der Verordnung (EU) Nr. 1093/2010 bis zum 31. Dezember 2019 Leitlinien heraus.

Unterabschnitt 3. Methoden zur Berechnung der risikogewichteten Positionsbeträge

Art. 258 Bedingungen für die Verwendung des auf internen Beurteilungen basierenden Ansatzes (SEC-IRBA) (1) Die Institute berechnen die risikogewichteten Positionsbeträge für eine Verbriefungsposition nach dem SEC-IRBA, wenn folgende Bedingungen erfüllt sind:

a) die Position ist durch einen IRB-Pool oder einen gemischten Pool unterlegt und das Institut kann K_{irb} in letztgenanntem Fall gemäß Abschnitt 3 für mindestens 95 % der zugrunde liegenden Positionsbeträge berechnen;

b) zu den der Verbriefung zugrunde liegenden Risikopositionen liegen ausreichende Informationen vor, die dem Institut die Berechnung von K_{irb} ermöglichen; und

c) das Institut wurde bei einer bestimmten Verbriefungsposition nicht gemäß Absatz 2 an der Verwendung des SEC-IRBA gehindert.

(2) [1] Weisen Verbriefungen hochgradig komplexe oder risikoreiche Merkmale auf, so können die zuständigen Behörden die Institute im Einzelfall an der Verwendung des SEC-IRBA hindern. [2] Als hochgradig komplexes oder risikoreiches Merkmal kann für diese Zwecke Folgendes angesehen werden:

a) eine Bonitätsverbesserung, die aus anderen Gründen als Portfolioverlusten aufgezehrt werden kann;

b) Pools zugrunde liegender Risikopositionen, die aufgrund einer Konzentration von Risikopositionen in einzelnen Sektoren oder geografischen Gebieten ein hohes Maß an interner Korrelation aufweisen;

c) Transaktionen, bei denen die Rückzahlung der Verbriefungspositionen in hohem Maße von Risikotreibern abhängt, die sich an K_{irb} nicht ablesen lassen; oder

d) hochkomplexe Verlustzuweisungen zwischen den Tranchen.

Art. 259 Berechnung der risikogewichteten Positionsbeträge bei dem auf internen Beurteilungen basierenden Ansatz (SEC-IRBA) (1) Beim SEC-IRBA wird der risikogewichtete Positionsbetrag für eine Verbriefungsposition berechnet, indem der nach Artikel 248 ermittelte Risikopositionswert mit dem anzuwendenden Risikogewicht, das wie folgt zu bestimmen ist, multipliziert wird, wobei in jedem Fall eine Untergrenze von 15 % gilt:

$RW = 1\,250\,\%$ wenn $D \leq K_{irb}$

$RW = 12{,}5 \cdot K_{SSFA(K_{irb})}$ wenn $A \geq K_{irb}$

$$RW = \left[\left(\frac{K_{IRB} - A}{D - A}\right) \cdot 12.5\right] + \left[\left(\frac{D - K_{IRB}}{D - A}\right) \cdot 12.5 \cdot K_{SSFA(K_{IRB})}\right]$$ wenn $A < K_{irb} < D$

dabei ist:

K_{irb} die in Artikel 255 definierte Eigenmittelanforderung für den Pool zugrunde liegender Risikopositionen

D der gemäß Artikel 256 bestimmte obere Tranchierungspunkt

A der gemäß Artikel 256 bestimmte untere Tranchierungspunkt

$$K_{SSFA(K_{IRB})} = \frac{e^{a \cdot u} - e^{a \cdot l}}{a(u - l)}$$

dabei ist:

$a = -(1/(p \star K_{irb}))$

$u = D - K_{irb}$

$l = \max(A - K_{irb};\ 0)$

dabei ist:

$p = \max\,[0{,}3;\ (A + B^{\star}\,(1/N) + C \star K_{IRB} + D^{\star}LGD + E^{\star}\,M_T)]$

dabei ist:

N die gemäß Absatz 4 berechnete effektive Zahl der Risikopositionen im Pool der zugrunde liegenden Risikopositionen;

LGD die gemäß Absatz 5 für den Pool der zugrunde liegenden Risikopositionen berechnete risikopositionsgewichtete durchschnittliche Verlustquote bei Ausfall;

M_T die gemäß Artikel 257 bestimmte Laufzeit der Tranche;

die Parameter A, B, C, D und E werden nach folgender Tabelle bestimmt:

		A	B	C	D	E
Nicht-Mengengeschäft	Vorrangig, granular (N ≥ 25)	0	3,56	–1,85	0,55	0,07
	Vorrangig, nicht granular (N < 25)	0,11	2,61	–2,91	0,68	0,07
	Nicht vorrangig, granular (N ≥ 25)	0,16	2,87	–1,03	0,21	0,07
	Nicht vorrangig, nicht granular (N < 25)	0,22	2,35	–2,46	0,48	0,07
Mengengeschäft	Vorrangig	0	0	–7,48	0,71	0,24
	Nicht vorrangig	0	0	–5,78	0,55	0,27

(2) [1] Umfasst der zugrunde liegende IRB-Pool sowohl Mengengeschäfts- als auch Nicht-Mengengeschäfts-Risikopositionen, so wird er in einen Mengengeschäfts- und einen Nicht-Mengengeschäfts-Teilpool unterteilt und wird für jeden Teilpool ein gesonderter p-Parameter (samt der entsprechenden Input-Parameter N, K_{irb} und LGD) geschätzt. [2] Anschließend wird ausgehend von den p-Parametern jedes einzelnen Teilpools und der Nominalgröße der Risikopositionen in jedem einzelnen Teilpool ein gewichteter durchschnittlicher p-Parameter für die Transaktion berechnet.

(3) [1] Wendet ein Institut den SEC-IRBA auf einen gemischten Pool an, so berechnet es den p-Parameter anhand der zugrunde liegenden Risikopositionen, bei denen ausschließlich nach dem IRB-Ansatz verfahren wird. [2] Zugrunde liegende Risikopositionen, bei denen nach dem Standardansatz verfahren wird, bleiben für diese Zwecke unberücksichtigt.

(4) *[1]* Die effektive Zahl der Risikopositionen (N) wird wie folgt berechnet:

$$N = \frac{\left(\sum_i EAD_i\right)^2}{\sum_i EAD_i^2}$$

wobei EAD_i den mit der i-ten Risikoposition im Pool verbundenen Risikopositionswert bezeichnet.

[2] Mehrere auf ein und denselben Schuldner bezogene Risikopositionen werden konsolidiert und als eine einzige Risikoposition behandelt.

(5) *[1]* Die risikopositionsgewichtete durchschnittliche LGD wird wie folgt berechnet:

$$LGD = \frac{\sum_i LGD_i \cdot EAD_i}{\sum_i EAD_i}$$

wobei LGD_i die durchschnittliche LGD aller auf den i-ten Schuldner bezogenen Risikopositionen bezeichnet.

[2] [1] Werden bei einer Verbriefung das Kredit- und das Verwässerungsrisiko bei angekauften Forderungen aggregiert gesteuert, so gilt der LGD-Input beim Kreditrisiko als gewichteter LGD-Durchschnitt und beim Verwässerungsrisiko als 100%ige LGD. [2] Die Gewichte stellen jeweils die unabhängigen Eigenmittelanforderungen nach dem IRB-Ansatz für das Kredit- und das Verwässerungsrisiko dar. [3] Besteht zur Deckung von Verlusten aus dem Kredit- oder Verwässerungsrisiko ein einziger Reservefonds oder eine Übersicherung, so kann dies für diese Zwecke als Hinweis auf eine aggregierte Steuerung dieser Risiken angesehen werden.

(6) *[1]* Macht der Anteil der größten zugrunde liegenden Risikoposition am Pool (C_1) nicht mehr als 3 % aus, so können die Institute N und die risikopositionsgewichteten durchschnittlichen LGDs nach folgender vereinfachter Methode berechnen:

$$N = \left(C_1 \cdot C_m + \left(\frac{C_m - C_1}{m-1} \right) \cdot \max\{1 - m \cdot C_1, 0\} \right)^{-1}$$

LGD = 0,50
wobei
C_m den der Summe der größten m-Risikopositionen entsprechenden Anteil am Pool bezeichnet; und
m vom Institut festgesetzt wird.

[2] Ist nur C_1 verfügbar und geht dessen Wert nicht über 0,03 hinaus, so kann das Institut die LGD als 0,50 und N als $1/C_1$ festsetzen.

(7) Ist die Position durch einen gemischten Pool unterlegt und das Institut in der Lage, K_{irb} gemäß Artikel 258 Absatz 1 Buchstabe a für mindestens 95 % der zugrunde liegenden Risikopositionsbeträge zu berechnen, so berechnet das Institut die Eigenmittelanforderung für den Pool zugrunde liegender Risikopositionen als:

$$d \cdot K_{IRB} + (1 - d) \cdot K_{SA},$$

wobei
d der Anteil des Betrags der zugrunde liegenden Risikopositionen ist, für die das Institut K_{irb} über den Betrag aller zugrunde liegenden Risikopositionen berechnen kann.

(8) *[1]* Bei einer Verbriefungsposition in Form eines Derivats zur Absicherung gegen Marktrisiken, einschließlich Zins- oder Währungsrisiken, kann das Insti-

tut diesem Derivat ein abgeleitetes Risikogewicht zuweisen, das dem Risikogewicht der nach diesem Artikel berechneten Referenzposition entspricht.

[2] Für die Zwecke des Unterabsatzes 1 ist unter Referenzposition die Position zu verstehen, die mit dem Derivat in jeder Hinsicht gleichrangig ist, oder – falls keine gleichrangige Position vorhanden ist – die Position, die dem Derivat im Rang unmittelbar folgt.

Art. 260 Behandlung von STS-Verbriefungen beim SEC-IRBA. Beim SEC-IRBA wird das Risikogewicht für eine Position in einer STS-Verbriefung gemäß Artikel 259 berechnet, wobei allerdings folgende Änderungen vorzunehmen sind:
Risikogewichtsuntergrenze für vorrangige Verbriefungspositionen = 10 %
$p = \max [0{,}3; 0{,}5 \cdot (A + B \cdot (1/N) + C \cdot K_{IRB} + D \cdot LGD + E \cdot M_T)]$

Art. 261 Berechnung der risikogewichteten Positionsbeträge beim Standardansatz (SEC-SA) (1) Beim SEC-SA wird der risikogewichtete Positionsbetrag für eine Verbriefungsposition berechnet, indem der nach Artikel 248 berechnete Risikopositionswert mit dem anzuwendenden Risikogewicht, das wie folgt zu bestimmen ist, multipliziert wird, wobei in jedem Fall eine Untergrenze von 15 % gilt:

$RW = 1\,250\,\%$ wenn $D \leq K_A$

$RW = 12{,}5 \cdot K_{SSFA(K_A)}$ wenn $A \geq K_A$

$$RW = \left[\left(\frac{K_A - A}{D - A}\right) \cdot 12.5\right] + \left[\left(\frac{D - K_A}{D - A}\right) \cdot 12.5 \cdot K_{SSFA(K_A)}\right]$$ wenn $A < K_A < D$

dabei ist:

D	der gemäß Artikel 256 bestimmte obere Tranchierungspunkt
A	der gemäß Artikel 256 bestimmte obere Tranchierungspunkt
K_A	ein gemäß Absatz 2 berechneter Parameter

$$K_{SSFA(K_A)} = \frac{e^{a \cdot u} - e^{a \cdot l}}{a(u - l)}$$

dabei ist:

a =	$-(1/(p \cdot K_A))$
u =	$D - K_A$
l =	$\max (A - K_A; 0)$
p =	1 bei Risikopositionen in Verbriefungen, bei denen es sich nicht um eine Wiederverbriefung handelt

(2) *[1]* Für die Zwecke des Absatzes 1 wird K_A wie folgt berechnet:
$K_A = (1 - W) \cdot K_{SA} + W \cdot 0.5$
dabei ist:
K_{SA} die in Artikel 255 definierte Eigenmittelanforderung für den zugrunde liegenden Pool
W das Verhältnis:

a) der Summe des Nominalbetrags der ausgefallenen zugrunde liegenden Risikopositionen

b) zur Summe des Nominalbetrags aller zugrunde liegenden Risikopositionen.

[2] Für diese Zwecke ist eine ausgefallene Risikoposition eine zugrunde liegende Risikoposition, die entweder i) seit mindestens 90 Tagen überfällig ist, ii) einem Konkurs- oder Insolvenzverfahren unterliegt, iii) einem Zwangsvollstreckungs- oder ähnlichen Verfahren unterliegt, oder iv) den Verbriefungsunterlagen zufolge als ausgefallen anzusehen ist.

[3] Kennt ein Institut bei maximal 5 % der zugrunde liegenden Forderungen im Pool nicht den Verzugsstatus, kann es den SEC-SA anwenden, sofern es bei der Berechnung von K_A die folgende Anpassung vornimmt.

$$K_A = \left(\frac{EAD_{\text{Teilpool 1 wenn W bekannt}}}{\text{EAD Gesamt}} \times K_A^{\text{Teilpool 1 wenn W bekannt}}\right) + \frac{EAD_{\text{Teilpool 2 wenn W unbekannt}}}{\text{EAD Gesamt}}$$

[4] Kennt das Institut bei mehr als 5 % der zugrunde liegenden Forderungen im Pool nicht den Verzugsstatus, muss die Position in der Verbriefung mit 1 250 % risikogewichtet werden.

(3) *[1]* Bei einer Verbriefungsposition in Form eines Derivats zur Absicherung gegen Marktrisiken, einschließlich Zins- oder Währungsrisiken, kann das Institut diesem Derivat ein abgeleitetes Risikogewicht zuweisen, das dem Risikogewicht der nach diesem Artikel berechneten Referenzposition entspricht.

[2] Für die Zwecke dieses Absatzes ist unter Referenzposition die Position zu verstehen, die mit dem Derivat in jeder Hinsicht gleichrangig ist, oder – falls keine gleichrangige Position vorhanden ist – die Position, die dem Derivat im Rang unmittelbar folgt.

Art. 262 Behandlung von STS-Verbriefungen beim SEC-SA. Beim SEC-SA wird das Risikogewicht für eine Position in einer STS-Verbriefung gemäß Artikel 261 berechnet, wobei allerdings folgende Änderungen vorzunehmen sind:
Risikogewichtsuntergrenze für vorrangige Verbriefungspositionen = 10 %
p = 0,5

Art. 263 Berechnung der risikogewichteten Positionsbeträge bei dem auf externen Beurteilungen basierenden Ansatz (SEC-ERBA) (1) Beim SEC-ERBA wird der risikogewichtete Positionsbetrag für eine Verbriefungsposition berechnet, indem der nach Artikel 248 ermittelte Risikopositionswert mit dem nach dem vorliegenden Artikel anzuwendenden Risikogewicht multipliziert wird.

(2) Für Risikopositionen mit Kurzzeit-Bonitätsbeurteilungen oder in Fällen, in denen ein auf einer Kurzzeit-Bonitätsbeurteilung beruhendes Rating gemäß Absatz 7 abgeleitet werden kann, gelten folgende Risikogewichte:

Tabelle 1

Bonitätsstufe	1	2	3	Alle sonstigen Ratings
Risikogewicht	15 %	50 %	100 %	1 250 %

(3) Für Risikopositionen mit Langzeit-Bonitätsbeurteilungen oder in Fällen, in denen ein auf einer Langzeit-Bonitätsbeurteilung beruhendes Rating gemäß Absatz 7 des vorliegenden Artikels abgeleitet werden kann, gelten die in Tabelle 2 festgelegten Risikogewichte, die gegebenenfalls gemäß Artikel 257 und Absatz 4 des vorliegenden Artikels nach Maßgabe der Laufzeit der Tranche (M_T) und bei nicht vorrangigen Tranchen gemäß Absatz 5 des vorliegenden Artikels nach Maßgabe der Tranchendicke anzupassen sind:

Tabelle 2

Bonitätsstufe	Vorrangige Tranche		Nicht vorrangige (dünne) Tranche	
	Restlaufzeit der Tranche (M_T)		Restlaufzeit der Tranche (M_T)	
	1 Jahr	5 Jahre	1 Jahr	5 Jahre
1	15 %	20 %	15 %	70 %
2	15 %	30 %	15 %	90 %
3	25 %	40 %	30 %	120 %
4	30 %	45 %	40 %	140 %
5	40 %	50 %	60 %	160 %
6	50 %	65 %	80 %	180 %
7	60 %	70 %	120 %	210 %
8	75 %	90 %	170 %	260 %
9	90 %	105 %	220 %	310 %
10	120 %	140 %	330 %	420 %
11	140 %	160 %	470 %	580 %
12	160 %	180 %	620 %	760 %
13	200 %	225 %	750 %	860 %
14	250 %	280 %	900 %	950 %
15	310 %	340 %	1 050 %	1 050 %
16	380 %	420 %	1 130 %	1 130 %

17	460 %	505 %	1 250 %	1 250 %
Alle sonstigen	1 250 %	1 250 %	1 250 %	1 250 %

(4) Bei Tranchen mit einer Restlaufzeit zwischen einem Jahr und fünf Jahren bestimmen die Institute das Risikogewicht durch lineare Interpolation zwischen den Risikogewichten, die gemäß Tabelle 2 bei Restlaufzeiten von einem Jahr bzw. fünf Jahren anzuwenden sind.

(5) Um der Tranchendicke Rechnung zu tragen, berechnen die Institute das Risikogewicht für nicht vorrangige Tranchen wie folgt:

RW = [RW nach Anpassung an die Restlaufzeit gemäß Absatz 4] · [1 - min(T; 50 %)]

dabei ist

T = Dicke der Tranche, gemessen als D – A

dabei ist

D der gemäß Artikel 256 bestimmte obere Tranchierungspunkt

A der gemäß Artikel 256 bestimmte untere Tranchierungspunkt

(6) [1] Das aus den Absätzen 3, 4 und 5 resultierende Risikogewicht für nicht vorrangige Tranchen muss mindestens 15 % betragen. [2] Auch darf es nicht niedriger sein als das Risikogewicht für eine hypothetische vorrangige Tranche derselben Verbriefung mit derselben Bonitätsbeurteilung und derselben Restlaufzeit.

(7) Zwecks Verwendung abgeleiteter Ratings weisen die Institute einer unbeurteilten Position ein abgeleitetes Rating zu, das der Bonitätsbeurteilung einer beurteilten Referenzposition entspricht, die alle folgenden Bedingungen erfüllt:

a) die Referenzposition ist in jeder Hinsicht mit der unbeurteilten Verbriefungsposition gleichrangig oder geht ihr – falls keine gleichrangige Position vorhanden ist – im Rang unmittelbar nach;

b) für die Referenzposition bestehen keinerlei Garantien Dritter oder sonstige Bonitätsverbesserungen, die für die unbeurteilte Position nicht zur Verfügung stehen;

c) die Referenzposition hat die gleiche oder eine längere Laufzeit als die betreffende unbeurteilte Position;

d) jedes abgeleitete Rating wird laufend aktualisiert, um etwaigen Änderungen bei der Bonitätsbeurteilung der Referenzposition Rechnung zu tragen.

(8) *[1]* Bei einer Verbriefungsposition in Form eines Derivats zur Absicherung gegen Marktrisiken, einschließlich Zins- oder Währungsrisiken, kann das Institut diesem Derivat ein abgeleitetes Risikogewicht zuweisen, das dem Risikogewicht der nach diesem Artikel berechneten Referenzposition entspricht.

[2] Für die Zwecke des Unterabsatzes 1 ist unter Referenzposition die Position zu verstehen, die mit dem Derivat in jeder Hinsicht gleichrangig ist, oder – falls keine gleichrangige Position vorhanden ist – die Position, die dem Derivat im Rang unmittelbar folgt.

Art. 264 Behandlung von STS-Verbriefungen beim SEC-ERBA.

(1) Beim SEC-ERBA wird das Risikogewicht für eine Position in einer STS-Verbriefung gemäß Artikel 263 berechnet, wobei allerdings die im vorliegenden Artikel festgelegten Änderungen vorzunehmen sind.

(2) Für Risikopositionen mit Kurzzeit-Bonitätsbeurteilungen oder in Fällen, in denen ein auf einer Kurzzeit-Bonitätsbeurteilung beruhendes Rating gemäß Artikel 263 Absatz 7 abgeleitet werden kann, gelten folgende Risikogewichte:

Tabelle 3

Bonitätsstufe	1	2	3	Alle sonstigen Ratings
Risikogewicht	10 %	30 %	60 %	1 250 %

(3) Für Risikopositionen mit Langzeit-Bonitätsbeurteilungen oder in Fällen, in denen ein auf einer Langzeit-Bonitätsbeurteilung beruhendes Rating gemäß Artikel 263 Absatz 7 abgeleitet werden kann, werden die Risikogewichte nach Tabelle 4 bestimmt und gemäß Artikel 257 und Artikel 263 Absatz 4 nach Maßgabe der Laufzeit der Tranche (M_T) und bei nicht vorrangigen Tranchen gemäß Artikel 263 Absatz 5 nach Maßgabe der Tranchendicke angepasst:

Tabelle 4

Bonitätsstufe	Vorrangige Tranche		Nicht vorrangige (dünne) Tranche	
	Restlaufzeit der Tranche (M_T)		Restlaufzeit der Tranche (M_T)	
	1 Jahr	5 Jahre	1 Jahr	5 Jahre
1	10 %	10 %	15 %	40 %
2	10 %	15 %	15 %	55 %
3	15 %	20 %	15 %	70 %
4	15 %	25 %	25 %	80 %
5	20 %	30 %	35 %	95 %
6	30 %	40 %	60 %	135 %
7	35 %	40 %	95 %	170 %
8	45 %	55 %	150 %	225 %
9	55 %	65 %	180 %	255 %
10	70 %	85 %	270 %	345 %
11	120 %	135 %	405 %	500 %
12	135 %	155 %	535 %	655 %
13	170 %	195 %	645 %	740 %
14	225 %	250 %	810 %	855 %
15	280 %	305 %	945 %	945 %
16	340 %	380 %	1 015 %	1 015 %

17	415 %	455 %	1 250 %	1 250 %
Alle sonstigen	1 250 %	1 250 %	1 250 %	1 250 %

Art. 265 Interner Bemessungsansatz – Anwendungskreis und operationelle Anforderungen. (1) *[1]* Institute können die risikogewichteten Positionsbeträge für unbeurteilte Positionen in ABCP-Programmen oder ABCP-Transaktionen gemäß Artikel 266 nach dem Internen Bemessungsansatz berechnen, wenn die in Absatz 2 des vorliegenden Artikels festgelegten Bedingungen erfüllt sind.

[2] Hat ein Institut eine Genehmigung zur Anwendung des Internen Bemessungsansatzes gemäß Absatz 2 des vorliegenden Artikels erhalten und fällt eine spezifische Position in einem ABCP-Programm oder einer ABCP-Transaktion in den Geltungsbereich einer solchen Genehmigung, so wendet das Institut für die Berechnung des betreffenden risikogewichteten Positionsbetrags diesen Ansatz an.

(2) Die zuständigen Behörden gestatten den Instituten, innerhalb eines genau festgelegten Anwendungskreises den Internen Bemessungsansatz anzuwenden, wenn alle folgenden Bedingungen erfüllt sind:

a) für alle im Rahmen des ABCP-Programms emittierten Geldmarktpapiere liegt ein Rating vor;

b) die interne Beurteilung der Kreditqualität der Position vollzieht die öffentlich verfügbare Methode einer oder mehrerer ECAI zur Bonitätsbeurteilung von Verbriefungspositionen, die durch zugrunde liegende Risikopositionen des verbrieften Typs unterlegt sind, nach;

c) die Emission von Geldmarktpapieren im Rahmen des ABCP-Programms erfolgt überwiegend an Drittinvestoren;

d) das interne Bemessungsverfahren des Instituts ist insbesondere in Bezug auf Stressfaktoren und andere relevante quantitative Elemente mindestens ebenso konservativ wie die öffentlich verfügbaren Bemessungen der ECAI, die für das im Rahmen des ABCP-Programms emittierte Geldmarktpapier ein externes Rating abgegeben haben;

e) die interne Bemessungsmethode des Instituts trägt allen relevanten, öffentlich verfügbaren Ratingmethoden der ECAI Rechnung, die für das Geldmarktpapier des ABCP-Programms ein Rating abgeben, und beinhaltet Ratingklassen, die den Bonitätsbeurteilungen von ECAI entsprechen. Das Institut bewahrt mit seinen internen Unterlagen eine Erklärung auf, aus der hervorgeht, wie es die unter diesem Punkt dargelegten Anforderungen erfüllt, und aktualisiert diese Erklärung regelmäßig;

f) das Institut nutzt die interne Bemessungsmethode für sein internes Risikomanagement, was auch seine Entscheidungsprozesse, die Unterrichtung des Managements und die internen Kapitalallokationsprozesse einschließt;

g) der interne Bemessungsprozess und die Qualität der internen Beurteilung der Kreditqualität der Risikopositionen, die ein Institut in einem ABCP-Programm oder einer ABCP-Transaktion hält, werden von internen oder externen Prüfern, einer ECAI oder der institutsinternen Kreditprüfungsstelle oder Risikomanagementfunktion regelmäßig überprüft;

h) um die Leistungsfähigkeit seiner internen Bemessungsmethode zu bewerten, verfolgt das Institut die Zuverlässigkeit seiner internen Beurteilungen im Zeitverlauf und nimmt an seiner Methode die notwendigen Korrekturen vor, wenn die Wertentwicklung der Risikopositionen regelmäßig von den internen Beurteilungen abweicht;

i) das ABCP-Programm enthält Standards für die Emissionsübernahme und das Passiv-Management in Form von Leitlinien an den Programmadministrator, die zumindest Folgendes umfassen:
   i) vorbehaltlich des Buchstaben j die Kriterien für die Anerkennungsfähigkeit von Vermögenswerten;
   ii) die Art und den monetären Wert der aus der Bereitstellung von Liquiditätsfazilitäten und Bonitätsverbesserungen resultierenden Risikopositionen;
   iii) die Verlustverteilung zwischen den in dem ABCP-Programm oder der ABCP-Transaktion enthaltenen Verbriefungspositionen;
   iv) die rechtliche und wirtschaftliche Trennung der übertragenen Vermögenswerte von der sie veräußernden Einrichtung;

j) die im Rahmen des ABCP-Programms für die Anerkennungsfähigkeit von Vermögenswerten geltenden Kriterien sehen zumindest Folgendes vor:
   i) Ausschluss des Ankaufs von Vermögenswerten, die in hohem Maße überfällig oder ausgefallen sind;
   ii) Einschränkung einer übermäßigen Konzentration auf einen einzelnen Schuldner oder ein einzelnes geografisches Gebiet; und
   iii) Begrenzung der Laufzeit der anzukaufenden Vermögenswerte;

k) Kreditrisiko und Geschäftsprofil des Vermögenswertverkäufers werden einer Analyse unterzogen, wobei zumindest Folgendes beurteilt wird:
   i) vergangenes und erwartetes künftiges finanzielles Ergebnis;
   ii) aktuelle Marktposition und erwartete künftige Wettbewerbsfähigkeit;
   iii) Verschuldungsgrad, Zahlungsströme, Zinsdeckung und Schuldtitel-Rating; und
   iv) Emissionsübernahmestandards, Kundenbetreuungsfähigkeiten und Inkassoverfahren;

l) das ABCP-Programm verfügt über Inkassogrundsätze und -verfahren, die der operativen Kapazität und der Bonität des Forderungsverwalters Rechnung tragen und beinhaltet Elemente, die leistungsbezogene Risiken des Verkäufers und des Forderungsverwalters abschwächen. Für die Zwecke dieses Buchstabens können leistungsbezogene Risiken durch Auslöser, die sich auf die aktuelle Bonität des Verkäufers oder des Forderungsverwalters stützen, gemindert werden, um bei Ausfall des Verkäufers oder des Forderungsverwalters die Vermengung von Geldern zu verhindern;

m) bei der aggregierten Verlustschätzung für einen Pool von Vermögenswerten, der im Rahmen des ABCP-Programms angekauft werden kann, wird allen potenziellen Risiken, wie dem Kredit- und dem Verwässerungsrisiko, Rechnung getragen;

n) wenn sich die vom Verkäufer bereitgestellte Bonitätsverbesserung in ihrer Höhe lediglich auf kreditbezogene Verluste stützt und das Verwässerungsrisiko für den betreffenden Pool von Vermögenswerten erheblich ist, umfasst das ABCP-Programm eine gesonderte Rücklage für das Verwässerungsrisiko;

o) bei der Berechnung des Umfangs der beim ABCP-Programm erforderlichen Bonitätsverbesserung wird den historischen Informationen mehrerer Jahre Rechnung getragen, was Verluste, Ausfälle, Verwässerungen und die Umschlagshäufigkeit der Forderungen einschließt;

p) das ABCP-Programm weist in Bezug auf den Ankauf von Risikopositionen strukturelle Merkmale auf, die eine potenzielle Verschlechterung der Kreditqualität des zugrunde liegenden Portfolios abmindern sollen. Dazu können u.a. poolspezifische Auslöser für eine Abwicklung zählen;

q) das Institut bewertet die Charakteristika des zugrunde liegenden Pools von Vermögenswerten, wie sein durchschnittsgewichtetes Kreditscoring und ermittelt etwaige Konzentrationen auf einen einzelnen Schuldner oder ein einzelnes geografisches Gebiet und die Granularität des Vermögenswert-Pools.

(3) Wird die in Absatz 2 Buchstabe g vorgesehene Überprüfung von internen Prüfern, der institutsinternen Kreditprüfungsstelle oder der Risikomanagementfunktion des Instituts durchgeführt, dann sind diese Funktionen von den für das ABCP-Programm und die Beziehungen zu Kunden zuständigen internen Funktionen unabhängig.

(4) Institute, denen die Anwendung des Internen Bemessungsansatz gestattet worden ist, dürfen bei den in den Anwendungskreis des Internen Bemessungsansatz fallenden Positionen nur dann zu anderen Methoden zurückkehren, wenn die beiden folgenden Bedingungen erfüllt sind:

a) Das Institut hat den zuständigen Behörden glaubhaft nachgewiesen, dass es gute Gründe für diesen Schritt hat.

b) Es hat vorab eine entsprechende Erlaubnis der zuständigen Behörde erhalten.

Art. 266 Berechnung der risikogewichteten Positionsbeträge beim Internen Bemessungsansatz. (1) [1]Beim Internen Bemessungsansatz weist das Institut die unbeurteilte Position des ABCP-Programms oder der ABCP-Transaktion ausgehend von seiner internen Bemessung einer der in Artikel 265 Absatz 2 Buchstabe e bestimmten Ratingklassen zu. [2]Der Position wird ein abgeleitetes Rating zugewiesen, das mit den Bonitätsbeurteilungen übereinstimmt, die dieser Ratingklasse gemäß Artikel 265 Absatz 2 Buchstabe e entsprechen.

(2) Das gemäß Absatz 1 abgeleitete Rating hat bei seiner erstmaligen Vergabe zumindest der Stufe „Investment Grade" oder besser zu entsprechen und ist für die Zwecke der Berechnung der risikogewichteten Positionsbeträge gemäß Artikel 263 bzw. Artikel 264 als anerkennungsfähige Bonitätsbeurteilung einer ECAI anzusehen.

Unterabschnitt 4. Obergrenzen für Verbriefungspositionen

Art. 267 Maximales Risikogewicht für vorrangige Verbriefungspositionen: Transparenzansatz. (1) Ein Institut, das die Zusammensetzung der zugrunde liegenden Risikopositionen jederzeit kennt, kann der vorrangigen Verbriefungsposition als maximales Risikogewicht das risikopositionsgewichtete durchschnittliche Risikogewicht zuweisen, das für die zugrunde liegenden Risikopositionen gelten würde, als wären diese nicht verbrieft worden.

(2) *[1]* Bei Pools zugrunde liegender Risikopositionen, bei denen das Institut ausschließlich nach dem Standard- oder dem IRB-Ansatz verfährt, ist das maximale Risikogewicht der vorrangigen Verbriefungsposition gleich dem risikopositionsgewichteten durchschnittlichen Risikogewicht, das nach Kapitel 2 bzw. 3 auf die zugrunde liegenden Risikopositionen angewandt würde, als wären diese nicht verbrieft worden.

[2] Bei gemischten Pools wird das maximale Risikogewicht wie folgt berechnet:

a) wendet das Institut den SEC-IRBA an, wird dem unter den Standardansatz fallenden und dem unter den IRB-Ansatz fallenden Teil des zugrunde liegenden Pools das dem jeweiligen Ansatz entsprechende Risikogewicht zugeordnet;
b) wendet das Institut den SEC-SA oder den SEC-ERBA an, ist das maximale Risikogewicht für vorrangige Verbriefungspositionen gleich dem durchschnittsgewichteten Risikogewicht, das den zugrunde liegenden Risikopositionen beim Standardansatz zugeordnet wird.

(3) Für die Zwecke dieses Artikels umfasst das Risikogewicht, das gemäß Kapitel 3 beim IRB-Ansatz zuzuordnen wäre, das Verhältnis

a) der erwarteten Verluste multipliziert mit dem Faktor 12,5 zu
b) dem Risikopositionswert der zugrunde liegenden Risikopositionen.

(4) Ist das nach Absatz 1 berechnete maximale Risikogewicht niedriger als die in den Artikeln 259 bis 264 genannte Risikogewichtsuntergrenze, ist stattdessen Ersteres zu verwenden.

Art. 268 Maximale Eigenmittelanforderungen. (1) [1] Ein Originator, ein Sponsor oder ein anderes Institut, der bzw. das den SEC-IRBA anwendet, oder ein Originator oder Sponsor, der den SEC-SA oder den SEC-ERBA anwendet, kann als maximale Eigenmittelanforderung für die von ihm gehaltene Verbriefungsposition die Eigenmittelanforderungen ansetzen, die nach Kapitel 2 oder 3 für die zugrunde liegenden Risikopositionen berechnet würden, als wären diese nicht verbrieft worden. [2] Für die Zwecke dieses Artikels umfasst die auf dem IRB-Ansatz basierende Eigenmittelanforderung sowohl die nach Kapitel 3 berechneten, bei diesen Risikopositionen erwarteten Verluste als auch die unerwarteten Verluste.

(2) Bei gemischten Pools wird die maximale Eigenmittelanforderung bestimmt, indem der risikopositionsgewichtete Durchschnitt der Eigenmittelanforderungen für die unter den IRB-Ansatz und den Standardansatz fallenden Teile der zugrunde liegenden Risikopositionen gemäß Absatz 1 berechnet wird.

(3) Die maximale Eigenmittelanforderung ergibt sich durch Multiplikation des nach den Absätzen 1 oder 2 berechneten Betrags mit dem als Prozentsatz ausgedrückten größten Anteil, den das Institut in den betreffenden Tranchen hält (V); dieser wird wie folgt ermittelt:

a) bei einem Institut, das in einer einzigen Tranche eine oder mehrere Verbriefungspositionen hält, ist V gleich dem Verhältnis des Nominalbetrags der von dem Institut in dieser Tranche gehaltenen Verbriefungspositionen zum Nominalbetrag der Tranche;

b) bei einem Institut, das in verschiedenen Tranchen Verbriefungspositionen hält, ist V gleich dem maximalen Anteil über alle Tranchen. Für diese Zwecke wird der Anteil für jede einzelne Tranche gemäß Buchstabe a berechnet.

(4) Bei der Berechnung der maximalen Eigenmittelanforderung für eine Verbriefungsposition gemäß diesem Artikel sind alle etwaigen Gewinne aus Verkäufen und bonitätsverbessernde Zinsstrips aus der Verbriefungstransaktion gemäß Artikel 36 Absatz 1 Buchstabe k in voller Höhe von den Posten des harten Kernkapitals abzuziehen.

Unterabschnitt 5. Sonstige Vorschriften

Art. 269 Wiederverbriefungen. (1) Auf Wiederverbriefungspositionen wenden die Institute den SEC-SA gemäß Artikel 261 an, nehmen dabei aber folgende Änderungen vor:

a) W = 0 für jede Risikoposition in einer Verbriefungstranche innerhalb des Pools zugrunde liegender Risikopositionen;

b) p = 1,5;

c) für das daraus resultierende Risikogewicht gilt eine Risikogewichtsuntergrenze von 100 %.

(2) K_{SA} für die zugrunde liegende Verbriefungsrisikoposition wird nach Unterabschnitt 2 berechnet.

(3) Die in Unterabschnitt 4 genannten maximalen Eigenmittelanforderungen gelten nicht für Wiederverbriefungspositionen.

(4) Ist der Pool der zugrunde liegenden Risikopositionen eine Mischung aus Verbriefungstranchen und anderen Vermögenswerten, so ist der Parameter K_A als der nominale risikopositionsgewichtete Durchschnitt des für jede Untergruppe von Risikopositionen einzeln berechneten K_A festzulegen.

Art. 270 Vorrangige Positionen bei KMU-Verbriefungen. Ein Originator kann die risikogewichteten Positionsbeträge bei einer Verbriefungsposition gemäß den Artikeln 260, 262 bzw. 264 berechnen, wenn folgende Bedingungen erfüllt sind:

a) Die Verbriefung erfüllt, sofern anwendbar, die in Kapitel 4 der Verordnung (EU) 2017/2402 genannten Anforderungen für STS-Verbriefungen mit Ausnahme der in Artikel 20 Absätze 1 bis 6 jener Verordnung genannten Anforderung;

b) die Position erfüllt die Voraussetzungen, um als vorrangige Verbriefungsposition gelten zu können;

c) der Verbriefung liegt ein Pool von Unternehmensrisikopositionen zugrunde und mindestens 70 % dieser Risikopositionen waren in Bezug auf die Portfolio-Bilanz zum Zeitpunkt der Emission der Verbriefung oder – im Falle revolvierender Verbriefungen – zu dem Zeitpunkt, als der Verbriefung eine Risikoposition hinzugefügt wurde, als Risikopositionen gegenüber KMU im Sinne des Artikels 501 qualifiziert;

d) das mit den Positionen verbundene, nicht beim Originator verbleibende Kreditrisiko wird über eine Garantie oder Rückbürgschaft übertragen, die die in Kapitel 4 für den Standardansatz beim Kreditrisiko festgelegten Anforderungen an Absicherungen ohne Sicherheitsleistung erfüllt;

e) bei dem Dritten, auf den das Kreditrisiko übertragen wird, handelt es sich um eine oder mehrere der folgenden Einrichtungen:

i) den Zentralstaat oder die Zentralbank eines Mitgliedstaats, eine multilaterale Entwicklungsbank, eine internationale Organisation oder eine Fördereinrichtung, sofern die auf den Garantie- oder Rückbürgschaftsgeber bezogenen Risikopositionen gemäß Kapitel 2 das Risikogewicht 0 % erhalten können;

ii) einen institutionellen Anleger im Sinne des Artikels 2 Nummer 12 der Verordnung (EU) 2017/2402, sofern die Garantie oder Rückbürgschaft vollständig durch Bareinlagen beim Originator besichert ist.

Art. 270a Zusätzliches Risikogewicht. (1) [1] Sind die in Kapitel 2 der Verordnung (EU) 2017/2402 festgelegten Anforderungen aufgrund von Fahrlässigkeit oder Unterlassung seitens des Instituts in einem wesentlichen Punkt nicht erfüllt, so verhängen die zuständigen Behörden ein angemessenes zusätzliches Risikogewicht von mindestens 250 %, begrenzt auf 1 250 %, des Risikogewichts, das für die einschlägigen Verbriefungspositionen in der in den Artikeln 247 Absatz 6 bzw. 337 Absatz 3 dieser Verordnung spezifizierten Weise gilt. [2] Das zusätzliche Risikogewicht wird mit jedem weiteren Verstoß gegen die Sorgfalts- und Risikomanagementbestimmungen schrittweise angehoben. [3] Den in Artikel 6 Absatz 5 der Verordnung (EU) 2017/2402 für bestimmte Verbriefungen vorgesehenen Ausnahmen tragen die zuständigen Behörden durch Herabsetzung des Risikogewichts Rechnung, das sie andernfalls gemäß dem vorliegenden Artikel bei einer Verbriefung verhängen würden, auf die Artikel 6 Absatz 5 der Verordnung (EU) 2017/2402 Anwendung findet.

(2) *[1]* [1] Die EBA arbeitet Entwürfe technischer Durchführungsstandards aus, um die Konvergenz der Aufsichtspraktiken bezüglich der Anwendung des Absatzes 1, einschließlich der bei einem Verstoß gegen die Sorgfalts- und Risikomanagementpflichten zu ergreifenden Maßnahmen, zu erleichtern. [2] Die EBA legt der Kommission diese Entwürfe technischer Durchführungsstandards bis 1. Januar 2014 vor.

[2] Der Kommission wird die Befugnis übertragen, die technischen Durchführungsstandards nach Unterabsatz 1 gemäß Artikel 15 der Verordnung (EU) Nr. 1093/2010 zu erlassen.

Abschnitt 4. Externe Bonitätsbeurteilungen

Art. 270b Verwendung der Bonitätsbeurteilungen von ECAI. Institute dürfen Bonitätsbeurteilungen nur dann zur Bestimmung des Risikogewichts einer Verbriefungsposition nach diesem Kapitel heranziehen, wenn die Bonitätsbeurteilung von einer ECAI abgegeben oder gemäß der Verordnung (EG) Nr. 1060/2009 von einer ECAI bestätigt wurde.

Art. 270c Anforderungen, die die Bonitätsbeurteilungen der ECAI erfüllen müssen. Institute greifen für die Berechnung der risikogewichteten Positionsbeträge gemäß Abschnitt 3 nur dann auf die Bonitätsbeurteilung einer ECAI zurück, wenn alle folgenden Bedingungen erfüllt sind:

a) Es besteht keine Inkongruenz zwischen der Art der Zahlungen, die in die Bonitätsbeurteilung eingeflossen sind, und der Art der Zahlungen, auf die das Institut im Rahmen des Vertrags, der zu der betreffenden Verbriefungsposition geführt hat, Anspruch hat;
b) die ECAI veröffentlicht die Bonitätsbeurteilungen sowie Informationen über Verlust- und Zahlungsstromanalysen, über die Empfindlichkeit der Ratings gegenüber Veränderungen bei den ihnen zugrunde liegenden Annahmen, einschließlich der Wertentwicklung der zugrunde liegenden Risikopositionen, und über die Verfahren, Methoden, Annahmen und die für die Bonitätsbeurteilungen wesentlichen Elemente gemäß der Verordnung (EG) Nr. 1060/2009. Für die Zwecke dieses Buchstabens sind Informationen dann als öffentlich verfügbar anzusehen, wenn sie in zugänglicher Form veröffentlicht werden. Informationen, die nur einem eingeschränkten Empfängerkreis zur Verfügung gestellt werden, gelten nicht als öffentlich verfügbar;
c) die Bonitätsbeurteilungen fließen in die Übergangsmatrix der ECAI ein;
d) die Bonitätsbeurteilung stützt sich weder ganz noch teilweise auf eine vom Institut selbst bereitgestellte Unterstützung ohne Sicherheitsleistung. Stützt sich eine Position ganz oder teilweise auf eine Unterstützung ohne Sicherheitsleistung, so behandelt das Institut diese Position – wenn es für diese die risikogewichteten Positionsbeträge gemäß Abschnitt 3 berechnet – wie eine unbeurteilte Position;
e) die ECAI hat zugesagt, Erläuterungen im Hinblick darauf zu veröffentlichen, wie die Wertentwicklung der zugrunde liegenden Risikopositionen die Bonitätsbeurteilung beeinflusst.

Art. 270d Verwendung von Bonitätsbeurteilungen. (1) Ein Institut darf entscheiden, eine oder mehrere ECAI zu benennen, deren Bonitätsbeurteilungen es bei der Berechnung seiner risikogewichteten Positionsbeträge gemäß diesem Kapitel verwendet („benannte ECAI“).

(2) Ein Institut nutzt die Bonitätsbeurteilungen für seine Verbriefungspositionen durchgängig und nicht selektiv und erfüllt für diese Zwecke die folgenden Anforderungen:
a) Ein Institut darf nicht für seine Positionen in einigen Tranchen die Bonitätsbeurteilung einer ECAI und für seine Positionen in anderen Tranchen derselben Verbriefung die Bonitätsbeurteilung einer anderen ECAI verwenden, unabhängig davon, ob für Letztere eine Bonitätsbeurteilung der ersten ECAI vorliegt oder nicht;
b) liegen für eine Position zwei Bonitätsbeurteilungen von benannten ECAI vor, verwendet das Institut die ungünstigere von beiden;
c) liegen für eine Position drei oder mehr Bonitätsbeurteilungen von benannten ECAI vor, werden die beiden günstigsten verwendet. Weichen die beiden günstigsten voneinander ab, wird die ungünstigere von beiden verwendet;
d) ein Institut darf nicht aktiv um die Zurücknahme ungünstigerer Bonitätsbeurteilungen nachsuchen.

(3) [1] Besteht für die einer Verbriefung zugrunde liegenden Risikopositionen eine vollständige oder teilweise, nach Kapitel 4 anerkennungsfähige Besicherung, und wurden die Auswirkungen dieser Besicherung bei der Bonitätsbeur-

teilung einer Verbriefungsposition durch eine benannte ECAI berücksichtigt, so verwendet das Institut das dieser Bonitätsbeurteilung zugeordnete Risikogewicht. [2] Ist die in diesem Absatz genannte Besicherung nach Kapitel 4 nicht anerkennungsfähig, wird die Bonitätsbeurteilung nicht anerkannt und die Verbriefungsposition wie eine unbeurteilte Position behandelt.

(4) Besteht für eine Verbriefungsposition eine nach Kapitel 4 anerkennungsfähige Kreditbesicherung und wurden die Auswirkungen dieser Besicherung bei der betreffenden Bonitätsbeurteilung durch eine benannte ECAI berücksichtigt, so behandelt das Institut die Verbriefungsposition wie eine unbeurteilte Position und berechnet die risikogewichteten Positionsbeträge nach Kapitel 4.

Art. 270e Zuordnung von Verbriefungen. *[1]* [1] Die EBA arbeitet Entwürfe technischer Durchführungsstandards aus, um die in diesem Kapitel beschriebenen Bonitätsstufen auf objektive und konsistente Weise den relevanten Bonitätsbeurteilungen sämtlicher ECAI zuzuordnen. [2] Für die Zwecke dieses Artikels verfährt die EBA dabei insbesondere wie folgt:

a) Sie unterscheidet zwischen den relativen Risikograden, die in den einzelnen Bonitätsbeurteilungen zum Ausdruck kommen;
b) sie berücksichtigt quantitative Faktoren, wie Ausfall- oder Verlustquoten sowie das Abschneiden der Bonitätsbeurteilungen jeder ECAI im Zeitverlauf bei den verschiedenen Anlageklassen;
c) sie berücksichtigt qualitative Faktoren, wie das Spektrum der von der ECAI beurteilten Transaktionen, deren Methodik und die Bedeutung ihrer Bonitätsbeurteilungen, insbesondere, ob diese den erwarteten Verlust oder die Ausfallwahrscheinlichkeit („Verlust des ersten Euro") sowie die fristgerechte Zahlung der Zinsen oder die letztendliche Zahlung der Zinsen berücksichtigen;
d) die EBA versucht zu gewährleisten, dass Verbriefungspositionen, die aufgrund der Bonitätsbeurteilungen von ECAI mit dem gleichen Risikogewicht belegt sind, einem gleich hohen Kreditrisiko unterliegen.

[2] Die EBA legt der Kommission diese Entwürfe technischer Durchführungsstandards bis 1. Juli 2014 vor.

[3] Der Kommission wird die Befugnis übertragen, die technischen Durchführungsstandards nach Unterabsatz 1 dieses Absatzes gemäß Artikel 15 der Verordnung (EU) Nr. 1093/2010 zu erlassen.

Kapitel 6. Gegenparteiausfallrisiko

Abschnitt 1. Begriffsbestimmungen

Art. 271 Ermittlung des Risikopositionswerts. (1) Den Risikopositionswert der in Anhang II genannten Derivatgeschäfte ermittelt ein Institut nach diesem Kapitel.

(2) Bei der Ermittlung des Risikopositionswerts von Pensionsgeschäften, Wertpapier- oder Warenleihgeschäften oder Wertpapier- oder Warenverleihgeschäften, Geschäften mit langer Abwicklungsfrist und Lombardgeschäften kann ein Institut anstatt nach Kapitel 4 nach diesem Kapitel verfahren.

Art. 272 Begriffsbestimmungen. Für die Zwecke dieses Kapitels und des Titels VI dieses Teils bezeichnet der Ausdruck

Allgemeine Begriffe

1. „Gegenparteiausfallrisiko" und „CCR" das Risiko des Ausfalls der Gegenpartei eines Geschäfts vor der abschließenden Abwicklung der mit diesem Geschäft verbundenen Zahlungen;

Geschäftstypen

2. „Geschäfte mit langer Abwicklungsfrist" Geschäfte, bei denen eine Gegenpartei sich dazu verpflichtet, zu einem Termin, der laut Vertrag nach der für diesen Geschäftstyp marktüblichen Frist oder – wenn diese Zeitspanne kürzer ist – fünf Geschäftstage nach dem Geschäftsabschluss liegt, ein Wertpapier, eine Ware oder einen Betrag in Fremdwährung gegen Bargeld, andere Finanzinstrumente oder Waren, oder umgekehrt, zu liefern;
3. „Lombardgeschäfte" Geschäfte, bei denen ein Kreditinstitut im Zusammenhang mit dem Kauf, Verkauf, Halten oder Handel von Wertpapieren einen Kredit ausreicht. Andere Darlehen, die durch Sicherheiten in Form von Wertpapieren besichert sind, fallen nicht unter Lombardgeschäfte;

Netting-Sätze, Hedging-Sätze und damit zusammenhängende Begriffe

4. „Netting-Satz" eine Gruppe von Geschäften zwischen einem Institut und einer einzigen Gegenpartei, die einer rechtlich durchsetzbaren bilateralen Nettingvereinbarung unterliegt, die nach Abschnitt 7 und Kapitel 4 anerkannt ist.
   Jedes Geschäft, das keiner nach Abschnitt 7 anerkannten, rechtlich durchsetzbaren bilateralen Nettingvereinbarung unterliegt, wird für die Zwecke dieses Kapitels als eigenständiger Netting-Satz behandelt.
   Bei der in Abschnitt 6 beschriebenen auf einem internen Modell beruhenden Methode können alle Netting-Sätze mit einer einzigen Gegenpartei als ein einziger Netting-Satz behandelt werden, wenn die simulierten negativen Marktwerte der einzelnen Netting-Sätze bei der Schätzung des erwarteten Wiederbeschaffungswerts (nachstehend „EE") gleich null gesetzt werden;
5. „Standardmethode-Risikoposition" eine Risikomaßzahl, die einem Geschäft nach der in Abschnitt 5 beschriebenen Standardmethode nach einem im Voraus festgelegten Algorithmus zugeordnet wird;
6. „Hedging-Satz" eine Gruppe von Standardmethode-Risikopositionen, die aus den Geschäften eines einzigen Netting-Satzes resultieren und bei denen für die Bestimmung des Risikopositionswerts nach der Standardmethode in Abschnitt 5 nur der Saldo herangezogen wird;
7. „Nachschussvereinbarung" eine Vereinbarung oder Bestimmungen einer Vereinbarung, wonach eine Gegenpartei einer anderen Sicherheiten liefern muss, wenn eine Risikoposition Letzterer gegenüber Ersterer eine bestimmte Höhe überschreitet;
8. „Nachschuss-Schwelle" die Höhe, die eine ausstehende Risikoposition maximal erreichen darf, bevor eine Partei das Recht auf Anforderung von Sicherheiten hat;
9. „Nachschuss-Risikoperiode" den Zeitraum zwischen dem letzten Austausch von Sicherheiten, die den mit einer ausfallenden Gegenpartei bestehenden Netting-Satz besichern, und dem Zeitpunkt, zu dem die Geschäfte glattgestellt sind und das resultierende Marktrisiko erneut abgesichert ist;

10. „effektive Restlaufzeit" für einen Netting-Satz mit mehr als einjähriger Restlaufzeit bei der auf einem internen Modell beruhenden Methode das Verhältnis zwischen der Summe der über die Laufzeit der Geschäfte eines Netting-Satzes mit einem risikolosen Zinssatz abdiskontierten erwarteten Wiederbeschaffungswerte und der Summe der im Laufe eines Jahres bei diesem Netting-Satz mit einem risikolosen Zinssatz abdiskontierten erwarteten Wiederbeschaffungswerte.
Diese effektive Restlaufzeit kann zur Berücksichtigung des Anschlussrisikos angepasst werden, indem der erwartete Wiederbeschaffungswert bei Prognosezeiträumen unter einem Jahr durch den effektiven erwarteten Wiederbeschaffungswert ersetzt wird;
11. „produktübergreifendes Netting" die Zusammenfassung von Geschäften unterschiedlicher Produktkategorien in einem Netting-Satz nach den in diesem Kapitel für das produktübergreifende Netting festgelegten Regeln;
12. „aktueller Marktwert" und „CMV" für die Zwecke des Abschnitts 5 den Nettomarktwert des in einem Netting-Satz enthaltenen Portfolios, wobei für die Berechnung des CMV sowohl positive als auch negative Marktwerte herangezogen werden;

Wahrscheinlichkeitsverteilungen

13. „Verteilung der Marktwerte" die prognostizierte Wahrscheinlichkeitsverteilung der Nettomarktwerte der in einem Netting-Satz zusammengefassten Geschäfte zu einem künftigen Zeitpunkt (dem Prognosehorizont) unter Zugrundelegung des zum Zeitpunkt der Prognose realisierten Marktwerts dieser Geschäfte;
14. „Verteilung der Wiederbeschaffungswerte" die prognostizierte Wahrscheinlichkeitsverteilung der Marktwerte, wobei die prognostizierten negativen Nettomarktwerte auf Null gesetzt werden;
15. „risikoneutrale Wahrscheinlichkeitsverteilung" eine Verteilung von Marktwerten oder Wiederbeschaffungswerten über einen künftigen Zeitraum, die auf der Grundlage von durch Marktpreise implizierten Bewertungsparametern, wie impliziten Volatilitäten, ermittelt wird;
16. „tatsächliche Wahrscheinlichkeitsverteilung" eine Verteilung von Marktwerten oder Wiederbeschaffungswerten zu einem künftigen Zeitpunkt, die auf Grundlage in der Vergangenheit beobachteter Werte ermittelt wird, etwa über anhand vergangener Preis- oder Kursänderungen errechnete Volatilitäten;

Messgrößen für den Wiederbeschaffungswert und Anpassungen

17. „aktueller Wiederbeschaffungswert" je nachdem, welcher Wert der höhere ist, Null oder den Marktwert eines Geschäfts bzw. eines in einem Netting-Satz enthaltenen Portfolios von Geschäften, der bei Ausfall der Gegenpartei für den Fall, dass von dem Wert dieser Geschäfte bei Insolvenz oder Liquidation nichts zurückerlangt werden kann, verloren wäre;
18. „Spitzenwiederbeschaffungswert" ein hohes Perzentil der Verteilung der Wiederbeschaffungswerte zu einem bestimmten künftigen Zeitpunkt vor Fälligkeit des Geschäfts, das von den im Netting-Satz enthaltenen die längste Laufzeit hat;

19. „erwarteter Wiederbeschaffungswert" und „EE" den Durchschnitt der Verteilung der Wiederbeschaffungswerte zu einem bestimmten künftigen Zeitpunkt vor Fälligkeit des Geschäfts, das von den im Netting-Satz enthaltenen die längste Laufzeit hat;
20. „effektiver erwarteter Wiederbeschaffungswert zu einem bestimmten Zeitpunkt" und „effektiver EE" den höchsten erwarteten Wiederbeschaffungswert zu dem betreffenden oder einem früheren Zeitpunkt. Er kann alternativ für einen bestimmten Zeitpunkt auch definiert werden als der erwartete Wiederbeschaffungswert zu dem betreffenden Zeitpunkt oder – wenn dieser höher ist – der effektive erwartete Wiederbeschaffungswert zu jedwedem früheren Zeitpunkt;
21. „erwarteter positiver Wiederbeschaffungswert" und „EPE" einen im Zeitverlauf ermittelten gewichteten Durchschnitt der erwarteten Wiederbeschaffungswerte, wobei die Gewichte den proportionalen Anteil eines einzelnen erwarteten Wiederbeschaffungswerts am gesamten Zeitintervall widerspiegeln.
Bei der Berechnung der Eigenmittelanforderung legt ein Institut den Durchschnitt für das erste Jahr oder, sofern die Restlaufzeit sämtlicher Kontrakte des Netting-Satzes weniger als ein Jahr beträgt, für den Zeitraum bis zur Fälligkeit des Kontrakts mit der längsten Laufzeit im Netting-Satz zugrunde;
22. „effektiver erwarteter positiver Wiederbeschaffungswert" und „effektiver EPE" den gewichteten Durchschnitt der erwarteten effektiven Wiederbeschaffungswerte während des ersten Jahres nach Einrichtung eines Netting-Satzes oder, sofern die Restlaufzeit sämtlicher Kontrakte des Netting-Satzes weniger als ein Jahr beträgt, während der Laufzeit des Kontrakts, der von den im Netting-Satz enthaltenen die längste Laufzeit hat, wobei die Gewichte den proportionalen Anteil eines einzelnen erwarteten Wiederbeschaffungswerts am gesamten Zeitintervall widerspiegeln;

CCR-bezogene Risiken

23. „Anschlussfinanzierungsrisiko" den Betrag, um den EPE zu niedrig angesetzt wird, wenn zu erwarten ist, dass mit einer Gegenpartei auch in Zukunft laufend neue Geschäfte getätigt werden.
Der durch diese künftigen Geschäfte entstehende zusätzliche Wiederbeschaffungswert bleibt bei der Berechnung von EPE unberücksichtigt;
24. „Gegenpartei" für die Zwecke des Abschnitts 7 jede natürliche oder juristische Person, die eine Nettingvereinbarung schließt und vertraglich dazu berechtigt ist;
25. „vertragliche produktübergreifende Nettingvereinbarung" eine bilaterale vertragliche Vereinbarung zwischen einem Institut und einer Gegenpartei, die eine (auf der Aufrechnung der abgedeckten Geschäfte beruhende) einzige rechtliche Verpflichtung begründet, die für alle unter die Vereinbarung fallenden bilateralen Mastervereinbarungen und Geschäfte in unterschiedlichen Produktkategorien gilt.
Für die Zwecke dieser Begriffsbestimmung bezeichnet „unterschiedliche Produktkategorien"
   a) Pensionsgeschäfte, Wertpapier- und *Warenverleih*[1] und -leihgeschäfte,

[1] Richtig wohl: „Warenverleih-".

b) Lombardgeschäfte,

c) die in Anhang II genannten Geschäfte;

26. „Zahlungskomponente" die Zahlung, die bei einem OTC-Derivatgeschäft mit linearem Risikoprofil, das den Austausch eines Finanzinstruments gegen Zahlung vorsieht, vereinbart wurde.
Bei Geschäften, die eine Zahlung gegen Zahlung vorsehen, bestehen diese beiden Zahlungskomponenten aus den vertraglich vereinbarten Bruttozahlungen einschließlich des nominellen Betrags des Geschäfts.

Abschnitt 2. Methoden zur Berechnung des Risikopositionswerts

Art. 273 Methoden zur Berechnung des Risikopositionswerts.

(1) *[1]* Die Institute bestimmen den Risikopositionswert der in Anhang II genannten Geschäfte nach einer der in den Abschnitten 3 bis 6 dargelegten Methoden im Einklang mit diesem Artikel.

[2] [1] Ein Institut, das nicht für die Behandlung nach Artikel 94 in Frage kommt, darf nicht nach der in Abschnitt 4 beschriebenen Methode verfahren. [2] Es darf auch zur Bestimmung des Risikopositionswerts der in Anhang II Nummer 3 genannten Geschäfte nicht auf die in Abschnitt 4 beschriebene Methode zurückgreifen. [3] Institute dürfen eine Kombination der Methoden nach den Abschnitten 3 bis 6 innerhalb einer Gruppe dauerhaft anwenden. [4] Ein einzelnes Institut darf eine Kombination der Methoden nach den Abschnitten 3 bis 6 nicht dauerhaft anwenden, es darf jedoch die Methoden nach den Abschnitten 3 und 5 kombinieren, wenn eine dieser Methoden in den Fällen nach Artikel 282 Absatz 6 angewandt wird.

(2) Bei entsprechender Genehmigung der zuständigen Behörden gemäß Artikel 283 Absätze 1 und 2 darf ein Institut den Risikopositionswert für nachstehend genannte Geschäfte nach der in Abschnitt 6 beschriebenen auf einem internen Modell beruhenden Methode ermitteln:

a) die in Anhang II genannten Geschäfte,

b) Pensionsgeschäfte,

c) Wertpapier- oder Warenverleih- oder -leihgeschäfte,

d) Lombardgeschäfte.[1)]

e) Geschäfte mit langer Abwicklungsfrist.

(3) *[1]* Sichert ein Institut eine Anlagebuchposition oder eine mit Gegenparteiausfallrisiko behaftete Position durch Erwerb eines Kreditderivats ab, so kann es seine Eigenmittelanforderung für die abgesicherte Position auf eine der folgenden Weisen berechnen:

a) nach den Artikeln 233 bis 236,

b) gemäß Artikel 153 Absatz 3 oder Artikel 183, falls eine Genehmigung gemäß Artikel 143 erteilt wurde.

[2] Der Risikopositionswert für das Gegenparteiausfallrisiko bei diesen Kreditderivaten ist Null, es sei denn, ein Institut verfährt nach Artikel 299 Absatz 2 Buchstabe h Ziffer ii.

[1)] Zeichensetzung amtlich.

(4) Unbeschadet des Absatzes 3 ist es einem Institut freigestellt, bei der Berechnung der Eigenmittelanforderungen für das Gegenparteiausfallrisiko alle nicht zum Handelsbuch gehörenden Derivate, die zur Absicherung einer nicht im Handelsbuch gehaltenen Risikoposition oder zur Absicherung des Gegenparteiausfallrisikos erworben wurden, durchgängig einzubeziehen, wenn die Kreditabsicherung gemäß dieser Verordnung anerkannt wird.

(5) Werden die von einem Institut verkauften Kreditausfallswaps von einem Institut als eine von Ersterem gestellte Kreditbesicherung behandelt und unterliegen einer Kreditrisiko-Eigenmittelanforderung für den vollen Nominalbetrag, so beträgt die Risikoposition im Hinblick auf das Gegenparteiausfallrisiko im Anlagebuch Null.

(6) *[1]* Nach allen in den Abschnitten 3 bis 6 beschriebenen Methoden ist der Risikopositionswert für eine bestimmte Gegenpartei gleich der Summe der Risikopositionswerte, die für jeden mit dieser Gegenpartei bestehenden Netting-Satz berechnet werden.

[2] [1] Für eine bestimmte Gegenpartei ist der nach diesem Kapitel berechnete Risikopositionswert für einen aus den in Anhang II genannten OTC-Derivaten bestehenden Netting-Satz gleich Null oder gleich der Differenz zwischen der Summe der Risikopositionswerte aller mit dieser Gegenpartei bestehenden Netting-Sätze und der Summe der CVA für diese Gegenpartei, die von dem Institut bereits als Abschreibung erfasst wurden, wenn dieser Wert höher ist. [2] Bei der Berechnung der kreditrisikobezogenen Bewertungsanpassungen werden etwaige ausgleichende bereits gemäß Artikel 33 Absatz 1 Buchstabe c von den Eigenmitteln ausgeschlossene Anpassungen der Wertstellung von Belastungen, die dem eigenen Kreditrisiko der Firma zugerechnet werden, nicht berücksichtigt.

(7) [1] Bei Risikopositionen, die sich aus Geschäften mit langer Abwicklungsfrist ergeben, berechnen die Institute den Risikopositionswert nach einer der in den Abschnitten 3 bis 6 beschriebenen Methoden, unabhängig davon, nach welcher Methode sie bei OTC-Derivatgeschäften und Pensionsgeschäften, Wertpapier- oder Warenverleih- oder -leihgeschäften und Lombardgeschäften verfahren. [2] Institute, die nach dem in Kapitel 3 beschriebenen Ansatz verfahren, können bei der Berechnung der Eigenmittelanforderungen für Geschäfte mit langer Abwicklungsfrist unabhängig von der Wesentlichkeit dieser Positionen dauerhaft die Risikogewichte des in Kapitel 2 beschriebenen Ansatzes ansetzen.

(8) *[1]* [1] Bei den Methoden nach den Abschnitten 3 und 4 bestimmen die Institute den Nominalbetrag für verschiedene Produktarten nach einer konsistenten Methodik und stellen sicher, dass der zu berücksichtigende Nominalwert einen angemessenen Maßstab für das mit dem Kontrakt verbundene Risiko darstellt. [2] Sieht der Kontrakt eine Multiplikation der Zahlungsströme vor, wird der Nominalbetrag von dem Institut angepasst, um den Auswirkungen der Multiplikation auf die Risikostruktur dieses Kontrakts Rechnung zu tragen.

[2] Bei den Methoden nach den Abschnitten 3 bis 6 verfahren Institute bei Geschäften, bei denen ein spezielles Korrelationsrisiko festgestellt wurde, nach Artikel 291 Absätze 2, 4, 5 bzw. 6.

Abschnitt 3. Marktbewertungsmethode

Art. 274 Marktbewertungsmethode. (1) Um für alle Kontrakte mit positivem Wert den aktuellen Wiedereindeckungsaufwand zu ermitteln, weisen die Institute den Kontrakten den aktuellen Marktwert zu.

(2) Zur Bestimmung des potenziellen künftigen Wiederbeschaffungswerts multiplizieren die Institute die Nominalbeträge oder gegebenenfalls die zugrunde liegenden Werte mit den in Tabelle 1 genannten Prozentsätzen und verfahren dabei nach folgenden Grundsätzen:

a) Kontrakte, die nicht unter eine der fünf in Tabelle 1 angegebenen Kategorien fallen, werden als Kontrakte behandelt, die Waren (außer Edelmetalle) betreffen;

b) bei Kontrakten mit mehrmaligem Austausch des Kapitalbetrags werden die Prozentsätze mit der Anzahl der laut Kontrakt noch zu leistenden Zahlungen multipliziert;

c) bei Kontrakten, die so strukturiert sind, dass die ausstehende Risikoposition zu festgelegten Zahlungsterminen zu begleichen ist, und die Vertragsbedingungen neu festgesetzt werden, so dass der Marktwert des Kontrakts zu diesen Terminen gleich Null ist, entspricht die Restlaufzeit der Zeit bis zur nächsten Neufestsetzung. Bei Zinskontrakten, die diese Kriterien erfüllen und deren Restlaufzeit mehr als ein Jahr beträgt, darf der Prozentsatz nicht unter 0,5 % liegen.

Tabelle 1

Restlaufzeit	Zinskontrakte	Wechselkurs- und Goldkontrakte	Aktienkontrakte	Edelmetallkontrakte (außer Goldkontrakte)	Warenkontrakte (außer Edelmetallkontrakte)
Höchstens ein Jahr	0 %	1 %	6 %	7 %	10 %
Mehr als ein Jahr, höchstens fünf Jahre	0,5 %	5 %	8 %	7 %	12 %
Mehr als fünf Jahre	1,5 %	7,5 %	10 %	8 %	15 %

(3) Bei den in Anhang II Nummer 3 genannten Geschäften, die Waren außer Gold zum Gegenstand haben, kann ein Institut alternativ zu den in Tabelle 1 genannten Prozentsätzen Sätze der Tabelle 2 anwenden, sofern es bei diesen Kontrakten nach dem in Artikel 361 dargelegten erweiterten Laufzeitbandverfahren verfährt.

Tabelle 2

Restlaufzeit	Edelmetalle (ausgenommen Gold)	Andere Metalle	Agrarerzeugnisse	Sonstige Erzeugnisse, einschließlich Energieprodukte
Höchstens ein Jahr	2 %	2,5 %	3 %	4 %
Mehr als ein Jahr, höchstens fünf Jahre	5 %	4 %	5 %	6 %
Mehr als fünf Jahre	7,5 %	8 %	9 %	10 %

(4) Die Summe aus aktuellem Wiedereindeckungsaufwand und potenziellem künftigem Wiederbeschaffungswert ergibt den Risikopositionswert.

Abschnitt 4. Ursprungsrisikomethode

Art. 275 Ursprungsrisikomethode. (1) Der Risikopositionswert ist der Nominalwert jedes Instruments multipliziert mit den in Tabelle 3 genannten Prozentsätzen.

Tabelle 3

Ursprungslaufzeit	Zinskontrakte	Wechselkurs- und Goldkontrakte
Höchstens ein Jahr	0,5 %	2 %
Mehr als ein Jahr, höchstens zwei Jahre	1 %	5 %
Zusätzliche Berücksichtigung jedes weiteren Jahres	1 %	3 %

(2) Zur Berechnung des Risikopositionswerts von Zinskontrakten darf ein Institut entweder die Ursprungs- oder die Restlaufzeit verwenden.

Abschnitt 5. Standardmethode

Art. 276 Standardmethode. (1) Institute dürfen die Standardmethode (nachstehend „SM") nur bei OTC-Derivaten und Geschäften mit langer Abwicklungsfrist zur Berechnung des Risikopositionswerts verwenden.

(2) [1] Bei der SM ermitteln die Institute den Risikopositionswert gesondert für jeden Netting-Satz nach Berücksichtigung der hinterlegten Sicherheiten nach folgender Formel:

$$Risikopositionswert = \beta \cdot max\left\{CMV - CMC, \sum_j \left|\sum_i RPT_{ij} - \sum_l RPC_{lj}\right| \cdot CCRM_j\right\}$$

dabei entspricht

CMV = dem aktuellen Marktwert des in einem Netting-Satz enthaltenen Portfolios von Geschäften vor Berücksichtigung der hinterlegten Sicherheiten, wobei

$$CMV = \sum_i CMV_i$$

dabei entspricht

CMV_i = dem aktuellen Marktwert des Geschäfts i,

CMC = dem aktuellen Marktwert der Sicherheiten, die dem Netting-Satz zugeordnet sind, wobei

$$CMC = \sum_l CMC_l$$

dabei entspricht

CMC_l = dem aktuellen Marktwert der Sicherheit l,

i = dem Index zur Bezeichnung eines Geschäfts,

l = dem Index zur Bezeichnung einer Sicherheit,

j = dem Index zur Bezeichnung einer Hedging-Satz-Kategorie.

[2] Zu diesem Zweck entsprechen den Hedging-Sätzen Risikofaktoren, für die Standardmethode-Risikopositionen mit entgegengesetztem Vorzeichen ausgeglichen werden können, um eine Nettorisikoposition zu erhalten, auf die sich die Messung der Risikoposition anschließend stützt,

RPT_{ij} = der Standardmethode-Risikoposition aus Geschäft i für Hedging-Satz j,

RPC_{lj} = der Standardmethode-Risikoposition aus Sicherheit l für Hedging-Satz j,

$CCRM_j$ = dem CCR-Multiplikator für Hedging-Satz j nach Tabelle 5,

β = 1,4.

(3) Für die Zwecke der Berechnung nach Absatz 2

a) hat eine von einer Gegenpartei gestellte anerkennungsfähige Sicherheit ein positives und eine für die Gegenpartei gestellte Sicherheit ein negatives Vorzeichen,

b) werden bei der SM nur Sicherheiten verwendet, die nach den Artikeln 197, 198 und 299 Absatz 2 Buchstabe d anerkennungsfähig sind,

c) darf ein Institut das Zinsrisiko aus Zahlungskomponenten mit einer Restlaufzeit von weniger als einem Jahr außer Acht lassen,

d) darf ein Institut Geschäfte, die aus zwei auf dieselbe Währung lautenden Zahlungskomponenten bestehen, als ein einziges aggregiertes Geschäft behandeln. Das aggregierte Geschäft wird behandelt wie Zahlungskomponenten.

Art. 277 Geschäfte mit linearem Risikoprofil. (1) *[1]* Institute ordnen Geschäfte mit linearem Risikoprofil Standardmethode-Risikopositionen zu und verfahren dabei wie folgt:

a) Geschäfte mit linearem Risikoprofil, denen Aktien (einschließlich Aktienindizes), Gold, andere Edelmetalle oder andere Waren zugrunde liegen, werden einer Standardmethode-Risikoposition für die betreffende Aktie (den betreffenden Aktienindex) oder die betreffende Ware und in Bezug auf die Zahlungskomponente einer Standardmethode-Zinsrisikoposition zugeordnet;

b) Geschäfte mit linearem Risikoprofil, denen ein Schuldtitel zugrunde liegt, werden in Bezug auf den Schuldtitel einer Standardmethode-Zinsrisikoposition und in Bezug auf die Zahlungskomponente einer anderen Standardmethode-Zinsrisikoposition zugeordnet;

c) Geschäfte mit linearem Risikoprofil, bei denen eine Zahlung gegen Zahlung vorgesehen ist, worunter auch Devisentermingeschäfte fallen, werden in Bezug auf jede der damit verbundenen Zahlungskomponenten einer Standardmethode-Zinsrisikoposition zugeordnet.

[2] Lautet bei einem der unter a, b oder c genannten Geschäfte eine Zahlungskomponente oder der zugrunde liegende Schuldtitel auf eine Fremdwährung, wird diese Zahlungskomponente bzw. der zugrunde liegende Schuldtitel auch einer Standardmethode-Risikoposition in dieser Währung zugeordnet.

(2) Für die Zwecke des Absatzes 1 ergibt sich die Höhe einer Standardmethode-Risikoposition aus einem Geschäft mit linearem Risikoprofil aus dem effektiven Nominalwert (Marktpreis x Menge) der zugrunde liegenden Finanzinstrumente oder Waren, der – außer bei Schuldtiteln – durch Multiplikation mit dem betreffenden Wechselkurs in die Landeswährung des Instituts umgerechnet wird.

(3) Bei Schuldtiteln und Zahlungskomponenten ergibt sich die Höhe der Standardmethode-Risikoposition aus dem mit der modifizierten Laufzeit des Schuldtitels bzw. der Zahlungskomponente multiplizierten, in die Landeswährung des Herkunftsmitgliedstaats umgerechneten effektiven Nominalwert der ausstehenden Bruttozahlungen (einschließlich des Nominalbetrags).

(4) Bei einem Kreditausfallswap ergibt sich die Höhe der Standardmethode-Risikoposition aus dem mit der Restlaufzeit dieses Swaps multiplizierten Nominalwert des Referenzschuldtitels.

Art. 277a Hedging-Sätze *(noch nicht in Kraft)*

Art. 278 Geschäfte mit nicht linearem Risikoprofil. (1) Bei Geschäften mit nicht linearem Risikoprofil ermitteln die Institute die Höhe der Standardmethode-Risikopositionen nach den folgenden Absätzen.

(2) Bei einem OTC-Derivatgeschäft mit nicht linearem Risikoprofil, einschließlich Optionen und Swaptions, das nicht auf einem Schuldtitel oder einer Zahlungskomponente basiert, ist die Höhe der Standardmethode-Risikoposition gemäß Artikel 280 Absatz 1 gleich dem Delta entsprechenden effektiven Nominalwert des Basisfinanzinstruments.

(3) Bei einem OTC-Derivatgeschäft mit nicht linearem Risikoprofil, einschließlich Optionen und Swaptions, das auf einem Schuldtitel oder einer Zahlungskomponente basiert, ist die Höhe der Standardmethode-Risikoposition gleich dem Delta entsprechenden, mit der modifizierten Laufzeit des Schuldtitels bzw. der Zahlungskomponente multiplizierten effektiven Nominalwert des Finanzinstruments oder der Zahlungskomponente.

Art. 279 Behandlung von Sicherheiten. Zur Ermittlung der Standardmethode-Risikopositionen behandeln die Institute Sicherheiten wie folgt:

a) Eine von einer Gegenpartei gestellte Sicherheit wird behandelt wie eine Verbindlichkeit, die im Rahmen eines Derivatgeschäfts (Verkaufsposition) gegenüber der Gegenpartei besteht und am Tag der Ermittlung der Risikoposition fällig ist;

b) eine für die Gegenpartei gestellte Sicherheit wird behandelt wie eine Forderung gegen die Gegenpartei (Kaufposition), die am Tag der Ermittlung der Risikoposition fällig wird.

Art. 279a Aufsichtsdelta *(noch nicht in Kraft)*

Art. 279b Angepasster Nominalwert *(noch nicht in Kraft)*

Art. 279c Laufzeitfaktor *(noch nicht in Kraft)*

Art. 280 Berechnung von Standardmethode-Risikopositionen.

(1) *[1]* Höhe und Vorzeichen einer Standardmethode-Risikoposition bestimmt ein Institut wie folgt:

a) für alle Instrumente außer Schuldtiteln
   i) bei einem Geschäft mit linearem Risikoprofil als den effektiven Nominalwert,
   ii) bei einem Geschäft mit nicht linearem Risikoprofil als den Delta entsprechenden Nominalwert

$$p_{ref} \cdot \frac{\partial V}{\partial p},$$

dabei entspricht

P_{ref} = dem Preis des Basisinstruments in der Referenzwährung,
V = dem Wert des Finanzinstruments (im Fall einer Option: Preis der Option),
p = dem Preis des Basisinstruments in derselben Währung wie V,

b) für Schuldtitel und die Zahlungskomponenten aller Geschäfte:
   i) bei einem Geschäft mit linearem Risikoprofil als den mit der modifizierten Laufzeit multiplizierten effektiven Nominalwert,
   ii) bei einem Geschäft mit nicht linearem Risikoprofil als den mit der modifizierten Laufzeit multiplizierten, Delta entsprechenden Nominalwert

$$\frac{\partial V}{\partial r},$$

dabei entspricht

V = dem Wert des Finanzinstruments (im Fall einer Option: Preis der Option),
r = dem Zinsniveau.

[2] Lautet V nicht auf die Referenzwährung, wird das Derivat durch Multiplikation mit dem jeweiligen Wechselkurs in die Referenzwährung umgerechnet.

(2) [1] Die Institute ordnen die Standardmethode-Risikopositionen Hedging-Sätzen zu. [2] Für jeden Hedging-Satz wird der Absolutbetrag der Summe der resultierenden Standardmethode-Risikopositionen errechnet. [3] Aus dieser Berechnung ergibt sich die Nettorisikoposition, die für die Zwecke des Artikels 276 Absatz 2 nach folgender Formel ermittelt wird:

$$\left|\sum_i RPT_{ij} - \sum_l RPC_{lj}\right|$$

Art. 280a Aufschlag für die Kategorie 'Zinsrisiko' *(noch nicht in Kraft)*

Art. 280b Aufschlag für die Kategorie 'Fremdwährungsrisiko' *(noch nicht in Kraft)*

Art. 280c Aufschlag für die Kategorie 'Kreditrisiko' *(noch nicht in Kraft)*

Art. 280d Aufschlag für die Kategorie 'Aktienkursrisiko' *(noch nicht in Kraft)*

Art. 280e Aufschlag für die Kategorie 'Warenpositionsrisiko' *(noch nicht in Kraft)*

Art. 280f Aufschlag für die Kategorie 'sonstige Risiken' *(noch nicht in Kraft)*

Art. 281 Standardmethode-Zinsrisikopositionen. (1) Zur Berechnung von Standardmethode-Zinsrisikopositionen wenden die Institute nachstehende Bestimmungen an.

(2) Standardmethode-Zinsrisikopositionen aus

a) Geldeinlagen, die die Gegenpartei als Sicherheit gestellt hat,

b) Zahlungskomponenten,

c) zugrunde liegenden Schuldtiteln,

die nach Artikel 336 Tabelle 1 einer Eigenmittelanforderung von jeweils 1,60 % oder weniger unterliegen, ordnen die Institute für jede Währung einem der sechs Hedging-Sätze der Tabelle 4 zu.

Tabelle 4

	Referenzzinssätze (Referenz Staatstitel)	Referenzzinssätze (Referenz andere als Staatstitel)
Laufzeit	< 1 Jahr 1 ≤ 5 Jahre > 5 Jahre	< 1 Jahr 1 ≤ 5 Jahre > 5 Jahre

(3) [1] Bei Standardmethode-Zinsrisikopositionen aus Basisschuldtiteln oder Zahlungskomponenten, bei denen der Zinssatz an einen Referenzzinssatz gekoppelt ist, der das allgemeine Marktzinsniveau widerspiegelt, ist die Restlaufzeit der Zeitraum bis zur nächsten Zinsanpassung. [2] In allen anderen Fällen ist sie die verbleibende Laufzeit des Basisschuldtitels bzw. bei einer Zahlungskomponente die verbleibende Laufzeit des Geschäfts.

Art. 282 Hedging-Sätze. (1) Bei der Bildung von Hedging-Sätzen verfahren die Institute nach den Absätzen 2 bis 5.

(2) *[1]* Für jeden Emittenten eines Referenzschuldtitels, der einem Kreditausfallswap zugrunde liegt, wird ein Hedging-Satz gebildet.

[2] N-ter-Ausfall-Swaps werden wie folgt behandelt:

a) Die Höhe der Standardmethode-Risikoposition aus einem Referenzschuldtitel in einem Korb, der einem n-ter-Ausfall-Swap zugrunde liegt, ergibt sich aus dem effektiven Nominalwert des Referenzschuldtitels, multipliziert mit der geänderten Laufzeit des n-ter-Ausfall-Derivats bezogen auf die Veränderung der Kreditrisikoprämie (Kreditspread) des Referenzschuldtitels;

b) für jeden Referenzschuldtitel in einem Korb, der einem gegebenen n-ter-Ausfall-Swap zugrunde liegt, wird ein Hedging-Satz gebildet. Standardmethode-Risikopositionen aus verschiedenen n-ter-Ausfall-Swaps werden nicht in demselben Hedging-Satz zusammengefasst;

c) für jeden Hedging-Satz, der für einen Referenzschuldtitel eines n-ter-Ausfall-Derivats gebildet wird, gilt folgender CCR-Multiplikator:

i) 0,3 % bei Referenzschuldtiteln, für die eine Bonitätsbeurteilung einer anerkannten ECAI vorliegt, das der Bonitätsstufe 1 bis 3 entspricht,

ii) 0,6 % bei anderen Schuldtiteln.

(3) *[1]* Bei Standardmethode-Zinsrisikopositionen aus

a) Geldeinlagen, die einer Gegenpartei als Sicherheit gestellt werden, wenn diese keine Verbindlichkeiten mit geringem spezifischen Risiko ausstehen hat,

b) Basisschuldtiteln, die nach Artikel 336 Tabelle 1 einer Eigenmittelanforderung von mehr als 1,60 % unterliegen,

wird für jeden Emittenten ein Hedging-Satz gebildet.

[2] Bildet eine Zahlungskomponente einen solchen Schuldtitel nach, so wird auch für jeden Emittenten des Referenzschuldtitels ein Hedging-Satz gebildet.

[3] Ein Institut darf Standardmethode-Risikopositionen aus Schuldtiteln eines bestimmten Emittenten oder aus Referenzschuldtiteln desselben Emittenten, die von Zahlungskomponenten nachgebildet werden oder einem Kreditausfallswap zugrunde liegen, demselben Hedging-Satz zuordnen.

(4) *[1]* [1] Basisfinanzinstrumente, die keine Schuldtitel sind, werden nur dann demselben Hedging-Satz zugeordnet, wenn sie identisch oder ähnlich sind. [2] In allen anderen Fällen werden sie unterschiedlichen Hedging-Sätzen zugeordnet.

[2] Für die Zwecke dieses Absatzes bestimmen die Institute nach nachstehend genannten Grundsätzen, ob Basisinstrumente als ähnlich anzusehen sind:

a) Bei Aktien ist ein Basisinstrument als ähnlich anzusehen, wenn es von demselben Emittenten ausgegeben wurde. Ein Aktienindex wird wie ein eigenständiger Emittent behandelt;

b) bei Edelmetallen ist ein Basisinstrument als ähnlich anzusehen, wenn es dasselbe Metall betrifft. Ein Edelmetallindex wird wie ein eigenständiges Edelmetall behandelt;

c) bei Elektroenergie ist ein Basisinstrument als ähnlich anzusehen, wenn die Lieferrechte und -pflichten sich auf dasselbe Zeitintervall einer Spitzenlast oder Schwachlast innerhalb eines 24-Stunden-Zeitraums beziehen;

d) bei Waren ist ein Basisinstrument als ähnlich anzusehen, wenn es dieselbe Ware betrifft. Ein Warenindex wird wie eine eigenständige Ware behandelt.

(5) *[1]* Auf die verschiedenen Hedging-Satz-Kategorien werden die CCR-Multiplikatoren (nachstehend „CCRM") gemäß nachstehender Tabelle angewandt:

Tabelle 5

	Hedging-Satz-Kategorien	CCRM
1.	Zinssätze	0,2 %
2.	Zinssätze für Standardmethode-Risikopositionen aus einem Referenzschuldtitel, der einem Kreditausfallswap zugrunde liegt und für den nach Titel IV Kapitel 2 Tabelle 1 eine Eigenmittelanforderung von 1,60 % oder weniger gilt.	0,3 %
3.	Zinssätze für Standardmethode-Risikopositionen aus einem Schuldtitel oder Referenzschuldtitel, für den nach Titel IV Kapitel 2 Tabelle 1 eine Eigenmittelanforderung von mehr als 1,60 % gilt.	0,6 %
4.	Wechselkurse	2,5 %
5.	Elektroenergie	4 %
6.	Gold	5 %
7.	Aktien	7 %
8.	Edelmetalle (außer Gold)	8,5 %
9.	Andere Waren (außer Edelmetalle und Elektroenergie)	10 %
10.	Basisinstrumente von OTC-Derivaten, die unter keine der oben genannten Kategorien fallen.	10 %

[2] Bei den unter Nummer 10 der Tabelle 5 genannten Basisinstrumenten von OTC-Derivaten wird jede Kategorie von Basisinstrumenten einem separaten Hedging-Satz zugeordnet.

(6) [1] Für Geschäfte mit nicht linearem Risikoprofil oder für Zahlungskomponenten und Geschäfte mit Basisschuldtiteln, für die das Institut Delta oder gegebenenfalls die modifizierte Laufzeit nicht anhand eines von der zuständigen Behörde zur Bestimmung der Eigenmittelanforderung für das Marktrisiko genehmigten Modells ermitteln kann, legt die zuständige Behörde entweder die Höhe der Standardmethode-Risikopositionen und die anzuwendenden $CCRM_j$ konservativ fest oder schreibt dem Institut die Verwendung der Methode nach Abschnitt 3 vor. [2] Netting wird nicht anerkannt, d.h. der Wiederbeschaffungswert wird bestimmt, als gäbe es einen Netting-Satz, der nur ein einzelnes Geschäft umfasst.

(7) Ein Institut verfügt über interne Verfahren, mit deren Hilfe es sich vor Aufnahme eines Geschäfts in einen Hedging-Satz vergewissern kann, dass dieses

Geschäft einer rechtlich durchsetzbaren Netting-Vereinbarung unterliegt, die die in Abschnitt 7 festgelegten Anforderungen erfüllt.

(8) Ein Institut, das zur Verringerung seines Gegenparteiausfallrisikos auf Sicherheiten zurückgreift, verfügt über interne Verfahren, mit deren Hilfe es vor Berücksichtigung der Sicherheiten in seinen Berechnungen überprüfen kann, ob diese das erforderliche Maß an Rechtssicherheit gemäß Kapitel 4 bieten.

Abschnitt 6. Auf einem internen Modell beruhende Methode

Art. 283 Erlaubnis zur Verwendung der auf einem internen Modell beruhenden Methode. (1) *[1]* Sofern die zuständigen Behörden sich davon überzeugt haben, dass ein Institut die in Absatz 2 festgelegten Anforderungen erfüllt, gestatten sie diesem Institut, zur Berechnung des Risikopositionswerts der nachstehend genannten Geschäfte die auf einem internen Modell beruhende Methode (IMM) zu verwenden:

a) Geschäfte gemäß Artikel 273 Absatz 2 Buchstabe a,

b) Geschäfte gemäß Artikel 273 Absatz 2 Buchstaben b, c und d,

c) Geschäfte gemäß Artikel 273 Absatz 2 Buchstaben a bis d.

[2] Darf ein Institut den Risikopositionswert eines der in Unterabsatz 1 Buchstaben a bis c genannten Geschäfte nach der IMM ermitteln, so darf es die IMM auch auf die in Artikel 273 Absatz 2 Buchstabe e genannten Geschäfte anwenden.

[3] [1] Unbeschadet des Artikels 273 Absatz 1 Unterabsatz 3 darf ein Institut Risikopositionen mit unerheblichem Umfang und Risiko von dieser Methode ausnehmen. [2] In einem solchen Fall wendet ein Institut auf diese Risikopositionen eine der Methoden der Abschnitte 3 bis 5 an, wenn die jeweiligen Anforderungen dafür erfüllt sind.

(2) Die zuständigen Behörden gestatten die Anwendung der IMM für eine der in Absatz 1 genannten Berechnungen nur dann, wenn das betreffende Institut nachgewiesen hat, dass es die in diesem Abschnitt festgelegen Anforderungen erfüllt und die zuständigen Behörden sich davon überzeugt haben, dass die Systeme des Instituts für das CCR-Management solide sind und ordnungsgemäß angewandt werden.

(3) [1] Die zuständigen Behörden können einem Institut für begrenzte Zeit gestatten, die IMM nacheinander auf verschiedene Geschäftstypen anzuwenden. [2] Während dieser Zeit können die Institute bei den Geschäftstypen, bei denen die IMM nicht zur Anwendung kommt, auf die Methoden nach Abschnitt 3 oder Abschnitt 5 zurückgreifen.

(4) *[1]* Bei allen OTC-Derivatgeschäften und Geschäften mit langer Abwicklungsfrist, für die einem Institut die Anwendung der IMM gemäß Absatz 1 nicht gestattet wurde, wendet das Institut die Methoden nach Abschnitt 3 oder Abschnitt 5 an.

[2] [1] Innerhalb einer Gruppe kann dauerhaft auf eine Kombination aus diesen Methoden zurückgegriffen werden. [2] Innerhalb eines Instituts können diese Methoden nur dann in Kombination angewandt werden, wenn eine dieser Methoden für die in Artikel 282 Absatz 6 genannten Fälle verwendet wird.

(5) [1] Ein Institut, dem nach Absatz 1 die Verwendung der IMM gestattet wurde, kehrt nicht zu den Methoden nach Abschnitt 3 oder Abschnitt 5 zu-

rück, es sei denn, dies würde von der zuständigen Behörde genehmigt. [2] Eine solche Genehmigung erteilen die zuständigen Behörden nur, wenn das Institut nachweist, dass es hierfür triftige Gründe hat.

(6) Wenn ein Institut die in diesem Abschnitt festgelegten Anforderungen nicht mehr erfüllt, teilt es dies der zuständigen Behörde mit und trifft eine der folgenden Maßnahmen:

a) Es legt der zuständigen Behörde einen Plan vor, aus dem hervorgeht, wie es die Anforderungen rasch wieder erfüllen will;

b) es weist den zuständigen Behörden glaubhaft nach, dass die Nichterfüllung keine wesentlichen Auswirkungen hat.

Art. 284 Risikopositionswert. (1) *[1]* Darf ein Institut gemäß Artikel 283 Absatz 1 den Risikopositionswert einiger oder aller dort genannten Geschäfte nach der IMM berechnen, so ermittelt es den Risikopositionswert dieser Geschäfte für den Netting-Satz insgesamt.

[2] Bei dem von dem Institut zu diesem Zweck verwendeten Modell

a) wird die Verteilung zukünftiger Änderungen des Marktwerts des Netting-Satzes, die auf gemeinsame Veränderungen von maßgeblichen Marktvariablen, wie Zinssätze und Wechselkurse, zurückzuführen sind, berechnet;

b) wird ausgehend von den gemeinsamen Veränderungen von Marktvariablen der Wiederbeschaffungswert des Netting-Satzes zu jedem der künftigen Zeitpunkte berechnet.

(2) Damit das Modell die Auswirkungen von Nachschüssen erfassen kann, muss das Modell des Sicherheitenwerts die qualitativen, quantitativen und datenbezogenen Anforderungen an das IMM gemäß diesem Abschnitt erfüllen, und das Institut darf in seine Schätzung der Verteilung zukünftiger Änderungen des Marktwerts des Netting-Satzes nur anerkennungsfähige Finanzsicherheiten im Sinne der Artikel 197, 198 und 299 Absatz 2 Buchstaben c und d einbeziehen.

(3) Die Eigenmittelanforderung für das Gegenparteiausfallrisiko von Risikopositionen gegenüber Gegenparteien, auf die ein Institut die IMM anwendet, entspricht dem höheren der beiden folgenden Werte:

a) der Eigenmittelanforderung für diese Risikopositionen, die auf Basis des effektiven EPE unter Verwendung aktueller Marktdaten berechnet wird,

b) der Eigenmittelanforderung für diese Risikopositionen, die auf Basis des effektiven EPE unter Verwendung einer einzigen kohärenten Kalibrierung unter Stressbedingungen für alle Risikopositionen gegenüber Gegenparteien, auf die das Institut die IMM anwendet, berechnet wird.

(4) *[1]* Außer für die unter Artikel 291 Absätze 4 und 5 fallenden Gegenparteien, für die ein spezielles Korrelationsrisiko ermittelt wurde, berechnen die Institute den Risikopositionswert als Produkt aus Alpha (α) und dem effektiven EPE:

$$\textit{Risikopositionswert} = \alpha \times \textit{Effektiver EPE}$$

dabei entspricht

α = 1,4, es sei denn, die zuständigen Behörden schreiben für α einen höheren Wert vor oder gestatten den Instituten nach Absatz 9, ihre eigenen Schätzungen zu verwenden.

[2] Der effektive EPE wird ermittelt, indem der erwartete Wiederbeschaffungswert (EE_t) als durchschnittlicher Wiederbeschaffungswert zu einem künftigen Zeitpunkt t errechnet wird, wobei der Durchschnitt über mögliche künftige Werten für relevante Marktrisikofaktoren gebildet wird.

[3] Im Rahmen des Modells wird EE für eine Reihe künftiger Zeitpunkte t1, t2, t3 usw. geschätzt.

(5) Der effektive EE wird rekursiv errechnet als

$$Effektive\ EE_{tk} = max\ \{Effektive\ EE_{tk-1}, EE_{tk}\}$$

dabei
wird das aktuelle Datum als t_0 bezeichnet,
ist der effektive EE_{t0} gleich dem aktuellen Wiederbeschaffungswert.

(6) [1] Der effektive EPE ist der durchschnittliche effektive EE im ersten Jahr der Laufzeit der Kontrakte des Netting-Satzes. [2] Werden sämtliche Kontrakte des Netting-Satzes vor Ablauf eines Jahres fällig, so ist EPE der Durchschnitt der erwarteten Wiederbeschaffungswerte bis zur Fälligkeit aller Kontrakte im Netting-Satz. [3] Der effektive EPE wird als gewichteter Durchschnitt des effektiven EE berechnet:

$$Effektiver\ EPE = \frac{1}{min\{1\ year, maturity\}} \cdot \sum_{k=1}^{min\{1\ year,\ maturity\}} Effektiver\ EE_{t_k} \cdot \Delta t_k$$

wobei die Gewichte $\Delta t_k = t_k - t_{k-1}$ es ermöglichen, den künftigen Wiederbeschaffungswert für zeitlich ungleichmäßig verteilte Zeitpunkte zu errechnen.

(7) Die Institute berechnen die erwarteten Wiederbeschaffungswerte oder die Spitzenwiederbeschaffungswerte ausgehend von einer Verteilung der Wiederbeschaffungswerte, in der Abweichungen von der Normalverteilungseigenschaft berücksichtigt sind.

(8) Ein Institut darf eine konservativere Messgröße der nach der IMM berechneten Verteilung verwenden als das nach der Gleichung in Absatz 4 für jede Gegenpartei berechnete Produkt aus α und dem effektiven EPE.

(9) *[1]* Unbeschadet des Absatzes 4 können die zuständigen Behörden den Instituten gestatten, ihre eigenen Schätzungen für α zu verwenden, wobei

a) α gleich dem Verhältnis zwischen dem internen Kapital, das sich aus einer vollständigen Simulierung der Risikopositionen gegenüber allen Gegenparteien ergibt (Zähler), und dem auf der Grundlage des EPE bestimmten internen Kapital (Nenner) ist,

b) im Nenner EPE wie ein feststehender Forderungsbetrag verwendet wird.

[2] Wenn α nach diesem Absatz geschätzt wird, darf sein Wert nicht unter 1,2 liegen.

(10) [1] Für eine α-Schätzung gemäß Absatz 9 stellt ein Institut sicher, dass Zähler und Nenner hinsichtlich der Modellierungsmethode, den Parameterspezifikationen und der Portfoliozusammensetzung in konsistenter Weise berechnet werden. [2] Der zur Schätzung von α verwendete Ansatz muss sich auf den Ansatz des Instituts für das interne Kapital stützen, gut dokumentiert sein und von unabhängiger Seite validiert werden. [3] Zusätzlich dazu überprüft ein Institut

seine α-Schätzungen mindestens einmal im Quartal und bei im Zeitverlauf variierender Portfoliozusammensetzung noch häufiger. [4] Ein Institut bewertet auch das Modellrisiko.

(11) [1] Ein Institut weist den zuständigen Behörden gegenüber hinreichend nach, dass seine internen α-Schätzungen im Zähler wesentliche Ursachen für eine Abhängigkeit der Verteilung vom Marktwert von Geschäften oder Portfolios von Geschäften mit den verschiedenen Gegenparteien erfassen. [2] Interne α-Schätzungen tragen der Granularität von Portfolios Rechnung.

(12) Wenn die zuständigen Behörden die Verwendung von Schätzungen gemäß Absatz 9 beaufsichtigen, tragen sie der erheblichen Abweichung in den α-Schätzungen Rechnung, die aus dem Potenzial für Fehlspezifikationen bei den für den Zähler verwendeten Modellen resultiert, vor allem, wenn Konvexität vorliegt.

(13) Wenn angebracht, berücksichtigen die bei der gemeinsamen Modellierung von Markt- und Kreditrisiken angesetzten Volatilitäten und Korrelationen bei Marktrisikofaktoren den Kreditrisikofaktor, um einem potenziellen Anstieg der Volatilität oder Korrelation bei einem wirtschaftlichen Abschwung Rechnung zu tragen.

Art. 285 Risikopositionswert bei Netting-Sätzen mit Nachschussvereinbarung. (1) *[1]* [1] Besteht für den Netting-Satz eine Nachschussvereinbarung und wird er täglich zu Marktpreisen bewertet, berechnet das Institut den effektiven EPE gemäß diesem Absatz. [2] *erfasst*[1)] das interne Modell bei der Schätzung von EE die Auswirkungen von Nachschüssen, so kann das Institut die EE-Messgröße des Modells bei entsprechender Erlaubnis der zuständigen Behörde unmittelbar in die Gleichung in Artikel 284 Absatz 5 einsetzen. [3] Eine solche Erlaubnis geben die zuständigen Behörden nur, wenn sie sich davon überzeugt haben, dass das Modell bei der Schätzung von EE den Auswirkungen von Nachschüssen angemessen Rechnung trägt. [4] Hat ein Institut keine entsprechende Erlaubnis der zuständigen Behörden erhalten, verwendet es eine der folgenden effektiven EPE-Messgrößen:

a) Den effektiven EPE, berechnet ohne Berücksichtigung etwaiger Sicherheiten, die als Nachschuss gehalten oder gestellt werden, zuzüglich etwaiger Sicherheiten, die der Gegenpartei unabhängig von der täglichen Bewertung und Nachschussberechnung oder dem aktuellen Wiederbeschaffungswert gestellt wurden;

b) den effektiven EPE, berechnet als die potenzielle Erhöhung der Risikoposition während der Nachschuss-Risikoperiode, zuzüglich des größeren der beiden folgenden Beträge:

   i) aktueller Wiederbeschaffungswert einschließlich aller aktuell gehaltenen oder gestellten Sicherheiten außer abgerufenen oder strittigen Sicherheiten,

   ii) der höchste Netto-Wiederbeschaffungswert, einschließlich der im Rahmen der Nachschussvereinbarung bereits vorhandenen Sicherheiten, der gerade noch keinen Abruf weiterer Sicherheiten auslöst. In diesem Betrag sind alle in der Nachschussvereinbarung festgelegten Schwellen, Mindest-

---

1) Richtig wohl: „Erfasst".

transferbeträge, Zusatzbeträge (independent amounts) und Einschüsse berücksichtigt.

[2] [1] Für die Zwecke des Buchstabens b berechnen die Institute den Aufschlag als die erwartete positive Veränderung des Marktwerts zu Marktpreisen der Geschäfte während der Nachschuss-Risikoperiode. [2] Veränderungen beim Wert der Sicherheiten wird durch Rückgriff auf die von der Aufsicht vorgegebenen Volatilitätsanpassungen gemäß Kapitel 4 Abschnitt 4 oder die im Rahmen der umfassenden Methode zur Berücksichtigung finanzieller Sicherheiten durchgeführten eigenen Schätzungen der Volatilitätsanpassungen Rechnung getragen, wobei allerdings während der Nachschuss-Risikoperiode keine Sicherheitszahlungen angenommen werden dürfen. [3] Für die Nachschuss-Risikoperiode gelten die in den Absätzen 2 bis 5 festgelegten Mindestfristen.

(2) Bei Geschäften mit täglichen Nachschüssen und täglicher Bewertung zu Marktpreisen darf die bei der Modellierung des Risikopositionswerts bei Nachschussvereinbarungen zugrunde gelegte Nachschuss-Risikoperiode nicht kürzer sein als

a) 5 Handelstage bei Netting-Sätzen, die ausschließlich aus Pensionsgeschäften, Wertpapier- oder Warenverleih- oder -leihgeschäften und Lombardgeschäften bestehen,
b) 10 Handelstage bei allen anderen Netting-Sätzen.

(3) *[1]* Von Absatz 2 Buchstaben a und b gelten folgende Ausnahmen:

a) Bei allen Netting-Sätzen, bei denen die Anzahl der Geschäfte zu jedem beliebigen Zeitpunkt eines Quartals über 5 000 hinausgeht, darf die Nachschuss-Risikoperiode für das darauffolgende Quartal nicht weniger als 20 Handelstage betragen. Handelsrisikopositionen von Instituten sind von dieser Ausnahme ausgenommen;
b) bei Netting-Sätzen mit einem oder mehreren Geschäften, bei denen entweder die Sicherheit illiquide ist oder ein OTC-Derivat sich nicht ohne Weiteres ersetzen lässt, darf die Nachschuss-Risikoperiode nicht weniger als 20 Handelstage betragen.

[2] Ein Institut ermittelt, ob eine Sicherheit illiquide ist oder OTC-Derivate bei angespannten Marktbedingungen nicht ohne Weiteres ersetzbar sind, wobei angespannte Marktbedingungen durch das Fehlen ununterbrochen aktiver Märkte gekennzeichnet sind, an denen eine Gegenpartei innerhalb von maximal zwei Tagen mehrere Preisangebote erhalten würde, die den Markt nicht in Bewegung versetzen oder keinen Preis darstellen würden, der (im Falle einer Sicherheit) mit einem Abschlag oder (bei einem OTC-Derivat) einem Aufschlag einherginge.

[3] Ein Institut berücksichtigt, ob die von ihm als Sicherheit gehaltenen Geschäfte oder Wertpapiere auf eine bestimmte Gegenpartei konzentriert sind und es für den Fall, dass diese Gegenpartei den Markt überstürzt verlässt, zur Ersetzung dieser Geschäfte und Wertpapiere in der Lage wäre.

(4) War ein Institut in den unmittelbar vorangegangenen zwei Quartalen bei einem bestimmten Netting-Satz an mehr als zwei Streitigkeiten über die Nachschusshöhe beteiligt, die länger andauerten als die nach den Absätzen 2 und 3 geltende Nachschuss-Risikoperiode, so legt das Institut in den anschließenden zwei Quartalen für diesen Netting-Satz eine Nachschuss-Risikoperiode zugrun-

de, die mindestens doppelt so lang ist wie der in den Absätzen 2 und 3 für diesen Netting-Satz genannte Zeitraum.

(5) Bei Nachschussprozessen mit einer Frequenz von N Tagen ist die Dauer der Nachschuss-Risikoperiode zumindest gleich dem in den Absätzen 2 und 3 festgelegten Zeitraum (= F) plus N Tagen minus einem Tag, d.h.:

$$\textit{Nachschuss-Risikoperiode} = F + N - 1.$$

(6) Berücksichtigt das interne Modell die Auswirkungen von Nachschüssen auf Veränderungen des Marktwerts des Netting-Satzes, so modelliert das Institut bei seinen Berechnungen des Wiederbeschaffungswerts für OTC-Derivate und Wertpapierfinanzierungsgeschäften Sicherheiten (außer Barsicherheiten, die auf die gleiche Währung lauten wie die Risikoposition selbst) zusammen mit der Risikoposition.

(7) Ist ein Institut nicht zur gemeinsamen Modellierung von Sicherheiten und Risikopositionen in der Lage, so setzt es bei seinen Berechnungen der Wiederbeschaffungswerte für OTC-Derivate und Wertpapierfinanzierungsgeschäfte die Auswirkungen keiner anderen Sicherheiten als Barsicherheiten, die auf dieselbe Währung lauten wie die Risikoposition selbst, an, es sei denn, es nimmt auf eigenen Schätzungen beruhende Volatilitätsanpassungen vor, die den Standards der umfassenden Methode zur Berücksichtigung finanzieller Sicherheiten entsprechen, oder es nimmt gemäß Kapitel 4 die von der Aufsicht vorgegebenen Volatilitätsanpassungen vor.

(8) Ein Institut, das die IMM verwendet, lässt in seinen Modellen die Auswirkungen einer Herabsetzung des Wiederbeschaffungswerts außer Acht, die auf eine Klausel in einer Sicherungsvereinbarung zurückgeht, wonach eine Bonitätsverschlechterung bei der Gegenpartei die Einlieferung von Sicherheiten erfordert.

Art. 286 Management des Gegenparteiausfallrisikos (CCR) – Grundsätze, Verfahren und Systeme. (1) *[1]* Ein Institut schafft und erhält ein Rahmenkonzept für das CCR-Management, das folgende Komponenten beinhaltet:

a) Grundsätze, Prozesse und Systeme, die die Ermittlung, Messung, Steuerung und Genehmigung des Gegenparteiausfallrisikos und die interne Berichterstattung darüber sicherstellen,
b) Verfahren, die die Einhaltung dieser Grundsätze, Prozesse und Systeme gewährleisten.

[2] [1] Diese Grundsätze, Prozesse und Systeme sind konzeptionell solide und werden unter Sicherstellung ihrer Integrität angewandt sowie dokumentiert. [2] In dieser Dokumentation wird dargelegt, mit welchen empirischen Techniken das Gegenparteiausfallrisiko gemessen wird.

(2) [1] Das nach Absatz 1 vorgeschriebene CCR-Management-Rahmenkonzept trägt den mit dem Gegenparteiausfallrisiko einhergehenden Markt-, Liquiditäts- sowie rechtlichen und operationellen Risiken Rechnung. [2] Es stellt insbesondere sicher, dass das Institut die folgenden Grundsätze einhält:

a) Es geht keine Geschäftsbeziehung mit einer Gegenpartei ein, ohne deren Kreditwürdigkeit beurteilt zu haben;

b) es trägt dem bei und vor Abwicklung bestehenden Kreditrisiko gebührend Rechnung;

c) es steuert diese Risiken auf Ebene der Gegenpartei (durch Aggregation der Risikopositionswerte für Gegenparteiausfallrisiken mit anderen Kreditrisikopositionen) und auf Unternehmensebene so umfassend wie möglich.

(3) *[1]* Ein Institut, das die IMM verwendet, gewährleistet und weist der zuständigen Behörde glaubhaft nach, dass sein CCR-Management-Rahmenkonzept den Liquiditätsrisiken aller nachstehend genannten Faktoren Rechnung trägt:

a) möglicherweise eingehende Nachschussforderungen im Zusammenhang mit dem Austausch von Nachschüssen oder anderer Sicherheitenarten, wie Einschüssen oder unabhängigen Einschussbeträgen, bei ungünstigen Marktschocks,

b) möglicherweise eingehende Rückgabeforderungen für überschüssige, von Gegenparteien gestellte Sicherheiten,

c) Nachschussforderungen infolge einer möglichen Herabstufung der eigenen externen Bonitätsbeurteilung.

[2] Ein Institut stellt sicher, dass Art und zeitlicher Umfang einer Weiterverwendung von Sicherheiten mit seinem Liquiditätsbedarf in Einklang stehen und seine Fähigkeit zur rechtzeitigen Stellung oder Rückgabe von Sicherheiten nicht beeinträchtigen.

(4) [1] Leitungsorgan und Geschäftsleitung eines Instituts sind aktiv am CCR-Management beteiligt und gewährleisten, dass es mit ausreichenden Ressourcen ausgestattet ist. [2] Ein förmliches Verfahren sorgt dafür, dass die Geschäftsleitung die Grenzen des Modells und die diesem zugrunde liegenden Annahmen kennt und über die möglichen Auswirkungen dieser Grenzen und Annahmen auf die Verlässlichkeit der Ergebnisse auf dem Laufenden ist. [3] Die Geschäftsleitung kennt auch die Unwägbarkeiten der Marktrahmenbedingungen und die betrieblichen Aspekte und weiß, wie diese sich im Modell niederschlagen.

(5) Die Tagesberichte, die gemäß Artikel 287 Absatz 2 Buchstabe b über die CCR-behafteten Risikopositionen eines Instituts erstellt werden, werden von einer Managementebene überprüft, die über ausreichende Befugnisse und Autorität verfügt, um sowohl eine Reduzierung der von einzelnen Kreditmanagern oder Händlern übernommenen Positionen als auch eine Reduzierung des gesamten Gegenparteiausfallrisikos des Instituts durchzusetzen.

(6) [1] Das gemäß Absatz 1 geschaffene CCR-Management-Rahmenkonzept eines Instituts wird in Kombination mit den internen Kredit- und Handelsvolumenobergrenzen eingesetzt. [2] Zu diesem Zweck sind Kredit- und Handelsvolumenobergrenzen mit dem Risikomessmodell des Instituts in einer Weise verknüpft, die im Zeitablauf konsistent ist und für Kreditmanager, Händler und Geschäftsleitung gut nachvollziehbar ist. [3] Ein Institut verfügt über ein förmliches Verfahren, um Verstöße gegen Risikolimits bei der angemessenen Managementebene zu melden.

(7) [1] Bei der Messung des Gegenparteiausfallrisikos eines Instituts wird auch die tägliche und die Innertages-Inanspruchnahme von Kreditlinien ermittelt. [2] Die aktuellen Wiederbeschaffungswerte werden unter Einbeziehung und unter Ausschluss der hinterlegten Sicherheiten gemessen. [3] Das Institut berechnet und

überwacht für einzelne Portfolios und Gegenparteien den Spitzen- oder den potenziellen künftigen Wiederbeschaffungswert (PFE) zu dem von ihm gewählten Konfidenzniveau. [4]Das Institut trägt dabei großen oder konzentrierten Positionen, auch in Bezug auf Gruppen verbundener Gegenparteien, Branchen und Märkte Rechnung.

(8) [1]Ein Institut schafft und erhält ein routinemäßiges, rigoroses Stresstest-Programm. [2]Die Ergebnisse dieser Stresstests werden regelmäßig, mindestens aber vierteljährlich von der Geschäftsleitung überprüft und in den vom Leitungsorgan oder der Geschäftsleitung festgelegten CCR-Grundsätzen und -obergrenzen berücksichtigt. [3]Ergeben Stresstests eine besondere Anfälligkeit für eine bestimmte Fallkonstellation, so leitet das Institut unverzüglich Schritte zur Steuerung dieser Risiken ein.

Art. 287 Organisationsstrukturen für das CCR-Management. (1) Ein Institut, das die IMM verwendet, schafft und erhält Folgendes:

a) eine Abteilung „Risikoüberwachung", die den Vorgaben des Absatzes 2 entspricht,

b) eine Abteilung für die Sicherheitenverwaltung, die den Vorgaben des Absatzes 3 entspricht.

(2) Die Abteilung „Risikoüberwachung" ist für die Gestaltung und Umsetzung des CCR-Managements zuständig, wozu auch die erstmalige und die laufende Validierung des internen Modells zählen, nimmt die nachstehend genannten Aufgaben wahr und erfüllt die nachstehend genannten Anforderungen:

a) Sie ist für Gestaltung und Umsetzung des institutseigenen CCR-Managementsystems zuständig;

b) sie erstellt täglich Berichte über die Ergebnisse des institutseigenen Risikomessmodells und analysiert diese Ergebnisse. Im Rahmen dieser Analyse wird auch die Beziehung zwischen Messgrößen des Gegenparteiausfallrisikos und Handelsvolumenobergrenzen bewertet;

c) sie kontrolliert die in das Modell einfließenden Daten auf ihre Integrität und erstellt und analysiert Berichte über die Ergebnisse des institutseigenen Risikomessmodells, wozu auch eine Bewertung der Beziehung zwischen Risikomessgrößen und Kredit- und Handelsvolumenobergrenzen gehört;

d) sie ist von den Abteilungen, die für die Schaffung oder die Verlängerung von Risikopositionen oder den Handel mit diesen zuständig sind, unabhängig und frei von jeder ungebührlichen Einflussnahme;

e) sie verfügt über eine angemessene Personalausstattung;

f) sie untersteht unmittelbar der Geschäftsleitung des Instituts;

g) ihre Arbeiten sind eng mit dem täglichen Kreditrisikomanagement des Instituts verzahnt;

h) ihre Ergebnisse sind integraler Bestandteil der Planung, Überwachung und Kontrolle des Kredit- und Gesamtrisikoprofils des Instituts.

(3) Die Abteilung für die Sicherheitenverwaltung hat folgende Aufgaben und Funktionen:

a) Berechnung und Anforderung von Nachschüssen, Bearbeitung von Streitigkeiten über die Höhe von Nachschüssen und die genaue tägliche Berichterstattung zu Zusatzbeträgen, Einschüssen und Nachschüssen,

b) Kontrolle der Integrität der zur Anforderung von Nachschüssen verwendeten Daten und Sicherstellung, dass die Daten konsistent sind und regelmäßig mit allen relevanten Datenquellen innerhalb des Instituts abgeglichen werden,

c) Rückverfolgung des Umfangs, in dem Sicherheiten weiterverwendet werden, und etwaiger Änderungen der Rechte des Instituts auf die oder im Zusammenhang mit den von ihm gestellten Sicherheiten,

d) Unterrichtung der geeigneten Managementebene darüber, welche Kategorien von Sicherheiten weiterverwendet werden und welchen Bedingungen eine solche Weiterverwendung unterliegt, einschließlich Instrument, Bonität und Laufzeit,

e) Rückverfolgung, ob bei den von dem Institut akzeptierten Sicherheiten eine Konzentration auf einzelne Vermögenswertkategorien zu verzeichnen ist,

f) regelmäßige, mindestens aber vierteljährliche Unterrichtung der Geschäftsleitung über die Sicherheitenverwaltung, wozu auch Informationen über die Arten von erhaltenen und gestellten Sicherheiten sowie Umfang, Altersstruktur und Ursachen von Streitigkeiten über die Nachschusshöhe zählen. Diese interne Berichterstattung muss auch Trendentwicklungen in diesen Daten aufzeigen.

(4) [1]Die Geschäftsleitung stattet die nach Absatz 1 Buchstabe b vorgeschriebene Abteilung für die Sicherheitenverwaltung mit ausreichenden Ressourcen aus, damit deren Systeme ein angemessenes Maß an betrieblicher Leistungsfähigkeit erreichen, das sich an der Rechtzeitigkeit und Korrektheit der ausgehenden Nachschussforderungen und der Reaktionszeit bei eingehenden Nachschussforderungen ablesen lässt. [2]Die Geschäftsleitung stellt eine ausreichende Personalausstattung dieser Abteilung sicher, damit diese Nachschussforderungen und Streitfälle selbst bei schweren Marktkrisen rechtzeitig bearbeiten und das Institut so in die Lage versetzen kann, die Zahl der durch hohe Geschäftsvolumina bedingten großen Streitfälle zu begrenzen.

Art. 288 Überprüfung des CCR-Managementsystems. [1]Ein Institut unterzieht sein CCR-Managementsystem im Rahmen seiner Innenrevision regelmäßig einer unabhängigen Überprüfung. [2]Diese schließt die Tätigkeiten der nach Artikel 287 vorgeschriebenen Abteilungen für die Risikoüberwachung und die Sicherheitenverwaltung ein und umfasst mindestens Folgendes:

a) die Angemessenheit der in Artikel 286 vorgeschriebenen Dokumentation von CCR-Managementsystem und -verfahren,

b) die Organisation der nach Artikel 287 Absatz 1 Buchstabe a vorgeschriebenen Abteilung für die Überwachung des Gegenparteiausfallrisikos,

c) die Organisation der nach Artikel 287 Absatz 1 Buchstabe b vorgeschriebenen Abteilung für die Sicherheitenverwaltung,

d) die Einbettung der CCR-Messung in das tägliche Risikomanagement,

e) das Genehmigungsverfahren für die von den Mitarbeitern des Handels- und des Abwicklungsbereichs verwendeten Risikobepreisungsmodelle und Bewertungssysteme,

f) die Validierung aller wesentlichen Änderungen beim CCR-Messverfahren,
g) den Umfang der vom Risikomessmodell erfassten Gegenparteiausfallrisiken,
h) die Integrität des Managementinformationssystems,
i) die Genauigkeit und Vollständigkeit der CCR-Daten,
j) die genaue Abbildung der rechtlichen Bedingungen von Sicherheiten- und Nettingvereinbarungen in der Messung der Wiederbeschaffungswerte,
k) die Verifizierung der Schlüssigkeit, Zeitnähe und Verlässlichkeit der für interne Modelle verwendeten Datenquellen, wozu auch deren Unabhängigkeit zählt,
l) die Genauigkeit und Angemessenheit der Annahmen in Bezug auf Volatilitäten und Korrelationen,
m) die Genauigkeit der Bewertungs- und Risikotransformationsberechnungen,
n) die Verifizierung der Modellgenauigkeit durch häufige Rückvergleiche im Sinne von Artikel 293 Absatz 1 Buchstaben b bis e,
o) die Einhaltung der einschlägigen rechtlichen Anforderungen durch die Abteilungen für die Überwachung des Gegenparteiausfallrisikos und die Sicherheitenverwaltung.

Art. 289 Praxistest. (1) Die Institute stellen sicher, dass die Verteilung der Wiederbeschaffungswerte, die sich aus dem zur Berechnung des effektiven EPE verwendeten Modell ergibt, eng in das tägliche CCR-Management des Instituts einbezogen wird und das Ergebnis des Modells bei der Kreditvergabe, dem CCR-Management, der Allokation des internen Kapitals und der Unternehmensführung berücksichtigt wird.

(2) Das Institut weist den zuständigen Behörden gegenüber hinreichend nach, dass es zur Berechnung der Verteilungen der Wiederbeschaffungswerte, auf die sich die EPE-Berechnung stützt, seit mindestens einem Jahr vor der Erlaubnis der zuständigen Behörden zur Verwendung der IMM gemäß Artikel 283 ein den Anforderungen dieses Abschnitts weitgehend entsprechendes internes Modell verwendet.

(3) [1] Das zur Ermittlung der Verteilung der Wiederbeschaffungswerte verwendete interne Modell ist Teil des nach Artikel 286 vorgeschriebenen CCR-Management-Rahmenkonzepts. [2] Dieses Rahmenkonzept umfasst auch die Messung der Inanspruchnahme von Kreditlinien durch Aggregation von Risikopositionswerten für Gegenparteiausfallrisiken mit anderen Kreditrisikopositionen und die Allokation des internen Kapitals.

(4) [1] Zusätzlich zum EPE misst und steuert ein Kreditinstitut auch seine aktuellen Wiederbeschaffungswerte. [2] Diese werden gegebenenfalls unter Einbeziehung und unter Ausschluss der hinterlegten Sicherheiten gemessen. [3] Der Praxistest gilt als bestanden, wenn ein Institut für das Gegenparteiausfallrisiko andere Maßeinheiten, wie den Spitzenwiederbeschaffungswert, verwendet, die auf einer anhand desselben Modells zur Berechnung des EPE ermittelten Verteilung der Wiederbeschaffungswerte beruhen.

(5) [1] Ein Institut muss zu einer täglichen EE-Schätzung in der Lage sein, es sei denn, es weist den zuständigen Behörden gegenüber glaubhaft nach, dass sein Gegenparteiausfallrisiko eine seltenere Berechnung rechtfertigt. [2] Das Institut schätzt ein EE-Zeitprofil auf Basis von Zeitpunkten, die die zeitliche Struktur

künftiger Zahlungsströme und die Fälligkeit der Geschäfte angemessen widerspiegelt und das in einer Weise, die der Bedeutung und der Zusammensetzung der Risikopositionen gerecht wird.

(6) [1] Der Wiederbeschaffungswert wird für die Laufzeit sämtlicher Kontrakte des Netting-Satzes und nicht nur bis zum Einjahreshorizont gemessen, überwacht und kontrolliert. [2] Das Institut verfügt über Verfahren zur Ermittlung und Kontrolle der Risiken für Gegenparteien für den Fall, dass der Wiederbeschaffungswert über den Einjahreshorizont hinausgeht. [3] Die prognostizierte Erhöhung des Wiederbeschaffungswerts fließt in das institutsinterne Modell zur Bestimmung des internen Kapitals ein.

Art. 290 Stresstests. (1) Ein Institut verfügt über ein umfassendes Stresstest-Programm für das Gegenparteiausfallrisiko, das auch bei der Beurteilung der Eigenmittelanforderungen für das Gegenparteiausfallrisiko zum Einsatz kommt und die Anforderungen der Absätze 2 bis 10 erfüllt.

(2) Dabei werden mögliche Ereignisse oder künftige Veränderungen bei den ökonomischen Rahmenbedingungen ermittelt, die sich nachteilig auf die Wiederbeschaffungswerte von Positionen eines Instituts auswirken könnten, und die Fähigkeit des Instituts bewertet, derartigen Veränderungen standzuhalten.

(3) Die im Rahmen des Programms durchgeführten Stress-Messungen werden mit den Risikolimits abgeglichen und vom Institut im Rahmen des Verfahrens nach Artikel 81 der Richtlinie 2013/36/EU geprüft.

(4) Das Programm erfasst alle Geschäfte und aggregierten Risikopositionen auf Ebene einzelner Gegenparteien für alle Arten von Gegenparteiausfallrisiken in einem für regelmäßige Stresstests ausreichenden zeitlichen Rahmen.

(5) [1] Es sieht für alle Gegenparteien zumindest monatliche Stresstests für Wiederbeschaffungswerte im Hinblick auf die wichtigsten Marktrisikofaktoren, wie Zinsen, Wechselkurse, Aktien, Kreditrisikospreads und Rohstoffpreise vor, um übermäßige Konzentrationen bei bestimmten direktionalen Risiken zu ermitteln und dem Institut erforderlichenfalls deren Verringerung zu ermöglichen. [2] Die Stresstests für Wiederbeschaffungswerte – einschließlich der Tests für einzelne und mehrere Risikofaktoren sowie für wesentliche nicht direktionale Risiken – sowie gemeinsame Stresstests für Wiederbeschaffungswerte und Bonität werden auf Ebene einzelner Gegenparteien, auf Ebene von Gegenparteigruppen sowie für das institutsweite Gegenparteiausfallrisiko durchgeführt.

(6) [1] Das Programm legt mindestens vierteljährliche Stresstests auf Basis von Multifaktor-Szenarien zugrunde und bewertet wesentliche nicht direktionale Risiken, einschließlich Zinskurvenrisiko und Basisrisiken. [2] Multifaktor-Stresstests beinhalten zumindest die folgenden Szenarien:

a) Eintritt schwerwiegender konjunktureller Ereignisse oder Marktstörungen,
b) erheblicher Rückgang der allgemeinen Marktliquidität,
c) Glattstellung der Positionen eines großen Finanzintermediärs.

(7) [1] Die Schwere der für die zugrunde gelegten Risikofaktoren simulierten Schocks sollte mit dem Zweck des Stresstests in Einklang stehen. [2] Bei der Analyse der Solvenz unter Stressbedingungen müssen die für die zugrunde gelegten Risikofaktoren simulierten Schocks schwer genug sein, um extreme historische Marktrahmenbedingungen und extreme, aber plausible angespannte Marktbedingungen zu erfassen. [3] Die Stresstests ermöglichen es, die Auswirkun-

gen dieser Schocks auf die Eigenmittel, die Eigenmittelanforderungen und die Erträge zu bewerten. [4] Für die tägliche Portfolioüberwachung, Absicherung und Steuerung von Risikokonzentrationen werden im Rahmen des Programms außerdem weniger schwerwiegende Szenarien mit höherer Wahrscheinlichkeit betrachtet.

(8) [1] Um extreme, aber plausible Szenarien zu ermitteln, die zu erheblich schlechteren Ergebnissen führen könnten, sieht das Programm gegebenenfalls auch umgekehrte Stresstests vor. [2] Bei umgekehrten Stresstests werden die Auswirkungen wesentlicher Nichtlinearitäten im Portfolio berücksichtigt.

(9) [1] Die Ergebnisse der im Rahmen des Programms durchgeführten Stresstests werden der Geschäftsleitung regelmäßig, mindestens aber vierteljährlich, mitgeteilt. [2] Die Berichte und Ergebnisanalysen geben Aufschluss über die größten Auswirkungen auf die einzelnen Gegenparteien im gesamten Portfolio, über wesentliche Risikokonzentrationen in einzelnen Portfoliosegmenten (innerhalb der gleichen Branche oder Region) sowie über relevante Trends auf Portfolio- und Gegenparteiebene.

(10) [1] Die Geschäftsleitung übernimmt bei der Integration der Stresstests in das Risikomanagement-Rahmenkonzept und die Risikokultur des Instituts eine führende Rolle und stellt sicher, dass die Ergebnisse aussagekräftig sind und zur Steuerung des Gegenparteiausfallrisikos eingesetzt werden. [2] Die Ergebnisse, die die Stresstests für wesentliche Wiederbeschaffungswerte ergeben, werden anhand der Richtlinien für die Risikobereitschaft des Instituts bewertet und für den Fall, dass die Tests unangemessen hohe Risiken oder Risikokonzentrationen ergeben, zur Diskussion und gegebenenfalls Veranlassung von Maßnahmen an die Geschäftsleitung weitergeleitet.

Art. 291 Korrelationsrisiko. (1) Für die Zwecke dieses Artikels bezeichnet der Ausdruck

a) „allgemeines Korrelationsrisiko" das Risiko, das entsteht, wenn eine positive Korrelation zwischen der Ausfallwahrscheinlichkeit von Gegenparteien und allgemeinen Marktrisikofaktoren besteht;

b) „spezielles Korrelationsrisiko" das Risiko, das entsteht, wenn aufgrund der Art der Geschäfte mit einer Gegenpartei die Ausfallwahrscheinlichkeit der Gegenpartei positiv mit dem künftigen Wiederbeschaffungswert aus den Geschäften mit dieser bestehenden Gegenpartei korreliert. Ein Institut ist einem speziellen Korrelationsrisiko ausgesetzt, wenn zu erwarten ist, dass der künftige Wiederbeschaffungswert aus den Geschäften mit einer bestimmten Gegenpartei dann hoch ist, wenn auch die Ausfallwahrscheinlichkeit der Gegenpartei hoch ist.

(2) Ein Institut schenkt Risikopositionen, die mit einem erheblichen allgemeinen und speziellen Korrelationsrisiko verbunden sind, gebührende Beachtung.

(3) [1] Zur Ermittlung allgemeiner Korrelationsrisiken entwickelt ein Institut Stresstests und Szenarioanalysen, mit denen es Risikofaktoren, die zur Bonität der Gegenpartei in einem ungünstigen Verhältnis stehen, Stressbedingungen aussetzt. [2] Solche Tests tragen der Möglichkeit Rechnung, dass es nach einer Veränderung in den Beziehungen zwischen Risikofaktoren zu schweren Schocks kommt. [3] Ein Institut überwacht das allgemeine Korrelationsrisiko nach

Produkten, Regionen, Branchen oder anderen für seine Geschäftstätigkeit relevanten Kategorien.

(4) Ein Institut wendet kontinuierlich Verfahren an, mit denen für jedes einzelne Unternehmen spezielle Korrelationsrisiken vom Geschäftsabschluss an über die gesamte Laufzeit des Geschäfts hinweg ermittelt, verfolgt und kontrolliert werden können.

(5) Für Geschäfte, bei denen ein spezielles Korrelationsrisiko festgestellt wurde und bei denen eine rechtliche Verbindung zwischen der Gegenpartei und dem Emittenten des Basiswerts des OTC-Derivats oder des Basiswerts der in Artikel 273 Absatz 2 Buchstaben b, c und d bezeichneten Geschäfte besteht, berechnen Institute die Eigenmittelanforderungen für das Gegenparteiausfallrisiko nach folgenden Grundsätzen:

a) Die Instrumente, bei denen ein spezielles Korrelationsrisiko besteht, werden nicht in den gleichen Netting-Satz aufgenommen wie die anderen Geschäfte mit der Gegenpartei, sondern jeweils als separater Netting-Satz behandelt;
b) innerhalb jedes solchen separaten Netting-Satzes ist der Risikopositionswert von Einzeladressen-Kreditausfallswaps gleich dem gesamten erwarteten Verlust des verbleibenden Zeitwerts der Basisinstrumente unter der Annahme der Liquidation des zugrunde liegenden Emittenten;
c) Institute, die den Ansatz nach Kapitel 3 verwenden, setzen die LGD für solche Swap-Geschäfte mit 100 % an;
d) Institute, die den Ansatz nach Kapitel 2 verwenden, setzen das Risikogewicht eines unbesicherten Geschäfts an;
e) *Bei*[1] allen anderen auf eine Einzeladresse bezogenen Geschäften in einem solchen separaten Netting-Satz erfolgt die Berechnung des Risikopositionswerts unter der Annahme eines Kreditausfallereignisses bei den zugrunde liegenden Verbindlichkeiten, bei denen eine rechtliche Verbindung zwischen dem Emittenten und der Gegenpartei besteht. Bei auf einen Adressenkorb oder einen Index bezogenen Geschäften wird gegebenenfalls das Kreditausfallereignis bei denjenigen zugrunde liegenden Verbindlichkeiten, bei denen eine rechtliche Verbindung zwischen dem Emittenten und der Gegenpartei besteht, angenommen, sofern es wesentlich ist;
f) sofern hierbei vorhandene Marktrisikoberechnungen verwendet werden, die gemäß Titel IV Kapitel 5 Abschnitt 4 zur Ermittlung der Eigenmittelanforderungen für das zusätzliche Ausfall- und Migrationsrisiko durchgeführt wurden, und die sich bereits auf eine LGD-Annahme stützen, wird in der Formel für LGD 100 % angesetzt.

(6) Die Institute legen der Geschäftsleitung und dem zuständigen Ausschuss des Leitungsorgans regelmäßig Berichte sowohl über spezielle als auch über allgemeine Korrelationsrisiken vor und nennen darin die zur Steuerung dieser Risiken eingeleiteten Schritte.

Art. 292 Integrität des Modellierungsprozesses. (1) Ein Institut gewährleistet die Integrität des Modellierungsprozesses gemäß Artikel 284 zumindest durch Folgendes:

---

[1] Richtig wohl: „bei".

a) Das Modell trägt den Konditionen und Spezifikationen eines Geschäfts zeitnah, umfassend und konservativ Rechnung;
b) diese Konditionen umfassen zumindest Nominalbeträge, Laufzeit, Referenzaktiva, Nachschussvereinbarungen und Nettingvereinbarungen;
c) diese Konditionen und Spezifikationen sind in einer Datenbank gespeichert, die in regelmäßigen Abständen einer förmlichen Überprüfung unterzogen wird;
d) es besteht ein Verfahren zur Anerkennung von Nettingvereinbarungen, bei dem die Mitarbeiter der Rechtsabteilung sich versichern müssen, dass das Netting im Rahmen dieser Vereinbarungen rechtlich durchsetzbar ist;
e) die nach Buchstabe d vorgeschriebene Überprüfung wird von einer unabhängigen Abteilung in der unter Buchstabe c genannten Datenbank festgehalten;
f) die Übertragung der Konditionen und Spezifikationsdaten auf das EPE-Modell wird im Rahmen der Innenrevision überprüft;
g) es bestehen Verfahren für den förmlichen Abgleich der Datensysteme des internen Modells mit den Ausgangsdatensystemen, damit laufend sichergestellt werden kann, dass die Geschäftskonditionen und Spezifikationen im EPE korrekt oder zumindest konservativ abgebildet sind.

(2) *[1]* [1] Zur Bestimmung der aktuellen Wiederbeschaffungswerte werden aktuelle Marktdaten verwendet. [2] Ein Institut darf bei der Kalibrierung seines EPE-Modells zur Festlegung der Parameter der zugrunde liegenden stochastischen Prozesse wie Drift, Volatilität und Korrelation entweder historische Marktdaten oder vom Markt implizierte Daten heranziehen. [3] Zieht ein Institut historische Daten heran, so umfassen diese einen Zeitraum von mindestens drei Jahren. [4] Die Daten werden quartalsweise oder – sollten die Marktverhältnisse dies erfordern – häufiger aktualisiert.

[2] Zur Berechnung des effektiven EPE mit einer auf Stressbedingungen ausgerichteten Kalibrierung kalibriert ein Institut den effektiven EPE entweder anhand einer Datenhistorie von drei Jahren, die eine Stressphase für die Kreditrisikoprämien (Kreditspreads) seiner Gegenparteien beinhaltet, oder anhand impliziter Marktdaten aus einer solchen Stressphase.

[3] Zu diesem Zweck erfüllt das Institut die in den Absätzen 3, 4 und 5 genannten Anforderungen.

(3) [1] Ein Institut weist der zuständigen Behörde gegenüber mindestens einmal im Quartal hinreichend nach, dass die für die Berechnung nach diesem Absatz zugrunde gelegte Stressphase für eine repräsentative Auswahl ihrer Gegenparteien, deren Risikoprämien gehandelt werden, mit einem Zeitraum zusammenfällt, in dem die Risikoprämien für Kreditausfallswaps oder andere Schuldtitel (wie Darlehen oder Unternehmensanleihen) steigen. [2] Verfügt ein Institut nicht über angemessene Daten zu den Risikoprämien für eine Gegenpartei, so ordnet es dieser ausgehend von der Region, der internen Beurteilung und den Geschäftsarten spezifische Prämiendaten zu.

(4) Das EPE-Modell für alle Gegenparteien stützt sich auf historische oder implizite Daten, die auch Daten aus der Stressphase einschließen, und setzt diese Daten in einer mit der Methode für die Kalibrierung des EPE-Modells auf Basis aktueller Daten übereinstimmenden Weise ein.

(5) *[1]* [1] Um die Wirksamkeit seiner Stresstest-Kalibrierung für den EEPE zu beurteilen, schafft das Institut mehrere Referenzportfolios, die für die gleichen Hauptrisikofaktoren anfällig sind wie das Institut selbst. [2] Das Risiko aus diesen Referenzportfolios wird a) anhand einer Stresstest-Methodik berechnet, bei der aktuelle Marktwerte und Modellparameter zu angespannten Marktbedingungen kalibriert werden, und b) anhand des in dieser Stressphase erzeugten Risikos ermittelt, allerdings unter Anwendung der in diesem Abschnitt dargelegten Methode (Marktpreis am Ende der Stressphase, Volatilitäten und Korrelationen aus der dreijährigen Stressphase).

[2] Weichen die Risiken aus diesen Referenzportfolios erheblich voneinander ab, schreiben die zuständigen Behörden dem Institut eine Korrektur der Stresstest-Kalibrierung vor.

(6) [1] Das Institut unterzieht das Modell einem Validierungsverfahren, das in den Vorschriften und Verfahren des Instituts genau festgelegt ist. [2] Dabei wird

a) bestimmt, welche Tests erforderlich sind, um die Integrität des Modells zu gewährleisten, und unter welchen Bedingungen die dem Modell zugrunde liegenden Annahmen unangemessen sind und deshalb einen zu niedrigen Ansatz des EPE bewirken können,
b) die Vollständigkeit des Modells überprüft.

(7) [1] Ein Institut überwacht die maßgeblichen Risiken und verfügt über Verfahren, mit denen es seine EEPE-Schätzung anpassen kann, sollten diese Risiken ein erhebliches Ausmaß erreichen. [2] Um diesen Absatz zu erfüllen, muss ein Institut

a) seine speziellen Korrelationsrisiken im Sinne des Artikels 291 Absatz 1 Buchstabe b und seine allgemeinen Korrelationsrisiken im Sinne des Artikels 291 Absatz 1 Buchstabe a ermitteln und steuern,
b) bei Risikopositionen, deren Risikoprofil sich nach einem Jahr erhöht, regelmäßig die für den Zeitraum von einem Jahr geschätzte relevante Risikomessgröße mit derselben Risikomessgröße über die gesamte Laufzeit der Risikoposition vergleichen,
c) bei Risikopositionen mit einer Restlaufzeit von weniger als einem Jahr regelmäßig den Wiedereindeckungsaufwand (aktueller Wiederbeschaffungswert) mit dem tatsächlichen Risikoprofil vergleichen und Daten, die einen solchen Vergleich ermöglichen würden, speichern.

(8) Ein Institut verfügt über interne Verfahren, mit deren Hilfe es sich vor Aufnahme eines Geschäfts in einen Netting-Satz vergewissern kann, dass dieses Geschäft einer rechtlich durchsetzbaren Netting-Vereinbarung unterliegt, die die Anforderungen des Abschnitts 7 erfüllt.

(9) Ein Institut, das zur Minderung seines Gegenparteiausfallrisikos auf Sicherheiten zurückgreift, verfügt über interne Verfahren, mit deren Hilfe es sich vor Berücksichtigung der Sicherheiten in seinen Berechnungen vergewissern kann, dass diese das nach Kapitel 4 vorgeschriebene Maß an Rechtssicherheit erfüllen.

(10) Die EBA überwacht die Bandbreite der Praxis in diesem Bereich und gibt gemäß Artikel 16 der Verordnung (EU) Nr. 1093/2010 Leitlinien für die Anwendung dieses Artikels heraus.

Art. 293 Anforderungen an das Risikomanagementsystem. (1) Ein Institut erfüllt die folgenden Anforderungen:

a) Es erfüllt die qualitativen Anforderungen des Teils 3 Titel IV Kapitel 5;

b) es führt regelmäßig Rückvergleiche durch, bei denen die im Rahmen des Modells ermittelten Risikomessgrößen mit den realisierten Risikomessgrößen und auf gleichbleibenden Positionen basierende hypothetische Veränderungen mit den realisierten Messgrößen verglichen werden;

c) es unterzieht sein CCR-Wiederbeschaffungswert-Modell sowie die im Rahmen dieses Modells ermittelten Risikomessgrößen einer ersten Validierung sowie einer regelmäßigen Überprüfung. Validierung und Überprüfung müssen von der Modellentwicklung unabhängig sein;

d) Leitungsorgan und Geschäftsleitung sind an der Risikoüberwachung beteiligt und sorgen dafür, dass für die Überwachung von Kreditrisiko und Gegenparteiausfallrisiko ausreichende Ressourcen bereitgestellt werden. Zu diesem Zweck werden die Tagesberichte, die von der nach Artikel 287 Absatz 1 Buchstabe a eingerichteten unabhängigen Abteilung „Risikoüberwachung" erstellt werden, von einer Managementebene überprüft, die über ausreichende Befugnisse und Autorität verfügt, um sowohl eine Reduzierung der von einzelnen Händlern übernommenen Positionen als auch eine Reduzierung des eingegangenen Gesamtrisikos des Instituts durchzusetzen;

e) das interne Risikomessmodell ist in das tägliche Risikomanagement des Instituts eingebunden;

f) das Risikomesssystem wird in Kombination mit den internen Handelsvolumen und Risikopositionsobergrenzen eingesetzt. Zu diesem Zweck sind Risikopositionsobergrenzen in einer Weise mit dem Risikomessmodell des Instituts verknüpft, die im Zeitablauf konsistent ist und für Händler, Kreditabteilung und die Geschäftsleitung gut nachvollziehbar ist;

g) ein Institut stellt sicher, dass sein Risikomanagement-System gut dokumentiert ist. Es verfügt insbesondere über schriftlich festgelegte interne Vorschriften, Kontrollen und Verfahren für das Risikomesssystem sowie über Regelungen, die die Einhaltung dieser Vorschriften gewährleisten;

h) im Rahmen der Innenrevision wird das Risikomesssystem regelmäßig einer unabhängigen Prüfung unterzogen. Diese Prüfung umfasst sowohl die Tätigkeiten der Handelsabteilungen als auch der unabhängigen Abteilung „Risikoüberwachung". Das allgemeine Risikomanagement wird regelmäßig (mindestens jedoch jährlich) einer Prüfung unterzogen, wobei zumindest alle in Artikel 288 genannten Punkte zu behandeln sind;

i) die laufende Validierung der CCR-Modelle wird einschließlich der Rückvergleiche regelmäßig von einer Managementebene überprüft, die über ausreichende Autorität verfügt, um über die zur Beseitigung von Schwächen in den Modellen einzuleitenden Schritte zu entscheiden.

(2) [1] Wenn die zuständigen Behörden gemäß Artikel 284 Absatz 4 die Höhe von α festlegen, berücksichtigen sie dabei, in welchem Umfang ein Institut die in Absatz 1 festgelegten Anforderungen erfüllt. [2] Für die Anwendung des Mindestmultiplikationsfaktors kommen nur Institute in Frage, die diese Anforderungen in vollem Umfang erfüllen.

(3) [1] Ein Institut dokumentiert seine Vorgehensweise bei der erstmaligen und der laufenden Validierung seines CCR-Wiederbeschaffungswert-Modells und

bei der Berechnung der im Rahmen der Modelle ermittelten Risikomessgrößen so detailliert, dass ein Dritter die Analyse bzw. Risikomessgrößen nachvollziehen könnte. [2] In dieser Dokumentation werden die Häufigkeit der Rückvergleichsanalyse und sonstiger laufender Validierungen, die Art und Weise, in der die Validierungen im Hinblick auf Datenströme und Portfolios durchgeführt werden, sowie die verwendeten Analysen festgehalten.

(4) Ein Institut legt Kriterien für die Bewertung seiner CCR-Wiederbeschaffungswert-Modelle und der Modelle, die die Eingangsparameter für die Berechnung der Risikopositionswerte liefern, fest und verfügt über schriftliche Grundsätze, in denen dargelegt wird, wie eine unannehmbare Leistung des Modells festgestellt und behoben wird.

(5) Ein Institut legt fest, wie repräsentative Gegenpartei-Portfolios für die Validierung eines CCR-Wiederbeschaffungswert-Modells und seiner Risikomessgrößen zusammengestellt werden.

(6) Bei der Validierung von CCR-Wiederbeschaffungswert-Modellen und ihren Risikomessgrößen, mit denen Verteilungen prognostiziert werden, wird mehr als nur ein statistisches Maß der Prognoseverteilung berücksichtigt.

Art. 294 Validierungsanforderungen. (1) Ein Institut sorgt bei der erstmaligen und der laufenden Validierung seines CCR-Wiederbeschaffungswert-Modells und dessen Risikomessgrößen für die Einhaltung folgender Anforderungen:

a) Das Institut nimmt vor der Erlaubnis der zuständigen Behörden nach Artikel 283 Absatz 1 anhand historischer Daten über Veränderungen bei den Marktrisikofaktoren Rückvergleiche vor. Diese Rückvergleiche legen eine Reihe unterschiedlicher Prognosehorizonte (mindestens bis zu einem Jahr) mit unterschiedlichen Anfangsdaten zugrunde und decken dabei ein breites Spektrum von Marktbedingungen ab;

b) ein Institut, das nach Artikel 285 Absatz 1 Buchstabe b verfährt, validiert sein Modell regelmäßig, um zu testen, ob die tatsächlichen Wiederbeschaffungswerte mit den Prognosen für alle Nachschuss-Risikoperioden eines Jahres übereinstimmen. Haben einige der im Netting-Satz enthaltenen Geschäfte eine Laufzeit von weniger als einem Jahr, und ist die Sensitivität gegenüber Änderungen der Risikofaktoren des Netting-Satzes ohne diese Geschäfte höher, so wird dies bei der Validierung berücksichtigt;

c) es testet die Leistung seines CCR-Wiederbeschaffungswert-Modells und dessen relevanter Risikomessgrößen sowie die Prognosen für Marktrisikofaktoren im Rückvergleich. Bei der Auswahl der Prognosehorizonte für besicherte Geschäfte werden auch die bei besicherten oder durch Einschüsse bzw. Nachschüsse unterlegten Geschäften üblichen Nachschuss-Risikoperioden einbezogen;

d) deutet die Modellvalidierung darauf hin, dass der effektive EPE zu niedrig angesetzt wird, leitet das Institut die zur Beseitigung der Modellungenauigkeit notwendigen Schritte ein;

e) es testet die Preisfindungsmodelle, mit denen die CCR-Wiederbeschaffungswerte für ein bestimmtes Szenario künftiger Schocks bei den Marktrisikofaktoren berechnet werden, im Rahmen der erstmaligen und der laufenden

Modellvalidierung. Preisfindungsmodelle für Optionen tragen der Nichtlinearität des Optionswerts in Bezug auf Marktrisikofaktoren Rechnung;

f) das CCR-Wiederbeschaffungswert-Modell erfasst die geschäftsspezifischen Informationen, die zur Zusammenfassung der Wiederbeschaffungswerte auf Ebene des Netting-Satzes erforderlich sind. Ein Institut vergewissert sich, dass im Rahmen des Modells Geschäfte dem richtigen Netting-Satz zugeordnet werden;

g) das CCR-Wiederbeschaffungswert-Modell bezieht geschäftsspezifische Informationen mit ein, die die Auswirkungen von Nachschüssen erfassen. Berücksichtigt werden dabei neben dem aktuellen Betrag des Ein- bzw. Nachschusses auch künftige zwischen den Gegenparteien zu übertragende Nachschüsse. Ein solches Modell trägt der Art der Nachschussvereinbarungen (ein- oder zweiseitig), der Häufigkeit von Nachschussforderungen, der Nachschuss-Risikoperiode, der Schwelle, bis zu der das Institut bereit ist, eine nicht durch Nachschüsse begrenzte Risikoposition zu akzeptieren, und dem Mindesttransferbetrag Rechnung. Bei einem solchen Modell werden entweder die Änderungen des Marktwerts der hinterlegten Sicherheiten geschätzt oder die in Kapitel 4 festgelegten Regeln angewandt;

h) bei der Modellvalidierung werden repräsentative Gegenpartei-Portfolios statischen historischen Rückvergleichen unterzogen. Solche Rückvergleiche nimmt ein Institut in regelmäßigen Abständen bei einer Reihe repräsentativer (tatsächlicher oder hypothetischer) Gegenpartei-Portfolios vor. Kriterien für die Repräsentativität der Portfolios sind deren Sensitivität gegenüber den wesentlichen Risikofaktoren und Kombinationen aus Risikofaktoren, denen das Institut ausgesetzt ist;

i) ein Institut führt auch Rückvergleiche durch, die auf eine Überprüfung der grundlegenden Annahmen des CCR-Wiederbeschaffungswert-Modells und dessen relevanter Risikomessgrößen abstellen, einschließlich der im Modell abgebildeten Beziehung zwischen unterschiedlichen Laufzeiten desselben Risikofaktors und der im Modell abgebildeten Beziehungen zwischen Risikofaktoren;

j) die Leistungsfähigkeit von *CRR*[1]-Wiederbeschaffungswert-Modellen und ihrer Risikomessgrößen wird durch sachgerechte Rückvergleiche überprüft. Diese Rückvergleiche müssen es ermöglichen, Schwachstellen bei der Leistung der Risikomessgrößen eines EPE-Modells aufzudecken;

k) ein Institut validiert seine CCR-Wiederbeschaffungswert-Modelle samt aller Risikomessgrößen für Zeithorizonte, die der Laufzeit der Geschäfte entsprechen, deren Risikopositionswert nach Artikel 283 unter Verwendung der IMM berechnet wird;

l) ein Institut testet die Preisfindungsmodelle, mit denen die Wiederbeschaffungswerte berechnet werden, im Rahmen des laufenden Modellvalidierungsverfahrens regelmäßig im Vergleich mit angemessenen unabhängigen Referenzwerten;

m) bei der laufenden Validierung des CCR-Wiederbeschaffungswert-Modells des Instituts und der relevanten Risikomessgrößen wird ebenfalls bewertet, ob die Leistung in jüngster Zeit als angemessen zu betrachten ist;

---

[1] Richtig wohl: „CCR".

n) die Abstände, in denen die Parameter eines CCR-Wiederbeschaffungswert-Modells aktualisiert werden, beurteilt das Institut im Rahmen der erstmaligen und der laufenden Validierung;

o) bei der erstmaligen und der laufenden Validierung von CCR-Wiederbeschaffungswert-Modellen wird bewertet, ob die Berechnungen des Wiederbeschaffungswerts auf Ebene der Gegenpartei und des Nettingsatzes angemessen sind.

(2) [1] Mit vorheriger Erlaubnis der zuständigen Behörden darf anstelle des Produkts aus α und dem effektiven EPE eine konservativere Messgröße verwendet werden als für die Berechnung der aufsichtlichen Risikopositionswerte für jede einzelne Gegenpartei. [2] Wie konservativ diese Messgröße im Verhältnis ist, wird bei der Erlaubnis durch die zuständigen Behörden und bei den regelmäßigen aufsichtsbehördlichen Überprüfungen der EPE-Modelle bewertet. [3] Der Konservativitätsgrad der Messgröße wird von dem Institut regelmäßig validiert. [4] In die laufende Bewertung der Leistungsfähigkeit des Modells werden alle Gegenparteien einbezogen, für die die Modelle verwendet werden.

(3) Lassen Rückvergleiche darauf schließen, dass ein Modell nicht genau genug ist, so widerrufen die zuständigen Behörden dem Modell die Genehmigung oder verhängen angemessene Maßnahmen, um zu gewährleisten, dass das Modell umgehend verbessert wird.

Abschnitt 7. Vertragliches Netting

Art. 295 Anerkennung der risikomindernden Effekte von vertraglichem Netting. *[1]* Ein Institut kann nur die nachstehend genannten Arten vertraglicher Nettingvereinbarungen gemäß Artikel 298 als risikomindernd behandeln und dies auch nur, wenn die Vereinbarung gemäß Artikel 296 von den zuständigen Behörden anerkannt wurde und das Institut die Anforderungen des Artikels 297 erfüllt:

a) bilaterale Schuldumwandlungsverträge zwischen einem Institut und seinem Vertragspartner, durch die gegenseitige Forderungen und Verbindlichkeiten automatisch so zusammengefasst werden, dass sich bei jeder Schuldumwandlung ein einziger Nettobetrag ergibt und so ein einziger neuer Vertrag entsteht, der alle früheren Verträge und alle aus diesen Verträgen erwachsenden Pflichten der Vertragsparteien ersetzt und für alle Seiten rechtsverbindlich ist;

b) sonstige bilaterale Aufrechnungsvereinbarungen zwischen einem Institut und seinem Vertragspartner;

c) produktübergreifende vertragliche Nettingvereinbarungen von Instituten, die die Genehmigung erhalten haben, die Methode nach Abschnitt 6 auf von dieser Methode erfasste Geschäfte anzuwenden. Die zuständigen Behörden übermitteln der EBA ein Verzeichnis der genehmigten produktübergreifenden vertraglichen Nettingvereinbarungen.

[2] Das übergreifende Netting von Geschäften, die von verschiedenen Unternehmen einer Gruppe geschlossen wurden, wird nicht für die Berechnung der Eigenmittelanforderungen anerkannt.

Art. 296 Anerkennung vertraglicher Nettingvereinbarungen. (1) Eine vertragliche Nettingvereinbarung wird von den zuständigen Behörden nur anerkannt, wenn die in Absatz 2 und – falls relevant – Absatz 3 genannten Bedingungen erfüllt sind.

(2) *[1]* Alle vertraglichen Nettingvereinbarungen, die von einem Institut gemäß diesem Teil zur Ermittlung des Risikopositionswerts verwendet werden, erfüllen die folgenden Voraussetzungen:

a) Das Institut hat mit seinem Vertragspartner eine vertragliche Nettingvereinbarung geschlossen, die für alle erfassten Geschäfte eine einzige rechtliche Verpflichtung begründet, so dass das Institut bei Ausfall des Vertragspartners nur auf den Saldo der positiven und negativen Marktwerte der erfassten Einzelgeschäfte einen Anspruch hat oder zu dessen Zahlung verpflichtet ist;

b) das Institut hat den zuständigen Behörden schriftliche, mit einer Begründung versehene Rechtsgutachten vorgelegt, aus denen hervorgeht, dass die Ansprüche und Zahlungsverpflichtungen des Instituts bei einer rechtlichen Anfechtung der Nettingvereinbarung nicht über die unter Buchstabe a genannten Ansprüche und Verpflichtungen hinausgehen würden. Das Rechtsgutachten stützt sich auf das anwendbare Recht, d.h.:

   i) das Recht des Landes, in dem der Vertragspartner seinen Sitz hat,

   ii) ist eine Zweigniederlassung eines Unternehmens beteiligt, die sich in einem anderen Land befindet als dem, in dem das Unternehmen seinen Sitz hat, das Recht des Landes, in dem sich die Zweigniederlassung befindet,

   iii) das Recht des Landes, das für die unter die Nettingvereinbarung fallenden einzelnen Geschäfte maßgeblich ist,

   iv) das Recht des Landes, das für die zur Erbringung des vertraglichen Nettings notwendigen Verträge oder Vereinbarungen maßgeblich ist;

c) das Kreditrisiko in Bezug auf jeden einzelnen Vertragspartner wird zusammengefasst, um für alle Geschäfte mit jedem einzelnen Vertragspartner eine einzelne rechtliche Risikoposition zu erhalten. Dieser Zusammenfassung wird bei den Kreditvolumenobergrenzen und im internen Kapital Rechnung getragen;

d) der Vertrag enthält keine Klausel, die bei Ausfall einer Vertragspartei einer vertragserfüllenden Partei die Möglichkeit gibt, nur begrenzte oder gar keine Zahlungen in die Konkursmasse zu leisten, auch wenn die ausfallende Partei ein Nettogläubiger ist (sogenannte Ausstiegsklausel).

[2] [1] Wurde einer der zuständigen Behörden nicht ausreichend nachgewiesen, dass das vertragliche Netting nach dem Recht aller unter Buchstabe b genannten Länder rechtsgültig und durchsetzbar ist, wird die Nettingvereinbarung für keine der Vertragsparteien als risikomindernd anerkannt. [2] Die zuständigen Behörden setzen einander hiervon in Kenntnis.

(3) [1] Die unter Buchstabe b genannten Rechtsgutachten können für Arten von vertraglichem Netting erstellt sein. [2] Produktübergreifende vertragliche Nettingvereinbarungen erfüllen darüber hinaus die folgenden Voraussetzungen:

a) Der Saldo nach Absatz 2 Buchstabe a ist die Nettosumme der positiven und negativen Schlusswerte aller eingeschlossenen individuellen bilateralen Mastervereinbarungen und der positiven und negativen Marktwerte der einzelnen Geschäfte („produktübergreifender Nettobetrag");

b) in den Rechtsgutachten nach Absatz 2 Buchstabe b werden die Gültigkeit und Durchsetzbarkeit der gesamten produktübergreifenden vertraglichen Nettingvereinbarung anhand ihrer Konditionen bewertet und die Auswirkung der Nettingvereinbarung auf die wesentlichen Bestimmungen aller eingeschlossenen individuellen bilateralen Mastervereinbarungen beurteilt.

Art. 297 Pflichten der Institute. (1) Ein Institut schafft und erhält Verfahren, die gewährleisten, dass die Rechtsgültigkeit und Durchsetzbarkeit seines vertraglichen Nettings überprüft wird, um Änderungen der Rechtsvorschriften der Länder nach Artikel 296 Absatz 2 Buchstabe b Rechnung zu tragen.

(2) Das Institut bewahrt alle vorgeschriebenen Unterlagen im Zusammenhang mit seinem vertraglichen Netting in seinen Akten auf.

(3) Das Institut bezieht die Auswirkungen von Netting in die Messung der Gesamtrisikoposition gegenüber jeder einzelnen Gegenpartei ein und steuert sein Gegenparteiausfallrisiko dementsprechend.

(4) *[1]* Bei produktübergreifenden vertraglichen Nettingvereinbarungen nach Artikel 295 behält das Institut die in Artikel 296 Absatz 2 Buchstabe c genannten Verfahren bei, um sich davon zu überzeugen, dass alle Geschäfte, die in einen Netting-Satz aufgenommen werden sollen, durch ein Rechtsgutachten gemäß Artikel 296 Absatz 2 Buchstabe b erfasst werden.

[2] Unter Berücksichtigung der produktübergreifenden vertraglichen Nettingvereinbarung erfüllt das Institut weiterhin in Bezug auf alle einbezogenen individuellen bilateralen Mastervereinbarungen und Geschäfte die Voraussetzungen für die Anerkennung von bilateralem Netting und gegebenenfalls die Anforderungen des Kapitels 4 zur Anerkennung der Kreditrisikominderung.

Art. 298 Folgen der Anerkennung der risikomindernden Effekte von vertraglichem Netting. (1) Vertragliche Nettingvereinbarungen werden wie folgt behandelt:

a) Für die Zwecke der Abschnitte 5 und 6 wird Netting nach Maßgabe der dortigen Bestimmungen anerkannt;

b) bei Schuldumwandlungsverträgen können die dort festgelegten einzelnen Nettobeträge anstelle der jeweiligen Bruttobeträge gewichtet werden.
Bei Anwendung des Abschnitts 3 können Institute den Schuldumwandlungsvertrag berücksichtigen, wenn sie Folgendes ermitteln:
   i) die aktuellen Wiederbeschaffungskosten im Sinne des Artikels 274 Absatz 1,
   ii) die Nominalbeträge oder zugrunde liegenden Werte im Sinne des Artikels 274 Absatz 2.

   Bei Anwendung des Abschnitts 4 können die Institute den Schuldumwandlungsvertrag bei der Ermittlung des Nominalbetrags im Sinne des Artikels 275 Absatz 1 berücksichtigen. In diesen Fällen wenden die Institute die in Tabelle 3 angegebenen Prozentsätze an;

c) bei anderen Nettingvereinbarungen wenden die Institute den Abschnitt 3 wie folgt an:
   i) Die aktuellen Wiederbeschaffungskosten nach Artikel 274 Absatz 1 für die in eine Nettingvereinbarung einbezogenen Kontrakte werden unter Be-

rücksichtigung der tatsächlichen hypothetischen Netto-Wiederbeschaffungskosten berechnet, die sich aus der Vereinbarung ergeben; falls sich aus der Aufrechnung eine Nettoverbindlichkeit für das die Netto-Wiederbeschaffungskosten berechnende Institut ergibt, werden die aktuellen Wiederbeschaffungskosten mit „0" angesetzt,

ii) der potenzielle künftige Wiederbeschaffungswert bei allen in eine Nettingvereinbarung einbezogenen Kontrakte nach Artikel 274 Absatz 2 werden nach folgender Formel herabgesetzt:

$$PCE_{red} = 0.4 \cdot PCE_{gross} + 0.6 \cdot NGR \cdot PCE_{gross}$$

dabei entspricht

PCE_{red} = dem reduzierten potenziellen künftigen Wiederbeschaffungswert für alle Kontrakte mit einer bestimmten Gegenpartei im Rahmen einer rechtsgültigen bilateralen Nettingvereinbarung,

PCE_{gross} = der Summe der potenziellen künftigen Wiederbeschaffungswerte bei allen Kontrakten mit einer bestimmten Gegenpartei, die in eine rechtsgültige bilaterale Nettingvereinbarung einbezogen sind und berechnet werden, indem ihre Nominalbeträge mit den in Tabelle 1 angegebenen Prozentsätzen multipliziert werden,

NGR = dem Quotienten aus den Netto-Wiederbeschaffungskosten aller Kontrakte mit einer bestimmten Gegenpartei im Rahmen einer rechtsgültigen bilateralen Nettingvereinbarung (Zähler) und den Brutto-Wiederbeschaffungskosten aller Kontrakte mit der gleichen Gegenpartei im Rahmen einer rechtsgültigen bilateralen Nettingvereinbarung (Nenner).

(2) *[1]* Bei der Berechnung des potenziellen künftigen Wiederbeschaffungswerts nach der Formel des Absatzes 1 dürfen die Institute völlig kongruente Kontrakte, die in die Nettingvereinbarung einbezogen sind, behandeln wie einen einzigen Kontrakt, dessen Nominalwert den Nettoerträgen entspricht.

[2] Bei der Anwendung von Artikel 275 Absatz 1 dürfen die Institute völlig kongruente Kontrakte, die in die Nettingvereinbarung einbezogen sind, behandeln wie einen einzigen Kontrakt, dessen Nominalwert den Nettoerträgen entspricht, und multiplizieren die Nominalbeträge mit den in Tabelle 3 angegebenen Prozentsätzen.

[3] Für die Zwecke dieses Absatzes sind völlig kongruente Kontrakte Devisentermingeschäfte oder vergleichbare Kontrakte, bei denen der Nominalwert den tatsächlichen Zahlungsströmen entspricht, wenn die Zahlungsströme am selben Wertstellungstag und zur Gänze in derselben Währung fällig werden.

(3) Bei allen anderen in eine Nettingvereinbarung einbezogenen Kontrakten können die geltenden Prozentsätze gemäß Tabelle 6 herabgesetzt werden:

Tabelle 6

Ursprungslaufzeit	Zinskontrakte	Devisenkontrakte
Höchstens ein Jahr	0,35 %	1,50 %
Länger als ein Jahr, aber nicht länger als 2 Jahre	0,75 %	3,75 %

Ursprungslaufzeit	Zinskontrakte	Devisenkontrakte
Zusätzliche Berücksichtigung jedes weiteren Jahres	0,75 %	2,25 %

(4) Bei Zinskontrakten können die Institute mit Zustimmung der für sie zuständigen Behörden entweder die Ursprungs- oder die Restlaufzeit wählen.

Abschnitt 8. Positionen im Handelsbuch

Art. 299 Positionen im Handelsbuch. (1) Für die Anwendung dieses Artikels enthält Anhang II einen Verweis auf die in Anhang I Abschnitt C Nummer 8 der Richtlinie 2004/39/EG genannten derivativen Instrumente für die Übertragung von Kreditrisiken.

(2) Bei der Berechnung der risikogewichteten Positionsbeträge für das Gegenparteiausfallrisiko bei Handelsbuchpositionen halten die Institute die folgenden Grundsätze ein:

a) Um bei Gesamtrenditeswap- und Kreditausfallswap-Kreditderivativen nach der in Abschnitt 3 beschriebenen Methode einen potenziellen künftigen Wiederbeschaffungswert zu ermitteln, wird der Nominalwert des Instruments mit den folgenden Prozentsätzen multipliziert:

   i) 5 %, wenn die Referenzverbindlichkeit – würde sie eine direkte Risikoposition des Instituts begründen – für die Zwecke von Teil 3 Titel IV Kapitel 2 anerkannt werden könnte,

   ii) 10 %, wenn die Referenzverbindlichkeit – würde sie eine direkte Risikoposition des Instituts begründen – nicht für die Zwecke von Teil 3 Titel IV Kapitel 2 anerkannt werden könnte.

   Für ein Institut, dessen aus einem Kreditausfallswap resultierende Risikoposition eine Kaufposition im Basiswert darstellt, darf als Prozentsatz für den potenziellen künftigen Wiederbeschaffungswert 0 % angesetzt werden, es sei denn, der Kreditausfallswap muss bei Insolvenz des Unternehmens, dessen aus einem Kreditausfallswap resultierende Risikoposition eine Verkaufsposition im Basiswert darstellt, auch dann glattgestellt werden, wenn der Basiswert nicht ausgefallen ist.
   Besichert das Kreditderivat den „n-ten Ausfall" in einem Korb zugrunde liegender Verbindlichkeiten, so bestimmt das Institut, welcher der Prozentsätze nach Unterabsatz 1 für die Verbindlichkeit mit der n-t-niedrigsten Kreditqualität gilt, die – würde sie von dem Institut eingegangen – für die Zwecke von Teil 3 Titel IV Kapitel 2 anerkannt werden könnte;

b) zur Anerkennung der Auswirkungen finanzieller Sicherheiten greifen Institute nicht auf die einfache Methode zur Berücksichtigung finanzieller Sicherheiten nach Artikel 222 zurück;

c) bei Pensionsgeschäften und Wertpapier- oder Warenverleih- oder -leihgeschäften, die im Handelsbuch verbucht werden, dürfen Institute als Sicherheit alle Finanzinstrumente und Waren anerkennen, die für eine Aufnahme ins Handelsbuch in Frage kommen;

d) bei Risikopositionen aus OTC-Derivaten, die im Handelsbuch verbucht werden, dürfen Institute Waren, die für eine Aufnahme ins Handelsbuch in Frage kommen, als Sicherheit anerkennen;

e) zur Berechnung der Volatilitätsanpassung in den Fällen, in denen Finanzinstrumente oder Waren, die nach Kapitel 4 nicht anerkennungsfähig sind, mittels einer Sicherheit oder anderweitig verliehen, veräußert oder bereitgestellt bzw. ausgeliehen, angekauft oder entgegengenommen werden und ein Institut die aufsichtlichen Volatilitätsanpassungen nach Kapitel 4 Abschnitt 3 anwendet, so behandeln Institute solche Instrumente und Waren wie Aktien eines Nebenindexes, die an einer anerkannten Börse notiert sind;

f) verwendet ein Institut für Finanzinstrumente oder Waren, die nach Kapitel 4 nicht anerkennungsfähig sind, die auf eigenen Schätzungen beruhenden Volatilitätsanpassungen nach Kapitel 4 Abschnitt 3, so berechnet es die Volatilitätsanpassungen für jeden einzelnen Posten. Hat ein Institut die Erlaubnis zur Verwendung der auf internen Modellen beruhenden Methode nach Kapitel 4 erhalten, darf es diese Methode auch für das Handelsbuch verwenden;

g) bei Netting-Rahmenvereinbarungen für Pensionsgeschäfte, Wertpapier- oder Warenverleih- oder -leihgeschäfte oder andere Kapitalmarkttransaktionen erkennen Institute die Aufrechnung von Positionen im Handels- und im Anlagebuch nur an, wenn die aufgerechneten Geschäfte die folgenden Bedingungen erfüllen:

   i) Alle Geschäfte werden täglich zu Marktkursen neubewertet,

   ii) alle im Rahmen der Geschäfte ausgeliehenen, angekauften oder entgegengenommenen Posten können ohne Anwendung der Buchstaben c bis f als finanzielle Sicherheit gemäß Kapitel 4 anerkannt werden;

h) ist ein im Handelsbuch geführtes Kreditderivat Teil eines internen Absicherungsgeschäfts und ist diese Absicherung gemäß Artikel 204 im Rahmen dieser Verordnung anerkannt, wenden Institute eine der folgenden Methoden an:

   i) Sie verfahren so, als bestünde bei der Position in diesem Kreditderivat kein Gegenparteiausfallrisiko;

   ii) wenn die Kreditbesicherung nach Kapitel 4 anerkennungsfähig ist, beziehen sie alle im Handelsbuch geführten Kreditderivate, die Bestandteil der internen Absicherungsgeschäfte sind oder zur Absicherung einer CCR-Risikoposition erworben wurden, durchgängig in die Berechnung der Eigenmittelanforderungen für das Gegenparteiausfallrisiko ein.

Abschnitt 9. Eigenmittelanforderungen für Risikopositionen gegenüber einer zentralen Gegenpartei

Art. 300 Begriffsbestimmungen. Für die Zwecke dieses Abschnitts bezeichnet der Ausdruck

1. „insolvenzgeschützt" in Bezug auf Kundenvermögenswerte den Umstand, dass wirksame Vereinbarungen bestehen, die verhindern, dass bei Insolvenz einer zentralen Gegenpartei (ZGP) oder eines Clearingmitglieds die Gläubiger dieser zentralen Gegenpartei bzw. dieses Clearingmitglieds auf jene Vermögenswerte zugreifen können, oder dass das Clearingmitglied auf die Vermögenswerte zugreifen kann, um Verluste abzudecken, die es aufgrund des Ausfalls eines oder mehrerer anderer Kunden als jener, die diese Vermögenswerte eingebracht haben, erlitten hat;
2. „ZGP-bezogenes Geschäft" einen Kontrakt oder ein Geschäft nach Artikel 301 Absatz 1 zwischen einem Kunden und einem Clearingmitglied, der/

das unmittelbar mit einem Kontrakt oder einem Geschäft nach jenem Absatz zwischen diesem Clearingmitglied und einer ZGP in Beziehung steht;

3. „Clearingmitglied" ein Clearingmitglied im Sinne des Artikels 2 Nummer 14 der Verordnung (EU) Nr. 648/2012;
4. „Kunde" einen Kunden im Sinne des Artikels 2 Nummer 15 der Verordnung (EU) Nr. 648/2012 oder ein Unternehmen, das gemäß Artikel 4 Absatz 3 der Verordnung (EU) Nr. 648/2012 eine indirekte Clearingvereinbarung mit einem Clearingmitglied getroffen hat.

Art. 301 Sachlicher Geltungsbereich. (1) Dieser Abschnitt gilt für die nachstehend genannten Kontrakte und Geschäfte, solange sie bei einer ZGP ausstehend sind:

a) die in Anhang II genannten Geschäfte sowie Kreditderivate,
b) Pensionsgeschäfte,
c) Wertpapier- oder Warenverleih- oder -leihgeschäfte,
d) Geschäfte mit langer Abwicklungsfrist,
e) Lombardgeschäfte.

(2) Institute können für die in Absatz 1 bezeichneten bei einer qualifizierten ZGP ausstehenden Kontrakte und Geschäfte eine der beiden nachstehenden Behandlungen wählen:

a) die Behandlung von Handelsrisikopositionen und Risikopositionen aus Beiträgen zu Ausfallfonds nach Artikel 306 – ausgenommen die Behandlung nach Absatz 1 Buchstabe b jenes Artikels – bzw. Artikel 307,
b) die Behandlung nach Artikel 310.

(3) Institute wenden auf die in Absatz 1 genannten bei einer nicht qualifizierten ZGP ausstehenden Kontrakte und Geschäfte die Behandlung nach Artikel 306 – ausgenommen die Behandlung nach Absatz 1 Buchstabe a jenes Artikels – bzw. Artikel 309 an.

Art. 302 Überwachung der Risikopositionen gegenüber zentralen Gegenparteien. (1) Institute überwachen alle ihre Risikopositionen gegenüber zentralen Gegenparteien und richten Verfahren zur regelmäßigen Information der Geschäftsleitung sowie des/der zuständigen Ausschusses/Ausschüsse des Leitungsorgans über diese Risikopositionen ein.

(2) Institute bewerten anhand geeigneter Szenarioanalysen und Stresstests, ob die Höhe der Eigenmittel zur Unterlegung der Risikopositionen gegenüber einer zentralen Gegenpartei, einschließlich der potenziellen künftigen Wiederbeschaffungswerte, Risikopositionen aus Beiträgen zu Ausfallfonds und – wenn das Institut als Clearingmitglied auftritt – Risikopositionen aus vertraglichen Vereinbarungen gemäß Artikel 304 die diesen Geschäften innewohnenden Risiken angemessen widerspiegelt.

Art. 303 Behandlung der Risikopositionen von Clearingmitgliedern gegenüber zentralen Gegenparteien. Tritt ein Institut entweder für eigene Zwecke oder als Finanzintermediär zwischen einem Kunden und einer ZGP als Clearingmitglied auf, so berechnet es die Eigenmittelanforderungen für seine Risikopositionen gegenüber der ZGP nach Artikel 301 Absätze 2 und 3.

Art. 304 Behandlung der Risikopositionen von Clearingmitgliedern gegenüber Kunden. (1) Tritt ein Institut als Clearingmitglied und in dieser Funktion als Finanzintermediär zwischen einem Kunden und einer ZGP auf, berechnet es die Eigenmittelanforderungen für seine ZGP-bezogenen Geschäfte mit dem Kunden gemäß den Abschnitten 1 bis 8 dieses Kapitels bzw. nach *Teil III*[1] Titel VI.

(2) Schließt ein Institut, das als Clearingmitglied auftritt, mit dem Kunden eines anderen Clearingmitglieds eine vertragliche Vereinbarung, die für diesen Kunden im Einklang mit Artikel 48 Absätze 5 und 6 der Verordnung (EU) Nr. 648/2012 die Übertragung von Positionen und Sicherheiten nach Artikel 305 Absatz 2 Buchstabe b erleichtert, und ergibt sich aus dieser vertraglichen Vereinbarung eine Eventualverbindlichkeit für das Institut, so darf es dieser Eventualverbindlichkeit einen Risikopositionswert von Null zuweisen.

(3) [1] Ein Institut, das als Clearingmitglied auftritt, darf eine kürzere Nachschuss-Risikoperiode zugrundelegen, wenn es die Eigenmittelanforderungen für seine Risikopositionen gegenüber einem Kunden nach der auf einem internen Modell beruhenden Methode berechnet. [2] Die von dem Institut zugrundegelegte Nachschuss-Risikoperiode beträgt mindestens fünf Tage.

(4) [1] Ein Institut, das als Clearingmitglied auftritt, darf seine Forderungshöhe bei Ausfall (EAD) mit einem Skalar multiplizieren, wenn es die Eigenmittelanforderungen für seine Risikopositionen gegenüber einem Kunden nach der Marktbewertungs-, der Standard- oder der Ursprungsrisikomethode berechnet. [2] Die Institute dürfen folgende Skalare anwenden:

a) 0,71 bei einer Nachschuss-Risikoperiode von fünf Tagen,
b) 0,77 bei einer Nachschuss-Risikoperiode von sechs Tagen,
c) 0,84 bei einer Nachschuss-Risikoperiode von sieben Tagen,
d) 0,89 bei einer Nachschuss-Risikoperiode von acht Tagen,
e) 0,95 bei einer Nachschuss-Risikoperiode von neun Tagen,
f) 1 bei einer Nachschuss-Risikoperiode von zehn Tagen oder länger.

(5) *[1]* Die EBA arbeitet Entwürfe technischer Regulierungsstandards aus, um die Nachschuss-Risikoperioden zu präzisieren, die Institute für die Zwecke der Absätze 3 und 4 zugrundelegen dürfen.

[2] Bei der Ausarbeitung dieser Entwürfe technischer Regulierungsstandards wendet die EBA folgende Grundsätze an:

a) sie legt für jede Art von Kontrakten und Geschäften nach Artikel 301 Absatz 1 die Nachschuss-Risikoperiode fest;
b) die gemäß Buchstabe a festzulegenden Nachschuss-Risikoperioden spiegeln die Glattstellungsperiode der in jenem Buchstaben bezeichneten Kontrakte und Geschäfte wider.

[3] Die EBA legt der Kommission diese Entwürfe technischer Regulierungsstandards bis zum 30. Juni 2014 vor.

[4] Der Kommission wird die Befugnis übertragen, die technischen Regulierungsstandards nach Unterabsatz 1 gemäß den Artikeln 10 bis 14 der Verordnung (EU) Nr. 1093/2010 zu erlassen.

---

[1] Richtig wohl: „Teil 3".

Art. 305 Behandlung der Risikopositionen von Kunden. (1) Ist ein Institut Kunde eines Clearingmitglieds, so berechnet es die Eigenmittelanforderungen für seine ZGP-bezogenen Geschäfte mit seinem Clearingmitglied nach den Abschnitten 1 bis 8 dieses Kapitels und gegebenenfalls nach *Teil III*[1] Titel VI.

(2) Unbeschadet der Vorgehensweise gemäß Absatz 1 darf ein Institut, das Kunde ist, die Eigenmittelanforderungen für seine Handelsrisikopositionen aus ZGP-bezogenen Geschäften mit seinem Clearingmitglied nach Artikel 306 berechnen, sofern alle nachstehenden Bedingungen erfüllt sind:

a) Die mit diesen Geschäften zusammenhängenden Positionen und Vermögenswerte des Instituts sind sowohl auf Ebene des Clearingmitglieds als auch auf Ebene der ZGP von den Positionen und Vermögenswerten des Clearingmitglieds und seiner anderen Kunden abgegrenzt und getrennt, so dass sie aufgrund dieser Abgrenzung und Trennung bei Ausfall oder Insolvenz des Clearingmitglieds oder eines oder mehrerer seiner Kunden insolvenzgeschützt sind;

b) die für dieses Institut oder die ZGP jeweils geltenden Gesetze, Vorschriften und Regeln sowie bindenden vertraglichen Vereinbarungen erleichtern die Übertragung der Positionen, die der Kunde in diesen Kontrakten und Geschäften hält, samt der zugehörigen Sicherheiten auf ein anderes Clearingmitglied innerhalb der maßgeblichen Nachschuss-Risikoperiode, wenn das ursprüngliche Clearingmitglied ausfällt oder Insolvenz anmeldet. In einem solchen Fall werden die Positionen des Kunden und die Sicherheiten zum Marktwert übertragen, sofern der Kunde nicht die Glattstellung der Position zum Marktwert verlangt;

c) das Institut verfügt über ein unabhängiges schriftliches und mit einer Begründung versehenes Rechtsgutachten, aus dem hervorgeht, dass die einschlägigen Gerichte und Verwaltungsbehörden im Falle einer rechtlichen Anfechtung entscheiden würden, dass dem Kunden aufgrund der Insolvenz seines Clearingmitglieds oder eines von dessen Kunden nach dem Recht des Staates, in dem das Institut, sein Clearingmitglied und die ZGP ihren Sitz haben, dem für die von dem Institut über die ZGP abgerechneten Geschäfte und Kontrakte geltenden Recht, dem für die Sicherheiten geltenden Recht und dem Recht, das für Verträge oder Vereinbarungen gilt, die zur Einhaltung der Bedingung nach Buchstabe b geschlossen werden müssen, keine Verluste entstehen;

d) die ZGP ist eine qualifizierte ZGP.

(3) Unbeschadet der Bedingungen nach Absatz 2 gilt Folgendes: Ist ein Institut, das Kunde ist, nicht gegen Verlust geschützt, falls das Clearingmitglied und einer von dessen anderen Kunden gemeinsam ausfallen, alle anderen Bedingungen des Absatzes 2 jedoch erfüllt sind, darf der Kunde die Eigenmittelanforderungen für seine Handelsrisikopositionen aus ZGP-bezogenen Geschäften mit seinem Clearingmitglied nach Artikel 306 berechnen, wenn er dabei anstelle des Risikogewichts von 2 % gemäß Absatz 1 Buchstabe a jenes Artikels eines von 4 % ansetzt.

---

[1] Richtig wohl: „Teil 3".

(4) Nimmt ein Institut, das Kunde ist, die Dienste einer ZGP durch indirekte Clearingvereinbarungen im Sinne des Artikels 4 Absatz 3 der Verordnung (EU) Nr. 648/2012 in Anspruch, darf es die Behandlung nach Absatz 2 oder nach Absatz 3 nur anwenden, wenn die Bedingungen des jeweiligen Absatzes auf jeder Stufe der Kette zwischengeschalteter Stellen eingehalten werden.

Art. 306 Eigenmittelanforderungen für Handelsrisikopositionen.

(1) Ein Institut behandelt seine Handelsrisikopositionen gegenüber ZGP wie folgt:

a) Es wendet auf die Risikopositionswerte aller seiner Handelsrisikopositionen gegenüber qualifizierten ZGP ein Risikogewicht von 2 % an;

b) es setzt für alle seine Handelsrisikopositionen gegenüber nicht qualifizierten ZGP das Risikogewicht gemäß dem Standardansatz für das Kreditrisiko nach Artikel 107 Absatz 2 Buchstabe b an;

c) tritt ein Institut als Finanzintermediär zwischen einem Kunden und einer ZGP auf und sehen die Bedingungen des ZGP-bezogenen Geschäfts keine Verpflichtung des Instituts vor, dem Kunden bei einem Ausfall der ZGP Verluste aufgrund von Wertänderungen des betreffenden Geschäfts zu erstatten, ist der Risikopositionswert des Geschäfts mit der ZGP, das dem ZGP-bezogenen Geschäft entspricht, gleich Null.

(2) Ungeachtet des Absatzes 1 darf ein Institut für den Fall, dass die für eine ZGP oder ein Clearingmitglied als Sicherheit gestellten Vermögenswerte bei Insolvenz der ZGP, des Clearingmitglieds oder eines oder mehrerer Kunden des Clearingmitglieds geschützt sind, für diese Vermögenswerte einen CCR-Risikopositionswert von Null ansetzen.

(3) Ein Institut berechnet die Risikopositionswerte seiner Handelsrisikopositionen gegenüber einer ZGP nach den Abschnitten 1 bis 8 dieses Kapitels, wie jeweils maßgebend.

(4) Für die Zwecke des Artikels 92 Absatz 3 berechnet ein Institut die risikogewichteten Positionsbeträge für seine Handelsrisikopositionen gegenüber ZGP, indem es die Summe der nach den Absätzen 2 und 3 berechneten Risikopositionswerte seiner Handelsrisikopositionen gegenüber ZGP mit dem nach Absatz 1 bestimmten Risikogewicht multipliziert.

Art. 307 Eigenmittelanforderungen für vorfinanzierte Beiträge zum Ausfallfonds einer ZGP. Ein Institut, das als Clearingmitglied auftritt, behandelt die aus seinen Beiträgen zum Ausfallfonds einer ZGP resultierenden Risikopositionen wie folgt:

a) Es berechnet die Eigenmittelanforderung zur Unterlegung seiner vorfinanzierten Beiträge zum Ausfallfonds einer qualifizierten ZGP gemäß dem Ansatz nach Artikel 308;[1]

b) Es berechnet die Eigenmittelanforderung zur Unterlegung seiner vorfinanzierten Beiträge zum Ausfallfonds einer nicht qualifizierten ZGP gemäß dem Ansatz nach Artikel 309.

---

[1] Zeichensetzung amtlich.

Art. 308 Eigenmittelanforderungen für vorfinanzierte Beiträge zum Ausfallfonds einer qualifizierten ZGP. (1) Der Risikopositionswert des vorfinanzierten Beitrags eines Instituts zum Ausfallfonds einer qualifizierten ZGP (DF_i) ist der eingezahlte Betrag oder der Marktwert der von dem betreffenden Institut gelieferten Vermögenswerte, abzüglich des Teils des Beitrags, den die qualifizierte ZGP bereits verwendet hat, um ihre Verluste infolge des Ausfalls eines oder mehrerer ihrer Clearingmitglieder aufzufangen.

(2) Ein Institut berechnet die Eigenmittelanforderung (K_i) zur Unterlegung der aus seinem vorfinanzierten Beitrag (DF_i) resultierenden Risikopositionen nach folgender Formel:

$$K_i = \left(1 + \beta \cdot \frac{N}{N-2}\right) \cdot \frac{DF_i}{DF_{CM}} \cdot K_{CM}$$

dabei entspricht

β = dem Konzentrationsfaktor, der dem Institut von der ZGP mitgeteilt wurde,

N = der Anzahl an Clearingmitgliedern, die dem Institut von der ZGP mitgeteilt wurde,

DF_{CM} = der Summe der vorfinanzierten Beiträge aller Clearingmitglieder der ZGP $\left(\sum_i DF_i\right)$, die dem Institut von der ZGP mitgeteilt wurde,

K_{CM} = der Summe der Eigenmittelanforderungen aller Clearing-Mitglieder der ZGP, die nach der jeweils anzuwendenden Formel in Absatz 3 $\left(\sum_i K_i\right)$ ermittelt wurde.

(3) Ein Institut berechnet K_{CM} wie folgt:

a) wenn $K_{CCP} \leq DF_{CCP}$, *verwende*[1] das Institut folgende Formel:

$$K_{CM} = c_1 \cdot DF_{CM}^*;$$

b) wenn $DF_{CCP} < K_{CCP} \leq DF^\star$, verwendet das Institut folgende Formel:

---

[1] Richtig wohl: „verwendet".

$$K_{CM} = c_2 \cdot (K_{CCP} - DF_{CCP}) + c_1 \cdot (DF^* - K_{CCP}) \; ;$$

c) wenn DF* < K_{CCP}, verwendet das Institut folgende Formel:

$$K_{CM} = c_2 \cdot \mu \cdot (K_{CCP} - DF^*) + c_2 \cdot DF^*_{CM}$$

dabei entspricht

DF_{CCP} = den aus den vorfinanzierten Beiträgen gebildeten finanziellen Ressourcen der ZGP, die dem Institut von der ZGP mitgeteilt wurden,

K_{CCP} = der hypothetischen Kapitalanforderung der ZGP, die dem Institut von der ZGP mitgeteilt wurde,

DF* = $DF_{CCP} + DF^*_{CM}$,

DF^*_{CM} = $DF_{CM} - 2 \cdot DF_i^-$,

DF_i^- = dem durchschnittlichen vorfinanzierten Beitrag

$\frac{1}{N} \cdot DF_{CM}$, der dem Institut von der ZGP mitgeteilt wurde,

c_1 = einem Kapitalfaktor von

$$\max \left\{ \frac{1{,}6\%}{\left(\frac{DF^*}{K_{CCP}} \right)^{0.3}}, 0{,}16\% \right\}$$

c_2 = einem Kapitalfaktor von 100 %,

μ = 1,2.

(4) Für die Zwecke des Artikels 92 Absatz 3 berechnet ein Institut die risikogewichteten Positionsbeträge für die aus seinen vorfinanzierten Beiträgen resultierenden Risikopositionen, indem es die nach Absatz 2 ermittelte Eigenmittelanforderung (Ki) mit 12,5 multipliziert.

(5) Wenn KCCP gleich Null ist, setzen die Institute bei der Berechnung nach Absatz 3 für c1 den Wert 0,16 % ein.

Art. 309 Eigenmittelanforderungen für vorfinanzierte Beiträge zum Ausfallfonds einer nicht qualifizierten ZGP und für nicht vorfinanzierte Beiträge zu einer nicht qualifizierten ZGP. (1) Ein Institut berechnet die Eigenmittelanforderung (K_i) für die Risikopositionen aus seinen vorfinanzierten Beiträgen zum Ausfallfonds einer nicht qualifizierten ZGP (DF_i) und aus nicht vorfinanzierten Beiträgen zu einer solchen ZGP (UC_i) nach folgender Formel:

$$K_i = c_2 \cdot \mu \cdot (DF_i + UC_i)$$

wobei für c_2 und μ die jeweilige Definition des Artikels 308 Absatz 3 gilt.

(2) Für die Zwecke des Absatzes 1 bezeichnet „nicht vorfinanzierte Beiträge" Beiträge, deren Zahlung ein als Clearingmitglied auftretendes Institut einer ZGP vertraglich zugesagt hat, wenn diese die Mittel ihres Ausfallfonds verbraucht hat, um nach dem Ausfall eines oder mehrerer ihrer Clearingmitglieder die dadurch bedingten Verluste abzudecken.

(3) Für die Zwecke des Artikels 92 Absatz 3 berechnet ein Institut die risikogewichteten Positionsbeträge für die aus seinen vorfinanzierten Beiträgen resultierenden Risikopositionen, indem es die nach Absatz 1 ermittelte Eigenmittelanforderung (K_i) mit 12,5 multipliziert.

Art. 310 Alternative Berechnung der Eigenmittelanforderung für Risikopositionen gegenüber einer qualifizierten ZGP. Ein Institut berechnet die Eigenmittelanforderung (K_i) zur Unterlegung des aus eigenen Handelsrisikopositionen und *Handelsrisikopostionen*[1] seiner Kunden (TE_i) sowie vorfinanzierten Beiträgen (DF_i) zum Ausfallfonds einer qualifizierten ZGP resultierenden Risikos nach folgender Formel:

$$K_i = 8\,\% \cdot \min\,[2\,\% \cdot TE_i + 1\,250\,\% \cdot DF_i;\ 20\,\% \cdot TE_i]$$

Art. 311 Eigenmittelanforderungen für Risikopositionen gegenüber ZGP, die bestimmte Bedingungen nicht mehr erfüllen. (1) Ein Institut wendet die Behandlung gemäß diesem Artikel an, wenn mindestens eine der beiden folgenden Bedingungen erfüllt ist:

a) Die ZGP hat ihm wie nach Artikel 50b Buchstabe j Ziffer ii der Verordnung (EU) Nr. 648/2012 vorgeschrieben mitgeteilt, dass sie KCCP nicht länger berechnet;

b) das Institut hat – nach einer öffentlichen Bekanntmachung oder durch eine Mitteilung der für eine ZGP zuständigen Behörde oder der betreffenden ZGP selbst – davon Kenntnis erhalten, dass die ZGP die Bedingungen für ihre Zulassung bzw. Anerkennung nicht länger erfüllen wird.

(2) *[1]* Trifft nur der Sachverhalt nach Absatz 1 Buchstabe a zu, überprüft die zuständige Behörde, warum die ZGP KCCP nicht länger berechnet.

[2] [1] Ist die zuständige Behörde der Ansicht, dass die Gründe für den Sachverhalt nach Unterabsatz 1 triftig sind, kann sie Instituten in ihrem Mitgliedstaat gestatten, ihre Handelsrisikopositionen und Beiträge zum Ausfallfonds der ZGP

---

[1] Richtig wohl: „Handelsrisikopositionen".

gemäß Artikel 310 zu behandeln. [2]Gibt sie diese Erlaubnis, begründet sie ihre Entscheidung.

[3] Ist die zuständige Behörde der Ansicht, dass die Gründe für den Sachverhalt nach Unterabsatz 1 nicht triftig sind, müssen alle Institute in ihrem Mitgliedstaat unabhängig davon, welche Behandlung sie nach Artikel 301 Absatz 2 gewählt haben, die Behandlung nach Absatz 3 Buchstaben a bis d anwenden.

(3) Ist der Umstand nach Absatz 1 Buchstabe b eingetreten, muss ein Institut – unabhängig davon, ob der Sachverhalt nach Absatz 1 Buchstabe a zutrifft oder nicht – innerhalb von drei Monaten nach Eintreten des Umstands nach Absatz 1 Buchstabe b oder früher, wenn die zuständige Behörde des Instituts dies verlangt, hinsichtlich seiner Risikopositionen gegenüber der betreffenden ZGP Folgendes tun:

a) die nach Artikel 301 Absatz 2 gewählte Behandlung nicht länger anwenden,
b) seine Handelsrisikopositionen gegenüber der ZGP gemäß Artikel 306 Absatz 1 Buchstabe b behandeln,
c) seine vorfinanzierten Beiträge zum Ausfallfonds der ZGP und seine nicht vorfinanzierten Beiträge zu der ZGP gemäß Artikel 309 behandeln,
d) andere als die unter den Buchstaben b und c bezeichneten Risikopositionen gegenüber der ZGP wie Risikopositionen gegenüber einem Unternehmen nach dem Standardansatz für das Kreditrisiko gemäß Kapitel 2 behandeln.

Titel III. Eigenmittelanforderungen für das operationelle Risiko

Kapitel 1. Allgemeine Grundsätze für die Verwendung der verschiedenen Ansätze

Art. 312 Genehmigung und Anzeige. (1) *[1]* [1]Den Standardansatz dürfen nur Institute verwenden, die die Bedingungen des Artikels 320 und außerdem die allgemeinen Risikomanagement-Standards nach den Artikeln 74 und 85 der Richtlinie 2013/36/EU erfüllen. [2]Die Institute setzen die zuständigen Behörden vor einer Verwendung des Standardansatzes in Kenntnis.

[2] Die zuständigen Behörden gestatten den Instituten, für die Geschäftsfelder „Privatkundengeschäft" und „Firmenkundengeschäft" einen alternativen maßgeblichen Indikator zu verwenden, sofern die Bedingungen des Artikels 319 Absatz 2 und des Artikels 320 erfüllt sind.

(2) *[1]* Die zuständigen Behörden gestatten den Instituten, fortgeschrittene Messansätze zu verwenden, die auf ihrem eigenen System für die Messung des operationellen Risikos basieren, sofern sämtliche qualitativen und quantitativen Anforderungen der Artikel 321 bzw. 322 erfüllt sind und die Institute die allgemeinen Risikomanagement-Standards der *Artikeln*[1)] 74 und 85 der Richtlinie 2013/36/EU und des Titels VII Kapitel 3 Abschnitt 2 jener Richtlinie einhalten.

[2] [1]Beabsichtigen Institute, diese fortgeschrittenen Messansätze wesentlich zu erweitern oder zu ändern, so beantragen sie bei ihren zuständigen Behörden ebenfalls eine Erlaubnis. [2]Die zuständigen Behörden geben die Erlaubnis nur, wenn die Institute die in Unterabsatz 1 genannten Anforderungen und Stan-

[1)] Richtig wohl: „Artikel".

dards nach diesen wesentlichen Erweiterungen und Änderungen weiterhin erfüllen.

(3) Institute zeigen den zuständigen Behörden jede Änderung ihrer Modelle fortgeschrittener Messansätze an.

(4) *[1]* Die EBA arbeitet Entwürfe technischer Regulierungsstandards aus, in denen Folgendes präzisiert wird:

a) die Beurteilungsmethode, nach der die zuständigen Behörden den Instituten die Verwendung von AMA gestatten,

b) die Kriterien für die Beurteilung, ob die Erweiterungen und Änderungen der fortgeschrittenen Messansätze wesentlich sind,

c) die Einzelheiten der Anzeige nach Absatz 3.

[2] Die EBA legt der Kommission diese Entwürfe technischer Regulierungsstandards bis zum 31. Dezember 2014 vor.

[3] Der Kommission wird die Befugnis übertragen, die technischen Regulierungsstandards nach Unterabsatz 1 gemäß den Artikeln 10 bis 14 der Verordnung (EU) Nr. 1093/2010 zu erlassen.

Art. 313 Rückkehr zu weniger komplizierten Ansätzen. (1) Institute, die den Standardansatz verwenden, kehren nicht zur Anwendung des Basisindikatoransatzes zurück, es sei denn, die Voraussetzungen nach Absatz 3 sind erfüllt.

(2) Institute, die fortgeschrittene Messansätze verwenden, kehren nicht zur Anwendung des Standardansatzes oder des Basisindikatoransatzes zurück, es sei denn, die Voraussetzungen nach Absatz 3 sind erfüllt.

(3) Ein Institut darf nur dann zu einem weniger komplizierten Ansatz für das operationelle Risiko zurückkehren, wenn die beiden folgenden Voraussetzungen erfüllt sind:

a) Das Institut hat den zuständigen Behörden nachgewiesen, dass es die Anwendung eines weniger komplizierten Ansatzes nicht vorschlägt, um die Eigenmittelanforderungen für das operationelle Risiko des Instituts zu verringern, und dass die Anwendung eines solchen Ansatzes angesichts der Art und der Komplexität des Instituts notwendig ist und weder die Solvenz des Instituts noch dessen Fähigkeit, operationelle Risiken wirksam zu steuern, wesentlich beeinträchtigen würde;

b) es hat vorab eine entsprechende Genehmigung der zuständigen Behörde erhalten.

Art. 314 Kombination verschiedener Ansätze. (1) [1] Institute dürfen verschiedene Ansätze kombinieren, sofern die zuständigen Behörden dies gestatten. [2] Die zuständigen Behörden geben eine solche Erlaubnis, sofern die einschlägigen Voraussetzungen der Absätze 2 bis 4 erfüllt sind.

(2) Ein Institut darf einen fortgeschrittenen Messansatz mit dem Basisindikatoransatz oder dem Standardansatz kombinieren, sofern die beiden folgenden Voraussetzungen erfüllt sind:

a) Die Kombination der Ansätze erfasst sämtliche operationellen Risiken des Instituts, und die zuständigen Behörden halten die von dem Institut verwendete Methodik zur Erfassung der verschiedenen Tätigkeiten, geografischen Standorte, Rechtsstrukturen oder sonstigen wesentlichen intern vorgenommenen Aufteilungen für überzeugend.

b) Die Bedingungen des Artikels 320 und die Standards nach Maßgabe der Artikel 321 und 322 sind hinsichtlich der Tätigkeiten, auf die der Standardansatz bzw. die fortgeschrittenen Messansätze angewandt werden, erfüllt.

(3) Die zuständigen Behörden verlangen von Instituten, die einen fortgeschrittenen Messansatz mit dem Basisindikatoransatz oder mit dem Standardansatz kombinieren wollen, dass für die Erteilung einer Genehmigung zusätzlich folgende Voraussetzungen erfüllt sind:

a) Zum Zeitpunkt seiner erstmaligen Anwendung erfasst ein fortgeschrittener Messansatz einen erheblichen Teil der operationellen Risiken des Instituts;

b) das Institut verpflichtet sich, den fortgeschrittenen Messansatz nach einem den zuständigen Behörden vorgelegten und durch diese genehmigten Zeitplan auf einen wesentlichen Teil seiner Tätigkeiten anzuwenden.

(4) *[1]* Ein Institut darf nur im Ausnahmefall bei einer zuständigen Behörde eine Genehmigung für die Verwendung einer Kombination aus dem Basisindikatoransatz und dem Standardansatz beantragen, beispielsweise bei der Übernahme eines neuen Geschäfts, auf das der Standardansatz möglicherweise erst nach einer Übergangszeit angewandt werden kann.

[2] Eine zuständige Behörde erteilt eine solche Genehmigung nur, wenn das Institut sich verpflichtet hat, den Standardansatz nach dem den zuständigen Behörden vorgelegten und durch diese genehmigten Zeitplan anzuwenden.

(5) *[1]* Die EBA arbeitet Entwürfe technischer Regulierungsstandards aus, in denen Folgendes präzisiert wird:

a) die von den zuständigen Behörden bei der Beurteilung der Methodik im Sinne von Absatz 2 Buchstabe a zu berücksichtigenden Voraussetzungen,

b) die von den zuständigen Behörden bei der Entscheidung, ob die Erfüllung zusätzlicher Voraussetzungen nach Absatz 3 zu verlangen ist, zu berücksichtigenden Kriterien.

[2] Die EBA legt der Kommission diese Entwürfe technischer Regulierungsstandards bis zum 31. Dezember 2016 vor.

[3] Der Kommission wird die Befugnis übertragen, die technischen Regulierungsstandards nach Unterabsatz 1 gemäß den Artikeln 10 bis 14 der Verordnung (EU) Nr. 1093/2010 zu erlassen.

Kapitel 2. Basisindikatoransatz

Art. 315 Eigenmittelanforderung. (1) *[1]* Beim Basisindikatoransatz beträgt die Eigenmittelanforderung für das operationelle Risiko 15 % des Dreijahresdurchschnitts des maßgeblichen Indikators gemäß Artikel 316.

[2] [1] Die Institute berechnen den Dreijahresdurchschnitt des maßgeblichen Indikators aus den letzten drei Zwölfmonatsbeobachtungen zum Abschluss des Geschäftsjahres. [2] Liegen keine geprüften Zahlen vor, so können die Institute Schätzungen heranziehen.

(2) Ist ein Institut seit weniger als drei Jahren tätig, kann es bei der Berechnung des maßgeblichen Indikators zukunftsgerichtete Schätzungen verwenden,

sofern es zur Verwendung historischer Daten übergeht, sobald diese verfügbar sind.

(3) [1] Kann ein Institut seiner zuständigen Behörde nachweisen, dass die Verwendung eines Dreijahresdurchschnitts zur Berechnung des maßgeblichen Indikators wegen einer Verschmelzung, einem Erwerb oder einer Veräußerung von Unternehmen oder Geschäftsbereichen die Schätzung der Eigenmittelanforderung für das operationelle Risiko verzerren würde, kann die zuständige Behörde dem Institut gestatten, die Berechnung dahin gehend anzupassen, dass solche Ereignisse berücksichtigt werden; sie zeigt dies der EBA ordnungsgemäß an. [2] Unter solchen Umständen kann die zuständige Behörde auch von sich aus von einem Institut verlangen, die Berechnung anzupassen.

(4) [1] Ist der maßgebliche Indikator in einem der Beobachtungszeiträume negativ oder gleich Null, so beziehen die Institute diesen Wert nicht in die Berechnung des Dreijahresdurchschnitts ein. [2] Die Institute berechnen den Dreijahresdurchschnitt als die Summe der positiven Werte, geteilt durch die Anzahl der positiven Werte.

Art. 316 Maßgeblicher Indikator. (1) *[1]* [1] Für Institute, die die Rechnungslegungsvorschriften der Richtlinie 86/635/EWG unter Zugrundelegung der Gliederung der Gewinn- und Verlustrechnung von Instituten nach Artikel 27 jener Richtlinie anwenden, ist der maßgebliche Indikator die Summe der in Tabelle 1 genannten Posten. [2] Die Institute berücksichtigen in der Summe jeden Wert mit seinem positiven oder negativen Vorzeichen.

Tabelle 1

1	Zinserträge und ähnliche Erträge
2	Zinsaufwendungen und ähnliche Aufwendungen
3	Erträge aus Aktien, anderen Anteilsrechten und nicht festverzinslichen/festverzinslichen Wertpapieren
4	Erträge aus Provisionen und Gebühren
5	Aufwendungen für Provisionen und Gebühren
6	Ertrag/Aufwand aus Finanzgeschäften
7	Sonstige betriebliche Erträge

[2] Die Institute passen diese Posten an, um den folgenden Bestimmungen gerecht zu werden:

a) Die Institute berechnen den maßgeblichen Indikator vor Abzug der Rückstellungen, Risikovorsorge und Betriebsausgaben. Die Institute berücksichtigen in den Betriebsausgaben Gebühren für die Auslagerung von Dienstleistungen, die von Dritten erbracht werden, die weder ein Mutter- noch ein Tochterunternehmen des Instituts sind noch ein Tochterunternehmen eines Mutterunternehmens, das auch das Mutterunternehmen des Instituts ist. Die Institute dürfen Aufwendungen für Auslagerungen von Dienstleistungen, die durch Dritte erbracht werden, verwenden, um den maßgeblichen Indikator zu mindern, wenn die Aufwendungen von einem Unternehmen erhoben werden, auf das diese Verordnung oder gleichwertige Vorschriften Anwendung finden;

b) folgende Posten dürfen von den Instituten nicht in die Berechnung des maßgeblichen Indikators einbezogen werden:
   i) realisierte Gewinne/Verluste aus der Veräußerung von Positionen, die nicht dem Handelsbuch zuzurechnen sind,
   ii) außerordentliche oder unregelmäßige Erträge,
   iii) Erträge aus Versicherungstätigkeiten;
c) werden Neubewertungen von Handelsbuchpositionen in der Gewinn- und Verlustrechnung verbucht, so dürfen die Institute diese in die Berechnung einbeziehen. Bei einer Anwendung von Artikel 36 Absatz 2 der Richtlinie 86/635/EWG sind die in der Gewinn- und Verlustrechnung verbuchten Neubewertungen einzubeziehen.

(2) Wenden die Institute andere Rechnungslegungsvorschriften als die der Richtlinie 86/635/EWG an, so berechnen sie den maßgeblichen Indikator anhand von Daten, die der Definition dieses Artikels am nächsten kommen.

(3) *[1]* Die EBA arbeitet Entwürfe technischer Regulierungsstandards aus, um die Methodik zur Berechnung des maßgeblichen Indikators gemäß Absatz 2 zu präzisieren.

[2] Die EBA legt der Kommission diese Entwürfe technischer Regulierungsstandards bis zum 31. Dezember 2017 vor.

[3] Der Kommission wird die Befugnis übertragen, die technischen Regulierungsstandards nach Unterabsatz 1 gemäß den Artikeln 10 bis 14 der Verordnung (EU) Nr. 1093/2010 zu erlassen.

Kapitel 3. Standardansatz

Art. 317 Eigenmittelanforderung. (1) Beim Standardansatz ordnen die Institute ihre Tätigkeiten den in der Tabelle 2 in Absatz 4 genannten Geschäftsfeldern und gemäß den Grundsätzen nach Artikel 318 zu.

(2) [1] Die Institute berechnen die Eigenmittelanforderung für das operationelle Risiko als Dreijahresdurchschnitt der Summe der jährlichen Eigenmittelanforderungen in sämtlichen Geschäftsfeldern der Tabelle 2 in Absatz 4. [2] Die jährliche Eigenmittelanforderung jedes Geschäftsfelds entspricht dem Produkt des einschlägigen in der Tabelle enthaltenen Beta-Faktors und dem Anteil des maßgeblichen Indikators, der dem betreffenden Geschäftsfeld zugeordnet wird.

(3) [1] In jedem Jahr können die Institute eine aus einem negativen Anteil des maßgeblichen Indikators resultierende negative Eigenmittelanforderung in einem Geschäftsfeld unbegrenzt mit den positiven Eigenmittelanforderungen in anderen Geschäftsfeldern verrechnen. [2] Ist jedoch die gesamte Eigenmittelanforderung für alle Geschäftsfelder in einem bestimmten Jahr negativ, so setzen die Institute den Beitrag zum Zähler für dieses Jahr mit Null an.

(4) *[1]* [1] Die Institute berechnen den Dreijahresdurchschnitt der Summe im Sinne von Absatz 2 aus den letzten drei Zwölfmonatsbeobachtungen zum Abschluss des Geschäftsjahres. [2] Liegen keine geprüften Zahlen vor, so können die Institute Schätzungen heranziehen.

[2] [1] Kann ein Institut seiner zuständigen Behörde nachweisen, dass die Verwendung eines Dreijahresdurchschnitts zur Berechnung des maßgeblichen Indikators wegen einer Verschmelzung, eines Erwerbs oder einer Veräußerung

von Unternehmen oder Geschäftsbereichen die Schätzung der Eigenmittelanforderung für das operationelle Risiko verzerren würde, kann die zuständige Behörde dem Institut gestatten, die Berechnung dahin gehend anzupassen, dass solche Ereignisse berücksichtigt werden; sie zeigt dies der EBA ordnungsgemäß an. [2] Unter solchen Umständen kann die zuständige Behörde auch von sich aus von einem Institut verlangen, die Berechnung anzupassen.

[3] Ist ein Institut seit weniger als drei Jahren tätig, kann es bei der Berechnung des maßgeblichen Indikators zukunftsgerichtete Schätzungen verwenden, sofern es zur Verwendung historischer Daten übergeht, sobald diese verfügbar sind.

Tabelle 2

Geschäftsfeld	Liste der Tätigkeiten	Prozentsatz (Beta-Faktor)
Unternehmensfinanzierung/-beratung (Corporate Finance)	Emission oder Platzierung von Finanzinstrumenten mit fester Übernahmeverpflichtung Dienstleistungen im Zusammenhang mit dem Emissionsgeschäft Anlageberatung Beratung von Unternehmen bezüglich Kapitalstruktur, Geschäftsstrategie und damit verbundenen Fragen sowie Beratungs- und sonstige Serviceleistungen im Zusammenhang mit Verschmelzungen und Übernahmen Investment Research und Finanzanalyse sowie andere Arten von allgemeinen Empfehlungen zu Transaktionen mit Finanzinstrumenten	18 %
Handel (Trading and Sales)	Eigenhandel Geldmaklergeschäfte Entgegennahme und Weiterleitung von Aufträgen im Zusammenhang mit einem oder mehreren Finanzinstrumenten Auftragsausführung für Kunden Platzierung von Finanzinstrumenten ohne feste Übernahmeverpflichtung Betrieb multilateraler Handelssysteme	18 %
Wertpapierprovisionsgeschäft (Retail Brokerage) (Geschäfte mit natürlichen Personen oder KMU, die nach Artikel 123 als Mengengeschäft einzustufen sind)	Entgegennahme und Weiterleitung von Aufträgen im Zusammenhang mit einem oder mehreren Finanzinstrumenten Auftragsausführung für Kunden Platzierung von Finanzinstrumenten ohne feste Übernahmeverpflichtung	12 %
Firmenkundengeschäft (Commercial Banking)	Annahme von Einlagen und sonstigen rückzahlbaren Geldern Kreditvergabe Finanzierungsleasing Bürgschaften und Verpflichtungen	15 %
Privatkundengeschäft (Retail Banking) (Geschäfte mit natürlichen Personen oder KMU, die nach Artikel 123 als Mengengeschäft einzustufen sind)	Annahme von Einlagen und sonstigen rückzahlbaren Geldern Kreditvergabe Finanzierungsleasing Bürgschaften und Verpflichtungen	12 %
Zahlungsverkehr und Verrechnung (Payment and Settlement)	Geldtransferdienstleistungen Ausgabe und Verwaltung von Zahlungsmitteln	18 %

Geschäftsfeld	Liste der Tätigkeiten	Prozentsatz (Beta-Faktor)
Depot- und Treuhandgeschäfte (Agency Services)	Verwahrung und Verwaltung von Finanzinstrumenten für Rechnung von Kunden, einschließlich Depotverwahrung und verbundene Dienstleistungen wie Liquiditätsmanagement und Sicherheitenverwaltung	15 %
Vermögensverwaltung (Asset Management)	Portfoliomanagement OGAW-Verwaltung Sonstige Arten der Vermögensverwaltung	12 %

Art. 318 Grundsätze für die Zuordnung zu Geschäftsfeldern. (1) [1] Die Institute erarbeiten und dokumentieren spezifische Vorschriften und Kriterien für die Zuordnung des maßgeblichen Indikators aus den eigenen aktuellen Geschäftsfeldern und Tätigkeiten in das Grundgerüst des Standardansatzes gemäß Artikel 317. [2] Sie überprüfen diese Vorschriften und Kriterien und passen sie gegebenenfalls an neue oder sich verändernde Geschäftstätigkeiten und -risiken an.

(2) Die Institute wenden für die Zuordnung zu Geschäftsfeldern folgende Grundsätze an:

a) Die Institute ordnen alle Tätigkeiten in einer zugleich überschneidungsfreien und erschöpfenden Art und Weise einem Geschäftsfeld zu;

b) die Institute ordnen jede Tätigkeit, die nicht ohne Weiteres innerhalb dieses Grundgerüsts einem Geschäftsfeld zugeordnet werden kann, die aber eine ergänzende Tätigkeit zu einer im Grundgerüst enthaltenen Tätigkeit ist, dem Geschäftsfeld zu, das sie unterstützt. Wenn mehr als ein Geschäftsfeld durch diese ergänzende Tätigkeit unterstützt wird, wenden die Institute ein objektives Zuordnungskriterium an;

c) kann eine Tätigkeit keinem bestimmten Geschäftsfeld zugeordnet werden, so legen die Institute das Geschäftsfeld mit dem höchsten Prozentsatz zugrunde. Dieses Geschäftsfeld gilt dann auch für die der betreffenden Tätigkeit zugeordneten unterstützenden Tätigkeiten;

d) die Institute können interne Verrechnungsmethoden anwenden, um den maßgeblichen Indikator auf die Geschäftsfelder aufzuteilen. Können in einem Geschäftsfeld generierte Kosten einem anderen Geschäftsfeld zugerechnet werden, so dürfen sie auf dieses andere Geschäftsfeld übertragen werden;

e) die zur Berechnung der Eigenmittelanforderung für das operationelle Risiko vorgenommene Zuordnung der Tätigkeiten zu Geschäftsfeldern steht mit den von den Instituten für das Kredit- und Marktrisiko verwendeten Kategorien im Einklang;

f) die Geschäftsleitung ist unter Aufsicht des Leitungsorgans des Instituts für die Zuordnungsgrundsätze verantwortlich;

g) *Die*[1)] Institute unterziehen den Zuordnungsprozess einer unabhängigen Überprüfung.

(3) *[1]* Die EBA arbeitet Entwürfe technischer Durchführungsstandards aus, um die Kriterien für die Anwendung der in diesem Artikel vorgesehenen Grundsätze für die Zuordnung nach Geschäftsfeldern zu bestimmen.

[1)] Richtig wohl: „die".

[2] Die EBA legt der Kommission diese Entwürfe technischer Durchführungsstandards bis 31. Dezember 2017 vor.

[3] Der Kommission wird die Befugnis übertragen, die technischen Durchführungsstandards nach Unterabsatz 1 gemäß Artikel 15 der Verordnung (EU) Nr. 1093/2010 zu erlassen.

Art. 319 Alternativer Standardansatz. (1) Beim alternativen Standardansatz berücksichtigen die Institute für die Geschäftsfelder „Privatkundengeschäft" und „Firmenkundengeschäft" Folgendes:

a) Der maßgebliche Indikator, der ein normierter Ertragsindikator ist, entspricht dem 0,035-fachen des nominalen Betrags der Darlehen und Kredite;

b) die Darlehen und Kredite bestehen aus der Gesamtsumme der in den entsprechenden Kreditportfolios in Anspruch genommenen Beträge. Beim Geschäftsfeld „Firmenkundengeschäft" rechnen die Institute in den nominalen Betrag der Darlehen und Kredite auch die im Anlagebuch gehaltenen Wertpapiere ein;[1)]

(2) Für die Anwendung des alternativen Standardansatzes muss ein Institut sämtliche der folgenden Voraussetzungen erfüllen:

a) Mindestens 90 % seiner Erträge entfallen auf sein Privatkunden- und/oder Firmenkundengeschäft;

b) ein erheblicher Teil seines Privatkunden- und/oder Firmenkundengeschäfts umfasst Darlehen mit hoher Ausfallwahrscheinlichkeit (PD);

c) der alternative Standardansatz bietet eine angemessene Grundlage für die Berechnung der Eigenmittelanforderung für das operationelle Risiko.

Art. 320 Bedingungen für die Verwendung des Standardansatzes.

Bei den Bedingungen nach Artikel 312 Absatz 1 Unterabsatz 1 handelt es sich um Folgende:

a) Ein Institut verfügt über ein gut dokumentiertes System für die Bewertung und Steuerung des operationellen Risikos und weist die Zuständigkeiten und Verantwortung für dieses System klar zu. Es ermittelt seine Gefährdung durch operationelle Risiken und sammelt die relevanten Daten zum operationellen Risiko, einschließlich der Daten zu wesentlichen Verlusten. Das System unterliegt einer regelmäßigen unabhängigen Überprüfung durch eine interne oder externe Stelle, die die dafür erforderlichen Kenntnisse besitzt;

b) das System zur Bewertung des operationellen Risikos des Instituts ist eng in die Risikomanagementprozesse des Instituts eingebunden. Seine Ergebnisse sind fester Bestandteil der Prozesse für die Überwachung und Kontrolle des operationellen Risikoprofils des Instituts;

c) ein Institut führt ein System zur Berichterstattung an die Geschäftsleitung ein, damit den maßgeblichen Funktionen innerhalb des Instituts über das operationelle Risiko berichtet wird. Ein Institut verfügt über Verfahren, um entsprechend den in den Berichten an das Management enthaltenen Informationen geeignete Maßnahmen ergreifen zu können.

---

1) Zeichensetzung amtlich.

Kapitel 4. Fortgeschrittene Messansätze

Art. 321 Qualitative Anforderungen. Die qualitativen Anforderungen nach Artikel 312 Absatz 2 sind Folgende:

a) Das interne System eines Instituts für die Messung des operationellen Risikos ist eng in seine laufenden Risikomanagementprozesse eingebunden;

b) ein Institut verfügt über eine unabhängige Risikomanagement-Funktion für das operationelle Risiko;

c) ein Institut verfügt sowohl über eine regelmäßige Berichterstattung über die Gefährdung durch operationelle Risiken und die erlittenen Verluste als auch über Verfahren, um angemessene Korrekturmaßnahmen ergreifen zu können;

d) das Risikomanagement-System eines Instituts ist gut dokumentiert. Ein Institut verfügt über Verfahren, die die Rechtsbefolgung (Compliance) gewährleisten, und über Grundsätze für die Behandlung von Verstößen;

e) ein Institut unterzieht seine Verfahren für die Steuerung des operationellen Risikos und die Risikomesssysteme einer regelmäßigen Überprüfung durch die interne Revision oder externe Prüfer;

f) die institutsinternen Validierungsprozesse sind solide und wirksam;

g) die Datenflüsse und Prozesse im Zusammenhang mit dem Risikomesssystem eines Instituts sind transparent und zugänglich.

Art. 322 Quantitative Anforderungen. (1) Die quantitativen Anforderungen nach Artikel 312 Absatz 2 umfassen die Anforderungen der Absätze 2 bis 6 hinsichtlich Verfahren, internen Daten, externen Daten, Szenarioanalysen und Faktoren, die das Geschäftsumfeld und die internen Kontrollsysteme betreffen.

(2) Die Anforderungen hinsichtlich Verfahren sind Folgende:

a) Ein Institut berechnet seine Eigenmittelanforderung unter Einbeziehung sowohl der erwarteten als auch der unerwarteten Verluste, es sei denn, der erwartete Verlust wird durch seine interne Geschäftspraxis bereits in angemessener Weise erfasst. Die Messung des operationellen Risikos erfasst potenziell schwerwiegende Ereignisse am Rande der Verteilung und erreicht einen Soliditätsstandard, der mit einem Konfidenzniveau von 99,9 % über eine Halteperiode von einem Jahr vergleichbar ist;

b) das System eines Instituts für die Messung des operationellen Risikos umfasst die Heranziehung der in den Absätzen 3 bis 6 genannten internen Daten, externen Daten, Szenarioanalysen und Faktoren, die das Geschäftsumfeld und die internen Kontrollsysteme betreffen. Ein Institut verfügt über einen gut dokumentierten Ansatz für die Gewichtung dieser vier Elemente in seinem System für die Messung des operationellen Risikos;

c) das Risikomesssystem eines Instituts erfasst die wichtigsten Risikotreiber, die die Form der Ränder der geschätzten Verlustverteilungen beeinflussen;

d) ein Institut berücksichtigt Korrelationen bei Verlusten aufgrund von operationellen Risiken zwischen einzelnen Schätzungen der operationellen Risiken nur dann, wenn seine Systeme zur Messung der Korrelationen solide sind, unter Sicherstellung ihrer Integrität angewandt werden und der Unsicherheit bei der Schätzung von Korrelationen, insbesondere in Stressphasen, Rechnung tragen. Ein Institut überprüft seine Korrelationsannahmen anhand geeigneter quantitativer und qualitativer Verfahren;

e) das Risikomesssystem eines Instituts ist intern kohärent und schließt eine Mehrfachzählung von qualitativen Bewertungen oder Risikominderungstechniken, die in anderen Teilen dieser Verordnung anerkannt werden, aus.

(3) Die Anforderungen hinsichtlich interner Daten sind Folgende:

a) Ein Institut baut seine internen Messungen des operationellen Risikos auf einem mindestens fünf Jahre umfassenden Beobachtungszeitraum auf. Wenn ein Institut erstmals einen fortschrittlichen Messansatz verwendet, kann ein dreijähriger Beobachtungszeitraum verwendet werden;

b) ein Institut muss seine historischen internen Verlustdaten den Geschäftsfeldern nach Artikel 317 und den Ereigniskategorien nach Artikel 324 zuordnen und diese Daten auf Verlangen den zuständigen Behörden zur Verfügung stellen können. In Ausnahmefällen darf ein Institut Verlustereignisse, die das gesamte Institut betreffen, einem zusätzlichen Geschäftsfeld „Gesamtunternehmen" (Corporate Items) zuordnen. Ein Institut muss über dokumentierte und objektive Kriterien verfügen, nach denen die Verluste den entsprechenden Geschäftsfeldern und Ereigniskategorien zugeordnet werden. Ein Institut erfasst Verluste aufgrund des operationellen Risikos, die im Zusammenhang mit Kreditrisiken stehen und in der Vergangenheit in eine interne Kreditrisiko-Datenbank eingeflossen sind, in der Datenbank für das operationelle Risiko und nennt diese separat. Derartige Verluste unterliegen keiner Eigenmittelanforderung für das operationelle Risiko, sofern das Institut sie für die Berechnung der Eigenmittelanforderung weiterhin als Kreditrisiko behandeln muss. Verluste aufgrund von operationellen Risiken, die im Zusammenhang mit Marktrisiken stehen, werden von einem Institut in der Berechnung der Eigenmittelanforderung für operationelle Risiken berücksichtigt;

c) die internen Verlustdaten eines Instituts sind so umfassend, dass sie sämtliche wesentlichen Tätigkeiten und Gefährdungen aller einschlägigen Subsysteme und geografischen Standorte erfassen. Ein Institut ist in der Lage, nachzuweisen, dass nicht erfasste Tätigkeiten und Gefährdungen, sowohl einzeln als auch kombiniert betrachtet, keinen wesentlichen Einfluss auf die Gesamtrisikoschätzungen hätten. Ein Institut legt angemessene Bagatellgrenzen für die interne Verlustdatensammlung fest;

d) neben den Informationen über die Bruttoverlustbeträge sammelt ein Institut auch Informationen zum Datum des Verlustereignisses und etwaigen Rückflüssen der Bruttoverlustbeträge sowie Beschreibungen von Treibern und Ursachen des Verlustereignisses;

e) ein Institut verfügt über spezifische Kriterien zur Erfassung von Verlustdaten für Verlustereignisse in zentralen Funktionen oder aus Tätigkeiten, die mehr als ein Geschäftsfeld betreffen, sowie für Verlustereignisse, die zwar zeitlich aufeinander folgen, aber miteinander verbunden sind;

f) ein Institut verfügt über dokumentierte Verfahren, um die fortlaufende Relevanz historischer Verlustdaten zu beurteilen; zu berücksichtigen ist dabei auch, in welchen Situationen, bis zu welchem Grad und durch wen Ermessensentscheidungen, Skalierungen oder sonstige Anpassungen erfolgen können.

(4) Die Anforderungen hinsichtlich externer Daten sind Folgende:

a) In dem Messsystem eines Instituts für das operationelle Risiko werden relevante externe Daten eingesetzt, insbesondere wenn Grund zu der Annahme besteht, dass das Institut seltenen, aber potenziell schwerwiegenden Verlusten ausgesetzt ist. Ein Institut bestimmt in einem systematischen Prozess die Situationen, in denen externe Daten genutzt werden, und die Methodik für die Verarbeitung der Daten in seinem Messsystem;
b) ein Institut überprüft regelmäßig die Bedingungen und Verfahren für die Nutzung externer Daten und dokumentiert und unterzieht sie periodisch einer Prüfung durch eine unabhängige Stelle.

(5) [1] Ein Institut setzt auf der Grundlage von Expertenmeinungen in Verbindung mit externen Daten Szenarioanalysen ein, um seine Gefährdung durch sehr schwerwiegende Risikoereignisse zu bewerten. [2] Diese Bewertungen werden von dem Institut im Laufe der Zeit überprüft und durch Vergleich mit den tatsächlichen Verlusterfahrungen angepasst, um ihre Aussagekraft sicherzustellen.

(6) Die Anforderungen hinsichtlich Faktoren, die das Geschäftsumfeld und die internen Kontrollsysteme betreffen, sind Folgende:
a) Die firmenweite Risikobewertungsmethodik eines Instituts erfasst die entscheidenden Faktoren des Geschäftsumfelds und des internen Kontrollsystems, die sein operationelles Risikoprofil beeinflussen können;
b) ein Institut begründet jeden als bedeutenden Risikotreiber ausgewählten Faktor auf der Grundlage der Erfahrungen und unter Einbeziehung des Expertenurteils der betroffenen Geschäftsbereiche;
c) ein Institut muss in der Lage sein, den zuständigen Behörden gegenüber die Sensitivität der Risikoschätzungen bezüglich Veränderungen dieser Faktoren und deren relative Gewichtung zu begründen. Zusätzlich zur Erfassung von Risikoveränderungen aufgrund verbesserter Risikokontrollen deckt das Grundgerüst zur Risikomessung eines Instituts auch einen möglichen Risikoanstieg aufgrund gestiegener Komplexität in den Tätigkeiten oder aufgrund eines vergrößerten Geschäftsvolumens ab;
d) ein Institut dokumentiert sein Grundgerüst zur Risikomessung und unterzieht es einer unabhängigen institutsinternen Überprüfung sowie einer Überprüfung durch die zuständigen Behörden. Das Verfahren und die Ergebnisse werden von einem Institut im Laufe der Zeit durch Vergleich mit den tatsächlichen internen Verlusterfahrungen sowie den relevanten externen Daten überprüft und neu bewertet.

Art. 323 Auswirkung von Versicherungen und anderen Risikoübertragungsmechanismen. (1) Die zuständigen Behörden gestatten Instituten, die Auswirkungen von Versicherungen, sofern die Bedingungen der Absätze 2 bis 5 erfüllt sind, sowie anderer Risikoübertragungsmechanismen, zu berücksichtigen, sofern sie nachweisen können, dass ein nennenswerter Risikominderungseffekt erzielt wird.

(2) Der Versicherungsgeber verfügt über die Zulassung zum Versicherungs- oder Rückversicherungsgeschäft und besitzt eine von einer ECAI abgegebene Mindest-Bonitätsbeurteilung der Zahlungsfähigkeit, die von der EBA gemäß den Bestimmungen für die Risikogewichtung bei Risikopositionen gegenüber Instituten nach Titel II Kapitel 2 der Bonitätsstufe 3 oder höher zugeordnet wurde.

(3) Die Versicherung und der Versicherungsrahmen der Institute müssen sämtliche der folgenden Voraussetzungen erfüllen:

a) Die Versicherungspolice hat eine Ursprungslaufzeit von mindestens einem Jahr. Bei Versicherungspolicen mit einer Restlaufzeit von weniger als einem Jahr nimmt das Institut angemessene Sicherheitsabschläge vor, um die abnehmende Restlaufzeit der Police zu berücksichtigen, und zwar bis hin zu einem 100%igen Abschlag für Policen mit einer Restlaufzeit von 90 Tagen oder weniger;

b) die Versicherungspolice hat eine Mindestkündigungsfrist von 90 Tagen;

c) die Versicherungspolice beinhaltet keine Ausschlussklauseln oder Begrenzungen für den Fall eines aufsichtlichen Eingreifens, oder Klauseln, die beim Ausfall eines Instituts verhindern, dass der Konkursverwalter des Instituts oder Personen mit ähnlichen Aufgaben für Schäden oder Aufwand, die dem Institut entstanden sind, Entschädigungen einholen, mit Ausnahme von Ereignissen, die nach der Eröffnung des Konkursverfahrens oder ähnlicher Verfahren eingetreten sind. Durch den Versicherungsvertrag können jedoch Geldbußen, Strafen oder Zuschläge mit Strafcharakter aufgrund eines aufsichtlichen Eingreifens ausgeschlossen werden;

d) die Risikominderungskalkulationen spiegeln die Deckungssumme der Versicherung so wider, dass sie in einem transparenten und konsistenten Verhältnis zu den Größen tatsächliche Verlustwahrscheinlichkeit und Verlustauswirkung steht, die bei der Ermittlung der Eigenmittelanforderung für das operationelle Risiko insgesamt verwendet werden;

e) die Versicherung wird durch eine dritte Partei gewährt. Für den Fall, dass die Versicherung durch firmeneigene Versicherungsunternehmen oder verbundene Gesellschaften gewährt wird, wird das versicherte Risiko auf eine unabhängige dritte Partei übertragen, die ihrerseits die in Absatz 2 aufgeführten Zulassungskriterien erfüllt;

f) der Rahmen für die Anerkennung von Versicherungen ist wohl begründet und dokumentiert.

(4) Bei der Methodik für die Anerkennung von Versicherungen werden mittels Abzügen oder Abschlägen sämtliche der folgenden Faktoren berücksichtigt:

a) die Restlaufzeit der Versicherungspolice, wenn sie weniger als ein Jahr beträgt,

b) die für die Versicherungspolice geltenden Kündigungsfristen, wenn sie weniger als ein Jahr betragen,

c) die Zahlungsunsicherheit sowie Inkongruenzen bei den von den Versicherungspolicen abgedeckten Risiken.

(5) Die aus der Anerkennung von Versicherungsschutz und sonstigen Risikoübertragungsmechanismen resultierende Verringerung der Eigenmittelanforderung darf 20% der gesamten Eigenmittelanforderung für das operationelle Risiko vor Anerkennung von Risikominderungstechniken nicht übersteigen.

Art. 324 Klassifizierung der Verlustereignisse. Die Verlustereignisse nach Artikel 322 Absatz 3 Buchstabe b sind Folgende:

Tabelle 3

Ereigniskategorie	Begriffsbestimmung
Interner Betrug	Verluste aufgrund von Handlungen mit betrügerischer Absicht, Veruntreuung von Eigentum, Umgehung von Verwaltungs-, Rechts- oder internen Vorschriften, mit Ausnahme von Verlusten aufgrund von Diskriminierung oder sozialer und kultureller Verschiedenheit, wenn mindestens eine interne Partei beteiligt ist.
Externer Betrug	Verluste aufgrund von Handlungen mit betrügerischer Absicht, Veruntreuung von Eigentum oder Umgehung von Rechtsvorschriften durch einen Dritten.
Beschäftigungspraxis und Arbeitsplatzsicherheit	Verluste aufgrund von Handlungen, die gegen Beschäftigungs-, Gesundheitsschutz- oder Sicherheitsvorschriften bzw. -vereinbarungen verstoßen, Verluste aufgrund von Schadenersatzzahlungen wegen Körperverletzung, Verluste aufgrund von Diskriminierung auch aufgrund sozialer und kultureller Verschiedenheit.
Kunden, Produkte und Geschäftsgepflogenheiten	Verluste aufgrund einer unbeabsichtigten oder fahrlässigen Nichterfüllung geschäftlicher Verpflichtungen gegenüber bestimmten Kunden (einschließlich Anforderungen an Treuhänder und in Bezug auf Angemessenheit der Dienstleistung), Verluste aufgrund der Art oder Struktur eines Produkts.
Sachschäden	Verluste aufgrund von Beschädigungen oder des Verlustes von Sachvermögen durch Naturkatastrophen oder andere Ereignisse.
Geschäftsunterbrechungen und Systemstörungen	Verluste aufgrund von Geschäftsunterbrechungen oder Systemstörungen.
Ausführung, Lieferung und Prozessmanagement	Verluste aufgrund von Fehlern bei der Geschäftsabwicklung oder im Prozessmanagement, Verluste aus Beziehungen zu Geschäftspartnern und Lieferanten/Anbietern.

Titel IV. Eigenmittelanforderungen für das Marktrisiko

Kapitel 1. Allgemeine Bestimmungen

Art. 325 Ansätze für die Berechnung der Eigenmittelanforderungen für das Marktrisiko. (1) Ein Institut berechnet die Eigenmittelanforderungen für das Marktrisiko aller Handelsbuchpositionen und aller Anlagebuchpositionen, die einem Fremdwährungs- oder Warenpositionsrisiko unterliegen, nach folgenden Ansätzen:

a) dem Standardansatz nach Absatz 2;
b) dem auf einem internen Modell beruhenden Ansatz nach Kapitel 5 dieses Titels für Risikokategorien, für die dem Institut die Erlaubnis zur Anwendung dieses Ansatzes gemäß Artikel 363 erteilt wurde.

(2) Die gemäß dem Standardansatz nach Absatz 1 Buchstabe a berechneten Eigenmittelanforderungen für das Marktrisiko entsprechen der Summe der folgenden jeweils anwendbaren Eigenmittelanforderungen:

a) Eigenmittelanforderungen für das Positionsrisiko gemäß Kapitel 2;
b) Eigenmittelanforderungen für das Fremdwährungsrisiko gemäß Kapitel 3;
c) Eigenmittelanforderungen für das Warenpositionsrisiko gemäß Kapitel 4.

(3) Ein Institut, das nicht gemäß Artikel 325a von den Meldepflichten nach Artikel 430b ausgenommen ist, meldet die Berechnung gemäß Artikel 430b für alle Handelsbuchpositionen und alle Anlagebuchpositionen, die einem Fremdwährungs- oder Warenpositionsrisiko unterliegen, nach folgenden Ansätzen:

a) dem alternativen Standardansatz gemäß Kapitel 1a,

b) dem alternativen auf einem internen Modell beruhenden Ansatz gemäß Kapitel 1b.

(4) Ein Institut kann gemäß Artikel 363 innerhalb einer Gruppe dauerhaft eine Kombination der Ansätze nach Absatz 1 Buchstaben a und b des vorliegenden Artikels anwenden.

(5) Institute wenden den Ansatz nach Absatz 3 Buchstabe b nicht für Instrumente in ihrem Handelsbuch an, bei denen es sich um Verbriefungspositionen oder gemäß den Absätzen 6, 7 und 8 in das alternative Korrelationshandelsportfolio einbezogene Positionen handelt.

(6) *[1]* In das alternative Korrelationshandelsportfolio werden Verbriefungspositionen und n-ter-Ausfall-Kreditderivate einbezogen, die sämtliche nachstehenden Kriterien erfüllen:

a) Bei den Positionen handelt es sich weder um Wiederverbriefungspositionen, Optionen auf Verbriefungstranchen noch um sonstige Derivate auf Verbriefungspositionen, bei denen keine anteiligen Ansprüche auf die Erträge aus einer Verbriefungstranche bestehen;

b) alle zugrunde liegenden Instrumente sind

i) auf einen einzelnen Referenzschuldner oder Vermögenswert bezogene Instrumente, einschließlich Einzeladressen-Kreditderivate, für die ein aus Käufer- und Verkäufersicht hinreichend liquider Markt besteht, oder

ii) herkömmlich gehandelte Indizes auf die Instrumente nach Ziffer i.

[2] Ein aus Käufer- und Verkäufersicht hinreichend liquider Markt wird als vorhanden angenommen, wenn unabhängige ernsthafte Kauf- und Verkaufsangebote existieren, sodass innerhalb eines Tages ein Preis bestimmt werden kann, der mit den letzten Verkaufspreisen oder gegenwärtigen konkurrenzfähigen ernsthaften Kauf- und Verkaufsquotierungen angemessen in Verbindung steht, und zu diesem Preis innerhalb relativ kurzer Zeit ein Geschäft im Einklang mit den Handelsusancen abgewickelt werden kann.

(7) Positionen mit einem der folgenden zugrunde liegenden Instrumente werden nicht in das alternative Korrelationshandelsportfolio aufgenommen:

a) zugrunde liegende Instrumente, die den Risikopositionsklassen nach Artikel 112 Buchstabe h oder i zugeordnet sind;

b) eine Risikoposition gegenüber einer Zweckgesellschaft, die direkt oder indirekt durch eine Position, die gemäß Absatz 6 selbst nicht für die Aufnahme in das alternative Korrelationshandelsportfolio in Betracht käme, besichert ist.

(8) Institute dürfen in ihr alternatives Korrelationshandelsportfolio Positionen aufnehmen, die weder Verbriefungspositionen noch n-ter-Ausfall-Kreditderivate sind, jedoch andere Positionen in diesem Portfolio absichern, sofern für das Instrument oder die ihm zugrunde liegenden Instrumente ein aus Käufer- und Verkäufersicht hinreichend liquider Markt gemäß Absatz 6 Unterabsatz 2 besteht.

(9) *[1]* Die EBA arbeitet Entwürfe technischer Regulierungsstandards aus, in denen festgelegt wird, wie die Institute die Eigenmittelanforderungen für das Marktrisiko bezüglich Anlagebuchpositionen, die einem Fremdwährungs- oder

Warenpositionsrisiko unterliegen, gemäß den Ansätzen nach Absatz 3 Buchstaben a und b berechnen.

[2] Die EBA übermittelt der Kommission diese Entwürfe technischer Regulierungsstandards bis zum 28. September 2020.

[3] Der Kommission wird die Befugnis übertragen, die in Unterabsatz 1 genannten technischen Regulierungsstandards gemäß den Artikeln 10 bis 14 der Verordnung (EU) Nr. 1093/2010 zur Ergänzung dieser Verordnung zu erlassen.

Art. 325a Befreiungen von den besonderen Meldepflichten für das Marktrisiko. (1) Ein Institut wird von der Meldepflicht gemäß Artikel 430b befreit, sofern der Umfang seiner bilanziellen und außerbilanziellen Geschäfte, die einem Marktrisiko unterliegen, auf der Grundlage einer monatlichen Bewertung anhand der Daten zum letzten Tag des Monats keinen der folgenden Schwellenwerte überschreitet:

a) 10 % seiner gesamten Vermögenswerte,

b) 500 Mio. EUR.

(2) Institute berechnen den Umfang ihrer bilanziellen und außerbilanziellen Geschäfte, die einem Marktrisiko unterliegen, anhand der Daten zum letzten Tag jeden Monats gemäß den folgenden Anforderungen:

a) Es werden alle Positionen im Handelsbuch einbezogen, außer Kreditderivaten, die als internes Sicherungsgeschäft gegen Kreditrisiken im Anlagebuch anerkannt sind, und Kreditderivatgeschäften, die das Marktrisiko der internen Sicherungsgeschäfte gemäß Artikel 106 Absatz 3 vollständig ausgleichen;

b) es werden alle Positionen im Anlagebuch einbezogen, die Fremdwährungs- oder Warenpositionsrisiken unterliegen;

c) alle Positionen werden zu ihrem Marktwert zu dem betreffenden Datum bewertet, mit Ausnahme der Positionen gemäß Buchstabe b; lässt sich der Marktwert einer Position zu einem bestimmten Datum nicht ermitteln, so verwenden Institute den zu diesem Datum beizulegenden Zeitwert für diese Position; lassen sich der beizulegende Zeitwert und der Marktwert einer Position zu einem bestimmten Datum nicht ermitteln, so verwenden Institute den aktuellsten Marktwert oder beizulegenden Zeitwert für diese Position;

d) alle Positionen im Anlagebuch, die Fremdwährungsrisiken unterliegen, werden als gesamte Netto-Fremdwährungsposition betrachtet und gemäß Artikel 352 bewertet;

e) alle Positionen im Anlagebuch, die Warenpositionsrisiken unterliegen, werden gemäß den Artikeln 357 und 358 bewertet;

f) der absolute Wert der Kaufpositionen wird dem absoluten Wert der Verkaufspositionen hinzuaddiert.

(3) Institute, die ihre Eigenmittelanforderungen für das Marktrisiko nach Maßgabe dieses Artikels berechnen oder nicht mehr berechnen, unterrichten die zuständigen Behörden entsprechend.

(4) Ein Institut das eine oder mehrere der Bedingungen nach Absatz 1 nicht mehr erfüllt, teilt dies der zuständigen Behörde unverzüglich mit.

(5) Die Geltungsdauer der Befreiung von den Meldepflichten gemäß Artikel 430b endet innerhalb von drei Monaten, nachdem einer der folgenden Fälle eingetreten ist:

a) Das Institut erfüllt während drei aufeinanderfolgender Monate nicht die Bedingung gemäß Absatz 1 Buchstabe a oder b oder
b) das Institut erfüllt während mehr als sechs der letzten zwölf Monate nicht die Bedingung gemäß Absatz 1 Buchstabe a oder b.

(6) Ist ein Institut gemäß Absatz 5 des vorliegenden Artikels den Meldepflichten gemäß Artikel 430b unterstellt worden, so wird es von diesen Meldepflichten nur befreit, wenn es gegenüber der zuständigen Behörde nachweist, dass alle in Absatz 1 des vorliegenden Artikels genannten Bedingungen während eines Zeitraums von einem Jahr ununterbrochen erfüllt wurden.

(7) Die Institute gehen keine Position ein noch kaufen oder verkaufen sie eine Position allein zum Zweck der Einhaltung der in Absatz 1 genannten Bedingungen während der monatlichen Bewertung.

(8) Ein Institut, das für die Behandlung gemäß Artikel 94 in Frage kommt, wird von der Meldepflicht gemäß Artikel 430b befreit.

Art. 325b Genehmigung von Anforderungen auf konsolidierter Basis.

(1) Vorbehaltlich des Absatzes 2 und nur für die Zwecke der Berechnung der Nettopositionen und Eigenmittelanforderungen auf konsolidierter Basis gemäß diesem Titel dürfen Institute Positionen in einem Institut oder Unternehmen verwenden, um sie gegen Positionen in einem anderen Institut oder Unternehmen aufzurechnen.

(2) Institute dürfen Absatz 1 nur mit der Genehmigung der zuständigen Behörden anwenden, die gewährt wird, sofern alle folgenden Voraussetzungen erfüllt sind:
a) Die Eigenmittel innerhalb der Gruppe sind angemessen aufgeteilt;
b) der regulierungsrechtliche, rechtliche oder vertragliche Rahmen für die Tätigkeit der Institute garantiert den gegenseitigen finanziellen Beistand innerhalb der Gruppe.

(3) Handelt es sich um in Drittländern niedergelassene Unternehmen, so sind zusätzlich zu den in Absatz 2 genannten Voraussetzungen alle folgenden Voraussetzungen zu erfüllen:
a) Die Unternehmen wurden in einem Drittland zugelassen und entsprechen entweder der Definition für Kreditinstitute oder sind anerkannte Wertpapierfirmen eines Drittlands;
b) die Unternehmen erfüllen auf Einzelbasis Eigenmittelanforderungen, die den in dieser Verordnung vorgeschriebenen Eigenmittelanforderungen gleichwertig sind;
c) in den betreffenden Drittländern bestehen keine Vorschriften, durch die der Kapitaltransfer innerhalb der Gruppe erheblich beeinträchtigt werden könnte.

Kapitel 1A. Alternativer Standardansatz

Abschnitt 1. Allgemeine Bestimmungen

Art. 325c Anwendungsbereich und Struktur des alternativen Standardansatzes. (1) Der alternative Standardansatz gemäß diesem Kapitel darf nur für die Zwecke der in Artikel 430b Absatz 1 festgelegten Meldepflichten angewandt werden.

(2) Die Institute berechnen die Eigenmittelanforderungen für das Marktrisiko gemäß dem alternativen Standardansatz für ein Portfolio von Handelsbuchpositionen oder Anlagebuchpositionen, die Fremdwährungs- oder Warenpositionsrisiken unterliegen, als Summe der folgenden drei Komponenten:

a) die Eigenmittelanforderung gemäß der sensitivitätsgestützten Methode nach Abschnitt 2;

b) die Eigenmittelanforderung für das Ausfallrisiko gemäß Abschnitt 5, die nur für die in diesem Abschnitt genannten Handelsbuchpositionen gilt;

c) die Eigenmittelanforderung für Restrisiken gemäß Abschnitt 4, die nur für die in diesem Abschnitt genannten Handelsbuchpositionen gilt.

Abschnitt 2. Sensitivitätsgestützte Methode zur Berechnung der Eigenmittelanforderung

Art. 325d Begriffsbestimmungen. Für die Zwecke dieses Kapitels bezeichnet der Ausdruck

1. 'Risikoklasse' eine der folgenden sieben Kategorien:
   i) allgemeines Zinsrisiko;
   ii) Kreditspreadrisiko (CSR) bei Nicht-Verbriefungspositionen;
   iii) Kreditspreadrisiko bei nicht in das alternative Korrelationshandelsportfolio einbezogenen Verbriefungspositionen (CSR außerhalb des alternativen Korrelationshandelsportfolios);
   iv) Kreditspreadrisiko bei in das alternative Korrelationshandelsportfolio einbezogenen Verbriefungspositionen (CSR des alternativen Korrelationshandelsportfolios);
   v) Aktienkursrisiko;
   vi) Warenpositionsrisiko;
   vii) Fremdwährungsrisiko;
2. 'Sensitivität' die relative Veränderung des Werts einer Position infolge einer Veränderung des Werts einer der relevanten Risikofaktoren der Position, berechnet nach dem Bewertungsmodell des Instituts gemäß Abschnitt 3 Unterabschnitt 2;
3. 'Unterklasse' eine Unterkategorie von Positionen innerhalb einer Risikoklasse mit ähnlichem Risikoprofil, der ein Risikogewicht gemäß Abschnitt 3 Unterabschnitt 1 zugewiesen wird.

Art. 325e Komponenten der sensitivitätsgestützten Methode.

(1) Institute berechnen die Eigenmittelanforderungen für das Marktrisiko anhand der sensitivitätsgestützten Methode durch Aggregation der drei folgenden Eigenmittelanforderungen gemäß Artikel 325h:

a) Eigenmittelanforderungen für das Delta-Faktor-Risiko zur Erfassung des Risikos von Wertänderungen eines Instruments infolge von Bewegungen seiner nicht volatilitätsbedingten Risikofaktoren;

b) Eigenmittelanforderungen für das Vega-Risiko zur Erfassung des Risikos von Wertänderungen eines Instruments infolge von Bewegungen seiner volatilitätsbedingten Risikofaktoren;

c) Eigenmittelanforderungen für das Krümmungsrisiko zur Erfassung des Risikos von Wertänderungen eines Instruments infolge von Bewegungen der wichtigsten nicht volatilitätsbedingten Risikofaktoren, die nicht durch die Eigenmittelanforderungen für das Delta-Faktor-Risiko erfasst sind.

(2) *[1]* Für die Zwecke der Berechnung nach Absatz 1 gilt Folgendes:

a) Alle Positionen von Instrumenten mit Optionalität unterliegen den Eigenmittelanforderungen gemäß Absatz 1 Buchstaben a, b und c;

b) Alle Positionen von Instrumenten ohne Optionalität unterliegen lediglich den Eigenmittelanforderungen gemäß Absatz 1 Buchstabe a.

[2] [1] Für die Zwecke dieses Kapitels umfassen Instrumente mit Optionalität u.a. Kaufoptionen, Verkaufsoptionen, Optionen mit Ober- und Untergrenzen, Swaptions, Barrier-Optionen und exotische Optionen. [2] Eingebettete Optionen, wie vorzeitige Rückzahlungsoptionen oder verhaltensabhängige Optionen, gelten für die Zwecke der Berechnung der Eigenmittelanforderungen für das Marktrisiko als eigenständige Positionen in Optionen.

[3] Für die Zwecke dieses Kapitels werden Instrumente, deren Zahlungsströme als lineare Funktion des Nominalbetrags des Basiswerts geschrieben werden können, als Instrumente ohne Optionalität betrachtet.

Art. 325f Eigenmittelanforderungen für Delta-Faktor- und Vega-Risiken. (1) Institute wenden bei der Berechnung der Eigenmittelanforderungen für die Delta-Faktor- und Vega-Risiken die in Abschnitt 3 Unterabschnitt 1 beschriebenen Delta- und Vega-Risikofaktoren an.

(2) Institute berechnen die Eigenmittelanforderungen für die Delta-Faktor- und Vega-Risiken nach dem Verfahren gemäß den Absätzen 3 bis 8.

(3) [1] Die Sensitivität aller den Eigenmittelanforderungen für Delta-Faktor- und Vega-Risiken unterliegenden Instrumente gegenüber den anwendbaren Delta- oder Vega-Risikofaktoren der betreffenden Risikoklasse wird für jede Risikoklasse anhand der entsprechenden Formeln nach Abschnitt 3 Unterabschnitt 2 berechnet. [2] Wenn der Wert eines Instruments von mehreren Risikofaktoren abhängt, wird die Sensitivität getrennt für jeden Risikofaktor ermittelt.

(4) Die Sensitivitäten werden innerhalb jeder Risikoklasse einer Unterklasse 'b' zugeordnet.

(5) Innerhalb jeder Unterklasse 'b' werden die positiven und negativen Sensitivitäten gegenüber dem gleichen Risikofaktor zu Netto-Sensitivitäten (s_k)für jeden Risikofaktor k innerhalb einer Unterklasse aufgerechnet.

(6) Die Netto-Sensitivitäten jedes Risikofaktors innerhalb jeder Unterklasse werden mit den Risikogewichten nach Abschnitt 6 multipliziert, sodass jeder Risikofaktor der betreffenden Unterklasse eine gewichtete Sensitivität erhält, die nach folgender Formel berechnet wird:

$$WS_k = RW_k \cdot s_k$$

dabei gilt:

WS_k = die gewichteten Sensitivitäten;
RW_k = die Risikogewichte; und
s_k = der Risikofaktor.

(7) [1] Die gewichteten Sensitivitäten gegenüber den verschiedenen Risikofaktoren innerhalb jeder Unterklasse werden gemäß nachstehender Formel zur unterklassespezifischen Sensitivität aggregiert, wobei der Wert innerhalb der Quadratwurzelfunktion nicht niedriger als Null sein kann. [2] Dabei werden die Korrelationen für gewichtete Sensitivitäten innerhalb der gleichen Unterklasse (ρ_{kl}) nach Abschnitt 6 verwendet.

$$K_b = \sqrt{\sum_k WS_k^2 + \sum_k \sum_{k \neq l} \rho_{kl} WS_k WS_l}$$

dabei gilt:

K_b = die unterklassespezifische Sensitivität; und
WS = die gewichteten Sensitivitäten.

(8) *[1]* [1] Die unterklassespezifische Sensitivität wird für jede Unterklasse innerhalb einer Risikoklasse gemäß den Absätzen 5, 6 und 7 berechnet. [2] Nach Berechnung der unterklassespezifischen Sensitivität für alle Unterklassen werden die gewichteten Sensitivitäten aller Risikofaktoren über die einzelnen Unterklassen hinweg gemäß der nachstehenden Formel und unter Verwendung der entsprechenden Korrelationen γ_{bc} für gewichtete Sensitivitäten in verschiedenen Unterklassen nach Abschnitt 6 zu einer risikoklassespezifische Eigenmittelanforderung für ein Delta-Faktor- oder Vega-Risiko aggregiert:

$$\text{Risikoklassespezifische Eigenmittelanforderung für ein Delta-Faktor-oder Vega-Risiko} = \sqrt{\sum_b K_b^2 + \sum_b \sum_{c \neq b} \gamma_{bc} S_b S_c}$$

dabei entspricht

S_b = $\Sigma_k WS_k$ allen Risikofaktoren der Unterklasse b und $S_c = \Sigma_k WS_k$ allen Risikofaktoren der Unterklasse c. Ergeben diese Werte für S_b und S_c eine negative Gesamtsumme von

$$\sum_b K_b^2 + \sum_b \sum_c \neq b\, \gamma_{bc} S_b S_c$$

, so berechnet das Institut die risikoklassespezifische Eigenmittelanforderung für ein Delta-Faktor- oder Vega-Risiko mittels einer alternativen Spezifizierung, wobei

S_b = max [min ($\Sigma_k WS_k$, K_b), – K_b] allen Risikofaktoren der Unterklasse b und

S_c = max [min ($\Sigma_k WS_k$, K_c), – K_c] allen Risikofaktoren der Unterklasse c entspricht.

[2] Die risikoklassespezifischen Eigenmittelanforderungen für das Delta-Faktor- oder Vega-Risiko werden für die einzelnen Risikoklassen gemäß den Absätzen 1 bis 8 berechnet.

Art. 325g Eigenmittelanforderungen für das Krümmungsrisiko. Institute berechnen die Eigenmittelanforderungen für das Krümmungsrisiko gemäß dem in Artikel 461a genannten delegierten Rechtsakt.

Art. 325h Aggregation der risikoklassespezifischen Eigenmittelanforderungen für Delta-Faktor-, Vega- und Krümmungsrisiken. (1) Institute aggregieren die risikoklassespezifischen Eigenmittelanforderungen für Delta-Faktor-, Vega- und Krümmungsrisiken nach dem Verfahren gemäß den Absätzen 2, 3 und 4.

(2) [1] Das in den Artikeln 325f und 325g beschriebene Verfahren zur Berechnung der risikoklassespezifischen Eigenmittelanforderungen für Delta-Faktor-, Vega- und Krümmungsrisiken wird für jede Risikoklasse drei Mal unter Verwendung eines jeweils unterschiedlichen Satzes von Korrelationsparametern ρ_{kl} (Korrelation zwischen Risikofaktoren innerhalb einer Unterklasse) und γ_{bc} (Korrelation zwischen Unterklassen einer Risikoklasse) durchgeführt. [2] Jeder dieser drei Sätze entspricht einem unterschiedlichen Szenario wie im Folgenden dargelegt:

a) dem Szenario 'mittlere Korrelation', bei dem die in Abschnitt 6 spezifizierten Korrelationsparameter ρ_{kl} und γ_{bc} unverändert bleiben;
b) dem Szenario 'hohe Korrelation', bei dem die in Abschnitt 6 spezifizierten Korrelationsparameter ρ_{kl} und γ_{bc} mit dem Faktor 1,25 multipliziert werden, wobei ρ_{kl} und γ_{bc} einer Obergrenze von 100 % unterliegen;
c) dem Szenario 'niedrige Korrelation', das in dem in Artikel 461a genannten delegierten Rechtsakt spezifiziert wird.

(3) Institute berechnen zur Bestimmung der drei szenariospezifischen Eigenmittelanforderungen die Summe der risikoklassespezifischen Eigenmittelanforderungen für Delta-Faktor-, Vega- und Krümmungsrisiken für jedes Szenario.

(4) Die gemäß der sensitivitätsgestützten Methode ermittelte Eigenmittelanforderung ist die höchste der drei szenariospezifischen Eigenmittelanforderungen nach Absatz 3.

Art. 325i Behandlung von Indexinstrumenten und Optionen mit multiplen Basiswerten. Institute behandeln die Indexinstrumente und Optionen mit multiplen Basiswerten gemäß dem in Artikel 461a genannten delegierten Rechtsakt.

Art. 325j Behandlung von Organismen für Gemeinsame Anlagen (OGA) Institute behandeln die Organismen für Gemeinsame Anlagen gemäß dem in Artikel 461a genannten delegierten Rechtsakt.

Art. 325k Mit einer Übernahmegarantie versehene Positionen.

(1) Institute können die Eigenmittelanforderungen für das Marktrisiko von mit einer Übernahmegarantie versehenen Positionen in Schuld- oder Eigenkapitalinstrumenten nach dem in diesem Artikel beschriebenen Verfahren berechnen.

(2) *[1]* Institute wenden einen der einschlägigen Multiplikationsfaktoren gemäß Tabelle 1 auf die Netto-Sensitivitäten aller mit einer Übernahmegarantie versehenen Positionen in den einzelnen Emittenten an, außer bei Übernahmepositionen, die Dritte auf der Grundlage einer förmlichen Vereinbarung gezeichnet oder mitgarantiert haben, und berechnen die Eigenmittelanforderungen für das Marktrisiko gemäß dem in diesem Kapitel dargelegten Ansatz auf der Grundlage der bereinigten Netto-Sensitivitäten.

Tabelle 1

Geschäftstag 0	0 %
Geschäftstag 1	10 %
Geschäftstage 2 und 3	25 %
Geschäftstag 4	50 %
Geschäftstag 5	75 %
nach Geschäftstag 5	100 %

[2] Für die Zwecke dieses Artikels bezeichnet 'Geschäftstag 0' den Geschäftstag, an dem das Institut die uneingeschränkte Verpflichtung eingegangen ist, eine bestimmte Menge von Wertpapieren zu einem vereinbarten Preis zu übernehmen.

(3) Institute benachrichtigen die zuständigen Behörden über die Anwendung des in diesem Artikel festgelegten Verfahrens.

Abschnitt 3. Bestimmung der Begriffe 'Risikofaktor' und 'Sensitivität'

Unterabschnitt 1. Bestimmung des Begriffs 'Risikofaktor'

Art. 325l Risikofaktoren des allgemeinen Zinsrisikos. (1) *[1]* Für alle Risikofaktoren des allgemeinen Zinsrisikos, einschließlich des Inflationsrisikos und des Basis-Währungsrisikos, gibt es eine Unterklasse pro Währung mit jeweils anderen Arten von Risikofaktoren.

[2] [1] Die für zinsreagible Instrumente geltenden Delta-Risikofaktoren des allgemeinen Zinsrisikos sind die maßgeblichen risikofreien Zinssätze pro Währung für jede der folgenden Laufzeiten: 0,25 Jahre, 0,5 Jahre, 1 Jahr, 2 Jahre, 3 Jahre, 5 Jahre, 10 Jahre, 15 Jahre, 20 Jahre, 30 Jahre. [2] Institute weisen den spezifizierten Punkten Risikofaktoren zu, und zwar entweder per linearer Interpolation oder mittels einer Methode, die am besten mit den Bewertungsfunktionen der unabhängigen Risikokontrollstelle des Instituts zur Meldung des Marktrisikos oder von Gewinnen und Verlusten an das höhere Management vereinbar ist.

(2) Institute bestimmen die risikofreien Renditesätze pro Währung aus den im Handelsbuch des Instituts geführten Geldmarktinstrumenten mit dem niedrigsten Kreditrisiko, wie Tagesgeldsatz-Swaps.

(3) *[1]* Können Institute den Ansatz nach Absatz 2 nicht anwenden, so basieren die risikofreien Zinssätze auf einer oder mehreren marktimplizierten Swapkurven, die das Institut zur Bewertung von Positionen am Markt verwendet, wie die Zins-Swapkurven des Interbankengeschäfts.

[2] Gibt es keine ausreichenden Daten über marktimplizierte Swapkurven gemäß Absatz 2 und Unterabsatz 1, so können die risikofreien Zinssätze für eine bestimmte Währung aus der am besten geeigneten Kurve für Staatsanleihen abgeleitet werden.

[3] [1] Verwenden Institute für öffentliche Schuldtitel die gemäß dem Verfahren nach Unterabsatz 2 abgeleiteten Risikofaktoren des allgemeinen Zinsrisikos, so wird das betreffende öffentliche Schuldinstrument nicht von den Eigenmittelanforderungen für das Kreditspreadrisiko ausgenommen. [2] Ist es in diesen Fällen nicht möglich, den risikofreien Zinssatz von der Komponente des Kreditsprea-

drisikos zu trennen, so wird die Sensitivität gegenüber dem Risikofaktor beiden Risikoklassen ('allgemeines Zinsrisiko' und 'Kreditspreadrisiko') zugeordnet.

(4) *[1]* [1] Bei Risikofaktoren des allgemeinen Zinsrisikos stellt jede Währung eine eigene Unterklasse dar. [2] Institute weisen Risikofaktoren innerhalb der gleichen Unterklasse, aber mit unterschiedlichen Laufzeiten unterschiedliche Risikogewichte gemäß Abschnitt 6 zu.

[2] [1] Institute wenden auf Schuldtitel, deren Zahlungsströme funktional von Inflationsraten abhängig sind, zusätzliche Risikofaktoren des Inflationsrisikos an. [2] Diese zusätzlichen Risikofaktoren bestehen aus einem Vektor für marktimplizierte Inflationsraten verschiedener Laufzeiten pro Währung. [3] Der Vektor enthält für jedes Instrument so viele Komponenten wie Inflationsraten im Bewertungsmodell des Instituts für dieses Instrument als Variablen verwendet werden.

(5) [1] Institute berechnen die Sensitivität des Instruments gegenüber dem zusätzlichen Risikofaktor des Inflationsrisikos nach Absatz 4 als Veränderung des Werts des Instruments gemäß ihrem Bewertungsmodell infolge einer Verschiebung jeder Komponente des Vektors um einen Basispunkt. [2] Jede Währung stellt eine eigene Unterklasse dar. [3] Institute behandeln, ungeachtet der Anzahl der Komponenten jedes Vektors, die Inflation innerhalb jeder Unterklasse als eigenen Risikofaktor. [4] Institute nehmen innerhalb der Unterklassen eine Aufrechnung der gemäß diesem Absatz berechneten Inflationssensitivitäten vor, um pro Unterklasse eine einzige Netto-Sensitivität zu erhalten.

(6) *[1]* [1] Schuldtitel, die Zahlungen in verschiedenen Währungen implizieren, unterliegen in Bezug auf diese Währungen auch einem Basis-Währungsrisiko. [2] Für die Zwecke der sensitivitätsgestützten Methode wenden Institute als Risikofaktoren das Basis-Währungsrisiko jeder Währung gegenüber dem US-Dollar oder Euro an. [3] Institute rechnen die Währungsbasen, die sich nicht auf die Basis zu US-Dollar oder die Basis zu Euro beziehen, entweder als Basis zu US-Dollar oder Basis zu Euro.

[2] [1] Die Risikofaktoren des Basis-Währungsrisikos bestehen aus je einem Vektor für eine Währungsbasis mit verschiedenen Laufzeiten pro Währung. [2] Der Vektor enthält für jedes Schuldinstrument so viele Komponenten wie Währungsbasen im Bewertungsmodell des Instituts für dieses Instrument als Variablen verwendet werden. [3] Jede Währung stellt eine unterschiedliche Unterklasse dar.

[3] [1] Institute berechnen die Sensitivität des Instruments gegenüber dem Risikofaktor des Basis-Währungsrisikos als Veränderung des gemäß ihrem Bewertungsmodell ermittelten Werts des Instruments infolge einer Verschiebung jeder Komponente des Vektors um einen Basispunkt. [2] Jede Währung stellt eine eigene Unterklasse dar. [3] Innerhalb jeder Unterklasse gibt es unabhängig von der Anzahl der Komponenten der einzelnen Währungsbasisvektoren zwei mögliche getrennte Risikofaktoren: Basis zu Euro und Basis zu US-Dollar. [4] Pro Unterklasse kann es höchstens zwei Netto-Sensitivitäten geben.

(7) *[1]* [1] Die für Optionen mit zinsreagiblen Basiswerten geltenden Vega-Risikofaktoren des allgemeinen Zinsrisikos entsprechen den impliziten Volatilitäten der maßgeblichen risikofreien Zinssätze gemäß den Absätzen 2 und 3, die je nach Währung Unterklassen zugeteilt und innerhalb der Unterklasse folgenden Laufzeiten zugeordnet werden: 0,5 Jahre, 1 Jahr, 3 Jahre, 5 Jahre, 10 Jahre. [2] Es gibt eine Unterklasse pro Währung.

[2] Für Netting-Zwecke betrachten Institute implizite Volatilitäten, die den gleichen risikofreien Zinssätzen und den gleichen Laufzeiten zugeordnet sind, als gleichen Risikofaktor.

[3] Wenn Institute implizite Volatilitäten den Laufzeiten gemäß diesem Absatz zuordnen, gelten folgende Anforderungen:

a) Wenn die Laufzeit der Option auf die Laufzeit des Basiswerts abgestimmt ist, wird ein einziger Risikofaktor betrachtet, der dieser Laufzeit zugeordnet wird;

b) wenn die Laufzeit der Option kürzer als die Laufzeit des Basiswerts ist, werden die Risikofaktoren wie folgt betrachtet:

   i) Der erste Risikofaktor wird der Laufzeit der Option zugeordnet;

   ii) der zweite Risikofaktor wird der Restlaufzeit des Basiswerts der Option nach Ablaufdatum der Option zugeordnet.

(8) [1] Die von den Instituten anzuwendenden Krümmungsrisikofaktoren des allgemeinen Zinsrisikos bestehen aus einem Vektor für die im Hinblick auf eine spezifische risikofreie Ertragskurve repräsentativen risikofreien Zinssätze pro Währung. [2] Jede Währung stellt eine unterschiedliche Unterklasse dar. [3] Der Vektor enthält für jedes Instrument so viele Komponenten wie unterschiedliche Laufzeiten risikofreier Zinssätze im Bewertungsmodell des Instituts für dieses Instrument als Variablen verwendet werden.

(9) *[1]* [1] Institute berechnen die Sensitivität des Instruments gegenüber jedem Risikofaktor, der in der Krümmungsrisikoformel gemäß Artikel 325g verwendet wird. [2] Für die Zwecke des Krümmungsrisikos betrachten Institute Vektoren unterschiedlicher Ertragskurven und mit unterschiedlicher Anzahl von Komponenten als gleichen Risikofaktor, sofern die Vektoren sich auf die gleiche Währung beziehen. [3] Institute nehmen eine Aufrechnung der Sensitivitäten gegenüber dem gleichen Risikofaktor vor. [4] Es gibt nur eine Netto-Sensitivität pro Unterklasse.

[2] Es gibt keine Eigenmittelanforderungen in Bezug auf das Krümmungsrisiko für das Inflations- und das Basis-Währungsrisiko.

Art. 325m Risikofaktoren des Kreditspreadrisikos bei Nicht-Verbriefungspositionen. (1) [1] Bei Nicht-Verbriefungsinstrumenten mit Sensitivität gegenüber dem Kreditspreadrisiko wenden Institute als Delta-Risikofaktoren des Kreditspreadrisikos die Kreditspread-Sätze der Emittenten für diese Instrumente an, die aus den betreffenden Schuldtiteln und Kreditausfallswaps abgeleitet und den folgenden Laufzeiten zugeordnet werden: 0,5 Jahre, 1 Jahr, 3 Jahre, 5 Jahre, 10 Jahre. [2] Institute wenden einen Risikofaktor pro Emittent und Laufzeit an, unabhängig davon, ob die Kreditspread-Sätze des Emittenten aus Schuldtiteln oder Kreditausfallswaps abgeleitet sind. [3] Die Unterklassen sind sektorale Unterklassen gemäß Abschnitt 6, und jede Unterklasse enthält alle dem jeweiligen Sektor zugeordneten Risikofaktoren.

(2) [1] Bei Optionen, denen Nicht-Verbriefungspositionen mit Sensitivität gegenüber dem Kreditspreadrisiko zugrunde liegen, wenden Institute als Vega-Risikofaktoren des Kreditspreadrisikos die impliziten Volatilitäten der gemäß Absatz 1 abgeleiteten Kreditspread-Sätze des Emittenten der Basiswerte an, die je nach Laufzeit der den Eigenmittelanforderungen unterliegenden Option folgenden Laufzeiten zugeordnet werden: 0,5 Jahre, 1 Jahr, 3 Jahre, 5 Jahre, 10

Jahre. [2]Verwendet werden die gleichen Unterklassen wie für das Delta-Kreditspreadrisiko bei Nicht-Verbriefungspositionen.

(3) [1]Bei Nicht-Verbriefungsinstrumenten wenden Institute als Krümmungsrisikofaktoren des Kreditspreadrisikos einen Vektor für im Hinblick auf eine Kreditspread-Kurve eines bestimmten Emittenten repräsentative Kreditspread-Sätze an. [2]Der Vektor enthält für jedes Instrument so viele Komponenten wie unterschiedliche Laufzeiten von Kreditspread-Sätzen im Bewertungsmodell des Instituts für dieses Instrument als Variablen verwendet werden. [3]Verwendet werden die gleichen Unterklassen wie für das Delta-Kreditspreadrisiko bei Nicht-Verbriefungspositionen.

(4) [1]Institute berechnen die Sensitivität des Instruments gegenüber jedem Risikofaktor, der in der Krümmungsrisikoformel gemäß Artikel 325g verwendet wird. [2]Für die Zwecke des Krümmungsrisikos betrachten Institute von einschlägigen Schuldtiteln oder Kreditausfallswaps abgeleitete Vektoren mit einer unterschiedlichen Anzahl von Komponenten als gleichen Risikofaktor, sofern die Vektoren sich auf den gleichen Emittenten beziehen.

Art. 325n Risikofaktoren des Kreditspreadrisikos bei Verbriefungspositionen. (1) *[1]* Institute wenden auf Verbriefungspositionen, die in das alternative Korrelationshandelsportfolio gemäß Artikel 325 Absätze 6, 7 und 8 einbezogen sind, die Risikofaktoren des Kreditspreadrisikos nach Absatz 3 an.

[2] Institute wenden auf Verbriefungspositionen, die nicht in das alternative Korrelationshandelsportfolio gemäß Artikel 325 Absätze 6, 7 und 8 einbezogen sind, die Risikofaktoren des Kreditspreadrisikos nach Absatz 5 an.

(2) *[1]* Für das Kreditspreadrisiko bei Verbriefungspositionen, die in das alternative Korrelationshandelsportfolio einbezogen sind, gelten die gleichen Unterklassen wie für das Kreditspreadrisiko bei Nicht-Verbriefungspositionen gemäß Abschnitt 6.

[2] Für das Kreditspreadrisiko bei nicht in das alternative Korrelationshandelsportfolio einbezogenen Verbriefungspositionen gelten spezifische Unterklassen für die betreffende Risikoklassenkategorie gemäß Abschnitt 6.

(3) Institute wenden auf in das alternative Korrelationshandelsportfolio einbezogene Verbriefungspositionen folgende Risikofaktoren des Kreditspreadrisikos an:

a) Die Delta-Risikofaktoren sind alle relevanten Kreditspread-Sätze der Emittenten der zugrunde liegenden Risikopositionen der Verbriefungsposition, abgeleitet aus den betreffenden Schuldtiteln und Kreditausfallswaps, für jede der folgenden Laufzeiten: 0,5 Jahre, 1 Jahr, 3 Jahre, 5 Jahre, 10 Jahre.

b) Für Optionen, denen in das alternative Korrelationshandelsportfolio einbezogene Verbriefungspositionen zugrunde liegen, gelten als Vega-Risikofaktoren die impliziten Volatilitäten der Kreditspreads der Emittenten der zugrunde liegenden Risikopositionen der Verbriefungsposition, die gemäß Buchstabe a abgeleitet und je nach Laufzeit der entsprechenden Eigenmittelanforderungen unterliegenden Option folgenden Laufzeiten zugeordnet werden: 0,5 Jahre, 1 Jahr, 3 Jahre, 5 Jahre, 10 Jahre.

c) Die Krümmungsrisikofaktoren sind die relevanten Kreditspread-Zinskurven der Emittenten der zugrunde liegenden Risikopositionen der Verbriefungsposition, dargestellt als Vektor von Kreditspread-Sätzen unterschiedlicher

Laufzeiten, die gemäß Buchstabe a abgeleitet werden; der Vektor enthält für jedes Instrument so viele Komponenten wie unterschiedliche Laufzeiten von Kreditspread-Sätzen im Bewertungsmodell des Instituts für dieses Instrument als Variablen verwendet werden.

(4) [1] Institute berechnen die Sensitivität der Verbriefungsposition gegenüber jedem Risikofaktor, der in der Krümmungsrisikoformel gemäß Artikel 325g verwendet wird. [2] Für die Zwecke des Krümmungsrisikos betrachten Institute von einschlägigen Schuldtiteln oder Kreditausfallswaps abgeleitete Vektoren mit einer unterschiedlichen Anzahl von Komponenten als gleichen Risikofaktor, sofern die Vektoren sich auf den gleichen Emittenten beziehen.

(5) Die Risikofaktoren des Kreditspreadrisikos, die von Instituten auf nicht in das alternative Korrelationshandelsportfolio einbezogene Verbriefungspositionen anzuwenden sind, beziehen sich nicht auf den Spread der zugrunde liegenden Instrumente, sondern auf den Spread der Tranche und entsprechen folgenden Risikofaktoren:

a) Die Delta-Risikofaktoren sind die Kreditspread-Sätze der betreffenden Tranche, die je nach Laufzeit der Tranche folgenden Laufzeiten zugeordnet werden: 0,5 Jahre, 1 Jahr, 3 Jahre, 5 Jahre, 10 Jahre;

b) die Vega-Risikofaktoren für Optionen, denen nicht in das alternative Korrelationshandelsportfolio einbezogene Verbriefungspositionen zugrunde liegen, sind die impliziten Volatilitäten der Kreditspreads der Tranchen, die je nach Laufzeit der Eigenmittelanforderungen unterliegenden Option jeweils folgenden Laufzeiten zugeordnet werden: 0,5 Jahre, 1 Jahr, 3 Jahre, 5 Jahre, 10 Jahre;

c) die Krümmungsrisikofaktoren sind dieselben wie in Buchstabe a; auf all diese Risikofaktoren wird ein gemeinsames Risikogewicht gemäß Abschnitt 6 angewandt.

Art. 325o Risikofaktoren des Aktienkursrisikos. (1) Für alle Risikofaktoren des Aktienkursrisikos gelten die Unterklassen gemäß Abschnitt 6.

(2) *[1]* Institute wenden als Delta-Risikofaktoren des Aktienkursrisikos alle Eigenkapital-Kassakurse und alle Eigenkapital-Reposätze an.

[2] [1] Für die Zwecke des Aktienkursrisikos gilt eine spezifische Eigenkapital-Repokurve als ein einziger Risikofaktor, der als Vektor von Reposätzen unterschiedlicher Laufzeiten ausgedrückt wird. [2] Der Vektor enthält für jedes Instrument so viele Komponenten wie unterschiedliche Laufzeiten von Reposätzen im Bewertungsmodell des Instituts für dieses Instrument als Variablen verwendet werden.

[3] [1] Institute berechnen die Sensitivität eines Instruments gegenüber einem Risikofaktor des Aktienkursrisikos als Veränderung des gemäß ihrem Bewertungsmodell ermittelten Werts des Instruments infolge einer Verschiebung jeder Komponente des Vektors um einen Basispunkt. [2] Institute nehmen unabhängig von der Anzahl der Komponenten der einzelnen Vektoren eine Aufrechnung der Sensitivitäten gegenüber dem Reposatz-Risikofaktor des gleichen Eigenkapitaltitels vor.

(3) [1] Bei Optionen, deren Basiswerte eine Sensitivität gegenüber dem Aktienkursrisiko aufweisen, wenden Institute als Vega-Risikofaktoren die impliziten Volatilitäten der Aktien-Kassakurse an, die je nach Laufzeit der Eigenmittel-

anforderungen unterliegenden Optionen folgenden Laufzeiten zugeordnet werden: 0,5 Jahre, 1 Jahr, 3 Jahre, 5 Jahre, 10 Jahre. [2]Es gibt keine Eigenmittelanforderungen für das Vega-Risiko von Eigenkapital-Reposätzen.

(4) [1]Bei Optionen, deren Basiswerte eine Sensitivität gegenüber dem Aktienkursrisiko aufweisen, wenden Institute als Krümmungsrisikofaktoren alle Aktien-Kassakurse, unabhängig von der Laufzeit der entsprechenden Optionen, an. [2]Es gibt keine Eigenmittelanforderungen für das Krümmungsrisiko von Eigenkapital-Reposätzen.

Art. 325p Risikofaktoren des Warenpositionsrisikos. (1) Für alle Risikofaktoren des Warenpositionsrisikos gelten die sektoralen Unterklassen gemäß Abschnitt 6.

(2) [1]Bei Instrumenten mit Sensitivität gegenüber dem Warenpositionsrisiko wenden Institute als Delta-Risikofaktoren des Warenpositionsrisikos alle Waren-Kassakurse pro Warenart für jede der folgenden Laufzeiten an: 0,25 Jahre, 0,5 Jahre, 1 Jahr, 2 Jahre, 3 Jahre, 5 Jahre, 10 Jahre, 15 Jahre, 20 Jahre, 30 Jahre. [2]Institute betrachten zwei Rohstoffpreise der gleichen Warenart mit gleicher Laufzeit nur dann als gleichen Risikofaktor, wenn die rechtlichen Bestimmungen in Bezug auf den Lieferort identisch sind.

(3) [1]Bei Optionen, deren Basiswerte eine Sensitivität gegenüber dem Warenpositionsrisiko aufweisen, wenden Institute als Vega-Risikofaktoren des Warenpositionsrisikos die impliziten Volatilitäten der Rohstoffpreise pro Warenart an, die je nach Laufzeit der Eigenmittelanforderungen unterliegenden Optionen folgenden Laufzeiten zugeordnet werden: 0,5 Jahre, 1 Jahr, 3 Jahre, 5 Jahre, 10 Jahre. [2]Institute betrachten Sensitivitäten gegenüber der gleichen Warenart mit der gleichen Laufzeit als einen einzigen Risikofaktor, den sie aufrechnen.

(4) *[1]* [1]Bei Optionen, deren Basiswerte eine Sensitivität gegenüber dem Warenpositionsrisiko aufweisen, wenden Institute als Krümmungsrisikofaktoren des Warenpositionsrisikos einen Satz von Rohstoffpreisen mit unterschiedlichen Laufzeiten pro Warenart an, ausgedrückt als Vektor. [2]Der Vektor enthält für jedes Instrument so viele Komponenten wie Preise für diesen Rohstoff im Bewertungsmodell des Instituts für dieses Instrument als Variablen verwendet werden. [3]Institute nehmen bei den Rohstoffpreisen keine Unterscheidung nach dem Lieferort vor.

[2] [1]Die Sensitivität des Instruments gegenüber jedem in der Krümmungsrisikoformel verwendeten Risikofaktor wird gemäß Artikel 325g berechnet. [2]Für die Zwecke des Krümmungsrisikos betrachten Institute Vektoren mit einer unterschiedlichen Anzahl von Komponenten als gleichen Risikofaktor, sofern sich diese Vektoren auf die gleiche Warenart beziehen.

Art. 325q Risikofaktoren des Fremdwährungsrisikos. (1) [1]Bei Instrumenten mit Sensitivität gegenüber dem Fremdwährungsrisiko wenden Institute als Delta-Risikofaktoren des Fremdwährungsrisikos alle Devisenkassakurse zwischen der Währung, auf die ein Instrument lautet, und der Währung der Rechnungslegung des Instituts an. [2]Es gibt eine Unterklasse pro Währungspaar mit einem einzigen Risikofaktor und einer einzigen Netto-Sensitivität.

(2) [1]Bei Optionen, deren Basiswerte eine Sensitivität gegenüber dem Fremdwährungsrisiko aufweisen, wenden Institute als Vega-Risikofaktoren des Fremdwährungsrisikos die impliziten Volatilitäten der Wechselkurse zwischen den

Währungspaaren gemäß Absatz 1 an. [2]Diese impliziten Volatilitäten der Wechselkurse werden je nach Laufzeit der Eigenmittelanforderungen unterliegenden Optionen folgenden Laufzeiten zugeordnet: 0,5 Jahre, 1 Jahr, 3 Jahre, 5 Jahre, 10 Jahre.

(3) Bei Optionen, deren Basiswerte eine Sensitivität gegenüber dem Fremdwährungsrisiko aufweisen, wenden Institute als Krümmungsrisikofaktoren des Fremdwährungsrisikos die Risikofaktoren nach Absatz 1 an.

(4) Die Institute sind nicht dazu verpflichtet, bei allen Delta-, Vega- und Krümmungsrisikofaktoren des Fremdwährungsrisikos zwischen Onshore- und Offshore-Varianten einer Währung zu unterscheiden.

Unterabschnitt 2. Begriffsbestimmungen von Sensitivitäten

Art. 325r Delta-Risikosensitivitäten. (1) Institute berechnen die Delta-Sensitivitäten gegenüber dem allgemeinen Zinsrisiko wie folgt:

a) Die Sensitivitäten gegenüber Risikofaktoren aus risikofreien Zinssätzen werden wie folgt berechnet:

$$S_{r_{kt}} = \frac{V_i(r_{kt} + 0{,}0001, x, y \ldots) - V_i(r_{kt}, x, y \ldots)}{0{,}0001}$$

dabei gilt:

$S_{r_{kt}}$ = die Sensitivitäten gegenüber Risikofaktoren aus risikofreien Zinssätzen;

r_{kt} = der Satz einer risikofreien Kurve k mit der Laufzeit t;

V_i (.) = die Bewertungsfunktion des Instruments i; und

x,y = andere Risikofaktoren als r_{kt} in der Bewertungsfunktion V_i;

b) die Sensitivitäten gegenüber Risikofaktoren aus Inflationsrisiko und Basis-Währungsrisiko werden wie folgt berechnet:

$$S_{x_j} = \frac{V_i(\bar{x}_{ji} + 0{,}0001\,\bar{I}_m, y, z \ldots) - V_i(\bar{x}_{ji}, y, z \ldots)}{0{,}0001}$$

dabei gilt:

S_{x_j} = die Sensitivitäten gegenüber Risikofaktoren aus Inflationsrisiko und Basis-Währungsrisiko;

$\bar{x}_{ji}$ = ein Vektor mit m Komponenten für die implizite Inflationskurve oder die Währungsbasiskurve einer bestimmten Währung j, wobei m der Anzahl der im Bewertungsmodell des Instruments i verwendeten inflations- oder währungsrelevanten Variablen entspricht;

$\bar{I}_m$ = die Einheitsmatrix der Dimension (1 · m);

V_i (.) = die Bewertungsfunktion des Instruments i; und

y, z = sonstige Variablen des Bewertungsmodells.

(2) Institute berechnen die Delta-Risikosensitivitäten gegenüber dem Kreditspreadrisiko für alle Verbriefungs- und Nicht-Verbriefungspositionen wie folgt:

$$S_{CS_{kt}} = \frac{V_i(CS_{kt} + 0{,}0001, x, y \ldots) - V_i(CS_{kt}, x, y \ldots)}{0{,}0001}$$

dabei gilt:

$S_{CS_{kt}}$ = die Delta-Risikosensitivitäten gegenüber dem Kreditspreadrisiko für alle Verbriefungs- und Nicht-Verbriefungspositionen;

cs_{kt} = der Wert des Kreditspread-Satzes eines Emittenten j bei Fälligkeit t;
V_i (.) = die Bewertungsfunktion des Instruments i; und
x, y = andere Risikofaktoren als cs_{kt} in der Bewertungsfunktion V_i.

(3) Institute berechnen die Delta-Risikosensitivitäten gegenüber dem Aktienkursrisiko wie folgt:

a) Die Sensitivitäten gegenüber den Risikofaktoren aus Eigenkapital-Kassakursen werden wie folgt berechnet:

$$S_k = \frac{V_i(1{,}01\ EQ_k, x, y, \ldots) - V_i(EQ_k, x, y, \ldots)}{0{,}01}$$

dabei gilt:

s_k = die Sensitivitäten gegenüber den Risikofaktoren aus Eigenkapital-Kassakursen;
k = ein spezifischer Eigenkapitaltitel;
EQ_k = der Wert des Kassakurses dieses Eigenkapitaltitels;
V_i (.) = die Bewertungsfunktion des Instruments i; und
x, y = andere Risikofaktoren als EQ_k in der Bewertungsfunktion V_i;

b) die Sensitivitäten gegenüber Risikofaktoren aus Eigenkapital-Reposätzen werden wie folgt berechnet:

$$S_{x_k} = \frac{V_i(\overline{x}_{ki} + 0{,}0001\ \overline{I_m}, y, z \ldots) - V_i(\overline{x}_{ji}, y, z \ldots)}{0{,}0001}$$

dabei gilt:

S_{x_k} = die Sensitivitäten gegenüber Risikofaktoren aus Eigenkapital-Reposätzen;

k = der Index des Eigenkapitals;
$\overline{x}_{ki}$ = ein Vektor mit m Komponenten zur Darstellung der Struktur der Repo-Laufzeit für ein bestimmtes Eigenkapital k, wobei m der Anzahl der im Bewertungsmodell des Instruments i verwendeten Repo-Sätze für verschiedene Laufzeiten entspricht;

$\overline{I_m}$ = die Einheitsmatrix der Dimension (1 · m);

V_i (.) = die Bewertungsfunktion des Instruments i; und

y, z = andere Risikofaktoren als

$\overline{x}_{ki}$

in der Bewertungsfunktion V_i.

(4) Institute berechnen die Delta-Risikosensitivitäten gegenüber dem Warenpositionsrisiko für jeden Risikofaktor k wie folgt:

$$S_k = \frac{V_i(1{,}01\ CTY_k, y, z \ldots) - V_i(CTY_k, y, z \ldots)}{0{,}01}$$

dabei gilt:

s_k = die Delta-Risikosensitivitäten gegenüber dem Warenpositionsrisiko;

k = ein bestimmter Risikofaktor des Warenpositionsrisikos;

CTY_k = der Wert des Risikofaktors k;

V_i (.) = der Marktwert des Instruments i als Funktion des Risikofaktors k; und

y, z = andere Risikofaktoren als CTY_k im Bewertungsmodell des Instruments i.

(5) Institute berechnen die Delta-Risikosensitivitäten gegenüber dem Fremdwährungsrisiko für jeden Risikofaktor k wie folgt:

$$S_k = \frac{V_i(1{,}01\ FX_k, y, z \ldots) - V_i(FX_k, y, z \ldots)}{0{,}01}$$

dabei gilt:

s_k = die Delta-Risikosensitivitäten gegenüber dem Fremdwährungsrisiko;

k = ein bestimmter Risikofaktor des Fremdwährungsrisikos;

FX_k = der Wert des Risikofaktors;

V_i (.) = der Marktwert des Instruments i als Funktion des Risikofaktors k; und

y, z = andere Risikofaktoren als FX_k im Bewertungsmodell des Instruments i.

Art. 325s Vega-Risikosensitivitäten. (1) Institute berechnen die Vega-Risikosensitivitäten einer Option gegenüber einem Risikofaktor k wie folgt:

$$s_k = \frac{V_i(1{,}01 + vol_k, x, y) - V_i(vol_k, x, y)}{0{,}01}$$

dabei gilt:

s_k = die Vega-Risikosensitivität einer Option;
k = ein spezifischer Vega-Risikofaktor aus einer impliziten Volatilität;
vol_k = der als Prozentsatz auszudrückende Wert dieses Risikofaktors; und
x, y = andere Risikofaktoren als vol_k in der Bewertungsfunktion V_i.

(2) [1] Im Falle von Risikokategorien, bei denen die Vega-Risikofaktoren zwar eine Laufzeitdimension haben, die Vorschriften für die Zuordnung der Risikofaktoren aber nicht anwendbar sind, weil die Optionen keine Laufzeit haben, ordnen Institute diese Risikofaktoren der längsten vorgeschriebenen Laufzeit zu. [2] Diese Optionen unterliegen dem Aufschlag für Restrisiken.

(3) [1] Bei anderen Optionen als Strike- oder Barrier-Optionen und bei Optionen mit multiplen Strike- oder Barrier-Möglichkeiten wenden Institute zur Bewertung der Option die intern vom Institut verwendete Zuordnung zu Strikes und Laufzeiten an. [2] Diese Optionen unterliegen ebenfalls dem Aufschlag für Restrisiken.

(4) [1] Institute berechnen kein Vega-Risiko für Verbriefungstranchen des alternativen Korrelationshandelsportfolios gemäß Artikel 325 Absätze 6, 7 und 8, für die es keine implizite Volatilität gibt. [2] Die Eigenmittelanforderungen für Delta-Faktor- und Krümmungsrisiken werden für diese Verbriefungstranchen berechnet.

Art. 325t Anforderungen bezüglich der Berechnung von Sensitivitäten. (1) *[1]* Institute leiten Sensitivitäten unter Verwendung der in diesem Unterabschnitt festgelegten Formeln aus den Bewertungsmodellen des Instituts ab, die als Grundlage für die Meldung von Gewinnen und Verlusten an das höhere Management dienen.

[2] Abweichend von Unterabsatz 1 können die zuständigen Behörden einem Institut, dem die Erlaubnis zur Verwendung des alternativen auf internen Modellen basierenden Ansatzes gemäß Kapitel 1b erteilt worden ist, vorschreiben, bei der Berechnung von Sensitivitäten gemäß diesem Kapitel für die Berechnung und Meldung der Eigenmittelanforderungen für das Marktrisiko gemäß Artikel 430b Absatz 3 die Bewertungsfunktionen des Risikomesssystems ihres auf internen Modellen basierenden Ansatzes zu verwenden.

(2) Institute können bei der Berechnung von Delta-Risikosensitivitäten der Instrumente mit Optionalität nach Artikel 325e Absatz 2 Buchstabe a von konstanten impliziten volatilitätsbedingten Risikofaktoren ausgehen.

(3) Bei der Berechnung von Vega-Risikosensitivitäten der Instrumente mit Optionalität nach Artikel 325e Absatz 2 Buchstabe b gelten die folgenden Anforderungen:

a) Institute gehen bei dem allgemeinen Zinsrisiko und dem Kreditspreadrisiko für jede Währung davon aus, dass der Basiswert der volatilitätsbedingten Risikofaktoren, für die das Vega-Risiko berechnet wird, bei den für diese

Instrumente verwendeten Bewertungsmodellen entweder einer Lognormal- oder einer Normalverteilung folgt;

b) Institute gehen bei dem Aktienkursrisiko, dem Warenpositionsrisiko und dem Fremdwährungsrisiko davon aus, dass der Basiswert der volatilitätsbedingten Risikofaktoren, für die das Vega-Risiko berechnet wird, bei den für diese Instrumente verwendeten Bewertungsmodellen einer Lognormalverteilung folgt.

(4) Institute berechnen alle Sensitivitäten mit Ausnahme der Sensitivitäten gegenüber Anpassungen der Kreditbewertung (CVA).

(5) Abweichend von Absatz 1 kann ein Institut vorbehaltlich der Erlaubnis der zuständigen Behörden bei der Berechnung der Eigenmittelanforderungen für eine Handelsbuchposition gemäß diesem Kapitel alternative Begriffsbestimmungen für Delta-Risikosensitivitäten verwenden, sofern es alle folgenden Voraussetzungen erfüllt:

a) Diese alternativen Begriffsbestimmungen werden für das interne Risikomanagement und zur Meldung von Gewinnen und Verlusten an das höhere Management durch eine unabhängige Abteilung 'Risikoüberwachung' innerhalb des Instituts verwendet;

b) das Institut weist nach, dass sich mit diesen alternativen Begriffsbestimmungen die Sensitivitäten für die Position besser erfassen lassen als mit den in diesem Unterabschnitt festgelegten Formeln und dass sich die daraus ergebenden Sensitivitäten nicht wesentlich von diesen Formeln unterscheiden.

(6) Abweichend von Absatz 1 kann ein Institut vorbehaltlich der Erlaubnis der zuständigen Behörden bei der Berechnung der Eigenmittelanforderungen für eine Handelsbuchposition gemäß diesem Kapitel Vega-Sensitivitäten auf der Grundlage einer linearen Transformation der alternativen Begriffsbestimmungen für Sensitivitäten berechnen, sofern es die beiden folgenden Voraussetzungen erfüllt:

a) Diese alternativen Begriffsbestimmungen werden für das interne Risikomanagement und die Meldung von Gewinnen und Verlusten an das höhere Management durch eine unabhängige Abteilung 'Risikoüberwachung' innerhalb des Instituts verwendet;

b) das Institut weist nach, dass sich mit diesen alternativen Begriffsbestimmungen die Sensitivitäten für die Position besser erfassen lassen als mit den in diesem Unterabschnitt festgelegten Formeln, und dass die lineare Transformation nach Unterabsatz 1 eine Vega-Risikosensitivität widerspiegelt.

Abschnitt 4. Aufschlag für Restrisiken

Art. 325u Eigenmittelanforderungen für Restrisiken. (1) Neben den Eigenmittelanforderungen für das Marktrisiko gemäß Abschnitt 2 wenden Institute auf Instrumente, die gemäß diesem Artikel Restrisiken ausgesetzt sind, zusätzliche Eigenmittelanforderungen an.

(2) Es ist davon auszugehen, dass Instrumente Restrisiken ausgesetzt sind, wenn eine der folgenden Voraussetzungen erfüllt ist:

a) Das Instrument nutzt als Referenz einen exotischen Basiswert, d.h. – für die Zwecke dieses Kapitels – ein Handelsbuchinstrument nutzt als Referenz eine zugrunde liegende Risikoposition, die nicht unter die Behandlung für das

Delta-Faktor-, Vega- oder Krümmungsrisiko gemäß der sensitivitätsgestützten Methode nach Abschnitt 2 oder die Eigenmittelanforderungen für das Ausfallrisiko nach Abschnitt 5 fällt;

b) es handelt sich um ein Instrument, das anderen Restrisiken unterliegt, d.h. – für die Zwecke dieses Kapitels – es handelt sich um eines der folgenden Instrumente:

i) Instrumente, die gemäß der sensitivitätsgestützten Methode nach Abschnitt 2 Eigenmittelanforderungen für das Vega- und Krümmungsrisiko unterliegen und Erträge generieren, die nicht als endliche lineare Kombination von Plain-Vanilla-Optionen mit einem einzigen zugrunde liegenden Aktienkurs, Rohstoffpreis, Wechselkurs, Anleihekurs, Kreditausfallswapkurs oder Zinsswap repliziert werden können;

ii) Instrumente, die in das alternative Korrelationshandelsportfolio gemäß Artikel 325 Absatz 6 einbezogene Positionen sind; in dieses alternative Korrelationshandelsportfolio gemäß Artikel 325 Absatz 8 einbezogene Absicherungen werden nicht berücksichtigt.

(3) Institute berechnen die zusätzlichen Eigenmittelanforderungen nach Absatz 1 als Summe des Brutto-Nominalwerts der Instrumente nach Absatz 2, multipliziert mit folgenden Risikogewichten:

a) 1,0 % im Fall von Instrumenten nach Absatz 2 Buchstabe a;

b) 0,1 % im Fall von Instrumenten nach Absatz 2 Buchstabe b.

(4) Abweichend von Absatz 1 wenden die Institute keine Eigenmittelanforderungen für Restrisiken auf Instrumente an, die eine der folgenden Voraussetzungen erfüllen:

a) Das Instrument ist an einer anerkannten Börse notiert;

b) das Instrument kommt für ein zentrales Clearing gemäß der Verordnung (EU) Nr. 648/2012 in Betracht;

c) das Instrument gleicht das Marktrisiko einer anderen Position im Handelsbuch vollständig aus; in diesem Fall werden diese beiden völlig kongruenten Handelsbuchpositionen von den Eigenmittelanforderungen für Restrisiken ausgenommen.

(5) *[1]* Die EBA arbeitet Entwürfe technischer Regulierungsstandards aus, in denen festgelegt wird, was ein exotischer Basiswert ist und welche Instrumente für die Zwecke von Absatz 2 als Instrumente gelten, die Restrisiken ausgesetzt sind.

[2] Bei der Ausarbeitung dieser Entwürfe technischer Regulierungsstandards prüft die EBA zumindest, ob Langlebigkeitsrisiko, Wetter, Naturkatastrophen und künftig realisierte Volatilität als exotische Basiswerte betrachtet werden sollten.

[3] Die EBA übermittelt der Kommission diese Entwürfe technischer Regulierungsstandards bis zum 28. Juni 2021.

[4] Der Kommission wird die Befugnis übertragen, die in Unterabsatz 1 genannten technischen Regulierungsstandards gemäß den Artikeln 10 bis 14 der Verordnung (EU) Nr. 1093/2010 zur Ergänzung dieser Verordnung zu erlassen.

Abschnitt 5. Eigenmittelanforderungen für das Ausfallrisiko

Art. 325v Begriffsbestimmungen und allgemeine Bestimmungen.

(1) Für die Zwecke dieses Abschnitts bezeichnet der Ausdruck

a) 'Short-Risikoposition' eine Position, die bei Ausfall eines Emittenten oder einer Gruppe von Emittenten unabhängig von der Art des Instruments oder Geschäfts, aus dem diese Risikoposition entsteht, zu einem Gewinn für das Institut führt;

b) 'Long-Risikoposition' eine Position, die bei Ausfall eines Emittenten oder einer Gruppe von Emittenten unabhängig von der Art des Instruments oder Geschäfts, aus dem diese Risikoposition entsteht, zu einem Verlust für das Institut führt;

c) 'Jump-to-Default-Bruttobetrag' oder 'JTD-Bruttobetrag, den geschätzten Umfang des Verlusts oder Gewinns, den der Ausfall des Schuldners in einer bestimmten Risikoposition bewirken würde;

d) 'Jump-to-Default-Nettobetrag' oder 'JTD-Nettobetrag' den geschätzten Umfang des Verlusts oder Gewinns, der einem Institut aufgrund des Ausfalls eines Schuldners nach Aufrechnung der JTD-Bruttobeträge entstehen würde;

e) 'Verlustquote bei Ausfall' oder 'LGD' die Verlustquote bei Ausfall des Schuldners in Bezug auf ein von diesem Schuldner begebenes Instrument, ausgedrückt als Anteil am Nominalbetrag des Instruments;

f) 'Ausfallrisikogewicht' die in Prozent angegebene, geschätzte Ausfallwahrscheinlichkeit der einzelnen Schuldner entsprechend ihrer Bonität.

(2) [1] Eigenmittelanforderungen für das Ausfallrisiko gelten für Schuldtitel und Eigenkapitalinstrumente, Derivate, denen solche Instrumente zugrunde liegen, und Derivate, deren Erträge oder beizulegenden Zeitwerte bei Ausfall eines anderen Schuldners als der Gegenpartei des Derivats selbst beeinträchtigt werden. [2] Institute berechnen die Anforderungen für das Ausfallrisiko für jede der folgenden Arten von Instrumenten getrennt: Nicht-Verbriefungspositionen, Verbriefungspositionen, die nicht in das alternative Korrelationshandelsportfolio einbezogen wurden, und Verbriefungspositionen, die in das alternative Korrelationshandelsportfolio einbezogen wurden. [3] Die endgültigen von einem Institut anzuwendenden Eigenmittelanforderungen für das Ausfallrisiko ergeben sich aus der Summe dieser drei Komponenten.

Unterabschnitt 1. Eigenmittelanforderungen für das Ausfallrisiko bei Nicht-Verbriefungspositionen

Art. 325w Jump-to-Default-Bruttobeträge. (1) Institute berechnen die JTD-Bruttobeträge für jede Long-Risikoposition in Schuldtiteln wie folgt:

$$JTD_{long} = \max \{LGD\ V_{notional} + P\&L_{long} + Adjustment_{long}; 0\}$$

dabei gilt:

JTD_{long}	=	der JTD-Bruttobetrag für die Long-Risikoposition;
$V_{notional}$	=	der Nominalbetrag des Instruments;
$P\&L_{long}$	=	ein Term für die Anpassung von Gewinnen oder Verlusten, die das Institut durch Änderungen des beizulegenden Zeitwerts des Instruments, das die Long-Risikoposition begründet, bereits einbezogen hat; Gewinne erhalten in der

Formel ein positives, Verluste ein negatives Vorzeichen; und

$Adjustment_{long}$ = der Betrag, um den der Verlust des Instituts aufgrund der Struktur des Derivats im Falle eines Ausfalls im Vergleich zu einem vollständigen Verlust des zugrunde liegenden Instruments steigen oder sinken würde; ein gestiegener Betrag erhält im $Adjustment_{long}$-Term ein positives, ein gesunkener Betrag ein negatives Vorzeichen.

(2) Institute berechnen die JTD-Bruttobeträge für jede Short-Risikoposition in Schuldtiteln wie folgt:

$$JTD_{short} = \min \{LGD\ V_{notional} + P\&L_{short} + Adjustment_{short}; 0\}$$

dabei gilt:

JTD_{short} = der JTD-Bruttobetrag für die Short-Risikoposition;

$V_{notional}$ = der Nominalbetrag des Instruments, der in der Formel ein negatives Vorzeichen erhält;

$P\&L_{short}$ = ein Term für die Anpassung von Gewinnen oder Verlusten, die das Institut durch Änderungen des beizulegenden Zeitwerts des Instruments, das die Short-Risikoposition begründet, bereits einbezogen hat; Gewinne erhalten in der Formel ein positives, Verluste ein negatives Vorzeichen; und

$Adjustment_{short}$ = der Betrag, um den der Verlust des Instituts aufgrund der Struktur des Derivats im Falle eines Ausfalls im Vergleich zu einem vollständigen Verlust des zugrunde liegenden Instruments steigen oder sinken würde; ein gesunkener Betrag erhält im $Adjustment_{short}$-Term ein positives, ein gestiegener Betrag ein negatives Vorzeichen.

(3) Für die Zwecke der Berechnung gemäß den Absätzen 1 und 2 wenden Institute auf Schuldtitel die folgenden LGD an:

a) Risikopositionen in nicht vorrangigen Schuldtiteln erhalten eine LGD von 100 %;

b) Risikopositionen in vorrangigen Schuldtiteln erhalten eine LGD von 75 %;

c) Risikopositionen in gedeckten Schuldverschreibungen nach Artikel 129 erhalten eine LGD von 25 %.

(4) Für die Zwecke der Berechnungen nach den Absätzen 1 und 2 werden die Nominalbeträge wie folgt ermittelt:

a) Im Fall von Schuldtiteln entspricht der Nominalbetrag dem Nennwert des Schuldtitels;

b) im Fall von Derivaten, denen eine Schuldverschreibung zugrunde liegt, entspricht der Nominalbetrag dem Nominalbetrag des Derivats.

(5) Für Risikopositionen in Eigenkapitalinstrumenten berechnen Institute die JTD-Bruttobeträge nicht anhand der in den Absätzen 1 und 2 genannten Formeln, sondern wie folgt:

$$JTD_{long} = \min \{LGD \cdot V + P\&L_{long} + Adjustment_{long}; 0\}$$
$$JTD_{short} = \min \{LGD \cdot V + P\&L_{short} + Adjustment_{short}; 0\}$$

dabei gilt:

JTD_{long} = der JTD-Bruttobetrag für die Long-Risikoposition;

JTD_{short} = der JTD-Bruttobetrag für die Short-Risikoposition; und

V = der beizulegende Zeitwert des Eigenkapitals oder im Falle von Derivaten mit zugrunde liegenden Eigenkapitaltiteln der beizulegende Zeitwert des zugrunde liegenden Eigenkapitaltitels des Derivats.

(6) Institute weisen Eigenkapitalinstrumenten für die Zwecke der Berechnung nach Absatz 5 eine LGD von 100 % zu.

(7) Im Fall von Risikopositionen mit Ausfallrisiko in Derivaten, deren Auszahlungen bei Ausfall des Schuldners nicht im Zusammenhang mit dem Nominalbetrag eines spezifischen, von diesem Schuldner begebenen Instruments oder der LGD des Schuldners oder einem von diesem Schuldner begebenen Instrument stehen, verwenden Institute alternative Methoden, um die JTD-Bruttobeträge zu schätzen.

(8) *[1]* [1] Die EBA arbeitet Entwürfe technischer Regulierungsstandards aus, in denen Folgendes festgelegt wird:

a) Wie Institute die JTD-Beträge für verschiedene Arten von Instrumenten gemäß diesem Artikel berechnen müssen;

b) welche alternative Methoden Institute verwenden müssen, um die JTD-Bruttobeträge nach Absatz 7 zu schätzen;

c) die Nominalbeträge von Instrumenten außer den in Absatz 4 Buchstaben a und b genannten.

[2] Die EBA übermittelt der Kommission diese Entwürfe technischer Regulierungsstandards bis zum 28. Juni 2021.

[3] Der Kommission wird die Befugnis übertragen, die in Unterabsatz 1 genannten technischen Regulierungsstandards gemäß den Artikeln 10 bis 14 der Verordnung (EU) Nr. 1093/2010 zur Ergänzung dieser Verordnung zu erlassen.

Art. 325x Jump-to-Default-Nettobeträge. (1) [1] Institute berechnen die JTD-Nettobeträge durch Aufrechnung der JTD-Bruttobeträge von Short-Risikopositionen und Long-Risikopositionen. [2] Eine Aufrechnung ist nur zwischen Risikopositionen gegenüber demselben Schuldner möglich, wenn die Short-Risikopositionen den gleichen Rang wie die Long-Risikopositionen oder einen niedrigeren Rang als die Long-Risikopositionen haben.

(2) Die Aufrechnung wird je nach Laufzeiten der aufzurechnenden Risikopositionen vollständig oder teilweise vorgenommen:

a) Eine vollständige Aufrechnung erfolgt, wenn alle Risikopositionen Laufzeiten von mindestens einem Jahr haben;

b) eine teilweise Aufrechnung erfolgt, wenn mindestens eine der aufzurechnenden Risikopositionen eine Laufzeit von weniger als einem Jahr hat; in diesem Fall wird die Höhe des JTD-Betrags jeder Risikoposition mit einer Laufzeit von weniger als einem Jahr mit dem Verhältnis zwischen der Laufzeit der Risikoposition und einem Jahr multipliziert.

(3) [1] Wenn keine Aufrechnung möglich ist, werden die JTD-Bruttobeträge bei Risikopositionen mit einer Laufzeit von mindestens einem Jahr mit den

JTD-Nettobeträgen gleichgesetzt. [2]JTD-Bruttobeträge mit einer Laufzeit von weniger als einem Jahr werden für die Berechnung der JTD-Nettobeträge mit dem Verhältnis zwischen der Laufzeit der Risikoposition und einem Jahr bei einer Untergrenze von drei Monaten multipliziert.

(4) [1]Für die Zwecke der Absätze 2 und 3 werden die Laufzeiten der Derivatkontrakte, nicht die Laufzeiten ihrer Basiswerte, betrachtet. [2]Beteiligungspositionen in Barmitteln wird nach Ermessen des Instituts eine Laufzeit von entweder einem Jahr oder von drei Monaten zugewiesen.

Art. 325y Berechnung der Eigenmittelanforderungen für das Ausfallrisiko. (1) Die JTD-Nettobeträge werden unabhängig von der Art der Gegenpartei mit den ihrer Bonität entsprechenden, in Tabelle 2 spezifizierten Ausfallrisikogewichten multipliziert:

Tabelle 2

Bonitätskategorie	Ausfallrisikogewicht
Bonitätsstufe 1	0,5 %
Bonitätsstufe 2	3 %
Bonitätsstufe 3	6 %
Bonitätsstufe 4	15 %
Bonitätsstufe 5	30 %
Bonitätsstufe 6	50 %
Nicht bewertet	15 %
Ausgefallen	100 %

(2) Risikopositionen, denen gemäß dem Standardansatz für das Kreditrisiko gemäß Titel II Kapitel 2 ein Risikogewicht von 0 % zugewiesen würde, erhalten bezüglich der Eigenmittelanforderungen für das Ausfallrisiko ein Risikogewicht von 0 %.

(3) Der gewichtete Netto-JTD wird in folgende Unterklassen eingeteilt: Unternehmen, Staaten und Gebietskörperschaften/Kommunen.

(4) *[1]* Die gewichteten JTD-Nettobeträge werden innerhalb jeder Unterklasse nach folgender Formel aggregiert:

| $DRC_b = \max\{(\Sigma_{i \in long} RW_i \cdot \text{net } JTD_i)\ WtS \cdot (\Sigma_{i \in short} RW_i\,|\text{net } JTD_i|);\ 0\}$

dabei gilt:

DRC_b = die Eigenmittelanforderung für das Ausfallrisiko für Unterklasse b;
i = der Index eines Instruments der Unterklasse b;
RW_i = das Risikogewicht; und
WtS = eine Quote zur Berücksichtigung der Vorteile von Sicherungsbeziehungen innerhalb einer Unterklasse, berechnet wie folgt:

$$WtS = \frac{\sum netJTD_{long}}{\sum netJTD_{long} + \sum \left| netJTD_{short} \right|}$$

[2] Für die Zwecke der Berechnung von DRC_b und WtS werden die Kauf- und Verkaufspositionen für alle Positionen einer Unterklasse unabhängig von der Bonitätsstufe der betreffenden Positionen zu unterklassespezifischen Eigenmittelanforderungen für das Ausfallrisiko aggregiert.

(5) Die endgültige Eigenmittelanforderung für das Ausfallrisiko bei Nicht-Verbriefungspositionen wird als einfache Summe der Eigenmittelanforderungen auf Ebene der Unterklasse berechnet.

Unterabschnitt 2. Eigenmittelanforderungen für das Ausfallrisiko bei nicht in das alternative Korrelationshandelsportfolio einbezogenen Verbriefungspositionen

Art. 325z Jump-to-Default-Beträge. (1) Die Jump-to-Default-Bruttobeträge für Verbriefungspositionen sind ihre Marktwerte oder, wenn sich ihre Marktwerte nicht ermitteln lassen, ihre gemäß dem geltenden Rechnungslegungsrahmen bestimmten beizulegenden Zeitwerte.

(2) [1] Die Jump-to-Default-Nettobeträge werden durch Aufrechnung der Jump-to-Default-Bruttobeträge von Kaufpositionen und der Jump-to-Default-Bruttobeträge von Verkaufspositionen bestimmt. [2] Eine Aufrechnung ist nur zwischen Verbriefungspositionen möglich, denen die gleichen Aktiva-Pools zugrunde liegen und die zu derselben Tranche gehören. [3] Nicht zulässig ist die Aufrechnung zwischen Verbriefungspositionen mit unterschiedlichen zugrunde liegenden Aktiva-Pools, selbst wenn der untere und der obere Tranchierungspunkt gleich sind.

(3) Wenn durch Aufschlüsselung oder Kombination bestehender Verbriefungspositionen andere bestehende Verbriefungspositionen – mit Ausnahme der Laufzeitdimension – perfekt nachgebildet werden können, dürfen für die Zwecke der Aufrechnung anstelle der bestehenden Verbriefungspositionen die Risikopositionen verwendet werden, die sich aus dieser Aufschlüsselung oder Kombination ergeben.

(4) [1] Wenn durch Aufschlüsselung oder Kombination bestehender Risikopositionen in zugrunde liegenden Referenzwerten die gesamte Tranchenstruktur einer bestehenden Verbriefungsposition perfekt nachgebildet werden kann, dürfen für die Zwecke der Aufrechnung anstelle der bestehenden Verbriefungspositionen die Risikopositionen verwendet werden, die sich aus dieser Aufschlüsselung oder Kombination ergeben. [2] Wenn zugrunde liegende Referenzwerte auf diese Weise genutzt werden, werden sie bei der Behandlung der Ausfallrisiken von Nicht-Verbriefungspositionen nicht mehr berücksichtigt.

(5) [1] Artikel 325x gilt sowohl für bestehende Verbriefungspositionen als auch für gemäß Absatz 3 oder 4 des vorliegenden Artikels verwendete Verbriefungspositionen. [2] Die relevanten Laufzeiten sind die Laufzeiten der Verbriefungstranchen.

Art. 325aa Berechnung der Eigenmittelanforderung für das Ausfallrisiko bei Verbriefungspositionen. (1) Die JTD-Nettobeträge von Verbriefungspositionen werden mit 8 % des Risikogewichts der einschlägigen Verbriefungsposition, einschließlich STS-Verbriefungen, im Anlagebuch gemäß der Rangfolge der Ansätze gemäß Titel II Kapitel 5 Abschnitt 3 multipliziert, und zwar unabhängig von der Art der Gegenpartei.

(2) Für alle Tranchen, deren Risikogewichte nach SEC-IRBA und SEC-ERBA berechnet werden, wird eine Laufzeit von einem Jahr angewendet.

(3) Die risikogewichteten JTD-Beträge der einzelnen Barverbriefungspositionen können den beizulegenden Zeitwert der Position nicht überschreiten.

(4) *[1]* Die risikogewichteten JTD-Nettobeträge werden folgenden Unterklassen zugeordnet:

a) einer gemeinsamen Unterklasse für alle Unternehmen, unabhängig von der Region;

b) 44 unterschiedlichen Unterklassen mit jeweils einer Unterklasse pro Region für jede der elf in Unterabsatz 2 definierten Anlageklassen.

[2] [1] Für die Zwecke des Unterabsatzes 1 sind die elf Anlageklassen ABCP, Kfz-Darlehen und -Leasings, durch private Wohnimmobilien besicherte Wertpapiere (RMBS), Kreditkarten, durch Gewerbeimmobilien besicherte Wertpapiere (CMBS), durch einen Anleihepool besicherte Wertpapiere, quadrierte forderungsbesicherte Schuldverschreibungen (CDO-squared), Darlehen an kleine und mittlere Unternehmen (KMU), Studiendarlehen, sonstige Privat- und sonstige Großkundenkredite. [2] Die vier Regionen sind Asien, Europa, Nordamerika und übrige Welt.

(5) [1] Institute nehmen die Zuordnung von Verbriefungspositionen zu einer Unterklasse anhand einer marktüblichen Klassifizierung vor. [2] Institute ordnen jede Verbriefungsposition nur einer der in Absatz 4 genannten Unterklassen zu. [3] Verbriefungspositionen, die ein Institut keiner Unterklasse für eine Anlageklasse oder Region zuordnen kann, werden den Kategorien 'sonstige Privatkredite' oder 'sonstige Großkundenkredite' bzw. der Region 'übrige Welt' zugeordnet.

(6) Gewichtete JTD-Nettobeträge werden innerhalb jeder Unterklasse gemäß der Formel nach Artikel 325y Absatz 4 in gleicher Weise wie beim Ausfallrisiko von Nicht-Verbriefungspositionen zu einer Eigenmittelanforderung für das Ausfallrisiko jeder Unterklasse aggregiert.

(7) Die endgültige Eigenmittelanforderung für das Ausfallrisiko von nicht in das alternative Korrelationshandelsportfolio einbezogenen Verbriefungspositionen wird als einfache Summe der Eigenmittelanforderungen auf Ebene der Unterklasse berechnet.

Unterabschnitt 3. Eigenmittelanforderungen für das Ausfallrisiko bei in das alternative Korrelationshandelsportfolio einbezogenen Verbriefungspositionen

Art. 325ab Geltungsbereich. (1) [1] Für das alternative Korrelationshandelsportfolio umfassen die Eigenmittelanforderungen das Ausfallrisiko bei Verbriefungspositionen und Absicherungen, die keine Verbriefungsposition darstellen. [2] Diese Absicherungen werden bei den Berechnungen des Ausfallrisikos bei Nicht-Verbriefungspositionen nicht berücksichtigt. [3] Es werden keine Diversifizierungsvorteile zwischen den Eigenmittelanforderungen für das Ausfallrisiko bei Nicht-Verbriefungspositionen, den Eigenmittelanforderungen für das Ausfallrisiko bei nicht in das alternative Korrelationshandelsportfolio einbezogenen Verbriefungspositionen und den Eigenmittelanforderungen für das Ausfallrisiko bei in das alternative Korrelationshandelsportfolio einbezogenen Verbriefungspositionen gewährt.

(2) Bei gehandelten Kredit- und Eigenkapitalderivaten, die keine Verbriefungsposition darstellen, werden die JTD-Beträge für die einzelnen Komponenten anhand des Transparenzansatzes bestimmt.

Art. 325ac Jump-to-Default-Beträge für das alternative Korrelationshandelsportfolio. (1) Für die Zwecke dieses Artikels bedeutet

a) 'Aufschlüsselung anhand eines Bewertungsmodells', dass eine Einzeladressen-Komponente einer Verbriefungsposition als Differenz zwischen dem uneingeschränkten Wert der Verbriefungsposition und dem eingeschränkten Wert der Verbriefungsposition unter der Annahme einer Verlustquote von 100 % bei Ausfall der Einzeladresse bewertet wird;
b) 'Replikation' die Kombination einzelner Verbriefungsindextranchen zur Nachbildung einer anderen Tranche der gleichen Indexreihe oder einer nicht tranchierten Position in der Indexreihe;
c) 'Aufschlüsselung' die Replikation eines Index durch eine Verbriefungsposition, deren zugrunde liegenden Risikopositionen im Pool mit den Einzeladressen-Risikopositionen, aus denen sich der Index zusammensetzt, identisch sind.

(2) Die JTD-Bruttobeträge für Verbriefungspositionen und Nicht-Verbriefungspositionen des alternativen Korrelationshandelsportfolios sind ihre Marktwerte oder, wenn sich ihre Marktwerte nicht ermitteln lassen, ihre gemäß dem geltenden Rechnungslegungsrahmen bestimmten beizulegenden Zeitwerte.

(3) [1] N-te-Ausfall-Produkte werden als tranchierte Produkte mit dem folgenden unteren und oberen Tranchierungspunkt behandelt:

a) unterer Tranchierungspunkt = (N – 1) / Gesamtadressen;
b) oberer Tranchierungspunkt = N / Gesamtadressen;
dabei bezeichnet 'Gesamtadressen' die Gesamtzahl der Adressen des zugrunde liegenden Korbs oder Pools.

(4) [1] Die JTD-Nettobeträge werden durch Aufrechnung der JTD-Bruttobeträge von Kaufpositionen und der JTD-Bruttobeträge von Verkaufspositionen bestimmt. [2] Eine Aufrechnung ist nur zwischen Risikopositionen möglich, die abgesehen von der Laufzeit völlig identisch sind. [3] Eine Aufrechnung ist nur wie folgt möglich:

a) Bei Indizes, Indextranchen und maßgeschneiderten Tranchen ist eine Aufrechnung zwischen Laufzeiten derselben Indexfamilie, -reihe und -tranche vorbehaltlich der Bestimmungen für Risikopositionen mit einer Laufzeit von weniger als einem Jahr gemäß Artikel 325x möglich; JTD-Bruttobeträge von Kaufpositionen und JTD-Bruttobeträge von Verkaufspositionen, die perfekte Replikationen voneinander sind, können durch Aufschlüsselung in gleichwertige Einzeladressen-Risikopositionen anhand eines Bewertungsmodells aufgerechnet werden; in solchen Fällen wird die Summe der JTD-Bruttobeträge der durch Aufschlüsselung erhaltenen gleichwertigen Einzeladressen-Risikopositionen mit dem JTD-Bruttobetrag der nicht aufgeschlüsselten Risikoposition gleichgesetzt;

b) bei Wiederverbriefungen oder Derivaten auf Verbriefungspositionen ist eine Aufrechnung durch Aufschlüsselung gemäß Buchstabe a nicht zulässig;

c) bei Indizes und Indextranchen ist eine Aufrechnung zwischen Laufzeiten derselben Indexfamilie, -reihe und -tranche durch Replikation oder durch Aufschlüsselung möglich; wenn die Long- und die Short-Risikopositionen abgesehen von einer Restkomponente gleichwertig sind, ist eine Aufrechnung zulässig und spiegelt der JTD-Nettobetrag das Restrisiko wider;

d) unterschiedliche Tranchen derselben Indexreihe, unterschiedliche Reihen desselben Index und unterschiedliche Indexfamilien dürfen nicht gegeneinander aufgerechnet werden.

Art. 325ad Berechnung der Eigenmittelanforderungen für das Ausfallrisiko des alternativen Korrelationshandelsportfolios. (1) JTD-Nettobeträge werden

a) bei tranchierten Produkten mit den Ausfallrisikogewichten entsprechend ihrer Bonität gemäß Artikel 325y Absätze 1 und 2 multipliziert;

b) bei nicht tranchierten Produkten mit den Ausfallrisikogewichten gemäß Artikel 325aa Absatz 1 multipliziert.

(2) Risikogewichtete JTD-Nettobeträge werden Unterklassen zugewiesen, die einem Index entsprechen.

(3) Gewichtete JTD-Nettobeträge werden innerhalb jeder Unterklasse nach folgender Formel berechnet:

$$DRC_b = \max\{(\Sigma_{i \in long} RW_i \cdot net\,JTD_i) - WtS_{ACTP} \cdot (\Sigma_{i \in short} RW_i \cdot |net\,JTD_i|);\ 0\}$$

dabei gilt:

DRC_b	=	die Eigenmittelanforderung für das Ausfallrisiko für Unterklasse b;
i	=	ein Instrument der Unterklasse b; und
WtS_{ACTP}	=	die Quote zur Berücksichtigung der Vorteile von Sicherungsbeziehungen innerhalb einer Unterklasse, berechnet gemäß der WtS-Formel nach Artikel 325y Absatz 4, wobei allerdings nicht nur die Positionen der entsprechenden Unterklasse, sondern die Kaufpositionen und Verkaufspositionen des gesamten alternativen Korrelationshandelsportfolios verwendet werden.

(4) Institute berechnen die Eigenmittelanforderungen für das Ausfallrisiko des alternativen Korrelationshandelsportfolios nach folgender Formel:

$$DRC_{ACTP} = \max\left\{\sum_b \max[DRC_b, 0] + 0{,}5 \cdot (\min[DRC_b, 00]);0)\right\}$$

dabei gilt:

DRC_{ACTP}	=	die Eigenmittelanforderung für das Ausfallrisiko des alternativen Korrelationshandelsportfolios; und
DRC_b	=	die Eigenmittelanforderung für das Ausfallrisiko für die Unterklasse b.

Abschnitt 6. Risikogewichte und Korrelationen

Unterabschnitt 1. Risikogewichte und Korrelationen für das Delta-Faktor-Risiko

Art. 325ae Risikogewichte für das allgemeine Zinsrisiko. (1) Für Währungen, die nicht in die liquideste Währungsunterkategorie gemäß Artikel 325bd Absatz 7 Buchstabe b aufgenommen sind, werden die Risikogewichte der Sensitivitäten gegenüber Risikofaktoren des risikolosen Zinssatzes für jede Unterklasse in Tabelle 3 gemäß dem delegierten Rechtsakt nach Artikel 461a spezifiziert.

Tabelle 3

Unterklasse	Laufzeit
1	0,25 Jahre
2	0,5 Jahre
3	1 Jahr
4	2 Jahre
5	3 Jahre
6	5 Jahre
7	10 Jahre
8	15 Jahre
9	20 Jahre
10	30 Jahre

(2) Ein gemeinsames Risikogewicht für alle Sensitivitäten gegenüber Risikofaktoren des Inflationsrisikos sowie des Basis-Währungsrisikos wird in dem delegierten Rechtsakt nach Artikel 461a spezifiziert.

(3) Für die Währungen, die in die liquideste Währungsunterkategorie gemäß Artikel 325bd Absatz 7 Buchstabe b aufgenommen sind, und die Landeswährung des Instituts gelten die Risikogewichte der Risikofaktoren des risikolosen Zinssatzes gemäß Tabelle 3, geteilt durch $\sqrt{2}$.

Art. 325af Innerhalb der Unterklasse anwendbare Korrelationen des allgemeinen Zinsrisikos. (1) Zwischen zwei gewichteten Sensitivitäten gegenüber Risikofaktoren des allgemeinen Zinsrisikos WS_k und WS_l der gleichen Unterklasse und mit gleicher zugeordneter Laufzeit, aber mit unterschiedlichen Kurven gilt eine Korrelation ρ_{kl} von 99,90 %.

(2) Zwischen zwei gewichteten Sensitivitäten gegenüber Risikofaktoren des allgemeinen Zinsrisikos WS_k und WS_l der gleichen Unterklasse mit gleicher Kurve, aber unterschiedlichen Laufzeiten wird die Korrelation gemäß folgender Formel berechnet:

$$\max\left[e^{\left(-\vartheta\cdot\frac{|T_k - T_l|}{\min\{T_k;T_l\}}\right)};\ 40\ \%\right]$$

dabei gilt:

T_k (bzw. T_l) = die Laufzeit bezüglich des risikofreien Zinssatzes;
ϑ = 3 %.

(3) Zwischen zwei gewichteten Sensitivitäten gegenüber Risikofaktoren des allgemeinen Zinsrisikos WS_k und WS_l der gleichen Unterklasse mit unterschiedlichen Kurven und unterschiedlichen Laufzeiten entspricht die Korrelation ρ_{kl} dem Korrelationsparameter nach Absatz 2, multipliziert mit 99,90 %.

(4) Zwischen jeder gewichteten Sensitivität gegenüber Risikofaktoren des allgemeinen Zinsrisikos WS_k und jeder gewichteten Sensitivität gegenüber Risikofaktoren des Inflationsrisikos WS_l gilt eine Korrelation von 40 %.

(5) Zwischen jeder gewichteten Sensitivität gegenüber Risikofaktoren des Basis-Währungsrisikos WS_k und jeder gewichteten Sensitivität gegenüber Risikofaktoren des allgemeinen Zinsrisikos WS_l, einschließlich eines weiteren Risikofaktors des Basis-Währungsrisikos, gilt eine Korrelation von 0 %.

Art. 325ag Über Unterklassen hinweg anwendbare Korrelationen des allgemeinen Zinsrisikos. (1) Zur Aggregation von Risikofaktoren verschiedener Unterklassen wird der Parameter γ_{bc} = 50 % angewandt.

(2) Zur Aggregation eines Risikofaktors des Zinsrisikos in einer Währung nach Artikel 325av Absatz 3 und eines Risikofaktors des Zinsrisikos in Euro wird der Parameter γ_{bc} = 80 % angewandt.

Art. 325ah Risikogewichte des Kreditspreadrisikos bei Nicht-Verbriefungspositionen. (1) Für alle Laufzeiten (0,5 Jahre, 1 Jahr, 3 Jahre, 5 Jahre, 10 Jahre) gelten die gleichen Risikogewichte für die Sensitivitäten gegenüber Kreditspreadrisikofaktoren bei Nicht-Verbriefungspositionen innerhalb jeder Unterklasse in Tabelle 4:

Tabelle 4

Unterklasse	Bonität	Sektor	Risikogewicht (Prozentpunkte)
1	alle	Zentralstaat, einschließlich Zentralbanken, eines Mitgliedstaats	0,50 %
2	Bonitätsstufe 1 bis 3	Zentralstaat, einschließlich Zentralbanken, eines Drittlands, multilaterale Entwicklungsbanken und internationale Organisationen gemäß Artikel 117 Absatz 2 oder Artikel 118	0,5 %

Unterklasse	Bonität	Sektor	Risikogewicht (Prozentpunkte)
3		Regionale oder lokale Gebietskörperschaften und öffentliche Stellen	1,0 %
4		Unternehmen der Finanzbranche, einschließlich von einem Zentralstaat, einer regionalen oder einer lokalen Gebietskörperschaft gegründeter Kreditinstitute, und Geber von Förderdarlehen	5,0 %
5		Grundstoffe, Energie, Industriegüter, Landwirtschaft, verarbeitendes Gewerbe/Herstellung von Waren, Bergbau und Gewinnung von Steinen und Erden	3,0 %
6		Verbrauchsgüter und Dienstleistungen, Verkehr und Lagerung, Erbringung von sonstigen wirtschaftlichen Dienstleistungen	3,0 %
7		Technologie, Telekommunikation	2,0 %
8		Gesundheitswesen, Versorgungsunternehmen, freiberufliche und technische Tätigkeiten	1,5 %
9		Von Kreditinstituten mit Sitz in einem Mitgliedstaat begebene gedeckte Schuldverschreibungen	1,0 %
11	Bontitätsstufe 4 bis 6	Zentralstaat, einschließlich Zentralbanken, eines Drittlands, multilaterale Entwicklungsbanken und internationale Organisationen gemäß Artikel 117 Absatz 2 oder Artikel 118	
12		Regionale oder lokale Gebietskörperschaften und öffentliche Stellen	4,0 %
13		Unternehmen der Finanzbranche, einschließlich von einem Zentralstaat, einer regionalen oder einer lokalen Gebietskörperschaft gegründeter Kreditinstitute, und Geber von Förderdarlehen	12,0 %
14		Grundstoffe, Energie, Industriegüter, Landwirtschaft, verarbeitendes Gewerbe/Herstellung von Waren, Bergbau und Gewinnung von Steinen und Erden	7,0 %
15		Verbrauchsgüter und Dienstleistungen, Verkehr und Lagerung, Erbringung von	8,5 %

Unterklasse	Bonität	Sektor	Risikogewicht (Prozentpunkte)
		sonstigen wirtschaftlichen Dienstleistungen	
16		Technologie, Telekommunikation	5,5 %
17		Gesundheitswesen, Versorgungsunternehmen, freiberufliche und technische Tätigkeiten	5,0 %
18	sonstige Bereiche		12,0 %

(2) [1] Institute stützen sich bei der Zuordnung von Risikopositionen zu einem Sektor auf eine marktübliche Klassifikation für die Zuordnung von Emittenten zu Sektoren. [2] Institute ordnen jeden Emittenten jeweils nur einer der Sektor-Unterklassen in Tabelle 4 zu. [3] Risikopositionen in Emittenten, die ein Institut nicht auf diese Weise einem Sektor zuordnen kann, werden der Unterklasse 18 in Tabelle 4 zugewiesen.

Art. 325ai Innerhalb der Unterklasse anwendbare Korrelationen des Kreditspreadrisikos bei Nicht-Verbriefungspositionen. (1) Zwischen zwei der gleichen Unterklasse zugehörigen Sensitivitäten WS_k und WS_l wird der Korrelationsparameter ρ_{kl} wie folgt festgelegt:

$$\rho_{kl} = \rho^{(name)}{}_{kl} \cdot \rho^{(tenor)}{}_{kl} \cdot \rho^{(basis)}{}_{kl}$$

dabei gilt:

$\rho_{kl}{}^{(name)}$	entspricht dem Wert 1, wenn die beiden Namen der Sensitivitäten k und l identisch sind, und in allen anderen Fällen 35 %;
$\rho_{kl}{}^{(tenor)}$	entspricht dem Wert 1, wenn die beiden Scheitelpunkte der Sensitivitäten k und l identisch sind, und in allen anderen Fällen 65 %; und
$\rho_{kl}{}^{(basis)}$	entspricht dem Wert 1, wenn sich die beiden Sensitivitäten auf die gleichen Kurven beziehen, und in allen anderen Fällen 99,90 %.

(2) [1] Die Korrelationsparameter nach Absatz 1 gelten nicht für die Unterklasse 18 in der Tabelle 4 in Artikel 325ah Absatz 1. [2] Die Kapitalanforderung für die Delta-Faktor-Risiko-Aggregationsformel innerhalb der Unterklasse 18 entspricht der Summe der absoluten Werte der gewichteten Netto-Sensitivitäten dieser Unterklasse:

$$K_{b(\text{Unterklasse 18})} = \sum_k |WS_k|$$

Art. 325aj Über Unterklassen hinweg anwendbare Korrelationen des Kreditspreadrisikos bei Nicht-Verbriefungspositionen. Der Korrelationsparameter γ_{bc} für die Aggregation von Sensitivitäten zwischen verschiedenen Unterklassen wird wie folgt festgelegt:

$$\gamma_{bc} = \gamma^{(rating)}{}_{bc} \cdot \gamma^{(sector)}{}_{bc}$$

dabei gilt:

$\gamma_{bc}{}^{(rating)}$ entspricht dem Wert 1, wenn die beiden Unterklassen der gleichen Bonitätskategorie (Bonitätsstufe 1 bis 3 oder Bonitätsstufe 4 bis 6) zugehören, und in allen anderen Fällen 50 %; für die Zwecke dieser Berechnung wird die Unterklasse 1 als der gleichen Bonitätskategorie zugehörig betrachtet wie Unterklassen der Bonitätsstufen 1 bis 3; und

$\gamma_{bc}{}^{(sector)}$ entspricht dem Wert 1, wenn die beiden Unterklassen dem gleichen Sektor zugehören, und in allen anderen Fällen dem entsprechenden Prozentsatz gemäß Tabelle 5:

Tabelle 5

Unterklasse	1, 2 und 11	3 und 12	4 und 13	5 und 14	6 und 15	7 und 16	8 und 17	9
1, 2 und 11		75 %	10 %	20 %	25 %	20 %	15 %	10 %
3 und 12			5 %	15 %	20 %	15 %	10 %	10 %
4 und 13				5 %	15 %	20 %	5 %	20 %
5 und 14					20 %	25 %	5 %	5 %
6 und 15						25 %	5 %	15 %
7 und 16							5 %	20 %
8 und 17								5 %
9								–

Art. 325ak Risikogewichte für das Kreditspreadrisiko bei in das alternative Korrelationshandelsportfolio einbezogenen Verbriefungspositionen. Innerhalb jeder Unterklasse gelten für alle Laufzeiten (0,5 Jahre, 1 Jahr, 3 Jahre, 5 Jahre, 10 Jahre) die gleichen Risikogewichte für die Sensitivitäten gegenüber Kreditspreadrisikofaktoren bei in das alternative Korrelationshandelsportfolio einbezogenen Verbriefungspositionen, und diese Risikogewichte werden für jede Unterklasse in Tabelle 6 gemäß dem delegierten Rechtsakt nach Artikel 461a spezifiziert.

Tabelle 6

Unterklasse	Bonität	Sektor
1	Alle	Zentralstaat, einschließlich Zentralbanken, der Mitgliedstaaten
2	Bonitätsstufen 1 bis 3	Zentralstaat, einschließlich Zentralbanken, eines Drittlands, multilaterale Entwicklungsbanken und internationale Organisationen gemäß Artikel 117 Absatz 2 oder Artikel 118

Unterklasse	Bonität	Sektor
3		Regionale oder lokale Gebietskörperschaften und öffentliche Stellen
4		Unternehmen der Finanzbranche, einschließlich von einem Zentralstaat, einer regionalen oder einer lokalen Gebietskörperschaft gegründeter Kreditinstitute, und Geber von Förderdarlehen
5		Grundstoffe, Energie, Industriegüter, Landwirtschaft, verarbeitendes Gewerbe/Herstellung von Waren, Bergbau und Gewinnung von Steinen und Erden
6		Verbrauchsgüter und Dienstleistungen, Verkehr und Lagerung, Erbringung von sonstigen wirtschaftlichen Dienstleistungen
7		Technologie, Telekommunikation
8		Gesundheitswesen, Versorgungsunternehmen, freiberufliche und technische Tätigkeiten
9		Von Kreditinstituten mit Sitz in einem Mitgliedstaat begebene gedeckte Schuldverschreibungen
10		Von Kreditinstituten in Drittländern begebene gedeckte Schuldverschreibungen
11	Bonitätsstufen 4 bis 6	Zentralstaat, einschließlich Zentralbanken, eines Drittlands, multilaterale Entwicklungsbanken und internationale Organisationen gemäß Artikel 117 Absatz 2 oder Artikel 118
12		Regionale oder lokale Gebietskörperschaften und öffentliche Stellen
13		Unternehmen der Finanzbranche, einschließlich von einem Zentralstaat, einer regionalen oder einer lokalen Gebietskörperschaft gegründeter Kreditinstitute, und Geber von Förderdarlehen
14		Grundstoffe, Energie, Industriegüter, Landwirtschaft, verarbeitendes Gewerbe/Herstellung von Waren, Bergbau und Gewinnung von Steinen und Erden
15		Verbrauchsgüter und Dienstleistungen, Verkehr und Lagerung, Erbringung von sonstigen wirtschaftlichen Dienstleistungen
16		Technologie, Telekommunikation
17		Gesundheitswesen, Versorgungsunternehmen, freiberufliche und technische Tätigkeiten
18	Sonstige Sektoren	

Art. 325al Korrelationen für das Kreditspreadrisiko von in das alternative Korrelationshandelsportfolio einbezogenen Verbriefungspositionen. (1) Die Delta-Faktor-Risiko-Korrelation ρ_{kl} wird gemäß Artikel 325ai abgeleitet; für die Zwecke dieses Absatzes entspricht $\rho^{(basis)}{}_{kl}$ jedoch dem Wert 1, wenn sich die beiden Sensitivitäten auf die gleichen Kurven beziehen, und in allen anderen Fällen 99,00 %.

(2) Die Korrelation γ_{bc} wird gemäß Artikel 325aj abgeleitet.

Art. 325am Risikogewichte für das Kreditspreadrisiko bei nicht in das alternative Korrelationshandelsportfolio einbezogenen Verbriefungspositionen. (1) Innerhalb jeder Unterklasse gelten für alle Laufzeiten (0,5 Jahre, 1 Jahr, 3 Jahre, 5 Jahre, 10 Jahre) die gleichen Risikogewichte für die Sensitivitäten gegenüber Kreditspreadrisikofaktoren bei nicht in das alternative Korrelationshandelsportfolio einbezogenen Verbriefungspositionen, und diese Risikogewichte werden für jede Unterklasse in Tabelle 7 gemäß dem delegierten Rechtsakt nach Artikel 461a spezifiziert:

Unterklasse	Bonität	Sektor
1	Erstrangig und Bonitätsstufen 1 bis 3	RMBS - Prime
2		RMBS - Mid-Prime
3		RMBS - Sub-Prime
4		CMBS
5		forderungsbesicherte Wertpapiere (ABS) – Studiendarlehen
6		ABS – Kreditkarten
7		ABS – Kfz-Darlehen
8		Nicht in das alternative Korrelationshandelsportfolio einbezogene, durch einen Anleihepool besicherte Wertpapiere (CLO)
9	Nicht erstrangig und Bonitätsstufen 1 bis 3	RMBS - Prime
10		RMBS - Mid-Prime
11		RMBS - Sub-Prime
12		CMBS
13		ABS – Studiendarlehen
14		ABS – Kreditkarten
15		ABS – Kfz-Darlehen
16		Nicht in das alternative Korrelationshandelsportfolio einbezogene CLO
17	Bonitätsstufen 4 bis 6	RMBS - Prime
18		RMBS - Mid-Prime

Unter-klasse	Bonität	Sektor
19		RMBS - Sub-Prime
20		CMBS
21		ABS – Studiendarlehen
22		ABS – Kreditkarten
23		ABS – Kfz-Darlehen
24		Nicht in das alternative Korrelationshandelsportfolio einbezogene CLO
25	Sonstige Sektoren	

(2) [1]Die Institute stützen sich bei der Zuordnung von Risikopositionen zu einem Sektor auf eine marktübliche Klassifikation für die Zuordnung von Emittenten zu Sektoren. [2]Die Institute ordnen jede Tranche jeweils nur einer der Sektor-Unterklassen in Tabelle 7 zu. [3]Risikopositionen in einer Tranche, die ein Institut nicht auf diese Weise einem Sektor zuordnen kann, werden der Unterklasse 25 zugewiesen.

Art. 325an Innerhalb der Unterklasse anwendbare Korrelationen für das Kreditspreadrisiko von nicht in das alternative Korrelationshandelsportfolio einbezogenen Verbriefungspositionen. (1) Zwischen zwei der gleichen Unterklasse zugehörigen Sensitivitäten WS_k und WS_l wird der Korrelationsparameter ρ_{kl} wie folgt festgelegt:

$$\rho_{kl} = \rho^{(tranche)}{}_{kl} \cdot \rho^{(tenor)}{}_{kl} \cdot \rho^{(basis)}{}_{kl}$$

dabei gilt:

$\rho^{(tranche)}{}_{kl}$ entspricht dem Wert 1, wenn die beiden Namen der Sensitivitäten k und l der gleichen Unterklasse zugehören und sich auf die gleiche Verbriefungstranche (Überschneidung von mindestens 80 % nominal) beziehen, und in allen anderen Fällen 40 %;

$\rho^{(tenor)}{}_{kl}$ entspricht dem Wert 1, wenn die beiden Scheitelpunkte der Sensitivitäten k und l identisch sind, und in allen anderen Fällen 80 %; und

$\rho^{(basis)}{}_{kl}$ entspricht dem Wert 1, wenn sich die beiden Sensitivitäten auf die gleichen Kurven beziehen, und in allen anderen Fällen 99,90 %.

(2) [1]Die Korrelationsparameter nach Absatz 1 gelten nicht für die Unterklasse 25. [2]Die Eigenmittelanforderung der Aggregationsformel für das Delta-Faktor-Risiko innerhalb der Unterklasse 25 entspricht der Summe der absoluten Werte der gewichteten Netto-Sensitivitäten dieser Unterklasse:

$$K_{b(\text{Unterklasse 25})} = \sum_k |WS_k|$$

Art. 325ao Über Unterklassen hinweg anwendbare Korrelationen für das Kreditspreadrisiko bei nicht in das alternative Korrelationshandelsportfolio einbezogenen Verbriefungspositionen. (1) Der Korrelationsparameter γ_{bc} wird für die Aggregation von Sensitivitäten zwischen verschiedenen Unterklassen auf 0 % festgesetzt.

(2) Die Eigenmittelanforderung der Unterklasse 25 wird dem Gesamtkapital der Risikoklasse hinzuaddiert; es werden keine Diversifizierungs- oder Absicherungseffekte mit anderen Unterklassen anerkannt.

Art. 325ap Risikogewichte des Aktienkursrisikos. (1) Die Risikogewichte für die Sensitivitäten gegenüber Risikofaktoren des Aktienkursrisikos und des Eigenkapital-Reposatzes werden für jede Unterklasse in Tabelle 8 gemäß dem delegierten Rechtsakt nach Artikel 461a spezifiziert.

Tabelle 8

Unterklasse	Marktkapitalisierung	Wirtschaft	Sektor
1			Verbrauchsgüter und Dienstleistungen, Verkehr und Lagerung, Erbringung von sonstigen wirtschaftlichen Dienstleistungen, Gesundheitswesen, Versorgungsunternehmen
2		Aufstrebende Volkswirtschaft	Telekommunikation, Industriegüter
3			Grundstoffe, Energie, Landwirtschaft, verarbeitendes Gewerbe/Herstellung von Waren, Bergbau und Gewinnung von Steinen und Erden
4			Finanzunternehmen, einschließlich staatlich geförderter Unternehmen, Grundstücks- und Wohnungswesen, Technologie
5	Hohe Marktkapitalisierung		Verbrauchsgüter und Dienstleistungen, Verkehr und Lagerung, Erbringung von sonstigen wirtschaftlichen Dienstleistungen, Gesundheitswesen, Versorgungsunternehmen
6			Telekommunikation, Industriegüter
7		Fortschrittliche Volkswirtschaft	Grundstoffe, Energie, Landwirtschaft, verarbeitendes Gewerbe/Herstellung von Waren, Bergbau und Gewinnung von Steinen und Erden
8			Finanzunternehmen, einschließlich staatlich geförderter Unternehmen, Grundstücks- und Wohnungswesen, Technologie

Unterklasse	Marktkapitalisierung	Wirtschaft	Sektor
9	Geringe Marktkapitalisierung	Aufstrebende Volkswirtschaft	Alle Sektoren der Unterklassen 1, 2, 3 und 4
10		Fortschrittliche Volkswirtschaft	Alle Sektoren der Unterklassen 5, 6, 7 und 8
11	Sonstige Sektoren		

(2) Für die Zwecke dieses Artikels wird in den technischen Regulierungsstandards nach Artikel 325bd Absatz 7 festgelegt, was unter einer geringen und einer hohen Marktkapitalisierung zu verstehen ist.

(3) *[1]* Für die Zwecke dieses Artikels arbeitet die EBA Entwürfe technischer Regulierungsstandards aus, in denen festgelegt wird, was unter einer aufstrebenden und was unter einer fortschrittlichen Volkswirtschaft zu verstehen ist.

[2] Die EBA übermittelt der Kommission diese Entwürfe technischer Regulierungsstandards bis zum 28. Juni 2021.

[3] Der Kommission wird die Befugnis übertragen, die in Unterabsatz 1 genannten technischen Regulierungsstandards gemäß den Artikeln 10 bis 14 der Verordnung (EU) Nr. 1093/2010 zur Ergänzung dieser Verordnung zu erlassen.

(4) [1] Die Institute stützen sich bei der Zuordnung von Risikopositionen zu einem Sektor auf eine marktübliche Klassifikation für die Zuordnung von Emittenten zu Sektoren. [2] Die Institute ordnen jeden Emittenten einer der Unterklassen in Tabelle 8 zu und ordnen jeden Emittenten der gleichen Branche dem gleichen Sektor zu. [3] Risikopositionen in Emittenten, die ein Institut nicht auf diese Weise einem Sektor zuordnen kann, werden der Unterklasse 11 in Tabelle 8 zugewiesen. [4] In mehreren Ländern oder Sektoren tätige Emittenten werden ihrer Unterklasse auf der Grundlage der wichtigsten Region und des wichtigsten Sektors, in dem sie tätig sind, zugeordnet.

Art. 325aq Innerhalb der Unterklasse anwendbare Korrelationen für das Aktienkursrisiko. (1) Der Delta-Faktor-Risiko-Korrelationsparameter ρ_{kl} wird zwischen zwei der gleichen Unterklasse zugehörigen Sensitivitäten WS_k und WS_l auf 99,90 % festgesetzt, wobei sich eine der Sensitivitäten auf den Aktien-Kassakurs und die andere auf den Eigenkapital-Reposatz bezieht und sich beide Sensitivitäten auf die gleiche Emittenten-Adresse beziehen.

(2) In anderen Fällen als den in Absatz 1 genannten wird der Korrelationsparameter ρ_{kl} zwischen zwei der gleichen Unterklasse zugehörigen Sensitivitäten WS_k und WS_l gegenüber dem Aktien-Kassakurs wie folgt festgelegt:

a) 15 % zwischen zwei der gleichen Unterklasse zugehörigen Sensitivitäten der Kategorie 'hohe Marktkapitalisierung' aufstrebende Volkswirtschaften, (Unterklasse 1, 2, 3 oder 4);

b) 25 % zwischen zwei der gleichen Unterklasse zugehörigen Sensitivitäten der Kategorie 'hohe Marktkapitalisierung' fortschrittliche Volkswirtschaften, (Unterklasse 5, 6, 7 oder 8);

c) 7,5 % zwischen zwei der gleichen Unterklasse zugehörigen Sensitivitäten der Kategorie 'geringe Marktkapitalisierung' aufstrebende Volkswirtschaften, (Unterklasse 9);

d) 12,5 % zwischen zwei der gleichen Unterklasse zugehörigen Sensitivitäten der Kategorie 'geringe Marktkapitalisierung' fortschrittliche Volkswirtschaften, (Unterklasse 10).

(3) Der Korrelationsparameter ρ_{kl} zwischen zwei der gleichen Unterklasse zugehörigen Sensitivitäten WS_k und WS_l gegenüber dem Eigenkapital-Reposatz wird gemäß Absatz 2 festgelegt.

(4) Bezieht sich von den beiden der gleichen Unterklasse zugehörigen Sensitivitäten WS_k und WS_l eine auf einen Aktien-Kassakurs und die andere auf einen Eigenkapital-Reposatz und beziehen sich beide Sensitivitäten auf eine unterschiedliche Emittenten-Adresse, so entspricht der Korrelationsparameter ρ_{kl} den Korrelationsparametern nach Absatz 2, multipliziert mit 99,90 %.

(5) [1] Die Korrelationsparameter nach den Absätzen 1 bis 4 gelten nicht für die Unterklasse 11. [2] Die Kapitalanforderung der Aggregationsformel für das Delta-Faktor-Risiko innerhalb der Unterklasse 11 entspricht der Summe der absoluten Werte der gewichteten Netto-Sensitivitäten dieser Unterklasse:

$$K_{b(\text{Unterklasse } 11)} = \sum_k |WS_k|$$

Art. 325ar Über Unterklassen hinweg anwendbare Korrelationen des Aktienkursrisikos. [1] Der Korrelationsparameter γ_{bc} gilt für die Aggregation von Sensitivitäten zwischen verschiedenen Unterklassen. [2] Bei den Unterklassen 1 bis 10 wird dieser Parameter auf 15 % festgesetzt.

Art. 325as Risikogewichte des Warenpositionsrisikos. Die Risikogewichte für die Sensitivitäten gegenüber Warenpositionsrisikofaktoren werden für jede Unterklasse in Tabelle 9 gemäß dem delegierten Rechtsakt nach Artikel 461a spezifiziert:

Tabelle 9

Unterklasse	Bezeichnung der Unterklasse
1	Energie – feste Brennstoffe
2	Energie – flüssige Brennstoffe
3	Energie – Strom- und Emissionshandel
4	Güterbeförderung
5	Unedle Metalle
6	Gasförmige Brennstoffe
7	Edelmetalle (einschließlich Gold)
8	Körner und Ölsaaten
9	Vieh- und Milchwirtschaft

Unterklasse	Bezeichnung der Unterklasse
10	Weichwaren und andere Agrarerzeugnisse
11	Sonstige Waren

Art. 325at Innerhalb der Unterklasse anwendbare Korrelationen für das Warenpositionsrisiko. (1) Für die Zwecke dieses Artikels werden zwei Waren als getrennte Waren betrachtet, wenn es auf dem Markt zwei Kontrakte gibt, die sich ausschließlich im Hinblick auf die zugrunde liegende Ware, die vertragsgemäß zu liefern ist, unterscheiden.

(2) Zwischen zwei der gleichen Unterklasse zugehörigen Sensitivitäten WS_k und WS_l wird der Korrelationsparameter ρ_{kl} wie folgt festgelegt:

$$\rho_{kl} = \rho^{(commodity)}{}_{kl} \cdot \rho^{(tenor)}{}_{kl} \cdot \rho^{(basis)}{}_{kl}$$

dabei gilt:

$\rho_{kl}{}^{(commodity)}$ entspricht dem Wert 1, wenn die beiden Waren der Sensitivitäten k und l identisch sind, und in allen anderen Fällen den innerhalb der Unterklasse anwendbaren Korrelationen in Tabelle 10;

$\rho^{(tenor)}{}_{kl}$ entspricht dem Wert 1, wenn die beiden Scheitelpunkte der Sensitivitäten k und l identisch sind, und in allen anderen Fällen 99 %; und

$\rho^{(basis)}{}_{kl}$ entspricht dem Wert 1, wenn die beiden Sensitivitäten hinsichtlich des Lieferorts der Ware identisch sind, und in allen anderen Fällen 99,90 %.

(3) Die innerhalb der Unterklasse anwendbaren Korrelationen $\rho^{(commodity)}{}_{kl}$ sind

Tabelle 10

Unterklasse	Bezeichnung der Unterklasse	Korrelation $\rho^{(commodity)}{}_{kl}$
1	Energie – feste Brennstoffe	55 %
2	Energie – flüssige Brennstoffe	95 %
3	Energie – Elektrizität und Emissionshandel	40 %
4	Güterbeförderung	80 %
5	unedle Metalle	60 %
6	gasförmige Brennstoffe	65 %
7	Edelmetalle (einschließlich Gold)	55 %
8	Körner und Ölsaat	45 %
9	Vieh- und Milchwirtschaft	15 %
10	Weichwaren und andere Agrarerzeugnisse	40 %
11	andere Erzeugnisse	15 %

(4) Ungeachtet des Absatzes 1 gilt Folgendes:

a) Zwei Risikofaktoren, die der Unterklasse 3 in Tabelle 10 zugeordnet sind und Strom betreffen, der in unterschiedlichen Regionen erzeugt wird oder vertragsgemäß in unterschiedlichen Zeiträumen geliefert wird, sind als voneinander unabhängige Risikofaktoren des Warenpositionsrisikos zu betrachten;

b) Zwei Risikofaktoren, die der Unterklasse 4 in Tabelle 10 zugeordnet sind und die Beförderung von Gütern betreffen, die auf unterschiedlichen Strecken befördert oder nicht in derselben Woche ausgeliefert werden, sind als voneinander unabhängige Risikofaktoren des Warenpositionsrisikos zu betrachten.

Art. 325au Über Unterklassen hinweg anwendbare Korrelationen des Warenpositionsrisikos. Der Korrelationsparameter γ_{bc} wird für die Aggregation von Sensitivitäten zwischen verschiedenen Unterklassen wie folgt festgesetzt:

a) 20 %, wenn beide Unterklassen zu den Unterklassen 1 bis 10 zählen;

b) 0 %, wenn eine der beiden Unterklassen die Unterklasse 11 ist.

Art. 325av Risikogewichte des Fremdwährungsrisikos. (1) Die Risikogewichte für alle Sensitivitäten gegenüber Fremdwährungsrisikofaktoren werden in dem delegierten Rechtsakt nach Artikel 461a spezifiziert.

(2) Das Risikogewicht für Risikofaktoren des Fremdwährungsrisikos bei Währungspaaren aus dem Euro und der Währung eines an der zweiten Stufe der Wirtschafts- und Währungsunion (WKM II) teilnehmenden Mitgliedstaats ist entweder

a) das Risikogewicht nach Absatz 1 dividiert durch 3; oder

b) die Höchstschwankung innerhalb der zwischen dem Mitgliedstaat und der Europäischen Zentralbank offiziell vereinbarten Schwankungsbandbreite, wenn diese kleiner ist als die im Rahmen des WKM II festgelegte Schwankungsbandbreite.

(3) Ungeachtet des Absatzes 2 ist für Risikofaktoren des Fremdwährungsrisikos bei in Absatz 2 genannten Währungen, die mit einer offiziell vereinbarten Schwankungsbandbreite am WKM II teilnehmen, die kleiner ist als die Standardbandbreite von +/– 15 %, das Risikogewicht gleich der prozentualen Höchstschwankung innerhalb dieser kleineren Bandbreite.

(4) Das Risikogewicht für Risikofaktoren des Fremdwährungsrisikos der liquidesten Währungspaarunterkategorie gemäß Artikel 325bd Absatz 7 Buchstabe c ist das Risikogewicht nach Absatz 1 des vorliegenden Artikels, dividiert durch $\sqrt{2}$.

(5) Geht aus den täglichen Wechselkursen der vorangegangenen drei Jahre hervor, dass ein Währungspaar, das aus Euro und einer anderen Währung als Euro eines Mitgliedstaats besteht, konstant ist und das Institut jederzeit eine Geld-Brief-Spanne von Null für die jeweiligen Abschlüsse in Bezug auf dieses Währungspaar erwarten kann, so darf das Institut das Risikogewicht nach Absatz 1 dividiert durch 2 anwenden, sofern ihm dies von seiner zuständigen Behörde ausdrücklich genehmigt wurde.

Art. 325aw Korrelationen des Fremdwährungsrisikos. Für die Aggregation von Wechselkurs-Sensitivitäten gilt ein einheitlicher Korrelationsparameter γ_{bc} von 60 %.

Unterabschnitt 2. Risikogewichte und Korrelationen für Vega- und Krümmungsrisiken

Art. 325ax Risikogewichte für Vega- und Krümmungsrisiken.

(1) Für Vega-Risikofaktoren gelten die Delta-Unterklassen nach Unterabschnitt 1.

(2) Das Risikogewicht für einen bestimmten Vega-Risikofaktor k wird als Anteil am aktuellen Wert dieses Risikofaktors k bestimmt, der die implizite Volatilität des Basiswerts gemäß Abschnitt 3 angibt.

(3) Der in Absatz 2 genannte Anteil ist abhängig von der angenommenen Liquidität des jeweiligen Risikofaktortyps gemäß folgender Formel:

$$RW_k = (\text{Wert des Risikofaktors k}) \cdot \min\left\{ RW_\sigma \cdot \frac{\sqrt{LH_{\text{risk class}}}}{\sqrt{10}} ; 100\,\% \right\}$$

dabei gilt:

RW_k = das Risikogewicht für einen bestimmten Vega-Risikofaktor k;

RW_σ wird auf 55 % festgesetzt; und

$LH_{\text{risk class}}$ entspricht dem regulierungsrechtlichen Liquiditätshorizont, der bei der Bestimmung jedes Vega-Risikofaktors k vorgegeben wird. $LH_{risk\ class}$ wird gemäß folgender Tabelle bestimmt:

Tabelle 11

Risikoklasse	$LH_{\text{risk class}}$
allgemeines Zinsrisiko	60
Kreditspreadrisiko bei Nicht-Verbriefungspositionen	120
Kreditspreadrisiko bei in das alternative Korrelationshandelsportfolio einbezogenen Verbriefungspositionen	120
Kreditspreadrisiko bei nicht in das alternative Korrelationshandelsportfolio einbezogenen Verbriefungspositionen	120
Aktienkurs (hohe Marktkapitalisierung)	20
Aktienkurs (geringe Marktkapitalisierung)	60
Waren	120
Fremdwährung	40

(4) Im Hinblick auf das Krümmungsrisiko werden – vorbehaltlich anderer Vorgaben in diesem Kapitel – die im Zusammenhang mit dem Delta-Faktor-Risiko gemäß Unterabschnitt 1 verwendeten Unterklassen angewandt.

(5) Im Hinblick auf Krümmungsrisikofaktoren des Fremdwährungsrisikos und des Aktienkursrisikos werden die Risikogewichte des Krümmungsrisikos als

relative Verschiebungen entsprechend den Risikogewichten des Delta-Faktor-Risikos gemäß Unterabschnitt 1 angewandt.

(6) Im Hinblick auf Krümmungsrisikofaktoren des allgemeinen Zinsrisikos, Kreditspreadrisikos und Warenpositionsrisikos werden die Risikogewichte des Krümmungsrisikos als parallele Verschiebungen aller Scheitelpunkte jeder Kurve auf der Grundlage des höchsten, in Unterabschnitt 1 für die jeweilige Risikoklasse genannten Delta-Risikogewichts angewandt.

Art. 325ay Korrelationen für Vega- und Krümmungsrisiko. (1) Zwischen Vega-Risikosensitivitäten innerhalb derselben Unterklasse der Klasse des allgemeinen Zinsrisikos (GIRR-Risikoklasse) wird der Korrelationsparameter r_{kl} wie folgt festgelegt:

$$\rho_{kl} = \{\min \rho^{(\text{option maturity})}{}_{kl} \cdot \rho^{(\text{underlying maturity})}{}_{kl}; 1\}$$

dabei gilt:

$\rho^{(\text{option maturity})}{}_{kl}$ entsprichte

$$e^{-\alpha \cdot \frac{|T_k - T_l|}{\min\{T_k; T_l\}}}$$

, wobei α auf 1 % festgesetzt wird, während T_k und T_l den Laufzeiten der Optionen entsprechen, für die die Vega-Sensitivitäten abgeleitet werden, ausgedrückt in Jahren; und

$\rho^{(\text{underlying maturity})}{}_{kl}$ entsprichte

$$e^{-\alpha \cdot \frac{|T^U_k - T^U_l|}{\min\{T^U_k; T^U_l\}}}$$

, wobei α auf 1 % festgesetzt wird, während $T^U{}_k$ und $T^U{}_l$ den Laufzeiten der Basiswerte der Optionen entsprechen, für die die Vega-Sensitivitäten abgeleitet werden, abzüglich der Laufzeiten der entsprechenden Optionen, in beiden Fällen ausgedrückt in Jahren.

(2) Zwischen Vega-Risikosensitivitäten innerhalb einer Unterklasse der anderen Risikoklassen wird der Korrelationsparameter ρ_{kl} wie folgt festgesetzt:

$$\rho_{kl} = \{\min \rho^{(\text{DELTA})}{}_{kl} \cdot \rho^{(\text{option maturity})}{}_{kl}; 1\}$$

dabei gilt:

$\rho^{(\text{DELTA})}{}_{kl}$ entspricht der innerhalb der Unterklasse anwendbaren Delta-Korrelation für die Unterklasse, der die Vega-Risikofaktoren k und l zugewiesen würden; und

$\rho^{(\text{option}_{kl}\ \text{maturity})}$ wird gemäß Absatz 1 festgesetzt.

(3) Im Hinblick auf über Unterklassen hinweg anwendbare Vega-Risikosensitivitäten innerhalb einer Risikoklasse (GIRR und Nicht-GIRR) wird im Zu-

sammenhang mit dem Vega-Risiko der in Abschnitt 4 für Delta-Korrelationen jeder Risikoklasse festgelegte Korrelationsparameter für γ_{bc} angewandt.

(4) [1] Es wird zwischen Vega-Risikofaktoren und Delta-Risikofaktoren keine im Standardansatz anerkannte Diversifizierungs- oder Absicherungseffekte geben. [2] Vega-Risikoanforderungen und Delta-Risikoanforderungen werden mittels einfacher Summierung aggregiert.

(5) Die Korrelationen des Krümmungsrisikos entsprechen dem Quadrat der entsprechenden Delta-Risikokorrelationen ρ_{kl} und γ_{bc} nach Unterabschnitt 1.

Kapitel 1B. Alternativer auf einem internen Modell beruhender Ansatz

Abschnitt 1. Erlaubnis und Eigenmittelanforderungen

Art. 325az Alternativer auf einem internen Modell beruhender Ansatz und Erlaubnis zur Verwendung alternativer interner Modelle. (1) Der alternative auf einem internen Modell beruhende Ansatz gemäß diesem Kapitel darf nur für die Zwecke der in Artikel 430b Absatz 3 festgelegten Meldepflicht angewandt werden.

(2) *[1]* Nachdem die zuständigen Behörden überprüft haben, dass die Institute die Anforderungen der Artikel 325bh, 325bi und 325bj erfüllen, erteilen sie diesen die Erlaubnis, für das Portfolio sämtlicher Positionen, die einem Handelstisch zugewiesen sind, ihre Eigenmittelanforderungen anhand ihrer alternativen internen Modelle nach Artikel 325ba zu berechnen, sofern alle folgenden Anforderungen erfüllt sind:

a) Die Handelstische wurden gemäß Artikel 104b eingerichtet;
b) das Institut hat der zuständigen Behörde eine Begründung für die Einbeziehung von Handelstischen im Rahmen des alternativen auf einem internen Modell beruhenden Ansatzes vorgelegt;
c) die Handelstische erfüllen seit einem Jahr die in Artikel 325bf Absatz 3 genannten Rückvergleichsanforderungen;
d) das Institut hat den zuständigen Behörden die Ergebnisse der in Artikel 325bg festgelegten Anforderung für die Handelstische hinsichtlich der Gewinn- und Verlustzuweisung (P&L) gemeldet;
e) Handelstische, denen mindestens eine der Handelsbuchpositionen nach Artikel 325bl zugewiesen wurde, erfüllen in Bezug auf das interne Modell zur Erfassung von Ausfallrisiken die in Artikel 325bm festgelegten Anforderungen;
f) den Handelstischen wurden weder Verbriefungs- noch Wiederverbriefungspositionen zugewiesen.

[2] Für die Zwecke von Unterabsatz 1 Buchstabe b des vorliegenden Absatzes darf die Nicht-Einbeziehung eines Handelstisches im Rahmen des alternativen auf einem internen Modell beruhenden Ansatzes nicht damit begründet werden, dass dadurch die Eigenmittelanforderung, die anhand des alternativen Standardansatzes gemäß Artikel 325 Absatz 3 Buchstabe a berechnet wird, niedriger wäre als die Eigenmittelanforderung, die anhand des alternativen auf einem internen Modell beruhenden Ansatzes berechnet wird.

(3) Institute, denen die Erlaubnis zur Verwendung des alternativen auf einem internen Modell beruhenden Ansatzes erteilt wurde, erstatten den zuständigen Behörden gemäß Artikel 430b Absatz 3 Meldung.

(4) [1] Ein Institut, dem die Erlaubnis nach Absatz 2 erteilt wurde, meldet den zuständigen Behörden unverzüglich, dass einer seiner Handelstische zumindest eine der in dem genannten Absatz festgelegten Anforderungen nicht mehr erfüllt. [2] Ab dem nächsten Meldestichtag und solange das Institut den zuständigen Behörden gegenüber nicht nachweist, dass dieser Handelstisch erneut alle in Absatz 2 festgelegten Anforderungen erfüllt, darf es das vorliegende Kapitel auf keine der diesem Handelstisch zugewiesenen Positionen mehr anwenden und berechnet die Eigenmittelanforderungen für das Marktrisiko für alle diesem Handelstisch zugewiesenen Positionen gemäß dem in Kapitel 1a dargelegten Ansatz.

(5) [1] Abweichend von Absatz 4 und unter außergewöhnlichen Umständen können die zuständigen Behörden einem Institut, wenn ein Handelstisch die in Absatz 2 Buchstabe c des vorliegenden Artikels und in Artikel 325bg Absatz 1 festgelegten Anforderungen nicht mehr erfüllt, erlauben, seine Eigenmittelanforderungen für das Marktrisiko dieses Handelstisches weiterhin anhand seiner alternativen internen Modelle zu berechnen. [2] Wenn eine zuständige Behörde eine solche Erlaubnis erteilt, unterrichtet sie die EBA und begründet ihre Entscheidung.

(6) [1] Für die Positionen, die den Handelstischen zugewiesen sind, für die einem Institut keine Erlaubnis nach Absatz 2 erteilt wurde, berechnet dieses Institut die Eigenmittelanforderungen für das Marktrisiko gemäß Kapitel 1a dieses Titels. [2] Für die Zwecke dieser Berechnung werden alle diese Positionen als eigenständige Einzelportfolios betrachtet.

(7) *[1]* Wesentliche Änderungen bei der Verwendung der alternativen internen Modelle, deren Verwendung einem Institut gestattet wurde, die Erweiterung der Verwendung dieser gestatteten Modelle sowie wesentliche Änderungen bei der durch das Institut getroffenen Auswahl der Untergruppe der modellierbaren Risikofaktoren nach Artikel 325bc Absatz 2 erfordern eine gesonderte Erlaubnis der zuständigen Behörden.

[2] Die Institute melden den zuständigen Behörden alle sonstigen Erweiterungen und Änderungen bei der den Instituten gestatteten Verwendung der alternativen internen Modelle.

(8) *[1]* Die EBA arbeitet Entwürfe technischer Regulierungsstandards aus, in denen Folgendes festgelegt wird:

a) die Bedingungen für die Beurteilung der Wesentlichkeit von Erweiterungen und Änderungen bei der Verwendung der alternativen internen Modelle und von Änderungen bei der Untergruppe der modellierbaren Risikofaktoren nach Artikel 325bc;

b) die Beurteilungsmethode, nach der die zuständigen Behörden prüfen, ob ein Institut die Anforderungen der Artikel 325bh, 325bi, 325bn, 325bo und 325bp erfüllt.

[2] Die EBA übermittelt der Kommission diese Entwürfe technischer Regulierungsstandards bis zum 28. Juni 2024.

[3] Der Kommission wird die Befugnis übertragen, die in Unterabsatz 1 genannten technischen Regulierungsstandards gemäß den Artikeln 10 bis 14 der Verordnung (EU) Nr. 1093/2010 zur Ergänzung dieser Verordnung zu erlassen.

(9) *[1]* Die EBA arbeitet Entwürfe technischer Regulierungsstandards aus, in denen festgelegt wird, unter welchen außergewöhnlichen Umständen die zuständigen Behörden einem Institut erlauben können,

a) seine Eigenmittelanforderungen für das Marktrisiko eines Handelstisches, der die in Absatz 2 Buchstabe c des vorliegenden Artikels und in Artikel 325bg Absatz 1 festgelegten Anforderungen nicht mehr erfüllt, weiterhin anhand seiner alternativen internen Modelle zu berechnen;

b) den Aufschlag auf den Wert zu beschränken, der sich für die Überschreitungen aus Rückvergleichen der hypothetischen Änderungen ergibt.

[2] Die EBA übermittelt der Kommission diese Entwürfe technischer Regulierungsstandards bis zum 28. Juni 2024.

[3] Der Kommission wird die Befugnis übertragen, die in Unterabsatz 1 genannten technischen Regulierungsstandards gemäß den Artikeln 10 bis 14 der Verordnung (EU) Nr. 1093/2010 zur Ergänzung dieser Verordnung zu erlassen.

Art. 325ba Eigenmittelanforderungen bei der Verwendung alternativer interner Modelle. (1) Jedes Institut, das ein alternatives internes Modell verwendet, berechnet für das Portfolio sämtlicher Positionen, die den Handelstischen zugewiesen sind, für die dem Institut eine Erlaubnis nach Artikel 325az Absatz 2 erteilt wurde, eine Eigenmittelanforderung, die dem höheren der folgenden Werte entspricht:

a) Summe der folgenden Werte:
   i) Vortageswert des gemäß Artikel 325bb berechneten Expected Shortfall (ESt-1) des Instituts und
   ii) Vortageswert des gemäß Abschnitt 5 berechneten Stressszenario-Risikomaßes (SSt-1) des Instituts; oder

b) Summe der folgenden Werte:
   i) Durchschnitt der Tageswerte des gemäß Artikel 325bb berechneten Expected Shortfall des Instituts für die vorausgegangenen 60 Geschäftstage (ES^{avg}) multipliziert mit dem Multiplikationsfaktor (m_c) und
   ii) Durchschnitt der Tageswerte des gemäß Abschnitt 5 berechneten Stressszenario-Risikomaßes des Instituts für die vorausgegangenen 60 Geschäftstage (SS^{avg}).

(2) Institute, die den Handelstischen nach Absatz 1 zugewiesene Positionen in gehandelten Schuldtiteln und Aktieninstrumenten halten, die im internen Modell zur Erfassung von Ausfallrisiken berücksichtigt werden, erfüllen eine zusätzliche Eigenmittelanforderung, die dem höheren der folgenden Werte entspricht:

a) letzte verfügbare gemäß Abschnitt 3 berechnete Eigenmittelanforderung für das Ausfallrisiko;

b) Durchschnittswert des Betrags nach Buchstabe a während der vorausgegangenen zwölf Wochen.

Abschnitt 2. Allgemeine Anforderungen

Art. 325bb Risikomaß Expected Shortfall. (1) Die Institute berechnen den in Artikel 325ba Absatz 1 Buchstabe a genannten Expected Shortfall für jeden Tag t und jedes Portfolio von Handelsbuchpositionen wie folgt:

$$ES_t = \rho \cdot (UES_t) + (1 - \rho) \cdot \sum_i UES_t^i$$

dabei gilt:

ES_t = der Expected Shortfall;

i = der Index der Risikofaktorgruppe gemäß den fünf in der ersten Spalte von Tabelle 2 in Artikel 325bd angeführten Risikofaktorgruppen;

UES_t = der undiversifizierte Expected Shortfall gemäß folgender Berechnung:

$$UES_t = PES_t^{RS} \cdot \max\left(\frac{PES_t^{FC}}{PES_t^{RC}}, 1\right)$$

UES^i_t = der undiversifizierte Expected Shortfall für die Risikofaktorgruppe i gemäß folgender Berechnung:

$$UES_t^i = PES_t^{RS,i} \cdot \max\left(\frac{PES_t^{FC,i}}{PES_t^{RC,i}}, 1\right)$$

ρ = der aufsichtliche Korrelationsfaktor für die Risikofaktorgruppen; ρ = 50 %;

PES^{RS}_t = der partielle Expected Shortfall, der für alle Positionen des Portfolios gemäß Artikel 325bc Absatz 2 berechnet wird;

PES^{RC}_t = der partielle Expected Shortfall, der für alle Positionen des Portfolios gemäß Artikel 325bc Absatz 3 berechnet wird;

PES^{FC}_t = der partielle Expected Shortfall, der für alle Positionen des Portfolios gemäß Artikel 325bc Absatz 4 berechnet wird;

$PES^{RS,i}_t$ = der partielle Expected Shortfall für die Risikofaktorgruppe i, der für alle Positionen des Portfolios gemäß Artikel 325bc Absatz 2 berechnet wird;

$PES^{RC,i}_t$ = der partielle Expected Shortfall für die Risikofaktorgruppe i, der für alle Positionen des Portfolios gemäß Artikel 325bc Absatz 3 berechnet wird; und

$PES^{FC,i}_t$ = der partielle Expected Shortfall für die Risikofaktorgruppe i, der für alle Positionen des Portfolios gemäß Artikel 325bc Absatz 4 berechnet wird.

(2) Bei der Bestimmung der jeweiligen in die Berechnung des Expected Shortfall nach Absatz 1 einfließenden partiellen Expected Shortfalls wenden die Institute nach Artikel 325bc Szenarien künftiger Schocks jeweils nur auf die Untergruppe der modellierbaren Risikofaktoren des jeweiligen partiellen Expected Shortfall an.

(3) Wenn mindestens eine Transaktion des Portfolios mindestens einen modellierbaren Risikofaktor aufweist, der der Risikofaktorgruppe i gemäß Artikel 325bd zugeordnet werden kann, berechnet das Institut den undiversifizierten Expected Shortfall für die Risikofaktorgruppe i und setzt diesen in die in Absatz 1 des vorliegenden Artikels angegebene Formel für den Expected Shortfall ein.

(4) Abweichend von Absatz 1 kann ein Institut die Häufigkeit der Berechnung der undiversifizierten Expected Shortfalls UES^i_t und der partiellen Expected Shortfalls $PES^{RS,i}_t$, $PES^{RC,i}_t$ und $PES^{FC,i}_t$ für alle Risikofaktorgruppen i von täglich zu wöchentlich verringern, sofern die beiden folgenden Bedingungen erfüllt sind:

a) Das Institut ist in der Lage, der zuständigen Behörde gegenüber nachzuweisen, dass das Marktrisiko der betreffenden Handelsbuchpositionen bei der Berechnung des undiversifizierten Expected Shortfall UES^i_t nicht unterschätzt wird;

b) das Institut ist in der Lage, die Häufigkeit der Berechnung von UES^i_t, $PES^{RS,i}_t$, $PES^{RC,i}_t$ und $PES^{FC,i}_t$ von wöchentlich zu täglich zu erhöhen, wenn dies von der zuständigen Behörde verlangt wird.

Art. 325bc Berechnung der partiellen Expected Shortfalls. (1) Für die Berechnung sämtlicher in Artikel 325bb Absatz 1 genannten partiellen Expected Shortfalls gehen die Institute wie folgt vor:

a) tägliche Berechnung der partiellen Expected Shortfalls;

b) einseitiges Konfidenzintervall von 97,5 %;

c) das Institut berechnet für ein bestimmtes Portfolio von Handelsbuchpositionen den partiellen Expected Shortfall zum Zeitpunkt 't' nach folgender Formel:

$$PES_t = \sqrt{(PES_t(T))^2 + \sum_{j\geq 2}\left(PES_t(T,j)\cdot\sqrt{\frac{(LH_j - LH_{j-1})}{10}}\right)^2}$$

dabei gilt:

PES_t	=	der partielle Expected Shortfall zum Zeitpunkt t;
j	=	der Index des Liquiditätshorizonts gemäß den fünf in der ersten Spalte von Tabelle 1 aufgeführten Liquiditätshorizonten;
LH_j	=	die Dauer des Liquiditätshorizonts j in Tagen gemäß Tabelle 1;
T	=	der Basishorizont; dabei gilt T = 10 Tage;

$PES_t(T)$ = der partielle Expected Shortfall, der sich ergibt, wenn gemäß den Absätzen 2, 3 und 4 für jeden partiellen Expected Shortfall nach Artikel 325bb Absatz 1 Szenarien künftiger Schocks mit einem Zeithorizont von 10 Tagen nur auf die Untergruppe modellierbarer Risikofaktoren der Positionen des Portfolios angewandt werden; und

$PES_t(T, j)$ = der partielle Expected Shortfall, der sich ergibt, wenn gemäß den Absätzen 2, 3 und 4 für jeden partiellen Expected Shortfall nach Artikel 325bb Absatz 1 Szenarien künftiger Schocks mit einem Zeithorizont von 10 Tagen nur auf die Untergruppe modellierbarer Risikofaktoren der Positionen des Portfolios angewandt werden, deren effektiver Liquiditätshorizont nach Artikel 325bd Absatz 2 mindestens LH_j beträgt.

Tabelle 1

Liquiditätshorizont j	Dauer des Liquiditätshorizonts j (in Tagen)
1	10
2	20
3	40
4	60
5	120

(2) Für die Berechnung der in Artikel 325bb Absatz 1 genannten partiellen Expected Shortfalls PES^{RS}_t und $PES^{RS,i}_t$ erfüllen die Institute neben den Anforderungen nach Absatz 1 des vorliegenden Artikels die folgenden Anforderungen:

a) Bei der Berechnung von PES^{RS}_t wenden die Institute die Szenarien künftiger Schocks lediglich auf die modellierbaren Risikofaktoren derjenigen Positionen des Portfolios an, die der Untergruppe der modellierbaren Risikofaktoren angehören, die das Institut im Einvernehmen mit der zuständigen Behörde in einer Weise ausgewählt hat, die sicherstellt, dass auf der Grundlage der über die letzten 60 Geschäftstage gebildeten Summe die folgende Bedingung erfüllt wird:

$$\frac{1}{60} \cdot \sum_{k=0}^{59} \frac{PES^{RC}_{t-k}}{PES^{FC}_{t-k}} \geq 75\,\%$$

Wenn ein Institut die in Absatz 1 genannte Anforderung nicht mehr erfüllt, unterrichtet es unverzüglich die zuständigen Behörden und aktualisiert die Untergruppe der modellierbaren Risikofaktoren innerhalb von zwei Wochen, sodass die Anforderung erneut erfüllt wird; erfüllt das Institut die Anforderung nach Ablauf von zwei Wochen nicht, so berechnet das Institut die

Eigenmittelanforderungen für das Marktrisiko für bestimmte Handelstische gemäß dem in Kapitel 1a dargelegten Ansatz, bis es der zuständigen Behörde gegenüber nachweisen kann, dass es die in Unterabsatz 1 genannte Anforderung erfüllt;

b) bei der Berechnung von $PES^{RS,i}_t$ enden die Institute die Szenarien künftiger Schocks lediglich auf die modellierbaren Risikofaktoren derjenigen Positionen des Portfolios an, die der Untergruppe der modellierbaren Risikofaktoren angehören, die das Institut für die Zwecke des Buchstabens a des vorliegenden Absatzes ausgewählt hat und die der Risikofaktorgruppe i gemäß Artikel 325bd zugeordnet wurden;

c) die Szenarien künftiger Schocks, die auf die unter den Buchstaben a und b genannten modellierbaren Risikofaktoren angewandt werden, basieren auf Daten, die anhand von historischen Daten eines ununterbrochenen Zwölfmonatszeitraums mit Finanzstress kalibriert werden, den das Institut so wählt, dass der partielle Expected Shortfall PES^{RS}_t maximiert wird. Für die Ermittlung der Stressphase legen die Institute im Einvernehmen mit den zuständigen Behörden einen Beobachtungszeitraum zugrunde, der spätestens am 1. Januar 2007 beginnt; und

d) das Institut kalibriert die in den partiellen Expected Shortfall $PES^{RS,i}_t$ einfließenden Daten anhand des Zwölfmonatszeitraums mit Finanzstress, den es für die Zwecke des Buchstabens c festgelegt hat.

(3) Für die Berechnung der in Artikel 325bb Absatz 1 genannten partiellen Expected Shortfalls PES^{RC}_t und PES^{RC}_t erfüllen die Institute neben den Anforderungen nach Absatz 1 des vorliegenden Artikels die folgenden Anforderungen:

a) Bei der Berechnung von PES^{RC}_t wenden die Institute die Szenarien künftiger Schocks lediglich auf die modellierbaren Risikofaktoren derjenigen Positionen des Portfolios an, die der Untergruppe der modellierbaren Risikofaktoren gemäß Absatz 2 Buchstabe a angehören;

b) bei der Berechnung von $PES^{RC,i}_t$ wenden die Institute die Szenarien künftiger Schocks lediglich auf die modellierbaren Risikofaktoren derjenigen Positionen des Portfolios an, die der Untergruppe der modellierbaren Risikofaktoren gemäß Absatz 2 Buchstabe b angehören;

c) die Szenarien künftiger Schocks, die auf die unter den Buchstaben a und b des vorliegenden Absatzes genannten modellierbaren Risikofaktoren angewandt werden, basieren auf Daten, die anhand der in Absatz 4 Buchstabe c genannten historischen Daten kalibriert werden; diese Daten werden mindestens monatlich aktualisiert.

(4) Für die Berechnung der in Artikel 325bb Absatz 1 genannten partiellen Expected Shortfalls PES^{FC}_t und $PES^{FC,i}_t$ erfüllen die Institute neben den Anforderungen nach Absatz 1 des vorliegenden Artikels die folgenden Anforderungen:

a) Bei der Berechnung von PES^{FC}_t wenden die Institute die Szenarien künftiger Schocks auf sämtliche modellierbaren Risikofaktoren der Positionen des Portfolios an;

b) bei der Berechnung von $PES^{FC,i}_t$ wenden die Institute die Szenarien künftiger Schocks auf sämtliche modellierbaren Risikofaktoren der Positionen des Portfolios an, die der Risikofaktorgruppe i gemäß Artikel 325bd zugeordnet wurden;

c) die Szenarien künftiger Schocks, die auf die in den Buchstaben a und b genannten modellierbaren Risikofaktoren angewandt werden, basieren auf Daten, die anhand von historischen Daten des vorausgehenden Zwölfmonatszeitraums kalibriert werden; kommt es bei einer erheblichen Zahl modellierbarer Risikofaktoren eines Portfolios eines Instituts, die keiner Untergruppe der modellierbaren Risikofaktoren gemäß Absatz 2 Buchstabe a angehören, zu einem signifikanten Anstieg der Kursvolatilität, so können die zuständigen Behörden das Institut anweisen, historische Daten eines kürzeren als des vorausgehenden Zwölfmonatszeitraums zu verwenden, wobei dieser kürzere Zeitraum nicht kürzer als der vorausgehende Sechsmonatszeitraum sein darf; die zuständigen Behörden melden der EBA jede Entscheidung, mit der sie ein Institut anweisen, historische Daten aus einem kürzeren als einem Zwölfmonatszeitraum zu verwenden, und begründen diese Entscheidung.

(5) Bei der Berechnung eines partiellen Expected Shortfall nach Artikel 325bb Absatz 1 behalten die Institute für partielle Expected Shortfalls, auf deren modellierbare Risikofaktoren sie nicht gemäß den Absätzen 2, 3 oder 4 des vorliegenden Artikels Szenarien künftiger Schocks anwenden müssen, die Werte der modellierbaren Risikofaktoren bei.

Art. 325bd Liquiditätshorizonte. (1) Die Institute ordnen jeden Risikofaktor von Positionen, die den Handelstischen zugewiesen sind, für die ihnen die in Artikel 325az Absatz 2 genannte Erlaubnis erteilt wurde oder eine Erlaubnis beantragt wurde, einer der in Tabelle 2 aufgeführten Risikofaktorgruppen sowie einer der dort aufgeführten Risikofaktor-Untergruppen zu.

(2) Der Liquiditätshorizont eines Risikofaktors für Positionen nach Absatz 1 ist der Liquiditätshorizont der entsprechenden Risikofaktor-Untergruppe, der dieser Faktor zugeordnet wurde.

(3) *[1]* [1] Abweichend von Absatz 1 des vorliegenden Artikels kann ein Institut für einen bestimmten Handelstisch beschließen, anstelle des Liquiditätshorizonts der Risikofaktor-Untergruppe nach Tabelle 2 des vorliegenden Artikels einen längeren Liquiditätshorizont nach Tabelle 1 des Artikels 325bc zu verwenden. [2] Beschließt ein Institut diese Vorgehensweise, so gilt für die Zwecke der Berechnung der partiellen Expected Shortfalls gemäß Artikel 325bc Absatz 1 Buchstabe c dieser längere Liquiditätshorizont für sämtliche modellierbaren Risikofaktoren der diesem Handelstisch zugewiesenen Positionen, die dieser Risikofaktor-Untergruppe zugeordnet wurden.

[2] Die Institute melden den zuständigen Behörden, für welche Handelstische und welche Risikofaktor-Untergruppen sie die in Unterabsatz 1 beschriebene Vorgehensweise beschließen.

(4) Zum Zwecke der Berechnung der partiellen Expected Shortfalls gemäß Artikel 325bc Absatz 1 Buchstabe c wird der effektive Liquiditätshorizont jedes modellierbaren Risikofaktors einer Handelsbuchposition wie folgt berechnet:

$$\text{EffectiveLH} = \begin{cases} \text{SubCatLH if Mat} > LH_5 \\ \min\left(\text{SubCatLH}, \min_j\{LH_j / LH_j \geq \text{Mat}\}\right) \text{ if } LH_1 \leq \text{Mat} \leq LH_5 \\ LH_1 \text{ if Mat} < LH_1 \end{cases}$$

dabei gilt:

EffectiveLH	=	der effektive Liquiditätshorizont;
Mat	=	die Laufzeit der Handelsbuchposition;
SubCatLH	=	der Liquiditätshorizont des gemäß Absatz 1 ermittelten modellierbaren Risikofaktors; und
$\min_j \{LH_j / LH_j \geq Mat\}$	=	der in Artikel 325bc Tabelle 1 aufgeführte Liquiditätshorizont, der als erster Liquiditätshorizont auf die Laufzeit der Handelsbuchposition folgt.

(5) Innerhalb der Risikofaktorgruppe 'Fremdwährung' in Tabelle 2 zählen Währungspaare aus dem Euro und der Währung eines Mitgliedstaats, der am WKM II teilnimmt, zu der Untergruppe der liquidesten Währungspaare.

(6) Die Institute überprüfen die Angemessenheit der Zuordnung nach Absatz 1 mindestens monatlich.

(7) *[1]* [1] Die EBA arbeitet Entwürfe technischer Regulierungsstandards aus, in denen Folgendes festgelegt wird:

a) das Verfahren, nach dem die Institute für die Zwecke des Absatzes 1 die Risikofaktoren von Positionen nach Absatz 1 den Risikofaktorgruppen und den Risikofaktor-Untergruppen zuordnen müssen;
b) die Währungen, die innerhalb der Risikofaktorgruppe 'Zinssatz' in Tabelle 2 der Untergruppe der liquidesten Währungen zuzurechnen sind;
c) die Währungspaare, die innerhalb der Risikofaktorgruppe 'Fremdwährung' in Tabelle 2 der Untergruppe der liquidesten Währungspaare zuzurechnen sind;
d) die Definitionen einer geringen Marktkapitalisierung und einer hohen Marktkapitalisierung für die Zwecke der Untergruppen 'Aktiennotierung' und 'Volatilität' der Risikofaktorgruppe 'Aktien' in Tabelle 2.

[2] [2] Die EBA übermittelt der Kommission diese Entwürfe technischer Regulierungsstandards bis zum 28. März 2020.

[3] Der Kommission wird die Befugnis übertragen, die in Unterabsatz 1 genannten technischen Regulierungsstandards gemäß den Artikeln 10 bis 14 der Verordnung (EU) Nr. 1093/2010 zur Ergänzung dieser Verordnung zu erlassen.

Tabelle 2

Risikofaktor-gruppe	Risikofaktor-Untergruppe	Liquiditätshorizont	Dauer des Liquiditätshorizonts (in Tagen)
Zinssatz	Liquideste Währungen und Landeswährung	1	10
	Sonstige Währungen (ohne die liquidesten Währungen)	2	20
	Volatilität	4	60
	Sonstige Arten	4	60

Risikofaktor-gruppe	Risikofaktor-Untergruppe	Liquiditätshorizont	Dauer des Liquiditätshorizonts (in Tagen)
Kreditspread	Zentralstaat, einschließlich Zentralbanken, der Mitgliedstaaten	2	20
	Gedeckte Schuldverschreibungen, die von Kreditinstituten mit Sitz in einem Mitgliedstaat begeben wurden ('Investment grade')	2	20
	Forderungen gegenüber Staaten ('Investment grade')	2	20
	Forderungen gegenüber Staaten ('High yield')	3	40
	Forderungen gegenüber Unternehmen ('Investment grade')	3	40
	Forderungen gegenüber Unternehmen ('High yield')	4	60
	Volatilität	5	120
	Sonstige Arten	5	120
Aktien	Aktiennotierung (hohe Marktkapitalisierung)	1	10
	Aktiennotierung (geringe Marktkapitalisierung)	2	20
	Volatilität (hohe Marktkapitalisierung)	2	20
	Volatilität (geringe Marktkapitalisierung)	4	60
	Sonstige Arten	4	60
Fremdwährung	Liquideste Währungspaare	1	10
	Sonstige Währungspaare (ohne die liquidesten Währungspaare)	2	20
	Volatilität	3	40
	Sonstige Arten	3	40
Warenpositionen	Energiepreis und Kohlenstoffemissionspreis	2	20
	Edelmetallpreis und Buntmetallpreis	2	20

Risikofaktor-gruppe	Risikofaktor-Untergruppe	Liquidi-tätshori-zont	Dauer des Liquidi-tätshori-zonts (in Tagen)
	Sonstige Rohstoffpreise (ohne Energie, Kohlenstoff, Edelmetalle und Buntmetalle)	4	60
	Volatilität der Energie- und Kohlenstoffemissionspreise	4	60
	Volatilität der Edelmetall- und Buntmetallpreise	4	60
	Volatilität der sonstigen Rohstoffpreise (ohne Energie, Kohlenstoff, Edelmetalle und Buntmetalle)	5	120
	Sonstige Arten	5	120

Art. 325be Bewertung der Modellierbarkeit von Risikofaktoren.

(1) Die Institute bewerten die Modellierbarkeit sämtlicher Risikofaktoren für Positionen, die den Handelstischen zugewiesen sind, für die ihnen die in Artikel 325ba Absatz 2 genannte Erlaubnis erteilt wurde oder eine Erlaubnis beantragt wurde.

(2) Im Rahmen der in Absatz 1 des vorliegenden Artikels genannten Bewertung berechnen die Institute die Eigenmittelanforderungen für Marktrisiken für die nicht modellierbaren Risikofaktoren gemäß Artikel 325bk.

(3) *[1]* Die EBA arbeitet Entwürfe technischer Regulierungsstandards aus, in denen die Kriterien für die Bewertung der Modellierbarkeit der Risikofaktoren gemäß Absatz 1 und die Häufigkeit dieser Bewertung festgelegt werden.

[2] Die EBA übermittelt der Kommission diese Entwürfe technischer Regulierungsstandards bis zum 28. März 2020.

[3] Der Kommission wird die Befugnis übertragen, die in Unterabsatz 1 genannten technischen Regulierungsstandards gemäß den Artikeln 10 bis 14 der Verordnung (EU) Nr. 1093/2010 zur Ergänzung dieser Verordnung zu erlassen.

Art. 325bf Anforderungen an aufsichtliche Rückvergleiche und Multiplikationsfaktoren. (1) Für die Zwecke dieses Artikels liegt eine Überschreitung dann vor, wenn die Eintagesänderung des Werts eines Portfolios, das aus sämtlichen dem Handelstisch zugewiesenen Positionen besteht, die entsprechende Maßzahl des Risikopotenzials überschreitet, die auf der Grundlage des alternativen internen Modells des Instituts gemäß den folgenden Anforderungen errechnet wird:

a) für die Berechnung des Risikopotenzials gilt eine Haltedauer von einem Tag;

b) auf die Risikofaktoren der Positionen des Handelstisches gemäß Artikel 325bg Absatz 3, die gemäß Artikel 325be als modellierbar anzusehen sind, werden Szenarien künftiger Schocks angewandt;

c) die Szenarien künftiger Schocks, die auf die modellierbaren Risikofaktoren angewandt werden, basieren auf Daten, die anhand der in Artikel 325bc Absatz 4 Buchstabe c genannten historischen Daten kalibriert werden;

d) sofern in diesem Artikel nichts anderes angegeben ist, beruht das alternative interne Modell des Instituts auf den gleichen Modellannahmen, die auch der Berechnung des Expected Shortfall gemäß Artikel 325ba Absatz 1 Buchstabe a zugrunde liegen.

(2) Die Institute zählen die täglichen Überschreitungen durch Rückvergleiche der hypothetischen und tatsächlichen Änderungen des Werts des Portfolios, das aus sämtlichen dem Handelstisch zugewiesenen Positionen besteht.

(3) Es ist davon auszugehen, dass ein Handelstisch eines Instituts die Rückvergleichsanforderung erfüllt, wenn er in den unmittelbar vorausgegangenen 250 Geschäftstagen nicht mehr als die folgende Höchstzahl von Überschreitungen verzeichnen musste:

a) 12 Überschreitungen der mit einem einseitigen Konfidenzintervall von 99 % auf der Grundlage von Rückvergleichen der hypothetischen Änderungen des Portfoliowerts berechneten Maßzahl des Risikopotenzials;

b) 12 Überschreitungen der mit einem einseitigen Konfidenzintervall von 99 % auf der Grundlage von Rückvergleichen der tatsächlichen Änderungen des Portfoliowerts berechneten Maßzahl des Risikopotenzials;

c) 30 Überschreitungen der mit einem einseitigen Konfidenzintervall von 97,5 % auf der Grundlage von Rückvergleichen der hypothetischen Änderungen des Portfoliowerts berechneten Maßzahl des Risikopotenzials;

d) 30 Überschreitungen der mit einem einseitigen Konfidenzintervall von 97,5 % auf der Grundlage von Rückvergleichen der tatsächlichen Änderungen des Portfoliowerts berechneten Maßzahl des Risikopotenzials.

(4) Die Institute ermitteln die täglichen Überschreitungen gemäß den folgenden Grundsätzen:

a) Ein Rückvergleich der hypothetischen Änderungen des Portfoliowerts beruht auf dem Vergleich zwischen dem Tagesendwert des Portfolios und dem Wert des Portfolios am Ende des darauf folgenden Tages unter der Annahme unveränderter Positionen;

b) ein Rückvergleich der tatsächlichen Änderungen des Portfoliowerts beruht auf dem Vergleich zwischen dem Tagesendwert des Portfolios und seinem tatsächlichen Wert am Ende des darauf folgenden Tages, ohne Gebühren und Provisionen;

c) eine Überschreitung liegt vor, wenn das Institut für einen Geschäftstag den Portfoliowert nicht bewerten oder die Maßzahl des Risikopotenzials gemäß Absatz 3 nicht berechnen kann.

(5) Die Institute berechnen für das Portfolio sämtlicher Positionen, die den Handelstischen zugewiesen sind, für die ihnen eine Erlaubnis zur Verwendung alternativer interner Modelle nach Artikel 325az Absatz 2 erteilt wurde, gemäß den Absätzen 6 und 7 des vorliegenden Artikels den in Artikel 325ba genannten Multiplikationsfaktor m_c.

(6) *[1]* [1]Der Multiplikationsfaktor mc entspricht der Summe aus 1,5 und einem Aufschlag zwischen 0 und 0,5 gemäß Tabelle 3. [2]Für das in Absatz 5

genannte Portfolio errechnet sich dieser Aufschlag auf der Grundlage der Zahl der Überschreitungen, die bei den Rückvergleichen der gemäß Buchstabe a des vorliegenden Unterabsatzes berechneten Maßzahl des Risikopotenzials des Instituts während der unmittelbar vorausgegangenen 250 Geschäftstage zu verzeichnen waren. [3]Die Berechnung des Aufschlags erfüllt die folgenden Bedingungen:

a) Eine Überschreitung liegt vor, wenn die Eintagesänderung des Portfoliowerts die entsprechende Maßzahl des Risikopotenzials überschreitet, die mit Hilfe des internen Modells des Instituts gemäß den folgenden Anforderungen errechnet wird:
   i) Haltedauer von einem Tag;
   ii) einseitiges Konfidenzintervall von 99 %;
   iii) auf die Risikofaktoren der Positionen des Handelstisches gemäß Artikel 325bg Absatz 3, die gemäß Artikel 325be als modellierbar anzusehen sind, werden Szenarien künftiger Schocks angewandt;
   iv) die Szenarien künftiger Schocks, die auf die modellierbaren Risikofaktoren angewandt werden, basieren auf Daten, die anhand der in Artikel 325bc Absatz 4 Buchstabe c genannten historischen Daten kalibriert werden;
   v) sofern in diesem Artikel nichts anderes angegeben ist, beruht das interne Modell des Instituts auf den gleichen Modellannahmen, die auch der Berechnung des Expected Shortfall gemäß Artikel 325ba Absatz 1 Buchstabe a zugrunde liegen.

b) Die Zahl der Überschreitungen entspricht der Zahl der Überschreitungen bei den hypothetischen oder den tatsächlichen Änderungen des Portfoliowerts, je nachdem, welche Zahl höher ist.

Tabelle 3

Zahl der Überschreitungen	Aufschlag
Weniger als 5	0,00
5	0,20
6	0,26
7	0,33
8	0,38
9	0,42
Mehr als 9	0,50

[2] Unter außergewöhnlichen Umständen können die zuständigen Behörden den Aufschlag auf den Wert beschränken, der sich für die Überschreitungen bei Rückvergleichen der hypothetischen Änderungen ergibt, wenn die Zahl der Überschreitungen bei Rückvergleichen der tatsächlichen Änderungen nicht auf Defekte des internen Modells zurückzuführen sind.

(7) [1]Die zuständigen Behörden überwachen die Angemessenheit des Multiplikationsfaktors nach Absatz 5 und die Einhaltung der Rückvergleichsanforderungen nach Absatz 3 durch die Handelstische. [2]Die Institute melden den

zuständigen Behörden unverzüglich und in jedem Fall binnen fünf Geschäftstagen nach einer Überschreitung, wenn bei ihren Rückvergleichen Überschreitungen ausgewiesen werden, und begründen diese Überschreitungen.

(8) [1] Abweichend von den Absätzen 2 und 6 des vorliegenden Artikels können die zuständigen Behörden einem Institut gestatten, eine Überschreitung nicht zu berücksichtigen, wenn eine Eintagesänderung des Wertes seines Portfolios, die die entsprechende, nach dem internen Modell des Instituts berechnete Maßzahl des Risikopotenzials übersteigt, auf einen nicht modellierbaren Risikofaktor zurückzuführen ist. [2] In diesem Fall weist das Institut der zuständigen Behörde gegenüber nach, dass das gemäß Artikel 325bk berechnete Stressszenario-Risikomaß des nicht modellierbaren Risikofaktors größer ist als die positive Differenz zwischen der Änderung des Portfoliowerts des Instituts und der entsprechenden Maßzahl des Risikopotenzials.

(9) *[1]* Die EBA arbeitet Entwürfe technischer Regulierungsstandards aus, in denen festgelegt wird, welche konkreten Elemente für die Zwecke dieses Artikels in den hypothetischen und tatsächlichen Änderungen des Portfoliowerts eines Instituts zu berücksichtigen sind.

[2] Die EBA übermittelt der Kommission diese Entwürfe technischer Regulierungsstandards bis zum 28. März 2020.

[3] Der Kommission wird die Befugnis übertragen, die in Unterabsatz 1 genannten technischen Regulierungsstandards gemäß den Artikeln 10 bis 14 der Verordnung (EU) Nr. 1093/2010 zur Ergänzung dieser Verordnung zu erlassen.

Art. 325bg Anforderung hinsichtlich der Gewinn- und Verlustzuweisung (P&L-Attribution) (1) Die Anforderungen hinsichtlich der Gewinn- und Verlustzuweisung eines Handelstisches eines Instituts gelten als erfüllt, wenn dieser Handelstisch den im vorliegenden Artikel genannten Anforderungen genügt.

(2) Die Anforderung hinsichtlich der Gewinn- und Verlustzuweisung stellt sicher, dass die auf dem Risikomessmodell des Instituts beruhenden theoretischen Änderungen des Werts des Portfolios eines Handelstisches den auf dem Bewertungsmodell des Instituts beruhenden hypothetischen Änderungen des Werts des Portfolios dieses Handelstisches ausreichend gut entsprechen.

(3) Erfüllt ein Institut die Anforderung hinsichtlich der Gewinn- und Verlustzuweisung, so werden für jede Position eines Handelstisches bestimmte Risikofaktoren ermittelt, anhand deren sich überprüfen lässt, ob das Institut der in Artikel 325bf genannten Rückvergleichsanforderung genügt.

(4) *[1]* Die EBA arbeitet Entwürfe technischer Regulierungsstandards aus, in denen Folgendes festgelegt wird:

a) die Kriterien, die erforderlich sind, um sicherzustellen, dass die theoretischen Änderungen des Werts des Portfolios eines Handelstisches den hypothetischen Änderungen des Werts des Portfolios dieses Handelstisches für die Zwecke des Absatzes 2 ausreichend gut entsprechen, wobei die internationalen regulierungsrechtlichen Entwicklungen zu berücksichtigen sind;
b) die Auswirkungen für ein Institut, wenn die theoretischen Änderungen des Werts des Portfolios eines Handelstisches den hypothetischen Änderungen des Werts des Portfolios dieses Handelstisches für die Zwecke des Absatzes 2 nicht ausreichend gut entsprechen;

c) die Häufigkeit der von einem Institut vorzunehmenden Gewinn- und Verlustzuweisung;
d) die technischen Elemente, die für die Zwecke dieses Artikels in den theoretischen und hypothetischen Änderungen des Werts des Portfolios eines Handelstisches zu berücksichtigen sind;
e) die Art und Weise, in der die Institute, die das interne Modell anwenden, die Gesamteigenmittelanforderung für das Marktrisiko für alle ihre Handelsbuchpositionen und Anlagebuchpositionen, die einem Fremdwährungs- oder Warenpositionsrisiko unterliegen, unter Berücksichtigung der in Buchstabe b genannten Auswirkungen aggregieren müssen.

[2] Die EBA übermittelt der Kommission diese Entwürfe technischer Regulierungsstandards bis zum 28. März 2020.

[3] Der Kommission wird die Befugnis übertragen, die in Unterabsatz 1 genannten technischen Regulierungsstandards gemäß den Artikeln 10 bis 14 der Verordnung (EU) Nr. 1093/2010 zur Ergänzung dieser Verordnung zu erlassen.

Art. 325bh Anforderungen an die Risikomessung. (1) Sofern ein Institut zur Berechnung der Eigenmittelanforderungen für das Marktrisiko nach Artikel 325ba ein internes Risikomessmodell einsetzt, stellt es sicher, dass dieses Modell alle folgenden Anforderungen erfüllt:
a) Das interne Risikomessmodell trägt einer ausreichenden Zahl von Risikofaktoren und mindestens den in Kapitel 1a Abschnitt 3 Unterabschnitt 1 genannten Risikofaktoren Rechnung, es sei denn, das Institut weist den zuständigen Behörden gegenüber nach, dass unberücksichtigte Risikofaktoren die Ergebnisse der in Artikel 325bg festgelegten Anforderung hinsichtlich der Gewinn- und Verlustzuweisung nicht wesentlich beeinflussen; das Institut muss den zuständigen Behörden gegenüber rechtfertigen können, weshalb es einen Risikofaktor in seinem Bewertungsmodell, nicht aber in seinem internen Risikomessmodell berücksichtigt;
b) das interne Risikomessmodell erfasst die Nichtlinearitäten von Optionen und anderen Produkten sowie das Korrelationsrisiko und das Basisrisiko;
c) das interne Risikomessmodell enthält Risikofaktoren für die Zinssätze in jeder Währung, in der das Institut zinsreagible bilanzwirksame und außerbilanzielle Positionen hält; das Institut berechnet die Zinsstrukturkurven nach einem allgemein anerkannten Verfahren; die Zinsstrukturkurve wird in verschiedene Laufzeitsegmente unterteilt, um der unterschiedlichen Volatilität der Zinssätze für die verschiedenen Laufzeiten Rechnung zu tragen; bei wesentlichen, mit einem Zinsänderungsrisiko behafteten Risikopositionen in den wichtigsten Währungen und Märkten ist die Zinsstrukturkurve unter Verwendung von mindestens sechs Laufzeitsegmenten zu modellieren, und die Zahl der bei der Modellierung der Zinsstrukturkurve berücksichtigten Risikofaktoren ist der Art und Komplexität der Handelsstrategien des Instituts angemessen; das Modell erfasst ferner die Risikostreuung der nicht vollkommen korrelierten Entwicklungen der verschiedenen Zinsstrukturkurven oder der verschiedenen Finanzinstrumente ein und desselben zugrunde liegenden Emittenten;
d) das interne Risikomessmodell enthält Risikofaktoren für Gold und für die einzelnen Fremdwährungen, auf die die Positionen des Instituts lauten; für

OGA werden die tatsächlichen Fremdwährungspositionen der OGA berücksichtigt; die Institute können den Ausweis von Fremdwährungspositionen in OGA heranziehen, der vonseiten Dritter vorgenommen wurde, sofern die Korrektheit dieses Ausweises ausreichend sichergestellt ist; Fremdwährungspositionen in einem OGA, die den Instituten nicht bekannt sind, werden bei dem auf internen Modellen basierenden Ansatz nicht berücksichtigt und gemäß Kapitel 1a behandelt;

e) der Detaillierungsgrad der Modellierungsverfahren steht in einem angemessenen Verhältnis zur Bedeutung der Aktienmarkttätigkeiten des Instituts; das interne Risikomessmodell enthält mindestens für jeden Aktienmarkt, auf dem das Institut Positionen in erheblichem Umfang hält, einen gesonderten Risikofaktor sowie mindestens einen Risikofaktor, der systemische Veränderungen der Aktienkurse und die Abhängigkeit zwischen diesem Risikofaktor und den einzelnen Risikofaktoren für einen jeden Aktienmarkt erfasst;

f) das interne Risikomessmodell enthält mindestens für jede Ware, in der das Institut Positionen in erheblichem Umfang hält, einen gesonderten Risikofaktor, es sei denn, die aggregierten Warenmarktpositionen des Instituts sind im Vergleich zu seinem Gesamthandelsvolumen gering, sodass es einen gesonderten Risikofaktor pro Warenpositionsreferenztyp anwenden kann; bestehen wesentliche Warenmarktrisiken, so erfasst das Modell das Risiko nicht vollkommen korrelierter Entwicklungen ähnlicher, aber nicht identischer Waren, das Risiko einer Änderung der Terminkurse aufgrund von Fristeninkongruenzen sowie die Verfügbarkeitsprämie zwischen Derivate- und Kassapositionen;

g) die verwendeten Näherungswerte bilden die tatsächliche Wertveränderung der Position in der Vergangenheit gut ab, werden mit der notwendigen Vorsicht bestimmt und werden nur dann verwendet, wenn die verfügbaren Daten nicht ausreichen, beispielsweise in Stressphasen nach Artikel 325bc Absatz 2 Buchstabe c;

h) bestehen bei Instrumenten mit Optionalität wesentliche Volatilitätsrisiken, so erfasst das interne Risikomessmodell die Abhängigkeit von impliziten Volatilitäten für die verschiedenen Ausübungspreise und Laufzeiten der Optionen.

(2) Die Institute können innerhalb der Risikofaktorgruppen – und für die Zwecke der Berechnung des undiversifizierten Expected Shortfall UES_t nach Artikel 325bb Absatz 1 auch risikofaktorgruppenübergreifend – empirische Korrelationen verwenden, sofern ihr Ansatz zur Korrelationsmessung solide ist, den anwendbaren Liquiditätshorizonten Rechnung trägt und unter Sicherstellung seiner Integrität angewandt wird.

(3) Die EBA gibt bis zum 28. September 2020 gemäß Artikel 16 der Verordnung (EU) Nr. 1093/2010 Leitlinien heraus, in denen Kriterien für die Verwendung der in das Risikomessmodell einfließenden Daten nach Artikel 325bc festgelegt werden.

Art. 325bi Qualitative Anforderungen. (1) *[1]* Jedes für die Zwecke dieses Kapitels verwendete interne Risikomessmodell beruht auf einem soliden Ansatz, wird unter Sicherstellung seiner Integrität berechnet und angewandt und erfüllt alle folgenden qualitativen Anforderungen:

a) Jedes zur Berechnung der Eigenmittelanforderungen für das Marktrisiko verwendete interne Risikomessmodell ist eng in das tägliche Risikomanagement des Instituts eingebunden und dient als Grundlage für die Meldung von Risikopositionen an die Geschäftsleitung;

b) die Institute verfügen über eine vom Handelsbereich unabhängige Abteilung zur Risikosteuerung und -überwachung, die direkt der Geschäftsleitung unterstellt ist; diese Abteilung ist für die Gestaltung und Umsetzung der internen Risikomessmodelle zuständig; die Abteilung führt die erste und die laufende Validierung der für die Zwecke dieses Kapitels verwendeten internen Modelle durch und ist für das gesamte Risikomanagement-System verantwortlich; sie erstellt und analysiert täglich Berichte über die Ergebnisse des zur Berechnung der Eigenmittelanforderungen für das Marktrisiko eingesetzten internen Modells und Berichte über die Angemessenheit der im Hinblick auf die Handelsvolumenbegrenzung gebotenen Maßnahmen;

c) das Leitungsorgan und die Geschäftsleitung sind aktiv an der Risikosteuerung und -überwachung beteiligt, und die täglichen Berichte der Abteilung zur Risikosteuerung und -überwachung werden auf einer Leitungsebene geprüft, die über hinreichende Befugnisse verfügt, um die Reduzierung von Positionen einzelner Händler und die Reduzierung des vom Institut eingegangenen Gesamtrisikos zu verlangen;

d) die Institute beschäftigen eine ausreichende Zahl Mitarbeiter, die im Hinblick auf die internen Risikomessmodelle ausreichend qualifiziert sind, und eine ausreichende Zahl Mitarbeiter, die die Bereiche Handel, Risikosteuerung und -überwachung, Revision und Abwicklung gut beherrschen;

e) die Institute verfügen über dokumentierte Grundsätze, Verfahren und Kontrollen, die die Funktionsweise ihrer internen Risikomessmodelle vollumfänglich gewährleisten;

f) jedes interne Risikomessmodell, einschließlich aller Bewertungsmodelle, hat in der Vergangenheit nachweislich eine ausreichend präzise Risikomessung gewährleistet und unterscheidet sich nicht wesentlich von den Modellen, die das Institut für sein internes Risikomanagement verwendet;

g) die Institute führen regelmäßig gründliche Stresstestprogramme durch, die auch umgekehrte Stresstests enthalten und alle internen Risikomessmodelle erfassen; die Ergebnisse dieser Stresstests werden mindestens monatlich von der Geschäftsleitung überprüft und genügen den vom Leitungsorgan des Instituts festgelegten Grundsätzen und Obergrenzen; zeigen diese Stresstests, dass die Handelstätigkeit des Instituts unter bestimmten Umständen zu übermäßigen Verlusten führen kann, so trifft das Institut geeignete Maßnahmen;

h) die Institute unterziehen ihre internen Risikomessmodelle entweder im Rahmen ihrer regelmäßigen Innenrevisionstätigkeit oder durch Beauftragung eines Dritten einer unabhängigen Prüfung, die zur Zufriedenheit der zuständigen Behörden durchgeführt wird.

[2] Für die Zwecke des Buchstabens h des Unterabsatzes 1 ist ein Dritter ein Unternehmen, das Prüfungs- oder Beratungsdienste für Institute anbietet und dessen Mitarbeiter über ausreichende Qualifikationen im Bereich des Marktrisikos im Handelsgeschäft verfügen.

(2) [1] Die unter Absatz 1 Buchstabe h genannte Prüfung erstreckt sich sowohl auf die Tätigkeiten der Handelstische als auch auf die Tätigkeiten der unabhän-

gigen Abteilung zur Risikosteuerung und -überwachung. [2]Die Institute prüfen mindestens jährlich ihr gesamtes Risikomanagementsystem. [3]Bei dieser Prüfung wird Folgendes bewertet:

a) die Angemessenheit der Dokumentation von Risikomanagementsystem und -verfahren und die Organisation der Abteilung zur Risikosteuerung und -überwachung;
b) die Einbeziehung der Risikomessungen in das tägliche Risikomanagement und die Integrität des Management-Informationssystems;
c) die Genehmigungsverfahren des Instituts für die von den Mitarbeitern der Handels- und der Abwicklungsabteilungen verwendeten Risikobepreisungsmodelle und Bewertungssysteme;
d) die Bandbreite der von dem Modell erfassten Risiken, die Genauigkeit und Angemessenheit des Risikomesssystems und die Validierung etwaiger wesentlicher Änderungen des internen Risikomessmodells;
e) die Richtigkeit und Vollständigkeit der Positionsdaten, die Richtigkeit und Angemessenheit der Volatilitäts- und Korrelationsannahmen, die Richtigkeit der Bewertungs- und Risikosensitivitätsberechnungen sowie – falls nicht genügend Daten vorliegen, um die Anforderungen dieses Kapitels zu erfüllen – die Richtigkeit und Angemessenheit der Ermittlung von Näherungswerten;
f) die Verifizierungsverfahren des Instituts zur Bewertung der Einheitlichkeit, Aktualität und Zuverlässigkeit sowie der Unabhängigkeit der in seinen internen Risikomessmodellen verwendeten Datenquellen;
g) die Verifizierungsverfahren, die das Institut zur Bewertung der Rückvergleichsanforderungen und der Anforderungen hinsichtlich der Gewinn- und Verlustzuweisung einsetzt, um die Genauigkeit seines internen Risikomessmodells zu beurteilen;
h) sofern die Prüfung gemäß Absatz 1 Buchstabe h des vorliegenden Artikels von einem Dritten vorgenommen wird, die Verifizierung, dass das interne Validierungsverfahren nach Artikel 325bj den Zielen gerecht wird.

(3) Die Institute aktualisieren die Techniken und Verfahren, die sie bei den für die Zwecke dieses Kapitels verwendeten internen Risikomessmodellen einsetzen, um der Entwicklung neuer Techniken und bewährter Verfahren, die sich in Bezug auf diese internen Risikomessmodelle herausbilden, Rechnung zu tragen.

Art. 325bj Interne Validierung. (1) Die Institute verfügen über Verfahren, die gewährleisten, dass ihre für die Zwecke dieses Kapitels verwendeten internen Risikomessmodelle von entsprechend qualifizierten Stellen, die von der Entwicklung unabhängig sind, angemessen validiert wurden, damit sichergestellt ist, dass sie konzeptionell solide sind und alle wesentlichen Risiken angemessen erfassen.

(2) In den folgenden Fällen nehmen die Institute die in Absatz 1 genannte Validierung vor:

a) bei der Einführung und bei jeder wesentlichen Änderung eines internen Risikomessmodells;

b) in regelmäßigen Zeitabständen und nach wesentlichen Marktveränderungen oder jeder Änderung der Portfoliozusammensetzung, wenn dies dazu führen könnte, dass das interne Risikomessmodell nicht mehr angemessen ist.

(3) Die Validierung der internen Risikomessmodelle eines Instituts beschränkt sich nicht auf die Rückvergleichsanforderungen und die Anforderungen hinsichtlich der Gewinn- und Verlustzuweisung, sondern umfasst zusätzlich mindestens Folgendes:

a) Tests, um zu überprüfen, ob alle im internen Modell verwendeten Annahmen angemessen sind und keine Unterschätzung oder Überschätzung des Risikos zur Folge haben;

b) zusätzlich zu den vorgeschriebenen Rückvergleichen eigene Tests zur Validierung des internen Modells, die Rückvergleiche in Bezug auf die Risiken und die Struktur der Portfolios umfassen;

c) den Einsatz hypothetischer Portfolios, um sicherzustellen, dass das interne Risikomessmodell eventuell auftretende, besondere strukturelle Merkmale, wie erhebliche Basisrisiken und das Konzentrationsrisiko oder Risiken im Zusammenhang mit der Verwendung von Näherungswerten, erfassen kann.

Art. 325bk Berechnung des Stressszenario-Risikomaßes. (1) Das Stressszenario-Risikomaß eines bestimmten nicht modellierbaren Risikofaktors gibt den Verlust an, der für alle im Portfolio enthaltenen Handelsbuchpositionen oder Anlagebuchpositionen, die einem Fremdwährungs- oder Warenpositionsrisiko unterliegen, die diesen nicht modellierbaren Risikofaktor enthalten, entsteht, wenn auf diesen Risikofaktor ein extremes Szenario künftiger Schocks angewandt wird.

(2) Die Institute entwickeln für alle nicht modellierbaren Risikofaktoren geeignete extreme Szenarien künftiger Schocks, für die sie die Einwilligung der zuständigen Behörden erlangen.

(3) *[1]* Die EBA arbeitet Entwürfe technischer Regulierungsstandards aus, in denen Folgendes festgelegt wird:

a) die Vorgehensweise, nach der die Institute für nicht modellierbare Risikofaktoren geeignete extreme Szenarien künftiger Schocks entwickeln und auf diese Risikofaktoren anwenden müssen;

b) ein vorgeschriebenes extremes Szenario künftiger Schocks für jede in Artikel 325bd in Tabelle 2 aufgeführte Risikofaktor-Untergruppe, das die Institute anwenden können, wenn sie nicht in der Lage sind, ein extremes Szenario künftiger Schocks gemäß Buchstabe a des vorliegenden Unterabsatzes zu entwickeln, und dessen Anwendung die zuständigen Behörden von den Instituten verlangen können, wenn diese Behörden das von den Instituten entwickelte extreme Szenario künftiger Schocks nicht als zufriedenstellend erachten;

c) die Umstände, unter denen die Institute das Stressszenario-Risikomaß für mehr als einen nicht modellierbaren Risikofaktor berechnen können;

d) das Verfahren, nach dem die Institute die Stressszenario-Risikomaße aller nicht modellierbarer Risikofaktoren, die in ihren Handelsbuchpositionen und Anlagebuchpositionen, die einem Fremdwährungs- oder Warenpositionsrisiko unterliegen, enthalten sind, aggregieren müssen.

[2] Bei der Ausarbeitung dieser Entwürfe technischer Regulierungsstandards berücksichtigt die EBA die Anforderung, dass die Eigenmittelanforderungen für das Marktrisiko für einen nicht modellierbaren Risikofaktor gemäß diesem Artikel genauso hoch sein müssen wie die Eigenmittelanforderungen für das Marktrisiko, die sich aus den Berechnungen nach diesem Kapitel ergeben würden, wenn der Risikofaktor modellierbar wäre.

[3] Die EBA übermittelt der Kommission diese Entwürfe technischer Regulierungsstandards bis zum 28. September 2020.

[4] Der Kommission wird die Befugnis übertragen, die in Unterabsatz 1 genannten technischen Regulierungsstandards gemäß den Artikeln 10 bis 14 der Verordnung (EU) Nr. 1093/2010 zur Ergänzung dieser Verordnung zu erlassen.

Abschnitt 3. Internes Modell zur Erfassung von Ausfallrisiken

Art. 325bl Anwendungsbereich des internen Modells zur Erfassung von Ausfallrisiken. (1) [1] Sämtliche Positionen, die den Handelstischen zugewiesen sind, für die einem Institut die in Artikel 325az Absatz 2 genannte Erlaubnis erteilt wurde, unterliegen einer Eigenmittelanforderung für das Ausfallrisiko, sofern sie mindestens einen Risikofaktor enthalten, der gemäß Artikel 325bd Absatz 1 einer der beiden Risikofaktorgruppen 'Aktien' oder 'Kreditspread' zugeordnet wurde. [2] Diese Eigenmittelanforderung, die zu den Anforderungen für Risiken, die durch die Eigenmittelanforderungen nach Artikel 325ba Absatz 1 erfasst werden, hinzukommt, wird anhand des internen Modells zur Erfassung von Ausfallrisiken des Instituts berechnet. [3] Dieses Modell muss die Anforderungen des vorliegenden Abschnitts erfüllen.

(2) Für jede der in Absatz 1 genannten Positionen geben die Institute in Bezug auf mindestens einen Risikofaktor einen Emittenten von gehandelten Schuldtiteln oder Aktieninstrumenten an.

Art. 325bm Erlaubnis zur Verwendung eines internen Modells zur Erfassung von Ausfallrisiken. (1) Die zuständigen Behörden erteilen einem Institut die Erlaubnis, für alle Handelsbuchpositionen eines Handelstisches nach Artikel 325bl, für die das interne Modell zur Erfassung von Ausfallrisiken die Bestimmungen der Artikel 325bi, 325bj, 325bn, 325bo und 325bp erfüllt, ein internes Modell zur Erfassung von Ausfallrisiken zu verwenden, um die in Artikel 325ba Absatz 2 genannten Eigenmittelanforderungen zu berechnen.

(2) Erfüllt der Handelstisch eines Instituts, dem mindestens eine der Handelsbuchpositionen nach Artikel 325bl zugewiesen wurde, die Anforderungen nach Absatz 1 des vorliegenden Artikels nicht, so werden für alle Positionen dieses Handelstisches die Eigenmittelanforderungen für das Marktrisiko nach dem in Kapitel 1a beschriebenen Ansatz berechnet.

Art. 325bn Eigenmittelanforderungen für das Ausfallrisiko bei der Verwendung eines internen Modells zur Erfassung von Ausfallrisiken.

(1) Für das Portfolio sämtlicher Handelsbuchpositionen nach Artikel 325bl berechnen die Institute die Eigenmittelanforderungen für das Ausfallrisiko anhand ihres internen Modells zur Erfassung von Ausfallrisiken in folgender Weise:

a) Die Eigenmittelanforderungen entsprechen der Maßzahl des Risikopotenzials, die mit einem Konfidenzintervall von 99,9 % über einen Zeithorizont von einem Jahr die auf Ausfälle von Emittenten dieser Positionen zurückzuführenden potenziellen Marktwertverluste angibt;

b) die potenziellen Marktwertverluste gemäß Buchstabe a sind direkte oder indirekte Verluste des Marktwerts einer Position, die durch den Ausfall des Emittenten verursacht wurden und die zusätzlich zu bereits bei der laufenden Bewertung der Position berücksichtigten Verlusten anzusetzen sind; als Ausfall des Emittenten einer Beteiligungsposition gilt die Tatsache, dass die Aktiennotierung des Emittenten auf null gesetzt wurde;

c) die Institute bestimmen die Ausfallkorrelationen zwischen verschiedenen Emittenten anhand einer konzeptionell soliden Methode und unter Verwendung objektiver historischer Daten zu den am Markt zu beobachtenden Kreditspreads oder Aktiennotierungen über eine Zeitspanne von mindestens zehn Jahren, die die vom Institut gemäß Artikel 325bc Absatz 2 ermittelte Stressphase einschließt; die Berechnung der Ausfallkorrelationen zwischen verschiedenen Emittenten wird anhand eines einjährigen Zeithorizonts kalibriert;

d) das interne Modell zur Erfassung von Ausfallrisiken basiert auf der Annahme durchgängig über ein Jahr hinweg konstanter Positionen.

(2) Die Institute berechnen die Eigenmittelanforderungen für das Ausfallrisiko anhand ihres internen Modells zur Erfassung von Ausfallrisiken gemäß Absatz 1 mindestens wöchentlich.

(3) [1] Abweichend von Absatz 1 Buchstaben a und c kann ein Institut für die Zwecke der Berechnung des Ausfallrisikos von einigen oder allen Aktienpositionen anstelle des Zeithorizonts von einem Jahr gegebenenfalls einen Zeithorizont von 60 Tagen zugrunde legen. [2] In einem solchen Fall muss die Berechnung der Ausfallkorrelationen zwischen Aktiennotierungen und Ausfallwahrscheinlichkeiten einem Zeithorizont von 60 Tagen entsprechen und die Berechnung der Ausfallkorrelationen zwischen Aktiennotierungen und Anleihekursen mit einem Zeithorizont von einem Jahr vorgenommen werden.

Art. 325bo Anerkennung von Absicherungen im internen Modell zur Erfassung von Ausfallrisiken. (1) Die Institute dürfen Absicherungsgeschäfte in ihrem internen Modell zur Erfassung von Ausfallrisiken berücksichtigen und Kaufpositionen und Verkaufspositionen desselben Finanzinstruments gegeneinander aufrechnen.

(2) In ihren internen Modellen zur Erfassung von Ausfallrisiken dürfen die Institute Absicherungs- oder Diversifizierungseffekte bei Kauf- und Verkaufspositionen in Bezug auf verschiedene Instrumente oder verschiedene Wertpapiere desselben Schuldners sowie Kauf- und Verkaufspositionen gegenüber verschiedenen Emittenten nur berücksichtigen, wenn sie die Bruttokauf- und -verkaufspositionen der verschiedenen Instrumente und die Basisrisiken zwischen verschiedenen Emittenten explizit modellieren.

(3) [1] In ihren internen Modellen zur Erfassung von Ausfallrisiken erfassen die Institute die wesentlichen Risiken zwischen einem Absicherungsinstrument und einem abgesicherten Instrument, die im Zeitraum zwischen dem Ablauf des Absicherungsinstruments und dem einjährigen Zeithorizont eintreten könnten, sowie das Potenzial für signifikante Basisrisiken in den Absicherungsstrategien aufgrund von Unterschieden hinsichtlich Produktart, Rang in der Kapitalstruk-

tur, interner oder externer Bonitätsbeurteilungen, Laufzeit, Jahrgang der originären Kreditgewährung (Vintage) und anderen Unterschieden. [2]Die Institute erfassen ein Absicherungsinstrument nur, soweit es auch dann haltbar ist, wenn sich der Schuldner einem Kreditereignis oder sonstigen Ereignis nähert.

Art. 325bp Besondere Anforderungen für interne Modelle zur Erfassung von Ausfallrisiken. (1) [1]Das interne Modell zur Erfassung von Ausfallrisiken nach Artikel 325bm Absatz 1 kann den Ausfall einzelner Emittenten sowie den gleichzeitigen Ausfall mehrerer Emittenten modellieren und berücksichtigt die Auswirkungen dieser Ausfälle bei den Marktwerten der von diesem Modell abgedeckten Positionen. [2]Zu diesem Zweck wird der Ausfall jedes einzelnen Emittenten unter Verwendung von zwei verschiedenartigen systematischen Risikofaktoren modelliert.

(2) Das interne Modell zur Erfassung von Ausfallrisiken trägt der Konjunkturentwicklung Rechnung und berücksichtigt insbesondere die Abhängigkeiten zwischen Erlösquoten und systematischen Risikofaktoren nach Absatz 1.

(3) [1]Das interne Modell zur Erfassung von Ausfallrisiken trägt den nichtlinearen Auswirkungen von Optionen und anderen Positionen mit wesentlichem nichtlinearem Verhalten in Bezug auf Preisveränderungen Rechnung. [2]Das inhärente Modellrisiko der Bewertung und Schätzung der mit diesen Produkten verbundenen Preisrisiken wird von den Instituten ebenfalls gebührend berücksichtigt.

(4) Das interne Modell zur Erfassung von Ausfallrisiken basiert auf objektiven und aktuellen Daten.

(5) Für die Simulation von Emittentenausfällen verwenden die Institute in ihrem internen Modell zur Erfassung von Ausfallrisiken Ausfallwahrscheinlichkeitsschätzungen, die die folgenden Anforderungen erfüllen:

a) Die Ausfallwahrscheinlichkeiten betragen mindestens 0,03 %;
b) sofern in diesem Abschnitt nichts anderes angegeben ist, basieren die Ausfallwahrscheinlichkeiten auf einem einjährigen Zeithorizont;
c) die Ausfallwahrscheinlichkeiten stützen sich – ausschließlich oder in Verbindung mit jeweiligen Marktpreisen – auf historische Daten eines Zeitraums von mindestens fünf Jahren in Bezug auf beobachtete tatsächliche Ausfälle und extreme Marktpreisrückgänge, die Ausfällen entsprechen; die ausschließliche Heranziehung von jeweiligen Marktpreisen ist nicht gestattet;
d) wurde einem Institut die Erlaubnis erteilt, die Ausfallwahrscheinlichkeiten gemäß Titel II Kapitel 3 Abschnitt 1 zu schätzen, so berechnet es die Ausfallwahrscheinlichkeiten anhand der in Titel II Kapitel 3 Abschnitt 1 dargelegten Methode;
e) wurde einem Institut keine Erlaubnis erteilt, die Ausfallwahrscheinlichkeiten gemäß Titel II Kapitel 3 Abschnitt 1 zu schätzen, so entwickelt es eine interne Methode oder verwendet es externe Quellen zur Schätzung der Ausfallwahrscheinlichkeiten; in beiden Fällen erfüllen die Ausfallwahrscheinlichkeitsschätzungen die Anforderungen des vorliegenden Artikels.

(6) Für die Simulation von Emittentenausfällen verwenden die Institute in ihrem internen Modell zur Erfassung von Ausfallrisiken Schätzungen für die Verlustquote bei Ausfall, die die folgenden Anforderungen erfüllen:

a) Die Schätzungen für die Verlustquote bei Ausfall betragen mindestens 0 %;
b) die Schätzungen für die Verlustquote bei Ausfall tragen dem Rang der jeweiligen Position Rechnung;
c) wurde einem Institut die Erlaubnis erteilt, die Verlustquote bei Ausfall gemäß Titel II Kapitel 3 Abschnitt 1 zu schätzen, so berechnet es die geschätzte Verlustquote bei Ausfall anhand der dort dargelegten Methode;
d) wurde einem Institut keine Erlaubnis erteilt, die Verlustquote bei Ausfall gemäß Titel II Kapitel 3 Abschnitt 1 zu schätzen, so entwickelt es eine interne Methode oder verwendet externe Quellen zur Schätzung der Verlustquote bei Ausfall; in beiden Fällen erfüllen die Schätzungen für die Verlustquote bei Ausfall die Anforderungen des vorliegenden Artikels.

(7) *[1]* Im Rahmen der unabhängigen Prüfung und der Validierung der internen Modelle, die sie für die Zwecke dieses Kapitels, einschließlich für die Zwecke des Risikomesssystems, verwenden, nehmen die Institute Folgendes vor:
a) eine Überprüfung, ob der Modellierungsansatz für Änderungen der Korrelationen und Preise für ihr Portfolio geeignet ist, auch in Bezug auf die Auswahl und Gewichtung der systematischen Risikofaktoren des Modells;
b) verschiedene Stresstests, einschließlich Sensitivitätsanalysen und Szenarioanalysen, um die qualitative und quantitative Angemessenheit des internen Modells zur Erfassung von Ausfallrisiken, insbesondere in Bezug auf die Behandlung von Konzentrationen, zu bewerten; und
c) eine angemessene quantitative Validierung einschließlich der einschlägigen internen Referenzwerte für die Modellierung.

[2] Die unter Buchstabe b genannten Tests werden nicht auf in der Vergangenheit eingetretene Ereignisse beschränkt.

(8) Das interne Modell zur Erfassung von Ausfallrisiken spiegelt Emittentenkonzentrationen und Konzentrationen, die innerhalb von Produktklassen und über Produktklassen hinweg unter Stressbedingungen entstehen können, angemessen wider.

(9) Das interne Modell zur Erfassung von Ausfallrisiken steht mit den internen Risikomanagement-Methoden des Instituts für die Ermittlung, Messung und Steuerung von Handelsrisiken in Einklang.

(10) Die Institute verfügen über eindeutig definierte Regeln und Verfahren für die Bestimmung der Annahmen für Ausfallkorrelationen zwischen verschiedenen Emittenten gemäß Artikel 325bn Absatz 1 Buchstabe c und die Wahl der Methode, die für die Schätzung der Ausfallwahrscheinlichkeiten gemäß Absatz 5 Buchstabe e des vorliegenden Artikels und der Verlustquote bei Ausfall gemäß Absatz 6 Buchstabe d des vorliegenden Artikels bevorzugt wird.

(11) Die Institute dokumentieren ihre internen Modelle, sodass die Korrelationsannahmen und anderen Modellannahmen für die zuständigen Behörden transparent sind.

(12) *[1]* Die EBA arbeitet Entwürfe technischer Regulierungsstandards aus, in denen die Anforderungen festgelegt werden, die die interne Methode des Instituts und die externen Quellen erfüllen müssen, die für die Schätzung der Ausfallwahrscheinlichkeiten gemäß Absatz 5 Buchstabe e und der Verlustquoten bei Ausfall gemäß Absatz 6 Buchstabe d herangezogen werden.

[2] Die EBA übermittelt der Kommission diese Entwürfe technischer Regulierungsstandards bis zum 28. September 2020.

[3] Der Kommission wird die Befugnis übertragen, die in Unterabsatz 1 genannten technischen Regulierungsstandards gemäß den Artikeln 10 bis 14 der Verordnung (EU) Nr. 1093/2010 zur Ergänzung dieser Verordnung zu erlassen.

Kapitel 2. Eigenmittelanforderungen für das Positionsrisiko

Abschnitt 1. Allgemeine *bestimmungen*[1] und spezifische Instrumente

Art. 326 Eigenmittelanforderungen für das Positionsrisiko. [1] Die Eigenmittelanforderungen des Instituts für das Positionsrisiko entsprechen der Summe der Eigenmittelanforderungen für das allgemeine und das spezifische Risiko seiner Positionen in Schuldtiteln und Aktieninstrumenten. [2] Verbriefungspositionen im Handelsbuch werden wie Schuldtitel behandelt.

Art. 327 Berechnung der Nettoposition. (1) [1] Der absolute Wert des Überschusses der Kauf-(Verkaufs-)positionen des Instituts über seine Verkaufs-(Kauf-)positionen in den gleichen Aktien, Schuldtiteln und Wandelanleihen sowie in identischen Finanzterminkontrakten, Optionen, Optionsscheinen und Fremdoptionsscheinen ist seine Nettoposition in Bezug auf jedes dieser Instrumente. [2] Bei der Berechnung der Nettoposition werden Positionen in Derivaten wie in den Artikeln 328 bis 330 dargelegt behandelt. [3] Der von den Instituten gehaltene Bestand an eigenen Schuldtiteln wird bei der Berechnung der Eigenmittelanforderungen für das spezifische Risiko gemäß Artikel 336 nicht berücksichtigt.

(2) [1] Eine Aufrechnung der Positionen in Wandelanleihen gegen Positionen in den zugrunde liegenden Instrumenten ist nicht zulässig, es sei denn, die zuständigen Behörden wählen ein Verfahren, das die Wahrscheinlichkeit, dass eine bestimmte Wandelanleihe umgewandelt wird, berücksichtigt, oder sie legen eine Eigenmittelanforderung zur Deckung möglicher Verluste, die bei der Umwandlung entstehen könnten, fest. [2] Derartige Ansätze oder Eigenmittelanforderungen sind der EBA mitzuteilen. [3] Die EBA überwacht die Bandbreite der Praxis in diesem Bereich und gibt im Einklang mit Artikel 16 der Verordnung (EU) Nr. 1093/2010 Leitlinien heraus.

(3) Alle Nettopositionen werden unabhängig von ihrem Vorzeichen vor der Summierung auf Tagesbasis zum jeweiligen Devisenkassakurs in die Währung der Rechnungslegung des Instituts umgerechnet.

Art. 328 Zinsterminkontrakte und Terminpositionen. (1) [1] Zinsterminkontrakte, Zinsausgleichsvereinbarungen („Forward Rate Agreements", FRA) und Terminpositionen bezüglich des Kaufs oder Verkaufs von Schuldtiteln werden als Kombination von Kauf- und Verkaufspositionen behandelt. [2] Eine Kaufposition in Zinsterminkontrakten wird demnach als Kombination einer Kreditaufnahme, die zum Liefertag des Terminkontrakts fällig wird, und dem Halten eines Vermögenswerts mit einem Fälligkeitstermin, der dem des Basisinstruments oder der dem betreffenden Terminkontrakt zugrunde liegenden fiktiven Position entspricht, behandelt. [3] Ebenso wird eine verkaufte Zinsausgleichsvereinbarung als eine Kaufposition mit einem Fälligkeitstermin behan-

[1] Richtig wohl: „Bestimmungen".

delt, der dem Abwicklungstermin zuzüglich des Vertragszeitraums entspricht, und als eine Verkaufsposition mit einem Fälligkeitstermin, der dem Abwicklungstermin entspricht. [4] Sowohl die Kreditaufnahme als auch der Besitz von Vermögenswerten wird bei der Berechnung der Eigenmittelanforderung für das spezifische Risiko der Zinsterminkontrakte und der Zinsausgleichsvereinbarungen in die erste Kategorie der Tabelle 1 in Artikel 336 eingeordnet. [5] Eine Terminposition für den Kauf eines Schuldtitels wird als Kombination einer Kreditaufnahme, die zum Liefertag fällig wird, und einer (Kassa-) Kaufposition in dem Schuldtitel selbst behandelt. [6] Die Kreditaufnahme wird in die erste Kategorie der Tabelle 1 in Artikel 336 für das spezifische Risiko und der Schuldtitel in die entsprechende Spalte derselben Tabelle eingeordnet.

(2) Für die Zwecke dieses Artikels ist eine „Kaufposition" eine Position, für die ein Institut den Zinssatz festgesetzt hat, den es zu einem bestimmten Zeitpunkt in der Zukunft erhalten wird, und eine „Verkaufsposition" eine Position, für die es den Zinssatz festgesetzt hat, den es zu einem bestimmten Zeitpunkt in der Zukunft zahlen wird.

Art. 329 Optionen und Optionsscheine. (1) [1] Zinsoptionen und -optionsscheine sowie Optionen und Optionsscheine auf Schuldtitel, Aktien, Aktienindizes, Finanzterminkontrakte, Swaps und Fremdwährungen werden wie Positionen behandelt, deren Wert dem Wert des zugrunde liegenden Instruments entspricht, nachdem dieser für die Zwecke dieses Kapitels mit dessen Delta-Faktor multipliziert wurde. [2] Die letztgenannten Positionen können gegen jede entgegengesetzte Position in dem gleichen zugrunde liegenden Wertpapier oder Derivat aufgerechnet werden. [3] Als Delta-Faktor ist derjenige der betreffenden Börse zu verwenden. [4] Bei nicht börsengehandelten Optionen oder wenn der Delta-Faktor von der betreffenden Börse nicht erhältlich ist, darf das Institut den Delta-Faktor vorbehaltlich der Genehmigung durch die zuständigen Behörden unter Verwendung eines geeigneten Modells selbst berechnen. [5] Die Genehmigung wird erteilt, sofern mit dem Modell eine angemessene Schätzung der Änderungsrate für den Wert der Option oder des Optionsscheins bei geringfügigen Änderungen des Marktpreises des Basiswerts vorgenommen wurde.

(2) Die Institute spiegeln – abgesehen vom Delta-Faktor-Risiko – andere Risiken, die mit Optionen im Bereich der Eigenmittelanforderungen verbunden sind, adäquat wider.

(3) *[1]* Die EBA arbeitet Entwürfe technischer Regulierungsstandards aus, um in einer dem Umfang und der Komplexität der Tätigkeiten der Institute im Bereich Optionen und Optionsscheine angemessenen Weise die verschiedenen Methoden zur Berücksichtigung anderer Risiken nach Absatz 2 – abgesehen vom Delta-Faktor-Risiko – im Bereich der Eigenmittelanforderungen zu präzisieren.

[2] Die EBA legt der Kommission diese Entwürfe technischer Regulierungsstandards bis zum 31. Dezember 2013 vor.

[3] Der Kommission wird die Befugnis übertragen, die technischen Regulierungsstandards nach Unterabsatz 1 gemäß den Artikeln 10 bis 14 der Verordnung (EU) Nr. 1093/2010 zu erlassen.

(4) Vor dem Inkrafttreten der technischen Standards nach Absatz 3 dürfen die zuständigen Behörden weiterhin bestehende nationale Behandlungen anwenden, wenn sie diese vor dem 31. Dezember 2013 angewandt haben.

Art. 330 Swaps. [1] Swaps werden hinsichtlich des Zinsrisikos ebenso behandelt wie bilanzwirksame Instrumente. [2] Ein Zinsswap, bei dem ein Institut variable Zinsen erhält und feste Zinsen zahlt, wird daher behandelt wie eine Kaufposition in einem zinsvariablen Instrument mit der gleichen Laufzeit wie die Frist bis zur nächsten Zinsfestsetzung und eine Verkaufsposition in einem festverzinslichen Instrument mit der gleichen Laufzeit wie der Swap selbst.

Art. 331 Zinsrisiko von Derivaten. (1) [1] Institute, die ihre Positionen täglich zum Marktpreis neu bewerten und das Zinsrisiko von Derivaten gemäß Artikel 328 bis 330 nach einer Diskontierungsmethode steuern, dürfen vorbehaltlich der Genehmigung der zuständigen Behörden zur Berechnung der in jenen Artikeln genannten Positionen Sensitivitätsmodelle anwenden; sie dürfen derartige Modelle auf Schuldverschreibungen anwenden, die über die Restlaufzeit und nicht durch eine einzige Rückzahlung am Ende der Laufzeit getilgt werden. [2] Die Genehmigung wird erteilt, wenn die Modelle zu Positionen führen, die mit derselben Sensitivität auf Zinsänderungen reagieren wie die zugrunde liegenden Zahlungsströme. [3] Bei der Bewertung dieser Sensitivität ist die unabhängige Entwicklung ausgewählter Zinssätze entlang der Zinsertragskurve zugrunde zu legen, wobei in jedes der Laufzeitbänder der Tabelle 2 in Artikel 339 zumindest ein Sensitivitätspunkt fallen muss. [4] Die Positionen gehen in die Berechnung der Eigenmittelanforderungen für das allgemeine Risiko von Schuldtiteln ein.

(2) Institute, die keine Modelle gemäß Absatz 1 verwenden, können stattdessen alle Positionen in abgeleiteten Instrumenten gemäß Artikel 328 bis 330 vollständig gegeneinander aufrechnen, wenn sie zumindest folgende Bedingungen erfüllen:

a) Die Positionen haben denselben Wert und lauten auf dieselbe Währung.
b) Die Referenzzinssätze (bei Positionen in zinsvariablen Instrumenten) oder Coupons (bei Positionen in festverzinslichen Instrumenten) decken sich weitgehend.
c) Die nächsten Zinsfestsetzungstermine oder – bei Positionen mit festem Coupon – die Restlaufzeiten entsprechen einander innerhalb folgender Grenzen:
   i) bei Fristen von weniger als einem Monat: gleicher Tag;
   ii) bei Fristen zwischen einem Monat und einem Jahr: sieben Tage;
   iii) bei mehr als einem Jahr: 30 Tage.

Art. 332 Kreditderivate. (1) *[1]* [1] Bei der Berechnung der Eigenmittelanforderung für das allgemeine und das spezifische Risiko derjenigen Partei, die das Kreditrisiko übernimmt („Sicherungsgeber"), ist, soweit nicht anders bestimmt, der Nominalwert des Kreditderivatekontrakts zugrunde zu legen. [2] Unbeschadet des Satzes 1 darf das Institut beschließen, den Nominalwert durch den Nominalwert zuzüglich der Nettomarktwertveränderung des Kreditderivats seit Geschäftsabschluss zu ersetzen, wobei eine Nettowertverringerung aus der Sicht des Sicherungsgebers ein negatives Vorzeichen trägt. [3] Bei der Berechnung der Eigenmittelanforderung für das spezifische Risiko wird, außer für Gesamtrenditeswaps, die Laufzeit des Kreditderivatekontrakts und nicht die Laufzeit der Verbindlichkeit zugrunde gelegt. [4] Die Positionen werden wie folgt bestimmt:

a) Ein Gesamtrenditeswap schafft eine Kaufposition in Bezug auf das allgemeine Risiko der Referenzverbindlichkeit und eine Verkaufsposition in Bezug auf das allgemeine Risiko einer Staatsanleihe, deren Laufzeit dem Zeitraum bis zur nächsten Zinsfestsetzung entspricht und die nach Titel II Kapitel 2 mit einem Risikogewicht von 0 % zu bewerten ist. Zudem wird eine Kaufposition in Bezug auf das spezifische Risiko der Referenzverbindlichkeit geschaffen;

b) ein Kreditausfallswap schafft keine Position in Bezug auf das allgemeine Risiko. Im Hinblick auf das spezifische Risiko weist das Institut eine synthetische Kaufposition in einer Verbindlichkeit der Referenzeinheit aus, es sei denn, für das Derivat liegt eine externe Bonitätsbeurteilung vor und es erfüllt die Bedingungen für einen qualifizierten Schuldtitel; in diesem Fall wird eine Kaufposition in dem Derivat ausgewiesen. Fallen im Rahmen des Produkts Prämien- oder Zinszahlungen an, sind diese Zahlungsströme als fiktive Positionen in Staatsanleihen darzustellen;.[1)]

c) eine auf eine einzelne Referenzeinheit bezogene synthetische Unternehmensanleihe (Einzeladressen-Credit Linked Note) schafft eine Kaufposition in Bezug auf das allgemeine Risiko der Anleihe selbst, und zwar in Form eines Zinsprodukts. Im Hinblick auf das spezifische Risiko wird eine synthetische Kaufposition in einer Verbindlichkeit der Referenzeinheit geschaffen. Eine zusätzliche Kaufposition wird in Bezug auf den Emittenten der Anleihe geschaffen. Liegt für eine synthetische Unternehmensanleihe eine externe Bonitätsbeurteilung vor und erfüllt sie die Bedingungen für einen qualifizierten Schuldtitel, muss nur eine einzige Kaufposition mit dem spezifischen Risiko der Anleihe ausgewiesen werden;

d) bei einer auf einen Korb von Referenzeinheiten bezogene synthetische Unternehmensanleihe (Multiple Name Credit Linked Note), die eine anteilige Besicherung bietet, wird zusätzlich zu der Kaufposition in Bezug auf das spezifische Risiko des Emittenten der Anleihe eine Position in jeder Referenzeinheit geschaffen, wobei der Nominalwert des Kontraktes den einzelnen Positionen gemäß ihrem Anteil am Nominalwert des Korbes zugewiesen wird, den jedes Risiko in Bezug auf eine Referenzeinheit repräsentiert. Kann mehr als eine Verbindlichkeit einer Referenzeinheit ausgewählt werden, bestimmt die Verbindlichkeit mit der höchsten Risikogewichtung das spezifische Risiko;

e) bei einem Erstausfall-Kreditderivat („first-asset-to-default credit derivative“) wird eine Position in einer Verbindlichkeit gegenüber einer jeden Referenzeinheit in Höhe des Nominalwertes geschaffen. Ist das Volumen der maximalen Kreditereigniszahlung niedriger als die Eigenmittelanforderung aufgrund der im ersten Satz genannten Methode, kann der maximale Zahlungsbetrag als Eigenmittelanforderung für das spezifische Risiko angesehen werden;

bei einem n-ter-Ausfall-Kreditderivat („n-th-asset-to-default credit derivative“) wird eine Position in einer Verbindlichkeit gegenüber einer jeden Referenzeinheit in Höhe des Nominalwertes, ausgenommen die n-1 Referenzeinheit mit der niedrigsten Eigenmittelanforderung für das spezifische Risiko, geschaffen. [5]Ist das Volumen der maximalen Kreditereigniszahlung niedriger als die Eigenmittelanforderung aufgrund der im ersten Satz genannten Methode, kann

[1)] Zeichensetzung amtlich.

dieser Zahlungsbetrag als Eigenmittelanforderung für das spezifische Risiko angesehen werden.

[2] Liegt für ein n-ter-Ausfall-Kreditderivat eine externe Bonitätsbeurteilung vor, muss der Sicherungsgeber die Eigenmittelanforderung für das spezifische Risiko unter Berücksichtigung der Bonitätsbeurteilung des Derivats berechnen und die jeweils geltenden Risikogewichte für Verbriefungen anwenden.

(2) [1] Für die Partei, die das Kreditrisiko überträgt („Sicherungsnehmer"), werden die Positionen genau spiegelbildlich („mirror principle") zu denen des Sicherungsgebers bestimmt, ausgenommen bei einer synthetischen Unternehmensanleihe (die in Bezug auf den Emittenten keine Verkaufsposition schafft). [2] Bei der Berechnung der Eigenmittelanforderung für den Sicherungsnehmer ist der Nominalwert des Kreditderivatekontrakts zugrunde zu legen. [3] Unbeschadet des Satzes 1 kann das Institut beschließen, den Nominalwert durch den Nominalwert zuzüglich der Nettomarktwertänderung des Kreditderivats seit Geschäftsabschluss zu ersetzen, wobei eine Nettowertverringerung aus der Sicht des Sicherungsgebers ein negatives Vorzeichen trägt. [4] Existiert zu einem bestimmten Zeitpunkt ein Kündigungsrecht (Kaufoption) in Verbindung mit einer Kostenanstiegsklausel, so wird dieser Zeitpunkt als die Fälligkeit der Sicherung angesehen.

(3) Kreditderivate gemäß Artikel 338 Absatz 1 oder 3 werden nur in die Bestimmung der Eigenmittelanforderung für das spezifische Risiko gemäß Artikel 338 Absatz 4 einbezogen.

Art. 333 Im Rahmen von Rückkaufsvereinbarungen übertragene oder verliehene Wertpapiere. Die Wertpapiere oder garantierte Rechtsansprüche auf Wertpapiere übertragende Partei im Rahmen einer Rückkaufsvereinbarung und die verleihende Partei in einem Wertpapierverleihgeschäft beziehen die betreffenden Wertpapiere in die Berechnung ihrer Eigenmittelanforderungen gemäß diesem Kapitel ein, sofern diese Wertpapiere Handelsbuchpositionen sind.

Abschnitt 2. Schuldtitel

Art. 334 Nettopositionen in Schuldtiteln. Nettopositionen werden jeweils in der Währung bewertet, auf die sie lauten, und die Eigenmittelanforderungen werden für das allgemeine und das spezifische Risiko für jede Währung getrennt berechnet.

Unterabschnitt 1. Spezifisches Risiko

Art. 335 Obergrenze der Eigenmittelanforderung für eine Nettoposition. [1] Das Institut kann die Eigenmittelanforderung für das spezifische Risiko einer Nettoposition in einem Schuldtitel auf den höchstmöglichen Verlust aus dem Ausfallrisiko beschränken. [2] Für eine Verkaufsposition kann diese Obergrenze als die Wertänderung berechnet werden, die sich ergeben würde, wenn der Schuldtitel bzw. die zugrunde liegenden Referenzwerte sofort ausfallrisikofrei würden.

Art. 336 Eigenmittelanforderung für Schuldtitel, die keine Verbriefungspositionen darstellen. (1) [1] Das Institut ordnet seine gemäß Artikel 327 berechneten Nettopositionen im Handelsbuch, die aus Instrumenten resultieren, die keine Verbriefungspositionen sind, in die entsprechenden Kategorien der Tabelle 1 ein, und zwar auf der Grundlage des Emittenten oder Schuldners, der externen oder internen Bonitätsbeurteilung und der Restlaufzeit, und multipliziert sie anschließend mit den in dieser Tabelle angegebenen Gewichtungen. [2]Die gewichteten Positionen, die sich aus der Anwendung dieses Artikels ergeben, werden – unabhängig davon, ob es sich um eine Kauf- oder um eine Verkaufsposition handelt – addiert, um die Eigenmittelanforderung für das spezifische Risiko zu berechnen.

Tabelle 1

Kategorien	Eigenmittelanforderung für das spezifische Risiko
Schuldverschreibungen, bei denen gemäß dem Standardansatz für Kreditrisiken ein Risikogewicht von 0 % anzusetzen ist	0 %
Schuldverschreibungen, bei denen gemäß dem Standardansatz für Kreditrisiken ein Risikogewicht von 20 % oder 50 % anzusetzen ist, und andere qualifizierte Positionen gemäß Absatz 4	0,25 % (Restlaufzeit von höchstens 6 Monaten) 1,00 % (Restlaufzeit zwischen 6 und 24 Monaten) 1,60 % (Restlaufzeit von mehr als 24 Monaten)
Schuldverschreibungen, bei denen gemäß dem Standardansatz für Kreditrisiken ein Risikogewicht von 100 % anzusetzen ist	8,00 %
Schuldverschreibungen, bei denen gemäß dem Standardansatz für Kreditrisiken ein Risikogewicht von 150 % anzusetzen ist	12,00 %

(2) Damit Institute, die auf die Risikopositionsklasse, zu der der Emittent des Schuldtitels gehört, den IRB-Ansatz anwenden, gemäß dem Standardansatz für Kreditrisiken ein Risikogewicht im Einklang mit Absatz 1 zuordnen können, muss der Emittent der Risikoposition bei der internen Beurteilung entweder die gleiche PD erhalten haben, wie sie nach dem Standardansatz für die entsprechende Bonitätsstufe vorgesehen ist, oder einer darunter liegenden PD zugeordnet worden sein.

(3) Institute dürfen die Eigenmittelanforderungen für das spezifische Risiko für Schuldverschreibungen, bei denen entsprechend der Behandlung nach Artikel 129 Absätze 4, 5 und 6 ein Risikogewicht von 10 % angesetzt werden kann, als die Hälfte der anzuwendenden Eigenmittelanforderungen für das spezifische Risiko für die zweite Kategorie in Tabelle 1 berechnen.

(4) *[1]* Andere qualifizierte Positionen sind

a) Kauf- und Verkaufspositionen in Vermögenswerten, für die eine Bonitätsbeurteilung durch eine benannte ECAI nicht verfügbar ist und die sämtliche der folgenden Bedingungen erfüllen:

i) Sie werden von dem betreffenden Institut als ausreichend liquide angesehen;

ii) ihre Anlagequalität ist nach institutseigener Einschätzung zumindest der Anlagequalität der in Tabelle 1 Zeile 2 genannten Vermögenswerte gleichwertig;

iii) sie werden zumindest an einem geregelten Markt in einem Mitgliedstaat oder an der Börse eines Drittlandes gehandelt, vorausgesetzt, diese Börse wird von den zuständigen Behörden des entsprechenden Mitgliedstaats anerkannt;

b) Kauf- und Verkaufspositionen in Vermögenswerten, die von den Instituten vorbehaltlich der Eigenmittelanforderungen im Sinne dieser Verordnung begeben wurden und die von den betreffenden Instituten als ausreichend liquide angesehen werden und deren Anlagequalität nach institutseigener Einschätzung zumindest der Anlagequalität der in Tabelle 1 Zeile 2 genannten Vermögenswerte gleichwertig ist;

c) von Instituten begebene Wertpapiere, deren Kreditqualität als gleichwertig oder höher als diejenige angesehen wird, der nach dem Standardansatz für Kreditrisiken für Risikopositionen eines Instituts eine Bonitätsstufe von 2 zugeordnet wird, und die aufsichtlichen und rechtlichen Vorschriften unterliegen, die denen dieser Verordnung und der Richtlinie 2013/36/EU vergleichbar sind.

[2] Institute, die von der Möglichkeit nach Buchstabe a oder b Gebrauch machen, verfügen über eine dokumentierte Methodik zur Bewertung, ob Vermögenswerte die unter diesen Buchstaben erläuterten Anforderungen erfüllen, und geben diese Methodik den zuständigen Behörden an.

Art. 337 Eigenmittelanforderung für Verbriefungsinstrumente.

(1) Bei Instrumenten im Handelsbuch, bei denen es sich um Verbriefungspositionen handelt, gewichtet das Institut die nach Artikel 327 Absatz 1 berechneten Nettopositionen mit 8 % des Risikogewichts, das es diesen Positionen gemäß Titel II Kapitel 5 Abschnitt 3 außerhalb des Handelsbuchs zuweisen würde.

(2) *[1]* [1]Bei der Bestimmung der Risikogewichte für die Zwecke des Absatzes 1 dürfen PD- und LGD-Schätzungen sich auch auf Schätzungen stützen, die von einem internen Modell für das zusätzliche Ausfall- und Migrationsrisiko (IRC-Modell) eines Instituts abgeleitet sind, dem die Erlaubnis erteilt wurde, für das spezifische Risiko von Schuldtiteln ein internes Modell zu verwenden. [2]Diese Alternative darf nur nach der Genehmigung durch die zuständigen Behörden angewandt werden, die erteilt wird, sofern die Schätzungen die quantitativen Anforderungen an den IRB-Ansatz nach Titel II Kapitel 3 erfüllen.

[2] Die EBA gibt im Einklang mit Artikel 16 der Verordnung (EU) Nr. 1093/2010 Leitlinien zur Verwendung von einfließenden PD- und LGD-Schätzungen heraus, wenn diese auf der Grundlage eines IRC-Modells ermittelt wurden.

(3) Für Verbriefungspositionen, für die ein zusätzliches Risikogewicht gemäß Artikel 247 Absatz 6 vorgegeben ist, wird ein Wert von 8 % des gesamten Risikogewichts angewandt.

(4) Zur Berechnung der Eigenmittelanforderungen für das spezifische Risiko addiert das Institut bis auf die unter Artikel 338 Absatz 4 fallenden Verbriefungspositionen seine gewichteten Positionen, die sich aus der Anwendung der Absätze 1, 2 und 3 ergeben, unabhängig davon, ob es sich um Kauf- oder Verkaufspositionen handelt.

(5) *[1]* Wenn der Originator einer traditionellen Verbriefung die in Artikel 244 genannten Bedingungen für die Übertragung eines signifikanten Risikos nicht erfüllt, so bezieht er die der Verbriefung zugrunde liegenden Risikopositionen

in die Berechnung seiner Eigenmittelanforderung ein, als wären diese nicht verbrieft worden.

[2] Wenn der Originator einer synthetischen Verbriefung die in Artikel 245 genannten Bedingungen für die Übertragung eines signifikanten Risikos nicht erfüllt, so bezieht er die der Verbriefung zugrunde liegenden Risikopositionen in die Berechnung seiner Eigenmittelanforderung ein, als wären diese nicht verbrieft worden, und lässt die Auswirkungen der synthetischen Verbriefung für Besicherungszwecke außer Acht.

Art. 338 Eigenmittelanforderung für das Korrelationshandelsportfolio. (1) *[1]* Das Korrelationshandelsportfolio umfasst Verbriefungspositionen und n-ter-Ausfall-Kreditderivate, die sämtliche nachstehende Kriterien erfüllen:

a) Bei den Positionen handelt es sich weder um Wiederverbriefungspositionen, Optionen auf Verbriefungstranchen noch um sonstige Derivate auf Verbriefungspositionen, bei denen keine anteiligen Ansprüche auf die Erträge aus einer Verbriefungstranche bestehen.
b) Sämtliche Referenztitel sind entweder
   i) auf einen einzelnen Referenzschuldner oder Vermögenswert bezogene Instrumente, einschließlich Einzeladressen-Kreditderivate, für die ein aus Käufer- und Verkäufersicht hinreichend liquider Markt besteht, oder
   ii) herkömmlich gehandelte Indizes auf diese Referenzeinheiten.

[2] Ein aus Käufer- und Verkäufersicht hinreichend liquider Markt wird als vorhanden angenommen, wenn unabhängige ernsthafte Kauf- und Verkaufsangebote existieren, sodass ein mit den letzten Verkaufspreisen oder gegenwärtigen konkurrenzfähigen ernsthaften Kauf- und Verkaufsquotierungen angemessen in Verbindung stehender Preis innerhalb eines Tages bestimmt werden kann und zu einem solchen Preis innerhalb relativ kurzer Zeit ein Geschäft im Einklang mit den Handelsusancen abgewickelt werden kann.

(2) Eine Position kann nicht Bestandteil des Korrelationshandelsportfolios sein, wenn ihre Referenz

a) eine zugrunde liegende Risikoposition ist, die im Anlagebuch eines Instituts nach dem Standardansatz für Kreditrisiken den Risikopositionsklassen „Mengengeschäft" oder „durch Immobilien besicherte Risikopositionen" zugeordnet werden könnte, oder
b) eine Risikoposition gegenüber einer Zweckgesellschaft ist, die direkt oder indirekt durch eine Position besichert ist, die selbst nicht für die Aufnahme in das Korrelationshandelsportfolio gemäß Absatz 1 und diesem Absatz in Betracht käme.

(3) Ein Institut darf in sein Korrelationshandelsportfolio Positionen aufnehmen, die weder Verbriefungspositionen noch n-ter-Ausfall-Kreditderivate sind, jedoch andere Positionen dieses Portfolios absichern, sofern für das Instrument oder die ihm zugrunde liegenden Risikopositionen ein aus Käufer- und Verkäufersicht hinreichend liquider Markt im Sinne von Absatz 1 letzter Unterabsatz besteht.

(4) Ein Institut ermittelt den größeren der folgenden Beträge als Eigenmittelanforderung für das spezifische Risiko des Korrelationshandelsportfolios:

a) die Eigenmittelanforderung für das spezifische Risiko insgesamt, die lediglich für die Nettokaufpositionen des Korrelationshandelsportfolios gelten würde;

b) die Eigenmittelanforderung für das spezifische Risiko insgesamt, die lediglich für die Nettoverkaufspositionen des Korrelationshandelsportfolios gelten würde.

Unterabschnitt 2. Allgemeines Risiko

Art. 339 Laufzeitbezogene Berechnung des allgemeinen Risikos.

(1) [1]Zur Berechnung der Eigenmittelanforderungen für das allgemeine Risiko sind alle Positionen wie in Absatz 2 erläutert gemäß ihrer Laufzeit zu gewichten, um den Betrag der erforderlichen Eigenmittel zu ermitteln. [2]Diese Eigenmittelanforderung wird verringert, wenn sich innerhalb des gleichen Laufzeitbands gewichtete Positionen mit entgegengesetzten Vorzeichen gegenüberstehen. [3]Die Eigenmittelanforderung darf auch gesenkt werden, wenn die gewichteten Positionen mit entgegengesetzten Vorzeichen in unterschiedliche Laufzeitbänder fallen, wobei der Umfang dieser Senkung einerseits davon abhängt, ob die beiden Positionen in die gleiche Zone fallen, und andererseits von den jeweiligen Zonen abhängig ist, in die sie fallen.

(2) [1]Das Institut ordnet seine Nettopositionen in die entsprechenden Laufzeitbänder in der zweiten bzw. dritten Spalte von Tabelle 2 in Absatz 4 ein. [2]Dabei legt es im Fall festverzinslicher Wertpapiere die Restlaufzeit zugrunde und im Fall von Wertpapieren, deren Zinssatz bis zur Tilgung variabel ist, den Zeitraum bis zur nächsten Zinsfestsetzung. [3]Außerdem unterscheidet es zwischen Schuldtiteln mit einem Coupon von 3 % oder mehr und solchen mit einem Coupon von weniger als 3 % und ordnet diese entsprechend in die zweite oder dritte Spalte von Tabelle 2 ein. [4]Dann multipliziert es jedes Wertpapier mit der in der vierten Spalte von Tabelle 2 für das betreffende Laufzeitband angegebenen Gewichtung.

(3) [1]Anschließend ermittelt das Institut für jedes Laufzeitband die Summe der gewichteten Kaufpositionen sowie die Summe der gewichteten Verkaufspositionen. [2]Der Betrag der erstgenannten Positionen, die innerhalb jedes Laufzeitbands gegen die letztgenannten aufgerechnet werden, entspricht der ausgeglichenen gewichteten Position für das betreffende Laufzeitband, während die verbleibende Kauf- oder Verkaufsposition die nicht ausgeglichene gewichtete Position für das Laufzeitband darstellt. [3]Anschließend wird die Gesamtsumme der ausgeglichenen gewichteten Positionen sämtlicher Laufzeitbänder errechnet.

(4) [1]Das Institut errechnet die Gesamtbeträge der nicht ausgeglichenen gewichteten Kaufpositionen für die in den einzelnen Zonen von Tabelle 2 enthaltenen Bänder, um für jede Zone die nicht ausgeglichene gewichtete Kaufposition zu ermitteln. [2]Entsprechend wird die Summe der nicht ausgeglichenen gewichteten Verkaufspositionen für jedes Laufzeitband in einer bestimmten Zone ermittelt, um die nicht ausgeglichene gewichtete Verkaufsposition für diese Zone zu erhalten. [3]Der Teil der nicht ausgeglichenen gewichteten Kaufpositionen für eine bestimmte Zone, der durch die nicht ausgeglichene gewichtete Verkaufsposition für dieselbe Zone ausgeglichen wird, ist die ausgeglichene gewichtete Position für die betreffende Zone. [4]Der Teil der nicht ausgeglichenen gewichteten Kaufposition bzw. nicht ausgeglichenen gewichteten Verkaufs-

position für eine Zone, der nicht in dieser Weise ausgeglichen werden kann, stellt die nicht ausgeglichene gewichtete Position für die betreffende Zone dar.

Tabelle 2

Zone	Laufzeitband		Gewicht (in %)	Angenommene Zinssatzänderung (in %)
	Coupon von 3 % oder mehr	Coupon von weniger als 3 %		
Eins	0 ≤ 1 Monat	0 ≤ 1 Monat	0,00	–
	> 1 ≤ 3 Monate	> 1 ≤ 3 Monate	0,20	1,00
	> 3 ≤ 6 Monate	> 3 ≤ 6 Monate	0,40	1,00
	> 6 ≤ 12 Monate	> 6 ≤ 12 Monate	0,70	1,00
Zwei	1 ≤ 2 Jahre	1,0 ≤ 1,9 Jahre	1,25	0,90
	2 ≤ 3 Jahre	1,9 ≤ 2,8 Jahre	1,75	0,80
	3 ≤ 4 Jahre	2,8 ≤ 3,6 Jahre	2,25	0,75
Drei	4 ≤ 5 Jahre	3,6 ≤ 4,3 Jahre	2,75	0,75
	5 ≤ 7 Jahre	4,3 ≤ 5,7 Jahre	3,25	0,70
	7 ≤ 10 Jahre	5,7 ≤ 7,3 Jahre	3,75	0,65
	10 ≤ 15 Jahre	7,3 ≤ 9,3 Jahre	4,50	0,60
	15 ≤ 20 Jahre	9,3 ≤ 10,6 Jahre	5,25	0,60
	> 20 Jahre	10,6 ≤ 12,0 Jahre	6,00	0,60
		12,0 ≤ 20,0 Jahre	8,00	0,60
		> 20 Jahre	12,50	0,60

(5) [1] Der Betrag der nicht ausgeglichenen gewichteten Kauf- oder Verkaufsposition in Zone eins, der durch die nicht ausgeglichene gewichtete Verkaufs- oder Kaufposition in Zone zwei ausgeglichen wird, entspricht dann der ausgeglichenen gewichteten Position zwischen Zone eins und zwei. [2] Dann wird die gleiche Rechenoperation für jenen Teil der nicht ausgeglichenen gewichteten Position in Zone zwei, der übrig geblieben ist, und die nicht ausgeglichene gewichtete Position in Zone drei durchgeführt, um die ausgeglichene gewichtete Position zwischen den Zonen zwei und drei zu erhalten.

(6) Das Institut kann die Reihenfolge nach Absatz 5 umkehren und zunächst die ausgeglichene gewichtete Position zwischen Zone zwei und drei berechnen, bevor es die entsprechende Position zwischen Zone eins und zwei berechnet.

(7) Der Restbetrag der nicht ausgeglichenen gewichteten Position in Zone eins wird dann mit dem Restbetrag für Zone drei ausgeglichen, nachdem letztere Zone mit Zone zwei ausgeglichen wurde, um die ausgeglichene gewichtete Position zwischen den Zonen eins und drei zu ermitteln.

(8) Die Restpositionen aus den drei gesonderten Ausgleichsrechnungen gemäß den Absätzen 5, 6 und 7 werden addiert.

(9) Die Eigenmittelanforderung des Instituts errechnet sich als die Summe aus

a) 10 % der Summe der ausgeglichenen gewichteten Positionen in sämtlichen Laufzeitbändern;

b) 40 % der ausgeglichenen gewichteten Position in Zone eins;

c) 30 % der ausgeglichenen gewichteten Position in Zone zwei;
d) 30 % der ausgeglichenen gewichteten Position in Zone drei;
e) 40 % der ausgeglichenen gewichteten Positionen zwischen Zone eins und Zone zwei sowie zwischen Zone zwei und Zone drei;
f) 150 % der ausgeglichenen gewichteten Position zwischen Zone eins und drei;
g) 100 % des Restbetrags der nicht ausgeglichenen gewichteten Positionen.

Art. 340 Durationsbasierte Berechnung des allgemeinen Risikos.

(1) Die Institute dürfen zur Berechnung der Eigenmittelanforderung für das allgemeine Risiko von Schuldtiteln anstelle des Ansatzes nach Artikel 339 einen auf der Duration aufbauenden Ansatz verwenden, sofern das Institut durchgängig so verfährt.

(2) [1] Wenn ein durationsbasierter Ansatz nach Maßgabe des Absatzes 1 verwendet wird, berechnet das Institut unter Zugrundelegung des Marktwerts der einzelnen festverzinslichen Schuldtitel deren Endfälligkeitsrendite, die zugleich dem internen Zinsfuß des Schuldtitels entspricht. [2] Bei Wertpapieren mit variabler Verzinsung berechnet das Institut unter Zugrundelegung des Marktwerts jedes Wertpapiers dessen Rendite unter der Annahme, dass das Kapital fällig wird, sobald der Zinssatz (für den darauf folgenden Zeitraum) geändert werden darf.

(3) *[1]* Im Anschluss daran berechnet das Institut für jeden Schuldtitel die modifizierte Duration nach folgender Formel:

$$\textit{modifizierte Duration} = \frac{D}{1 + R}$$

dabei entspricht

D = der nach folgender Formel berechneten Duration:

$$D = \frac{\sum_{t=1}^{M} \frac{t \cdot C_t}{(1+R)^t}}{\sum_{t=1}^{M} \frac{C_t}{(1+R)^t}}$$

dabei entspricht

R = der Endfälligkeitsrendite,
C_t = den Barzahlungen im Zeitraum t,
M = der Gesamtlaufzeit.

[2] [1] Für Schuldtitel, die einem Vorauszahlungsrisiko unterliegen, wird die Berechnung der modifizierten Duration berichtigt. [2] Die EBA gibt im Einklang mit Artikel 16 der Verordnung (EU) Nr. 1093/2010 Leitlinien über die Anwendung derartiger Berichtigungen heraus.

(4) [1] Das Institut ordnet dann jeden Schuldtitel der entsprechenden Zone der Tabelle 3 zu. [2] Dabei legt es die modifizierte Duration der Schuldtitel zugrunde.

Tabelle 3

Zone	Modifizierte Duration (in Jahren)	Angenommene Zinssatzänderung (in %)
Eins	> 0 ≤ 1,0	1,0
Zwei	> 1,0 ≤ 3,6	0,85
Drei	> 3,6	0,7

(5) Anschließend ermittelt das Institut die durationsgewichtete Position jedes Wertpapiers durch Multiplikation seines Marktwertes mit der modifizierten Duration sowie mit der angenommenen Zinssatzänderung bei einem Instrument mit der betreffenden modifizierten Duration (siehe Spalte 3 der Tabelle 3).

(6) *[1]* [1]Das Institut berechnet seine durationsgewichteten Kaufpositionen und seine durationsgewichteten Verkaufspositionen innerhalb jeder Zone. [2]Der Betrag der erstgenannten Positionen, die gegen die letztgenannten innerhalb jeder Zone aufgerechnet werden, entspricht der ausgeglichenen durationsgewichteten Position für diese Zone.

[2] [1]Das Institut berechnet sodann die nicht ausgeglichenen durationsgewichteten Positionen für jede Zone. [2]Anschließend wird das Verfahren für nicht ausgeglichene gewichtete Positionen nach Artikel 339 Absätze 5 bis 8 angewandt.

(7) Die Eigenmittelanforderung des Instituts errechnet sich dann als die Summe aus

a) 2 % der ausgeglichenen durationsgewichteten Position für jede Zone;
b) 40 % der ausgeglichenen durationsgewichteten Positionen zwischen Zone eins und Zone zwei sowie zwischen Zone zwei und Zone drei;
c) 150 % der ausgeglichenen durationsgewichteten Position zwischen Zone eins und drei;
d) 100 % des Restbetrags der nicht ausgeglichenen durationsgewichteten Positionen.

Abschnitt 3. Aktieninstrumente

Art. 341 Nettopositionen in Aktieninstrumenten. (1) [1]Das Institut addiert all seine gemäß Artikel 327 ermittelten Nettokaufpositionen und Nettoverkaufspositionen getrennt voneinander. [2]Die Summe der absoluten Werte dieser beiden Zahlen ergibt seine Bruttogesamtposition.

(2) [1]Das Institut berechnet die Differenz zwischen der Summe des Nettogesamtbetrags der Kaufpositionen und des Nettogesamtbetrags der Verkaufspositionen für jeden Markt getrennt. [2]Die Summe der absoluten Werte dieser Differenzbeträge ergibt seine Nettogesamtposition.

(3) *[1]* Die EBA arbeitet Entwürfe technischer Regulierungsstandards aus, um den in Absatz 2 aufgeführten Terminus „Markt" zu definieren.

[2] Die EBA legt der Kommission diese Entwürfe technischer Regulierungsstandards bis zum 31. Januar 2014 vor.

[3] Der Kommission wird die Befugnis übertragen, die technischen Regulierungsstandards nach dem vorstehenden Unterabsatz gemäß den Artikeln 10 bis 14 der Verordnung (EU) Nr. 1093/2010 zu erlassen.

Art. 342 Spezifisches Risiko von Aktieninstrumenten. Zur Errechnung seiner Eigenmittelanforderung für das spezifische Risiko multipliziert das Institut seine Bruttogesamtposition mit 8 %.

Art. 343 Allgemeines Risiko von Aktieninstrumenten. Die Eigenmittelanforderung für das allgemeine Risiko ist die mit 8 % multiplizierte Nettogesamtposition eines Instituts.

Art. 344 Aktienindizes. (1) *[1]* Die EBA arbeitet Entwürfe technischer Durchführungsstandards mit einem Verzeichnis der Aktienindizes aus, für die nach Absatz 4 Satz 2 verfahren werden kann.

[2] Die EBA legt der Kommission diese Entwürfe technischer Durchführungsstandards bis 1. Januar 2014 vor.

[3] Der Kommission wird die Befugnis übertragen, die technischen Durchführungsstandards nach Unterabsatz 1 gemäß Artikel 15 der Verordnung (EU) Nr. 1093/2010 zu erlassen.

(2) Vor dem Inkrafttreten der technischen Durchführungsstandards nach Absatz 1 dürfen Institute die Behandlung nach Absatz 4 Satz 2 weiter anwenden, sofern die zuständigen Behörden diese Behandlung vor dem 1. Januar 2014 angewandt haben.

(3) [1] Aktienindex-Terminkontrakte und der deltagewichtete Gegenwert von Aktienindex-Terminkontraktoptionen und Aktienindex-Optionen, die sämtlich im Folgenden als „Aktienindex-Terminkontrakte" bezeichnet werden, können nach den Positionen in den einzelnen Aktien aufgeschlüsselt werden. [2] Diese Positionen können als zugrunde liegende Positionen in den betreffenden Aktien behandelt werden und gegen die entgegengesetzten Positionen in den zugrunde liegenden Aktien selbst aufgerechnet werden. [3] Die Institute unterrichten die zuständigen Behörden, inwieweit sie von dieser Behandlung Gebrauch machen.

(4) [1] Wird ein Aktienindex-Terminkontrakt nicht in seine zugrunde liegenden Positionen aufgeschlüsselt, so wird er wie eine einzelne Aktie behandelt. [2] Das spezifische Risiko für diese einzelne Aktie kann jedoch außer Betracht bleiben, wenn der betreffende Aktienindex-Terminkontrakt an der Börse gehandelt wird und einen relevanten angemessen breit gestreuten Index darstellt.

Abschnitt 4. Übernahmegarantien

Art. 345 Verringerung von Nettopositionen. (1) *[1]* [1] Bei Übernahmegarantien für Schuldtitel und Aktieninstrumente darf ein Institut das folgende Verfahren für die Berechnung seiner Eigenmittelanforderungen anwenden. [2] Es berechnet zunächst die Nettopositionen, indem die mit einer Übernahmegarantie versehenen Positionen, die von Dritten auf der Grundlage einer förmlichen Vereinbarung gezeichnet oder mitgarantiert werden, in Abzug gebracht werden. [3] Anschließend verringert das Institut die Nettopositionen durch Anwendung der Faktoren in Tabelle 4 und berechnet seine Eigenmittelanforderungen anhand der durch Anwendung der genannten Faktoren verringerten Übernahmepositionen.

Tabelle 4

Arbeitstag Null:	100 %
erster Arbeitstag:	90 %
zweiter und dritter Arbeitstag:	75 %
vierter Arbeitstag:	50 %
fünfter Arbeitstag:	25 %
nach dem fünften Arbeitstag:	0 %.

[2] Der „Arbeitstag Null" ist der Arbeitstag, an dem das Institut die uneingeschränkte Verpflichtung eingegangen ist, eine bestimmte Menge von Wertpapieren zu einem vereinbarten Preis zu übernehmen.

(2) Die Institute teilen den zuständigen Behörden mit, inwieweit sie von der Möglichkeit nach Absatz 1 Gebrauch machen.

Abschnitt 5. Eigenmittelanforderungen für das spezifische Risiko bei über Kreditderivate abgesicherten Positionen

Art. 346 Anerkennung von Absicherungen über Kreditderivate.

(1) Absicherungen über Kreditderivate werden entsprechend den Grundsätzen der Absätze 2 bis 6 anerkannt.

(2) Institute behandeln die Position im Kreditderivat als eine Positionsseite und die abgesicherte Position, die denselben Nominalbetrag oder gegebenenfalls fiktiven Nominalbetrag hat, als die andere Positionsseite.

(3) *[1]* [1] Die Absicherung wird vollständig anerkannt, wenn sich die Werte der beiden Positionsseiten stets in entgegengesetzter Richtung und in der Regel im gleichen Umfang entwickeln. [2] Dies ist in den nachstehenden Situationen der Fall:

a) Die beiden Seiten bestehen aus völlig identischen Instrumenten.
b) Eine Kassa-Kaufposition wird durch einen Gesamtrenditeswap abgesichert (oder umgekehrt), und es besteht eine exakte Übereinstimmung zwischen der Referenzverbindlichkeit und der zugrunde liegenden Risikoposition (d.h. der Kassaposition). Die Fälligkeit des Swaps selbst kann eine andere sein als die der zugrunde liegenden Risikoposition.

[2] In diesen Situationen wird auf keine der beiden Positionsseiten eine Eigenmittelanforderung für das spezifische Risiko angewandt.

(4) [1] Eine 80 %ige Reduzierung wird dann angewandt, wenn sich die Werte der beiden Positionsseiten stets in entgegengesetzte Richtungen entwickeln und eine exakte Übereinstimmung hinsichtlich der Referenzverbindlichkeit, der Fälligkeit der Referenzverbindlichkeit und des Kreditderivats sowie der Währung der zugrunde liegenden Risikoposition besteht. [2] Darüber hinaus bewirken Hauptmerkmale des Kreditderivatekontrakts nicht, dass die Kursbewegung des Kreditderivats wesentlich von den Kursbewegungen der Kassaposition abweicht. [3] In dem Maße, wie mit dem Geschäft Risiko übertragen wird, wird eine 80 % ige Reduzierung der Eigenmittelanforderungen für das spezifische Risiko auf die Seite des Geschäfts angewandt, die mit der höheren Eigenmittelanforderung behaftet ist, wohingegen die Eigenmittelanforderungen für das spezifische Risiko auf der Gegenseite mit Null angesetzt werden.

(5) *[1]* Abgesehen von den Fällen nach den Absätzen 3 und 4 wird eine Absicherung unter folgenden Umständen teilweise anerkannt:

a) Die Position fällt unter Absatz 3 Buchstabe b, allerdings besteht eine Inkongruenz zwischen der Referenzverbindlichkeit und der zugrunde liegenden Risikoposition. Die Positionen erfüllen jedoch die folgenden Anforderungen:
   i) Die Referenzverbindlichkeit hat den gleichen Rang wie die zugrunde liegende Verbindlichkeit oder ist dieser nachgeordnet.
   ii) Die zugrunde liegende Verbindlichkeit und die Referenzverbindlichkeit haben ein und denselben Schuldner sowie rechtlich durchsetzbare wechselseitige Ausfallklauseln bzw. wechselseitige Vorfälligkeitsklauseln.
b) Die Position fällt unter Absatz 3 Buchstabe a oder unter Absatz 4, allerdings besteht eine Währungs- oder Laufzeitinkongruenz zwischen der Kreditabsicherung und dem zugrunde liegenden Vermögenswert. Derartige Währungsinkongruenzen werden unter der Eigenmittelanforderung für das Fremdwährungsrisiko erfasst.
c) Die Position fällt unter Absatz 4, allerdings besteht eine Inkongruenz zwischen der Kassaposition und dem Kreditderivat. Der zugrunde liegende Vermögenswert ist jedoch Bestandteil der (lieferbaren) Verpflichtungen in der Kreditderivate-Dokumentation.

[2] Für eine teilweise Anerkennung wird anstelle der Addierung der Eigenmittelanforderungen für das spezifische Risiko für jede Seite der Transaktion lediglich die jeweils höhere der beiden Eigenmittelanforderungen angewandt.

(6) In allen Situationen, die nicht unter die Absätze 3 bis 5 fallen, werden die Eigenmittelanforderungen für das spezifische Risiko für beide Positionsseiten getrennt berechnet.

Art. 347 Anerkennung von Absicherungen über Erstausfall-Kreditderivate und n-ter-Ausfall-Kreditderivate. Bei Erstausfall-Kreditderivaten und n-ter-Ausfall-Kreditderivaten wird für die Anerkennung nach Artikel 346 wie folgt verfahren:

a) Erlangt ein Institut eine Kreditabsicherung für mehrere einem Kreditderivat zugrunde liegende Referenzeinheiten in der Weise, dass der erste bei den betreffenden Werten auftretende Ausfall die Zahlung auslöst und dieses Kreditereignis auch den Kontrakt beendet, so ist es dem Institut gestattet, das spezifische Risiko für diejenige Referenzeinheit, für die von allen zugrundeliegenden Referenzeinheiten nach Tabelle 1 des Artikels 336 die geringste Eigenmittelanforderung für das spezifische Risiko gilt, zu verrechnen.
b) Löst der n-te Ausfall unter den Forderungen die Zahlung im Rahmen der Kreditabsicherung aus, ist es dem Sicherungsnehmer nur dann gestattet, das spezifische Risiko zu verrechnen, wenn auch für die Ausfälle 1 bis n-1 eine Kreditabsicherung erlangt wurde oder wenn n-1 Ausfälle bereits eingetreten sind. In diesen Fällen ist das Verfahren nach Buchstabe a für Erstausfall-Kreditderivate unter entsprechender Anpassung an n-ter-Ausfall-Produkte anzuwenden.

Abschnitt 6. Eigenmittelanforderungen für OGA

Art. 348 Eigenmittelanforderungen für OGA. (1) [1]Unbeschadet anderer Bestimmungen dieses Abschnitts wird auf OGA-Positionen eine Eigenmittelanforderung für das Positionsrisiko, das das spezifische und das allgemeine Risiko umfasst, von 32 % angewandt. [2]Unbeschadet des Artikels 353 in Verbindung mit der modifizierten Behandlung von Gold nach Artikel 352 Absatz 4 und Artikel 367 Absatz 2 Buchstabe b unterliegen OGA-Positionen einer Eigenmittelanforderung für das Positionsrisiko, das das spezifische und das allgemeine Risiko umfasst, und für das Fremdwährungsrisiko von 40 %.

(2) Sofern Artikel 350 nichts anderes vorsieht, ist keine Aufrechnung zwischen den zugrunde liegenden Anlagen eines OGA und anderen vom Institut gehaltenen Positionen erlaubt.

Art. 349 Allgemeine Anforderungen an OGA. Der Ansatz nach Artikel 350 darf auf OGA angewandt werden, sofern sämtliche der folgenden Bedingungen erfüllt sind:

a) Der Prospekt des OGA oder ein gleichwertiges Dokument enthält sämtliche nachstehenden Angaben:
   i) die Kategorien der Vermögenswerte, in die der OGA investieren darf;
   ii) die relativen Grenzen und die Methodik zur Berechnung etwaiger Anlagehöchstgrenzen;
   iii) im Falle der Zulässigkeit der Fremdkapitalaufnahme die Höchstgrenze dieser Verschuldung;
   iv) im Falle der Zulässigkeit von Geschäften mit OTC-Finanzderivaten oder Pensionsgeschäften oder Wertpapier- oder Warenverleih- oder -leihgeschäften eine Strategie zur Begrenzung des Gegenparteiausfallrisikos, das sich aus diesen Geschäften ergibt.

b) Die Geschäftstätigkeit des OGA ist Gegenstand eines Halbjahresberichts und eines Jahresberichts, um eine Bewertung des Vermögens und der Verbindlichkeiten, der Erträge und der Transaktionen während des Berichtszeitraums zu ermöglichen.

c) Die Anteile des OGA sind in bar rückzahlbar, und zwar aus den Vermögenswerten des OGA auf täglicher Basis und auf Anfrage des Anteilsinhabers.

d) Die Anlagen der OGA sind von den Vermögenswerten der OGA-Verwaltungsgesellschaft zu trennen.

e) Das investierende Institut stellt eine angemessene Risikobewertung des OGA sicher.

f) OGA werden von Personen verwaltet, die gemäß der Richtlinie 2009/65/EG oder gleichwertigen Rechtsvorschriften überwacht werden.

Art. 350 Spezifische Methoden für OGA. (1) [1]Sofern dem Institut die zugrunde liegenden Anlagen des OGA auf Tagesbasis bekannt sind, kann das Institut die zugrunde liegenden Anlagen unmittelbar berücksichtigen, um die Eigenmittelanforderungen für das Positionsrisiko, das das allgemeine und das spezifische Risiko umfasst, zu berechnen. [2]Nach diesem Ansatz werden Positionen in OGA wie Positionen in den zugrunde liegenden Anlagen des OGA behandelt. [3]Eine Aufrechnung ist zwischen Positionen in den zugrunde liegenden Anlagen des OGA und anderen vom Institut gehaltenen Positionen gestattet, sofern das Institut eine ausreichende Zahl von Anteilen hält, um eine Einlösung/Kreierung im Austausch für die zugrunde liegenden Anlagen zu ermöglichen.

(2) Die Institute können die Eigenmittelanforderungen für das Positionsrisiko, das das allgemeine und das spezifische Risiko umfasst, für Positionen in OGA berechnen, indem Positionen angenommen werden, die jene repräsentieren, die erforderlich wären, um die Zusammensetzung und die Wertentwicklung eines extern geschaffenen Indexes oder eines festen Korbs von Aktien oder Schuldtiteln gemäß Buchstabe a nachzubilden, sofern die folgenden Bedingungen erfüllt sind:

a) Ziel des Anlagemandats des OGA ist es, die Zusammensetzung und die Wertentwicklung eines extern geschaffenen Indexes oder eines festen Korbs von Aktien oder Schuldtiteln nachzubilden.
b) Ein Korrelationskoeffizient zwischen den Tagesrenditen des OGA und dem Index bzw. Korb von Aktien oder Schuldtiteln, den er nachbildet, von mindestens 0,9 kann über einen Zeitraum von mindestens sechs Monaten eindeutig nachgewiesen werden.

(3) Sind dem Institut die zugrunde liegenden Anlagen des OGA auf Tagesbasis nicht bekannt, kann das Institut die Eigenmittelanforderungen für das Positionsrisiko, das das allgemeine und das spezifische Risiko umfasst, berechnen, wobei folgende Bedingungen zu erfüllen sind:

a) Es wird davon ausgegangen, dass der OGA zunächst bis zur unter seinem Mandat zulässigen Höchstgrenze in die Kategorien von Vermögenswerten investiert, die die höchste Eigenmittelanforderung getrennt für das allgemeine und das spezifische Risiko erhalten, und sodann Anlagen in absteigender Reihenfolge tätigt, bis dass die maximale Gesamtanlagengrenze erreicht ist. Die Position im OGA wird als direkte Anlage in der angenommenen Position behandelt.
b) Die Institute berücksichtigen bei der getrennten Berechnung ihrer Eigenmittelanforderung für das allgemeine und das spezifische Risiko das maximale indirekte Risiko, das sie eingehen könnten, wenn sie über den OGA Fremdkapitalpositionen aufnehmen, indem die Position im OGA proportional bis zum maximalen Risiko in Bezug auf die zugrunde liegenden Anlagebestandteile, das sich gemäß dem Mandat ergeben könnte, angehoben wird.
c) Übersteigt die Eigenmittelanforderung für das allgemeine und das spezifische Risiko nach diesem Absatz zusammen genommen die Eigenmittelanforderung nach Artikel 348 Absatz 1, wird die Eigenmittelanforderung auf diese Höhe begrenzt.

(4) *[1]* Die Institute können folgende Dritte damit beauftragen, die Eigenmittelanforderungen für das Positionsrisiko für OGA-Positionen, die unter die Absätze 1 bis 4 fallen, gemäß den in diesem Kapitel beschriebenen Methoden zu berechnen und zu melden:

a) die Verwahrstelle des OGA, sofern der OGA ausschließlich in Wertpapiere investiert und sämtliche Wertpapiere bei dieser Verwahrstelle hinterlegt;
b) für andere OGA die Verwaltungsgesellschaft des OGA, sofern diese die Kriterien des Artikels 132 Absatz 3 Buchstabe a erfüllt.

[2] Die Richtigkeit der Berechnung wird von einem externen Prüfer bestätigt.

Kapitel 3. Eigenmittelanforderungen für das Fremdwährungsrisiko

Art. 351 Schwellenwert und Gewichtung für das Fremdwährungsrisiko. [1] Übersteigt die nach dem Verfahren des Artikels 352 berechnete Summe der gesamten Nettofremdwährungsposition und der Nettogoldposition eines Instituts, einschließlich Fremdwährungs- und Goldpositionen, für die Eigenmittelanforderungen mit Hilfe eines internen Modells berechnet werden, 2 % des Gesamtbetrags seiner Eigenmittel, so berechnet das Institut eine Eigenmittelanforderung für das Fremdwährungsrisiko. [2] Die Eigenmittelanforderung für das Fremdwährungsrisiko ist die Summe der gesamten Netto-Fremdwährungsposition und der Nettogoldposition in der Währung der Rechnungslegung mit 8 % multipliziert.

Art. 352 Berechnung der gesamten Netto-Fremdwährungsposition.

(1) *[1]* Die offene Nettoposition des Instituts wird in den einzelnen Währungen (einschließlich der Währung der Rechnungslegung) und in Gold als Summe der folgenden Elemente (positiv oder negativ) berechnet:

a) Netto-Kassaposition (d.h. alle Aktiva abzüglich aller Passiva, einschließlich der aufgelaufenen und noch nicht fälligen Zinsen in der betreffenden Währung oder im Fall von Gold die Netto-Kassaposition in Gold);

b) Netto-Terminposition (d.h. alle ausstehenden Beträge abzüglich aller zu zahlenden Beträge im Rahmen von Währungs- und Goldtermingeschäften, einschließlich der Währungs- und Gold-Terminkontrakte und des Kapitalbetrags der Währungsswaps, die nicht in der Kassaposition enthalten sind);

c) unwiderrufliche Garantien und vergleichbare Instrumente, die mit Sicherheit in Anspruch genommen werden und aller Voraussicht nach uneinbringlich sind;

d) mit Hilfe des Delta-Faktors oder auf Basis des Delta-Faktors ermittelter Netto-Gegenwert des gesamten Bestands an Fremdwährungs- und Gold-Optionen;

e) Marktwert anderer Optionen.

[2] [1] Der Delta-Faktor für die Zwecke des Buchstabens d ist derjenige der betreffenden Börse. [2] Bei nicht börsengehandelten Optionen oder wenn der Delta-Faktor von der betreffenden Börse nicht erhältlich ist, darf das Institut den Delta-Faktor vorbehaltlich der Erlaubnis der zuständigen Behörden unter Verwendung eines geeigneten Modells selbst berechnen. [3] Die Erlaubnis wird erteilt, sofern mit dem Modell eine angemessene Schätzung der Änderungsrate für den Wert der Option oder des Optionsscheins bei geringfügigen Änderungen des Marktpreises des Basiswerts vorgenommen wurde.

[3] Das Institut darf dabei den Nettobetrag der künftigen, noch nicht angefallenen, aber bereits voll abgesicherten Einnahmen und Ausgaben berücksichtigen, sofern es durchgängig so vorgeht.

[4] Das Institut darf Nettopositionen in Korbwährungen gemäß den geltenden Quoten in die verschiedenen Währungen, aus denen sich diese zusammensetzen, zerlegen.

(2) [1] Alle Positionen, die ein Institut bewusst eingegangen ist, um sich gegen die nachteilige Auswirkung einer Wechselkursänderung auf seine Eigenmittelquoten gemäß Artikel 92 Absatz 1 abzusichern, können vorbehaltlich der Genehmigung der zuständigen Behörden bei der Errechnung der offenen Netto-Fremdwährungspositionen ausgeschlossen werden. [2] Solche Positionen sind keine Handelspositionen oder sind struktureller Art, und jegliche Änderung der Bedingungen für ihren Ausschluss erfordert eine gesonderte Erlaubnis der zuständigen Behörden. [3] Positionen eines Instituts im Zusammenhang mit Posten, die bereits bei der Berechnung der Eigenmittel in Abzug gebracht wurden, können unter denselben Bedingungen genauso behandelt werden.

(3) Ein Institut darf bei der Berechnung der offenen Nettoposition in den einzelnen Währungen und in Gold den jeweiligen Nettogegenwartswert heranziehen, sofern das Institut diesen Ansatz durchgängig einsetzt.

(4) [1] Die Netto-Kauf- und Verkaufspositionen in den einzelnen Währungen, mit Ausnahme der Währung der Rechnungslegung, und die Netto-Kauf- oder Verkaufsposition in Gold werden zum Kassakurs in die Währung der Rechnungslegung umgerechnet. [2] Anschließend werden diese getrennt addiert, um die gesamte Netto-Kaufposition und die gesamte Netto-Verkaufsposition zu ermitteln. [3] Der höhere dieser beiden Gesamtbeträge entspricht der gesamten Netto-Fremdwährungsposition des Instituts.

(5) Die Institute spiegeln andere Risiken, die mit Optionen verbunden sind – abgesehen vom Delta-Faktor-Risiko – in den Eigenmittelanforderungen adäquat wider.

(6) *[1]* Die EBA arbeitet Entwürfe technischer Regulierungsstandards aus, in denen verschiedene Methoden festgelegt werden, um andere Risiken – abgesehen vom Delta-Faktor-Risiko – in den Eigenmittelanforderungen in einer dem Umfang und der Komplexität der Tätigkeiten der Institute im Bereich Optionen angemessenen Weise zu berücksichtigen.

[2] Die EBA legt der Kommission diese Entwürfe technischer Regulierungsstandards bis zum 31. Dezember 2013 vor.

[3] Der Kommission wird die Befugnis übertragen, die technischen Regulierungsstandards nach dem Unterabsatz 1 gemäß den Artikeln 10 bis 14 der Verordnung (EU) Nr. 1093/2010 zu erlassen.

[4] Vor dem Inkrafttreten der technischen Standards nach Unterabsatz 1 dürfen die zuständigen Behörden weiterhin bestehende nationale Behandlungen anwenden, wenn sie diese vor dem 31. Dezember 2013 angewandt haben.

Art. 353 Fremdwährungsrisiko von OGA. (1) Für die Zwecke des Artikels 352 werden in Bezug auf OGA die tatsächlichen Fremdwährungspositionen des OGA berücksichtigt.

(2) *[1]* Die Institute können den Ausweis von Fremdwährungspositionen in OGA heranziehen, der vonseiten folgender Dritter vorgenommen wird:

a) die Verwahrstelle des OGA, sofern der OGA ausschließlich in Wertpapiere investiert und sämtliche Wertpapiere bei dieser Verwahrstelle hinterlegt;
b) für andere OGA von der Verwaltungsgesellschaft des OGA, sofern diese die Kriterien des Artikels 132 Absatz 3 Buchstabe a erfüllt.

[2] Die Richtigkeit der Berechnung wird von einem externen Prüfer bestätigt.

(3) [1]Kennt ein Institut die Fremdwährungspositionen in einem OGA nicht, wird davon ausgegangen, dass dieser bis zur im Rahmen seines Mandats möglichen Höchstgrenze in Fremdwährungspositionen investiert hat; die Institute tragen hierbei bei der Berechnung ihrer Eigenmittelanforderung für Fremdwährungsrisiken im Hinblick auf ihre Handelsbuchpositionen dem maximalen indirekten Risiko Rechnung, das sie erreichen könnten, wenn sie mittels des OGA Fremdkapitalpositionen aufnehmen würden. [2]Dies erfolgt, indem die Position im OGA proportional bis zum Höchstrisiko angehoben wird, das in Bezug auf die zugrunde liegenden Positionen eingegangen werden kann, die sich aus dem Anlagemandat ergeben. [3]Die angenommene Position des OGA in Fremdwährungen wird wie eine gesonderte Währung behandelt, d.h. wie Anlagen in Gold, wobei allerdings die Gesamtkaufposition zur offenen Gesamtfremdwährungskaufposition und die Gesamtverkaufsposition zur offenen Gesamtfremdwährungsverkaufsposition hinzuaddiert werden kann, sofern die Ausrichtung der Anlagen des OGA bekannt ist. [4]Eine Aufrechnung derartiger Positionen vor der Berechnung ist nicht zulässig.

Art. 354 Eng verbundene Währungen. (1) [1]Die Institute dürfen für Positionen in relevanten eng verbundenen Währungen niedrigere Eigenmittelanforderungen erfüllen. [2]Eine enge Verbindung zwischen zwei Währungen darf nur unterstellt werden, wenn bei Zugrundelegung der täglichen Wechselkurse für die vorangegangenen drei Jahre eine Wahrscheinlichkeit von mindestens 99 % – und für die vorangegangenen fünf Jahre eine solche von 95 % – besteht, dass aus gleich hohen und entgegengesetzten Positionen in diesen Währungen über die folgenden zehn Arbeitstage ein Verlust entsteht, der höchstens 4 % des Werts der betreffenden ausgeglichenen Position (in der Währung der Rechnungslegung) beträgt. [3]Für die ausgeglichene Position in zwei eng verbundenen Währungen beträgt die Eigenmittelanforderung 4 % des Werts der ausgeglichenen Position.

(2) [1]Bei der Berechnung der Anforderungen gemäß diesem Kapitel dürfen Institute Positionen in Währungen vernachlässigen, für die eine rechtlich bindende zwischenstaatliche Vereinbarung besteht, die deren Schwankung gegenüber anderen in dieser Vereinbarung erfassten Währungen begrenzt. [2]Die Institute haben ihre ausgeglichenen Positionen in diesen Währungen zu berechnen und dafür eine Eigenmittelanforderung zu erfüllen, die mindestens der Hälfte der in der zwischenstaatlichen Vereinbarung für die betreffenden Währungen festgelegten höchstzulässigen Schwankung entspricht.

(3) *[1]* Die EBA arbeitet Entwürfe technischer Durchführungsstandards mit einem Verzeichnis der Währungen aus, für die nach Absatz 1 verfahren werden darf.

[2] Die EBA legt der Kommission diese Entwürfe technischer Durchführungsstandards bis 1. Januar 2014 vor.

[3] Der Kommission wird die Befugnis übertragen, die technischen Durchführungsstandards nach Unterabsatz 1 gemäß Artikel 15 der Verordnung (EU) Nr. 1093/2010 zu erlassen.

(4) Die Eigenmittelanforderung für die ausgeglichenen Positionen in Währungen der Mitgliedstaaten, die an der zweiten Stufe der Wirtschafts- und Währungsunion teilnehmen, darf als 1,6 % des Werts dieser ausgeglichenen Positionen berechnet werden.

(5) Nur die nicht ausgeglichenen Positionen in Währungen gemäß diesem Artikel werden in die gesamte offene Nettoposition nach Artikel 352 Absatz 4 einbezogen.

(6) Geht aus den täglichen Wechselkursen der vorangegangenen drei oder fünf Jahre bei gleich hohen und entgegengesetzten Positionen in zwei Währungen über die jeweils folgenden zehn Arbeitstage hervor, dass die beiden Währungen perfekt positiv korrelieren und das Institut jederzeit eine Geld-Brief-Spanne von Null für die jeweiligen Abschlüsse erwarten kann, darf es mit ausdrücklicher Genehmigung seiner zuständigen Behörde bis Ende 2017 eine Eigenmittelanforderung von 0 % ansetzen.

Kapitel 4. Eigenmittelanforderungen für das Warenpositionsrisiko

Art. 355 Wahl der Methode für das Warenpositionsrisiko. Vorbehaltlich der Artikel 356 bis 358 berechnen die Institute die Eigenmittelanforderung für das Warenpositionsrisiko anhand einer der in den Artikeln 359, 360 oder 361 festgelegten Methoden.

Art. 356 Ergänzende Warengeschäfte. (1) Institute, die ergänzende Geschäfte mit Agrarerzeugnissen betreiben, dürfen zum Jahresende die Eigenmittelanforderungen für ihren physischen Warenbestand für das Folgejahr bestimmen, sofern sämtliche der folgenden Voraussetzungen erfüllt sind:

a) Das Institut hält jederzeit während des Jahres Eigenmittel für dieses Risiko vor, dessen Höhe nicht unter der durchschnittlichen Eigenmittelanforderung für das konservativ geschätzte Risiko für das Folgejahr liegt;[1)]

b) Das Institut nimmt eine vorsichtige Schätzung der erwarteten Volatilität des gemäß Buchstabe a berechneten Werts vor;[1)]

c) Die durchschnittliche Eigenmittelanforderung für dieses Risiko übersteigt nicht 5 % der Eigenmittel des Instituts oder 1 Mio. EUR; unter Berücksichtigung der im Einklang mit Buchstabe b geschätzten Volatilität übersteigt der erwartete Höchstwert der Eigenmittelanforderungen nicht 6,5 % seiner Eigenmittel;[1)]

d) Das Institut überwacht kontinuierlich, ob die gemäß den Buchstaben a und b durchgeführten Schätzungen nach wie vor die Realität widerspiegeln.

(2) Institute teilen den zuständigen Behörden mit, inwieweit sie von der Möglichkeit nach Absatz 1 Gebrauch machen.

Art. 357 Positionen in Waren. (1) [1]Jede Position in Waren oder warenunterlegten Derivaten wird in Standardmaßeinheiten ausgedrückt. [2]Der Kassakurs der einzelnen Waren wird in der Währung der Rechnungslegung angegeben.

(2) Positionen in Gold oder goldunterlegten Derivaten gelten als dem Fremdwährungsrisiko unterliegend und werden für die Zwecke der Berechnung des Warenpositionsrisikos gegebenenfalls gemäß Kapitel 3 oder 5 behandelt.

(3) [1]Der Überschuss der Kauf- (Verkaufs-) positionen eines Instituts über seine Verkaufs- (Kauf-) positionen in derselben Ware und in identischen Warenterminkontrakten, Optionen und Optionsscheinen ist seine Nettoposition für

---

[1)] Zeichensetzung amtlich.

die Zwecke des Artikels 360 Absatz 1 in Bezug auf diese Ware. [2]Positionen in Derivaten werden – wie in Artikel 358 erläutert – als Positionen in der zugrunde liegenden Ware behandelt.

(4) Für die Zwecke der Berechnung einer Position in Waren werden folgende Positionen als Positionen in derselben Ware behandelt:

a) Positionen in verschiedenen Unterkategorien derselben Ware, wenn diese Unterkategorien bei der Lieferung untereinander austauschbar sind;

b) Positionen in ähnlichen Waren, wenn sie nahe Substitute sind und ihre Preisentwicklung für einen Zeitraum von mindestens einem Jahr eine eindeutige Mindestkorrelation von 0,9 aufweist.

Art. 358 Spezifische Instrumente. (1) Warenterminkontrakte und Terminpositionen bezüglich des Kaufs oder Verkaufs bestimmter Waren sind als fiktive, in einer Standardmaßeinheit ausgedrückte Nominalbeträge in das Risikomesssystem aufzunehmen und gemäß ihrem Fälligkeitstermin in das entsprechende Laufzeitband einzustellen.

(2) [1]Warenswaps, bei denen eine Seite der Transaktion ein fester Preis und die andere der jeweilige Marktpreis ist, sind als eine Reihe von dem Nominalwert des Geschäfts entsprechenden Positionen zu behandeln, wobei gegebenenfalls eine Position jeweils einer Zahlung aus dem Swap entspricht und in das entsprechende Laufzeitband nach Artikel 359 Absatz 1 eingestellt wird. [2]Dabei handelt es sich um Kaufpositionen, wenn das Institut einen festen Preis zahlt und einen variablen Preis erhält, und um Verkaufspositionen, wenn das Institut einen festen Preis erhält und einen variablen Preis zahlt. [3]Warenswaps, bei denen die beiden Seiten der Transaktion verschiedene Waren betreffen, sind beim Laufzeitbandverfahren für beide Waren getrennt in den jeweiligen Laufzeitbandfächer einzustellen.

(3) *[1]* [1]Optionen und Optionsscheine auf Waren oder auf warenunterlegte Derivate sind für die Zwecke dieses Kapitels wie Positionen zu behandeln, deren Wert dem mit dem Delta-Faktor multiplizierten Basiswert entspricht. [2]Die letztgenannten Positionen können gegen entgegengesetzte Positionen in identischen zugrunde liegenden Waren oder warenunterlegten Derivaten aufgerechnet werden. [3]Als Delta-Faktor ist derjenige der betreffenden Börse zu verwenden. [4]Bei nicht börsengehandelten Optionen oder wenn der Delta-Faktor von der betreffenden Börse nicht erhältlich ist, darf das Institut den Delta-Faktor vorbehaltlich der Genehmigung durch die zuständigen Behörden unter Verwendung eines geeigneten Modells selbst berechnen. [5]Die Genehmigung wird erteilt, sofern mit dem Modell eine angemessene Schätzung der Änderungsrate für den Wert der Option oder des Optionsscheins bei geringfügigen Änderungen des Marktpreises des Basiswerts vorgenommen wurde.

[2] Die Institute spiegeln andere Risiken, die mit Optionen verbunden sind – abgesehen vom Delta-Faktor-Risiko – in den Eigenmittelanforderungen adäquat wider.

(4) *[1]* Die EBA arbeitet Entwürfe technischer Regulierungsstandards aus, in denen verschiedene Methoden festgelegt werden, um andere Risiken – abgesehen vom Delta-Faktor-Risiko – in den Eigenmittelanforderungen in einer dem Umfang und der Komplexität der Tätigkeiten der Institute im Bereich Optionen angemessenen Weise zu berücksichtigen.

[2] Die EBA legt der Kommission diese Entwürfe technischer Regulierungsstandards bis zum 31. Dezember 2013 vor.

[3] Der Kommission wird die Befugnis übertragen, die technischen Regulierungsstandards nach Unterabsatz 1 gemäß den Artikeln 10 bis 14 der Verordnung (EU) Nr. 1093/2010 zu erlassen.

[4] Vor dem Inkrafttreten der technischen Standards nach Unterabsatz 1 dürfen die zuständigen Behörden weiterhin bestehende nationale Behandlungen anwenden, wenn sie diese vor dem 31. Dezember 2013 angewandt haben.

(5) Das Institut bezieht die betreffenden Warenpositionen in die Berechnung seiner Eigenmittelanforderungen für Warenpositionsrisiken ein, wenn es sich bei dem Institut um Folgendes handelt:

a) eine Partei, die Waren oder garantierte Rechtsansprüche auf Waren im Rahmen einer Rückkaufsvereinbarung überträgt;

b) eine verleihende Partei bei einem Warenverleihgeschäft.

Art. 359 Laufzeitbandverfahren. (1) [1]Das Institut legt für jede Ware einen gesonderten Laufzeitbandfächer entsprechend der Tabelle 1 zugrunde. [2]Alle Positionen in der betreffenden Ware werden in die entsprechenden Laufzeitbänder eingestellt. [3]Warenbestände sind in das erste Laufzeitband zwischen 0 bis zu einschließlich einem Monat einzuordnen.

Tabelle 1

Laufzeitband (1)	Spread-Satz (in %) (2)
0 ≤ 1 Monat	1,50
> 1 ≤ 3 Monate	1,50
> 3 ≤ 6 Monate	1,50
> 6 ≤ 12 Monate	1,50
1 ≤ 2 Jahre	1,50
2 ≤ 3 Jahre	1,50
> 3 Jahre	1,50

(2) Positionen in derselben Ware dürfen gegeneinander aufgerechnet und als Nettoposition in das entsprechende Laufzeitband eingestellt werden, wenn

a) die entsprechenden Geschäfte denselben Fälligkeitstermin haben;

b) die entsprechenden Geschäfte innerhalb desselben Zehn-Tages-Zeitraums fällig werden und auf Märkten mit täglichen Lieferterminen gehandelt werden.

(3) [1]Anschließend errechnet das Institut für jedes Laufzeitband die Summe der Kaufpositionen sowie die Summe der Verkaufspositionen. [2]Der Betrag der ersteren Summe, der innerhalb eines gegebenen Laufzeitbands durch den der letzteren Summe ausgeglichen wird, ist in jenem Band die ausgeglichene Position, während die verbleibende Kauf- oder Verkaufsposition die nicht ausgeglichene Position für dasselbe Laufzeitband darstellt.

(4) [1]Der Teil der nicht ausgeglichenen Kauf-(Verkaufs-)position für ein gegebenes Laufzeitband, der durch die nicht ausgeglichene Verkaufs-(Kauf-)position für ein Laufzeitband mit längerer Fristigkeit ausgeglichen wird, stellt die aus-

geglichene Position zwischen zwei Laufzeitbändern dar. [2]Der Teil der nicht ausgeglichenen Kaufposition oder der nicht ausgeglichenen Verkaufsposition, der nicht auf diese Weise ausgeglichen werden kann, stellt die nicht ausgeglichene Position dar.

(5) Die Eigenmittelanforderung eines Instituts für jede Ware errechnet sich auf der Grundlage des entsprechenden Laufzeitbandfächers als die Summe aus

a) der Summe der ausgeglichenen Kauf- und Verkaufspositionen, die mit dem jeweiligen Spread-Satz für jedes Laufzeitband (siehe Spalte 2 der Tabelle 1) und dem Kassakurs der Ware multipliziert wird;

b) der ausgeglichenen Position zwischen zwei Laufzeitbändern für jedes Laufzeitband, in das eine nicht ausgeglichene Position vorgetragen wird, multipliziert mit 0,6 %, d.h. dem Gewichtungssatz für vorgetragene Positionen („carry rate"), und mit dem Kassakurs der Ware;

c) den restlichen, nicht ausgeglichenen Positionen, multipliziert mit 15 %, d.h. dem einfachen Gewichtungssatz („outright rate"), und mit dem Kassakurs der Ware.

(6) Die Gesamteigenmittelanforderung eines Instituts zur Unterlegung des Warenpositionsrisikos errechnet sich als die Summe der gemäß Absatz 5 berechneten Eigenmittelanforderungen für jede Ware.

Art. 360 Vereinfachtes Verfahren. (1) Die Eigenmittelanforderung des Instituts für jede Ware errechnet sich hier als die Summe aus

a) 15 % der Nettoposition, unabhängig davon, ob es sich um eine Kauf- oder Verkaufsposition handelt, multipliziert mit dem Kassakurs der Ware;

b) 3 % der Bruttoposition (Kaufposition plus Verkaufsposition), multipliziert mit dem Kassakurs der Ware.

(2) Die Gesamteigenmittelanforderung eines Instituts zur Unterlegung des Warenpositionsrisikos errechnet sich als die Summe der gemäß Absatz 1 berechneten Eigenmittelanforderungen für jede Ware.

Art. 361 Erweitertes Laufzeitbandverfahren. *[1]* Institute dürfen anstelle der in Artikel 359 genannten Sätze die Mindestsätze für den Spread-, den Vortrags- und den einfachen Gewichtungssatz der nachstehenden Tabelle 2 verwenden, sofern sie

a) Warengeschäfte in erheblichem Umfang tätigen;

b) ein angemessen diversifiziertes Portfolio von Warenpositionen halten;

c) noch nicht in der Lage sind, interne Modelle für die Berechnung der Eigenmittelunterlegung des Warenpositionsrisikos einzusetzen.

Tabelle 2

	Edelmetalle (ausgenommen Gold)	Andere Metalle	Agrarerzeugnisse (Agrarrohstoffe)	Sonstige, einschließlich Energieprodukte
„Spread"-Satz (in %)	1,0	1,2	1,5	1,5
Gewichtungssatz für vorgetragene Positionen (in %)	0,3	0,5	0,6	0,6

	Edelmetalle (ausgenommen Gold)	Andere Metalle	Agrarerzeugnisse (Agrarrohstoffe)	Sonstige, einschließlich Energieprodukte
einfacher Gewichtungssatz (in %)	8	10	12	15

[2] Die Institute zeigen den zuständigen Behörden an, inwieweit sie von dem Verfahren nach diesem Artikel Gebrauch machen und legen dabei Nachweise für ihre Bemühungen vor, ein internes Modell für die Berechnung der Eigenmittelanforderung für das Warenpositionsrisiko einzuführen.

Kapitel 5. Verwendung interner Modelle zur Berechnung der Eigenmittelanforderungen

Abschnitt 1. Erlaubnis und Eigenmittelanforderungen

Art. 362 Spezifische und allgemeine Risiken. [1] Das Positionsrisiko gehandelter Schuldtitel oder Aktieninstrumente oder davon abgeleiteter Derivate darf für die Zwecke dieses Kapitels in zwei Komponenten aufgeteilt werden. [2] Die erste Komponente ist die spezifische Risikokomponente, sie erfasst das Risiko einer Preisänderung bei dem betreffenden Instrument aufgrund von Faktoren, die auf seinen Emittenten oder im Fall eines Derivats auf den Emittenten des zugrunde liegenden Instruments zurückzuführen sind. [3] Die zweite Komponente betrifft das allgemeine Risiko und erfasst das Risiko einer Preisänderung bei dem betreffenden Wertpapier, die im Fall gehandelter Schuldtitel oder davon abgeleiteter Instrumente einer Änderung des Zinsniveaus oder im Fall von Aktien oder davon abgeleiteter Instrumente einer allgemeinen Bewegung am Aktienmarkt zuzuschreiben ist, die in keinem Zusammenhang mit den spezifischen Merkmalen einzelner Wertpapiere steht.

Art. 363 Erlaubnis zur Verwendung interner Modelle. (1) Nachdem sie überprüft haben, dass ein Institut die einschlägigen Anforderungen der Abschnitte 2, 3 und 4 erfüllt, geben die zuständigen Behörden dem Institut die Erlaubnis, die Eigenmittelanforderungen für eine oder mehrere der folgenden Risikokategorien mit Hilfe seiner internen Modelle anstelle oder in Verbindung mit den Verfahren nach den Kapiteln 2 bis 4 zu berechnen:

a) allgemeines Risiko von Aktieninstrumenten;

b) spezifisches Risiko von Aktieninstrumenten;

c) allgemeines Risiko von Schuldtiteln;

d) spezifisches Risiko von Schuldtiteln;

e) Fremdwährungsrisiko;

f) Warenpositionsrisiko.

(2) [1] Für Risikokategorien, für die dem Institut keine Erlaubnis nach Absatz 1 zur Verwendung interner Modelle erteilt wurde, berechnet das Institut die Eigenmittelanforderungen weiterhin erforderlichenfalls gemäß den Kapiteln 2, 3 und 4. [2] Für die Verwendung interner Modelle ist für jede Risikokategorie eine Erlaubnis der zuständigen Behörden erforderlich, die nur gegeben wird, wenn das interne Modell einen signifikanten Anteil der Positionen einer bestimmten Risikokategorie erfasst.

(3) *[1]* Wesentliche Änderungen in der Verwendung der internen Modelle, deren Verwendung dem Institut gestattet wurde, und die Ausdehnung der Verwendung dieser gestatteten Modelle, insbesondere auf zusätzliche Risikokategorien, sowie die erste Berechnung des Risikopotenzials unter Stressbedingungen („Stressed Value-at-Risk") nach Artikel 365 Absatz 2 erfordern eine gesonderte Erlaubnis der zuständigen Behörden.

[2] Institute zeigen den zuständigen Behörden alle sonstigen Ausweitungen und Änderungen der Verwendung der internen Modelle, deren Verwendung ihnen gestattet wurde, an.

(4) *[1]* Die EBA arbeitet Entwürfe technischer Regulierungsstandards aus, in denen Folgendes präzisiert wird:

a) die Bedingungen für die Beurteilung der Erweiterungen und Änderungen bei der Verwendung der internen Modelle;
b) die Beurteilungsmethodik, nach der die zuständigen Behörden den Instituten die Verwendung interner Modelle erlauben;
c) die Bedingungen, unter denen der Anteil der erfassten Positionen einer bestimmten Risikokategorie als „signifikant" im Sinne des Absatzes 2 gilt.

[2] Die EBA legt der Kommission diese Entwürfe technischer Regulierungsstandards bis zum 31. Dezember 2014 vor.

[3] Der Kommission wird die Befugnis übertragen, die technischen Regulierungsstandards nach Unterabsatz 1 gemäß den Artikeln 10 bis 14 der Verordnung (EU) Nr. 1093/2010 zu erlassen.

Art. 364 Eigenmittelanforderungen bei der Verwendung interner Modelle. (1) Jedes Institut, das ein internes Modell verwendet, erfüllt – zusätzlich zu den nach den Kapiteln 2, 3 und 4 berechneten Eigenmittelanforderungen für Risikokategorien, für die die zuständigen Behörden keine Erlaubnis zur Verwendung eines internen Modells gegeben haben – eine Eigenmittelanforderung, die der Summe der Werte nach den Buchstaben a und b entspricht:

a) dem höheren der folgenden Werte:
   i) Vortageswert des gemäß Artikel 365 Absatz 1 errechneten Risikopotenzials (VaR_{t-1});
   ii) Durchschnitt der in den vorausgegangenen 60 Geschäftstagen ermittelten Tageswerte des Risikopotenzials im Sinne von Artikel 365 Absatz 1 (VaR_{avg}), multipliziert mit dem Multiplikationsfaktor (m_c) gemäß Artikel 366;
b) dem höheren der folgenden Werte:
   i) seine letzte verfügbare gemäß Artikel 365 Absatz 2 errechnete Maßzahl des Risikopotenzials unter Stressbedingungen ($sVaR_{t-1}$); und
   ii) Durchschnitt der auf die in Artikel 365 Absatz 2 genannte Weise und mit der dort genannten Häufigkeit berechneten Maßzahlen des Risikopotenzials unter Stressbedingungen für die vorausgegangenen 60 Geschäftstage ($sVaR_{avg}$), multipliziert mit dem Multiplikationsfaktor (m_s) gemäß Artikel 366.

(2) Institute, die zur Berechnung ihrer Eigenmittelanforderung für das spezifische Risiko von Schuldtiteln interne Modelle verwenden, erfüllen eine zusätzliche Eigenmittelanforderung, die der Summe der Werte nach den Buchstaben a und b entspricht:

a) die gemäß den Artikeln 337 und 338 berechnete Eigenmittelanforderung für das spezifische Risiko von Verbriefungspositionen und n-ter-Ausfall-Kreditderivaten im Handelsbuch, mit Ausnahme derjenigen, die in eine Eigenmittelanforderung für das spezifische Risiko des Korrelationshandelsportfolios gemäß Abschnitt 5 einbezogen sind, und gegebenenfalls die Eigenmittelanforderung für das spezifische Risiko im Einklang mit Kapitel 2 Abschnitt 6 für diejenigen OGA-Positionen, für die weder die Anforderungen nach Artikel 350 Absatz 1 noch die Anforderungen nach Artikel 350 Absatz 2 erfüllt sind;

b) der höhere der folgenden Werte:

i) letzte verfügbare gemäß Abschnitt 3 errechnete Maßzahl des zusätzlichen Ausfall- und Migrationsrisikos,

ii) Durchschnittswert dieser Maßzahl in den vorausgegangenen zwölf Wochen.

(3) Institute, die ein den Anforderungen des Artikels 338 Absätze 1 bis 3 entsprechendes Korrelationshandelsportfolio besitzen, dürfen eine auf Artikel 377 anstatt Artikel 338 Absatz 4 gestützte Eigenmittelanforderung erfüllen, die dem höheren der nachstehenden Werte entspricht:

a) letzte verfügbare gemäß Abschnitt 5 errechnete Risikomaßzahl des Korrelationshandelsportfolios,

b) Durchschnittswert dieser Maßzahl in den vorausgegangenen zwölf Wochen;

c) 8 % der Eigenmittelanforderung, die – zum Zeitpunkt der Berechnung der letzten verfügbaren Risikomaßzahl nach Buchstabe a – nach Artikel 338 Absatz 4 für alle in das interne Modell für das Korrelationshandelsportfolio einbezogenen Positionen berechnet würde.

Abschnitt 2. Allgemeine Anforderungen

Art. 365 Berechnung des Risikopotenzials und des Risikopotenzials unter Stressbedingungen. (1) *[1]* Für die Berechnung der Maßzahl des Risikopotenzials im Sinne des Artikels 364 gelten folgende Anforderungen:

a) tägliche Berechnung der Maßzahl des Risikopotenzials,

b) einseitiges Konfidenzniveau von 99 %,

c) Haltedauer von zehn Tagen,

d) tatsächlicher historischer Beobachtungszeitraum von mindestens einem Jahr, ausgenommen in den Fällen, in denen ein kürzerer Beobachtungszeitraum aufgrund einer erheblichen Zunahme der Preisvolatilität gerechtfertigt ist,

e) mindestens monatliche Aktualisierung der Datenreihen.

[2] Das Institut darf Risikopotenzial-Maßzahlen verwenden, die ausgehend von einer Haltedauer von weniger als zehn Tagen errechnet und auf zehn Tage hochgerechnet werden, sofern dazu eine angemessene und regelmäßig überprüfte Methode verwendet wird.

(2) [1] Zusätzlich berechnet das Institut im Einklang mit den in Absatz 1 aufgeführten Anforderungen mindestens wöchentlich das Risikopotenzial unter Stressbedingungen des aktuellen Portfolios, wobei die Modellparameter für das Risikopotenzial unter Stressbedingungen aus historischen Daten eines ununterbrochenen Zwölfmonatszeitraums mit signifikantem und für das Portfolio des

Instituts maßgeblichem Finanzstress ermittelt werden. [2]Die Auswahl dieser historischen Daten unterliegt der mindestens jährlichen Überprüfung durch das Institut, das den zuständigen Behörden das Ergebnis mitteilt. [3]Die EBA überwacht die Bandbreite der Praxis für die Berechnung des Risikopotenzials unter Stressbedingungen und gibt im Einklang mit Artikel 16 der Verordnung (EU) Nr. 1093/2010 Leitlinien dazu heraus.

Art. 366 Aufsichtliche Rückvergleiche und Multiplikationsfaktoren.

(1) Die Ergebnisse der Berechnungen nach Artikel 365 werden durch die Multiplikationsfaktoren (m_c) und (m_s) heraufskaliert.

(2) [1]Jeder der Multiplikationsfaktoren (m_c) und (m_s) entspricht der Summe aus mindestens 3 und einem Zuschlagsfaktor zwischen 0 und 1 gemäß Tabelle 1. [2]Dieser Zuschlagsfaktor richtet sich nach der Zahl der Überschreitungen, die sich bei den Rückvergleichen der gemäß Artikel 365 Absatz 1 berechneten Maßzahl des Risikopotenzials des Instituts während der unmittelbar vorausgegangenen 250 Geschäftstage ergeben haben.

Tabelle 1

Anzahl der Überschreitungen	Zuschlagsfaktor
Weniger als 5	0,00
5	0,40
6	0,50
7	0,65
8	0,75
9	0,85
10 oder mehr	1,00

(3) *[1]* [1]Die Institute zählen die Überschreitungen bei täglichen Rückvergleichen der hypothetischen und tatsächlichen Änderungen des Portfoliowerts. [2]Eine Überschreitung liegt vor, wenn eine Eintagesänderung des Portfoliowerts die mit Hilfe des internen Modells des Instituts errechnete Maßzahl des Risikopotenzials für denselben Eintageszeitraum überschreitet. [3]Zur Ermittlung des Zuschlagsfaktors wird die Zahl der Überschreitungen zumindest einmal pro Quartal berechnet und entspricht der Höchstzahl der Überschreitungen bei den hypothetischen und den tatsächlichen Änderungen des Portfoliowerts.

[2] Ein Rückvergleich der hypothetischen Änderungen des Portfoliowerts beruht auf dem Vergleich zwischen dem Tagesendwert des Portfolios und seinem Wert am Ende des darauf folgenden Tages unter der Annahme unveränderter Tagesendpositionen.

[3] Ein Rückvergleich der tatsächlichen Änderungen des Portfoliowerts beruht auf dem Vergleich zwischen dem Tagesendwert des Portfolios und seinem tatsächlichen Wert am Ende des darauf folgenden Tages, ohne Gebühren, Provisionen und Nettozinserträge.

(4) Die zuständigen Behörden können in Einzelfällen den Zuschlagsfaktor auf einen Wert beschränken, der sich aus den Überschreitungen bei hypothetischen Änderungen ergibt, sofern die Anzahl der Überschreitungen bei den tatsäch-

lichen Änderungen nicht auf Schwächen des internen Modells zurückzuführen ist.

(5) Damit die zuständigen Behörden die Angemessenheit der Multiplikationsfaktoren laufend überwachen können, melden die Institute unverzüglich und in jedem Fall binnen fünf Arbeitstagen, wenn aufgrund ihrer Rückvergleiche Überschreitungen ausgewiesen werden.

Art. 367 Anforderungen an die Risikomessung. (1) Jedes interne Modell zur Berechnung der Eigenmittelanforderung für das Positionsrisiko, das Fremdwährungsrisiko oder das Warenpositionsrisiko und jedes interne Modell für Korrelationshandelsaktivitäten erfüllt sämtliche der folgenden Bedingungen:

a) Das Modell erfasst alle wesentlichen Preisrisiken genau.

b) Das Modell erfasst je nach dem Umfang der Tätigkeit des Instituts auf dem jeweiligen Markt eine ausreichende Zahl von Risikofaktoren. Geht ein Risikofaktor in das Bewertungsmodell des Instituts, nicht aber in sein Risikomessmodell ein, so muss das Institut den zuständigen Behörden gegenüber nachweisen können, dass dies gerechtfertigt ist. Das Risiko-Messmodell erfasst die Nichtlinearitäten von Optionen und anderen Produkten sowie das Korrelationsrisiko und das Basisrisiko. Werden für Risikofaktoren Näherungswerte verwendet, so müssen diese die tatsächliche Wertveränderung der Position in der Vergangenheit gut abgebildet haben.

(2) Jedes interne Modell zur Berechnung der Eigenmittelanforderung für das Positionsrisiko, das Fremdwährungsrisiko oder das Warenpositionsrisiko erfüllt sämtliche der folgenden Bedingungen:

a) Das Modell enthält Risikofaktoren für die Zinssätze in jeder Währung, in der das Institut zinsreagible bilanzwirksame und außerbilanzielle Positionen hält. Das Institut hat die Zinsstrukturkurven nach einem allgemein anerkannten Verfahren zu berechnen. Bei wesentlichen, mit einem Zinsänderungsrisiko behafteten Risikopositionen in den wichtigsten Währungen und Märkten ist die Zinsstrukturkurve in mindestens sechs Laufzeitsegmente zu unterteilen, um der unterschiedlichen Volatilität der Zinssätze für die verschiedenen Laufzeiten Rechnung zu tragen. Das Modell erfasst ferner das Risiko nicht vollkommen korrelierter Entwicklungen der verschiedenen Zinsstrukturkurven.

b) Das Modell enthält Risikofaktoren für Gold und für die einzelnen Fremdwährungen, auf die die Positionen des Instituts lauten. Für OGA werden die tatsächlichen Fremdwährungspositionen der OGA berücksichtigt. Die Institute können den Ausweis von Fremdwährungspositionen in OGA heranziehen, der vonseiten Dritter vorgenommen wurde, sofern die Korrektheit dieses Ausweises ausreichend sichergestellt ist. Kennt ein Institut die Fremdwährungspositionen in einem OGA nicht, wird diese Position isoliert und gemäß Artikel 353 Absatz 3 behandelt.

c) Das Modell muss mindestens für jeden Aktienmarkt, in dem das Institut Positionen in erheblichem Umfang hält, einen gesonderten Risikofaktor enthalten.

d) Das Modell muss mindestens für jede Ware, in der das Institut Positionen in erheblichem Umfang hält, einen gesonderten Risikofaktor enthalten. Das Modell muss daneben auch das Risiko unvollständig korrelierter Entwicklungen ähnlicher, aber nicht identischer Waren und das Risiko einer Änderung der Terminkurse aufgrund von Fristeninkongruenzen erfassen. Überdies ist den Markteigenheiten, insbesondere den Lieferterminen und den Möglichkeiten der Händler zum Glattstellen von Positionen, Rechnung zu tragen.

e) Bei dem institutsinternen Modell wird das aus weniger liquiden Positionen und Positionen mit begrenzter Preistransparenz erwachsende Risiko unter Zugrundelegung realistischer Marktszenarien konservativ bewertet. Darüber hinaus erfüllt das interne Modell die Mindestanforderungen an Daten. Näherungswerte werden mit der notwendigen Vorsicht bestimmt und dürfen nur verwendet werden, wenn die verfügbaren Daten nicht ausreichen oder die Volatilität einer Position oder eines Portfolios nicht realistisch widerspiegeln.

(3) Die Institute dürfen in jedem für die Zwecke dieses Kapitels verwendeten internen Modell empirische Korrelationen innerhalb und zwischen den einzelnen Risikokategorien nur dann anwenden, wenn der Ansatz des Instituts für die Korrelationsmessung solide ist und unter Sicherstellung seiner Integrität angewandt wird.

Art. 368 Qualitative Anforderungen. (1) Jedes für die Zwecke dieses Kapitels verwendete interne Modell beruht auf einem soliden Konzept und wird unter Sicherstellung seiner Integrität angewandt; insbesondere werden sämtliche der folgenden qualitativen Anforderungen erfüllt:

a) Jedes zur Berechnung der Eigenmittelanforderungen für das Positionsrisiko, das Fremdwährungsrisiko oder das Warenpositionsrisiko verwendete interne Modell ist eng in das tägliche Risikomanagement des Instituts eingebunden und dient als Grundlage für die Meldung von Risikopositionen an die Geschäftsleitung.

b) Das Institut verfügt über eine vom Handelsbereich unabhängige Abteilung zur Risikosteuerung und -überwachung, die direkt der Geschäftsleitung unterstellt ist. Die Abteilung ist für die Gestaltung und Umsetzung der für die Zwecke dieses Kapitels verwendeten internen Modelle zuständig. Die Abteilung führt die erste und die laufende Validierung der für die Zwecke dieses Kapitels verwendeten internen Modelle durch, wobei sie für das gesamte Risikomanagement-System verantwortlich ist. Die Abteilung erstellt und analysiert täglich Berichte über die Ergebnisse der zur Berechnung der Eigenmittelanforderungen für das Positionsrisiko, das Fremdwährungsrisiko oder das Warenpositionsrisiko verwendeten internen Modelle und über die angemessenen Maßnahmen, die im Hinblick auf die Begrenzung der Handelsgeschäfte zu treffen sind.

c) Leitungsorgan und Geschäftsleitung des Instituts sind aktiv an der Risikosteuerung und -überwachung beteiligt, und die täglichen Berichte der Abteilung zur Risikosteuerung und -überwachung werden von einer Leitungsebene geprüft, die über hinreichende Befugnisse verfügt, um sowohl die Reduzierung von Positionen einzelner Händler als auch die Reduzierung des eingegangenen Gesamtrisikos des Instituts durchzusetzen.

d) Das Institut beschäftigt in den Abteilungen Handel, Risikosteuerung und -überwachung, Revision und Abwicklung eine ausreichende Zahl von Mitarbeitern, die in der Verwendung komplexer interner Modelle, einschließlich der für die Zwecke dieses Kapitels verwendeten, geschult sind.

e) Das Institut hat Verfahren eingerichtet, um die Einhaltung schriftlich festgelegter interner Strategien und Kontrollen hinsichtlich der Funktionsweise seiner internen Modelle insgesamt, einschließlich der für die Zwecke dieses Kapitels verwendeten Modelle, zu überwachen und zu gewährleisten.

f) Jedes für die Zwecke dieses Kapitels verwendete interne Modell hat in der Vergangenheit nachweislich eine ausreichend präzise Risikomessung gewährleistet.

g) Das Institut führt regelmäßig ein gründliches Stresstestprogramm einschließlich umgekehrter Stresstests durch, das jedes für die Zwecke dieses Kapitels verwendete interne Modell erfasst und dessen Ergebnisse von der Geschäftsleitung geprüft werden und in die von ihm festgelegten Strategien und Begrenzungen einfließen. Dieses Programm erfasst insbesondere die Illiquidität von Märkten unter angespannten Marktbedingungen, das Konzentrationsrisiko, ein Vorhandensein von aus Käufer- oder Verkäufersicht wenig liquiden Märkten („one-way market"), Kreditereignisrisiko und Risiko eines plötzlichen Kreditausfalls („jump-to-default"), Nichtlinearität von Produkten, weit aus dem Geld notierte Positionen, Positionen mit hohen Preisschwankungen und andere Risiken, die vom internen Modell unter Umständen nicht ausreichend abgedeckt werden. Bei der Simulierung von Schocks wird der Art der Portfolios und der Zeit, die unter schwierigen Marktbedingungen zur Absicherung oder Steuerung von Risiken erforderlich sein könnte, Rechnung getragen.

h) Das Institut unterzieht seine internen Modelle, einschließlich der für die Zwecke dieses Kapitels verwendeten Modelle, im Rahmen der Innenrevision einer unabhängigen Prüfung.

(2) [1] In die unter Absatz 1 Buchstabe h genannte Prüfung sind sowohl die Tätigkeiten der Handelsabteilungen als auch die der unabhängigen Abteilung zur Risikosteuerung und -überwachung einzubeziehen. [2] Das Institut prüft mindestens einmal im Jahr sein gesamtes Risikomanagementsystem. [3] In diese Prüfung ist Folgendes einzubeziehen:

a) die Angemessenheit der Dokumentation von Risikomanagementsystem und -verfahren und die Organisation der Abteilung zur Risikosteuerung und -überwachung;

b) die Einbeziehung der Risikomessungen in das tägliche Risikomanagement und die Integrität des Management-Informationssystems;

c) die Genehmigungsverfahren des Instituts für die von den Mitarbeitern der Handels- und der Abwicklungsabteilungen verwendeten Preismodelle für Risiken und Bewertungssysteme;

d) die Bandbreite der von dem Risikomessmodell erfassten Risiken und die Validierung etwaiger signifikanter Änderungen des Risikomessverfahrens;

e) die Richtigkeit und Vollständigkeit der Positionsdaten, die Richtigkeit und Angemessenheit der Volatilitäts- und Korrelationsannahmen und die Richtigkeit der Bewertungs- und Risikosensitivitätsberechnungen;

f) die Verifizierungsverfahren des Instituts zur Bewertung der Einheitlichkeit, Aktualität und Zuverlässigkeit sowie der Unabhängigkeit der in den internen Modellen verwendeten Datenquellen;

g) die Verifizierungsverfahren des Instituts zur Bewertung der Rückvergleiche, mit denen die Genauigkeit des Modells getestet wird.

(3) Sollten neue Techniken und vorbildliche Verfahren entwickelt werden, so wenden die Institute diese neuen Techniken und Verfahren auf jedes für die Zwecke dieses Kapitels verwendete Modell an.

Art. 369 Interne Validierung. (1) [1]Institute verfügen über Verfahren, die gewährleisten, dass alle ihre für die Zwecke dieses Kapitels verwendeten internen Modelle angemessen von entsprechend qualifizierten Dritten, die von der Entwicklung unabhängig sind, validiert wurden, damit sichergestellt ist, dass sie konzeptionell solide sind und alle wesentlichen Risiken erfassen. [2]Die Validierung erfolgt sowohl bei der Einführung als auch bei jeder wesentlichen Änderung des internen Modells. [3]Darüber hinaus werden regelmäßig Validierungen durchgeführt, insbesondere jedoch nach jedem wesentlichen Strukturwandel am Markt oder jeder Änderung der Portfoliozusammensetzung, wenn die Gefahr besteht, dass das interne Modell infolgedessen nicht länger angemessen ist. [4]Sollten neue Techniken und vorbildliche Praktiken für die interne Validierung entwickelt werden, so wenden die Institute diese an. [5]Die Modellvalidierung ist nicht auf Rückvergleiche beschränkt, umfasst zumindest aber Folgendes:

a) Tests, anhand derer nachgewiesen wird, dass alle dem internen Modell zugrunde liegenden Annahmen angemessen sind und keine Unterschätzung oder Überschätzung des Risikos zur Folge haben;

b) zusätzlich zu den vorgeschriebenen Rückvergleichen eigene Tests und Rückvergleiche der Institute in Bezug auf die Risiken und die Struktur ihrer Portfolios zur Validierung des internen Modells;

c) den Einsatz hypothetischer Portfolios, wodurch sichergestellt werden soll, dass das interne Modell eventuell auftretende, besondere strukturelle Merkmale, wie erhebliche Basisrisiken und das Konzentrationsrisiko, erfassen kann.

(2) Das Institut führt sowohl für tatsächliche als auch für hypothetische Änderungen des Portfoliowerts Rückvergleiche durch.

Abschnitt 3. Besondere Anforderungen an die Entwicklung von Modellen für spezifische Risiken

Art. 370 Anforderungen an die Entwicklung von Modellen für spezifische Risiken. Interne Modelle zur Berechnung der Eigenmittelanforderungen für das spezifische Risiko und interne Modelle für Korrelationshandelsaktivitäten müssen folgenden zusätzlichen Anforderungen genügen:

a) Sie erklären die Preisänderungen der Portfoliopositionen im Zeitablauf.

b) Sie erfassen Konzentrationen im Portfolio hinsichtlich der Größenordnung und der Änderungen der Portfoliozusammensetzung.

c) Sie funktionieren auch unter ungünstigen Bedingungen korrekt.

d) Sie werden durch Rückvergleiche überprüft, anhand derer beurteilt wird, ob das spezifische Risiko korrekt erfasst wird. Wenn das Institut derartige Rückvergleiche auf der Grundlage aussagekräftiger Teilportfolios durchführt, so müssen diese Teilportfolios durchgängig in der gleichen Weise ausgewählt werden.

e) Sie erfassen das adressenbezogene Basisrisiko und reagieren differenziert auf wesentliche spezifische Unterschiede zwischen ähnlichen, aber nicht identischen Positionen.

f) Sie erfassen das Ereignisrisiko.

Art. 371 Ausschlüsse aus Modellen für das spezifische Risiko. (1) Ein Institut darf sich dafür entscheiden, bei der Berechnung der Eigenmittelanforderung für das spezifische Risiko anhand eines internen Modells die Positionen auszuschließen, für die es die Eigenmittelanforderung für das spezifische Risiko nach Artikel 332 Absatz 1 Buchstabe e oder Artikel 337, mit Ausnahme der Positionen, auf die der Ansatz gemäß Artikel 377 angewandt wird, erfüllt,[1)]

(2) Ein Institut darf sich dafür entscheiden, keine Ausfall- und Migrationsrisiken für gehandelte Schuldtitel in seinem internen Modell zu erfassen, wenn es diese Risiken durch die Anforderungen gemäß Abschnitt 4 erfasst.

Abschnitt 4. Internes Modell für das zusätzliche Ausfall- und Migrationsrisiko

Art. 372 Pflicht zur Bereitstellung eines internen Modells für das zusätzliche Ausfall- und Migrationsrisiko (IRC-Modell) *[1]* [1]Ein Institut, das zur Berechnung der Eigenmittelanforderungen für das spezifische Risiko gehandelter Schuldtitel ein internes Modell verwendet, verfügt auch über ein internes Modell für das zusätzliche Ausfall- und Migrationsrisiko (IRC), um die Ausfall- und Migrationsrisiken seiner Handelsbuchpositionen zu erfassen, die über die Risiken hinausgehen, die im Wert des Risikopotenzials gemäß Artikel 365 Absatz 1 enthalten sind. [2]Das Institut muss nachweisen, dass sein internes Modell – unter der Annahme eines unveränderten Risikoniveaus – die folgenden Standards erfüllt und erforderlichenfalls angepasst wurde, um den Auswirkungen der Liquidität, sowie von Konzentrationen, Absicherungsgeschäften und Optionalität Rechnung zu tragen:

a) das interne Modell liefert eine aussagekräftige Risikodifferenzierung und präzise und konsistente Schätzungen für das zusätzliche Ausfall- und Migrationsrisiko;

b) die Schätzungen der potenziellen Verluste des internen Modells spielen eine maßgebliche Rolle für das Risikomanagement des Instituts;

c) die für das interne Modell verwendeten Marktdaten und Positionsdaten sind aktuell und unterliegen einer angemessenen Qualitätsbewertung;

d) die Anforderungen der Artikel 367 Absatz 3, 368, 369 Absatz 1 und 370 Buchstaben b, c, e und f werden eingehalten.

[2] Die EBA gibt Leitlinien zu den Anforderungen der Artikel 373, 374, 375 und 376 heraus.

Art. 373 Anwendungsbereich des internen IRC-Modells. *[1]* Das interne IRC-Modell erfasst alle Positionen, die einer Eigenmittelanforderung für das spezielle Zinsänderungsrisiko unterliegen, einschließlich der Positionen, die gemäß Artikel 336 einer Eigenmittelanforderung für das spezifische Risiko von

---

[1)] Zeichensetzung amtlich.

0 % unterliegen, darf aber keine Verbriefungspositionen und n-ter-Ausfall-Kreditderivate erfassen.

[2] [1]Das Institut darf sich vorbehaltlich der Genehmigung der zuständigen Behörden dafür entscheiden, sämtliche Positionen in börsennotierten Aktien und sämtliche auf börsennotierten Aktien basierenden Derivatepositionen konsequent in den Anwendungsbereich einzubeziehen. [2]Eine Genehmigung wird erteilt, sofern eine solche Einbeziehung im Einklang mit der institutsinternen Risikomessung und dem institutsinternen Risikomanagement steht.

Art. 374 Parameter des internen IRC-Modells. (1) [1]Institute verwenden ein internes Modell zur Berechnung einer Zahl, die die Verluste aufgrund von Ausfällen und der Migration interner oder externer Bonitätsbeurteilungen mit einem Konfidenzniveau von 99,9 % über einen Zeithorizont von einem Jahr misst. [2]Die Institute berechnen diese Zahl mindestens wöchentlich.

(2) [1]Die Korrelationsannahmen werden durch die Analyse objektiver Daten in einem konzeptionell soliden Rahmen gestützt. [2]Das interne Modell spiegelt Emittentenkonzentrationen angemessen wider. [3]Dabei werden auch Konzentrationen abgebildet, die innerhalb von Produktklassen und über Produktklassen hinweg unter Stressbedingungen entstehen können.

(3) [1]Das interne IRC-Modell muss die Auswirkung von Korrelationen zwischen Ausfall- und Migrationsereignissen darstellen. [2]Die Auswirkung einer Diversifizierung zwischen Ausfall- und Migrationsereignissen einerseits und anderen Risikofaktoren andererseits wird nicht berücksichtigt.

(4) [1]Das interne Modell basiert auf der Annahme, dass das Risiko über den einjährigen Zeithorizont hinweg konstant bleibt, d.h. dass Einzelpositionen oder Positionsgruppen im Handelsbuch, bei denen über den Liquiditätshorizont Ausfälle oder Migration aufgetreten sind, am Ende ihres Liquiditätshorizonts wieder ausgeglichen werden, sodass das Risiko wieder sein ursprüngliches Niveau erreicht. [2]Alternativ dazu können die Institute auch durchgängig über ein Jahr hinweg konstante Positionen annehmen.

(5) [1]Die Liquiditätshorizonte werden danach festgelegt, wie viel Zeit erforderlich ist, um die Position unter Stressbedingungen am Markt zu verkaufen oder alle damit verbundenen wesentlichen Preisrisiken abzusichern, wobei insbesondere die Höhe der Position zu berücksichtigen ist. [2]Die Liquiditätshorizonte spiegeln die tatsächliche Praxis und die während Phasen mit systematischem und spezifischem Stress gesammelten Erfahrungen wider. [3]Der Liquiditätshorizont wird unter konservativen Annahmen bestimmt und ist so lang, dass der Akt des Verkaufs oder der Absicherung selbst den Preis, zu dem der Verkauf oder die Absicherung erfolgen würde, nicht wesentlich beeinflussen würde.

(6) Bei der Bestimmung des angemessenen Liquiditätshorizonts für eine Position oder eine Positionsgruppe gilt eine Untergrenze von drei Monaten.

(7) [1]Bei der Bestimmung des angemessenen Liquiditätshorizonts für eine Position oder eine Positionsgruppe werden die internen Vorschriften des Instituts für Bewertungsanpassungen und das Management von Altbeständen berücksichtigt. [2]Bestimmt ein Institut die Liquiditätshorizonte nicht für Einzelpositionen, sondern für Positionsgruppen, so werden die Kriterien für die Definition von Positionsgruppen so festgelegt, dass sie Liquiditätsunterschiede realistisch widerspiegeln. [3]Die Liquiditätshorizonte für konzentrierte Positionen sind länger, da zur Auflösung solcher Positionen ein längerer Zeitraum erforder-

lich ist. [4]Bei der Zwischenfinanzierung des Ankaufs von Forderungen im Hinblick auf ihre Verbriefung (Warehousing) spiegelt der Liquiditätshorizont den Zeitraum wider, der benötigt wird, um die Vermögenswerte aufzubauen, zu verkaufen und zu verbriefen oder die damit verbundenen wesentlichen Risikofaktoren unter Stressbedingungen am Markt abzusichern.

Art. 375 Anerkennung von Absicherungen im internen IRC-Modell.

(1) [1]Absicherungsgeschäfte dürfen in das interne Modell eines Instituts zur Erfassung der zusätzlichen Ausfall- und Migrationsrisiken einbezogen werden. [2]Kauf- und Verkaufspositionen in Bezug auf dasselbe Finanzinstrument dürfen gegeneinander aufgerechnet werden. [3]Absicherungs- oder Diversifizierungseffekte bei Kauf- und Verkaufspositionen in Bezug auf verschiedene Instrumente oder verschiedene Wertpapiere desselben Schuldners sowie Kauf- und Verkaufspositionen gegenüber verschiedenen Emittenten dürfen nur berücksichtigt werden, indem die Bruttokauf- und -verkaufspositionen über die verschiedenen Instrumente explizit modelliert werden. [4]Institute bilden die Auswirkungen wesentlicher Risiken, die im Zeitraum zwischen dem Ablauf des Absicherungsgeschäfts und dem Liquiditätshorizont eintreten könnten, sowie das Potenzial für signifikante Basisrisiken in den Absicherungsstrategien aufgrund von Unterschieden zwischen den Instrumenten hinsichtlich unter anderem Produkt, Rang in der Kapitalstruktur, interner oder externer Bonitätsbeurteilung, Laufzeit, Jahrgang der originären Kreditgewährung (Vintage) ab. [5]Ein Institut bildet ein Absicherungsgeschäft nur ab, soweit es auch dann haltbar ist, wenn sich der Schuldner einem Kredit- oder sonstigen Ereignis nähert.

(2) Bei Positionen, die über dynamische Absicherungsstrategien abgesichert werden, kann eine Anpassung des Absicherungsgeschäfts innerhalb des Liquiditätshorizonts der abgesicherten Position berücksichtigt werden, wenn das Institut

a) dafür optiert, die Anpassung des Absicherungsgeschäfts über die betreffende Gruppe von Handelsbuchpositionen hinweg konsistent zu modellieren;

b) nachweist, dass die Berücksichtigung der Anpassung zu einer besseren Risikomessung führt;

c) nachweist, dass die Märkte für die Instrumente, die zur Absicherung dienen, so liquide sind, dass eine solche Anpassung auch in Stressphasen möglich ist. Etwaige Restrisiken aus dynamischen Absicherungsstrategien müssen in der Eigenmittelanforderung zum Ausdruck kommen.

Art. 376 Besondere Anforderungen an das interne IRC-Modell.

(1) [1]Das interne Modell zur Erfassung der zusätzlichen Ausfall- und Migrationsrisiken muss den nichtlinearen Auswirkungen von Optionen, strukturierten Kreditderivaten und anderen Positionen mit wesentlichem nichtlinearem Verhalten in Bezug auf Preisveränderungen Rechnung tragen. [2]Das inhärente Modellierungsrisiko der Bewertung und Schätzung der mit diesen Produkten verbundenen Preisrisiken wird von den Instituten ebenfalls gebührend berücksichtigt.

(2) Das interne Modell basiert auf objektiven und aktuellen Daten.

(3) Im Rahmen der unabhängigen Prüfung und der Validierung seiner internen Modelle, die für die Zwecke dieses Kapitels, einschließlich für die Zwecke

des Risikomesssystems, verwendet werden, nimmt ein Institut insbesondere Folgendes vor:

a) eine Überprüfung, ob der Modellierungsansatz für Korrelationen und Preisveränderungen für sein Portfolio geeignet ist, auch in Bezug auf die Auswahl und Gewichtung der systematischen Risikofaktoren;

b) verschiedene Stresstests, einschließlich Sensitivitätsanalyse und Szenarioanalyse, um die qualitative und quantitative Angemessenheit des internen Modells, insbesondere in Bezug auf die Behandlung von Konzentrationen, zu bewerten. Diese Tests werden nicht auf historische Erfahrungen beschränkt;

c) eine angemessene quantitative Validierung einschließlich der einschlägigen internen Referenzwerte für die Modellierung.

(4) Das interne Modell muss mit den internen Risikomanagement-Methoden des Instituts für die Ermittlung, Messung und Steuerung von Handelsrisiken in Einklang stehen.

(5) Die Institute dokumentieren ihre internen Modelle, sodass die Korrelations- und anderen Modellannahmen für die zuständigen Behörden transparent sind.

(6) [1] Bei dem internen Modell wird das aus weniger liquiden Positionen und Positionen mit begrenzter Preistransparenz erwachsende Risiko unter Zugrundelegung realistischer Marktszenarien konservativ bewertet. [2] Darüber hinaus erfüllt das interne Modell die Mindestanforderungen an Daten. [3] Näherungswerte werden mit der notwendigen Vorsicht bestimmt und dürfen nur verwendet werden, wenn die verfügbaren Daten nicht ausreichen oder die Volatilität einer Position oder eines Portfolios nicht realistisch widerspiegeln.

Abschnitt 5. Internes Modell für Korrelationshandelsaktivitäten

Art. 377 Anforderungen an ein internes Modell für Korrelationshandelsaktivitäten. (1) Die zuständigen Behörden erteilen Instituten, die ein internes Modell für das spezifische Risiko von Schuldtiteln verwenden dürfen und die Anforderungen der Absätze 2 bis 6 dieses Artikels sowie der Artikel 367 Absätze 1 und 3, Artikel 368, 369 Absatz 1 und 370 Buchstaben a, b, c, e und f erfüllen, die Erlaubnis, anstelle der Eigenmittelanforderung gemäß Artikel 338 ein internes Modell für die Eigenmittelanforderung für das Korrelationshandelsportfolio zu verwenden.

(2) [1] Die Institute verwenden dieses interne Modell zur Berechnung einer Zahl, die alle Preisrisiken mit einem Konfidenzniveau von 99,9 % über einen Zeithorizont von einem Jahr adäquat erfasst, wobei von einem unveränderten Risikoniveau ausgegangen und erforderlichenfalls eine Anpassung vorgenommen wird, um die Auswirkungen der Liquidität, sowie von Konzentrationen, Absicherungsgeschäften und Optionalität widerzuspiegeln. [2] Die Institute berechnen diese Zahl mindestens wöchentlich.

(3) Das Modell gemäß Absatz 1 muss folgende Risiken angemessen erfassen:

a) das kumulierte Risiko aufgrund des Eintritts mehrerer Ausfallereignisse, auch unter Berücksichtigung ihrer Reihenfolge, in tranchierten Produkten;

b) das Kreditspreadrisiko, einschließlich der Gamma- und der Cross-Gamma-Effekte;

c) die Volatilität der impliziten Korrelationen, einschließlich der Abhängigkeiten zwischen Spreads und Korrelationen;

d) das Basisrisiko, das sowohl

i) die Basis zwischen dem Spread eines Index und den Spreads der Einzeladressen aus denen er besteht, als auch

ii) die Basis zwischen der impliziten Korrelation eines Index und der impliziten Korrelation maßgeschneiderter Portfolios umfasst;

e) die Volatilität der Erlösquote, insofern dies die Tendenz von Erlösquoten betrifft, Tranchenpreise zu beeinflussen;

f) soweit die Messung des Gesamtrisikos die Vorteile aus dynamischen Absicherungsgeschäften berücksichtigt, das Risiko von unvollständigen Absicherungsgeschäften und die eventuellen Kosten der Anpassung solcher Absicherungsgeschäfte;

g) sämtliche anderen wesentlichen Preisrisiken von Positionen im Korrelationshandelsportfolio.

(4) *[1]* [1] Das Institut muss im Rahmen des Modells gemäß Absatz 1 ausreichende Marktdaten verwenden, die gewährleisten, dass es die Hauptrisiken dieser Risikopositionen in seinem internen Ansatz gemäß den in diesem Artikel beschriebenen Anforderungen vollständig erfasst. [2] Es muss gegenüber den zuständigen Behörden durch Rückvergleiche oder andere geeignete Methoden nachweisen, dass das Modell die historischen Preisschwankungen dieser Produkte in angemessener Weise erklären kann.

[2] Das Institut verfügt über angemessene Vorschriften und Verfahren, um die Positionen, für die es die Erlaubnis zur Einbeziehung in die Eigenmittelanforderung gemäß diesem Artikel hat, von denen zu trennen, für die es keine solche Erlaubnis hat.

(5) [1] Hinsichtlich des Portfolios aller in das Modell gemäß Absatz 1 einbezogenen Positionen wendet das Institut regelmäßig eine Reihe spezifischer, vorgegebener Stressszenarien an. [2] Derartige Stressszenarien analysieren die Auswirkungen angespannter Situationen auf Ausfallraten, Erlösquoten, Risikoprämien (Kreditspreads), Basisrisiken, Korrelationen und andere einschlägige Risikofaktoren auf das Korrelationshandelsportfolio. [3] Das Institut wendet diese Stressszenarien mindestens einmal wöchentlich an und meldet den zuständigen Behörden mindestens einmal vierteljährlich die Ergebnisse, einschließlich Vergleichen mit der Eigenmittelanforderung des Instituts gemäß diesem Artikel. [4] Jeder Fall, in dem die Stresstests eine wesentliche Unzulänglichkeit der Eigenmittelanforderung für das Korrelationshandelsportfolio anzeigen, muss den zuständigen Behörden zeitnah gemeldet werden. [5] Die EBA gibt Leitlinien zur Anwendung von Stressszenarien für das Korrelationshandelsportfolio heraus.

(6) [1] Bei dem internen Modell wird das aus weniger liquiden Positionen und Positionen mit begrenzter Preistransparenz erwachsende Risiko unter Zugrundelegung realistischer Marktszenarien konservativ bewertet. [2] Darüber hinaus erfüllt das interne Modell die Mindestanforderungen an Daten. [3] Näherungswerte werden mit der notwendigen Vorsicht bestimmt und dürfen nur verwendet werden, wenn die verfügbaren Daten nicht ausreichen oder die Volatilität einer Position oder eines Portfolios nicht realistisch widerspiegeln.

Titel V. Eigenmittelanforderungen für das Abwicklungsrisiko

Art. 378 Abwicklungs-/Lieferrisiko. *[1]* Im Fall von Geschäften, bei denen Schuldtitel, Aktieninstrumente, Fremdwährungen und Waren, mit Ausnahme von Pensionsgeschäften und Wertpapier- oder Warenverleih- und Wertpapier- oder Warenleihgeschäften, nach dem festgesetzten Liefertag noch nicht abgewickelt wurden, muss das Institut die Preisdifferenz berechnen, die sich daraus ergibt.

[2] Die Preisdifferenz wird berechnet als die Differenz zwischen dem vereinbarten Abrechnungspreis für die betreffenden Schuldtitel, Aktieninstrumente, Fremdwährungen oder Waren und ihrem aktuellen Marktwert, wenn die Differenz mit einem Verlust für das Institut verbunden sein könnte.

[3] Zur Berechnung seiner Eigenmittelanforderung für das Abwicklungsrisiko multipliziert das Institut diesen Differenzbetrag mit dem entsprechenden Faktor in der rechten Spalte der nachstehenden Tabelle 1.

Tabelle 1

Anzahl der Arbeitstage nach dem festgesetzten Abwicklungstermin	(%)
5 – 15	8
16 – 30	50
31 – 45	75
46 oder mehr	100

Art. 379 Vorleistungen. (1) Ein Institut muss über Eigenmittel nach Maßgabe von Tabelle 2 verfügen, falls Folgendes eintritt:

a) wenn es Wertpapiere, Fremdwährungen oder Waren bezahlt hat, bevor es diese erhalten hat, oder Wertpapiere, Fremdwährungen oder Waren geliefert hat, bevor es deren Bezahlung erhalten hat;

b) bei grenzüberschreitenden Geschäften, wenn seit der Zahlung bzw. Lieferung mindestens ein Tag vergangen ist.

Tabelle 2

Eigenmittelunterlegung bei Vorleistungen

Spalte 1	Spalte 2	Spalte 3	Spalte 4
Art des Geschäfts	Bis zur ersten vertraglich vereinbarten Zahlung oder zum ersten vertraglich vereinbarten Lieferabschnitt	Von der ersten vertraglich vereinbarten Zahlung/vom ersten vertraglich vereinbarten Lieferabschnitt bis zu vier Tagen nach der zweiten vertraglich vereinbarten Zahlung oder dem zweiten vertraglich vereinbarten Lieferabschnitt	Vom fünften Geschäftstag nach der zweiten vertraglich vereinbarten Zahlung oder dem zweiten vertraglich vereinbarten Lieferabschnitt bis zur Abwicklung des Geschäfts
Vorleistung	Keine Eigenmittelunterlegung	Behandlung als Risikoposition	Behandlung als Risikoposition mit einem Risikogewicht von 1 250 %

(2) *[1]* [1] Institute, die den in Teil 3 Titel II Kapitel 3 beschriebenen IRB-Ansatz anwenden, dürfen bei der Ansetzung eines Risikogewichts für Positionen

aus nicht abgewickelten Geschäften gemäß der dritten Spalte der Tabelle 2 bei Gegenparteien, gegenüber denen sie keine andere Risikoposition im Anlagebuch haben, die Zuordnung der PD anhand einer externen Bonitätsbeurteilung der Gegenpartei vornehmen. [2] Institute, die eigene LGD-Schätzungen verwenden, dürfen die LGD nach Artikel 161 Absatz 1 für alle Risikopositionen aus nicht abgewickelten Geschäften, die nach Maßgabe der dritten Spalte der Tabelle 2 behandelt werden, anwenden, sofern sie die LGD auf alle derartigen Risikopositionen anwenden. [3] Alternativ dazu dürfen Institute, die den IRB-Ansatz nach Teil 3 Titel II Kapitel 3 anwenden, das Risikogewicht gemäß dem Standardansatz nach Teil 3 Titel II Kapitel 2 ansetzen, sofern sie es auf alle derartigen Risikopositionen anwenden, oder ein Risikogewicht von 100 % auf alle derartigen Risikopositionen anwenden.

[2] Resultiert aus nicht abgewickelten Geschäften kein nennenswerter positiver Risikopositionsbetrag, so dürfen die Institute für diese Risikopositionen ein Risikogewicht von 100 % ansetzen, sofern nicht gemäß der vierten Spalte von Tabelle 2 in Absatz 1 eine Risikogewichtung von 1 250 % erforderlich ist.

(3) Alternativ zu einer Risikogewichtung von 1 250 % von Positionen aus nicht abgewickelten Geschäften gemäß Absatz 1 Tabelle 2 Spalte 4 können die Institute den übertragenen Wert zuzüglich des aktuellen positiven Risikopositionsbetrags von Posten des harten Kernkapitals im Einklang mit Artikel 36 Absatz 1 Buchstabe k in Abzug bringen.

Art. 380 Aussetzung der Eigenmittelanforderungen. [1] Bei einem systemweiten Ausfall eines Abwicklungssystems, eines Clearingsystems oder einer zentralen Gegenpartei können die zuständigen Behörden die gemäß den Artikeln 378 und 379 berechneten Eigenmittelanforderungen bis zur Behebung des Schadens aussetzen. [2] In diesem Falle wird das Versäumnis einer Gegenpartei, ein Geschäft abzuwickeln, nicht als kreditrisikorelevanter Ausfall angesehen.

Titel VI. Eigenmittelanforderungen für das Risiko einer Anpassung der Kreditbewertung (CVA-Risiko)

Art. 381 Begriff der Anpassung der Kreditbewertung. [1] Für die Zwecke dieses Titels und des Titels II Kapitel 6 ist die „Anpassung der Kreditbewertung" oder „CVA" ein Betrag zur Anpassung der Bewertung eines Portfolios von Geschäften mit einer Gegenpartei an die Bewertung zum mittleren Marktwert. [2] Dieser Anpassungsbetrag spiegelt den Marktwert des Kreditrisikos der Gegenpartei gegenüber dem Institut wider, jedoch nicht den Marktwert des Kreditrisikos des Instituts gegenüber der Gegenpartei.

Art. 382 Anwendungsbereich. (1) Ein Institut berechnet in Bezug auf all seine Geschäftstätigkeiten für alle OTC-Derivate ausgenommen Kreditderivate, die anerkanntermaßen die risikogewichteten Positionsbeträge für das Kreditrisiko verringern, die Eigenmittelanforderungen für das CVA-Risiko gemäß diesem Titel.

(2) Ein Institut bezieht in die Berechnung der Eigenmittelanforderungen nach Absatz 1 Wertpapierfinanzierungsgeschäfte mit ein, sofern die zuständige Behörde feststellt, dass die aus diesen Geschäften erwachsenden CVA-Risikopositionen des Instituts wesentlich sind.

(3) Geschäfte mit einer qualifizierten zentralen Gegenpartei und Geschäfte eines Kunden mit einem Clearingmitglied, bei denen das Clearingmitglied als Vermittler zwischen dem Kunden und einer qualifizierten zentralen Gegenpartei auftritt und das Geschäft eine Handelsrisikoposition des Clearingmitglieds gegenüber der qualifizierten zentralen Gegenpartei begründet, fließen nicht in die Eigenmittelanforderung für das CVA-Risiko ein.

(4) *[1]* Die folgenden Geschäfte fließen nicht in die Eigenmittelanforderung für das CVA-Risiko ein:

a) Geschäfte mit nichtfinanziellen Gegenparteien im Sinne des Artikels 2 Nummer 9 der Verordnung (EU) Nr. 648/2012 oder mit in einem Drittland niedergelassenen nichtfinanziellen Gegenparteien, wenn diese Geschäfte die Clearingschwellen gemäß Artikel 10 Absätze 3 und 4 jener Verordnung nicht überschreiten;

b) gruppeninterne Geschäfte gemäß Artikel 3 der Verordnung (EU) Nr. 648/2012, sofern nicht die Mitgliedstaaten nationale Rechtsvorschriften erlassen, die eine strukturelle Trennung innerhalb einer Gruppe gebieten, in welchem Fall die zuständigen Behörden vorschreiben können, dass solche gruppeninternen Geschäfte zwischen strukturell getrennten Instituten in die Eigenmittelanforderungen einfließen;

c) den Übergangsbestimmungen des Artikels 89 Absatz 1 der Verordnung (EU) Nr. 648/2012 unterfallende Geschäfte mit Gegenparteien im Sinne des Artikels 2 Nummer 10 jener Verordnung für die Geltungsdauer der betreffenden Bestimmungen;

d) Geschäfte mit Gegenparteien im Sinne des Artikels 1 Absätze 4 und 5 der Verordnung (EU) Nr. 648/2012 und Geschäfte mit Gegenparteien, für die nach Artikel 114 Absatz 4 und Artikel 115 Absatz 2 dieser Verordnung ein Risikogewicht von 0 % für Risikopositionen gegenüber dieser Gegenpartei vorgesehen ist.

[2] Die Ausnahme von der Eigenmittelunterlegung des CVA-Risikos für diejenigen Geschäfte im Sinne des Buchstabens c, die während des Übergangszeitraums nach Artikel 89 Absatz 1 der Verordnung (EU) Nr. 648/2012 getätigt werden, gilt für die Vertragsdauer des betreffenden Geschäfts.

[3] Entfällt die Ausnahme nach Buchstabe a, weil ein Institut die Clearingschwelle überschreitet oder weil sich diese ändert, gilt die Ausnahme für noch laufende Geschäfte bis zum Ende ihrer Laufzeit weiter.

(5) *[1]* Die EBA führt bis 1. Januar 2015 und danach alle zwei Jahre im Lichte der internationalen Entwicklungen bei der Beaufsichtigung eine Überprüfung durch, in die sie auch mögliche Techniken der Kalibrierung und Schwellenwerte für die Eigenmittelunterlegung des CVA-Risikos nichtfinanzieller Gegenparteien in Drittländern einbezieht.

[2] Die EBA arbeitet in Zusammenarbeit mit der ESMA Entwürfe technischer Regulierungsstandards aus, in denen das Verfahren festgelegt wird, um Geschäfte mit nichtfinanziellen Gegenparteien in Drittländern von der Eigenmittelanforderung für das CVA-Risiko auszunehmen.

[3] Die EBA legt der Kommission diese Entwürfe technischer Regulierungsstandards innerhalb von sechs Monaten nach dem Datum der Überprüfung nach Unterabsatz 1 vor.

[4] Der Kommission wird die Befugnis übertragen, die technischen Regulierungsstandards nach Unterabsatz 2 gemäß dem den Artikeln 10 bis 14 der Verordnung (EU) Nr. 1093/2010 zu erlassen.

Art. 383 Fortgeschrittene Methode. (1) *[1]* Ein Institut, dem gemäß Artikel 363 Absatz 1 Buchstabe d gestattet wurde, ein internes Modell für das spezifische Risiko von Schuldtiteln zu verwenden, ermittelt für sämtliche Geschäfte, für die es die IMM zur Bestimmung des Risikopositionswerts des Gegenparteiausfallrisikos gemäß Artikel 283 verwenden darf, die Eigenmittelanforderung für *das CVA-Risiko fest,*[1)] indem es die Auswirkungen von Veränderungen der Kreditspreads der Gegenparteien auf die CVA-Werte sämtlicher Gegenparteien dieser Geschäfte – unter Berücksichtigung der nach Maßgabe von Artikel 386 anerkannten CVA-Absicherungsgeschäfte – modelliert.

[2] [1]Ein Institut verwendet sein internes Modell zur Ermittlung der Eigenmittelanforderungen für das mit gehandelten Schuldinstrumenten verbundene spezifische Risiko und wendet ein 99 %iges Konfidenzniveau und eine zehn Tagen entsprechende Haltedauer an. [2]Das interne Modell wird so verwendet, dass es Veränderungen der Kreditspreads von Gegenparteien simuliert, nicht jedoch die Sensitivität der CVA gegenüber Veränderungen anderer Marktfaktoren, einschließlich Änderungen des Werts von Referenzaktivum, -ware, -währung oder -zinssatz eines Derivats, abbildet.

[3] Die Eigenmittelanforderung für das CVA-Risiko für jede Gegenpartei wird unter Zugrundelegung der nachstehenden Formel berechnet:

$$CVA = LGD_{MKT} \cdot \sum_{i=1}^{T} max\left\{0, exp\left(-\frac{s_{i-1} \cdot t_{i-1}}{LGD_{MKT}}\right) - exp\left(-\frac{s_i \cdot t_i}{LGD_{MKT}}\right)\right\} \cdot \frac{EE_{i-1} \cdot D_{i-1} + EE_i \cdot D_i}{2}$$

dabei entspricht

t_i	=	der Zeit des i-ten Neubewertungszeitraums ab t0=0;
t_T	=	der längsten vertraglichen Laufzeit bei allen Netting-Sätzen mit der Gegenpartei;
s_i	=	dem zur Berechnung der CVA der Gegenpartei herangezogenen Kreditspread der Gegenpartei für die Laufzeit t_i. Liegt der CDS-Spread der Gegenpartei vor, so verwendet das Institut diesen. Ist kein CDS-Spread der Gegenpartei verfügbar, so verwendet das Institut einen unter Berücksichtigung von Bonitätsbeurteilung, Branche und Region der Gegenpartei angemessenen Näherungswert;
LGD_{MKT}	=	der LGD der Gegenpartei, die auf der Risikoprämie (Spread) eines am Markt gehandelten Instruments der Gegenpartei basiert, falls ein solches verfügbar ist. Ist kein entsprechendes Instrument der Gegenpartei verfügbar, basiert der Wert auf einem unter Berücksichtigung von Bonitätsbeurteilung, Branche und Region der Gegenpartei angemessenen Näherungswert.

[1)] Richtig wohl: „das CVA-Risiko,".

Der erste Faktor in der Summe ist ein Näherungswert für die vom Markt implizierte Grenzwahrscheinlichkeit für den Eintritt des Ausfalls zwischen den Zeitpunkten t_i–1 und t_i;

EE_i = dem erwarteten Wiederbeschaffungswert gegenüber der Gegenpartei zum Neubewertungszeitpunkt t_i, bei dem die Risikopositionen der unterschiedlichen Netting-Sätze für die betreffende Gegenpartei addiert werden und die längste Fälligkeit jedes Netting-Satzes durch die längste darin enthaltene vertragliche Restlaufzeit definiert wird. Ein Institut wendet das Verfahren nach Absatz 3 auf Geschäfte mit Nachschussvereinbarung an, sofern es die EPE-Messgröße gemäß Artikel 285 Absatz 1 Buchstabe a oder b für Geschäfte mit Nachschussvereinbarung verwendet;

D_i = dem Diskontierungsfaktor für Ausfallrisikofreiheit zum Zeitpunkt t_i, wobei D0 = 1.

(2) Bei der Berechnung der Eigenmittelanforderungen für das CVA-Risiko für eine Gegenpartei stützt ein Institut sämtliche Eingangsparameter seines internen Modells für das spezifische Risiko von Schuldtiteln (je nach Fall) auf folgende Formeln:

a) Basiert das Modell auf vollständiger Neubewertung („full repricing"), so ist die Formel in Absatz 1 direkt anzuwenden;

b) Basiert das Modell auf Kreditspread-Sensitivitäten für spezifische Laufzeiten, so verwendet das Institut für sämtliche Kreditspread-Sensitivitäten („Regulatory CS01") folgende Formel:

$$Regulatory\,CS01_i = 0.0001 \cdot t_i \cdot exp\left(-\frac{s_i \cdot t_i}{LGD_{MKT}}\right) \cdot \frac{EE_{i-1} \cdot D_{i-1} - EE_{i+1} \cdot D_{i+1}}{2}$$

Für das letzte Laufzeitband i=T lautet die entsprechende Formel:

$$Regulatory\,CS01_T = 0.0001 \cdot t_T \cdot exp\left(-\frac{s_T \cdot t_T}{LGD_{MKT}}\right) \cdot \frac{EE_{T-1} \cdot D_{T-1} + EE_T \cdot D_T}{2}$$

c) Verwendet das Modell Kreditspread-Sensitivitäten gegenüber parallelen Kreditspread-Veränderungen, so verwendet das Institut folgende Formel:

$$Regulatory\,CS01 = 0.0001 \cdot \sum_{i=1}^{T}\left(t_i \cdot exp\left(-\frac{s_i \cdot t_i}{LGD_{MKT}}\right) - t_{i-1} \cdot exp\left(-\frac{s_{i-1} \cdot t_{i-1}}{LGD_{MKT}}\right)\right) \cdot \frac{EE_{i-1} \cdot D_{i-1} + EE_i \cdot D_i}{2}$$

d) Verwendet das Modell Sensitivitäten zweiten Grades gegenüber Kreditspread-Veränderungen („Spread-Gamma"), so werden die Gamma-Werte nach der Formel in Absatz 1 berechnet.

(3) Ein Institut, das die EPE-Messgröße für besicherte OTC-Derivate gemäß Artikel 285 Absatz 1 Buchstabe a oder b verwendet, geht bei der Ermittlung der Eigenmittelanforderungen für das CVA-Risiko gemäß Absatz 1 wie folgt vor:

a) Es geht von einem konstanten EE-Profil aus und

b) es setzt den EE dem nach Artikel 285 Absatz 1 Buchstabe b berechneten erwarteten effektiven Wiederbeschaffungswert für eine Laufzeit gleich, die dem höheren Wert der beiden folgenden Werte entspricht:

   i) der Hälfte der längsten Laufzeit im Netting-Satz;

   ii) der nominal gewichteten Durchschnittslaufzeit aller Geschäfte des Netting-Satzes.

(4) *[1]* [1]Ein Institut, das mit Erlaubnis der zuständigen Behörden gemäß Artikel 283 die IMM zur Berechnung der Risikopositionswerte für den Großteil seiner Geschäfte verwenden darf, aber die in Titel II Kapitel 6 Abschnitt 3, 4 oder 5 genannten Methoden für kleinere Portfolios verwendet und dem gemäß Artikel 363 Absatz 1 Buchstabe d gestattet wurde, für das spezifische Risiko von Schuldtiteln ein internes Modell für das Marktrisiko zu verwenden, darf vorbehaltlich der Erlaubnis der zuständigen Behörden die Eigenmittelanforderung für das CVA-Risiko gemäß Absatz 1 für die Nicht-IMM-Netting-Sätze berechnen. [2]Die zuständigen Behörden geben diese Erlaubnis nur, wenn das Institut die in Titel II Kapitel 6 Abschnitt 3, 4 oder 5 beschriebenen Methoden für eine begrenzte Anzahl kleinerer Portfolios verwendet.

[2] Für die Zwecke der Berechnung gemäß vorstehendem Unterabsatz und in Fällen, in denen die IMM kein Profil eines erwarteten Wiederbeschaffungswerts generiert, geht ein Institut wie folgt vor:

a) Es geht von einem konstanten EE-Profil aus und

b) es setzt den EE dem anhand der Methoden gemäß Titel II Kapitel 6 Abschnitt 3, 4 oder 5 oder anhand der IMM berechneten Risikopositionswert für eine Laufzeit gleich, die dem höheren Wert der beiden Folgenden entspricht:

   i) der Hälfte der längsten Laufzeit im Netting-Satz;

   ii) der nominal gewichteten Durchschnittslaufzeit aller Geschäfte des Netting-Satzes.

(5) Ein Institut bestimmt die Eigenmittelanforderung für das CVA-Risiko gemäß Artikel 364 Absatz 1 und den Artikeln 365 und 367 als Summe des Risikopotenzials („Value-at-Risk", VaR) und des Risikopotenzials unter Stressbedingungen („Stressed Value-at-Risk", stressed VaR), die wie folgt berechnet werden:

a) Für das Risikopotenzial werden die aktuellen Parameter-Kalibrierungen für den erwarteten Wiederbeschaffungswert gemäß Artikel 292 Absatz 2 Unterabsatz 1 verwendet.

b) Für das Risikopotenzial unter Stressbedingungen werden künftige EE-Profile der Gegenparteien unter Zugrundelegung einer Kalibrierung unter Stressbedingungen gemäß Artikel 292 Absatz 2 Unterabsatz 2 verwendet. Als Stressphase für die Kreditspread-Parameter wird der schwerwiegendste einjährige Stresszeitraum verwendet, der innerhalb des dreijährigen Stresszeitraums für die Positionswertparameter aufgetreten ist.

(c)[1] Der Multiplikationsfaktor 3, der in die Berechnung der Eigenmittelanforderungen auf der Grundlage des Risikopotenzials und des Risikopotenzials unter Stressbedingungen nach Artikel 364 Absatz 1 einfließt, findet auf diese Berechnungen Anwendung. Die EBA überwacht die Einheitlichkeit von Ermessensentscheidungen der Aufsichtsbehörden, durch die auf die Komponenten Risikopotenzial und Risikopotenzial unter Stressbedingungen der Eigenmittelanforderung für das CVA-Risiko ein höherer Multiplikationsfaktor als 3 angewandt wird. Die zuständigen Behörden, die einen höheren Multiplikationsfaktor als 3 anwenden, begründen dies der EBA gegenüber schriftlich.

d) *die*[2] Berechnung wird zumindest einmal im Monat vorgenommen und der verwendete EE-Wert wird ebenso häufig berechnet. Wird die Berechnung nicht täglich vorgenommen, legen Institute für die Zwecke der in Artikel 364 Absatz 1 Buchstabe a Ziffer ii und Buchstabe b Ziffer ii genannten Berechnung einen Dreimonatsdurchschnitt zugrunde.

(6) Für Risikopositionen gegenüber einer Gegenpartei, für die das gestattete institutsinterne Modell für das spezifische Risiko von Schuldtiteln keinen Näherungswert für die Risikoprämie (Spread) generiert, der hinsichtlich der Kriterien Bonitätsbeurteilung, Branche und Region der Gegenpartei angemessen ist, geht das Institut nach Artikel 384 vor, um die Eigenmittelanforderung für das CVA-Risiko zu berechnen.

(7) *[1]* Die EBA arbeitet Entwürfe technischer Regulierungsstandards aus, in denen Folgendes präzisiert wird:

a) wie ein Näherungswert für die Risikoprämie (Spread) anhand des gestatteten institutsinternen Modells für das spezifische Risiko von Schuldtiteln zu ermitteln ist, um s_i und LGD_{MKT} nach Absatz 1 zu bestimmen;

b) Zahl und Größe der Portfolios, die das Kriterium der begrenzten Anzahl kleinerer Portfolios nach Absatz 4 erfüllen.

[2] Die EBA legt der Kommission diese Entwürfe technischer Regulierungsstandards bis zum 1. Januar 2014 vor.

[3] Der Kommission wird die Befugnis übertragen, die technischen Regulierungsstandards nach Unterabsatz 1 gemäß den Artikeln 10 bis 14 der Verordnung (EU) Nr. 1093/2010 zu erlassen.

Art. 384 Standardmethode. (1) Nimmt ein Institut keine Berechnung der Eigenmittelanforderung für das CVA-Risiko für seine Gegenparteien nach Artikel 383 vor, so berechnet es eine *Portfolio- Eigenmittelan-forderung*[3] für das CVA-Risiko für jede Gegenpartei anhand der folgenden Formel und berücksichtigt dabei die gemäß Artikel 386 anerkennungsfähigen CVA-Sicherungsgeschäfte:

---

[1] Richtig wohl: „c)".
[2] Richtig wohl: „Die".
[3] Richtig wohl: „Portfolio-Eigenmittelanforderung".

$$K = 2.33 \cdot \sqrt{h} \cdot \sqrt{\left(\sum_i 0.5 \cdot w_i \cdot \left(M_i \cdot EAD_i^{total} - M_i^{hedge} B_i \right) - \sum_{ind} w_{ind} \cdot M_{ind} \cdot B_{ind} \right)^2 + \sum_i 0.75 \cdot w_i^2 \cdot \left(M_i \cdot EAD_i^{total} - M_i^{hedge} B_i \right)^2}$$

dabei entspricht

h = dem einjährigen Risikohorizont (in Jahren); h = 1,

w_i = der Gewichtung von Gegenpartei i.

Die Gegenpartei „i“ wird auf der Basis einer externen Bonitätsbeurteilung durch eine benannte ECAI einer der sechs Gewichtungen w_i gemäß Tabelle 1 zugeordnet. Liegt für eine Gegenpartei keine Bonitätsbeurteilung einer benannten ECAI vor,

a) ordnet ein Institut, das den Ansatz nach Titel II Kapitel 3 verwendet, die interne Beurteilung der Gegenpartei einer externen Bonitätsbeurteilung zu,

b) weist ein Institut, das den Ansatz nach Titel II Kapitel 2 verwendet, dieser Gegenpartei w_i=1,0 % zu. Ermittelt ein Institut jedoch das Risikogewicht von mit Gegenparteiausfallrisiko behafteten Positionen gegenüber dieser Gegenpartei gemäß Artikel 128, so wird w_i=3,0 % zugewiesen,

EAD_i^{total} = dem Gesamtwert der (über alle Netting-Sätze hinweg addierten) mit Gegenparteiausfallrisiko behafteten Positionen gegenüber der Gegenpartei i unter Berücksichtigung der Auswirkung gestellter Sicherheiten im Einklang mit den für die Berechnung der Eigenmittelanforderungen für das Gegenparteiausfallrisiko dieser Gegenpartei jeweils maßgebenden Methode nach Titel II Kapitel 6 Abschnitte 3 bis 6. Ein Institut, das eine der Methoden nach Titel II Kapitel 6 Abschnitte 3 und 4 verwendet, darf für EAD_i^{total} den vollständig angepassten Risikopositionswert gemäß Artikel 223 Absatz 5 einsetzen.

Verwendet ein Institut nicht die Methode nach Titel II Kapitel 6 Abschnitt 6, so wird der Risikopositionswert anhand des folgenden Faktors abgezinst:

$$\frac{1 - e^{-0.05 \cdot M_i}}{0.05 \cdot M_i}$$

B_i = dem Nominalwert (bei mehreren Positionen der Gesamt-Nominalwert) gekaufter und zur Absicherung des CVA-Risikos verwendeter Einzeladressen-Kreditausfallswaps auf Gegenpartei i.

Dieser Nominalwert wird anhand des folgenden Faktors abgezinst:

$$\frac{1-e^{-0.05 \cdot M_i^{hedge}}}{0.05 \cdot M_i^{hedge}}$$

B_{ind} = dem vollen Nominalwert eines oder mehrerer gekaufter und zur Absicherung des CVA-Risikos verwendeter Index-Kreditausfallswaps.

Dieser Nominalwert wird anhand des folgenden Faktors abgezinst:

$$\frac{1-e^{-0.05 \cdot M_{ind}}}{0.05 \cdot M_{ind}}$$

w_{ind} = der Gewichtung von Index-Absicherungsgeschäften.

Ein Institut ermittelt Wind durch Berechnung des gewichteten Durchschnitts der w_i, die für die einzelnen Bestandteile des Index gelten;

M_i = der effektiven Laufzeit der Geschäfte mit Gegenpartei i.

Verwendet ein Institut die Methode nach Titel II Kapitel 6 Abschnitt 6, wird M_i gemäß Artikel 162 Absatz 2 Buchstabe g berechnet. Jedoch wird für diesen Zweck M_i nicht auf höchstens fünf Jahre, sondern auf die längste vertragliche Restlaufzeit im Netting-Satz beschränkt.

Verwendet ein Institut nicht die Methode nach Titel II Kapitel 6 Abschnitt 6, ist M_i die nominal gewichtete durchschnittliche Laufzeit gemäß Artikel 162 Absatz 2 Buchstabe b. Jedoch wird für diesen Zweck M_i nicht auf höchstens fünf Jahre, sondern auf die längste vertragliche Restlaufzeit im Netting-Satz beschränkt.

M_i^{hedge} = der Laufzeit des Absicherungsinstruments mit Nominalwert B_i (handelt es sich um mehrere Positionen, sind die Werte $M_i^{hedge} B_i$ zu addieren),

M_{ind} = der Laufzeit des Index-Absicherungsgeschäfts.

Besteht mehr als eine Index-Absicherungsposition, ist M_{ind} die nominalgewichtete Laufzeit.

(2) Ist eine Gegenpartei Bestandteil eines Indexes, auf dem ein zur Absicherung des Gegenparteiausfallrisikos verwendeter Kreditausfallswap basiert, darf das Institut den dieser Gegenpartei gemäß der Gewichtung ihrer Referenzeinheit zuzurechnenden Nominalwert vom Nominalwert des Index-Kreditausfallswap abziehen und als Einzeladressen-Absicherung (B_i) dieser Gegenpartei mit einer der Laufzeit des Indexes entsprechenden Laufzeit behandeln.

Tabelle 1

Bonitätsstufe	Gewichtung w_i
1	0,7 %
2	0,8 %

Bonitätsstufe	Gewichtung w_i
3	1,0 %
4	2,0 %
5	3,0 %
6	10,0 %

Art. 385 Alternative zur Verwendung der CVA-Methoden für die Berechnung der Eigenmittelanforderungen. Alternativ zu Artikel 384 dürfen Institute, die die Ursprungsrisikomethode nach Artikel 275 verwenden, nach vorheriger Genehmigung durch die zuständige Behörde für die in Artikel 382 genannten Instrumente einen Multiplikationsfaktor von 10 auf die sich ergebenden risikogewichteten Positionsbeträge für das Gegenparteiausfallrisiko dieser Positionen anwenden, anstatt die Eigenmittelanforderung für das CVA-Risiko zu berechnen.

Art. 386 Anerkennungsfähige *Absicherungsgschäfte*[1]. (1) *[1]* Absicherungsgeschäfte sind nur dann für die Zwecke der Berechnung der Eigenmittelanforderungen für das CVA-Risiko nach den Artikeln 383 und 384 anerkennungsfähig, wenn sie zur Minderung des CVA-Risikos verwendet werden, als solche behandelt werden und in eine der folgenden Kategorien fallen:

a) Einzeladressen-Kreditausfallswaps oder andere äquivalente Sicherungsinstrumente mit direkter Referenz auf die Gegenpartei,

b) Index-Kreditausfallswaps, vorausgesetzt, die Basis zwischen dem Spread für eine einzelne Gegenpartei und den Spreads der Absicherung über Index-Kreditausfallswaps wird im Risikopotenzial und im Risikopotenzial unter Stressbedingungen nach Auffassung der zuständigen Behörde hinreichend abgebildet.

[2] Die Anforderung nach Buchstabe b, dass die Basis zwischen dem Spread einer einzelnen Gegenpartei und den Spreads von Absicherungen über Index-Kreditausfallswaps im Risikopotenzial und im Risikopotenzial unter Stressbedingungen abzubilden ist, gilt auch für Fälle, in denen ein Näherungswert für den Spread einer Gegenpartei verwendet wird.

[3] Bei allen Gegenparteien, für die ein Näherungswert eingesetzt wird, verwendet das Institut eine angemessene Basiszeitreihe aus einer repräsentativen Gruppe ähnlicher Adressen, für die ein Spread verfügbar ist.

[4] Wird die Basis zwischen dem Spread für eine einzelne Gegenpartei und den Spreads der als Absicherung verwendeten Index-Kreditausfallswaps nach Auffassung der zuständigen Behörde nicht hinreichend abgebildet, darf das Institut lediglich 50 % des Nominalwerts der indexbasierten Absicherungen im Risikopotenzial und im Risikopotenzial unter Stressbedingungen berücksichtigen.

[5] Eine Übersicherung der Risikopositionen aus Einzeladressen-Kreditausfallswaps nach der Methode gemäß Artikel 383 ist nicht gestattet.

[1] Richtig wohl: „Absicherungsgeschäfte".

(2) [1] Ein Institut berücksichtigt in der Berechnung der Eigenmittelanforderungen für das CVA-Risiko keine anderen Arten von Gegenparteirisiko-Sicherungsgeschäften. [2] Insbesondere sind tranchierte Kreditausfallswaps oder n-ter-Ausfall-Swaps und synthetische Unternehmensanleihen (Credit Linked Notes) für die Zwecke der Berechnung der Eigenmittelanforderungen für das CVA-Risiko keine anerkennungsfähigen Sicherungsgeschäfte.

(3) Anerkennungsfähige Sicherungsgeschäfte, die in der Berechnung der Eigenmittelanforderungen für das CVA-Risiko berücksichtigt werden, dürfen nicht in der Berechnung der Eigenmittelanforderungen für das spezifische Risiko nach Titel IV berücksichtigt werden oder als Kreditrisikominderung behandelt werden, außer im Zusammenhang mit dem Gegenparteiausfallrisiko für dasselbe Transaktionsportfolio.

Teil 4. Großkredite

Art. 387 Gegenstand. Großkredite werden von den Instituten gemäß diesem Teil überwacht und kontrolliert.

Art. 388 Ausnahmen von der Anwendung. *[1]* Dieser Teil findet keine Anwendung auf Wertpapierfirmen, die die Kriterien des Artikels 95 Absatz 1 oder des Artikels 96 Absatz 1 erfüllen.

[2] Dieser Teil findet keine Anwendung auf eine Gruppe auf der Grundlage ihrer konsolidierten Lage, wenn der Gruppe nur in Artikel 95 Absatz 1 oder Artikel 96 Absatz 1 genannte Wertpapierfirmen sowie Anbieter von Nebendienstleistungen, nicht aber Kreditinstitute angehören.

Art. 389 Begriffsbestimmung. Im Sinne dieses Teils sind „Risikopositionen" alle Aktiva und außerbilanziellen Posten im Sinne von Teil 3 Titel II Kapitel 2 ohne Anwendung der Risikogewichte und -grade.

Art. 390 Berechnung des Risikopositionswerts. (1) Risikopositionen, die aus den in Anhang II genannten Geschäften resultieren, werden nach einer der in Teil 3 Titel II Kapitel 6 vorgesehenen Methoden berechnet.

(2) Institute mit der Erlaubnis zur Verwendung der IMM im Einklang mit Artikel 283 dürfen diese Methode zur Berechnung des Risikopositionswerts für Pensions- und Wertpapier- oder Warenleihgeschäfte, Lombardgeschäfte und Geschäfte mit langer Abwicklungsfrist verwenden.

(3) *[1]* Die Institute, die die Eigenmittelanforderungen für ihr Handelsbuch gemäß Teil 3 Titel IV Kapitel 2 Artikel 299 und Teil 3 Titel V sowie gegebenenfalls Teil 3 Titel IV Kapitel 5 berechnen, berechnen die aus dem Handelsbuch herrührenden Risikopositionen gegenüber Einzelkunden, indem folgende Werte addiert werden:

a) der positive Überschuss der Kaufpositionen des Instituts über seine Verkaufspositionen in allen von dem betreffenden Kunden begebenen Finanzinstrumenten, wobei die Nettoposition in jedem dieser Instrumente nach den Verfahren gemäß Teil 3 Titel IV Kapitel 2 ermittelt wird;

b) die Nettorisikoposition im Fall der Übernahmegarantie für Schuldtitel oder Eigenkapitalinstrumente;

c) die Risikopositionen, die aus den in den Artikeln 299 und 378 bis 380 genannten Geschäften, Vereinbarungen und Verträgen mit den betreffenden Kunden herrühren, wobei diese Risikopositionen nach dem in diesen Artikeln festgelegten Verfahren für die Berechnung der Risikopositionswerte berechnet werden.

[2] Für die Zwecke von Buchstabe b wird die Nettorisikoposition berechnet, indem die mit einer Übernahmegarantie versehenen, von Dritten gezeichneten oder von Dritten auf der Grundlage einer förmlichen Vereinbarung mitgarantierten Positionen abgezogen werden, vermindert um die in Artikel 345 genannten Faktoren.

[3] Für die Zwecke von Buchstabe b richten die Institute Systeme zur Überwachung und Kontrolle ihrer Übernahmegarantierisiken von dem Zeitpunkt, zu dem die Verpflichtung übernommen wird, bis zum nächsten Geschäftstag ein, wobei der Art der auf den betreffenden Märkten eingegangenen Risiken Rechnung zu tragen ist.

[4] Für die Zwecke von Buchstabe c ist Teil 3 Titel II Kapitel 3 von dem Verweis in Artikel 299 ausgenommen.

(4) Die Gesamtrisikopositionen gegenüber Einzelkunden oder Gruppen verbundener Kunden werden berechnet, indem die Risikopositionen aus dem Handelsbuch und aus dem Anlagebuch addiert werden.

(5) Die Risikopositionen gegenüber Gruppen verbundener Kunden werden durch Addition der Risikopositionen gegenüber den Einzelkunden einer Gruppe ermittelt.

(6) Folgendes ist nicht in Risikopositionen enthalten:

a) im Fall von Wechselkursgeschäften die Risikopositionen, die im Rahmen des üblichen Abrechnungsverfahrens im Zeitraum von zwei Arbeitstagen nach Leistung der Zahlung entstehen;
b) im Fall von Wertpapiergeschäften die Risikopositionen, die im Rahmen des üblichen Abrechnungsverfahrens im Zeitraum von fünf Arbeitstagen nach Leistung der Zahlung oder nach Lieferung der Wertpapiere – je nachdem, welches der frühere Termin ist – entstehen;
c) im Fall der Durchführung des Zahlungsverkehrs, einschließlich der Ausführung von Zahlungsdiensten, des Clearings und der Abrechnung in jedweder Währung und des Korrespondenzbankgeschäfts oder der Erbringung von Dienstleistungen für Kunden zum Clearing, zur Abwicklung und zur Verwahrung von Finanzinstrumenten, verspätete Zahlungseingänge bei Finanzierungen sowie andere Risikopositionen im Kundengeschäft, die längstens bis zum folgenden Geschäftstag bestehen;
d) im Fall der Durchführung des Zahlungsverkehrs, einschließlich der Ausführung von Zahlungsdiensten, des Clearings oder der Abrechnung in jedweder Währung und des Korrespondenzbankgeschäfts, Intratageskredite an Institute, die diese Dienste erbringen;
e) gemäß den Artikeln 36, 56 und 66 von den Eigenmitteln abgezogene Risikopositionen.

(7) Um in Bezug auf Kunden, gegenüber denen ein Institut Risikopositionen aus Geschäften im Sinne des Artikels 112 Buchstaben m und o oder aus anderen Geschäften hat, bei denen Risikopositionen aus zugrunde liegenden Ver-

mögenswerten resultieren, die Gesamtrisikoposition gegenüber einem Kunden oder einer Gruppe verbundener Kunden zu ermitteln, bewertet das Institut seine zugrunde liegenden Risikopositionen und berücksichtigt dabei die wirtschaftliche Substanz der Struktur des Geschäfts und die dieser selbst innewohnenden Risiken, um zu entscheiden, ob die Struktur eine zusätzliche Risikoposition darstellt.

(8) *[1]* Die EBA arbeitet Entwürfe technischer Regulierungsstandards aus, in denen Folgendes präzisiert wird:

a) die Kriterien und Methoden zur Ermittlung der Gesamtrisikoposition gegenüber einem Kunden oder einer Gruppe verbundener Kunden hinsichtlich der in Absatz 7 genannten Arten von Risikopositionen,

b) die Voraussetzungen, unter denen die Struktur des Geschäfts nach Absatz 7 keine zusätzliche Risikoposition darstellt.

[2] Die EBA legt der Kommission diese Entwürfe technischer Regulierungsstandards bis zum 1. Januar 2014 vor.

[3] Der Kommission wird die Befugnis übertragen, die technischen Regulierungsstandards nach Unterabsatz 1 gemäß den Artikeln 10 bis 14 der Verordnung (EU) Nr. 1093/2010 zu erlassen.

Art. 391 Begriffsbestimmung des Instituts für die Zwecke von Großkrediten. (1) Für die Zwecke der Berechnung des Risikopositionswerts gemäß diesem Teil bezeichnet „Institut" auch private oder öffentliche Unternehmen, einschließlich ihrer Zweigstellen, die, wenn sie in der Union niedergelassen wären, unter die Definition des Begriffs „Institut" fallen würden und die in einem Drittland zugelassen wurden, dessen aufsichtliche und rechtliche Anforderungen denen der Union mindestens gleichwertig sind.

(2) Für die Zwecke des Absatzes 1 kann die Kommission im Wege von Durchführungsrechtsakten und vorbehaltlich des in Artikel 464 Absatz 2 genannten Prüfverfahrens Beschlüsse dazu erlassen, ob die aufsichtlichen und rechtlichen Anforderungen eines Drittlands denen der Union zumindest gleichwertig sind.

Art. 392 Begriffsbestimmung des Großkredits. Eine Risikoposition eines Instituts an einen Kunden oder eine Gruppe verbundener Kunden ist ein Großkredit, wenn sein Wert 10 % der anrechenbaren Eigenmittel des Instituts erreicht oder überschreitet.

Art. 393 Kapazitäten zur Ermittlung und Verwaltung von Großkrediten. Ein Institut verfügt über ordnungsgemäße Verwaltungs- und Rechnungslegungsverfahren sowie angemessene interne Kontrollmechanismen zur Ermittlung, Verwaltung, Überwachung, Erfassung und Meldung aller Großkredite und ihrer späteren Änderungen im Einklang mit dieser Verordnung.

Art. 394 Meldepflichten. (1) *[1]* Ein Institut meldet den zuständigen Behörden sämtliche Großkredite, auch wenn diese von der Anwendung des Artikels 395 Absatz 1 ausgenommen sind, und gibt dabei Folgendes an:

a) Name des Kunden oder der Gruppe verbundener Kunden, an den bzw. an die das Institut den Großkredit vergeben hat;

b) Risikopositionswert, gegebenenfalls vor der Berücksichtigung der Wirkung der Kreditrisikominderung;
c) gegebenenfalls Art der verwendeten Besicherung/Absicherung mit bzw. ohne Sicherheitsleistung;
d) Risikopositionswert nach Berücksichtigung der Wirkung der für die Zwecke des Artikels 395 Absatz 1 berechneten Kreditrisikominderung.

[2] Institute, die Teil 3 Titel II Kapitel 3 unterliegen, melden den zuständigen Behörden ihre 20 größten Kredite auf konsolidierter Basis, ohne Berücksichtigung derjenigen, die von der Anwendung des Artikels 395 Absatz 1 ausgenommenen sind.

(2) Zusätzlich zu den Angaben nach Absatz 1 meldet ein Institut den zuständigen Behörden in Bezug auf seine zehn größten Kredite auf konsolidierter Basis gegenüber Instituten und seine zehn größten Kredite auf konsolidierter Basis gegenüber nicht beaufsichtigten Unternehmen der Finanzbranche, einschließlich von der Anwendung des Artikels 395 Absatz 1 ausgenommene Großkredite Folgendes:
a) Name des Kunden oder der Gruppe verbundener Kunden, an den bzw. an die das Institut den Großkredit vergeben hat;
b) Risikopositionswert, gegebenenfalls vor der Berücksichtigung der Wirkung der Kreditrisikominderung;
c) gegebenenfalls Art der verwendeten Besicherung/Absicherung mit bzw. ohne Sicherheitsleistung;
d) Risikopositionswert nach Berücksichtigung der Wirkung der für die Zwecke des Artikels 395 Absatz 1 berechneten Kreditrisikominderung.[1)]
e) den erwarteten Auslauf („run-off") des Kredits, ausgedrückt als der Betrag, der in monatlichen Restlaufzeiten bis zu einem Jahr, in vierteljährlichen Restlaufzeiten bis zu drei Jahren und anschließend jährlich fällig wird.

(3) Die Meldung erfolgt mindestens zweimal jährlich.

(4) *[1]* Die EBA arbeitet Entwürfe technischer Durchführungsstandards aus, in denen Folgendes präzisiert wird:
a) einheitliche Formate für die Meldungen nach Absatz 3, die der Art, dem Umfang und der Komplexität der Geschäfte des Instituts angemessen sind, und Anweisungen zur Verwendung dieser Formate;
b) Intervalle und Termine der Meldungen nach Absatz 3;
c) anzuwendende IT-Lösungen für die Meldungen nach Absatz 2.

[2] Die EBA legt der Kommission diese Entwürfe technischer Durchführungsstandards bis 1. Januar 2014 vor.

[3] Der Kommission wird die Befugnis übertragen, die technischen Durchführungsstandards nach Unterabsatz 1 gemäß Artikel 15 der Verordnung (EU) Nr. 1093/2010 zu erlassen.

Art. 395 Obergrenze für Großkredite. (1) *[1]* [1] Ein Institut hält gegenüber einem Kunden oder einer Gruppe verbundener Kunden nach Berücksichtigung

---

[1)] Zeichensetzung amtlich.

der Wirkung der Kreditrisikominderung gemäß den Artikeln 399 bis 403 keine Risikoposition, deren Wert 25 % seiner anrechenbaren Eigenmittel übersteigt. [2]Ist der Kunde ein Institut oder gehört zu einer Gruppe verbundener Kunden ein oder mehr als ein Institut, so darf der Risikopositionswert den jeweils höheren Wert von entweder 25 % der anrechenbaren Eigenmittel oder 150 Mio. EUR nicht übersteigen, sofern nach Berücksichtigung der Wirkung der Kreditrisikominderung gemäß den Artikeln 399 bis 403 die Summe der Risikopositionswerte gegenüber sämtlichen verbundenen Kunden, die keine Institute sind, 25 % der anrechenbaren Eigenmittel des Instituts nicht übersteigt.

[2] [1]Ist der Betrag von 150 Mio. EUR höher als 25 % der anrechenbaren Eigenmittel des Instituts, so darf der Risikopositionswert nach Berücksichtigung der Wirkung der Kreditrisikominderung gemäß den Artikeln 399 bis 403 nicht über eine angemessene Obergrenze in Bezug auf die anrechenbaren Eigenmittel des Instituts hinausgehen. [2]Diese Obergrenze wird von den Instituten im Einklang mit den Grundsätzen und Verfahren gemäß Artikel 81 der Richtlinie 2013/36/EU zur Steuerung und Begrenzung des Konzentrationsrisikos festgelegt. [3]Die Obergrenze darf 100 % der anrechenbaren Eigenmittel des Instituts nicht überschreiten.

[3] Die zuständigen Behörden können eine niedrigere Obergrenze als 150 Mio. EUR festlegen und setzen die EBA und die Kommission davon in Kenntnis.

(2) *[1]* Die EBA arbeitet gemäß Artikel 16 der Verordnung (EU) Nr. 1093/2010 unter Berücksichtigung der Auswirkung von Kreditrisikominderungen nach den Artikeln 399 bis 403 sowie der Ergebnisse der Entwicklungen im Bereich Schattenbanken und Großkredite auf Unionsebene und auf internationaler Ebene bis zum 31. Dezember 2014 Leitlinien aus, um geeignete Gesamtobergrenzen für Großkredite oder niedrigere Obergrenzen für Einzelkredite an Schattenbankunternehmen festzusetzen, die außerhalb eines Regelungsrahmens Banktätigkeiten ausüben.

[2] Bei der Ausarbeitung dieser Leitlinien prüft die EBA, ob die Einführung zusätzlicher Obergrenzen eine wesentliche nachteilige Auswirkung auf das Risikoprofil europäischer Institute, die Kreditvergabe an die Realwirtschaft oder die Stabilität und das reibungslose Funktionieren der Finanzmärkte hätte.

[3] [1]Die Kommission prüft bis zum 31. Dezember 2015 die Angemessenheit und Auswirkung von Obergrenzen für Kredite an Schattenbankunternehmen, die außerhalb eines Regelungsrahmens Banktätigkeiten ausüben, unter Berücksichtigung der Entwicklungen im Bereich Schattenbanken und Großkredite auf Unionsebene und internationaler Ebene sowie der Auswirkung von Kreditrisikominderungen nach den Artikeln 399 bis 403. [2]Sie unterbreitet ihren Bericht dem Europäischen Parlament und dem Rat, gegebenenfalls zusammen mit einem Gesetzgebungsvorschlag zu Obergrenzen für Kredite an Schattenbankunternehmen, die außerhalb eines Regelungsrahmens Banktätigkeiten ausüben.

(3) Vorbehaltlich des Artikels 396 halten die Institute die einschlägige nach Absatz 1 festgelegte Obergrenze jederzeit ein.

(4) Auf Vermögenswerte, die Forderungen und sonstige Risikopositionen gegenüber anerkannten Drittland-Wertpapierfirmen darstellen, darf dieselbe Behandlung wie die nach Absatz 1 angewandt werden.

(5) *[1]* Die Obergrenzen gemäß diesem Artikel dürfen für Risikopositionen im Handelsbuch des Instituts überschritten werden, sofern die folgenden Bedingungen erfüllt sind:

a) die auf das Anlagebuch entfallenden Risikopositionen gegenüber dem Einzelkunden oder der Gruppe verbundener Kunden überschreiten nicht die Obergrenze nach Absatz 1, die unter Berücksichtigung der anrechenbaren Eigenmittel berechnet wird, sodass sich die Überschreitung allein aus dem Handelsbuch ergibt;
b) das Institut erfüllt in Bezug auf die Überschreitung der Obergrenze nach Absatz 1 eine zusätzliche Eigenmittelanforderung, die gemäß den Artikeln 397 und 398 berechnet wird;
c) dauert die Überschreitung höchstens zehn Tage an, so darf die Risikoposition im Handelsbuch gegenüber dem Kunden oder der Gruppe verbundener Kunden 500 % der anrechenbaren Eigenmittel des Instituts nicht überschreiten;
d) alle Überschreitungen, die länger als zehn Tage andauern, dürfen zusammen 600 % der anrechenbaren Eigenmittel des Instituts nicht überschreiten.

[2] In jedem Fall, in dem die Obergrenze überschritten worden ist, meldet das Institut den zuständigen Behörden unverzüglich die Höhe der Überschreitung und den Namen des betreffenden Kunden sowie gegebenenfalls den Namen der betreffenden Gruppe verbundener Kunden.

(6) *[1]* Lediglich für die Zwecke dieses Absatzes sind „strukturelle Maßnahmen" von einem Mitgliedstaat erlassene und von seinen einschlägigen zuständigen Behörden durchgeführte Maßnahmen, mit denen von in dem betreffenden Mitgliedstaat zugelassenen Kreditinstituten verlangt wird, ihre Risikopositionen gegenüber verschiedenen Rechtsträgern je nach deren Tätigkeiten, aber unabhängig vom Ort, an dem diese ausgeübt werden, zu verringern, um Einleger zu schützen und die Finanzstabilität zu wahren, und zwar bis zum Inkrafttreten eines Gesetzgebungsvorschlags zur ausdrücklichen Harmonisierung solcher Maßnahmen.

[2] Erlässt ein Mitgliedstaat einzelstaatliche Rechtsvorschriften, mit denen einer Bankengruppe vorgeschrieben wird, strukturelle Maßnahmen zu ergreifen, so können die zuständigen Behörden unbeschadet des Absatzes 1 dieses Artikels und des Artikels 400 Absatz 1 Buchstabe f den Instituten der Bankengruppe, die Einlagen halten, die durch ein Einlagensicherungssystem im Sinne der Richtlinie 94/19/EG des Europäischen Parlaments und des Rates vom 30. Mai 1994 über Einlagensicherungssysteme[1] oder ein vergleichbares Einlagensicherungssystem eines Drittlandes geschützt sind, auf teilkonsolidierter Basis gemäß Artikel 10 Absatz 5 für gruppeninterne Kredite eine Obergrenze für Großkredite von höchstens 25 %, aber mindestens 15 % zwischen dem 28. Juni 2013 und dem 30. Juni 2015 und von mindestens 10 % ab dem 1. Juli auferlegen, wenn diese Risikopositionen gegenüber einem Unternehmen bestehen, das in Bezug auf die strukturellen Maßnahmen nicht derselben Teilgruppe angehört.

[3] Für die Zwecke dieses Absatzes sind die folgenden Bedingungen zu erfüllen:

---

[1] **Amtl. Anm.:** ABl. L 135 vom 31.5.1994, S. 5.

a) alle Unternehmen, die in Bezug auf die strukturellen Maßnahmen derselben Teilgruppe angehören, gelten als ein Kunde oder als Gruppe verbundener Kunden;

b) die zuständigen Behörden wenden auf die Kredite im Sinne des Unterabsatzes 1 eine einheitliche Obergrenze an.

[4] Die Anwendung dieses Ansatzes darf die wirksame Aufsicht auf konsolidierter Basis nicht berühren und keine unverhältnismäßig nachteiligen Auswirkungen auf das Finanzsystem anderer Mitgliedstaaten insgesamt oder auf Teile davon oder das Finanzsystem der Union insgesamt nach sich ziehen oder ein Hindernis für das Funktionieren des Binnenmarktes bilden oder schaffen.

(7) Bevor die zuständigen Behörden in Bezug auf Großkredite die spezifischen strukturellen Maßnahmen im Sinne des Absatzes 6 erlassen, zeigen sie dies dem Rat, der Kommission,,[1] den betroffenen zuständigen Behörden und der EBA mindestens zwei Monate vor der Veröffentlichung der Entscheidung über den Erlass der strukturellen Maßnahmen an und legen einschlägige quantitative und qualitative Nachweise für alle nachstehenden Punkte vor:

a) das Ausmaß der Tätigkeiten, die von den strukturellen Maßnahmen betroffen sind,

b) eine Erläuterung, warum die geplanten Maßnahmen in Bezug auf den Einlegerschutz als angemessen, wirksam und verhältnismäßig angesehen werden,

c) eine Bewertung der voraussichtlichen positiven oder negativen Auswirkungen der Maßnahmen auf den Binnenmarkt, die sich auf die dem Mitgliedstaat zur Verfügung stehenden Informationen stützt.

(8) *[1]* Der Kommission wird die Befugnis übertragen, im Einklang mit dem in Artikel 464 Absatz 2 genannten Verfahren einen Durchführungsrechtsakt zu erlassen, um die nach Absatz 7 vorgeschlagenen nationalen Maßnahmen *billigen*[2] oder zurückzuweisen.

[2] [1] Binnen eines Monats nach Erhalt der Anzeige nach Absatz 7 leitet die EBA dem Rat, der Kommission und dem betroffenen Mitgliedstaat ihre Stellungnahme zu den in jenem Absatz genannten Punkten zu. [2] Betroffene zuständige Behörden können dem Rat, der Kommission und dem betroffenen Mitgliedstaat gleichfalls ihre Stellungnahmen zu den in jenem Absatz genannten Punkten zuleiten.

[3] [1] Unter weitestgehender Berücksichtigung der Stellungnahmen nach Unterabsatz 2 und wenn belastbare und unabweisbare Nachweise dafür vorliegen, dass die Maßnahmen nachteilige Auswirkungen auf den Binnenmarkt haben wird, die den Nutzen für die Finanzstabilität überwiegen, weist die Kommission innerhalb von zwei Monaten nach Eingang der Anzeige die vorgeschlagenen nationalen Maßnahmen zurück. [2] Andernfalls billigt sie die vorgeschlagenen nationalen Maßnahmen, gegebenenfalls mit Änderungen, für einen ersten Zeitraum von zwei Jahren.

[4] Die Kommission weist die vorgeschlagenen nationalen Maßnahmen nur zurück, wenn diese Maßnahmen ihrer Ansicht nach unverhältnismäßig nachteilige Auswirkungen auf das Finanzsystem anderer Mitgliedsstaaten insgesamt

---

[1] Zeichensetzung amtlich.

[2] Richtig wohl: „zu billigen".

oder auf Teile davon oder das Finanzsystem in der Union insgesamt nach sich ziehen und so ein Hindernis für das Funktionieren des Binnenmarkts oder den freien Kapitalverkehr gemäß dem AUEV bilden oder schaffen.

[5] Bei ihrer Prüfung berücksichtigt die Kommission die Stellungnahme der EBA sowie die gemäß Absatz 7 vorgelegten Nachweise.

[6] [1] Die zuständigen Behörden können vor dem Auslaufen der Maßnahmen neue Maßnahmen vorschlagen, um die Geltungsdauer um jeweils zwei weitere Jahre zu verlängern. [2] In diesem Fall zeigen sie dies der Kommission, dem Rat, den betroffenen zuständigen Behörden und der EBA an. [3] Neue Maßnahmen werden nach dem Verfahren dieses Artikels gebilligt. [4] Dieser Artikel berührt nicht Artikel 458.

Art. 396 Einhaltung der Anforderungen für Großkredite. (1) *[1]* Wird bei Krediten die Obergrenze nach Artikel 395 Absatz 1 ausnahmsweise überschritten, so meldet das Institut den Risikopositionswert unverzüglich den zuständigen Behörden, die, sofern es die Umstände rechtfertigen, dem Institut eine begrenzte Frist einräumen können, bis zu deren Ablauf die Obergrenze wieder eingehalten werden muss.

[2] Kommt der in Artikel 395 Absatz 1 genannte Betrag von 150 Mio. EUR zur Anwendung, so können die zuständigen Behörden auf Einzelfallbasis gestatten, dass die Obergrenze von 100 % in Bezug auf die anrechenbaren Eigenmittel des Instituts überschritten werden darf.

(2) Ist ein Institut nach Artikel 7 Absatz 1 auf Einzelbasis oder teilkonsolidierter Basis von den Pflichten gemäß diesem Teil freigestellt, oder werden die Bestimmungen des Artikels 9 auf ein Mutterinstitut in einem Mitgliedstaat angewandt, so sind Maßnahmen zu ergreifen, die eine angemessene Risikoverteilung innerhalb der Gruppe ermöglichen.

(3) Für die Zwecke des Absatzes 1 gibt die EBA gemäß Artikel 16 der Verordnung (EU) Nr. 1093/2010 Leitlinien heraus, in denen festgelegt wird, wie die zuständigen Behörden Folgendes ermitteln können:

a) die Ausnahmefälle nach Absatz 1 des vorliegenden Artikels;
b) den Zeitraum, der zur Wiederherstellung der Einhaltung als angemessen erachtet wird;
c) die Maßnahmen, die zu ergreifen sind, um die zeitnahe Wiedereinhaltung durch das Institut sicherzustellen.

Art. 397 Berechnung zusätzlicher Eigenmittelanforderungen für Großkredite im Handelsbuch. (1) Die Berechnung der in Artikel 395 Absatz 5 Buchstabe b genannten Überschreitung erfolgt anhand der Elemente des gesamten Handelsbuchrisikos gegenüber dem Kunden oder der Gruppe verbundener Kunden, auf welche die höchsten spezifischen Risikoanforderungen gemäß Teil 3 Titel IV Kapitel 2 und/oder die Anforderungen gemäß Artikel 299 und Teil 3 Titel V zutreffen und deren Summe dem Betrag der Überschreitung gemäß Artikel 395 Absatz 5 Buchstabe a entspricht.

(2) Ist die Obergrenze nicht länger als zehn Tage überschritten worden, entspricht die zusätzliche Eigenmittelanforderung 200 % der in Absatz 1 genannten Anforderungen für diese Elemente.

(3) [1] Nach Ablauf von zehn Tagen nach Eintreten der Überschreitung werden die nach Absatz 1 bestimmten Elemente der Überschreitung der entsprechenden Zeile in Spalte 1 der Tabelle 1 in aufsteigender Reihenfolge der spezifischen Risikoanforderungen gemäß Teil 3 Titel IV Kapitel 2 und/oder der Anforderungen gemäß Artikel 299 und Teil 3 Titel V zugeordnet. [2] Die zusätzliche Eigenmittelanforderung entspricht der Summe der spezifischen Risikoanforderungen gemäß Teil 3 Titel IV Kapitel 2 und/oder der Anforderungen gemäß Artikel 299 und Teil 3 Titel V für diese Elemente, multipliziert mit dem entsprechenden Faktor in Spalte 2 der Tabelle 1.

Tabelle 1

Spalte 1: Überschreitung der Obergrenzen (in % der anrechenbaren Eigenmittel)	Spalte 2: Faktor
bis 40 %	200 %
zwischen 40 % und 60 %	300 %
zwischen 60 % und 80 %	400 %
zwischen 80 % und 100 %	500 %
zwischen 100 % und 250 %	600 %
über 250 %	900 %

Art. 398 Verfahren zur Vermeidung einer Umgehung der zusätzlichen Eigenmittelanforderung durch Institute. *[1]* Institute dürfen die zusätzlichen Eigenmittelanforderungen gemäß Artikel 397, die sie normalerweise für Risiken jenseits der Obergrenze nach Artikel 395 Absatz 1 bei einer Risikodauer von mehr als zehn Tagen erfüllen müssten, nicht vorsätzlich umgehen, indem sie die betreffenden Risiken vorübergehend auf eine andere Gesellschaft innerhalb oder außerhalb der gleichen Gruppe übertragen und/oder Scheingeschäfte tätigen, um das Risiko innerhalb der zehntägigen Frist abzulösen und ein neues Risiko einzugehen.

[2] Die Institute unterhalten Systeme, die sicherstellen, dass alle Übertragungen, die die in Unterabsatz 1 genannte Wirkung haben, unverzüglich den zuständigen Behörden gemeldet werden.

Art. 399 Anerkannte Kreditrisikominderungstechniken. (1) Für die Zwecke der Artikel 400 bis 403 umfasst der Begriff „Garantie" die nach Teil 3 Titel II Kapitel 4 anerkannten Kreditderivate, ausgenommen synthetische Unternehmensanleihen (Credit Linked Notes).

(2) Darf vorbehaltlich des Absatzes 3 eine Besicherung mit oder eine Absicherung ohne Sicherheitsleistung nach den Artikeln 400 bis 403 angerechnet werden, so müssen dabei die Anerkennungsvoraussetzungen und sonstigen Anforderungen des Teils 3 Titel II Kapitel 4 erfüllt sein.

(3) [1] Verfährt ein Institut nach Artikel 401 Absatz 2, so kann die Besicherung mit Sicherheitsleistung nur anerkannt werden, wenn die entsprechenden Anforderungen des Teils 3 Titel II Kapitel 3 erfüllt sind. [2] Für die Zwecke dieses Teils berücksichtigt ein Institut die in Artikel 199 Absätze 5 bis 7 genannten Sicherheiten nur dann, wenn dies nach Artikel 402 zulässig ist.

(4) Institute prüfen ihre Risikopositionen gegenüber Sicherheitsemittenten und Stellern von Absicherungen ohne Sicherheitsleistung sowie die zugrunde liegenden Vermögenswerte gemäß Artikel 390 Absatz 7 soweit wie möglich auf mögliche Konzentrationen, wobei sie gegebenenfalls geeignete Maßnahmen ergreifen und ihrer zuständigen Behörde etwaige wesentliche Feststellungen melden.

Art. 400 Ausnahmen. (1) *[1]* Folgende Risikopositionen sind von der Anwendung des Artikels 395 Absatz 1 ausgenommen:

a) Aktiva in Form von Forderungen an Zentralstaaten, Zentralbanken oder öffentliche Stellen, denen nach Teil 3 Titel II Kapitel 2 unbesichert ein Risikogewicht von 0 % zugewiesen würde;

b) Aktiva in Form von Forderungen an internationale Organisationen oder multilaterale Entwicklungsbanken, denen nach Teil 3 Titel II Kapitel 2 unbesichert ein Risikogewicht von 0 % zugewiesen würde;

c) Aktiva in Form von Forderungen, die ausdrücklich durch Zentralstaaten, Zentralbanken, internationale Organisationen, multilaterale Entwicklungsbanken oder öffentliche Stellen garantiert sind, und bei denen unbesicherten Forderungen an den Garantiesteller nach Teil 3 Titel II Kapitel 2 ein Risikogewicht von 0 % zugewiesen würde;

d) sonstige Risikopositionen, die gegenüber Zentralstaaten, Zentralbanken, internationalen Organisationen, multilateralen Entwicklungsbanken oder öffentlichen Stellen bestehen oder von diesen abgesichert sind, bei denen unbesicherten Forderungen an den Kreditnehmer oder den Garantiesteller nach Teil 3 Titel II Kapitel 2 ein Risikogewicht von 0 % zugewiesen würde;

e) Aktiva in Form von Forderungen an regionale oder lokale Gebietskörperschaften der Mitgliedstaaten, denen nach Teil 3 Titel II Kapitel 2 ein Risikogewicht von 0 % zugewiesen würde, sowie andere gegenüber diesen Gebietskörperschaften bestehende oder von ihnen abgesicherte Risikopositionen, denen nach Teil 3 Titel II Kapitel 2 ein Risikogewicht von 0 % zugewiesen würde;

f) Risikopositionen gegenüber den in Artikel 113 Absatz 6 oder 7 genannten Gegenparteien, sofern ihnen nach Teil 3 Titel II Kapitel 2 ein Risikogewicht von 0 % zugewiesen würde; Risikopositionen, die diese Kriterien nicht erfüllen, werden ungeachtet der Tatsache, ob sie von Artikel 395 Absatz 1 ausgenommen sind oder nicht, als Risikopositionen gegenüber Dritten behandelt;

g) Aktiva und sonstige Risikopositionen, die durch Sicherheiten in Form einer Bareinlage bei dem kreditgebenden Institut oder bei einem Institut, das Mutterunternehmen oder Tochterunternehmen des kreditgebenden Instituts ist, besichert sind;

h) Aktiva und sonstige Risikopositionen, die durch Sicherheiten in Form von Einlagenzertifikaten besichert sind, die vom kreditgebenden Institut oder einem Institut, das Mutterunternehmen oder Tochterunternehmen des kreditgebenden Instituts ist, ausgestellt und bei einem derselben hinterlegt sind;

i) Risikopositionen aus nicht in Anspruch genommenen Kreditfazilitäten, die in Anhang I als außerbilanzielle Geschäfte mit niedrigem Risiko eingestuft werden, sofern mit dem betreffenden Kunden bzw. der betreffenden Gruppe verbundener Kunden eine Vereinbarung getroffen wurde, wonach die Fazilität nur in Anspruch genommen werden darf, wenn festgestellt wurde, dass die Obergrenze nach Artikel 395 Absatz 1 dadurch nicht überschritten wird;

j) Handelsrisikopositionen gegenüber zentralen Gegenparteien und Beiträge zum Ausfallfonds einer zentralen Gegenpartei;

k) Risikopositionen in Einlagensicherungssystemen im Sinne der Richtlinie 94/19/EG, die aus Einlagen in solchen Systemen herrühren, falls die dem System angeschlossenen Institute rechtlich oder vertraglich gebunden sind, das System zu finanzieren.

[2] Unter Buchstabe g fallen außerdem Barmittel, die im Rahmen einer von dem Institut begebenen synthetischen Unternehmensanleihe (Credit Linked Note) entgegengenommen werden, sowie Darlehen und Einlagen einer Gegenpartei an das bzw. bei dem Institut, die einer nach Teil 3 Titel II Kapitel 4 anerkannten Vereinbarung über das Netting von Bilanzpositionen unterliegen.

(2) Die zuständigen Behörden können folgende Risikopositionen ganz oder teilweise ausnehmen:

a) gedeckte Schuldverschreibungen im Sinne des Artikels 129 Absätze 1, 3 und 6;

b) Aktiva in Form von Forderungen an regionale oder lokale Gebietskörperschaften der Mitgliedstaaten, denen nach Teil 3 Titel II Kapitel 2 ein Risikogewicht von 20 % zugewiesen würde, sowie andere gegenüber diesen Gebietskörperschaften bestehende oder von ihnen abgesicherte Risikopositionen, denen nach Teil 3 Titel II Kapitel 2 ein Risikogewicht von 20 % zugewiesen würde;

c) Risikopositionen eines Instituts, einschließlich Beteiligungen oder sonstiger Anteile, gegenüber seinem Mutterunternehmen, anderen Tochterunternehmen desselben und eigenen Tochterunternehmen, sofern diese in die Beaufsichtigung auf konsolidierter Basis einbezogen sind, welcher das Institut gemäß dieser Verordnung, der Richtlinie 2002/87/EG oder nach gleichwertigen Normen eines Drittlandes auch selbst unterliegt; Risikopositionen, die diese Kriterien nicht erfüllen, werden unabhängig davon, ob sie von Artikel 395 Absatz 1 ausgenommen sind oder nicht, als Risikopositionen gegenüber Dritten behandelt;

d) Aktiva in Form von Forderungen und sonstigen Risikopositionen, einschließlich Beteiligungen oder sonstigen Anteilen, gegenüber regionalen Kreditinstituten oder Zentralkreditinstituten, denen das Kreditinstitut aufgrund von Rechts- oder Satzungsvorschriften im Rahmen eines Verbunds angeschlossen ist und die nach diesen Vorschriften beauftragt sind, den Liquiditätsausgleich innerhalb dieses Verbunds vorzunehmen;

e) Aktiva in Form von Forderungen und sonstigen Risikopositionen von Kreditinstituten gegenüber Kreditinstituten, wobei eines der beteiligten Institute bei seiner Tätigkeit nicht dem Wettbewerb ausgesetzt ist und im Rahmen von Legislativprogrammen oder seiner Satzung Darlehen vergibt oder garantiert, um unter staatlicher Aufsicht gleich welcher Art und mit eingeschränktem Verwendungszweck für die vergebenen Darlehen bestimmte Wirtschaftssektoren zu fördern, sofern die betreffenden Risikopositionen aus derartigen über Kreditinstitute an die Begünstigten weitergereichten Darlehen oder aus Garantien für diese Darlehen herrühren;

f) Aktiva in Form von Forderungen und sonstigen Risikopositionen gegenüber Instituten, sofern diese Risikopositionen keine Eigenmittel dieser Institute darstellen, höchstens bis zum folgenden Geschäftstag bestehen und nicht auf eine wichtige Handelswährung lauten;
g) Aktiva in Form von Forderungen an Zentralbanken aufgrund des bei ihnen zu haltenden Mindestreservesolls, die auf deren jeweilige Landeswährung lauten;
h) Aktiva in Form von Forderungen an Zentralstaaten aufgrund von zur Erfüllung der gesetzlichen Liquiditätsanforderungen gehaltenen Staatsschuldtiteln, die auf deren jeweilige Landeswährung lauten und in diesen refinanziert sind, sofern – nach dem Ermessen der zuständigen Behörde – diese Zentralstaaten von einer benannten ECAI mit der Bonitätsbeurteilung „Investment Grade" bewertet wurden;
i) 50 % der als außerbilanzielle Geschäfte mit mittlerem/niedrigem Risiko eingestuften Dokumentenakkreditive und der als außerbilanzielle Geschäfte mit mittlerem/ niedrigem Risiko eingestuften nicht in Anspruch genommenen Kreditfazilitäten, die in Anhang I genannt sind, sowie mit Zustimmung der zuständigen Behörden 80 % der Garantien, die keine Kreditgarantien sind und die auf Rechts- oder Verwaltungsvorschriften beruhen und von Kreditgarantiegemeinschaften, die den Status eines Kreditinstituts besitzen, den ihnen angeschlossenen Kunden geboten werden;
j) rechtlich vorgeschriebene Garantien, die zur Anwendung kommen, wenn ein über die Emission von Hypothekenanleihen refinanziertes Hypothekendarlehen vor Eintragung der Hypothek im Grundbuch an den Darlehensnehmer ausgezahlt wird, sofern die Garantie nicht dazu verwendet wird, bei der Berechnung der risikogewichteten Positionsbeträge das Risiko zu verringern;
k) Aktiva in Form von Forderungen und sonstige Risikopositionen gegenüber anerkannten Börsen.

(3) *[1]* Die zuständigen Behörden dürfen die Ausnahme gemäß Absatz 2 nur zulassen, wenn folgende Voraussetzungen erfüllt sind:
a) Das Risiko der Position wird durch die besondere Art der Risikoposition, der Gegenpartei oder der Beziehung zwischen dem Institut und der Gegenpartei beseitigt oder verringert und
b) das gegebenenfalls verbleibende Konzentrationsrisiko kann durch andere, gleichermaßen wirksame Mittel wie die Regelungen, Verfahren und Mechanismen nach Artikel 81 der Richtlinie 2013/36/EU aufgefangen werden.

[2] Die zuständigen Behörden teilen der EBA mit, ob sie beabsichtigen, eine der Ausnahmen nach Absatz 2 gemäß den Buchstaben a und b dieses Absatzes anzuwenden, und konsultieren die EBA zu dieser Entscheidung.

Art. 401 Berechnung der Wirkung von Kreditrisikominderungstechniken. (1) Zur Berechnung des Risikopositionswerts für die Zwecke des Artikels 395 Absatz 1 darf ein Institut den nach Teil 3 Titel II Kapitel 4 unter Berücksichtigung der Kreditrisikominderung, Volatilitätsanpassungen und etwaiger Laufzeitinkongruenzen berechneten „vollständig angepassten Risikopositionswert " (E*) zugrunde legen.

(2) *[1]* Ein Institut, das eigene LGD- und Umrechnungsfaktorschätzungen für eine Risikopositionsklasse nach Teil 3 Titel II Kapitel 3 verwenden darf, darf vorbehaltlich der Erlaubnis der zuständigen Behörden die Wirkungen von Finanzsicherheiten auf die Berechnung des Risikopositionswerts für die Zwecke von Artikel 395 Absatz 1 *zu berücksichtigen*[1].

[2] Die zuständigen Behörden geben die Erlaubnis gemäß dem vorstehenden Unterabsatz nur, wenn das Institut die Wirkung der Finanzsicherheiten auf seine Risikopositionen getrennt von anderen LGD-relevanten Aspekten schätzen kann.

[3] Die Schätzungen des Instituts müssen hinreichend geeignet sein, um den Risikopositionswert für die Zwecke der Einhaltung des Artikels 395 herabzusetzen.

[4] Darf ein Institut in Bezug auf die Wirkung von Finanzsicherheiten seine eigenen Schätzungen verwenden, so verfährt es dabei in einer Weise, die mit dem gemäß dieser Verordnung für die Berechnung der Eigenmittelanforderungen gewählten Ansatz in Einklang steht.

[5] Institute, die eigene LGD- und Umrechnungsfaktorschätzungen für eine Risikopositionsklasse nach Teil 3 Titel II Kapitel 3 verwenden dürfen und den Wert ihrer Risikopositionen nicht nach der Methode gemäß Unterabsatz 1 berechnen, dürfen den Risikopositionswert nach der umfassenden Methode zur Berücksichtigung finanzieller Sicherheiten oder nach der in Artikel 403 Absatz 1 Buchstabe b beschriebenen Methode ermitteln.

(3) *[1]* Ein Institut, das bei der Berechnung des Risikopositionswerts für die Zwecke des Artikels 395 Absatz 1 nach der umfassenden Methode zur Berücksichtigung finanzieller Sicherheiten verfährt oder nach der in Absatz 2 beschriebenen Methode verfahren darf, führt in Bezug auf seine Kreditrisikokonzentrationen regelmäßig Stresstests durch, die auch den Veräußerungswert etwaiger Sicherheiten einschließen.

[2] Getestet wird bei den Stresstests nach Unterabsatz 1 auf Risiken, die aus möglichen Veränderungen der Marktbedingungen resultieren, welche die Angemessenheit der Eigenmittelausstattung des Instituts in Frage stellen könnten, sowie auf Risiken, die mit der Veräußerung von Sicherheiten in Krisensituationen verbunden sind.

[3] Die durchgeführten Stresstests müssen angemessen und geeignet für die Abschätzung der genannten Risiken sein.

[4] Sollte bei einem regelmäßig durchgeführten Stresstest festgestellt werden, dass eine Sicherheit einen geringeren Veräußerungswert hat als nach der umfassenden Methode bzw. der Methode nach Absatz 2 eigentlich berücksichtigt werden dürfte, so wird der bei der Berechnung des Risikopositionswerts für die Zwecke des Artikels 395 Absatz 1 anrechnungsfähige Wert der Sicherheit entsprechend herabgesetzt.

[5] Die in Unterabsatz 1 bezeichneten Institute,[2] sehen in ihren Strategien zur Steuerung des Konzentrationsrisikos Folgendes vor:

---

[1] Richtig wohl: „berücksichtigen".
[2] Zeichensetzung amtlich.

a) Vorschriften und Verfahren zur Steuerung der Risiken, die sich aus Laufzeitinkongruenzen der Risikopositionen und etwaigen Kreditbesicherungen für diese Risikopositionen ergeben;
b) Vorschriften und Verfahren für den Fall, dass ein Stresstest aufzeigt, dass eine Sicherheit einen geringeren Veräußerungswert hat, als nach der umfassenden Methode oder der Methode nach Absatz 2 angerechnet wurde;
c) Vorschriften und Verfahren für das Konzentrationsrisiko, das sich aus der Anwendung von Kreditrisikominderungstechniken, insbesondere aus großen indirekten Kreditrisiken ergibt, beispielsweise wenn als Sicherheit nur die Wertpapiere eines einzigen Emittenten hereingenommen wurden.

Art. 402 Risikopositionen, die aus Hypothekendarlehen resultieren.

(1) Zur Berechnung von Risikopositionswerten für die Zwecke des Artikels 395 darf ein Institut den Risikopositionswert oder Teile von Risikopositionen, die im Einklang mit Artikel 125 Absatz 1 vollständig durch eine Immobilie besichert sind, um den als Sicherheit hinterlegten Betrag des Marktwerts oder des Beleihungswerts der betreffenden Immobilie herabsetzen – allerdings um höchstens 50 % des Marktwerts oder 60 % des Beleihungswerts in Mitgliedstaaten, deren Rechts- und Verwaltungsvorschriften strenge Vorgaben für die Bemessung des Beleihungswerts setzen –, sofern alle nachstehenden Bedingungen erfüllt sind:

a) Die zuständigen Behörden des Mitgliedstaats haben für Risikopositionen oder Teile von Risikopositionen, die im Einklang mit Artikel 124 Absatz 2 durch Wohnimmobilien besichert sind, ein Risikogewicht von höchstens 35 % angesetzt;
b) die Risikoposition oder der Teil der Risikoposition ist vollständig besichert durch
   i) Grundpfandrechte auf Wohnimmobilien oder
   ii) eine Wohnimmobilie, die im Rahmen eines Leasinggeschäfts vollständig im Eigentum des Leasinggebers bleibt und für die der Mieter seine Kaufoption noch nicht ausgeübt hat;
c) die Anforderungen der Artikel 208 und 229 Absatz 1 sind erfüllt.

(2) Zur Berechnung von Risikopositionswerten für die Zwecke des Artikels 395 darf ein Institut den Wert einer Risikoposition oder von Teilen einer Risikoposition, die im Einklang mit Artikel 126 Absatz 1 vollständig durch eine Immobilie besichert sind, um den als Sicherheit hinterlegten Betrag des Marktwerts oder des Beleihungswerts der betreffenden Immobilie herabsetzen – allerdings um höchstens 50 % des Marktwerts oder 60 % des Beleihungswerts in Mitgliedstaaten, deren Rechts- und Verwaltungsvorschriften strenge Vorgaben für die Bemessung des Beleihungswerts setzen –, sofern alle nachstehenden Bedingungen erfüllt sind:

a) Die zuständigen Behörden des Mitgliedstaats haben für Risikopositionen oder Teile von Risikopositionen, die im Einklang mit Artikel 124 Absatz 2 durch Gewerbeimmobilien abgesichert werden, ein Risikogewicht von höchstens 50 % angesetzt;
b) die Risikoposition ist vollständig besichert durch
   i) Grundpfandrechte auf Büro- oder sonstige Gewerbeimmobilien oder

ii) Büro- oder sonstige Gewerbeimmobilien und die Risikopositionen in Verbindung mit Immobilien-Leasing-Geschäften;

c) die Anforderungen nach Artikel 126 Absatz 2 Buchstabe a, Artikel 208 und Artikel 229 Absatz 1 sind erfüllt;

d) die Gewerbeimmobilien sind baulich fertiggestellt.

(3) *[1]* Ein Institut darf eine Risikoposition gegenüber einer Gegenpartei, die aus einer umgekehrten Rückkaufsvereinbarung herrührt, bei dem das Institut von der Gegenpartei ein nicht akzessorisches unabhängiges Grundpfandrecht an Immobilien Dritter erworben hat, als eine Reihe einzelner Risikopositionen gegenüber jedem dieser Dritten behandeln, sofern die nachstehenden Voraussetzungen sämtlich erfüllt sind:

a) Die Gegenpartei ist ein Institut;

b) die Risikoposition ist vollständig besichert durch Grundpfandrechte an Immobilien jener Dritten, die von dem Institut erworben wurden und die es ausüben kann;

c) das Institut hat sichergestellt, dass dic Anforderungen der Artikel 208 und 229 Absatz 1 erfüllt sind;

d) im Falle von Zahlungsverzug, Insolvenz oder Liquidation der Gegenpartei tritt das Institut in deren Ansprüche gegenüber den Dritten ein;

e) das Institut meldet gemäß Artikel 394 Absatz 2 den zuständigen Behörden den Gesamtbetrag der Risikopositionen gegenüber jedem anderen Institut, die gemäß diesem Absatz behandelt werden.

[2] [1] Für diese Zwecke wird unterstellt, dass das Institut anstelle der Risikoposition gegenüber der Gegenpartei gegenüber jedem dieser Dritten eine entsprechende Risikoposition in Höhe des Anspruchs der Gegenpartei gegen den Dritten hat. [2] Eine eventuell verbleibende Restrisikoposition gegenüber der Gegenpartei wird weiterhin als solche behandelt.

Art. 403 Substitutionsansatz. (1) *[1]* Wird ein Kredit an einen Kunden durch einen Dritten abgesichert oder durch eine von einem Dritten *gestellten*[1)] Sicherheit besichert, so kann ein Institut

a) den abgesicherten Teil des Kredits als Risikoposition gegenüber dem Garantiegeber und nicht gegenüber dem Kunden ansehen, sofern der ungesicherten Risikoposition gegenüber dem Garantiegeber nach Teil 3 Titel II Kapitel 2 dasselbe oder ein geringeres Risikogewicht zugewiesen würde als dem ungesicherten Kredit an den Kunden;

b) den durch den Marktwert der anerkannten Sicherheit besicherten Teil des Kredits als Risikoposition gegenüber dem Dritten und nicht gegenüber dem Kunden ansehen, sofern der Kredit durch eine Sicherheit besichert ist und dem besicherten Teil der Risikoposition *nach den*[2)] Teil 3 Titel II Kapitel 2 dasselbe oder ein geringeres Risikogewicht zugewiesen würde als dem ungesicherten Kredit an den Kunden.

[1)] Richtig wohl: „gestellte".
[2)] Richtig wohl: „nach".

[2] Ein Institut verfährt nicht nach dem Ansatz gemäß Unterabsatz 1 Buchstabe b, wenn zwischen der Risikoposition und der Sicherheit eine Laufzeitinkongruenz besteht.

[3] Für die Zwecke dieses Teils darf ein Institut nur dann sowohl die umfassende Methode zur Berücksichtigung finanzieller Sicherheiten als auch die Behandlung nach Unterabsatz 1 Buchstabe b anwenden, wenn es für die Zwecke des Artikels 92 sowohl die umfassende Methode als auch die einfache Methode zur Berücksichtigung finanzieller Sicherheiten anwenden darf.

(2) Verfährt ein Institut nach Absatz 1 Buchstabe a, so gilt:

a) Lautet die Garantie auf eine andere Währung als der Kredit, wird der Betrag des Kredits, der durch diese Garantie als abgesichert gilt, nach den Bestimmungen des Teils 3 Titel II Kapitel 4 über die Behandlung von Währungsinkongruenzen bei einer Absicherung einer Risikoposition ohne Sicherheitsleistung ermittelt;

b) bei einer Differenz zwischen der Laufzeit des Kredits und der Laufzeit der Sicherheit wird nach den Bestimmungen über die Behandlung von Laufzeitinkongruenzen des Teils 3 Titel II Kapitel 4 verfahren;

c) eine partielle Absicherung kann bei einer Behandlung gemäß Teil 3 Titel II Kapitel 4 anerkannt werden.

Teil 5. *(aufgehoben)*

Artikel 404–410. *(aufgehoben)*

Teil 6. Liquidität

Titel I. Begriffsbestimmungen und Liquiditätsdeckungsanforderung

Art. 411 Begriffsbestimmungen. Für die Zwecke dieses Teils bezeichnet der Ausdruck

1. „Finanzkunde" einen Kunden, der eine oder mehrere der in Anhang I der Richtlinie 2013/36/EU genannten Tätigkeiten als Haupttätigkeit ausübt oder bei dem es sich um Folgendes handelt:
   a) ein Kreditinstitut,
   b) eine Wertpapierfirma,
   c) eine Zweckgesellschaft,
   d) einen OGA,
   e) eine nicht-offene Anlagegesellschaft,
   f) ein Versicherungsunternehmen,
   g) eine Finanzholdinggesellschaft oder eine gemischte Finanzholdinggesellschaft.
2. „Privatkundeneinlage" eine Verbindlichkeit gegenüber einer natürlichen Person oder einem KMU, wenn die natürliche Person oder das KMU zur Risikopositionsklasse „Mengengeschäft" nach dem Standard- oder IRB-Ansatz für Kreditrisiko gehören würde, oder eine Verbindlichkeit gegenüber einer Gesellschaft, auf die die Behandlung nach Artikel 153 Absatz 4 angewandt werden darf, und die Gesamteinlage solcher KMU auf Gruppenbasis 1 Mio. EUR nicht übersteigt.

Art. 412 Liquiditätsdeckungsanforderung. (1) [1] Institute müssen über liquide Aktiva verfügen, deren Gesamtwert die Liquiditätsabflüsse abzüglich der Liquididätszuflüsse unter Stressbedingungen abdeckt, damit gewährleistet wird, dass sie über angemessene Liquiditätspuffer verfügen, um sich einem möglichen Ungleichgewicht zwischen Liquiditätszuflüssen und -abflüssen unter erheblichen Stressbedingungen während 30 Tagen stellen zu können. [2] In Stressperioden dürfen Institute ihre liquiden Aktiva zur Deckung ihrer Netto-Liquiditätsabflüsse verwenden.

(2) Die Institute weisen Positionen nicht doppelt als Liquiditätszuflüsse und liquide Aktiva aus.

(3) Institute dürfen die liquiden Aktiva im Sinne des Absatzes 1 verwenden, um ihren Verpflichtungen unter Stressbedingungen gemäß Artikel 414 nachzukommen.

(4) Titel II gilt ausschließlich für die Zwecke der Präzisierung der Meldepflichten nach Artikel 415.

(5) [1] Die Mitgliedstaaten dürfen nationale Bestimmungen im Bereich der Liquiditätsanforderungen beibehalten oder einführen, solange nicht gemäß Artikel 460 verbindliche Mindestquoten für Liquiditätsdeckungsanforderungen in der Union festgelegt und vollständig eingeführt sind. [2] Mitgliedstaaten oder zuständige Behörden dürfen von im Inland zugelassenen Instituten oder einer Teilgruppe dieser Institute verlangen, eine höhere Liquiditätsdeckungsanforderung von bis zu 100 % solange zu erfüllen, bis die verbindliche Mindestquote gemäß Artikel 460 vollständig bis zur Deckungsquote von 100 % eingeführt ist.

Art. 413 Stabile Refinanzierung. (1)[1)] Institute stellen sicher, dass ihre langfristigen Verbindlichkeiten sowohl unter normalen als auch unter angespannten Umständen angemessen durch eine breite Vielfalt von Instrumenten der stabilen Refinanzierung unterlegt sind.

(2) Titel III gilt ausschließlich für die Zwecke der Präzisierung der Meldepflichten nach Artikel 415.

(3) Die Mitgliedstaaten dürfen nationale Bestimmungen im Bereich der Anforderungen an die stabile Refinanzierung beibehalten oder einführen, solange nicht im Einklang mit Artikel 510 verbindliche Mindeststandards für Anforderungen an die stabile Refinanzierung in der Union festgelegt und eingeführt sind.

Art. 414 Einhaltung der Liquiditätsanforderungen. [1] Erfüllt ein Institut die Anforderung nach Artikel 412 oder die allgemeine Anforderung nach Artikel 413 Absatz 1 nicht oder geht es davon aus, dass diese Anforderungen nicht erfüllt *wird*[2)] – dies auch unter angespannten Umständen –, zeigt es dies den zuständigen Behörden unverzüglich an und legt den zuständigen Behörden umgehend einen Plan für die rasche Wiedereinhaltung der Anforderungen der Artikel 412 oder 413 Absatz 1 vor. [2] Bis das Institut die einschlägigen Bestimmungen wieder einhält, meldet es täglich zum Ende des Geschäftstags die unter Titel II bzw. Titel III genannten Positionen, es sei denn, die zuständige Behörde

---

[1)] Art. 413 Abs. 1 gilt gem. Art. 521 Abs. 2 UAbs. 1 Buchst. b ab dem 1.1.2016.
[2)] Richtig wohl: „werden".

erlauben[1] weniger häufige Meldungen und eine längere Meldefrist. [3] Die zuständigen Behörden geben eine solche Erlaubnis nur auf der Grundlage der individuellen Situation eines Instituts und unter Berücksichtigung des Umfangs und der Komplexität seiner Tätigkeiten. [4] Die zuständigen Behörden überwachen die Durchführung des Plans zur Wiedereinhaltung der Anforderungen und schreiben gegebenenfalls eine schnellere Wiedereinhaltung vor.

Titel II. Liquiditätsmeldungen

Art. 415 Meldepflicht und Meldeformat. (1) *[1]* [1] Die Institute melden den zuständigen Behörden in einer einzigen Währung – unabhängig von der tatsächlichen Denomination – die in den Titeln II und III genannten Positionen und deren Bestandteile, einschließlich der Zusammensetzung ihrer liquiden Aktiva gemäß Artikel 416. [2] Bis die Anforderung an die Liquiditätsdeckung nach Teil 6 genau festgelegt ist und gemäß Artikel 460 als Mindeststandard angewandt wird, melden die Institute zumindest die in Titel II und Anhang III genannten Positionen. [3] Institute melden die in Titel III genannten Positionen. [4] Die in Titel II und Anhang III genannten Positionen werden mindestens monatlich, die in Titel III genannten Positionen mindestens quartalsweise gemeldet.

[2] Die Meldeformate müssen alle erforderlichen Angaben enthalten und der EBA erlauben, zu beurteilen, ob besicherte Kreditvergaben und Sicherheitentauschgeschäfte, bei denen liquide Aktiva im Sinne des Artikels 416 Absatz 1 Buchstaben a, b und c gegen Sicherheiten getauscht wurden, die keine liquiden Aktiva im Sinne des Artikels 416 Absatz 1 Buchstaben a, b und c sind, korrekt rückgerechnet wurden.

(2) Ein Institut meldet den zuständigen Behörden des Herkunftsmitgliedstaats gesondert die Positionen nach Absatz 1 in den nachstehenden Währungen, wenn es

a) in einer anderen Währung als der Währung, in der die Meldung gemäß Absatz 1 erfolgt, aggregierte Verbindlichkeiten hat, die sich auf mindestens 5 % der Gesamtverbindlichkeiten des Instituts oder der zusammengefassten Liquiditätsuntergruppe belaufen, oder
b) eine bedeutende Zweigstelle im Sinne des Artikels 51 der Richtlinie 2013/36/EU in einem Aufnahmemitgliedstaat unterhält, dessen Währung sich von der Meldewährung nach Absatz 1 unterscheidet.

(3) *[1]* Die EBA arbeitet Entwürfe technischer Durchführungsstandards aus, in denen Folgendes präzisiert wird:

a) einheitliche Meldeformate und IT-Lösungen mit zugehörigen Anweisungen für die Häufigkeit und die Stichtags- und Einreichungstermine. Die Meldeformate und die Häufigkeit müssen der Art, dem Umfang und der Komplexität der verschiedenen Geschäfte des Instituts angemessen sein und die nach den Absätzen 1 und 2 geforderten Meldungen umfassen;
b) zusätzlich erforderliche Parameter für die Liquiditätsüberwachung, die den zuständigen Behörden einen umfassenden Überblick über das Liquiditätsrisikoprofil ermöglichen und der Art, dem Umfang und der Komplexität der Geschäfte des Instituts angemessen sind;[2]

---

[1] Richtig wohl: „erlaubt".
[2] Zeichensetzung amtlich.

[2] Die EBA legt der Kommission diese Entwürfe technischer Durchführungsstandards für die unter Buchstabe a genannten Punkte bis 28. Juli 2013 und für die unter Buchstabe b genannten Punkte bis zum 1. Januar 2014 vor.

[3] Bis zur vollständigen Einführung verbindlicher Liquiditätsanforderungen können die zuständigen Behörden weiterhin über Beobachtungsinstrumente Daten zum Zwecke der Überwachung der Einhaltung der geltenden nationalen Liquiditätsstandards erheben.

[4] Der Kommission wird die Befugnis übertragen, die Entwürfe technischer Durchführungsstandards nach Unterabsatz 1 gemäß Artikel 15 der Verordnung (EU) Nr. 1093/2010 zu erlassen.

(3a) *[1]* Die EBA arbeitet Entwürfe technischer Durchführungsstandards aus, in denen festgelegt wird, welche zusätzlich erforderlichen Parameter für die Liquiditätsüberwachung nach Absatz 3 auf kleine und nicht komplexe Institute anzuwenden sind.

[2] Die EBA übermittelt der Kommission diese Entwürfe technischer Durchführungsstandards bis zum 28. Juni 2020.

[3] Der Kommission wird die Befugnis übertragen, die technischen Durchführungsstandards nach Unterabsatz 1 gemäß Artikel 15 der Verordnung (EU) Nr. 1093/2010 zu erlassen.

(4) Die zuständigen Behörden des Herkunftmitgliedstaats stellen den zuständigen Behörden und der Zentralbank der Aufnahmemitgliedstaaten sowie der EBA auf Anfrage die Einzelmeldungen gemäß diesem Artikel zeitnah auf elektronischem Wege zur Verfügung.

(5) Die zuständigen Behörden, die die Beaufsichtigung auf konsolidierter Basis gemäß Artikel 111 der Richtlinie 2013/36/EU ausüben, stellen den folgenden Behörden auf Ersuchen zeitnah sämtliche Meldungen des Instituts gemäß den einheitlichen Meldeformaten nach Absatz 3 elektronisch zur Verfügung:

a) den zuständigen Behörden und der Zentralbank der Aufnahmemitgliedstaaten, in denen sich bedeutende Zweigstellen der Muttergesellschaft im Sinne des Artikels 52 der Richtlinie 2013/36/EU oder Institute befinden, die von derselben Mutterfinanzholdinggesellschaft kontrolliert werden,

b) den zuständigen Behörden, die Tochterunternehmen des Mutterunternehmens oder Institute zugelassen haben, die von derselben Mutterfinanzholdinggesellschaft kontrolliert werden, sowie der Zentralbank des betreffenden Mitgliedstaats,

c) der EBA,

d) der EZB.

(6) Die zuständigen Behörden, die ein Institut, das ein Tochterunternehmen eines Mutterunternehmens oder einer Mutterfinanzholdinggesellschaft ist, zugelassen haben, stellen den zuständigen Behörden, die die Beaufsichtigung auf konsolidierter Basis gemäß Artikel 111 der Richtlinie 2013/36/EU ausüben, der Zentralbank des Mitgliedstaats, in dem das Institut zugelassen ist, und der EBA auf Ersuchen sämtliche Meldungen des Instituts gemäß den einheitlichen Meldeformaten nach Absatz 3 zeitnah auf elektronischem Wege zur Verfügung.

Art. 416 Meldung liquider Aktiva. (1) *[1]* Institute melden folgende Positionen als liquide Aktiva, sofern nicht nach Absatz 2 ausgeschlossen, und nur, wenn die liquiden Aktiva die Bedingungen nach Absatz 3 erfüllen:

a) Barmittel und Risikopositionen gegenüber Zentralbanken, soweit diese Risikopositionen in angespannten Situationen jederzeit aufgelöst werden können; *Was*[1)] Einlagen bei Zentralbanken betrifft, so bemühen sich die zuständige Behörde und die Zentralbank darum, sich darüber zu verständigen, in welchem Ausmaß Mindestreserven in Stressperioden abgezogen werden können,

b) sonstige übertragbare Aktiva von äußerst hoher Liquidität und Kreditqualität,

c) übertragbare Aktiva in Form von Forderungen, die gegenüber nachstehenden Körperschaften bestehen oder von diesen garantiert werden:

   i) der Zentralregierung eines Mitgliedstaats, einer Region mit Haushaltsautonomie und dem Recht, Steuern zu erheben oder einem Drittland – in der Landeswährung des Zentralstaats oder der regionalen Gebietskörperschaft –, wenn das Institut in dem betreffenden Mitgliedstaat oder Drittland ein Liquiditätsrisiko eingegangen ist, das es durch Halten dieser liquiden Aktiva deckt,

   ii) Zentralbanken und nicht zentralstaatlichen öffentlichen Stellen in der Landeswährung der Zentralbank bzw. der jeweiligen öffentlichen Stelle,

   iii) der Bank für Internationalen Zahlungsausgleich, dem Internationalen Währungsfonds, der Kommission und multilateralen Entwicklungsbanken,

   iv) der Europäischen Finanzstabilisierungsfazilität und dem Europäischen Stabilitätsmechanismus,

d) übertragbare Aktiva von hoher Liquidität und Kreditqualität,

e) von Zentralbanken im Rahmen der Geldpolitik eingeräumte Standby-Kreditfazilitäten, insoweit als solche Fazilitäten nicht durch liquide Aktiva besichert sind, ausgenommen Liquiditätshilfe in Notfällen,

f) wenn das Institut aufgrund von Rechts- oder Satzungsvorschriften zu einem Verbund gehört, die gesetzlichen oder satzungsmäßigen Mindesteinlagen bei dem Zentralkreditinstitut und sonstige satzungs- oder vertragsgemäß verfügbare liquide Finanzierungsmittel vom *Zentralkreditinstituts*[2)] oder von Instituten, die Mitglieder des Systems nach Artikel 113 Absatz 7 sind oder für die nach Artikel 10 eine Ausnahme gelten kann, insoweit als diese Finanzierungsmittel nicht durch liquide Aktiva besichert *ist*[3)].

[2] [1] Bis eine einheitliche Definition der hohen und äußerst hohen Liquidität und Kreditqualität im Einklang mit Artikel 460 festgelegt ist, ermitteln die Institute selbst in einer entsprechenden Währung die übertragbaren Aktiva, die eine hohe oder äußerst hohe Liquidität und Kreditqualität aufweisen. [2] Bis eine einheitliche Definition festgelegt ist, dürfen die zuständigen Behörden unter Berücksichtigung der Kriterien nach Artikel 509 Absätze 3, 4 und 5 allgemeine Orientierungen vorgeben, die von den Instituten bei der Ermittlung der Aktiva mit hoher oder äußerst hoher Liquidität und Kreditqualität befolgt werden. [3] Liegen keine derartigen Orientierungen vor, verwenden die Institute zu diesem

---

[1)] Richtig wohl: „was".
[2)] Richtig wohl: „Zentralkreditinstitut".
[3)] Richtig wohl: „sind".

Zweck transparente und objektive Kriterien, einschließlich einiger oder aller in Artikel 509 Absätze 3, 4 und 5 genannten Kriterien.

(2) Folgende Positionen gelten nicht als liquide Aktiva:

a) von einem Kreditinstitut begebene Vermögenswerte, es sei denn, sie erfüllen eine der folgenden Voraussetzungen:

   i) es handelt sich um Schuldverschreibungen, die für eine Behandlung nach Artikel 129 Absatz 4 oder 5 in Betracht kommen, oder um durch Vermögenswerte besicherte Instrumente, wenn diese nachweislich von höchster Bonität, wie von der EBA anhand *den*[1)] Kriterien des Artikels 509 Absätze 3, 4 und 5 festgelegt, sind;

   ii) es handelt sich um Schuldverschreibungen gemäß Artikel 52 Absatz 4 der Richtlinie 2009/65/EG, die nicht unter Ziffer i fallen;

   iii) das Kreditinstitut wurde von der Zentral- oder Regionalregierung eines Mitgliedstaats eingerichtet, wobei diese Regierung verpflichtet ist, die wirtschaftliche Grundlage des Instituts zeit seines Bestehens zu schützen und seine Lebensfähigkeit zu sichern, oder der Vermögenswert wird von der betreffenden Regierung ausdrücklich garantiert oder mindestens 90 % der von dem Institut ausgereichten Darlehen werden direkt oder indirekt von der betreffenden Regierung garantiert und der Vermögenswert dient hauptsächlich zur Finanzierung von auf nicht-wettbewerblicher, nicht-gewinnorientierter Basis vergebenen Förderdarlehen, um die politischen Zielsetzungen der betreffenden Regierung zu unterstützen;

b) neue Vermögenswerte, die dem Institut als Sicherheit bei umgekehrten Pensions- und Wertpapierfinanzierungsgeschäften gestellt werden, von diesem nur zur Kreditrisikominderung gehalten werden und über die es weder gesetz- noch vertragsmäßig zur Verwendung verfügen kann;

c) Vermögenswerte der folgenden Emittenten:

   i) Wertpapierfirmen,

   ii) Versicherungsunternehmen,

   iii) Finanzholdinggesellschaften,

   iv) gemischte Finanzholdinggesellschaften,

   v) andere Einrichtungen, die eine oder mehrere der in Anhang I der Richtlinie 2013/36/EU genannten Tätigkeiten als Haupttätigkeit ausüben.

(3) *[1]* Gemäß Absatz 1 melden Institute als liquide Aktiva Vermögenswerte, die folgende Bedingungen erfüllen:

a) sie sind nicht belastet oder sind innerhalb eines Sicherheitenpools abrufbar, um zusätzliche Mittel im Rahmen zugesagter, aber noch nicht finanzierter Kreditlinien, die dem Institut zur Verfügung stehen,[2)] zu erlangen;

b) sie wurden nicht von dem Institut selbst oder seinem Mutterinstitut oder Tochterinstituten oder einem anderen Tochterunternehmen des Mutterunternehmens oder der Mutterfinanzholdinggesellschaft begeben;

c) ihr Preis wird im Allgemeinen von den Marktteilnehmern festgelegt und ist am Markt leicht zu ermitteln oder kann durch eine leicht zu berechnende

---

[1)] Richtig wohl: „der“.
[2)] Komma fehlt im ABl.EU.

Formel auf der Grundlage öffentlich verfügbarer Informationen festgestellt werden und beruht – anders als typischerweise bei strukturierten oder exotischen Produkten – nicht auf starken Annahmen;

d) *Sie*[1] sind anerkannte Sicherheiten für die gewöhnlichen geldpolitischen Operationen einer Zentralbank in einem Mitgliedstaat oder – falls die liquiden Aktiva zur Deckung von Liquiditätsabflüssen in der Währung eines Drittstaates gehalten werden – der Zentralbank dieses Drittstaates;

e) sie sind an einer anerkannten Börse notiert oder im direkten Verkauf (outright sale) oder durch eine einfache Rückkaufsvereinbarung an anerkannten Märkten für Pensionsgeschäfte verwertbar. Diese Kriterien werden für jeden Markt einzeln geprüft.

[2] Die Bedingungen gemäß Unterabsatz 1 Buchstaben c, d und e gelten nicht für Aktiva nach Absatz 1 Buchstaben a, e und f.

[3] [1] Die Bedingung gemäß Unterabsatz 1 Buchstabe d gilt nicht für liquide Aktiva, die zur Deckung von Liquiditätsabflüssen in einer Währung gehalten werden, deren Zentralbankfähigkeit äußerst eng definiert ist. [2] Im Fall von liquiden Aktiva, die auf Währungen von Drittstaaten lauten, gilt diese Ausnahme nur dann, wenn die zuständigen Behörden des Drittstaats dieselbe oder eine gleichwertige Ausnahme anwenden.

(4) Ungeachtet der Absätze 1, 2 und 3 melden Institute bis zur Festlegung einer verbindlichen Liquiditätsanforderung gemäß Artikel 460 im Einklang mit Absatz 1 Unterabsatz 2 dieses Artikels

a) ausgehend von transparenten und objektiven Kriterien, einschließlich einiger oder aller Kriterien des Artikels 509 Absätze 3, 4 und 5 andere nicht zentralbankfähige aber fungible Aktiva wie Aktien und Gold,

b) andere zentralbankfähige und fungible Aktiva wie forderungsbesicherte Instrumente von höchster Kreditqualität wie von der EBA anhand *den*[2] Kriterien des Artikels 509 Absätze 3, 4 und 5 festgelegt,

c) andere – wie von der EBA anhand *den*[2] Kriterien des Artikels 509 Absätze 3, 4 und 5 festgelegt – zentralbankfähige aber nicht fungible Aktiva wie Kreditforderungen.

(5) *[1]* Die EBA arbeitet Entwürfe technischer Durchführungsstandards mit einem Verzeichnis der Währungen aus, die die Anforderungen nach Absatz 3 Unterabsatz 3 erfüllen.

[2] Die EBA legt der Kommission diese Entwürfe technischer Durchführungsstandards bis 31. März 2014 vor.

[3] Der Kommission wird die Befugnis übertragen, die technischen Durchführungsstandards nach Unterabsatz 1 gemäß Artikel 15 der Verordnung (EU) Nr. 1093/2010 zu erlassen.

[4] Vor dem Inkrafttreten der im vorstehenden Unterabsatz genannten technischen Standards dürfen Institute weiterhin nach Absatz 3 Unterabsatz 2 verfahren, sofern die zuständigen Behörden diese Behandlung vor dem 1. Januar 2014 angewandt haben.

---

[1] Richtig wohl: „sie".
[2] Richtig wohl: „der".

(6) *[1]* OGA-Positionen dürfen im *Portofolio*[1)] liquider Aktiva eines jeden Instituts bis zu einem Absolutbetrag von 500 Mio. EUR als liquide Aktiva behandelt werden, sofern die Anforderungen nach Artikel 132 Absatz 3 erfüllt sind und der OGA, mit Ausnahme von Derivaten zur Minderung des Zins-, Kredit- oder Währungsrisikos, ausschließlich in liquide Aktiva im Sinne des Absatzes 1 investiert.

[2] [1] Sichert ein OGA zulässige Anlagen tatsächlich oder potenziell durch Derivate ab, so steht dies der Anerkennungsfähigkeit des OGA nicht im Wege. [2] Wenn der Wert der Anteile an dem OGA nicht regelmäßig von den in Artikel 418 Absatz 4 Buchstabe a und b genannten Dritten zu Marktpreisen bewertet wird und die zuständige Behörde nicht davon überzeugt ist, dass ein Institut belastbare interne Methoden und Verfahren für eine solche Bewertung im Sinne des Artikels 418 Absatz 4 Satz 1 entwickelt hat, werden die Anteile an dem betreffenden OGA nicht als liquide Aktiva behandelt.

(7) [1] Können liquide Aktiva nicht mehr für den Bestand liquider Aktiva anerkannt werden, darf ein Institut sie dennoch für einen zusätzlichen Zeitraum von 30 Kalendertagen weiterhin als liquide Aktiva betrachten. [2] Kommen liquide Aktiva eines OGA nicht mehr für eine Behandlung nach Absatz 6 in Frage, dürfen die Anteile an dem OGA dennoch für weitere 30 Tage als liquide Aktiva betrachtet werden, sofern sie nicht mehr als 10 % des Werts der gesamten Aktiva des OGA ausmachen.

Art. 417 Operative Anforderungen an den Bestand an liquiden Aktiva.

Die Institute melden Positionen nur dann als liquide Aktiva, wenn diese die folgenden Bedingungen erfüllen:

a) Sie sind angemessen diversifiziert. Eine Diversifizierung ist nicht erforderlich bei Aktiva im Sinne des Artikels 416 Absatz 1 Buchstaben a, b und c;

b) sie sind rechtlich und tatsächlich zu jedem Zeitpunkt innerhalb der nächsten 30 Tage verfügbar, um durch einen direkten Verkauf oder eine einfache Rückkaufsvereinbarung an anerkannten Märkten für Pensionsgeschäfte verwertet zu werden, sodass fällige Verpflichtungen erfüllt werden können. Liquide Aktiva gemäß Artikel 416 Absatz 1 Buchstabe c, die in Drittstaaten gehalten werden, in denen Transferbeschränkungen bestehen, oder die auf nichtkonvertierbare Währungen lauten, gelten nur soweit als verfügbar, als dass sie den Abflüssen in dem Drittstaat oder in der betreffenden Währung entsprechen, es sei denn, dass Institut kann den zuständigen Behörden nachweisen, dass es das resultierende Währungsrisiko entsprechend abgesichert hat;

c) die liquiden Aktiva werden durch eine Liquiditätsmanagementstelle kontrolliert;

d) ein Teil der liquiden Aktiva, ausgenommen jene gemäß Artikel 416 Absatz 1 Buchstaben a, c, e und f wird regelmäßig und mindestens jährlich durch direkte Verkäufe oder einfache Rückkaufsvereinbarungen an einem anerkannten Markt für Pensionsgeschäfte verwertet, um

   i) den Zugang dieser Aktiva zum Markt zu prüfen,

   ii) die Wirksamkeit der Verfahren für die Verwertung der Aktiva zu prüfen,

---

1) Richtig wohl: „Portfolio".

iii) die Nutzbarkeit der Aktiva zu prüfen,

iv) das Risiko negativer Signalwirkungen in Stressphasen zu minimieren;

e) mit den Aktiva verbundene Preisrisiken dürfen abgesichert werden, doch wird durch geeignete interne Verfahren sichergestellt, dass die liquiden Aktiva im Bedarfsfall der für die Liquiditätssteuerung zuständigen Funktionseinheit (Treasury) ohne weiteres zur Verfügung stehen und dass sie insbesondere nicht in anderen laufenden Vorgängen verwendet werden, einschließlich

i) Absicherungs- oder anderen Handelsstrategien,

ii) Bonitätsverbesserungen bei strukturierten Geschäften,

iii) Deckung von Betriebskosten;

f) die Denomination der liquiden Aktiva entspricht der Währungsverteilung der Liquiditätsabflüsse nach Abzug der Zuflüsse.

Art. 418 Bewertung liquider Aktiva. (1) [1] Liquide Aktiva werden mit ihrem Marktwert gemeldet, vorbehaltlich angemessener Abschläge, die mindestens die Duration, das Kredit- und Liquiditätsrisiko und typische Abschläge auf Pensionsgeschäfte in allgemeinen Stressphasen des Marktes widerspiegeln. [2] Die Abschläge betragen für die unter Artikel 416 Absatz 1 Buchstabe d genannten Aktiva mindestens 15 %. [3] Sichert das Institut das mit einem Vermögenswert verbundene Preisrisiko ab, berücksichtigt es den aus der potenziellen Glattstellung der Absicherung resultierenden Zahlungsstrom.

(2) Anteile an OGA gemäß Artikel 416 Absatz 6 unterliegen Abschlägen, die auf die zugrunde liegenden Aktiva wie folgt unmittelbar angewandt werden (Transparenzansatz):

a) 0 % für Aktiva nach Artikel 416 Absatz 1 Buchstabe a,

b) 5 % für Aktiva nach Artikel 416 Absatz 1 Buchstaben b und c,

c) 20 % für Aktiva nach Artikel 416 Absatz 1 Buchstabe d.

(3) Der Transparenzansatz gemäß Absatz 2 wird wie folgt angewandt:

a) Sind dem Institut die zugrunde liegenden Risikopositionen des OGA bekannt, darf es diese direkt berücksichtigen, um sie gemäß Artikel 416 Absatz 1 Buchstaben a bis d zuzuordnen.

b) Sind dem Institut die zugrunde liegenden Risikopositionen des OGA nicht bekannt, wird davon ausgegangen, dass der OGA bis zur unter seinem Mandat zulässigen Höchstgrenze in absteigender Folge in die Kategorien von Aktiva nach Artikel 416 Absatz 1 Buchstaben a bis d investiert, bis die Höchstgrenze für die Gesamtinvestitionen erreicht ist.

(4) *[1]* [1] Die Institute entwickeln belastbare Methoden und Verfahren zur Berechnung und Meldung des *Markwerts*[1)] und der Abschläge für Anteile an OGA. [2] Nur wenn sie der zuständigen Behörde nachweisen können, dass die Bedeutung der Risikoposition die Entwicklung einer eigenen Methodik nicht rechtfertigt, dürfen sie folgende Dritte damit beauftragen, die Abschläge für OGA-Positionen im Einklang mit den in Absatz 3 Buchstaben a und b aufgeführten Methoden zu berechnen und in der Berichterstattung zu erfassen:

[1)] Richtig wohl: „Marktwerts".

a) die Verwahrstelle des OGA, sofern der OGA ausschließlich in Wertpapiere investiert und sämtliche Wertpapiere bei dieser Verwahrstelle hinterlegt;
b) die Verwaltungsgesellschaft des OGA im Fall anderer OGA, sofern diese die in Artikel 132 Absatz 3 Buchstabe a festgelegten Kriterien erfüllt.

[2] Die Richtigkeit der Berechnungen der Verwahrstelle oder der OGA-Verwaltungsgesellschaft wird von einem externen Prüfer bestätigt.

Art. 419 Währungen mit begrenzter Verfügbarkeit liquider Aktiva.

(1) Die EBA bewertet die Verfügbarkeit von liquiden Aktiva nach Artikel 416 Absatz 1 Buchstabe b für Institute unter Berücksichtigung der für die in der Union ansässigen Institute relevanten Währungen.

(2) Überschreitet der berechtigte Bedarf an liquiden Aktiva vor dem Hintergrund von Artikel 412 die Verfügbarkeit dieser liquiden Aktiva in einer Währung, finden eine oder mehrere der folgenden Ausnahmen Anwendung:
a) Abweichend von Artikel 417 Buchstabe f darf die Währung der liquiden Aktiva von der Währungsverteilung der Liquiditätsabflüsse nach Abzug der Zuflüsse abweichen;
b) für Währungen eines Mitgliedstaats oder dritter Länder dürfen die erforderlichen liquiden Aktiva durch Kreditlinien der Zentralbank des betreffenden Mitgliedstaats oder Drittlands ersetzt werden, die vertraglich unwiderruflich für die nächsten 30 Tage verbindlich sind und deren Preis angemessen ist, unabhängig von dem bereits in Anspruch genommenen Betrag, sofern die zuständigen Behörden des betreffenden Mitgliedstaats oder Drittlands ebenso verfahren und in dem Mitgliedstaat oder Drittland vergleichbare Meldepflichten gelten.

(3) [1] Die gemäß Absatz 2 eingeräumten Ausnahmen sind umgekehrt proportional zur Verfügbarkeit der einschlägigen Aktiva. [2] Der berechtigte Bedarf der Institute wird unter Berücksichtigung ihrer Fähigkeit zur Senkung des Bedarfs an diesen liquiden Aktiva durch solides Liquiditätsmanagement und anhand der Anlagen in solchen Aktiva seitens anderer Marktteilnehmer bewertet.

(4) *[1]* Die EBA arbeitet Entwürfe technischer Durchführungsstandards mit einem Verzeichnis der Währungen aus, die die in diesem Artikel festgelegten Anforderungen erfüllen.

[2] Die EBA legt der Kommission diese Entwürfe technischer Durchführungsstandards bis 31. März 2014 vor.

[3] Der Kommission wird die Befugnis übertragen, die technischen Durchführungsstandards nach Unterabsatz 1 gemäß Artikel 15 der Verordnung (EU) Nr. 1093/2010 zu erlassen.

(5) *[1]* Die EBA arbeitet Entwürfe technischer Regulierungsstandards aus, in denen die Ausnahmen nach Absatz 2, einschließlich der Voraussetzungen ihrer Anwendung, festgelegt werden.

[2] Die EBA übermittelt der Kommission diese Entwürfe technischer Regulierungsstandards bis zum 28. Dezember 2019.

[3] Der Kommission wird die Befugnis übertragen, die in Unterabsatz 1 genannten technischen Regulierungsstandards gemäß den Artikeln 10 bis 14 der Verordnung (EU) Nr. 1093/2010 zur Ergänzung dieser Verordnung zu erlassen.

Art. 420 Liquiditätsabflüsse. (1) Bis zur Festlegung einer Liquiditätsanforderung gemäß Artikel 460 sind als Liquiditätsabflüsse zu melden:

a) aktuell ausstehender Betrag für Privatkundeneinlagen gemäß Artikel 421;

b) aktuell ausstehende Beträge für andere Verbindlichkeiten, die fällig werden, möglicherweise an die Gläubigerinstitute oder an den Finanzierungsgeber ausgezahlt werden müssen oder an eine implizite Erwartung des Finanzierungsgebers geknüpft sind, nach der das Institut die Verbindlichkeit innerhalb der nächsten 30 Tage gemäß Artikel 422 zurückzahlt;

c) weitere Abflüsse gemäß Artikel 423;

d) Höchstbetrag, der gemäß Artikel 424 innerhalb der nächsten 30 Tage aus nicht in Anspruch genommenen zugesagten Kredit- und Liquiditätsfazilitäten in Anspruch genommen werden kann;

e) weitere in der Bewertung nach Absatz 2 ermittelte Abflüsse.

(2) *[1]* [1] Institute bewerten regelmäßig die Wahrscheinlichkeit und den potenziellen Umfang von Liquiditätsabflüssen innerhalb der nächsten 30 Tage im Hinblick auf Produkte oder Dienstleistungen, die nicht unter die Artikel 422, 423 und 424 fallen und die sie anbieten oder deren Sponsor sie sind oder die potenzielle Käufer als mit ihnen in Verbindung stehend betrachten würden, einschließlich, aber nicht beschränkt auf Liquiditätsabflüsse infolge vertraglicher Vereinbarungen, wie z.B. sonstige außerbilanzielle und Eventualfinanzierungsverpflichtungen, beispielsweise zugesagte Finanzierungsfazilitäten, nicht in Anspruch genommene Darlehen und Buchkredite an Großkunden, vereinbarte aber noch nicht in Anspruch genommene Hypotheken, Kreditkarten, Überziehungskredite, geplante Abflüsse in Zusammenhang mit der Verlängerung oder der Vergabe neuer Privat- oder Großkundenkredite, geplante Derivateverbindlichkeiten sowie außerbilanzielle Posten für die Handelsfinanzierung im Sinne des Artikels 429 und des Anhangs I. [2] Diese Abflüsse werden unter der Annahme eines kombinierten spezifischen und marktweiten Stressszenarios bewertet.

[2] [1] Bei dieser Bewertung berücksichtigen die Institute insbesondere wesentliche Rufschädigungen, die sich ergeben könnten, wenn sie keine Liquiditätsunterstützung für derartige Produkte oder Dienstleistungen bereitstellen. [2] Die Institute melden den zuständigen Behörden mindestens jährlich die Produkte und Dienstleistungen, für die die Wahrscheinlichkeit und der *potenziellen*[1)] Umfang von Liquiditätsabflüssen wesentlich sind, und die zuständigen Behörden legen die zuzuordnenden Abflüsse fest. [3] Die zuständigen Behörden können für außerbilanzielle Posten für die Handelsfinanzierung im Sinne des Artikels 429 und des Anhangs I eine Abflussrate von bis zu 5 % festlegen.

[3] [1] Die zuständigen Behörden melden der EBA mindestens jährlich die Art der Produkte und Dienstleistungen, für die sie auf der Grundlage der Meldungen der Institute Abflüsse festgestellt haben. [2] Sie erläutern in dieser Meldung auch die zur Feststellung der Abflüsse verwendeten Methoden.

Art. 421 Abflüsse bei Privatkundeneinlagen. (1) Institute melden gesondert den Betrag der durch ein Einlagensicherungssystem gemäß der Richtlinie 94/19/EG oder ein vergleichbares Einlagensicherungssystem in einem Drittland

---

[1)] Richtig wohl: „potenzielle".

gedeckten Privatkundeneinlagen und multiplizieren diesen mit mindestens 5 %, sofern die betreffende Einlage entweder

a) Bestandteil einer etablierten Geschäftsbeziehung ist, so dass eine Entnahme äußerst unwahrscheinlich ist, oder

b) auf einem Zahlungsverkehrskonto (hierunter fallen auch Gehaltskonten) gehalten wird.

(2) Die Institute multiplizieren andere Privatkundeneinlagen, die nicht unter Absatz 1 fallen, mit mindestens 10 %.

(3) [1]Die EBA gibt bis zum 1. Januar 2014 unter Berücksichtigung des Verhaltens lokaler Einleger entsprechend den Auskünften der zuständigen Behörden Leitlinien für die Kriterien heraus, nach denen die Bedingungen für die Anwendung der Absätze 1 und 2 in Zusammenhang mit der Ermittlung von Privatkundeneinlagen, die anderen Abflüssen unterliegen, festgelegt werden sowie die Begriffsbestimmungen dieser Produkte für die Zwecke dieses Titels. [2]In diesen Leitlinien wird die Wahrscheinlichkeit von Liquiditätsabflüssen bei diesen Einlagen innerhalb der nächsten 30 Tage berücksichtigt. [3]Diese Abflüsse werden unter der Annahme eines kombinierten spezifischen und marktweiten Stressszenarios bewertet.

(4) Ungeachtet der Absätze 1 und 2 multiplizieren Institute ihre Privatkundeneinlagen in Drittstaaten mit einem höheren Prozentsatz als dem nach jenen Absätzen, falls ein solcher Prozentsatz in den vergleichbaren Meldepflichten des Drittstaats vorgesehen ist.

(5) Die Institute dürfen bei der Berechnung bestimmte klar beschriebene Kategorien von Privatkundeneinlagen ausschließen, sofern sie in jedem einzelnen Fall die folgenden Bedingungen strikt auf die gesamte Kategorie dieser Einlagen anwenden, es sei denn, es liegt ein durch individuelle Umstände gerechtfertigter Härtefall beim Einleger vor:

a) Der Einleger darf seine Einlage nicht innerhalb von 30 Tagen abheben, oder

b) bei vorzeitigen Abhebungen innerhalb von 30 Tagen muss der Einleger eine Vorfälligkeitsentschädigung zahlen, die den Zinsverlust im Zeitraum zwischen der Abhebung und dem vertraglichen Laufzeitende zuzüglich einer wesentlichen Vertragsstrafe umfasst, die nicht über dem Betrag der Zinsen liegen muss, die vom Zeitpunkt der Einlage bis zum Abhebungszeitpunkt aufgelaufen sind.

Art. 422 Abflüsse bei sonstigen Verbindlichkeiten. (1) Institute multiplizieren die aus den eigenen Betriebskosten erwachsenden Verbindlichkeiten mit 0 %.

(2) Institute multiplizieren die aus besicherten Kreditvergaben und Kapitalmarkttransaktionen im Sinne des Artikels 192 Nummer 3 resultierenden Verbindlichkeiten mit

a) 0 % bis zum Wert der liquiden Aktiva gemäß Artikel 418, sofern sie durch Vermögenswerte besichert sind, die gemäß Artikel 416 als liquide Aktiva anerkannt würden,

b) 100 % oberhalb des Werts der liquiden Aktiva gemäß Artikel 418, sofern sie durch Vermögenswerte besichert sind, die gemäß Artikel 416 als liquide Aktiva anerkannt würden,

c) 100 %, wenn sie durch Vermögenswerte besichert sind, die nicht gemäß Artikel 416 als liquide Aktiva anerkannt würden, ausgenommen Geschäfte nach den Buchstaben d und e,

d) 25 %, wenn sie durch Vermögenswerte besichert sind, die nicht gemäß Artikel 416 als liquide Aktiva anerkannt würden und Kreditgeber der Zentralstaat, eine öffentliche Stelle des Mitgliedstaats, in dem das Institut zugelassen wurde oder eine Zweigstelle errichtet hat, oder eine multilaterale Entwicklungsbank ist. Um für diese Behandlung in Frage zu kommen, dürfen öffentliche Stellen ein Risikogewicht von höchstens 20 % gemäß Teil 3 Titel II Kapitel II haben,

e) 0 %, wenn der Kreditgeber eine Zentralbank ist.

(3) *[1]* Die Institute multiplizieren Verbindlichkeiten, die aus Einlagen resultieren, die

a) vom Einleger zu halten sind, um Clearing-, Verwahr- oder Gelddispositions- oder andere vergleichbare Dienstleistungen des Instituts zu erhalten,

b) im Kontext der gemeinsamen Aufgabenteilung innerhalb eines institutsbezogenen Sicherungssystems gemäß den Anforderungen des Artikels 113 Absatz 7 oder als *eine den*[1] gesetzliche oder satzungsmäßige Mindesteinlage einer anderen Stelle, die dem institutsbezogenen Sicherungssystem angeschlossen ist, zu halten sind,

c) vom Einleger im Rahmen einer sonstigen nicht unter Buchstabe a genannten etablierten Geschäftsbeziehung zu halten sind,

d) vom Einleger für die Zahlungsverkehrsabrechnung (cash clearing) und für Dienstleistungen eines *Zentralekreditinstituts*[2] sowie für den Fall zu halten sind, dass das Kreditinstitut aufgrund von Rechts- oder Satzungsvorschriften zu einem Verbund gehört,

mit 5 % in Fällen gemäß Buchstabe a, soweit diese durch ein Einlagensicherungssystem gemäß der Richtlinie 94/19/EG oder ein vergleichbares Einlagensicherungssystem in einem Drittland gedeckt sind, und mit 25 % in allen anderen Fällen.

[2] Einlagen von Kreditinstituten bei zentralen Kreditinstituten, die nach Artikel 416 Absatz 1 Buchstabe f als liquide Aktiva gelten, werden mit einer Abflussrate von 100 % multipliziert.

(4) *[1]* [1] Clearing-, Verwahr- oder Gelddispositions- oder andere vergleichbare Dienstleistungen im Sinne des Absatzes 3 Buchstaben a und d decken solche Dienste lediglich insoweit ab, als sie im Rahmen einer etablierten Geschäftsbeziehung erbracht werden, von der der Einleger in wesentlichem Maße abhängig ist. [2] Sie dürfen nicht nur aus Korrespondenzbankgeschäften oder Primebroker-Dienstleistungen bestehen, und das Institut muss über Nachweise verfügen, dass der Kunde keine Möglichkeit hat, rechtlich fällige Beträge innerhalb eines Zeithorizonts von 30 Tagen ohne Beeinträchtigung des Geschäftsbetriebs abzuheben.

[2] [1] Solange es keine einheitliche Definition einer etablierten Geschäftsbeziehung gemäß Absatz 3 Buchstabe c gibt, legen die Institute selbst die Kriterien

---

[1] Richtig wohl: „eine".

[2] Richtig wohl: „zentralen Kreditinstituts" oder „Zentralkreditinstituts".

fest, anhand *deren*[1] sie feststellen, dass eine etablierte Geschäftsbeziehung vorliegt, für die sie über Nachweise verfügen, dass der Kunde keine Möglichkeit hat, rechtlich fällige Beträge innerhalb eines Zeithorizonts von 30 Tagen ohne Beeinträchtigung ihres Geschäftsbetriebs abzuheben; die genannten Kriterien sind den zuständigen Behörden anzuzeigen. [2]In Ermangelung einer einheitlichen Definition können die zuständigen Behörden den Instituten allgemeine Orientierungen an die Hand geben, nach denen diese sich richten, um von einem Einleger im Rahmen einer etablierten Geschäftsbeziehung gehaltene Einlagen zu ermitteln.

(5) Institute multiplizieren aus Einlagen von Kunden, die keine Finanzkunden sind, resultierende Verbindlichkeiten – insofern sie nicht unter die Absätze 3 und 4 fallen – mit 40 % und den Betrag dieser Verbindlichkeiten, die durch ein Einlagensicherungssystem gemäß der Richtlinie 94/19/EG oder ein vergleichbares Einlagensicherungssystem in einem Drittland gedeckt sind, mit 20 %.

(6) [1]Die Institute berücksichtigen innerhalb des Zeithorizonts von 30 Tagen erwartete Zu- und Abflüsse aus den in Anhang II genannten Geschäften auf Nettobasis aller Gegenparteien und multiplizieren diese im Falle eines Nettoabflusses mit 100 %. [2]Auf Nettobasis bedeutet hier, dass auch die zu empfangenden Sicherheiten, die nach Artikel 416 als liquide Aktiva anerkannt würden, berücksichtigt werden.

(7) Die Institute melden andere Verbindlichkeiten, die nicht unter die Absätze 1 bis 5 fallen, gesondert.

(8) Die zuständigen Behörden können die Erlaubnis geben, auf die Verbindlichkeiten nach Absatz 7 im Einzelfall einen niedrigeren Abfluss-Prozentsatz anzuwenden, wenn alle folgenden Voraussetzungen erfüllt sind:

a) der Einleger ist
   i) ein Mutter- oder ein Tochterunternehmen des Instituts oder ein anderes Tochterunternehmen desselben Mutterinstituts,
   ii) durch eine Beziehung im Sinne des Artikels 12 Absatz 1 der Richtlinie 83/349/EWG mit dem Institut verbunden,
   iii) ein Institut, das unter dasselbe die Anforderungen des Artikels 113 Absatz 7 erfüllenden institutsbezogene Sicherungssystem fällt,
   iv) das Zentralinstitut oder ein Mitglied eines Verbunds gemäß Artikel 400 Absatz 2 Buchstabe d;
b) es besteht Grund zu der Annahme, dass die Abflüsse innerhalb der nächsten 30 Tage selbst bei einem kombinierten spezifischen und marktweiten Stressszenario geringer ausfallen;
c) abweichend von Artikel 425 wendet die Gegenpartei einen entsprechenden symmetrischen oder konservativeren Zufluss an;
d) Institut und Einleger sind im selben Mitgliedstaat niedergelassen.

(9) [1]Die zuständigen Behörden können von der Bedingung nach Absatz 8 Buchstabe d absehen, wenn Artikel 20 Absatz 1 Buchstabe b Anwendung findet. [2]In diesem Fall müssen zusätzliche objektive Kriterien, die in dem in Artikel 460 genannten delegierten Rechtsakt festgelegt sind, erfüllt sein. [3]Wird die Anwendung eines solchen geringeren Abflusses genehmigt, unterrichten die

---

[1] Richtig wohl: „derer".

zuständigen Behörden die EBA über die Ergebnisse der Abstimmung nach Artikel 20 Absatz 1 Buchstabe b. [4]Die Einhaltung der Voraussetzungen für derartige geringere Abflüsse wird von den zuständigen Behörden regelmäßig überprüft.

(10) *[1]* Die EBA arbeitet Entwürfe technischer Regulierungsstandards aus, um die objektiven Kriterien nach Absatz 9 weiter zu spezifizieren.

[2] Sie legt der Kommission diese Entwürfe technischer Regulierungsstandards bis zum 1. Januar 2015 vor.

[3] Der Kommission wird die Befugnis übertragen, die technischen Regulierungsstandards nach Unterabsatz 1 gemäß den Artikeln 10 bis 14 der Verordnung (EU) Nr. 1093/2010 zu erlassen.

Art. 423 Zusätzliche Abflüsse. (1) Andere Sicherheiten als Aktiva nach Artikel 416 Absatz 1 Buchstaben a, b und c, die das Institut für in Anhang II genannte Geschäfte und Kreditderivate hinterlegt, unterliegen einem zusätzlichen Abfluss von 20 %.

(2) [1]Institute melden den zuständigen Behörden alle von ihnen eingegangenen Kontrakte, die bei einer wesentlichen Verschlechterung der Kreditqualität des Instituts vertragsbedingt innerhalb von 30 Tagen Liquiditätsabflüsse oder Bedarf an zusätzlichen Sicherheiten vorsehen. [2]Halten die zuständigen Behörden solche Geschäfte im Verhältnis zu den potenziellen Liquiditätsabflüssen des Instituts für wesentlich, so verlangen sie, dass das Institut einen zusätzlichen Liquiditätsabfluss für diese Geschäfte vorsieht, der dem Bedarf an zusätzlichen Sicherheiten infolge einer wesentlichen Verschlechterung seiner Bonität, etwa einer Herabstufung der externen Bonitätsbeurteilung um drei Stufen, entspricht. [3]Das Institut überprüft den Umfang dieser wesentlichen Verschlechterung regelmäßig im Lichte vertragsbedingt relevanter Aspekte und teilt den zuständigen Behörden die Ergebnisse seiner Überprüfungen mit.

(3) *[1]* Das Institut sieht einen zusätzlichen Liquiditätsabfluss für die Sicherheiten vor, die aufgrund der Auswirkungen ungünstiger Marktbedingungen auf seine Derivatgeschäfte, Finanzierungsgeschäfte und anderen Kontrakte, falls diese wesentlich sind, benötigt werden.

[2] Die EBA arbeitet Entwürfe technischer Regulierungsstandards aus, um die Kriterien für die Bewertung der Wesentlichkeit und Methoden zur Messung des zusätzlichen Liquiditätsabflusses festzulegen.

[3] Die EBA legt der Kommission diese Entwürfe technischer Regulierungsstandards bis zum 31. März 2014 vor.

[4] Der Kommission wird die Befugnis übertragen, die technischen Regulierungsstandards nach Unterabsatz 2 gemäß den Artikeln 10 bis 14 der Verordnung (EU) Nr. 1093/2010 zu erlassen.

(4) Das Institut sieht einen zusätzlichen Liquiditätsabfluss vor, der dem Marktwert von Wertpapieren oder anderen Vermögenswerten entspricht, die leer verkauft und innerhalb eines Zeithorizonts von 30 Tagen zu liefern sind, es sei denn, das Institut besitzt die zu liefernden Wertpapiere oder hat diese zu Bedingungen geliehen, die ihre Rückgabe erst nach einem Zeithorizont von 30 Tagen erfordern, und die Wertpapiere sind nicht Teil der liquiden Aktiva des Instituts.

(5) Das Institut sieht einen zusätzlichen Liquiditätsabfluss vor

a) für von dem Institut gehaltene überschüssige Sicherheiten, die jederzeit von der Gegenpartei eingefordert werden können;

b) für Sicherheiten, die einer Gegenpartei zurückgegeben werden müssen;

c) für Sicherheiten, die Vermögenswerten entsprechen, die für die Zwecke des Artikels 416 als liquide Aktiva anerkannt würden, die ohne Zustimmung des Instituts durch Vermögenswerte ersetzt werden können, die nicht als liquide Aktiva für die Zwecke des Artikels 416 anerkannt würden.

(6) Als Sicherheit entgegengenommene Einlagen gelten nicht als Verbindlichkeiten für die Zwecke des Artikels 422, für sie gilt aber gegebenenfalls dieser Artikel.

Art. 424 Abflüsse aus Kredit- und Liquiditätsfazilitäten. (1) [1] Institute melden Abflüsse aus zugesagten Kredit- und Liquiditätsfazilitäten, die in Form eines Prozentsatzes des Höchstbetrags, der innerhalb der folgenden 30 Tage in Anspruch genommen werden kann, festgelegt werden. [2] Dieser Höchstbetrag darf bewertet werden abzüglich etwaiger Liquiditätsanforderungen nach Artikel 420 Absatz 2 für die außerbilanziellen Posten für die Handelsfinanzierung und abzüglich des Werts der nach Artikel 418 zu stellenden Sicherheit, wenn das Institut diese wieder verwenden kann und sie in Form liquider Aktiva gemäß Artikel 416 gehalten wird. [3] Die zu leistende Sicherheit darf nicht aus von der Gegenpartei der Fazilität oder aus von einem ihr verbundenen Unternehmen begebenen Vermögenswerten bestehen. [4] Liegen dem Institut die erforderlichen Informationen vor, so wird als Höchstbetrag, der für Kredit- und Liquiditätsfazilitäten in Anspruch genommen werden kann, der Höchstbetrag festgelegt, der angesichts der eigenen Verpflichtungen der Gegenpartei oder des vertraglich festgelegten Ziehungsplans in den jeweils folgenden 30 Tagen in Anspruch genommen werden könnte.

(2) Der Höchstbetrag, der in den jeweils folgenden 30 Tagen aus nicht in Anspruch genommenen zugesagten Kredit- und Liquiditätsfazilitäten gezogen werden kann, wird mit 5 % multipliziert, wenn die Fazilitäten in die Risikopositionsklasse „Mengengeschäft" nach dem Standard- oder IRB-Ansatz für Kreditrisiko fallen.

(3) Der Höchstbetrag, der in den jeweils folgenden 30 Tagen aus nicht gezogenen zugesagten Kredit- und Liquiditätsfazilitäten in Anspruch genommen werden kann, wird mit 10 % multipliziert, vorausgesetzt die Fazilitäten

a) fallen nicht in die Risikopositionsklasse „Mengengeschäft" nach dem Standard- oder IRB-Ansatz für Kreditrisiko;

b) wurden Kunden, die keine Finanzkunden sind, zur Verfügung gestellt;

c) wurden nicht zu dem Zweck bereitgestellt, die Finanzierung des Kunden in Situationen zu ersetzen, in denen dieser seinen Finanzierungsbedarf nicht an den Finanzmärkten decken kann.

(4) Der zugesagte Betrag einer Liquiditätsfazilität, die einer Verbriefungszweckgesellschaft zur Verfügung gestellt wurde, damit sie andere Vermögenswerte als Wertpapiere von Kunden erwerben kann, die keine Finanzkunden sind, wird mit 10 % multipliziert, insoweit er den Betrag der aktuell von Kunden erworbenen Vermögenswerte übersteigt, und sofern der Höchstbetrag, der in Anspruch genommen werden kann, vertraglich auf den Betrag der aktuell erworbenen Vermögenswerte begrenzt ist.

(5) [1]Die Institute melden den Höchstbetrag, der aus sonstigen nicht gezogenen zugesagten Kredit- und Liquiditätsfazilitäten innerhalb der jeweils folgenden 30 Tage in Anspruch genommen werden kann. [2]Dies gilt insbesondere für

a) andere als unter Absatz 3 Buchstabe b genannte Liquiditätsfazilitäten, die das Institut Verbriefungzweckgesellschaften gewährt hat,
b) Vereinbarungen, bei denen das Institut Vermögenswerte einer Verbriefungszweckgesellschaft kaufen oder tauschen muss,
c) Kreditinstituten eingeräumte Kreditlinien,
d) Finanzinstituten und Wertpapierfirmen eingeräumte Kreditlinien.

(6) [1]Abweichend von Absatz 5 dürfen Institute, die von der Zentral- oder Regionalregierung mindestens eines Mitgliedstaats eingerichtet wurden und durch diese gefördert werden, die Behandlung gemäß den Absätzen 2 und 3 auch auf Kredit- und Liquiditätsfazilitäten anwenden, die Instituten zum alleinigen Zweck der direkten oder indirekten Finanzierung von Förderdarlehen dienen, die den in jenen Absätzen genannten Risikopositionsklassen zuzuordnen sind. [2]Werden diese Förderdarlehen über ein anderes Institut als Vermittler bereitgestellt (Durchlaufdarlehen), so dürfen Institute abweichend von Artikel 425 Absatz 2 Buchstabe g einen symmetrischen Zu- und Abfluss anwenden. [3]Diese Förderdarlehen werden ausschließlich Personen, die keine Finanzkunden sind, gewährt, sind nicht-wettbewerblicher, nicht-gewinnorientierter Natur und dienen der Förderung der Gemeinwohlziele der Union und/oder der Zentral- oder Regionalregierung des betreffenden Mitgliedstaats. [4]Eine Inanspruchnahme solcher Fazilitäten ist nur nach einem vorherzusehenden Antrag auf ein Förderdarlehen und bis zu dem beantragten Betrag möglich und ist an eine nachfolgende Berichterstattung über die Verwendung der ausgereichten Gelder geknüpft.

Art. 425 Zuflüsse. (1) [1]Die Institute melden ihre Liquiditätszuflüsse. [2]Begrenzte *Liquiditätszuflüssen*[1)] sind Liquiditätszuflüsse, die auf 75 % der Liquiditätsabflüsse begrenzt sind. [3]Institute dürfen Liquiditätszuflüsse von Einlagen bei anderen Instituten, die für eine Behandlung nach Artikel 113 Absatz 6 oder 7 in Betracht kommen, von dieser Obergrenze ausnehmen. [4]Sie dürfen Liquiditätszuflüsse aus fälligen Zahlungen von Darlehensnehmern und Anleiheanlegern im Rahmen von Hypothekendarlehen, die durch Schuldverschreibungen, auf die die Behandlung nach Artikel 129 Absatz 4, 5 oder 6 angewandt werden kann, oder durch Schuldverschreibungen im Sinne des Artikels 52 Absatz 4 der Richtlinie 2009/65/EG finanziert sind, von dieser Obergrenze ausnehmen. [5]Sie dürfen Zuflüsse aus Förderdarlehen, die sie als Durchlaufdarlehen weitergereicht haben, ausnehmen. [6]Vorbehaltlich der vorherigen Zustimmung der für die Aufsicht auf Einzelbasis zuständigen Behörde darf ein Institut Zuflüsse ganz oder teilweise ausnehmen, wenn sie von seinem Mutterinstitut oder einem seiner Tochterinstitute oder einem anderen Tochterunternehmen desselben Mutterinstituts oder einem Unternehmen stammen, das mit ihm durch eine Beziehung im Sinne des Artikels 12 Absatz 1 der Richtlinie 83/349/EWG verbunden ist.

(2) [1]Die Liquiditätszuflüsse werden über die jeweils folgenden 30 Tage gemessen. [2]Sie umfassen nur vertragliche Zuflüsse aus Risikopositionen, die nicht überfällig sind und hinsichtlich derer das Institut keinen Grund zu der Annahme

[1)] Richtig wohl: „Liquiditätszuflüsse".

hat, dass sie innerhalb des Zeithorizonts von 30 Tagen nicht erfüllt werden. [3]Liquiditätszuflüsse werden in voller Höhe gemeldet, wobei die folgenden Zuflüsse gesondert gemeldet werden:

a) Fällige Zahlungen zu Tilgungszwecken von Kunden, die keine Finanzkunden sind, werden entweder um 50 % ihres Werts oder um die vertraglichen Verpflichtungen gegenüber diesen Kunden zur Ausreichung von Finanzierungsmitteln reduziert, je nachdem, welcher der Beträge höher ist. Dies gilt nicht für fällige Zahlungen aus besicherten Kreditvergaben und Kapitalmarkttransaktionen im Sinne des Artikels 192 Nummer 3, die gemäß Buchstabe d durch liquide Aktiva im Sinne des Artikels 416 besichert sind.
   Abweichend von Unterabsatz 1 dürfen Institute, die eine Zusage nach Artikel 424 Absatz 6 erhalten haben, um Förderdarlehen an Endbegünstigte auszuzahlen, Zuflüsse bis zur Höhe des Wertes der Abflüsse berücksichtigen, die sie für die entsprechende Zusage zur Ausreichung jener Förderdarlehen ansetzen.
b) Fällige Zahlungen aus Handelsfinanzierungen im Sinne des Artikels 162 Absatz 3 Unterabsatz 2 Buchstabe b mit einer Restlaufzeit von bis zu 30 Tagen werden in voller Höhe als Zuflüsse berücksichtigt.
c) Vermögenswerte mit unbestimmtem vertraglichem Endtermin werden in Höhe von 20 % als Zuflüsse berücksichtigt, sofern es der Bank vertragsgemäß möglich ist, zurückzutreten und eine Zahlung innerhalb von 30 Tagen zu verlangen.
d) Fällige Zahlungen aus besicherten Kreditvergaben und Kapitalmarkttransaktionen im Sinne des Artikels 192 Nummer 3 werden, sofern sie durch liquide Aktiva im Sinne des Artikels 416 Absatz 1 besichert sind, bis zu dem Wert der liquiden Aktiva ohne Abschläge nicht berücksichtigt und in voller Höhe der verbleibenden fälligen Zahlungen berücksichtigt.
e) Fällige Zahlungen, die das schuldende Institut gemäß Artikel 422 Absätze 3 und 4 behandelt, werden mit einem entsprechenden symmetrischen Zufluss multipliziert;[1)]
f) Fällige Zahlungen aus Positionen in Eigenkapitalinstrumenten eines wichtigen Index, sofern sie nicht gleichzeitig als liquide Aktiva erfasst werden.
g) Nicht in Anspruch genommene Kredit- oder Liquiditätsfazilitäten und jegliche anderen erhaltenen Zusagen werden nicht berücksichtigt.

(3) [1]Innerhalb eines Zeithorizonts von 30 Tagen erwartete Ab- und Zuflüsse aus in Anhang II genannten Geschäften werden auf Nettobasis aller Gegenparteien berücksichtigt und im Falle eines Nettozuflusses mit 100 % multipliziert. [2]Auf Nettobasis bedeutet hier, dass auch die zu empfangenden Sicherheiten, die nach Artikel 416 als liquide Aktiva anerkannt würden, berücksichtigt werden.

(4) Abweichend von Absatz 2 Buchstabe g können die zuständigen Behörden gestatten, im Einzelfall höhere Zuflüsse für Kredit- und Liquiditätsfazilitäten anzuwenden, sofern sämtliche der folgenden Voraussetzungen erfüllt sind:

a) es besteht Grund zu der Annahme, dass die Zuflüsse selbst bei einem kombinierten marktweiten und spezifischen Stressszenario der Gegenpartei höher ausfallen werden;

---

1) Zeichensetzung amtlich.

b) die Gegenpartei ist ein Mutter- oder Tochterinstitut des Instituts oder ein anderes Tochterunternehmen desselben Mutterinstituts oder mit dem Institut durch eine Beziehung im Sinne des Artikels 12 Absatz 1 der Richtlinie 83/349/EWG verbunden oder Mitglied desselben institutsbezogenen Sicherungssystems gemäß Artikel 113 Absatz 7 oder das Zentralinstitut oder ein Mitglied eines Verbunds, für den die Ausnahme nach Artikel 10 gilt;

c) abweichend von den Artikeln 422, 423 und 424 wendet die Gegenpartei einen entsprechenden symmetrischen oder konservativeren Abfluss an;

d) Institut und Gegenpartei sind im selben Mitgliedstaat niedergelassen.

(5) [1] Die zuständigen Behörden können von der Voraussetzung nach Absatz 4 Buchstabe d absehen, wenn Artikel 20 Absatz 1 Buchstabe b Anwendung findet. [2] In diesem Fall müssen zusätzliche objektive Kriterien, die in dem in Artikel 460 genannten delegierten Rechtsakt festgelegt sind, erfüllt sein. [3] Wird die Anwendung eines solchen höheren Zuflusses genehmigt, unterrichten die zuständigen Behörden die EBA über die Ergebnisse der Abstimmung nach Artikel 20 Absatz 1 Buchstabe b. [4] Die Einhaltung der Voraussetzungen für derartige höhere Zuflüsse wird regelmäßig von den zuständigen Behörden überprüft.

(6) *[1]* Die EBA arbeitet bis zum 1. Januar 2015 Entwürfe technischer Regulierungsstandards aus, um die objektiven Kriterien nach Absatz 5 weiter zu spezifizieren.

[2] Die EBA übermittelt der Kommission diese Entwürfe technischer Regulierungsstandards bis zum 1. Januar 2015.

[3] Der Kommission wird die Befugnis übertragen, die technischen Regulierungsstandards nach Unterabsatz 1 gemäß den Artikeln 10 bis 14 der Verordnung (EU) Nr. 1093/2010 zu erlassen.

(7) Zuflüsse aus den im Einklang mit Artikel 416 gemeldeten liquiden Aktiva werden von den Instituten nicht gemeldet, ausgenommen fällige Zahlungen auf Aktiva, die nicht im Marktwert des Vermögenswerts berücksichtigt sind.

(8) Die Institute melden keine Zuflüsse aus neu eingegangenen Verpflichtungen.

(9) Die Institute berücksichtigen Liquiditätszuflüsse, die in Drittstaaten eingehen sollen, in denen Transferbeschränkungen bestehen, oder die auf nichtkonvertierbare Währungen lauten, nur in dem Umfang, in dem sie den Abflüssen in dem Drittstaat bzw. in der betreffenden Währung entsprechen.

Art. 426 Aktualisierung künftiger Liquiditätsanforderungen. *[1]* Sobald die Kommission gemäß Artikel 460 einen delegierten Rechtsakt zur Präzisierung der Liquiditätsanforderung erlassen hat, kann die EBA Entwürfe technischer Durchführungsstandards zur Präzisierung der Bedingungen der Artikel 421 Absatz 1, Artikel 422, mit Ausnahme der Absätze 8, 9 und 10, sowie Artikel 424 ausarbeiten, um international vereinbarten Standards Rechnung zu tragen.

[2] Der Kommission wird die Befugnis übertragen, die technischen Durchführungsstandards nach Unterabsatz 1 gemäß Artikel 15 der Verordnung (EU) Nr. 1093/2010 zu erlassen.

Titel III. Meldungen betreffend die stabile Refinanzierung

Art. 427 Positionen, die eine stabile Refinanzierung bieten. (1) Die Institute melden den zuständigen Behörden gemäß der Meldepflicht nach Artikel 415 Absatz 1 unter Verwendung der einheitlichen Meldeformate nach Artikel 415 Absatz 3 folgende Positionen und deren Bestandteile, damit die Verfügbarkeit einer stabilen Finanzierung beurteilt werden kann:

a) die folgenden Eigenmittel, gegebenenfalls nach Anwendung von Abzügen:
   i) Kernkapitalinstrumente,
   ii) Ergänzungskapitalinstrumente,
   iii) andere über den zulässigen Betrag des Ergänzungskapitals hinausgehende Vorzugsaktien oder Kapitalinstrumente mit einer effektiven Laufzeit von mindestens einem Jahr;

b) die folgenden Verbindlichkeiten, die nicht unter Buchstabe a fallen:
   i) Privatkundeneinlagen, die gemäß Artikel 421 Absatz 1 behandelt werden dürfen,
   ii) Privatkundeneinlagen, die gemäß Artikel 421 Absatz 2 behandelt werden dürfen,
   iii) Einlagen, die gemäß Artikel 422 Absätze 3 und 4 behandelt werden dürfen,
   iv) diejenigen der unter Ziffer iii genannten Einlagen, die durch ein Einlagensicherungssystem gemäß der Richtlinie 94/19/EG oder ein gleichwertiges Einlagensicherungssystem in einem Drittland nach Maßgabe von Artikel 421 Absatz 1 gedeckt werden,
   v) diejenigen der unter Ziffer iii genannten Einlagen, die unter Artikel 422 Absatz 3 Buchstabe b fallen,
   vi) diejenigen der unter Ziffer iii genannten Einlagen, die unter Artikel 422 Absatz 3 Buchstabe d fallen,
   vii) nicht unter Ziffer i, ii oder iii fallende Einlagenbeträge, wenn die Einlage nicht von Finanzkunden vorgenommen wird,
   viii) sämtliche von Finanzkunden erhaltene Finanzierungsmittel;
   ix) gesondert für unter Ziffer vii bzw. viii fallende Beträge Finanzierungsmittel aus besicherten Kreditvergaben und Kapitalmarkttransaktionen im Sinne des Artikels 192 Nummer 3, die
      – durch Vermögenswerte besichert sind, die gemäß Artikel 416 als liquide Aktiva anerkannt würden,
      – durch andere Vermögenswerte besichert sind;
   x) aus begebenen Wertpapieren resultierende Verbindlichkeiten, die für eine Behandlung nach Artikel 129 Absatz 4 oder 5 in Betracht kommen, oder solche im Sinne des Artikels 52 Absatz 4 der Richtlinie 2009/65/EG,
   xi) andere aus begebenen Wertpapieren resultierende Verbindlichkeiten, die nicht unter Buchstabe a fallen:
      – aus begebenen Wertpapieren resultierende Verbindlichkeiten mit mindestens einjähriger Restlaufzeit,
      – aus begebenen Wertpapieren resultierende Verbindlichkeiten mit einer Restlaufzeit von weniger als einem Jahr,

xii) sonstige Verbindlichkeiten.

(2) Gegebenenfalls werden alle Positionen nach dem frühesten Laufzeitende und dem frühestmöglichen Zeitpunkt einer vertraglichen Kündigung folgenden fünf Zeitfenstern zugeordnet:
a) innerhalb von drei Monaten,
b) zwischen drei und sechs Monaten,
c) zwischen sechs und neun Monaten,
d) zwischen neun und zwölf Monaten,
e) nach zwölf Monaten.

Art. 428 Positionen, die stabile Refinanzierung erfordern. (1) Sofern nicht von den Eigenmitteln abgezogen, sind folgende Positionen den zuständigen Behörden gesondert zu melden, um eine Bewertung des Bedarfs an stabiler Refinanzierung zu ermöglichen:
a) Vermögenswerte, die als liquide Aktiva gemäß Artikel 416 anerkannt würden, aufgeschlüsselt nach der Art des Vermögenswerts;
b) die folgenden Wertpapiere und Geldmarktinstrumente, die nicht unter Buchstabe a fallen:
 i) Vermögenswerte, die nach Artikel 122 der Bonitätsstufe 1 zugeordnet werden können,
 ii) Vermögenswerte, die nach Artikel 122 der Bonitätsstufe 2 zugeordnet werden können,
 iii) sonstige Vermögenswerte;
c) Aktien von Nichtfinanzunternehmen, die in einem wichtigen Index einer anerkannten Börse enthalten sind;
d) sonstige Dividendenpapiere;
e) Gold;
f) andere Edelmetalle;
g) nicht verlängerbare Darlehen und Forderungen, und gesondert nicht verlängerbare Darlehen und Forderungen an bzw. gegenüber folgende(n) Schuldner(n):
 i) natürliche Personen, die keine Einzelkaufleute oder Personengesellschaften sind,
 ii) KMU, die nach dem Standard- oder IRB-Ansatz für Kreditrisiko zur Risikopositionsklasse „Mengengeschäft" zugeordnet werden können, oder eine Gesellschaft, auf die die Behandlung nach Artikel 153 Absatz 4 angewandt werden darf, wenn die aggregierte Einlage des Kunden oder der Gruppe verbundener Kunden weniger als 1 Mio. EUR beträgt,
 iii) Staaten, Zentralbanken und sonstige öffentliche Stellen,
 iv) Kunden, die nicht unter die Ziffern i und ii fallen und keine Finanzkunden sind,

v) Kunden, die nicht unter die *Ziffern i, ii und ii*[1] fallen und Finanzkunden sind, sowie gesondert diejenigen, die Kreditinstitute und andere Finanzkunden sind;

h) nicht verlängerbare Darlehen und Forderungen im Sinne des Buchstabens g, sowie gesondert Forderungen, die

i) durch Gewerbeimmobilien besichert sind,

ii) durch Wohnimmobilien besichert sind,

iii) in gleicher Höhe durch Schuldverschreibungen, auf die die Behandlung nach Artikel 129 Absätze 4 oder 5 angewandt werden kann, oder durch Schuldverschreibungen im Sinne des Artikels 52 Absatz 4 der Richtlinie 2009/65/EG finanziert sind (Durchlauffinanzierung);

i) Derivatforderungen;

j) sonstige Vermögenswerte;

k) nicht in Anspruch genommene zugesagte Kreditfazilitäten, die gemäß Anhang I mit einem mittleren oder mittleren bis niedrigen Risiko behaftet sind.

(2) Gegebenenfalls werden alle Positionen den in Artikel 427 Absatz 2 beschriebenen fünf Zeitfenstern zugeordnet.

Teil 7. Verschuldung

Art. 429 Berechnung der Verschuldungsquote. (1) Die Institute berechnen ihre Verschuldungsquote gemäß der in den Absätzen 2 bis 13 erläuterten Methodik.

(2) *[1]* Die Verschuldungsquote ist der Quotient aus der Kapitalmessgröße eines Instituts und seiner Gesamtrisikopositionsmessgröße und wird als Prozentsatz angegeben.

[2] Die Institute berechnen die Verschuldungsquote am Berichtsstichtag.

(3) Für die Zwecke von Absatz 2 ist die Kapitalmessgröße das Kernkapital.

(4) Die Gesamtrisikopositionsmessgröße ist die Summe folgender Risikopositionswerte:

a) in Absatz 5 genannte Aktiva, die bei der Ermittlung der in Absatz 3 genannten Kapitalmessgröße nicht abgezogen werden;

b) Derivate gemäß Absatz 9;

c) Zuschläge für das Gegenparteiausfallrisiko von in Artikel 429 Buchstabe b genannten Pensionsgeschäften, Wertpapier- oder Warenverleih- oder -leihgeschäften, Geschäften mit langer Abwicklungsfrist und Lombardgeschäften einschließlich außerbilanzieller Geschäfte;

d) in Absatz 10 genannte außerbilanzielle Geschäfte.

(5) Die Institute ermitteln den Risikopositionswert von Aktiva, ausgenommen der in Anhang II genannten Geschäfte sowie Kreditderivate, nach folgenden Grundsätzen:

a) Die Risikopositionswerte der Aktiva sind die Risikopositionswerte im Sinne des Artikels 111 Absatz 1 Satz 1;

---

[1] Richtig wohl: „Ziffern i, ii und iii".

b) physische oder finanzielle Sicherheiten, Garantien oder Kreditrisikominderungen, die erworben wurden, werden nicht zur Verringerung des Risikopositionswerts von Aktiva verwendet;

c) Darlehen dürfen nicht gegen Einlagen aufgerechnet werden;

d) Pensionsgeschäfte, Wertpapier- oder Warenleihgeschäfte oder Wertpapier- oder Warenverleih- oder -leihgeschäfte, Geschäfte mit langer Abwicklungsfrist und Lombardgeschäfte dürfen nicht aufgerechnet werden.

(6) Die Institute dürfen von der in Absatz 4 genannten Risikomessgröße die gemäß Artikel 36 Absatz 1 Buchstabe d von den Posten des harten Kernkapitals abgezogenen Beträge abziehen.

(7) [1] Die zuständigen Behörden können einem Institut gestatten, in die Risikomessgröße keine Risikopositionen einzubeziehen, die nach Artikel 113 Absatz 6 behandelt werden dürfen. [2] Die zuständigen Behörden dürfen dies nur gestatten, wenn alle in Artikel 113 Absatz 6 Buchstaben a bis e genannten Bedingungen erfüllt sind und sie ihre Genehmigung gemäß Artikel 113 Absatz 6 erteilt haben.

(8) [1] Abweichend von Absatz 5 Buchstabe d dürfen Institute den Forderungswert von Barforderungen und -verbindlichkeiten von Pensionsgeschäften, Wertpapier- oder Warenverleih- oder -leihgeschäften, Geschäften mit langer Abwicklungsfrist und Lombardgeschäften mit derselben Gegenpartei auf Nettobasis berechnen, wenn alle folgenden Bedingungen erfüllt sind:

a) Die Transaktionen haben dasselbe explizite endgültige Erfüllungsdatum;

b) das Recht, den der Gegenpartei geschuldeten Betrag mit dem von der Gegenpartei geschuldeten Betrag zu verrechnen, ist in allen folgenden Situationen rechtlich durchsetzbar:

i) im normalen Geschäftsverlauf;

ii) im Falle eines Ausfalls, einer Insolvenz oder eines Konkurses;

c) die Parteien beabsichtigen, die Geschäfte netto und gleichzeitig abzuwickeln, oder für die Geschäfte gilt ein Abrechnungsmechanismus, der funktional auf eine Nettoabwicklung hinausläuft.

[2] Für die Zwecke von Unterabsatz 1 Buchstabe c läuft ein Abrechnungsmechanismus funktional auf eine Nettoabwicklung hinaus, wenn das Nettoergebnis der Zahlungsströme der Geschäfte gemäß diesem Mechanismus am Erfüllungsdatum faktisch dem einzigen Nettobetrag gemäß der Nettoabwicklung entspricht.

(9) Institute ermitteln den Risikopositionswert der in Anhang II genannten Geschäfte und der Kreditderivate, einschließlich solcher, die nicht in der Bilanz ausgewiesen sind, gemäß Artikel 429a.

(10) [1] Die Institute ermitteln den Risikopositionswert von außerbilanziellen Geschäften, ausgenommen der in Anhang II aufgeführten Verträge, Kreditderivate, Pensionsgeschäfte, Wertpapier- oder Warenverleih- oder -leihgeschäfte, Geschäfte mit langer Abwicklungsfrist und Lombardgeschäfte, gemäß Artikel 111 Absatz 1. [2] Die Institute reduzieren jedoch nicht durch spezifische Kreditrisikoanpassungen den Nominalwert dieser Posten.

[10a] [1] Hat eine Zusage die Verlängerung einer anderen Zusage zum Gegenstand, so wird gemäß Artikel 166 Absatz 9 von den für die einzelnen Zusagen

geltenden Umrechnungsfaktoren der niedrigere verwendet. [2] Für den Risikopositionswert außerbilanzieller Geschäfte mit niedrigem Risiko gemäß Artikel 111 Absatz 1 Buchstabe d gilt eine Untergrenze von 10 % ihres Nominalwerts.

(11) Ein Institut, das Clearingmitglied einer qualifizierten ZGP ist, darf bei der Berechnung der Risikomessgröße Handelsrisikopositionen der folgenden Posten ausschließen, sofern diese Handelsrisikopositionen mit dieser qualifizierten ZGP abgerechnet werden und gleichzeitig die Bedingungen des Artikels 306 Absatz 1 Buchstabe c erfüllen:

a) Aufträge gemäß Anhang II;
b) Kreditderivate;
c) Pensionsgeschäfte;
d) Wertpapier- oder Warenverleih- oder -leihgeschäfte;
e) Geschäfte mit langer Abwicklungsfrist;
f) Lombardgeschäfte.

(12) Garantiert ein Institut, das Clearingmitglied einer qualifizierten ZGP ist, gegenüber der qualifizierten ZGP die Erfüllung eines Derivatgeschäfts durch einen Kunden, der direkt mit der qualifizierten ZGP Derivatgeschäfte abschließt, so rechnet das Institut in seine Risikomessgröße die aus der Garantie erwachsende Risikoposition als Derivateposition gegenüber dem Kunden gemäß Artikel 429a ein.

(13) Wird Treuhandvermögen gemäß Artikel 10 der Richtlinie 86/635/EWG nach nationalen allgemein anerkannten Rechnungslegungsgrundsätzen bilanziell erfasst, darf es bei der Gesamtrisikopositionsmessgröße der Verschuldungsquote unberücksichtigt bleiben, sofern die Vermögenswerte die Ausbuchungskriterien des internationalen Rechnungslegungsstandards IAS 39 nach Maßgabe der Verordnung (EG) Nr. 1606/2002 und gegebenenfalls die Entkonsolidierungskriterien des internationalen Rechnungslegungsstandards IFRS 10 nach Maßgabe der Verordnung (EG) Nr. 1606/2002 erfüllen.

(14) Die zuständigen Behörden dürfen einem Institut erlauben, in seinen Risikomessgrößen Risikopositionen unberücksichtigt zu lassen, die folgende Anforderungen erfüllen:

a) Es handelt sich um Risikopositionen gegenüber einer öffentlichen Stelle.
b) Sie werden in Übereinstimmung mit Artikel 116 Absatz 4 behandelt.
c) Sie stammen aus Einlagen, zu deren Übertragung an die unter Punkt a erwähnte öffentliche Stelle das Institut rechtlich verpflichtet ist, um Investitionen im allgemeinen Interesse zu finanzieren.

Art. 429a Risikopositionswert von Derivatgeschäften. (1) [1] Institute ermitteln den Risikopositionswert der in Anhang II genannten Geschäfte und von Kreditderivaten, einschließlich solcher, die nicht in der Bilanz ausgewiesen sind, gemäß der Methode nach Artikel 274. [2] Zur Ermittlung des potenziellen künftigen Wiederbeschaffungswerts von Kreditderivaten wenden Institute Artikel 299 Absatz 2 Buchstabe a an.

[1a] Bei der Ermittlung des potenziellen künftigen Wiederbeschaffungswerts von Kreditderivaten wenden Institute die Grundsätze des Artikels 299 Absatz 2

Buchstabe a nicht nur auf die im Handelsbuch gehaltenen, sondern auf alle ihre Kreditderivate an.

[1b] [1] Bei der Ermittlung des Risikopositionswerts dürfen die Institute Schuldumwandlungsverträge und sonstige Nettingvereinbarungen im Einklang mit Artikel 295 berücksichtigen. [2] Produktübergreifendes Netting kommt nicht zur Anwendung. [3] Institute dürfen aber innerhalb der in Artikel 272 Absatz 25 Buchstabe c genannten Produktkategorie sowie Kreditderivate aufrechnen, wenn diese produktübergreifenden vertraglichen Nettingvereinbarungen nach Artikel 295 Buchstabe c unterliegen.

(2) Wird durch die Bereitstellung von Sicherheiten im Zusammenhang mit Derivatkontrakten die Summe der Vermögenswerte im Sinne des geltenden Rechnungslegungsrahmens reduziert, so machen die Institute diese Reduzierung rückgängig.

(3) Für die Zwecke des Absatzes 1 dürfen Institute von der Gegenpartei bar erhaltene Nachschüsse von dem aktuellen Wiederbeschaffungswert entsprechenden Anteil des Forderungswerts abziehen, sofern der Nachschuss gemäß dem geltenden Rechnungslegungsrahmen nicht bereits als Abzug vom Forderungswert erfasst wurde und sofern alle folgenden Bedingungen erfüllt sind:

a) Für Geschäfte, die nicht über eine qualifizierte zentrale Gegenpartei abgewickelt werden, werden die von der Empfängerpartei hereingenommenen Barmittel nicht abgetrennt;
b) der Nachschuss wird täglich aufgrund einer Bewertung der Derivatpositionen zu Marktpreisen neu berechnet und ausgetauscht;
c) der erhaltene Barnachschuss lautet auf dieselbe Währung, in der auch die Abwicklung des Derivatkontrakts erfolgt;
d) der ausgetauschte Nachschuss entspricht dem vollen Betrag, der erforderlich wäre, um die marktbewertete Derivatposition vorbehaltlich der Schwellenwerte und Mindesttransferbeträge, die für die Gegenpartei gelten, vollständig aufzuheben;
e) der Derivatkontrakt und der Nachschuss zwischen dem Institut und der Gegenpartei bei diesem Kontrakt unterliegen einer einzigen Nettingvereinbarung, die das Institut gemäß Artikel 295 als risikomindernd behandeln darf.

[3a] Für die Zwecke von Unterabsatz 1 Buchstabe c bedeutet Währung, in der die Abwicklung erfolgt, im Falle von Derivatkontrakten, die einer qualifizierten Netting-Rahmenvereinbarung unterliegen, jede Währung, die im Derivatkontrakt, in der geltenden qualifizierten Netting-Rahmenvereinbarung oder im Kreditsicherungsanhang der qualifizierten Netting-Rahmenvereinbarung als Abwicklungswährung genannt wird.

[3b] Erfasst ein Institut den der Gegenpartei gezahlten Barnachschuss gemäß dem geltenden Rechnungslegungsrahmen als Forderung, so kann es diesen von der Risikomessgröße ausnehmen, sofern die unter Buchstaben a bis e genannten Bedingungen erfüllt sind.

(4) Für die Zwecke des Absatzes 3 gilt Folgendes:

a) Der Abzug des erhaltenen Nachschusses ist auf den positiven Teil des aktuellen Wiedereindeckungsaufwands am Forderungswert begrenzt;

b) ein Institut verwendet einen erhaltenen Barnachschuss nicht zur Herabsetzung des potenziellen künftigen Wiederbeschaffungswerts einschließlich für die in Artikel 298 Absatz 1 Buchstabe c Ziffer ii genannten Zwecke.

(5) [1] Neben der in Absatz 1 beschriebenen Vorgehensweise beziehen Institute bei geschriebenen Kreditderivaten die in diesen referenzierten effektiven Nominalbeträge in den Forderungswert ein, herabgesetzt um etwaige negative Veränderungen des Zeitwerts, die in die Berechnung des Kernkapitals in Bezug auf das geschriebene Kreditderivat eingeflossen sind. [2] Der resultierende Forderungswert kann weiter um den effektiven Nominalwert eines erworbenen Kreditderivats auf dieselbe Referenzadresse verringert werden, sofern alle folgenden Bedingungen erfüllt sind:

a) Im Falle von Einzeladressen-Kreditderivaten müssen die erworbenen Kreditderivate auf eine Referenzadresse lauten, die gegenüber der zugrunde liegenden Referenzverbindlichkeit des geschriebenen Kreditderivats gleich- oder nachrangig ist, und müsste ein Kreditereignis beim höherrangigen Referenzvermögenswert zu einem Kreditereignis beim nachrangigen Vermögenswert führen;
b) erwirbt ein Institut eine Absicherung für einen Pool von Referenzadressen, so darf die erworbene Absicherung nur dann gegen verkaufte Absicherung für einen Pool von Referenzadressen aufgerechnet werden, wenn der Pool der Referenzadressen und die Rangfolge bei beiden Transaktionen identisch sind;
c) die Restlaufzeit des erworbenen Kreditderivats ist gleich der Restlaufzeit des geschriebenen Kreditderivats oder länger;
d) bei der Bestimmung des zusätzlichen Forderungswerts für geschriebene Kreditderivate wird der Nominalbetrag des erworbenen Kreditderivats um etwaige positive Veränderungen des Zeitwerts herabgesetzt, die in die Berechnung des Kernkapitals in Bezug auf das erworbene Kreditderivat eingeflossen sind;
e) bei tranchierten Produkten hat das als Absicherung erworbene Kreditderivat eine Referenzverbindlichkeit, die der zugrunde liegenden Referenzverbindlichkeit des geschriebenen Kreditderivats gleichrangig ist.

[5a] [1] Wird der Nominalbetrag eines geschriebenen Kreditderivats nicht um den Nominalbetrag eines erworbenen Kreditderivats herabgesetzt, so dürfen die Institute den individuellen potenziellen künftigen Wiederbeschaffungswert dieses geschriebenen Kreditderivats von dem gemäß Absatz 1 dieses Artikels in Verbindung mit Artikel 274 Absatz 2 bzw. Artikel 299 Absatz 2 Buchstabe a bestimmten potenziellen künftigen Wiederbeschaffungsgesamtwert abziehen. [2] Soll der potenzielle künftige Wiederbeschaffungswert in Verbindung mit Artikel 298 Absatz 1 Buchstabe c Ziffer ii bestimmt werden, so darf PCE_{gross} um das individuelle potenzielle künftige Risiko geschriebener Kreditderivate herabgesetzt werden, ohne Anpassungen am NGR.

(6) Erwirbt ein Institut eine Kreditbesicherung in Form eines Gesamtrendite-Swaps und verbucht die Nettozahlungen aus dem Swap als Nettoertrag, erfasst jedoch nicht dem den Zahlungen gegenüberstehenden Wertverlust des geschriebenen Kreditderivats, der sich im Kernkapital niederschlägt, so setzen sie den effektiven Nominalbetrag des geschriebenen Kreditderivats nicht herab.

(7) [1] Im Falle von erworbenen Kreditderivaten auf einen Pool von Referenzeinheiten dürfen Institute eine Herabsetzung gemäß Absatz 5 bei geschriebenen

Kreditderivaten auf einzelne Referenzadressen nur dann erfassen, wenn die erworbene Absicherung dem getrennten Erwerb einer Absicherung für jede im Pool enthaltene Einzeladresse ökonomisch gleichwertig ist. [2] Erwirbt ein Institut ein Kreditderivat auf einen Pool von Referenzadressen, so darf es eine Herabsetzung auf einen Pool von geschriebenen Kreditderivaten nur erfassen, wenn der Pool von Referenzeinheiten und die Rangfolge bei beiden Transaktionen identisch sind.

(8) Abweichend von Absatz 1 dürfen Institute die in Artikel 275 dargelegte Methode zur Ermittlung des Risikopositionswerts der in Anhang II Nummern 1 und 2 genannten Geschäfte nur verwenden, wenn sie diese Methode auch zur Ermittlung des Risikopositionswerts dieser Kontrakte für die Zwecke der Erfüllung der Eigenmittelanforderungen nach Artikel 92 verwenden.

[8a] Verwenden Institute die in Artikel 275 dargelegte Methode, so mindern sie die Risikomessgröße nicht um den Betrag des erhaltenen Barnachschusses.

Art. 429b Aufschlag auf das Gegenparteiausfallrisiko von Pensionsgeschäften, Wertpapier- oder Warenverleih- oder -leihgeschäften, Geschäften mit langer Abwicklungsfrist und Lombardgeschäften. (1) Zusätzlich zum Risikopositionswert von Pensionsgeschäften, Wertpapier- oder Warenverleih- oder -leihgeschäften, Geschäften mit langer Abwicklungsfrist und Lombardgeschäften einschließlich außerbilanzieller Geschäfte gemäß Artikel 429 Absatz 5 rechnen die Institute in die Risikomessgröße einen gemäß Absatz 2 oder 3 ermittelten Aufschlag für das errechnete Gegenparteiausfallsrisiko ein.

(2) Bei Geschäften mit einer Gegenpartei, die nicht unter eine Netting-Rahmenvereinbarung fallen, die die Anforderungen des Artikels 206 erfüllt, wird der Aufschlag ($E_i^\star$) für diese Geschäfte für die Zwecke des Absatzes 1 für jedes Geschäft einzeln nach folgender Formel berechnet:

$$E_i^* = max\{0, E_i - C_i\}$$

[2a] Dabei gilt:

[2b] E_i ist der beizulegende Zeitwert der bei Geschäft i an die Gegenpartei verliehenen Wertpapiere oder Barmittel;

[2c] C_i ist der beizulegende Zeitwert der bei Geschäft i von der Gegenpartei erhaltenen Wertpapiere oder Barmittel.

(3) Bei Geschäften mit einer Gegenpartei, die unter eine Netting-Rahmenvereinbarung fallen, die die Anforderungen des Artikels 206 erfüllt, wird der Aufschlag ($E_i^\star$) für diese Geschäfte für die Zwecke des Absatzes 1 für jede Vereinbarung einzeln nach folgender Formel berechnet.

$$E_i^* = \max\left\{0, \left(\sum_i E_i - \sum_i C_i\right)\right\}$$

[3a] Dabei gilt:

[3b] E_i ist der Zeitwert der an die Gegenpartei verliehenen Wertpapiere oder Barmittel im Rahmen der Geschäfte, die der Netting-Rahmenvereinbarung i unterliegen;

[3c] C_i ist der Zeitwert der von der Gegenpartei erhaltenen Wertpapiere oder Barmittel, die der Netting-Rahmenvereinbarung i unterliegen.

(4) [1] Abweichend von Absatz 1 dürfen die Institute, vorbehaltlich einer Untergrenze von 20 % für das anwendbare Risikogewicht, die in Artikel 222 dargelegte Methode verwenden, um den Aufschlag für Pensionsgeschäfte, Wertpapier- oder Warenverleih- oder -leihgeschäfte, Geschäfte mit langer Abwicklungsfrist und Lombardgeschäfte einschließlich außerbilanzieller Geschäfte zu ermitteln. [2] Die Institute dürfen diese Methode nur verwenden, wenn sie diese auch zur Ermittlung des Risikopositionswerts dieser Geschäfte für die Zwecke der Erfüllung der Eigenmittelanforderungen nach Artikel 92 verwenden.

(5) Wird ein Pensionsgeschäft nach dem dafür *geltendem*[1)] Rechnungslegungsrahmen als Verkauf verbucht, nimmt das Institut für alle verkaufsverbundenen Vorgänge Rückbuchungen vor.

(6) Tritt ein Institut zwischen zwei Parteien bei Pensions- und Wertpapier- oder Warenverleih- oder -leihgeschäften, Geschäften mit langer Abwicklungsfrist und Lombardgeschäften einschließlich außerbilanzieller Geschäfte als Beauftragter auf, so gilt Folgendes:

a) Gibt ein Institut einem Kunden oder einer Gegenpartei für eine etwaige Differenz zwischen dem Wert des Wertpapiers oder der Barmittel, die der Kunde verliehen, und dem Wert der Sicherheiten, die der Schuldner gestellt hat, eine Gewährleistung oder Garantie, rechnet es in die Risikomessgröße nur den gemäß Absatz 2 oder Absatz 3 ermittelten Aufschlag ein;

b) gibt das Institut keinem Beteiligten eine Gewährleistung oder Garantie, wird das Geschäft nicht in die Risikomessgröße eingerechnet;

c) trägt das Institut ein über das durch den Aufschlag gedeckte Risiko hinausgehendes wirtschaftliches Risiko bezüglich der zugrunde liegenden Wertpapiere oder Barmittel, rechnet es auch in die Risikomessgröße eine Risikoposition in Höhe des vollen Betrags des Wertpapiers oder der Barmittel ein.

Art. 429c Berechnung des Risikopositionswerts von Derivaten *(noch nicht in Kraft)*

Art. 429d Zusätzliche Bestimmungen für die Berechnung des Risikopositionswerts geschriebener Kreditderivate *(noch nicht in Kraft)*

Art. 429e Aufschlag für das Gegenparteiausfallrisiko bei Wertpapierfinanzierungsgeschäften *(noch nicht in Kraft)*

Art. 429f Berechnung des Risikopositionswerts außerbilanzieller Posten *(noch nicht in Kraft)*

Art. 429g Berechnung des Risikopositionswerts von zur Abrechnung anstehenden marktüblichen Käufen und Verkäufen *(noch nicht in Kraft)*

Art. 430 Meldepflicht. (1) *[1]* [1] Die Institute übermitteln den zuständigen Behörden sämtliche erforderlichen Angaben zur Verschuldungsquote und ihren Bestandteilen nach Maßgabe des Artikels 429. [2] Die zuständigen Behörden

[1)] Richtig wohl: „geltenden".

berücksichtigen diese Angaben bei der Überprüfung nach Artikel 97 der Richtlinie 2013/36/EU.

[2] Institute übermitteln den zuständigen Behörden ferner die für die Erstellung des Berichts nach Artikel 511 benötigten Angaben.

[3] Die zuständigen Behörden übermitteln der EBA auf Anfrage die Angaben der Institute, um die Überprüfung gemäß Artikel 511 zu erleichtern.

(2) *[1]* Die EBA arbeitet Entwürfe technischer Durchführungsstandards zur Festlegung des einheitlichen Meldeformats, der Anweisungen zur Verwendung dieses Formats, der Meldehäufigkeit und der zu meldenden Daten sowie der IT-Lösungen für die Meldepflicht nach Absatz 1 aus.

[2] Die EBA übermittelt der Kommission diese Entwürfe technischer Durchführungsstandards bis 28. Juli 2013.

[3] Der Kommission wird die Befugnis übertragen, die technischen Durchführungsstandards nach Unterabsatz 1 gemäß Artikel 15 der Verordnung (EU) Nr. 1093/2010 zu erlassen.

Teil 7A. Meldepflichten

Art. 430a Spezifische Meldepflichten*(noch nicht in Kraft)*

Art. 430b Besondere Meldepflichten für Marktrisiken. (1) Ab dem Geltungsbeginn des delegierten Rechtsakts nach Artikel 461a melden Kreditinstitute, die weder die in Artikel 94 Absatz 1 genannten Bedingungen noch die in Artikel 325a Absatz 1 genannten Bedingungen erfüllen, für alle ihre Handelsbuchpositionen und alle ihre Nicht-Handelsbuchpositionen, die Fremdwährungs- oder Warenpositionsrisiken ausgesetzt sind, die Ergebnisse der Berechnung unter Zugrundelegung des alternativen Standardansatzes gemäß Teil 3 Titel IV Kapitel 1a auf derselben Basis, wie diese Institute die Pflichten gemäß Artikel 92 Absatz 3 Buchstabe b Ziffer i und Buchstabe c melden.

(2) Die in Absatz 1 des vorliegenden Artikels genannten Institute melden gesondert die Berechnungen gemäß Artikel 325c Absatz 2 Buchstaben a, b und c für das Portfolio aller Handelsbuchpositionen oder Nicht-Handelsbuchpositionen, die Fremdwährungs- und Warenpositionsrisiken ausgesetzt sind.

(3) Zusätzlich zu der Anforderung gemäß Absatz 1 des vorliegenden Artikels melden Institute ab dem Ende eines Dreijahreszeitraums nach dem Zeitpunkt des Inkrafttretens der neuesten technischen Regulierungsstandards nach Artikel 325bd Absatz 7, Artikel 325be Absatz 3, Artikel 325bf Absatz 9 und Artikel 325bg Absatz 4 für diejenigen Positionen, die Handelstischen zugewiesen sind, für die die Institute von den zuständigen Behörden die Erlaubnis zur Anwendung des alternativen auf einem internen Modell beruhenden Ansatzes gemäß Artikel 325az Absatz 2 erhalten haben, die Ergebnisse der Berechnungen unter Zugrundelegung dieses Ansatzes gemäß Teil 3 Titel IV Kapitel 1b auf derselben Basis, wie diese Institute die Pflichten gemäß Artikel 92 Absatz 3 Buchstabe b Ziffer i und Buchstabe c melden.

(4) Für die Zwecke der Meldepflichten gemäß Absatz 3 des vorliegenden Artikels melden Institute gesondert die Berechnungen gemäß Artikel 325ba Absatz 1 Buchstabe a Ziffern i und ii und Buchstabe b Ziffern i und ii und für das Portfolio aller Handelsbuchpositionen oder Nicht-Handelsbuchpositionen,

die Fremdwährungs- oder Warenpositionsrisiken ausgesetzt sind und Handelstischen zugewiesen sind, für die die Institute von den zuständigen Behörden die Erlaubnis zur Anwendung des alternativen auf einem internen Modell beruhenden Ansatzes gemäß Artikel 325az Absatz 2 erhalten haben.

(5) [1] Die Institute können innerhalb einer Gruppe auf eine Kombination aus den in den Absätzen 1 und 3 genannten Ansätzen zurückgreifen, sofern die Berechnung nach dem in Absatz 1 genannten Ansatz 90 % der Gesamtberechnung nicht übersteigt. [2] Ansonsten verwenden die Institute den in Absatz 1 genannten Ansatz für alle ihre Handelsbuchpositionen und alle ihre Nicht-Handelsbuchpositionen, die Fremdwährungs- oder Warenpositionsrisiken ausgesetzt sind.

(6)[1)] *[1]* Die EBA arbeitet Entwürfe technischer Durchführungsstandards aus, um die einheitlichen Meldebögen, die Anweisungen und die Methodik zur Verwendung der Bögen, die Meldeintervalle und -termine, die Begriffsbestimmungen sowie die IT-Lösungen für die Meldung gemäß diesem Artikel zu spezifizieren.

[2] Etwaige neue Meldepflichten, die in diesen technischen Durchführungsstandards festgelegt werden, finden frühestens sechs Monate nach dem Tag ihres Inkrafttretens Anwendung.

[3] Die EBA legt der Kommission diese Entwürfe technischer Durchführungsstandards bis zum 30. Juni 2020 vor.

[4] Der Kommission wird die Befugnis übertragen, die technischen Durchführungsstandards nach Unterabsatz 1 gemäß Artikel 15 der Verordnung (EU) Nr. 1093/2010 zu erlassen.

Art. 430c Machbarkeitsbericht über das integrierte Meldesystem.

(1) Die EBA erstellt einen Bericht über die Machbarkeit der Entwicklung eines einheitlichen und integrierten Systems zur Sammlung statistischer, abwicklungsspezifischer und aufsichtsrechtlicher Daten und erstattet der Kommission bis zum 28. Juni 2020 über ihre Ergebnisse Bericht.

(2) [1] Bei der Ausarbeitung des Machbarkeitsberichts beteiligt die EBA die zuständigen Behörden sowie die Behörden, die für die Einlagensicherungssysteme und die Abwicklung zuständig sind, und insbesondere das ESZB. [2] Bei dem Bericht wird die frühere Arbeit des ESZB in Bezug auf integrierte Datenerhebungen berücksichtigt und er gründet sich auf eine Kosten-/Nutzen-Gesamtanalyse, die mindestens Folgendes umfasst:

a) die Erstellung einer Übersicht über Anzahl und Umfang der durch die zuständigen Behörden in ihrem Zuständigkeitsbereich erhobenen aktuellen Daten sowie über deren Herkunft und Granularität;

b) die Erstellung eines einheitlichen Wörterbuchs der zu erhebenden Daten, um die Konvergenz der Meldeanforderungen hinsichtlich der regulären Meldepflichten zu erhöhen und überflüssige Abfragen zu vermeiden;

c) die Einsetzung eines gemeinsamen Ausschusses, in dem zumindest die EBA und das ESZB vertreten sind, für die Entwicklung und Umsetzung eines integrierten Meldesystems;

[1)] Art. 430b Abs. 6 gilt ab dem 27.6.2019.

d) die Machbarkeit und die mögliche Ausgestaltung einer zentralen Datensammelstelle für das integrierte Meldesystem, einschließlich der Anforderungen, mit denen eine strenge Vertraulichkeit der erhobenen Daten, eine starke Authentifizierung und Verwaltung der Rechte auf Zugang zum System sowie Cybersicherheit sichergestellt wird, die
   i) ein zentrales Datenregister mit allen statistischen und aufsichtsrechtlichen Daten in der erforderlichen Granularität und Meldefrequenz für die jeweiligen Institute unterhält und in den erforderlichen Intervallen aktualisiert;
   ii) als Anlaufstelle für die zuständigen Behörden dient, indem sie alle Datenanfragen der zuständigen Behörden entgegennimmt, bearbeitet und bündelt, die Anfrage mit bereits erhobenen Meldedaten abgleicht und den zuständigen Behörden zeitnah Zugang zu den angefragten Informationen gewährt;
   iii) den zuständigen Behörden zusätzliche Unterstützung bei der Übermittlung von Datenanfragen an die Institute leistet und die angefragten Daten in das zentrale Datenregister einspeist;
   iv) eine koordinierende Rolle für den Austausch von Informationen und Daten zwischen den zuständigen Behörden innehat und
   v) die Verfahren und Prozesse der zuständigen Behörden berücksichtigt und in ein standardisiertes System überführt.

(3) Ein Jahr nach Vorlage des in diesem Artikel genannten Berichts legt die Kommission gegebenenfalls und unter Berücksichtigung des Machbarkeitsberichts der EBA dem Europäischen Parlament und dem Rat einen Gesetzgebungsvorschlag für die Einrichtung eines standardisierten und integrierten Meldesystems für Meldepflichten vor.

Teil 8. Offenlegung durch Institute

Titel I. Allgemeine Grundsätze

Art. 431 Anwendungsbereich der Offenlegungspflichten. (1) Die Institute legen die in Titel II genannten Informationen vorbehaltlich der Bestimmungen des Artikels 432 offen.

(2) Die Genehmigung durch die zuständigen Behörden nach Teil 3 zur Verwendung der in Titel III genannten Instrumente und Methoden wird nur bei Offenlegung der darin enthaltenen Informationen durch die Institute erteilt.

(3) *[1]* [1] Die Institute legen in einem formellen Verfahren fest, wie sie ihren in diesem Teil festgelegten Offenlegungspflichten nachkommen wollen, und verfügen über Verfahren, anhand deren sie die Angemessenheit ihrer Angaben beurteilen können, wozu auch die Überprüfung der Angaben selbst und der Häufigkeit ihrer Veröffentlichung zählt. [2] Die Institute verfügen ferner über Verfahren, mit deren Hilfe sie bewerten können, ob ihre Angaben den Marktteilnehmern ein umfassendes Bild ihres Risikoprofils vermitteln.

[2] [1] Vermitteln diese Angaben den Marktteilnehmern kein umfassendes Bild des Risikoprofils, so veröffentlichen die Institute alle Informationen, die über die in Absatz 1 vorgeschriebenen Angaben hinaus dazu erforderlich sind. [2] Sie sind jedoch nur verpflichtet, Informationen offenzulegen, die gemäß Artikel 432 wesentlich und weder Geschäftsgeheimnis noch vertraulich sind.

(4) [1] Institute erläutern auf Aufforderung kleinen und mittleren Unternehmen und anderen Unternehmen, die Darlehen beantragt haben, ihre Entscheidungen bezüglich der Kreditwürdigkeit und begründen diese auf Wunsch schriftlich. [2] Die diesbezüglichen Verwaltungskosten müssen in einem angemessenen Verhältnis zur Höhe des Darlehens stehen.

Art. 432 Nicht wesentliche Informationen, Geschäftsgeheimnisse oder vertrauliche Informationen. (1) *[1]* Die Institute dürfen von der Offenlegung einer oder mehrerer der in Titel II genannten Informationen absehen, wenn diese nicht als wesentlich anzusehen sind, es sei denn, es handelt sich um eine Offenlegung nach den Artikeln 435 Absatz 2 Buchstabe c, 437, und 450.

[2] Bei der Offenlegung gelten Informationen als wesentlich, wenn ihre Auslassung oder fehlerhafte Angabe die Einschätzung oder Entscheidung eines Benutzers, der sich bei wirtschaftlichen Entscheidungen auf diese Informationen stützt, ändern oder beeinflussen könnte.

[3] Die EBA gibt im Einklang mit Artikel 16 der Verordnung (EU) Nr. 1093/2010 bis zum 31. Dezember 2014 Leitlinien dazu heraus, wie Institute das Kriterium der Wesentlichkeit in Bezug auf die Offenlegungspflichten des Titels II anzuwenden haben.

(2) *[1]* Die Institute dürfen außerdem von der Offenlegung einer oder mehrerer der in den Titeln II und III genannten Informationen absehen, wenn diese im Einklang mit den Unterabsätzen 2 und 3 als Geschäftsgeheimnis oder als vertraulich einzustufen sind, es sei denn, es handelt sich um Offenlegungen nach den Artikeln 437 und 450.

[2] [1] Informationen gelten als Geschäftsgeheimnis, wenn ihre Offenlegung die Wettbewerbsposition des Instituts schwächen würde. [2] Dazu können Informationen über Produkte oder Systeme zählen, die – wenn sie Konkurrenten bekanntgemacht würden – den Wert der einschlägigen Investitionen des Instituts mindern würden.

[3] Informationen gelten als vertraulich, wenn das Institut gegenüber Kunden oder anderen Vertragspartnern bezüglich dieser Informationen zur Vertraulichkeit verpflichtet ist.

[4] Die EBA gibt im Einklang mit Artikel 16 der Verordnung (EU) Nr. 1093/2010 bis zum 31. Dezember 2014 Leitlinien dazu heraus, wie Institute die Kriterien des Geschäftsgeheimnisses bzw. der Vertraulichkeit in Bezug auf die Offenlegungspflichten der Titel II und III anzuwenden haben.

(3) In den Ausnahmefällen nach Absatz 2 weist das betreffende Institut bei der Offenlegung darauf hin, dass bestimmte Informationsbestandteile nicht veröffentlicht wurden, begründet dies und veröffentlicht allgemeinere Angaben zum Gegenstand der verlangten Offenlegung, sofern diese nicht als Geschäftsgeheimnis oder vertraulich einzustufen sind.

(4) Die Absätze 1, 2 und 3 berühren nicht den Geltungsbereich der Haftung aufgrund der Nichtveröffentlichung wesentlicher Informationen.

Art. 433 Häufigkeit der Offenlegung. *[1]* Die Institute veröffentlichen die nach diesem Teil erforderlichen Angaben mindestens einmal jährlich.

[2] Die jährlichen Offenlegungen werden unter Berücksichtigung des Datums der Veröffentlichung der Abschlüsse veröffentlicht.

[3] [1] Die Institute prüfen anhand der einschlägigen Merkmale ihrer Geschäfte, z.B. Umfang ihrer Tätigkeit, Spektrum von Tätigkeiten, Präsenz in verschiedenen Ländern, Engagement in verschiedenen Finanzbranchen, Tätigkeit auf internationalen Finanzmärkten und Beteiligung an Zahlungs-, Abrechnungs- und Clearingsystemen, ob es nötig ist, die erforderlichen Angaben häufiger als einmal jährlich ganz oder teilweise offenzulegen. [2] Dabei ist der möglichen Notwendigkeit einer häufigeren Offenlegung der Angaben nach Artikel 437 und Artikel 438 Buchstaben c bis f und der Informationen über das Risiko und andere Elemente, die sich rasch ändern können, besondere Aufmerksamkeit zu widmen.

[4] Die EBA gibt im Einklang mit Artikel 16 der Verordnung (EU) Nr. 1093/2010 bis zum 31. Dezember 2014 Leitlinien zur Prüfung häufigerer Offenlegungen nach den Titeln II und III durch die Institute heraus.

Art. 433a Offenlegung durch große Institute *(noch nicht in Kraft)*

Art. 433b Offenlegung durch kleine und nicht komplexe Institute *(noch nicht in Kraft)*

Art. 433c Offenlegung durch andere Institute *(noch nicht in Kraft)*

Art. 434 Mittel der Offenlegung. (1) [1] Institute dürfen selbst entscheiden, in welchem Medium, an welcher Stelle und mittels welcher Überprüfungen sie den in diesem Teil festgelegten Offenlegungspflichten nachkommen wollen. [2] Alle Angaben sollten soweit wie möglich in einem Medium oder an einer Stelle veröffentlicht werden. [3] Wird in zwei oder mehr Medien eine vergleichbare Information veröffentlicht, so ist in jedem Medium auf die gleichlautende Information in den anderen Medien zu verweisen.

(2) [1] Werden die gleichen Angaben von den Instituten bereits im Rahmen von Rechnungslegungs-, Börsen- oder sonstigen Vorschriften veröffentlicht, so können die Anforderungen dieses Teils als erfüllt angesehen werden. [2] Sollten die offengelegten Angaben nicht im Jahresabschluss enthalten sein, geben die Institute im Jahresabschluss eindeutig an, wo diese zu finden sind.

Art. 434a Einheitliche Offenlegungsformate. *[1]* Die EBA arbeitet Entwürfe technischer Durchführungsstandards zur Festlegung einheitlicher Offenlegungsformate und zugehörige Anweisungen aus, gemäß denen die nach den Titeln II und III erforderlichen Offenlegungen erfolgen sollen.

[2] [1] Diese einheitlichen Offenlegungsformate geben den Nutzern Informationen an die Hand, die so umfassend und vergleichbar sind, dass sie eine Beurteilung der Risikoprofile der Institute und der Einhaltung der in den Teilen 1 bis 7 enthaltenen Anforderungen durch die Institute ermöglichen. [2] Im Hinblick auf eine bessere Vergleichbarkeit der Informationen wird im Rahmen der technischen Durchführungsstandards angestrebt, dass die Offenlegungsformate mit den internationalen Offenlegungsstandards kohärent sind.

[3] Die einheitlichen Offenlegungsformate haben gegebenenfalls Tabellenform.

[4] Die EBA übermittelt der Kommission diese Entwürfe technischer Durchführungsstandards bis zum 28. Juni 2020.

[5] Der Kommission wird die Befugnis übertragen, diese technischen Durchführungsstandards gemäß Artikel 15 der Verordnung (EU) Nr. 1093/2010 zu erlassen.

Titel II. Technische Kriterien für Transparenz und Offenlegung

Art. 435 Risikomanagementziele und -politik. (1) [1]Die Institute legen ihre Risikomanagementziele und -politik für jede einzelne Risikokategorie, einschließlich der in diesem Titel erläuterten Risiken, offen. [2]Dabei ist Folgendes offenzulegen:

a) die Strategien und Verfahren für die Steuerung der Risiken;

b) die Struktur und Organisation der einschlägigen Risikomanagement-Funktion, einschließlich Informationen über ihre Befugnisse und ihren Status, oder andere geeignete Regelungen;

c) Umfang und Art der Risikoberichts- und -messsysteme;

d) die Leitlinien für die Risikoabsicherung und -minderung und die Strategien und Verfahren zur Überwachung der laufenden Wirksamkeit der zur Risikoabsicherung und -minderung getroffenen Maßnahmen;

e) eine vom Leitungsorgan genehmigte Erklärung zur Angemessenheit der Risikomanagementverfahren des Instituts, mit der sichergestellt wird, dass die eingerichteten Risikomanagementsysteme dem Profil und der Strategie des Instituts angemessen sind;

f) eine vom Leitungsorgan genehmigte konzise Risikoerklärung, in der das mit der Geschäftsstrategie verbundene allgemeine Risikoprofil des Instituts knapp beschrieben wird. Diese Erklärung enthält wichtige Kennzahlen und Angaben, die externen Interessenträgern einen umfassenden Überblick über das Risikomanagement des Instituts geben, einschließlich Angaben dazu, wie das Risikoprofil des Instituts und die vom Leitungsorgan festgelegte Risikotoleranz zusammenwirken.

(2) Die Institute legen hinsichtlich der Unternehmensführungsregelungen folgende Informationen offen, die regelmäßig – mindestens jährlich – aktualisiert werden:

a) Anzahl der von Mitgliedern des Leitungsorgans bekleideten Leitungs- oder Aufsichtsfunktionen;

b) Strategie für die Auswahl der Mitglieder des Leitungsorgans und deren tatsächliche Kenntnisse, Fähigkeiten und Erfahrung;

c) Diversitätsstrategie für die Auswahl der Mitglieder des Leitungsorgans, Ziele und einschlägige Zielvorgaben der Strategie, Zielerreichungsgrad;

d) Angaben, ob das Institut einen separaten Risikoausschuss gebildet hat und die Anzahl der bisher stattgefundenen Ausschusssitzungen;

e) Beschreibung des Informationsflusses an das Leitungsorgan bei Fragen des Risikos.

Art. 436 Anwendungsbereich. Hinsichtlich des Anwendungsbereichs der Anforderungen dieser Verordnung legen die Institute im Einklang mit der Richtlinie 2013/36/EU folgende Informationen offen:

a) Firma des Instituts, für das die in dieser Verordnung enthaltenen Anforderungen gelten,

b) Erläuterung der Unterschiede der Konsolidierungsbasis für Rechnungslegungs- und Aufsichtszwecke, mit einer kurzen Beschreibung der berücksichtigten Teilunternehmen und der Angabe, ob sie
   i) vollkonsolidiert,
   ii) quotenkonsolidiert,
   iii) von den Eigenmitteln abgezogen,
   iv) weder konsolidiert noch abgezogen sind,
c) alle vorhandenen oder abzusehenden wesentlichen tatsächlichen oder rechtlichen Hindernisse für die unverzügliche Übertragung von Eigenmitteln oder die Rückzahlung von Verbindlichkeiten zwischen dem Mutterunternehmen und seinen Tochterunternehmen,
d) Gesamtbetrag, um den die tatsächlichen Eigenmittel in allen nicht in die Konsolidierung einbezogenen Tochterunternehmen geringer als der vorgeschriebene Betrag ist, und Name oder Namen dieser Tochterunternehmen,
e) gegebenenfalls die Umstände der Inanspruchnahme der Artikel 7 und 9.

Art. 437 Eigenmittel. (1) Hinsichtlich ihrer Eigenmittel legen die Institute folgende Informationen offen:
a) eine vollständige Abstimmung der Posten des harten Kernkapitals, des zusätzlichen Kernkapitals, des Ergänzungskapitals, der Korrekturposten sowie der Abzüge von den Eigenmitteln des Instituts gemäß den Artikeln 32 bis 35, 36, 56, 66 und 79 mit der in den geprüften Abschlüssen des Instituts enthaltenen Bilanz,
b) eine Beschreibung der Hauptmerkmale der von dem Institut begebenen Instrumente des harten Kernkapitals, des zusätzlichen Kernkapitals und des Ergänzungskapitals,
c) die vollständigen Bedingungen im Zusammenhang mit allen Instrumenten des harten Kernkapitals, des zusätzlichen Kernkapitals und des Ergänzungskapitals,
d) als gesonderte Offenlegung der Art und Beträge folgender Elemente:
   i) alle nach den Artikeln 32 bis 35 angewandten Korrekturposten,
   ii) alle nach den Artikeln 36, 56 und 66 vorgenommenen Abzüge,
   iii) nicht im Einklang mit den Artikeln 47, 48, 56, 66 und 79 abgezogene Posten,
e) eine Beschreibung sämtlicher auf die Berechnung der Eigenmittel im Einklang mit dieser Verordnung angewandten Beschränkungen und der Instrumente, Korrekturposten und Abzüge, auf die diese Beschränkungen Anwendung finden,
f) eine umfassende Erläuterung der Berechnungsgrundlage der Kapitalquoten, falls die Institute Kapitalquoten offenlegen, die mit Hilfe von Eigenmittelbestandteilen berechnet wurden, die auf einer anderen als der in dieser Verordnung festgelegten Grundlage ermittelt wurden.

(2) *[1]* Die EBA erarbeitet Entwürfe technischer Durchführungsstandards, um einheitliche Muster für die Offenlegung gemäß Absatz 1 Buchstaben a, b, d und e festzulegen.

[2] Die EBA übermittelt der Kommission diese Entwürfe technischer Durchführungsstandards bis zum 28. Juli 2013.

[3] Der Kommission wird die Befugnis übertragen, die technischen Durchführungsstandards nach Unterabsatz 1 gemäß Artikel 15 der Verordnung (EU) Nr. 1093/2010 zu erlassen.

Art. 437a Offenlegung von Eigenmitteln und berücksichtigungsfähigen Verbindlichkeiten *(noch nicht in Kraft)*

Art. 438 Eigenmittelanforderungen. *[1]* Die Institute legen hinsichtlich der Einhaltung der Anforderungen des Artikels 92 dieser Verordnung und des Artikels 73 der Richtlinie 2013/36/EU folgende Informationen offen:

a) eine Zusammenfassung des Ansatzes, nach dem das Institut die Angemessenheit seines internen Kapitals zur Unterlegung der aktuellen und zukünftigen Aktivitäten beurteilt,

b) wenn von der relevanten zuständigen Behörde gefordert, das Ergebnis des institutseigenen Verfahrens zur Beurteilung der Angemessenheit seines internen Kapitals einschließlich der Zusammensetzung der gemäß Artikel 104 Absatz 1 Buchstabe a der Richtlinie 2013/36/EU geforderten zusätzlichen Eigenmittel aufgrund der aufsichtlichen Überprüfung,

c) für Institute, die die risikogewichteten Positionsbeträge nach Teil 3 Titel II Kapitel 2 berechnen, 8 % der risikogewichteten Positionsbeträge für jede der in Artikel 112 genannten Risikopositionsklassen,

d) für Institute, die die risikogewichteten Positionsbeträge nach Teil 3 Titel II Kapitel 3 berechnen, 8 % der risikogewichteten Positionsbeträge für jede der in Artikel 147 genannten Risikopositionsklassen. Bei der Klasse „Mengengeschäft" gilt diese Anforderung für alle Kategorien, denen die verschiedenen, in Artikel 154 Absätze 1 bis 4 genannten Korrelationen entsprechen. Bei der Klasse der Beteiligungsrisikopositionen gilt diese Anforderung für

   i) jeden der Ansätze nach Artikel 155,

   ii) börsengehandelte Beteiligungspositionen, Positionen aus privatem Beteiligungskapital in hinreichend diversifizierten Portfolios und sonstige Beteiligungspositionen,

   iii) Risikopositionen, für die bezüglich der Eigenmittelanforderungen eine aufsichtliche Übergangsregelung gilt,

   iv) Risikopositionen, für die bezüglich der Eigenmittelanforderungen Besitzstandswahrungsbestimmungen gelten,

e) gemäß Artikel 92 Absatz 3 Buchstaben b und c berechnete Eigenmittelanforderungen,

f) gemäß Teil 3 Titel III Kapitel 2, 3 und 4 berechnete Eigenmittelanforderungen, die separat offengelegt werden.

[2] Institute, die die risikogewichteten Positionsbeträge gemäß Artikel 153 Absatz 5 oder Artikel 155 Absatz 2 berechnen, legen die Risikopositionen für jede Kategorie gemäß Artikel 153 Absatz 5 Tabelle 1 oder für jedes Risikogewicht gemäß Artikel 155 Absatz 2 offen.

Art. 439 Gegenparteiausfallrisiko. In Bezug auf das Gegenparteiausfallrisiko des Instituts im Sinne des Teils 3 Titel II Kapitel 6 legen die Institute folgende Informationen offen:

a) eine Beschreibung der Methodik, nach der internes Kapital und Obergrenzen für Gegenparteiausfallrisikopositionen zugewiesen werden,

b) eine Beschreibung der Vorschriften für Besicherungen und zur Bildung von Kreditreserven,

c) eine Beschreibung der Vorschriften in Bezug auf Positionen mit Korrelationsrisiken,

d) eine Beschreibung der Höhe des Sicherheitsbetrags, den das Institut bei einer Herabstufung seiner Bonität nachschießen müsste,

e) den positiven Brutto-Zeitwert von Verträgen, positive Auswirkungen von Netting, die saldierte aktuelle Ausfallrisikoposition, gehaltene Sicherheiten und die Nettoausfallrisikoposition bei Derivaten. Die Nettoausfallrisikoposition bei Derivaten entspricht der Ausfallrisikoposition im Zusammenhang mit Derivatgeschäften nach Berücksichtigung rechtlich durchsetzbarer Netting-Vereinbarungen und Sicherheitenvereinbarungen,

f) die Messgrößen für den Risikopositionswert nach der gemäß Teil 3 Titel II Kapitel 6 Abschnitte 3 bis 6 jeweils anzuwendenden Methode,

g) den Nominalwert von Absicherungen über Kreditderivate und die Verteilung aktueller Ausfallrisikopositionen, aufgeschlüsselt nach Arten von Ausfallrisikopositionen;

h) die Nominalbeträge von Kreditderivatgeschäften, unterteilt nach Verwendung für den Risikopositionsbestand des Instituts und Verwendung im Rahmen der Vermittlertätigkeiten des Instituts, sowie die Verteilung der verwendeten Kreditderivate, wobei diese nach den innerhalb der einzelnen Produktgruppen erworbenen und veräußerten Absicherungen noch weiter aufzuschlüsseln ist,

i) für den Fall, dass dem Institut von den zuständigen Behörden die Genehmigung zur Schätzung von α erteilt worden ist, auch die α-Schätzung.

Art. 440 Kapitalpuffer. (1) In Bezug auf die Einhaltung des nach Titel VII Kapitel 4 der Richtlinie 2013/36/EU vorgeschriebenen antizyklischen Kapitalpuffers legen die Institute folgende Informationen offen:

a) die geografische Verteilung der für die Berechnung des antizyklischen Kapitalpuffers wesentlichen Kreditrisikopositionen,

b) die Höhe des institutsspezifischen antizyklischen Kapitalpuffers.

(2) *[1]* Die EBA arbeitet Entwürfe technischer Regulierungsstandards aus, um die in Absatz 1 aufgeführten Offenlegungspflichten zu präzisieren.

[2] Die EBA legt der Kommission diese Entwürfe technischer Regulierungsstandards bis zum 31. Dezember 2014 vor.

[3] Der Kommission wird die Befugnis übertragen, die technischen Regulierungsstandards nach Unterabsatz 1 gemäß den Artikeln 10 bis 14 der Verordnung (EU) Nr. 1093/2010 zu erlassen.

Art. 441 Indikatoren der globalen Systemrelevanz. (1) Institute, die gemäß Artikel 131 der Richtlinie 2013/36/EU als global systemrelevante Institute

(G-SRI) eingestuft werden, legen jährlich die Werte der Indikatoren offen, aus denen sich das Bewertungsergebnis der Institute gemäß der in jenem Artikel genannten Ermittlungsmethode ergibt.

(2) *[1]* [1] Die EBA arbeitet Entwürfe technischer Durchführungsstandards aus, in denen die einheitlichen Formate und Daten für die Zwecke der Offenlegung nach Absatz 1 präzisiert werden. [2] Sie trägt dabei internationalen Standards Rechnung.

[2] Die EBA legt der Kommission diese Entwürfe technischer Durchführungsstandards bis zum 1. Juli 2014 vor.

[3] Der Kommission wird die Befugnis übertragen, die technischen Durchführungsstandards nach Unterabsatz 1 gemäß Artikel 15 der Verordnung (EU) Nr. 1093/2010 zu erlassen.

Art. 442 Kreditrisikoanpassungen. *[1]* Bezüglich des Kredit- und des Verwässerungsrisikos legen die Institute folgende Informationen offen:

a) für Rechnungslegungszwecke die Definitionen von „überfällig" und „notleidend",
b) eine Beschreibung der bei der Bestimmung von spezifischen und allgemeinen Kreditrisikoanpassungen angewandten Ansätze und Methoden,
c) den Gesamtbetrag der Risikopositionen nach Rechnungslegungsaufrechnungen und ohne Berücksichtigung der Wirkung der Kreditrisikominderung, sowie den nach Risikopositionsklassen aufgeschlüsselten Durchschnittsbetrag der Risikopositionen während des Berichtszeitraums,
d) die geografische Verteilung der Risikopositionen, aufgeschlüsselt nach wichtigen Gebieten und wesentlichen Risikopositionsklassen, gegebenenfalls mit näheren Angaben,
e) die Verteilung der Risikopositionen auf Wirtschaftszweige oder Arten von Gegenparteien, aufgeschlüsselt nach Risikopositionsklassen sowie Angaben der Risikopositionen gegenüber KMU, gegebenenfalls mit näheren Angaben,
f) die Aufschlüsselung aller Risikopositionen nach Restlaufzeit und Risikopositionsklassen, gegebenenfalls mit näheren Angaben,
g) aufgeschlüsselt nach wesentlichen Wirtschaftszweigen oder Arten von Gegenparteien die Beträge der
   i) notleidenden und überfälligen Risikopositionen, getrennt aufgeführt,
   ii) spezifischen und allgemeinen Kreditrisikoanpassungen,
   iii) Aufwendungen für spezifische und allgemeine Kreditrisikoanpassungen während des Berichtszeitraums,
h) die Höhe der notleidenden und überfälligen Risikopositionen, getrennt aufgeführt und aufgeschlüsselt nach wesentlichen geografischen Gebieten, wenn praktikabel einschließlich der Beträge der spezifischen und allgemeinen Kreditrisikoanpassungen für jedes geografische Gebiet,
i) die getrennt dargestellte Abstimmung von Änderungen der spezifischen und der allgemeinen Kreditrisikoanpassungen für wertgeminderte Risikopositionen. Die Informationen müssen Folgendes umfassen:
   i) eine Beschreibung der Art der spezifischen und allgemeinen Kreditrisikoanpassungen,

ii) die Eröffnungsbestände,
iii) die während des Berichtszeitraums aus den Kreditrisikoanpassungen entnommenen Beträge,
iv) die während des Berichtszeitraums eingestellten oder rückgebuchten Beträge für geschätzte wahrscheinliche Verluste aus Risikopositionen, etwaige andere Berichtigungen, einschließlich derjenigen durch Wechselkursunterschiede, Zusammenfassung von Geschäftstätigkeiten, Erwerb und Veräußerung von Tochterunternehmen und Übertragungen zwischen Risikovorsorgebeträgen,
v) die Abschlussbestände.

[2] Direkt in die Gewinn- und Verlustrechnung übernommene spezifische Kreditrisikoanpassungen werden gesondert offengelegt.

Art. 443 Unbelastete Vermögenswerte. *[1]* [1] Die EBA gibt bis zum 30. Juni 2014 Leitlinien zur Offenlegung unbelasteter Vermögenswerte heraus, in denen sie die Empfehlung ESRB 2012/2 des Europäischen Ausschusses für Systemrisiken vom 20. Dezember 2012 über die Refinanzierung von Kreditinstituten[1)], insbesondere die Empfehlung D – Markttransparenz bezüglich der Belastung von Vermögenswerten – berücksichtigt. [2] Diese Leitlinien werden gemäß Artikel 16 der Verordnung (EU) Nr. 1093/2010 angenommen.

[2] Die EBA arbeitet Entwürfe technischer Regulierungsstandards zur Präzisierung der Offenlegung des Bilanzwerts jeder Risikopositionsklasse, aufgeschlüsselt nach der Bonität der Vermögenswerte, und des gesamten unbelasteten Bilanzwerts unter Berücksichtigung der Empfehlung ESRB 2012/2 und sofern sie in ihrem Bericht die Auffassung vertritt, dass eine derartige zusätzliche Offenlegung verlässliche und aussagekräftige Informationen liefert.

[3] Die EBA legt der Kommission diese Entwürfe technischer Regulierungsstandards bis zum 1. Januar 2016 vor.

[4] Der Kommission wird die Befugnis übertragen, die technischen Regulierungsstandards nach Unterabsatz 1 gemäß den Artikeln 10 bis 14 der Verordnung (EU) Nr. 1093/2010 zu erlassen.

Art. 444 Inanspruchnahme von ECAI. Institute, die die risikogewichteten Positionsbeträge nach Teil 3 Titel II Kapitel 2 berechnen, legen für jede der in Artikel 112 genannten Risikopositionsklassen folgende Informationen offen:
a) die Namen der benannten ECAI und Exportversicherungsagenturen (ECA) und die Gründe für etwaige Änderungen,
b) die Risikopositionsklassen, für die eine ECAI oder ECA jeweils in Anspruch genommen wird,
c) eine Beschreibung des Verfahrens zur Übertragung der Bonitätsbeurteilungen von Emittenten und Emissionen auf Posten, die nicht Teil des Handelsbuchs sind,
d) die Zuordnung der externen Bonitätsbeurteilungen aller benannten ECAI oder ECA zu den in Bonitätsstufen des Teils 3 Titel II Kapitel 2, wobei zu berücksichtigen ist, dass diese Informationen nicht offengelegt werden müs-

---

1) **Amtl. Anm.:** ABl. C 119, vom 25.4.2013, S. 1.

sen, wenn das Institut sich an die von der EBA veröffentlichte Standardzuordnung hält,

e) die Risikopositionswerte und die Risikopositionswerte nach Kreditrisikominderung, die den einzelnen Bonitätsstufen des Teils 3 Titel II Kapitel 2 zugeordnet werden, sowie die von den Eigenmitteln abgezogenen Werte.

Art. 445 Marktrisiko. [1] Institute, die ihre Eigenmittelanforderungen gemäß Artikel 92 Absatz 3 Buchstaben b und c berechnen, legen die Anforderungen für jedes in diesen Bestimmungen genannte Risiko getrennt offen. [2] Darüber hinaus ist die Eigenmittelanforderung für das spezifische Zinsrisiko bei Verbriefungspositionen gesondert offenzulegen.

Art. 446 Operationelles Risiko. Die Institute legen die Ansätze für die Bewertung der Eigenmittelanforderungen für operationelle Risiken, die sie anwenden dürfen, offen; sie legen außerdem eine Beschreibung der Methode nach Maßgabe von Artikel 312 Absatz 2 vor, falls sie diese anwenden, einschließlich einer Erläuterung relevanter interner und externer Faktoren, die beim Messansatz des Instituts berücksichtigt werden, sowie – bei teilweiser Anwendung – den Anwendungsbereich und -umfang der verschiedenen Methoden.[1]

Art. 447 Risiko aus nicht im Handelsbuch enthaltenen Beteiligungspositionen. Die Institute legen zu nicht im Handelsbuch enthaltenen Beteiligungspositionen folgende Informationen offen:

a) die Differenzierung der Risikopositionen nach ihren Zielen, einschließlich nach Gewinnerzielungsabsichten und strategischen Zielen, und einen Überblick über die angewandten Rechnungslegungstechniken und Bewertungsmethoden, einschließlich der wichtigsten Annahmen und Verfahren für die Bewertung und etwaige wesentliche Änderungen dieser Verfahren,

b) den Bilanzwert, den beizulegenden Zeitwert und bei börsengehandelten Titeln einen Vergleich zum Marktwert, falls dieser wesentlich vom beizulegenden Zeitwert abweicht,

c) Art und Beträge börsengehandelter Beteiligungspositionen, von Positionen aus privatem Beteiligungskapital in hinreichend diversifizierten Portfolios und sonstiger Beteiligungspositionen,

d) die kumulierten realisierten Gewinne oder Verluste aus Verkäufen und Liquidationen während des Berichtszeitraums und

e) die Summe der nicht realisierten Gewinne oder Verluste, die Summe der latenten Neubewertungsgewinne oder -verluste und alle in das harte Kernkapital einbezogenen Beträge dieser Art.

Art. 448 Zinsrisiko aus nicht im Handelsbuch enthaltenen Positionen.

Die Institute legen zum Zinsrisiko ihrer nicht im Handelsbuch enthaltenen Positionen folgende Informationen offen:

a) die Art des Zinsrisikos und die wichtigsten Annahmen (einschließlich der Annahmen bezüglich der Rückzahlung von Krediten vor Fälligkeit und des

---

[1] Punkt fehlt im ABl.EU.

Verhaltens unbefristeter Einlagen) sowie die Häufigkeit der Messung des Zinsrisikos,

b) Schwankungen bei Gewinnen, wirtschaftlichem Wert oder anderen relevanten Messgrößen, die vom Management bei Auf- und Abwärtsschocks entsprechend seiner Methode zur Messung des Zinsrisikos verwendet werden, aufgeschlüsselt nach Währungen.

Art. 449 Risiko aus Verbriefungspositionen. Institute, die die risikogewichteten Positionsbeträge nach Teil 3 Titel II Kapitel 5 oder die Eigenmittelanforderungen nach Artikel 337 oder 338 berechnen, legen – gegebenenfalls nach Handels- und Anlagebuch getrennt – folgende Informationen offen:

a) eine Beschreibung der Ziele des Instituts hinsichtlich seiner Verbriefungsaktivitäten,

b) die Art der sonstigen Risiken, einschließlich des Liquiditätsrisikos, bei verbrieften Forderungen,

c) die Arten von Risiken, die sich aus dem Rang der zugrunde liegenden Verbriefungspositionen und aus den diesen Positionen zugrunde liegenden Forderungen, die im Zuge der Wiederverbriefung übernommen und gehalten werden, ergeben,

d) die verschiedenen Rollen, die das Institut beim Verbriefungsprozess wahrnimmt,

e) Angaben zum Umfang des Engagements des Instituts in den in Buchstabe d genannten Rollen,

f) eine Beschreibung der Verfahren, mit denen Veränderungen beim Kredit- und Marktrisiko von Verbriefungspositionen beobachtet werden und außerdem verfolgt wird, wie sich das Verhalten der zugrunde liegenden Forderungen auf die Verbriefungsposition auswirkt, sowie eine Beschreibung, in welchen Punkten sich diese Verfahren bei Wiederverbriefungspositionen unterscheiden,

g) eine Beschreibung der Vorschriften, die das Institut in Bezug auf Besicherung mit und Absicherung ohne Sicherheitsleistung erlassen hat, um die Risiken zurückgehaltener Verbriefungs- und Wiederverbriefungspositionen zu verringern, einschließlich einer nach Art der Risikoposition aufgeschlüsselten Auflistung aller Gegenparteien bei wesentlichen Sicherungsgeschäften,

h) die Ansätze zur Berechnung der risikogewichteten Positionsbeträge, die das Institut bei seinen Verbriefungstätigkeiten anwendet, einschließlich der Arten von Verbriefungspositionen, auf die die einzelnen Ansätze angewandt werden,

i) die Arten von Verbriefungszweckgesellschaften, die das Institut als Sponsor zur Verbriefung von Forderungen Dritter nutzt, einschließlich der Angabe, ob und in welcher Form und welchem Umfang *das Institut an Risikoposition*[1] gegenüber diesen Zweckgesellschaften hat, und zwar gesondert für bilanzwirksame und für außerbilanzielle Risikopositionen, sowie eine Liste der Unternehmen, die von dem Institut verwaltet oder beraten werden und die entweder in die von dem Institut verbrieften Verbriefungspositionen oder in

[1] Richtig wohl: „das Institut Risikopositionen".

die von dem Institut unterstützten Verbriefungszweckgesellschaften investieren,

j) eine Zusammenfassung der Rechnungslegungsmethoden des Instituts bei Verbriefungstätigkeiten, einschließlich

i) der Angabe, ob die Transaktionen als Verkäufe oder Finanzierungen behandelt werden,

ii) der Erfassung von Gewinnen aus Verkäufen,

iii) der Methoden, wichtigsten Annahmen, Parameter und Änderungen im Vergleich zum vorangegangenen Zeitraum für die Bewertung von Verbriefungspositionen,

iv) der Behandlung synthetischer Verbriefungen, sofern dies nicht unter andere Rechnungslegungsmethoden fällt,

(v)[1] der Angabe, wie Forderungen, die verbrieft werden sollen, bewertet werden, und ob sie im Anlage- oder Handelsbuch des Instituts erfasst werden,

(vi)[2] der Methoden für den Ansatz von Verbindlichkeiten in der Bilanz bei Vereinbarungen, die das Institut dazu verpflichten könnten, für verbriefte Forderungen finanzielle Unterstützung bereitzustellen,

k) die Namen der ECAI, die bei Verbriefungen in Anspruch genommen werden, und die Arten von Forderungen, für die jede einzelne Agentur in Anspruch genommen wird,

l) gegebenenfalls eine Beschreibung des internen Bemessungsansatzes nach Teil 3 Titel II Kapitel 5 Abschnitt 3 einschließlich der Struktur des internen Bemessungsverfahrens und dem Verhältnis zwischen interner Bemessung und externen Bonitätsbeurteilungen, der Verwendung der internen Bemessung für andere Zwecke als zur Berechnung der Eigenmittel nach dem internen Bemessungsansatz, der Kontrollmechanismen für den internen Bemessungsprozess einschließlich einer Erörterung von Unabhängigkeit, Rechenschaftspflicht und Überprüfung des internen Bemessungsprozesses; die Arten von Risikopositionen, bei denen der interne Bemessungsprozess zur Anwendung kommt, und aufgeschlüsselt nach Risikopositionsarten die Stressfaktoren, die zur Bestimmung des jeweiligen Bonitätsverbesserungsniveaus zugrunde gelegt werden,

m) eine Erläuterung jeder erheblichen Veränderung, die seit dem letzten Berichtszeitraum bei einer der quantitativen Angaben nach den Buchstaben n bis q eingetreten ist,

n) für Handels- und Anlagebuch getrennt die folgenden Angaben, nach Risikopositionsarten aufgeschlüsselt:

i) die Gesamthöhe der ausstehenden, vom Institut verbrieften Forderungen, getrennt nach traditionellen und synthetischen Verbriefungen und Verbriefungen, bei denen das Institut lediglich als Sponsor auftritt,

ii) die Summe der einbehaltenen oder erworbenen in der Bilanz ausgewiesenen Verbriefungspositionen und der nicht in der Bilanz ausgewiesenen Verbriefungspositionen,

---

[1] Richtig wohl: „v)".
[2] Richtig wohl: „vi)".

iii) die Summe der Forderungen, die verbrieft werden sollen,

iv) bei verbrieften Fazilitäten mit Klausel für vorzeitige Tilgung die Summe der gezogenen Forderungen, die den Anteilen des Originators bzw. Anlegers zugeordnet werden, die Summe der Eigenmittelanforderungen, die dem Institut aus den Anteilen des Originators entstehen, und die Summe der Eigenmittelanforderungen, die dem Institut aus den Anteilen des Anlegers an gezogenen Beträgen und nicht gezogenen Linien entstehen,

(v)[1] die Höhe der Verbriefungspositionen, die von den Eigenmitteln abgezogen oder mit 1 250 % risikogewichtet werden,

(vi)[2] eine Zusammenfassung der Verbriefungstätigkeit im laufenden Zeitraum, einschließlich der Höhe der verbrieften Forderungen und erfassten Gewinne oder Verluste beim Verkauf,

o) für Handels- und Anlagebuch getrennt die folgenden Angaben:

i) für jeden Ansatz zur Eigenmittelunterlegung die Summe der einbehaltenen oder erworbenen Verbriefungspositionen samt der dazugehörigen Eigenmittelanforderungen, aufgeschlüsselt in Verbriefungs- und Wiederverbriefungsforderungen und weiter aufgeschlüsselt in eine aussagekräftige Zahl von Risikogewichtungs- oder Eigenmittelbändern,

ii) die Summe der einbehaltenen oder erworbenen Wiederverbriefungsforderungen, aufgeschlüsselt nach Forderung vor und nach Absicherung/Versicherung und nach Forderung an Finanzgarantiegeber, aufgeschlüsselt nach Bonitätskategorien oder Namen der Garantiegeber,

p) für das Anlagebuch und in Bezug auf die vom Institut verbrieften Forderungen die Höhe der verbrieften wertgeminderten/überfälligen Risikopositionen und die vom Institut im laufenden Zeitraum erfassten Verluste, beides aufgeschlüsselt nach Risikopositionsarten,

q) für das Handelsbuch die Summe der ausstehenden Forderungen, die vom Institut verbrieft wurden und einer Eigenmittelanforderung für das Marktrisiko unterliegen, aufgeschlüsselt nach traditionellen/synthetischen Verbriefungen und Risikopositionsarten,

r) gegebenenfalls, ob das Institut im Rahmen von Artikel 248 Absatz 1 Unterstützung geleistet hat, und die Auswirkung auf die Eigenmittel.

Art. 449a Offenlegung der Umwelt-, Sozial- und Unternehmensführungsrisiken ('environmental, social and governance risks' – ESG-Risiken) *(noch nicht in Kraft)*

Art. 450 Vergütungspolitik. (1) In Bezug auf die Vergütungspolitik und -praxis für Mitarbeiterkategorien, deren Tätigkeit sich wesentlich auf das Risikoprofil auswirkt, legen die Institute mindestens Folgendes offen:

a) Angaben zum Entscheidungsprozess, der zur Festlegung der Vergütungspolitik führt, sowie zur Zahl der Sitzungen des für die Vergütungsaufsicht verantwortlichen Hauptgremiums während des Geschäftsjahrs, gegebenenfalls

---

[1] Richtig wohl: „v)".
[2] Richtig wohl: „vi)".

mit Angaben zur Zusammensetzung und zum Mandat eines Vergütungsausschusses, zu dem externen Berater, dessen Dienste bei der Festlegung der Vergütungspolitik in Anspruch genommen wurden, und zur Rolle der maßgeblichen Interessenträger,

b) Angaben zur Verknüpfung von Vergütung und Erfolg,

c) die wichtigsten Gestaltungsmerkmale des Vergütungssystems, einschließlich Informationen über die Kriterien für die Erfolgsmessung und Risikoausrichtung, die Strategie zur Rückstellung der Vergütungszahlung und die Erdienungskriterien,

d) die gemäß Artikel 94 Absatz 1 Buchstabe g der Richtlinie 2013/36/EU festgelegten Werte für das Verhältnis zwischen dem festen und dem variablen Vergütungsbestandteil,

e) Angaben zu den Erfolgskriterien, anhand deren über den Anspruch auf Aktien, Optionen oder variable Vergütungskomponenten entschieden wird,

f) die wichtigsten Parameter und Begründungen für Systeme mit variablen Komponenten und sonstige Sachleistungen,

g) zusammengefasste quantitative Angaben zu den Vergütungen, aufgeschlüsselt nach Geschäftsbereichen,

h) zusammengefasste quantitative Angaben zu den Vergütungen, aufgeschlüsselt nach Geschäftsleitung und Mitarbeitern, deren Tätigkeit einen wesentlichen Einfluss auf das Risikoprofil des Instituts hat, aus denen Folgendes hervorgeht:

   i) die Vergütungsbeträge für das Geschäftsjahr, aufgeteilt in feste und variable Vergütung, sowie die Zahl der Begünstigten,

   ii) die Beträge und Formen der variablen Vergütung, aufgeteilt in Bargeld, Aktien, mit Aktien verknüpfte Instrumente und andere Arten,

   iii) die Beträge der ausstehenden zurückbehaltenen Vergütung, aufgeteilt in erdiente und noch nicht erdiente Teile,

   iv) die Beträge der zurückbehaltenen Vergütung, die während des Geschäftsjahres gewährt, ausgezahlt oder infolge von Leistungsanpassungen gekürzt wurden,

   v) während des Geschäftsjahres gezahlte Neueinstellungsprämien und Abfindungen sowie die Zahl der Begünstigten dieser Zahlungen,

   vi) die Beträge der während des Geschäftsjahres gewährten Abfindungen, die Zahl der Begünstigten sowie der höchste derartige Betrag, der einer Einzelperson zugesprochen wurde,

i) die Zahl der Personen, deren Vergütung sich im Geschäftsjahr auf 1 Mio. EUR oder mehr beläuft, aufgeschlüsselt nach Vergütungsstufen von 500 000 EUR bei Vergütungen zwischen 1 Mio. EUR und 5 Mio. EUR sowie aufgeschlüsselt nach Vergütungsstufen von 1 Mio. EUR bei Vergütungen von 5 Mio. EUR und mehr,

j) wenn von dem Mitgliedstaat oder der zuständigen Behörde angefordert, die Gesamtvergütung jedes Mitglieds des Leitungsorgans oder der Geschäftsleitung.

(2) *[1]* Für Institute, die aufgrund ihrer Größe, ihrer internen Organisation und der Art, des Umfangs und der Komplexität ihrer Geschäfte von erheblicher

Bedeutung sind, werden die in diesem Artikel genannten quantitativen Angaben für die Ebene der Mitglieder des Leitungsorgans des Instituts auch öffentlich zugänglich gemacht.

[2] Die Institute halten die Anforderungen dieses Artikels in einer ihrer Größe, internen Organisation und der Art, dem Umfang und der Komplexität ihrer Tätigkeiten entsprechenden Weise sowie unbeschadet der Richtlinie 95/46/EG ein.

Art. 451 Verschuldung. (1)[1)] Institute legen hinsichtlich ihrer gemäß Artikel 429 berechneten Verschuldungsquote und der Überwachung des Risikos einer übermäßigen Verschuldung folgende Informationen offen:

a) die Verschuldungsquote sowie die Art und Weise, wie das Institut Artikel 499 Absätze 2 und 3 anwendet,
b) eine Aufschlüsselung der Gesamtrisikopositionsmessgröße sowie eine Abstimmung dieser Größe mit den einschlägigen in veröffentlichten Abschlüssen offengelegten Angaben,
c) gegebenenfalls den Betrag gemäß Artikel 429 Absatz 11 ausgebuchter Treuhandpositionen,
d) eine Beschreibung der Verfahren zur Überwachung des Risikos einer übermäßigen Verschuldung,
e) eine Beschreibung der Faktoren, die während des Berichtszeitraums Auswirkungen auf die jeweilige offengelegte Verschuldungsquote hatten.

(2) *[1]* Die EBA arbeitet Entwürfe technischer Durchführungsstandards aus, um das einheitliche Format für die Offenlegung nach Absatz 1 und Anweisungen zur Verwendung des Formats festzulegen.

[2] Die EBA legt der Kommission diese Entwürfe technischer Durchführungsstandards bis 30. Juni 2014 vor.

[3] Der Kommission wird die Befugnis übertragen, die technischen Durchführungsstandards nach Unterabsatz 1 gemäß Artikel 15 der Verordnung (EU) Nr. 1093/2010 zu erlassen.

Art. 451a Offenlegung von Liquiditätsanforderungen *(noch nicht in Kraft)*

Titel III. Anforderungen an die Verwendung bestimmter Instrumente oder Methoden

Art. 452 Anwendung des IRB-Ansatzes auf Kreditrisiken. *[1]* [1] Institute, die die risikogewichteten Positionsbeträge nach dem IRB-Ansatz berechnen, legen folgende Informationen offen:

a) die Erlaubnis der zuständigen Behörden zur Verwendung des Ansatzes oder die akzeptierten Übergangsregelungen,
b) eine Erläuterung und einen Überblick über
   i) die Struktur der internen Beurteilungssysteme und den Zusammenhang zwischen internen und externen Bonitätsbeurteilungen,

---

[1)] Art. 451 Abs. 1 gilt gem. Art. 521 Abs. 2 UAbs. 1 Buchst. a ab dem 1.1.2015.

ii) die Verwendung interner Schätzungen für andere Zwecke als zur Berechnung der risikogewichteten Positionsbeträge nach Teil 3 Titel II Kapitel 3,
iii) das Verfahren zur Steuerung und Anerkennung von Kreditrisikominderungen,
iv) die Kontrollmechanismen für Ratingsysteme, einschließlich einer Beschreibung der Unabhängigkeit und Verantwortlichkeiten, und die Überprüfung dieser Systeme,

c) eine Beschreibung des internen Bewertungsverfahrens, aufgeschlüsselt nach den folgenden Risikopositionsklassen:
i) Risikopositionen gegenüber Zentralstaaten und Zentralbanken,
ii) Risikopositionen gegenüber Instituten,
iii) Risikopositionen gegenüber Unternehmen, einschließlich KMU, Spezialfinanzierungen und angekaufte Unternehmensforderungen,
iv) Risikopositionen aus dem Mengengeschäft, für jede der Kategorien, denen die verschiedenen in den Artikeln 154 Absätze 1 bis 4 genannten Korrelationen entsprechen,
(v)[1] Beteiligungsrisikopositionen,

d) die Risikopositionsbeträge für jede der in Artikel 147 genannten Risikopositionsklassen. Verwenden die Institute bei Risikopositionen gegenüber Zentralstaaten, Zentralbanken, Instituten und Unternehmen für die Berechnung der risikogewichteten Positionsbeträge eigene Schätzungen der LGD oder der Umrechnungsfaktoren, so werden die betreffenden Risikopositionen getrennt von den Risikopositionen offengelegt, für die die Institute solche Schätzungen nicht verwenden,

e) für die Risikopositionsklassen Zentralstaaten und Zentralbanken, Institute, Unternehmen und Beteiligungsrisikopositionen und für eine ausreichende Zahl von Schuldnerklassen (einschließlich der Klasse „Ausfall"), die eine sinnvolle Differenzierung des Kreditrisikos zulassen, legen die Institute gesondert Folgendes offen:
i) den Gesamtkreditbestand, einschließlich für die Risikopositionsklassen Zentralstaaten und Zentralbanken, Institute und Unternehmen, und die Summe der ausstehenden Kredite und Risikopositionswerte für nicht in Anspruch genommene Zusagen; und für Beteiligungsrisikopositionen den ausstehenden Betrag,
ii) das positionsgewichtete durchschnittliche Risikogewicht,
iii) für Institute, die eigene Schätzungen der Umrechnungsfaktoren für die Berechnung der risikogewichteten Positionsbeträge verwenden, den Betrag der nicht in Anspruch genommenen Zusagen und die positionsgewichteten durchschnittlichen Risikopositionswerte für jede Risikopositionsklasse,

f) für die Risikopositionsklasse „Mengengeschäft" und für jede der unter Buchstabe c Ziffer iv genannten Kategorien entweder die unter Buchstabe e beschriebenen Offenlegungen (gegebenenfalls auf der Basis von Pools) oder eine

---

[1] Richtig wohl: „v)".

Analyse der Risikopositionen (ausstehende Kredite und Risikopositionswerte für nicht in Anspruch genommene Zusagen), bezogen auf eine ausreichende Anzahl an Klassen für erwartete Verluste (EL), die eine sinnvolle Differenzierung des Kreditrisikos ermöglichen (gegebenenfalls auf der Basis von Pools),

g) die tatsächlichen spezifischen Kreditrisikoanpassungen im vorhergehenden Zeitraum für jede Risikopositionsklasse (für die Klasse „Mengengeschäft" für jede der unter Buchstabe c Ziffer iv genannten Kategorien) und wie diese von den Erfahrungswerten der Vergangenheit abweichen,

h) eine Beschreibung der Faktoren, die Einfluss auf die erlittenen Verluste in der Vorperiode hatten (hatte das Institut z.B. überdurchschnittliche Ausfallraten oder überdurchschnittliche LGD und Umrechnungsfaktoren zu verzeichnen),

i) eine Gegenüberstellung der Schätzungen des Instituts und der tatsächlichen Ergebnisse über einen längeren Zeitraum. Diese Gegenüberstellung umfasst mindestens Angaben über Verlustschätzungen im Vergleich zu den tatsächlichen Verlusten für jede Risikopositionsklasse (für die Klasse „Mengengeschäft" für jede der unter Buchstabe c Ziffer iv genannten Kategorien) über einen ausreichenden Zeitraum, um eine sinnvolle Bewertung der Leistungsfähigkeit der internen Beurteilungsverfahren für jede Risikopositionsklasse zu ermöglichen (für die Klasse „Mengengeschäft" für jede der unter Buchstabe c Ziffer iv genannten Kategorien). Gegebenenfalls schlüsseln die Institute diese Angaben weiter auf, um die PD sowie, im Falle von Instituten, die eigene Schätzungen der LGD und/oder der Umrechnungsfaktoren verwenden, die tatsächlichen LGD und Umrechnungsfaktoren im Vergleich zu den Schätzungen in den quantitativen Offenlegungen zur Risikobewertung gemäß diesem Artikel zu analysieren,

j) für alle Risikopositionsklassen nach Artikel 147 und für alle betreffenden Kategorien, denen die verschiedenen in Artikel 154 Absätze 1 bis 4 genannten Korrelationen entsprechen:
   i) für Institute, die bei der Berechnung der risikogewichteten Positionsbeträge eigene Schätzungen der LGD verwenden, die positionsgewichteten durchschnittlichen LGD und PD in Prozent für jede geografische Belegenheit der Kreditrisikopositionen,
   ii) für Institute, die keine eigenen Schätzungen der LGD verwenden, die positionsgewichtete durchschnittliche PD in Prozent für jede geografische Belegenheit der Kreditrisikopositionen.

[2] Für die Zwecke von Buchstabe c umfasst die Beschreibung die Arten von Risikopositionen, die in der jeweiligen Risikopositionsklasse enthalten sind, die Definitionen, Methoden und Daten für die Schätzung und Validierung der PD und gegebenenfalls der LGD und Umrechnungsfaktoren, einschließlich der bei der Ableitung dieser Variablen getroffenen Annahmen, und die Beschreibungen wesentlicher Abweichungen von der in Artikel 178 enthaltenen Definition des Ausfalls, einschließlich der von diesen Abweichungen betroffenen breiten Segmente.

[3] Für die Zwecke von Buchstabe j bedeutet „geografische Belegenheit der Kreditrisikopositionen" Risikopositionen in den Mitgliedstaaten, in denen das Institut zugelassen wurde, sowie in Mitgliedstaaten oder Drittstaaten, in denen

die Institute ihre Geschäfte durch eine Zweigstelle oder ein Tochterunternehmen ausüben.

Art. 453 Verwendung von Kreditrisikominderungstechniken. Institute, die Kreditrisikominderungstechniken verwenden, legen folgende Informationen offen:

a) die Vorschriften und Verfahren für das bilanzielle und außerbilanzielle Netting und eine Angabe des Umfangs, in dem das Institut davon Gebrauch macht,

b) die Vorschriften und Verfahren für die Bewertung und Verwaltung von Sicherheiten,

c) eine Beschreibung der wichtigsten Arten von Sicherheiten, die vom Institut angenommen werden,

d) die wichtigsten Arten von Garantiegebern und Kreditderivatgegenparteien und deren Kreditwürdigkeit,

e) Informationen über Markt- oder Kreditrisikokonzentrationen innerhalb der Kreditrisikominderung,

f) für Institute, die die risikogewichteten Positionsbeträge nach dem Standardansatz oder dem IRB-Ansatz berechnen, aber keine eigenen Schätzungen der LGD oder Umrechnungsfaktoren in Bezug auf die jeweilige Risikopositionsklasse vorlegen, getrennt für jede einzelne Risikopositionsklasse den gesamten Risikopositionswert (gegebenenfalls nach dem bilanziellen oder außerbilanziellen Netting), der durch geeignete finanzielle und andere geeignete Sicherheiten besichert ist – nach der Anwendung von Volatilitätsanpassungen,

g) für Institute, die die risikogewichteten Positionsbeträge nach dem Standardansatz oder dem IRB-Ansatz berechnen, getrennt für jede Risikopositionsklasse den gesamten Risikopositionswert (gegebenenfalls nach dem bilanziellen oder außerbilanziellen Netting), der durch Garantien, Bürgschaften oder Kreditderivate abgesichert ist. Für die Risikopositionsklasse der Beteiligungsrisikopositionen gilt diese Anforderung für jeden der in Artikel 155 vorgesehenen Ansätze.

Art. 454 Verwendung fortgeschrittener Messansätze für operationelle Risiken. Institute, die die fortgeschrittenen Messansätze gemäß den Artikeln 321 bis 324 zur Berechnung ihrer Eigenmittelanforderungen für das operationelle Risiko verwenden, legen eine Beschreibung der Nutzung von Versicherungen und anderer Risikoübertragungsmechanismen zur Minderung des Risikos offen.

Art. 455 Verwendung interner Modelle für das Marktrisiko. Institute, die ihre Eigenmittelanforderungen nach Artikel 363 berechnen, legen folgende Informationen offen:

a) für jedes Teilportfolio:

   i) die Charakteristika der verwendeten Modelle,

   ii) *ii)*[1] gegebenenfalls in Bezug auf die internen Modelle für das zusätzliche Ausfall- und Migrationsrisiko und für Korrelationshandelsaktivitäten die verwendeten Methoden und die anhand eines internen Modells ermit-

[1] Doppelte Nummer amtlich.

telten Risiken, einschließlich einer Beschreibung der Vorgehensweise des Instituts bei der Bestimmung von Liquiditätshorizonten, sowie die Methoden, die verwendet wurden, um zu einer dem geforderten Soliditätsstandard entsprechenden Bewertung der Eigenmittel zu gelangen, und die Vorgehensweisen bei der Validierung des Modells,

iii) eine Beschreibung der auf das Teilportfolio angewandten Stresstests,

iv) eine Beschreibung der beim Rückvergleich und der Validierung der Genauigkeit und Konsistenz der internen Modelle und Modellierungsverfahren angewandten Ansätze,

b) den Umfang der Genehmigung der zuständigen Behörde,

c) eine Beschreibung des Ausmaßes, in dem die Anforderungen der Artikel 104 und 105 eingehalten werden und der dazu verwendeten Methoden,

d) den höchsten, den niedrigsten und den Mittelwert aus:

i) den täglichen Werten des Risikopotenzials über den gesamten Berichtszeitraum und an dessen Ende,

ii) den Werten des Risikopotenzials unter Stressbedingungen über den gesamten Berichtszeitraum und an dessen Ende,

iii) den Risikomaßzahlen für das zusätzliche Ausfall- und Migrationsrisiko und für das spezifische Risiko des Korrelationshandelsportfolios über den Berichtszeitraum sowie an dessen Ende,

e) die Bestandteile der Eigenmittelanforderung nach Artikel 364,

f) den gewichteten durchschnittlichen Liquiditätshorizont für jedes von den internen Modellen für das zusätzliche Ausfall- und Migrationsrisiko und für Korrelationshandelsaktivitäten abgedeckte Teilportfolio,

(g)[1] einen Vergleich zwischen den täglichen Werten des Risikopotenzials auf Basis einer eintägigen Haltedauer und den eintägigen Änderungen des Portfoliowerts am Ende des nachfolgenden Geschäftstages, einschließlich einer Analyse aller wesentlichen Überschreitungen im Laufe des Berichtszeitraums.

Teil 9. Delegierte Rechtsakte und Durchführungsrechtsakte

Art. 456 Delegierte Rechtsakte. (1) Der Kommission wird die Befugnis übertragen, delegierte Rechtsakte gemäß Artikel 462 in Bezug auf folgende Aspekte zu erlassen:

a) Präzisierung der Begriffsbestimmungen in den Artikeln 4, 5, 142, 153, 192, 242, 272, 300, 381 und 411, um eine einheitliche Anwendung dieser Verordnung sicherzustellen,

b) Präzisierung der Begriffsbestimmungen in den Artikeln 4, 5, 142, 153, 192, 242, 272, 300, 381 und 411, um bei der Anwendung dieser Verordnung die Entwicklungen auf den Finanzmärkten zu berücksichtigen,

c) Anpassung der Liste der Risikopositionsklassen in den Artikeln 112 und 147, um die Entwicklungen auf den Finanzmärkten zu berücksichtigen,

---

[1] Richtig wohl: „g)“.

d) Betrag zur Berücksichtigung inflationsbedingter Auswirkungen, der in den Artikeln 123 Buchstabe c, 147 Absatz 5 Buchstabe a, 153 Absatz 4 und 162 Absatz 4 spezifiziert wird,
e) Liste und Klassifizierung der außerbilanziellen Geschäfte in den Anhängen I und II, um den Entwicklungen auf den Finanzmärkten Rechnung zu tragen,
f) Anpassung der Kategorien von Wertpapierfirmen in Artikel 95 Absatz 1 und Artikel 96 Absatz 1, um den Entwicklungen auf den Finanzmärkten Rechnung zu tragen,
g) Klärung der Anforderung in Artikel 97 zwecks einheitlicher Anwendung dieser Verordnung,
h) Änderung der Eigenmittelanforderungen nach den Artikeln 301 bis 311 sowie den Artikeln 50a bis 50d der Verordnung (EU) Nr. 648/2012 zur Berücksichtigung von Entwicklungen oder Änderungen der internationalen Standards für Risikopositionen gegenüber einer zentraler Gegenpartei,
i) Klärung der in den Ausnahmeregelungen nach Artikel 400 verwendeten Begriffe,
j) Änderung der Kapitalmessgröße und der Gesamtrisikopositionsmessgröße der Verschuldungsquote nach Artikel 429 Absatz 2, um etwaige aufgrund der Meldungen nach Artikel 430 Absatz 1 festgestellten Mängel vor der gemäß Artikel 451 Absatz 1 Buchstabe a vorgeschriebenen Veröffentlichung der Verschuldungsquote durch die Institute zu korrigieren.

(2) *[1]* [1] Die EBA überwacht die Eigenmittelanforderungen für das Risiko einer Anpassung der Kreditbewertung und legt der Kommission bis 1. Januar 2015 einen Bericht vor. [2] Darin wird insbesondere Folgendes bewertet:
a) die Behandlung des CVA-Risikos als eigenständige Anforderung im Vergleich zu einer Behandlung als integraler Bestandteil des Marktrisikos,
b) der Anwendungsbereich der Eigenmittelanforderungen für das CVA-Risiko einschließlich der Ausnahme nach Artikel 482,
c) anerkennungsfähige Absicherungen,
d) die Berechnung der Eigenmittelanforderungen für das CVA-Risiko.

[2] Ausgehend von diesem Bericht und sofern dessen Ergebnis lautet, dass eine derartige Maßnahme notwendig ist, wird der Kommission ferner die Befugnis übertragen, einen delegierten Rechtsakt nach Artikel 462 zu erlassen, um Artikel 381, Artikel 382 Absätze 1, 2 und 3 und die Artikel 383 bis 386 betreffend diese Punkte zu ändern.

Art. 457 Technische Anpassungen und Korrekturen. Der Kommission wird die Befugnis übertragen, delegierte Rechtsakte nach Artikel 462 zu erlassen, um technische Anpassungen und Korrekturen nicht wesentlicher Elemente der folgenden Vorschriften vorzunehmen, damit Entwicklungen hinsichtlich neuer Finanzprodukte oder -tätigkeiten Rechnung getragen wird, um infolge von Entwicklungen nach dem Erlass dieser Verordnung Anpassungen anderer Rechtsakte der Union über Finanzdienstleistungen und Rechnungslegung, einschließlich Rechnungslegungsstandards nach der Verordnung (EG) Nr. 1606/2002, vorzunehmen:

a) Eigenmittelanforderungen für Kreditrisiken nach den Artikeln 111 bis 134 sowie 143 bis 191,
b) Wirkung der Kreditrisikominderung nach den Artikeln 193 bis 241,
c) Eigenmittelanforderungen für die Verbriefung nach den Artikeln 242 bis 270a,
d) Eigenmittelanforderungen für Gegenparteiausfallrisiken nach den Artikeln 272 bis 311,
e) Eigenmittelanforderungen für das operationelle Risiko nach den Artikeln 315 bis 324,
f) Eigenmittelanforderungen für das Marktrisiko nach den Artikeln 325 bis 377,
g) Eigenmittelanforderungen für das Abwicklungsrisiko nach den Artikeln 378 und 379,
h) Eigenmittelanforderungen für das CVA-Risiko nach den Artikeln 383, 384 und 386,
i) Teil 2 und Artikel 99 ausschließlich infolge von Entwicklungen bei Rechnungslegungsstandards oder -anforderungen, die unionsrechtlichen Vorschriften Rechnung tragen.

Art. 458 Auf Ebene eines Mitgliedstaats festgestelltes Makroaufsichts- oder Systemrisiko. (1) [1] Ein Mitgliedstaat benennt die mit der Anwendung dieses Artikels betraute Behörde. [2] Diese Behörde ist die zuständige Behörde oder die benannte Behörde.

[Abs. 2 bis 27.12.2020:]

(2) Erkennt die nach Absatz 1 benannte Behörde Veränderungen der Intensität des Makroaufsichts- oder Systemrisikos mit möglicherweise schweren negativen Auswirkungen auf das Finanzsystem und die Realwirtschaft in einem bestimmten Mitgliedstaat, auf die nach ihrer Ansicht besser mit strengeren nationalen Maßnahmen reagiert werden sollte, so zeigt sie dies dem Europäischen Parlament, dem Rat, der Kommission, dem ESRB und der EBA an und legt einschlägige quantitative und qualitative Nachweise für alle nachstehenden Punkte vor:

a) die Veränderungen der Intensität des Makroaufsichts- oder Systemrisikos,
b) die Gründe, weshalb solche Veränderungen die Finanzstabilität auf nationaler Ebene gefährden könnten,
c) eine Begründung, weshalb die Artikel 124 und 164 dieser Verordnung sowie die Artikel 101, 103, 104, 105, 133 und 136 der Richtlinie 2013/36/EU angesichts der relativen Wirksamkeit dieser Maßnahmen nicht ausreichen, um das festgestellte Makroaufsichts- oder Systemrisiko zu beheben,
d) Entwürfe nationaler Maßnahmen für im Inland zugelassene Institute oder einen Teil davon, mit denen die Veränderungen der Intensität des Risikos vermindert werden soll; diese betreffen:
   i) die Höhe der Eigenmittel gemäß Artikel 92,
   ii) die Eigenmittelanforderungen für Großkredite nach Artikel 392 und den Artikeln 395 bis 403,
   iii) die Offenlegungspflichten nach den Artikeln 431 bis 455,

iv) die Höhe des Kapitalerhaltungspuffers nach Artikel 129 der Richtlinie 2013/36/EU,

(v)[1] die Liquiditätsanforderungen nach Teil 6,

(vi)[2] Risikogewichte zur Bekämpfung von Spekulationsblasen in der Wohnimmobilien- und Gewerbeimmobilienbranche oder

(vii)[3] Risikopositionen innerhalb der Finanzbranche,

e) eine Erläuterung, weshalb die nach Absatz 1 benannte Behörde diese Entwürfe von Maßnahmen für geeignet, wirksam und verhältnismäßig hält, um die Situation zu beheben und

f) eine Bewertung der voraussichtlichen positiven oder negativen Auswirkungen der vorgeschlagenen Maßnahmen auf den Binnenmarkt, die sich auf die dem betroffenen Mitgliedstaat zur Verfügung stehenden Informationen stützt.

[Abs. 2 ab 28.12.2020:]

(2) [1] [1] Erkennt die nach Absatz 1 dieses Artikels benannte Behörde Veränderungen der Intensität des Makroaufsichts- oder Systemrisikos im Finanzsystem mit möglicherweise schweren negativen Auswirkungen auf das Finanzsystem und die Realwirtschaft in einem bestimmten Mitgliedstaat, auf die nach ihrer Ansicht mit anderen Instrumenten der Makroaufsicht gemäß dieser Verordnung und der Richtlinie 2013/36/EU nicht so wirksam reagiert werden kann wie durch die Umsetzung strengerer nationaler Maßnahmen, so teilt sie dies der Kommission und dem ESRB mit. [2] Der ESRB leitet die Mitteilung unverzüglich an das Europäische Parlament, den Rat und die EBA weiter.

[2] Der Mitteilung sind die folgenden Dokumente beigefügt und sie enthält gegebenenfalls auch einschlägige quantitative oder qualitative Nachweise für

a) die Veränderungen der Intensität des Makroaufsichts- oder Systemrisikos,

b) die Gründe, weshalb solche Veränderungen die Finanzstabilität auf nationaler Ebene oder die Realwirtschaft gefährden könnten,

c) eine Erläuterung, warum die Behörde der Ansicht ist, dass die Instrumente der Makroaufsicht gemäß den Artikeln 124 und 164 dieser Verordnung und den Artikeln 133 und 136 der Richtlinie 2013/36/EU zur Behebung dieser Risiken weniger geeignet und weniger wirksam wären als die vorgeschlagenen nationalen Maßnahmen gemäß Buchstabe d des vorliegenden Absatzes,

d) die vorgeschlagenen nationalen Maßnahmen für im Inland zugelassene Institute oder einen Teil davon, mit denen die Veränderungen der Intensität des Risikos vermindert werden sollen; diese betreffen:

i) die Höhe der Eigenmittel gemäß Artikel 92;

ii) die Eigenmittelanforderungen für Großkredite nach Artikel 392 und den Artikeln 395 bis 403;

iii) die Liquiditätsanforderungen nach Teil 6;

iv) die Risikogewichte zur Bekämpfung von Spekulationsblasen in der Wohnimmobilien- und Gewerbeimmobilienbranche;

v) die Offenlegungspflichten nach Teil 8;

---

[1] Richtig wohl: „v)".
[2] Richtig wohl: „vi)".
[3] Richtig wohl: „vii)".

vi) die Höhe des Kapitalerhaltungspuffers nach Artikel 129 der Richtlinie 2013/36/EU oder

vii) Risikopositionen innerhalb der Finanzbranche,

e) eine Erläuterung, weshalb die nach Absatz 1 benannte Behörde diese vorgeschlagenen Maßnahmen im Hinblick auf die Behebung der Situation für geeignet, wirksam und verhältnismäßig hält und

f) eine Bewertung der voraussichtlichen positiven oder negativen Auswirkungen der vorgeschlagenen Maßnahmen auf den Binnenmarkt, die sich auf die dem betroffenen Mitgliedstaat zur Verfügung stehenden Informationen stützt.

(3) Wird es den nach Absatz 1 benannten Behörden gestattet, im Einklang mit diesem Artikel nationale Maßnahmen zu ergreifen, so stellen sie den einschlägigen zuständigen oder benannten Behörden in anderen Mitgliedstaaten alle relevanten Informationen zur Verfügung.

[Abs. 4 bis 27.12.2020:]

(4) *[1]* Dem Rat wird die Befugnis übertragen, auf Vorschlag der Kommission mit qualifizierter Mehrheit einen Durchführungsrechtsakt zu erlassen, um die vorgeschlagenen nationalen Maßnahmen im Sinne des Absatzes 2 Buchstabe d abzulehnen.

[2] Binnen eines Monats nach Erhalt der Anzeige nach Absatz 2 leiten der ESRB und die EBA dem Rat, der Kommission, und dem betroffenen Mitgliedstaat ihre Stellungnahmen zu den in jenem Absatz genannten Punkten zu.

[3] Wenn belastbare, solide und detaillierte Nachweise vorliegen, dass die Maßnahme nachteilige Auswirkungen auf den Binnenmarkt haben wird, die den Nutzen für die Finanzstabilität infolge der Verminderung des festgestellten Makroaufsichts- oder Systemrisikos überwiegen, kann die Kommission innerhalb eines Monats unter weitestgehender Berücksichtigung der Stellungnahmen nach Unterabsatz 2 dem Rat einen Durchführungsrechtsakt vorschlagen, um die vorgeschlagenen nationalen Maßnahmen abzulehnen.

[4] Legt die Kommission innerhalb dieser Monatsfrist keinen Vorschlag vor, darf der betroffene Mitgliedstaat die vorgeschlagenen nationalen Maßnahmen unmittelbar für die Dauer von bis zu zwei Jahren erlassen oder bis das Makroaufsichts- oder Systemrisiko nicht mehr besteht, falls dies früher eintritt.

[5] Der Rat entscheidet innerhalb eines Monats nach Eingang des Vorschlags der Kommission über diesen und legt dar, warum er die vorgeschlagenen nationalen Maßnahmen ablehnt oder nicht.

[6] Der Rat lehnt die vorgeschlagenen nationalen Maßnahmen nur ab, wenn seiner Ansicht nach die folgenden Voraussetzungen nicht erfüllt sind:

a) Die Veränderungen der Intensität des Makroaufsichts- oder des Systemrisikos sind so geartet, dass sie eine Gefahr für die nationale Finanzstabilität darstellen;

b) die Artikel 124 und 164 sowie die Artikel 101, 103, 104, 105, 133 und 136 der Richtlinie 2013/36/EU reichen angesichts der relativen Wirksamkeit dieser Maßnahmen nicht aus, um das festgestellte Makroaufsichts- oder Systemrisiko zu beheben;

c) die vorgeschlagenen nationalen Maßnahmen sind besser geeignet, um auf das festgestellte Makroaufsichts- oder Systemrisiko zu reagieren, ohne unverhältnismäßig nachteilige Auswirkungen auf das Finanzsystem anderer Mitgliedstaaten oder auf Teile davon oder auf das Finanzsystem in der Union insgesamt nach sich zu ziehen und so ein Hindernis für das Funktionieren des Binnenmarkts zu bilden oder zu schaffen;

d) das Problem betrifft nur einen Mitgliedstaat und

e) zur Bewältigung der Risiken wurden nicht bereits andere Maßnahmen gemäß dieser Verordnung oder der Richtlinie 2013/36/EU ergriffen.

[7] Bei seiner Bewertung berücksichtigt der Rat die Stellungnahmen des ESRB und der EBA und stützt sich auf die von der nach Absatz 1 benannten Behörde gemäß Absatz 2 vorgelegten Nachweise.

[8] Erlässt der Rat innerhalb eines Monats nach Eingang des Kommissionsvorschlags keinen Durchführungsrechtsakt zur Ablehnung der vorgeschlagenen nationalen Maßnahmen, darf der Mitgliedstaat die Maßnahmen erlassen und bis zu zwei Jahre lang oder solange, bis das Makroaufsichts- oder Systemrisiko nicht mehr besteht, falls dies früher eintritt, anwenden.

[Abs. 4 ab 28.12.2020:]

(4) [1] Dem Rat wird die Befugnis übertragen, auf Vorschlag der Kommission mit qualifizierter Mehrheit einen Durchführungsrechtsakt zu erlassen, um die vorgeschlagenen nationalen Maßnahmen im Sinne des Absatzes 2 Buchstabe d abzulehnen.

[2] Binnen eines Monats nach Erhalt der Mitteilung nach Absatz 2 leiten der ESRB und die EBA dem Rat, der Kommission und dem betroffenen Mitgliedstaat ihre Stellungnahmen zu den in Absatz 2 Buchstaben a bis f genannten Angelegenheiten zu.

[3] Wenn belastbare, solide und detaillierte Nachweise vorliegen, dass die Maßnahme nachteilige Auswirkungen auf den Binnenmarkt haben wird, die den Nutzen für die Finanzstabilität infolge der Verminderung des festgestellten Makroaufsichts- oder Systemrisikos überwiegen, kann die Kommission innerhalb eines Monats unter weitestgehender Berücksichtigung der Stellungnahmen nach Unterabsatz 2 dem Rat einen Durchführungsrechtsakt vorschlagen, um die vorgeschlagenen nationalen Maßnahmen abzulehnen.

[4] Legt die Kommission innerhalb dieser Monatsfrist keinen Vorschlag vor, darf der betroffene Mitgliedstaat die vorgeschlagenen nationalen Maßnahmen unmittelbar für die Dauer von bis zu zwei Jahren oder bis zu dem Zeitpunkt, zu dem das Makroaufsichts- oder Systemrisiko nicht mehr besteht, falls dies früher eintritt, erlassen.

[5] Der Rat entscheidet innerhalb eines Monats nach Eingang des Vorschlags der Kommission über diesen und legt dar, warum er die vorgeschlagenen nationalen Maßnahmen ablehnt oder nicht.

[6] [1] Der Rat lehnt die vorgeschlagenen nationalen Maßnahmen nur ab, wenn seiner Ansicht nach eine oder mehrere der folgenden Voraussetzungen nicht erfüllt sind:

a) Die Veränderungen der Intensität des Makroaufsichts- oder Systemrisikos sind so geartet, dass sie eine Gefahr für die nationale Finanzstabilität darstellen;

b) die Instrumente der Makroaufsicht gemäß dieser Verordnung und der Richtlinie 2013/36/EU sind zur Behebung des ermittelten Makroaufsichts- oder Systemrisikos weniger geeignet und weniger wirksam als die vorgeschlagenen nationalen Maßnahmen;

c) die vorgeschlagenen nationalen Maßnahmen ziehen keine unverhältnismäßigen nachteiligen Auswirkungen auf das Finanzsystem anderer Mitgliedstaaten insgesamt oder auf Teile davon oder das Finanzsystem der Union insgesamt in Form oder durch Schaffung eines Hindernisses für das Funktionieren des Binnenmarktes nach sich;

d) das Problem betrifft nur einen Mitgliedstaat.

[7] Bei seiner Bewertung berücksichtigt der Rat die Stellungnahmen des ESRB und der EBA und stützt sich auf die von der nach Absatz 1 benannten Behörde gemäß Absatz 2 vorgelegten Nachweise.

[8] Erlässt der Rat innerhalb eines Monats nach Eingang des Kommissionsvorschlags keinen Durchführungsrechtsakt zur Ablehnung der vorgeschlagenen nationalen Maßnahmen, darf der betroffene Mitgliedstaat die Maßnahmen erlassen und sie bis zu zwei Jahre lang oder solange, bis das Makroaufsichts- oder Systemrisiko nicht mehr besteht, falls dies früher eintritt, anwenden.

[Abs. 5 bis 27.12.2020:]

(5) Andere Mitgliedstaaten können die gemäß diesem Artikel ergriffenen Maßnahmen anerkennen und sie auf im Inland zugelassene Zweigstellen anwenden, die sich in dem Mitgliedstaat befinden, dem die Anwendung der Maßnahmen gestattet wurde.

[Abs. 5 ab 28.12.2020:]

(5) Andere Mitgliedstaaten können die gemäß diesem Artikel erlassenen Maßnahmen anerkennen und sie auf im Inland zugelassene Institute anwenden, die Zweigstellen oder Risikopositionen haben, die sich in dem Mitgliedstaat befinden, dem die Anwendung der Maßnahme gestattet wurde.

(6) Mitgliedstaaten, die die gemäß diesem Artikel ergriffenen Maßnahmen anerkennen, zeigen dies dem Rat, der Kommission, der EBA, dem ESRB und dem Mitgliedstaat, dem die Anwendung der Maßnahmen gestattet wurde, an.

(7) Bei der Entscheidung darüber, ob sie die gemäß diesem Artikel ergriffenen Maßnahmen anerkennen, tragen die Mitgliedstaaten den Kriterien des Absatzes 4 Rechnung.

(8) Der Mitgliedstaat, dem die Anwendung der Maßnahmen gestattet wurde, kann den ESRB bitten, an einen Mitgliedstaat oder Mitgliedstaaten, der (die) die Maßnahmen nicht anerkennt (anerkennen), eine Empfehlung gemäß Artikel 16 der Verordnung (EU) Nr. 1092/2010 zu richten.

[Abs. 9 bis 27.12.2020:]

(9) [1] Vor Ablauf der gemäß Absatz 4 erteilten Erlaubnis überprüft der Mitgliedstaat in Abstimmung mit dem ESRB und der EBA die Lage und kann daraufhin gemäß dem Verfahren nach Absatz 4 einen neuen Beschluss erlassen, mit dem die Anwendung der nationalen Maßnahmen jeweils um ein Jahr verlängert wird. [2] Nach der ersten Verlängerung überprüft die Kommission in Abstimmung mit dem ESRB und der EBA die Lage mindestens jährlich.

[Abs. 9 ab 28.12.2020:]

(9) [1] Vor Ablauf der gemäß Absatz 4 erteilten Erlaubnis überprüft der betroffene Mitgliedstaat in Abstimmung mit dem ESRB und der EBA die Lage und kann daraufhin gemäß dem Verfahren nach Absatz 4 einen neuen Beschluss erlassen, mit dem die Anwendung der nationalen Maßnahmen jeweils um bis zu zwei weitere Jahre verlängert wird. [2] Nach der ersten Verlängerung überprüft die Kommission in Abstimmung mit dem ESRB und der EBA die Lage danach mindestens alle zwei Jahre.

[Abs. 10 bis 27.12.2020:]

(10) Unbeschadet des Verfahrens nach den Absätzen 3 bis 9 dürfen die Mitgliedstaaten für bis zu zwei Jahre oder bis das Makroaufsichts- oder Systemrisiko nicht mehr besteht, falls dies früher eintritt, und sofern die Bedingungen und Anzeigepflichten des Absatzes 2 eingehalten werden, die Risikogewichte für die in Absatz 2 Buchstabe d Ziffern vi und vii genannten Risikopositionen über die

in dieser Verordnung vorgesehenen Werte hinaus um bis zu 25 % zu erhöhen und die Obergrenze für Großkredite nach Artikel 395 um bis zu 15 % senken.

[Abs. 10 ab 28.12.2020:]

(10) Unbeschadet des Verfahrens nach den Absätzen 3 bis 9 des vorliegenden Artikels dürfen die Mitgliedstaaten für bis zu zwei Jahre oder bis das Makroaufsichts- oder Systemrisiko nicht mehr besteht, falls dies früher eintritt, und sofern die Bedingungen und Anzeigepflichten des Absatzes 2 eingehalten werden, die Risikogewichte für die in Absatz 2 Buchstabe d Ziffern iv und vii genannten Risikopositionen über die in dieser Verordnung vorgesehenen Werte hinaus um bis zu 25 % zu erhöhen und die Obergrenze für Großkredite nach Artikel 395 um bis zu 15 % senken.

Art. 459 Aufsichtliche Anforderungen. *[1]* Der Kommission wird die Befugnis übertragen, insbesondere auf Empfehlung oder nach Stellungnahme des ESRB oder der EBA in Bezug auf nachstehende Aspekte delegierte Rechtsakte nach Artikel 462 zu erlassen, um für die Dauer von einem Jahr strengere aufsichtliche Anforderungen für Risikopositionen festzulegen, sofern dies notwendig ist, um auf aus Marktentwicklungen resultierende Veränderungen der Intensität der Risiken auf Ebene der Mikro- und der Makroaufsicht in der Union oder außerhalb der Union, wenn davon alle Mitgliedstaaten betroffen sind, zu reagieren, und die Instrumente dieser Verordnung und der Richtlinie 2013/36/EU nicht ausreichen, um auf diese Risiken zu reagieren:

a) die Höhe der Eigenmittel gemäß Artikel 92,

b) die Eigenmittelanforderungen für Großkredite nach Artikel 392 und den Artikeln 395 bis 403,

c) die Offenlegungspflichten nach den Artikeln 431 bis 455.

[2] Die Kommission übermittelt dem Europäischen Parlament und dem Rat mindestens einmal jährlich mit Unterstützung des ESRB einen Bericht über Marktentwicklungen, die eine Inanspruchnahme dieses Artikels erforderlich machen könnten.

Art. 460 Liquidität. (1) *[1]* [1] Der Kommission wird die Befugnis übertragen, zur Ergänzung dieser Verordnung gemäß Artikel 462 delegierte Rechtsakte zur Präzisierung der allgemeinen Anforderung nach Artikel 412 Absatz 1 zu erlassen. [2] Gemäß diesem Absatz erlassene delegierte Rechtsakte stützt sich auf die gemäß Teil 6 Titel II und Anhang III zu meldenden Posten, präzisiert die Umstände, unter denen die zuständigen Behörden Instituten spezifische Zu- und Abflusshöhen auferlegen müssen, um deren spezifische Risiken zu erfassen, und überschreitet nicht die Schwellenwerte nach Absatz 2 des vorliegenden Artikels.

[2] Insbesondere ist die Kommission befugt, zur Ergänzung dieser Verordnung delegierte Rechtsakte zur Präzisierung der detaillierten Liquiditätsanforderungen für die Zwecke der Anwendung von Artikel 8 Absatz 3 und der Artikel 411 bis 416, 419, 422, 425, 428a, 428f, 428g, 428j bis 428n, 428p, 428r, 428s, 428w, 428ae, 428ag, 428ah, 428ak und 451a zu erlassen.

(2) *[1]* Die Liquiditätsdeckunganforderung gemäß Artikel 412 wird in folgenden Stufen schrittweise eingeführt:

a) 60 % der Liquiditätsdeckunganforderung 2015,

b) 70 % ab dem 1. Januar 2016,

c) 80 % ab dem 1. Januar 2017,
d) 100 % ab dem 1. Januar 2018.

[2] Die Kommission berücksichtigt hierbei die Meldungen und Berichte nach Artikel 509 Absätze 1, 2 und 3 sowie durch internationale Gremien ausgearbeitete internationale Standards und unionsspezifische Besonderheiten.

[3] [1] Die Kommission erlässt den delegierten Rechtsakt nach Absatz 1 bis zum 30. Juni 2014. [2] Er tritt spätestens am 31. Dezember 2014 in Kraft, findet jedoch nicht vor dem 1. Januar 2015 Anwendung.

(3) *[1]* Der Kommission wird die Befugnis übertragen, die vorliegende Verordnung durch den Erlass delegierter Rechtsakte gemäß Artikel 462 zu ändern, um die Liste der Produkte oder Dienstleistungen nach Artikel 428f Absatz 2 zu ändern, wenn sie die Auffassung vertritt, dass Vermögenswerte und Verbindlichkeiten, die direkt mit anderen Produkten oder Dienstleistungen verbunden sind, die Voraussetzungen nach Artikel 428f Absatz 1 erfüllen.

[2] Die Kommission erlässt den in Unterabsatz 1 genannten delegierten Rechtsakt spätestens am 28. Juni 2024.

Art. 461 Überprüfung der schrittweisen Einführung der Liquiditätsdeckungsanforderung. (1) *[1]* [1] Die EBA erstattet der Kommission nach Konsultation des ESRB bis zum 30. Juni 2016 Bericht darüber, ob die schrittweise Einführung der Liquiditätsdeckungsanforderung nach Artikel 460 Absatz 2 angepasst werden sollte. [2] Diese Prüfung sollte Entwicklungen der Märkte und der internationalen Aufsichtsregeln sowie unionsspezifischen Besonderheiten gebührend Rechnung tragen.

[2] [1] Die EBA prüft in ihrem Bericht insbesondere eine Verschiebung der Einführung der verbindlichen Mindestquote von 100 % auf den 1. Januar 2019. [2] In dem Bericht werden die Jahresmeldungen nach Artikel 509 Absatz 1, einschlägige Marktdaten und die Empfehlungen der zuständigen Behörden aller Mitgliedstaaten berücksichtigt.

(2) *[1]* Der Kommission wird die Befugnis übertragen, einen delegierten Rechtsakt nach Artikel 462 zu erlassen, wenn Markt- und *anderen*[1] Entwicklungen dies erforderlich machen, um die schrittweise Einführung gemäß Artikel 460 zu ändern und die Einführung einer verbindlichen Mindestquote von 100 % für die Liquiditätsdeckungsanforderung nach Artikel 412 Absatz 1 bis 2019 zu verschieben und für 2018 eine verbindliche Mindestquote von 90 % für die Liquiditätsdeckungsanforderung vorzuschreiben.

[2] Zur Prüfung der Notwendigkeit einer Verschiebung zieht die Kommission den Bericht und die Prüfung nach Absatz 1 heran.

[3] Ein gemäß diesem Artikel erlassener delegierter Rechtsakt wird nicht vor dem 1. Januar 2018 angewandt und tritt spätestens am 30. Juni 2017 in Kraft.

Art. 461a Alternativer Standardansatz für das Marktrisiko. *[1]* Für die Zwecke der Meldepflichten gemäß Artikel 430b Absatz 1 wird der Kommission die Befugnis übertragen, gemäß Artikel 462 delegierte Rechtsakte zu erlassen, um technische Anpassungen an den Artikeln 325e, 325g bis 325j, 325p, 325q,

---

[1] Richtig wohl: „andere".

325ae, 325ak, 325am, 325ap bis 325at, 325av und 325ax zur Änderung dieser Verordnung vorzunehmen und das Risikogewicht der Unterklasse 11 in Tabelle 4 in Artikel 325aih, die Risikogewichte der von Kreditinstituten in Drittländern ausgegebenen gedeckten Schuldverschreibungen gemäß Artikel 325ah und die Korrelation der von Kreditinstituten in Drittländern ausgegebenen gedeckten Schuldverschreibungen gemäß Artikel 325aj des alternativen Standardansatzes gemäß Teil 3 Titel IV Kapitel 1a unter Berücksichtigung der Entwicklungen bei den internationalen Regulierungsstandards festzulegen.

[2] Die Kommission erlässt die delegierten Rechtsakte nach Absatz 1 bis zum 31. Dezember 2019.

Art. 462 Ausübung der Befugnisübertragung. (1) Die Befugnis zum Erlass delegierter Rechtsakte wird der Kommission unter den in diesem Artikel festgelegten Bedingungen übertragen.

(2) Die Befugnis zum Erlass delegierter Rechtsakte gemäß Artikel 244 Absatz 6, Artikel 245 Absatz 6, den Artikeln 456 bis 460 und Artikel 461a wird der Kommission auf unbestimmte Zeit ab dem 28. Juni 2013 übertragen.

(3) [1] Die Befugnisübertragung gemäß Artikel 244 Absatz 6, Artikel 245 Absatz 6, den Artikeln 456 bis 460 und Artikel 461a kann vom Europäischen Parlament oder vom Rat jederzeit widerrufen werden. [2] Der Beschluss über den Widerruf beendet die Übertragung der in diesem Beschluss angegebenen Befugnis. [3] Er wird am Tag nach seiner Veröffentlichung im *Amtsblatt der Europäischen Union* oder zu einem im Beschluss über den Widerruf angegebenen späteren Zeitpunkt wirksam. [4] Die Gültigkeit von delegierten Rechtsakten, die bereits in Kraft sind, wird von dem Beschluss über den Widerruf nicht berührt.

(4) Vor dem Erlass eines delegierten Rechtsakts konsultiert die Kommission die von den einzelnen Mitgliedstaaten benannten Sachverständigen, im Einklang mit den in der Interinstitutionellen Vereinbarung vom 13. April 2016 über bessere Rechtsetzung enthaltenen Grundsätzen.

(5) Sobald die Kommission einen delegierten Rechtsakt erlässt, übermittelt sie ihn gleichzeitig dem Europäischen Parlament und dem Rat.

(6) [1] Ein delegierter Rechtsakt, der gemäß Artikel 244 Absatz 6, Artikel 245 Absatz 6, den Artikeln 456 bis 460 und Artikel 461a erlassen wurde, tritt nur in Kraft, wenn weder das Europäische Parlament noch der Rat innerhalb von drei Monaten nach Übermittlung dieses Rechtsakts an das Europäische Parlament und den Rat Einwände erhoben haben oder wenn vor Ablauf dieser Frist das Europäische Parlament und der Rat beide der Kommission mitgeteilt haben, dass sie keine Einwände erheben werden. [2] Auf Initiative des Europäischen Parlaments oder des Rates wird die Frist um drei Monate verlängert.

Art. 463 Einwände gegen technische Regulierungsstandards. [1] Erlässt die Kommission gemäß dieser Verordnung einen technischen Regulierungsstandard, der mit dem von der EBA übermittelten Entwurf des technischen Regulierungsstandards identisch ist, so beträgt der Zeitraum, innerhalb dessen das Europäische Parlament und der Rat Einwände gegen diesen technischen Regulierungsstandard erheben können, einen Monat ab dem Datum der Übermittlung. [2] Auf Veranlassung des Europäischen Parlaments oder des Rates wird dieser Zeitraum um einen Monat verlängert. [3] Abweichend von Artikel 13 Absatz 1 Unterabsatz 2 der Verordnung (EU) Nr. 1093/2002 kann der Zeitraum innerhalb dessen das Europäische Parlament oder der Rat Einwände gegen den technischen Regulierungsstandard erheben können, erforderlichenfalls um einen weiteren Monat verlängert werden.

Art. 464 Europäischer Bankenausschuss. (1) [1] Die Kommission wird von dem durch den Beschluss 2004/10/EG der Kommission[1)] eingesetzten Europäischen Bankenausschuss unterstützt. [2] Bei diesem Ausschuss handelt es sich um einen Ausschuss im Sinne der Verordnung (EU) Nr. 182/2011.

(2) Wird auf diesen Absatz Bezug genommen, so gilt Artikel 5 der Verordnung (EU) Nr. 182/2011.

Teil 10. Übergangsbestimmungen, Berichte, Prüfungen und Änderungen

Titel I. Übergangsbestimmungen

Kapitel 1. Eigenmittelanforderungen, zeitwertbilanzierte nicht realisierte Gewinne und Verluste und Abzüge

Abschnitt 1. Eigenmittelanforderungen

Art. 465 Eigenmittelanforderungen. (1) Abweichend von Artikel 92 Absatz 1 Buchstaben a und b gelten die folgenden Eigenmittelanforderungen ab dem 1. Januar 2014 bis zum 31. Dezember 2014:
a) eine harte Kernkapitalquote zwischen 4 % und 4,5 %,
b) eine Kernkapitalquote zwischen 5,5 % und 6 %.

(2) Die zuständigen Behörden legen die von Instituten einzuhaltende oder zu überschreitende Höhe der harten Kernkapitalquote und der Kernkapitalquote innerhalb der Bandbreiten nach Absatz 1 Buchstabe a fest und veröffentlichen diese Werte.

Art. 466 Erstmalige Anwendung Internationaler Rechnungslegungsvorschriften. Abweichend von Artikel 24 Absatz 2 räumen die zuständigen Behörden Instituten, die die Bewertung von Aktiva und außerbilanziellen Posten und die Bestimmung der Eigenmittel nach internationalen Rechnungslegungsstandards nach Maßgabe der Verordnung (EG) Nr. 1606/2002 vornehmen müssen, eine 24monatige Vorlaufzeit zur Einrichtung der erforderlichen internen Verfahren und technischen Anforderungen ein.

Abschnitt 2. Zeitwertbilanzierte nicht realisierte Gewinne und Verluste

Art. 467 Zeitwertbilanzierte nicht realisierte Verluste. (1) Abweichend von Artikel 35 berücksichtigen Institute ab dem 1. Januar 2014 bis zum 31. Dezember 2017 in der Berechnung ihrer Posten des harten Kernkapitals nicht realisierte Verluste aus Vermögenswerten oder Verbindlichkeiten, die mit dem beizulegenden Zeitwert angesetzt und in der Bilanz ausgewiesen sind, *ausschließlich in Höhe des anwendbaren Prozentsatzes der*[2)] wobei die in Artikel 33 genannten

---

[1)] **Amtl. Anm.:** ABl. L 3 vom 7.1.2004, S. 36.
[2)] Richtig wohl: „nur in Höhe des anwendbaren Prozentsatzes,“.

Posten und alle anderen nicht realisierten Verluste, die in der Gewinn- und Verlustrechnung ausgewiesen sind, ausgeschlossen sind.

(2) *[1]* Für die Zwecke von Absatz 1 beträgt der anwendbare Prozentsatz

a) 20 % bis 100 % ab dem 1. Januar 2014 bis zum 31. Dezember 2014,

b) 40 % bis 100 % zwischen dem 1. Januar 2015 und dem 31. Dezember 2015,

c) 60 % bis 100 % zwischen dem 1. Januar 2016 und dem 31. Dezember 2016, und

d) 80 % bis 100 % zwischen dem 1. Januar 2017 und dem 31. Dezember 2017.

[2] Abweichend von Absatz 1 können die zuständigen Behörden in Fällen, in denen vor dem 1. Januar 2014 so verfahren wurde, Instituten erlauben, nicht realisierte Gewinne oder Verluste aus Risikopositionen gegenüber Zentralstaaten der Kategorie „zur Veräußerung verfügbar" des von der Union übernommenen internationalen *Rechnungslegungsstandard*[1] IAS 39 in keinem Bestandteil ihrer Eigenmittel zu berücksichtigen.

[3] Die Behandlung nach Unterabsatz 2 wird angewandt, bis die Kommission eine Verordnung auf der Grundlage der Verordnung (EG) Nr. 1606/2002 erlassen hat, mit der die den IAS 39 ersetzende internationale Rechnungslegungsvorschrift übernommen wird.

(3) Die zuständigen Behörden legen den anwendbaren Prozentsatz innerhalb der Bandbreiten nach Absatz 2 Buchstaben b bis e fest und veröffentlichen diesen Wert.

Art. 468 Zeitwertbilanzierte nicht realisierte Gewinne. (1) [1]Abweichend von Artikel 35 berücksichtigen Institute ab dem 1. Januar 2014 bis zum 31. Dezember 2017 in ihren Posten des harten Kernkapitals nicht realisierte Gewinne aus Vermögenswerten oder Verbindlichkeiten, die mit dem beizulegenden Zeitwert angesetzt und in der Bilanz ausgewiesen sind, bis zur Höhe des anwendbaren Prozentsatzes nicht, wobei die in Artikel 33 genannten Posten und alle anderen nicht realisierten Gewinne mit Ausnahme jener aus Anlagevermögen, die in der Gewinn- und Verlustrechnung ausgewiesen sind, ausgeschlossen sind. [2]Der daraus resultierende Restbetrag wird in den Posten des harten Kernkapitals berücksichtigt.

(2) *[1]* Für die Zwecke von Absatz 1 beträgt der anwendbare Prozentsatz ab dem 1. Januar 2014 bis zum 31. Dezember 2014 100 % und liegt danach innerhalb folgender Bandbreiten:

a) 60 % bis 100 % zwischen dem 1. Januar 2015 und dem 31. Dezember 2015,

b) 40 % bis 100 % zwischen dem 1. Januar 2016 und dem 31. Dezember 2016,

c) 20 % bis 100 % zwischen dem 1. Januar 2017 und dem 31. Dezember 2017.

[2] Ab dem 1. Januar 2015 darf eine zuständige Behörde, die aufgrund von Artikel 467 verlangt, dass Institute in die Berechnung des harten Kernkapitals 100 % ihrer zeitwertbilanzierten nicht realisierten Verluste einbeziehen, gestatten, dass die Institute in diese Berechnung auch 100 % ihrer zeitwertbilanzierten nicht realisierten Gewinne einbeziehen.

[3] Ab dem 1. Januar 2015 darf eine zuständige Behörde, die aufgrund von Artikel 467 verlangt, dass Institute in die Berechnung des harten Kernkapitals

---

[1] Richtig wohl: „Rechnungslegungsstandards".

einen Prozentsatz der zeitwertbilanzierten nicht realisierten Verluste einbeziehen, den anwendbaren Prozentsatz der nicht realisierten Gewinne gemäß diesem Absatz nicht so festlegen, dass der in die Berechnung des harten Kernkapitals einbezogene Prozentsatz der nicht realisierten Gewinne höher ist, als der gemäß Artikel 467 festgelegte anwendbare Prozentsatz der nicht realisierten Verluste.

(3) Die zuständigen Behörden legen den Prozentsatz, bis zum dem nicht realisierte Gewinne nicht im harten Kernkapital berücksichtigt werden, innerhalb der Bandbreiten nach Absatz 2 Buchstaben a bis c fest und veröffentlichen diesen Wert.

(4) [1] Abweichend von Artikel 33 Absatz 1 Buchstabe c berücksichtigen Institute zwischen dem 1. Januar 2013 und dem 31. Dezember 2017 bei der Berechnung ihrer Eigenmittel nicht den nach Artikel 478 anwendbaren Prozentsatz der zeitwertbilanzierten Gewinne und Verluste aus derivativen Verbindlichkeiten, die aus Änderungen der eigenen Bonität des Instituts resultieren. [2] Der anwendbare Prozentsatz für zeitwertbilanzierte Verluste, die aus Änderungen der eigenen Bonität des Instituts resultieren, darf nicht höher sein als der anwendbare Prozentsatz für zeitwertbilanzierte Verluste, die aus Änderungen der eigenen Bonität des Instituts resultieren.

Abschnitt 3. Abzüge

Unterabschnitt 1. Abzüge von Posten des harten Kernkapitals

Art. 469 Abzüge von Posten des harten Kernkapitals. (1) Abweichend von Artikel 36 Absatz 1 gilt ab dem 1. Januar 2014 bis zum 31. Dezember 2017 Folgendes:

a) Die Institute ziehen von den Posten des harten Kernkapitals den in Artikel 478 spezifizierten anwendbaren Prozentsatz der nach Artikel 36 Absatz 1 Buchstaben a bis h in Abzug zu bringenden Beträge ab, ausgenommen latente Steueransprüche, die von der künftigen Rentabilität abhängig sind und aus temporären Differenzen resultieren.

b) Die Institute wenden die einschlägigen Bestimmungen des Artikels 472 auf die Restbeträge von Posten an, die nach Artikel 36 Absatz 1 Buchstaben a bis h in Abzug zu bringen sind, ausgenommen latente Steueransprüche, die von der künftigen Rentabilität abhängig sind und aus temporären Differenzen resultieren.

c) Die Institute ziehen von den Posten des harten Kernkapitals den in Artikel 478 spezifizierten anwendbaren Prozentsatz des nach Artikel 36 Absatz 1 Buchstaben c und i in Abzug zu bringenden Gesamtbetrags nach der Anwendung von Artikel 470 ab.

d) Die Institute wenden Artikel 472 Absatz 5 bzw. Absatz 11 auf den gesamten Restbetrag der Posten an, die nach Artikel 36 Absatz 1 Buchstaben c und i und nach der Anwendung von Artikel 470 in Abzug zu bringen sind.

(2) Die Institute legen den Anteil an dem in Absatz 1 Buchstabe d genannten gesamten Restbetrag fest, der Artikel 472 Absatz 5 unterliegt, indem sie den Quotienten aus dem in Buchstabe a spezifizierten Betrag und der in Buchstabe b spezifizierten Summe berechnen:

a) Betrag latenter Steueransprüche gemäß Artikel 470 Absatz 2 Buchstabe a, die von der künftigen Rentabilität abhängig sind und aus temporären Differenzen resultieren,

b) Summe der in Artikel 470 Absatz 2 Buchstaben a und b genannten Beträge.

(3) Die Institute legen den Anteil an dem in Absatz 1 Buchstabe d genannten gesamten Restbetrag fest, der Artikel 472 Absatz 11 unterliegt, indem sie den Quotienten aus dem in Buchstabe a spezifizierten Betrag und der in Buchstabe b spezifizierten Summe berechnen:

a) Betrag der direkten und indirekten Positionen in den Instrumenten des harten Kernkapitals nach Artikel 470 Absatz 2 Buchstabe b,

b) Summe der in Artikel 472 Absatz 2 Buchstaben a und b genannten Beträge.

Art. 469a Ausnahme von den Abzügen von Posten des harten Kernkapitals für notleidende Risikopositionen. *[(1)]* Abweichend von Artikel 36 Absatz 1 Buchstabe m ziehen die Institute von den Posten des harten Kernkapitals den maßgeblichen Betrag der unzureichenden Deckung notleidender Risikopositionen nicht ab, wenn die Risikoposition vor dem 26. April 2019 begründet wurde.

[(2)] Werden die Bedingungen einer vor dem 26. April 2019 begründeten Risikoposition durch das Institut so verändert, dass sich die Risikoposition des Instituts gegenüber dem Schuldner erhöht, so gilt die Risikoposition als zu dem Zeitpunkt begründet, zu dem die Änderung anwendbar wird, und fällt nicht mehr unter die in Unterabsatz 1 vorgesehene Ausnahmeregelung.

Art. 470 Ausnahmen vom Abzug von Posten des harten Kernkapitals.

(1) Für die Zwecke dieses Artikels umfassen die einschlägigen Posten des harten Kernkapitals die gemäß Artikel 32 bis 35 berechneten Posten des harten Kernkapitals des Instituts nach den Abzügen gemäß Artikel 36 Absatz 1 Buchstaben a bis h sowie Buchstabe k Ziffern ii bis v und Buchstabe l, ausgenommen latente Steueransprüche, die von der künftigen Rentabilität abhängig sind und aus temporären Differenzen resultieren.

(2) Abweichend von Artikel 48 Absatz 1 dürfen Institute ab dem 1. Januar 2014 bis zum 31. Dezember 2017 die unter den Buchstaben a und b genannten Positionen, die aggregiert höchstens 15 % der einschlägigen Posten des harten Kernkapitals des Instituts entsprechen, nicht in Abzug bringen:

a) latente Steueransprüche, die von der künftigen Rentabilität abhängig sind und aus temporären Differenzen resultieren und aggregiert höchstens 10 % der einschlägigen Posten des harten Kernkapitals entsprechen,

b) wenn ein Institut eine wesentliche Beteiligung an einem Unternehmen der Finanzbranche hält, seine direkten, indirekten und synthetischen Positionen in den Instrumenten des harten Kernkapitals jenes Unternehmens, die zusammengerechnet höchstens 10 % der einschlägigen Posten des harten Kernkapitals entsprechen.

(3) [1] Abweichend von Artikel 48 Absatz 2 werden Posten, die gemäß Absatz 2 nicht abzuziehen sind, zu 250 % risikogewichtet. [2] Für die in Absatz 2 Buchstabe b genannten Posten gelten gegebenenfalls die Anforderungen des Teils 3 Titel IV.

Art. 471 Ausnahmen vom Abzug von Beteiligungen an Versicherungsunternehmen von Posten des harten Kernkapitals. (1) Abweichend von Artikel 49 Absatz 1 können Institute entscheiden, Beteiligungen an Versicherungsunternehmen, Rückversicherungsunternehmen und Versicherungsholdinggesellschaften im Zeitraum vom 31. Dezember 2018 bis zum 31. Dezember 2024 nicht in Abzug zu bringen, wenn die folgenden Bedingungen erfüllt sind:

a) die in Artikel 49 Absatz 1 Buchstaben a und e festgelegten Bedingungen;

b) die zuständigen Behörden sind vom Niveau der Risikokontrollen und Finanzanalyseverfahren, die von dem Institut speziell zur Überwachung der Beteiligung an dem Unternehmen oder der Holdinggesellschaft eingeführt wurden, überzeugt;

c) die Beteiligung des Instituts an dem Versicherungsunternehmen, Rückversicherungsunternehmen oder der Versicherungsholdinggesellschaft beträgt nicht mehr als 15 % der von dem betreffenden Unternehmen der Versicherungsbranche zum 31. Dezember 2012 und zwischen dem 1. Januar 2013 und dem 31. Dezember 2024 begebenen Instrumente ihres harten Kernkapitals;

d) der Betrag der Beteiligung, der nicht in Abzug gebracht wird, ist nicht höher als der Betrag der zum 31. Dezember 2012 gehaltenen Instrumente des harten Kernkapitals des Versicherungsunternehmens, Rückversicherungsunternehmens oder der Versicherungsholdinggesellschaft.

(2) Die gemäß *Absatz 2*[1] nicht in Abzug gebrachten Beteiligungen gelten als Risikopositionen und werden mit 370 % risikogewichtet.

Art. 472 Nicht vom harten Kernkapital in Abzug zu bringende Posten. (1) Abweichend von Artikel 33 Absatz 1 Buchstabe c und Artikel 36 Absatz 1 Buchstaben a bis i wenden die Institute ab dem 1. Januar 2014 bis zum 31. Dezember 2017 diesen Artikel auf die Restbeträge der in Artikel 468 Absatz 4 bzw. Artikel 469 Absatz 1 Buchstaben b und d genannten Posten an.

(2) Der Restbetrag der Bewertungsanpassungen von Derivatverbindlichkeiten, die aus dem eigenen Kreditrisiko des Instituts resultieren, wird nicht in Abzug gebracht.

(3) Die Institute gehen hinsichtlich des Restbetrags der Verluste des laufenden Geschäftsjahrs nach Artikel 36 Absatz 1 Buchstabe a wie folgt vor:

a) Wesentliche Verluste werden von den Kernkapitalposten abgezogen,

b) Verluste, die nicht wesentlich sind, werden nicht abgezogen.

(4) Die Institute ziehen den Restbetrag der immateriellen Vermögenswerte nach Artikel 36 Absatz 1 Buchstabe b von den Kernkapitalposten ab.

(5) Der Restbetrag der latenten Steueransprüche nach Artikel 36 Absatz 1 Buchstabe c wird nicht abgezogen und unterliegt einer Risikogewichtung von 0 %.

(6) Der Restbetrag der Posten nach Artikel 36 Absatz 1 Buchstabe d wird zur Hälfte von Kernkapitalposten und zur Hälfte von Ergänzungskapitalposten abgezogen.

---

[1] Richtig wohl: „Absatz 1".

(7) Der Restbetrag der Vermögenswerte eines Pensionsfonds mit Leistungszusage gemäß Artikel 36 Absatz 1 Buchstabe e wird nicht von den Eigenmittelbestandteilen abgezogen und ist in den Posten des harten Kernkapitals insoweit enthalten, als der Betrag als Teil der ursprünglichen Eigenmittel gemäß den nationalen Umsetzungsmaßnahmen für Artikel 57 Buchstaben a bis ca der Richtlinie 2006/48/EG anerkannt worden wäre.

(8) Die Institute gehen hinsichtlich des Restbetrags der in eigenen Instrumenten des harten Kernkapitals gehaltenen Positionen nach Artikel 36 Absatz 1 Buchstabe f wie folgt vor:

a) Der Betrag der direkt gehaltenen Positionen wird von den Kernkapitalposten abgezogen;

b) der Betrag der indirekt und synthetischen Positionen, einschließlich eigener Instrumente des harten Kernkapitals, die ein Institut möglicherweise aufgrund bestehender oder eventueller vertraglicher Verpflichtungen zu kaufen gehalten ist, wird nicht abgezogen und unterliegt einem Risikogewicht gemäß Teil 3 Titel II Kapitel 2 oder 3 sowie gegebenenfalls den Anforderungen des Teils 3 Titel IV.

(9) Die Institute gehen hinsichtlich des Restbetrags der in Instrumenten des harten Kernkapitals eines Unternehmens der Finanzbranche gehaltenen Positionen, mit dem gegenseitige Überkreuzbeteiligungen nach Artikel 36 Absatz 1 Buchstabe g bestehen, wie folgt vor:

a) Hält ein Institut keine wesentliche Beteiligung an dem Unternehmen der Finanzbranche, so wird der Betrag seiner in den Instrumenten des harten Kernkapitals des Unternehmens gehaltenen Positionen gemäß Artikel 36 Absatz 1 Buchstabe h behandelt;

b) hält ein Institut eine wesentliche Beteiligung an dem Unternehmen der Finanzbranche, so wird der Betrag seiner in den Instrumenten des harten Kernkapitals des Unternehmens gehaltenen Positionen gemäß Artikel 36 Absatz 1 Buchstabe i behandelt.

(10) Die Institute gehen hinsichtlich der Restbeträge der Posten nach Artikel 36 Absatz 1 Buchstabe h wie folgt vor:

a) Die in Abzug zu bringenden Beträge in Verbindung mit direkt gehaltenen Positionen werden zur Hälfte von Kernkapitalposten und zur Hälfte von Ergänzungskapitalposten abgezogen;

b) die Beträge in Verbindung mit indirekten und synthetischen Positionen werden nicht abgezogen und unterliegen einem Risikogewicht gemäß Teil 3 Titel II Kapitel 2 oder 3 und gegebenenfalls den Anforderungen des Teils 3 Titel IV.

(11) Die Institute gehen hinsichtlich der Restbeträge der Posten nach Artikel 36 Absatz 1 Buchstabe i wie folgt vor:

a) Die in Abzug zu bringenden Beträge in Verbindung mit direkt gehaltenen Positionen werden zur Hälfte von Kernkapitalposten und zur Hälfte von Ergänzungskapitalposten abgezogen;

b) die Beträge in Verbindung mit indirekten und synthetischen Positionen werden nicht abgezogen und unterliegen einem Risikogewicht gemäß Teil 3 Titel II Kapitel 2 oder 3 und gegebenenfalls den Anforderungen des Teils 3 Titel IV.

Art. 473 Einführung von Änderungen des internationalen Rechnungslegungsstandards IAS 19. (1) Abweichend von Artikel 481 können zuständige Behörden Instituten, die ihre Abschlüsse im Einklang mit den internationalen Rechnungslegungsstandards aufstellen, die gemäß dem Verfahren nach Artikel 6 Absatz 2 der Verordnung (EG) Nr. 1606/2002 erlassen wurden, ab dem 1. Januar 2014 bis zum 31. Dezember 2018 gestatten, zu ihrem harten Kernkapital den maßgebenden Betrag nach Absatz 2 bzw. 3, multipliziert mit dem Faktor nach Absatz 4 hinzuzurechnen.

(2) Der maßgebende Betrag wird als Summe nach Buchstabe a abzüglich der Summe nach Buchstabe b berechnet:

a) Die Institute bestimmen den Wert der Vermögenswerte aus ihren Pensionsfonds bzw. Altersversorgungsplänen im Einklang mit der Verordnung (EG) Nr. 1126/2008 der Kommission[1] in der durch die Verordnung (EG) Nr. 1205/2011 der Kommission[2] geänderten Fassung. Sie ziehen sodann von den Werten dieser Aktiva die Werte der nach denselben Rechnungslegungsvorschriften ermittelten Verbindlichkeiten der betreffenden Fonds oder Pläne ab;.[3]

b) die Institute bestimmen den Wert der Vermögenswerte aus ihren Pensionsfonds bzw. Altersversorgungsplänen im Einklang mit der Verordnung (EG) Nr. 1126/2008 der Kommission. Sie ziehen sodann von den Werten dieser Vermögenswerte die Werte der nach denselben Rechnungslegungsvorschriften ermittelten Verbindlichkeiten der betreffenden Fonds oder Pläne ab.

(3) Der gemäß Absatz 2 ermittelte Betrag ist begrenzt auf den Betrag, der vor dem 1. Januar 2014 gemäß den nationalen Maßnahmen zur Umsetzung der Richtlinie 2006/48/EG nicht von den Eigenmitteln in Abzug zu bringen ist, insoweit als in Bezug auf diese nationalen Maßnahmen in dem betreffenden Mitgliedstaat nach Artikel 481 verfahren werden könnte.

(4) Es werden folgende Faktoren angewandt:

a) 1 ab dem 1. Januar 2014 bis zum 31. Dezember 2014,

b) 0,8 ab dem 1. Januar 2015 bis zum 31. Dezember 2015,

c) 0,6 ab dem 1. Januar 2016 bis zum 31. Dezember 2016,

d) 0,4 ab dem 1. Januar 2017 bis zum 31. Dezember 2017,

e) 0,2 ab dem *01.*[4] Januar 2018 bis zum 31. Dezember 2018.

(5) Die Institute legen die Werte der Vermögenswerte und Verbindlichkeiten nach Absatz 2 in ihren veröffentlichten Abschlüssen offen.

Art. 473a Einführung des IFRS 9. (1) *[1]* Abweichend von Artikel 50 und bis zum Ablauf der Übergangsphase gemäß Absatz 6 des vorliegenden Artikels

---

[1] **Amtl. Anm.:** Verordnung (EG) Nr. 1126/2008 der Kommission vom 3. November 2008 zur Übernahme bestimmter internationaler Rechnungslegungsstandards gemäß der Verordnung (EG) Nr. 1606/2002 des Europäischen Parlaments und des Rates (ABl. L 320 vom 29.11.2008, S. 1).

[2] **Amtl. Anm.:** Verordnung (EU) Nr. 1205/2011 der Kommission vom 22. November 2011 zur Änderung der Verordnung (EG) Nr. 1126/2008 zur Übernahme bestimmter internationaler Rechnungslegungsstandards gemäß der Verordnung (EG) Nr. 1606/2002 des Europäischen Parlaments und des Rates im Hinblick auf den International Accounting Standard (IAS) 1 und den International Accounting Standard (IAS) 19 (ABl. L 146 vom 6.6.2012, S. 1).

[3] Zeichensetzung amtlich.

[4] Schreibweise amtlich.

können folgende Institute den Betrag gemäß dem vorliegenden Absatz in ihr hartes Kernkapital einrechnen:

a) Institute, die ihre Abschlüsse nach den internationalen Rechnungslegungsstandards aufstellen, welche nach dem Verfahren des Artikels 6 Absatz 2 der Verordnung (EG) Nr. 1606/2002 angenommen wurden;

b) Institute, die gemäß Artikel 24 Absatz 2 der vorliegenden Verordnung die Bewertung von Vermögenswerten und außerbilanziellen Posten und die Ermittlung der Eigenmittel nach internationalen Rechnungslegungsstandards vornehmen, die nach dem in Artikel 6 Absatz 2 der Verordnung (EG) Nr. 1606/2002 festgelegten Verfahren angenommen wurden;

c) Institute, die die Bewertung von Vermögenswerten und außerbilanziellen Posten im Einklang mit Rechnungslegungsstandards gemäß der Richtlinie 86/635/EWG vornehmen und die ein Modell für erwartete Kreditverluste verwenden, das mit demjenigen identisch ist, das bei den nach dem in Artikels 6 Absatz 2 der Verordnung (EG) Nr. 1606/2002 festgelegten Verfahren angenommenen internationalen Rechnungslegungsstandards verwendet wird.

[2] Der Betrag gemäß Unterabsatz 1 wird als Summe der folgenden Beträge berechnet:

a) für Risikopositionen, die der Risikogewichtung nach Teil 3 Titel II Kapitel 2 unterliegen, der anhand folgender Formel berechnete Betrag (ABSA):

$$AB_{SA} = (A_{2,SA} + A_{4,SA} - t) \cdot f$$

wobei

$A_{2,SA}$ = der nach Absatz 2 berechnete Betrag;

$A_{4,SA}$ = der nach Absatz 4 berechnete Betrag, der auf den nach Absatz 3 berechneten Beträgen basiert;

f = der in Absatz 6 festgelegte anwendbare Faktor;

t = Erhöhung des harten Kernkapitals aufgrund der steuerlichen Abzugsfähigkeit der Beträge $A_{2,SA}$ und $A_{4,SA}$.

b) für Risikopositionen, die der Risikogewichtung nach Teil 3 Titel II Kapitel 3 unterliegen, der anhand folgender Formel berechnete Betrag (ABIRB):

$$AB_{IRB} = (A_{2,IRB} + A_{4,IRB} - t) \cdot f$$

wobei

$A_{2,IRB}$ = der nach Absatz 2 berechnete Betrag, der nach Absatz 5 Buchstabe a angepasst wurde;

$A_{4,IRB}$ = der nach Absatz 4 berechnete Betrag, der auf den nach Absatz 3 berechneten Beträgen basiert, die nach Absatz 5 Buchstaben b und c angepasst wurden;

f = der in Absatz 6 festgelegte anwendbare Faktor;

t = Erhöhung des harten Kernkapitals aufgrund der steuerlichen Abzugsfähigkeit der Beträge $A_{2,IRB}$ und $A_{4,IRB}$.

(2) Die Institute berechnen die in Absatz 1 Unterabsatz 2 Buchstaben a und b genannten Beträge $A_{2,SA}$ und $A_{2,IRB}$ jeweils als den höheren der unter den Buchstaben a und b des vorliegenden Absatzes genannten Beträge getrennt für ihre Risikopositionen, die der Risikogewichtung nach Teil 3 Titel II Kapitel 2 unterliegen, und für ihre Risikopositionen, die der Risikogewichtung nach Teil 3 Titel II Kapitel 3 unterliegen:

a) Null;

b) der Betrag, berechnet nach Ziffer i, abzüglich des nach Ziffer ii berechneten Betrags:

   i) die Summe aus den erwarteten 12-Monats-Kreditverlusten, die nach Abschnitt 5.5.5 des IFRS 9 gemäß dem Anhang der Verordnung (EG) Nr. 1126/2008 der Kommission („Anhang zu IFRS 9") ermittelt wurden, und dem Betrag der Wertberichtigung für die über die Laufzeit erwarteten Kreditverluste, die nach Abschnitt 5.5.3 des Anhangs zu IFRS 9 ermittelt wurden, zum 1. Januar 2018 oder am Tag der ersten Anwendung des IFRS 9;

   ii) der Gesamtbetrag der Wertminderungsaufwendungen für als Kredite und Forderungen eingestufte finanzielle Vermögenswerte, bis zur Endfälligkeit gehaltene Finanzinvestitionen und zur Veräußerung verfügbare finanzielle Vermögenswerte gemäß IAS 39 Absatz 9 mit Ausnahme von Eigenkapitalinstrumenten und Anteilen an Organismen für gemeinsame Anlagen, ermittelt gemäß den Paragraphen 63, 64, 65, 67, 68 und 70 des IAS 39 im Anhang der Verordnung (EG) Nr. 1126/2008 vom 31. Dezember 2017 oder am Tag vor dem Tag der ersten Anwendung des IFRS 9.

(3) Die Institute berechnen den Betrag, um den der Betrag nach Buchstabe a den Betrag nach Buchstabe b des vorliegenden Absatzes übersteigt getrennt für ihre Risikopositionen, die der Risikogewichtung nach Teil 3 Titel II Kapitel 2 unterliegen, und für ihre Risikopositionen, die der Risikogewichtung nach Teil 3 Titel II Kapitel 3 unterliegen:

a) Summe aus den erwarteten 12-Monats-Kreditverlusten, die nach Abschnitt 5.5.5 des Anhangs zu IFRS 9 ermittelt wurden, und dem Betrag der Wertberichtigung für die über die Laufzeit erwarteten Kreditverluste, die nach Abschnitt 5.5.3 des Anhangs zu IFRS 9 ermittelt wurden, mit Ausnahme der Wertberichtigung für die über die Laufzeit erwarteten Kreditverluste für finanzielle Vermögenswerte mit beeinträchtigter Bonität im Sinne des Anhangs A des Anhangs zu IFRS 9 zum Tag der Meldung;

b) Summe aus den erwarteten 12-Monats-Kreditverlusten, die nach Abschnitt 5.5.5 des Anhangs zu IFRS 9 ermittelt wurden, und dem Betrag der Wertberichtigung für die über die Laufzeit erwarteten Kreditverluste, die nach Abschnitt 5.5.3 des Anhangs zu IFRS 9 ermittelt wurden, mit Ausnahme der Wertberichtigung für die über die Laufzeit erwarteten Kreditverluste für finanzielle Vermögenswerte mit beeinträchtigter Bonität im Sinne des Anhangs A des Anhangs zu IFRS 9 ab dem 1. Januar 2018 oder am Tag der ersten Anwendung des IFRS 9.

(4) *[1]* Für Risikopositionen, die der Risikogewichtung nach Teil 3 Titel II Kapitel 2 unterliegen und bei denen der nach Absatz 3 Buchstabe a festgelegte Betrag den in Absatz 3 Buchstabe b festgelegten Betrag übersteigt, setzen die Institute $A_{4,SA}$ der Differenz zwischen diesen beiden Beträgen gleich; andernfalls setzen sie $A_{4,SA}$ gleich Null.

[2] Für Risikopositionen, die der Risikogewichtung nach Teil 3 Titel II Kapitel 3 unterliegen und bei denen der nach Absatz 3 Buchstabe a festgelegte Betrag nach Anwendung von Absatz 5 Buchstabe b den Betrag für diese Risikopositionen wie in Absatz 3 Buchstabe b festgelegt nach Anwendung von Absatz 5 Buchstabe c übersteigt, setzen die Institute $A_{4,IRB}$ der Differenz zwischen diesen beiden Beträgen gleich; andernfalls setzen sie $A_{4,IRB}$ gleich Null.

(5) Für Risikopositionen, die der Risikogewichtung nach Teil 3 Titel II Kapitel 3 unterliegen, wenden die Institute die Absätze 2 bis 4 wie folgt an:

a) Für die Berechnung von $A_{2,IRB}$ ziehen die Institute von jedem der nach Absatz 2 Buchstabe b Ziffern i und ii des vorliegenden Artikels berechneten Beträge die Summe der gemäß Artikel 158 Absätze 5, 6, und 10 berechneten erwarteten Verlustbeträge zum 31. Dezember 2017 oder am Tag vor dem Tag der ersten Anwendung des IFRS 9 ab. Ergibt die Berechnung für den in Absatz 2 Buchstabe b Ziffer i des vorliegenden Artikels genannten Betrag eine negative Zahl, so setzt das Institut den Wert dieses i Betrags gleich Null. Ergibt die Berechnung für den in Absatz 2 Buchstabe b Ziffer ii des vorliegenden Artikels genannten Betrag eine negative Zahl, so setzt das Institut den Wert dieses Betrags gleich Null.

b) Die Institute ersetzen den gemäß Absatz 3 Buchstabe a des vorliegenden Artikels berechneten Betrag durch die Summe aus den erwarteten 12-Monats-Kreditverlusten, die nach Abschnitt 5.5.5 des Anhangs zu IFRS 9 ermittelt wurden, und dem Betrag der Wertberichtigung für die über die Laufzeit erwarteten Kreditverluste, die nach Abschnitt 5.5.3 des Anhangs zu IFRS 9 ermittelt wurden, mit Ausnahme der Wertberichtigung für die über die Laufzeit erwarteten Kreditverluste für finanzielle Vermögenswerte mit beeinträchtigter Bonität im Sinne des Anhangs A zu IFRS 9, abzüglich der Summe der damit zusammenhängenden erwarteten Verlustbeträge für dieselben Risikopositionen, die gemäß Artikel 158 Absätze 5, 6, und 10 berechnet werden, zum Tag der Meldung. Ergibt die Berechnung eine negative Zahl, so setzt das Institut den Wert des Betrags nach Absatz 3 Buchstabe a des vorliegenden Artikels gleich Null.

c) Die Institute ersetzen den gemäß Absatz 3 Buchstabe b des vorliegenden Artikels berechneten Betrag durch die Summe aus den erwarteten 12-Monats-Kreditverlusten, die nach Abschnitt 5.5.5 des Anhangs zu IFRS 9 ermittelt wurden, und dem Betrag der Wertberichtigung für die über die Laufzeit erwarteten Kreditverluste, die nach Abschnitt 5.5.3 des Anhangs zu *EFRS 9*[1]) ermittelt wurden, mit Ausnahme der Wertberichtigung für die über die Laufzeit erwarteten Kreditverluste für finanzielle Vermögenswerte mit beeinträchtigter Bonität im Sinne des Anhangs A zu IFRS 9 ab dem 1. Januar 2018 oder zum Tag der ersten Anwendung des IFRS 9, abzüglich der Summe der damit zusammenhängenden erwarteten Verlustbeträge für dieselben Risikopositionen, die gemäß Artikel 158 Absätze 5, 6, und 10 berechnet werden.

---

[1]) Richtig wohl: „IFRS 9".

Ergibt die Berechnung eine negative Zahl, so setzt das Institut den Wert des Betrags nach Absatz 3 des vorliegenden Artikels Buchstabe b gleich Null.

(6) *[1]* Die Institute berechnen die in Absatz 1 Unterabsatz 2 Buchstaben a und b genannten Beträge AB_{SA} und AB_{IRB} mittels folgender Faktoren:

a) 0,95 im Zeitraum vom 1. Januar 2018 bis zum 31. Dezember 2018,

b) 0,85 im Zeitraum vom 1. Januar 2019 bis zum 31. Dezember 2019,

c) 0,7 im Zeitraum vom 1. Januar 2020 bis zum 31. Dezember 2020,

d) 0,5 im Zeitraum vom 1. Januar 2021 bis zum 31. Dezember 2021,

e) 0,25 im Zeitraum vom 1. Januar 2022 bis zum 31. Dezember 2022.

[2] Institute, deren Geschäftsjahr nach dem 1. Januar 2018, aber vor dem 1. Januar 2019 beginnt, passen die in Unterabsatz 1 Buchstaben a bis e genannten Daten an ihr Geschäftsjahr an, melden der zuständigen Behörde die angepassten Daten und legen sie offen.

[3] Institute, die die in Absatz 1 genannten Rechnungslegungsstandards am oder 1. Januar 2019 oder danach anzuwenden beginnen, wenden die relevanten Faktoren entsprechend den Buchstaben b bis e des Unterabsatzes 1 beginnend mit dem Faktor an, der dem Jahr der ersten Anwendung dieser Rechnungslegungsstandards entspricht.

(7) Bezieht ein Institut einen Betrag nach Absatz 1 des vorliegenden Artikels in sein hartes Kernkapital ein, so nimmt es eine Neuberechnung aller Anforderungen nach dieser Verordnung und nach der Richtlinie 2013/36/EU vor, bei denen einer der folgenden Posten zur Anwendung kommt, ohne die Auswirkungen zu berücksichtigen, die die Rückstellungen für erwartete Kreditverluste, die es in sein hartes Kernkapital einbezogen hat, auf diese Posten haben:

a) Betrag der latenten Steueransprüche, der nach Artikel 36 Absatz 1 Buchstabe c vom harten Kernkapital abgezogen wird oder nach Artikel 48 Absatz 4 ein Risikogewicht erhält;

b) Risikopositionswert, der gemäß Artikel 111 Absatz 1 ermittelt wird, wobei die spezifischen Kreditrisikoanpassungen, um die der Risikopositionswert verringert wird, mit dem folgenden Skalierungsfaktor (sf) multipliziert werden:

$$sf = 1 - (AB_{SA}/RA_{SA})$$

wobei gilt:

AB_{SA} = der nach Absatz 1 Unterabsatz 2 Buchstabe a berechnete Betrag;

RA_{SA} = der Gesamtbetrag der spezifischen Kreditrisikoanpassungen.

c) Betrag der nach Artikel 62 Buchstabe d berechneten Ergänzungskapitalposten.

(8) Während des in Absatz 6 des vorliegenden Artikels genannten Zeitraums legen die Institute, die sich entschieden haben, die Übergangsbestimmungen gemäß diesem Artikel anzuwenden, zusätzlich zur Offenlegung der Informationen, die gemäß Teil 8 verlangt wird, die Beträge der Eigenmittel, des harten Kernkapitals und des Kernkapitals, der harten Kernkapitalquote, der Kernkapi-

talquote, der Gesamtkapitalquote und der Verschuldungsquote offen, die sie hätten, wenn sie diesen Artikel nicht anwenden würden.

(9) *[1]* [1] Ein Institut entscheidet, ob es die im vorliegenden Artikel festgelegte Regelungen während des Übergangszeitraums anwendet, und unterrichtet die zuständige Behörde bis zum 1. Februar 2018 über seine Entscheidung. [2] Hat ein Institut die vorherige Erlaubnis der zuständigen Behörde erhalten, so kann es seine ursprüngliche Entscheidung während der Übergangszeit ein Mal rückgängig machen. [3] Die Institute legen jegliche im Einklang mit diesem Unterabsatz getroffene Entscheidung offen.

[2] [1] Ein Institut, das entschieden hat, die im vorliegenden Artikel festgelegte Übergangsbestimmungen anzuwenden, kann entscheiden, Absatz 4 nicht anzuwenden; in diesem Fall unterrichtet es die zuständige Behörde bis zum 1. Februar 2018 über seine Entscheidung. [2] In diesem Fall setzt das Institut den Betrag A_4 in Absatz 1 gleich Null. [3] Hat ein Institut die vorherige Erlaubnis der zuständigen Behörde erhalten, so kann es seine ursprüngliche Entscheidung während der Übergangszeit ein Mal rückgängig machen. [4] Die Institute legen jegliche im Einklang mit diesem Unterabsatz getroffene Entscheidung offen.

(10) Die EBA gibt nach Artikel 16 der Verordnung (EU) Nr. 1093/2010 bis zum 30. Juni 2018 Leitlinien zu den Offenlegungsanforderungen nach diesem Artikel heraus.

Unterabschnitt 2. Abzüge von Posten des zusätzlichen Kernkapitals

Art. 474 Abzüge von Posten des zusätzlichen Kernkapitals. Abweichend von Artikel 56 gilt ab dem 1. Januar 2014 bis zum 31. Dezember 2017 Folgendes:

a) Die Institute ziehen von den Posten des zusätzlichen Kernkapitals den in Artikel 478 spezifizierten anwendbaren Prozentsatz der nach Artikel 56 in Abzug zu bringenden Beträge ab.
b) Die Institute wenden Artikel 475 auf die Restbeträge der Posten an, die nach Artikel 56 in Abzug zu bringen sind.

Art. 475 Nicht von Posten des zusätzlichen Kernkapitals in Abzug zu bringende Posten. (1) Abweichend von Artikel 56 finden die Anforderungen dieses Artikels ab dem 1. Januar 2014 bis zum 31. Dezember 2017 auf Restbeträge gemäß Artikel 474 Buchstabe b Anwendung.

(2) Die Institute gehen hinsichtlich des Restbetrags der Posten nach Artikel 56 Buchstabe a wie folgt vor:

a) Direkt gehaltene Positionen in eigenen Instrumenten des zusätzlichen Kernkapitals werden zum Buchwert von den Kernkapitalposten abgezogen;
b) indirekte und synthetische Positionen in eigenen Instrumenten des zusätzlichen Kernkapitals, einschließlich in eigenen Instrumenten des zusätzlichen Kernkapitals, die ein Institut möglicherweise aufgrund bestehender oder eventueller vertraglicher Verpflichtungen zu kaufen gehalten ist, werden nicht abgezogen und unterliegen einem Risikogewicht gemäß Teil 3 Titel II Kapitel 2 oder 3 sowie gegebenenfalls den Anforderungen des Teils 3 Titel IV.

(3) Die Institute gehen hinsichtlich des Restbetrags der Posten nach Artikel 56 Buchstabe b wie folgt vor:

a) Hält ein Institut keine wesentliche Beteiligung an einem Unternehmen der Finanzbranche, mit dem gegenseitige Überkreuzbeteiligungen bestehen, so wird der Betrag seiner direkten, indirekten und synthetischen Positionen in den Instrumenten des zusätzlichen Kernkapitals jenes Unternehmens gemäß Artikel 56 Buchstabe c behandelt;

b) hält ein Institut eine wesentliche Beteiligung an einem Unternehmen der Finanzbranche, mit dem gegenseitige Überkreuzbeteiligungen bestehen, so wird der Betrag seiner direkten, indirekten und synthetischen Positionen in den Instrumenten des zusätzlichen Kernkapitals des Unternehmens gemäß Artikel 56 Buchstabe d behandelt.

(4) Die Institute gehen hinsichtlich des Restbetrags der Posten nach Artikel 56 Buchstaben c und d wie folgt vor:

a) Der Betrag in Verbindung mit den direkt gehaltenen Positionen, der gemäß Artikel 56 Buchstaben c und d in Abzug zu bringen ist, wird zur Hälfte von Kernkapitalposten und zur Hälfte von Ergänzungskapitalposten abgezogen;

b) der Betrag in Verbindung mit den indirekten und synthetischen Positionen, der gemäß Artikel 56 Buchstaben c und d in Abzug zu bringen ist, wird nicht abgezogen und unterliegt einem Risikogewicht gemäß Teil 3 Titel II Kapitel 2 oder 3 sowie gegebenenfalls den Anforderungen des Teils 3 Titel IV.

Unterabschnitt 3. Abzüge von Posten des Ergänzungskapitals

Art. 476 Abzüge von Posten des Ergänzungskapitals. Abweichend von Artikel 66 gilt ab dem 1. Januar 2014 bis zum 31. Dezember 2017 Folgendes:

a) Die Institute ziehen von den Ergänzungskapitalposten den in Artikel 478 spezifizierten anwendbaren Prozentsatz der nach Artikel 66 in Abzug zu bringenden Beträge ab;

b) die Institute wenden Artikel 477 auf die Restbeträge an, die nach Artikel 66 in Abzug zu bringen sind.

Art. 477 Abzüge von Ergänzungskapitalposten. (1) Abweichend von Artikel 66 finden die Anforderungen dieses Artikels ab dem 1. Januar 2014 bis zum 31. Dezember 2017 auf Restbeträge gemäß Artikel 476 Buchstabe b Anwendung.

(2) Die Institute gehen hinsichtlich des Restbetrags der Posten nach Artikel 66 Buchstabe a wie folgt vor:

a) Direkt gehaltene Positionen in eigenen Instrumenten des Ergänzungskapitals werden zum Buchwert von den Ergänzungskapitalposten abgezogen;

b) indirekte und synthetische Positionen in eigenen Ergänzungskapitalinstrumenten, einschließlich in eigenen Ergänzungskapitalinstrumenten, die ein Institut möglicherweise aufgrund bestehender oder eventueller vertraglicher Verpflichtungen zu kaufen gehalten ist, werden nicht abgezogen und unterliegen einem Risikogewicht gemäß Teil 3 Titel II Kapitel 2 oder 3 sowie gegebenenfalls den Anforderungen des Teils 3 Titel IV.

(3) Die Institute gehen hinsichtlich des Restbetrags der Posten nach Artikel 66 Buchstabe b wie folgt vor:

a) Hält ein Institut keine wesentliche Beteiligung an einem Unternehmen der Finanzbranche, mit dem gegenseitige Überkreuzbeteiligungen bestehen, so wird der Betrag seiner direkten, indirekten und synthetischen Positionen in den Ergänzungskapitalinstrumenten des Unternehmens gemäß Artikel 66 Buchstabe c behandelt;

b) hält ein Institut eine wesentliche Beteiligung an einem Unternehmen der Finanzbranche, mit dem gegenseitige Überkreuzbeteiligungen bestehen, so wird der Betrag seiner direkten, indirekten und synthetischen Positionen in den Ergänzungskapitalinstrumenten dieses Unternehmens gemäß Artikel 66 Buchstabe d behandelt.

(4) Die Institute gehen hinsichtlich des Restbetrags der Posten nach Artikel 66 Buchstaben c und d wie folgt vor:

a) Der Betrag in Verbindung mit den direkt gehaltenen Positionen, der gemäß Artikel 66 Buchstaben c und d in Abzug zu bringen ist, wird zur Hälfte von Kernkapitalposten und zur Hälfte von Ergänzungskapitalposten abgezogen;

b) der Betrag in Verbindung mit den indirekten und synthetischen Positionen, der gemäß Artikel 66 Buchstaben c und d in Abzug zu bringen ist, wird nicht abgezogen und unterliegt einem Risikogewicht gemäß Teil 3 Titel II Kapitel 2 oder 3 sowie gegebenenfalls den Anforderungen des Teils 3 Titel IV.

Unterabschnitt 4. Auf Abzüge anwendbare Prozentsätze

Art. 478 Auf Abzüge von Posten des harten Kernkapitals, des zusätzlichen Kernkapitals und des Ergänzungskapitals anwendbare Prozentsätze. (1) Der anwendbare Prozentsatz für die Zwecke der Artikel 468 Absatz 4, 469 Absatz 1 Buchstaben a und c, 474 Buchstabe a und 476 Buchstabe a liegt innerhalb folgender Bandbreiten:

a) 20 % bis 100 % ab dem 1. Januar 2014 bis zum 31. Dezember 2014,

b) 40 % bis 100 % ab dem 1. Januar 2015 bis zum 31. Dezember 2015,

c) 60 % bis 100 % ab dem 1. Januar 2016 bis zum 31. Dezember 2016,

d) 80 % bis 100 % ab dem 1. Januar 2017 bis zum 31. Dezember 2017.

(2) Abweichend von Absatz 1 liegt für die in Artikel 36 Absatz 1 Buchstabe c genannten Posten, die vor dem 1. Januar 2014 bestanden, der anwendbare Prozentsatz für die Zwecke des Artikels 469 Absatz 1 Buchstabe c innerhalb folgender Bandbreiten:

a) 0 % bis 100 % ab dem 1. Januar 2014 bis zum 31. Dezember 2014,

b) 10 % bis 100 % ab dem 1. Januar 2015 bis zum 31. Dezember 2015,

c) 20 % bis 100 % ab dem 1. Januar 2016 bis zum 31. Dezember 2016,

d) 30 % bis 100 % ab dem 1. Januar 2017 bis zum 31. Dezember 2017,

e) 40 % bis 100 % ab dem 1. Januar 2018 bis zum 31. Dezember 2018,

f) 50 % bis 100 % ab dem 1. Januar 2019 bis zum 31. Dezember 2019,

g) 60 % bis 100 % ab dem 1. Januar 2020 bis zum 31. Dezember 2020,

h) 70 % bis 100 % ab dem 1. Januar 2021 bis zum 31. Dezember 2021,

i) 80 % bis 100 % ab dem 1. Januar 2022 bis zum 31. Dezember 2022,

j) 90 % bis 100 % ab dem 1. Januar 2023 bis zum 31. Dezember 2023.

(3) Die zuständigen Behörden legen einen anwendbaren Prozentsatz innerhalb der in den Absätzen 1 und 2 genannten Bandbreiten für jeden der folgenden Abzüge fest und veröffentlichen diese Werte:

a) die einzelnen Abzüge gemäß Artikel 36 Absatz 1 Buchstaben a bis h, ausgenommen latente Steueransprüche, die von der künftigen Rentabilität abhängig sind und aus temporären Differenzen resultieren,

b) die Gesamtsumme latenter Steueransprüche, die von der künftigen Rentabilität abhängig sind und aus temporären Differenzen resultieren, sowie Posten gemäß Artikel 36 Absatz 1 Buchstabe i, die nach Artikel 48 in Abzug zu bringen sind,

c) jeden Abzug gemäß Artikel 56 Buchstaben b bis d,

d) jeden Abzug gemäß Artikel 66 Buchstaben b bis d.

Abschnitt 4. Minderheitsbeteiligungen und durch Tochterunternehmen begebene Instrumente des zusätzlichen Kernkapitals und des Ergänzungskapitals

Art. 479 Anerkennung von nicht als Minderheitsbeteiligungen geltenden Instrumenten und Positionen im konsolidierten harten Kernkapital. (1) Abweichend von Teil 2 Titel III entscheiden die zuständigen Behörden ab dem 1. Januar 2014 bis zum 31. Dezember 2017 gemäß den Absätzen 2 und 3 über die Anerkennung von Positionen im konsolidierten harten Kernkapital, die im Einklang mit den nationalen Maßnahmen zur Umsetzung des Artikels 65 der Richtlinie 2006/48/EG zu den konsolidierten Rücklagen gerechnet würden und aus einem der folgenden Gründe nicht als konsolidiertes hartes Kernkapital gelten:

a) das Instrument gilt nicht als Instrument des harten Kernkapitals, so dass die verbundenen einbehaltenen Gewinne und Agios nicht zu den Posten des konsolidierten harten Kernkapitals gerechnet werden können;

b) die Positionen sind aufgrund von Artikel 81 Absatz 2 nicht anerkennungsfähig;

c) die Positionen sind nicht anerkennungsfähig, weil das Tochterunternehmen kein Institut oder Unternehmen ist, das aufgrund des anwendbaren nationalen Rechts den Anforderungen dieser Verordnung und der Richtlinie 2013/36/EU unterliegt;

d) die Positionen sind nicht anerkennungsfähig, weil das Tochterunternehmen nicht vollständig in die Konsolidierung nach Teil 1 Titel II Kapitel 2 einbezogen ist.

(2) Der anwendbare Prozentsatz der in Absatz 1 genannten Positionen, die im Einklang mit den nationalen Umsetzungsmaßnahmen für Artikel 65 der Richtlinie 2006/48/EG als konsolidierte Rücklagen gelten würden, gilt als konsolidiertes hartes Kernkapital.

(3) Für die Zwecke des Absatzes 2 liegt der anwendbare Prozentsatz innerhalb folgender Bandbreiten:

a) 0 % bis 80 % ab dem 1. Januar 2014 bis zum 31. Dezember 2014,

b) 0 % bis 60 % ab dem 1. Januar 2015 bis zum 31. Dezember 2015,

c) 0 % bis 40 % ab dem 1. Januar 2016 bis zum 31. Dezember 2016,

d) 0 % bis 20 % ab dem 1. Januar 2017 bis zum 31. Dezember 2017.

(4) Die zuständigen Behörden legen den anwendbaren Prozentsatz innerhalb der in Absatz 3 genannten Bandbreiten fest und veröffentlichen diesen Wert.

Art. 480 Anerkennung von Minderheitsbeteiligungen und qualifiziertem zusätzlichem Kernkapital und Ergänzungskapital in den konsolidierten Eigenmitteln. (1) Abweichend von Artikel 84 Buchstabe b, Artikel 85 Buchstabe b und Artikel 87 Buchstabe b werden die in diesen Artikeln genannten Prozentsätze ab dem 1. Januar 2014 bis zum 31. Dezember 2017 mit dem jeweiligen anwendbaren Faktor multipliziert.

(2) Für die Zwecke von Absatz 1 liegt der anwendbare Faktor innerhalb folgender Bandbreiten:

a) 0,2 bis 1 ab dem 1. Januar 2014 bis zum 31. Dezember 2014,

b) 0,4 bis 1 ab dem 1. Januar 2015 bis zum 31. Dezember 2015,

c) 0,6 bis 1 ab dem 1. Januar 2016 bis zum 31. Dezember 2016 und

d) 0,8 bis 1 ab dem 1. Januar 2017 bis zum 31. Dezember 2017.

(3) Die zuständigen Behörden legen den anwendbaren Faktor innerhalb der in Absatz 2 genannten Bandbreiten fest und veröffentlichen diesen Wert.

Abschnitt 5. Zusätzliche Korrekturposten sowie Abzüge

Art. 481 Zusätzliche Korrekturposten sowie Abzüge. (1) Abweichend von den Artikeln 32 bis 36, 56 und 66 nehmen die Institute ab dem 1. Januar 2014 bis zum 31. Dezember 2017 Anpassungen vor, um den nach den nationalen Umsetzungsmaßnahmen für die Artikel 57, 61, 63, 63a, 64 und 66 der Richtlinie 2006/48/EG und die Artikel 13 und 16 der Richtlinie 2006/49/EG vorgeschriebenen, nach Teil 2 aber nicht geforderten anwendbaren Prozentsatz der Korrekturposten oder Abzüge in Posten des harten Kernkapitals, des Kernkapitals, des Ergänzungskapitals oder der Eigenmittel zu berücksichtigen oder von diesen abzuziehen.

(2) [1] Abweichend von Artikel 36 Absatz 1 Ziffer i und Artikel 49 Absatz 1 können die zuständigen Behörden ab dem 1. Januar 2014 bis zum 31. Dezember 2014 Instituten vorschreiben oder gestatten, anstelle des Abzugs nach Artikel 36 Absatz 1 die Methoden nach Artikel 49 Absatz 1 anzuwenden, wenn die Voraussetzungen nach Artikel 49 Absatz 1 Buchstabe b nicht erfüllt sind. [2] In diesen Fällen wird der Anteil der Positionen in den Eigenmittelinstrumenten eines Unternehmens der Finanzbranche, an dem das Mutterunternehmen eine wesentliche Beteiligung hält, der nicht nach Artikel 49 Absatz 1 in Abzug zu bringen ist, durch den anwendbaren Prozentsatz nach Absatz 4 bestimmt. [3] Für den nicht abzugsfähigen Betrag gelten gegebenenfalls die Anforderungen des Artikels 49 Absatz 4.

(3) Für die Zwecke von Absatz 1 liegt der anwendbare Prozentsatz innerhalb folgender Bandbreiten:

a) 0 % bis 80 % ab dem 1. Januar 2014 bis zum 31. Dezember 2014,

b) 0 % bis 60 % ab dem 1. Januar 2015 bis zum 31. Dezember 2015,

c) 0 % bis 40 % ab dem 1. Januar 2016 bis zum 31. Dezember 2016,

d) 0 % bis 20 % ab dem 1. Januar 2017 bis zum 31. Dezember 2017.

(4) Für die Zwecke von Absatz 2 liegt der anwendbare Prozentsatz ab dem 1. Januar 2014 bis zum 31. Dezember 2014 zwischen 0 % und 50 %.

(5) Für jeden Korrekturposten oder Abzug nach den Absätzen 1 oder 2 legen die zuständigen Behörden den anwendbaren Prozentsatz innerhalb der in den Absätzen 3 bzw. 4 genannten Bandbreiten fest und veröffentlichen diese Werte.

(6) *[1]* Die EBA arbeitet Entwürfe technischer Regulierungsstandards aus, um die Kriterien zu präzisieren, nach denen die zuständigen Behörden festlegen, ob im Einklang mit den nationalen Maßnahmen zur Umsetzung der Richtlinie 2006/48/EG oder der Richtlinie 2006/49/EG vorgenommene Anpassungen der Eigenmittel oder der Eigenmittelbestandteile, die nicht in Teil 2 vorgesehen sind, für die Zwecke dieses Artikels bezüglich der Posten des harten Kernkapitals, zusätzlichen Kernkapitals, Kernkapitals, Ergänzungskapitals oder der Eigenmittel vorzunehmen sind.

[2] Die EBA übermittelt der Kommission diese Entwürfe technischer Regulierungsstandards bis zum 28. Juli 2013.

[3] Der Kommission wird die Befugnis übertragen, die technischen Regulierungsstandards nach Unterabsatz 1 gemäß den Artikeln 10 bis 14 der Verordnung (EU) Nr. 1093/2010 zu erlassen.

Art. 482 Anwendung auf Derivatgeschäfte mit Pensionsfonds. Hinsichtlich der in Artikel 89 der Verordnung (EU) Nr. 648/2012 genannten Geschäfte, die mit einem Altersversorgungssystem im Sinne des Artikels 2 jener Verordnung eingegangen werden, berechnen Institute gemäß Artikel 382 Absatz 4 Buchstabe c keine Eigenmittelanforderung für das CVA-Risiko.

Kapitel 2. Bestandsschutz für Kapitalinstrumente

Abschnitt 1. Instrumente der staatlichen Beihilfe

Art. 483 Bestandsschutz für Instrumente der staatlichen Beihilfe.

(1) *[1]* Abweichend von den Artikeln 26 bis 29, 51, 52, 62 und 63 findet dieser Artikel ab dem 1. Januar 2014 bis zum 31. Dezember 2017 auf Kapitalinstrumente und -posten Anwendung, die folgende Voraussetzungen erfüllen:

a) Die Instrumente wurden vor dem 1. Januar 2014 begeben;

b) die Instrumente wurden im Zusammenhang mit einer Rekapitalisierung gemäß den Regeln für staatliche Beihilfen begeben. Sofern ein Teil der Instrumente von privaten Anlegern gezeichnet wurde, muss dieser vor dem 30. Juni 2012 und zusammen mit den von dem Mitgliedstaat gezeichneten Teilen begeben worden sein;

c) die Instrumente wurden von der Kommission gemäß Artikel 107 AEUV[1] als mit dem Binnenmarkt vereinbar angesehen.

[2] [1] Wurden die Instrumente sowohl von dem Mitgliedstaat als auch von privaten Anlegern gezeichnet, so gilt im Falle einer teilweisen Rückzahlung der von dem Mitgliedstaat gezeichneten Instrumente für den entsprechenden Anteil des von Privatanlegern gezeichneten Teils der Instrumente Bestandsschutz gemäß Artikel 484. [2] Wurden alle vom Staat gezeichneten Instrumente zurückgezahlt, so gilt für die verbleibenden von Privatanlegern gezeichneten Instrumente Bestandsschutz gemäß Artikel 484.

---

[1] Auszugsweise abgedruckt unter Nr. 1.

(2) Instrumente, die die Voraussetzungen der nationalen Maßnahmen zur Umsetzung des Artikels 57 Buchstabe a der Richtlinie 2006/48/EG erfüllt haben, gelten als Instrumente des harten Kernkapitals, ungeachtet eines der folgenden Umstände:

a) Die Bedingungen des Artikels 28 sind nicht erfüllt,

b) die Instrumente wurden von einem Unternehmen nach Artikel 27 begeben, und die Bedingungen des Artikels 28, oder gegebenenfalls des Artikels 29 sind nicht erfüllt.

(3) *[1]* Instrumente im Sinne des Absatzes 1 Buchstabe c, die die Voraussetzungen der nationalen Maßnahmen zur Umsetzung des Artikels 57 Buchstabe a der Richtlinie 2006/48/EG nicht erfüllen, gelten als Instrumente des harten Kernkapitals, selbst wenn die Anforderungen des Absatzes 2 Buchstaben a oder b nicht erfüllt sind, solange die Anforderungen des Absatzes 8 erfüllt sind.

[2] Instrumente, die gemäß Unterabsatz 1 als Instrumente des harten Kernkapitals gelten, gelten nicht als Instrumente des zusätzlichen Kernkapitals oder Ergänzungskapitalinstrumente im Sinne der Absätze 5 bzw. 7.

(4) Instrumente, die die Voraussetzungen der nationalen Maßnahmen zur Umsetzung des Artikels 57 Buchstabe ca und des Artikels 66 Absatz 1 der Richtlinie 2006/48/EG erfüllt haben, gelten als Instrumente des zusätzlichen Kernkapitals, selbst wenn die Bedingungen des Artikels 52 Absatz 1 nicht erfüllt sind.

(5) *[1]* Instrumente im Sinne von Absatz 1 Buchstabe c, die die Voraussetzungen der nationalen Maßnahmen zur Umsetzung des Artikels 57 Buchstabe ca der Richtlinie 2006/48/EG nicht erfüllen, gelten als Instrumente des zusätzlichen Kernkapitals, selbst wenn die Bedingungen des Artikels 52 Absatz 1 nicht erfüllt sind, solange die Anforderungen des Absatzes 8 erfüllt sind.

[2] Instrumente, die gemäß Unterabsatz 1 als Instrumente des zusätzlichen Kernkapitals gelten, können nicht als Instrumente des harten Kernkapitals oder Ergänzungskapitalinstrumente im Sinne der Absätze 3 bzw. 7 gelten.

(6) Instrumente, die die Voraussetzungen der nationalen Maßnahmen zur Umsetzung des Artikels 57 Buchstaben f, g oder h und des Artikels 66 Absatz 1 der Richtlinie 2006/48/EG erfüllt haben, gelten als Ergänzungskapitalinstrumente, auch wenn sie nicht in Artikel 62 genannt oder die Bedingungen des Artikels 63 nicht erfüllt sind.

(7) *[1]* Instrumente im Sinne des Absatzes 1 Buchstabe c, die die Voraussetzungen der nationalen Maßnahmen zur Umsetzung des Artikels 57 Buchstabe f, g und h und des Artikels 66 Absatz 1 der Richtlinie 2006/48/EG nicht erfüllen, gelten als Ergänzungskapitalinstrumente, auch wenn sie nicht in Artikel 62 genannt oder die Bedingungen des Artikels 63 nicht erfüllt sind, solange die Anforderungen des Absatzes 8 erfüllt sind.

[2] Instrumente, die gemäß Unterabsatz 1 als Ergänzungskapitalinstrumente gelten, können nicht als Instrumente des harten Kernkapitals oder des zusätzlichen Kernkapitals im Sinne der Absätze 3 bzw. 5 gelten.

(8) Instrumente im Sinne der Absätze 3, 5 bzw. 7 können nur dann als Eigenmittelinstrumente im Sinne dieser Absätze gelten, wenn die Voraussetzung nach Absatz 1 Buchstabe a erfüllt ist und wenn sie durch Institute begeben werden, die ihren Sitz in einem Mitgliedstaat haben, der ein wirtschaftliches Anpassungs-

programm durchführen muss und die Emission der betreffenden Instrumente im Rahmen dieses Programms vereinbart oder möglich ist.

Abschnitt 2. Instrumente, die keine staatlichen Beihilfen darstellen

Unterabschnitt 1. Bestandsschutzfähigkeit und Beschränkungen des Bestandsschutzes

Art. 484 Bestandsschutzfähige Posten, die nach den nationalen Maßnahmen zur Umsetzung der Richtlinie 2006/48/EG als Eigenmittel gelten. (1) Dieser Artikel gilt ausschließlich für Instrumente und Positionen, die am 31. Dezember 2011 oder davor begeben wurden und die am 31. Dezember 2011 als Eigenmittel galten, und die keine Instrumente im Sinne des Artikels 483 Absatz 1 sind.

(2) Abweichend von den Artikeln 26 bis 29, 51, 52, 62 und 63 findet dieser Artikel ab dem 1. Januar 2014 bis zum 31. Dezember 2021 Anwendung.

(3) Vorbehaltlich Artikel 485 und der Beschränkung gemäß Artikel 486 Absatz 2 gelten Kapital im Sinne des Artikels 22 der Richtlinie 86/635/EWG und das damit verbundene Agio, die gemäß den nationalen Maßnahmen zur Umsetzung des Artikels 57 Buchstabe a der Richtlinie 2006/48/EG zu den ursprünglichen Eigenmitteln zählen, als Posten des harten Kernkapitals, auch wenn dieses Kapital die Bedingungen des Artikels 28, oder gegebenenfalls des Artikels 29 nicht erfüllt.

(4) Vorbehaltlich der Beschränkung gemäß Artikel 486 Absatz 3 gelten Instrumente und das damit verbundene Agio, die nach den nationalen Umsetzungsmaßnahmen für Artikel 57 Buchstabe ca und Artikel 154 Absätze 8 und 9 der Richtlinie 2006/48/EG zu den ursprünglichen Eigenmitteln zählen, als Instrumente des zusätzlichen Kernkapitals, auch wenn die Bedingungen des Artikels 52 nicht erfüllt sind.

(5) Vorbehaltlich der Beschränkungen gemäß Artikel 486 Absatz 4 gelten Posten und das damit verbundene Agio, die die Voraussetzungen nach den nationalen Umsetzungsmaßnahmen für Artikel 57 Buchstaben e, f, g oder h der Richtlinie 2006/48/EG erfüllen, als Ergänzungskapitalposten, auch wenn sie nicht in Artikel 62 genannt sind oder die Bedingungen des Artikels 63 nicht erfüllt sind.

Art. 485 Anerkennung von Agio, das mit Posten, die nach den nationalen Maßnahmen zur Umsetzung der Richtlinie 2006/48/EG als Eigenmittel gelten, verbunden ist, als hartes Kernkapital. (1) Dieser Artikel findet ausschließlich auf Instrumente Anwendung, die vor dem 31. Dezember 2010 begeben wurden und die keine Instrumente im Sinne des Artikels 483 Absatz 1 sind.

(2) Agio, das mit Kapital im Sinne des Artikels 22 der Richtlinie 86/635/EWG, das gemäß den nationalen Maßnahmen zur Umsetzung des Artikels 57 Buchstabe a der Richtlinie 2006/48/EG zu den ursprünglichen Eigenmitteln zählte, verbunden ist, wird als Posten des harten Kernkapitals anerkannt, sofern die Bedingungen des Artikels 28 Buchstaben i und j erfüllt sind.

Art. 486 Beschränkungen des Bestandsschutzes bei Posten innerhalb von Posten des harten Kernkapitals, des zusätzlichen Kernkapitals und des Ergänzungskapitals. (1) Ab dem 1. Januar 2014 bis zum 31. Dezember

2021 ist das Ausmaß, in dem Instrumente und Posten nach Artikel 484 als Eigenmittel gelten, im Einklang mit diesem Artikel beschränkt.

(2) Der Betrag der Posten nach Artikel 484 Absatz 3, die als Posten des harten Kernkapitals gelten, ist auf den anwendbaren Prozentsatz der Summe der unter den Buchstaben a und b spezifizierten Beträge beschränkt:

a) Nominalbetrag des Kapitals im Sinne des Artikels 484 Absatz 3, das am 31. Dezember 2012 im Umlauf war,

b) mit Posten nach Buchstabe a verbundenes Agio.

(3) Der Betrag der Posten nach Artikel 484 Absatz 4, die als Posten des zusätzlichen Kernkapitals gelten, ist auf den anwendbaren Prozentsatz beschränkt, multipliziert mit dem Ergebnis der Subtraktion der Beträge unter den Buchstaben c bis f von der Summe der Beträge unter den Buchstaben a und b:

a) Nominalbetrag der Instrumente nach Artikel 484 Absatz 4, die sich am 31. Dezember 2012 nach wie vor im Umlauf befanden,

b) mit Instrumenten nach Buchstabe a verbundenes Agio,

c) Betrag der Instrumente nach Artikel 484 Absatz 4, die am 31. Dezember 2012 die in den nationalen Umsetzungsmaßnahmen für Artikel 66 Absatz 1 Buchstabe a und Artikel 66 Absatz 1a der Richtlinie 2006/48/EG festgelegten Beschränkungen überschritten haben,

d) mit Instrumenten nach Buchstabe c verbundenes Agio,

e) Nominalbetrag der Instrumente nach Artikel 484 Absatz 4, die sich am 31. Dezember 2012 im Umlauf befanden, aber nicht als Instrumente des zusätzlichen Kernkapitals im Sinne des Artikels 489 Absatz 4 gelten,

f) mit Instrumenten nach Buchstabe e verbundenes Agio.

(4) Der Betrag der Posten nach Artikel 484 Absatz 5, die als Ergänzungskapitalposten gelten, ist auf den anwendbaren Prozentsatz des Ergebnisses der Subtraktion der Summe der Beträge unter den Buchstaben e bis h von der Summe der Beträge unter den Buchstaben a bis d beschränkt:

a) Nominalbetrag der Instrumente nach Artikel 484 Absatz 5, die sich am 31. Dezember 2012 nach wie vor im Umlauf befanden,

b) mit Instrumenten nach Buchstabe a verbundenes Agio,

c) Nominalbetrag des nachrangigen Darlehenskapitals, das am 31. Dezember 2012 nach wie vor im Umlauf war, verringert um den erforderlichen Betrag nach Maßgabe der nationalen Maßnahmen zur Umsetzung des Artikels 64 Absatz 3 Buchstabe c der Richtlinie 2006/48/EG,

d) Nominalbetrag der Posten nach Artikel 484 Absatz 5, die nicht zu den Instrumenten und dem nachrangigen Darlehenskapital gemäß den Buchstaben a und c gehören und am 31. Dezember 2012 im Umlauf waren,

e) Nominalbetrag der Instrumente und Posten nach Artikel 484 Absatz 5, die am 31. Dezember 2012 im Umlauf waren und die in den nationalen Maßnahmen zur Umsetzung des Artikel 66 Absatz 1 Buchstabe a der Richtlinie 2006/48/EG festgelegten Beschränkungen überschritten haben,

f) mit Instrumenten nach Buchstabe e verbundenes Agio,

g) Nominalbetrag der Instrumente nach Artikel 484 Absatz 5, die am 31. Dezember 2012 im Umlauf waren und nicht als Ergänzungskapitalinstrumente nach Artikel 490 Absatz 4 gelten,

h) mit Instrumenten nach Buchstabe g verbundenes Agio.

(5) Für die Zwecke dieses Artikels liegen die anwendbaren Prozentsätze nach den Absätzen 2 bis 4 innerhalb folgender Bandbreiten:

a) 60 % bis 80 % ab dem 1. Januar 2014 bis zum 31. Dezember 2014,
b) 40 % bis 70 % ab dem 1. Januar 2015 bis zum 31. Dezember 2015,
c) 20 % bis 60 % ab dem 1. Januar 2016 bis zum 31. Dezember 2016,
d) 0 % bis 50 % ab dem 1. Januar 2017 bis zum 31. Dezember 2017,
e) 0 % bis 40 % ab dem 1. Januar 2018 bis zum 31. Dezember 2018,
f) 0 % bis 30 % ab dem 1. Januar 2019 bis zum 31. Dezember 2019,
g) 0 % bis 20 % ab dem 1. Januar 2020 bis zum 31. Dezember 2020,
h) 0 % bis 10 % ab dem 1. Januar 2021 bis zum 31. Dezember 2021.

(6) Die zuständigen Behörden legen die anwendbaren Prozentsätze innerhalb der in Absatz 5 genannten Bandbreiten fest und veröffentlichen diese Werte.

Art. 487 Vom Bestandsschutz für Posten des harten Kernkapitals oder des zusätzlichen Kernkapitals ausgenommene Posten in anderen Eigenmittelbestandteilen. (1) Abweichend von den Artikeln 51, 52, 62 und 63 dürfen Institute ab dem 1. Januar 2014 bis zum 31. Dezember 2021 Kapital und damit verbundenes Agio im Sinne des Artikels 484 Absatz 3, die von den Posten des harten Kernkapitals ausgeschlossen sind, weil sie den anwendbaren Prozentsatz nach Artikel 486 Absatz 2 überschreiten, als Posten nach Artikel 484 Absatz 4 behandeln, soweit ihre Einbeziehung den nach Maßgabe des Artikels 486 Absatz 3 beschränkten anwendbaren Prozentsatz nicht überschreitet.

(2) Abweichend von den Artikeln 51, 52, 62 und 63 dürfen Institute ab dem 1. Januar 2014 bis zum 31. Dezember 2021 die nachstehenden Posten als Posten nach Artikel 484 Absatz 5 behandeln, soweit ihre Einbeziehung den nach Maßgabe des Artikels 486 Absatz 4 beschränkten anwendbaren Prozentsatz nicht überschreitet:

a) Kapital und damit verbundenes Agio im Sinne des Artikels 484 Absatz 3, die von den Posten des harten Kernkapitals ausgeschlossen sind, weil sie den anwendbaren Prozentsatz nach Artikel 486 Absatz 2 überschreiten,
b) Instrumente und damit verbundenes Agio im Sinne des Artikels 484 Absatz 4, die den anwendbaren Prozentsatz nach Artikel 486 Absatz 3 überschreiten.

(3) *[1]* Die EBA arbeitet Entwürfe technischer Regulierungsstandards aus, um die Kriterien für die Behandlung der Eigenmittelinstrumente gemäß den Absätzen 1 und 2 ab dem 1. Januar 2014 bis zum 31. Dezember 2021 nach Maßgabe des Artikels 486 Absatz 4 oder 5 festzulegen.

[2] Die EBA übermittelt der Kommission diese Entwürfe technischer Regulierungsstandards bis zum 28. Juli 2013.

[3] Der Kommission wird die Befugnis übertragen, die technischen Regulierungsstandards nach Unterabsatz 1 gemäß den Artikeln 10 bis 14 der Verordnung (EU) Nr. 1093/2010 zu erlassen.

Art. 488 Amortisation von Posten, die als Ergänzungskapitalposten bestandsgeschützt sind. Die Posten nach Artikel 484 Absatz 5, die als Ergänzungskapitalposten nach Artikel 484 Absatz 5 oder Artikel 486 Absatz 4 gelten, unterliegen den Anforderungen des Artikels 64.

Unterabschnitt 2. Einbeziehung von Instrumenten mit Kündigungsmöglichkeit und Tilgungsanreiz in Posten des zusätzlichen Kernkapitals und des Ergänzungskapitals

Art. 489 Hybride Instrumente mit Kündigungsmöglichkeit und Tilgungsanreiz. (1) Abweichend von den Artikeln 51 und 52 gilt ab dem 1. Januar 2014 bis zum 31. Dezember 2021 für Instrumente nach Artikel 484 Absatz 4, in deren Bedingungen und Konditionen eine Kündigungsmöglichkeit mit einem Tilgungsanreiz für das Institut vorgesehen ist, der vorliegende Artikel.

(2) Die Instrumente gelten als Instrumente des zusätzlichen Kernkapitals, vorausgesetzt

a) das Institut konnte lediglich vor dem 1. Januar 2013 eine Kündigungsmöglichkeit mit einem Tilgungsanreiz ausüben,

b) das Institut hat die Kündigungsmöglichkeit nicht ausgeübt,

c) die Bedingungen des Artikels 52 sind ab dem 1. Januar 2013 erfüllt.

(3) Die Instrumente gelten bis zum effektiven Fälligkeitstermin bei verminderter Anrechenbarkeit als Instrumente des zusätzlichen Kernkapitals nach Artikel 484 Absatz 4 und gelten danach uneingeschränkt als Posten des zusätzlichen Kernkapitals, vorausgesetzt

a) das Institut konnte lediglich am oder nach dem 1. Januar 2013 eine Kündigungsmöglichkeit mit einem Tilgungsanreiz ausüben,

b) das Institut hat die Kündigungsmöglichkeit am effektiven Fälligkeitstermin der Instrumente nicht ausgeübt,

c) die Bedingungen nach Artikel 52 sind ab dem effektiven Fälligkeitstermin der Instrumente erfüllt.

(4) Die Instrumente gelten ab dem 1. Januar 2014 nicht als Instrumente des zusätzlichen Kernkapitals und unterliegen nicht Artikel 484 Absatz 4, wenn

a) das Institut zwischen dem 31. Dezember 2011 und dem 1. Januar 2013 eine Kündigungsmöglichkeit mit einem Tilgungsanreiz ausüben konnte,

b) das Institut die Kündigungsmöglichkeit am effektiven Fälligkeitstermin der Instrumente nicht ausgeübt hat,

c) die Bedingungen des Artikels 52 ab dem effektiven Fälligkeitstermin der Instrumente nicht erfüllt sind.

(5) Die Instrumente gelten bis zum effektiven Fälligkeitstermin bei verminderter Anrechenbarkeit als Instrumente des zusätzlichen Kernkapitals nach Artikel 484 Absatz 4 und gelten danach nicht als Instrumente des zusätzlichen Kernkapitals, wenn

a) das Institut am oder nach dem 1. Januar 2013 eine Kündigungsmöglichkeit mit einem Tilgungsanreiz ausüben konnte,

b) das Institut die Kündigungsmöglichkeit am effektiven Fälligkeitstermin der Instrumente nicht ausgeübt hat,

c) die Bedingungen des Artikels 52 ab dem effektiven Fälligkeitstermin der Instrumente nicht erfüllt sind.

(6) Die Instrumente gelten als Instrumente des zusätzlichen Kernkapitals nach Artikel 484 Absatz 4, vorausgesetzt

a) das Institut konnte lediglich vor oder am 31. Dezember 2011 eine Kündigungsmöglichkeit mit einem Tilgungsanreiz ausüben,

b) das Institut hat die Kündigungsmöglichkeit am effektiven Fälligkeitstermin der Instrumente nicht ausgeübt,

c) die Bedingungen nach Artikel 52 waren ab dem effektiven Fälligkeitstermin der Instrumente nicht erfüllt.

Art. 490 Ergänzungskapitalposten mit einem Tilgungsanreiz.

(1) Abweichend von den Artikeln 62 und 63 gilt ab dem 1. Januar 2014 bis zum 31. Dezember 2021 für Posten nach Artikel 484 Absatz 5, die gemäß den nationalen Umsetzungsmaßnahmen für Artikel 57 Buchstaben f oder h der Richtlinie 2006/48/EG anerkennungsfähig waren und in deren Bedingungen und Konditionen eine Kündigungsmöglichkeit mit einem Tilgungsanreiz für das Institut vorgesehen ist, der vorliegende Artikel.

(2) Die Instrumente gelten als Ergänzungskapitalinstrumente, vorausgesetzt

a) das Institut konnte lediglich vor dem 1. Januar 2013 eine Kündigungsmöglichkeit mit einem Tilgungsanreiz ausüben,

b) das Institut hat die Kündigungsmöglichkeit nicht ausgeübt,

c) die Bedingungen des Artikels 63 sind ab 1. Januar 2013 erfüllt.

(3) Die Posten gelten bis zum effektiven Fälligkeitstermin als Ergänzungskapitalposten nach Artikel 484 Absatz 5 und gelten danach uneingeschränkt als Ergänzungskapitalposten, vorausgesetzt

a) das Institut konnte lediglich am oder nach dem 1. Januar 2013 eine Kündigungsmöglichkeit mit einem Tilgungsanreiz ausüben,

b) das Institut hat die Kündigungsmöglichkeit am effektiven Fälligkeitstermin der Posten nicht ausgeübt,

c) die Bedingungen nach Artikel 63 sind ab dem effektiven Fälligkeitstermin der Posten erfüllt.

(4) Die Posten gelten ab dem 1. Januar 2014 nicht als Ergänzungskapitalposten, wenn

a) das Institut lediglich zwischen dem 31. Dezember 2011 und dem 1. Januar 2013 eine Kündigungsmöglichkeit mit einem Tilgungsanreiz ausüben konnte,

b) das Institut die Kündigungsmöglichkeit am effektiven Fälligkeitstermin der Posten nicht ausgeübt hat,

c) die Bedingungen nach Artikel 63 ab dem effektiven Fälligkeitstermin der Posten nicht erfüllt sind.

(5) Die Posten gelten bis zum effektiven Fälligkeitstermin bei verminderter Anrechenbarkeit als Ergänzungskapitalposten nach Artikel 484 Absatz 5 und gelten danach nicht als Ergänzungskapitalposten, wenn

a) das Institut am oder nach dem 1. Januar 2013 eine Kündigungsmöglichkeit mit einem Tilgungsanreiz ausüben konnte,

b) das Institut die Kündigungsmöglichkeit am effektiven Fälligkeitstermin nicht ausgeübt hat,

c) die Bedingungen des Artikels 63 ab dem effektiven Fälligkeitstermin der Posten nicht erfüllt sind.

(6) Die Posten gelten als Ergänzungskapitalposten nach Artikel 484 Absatz 5, vorausgesetzt

a) das Institut konnte lediglich vor oder am 31. Dezember 2011 eine Kündigungsmöglichkeit mit einem Tilgungsanreiz ausüben,

b) das Institut hat die Kündigungsmöglichkeit am effektiven Fälligkeitstermin der Posten nicht ausgeübt,

c) die Bedingungen nach Artikel 63 sind ab dem effektiven Fälligkeitstermin der Posten nicht erfüllt.

Art. 491 Effektiver Fälligkeitstermin. Für die Zwecke der Artikel 489 und 490 wird der effektive Fälligkeitstermin wie folgt bestimmt:

a) Für die Posten nach den Absätzen 3 und 5 jener Artikel ist dies der Tag der ersten Kündigungsmöglichkeit mit einem Tilgungsanreiz am oder nach dem 1. Januar 2013;

b) für die Posten nach Absatz 4 jener Artikel ist dies der Tag der ersten Kündigungsmöglichkeit mit einem Tilgungsanreiz zwischen dem 31. Dezember 2011 und dem 1. Januar 2013;

c) für die Posten nach Absatz 6 jener Artikel ist dies der Tag der ersten Kündigungsmöglichkeit mit einem Tilgungsanreiz vor dem 31. Dezember 2011.

Kapitel 3. Übergangsbestimmungen für die Offenlegung von Eigenmitteln

Art. 492 Offenlegung von Eigenmitteln. (1) Institute wenden diesen Artikel ab dem 1. Januar 2014 bis zum 31. Dezember 2021 an.

(2) Die Institute legen ab dem 1. Januar 2014 bis zum 31. Dezember 2015 offen, in welchem Ausmaß die Höhe des harten Kernkapitals und des Kernkapitals *die in*[1] Anforderungen des Artikels 465 übersteigt.

(3) Die Institute legen ab dem 1. Januar 2014 bis zum 31. Dezember 2017 folgende zusätzliche Informationen über ihre Eigenmittel offen:

a) Art und Wirkung der im Einklang mit den Artikeln 467 bis 470, 474, 476 und 479 angewandten individuellen Korrekturposten sowie Abzüge auf das harte Kernkapital, das zusätzliche Kernkapital, Ergänzungskapital und die Eigenmittel,*;*[2]

b) Beträge der Minderheitsbeteiligungen und Instrumente des zusätzlichen Kernkapitals und Ergänzungskapitals sowie die verbundenen einbehaltenen Gewinne und Agios, die durch Tochterunternehmen begeben wurden und im Einklang mit Kapitel 1 Abschnitt 4 in das konsolidierte harte Kernkapital, zusätzliche Kernkapital, Ergänzungskapital und die Eigenmittel einbezogen werden,

---

[1] Richtig wohl: „die".
[2] Zeichensetzung amtlich.

c) Wirkung der im Einklang mit Artikel 481 angewandten individuellen Korrekturposten sowie Abzüge auf das harte Kernkapital, zusätzliche Kernkapital, Ergänzungskapital und die Eigenmittel,

d) Art und Betrag der Posten, die durch die Anwendung der in Kapitel 2 Abschnitt 2 erläuterten Abweichungen zu den Posten des harten Kernkapitals, des Kernkapitals und des Ergänzungskapitals gerechnet werden können.

(4) Die Institute legen ab dem 1. Januar 2014 bis zum 31. Dezember 2021 den Umfang der Instrumente offen, die in Anwendung des Artikels 484 zu den Instrumenten des harten Kernkapitals, des zusätzlichen Kernkapitals und des Ergänzungskapitals gerechnet werden können.

(5) *[1]* [1] Die EBA arbeitet Entwürfe technischer Durchführungsstandards zur Festlegung einheitlicher Formate für die Offenlegungen gemäß diesem Artikel aus. [2] Die Formate enthalten auch die in Artikel 437 Absatz 1 Buchstaben a, b, d und e genannten Posten nach den Änderungen gemäß den Kapiteln 1 und 2.

[2] Die EBA übermittelt der Kommission diese Entwürfe technischer Durchführungsstandards bis zum 28. Juli 2013.

[3] Der Kommission wird die Befugnis übertragen, die technischen Durchführungsstandards nach Unterabsatz 1 gemäß Artikel 15 der Verordnung (EU) Nr. 1093/2010 zu erlassen.

Kapitel 4. Großkredite, Eigenmittelanforderungen, Verschuldung und Basel-I-Untergrenze

Art. 493 Übergangsbestimmungen für Großkredite. (1) [1] Die Vorschriften in Bezug auf Großkredite der Artikel 387 bis 403 gelten nicht für Wertpapierfirmen, deren Haupttätigkeit ausschließlich in der Erbringung von Investitionsdienstleistungen oder Tätigkeiten im Zusammenhang mit den Finanzinstrumenten gemäß Anhang I Abschnitt C Nummern 5, 6, 7, 9 und 10 der Richtlinie 2004/39/EG besteht und auf die die Richtlinie 93/22/EWG des Rates vom 10. Mai 1993 über Wertpapierdienstleistungen[1)] am 31. Dezember 2006 keine Anwendung fand. [2] Diese Ausnahme gilt bis zum 31. Dezember 2020 oder bis zum Inkrafttreten von Änderungen gemäß Absatz 2, je nachdem, welches der frühere Zeitpunkt ist.

(2) *[1]* Die Kommission erstattet dem Europäischen Parlament und dem Rat bis zum 31. Dezember 2015 auf der Grundlage öffentlicher Konsultationen und Beratungen mit den zuständigen Behörden Bericht über

a) eine angemessene Regelung für die aufsichtliche Überwachung von Wertpapierfirmen, deren Haupttätigkeit ausschließlich in der Erbringung von Investitionsdienstleistungen oder Tätigkeiten im Zusammenhang mit den warenunterlegten Derivaten oder Derivatkontrakten gemäß Anhang I Abschnitt C Nummern 5, 6, 7, 9 und 10 der Richtlinie 2004/39/EG besteht,;[2)]

b) die Zweckmäßigkeit einer Änderung der Richtlinie 2004/39/EG im Hinblick auf die Schaffung einer weiteren Kategorie von Wertpapierfirmen, deren Haupttätigkeit ausschließlich in der Erbringung von Investitionsdienstleistungen oder Tätigkeiten im Zusammenhang mit den Finanzinstrumenten

---

1) **Amtl. Anm.:** ABl. L 141 vom 11.6.1993, S. 27.

2) Zeichensetzung amtlich.

gemäß Anhang I Abschnitt C Nummern 5, 6, 7, 9 und 10 der Richtlinie 2004/39/EG besteht, die die Versorgung mit Energie betreffen.

[2] Auf der Grundlage dieses Berichts kann die Kommission Vorschläge zur Änderung dieser Verordnung vorlegen.

(3) Abweichend von Artikel 400 Absätze 2 und 3 können die Mitgliedstaaten während einer Übergangszeit bis zum Inkrafttreten eines etwaigen Rechtsakts im Anschluss an die Überprüfung gemäß Artikel 507, höchstens aber bis zum 31. Dezember 2028 folgende Risikopositionen vollständig oder teilweise von der Anwendung des Artikels 395 Absatz 1 ausnehmen:

a) gedeckte Schuldverschreibungen im Sinne des Artikels 129 Absätze 1, 3 und 6,

b) Aktiva in Form von Forderungen an regionale oder lokale Gebietskörperschaften der Mitgliedstaaten, denen nach Teil 3 Titel II Kapitel 2 ein Risikogewicht von 20 % zugewiesen würde, sowie andere gegenüber diesen Gebietskörperschaften bestehende bzw. von ihnen abgesicherte Risikopositionen, denen nach Teil 3 Titel II Kapitel 2 ein Risikogewicht von 20 % zugewiesen würde,

c) Risikopositionen eines Instituts, einschließlich Beteiligungen oder sonstiger Anteile, gegenüber seinem Mutterunternehmen, anderen Tochterunternehmen desselben und eigenen Tochterunternehmen, sofern diese in die Beaufsichtigung auf konsolidierter Basis einbezogen sind, welcher das Institut gemäß dieser Verordnung, der Richtlinie 2002/87/EG oder nach gleichwertigen Normen eines Drittlandes auch selbst unterliegt; Risikopositionen, die diese Kriterien nicht erfüllen, werden unabhängig davon, ob sie von Artikel 395 Absatz 1 ausgenommen sind oder nicht, als Risikopositionen gegenüber Dritten behandelt,

d) Aktiva in Form von Forderungen und sonstigen Krediten, einschließlich Beteiligungen oder sonstigen Anteilen, an regionale Kreditinstitute oder Zentralkreditinstitute, denen das Kreditinstitut aufgrund von Rechts- oder Satzungsvorschriften im Rahmen eines Verbunds angehört und die nach diesen Vorschriften beauftragt sind, den Liquiditätsausgleich innerhalb dieses Verbunds vorzunehmen,

e) Aktiva in Form von Forderungen und sonstigen Risikopositionen von Kreditinstituten gegenüber Kreditinstituten, wobei eines der beteiligten Institute bei seiner Tätigkeit nicht dem Wettbewerb ausgesetzt ist und im Rahmen von Legislativprogrammen oder seiner Satzung Darlehen vergibt oder garantiert, um unter staatlicher Aufsicht gleich welcher Art und mit eingeschränktem Verwendungszweck für die vergebenen Darlehen bestimmte Wirtschaftssektoren zu fördern, sofern die betreffenden Risikopositionen aus derartigen über Kreditinstitute an die Begünstigten weitergereichten Darlehen oder aus Garantien für diese Darlehen herrühren,

f) Aktiva in Form von Forderungen und sonstigen Krediten an Institute, sofern diese Kredite keine Eigenmittel dieser Institute darstellen, höchstens bis zum folgenden Geschäftstag bestehen und nicht auf eine wichtige Handelswährung lauten,

g) Aktiva in Form von Forderungen an Zentralbanken aufgrund des bei ihnen zu haltenden Mindestreservesolls, die auf deren jeweilige Landeswährung lauten,

h) Aktiva in Form von Forderungen an Zentralstaaten aufgrund von zur Erfüllung der gesetzlichen Liquiditätsanforderungen gehaltenen Staatsschuldtiteln, die auf deren jeweilige Landeswährung lauten und in dieser refinanziert sind, sofern – nach dem Ermessen der zuständigen Behörde – diese Zentralstaaten von einer ECAI mit „Investment Grade" bewertet wurden,

i) 50 % der als außerbilanzielle Geschäfte mit mittlerem/niedrigem Risiko eingestuften Dokumentenakkreditive und der als außerbilanzielle Geschäfte mit mittlerem/ niedrigem Risiko eingestuften nicht in Anspruch genommenen Kreditfazilitäten, die in Anhang I genannt sind, sowie mit Zustimmung der zuständigen Behörden 80 % der Garantien, die keine Kreditgarantien sind und die auf Rechts- oder Verwaltungsvorschriften beruhen und von Kreditgarantiegemeinschaften, die den Status eines Kreditinstituts besitzen, den ihnen angeschlossenen Kunden geboten werden,

j) rechtlich vorgeschriebene Garantien, die zur Anwendung kommen, wenn ein über die Emission von Hypothekenanleihen refinanziertes Hypothekendarlehen vor Eintragung der Hypothek im Grundbuch an den Darlehensnehmer ausgezahlt wird, sofern die Garantie nicht dazu verwendet wird, bei der Berechnung der risikogewichteten Aktiva das Risiko zu verringern,

k) Aktiva in Form von Forderungen und sonstige Risikopositionen gegenüber anerkannten Börsen.

(4) *[1]* Abweichend von Artikel 395 Absatz 1 können die zuständigen Behörden den Instituten gestatten, jede der in Absatz 5 des vorliegenden Artikels aufgeführten Risikopositionen, die die Voraussetzungen nach Absatz 6 des vorliegenden Artikels erfüllen, bis zu den folgenden Obergrenzen zu halten:

a) 100 % des Kernkapitals des Instituts bis zum 31. Dezember 2018;

b) 75 % des Kernkapitals des Instituts bis zum 31. Dezember 2019;

c) 50 % des Kernkapitals des Instituts bis zum 31. Dezember 2020.

[2] Die in Unterabsatz 1 Buchstaben a, b und c genannten Höchstgrenzen gelten für Risikopositionswerte nach Berücksichtigung der Wirkung der Kreditrisikominderung gemäß den Artikeln 399 bis 403.

(5) *[1]* Die Übergangsbestimmungen nach Absatz 4 gelten für folgende Risikopositionen:

a) Aktiva in Form von Forderungen an Zentralstaaten, Zentralbanken oder öffentliche Stellen der Mitgliedstaaten;

b) Aktiva in Form von Forderungen, die von Zentralstaaten, Zentralbanken oder öffentlichen Stellen der Mitgliedstaaten ausdrücklich abgesichert sind;

c) sonstige Risikopositionen, die gegenüber Zentralstaaten, Zentralbanken oder öffentlichen Stellen der Mitgliedstaaten bestehen oder von diesen abgesichert sind;

d) Aktiva in Form von Forderungen an regionale oder lokale Gebietskörperschaften der Mitgliedstaaten, die nach Artikel 115 Absatz 2 wie Risikopositionen gegenüber dem Zentralstaat behandelt werden;

e) sonstige Risikopositionen, die gegenüber regionalen oder lokalen Gebietskörperschaften der Mitgliedstaaten bestehen oder von diesen abgesichert sind und nach Artikel 115 Absatz 2 wie Risikopositionen gegenüber dem Zentralstaat behandelt werden.

[2] [1]Für die Zwecke des Unterabsatzes 1 Buchstaben a, b und c gelten die Übergangsbestimmungen nach Absatz 4 des vorliegenden Artikels nur für Aktiva und sonstige Risikopositionen, die gegenüber öffentlichen Stellen bestehen oder von diesen abgesichert sind und nach Artikel 116 Absatz 4 wie Risikopositionen gegenüber dem Zentralstaat, einer regionalen oder einer lokalen Gebietskörperschaft behandelt werden. [2]Werden Aktiva und sonstige Risikopositionen, die gegenüber öffentlichen Stellen bestehen oder von diesen abgesichert sind, nach Artikel 116 Absatz 4 wie Risikopositionen gegenüber einer regionalen oder einer lokalen Gebietskörperschaft behandelt, so sind die Übergangsbestimmungen nach Absatz 4 des vorliegenden Artikels nur zulässig, wenn die gegenüber dieser regionalen oder lokalen Gebietskörperschaft bestehenden Risikopositionen nach Artikel 115 Absatz 2 wie Risikopositionen gegenüber dem Zentralstaat behandelt werden.

(6) Die Übergangsbestimmungen nach Absatz 4 des vorliegenden Artikels gelten nur, wenn eine Risikoposition nach Absatz 5 des vorliegenden Artikels alle folgenden Bedingungen erfüllt:

a) Der Risikoposition würde nach Artikel 495 Absatz 2 in seiner am 31. Dezember 2017 geltenden Fassung ein Risikogewicht von 0 % zugewiesen;
b) die Risikoposition entstand am oder nach dem 12. Dezember 2017.

(7) Eine vor dem 12. Dezember 2017 entstandene Risikoposition nach Absatz 5 des vorliegenden Artikels, der am 31. Dezember 2017 nach Artikel 495 Absatz 2 ein Risikogewicht von 0 % zugewiesen wurde, ist von der Anwendung des Artikels 395 Absatz 1 ausgenommen.

Art. 494 Übergangsbestimmungen hinsichtlich der Anforderungen an Eigenmittel und berücksichtigungsfähige Verbindlichkeiten. (1) Abweichend von Artikel 92a erfüllen als Abwicklungseinheiten ermittelte Institute, bei denen es sich um G-SRI handelt oder die Teil eines G-SRI sind, vom 27. Juni 2019 bis zum 31. Dezember 2021 jederzeit die folgenden Anforderungen an Eigenmittel und berücksichtigungsfähige Verbindlichkeiten:

a) eine risikobasierte Quote von 16 %, die den Eigenmitteln und berücksichtigungsfähigen Verbindlichkeiten des Instituts, ausgedrückt als Prozentsatz des gemäß Artikel 92 Absätze 3 und 4 berechneten Gesamtrisikobetrags, entspricht;
b) eine nicht-risikobasierte Quote von 6 %, die den Eigenmitteln und berücksichtigungsfähigen Verbindlichkeiten des Instituts, ausgedrückt als Prozentsatz der Gesamtrisikopositionsmessgröße nach Artikel 429 Absatz 4, entspricht.

(2) Abweichend von Artikel 72b Absatz 3 können Instrumente berücksichtigungsfähiger Verbindlichkeiten nach Artikel 72b Absatz 3 vom 27. Juni 2019 bis zum 31. Dezember 2021 in einem Umfang von 2,5 % des gemäß Artikel 92 Absätze 3 und 4 berechneten Gesamtrisikobetrags Posten berücksichtigungsfähiger Verbindlichkeiten zugerechnet werden.

(3) Abweichend von Artikel 72b Absatz 3 gelten Verbindlichkeiten – bis die Abwicklungsbehörde erstmals die Einhaltung der in Buchstabe c des genannten Absatzes festgelegten Bedingungen bewertet – als Instrumente berücksichtigungsfähiger Verbindlichkeiten bis zu einem aggregierten Betrag, der bis zum 31. Dezember 2021 2,5 % und nach diesem Datum 3,5 % des gemäß Artikel 92 Absätze 3 und 4 berechneten Gesamtrisikobetrags nicht überschreitet, sofern sie

die in Artikel 72b Absatz 3 Buchstaben a und b festgelegten Bedingungen erfüllen.

Art. 494a Bestandsschutz für Emissionen von Zweckgesellschaften.

(1) Abweichend von Artikel 52 zählen nicht direkt von einem Institut begebene Kapitalinstrumente nur dann bis zum 31. Dezember 2021 zu den Instrumenten des zusätzlichen Kernkapitals, wenn alle folgenden Bedingungen erfüllt sind:

a) die in Artikel 52 Absatz 1 festgelegten Bedingungen, mit Ausnahme der Bedingung, dass die Instrumente direkt von dem Institut begeben werden;

b) die Instrumente werden über ein in die Konsolidierung nach Teil 1 Titel II Kapitel 2 einbezogenes Unternehmen begeben;

c) die Erträge stehen dem Institut unmittelbar und uneingeschränkt in einer Form zur Verfügung, die den in diesem Absatz festgelegten Bedingungen genügt.

(2) Abweichend von Artikel 63 zählen nicht direkt von einem Institut begebene Kapitalinstrumente nur dann bis zum 31. Dezember 2021 zu den Instrumenten des Ergänzungskapitals, wenn alle folgenden Bedingungen erfüllt sind:

a) die in Artikel 63 Absatz 1 festgelegten Bedingungen, mit Ausnahme der Bedingung, dass die Instrumente direkt von dem Institut begeben werden;

b) die Instrumente werden über ein in die Konsolidierung nach Teil 1 Titel II Kapitel 2 einbezogenes Unternehmen begeben;

c) die Erträge stehen dem Institut unmittelbar und uneingeschränkt in einer Form zur Verfügung, die den in diesem Absatz festgelegten Bedingungen genügt.

Art. 494b Bestandsschutz für Eigenmittelinstrumente und Instrumente berücksichtigungsfähiger Verbindlichkeiten. (1) Abweichend von den Artikeln 51 und 52 gelten Instrumente, die vor dem 27. Juni 2019 begeben werden, spätestens bis zum 28. Juni 2025 als Instrumente des zusätzlichen Kernkapitals, wenn sie die in den Artikeln 51 und 52 festgelegten Bedingungen, ausgenommen die Bedingungen nach Artikel 52 Absatz 1 Buchstaben p, q und r, erfüllen.

(2) Abweichend von den Artikeln 62 und 63 gelten vor dem 27. Juni 2019 begebene Instrumente spätestens bis zum 28. Juni 2025 als Instrumente des Ergänzungskapitals, wenn sie die in den Artikeln 62 und 63 festgelegten Bedingungen, ausgenommen die Bedingungen nach Artikel 63 Buchstaben n, o und p, erfüllen.

(3) Abweichend von Artikel 72a Absatz 1 Buchstabe a gelten vor dem 27. Juni 2019 begebene Instrumente als Posten berücksichtigungsfähiger Verbindlichkeiten, wenn sie die in Artikel 72b festgelegten Bedingungen, ausgenommen die Bedingungen nach Artikel 72b Absatz 2 Buchstabe b Ziffer ii und Buchstaben f bis m, erfüllen.

Art. 495 Behandlung von Beteiligungspositionen bei der Anwendung des IRB-Ansatzes. (1) *[1]* [1] Abweichend von Teil 3 Kapitel 3 darf die zuständige Behörde bestimmte Kategorien von Beteiligungspositionen, die von Instituten und EU-Tochterunternehmen von Instituten in dem betreffenden Mitgliedstaat am 31. Dezember 2007 gehalten werden, bis zum 31. Dezember 2017 von der Behandlung im IRB-Ansatz ausnehmen. [2]Die zuständige Behörde veröffentlicht im Einklang mit Artikel 143 der Richtlinie 2013/36/EU die Kategorien von Beteiligungspositionen, auf die diese Behandlung angewandt wird.

[2] Die ausgenommene Position bemisst sich nach der Anzahl der Anteile zum 31. Dezember 2007 und jeder weiteren unmittelbar aus diesem Besitz resultierenden Zunahme der Anteile, sofern diese nicht die Beteiligungsquote an diesem Unternehmen erhöht.

[3] [1]Erhöht sich durch einen Anteilserwerb die Beteiligungsquote an einem bestimmten Unternehmen, so wird der über die bisherige Beteiligungsquote hinausgehende Anteil nicht von der Ausnahmeregelung abgedeckt. [2]Ebenso wenig gilt die Ausnahmeregelung für Beteiligungen, die zwar ursprünglich unter die Regelung fielen, zwischenzeitlich jedoch verkauft und anschließend wieder zurückgekauft wurden.

[4] Die unter diese Bestimmung fallenden Beteiligungspositionen unterliegen den im Einklang mit dem Standardansatz nach Teil 3 Titel II Kapitel 2 berechneten Eigenmittelanforderungen und gegebenenfalls den Anforderungen gemäß Teil 3 Titel IV.

[5] Die zuständigen Behörden informieren die Kommission und die EBA über die Umsetzung dieses Absatzes.

(2) Bei der Berechnung der risikogewichteten Positionsbeträge für die Zwecke des Artikels 114 Absatz 4 wird bis 31. Dezember 2017 Risikopositionen gegenüber den Zentralstaaten oder Zentralbanken der Mitgliedstaaten, die auf die Landeswährung eines Mitgliedstaats lauten und in dieser Währung refinanziert sind, die gleiche Risikogewichtung zugewiesen wie Risikopositionen, die auf die eigene Landeswährung lauten und in dieser Währung refinanziert sind.

(3) *[1]* Die EBA arbeitet Entwürfe technischer Regulierungsstandards aus, um die Kriterien zu präzisieren, nach denen die zuständigen Behörden eine Ausnahme gemäß Absatz 1 gewähren.

[2] Die EBA legt der Kommission diese Entwürfe technischer Regulierungsstandards bis zum 30. Juni 2014 vor.

[3] Der Kommission wird die Befugnis übertragen, die technischen Regulierungsstandards nach Unterabsatz 1 gemäß den Artikeln 10 bis 14 der Verordnung (EU) Nr. 1093/2010 zu erlassen.

Art. 496 Eigenmittelanforderungen für gedeckte Schuldverschreibungen. (1) Die zuständigen Behörden können von der in Artikel 129 Absatz 1 Buchstaben d und f festgelegten 10%-Obergrenze für vorrangige Anteile, die von französischen Fonds Communs de Créances oder von Verbriefungsorganismen, die französischen Fonds Communs de Créances gleichwertig sind, begeben wurden, ganz oder teilweise absehen, sofern

a) die verbrieften Forderungen im Zusammenhang mit Wohnimmobilien oder Gewerbeimmobilien von einem Mitglied derselben konsolidierten Gruppe begründet wurden, zu deren Mitgliedern auch der Emittent der gedeckten Schuldverschreibungen gehört, oder von einer Gesellschaft, die derselben Zentralorganisation angeschlossen ist wie der Emittent der gedeckten Schuldverschreibungen; die gemeinsame Gruppenmitgliedschaft oder Zugehörigkeit ist zu dem Zeitpunkt festzustellen, da die vorrangigen Anteile als Sicherheit für gedeckte Schuldverschreibungen gestellt werden, und

b) ein Mitglied derselben konsolidierten Gruppe, zu deren Mitgliedern auch der Emittent der gedeckten Schuldverschreibungen gehört, oder eine Gesellschaft, die derselben Zentralorganisation angeschlossen ist wie der Emittent der gedeckten Schuldverschreibungen, die gesamte Erstverlusttranche, mit der diese vorrangigen Anteile gestützt werden, zurückbehält.

(2) Bis zum 31. Dezember 2014 werden für die Zwecke des Artikels 129 Absatz 1 Buchstabe c die vorrangigen unbesicherten Risikopositionen der Institute, für die vor dem 28. Juni 2013 nach nationalem Recht eine Risikogewichtung von 20 % galt, als der Bonitätsstufe 1 entsprechend angesehen.

(3) Bis zum 31. Dezember 2014 werden für die Zwecke des Artikels 129 Absatz 5 die vorrangigen unbesicherten Risikopositionen der Institute, für die vor dem 28. Juni 2013 nach nationalem Recht eine Risikogewichtung von 20 % galt, als für eine Risikogewichtung von 20 % in Betracht kommend angesehen.

Art. 497 Eigenmittelanforderungen für Risikopositionen gegenüber zentralen Gegenparteien. (1) Wenn eine in einem Drittstaat ansässige ZGP eine Anerkennung gemäß Artikel 25 der Verordnung (EU) Nr. 648/2012 beantragt, kann ein Institut die jeweilige ZGP ab dem Datum, an dem sie ihren Antrag auf Anerkennung bei der ESMA gestellt hat, bis zu einem der folgenden Daten als qualifizierte zentrale Gegenpartei ansehen:

a) wenn die Kommission in Bezug auf das Drittland, in dem die ZGP ihren Sitz hat, bereits einen Durchführungsrechtsakt nach Artikel 25 Absatz 6 der Verordnung (EU) Nr. 648/2012 angenommen hat und dieser Durchführungsrechtsakt in Kraft getreten ist: bis zwei Jahre nach dem Datum der Antragstellung;

b) wenn die Kommission in Bezug auf das Drittland, in dem die ZGP ihren Sitz hat, noch keinen Durchführungsrechtsakt nach Artikel 25 Absatz 6 der Verordnung (EU) Nr. 648/2012 angenommen hat oder dieser Durchführungsrechtsakt noch nicht in Kraft getreten ist: bis zu dem früheren der folgenden Zeitpunkte:
   i) zwei Jahre nach dem Inkrafttreten des Durchführungsrechtsakts;
   ii) bei ZGP, die den Antrag nach dem 27. Juni 2019 gestellt haben, zwei Jahre nach dem Datum der Antragstellung;
   iii) bei denjenigen ZGP, die den Antrag vor dem 27. Juni 2019 gestellt haben, 28. Juni 2021.

(2) Hat eine ZGP nach Absatz 1 des vorliegenden Artikels weder einen Ausfallfonds noch bindende Vereinbarungen mit ihren Clearingmitgliedern, die es ihr erlauben, deren Ersteinschüsse ganz oder teilweise wie vorfinanzierte Beiträge zu verwenden, so berechnet ein Institut bis zum Ende des Zeitraums nach Absatz 1 die Eigenmittelanforderung nicht nach der Formel in Artikel 308 Absatz 2, sondern nach folgender Formel:

$$K_{CM_i} = \max\left\{K_{CCP} \cdot \frac{IM_i}{DF_{CCP} + IM}; 8\,\% \cdot 2\,\% \cdot IM_i\right\}$$

dabei gilt:

K_{CM_i} = die Eigenmittelanforderung;

K_{CCP} = das hypothetische Kapital der qualifizierten ZGP, das dem Institut von der qualifizierten ZGP gemäß Artikel 50c der Verordnung (EU) Nr. 648/2012 mitgeteilt wird;

DF_{CCP} = die vorfinanzierten finanziellen Mittel der ZGP, die dem Institut von der ZGP gemäß Artikel 50c der Verordnung (EU) Nr. 648/2012 mitgeteilt werden;

i = der Index für das Clearingmitglied;

IM_i = der Ersteinschuss von Clearingmitglied i bei der ZGP und

IM = die dem Institut von der ZGP gemäß Artikel 89 Absatz 5a der Verordnung (EU) Nr. 648/2012 mitgeteilte Gesamteinschusssumme.

(3) Die Kommission kann in Ausnahmefällen – wenn dies notwendig und angemessen ist, um Störungen an den internationalen Finanzmärkten zu vermeiden – im Wege von Durchführungsrechtsakten und vorbehaltlich des in Artikel 464 Absatz 2 genannten Prüfverfahrens einen Beschluss erlassen, um die Übergangsbestimmungen gemäß Absatz 1 einmal um zwölf Monate zu verlängern.

Art. 498 Ausnahme für Warenhändler. (1) *[1]* Die Bestimmungen dieser Verordnung in Bezug auf Eigenmittelanforderungen gelten nicht für Wertpapierfirmen, deren Haupttätigkeit ausschließlich in der Erbringung von Investitionsdienstleistungen oder Tätigkeiten im Zusammenhang mit den Finanzinstrumenten gemäß Anhang I Abschnitt C Nummern 5, 6, 7, 9 und 10 der Richtlinie 2004/39/EG besteht und für die die Richtlinie 93/22/EWG am 31. Dezember 2006 nicht galt.

[2] Diese Ausnahme gilt bis zum 31. Dezember 2020 oder bis zum Inkrafttreten von Änderungen gemäß den Absätzen 2 oder 3, je nachdem, welches der frühere Zeitpunkt ist.

(2) Die Kommission erstattet dem Europäischen Parlament und dem Rat bis zum 31. Dezember 2015 auf der Grundlage öffentlicher Konsultationen und Beratungen mit den zuständigen Behörden Bericht über

a) eine angemessene Regelung für die aufsichtliche Überwachung von Wertpapierfirmen, deren Haupttätigkeit ausschließlich in der Erbringung von Investitionsdienstleistungen oder Tätigkeiten im Zusammenhang mit den warenunterlegten Derivaten oder Derivatkontrakten gemäß Anhang I Abschnitt C Nummern 5, 6, 7, 9 und 10 der Richtlinie 2004/39/EG besteht,

b) die Zweckmäßigkeit einer Änderung der Richtlinie 2004/39/EG im Hinblick auf die Schaffung einer weiteren Kategorie von Wertpapierfirmen, deren Haupttätigkeit ausschließlich in der Erbringung von Investitionsdienstleistungen oder Tätigkeiten im Zusammenhang mit den Finanzinstrumenten gemäß Anhang I Abschnitt C Nummern 5, 6, 7, 9 und 10 der Richtlinie 2004/39/EG besteht, die die Versorgung mit Energie, einschließlich Strom, Kohle, Gas und Öl, betreffen.

(3) Auf der Grundlage des Berichts nach Absatz 2 kann die Kommission Änderungen dieser Verordnung vorschlagen.

Art. 499 Verschuldung. (1) Abweichend von den Artikeln 429 und 430 berechnen die Institute ab dem 1. Januar 2014 bis zum 31. Dezember 2021 die Verschuldungsquote und melden diese, wobei sie Folgendes als Kapitalmessgröße verwenden:

a) Kernkapital,

b) Kernkapital, für das die abweichenden Bestimmungen der Kapitel 1 und 2 gelten.

(2) [1] Abweichend von Artikel 451 Absatz 1 dürfen die Institute wählen, ob sie die Informationen über die Verschuldungsquote auf der Grundlage einer oder beider Definitionen der Kapitalmessgröße nach Absatz 1 Buchstaben a und b offenlegen. [2] Ändert ein Institut seine Entscheidung, welche Verschuldungsquote es offenlegt, so enthält die erste Offenlegung nach einer solchen Änderung einen Abgleich der Informationen über sämtliche Verschuldungsquoten, die bis zum Zeitpunkt der Änderung offengelegt wurden.

(3) Abweichend von Artikel 429 Absatz 2 dürfen die zuständigen Behörden Instituten ab dem …[1)] bis zum 31. Dezember 2017 erlauben, die Verschuldungsquote zum Quartalsende zu berechnen, wenn sie der Auffassung sind, dass die Institute möglicherweise nicht über Daten von ausreichender Qualität für die Berechnung einer Verschuldungsquote verfügen, die dem arithmetischen Mittel der monatlichen Verschuldungsquoten innerhalb eines Quartals entspricht.

Art. 500 Anpassung im Fall von Veräußerungen im großen Umfang.

(1) *[1]* Abweichend von Artikel 181 Absatz 1 Buchstabe a kann ein Institut seine LGD-Schätzungen anpassen, indem es die Auswirkungen von Veräußerungen im großen Umfang von ausgefallenen Risikopositionen auf realisierte LGDs teilweise oder vollständig bis zur Differenz zwischen dem Durchschnitt der geschätzten LGDs für vergleichbare ausgefallene Risikopositionen, die noch nicht endgültig abgewickelt wurden, und dem Durchschnitt der realisierten LGDs, einschließlich auf der Grundlage der Verluste infolge der Veräußerungen im großen Umfang, ausgleicht, sobald alle folgenden Bedingungen erfüllt sind:

a) Das Institut hat der zuständigen Behörde einen Plan mit Angaben zum Umfang, zur Zusammensetzung und zu den Zeitpunkten der Veräußerung der ausgefallenen Risikopositionen gemeldet;

b) die Veräußerungen der ausgefallenen Risikopositionen haben nach dem 23. November 2016, aber spätestens am 28. Juni 2022 stattgefunden;

c) der kumulierte Betrag der ausgefallenen Risikopositionen, die seit dem Zeitpunkt der ersten Veräußerung nach dem Plan gemäß Buchstabe a veräußert wurden, beläuft sich auf mehr als 20 % des kumulierten Betrags sämtlicher

---

1) Auslassungszeichen amtlich. Vmtl. „1. Januar 2014“.

beobachteter Ausfälle ab dem Zeitpunkt der ersten Veräußerung gemäß den Buchstaben a und b.

[2] Die Anpassung gemäß Unterabsatz 1 darf nur bis zum 28. Juni 2022 durchgeführt werden, und ihre Auswirkungen können so lange spürbar sein, bis die entsprechenden Risikopositionen in die eigenen LGD-Schätzungen des Instituts aufgenommen wurden.

(2) Die Institute teilen der zuständigen Behörde unverzüglich mit, wenn die in Absatz 1 Buchstabe c festgelegte Bedingung erfüllt ist.

Art. 501 Anpassung der risikogewichteten nicht ausgefallenen Risikopositionen gegenüber KMU. (1) Die Institute passen die risikogewichteten Positionsbeträge von nicht ausgefallenen Risikopositionen gegenüber einem KMU (RWEA), die gemäß Teil 3 Titel II Kapitel 2 bzw. 3 berechnet werden, nach folgender Formel an:

$$RWEA^{*} = RWEA \cdot \frac{\min\{E^{*}; \text{EUR } 2\,500\,000\} \cdot 0{,}7619 + \max\{E^{*} - \text{EUR } 2\,500\,000; 0\} \cdot 0{,}85}{E^{*}}$$

dabei gilt:

RWEA*	=	der durch einen Faktor zur Unterstützung von KMU angepasste RWEA und
E*	=	der dem Institut, seinen Tochterunternehmen, seinen Mutterunternehmen und anderen Tochterunternehmen dieser Mutterunternehmen von dem KMU oder der Gruppe verbundener Kunden des KMU insgesamt geschuldete Betrag einschließlich etwaiger ausgefallener Risikopositionen, mit Ausnahme von Forderungen oder Eventualforderungen, die durch Wohnimmobilien besichert sind.

(2) Für die Zwecke dieses Artikels

a) wird die Risikoposition gegenüber einem KMU entweder der Risikopositionsklasse 'Mengengeschäft' oder der Risikopositionsklasse 'Risikopositionen gegenüber Unternehmen' oder der Risikopositionsklasse 'durch Immobilien besicherte Risikopositionen, zugeordnet;

b) wird ein KMU als solches entsprechend der Empfehlung 2003/361/EG der Kommission[1] definiert; von den Kriterien nach Artikel 2 des Anhangs der genannten Empfehlung wird lediglich der Jahresumsatz berücksichtigt;

c) trifft das Institut alle angemessenen Maßnahmen, um E* korrekt zu bestimmen und die gemäß Buchstabe b erforderlichen Informationen zu erhalten.

Art. 501a Anpassung der Eigenmittelanforderungen für das Kreditrisiko für Risikopositionen gegenüber Rechtsträgern, die physische Strukturen oder Anlagen, Systeme und Netze, die grundlegende öffentliche Dienste erbringen oder unterstützen, betreiben oder finanzieren *(noch nicht in Kraft)*

---

[1] **Amtl. Anm.:** Empfehlung 2003/361/EG der Kommission vom 6. Mai 2003 betreffend die Definition der Kleinstunternehmen sowie der kleinen und mittleren Unternehmen (ABl. L 124 vom 20.5.2003, S. 36)

Art. 501b Ausnahme von den Meldepflichten. Abweichend von Artikel 430 kann eine zuständige Behörde während des Zeitraums zwischen dem Datum des Geltungsbeginns der maßgeblichen Bestimmungen dieser Verordnung und dem ersten Einreichungstermin für Berichte, der den im genannten Artikel aufgeführten technischen Durchführungsstandards zu entnehmen ist, eine Ausnahme von der Anforderung gewähren, die Angaben in dem Format zu machen, das in den Meldebögen in dem Durchführungsrechtsakt nach Artikel 430 Absatz 7 angegeben ist, wenn die Meldebögen noch nicht an die Bestimmungen der vorliegenden Verordnung angepasst wurden.

Art. 501c Aufsichtliche Behandlung von Risikopositionen im Zusammenhang mit ökologischen und/oder sozialen Zielen. *[1]* [1]Die EBA prüft nach Konsultation des ESRB auf der Grundlage der verfügbaren Daten und Ergebnisse der Hochrangigen Expertengruppe der Kommission für ein nachhaltiges Finanzwesen, ob eine spezielle aufsichtliche Behandlung von Risikopositionen im Zusammenhang mit Vermögenwerten oder Tätigkeiten, die im Wesentlichen mit ökologischen und/oder sozialen Zielen verbunden sind, gerechtfertigt wäre. [2]Insbesondere prüft die EBA

a) Methoden für die Bewertung der tatsächlichen Risikobehaftung von Risikopositionen im Zusammenhang mit Vermögenswerten und Tätigkeiten, die im Wesentlichen mit ökologischen und/oder sozialen Zielen verbunden sind, im Vergleich zur Risikobehaftung anderer Risikopositionen;

b) die Entwicklung geeigneter Kriterien für die Bewertung von physischen Risiken und Transitionsrisiken, einschließlich der Risiken im Zusammenhang mit dem Wertverlust von Vermögenswerten aufgrund regulatorischer Änderungen;

c) die potenziellen Auswirkungen einer speziellen aufsichtlichen Behandlung von Risikopositionen im Zusammenhang mit Vermögenswerten und Tätigkeiten, die im Wesentlichen mit ökologischen und/oder sozialen Zielen verbunden sind, auf die Finanzstabilität und die Kreditvergabe durch Banken in der Union.

[2] Die EBA legt dem Europäischen Parlament, dem Rat und der Kommission bis zum 28. Juni 2025 einen Bericht über ihre Erkenntnisse vor.

[3] Auf der Grundlage dieses Berichts legt die Kommission gegebenenfalls dem Europäischen Parlament und dem Rat einen Gesetzgebungsvorschlag vor.

Titel II. Berichte und Überprüfungen

Art. 502 Zyklische Effekte von Eigenmittelanforderungen. *[1]* [1]Die Kommission überprüft in Zusammenarbeit mit der EBA, dem ESRB und den Mitgliedstaaten und unter Berücksichtigung der Stellungnahme der EZB in regelmäßigen Abständen, ob sich diese Verordnung insgesamt gesehen zusammen mit der Richtlinie 2013/36/EU signifikant auf den Konjunkturzyklus auswirkt und prüft anhand dessen, ob Abhilfemaßnahmen gerechtfertigt sind. [2]Die EBA erstattet der Kommission bis zum 31. Dezember 2013 Bericht darüber, ob und wie die Methoden der Institute, die den IRB-Ansatz anwenden, einander angenähert werden sollten, um besser vergleichbare Eigenmittelanforderungen und eine Minderung der Prozyklizität zu erreichen.

[2] [1]Auf der Grundlage dieser Analyse und unter Berücksichtigung der Stellungnahme der EZB erstellt die Kommission alle zwei Jahre einen Bericht und

leitet ihn – gegebenenfalls zusammen mit angemessenen Vorschlägen – an das Europäische Parlament und den Rat weiter. [2] Beiträge seitens der kreditnehmenden und kreditgebenden Wirtschaft sind bei der Erstellung des Berichts ausreichend zu würdigen.

[3] Die Kommission überprüft bis zum 31. Dezember 2014 die Anwendung des Artikels 30, erstellt einen Bericht über dessen Anwendung und legt diesen, gegebenenfalls zusammen mit einem Gesetzgebungsvorschlag, dem Europäischen Parlament und dem Rat vor.

[4] Hinsichtlich der etwaigen Streichung des Artikels 33 Absatz 1 Buchstabe c und seiner möglichen Anwendung auf Unionsebene ist bei der Überprüfung insbesondere sicherzustellen, dass ausreichende Vorkehrungen getroffen wurden, um die Finanzstabilität in allen Mitgliedstaaten zu gewährleisten.

Art. 503 Eigenmittelanforderungen für Risikopositionen in Form gedeckter Schuldverschreibungen. (1) Die Kommission erstattet bis zum 31. Dezember 2014 nach Konsultation der EBA dem Europäischen Parlament und dem Rat Bericht, ob die Risikogewichtungen nach Artikel 129 und die Eigenmittelanforderungen für das spezifische Risiko nach Artikel 336 Absatz 3 für alle Instrumente angemessen sind, die für diese Behandlungen in Betracht kommen, und ob die in Artikel 129 genannten Kriterien zweckmäßig sind, und legt entsprechende Vorschläge vor.

(2) In dem Bericht und den Vorschlägen gemäß Absatz 1 wird folgenden Umständen Rechnung getragen:

a) der Frage, inwieweit bei den derzeitigen Eigenmittelanforderungen für gedeckte Schuldverschreibungen angemessen differenziert wird zwischen Schwankungen der Bonitätsstufe von gedeckten Schuldverschreibungen und den Sicherheiten, mit denen diese besichert sind, einschließlich des Umfangs der Abweichungen zwischen den Mitgliedstaaten,

b) der Transparenz des Markts für gedeckte Schuldverschreibungen und der Frage, inwieweit diese es Anlegern ermöglicht, das Kreditrisiko bei gedeckten Schuldverschreibungen und den Sicherheiten, mit denen diese besichert sind, umfassend zu analysieren, sowie der Trennung der Vermögenswerte im Falle der Insolvenz des Emittenten, wobei die abfedernde Wirkung des zugrundeliegenden strikten nationalen Rechtsrahmens gemäß Artikel 129 und Artikel 52 Absatz 4 der Richtlinie 2009/65/EG auf die Gesamtbonität einer gedeckten Schuldverschreibung und seine Auswirkungen auf das für Anleger notwendige Maß an Transparenz berücksichtigt wird, und

c) dem Ausmaß, in dem sich die Emission gedeckter Schuldverschreibungen durch ein Kreditinstitut auf das Kreditrisiko auswirkt, dem andere Gläubiger des Emittenten ausgesetzt sind.

(3) Die Kommission erstattet bis zum 31. Dezember 2014 nach Konsultation der EBA dem Europäischen Parlament und dem Rat Bericht, ob unter bestimmten Voraussetzungen durch Luftfahrzeuge besicherte Kredite (Pfandrechte an Luftfahrzeugen) und Kredite für Wohnimmobilien, die durch Garantien, nicht aber durch eingetragene Grundpfandrechte besichert sind, als anerkennungsfähige Vermögenswerte im Sinne des Artikels 129 betrachtet werden sollten.

(4) [1] Die Kommission prüft bis zum 31. Dezember 2016, ob die Ausnahmeregelung nach Artikel 496 angemessen ist und ob es gegebenenfalls angemessen ist, eine ähnliche Behandlung für alle anderen Formen von gedeckten Schuldverschreibungen vorzusehen. [2] Im Lichte dieser Prüfung kann die Kommission gegebenenfalls delegierte Rechtsakte gemäß Artikel 462 erlassen, um die Ausnahmeregelung dauerhaft einzuführen oder Gesetzgebungsvorschläge vorlegen, um sie auf andere Formen gedeckter Schuldverschreibungen auszuweiten.

Art. 504 Von staatlichen Stellen im Notfall gezeichnete Kapitalinstrumente. Die Kommission erstattet bis zum 31. Dezember 2016 nach Konsultation der EBA dem Europäischen Parlament und dem Rat Bericht, ob die Behandlung nach Artikel 31 geändert werden oder wegfallen muss, und legt entsprechende Vorschläge vor.

Art. 504a Positionen in Instrumenten berücksichtigungsfähiger Verbindlichkeiten. *[1]* Bis zum 28. Juni 2022 legt die EBA der Kommission einen Bericht über die Beträge von Positionen in Instrumenten berücksichtigungsfähiger Verbindlichkeiten und deren Verteilung auf die Institute, die als G-SRI oder A-SRI eingestuft werden, sowie über die potenziellen Hindernisse für die Abwicklung und das Risiko einer Ansteckung in Bezug auf diese Positionen vor.

[2] Auf der Grundlage dieses Berichts der EBA legt die Kommission bis zum 28. Juni 2023 dem Europäischen Parlament und dem Rat einen Bericht über die geeignete Behandlung solcher Positionen, erforderlichenfalls zusammen mit einem Gesetzgebungsvorschlag, vor.

Art. 505 Prüfung langfristiger Finanzierungen. Die Kommission erstattet dem Europäischen Parlament und dem Rat bis zum 31. Dezember 2014 Bericht darüber, ob die Anforderungen dieser Verordnung angemessen sind angesichts dessen, dass ein angemessenes Finanzierungsniveau der Wirtschaft für alle Formen langfristiger Finanzierungen, einschließlich für kritische Infrastrukturvorhaben der Europäischen Union in den Bereichen Verkehr, Energie und Kommunikation, sichergestellt werden muss, und legt gegebenenfalls geeignete Vorschläge vor.

Art. 506 Kreditrisiko – Definition des Ausfalls. *[1]* Die EBA erstattet der Kommission bis zum 31. Dezember 2017 Bericht darüber, wie die Ersetzung der Überfälligkeit seit 90 Tagen durch 180 Tage, wie in Artikel 178 Absatz 1 Buchstabe b vorgesehen, sich auf risikogewichtete Positionsbeträge auswirkt, und ob es angemessen ist, diese Bestimmung über den 31. Dezember 2019 hinaus weiter anzuwenden.

[2] Auf der Grundlage dieses Berichts kann die Kommission einen Gesetzgebungsvorschlag zur Änderung dieser Verordnung vorlegen.

Art. 507 Großkredite. (1) [1] Die EBA überwacht die Anwendung der Ausnahmen nach Artikel 390 Absatz 6 Buchstabe b, Artikel 400 Absatz 1 Buchstaben f bis m und Artikel 400 Absatz 2 Buchstaben a, c bis g, i, j und k und legt der Kommission bis zum 28. Juni 2021 einen Bericht vor, in dem sie die quantitativen Auswirkungen bewertet, die die Abschaffung dieser Ausnahmen oder die Begrenzung ihrer Inanspruchnahme hätte. [2] In diesem Bericht wird für jede Ausnahme nach diesen Artikeln insbesondere Folgendes bewertet:

a) die Anzahl der in den einzelnen Mitgliedstaaten ausgenommenen Großkredite;

b) die Anzahl der Institute, die die Ausnahme in den einzelnen Mitgliedstaaten in Anspruch nehmen;

c) der Gesamtbetrag der in den einzelnen Mitgliedstaaten ausgenommenen Risikopositionen.

(2) Die Kommission legt dem Europäischen Parlament und dem Rat bis zum 31. Dezember 2023 einen Bericht über die Anwendung der Ausnahmen nach Artikel 390 Absatz 4 und Artikel 401 Absatz 2 in Bezug auf die Methoden für die Berechnung des Risikopositionswerts von Wertpapierfinanzierungsgeschäften und insbesondere in Bezug auf die Notwendigkeit der Berücksichtigung von Änderungen bei internationalen Standards zur Bestimmung der Methoden für solche Berechnungen vor.

Art. 508 Anwendungsstufe. (1) Bis zum 31. Dezember 2014 überprüft die Kommission die Anwendung von Teil 1 Titel II und Artikel 113 Absätze 6 und 7, erstellt einen Bericht über deren Anwendung und legt diesen, gegebenenfalls zusammen mit einem Gesetzgebungsvorschlag, dem Europäischen Parlament und dem Rat vor.

(2) Bis zum 31. Dezember 2015 erstellt die Kommission einen Bericht darüber, ob und wie die Anforderung an die Liquiditätsdeckung nach Teil 6 Anwendung auf Wertpapierfirmen findet, und legt diesen nach Konsultation der EBA, gegebenenfalls zusammen mit einem Gesetzgebungsvorschlag, dem Europäischen Parlament und dem Rat vor.

(3) [1] Bis zum 31. Dezember 2015 erstellt die Kommission nach Konsultation der EBA und der ESMA und im Lichte von Beratungen mit den zuständigen Behörden einen Bericht an das Europäische Parlament und den Rat über eine angemessene Regelung für die Beaufsichtigung von Wertpapierfirmen und Firmen im Sinne des Artikels 4 Absatz 1 Nummer 2 Buchstaben b und c. [2] Gegebenenfalls wird im Anschluss an den Bericht ein Gesetzgebungsvorschlag unterbreitet.

Art. 509 Liquiditätsanforderungen. (1) *[1]* [1] Die EBA überwacht und bewertet die Meldungen gemäß Artikel 415 Absatz 1 unter Berücksichtigung unterschiedlicher Währungen und Geschäftsmodelle. [2] Sie erstattet der Kommission nach Konsultation des ESRB, von Endnutzern, die keine Finanzkunden sind, des Bankengewerbes, der zuständigen Behörden und der Zentralbanken des ESZB jährlich und erstmals ab dem 31. Dezember 2013 Bericht darüber, ob eine Spezifizierung der allgemeinen Anforderung an die Liquiditätsdeckung gemäß Teil 6 auf der Grundlage der gemäß Teil 6 Titel II und Anhang III zu meldenden Positionen einzeln oder kumulativ betrachtet möglicherweise die Geschäfte und das Risikoprofil von in der Union niedergelassenen Instituten oder die Stabilität und das ordnungsgemäße Funktionieren der Finanzmärkte oder die Wirtschaft und die Stabilität der Kreditversorgung durch Banken mit besonderem Augenmerk auf die Kreditvergabe an KMU und die Handelsfinanzierung, einschließlich der Kreditvergabe im Rahmen offizieller Exportkreditversicherungssysteme, wesentlich beeinträchtigen würde.

[2] In dem Bericht nach Unterabsatz 1 werden Marktentwicklungen und internationale aufsichtsrechtliche Entwicklungen sowie die Wechselwirkung zwischen der Liquiditätsdeckungsanforderung und anderen Aufsichtsanforderungen dieser Verordnung, wie beispielsweise den risikobasierten Kapitalquoten gemäß Artikel 92 und den Verschuldungsquoten, berücksichtigt werden.

[3] Dem Europäischen Parlament und dem Rat wird Gelegenheit gegeben, zu dem Bericht nach Unterabsatz 1 Stellung zu nehmen.

(2) In dem Bericht nach Unterabsatz 1 beurteilt die EBA insbesondere,

a) die Schaffung von Mechanismen, die den Wert der Liquiditätszuflüsse beschränken, um insbesondere eine angemessene Zuflussobergrenze und die Voraussetzungen für ihre Anwendung festzulegen, wobei verschiedene Geschäftsmodelle, einschließlich Durchlauffinanzierung, Factoring, Leasing, gedeckte Schuldverschreibungen, Hypotheken, Begebung gedeckter Schuldverschreibungen und die Frage, inwieweit diese Obergrenze *angepasstwerden*[1] oder wegfallen sollte, um den Besonderheiten von Spezialfinanzierungen Rechnung zu tragen,

b) die Kalibrierung der in Teil 6 Titel II, insbesondere den Artikeln 422 Absatz 7 und 425 Absatz 2 genannten Zu- und Abflüsse,

c) die Schaffung von Mechanismen zur Beschränkung der Deckung der Liquiditätsanforderungen durch bestimmte Kategorien liquider Aktiva, insbesondere die Prüfung der geeigneten Mindestquote liquider Aktiva gemäß Artikel 416 Absatz 1 Buchstaben a, b und c an Gesamtbestand der liquiden Aktiva, das Testen eines Schwellenwerts von 60 % und die Berücksichtigung internationaler aufsichtsrechtlicher Entwicklungen. Aktiva, die geschuldet und fällig oder innerhalb von 30 Kalendertagen abrufbar sind, sollten nicht auf die Mindestquote angerechnet werden, es sei denn, für sie wurde eine Sicherheit gestellt, die ebenfalls nach Artikel 416 Absatz 1 Buchstaben a bis c anerkannt würde,

d) die Festlegung spezifischer niedrigerer Abfluss- und/oder höherer Zuflussprozentsätze für gruppeninterne Liquiditätsflüsse, wobei erläutert wird, unter welchen Bedingungen solche spezifischen Prozentsätze für Zu- oder Abflüsse von einem aufsichtlichen Standpunkt her gerechtfertigt wären, und eine Methodik skizziert wird, bei der objektive Kriterien und Parameter verwendet werden, um die spezifische Höhe der Zu- und Abflüsse zwischen dem Institut und der Gegenpartei festzulegen, wenn diese nicht im selben Mitgliedstaat niedergelassen sind,

e) die Kalibrierung der Ziehungsraten für nicht in Anspruch *genommenen*[2] Kredit- und Liquiditätsfazilitäten nach Artikel 424 Absätze 3 und 5; insbesondere wird die EBA eine Ziehungsrate von 100 % testen,

f) die Definition der Privatkundeneinlage des Artikels 411 Nummer 2, insbesondere die Frage, ob es sinnvoll ist, einen Schwellenwert für die Einlagen natürlicher Personen einzuführen,

g) die Notwendigkeit, eine neue Kategorie „Privatkundeneinlagen" mit niedrigeren Abflüssen einzuführen, da eine niedrigere Abflussrate angesichts der

---

[1] Richtig wohl: „angepasst werden".
[2] Richtig wohl: „genommene".

besonderen Merkmale dieser Einlagen gerechtfertigt sein könnte; dabei wäre internationalen Entwicklungen Rechnung zu tragen,

h) Ausnahmen von den Anforderungen an die Zusammenstellung der liquiden Aktiva, die Institute vorhalten müssen, wenn ihr gemeinsamer berechtigter Bedarf an liquiden Aktiva deren Verfügbarkeit in einer bestimmten Währung übersteigt, und die Bedingungen, die für solche Ausnahmen gelten sollten,

i) die Definition von schariakonformen Finanzprodukten, die von schariakonformen Banken als Alternative zu Vermögenswerten, die für die Zwecke des Artikels 416 als liquide Aktiva anerkannt würden, verwendet werden können,

j) die Definition von Stresssituationen – einschließlich Grundsätzen für die mögliche Verwendung des Bestands an liquiden Aktiva und die erforderlichen aufsichtlichen Reaktionen –,[1] in denen Institute ihre liquiden Bestände zur Deckung von Liquiditätsabflüssen verwenden dürfen, und wie Verstöße zu behandeln *wäre*[2],

k) die Definition der etablierten Geschäftsbeziehung gemäß Artikel 422 Absatz 3 Buchstabe c in Bezug auf Nichtfinanzkunden,

l) die Kalibrierung der auf Korrespondenzbankgeschäfte und Primebroker-Dienstleistungen nach Artikel 422 Absatz 4 Unterabsatz 1 anzuwendenden Abflussrate,

m) Mechanismen, mit denen staatlich garantierte Anleihen, die mit einer Genehmigung der Union für staatliche Beihilfen als Teil staatlicher Stützungsmaßnahmen an Kreditinstitute ausgegeben wurden, um deren Bilanzen von problematischen Vermögenswerten zu entlasten, wie beispielsweise Anleihen der National Asset Management Agency (NAMA) in Irland und der spanischen Vermögensverwaltungsgesellschaft in Spanien, mindestens bis Dezember 2023 als Aktiva von äußerst hoher Liquidität und Kreditqualität bestandsgeschützt werden sollen.

(3) *[1]* Die EBA erstattet der Kommission nach Konsultation der ESMA und der EZB bis zum 31. Dezember 2013 Bericht über geeignete einheitliche Definitionen der hohen und äußerst hohen Liquidität und Kreditqualität übertragbarer Aktiva für die Zwecke des Artikels 416 und angemessene Abschläge für Vermögenswerte – ausgenommen Aktiva im Sinne des Artikels 416 Absatz 1 Buchstaben a, b und c, die für die Zwecke des Artikels 416 als liquide Aktiva anerkannt würden.

[2] Dem Europäischen Parlament und dem Rat wird Gelegenheit gegeben, zu diesem Bericht Stellung zu nehmen.

[3] In dem Bericht nach Unterabsatz 1 wird außerdem Folgendes geprüft:

a) andere Kategorien von Vermögenswerten, insbesondere durch private Wohnimmobilien besicherte Wertpapiere von hoher Liquidität und Kreditqualität,

b) andere Kategorien zentralbankfähiger Wertpapiere oder Darlehensforderungen, wie z.B. von regionalen oder lokalen Gebietskörperschaften begebene Schuldverschreibungen und Geldmarktpapiere sowie

---

[1] Komma fehlt im ABl.EU.
[2] Richtig wohl: „sind".

c) andere nicht zentralbankfähige aber fungible Vermögenswerte, wie z.B. an einer anerkannten Börse notierte Aktien, Gold, Eigenkapitalinstrumente eines wichtigen Index, garantierte Schuldverschreibungen, gedeckte Schuldverschreibungen, Unternehmensanleihen und auf diesen Vermögenswerten beruhende Fonds.

(4) *[1]* In dem Bericht nach Absatz 3 wird geprüft, ob und inwieweit Standby-Kreditfazilitäten im Sinne des Artikels 416 Absatz 1 Buchstabe e im Lichte der internationalen Entwicklung und unter Berücksichtigung europäischer Besonderheiten, einschließlich der Art und Weise, in der die Geldpolitik in der Union durchgeführt wird, als liquide Aktiva betrachtet werden sollten.

[2] Die EBA prüft insbesondere die Angemessenheit der folgenden Kriterien und die geeigneten Höhen für die entsprechenden Definitionen:

a) Mindesthandelsvolumen der Vermögenswerte,

b) Mindestvolumen ausstehender Vermögenswerte,

c) transparente Preis- und Nachhandelsinformation,

d) Bonitätsstufen gemäß Teil 3 Titel II Kapitel 2,

e) nachweisbare Preisstabilität,

f) durchschnittliches Handelsvolumen und durchschnittlicher Transaktionsumfang,

g) maximale Geld-Brief-Spanne,

h) Restlaufzeit,

i) Mindestumschlagshäufigkeit.

(5) Bis zum 31. Januar 2014 erstattet die EBA ferner Bericht über

a) einheitliche Begriffsbestimmungen für hohe und äußerst hohe Liquidität und Kreditqualität,

b) die etwaigen unbeabsichtigten Folgen der Begriffsbestimmung für liquide Aktiva auf die Durchführung von geldpolitischen Operationen und das Ausmaß, in dem

   i) ein Verzeichnis liquider Aktiva, das nicht an die Liste zentralbankfähiger Vermögenswerte gekoppelt ist, einen Anreiz dafür schaffen könnte, dass Institute anerkennungsfähige Vermögenswerte, die der Begriffsbestimmung für liquide Aktiva nicht entsprechen, bei Refinanzierungsgeschäften einreichen,

   ii) Liquiditätsvorschriften Institute davon abhalten könnten, auf dem unbesicherten Geldmarkt Anleihe- und Darlehensgeschäfte durchzuführen, und ob dies zu einer Infragestellung der Ausrichtung des EONIA im Rahmen der Durchführung der Geldpolitik führen könnte,

   iii) die Einführung der Liquiditätsdeckungsanforderung den nationalen Zentralbanken die Gewährleistung der Preisstabilität mithilfe des bestehenden geldpolitischen Rahmens und der verfügbaren geldpolitischen Instrumente erschweren würde,

c) die operationellen Anforderungen an den Bestand an liquiden Aktiva im Sinne des Artikels 417 Buchstaben b bis f im Einklang mit internationalen aufsichtsrechtlichen Entwicklungen.

Art. 510 Anforderungen in Bezug auf stabile Refinanzierung. (1) [1] Die EBA erstattet der Kommission ausgehend von den gemäß Teil 6 Titel III zu meldenden Positionen bis zum 31. Dezember 2015 Bericht, ob und inwieweit es angemessen wäre, sicherzustellen, dass Institute stabile Refinanzierungsquellen nutzen, und schließt darin auch eine Bewertung der Auswirkung auf das Geschäft und Risikoprofil von in der Union niedergelassenen Instituten oder auf die Finanzmärkte, die Wirtschaft oder die Kreditvergabe durch Banken ein, wobei sie besonderes Augenmerk auf die Kreditvergabe an KMU und die Handelsfinanzierung, einschließlich der Kreditvergabe im Rahmen öffentlicher Exportkreditversicherungssysteme und über Modelle der Durchlauffinanzierung, einschließlich kongruent refinanzierter Hypothekendarlehen, richtet. [2] Sie analysiert insbesondere die Auswirkung stabiler Refinanzierungsquellen auf die Refinanzierungsstrukturen unterschiedlicher Bankenmodelle in der Union.

(2) Die EBA erstattet der Kommission ausgehend von den gemäß Teil 6 Titel III zu meldenden Positionen und entsprechend den einheitlichen Meldeformaten gemäß Artikel 415 Absatz 3 Buchstabe a und nach Konsultation des ESRB ferner bis zum 31. Dezember 2015 Bericht über Methoden zur Festlegung des Betrags an stabiler Refinanzierung, über den Institute verfügen und der von ihnen benötigt wird, und über geeignete einheitliche Definitionen zur Berechnung *einer solchen Anforderungen*[1] in Bezug auf stabile Refinanzierung, wobei sie insbesondere Folgendes prüft:

a) Kategorien und Gewichtung der in Artikel 427 Absatz 1 genannten stabilen Refinanzierungsquellen,

b) die zur Ermittlung des in Artikel 428 Absatz 1 genannten Bedarfs an stabiler Refinanzierung angewandten Kategorien und Gewichte,

c) Methoden, die positive bzw. gegebenenfalls negative Anreize schaffen, mit denen eine stabilere, langfristigere Refinanzierung von Vermögenswerten, Geschäftstätigkeiten, Investitionen und Kapitalausstattung von Instituten gefördert wird,

d) die Notwendigkeit, für unterschiedliche Arten von Instituten unterschiedliche Methoden zu entwickeln.

(3) Die Kommission legt dem Europäischen Parlament und dem Rat gegebenenfalls bis zum 31. Dezember 2016 einen Gesetzgebungsvorschlag dazu vor, wie Institute dazu angehalten werden können, stabile Refinanzierungsquellen zu verwenden, wobei sie die Berichte gemäß den Absätzen 1 und 2 berücksichtigt und der Vielfalt des Bankengewerbes in der Union Rechnung trägt.

(4) [1] Die EBA überwacht den Betrag an erforderlicher stabiler Refinanzierung für die Deckung des Refinanzierungsrisikos im Zusammenhang mit in Anhang II aufgeführten Derivatkontrakten und mit Kreditderivaten während des einjährigen Zeithorizonts der strukturellen Liquiditätsquote, insbesondere das künftige Refinanzierungsrisiko für diese Kontrakte nach Artikel 428s Absatz 2 und Artikel 428at Absatz 2, und erstattet der Kommission bis zum 28. Juni 2024 Bericht über die Zweckmäßigkeit der Anwendung eines höheren Faktors für die erforderliche stabile Refinanzierung oder einer Maßnahme mit höherer Risikosensitivität. [2] In diesem Bericht wird mindestens Folgendes bewertet:

---

[1] Richtig wohl: „solcher Anforderungen".

a) die Frage, ob eine Unterscheidung zwischen durch Einschuss gedeckten und nicht durch Einschuss gedeckten Derivatkontrakten zweckmäßig ist;
b) die Frage, ob eine Abschaffung, Erhöhung oder Ersetzung der Anforderung nach Artikel 428s Absatz 2 und Artikel 428at Absatz 2 zweckmäßig ist;
c) die Frage, ob eine allgemeinere Änderung der Behandlung von Derivatkontrakten bei der Berechnung der strukturellen Liquiditätsquote nach Artikel 428d, Artikel 428k Absatz 4, Artikel 428s Absatz 2, Artikel 428ag Buchstaben a und b, Artikel 428ah Absatz 2, Artikel 428al Absatz 4, Artikel 428at Absatz 2, Artikel 428ay Buchstaben a und b und Artikel 428az Absatz 2 zweckmäßig ist, um das mit diesen Kontrakten verbundene Refinanzierungsrisiko während des einjährigen Zeithorizonts der strukturellen Liquiditätsquote besser zu erfassen;
d) die Auswirkung der vorgeschlagenen Änderungen auf den Betrag an stabiler Refinanzierung, der für die Derivatkontrakte der Institute erforderlich ist.

(5) Wird die Behandlung der in Anhang II aufgeführten Derivatkontrakte und der Kreditderivate für die Berechnung der strukturellen Liquiditätsquote durch internationale Standards beeinträchtigt, so legt die Kommission dem Europäischen Parlament und dem Rat – sofern angemessen und unter Berücksichtigung des Berichts nach Absatz 4, dieser Änderungen internationaler Standards und der Vielfalt des Bankensektors in der Union – einen Gesetzgebungsvorschlag zu der Frage vor, wie die Bestimmungen über die Behandlung der in Anhang II aufgeführten Derivatkontrakte und der Kreditderivate für die Berechnung der strukturellen Liquiditätsquote nach Teil 6 Titel IV geändert werden müssen, um dem mit diesen Transaktionen verbundenen Refinanzierungsrisiko besser Rechnung zu tragen.

(6) [1] Die EBA überwacht den Betrag an stabiler Refinanzierung, der erforderlich ist für die Deckung des Refinanzierungsrisikos im Zusammenhang mit Wertpapierfinanzierungsgeschäften, einschließlich der bei diesen Transaktionen entgegengenommenen oder gestellten Vermögenswerte, und im Zusammenhang mit unbesicherten Transaktionen mit einer Restlaufzeit von weniger als sechs Monaten mit Finanzkunden und erstattet der Kommission bis zum 28. Juni 2023 Bericht darüber, ob diese Behandlung angemessen ist. [2] In diesem Bericht wird mindestens Folgendes bewertet:

a) die Frage, ob die Anwendung höherer oder niedrigerer Faktoren für die stabile Refinanzierung auf Wertpapierfinanzierungsgeschäfte mit Finanzkunden sowie auf mit Finanzkunden geschlossene unbesicherte Transaktionen mit einer Restlaufzeit von weniger als sechs Monaten zweckmäßig ist, um ihrem Refinanzierungsrisiko während des einjährigen Zeithorizonts der strukturellen Liquiditätsquote und etwaigen Ansteckungseffekten zwischen Finanzkunden besser Rechnung zu tragen;
b) die Frage, ob die Anwendung der Behandlung nach Artikel 428r Absatz 1 Buchstabe g auf Wertpapierfinanzierungsgeschäfte, die durch andere Arten von Vermögenswerten besichert sind, zweckmäßig ist;
c) die Frage, ob als Alternative zur Behandlung nach Artikel 428p Absatz 5 die Anwendung von Faktoren für die stabile Refinanzierung auf außerbilanzielle Posten, die bei Wertpapierfinanzierungsgeschäften verwendet werden, zweckmäßig ist;

d) die Frage, ob die asymmetrische Behandlung von Verbindlichkeiten mit einer Restlaufzeit von weniger als sechs Monaten, die von Finanzkunden zur Verfügung gestellt werden, die gemäß Artikel 428k Absatz 3 Buchstabe c einem Faktor für die verfügbare stabile Refinanzierung von 0 % unterliegen, und Vermögenswerten, die sich aus Transaktionen mit einer Restlaufzeit von weniger als sechs Monaten mit Finanzkunden ergeben, die gemäß Artikel 428r Absatz 1 Buchstabe g, Artikel 428s Absatz 1 Buchstabe c und Artikel 428v Buchstabe b einem Faktor für die erforderliche stabile Refinanzierung von 0 %, 5 % oder 10 % unterliegen, angemessen ist;

e) die Auswirkung der Einführung höherer oder niedriger Faktoren für die erforderliche stabile Refinanzierung für Wertpapierfinanzierungsgeschäfte, insbesondere mit Finanzkunden abgeschlossene Transaktionen mit einer Restlaufzeit von weniger als sechs Monaten, auf die Marktliquidität von Vermögenswerten, die bei diesen Transaktionen als Sicherheit entgegengenommen werden, insbesondere von Staats- und Unternehmensanleihen;

f) die Auswirkung der vorgeschlagenen Änderungen auf den Betrag an stabiler Refinanzierung, der für diese Transaktionen der Institute erforderlich ist, insbesondere für Wertpapierfinanzierungsgeschäfte mit einer Restlaufzeit von weniger als sechs Monaten mit Finanzkunden, wenn bei diesen Transaktionen Staatsanleihen als Sicherheit entgegengenommen werden.

(7) Die Kommission legt dem Europäischen Parlament und dem Rat bis zum 28. Juni 2024 – sofern angemessen und unter Berücksichtigung des Berichts nach Absatz 6, der internationalen Standards und der Vielfalt des Bankensektors in der Union – einen Gesetzgebungsvorschlag zu der Frage vor, wie die Bestimmungen über die Behandlung von Wertpapierfinanzierungsgeschäften, einschließlich der bei diesen Transaktionen entgegengenommenen oder gestellten Vermögenswerte, und die Behandlung von unbesicherten Transaktionen mit einer Restlaufzeit von weniger als sechs Monaten mit Finanzkunden für die Berechnung der strukturellen Liquiditätsquote nach Teil 6 Titel IV geändert werden sollten, falls sie dies angesichts der Auswirkungen der derzeitigen Behandlung auf die strukturelle Liquiditätsquote der Institute und im Hinblick auf eine bessere Berücksichtigung des mit diesen Transaktionen verbundenen Refinanzierungsrisikos für angemessen hält.

(8) Bis zum 28. Juni 2025 müssen die auf die Transaktionen nach Artikel 428r Absatz 1 Buchstabe g, Artikel 428s Absatz 1 Buchstabe c und Artikel 428v Buchstabe b angewandten Faktoren für die erforderliche stabile Refinanzierung von 0 % auf 10 % und von 5 % bzw. 10 % auf 15 % erhöht werden, es sei denn, dass dies in einem auf Grundlage eines Kommissionsvorschlags angenommenen Gesetzgebungsakt gemäß Absatz 7 des vorliegenden Artikels anders festgelegt wurde.

(9) [1] Die EBA überwacht den Betrag an stabiler Refinanzierung, der für die Deckung des Refinanzierungsrisikos erforderlich ist, das sich daraus ergibt, dass Institute Wertpapiere halten, um Derivatkontrakte abzusichern. [2] Die EBA berichtet bis zum 28. Juni 2023 darüber, ob die Behandlung zweckmäßig ist. [3] In diesem Bericht wird mindestens Folgendes bewertet:

a) die möglichen Auswirkungen der Behandlung auf die Fähigkeit von Anlegern, Zugang zu Vermögenswerten zu erhalten, und die Auswirkungen der Behandlung auf die Kreditversorgung in der Kapitalmarktunion;

b) die Frage, ob die Anwendung angepasster Anforderungen der stabilen Refinanzierung auf Wertpapiere, die gehalten werden, um Derivate abzusichern, die gänzlich oder teilweise durch Ersteinschüsse finanziert werden, zweckmäßig ist;
c) die Frage, ob die Anwendung angepasster Anforderungen der stabilen Refinanzierung auf Wertpapiere, die gehalten werden, um Derivate abzusichern, die nicht durch Ersteinschüsse finanziert werden, zweckmäßig ist.

(10) Die Kommission legt dem Europäischen Parlament und dem Rat bis zum 28. Juni 2023 oder ein Jahr nach der Vereinbarung internationaler Standards, die vom Basler Ausschuss entwickelt wird, je nachdem, welches der frühere Termin ist, – sofern angemessen und unter Berücksichtigung des Berichts nach Absatz 9, der durch den Basler Ausschuss ausgearbeiteten internationalen Standards, der Vielfalt des Bankensektors in der Union und der Ziele der Kapitalmarktunion – einen Gesetzgebungsvorschlag zu der Frage vor, wie die Bestimmungen über die Behandlung des Falls, dass Institute Wertpapiere halten, um Derivatkontrakte abzusichern, für die Berechnung der strukturellen Liquiditätsquote nach Teil 6 Titel IV geändert werden sollten, falls sie dies angesichts der Auswirkungen der derzeitigen Behandlung auf die strukturelle Liquiditätsquote der Institute und im Hinblick auf eine bessere Berücksichtigung des mit diesen Transaktionen verbundenen Refinanzierungsrisikos für angemessen hält.

(11) [1] Die EBA bewertet, ob eine Verringerung des Faktors für die erforderliche stabile Refinanzierung für Vermögenswerte, die für die Erbringung von Clearing- und Abrechnungsleistungen für Edelmetalle wie Gold, Silber, Platin und Palladium verwendet werden, oder für Vermögenswerte, die für die Durchführung von Finanzierungsgeschäften für Edelmetalle wie Gold, Silber, Platin und Palladium mit einer Laufzeit von höchstens 180 Tagen verwendet werden, gerechtfertigt wäre. [2] Die EBA übermittelt der Kommission ihren Bericht bis zum 28. Juni 2021.

Art. 511 Verschuldung. (1) Die Kommission legt dem Europäischen Parlament und dem Rat bis zum 31. Dezember 2020 einen Bericht über die Frage vor, ob

a) die Einführung eines Aufschlags auf die Verschuldungsquote für A-SRI angemessen ist und
b) die Definition und die Berechnung der Gesamtrisikopositionsmessgröße nach Artikel 429 Absatz 4, einschließlich der Behandlung der Zentralbankreserven, angemessen sind.

(2) [1] Für die Zwecke des in Absatz 1 genannten Berichts berücksichtigt die Kommission internationale Entwicklungen und auf internationaler Ebene vereinbarte Standards. [2] Gegebenenfalls wird diesem Bericht ein Gesetzgebungsvorschlag beigefügt.

Art. 512 Risikopositionen aus übertragenen Kreditrisiken. Die Kommission legt dem Europäischen Parlament und dem Rat bis zum 31. Dezember 2014 einen Bericht über die Anwendung und Wirksamkeit der Bestimmungen des Teils 5 vor dem Hintergrund der Entwicklungen der internationalen Märkte vor.

Art. 513 Vorschriften der Makroaufsicht. (1) Die Kommission überprüft nach Konsultation des ESRB und der EBA bis zum 30. Juni 2022 und danach alle fünf Jahre, ob die Vorschriften dieser Verordnung und der Richtlinie 2013/36/EU zur Makroaufsicht ausreichen, um Systemrisiken in bestimmten Wirtschaftszweigen, Regionen und Mitgliedstaaten einzudämmen; dabei bewertet sie unter anderem,

a) ob die geltenden Instrumente der Makroaufsicht dieser Verordnung und der Richtlinie 2013/36/EU wirksam, effizient und transparent sind;

b) ob die Abdeckung der verschiedenen in dieser Verordnung und der Richtlinie 2013/36/EU zur Bewältigung ähnlicher Risiken vorgesehenen Instrumente der Makroaufsicht und der eventuelle Grad der Überschneidung zwischen diesen Instrumenten angemessen sind; erforderlichenfalls schlägt sie neue Vorschriften der Makroaufsicht vor;

c) welche Wechselwirkungen es zwischen international vereinbarten Standards für systemrelevante Institute und dieser Verordnung und der Richtlinie 2013/36/EU gibt; erforderlichenfalls schlägt sie neue Vorschriften vor, in denen diese international vereinbarten Standards berücksichtigt werden;

d) ob andere Arten von Instrumenten wie schuldnerbezogene Instrumente unter die in dieser Verordnung und der Richtlinie 2013/36/EU vorgesehenen Instrumente der Makroaufsicht aufgenommen werden sollten, um die kapitalbezogenen Instrumente zu ergänzen und eine harmonisierte Anwendung der Instrumente im Binnenmarkt zu ermöglichen, unter Berücksichtigung der Frage, ob harmonisierte Definitionen dieser Instrumente und die Meldung entsprechender Daten auf Unionsebene eine Voraussetzung für die Einführung solcher Instrumente sind;

e) ob die Anforderung an den Puffer der Verschuldungsquote gemäß Artikel 92 Absatz 1a auf andere systemrelevante Institute als G-SRI ausgeweitet werden sollte, ob ihre Kalibrierung sich von der Kalibrierung für G-SRI unterscheiden sollte und ob ihre Kalibrierung von dem Ausmaß der Systemrelevanz des Instituts abhängen sollte;

f) ob die derzeitige freiwillige Gegenseitigkeit von Makroaufsichtsmaßnahmen in eine verpflichtende Gegenseitigkeit umgewandelt werden sollte und ob der derzeitige Rahmen des ESRB für die freiwillige Gegenseitigkeit eine angemessene Grundlage dafür ist;

g) wie einschlägige Finanzaufsichtsbehörden der Union und der Mitgliedstaaten mit Instrumenten ausgestattet werden können, anhand deren sie neue systemrelevante Risiken angehen können, die aufgrund von Risikopositionen von Kreditinstituten im Nichtbankensektor entstehen, insbesondere Risiken auf den Märkten für Derivate und Wertpapierfinanzierungsgeschäfte sowie in der Vermögensverwaltungs- und Versicherungsbranche.

(2) Die Kommission erstattet dem Europäischen Parlament und dem Rat auf der Grundlage von Konsultationen mit dem ESRB und der EBA bis zum 31. Dezember 2022 und danach alle fünf Jahre über die Bewertung nach Absatz 1 Bericht und legt ihnen gegebenenfalls einen Gesetzgebungsvorschlag vor.

Art. 514 Gegenparteiausfallrisiko und Ursprungsrisikomethode. Die Kommission überprüft bis zum 31. Dezember 2016 die Anwendung des Artikels 275, erstellt einen Bericht über dessen Anwendung und legt diesen, gegebenenfalls zusammen mit einem Gesetzgebungsvorschlag, dem Europäischen Parlament und dem Rat vor.

Art. 515 Überwachung und Evaluierung. (1) Die EBA erstattet gemeinsam mit der ESMA bis zum 28. Juni 2014 Bericht über das Zusammenwirken dieser Verordnung mit den damit zusammenhängenden Verpflichtungen gemäß der Verordnung (EU) Nr. 648/2012, insbesondere hinsichtlich Instituten, die als zentrale Gegenpartei fungieren, um eine Doppelung der Anforderungen an Derivatgeschäfte und damit eine Zunahme des aufsichtsrechtlichen Risikos und einen Anstieg der Aufsichtskosten für die zuständigen Behörden zu vermeiden.

(2) [1]Die EBA überwacht und bewertet die Funktionsweise der Bestimmungen für Eigenmittelanforderungen für Risikopositionen gegenüber einer zentralen Gegenpartei gemäß Teil 3 Titel II Kapitel 6 Abschnitt 9. [2]Sie legt der Kommission bis zum 1. Januar 2015 einen Bericht über die Auswirkungen und die Wirksamkeit dieser Bestimmungen vor.

(3) Die Kommission überprüft bis zum 31. Dezember 2016 die Abstimmung dieser Verordnung mit den damit zusammenhängenden Verpflichtungen gemäß der Verordnung (EU) Nr. 648/2012, den Eigenmittelanforderungen nach Teil 3 Titel II Kapitel 6 Abschnitt 9, erstattet darüber Bericht und legt diesen Bericht, gegebenenfalls zusammen mit einem Gesetzgebungsvorschlag, dem Europäischen Parlament und dem Rat vor.

Art. 516 Langfristige Finanzierungen. Die Kommission erstattet bis zum 31. Dezember 2015 Bericht über die Auswirkungen dieser Verordnung auf die Förderung langfristiger Investitionen in wachstumsfördernde Infrastrukturen.

Art. 517 Begriffsbestimmung der anrechenbaren Eigenmittel. Die Kommission überprüft bis zum 31. Dezember 2014 die Angemessenheit der Begriffsbestimmung der anrechenbaren Eigenmittel, die für die Zwecke von Teil 2 Titel III und Teil 4 angewandt wird, erstellt darüber einen Bericht und legt diesen, gegebenenfalls zusammen mit einem Gesetzgebungsvorschlag, dem Europäischen Parlament und dem Rat vor.

Art. 518 Prüfung der Kapitalinstrumente, die abgeschrieben oder umgewandelt werden können, wenn ein Fortbestand nicht mehr gegeben ist. [1]Bis zum 31. Dezember 2015 prüft die Kommission, ob in dieser Verordnung vorgesehen werden sollte, dass Instrumente des zusätzlichen Kernkapitals oder des Ergänzungskapitals abzuschreiben sind, wenn festgestellt wird, dass der Fortbestand des Instituts nicht mehr gegeben ist, und erstattet darüber Bericht. [2]Die Kommission unterbreitet ihren Bericht, gegebenenfalls zusammen mit einem Gesetzgebungsvorschlag, dem Europäischen Parlament und dem Rat.

Art. 518a Überprüfung von Cross-Default-Klauseln. [1]Die Kommission überprüft und bewertet bis zum 28. Juni 2022, ob es angemessen ist, vorzuschreiben, dass berücksichtigungsfähige Verbindlichkeiten für einen Bail-in herangezogen werden können, ohne Cross-Default-Klauseln in anderen Verträgen auszulösen, um die Wirksamkeit des Bail-in-Instruments so weit wie möglich zu verstärken und zu bewerten, ob eine No-Cross-Default-Klausel, in der auf berücksichtigungsfähige Verbindlichkeiten Bezug genommen wird, in die für andere Verbindlichkeiten geltenden Vertragsbedingungen oder Verträge aufgenommen werden sollte. [2]Gegebenenfalls legt sie zusammen mit dieser Überprüfung und dieser Bewertung einen Gesetzgebungsvorschlag vor.

Art. 519 Abzug der Vermögenswerte aus Pensionsfonds mit Leistungszusage von Posten des harten Kernkapitals. *[1]* Die EBA erstellt bis zum 30. Juni 2014 einen Bericht darüber, ob der überarbeitete Rechnungslegungsstandard IAS 19 in Verbindung mit dem Abzug von Nettovermögenswerten aus Pensionsfonds nach Artikel 36 Absatz 1 Buchstabe e und Änderungen der Nettoverbindlichkeiten von Pensionsfonds eine übermäßige Volatilität der Eigenmittel eines Instituts zur Folge hat.

[2] Unter Berücksichtigung des Berichts der EBA erstellt die Kommission zu der Frage in Unterabsatz 1 bis zum 31. Dezember 2014 einen Bericht an das Europäische Parlament und den Rat, dem sie gegebenenfalls einen Gesetzgebungsvorschlag zur Einführung eines Verfahrens zur Anpassung der Nettovermögenswerte und -verbindlichkeiten aus Pensionsfonds bei der Berechnung der Eigenmittel beifügt.

Art. 519a Bericht und Überprüfung. *[1]* [1]Spätestens am 1. Januar 2022 legt die Kommission dem Europäischen Parlament und dem Rat einen Bericht über die Anwendung der Bestimmungen in Teil 3 Titel II Kapitel 5 vor und trägt darin unter anderem aus makroprudenzieller und wirtschaftlicher Perspektive den Entwicklungen an den Verbriefungsmärkten Rechnung. [2]Dieser Bericht geht gegebenenfalls mit einem Gesetzgebungsvorschlag einher und es wird darin insbesondere Folgendes bewertet:

a) Die Auswirkungen der in Artikel 254 dargelegten Hierarchie der Methoden und der Berechnung der risikogewichteten Positionsbeträge für Verbriefungspositionen gemäß den Artikeln 258 bis 266 auf die Emissions- und Anlagetätigkeiten der Institute an den Verbriefungsmärkten in der Union;
b) die Folgen für die Finanzstabilität der Union und der Mitgliedstaaten, vor allem im Hinblick auf eine potenzielle Immobilienmarktspekulation und auf die zunehmenden Verflechtungen zwischen Finanzinstituten;
c) erforderliche Maßnahmen, um negative Auswirkungen von Verbriefungen auf die Finanzstabilität gering zu halten und diesen gegenzusteuern und dabei gleichzeitig die positiven Auswirkungen der Verbriefungen auf die Finanzierung zu wahren, u. a. durch die mögliche Einführung einer Obergrenze für Risiken aus Verbriefungspositionen; und
d) die Auswirkungen auf die Fähigkeit der Finanzinstitute, einen nachhaltigen und stabilen Finanzierungskanal für die Realwirtschaft bereit zu stellen, mit besonderem Augenmerk auf KMU.

[2] Außerdem sollen in dem Bericht Entwicklungen der Aufsichtsregeln in internationalen Gremien berücksichtigt werden, insbesondere in Bezug auf internationale Standards für Verbriefungen.

Art. 519b Eigenmittelanforderungen für das Marktrisiko. (1) Die EBA erstattet bis zum 30. September 2019 Bericht über die Auswirkungen der internationalen Standards für die Berechnung der Eigenmittelanforderungen für das Marktrisiko auf die Institute in der Union.

(2) Die Kommission legt – unter Berücksichtigung der Ergebnisse des Berichts nach Absatz 1 und der internationalen Standards und der Ansätze gemäß Teil 3 Titel IV Kapitel 1a und 1b – dem Europäischen Parlament und dem Rat bis zum 30. Juni 2020 einen Bericht, gegebenenfalls zusammen mit einem Gesetzgebungsvorschlag, über die Art und Weise vor, wie die internationalen Standards in Bezug auf angemessene Eigenmittelanforderungen für das Marktrisiko umzusetzen sind.

Titel IIa. Durchführung der Vorschriften

Art. 519c Instrument zur Erleichterung der Einhaltung der Vorschriften. (1) Die EBA entwickelt ein elektronisches Instrument, das darauf abzielt, den Instituten die Einhaltung dieser Verordnung und der Richtlinie 2013/36/EU sowie der technischen Regulierungsstandards, der technischen Durchführungsstandards und der Leitlinien und Meldebögen, die im Hinblick auf die Durchführung dieser Verordnung und der genannten Richtlinie angenommen werden, zu erleichtern.

(2) Das in Absatz 1 genannte Instrument versetzt jedes Institut mindestens in die Lage,

a) rasch festzustellen, welche Vorschriften das Institut angesichts seiner Größe und seines Geschäftsmodells einzuhalten hat;
b) zu verfolgen, welche Änderungen an den Gesetzgebungsakten und den einschlägigen Durchführungsbestimmungen, Leitlinien und Meldebögen vorgenommen wurden.

Titel III. Änderungen

Art. 520 Änderung der Verordnung (EU) Nr. 648/2012. *(hier nicht wiedergegeben)*

Teil 11. Schlussbestimmungen

Art. 521 Inkrafttreten und Geltungsbeginn. (1) Diese Verordnung tritt am Tag nach ihrer Veröffentlichung[1] im *Amtsblatt der Europäischen Union* in Kraft.

(2) Diese Verordnung gilt ab dem 1. Januar 2014 mit Ausnahme

a) der Artikel 8 Absatz 3, 21 und 451 Absatz 1, die ab dem 1. Januar 2015 gelten,
b) des Artikels 413 Absatz 1, der ab dem 1. Januar 2016 gilt,
c) der Bestimmungen, denen zufolge die Europäischen Aufsichtsbehörden der Kommission Entwürfe technischer Standards vorlegen müssen, sowie der Bestimmungen, die der Kommission die Befugnis übertragen, delegierte Rechtsakte oder Durchführungsrechtsakte zu erlassen, die ab dem 28. Juni 2013 gelten.

Diese Verordnung ist in allen ihren Teilen verbindlich und gilt unmittelbar in jedem Mitgliedstaat.

---

[1] Veröffentlicht am 27.6.2013.

Anhang I.
Einstufung außerbilanzieller Geschäfte

(1) Hohes Kreditrisiko:

a) Garantien, die den Charakter eines Kreditsubstituts haben (z.B. Garantien der rechtzeitigen Auszahlung von Kreditlinien),

b) Kreditderivate,

c) Akzepte,

d) Indossamente auf Wechsel, die nicht die Unterschrift eines anderen Instituts tragen,

e) Geschäfte mit Rückgriff (z.B. Factoring, Fazilitäten zur Bevorschussung von Rechnungen),

f) unwiderrufliche Kreditsicherungsgarantien („standby letters of credit"), die den Charakter eines Kreditsubstituts haben;

g) Termingeschäfte mit Aktivpositionen;

h) Einlagentermingeschäft („Forward Deposits");

i) unbezahlter Anteil von teileingezahlten Aktien und Wertpapieren,

j) Pensionsgeschäfte gemäß Artikel 12 Absätze 3 und 5 der Richtlinie 86/635/EWG;

k) andere Positionen mit hohem Risiko.

(2) Mittleres Kreditrisiko:

a) außerbilanzielle Posten für die Handelsfinanzierung, d.h. ausgestellte und bestätigte Dokumentenkredite (siehe auch „mittleres/niedriges Kreditrisiko"),

b) andere außerbilanzielle Posten:

i) Versandgarantien, Zoll- und Steuerbürgschaften,

ii) nicht in Anspruch genommene Kreditfazilitäten (Verpflichtungen, Darlehen zu geben, Wertpapiere zu kaufen, Garantien oder Akzepte bereitzustellen) mit einer Ursprungslaufzeit von mehr als einem Jahr,

iii) Absicherungsfazilitäten („note issuance facilities", NIF) und Fazilitäten zur revolvierenden Platzierung von Geldmarkttiteln („revolving underwriting facilities", RUF),

iv) andere Positionen mit mittlerem Risiko, die der EBA angezeigt wurden,[1)]

(3) Mittleres/niedriges Kreditrisiko:

a) außerbilanzielle Posten für die Handelsfinanzierung:

i) Dokumentenakkreditive, bei denen die Frachtpapiere als Sicherheit dienen, oder andere leicht liquidierbare Transaktionen,

ii) Erfüllungsgarantien (einschließlich Bietungs- und Erfüllungsbürgschaften und damit verbundene Anzahlungs- und Einbehaltungsgarantien) und Garantien, die nicht den Charakter von Kreditsubstituten haben,

iii) unwiderrufliche Kreditsicherungsgarantien („standby letters of credit"), die nicht den Charakter eines Kreditsubstituts haben,

b) andere außerbilanzielle Posten:

i) nicht in Anspruch genommene Kreditfazilitäten, zu denen Verpflichtungen, Darlehen zu geben, Wertpapiere zu kaufen, Garantien oder Akzepte bereitzustellen, mit einer Ursprungslaufzeit von höchstens einem Jahr, die nicht jederzeit uneingeschränkt und fristlos widerrufen werden können, oder bei denen eine Bonitätsverschlechterung beim Kreditnehmer nicht automatisch zum Widerruf führt, zählen,

ii) andere Positionen mit mittlerem/niedrigem Risiko, die der EBA angezeigt wurden.

(4) Niedriges Kreditrisiko:

a) nicht in Anspruch genommene Kreditfazilitäten, zu denen Verpflichtungen, Darlehen zu geben, Wertpapiere zu kaufen, Garantien oder Akzepte bereitzustellen, die jederzeit uneingeschränkt und fristlos widerrufen werden können, oder bei denen eine Bonitätsverschlechterung beim Kreditnehmer automatisch zum Widerruf führt, zählen, Kundenkreditlinien können als uneinge-

---

[1)] Zeichensetzung amtlich.

schränkt widerrufbar angesehen werden, wenn deren Konditionen dem Institut die Möglichkeit geben, sie im Rahmen des nach den Verbraucherschutz- und ähnlichen Vorschriften Zulässigen zu widerrufen,

b) nicht in Anspruch genommene Kreditfazilitäten für Bietungs- und Erfüllungsbürgschaften, die jederzeit uneingeschränkt und fristlos widerrufen werden können, oder bei denen eine Bonitätsverschlechterung beim Kreditnehmer automatisch zum Widerruf führt und

c) andere Positionen mit niedrigem Risiko, die der EBA angezeigt wurden.

Anhang II. Arten von Derivatgeschäften

(1) Zinsbezogene Geschäfte:

a) Zinsswaps in einer einzigen Währung,

b) Basis-Swaps,

c) Zinsausgleichsvereinbarungen („forward rate agreements"),

d) Zinsterminkontrakte,

e) gekaufte Zinsoptionen,

f) andere vergleichbare Geschäfte.

(2) Fremdwährungsbezogene Geschäfte und Geschäfte auf Goldbasis:

a) Zinsswaps in mehreren Währungen,

b) Devisentermingeschäfte,

c) Devisenterminkontrakte,

d) gekaufte Devisenoptionen,

e) andere vergleichbare Geschäfte,

f) auf Goldbasis getätigte Geschäfte ähnlicher Art wie unter den Buchstaben a bis e.

(3) Geschäfte ähnlicher Art wie unter Nummer 1 Buchstaben a bis e und Nummer 2 Buchstaben a bis d mit anderen Basiswerten oder Indizes. Dies schließt zumindest alle unter den Nummern 4 bis 7, 9 und 10 in Abschnitt C in Anhang I der Richtlinie 2004/39/EG genannten Instrumente ein, die nicht in anderer Weise in Nummer 1 oder 2 enthalten sind.

Anhang III. Posten, die der zusätzlichen Meldung liquider Aktiva unterliegen

(1) Bargeld,

(2) Risikopositionen gegenüber Zentralbanken, soweit diese in Stressphasen verfügbar sind,

(3) übertragbare Wertpapiere in Form von Forderungen, die gegenüber Staaten, Zentralbanken, nicht zentralstaatlichen öffentlichen Stellen, Regionen mit Haushaltsautonomie und dem Recht, Steuern zu erheben, und lokalen Gebietskörperschaften, der Bank für Internationalen Zahlungsausgleich, dem Internationalen Währungsfonds, der Europäischen Union, der Europäischen Finanzstabilisierungsfazilität, dem Europäischen Stabilitätsmechanismus oder multilateralen Entwicklungsbanken bestehen oder von diesen garantiert werden und sämtliche der folgenden Bedingungen erfüllen:

a) ihnen wird gemäß Teil 3 Titel II Kapitel 2 ein Risikogewicht von 0 % zugewiesen,

b) sie stellen keine Verbindlichkeit eines Instituts oder seiner verbundenen Unternehmen dar,

(4) nicht unter Nummer 3 fallende übertragbare Wertpapiere in Form von Forderungen, die gegenüber Staaten oder Zentralbanken bestehen oder von ihnen garantiert werden und in der Währung und dem Land, in dem das Liquiditätsrisiko besteht, oder in Fremdwährung begeben werden, soweit der Bestand an derartigen Schuldtiteln dem Liquiditätsbedarf für den Bankbetrieb in dem jeweiligen Drittstaat entspricht;

(5) übertragbare Wertpapiere in Form von Forderungen, die gegenüber Staaten, Zentralbanken, nicht zentralstaatlichen öffentlichen Stellen, Regionen mit Haushaltsautonomie und dem Recht, Steu-

ern zu erheben, und lokalen Gebietskörperschaften oder multilateralen Entwicklungsbanken bestehen oder von diesen garantiert werden und sämtliche der folgenden Anforderungen erfüllen:

a) ihnen wird gemäß Teil 3 Titel II Kapitel 2 ein Risikogewicht von 20 % zugewiesen,

b) sie stellen keine Verbindlichkeit eines Instituts oder seiner verbundenen Unternehmen dar,

(6) nicht unter die Nummern 3, 4 oder 5 fallende übertragbare Wertpapiere, denen gemäß Teil 3 Titel II Kapitel 2 ein Risikogewicht von 20 % oder besser zugewiesen werden kann oder deren Kreditqualität intern als gleichwertig beurteilt wird und die eine der folgenden Anforderungen erfüllen:

a) sie stellen keine Forderung an eine Verbriefungszweckgesellschaft, ein Institut oder eines seiner verbundenen Unternehmen dar,

b) es handelt sich um Schuldverschreibungen, auf die die Behandlung nach Artikel 129 Absatz 4 oder 5 angewandt werden kann;

c) es handelt sich um Schuldverschreibungen im Sinne des Artikels 52 Absatz 4 der Richtlinie 2009/65/EG, die nicht unter Buchstabe b genannt sind,

(7) nicht unter die Nummern 3 bis 6 fallende übertragbare Wertpapiere, denen gemäß Teil 3 Titel II Kapitel 2 ein Risikogewicht von 50 % oder besser zugewiesen werden kann oder deren Kreditqualität intern als gleichwertig beurteilt wird und die keine Forderung an eine Verbriefungszweckgesellschaft, ein Institut oder eines seiner verbundenen Unternehmen darstellen,

(8) nicht unter die Nummern 3 bis 7 fallende übertragbare Wertpapiere, die durch Vermögenswerte besichert sind, denen gemäß Teil 3 Titel II Kapitel 2 ein Risikogewicht von 35 % oder besser zugewiesen werden kann, oder deren Kreditqualität intern als gleichwertig beurteilt wird und die gemäß Artikel 125 durch Wohnimmobilien vollständig besichert sind,

(9) von Zentralbanken im Rahmen der Geldpolitik eingeräumte Standby-Kreditfazilitäten, insoweit als diese Fazilitäten nicht durch liquide Aktiva besichert sind, ausgenommen Liquiditätshilfe in Notfällen,

(10) gesetzliche oder satzungsmäßige Mindesteinlagen bei dem Zentralkreditinstitut und sonstige satzungs- oder vertragsgemäß verfügbare liquide Mittel des Zentralkreditinstituts oder von Instituten, die Mitglieder des Systems nach Artikel 113 Absatz 7 sind oder für die nach Artikel 10 eine Ausnahme gelten kann, insoweit als diese Finanzierung nicht durch liquide Aktiva besichert ist, wenn das Institut aufgrund von Rechts- oder Satzungsvorschriften einem Verbund angehört,

(11) börsengehandelte, zentral abgerechnete Stammaktien, die Bestandteil eines wichtigen Aktienindexes sind, auf die Landeswährung des Mitgliedstaats lauten und nicht von einem Institut oder einem seiner verbundenen Unternehmen begeben wurden,

(12) an einer anerkannten Börse gehandeltes Gold, das als reservierter Bestand gehalten wird.

Alle Posten, ausgenommen die unter den Nummern 1, 2 und 9 genannten, müssen folgende Bedingungen erfüllen:

a) Sie werden im Rahmen einfacher Rückkaufsvereinbarungen oder an Kassamärkten gehandelt, die sich durch eine geringe Konzentration auszeichnen,

b) sie sind nachweislich eine verlässliche Liquiditätsquelle, entweder durch Rückkaufsvereinbarungen oder Veräußerung, selbst unter angespannten Marktbedingungen,

c) sie sind unbelastet.

Anhang IV. EuropäischenEntsprechungstabelle

Diese Verordnung	Richtlinie 2006/48/EG	Richtlinie 2006/49/EG
Artikel 1		
Artikel 2		
Artikel 3		
Artikel 4 Absatz 1 Nummer 1	Artikel 4 Absatz 1	
Artikel 4 Absatz 1 Nummer 2		Artikel 3 Absatz 1 Buchstabe b
Artikel 4 Absatz 1 Nummer 3		Artikel 3 Absatz 1 Buchstabe c
Artikel 4 Absatz 1 Nummer 4		Artikel 3 Absatz 1 Buchstabe p
Artikel 4 Absatz 1 Nummern 5–7		

Diese Verordnung	Richtlinie 2006/48/EG	Richtlinie 2006/49/EG
Artikel 4 Absatz 1 Nummer 8	Artikel 4 Nummer 18	
Artikel 4 Absatz 1 Nummern 9–12		
Artikel 4 Absatz 1 Nummer 13	Artikel 4 Nummer 41	
Artikel 4 Absatz 1 Nummer 14	Artikel 4 Nummer 42	
Artikel 4 Absatz 1 Nummer 15	Artikel 4 Nummer 12	
Artikel 4 Absatz 1 Nummer 16	Artikel 4 Nummer 13	
Artikel 4 Absatz 1 Nummer 17	Artikel 4 Nummer 3	
Artikel 4 Absatz 1 Nummer 18	Artikel 4 Nummer 21	
Artikel 4 Absatz 1 Nummer 19		
Artikel 4 Absatz 1 Nummer 20	Artikel 4 Nummer 19	
Artikel 4 Absatz 1 Nummer 21		
Artikel 4 Absatz 1 Nummer 22	Artikel 4 Nummer 20	
Artikel 4 Absatz 1 Nummer 23		
Artikel 4 Absatz 1 Nummer 24		
Artikel 4 Absatz 1 Nummer 25		Artikel 3 Absatz 1 Buchstabe c
Artikel 4 Absatz 1 Nummer 26	Artikel 4 Nummer 5	
Artikel 4 Absatz 1 Nummer 27		
Artikel 4 Absatz 1 Nummer 28	Artikel 4 Nummer 14	
Artikel 4 Absatz 1 Nummer 29	Artikel 4 Nummer 16	
Artikel 4 Absatz 1 Nummer 30	Artikel 4 Nummer 15	
Artikel 4 Absatz 1 Nummer 31	Artikel 4 Nummer 17	
Artikel 4 Absatz 1 Nummern 32–34		
Artikel 4 Absatz 1 Nummer 35	Artikel 4 Nummer 10	
Artikel 4 Absatz 1 Nummer 36		
Artikel 4 Absatz 1 Nummer 37	Artikel 4 Nummer 9	
Artikel 4 Absatz 1 Nummer 38	Artikel 4 Nummer 46	
Artikel 4 Absatz 1 Nummer 39	Artikel 4 Nummer 45	
Artikel 4 Absatz 1 Nummer 40	Artikel 4 Nummer 4	
Artikel 4 Absatz 1 Nummer 41	Artikel 4 Nummer 48	
Artikel 4 Absatz 1 Nummer 42	Artikel 4 Nummer 2	
Artikel 4 Absatz 1 Nummer 43	Artikel 4 Nummer 7	
Artikel 4 Absatz 1 Nummer 44	Artikel 4 Nummer 8	
Artikel 4 Absatz 1 Nummer 45		
Artikel 4 Absatz 1 Nummer 46	Artikel 4 Nummer 23	
Artikel 4 Absatz 1 Nummern 47–49		
Artikel 4 Absatz 1 Nummer 50		Artikel 3 Absatz 1 Buchstabe e
Artikel 4 Absatz 1 Nummer 51		
Artikel 4 Absatz 1 Nummer 52	Artikel 4 Nummer 22	
Artikel 4 Absatz 1 Nummer 53	Artikel 4 Nummer 24	
Artikel 4 Absatz 1 Nummer 54	Artikel 4 Nummer 25	
Artikel 4 Absatz 1 Nummer 55	Artikel 4 Nummer 27	
Artikel 4 Absatz 1 Nummer 56	Artikel 4 Nummer 28	
Artikel 4 Absatz 1 Nummer 57	Artikel 4 Nummer 30	
Artikel 4 Absatz 1 Nummer 58	Artikel 4 Nummer 31	
Artikel 4 Absatz 1 Nummer 59	Artikel 4 Nummer 32	
Artikel 4 Absatz 1 Nummer 60	Artikel 4 Nummer 35	

Diese Verordnung	Richtlinie 2006/48/EG	Richtlinie 2006/49/EG
Artikel 4 Absatz 1 Nummer 61	Artikel 4 Nummer 36	
Artikel 4 Absatz 1 Nummer 62	Artikel 4 Nummer 40	
Artikel 4 Absatz 1 Nummer 63	Artikel 4 Nummer 40a	
Artikel 4 Absatz 1 Nummer 64	Artikel 4 Nummer 40b	
Artikel 4 Absatz 1 Nummer 65	Artikel 4 Nummer 43	
Artikel 4 Absatz 1 Nummer 66	Artikel 4 Nummer 44	
Artikel 4 Absatz 1 Nummer 67	Artikel 4 Nummer 39	
Artikel 4 Absatz 1 Nummern 68–71		
Artikel 4 Absatz 1 Nummer 72	Artikel 4 Nummer 47	
Artikel 4 Absatz 1 Nummer 73	Artikel 4 Nummer 49	
Artikel 4 Absatz 1 Nummern 74–81		
Artikel 4 Absatz 1 Nummer 82		Artikel 3 Absatz 1 Buchstabe m
Artikel 4 Absatz 1 Nummer 83	Artikel 4 Nummer 23	
Artikel 4 Absatz 1 Nummern 84–91		
Artikel 4 Absatz 1 Nummer 92		Artikel 3 Absatz 1 Buchstabe i
Artikel 4 Absatz 1 Nummern 93–117		
Artikel 4 Absatz 1 Nummer 118		Artikel 3 Absatz 1 Buchstabe r
Artikel 4 Absatz 1 Nummern 119–128		
Artikel 4Absatz 2		
Artikel 4Absatz 3		
Artikel 6 Absatz 1	Artikel 68 Absatz 1	
Artikel 6 Absatz 2	Artikel 68 Absatz 2	
Artikel 6 Absatz 3	Artikel 68 Absatz 3	
Artikel 6 Absatz 4		
Artikel 6 Absatz 5		
Artikel 7 Absatz 1	Artikel 69 Absatz 1	
Artikel 7 Absatz 2	Artikel 69 Absatz 2	
Artikel 7 Absatz 3	Artikel 69 Absatz 3	
Artikel 8 Absatz 1		
Artikel 8 Absatz 2		
Artikel 8 Absatz 3		
Artikel 9 Absatz 1	Artikel 70 Absatz 1	
Artikel 9 Absatz 2	Artikel 70 Absatz 2	
Artikel 9 Absatz 3	Artikel 70 Absatz 3	
Artikel 10 Absatz 1	Artikel 3 Absatz 1	
Artikel 10 Absatz 2		
Artikel 11 Absatz 1	Artikel 71 Absatz 1	
Artikel 11 Absatz 2	Artikel 71 Absatz 2	
Artikel 11 Absatz 3		
Artikel 11 Absatz 4	Artikel 3 Absatz 2	
Artikel 11 Absatz 5		
Artikel 12		
Artikel 13 Absatz 1	Artikel 72 Absatz 1	
Artikel 13 Absatz 2	Artikel 72 Absatz 2	
Artikel 13 Absatz 3	Artikel 72 Absatz 3	

Diese Verordnung	Richtlinie 2006/48/EG	Richtlinie 2006/49/EG
Artikel 13 Absatz 4		
Artikel 14 Absatz 1	Artikel 73 Absatz 3	
Artikel 14 Absatz 2		
Artikel 14 Absatz 3		
Artikel 15		Artikel 22
Artikel 16		
Artikel 17 Absatz 1		Artikel 23
Artikel 17 Absatz 2		
Artikel 17 Absatz 3		
Artikel 18 Absatz 1	Artikel 133 Absatz 1 Unterabsatz 1	
Artikel 18 Absatz 2	Artikel 133 Absatz 1 Unterabsatz 2	
Artikel 18 Absatz 3	Artikel 133 Absatz 1 Unterabsatz 3	
Artikel 18 Absatz 4	Artikel 133 Absatz 2	
Artikel 18 Absatz 5	Artikel 133 Absatz 3	
Artikel 18 Absatz 6	Artikel 134 Absatz 1	
Artikel 18 Absatz 7		
Artikel 18 Absatz 8	Artikel 134 Absatz 2	
Artikel 19 Absatz 1	Artikel 73 Absatz 1 Buchstabe b	
Artikel 19 Absatz 2	Artikel 73 Absatz 1	
Artikel 19 Absatz 3	Artikel 73 Absatz 1 Unterabsatz 2	
Artikel 20 Absatz 1	Artikel 105 Absatz 3, Artikel 129 Absatz 2 und Anhang X, Teil 3, Nummern 30 und 31	
Artikel 20 Absatz 2	Artikel 129 Absatz 2 Unterabsatz 3	
Artikel 20 Absatz 3	Artikel 129 Absatz 2 Unterabsatz 4	
Artikel 20 Absatz 4	Artikel 129 Absatz 2 Unterabsatz 5	
Artikel 20 Absatz 5		
Artikel 20 Absatz 6	Artikel 84 Absatz 2	
Artikel 20 Absatz 7	Artikel 129 Absatz 2 Unterabsatz 6	
Artikel 20 Absatz 8	Artikel 129 Absatz 2 Unterabsätze 7 und 8	
Artikel 21 Absatz 1		
Artikel 21 Absatz 2		
Artikel 21 Absatz 3		
Artikel 21 Absatz 4		
Artikel 22	Artikel 73 Absatz 2	
Artikel 23		Artikel 3 Absatz 1 Unterabsatz 2
Artikel 24	Artikel 74 Absatz 1	

Diese Verordnung	Richtlinie 2006/48/EG	Richtlinie 2006/49/EG
Artikel 25		
Artikel 26 Absatz 1	Artikel 57 Absatz a	
Artikel 26 Absatz 1 Buchstabe a	Artikel 57 Absatz a	
Artikel 26 Absatz 1 Buchstabe b	Artikel 57 Absatz a	
Artikel 26 Absatz 1 Buchstabe c	Artikel 57 Absatz b	
Artikel 26 Absatz 1 Buchstabe d		
Artikel 26 Absatz 1 Buchstabe e	Artikel 57 Absatz b	
Artikel 26 Absatz 1 Buchstabe f	Artikel 57 Buchstabe c	
Artikel 26 Absatz 1 Unterabsatz 1	Artikel 61 Absatz 2	
Artikel 26 Absatz 2 Buchstabe a	Artikel 57 Absätze 2, 3 und 4	
Artikel 26 Absatz 2 Buchstabe b	Artikel 57 Absätze 2, 3 und 4	
Artikel 26 Absatz 3		
Artikel 26 Absatz 4		
Artikel 27		
Artikel 28 Absatz 1 Buchstabe a		
Artikel 28 Absatz 1 Buchstabe b	Artikel 57 Buchstabe a	
Artikel 28 Absatz 1 Buchstabe c	Artikel 57 Buchstabe a	
Artikel 28 Absatz 1 Buchstabe d		
Artikel 28 Absatz 1 Buchstabe e		
Artikel 28 Absatz 1 Buchstabe f		
Artikel 28 Absatz 1 Buchstabe g		
Artikel 28 Absatz 1 Buchstabe h		
Artikel 28 Absatz 1 Buchstabe i	Artikel 57 Buchstabe a	
Artikel 28 Absatz 1 Buchstabe j	Artikel 57 Buchstabe a	
Artikel 28 Absatz 1 Buchstabe k		
Artikel 28 Absatz 1 Buchstabe l		
Artikel 28 Absatz 1 Buchstabe m		
Artikel 28 Absatz 2		
Artikel 28 Absatz 3		
Artikel 28 Absatz 4		
Artikel 28 Absatz 5		
Artikel 29		
Artikel 30		
Artikel 31		
Artikel 32 Absatz 1 Buchstabe a		
Artikel 32 Absatz 1 Buchstabe b	Artikel 57 Absatz 4	
Artikel 32 Absatz 2		
Artikel 33 Absatz 1 Buchstabe a	Artikel 64 Absatz 4	
Artikel 33 Absatz 1 Buchstabe b	Artikel 64 Absatz 4	
Artikel 33 Absatz 1 Buchstabe c		
Artikel 33 Absatz 2		
Artikel 33 Absatz 3 Buchstabe a		
Artikel 33 Absatz 3 Buchstabe b		
Artikel 33 Absatz 3 Buchstabe c		
Artikel 33 Absatz 3 Buchstabe d		
Artikel 33 Absatz 4		

Diese Verordnung	Richtlinie 2006/48/EG	Richtlinie 2006/49/EG
Artikel 34	Artikel 64 Absatz 5	
Artikel 35		
Artikel 36 Absatz 1 Buchstabe a	Artikel 57 Buchstabe k	
Artikel 36 Absatz 1 Buchstabe b	Artikel 57 Buchstabe j	
Artikel 36 Absatz 1 Buchstabe c		
Artikel 36 Absatz 1 Buchstabe d	Artikel 57 Buchstabe q	
Artikel 36 Absatz 1 Buchstabe e		
Artikel 36 Absatz 1 Buchstabe f	Artikel 57 Buchstabe i	
Artikel 36 Absatz 1 Buchstabe g		
Artikel 36 Absatz 1 Buchstabe h	Artikel 57 Buchstabe n	
Artikel 36 Absatz 1 Buchstabe i	Artikel 57 Buchstabe m	
Artikel 36 Absatz 1 Buchstabe j	Artikel 66 Absatz 2	
Artikel 36 Absatz 1 Buchstabe k Ziffer i		
Artikel 36 Absatz 1 Buchstabe k Ziffer ii	Artikel 57 Buchstabe r	
Artikel 36 Absatz 1 Buchstabe k Ziffer iii		
Artikel 36 Absatz 1 Buchstabe k Ziffer iv		
Artikel 36 Absatz 1 Buchstabe k Ziffer v		
Artikel 36 Absatz 1 Buchstabe l	Artikel 61 Absatz 2	
Artikel 36 Absatz 2		
Artikel 36 Absatz 3		
Artikel 37		
Artikel 38		
Artikel 39		
Artikel 40		
Artikel 41		
Artikel 42		
Artikel 43		
Artikel 44		
Artikel 45		
Artikel 46		
Artikel 47		
Artikel 48		
Artikel 49 Absatz 1	Artikel 59	
Artikel 49 Absatz 2	Artikel 60	
Artikel 49 Absatz 3		
Artikel 49 Absatz 4		
Artikel 49 Absatz 5		
Artikel 49 Absatz 6		
Artikel 50	Artikel 66, Artikel 57 Buchstabe ca, Artikel 63a	
Artikel 51	Artikel 66, Artikel 57 Buchstabe ca, Artikel 63a	
Artikel 52	Artikel 63a	

Diese Verordnung	Richtlinie 2006/48/EG	Richtlinie 2006/49/EG
Artikel 53		
Artikel 54		
Artikel 55		
Artikel 56		
Artikel 57		
Artikel 58		
Artikel 59		
Artikel 60		
Artikel 61	Artikel 66, Artikel 57 Buchstabe ca, Artikel 63a	
Artikel 62 Absatz a	Artikel 64 Absatz 3	
Artikel 62 Absatz b		
Artikel 62 Absatz c		
Artikel 62 Absatz d	Artikel 63 Absatz 3	
Artikel 63	Artikel 63 Absatz 1, Artikel 63 Absatz 2, Artikel 64 Absatz 3	
Artikel 64	Artikel 64 Absatz 3 Buchstabe c	
Artikel 65		
Artikel 66	Artikel 57, Artikel 66 Absatz 2	
Artikel 67	Artikel 57, Artikel 66 Absatz 2	
Artikel 68		
Artikel 69	Artikel 57, Artikel 66 Absatz 2	
Artikel 70	Artikel 57, Artikel 66 Absatz 2	
Artikel 71	Artikel 66, Artikel 57 Buchstabe ca, Artikel 63a	
Artikel 72	Artikel 57, Artikel 66	
Artikel 73		
Artikel 74		
Artikel 75		
Artikel 76		
Artikel 77	Artikel 63a Absatz 2	
Artikel 78 Absatz 1	Artikel 63a Absatz 2	
Artikel 78 Absatz 2		
Artikel 78 Absatz 3		
Artikel 78 Absatz 4	Artikel 63a Absatz 2 Unterabsatz 4	
Artikel 78 Absatz 5		
Artikel 79	Artikel 58	
Artikel 80		
Artikel 81	Artikel 65	
Artikel 82	Artikel 65	
Artikel 83		
Artikel 84	Artikel 65	
Artikel 85	Artikel 65	
Artikel 86	Artikel 65	
Artikel 87	Artikel 65	

Diese Verordnung	Richtlinie 2006/48/EG	Richtlinie 2006/49/EG
Artikel 88	Artikel 65	
Artikel 89	Artikel 120	
Artikel 90	Artikel 122	
Artikel 91	Artikel 121	
Artikel 92	Artikel 66, Artikel 75	
Artikel 93 Absatz 1–4	Artikel 10 Absatz 1–4	
Artikel 93 Absatz 5		
Artikel 94		Artikel 18 Absätze 2–4
Artikel 95		
Artikel 96		
Artikel 97		
Artikel 98		Artikel 24
Artikel 99 Absatz 1	Artikel 74 Absatz 2	
Artikel 99 Absatz 2		
Artikel 100		
Artikel 101 Absatz 1		
Artikel 101 Absatz 2		
Artikel 101 Absatz 3		
Artikel 102 Absatz 1		Artikel 11 Absatz 1
Artikel 102 Absatz 2		Artikel 11 Absatz 3
Artikel 102 Absatz 3		Artikel 11 Absatz 4
Artikel 102 Absatz 4		Anhang VII, Teil C, Nummer 1
Artikel 103		Anhang VII, Teil A, Nummer 1
Artikel 104 Absatz 1		Anhang VII, Teil D, Nummer 1
Artikel 104 Absatz 2		Anhang VII, Teil D, Nummer 2
Artikel 105 Absatz 1		Artikel 33 Absatz 1
Artikel 105 Absätze 2–10		Anhang VII, Teil B, Nummern 1–9
Artikel 105 Absätze 11–13		Anhang VII, Teil B, Nummern 11–13
Artikel 106		Anhang VII, Teil C, Nummern 1–3
Artikel 107	Artikel 76, Artikel 78 Absatz 4 und Anhang III, Teil 2, Nummer 6	
Artikel 108 Absatz 1	Artikel 91	
Artikel 108 Absatz 2		
Artikel 109	Artikel 94	
Artikel 110		
Artikel 111	Artikel 78 Absatz 1–3	
Artikel 112	Artikel 79 Absatz 1	
Artikel 113 Absatz 1	Artikel 80 Absatz 1	
Artikel 113 Absatz 2	Artikel 80 Absatz 2	
Artikel 113 Absatz 3	Artikel 80 Absatz 4	

Diese Verordnung	Richtlinie 2006/48/EG	Richtlinie 2006/49/EG
Artikel 113 Absatz 4	Artikel 80 Absatz 5	
Artikel 113 Absatz 5	Artikel 80 Absatz 6	
Artikel 113 Absatz 6	Artikel 80 Absatz 7	
Artikel 113 Absatz 7	Artikel 80 Absatz 8	
Artikel 114	Anhang VI, Erster Teil, Nummern 1–5	
Artikel 115 Absatz 1 und 4	Anhang VI, Erster Teil, Nummern 8–11	
Artikel 115 Absatz 5		
Artikel 116 Absatz 1	Anhang VI, Erster Teil, Nummer 14	
Artikel 116 Absatz 2	Anhang VI, Erster Teil, Nummer 14	
Artikel 116 Absatz 3		
Artikel 116 Absatz 4	Anhang VI, Erster Teil, Nummer 15	
Artikel 116 Absatz 5	Anhang VI, Erster Teil, Nummer 17	
Artikel 116 Absatz 6	Anhang VI, Erster Teil, Nummer 17	
Artikel 117 Absatz 1	Anhang VI, Erster Teil, Nummer 18 und 19	
Artikel 117 Absatz 2	Anhang VI, Erster Teil, Nummer 20	
Artikel 117 Absatz 3	Anhang VI, Erster Teil, Nummer 21	
Artikel 118	Anhang VI, Erster Teil, Nummer 22	
Artikel 119 Absatz 1		
Artikel 119 Absatz 2	Anhang VI, Erster Teil, Nummern 37 und 38	
Artikel 119 Absatz 3	Anhang VI, Erster Teil, Nummer 40	
Artikel 119 Absatz 4		
Artikel 119 Absatz 5		
Artikel 120 Absatz 1	Anhang VI, Erster Teil, Nummer 29	
Artikel 120 Absatz 2	Anhang VI, Erster Teil, Nummer 31	
Artikel 120 Absatz 3	Anhang VI, Erster Teil, Nummern 33–36	
Artikel 121 Absatz 1	Anhang VI, Erster Teil, Nummer 26	
Artikel 121 Absatz 2	Anhang VI, Erster Teil, Nummer 25	
Artikel 121 Absatz 3	Anhang VI, Erster Teil, Nummer 27	
Artikel 122	Anhang VI, Erster Teil, Nummern 41 und 42	

Diese Verordnung	Richtlinie 2006/48/EG	Richtlinie 2006/49/EG
Artikel 123	Artikel 79 Absatz 2, 79 Absatz 3 und Anhang VI, Erster Teil, Nummer 43	
Artikel 124 Absatz 1	Anhang VI, Erster Teil, Nummer 44	
Artikel 124 Absatz 2		
Artikel 124 Absatz 3		
Artikel 125 Absatz 1–3	Anhang VI, Erster Teil, Nummern 45–49	
Artikel 125 Absatz 4		
Artikel 126 Absätze 1 und 2	Anhang VI, Erster Teil, Nummern 51–55	
Artikel 126 Absätze 3 und 4	Anhang VI, Erster Teil, Nummern 58 und 59	
Artikel 127 Absätze 1 und 2	Anhang VI, Erster Teil, Nummern 61 und 62	
Artikel 127 Absätze 3 und 4	Anhang VI, Erster Teil, Nummern 64 und 65	
Artikel 128 Absatz 1	Anhang VI, Erster Teil, Nummern 66 und 76	
Artikel 128 Absatz 2	Anhang VI, Erster Teil, Nummer 66	
Artikel 128 Absatz 3		
Artikel 129 Absatz 1	Anhang VI, Erster Teil, Nummer 68, Absätze 1 und 2	
Artikel 129 Absatz 2	Anhang VI, Erster Teil, Nummer 69	
Artikel 129 Absatz 3	Anhang VI, Erster Teil, Nummer 71	
Artikel 129 Absatz 4	Anhang VI, Erster Teil, Nummer 70	
Artikel 129 Absatz 5		
Artikel 130	Anhang VI, Erster Teil, Nummer 72	
Artikel 131	Anhang VI, Erster Teil, Nummer 73	
Artikel 132 Absatz 1	Anhang VI, Erster Teil, Nummer 74	
Artikel 132 Absatz 2	Anhang VI, Erster Teil, Nummer 75	
Artikel 132 Absatz 3	Anhang VI, Erster Teil, Nummern 77 und 78	
Artikel 132 Absatz 4	Anhang VI, Erster Teil, Nummer 79	
Artikel 132 Absatz 5	Anhang VI, Erster Teil, Nummer 80 und Nummer 81	
Artikel 133 Absatz 1	Anhang VI, Erster Teil, Nummer 86	
Artikel 133 Absatz 2		
Artikel 133 Absatz 3		

Diese Verordnung	Richtlinie 2006/48/EG	Richtlinie 2006/49/EG
Artikel 134 Absatz 1–(3[1])	Anhang VI, Erster Teil, Nummern 82–84	
Artikel 134 Absatz 4–(7[2])	Anhang VI, Erster Teil, Nummern 87–90	
Artikel 135	Artikel 81 Absatz 1, Absätze 2 und 4	
Artikel 136 Absatz 1	Artikel 82 Absatz 1	
Artikel 136 Absatz 2	Anhang VI, Teil 2, Nummern 12–16	
Artikel 136 Absatz 3	Artikel 150 Absatz 3	
Artikel 137 Absatz 1	Anhang VI, Erster Teil, Nummer 6	
Artikel 137 Absatz 2	Anhang VI, Erster Teil, Nummer 7	
Artikel 137 Absatz 3		
Artikel 138	Anhang VI, Teil III, Nummern 1–7	
Artikel 139	Anhang VI, Teil III, Nummern 8–17	
Artikel 140 Absatz 1		
Artikel 140 Absatz 2		
Artikel 141		
Artikel 142 Absatz 1		
Artikel 142 Absatz 2		
Artikel 143 Absatz 1	Artikel 84 Absatz 1 und Anhang VII, Teil 4, Nummer 1	
Artikel 143 Absatz 1	Artikel 84 Absatz 2	
Artikel 143 Absatz 1	Artikel 84 Absatz 3	
Artikel 143 Absatz 1	Artikel 84 Absatz 4	
Artikel 143 Absatz 1		
Artikel 144		
Artikel 145		
Artikel 146		
Artikel 147 Absatz 1	Artikel 86 Absatz 9	
Artikel 147 Absatz 2–(9[3])	Artikel 86 Absatz 1–8	
Artikel 148 Absatz 1	Artikel 85 Absatz 1	
Artikel 148 Absatz 2	Artikel 85 Absatz 2	
Artikel 148 Absatz 3		
Artikel 148 Absatz 4	Artikel 85 Absatz 3	
Artikel 148 Absatz 5		
Artikel 148 Absatz 1		
Artikel 149	Artikel 85 Absatz 4 und 5	
Artikel 150 Absatz 1	Artikel 89 Absatz 1	
Artikel 150 Absatz 2	Artikel 89 Absatz 2	
Artikel 150 Absatz 3		

[1] Richtig wohl: „1–3“.
[2] Richtig wohl: „4–7“.
[3] Richtig wohl: „2–9“.

Diese Verordnung	Richtlinie 2006/48/EG	Richtlinie 2006/49/EG
Artikel 150 Absatz 4		
Artikel 151	Artikel 87 Absatz 1–10	
Artikel 152 Absatz 1 und 2	Artikel 87 Absatz 11	
Artikel 152 Absatz 3 und 4	Artikel 87 Absatz 12	
Artikel 152 Absatz 5		
Artikel 153 Absatz 1	Anhang VII, Erster Teil, Nummer 3	
Artikel 153 Absatz 2		
Artikel 153 Absatz 3–(8[1])	Anhang VII, Erster Teil, Nummern 4–9	
Artikel 153 Absatz 9		
Artikel 154	Anhang VII, Erster Teil, Nummern 10–16	
Artikel 155 Absatz 1	Anhang VII, Erster Teil, Nummern 17 und 18	
Artikel 155 Absatz 2	Anhang VII, Erster Teil, Nummern 19 bis 21	
Artikel 155 Absatz 3	Anhang VII, Erster Teil, Nummern 22 bis 24	
Artikel 155 Absatz 4	Anhang VII, Erster Teil, Nummern 25 bis 26	
Artikel 156		
Artikel 156	Anhang VII, Erster Teil, Nummer 27	
Artikel 157 Absatz 1	Anhang VII, Erster Teil, Nummer 28	
Artikel 157 Absatz 2–(5[2])		
Artikel 158 Absatz 1	Artikel 88 Absatz 2	
Artikel 158 Absatz 2	Artikel 88 Absatz 3	
Artikel 158 Absatz 3	Artikel 88 Absatz 4	
Artikel 158 Absatz 4	Artikel 88 Absatz 6	
Artikel 158 Absatz 5	Anhang VII, Erster Teil, Nummer 30	
Artikel 158 Absatz 6	Anhang VII, Erster Teil, Nummer 31	
Artikel 158 Absatz 7	Anhang VII, Erster Teil, Nummer 32	
Artikel 158 Absatz 8	Anhang VII, Erster Teil, Nummer 33	
Artikel 158 Absatz 9	Anhang VII, Erster Teil, Nummer 34	
Artikel 158 Absatz 10	Anhang VII, Erster Teil, Nummer 35	
Artikel 158 Absatz 11		
Artikel 159	Anhang VII, Erster Teil, Nummer 36	

[1] Richtig wohl: „3–8".
[2] Richtig wohl: „2–5".

Diese Verordnung	Richtlinie 2006/48/EG	Richtlinie 2006/49/EG
Artikel 160 Absatz 1	Anhang VII, Teil 2, Nummer 2	
Artikel 160 Absatz 2	Anhang VII, Teil 2, Nummer 3	
Artikel 160 Absatz 3	Anhang VII, Teil 2, Nummer 4	
Artikel 160 Absatz 4	Anhang VII, Teil 2, Nummer 5	
Artikel 160 Absatz 5	Anhang VII, Teil 2, Nummer 6	
Artikel 160 Absatz 6	Anhang VII, Teil 2, Nummer 7	
Artikel 160 Absatz 7	Anhang VII, Teil 2, Nummer 7	
Artikel 161 Absatz 1	Anhang VII, Teil 2, Nummer 8	
Artikel 161 Absatz 2	Anhang VII, Teil 2, Nummer 9	
Artikel 161 Absatz 3	Anhang VII, Teil 2, Nummer 10	
Artikel 161 Absatz 4	Anhang VII, Teil 2, Nummer 11	
Artikel 162 Absatz 1	Anhang VII, Teil 2, Nummer 12	
Artikel 162 Absatz 2	Anhang VII, Teil 2, Nummer 13	
Artikel 162 Absatz 3	Anhang VII, Teil 2, Nummer 14	
Artikel 162 Absatz 4	Anhang VII, Teil 2, Nummer 15	
Artikel 162 Absatz 5	Anhang VII, Teil 2, Nummer 16	
Artikel 163 Absatz 1	Anhang VII, Teil 2, Nummer 17	
Artikel 163 Absatz 2	Anhang VII, Teil 2, Nummer 18	
Artikel 163 Absatz 3	Anhang VII, Teil 2, Nummer 19	
Artikel 163 Absatz 4	Anhang VII, Teil 2, Nummer 20	
Artikel 164 Absatz 1	Anhang VII, Teil 2, Nummer 21	
Artikel 164 Absatz 2	Anhang VII, Teil 2, Nummer 22	
Artikel 164 Absatz 3	Anhang VII, Teil 2, Nummer 23	
Artikel 164 Absatz 4		
Artikel 165 Absatz 1	Anhang VII, Teil 2, Nummer 24	
Artikel 165 Absatz 2	Anhang VII, Teil 2, Nummer 25 und 26	

Diese Verordnung	Richtlinie 2006/48/EG	Richtlinie 2006/49/EG
Artikel 165 Absatz 3	Anhang VII, Teil 2, Nummer 27	
Artikel 166 Absatz 1	Anhang VII, Teil 3, Nummer 1	
Artikel 166 Absatz 2	Anhang VII, Teil 3, Nummer 2	
Artikel 166 Absatz 3	Anhang VII, Teil 3, Nummer 3	
Artikel 166 Absatz 4	Anhang VII, Teil 3, Nummer 4	
Artikel 166 Absatz 5	Anhang VII, Teil 3, Nummer 5	
Artikel 166 Absatz 6	Anhang VII, Teil 3, Nummer 6	
Artikel 166 Absatz 7	Anhang VII, Teil 3, Nummer 7	
Artikel 166 Absatz 8	Anhang VII, Teil 3, Nummer 9	
Artikel 166 Absatz 9	Anhang VII, Teil 3, Nummer 10	
Artikel 166 Absatz 10	Anhang VII, Teil 3, Nummer 11	
Artikel 167 Absatz 1	Anhang VII, Teil 3, Nummer 12	
Artikel 167 Absatz 2		
Artikel 168	Anhang VII, Teil 3, Nummer 13	
Artikel 169 Absatz 1	Anhang VII, Teil IV, Nummer 2	
Artikel 169 Absatz 2	Anhang VII, Teil IV, Nummer 3	
Artikel 169 Absatz 3	Anhang VII, Teil IV, Nummer 4	
Artikel 170 Absatz 1	Anhang VII, Teil IV, Nummer 5–11	
Artikel 170 Absatz 2	Anhang VII, Teil IV, Nummer 12	
Artikel 170 Absatz 3	Anhang VII, Teil IV, Nummern 13–15	
Artikel 170 Absatz 4	Anhang VII, Teil IV, Nummer 16	
Artikel 171 Absatz 1	Anhang VII, Teil IV, Nummer 17	
Artikel 171 Absatz 2	Anhang VII, Teil IV, Nummer 18	
Artikel 172 Absatz 1	Anhang VII, Teil IV, Nummer 19–23	
Artikel 172 Absatz 2	Anhang VII, Teil IV, Nummer 24	
Artikel 172 Absatz 3	Anhang VII, Teil IV, Nummer 25	

Diese Verordnung	Richtlinie 2006/48/EG	Richtlinie 2006/49/EG
Artikel 173 Absatz 1	Anhang VII, Teil IV, Nummern 26–28	
Artikel 173 Absatz 2	Anhang VII, Teil IV, Nummer 29	
Artikel 173 Absatz 3		
Artikel 174	Anhang VII, Teil IV, Nummer 30	
Artikel 175 Absatz 1	Anhang VII, Teil IV, Nummer 31	
Artikel 175 Absatz 2	Anhang VII, Teil IV, Nummer 32	
Artikel 175 Absatz 3	Anhang VII, Teil IV, Nummer 33	
Artikel 175 Absatz 4	Anhang VII, Teil IV, Nummer 34	
Artikel 175 Absatz 5	Anhang VII, Teil IV, Nummer 35	
Artikel 176 Absatz 1	Anhang VII, Teil IV, Nummer 36	
Artikel 176 Absatz 2	Anhang VII, Teil IV, Nummer 37 erster Absatz	
Artikel 176 Absatz 3	Anhang VII, Teil IV, Nummer 37 zweiter Absatz	
Artikel 176 Absatz 4	Anhang VII, Teil IV, Nummer 38	
Artikel 176 Absatz 5	Anhang VII, Teil IV, Nummer 39	
Artikel 177 Absatz 1	Anhang VII, Teil IV, Nummer 40	
Artikel 177 Absatz 2	Anhang VII, Teil IV, Nummer 41	
Artikel 177 Absatz 3	Anhang VII, Teil IV, Nummer 42	
Artikel 178 Absatz 1	Anhang VII, Teil IV, Nummer 44	
Artikel 178 Absatz 2	Anhang VII, Teil IV, Nummer 44	
Artikel 178 Absatz 3	Anhang VII, Teil IV, Nummer 45	
Artikel 178 Absatz 4	Anhang VII, Teil IV, Nummer 46	
Artikel 178 Absatz 5	Anhang VII, Teil IV, Nummer 47	
Artikel 178 Absatz 6		
Artikel 178 Absatz 7		
Artikel 179 Absatz 1	Anhang VII, Teil IV, Nummern 43 und 49–56	
Artikel 179 Absatz 2	Anhang VII, Teil IV, Nummer 57	
Artikel 180 Absatz 1	Anhang VII, Teil IV, Nummern 59–66	

Diese Verordnung	Richtlinie 2006/48/EG	Richtlinie 2006/49/EG
Artikel 180 Absatz 2	Anhang VII, Teil IV, Nummern 67–72	
Artikel 180 Absatz 3		
Artikel 181 Absatz 1	Anhang VII, Teil IV, Nummern 73–81	
Artikel 181 Absatz 2	Anhang VII, Teil IV, Nummer 82	
Artikel 181 Absatz 3		
Artikel 182 Absatz 1	Anhang VII, Teil IV, Nummern 87–92	
Artikel 182 Absatz 2	Anhang VII, Teil IV, Nummer 93	
Artikel 182 Absatz 3	Anhang VII, Teil IV, Nummern 94 und 95	
Artikel 182 Absatz 4		
Artikel 183 Absatz 1	Anhang VII, Teil IV, Nummern 98–100	
Artikel 183 Absatz 2	Anhang VII, Teil IV, Nummern 101 und 102	
Artikel 183 Absatz 3	Anhang VII, Teil IV, Nummer 103 und Nummer 104	
Artikel 183 Absatz 4	Anhang VII, Teil IV, Nummer 96	
Artikel 183 Absatz 5	Anhang VII, Teil IV, Nummer 97	
Artikel 183 Absatz 6		
Artikel 184 Absatz 1		
Artikel 184 Absatz 2	Anhang VII, Teil IV, Nummer 105	
Artikel 184 Absatz 3	Anhang VII, Teil IV, Nummer 106	
Artikel 184 Absatz 4	Anhang VII, Teil IV, Nummer 107	
Artikel 184 Absatz 5	Anhang VII, Teil IV, Nummer 108	
Artikel 184 Absatz 6	Anhang VII, Teil IV, Nummer 109	
Artikel 185	Anhang VII, Teil IV, Nummern 110–114	
Artikel 186	Anhang VII, Teil IV, Nummer 115	
Artikel 187	Anhang VII, Teil IV, Nummer 116	
Artikel 188	Anhang VII, Teil IV, Nummern 117–123	
Artikel 189 Absatz 1	Anhang VII, Teil IV, Nummer 124	
Artikel 189 Absatz 2	Anhang VII, Teil IV, Nummern 125 und 126	
Artikel 189 Absatz 3	Anhang VII, Teil IV, Nummer 127	

Diese Verordnung	Richtlinie 2006/48/EG	Richtlinie 2006/49/EG
Artikel 190 Absatz 1	Anhang VII, Teil IV, Nummer 128	
Artikel 190 Absatz 2	Anhang VII, Teil IV, Nummer 129	
Artikel 190 Absätze 3 und 4	Anhang VII, Teil IV, Nummer 130	
Artikel 191	Anhang VII, Teil IV, Nummer 131	
Artikel 192	Artikel 90 und Anhang VIII, Teil 1, Nummer 2	
Artikel 193 Absatz 1	Artikel 93 Absatz 2	
Artikel 193 Absatz 2	Artikel 93 Absatz 3	
Artikel 193 Absatz 3	Artikel 93 Absatz 1 und Anhang VIII, Teil 3, Nummer 1	
Artikel 193 Absatz 4	Anhang VIII, Teil 3, Nummer 2	
Artikel 193 Absatz 5	Anhang VIII, Teil 5, Nummer 1	
Artikel 193 Absatz 6	Anhang VIII, Teil 5, Nummer 2	
Artikel 194 Absatz 1	Artikel 92 Absatz 1	
Artikel 194 Absatz 2	Artikel 92 Absatz 2	
Artikel 194 Absatz 3	Artikel 92 Absatz 3	
Artikel 194 Absatz 4	Artikel 92 Absatz 4	
Artikel 194 Absatz 5	Artikel 92 Absatz 5	
Artikel 194 Absatz 6	Artikel 92 Absatz 5	
Artikel 194 Absatz 7	Artikel 92 Absatz 6	
Artikel 194 Absatz 8	Anhang VIII, Teil 2, Nummer 1	
Artikel 194 Absatz 9	Anhang VIII, Teil 2, Nummer 2	
Artikel 194 Absatz 10		
Artikel 195	Anhang VIII, Teil 1, Nummern 3 und 4	
Artikel 196	Anhang VIII, Teil 1, Nummer 5	
Artikel 197 Absatz 1	Anhang VIII, Teil 1, Nummer 7	
Artikel 197 Absatz 2	Anhang VIII, Teil 1, Nummer 7	
Artikel 197 Absatz 3	Anhang VIII, Teil 1, Nummer 7	
Artikel 197 Absatz 4	Anhang VIII, Teil 1, Nummer 8	
Artikel 197 Absatz 5	Anhang VIII, Teil 1, Nummer 9	
Artikel 197 Absatz 6	Anhang VIII, Teil 1, Nummer 9	
Artikel 197 Absatz 7	Anhang VIII, Teil 1, Nummer 10	
Artikel 197 Absatz 8		

Diese Verordnung	Richtlinie 2006/48/EG	Richtlinie 2006/49/EG
Artikel 198 Absatz 1	Anhang VIII, Teil 1, Nummer 11	
Artikel 198 Absatz 2	Anhang VIII, Teil 1, Nummer 11	
Artikel 199 Absatz 1	Anhang VIII, Teil 1, Nummer 12	
Artikel 199 Absatz 2	Anhang VIII, Teil 1, Nummer 13	
Artikel 199 Absatz 3	Anhang VIII, Teil 1, Nummer 16	
Artikel 199 Absatz 4	Anhang VIII, Teil 1, Nummern 17 und 18	
Artikel 199 Absatz 5	Anhang VIII, Teil 1, Nummer 20	
Artikel 199 Absatz 6	Anhang VIII, Teil 1, Nummer 21	
Artikel 199 Absatz 7	Anhang VIII, Teil 1, Nummer 22	
Artikel 199 Absatz 8		
Artikel 200	Anhang VIII, Teil 1, Nummern 23 bis 25	
Artikel 201 Absatz 1	Anhang VIII, Teil 1, Nummern 26 und 28	
Artikel 201 Absatz 2	Anhang VIII, Teil 1, Nummer 27	
Artikel 202	Anhang VIII, Teil 1, Nummer 29	
Artikel 203		
Artikel 204 Absatz 1	Anhang VIII, Teil 1, Nummer 30 und Nummer 31	
Artikel 204 Absatz 2	Anhang VIII, Teil 1, Nummer 32	
Artikel 205	Anhang VIII, Teil 2, Nummer 3	
Artikel 206	Anhang VIII, Teil 2, Nummern 4 bis 5	
Artikel 207 Absatz 1	Anhang VIII, Teil 2, Nummer 6	
Artikel 207 Absatz 2	Anhang VIII, Teil 2, Nummer 6 Buchstabe a	
Artikel 207 Absatz 3	Anhang VIII, Teil 2, Nummer 6 Buchstabe b	
Artikel 207 Absatz 4	Anhang VIII, Teil 2, Nummer 6 Buchstabe c	
Artikel 207 Absatz 5	Anhang VIII, Teil 2, Nummer 7	
Artikel 208 Absatz 1	Anhang VIII, Teil 2, Nummer 8	
Artikel 208 Absatz 2	Anhang VIII, Teil 2, Nummer 8 Buchstabe a	
Artikel 208 Absatz 3	Anhang VIII, Teil 2, Nummer 8 Buchstabe b	

Diese Verordnung	Richtlinie 2006/48/EG	Richtlinie 2006/49/EG
Artikel 208 Absatz 4	Anhang VIII, Teil 2, Nummer 8 Buchstabe c	
Artikel 208 Absatz 5	Anhang VIII, Teil 2, Nummer 8 Buchstabe d	
Artikel 209 Absatz 1	Anhang VIII, Teil 2, Nummer 9	
Artikel 209 Absatz 2	Anhang VIII, Teil 2, Nummer 9 Buchstabe a	
Artikel 209 Absatz 3	Anhang VIII, Teil 2, Nummer 9 Buchstabe b	
Artikel 210	Anhang VIII, Teil 2, Nummer 10	
Artikel 211	Anhang VIII, Teil 2, Nummer 11	
Artikel 212 Absatz 1	Anhang VIII, Teil 2, Nummer 12	
Artikel 212 Absatz 2	Anhang VIII, Teil 2, Nummer 13	
Artikel 213 Absatz 1	Anhang VIII, Teil 2, Nummer 14	
Artikel 213 Absatz 2	Anhang VIII, Teil 2, Nummer 15	
Artikel 213 Absatz 3		
Artikel 214 Absatz 1	Anhang VIII, Teil 2, Nummer 16 Buchstabe a bis (c[1])	
Artikel 214 Absatz 2	Anhang VIII, Teil 2, Nummer 16	
Artikel 214 Absatz 3	Anhang VIII, Teil 2, Nummer 17	
Artikel 215 Absatz 1	Anhang VIII, Teil 2, Nummer 18	
Artikel 215 Absatz 2	Anhang VIII, Teil 2, Nummer 19	
Artikel 216 Absatz 1	Anhang VIII, Teil 2, Nummer 20	
Artikel 216 Absatz 2	Anhang VIII, Teil 2, Nummer 21	
Artikel 217 Absatz 1	Anhang VIII, Teil 2, Nummer 22	
Artikel 217 Absatz 2	Anhang VIII, Teil 2, Nummer 22 Buchstabe c	
Artikel 217 Absatz 3	Anhang VIII, Teil 2, Nummer 22 Buchstabe c	
Artikel 218	Anhang VIII, Teil 3, Nummer 3	
Artikel 219	Anhang VIII, Teil 3, Nummer 4	
Artikel 220 Absatz 1	Anhang VIII, Teil 3, Nummer 5	

[1] Richtig wohl: „a bis c".

Diese Verordnung	Richtlinie 2006/48/EG	Richtlinie 2006/49/EG
Artikel 220 Absatz 2	Anhang VIII, Teil 3, Nummern 6, 8 bis 10	
Artikel 220 Absatz 3	Anhang VIII, Teil 3, Nummer 11	
Artikel 220 Absatz 4	Anhang VIII, Teil 3, Nummern 22 und 23	
Artikel 220 Absatz 5	Anhang VIII, Teil 3, Nummer 9	
Artikel 221 Absatz 1	Anhang VIII, Teil 3, Nummer 12	
Artikel 221 Absatz 2	Anhang VIII, Teil 3, Nummer 12	
Artikel 221 Absatz 3	Anhang VIII, Teil 3, Nummern 13 bis 15	
Artikel 221 Absatz 4	Anhang VIII, Teil 3, Nummer 16	
Artikel 221 Absatz 5	Anhang VIII, Teil 3, Nummern 18 und 19	
Artikel 221 Absatz 6	Anhang VIII, Teil 3, Nummern 20 und 21	
Artikel 221 Absatz 7	Anhang VIII, Teil 3, Nummer 17	
Artikel 221 Absatz 8	Anhang VIII, Teil 3, Nummern 22 und 23	
Artikel 221 Absatz 9		
Artikel 222 Absatz 1	Anhang VIII, Teil 3, Nummer 24	
Artikel 222 Absatz 2	Anhang VIII, Teil 3, Nummer 25	
Artikel 222 Absatz 3	Anhang VIII, Teil 3, Nummer 26	
Artikel 222 Absatz 4	Anhang VIII, Teil 3, Nummer 27	
Artikel 222 Absatz 5	Anhang VIII, Teil 3, Nummer 28	
Artikel 222 Absatz 6	Anhang VIII, Teil 3, Nummer 29	
Artikel 222 Absatz 7	Anhang VIII, Teil 3, Nummern 28 und 29	
Artikel 223 Absatz 1	Anhang VIII, Teil 3, Nummern 30 bis 32	
Artikel 223 Absatz 2	Anhang VIII, Teil 3, Nummer 33	
Artikel 223 Absatz 3	Anhang VIII, Teil 3, Nummer 33	
Artikel 223 Absatz 4	Anhang VIII, Teil 3, Nummer 33	
Artikel 223 Absatz 5	Anhang VIII, Teil 3, Nummer 33	
Artikel 223 Absatz 6	Anhang VIII, Teil 3, Nummern 34 und 35	

Diese Verordnung	Richtlinie 2006/48/EG	Richtlinie 2006/49/EG
Artikel 223 Absatz 7	Anhang VIII, Teil 3, Nummer 35	
Artikel 224 Absatz 1	Anhang VIII, Teil 3, Nummer 36	
Artikel 224 Absatz 2	Anhang VIII, Teil 3, Nummer 37	
Artikel 224 Absatz 3	Anhang VIII, Teil 3, Nummer 38	
Artikel 224 Absatz 4	Anhang VIII, Teil 3, Nummer 39	
Artikel 224 Absatz 5	Anhang VIII, Teil 3, Nummer 40	
Artikel 224 Absatz 6	Anhang VIII, Teil 3, Nummer 41	
Artikel 225 Absatz 1	Anhang VIII, Teil 3, Nummern 42 bis 46	
Artikel 225 Absatz 2	Anhang VIII, Teil 3, Nummern 47 bis 52	
Artikel 225 Absatz 3	Anhang VIII, Teil 3, Nummern 53 bis 56	
Artikel 226	Anhang VIII, Teil 3, Nummer 57	
Artikel 227 Absatz 1	Anhang VIII, Teil 3, Nummer 58	
Artikel 227 Absatz 2	Anhang VIII, Teil 3, Nummer 58 Buchstabe a bis (h[1])	
Artikel 227 Absatz 3	Anhang VIII, Teil 3, Nummer 58 Buchstabe h	
Artikel 228 Absatz 1	Anhang VIII, Teil 3, Nummer 60	
Artikel 228 Absatz 2	Anhang VIII, Teil 3, Nummer 61	
Artikel 229 Absatz 1	Anhang VIII, Teil 3, Nummern 62 bis 65	
Artikel 229 Absatz 2	Anhang VIII, Teil 3, Nummer 66	
Artikel 229 Absatz 3	Anhang VIII, Teil 3, Nummern 63 und 67	
Artikel 230 Absatz 1	Anhang VIII, Teil 3, Nummern 68 bis 71	
Artikel 230 Absatz 2	Anhang VIII, Teil 3, Nummer 72	
Artikel 230 Absatz 3	Anhang VIII, Teil 3, Nummern 73 und 74	
Artikel 231 Absatz 1	Anhang VIII, Teil 3, Nummer 76	
Artikel 231 Absatz 2	Anhang VIII, Teil 3, Nummer 77	
Artikel 231 Absatz 3	Anhang VIII, Teil 3, Nummer 78	

[1] Richtig wohl: „a bis h".

Diese Verordnung	Richtlinie 2006/48/EG	Richtlinie 2006/49/EG
Artikel 231 Absatz 1	Anhang VIII, Teil 3, Nummer 79	
Artikel 231 Absatz 2	Anhang VIII, Teil 3, Nummer 80	
Artikel 231 Absatz 3	Anhang VIII, Teil 3, Nummer 80a	
Artikel 231 Absatz 4	Anhang VIII, Teil 3, Nummern 81 bis 82	
Artikel 232 Absatz 1	Anhang VIII, Teil 3, Nummer 83	
Artikel 232 Absatz 2	Anhang VIII, Teil 3, Nummer 83	
Artikel 232 Absatz 3	Anhang VIII, Teil 3, Nummer 84	
Artikel 232 Absatz 4	Anhang VIII, Teil 3, Nummer 85	
Artikel 234	Anhang VIII, Teil 3, Nummer 86	
Artikel 235 Absatz 1	Anhang VIII, Teil 3, Nummer 87	
Artikel 235 Absatz 2	Anhang VIII, Teil 3, Nummer 88	
Artikel 235 Absatz 3	Anhang VIII, Teil 3, Nummer 89	
Artikel 236 Absatz 1	Anhang VIII, Teil 3, Nummer 90	
Artikel 236 Absatz 2	Anhang VIII, Teil 3, Nummer 91	
Artikel 236 Absatz 3	Anhang VIII, Teil 3, Nummer 92	
Artikel 237 Absatz 1	Anhang VIII, Teil 4, Nummer 1	
Artikel 237 Absatz 2	Anhang VIII, Teil 4, Nummer 2	
Artikel 238 Absatz 1	Anhang VIII, Teil 4, Nummer 3	
Artikel 238 Absatz 2	Anhang VIII, Teil 4, Nummer 4	
Artikel 238 Absatz 3	Anhang VIII, Teil 4, Nummer 5	
Artikel 239 Absatz 1	Anhang VIII, Teil 4, Nummer 6	
Artikel 239 Absatz 2	Anhang VIII, Teil 4, Nummer 7	
Artikel 239 Absatz 3	Anhang VIII, Teil 4, Nummer 8	
Artikel 240	Anhang VIII, Teil VI, Nummer 1	
Artikel 241	Anhang VIII, Teil VI, Nummer 2	
Artikel 242 Absatz 1 bis 9	Anhang IX, Teil I, Nummer 1	
Artikel 242 Absatz 10	Artikel 4 Nummer 37	

Diese Verordnung	Richtlinie 2006/48/EG	Richtlinie 2006/49/EG
Artikel 242 Absatz 11	Artikel 4 Nummer 38	
Artikel 242 Absatz 12		
Artikel 242 Absatz 13		
Artikel 242 Absatz 14		
Artikel 242 Absatz 15		
Artikel 243 Absatz 1	Anhang IX, Teil II, Nummer 1	
Artikel 243 Absatz 2	Anhang IX, Teil II, Nummer 1a	
Artikel 243 Absatz 3	Anhang IX, Teil II, Nummer 1b	
Artikel 243 Absatz 4	Anhang IX, Teil II, Nummer 1c	
Artikel 243 Absatz 5	Anhang IX, Teil II, Nummer 1d	
Artikel 243 Absatz 6		
Artikel 244 Absatz 1	Anhang IX, Teil II, Nummer 2	
Artikel 244 Absatz 2	Anhang IX, Teil II, Nummer 2a	
Artikel 244 Absatz 3	Anhang IX, Teil II, Nummer 2b	
Artikel 244 Absatz 4	Anhang IX, Teil II, Nummer 2c	
Artikel 244 Absatz 5	Anhang IX, Teil II, Nummer 2d	
Artikel 244 Absatz 6		
Artikel 245 Absatz 1	Artikel 95 Absatz 1	
Artikel 245 Absatz 2	Artikel 95 Absatz 2	
Artikel 245 Absatz 3	Artikel 96 Absatz 2	
Artikel 245 Absatz 4	Artikel 96 Absatz 4	
Artikel 245 Absatz 5		
Artikel 245 Absatz 6		
Artikel 246 Absatz 1	Anhang IX, Teil IV, Nummern 2 und 3	
Artikel 246 Absatz 2	Anhang IX, Teil IV, Nummer 5	
Artikel 246 Absatz 3	Anhang IX, Teil IV, Nummer 5	
Artikel 247 Absatz 1	Artikel 96 Absatz 3, Anhang IX, Teil IV, Nummer 60	
Artikel 247 Absatz 2	Anhang IX, Teil IV, Nummer 61	
Artikel 247 Absatz 3		
Artikel 247 Absatz 4		
Artikel 248 Absatz 1	Artikel 101 Absatz 1	
Artikel 248 Absatz 2		
Artikel 248 Absatz 3	Artikel 101 Absatz 2	
Artikel 249	Anhang IX, Teil II, Nummern 3 und 4	

Diese Verordnung	Richtlinie 2006/48/EG	Richtlinie 2006/49/EG
Artikel 250	Anhang IX, Teil II, Nummern 5–7	
Artikel 251	Anhang IX, Teil IV, Nummer 6–7	
Artikel 252	Anhang IX, Teil IV, Nummer 8	
Artikel 253 Absatz 1	Anhang IX, Teil IV, Nummer 9	
Artikel 253 Absatz 2	Anhang IX, Teil IV, Nummer 10	
Artikel 254	Anhang IX, Teil IV, Nummer 11–12	
Artikel 255 Absatz 1	Anhang IX, Teil IV, Nummer 13	
Artikel 255 Absatz 2	Anhang IX, Teil IV, Nummer 15	
Artikel 256 Absatz 1	Artikel 100 Absatz 1	
Artikel 256 Absatz 2	Anhang IX, Teil IV, Nummer 17–20	
Artikel 256 Absatz 3	Anhang IX, Teil IV, Nummer 21	
Artikel 256 Absatz 4	Anhang IX, Teil IV, Nummern 22–23	
Artikel 256 Absatz 5	Anhang IX, Teil IV, Nummern 24–25	
Artikel 256 Absatz 6	Anhang IX, Teil IV, Nummern 26–29	
Artikel 256 Absatz 7	Anhang IX, Teil IV, Nummer 30	
Artikel 256 Absatz 8	Anhang IX, Teil IV, Nummer 32	
Artikel 256 Absatz 9	Anhang IX, Teil IV, Nummer 33	
Artikel 257	Anhang IX, Teil IV, Nummer 34	
Artikel 258	Anhang IX, Teil IV, Nummern 35–36	
Artikel 259 Absatz 1	Anhang IX, Teil IV, Nummern 38–41	
Artikel 259 Absatz 2	Anhang IX, Teil IV, Nummer 42	
Artikel 259 Absatz 3	Anhang IX, Teil IV, Nummer 43	
Artikel 259 Absatz 4	Anhang IX, Teil IV, Nummer 44	
Artikel 259 Absatz 5		
Artikel 260	Anhang IX, Teil IV, Nummer 45	
Artikel 261 Absatz 1	Anhang IX, Teil IV, Nummern 46–47, 49	
Artikel 261 Absatz 2	Anhang IX, Teil IV, Nummer 51	

Diese Verordnung	Richtlinie 2006/48/EG	Richtlinie 2006/49/EG
Artikel 262 Absatz 1	Anhang IX, Teil IV, Nummern 52, 53	
Artikel 262 Absatz 2	Anhang IX, Teil IV, Nummer 53	
Artikel 262 Absatz 3		
Artikel 262 Absatz 4	Anhang IX, Teil IV, Nummer 54	
Artikel 263 Absatz 1	Anhang IX, Teil IV, Nummer 57	
Artikel 263 Absatz 2	Anhang IX, Teil IV, Nummer 58	
Artikel 263 Absatz 3	Anhang IX, Teil IV, Nummer 59	
Artikel 264 Absatz 1	Anhang IX, Teil IV, Nummer 62	
Artikel 264 Absatz 2	Anhang IX, Teil IV, Nummern 63–65	
Artikel 264 Absatz 3	Anhang IX, Teil IV, Nummern 66 und 67	
Artikel 264 Absatz 4		
Artikel 265 Absatz 1	Anhang IX, Teil IV, Nummer 68	
Artikel 265 Absatz 2	Anhang IX, Teil IV, Nummer 70	
Artikel 265 Absatz 3	Anhang IX, Teil IV, Nummer 71 (change[1])	
Artikel 266 Absatz 1	Anhang IX, Teil IV, Nummer 72	
Artikel 266 Absatz 2	Anhang IX, Teil IV, Nummer 73	
Artikel 266 Absatz 3	Anhang IX, Teil IV, Nummer 74–75	
Artikel 266 Absatz 4	Anhang IX, Teil IV, Nummer 76	
Artikel 267 Absatz 1	Artikel 97 Absatz 1	
Artikel 267 Absatz 3	Artikel 97 Absatz 3	
Artikel 268	Anhang IX, Teil 3, Nummer 1	
Artikel 269	Anhang IX, Teil 3, Nummer 2 –7	
Artikel 270	Artikel 98 Absatz 1 und Anhang IX, Teil 3, Nummern 8 und 9	
Artikel 271 Absatz 1	Anhang III, Teil II, Nummer 1 Anhang VII, Teil 3, Nummer 5	
Artikel 271 Absatz 2	Anhang VII, Teil 3, Nummer 7	
Artikel 272 Absatz 1	Anhang III, Teil I, Nummer 1	
Artikel 272 Absatz 2	Anhang III, Teil I, Nummer 3	

[1] Richtig wohl: „Nummer 71".

Diese Verordnung	Richtlinie 2006/48/EG	Richtlinie 2006/49/EG
Artikel 272 Absatz 3	Anhang III, Teil I, Nummer 4	
Artikel 272 Absatz 4	Anhang III, Teil I, Nummer 5	
Artikel 272 Absatz 5	Anhang III, Teil I, Nummer 6	
Artikel 272 Absatz 6	Anhang III, Teil I, Nummer 7	
Artikel 272 Absatz 7	Anhang III, Teil I, Nummer 8	
Artikel 272 Absatz 8	Anhang III, Teil I, Nummer 9	
Artikel 272 Absatz 9	Anhang III, Teil I, Nummer 10	
Artikel 272 Absatz 10	Anhang III, Teil I, Nummer 11	
Artikel 272 Absatz 11	Anhang III, Teil I, Nummer 12	
Artikel 272 Absatz 12	Anhang III, Teil I, Nummer 13	
Artikel 272 Absatz 13	Anhang III, Teil I, Nummer 14	
Artikel 272 Absatz 14	Anhang III, Teil I, Nummer 15	
Artikel 272 Absatz 15	Anhang III, Teil I, Nummer 16	
Artikel 272 Absatz 16	Anhang III, Teil I, Nummer 17	
Artikel 272 Absatz 17	Anhang III, Teil I, Nummer 18	
Artikel 272 Absatz 18	Anhang III, Teil I, Nummer 19	
Artikel 272 Absatz 19	Anhang III, Teil I, Nummer 20	
Artikel 272 Absatz 20	Anhang III, Teil I, Nummer 21	
Artikel 272 Absatz 21	Anhang III, Teil I, Nummer 22	
Artikel 272 Absatz 22	Anhang III, Teil I, Nummer 23	
Artikel 272 Absatz 23	Anhang III, Teil I, Nummer 26	
Artikel 272 Absatz 24	Anhang III, Teil VII, Buchstabe a	
Artikel 272 Absatz 25	Anhang III, Teil VII, Buchstabe a	
Artikel 272 Absatz 26	Anhang III, Teil V, Nummer 2	
Artikel 273 Absatz 1	Anhang III, Teil II, Nummer 1	
Artikel 273 Absatz 2	Anhang III, Teil II, Nummer 2	
Artikel 273 Absatz 3	Anhang III, Teil II, Nummer 3 erster und zweiter Absatz	
Artikel 273 Absatz 4	Anhang III, Teil II, Nummer 3 dritter Absatz	
Artikel 273 Absatz 5	Anhang III, Teil II, Nummer 4	
Artikel 273 Absatz 6	Anhang III, Teil II, Nummer 5	
Artikel 273 Absatz 7	Anhang III, Teil II, Nummer 7	

Diese Verordnung	Richtlinie 2006/48/EG	Richtlinie 2006/49/EG
Artikel 273 Absatz 8	Anhang III, Teil II, Nummer 8	
Artikel 274 Absatz 1	Anhang III, Teil III	
Artikel 274 Absatz 2	Anhang III, Teil III	
Artikel 274 Absatz 3	Anhang III, Teil III	
Artikel 274 Absatz 4	Anhang III, Teil III	
Artikel 275 Absatz 1	Anhang III, Teil IV	
Artikel 275 Absatz 2	Anhang III, Teil IV	
Artikel 276 Absatz 1	Anhang III, Teil V, Nummer 1	
Artikel 276 Absatz 2	Anhang III, Teil V, Nummer 1	
Artikel 276 Absatz 3	Anhang III, Teil V, Nummern 1–2	
Artikel 277 Absatz 1	Anhang III, Teil V, Nummer 3 –4	
Artikel 277 Absatz 2	Anhang III, Teil V, Nummer 5	
Artikel 277 Absatz 3	Anhang III, Teil V, Nummer 6	
Artikel 277 Absatz 4	Anhang III, Teil V, Nummer 7	
Artikel 278 Absatz 1		
Artikel 278 Absatz 2	Anhang III, Teil V, Nummer 8	
Artikel 278 Absatz 3	Anhang III, Teil V, Nummer 9	
Artikel 279	Anhang III, Teil V, Nummer 10	
Artikel 280 Absatz 1	Anhang III, Teil V, Nummer 11	
Artikel 280 Absatz 2	Anhang III, Teil V, Nummer 12	
Artikel 281 Absatz 1		
Artikel 281 Absatz 2	Anhang III, Teil V, Nummer 13	
Artikel 281 Absatz 3	Anhang III, Teil V, Nummer 14	
Artikel 282 Absatz 1		
Artikel 282 Absatz 2	Anhang III, Teil V, Nummer 15	
Artikel 282 Absatz 3	Anhang III, Teil V, Nummer 16	
Artikel 282 Absatz 4	Anhang III, Teil V, Nummer 17	
Artikel 282 Absatz 5	Anhang III, Teil V, Nummer 18	
Artikel 282 Absatz 6	Anhang III, Teil V, Nummer 19	
Artikel 282 Absatz 7	Anhang III, Teil V, Nummer 20	
Artikel 282 Absatz 8	Anhang III, Teil V, Nummer 21	
Artikel 283 Absatz 1	Anhang III, Teil VI, Nummer 1	
Artikel 283 Absatz 2	Anhang III, Teil VI, Nummer 2	

Diese Verordnung	Richtlinie 2006/48/EG	Richtlinie 2006/49/EG
Artikel 283 Absatz 3	Anhang III, Teil VI, Nummer 2	
Artikel 283 Absatz 4	Anhang III, Teil VI, Nummer 3	
Artikel 283 Absatz 5	Anhang III, Teil VI, Nummer 4	
Artikel 283 Absatz 6	Anhang III, Teil VI, Nummer 4	
Artikel 284 Absatz 1	Anhang III, Teil VI, Nummer 5	
Artikel 284 Absatz 2	Anhang III, Teil VI, Nummer 6	
Artikel 284 Absatz 3		
Artikel 284 Absatz 4	Anhang III, Teil VI, Nummer 7	
Artikel 284 Absatz 5	Anhang III, Teil VI, Nummer 8	
Artikel 284 Absatz 6	Anhang III, Teil VI, Nummer 9	
Artikel 284 Absatz 7	Anhang III, Teil VI, Nummer 10	
Artikel 284 Absatz 8	Anhang III, Teil VI, Nummer 11	
Artikel 284 Absatz 9	Anhang III, Teil VI, Nummer 12	
Artikel 284 Absatz 10	Anhang III, Teil VI, Nummer 13	
Artikel 284 Absatz 11	Anhang III, Teil VI, Nummer 9	
Artikel 284 Absatz 12		
Artikel 284 Absatz 13	Anhang III, Teil VI, Nummer 14	
Artikel 285 Absatz 1	Anhang III, Teil VI, Nummer 15	
Artikel 285 Absatz 2–8		
Artikel 286 Absatz 1	Anhang III, Teil VI, Nummern 18 und 25	
Artikel 286 Absatz 2	Anhang III, Teil VI, Nummer 19	
Artikel 286 Absatz 3		
Artikel 286 Absatz 4	Anhang III, Teil VI, Nummer 20	
Artikel 286 Absatz 5	Anhang III, Teil VI, Nummer 21	
Artikel 286 Absatz 6	Anhang III, Teil VI, Nummer 22	
Artikel 286 Absatz 7	Anhang III, Teil VI, Nummer 23	
Artikel 286 Absatz 8	Anhang III, Teil VI, Nummer 24	
Artikel 287 Absatz 1	Anhang III, Teil VI, Nummer 17	

Diese Verordnung	Richtlinie 2006/48/EG	Richtlinie 2006/49/EG
Artikel 287 Absatz 2	Anhang III, Teil VI, Nummer 17	
Artikel 287 Absatz 3		
Artikel 287 Absatz 4		
Artikel 288	Anhang III, Teil VI, Nummer 26	
Artikel 289 Absatz 1	Anhang III, Teil VI, Nummer 27	
Artikel 289 Absatz 2	Anhang III, Teil VI, Nummer 28	
Artikel 289 Absatz 3	Anhang III, Teil VI, Nummer 29	
Artikel 289 Absatz 4	Anhang III, Teil VI, Nummer 29	
Artikel 289 Absatz 5	Anhang III, Teil VI, Nummer 30	
Artikel 289 Absatz 6	Anhang III, Teil VI, Nummer 31	
Artikel 290 Absatz 1	Anhang III, Teil VI, Nummer 32	
Artikel 290 Absatz 2	Anhang III, Teil VI, Nummer 32	
Artikel 290 Absatz 3–10		
Artikel 291 Absatz 1	Anhang I, Teil I, Nummern 27–28	
Artikel 291 Absatz 2	Anhang III, Teil VI, Nummer 34	
Artikel 291 Absatz 3		
Artikel 291 Absatz 4	Anhang III, Teil VI, Nummer 35	
Artikel 291 Absatz 5		
Artikel 291 Absatz 6		
Artikel 292 Absatz 1	Anhang III, Teil VI, Nummer 36	
Artikel 292 Absatz 2	Anhang III, Teil VI, Nummer 37	
Artikel 292 Absatz 3		
Artikel 292 Absatz 4		
Artikel 292 Absatz 5		
Artikel 292 Absatz 6	Anhang III, Teil VI, Nummer 38	
Artikel 292 Absatz 7	Anhang III, Teil VI, Nummer 39	
Artikel 292 Absatz 8	Anhang III, Teil VI, Nummer 40	
Artikel 292 Absatz 9	Anhang III, Teil VI, Nummer 41	
Artikel 292 Absatz 10		
Artikel 293 Absatz 1	Anhang III, Teil VI, Nummer 42	
Artikel 293 Absatz 2–6		

Diese Verordnung	Richtlinie 2006/48/EG	Richtlinie 2006/49/EG
Artikel 294 Absatz 1	Anhang III, Teil VI, Nummer 42	
Artikel 294 Absatz 2		
Artikel 294 Absatz 3	Anhang III, Teil VI, Nummer 42	
Artikel 295	Anhang III, Teil VII, Buchstabe a	
Artikel 296 Absatz 1	Anhang III, Teil VII, Buchstabe b	
Artikel 296 Absatz 2	Anhang III, Teil VII, Buchstabe b	
Artikel 296 Absatz 3	Anhang III, Teil VII, Buchstabe b	
Artikel 297 Absatz 1	Anhang III, Teil VII, Buchstabe b	
Artikel 297 Absatz 2	Anhang III, Teil VII, Buchstabe b	
Artikel 297 Absatz 3	Anhang III, Teil VII, Buchstabe b	
Artikel 297 Absatz 4	Anhang III, Teil VII, Buchstabe b	
Artikel 298 Absatz 1	Anhang III, Teil VII, Buchstabe c	
Artikel 298 Absatz 2	Anhang III, Teil VII, Buchstabe c	
Artikel 298 Absatz 3	Anhang III, Teil VII, Buchstabe c	
Artikel 298 Absatz 4	Anhang III, Teil VII, Buchstabe c	
Artikel 299 Absatz 1		Anhang II, Nummer 7
Artikel 299 Absatz 2		Anhang II, Nummern 7–11
Artikel 300		
Artikel 301	Anhang III, Teil 2, Nummer 6	
Artikel 302		
Artikel 303		
Artikel 304		
Artikel 305		
Artikel 306		
Artikel 307		
Artikel 308		
Artikel 309		
Artikel 310		
Artikel 311		
Artikel 312 Absatz 1	Artikel 104 Absätze 3 und 6 und Anhang X, Teil 2, Nummern 2, 5 und 8	
Artikel 312 Absatz 2	Artikel 105 Absatz 1 und 105 Absatz 2 und Anhang X, Teil 3, Nummer 1	
Artikel 312 Absatz 3		

Diese Verordnung	Richtlinie 2006/48/EG	Richtlinie 2006/49/EG
Artikel 312 Absatz 4	Artikel 105 Absatz 1	
Artikel 313 Absatz 1	Artikel 102 Absatz 2	
Artikel 313 Absatz 2	Artikel 102 Absatz 3	
Artikel 313 Absatz 3		
Artikel 314 Absatz 1	Artikel 102 Absatz 4	
Artikel 314 Absatz 2	Anhang X, Teil 4, Nummer 1	
Artikel 314 Absatz 3	Anhang X, Teil 4, Nummer 2	
Artikel 314 Absatz 4	Anhang X, Teil 4, Nummern 3 und 4	
Artikel 314 Absatz 5		
Artikel 315 Absatz 1	Artikel 103 und Anhang X, Teil 1, Nummern 1 bis 3	
Artikel 315 Absatz 2		
Artikel 315 Absatz 3		
Artikel 315 Absatz 4	Anhang X, Teil 1, Nummer 4	
Artikel 316 Absatz 1	Anhang X, Teil 1, Nummern 5 bis 8	
Artikel 316 Absatz 2	Anhang X, Teil 1, Nummer 9	
Artikel 316 Absatz 3		
Artikel 317 Absatz 1	Artikel 104 Absatz 1	
Artikel 317 Absatz 2	Artikel 104 Absätze 2 und 4 und Anhang X, Teil 2, Nummer 1	
Artikel 317 Absatz 3	Anhang X, Teil 2, Nummer 1	
Artikel 317 Absatz 4	Anhang X, Teil 2, Nummer 2	
Artikel 318 Absatz 1	Anhang X, Teil 2, Nummer 4	
Artikel 318 Absatz 2	Anhang X, Teil 2, Nummer 4	
Artikel 318 Absatz 3		
Artikel 319 Absatz 1	Anhang X, Teil 2, Nummern 6 bis 7	
Artikel 319 Absatz 2	Anhang X, Teil 2, Nummern 10 und 11	
Artikel 320	Anhang X, Teil 2, Nummern 9 und 12	
Artikel 321	Anhang X, Teil 3, Nummern 2 bis 7	
Artikel 322 Absatz 1		
Artikel 322 Absatz 2	Anhang X, Teil 3, Nummern 8 bis 12	
Artikel 322 Absatz 3	Anhang X, Teil 3, Nummern 13 bis 18	
Artikel 322 Absatz 4	Anhang X, Teil 3, Nummer 19	
Artikel 322 Absatz 5	Anhang X, Teil 3, Nummer 20	
Artikel 322 Absatz 6	Anhang X, Teil 3, Nummern 21 bis 24	
Artikel 323 Absatz 1	Anhang X, Teil 3, Nummer 25	

Diese Verordnung	Richtlinie 2006/48/EG	Richtlinie 2006/49/EG
Artikel 323 Absatz 2	Anhang X, Teil 3, Nummer 26	
Artikel 323 Absatz 3	Anhang X, Teil 3, Nummer 27	
Artikel 323 Absatz 4	Anhang X, Teil 3, Nummer 28	
Artikel 323 Absatz 5	Anhang X, Teil 3, Nummer 29	
Artikel 324	Anhang X, Teil 5	
Artikel 325 Absatz 1		Artikel 26
Artikel 325 Absatz 2		Artikel 26
Artikel 325 Absatz 3		
Artikel 326		
Artikel 327 Absatz 1		Anhang I Nummer 1
Artikel 327 Absatz 2		Anhang I Nummer 2
Artikel 327 Absatz 3		Anhang I Nummer 3
Artikel 328 Absatz 1		Anhang I Nummer 4
Artikel 328 Absatz 2		
Artikel 329 Absatz 1		Anhang I Nummer 5
Artikel 329 Absatz 2		
Artikel 330		Anhang I Nummer 7
Artikel 331 Absatz 1		Anhang I Nummer 9
Artikel 331 Absatz 2		Anhang I Nummer 10
Artikel 332 Absatz 1		Anhang I Nummer 8
Artikel 332 Absatz 2		Anhang I Nummer 8
Artikel 333		Anhang I Nummer 11
Artikel 334		Anhang I Nummer 13
Artikel 335		Anhang I Nummer 14
Artikel 336 Absatz 1		Anhang I Nummer 14
Artikel 336 Absatz 2		Anhang I Nummer 14
Artikel 336 Absatz 3		Anhang I Nummer 14
Artikel 336 Absatz 4		Artikel 19 Absatz 1
Artikel 337 Absatz 1		Anhang I Nummer 16a
Artikel 337 Absatz 2		Anhang I Nummer 16a
Artikel 337 Absatz 3		Anhang I Nummer 16a
Artikel 337 Absatz 4		Anhang I Nummer 16a
Artikel 337 Absatz 4[1)]		Anhang I Nummer 16a[1)]
Artikel 338 Absatz 1		Anhang I Nummer 14a
Artikel 338 Absatz 2		Anhang I Nummer 14b
Artikel 338 Absatz 3		Anhang I Nummer 14c
Artikel 338 Absatz 4		Anhang I Nummer 14a
Artikel 339 Absatz 1		Anhang I Nummer 17
Artikel 339 Absatz 2		Anhang I Nummer 18
Artikel 339 Absatz 3		Anhang I Nummer 19
Artikel 339 Absatz 4		Anhang I Nummer 20

[1)] Amtlich doppelt aufgeführt.

Diese Verordnung	Richtlinie 2006/48/EG	Richtlinie 2006/49/EG
Artikel 339 Absatz 5		Anhang I Nummer 21
Artikel 339 Absatz 6		Anhang I Nummer 22
Artikel 339 Absatz 7		Anhang I Nummer 23
Artikel 339 Absatz 8		Anhang I Nummer 24
Artikel 339 Absatz 9		Anhang I Nummer 25
Artikel 340 Absatz 1		Anhang I Nummer 26
Artikel 340 Absatz 2		Anhang I Nummer 27
Artikel 340 Absatz 3		Anhang I Nummer 28
Artikel 340 Absatz 4		Anhang I Nummer 29
Artikel 340 Absatz 5		Anhang I Nummer 30
Artikel 340 Absatz 6		Anhang I Nummer 31
Artikel 340 Absatz 7		Anhang I Nummer 32
Artikel 341 Absatz 1		Anhang I Nummer 33
Artikel 341 Absatz 2		Anhang I Nummer 33
Artikel 341 Absatz 3		
Artikel 342		Anhang I Nummer 34
Artikel 343		Anhang I Nummer 36
Artikel 344 Absatz 1		
Artikel 344 Absatz 2		Anhang I Nummer 37
Artikel 344 Absatz 3		Anhang I Nummer 38
Artikel 345 Absatz 1		Anhang I Nummer 41
Artikel 345 Absatz 2		Anhang I Nummer 41
Artikel 346 Absatz 1		Anhang I Nummer 42
Artikel 346 Absatz 2		
Artikel 346 Absatz 3		Anhang I Nummer 43
Artikel 346 Absatz 4		Anhang I Nummer 44
Artikel 346 Absatz 5		Anhang I Nummer 45
Artikel 346 Absatz 6		Anhang I Nummer 46
Artikel 347		Anhang I Nummer 8
Artikel 348 Absatz 1		Anhang I Nummern 48–49
Artikel 348 Absatz 2		Anhang I Nummer 50
Artikel 349		Anhang I Nummer 51
Artikel 350 Absatz 1		Anhang I Nummer 53
Artikel 350 Absatz 2		Anhang I Nummer 54
Artikel 350 Absatz 3		Anhang I Nummer 55
Artikel 350 Absatz 4		Anhang I Nummer 56
Artikel 351		Anhang III Nummer 1
Artikel 352 Absatz 1		Anhang III Nummer 2 und Nummer 2 (4)
Artikel 352 Absatz 2		Anhang III Nummer 2 (2)
Artikel 352 Absatz 3		Anhang III Nummer 2 (1)
Artikel 352 Absatz 4		Anhang III Nummer 2 (2)
Artikel 352 Absatz 5		
Artikel 353 Absatz 1		Anhang III Nummer 2 (1)
Artikel 353 Absatz 2		Anhang III Nummer 2 (1)
Artikel 353 Absatz 3		Anhang III Nummer 2 (1)

Diese Verordnung	Richtlinie 2006/48/EG	Richtlinie 2006/49/EG
Artikel 354 Absatz 1		Anhang III Nummer 3 (1)
Artikel 354 Absatz 2		Anhang III Nummer 3 (2)
Artikel 354 Absatz 3		Anhang III Nummer 3 (2)
Artikel 354 Absatz 4		
Artikel 355		
Artikel 356		
Artikel 357 Absatz 1		Anhang IV Nummer 1
Artikel 357 Absatz 2		Anhang IV Nummer 2
Artikel 357 Absatz 3		Anhang IV Nummer 3
Artikel 357 Absatz 4		Anhang IV Nummer 4
Artikel 357 Absatz 5		Anhang IV Nummer 6
Artikel 358 Absatz 1		Anhang IV Nummer 8
Artikel 358 Absatz 2		Anhang IV Nummer 9
Artikel 358 Absatz 3		Anhang IV Nummer 10
Artikel 358 Absatz 4		Anhang IV Nummer 12
Artikel 359 Absatz 1		Anhang IV Nummer 13
Artikel 359 Absatz 2		Anhang IV Nummer 14
Artikel 359 Absatz 3		Anhang IV Nummer 15
Artikel 359 Absatz 4		Anhang IV Nummer 16
Artikel 359 Absatz 5		Anhang IV Nummer 17
Artikel 359 Absatz 6		Anhang IV Nummer 18
Artikel 360 Absatz 1		Anhang IV Nummer 19
Artikel 360 Absatz 2		Anhang IV Nummer 20
Artikel 361		Anhang IV Nummer 21
Artikel 362		
Artikel 363 Absatz 1		Anhang V Nummer 1
Artikel 363 Absatz 2		
Artikel 363 Absatz 3		
Artikel 364 Absatz 1		Anhang V Nummer 10b
Artikel 364 Absatz 2		
Artikel 364 Absatz 3		
Artikel 365 Absatz 1		Anhang V Nummer 10
Artikel 365 Absatz 2		Anhang V Nummer 10a
Artikel 366 Absatz 1		Anhang V Nummer 7
Artikel 366 Absatz 2		Anhang V Nummer 8
Artikel 366 Absatz 3		Anhang V Nummer 9
Artikel 366 Absatz 4		Anhang V Nummer 10
Artikel 366 Absatz 5		Anhang V Nummer 8
Artikel 367 Absatz 1		Anhang V Nummer 11
Artikel 367 Absatz 2		Anhang V Nummer 12
Artikel 367 Absatz 3		Anhang V Nummer 12
Artikel 368 Absatz 1		Anhang V Nummer 2
Artikel 368 Absatz 2		Anhang V Nummer 2
Artikel 368 Absatz 3		Anhang V Nummer 5
Artikel 368 Absatz 4		
Artikel 369 Absatz 1		Anhang V Nummer 3

Diese Verordnung	Richtlinie 2006/48/EG	Richtlinie 2006/49/EG
Artikel 369 Absatz 2		
Artikel 370 Absatz 1		Anhang V Nummer 5
Artikel 371 Absatz 1		Anhang V Nummer 5
Artikel 371 Absatz 2		
Artikel 372		Anhang V Nummer 5a
Artikel 373		Anhang V Nummer 5b
Artikel 374 Absatz 1		Anhang V Nummer 5c
Artikel 374 Absatz 2		Anhang V Nummer 5d
Artikel 374 Absatz 3		Anhang V Nummer 5d
Artikel 374 Absatz 4		Anhang V Nummer 5d
Artikel 374 Absatz 5		Anhang V Nummer 5d
Artikel 374 Absatz 6		Anhang V Nummer 5d
Artikel 374 Absatz 7		
Artikel 375 Absatz 1		Anhang V Nummer 5a
Artikel 375 Absatz 2		Anhang V Nummer 5e
Artikel 376 Absatz 1		Anhang V Nummer 5f
Artikel 376 Absatz 2		Anhang V Nummer 5g
Artikel 376 Absatz 3		Anhang V Nummer 5h
Artikel 376 Absatz 4		Anhang V Nummer 5h
Artikel 376 Absatz 5		Anhang V Nummer 5i
Artikel 376 Absatz 6		Anhang V Nummer 5
Artikel 377		Anhang V Nummer 5l
Artikel 378		Anhang II Nummer 1
Artikel 379 Absatz 1		Anhang II Nummer 2
Artikel 379 Absatz 2		Anhang II Nummer 3
Artikel 379 Absatz 3		Anhang II Nummer 2
Artikel 380		Anhang II Nummer 4
Artikel 381		
Artikel 382		
Artikel 383		
Artikel 384		
Artikel 385		
Artikel 386		
Artikel 387		Artikel 28 Absatz 1
Artikel 388		
Artikel 389	Artikel 106 Absatz 1 Unterabsatz 1	
Artikel 390 Absatz 1	Artikel 106 Absatz 1 Unterabsatz 2	
Artikel 390 Absatz 2		
Artikel 390 Absatz 3		Artikel 29 Absatz 1
Artikel 390 Absatz 4		Artikel 30 Absatz 1
Artikel 390 Absatz 5		Artikel 29 Absatz 2
Artikel 390 Absatz 6	Artikel 106 Absatz 2 Unterabsatz 1	
Artikel 390 Absatz 7	Artikel 106 Absatz 3	

Diese Verordnung	Richtlinie 2006/48/EG	Richtlinie 2006/49/EG
Artikel 390 Absatz 8	Artikel 106 Absatz 2 Unterabsätze 2 und 3	
Artikel 391	Artikel 107	
Artikel 392	Artikel 108	
Artikel 393	Artikel 109	
Artikel 394 Absatz 1	Artikel 110 Absatz 1	
Artikel 394 Absatz 2	Artikel 110 Absatz 1	
Artikel 394 Absätze 3 und 4	Artikel 110 Absatz 2	
Artikel 394 Absatz 4	Artikel 110 Absatz 2	
Artikel 395 Absatz 1	Artikel 111 Absatz 1	
Artikel 395 Absatz 2		
Artikel 395 Absatz 3	Artikel 111 Absatz 4 Unterabsatz 1	
Artikel 395 Absatz 4		Artikel 30 Absatz 4
Artikel 395 Absatz 5		Artikel 31
Artikel 395 Absatz 6		
Artikel 395 Absatz 7		
Artikel 395 Absatz 8		
Artikel 396 Absatz 1	Artikel 111 Absatz 4 Unterabsätze 1 und 2	
Artikel 396 Absatz 2		
Artikel 397 Absatz 1		Anhang VI, Nummer 1
Artikel 397 Absatz 2		Anhang VI, Nummer 2
Artikel 397 Absatz 3		Anhang VI, Nummer 3
Artikel 398		Artikel 32 Absatz 1
Artikel 399 Absatz 1	Artikel 112 Absatz 1	
Artikel 399 Absatz 2	Artikel 112 Absatz 2	
Artikel 399 Absatz 3	Artikel 112 Absatz 3	
Artikel 399 Absatz 4	Artikel 110 Absatz 3	
Artikel 400 Absatz 1	Artikel 113 Absatz 3	
Artikel 400 Absatz 2	Artikel 113 Absatz 4	
Artikel 400 Absatz 3		
Artikel 401 Absatz 1	Artikel 114 Absatz 1	
Artikel 401 Absatz 2	Artikel 114 Absatz 2	
Artikel 401 Absatz 3	Artikel 114 Absatz 3	
Artikel 402 Absatz 1	Artikel 115 Absatz 1	
Artikel 402 Absatz 2	Artikel 115 Absatz 2	
Artikel 402 Absatz 3		
Artikel 403 Absatz 1	Artikel 117 Absatz 1	
Artikel 403 Absatz 2	Artikel 117 Absatz 2	
Artikel 404	Artikel 122a Absatz 8	
Artikel 405 Absatz 1	Artikel 122a Absatz 1	
Artikel 405 Absatz 2	Artikel 122a Absatz 2	
Artikel 405 Absatz 3	Artikel 122a Absatz 3 Unterabsatz 1	
Artikel 405 Absatz 4	Artikel 122a Absatz 3 Unterabsatz 2	

Diese Verordnung	Richtlinie 2006/48/EG	Richtlinie 2006/49/EG
Artikel 406 Absatz 1	Artikel 122a Absatz 4 und Artikel 122a Absatz 5 Unterabsatz 2	
Artikel 406 Absatz 2	Artikel 122a Absatz 5 Unterabsatz 1 und Artikel 122a Absatz 6 Unterabsatz 1	
Artikel 407	Artikel 122a Absatz 5 Unterabsatz 3	
Artikel 408	Artikel 122a Absatz 6 Unterabsätze 1 und 2	
Artikel 409	Artikel 122a Absatz 7	
Artikel 410	Artikel 122a Absatz 10	
Artikel 411		
Artikel 412		
Artikel 413		
Artikel 414		
Artikel 415		
Artikel 416		
Artikel 417		
Artikel 418		
Artikel 419		
Artikel 420		
Artikel 421		
Artikel 422		
Artikel 423		
Artikel 424		
Artikel 425		
Artikel 426		
Artikel 427		
Artikel 428		
Artikel 429		
Artikel 430		
Artikel 431 Absatz 1	Artikel 145 Absatz 1	
Artikel 431 Absatz 2	Artikel 145 Absatz 2	
Artikel 431 Absatz 3	Artikel 145 Absatz 3	
Artikel 431 Absatz 4	Artikel 145 Absatz 4	
Artikel 432 Absatz 1	Anhang XII, Teil I, Nummer 1 und Artikel 146 Absatz 1	
Artikel 432 Absatz 2	Artikel 146 Absatz 2 und Anhang XII, Teil I, Nummern 2 und 3	
Artikel 432 Absatz 3	Artikel 146 Absatz 3	
Artikel 433	Artikel 147 und Anhang XII, Teil I, Nummer 4	
Artikel 434 Absatz 1	Artikel 148	
Artikel 434 Absatz 2		
Artikel 435 Absatz 1	Anhang XII, Teil II, Nummer 1	
Artikel 435 Absatz 2		

Diese Verordnung	Richtlinie 2006/48/EG	Richtlinie 2006/49/EG
Artikel 436	Anhang XII, Teil II, Nummer 2	
Artikel 437		
Artikel 438	Anhang XII, Teil II, Nummern 4, 8	
Artikel 439	Anhang XII, Teil II, Nummer 5	
Artikel 440		
Artikel 441		
Artikel 442	Anhang XII, Teil II, Nummer 6	
Artikel 443		
Artikel 444	Anhang XII, Teil II, Nummer 7	
Artikel 445	Anhang XII, Teil II, Nummer 9	
Artikel 446	Anhang XII, Teil II, Nummer 11	
Artikel 447	Anhang XII, Teil II, Nummer 12	
Artikel 448	Anhang XII, Teil II, Nummer 13	
Artikel 449	Anhang XII, Teil II, Nummer 14	
Artikel 450	Anhang XII, Teil II, Nummer 15	
Artikel 451		
Artikel 452	Anhang XII, Teil 3, Nummer 1	
Artikel 453	Anhang XII, Teil 3, Nummer 2	
Artikel 454	Anhang XII, Teil 3, Nummer 3	
Artikel 455		
Artikel 456, Unterabsatz 1	Artikel 150 Absatz 1	Artikel 41
Artikel 456, Unterabsatz 2		
Artikel 457		
Artikel 458		
Artikel 459		
Artikel 460		
Artikel 461		
Artikel 462 Absatz 1	Artikel 151a	
Artikel 462 Absatz 2	Artikel 151a	
Artikel 462 Absatz 3	Artikel 151a	
Artikel 462 Absatz 4		
Artikel 462 Absatz 5		
Artikel 463		
Artikel 464		
Artikel 465		

Diese Verordnung	Richtlinie 2006/48/EG	Richtlinie 2006/49/EG
Artikel 466		
Artikel 467		
Artikel 468		
Artikel 469		
Artikel 470		
Artikel 471		
Artikel 472		
Artikel 473		
Artikel 474		
Artikel 475		
Artikel 476		
Artikel 477		
Artikel 478		
Artikel 479		
Artikel 480		
Artikel 481		
Artikel 482		
Artikel 483		
Artikel 484		
Artikel 485		
Artikel 486		
Artikel 487		
Artikel 488		
Artikel 489		
Artikel 490		
Artikel 491		
Artikel 492		
Artikel 493 Absatz 1		
Artikel 493 Absatz 2		
Artikel 494		
Artikel 495		
Artikel 496		
Artikel 497		
Artikel 498		
Artikel 499		
Artikel 500		
Artikel 501		
Artikel 502		
Artikel 503		
Artikel 504		
Artikel 505		
Artikel 506		
Artikel 507		
Artikel 508		
Artikel 509		
Artikel 510		

Diese Verordnung	Richtlinie 2006/48/EG	Richtlinie 2006/49/EG
Artikel 511		
Artikel 512		
Artikel 513		
Artikel 514		
Artikel 515		
Artikel 516		
Artikel 517		
Artikel 518		
Artikel 519		
Artikel 520		
Artikel 521		
Anhang I	Anhang II	
Anhang II	Anhang IV	
Anhang III		

6a. Durchführungsverordnung (EU) Nr. 1423/2013 der Kommission vom 20. Dezember 2013 zur Festlegung technischer Durchführungsstandards für die Offenlegungspflichten der Institute in Bezug auf Eigenmittel gemäß der Verordnung (EU) Nr. 575/2013 des Europäischen Parlaments und des Rates

(Text von Bedeutung für den EWR)

(ABl. L 355 S. 60)

Celex-Nr. 3 2013 R 1423

DIE EUROPÄISCHE KOMMISSION –

gestützt auf den Vertrag über die Arbeitsweise der Europäischen Union[1],

gestützt auf die Verordnung (EU) Nr. 575/2013[2] des Europäischen Parlaments und des Rates vom 26. Juni 2013 über Aufsichtsanforderungen an Kreditinstitute und Wertpapierfirmen und zur Änderung der Verordnung (EU) Nr. 648/2012[3], insbesondere auf Artikel 437 Absatz 2 Unterabsatz 3 und Artikel 492 Absatz 5 Unterabsatz 3,

in Erwägung nachstehender Gründe:

(1) Die Verordnung (EU) Nr. 575/2013[2] enthält die auf internationaler Ebene vereinbarten Standards des dritten Internationalen Regulierungsrahmens für Banken des Basler Ausschusses für Bankenaufsicht[4] (nachstehend „Basel III"). Aus diesem Grund sowie aufgrund der Tatsache, dass Offenlegungspflichten dazu beitragen sollen, die Transparenz im Bereich der aufsichtsrechtlichen Eigenmittel zu erhöhen, sollten die Offenlegungsvorschriften, die für die nach der Richtlinie 2013/36/EU des Europäischen Parlaments und des Rates[5] beaufsichtigten Institute gelten, zu Vergleichszwecken mit dem in den „Offenlegungsanforderungen für die Zusammensetzung des Eigenkapitals"[6] des Basler Ausschusses für Bankenaufsicht (BCBS) dargelegten internationalen Rahmen in Einklang stehen, der unter Berücksichtigung des Rechtsrahmens der Union und seiner Besonderheiten angepasst wird.

(2) Um eine einheitliche Anwendung der Verordnung (EU) Nr. 575/2013[2] sicherzustellen, sollte ein Satz von Mustern für die Offenlegung zur Verfügung gestellt werden. Dieser sollte ein Muster für die Offenlegung der Eigenmittel und ein Muster für die Merkmale der Kapitalinstrumente um-

---

[1] Auszugsweise abgedruckt unter Nr. **1**.

[2] Nr. **6**.

[3] **Amtl. Anm.:** ABl. L 176 vom 27.6.2013, S. 1.

[4] **Amtl. Anm.:** http://www.bis.org/publ/bcbs189_de.pdf

[5] **Amtl. Anm.:** Richtlinie 2013/36/EU des Europäischen Parlaments und des Rates vom 26. Juni 2013 über den Zugang zur Tätigkeit von Kreditinstituten und die Beaufsichtigung von Kreditinstituten und Wertpapierfirmen, zur Änderung der Richtlinie 2002/87/EG und zur Aufhebung der Richtlinien 2006/48/EG und 2006/49/EG (ABl. L 176 vom 27.6.2013, S. 338).

[6] **Amtl. Anm.:** http://www.bis.org/publ/bcbs221_de.pdf

fassen, mit deren Hilfe ein detaillierter Überblick über die Kapitalposition der Institute bzw. ein ausreichend detailliertes Bild der Merkmale der Kapitalinstrumente eines Instituts gewonnen werden kann.

(3) Der Konsolidierungskreis für Rechnungslegungszwecke stimmt nicht mit dem Konsolidierungskreis für aufsichtsrechtliche Zwecke überein, was dazu führt, dass für die Berechnung der Eigenmittel und die veröffentlichten Abschlüsse, insbesondere bei Eigenmittelbestandteilen, nicht die gleichen Angaben herangezogen werden. Um diese Diskrepanzen anzugehen, muss auch offengelegt werden, wie sich zur Berechnung der Eigenmittel verwendete Elemente aus den Abschlüssen verändern, wenn der aufsichtsrechtliche Konsolidierungskreis angewandt wird. Daher sollte diese Verordnung auch eine Methode zur Bilanzabstimmung enthalten, die Aufschluss über die Abstimmung der zur Berechnung der Eigenmittel verwendeten Bilanzpositionen mit den aufsichtsrechtlichen Eigenmitteln gibt. Zu diesem Zweck sollte eine Bilanz nach aufsichtsrechtlichem Konsolidierungskreis, die sich ausschließlich auf die Eigenmittelbestandteile erstreckt, verwendet werden.

(4) Einige Institute, die diesen Offenlegungspflichten unterliegen, stellen umfassende und komplexe Abschlüsse auf. Um diesen Instituten bei ihrer Bilanzabstimmung zu helfen, sollte ein einheitlicher Ansatz mit klar dargelegten Schritten vorgegeben werden.

(5) Die Bestimmungen dieser Verordnung sind eng miteinander verknüpft, da sie die Offenlegung von Eigenmittelbestandteilen betreffen. Um zwischen diesen Bestimmungen, die gleichzeitig in Kraft treten sollten, Kohärenz zu gewährleisten, und denjenigen, die den entsprechenden Pflichten unterliegen, einen umfassenden Überblick über diese Bestimmungen und einen kompakten Zugang dazu zu erleichtern, ist es wünschenswert, sämtliche nach der Verordnung (EU) Nr. 575/2013[1] zu erlassende technische Durchführungsstandards zur Offenlegung von Eigenmitteln in einer einzigen Verordnung zusammenzufassen.

(6) Die Verordnung (EU) Nr. 575/2013[1] enthält in Bezug auf Eigenmittel und Eigenmittelanforderungen eine beträchtliche Zahl von Übergangsbestimmungen. Um ein aussagekräftiges Bild der Solvenz der Institute zu vermitteln, sollte für die Offenlegung in der Übergangszeit ein gesondertes Muster eingeführt werden, das den Übergangsbestimmungen der Verordnung (EU) Nr. 575/2013 Rechnung trägt.

(7) Da die Verordnung (EU) Nr. 575/2013[1] ab dem 1. Januar 2014 gilt und die Institute ihre Systeme zur Einhaltung dieser Verordnung anpassen müssen, sollte ihnen hierfür ausreichend Zeit gegeben werden.

(8) Diese Verordnung stützt sich auf die Entwürfe technischer Durchführungsstandards, die der Europäischen Kommission von der Europäischen Bankenaufsichtsbehörde vorgelegt wurden.

(9) Die Europäische Bankenaufsichtsbehörde hat zu den Entwürfen technischer Durchführungsstandards, auf die sich diese Verordnung stützt, öffentliche Konsultationen durchgeführt, die potenziell damit verbundenen Kosten und Vorteile analysiert und die Stellungnahme der nach Artikel 37 der Verord-

[1] Nr. 6.

nung (EU) Nr. 1093/2010 des Europäischen Parlaments und des Rates[1] eingesetzten Interessengruppe Bankensektor eingeholt –

HAT FOLGENDE VERORDNUNG ERLASSEN:

Art. 1 Gegenstand. Diese Verordnung legt für die Zwecke der Offenlegung gemäß Artikel 437 Absatz 1 Buchstaben a, b, d und e und Artikel 492 Absatz 3 der Verordnung (EU) Nr. 575/2013[2] einheitliche Muster fest.

Art. 2 Vollständige Abstimmung der Eigenmittelbestandteile mit den geprüften Abschlüssen. Um den Pflichten im Zusammenhang mit der Offenlegung einer vollständigen Abstimmung der Eigenmittelbestandteile mit den geprüften Abschlüssen im Sinne von Artikel 437 Absatz 1 Buchstabe a der Verordnung (EU) Nr. 575/2013[2] nachzukommen, wenden die Institute die in Anhang I genannte Methode an und veröffentlichen die aus der Anwendung dieser Methode resultierenden Angaben zur Bilanzabstimmung.

Art. 3 Beschreibung der Hauptmerkmale der von Instituten begebenen Instrumente des harten Kernkapitals, des zusätzlichen Kernkapitals und des Ergänzungskapitals. Um den Pflichten im Zusammenhang mit der Offenlegung der Hauptmerkmale der von Instituten begebenen Instrumente des harten Kernkapitals, des zusätzlichen Kernkapitals und des Ergänzungskapitals nach Artikel 437 Absatz 1 Buchstabe b der Verordnung (EU) Nr. 575/2013[2] nachzukommen, füllen die Institute das Muster für die Hauptmerkmale der Kapitalinstrumente in Anhang II entsprechend der Hinweise in Anhang III aus und veröffentlichen es.

Art. 4 Offenlegung der Art und Beträge spezifischer Eigenmittelelemente. Um den Pflichten im Zusammenhang mit der Offenlegung der spezifischen Eigenmittelelemente im Sinne von Artikel 437 Absatz 1 Buchstaben d und e der Verordnung (EU) Nr. 575/2013[2] nachzukommen, füllen die Institute das Muster für die allgemeine Offenlegung der Eigenmittel in Anhang IV entsprechend der Hinweise in Anhang V aus und veröffentlichen es.

Art. 5 Offenlegung der Art und Beträge spezifischer Eigenmittelelemente während der Übergangszeit. Um den Pflichten im Zusammenhang mit der Offenlegung zusätzlicher Informationen über die Eigenmittel gemäß Artikel 492 Absatz 3 der Verordnung (EU) Nr. 575/2013[2] nachzukommen, füllen die Institute in der Zeit vom 31. März 2014 bis zum 31. Dezember 2017 abweichend von Artikel 4 das in Anhang VI enthaltene Muster für die Offenlegung der Eigenmittel während der Übergangszeit entsprechend der Hinweise in Anhang VII und nicht das in Anhang IV enthaltene allgemeine Muster für die Offenlegung der Eigenmittel entsprechend der Hinweise in Anhang V aus und veröffentlichen es.

---

[1] **Amtl. Anm.:** Verordnung (EU) Nr. 1093/2010 des Europäischen Parlaments und des Rates vom 24. November 2010 zur Errichtung einer Europäischen Aufsichtsbehörde (Europäische Bankenaufsichtsbehörde), zur Änderung des Beschlusses Nr. 716/2009/EG und zur Aufhebung des Beschlusses 2009/78/EG der Kommission (ABl. L 331 vom 15.12.2010, S. 12).

[2] Nr. **6**.

Art. 6 Inkrafttreten. *[1]* Diese Verordnung tritt am zwanzigsten Tag nach ihrer Veröffentlichung[1] im *Amtsblatt der Europäischen Union* in Kraft.

[2] Sie gilt ab dem 31. März 2014.

Diese Verordnung ist in allen ihren Teilen verbindlich und gilt unmittelbar in jedem Mitgliedstaat.

Anhang I.
Methode zur Bilanzabstimmung

(1) Die Institute wenden die in diesem Anhang beschriebene Methode an, um Informationen über die Abstimmung der für die Berechnung der Eigenmittel verwendeten Bilanzpositionen mit den aufsichtsrechtlichen Eigenmitteln bereitzustellen. Die Eigenmittelbestandteile in den geprüften Abschlüssen umfassen sämtliche Positionen, die Bestandteil der aufsichtsrechtlichen Eigenmittel sind oder von diesen in Abzug gebracht werden, einschließlich Vermögenswerte, Verbindlichkeiten wie Schuldtitel oder sonstiger Bilanzpositionen, die die aufsichtsrechtlichen Eigenmittel beeinflussen, etwa immaterielle Vermögenswerte, Geschäfts- oder Firmenwert und latente Steueransprüche.

(2) Als Ausgangspunkt dienen den Instituten die maßgeblichen zur Berechnung der Eigenmittel in ihren veröffentlichten Abschlüssen verwendeten Bilanzpositionen. Abschlüsse werden als geprüfte Abschlüsse betrachtet, wenn für die Abstimmung der Jahresabschluss herangezogen wird.

(3) Erfüllen Institute die in Teil 8 der Verordnung (EU) Nr. 575/2013[2] festgelegten Pflichten auf konsolidierter oder auf teilkonsolidierter Basis und wurde die im Abschluss enthaltene Bilanz nicht anhand des bzw. der in Teil 1 Titel II Kapitel 2 der Verordnung (EU) Nr. 575/2013[2] vorgeschriebenen Konsolidierungskreises und Konsolidierungsmethode erstellt, so legen die Institute auch die Bilanz nach aufsichtsrechtlichem Konsolidierungskreis offen, d.h. eine Bilanz, die nach den Vorschriften zur aufsichtlichen Konsolidierung gemäß Teil 1 Titel II Kapitel 2 der Verordnung (EU) Nr. 575/2013[2] erstellt wurde und sich auf Eigenkapitalbestandteile beschränkt. Die Bilanz gemäß aufsichtsrechtlichem Konsolidierungskreis ist hinsichtlich der Eigenmittelbestandteile mindestens so detailliert wie die Bilanz im Abschluss, und die betreffenden Positionen werden den Eigenmittelbestandteilen der Bilanz im Abschluss klar gegenübergestellt. Die Institute stellen qualitative und quantitative Angaben zu den bei den Eigenmittelbestandteilen festzustellenden Unterschieden bereit, die auf den jeweiligen Konsolidierungskreis und die Konsolidierungsmethode der beiden Bilanzen zurückzuführen sind.

(4) Zweitens erweitern die Institute die Eigenmittelbestandteile der Bilanz gemäß aufsichtsrechtlichem Konsolidierungskreis derart, dass alle nach dem Muster für die Offenlegung während der Übergangszeit oder dem Muster für die Offenlegung der Eigenmittel erforderlichen Bestandteile gesondert erscheinen. Die Institute erweitern Elemente der Bilanz lediglich bis zu der Detailtiefe, die für die Ableitung der nach dem Muster für die Offenlegung während der Übergangszeit oder dem Muster für die Offenlegung der Eigenmittel erforderlichen Bestandteile notwendig ist.

(5) Drittens ordnen die Institute die Elemente, die sich aus der in Absatz 4 erläuterten Erweiterung der Bilanz gemäß aufsichtsrechtlichem Konsolidierungskreis ergeben, den Elementen zu, die im Muster für die Offenlegung während der Übergangszeit oder dem Muster für die Offenlegung der Eigenmittel enthalten sind.

(6) Erfüllen Institute die in Teil 8 der Verordnung (EU) Nr. 575/2013[2] festgelegten Pflichten auf konsolidierter oder auf teilkonsolidierter Basis, wurde die im Abschluss enthaltene Bilanz aber anhand des bzw. der in Teil 1 Titel II Kapitel 2 der Verordnung (EU) Nr. 575/2013[2] vorgeschriebenen Konsolidierungskreise und Konsolidierungsmethode erstellt und weisen die Institute unmissverständlich darauf hin, dass zwischen den betreffenden Konsolidierungskreisen und Konsolidierungsmethoden kein Unterschied besteht, so finden lediglich die Absätze 4 und 5 dieses Anhangs auf der Grundlage der im Abschluss enthaltenen Bilanz Anwendung.

(7) Erfüllen Institute die in Teil 8 der Verordnung (EU) Nr. 575/2013[2] festgelegten Pflichten auf individueller Basis, so sind statt Absatz 3 dieses Anhangs die Absätze 4 und 5 dieses Anhangs anwendbar, und hierzu ist die im Abschluss enthaltene Bilanz heranzuziehen.

[1] Veröffentlicht am 31.12.2013.

[2] Nr. **6**.

(8) Die Informationen zur Abstimmung der Eigenmittelbestandteile der Bilanz, die sich aus der Anwendung der in diesem Anhang beschriebenen Methode ergeben, können ungeprüft bereitgestellt werden.

Anhang II.
Muster für die Hauptmerkmale der Kapitalinstrumente

Muster für die Hauptmerkmale der Kapitalinstrumente[1)]		
1	Emittent	
2	Einheitliche Kennung (z.B. CUSIP, ISIN oder Bloomberg-Kennung für Privatplatzierung)	
3	Für das Instrument geltendes Recht	
	Aufsichtsrechtliche Behandlung	
4	CRR-Übergangsregelungen	
5	CRR-Regelungen nach der Übergangszeit	
6	Anrechenbar auf Solo-/Konzern-/Solo- und Konzernebene	
7	Instrumenttyp (Typen von jedem Land zu spezifizieren)	
8	Auf aufsichtsrechtliche Eigenmittel anrechenbarer Betrag (Währung in Millionen, Stand letzter Meldestichtag)	
9	Nennwert des Instruments	
9a	Ausgabepreis	
9b	Tilgungspreis	
10	Rechnungslegungsklassifikation	
11	Ursprüngliches Ausgabedatum	
12	Unbefristet oder mit Verfalltermin	
13	Ursprünglicher Fälligkeitstermin	
14	Durch Emittenten kündbar mit vorheriger Zustimmung der Aufsicht	
15	Wählbarer Kündigungstermin, bedingte Kündigungstermine und Tilgungsbetrag	
16	Spätere Kündigungstermine, wenn anwendbar	
	Coupons/Dividenden	
17	Feste oder variable Dividenden-/Couponzahlungen	
18	Nominalcoupon und etwaiger Referenzindex	
19	Bestehen eines „Dividenden-Stopps"	
20a	Vollständig diskretionär, teilweise diskretionär oder zwingend (zeitlich)	
20b	Vollständig diskretionär, teilweise diskretionär oder zwingend (in Bezug auf den Betrag)	
21	Bestehen einer Kostenanstiegsklausel oder eines anderen Tilgungsanreizes	
22	Nicht kumulativ oder kumulativ	
23	Wandelbar oder nicht wandelbar	

1) **Amtl. Anm.:** Ist ein Feld nicht anwendbar, bitte „k.A." angeben.

Muster für die Hauptmerkmale der Kapitalinstrumente		
24	Wenn wandelbar: Auslöser für die Wandlung	
25	Wenn wandelbar: ganz oder teilweise	
26	Wenn wandelbar: Wandlungsrate	
27	Wenn wandelbar: Wandlung obligatorisch oder fakultativ	
28	Wenn wandelbar: Typ des Instruments, in das gewandelt wird	
29	Wenn wandelbar: Emittent des Instruments, in das gewandelt wird	
30	Herabschreibungsmerkmale	
31	Bei Herabschreibung: Auslöser für die Herabschreibung	
32	Bei Herabschreibung: ganz oder teilweise	
33	Bei Herabschreibung: dauerhaft oder vorübergehend	
34	Bei vorübergehender Herabschreibung: Mechanismus der Wiederzuschreibung	
35	Position in der Rangfolge im Liquidationsfall (das jeweils ranghöhere Instrument nennen)	
36	Unvorschriftsmäßige Merkmale der gewandelten Instrumente	
37	Ggf. unvorschriftsmäßige Merkmale nennen	

Anhang III.
Hinweise zum Ausfüllen des Musters für die Hauptmerkmale der Kapitalinstrumente

(1) Beim Ausfüllen des Musters für die Hauptmerkmale der Kapitalinstrumente in Anhang II berücksichtigen die Institute die in diesem Anhang enthaltenen Hinweise.

(2) Die Institute füllen das Muster für die folgenden Kategorien aus: Instrumente des harten Kernkapitals, Instrumente des zusätzlichen Kernkapitals und Instrumente des Ergänzungskapitals.

(3) Die Muster umfassen Spalten, in denen die Merkmale der verschiedenen Instrumente ausgeführt sind. In Fällen, in denen Kapitalinstrumente derselben Kategorie identische Merkmale aufweisen, können sich die Institute zur Offenlegung dieser identischen Merkmale auf eine Spalte beschränken und angeben, auf welche Emissionen sich die identischen Merkmale beziehen.

Hinweise zum Ausfüllen des Musters für die Hauptmerkmale der Kapitalinstrumente	
1	Hier ist die Rechtspersönlichkeit des Emittenten anzugeben. *Freier Text*
2	Einheitliche Kennung (z.B. CUSIP, ISIN oder Bloomberg-Kennung für Privatplatzierung) *Freier Text*
3	Hier ist anzugeben, welches Recht für das Instrument gilt. *Freier Text*
4	Hier ist die Behandlung als aufsichtsrechtliche Eigenmittel während der Übergangszeit nach Verordnung (EU) Nr. 575/2013[1)] anzugeben. Die ursprüngliche Einstufung des Instruments dient unabhängig von einer möglichen Neueinstufung in einer niedrigeren Stufe als Bezugspunkt. *Aus Menü auswählen: [Hartes Kernkapital] [Zusätzliches Kernkapital] [Ergänzungskapital] [Nicht anrechenbar] [k.A.]* *Freier Text – angeben, ob ein Teil der Emission in einer niedrigeren Stufe neuklassifiziert wurde.*

[1)] Nr. **6**.

5	Hier ist die Behandlung als aufsichtsrechtliche Eigenmittel nach der Verordnung (EU) Nr. 575/2013[1] ohne Berücksichtigung von Übergangsregelungen anzugeben. *Aus Menü auswählen: [Hartes Kernkapital] [Zusätzliches Kernkapital] [Ergänzungskapital] [Nicht anrechenbar]*
6	Hier ist/sind die Ebene(n) innerhalb des Konzerns anzugeben, auf der/denen das Instrument den Eigenmitteln zugerechnet wird. *Aus Menü auswählen: [Solo] [(teil-)konsolidiert] [Solo und (teil-)konsolidiert]*
7	Hier ist der – je nach Land unterschiedliche – Instrumenttyp zu nennen. *Aus Menü auswählen: Landesspezifische Menü-Optionen für Institute – Verweise auf Artikel der Verordnung (EU) Nr. 575/2013[1] für jeden Instrumenttyp einfügen.* *Für Instrumente des harten Kernkapitals – hartes Kernkapital gemäß dem von der EBA veröffentlichten Verzeichnis (Artikel 26 Absatz 3).*
8	Hier ist der Betrag zu nennen, der auf die aufsichtsrechtlichen Eigenmittel angerechnet werden darf (Gesamtbetrag des auf die aufsichtsrechtlichen Eigenmittel anrechenbaren Instruments vor Übergangsbestimmungen für den jeweiligen Umfang der Offenlegung; in der für die Meldepflichten verwendeten Währung). *Freier Text – insbesondere angeben, falls Teile der Instrumente verschiedenen Ebenen der aufsichtsrechtlichen Eigenmittel zuzuordnen sind und falls sich der auf die aufsichtsrechtlichen Eigenmittel angerechnete Betrag von dem begebenen Betrag unterscheidet.*
9	Nennwert des Instruments (in der Emissionswährung und der im Rahmen der Meldepflichten verwendeten Währung) *Freier Text*
9a	Ausgabepreis des Instruments *Freier Text*
9b	Tilgungspreis des Instruments *Freier Text*
10	Hier ist die Bilanzklassifizierung anzugeben. *Aus Menü auswählen: [Aktienkapital] [Passivum – fortgeführter Einstandswert] [Passivum – Fair-Value-Option] [Minderheitsbeteiligung an konsolidierter Tochtergesellschaft]*
11	Hier ist das Ausgabedatum anzugeben. *Freier Text*
12	Hier ist anzugeben, ob die Laufzeit fest oder unbefristet ist. *Aus Menü auswählen: [Unbefristet] [Mit Verfalltermin]*
13	Bei Instrument mit Verfalltermin: Angabe des ursprünglichen Fälligkeitsdatums (Tag, Monat, Jahr). Bei unbefristetem Instrument: „Keine Fälligkeit" eintragen. *Freier Text*
14	Hier ist anzugeben, ob der Emittent eine Kündigungsoption hat (alle Arten von Kündigungsoptionen). *Aus Menü auswählen: [Ja] [Nein]*
15	Bei einem Instrument mit einer Kündigungsoption des Emittenten ist der erste Kündigungstermin anzugeben, wenn die Kündigungsoption auf einen bestimmten Termin lautet (Tag, Monat, Jahr). Außerdem ist anzugeben, ob im Falle eines steuerlichen und/oder regulatorischen Ereignisses eine Kündigungsmöglichkeit besteht. Auch der Tilgungspreis ist anzugeben. Hilft, den ungefähren Zeitrahmen einzuschätzen. *Freier Text*
16	Hier ist gegebenenfalls das Bestehen und die Häufigkeit späterer Kündigungstermine anzugeben. Hilft, den ungefähren Zeitrahmen einzuschätzen. *Freier Text*

[1] Nr. **6**.

17	Hier ist anzugeben, ob der Coupon/die Dividende während der Laufzeit des Instruments fest oder variabel ist, gegenwärtig fest ist, aber später variabel wird, gegenwärtig variabel ist, aber später fest wird. *Aus Menü auswählen: [Fest] [Variabel] [Derzeit fest, später variabel] [Derzeit variabel, später fest]*
18	Hier ist der Nominalzins des Instruments anzugeben sowie ein etwaiger Referenzindex für den Coupon/die Dividende. *Freier Text*
19	Hier ist anzugeben, ob die Nichtzahlung eines Coupons/einer Dividende des Instruments die Zahlung von Dividenden auf Stammaktien verbietet (d.h., ob ein „Dividenden-Stopp"-Mechanismus besteht). *Aus Menü auswählen: [Ja] [Nein]*
20a	Hier ist anzugeben, ob es völlig im Ermessen, teilweise im Ermessen oder gar nicht im Ermessen des Emittenten steht, ob ein Coupon/eine Dividende gezahlt wird. Wenn das Institut unter allen Umständen völlig nach eigenem Ermessen entscheiden kann, eine Coupon/Dividendenzahlung ausfallen zu lassen (einschließlich dann, wenn ein „Dividenden-Stopp" besteht, der das Institut nicht daran hindert, Zahlungen auf das Instrument zu annullieren), muss es „Gänzlich diskretionär" wählen. Müssen bestimmte Voraussetzungen erfüllt sein, damit eine Zahlung annulliert werden kann (z.B. Eigenkapital ist unter eine bestimmte Schwelle gesunken), muss das Institut „Teilweise diskretionär" wählen. Kann das Institut ausschließlich im Insolvenzfall die Zahlung annullieren, muss es „Zwingend" wählen. *Aus Menü auswählen: [Gänzlich diskretionär] [Teilweise diskretionär] [Zwingend]* *Freier Text (Erläuterung der Gründe für das Ermessen, Existenz von Dividendenauslösern, „Dividenden-Stopp"-Mechanismen, alternativer Couponzahlungsmechanismus ACSM)*
20b	Hier ist anzugeben, ob der Betrag des Coupons/der Dividende völlig im Ermessen, teilweise im Ermessen oder gar nicht im Ermessen des Emittenten steht. *Aus Menü auswählen: [Gänzlich diskretionär] [Teilweise diskretionär] [Zwingend]*
21	Hier ist anzugeben, ob eine Kostenanstiegsklausel oder ein anderer Tilgungsanreiz besteht. *Aus Menü auswählen: [Ja] [Nein]*
22	Hier ist anzugeben, ob Dividenden/Coupons kumulativ sind oder nicht. *Aus Menü auswählen: [Nicht kumulativ] [Kumulativ] [ACSM]*
23	Hier ist anzugeben, ob das Instrument wandelbar ist oder nicht. *Aus Menü auswählen: [Wandelbar] [Nicht wandelbar]*
24	Hier ist der Auslöser für die Wandlung anzugeben, einschließlich akut gefährdeten Fortbestands. Wenn eine oder mehrere Behörden befugt sind, die Wandlung auszulösen, so sind diese aufzuführen. Für jede Behörde ist anzugeben, ob die vertraglichen Konditionen des Instruments die rechtliche Grundlage für die Auslösung der Wandlung durch die Behörde liefern (vertraglicher Ansatz) oder ob die Rechtsgrundlage durch gesetzliche Bestimmungen geschaffen wird (gesetzlicher Ansatz). *Freier Text*
25	Gesondert für jeden Wandlungsauslöser ist anzugeben, ob das Instrument immer ganz gewandelt wird, ganz oder teilweise gewandelt werden kann oder immer teilweise gewandelt wird. *Aus Menü auswählen: [immer ganz] [ganz oder teilweise] [immer teilweise]*
26	Hier ist die Wandlungsrate in das stärker verlustabsorbierende Instrument anzugeben. *Freier Text*
27	Bei wandelbaren Instrumenten ist anzugeben, ob die Wandlung obligatorisch oder fakultativ ist. *Aus Menü auswählen: [Obligatorisch] [Fakultativ] [k.A.] und [Option des Inhabers] [Option des Emittenten] [Option der Inhaber und des Emittenten]*
28	Hier ist bei wandelbaren Instrumenten der Typ des Instruments anzugeben, in das gewandelt wird. Hilft, die Verlustabsorptionsfähigkeit einzuschätzen. *Aus Menü auswählen: [Hartes Kernkapital] [Zusätzliches Kernkapital] [Ergänzungskapital] [Sonstiges]*
29	Bei wandelbaren Instrumenten ist der Emittent des Instruments anzugeben, in das gewandelt wird.

	Freier Text
30	Hier ist anzugeben, ob ein Herabschreibungsmerkmal besteht. *Aus Menü auswählen: [Ja] [Nein]*
31	Hier ist der Auslöser für die Herabschreibung anzugeben, einschließlich akut gefährdeten Fortbestands. Wenn eine oder mehrere Behörden befugt sind, die Herabschreibung auszulösen, so sind diese aufzuführen. Für jede Behörde ist anzugeben, ob die vertraglichen Konditionen des Instruments die rechtliche Grundlage für die Auslösung der Herabschreibung durch die Behörde liefern (vertraglicher Ansatz) oder ob die Rechtsgrundlage durch gesetzliche Bestimmungen geschaffen wird (gesetzlicher Ansatz). *Freier Text*
32	Gesondert für jeden Herabschreibungsauslöser ist anzugeben, ob das Instrument immer ganz abgeschrieben wird, ganz oder teilweise abgeschrieben werden kann oder immer teilweise herabgeschrieben wird. Hilft, das Ausmaß der Verlustabsorption bei der Herabschreibung einzuschätzen. *Aus Menü auswählen: [immer ganz] [ganz oder teilweise] [immer teilweise]*
33	Bei einem Instrument, das abgeschrieben werden kann, ist anzugeben, ob die Herabschreibung dauerhaft oder vorübergehend ist. *Aus Menü auswählen: [Dauerhaft] [Vorübergehend] [k.A.]*
34	Bei einem Instrument mit vorübergehender Herabschreibung ist anzugeben, wie die Wiederzuschreibung vorzunehmen ist. *Freier Text*
35	Hier ist das Instrument anzugeben, das in der Rangfolge unmittelbar vorangeht. Wo anwendbar, sollten die Banken die Spaltennummer der Instrumente im ausgefüllten Muster für die Hauptmerkmale angeben, denen dieses Instrument im Rang unmittelbar nachgeordnet ist. *Freier Text*
36	Hier ist anzugeben, ob Merkmale vorhanden sind, die den Bestimmungen nicht entsprechen. *Aus Menü auswählen: [Ja] [Nein]*
37	Wenn ja, muss das Institut angeben, welche. *Freier Text*

Anhang IV.
Muster für die Offenlegung der Eigenmittel

	Muster für die Offenlegung der Eigenmittel		Verordnung (EU) Nr. 575/2013[1] Verweis auf Artikel
Hartes Kernkapital (CET1): Instrumente und Rücklagen			
1	Kapitalinstrumente und das mit ihnen verbundene Agio		26 (1), 27, 28, 29
	davon: Art des Finanzinstruments 1		Verzeichnis der EBA gemäß Artikel 26 Absatz 3
	davon: Art des Finanzinstruments 2		Verzeichnis der EBA gemäß Artikel 26 Absatz 3
	davon: Art des Finanzinstruments 3		Verzeichnis der EBA gemäß Artikel 26 Absatz 3
2	Einbehaltene Gewinne		26 (1) (c)

[1] Nr. **6**.

	Muster für die Offenlegung der Eigenmittel		Verordnung (EU) Nr. 575/2013 Verweis auf Artikel
3	Kumuliertes sonstiges Ergebnis (und sonstige Rücklagen)		26 (1)
3a	Fonds für allgemeine Bankrisiken		26 (1) (f)
4	Betrag der Posten im Sinne von Artikel 484 Absatz 3 zuzüglich des mit ihnen verbundenen Agios, dessen Anrechnung auf das CET1 ausläuft		486 (2)
5	Minderheitsbeteiligungen (zulässiger Betrag in konsolidiertem CET1)		84
5a	Von unabhängiger Seite geprüfte Zwischengewinne, abzüglich aller vorhersehbaren Abgaben oder Dividenden		26 (2)
6	**Hartes Kernkapital (CET1) vor regulatorischen Anpassungen**		**Summe der Zeilen 1 bis 5a**
Hartes Kernkapital (CET1): regulatorische Anpassungen			
7	Zusätzliche Bewertungsanpassungen (negativer Betrag)		34, 105
8	Immaterielle Vermögenswerte (verringert um entsprechende Steuerschulden) (negativer Betrag)		36 (1) (b), 37
9	In der EU: leeres Feld		
10	Von der künftigen Rentabilität abhängige latente Steueransprüche, ausgenommen derjenigen, die aus temporären Differenzen resultieren (verringert um entsprechende Steuerschulden, wenn die Bedingungen von Artikel 38 Absatz 3 erfüllt sind) (negativer Betrag)		36 (1) (c), 38
11	Rücklagen aus Gewinnen oder Verlusten aus zeitwertbilanzierten Geschäften zur Absicherung von Zahlungsströmen		33 (1) (a)
12	Negative Beträge aus der Berechnung der erwarteten Verlustbeträge		36 (1) (d), 40, 159
13	Anstieg des Eigenkapitals, der sich aus verbrieften Aktiva ergibt (negativer Betrag)		32 (1)
14	Durch Veränderungen der eigenen Bonität bedingte Gewinne oder Verluste aus zum beizulegenden Zeitwert bewerteten eigenen Verbindlichkeiten		33 (1) (b)
15	Vermögenswerte aus Pensionsfonds mit Leistungszusage (negativer Betrag)		36 (1) (e), 41
16	Direkte und indirekte Positionen eines Instituts in eigenen Instrumenten des harten Kernkapitals (negativer Betrag)		36 (1) (f), 42
17	Direkte, indirekte und synthetische Positionen des Instituts in Instrumenten des harten Kernkapitals von Unternehmen der Finanzbranche, die eine Überkreuzbeteiligung mit dem Institut eingegangen sind, die dem Ziel dient, dessen Eigenmittel künstlich zu erhöhen (negativer Betrag)		36 (1) (g), 44
18	Direkte, indirekte und synthetische Positionen des Instituts in Instrumenten des harten Kernkapitals von Unternehmen der Finanzbranche, an denen das Institut keine wesentliche Beteiligung hält (mehr als 10 % und abzüg-		36 (1) (h), 43, 45, 46, 49 (2) und (3), 79

	Muster für die Offenlegung der Eigenmittel		Verordnung (EU) Nr. 575/2013 Verweis auf Artikel
	lich anrechenbarer Verkaufspositionen) (negativer Betrag)		
19	Direkte, indirekte und synthetische Positionen des Instituts in Instrumenten des harten Kernkapitals von Unternehmen der Finanzbranche, an denen das Institut eine wesentliche Beteiligung hält (mehr als 10 % und abzüglich anrechenbarer Verkaufspositionen) (negativer Betrag)		36 (1) (i), 43, 45, 47, 48 (1) (b), 49 (1) bis (3), 79
20	In der EU: leeres Feld		
20a	Forderungsbetrag aus folgenden Posten, denen ein Risikogewicht von 1 250 % zuzuordnen ist, wenn das Institut als Alternative jenen Forderungsbetrag vom Betrag der Posten des harten Kernkapitals abzieht		36 (1) (k)
20b	davon: qualifizierte Beteiligungen außerhalb des Finanzsektors (negativer Betrag)		36 (1) (k) (i), 89 bis 91
20c	davon: Verbriefungspositionen (negativer Betrag)		36 (1) (k) (ii), 243 (1) (b), 244 (1) (b), 258
20d	davon: Vorleistungen (negativer Betrag)		36 (1) (k) (iii), 379 (3)
21	Von der künftigen Rentabilität abhängige latente Steueransprüche, die aus temporären Differenzen resultieren (über dem Schwellenwert von 10 %, verringert um entsprechende Steuerschulden, wenn die Bedingungen von Artikel 38 Absatz 3 erfüllt sind) (negativer Betrag)		36 (1) (c), 38, 48 (1) (a)
22	Betrag, der über dem Schwellenwert von 15 % liegt (negativer Betrag)		48 (1)
23	davon: direkte und indirekte Positionen des Instituts in Instrumenten des harten Kernkapitals von Unternehmen der Finanzbranche, an denen das Institut eine wesentliche Beteiligung hält		36 (1) (i), 48 (1) (b)
24	In der EU: leeres Feld		
25	davon: von der künftigen Rentabilität abhängige latente Steueransprüche, die aus temporären Differenzen resultieren		36 (1) (c), 38, 48 (1) (a)
25a	Verluste des laufenden Geschäftsjahres (negativer Betrag)		36 (1) (a)
25b	Vorhersehbare steuerliche Belastung auf Posten des harten Kernkapitals (negativer Betrag)		36 (1) (l)
27	Betrag der von den Posten des zusätzlichen Kernkapitals in Abzug zu bringenden Posten, der das zusätzliche Kernkapital des Instituts überschreitet (negativer Betrag)		36 (1) (j)
28	**Regulatorische Anpassungen des harten Kernkapitals (CET1) insgesamt**		Summe der Zeilen 7 bis 20a, 21, 22 zuzüglich Zeilen 25a bis 27
29	**Hartes Kernkapital (CET1)**		Zeile 6 abzüglich Zeile 28

	Muster für die Offenlegung der Eigenmittel		Verordnung (EU) Nr. 575/2013 Verweis auf Artikel
Zusätzliches Kernkapital (AT1): Instrumente			
30	Kapitalinstrumente und das mit ihnen verbundene Agio		51, 52
31	davon: gemäß anwendbaren Rechnungslegungsstandards als Eigenkapital eingestuft		
32	davon: gemäß anwendbaren Rechnungslegungsstandards als Passiva eingestuft		
33	Betrag der Posten im Sinne von Artikel 484 Absatz 4 zuzüglich des mit ihnen verbundenen Agios, dessen Anrechnung auf das AT1 ausläuft		486 (3)
34	Zum konsolidierten zusätzlichen Kernkapital zählende Instrumente des qualifizierten Kernkapitals (einschließlich nicht in Zeile 5 enthaltener Minderheitsbeteiligungen), die von Tochterunternehmen begeben worden sind und von Drittparteien gehalten werden		85, 86
35	davon: von Tochterunternehmen begebene Instrumente, deren Anrechnung ausläuft		486 (3)
36	**Zusätzliches Kernkapital (AT1) vor regulatorischen Anpassungen**		Summe der Zeilen 30, 33 und 34
Zusätzliches Kernkapital (AT1): regulatorische Anpassungen			
37	Direkte und indirekte Positionen eines Instituts in eigenen Instrumenten des zusätzlichen Kernkapitals (negativer Betrag)		52 (1) (b), 56 (a), 57
38	Direkte, indirekte und synthetische Positionen des Instituts in Instrumenten des zusätzlichen Kernkapitals von Unternehmen der Finanzbranche, die eine Überkreuzbeteiligung mit dem Institut eingegangen sind, die dem Ziel dient, dessen Eigenmittel künstlich zu erhöhen (negativer Betrag)		56 (b), 58
39	Direkte, indirekte und synthetische Positionen des Instituts in Instrumenten des zusätzlichen Kernkapitals von Unternehmen der Finanzbranche, an denen das Institut keine wesentliche Beteiligung hält (mehr als 10 % und abzüglich anrechenbarer Verkaufspositionen) (negativer Betrag)		56 (c), 59, 60, 79
40	Direkte, indirekte und synthetische Positionen des Instituts in Instrumenten des zusätzlichen Kernkapitals von Unternehmen der Finanzbranche, an denen das Institut eine wesentliche Beteiligung hält (abzüglich anrechenbarer Verkaufspositionen) (negativer Betrag)		56 (d), 59, 79
41	In der EU: leeres Feld		
42	Betrag der von den Posten des Ergänzungskapitals in Abzug zu bringenden Posten, der das Ergänzungskapital des Instituts überschreitet (negativer Betrag)		56 (e)
43	**Regulatorische Anpassungen des zusätzlichen Kernkapitals (AT1) insgesamt**		Summe der Zeilen 37 bis 42
44	**Zusätzliches Kernkapital (AT1)**		Zeile 36 abzüglich Zeile 43

	Muster für die Offenlegung der Eigenmittel		Verordnung (EU) Nr. 575/2013 Verweis auf Artikel
45	**Kernkapital (T1 = CET1 + AT1)**		Summe der Zeilen 29 und 44
Ergänzungskapital (T2): Instrumente und Rücklagen			
46	Kapitalinstrumente und das mit ihnen verbundene Agio		62, 63
47	Betrag der Posten im Sinne von Artikel 484 Absatz 5 zuzüglich des mit ihnen verbundenen Agios, dessen Anrechnung auf das T2 ausläuft		486 (4)
48	Zum konsolidierten Ergänzungskapital zählende qualifizierte Eigenmittelinstrumente (einschließlich nicht in den Zeilen 5 bzw. 34 enthaltener Minderheitsbeteiligungen und AT1-Instrumente), die von Tochterunternehmen begeben worden sind und von Drittparteien gehalten werden		87, 88
49	davon: von Tochterunternehmen begebene Instrumente, deren Anrechnung ausläuft		486 (4)
50	Kreditrisikoanpassungen		62 (c) und (d)
51	**Ergänzungskapital (T2) vor regulatorischen Anpassungen**		
Ergänzungskapital (T2): regulatorische Anpassungen			
52	Direkte und indirekte Positionen eines Instituts in eigenen Instrumenten des Ergänzungskapitals und nachrangigen Darlehen (negativer Betrag)		63 (b) (i), 66 (a), 67
53	Positionen in Instrumenten des Ergänzungskapitals und nachrangigen Darlehen von Unternehmen der Finanzbranche, die eine Überkreuzbeteiligung mit dem Institut eingegangen sind, die dem Ziel dient, dessen Eigenmittel künstlich zu erhöhen (negativer Betrag)		66 (b), 68
54	Direkte und indirekte Positionen des Instituts in Instrumenten des Ergänzungskapitals und nachrangigen Darlehen von Unternehmen der Finanzbranche, an denen das Institut keine wesentliche Beteiligung hält (mehr als 10 % und abzüglich anrechenbarer Verkaufspositionen) (negativer Betrag)		66 (c), 69, 70, 79
55	Direkte und indirekte Positionen des Instituts in Instrumenten des Ergänzungskapitals und nachrangigen Darlehen von Unternehmen der Finanzbranche, an denen das Institut eine wesentliche Beteiligung hält (abzüglich anrechenbarer Verkaufspositionen) (negativer Betrag)		66 (d), 69, 79
56	In der EU: leeres Feld		
57	**Regulatorische Anpassungen des Ergänzungskapitals (T2) insgesamt**		Summe der Zeilen 52 bis 56
58	**Ergänzungskapital (T2)**		Zeile 51 abzüglich Zeile 57
59	**Eigenkapital insgesamt (TC = T1 + T2)**		Summe der Zeilen 45 und 58
60	**Risikogewichtete Aktiva insgesamt**		

Muster für die Offenlegung der Eigenmittel			Verordnung (EU) Nr. 575/2013 Verweis auf Artikel
Eigenkapitalquoten und -puffer			
61	Harte Kernkapitalquote (ausgedrückt als Prozentsatz des Gesamtforderungsbetrags)		92 (2) (a)
62	Kernkapitalquote (ausgedrückt als Prozentsatz des Gesamtforderungsbetrags)		92 (2) (b)
63	Gesamtkapitalquote (ausgedrückt als Prozentsatz des Gesamtforderungsbetrags)		92 (2) (c)
64	Institutsspezifische Anforderung an Kapitalpuffer (Mindestanforderung an die harte Kernkapitalquote nach Artikel 92 Absatz 1 Buchstabe a, zuzüglich der Anforderungen an Kapitalerhaltungspuffer und antizyklische Kapitalpuffer, Systemrisikopuffer und Puffer für systemrelevante Institute, ausgedrückt als Prozentsatz des Gesamtforderungsbetrags)		CRD 128, 129, 130, 131, 133
65	davon: Kapitalerhaltungspuffer		
66	davon: antizyklischer Kapitalpuffer		
67	davon: Systemrisikopuffer		
67a	davon: Puffer für global systemrelevante Institute (G-SRI) oder andere systemrelevante Institute (A-SRI)		
68	Verfügbares hartes Kernkapital für die Puffer (ausgedrückt als Prozentsatz des Gesamtforderungsbetrags)		CRD 128
69	[in EU-Verordnung nicht relevant]		
70	[in EU-Verordnung nicht relevant]		
71	[in EU-Verordnung nicht relevant]		
Beträge unter den Schwellenwerten für Abzüge (vor Risikogewichtung)			
72	Direkte und indirekte Positionen des Instituts in Kapitalinstrumenten von Unternehmen der Finanzbranche, an denen das Institut keine wesentliche Beteiligung hält (weniger als 10 % und abzüglich anrechenbarer Verkaufspositionen)		36 (1) (h), 46, 45, 56 (c), 59, 60, 66 (c), 69, 70
73	Direkte und indirekte Positionen des Instituts in Instrumenten des harten Kernkapitals von Unternehmen der Finanzbranche, an denen das Institut eine wesentliche Beteiligung hält (weniger als 10 % und abzüglich anrechenbarer Verkaufspositionen)		36 (1) (i), 45, 48
74	In der EU: leeres Feld		
75	Von der künftigen Rentabilität abhängige latente Steueransprüche, die aus temporären Differenzen resultieren (unter dem Schwellenwert von 10 %, verringert um entsprechende Steuerschulden, wenn die Bedingungen von Artikel 38 Absatz 3 erfüllt sind)		36 (1) (c), 38, 48
Anwendbare Obergrenzen für die Einbeziehung von Wertberichtigungen in das Ergänzungskapital			

Muster für die Offenlegung der Eigenmittel			Verordnung (EU) Nr. 575/2013 Verweis auf Artikel
76	Auf das Ergänzungskapital anrechenbare Kreditrisikoanpassungen in Bezug auf Forderungen, für die der Standardansatz gilt (vor Anwendung der Obergrenze)		62
77	Obergrenze für die Anrechnung von Kreditrisikoanpassungen auf das Ergänzungskapital im Rahmen des Standardansatzes		62
78	Auf das Ergänzungskapital anrechenbare Kreditrisikoanpassungen in Bezug auf Forderungen, für die der auf internen Beurteilungen basierende Ansatz gilt (vor Anwendung der Obergrenze)		62
79	Obergrenze für die Anrechnung von Kreditrisikoanpassungen auf das Ergänzungskapital im Rahmen des auf internen Beurteilungen basierenden Ansatzes		62
Eigenkapitalinstrumente, für die die Auslaufregelungen gelten (anwendbar nur vom 1. Januar 2014 bis 1. Januar 2022)			
80	– Derzeitige Obergrenze für CET1-Instrumente, für die die Auslaufregelungen gelten		484 (3), 486 (2) und (5)
81	– Wegen Obergrenze aus CET1 ausgeschlossener Betrag (Betrag über Obergrenze nach Tilgungen und Fälligkeiten)		484 (3), 486 (2) und (5)
82	– Derzeitige Obergrenze für AT1-Instrumente, für die die Auslaufregelungen gelten		484 (4), 486 (3) und (5)
83	– Wegen Obergrenze aus AT1 ausgeschlossener Betrag (Betrag über Obergrenze nach Tilgungen und Fälligkeiten)		484 (4), 486 (3) und (5)
84	– Derzeitige Obergrenze für T2-Instrumente, für die die Auslaufregelungen gelten		484 (5), 486 (4) und (5)
85	– Wegen Obergrenze aus T2 ausgeschlossener Betrag (Betrag über Obergrenze nach Tilgungen und Fälligkeiten)		484 (5), 486 (4) und (5)

Anhang V.
Hinweise zum Ausfüllen des Musters für die Offenlegung der Eigenmittel

Für die Zwecke des Musters für die Offenlegung der Eigenmittel umfassen die regulatorischen Anpassungen Abzüge von den Eigenmitteln sowie Abzugs- und Korrekturposten.

Hinweise zum Ausfüllen des Musters für die Offenlegung der Eigenmittel	
Nr. der Zeile[1]	**Erläuterung**
1	Kapitalinstrumente und das mit ihnen verbundene Agio nach Artikel 26 Absatz 1, Artikel 27, 28 und 29 der Verordnung (EU) Nr. 575/2013[2] und im Einklang mit dem Verzeichnis der EBA gemäß Artikel 26 Absatz 3 der vorgenannten Verordnung

[1] Text redaktionell gekürzt.
[2] Nr. **6**.

Hinweise zum Ausfüllen des Musters für die Offenlegung der Eigenmittel	
Nr. der Zeile	**Erläuterung**
2	Einbehaltene Gewinne vor jeglichen regulatorischen Anpassungen nach Artikel 26 Absatz 1 Buchstabe c der Verordnung (EU) Nr. 575/2013[1)] (vor Einbeziehung aller Zwischengewinne und -verluste)
3	Kumuliertes sonstiges Ergebnis und sonstige offengelegte Rücklagen nach Artikel 26 Absatz 1 Buchstaben d und e der Verordnung (EU) Nr. 575/2013[1)]
3a	Fonds für allgemeine Bankrisiken nach Artikel 26 Absatz 1 Buchstabe f der Verordnung (EU) Nr. 575/2013[1)]
4	Betrag der Posten im Sinne von Artikel 484 Absatz 3 der Verordnung (EU) Nr. 575/2013[1)] zuzüglich des mit ihnen verbundenen Agios, dessen Anrechnung auf das CET1 nach Maßgabe von Artikel 486 Absatz 2 der Verordnung (EU) Nr. 575/2013[1)] ausläuft
5	Minderheitsbeteiligungen (zulässiger Betrag in konsolidiertem CET1) nach Artikel 84 der Verordnung (EU) Nr. 575/2013[1)]
5a	Von unabhängiger Seite geprüfte Zwischengewinne, abzüglich aller vorhersehbaren Abgaben oder Dividenden, nach Artikel 26 Absatz 2 der Verordnung (EU) Nr. 575/2013[1)]
6	Summe der Zeilen 1 bis 5a
7	Zusätzliche Bewertungsanpassungen nach Artikel 34 und 105 der Verordnung (EU) Nr. 575/2013[1)] (negativer Betrag)
8	Immaterielle Vermögenswerte (verringert um entsprechende Steuerschulden) nach Artikel 36 Absatz 1 Buchstabe b und Artikel 37 der Verordnung (EU) Nr. 575/2013[1)]
9	[nach Verordnung (EU) Nr. 575/2013[1)]: leeres Feld]
10	Von der künftigen Rentabilität abhängige latente Steueransprüche, ausgenommen derjenigen, die aus temporären Differenzen resultieren (verringert um entsprechende Steuerschulden, wenn die Bedingungen von Artikel 38 Absatz 3 erfüllt sind), nach Artikel 36 Absatz 1 Buchstabe c und Artikel 38 der Verordnung (EU) Nr. 575/2013[1)] (negativer Betrag)
11	Rücklagen aus Gewinnen oder Verlusten aus zeitwertbilanzierten Geschäften zur Absicherung von Zahlungsströmen nach Artikel 33 Buchstabe a der Verordnung (EU) Nr. 575/2013[1)]
12	Negative Beträge aus der Berechnung der erwarteten Verlustbeträge nach Artikel 36 Absatz 1 Buchstabe d und Artikel 40 der Verordnung (EU) Nr. 575/2013[1)]
13	Anstieg des Eigenkapitals, der sich aus verbrieften Aktiva ergibt, nach Artikel 32 Absatz 1 der Verordnung (EU) Nr. 575/2013[1)] (negativer Betrag)
14	Durch Veränderungen der eigenen Bonität bedingte Gewinne oder Verluste aus zum beizulegenden Zeitwert bewerteten eigenen Verbindlichkeiten nach Artikel 33 Buchstabe b der Verordnung (EU) Nr. 575/2013[1)]
15	Vermögenswerte aus Pensionsfonds mit Leistungszusage nach Artikel 36 Absatz 1 Buchstabe e und Artikel 41 der Verordnung (EU) Nr. 575/2013[1)] (negativer Betrag)
16	Direkte und indirekte Positionen eines Instituts in eigenen Instrumenten des harten Kernkapitals nach Artikel 36 Absatz 1 Buchstabe f und Artikel 42 der Verordnung (EU) Nr. 575/2013[1)] (negativer Betrag)
17	Direkte, indirekte und synthetische Positionen des Instituts in Instrumenten des harten Kernkapitals von Unternehmen der Finanzbranche, die eine Überkreuzbeteiligung mit dem Institut eingegangen sind, die dem Ziel dient, dessen Eigenmittel künstlich zu

[1)] Nr. 6.

Hinweise zum Ausfüllen des Musters für die Offenlegung der Eigenmittel	
Nr. der Zeile	**Erläuterung**
	erhöhen, nach Artikel 36 Absatz 1 Buchstabe g und Artikel 44 der Verordnung (EU) Nr. 575/2013[2)] (negativer Betrag)
18	Direkte, indirekte und synthetische Positionen des Instituts in Instrumenten des harten Kernkapitals von Unternehmen der Finanzbranche, an denen das Institut keine wesentliche Beteiligung hält (mehr als 10 % und abzüglich anrechenbarer Verkaufspositionen), nach Artikel 36 Absatz 1 Buchstabe h, Artikel 43, 45, 46 und Artikel 49 Absätze 2 und 3 der Verordnung (EU) Nr. 575/2013[2)] (negativer Betrag)
19	Direkte, indirekte und synthetische Positionen des Instituts in Instrumenten des harten Kernkapitals von Unternehmen der Finanzbranche, an denen das Institut eine wesentliche Beteiligung hält (mehr als 10 % und abzüglich anrechenbarer Verkaufspositionen), nach Artikel 36 Absatz 1 Buchstabe i, Artikel 43, 45, 47, Artikel 48 Absatz 1 Buchstabe b und Artikel 49 Absätze 1 bis 3 der Verordnung (EU) Nr. 575/2013[2)] (negativer Betrag)
20	[nach Verordnung (EU) Nr. 575/2013[2)]: leeres Feld]
20a	Forderungsbetrag, dem ein Risikogewicht von 1 250 % zuzuordnen ist, wenn das Institut als Alternative jenen Forderungsbetrag vom Betrag der Posten des harten Kernkapitals abzieht, nach Artikel 36 Absatz 1 Buchstabe k der Verordnung (EU) Nr. 575/2013[2)]
20b	Von dem unter 20a gemeldeten Betrag der Betrag der qualifizierten Beteiligungen außerhalb des Finanzsektors nach Artikel 36 Absatz 1 Buchstabe k und Artikel 86 bis 89 der Verordnung (EU) Nr. 575/2013[2)] (negativer Betrag)
20c	Von dem unter 20a gemeldeten Betrag der Betrag der Verbriefungspositionen nach Artikel 36 Absatz 1 Buchstabe k Ziffer ii, Artikel 243 Absatz 1 Buchstabe b, Artikel 244 Absatz 1 Buchstabe b und Artikel 258 der Verordnung (EU) Nr. 575/2013[2)] (negativer Betrag)
20d	Von dem unter 20a gemeldeten Betrag der Betrag der Vorleistungen nach Artikel 36 Absatz 1 Buchstabe k Ziffer ii und Artikel 379 Absatz 3 der Verordnung (EU) Nr. 575/2013[2)] (negativer Betrag)
21	Von der künftigen Rentabilität abhängige latente Steueransprüche, die aus temporären Differenzen resultieren (über dem Schwellenwert von 10 %, verringert um entsprechende Steuerschulden, wenn die Bedingungen von Artikel 38 Absatz 3 Buchstabe c erfüllt sind), nach Artikel 36 Absatz 1 Buchstabe c, Artikel 38 und Artikel 48 Absatz 1 Buchstabe a der Verordnung (EU) Nr. 575/2013[2)] (negativer Betrag)
22	Betrag, der über dem Schwellenwert von 15 % liegt, nach Artikel 48 Absatz 1 der Verordnung (EU) Nr. 575/2013[2)] (negativer Betrag)
23	Von dem unter 22 gemeldeten Betrag der Betrag der direkten und indirekten Positionen des Instituts in Instrumenten des harten Kernkapitals von Unternehmen der Finanzbranche, an denen das Institut eine wesentliche Beteiligung hält, nach Artikel 36 Absatz 1 Buchstabe i und Artikel 48 Absatz 1 Buchstabe b der Verordnung (EU) Nr. 575/2013[2)]
24	[nach Verordnung (EU) Nr. 575/2013[2)]: leeres Feld]
25	Von dem unter 22 gemeldeten Betrag der Betrag der von der künftigen Rentabilität abhängigen latenten Steueransprüche, die aus temporären Differenzen resultieren, nach Artikel 36 Absatz 1 Buchstabe c, Artikel 38 und Artikel 48 Absatz 1 Buchstabe a der Verordnung (EU) Nr. 575/2013[2)]
25a	Verluste des laufenden Geschäftsjahres nach Artikel 36 Absatz 1 Buchstabe a der Verordnung (EU) Nr. 575/2013[2)] (negativer Betrag)

[2)] Nr. **6**.

Hinweise zum Ausfüllen des Musters für die Offenlegung der Eigenmittel	
Nr. der Zeile	**Erläuterung**
25b	Betrag der zum jeweiligen Berechnungszeitpunkt vorhersehbaren steuerlichen Belastung auf Posten des harten Kernkapitals, es sei denn, das Institut passt den Betrag der Posten des harten Kernkapitals in angemessener Form an, wenn eine solche steuerliche Belastung die Summe, bis zu der diese Posten zur Deckung von Risiken oder Verlusten dienen können, verringert, nach Artikel 36 Absatz 1 Buchstabe I der Verordnung (EU) Nr. 575/2013[1)] (negativer Betrag)
27	Betrag der von den Posten des zusätzlichen Kernkapitals in Abzug zu bringenden Posten, der das zusätzliche Kernkapital des Instituts überschreitet, nach Artikel 36 Absatz 1 Buchstabe j der Verordnung (EU) Nr. 575/2013[1)] (negativer Betrag)
28	Regulatorische Anpassungen des harten Kernkapitals insgesamt, zu berechnen als Summe der Zeilen 7 bis 20a, 21, 22 zuzüglich Zeilen 25a bis 27
29	Hartes Kernkapital (CET1), zu berechnen als Zeile 6 abzüglich Zeile 28
30	Kapitalinstrumente und das mit ihnen verbundene Agio nach Artikel 51 und 52 der Verordnung (EU) Nr. 575/2013[1)]
31	Der Betrag in Zeile 30, der nach den anwendbaren Rechnungslegungsstandards als Eigenkapital eingestuft ist
32	Der Betrag in Zeile 30, der nach den anwendbaren Rechnungslegungsstandards als Passiva eingestuft ist
33	Betrag der Posten im Sinne von Artikel 484 Absatz 4 zuzüglich des mit ihnen verbundenen Agios, dessen Anrechnung auf das AT1 nach Maßgabe von Artikel 486 Absatz 3 der Verordnung (EU) Nr. 575/2013[1)] ausläuft
34	Zum konsolidierten zusätzlichen Kernkapital zählende qualifizierte Instrumente des Kernkapitals (einschließlich nicht in Zeile 5 enthaltener Minderheitsbeteiligungen), die nach Artikel 85 und 86 der Verordnung (EU) Nr. 575/2013[1)] von Tochterunternehmen begeben worden sind und von Drittparteien gehalten werden
35	Der Betrag in Zeile 34, der sich auf von Tochterunternehmen begebene Instrumente bezieht, deren Anrechnung gemäß Artikel 486 Absatz 3 der Verordnung (EU) Nr. 575/2013[1)] ausläuft
36	Summe der Zeilen 30, 33 und 34
37	Direkte und indirekte Positionen eines Instituts in eigenen Instrumenten des zusätzlichen Kernkapitals nach Artikel 52 Absatz 1 Buchstabe b, Artikel 56 Buchstabe a und Artikel 57 der Verordnung (EU) Nr. 575/2013[1)] (negativer Betrag)
38	Positionen in Instrumenten des zusätzlichen Kernkapitals von Unternehmen der Finanzbranche, die eine Überkreuzbeteiligung mit dem Institut eingegangen sind, die dem Ziel dient, dessen Eigenmittel künstlich zu erhöhen, nach Artikel 56 Buchstabe b und Artikel 58 der Verordnung (EU) Nr. 575/2013[1)] (negativer Betrag)
39	Direkte und indirekte Positionen des Instituts in Instrumenten des zusätzlichen Kernkapitals von Unternehmen der Finanzbranche, an denen das Institut keine wesentliche Beteiligung hält (mehr als 10 % und abzüglich anrechenbarer Verkaufspositionen), nach Artikel 56 Buchstabe c, Artikel 60 und 59 der Verordnung (EU) Nr. 575/2013[1)] (negativer Betrag)
40	Direkte und indirekte Positionen des Instituts in Instrumenten des zusätzlichen Kernkapitals von Unternehmen der Finanzbranche, an denen das Institut eine wesentliche Beteiligung hält (abzüglich anrechenbarer Verkaufspositionen), nach Artikel 56 Buchstabe d und Artikel 59 der Verordnung (EU) Nr. 575/2013[1)] (negativer Betrag)

1) Nr. **6**.

Hinweise zum Ausfüllen des Musters für die Offenlegung der Eigenmittel	
Nr. der Zeile	**Erläuterung**
41	[nach Verordnung (EU) Nr. 575/2013[1]: leeres Feld]
42	Betrag der von den Posten des Ergänzungskapitals in Abzug zu bringenden Posten, der das Ergänzungskapital des Instituts überschreitet, nach Artikel 56 Buchstabe e der Verordnung (EU) Nr. 575/2013[1] (negativer Betrag)
43	Summe der Zeilen 37 bis 42
44	Zusätzliches Kernkapital (AT1), zu berechnen als Zeile 36 abzüglich Zeile 43
45	Kernkapital, zu berechnen als Zeile 29 zuzüglich Zeile 44
46	Kapitalinstrumente und das mit ihnen verbundene Agio nach Artikel 62 und 63 der Verordnung (EU) Nr. 575/2013[1]
47	Betrag der Posten im Sinne von Artikel 484 Absatz 5 zuzüglich des mit ihnen verbundenen Agios, dessen Anrechnung auf das T2 nach Maßgabe von Artikel 486 Absatz 4 der Verordnung (EU) Nr. 575/2013[1] ausläuft
48	Zum konsolidierten Ergänzungskapital zählende qualifizierte Eigenmittelinstrumente (einschließlich nicht in Zeile 5 bzw. 34 enthaltener Minderheitsbeteiligungen und Instrumente des zusätzlichen Eigenkapitals), die nach Artikel 87 und 88 der Verordnung (EU) Nr. 575/2013[1] von Tochterunternehmen begeben worden sind und von Drittparteien gehalten werden
49	Von dem in Zeile 48 gemeldeten Betrag, der sich auf von Tochterunternehmen begebene Instrumente bezieht, deren Anrechnung gemäß Artikel 486 Absatz 4 der Verordnung (EU) Nr. 575/2013[1] ausläuft
50	Kreditrisikoanpassungen nach Artikel 62 Buchstaben c und d der Verordnung (EU) Nr. 575/2013[1]
51	Summe der Zeilen 46 bis 48 zuzüglich der Zeile 50
52	Direkte und indirekte Positionen eines Instituts in eigenen Instrumenten des Ergänzungskapitals und nachrangigen Darlehen nach Artikel 63 Buchstabe b Ziffer i, Artikel 66 Buchstabe a und Artikel 67 der Verordnung (EU) Nr. 575/2013[1]
53	Positionen in Instrumenten des Ergänzungskapitals und nachrangigen Darlehen von Unternehmen der Finanzbranche, mit denen das Institut gegenseitige Überkreuzbeteiligungen hält, die dem Ziel dienen, die Eigenmittel des Instituts künstlich zu erhöhen, nach Artikel 66 Buchstabe b und Artikel 68 der Verordnung (EU) Nr. 575/2013[1] (negativer Betrag)
54	Direkte und indirekte Positionen des Instituts in Instrumenten des Ergänzungskapitals und nachrangigen Darlehen von Unternehmen der Finanzbranche, an denen das Institut keine wesentliche Beteiligung hält (mehr als 10 % und abzüglich anrechenbarer Verkaufspositionen), nach Artikel 66 Buchstabe c, Artikel 69 und 70 der Verordnung (EU) Nr. 575/2013[1] (negativer Betrag)
55	Direkte und indirekte Positionen des Instituts in Instrumenten des Ergänzungskapitals und nachrangigen Darlehen von Unternehmen der Finanzbranche, an denen das Institut eine wesentliche Beteiligung hält (abzüglich anrechenbarer Verkaufspositionen), nach Artikel 66 Buchstabe d und Artikel 69 der Verordnung (EU) Nr. 575/2013[1] (negativer Betrag)
56	[nach Verordnung (EU) Nr. 575/2013[1]: leeres Feld]
57	Summe der Zeilen 52 bis 56
58	Ergänzungskapital (T2), zu berechnen als Zeile 51 abzüglich Zeile 57

[1] Nr. **6**.

Hinweise zum Ausfüllen des Musters für die Offenlegung der Eigenmittel	
Nr. der Zeile	Erläuterung
59	Eigenkapital insgesamt, zu berechnen als Zeile 45 zuzüglich Zeile 58
60	Gesamte risikogewichtete Aktiva der berichtenden Gruppe
61	Harte Kernkapitalquote (ausgedrückt als Prozentsatz des Gesamtforderungsbetrags), zu berechnen als Zeile 29 dividiert durch Zeile 60 (ausgedrückt als Prozentsatz), nach Artikel 92 Absatz 2 Buchstabe a der Verordnung (EU) Nr. 575/2013[1)]
62	Kernkapitalquote (ausgedrückt als Prozentsatz des Gesamtforderungsbetrags), zu berechnen als Zeile 45 dividiert durch Zeile 60 (ausgedrückt als Prozentsatz), nach Artikel 92 Absatz 2 Buchstabe b der Verordnung (EU) Nr. 575/2013[1)]
63	Gesamtkapitalquote (ausgedrückt als Prozentsatz des Gesamtforderungsbetrags), zu berechnen als Zeile 59 dividiert durch Zeile 60 (ausgedrückt als Prozentsatz), nach Artikel 92 Absatz 2 Buchstabe c der Verordnung (EU) Nr. 575/2013[1)]
64	Institutsspezifische Anforderung an Kapitalpuffer (Mindestanforderung an die harte Kernkapitalquote nach Artikel 92 Absatz 1 Buchstabe a der Verordnung (EU) Nr. 575/2013[1)], zuzüglich der Anforderung an Kapitalerhaltungspuffer und antizyklische Kapitalpuffer, Systemrisikopuffer und Puffer für systemrelevante Institute, ausgedrückt als Prozentsatz des Gesamtforderungsbetrags). Zu berechnen als 4,5 % zuzüglich 2,5 % zuzüglich des antizyklischen Kapitalpuffers, berechnet gemäß Artikel 128, 129 und 130 der Richtlinie 2013/36/EU, zuzüglich des Systemrisikopuffers (falls anwendbar), berechnet gemäß Artikel 133 der Richtlinie 2013/36/EU, zuzüglich des Puffers für systemrelevante Institute (G-SRI oder A-SRI), berechnet gemäß Artikel 131 der Richtlinie 2013/36/EU. In dieser Zeile wird die harte Kernkapitalquote ausgewiesen, bei deren Unterschreitung das Institut nur eingeschränkt Ausschüttungen vornehmen kann.
65	Der Betrag in Zeile 64 (ausgedrückt als Prozentsatz der risikogewichteten Aktiva), der sich auf den Kapitalerhaltungspuffer bezieht, d.h., die Banken melden hier 2,5 %
66	Der Betrag in Zeile 64 (ausgedrückt als Prozentsatz der risikogewichteten Aktiva), der sich auf den antizyklischen Kapitalpuffer bezieht
67	Der Betrag in Zeile 64 (ausgedrückt als Prozentsatz der risikogewichteten Aktiva), der sich auf den Systemrisikopuffer bezieht
67a	Der Betrag in Zeile 64 (ausgedrückt als Prozentsatz der risikogewichteten Aktiva), der sich auf den G-SRI oder A-SRI bezieht
68	Verfügbares hartes Kernkapital für die Puffer (ausgedrückt als Prozentsatz des Gesamtforderungsbetrags). Zu berechnen als harte Kernkapitalquote des Instituts abzüglich allen harten Kernkapitals, das zur Erfüllung der Kernkapital- und Gesamtkapitalanforderungen des Instituts dient.
69	[in EU-Verordnung nicht relevant]
70	[in EU-Verordnung nicht relevant]
71	[in EU-Verordnung nicht relevant]
72	Direkte und indirekte Positionen des Instituts in Instrumenten von Unternehmen der Finanzbranche, an denen das Institut keine wesentliche Beteiligung hält (weniger als 10 % und abzüglich anrechenbarer Verkaufspositionen), nach Artikel 36 Absatz 1 Buchstabe h, Artikel 45, 46, Artikel 56 Buchstabe c, Artikel 59, 60, Artikel 66 Buchstabe c und Artikel 70 und 69 der Verordnung (EU) Nr. 575/2013[1)]
73	Direkte und indirekte Positionen des Instituts in Instrumenten des harten Kernkapitals von Unternehmen der Finanzbranche, an denen das Institut eine wesentliche Beteiligung hält

[1)] Nr. **6**.

Hinweise zum Ausfüllen des Musters für die Offenlegung der Eigenmittel	
Nr. der Zeile	**Erläuterung**
	(mehr als 10 % und abzüglich anrechenbarer Verkaufspositionen), nach Artikel 36 Absatz 1 Buchstabe i, Artikel 45 und 48 der Verordnung (EU) Nr. 575/2013[2)]
74	[nach Verordnung (EU) Nr. 575/2013[2)]: leeres Feld]
75	Von der künftigen Rentabilität abhängige latente Steueransprüche, die aus temporären Differenzen resultieren (unter dem Schwellenwert von 10 %, verringert um entsprechende Steuerschulden, wenn die Bedingungen von Artikel 38 Absatz 3 Buchstabe c erfüllt sind), nach Artikel 36 Absatz 1 Buchstabe c, Artikel 38 und 48 der Verordnung (EU) Nr. 575/2013[2)]
76	Auf das Ergänzungskapital anrechenbare Kreditrisikoanpassungen in Bezug auf Forderungen, für die der Standardansatz nach Artikel 62 der Verordnung (EU) Nr. 575/2013[2)] gilt
77	Obergrenze für die Anrechnung von Kreditrisikoanpassungen auf das Ergänzungskapital im Rahmen des Standardansatzes nach Artikel 62 der Verordnung (EU) Nr. 575/2013[2)]
78	Auf das Ergänzungskapital anrechenbare Kreditrisikoanpassungen in Bezug auf Forderungen, für die der auf internen Beurteilungen basierende Ansatz nach Artikel 62 der Verordnung (EU) Nr. 575/2013[2)] gilt
79	Obergrenze für die Anrechnung von Kreditrisikoanpassungen auf das Ergänzungskapital im Rahmen des auf internen Beurteilungen basierenden Ansatzes nach Artikel 62 der Verordnung (EU) Nr. 575/2013[2)]
80	Derzeitige Obergrenze für CET1-Instrumente, für die die Auslaufregelungen nach Artikel 484 Absatz 3 und Artikel 486 Absätze 2 und 5 der Verordnung (EU) Nr. 575/2013[2)] gelten
81	Wegen Obergrenze aus CET1 ausgeschlossener Betrag (Betrag über Obergrenze nach Tilgungen und Fälligkeiten) nach Artikel 484 Absatz 3 und Artikel 486 Absätze 2 und 5 der Verordnung (EU) Nr. 575/2013[2)]
82	Derzeitige Obergrenze für AT1-Instrumente, für die die Auslaufregelungen nach Artikel 484 Absatz 4 und Artikel 486 Absätze 3 und 5 der Verordnung (EU) Nr. 575/2013[2)] gelten
83	Wegen Obergrenze aus AT1 ausgeschlossener Betrag (Betrag über Obergrenze nach Tilgungen und Fälligkeiten) nach Artikel 484 Absatz 4 und Artikel 486 Absätze 3 und 5 der Verordnung (EU) Nr. 575/2013[2)]
84	Derzeitige Obergrenze für T2-Instrumente, für die die Auslaufregelungen nach Artikel 484 Absatz 5 und Artikel 486 Absätze 4 und 5 der Verordnung (EU) Nr. 575/2013[2)] gelten
85	Wegen Obergrenze aus T2 ausgeschlossener Betrag (Betrag über Obergrenze nach Tilgungen und Fälligkeiten) nach Artikel 484 Absatz 5 und Artikel 486 Absätze 4 und 5 der Verordnung (EU) Nr. 575/2013[2)]

Anhang VI.
Muster für die Offenlegung der Eigenmittel während der Übergangszeit

Hartes Kernkapital: Instrumente und Rücklagen	**(A)[1)]**	**(B)[2)]**	**(C)[3)]**

2) Nr. **6**.

1) Betrag am Tag der Offenlegung

2) Verweis auf Artikel in der Verordnung (EU) Nr. 575/2013

3) Beträge, die der Behandlung vor der Verordnung (EU) Nr. 575/2013 unterliegen oder vorgeschriebener Restbetrag gemäß Verordnung (EU) Nr. 575/2013

1	Kapitalinstrumente und das mit ihnen verbundene Agio		26 (1), 27, 28, 29, Verzeichnis der EBA gemäß Artikel 26 Absatz 3	
	davon: Art des Finanzinstruments 1		Verzeichnis der EBA gemäß Artikel 26 Absatz 3	
	davon: Art des Finanzinstruments 2		Verzeichnis der EBA gemäß Artikel 26 Absatz 3	
	davon: Art des Finanzinstruments 3		Verzeichnis der EBA gemäß Artikel 26 Absatz 3	
2	Einbehaltene Gewinne		26 (1) (c)	
3	Kumuliertes sonstiges Ergebnis (und sonstige Rücklagen, zur Berücksichtigung nicht realisierter Gewinne und Verluste nach den anwendbaren Rechnungslegungsstandards)		26 (1)	
3a	Fonds für allgemeine Bankrisiken		26 (1) (f)	
4	Betrag der Posten im Sinne von Artikel 484 Absatz 3 zuzüglich des mit ihnen verbundenen Agios, dessen Anrechnung auf das CET1 ausläuft		486 (2)	
	Staatliche Kapitalzuführungen mit Bestandsschutz bis 1. Januar 2018		483 (2)	
5	Minderheitsbeteiligungen (zulässiger Betrag in konsolidiertem CET1)		84, 479, 480	
5a	Von unabhängiger Seite geprüfte Zwischengewinne, abzüglich aller vorhersehbaren Abgaben oder Dividenden		26 (2)	
6	Hartes Kernkapital (CET1) vor regulatorischen Anpassungen			
Hartes Kernkapital (CET1): regulatorische Anpassungen				
7	Zusätzliche Bewertungsanpassungen (negativer Betrag)		34, 105	
8	Immaterielle Vermögenswerte (verringert um entsprechende Steuerschulden) (negativer Betrag)		36 (1) (b), 37, 472 (4)	
9	In der EU: leeres Feld			
10	Von der künftigen Rentabilität abhängige latente Steueransprüche, ausgenommen derjenigen, die aus temporären Differenzen resultieren (verringert um entsprechende Steuerschulden, wenn die Bedingungen von Artikel 38 Absatz 3 erfüllt sind) (negativer Betrag)		36 (1) (c), 38, 472 (5)	
11	Rücklagen aus Gewinnen oder Verlusten aus zeitwertbilanzierten Geschäften zur Absicherung von Zahlungsströmen		33 (a)	
12	Negative Beträge aus der Berechnung der erwarteten Verlustbeträge		36 (1) (d), 40, 159, 472 (6)	
13	Anstieg des Eigenkapitals, der sich aus verbrieften Aktiva ergibt (negativer Betrag)		32 (1)	
14	Durch Veränderungen der eigenen Bonität bedingte Gewinne oder Verluste aus zum beizulegenden Zeitwert bewerteten eigenen Verbindlichkeiten		33 (b)	

15	Vermögenswerte aus Pensionsfonds mit Leistungszusage (negativer Betrag)		36 (1) (e), 41, 472 (7)	
16	Direkte und indirekte Positionen eines Instituts in eigenen Instrumenten des harten Kernkapitals (negativer Betrag)		36 (1) (f), 42, 472 (8)	
17	Positionen in Instrumenten des harten Kernkapitals von Unternehmen der Finanzbranche, die eine Überkreuzbeteiligung mit dem Institut eingegangen sind, die dem Ziel dient, dessen Eigenmittel künstlich zu erhöhen (negativer Betrag)		36 (1) (g), 44, 472 (9)	
18	Direkte und indirekte Positionen des Instituts in Instrumenten des harten Kernkapitals von Unternehmen der Finanzbranche, an denen das Institut keine wesentliche Beteiligung hält (mehr als 10 % und abzüglich anrechenbarer Verkaufspositionen) (negativer Betrag)		36 (1) (h), 43, 45, 46, 49 (2) (3), 79, 472 (10)	
19	Direkte, indirekte und synthetische Positionen des Instituts in Instrumenten des harten Kernkapitals von Unternehmen der Finanzbranche, an denen das Institut eine wesentliche Beteiligung hält (mehr als 10 % und abzüglich anrechenbarer Verkaufspositionen) (negativer Betrag)		36 (1) (i), 43, 45, 47, 48 (1) (b), 49 (1) bis (3), 79, 470, 472 (11)	
20	In der EU: leeres Feld			
20a	Forderungsbetrag aus folgenden Posten, denen ein Risikogewicht von 1 250 % zuzuordnen ist, wenn das Institut als Alternative jenen Forderungsbetrag vom Betrag der Posten des harten Kernkapitals abzieht		36 (1) (k)	
20b	davon: qualifizierte Beteiligungen außerhalb des Finanzsektors (negativer Betrag)		36 (1) (k) (i), 89 bis 91	
20c	davon: Verbriefungspositionen (negativer Betrag)		36 (1) (k) (ii), 243 (1) (b), 244 (1) (b), 258	
20d	davon: Vorleistungen (negativer Betrag)		36 (1) (k) (iii), 379 (3)	
21	Von der künftigen Rentabilität abhängige latente Steueransprüche, die aus temporären Differenzen resultieren (über dem Schwellenwert von 10 %, verringert um entsprechende Steuerschulden, wenn die Bedingungen von Artikel 38 Absatz 3 erfüllt sind) (negativer Betrag)		36 (1) (c), 38, 48 (1) (a), 470, 472 (5)	
22	Betrag, der über dem Schwellenwert von 15 % liegt (negativer Betrag)		48 (1)	
23	davon: direkte und indirekte Positionen des Instituts in Instrumenten des harten Kernkapitals von Unternehmen der Finanzbranche, an denen das Institut eine wesentliche Beteiligung hält		36 (1) (i), 48 (1) (b), 470, 472 (11)	
24	In der EU: leeres Feld			
25	davon: von der künftigen Rentabilität abhängige latente Steueransprüche, die aus temporären Differenzen resultieren		36 (1) (c), 38, 48 (1) (a), 470, 472 (5)	
25a	Verluste des laufenden Geschäftsjahres (negativer Betrag)		36 (1) (a), 472 (3)	
25b	Vorhersehbare steuerliche Belastung auf Posten des harten Kernkapitals (negativer Betrag)		36 (1) (l)	
26	Regulatorische Anpassungen des harten Kernkapitals in Bezug auf Beträge, die der Vor-CRR-Behandlung unterliegen			

26a	Regulatorische Anpassungen im Zusammenhang mit nicht realisierten Gewinnen und Verlusten gemäß Artikel 467 und 468			
	davon: … Abzugs- und Korrekturposten für nicht realisierte Verluste 1		467	
	davon: … Abzugs- und Korrekturposten für nicht realisierte Verluste 2		467	
	davon: … Abzugs- und Korrekturposten für nicht realisierte Gewinne 1		468	
	davon: … Abzugs- und Korrekturposten für nicht realisierte Gewinne 2		468	
26b	Vom harten Kernkapital in Abzug zu bringender oder hinzuzurechnender Betrag in Bezug auf zusätzliche Abzugs- und Korrekturposten und gemäß der Vor-CRR-Behandlung erforderliche Abzüge		481	
	davon: …		481	
27	Betrag der von den Posten des zusätzlichen Kernkapitals in Abzug zu bringenden Posten, der das zusätzliche Kernkapital des Instituts überschreitet (negativer Betrag)		36 (1) (j)	
28	**Regulatorische Anpassungen des harten Kernkapitals (CET1) insgesamt**			
29	**Hartes Kernkapital (CET1)**			
Zusätzliches Kernkapital (AT1): Instrumente				
30	Kapitalinstrumente und das mit ihnen verbundene Agio		51, 52	
31	davon: gemäß anwendbaren Rechnungslegungsstandards als Eigenkapital eingestuft			
32	davon: gemäß anwendbaren Rechnungslegungsstandards als Passiva eingestuft			
33	Betrag der Posten im Sinne von Artikel 484 Absatz 4 zuzüglich des mit ihnen verbundenen Agios, dessen Anrechnung auf das AT1 ausläuft		486 (3)	
	Staatliche Kapitalzuführungen mit Bestandsschutz bis 1. Januar 2018		483 (3)	
34	Zum konsolidierten zusätzlichen Kernkapital zählende Instrumente des qualifizierten Kernkapitals (einschließlich nicht in Zeile 5 enthaltener Minderheitsbeteiligungen), die von Tochterunternehmen begeben worden sind und von Drittparteien gehalten werden		85, 86, 480	
35	davon: von Tochterunternehmen begebene Instrumente, deren Anrechnung ausläuft		486 (3)	
36	**Zusätzliches Kernkapital (AT1) vor regulatorischen Anpassungen**			
Zusätzliches Kernkapital (AT1): regulatorische Anpassungen				
37	Direkte und indirekte Positionen eines Instituts in eigenen Instrumenten des zusätzlichen Kernkapitals (negativer Betrag)		52 (1) (b), 56 (a), 57, 475 (2)	
38	Positionen in Instrumenten des zusätzlichen Kernkapitals von Unternehmen der Finanzbranche, die eine Überkreuz-		56 (b), 58, 475 (3)	

	beteiligung mit dem Institut eingegangen sind, die dem Ziel dient, dessen Eigenmittel künstlich zu erhöhen (negativer Betrag)			
39	Direkte und indirekte Positionen des Instituts in Instrumenten des zusätzlichen Kernkapitals von Unternehmen der Finanzbranche, an denen das Institut keine wesentliche Beteiligung hält (mehr als 10 % und abzüglich anrechenbarer Verkaufspositionen) (negativer Betrag)		56 (c), 59, 60, 79, 475 (4)	
40	Direkte und indirekte Positionen des Instituts in Instrumenten des zusätzlichen Kernkapitals von Unternehmen der Finanzbranche, an denen das Institut eine wesentliche Beteiligung hält (mehr als 10 % und abzüglich anrechenbarer Verkaufspositionen) (negativer Betrag)		56 (d), 59, 79, 475 (4)	
41	Regulatorische Anpassungen des zusätzlichen Kernkapitals in Bezug auf Beträge, die der Vor-CRR-Behandlung und Behandlungen während der Übergangszeit unterliegen, für die Auslaufregelungen gemäß der Verordnung (EU) Nr. 575/2013[1] gelten (d.h. CRR-Restbeträge)			
41a	Vom zusätzlichen Kernkapital in Abzug zu bringende Restbeträge in Bezug auf vom harten Kernkapital in Abzug zu bringende Posten während der Übergangszeit gemäß Artikel 472 der Verordnung (EU) Nr. 575/2013[1]		472, 472 (3)(a), 472 (4), 472 (6), 472 (8) (a), 472 (9), 472 (10) (a), 472 (11) (a)	
	davon Zeile für Zeile aufzuführende Posten, z.B. materielle Zwischenverluste (netto), immaterielle Vermögenswerte, Ausfälle von Rückstellungen für zu erwartende Verluste usw.			
41b	Vom zusätzlichen Kernkapital in Abzug zu bringende Restbeträge in Bezug auf vom Ergänzungskapital in Abzug zu bringende Posten während der Übergangszeit gemäß Artikel 475 der Verordnung (EU) Nr. 575/2013[1]		477, 477 (3), 477 (4) (a)	
	davon Zeile für Zeile aufzuführende Posten, z.B. Überkreuzbeteiligungen an Instrumenten des Ergänzungskapitals, direkte Positionen nicht wesentlicher Beteiligungen am Kapital anderer Unternehmen der Finanzbranche usw.			
41c	Vom zusätzlichen Kernkapital in Abzug zu bringender oder hinzuzurechnender Betrag in Bezug auf zusätzliche Abzugs- und Korrekturposten und gemäß der Vor-CRR-Behandlung erforderliche Abzüge		467, 468, 481	
	davon: … mögliche Abzugs- und Korrekturposten für nicht realisierte Verluste		467	
	davon: … mögliche Abzugs- und Korrekturposten für nicht realisierte Gewinnes		468	
	davon: …		481	
42	Betrag der von den Posten des Ergänzungskapitals in Abzug zu bringenden Posten, der das Ergänzungskapital des Instituts überschreitet (negativer Betrag)		56 (e)	
43	**Regulatorische Anpassungen des zusätzlichen Kernkapitals (AT1) insgesamt**			
44	**Zusätzliches Kernkapital (AT1)**			

[1] Nr. **6**.

45	**Kernkapital (T1 = CET1 + AT1)**			
Ergänzungskapital (T2): Instrumente und Rücklagen				
46	Kapitalinstrumente und das mit ihnen verbundene Agio		62, 63	
47	Betrag der Posten im Sinne von Artikel 484 Absatz 5 zuzüglich des mit ihnen verbundenen Agios, dessen Anrechnung auf das T2 ausläuft		486 (4)	
	Staatliche Kapitalzuführungen mit Bestandsschutz bis 1. Januar 2018		483 (4)	
48	Zum konsolidierten Ergänzungskapital zählende qualifizierte Eigenmittelinstrumente (einschließlich nicht in den Zeilen 5 bzw. 34 enthaltener Minderheitsbeteiligungen und AT1-Instrumente), die von Tochterunternehmen begeben worden sind und von Drittparteien gehalten werden		87, 88, 480	
49	davon: von Tochterunternehmen begebene Instrumente, deren Anrechnung ausläuft		486 (4)	
50	Kreditrisikoanpassungen		62 (c) und (d)	
51	**Ergänzungskapital (T2) vor regulatorischen Anpassungen**			
Ergänzungskapital (T2): regulatorische Anpassungen				
52	Direkte und indirekte Positionen eines Instituts in eigenen Instrumenten des Ergänzungskapitals und nachrangigen Darlehen (negativer Betrag)		63 (b) (i), 66 (a), 67, 477 (2)	
53	Positionen in Instrumenten des Ergänzungskapitals und nachrangigen Darlehen von Unternehmen der Finanzbranche, die eine Überkreuzbeteiligung mit dem Institut eingegangen sind, die dem Ziel dient, dessen Eigenmittel künstlich zu erhöhen (negativer Betrag)		66 (b), 68, 477 (3)	
54	Direkte und indirekte Positionen des Instituts in Instrumenten des Ergänzungskapitals und nachrangigen Darlehen von Unternehmen der Finanzbranche, an denen das Institut keine wesentliche Beteiligung hält (mehr als 10 % und abzüglich anrechenbarer Verkaufspositionen) (negativer Betrag)		66 (c), 69, 70, 79, 477 (4)	
54a	davon: neue Positionen, die keinen Übergangsbestimmungen unterliegen			
54b	davon: Positionen, die vor dem 1. Januar 2013 bestanden und Übergangsbestimmungen unterliegen			
55	Direkte und indirekte Positionen des Instituts in Instrumenten des Ergänzungskapitals und nachrangigen Darlehen von Unternehmen der Finanzbranche, an denen das Institut eine wesentliche Beteiligung hält (abzüglich anrechenbarer Verkaufspositionen) (negativer Betrag)		66 (d), 69, 79, 477 (4)	
56	Regulatorische Anpassungen des Ergänzungskapitals in Bezug auf Beträge, die der Vor-CRR-Behandlung und Behandlungen während der Übergangszeit unterliegen, für die Auslaufregelungen gemäß der Verordnung (EU) Nr. 575/2013[1] gelten (d.h. CRR-Restbeträge)			

[1] Nr. **6**.

56a	Vom Ergänzungskapital in Abzug zu bringende Restbeträge in Bezug auf vom harten Kernkapital in Abzug zu bringende Posten während der Übergangszeit gemäß Artikel 472 der Verordnung (EU) Nr. 575/2013[1)]		472, 472 (3)(a), 472 (4), 472 (6), 472 (8) (a), 472 (9), 472 (10) (a), 472 (11) (a)	
	davon Zeile für Zeile aufzuführende Posten, z.B. materielle Zwischenverluste (netto), immaterielle Vermögenswerte, Ausfälle von Rückstellungen für zu erwartende Verluste usw.			
56b	Vom Ergänzungskapital in Abzug zu bringende Restbeträge in Bezug auf vom zusätzlichen Kernkapital in Abzug zu bringende Posten während der Übergangszeit gemäß Artikel 475 der Verordnung (EU) Nr. 575/2013[1)]		475, 475 (2) (a), 475 (3), 475 (4) (a)	
	davon Zeile für Zeile aufzuführende Posten, z.B. Überkreuzbeteiligungen an Instrumenten des zusätzlichen Kernkapitals, direkte Positionen nicht wesentlicher Beteiligungen am Kapital anderer Unternehmen der Finanzbranche usw.			
56c	Vom Ergänzungskapital in Abzug zu bringender oder hinzuzurechnender Betrag in Bezug auf zusätzliche Abzugs- und Korrekturposten und gemäß der Vor-CRR-Behandlung erforderliche Abzüge		467, 468, 481	
	davon: … mögliche Abzugs- und Korrekturposten für nicht realisierte Verluste		467	
	davon: … möglicher Abzugs- und Korrekturposten für nicht realisierte Gewinne		468	
	davon: …		481	
57	**Regulatorische Anpassungen des Ergänzungskapitals (T2) insgesamt**			
58	**Ergänzungskapital (T2)**			
59	**Eigenkapital insgesamt (TC = T1 + T2)**			
59a	Risikogewichtete Aktiva in Bezug auf Beträge, die der Vor-CRR-Behandlung und Behandlungen während der Übergangszeit unterliegen, für die Auslaufregelungen gemäß der Verordnung (EU) Nr. 575/2013[1)] gelten (d.h. CRR-Restbeträge)			
	davon: … nicht vom harten Kernkapital in Abzug zu bringende Posten (Verordnung (EU) Nr. 575/2013, Restbeträge) (Zeile für Zeile aufzuführende Posten, z.B. von der künftigen Rentabilität abhängige latente Steueransprüche, verringert um entsprechende Steuerschulden, indirekte Positionen in eigenen Instrumenten des harten Kernkapitals usw.)		472, 472 (5), 472 (8) (b), 472 (10) (b), 472 (11) (b)	
	davon: … nicht von Posten des zusätzlichen Kernkapitals in Abzug zu bringende Posten (Verordnung (EU) Nr. 575/2013, Restbeträge) (Zeile für Zeile aufzuführende Posten, z.B. Überkreuzbeteiligungen an Instrumenten des Ergänzungskapitals, direkte Positionen nicht wesentlicher Beteiligungen am Kapital anderer Unternehmen der Finanzbranche usw.)		475, 475 (2) (b), 475 (2) (c), 475 (4) (b)	
	davon: … nicht von Posten des Ergänzungskapitals in Abzug zu bringende Posten (Verordnung (EU) Nr. 575/2013, Restbeträge)		477, 477 (2) (b), 477 (2) (c), 477 (4) (b)	

[1)] Nr. **6**.

	(Zeile für Zeile aufzuführende Posten, z.B. indirekte Positionen in Instrumenten des eigenen Ergänzungskapitals, indirekte Positionen nicht wesentlicher Beteiligungen am Kapital anderer Unternehmen der Finanzbranche, indirekte Positionen wesentlicher Beteiligungen am Kapital anderer Unternehmen der Finanzbranche usw.)			
60	**Risikogewichtete Aktiva insgesamt**			
Eigenkapitalquoten und -puffer				
61	Harte Kernkapitalquote (ausgedrückt als Prozentsatz des Gesamtforderungsbetrags)		92 (2) (a), 465	
62	Kernkapitalquote (ausgedrückt als Prozentsatz des Gesamtforderungsbetrags)		92 (2) (b), 465	
63	Gesamtkapitalquote (ausgedrückt als Prozentsatz des Gesamtforderungsbetrags)		92 (2) (c)	
64	Institutsspezifische Anforderung an Kapitalpuffer (Mindestanforderung an die harte Kernkapitalquote nach Artikel 92 Absatz 1 Buchstabe a, zuzüglich der Anforderungen an Kapitalerhaltungspuffer und antizyklische Kapitalpuffer, Systemrisikopuffer und Puffer für systemrelevante Institute (G-SRI oder A-SRI), ausgedrückt als Prozentsatz des Gesamtforderungsbetrags)		CRD 128, 129, 130	
65	davon: Kapitalerhaltungspuffer			
66	davon: antizyklischer Kapitalpuffer			
67	davon: Systemrisikopuffer			
67a	davon: Puffer für global systemrelevante Institute (G-SRI) oder andere systemrelevante Institute (A-SRI)		CRD 131	
68	Verfügbares hartes Kernkapital für die Puffer (ausgedrückt als Prozentsatz des Gesamtforderungsbetrags)		CRD 128	
69	[in EU-Verordnung nicht relevant]			
70	[in EU-Verordnung nicht relevant]			
71	[in EU-Verordnung nicht relevant]			
Eigenkapitalquoten und -puffer				
72	Direkte und indirekte Positionen des Instituts in Kapitalinstrumenten von Unternehmen der Finanzbranche, an denen das Institut keine wesentliche Beteiligung hält (weniger als 10 % und abzüglich anrechenbarer Verkaufspositionen)		36 (1) (h), 45, 46, 472 (10), 56 (c), 59, 60, 475 (4), 66 (C), 69, 70, 477 (4),	
73	Direkte und indirekte Positionen des Instituts in Instrumenten des harten Kernkapitals von Unternehmen der Finanzbranche, an denen das Institut eine wesentliche Beteiligung hält (weniger als 10 % und abzüglich anrechenbarer Verkaufspositionen)		36 (1) (i), 45, 48, 470, 472 (11)	
74	In der EU: leeres Feld			
75	Von der künftigen Rentabilität abhängige latente Steueransprüche, die aus temporären Differenzen resultieren (unter dem Schwellenwert von 10 %, verringert um entsprechende Steuerschulden, wenn die Bedingungen von Artikel 38 Absatz 3 erfüllt sind)		36 (1) (c), 38, 48, 470, 472 (5)	

Anwendbare Obergrenzen für die Einbeziehung von Wertberichtigungen in das Ergänzungskapital				
76	Auf das Ergänzungskapital anrechenbare Kreditrisikoanpassungen in Bezug auf Forderungen, für die der Standardansatz gilt (vor Anwendung der Obergrenze)		62	
77	Obergrenze für die Anrechnung von Kreditrisikoanpassungen auf das Ergänzungskapital im Rahmen des Standardansatzes		62	
78	Auf das Ergänzungskapital anrechenbare Kreditrisikoanpassungen in Bezug auf Forderungen, für die der auf internen Beurteilungen basierende Ansatz gilt (vor Anwendung der Obergrenze)		62	
79	Obergrenze für die Anrechnung von Kreditrisikoanpassungen auf das Ergänzungskapital im Rahmen des auf internen Beurteilungen basierenden Ansatzes		62	
Eigenkapitalinstrumente, für die die Auslaufregelungen gelten (anwendbar nur vom 1. Januar 2013 bis 1. Januar 2022)				
80	Derzeitige Obergrenze für CET1-Instrumente, für die die Auslaufregelungen gelten		484 (3), 486 (2) und (5)	
81	Wegen Obergrenze aus CET1 ausgeschlossener Betrag (Betrag über Obergrenze nach Tilgungen und Fälligkeiten)		484 (3), 486 (2) und (5)	
82	Derzeitige Obergrenze für AT1-Instrumente, für die die Auslaufregelungen gelten		484 (4), 486 (3) und (5)	
83	Wegen Obergrenze aus AT1 ausgeschlossener Betrag (Betrag über Obergrenze nach Tilgungen und Fälligkeiten)		484 (4), 486 (3) und (5)	
84	Derzeitige Obergrenze für T2-Instrumente, für die die Auslaufregelungen gelten		484 (5), 486 (4) und (5)	
85	Wegen Obergrenze aus T2 ausgeschlossener Betrag (Betrag über Obergrenze nach Tilgungen und Fälligkeiten)		484 (5), 486 (4) und (5)	

Anhang VII.
Hinweise zum Ausfüllen des Musters für die Offenlegung der Eigenmittel während der Übergangszeit

(1) In Spalte (A) „Betrag am Tag der Offenlegung" des Musters geben die Institute den Betrag an, der mit dem Posten in der betreffenden Zeile verbunden ist, für den in Spalte (B) „Verweis auf Artikel in der CRR" die anwendbaren Vorschriften angegeben sind („CRR" steht für die Verordnung (EU) Nr. 575/2013[1]). Die in Spalte (A) angegebenen Beträge spiegeln die Position der Institute in aufsichtsrechtlichen Eigenmitteln am Tag der Offenlegung während der Übergangszeit und ohne regulatorische Anpassungen, die bis zum Tag der Offenlegung vorgenommen wurden, wider.

(2) In den sichtbaren Zellen der Spalte (C) „Beträge, die der Vor-CRR-Behandlung unterliegen oder vorgeschriebener Restbetrag gemäß CRR" geben die Institute den Betrag an, der mit dem Posten in der betreffenden Zeile verbunden ist, für den in Spalte (B) „Verweis auf Artikel in der CRR" die anwendbaren Vorschriften angegeben sind („CRR" steht für die Verordnung (EU) Nr. 575/2013[1]). Die angegebenen Beträge spiegeln den Restbetrag der regulatorischen Anpassung wider, die i) nach den nationalen Umsetzungsmaßnahmen weiter auf einen Teil der aufsichtsrechtlichen Eigenmittel angewandt wird, der nicht dem Teil entspricht, der nach der Übergangszeit einer Anpassung unterliegt, oder ii) nicht anderweitig zum Tag der Offenlegung in Abzug gebracht wird.

---

[1] Nr. **6**.

(3) Abweichend von Absatz 2 geben die Institute für die Zeilen 26a, 26b, 41a bis 41c, 56a bis 56c, 59a und alle Zeilen, die sich von diesen ableiten, in Spalte (A) den Restbetrag der regulatorischen Anpassungen im Sinne von Absatz 3 an, die in der Berechnung des harten Kernkapitals, zusätzlichen Kernkapitals, Ergänzungskapitals bzw. Eigenkapitals insgesamt enthalten sind.

(4) Für zum beizulegenden Zeitwert nach Artikel 467 und 468 der Verordnung (EU) Nr. 575/2013[1] angesetzte, nicht realisierte Verluste und Gewinne geben die Institute den nach den Artikeln 467 und 468 vom harten Kernkapital ausgeschlossenen Betrag in Zeile 26a Spalte (A) an. Die Institute fügen unter dieser Zeile zusätzliche Zeilen ein, um die Art der Vermögenswerte oder Verbindlichkeiten wie Eigenkapital- oder Schuldinstrumente zu spezifizieren, für die die nicht realisierten Verluste oder Gewinne vom harten Kernkapital ausgeschlossen sind.

(5) Für Abzüge von Posten des harten Kernkapitals nach Artikel 469 der Verordnung (EU) Nr. 575/2013[1] geben die Institute in den mit den in Abzug zu bringenden Posten verbundenen Zeilen in Spalte (A) die in Abzug zu bringenden Beträge und in Spalte (C) die Restbeträge an. Die nach Artikel 472 der Verordnung (EU) Nr. 575/2013[1] in Abzug zu bringenden Restbeträge werden auch in Zeile 41a (und im Folgenden) für den vom zusätzlichen Kernkapital abzuziehenden Betrag und in Zeile 56a für den vom Ergänzungskapital abzuziehenden Betrag angegeben. Die Institute fügen unter den Zeilen 41a und 56a zusätzliche Zeilen ein, um die dieser Behandlung unterliegenden einschlägigen Posten zu spezifizieren.

(6) Für Abzüge von Posten des zusätzlichen Kernkapitals nach Artikel 474 der Verordnung (EU) Nr. 575/2013[1] geben die Institute in den mit den in Abzug zu bringenden Posten verbundenen Zeilen in Spalte (A) die in Abzug zu bringenden Beträge und in Spalte (C) die Restbeträge an. Die nach Artikel 475 der Verordnung (EU) Nr. 575/2013[1] in Abzug zu bringenden Restbeträge werden auch in Zeile 56b für den vom Ergänzungskapital abzuziehenden Betrag angegeben. Die Institute fügen unter Zeile 56b zusätzliche Zeilen ein, um die dieser Behandlung unterliegenden einschlägigen Posten zu spezifizieren.

(7) Für Abzüge von Posten des Ergänzungskapitals nach Artikel 476 der Verordnung (EU) Nr. 575/2013[1] geben die Institute in den mit den in Abzug zu bringenden Posten verbundenen Zeilen in Spalte (A) die in Abzug zu bringenden Beträge und in Spalte (C) die Restbeträge an. Die nach Artikel 477 der Verordnung (EU) Nr. 575/2013[1] in Abzug zu bringenden Restbeträge werden auch in Zeile 41c für den vom zusätzlichen Kernkapital abzuziehenden Betrag angegeben. Die Institute fügen unter Zeile 41c zusätzliche Zeilen ein, um die dieser Behandlung unterliegenden einschlägigen Posten zu spezifizieren.

(8) Für Minderheitsbeteiligungen geben die Institute in Zeile 5 in Spalte (A) die Summe von Minderheitsbeteiligungen an, die nach Teil 2 Titel II der Verordnung (EU) Nr. 575/2013[1] zum harten Kernkapital zählen, sowie Minderheitsbeteiligungen, die zu den konsolidierten Rücklagen nach den Artikeln 479 und 480 der Verordnung (EU) Nr. 575/2013[1] zählen. Die Institute geben in Zeile 5 in Spalte (C) außerdem die Minderheitsbeteiligungen an, die zu den konsolidierten Rücklagen nach den Artikeln 479 und 480 der Verordnung (EU) Nr. 575/2013[1] zählen würden.

(9) Für Abzugs- und Korrekturposten und Abzüge nach Artikel 481 der Verordnung (EU) Nr. 575/2013[1] geben die Institute in den Zeilen 26b, 41c bzw. 56c in Spalte (A) den Betrag der Anpassung an, der im harten Kernkapital, Kernkapital und Ergänzungskapital zu berücksichtigen oder davon in Abzug zu bringen ist. Die Institute fügen unter den Zeilen 26b, 41c und 56c zusätzliche Zeilen ein, um die dieser Behandlung unterliegenden einschlägigen Posten zu spezifizieren.

(10) Restbeträge im Zusammenhang mit Abzügen vom harten Kernkapital, zusätzlichen Kernkapital und Ergänzungskapital, die nach den Artikeln 470, 472, 475 und 477 der Verordnung (EU) Nr. 575/2013[1] risikogewichtet werden, werden in Zeile 59a Spalte (A) angegeben. Bei dem angegebenen Betrag handelt es sich um den risikogewichteten Betrag.

---

[1] Nr. **6**.

7. Gesetz über die Bundesanstalt für Finanzdienstleistungsaufsicht (Finanzdienstleistungsaufsichtsgesetz – FinDAG) [1)2)]

Vom 22. April 2002

(BGBl. I S. 1310)

FNA 7610-15

zuletzt geänd. durch Art. 6 G zur Umsetzung der ÄndRL zur Vierten EU-GeldwäscheRL v. 12.12. 2019 (BGBl. I S. 2602)

Inhaltsübersicht

[1)] Verkündet als Art. 1 G über die integrierte Finanzdienstleistungsaufsicht v. 22.4.2002 (BGBl. I S. 1310); Inkrafttreten gem. Art. 22 dieses G am 26.4.2002.

[2)] Die Änderungen durch Art. 4 Abs. 76 G v. 18.7.2016 (BGBl. I S. 1666) treten erst **mWv 1.10. 2021** in Kraft und sind insoweit im Text noch nicht berücksichtigt.

Erster Abschnitt. Errichtung, Aufsicht, Aufgaben

§ 1 Errichtung. (1) [1] Im Geschäftsbereich des Bundesministeriums der Finanzen wird durch Zusammenlegung des Bundesaufsichtsamtes für das Kreditwesen, des Bundesaufsichtsamtes für das Versicherungswesen und des Bundesaufsichtsamtes für den Wertpapierhandel eine bundesunmittelbare, rechtsfähige Anstalt des öffentlichen Rechts zum 1. Mai 2002 errichtet. [2] Sie trägt die Bezeichnung „Bundesanstalt für Finanzdienstleistungsaufsicht" (Bundesanstalt).

(2) Die Bundesanstalt hat ihren Sitz in Bonn und in Frankfurt am Main.

(3) [1] Für Klagen gegen die Bundesanstalt gilt Frankfurt am Main als Sitz der Behörde. [2] In Verfahren nach dem Gesetz über Ordnungswidrigkeiten gilt Frankfurt am Main als Sitz der Verwaltungsbehörde. [3] Satz 1 ist auf Klagen aus dem Beamtenverhältnis und auf Rechtsstreitigkeiten, für die die Gerichte für Arbeitssachen zuständig sind, nicht anzuwenden.

(4) Die Bundesanstalt ist in Verfahren vor den ordentlichen Gerichten von der Zahlung der Gerichtskosten befreit.

§ 2 Rechts- und Fachaufsicht. Die Bundesanstalt untersteht der Rechts- und Fachaufsicht des Bundesministeriums der Finanzen (Bundesministerium).

§ 3 *(aufgehoben)*

§ 4 Aufgaben und Zusammenarbeit. (1) [1]Die Bundesanstalt übernimmt die dem Bundesaufsichtsamt für das Kreditwesen, dem Bundesaufsichtsamt für das Versicherungswesen und dem Bundesaufsichtsamt für den Wertpapierhandel übertragenen Aufgaben. [2]Sie nimmt darüber hinaus die ihr nach anderen Bestimmungen übertragenen Aufgaben einschließlich der Beratungstätigkeit im Zusammenhang mit dem Aufbau und der Unterstützung ausländischer Aufsichtssysteme wahr. [3]Die Bundesanstalt wird im Wege der Organleihe für das Bundesministerium der Finanzen im Rahmen der ihm nach den Vorschriften der Anstaltssatzung obliegenden Aufsicht über die Versorgungsanstalt des Bundes und der Länder tätig. [4]Das Nähere einschließlich des Beginns der Organleihe wird im Einvernehmen mit dem Bundesministerium des Innern in einer Verwaltungsvereinbarung zwischen dem Bundesministerium der Finanzen und der Bundesanstalt geregelt. [5]Die Bundesanstalt nimmt außerdem die Aufgaben der Abwicklungsbehörde nach § 3 Absatz 1 des Sanierungs- und Abwicklungsgesetzes[1)] sowie die ihr auf Grundlage des Restrukturierungsfondsgesetzes[2)] übertragenen Aufgaben wahr.

(1a) [1]Die Bundesanstalt ist innerhalb ihres gesetzlichen Auftrags auch dem Schutz der kollektiven Verbraucherinteressen verpflichtet. [2]Unbeschadet weiterer Befugnisse nach anderen Gesetzen kann die Bundesanstalt gegenüber den Instituten und anderen Unternehmen, die nach dem Kreditwesengesetz[3)], dem Zahlungsdiensteaufsichtsgesetz[4)], dem Versicherungsaufsichtsgesetz, dem Wertpapierhandelsgesetz, dem Kapitalanlagegesetzbuch sowie nach anderen Gesetzen beaufsichtigt werden, alle Anordnungen treffen, die geeignet und erforderlich sind, um verbraucherschutzrelevante Missstände zu verhindern oder zu beseitigen, wenn eine generelle Klärung im Interesse des Verbraucherschutzes geboten erscheint. [3]Ein Missstand im Sinne des Satzes 2 ist ein erheblicher, dauerhafter oder wiederholter Verstoß gegen ein Verbraucherschutzgesetz, der nach seiner Art oder seinem Umfang die Interessen nicht nur einzelner Verbraucherinnen oder Verbraucher gefährden kann oder beeinträchtigt.

(2) Die Bundesanstalt arbeitet mit anderen Stellen und Personen im In- und Ausland nach Maßgabe der in Absatz 1 genannten Gesetze und Bestimmungen sowie nach Maßgabe

1. der Verordnung (EU) Nr. 1092/2010 des Europäischen Parlaments und des Rates vom 24. November 2010 über die Finanzaufsicht der Europäischen Union auf Makroebene und zur Errichtung eines Europäischen Ausschusses für Systemrisiken (ABl. L 331 vom 15.12.2010, S. 1),
2. der Verordnung (EU) Nr. 1093/2010 des Europäischen Parlaments und des Rates vom 24. November 2010 zur Errichtung einer Europäischen Aufsichtsbehörde (Europäische Bankenaufsichtsbehörde), zur Änderung des Beschlusses Nr. 716/2009/EG und zur Aufhebung des Beschlusses 2009/78/EG der Kommission (ABl. L 331 vom 15.12.2010, S. 12),
3. der Verordnung (EU) Nr. 1094/2010 des Europäischen Parlaments und des Rates vom 24. November 2010 zur Errichtung einer Europäischen Aufsichtsbehörde (Europäische Aufsichtsbehörde für das Versicherungswesen und die betriebliche Altersversorgung), zur Änderung des Beschlusses

---

1) Nr. **22**.
2) Nr. **21**.
3) Nr. **8**.
4) Nr. **10**.

Nr. 716/2009/EG und zur Aufhebung des Beschlusses 2009/79/EG der Kommission (ABl. L 331 vom 15.12.2010, S. 48) und

4. der Verordnung (EU) Nr. 1095/2010 des Europäischen Parlaments und des Rates vom 24. November 2010 zur Errichtung einer Europäischen Aufsichtsbehörde (Europäische Wertpapier- und Marktaufsichtsbehörde), zur Änderung des Beschlusses Nr. 716/2009/EG und zur Aufhebung des Beschlusses 2009/77/EG der Kommission (ABl. L 331 vom 15.12.2010, S. 84)

zusammen.

(3) Bei der Durchführung ihrer Aufgaben kann sich die Bundesanstalt anderer Personen und Einrichtungen bedienen.

(4) Die Bundesanstalt nimmt ihre Aufgaben und Befugnisse nur im öffentlichen Interesse wahr.

§ 4a Meinungsverschiedenheiten bei der laufenden Überwachung.
[1] Meinungsverschiedenheiten von erheblicher Bedeutung zwischen der Bundesanstalt und der Deutschen Bundesbank im Rahmen der laufenden Überwachung nach dem Kreditwesengesetz[1] und dem Zahlungsdiensteaufsichtsgesetz[2] sollen einvernehmlich beigelegt werden. [2] Kann ein Einvernehmen nicht hergestellt werden, entscheidet das Bundesministerium im Benehmen mit der Deutschen Bundesbank.

§ 4b Beschwerden. (1) Kunden von solchen Instituten und Unternehmen, die der Aufsicht der Bundesanstalt unterliegen, und qualifizierte Einrichtungen nach § 3 Absatz 1 Satz 1 Nummer 1 des Unterlassungsklagengesetzes können wegen behaupteter Verstöße gegen Bestimmungen, deren Einhaltung die Bundesanstalt überwacht, Beschwerde bei der Bundesanstalt einlegen, sofern im jeweiligen Aufsichtsgesetz kein spezielles Beschwerdeverfahren vorgesehen ist.

(2) Die Beschwerden sind in Schrift- oder Textform bei der Bundesanstalt einzulegen und sollen den Sachverhalt sowie den Beschwerdegrund enthalten.

(3) [1] Die Bundesanstalt hat gegenüber dem Beschwerdeführer in angemessener Frist zu der Beschwerde unter Beachtung des § 11 Stellung zu nehmen. [2] Bei geeigneten Beschwerden kann die Bundesanstalt auf Möglichkeiten zur außergerichtlichen Streitbeilegung hinweisen.

(4) Die Bundesanstalt kann bei Beschwerden im Rahmen der bestehenden aufsichtsrechtlichen Auskunftsansprüche das von der Beschwerde betroffene Institut oder Unternehmen zur Stellungnahme auffordern und dieses um Mitteilung bitten, ob es mit der Übermittlung der Stellungnahme oder von Teilen der Stellungnahme an den Beschwerdeführer einverstanden ist.

§ 4c Aktenvorlage und Auskunftspflicht in verwaltungsgerichtlichen Verfahren. Für die Vorlage von Urkunden oder Akten, die Übermittlung elektronischer Dokumente oder die Erteilung von Auskünften durch die Bundesanstalt in verwaltungsgerichtlichen Verfahren ist § 99 der Verwaltungsgerichtsordnung mit der Maßgabe anzuwenden, dass an die Stelle der obersten Aufsichtsbehörde die Bundesanstalt tritt.

---

[1] Nr. **8**.
[2] Nr. **10**.

§ 4d Meldung von Verstößen; Verordnungsermächtigung. (1) [1]Die Bundesanstalt errichtet ein System zur Annahme von Meldungen über potentielle oder tatsächliche Verstöße gegen Gesetze, Rechtsverordnungen, Allgemeinverfügungen und sonstige Vorschriften sowie Verordnungen und Richtlinien der Europäischen Union, bei denen es die Aufgabe der Bundesanstalt ist, deren Einhaltung durch die von ihr beaufsichtigten Unternehmen und Personen sicherzustellen oder Verstöße dagegen zu ahnden. [2]Die Meldungen können auch anonym abgegeben werden.

(2) *(aufgehoben)*

(3) [1]Die Bundesanstalt macht die Identität einer Person, die eine Meldung erstattet hat, nicht bekannt, ohne zuvor die ausdrückliche Einwilligung dieser Person eingeholt zu haben. [2]Ferner gibt die Bundesanstalt die Identität einer Person, die Gegenstand einer Meldung ist, nicht preis. [3]Die Sätze 1 und 2 gelten nicht, wenn eine Weitergabe der Information im Kontext weiterer Ermittlungen oder nachfolgender Verwaltungs- oder Gerichtsverfahren auf Grund eines Gesetzes erforderlich ist oder wenn die Offenlegung durch einen Gerichtsbeschluss oder in einem Gerichtsverfahren angeordnet wird.

(4) [1]Die Bundesanstalt berichtet in ihrem Jahresbericht in abgekürzter oder zusammengefasster Form über die eingegangenen Meldungen. [2]Der Bericht lässt keine Rückschlüsse auf die beteiligten Personen oder Unternehmen zu.

(5) Das Informationsfreiheitsgesetz findet auf die Vorgänge nach dem Hinweisgeberverfahren keine Anwendung.

(6) Mitarbeiter, die bei Unternehmen und Personen beschäftigt sind, die von der Bundesanstalt beaufsichtigt werden, oder bei anderen Unternehmen oder Personen beschäftigt sind, auf die Tätigkeiten von beaufsichtigten Unternehmen oder Personen ausgelagert wurden, und die eine Meldung nach Absatz 1 abgeben, dürfen wegen dieser Meldung weder nach arbeitsrechtlichen oder strafrechtlichen Vorschriften verantwortlich gemacht noch zum Ersatz von Schäden herangezogen werden, es sei denn, die Meldung ist vorsätzlich oder grob fahrlässig unwahr abgegeben worden.

(7) [1]Die Berechtigung zur Abgabe von Meldungen nach Absatz 1 durch Mitarbeiter, die bei Unternehmen und Personen beschäftigt sind, die von der Bundesanstalt beaufsichtigt werden oder bei anderen Unternehmen oder Personen beschäftigt sind, auf die Tätigkeiten von beaufsichtigten Unternehmen oder Personen ausgelagert wurden, darf vertraglich nicht eingeschränkt werden. [2]Entgegenstehende Vereinbarungen sind unwirksam.

(8) Die Rechte einer Person, die Gegenstand einer Meldung ist, insbesondere die Rechte nach den §§ 28 und 29 des Verwaltungsverfahrensgesetzes, nach den §§ 68 bis 71 der Verwaltungsgerichtsordnung und nach den §§ 137, 140, 141 und 147 der Strafprozessordnung werden durch die Einrichtung des Systems zur Meldung von Verstößen nach Absatz 1 nicht eingeschränkt.

(9) [1]Das Bundesministerium der Finanzen kann durch Rechtsverordnung, die nicht der Zustimmung des Bundesrates bedarf, nähere Bestimmungen über Inhalt, Art, Umfang und Form der Meldung von Verstößen gegen Vorschriften der Verordnung (EU) Nr. 596/2014 des Europäischen Parlaments und des Rates vom 16. April 2014 über Marktmissbrauch (Marktmissbrauchsverordnung) und zur Aufhebung der Richtlinie 2003/6/EG des Europäischen Parlaments und des Rates und der Richtlinien 2003/124/EG, 2003/125/EG und 2004/72/EG der Kommission (ABl. L 173 vom 12.6.2014, S. 1) sowie gegen

sonstige Gesetze, Rechtsverordnungen, Allgemeinverfügungen und sonstige Vorschriften sowie Verordnungen und Richtlinien der Europäischen Union nach Absatz 1, zur Konkretisierung des auf Grundlage von Artikel 32 Absatz 5 der Verordnung (EU) Nr. 596/2014 erlassenen Durchführungsrechtsakts der Europäischen Kommission erlassen. [2]Das Bundesministerium der Finanzen kann die Ermächtigung durch Rechtsverordnung auf die Bundesanstalt übertragen.

§ 4e Vorschriften über die Verarbeitung personenbezogener Daten.

(1) [1]Die Bundesanstalt ist befugt, personenbezogene Daten zu verarbeiteten, soweit dies zur Erfüllung ihrer gesetzlichen Aufgaben erforderlich ist. [2]Verarbeitet die Bundesanstalt im Zuge einer aufsichtsrechtlichen Maßnahme im Rahmen ihrer gesetzlichen Zuständigkeit nach den maßgeblichen Aufsichtsgesetzen personenbezogene Daten, stehen den betroffenen Personen die Rechte nach den Artikeln 15 bis 18 und 20 bis 22 der Verordnung (EU) 2016/679 des Europäischen Parlaments und des Rates vom 27. April 2016 zum Schutz natürlicher Personen bei der Verarbeitung personenbezogener Daten, zum freien Datenverkehr und zur Aufhebung der Richtlinie 95/46/EG (Datenschutz-Grundverordnung) (ABl. L 119 vom 4.5.2016, S. 1; L 314 vom 22.11. 2016, S. 72; L 127 vom 23.5.2018, S. 2) in der jeweils geltenden Fassung nicht zu, soweit die Erfüllung dieser Rechte der betroffenen Personen Folgendes gefährden würde:

1. die Stabilität und Integrität der Finanzmärkte der Bundesrepublik Deutschland oder eines oder mehrerer Mitgliedstaaten des Europäischen Wirtschaftsraums,
2. den Zweck der Maßnahme,
3. ein sonstiges wichtiges Ziel des allgemeinen öffentlichen Interesses der Bundesrepublik Deutschland oder eines oder mehrerer Mitgliedstaaten des Europäischen Wirtschaftsraums, insbesondere ein wichtiges wirtschaftliches oder finanzielles Interesse, oder
4. die Verhütung, Ermittlung, Aufdeckung oder Verfolgung von Straftaten oder die Strafvollstreckung, einschließlich des Schutzes vor und der Abwehr von Gefahren für die öffentliche Sicherheit.

[3]Unter diesen Voraussetzungen ist die Bundesanstalt auch von den Pflichten nach den Artikeln 5, 12 bis 14, 19 und 34 der Verordnung (EU) 2016/679 befreit. [4]Die Sätze 2 und 3 gelten entsprechend für Personen und Einrichtungen, derer sich die Bundesanstalt bei der Durchführung ihrer Aufgaben bedient, sowie für die Deutsche Bundesbank. [5]§ 4 Absatz 3 bis 5 des Sanierungs- und Abwicklungsgesetzes[1)] bleibt unberührt.

(2) Die jeweils betroffene Person ist über das Ende der Beschränkung in geeigneter Form zu unterrichten, sofern dies nicht dem Zweck der Beschränkung abträglich ist.

(3) [1]Wird der betroffenen Person in den Fällen des Absatzes 1 Satz 2 bis 4 keine Auskunft erteilt, so ist auf ihr Verlangen dem Bundesbeauftragten für den Datenschutz und die Informationsfreiheit die Auskunft zu erteilen, soweit nicht im Einzelfall festgestellt wird, dass dadurch die öffentliche Sicherheit des Bun-

[1)] Nr. **22**.

des oder eines Landes oder die Stabilität und Integrität der Finanzmärkte gefährdet würde. [2]Die Mitteilung der oder des Bundesbeauftragen an die betroffene Person über das Ergebnis der datenschutzrechtlichen Prüfung darf keine Rückschlüsse auf den Erkenntnisstand der Bundesanstalt, der Personen und Einrichtungen, deren sich die Bundesanstalt bei der Durchführung ihrer Aufgaben bedient, sowie der Deutschen Bundesbank zulassen, sofern diese nicht einer weitergehenden Auskunft zustimmen.

(4) Soweit Personen, Institute und Unternehmen personenbezogene Daten für aufsichtsrechtliche Zwecke an die Bundesanstalt, die Personen und Einrichtungen, deren sich die Bundesanstalt bei der Durchführung ihrer Aufgaben bedient, oder die Deutsche Bundesbank übermitteln oder diese von dort von Personen, Instituten und Unternehmen erhoben werden, bestehen die Pflichten dieser Personen, Institute und Unternehmen zur Information der betroffenen Person nach Artikel 13 Absatz 3 und Artikel 14 Absatz 4 der Verordnung (EU) 2016/679 und das Recht auf Auskunft der betroffenen Person nach Artikel 15 der Verordnung (EU) 2016/679 nicht.

Zweiter Abschnitt. Organisation

§ 5 Organe, Satzung. (1) Organe der Bundesanstalt sind das Direktorium, der Präsident oder die Präsidentin und der Verwaltungsrat.

(2) Aufgaben und Befugnisse der Organe bestimmt die Satzung der Bundesanstalt, soweit sie nicht durch dieses Gesetz geregelt sind.

(3) [1]Das Bundesministerium wird ermächtigt, die Satzung der Bundesanstalt durch Rechtsverordnung zu erlassen. [2]Die Satzung kann vom Bundesministerium durch Rechtsverordnung im Benehmen mit dem Verwaltungsrat geändert werden. [3]In die Satzung sind insbesondere Bestimmungen aufzunehmen über
1. den Aufbau und die Organisation der Bundesanstalt,
2. die Rechte und Pflichten der Organe der Bundesanstalt,
3. die Einzelheiten der Bestellung und Abberufung der Mitglieder des Verwaltungsrats und des Anhörungsrechts der Verbände der Kredit- und Versicherungswirtschaft sowie der Kapitalverwaltungsgesellschaften,
4. die Einzelheiten der Bestellung und Abberufung der Mitglieder des Fachbeirats und des Verbraucherbeirats,
5. die Haushaltsführung sowie die Rechnungslegung der Bundesanstalt.

§ 6 Leitung. (1) [1]Die Bundesanstalt wird durch das Direktorium gesamtverantwortlich geleitet und verwaltet. [2]Das Direktorium besteht aus einem Präsidenten oder einer Präsidentin sowie fünf Exekutivdirektoren oder Exekutivdirektorinnen, von denen einer oder eine als Vizepräsident oder Vizepräsidentin ständiger Vertreter oder ständige Vertreterin des Präsidenten oder der Präsidentin ist. [3]Das Direktorium beschließt einstimmig ein Organisationsstatut, welches die Zuständigkeiten und Aufgaben innerhalb des Direktoriums festlegt. [4]Das Organisationsstatut sowie deren Änderungen sind dem Bundesministerium zur Genehmigung vorzulegen.

(2) [1]Das Direktorium berät unter dem Vorsitz des Präsidenten oder der Präsidentin. [2]Es fasst seine Beschlüsse – auch im Falle von Meinungsverschiedenheiten – mit einfacher Mehrheit der abgegebenen Stimmen. [3]Bei Stimmen-

gleichheit gibt die Stimme des Präsidenten oder der Präsidentin den Ausschlag. [4]Das Direktorium regelt die innere Organisation der Bundesanstalt durch eine Geschäftsordnung. [5]Über die Geschäftsordnung und deren Änderungen, die der Genehmigung des Bundesministeriums bedürfen, beschließt das Direktorium einstimmig.

(3) [1]Der Präsident oder die Präsidentin bestimmt die strategische Ausrichtung der Bundesanstalt als Allfinanzaufsicht national und international. [2]Im Rahmen dieser Vorgaben obliegt den Exekutivdirektoren und Exekutivdirektorinnen die Verantwortung für ihren Geschäftsbereich.

(4) Zur Wahrnehmung der gesetzlichen Aufgaben der Bundesanstalt werden fünf Geschäftsbereiche eingerichtet: Innere Verwaltung und Recht, Bankenaufsicht, Versicherungs- und Pensionsfondsaufsicht, Wertpapieraufsicht/Asset-Management sowie Abwicklung.

(5) Der Präsident oder die Präsidentin vertritt die Bundesanstalt gerichtlich und außergerichtlich.

§ 7 Verwaltungsrat. (1) [1]Bei der Bundesanstalt wird ein Verwaltungsrat gebildet. [2]Der Verwaltungsrat überwacht die Geschäftsführung der Bundesanstalt und unterstützt diese bei der Erfüllung ihrer Aufgaben. [3]Der Präsident oder die Präsidentin hat den Verwaltungsrat regelmäßig über die Geschäftsführung der Bundesanstalt zu unterrichten. [4]Die Exekutivdirektoren und Exekutivdirektorinnen haben über ihre Aufgabenbereiche zu berichten.

(2) Der Verwaltungsrat gibt sich eine Geschäftsordnung.

(3) [1]Der Verwaltungsrat besteht aus

1. dem Vorsitzenden, seinem Stellvertreter und einem weiteren Mitglied, die vom Bundesministerium der Finanzen entsandt werden, und
2. folgenden 14 weiteren Mitgliedern:
   a) einem Vertreter des Bundesministeriums für Wirtschaft und Energie,
   b) zwei Vertretern des Bundesministeriums der Justiz und für Verbraucherschutz,
   c) fünf Mitgliedern des Deutschen Bundestages und
   d) sechs Personen mit beruflicher Erfahrung oder besonderen Kenntnissen auf dem Gebiet des Kredit-, Finanzdienstleistungs-, Zahlungsdienste-, Investment-, Versicherungs-, Wertpapier- oder Bilanzwesens, die jedoch nicht der Bundesanstalt angehören dürfen.

[2]Die Deutsche Bundesbank kann mit einem Vertreter ohne Stimmrecht an den Sitzungen des Verwaltungsrats teilnehmen. [3]Das gleiche Teilnahmerecht haben der Vorsitz des Personalrats der Bundesanstalt und seine Stellvertreter.

(4) [1]Die Beschlüsse des Verwaltungsrats erfolgen mit einfacher Mehrheit. [2]Bei Stimmengleichheit entscheidet die Stimme des Vorsitzenden.

(5) [1]Die Mitglieder des Verwaltungsrats werden durch das Bundesministerium bestellt. [2]Für den Fall der Verhinderung des Vorsitzenden, seines Stellvertreters oder des weiteren Mitglieds des Verwaltungsrats nach Absatz 3 Satz 1 Nummer 1 bestellt das Bundesministerium der Finanzen zwei weitere stellvertretende Mitglieder des Verwaltungsrats. [3]Für jedes Mitglied des Verwaltungsrats nach Absatz 3 Satz 1 Nummer 2 Buchstabe a bis c ist für den Fall seiner Verhinderung ein Stellvertreter zu benennen und durch das Bundes-

ministerium zu bestellen. [4]Die Mitglieder des Verwaltungsrats müssen die Voraussetzungen für die Wählbarkeit zum Deutschen Bundestag erfüllen. [5]Vor Bestellung der Mitglieder nach Absatz 3 Satz 1 Nummer 2 Buchstabe d sind die Verbände der Kredit- und Versicherungswirtschaft sowie der Kapitalverwaltungsgesellschaften anzuhören. [6]Für drei dieser Mitglieder können die Verbände namentliche Vorschläge unterbreiten, die die Voraussetzungen des Absatzes 3 Satz 1 Nummer 2 Buchstabe d erfüllen müssen.

(6) [1]Die Abgeordneten des Deutschen Bundestages werden vom Deutschen Bundestag vorgeschlagen und für die Dauer der Wahlperiode des Deutschen Bundestages berufen. [2]Sie bleiben nach Beendigung der Wahlperiode noch so lange im Amt, bis die neuen Mitglieder ernannt worden sind.

(7) [1]Die Wiederberufung ist möglich. [2]Die Mitglieder können durch schriftliche Erklärung gegenüber der Bundesregierung auf ihre Mitgliedschaft verzichten und ihr Amt niederlegen. [3]Eine Abberufung erfolgt, wenn die Voraussetzungen der Berufung nicht mehr gegeben sind oder sonst ein wichtiger Grund in der Person des Mitglieds vorliegt, in diesem Fall jedoch nur nach Anhörung der entsendenden Institution.

(8) [1]Scheidet ein Mitglied aus, so ist unverzüglich an seine Stelle ein neues Mitglied zu berufen. [2]Bis zur Ernennung eines neuen Mitglieds und bei einer vorübergehenden Verhinderung des Mitglieds übernimmt der ernannte Stellvertreter die Aufgaben. [3]Die Absätze 1 bis 8 finden auf die stellvertretenden Mitglieder entsprechende Anwendung.

§ 8 Fachbeirat. (1) [1]Bei der Bundesanstalt wird ein Fachbeirat gebildet. [2]Er berät die Bundesanstalt bei der Erfüllung ihrer Aufgaben. [3]Er kann auch Empfehlungen zur allgemeinen Weiterentwicklung der Aufsichtspraxis einbringen.

(2) [1]Der Fachbeirat besteht aus 24 Mitgliedern. [2]Die Mitglieder des Fachbeirats werden durch das Bundesministerium bestellt. [3]Im Fachbeirat sollen die Finanzwissenschaft, die Kredit- und Versicherungswirtschaft, die Deutsche Bundesbank und die Verbraucherschutzvereinigungen angemessen vertreten sein.

(3) [1]Der Fachbeirat wählt aus seinem Kreis einen Vorsitzenden. [2]Der Fachbeirat gibt sich eine Geschäftsordnung.

§ 8a Verbraucherbeirat. (1) [1]Bei der Bundesanstalt wird ein Verbraucherbeirat gebildet. [2]Er berät die Bundesanstalt aus Verbrauchersicht bei der Erfüllung ihrer Aufsichtsaufgaben.

(2) [1]Der Verbraucherbeirat besteht aus zwölf Mitgliedern. [2]Die Mitglieder des Verbraucherbeirats werden durch das Bundesministerium bestellt. [3]Im Verbraucherbeirat sollen die Wissenschaft, Verbraucher- und Anlegerschutzorganisationen, Mitarbeiter außergerichtlicher Streitschlichtungssysteme sowie das Bundesministerium der Justiz und für Verbraucherschutz angemessen vertreten sein.

(3) [1]Der Verbraucherbeirat wählt aus seinem Kreis einen Vorsitzenden. [2]Der Verbraucherbeirat gibt sich eine Geschäftsordnung.

Dritter Abschnitt. Personal

§ 9 Rechtsstellung der Mitglieder des Direktoriums. (1) [1] Die Mitglieder des Direktoriums stehen in einem öffentlich-rechtlichen Amtsverhältnis zum Bund. [2] Sie müssen besondere fachliche Eignung besitzen und werden auf Vorschlag der Bundesregierung durch den Bundespräsidenten ernannt. [3] Die Mitglieder des Direktoriums werden für acht Jahre, ausnahmsweise auch für kürzere Zeit, mindestens jedoch für fünf Jahre bestellt. [4] Wiederbestellung ist zulässig.

(2) [1] Das Amtsverhältnis der Mitglieder des Direktoriums beginnt mit der Aushändigung der Ernennungsurkunde, wenn nicht in der Urkunde ein späterer Tag bestimmt ist. [2] Es endet mit Ablauf der Amtszeit oder mit der Entlassung. [3] Der Bundespräsident entlässt ein Mitglied des Direktoriums auf dessen Verlangen oder auf Beschluss der Bundesregierung aus wichtigem Grund. [4] Vor der Beschlussfassung der Bundesregierung ist dem Mitglied des Direktoriums Gelegenheit zur Stellungnahme zu geben. [5] Im Falle der Beendigung des Amtsverhältnisses erhält das Mitglied des Direktoriums eine von dem Bundespräsidenten vollzogene Urkunde. [6] Die Entlassung auf Verlangen wird mit der Aushändigung der Urkunde wirksam, wenn in ihr nicht ausdrücklich ein späterer Tag bestimmt ist. [7] Die Entlassung aus wichtigem Grund wird mit dem Vollzug des Beschlusses der Bundesregierung wirksam, wenn sie sie nicht ausdrücklich für einen späteren Tag beschließt.

(3) [1] Die Mitglieder des Direktoriums leisten vor dem Bundesminister der Finanzen folgenden Eid: „Ich schwöre, das Grundgesetz für die Bundesrepublik Deutschland und alle in der Bundesrepublik Deutschland geltenden Gesetze zu wahren und meine Amtspflichten gewissenhaft zu erfüllen, so wahr mir Gott helfe." [2] Der Eid kann auch ohne religiöse Beteuerung geleistet werden.

(4) [1] Die Mitglieder des Direktoriums dürfen ohne Zustimmung des Bundesministeriums der Finanzen neben ihrem Amt kein anderes besoldetes Amt, kein Gewerbe und keinen Beruf ausüben und weder der Leitung eines auf Erwerb gerichteten Unternehmens noch einem Aufsichtsrat, Verwaltungsrat, Beirat oder einem anderen Gremium eines öffentlichen oder privaten Unternehmens, noch einer Regierung oder einer gesetzgebenden Körperschaft des Bundes oder eines Landes angehören. [2] Sie dürfen ohne Zustimmung des Bundesministeriums der Finanzen nicht gegen Entgelt außergerichtliche Gutachten erstellen. [3] Die Zustimmung des Bundesministeriums der Finanzen ist unter den in § 99 Absatz 2 des Bundesbeamtengesetzes genannten Voraussetzungen zu versagen.

(5) [1] Die §§ 67 bis 69 und 71 des Bundesbeamtengesetzes gelten entsprechend. [2] An die Stelle der obersten Dienstbehörde tritt das Bundesministerium der Finanzen.

(6) [1] Im Übrigen werden die Rechtsverhältnisse der Mitglieder des Direktoriums durch Verträge geregelt, die das Bundesministerium der Finanzen mit den Mitgliedern des Direktoriums schließt. [2] Die Verträge bedürfen der Zustimmung der Bundesregierung.

(7) [1] Wird ein Bundesbeamter zum Mitglied des Direktoriums ernannt, scheidet er mit Beginn des Amtsverhältnisses aus dem bisherigen Amt aus. [2] Für die Dauer des Amtsverhältnisses ruhen die Rechte und Pflichten aus dem Beamtenverhältnis. [3] Dies gilt nicht für die Pflicht zur Amtsverschwiegenheit

und das Verbot der Annahme von Belohnungen oder Geschenken. [4]Satz 2 gilt längstens bis zum Eintritt oder bis zur Versetzung in den Ruhestand.

(8) [1]Endet das Amtsverhältnis nach Absatz 1 Satz 1 und wird die oder der Betroffene nicht anschließend in ein anderes öffentlich-rechtliches Amtsverhältnis zum Bund berufen, treten Beamtinnen und Beamte, wenn ihnen nicht innerhalb von drei Monaten unter den Voraussetzungen des § 28 Absatz 2 des Bundesbeamtengesetzes oder vergleichbarer landesgesetzlicher Regelungen ein anderes Amt übertragen wird, mit Ablauf dieser Frist aus ihrem Dienstverhältnis als Beamte in den einstweiligen Ruhestand, sofern sie zu diesem Zeitpunkt noch nicht die gesetzliche Altersgrenze erreicht haben. [2]Im Übrigen gelten die Vorschriften des Bundesbeamtengesetzes zum einstweiligen Ruhestand. [3]Sie erhalten ein Ruhegehalt, das sie in ihrem früheren Amt unter Hinzurechnung der Zeit des Amtsverhältnisses nach Absatz 1 Satz 1 erdient hätten. [4]Die Zeit des Amtsverhältnisses nach Absatz 1 Satz 1 ist auch ruhegehaltfähig, wenn der Beamtin oder dem Beamten nach Satz 1 ein anderes Amt in einem Beamtenverhältnis zum Bund übertragen wird. [5]Für die beamteten Mitglieder des Direktoriums gilt § 107b des Beamtenversorgungsgesetzes entsprechend. [6]Eine vertragliche Versorgungsregelung nach Absatz 6 bleibt unberührt. [7]Die Ruhens- und Anrechnungsvorschriften des Beamtenversorgungsgesetzes sind sinngemäß anzuwenden.

(9) Die Absätze 7 und 8 gelten für Richter oder Richterinnen und für Berufssoldaten oder Berufssoldatinnen entsprechend.

§ 9a Beamte. (1) Der Bundesanstalt wird das Recht verliehen, Beamte zu haben.

(2) [1]Der Präsident ernennt die Beamten der Besoldungsgruppen A 2 bis A 16 der Besoldungsordnung A. [2]Der Bundespräsident ernennt die übrigen Beamten.

(3) [1]Für die Beamten ist oberste Dienstbehörde der Präsident oder die Präsidentin. [2]Der Präsident oder die Präsidentin kann seine oder ihre Befugnisse nach diesem Absatz auf ein oder mehrere Mitglieder des Direktoriums übertragen.

§ 10 Angestellte, Arbeiter und Auszubildende. (1) Auf die Angestellten, Arbeiter und Auszubildenden der Bundesanstalt sind die für Arbeitnehmer und Auszubildende des Bundes jeweils geltenden Tarifverträge und sonstigen Bestimmungen anzuwenden.

(2) [1]Angestellte können mit Zustimmung des Verwaltungsrats auch oberhalb der höchsten tarifvertraglichen Vergütungsgruppe in einem außertariflichen Angestelltenverhältnis beschäftigt werden, soweit dies für die Durchführung der Aufgaben erforderlich ist. [2]Satz 1 gilt für die sonstige Gewährung von über- oder außertariflichen Leistungen entsprechend.

§ 10a Stellenzulage. (1) Die bei der Bundesanstalt verwendeten Beamten erhalten eine nicht ruhegehaltfähige Stellenzulage in Höhe von 80 Prozent der Zulage nach Vorbemerkung Nummer 7 der Anlage I (Bundesbesoldungsordnungen A und B) des Bundesbesoldungsgesetzes.

(2) Die Bundesanstalt kann den Tarifbeschäftigten der Bundesanstalt mit Zustimmung des Bundesministeriums der Finanzen und des Bundesministeriums des Innern außertariflich eine entsprechende Zulage gewähren.

§ 10b Personalgewinnungszuschlag. Die Bundesanstalt kann durch Beschluss des Direktoriums mit Zustimmung des Verwaltungsrats von § 43 Absatz 11 des Bundesbesoldungsgesetzes abweichen.

§ 11 Verschwiegenheitspflicht. [1] Die Verschwiegenheitspflicht der Beschäftigten der Bundesanstalt in Bezug auf Tatsachen, die ihnen bei ihrer Tätigkeit bekannt geworden sind, bestimmt sich nach den aufsichtsrechtlichen Bestimmungen, auf Grund deren der einzelne Beschäftigte tätig geworden ist. [2] Satz 1 gilt für die Mitglieder des Verwaltungsrats und der Beiräte hinsichtlich der ihnen bei Wahrnehmung ihrer Aufgaben bekannt gewordenen Tatsachen entsprechend.

Vierter Abschnitt. Haushaltsplan, Rechnungslegung, Deckung des Verwaltungsaufwands

§ 12 Haushaltsplan, Rechnungslegung. (1) [1] Die Bundesanstalt weist die in ihrem Verwaltungsbereich voraussichtlich zu erwartenden Einnahmen und zu leistenden Ausgaben in einem Haushaltsplan einschließlich eines Stellenplans aus. [2] Haushaltsjahr ist das Kalenderjahr. [3] Auf Zahlungen, die Buchführung und die Rechnungslegung sind die für die bundesunmittelbaren juristischen Personen geltenden Bestimmungen der Bundeshaushaltsordnung anzuwenden.

(1a) [1] Bei der Aufstellung des Haushaltsplans beachtet die Bundesanstalt insbesondere in Bezug auf den Stellenplan im besonderen Maße die Grundsätze der Wirtschaftlichkeit und Sparsamkeit. [2] Die Erforderlichkeit der im Haushaltsplan ausgebrachten Planstellen und sonstigen Stellen ist bei gegebenem Anlass, im Übrigen regelmäßig zu überprüfen. [3] Dabei sind insbesondere Art und Umfang der Aufgabenerledigung zu überprüfen.

(2) [1] Der Haushaltsplan wird vom Direktorium aufgestellt. [2] Das Direktorium hat dem Verwaltungsrat den Entwurf des Haushaltsplans unverzüglich vorzulegen. [3] Der Haushaltsplan wird durch den Verwaltungsrat festgestellt.

(3) [1] Nach Ende des Haushaltsjahres hat das Direktorium eine Rechnung über die Einnahmen und Ausgaben der Bundesanstalt aufzustellen. [2] Die Entlastung erteilt der Verwaltungsrat mit Zustimmung des Bundesministeriums.

(4) [1] Ergibt die Rechnung einen Überschuss, kann dieser mit Zustimmung des Verwaltungsrats auf das folgende Haushaltsjahr übertragen werden. [2] Anstelle der Übertragung kann in Höhe des Überschusses eine Rücklage für zukünftige Investitionsvorhaben gebildet werden. [3] Die Bildung der Rücklage bedarf zu ihrer Wirksamkeit der Zustimmung des Verwaltungsrats.

(5) [1] Die Prüfung der Rechnung und der Haushalts- und Wirtschaftsführung ist unbeschadet einer Prüfung des Bundesrechnungshofs nach § 111 der Bundeshaushaltsordnung von der in der Satzung bestimmten Stelle vorzunehmen. [2] Die Ergebnisse der Prüfung sind dem Direktorium, dem Verwaltungsrat und dem Bundesministerium sowie dem Bundesrechnungshof zuzuleiten.

§ 13 Deckung der Kosten der Aufsicht. (1) [1]Die Bundesanstalt deckt ihre Kosten, einschließlich der Kosten, mit denen die Deutsche Bundesbank die Bundesanstalt nach § 15 Abs. 2 belastet, aus eigenen Einnahmen nach Maßgabe der §§ 14 bis 16 und den sonstigen eigenen Einnahmen, soweit in den §§ 17a bis 17d nichts anderes bestimmt ist. [2]Bußgelder bleiben unberücksichtigt.

(2) [1]Der Bund leistet die zur Aufrechterhaltung einer ordnungsgemäßen Kassenwirtschaft notwendigen Liquiditätshilfen als verzinsliches Darlehen nach Maßgabe des Haushaltsgesetzes. [2]Die Höhe des Zinssatzes wird durch Vereinbarung zwischen dem Bund und der Bundesanstalt festgelegt. [3]Das Darlehen ist so bald wie möglich zurückzuzahlen, spätestens jedoch mit dem Ende des Haushaltsjahres.

Fünfter Abschnitt. Gebühren und Umlage, Zwangsmittel, Bekanntgabe von Allgemeinverfügungen

§ 14 Gebühren für individuell zurechenbare öffentliche Leistungen. (1) Die Bundesanstalt kann für individuell zurechenbare öffentliche Leistungen im Rahmen der ihr zugewiesenen Aufgaben Gebühren in Höhe von bis zu 500 000 Euro erheben, soweit nicht die für die Bundesanstalt geltenden Gesetze besondere Gebührenregelungen enthalten, nach § 15 eine gesonderte Erstattung von Kosten vorgesehen ist oder eine gesonderte Finanzierung nach Maßgabe der §§ 17a bis 17d stattfindet.

(2) [1]Das Bundesministerium wird ermächtigt, durch Rechtsverordnung die gebührenpflichtigen Tatbestände und die Gebühren nach Maßgabe des Absatzes 1 durch feste Sätze oder Rahmensätze und durch Regelungen über Erhöhungen, Ermäßigungen und Befreiungen für bestimmte Arten von individuell zurechenbaren öffentlichen Leistungen näher zu bestimmen. [2]Dabei kann von § 23 Absatz 5 Satz 1 und 2 des Bundesgebührengesetzes abgewichen werden. [3]Die Gebührensätze sind so zu bemessen, dass zwischen der den Verwaltungsaufwand berücksichtigenden Höhe und der Bedeutung, dem wirtschaftlichen Wert oder dem sonstigen Nutzen der individuell zurechenbaren öffentlichen Leistung ein angemessenes Verhältnis besteht. [4]Das Bundesministerium kann die Ermächtigung zum Erlass der Rechtsverordnung nach Satz 1 durch Rechtsverordnung auf die Bundesanstalt übertragen.

(3) In der Rechtsverordnung nach Absatz 2 kann bestimmt werden, dass sie auch auf die bei ihrem Inkrafttreten anhängigen Verwaltungsverfahren anzuwenden ist, soweit in diesem Zeitpunkt die Gebühr nicht bereits festgesetzt ist.

§ 15 Gesonderte Erstattung; Verordnungsermächtigung. (1) [1]Die Kosten, die der Bundesanstalt entstehen

1. durch die Bestellung eines Abwicklers nach § 37 Abs. 1 Satz 2, § 38 Abs. 2 Satz 2 oder 4 des Kreditwesengesetzes[1)] oder einer Aufsichtsperson nach § 46 Abs. 1 Satz 2 des Kreditwesengesetzes, durch eine Bekanntmachung nach § 32 Abs. 4, § 37 Abs. 1 Satz 3 oder § 38 Abs. 3 des Kreditwesengesetzes, durch eine auf Grund des § 44 Abs. 1 oder 2, § 44b Abs. 2 oder

---

1) Nr. **8**.

§ 44c Abs. 2 auch in Verbindung mit Maßnahmen nach § 44c Abs. 3 oder 4 des Kreditwesengesetzes vorgenommene Prüfung,

1a. durch eine auf Grund des § 4 Nummer 3 der KfW-Verordnung in Verbindung mit § 44 Absatz 1 oder Absatz 2 des Kreditwesengesetzes vorgenommene Prüfung,

1b. durch vor Ort im Auftrag der Europäischen Zentralbank nach Artikel 12 der Verordnung (EU) Nr. 1024/13[1)] vorgenommene Prüfungshandlungen, soweit diese Kosten nicht durch die Europäische Zentralbank abgerechnet werden,

2. durch eine auf Grund des § 88 Absatz 1 oder § 89 Absatz 5 des Wertpapierhandelsgesetzes vorgenommene Prüfung,

3. auf Grund einer nach § 44 Abs. 3 des Kreditwesengesetzes vorgenommenen Prüfung der Richtigkeit der für die Zusammenfassung nach § 10a Absatz 4 und 5 und § 25 Abs. 2 des Kreditwesengesetzes sowie nach Artikel 11 der Verordnung (EU) Nr. 575/2013[2)] des Europäischen Parlaments und des Rates vom 26. Juni 2013 über Aufsichtsanforderungen an Kreditinstitute und Wertpapierfirmen und zur Änderung der Verordnung (EU) Nr. 646/2012 (ABl. L 176 vom 27.6.2013, S. 1) übermittelten Daten,

4. durch die Bestellung eines Abwicklers nach § 308 Absatz 1 Satz 2, durch eine auf Grund des § 306 Absatz 1 Nummer 1, 2 oder 3, auch in Verbindung mit § 306 Absatz 2, oder des § 306 Absatz 4 auch in Verbindung mit Maßnahmen nach § 306 Absatz 5 und 6 jeweils auch in Verbindung mit § 1 Absatz 3 und 4 Satz 1, § 65 Absatz 2 und 3, § 67 Absatz 2, § 225 Satz 3 oder § 237 Absatz 1 des Versicherungsaufsichtsgesetzes vorgenommene Prüfung,

5. durch die Bestellung oder Abberufung eines Verwalters nach § 22e des Kreditwesengesetzes,

6. durch die Beantragung der Bestellung oder Abberufung eines Sachwalters nach § 22l oder § 22o des Kreditwesengesetzes,

7. durch
   a) die Bestellung eines Abwicklers nach § 39 Absatz 4 des Kapitalanlagegesetzbuchs in Verbindung mit § 38 Absatz 2 Satz 2 oder 3 des Kreditwesengesetzes,
   b) eine Bekanntmachung nach § 21 Absatz 4 oder § 22 Absatz 5 oder § 39 Absatz 4 des Kapitalanlagegesetzbuchs in Verbindung mit § 38 Absatz 3 des Kreditwesengesetzes,
   c) die Bestellung eines Abwicklers nach § 15 des Kapitalanlagegesetzbuchs,
   d) eine Prüfung, die auf Grund des § 14 des Kapitalanlagegesetzbuchs in Verbindung mit § 44 Absatz 1 oder § 44b Absatz 2 des Kreditwesengesetzes vorgenommen wird,

8. durch eine auf Grund des § 50 des Einlagensicherungsgesetzes[3)] oder des § 7 Absatz 3 Satz 4 des Anlegerentschädigungsgesetzes[4)] in Verbindung mit

---

[1)] Nr. **5**.
[2)] Nr. **6**.
[3)] Nr. **12**.
[4)] Nr. **11**.

§ 44 Absatz 1 des Kreditwesengesetzes, auch in Verbindung mit § 6 Absatz 3 Satz 3 des Anlegerentschädigungsgesetzes vorgenommene Prüfung,

9. *(aufgehoben)*

10. durch

a) die Bestellung eines Abwicklers nach § 7 Absatz 1 Satz 2 des Zahlungsdiensteaufsichtsgesetzes[1], nach § 13 Absatz 3 Satz 1 des Zahlungsdiensteaufsichtsgesetzes in Verbindung mit § 38 Abs. 2 Satz 2 oder 4 des Kreditwesengesetzes, nach *§ 26 Abs. 3 oder 4*[2], jeweils in Verbindung mit § 7 Absatz 1 Satz 2 des Zahlungsdiensteaufsichtsgesetzes, oder einer Aufsichtsperson nach § 21 Absatz 2 Satz 2 Nummer 3 des Zahlungsdiensteaufsichtsgesetzes,

b) eine Bekanntmachung nach § 7 Absatz 1 Satz 3, nach § 39 Absatz 3 oder 4, jeweils in Verbindung mit § 7 Absatz 1 Satz 3 oder eine Bekanntmachung nach § 13 Absatz 4 des Zahlungsdiensteaufsichtsgesetzes,

c) eine Prüfung, die vorgenommen wurde auf Grund

aa) des § 8 Absatz 2, auch in Verbindung mit Maßnahmen nach Abs. 3 oder 4 oder des § 19 Absatz 1 Satz 2 des Zahlungsdiensteaufsichtsgesetzes,

bb) des § 39 Absatz 3 oder 4, jeweils in Verbindung mit § 8 Absatz 2, 3 oder 4 oder § 19 Absatz 1 Satz 2 des Zahlungsdiensteaufsichtsgesetzes,

11. durch Maßnahmen nach dem Sanierungs- und Abwicklungsgesetz[3], dem Restrukturierungsfondsgesetz[4] oder der Verordnung (EU) Nr. 806/2014 des Europäischen Parlaments und des Rates vom 15. Juli 2014 zur Festlegung einheitlicher Vorschriften und eines einheitlichen Verfahrens für die Abwicklung von Kreditinstituten und bestimmten Wertpapierfirmen im Rahmen eines einheitlichen Abwicklungsmechanismus und eines einheitlichen Abwicklungsfonds sowie zur Änderung der Verordnung (EU) Nr. 1093/2010 (ABl. L 225 vom 30.7.2014, S. 1, L 101 vom 18.4.2015, S. 62)

sind in den Fällen der Nummern 1, 1b, 2, 4, 7 und 9 bis 11 von dem betroffenen Unternehmen, im Fall der Nummer 1a von der Kreditanstalt für Wiederaufbau, in den Fällen der Nummer 3 von dem zur Zusammenfassung verpflichteten Unternehmen, in den Fällen der Nummer 5 von dem registerführenden Unternehmen, in den Fällen der Nummer 6 von den in § 22n Abs. 4 Satz 2 und 3 des Kreditwesengesetzes genannten Unternehmen und in den Fällen der Nummer 8 von den betroffenen Einrichtungen der Bundesanstalt gesondert zu erstatten. [2] Zu den Kosten nach Satz 1 gehören auch die Kosten, mit denen die Bundesanstalt von der Deutschen Bundesbank und anderen Behörden, die im Rahmen solcher Maßnahmen für die Bundesanstalt oder im Rahmen des einheitlichen Aufsichtsmechanismus im Sinne des Artikels 2 Nummer 9 der Verordnung (EU) Nr. 1024/2013 im Auftrag der Europäischen

---

[1] Nr. **10**.

[2] Amtliche Anpassung durch G v. 17.7.2017 (BGBl. I S. 2446) wohl übersehen: „§ 39 Absatz 3 oder 4".

[3] Nr. **22**.

[4] Nr. **21**.

Zentralbank tätig werden, belastet wird, sowie die Kosten für den Einsatz eigener Mitarbeiter.

(2) [1]Die Bundesanstalt hat der Deutschen Bundesbank und den anderen Behörden, die im Rahmen des Absatzes 1 für sie oder im Rahmen des einheitlichen Aufsichtsmechanismus im Sinne des Artikels 2 Nummer 9 der Verordnung (EU) Nr. 1024/2013 im Auftrag der Europäischen Zentralbank tätig werden, den Personal- und Sachaufwand zu ersetzen. [2]Die Höhe des Erstattungsbetrags, insbesondere die Stundensätze für den Einsatz von Mitarbeitern dieser Behörden, bestimmen sich nach Erstattungsrichtlinien, die das Bundesministerium erlässt.

(3) Für die Festsetzung der Kostenerstattung, die Verpflichtung zur Erstattung der Kostenschuld, die Entstehung der Pflicht zur Kostenerstattung, ihre Fälligkeit sowie die Vorschusszahlung und Sicherheitsleistung gelten die §§ 4, 6, 13 Absatz 1 sowie die §§ 14 und 15 des Bundesgebührengesetzes vorbehaltlich der Absätze 4 und 5 entsprechend.

(4) [1]Abweichend von § 4 des Bundesgebührengesetzes entsteht die Pflicht zur Kostenerstattung in den Fällen des Absatzes 1 Satz 1 Nummer 11 bei laufenden Überwachungs- und sonstigen laufenden Maßnahmen, die sich voraussichtlich über einen längeren Zeitraum als ein Jahr erstrecken, jährlich bis zum 31. März des Kalenderjahres, es sei denn, die Bundesanstalt legt einen anderen Zeitpunkt fest. [2]Abweichend von § 6 des Bundesgebührengesetzes ist zur Erstattung von Kosten in den Fällen des Absatzes 1 Satz 1 Nummer 11 auch derjenige verpflichtet, für den eine Verpflichtung zur Kostenerstattung gesetzlich oder hoheitlich angeordnet ist.

(5) [1]Abweichend von § 15 Absatz 1 des Bundesgebührengesetzes kann die Bundesanstalt von einem Kostenschuldner in den Fällen des Absatzes 1 Satz 1 die Zahlung eines Vorschusses oder die Leistung einer Sicherheit bis zur Höhe der voraussichtlich zu erstattenden Kosten auch bei solchen Maßnahmen verlangen, die nicht auf Antrag vorgenommen werden. [2]In den Fällen des Absatzes 1 Satz 1 Nummer 11 können bei Maßnahmen, die sich über einen längeren Zeitraum erstrecken, auch mehrfach Vorschüsse oder Sicherheitsleistungen verlangt werden.

(6) Zu den zu erstattenden Kosten gehören auch solche Kosten, die in Vorbereitung oder während der Laufzeit einer Maßnahme oder anlässlich ihrer Beendigung entstehen.

(7) [1]Die Bundesanstalt kann in den Fällen des Absatzes 1 Satz 1 Nummer 11 die Erstattung von Kosten ebenfalls von demjenigen verlangen, der die Pflicht zur Kostenerstattung durch Verpflichtungserklärung oder Vertrag übernommen hat. [2]In diesen Fällen bestimmen sich das Verlangen der Kostenerstattung, die Entstehung der Pflicht zur Kostenerstattung, die Fälligkeit der Kostenerstattung und die Pflicht zur Zahlung eines Vorschusses oder zur Leistung einer Sicherheit nach dieser Verpflichtungserklärung oder diesem Vertrag.

(8) [1]Die zu erstattenden Kosten nach Absatz 1 Satz 1 Nummer 11 können in Form von Kostenpauschalen berechnet werden. [2]Das Nähere regelt die Rechtsverordnung nach Absatz 9.

(9) [1]Das Bundesministerium wird ermächtigt, Einzelheiten der gesonderten Erstattung durch eine Rechtsverordnung zu bestimmen. [2]Soweit die Rechtsverordnung Regelungen zu den Kostenpauschalen nach Absatz 8 enthält, ist zwischen einzelnen Maßnahmen und Tätigkeiten zu unterscheiden.

§ 16 Umlage. Soweit die Kosten der Bundesanstalt nicht durch Gebühren, gesonderte Erstattungen nach § 15 oder sonstige Einnahmen gedeckt werden, sind sie unter Berücksichtigung von Fehlbeträgen, nicht eingegangenen Beträgen und Überschüssen der Vorjahre anteilig auf die Kreditinstitute, Finanzdienstleistungs-, Zahlungs- und E-Geld-Institute, die Kreditanstalt für Wiederaufbau, die Kapitalverwaltungsgesellschaften, extern verwalteten OGAW-Investmentaktiengesellschaften, Versicherungsunternehmen, Wertpapierdienstleistungsunternehmen und Emittenten mit Sitz im Inland, deren Wertpapiere an einer inländischen Börse zum Handel zugelassen oder in den Freiverkehr einbezogen sind, sowie die Abwicklungsanstalten nach Maßgabe der §§ 16a bis 16r umzulegen.

§ 16a Umlagefähige Kosten; Umlagejahr. (1) [1] Die Bundesanstalt hat als Kosten im Sinne des § 16 die Ausgaben eines Haushaltsjahres zu ermitteln. [2] Zu den Kosten gehören auch die Zuführungen zu einer Investitionsrücklage gemäß § 12 Absatz 4 Satz 2 und die Zuführungen zu der Pensionsrücklage nach § 19 Absatz 2.

(2) [1] Von diesen Kosten sind diejenigen Kosten umlagefähig, die nach Abzug der Einnahmen und Berücksichtigung der Fehlbeträge, nicht eingegangenen Beträge und Überschüsse der Vorjahre verbleiben. [2] Zu den Einnahmen gehören auch Entnahmen aus der Pensionsrücklage sowie Entnahmen aus einer Investitionsrücklage. [3] Bußgelder bleiben unberücksichtigt.

(3) Das Haushaltsjahr ist das Umlagejahr im Sinne dieses Gesetzes.

§ 16b Kostenermittlung nach Aufgabenbereichen und Gruppen.

(1) [1] Die Kosten sind für die folgenden Aufgabenbereiche, die jeweils nach den maßgeblichen Aufsichtsgesetzen in die Zuständigkeit der Bundesanstalt fallen, getrennt zu ermitteln:

1. Kredit-, Finanzdienstleistungs-, Zahlungsdienste- und inländisches Investmentwesen (Aufgabenbereich Banken und sonstige Finanzdienstleistungen),
2. Versicherungswesen (Aufgabenbereich Versicherungen),
3. Wertpapierhandel (Aufgabenbereich Wertpapierhandel),
4. Aufgaben der Bundesanstalt als Abwicklungsbehörde nach § 3 Absatz 1 des Sanierungs- und Abwicklungsgesetzes[1)] sowie Aufgaben der Bundesanstalt nach dem Restrukturierungsfondsgesetz[2)] und der Verordnung (EU) Nr. 806/2014 (Aufgabenbereich Abwicklung).

[2] Innerhalb des Aufgabenbereichs Banken und sonstige Finanzdienstleistungen sowie des Aufgabenbereichs Wertpapierhandel hat eine gesonderte Ermittlung nach Gruppen gemäß den §§ 16e und 16i zu erfolgen.

(2) [1] Kosten, die zwei oder drei Aufgabenbereichen nach Absatz 1 Satz 1 gemeinsam zugerechnet werden können, sind jeweils gesondert zu erfassen. [2] Sie sind auf die betroffenen Aufgabenbereiche entsprechend dem Verhältnis aufzuteilen, das zwischen den Kosten besteht, die den Aufgabenbereichen unmittelbar zuzurechnen sind. [3] Die so ermittelten Kostenanteile sind jeweils

---

1) Nr. 22.
2) Nr. 21.

den Kosten hinzuzurechnen, die auf die Aufgabenbereiche unmittelbar entfallen.

(3) [1] Die übrigen Kosten, die weder einem Aufgabenbereich nach Absatz 1 Satz 1 unmittelbar noch nach Absatz 2 zwei oder drei Aufgabenbereichen gemeinsam zugeordnet werden können (Gemeinkosten), sind ebenfalls gesondert zu erfassen. [2] Sie sind auf alle Aufgabenbereiche entsprechend dem Verhältnis aufzuteilen, das zwischen den Kosten besteht, die den Aufgabenbereichen nach Durchführung der in Absatz 2 vorgegebenen Verteilung zuzurechnen sind.

(4) [1] Die Einnahmen im Sinne des § 16 sind von den Kosten des Aufgabenbereichs abzusetzen, dem sie jeweils unmittelbar zuzurechnen sind. [2] Einnahmen, die zwei oder drei Aufgabenbereichen gemeinsam zugerechnet werden können, sind entsprechend dem Verhältnis der Kosten, die den Aufgabenbereichen unmittelbar zuzurechnen sind, abzuziehen. [3] Einnahmen, die keinem Aufgabenbereich unmittelbar zugerechnet werden können, sind vor Verteilung der Gemeinkosten nach Absatz 3 von diesen abzuziehen.

§ 16c Fehlbeträge, nicht eingegangene Beträge und Überschüsse der Vorjahre. (1) [1] Nach Ermittlung und Verteilung der Kosten für das Umlagejahr nach Maßgabe des § 16b sind die zu berücksichtigenden Fehlbeträge, nicht eingegangenen Beträge und Überschüsse, die dem Umlagejahr 2009 und späteren Umlagejahren zuzuordnen sind, den Aufgabenbereichen zuzuordnen. [2] Den Kosten der Aufgabenbereiche sind die Fehlbeträge und nicht eingegangenen Beträge jeweils entsprechend ihrer Zuordnung nach Satz 1 hinzuzurechnen; Überschüsse sind jeweils entsprechend ihrer Zuordnung nach Satz 1 von diesen Kosten abzuziehen. [3] Stichtag für die Berücksichtigung der in den Sätzen 1 und 2 genannten Beträge und Überschüsse ist der 30. Juni des Jahres, das dem Umlagejahr folgt, für das die Kosten ermittelt wurden. [4] Nach diesem Stichtag anfallende Fehlbeträge, nicht eingegangene Beträge und Überschüsse werden als Fehlbeträge, nicht eingegangene Beträge und Überschüsse bei der Festsetzung der Umlagebeträge in den nächstfolgenden Jahren berücksichtigt.

(2) [1] Fehlbeträge und nicht eingegangene Beträge, die den Umlagejahren 2002 bis 2008 zuzuordnen sind und nicht nach § 16 Absatz 1 in der bis zum 25. März 2009 geltenden Fassung umgelegt wurden oder werden, sind mit den Überschüssen, die den Umlagejahren 2002 bis 2008 zuzuordnen sind und nicht nach § 6 Absatz 1 Satz 6 der Verordnung über die Erhebung von Gebühren und die Umlegung von Kosten nach dem Finanzdienstleistungsaufsichtsgesetz in der bis zum 25. März 2009 geltenden Fassung umgelegt wurden oder werden, zu verrechnen. [2] Übersteigen die nach Satz 1 zu verrechnenden Überschüsse die zu verrechnenden Fehlbeträge und nicht eingegangenen Beträge, ist der übersteigende Betrag bei der Festsetzung der Umlage für das Umlagejahr 2009 oder für spätere Umlagejahre vor Verteilung der Gemeinkosten von diesen abzuziehen. [3] Übersteigen die nach Satz 1 zu verrechnenden Fehlbeträge und nicht eingegangenen Beträge die zu verrechnenden Überschüsse, ist der übersteigende Betrag bei der Festsetzung der Umlage für das Umlagejahr 2013 oder für spätere Umlagejahre vor Verteilung der Gemeinkosten zu diesen hinzuzurechnen.

§ 16d Umlagebetrag, Umlagepflicht und Verteilungsschlüssel. [1] Umlagebetrag ist der Anteil an den umlagefähigen Kosten, der innerhalb eines

Aufgabenbereichs oder einer Gruppe für einen Umlagepflichtigen ermittelt wird. [2] Ein Umlagepflichtiger kann mehreren Aufgabenbereichen oder Gruppen innerhalb eines Aufgabenbereichs zugeordnet sein. [3] Die Umlagepflicht und die Verteilung der Kosten innerhalb eines Aufgabenbereichs bestimmen sich nach Maßgabe der §§ 16e bis 16k.

§ 16e Kostenermittlung und Umlagepflicht im Aufgabenbereich Banken und sonstige Finanzdienstleistungen. (1) [1] Innerhalb des Aufgabenbereichs Banken und sonstige Finanzdienstleistungen hat eine gesonderte Ermittlung der Kosten nach folgenden Gruppen zu erfolgen:

1. Gruppe Kredit- und Finanzdienstleistungsinstitute: Kreditinstitute, Finanzdienstleistungsinstitute mit einer Erlaubnis nach § 1 Absatz 1a Satz 2 Nummer 1 bis 7 und 9 bis 11 des Kreditwesengesetzes[1)] und die nach § 53 Absatz 1 Satz 1 des Kreditwesengesetzes tätigen Unternehmen, soweit die Finanzdienstleistungsinstitute und Unternehmen nicht ausschließlich Finanzdienstleistungen nach § 1 Absatz 1a Satz 2 Nummer 9 oder 10 des Kreditwesengesetzes erbringen, Institute im Sinne des § 1 Absatz 3 des Zahlungsdiensteaufsichtsgesetzes[2)] und die nach § 42 des Zahlungsdiensteaufsichtsgesetzes tätigen Unternehmen sowie die Kreditanstalt für Wiederaufbau, wobei
   a) Kreditinstitute und entsprechend nach § 53 des Kreditwesengesetzes tätige Unternehmen, die Bankgeschäfte betreiben und gleichzeitig das E-Geld-Geschäft betreiben oder Zahlungsdienste erbringen, ausschließlich als Kreditinstitute und
   b) Finanzdienstleistungsinstitute und entsprechend nach § 53 des Kreditwesengesetzes tätige Unternehmen, die Finanzdienstleistungen erbringen und gleichzeitig das E-Geld-Geschäft betreiben oder Zahlungsdienste erbringen, ausschließlich als Finanzdienstleistungsinstitute

   im Sinne der nachfolgenden Vorschriften gelten,
2. Gruppe Factoring- und Finanzierungsleasingunternehmen: Finanzdienstleistungsinstitute mit einer Erlaubnis nach § 1 Absatz 1a Satz 2 Nummer 9 oder 10 des Kreditwesengesetzes sowie die nach § 53 Absatz 1 Satz 1 des Kreditwesengesetzes tätigen Unternehmen, soweit sie nicht unter Nummer 1 fallen,
3. Gruppe Abwicklungsanstalten: Abwicklungsanstalten im Sinne des § 8a Absatz 1 Satz 1 oder des § 8b Absatz 1 des Finanzmarktstabilisierungsfondsgesetzes[3)],
4. Gruppe Kapitalverwaltungsgesellschaften und extern verwaltete OGAW-Investmentaktiengesellschaften: Kapitalverwaltungsgesellschaften im Sinne des § 17 Absatz 1 des Kapitalanlagegesetzbuchs und extern verwaltete OGAW-Investmentaktiengesellschaften im Sinne des § 113 des Kapitalanlagegesetzbuchs,
5. Gruppe Datenbereitstellungsdienstleister: Betreiber von Datenbereitstellungsdiensten mit einer Erlaubnis zum Erbringen von Datenbereitstellungsdiensten nach § 32 Absatz 1f des Kreditwesengesetzes, soweit ihnen keine

---

1) Nr. **8**.
2) Nr. **10**.
3) Nr. **18**.

Erlaubnis zum Betreiben von Bankgeschäften oder zur Erbringung von Finanzdienstleistungen erteilt ist und sie nach dem Kreditwesengesetz beaufsichtigt werden.

[2]Die Kosten des Aufgabenbereichs Banken und sonstige Finanzdienstleistungen, die keiner Gruppe nach Satz 1 unmittelbar zugeordnet werden können, sind gesondert zu erfassen. [3]Sie sind auf die Gruppen entsprechend dem Verhältnis aufzuteilen, das zwischen den Kosten besteht, die den Gruppen unmittelbar zuzurechnen sind. [4]Im Übrigen sind § 16b Absatz 4 Satz 1 und 3 sowie § 16c entsprechend anzuwenden.

(2) Umlagepflichtig für den Aufgabenbereich Banken und sonstige Finanzdienstleistungen ist vorbehaltlich des Absatzes 3, wer einer der in Absatz 1 genannten Gruppen angehört.

(3) Ausgenommen von der Umlagepflicht nach Absatz 2 sind

1. vorbehaltlich des § 2 Absatz 3 des Kreditwesengesetzes die nach § 2 Absatz 1 Nummer 1 bis 1b, 3 und 3a, 3c bis 7 und 9 bis 14 des Kreditwesengesetzes nicht als Kreditinstitute geltenden Einrichtungen und Unternehmen,
2. vorbehaltlich des § 2 Absatz 6 Satz 2 des Kreditwesengesetzes die nach § 2 Absatz 6 Satz 1 Nummer 1, 1a, 3 bis 5, 5b bis 8, 10, 12, 15 bis 22 und Absatz 10 des Kreditwesengesetzes nicht als Finanzdienstleistungsinstitute geltenden Einrichtungen und Unternehmen,
3. Institute oder Unternehmen, welche die Bundesanstalt nach § 2 Absatz 4 und 5 des Kreditwesengesetzes freigestellt hat,
4. AIF-Kapitalverwaltungsgesellschaften mit einer Registrierung nach § 44 des Kapitalanlagegesetzbuchs.

(4) [1]Die Umlagepflicht nach Absatz 2 entsteht mit Erteilung oder der Fiktion der Erlaubnis oder im Fall einer Abwicklungsanstalt mit deren Errichtung. [2]Sie endet in dem Jahr des Erlöschens der Erlaubnis oder der Auflösung der Abwicklungsanstalt. [3]Ändert sich im Laufe eines Umlagejahres der Erlaubnisumfang oder wird von der Aufsichtsbehörde im Sinne des § 1 Absatz 5 des Kreditwesengesetzes eine Erlaubnis zum Betreiben eines anderen Geschäfts erteilt, wird der Umlagepflichtige nach Maßgabe der Regelungen zur Umlage herangezogen, die für das Geschäft gelten, auf das sich die zuletzt im Umlagejahr bestehende Erlaubnis bezieht. [4]Die Umlagepflicht der Kreditanstalt für Wiederaufbau beginnt am 1. Januar 2015 und endet mit Ende der Beaufsichtigung durch die Bundesanstalt.

§ 16f Bemessungsgrundlagen der Umlage im Aufgabenbereich Banken und sonstige Finanzdienstleistungen. (1) Der Umlagebetrag für die Umlagepflichtigen im Aufgabenbereich Banken und sonstige Finanzdienstleistungen ist zu bemessen:

1. in den Gruppen Kredit- und Finanzdienstleistungsinstitute, Factoring- und Finanzierungsleasingunternehmen sowie Abwicklungsanstalten vorbehaltlich des Absatzes 2 und des § 16g jeweils nach dem Verhältnis der Bilanzsumme des einzelnen Umlagepflichtigen zum Gesamtbetrag der Bilanzsummen aller Umlagepflichtigen der Gruppe. Maßgebend ist die auf der Grundlage der jeweils anzuwendenden Rechnungslegungsvorschriften aufgestellte und festgestellte Bilanz für das Geschäftsjahr, das dem Umlagejahr vorausgeht; bei

den Abwicklungsanstalten ist die Bilanz für das im Umlagejahr endende Geschäftsjahr maßgebend;

2. in der Gruppe Kapitalverwaltungsgesellschaften und extern verwaltete OGAW-Investmentaktiengesellschaften nach dem Wert der von den Kapitalverwaltungsgesellschaften verwalteten Investmentvermögen und den von extern verwalteten OGAW-Investmentaktiengesellschaften zur gemeinschaftlichen Kapitalanlage verwalteten und angelegten Mitteln. Dabei ist die Summe der Werte aller von einem Umlagepflichtigen verwalteten Investmentvermögen oder zur gemeinschaftlichen Kapitalanlage verwalteten oder angelegten Mittel in das Verhältnis zu dem Gesamtbetrag des Wertes zu setzen, den die Investmentvermögen und zur gemeinschaftlichen Kapitalanlage verwalteten oder angelegten Mittel aller Umlagepflichtigen haben. Maßgebend ist jeweils der Wert, der nach § 101 Absatz 1 Satz 3 Nummer 1 Satz 6 oder nach § 120 Absatz 2 und 5, § 135 Absatz 3 und 5, § 148 oder § 158 jeweils in Verbindung mit § 101 Absatz 1 Satz 3 Nummer 1 Satz 6 des Kapitalanlagegesetzbuchs in dem Jahresbericht für das Geschäftsjahr angegeben wird, das dem Umlagejahr vorausgeht. Investmentvermögen, die keine Spezial-AIF im Sinne des § 1 Absatz 6 Satz 1 des Kapitalanlagegesetzbuchs sind, oder Mittel von OGAW-Investmentaktiengesellschaften werden bei der Berechnung nach Satz 2 doppelt gewichtet;
3. in der Gruppe Datenbereitstellungsdienstleister nach dem Verhältnis zwischen der Anzahl der angefangenen Monate, in denen der einzelne Umlagepflichtige umlagepflichtig war, zur Gesamtzahl der angefangenen Monate eines jeden Umlagepflichtigen der Gruppe, in denen dieser jeweils im Umlagejahr umlagepflichtig war.

(2) [1] Abweichend von Absatz 1 Nummer 1 gilt als Bilanzsumme:

1. für Umlagepflichtige der Gruppe Kredit- und Finanzdienstleistungsinstitute,
   a) die in ihrer Bilanz auf der Aktivseite zu mehr als einem Fünftel Treuhandgeschäfte im Sinne des § 6 Absatz 1 und 2 der Kreditinstituts-Rechnungslegungsverordnung[1)] ausweisen, die um die Beträge dieser Geschäfte gekürzte Bilanzsumme,
   b) deren erlaubnispflichtige Tätigkeit sich nach § 2 Absatz 3 oder Absatz 6 Satz 2 des Kreditwesengesetzes[2)] beurteilt, der dem Verhältnis der von ihnen betriebenen, ihnen nicht eigentümlichen Bankgeschäfte oder Finanzdienstleistungen zum Gesamtgeschäft entsprechende Bruchteil der Bilanzsumme,
   c) die zu mehr als einem Fünftel bank-, finanz- oder zahlungsdienstfremde Geschäfte betreiben, der dem Verhältnis der erlaubnispflichtigen Geschäfte oder Finanzdienstleistungen zum Gesamtgeschäft entsprechende Bruchteil der Bilanzsumme,
   d) die in der Rechtsform des Einzelkaufmanns tätig sind, die um ein fiktives Geschäftsführergehalt, das auf die Höhe des Jahresüberschusses und die Höhe der Bilanzsumme begrenzt ist, verminderte Bilanzsumme,
2. für Umlagepflichtige der Gruppen Kredit- und Finanzdienstleistungsinstitute sowie Factoring- und Finanzierungsleasingunternehmen, die ihre Geschäfts-

---

1) Nr. **14**.
2) Nr. **8**.

tätigkeit im Umlagejahr erst aufnehmen, die in der Planbilanz für das erste Geschäftsjahr gemäß § 32 Absatz 1 Satz 2 Nummer 5 und Satz 3 des Kreditwesengesetzes in Verbindung mit § 14 Absatz 7 Nummer 1 der Anzeigenverordnung[1] oder nach § 10 Absatz 2 Satz 1 Nummer 2 des Zahlungsdiensteaufsichtsgesetzes[2] ausgewiesene Bilanzsumme,

3. für Umlagepflichtige der Gruppen Kredit- und Finanzdienstleistungsinstitute, Factoring- und Finanzierungsleasingunternehmen sowie Abwicklungsanstalten, die nicht das ganze Jahr umlagepflichtig waren, ein Bruchteil der nach Absatz 1 Nummer 1, auch in Verbindung mit den Nummern 1 und 2 dieses Satzes ermittelten Bilanzsumme, wobei der Bruchteil dem Verhältnis der Anzahl der angefangenen Monate, in denen die Umlagepflicht bestand, zur Anzahl der Monate des Umlagejahres entspricht.

[2] Satz 1 Nummer 1 Buchstabe c gilt für die von der Bundesanstalt beaufsichtigten Geschäfte der Kreditanstalt für Wiederaufbau entsprechend. [3] Die abweichenden Bilanzsummen nach Satz 1 Nummer 1 sind von der Bundesanstalt nur zu berücksichtigten, wenn der Umlagepflichtige dies vor dem 1. Juni des auf das Umlagejahr folgenden Kalenderjahres beantragt und das Vorliegen der Voraussetzungen durch Vorlage geeigneter Unterlagen nachgewiesen hat; Tatsachen, die verspätet vorgetragen oder nachgewiesen werden, bleiben unberücksichtigt. [4] Die Höhe des fiktiven Geschäftsführergehalts im Sinne des Satzes 1 Nummer 1 Buchstabe d ist durch eine Bescheinigung eines Wirtschaftsprüfers, einer Wirtschaftsprüfungsgesellschaft, eines vereidigten Buchprüfers oder einer Buchprüfungsgesellschaft zu belegen.

(3) Für Umlagepflichtige der Gruppe Kapitalverwaltungsgesellschaften und extern verwaltete OGAW-Investmentaktiengesellschaften, die nicht das ganze Jahr umlagepflichtig waren, ist abweichend von Absatz 1 Nummer 2 der Bruchteil der jeweiligen Bemessungsgrundlage maßgeblich, der dem Verhältnis der Anzahl der angefangenen Monate, in denen die Umlagepflicht bestand, zur Anzahl der Monate des Umlagejahres entspricht.

(4) [1] In den Gruppen Kredit- und Finanzdienstleistungsinstitute, Factoring- und Finanzierungsleasingunternehmen sowie Abwicklungsanstalten haben die Umlagepflichtigen bis spätestens zum 30. Juni des dem Umlagejahr folgenden Kalenderjahres die für die Bemessung des Umlagebetrages notwendigen, von einem Wirtschaftsprüfer oder einer Wirtschaftsprüfungsgesellschaft bestätigten Daten mitzuteilen, sofern bis zu diesem Zeitpunkt noch keine festgestellte und geprüfte Bilanz für das letzte Geschäftsjahr bei der Bundesanstalt eingereicht worden ist oder die eingereichte Bilanz nicht den Anforderungen der §§ 340 bis 340k des Handelsgesetzbuchs und der Kreditinstituts-Rechnungslegungsverordnung genügt. [2] Bei Finanzdienstleistungsinstituten, deren Bilanzsumme des letzten Geschäftsjahres 150 Millionen Euro nicht übersteigt, können die Bestätigungen nach Satz 1 auch durch vereidigte Buchprüfer oder Buchprüfungsgesellschaften vorgenommen werden.

(5) [1] Liegen die Bilanz oder die Daten nach Absatz 4 am 1. Juli nicht vor, schätzt die Bundesanstalt die Bilanzsumme und setzt den Umlagebetrag anhand der geschätzten Daten fest. [2] Die Bundesanstalt kann auf Antrag eine angemessene Nachfrist von bis zu einem Monat zur Einreichung der in Absatz 4

[1] Nr. **8g**.
[2] Nr. **10**.

genannten Unterlagen gewähren. ³Bei der Schätzung hat die Bundesanstalt im Regelfall die Bilanzdaten des Umlagepflichtigen aus vorangegangenen Geschäftsjahren zugrunde zu legen. ⁴Liegen keinerlei Daten im Sinne des Satzes 3 und auch keine entsprechenden Daten für die nachfolgenden Geschäftsjahre vor, hat die Schätzung auf der Grundlage des arithmetischen Mittels der vorliegenden Bilanzdaten der anderen Umlagepflichtigen derselben nach § 16g Absatz 1 Nummer 1 Buchstabe a bis d oder Nummer 2 bestimmten Gruppe zu erfolgen.

§ 16g Mindestumlagebeträge im Aufgabenbereich Banken und sonstige Finanzdienstleistungen. (1) Der von jedem Umlagepflichtigen des Aufgabenbereichs Banken und sonstige Finanzdienstleistungen zu entrichtende Umlagebetrag beträgt

1. in der Gruppe Kredit- und Finanzdienstleistungsinstitute mindestens
   a) 4 000 Euro für Kreditinstitute mit Ausnahme der Wertpapierhandelsbanken und für die Kreditanstalt für Wiederaufbau, bei einer nach § 16f ermittelten Bilanzsumme von 100 Millionen Euro oder weniger jedoch nur 3 500 Euro und für Wohnungsunternehmen mit Spareinrichtung nur 2 500 Euro,
   b) 3 500 Euro für Wertpapierhandelsbanken und für Finanzdienstleistungsinstitute mit einer Erlaubnis
      aa) nach § 1 Absatz 1a Satz 2 Nummer 1, 1c, 2, 3, 6 oder 11 des Kreditwesengesetzes[1], wenn die Erlaubnis in diesen Fällen die Befugnis umfasst, sich Eigentum oder Besitz an Geldern, Wertpapieren oder Kryptowerten von Kunden zu verschaffen,
      bb) nach § 1 Absatz 1a Satz 2 Nummer 1b, 1d oder 4 des Kreditwesengesetzes oder
      cc) nach § 1 Absatz 1a Satz 2 Nummer 11 des Kreditwesengesetzes, wenn die Erlaubnis in diesen Fällen die Befugnis umfasst, auf eigene Rechnung zu handeln,
   c) 2 500 Euro für Finanzdienstleistungsinstitute mit einer Erlaubnis
      aa) nach § 1 Absatz 1a Satz 2 Nummer 1, 1c, 2, 3, 6 oder 11 des Kreditwesengesetzes, wenn die Erlaubnis nicht die Befugnis umfasst, sich Eigentum oder Besitz an Geldern, Wertpapieren oder Kryptowerten von Kunden zu verschaffen, oder
      bb) nach § 1 Absatz 1a Satz 2 Nummer 1a des Kreditwesengesetzes,
   d) 1 300 Euro für Finanzdienstleistungsinstitute mit einer Erlaubnis nach § 1 Absatz 1a Satz 2 Nummer 5 oder 7 des Kreditwesengesetzes und für Institute im Sinne des § 1 Absatz 3 des Zahlungsdiensteaufsichtsgesetzes[2],
   e) die Hälfte des Mindestbetrages der Buchstaben b bis d für die dort genannten Unternehmen, soweit deren Bilanzsumme den Betrag von 100 000 Euro unterschreitet,
2. in der Gruppe Factoring- und Finanzierungsleasingunternehmen mindestens 1 300 Euro,

---

[1] Nr. **8**.
[2] Nr. **10**.

3. in der Gruppe Kapitalverwaltungsgesellschaften und extern verwaltete OGAW-Investmentaktiengesellschaften mindestens 7 500 Euro.

(2) Die Mindestumlagebeträge nach Absatz 1 Nummer 1 Buchstabe b bis d erhöhen sich

1. ab einer Bilanzsumme von 750 000 Euro auf 4 500 Euro,
2. ab einer Bilanzsumme von 1 Million Euro auf 5 150 Euro,
3. ab einer Bilanzsumme von 1,5 Millionen Euro auf 5 800 Euro,
4. ab einer Bilanzsumme von 2 Millionen Euro auf 8 500 Euro,
5. ab einer Bilanzsumme von 3 Millionen Euro auf 10 500 Euro,
6. ab einer Bilanzsumme von 5 Millionen Euro auf 14 500 Euro,
7. ab einer Bilanzsumme von 7,5 Millionen Euro auf 19 500 Euro,
8. ab einer Bilanzsumme von 12,5 Millionen Euro auf 27 000 Euro,
9. ab einer Bilanzsumme von 20 Millionen Euro auf 36 000 Euro,
10. ab einer Bilanzsumme von 30 Millionen Euro auf 44 000 Euro,
11. ab einer Bilanzsumme von 50 Millionen Euro auf 54 000 Euro,
12. ab einer Bilanzsumme von 100 Millionen Euro auf 100 000 Euro.

§ 16h Aufgabenbereich Versicherungen. (1) [1] Umlagepflichtig im Aufgabenbereich Versicherungen ist die Gesamtheit der inländischen Versicherungsunternehmen und Pensionsfonds sowie der inländischen Niederlassungen ausländischer Versicherungsunternehmen und Pensionsfonds, welche ihren Sitz außerhalb der Mitgliedstaaten der Europäischen Union oder eines anderen Vertragsstaates des Abkommens über den Europäischen Wirtschaftsraum haben. [2] § 16e Absatz 4 Satz 1 und 2 gilt entsprechend.

(2) [1] Der Umlagebetrag bemisst sich vorbehaltlich des Satzes 2 nach dem Verhältnis der verdienten Brutto-Beitragseinnahmen des einzelnen Umlagepflichtigen zum Gesamtbetrag der Brutto-Beitragseinnahmen, die allen Umlagepflichtigen des Aufgabenbereichs Versicherungen in dem Geschäftsjahr erwachsen sind, das dem Umlagejahr vorausgeht. [2] Von den Brutto-Beitragseinnahmen sind die an die Versicherungsnehmer zurückgewährten Überschüsse oder Gewinnanteile in voller Höhe und die Provisionsaufwendungen aus der aktiven Rückversicherung zu 50 Prozent abzuziehen. [3] Für Pensionsfonds gilt dies entsprechend bezogen auf die Pensionsfondsbeiträge und die Versorgungsberechtigten.

(3) Für Umlagepflichtige, die nicht das ganze Jahr umlagepflichtig waren, ist abweichend von Absatz 2 der Bruchteil der Bemessungsgrundlage maßgeblich, der dem Verhältnis der Anzahl der angefangenen Monate, in denen die Umlagepflicht bestand, zur Anzahl der Monate des Umlagejahres entspricht.

(4) Der von jedem Umlagepflichtigen des Aufgabenbereichs Versicherungen zu entrichtende Umlagebetrag beträgt mindestens 250 Euro.

§ 16i Kostenermittlung und Umlagepflicht im Aufgabenbereich Wertpapierhandel. (1) [1] Innerhalb des Aufgabenbereichs Wertpapierhandel hat eine gesonderte Ermittlung der Kosten nach folgenden Gruppen zu erfolgen:

1. Gruppe Wertpapierdienstleistungsunternehmen und Anlageverwalter: Wertpapierdienstleistungsunternehmen im Sinne des § 2 Absatz 10 des Wertpapierhandelsgesetzes und Institute und Unternehmen, auf die § 2 Absatz 8 Satz 7 des Wertpapierhandelsgesetzes anzuwenden ist,
2. Gruppe Emittenten: Emittenten mit Sitz im Inland, deren Wertpapiere an einer inländischen Börse zum Handel zugelassen oder in den Freiverkehr einbezogen sind,
3. Gruppe Datenbereitstellungsdienstleister: Betreiber von Datenbereitstellungsdiensten mit einer Erlaubnis oder einer Fiktion der Erlaubnis zum Erbringen von Datenbereitstellungsdiensten nach § 32 Absatz 1f des Kreditwesengesetzes[1)], soweit sie nach dem Wertpapierhandelsgesetz beaufsichtigt werden.

[2]Der Bund und die Länder sind keine Emittenten im Sinne von Satz 1 Nummer 2. [3]Die Kosten des Aufgabenbereichs Wertpapierhandel, die einer Gruppe nach Satz 1 nicht unmittelbar zugeordnet werden können, sind gesondert zu erfassen. [4]Sie sind auf die Gruppen entsprechend dem Verhältnis aufzuteilen, das zwischen den Kosten besteht, die den Gruppen unmittelbar zuzurechnen sind. [5]§ 16b Absatz 4 Satz 1 und 3 ist entsprechend anzuwenden. [6]§ 16c ist mit der Maßgabe entsprechend anzuwenden, dass Fehlbeträge, nicht eingegangene Beträge und Überschüsse erst nach der Aufteilung der Kosten nach Satz 1 gruppenbezogen zu berücksichtigen sind.

(2) [1]Umlagepflichtig für den Aufgabenbereich Wertpapierhandel ist, wer den in Absatz 1 genannten Gruppen angehört. [2]Die Umlagepflicht in den Gruppen Wertpapierdienstleistungsunternehmen und Anlageverwalter sowie Datenbereitstellungsdienstleister besteht mit Erteilung oder Fiktion der Erlaubnis zum Erbringen einer oder mehrerer Wertpapierdienstleistungen, mit Erteilung der Erlaubnis zum Erbringen der Dienstleistung Anlageverwaltung oder mit Erteilung oder Fiktion der Erlaubnis zum Erbringen von Datenbereitstellungsdiensten. [3]Sie endet in dem Jahr des Erlöschens der Erlaubnis. [4]Die Umlagepflicht besteht auch dann, wenn die Voraussetzungen nicht das ganze Jahr vorliegen. [5]Die Umlagepflicht in der Gruppe der Emittenten erstreckt sich auf die Umlagejahre, in denen ein Emittent die in Absatz 1 Satz 1 Nummer 2 genannten Voraussetzungen erfüllt.

(3) Fehlbeträge, nicht eingegangene Beträge und Überschüsse der Umlageabrechnungen für die Jahre 2009 bis 2012 in den in § 6 Absatz 2 Satz 1 Nummer 3 Buchstabe a bis c der Verordnung über die Erhebung von Gebühren und die Umlegung von Kosten nach dem Finanzdienstleistungsaufsichtsgesetz in der bis zum 31. Dezember 2012 geltenden Fassung genannten Gruppen des Aufgabenbereichs Wertpapierhandel gelten ab der Abrechnung für das Umlagejahr 2013 als Fehlbeträge, nicht eingegangene Beträge und Überschüsse der Gruppe Wertpapierdienstleistungsunternehmen und Anlageverwalter.

§ 16j Bemessungsgrundlagen der Umlage im Aufgabenbereich Wertpapierhandel. (1) [1]Für die Umlagepflichtigen in der Gruppe Wertpapierdienstleistungsunternehmen und Anlageverwalter ist der Umlagebetrag nach dem Verhältnis der Nettoerträge des einzelnen Umlagepflichtigen zum Gesamtbetrag der Nettoerträge aller Umlagepflichtigen der Gruppe zu bemessen,

---

[1)] Nr. **8**.

wobei sich die Nettoerträge aus folgenden Positionen der Anlagen 1 und 4 der Prüfungsberichtsverordnung (SON01 und SON04) zusammensetzen:

1. bei Kreditinstituten mit Ausnahme der Wertpapierhandelsbanken aus
   a) dem Provisionsergebnis (Position 033 der Anlage SON01), wenn der Betrag positiv oder null ist,
   b) zuzüglich des Nettoergebnisses des Handelsbestandes aus Geschäften mit Wertpapieren des Handelsbestandes (Position 034 der Anlage SON01), wenn der Saldo positiv ist,
   c) zuzüglich des Nettoergebnisses des Handelsbestandes aus Geschäften mit Devisen und Edelmetallen (Position 035 der Anlage SON01), wenn der Saldo positiv ist, und
   d) zuzüglich des Nettoergebnisses des Handelsbestandes aus Geschäften mit Derivaten (Position 036 der Anlage SON01), wenn der Saldo positiv ist,
2. bei Finanzdienstleistungsinstituten, die mit Finanzinstrumenten auf eigene Rechnung handeln oder die Befugnis haben, sich Eigentum oder Besitz an Geldern oder Wertpapieren von Kunden zu verschaffen, und bei Wertpapierhandelsbanken aus
   a) dem Saldo aus den Erträgen aus Geschäften mit Wertpapieren des Handelsbestandes (Position 316 der Anlage SON01) und Aufwendungen aus Geschäften mit Wertpapieren des Handelsbestandes (Position 315 der Anlage SON01), wenn der Saldo positiv ist,
   b) zuzüglich des Saldos aus Erträgen aus Geschäften mit Devisen und Edelmetallen (Position 318 der Anlage SON01) und den Aufwendungen aus Geschäften mit Devisen und Edelmetallen (Position 317 der Anlage SON01), wenn der Saldo positiv ist,
   c) zuzüglich des Saldos aus Erträgen aus Geschäften mit Derivaten (Position 320 der Anlage SON01) und den Aufwendungen aus Geschäften mit Derivaten (Position 319 der Anlage SON01), wenn der Saldo positiv ist,
3. bei allen übrigen Wertpapierdienstleistungsunternehmen, die nicht auf eigene Rechnung mit Finanzinstrumenten handeln und die nicht befugt sind, sich bei der Erbringung von Finanzdienstleistungen Eigentum oder Besitz an Geldern oder Wertpapieren von Kunden zu verschaffen, aus den Provisionserträgen (Position 313 der Anlage SON04) abzüglich der Provisionsaufwendungen (Position 314 der Anlage SON04).

[2] Zugrunde zu legen sind die Ertragsdaten des dem Umlagejahr vorausgehenden Kalenderjahres.

(2) [1] Für die Umlagepflichtigen der Gruppe Wertpapierdienstleistungsunternehmen und Anlageverwalter sind bei der Ermittlung der umlagerelevanten Ergebnisse nach Absatz 1 auf Antrag von dem Provisionsergebnis abzuziehen

1. Nettoerträge aus dem Zahlungsverkehr,
2. Nettoerträge aus dem Außenhandelsgeschäft,
3. Nettoerträge aus dem Reisezahlungsmittelgeschäft,
4. Nettoerträge für Treuhandkredite und Verwaltungskredite,
5. Nettoerträge aus der Vermittlung von Kredit-, Spar-, Bauspar- und Versicherungsverträgen,
6. Nettoerträge aus der Kreditbearbeitung und dem Avalgeschäft,

7. Nettoerträge aus von ausländischen Tochterunternehmen für Einlagengeschäfte erhaltenen Vergütungen,
8. Nettoerträge aus Nachlassbearbeitungen,
9. Nettoerträge für Electronic Banking Services,
10. Nettoerträge aus Gutachtertätigkeiten und
11. Nettoerträge aus sonstigen Bearbeitungsentgelten.

2 Die Abzugsposten nach Satz 1 sind von der Bundesanstalt nur zu berücksichtigen, wenn sie in der Summe mehr als ein Fünftel des gesamten Provisionsergebnisses betragen und der Umlagepflichtige die Nichtberücksichtigung vor dem 1. Februar des auf das Umlagejahr folgenden Kalenderjahres beantragt sowie das Vorliegen der Voraussetzungen durch Vorlage geeigneter Unterlagen nachgewiesen hat; Tatsachen, die verspätet vorgetragen oder nachgewiesen werden, bleiben unberücksichtigt. 3 Die Beträge der Abzugsposten sind durch eine Bestätigung eines Wirtschaftsprüfers, einer Wirtschaftsprüfungsgesellschaft, eines vereidigten Buchprüfers, einer Buchprüfungsgesellschaft, eines genossenschaftlichen Prüfungsverbandes oder einer Prüfungsstelle der Sparkassen- und Giroverbände nachzuweisen.

(3) Für Umlagepflichtige der Gruppe Wertpapierdienstleistungsunternehmen und Anlageverwalter, die nicht das ganze Jahr umlagepflichtig waren, ist abweichend von den Absätzen 1 und 2 der Bruchteil der ermittelten Erträge maßgeblich, der dem Verhältnis der Anzahl der angefangenen Monate, in denen die Umlagepflicht bestand, zur Anzahl der Monate des Umlagejahres entspricht.

(4) 1 In der Gruppe Wertpapierdienstleistungsunternehmen und Anlageverwalter haben die Unternehmen bis spätestens zum 30. Juni des dem Umlagejahr folgenden Kalenderjahres die für die Bemessung des Umlagebetrages notwendigen, von einem Wirtschaftsprüfer, einer Wirtschaftsprüfungsgesellschaft, einem genossenschaftlichen Prüfungsverband oder einer Prüfungsstelle der Sparkassen- und Giroverbände bestätigten Daten mitzuteilen, sofern bis zu diesem Zeitpunkt noch kein Prüfungsbericht über den Jahresabschluss für das letzte Geschäftsjahr bei der Bundesanstalt eingereicht worden ist. 2 Bei Finanzdienstleistungsinstituten, deren Bilanzsumme des letzten Geschäftsjahres 150 Millionen Euro nicht übersteigt, können die Bestätigungen nach Satz 1 auch durch vereidigte Buchprüfer oder Buchprüfungsgesellschaften vorgenommen werden. 3 Liegen die Daten nach Satz 1 am 1. Juli nicht vor, schätzt die Bundesanstalt die Erträge und setzt den Umlagebetrag anhand der geschätzten Daten fest. 4 Die Bundesanstalt kann auf Antrag eine angemessene Nachfrist von bis zu einem Monat zur Einreichung der in Satz 1 genannten Daten gewähren. 5 Bei der Schätzung hat die Bundesanstalt im Regelfall Ertragsdaten des Umlagepflichtigen aus vorangegangenen Geschäftsjahren zugrunde zu legen. 6 Liegen keinerlei Daten im Sinne des Satzes 5 und auch keine entsprechenden Daten für die nachfolgenden Geschäftsjahre vor, sind die Daten von Unternehmen der Umlagegruppe mit vergleichbarer Größe entsprechend heranzuziehen. 7 Bei Unternehmen, denen im Umlagejahr erstmals die Erlaubnis erteilt wurde oder die ihre erste erlaubnispflichtige Geschäftstätigkeit aufgenommen haben, entspricht der Umlagebetrag dem Mindestumlagebetrag nach Absatz 6.

(5) 1 Für Umlagepflichtige der Gruppe Emittenten ist der Umlagebetrag nach den Umsätzen von Wertpapieren der Umlagepflichtigen zu bemessen, die

an den inländischen Handelsplätzen im Sinne von § 2 Absatz 22 des Wertpapierhandelsgesetzes in einem Umlagejahr angefallen sind. [2] Wertpapiere im Sinne von Satz 1 sind Wertpapiere im Sinne von § 2 Absatz 1 des Wertpapierhandelsgesetzes, die an einer inländischen Börse zum Handel zugelassen oder in den Freiverkehr einbezogen sind. [3] Bei der Bemessung des Umlagebetrages ist vorbehaltlich der Regelungen des Absatzes 6 die Höhe der von den inländischen Handelsplätzen nach Satz 4 an die Bundesanstalt gemeldeten Umsätze für den einzelnen Umlagepflichtigen in das Verhältnis zum Gesamtbetrag der für alle Umlagepflichtigen gemeldeten Umsätze zu setzen. [4] Die Handelsplätze haben der Bundesanstalt zur Festsetzung der Umlage und der Umlagevorauszahlung über die Umsätze nach Satz 1 Auskunft zu erteilen und Unterlagen vorzulegen. [5] Die Bundesanstalt kann von den Emittenten Auskunft und die Vorlage von Unterlagen verlangen, soweit dies zur Festsetzung der Umlage und der Umlagevorauszahlung erforderlich ist.

(5a) Auf die Bemessung der Umlagebeträge in der Gruppe Datenbereitstellungsdienstleister ist § 16f Absatz 1 Nummer 3 entsprechend anzuwenden.

(6) Der von jedem Umlagepflichtigen der Gruppe Wertpapierdienstleistungsunternehmen und Anlageverwaltung sowie der Gruppe Emittenten zu entrichtende Umlagebetrag beträgt in jeder Gruppe mindestens 250 Euro.

(7) [1] Das Bundesministerium der Finanzen wird ermächtigt, durch Rechtsverordnung ohne Zustimmung des Bundesrates näher zu bestimmen, auf welchem Wege und in welcher Form der Antrag und die Nachweise nach Absatz 2 sowie die Umsätze nach Absatz 5 der Bundesanstalt zu übermitteln sind und wie sich die Umsätze nach Absatz 5 bestimmen. [2] Das Bundesministerium kann die Ermächtigung zum Erlass der Rechtsverordnung nach Satz 1 auf die Bundesanstalt übertragen.

§ 16k Aufgabenbereich Abwicklung. (1) Die Umlagepflicht besteht für Institute im Sinne des § 2 des Restrukturierungsfondsgesetzes[1)] ab dem Zeitpunkt der Erteilung oder der Fiktion der Erlaubnis nach dem Kreditwesengesetz[2)] und endet, wenn die Erlaubnis des Instituts erlischt oder aufgehoben wird.

(2) [1] Umlagepflichtige Institute, bei denen die Berechnung der Jahresbeiträge gemäß § 12 Absatz 2 des Restrukturierungsfondsgesetzes für das Umlagejahr unter Berücksichtigung des Artikels 10 der Delegierten Verordnung (EU) 2015/63 erfolgte sowie die in § 1 Absatz 1 und 2 der Restrukturierungsfondsverordnung genannten Institute zahlen einen Pauschalbetrag in Höhe von 250 Euro. [2] Für die übrigen umlagepflichtigen Institute wird der Umlagebetrag nach einem jährlich zu ermittelnden Verteilungsschlüssel bemessen. [3] Der Verteilungsschlüssel in einem Umlagejahr bestimmt sich für diese Institute nach dem Verhältnis der Höhe der Bilanzsumme, die in entsprechender Anwendung der Bestimmungen des Artikels 5 der Delegierten Verordnung (EU) 2015/63 angepasst wurde, zur Gesamtsumme der Bilanzsummen, die in entsprechender Anwendung der Bestimmungen des Artikels 5 der Delegierten Verordnung (EU) 2015/63 angepasst wurden, aller übrigen umlagepflichtigen Institute. [4] Maßgebend für die Berechnung des Verteilungsschlüssels ist jeweils die in

[1)] Nr. **21**.
[2)] Nr. **8**.

entsprechender Anwendung des Artikels 5 der Delegierten Verordnung (EU) 2015/63 angepasste Bilanzsumme, die im Umlagejahr der Berechnung der Jahresbeiträge nach § 12 Absatz 2 des Restrukturierungsfondsgesetzes zugrunde lag. [5] Soweit für ein umlagepflichtiges Institut im Umlagejahr keine Jahresbeiträge nach § 12 Absatz 2 des Restrukturierungsfondsgesetzes zu berechnen waren und die Daten zur Berechnung der Bilanzsumme, die in entsprechender Anwendung der Bestimmung des Artikels 5 der Delegierten Verordnung (EU) 2015/63 angepasst wurde, nicht vorliegen, wird für das jeweilige Institut ein Pauschalbetrag in Höhe von 250 Euro erhoben. [6] § 16f Absatz 1 Nummer 1 Satz 2, Absatz 2, 4 und 5 ist entsprechend anzuwenden. [7] Der Umlagebetrag für jedes umlagepflichtige Institut beträgt mindestens 250 Euro.

§ 16l Entstehung der Umlageforderung, Festsetzung des Umlagebetrages und Fälligkeit. (1) Die Umlageforderung entsteht mit Ablauf des Umlagejahres, für das die Umlagepflicht besteht.

(2) Nach Feststellung der Jahresrechnung über die Einnahmen und Ausgaben des jeweiligen Umlagejahres durch den Verwaltungsrat hat die Bundesanstalt für jeden Umlagepflichtigen den von diesem zu entrichtenden Umlagebetrag zu ermitteln.

(3) [1] Die Bundesanstalt hat den Umlagebetrag schriftlich oder elektronisch festzusetzen, sobald er nach Absatz 2 abschließend ermittelt worden ist. [2] Der Umlagebetrag ist kaufmännisch auf volle Euro zu runden. [3] Eine vorherige Anhörung der Umlagepflichtigen ist nicht erforderlich.

(4) Die Umlageforderung wird mit der Bekanntgabe ihrer Festsetzung an den Umlagepflichtigen fällig, wenn nicht die Bundesanstalt im Einzelfall einen späteren Zeitpunkt bestimmt.

(5) [1] Die Bundesanstalt kann zulassen, dass ein Verband die Umlagebeträge der ihm angehörenden Umlagepflichtigen für diese Umlagepflichtigen in einer Summe entrichtet, wenn er sich hierzu in Schriftform gegenüber der Bundesanstalt verpflichtet hat. [2] In diesem Fall werden die Festsetzungen gegenüber den verbandsangehörigen Umlagepflichtigen diesen über den Verband bekannt gegeben, soweit sich die Umlagepflichtigen damit einverstanden erklärt haben oder der Verband erklärt hat, zum Empfang der Festsetzungen ermächtigt zu sein. [3] Eine gesonderte Bekanntgabe der Festsetzung an den einzelnen verbandsangehörigen Umlagepflichtigen ist insoweit entbehrlich.

§ 16m Festsetzung und Fälligkeit von Umlagevorauszahlungen.
(1) [1] Die Bundesanstalt hat eine Vorauszahlung auf den Umlagebetrag eines Umlagejahres festzusetzen, sobald der für dieses Umlagejahr festgestellte Haushaltsplan vom Bundesministerium der Finanzen genehmigt ist. [2] Der Festsetzung sind die Ausgaben zugrunde zu legen, die in dem Haushaltsplan für dieses Umlagejahr veranschlagt sind. [3] § 16l Absatz 3 und 5 gilt entsprechend.

(2) [1] Vorauszahlungspflichtig ist, wer im letzten abgerechneten Umlagejahr umlagepflichtig war und im Jahr der Festsetzung der Vorauszahlung umlagepflichtig ist, es sei denn, er weist im Jahr der Vorauszahlungsfestsetzung vor dem 1. Dezember nach, dass er im darauf folgenden Jahr nicht mehr umlagepflichtig sein wird. [2] Wird der Nachweis nach Satz 1 nicht fristgerecht erbracht, hat der Vorauszahlungspflichtige den Vorauszahlungsbetrag auch dann für das volle Umlagejahr zu leisten, wenn er in diesem Jahr teilweise oder überhaupt nicht

mehr umlagepflichtig sein wird. [3] Eine anteilige Ermittlung der Vorauszahlung ist ausgeschlossen.

(3) [1] Die Verteilung der voraussichtlichen Kosten, die auf die Vorauszahlungspflichtigen umzulegen sind, ist auf der Grundlage der Verhältnisse des letzten abgerechneten Umlagejahres nach Maßgabe der §§ 16e bis 16k zu ermitteln. [2] Verhältnisse im Sinne des Satzes 1 sind die Verteilungsverhältnisse zwischen den Aufgabenbereichen und Gruppen sowie die Bemessungsgrundlagen für die einzelnen Umlagepflichtigen.

(4) [1] Die nach Absatz 1 festgesetzte Umlagevorauszahlung wird vorbehaltlich des Satzes 2 nach der Bekanntgabe der Festsetzung jeweils zu gleichen Teilen am 15. Januar und am 15. Juli fällig, wenn nicht die Bundesanstalt im Einzelfall einen anderen Zeitpunkt bestimmt. [2] Auf Vorauszahlungspflichtige des Aufgabenbereichs Abwicklung ist Satz 1 mit der Maßgabe anzuwenden, dass die festgesetzte Umlagevorauszahlung am 15. Januar des Umlagejahres fällig wird.

(5) [1] Soweit der Umlagebetrag die Vorauszahlung voraussichtlich übersteigen wird, kann die Bundesanstalt für das laufende Umlagejahr eine weitere Umlagevorauszahlung festsetzen. [2] Die Vorauszahlungspflicht bestimmt sich nach Absatz 2. [3] Die umzulegenden Kosten sind nach Maßgabe des Absatzes 3 zu verteilen. [4] Für den nach Satz 1 festgesetzten Vorauszahlungsbetrag hat die Bundesanstalt den Zeitpunkt der Fälligkeit zu bestimmen.

§ 16n Differenz zwischen Umlagebetrag und Vorauszahlung.

(1) Entsteht nach der Anrechnung des gezahlten Umlagevorauszahlungsbetrages auf den festgesetzten Umlagebetrag ein Fehlbetrag, ist dieser innerhalb eines Monats nach Bekanntgabe des festgesetzten Umlagebetrages zu entrichten.

(2) Übersteigt der gezahlte Vorauszahlungsbetrag den festgesetzten Umlagebetrag oder ist die Vorauszahlung von einem endgültig nicht Umlagepflichtigen geleistet worden, ist die Überzahlung zu erstatten.

(3) Ansprüche auf Erstattung von Überzahlungen im Sinne des Absatzes 2 erlöschen durch Verjährung, wenn sie nicht bis zum Ablauf des fünften Kalenderjahres nach dem Kalenderjahr geltend gemacht werden, in dem die Festsetzung des Umlagebetrages oder die Aufhebung des Vorauszahlungsbescheides unanfechtbar geworden ist.

§ 16o Säumniszuschläge; Beitreibung. (1) [1] Werden die Umlagebeträge und Umlagevorauszahlungsbeträge nicht bis zum Ablauf des Fälligkeitstages entrichtet, ist für jeden angefangenen Monat der Säumnis ein Säumniszuschlag von 1 Prozent des abgerundeten rückständigen Betrages zu entrichten. [2] Der Säumniszuschlag wird nur erhoben, wenn der rückständige Betrag 50 Euro übersteigt und die Säumnis länger als drei Tage beträgt. [3] Wird die Festsetzung einer Umlage aufgehoben oder geändert, bleiben die bis dahin verwirkten Säumniszuschläge unberührt.

(2) Für die Berechnung des Säumniszuschlages ist der rückständige Betrag auf volle 50 Euro abzurunden.

(3) Ein wirksam geleisteter Umlagebetrag oder Umlagevorauszahlungsbetrag gilt als entrichtet

1. bei Übergabe oder Übersendung von Zahlungsmitteln am Tag des Eingangs bei der für die Bundesanstalt zuständigen Kasse (Bundeskasse oder Zahlstelle); bei Hingabe oder Übersendung von Schecks jedoch drei Tage nach dem Tag des Eingangs des Schecks bei der zuständigen Kasse,
2. bei Überweisung oder Einzahlung auf ein Konto der zuständigen Kasse und bei Einzahlung mit Zahlschein oder Postanweisung an dem Tag, an dem der Betrag der Kasse gutgeschrieben wird, oder
3. bei Vorliegen einer Einzugsermächtigung am Fälligkeitstag.

(4) [1] In den Fällen der Gesamtschuld entstehen Säumniszuschläge gegenüber jedem säumigen Gesamtschuldner. [2] Insgesamt ist jedoch kein höherer Säumniszuschlag zu entrichten, als verwirkt worden wäre, wenn die Säumnis nur bei einem Gesamtschuldner eingetreten wäre.

(5) [1] Nicht fristgerecht entrichtete Umlage- und Umlagevorauszahlungsbeträge werden nach den Vorschriften des Verwaltungs-Vollstreckungsgesetzes durch die Bundesanstalt beigetrieben. [2] Vollstreckungsbehörde ist das für den Sitz oder die Niederlassung des Vollstreckungsschuldners zuständige Hauptzollamt.

§ 16p Festsetzungsverjährung. (1) [1] Die Festsetzung des Umlagebetrages ist nicht mehr zulässig, wenn die Festsetzungsfrist abgelaufen ist (Festsetzungsverjährung). [2] Die Festsetzungsfrist beträgt vier Jahre; sie beginnt mit Ablauf des Umlagejahres.

(2) Die Festsetzungsfrist läuft nicht ab, solange die Festsetzung wegen höherer Gewalt innerhalb der letzten sechs Monate des Fristablaufs nicht erfolgen kann.

(3) [1] Wird die Festsetzung angefochten, läuft die Festsetzungsfrist erst sechs Monate nach dem Zeitpunkt ab, an dem die Festsetzung unanfechtbar geworden ist; dies gilt auch, wenn der Rechtsbehelf erst nach Ablauf der Festsetzungsfrist eingelegt wird. [2] Der Ablauf der Festsetzungsfrist ist hinsichtlich des gesamten Anspruchs gehemmt. [3] Satz 1 gilt entsprechend für vor Ablauf der Festsetzungsfrist gestellte Anträge auf Aufhebung oder Änderung der Festsetzung.

§ 16q Zahlungsverjährung. (1) [1] Der Anspruch auf Zahlung des festgesetzten Umlagebetrages verjährt nach fünf Jahren (Zahlungsverjährung). [2] Die Verjährungsfrist beginnt mit dem Ablauf des Kalenderjahres, in dem der Anspruch erstmals fällig geworden ist.

(2) Die Zahlungsverjährung ist gehemmt, solange der Anspruch wegen höherer Gewalt innerhalb der letzten sechs Monate der Verjährungsfrist nicht verfolgt werden kann.

(3) Die Zahlungsverjährung wird unterbrochen durch

1. schriftliche Geltendmachung des Anspruchs,
2. Zahlungsaufschub,
3. Stundung,
4. Eintritt der aufschiebenden Wirkung,
5. Aussetzung der Vollziehung,
6. Sicherheitsleistung,

7. Vollstreckungsaufschub,
8. eine Vollstreckungsmaßnahme,
9. Anmeldung im Insolvenzverfahren,
10. Aufnahme in einen Insolvenzplan oder gerichtlichen Schuldenbereinigungsplan,
11. Einbeziehung in ein Verfahren, das die Restschuldbefreiung für den Umlageschuldner zum Ziel hat, oder
12. Ermittlungen der Bundesanstalt nach dem Wohnsitz oder dem Aufenthaltsort des Umlagepflichtigen.

(4) Die Unterbrechung der Zahlungsverjährung durch eine der in Absatz 3 genannten Maßnahmen dauert fort, bis
1. der Zahlungsaufschub, die Stundung, die aufschiebende Wirkung, die Aussetzung der Vollziehung oder der Vollstreckungsaufschub beendet ist,
2. bei Sicherheitsleistung, Pfändungspfandrecht, Zwangshypothek oder einem sonstigen Vorzugsrecht auf Befriedigung das entsprechende Recht erloschen ist,
3. das Insolvenzverfahren beendet ist,
4. der Insolvenzplan oder der gerichtliche Schuldenbereinigungsplan erfüllt ist oder hinfällig wird,
5. die Restschuldbefreiung erteilt oder versagt wird oder das Verfahren, das die Restschuldbefreiung zum Ziel hat, vorzeitig beendet wird, oder
6. die Ermittlung der Bundesanstalt nach dem Wohnsitz oder dem Aufenthalt des Umlagepflichtigen beendet ist.

(5) [1] Die Zahlungsverjährung wird nur in Höhe des Betrages unterbrochen, auf den sich die Unterbrechungshandlung bezieht. [2] Mit Ablauf des Kalenderjahres, in dem die Unterbrechung geendet hat, beginnt eine neue Verjährungsfrist.

(6) [1] Wird die Festsetzung des Umlagebetrages angefochten, erlöschen die Zahlungsansprüche aus ihr nicht vor Ablauf von sechs Monaten, nachdem die Festsetzung unanfechtbar geworden ist oder sich das Verfahren auf andere Weise erledigt hat. [2] Die Frist nach Satz 1 kann durch verjährungsunterbrechende Maßnahmen nach Absatz 3 unterbrochen werden.

§ 16r Erstattung überzahlter Umlagebeträge. (1) Zu Unrecht erhobene Umlagebeträge und sonstige Überzahlungen auf Umlagebeträge, die nicht auf der Erhebung einer Vorauszahlung beruhen, sind nach Kenntniserlangung durch die Bundesanstalt zu erstatten.

(2) Ansprüche auf Erstattung von zu Unrecht erhobenen Umlagebeträgen entstehen mit Unanfechtbarkeit der Feststellung der Rechtswidrigkeit; Ansprüche auf Erstattung von sonstigen Überzahlungen im Sinne des Absatzes 1 entstehen mit Zahlungseingang bei der Bundesanstalt.

(3) Ansprüche auf Erstattung von zu Unrecht erhobenen Umlagebeträgen und von sonstigen Überzahlungen im Sinne des Absatzes 1 erlöschen durch Verjährung, wenn sie nicht bis zum Ablauf des fünften Kalenderjahres geltend gemacht werden, das auf die Entstehung des Anspruchs folgt.

§ 17 Zwangsmittel; Bekanntgabe von Allgemeinverfügungen.

(1) [1]Die Bundesanstalt kann ihre Verfügungen, die sie innerhalb ihrer gesetzlichen Befugnisse trifft, mit Zwangsmitteln nach den Bestimmungen des Verwaltungs-Vollstreckungsgesetzes durchsetzen. [2]Dabei kann sie die Zwangsmittel für jeden Fall der Nichtbefolgung androhen. [3]Sie kann auch Zwangsmittel gegen juristische Personen des öffentlichen Rechts anwenden. [4]Die Höhe des Zwangsgelds beträgt bis zu 2 500 000 Euro.

(2) [1]Die Bundesanstalt gibt Allgemeinverfügungen öffentlich bekannt. [2]Die öffentliche Bekanntgabe gemäß § 41 Absatz 4 Satz 1 des Verwaltungsverfahrensgesetzes erfolgt durch elektronische Bekanntmachung auf der Internetseite der Bundesanstalt. [3]Dabei sind der Bekanntmachungszeitpunkt sowie der Bekanntgabezeitpunkt anzugeben. [4]Abweichend von § 41 Absatz 4 Satz 4 des Verwaltungsverfahrensgesetzes kann in besonders begründeten Fällen der Bekanntmachungszeitpunkt als Bekanntgabezeitpunkt bestimmt werden. [5]Ein besonders begründeter Fall im Sinne des Satzes 4 kann insbesondere vorliegen bei Allgemeinverfügungen der Bundesanstalt zur

1. Beseitigung oder Verhinderung von Nachteilen für die Stabilität der Finanzmärkte, von Zuständen, die das Vertrauen in die Funktionsfähigkeit der Finanzmärkte erschüttern können, oder von sonstigen erheblichen Nachteilen für den Finanz- oder Wertpapiermarkt oder
2. Sicherung der Liquidität oder Solvenz von beaufsichtigten Unternehmen oder bedeutender Vermögenswerte von Kunden oder Anlegern.

[6]Ein besonders begründeter Fall im Sinne des Satzes 4 kann darüber hinaus insbesondere auch vorliegen, wenn

1. bei späterer Bekanntgabe der Allgemeinverfügung deren Umgehung durch die Adressaten zu befürchten ist,
2. abgestimmte Maßnahmen mehrerer europäischer Aufsichtsbehörden erforderlich sind und eine frühere Bekanntgabe vereinbart wurde oder
3. eine frühere Bekanntgabe auf Grund europäischer Rechtsvorschriften erforderlich ist.

(3) Falls die für eine elektronische Bekanntmachung notwendigen Systeme nicht verfügbar sein sollten, erfolgt die öffentliche Bekanntgabe abweichend von Absatz 2 Satz 2 durch die Bekanntmachung an der hierfür durch die Bundesanstalt bestimmten allgemein zugänglichen Stelle; Absatz 2 Satz 3 bis 6 gilt entsprechend.

Sechster Abschnitt. Finanzierung gesonderter Aufgaben

§ 17a Finanzierung gesonderter Aufgaben. [1]Die Bundesanstalt weist die in ihrem Verwaltungsbereich voraussichtlich zu erwartenden Einnahmen und zu leistenden Ausgaben für Aufgaben nach Abschnitt 16 des Wertpapierhandelsgesetzes und nach diesem Abschnitt in einem gesonderten Teil des Haushaltsplans einschließlich eines gesonderten Stellenplans aus. [2]Die Summe der Einnahmen und Ausgaben der Prüfstelle sind in diesem Teil des Haushaltsplans zu berücksichtigen und ebenfalls gesondert auszuweisen. [3]Dieser Teil des Haushaltsplans wird unter Berücksichtigung des nach § 342d Satz 2 des Handelsgesetzbuchs genehmigten Wirtschaftsplans der Prüfstelle vom Verwaltungsrat gesondert festgestellt. [4]Die Kosten für die in Satz 1 genannten Aufgaben werden entsprechend gesondert erfasst und einem eigenen Buchungskreislauf zugeordnet. [5] Im Übrigen sind § 12 Abs. 1, 3 bis 5 und § 13 Abs. 2 Satz 1 und 2 entsprechend anzuwenden.

§ 17b Gebühren für gesonderte individuell zurechenbare öffentliche Leistungen. (1) [1] Die Bundesanstalt kann für individuell zurechenbare öffentliche Leistungen im Rahmen der ihr zugewiesenen Aufgaben nach Abschnitt 16 des Wertpapierhandelsgesetzes Gebühren in Höhe von bis zu 500 000 Euro erheben, soweit nicht nach § 17c eine gesonderte Erstattung von Kosten vorgesehen ist. [2] Ergibt die Prüfung durch die Bundesanstalt, dass die Rechnungslegung nicht fehlerhaft ist, sieht sie von der Erhebung der Gebühr ab.

(2) [1] Das Bundesministerium wird ermächtigt, durch Rechtsverordnung die gebührenpflichtigen Tatbestände und die Gebühren nach Maßgabe des Absatzes 1 durch feste Sätze oder Rahmensätze oder durch Regelungen über Erhöhungen, Ermäßigungen und Befreiungen für bestimmte Arten von individuell zurechenbaren öffentlichen Leistungen näher zu bestimmen. [2] § 14 Abs. 2 Satz 2, 3 und Abs. 3 ist entsprechend anzuwenden. [3] Das Bundesministerium kann die Ermächtigung durch Rechtsverordnung auf die Bundesanstalt übertragen.

§ 17c Gesonderte Erstattung bei gesonderten Prüfungen. [1] Die Kosten, die der Bundesanstalt durch die Wahrnehmung der Aufgaben nach § 108 Absatz 1 Satz 2 Nummer 1 des Wertpapierhandelsgesetzes entstehen, sind ihr von den Unternehmen im Sinne des § 106 des Wertpapierhandelsgesetzes gesondert zu erstatten und ihr auf Verlangen vorzuschießen. [2] Eine gesonderte Erstattung von Kosten, die durch die Wahrnehmung der Aufgaben nach § 108 Absatz 1 Satz 2 Nummer 1 des Wertpapierhandelsgesetzes entstehen, findet nicht statt, wenn das Prüfungsergebnis der Bundesanstalt vom Prüfungsergebnis der Prüfstelle zu Gunsten des betroffenen Unternehmens abweicht. [3] Zu den Kosten nach Satz 1 gehören auch die Kosten, mit denen die Bundesanstalt von der Prüfstelle im Rahmen ihrer Tätigkeit nach § 107 Absatz 4 des Wertpapierhandelsgesetzes oder von anderen Stellen, die im Rahmen solcher Maßnahmen für die Bundesanstalt tätig werden, belastet wird, sowie die Kosten für den Einsatz eigener Mitarbeiter. [4] Das Bundesministerium wird ermächtigt, Einzelheiten der gesonderten Erstattung durch eine Rechtsverordnung zu bestimmen. [5] Das Bundesministerium kann die Ermächtigung durch Rechtsverordnung auf die Bundesanstalt übertragen.

§ 17d Gesonderte Umlage. (1) [1] Soweit die nach § 17a Satz 4 gesondert erfassten Kosten und die Kosten, die zur Erfüllung der Aufgaben der Prüfstelle nach § 342b des Handelsgesetzbuchs erforderlich waren, nicht durch Gebühren, gesonderte Erstattung oder sonstige Einnahmen gedeckt werden, sind sie von der Bundesanstalt einschließlich der Fehlbeträge und der nicht eingegangenen Beträge des Vorjahres auf die zum Stichtag nach Satz 2 umlagepflichtigen Unternehmen nach einem geeigneten Verteilungsschlüssel unter Zugrundelegung ihrer inländischen Börsenumsätze anteilig umzulegen und nach den Vorschriften des Verwaltungs-Vollstreckungsgesetzes beizutreiben. [2] Umlagepflichtige Unternehmen im Sinne des Satzes 1 sind Emittenten von zugelassenen Wertpapieren im Sinne des § 2 Absatz 1 des Wertpapierhandelsgesetzes, für die die Bundesrepublik Deutschland nach § 2 Absatz 13 des Wertpapierhandelsgesetzes der Herkunftsstaat ist; unberücksichtigt bleiben hierbei Anteile und Aktien an offenen Investmentvermögen im Sinne des § 1 Absatz 4 des Kapitalanlagegesetzbuchs. [3]Für die Umlage können Mindest- und Höchstbeträge festgelegt werden. [4]Im Hinblick auf die Umlage nach Satz 1 kann die Bundesanstalt Vorauszahlungen auf der Grundlage der Kosten festsetzen, die nach dem Haushaltsplan voraussichtlich für das Umlagejahr zu erwarten sind.

(2) [1]Die inländischen Börsen haben der Bundesanstalt zur Festsetzung der Umlage und der Umlagevorauszahlung über die Börsenumsätze Auskünfte zu erteilen und Unterlagen vorzulegen. [2]Die Bundesanstalt kann von den Unternehmen Auskünfte und die Vorlage von Unterlagen verlangen, soweit dies zur Festsetzung der Umlage und der Umlagevorauszahlung erforderlich ist.

(2a) Auf die Erstattung von Überzahlungen und die Verjährung sind § 16m Absatz 2 und 3 sowie die §§ 16o, 16p und 16q entsprechend anzuwenden.

(3) [1]Das Nähere über die Erhebung der Umlage und der Umlagevorauszahlung, insbesondere über die Kostenermittlung und den Verteilungsschlüssel, den Stichtag, die Mindest- und Höchstveranlagung, das Umlageverfahren einschließlich eines geeigneten Schätzverfahrens bei nicht zweifelsfreier Datenlage, die Ausschlussfristen für die Erbringung von Nachweisen, Zahlungsfristen, die Höhe der Säumniszuschläge und die Beitreibung sowie den Differenzausgleich zwischen Umlagevorauszahlung und Umlagefestsetzung, auch in Bezug auf Vorschusszahlungen gemäß § 342d Abs. 1 Satz 3 des Handelsgesetzbuchs, bestimmt das Bundesministerium einvernehmlich mit dem Bundesministerium der Justiz und für Verbraucherschutz durch Rechtsverordnung. [2]Die Rechtsverordnung kann auch Regelungen über die vorläufige Festsetzung des Umlagebetrags vorsehen. [3]Das Bundesministerium kann die Ermächtigung mit Zustimmung des Bundesministeriums der Justiz und für Verbraucherschutz durch Rechtsverordnung auf die Bundesanstalt übertragen.

(4) Bei erstmaliger Erhebung der Umlage sind auch die Kosten zu berücksichtigen, die zur Errichtung der Prüfstelle erforderlich waren, auch wenn sie bereits vor Anerkennung der Prüfstelle nach § 342b des Handelsgesetzbuchs entstanden sind.

Siebenter Abschnitt. Übergangs- und Schlussbestimmungen

§ 18 Übergangsbestimmungen. (1) [1]Bei dem Bundesaufsichtsamt für das Kreditwesen, dem Bundesaufsichtsamt für das Versicherungswesen und dem Bundesaufsichtsamt für den Wertpapierhandel anhängige Verwaltungsverfahren werden ab dem 1. Mai 2002 von der Bundesanstalt fortgeführt. [2]In anhängigen Gerichtsverfahren, in denen die Bundesrepublik Deutschland, vertreten durch den Präsidenten des jeweiligen Bundesaufsichtsamtes, Partei oder Beteiligte ist, ist die Bundesanstalt mit Inkrafttreten dieses Gesetzes Partei oder Beteiligte.

(2) [1]Für Gerichtsverfahren, die gemäß § 10a des Gesetzes über die Errichtung eines Bundesaufsichtsamtes für das Versicherungswesen anhängig sind, bleibt das Bundesverwaltungsgericht zuständig. [2]Der Lauf von Fristen wird nicht unterbrochen.

(3) *(aufgehoben)*

(4) *(aufgehoben)*

(5) Auf die am 30. April 2002 im Amt befindlichen Präsidenten und Vizepräsidenten der Bundesaufsichtsämter für das Versicherungswesen, für das Kreditwesen und den Wertpapierhandel sind die Vorschriften des Bundesbesoldungsgesetzes in der vor Inkrafttreten des Artikels 14 des Gesetzes über die integrierte Finanzdienstleistungsaufsicht vom 22. April 2002 (BGBl. I S. 1310) geltenden Fassung bis zur Übertragung eines anderen Amtes anzuwenden.

(6) [1] Die von den beaufsichtigten Unternehmen zu erstattenden Kosten des Bundesaufsichtsamtes für das Kreditwesen, des Bundesaufsichtsamtes für das Versicherungswesen und des Bundesaufsichtsamtes für den Wertpapierhandel für das Jahr 2002 bis zum 30. April 2002 und für die Vorjahre, soweit sie noch nicht erstattet wurden, sind an die Bundesanstalt zu entrichten. [2] Die Bundesanstalt führt diese Beträge an den Bund ab.

(7) [1] Die am 9. Dezember 2011 im Amt befindlichen Mitglieder des Direktoriums verbleiben im Amt. [2] Auf diese sind bis zu einer Berufung in ein öffentlich-rechtliches Amtsverhältnis die Vorschriften des § 9 in der vor dem 9. Dezember 2011 geltenden Fassung weiter anzuwenden. [3] Weiterhin sind auf diese die Vorschriften der Anlage I des Bundesbesoldungsgesetzes in der vor dem 9. Dezember 2011 geltenden Fassung bis zur Übertragung eines anderen Amtes anzuwenden.

§ 18a Teilintegration der Bundesanstalt für Finanzmarktstabilisierung; Rechtsnachfolge; Verordnungsermächtigung. (1) [1] Die Bundesanstalt übernimmt zum 1. Januar 2018 alle Rechte und Pflichten, Verträge und sonstigen Rechtsverhältnisse der Bundesanstalt für Finanzmarktstabilisierung, soweit diese die auf die Bundesanstalt nach § 4 Absatz 1 Satz 5 oder nach anderen Bestimmungen zum 1. Januar 2018 übergegangenen Aufgaben betreffen, und tritt hinsichtlich der übergehenden Rechte und Pflichten in allen Verwaltungs- und Gerichtsverfahren, an denen die Bundesanstalt für Finanzmarktstabilisierung beteiligt ist, an deren Stelle. [2] Die Regelungen der Absätze 2 bis 7 bleiben unberührt.

(2) Die Bundesanstalt tritt zum 1. Januar 2018 nach Maßgabe der folgenden Absätze in die Rechte und Pflichten aus den Arbeitsverhältnissen mit übergehenden Beschäftigten ein.

(3) [1] Als übergehende Beschäftigte im Sinne des Absatzes 2 gelten Arbeitnehmerinnen und Arbeitnehmer, denen bei der Bundesanstalt für Finanzmarktstabilisierung Tätigkeiten zur Erfüllung der nach § 4 Absatz 1 Satz 5 auf die Bundesanstalt übergehenden Aufgaben übertragen sind. [2] Die übergehenden Beschäftigten bestimmen sich im Zweifel anhand der Organisationsstruktur der Bundesanstalt für Finanzmarktstabilisierung zum 31. August 2017.

(4) Für übergehende Beschäftigte im Sinne des Absatzes 2, die außertariflich beschäftigt sind, gelten die bisherigen Arbeitsverträge fort.

(5) Für die sonstigen übergehenden Beschäftigten im Sinne des Absatzes 2 bestimmt sich ab dem 1. Januar 2018 das Arbeitsverhältnis nach § 10 Absatz 1 sowie nach den bei der Bundesanstalt geltenden Dienstvereinbarungen in der jeweils geltenden Fassung mit folgenden Maßgaben:

1. Die Überleitung der übergehenden Beschäftigten erfolgt in eine Entgeltgruppe des Tarifvertrags über die Entgeltordnung des Bundes vom 5. September 2013 in der für den Bereich des Bundes jeweils geltenden Fassung nach

Maßgabe des § 12 des Tarifvertrags für den öffentlichen Dienst vom 13. September 2005 in der für den Bereich des Bundes jeweils geltenden Fassung.

2. Die Zuordnung zu den Stufen der Entgelttabelle des Tarifvertrags für den öffentlichen Dienst erfolgt entsprechend § 16 des Tarifvertrags für den öffentlichen Dienst in der für den Bereich des Bundes jeweils geltenden Fassung. Bei der Berechnung tarifrechtlich maßgebender Zeiten nach § 16 des Tarifvertrags für den öffentlichen Dienst werden die bei der Bundesanstalt für Finanzmarktstabilisierung am 31. Dezember 2017 erreichten Zeiten unbeschadet der übrigen Voraussetzungen so berücksichtigt, wie wenn sie bei der Bundesanstalt zurückgelegt worden wären. Restzeiten, die nach der Zuordnung zu einer Stufe verbleiben, werden auf die Stufenlaufzeit zum Erreichen der jeweils nächsten Stufe bei der Bundesanstalt angerechnet.
3. Die bei der Bundesanstalt für Finanzmarktstabilisierung am 31. Dezember 2017 erreichte Beschäftigungszeit wird als Beschäftigungszeit im Sinne des § 34 Absatz 3 Satz 1 und 2 des Tarifvertrags für den öffentlichen Dienst fortgeführt.
4. Weicht die Summe aus dem Tabellenentgelt nach § 15 des Tarifvertrags für den öffentlichen Dienst und der Finanzmarktzulage zum Stichtag 1. Januar 2018 von der Summe aus dem Tabellenentgelt nach dem Tarifvertrag der Deutschen Bundesbank, der Bundesbankzulage sowie einer etwaigen Einstellungszulage zum Stichtag 31. Dezember 2017 zu Ungunsten eines übergehenden Beschäftigten ab, wird diesem eine persönliche Zulage gewährt. Einzelheiten der Ausgestaltung, Berechnung und grundsätzlichen Abschmelzung dieser übertariflichen Zulage werden in einer gesonderten Regelung des Bundesministeriums der Finanzen, die der Einwilligung des Bundesministeriums des Inneren bedarf, festgelegt. Im Falle einer Berufung in das Beamtenverhältnis entfällt der Anspruch eines Beschäftigten auf Gewährung der Zulage.

(6) [1] Die Bundesanstalt für Finanzmarktstabilisierung unterrichtet die übergehenden Beschäftigten bis zum 31. Oktober 2017 schriftlich über die rechtlichen, wirtschaftlichen und sozialen Folgen des Übergangs. [2] Übergehende Beschäftigte im Sinne des Absatzes 2, die unter Absatz 5 fallen, können dem Übergang ihrer Arbeitsverhältnisse widersprechen. [3] Der Widerspruch kann gegenüber der Bundesanstalt für Finanzmarktstabilisierung oder der Bundesanstalt innerhalb eines Monats nach dem Zugang der Unterrichtung schriftlich erklärt werden. [4] Ein Widerspruchsrecht der übergehenden Beschäftigten im Sinne des Absatzes 2, die unter Absatz 4 fallen, gegen den Übergang ihrer Arbeitsverhältnisse besteht nicht.

(7) Das Bundesministerium wird ermächtigt, durch Rechtsverordnung nähere Bestimmungen zu den Einzelheiten der Rechtsnachfolge zu erlassen.

§ 19 Überleitung/Übernahme von Beschäftigten. (1) [1] Die Beamten der Bundesaufsichtsämter für das Kreditwesen, für das Versicherungswesen und für den Wertpapierhandel sind mit Wirkung zum 1. Mai 2002 Beamte der Bundesanstalt. [2] § 130 Abs. 1 des Beamtenrechtsrahmengesetzes in der Fassung der Bekanntmachung vom 31. März 1999 (BGBl. I S. 654) findet entsprechend Anwendung.

(2) [1] Soweit die Versorgungslast für die Beamten der Bundesanstalt nicht nach § 20 vom Bund zu tragen ist, sind bei der Bundesanstalt Pensionsrücklagen zu

bilden. [2] Satz 1 gilt entsprechend für Versorgungsansprüche der Mitglieder des Direktoriums.

(3) [1] Die bei den in Absatz 1 genannten Bundesaufsichtsämtern beschäftigten Angestellten, Arbeiter und Auszubildenden sind mit Wirkung zum 1. Mai 2002 in den Dienst der Bundesanstalt übernommen. [2] Die Bundesanstalt tritt unbeschadet des § 10 Abs. 1 in die Rechte und Pflichten aus den im Zeitpunkt der Übernahme bestehenden Arbeits- und Ausbildungsverhältnisse ein.

§ 20 Verteilung der Versorgungskosten. (1) Die Bundesanstalt trägt die Versorgungsbezüge für die bei ihr zurückgelegten Dienstzeiten der übernommenen Beamten der Bundesaufsichtsämter für das Kreditwesen, für das Versicherungswesen und für den Wertpapierhandel.

(2) [1] Der Bund trägt die Versorgungsbezüge für die Dienstzeiten der Beamten nach ihrer Anstellung bei den Bundesaufsichtsämtern für das Kreditwesen, für das Versicherungswesen und für den Wertpapierhandel bis zu ihrer Übernahme in die Bundesanstalt. [2] Im Übrigen gilt § 107b des Beamtenversorgungsgesetzes entsprechend.

(3) Für die vorhandenen Versorgungsempfänger der Bundesaufsichtsämter für das Kreditwesen, für das Versicherungswesen und für den Wertpapierhandel werden die Versorgungsbezüge vom Bund getragen.

§ 21 Übergang von Rechten und Pflichten. (1) Rechte und Pflichten, die die Bundesaufsichtsämter für das Kreditwesen, für das Versicherungswesen und für den Wertpapierhandel mit Wirkung für und gegen die Bundesrepublik Deutschland begründet haben, gehen auf die Bundesanstalt über.

(2) Das von den Bundesaufsichtsämtern zum Zeitpunkt der Errichtung der Bundesanstalt genutzte bewegliche Verwaltungsvermögen der Bundesrepublik Deutschland wird der Bundesanstalt zur unentgeltlichen Nutzung überlassen.

§ 22 Übergangsvorschriften zum Gesetz zur Stärkung der deutschen Finanzaufsicht. (1) § 4c gilt nicht in Verwaltungsgerichtsverfahren, die vor dem 1. Januar 2013 anhängig geworden sind oder für die die Klagefrist vor diesem Tag begonnen hat, sowie nicht in Verfahren über Rechtsmittel gegen gerichtliche Entscheidungen, die vor dem 1. Januar 2013 bekannt gegeben oder verkündet oder von Amts wegen anstelle einer Verkündung zugestellt worden sind.

(2) Die Amtszeit der Mitglieder des Verwaltungsrats nach § 7 Absatz 3 Satz 1 Nummer 2 Buchstabe e bis g in der bis zum 28. Februar 2013 geltenden Fassung und ihrer Stellvertreter endet am 1. März 2013.

(3) § 10a Absatz 1 ist erstmals anzuwenden auf die laufenden Dienstbezüge, die für einen nach dem 31. Dezember 2012 endenden Zahlungszeitraum gezahlt werden.

§ 23 Übergangsbestimmungen zur Umlageerhebung. (1) [1] Die §§ 16 bis 16k und 16m bis 16q in der ab dem 1. Januar 2013 geltenden Fassung sind erstmals auf die Umlageerhebung für das Umlagejahr 2013 anzuwenden. [2] Auf die Erhebung der Vorauszahlung für das Umlagejahr 2013, auf die Umlageerhebung für das Umlagejahr 2012 und die Abrechnung früherer Umlagejahre sind § 16, die auf der Grundlage des § 16 Absatz 2 erlassene Rechtsverordnung sowie die §§ 5, 6, 8 und 13 der Verordnung über die Erhebung von Gebühren und die Umlegung von Kosten nach dem Finanzdienstleistungsaufsichtsgesetz und § 8a Absatz 6 und § 8b Absatz 2 Satz 1 des Finanzmarktstabilisierungsfondsgesetzes[1)] jeweils in der bis zum 31. Dezember 2012 geltenden Fassung weiter anzuwenden.

(2) [1] § 16l in der ab dem 1. Januar 2013 geltenden Fassung ist erstmals auf die Erhebung der Vorauszahlungen für das Umlagejahr 2014 anzuwenden. [2] Hinsichtlich der Vorauszahlungen für das Umlagejahr 2014 im Aufgabenbereich Wertpapierhandel gilt § 16l jedoch mit folgenden Maßgaben:

1. Von den im Aufgabenbereich zu tragenden Vorauszahlungsbeträgen hat die Gruppe der Wertpapierdienstleistungsunternehmen und Anlageverwalter 46 Prozent und die Gruppe der Emittenten 54 Prozent zu tragen.
2. In der Gruppe der Wertpapierdienstleistungsunternehmen und Anlageverwalter ist vorauszahlungspflichtig, wer im Jahr der Vorauszahlungsfestsetzung die Voraussetzungen des § 16i Absatz 1 Satz 1 Nummer 1 erfüllt, es sei denn, er weist im Jahr der Vorauszahlungsfestsetzung vor dem 1. Dezember nach, dass er im darauf folgenden Jahr nicht mehr umlagepflichtig sein wird.
3. In der Gruppe der Wertpapierdienstleistungsunternehmen und Anlageverwalter bemisst sich die Vorauszahlung für das Jahr 2014 auf der Grundlage von Daten aus dem Jahr 2011.
4. Auf die Bemessung der Vorauszahlungsbeträge ist § 16j Absatz 2 und 4 nicht anzuwenden.
5. Soweit bei Wertpapierdienstleistungsunternehmen und Anlageverwaltern keine Daten für die Bemessungsgrundlage des Vorauszahlungsbetrages vorliegen, ist ein Bemessungsbetrag von null Euro anzusetzen; der Vorauszahlungsbetrag entspricht in diesem Fall dem Mindestumlagebetrag nach § 16j Absatz 6.

(3) Die §§ 16e und 16f sind ab dem 22. Juli 2013 mit folgenden Maßgaben anzuwenden:

1. Umlagepflichtig in der Gruppe Kapitalverwaltungsgesellschaften und extern verwaltete OGAW-Investmentaktiengesellschaften sind auch solche Kapitalverwaltungsgesellschaften, die eine Erlaubnis nach § 7 oder § 97 Absatz 1 des Investmentgesetzes in der bis zum 21. Juli 2013 geltenden Fassung erhalten haben, die für den in § 345 Absatz 2 Satz 1, Absatz 3 Satz 2, in Verbindung mit Absatz 2 Satz 1, oder Absatz 4 Satz 1 des Kapitalanlagegesetzbuchs vorgesehenen Zeitraum noch fortbesteht.
2. Auf für das Umlagejahr 2013 Umlagepflichtige in der Gruppe Kapitalverwaltungsgesellschaften und extern verwaltete OGAW-Investmentaktiengesellschaften ist bei der Bemessung der Umlagebeträge für dieses Umlagejahr § 16f Absatz 1 Nummer 2 in der bis zum 21. Juli 2013 geltenden Fassung entsprechend anzuwenden.
3. Sofern auf Umlagepflichtige in der Gruppe Kapitalverwaltungsgesellschaften und extern verwaltete OGAW-Investmentaktiengesellschaften auch nach dem Umlagejahr 2013 das Investmentgesetz in der bis zum 21. Juli 2013 geltenden Fassung anzuwenden ist, sind die von ihnen auf der Grundlage des Investmentgesetzes verwalteten Sondervermögen und zur gemeinschaftlichen

---

[1)] Nr. **18**.

Kapitalanlage verwalteten und angelegten Mittel in die Bemessung der Umlagebeträge des jeweiligen Umlagejahres in entsprechender Anwendung des § 16f Absatz 1 Nummer 2 einzubeziehen. Als Wert im Sinne des Satzes 3 gilt dabei jeweils der Wert, der nach § 44 Absatz 1 Satz 3 Nummer 1 Satz 6 oder nach § 99 Absatz 3 in Verbindung mit § 44 Absatz 1 Satz 3 Nummer 1 Satz 6 des Investmentgesetzes in der bis zum 21. Juli 2013 geltenden Fassung in dem Jahresbericht für das Geschäftsjahr angegeben wird, das dem Umlagejahr vorausgeht.

(4) Für die Umlagejahre 2014 und 2015 ist § 16k Absatz 2 in Verbindung mit § 16e mit folgenden Maßgaben anzuwenden:

1. Die Kosten, die der Bundesanstalt durch die Inanspruchnahme von Beratungs-, Management- oder Unterstützungsleistungen in Ausführung von Artikel 1 des Beschlusses der Europäischen Zentralbank vom 4. Februar 2014 (EZB/2014/3) in Verbindung mit Artikel 33 Absatz 4 der Verordnung (EU) Nr. 1024/2013[1] des Rates vom 15. Oktober 2013 zur Übertragung besonderer Aufgaben im Zusammenhang mit der Aufsicht über Kreditinstitute auf die Europäische Zentralbank (ABl. L 287 vom 29.10.2013, S. 63) entstehen, werden innerhalb der Gruppe Kredit- und Finanzdienstleistungsinstitute gesondert ermittelt und nach Maßgabe des § 16f Absatz 1 Nummer 1, Absatz 2, 4 und 5 auf diejenigen Umlagepflichtigen dieser Gruppe verteilt, die
   a) nach vorgenanntem Beschluss geprüft oder in eine Prüfung einbezogen werden und,
   b) den im Anhang des Beschlusses der Europäischen Zentralbank aufgeführten deutschen Unternehmen zuzurechnen sind oder auf die Artikel 1 Absatz 3 des Beschlusses anzuwenden ist.
2. Der nach Nummer 1 ermittelte Betrag ist dem Betrag hinzuzurechnen, der nach § 16k Absatz 2 in Verbindung mit § 16e ohne die in Nummer 1 genannten Kosten ermittelt wird.

(5) Die §§ 16, 16e, 16f und 16g in der ab dem 10. Juli 2015 geltenden Fassung sind erstmals auf die Umlageerhebung für das Umlagejahr 2015 anzuwenden.

(6) § 17d Absatz 1 in der ab dem 26. November 2015 geltenden Fassung ist erstmals auf die Umlageerhebung für das Umlagejahr 2016 anzuwenden.

(7) [1] Für das Umlagejahr 2017 hat die Bundesanstalt zusätzlich zu der ihr nach diesem Gesetz zugewiesenen Erhebung von Umlagen auch die Umlage für den Aufgabenbereich Abwicklungsbehörde der Bundesanstalt für Finanzmarktstabilisierung im Sinne des § 6 Absatz 1 Nummer 1 der FMSA-Kostenverordnung in der am 31. Dezember 2017 geltenden Fassung zu erheben. [2] Sie hat dabei die §§ 3f bis 3h und 3j des Finanzmarktstabilisierungsfondsgesetzes in der bis zum 31. Dezember 2017 geltenden Fassung sowie die §§ 6, 7 und 9 bis 14 der FMSA-Kostenverordnung in der am 31. Dezember 2017 geltenden Fassung entsprechend anzuwenden. [3] Die Bundesanstalt hat in entsprechender Anwendung des § 3h Absatz 2 des Finanzmarktstabilisierungsfondsgesetzes in der bis zum 31. Dezember 2017 geltenden Fassung für jedes umlagepflichtige Institut den von diesem zu entrichtenden Umlagebetrag auf der Grundlage der Haushaltsrechnung zu ermitteln, die vom Leitungsausschuss der Bundesanstalt

[1] Nr. 5.

für Finanzmarktstabilisierung für das Umlagejahr 2017 aufgestellt wurde. [4]Die für das Umlagejahr 2017 geleistete Umlagevorauszahlung ist in entsprechender Anwendung des § 3j Absatz 1 des Finanzmarktstabilisierungsfondsgesetzes in der bis zum 31. Dezember 2017 geltenden Fassung bei der Festsetzung des jeweiligen Umlagebetrages für das Umlagejahr 2017 anzurechnen. [5]Übersteigen die für den Aufgabenbereich Abwicklungsbehörde nach Satz 4 geleisteten Umlagevorauszahlungen die nach Satz 1 festgesetzten Umlagebeträge, so hat die Bundesanstalt für Finanzmarktstabilisierung an die Bundesanstalt die zur Erstattung der überzahlten Umlagevorauszahlungsbeträge erforderlichen Mittel zu leisten. [6]Übersteigen die für den Aufgabenbereich Abwicklungsbehörde festgesetzten Umlagebeträge nach Satz 1 die nach Satz 4 geleisteten Umlagevorauszahlungen im Sinne von § 3j Absatz 1 des Finanzmarktstabilisierungsfondsgesetzes in der bis zum 31. Dezember 2017 geltenden Fassung, so hat die Bundesanstalt die Fehlbeträge im Sinne von § 3j Absatz 2 Satz 1 des Finanzmarktstabilisierungsfondsgesetzes, die von den Umlagepflichtigen an die Bundesanstalt entrichtet wurden, an die Bundesanstalt für Finanzmarktstabilisierung zu leisten. [7]Gleicht die Bundesanstalt in der Zeit zwischen dem 1. Januar und dem 30. Juni 2018 aus ihrem Haushalt Fehlbeträge aus, die in entsprechender Anwendung des § 7 Absatz 1, 2 und 4 der FMSA-Kostenverordnung in der am 31. Dezember 2017 geltenden Fassung dem Umlagejahr 2017 der Bundesanstalt für Finanzmarktstabilisierung zuzurechnen sind, so sind diese von den Leistungen nach Satz 6 abzuziehen. [8]Fließen dem Haushalt der Bundesanstalt in der Zeit zwischen dem 1. Januar und dem 30. Juni 2018 Überschüsse zu, die in entsprechender Anwendung des § 7 Absatz 1, 2 und 4 der FMSA-Kostenverordnung in der am 31. Dezember 2017 geltenden Fassung dem Umlagejahr 2017 der Bundesanstalt für Finanzmarktstabilisierung zuzurechnen sind, so sind diese den Leistungen nach Satz 6 hinzuzurechnen. [9]Auf Umlagebeträge des Aufgabenbereichs Abwicklungsbehörde der Bundesanstalt für Finanzmarktstabilisierung, die Umlagejahre betreffen, welche dem Umlagejahr 2017 vorausgehen, hat die Bundesanstalt die §§ 3f bis 3h und 3j des Finanzmarktstabilisierungsfondsgesetzes in der bis zum 31. Dezember 2017 geltenden Fassung sowie die §§ 6, 7 und 9 bis 14 der FMSA-Kostenverordnung in der am 31. Dezember 2017 geltenden Fassung entsprechend anzuwenden.

(8) [1]Die §§ 16 bis 16l und 16n bis 16r in der ab dem 1. Januar 2018 geltenden Fassung sind erstmals auf das Umlagejahr 2018 anzuwenden. [2]Fehlbeträge, nicht eingegangene Beträge und Überschüsse, die nach dem 30. Juni 2018 entstehen und die dem Aufgabenbereich Abwicklungsbehörde der Bundesanstalt für Finanzmarktstabilisierung für das Umlagejahr 2017 und frühere Umlagejahre nach § 7 Absatz 1, 2 und 4 der FMSA-Kostenverordnung in der am 31. Dezember 2017 geltenden Fassung zuzuordnen gewesen wären, gelten als Fehlbeträge, nicht eingegangene Beträge und Überschüsse im Sinne von § 16c Absatz 1 in der ab dem 1. Januar 2018 geltenden Fassung. [3]Sie sind dem Aufgabenbereich Abwicklung der Bundesanstalt zuzuordnen.

(9) [1]Die Bundesanstalt für Finanzmarktstabilisierung setzt die Vorauszahlung für den Aufgabenbereich Abwicklung der Bundesanstalt für das Umlagejahr 2018 in entsprechender Anwendung des § 3i des Finanzmarktstabilisierungsfondsgesetzes in der bis zum 31. Dezember 2017 geltenden Fassung fest. [2]Die auf der Grundlage von Satz 1 gezahlte Vorauszahlung ist von der Bundesanstalt nach § 16n Absatz 1 oder 2 in der ab dem 1. Januar 2018 geltenden Fassung auf den für das Umlagejahr 2018 festgesetzten Umlagebetrag anzurechnen. [3]Die

Bundesanstalt erhebt die Vorauszahlung für das Jahr 2018 nach § 16l in der bis zum 31. Dezember 2017 geltenden Fassung mit der Maßgabe, dass der Festsetzung nach § 16l Absatz 1 Satz 2 in der bis zum 31. Dezember 2017 geltenden Fassung nur die Ausgaben des Haushaltsplans zugrunde zu legen sind, die sich nach Abzug des Betrages ergeben, den die Bundesanstalt für Finanzmarktstabilisierung als Vorauszahlung nach Satz 1 festgesetzt hat. [4] § 16m in der ab dem 1. Januar 2018 geltenden Fassung ist erstmals auf die Erhebung der Vorauszahlung für das Umlagejahr 2020 anzuwenden. [5] Für das Umlagejahr 2019 ist Satz 4 mit der Maßgabe anzuwenden, dass in die Verteilungsverhältnisse im Sinne des § 16m Absatz 3 Satz 2 in der ab dem 1. Januar 2018 geltenden Fassung der Teil des abgerechneten Umlagejahres 2017 der Bundesanstalt für Finanzmarktstabilisierung einzubeziehen ist, der sich auf den Aufgabenbereich Abwicklungsbehörde bezieht.

(10) § 16e Absatz 1 und 3, § 16f Absatz 1, § 16g Absatz 1, § 16i Absatz 1 und 2, § 16j Absatz 5 bis 7 sind erstmals auf das Umlagejahr 2018 anzuwenden.

(11) § 16e Absatz 1 Satz 1 Nummer 1 und § 16g Absatz 1 Satz 1 Nummer 1 Buchstabe b Doppelbuchstabe aa und Buchstabe c Doppelbuchstabe aa in der ab dem 1. Januar 2020 geltenden Fassung sind erstmals auf die Umlageerhebung für das Umlagejahr 2020 anzuwenden.

8. Gesetz über das Kreditwesen (Kreditwesengesetz – KWG)

In der Fassung der Bekanntmachung vom 9. September 1998[1]

(BGBl. I S. 2776)

FNA 7610-1

zuletzt geänd. durch Art. 10 G zur Umsetzung der zweiten AktionärsrechteRL v. 12.12.2019 (BGBl. I S. 2637)

Inhaltsübersicht

[1] Neubekanntmachung des KWG idF der Bek. v. 22.1.1996 (BGBl. I S. 64) in der ab 1.8.1998 geltenden Fassung.

Zweiter Abschnitt. Vorschriften für Institute, Institutsgruppen, Finanzholding- Gruppen, gemischte Finanzholding-Gruppen und gemischte Holdinggesellschaften

1. Eigenmittel und Liquidität

2. Kreditgeschäft

2a. Refinanzierungsregister

3. Kundenrechte

Erster Abschnitt. Allgemeine Vorschriften

1. Kreditinstitute, Finanzdienstleistungsinstitute, Finanzholding-Gesellschaften, gemischte Finanzholding-Gesellschaften und gemischte Holdinggesellschaften sowie Finanzunternehmen

§ 1 Begriffsbestimmungen (1) [1] Kreditinstitute sind Unternehmen, die Bankgeschäfte gewerbsmäßig oder in einem Umfang betreiben, der einen in kaufmännischer Weise eingerichteten Geschäftsbetrieb erfordert. [2] Bankgeschäfte sind

1. die Annahme fremder Gelder als Einlagen oder anderer unbedingt rückzahlbarer Gelder des Publikums, sofern der Rückzahlungsanspruch nicht in Inhaber- oder Orderschuldverschreibungen verbrieft wird, ohne Rücksicht darauf, ob Zinsen vergütet werden (Einlagengeschäft),

1a. die in § 1 Abs. 1 Satz 2 des Pfandbriefgesetzes[1)] bezeichneten Geschäfte (Pfandbriefgeschäft),

2. die Gewährung von Gelddarlehen und Akzeptkrediten (Kreditgeschäft),
3. der Ankauf von Wechseln und Schecks (Diskontgeschäft),
4. die Anschaffung und die Veräußerung von Finanzinstrumenten im eigenen Namen für fremde Rechnung (Finanzkommissionsgeschäft),
5. die Verwahrung und die Verwaltung von Wertpapieren für andere (Depotgeschäft),[2)]
6. die Tätigkeit als Zentralverwahrer im Sinne des Absatzes 6,
7. die Eingehung der Verpflichtung, zuvor veräußerte Darlehensforderungen vor Fälligkeit zurückzuerwerben,
8. die Übernahme von Bürgschaften, Garantien und sonstigen Gewährleistungen für andere (Garantiegeschäft),

---

[1)] Nr. **16**.

[2)] Siehe das Depotgesetz idF der Bek. v. 11.1.1995 (BGBl. I S. 34), zuletzt geänd. durch G v. 30.6. 2016 (BGBl. I S. 1514).

9. die Durchführung des bargeldlosen Scheckeinzugs (Scheckeinzugsgeschäft), des Wechseleinzugs (Wechseleinzugsgeschäft) und die Ausgabe von Reiseschecks (Reisescheckgeschäft),
10. die Übernahme von Finanzinstrumenten für eigenes Risiko zur Plazierung oder die Übernahme gleichwertiger Garantien (Emissionsgeschäft),
11. *(aufgehoben)*
12. die Tätigkeit als zentrale Gegenpartei im Sinne von Absatz 31.

(1a) [1] Finanzdienstleistungsinstitute sind Unternehmen, die Finanzdienstleistungen für andere gewerbsmäßig oder in einem Umfang erbringen, der einen in kaufmännischer Weise eingerichteten Geschäftsbetrieb erfordert, und die keine Kreditinstitute sind. [2] Finanzdienstleistungen sind

1. die Vermittlung von Geschäften über die Anschaffung und die Veräußerung von Finanzinstrumenten (Anlagevermittlung),

1a. die Abgabe von persönlichen Empfehlungen an Kunden oder deren Vertreter, die sich auf Geschäfte mit bestimmten Finanzinstrumenten beziehen, sofern die Empfehlung auf eine Prüfung der persönlichen Umstände des Anlegers gestützt oder als für ihn geeignet dargestellt wird und nicht ausschließlich über Informationsverbreitungskanäle oder für die Öffentlichkeit bekannt gegeben wird (Anlageberatung),

1b. der Betrieb eines multilateralen Systems, das die Interessen einer Vielzahl von Personen am Kauf und Verkauf von Finanzinstrumenten innerhalb des Systems und nach festgelegten Bestimmungen in einer Weise zusammenbringt, die zu einem Vertrag über den Kauf dieser Finanzinstrumente führt (Betrieb eines multilateralen Handelssystems),

1c. das Platzieren von Finanzinstrumenten ohne feste Übernahmeverpflichtung (Platzierungsgeschäft),

1d. der Betrieb eines multilateralen Systems, bei dem es sich nicht um einen organisierten Markt oder ein multilaterales Handelssystem handelt und das die Interessen einer Vielzahl Dritter am Kauf und Verkauf von Schuldverschreibungen, strukturierten Finanzprodukten, Emissionszertifikaten oder Derivaten innerhalb des Systems auf eine Weise zusammenführt, die zu einem Vertrag über den Kauf dieser Finanzinstrumente führt (Betrieb eines organisierten Handelssystems),

2. die Anschaffung und Veräußerung von Finanzinstrumenten im fremden Namen für fremde Rechnung (Abschlußvermittlung),
3. die Verwaltung einzelner in Finanzinstrumenten angelegter Vermögen für andere mit Entscheidungsspielraum (Finanzportfolioverwaltung),
4. der Eigenhandel durch das
   a) kontinuierliche Anbieten des An- und Verkaufs von Finanzinstrumenten zu selbst gestellten Preisen für eigene Rechnung unter Einsatz des eigenen Kapitals,
   b) häufige organisierte und systematische Betreiben von Handel für eigene Rechnung in erheblichem Umfang außerhalb eines organisierten Marktes oder eines multilateralen oder organisierten Handelssystems, wenn Kundenaufträge außerhalb eines geregelten Marktes oder eines multilateralen oder organisierten Handelssystems ausgeführt werden, ohne dass

ein multilaterales Handelssystem betrieben wird (systematische Internalisierung),

c) Anschaffen oder Veräußern von Finanzinstrumenten für eigene Rechnung als Dienstleistung für andere oder

d) Kaufen oder Verkaufen von Finanzinstrumenten für eigene Rechnung als unmittelbarer oder mittelbarer Teilnehmer eines inländischen organisierten Marktes oder eines multilateralen oder organisierten Handelssystems mittels einer hochfrequenten algorithmischen Handelstechnik, die gekennzeichnet ist durch

aa) eine Infrastruktur zur Minimierung von Netzwerklatenzen und anderen Verzögerungen bei der Orderübertragung (Latenzen), die mindestens eine der folgenden Vorrichtungen für die Eingabe algorithmischer Aufträge aufweist: Kollokation, Proximity Hosting oder direkter elektronischer Hochgeschwindigkeitszugang,

bb) die Fähigkeit des Systems, einen Auftrag ohne menschliche Intervention im Sinne des Artikels 18 der Delegierten Verordnung (EU) 2017/565 der Kommission vom 25. April 2016 zur Ergänzung der Richtlinie 2014/65/EU des Europäischen Parlaments und des Rates in Bezug auf die organisatorischen Anforderungen an Wertpapierfirmen und die Bedingungen für die Ausübung ihrer Tätigkeit sowie in Bezug auf die Definition bestimmter Begriffe für die Zwecke der genannten Richtlinie (ABl. L 87 vom 31.3.2017, S. 1) in der jeweils geltenden Fassung, einzuleiten, zu erzeugen, weiterzuleiten oder auszuführen und

cc) ein hohes untertägiges Mitteilungsaufkommen im Sinne des Artikels 19 der Delegierten Verordnung (EU) 2017/565 in Form von Aufträgen, Kursangaben oder Stornierungen

auch ohne dass eine Dienstleistung für andere vorliegt (Hochfrequenzhandel),

5. die Vermittlung von Einlagengeschäften mit Unternehmen mit Sitz außerhalb des Europäischen Wirtschaftsraums (Drittstaateneinlagenvermittlung),
6. die Verwahrung, die Verwaltung und die Sicherung von Kryptowerten oder privaten kryptografischen Schlüsseln, die dazu dienen, Kryptowerte zu halten, zu speichern oder zu übertragen, für andere (Kryptoverwahrgeschäft),
7. der Handel mit Sorten (Sortengeschäft),
8. *(aufgehoben)*
9. der laufende Ankauf von Forderungen auf der Grundlage von Rahmenverträgen mit oder ohne Rückgriff (Factoring),
10. der Abschluss von Finanzierungsleasingverträgen als Leasinggeber und die Verwaltung von Objektgesellschaften im Sinne des § 2 Absatz 6 Satz 1 Nummer 17 außerhalb der Verwaltung eines Investmentvermögens im Sinne des § 1 Absatz 1 des Kapitalanlagegesetzbuchs (Finanzierungsleasing),
11. die Anschaffung und die Veräußerung von Finanzinstrumenten außerhalb der Verwaltung eines Investmentvermögens im Sinne des § 1 Absatz 1 des Kapitalanlagegesetzbuchs für eine Gemeinschaft von Anlegern, die natürliche Personen sind, mit Entscheidungsspielraum bei der Auswahl der Fi-

nanzinstrumente, sofern dies ein Schwerpunkt des angebotenen Produktes ist und zu dem Zweck erfolgt, dass diese Anleger an der Wertentwicklung der erworbenen Finanzinstrumente teilnehmen (Anlageverwaltung),

12. die Verwahrung und die Verwaltung von Wertpapieren ausschließlich für alternative Investmentfonds (AIF) im Sinne des § 1 Absatz 3 des Kapitalanlagegesetzbuchs (eingeschränktes Verwahrgeschäft).

[3] Die Anschaffung und die Veräußerung von Finanzinstrumenten für eigene Rechnung, die nicht Eigenhandel im Sinne des § 1 Absatz 1a Satz 2 Nummer 4 ist (Eigengeschäft), gilt als Finanzdienstleistung, wenn das Eigengeschäft von einem Unternehmen betrieben wird, das

1. dieses Geschäft, ohne bereits aus anderem Grunde Institut zu sein, gewerbsmäßig oder in einem Umfang betreibt, der einen in kaufmännischer Weise eingerichteten Geschäftsbetrieb erfordert, und
2. einer Instituts-, einer Finanzholding- oder gemischten Finanzholding-Gruppe oder einem Finanzkonglomerat angehört, der oder dem ein CRR-Kreditinstitut angehört.

[4] Ein Unternehmen, das als Finanzdienstleistung geltendes Eigengeschäft nach Satz 3 betreibt, gilt als Finanzdienstleistungsinstitut. [5] Die Sätze 3 und 4 gelten nicht für Abwicklungsanstalten nach § 8a Absatz 1 Satz 1 des Finanzmarktstabilisierungsfondsgesetzes[1)]. [6] Ob ein häufiger systematischer Handel im Sinne des Satzes 2 Nummer 4 Buchstabe b vorliegt, bemisst sich nach der Zahl der Geschäfte außerhalb eines Handelsplatzes im Sinne des § 2 Absatz 22 des Wertpapierhandelsgesetzes (OTC-Handel) mit einem Finanzinstrument zur Ausführung von Kundenaufträgen, die für eigene Rechnung durchgeführt werden. [7] Ob ein Handel in erheblichem Umfang im Sinne des Satzes 2 Nummer 4 Buchstabe b vorliegt, bemisst sich entweder nach dem Anteil des OTC-Handels an dem Gesamthandelsvolumen des Unternehmens in einem bestimmten Finanzinstrument oder nach dem Verhältnis des OTC-Handels des Unternehmens zum Gesamthandelsvolumen in einem bestimmten Finanzinstrument in der Europäischen Union. [8] Die Voraussetzungen der systematischen Internalisierung sind erst dann erfüllt, wenn sowohl die in den Artikeln 12 bis 17 der Delegierten Verordnung (EU) 2017/565 bestimmte Obergrenze für häufigen systematischen Handel als auch die in der vorgenannten Delegierten Verordnung bestimmte einschlägige Obergrenze für den Handel in erheblichem Umfang überschritten werden oder wenn ein Unternehmen sich freiwillig den für die systematische Internalisierung geltenden Regelungen unterworfen und einen entsprechenden Erlaubnisantrag bei der Bundesanstalt gestellt hat.

(1b) Institute im Sinne dieses Gesetzes sind Kreditinstitute und Finanzdienstleistungsinstitute.

(2) Geschäftsleiter im Sinne dieses Gesetzes sind diejenigen natürlichen Personen, die nach Gesetz, Satzung oder Gesellschaftsvertrag zur Führung der Geschäfte und zur Vertretung eines Instituts oder eines Unternehmens in der Rechtsform einer juristischen Person oder einer Personenhandelsgesellschaft berufen sind.

[1)] Nr. **18**.

(3) [1] Finanzunternehmen sind Unternehmen, die keine Institute und keine Kapitalverwaltungsgesellschaften oder extern verwaltete Investmentgesellschaften sind und deren Haupttätigkeit darin besteht,

1. Beteiligungen zu erwerben und zu halten,
2. Geldforderungen entgeltlich zu erwerben,
3. Leasing-Objektgesellschaft im Sinne des § 2 Abs. 6 Satz 1 Nr. 17 zu sein,
4. *(aufgehoben)*
5. mit Finanzinstrumenten für eigene Rechnung zu handeln,
6. andere bei der Anlage in Finanzinstrumenten zu beraten,
7. Unternehmen über die Kapitalstruktur, die industrielle Strategie und die damit verbundenen Fragen zu beraten sowie bei Zusammenschlüssen und Übernahmen von Unternehmen diese zu beraten und ihnen Dienstleistungen anzubieten oder
8. Darlehen zwischen Kreditinstituten zu vermitteln (Geldmaklergeschäfte).

[2] Das Bundesministerium der Finanzen kann nach Anhörung der Deutschen Bundesbank durch Rechtsverordnung weitere Unternehmen als Finanzunternehmen bezeichnen, deren Haupttätigkeit in einer Tätigkeit besteht, um welche die Liste in Anhang I der Richtlinie 2013/36/EU des Europäischen Parlaments und des Rates vom 26. Juni 2013 über den Zugang zur Tätigkeit von Kreditinstituten und die Beaufsichtigung von Kreditinstituten und Wertpapierfirmen, zur Änderung der Richtlinie 2002/87/EG und zur Aufhebung der Richtlinien 2006/48/EG und 2006/49/EG (ABl. L 176 vom 27.6.2013, S. 338) erweitert wird.

(3a) Datenbereitstellungsdienste im Sinne dieses Gesetzes sind genehmigte Veröffentlichungssysteme, Bereitsteller konsolidierter Datenticker und genehmigte Meldemechanismen im Sinne des § 2 Absatz 37, 38 und 39 des Wertpapierhandelsgesetzes.

(3b) und (3c) *(aufgehoben)*

(3d) [1] CRR-Kreditinstitute im Sinne dieses Gesetzes sind Kreditinstitute im Sinne des Artikels 4 Absatz 1 Nummer 1 der Verordnung (EU) Nr. 575/2013[1)] des Europäischen Parlaments und des Rates vom 26. Juni 2013 über Aufsichtsanforderungen an Kreditinstitute und Wertpapierfirmen und zur Änderung der Verordnung (EU) Nr. 646/2012 (ABl. L 176 vom 27.6.2013, S. 1). [2] CRR-Wertpapierfirmen im Sinne dieses Gesetzes sind Wertpapierfirmen im Sinne des Artikels 4 Absatz 1 Nummer 2 der Verordnung (EU) Nr. 575/2013. [3] CRR-Institute im Sinne dieses Gesetzes sind CRR-Kreditinstitute und CRR-Wertpapierfirmen. [4] Wertpapierhandelsunternehmen sind Institute, die keine CRR-Kreditinstitute sind und die Bankgeschäfte im Sinne des Absatzes 1 Satz 2 Nr. 4 oder 10 betreiben oder Finanzdienstleistungen im Sinne des Absatzes 1a Satz 2 Nr. 1 bis 4 erbringen, es sei denn, die Bankgeschäfte oder Finanzdienstleistungen beschränken sich auf Devisen oder Rechnungseinheiten. [5] Wertpapierhandelsbanken sind Kreditinstitute, die keine CRR-Kreditinstitute sind und die Bankgeschäfte im Sinne des Absatzes 1 Satz 2 Nr. 4 oder 10 betreiben oder Finanzdienstleistungen im Sinne des Absatzes 1a Satz 2

---

1) Nr. **6**.

Nr. 1 bis 4 erbringen. [6] E-Geld-Institute sind Unternehmen im Sinne des § 1 Absatz 2 Satz 1 Nummer 1 des Zahlungsdiensteaufsichtsgesetzes[1)].

(3e) Wertpapier- oder Terminbörsen im Sinne dieses Gesetzes sind Wertpapier- oder Terminmärkte, die von den zuständigen staatlichen Stellen geregelt und überwacht werden, regelmäßig stattfinden und für das Publikum unmittelbar oder mittelbar zugänglich sind, einschließlich

1. ihrer Betreiber, wenn deren Haupttätigkeit im Betreiben von Wertpapier- oder Terminmärkten besteht, und
2. ihrer Systeme zur Sicherung der Erfüllung der Geschäfte an diesen Märkten (Clearingstellen), die von den zuständigen staatlichen Stellen geregelt und überwacht werden.

(4) Herkunftsstaat ist der Staat, in dem die Hauptniederlassung eines Instituts zugelassen ist.

(5) Als Aufsichtsbehörde im Sinne dieses Gesetzes gilt

1. die Europäische Zentralbank, soweit sie in Ausübung ihrer gemäß Artikel 4 Absatz 1 Buchstabe a bis i und Artikel 4 Absatz 2 der Verordnung (EU) Nr. 1024/2013[2)] des Rates vom 15. Oktober 2013 zur Übertragung besonderer Aufgaben im Zusammenhang mit der Aufsicht über Kreditinstitute auf die Europäische Zentralbank (ABl. L 287 vom 29.10.2013, S. 63) übertragenen Aufgaben handelt und diese Aufgaben nicht gemäß Artikel 6 Absatz 6 dieser Verordnung durch die Bundesanstalt für Finanzdienstleistungsaufsicht (Bundesanstalt) wahrgenommen werden,
2. die Bundesanstalt, soweit nicht die Europäische Zentralbank nach Nummer 1 als Aufsichtsbehörde im Sinne dieses Gesetzes gilt.

(5a) [1] Der Europäische Wirtschaftsraum im Sinne dieses Gesetzes umfaßt die Mitgliedstaaten der Europäischen Union sowie die anderen Vertragsstaaten des Abkommens über den Europäischen Wirtschaftsraum. [2] Drittstaaten im Sinne dieses Gesetzes sind alle anderen Staaten.

(6) Ein Zentralverwahrer im Sinne dieses Gesetzes ist ein Unternehmen im Sinne des Artikels 2 Absatz 1 Nummer 1 der Verordnung (EU) Nr. 909/2014 des Europäischen Parlaments und des Rates vom 23. Juli 2014 zur Verbesserung der Wertpapierlieferungen und -abrechnungen in der Europäischen Union und über Zentralverwahrer sowie zur Änderung der Richtlinien 98/26/EG und 2014/65/EU und der Verordnung (EU) Nr. 236/2012 (ABl. L 257 vom 28.8. 2014, S. 1).

(7) Schwesterunternehmen sind Unternehmen, die ein gemeinsames Mutterunternehmen haben.

(7a)–(8) *(aufgehoben)*

(9) [1] Eine bedeutende Beteiligung im Sinne dieses Gesetzes ist eine qualifizierte Beteiligung gemäß Artikel 4 Absatz 1 Nummer 36 der Verordnung (EU) Nr. 575/2013 in der jeweils geltenden Fassung. [2] Für die Berechnung des Anteils der Stimmrechte gelten § 33 Absatz 1 in Verbindung mit einer Rechtsverordnung nach Absatz 3, § 34 Absatz 1 und 2, § 35 Absatz 1 bis 3 in Verbindung mit einer Rechtsverordnung nach Absatz 6 und § 36 des Wert-

---

1) Nr. **10**.
2) Nr. **5**.

papierhandelsgesetzes entsprechend. [3]Unberücksichtigt bleiben die Stimmrechte oder Kapitalanteile, die Institute im Rahmen des Emissionsgeschäfts nach Absatz 1 Satz 2 Nummer 10 halten, vorausgesetzt, diese Rechte werden nicht ausgeübt oder anderweitig benutzt, um in die Geschäftsführung des Emittenten einzugreifen, und sie werden innerhalb eines Jahres nach dem Zeitpunkt des Erwerbs veräußert.

(10) *(aufgehoben)*

(11) [1]Finanzinstrumente im Sinne der Absätze 1 bis 3 und 17 sowie im Sinne des § 2 Absatz 1 und 6 sind

1. Aktien und andere Anteile an in- oder ausländischen juristischen Personen, Personengesellschaften und sonstigen Unternehmen, soweit sie Aktien vergleichbar sind, sowie Hinterlegungsscheine, die Aktien oder Aktien vergleichbare Anteile vertreten,
2. Vermögensanlagen im Sinne des § 1 Absatz 2 des Vermögensanlagengesetzes mit Ausnahme von Anteilen an einer Genossenschaft im Sinne des § 1 des Genossenschaftsgesetzes,
3. Schuldtitel, insbesondere Genussscheine, Inhaberschuldverschreibungen, Orderschuldverschreibungen und diesen Schuldtiteln vergleichbare Rechte, die ihrer Art nach auf den Kapitalmärkten handelbar sind, mit Ausnahme von Zahlungsinstrumenten, sowie Hinterlegungsscheine, die diese Schuldtitel vertreten,
4. sonstige Rechte, die zum Erwerb oder zur Veräußerung von Rechten nach den Nummern 1 und 3 berechtigen oder zu einer Barzahlung führen, die in Abhängigkeit von solchen Rechten, von Währungen, Zinssätzen oder anderen Erträgen, von Waren, Indices oder Messgrößen bestimmt wird,
5. Anteile an Investmentvermögen im Sinne des § 1 Absatz 1 des Kapitalanlagegesetzbuchs,
6. Geldmarktinstrumente,
7. Devisen oder Rechnungseinheiten,
8. Derivate,
9. Berechtigungen nach § 3 Nummer 3 des Treibhausgas-Emissionshandelsgesetzes, Emissionsreduktionseinheiten nach § 2 Nummer 20 des Projekt-Mechanismen-Gesetzes und zertifizierte Emissionsreduktionen nach § 2 Nummer 21 des Projekt-Mechanismen-Gesetzes, soweit diese jeweils im Emissionshandelsregister gehalten werden dürfen (Emissionszertifikate) sowie
10. Kryptowerte.

[2]Hinterlegungsscheine im Sinne dieses Gesetzes sind Wertpapiere, die auf dem Kapitalmarkt handelbar sind, ein Eigentumsrecht an Wertpapieren von Emittenten mit Sitz im Ausland verbriefen, zum Handel auf einem organisierten Markt zugelassen sind und unabhängig von den Wertpapieren des jeweiligen gebietsfremden Emittenten gehandelt werden können. [3]Geldmarktinstrumente sind Instrumente im Sinne des Artikels 11 der Delegierten Verordnung (EU) 2017/565 mit Ausnahme von Zahlungsinstrumenten. [4]Kryptowerte im Sinne dieses Gesetzes sind digitale Darstellungen eines Wertes, der von keiner Zentralbank oder öffentlichen Stelle emittiert wurde oder garantiert wird und nicht den gesetzlichen Status einer Währung oder von Geld besitzt, aber von natürli-

chen oder juristischen Personen aufgrund einer Vereinbarung oder tatsächlichen Übung als Tausch- oder Zahlungsmittel akzeptiert wird oder Anlagezwecken dient und der auf elektronischem Wege übertragen, gespeichert und gehandelt werden kann. [5] Keine Kryptowerte im Sinne dieses Gesetzes sind

1. E-Geld im Sinne des § 1 Absatz 2 Satz 3 des Zahlungsdiensteaufsichtsgesetzes oder
2. ein monetärer Wert, der die Anforderungen des § 2 Absatz 1 Nummer 10 des Zahlungsdiensteaufsichtsgesetzes erfüllt oder nur für Zahlungsvorgänge nach § 2 Absatz 1 Nummer 11 des Zahlungsdiensteaufsichtsgesetzes eingesetzt wird.

[6] Derivate sind

1. als Kauf, Tausch oder anderweitig ausgestaltete Festgeschäfte oder Optionsgeschäfte, die zeitlich verzögert zu erfüllen sind und deren Wert sich unmittelbar oder mittelbar vom Preis oder Maß eines Basiswertes ableitet (Termingeschäfte) mit Bezug auf die folgenden Basiswerte:
   a) Wertpapiere oder Geldmarktinstrumente,
   b) Devisen, soweit das Geschäft nicht die Voraussetzungen des Artikels 10 der Delegierten Verordnung (EU) 2017/565 erfüllt, oder Rechnungseinheiten,
   c) Zinssätze oder andere Erträge,
   d) Indices der Basiswerte des Buchstaben a, b, c oder f andere Finanzindices oder Finanzmessgrößen,
   e) Derivate oder
   f) Emissionszertifikate;
2. Termingeschäfte mit Bezug auf Waren, Frachtsätze, Klima- oder andere physikalische Variablen, Inflationsraten oder andere volkswirtschaftliche Variablen oder sonstige Vermögenswerte, Indices oder Messwerte als Basiswerte, sofern sie
   a) durch Barausgleich zu erfüllen sind oder einer Vertragspartei das Recht geben, einen Barausgleich zu verlangen, ohne dass dieses Recht durch Ausfall oder ein anderes Beendigungsereignis begründet ist,
   b) auf einem organisierten Markt oder in einem multilateralen oder organisierten Handelssystem geschlossen werden, soweit es sich nicht um über ein organisiertes Handelssystem gehandelte Energiegroßhandelsprodukte handelt, die effektiv geliefert werden müssen, oder
   c) die Merkmale anderer Derivatekontrakte im Sinne des Artikels 7 der Delegierten Verordnung (EU) 2017/565 aufweisen und nichtkommerziellen Zwecken dienen,

   und sofern sie keine Kassageschäfte im Sinne des Artikels 7 der Delegierten Verordnung (EU) 2017/565 sind;
3. finanzielle Differenzgeschäfte;
4. als Kauf, Tausch oder anderweitig ausgestaltete Festgeschäfte oder Optionsgeschäfte, die zeitlich verzögert zu erfüllen sind und dem Transfer von Kreditrisiken dienen (Kreditderivate);

5. Termingeschäfte mit Bezug auf die in Artikel 8 der Delegierten Verordnung (EU) 2017/565 genannten Basiswerte, sofern sie die Bedingungen der Nummer 2 erfüllen.

(12) *(aufgehoben)*

(13) *(aufgehoben)*

(14) *(aufgehoben)*

(15) *(aufgehoben)*

(16) [1] Ein System im Sinne von § 24b ist eine schriftliche Vereinbarung nach Artikel 2 Buchstabe a der Richtlinie 98/26/EG des Europäischen Parlaments und des Rates vom 19. Mai 1998 über die Wirksamkeit von Abrechnungen in Zahlungs- sowie Wertpapierliefer- und -abrechnungssystemen (ABl. L 166 vom 11.6.1998, S. 45), die durch die Richtlinie 2009/44/EG (ABl. L 146 vom 10.6. 2009, S. 37) geändert worden ist, einschließlich der Vereinbarung zwischen einem Teilnehmer und einem indirekt teilnehmenden Kreditinstitut, die von der Deutschen Bundesbank oder der zuständigen Stelle eines anderen Mitgliedstaats oder Vertragsstaats des Europäischen Wirtschaftsraums der Europäischen Wertpapier- und Marktaufsichtsbehörde gemeldet wurde. [2] Systeme aus Drittstaaten stehen den in Satz 1 genannten Systemen gleich, sofern sie im Wesentlichen den in Artikel 2 Buchstabe a der Richtlinie 98/26/EG angeführten Voraussetzungen entsprechen. [3] System im Sinne des Satzes 1 ist auch ein System, dessen Betreiber eine Vereinbarung mit dem Betreiber eines anderen Systems oder den Betreibern anderer Systeme geschlossen hat, die eine Ausführung von Zahlungs- oder Übertragungsaufträgen zwischen den betroffenen Systemen zum Gegenstand hat (interoperables System); auch die anderen an der Vereinbarung beteiligten Systeme sind interoperable Systeme.

(16a) Systembetreiber im Sinne dieses Gesetzes ist derjenige, der für den Betrieb des Systems rechtlich verantwortlich ist.

(16b) Der Geschäftstag eines Systems umfasst Tag- und Nachtabrechnungen und beinhaltet alle Ereignisse innerhalb des üblichen Geschäftszyklus eines Systems.

(17) [1] Finanzsicherheiten im Sinne dieses Gesetzes sind Barguthaben, Geldbeträge, Wertpapiere, Geldmarktinstrumente sowie Kreditforderungen im Sinne des Artikels 2 Absatz 1 Buchstabe o der Richtlinie 2002/47/EG des Europäischen Parlaments und des Rates vom 6. Juni 2002 über Finanzsicherheiten (ABl. L 168 vom 27.6.2002, S. 43), die durch die Richtlinie 2009/44/EG (ABl. L 146 vom 10.6.2009, S. 37) geändert worden ist, und Geldforderungen aus einer Vereinbarung, auf Grund derer ein Versicherungsunternehmen im Sinne des § 1 Absatz 1 des Versicherungsaufsichtsgesetzes einen Kredit in Form eines Darlehens gewährt hat, jeweils einschließlich jeglicher damit in Zusammenhang stehender Rechte oder Ansprüche, die als Sicherheit in Form eines beschränkten dinglichen Sicherungsrechts oder im Wege der Überweisung oder Vollrechtsübertragung auf Grund einer Vereinbarung zwischen einem Sicherungsnehmer und einem Sicherungsgeber, die einer der in Artikel 1 Abs. 2 Buchstabe a bis e der Richtlinie 2002/47/EG, die durch die Richtlinie 2009/44/EG geändert worden ist, aufgeführten Kategorien angehören, bereitgestellt werden; bei von Versicherungsunternehmen gewährten Kreditforderungen gilt dies nur, wenn der Sicherungsgeber seinen Sitz im Inland hat. [2] Gehört der Sicherungsgeber zu den in Artikel 1 Abs. 2 Buchstabe e der Richtlinie

2002/47/EG genannten Personen oder Gesellschaften, so liegt eine Finanzsicherheit nur vor, wenn die Sicherheit der Besicherung von Verbindlichkeiten aus Verträgen oder aus der Vermittlung von Verträgen über

a) die Anschaffung und die Veräußerung von Finanzinstrumenten,

b) Pensions-, Darlehens- sowie vergleichbare Geschäfte auf Finanzinstrumente oder

c) Darlehen zur Finanzierung des Erwerbs von Finanzinstrumenten

dient. [3] Gehört der Sicherungsgeber zu den in Artikel 1 Abs. 2 Buchstabe e der Richtlinie 2002/47/EG genannten Personen oder Gesellschaften, so sind eigene Anteile des Sicherungsgebers oder Anteile an verbundenen Unternehmen im Sinne von § 290 Abs.2 des Handelsgesetzbuches keine Finanzsicherheiten; maßgebend ist der Zeitpunkt der Bestellung der Sicherheit. [4] Sicherungsgeber aus Drittstaaten stehen den in Satz 1 genannten Sicherungsgebern gleich, sofern sie im Wesentlichen den in Artikel 1 Abs. 2 Buchstabe a bis e aufgeführten Körperschaften, Finanzinstituten und Einrichtungen entsprechen.

(18) Branchenvorschriften im Sinne dieses Gesetzes sind die Rechtsvorschriften der Europäischen Union im Bereich der Finanzaufsicht, insbesondere die Richtlinien 73/239/EWG, 98/78/EG, 2004/39/EG, 2006/48/EG, 2006/49/EG und 2009/65/EG sowie Anhang V Teil A der Richtlinie 2002/83/EG, die darauf beruhenden inländischen Gesetze, insbesondere dieses Gesetz, das Versicherungsaufsichtsgesetz, das Wertpapierhandelsgesetz, das Kapitalanlagegesetzbuch, das Pfandbriefgesetz, das Gesetz über Bausparkassen[1)], das Geldwäschegesetz[2)] einschließlich der dazu ergangenen Rechtsverordnungen sowie der sonstigen im Bereich der Finanzaufsicht erlassenen Rechts- und Verwaltungsvorschriften.

(19) Finanzbranche im Sinne dieses Gesetzes sind folgende Branchen:

1.[3)] die Banken- und Wertpapierdienstleistungsbranche; dieser gehören Kreditinstitute im Sinne des Absatzes 1, Finanzdienstleistungsinstitute im Sinne des Absatzes 1a, Kapitalverwaltungsgesellschaften im Sinne des § 17 des Kapitalanlagegesetzbuchs, extern verwaltete Investmentgesellschaften im Sinne des § 1 Absatz 13 des Kapitalanlagegesetzbuchs, Finanzunternehmen im Sinne des Absatzes 3, Anbieter von Nebendienstleistungen oder entsprechende Unternehmen mit Sitz im Ausland sowie E-Geld-Institute im Sinne des § 1 Absatz 2 Satz 1 Nummer 1 des Zahlungsdiensteaufsichtsgesetzes sowie Zahlungsinstitute im Sinne des § 1 Absatz 1 Satz 1 Nummer 1 des Zahlungsdiensteaufsichtsgesetzes an;

2. die Versicherungsbranche; dieser gehören Erst- und Rückversicherungsunternehmen im Sinne des § 7 Nummer 33 des Versicherungsaufsichtsgesetzes, Versicherungs-Holdinggesellschaften im Sinne des § 7 Nummer 31 des Versicherungsaufsichtsgesetzes oder entsprechende Unternehmen mit Sitz im Ausland an; zu den Versicherungsunternehmen im Sinne des ersten Halbsatzes gehören weder die Sterbekassen noch die in § 1 Absatz 4 und

---

1) Nr. **17**.

2) Nr. **15**.

3) Gem. Änd. durch G v. 4.7.2013 (BGBl. I S. 1981) soll in Abs. 19 Nr. 1: „Kapitalanlagegesellschaften und Investmentaktiengesellschaften" durch die Wörter „Kapitalverwaltungsgesellschaften und extern verwaltete Investmentgesellschaften" ersetzt werden; diese Angaben wurden jedoch bereits mWv 4.7.2013 durch G v. 27.6.2013 (BGBl. I S. 1862) aufgehoben.

§ 3 des Versicherungsaufsichtsgesetzes genannten Unternehmen und Einrichtungen.

(20) Finanzkonglomerat ist eine Gruppe oder Untergruppe von Unternehmen im Sinne des § 1 Absatz 2 des Finanzkonglomerate-Aufsichtsgesetzes[1)].

(21) Risikoträger und Risikoträgerinnen sind Mitarbeiter und Mitarbeiterinnen, deren berufliche Tätigkeit sich wesentlich auf das Risikoprofil eines Instituts auswirkt.

(22) *(aufgehoben)*

(23) *(aufgehoben)*

(24) [1] Refinanzierungsunternehmen sind Unternehmen, die Gegenstände oder Ansprüche auf deren Übertragung aus ihrem Geschäftsbetrieb an folgende Unternehmen zum Zwecke der eigenen Refinanzierung oder der Refinanzierung des Übertragungsberechtigten veräußern oder für diese treuhänderisch verwalten:

1. Zweckgesellschaften,
2. Refinanzierungsmittler,
3. Kreditinstitute mit Sitz in einem Staat des Europäischen Wirtschaftsraums,
4. Versicherungsunternehmen mit Sitz in einem Staat des Europäischen Wirtschaftsraums,
5. Pensionsfonds oder Pensionskassen im Sinne des Gesetzes zur Verbesserung der betrieblichen Altersversorgung (Betriebsrentengesetz) oder
6. eine in § 2 Absatz 1 Nummer 1, 2 oder 3a genannte Einrichtung.

[2] Unschädlich ist, wenn die Refinanzierungsunternehmen daneben wirtschaftliche Risiken weitergeben, ohne dass damit ein Rechtsübergang einhergeht.

(25) Refinanzierungsmittler sind Kreditinstitute, die von Refinanzierungsunternehmen oder anderen Refinanzierungsmittlern Gegenstände aus dem Geschäftsbetrieb eines Refinanzierungsunternehmens oder Ansprüche auf deren Übertragung erwerben, um diese an Zweckgesellschaften oder Refinanzierungsmittler zu veräußern; unschädlich ist, wenn sie daneben wirtschaftliche Risiken weitergeben, ohne dass damit ein Rechtsübergang einhergeht.

(26) Zweckgesellschaften sind Unternehmen, deren wesentlicher Zweck darin besteht, durch Emission von Finanzinstrumenten oder auf sonstige Weise Gelder aufzunehmen oder andere vermögenswerte Vorteile zu erlangen, um von Refinanzierungsunternehmen oder Refinanzierungsmittlern Gegenstände aus dem Geschäftsbetrieb eines Refinanzierungsunternehmens oder Ansprüche auf deren Übertragung zu erwerben; unschädlich ist, wenn sie daneben wirtschaftliche Risiken übernehmen, ohne dass damit ein Rechtsübergang einhergeht.

(27) Interne Ansätze im Sinne dieses Gesetzes sind die Ansätze nach Artikel 143 Absatz 1, Artikel 221, 225 und 265 Absatz 2, Artikel 283, 312 Absatz 2 und Artikel 363 der Verordnung (EU) Nr. 575/2013 in der jeweils geltenden Fassung.

[1)] Nr. **9**.

(28) Hartes Kernkapital im Sinne dieses Gesetzes ist das harte Kernkapital gemäß Artikel 26 der Verordnung (EU) Nr. 575/2013 in der jeweils geltenden Fassung.

(29) [1] Wohnungsunternehmen mit Spareinrichtung im Sinne dieses Gesetzes sind Unternehmen in der Rechtsform der eingetragenen Genossenschaft,

1. die keine CRR-Institute oder Finanzdienstleistungsinstitute sind und keine Beteiligung an einem Institut oder Finanzunternehmen besitzen,
2. deren Unternehmensgegenstand überwiegend darin besteht, den eigenen Wohnungsbestand zu bewirtschaften,
3. die daneben als Bankgeschäft ausschließlich das Einlagengeschäft im Sinne des Absatzes 1 Satz 2 Nummer 1 betreiben, jedoch beschränkt auf
   a) die Entgegennahme von Spareinlagen,
   b) die Ausgabe von Namensschuldverschreibungen und
   c) die Begründung von Bankguthaben mit Zinsansammlung zu Zwecken des § 1 Absatz 1 des Altersvorsorgeverträge-Zertifizierungsgesetzes vom 26. Juni 2001 (BGBl. I S. 1310, 1322) in der jeweils geltenden Fassung, und
4. die kein Handelsbuch führen, es sei denn,
   a) der Anteil des Handelsbuchs überschreitet in der Regel nicht 5 Prozent der Gesamtsumme der bilanz- und außerbilanzmäßigen Geschäfte,
   b) die Gesamtsumme der einzelnen Positionen des Handelsbuchs überschreitet in der Regel nicht den Gegenwert von 15 Millionen Euro und
   c) der Anteil des Handelsbuchs überschreitet zu keiner Zeit 6 Prozent der Gesamtsumme der bilanz- und außerbilanzmäßigen Geschäfte und die Gesamtsumme aller Positionen des Handelsbuchs überschreitet zu keiner Zeit den Gegenwert von 20 Millionen Euro.

[2] Spareinlagen im Sinne des Satzes 1 Nummer 3 Buchstabe a sind

1. unbefristete Gelder, die
   a) durch Ausfertigung einer Urkunde, insbesondere eines Sparbuchs, als Spareinlagen gekennzeichnet sind,
   b) nicht für den Zahlungsverkehr bestimmt sind,
   c) nicht von Kapitalgesellschaften, Genossenschaften, wirtschaftlichen Vereinen, Personenhandelsgesellschaften oder von Unternehmen mit Sitz im Ausland mit vergleichbarer Rechtsform angenommen werden, es sei denn, diese Unternehmen dienen gemeinnützigen, mildtätigen oder kirchlichen Zwecken oder bei den von diesen Unternehmen angenommenen Geldern handelt es sich um Sicherheiten gemäß § 551 des Bürgerlichen Gesetzbuchs[1)], und
   d) eine Kündigungsfrist von mindestens drei Monaten aufweisen;
2. Einlagen, deren Sparbedingungen dem Kunden das Recht einräumen, über seine Einlagen mit einer Kündigungsfrist von drei Monaten bis zu einem bestimmten Betrag, der je Sparkonto und Kalendermonat 2 000 Euro nicht überschreiten darf, ohne Kündigung zu verfügen;
3. Geldbeträge, die auf Grund von Vermögensbildungsgesetzen geleistet werden.

---

1) Auszugsweise abgedruckt unter Nr. **23**.

(30) Das Risiko einer übermäßigen Verschuldung im Sinne dieses Gesetzes ist das Risiko, das aus der Anfälligkeit eines Instituts auf Grund einer Verschuldung oder bedingten Verschuldung erwächst, die unvorhergesehene Korrekturen des Geschäftsplans erforderlich machen könnte, einschließlich einer durch eine Notlage erzwungenen Veräußerung von Bilanzaktiva, die zu Verlusten oder zu Bewertungsanpassungen für die verbleibenden Bilanzaktiva führen könnte.

(31) Eine zentrale Gegenpartei ist ein Unternehmen im Sinne des Artikels 2 Nummer 1 der Verordnung (EU) Nr. 648/2012 des Europäischen Parlaments und des Rates vom 4. Juli 2012 über OTC-Derivate, zentrale Gegenparteien und Transaktionsregister (ABl. L 201 vom 27.7.2012, S. 1) in der jeweils geltenden Fassung.

(32) Terrorismusfinanzierung im Sinne dieses Gesetzes ist Terrorismusfinanzierung nach § 1 Absatz 2 des Geldwäschegesetzes.

(33) Systemisches Risiko ist das Risiko einer Störung im Finanzsystem, die schwerwiegende negative Auswirkungen für das Finanzsystem und die Realwirtschaft haben kann.

(34) Modellrisiko ist der mögliche Verlust, den ein Institut als Folge von im Wesentlichen auf der Grundlage von Ergebnissen interner Modelle getroffenen Entscheidungen erleiden kann, die in der Entwicklung, Umsetzung oder Anwendung fehlerhaft sind.

(35) Im Übrigen gelten für die Zwecke dieses Gesetzes die Definitionen aus Artikel 4 Absatz 1 Nummer 5, 6, 8, 13 bis 18, 20 bis 22, 29 bis 31, 33, 35, 37, 38, 43, 44, 48, 51, 54, 57, 61 bis 63, 66, 67, 73, 74, 82 und 86 der Verordnung (EU) Nr. 575/2013.

§ 1a Geltung der Verordnungen (EU) Nr. 575/2013, (EG) Nr. 1060/2009 und (EU) 2017/2402 für Kredit- und Finanzdienstleistungsinstitute. (1) Für Kreditinstitute, die keine

1. CRR-Institute,
2. Kreditinstitute, die ausschließlich über eine Zulassung nach Artikel 16 Absatz 1 der Verordnung (EU) Nr. 909/2014 verfügen, die Tätigkeit als Zentralverwahrer nach Abschnitt A oder nach den Abschnitten A und B des Anhangs der Verordnung (EU) Nr. 909/2014 auszuüben,
3. Wohnungsunternehmen mit Spareinrichtung

sind, gelten vorbehaltlich des § 2 Absatz 8a, 9 bis 9c und 9f die Vorgaben der Verordnung (EU) Nr. 575/2013[1)] und des Kapitels 2 der Verordnung (EU) 2017/2402 des Europäischen Parlaments und des Rates vom 12. Dezember 2017 zur Festlegung eines allgemeinen Rahmens für Verbriefungen und zur Schaffung eines spezifischen Rahmens für einfache, transparente und standardisierte Verbriefung und zur Änderung der Richtlinien 2009/65/EG, 2009/138/EG, 2011/61/EU und der Verordnungen (EG) Nr. 1060/2009 und (EU) Nr. 648/2012 (ABl. L 347 vom 28.12.2017, S. 35), die Vorgaben der auf Grundlage der Verordnung (EU) Nr. 575/2013 und des Kapitels 2 der Verordnung (EU) 2017/2402 erlassenen Rechtsakte, die Bestimmungen dieses Gesetzes, die auf Vorgaben der Verordnung (EU) Nr. 575/2013 oder des

[1)] Nr. **6**.

Kapitels 2 der Verordnung (EU) 2017/2402 verweisen, sowie die in Ergänzung der Verordnung (EU) Nr. 575/2013 erlassenen Rechtsverordnungen nach § 10 Absatz 1 Satz 1 und § 13 Absatz 1 so, als seien diese Kreditinstitute CRR-Kreditinstitute.

(2) Für Finanzdienstleistungsinstitute, die keine CRR-Institute sind, gelten vorbehaltlich des § 2 Absatz 7 bis 9 die Vorgaben der Verordnung (EU) Nr. 575/2013, des Kapitels 2 der Verordnung (EU) 2017/2402 und der auf Grundlage der Verordnung (EU) Nr. 575/2013 und des Kapitels 2 der Verordnung (EU) 2017/2402 erlassenen Rechtsakte die Bestimmungen dieses Gesetzes, die auf Vorgaben der Verordnung (EU) Nr. 575/2013 oder des Kapitels 2 der Verordnung (EU) 2017/2402 verweisen, sowie die in Ergänzung der Verordnung (EU) Nr. 575/2013 erlassenen Rechtsverordnungen nach § 10 Absatz 1 Satz 1 und § 13 Absatz 1 so, als seien diese Finanzdienstleistungsinstitute CRR-Wertpapierfirmen.

(3) Für Kreditinstitute und Finanzdienstleistungsinstitute, die keine CRR-Institute und keine Wohnungsunternehmen mit Spareinrichtung sind, gelten die Vorgaben von Artikel 4 Absatz 1 Unterabsatz 1, Artikel 5a Absatz 1, der Artikel 8b bis 8d der Verordnung (EG) Nr. 1060/2009 des Europäischen Parlaments und des Rates vom 16. September 2009 über Ratingagenturen (ABl. L 302 vom 17.11.2009, S. 1), die zuletzt durch die Verordnung (EU) Nr. 462/2013 (ABl. L 146 vom 31.5.2013, S. 1) geändert worden ist, und die auf ihrer Grundlage erlassenen Rechtsakte so, als seien diese Kreditinstitute und Finanzdienstleistungsinstitute CRR-Institute.

§ 1b *(aufgehoben)*

§ 2 Ausnahmen. (1) Als Kreditinstitut gelten vorbehaltlich der Absätze 2 und 3 nicht

1. die Deutsche Bundesbank und die vergleichbaren Institutionen in den anderen Mitgliedstaaten der Europäischen Union, sofern sie Mitglieder des Europäischen Systems der Zentralbanken sind;

1a. andere Behörden in den anderen Staaten des Europäischen Wirtschaftsraums, soweit sie Zentralbankaufgaben wahrnehmen;

1b. von zwei oder mehr Mitgliedstaaten der Europäischen Union gegründete internationale Finanzinstitute, die dem Zweck dienen, Finanzmittel zu mobilisieren und seinen Mitgliedern Finanzhilfen zu gewähren, sofern diese von schwerwiegenden Finanzierungsproblemen betroffen oder bedroht sind;

2. die Kreditanstalt für Wiederaufbau;

3. die Sozialversicherungsträger und die Bundesagentur für Arbeit;

3a. die öffentliche Schuldenverwaltung des Bundes, eines seiner Sondervermögen, eines Landes oder eines anderen Staates des Europäischen Wirtschaftsraums und deren Zentralbanken, sofern diese nicht fremde Gelder als Einlagen oder andere rückzahlbare Gelder des Publikums annimmt oder das Kreditgeschäft betreibt;

3b. Kapitalverwaltungsgesellschaften und extern verwaltete Investmentgesellschaften, sofern sie als Bankgeschäfte nur die kollektive Vermögensverwaltung, gegebenenfalls einschließlich der Gewährung von Gelddarlehen, oder daneben ausschließlich die in § 20 Absatz 2 und 3 des Kapitalanlagegesetzbuchs aufgeführten Dienstleistungen oder Nebendienstleistungen betreiben;

3c. EU-Verwaltungsgesellschaften und, unter der Voraussetzung, dass der Vertrieb der betreffenden Investmentvermögen im Inland nach dem Kapitalanlagegesetzbuch auf der Basis einer Vertriebsanzeige zulässig ist, ausländische AIF-Verwaltungsgesellschaften, sofern die EU-Verwaltungsgesellschaft oder die ausländische AIF-Verwaltungsgesellschaft als Bankgeschäfte nur die kollektive Vermögensverwaltung, gegebenenfalls einschließlich der Gewährung von Gelddarlehen, oder daneben ausschließlich die in Artikel 6 Absatz 3 der Richtlinie 2009/65/EG oder die in Artikel 6 Absatz 4 der Richtlinie 2011/61/EU aufgeführten Dienstleistungen oder Nebendienstleistungen betreibt; ein Vertrieb von ausländischen AIF oder EUAIF an professionelle Anleger nach § 330 des Kapitalanlagegesetzbuchs gilt nicht als zulässiger Vertrieb im Sinne dieser Vorschrift;

3d. EU-Investmentvermögen und, unter der Voraussetzung, dass der Vertrieb der betreffenden Investmentvermögen im Inland nach dem Kapitalanlagegesetzbuch auf der Basis einer Vertriebsanzeige zulässig ist, ausländische AIF, sofern das EU-Investmentvermögen oder der ausländische AIF als Bankgeschäfte nur die kollektive Vermögensverwaltung, gegebenenfalls einschließlich der Gewährung von Gelddarlehen, oder daneben ausschließlich die in Artikel 6 Absatz 3 der Richtlinie 2009/65/EG oder die in Artikel 6 Absatz 4 der Richtlinie 2011/61/EU aufgeführten Dienstleistungen oder Nebendienstleistungen betreibt; ein Vertrieb von ausländischen AIF oder EU-AIF an professionelle Anleger nach § 330 des Kapitalanlagegesetzbuchs gilt nicht als zulässiger Vertrieb im Sinne dieser Vorschrift;

4. private und öffentlich-rechtliche Versicherungsunternehmen;

5. Unternehmen des Pfandleihgewerbes, soweit sie dieses durch Gewährung von Darlehen gegen Faustpfand betreiben;

6. Unternehmen, die auf Grund des Gesetzes über Unternehmensbeteiligungsgesellschaften als Unternehmensbeteiligungsgesellschaften anerkannt sind;

7. Unternehmen, die Bankgeschäfte ausschließlich mit ihrem Mutterunternehmen oder ihren Tochter- oder Schwesterunternehmen betreiben;

8. *(aufgehoben)*

9. Unternehmen, die außer dem Finanzkommissionsgeschäft und dem Emissionsgeschäft, jeweils ausschließlich mit Warentermingeschäften, Emissionszertifikaten und Derivaten auf Emissionszertifikate, kein Bankgeschäft betreiben und keinen Eigenhandel im Sinne des § 1 Absatz 1a Satz 2 Nummer 4 Buchstabe c und d erbringen, unter den weiteren Voraussetzungen, dass

   a) das Unternehmen nicht Teil einer Unternehmensgruppe ist, deren Haupttätigkeit in dem Betreiben von Bankgeschäften oder dem Erbringen von Finanzdienstleistungen im Sinne des § 1 Absatz 1a Satz 2 Nummer 1 bis 4 besteht,

   b) das Bankgeschäft des Unternehmens und der Gruppe im Verhältnis zu der sonstigen Tätigkeit des Unternehmens sowie der Gruppe auf individueller und aggregierter Basis eine Nebentätigkeit im Sinne des Artikels

1 der Delegierten Verordnung (EU) 2017/592 der Kommission vom 1. Dezember 2016 zur Ergänzung der Richtlinie 2014/65/EU des Europäischen Parlaments und des Rates durch technische Regulierungsstandards zur Festlegung der Kriterien, nach denen eine Tätigkeit als Nebentätigkeit zur Haupttätigkeit gilt (ABl. L 87 vom 31.3.2017, S. 492) in der jeweils geltenden Fassung, ist,

c) dieses Nebengeschäft ausschließlich als Dienstleistung für die Kunden oder Zulieferer ihrer Haupttätigkeit betrieben wird und

d) das Unternehmen die Inanspruchnahme dieser Ausnahme der Bundesanstalt jährlich anzeigt; für Zeitpunkt, Inhalt und Form der Anzeige und gegebenenfalls für die Führung eines öffentlichen Registers können nähere Bestimmungen in der Rechtsverordnung nach § 24 Absatz 4 erlassen werden; insbesondere kann dem Betreiber ein schreibender Zugriff auf die für dieses Unternehmen einzurichtende Seite des Registers eingeräumt und er mit der Verantwortung für die Richtigkeit und Aktualität der Seite belastet werden;

10. Unternehmen, die das Finanzkommissionsgeschäft ausschließlich als Dienstleistung für Anbieter oder Emittenten von Vermögensanlagen im Sinne des § 1 Absatz 2 des Vermögensanlagengesetzes oder von geschlossenen AIF im Sinne des § 1 Absatz 5 des Kapitalanlagegesetzbuchs betreiben;

11. Unternehmen, die das Emissionsgeschäft ausschließlich als Übernahme gleichwertiger Garantien im Sinne des § 1 Absatz 1 Satz 2 Nummer 10 für Anbieter oder Emittenten von Vermögensanlagen im Sinne des § 1 Absatz 2 des Vermögensanlagengesetzes oder von geschlossenen AIF im Sinne des § 1 Absatz 5 des Kapitalanlagegesetzbuchs betreiben;

12. Unternehmen, die das Depotgeschäft im Sinne des § 1 Absatz 1 Satz 2 Nummer 5 ausschließlich für AIF betreiben und damit das eingeschränkte Verwahrgeschäft im Sinne des § 1 Absatz 1a Satz 2 Nummer 12 erbringen;

13. soweit sie das Finanzkommissionsgeschäft und das Emissionsgeschäft im Sinne des § 1 Absatz 1 Satz 2 Nummer 4 und 10 des Kreditwesengesetzes in Bezug auf Warenderivate betreiben, die mit ihrer jeweiligen Haupttätigkeit in Zusammenhang stehen:

a) Übertragungsnetzbetreiber im Sinne des Artikels 2 Nummer 4 der Richtlinie 2009/72/EG oder des Artikels 2 Nummer 4 der Richtlinie 2009/73/EG, wenn sie ihre Aufgaben gemäß diesen Richtlinien, der Verordnung (EG) Nr. 714/2009 des Europäischen Parlaments und des Rates vom 13. Juli 2009 über die Netzzugangsbedingungen für den grenzüberschreitenden Stromhandel und zur Aufhebung der Verordnung (EG) Nr. 1228/2003 (ABl. L 211 vom 14.8.2009, S. 15), die zuletzt durch die Verordnung (EU) Nr. 543/2013 (ABl. L 163 vom 15.6.2013, S. 1) geändert worden ist, der Verordnung (EG) Nr. 715/2009 des Europäischen Parlaments und des Rates vom 13. Juli 2009 über die Bedingungen für den Zugang zu den Erdgasfernleitungsnetzen und zur Aufhebung der Verordnung (EG) Nr. 1775/2005 (ABl. L 211 vom 14.8. 2009, S. 36; L 229 vom 1.9.2009, S. 29; L 309 vom 24.11.2009, S. 87), die zuletzt durch die Verordnung Nr. 347/2013 (ABl. L 115 vom 25.4. 2013, S. 39) geändert worden ist, oder gemäß den nach diesen Verordnungen erlassenen Netzcodes oder Leitlinien wahrnehmen,

b) Personen, die in ihrem Namen als Dienstleister handeln, um die Aufgaben eines Übertragungsnetzbetreibers gemäß der Verordnung (EG) Nr. 714/2009, der Verordnung (EG) Nr. 715/2009 oder gemäß den nach diesen Verordnungen erlassenen Netzcodes oder Leitlinien wahrzunehmen, sowie

c) Betreiber oder Verwalter eines Energieausgleichssystems, eines Rohrleitungsnetzes oder eines Systems zum Ausgleich von Energieangebot und -verbrauch;

14. Zentralverwahrer, die gemäß Artikel 16 der Verordnung (EU) Nr. 909/2014 zugelassen sind, soweit sie das Finanzkommissionsgeschäft und das Emissionsgeschäft im Sinne des § 1 Absatz 1 Satz 2 Nummer 4 und 10 betreiben.

(2) Für die Kreditanstalt für Wiederaufbau gelten die §§ 14, 22a bis 22o, 53b Absatz 7 und die auf Grund von § 46g Absatz 1 Nummer 2 und § 46h getroffenen Regelungen; für die Sozialversicherungsträger, für die Bundesagentur für Arbeit, für Versicherungsunternehmen sowie für Unternehmensbeteiligungsgesellschaften gilt § 14.

(3) Für Unternehmen der in Absatz 1 Nr. 4 bis 6 bezeichneten Art gelten die Vorschriften dieses Gesetzes insoweit, als sie Bankgeschäfte betreiben, die nicht zu den ihnen eigentümlichen Geschäften gehören.

(4) [1] Die Bundesanstalt für Finanzdienstleistungsaufsicht (Bundesanstalt) kann im Einzelfall bestimmen, daß auf ein Institut die §§ 1a, 2c, 10 bis 18, 24, 24a, 25, 25a bis 25e, 26 bis 38, 45, 46 bis 46c und 51 Absatz 1 dieses Gesetzes insgesamt nicht anzuwenden sind, solange das Unternehmen wegen der Art der von ihm betriebenen Geschäfte insoweit nicht der Aufsicht bedarf; auf der Grundlage einer Freistellung nach Halbsatz 1 kann sie auch bestimmen, dass auf das Institut auch § 6a und § 24c nicht anzuwenden sind, solange das Unternehmen wegen der Art der von ihm betriebenen Geschäfte auch insoweit nicht der Aufsicht bedarf. [2] Die Entscheidung ist im Bundesanzeiger bekanntzumachen.

(5) [1] Vorbehaltlich der Regelungen in Titel VIII der Verordnung (EU) Nr. 600/2014 des Europäischen Parlaments und des Rates vom 15. Mai 2014 über Märkte für Finanzinstrumente und zur Änderung der Verordnung (EU) Nr. 648/2012 (ABl. L 173 vom 12.6.2014, S. 84; L 6 vom 10.1.2015, S. 6; L 270 vom 15.10.2015, S. 4; L 278 vom 27.10.2017, S. 54), die durch die Verordnung (EU) 2016/1033 (ABl. L 175 vom 30.6.2016, S. 1) geändert worden ist sowie von Beschlüssen der Europäischen Kommission gemäß Artikel 25 Absatz 4 Unterabsatz 3 der Richtlinie 2014/65/EU des Europäischen Parlaments und des Rates vom 15. Mai 2014 über Märkte für Finanzinstrumente sowie zur Änderung der Richtlinien 2002/92/EG und 2011/61/EU (ABl. L 173 vom 12.6.2014, S. 349; L 74 vom 18.3.2015, S. 38; L 188 vom 13.7.2016, S. 28; L 273 vom 8.10.2016, S. 35; L 64 vom 10.3.2017, S. 116; L 278 vom 27.10.2017, S. 56), die zuletzt durch die Richtlinie (EU) 2916/1034 (ABl. L 175 vom 30.6.2016, S. 8) geändert worden ist, und gemäß Artikel 28 Absatz 4 Unterabsatz 1 der Verordnung (EU) Nr. 600/2014, kann die Bundesanstalt im Einzelfall bestimmen, dass auf ein Institut mit Sitz in einem Drittstaat, das im Inland im Wege des grenzüberschreitenden Dienstleistungsverkehrs gewerbsmäßig oder in einem Umfang, der einen in kaufmännischer Weise eingerichteten Geschäftsbetrieb erfordert, Bankgeschäfte betreiben oder Fi-

nanzdienstleistungen erbringen will, die §§ 1a, 2c, 10 bis 18, 24, 24a, 25, 25a bis 25e, 26 bis 38, 45, 46 bis 46c und 51 Absatz 1 insgesamt nicht anzuwenden sind, solange das Institut im Hinblick auf seine im Inland betriebenen Geschäfte wegen seiner Aufsicht durch die im Herkunftsstaat zuständige Behörde insoweit nicht zusätzlich der Aufsicht durch die Bundesanstalt bedarf. [2] Auf Grundlage einer Freistellung nach Satz 1 kann sie auch bestimmen, dass auf das Institut auch § 24c nicht anzuwenden ist. [3] Die Sätze 1 und 2 gelten entsprechend für Institute mit Sitz im Europäischen Wirtschaftsraum, für die der Marktzutritt nicht in § 53b Absatz 1 geregelt ist.

(6) [1] Als Finanzdienstleistungsinstitute gelten nicht

1. die Deutsche Bundesbank und vergleichbare Institutionen in den anderen Staaten der Europäischen Union, die Mitglieder des Europäischen Systems der Zentralbanken sind;

1a. von zwei oder mehr Mitgliedstaaten der Europäischen Union gegründete internationale Finanzinstitute, die dem Zweck dienen, Finanzmittel zu mobilisieren und seinen Mitgliedern Finanzhilfen zu gewähren, sofern diese von schwerwiegenden Finanzierungsproblemen betroffen oder bedroht sind;

2. die Kreditanstalt für Wiederaufbau;

3. die öffentliche Schuldenverwaltung des Bundes, eines seiner Sondervermögen, eines Landes oder eines anderen Staates des Europäischen Wirtschaftsraums und deren Zentralbanken;

4. private und öffentlich-rechtliche Versicherungsunternehmen;

5. Unternehmen, die Finanzdienstleistungen im Sinne des § 1 Absatz 1a Satz 2 ausschließlich für ihre Mutterunternehmen oder ihre Tochter- oder Schwesterunternehmen erbringen;

5a. Kapitalverwaltungsgesellschaften und extern verwaltete Investmentgesellschaften, sofern sie nur die kollektive Vermögensverwaltung erbringen oder neben der kollektiven Vermögensverwaltung ausschließlich die in § 20 Absatz 2 und 3 des Kapitalanlagegesetzbuchs aufgeführten Dienstleistungen oder Nebendienstleistungen als Finanzdienstleistungen erbringen;

5b. EU-Verwaltungsgesellschaften und ausländische AIF-Verwaltungsgesellschaften, sofern sie nur die kollektive Vermögensverwaltung erbringen oder neben der kollektiven Vermögensverwaltung ausschließlich die in Artikel 6 Absatz 3 der Richtlinie 2009/65/EG oder die in Artikel 6 Absatz 4 der Richtlinie 2011/61/EU aufgeführten Dienstleistungen oder Nebendienstleistungen als Finanzdienstleistungen erbringen;

6. Unternehmen, deren Finanzdienstleistung für andere ausschließlich in der Verwaltung eines Systems von Arbeitnehmerbeteiligungen an den eigenen oder an mit ihnen verbundenen Unternehmen besteht;

7. Unternehmen, die ausschließlich Finanzdienstleistungen im Sinne sowohl der Nummer 5 als auch der Nummer 6 erbringen;

8. Unternehmen, die als Finanzdienstleistungen für andere ausschließlich die Anlageberatung und die Anlagevermittlung zwischen Kunden und

   a) inländischen Instituten,

b) Instituten oder Finanzunternehmen mit Sitz in einem anderen Staat des Europäischen Wirtschaftsraums, die die Voraussetzungen nach § 53b Abs. 1 Satz 1 oder Abs. 7 erfüllen,

c) Unternehmen, die auf Grund einer Rechtsverordnung nach § 53c gleichgestellt oder freigestellt sind,

d) Kapitalverwaltungsgesellschaften, extern verwalteten Investmentgesellschaften, EU-Verwaltungsgesellschaften oder ausländischen AIF-Verwaltungsgesellschaften oder

e) Anbietern oder Emittenten von Vermögensanlagen im Sinne des § 1 Absatz 2 des Vermögensanlagengesetzes

betreiben, sofern sich diese Finanzdienstleistungen auf Anteile oder Aktien an inländischen Investmentvermögen, die von einer Kapitalverwaltungsgesellschaft ausgegeben werden, die eine Erlaubnis nach § 7 oder § 97 Absatz 1 des Investmentgesetzes in der bis zum 21. Juli 2013 geltenden Fassung erhalten hat, die für den in § 345 Absatz 2 Satz 1, Absatz 3 Satz 2, in Verbindung mit Absatz 2 Satz 1, oder Absatz 4 Satz 1 des Kapitalanlagegesetzbuchs vorgesehenen Zeitraum noch fortbesteht, oder eine Erlaubnis nach den §§ 20, 21 oder §§ 20, 22 des Kapitalanlagegesetzbuchs erhalten hat oder die von einer EU-Verwaltungsgesellschaft ausgegeben werden, die eine Erlaubnis nach Artikel 6 der Richtlinie 2009/65/EG oder der Richtlinie 2011/61/EU erhalten hat, oder auf Anteile oder Aktien an EU-Investmentvermögen oder ausländischen AIF, die nach dem Kapitalanlagegesetzbuch vertrieben werden dürfen, mit Ausnahme solcher AIF, die nach § 330a des Kapitalanlagegesetzbuchs vertrieben werden dürfen, oder auf Vermögensanlagen im Sinne des § 1 Absatz 2 des Vermögensanlagengesetzes, die erstmals öffentlich angeboten werden, beschränken und die Unternehmen nicht befugt sind, sich bei der Erbringung dieser Finanzdienstleistungen Eigentum oder Besitz an Geldern oder Anteilen von Kunden zu verschaffen, es sei denn, das Unternehmen beantragt und erhält eine entsprechende Erlaubnis nach § 32 Abs. 1; Anteile oder Aktien an Hedgefonds im Sinne von § 283 des Kapitalanlagegesetzbuchs gelten nicht als Anteile an Investmentvermögen im Sinne dieser Vorschrift;

9. *(aufgehoben)*

10. Angehörige freier Berufe, die Finanzdienstleistungen im Sinne des § 1 Abs. 1a Satz 2 Nr. 1 bis 4 nur gelegentlich im Sinne des Artikels 4 der Delegierten Verordnung (EU) 2017/565 und im Rahmen eines Mandatsverhältnisses als Freiberufler erbringen und einer Berufskammer in der Form der Körperschaft des öffentlichen Rechts angehören, deren Berufsrecht die Erbringung von Finanzdienstleistungen nicht ausschließt;

11. Unternehmen, die außer Finanzdienstleistungen im Sinne des § 1 Absatz 1a Satz 2 Nummer 1 bis 3 und 4 Buchstabe a und b, jeweils ausschließlich mit Warentermingeschäften, Emissionszertifikaten und mit Derivaten auf Emissionszertifikate, keine Finanzdienstleistungen erbringen, unter den weiteren Voraussetzungen, dass

a) das Unternehmen nicht Teil einer Unternehmensgruppe ist, die in der Haupttätigkeit Bankgeschäfte betreibt oder Finanzdienstleistungen im Sinne des § 1 Absatz 1a Satz 2 Nummer 1 bis 4 erbringt,

b) die Finanzdienstleistung des Unternehmens und der Gruppe im Verhältnis zu der sonstigen Tätigkeit des Unternehmens sowie der Gruppe auf individueller und aggregierter Basis eine Nebentätigkeit im Sinne des Artikels 1 der Delegierten Verordnung (EU) 2017/592 ist,

c) dieses Nebengeschäft, soweit das Unternehmen nicht die Finanzdienstleistung im Sinne des § 1 Absatz 1a Satz 2 Nummer 4 Buchstabe a erbringt, ausschließlich als Dienstleistung für die Kunden oder Zulieferer ihrer Haupttätigkeit betrieben wird und

d) das Unternehmen die Inanspruchnahme dieser Ausnahme der Bundesanstalt jährlich anzeigt; für Zeitpunkt, Inhalt und Form der Anzeige und gegebenenfalls für die Führung eines öffentlichen Registers können nähere Bestimmungen in der Rechtsverordnung nach § 24 Absatz 4 erlassen werden; insbesondere kann dem Betreiber ein schreibender Zugriff auf die für dieses Unternehmen einzurichtende Seite des Registers eingeräumt und er mit der Verantwortung für die Richtigkeit und Aktualität der Seite belastet werden;

12. Unternehmen, deren einzige Finanzdienstleistung im Sinne des § 1 Abs. 1a Satz 2 der Handel mit Sorten ist, sofern ihre Haupttätigkeit nicht im Sortengeschäft besteht;
13. *(aufgehoben)*
14. *(aufgehoben)*
15. Unternehmen, die als Finanzdienstleistung im Sinne des § 1 Abs. 1a Satz 2 ausschließlich die Anlageberatung im Rahmen einer anderen beruflichen Tätigkeit erbringen, ohne sich die Anlageberatung besonders vergüten zu lassen;
16. Betreiber organisierter Märkte, die neben dem Betrieb eines multilateralen oder organisierten Handelssystems keine anderen Finanzdienstleistungen im Sinne des § 1 Abs. 1a Satz 2 erbringen;
17. Unternehmen, die als einzige Finanzdienstleistung im Sinne des § 1 Abs. 1a Satz 2 das Finanzierungsleasing betreiben, falls sie nur als Leasing-Objektgesellschaft für ein einzelnes Leasingobjekt tätig werden, keine eigenen geschäftspolitischen Entscheidungen treffen und von einem Institut mit Sitz im Europäischen Wirtschaftsraum verwaltet werden, das nach dem Recht des Herkunftsmitgliedstaates zum Betrieb des Finanzierungsleasing zugelassen ist,
18. Unternehmen, die als Finanzdienstleistung nur die Anlageverwaltung betreiben und deren Mutterunternehmen die Kreditanstalt für Wiederaufbau oder ein Institut im Sinne des Satzes 2 ist. Institut im Sinne des Satzes 1 ist ein Finanzdienstleistungsinstitut, das die Erlaubnis für die Anlageverwaltung hat, oder ein CRR-Institut mit Sitz in einem anderen Staat des Europäischen Wirtschaftsraums im Sinne des § 53b Abs. 1 Satz 1, das in seinem Herkunftsmitgliedstaat über eine Erlaubnis für mit § 1 Abs. 1a Satz 2 Nr. 11 vergleichbare Geschäfte verfügt, oder ein Institut mit Sitz in einem Drittstaat, das für die in § 1 Abs. 1a Satz 2 Nr. 11 genannten Geschäfte nach Absatz 4 von der Erlaubnispflicht nach § 32 freigestellt ist;
19. Unternehmen, die das Platzierungsgeschäft ausschließlich für Anbieter oder für Emittenten von Vermögensanlagen im Sinne des § 1 Absatz 2 des

Vermögensanlagengesetzes oder von geschlossenen AIF im Sinne des § 1 Absatz 5 des Kapitalanlagegesetzbuchs erbringen;

20. Unternehmen, die außer der Finanzportfolioverwaltung und der Anlageverwaltung keine Finanzdienstleistungen erbringen, sofern die Finanzportfolioverwaltung und Anlageverwaltung nur auf Vermögensanlagen im Sinne des § 1 Absatz 2 des Vermögensanlagengesetzes oder von geschlossenen AIF im Sinne des § 1 Absatz 5 des Kapitalanlagegesetzbuchs beschränkt erbracht werden;

21. soweit sie Finanzdienstleistungen im Sinne des § 1 Absatz 1a Satz 2 Nummer 1 bis 4 in Bezug auf Warenderivate erbringen, die mit ihren Haupttätigkeiten in Zusammenhang stehen:
    a) Übertragungsnetzbetreiber im Sinne des Artikels 2 Nummer 4 der Richtlinie 2009/72/EG oder des Artikels 2 Nummer 4 der Richtlinie 2009/73/EG, wenn sie ihre Aufgaben gemäß diesen Richtlinien, der Verordnung (EG) Nr. 714/2009, der Verordnung (EG) Nr. 715/2009 oder den nach diesen Verordnungen erlassenen Netzcodes oder Leitlinien wahrnehmen,
    b) Personen, die in ihrem Namen als Dienstleister handeln, um die Aufgaben eines Übertragungsnetzbetreibers gemäß der Verordnung (EG) Nr. 714/2009, der Verordnung (EG) Nr. 715/2009 oder den nach diesen Verordnungen erlassenen Netzcodes oder Leitlinien wahrnehmen, sowie
    c) Betreiber oder Verwalter eines Energieausgleichssystems, eines Rohrleitungsnetzes oder eines Systems zum Ausgleich von Energieangebot und -verbrauch bei der Wahrnehmung solcher Aufgaben;

22. Zentralverwahrer, die gemäß Artikel 16 der Verordnung (EU) Nr. 909/2014 zugelassen sind, soweit sie Finanzdienstleistungen im Sinne des § 1 Absatz 1a Satz 2 Nummer 1 bis 4 erbringen.

[2] Für Einrichtungen und Unternehmen im Sinne des Satzes 1 Nr. 3 und 4 gelten die Vorschriften dieses Gesetzes insoweit, als sie Finanzdienstleistungen erbringen, die nicht zu den ihnen eigentümlichen Geschäften gehören.

(7) Auf Finanzdienstleistungsinstitute, die außer der Drittstaateneinlagenvermittlung und dem Sortengeschäft keine weiteren Finanzdienstleistungen im Sinne des § 1 Absatz 1a Satz 2 erbringen, sind die §§ 10, 10c bis 10i, 11 bis 18 und 24 Absatz 1 Nummer 9, 14 bis 14b, die §§ 24a, 25a Absatz 5, die §§ 26a und 33 Absatz 1 Satz 1 Nummer 1 und die §§ 45 und 46 Absatz 1 Satz 2 Nummer 4 bis 6 und die §§ 46b und 46c dieses Gesetzes sowie die Artikel 24 bis 403 und 411 bis 455 der Verordnung (EU) Nr. 575/2013[1)] nicht anzuwenden.

(7a) Auf Unternehmen, die ausschließlich Finanzdienstleistungen nach § 1 Absatz 1a Satz 2 Nummer 9 oder Nummer 10 erbringen, sind die §§ 10, 10c bis 10i, 11 bis 13c, 15 bis 18 und 24 Absatz 1 Nummer 4, 6, 9, 11, 14 bis 14b, 16 und 17, Absatz 1a Nummer 5, die §§ 25, 25a Absatz 5, §§ 26a und 33 Absatz 1 Satz 1 Nummer 1, die §§ 45 und 46 Absatz 1 Satz 2 Nummer 4 bis 6 und die §§ 46b und 46c dieses Gesetzes sowie die Artikel 24 bis 455 und 465 bis 519 der Verordnung (EU) Nr. 575/2013 und Kapitel 2 der Verordnung (EU) 2017/2402 nicht anzuwenden.

[1)] Nr. **6**.

(7b) Auf Finanzdienstleistungsinstitute, die außer dem Kryptoverwahrgeschäft nach § 1 Absatz 1a Satz 2 Nummer 6 keine weiteren Finanzdienstleistungen im Sinne des § 1 Absatz 1a Satz 2 erbringen, sind die §§ 10, 10c bis 18 und 24 Absatz 1 Nummer 14 bis 14b, die §§ 24a und 25a Absatz 5, die §§ 26a und 45 sowie die Artikel 39, 41, 50 bis 403 und 411 bis 455 der Verordnung (EU) Nr. 575/2013 nicht anzuwenden.

(8) Auf

1. Anlageberater und Anlagevermittler, die jeweils
   a) nicht befugt sind, sich bei der Erbringung von Finanzdienstleistungen Eigentum oder Besitz an Geldern oder Wertpapieren von Kunden zu verschaffen, und
   b) nicht auf eigene Rechnung mit Finanzinstrumenten handeln, sowie
2. Unternehmen, die auf Grund der Rückausnahme für die Erbringung grenzüberschreitender Geschäfte in Absatz 1 Nummer 8 oder Absatz 6 Nummer 9 als Institute einzustufen sind,

sind die §§ 10, 10c bis 10i, 11, 13, 14 bis 18, 24 Absatz 1 Nummer 14 bis 14b, 16 und 17, Absatz 1a Nummer 5, § 25a Absatz 2 und 5, die §§ 26a und 45 dieses Gesetzes sowie die Artikel 39, 41, 50 bis 403 und 411 bis 455 der Verordnung (EU) Nr. 575/2013 nicht anzuwenden.

(8a) Die Anforderungen des § 24 Absatz 1 Nummer 14 bis 14b, § 25a Absatz 5, des § 26a und der Artikel 39, 41, 89 bis 386 der Verordnung (EU) Nr. 575/2013 gelten, vorbehaltlich des § 64h Absatz 7, nicht für die Institute, deren Haupttätigkeit ausschließlich im Betreiben von Bankgeschäften oder der Erbringung von Finanzdienstleistungen im Zusammenhang mit Derivaten nach § 1 Absatz 11 Satz 3 Nummer 2, 3 und 5 besteht.

(8b) Auf Finanzportfolioverwalter, Abschlussvermittler und Anlageverwalter, die nicht befugt sind, sich bei der Erbringung von Finanzdienstleistungen Eigentum oder Besitz an Geldern oder Wertpapieren von Kunden zu verschaffen, und die nicht auf eigene Rechnung mit Finanzinstrumenten handeln, ist § 10 Absatz 1, die §§ 10c bis 10i, 11, 13, 24 Absatz 1 Nummer 14 bis 14b und 16, Absatz 1a Nummer 5, § 25a Absatz 2 und 5 und § 26a dieses Gesetzes und die Artikel 41 sowie 89 bis 91, 95 Absatz 1 und 3, die Artikel 96, 98 bis 403 und 411 bis 455 der Verordnung (EU) Nr. 575/2013 nicht anzuwenden.

(9) Die Artikel 387 bis 403 der Verordnung (EU) Nr. 575/2013 sind nicht anzuwenden auf Finanzkommissionäre und Eigenhändler, die für eigene Rechnung ausschließlich zum Zwecke der Erfüllung oder Ausführung eines Kundenauftrags oder des möglichen Zugangs zu einem Abwicklungs- und Verrechnungssystem oder einer anerkannten Börse handeln, sofern sie im eigenen Namen für fremde Rechnung tätig sind oder einen Kundenauftrag ausführen.

(9a) [1] Auf Kreditinstitute, die ausschließlich über eine Erlaubnis verfügen, die Tätigkeit einer zentralen Gegenpartei im Sinne des § 1 Absatz 1 Satz 2 Nummer 12 auszuüben, sind die §§ 2c, 6b, 10, 10c bis 10i, 11, 12a bis 18, 24 Absatz 1 Nummer 6, 10, 14 bis 14b, 16, Absatz 1a Nummer 4 bis 8, die §§ 24a, 24c, 25 Absatz 1 Satz 2, die §§ 25a bis 25e, 26a, 32, 33, 34, 36 Absatz 3 und die §§ 45 bis 45b dieses Gesetzes sowie die Artikel 25 bis 455 der Verordnung (EU) Nr. 575/2013 und Kapitel 2 der Verordnung (EU) 2017/2402 nicht anzuwenden. [2] § 24 Absatz 1 Nummer 9 gilt mit der Maßgabe, dass das Absinken des

Anfangskapitals unter die Mindestanforderungen nach Artikel 16 der Verordnung (EU) Nr. 648/2012 anzuzeigen ist.

(9b) [1] Sofern ein Kreditinstitut sowohl Tätigkeiten im Sinne des § 1 Absatz 1 Satz 2 Nummer 12 ausübt als auch weitere nach diesem Gesetz erlaubnispflichtige Bankgeschäfte betreibt oder Finanzdienstleistungen erbringt, ist auf die Tätigkeit im Sinne des § 1 Absatz 1 Satz 2 Nummer 12 der Absatz 9a anzuwenden; diese Kreditinstitute haben dafür Sorge zu tragen, dass sowohl die Anforderungen nach diesem Gesetz als auch die Anforderungen der Verordnung (EU) Nr. 648/2012 eingehalten werden. [2] Bezüglich der Anforderungen an das Anfangskapital nach § 33 Absatz 1 sowie nach Artikel 16 Absatz 1 der Verordnung (EU) Nr. 648/2012 haben die betroffenen Kreditinstitute die im jeweiligen Einzelfall höheren Anforderungen zu erfüllen. [3] Anzeige- und Informationspflichten, die sowohl nach § 2c Absatz 1 als auch nach Artikel 31 Absatz 2 der Verordnung (EU) Nr. 648/2012 bestehen, können in einer gemeinsamen Anzeige oder Mitteilung zusammengefasst werden.

(9c) Die §§ 10d und 24 Absatz 1 Nummer 16 dieses Gesetzes und die Artikel 411 bis 430 der Verordnung (EU) Nr. 575/2013 sind nicht auf Bürgschaftsbanken im Sinne des § 5 Absatz 1 Nummer 17 des Körperschaftsteuergesetzes anzuwenden.

(9d)[1)] Die Artikel 411 bis 428 der Verordnung (EU) Nr. 575/2013 sind nicht auf CRR-Wertpapierfirmen anzuwenden.

(9e) Auf Kreditinstitute, die ausschließlich über eine Zulassung nach Artikel 16 Absatz 1 der Verordnung (EU) Nr. 909/2014 verfügen, die Tätigkeit als Zentralverwahrer nach Abschnitt A oder nach den Abschnitten A und B des Anhangs zur Verordnung (EU) Nr. 909/2014 auszuüben, sind die §§ 2c, 6b Absatz 1 Nummer 1, Absatz 2 und 3, die §§ 10, 10c bis 18, 24 Absatz 1 Nummer 4, 6, 9, 11, 14, 14a, 16 und 17, Absatz 1a Nummer 4 bis 8, Absatz 1b, die §§ 24a, 24c, 25 Absatz 1 Satz 2, die §§ 25a bis 25e, 33 bis 33b, 36 Absatz 3, die §§ 45 bis 45b, 53 und 53a dieses Gesetzes nicht anzuwenden.

(9f) Auf Kreditinstitute, die ausschließlich über eine Zulassung nach Artikel 16 Absatz 1 der Verordnung (EU) Nr. 909/2014 verfügen, die Tätigkeit als Zentralverwahrer nach Abschnitt A oder nach den Abschnitten A und B des Anhangs zur Verordnung (EU) Nr. 909/2014 auszuüben sowie weitere Bankgeschäfte zu betreiben oder Finanzdienstleistungen zu erbringen, die zugleich Wertpapierdienstleistungen im Sinne des § 2 Absatz 3 des Wertpapierhandelsgesetzes sind, sind die §§ 2c, 24 Absatz 1 Nummer 1 und 2, § 25c Absatz 1, § 33 Absatz 1 Nummer 2 und 4a und § 35 nicht anzuwenden.

(9g) Auf Institute, die nur Bankgeschäfte im Sinne des § 1 Absatz 1 Satz 2 Nummer 4 und 10 betreiben und Finanzdienstleistungen im Sinne des § 1 Absatz 1a Satz 2 Nummer 1 bis 4 in Bezug auf Warentermingeschäfte, Emissionszertifikate und Derivate auf Emissionszertifikate erbringen und die diese Dienstleistungen allein mit dem Ziel der Absicherung der Geschäftsrisiken ihrer Kunden erbringen, sind die §§ 1a, 10, 10c bis 10i, 11 bis 13c, 15 bis 18 und 24

---

1) § 2 Abs. 9d aufgeh. mit unbestimmtem Inkrafttreten durch G v. 28.8.2013 (BGBl. I S. 3395). Diese Änderung tritt gem. Art. 10 Abs. 3 des G v. 28.8.2013 (BGBl. I S. 3395) an dem Tag in Kraft, an dem die Europäische Kommission einen Bericht nach Artikel 508 Absatz 2 der Verordnung (EU) Nr. 575/2013 (Nr. **6**) darüber vorlegt, ob und wie die Anforderungen an die Liquiditätsdeckung auf Wertpapierfirmen Anwendung finden. Das Bundesministerium der Finanzen gibt den Tag des Inkrafttretens im Bundesgesetzblatt bekannt.

Absatz 1 Nummer 4, 6, 9, 11, 14, 14a, 16 und 17, Absatz 1a Nummer 5, die §§ 24a, 25, 25a Absatz 5, die §§ 26a und 33 Absatz 1 Satz 1 Nummer 1, die §§ 45 und 46 Absatz 1 Satz 2 Nummer 4 bis 6 sowie die §§ 46b und 46c nicht anzuwenden, sofern diese Kunden

1. ausschließlich lokale Elektrizitätsunternehmen im Sinne des Artikels 2 Nummer 35 der Richtlinie 2009/72/EG, Erdgasunternehmen im Sinne des Artikels 2 Nummer 1 der Richtlinie 2009/73/EG oder Betreiber im Sinne des Artikels 3 Buchstabe f der Richtlinie 2003/87/EG des Europäischen Parlaments und des Rates vom 13. Oktober 2003 über ein System für den Handel mit Treibhausgasemissionszertifikaten in der Gemeinschaft und zur Änderung der Richtlinie 96/61/EG des Rates (ABl. L 275 vom 25.10.2003, S. 32), die zuletzt durch den Beschluss (EU) 2015/1814 (ABl. L 264 vom 9.10.2015, S. 1) geändert worden ist, sind,
2. zusammen 100 Prozent des Kapitals oder der Stimmrechte des Instituts halten und diese gemeinsam kontrollieren und
3. nach Absatz 1 Nummer 9 oder Absatz 6 Satz 1 Nummer 11 nicht als Kreditinstitut oder Finanzdienstleistungsinstitut gälten, wenn sie diese Dienstleistungen selbst erbrächten.

(9h) Auf Institute, die nur Bankgeschäfte im Sinne des § 1 Absatz 1 Satz 2 Nummer 4 und 10 betreiben und Finanzdienstleistungen im Sinne des § 1 Absatz 1a Satz 2 Nummer 1 bis 4 in Bezug auf Warentermingeschäfte, Emissionszertifikate und Derivate auf Emissionszertifikate erbringen und die diese Dienstleistungen allein mit dem Ziel der Absicherung der Geschäftsrisiken ihrer Kunden erbringen, sind die §§ 1a, 10, 10c bis 10i, 11 bis 13c, 15 bis 18 und 24 Absatz 1 Nummer 4, 6, 9, 11, 14, 14a, 16 und 17, Absatz 1a Nummer 5, die §§ 24a, 25, 25a Absatz 5, die §§ 26a und 33 Absatz 1 Satz 1 Nummer 1, die §§ 45 und 46 Absatz 1 Satz 2 Nummer 4 bis 6 sowie die §§ 46b und 46c nicht anzuwenden, sofern diese Kunden

1. ausschließlich Betreiber im Sinne des Artikels 3 Buchstabe f der Richtlinie 2003/87/EG sind,
2. zusammen 100 Prozent des Kapitals oder der Stimmrechte des Instituts halten und diese gemeinsam kontrollieren und
3. nach Absatz 1 Nummer 9 oder nach Absatz 6 Satz 1 Nummer 11 nicht als Kreditinstitut oder Finanzdienstleistungsinstitut gälten, wenn sie diese Dienstleistungen selbst erbrächten.

(10) [1] Ein Unternehmen mit Sitz im Inland, das keine Bankgeschäfte im Sinne des § 1 Absatz 1 Satz 2 betreibt und das als Finanzdienstleistungen nur die Anlagevermittlung, die Anlageberatung oder das Platzierungsgeschäft erbringt und dies ausschließlich für Rechnung und unter der Haftung eines CRR-Kreditinstituts oder eines Wertpapierhandelsunternehmens, das seinen Sitz im Inland hat oder nach § 53b Absatz 1 Satz 1 oder Absatz 7 im Inland tätig ist (vertraglich gebundener Vermittler), gilt nicht als Finanzdienstleistungsinstitut, sondern als Finanzunternehmen, wenn das CRR-Institut oder Wertpapierhandelsunternehmen dies der Bundesanstalt zuvor angezeigt hat. [2] Die Tätigkeit des vertraglich gebundenen Vermittlers wird dem haftenden Unternehmen zugerechnet. [3] Ändern sich die von dem haftenden Unternehmen angezeigten Verhältnisse, sind die neuen Verhältnisse unverzüglich der Bundesanstalt anzuzeigen. [4] Für den Inhalt der Anzeigen nach den Sätzen 1 und 3 und

die beizufügenden Unterlagen und Nachweise können durch Rechtsverordnung nach § 24 Abs. 4 nähere Bestimmungen getroffen werden. [5] Die Bundesanstalt führt über die ihr angezeigten vertraglich gebundenen Vermittler nach diesem Absatz ein öffentliches Register im Internet, das das haftende Unternehmen, die vertraglich gebundenen Vermittler, das Datum des Beginns und des Endes der Tätigkeit nach Satz 1 ausweist. [6] Für die Voraussetzungen zur Aufnahme in das Register, den Inhalt und die Führung des Registers können durch Rechtsverordnung nach § 24 Abs. 4 nähere Bestimmungen getroffen werden, insbesondere kann dem haftenden Unternehmen ein schreibender Zugriff auf die für dieses Unternehmen einzurichtende Seite des Registers eingeräumt und ihm die Verantwortlichkeit für die Richtigkeit und Aktualität dieser Seite übertragen werden. [7] Die Bundesanstalt kann einem haftenden Unternehmen, das die Auswahl oder Überwachung seiner vertraglich gebundenen Vermittler nicht ordnungsgemäß durchgeführt hat oder die ihm im Zusammenhang mit der Führung des Registers übertragenen Pflichten verletzt hat, untersagen, vertraglich gebundene Vermittler im Sinne der Sätze 1 und 2 in das Unternehmen einzubinden.

(11) *(aufgehoben)*

(12) [1] Für Betreiber organisierter Märkte mit Sitz im Ausland, die als einzige Finanzdienstleistung ein multilaterales oder organisiertes Handelssystem im Inland betreiben, gelten die Anforderungen der §§ 25a, 25b und 33 Abs. 1 Nr. 1 bis 4 sowie die Anzeigepflichten nach § 2c Abs. 1 und 4 sowie § 24 Abs. 1 Nr. 1, 2 und 11 und Abs. 1a Nr.2 entsprechend. [2] Die in Satz 1 genannten Anforderungen gelten entsprechend auch für Träger einer inländischen Börse, die außer dem Freiverkehr nach § 48 des Börsengesetzes oder einem organisierten Handelssystem nach § 48b des Börsengesetzes als einzige Finanzdienstleistung ein multilaterales oder organisiertes Handelssystem im Inland betreiben. [3] Es wird vermutet, dass Geschäftsführer einer inländischen Börse und Personen, die die Geschäfte eines ausländischen organisierten Marktes tatsächlich leiten, den Anforderungen nach § 33 Abs. 1 Nr. 2 und 4 genügen. [4] Die Befugnisse der Bundesanstalt nach den §§ 2c und 25a Absatz 2 Satz 1 sowie den §§ 44 bis 46h gelten entsprechend. [5] Die Bundesanstalt kann den in Satz 1 genannten Personen den Betrieb eines multilateralen oder organisierten Handelssystems in den Fällen des § 35 Absatz 2 Nummer 4 und 6 sowie dann untersagen, wenn sie die Anforderungen des § 33 Abs. 1 Satz 1 Nr. 1 bis 4 nicht erfüllen. [6] Die in Satz 1 genannten Personen haben der Bundesanstalt die Aufnahme des Betriebs unverzüglich anzuzeigen.

§ 2a Ausnahmen für gruppenangehörige Institute und Institute, die institutsbezogenen Sicherungssystemen angehören. (1) [1] Institute können eine Freistellung nach Artikel 7 der Verordnung (EU) Nr. 575/2013[1)] in der jeweils geltenden Fassung bei der Aufsichtsbehörde beantragen. [2] Dem Antrag sind geeignete Unterlagen beizufügen, die nachweisen, dass die Voraussetzungen für eine Freistellung nach Artikel 7 der Verordnung (EU) Nr. 575/2013 vorliegen.

(2) [1] Sofern die Voraussetzungen für eine Freistellung nach Artikel 7 der Verordnung (EU) Nr. 575/2013 vorliegen, kann die Aufsichtsbehörde Institute auf Antrag für das Management von Risiken mit Ausnahme des Liquiditäts-

[1)] Nr. 6.

risikos von den Anforderungen gemäß § 25a Absatz 1 Satz 3 Nummer 1, 2 und 3 Buchstabe b und c bezüglich der Risikocontrolling-Funktion freistellen. [2]Dem Antrag sind geeignete Unterlagen beizufügen, die nachweisen, dass die Voraussetzungen nach Satz 1 vorliegen.

(3) [1]Institute können eine Freistellung nach Artikel 8 der Verordnung (EU) Nr. 575/2013 in der jeweils geltenden Fassung bei der Aufsichtsbehörde beantragen. [2]Dem Antrag sind geeignete Unterlagen beizufügen, die nachweisen, dass die Voraussetzungen für eine Freistellung nach Artikel 8 der Verordnung (EU) Nr. 575/2013 vorliegen.

(4) [1]Sofern die Voraussetzungen für eine Freistellung nach Artikel 8 der Verordnung (EU) Nr. 575/2013 vorliegen und eine Freistellung nach Artikel 8 der Verordnung (EU) Nr. 575/2013 gewährt wird, kann die Aufsichtsbehörde Institute auf Antrag für das Management von Liquiditätsrisiken von den Anforderungen gemäß § 25a Absatz 1 Satz 3 Nummer 1, 2 und 3 Buchstabe b und c bezüglich der Risikocontrolling-Funktion freistellen. [2]Dem Antrag sind geeignete Unterlagen beizufügen, die nachweisen, dass die Voraussetzungen nach Satz 1 vorliegen.

(5) Für Institute und übergeordnete Unternehmen, die von der Regelung im Sinne des § 2a Absatz 1, 5 oder 6 in der bis zum 31. Dezember 2013 geltenden Fassung Gebrauch gemacht haben, gilt die Freistellung nach Absatz 1 oder 2 als gewährt.

(6) [1]Die Aufsichtsbehörde kann das Institut oder das übergeordnete Unternehmen auch nach einer nach den Absätzen 1 bis 4 gewährten oder nach einer nach Absatz 5 fortgeltenden Freistellung auffordern, die erforderlichen Nachweise für die Einhaltung der Voraussetzungen vorzulegen. [2]Sie kann sie auch dazu auffordern, Vorkehrungen zu treffen, die geeignet und erforderlich sind, bestehende Mängel zu beseitigen und hierfür eine angemessene Frist bestimmen. [3]Werden die Nachweise nicht oder nicht fristgerecht vorgelegt oder werden die Mängel nicht oder nicht fristgerecht behoben, kann die Aufsichtsbehörde die Freistellung aufheben oder anordnen, dass das Institut die Vorschriften, auf die sich die Freistellung bezog, wieder anzuwenden hat.

§ 2b[1)] Rechtsform. (1) Kreditinstitute, die eine Erlaubnis nach § 32 Abs. 1 benötigen, dürfen nicht in der Rechtsform des Einzelkaufmanns betrieben werden.

(2) [1]Bei Wertpapierhandelsunternehmen in der Rechtsform des Einzelkaufmanns oder der Personenhandelsgesellschaft sind die Risikoaktiva des Inhabers oder der persönlich haftenden Gesellschafter in die Beurteilung der Solvenz des Instituts gemäß Artikel 92 der Verordnung (EU) Nr. 575/2013[2)] einzubeziehen; das freie Vermögen des Inhabers oder der Gesellschafter bleibt jedoch bei der Berechnung der Eigenmittel des Instituts unberücksichtigt. [2]Wird ein solches Institut in der Rechtsform eines Einzelkaufmanns betrieben, hat der Inhaber angemessene Vorkehrungen für den Schutz seiner Kunden für den Fall

---

[1)] Beachte hierzu Art. 2 § 4 Abs. 1 G vom 24.3.1976 (BGBl. I S. 725): „Die §§ 2a *[jetzt § 2b]* und 35 Abs. 2 Nr. 3 *[jetzt Abs. 2 Nr. 2]* des Gesetzes über das Kreditwesen gelten nicht für einen Inhaber eines in der Rechtsform des Einzelkaufmanns betriebenen Kreditinstituts, der bei Inkrafttreten dieses Gesetzes *[am 1.5.1976]* Inhaber eines derartigen Kreditinstituts ist."

[2)] Nr. **6**.

zu treffen, daß auf Grund seines Todes, seiner Geschäftsunfähigkeit oder aus anderen Gründen das Institut seine Geschäftstätigkeit einstellt.

§ 2c[1] Inhaber bedeutender Beteiligungen. (1) [1] Wer beabsichtigt, allein oder im Zusammenwirken mit anderen Personen oder Unternehmen eine bedeutende Beteiligung an einem Institut zu erwerben (interessierter Erwerber), hat dies der Bundesanstalt und der Deutschen Bundesbank nach Maßgabe des Satzes 2 unverzüglich schriftlich anzuzeigen. [2] In der Anzeige hat der interessierte Erwerber die für die Höhe der Beteiligung und die für die Begründung des maßgeblichen Einflusses, die Beurteilung seiner Zuverlässigkeit und die Prüfung der weiteren Untersagungsgründe nach Absatz 1b Satz 1 wesentlichen Tatsachen und Unterlagen, die durch Rechtsverordnung nach § 24 Abs. 4 näher zu bestimmen sind, sowie die Personen und Unternehmen anzugeben, von denen er die entsprechenden Anteile erwerben will. [3] In der Rechtsverordnung kann, insbesondere auch als Einzelfallentscheidung oder allgemeine Regelung, vorgesehen werden, dass der interessierte Erwerber die in § 32 Abs. 1 Satz 2 Nr. 6 Buchstabe d und e genannten Unterlagen vorzulegen hat. [4] Ist der interessierte Erwerber eine juristische Person oder Personenhandelsgesellschaft, hat er in der Anzeige die für die Beurteilung der Zuverlässigkeit seiner gesetzlichen oder satzungsmäßigen Vertreter oder persönlich haftenden Gesellschafter wesentlichen Tatsachen anzugeben. [5] Der Inhaber einer bedeutenden Beteiligung hat jeden neu bestellten gesetzlichen oder satzungsmäßigen Vertreter oder neuen persönlich haftenden Gesellschafter mit den für die Beurteilung von dessen Zuverlässigkeit wesentlichen Tatsachen der Bundesanstalt und der Deutschen Bundesbank unverzüglich schriftlich anzuzeigen. [6] Der Inhaber einer bedeutenden Beteiligung hat der Bundesanstalt und der Deutschen Bundesbank ferner unverzüglich schriftlich anzuzeigen, wenn er beabsichtigt, allein oder im Zusammenwirken mit anderen Personen oder Unternehmen den Betrag der bedeutenden Beteiligung so zu erhöhen, dass die Schwellen von 20 vom Hundert, 30 vom Hundert oder 50 vom Hundert der Stimmrechte oder des Kapitals erreicht oder überschritten werden oder dass das Institut unter seine Kontrolle kommt. [7] Die Bundesanstalt hat den Eingang einer vollständigen Anzeige nach Satz 1 oder Satz 6 umgehend, spätestens jedoch innerhalb von zwei Arbeitstagen nach deren Zugang schriftlich gegenüber dem Anzeigepflichtigen zu bestätigen.

(1a) [1] Die Bundesanstalt hat die Anzeige nach Absatz 1 innerhalb von 60 Arbeitstagen ab dem Datum des Schreibens, mit dem sie den Eingang der vollständigen Anzeige schriftlich bestätigt hat, zu beurteilen (Beurteilungszeitraum). [2] In der Bestätigung nach Absatz 1 Satz 7 hat die Bundesanstalt dem Anzeigepflichtigen den Tag mitzuteilen, an dem der Beurteilungszeitraum endet. [3] Bis spätestens zum 50. Arbeitstag innerhalb des Beurteilungszeitraums kann die Bundesanstalt schriftlich weitere Informationen anfordern, die für den Abschluss der Beurteilung notwendig sind. [4] Die Anforderung ergeht schriftlich unter Angabe der zusätzlich benötigten Informationen. [5] Die Bundesanstalt hat den Eingang der weiteren Informationen umgehend, spätestens jedoch innerhalb von zwei Arbeitstagen nach deren Zugang schriftlich gegenüber dem Anzeigepflichtigen zu bestätigen. [6] Der Beurteilungszeitraum ist vom Zeitpunkt

[1] Siehe hierzu ua:
die InhaberkontrollVO (Nr. **8h**).

der Anforderung der weiteren Informationen bis zu deren Eingang bei der Bundesanstalt gehemmt. [7] Der Beurteilungszeitraum beträgt im Falle einer Hemmung nach Satz 6 höchstens 80 Arbeitstage. [8] Die Bundesanstalt kann Ergänzungen oder Klarstellungen zu diesen Informationen anfordern; dies führt nicht zu einer erneuten Hemmung des Beurteilungszeitraums. [9] Abweichend von Satz 7 kann der Beurteilungszeitraum im Falle einer Hemmung auf höchstens 90 Arbeitstage ausgedehnt werden, wenn der Anzeigepflichtige

1. außerhalb des Europäischen Wirtschaftsraums ansässig ist oder beaufsichtigt wird oder
2. eine nicht der Beaufsichtigung nach
   a) der Richtlinie 2009/65/EG des Europäischen Parlaments und des Rates vom 13. Juli 2009 zur Koordinierung der Rechts- und Verwaltungsvorschriften betreffend bestimmte Organismen für gemeinsame Anlagen in Wertpapieren (OGAW) (ABl. L 302 vom 17.11.2009, S. 32; L 269 vom 13.10.2010, S. 27), die zuletzt durch die Richtlinie 2014/91/EU (ABl. L 257 vom 28.8.2014, S. 186) geändert worden ist,
   b) der Richtlinie 2009/138/EG des Europäischen Parlaments und des Rates vom 25. November 2009 betreffend die Aufnahme und Ausübung der Versicherungs- und der Rückversicherungstätigkeit (Solvabilität II) (ABl. L 335 vom 17.12.2009, S. 1; L 219 vom 25.7.2014, S. 66; L 108 vom 28.4. 2015, S. 8), die zuletzt durch die Richtlinie (EU) 2016/2341 (ABl. L 354 vom 23.12.2016, S. 37) geändert worden ist,
   c) der Richtlinie 2014/65/EU des Europäischen Parlaments und des Rates vom 15. Mai 2014 über Märkte für Finanzinstrumente sowie zur Änderung der Richtlinien 2002/92/EG und 2011/61/EU (ABl. L 173 vom 12.6.2014, S. 349; L 74 vom 18.3.2015, S. 38; L 188 vom 13.7.2016, S. 28; L 273 vom 8.10.2016, S. 35; L 64 vom 10.3.2017, S. 116; L 278 vom 27.10.2017, S. 56), die zuletzt durch die Richtlinie (EU) 2016/1034 (ABl. L 175 vom 30.6.2016, S. 8) geändert worden ist, oder
   d) der Richtlinie 2013/36/EU des Europäischen Parlaments und des Rates vom 26. Juni 2013 über den Zugang zur Tätigkeit von Kreditinstituten und die Beaufsichtigung von Kreditinstituten und Wertpapierfirmen, zur Änderung der Richtlinie 2002/87/EG und zur Aufhebung der Richtlinien 2006/48/EG und 2006/49/EG (ABl. L 176 vom 27.6.2013, S. 338; L 208 vom 2.8.2013, S. 73; L 20 vom 25.1.2017, S. 1), die zuletzt durch die Richtlinie (EU) 2015/2366 (ABl. L 337 vom 23.12.2015, S. 35; L 169 vom 28.6.2016, S. 18) geändert worden ist,

   unterliegende natürliche Person oder Unternehmen ist.

[10] Soweit es sich bei der Anzeige um den Erwerb einer bedeutenden Beteiligung an einem CRR-Kreditinstitut handelt, legt die Bundesanstalt nach Abschluss ihrer Beurteilung der Europäischen Zentralbank einen Beschlussentwurf gemäß Artikel 15 Absatz 2 der Verordnung (EU) Nr. 1024/2013[1)] vor. [11] Auf diesen Beschlussentwurf der Bundesanstalt ist Absatz 1b entsprechend anzuwenden.

[1)] Nr. **5**.

(1b) [1] Die Aufsichtsbehörde kann innerhalb des Beurteilungszeitraums den beabsichtigten Erwerb der bedeutenden Beteiligung oder ihre Erhöhung untersagen, wenn Tatsachen die Annahme rechtfertigen, daß

1. der Anzeigepflichtige oder, wenn er eine juristische Person ist, auch ein gesetzlicher oder satzungsmäßiger Vertreter, oder, wenn er eine Personenhandelsgesellschaft ist, auch ein Gesellschafter, nicht zuverlässig ist oder aus anderen Gründen nicht den im Interesse einer soliden und umsichtigen Führung des Instituts zu stellenden Ansprüchen genügt; dies gilt im Zweifel auch dann, wenn Tatsachen die Annahme rechtfertigen, dass er die von ihm aufgebrachten Mittel für den Erwerb der bedeutenden Beteiligung durch eine Handlung erbracht hat, die objektiv einen Straftatbestand erfüllt;
2. das Institut nicht in der Lage sein oder bleiben wird, den Aufsichtsanforderungen insbesondere nach der Richtlinie 2013/36/EU, der Verordnung (EU) Nr. 575/2013[1)] in ihrer jeweils geltenden Fassung, der Richtlinie 2014/65/EU, der Richtlinie 2009/110/EG des Europäischen Parlaments und des Rates vom 16. September 2009 über die Aufnahme, Ausübung und Beaufsichtigung der Tätigkeit von E-Geld-Instituten, zur Änderung der Richtlinien 2005/60/EG und 2006/48/EG sowie zur Aufhebung der Richtlinie 2000/46/EG, der Richtlinie (EU) 2015/2366 des Europäischen Parlaments und des Rates vom 25. November 2015 über Zahlungsdienste im Binnenmarkt, zur Änderung der Richtlinien 2002/65/EG, 2009/110/EG und 2013/36/EU und der Verordnung (EU) Nr. 1093/2010 sowie zur Aufhebung der Richtlinie 2007/64/EG (ABl. L 337 vom 23.12.2015, S. 35; L 169 vom 28.6.2016, S. 18), der Richtlinie 2002/87/EG des Europäischen Parlaments und des Rates vom 16. Dezember 2002 über die zusätzliche Beaufsichtigung der Kreditinstitute, Versicherungsunternehmen und Wertpapierfirmen eines Finanzkonglomerats und der Richtlinie 2006/49/EG des Europäischen Parlaments und des Rates vom 14. Juni 2006 über die angemessene Eigenkapitalausstattung von Wertpapierfirmen und Kreditinstituten zu genügen oder das Institut durch die Begründung oder Erhöhung der bedeutenden Beteiligung mit dem Inhaber der bedeutenden Beteiligung in einen Unternehmensverbund eingebunden würde, der durch die Struktur des Beteiligungsgeflechtes oder mangelhafte wirtschaftliche Transparenz eine wirksame Aufsicht über das Institut oder einen wirksamen Austausch von Informationen zwischen den zuständigen Stellen oder die Festlegung der Aufteilung der Zuständigkeiten zwischen diesen beeinträchtigt;
3. das Institut durch die Begründung oder Erhöhung der bedeutenden Beteiligung Tochterunternehmen eines Instituts mit Sitz in einem Drittstaat würde, das im Staat seines Sitzes oder seiner Hauptverwaltung nicht wirksam beaufsichtigt wird oder dessen zuständige Aufsichtsstelle zu einer befriedigenden Zusammenarbeit mit der Aufsichtsbehörde nicht bereit ist;
4. der künftige Geschäftsleiter nicht zuverlässig oder nicht fachlich geeignet ist;
5. im Zusammenhang mit dem beabsichtigten Erwerb oder der Erhöhung der Beteiligung Geldwäsche oder Terrorismusfinanzierung im Sinne des Artikels 1 der Richtlinie 2005/60/EG stattfinden, stattgefunden haben, diese Straftaten versucht wurden oder der Erwerb oder die Erhöhung das Risiko eines solchen Verhaltens erhöhen könnte oder

---

[1)] Nr. **6**.

6. der Anzeigepflichtige nicht über die notwendige finanzielle Solidität verfügt; dies ist insbesondere dann der Fall, wenn der Anzeigepflichtige auf Grund seiner Kapitalausstattung oder Vermögenssituation nicht den besonderen Anforderungen gerecht werden kann, die von Gesetzes wegen an die Eigenmittel und die Liquidität eines Instituts gestellt werden.

[2]Die Aufsichtsbehörde kann den Erwerb oder die Erhöhung der Beteiligung auch untersagen, wenn die Angaben nach Absatz 1 Satz 2 oder Satz 6 oder die zusätzlich nach Absatz 1a Satz 3 angeforderten Informationen unvollständig oder nicht richtig sind oder nicht den Anforderungen der Rechtsverordnung nach § 24 Abs. 4 entsprechen. [3]Die Aufsichtsbehörde darf weder Vorbedingungen an die Höhe der zu erwerbenden Beteiligung oder der beabsichtigten Erhöhung der Beteiligung stellen noch darf sie bei ihrer Prüfung auf die wirtschaftlichen Bedürfnisse des Marktes abstellen. [4]Entscheidet die Aufsichtsbehörde nach Abschluss der Beurteilung, den Erwerb oder die Erhöhung der Beteiligung zu untersagen, teilt sie dem Anzeigepflichtigen die Entscheidung innerhalb von zwei Arbeitstagen und unter Einhaltung des Beurteilungszeitraums schriftlich unter Angabe der Gründe mit. [5]Bemerkungen und Vorbehalte der für den Anzeigepflichtigen zuständigen Stellen sind in der Entscheidung wiederzugeben; die Untersagung darf nur auf Grund der in den Sätzen 1 und 2 genannten Gründe erfolgen. [6]Wird der Erwerb oder die Erhöhung der Beteiligung nicht innerhalb des Beurteilungszeitraums schriftlich untersagt, kann der Erwerb oder die Erhöhung vollzogen werden; die Rechte der Bundesanstalt nach Absatz 2 bleiben unberührt. [7]Die Aufsichtsbehörde kann eine Frist setzen, nach deren Ablauf ihr der Anzeigepflichtige den Vollzug oder den Nichtvollzug des beabsichtigten Erwerbs oder der Erhöhung anzuzeigen hat. [8]Nach Ablauf der Frist hat der Anzeigepflichtige die Anzeige unverzüglich bei der Bundesanstalt einzureichen.

(2) [1]Die Bundesanstalt kann dem Inhaber einer bedeutenden Beteiligung sowie den von ihm kontrollierten Unternehmen die Ausübung seiner Stimmrechte untersagen und anordnen, daß über die Anteile nur mit ihrer Zustimmung verfügt werden darf, wenn

1. die Voraussetzungen für eine Untersagungsverfügung nach Absatz 1b Satz 1 oder Satz 2 vorliegen,
2. der Inhaber der bedeutenden Beteiligung seiner Pflicht nach Absatz 1 zur vorherigen Unterrichtung der Bundesanstalt und der Deutschen Bundesbank nicht nachgekommen ist und diese Unterrichtung innerhalb einer von ihr gesetzten Frist nicht nachgeholt hat oder
3. die Beteiligung entgegen einer vollziehbaren Untersagung nach Absatz 1b Satz 1 oder Satz 2 erworben oder erhöht worden ist.

[2]Im Falle einer Untersagung nach Satz 1 bestellt das Gericht am Sitz des Instituts auf Antrag der Bundesanstalt, des Instituts oder eines an ihm Beteiligten einen Treuhänder, auf den es die Ausübung der Stimmrechte überträgt. [3]Der Treuhänder hat bei der Ausübung der Stimmrechte den Interessen einer soliden und umsichtigen Führung des Instituts Rechnung zu tragen. [4]Über die Maßnahmen nach Satz 1 hinaus kann die Bundesanstalt den Treuhänder mit der Veräußerung der Anteile, soweit sie eine bedeutende Beteiligung begründen, beauftragen, wenn der Inhaber der bedeutenden Beteiligung ihr nicht innerhalb einer von ihr bestimmten angemessenen Frist einen zuverlässigen

Erwerber nachweist; die Inhaber der Anteile haben bei der Veräußerung in dem erforderlichen Umfang mitzuwirken. [5]Sind die Voraussetzungen des Satzes 1 entfallen, hat die Bundesanstalt den Widerruf der Bestellung des Treuhänders zu beantragen. [6]Der Treuhänder hat Anspruch auf Ersatz angemessener Auslagen und auf Vergütung für seine Tätigkeit. [7]Das Gericht setzt auf Antrag des Treuhänders die Auslagen und die Vergütung fest; die Rechtsbeschwerde gegen die Vergütungsfestsetzung ist ausgeschlossen. [8]Für die Kosten, die durch die Bestellung des Treuhänders entstehen, die diesem zu gewährenden Auslagen sowie die Vergütung haften das Institut und der betroffene Inhaber der bedeutenden Beteiligung als Gesamtschuldner. [9]Die Bundesanstalt schießt die Auslagen und die Vergütung vor.

(3) [1]Wer beabsichtigt, eine bedeutende Beteiligung an einem Institut aufzugeben oder den Betrag seiner bedeutenden Beteiligung unter die Schwellen von 20 vom Hundert, 30 vom Hundert oder 50 vom Hundert der Stimmrechte oder des Kapitals abzusenken oder die Beteiligung so zu verändern, daß das Institut nicht mehr kontrolliertes Unternehmen ist, hat dies der Bundesanstalt und der Deutschen Bundesbank unverzüglich schriftlich anzuzeigen. [2]Dabei ist die beabsichtigte verbleibende Höhe der Beteiligung anzugeben. [3]Die Bundesanstalt kann eine Frist festsetzen, nach deren Ablauf ihr die Person oder Personenhandelsgesellschaft, welche die Anzeige nach Satz 1 erstattet hat, den Vollzug oder den Nichtvollzug der beabsichtigten Absenkung oder Veränderung anzuzeigen hat. [4]Nach Ablauf der Frist hat die Person oder Personenhandelsgesellschaft, welche die Anzeige nach Satz 1 erstattet hat, die Anzeige unverzüglich bei der Bundesanstalt zu erstatten.

(4) [1]Die Aufsichtsbehörde hat den Erwerb einer unmittelbaren oder mittelbaren Beteiligung an einem Institut, durch den das Institut zu einem Tochterunternehmen eines Unternehmens mit Sitz in einem Drittstaat würde, vorläufig zu untersagen oder zu beschränken, wenn ein entsprechender Beschluß der Kommission vorliegt, der nach Artikel 147 Absatz 2 der Richtlinie 2013/36/EU zustande gekommen ist. [2]Die vorläufige Untersagung oder Beschränkung darf drei Monate vom Zeitpunkt des Beschlusses an nicht überschreiten. [3]Beschließt der Rat die Verlängerung der Frist nach Satz 2, hat die Aufsichtsbehörde die Fristverlängerung zu beachten und die vorläufige Untersagung oder Beschränkung entsprechend zu verlängern.

§ 2d Leitungsorgane von Finanzholding-Gesellschaften und gemischten Finanzholding-Gesellschaften. (1) Personen, die die Geschäfte einer Finanzholding-Gesellschaft oder einer gemischten Finanzholding-Gesellschaft tatsächlich führen, müssen zuverlässig sein, die zur Führung der Gesellschaft erforderliche fachliche Eignung haben und der Wahrnehmung ihrer Aufgaben ausreichend Zeit widmen.

(2) Bei Finanzholding-Gesellschaften und gemischten Finanzholding-Gesellschaften, die nach § 10a Absatz 2 Satz 2 oder Satz 3 als übergeordnetes Unternehmen bestimmt worden sind, kann die Bundesanstalt die Abberufung der Personen im Sinne des Absatzes 1 verlangen und ihnen die Ausübung ihrer Tätigkeit untersagen, wenn

1. sie die Voraussetzungen nach Absatz 1 nicht erfüllen oder
2. sie vorsätzlich oder leichtfertig gegen die Bestimmung dieses Gesetzes, gegen die zur Durchführung dieses Gesetzes erlassenen Verordnungen oder gegen

Anordnungen der Bundesanstalt verstoßen haben und trotz Verwarnung durch die Bundesanstalt dieses Verhalten fortsetzen.

§ 2e Ausnahmen für gemischte Finanzholding-Gesellschaften.

(1) Unterliegt eine gemischte Finanzholding-Gesellschaft, insbesondere im Hinblick auf eine risikobasierte Beaufsichtigung, gleichwertigen Bestimmungen nach Maßgabe der Richtlinie 2013/36/EU und der Richtlinie 2002/87/EG des Europäischen Parlaments und des Rates vom 16. Dezember 2002 über die zusätzliche Beaufsichtigung der Kreditinstitute, Versicherungsunternehmen und Wertpapierfirmen eines Finanzkonglomerats und zur Änderung der Richtlinien 73/239/EWG, 79/267/EWG, 92/49/EWG, 92/96/EWG, 93/6/EWG und 93/22/EWG des Rates und der Richtlinien 98/78/EG und 2000/12/EG des Europäischen Parlaments und des Rates (ABl. L 35 vom 11.2.2003, S. 1), die zuletzt durch die Richtlinie 2013/36/EU geändert worden ist, so kann die Bundesanstalt nach Konsultation der für die Beaufsichtigung von Tochterunternehmen zuständigen Stellen auf die gemischte Finanzholding-Gesellschaft nur die einschlägigen Bestimmungen der Richtlinie 2002/87/EG anwenden.

(2) Unterliegt eine gemischte Finanzholding-Gesellschaft, insbesondere im Hinblick auf eine risikobasierte Beaufsichtigung, gleichwertigen Bestimmungen nach Maßgabe der Richtlinie 2013/36/EU und der Richtlinie 2009/138/EG, so kann die Bundesanstalt im Einvernehmen mit der für die Gruppenaufsicht im Versicherungswesen zuständigen Stelle auf die gemischte Finanzholding-Gesellschaft nur die Bestimmungen der Richtlinie 2013/36/EU in Bezug auf die am stärksten vertretene Finanzbranche im Sinne des § 8 Absatz 2 des Finanzkonglomerate-Aufsichtsgesetzes[1] anwenden.

§ 3 Verbotene Geschäfte. (1) Verboten sind

1. der Betrieb des Einlagengeschäftes, wenn der Kreis der Einleger überwiegend aus Betriebsangehörigen des Unternehmens besteht (Werksparkassen) und nicht sonstige Bankgeschäfte betrieben werden, die den Umfang dieses Einlagengeschäftes übersteigen;
2. die Annahme von Geldbeträgen, wenn der überwiegende Teil der Geldgeber einen Rechtsanspruch darauf hat, daß ihnen aus diesen Geldbeträgen Darlehen gewährt oder Gegenstände auf Kredit verschafft werden (Zwecksparunternehmen); dies gilt nicht für Bausparkassen;
3. der Betrieb des Kreditgeschäftes oder des Einlagengeschäftes, wenn es durch Vereinbarung oder geschäftliche Gepflogenheit ausgeschlossen oder erheblich erschwert ist, über den Kreditbetrag oder die Einlagen durch Barabhebung zu verfügen.

(2) [1] CRR-Kreditinstituten und Unternehmen, die einer Institutsgruppe, einer Finanzholding-Gruppe oder einer gemischten Finanzholding-Gruppe angehören, der ein CRR-Kreditinstitut angehört, ist das Betreiben der in Satz 2 genannten Geschäfte nach Ablauf von 12 Monaten nach Überschreiten eines der folgenden Schwellenwerte verboten, wenn

1. bei nach internationalen Rechnungslegungsstandards im Sinne des § 315e des Handelsgesetzbuchs bilanzierenden CRR-Kreditinstituten und Instituts-

[1] Nr. 9.

gruppen, Finanzholding-Gruppen oder gemischten Finanzholding-Gruppen, denen ein CRR-Kreditinstitut angehört, die in den Kategorien als zu Handelszwecken und zur Veräußerung verfügbare finanzielle Vermögenswerte eingestuften Positionen im Sinne des Artikels 1 in Verbindung mit Nummer 9 IAS 39 des Anhangs der Verordnung (EG) Nr. 1126/2008 der Europäischen Kommission vom 3. November 2008 in der jeweils geltenden Fassung zum Abschlussstichtag des vorangegangenen Geschäftsjahrs den Wert von 100 Milliarden Euro übersteigen oder, wenn die Bilanzsumme des CRR-Kreditinstituts oder der Institutsgruppe, Finanzholding-Gruppe oder gemischten Finanzholding-Gruppe, der ein CRR-Kreditinstitut angehört, zum Abschlussstichtag der letzten drei Geschäftsjahre jeweils mindestens 90 Milliarden Euro erreicht, 20 Prozent der Bilanzsumme des CRR-Kreditinstituts, der Institutsgruppe, Finanzholding-Gruppe oder gemischten Finanzholding-Gruppe, der ein CRR-Kreditinstitut angehört, des vorausgegangenen Geschäftsjahrs übersteigen, es sei denn, die Geschäfte werden in einem Finanzhandelsinstitut im Sinne des § 25f Absatz 1 betrieben, oder

2. bei den sonstigen der Rechnungslegung des Handelsgesetzbuchs unterliegenden CRR-Kreditinstituten und Institutsgruppen, Finanzholding-Gruppen oder gemischten Finanzholding-Gruppen, denen ein CRR-Kreditinstitut angehört, die dem Handelsbestand nach § 340e Absatz 3 des Handelsgesetzbuchs und der Liquiditätsreserve nach § 340e Absatz 1 Satz 2 des Handelsgesetzbuchs zuzuordnenden Positionen zum Abschlussstichtag des vorangegangenen Geschäftsjahrs den Wert von 100 Milliarden Euro übersteigen oder, wenn die Bilanzsumme des CRR-Kreditinstituts oder der Institutsgruppe, Finanzholding-Gruppe oder gemischten Finanzholding-Gruppe, der ein CRR-Kreditinstitut angehört, zum Abschlussstichtag der letzten drei Geschäftsjahre jeweils mindestens 90 Milliarden Euro erreicht, 20 Prozent der Bilanzsumme des CRR-Kreditinstituts, der Institutsgruppe, Finanzholding-Gruppe oder gemischten Finanzholding-Gruppe, der ein CRR-Kreditinstitut angehört, des vorausgegangenen Geschäftsjahrs übersteigen, es sei denn, die Geschäfte werden in einem Finanzhandelsinstitut im Sinne des § 25f Absatz 1 betrieben.

[2] Nach Maßgabe von Satz 1 verbotene Geschäfte sind

1. Eigengeschäfte;
2. Kredit- und Garantiegeschäfte mit
   a) Hedgefonds im Sinne des § 283 Absatz 1 des Kapitalanlagegesetzbuches oder Dach-Hedgefonds im Sinne des § 225 Absatz 1 des Kapitalanlagegesetzbuches oder, sofern die Geschäfte im Rahmen der Verwaltung eines Hedgefonds oder Dach-Hedgefonds getätigt werden, mit deren Verwaltungsgesellschaften;
   b) EU-AIF oder ausländischen AIF im Sinne des Kapitalanlagegesetzbuches, die im beträchtlichem Umfang Leverage im Sinne des Artikels 111 der Delegierten Verordnung (EU) Nr. 231/2013 der Kommission vom 19. Dezember 2012 zur Ergänzung der Richtlinie 2011/61/EU des Europäischen Parlaments und des Rates im Hinblick auf Ausnahmen, die Bedingungen für die Ausübung der Tätigkeit, Verwahrstellen, Hebelfinanzierung, Transparenz und Beaufsichtigung (ABl. L 83 vom 22.3.2013, S. 1) einsetzen, oder, sofern die Geschäfte im Rahmen der Verwaltung des EU-

AIF oder ausländischen AIF getätigt werden, mit deren EU-AIF-Verwaltungsgesellschaften oder ausländischen AIF-Verwaltungsgesellschaften;

3. der Eigenhandel im Sinne des § 1 Absatz 1a Satz 2 Nummer 4 Buchstabe d mit Ausnahme der Market-Making-Tätigkeiten im Sinne des Artikels 2 Absatz 1 Buchstabe k der Verordnung (EU) Nr. 236/2012 vom 14. März 2012 über Leerverkäufe und bestimmte Aspekte von Credit Default Swaps (ABl. L 86 vom 24.3.2012, S. 1) (Market-Making-Tätigkeiten); die Ermächtigung der Bundesanstalt zu Einzelfallregelungen nach Absatz 4 Satz 1 bleibt unberührt.

[3] Nicht unter die Geschäfte im Sinne des Satzes 2 fallen:

1. Geschäfte zur Absicherung von Geschäften mit Kunden außer AIF oder Verwaltungsgesellschaften im Sinne von Satz 2 Nummer 2;
2. Geschäfte, die der Zins-, Währungs-, Liquiditäts-, und Kreditrisikosteuerung des CRR-Kreditinstituts, der Institutsgruppe, der Finanzholding-Gruppe, der gemischten Finanzholding-Gruppe oder des Verbundes dienen; einen Verbund in diesem Sinne bilden Institute, die demselben institutsbezogenen Sicherungssystem im Sinne des Artikels 113 Nummer 7 Buchstabe c der Verordnung des Europäischen Parlaments und des Rates über Aufsichtsanforderungen an Kreditinstitute und Wertpapierfirmen[1)] angehören;
3. Geschäfte im Dienste des Erwerbs und der Veräußerung langfristig angelegter Beteiligungen sowie Geschäfte, die nicht zu dem Zweck geschlossen werden, bestehende oder erwartete Unterschiede zwischen den Kauf- und Verkaufspreisen oder Schwankungen von Marktkursen, -preisen, -werten oder Zinssätzen kurzfristig zu nutzen, um so Gewinne zu erzielen.

(3) [1] CRR-Kreditinstitute und Unternehmen, die einer Institutsgruppe, einer Finanzholding-Gruppe oder einer gemischten Finanzholding-Gruppe angehören, der ein CRR-Kreditinstitut angehört, und die einen der Schwellenwerte des § 3 Absatz 2 Satz 1 Nummer 1 oder Nummer 2 überschreiten, haben

1. binnen sechs Monaten nach dem Überschreiten eines der Schwellenwerte anhand einer Risikoanalyse zu ermitteln, welche ihrer Geschäfte im Sinne des Absatzes 2 Satz 1 verboten sind, und
2. binnen 12 Monaten nach dem Überschreiten eines der Schwellenwerte die nach Satz 1 Nummer 1 ermittelten bereits betriebenen verbotenen Geschäfte zu beenden oder auf ein Finanzhandelsinstitut zu übertragen.

[2] Die Risikoanalyse nach Satz 1 Nummer 1 hat plausibel, umfassend und nachvollziehbar zu sein und ist schriftlich zu dokumentieren. [3] Die Bundesanstalt kann die Frist nach Satz 1 Nummer 2 im Einzelfall um bis zu 12 Monate verlängern; der Antrag ist zu begründen.

(4) [1] Die Bundesanstalt kann einem CRR-Kreditinstitut oder einem Unternehmen, das einer Institutsgruppe, einer Finanzholding-Gruppe oder einer gemischten Finanzholding-Gruppe angehört, der auch ein CRR-Kreditinstitut angehört, unabhängig davon, ob die Geschäfte nach Absatz 2 den Wert nach Absatz 2 Satz 1 überschreiten, die nachfolgenden Geschäfte verbieten und anordnen, dass die Geschäfte einzustellen oder auf ein Finanzhandelsinstitut im Sinne des § 25f Absatz 1 zu übertragen sind, wenn zu besorgen ist, dass diese

---

[1)] Nr. **6**.

Geschäfte, insbesondere gemessen am sonstigen Geschäftsvolumen, am Ertrag oder an der Risikostruktur des CRR-Kreditinstituts oder des Unternehmens, das einer Institutsgruppe, einer Finanzholding-Gruppe oder einer gemischten Finanzholding-Gruppe angehört, der auch ein CRR-Kreditinstitut angehört, die Solvenz des CRR-Kreditinstituts oder des Unternehmens, das einer Institutsgruppe, einer Finanzholding-Gruppe oder einer gemischten Finanzholding-Gruppe angehört, der auch ein CRR-Kreditinstitut angehört, zu gefährden drohen:

1. Market-Making-Tätigkeiten;
2. sonstige Geschäfte im Sinne von Absatz 2 Satz 2 oder Geschäfte mit Finanzinstrumenten, die ihrer Art nach in der Risikointensität mit den Geschäften des Absatzes 2 Satz 2 oder des Satzes 1 Nummer 1 vergleichbar sind.

[2] Die Bundesanstalt hat bei Anordnung im Sinne des Satzes 1 dem Institut eine angemessene Frist einzuräumen.

§ 4 Entscheidung der Bundesanstalt für Finanzdienstleistungsaufsicht. [1] Die Bundesanstalt entscheidet in Zweifelsfällen, ob ein Unternehmen den Vorschriften dieses Gesetzes unterliegt. [2] Ihre Entscheidungen binden die Verwaltungsbehörden.

2. Bundesanstalt für Finanzdienstleistungsaufsicht

§ 5 *(aufgehoben)*

§ 6 Aufgaben. (1) [1] Die Bundesanstalt übt die Aufsicht über die Institute nach den Vorschriften dieses Gesetzes, den dazu erlassenen Rechtsverordnungen, der Verordnung (EU) Nr. 575/2013[1)] in ihrer jeweils geltenden Fassung und der auf der Grundlage der Verordnung (EU) Nr. 575/2013 und der Richtlinie 2013/36/EU erlassenen Rechtsakte sowie nach den Vorschriften der Verordnung (EU) Nr. 1024/2013[2)] und der Verordnung (EU) Nr. 468/2014 der Europäischen Zentralbank vom 16. April 2014 zur Einrichtung eines Rahmenwerks für die Zusammenarbeit zwischen der Europäischen Zentralbank und den nationalen zuständigen Behörden und den nationalen benannten Behörden innerhalb des einheitlichen Aufsichtsmechanismus (SSM-Rahmenverordnung) (EZB/2014/17) (ABl. L 141 vom 14.5.2014, S. 1) aus. [2] Die Bundesanstalt ist die zuständige Behörde für die Anwendung des Artikels 458 der Verordnung (EU) Nr. 575/2013 sowie die zuständige Behörde nach Artikel 4 Absatz 1 der Richtlinie 2013/36/EU, soweit nicht die Europäische Zentralbank nach der Verordnung (EU) Nr. 1024/2013 als zuständige Behörde gilt. [3] Die Deutsche Bundesbank ist zuständige Stelle nach Artikel 4 Absatz 1 der Richtlinie 2013/36/EU im Rahmen der ihr nach § 7 Absatz 1 auch in Verbindung mit Absatz 1a zugewiesenen Aufgaben, soweit nicht die Europäische Zentralbank nach der Verordnung (EU) Nr. 1024/2013 als zuständige Behörde gilt.

(1a) Die Bundesanstalt übt die Aufsicht über zentrale Gegenparteien zusätzlich auch nach der Verordnung (EU) Nr. 648/2012 sowie den auf ihrer Grundlage erlassenen Rechtsakten aus.

---

1) Nr. **6**.
2) Nr. **5**.

(1b) Für CRR-Institute ist die Bundesanstalt sektoral zuständige Behörde im Sinne des Artikels 25a der Verordnung (EG) Nr. 1060/2009 in der jeweils geltenden Fassung und setzt die Einhaltung der Anforderungen der Verordnung (EG) Nr. 1060/2009 in der jeweils geltenden Fassung durch, soweit nicht § 29 des Wertpapierhandelsgesetzes anzuwenden ist.

(1c) Die Bundesanstalt ist zuständige Behörde im Sinne der Artikel 11, 17 Absatz 1 und des Artikels 55 Absatz 1 der Verordnung (EU) Nr. 909/2014 des Europäischen Parlaments und des Rates vom 23. Juli 2014 zur Verbesserung der Wertpapierlieferungen und -abrechnungen in der Europäischen Union und über Zentralverwahrer sowie zur Änderung der Richtlinien 98/26/EG und 2014/65/EU und der Verordnung (EU) Nr. 236/2012 (ABl. L 257 vom 28.8. 2014, S. 1).

(1d) Die Bundesanstalt ist die nach diesem Gesetz zuständige Behörde im Sinne der Verordnung (EU) Nr. 1286/2014 des Europäischen Parlaments und des Rates vom 26. November 2014 über Basisinformationsblätter für verpackte Anlageprodukte für Kleinanleger und Versicherungsanlageprodukte (PRIIP) (ABl. L 352 vom 9.12.2014, S. 1, L 358 vom 13.12.2014, S. 50) in der jeweils geltenden Fassung für Institute, die PRIP im Sinne des Artikels 4 Nummer 1 dieser Verordnung herstellen, verkaufen oder über diese beraten, sofern es sich bei diesen PRIP zugleich um strukturierte Einlagen im Sinne des § 2 Absatz 15 des Wertpapierhandelsgesetzes handelt.

(1e) Die Bundesanstalt ist zuständige Behörde für

1. Originatoren, ursprüngliche Kreditgeber und Verbriefungszweckgesellschaften im Sinne des Artikels 29 Absatz 4 der Verordnung (EU) 2017/2402,
2. Originatoren, Sponsoren und Verbriefungszweckgesellschaften nach Artikel 29 Absatz 5 der Verordnung (EU) 2017/2402 und
3. Dritte im Sinne des Artikels 28 der Verordnung (EU) 2017/2402

und setzt ihnen gegenüber in Fällen der Nummer 1 die Einhaltung der Anforderungen nach den Artikeln 6 bis 9, in Fällen der Nummer 2 die Einhaltung der Anforderungen nach den Artikeln 18 bis 27 und in Fällen der Nummer 3 die Einhaltung der Anforderungen nach Artikel 28 der Verordnung (EU) 2017/2402 und der auf Grundlage der Verordnung (EU) 2017/2402 erlassenen Rechtsakte nach den Vorschriften dieses Gesetzes durch, soweit nicht § 295 Absatz 1 Nummer 4 des Versicherungsaufsichtsgesetzes oder § 5 Absatz 11 des Kapitalanlagegesetzbuchs anzuwenden sind.

(2) Die Bundesanstalt hat Mißständen im Kredit- und Finanzdienstleistungswesen entgegenzuwirken, welche die Sicherheit der den Instituten anvertrauten Vermögenswerte gefährden, die ordnungsmäßige Durchführung der Bankgeschäfte oder Finanzdienstleistungen beeinträchtigen oder erhebliche Nachteile für die Gesamtwirtschaft herbeiführen können.

(3) [1] Die Bundesanstalt kann im Rahmen der ihr gesetzlich zugewiesenen Aufgaben gegenüber den Instituten und ihren Geschäftsleitern Anordnungen treffen, die geeignet und erforderlich sind, um Verstöße gegen aufsichtsrechtliche Bestimmungen zu verhindern oder zu unterbinden oder um Missstände in einem Institut zu verhindern oder zu beseitigen, welche die Sicherheit der dem Institut anvertrauten Vermögenswerte gefährden können oder die ordnungsgemäße Durchführung der Bankgeschäfte oder Finanzdienstleistungen beeinträchtigen. [2] Die Anordnungsbefugnis nach Satz 1 besteht auch gegenüber

Finanzholding-Gesellschaften oder gemischten Finanzholding-Gesellschaften sowie gegenüber den Personen, die die Geschäfte dieser Gesellschaften tatsächlich führen.

(4) Die Bundesanstalt hat bei der Ausübung ihrer Aufgaben in angemessener Weise die möglichen Auswirkungen ihrer Entscheidungen auf die Stabilität des Finanzsystems in den jeweils betroffenen Staaten des Europäischen Wirtschaftsraums zu berücksichtigen.

§ 6a Besondere Aufgaben. (1) Liegen Tatsachen vor, die darauf schließen lassen, dass von einem Institut angenommene Einlagen, sonstige dem Institut anvertraute Vermögenswerte oder eine Finanztransaktion der Terrorismusfinanzierung nach § 89c des Strafgesetzbuchs oder der Finanzierung einer terroristischen Vereinigung nach § 129a, auch in Verbindung mit § 129b des Strafgesetzbuchs dienen oder im Falle der Durchführung einer Finanztransaktion dienen würden, kann die Bundesanstalt

1. der Geschäftsführung des Instituts Anweisungen erteilen,
2. dem Institut Verfügungen von einem bei ihm geführten Konto oder Depot untersagen,
3. dem Institut die Durchführung von sonstigen Finanztransaktionen untersagen.

(2) Tatsachen im Sinne des Absatzes 1 liegen in der Regel insbesondere dann vor, wenn es sich bei dem Inhaber eines Kontos oder Depots, dessen Verfügungsberechtigten oder dem Kunden eines Instituts um eine natürliche oder juristische Person oder eine nicht rechtsfähige Personenvereinigung handelt, deren Name in die im Zusammenhang mit der Bekämpfung des Terrorismus angenommene Liste des Rates der Europäischen Union zum Gemeinsamen Standpunkt des Rates 2001/931/GASP vom 27. Dezember 2001 über die Anwendung besonderer Maßnahmen zur Bekämpfung des Terrorismus (ABl. EG Nr. L 344 S. 93) in der jeweils geltenden Fassung aufgenommen wurde.

(3) Die Bundesanstalt kann Vermögenswerte, die einer Anordnung nach Absatz 1 unterliegen, im Einzelfall auf Antrag der betroffenen natürlichen oder juristischen Person oder einer nicht rechtsfähigen Personenvereinigung freigeben, soweit diese der Deckung des notwendigen Lebensunterhalts der Person oder ihrer Familienmitglieder, der Bezahlung von Versorgungsleistungen, Unterhaltsleistungen oder vergleichbaren Zwecken dienen.

(4) Eine Anordnung nach Absatz 1 ist aufzuheben, sobald und soweit der Anordnungsgrund nicht mehr vorliegt.

(5) Gegen eine Anordnung nach Absatz 1 kann das Institut oder ein anderer Beschwerter Widerspruch erheben.

(6) Die Möglichkeit zur Anordnung von Beschränkungen des Kapital- und Zahlungsverkehrs nach § 4 Absatz 1 des Außenwirtschaftsgesetzes bleibt unberührt.

§ 6b Aufsichtliche Überprüfung und Beurteilung. (1) [1] Im Rahmen der Beaufsichtigung beurteilt die Aufsichtsbehörde die Regelungen, Strategien, Verfahren und Prozesse, die ein Institut zur Einhaltung der aufsichtlichen Anforderungen geschaffen hat, und beurteilt

1. die Risiken, denen es ausgesetzt ist oder sein könnte, insbesondere auch die Risiken, die unter Berücksichtigung der Art, des Umfangs und der Komplexität der Geschäftstätigkeit eines Instituts bei Stresstests festgestellt wurden, sowie
2. die Risiken, die es nach Maßgabe der Ermittlung und Messung des Systemrisikos gemäß Artikel 23 der Verordnung (EU) Nr. 1093/2010 und gegebenenfalls unter Berücksichtigung von Empfehlungen des European Systemic Risk Board (ESRB) für das Finanzsystem darstellt.

[2] Die Bundesanstalt arbeitet hierbei mit der Deutschen Bundesbank nach Maßgabe des § 7 zusammen.

(2) [1] Die Aufsichtsbehörde bewertet anhand der Überprüfung und Beurteilung zusammenfassend und zukunftsgerichtet, ob die von einem Institut geschaffenen Regelungen, Strategien, Verfahren und Prozesse sowie seine Liquiditäts- und Eigenmittelausstattung ein angemessenes und wirksames Risikomanagement und eine solide Risikoabdeckung gewährleisten. [2] Neben Kreditrisiken, Marktrisiken und operationellen Risiken berücksichtigt sie dabei insbesondere

1. die Ergebnisse der internen Stresstests eines Instituts, das einen IRB-Ansatz verwendet oder das zur Berechnung der in den Artikeln 362 bis 377 der Verordnung (EU) Nr. 575/2013[1)] in der jeweils geltenden Fassung festgelegten Eigenmittelanforderungen für das Marktrisiko ein internes Modell verwendet;
2. die Fähigkeit eines Instituts, auf Grund von gemäß Artikel 105 der Verordnung (EU) Nr. 575/2013 in der jeweils geltenden Fassung vorgenommenen Bewertungskorrekturen seine Positionen des Handelsbuchs unter normalen Marktbedingungen kurzfristig ohne wesentliche Verluste zu veräußern oder abzusichern;
3. das Ausmaß, in dem ein Institut Risikokonzentrationen ausgesetzt ist, und deren Steuerung durch das Institut, einschließlich der Erfüllung der aufsichtlichen Anforderungen;
4. die Auswirkung von Diversifikationseffekten und auf welche Art und Weise sie in das Risikomesssystem eines Instituts einbezogen werden;
5. die Robustheit, Eignung und Art der Anwendung der Grundsätze und Verfahren, die ein Institut für das Management des Risikos eingeführt hat, das trotz des Einsatzes anerkannter Kreditrisikominderungstechniken bei dem Institut verbleibt;
6. die Angemessenheit der Eigenmittel, die ein Institut für Verbriefungen hält, für die es als Originator gilt, unter Berücksichtigung der wirtschaftlichen Substanz der Transaktion und des Grads an erreichter Risikoübertragung; die Aufsichtsbehörde überwacht in diesem Zusammenhang, ob ein Institut außervertragliche Unterstützung für eine Transaktion leistet;
7. die Liquiditätsrisiken, denen ein Institut ausgesetzt ist, sowie deren Beurteilung und Steuerung einschließlich der Entwicklung von Alternativszenarioanalysen und wirksamer Notfallpläne sowie der Steuerung risikomin-

---

[1)] Nr. **6**.

dernder Faktoren, insbesondere Höhe, Zusammensetzung und Qualität von Liquiditätspuffern;

8. die Ergebnisse aufsichtlicher Stresstests nach Absatz 3 oder nach Artikel 32 der Verordnung (EU) Nr. 1093/2010;
9. die geografische Verteilung der eingegangenen Risiken eines Instituts;
10. das Geschäftsmodell;
11. das Zinsänderungsrisiko eines Instituts aus Geschäften, die nicht unter das Handelsbuch fallen;
12. die Verfahren zur Ermittlung und Sicherstellung der Risikotragfähigkeit eines Instituts nach § 25a;
13. das Risiko einer übermäßigen Verschuldung eines Instituts, wie es aus den Indikatoren für eine übermäßige Verschuldung hervorgeht, wozu auch die gemäß Artikel 429 der Verordnung (EU) Nr. 575/2013 in der jeweils geltenden Fassung bestimmte Verschuldungsquote zählt; bei der Beurteilung der Angemessenheit der Verschuldungsquote eines Instituts und der vom Institut zur Steuerung des Risikos einer übermäßigen Verschuldung eingeführten Regelungen, Strategien, Verfahren und Mechanismen berücksichtigt die Aufsichtsbehörde das Geschäftsmodell des Instituts;
14. die Regelungen zur Sicherstellung einer ordnungsgemäßen Geschäftsführung eines Instituts, die Art und Weise ihrer Implementierungm und praktischen Durchführung sowie die Fähigkeit der Mitglieder des Leitungsorgans zur Erfüllung ihrer Pflichten;
15. das nach Absatz 1 Satz 1 Nummer 2 bewertete systemische Risiko eines Instituts.

(3) [1]Die Aufsichtsbehörde kann ein Institut aufsichtlichen Stresstests unterziehen oder, soweit die Bundesanstalt Aufsichtsbehörde ist, die Deutsche Bundesbank hierzu beauftragen. [2]Hierzu kann die Aufsichtsbehörde und, soweit die Bundesanstalt Aufsichtsbehörde ist, auch die Deutsche Bundesbank

1. das Institut auffordern, seine Risiko-, Eigenmittel- und Liquiditätspositionen unter Nutzung der institutseigenen Risikomanagement-Methoden bei aufsichtlich vorgegebenen Szenarien zu berechnen und die Daten sowie die Ergebnisse an die Aufsichtsbehörde, die Deutsche Bundesbank und, soweit Aufsichtsbehörde die Europäische Zentralbank ist, auch an die Bundesanstalt zu übermitteln und
2. die Auswirkungen von Schocks auf das Institut auf der Grundlage aufsichtlicher Stresstest-Methoden anhand der verfügbaren Daten bestimmen.

(4) [1]Die Aufsichtsbehörde bestimmt Häufigkeit und Intensität der Überprüfungen, Beurteilungen und möglicher aufsichtlicher Stresstests unter Berücksichtigung der Größe, der Systemrelevanz sowie der Art, des Umfangs und der Komplexität der Geschäfte eines Instituts. [2]Die Überprüfungen und Beurteilungen werden mindestens einmal jährlich aktualisiert. [3]Soweit die Bundesanstalt Aufsichtsbehörde ist, nimmt sie die Aufgaben nach Satz 1 in Abstimmung mit der Deutschen Bundesbank wahr.

§ 7 Zusammenarbeit mit der Deutschen Bundesbank. (1) [1]Die Bundesanstalt und die Deutsche Bundesbank arbeiten nach Maßgabe dieses Gesetzes zusammen. [2]Unbeschadet weiterer gesetzlicher Maßgaben umfasst die Zusammenarbeit die laufende Überwachung der Institute durch die Deutsche Bundesbank. [3]Die laufende Überwachung beinhaltet insbesondere die Auswertung der von den Instituten eingereichten Unterlagen, der Prüfungsberichte nach § 26 und der Jahresabschlussunterlagen sowie die Durchführung und Auswertung der bankgeschäftlichen Prüfungen zur Beurteilung der angemessenen Eigenkapitalausstattung und Risikosteuerungsverfahren der Institute und das Bewerten von Prüfungsfeststellungen. [4]Die laufende Überwachung durch die Deutsche Bundesbank erfolgt in der Regel durch ihre Hauptverwaltungen.

(1a) [1]Innerhalb des einheitlichen Aufsichtsmechanismus im Sinne des Artikels 2 Nummer 9 der Verordnung (EU) Nr. 1024/2013[1)] ist Absatz 1 auch dann anzuwenden, wenn die Bundesanstalt die Europäische Zentralbank bei ihren Aufgaben im Sinne von Artikel 6 Absatz 2 und 3 der Verordnung (EU) Nr. 1024/2013 unterstützt. [2]Bei der Zusammenarbeit nach Absatz 1 informieren sich die Bundesanstalt und die Deutsche Bundesbank unverzüglich über Anfragen der Europäischen Zentralbank und tauschen von dieser erhaltene Informationen aus. [3]Übermittelt die Bundesanstalt oder die Deutsche Bundesbank im Rahmen der Wahrnehmung ihrer Aufgaben nach diesem Gesetz Beobachtungen, Feststellungen, Daten oder sonstige Informationen an die Europäische Zentralbank, übermittelt sie diese zeitgleich auch an die jeweils andere Stelle. [4]Die Absätze 2 bis 5 finden auch im Rahmen des einheitlichen Aufsichtsmechanismus entsprechende Anwendung.

(2) [1]Die Deutsche Bundesbank hat die Richtlinien der Bundesanstalt zu beachten. [2]Die Richtlinien der Bundesanstalt zur laufenden Aufsicht ergehen im Einvernehmen mit der Deutschen Bundesbank. [3]Innerhalb des einheitlichen Aufsichtsmechanismus beachtet die Bundesanstalt bei Erlass der Richtlinien die Vorgaben der Europäischen Zentralbank nach Artikel 6 Absatz 5 Buchstabe a der Verordnung (EU) Nr. 1024/2013. [4]Kann ein Einvernehmen nicht innerhalb einer angemessenen Frist hergestellt werden, erlässt das Bundesministerium der Finanzen solche Richtlinien im Benehmen mit der Deutschen Bundesbank und unter Beachtung der innerhalb des einheitlichen Aufsichtsmechanismus erlassenen Vorgaben der Europäischen Zentralbank nach Artikel 6 Absatz 5 Buchstabe a der Verordnung (EU) Nr. 1024/2013. [5]Die aufsichtsrechtlichen Maßnahmen, insbesondere Allgemeinverfügungen und Verwaltungsakte einschließlich Prüfungsanordnungen nach § 44 Absatz 1 Satz 2 und § 44b Absatz 2 Satz 1, trifft die Bundesanstalt gegenüber den Instituten. [6]Die Bundesanstalt legt die von der Deutschen Bundesbank getroffenen Prüfungsfeststellungen und Bewertungen in der Regel ihren aufsichtsrechtlichen Maßnahmen zugrunde.

(3) [1]Die Bundesanstalt und die Deutsche Bundesbank haben einander Beobachtungen und Feststellungen mitzuteilen, die für die Erfüllung ihrer Aufgaben erforderlich sind. [2]Die Deutsche Bundesbank hat insoweit der Bundesanstalt auch die Angaben zur Verfügung zu stellen, die jene auf Grund statistischer Erhebungen nach § 18 des Gesetzes über die Deutsche Bundesbank[2)] erlangt. [3]Sie hat vor Anordnung einer solchen Erhebung die Bundesanstalt zu hören; § 18 Satz 5 des Gesetzes über die Deutsche Bundesbank gilt entsprechend.

[1)] Nr. **5**.
[2)] Nr. **4**.

(4) [1] Die Zusammenarbeit nach nach den Absätzen 1 und 1a sowie die Mitteilungen nach Absatz 3 schließen die Übermittlung der zur Erfüllung der Aufgaben der empfangenden Stelle erforderlichen personenbezogenen Daten ein. [2] Zur Erfüllung ihrer Aufgaben nach diesem Gesetz dürfen die Bundesanstalt und die Deutsche Bundesbank gegenseitig die bei der anderen Stelle jeweils gespeicherten Daten im automatisierten Verfahren abrufen. [3] Die Deutsche Bundesbank hat bei jedem zehnten von der Bundesanstalt durchgeführten Abruf personenbezogener Daten den Zeitpunkt, die Angaben, welche die Feststellung der aufgerufenen Datensätze ermöglichen, sowie die für den Abruf verantwortliche Person zu protokollieren. [4] Die Protokolldaten dürfen nur für Zwecke der Datenschutzkontrolle, der Datensicherung oder zur Sicherstellung eines ordnungsmäßigen Betriebs der Datenverarbeitungsanlage verarbeitet werden. [5] Sie sind am Ende des auf das Jahr der Protokollierung folgenden Kalenderjahres zu löschen, soweit sie nicht für ein laufendes Kontrollverfahren benötigt werden. [6] Die Sätze 3 bis 5 gelten entsprechend für die Datenabrufe der Deutschen Bundesbank bei der Bundesanstalt. [7] Im Übrigen bleiben die allgemeinen datenschutzrechtlichen Vorschriften unberührt.

(5) [1] Die Bundesanstalt und die Deutsche Bundesbank können gemeinsame Dateisysteme einrichten. [2] Jede der beiden Stellen darf nur die von ihr eingegebenen Daten verändern oder löschen oder ihre Verarbeitung einschränken und ist nur hinsichtlich der von ihr eingegebenen Daten Verantwortlicher. [3] Hat eine der beiden Stellen Anhaltspunkte dafür, dass von der anderen Stelle eingegebene Daten unrichtig sind, teilt sie dies der anderen Stelle unverzüglich mit. [4] Bei der Errichtung eines gemeinsamen Dateisystems ist festzulegen, welche Stelle die technischen und organisatorischen Maßnahmen nach den Artikeln 24, 25 und 32 der Verordnung (EU) 2016/679 des Europäischen Parlaments und des Rates vom 27. April 2016 zum Schutz natürlicher Personen bei der Verarbeitung personenbezogener Daten, zum freien Datenverkehr und zur Aufhebung der Richtlinie 95/46/EG (Datenschutz-Grundverordnung) (ABl. L 119 vom 4.5.2016, S. 1; L 314 vom 22.11.2016, S. 72; L 127 vom 23.5.2018, S. 2) in der jeweils geltenden Fassung zu treffen hat. [5] Die nach Satz 4 bestimmte Stelle hat sicherzustellen, dass die Beschäftigten Zugang zu personenbezogenen Daten nur in dem Umfang erhalten, der zur Erfüllung ihrer Aufgaben erforderlich ist.

§ 7a Zusammenarbeit mit der Europäischen Kommission. (1) Die Bundesanstalt meldet der Europäischen Kommission

1. das Erlöschen oder die Aufhebung einer Erlaubnis nach § 35 oder nach den Vorschriften des Verwaltungsverfahrensgesetzes unter Angabe der Gründe, die zur Aufhebung führten,
2. die Erteilung einer Erlaubnis nach § 32 Absatz 1 an die Zweigstelle eines Unternehmens im Sinne des § 53 mit Sitz außerhalb der Staaten des Europäischen Wirtschaftsraums,
3. die Anzahl und die Art der Fälle, in denen die Errichtung einer Zweigniederlassung in einem anderen Staat des Europäischen Wirtschaftsraums nicht zustande gekommen ist, weil die Bundesanstalt die Angaben nach § 24a Absatz 1 Satz 2 nicht an die zuständigen Stellen des Aufnahmemitgliedstaates weitergeleitet hat,

4. die Anzahl und Art der Fälle, in denen Maßnahmen nach § 53b Absatz 4 Satz 2 und Absatz 5 Satz 1 ergriffen wurden,
5. allgemeine Schwierigkeiten, die Wertpapierhandelsunternehmen bei der Errichtung von Zweigniederlassungen, der Gründung von Tochterunternehmen, beim Betreiben von Bankgeschäften, beim Erbringen von Finanzdienstleistungen oder bei Tätigkeiten nach § 1 Absatz 3 Satz 1 Nummer 2 bis 8 in einem Drittstaat haben, und
6. den Erlaubnisantrag des Tochterunternehmens eines Unternehmens mit Sitz in einem Drittstaat, sofern die Kommission die Meldung solcher Antragseingänge verlangt hat.

(2) Die Bundesanstalt unterrichtet die Europäische Kommission über
1. *(aufgehoben)*
2. die Grundsätze, die sie im Einvernehmen mit den anderen zuständigen Stellen im Europäischen Wirtschaftsraum in Bezug auf die Überwachung von gruppeninternen Transaktionen und Risikokonzentrationen anwendet,
3. die gewählte Vorgehensweise in den Fällen des § 53d Absatz 3 und
4. *(aufgehoben)*
5. das Verfahren zur Vermeidung der Umgehung der zusätzlichen Kapitalanforderungen bei Überschreitung der Gesamtbuch-Großkreditanforderungen.

(3) Die Bundesanstalt übermittelt der Europäischen Kommission Verzeichnisse der Finanzholding-Gesellschaften oder gemischten Finanzholding-Gesellschaften, bei denen die Bundesanstalt die Aufsicht auf zusammengefasster Basis ausübt.

§ 7b Zusammenarbeit mit der Europäischen Bankenaufsichtsbehörde, der Europäischen Wertpapier- und Marktaufsichtsbehörde und der Europäischen Aufsichtsbehörde für das Versicherungswesen und die betriebliche Altersversorgung. (1) [1]Die Bundesanstalt beteiligt sich nach Maßgabe
1. der Verordnung (EU) Nr. 1093/2010 des Europäischen Parlaments und des Rates vom 24. November 2010 zur Errichtung einer Europäischen Aufsichtsbehörde (Europäische Bankenaufsichtsbehörde), zur Änderung des Beschlusses Nr. 716/2009/EG und zur Aufhebung des Beschlusses 2009/78/EG der Kommission (ABl. L 331 vom 15.12.2010, S. 12),
2. der Verordnung (EU) Nr. 1095/2010 des Europäischen Parlaments und des Rates vom 24. November 2010 zur Errichtung einer Europäischen Aufsichtsbehörde (Europäische Wertpapier- und Marktaufsichtsbehörde), zur Änderung des Beschlusses Nr. 716/2009/EG und zur Aufhebung des Beschlusses 2009/77/EG der Kommission (ABl. L 331 vom 15.12.2010, S. 84) sowie
3. dieses Gesetzes

an den Tätigkeiten der Europäischen Bankenaufsichtsbehörde und der Europäischen Wertpapier- und Marktaufsichtsbehörde sowie an den Aktivitäten der sie betreffenden Aufsichtskollegien. [2]Hierbei beteiligt sie die Deutsche Bundesbank nach Maßgabe der Verordnung (EU) Nr. 1093/2010 sowie nach Maßgabe dieses Gesetzes. [3]Die Bundesanstalt stellt der Europäischen Bankenaufsichtsbehörde nach Maßgabe des Artikels 35 der Verordnung (EU) Nr. 1093/2010 und der Europäischen Wertpapier- und Marktaufsichtsbehörde nach Maßgabe des Artikels 35 der Verordnung (EU) Nr. 1095/2010 auf Verlangen unverzüglich alle für die Erfüllung ihrer Aufgaben erforderlichen Informationen zur Verfügung. [4] Sie wendet die Leitlinien und Empfehlungen der Europäischen Bankenaufsichtsbehörde im Einklang mit Artikel 16 der Verordnung (EU) Nr. 1093/2010 und der Europäischen Wertpapier- und Marktaufsichtsbehörde bei Anwendung dieses Gesetzes an. [5] Weicht die Bundesanstalt von diesen Leitlinien und Empfehlungen ab oder beabsichtigt sie dies, begründet sie dies gegenüber der betreffenden Europäischen Aufsichtsbehörde.

(2) [1] Die Bundesanstalt meldet der Europäischen Bankenaufsichtsbehörde

1. die Erteilung der Erlaubnis nach § 32 Absatz 1, das Erlöschen oder die Aufhebung der Erlaubnis nach § 35 an ein CRR-Kreditinstitut,
2. die in § 7a Absatz 1 Nummer 1 bis 4 genannten Sachverhalte,
3. die nach Artikel 450 Absatz 1 Buchstabe g und h der Verordnung (EU) Nr. 575/2013[1)] in der jeweils geltenden Fassung gesammelten Informationen,
4. die nach Artikel 450 Absatz 1 Buchstabe i der Verordnung (EU) Nr. 575/2013 in der jeweils geltenden Fassung gesammelten Informationen,
5. Maßnahmen der Bundesanstalt nach § 6 Absatz 3 und nach § 10 Absatz 3, die darauf beruhen, dass die Bundesanstalt festgestellt hat, dass ein CRR-Institut, insbesondere auf Grund seines Geschäftsmodells oder der geografischen Verteilung der eingegangenen Risiken, ähnlichen Risiken ausgesetzt ist oder sein könnte oder für das Finanzsystem ähnliche Risiken begründet,
6. die Funktionsweise der Überprüfungs- und Bewertungssysteme der Risiken, denen ein CRR-Institut ausgesetzt ist oder sein könnte, und der Risiken, die ein CRR-Institut nach Maßgabe der Ermittlung und Messung des Systemrisikos gemäß Artikel 23 der Verordnung (EU) Nr. 1093/2010 in der jeweils geltenden Fassung für das Finanzsystem darstellt, sowie die Methodik, nach der auf der Grundlage dieser Überprüfung Maßnahmen getroffen werden,
7. die Ergebnisse aufsichtlicher Stresstests, soweit diese über die nach Artikel 32 der Verordnung (EU) Nr. 1093/2010 in der jeweils geltenden Fassung durchgeführten Stresstests hinaus erforderlich werden, um eine hinreichende Überprüfung und Überwachung des CRR-Instituts sicherzustellen,
8. Anordnungen der Bundesanstalt nach § 10 Absatz 3 Nummer 5 oder § 10 Absatz 6 unter Angabe der Gründe,
9. alle sonstigen Maßnahmen, die die Bundesanstalt gegenüber einem CRR-Institut trifft, wenn es gegen die Anforderungen der Verordnung (EU) Nr. 575/2013 oder die auf Grund der Richtlinie 2013/36/EU erlassenen Anforderungen verstößt oder voraussichtlich verstoßen wird, jeweils unter Angabe der Gründe und
10. alle nach § 56 Absatz 6 Nummer 1 verhängten rechtskräftig gewordenen Bußgelder, einschließlich aller dauerhaften Untersagungen insbesondere nach § 36.

---

1) Nr. 6.

[2]Die Bundesanstalt meldet der Europäischen Aufsichtsbehörde in den vorstehenden Fällen auch die Einlegung von Rechtsmitteln gegen die von ihr erlassenen Maßnahmen und Bußgelder sowie den Ausgang der Rechtsmittelverfahren.

(3) Die Bundesanstalt unterrichtet die Europäische Bankenaufsichtsbehörde über

1. *(aufgehoben)*
2. die gewählte Vorgehensweise in den Fällen des § 53d Absatz 3,
3. das Verfahren zur Vermeidung der Umgehung der zusätzlichen Kapitalanforderungen bei Überschreitung der Gesamtbuch-Großkreditanforderungen,
4. Entscheidungen nach § 2e,
5. die Struktur von Institutsgruppen, Finanzholding- Gruppen oder gemischten Finanzholding-Gruppen, bei denen die Bundesanstalt die Aufsicht auf zusammengefasster Basis ausübt; dazu gehören insbesondere Informationen über die rechtliche und organisatorische Struktur sowie die Grundsätze einer ordnungsgemäßen Geschäftsführung der Gruppe,
6. die Stellen im Sinne des § 9 Absatz 1 Satz 4, der die Bundesanstalt Tatsachen offenbaren kann, ohne gegen ihre Verschwiegenheitspflicht zu verstoßen, und
7. die Genehmigung, ein weiteres Mandat in einem Verwaltungs- oder Aufsichtsorgan gemäß § 25c Absatz 2 Satz 5, § 25d Absatz 3 Satz 5 innezuhaben.

(3a) Die Bundesanstalt übermittelt der Europäischen Bankenaufsichtsbehörde Verzeichnisse im Sinne des § 7a Absatz 3.

(4) Die Bundesanstalt meldet der Europäischen Wertpapier- und Marktaufsichtsbehörde

1. sofern ein Wertpapierdienstleistungsunternehmen im Sinne des § 2 Absatz 10 des Wertpapierhandelsgesetzes betroffen ist,
   a) die Erteilung sowie das Erlöschen oder die Aufhebung einer Erlaubnis nach § 32 und
   b) die Genehmigung, ein weiteres Mandat in dem Verwaltungs- oder Aufsichtsorgan gemäß § 25c Absatz 2 Satz 5 oder § 25d Absatz 3 Satz 5 innezuhaben,
2. den in § 7a Absatz 1 Nummer 5 genannten Sachverhalt,
3. jährlich eine Zusammenfassung von allen im Zusammenhang mit der Überwachung von Wertpapierdienstleistungsunternehmen und Datenbereitstellungsdiensten sowie gegenüber Instituten als Gegenparteien von Wertpapierfinanzierungsgeschäften ergriffenen Verwaltungsmaßnahmen und verhängten Sanktionen,
4. jährlich in aggregierter und anonymisierter Form Daten über strafrechtliche Ermittlungen und verhängte strafrechtliche Sanktionen wegen Verstößen gegen § 54, sofern diese im Zusammenhang mit dem unerlaubten Erbringen von Finanzdienstleistungen erfolgten, die zugleich Wertpapierdienstleistungen im Sinne des § 2 Absatz 6 des Wertpapierhandelsgesetzes sind,
5. zeitgleich mit der Bekanntmachung alle im Zusammenhang mit der Überwachung von Wertpapierdienstleistungsunternehmen und Datenbereitstellungsdiensten sowie nach den §§ 60b und 60c bekannt gemachten Ver-

waltungsmaßnahmen und Sanktionen, soweit sie Institute als finanzielle Gegenparteien von Wertpapierfinanzierungsgeschäften betreffen,

6. alle Bußgeldentscheidungen, die nach Maßgabe des § 60d Absatz 3 Nummer 3 nicht bekannt gemacht wurden, sowie alle Rechtsmittel in Verbindung mit diesen Bußgeldentscheidungen und die Ergebnisse der Rechtsmittelverfahren,
7. die Erteilung sowie das Erlöschen oder die Aufhebung einer Erlaubnis nach § 32 Absatz 1f,
8. jede Erlaubnis zur Wiederverbriefung gemäß Artikel 8 Absatz 2 der Verordnung (EU) 2017/2402,
9. Maßnahmen und Bußgeldentscheidungen der Bundesanstalt, die auf einem Verstoß gegen die Artikel 19 bis 22 oder die Artikel 23 bis 26 der Verordnung (EU) 2017/2402 beruhen.

(5) Die Bundesanstalt unterrichtet die Europäische Aufsichtsbehörde für das Versicherungswesen und die betriebliche Altersversorgung über die Entscheidungen nach § 2e.

(6) Die Bundesanstalt meldet der Europäischen Bankenaufsichtsbehörde, der Europäischen Wertpapier- und Marktaufsichtsbehörde und der Europäischen Aufsichtsbehörde für das Versicherungswesen und die betriebliche Altersversorgung unter Beachtung des Verfahrens nach Artikel 36 Absatz 6 der Verordnung (EU) 2017/2402, wenn sie als zuständige Behörde einer gemäß Artikel 27 Absatz 1 dieser Verordnung benannten ersten Anlaufstelle von einem Verstoß gegen die Anforderungen des Artikels 27 Absatz 1 dieser Verordnung erfährt.

§ 7c Zusammenarbeit mit dem Europäischen Bankenausschuss.

Die Bundesanstalt meldet dem Europäischen Bankenausschuss die Erteilung einer Erlaubnis nach § 32 Absatz 1 an die Zweigstelle eines Unternehmens im Sinne des § 53 mit Sitz außerhalb der Staaten des Europäischen Wirtschaftsraums.

§ 7d Zusammenarbeit mit dem Europäischen Ausschuss für Systemrisiken. [1] Die Bundesanstalt arbeitet eng mit dem Europäischen Ausschuss für Systemrisiken zusammen und berücksichtigt die von ihm nach Maßgabe von Artikel 16 der Verordnung (EU) Nr. 1092/2010 erlassenen Warnungen und Empfehlungen. [2] Die Bundesanstalt meldet dem Europäischen Ausschuss für Systemrisiken für jedes Quartal die Quote für den antizyklischen Kapitalpuffer nach § 10d, die Berechnungsgrundlagen der Quote nach der Rechtsverordnung nach § 10 Absatz 1 Satz 1 Nummer 5 sowie die Anwendungsdauer der Quote und informiert über die Tatsache, dass die Bundesanstalt bei der Festlegung der Quote für den antizyklischen Kapitalpuffer Variablen im Sinne der Rechtsverordnung nach § 10 Absatz 1 Satz 1 Nummer 5 berücksichtigt und die Quote ohne deren Berücksichtigung niedriger ausgefallen wäre.

§ 8 Zusammenarbeit mit anderen Stellen. (1) *(aufgehoben)*

(2) Werden gegen Inhaber oder Geschäftsleiter von Instituten sowie gegen Inhaber bedeutender Beteiligungen von Instituten oder deren gesetzliche oder satzungsmäßige Vertreter oder persönlich haftende Gesellschafter oder gegen

Personen, die die Geschäfte einer Finanzholding-Gesellschaft oder einer gemischten Finanzholding-Gesellschaft tatsächlich führen, Steuerstrafverfahren eingeleitet oder unterbleibt dies auf Grund einer Selbstanzeige nach § 371 der Abgabenordnung, so steht § 30 der Abgabenordnung Mitteilungen an die Bundesanstalt über das Verfahren und über den zugrunde liegenden Sachverhalt nicht entgegen; das Gleiche gilt, wenn sich das Verfahren gegen Personen richtet, die das Vergehen als Bedienstete eines Instituts oder eines Inhabers einer bedeutenden Beteiligung an einem Institut begangen haben.

(3) [1] Die Bundesanstalt und, soweit sie im Rahmen dieses Gesetzes tätig wird, die Deutsche Bundesbank arbeiten bei der Aufsicht über Institute, die in einem anderen Staat des Europäischen Wirtschaftsraums Bankgeschäfte betreiben oder Finanzdienstleistungen erbringen, sowie bei der Aufsicht über Institutsgruppen, Finanzholding-Gruppen oder gemischte Finanzholding-Gruppen im Sinne des § 10a Abs. 1 bis 5 mit den zuständigen Stellen im Europäischen Wirtschaftsraum sowie der Europäischen Bankenaufsichtsbehörde und der Europäischen Wertpapier- und Marktaufsichtsbehörde zusammen. [2] Bei der Beurteilung nach § 2c Abs. 1a und 1b arbeitet die Bundesanstalt mit den zuständigen Stellen im Europäischen Wirtschaftsraum zusammen, wenn der Anzeigepflichtige

1. ein CRR-Institut, ein Erst- oder Rückversicherungsunternehmen oder eine Verwaltungsgesellschaft im Sinne des Artikels 2 Absatz 1 Buchstabe b der Richtlinie 2009/65/EG (OGAW-Verwaltungsgesellschaft) ist, das beziehungsweise die in einem anderen Mitgliedstaat oder anderen Sektor als dem, in dem der Erwerb beabsichtigt wird, zugelassen ist;
2. ein Mutterunternehmen eines CRR-Instituts, eines Erst- oder Rückversicherungsunternehmens oder einer OGAW-Verwaltungsgesellschaft ist, das beziehungsweise die in einem anderen Mitgliedstaat oder anderen Sektor als dem, in dem der Erwerb beabsichtigt wird, zugelassen ist oder
3. eine natürliche oder juristische Person ist, die ein CRR-Institut, ein Erst- oder Rückversicherungsunternehmen oder eine OGAW-Verwaltungsgesellschaft kontrolliert, das beziehungsweise die in einem anderen Mitgliedstaat oder anderen Sektor als dem, in dem der Erwerb beabsichtigt wird, zugelassen ist.

[3] Vorbehaltlich der allgemeinen datenschutzrechtlichen Vorschriften, insbesondere des § 25 Absatz 1 des Bundesdatenschutzgesetzes, tauschen die Bundesanstalt und die Deutsche Bundesbank mit den zuständigen Stellen im Europäischen Wirtschaftsraum alle zweckdienlichen und grundlegenden Informationen aus, die für die Durchführung der Aufsicht erforderlich sind. [4] Grundlegende Informationen können auch ohne entsprechende Anfrage der zuständigen Stelle weitergegeben werden. [5] Als grundlegend in diesem Sinne gelten alle Informationen, die Einfluss auf die Beurteilung der Finanzlage eines Instituts in dem betreffenden Staat des Europäischen Wirtschaftsraums haben können. [6] Hierzu gehören insbesondere:

1. die Offenlegung der rechtlichen und organisatorischen Struktur sowie die Grundlagen einer ordnungsgemäßen Geschäftsführung der Gruppe, einschließlich aller beaufsichtigten Unternehmen, nichtbeaufsichtigten Unternehmen, nichtbeaufsichtigten Tochtergesellschaften und bedeutender Zweigniederlassungen der Gruppe, sowie Ermittlung der jeweils für die Aufsicht zuständigen Stellen,

2. Verfahren für die Sammlung und Überprüfung von Informationen von gruppenangehörigen Instituten,
3. nachteilige Entwicklungen bei Instituten oder anderen Unternehmen einer Gruppe, die die Institute ernsthaft beeinträchtigen könnten, und
4. schwerwiegende oder außergewöhnliche bankaufsichtliche Maßnahmen, die die Bundesanstalt nach Maßgabe dieses Gesetzes oder der zu seiner Durchführung erlassenen Rechtsverordnungen ergriffen hat.

[7] Die Bundesanstalt übermittelt der zuständigen Stelle im Aufnahmemitgliedstaat
1. alle Informationen für die Beurteilung der Zuverlässigkeit und fachlichen Eignung der in § 1 Absatz 2 Satz 1 genannten Personen;
2. alle Informationen für die Beurteilung der Zuverlässigkeit der Inhaber einer bedeutenden Beteiligung an Unternehmen derselben Gruppe mit Sitz im Inland, die erforderlich sind für die Erteilung einer Erlaubnis und die laufende Aufsicht über ein Unternehmen im Sinne des § 33b Satz 1, das beabsichtigt, im Aufnahmemitgliedstaat Bankgeschäfte entsprechend § 1 Absatz 1 Satz 2 Nummer 1, 2, 4 und 10 oder Finanzdienstleistungen entsprechend § 1 Absatz 1a Satz 2 Nummer 1 bis 4 zu erbringen;
3. unverzüglich bei der Überwachung der Liquidität des Instituts gewonnene Informationen und Erkenntnisse, die für die Beaufsichtigung der Zweigstelle aus Gründen des Einleger- und Anlegerschutzes oder der Finanzstabilität des Aufnahmemitgliedstaates notwendig sind, und
4. Informationen darüber, dass Liquiditätsschwierigkeiten auftreten oder aller Wahrscheinlichkeit nach zu erwarten sind, sowie Einzelheiten zur Planung und Umsetzung eines Sanierungsplans und zu allen in diesem Zusammenhang ergriffenen aufsichtlichen Maßnahmen.

[8] Informationen nach Satz 6 Nummer 3 und 4 sind auch der zuständigen Stelle in dem Aufnahmemitgliedstaat zu übermitteln, in dem ein CRR-Kreditinstitut über Zweigniederlassungen verfügt, die als bedeutend eingestuft worden sind. [9] Übermittelt eine zuständige Stelle in einem anderen Staat des Europäischen Wirtschaftsraums erforderliche Informationen nicht, kann die Bundesanstalt nach Maßgabe des Artikels 19 der Verordnung (EU) Nr. 1093/2010 die Europäische Bankenaufsichtsbehörde um Hilfe ersuchen. [10] Sie kann ferner die Europäische Bankenaufsichtsbehörde oder die Europäische Wertpapier- und Marktaufsichtsbehörde nach Maßgabe des Artikels 19 der Verordnung (EU) Nr. 1093/2010 und der Verordnung (EU) Nr. 1095/2010 um Hilfe ersuchen, wenn ein Ersuchen um Zusammenarbeit, insbesondere um Informationsaustausch, von einer zuständigen Stelle zurückgewiesen oder einem solchen Ersuchen nicht innerhalb einer angemessenen Frist nachgekommen wurde.

(3a) [1] Die zuständige Stelle im Sinne des Absatzes 3 Satz 1 kann die Bundesanstalt um Zusammenarbeit bei einer Überwachung, einer Prüfung oder Ermittlung ersuchen. [2] Die Bundesanstalt macht bei Ersuchen im Sinne des Satzes 1 zum Zwecke der Überwachung der Einhaltung dieses Gesetzes und entsprechender Bestimmungen dieser Staaten von allen ihr nach dem Gesetz zustehenden Befugnissen Gebrauch, soweit dies geeignet und erforderlich ist, den Ersuchen nachzukommen. [3] Die Bundesanstalt kann eine Untersuchung, die Übermittlung von Informationen oder die Teilnahme von Bediensteten dieser ausländischen Stellen an solchen Prüfungen verweigern, wenn

1. hierdurch die Souveränität, die Sicherheit oder die öffentliche Ordnung der Bundesrepublik Deutschland beeinträchtigt werden könnte oder
2. auf Grund desselben Sachverhaltes gegen die betreffenden Personen bereits ein gerichtliches Verfahren eingeleitet worden oder eine unanfechtbare Entscheidung ergangen ist.

[4] Kommt die Bundesanstalt einem entsprechenden Ersuchen nicht nach oder macht sie von ihrem Recht nach Satz 1 Gebrauch, teilt sie dies der ersuchenden Stelle unverzüglich mit und legt die Gründe dar; im Falle einer Verweigerung nach Satz 3 Nr. 2 sind genaue Informationen über das gerichtliche Verfahren oder die unanfechtbare Entscheidung zu übermitteln.

(4) [1] In den Fällen, in denen die Bundesanstalt für die Aufsicht über EU-Mutterinstitute oder Institute, die von einer EU-Mutterfinanzholding-Gesellschaft oder einer gemischten EU-Mutterfinanzholding-Gesellschaft kontrolliert werden, zuständig ist, übermittelt sie den zuständigen Stellen in den anderen Staaten des Europäischen Wirtschaftsraums, die für die Aufsicht über Tochterunternehmen dieser Institute zuständig sind, auf Anfrage alle zweckdienlichen Informationen. [2] Als zweckdienlich in diesem Sinne gelten alle Informationen, die die Beurteilung der finanziellen Solidität eines Instituts in einem anderen Staat des Europäischen Wirtschaftsraums wesentlich beeinflussen können. [3] Der Umfang der Informationspflicht richtet sich insbesondere nach der Bedeutung des Tochterunternehmens für das Finanzsystem des betreffenden Staates.

(5) Mitteilungen der zuständigen Stellen eines anderen Staates dürfen nur für folgende Zwecke verwendet werden:

1. zur Prüfung der Zulassung zum Geschäftsbetrieb eines Instituts,
2. zur Überwachung der Tätigkeit der Institute auf Einzelbasis oder auf zusammengefasster Basis,
3. für Anordnungen der Bundesanstalt sowie zur Verfolgung und Ahndung von Ordnungswidrigkeiten durch die Bundesanstalt,
4. im Rahmen eines Verwaltungsverfahrens über Rechtsbehelfe gegen eine Entscheidung der Bundesanstalt oder
5. im Rahmen von Verfahren vor Verwaltungsgerichten, Insolvenzgerichten, Staatsanwaltschaften oder für Straf- und Bußgeldsachen zuständigen Gerichten.

(6) [1] Vor der Entscheidung über folgende Sachverhalte hört die Bundesanstalt regelmäßig die zuständigen Stellen im Europäischen Wirtschaftsraum an, sofern die Entscheidung von Bedeutung für deren Aufsichtstätigkeit ist:

1. Änderungen in der Struktur der Inhaber, der Organisation oder der Geschäftsleitung gruppenangehöriger Institute, die der Zustimmung der Bundesanstalt bedürfen,
2. schwerwiegende oder außergewöhnliche bankaufsichtliche Maßnahmen. In diesen Fällen ist stets zumindest die für die Aufsicht auf zusammengefasster Basis zuständige Stelle anzuhören, sofern diese Zuständigkeit nicht bei der Bundesanstalt liegt.

[2] Die Bundesanstalt kann bei Gefahr im Verzug von einer vorherigen Anhörung der zuständigen Stellen absehen. [3] Das Gleiche gilt, wenn die vorherige Anhörung die Wirksamkeit der Maßnahme gefährden könnte; in diesen Fällen informiert die Bundesanstalt die zuständigen Stellen unverzüglich nach Erlass oder Durchführung der Maßnahme.

(7) [1] Ist die Bundesanstalt für die Aufsicht über eine Institutsgruppe, Finanzholding-Gruppe oder gemischte Finanzholding-Gruppe auf zusammengefasster Basis zuständig und tritt eine Krisensituation auf, insbesondere bei widrigen Entwicklungen an den Finanzmärkten, die eine Gefahr für die Marktliquidität und die Stabilität des Finanzsystems eines Staates innerhalb des Europäischen Wirtschaftsraums darstellt, in dem eines der gruppenangehörigen Unternehmen seinen Sitz hat oder eine Zweigniederlassung als bedeutend angesehen wurde, hat die Bundesanstalt unverzüglich das Bundesministerium der Finanzen, die Europäische Bankenaufsichtsbehörde, den Europäischen Ausschuss für Systemrisiken, die Deutsche Bundesbank sowie die Zentralregierungen der anderen Mitgliedstaaten, sofern sie betroffen sind, zu unterrichten und ihnen alle für die Durchführung ihrer Aufgaben wesentlichen Informationen zu übermitteln. [2] Erhält die Bundesanstalt in sonstigen Fällen Kenntnis von einer Krisensituation im Sinne des Satzes 1, hat sie unverzüglich die für die Aufsicht auf zusammengefasster Basis über die betroffenen Institutsgruppen, Finanzholding-Gruppen oder gemischte Finanzholding-Gruppen zuständigen Stellen und die Europäische Bankenaufsichtsbehörde zu unterrichten. [3] § 9 bleibt unberührt.

(8) [1] Die Bundesanstalt teilt den zuständigen Stellen des Aufnahmemitgliedstaates Maßnahmen mit, die sie ergreifen wird, um Verstöße eines Instituts gegen Rechtsvorschriften des Aufnahmemitgliedstaates zu beenden, über die sie durch die zuständigen Stellen des Aufnahmemitgliedstaates unterrichtet worden ist und erteilt auf Aufforderung entsprechende Erläuterungen. [2] Ist die Bundesanstalt mit Maßnahmen, die eine zuständige Stelle des Aufnahmemitgliedstaates ergreift, um Verstöße eines Instituts gegen Rechtsvorschriften des Aufnahmemitgliedstaates zu beenden, nicht einverstanden, kann sie die Angelegenheit nach Maßgabe von Artikel 19 der Verordnung (EU) Nr. 1093/2010 an die Europäische Bankenaufsichtsbehörde verweisen und diese um Unterstützung bitten.

(9) [1] Hat die Bundesanstalt hinreichende Anhaltspunkte für einen Verstoß gegen Vorschriften dieses Gesetzes, gegen die Verordnung (EU) Nr. 575/2013[1)] oder entsprechende Vorschriften der Staaten des Europäischen Wirtschaftsraums, teilt sie diese der für die Zusammenarbeit bei der Aufsicht über Institute zuständigen Stelle mit, auf dessen Gebiet die vorschriftswidrige Handlung stattgefunden hat. [2] Erhält die Bundesanstalt eine entsprechende Mitteilung von zuständigen Stellen anderer Staaten, unterrichtet sie diese über die Ergebnisse daraufhin eingeleiteter Untersuchungen.

(10) [1] Hat die Bundesanstalt hinreichende Anhaltspunkte für einen Verstoß gegen die Artikel 6 bis 27 der Verordnung (EU) 2017/2402, so unterrichtet sie die gemäß dieser Verordnung zuständigen Stellen. [2] Im Falle einer unrichtigen oder irreführenden Meldung im Sinne des Artikels 27 Absatz 1 dieser Verordnung unterrichtet die Bundesanstalt unverzüglich die zuständige Behörde

[1)] Nr. **6**.

der insoweit gemäß Artikel 27 Absatz 1 dieser Verordnung benannten ersten Anlaufstelle. [3] Wird die Bundesanstalt als zuständige Stelle über einen möglichen Verstoß gegen die Artikel 6 bis 27 der Verordnung (EU) 2017/2402 informiert, handelt sie unter Beachtung des Verfahrens nach Artikel 36 Absatz 6 dieser Verordnung.

§ 8a Besondere Aufgaben bei der Aufsicht auf zusammengefasster Basis. (1) [1] Ist die Bundesanstalt für die Aufsicht auf zusammengefasster Basis über eine Institutsgruppe, eine Finanzholding-Gruppe oder eine gemischte Finanzholding-Gruppe im Sinne des § 10a zuständig, an deren Spitze ein EU-Mutterinstitut, eine EU-Mutterfinanzholding-Gesellschaft oder eine gemischte EU-Mutterfinanzholding-Gesellschaft steht, obliegen ihr neben den sonstigen, sich aus diesem Gesetz ergebenden Aufgaben folgende Aufgaben:

1. Koordinierung der Sammlung und Verbreitung zweckdienlicher und grundlegender Informationen nach § 8 Absatz 3 im Rahmen der laufenden Aufsicht und in Krisensituationen; dazu gehören auch die Sammlung und Weitergabe von Informationen über die rechtliche und organisatorische Struktur sowie die Sammlung und Weitergabe der Grundsätze ordnungsgemäßer Geschäftsführung;
2. Planung und Koordinierung der Aufsichtstätigkeiten im Rahmen der laufenden Aufsicht und in Krisensituationen, insbesondere bei widrigen Entwicklungen bei Instituten oder an den Finanzmärkten; die Bundesanstalt und, soweit sie im Rahmen dieses Gesetzes tätig wird, die Deutsche Bundesbank arbeiten hierbei, soweit erforderlich, mit den jeweils zuständigen Stellen der anderen Staaten des Europäischen Wirtschaftsraums zusammen; im Rahmen der laufenden Aufsicht umfasst die Zusammenarbeit insbesondere die laufende Überwachung des Risikomanagements der Institute, grenzüberschreitende Prüfungen, Maßnahmen bei organisatorischen Mängeln nach § 45b, die Offenlegung durch die Institute und die in den Artikeln 76 bis 87 und 92 bis 96 der Richtlinie 2013/36/EU genannten technischen Vorgaben für die Organisation und Behandlung von Risiken; in Krisensituationen, insbesondere bei widrigen Entwicklungen in Instituten oder an den Finanzmärkten, schließt die Zusammenarbeit die Anordnung von Maßnahmen nach den §§ 45 bis 46b, die Ausarbeitung gemeinsamer Bewertungen, die Durchführung von Notfallkonzepten und die Kommunikation mit der Öffentlichkeit ein;
3. die Übersendung der Verzeichnisse im Sinne des § 7a Absatz 3 an die jeweils zuständigen Stellen der anderen Staaten des Europäischen Wirtschaftsraums.

[2] Arbeiten die zuständigen Stellen der anderen Staaten des Europäischen Wirtschaftsraums mit der Bundesanstalt nicht in dem Umfang zusammen, der zur Erfüllung der Aufgaben nach Satz 1 erforderlich ist, kann die Bundesanstalt nach Maßgabe des Artikels 19 der Verordnung (EU) Nr. 1093/2010 die Europäische Bankenaufsichtsbehörde um Hilfe ersuchen.

(2) [1] Die Bundesanstalt und die zuständigen Stellen im Europäischen Wirtschaftsraum können in Kooperationsvereinbarungen die näheren Bestimmungen für die Beaufsichtigung von Institutsgruppen, Finanzholding-Gruppen oder gemischte Finanzholding-Gruppen im Sinne von § 10a regeln. [2] In diesen Vereinbarungen können der jeweils für die Aufsicht auf zusammengefasster Basis zuständigen Stelle weitere Aufgaben übertragen und Verfahren für die

Beschlussfassung und die Zusammenarbeit mit anderen zuständigen Behörden festgelegt werden.

(3) [1] Ist die Bundesanstalt für die Beaufsichtigung einer Institutsgruppe, einer Finanzholding-Gruppe oder einer gemischten Finanzholding-Gruppe auf zusammengefasster Basis zuständig, an deren Spitze ein EU-Mutterinstitut, eine EU-Mutterfinanzholding-Gesellschaft oder eine gemischte EU-Mutterfinanzholding-Gesellschaft steht, so soll sie mit den für die Beaufsichtigung der gruppenangehörigen Unternehmen zuständigen Stellen im Europäischen Wirtschaftsraum eine gemeinsame Entscheidung treffen, 1. ob die Eigenmittelausstattung der Gruppe auf zusammengefasster Basis ihrer Finanzlage und ihrem Risikoprofil angemessen ist und 2. welche zusätzlichen Eigenmittelanforderungen für jedes gruppenangehörige Unternehmen und auf zusammengefasster Basis erforderlich sind. [2] Die Entscheidung ist schriftlich umfassend zu begründen und hat angemessen die von den jeweils zuständigen Stellen durchgeführte Risikobewertung der Tochterunternehmen zu berücksichtigen. [3] Die Bundesanstalt stellt die Entscheidung dem übergeordneten Unternehmen der Gruppe zu. [4] Stimmen nicht alle für die Beaufsichtigung der gruppenangehörigen Unternehmen zuständigen Stellen im Europäischen Wirtschaftsraum der Entscheidung der Bundesanstalt zu, beteiligt die Bundesanstalt von sich aus oder auf Antrag einer der anderen zuständigen Stellen die Europäische Bankenaufsichtsbehörde. [5] Deren Stellungnahme ist im weiteren Verfahren zu berücksichtigen; erhebliche Abweichungen hiervon sind in der Entscheidung zu begründen.

(4) [1] Kommt innerhalb von vier Monaten nach Übermittlung einer Risikobewertung der Gruppe an die zuständigen Stellen keine gemeinsame Entscheidung zustande, entscheidet die Bundesanstalt allein, ob die Eigenmittelausstattung der Institutsgruppe, Finanzholding-Gruppe oder gemischten Finanzholding-Gruppe auf zusammengefasster Basis sowie die Eigenmittelausstattung der gruppenangehörigen Unternehmen, die sie auf Einzelbasis oder unterkonsolidierter Basis beaufsichtigt, der Finanzlage und dem Risikoprofil angemessen sind oder ob zusätzliche Eigenmittelanforderungen erforderlich sind und gibt die Entscheidung dem übergeordneten Unternehmen der Gruppe bekannt. [2] Dabei berücksichtigt die Bundesanstalt in angemessener Weise die von den jeweils zuständigen Stellen durchgeführten Risikobewertungen der Tochterunternehmen. [3] Hat die Bundesanstalt oder eine zuständige Stelle in einem anderen Staat des Europäischen Wirtschaftsraums bis zum Ablauf der Viermonatsfrist nach Satz 1 nach Maßgabe des Artikels 19 der Verordnung (EU) Nr. 1093/2010 die Europäische Bankenaufsichtsbehörde um Hilfe ersucht, stellt die Bundesanstalt ihre Entscheidung nach Satz 1 bis zu einem Beschluss der Europäischen Bankenaufsichtsbehörde gemäß Artikel 19 Absatz 3 der Verordnung (EU) Nr. 1093/2010 zurück und entscheidet dann in Übereinstimmung mit einem solchen Beschluss. [4] Nach Ablauf der Viermonatsfrist oder nachdem eine gemeinsame Entscheidung getroffen wurde, kann die Europäische Bankenaufsichtsbehörde nicht mehr um Hilfe ersucht werden. [5] Hinsichtlich der Angemessenheit der Eigenmittelausstattung und der Notwendigkeit von zusätzlichen Eigenmittelanforderungen der gruppenangehörigen Unternehmen, die nicht von der Bundesanstalt auf Einzelbasis oder unterkonsolidierte Basis beaufsichtigt werden, übermittelt die Bundesanstalt ihre Auffassung an die jeweils zuständige Stelle. [6] Erhält die Bundesanstalt von einer anderen zuständigen Stelle eine begründete Entscheidung, die der Risikobewertung

und den Auffassungen Rechnung trägt, die die anderen zuständigen Stellen innerhalb des Zeitraums von vier Monaten durchgeführt und geäußert haben, übermittelt sie dieses Dokument allen betroffenen zuständigen Stellen sowie dem übergeordneten Unternehmen der Gruppe.

(5) [1] Entscheidungen nach den Absätzen 3 und 4 sind in der Regel jährlich und ausnahmsweise dann unterjährig zu aktualisieren, wenn eine für die Beaufsichtigung eines gruppenangehörigen Unternehmens zuständige Stelle dies bei der Bundesanstalt schriftlich und umfassend begründet beantragt. [2] In diesem Fall kann die Aktualisierung allein zwischen der Bundesanstalt und der zuständigen Stelle, die den Antrag gestellt hat, abgestimmt werden.

(6) [1] Ist die Bundesanstalt im Sinne des Absatzes 3 Satz 1 für die Beaufsichtigung einer Institutsgruppe, einer Finanzholding-Gruppe oder einer gemischten Finanzholding-Gruppe zuständig, so hat sie eine gemeinsame Entscheidung im Sinne des Absatzes 3 über die von ihr beabsichtigten Maßnahmen im Rahmen der Liquiditätsaufsicht und über institutsspezifische Liquiditätsanforderungen herbeizuführen; Absatz 3 Satz 2 und 3 gilt entsprechend. [2] Kommt innerhalb eines Monats nach Übermittlung einer Bewertung des Liquiditätsrisikoprofils der Gruppe an die zuständigen Stellen keine gemeinsame Entscheidung zustande, entscheidet die Bundesanstalt allein über die Maßnahmen und gibt die Entscheidung dem übergeordneten Unternehmen der Gruppe bekannt. [3] Hat die Bundesanstalt oder eine zuständige Stelle in einem anderen Staat des Europäischen Wirtschaftsraums bis zum Ablauf der Einmonatsfrist nach Satz 1 die Europäische Bankenaufsichtsbehörde nach Maßgabe des Artikels 19 der Verordnung (EU) Nr. 1093/2010 um Hilfe ersucht, stellt die Bundesanstalt ihre Entscheidung nach Satz 1 bis zu einem Beschluss der Europäischen Bankenaufsichtsbehörde gemäß Artikel 19 Absatz 3 der Verordnung (EU) Nr. 1093/2010 zurück und entscheidet dann in Übereinstimmung mit einem solchen Beschluss. [4] Nach Ablauf der Einmonatsfrist oder nachdem eine gemeinsame Entscheidung getroffen wurde, kann die Europäische Bankenaufsichtsbehörde nicht mehr um Hilfe ersucht werden. [5] Absatz 5 gilt entsprechend.

§ 8b *(aufgehoben)*

§ 8c Übertragung der Zuständigkeit für die Aufsicht über Institutsgruppen, Finanzholding-Gruppen, gemischte Finanzholding-Gruppen und gruppenangehörige Institute. (1) [1] Die Bundesanstalt kann von der Beaufsichtigung einer Institutsgruppe, Finanzholding-Gruppe oder gemischten Finanzholding-Gruppe im Sinne des § 10a absehen und die Aufsicht auf zusammengefasster Basis widerruflich auf eine andere zuständige Stelle innerhalb des Europäischen Wirtschaftsraums übertragen, wenn die Beaufsichtigung durch die Bundesanstalt im Hinblick auf die betreffenden Institute und die Bedeutung ihrer Geschäftstätigkeit in dem anderen Staat unangemessen wäre und wenn bei

1. Institutsgruppen das übergeordnete Unternehmen der Gruppe Tochterunternehmen eines CRR-Instituts mit Sitz in dem anderen Staat des Europäischen Wirtschaftsraums und dort in die Beaufsichtigung auf zusammengefasster Basis gemäß der Verordnung (EU) Nr. 575/2013[1)] einbezogen ist oder

[1)] Nr. **6**.

2. Finanzholding-Gruppen oder gemischten Finanzholding-Gruppen diese von den zuständigen Stellen des anderen Staates des Europäischen Wirtschaftsraums auf zusammengefasster Basis gemäß der Verordnung (EU) Nr. 575/2013 beaufsichtigt werden.

[2] Die Bundesanstalt stellt in diesen Fällen das übergeordnete Unternehmen widerruflich von den Vorschriften dieses Gesetzes über die Beaufsichtigung auf zusammengefasster Basis frei. [3] Vor der Freistellung und der Übertragung der Zuständigkeit ist das übergeordnete Unternehmen anzuhören. [4] Die Europäische Kommission und die Europäische Bankenaufsichtsbehörde sind über das Bestehen und den Inhalt dieser Vereinbarungen zu unterrichten.

(2) [1] Übernimmt die Bundesanstalt auf Grund einer Übereinkunft mit einer zuständigen Stelle innerhalb des Europäischen Wirtschaftsraums die Aufsicht auf zusammengefasster Basis über eine Institutsgruppe, eine Finanzholding-Gruppe oder eine gemischte Finanzholding-Gruppe, kann sie ein Institut der Gruppe mit Sitz im Inland als übergeordnetes Unternehmen bestimmen. [2] § 10a gilt entsprechend.

(3) [1] Die Bundesanstalt kann nach Maßgabe des Artikels 28 der Verordnung (EU) Nr. 1093/2010 die Zuständigkeit für die Beaufsichtigung eines Instituts, für dessen Zulassung sie zuständig ist, widerruflich auf eine andere zuständige Stelle innerhalb des Europäischen Wirtschaftsraums übertragen, wenn das Institut Tochterunternehmen eines Instituts ist, für dessen Zulassung und Beaufsichtigung diese zuständige Stelle nach Maßgabe der Verordnung (EU) Nr. 575/2013 zuständig ist. [2] Vor der Übertragung der Zuständigkeit ist dieses Institut anzuhören. [3] Die Europäische Bankenaufsichtsbehörde ist über das Bestehen und den Inhalt dieser Vereinbarungen zu unterrichten.

§ 8d *(aufgehoben)*

§ 8e Aufsichtskollegien. (1) [1] Ist die Bundesanstalt für die Aufsicht auf zusammengefasster Basis über eine Institutsgruppe, Finanzholding-Gruppe oder gemischte Finanzholding-Gruppe zuständig, richtet sie Aufsichtskollegien ein. [2] Ziel der Einrichtung von Aufsichtskollegien ist es, die Aufgabenwahrnehmung nach § 8 Absatz 7, § 8a und den Bestimmungen der Rechtsverordnung nach § 10 Absatz 1 Satz 1 Nummer 3 zu erleichtern und eine angemessene Zusammenarbeit mit den zuständigen Stellen im Europäischen Wirtschaftsraum, zu denen auch die Europäische Bankenaufsichtsbehörde gehört, sowie mit den zuständigen Stellen in Drittstaaten zu gewährleisten. [3] Die Aufsichtskollegien dienen

1. dem Austausch von Informationen,
2. gegebenenfalls der Einigung über die freiwillige Übertragung von Aufgaben und Zuständigkeiten,
3. der Festlegung aufsichtsrechtlicher Prüfungsprogramme auf der Grundlage der Risikobewertung einer Institutsgruppe, einer Finanzholding-Gruppe oder einer gemischten Finanzholding-Gruppe,
4. der Beseitigung unnötiger aufsichtsrechtlicher Doppelanforderungen,
5. der gleichmäßigen Anwendung der bestehenden aufsichtsrechtlichen Anforderungen auf alle Unternehmen der Gruppe unter Berücksichtigung bestehender Ermessensspielräume und Wahlrechte sowie

6. der Planung und Koordinierung der Aufsichtstätigkeiten in Vorbereitung auf und in Krisensituationen unter Berücksichtigung der Arbeit anderer Foren, die in diesem Bereich eingerichtet werden.

(2) [1] Die Bundesanstalt legt die Einrichtung und Funktionsweise des jeweiligen Aufsichtskollegiums im Benehmen mit den zuständigen Stellen schriftlich fest; § 8a Absatz 2 gilt entsprechend. [2] Die Bundesanstalt leitet die Sitzungen des Aufsichtskollegiums und entscheidet, welche zuständigen Stellen neben der Bundesanstalt und der Deutschen Bundesbank an einer Sitzung oder Tätigkeiten des Aufsichtskollegiums teilnehmen. [3] Neben den für die Beaufsichtigung von Tochterunternehmen der Gruppe zuständigen Stellen und den zuständigen Stellen des Aufnahmemitgliedstaates einer bedeutenden Zweigniederlassung kann die Bundesanstalt auch über die Teilnahme von zuständigen Stellen aus Drittstaaten an dem Aufsichtskollegium entscheiden, sofern diese über Geheimhaltungsvorschriften verfügen, die nach Auffassung aller am Kollegium beteiligten Stellen den Vorschriften des Titels VII Kapitel I Abschnitt II der Richtlinie 2013/36/EU gleichwertig sind.

(3) Die Bundesanstalt informiert alle Mitglieder des Aufsichtskollegiums vorab laufend und umfassend über die Organisation der Sitzungen, die wesentlichen zu erörternden Fragen und die in Betracht kommenden Tätigkeiten sowie rechtzeitig über das in den Sitzungen beschlossene Vorgehen und die durchgeführten Maßnahmen.

(4) Die Bundesanstalt berücksichtigt bei ihren nach Absatz 2 zu treffenden Entscheidungen die Bedeutung der zu planenden oder zu koordinierenden Aufsichtstätigkeiten für die zuständigen Stellen, insbesondere die möglichen Auswirkungen auf die Stabilität des Finanzsystems in den betroffenen Staaten.

(5) [1] Die Bundesanstalt unterrichtet die Europäische Bankenaufsichtsbehörde über die Tätigkeit des Aufsichtskollegiums, insbesondere in Krisensituationen, und übermittelt ihr alle Informationen, die für die Zwecke der Vereinheitlichung der Aufsicht auf europäischer Ebene von besonderem Belang sind. [2] Die Bediensteten der Europäischen Bankenaufsichtsbehörde können sich nach Maßgabe des Artikels 21 der Verordnung (EU) Nr. 1093/2010 an den Aktivitäten der Aufsichtskollegien beteiligen, einschließlich der Teilnahme an Prüfungen gemäß § 44 Absatz 1 und 2, wenn diese von der Bundesanstalt gemeinsam mit mindestens einer anderen zuständigen Stelle im Europäischen Wirtschaftsraum vorgenommen werden.

(6) [1] In den Fällen, in denen die Bundesanstalt nicht für die Aufsicht über eine Institutsgruppe, Finanzholding-Gruppe oder gemischte Finanzholding-Gruppe auf zusammengefasster Basis zuständig ist, aber CRR-Kreditinstitute mit bedeutenden Zweigniederlassungen in anderen Staaten des Europäischen Wirtschaftsraums beaufsichtigt, richtet sie ein Aufsichtskollegium ein, um die Zusammenarbeit mit den zuständigen Stellen des Aufnahmemitgliedstaates nach § 8 Absatz 3 sowie in Krisensituationen zu erleichtern. [2] Absatz 2 Satz 1 und 2 sowie die Absätze 3 und 4 gelten entsprechend.

(7) Bei der Wahrnehmung der Aufgaben nach den Absätzen 1 bis 6 arbeiten die Bundesanstalt und die Deutsche Bundesbank zusammen.

§ 8f Zusammenarbeit bei der Aufsicht über bedeutende Zweigniederlassungen. (1) [1] Die Bundesanstalt stuft die Zweigniederlassung eines CRR-

Instituts in einem Aufnahmemitgliedstaat oder einem Staat des Europäischen Wirtschaftsraums auf Verlangen der zuständigen Stelle insbesondere dann als bedeutend ein, wenn die Zweigniederlassung die Anforderungen des § 53b Absatz 8 Satz 4 erfüllt; in diesem Fall übermittelt die Bundesanstalt der zuständigen Stelle

1. die Informationen nach § 8 Absatz 3 Satz 6 Nummer 3 und 4 und § 11 Absatz 3,
2. die Ergebnisse der Risikobewertungen des CRR-Instituts und
3. die Entscheidungen über das erstmalige oder das weitere Verwenden interner Ansätze und über Maßnahmen nach § 6 Absatz 3, sofern sie Auswirkungen auf die bedeutende Zweigniederlassung haben.

[2] Die Bundesanstalt plant und koordiniert die Aufsichtstätigkeiten im Sinne des § 8a Absatz 1 Nummer 2 in Zusammenarbeit mit den zuständigen Stellen im Sinne von Satz 1.

(2) [1] Die Bundesanstalt hört die zuständigen Stellen im Sinne von Absatz 1 Satz 1 über Entscheidungen im Hinblick auf den institutseigenen Plan zur Wiederherstellung der Liquidität an, wenn dies für Liquiditätsrisiken in Zusammenhang mit der Währung des Aufnahmemitgliedstaates oder des Staates des Europäischen Wirtschaftsraums relevant ist. [2] Unterlässt sie dies oder hält die Bundesanstalt an ihrer Auffassung fest, kann die zuständige Stelle die Europäische Bankenaufsichtsbehörde nach Maßgabe des Artikels 19 der Verordnung (EU) Nr. 1093/2010 um Hilfe ersuchen.

(3) Erhält die Bundesanstalt Informationen und Erkenntnisse von der zuständigen Stelle im Sinne des Absatzes 1 Satz 1, hat die Bundesanstalt diese bei ihrer Prüfungsplanung zu berücksichtigen; sie hat hierbei der Stabilität des Finanzsystems des Aufnahmemitgliedstaates oder des Staates des Europäischen Wirtschaftsraums Rechnung zu tragen.

§ 9 Verschwiegenheitspflicht. (1) [1] Die bei der Bundesanstalt beschäftigten und die nach § 4 Abs. 3 des Finanzdienstleistungsaufsichtsgesetzes[1)] beauftragten Personen, die nach § 45c bestellten Sonderbeauftragten, die nach § 37 Absatz 1 Satz 2 und § 38 Absatz 2 Satz 2 und 3 bestellten Abwickler sowie die im Dienst der Deutschen Bundesbank stehenden Personen, soweit sie zur Durchführung dieses Gesetzes tätig werden, dürfen die ihnen bei ihrer Tätigkeit bekanntgewordenen Tatsachen, deren Geheimhaltung im Interesse des Instituts oder eines Dritten liegt, insbesondere Geschäfts- und Betriebsgeheimnisse, nicht unbefugt offenbaren oder verwerten, auch wenn sie nicht mehr im Dienst sind oder ihre Tätigkeit beendet ist. [2] Die von den beaufsichtigten Instituten und Unternehmen zu beachtenden allgemeinen datenschutzrechtlichen Vorschriften bleiben unberührt. [3] Dies gilt auch für andere Personen, die durch dienstliche Berichterstattung Kenntnis von den in Satz 1 bezeichneten Tatsachen erhalten. [4] Ein unbefugtes Offenbaren oder Verwerten im Sinne des Satzes 1 liegt insbesondere nicht vor, wenn Tatsachen weitergegeben werden an

1. Strafverfolgungsbehörden oder für Straf- und Bußgeldsachen zuständige Gerichte,

[1)] Nr. 7.

2. kraft Gesetzes oder im öffentlichen Auftrag mit der Überwachung von Instituten, Kapitalverwaltungsgesellschaften, extern verwalteten Investmentgesellschaften, EU-Verwaltungsgesellschaften oder ausländischen AIF-Verwaltungsgesellschaften, Finanzunternehmen, Versicherungsunternehmen, der Finanzmärkte oder des Zahlungsverkehrs oder mit der Geldwäscheprävention betraute Stellen sowie von diesen beauftragte Personen,
3. mit der Liquidation oder dem Insolvenzverfahren über das Vermögen eines Instituts befaßte Stellen,
4. mit der gesetzlichen Prüfung der Rechnungslegung von Instituten oder Finanzunternehmen betraute Personen sowie Stellen, welche die vorgenannten Personen beaufsichtigen,
5. eine Einlagensicherungseinrichtung oder Anlegerentschädigungseinrichtung,
6. Wertpapier- oder Terminbörsen,
7. Zentralnotenbanken,
8. Betreiber von Systemen nach § 1 Abs. 16,
9. die zuständigen Stellen in anderen Staaten des Europäischen Wirtschaftsraums sowie in Drittstaaten, mit denen die Bundesanstalt im Rahmen von Aufsichtskollegien nach § 8e zusammenarbeitet,
10. die Europäische Zentralbank, das Europäische System der Zentralbanken, die Europäische Bankenaufsichtsbehörde, die Europäische Aufsichtsbehörde für das Versicherungswesen und die betriebliche Altersversorgung, die Europäische Wertpapier- und Marktaufsichtsbehörde, den Gemeinsamen Ausschuss der Europäischen Aufsichtsbehörden, den Europäischen Ausschuss für Systemrisiken oder die Europäische Kommission,
11. Behörden, die für die Aufsicht über Zahlungs- und Abwicklungssysteme zuständig sind,
12. Parlamentarische Untersuchungsausschüsse nach § 1 des Untersuchungsausschussgesetzes auf Grund einer Entscheidung über ein Ersuchen nach § 18 Absatz 2 des Untersuchungsausschussgesetzes,
13. das Bundesverfassungsgericht,
14. den Bundesrechnungshof, sofern sich sein Untersuchungsauftrag auf die Entscheidungen und sonstigen Tätigkeiten der Bundesanstalt nach diesem Gesetz oder der Verordnung (EU) Nr. 575/2013[1] bezieht,
15. Verwaltungsgerichte in verwaltungsrechtlichen Streitigkeiten, in denen die Bundesanstalt Beklagte ist, mit Ausnahme von Klagen nach dem Informationsfreiheitsgesetz,
16. die Bank für Internationalen Zahlungsausgleich einschließlich der bei ihr ansässigen multilateralen Gremien, insbesondere das Financial Stability Board (FSB),
17. den Internationalen Währungsfonds, soweit dies zur Erfüllung seines satzungsmäßigen Auftrags oder besonderer von den Mitgliedern übertragener Aufgaben erforderlich ist,

---

[1] Nr. **6**.

18. den Ausschuss für Finanzstabilität oder den Europäischen Ausschuss für Systemrisiken,
19. die Bundesanstalt für Finanzmarktstabilisierung, das Gremium zum Finanzmarktstabilisierungsfonds im Sinne des § 10a Absatz 1 des Finanzmarktstabilisierungsfondsgesetzes[1)] oder den Lenkungsausschuss im Sinne des § 4 Absatz 1 Satz 2 des Finanzmarktstabilisierungsfondsgesetzes, oder
20. Behörden im Sinne von Artikel 2 Absatz 1 Nummer 17 und 18 der Verordnung (EU) Nr. 909/2014,

soweit diese Stellen die Informationen zur Erfüllung ihrer Aufgaben benötigen. [5] Für die bei den in Satz 4 Nummer 1 bis 11 und 13 bis 19 genannten Stellen beschäftigten Personen und die von diesen Stellen beauftragten Personen sowie für die Mitglieder der in Satz 4 Nummer 12 und 19 genannten Ausschüsse gilt die Verschwiegenheitspflicht nach Satz 1 entsprechend. [6] Befindet sich eine in Satz 4 Nummer 1 bis 11 und 16 bis 18 genannte Stelle in einem anderen Staat, so dürfen die Tatsachen nur weitergegeben werden, wenn die bei dieser Stelle beschäftigten und die von dieser Stelle beauftragten Personen einer dem Satz 1 weitgehend entsprechenden Verschwiegenheitspflicht unterliegen. [7] Die ausländische Stelle ist darauf hinzuweisen, daß sie Informationen nur zu dem Zweck verarbeiten darf, zu deren Erfüllung sie ihr übermittelt werden. [8] Informationen, die aus einem anderen Staat stammen, dürfen nur mit ausdrücklicher Zustimmung der zuständigen Stellen, die diese Informationen mitgeteilt haben, und nur für solche Zwecke weitergegeben werden, denen diese Stellen zugestimmt haben.

(2) Ein unbefugtes Offenbaren oder Verwerten von Tatsachen im Sinne des Absatzes 1 Satz 1 liegt nicht vor, wenn die Ergebnisse von im Einklang mit Artikel 100 der Richtlinie 2013/36/EU oder Artikel 32 der Verordnung (EU) Nr. 1093/2010 in der jeweils geltenden Fassung durchgeführten Stresstests veröffentlicht oder der Europäischen Bankenaufsichtsbehörde zur Veröffentlichung EU-weiter Stresstestergebnisse übermittelt werden.

(3) Betrifft die Weitergabe von Tatsachen nach Absatz 1 personenbezogene Daten, sind die allgemeinen datenschutzrechtlichen Vorschriften anzuwenden.

(4) Tritt eine Krisensituation ein, so kann die Bundesanstalt zu Aufsichtszwecken Tatsachen auch an die zuständigen Stellen in anderen Staaten weitergeben.

(5) [1] Die §§ 93, 97 und 105 Absatz 1, § 111 Absatz 5 in Verbindung mit § 105 Absatz 1 sowie § 116 Absatz 1 der Abgabenordnung gelten für die in Absatz 1 bezeichneten Personen nur, soweit die Finanzbehörden die Kenntnisse für die Durchführung eines Verfahrens wegen einer Steuerstraftat sowie eines damit zusammenhängenden Besteuerungsverfahrens benötigen. [2] Die in Satz 1 genannten Vorschriften sind jedoch nicht anzuwenden, soweit Tatsachen betroffen sind,

1. die den in Absatz 1 Satz 1 oder Satz 3 bezeichneten Personen durch die zuständige Aufsichtsstelle eines anderen Staates oder durch von dieser Stelle beauftragte Personen mitgeteilt worden sind oder
2. von denen bei der Bundesanstalt beschäftigte Personen dadurch Kenntnis erlangen, dass sie an der Aufsicht über direkt von der Europäischen Zentral-

---

[1)] Nr. **18**.

bank beaufsichtigte Institute mitwirken, insbesondere in gemeinsamen Aufsichtsteams nach Artikel 2 Nummer 6 der Verordnung (EU) Nr. 468/2014 der Europäischen Zentralbank, und die nach den Regeln der Europäischen Zentralbank geheim sind.

Zweiter Abschnitt. Vorschriften für Institute, Institutsgruppen, Finanzholding-Gruppen, gemischte Finanzholding-Gruppen und gemischte Holdinggesellschaften

1. Eigenmittel und Liquidität

§ 10 Ergänzende Anforderungen an die Eigenmittelausstattung von Instituten, Institutsgruppen, Finanzholding-Gruppen und gemischten Finanzholding-Gruppen; Verordnungsermächtigung. (1) [1]Im Interesse der Erfüllung der Verpflichtungen der Institute, Institutsgruppen, Finanzholding-Gruppen und gemischten Finanzholding-Gruppen gegenüber ihren Gläubigern, insbesondere im Interesse der Sicherheit der ihnen anvertrauten Vermögenswerte, wird das Bundesministerium der Finanzen ermächtigt, durch Rechtsverordnung, die nicht der Zustimmung des Bundesrates bedarf, im Benehmen mit der Deutschen Bundesbank in Ergänzung der Verordnung (EU) Nr. 575/2013[1)] nähere Bestimmungen über die angemessene Eigenmittelausstattung (Solvabilität) der Institute, Institutsgruppen, Finanzholding-Gruppen und gemischten Finanzholding-Gruppen zu erlassen, insbesondere

1. ergänzende Bestimmungen zu den Anforderungen für eine Zulassung interner Ansätze,
2. Bestimmungen zur laufenden Überwachung interner Ansätze durch die Aufsichtsbehörde, insbesondere zu Maßnahmen bei Nichteinhaltung von Anforderungen an interne Ansätze und zur Aufhebung der Zulassung interner Ansätze,
3. nähere Verfahrensbestimmungen zur Zulassung, zur laufenden Überwachung und zur Aufhebung der Zulassung interner Ansätze,
4. nähere Bestimmungen zur Überprüfung der Anforderungen an interne Ansätze durch die Aufsichtsbehörde, insbesondere zu Eignungs- und Nachschauprüfungen,
5. nähere Bestimmungen zur
   a) Anordnung und Ermittlung der Quote für den antizyklischen Kapitalpuffer nach § 10d, insbesondere zur Bestimmung eines Puffer-Richtwerts, zum Verfahren der Anerkennung antizyklischer Kapitalpuffer von Staaten des Europäischen Wirtschaftsraums und Drittstaaten, zu den Veröffentlichungspflichten der Bundesanstalt und zur Berechnung der institutsspezifischen Kapitalpufferquote,
   b) Anordnung und Ermittlung der Quote für den Kapitalpuffer für systemische Risiken nach § 10e, insbesondere zur Berücksichtigung systemischer oder makroprudenzieller Risiken, zur Bestimmung der zu berücksichtigenden Risikopositionen und deren Belegenheit und zum Verfahren der

---

[1)] Nr. **6**.

Anerkennung der Kapitalpuffer für systemische Risiken von Staaten des Europäischen Wirtschaftsraums und Drittstaaten,

c) Anordnung und Ermittlung der Quote für den Kapitalpuffer für global systemrelevante Institute nach § 10f, insbesondere zur Bestimmung der global systemrelevanten Institute und deren Zuordnung zu Größenklassen, zur Herauf- und Herabstufung zwischen den Größenklassen sowie zur Veröffentlichung der der quantitativen Analyse zugrunde liegenden Indikatoren,

d) Anordnung und Ermittlung der Quote für den Kapitalpuffer für anderweitig systemrelevante Institute nach § 10g, insbesondere zur Bestimmung der anderweitig systemrelevanten Institute und zur Festlegung der Quote auf Einzelinstitutsebene, konsolidierter oder unterkonsolidierter Ebene,

e) Höhe und zu den näheren Einzelheiten der Berechnung des maximal ausschüttungsfähigen Betrags für die kombinierte Kapitalpufferanforderung nach § 10i,

6. nähere Bestimmungen zur Festsetzung der Prozentsätze und Faktoren nach Artikel 465 Absatz 2, Artikel 467 Absatz 3, Artikel 468 Absatz 3, Artikel 478 Absatz 3, Artikel 479 Absatz 4, Artikel 480 Absatz 3, Artikel 481 Absatz 5 und Artikel 486 Absatz 6 der Verordnung (EU) Nr. 575/2013,
7. nähere Bestimmungen zu den in der Verordnung (EU) Nr. 575/2013 vorgesehenen Antrags- und Anzeigeverfahren und
8. Vorgaben für die Bemessung des Beleihungswerts von Immobilien nach Artikel 4 Absatz 1 Nummer 74 der Verordnung (EU) Nr. 575/2013 in der jeweils geltenden Fassung,
9. nähere Bestimmungen zum aufsichtlichen Benchmarking bei der Anwendung interner Ansätze zur Ermittlung der Eigenmittelanforderungen, insbesondere nähere Bestimmungen zum Verfahren und zu Art, Umfang und Häufigkeit der von den Instituten vorzulegenden Informationen sowie nähere Bestimmungen über die von der Aufsichtsbehörde vorzugebenden Anforderungen an die Zusammensetzung besonderer Benchmarking-Portfolien und
10. die Pflicht der CRR-Institute zur Offenlegung der in § 26a Absatz 1 Satz 2 genannten Angaben auf konsolidierter Ebene sowie der Kapitalrendite nach § 26a Absatz 1 Satz 4, einschließlich des Gegenstands der Offenlegungsanforderung, sowie des Mediums, des Übermittlungsweges, der Häufigkeit der Offenlegung und den Umfang der nach § 26a Absatz 1 Satz 5 vertraulich an die Europäische Kommission zu übermittelnden Daten.

[2] Das Bundesministerium der Finanzen kann die Ermächtigung durch Rechtsverordnung auf die Bundesanstalt mit der Maßgabe übertragen, dass die Rechtsverordnung im Einvernehmen mit der Deutschen Bundesbank ergeht. [3] Vor Erlass der Rechtsverordnung sind die Spitzenverbände der Institute zu hören.

(2) [1] Institute dürfen personenbezogene Daten ihrer Kunden, von Personen, mit denen sie Vertragsverhandlungen über Adressenausfallrisiken begründende Geschäfte aufnehmen, sowie von Personen, die für die Erfüllung eines Adressenausfallrisikos einstehen sollen, für die Zwecke der Verordnung (EU)

Nr. 575/2013 und der nach Absatz 1 Satz 1 zu erlassenden Rechtsverordnung verarbeiten, soweit

1. diese Daten unter Zugrundelegung eines wissenschaftlich anerkannten mathematisch-statistischen Verfahrens nachweisbar für die Bestimmung und Berücksichtigung von Adressenausfallrisiken erheblich sind,
2. diese Daten zum Aufbau und Betrieb einschließlich der Entwicklung und Weiterentwicklung von internen Ratingsystemen für die Schätzung von Risikoparametern des Adressenausfallrisikos des Kreditinstituts oder der Wertpapierfirma erforderlich sind und
3. es sich nicht um Angaben zur Staatsangehörigkeit oder um besondere Kategorien personenbezogener Daten nach Artikel 9 Absatz 1 der Verordnung (EU) 2016/679 handelt.

[2] Betriebs- und Geschäftsgeheimnisse stehen personenbezogenen Daten gleich. [3] Zur Entwicklung und Weiterentwicklung der Ratingsysteme dürfen abweichend von Satz 1 Nummer 1 auch Daten verarbeitet werden, die bei nachvollziehbarer wirtschaftlicher Betrachtungsweise für die Bestimmung und Berücksichtigung von Adressenausfallrisiken erheblich sein können. [4] Für die Bestimmung und Berücksichtigung von Adressenausfallrisiken können insbesondere Daten erheblich sein, die den folgenden Kategorien angehören oder aus Daten der folgenden Kategorien gewonnen worden sind:

1. Einkommens-, Vermögens- und Beschäftigungsverhältnisse sowie die sonstigen wirtschaftlichen Verhältnisse, insbesondere Art, Umfang und Wirtschaftlichkeit der Geschäftstätigkeit der betroffenen Person,
2. Zahlungsverhalten und Vertragstreue der betroffenen Person,
3. vollstreckbare Forderungen sowie Zwangsvollstreckungsverfahren und -maßnahmen gegen die betroffene Person,
4. Insolvenzverfahren über das Vermögen der betroffenen Person, sofern diese eröffnet worden sind oder die Eröffnung beantragt worden ist.

[5] Diese Daten dürfen erhoben werden

1. bei der betroffenen Person,
2. bei Instituten, die derselben Institutsgruppe angehören,
3. bei Ratingagenturen und Auskunfteien und
4. aus allgemein zugänglichen Quellen.

[6] Institute dürfen anderen Instituten derselben Institutsgruppe und in pseudonymisierter Form auch von den mit dem Aufbau und Betrieb einschließlich der Entwicklung und Weiterentwicklung von Ratingsystemen beauftragten Dienstleistern nach Satz 1 erhobene personenbezogene Daten übermitteln, soweit dies zum Aufbau und Betrieb einschließlich der Entwicklung und Weiterentwicklung von internen Ratingsystemen für die Schätzung von Risikoparametern des Adressenausfallrisikos erforderlich ist.

(3) [1] Die Aufsichtsbehörde kann anordnen, dass ein Institut, eine Institutsgruppe, eine Finanzholding-Gruppe oder eine gemischte Finanzholding-Gruppe Eigenmittelanforderungen in Bezug auf nicht durch Artikel 1 der Verordnung (EU) Nr. 575/2013 erfasste Risiken und Risikoelemente einhalten muss, die über die Eigenmittelanforderungen nach der Verordnung (EU) Nr. 575/2013 und nach der Rechtsverordnung nach Absatz 1 hinausgehen. [2] Die Auf-

sichtsbehörde ordnet solche zusätzlichen Eigenmittelanforderungen zumindest in den folgenden Fällen und zu folgenden Zwecken an:

1. wenn Risiken oder Risikoelemente nicht durch die Eigenmittelanforderungen nach der Verordnung (EU) Nr. 575/2013 und nach der Rechtsverordnung nach Absatz 1 abgedeckt sind oder die Anforderungen nach Artikel 393 der Verordnung (EU) Nr. 575/2013 zur Ermittlung und Steuerung von Großkrediten nicht eingehalten werden,
2. wenn die Risikotragfähigkeit des Instituts, der Institutsgruppe, der Finanzholding-Gruppe oder der gemischten Finanzholding-Gruppe nicht gewährleistet ist,
3. wenn die Überprüfung nach § 6b Absatz 2 Satz 2 Nummer 2 es wahrscheinlich erscheinen lässt, dass die vom Institut vorgenommenen Bewertungskorrekturen nicht ausreichen, um eine angemessene Eigenmittelausstattung zu gewährleisten,
4. wenn es wahrscheinlich erscheint, dass die Risiken trotz Einhaltung der Anforderungen nach diesem Gesetz, nach der Verordnung (EU) Nr. 575/2013 und nach den Rechtsverordnungen nach Absatz 1 und nach § 13 Absatz 1 unterschätzt werden,
5. um den Aufbau eines zusätzlichen Eigenmittelpuffers für Perioden wirtschaftlichen Abschwungs sicherzustellen,
6. um einer besonderen Geschäftssituation des Instituts, der Institutsgruppe, der Finanzholding-Gruppe oder der gemischten Finanzholding-Gruppe, etwa bei Aufnahme der Geschäftstätigkeit, Rechnung zu tragen,
7. wenn ein Institut eine Verbriefung mehr als einmal stillschweigend unterstützt hat; zu diesem Zwecke kann die Aufsichtsbehörde anordnen, dass der wesentliche Risikotransfer für sämtliche Verbriefungen, für die das Institut als Originator gilt, zur Berücksichtigung zu erwartender weiterer stillschweigender Unterstützungen nicht oder nur teilweise bei der Berechnung der erforderlichen Eigenmittel anerkannt wird,
8. wenn die aus den Ergebnissen der Stresstests für das Korrelationshandelsportfolio nach Artikel 377 Absatz 5 Satz 3, zweiter Halbsatz der Verordnung (EU) Nr. 575/2013 resultierenden Eigenmittelanforderungen wesentlich über die Eigenmittelanforderungen für das Korrelationshandelsportfolio gemäß Artikel 377 der Verordnung (EU) Nr. 575/2013 hinausgehen,
9. andere Maßnahmen keine hinreichende Verbesserung der institutsinternen Verfahren, Prozesse und Methoden in einem angemessenen Zeithorizont erwarten lassen,
10. wenn das Institut, die Institutsgruppe, die Finanzholding-Gruppe oder die gemischte Finanzholding-Gruppe nicht über eine ordnungsgemäße Geschäftsorganisation im Sinne des § 25a Absatz 1 verfügt.

[3] Soweit Institute, die nach Einschätzung der Aufsichtsbehörde ähnliche Risikoprofile aufweisen, ähnlichen Risiken ausgesetzt sein könnten oder für das Finanzsystem ähnliche Risiken begründen, kann die Bundesanstalt Anordnungen nach Satz 1 für diese Institute einheitlich treffen. [4] Bei Instituten, für die Aufsichtskollegien nach § 8e eingerichtet sind, berücksichtigt die Aufsichtsbehörde bei der Entscheidung über eine Anordnung nach Satz 1 die Einschätzungen des jeweiligen Aufsichtskollegiums.

(4) [1] Die Bundesanstalt kann von einzelnen Instituten, Institutsgruppen, Finanzholding-Gruppen und gemischten Finanzholding-Gruppen oder von einzelnen Arten oder Gruppen von Instituten, Institutsgruppen, Finanzholding-Gruppen und gemischten Finanzholding-Gruppen das Vorhalten von Eigenmitteln, die über die Eigenmittelanforderungen nach der Verordnung (EU) Nr. 575/2013 und nach der Rechtsverordnung nach Absatz 1 hinausgehen, für einen begrenzten Zeitraum auch verlangen, wenn diese Kapitalstärkung erforderlich ist,

1. um einer drohenden Störung der Funktionsfähigkeit des Finanzmarktes oder einer Gefahr für die Finanzmarktstabilität entgegenzuwirken und
2. um erhebliche negative Auswirkungen auf andere Unternehmen des Finanzsektors sowie auf das allgemeine Vertrauen der Einleger und anderer Marktteilnehmer in ein funktionsfähiges Finanzsystem zu vermeiden.

[2] Eine drohende Störung der Funktionsfähigkeit des Finanzmarktes kann insbesondere dann gegeben sein, wenn auf Grund außergewöhnlicher Marktverhältnisse die Refinanzierungsfähigkeit mehrerer für den Finanzmarkt relevanter Institute beeinträchtigt zu werden droht. [3] Soweit sie Aufsichtsbehörde ist, kann die Bundesanstalt in diesem Fall die Beurteilung der Angemessenheit der Eigenmittel nach von der Verordnung (EU) Nr. 575/2013 und von der Rechtsverordnung nach Absatz 1 abweichenden Maßstäben vornehmen, die diesen besonderen Marktverhältnissen Rechnung tragen. [4] Zusätzliche Eigenmittel können insbesondere im Rahmen eines abgestimmten Vorgehens auf Ebene der Europäischen Union zur Stärkung des Vertrauens in die Widerstandsfähigkeit des europäischen Bankensektors und zur Abwehr einer drohenden Gefahr für die Finanzmarktstabilität in Europa verlangt werden. [5] Bei der Festlegung von Höhe und maßgeblicher Zusammensetzung der zusätzlichen Eigenmittel und des maßgeblichen Zeitpunktes für die Einhaltung der erhöhten Eigenmittelanforderungen berücksichtigt die Bundesanstalt die Standards, auf deren Anwendung sich die zuständigen europäischen Stellen im Rahmen eines abgestimmten Vorgehens auf Unionsebene verständigt haben. [6] In diesem Rahmen kann die Bundesanstalt verlangen, dass die Institute in einem Plan nachvollziehbar darlegen, durch welche Maßnahmen sie die erhöhten Eigenmittelanforderungen zu dem von der Bundesanstalt nach Satz 5 festgelegten Zeitpunkt einhalten werden. [7] Soweit der Plan die Belange des Finanzmarktstabilisierungsfonds im Sinne des § 1 des Finanzmarktstabilisierungsfondsgesetzes[1)] berührt, erfolgt die Beurteilung des Plans im Einvernehmen mit dem Lenkungsausschuss nach § 4 Absatz 1 Satz 2 des Finanzmarktstabilisierungsfondsgesetzes (Lenkungsausschuss). [8] Die Bundesanstalt kann die kurzfristige Nachbesserung des vorgelegten Plans verlangen, wenn sie die angegebenen Maßnahmen und Umsetzungsfristen für nicht ausreichend hält oder das Institut sie nicht einhält. [9] In diesem Fall haben die Institute auch die Möglichkeit eines Antrags auf Stabilisierungsmaßnahmen nach dem Finanzmarktstabilisierungsfondsgesetz zu prüfen, wenn keine alternativen Maßnahmen zur Verfügung stehen. [10] Sofern nach Feststellung der Bundesanstalt im Einvernehmen mit dem Lenkungsausschuss keine oder nur eine unzureichende Nachbesserung des Plans erfolgt ist, kann die Bundesanstalt einen Sonderbeauftragten im Sinne des § 45c Absatz 1 bestellen und ihn mit der Aufgabe nach § 45c Absatz 2 Nummer 7a beauf-

---

[1)] Nr. **18**.

tragen. [11] Zudem kann sie anordnen, dass Entnahmen durch die Inhaber oder Gesellschafter, die Ausschüttung von Gewinnen und die Auszahlung variabler Vergütungsbestandteile nicht zulässig sind, solange die angeordneten erhöhten Eigenmittelanforderungen nicht erreicht sind. [12] Entgegenstehende Beschlüsse über die Gewinnausschüttung sind nichtig; aus entgegenstehenden Regelungen in Verträgen können keine Rechte hergeleitet werden.

(5) [1] § 309 Nummer 3 und die §§ 313, 314, 489, 490, 723 bis 725, 727 und 728 des Bürgerlichen Gesetzbuchs[1)], die §§ 132 bis 135 des Handelsgesetzbuchs und § 254 des Aktiengesetzes sind nicht anzuwenden, wenn Zweck einer Kapitalüberlassung die Überlassung von Eigenmitteln im Sinne des Artikels 72 der Verordnung (EU) Nr. 575/2013 ist. [2] § 309 Nummer 3 des Bürgerlichen Gesetzbuchs findet auch keine Anwendung auf Verbindlichkeiten des Instituts, welche die Voraussetzungen des Artikels 12 Absatz 16 Satz 1 der Verordnung (EU) Nr. 806/2014 des Europäischen Parlaments und des Rates vom 15. Juli 2014 zur Festlegung einheitlicher Vorschriften und eines einheitlichen Verfahrens für die Abwicklung von Kreditinstituten und bestimmten Wertpapierfirmen im Rahmen eines einheitlichen Abwicklungsmechanismus und eines einheitlichen Abwicklungsfonds sowie zur Änderung der Verordnung (EU) Nr. 1093/2010 (ABl. L 225 vom 30.7.2014, S. 1; L 101 vom 18.4.2015, S. 62) mit Ausnahme von dessen Buchstaben d oder des § 49 Absatz 2 des Sanierungs- und Abwicklungsgesetzes[2)] mit Ausnahme von dessen Nummer 4 erfüllen und eine Mindestlaufzeit von einem Jahr haben. [3] Die §§ 313, 314 und 490 Absatz 1 des Bürgerlichen Gesetzbuchs finden auf Verträge, die Verbindlichkeiten des Instituts begründen, welche die Voraussetzungen des Artikels 12 Absatz 16 Satz 1 der Verordnung (EU) Nr. 806/2014 mit Ausnahme von dessen Buchstaben d oder des § 49 Absatz 2 des Sanierungs- und Abwicklungsgesetzes mit Ausnahme von dessen Nummer 4 erfüllen und eine Mindestlaufzeit von einem Jahr haben, während der vereinbarten Laufzeit keine Anwendung. [4] Kündigt ein stiller Gesellschafter, der sich am Handelsgewerbe eines Instituts mit einer Vermögenseinlage beteiligt, welche die in Satz 3 genannten Voraussetzungen erfüllt und eine Mindestlaufzeit von einem Jahr hat, die Gesellschaft oder seine Beteiligung außerordentlich, so wird der gesetzliche oder vertragliche Abfindungs- oder Auszahlungsanspruch nicht vor Ablauf der vereinbarten Laufzeit fällig.

(6) Die Bundesanstalt kann anordnen, dass ein Institut der Deutschen Bundesbank häufigere oder auch umfangreichere Meldungen zu seiner Solvabilität einreicht als in den Artikeln 99 bis 101 der Verordnung (EU) Nr. 575/2013 in der jeweils geltenden Fassung vorgesehen.

(7) [1] Die Bundesanstalt kann auf die Eigenmittel nach Artikel 72 der Verordnung (EU) Nr. 575/2013 in der jeweils geltenden Fassung einen Korrekturposten festsetzen. [2] Wird der Korrekturposten festgesetzt, um noch nicht bilanzwirksam gewordene Kapitalveränderungen zu berücksichtigen, wird die Festsetzung mit der Feststellung des nächsten für den Schluss eines Geschäftsjahres aufgestellten Jahresabschlusses gegenstandslos. [3] Die Bundesanstalt hat die Festsetzung auf Antrag des Instituts aufzuheben, soweit die Voraussetzung für die Festsetzung wegfällt.

---

1) Nr. **23**.
2) Nr. **22**.

§ 10a Ermittlung der Eigenmittelausstattung von Institutsgruppen, Finanzholding-Gruppen und gemischten Finanzholding-Gruppen; Verordnungsermächtigung. (1) [1]Eine Institutsgruppe, Finanzholding-Gruppe oder gemischte Finanzholding-Gruppe (Gruppe) besteht jeweils aus einem übergeordneten Unternehmen und einem oder mehreren nachgeordneten Unternehmen. [2]Übergeordnete Unternehmen sind CRR-Institute, die nach Artikel 11 der Verordnung (EU) Nr. 575/2013[1)] die Konsolidierung vorzunehmen haben, sowie Institute, die nach § 1a in Verbindung mit Artikel 11 der Verordnung (EU) Nr. 575/2013 die Konsolidierung vorzunehmen haben. [3]Nachgeordnete Unternehmen sind Unternehmen, die nach Artikel 18 der Verordnung (EU) Nr. 575/2013 zu konsolidieren sind oder freiwillig konsolidiert werden; Institute, die nach § 1a als CRR-Institute gelten und die nicht ausschließlich über eine Erlaubnis verfügen, die Tätigkeit einer zentralen Gegenpartei im Sinne des § 1 Absatz 1 Satz 2 Nummer 12 auszuüben, gelten hierbei als Institute im Sinne des Artikels 18 der Verordnung (EU) Nr. 575/2013. [4]Ist ein Kreditinstitut, das nicht CRR-Kreditinstitut ist, übergeordnetes Unternehmen, so gelten als nachgeordnete Unternehmen auch Unternehmen, die als Bankgeschäfte ausschließlich das Einlagengeschäft nach § 1 Absatz 1 Satz 2 Nummer 1 betreiben. [5]Abweichend von Satz 2 kann die Bundesanstalt auf Antrag des übergeordneten Unternehmens ein anderes gruppenangehöriges Institut als übergeordnetes Unternehmen bestimmen; das gruppenangehörige Institut ist vorab anzuhören. [6]Erfüllt bei wechselseitigen Beteiligungen kein Unternehmen der Institutsgruppe die Voraussetzungen des Satzes 2, bestimmt die Bundesanstalt das übergeordnete Unternehmen der Gruppe. [7]Bei einer horizontalen Unternehmensgruppe im Sinne von Artikel 18 Absatz 3 der Verordnung (EU) Nr. 575/2013 gilt das gruppenangehörige Institut mit Sitz im Inland mit der höchsten Bilanzsumme als übergeordnetes Unternehmen. [8]Ist das übergeordnete Unternehmen ein Kreditinstitut, das ausschließlich über eine Erlaubnis verfügt, die Tätigkeit einer zentralen Gegenpartei im Sinne des § 1 Absatz 1 Satz 2 Nummer 12 auszuüben, ein Finanzdienstleistungsinstitut, das ausschließlich Finanzdienstleistungen im Sinne von § 1 Absatz 1a Satz 2 Nummer 9 oder 10 erbringt, besteht nur dann eine Institutsgruppe im Sinne dieser Vorschrift, wenn ihm mindestens ein CRR-Institut mit Sitz im Inland als Tochterunternehmen nachgeordnet ist.

(2) [1]Sind einer Finanzholding-Gesellschaft im Sinne von Artikel 4 Absatz 1 Nummer 20 der Verordnung (EU) Nr. 575/2013 oder gemischten Finanzholding-Gesellschaft im Sinne von Artikel 4 Absatz 1 Nummer 21 der Verordnung (EU) Nr. 575/2013 mehrere Institute mit Sitz im Inland nachgeordnet, gilt als übergeordnetes Unternehmen das Institut mit der höchsten Bilanzsumme; auf Antrag des übergeordneten Unternehmens bestimmt die Bundesanstalt ein anderes gruppenangehöriges Institut mit Sitz im Inland als übergeordnetes Unternehmen; das gruppenangehörige Institut ist vorab anzuhören. [2]Auf Antrag einer Finanzholding-Gesellschaft oder einer gemischten Finanzholding-Gesellschaft, die ihren Sitz im Inland hat, und nach Anhörung des beaufsichtigten Unternehmens, das nach Artikel 11 Absatz 2 oder Artikel 12 der Verordnung (EU) Nr. 575/2013 oder Satz 1 als übergeordnetes Unternehmen gilt oder durch die Bundesanstalt bestimmt wurde, kann die Bundesanstalt die Finanzholding-Gesellschaft oder die gemischte Finanzholding-Gesellschaft als

---

1) Nr. **6**.

übergeordnetes Unternehmen bestimmen, sofern diese dargelegt hat, dass sie über die zur Einhaltung der gruppenbezogenen Pflichten erforderliche Struktur und Organisation verfügt. [3] Die Bundesanstalt kann eine Finanzholding-Gesellschaft oder eine gemischte Finanzholding-Gesellschaft, die ihren Sitz im Inland hat, nach Anhörung des beaufsichtigten Unternehmens, das nach Artikel 11 Absatz 2 oder Artikel 12 der Verordnung (EU) Nr. 575/2013 oder Satz 1 als übergeordnetes Unternehmen gilt oder gemäß Satz 1 durch die Bundesanstalt bestimmt wurde, auch ohne Antrag als übergeordnetes Unternehmen bestimmen, sofern dies aus bankaufsichtlichen Gründen, insbesondere solchen, die sich aus der Organisation und Struktur der Finanzholding-Gesellschaft oder gemischten Finanzholding-Gesellschaft ergeben, erforderlich ist. [4] Die nach Satz 2 oder Satz 3 als übergeordnetes Unternehmen bestimmte Finanzholding-Gesellschaft oder gemischte Finanzholding-Gesellschaft hat alle gruppenbezogenen Pflichten eines übergeordneten Unternehmens zu erfüllen. [5] Liegen die Voraussetzungen für eine Bestimmung als übergeordnetes Unternehmen nach Satz 2 oder Satz 3 nicht mehr vor, insbesondere, wenn die Finanzholding-Gesellschaft oder gemischte Finanzholding-Gesellschaft ihren Sitz in einen anderen Staat verlagert oder nicht mehr in der Lage ist, für die Einhaltung der gruppenbezogenen Pflichten zu sorgen, hat die Bundesanstalt die Bestimmung nach Anhörung der Finanzholding-Gesellschaft oder der gemischten Finanzholding-Gesellschaft aufzuheben; § 35 Absatz 4 gilt entsprechend. [6] Die Bundesanstalt hat gegenüber einer nach Satz 2 oder Satz 3 zum übergeordneten Unternehmen bestimmten Finanzholding-Gesellschaft oder gemischten Finanzholding-Gesellschaft und deren Organen alle Befugnisse, die ihr gegenüber einem Institut als übergeordnetem Unternehmen und dessen Organen zustehen. [7] Erfüllt bei wechselseitigen Beteiligungen kein Institut im Inland die Voraussetzung, selbst keinem anderen gruppenangehörigen Institut nachgeordnet zu sein, gilt als übergeordnetes Unternehmen regelmäßig das Institut mit der höchsten Bilanzsumme; auf Antrag des übergeordneten Unternehmens bestimmt die Bundesanstalt ein anderes gruppenangehöriges Institut, das seinen Sitz im Inland hat, als übergeordnetes Unternehmen; das gruppenangehörige Institut ist vorab anzuhören.

(3) [1] Abweichend von Absatz 1 Satz 1 bis 3 besteht keine Finanzholding-Gruppe oder gemischte Finanzholding-Gruppe, wenn die Finanzholding-Gesellschaft im Sinne von Artikel 4 Absatz 1 Nummer 30 oder 31 der Verordnung (EU) Nr. 575/2013 oder die gemischte Finanzholding-Gesellschaft im Sinne von Artikel 4 Absatz 1 Nummer 32 oder 33 der Verordnung (EU) Nr. 575/2013 ihren Sitz in einem anderen Staat des Europäischen Wirtschaftsraums hat und

1. der Finanzholding-Gesellschaft oder der gemischten Finanzholding-Gesellschaft mindestens ein CRR-Institut mit Sitz in ihrem Sitzstaat als Tochterunternehmen nachgeordnet ist oder
2. der Finanzholding-Gesellschaft oder der gemischten Finanzholding-Gesellschaft mindestens ein CRR-Institut mit Sitz im Inland und kein CRR-Institut mit Sitz in ihrem Sitzstaat nachgeordnet ist und das CRR-Institut mit Sitz im Inland keine höhere Bilanzsumme hat als ein anderes der Finanzholding-Gesellschaft oder gemischten Finanzholding-Gesellschaft als Tochterunternehmen nachgeordnetes CRR-Institut mit Sitz in einem anderen Staat des Europäischen Wirtschaftsraums.

[2] Sind in einer Finanzholding-Gruppe oder gemischten Finanzholding-Gruppe mehr als eine Finanzholding-Gesellschaft im Sinne von Artikel 4 Absatz 1 Nummer 30 oder 31 der Verordnung (EU) Nr. 575/2013 oder gemischte Finanzholding-Gesellschaft im Sinne von Artikel 4 Absatz 1 Nummer 32 oder 33 der Verordnung (EU) Nr. 575/2013 mit Sitz sowohl im Inland als auch in einem anderen Staat des Europäischen Wirtschaftsraums Mutterunternehmen und hat in jedem dieser Staaten mindestens ein CRR-Institut seinen Sitz, so besteht keine Finanzholding-Gruppe oder gemischte Finanzholding-Gruppe, wenn das CRR-Institut mit Sitz im Inland keine höhere Bilanzsumme hat als ein anderes der Finanzholding-Gruppe oder gemischten Finanzholding-Gruppe als Tochterunternehmen angehöriges CRR-Institut mit Sitz in einem anderen Staat des Europäischen Wirtschaftsraums.

(4) [1] Zur Ermittlung der Angemessenheit der Eigenmittel nach den Artikeln 92 bis 386 der Verordnung (EU) Nr. 575/2013 in der jeweils geltenden Fassung auf konsolidierter Ebene und zur Begrenzung der Großkreditrisiken nach den Artikeln 387 bis 403 der Verordnung (EU) Nr. 575/2013 haben die übergeordneten Unternehmen jeweils die Eigenmittel und die maßgeblichen Risikopositionen der Gruppe zusammenzufassen. [2] Von den nach Satz 1 zusammenzufassenden Eigenmitteln sind die auf gruppenangehörige Unternehmen entfallenden Buchwerte der Kapitalinstrumente gemäß Artikel 26 Absatz 1 Buchstabe a, Artikel 51 Buchstabe a und Artikel 62 Buchstabe a der Verordnung (EU) Nr. 575/2013 in der jeweils geltenden Fassung abzuziehen. [3] Bei Beteiligungen, die über nicht gruppenangehörige Unternehmen vermittelt werden, sind solche Buchwerte jeweils quotal in Höhe desjenigen Anteils abzuziehen, der der durchgerechneten Kapitalbeteiligung entspricht. [4] Ist der Buchwert einer Beteiligung höher als der nach Satz 1 unter Eigenmitteln zusammenzufassende Teil der Posten des harten Kernkapitals nach Artikel 26 Absatz 1 der Verordnung (EU) Nr. 575/2013 in der jeweils geltenden Fassung des nachgeordneten Unternehmens, hat das übergeordnete Unternehmen den Unterschiedsbetrag von dem harten Kernkapital gemäß Artikel 50 der Verordnung (EU) Nr. 575/2013 in der jeweils geltenden Fassung der Gruppe abzuziehen. [5] Die Adressenausfallpositionen, die sich aus Rechtsverhältnissen zwischen gruppenangehörigen Unternehmen ergeben, sind nicht zu berücksichtigen. [6] Bei nachgeordneten Unternehmen, die keine Tochterunternehmen sind, hat das übergeordnete Unternehmen seine Eigenmittel und die im Rahmen der Verordnung (EU) Nr. 575/2013 in der jeweils geltenden Fassung maßgeblichen Risikopositionen mit den Eigenmitteln und den maßgeblichen Risikopositionen der nachgeordneten Unternehmen jeweils quotal in Höhe desjenigen Anteils zusammenzufassen, der seiner Kapitalbeteiligung an dem nachgeordneten Unternehmen entspricht. [7] Im Übrigen gelten die Sätze 2 bis 5, jeweils auch in Verbindung mit der Rechtsverordnung nach Absatz 7, entsprechend.

(5) [1] Ist das übergeordnete Unternehmen einer Institutsgruppe verpflichtet, nach den Vorschriften des Handelsgesetzbuchs einen Konzernabschluss aufzustellen, oder ist es nach Artikel 4 der Verordnung (EG) Nr. 1606/2002 des Europäischen Parlaments und des Rates vom 19. Juli 2002 betreffend die Anwendung internationaler Rechnungslegungsstandards (ABl. L 243 vom 11.9.2002, S. 1) in der jeweils geltenden Fassung oder nach Maßgabe von § 315e Absatz 2 des Handelsgesetzbuchs verpflichtet, bei der Aufstellung des Konzernabschlusses die nach den Artikeln 3 und 6 der Verordnung (EG) Nr. 1606/2002 übernommenen internationalen Rechnungslegungsstandards

anzuwenden, so hat es spätestens nach Ablauf von fünf Jahren nach Entstehen der jeweiligen Verpflichtung bei der Ermittlung der zusammengefassten Eigenmittel sowie der zusammengefassten Risikopositionen nach Maßgabe der Artikel 24 bis 386 der Verordnung (EU) Nr. 575/2013 in der jeweils geltenden Fassung den Konzernabschluss zugrunde zu legen. [2] Wendet das übergeordnete Unternehmen einer Institutsgruppe die genannten internationalen Rechnungslegungsstandards nach Maßgabe von § 315e Absatz 3 des Handelsgesetzbuchs an, sind die Sätze 1 und 2 entsprechend anzuwenden; an die Stelle des Entstehens der Verpflichtung zur Anwendung der internationalen Rechnungslegungsstandards tritt deren erstmalige Anwendung. [3] Absatz 4 ist in den Fällen der Sätze 1 bis 3 nicht anzuwenden. [4] In diesen Fällen bleiben die Eigenmittel und sonstigen maßgeblichen Risikopositionen von Unternehmen, die in den Konzernabschluss einbezogen und keine gruppenangehörigen Unternehmen im Sinne dieser Vorschrift sind, unberücksichtigt. [5] Eigenmittel und sonstige maßgebliche Risikopositionen nicht in den Konzernabschluss einbezogener Unternehmen, die gruppenangehörige Unternehmen im Sinne dieser Vorschrift sind, sind hinzuzurechnen, wobei das Verfahren nach Absatz 4 angewendet werden darf. [6] Die Sätze 1 bis 6 gelten entsprechend für eine Finanzholding-Gruppe oder eine gemischte Finanzholding-Gruppe, wenn die Finanzholding-Gesellschaft oder die gemischte Finanzholding-Gesellschaft nach den genannten Vorschriften verpflichtet ist, einen Konzernabschluss aufzustellen oder nach § 315e Absatz 3 des Handelsgesetzbuchs einen Konzernabschluss nach den genannten internationalen Rechnungslegungsstandards aufstellt.

(6) [1] Eine Gruppe, die nach Absatz 5 bei der Ermittlung der zusammengefassten Eigenmittel sowie der zusammengefassten Risikopositionen den Konzernabschluss zugrunde zu legen hat, darf mit Zustimmung der Bundesanstalt für diese Zwecke das Verfahren nach Absatz 4 nutzen, wenn die Heranziehung des Konzernabschlusses im Einzelfall ungeeignet ist. [2] Das übergeordnete Unternehmen der Gruppe muss das Verfahren nach Absatz 4 in diesem Fall in mindestens drei aufeinander folgenden Jahren anwenden.

(7) [1] Das Bundesministerium der Finanzen wird ermächtigt, durch Rechtsverordnung, die nicht der Zustimmung des Bundesrates bedarf, im Benehmen mit der Deutschen Bundesbank nähere Bestimmungen über die Ermittlung der Eigenmittelausstattung von Gruppen zu erlassen, insbesondere über

1. die Überleitung von Angaben aus dem Konzernabschluss in die Ermittlung der zusammengefassten Eigenmittelausstattung bei Anwendung des Verfahrens nach Absatz 5,
2. die Behandlung der nach der Äquivalenzmethode bewerteten Beteiligungen bei Anwendung des Verfahrens nach Absatz 5.

[2] Das Bundesministerium der Finanzen kann die Ermächtigung durch Rechtsverordnung auf die Bundesanstalt mit der Maßgabe übertragen, dass die Rechtsverordnung im Einvernehmen mit der Deutschen Bundesbank ergeht. [3] Vor Erlass der Rechtsverordnung sind die Spitzenverbände der Institute anzuhören.

(8) [1] Das übergeordnete Unternehmen ist für eine angemessene Eigenmittelausstattung der Gruppe verantwortlich. [2] Es darf jedoch zur Erfüllung seiner Verpflichtungen nach Satz 1 auf die gruppenangehörigen Unternehmen nur einwirken, soweit dem das allgemein geltende Gesellschaftsrecht nicht entgegensteht.

(9) Gruppen sind von der Anwendung der Anforderungen auf konsolidierter Ebene nach den Artikeln 11 bis 23 der Verordnung (EU) Nr. 575/2013 befreit, wenn sämtliche gruppenangehörigen Institute die Artikel 92 bis 386 der Verordnung (EU) Nr. 575/2013 nicht auf Einzelebene anzuwenden haben, es sei denn, sie wurden nach Artikel 7 der Verordnung (EU) Nr. 575/2013 von der Anwendung der Artikel 92 bis 386 der Verordnung (EU) Nr. 575/2013 auf Einzelebene freigestellt.

(10) Für die Unterkonsolidierung gemäß Artikel 22 der Verordnung (EU) Nr. 575/2013 sind die Absätze 4 bis 9 entsprechend anzuwenden.

§ 10b *(aufgehoben)*

§ 10c Kapitalerhaltungspuffer. (1) [1]Ein Institut muss zusätzlich zum harten Kernkapital, das zur Einhaltung der Eigenmittelanforderung nach Artikel 92 der Verordnung (EU) Nr. 575/2013[1)] und erhöhter Eigenmittelanforderungen zur Absicherung nicht von Artikel 1 der Verordnung (EU) Nr. 575/2013 abgedeckter Risiken und Risikoelemente nach § 10 Absatz 3 erforderlich ist, einen aus hartem Kernkapital bestehenden Kapitalerhaltungspuffer vorhalten. [2]Seine Höhe beträgt 2,5 Prozent des nach Artikel 92 Absatz 3 der Verordnung (EU) Nr. 575/2013 ermittelten Gesamtforderungsbetrags.

(2) Absatz 1 gilt entsprechend für Institutsgruppen, Finanzholding-Gruppen und gemischte Finanzholding-Gruppen, denen mindestens ein Institut angehört, das die Anforderung in Absatz 1 auf Einzelinstitutsebene erfüllen muss, sowie für Institute im Sinne des Artikels 22 der Verordnung (EU) Nr. 575/2013.

§ 10d Antizyklischer Kapitalpuffer. (1) [1]Ein Institut muss zusätzlich zum harten Kernkapital, das zur Einhaltung

1. der Eigenmittelanforderung nach Artikel 92 der Verordnung (EU) Nr. 575/2013[1)],
2. erhöhter Eigenmittelanforderungen zur Absicherung nicht von Artikel 1 der Verordnung (EU) Nr. 575/2013 abgedeckter Risiken und Risikoelemente nach § 10 Absatz 3,
3. erhöhter Eigenmittelanforderungen nach § 10 Absatz 4 und
4. des Kapitalerhaltungspuffers nach § 10c

erforderlich ist, einen aus hartem Kernkapital bestehenden institutsspezifischen antizyklischen Kapitalpuffer vorhalten. [2]Satz 1 gilt entsprechend für Institutsgruppen, Finanzholding-Gruppen und gemischte Finanzholding-Gruppen, denen mindestens ein Institut angehört, das die Anforderung in Satz 1 auf Einzelinstitutsebene erfüllen muss, sowie für Institute im Sinne des Artikels 22 der Verordnung (EU) Nr. 575/2013.

(2) [1]Die institutsspezifische antizyklische Kapitalpuffer-Quote ist der gewichtete Durchschnitt der Quoten für die antizyklischen Kapitalpuffer, die im Inland, in den anderen Staaten des Europäischen Wirtschaftsraums und in Drittstaaten sowie in den zugehörigen europäischen und überseeischen Ländern, Hoheitsgebieten und Rechtsräumen, in denen die maßgeblichen Risiko-

---

[1)] Nr. **6**.

positionen des Instituts belegen sind, gelten oder nach Maßgabe der nachfolgenden Absätze angewendet werden. [2]Zur Berechnung des gewichteten Durchschnitts wenden die Institute die jeweils geltende Quote für antizyklische Kapitalpuffer auf den jeweiligen Quotienten aus den gemäß den Artikeln 107 bis 311 und 325 bis 377 der Verordnung (EU) Nr. 575/2013 bestimmten Eigenmittelgesamtanforderungen für das Kreditrisiko in dem betreffenden Staat des Europäischen Wirtschaftsraums, des betreffenden Drittstaates sowie in den zugehörigen europäischen und überseeischen Ländern, Hoheitsgebieten und Rechtsräumen und den Eigenmittelgesamtanforderungen für das Kreditrisiko bei allen maßgeblichen Risikopositionen an.

(3) [1]Die Quote des inländischen antizyklischen Kapitalpuffers beträgt 0 bis 2,5 Prozent des nach Artikel 92 Absatz 3 der Verordnung (EU) Nr. 575/2013 ermittelten Gesamtforderungsbetrags. [2]Die Quote wird von der Bundesanstalt in Schritten von 0,25 Prozentpunkten festgelegt und quartalsweise bewertet. [3]Hierbei berücksichtigt die Bundesanstalt Abweichungen des Verhältnisses der Kredite zum Bruttoinlandsprodukt von seinem langfristigen Trend und etwaige Empfehlungen des Ausschusses für Finanzstabilität. [4]Die Bundesanstalt kann, soweit erforderlich, eine höhere Quote als 2,5 Prozent festlegen.

(4) [1]Legt die Bundesanstalt die Quote für den inländischen antizyklischen Kapitalpuffer erstmals auf einen Wert über Null fest oder erhöht sie die bisherige Quote, bestimmt sie den Tag, ab dem die Institute die erhöhte Quote zur Berechnung des institutsspezifischen antizyklischen Kapitalpuffers anwenden müssen. [2]Dieser Tag darf nicht mehr als zwölf Monate nach dem Tag der Veröffentlichung der erstmaligen Festlegung oder der Erhöhung der Quote für den inländischen antizyklischen Kapitalpuffer liegen. [3]Liegen zwischen dem Tag nach Satz 1 und der Veröffentlichung der Quote für den inländischen antizyklischen Kapitalpuffer weniger als zwölf Monate, muss diese kürzere Frist durch außergewöhnliche Umstände, etwa eine erhebliche Zunahme der durch übermäßiges Kreditwachstum bedingten Risiken oder eine Situation, in der die Ertragslage der Institute im Europäischen Wirtschaftsraum einen schnelleren Aufbau des inländischen antizyklischen Kapitalpuffers möglich macht, gerechtfertigt sein.

(5) [1]Setzt die Bundesanstalt die bestehende Quote für den inländischen antizyklischen Kapitalpuffer herab, teilt sie gleichzeitig einen Zeitraum mit, in dem voraussichtlich keine Erhöhung der Quote für den inländischen antizyklischen Kapitalpuffer zu erwarten ist. [2]Die Bundesanstalt kann das Verfahren jederzeit, auch vor Ablauf des mitgeteilten Zeitraums, wieder aufnehmen und die Quote für den inländischen antizyklischen Kapitalpuffer erneut festlegen oder erhöhen. [3]Die Bundesanstalt veröffentlicht die im jeweiligen Quartal festlegte Quote für den inländischen antizyklischen Kapitalpuffer sowie die Angaben nach den Absätzen 3 und 4 auf ihrer Internetseite.

(6) [1]Die Bundesanstalt kann die von einem anderen Staat des Europäischen Wirtschaftsraums oder einem Drittstaat festgelegte Quote für den antizyklischen Kapitalpuffer für die Berechnung des institutsspezifischen antizyklischen Kapitalpuffers durch die im Inland zugelassenen Institute anerkennen, wenn die Quote 2,5 Prozent des in Artikel 92 Absatz 3 der Verordnung (EU) Nr. 575/2013 genannten Gesamtforderungsbetrags übersteigt. [2]Solange die Bundesanstalt die höhere Quote nicht anerkannt hat, müssen die im Inland zugelassenen Institute bei der Berechnung des institutsspezifischen antizyklischen Kapi-

talpuffers eine Quote von 2,5 Prozent für die in diesem Staat belegenen Risikopositionen anwenden.

(7) Hat die zuständige Behörde eines Drittstaates keine Quote für den antizyklischen Kapitalpuffer festgelegt und veröffentlicht, darf die Bundesanstalt die Quote festlegen, die die im Inland zugelassenen Institute bei der Berechnung des institutsspezifischen antizyklischen Kapitalpuffers für die in diesem Staat belegenen Risikopositionen anwenden müssen.

(8) Hat die zuständige Behörde eines Drittstaates eine Quote für den antizyklischen Kapitalpuffer festgelegt und veröffentlicht, darf die Bundesanstalt eine höhere Quote für den antizyklischen Kapitalpuffer festlegen, den die im Inland zugelassenen Institute bei der Berechnung des institutsspezifischen antizyklischen Kapitalpuffers für die in diesem Staat belegenen Risikopositionen anwenden müssen, wenn sie hinreichend sicher davon ausgehen kann, dass die von der zuständigen Behörde des Drittstaates festgelegte Quote nicht ausreicht, um die Institute angemessen vor den Risiken eines übermäßigen Kreditwachstums in dem betreffenden Drittstaat zu schützen.

(9) Erkennt die Bundesanstalt eine Quote für den antizyklischen Kapitalpuffer nach Absatz 6 an oder legt sie eine Quote für den antizyklischen Kapitalpuffer nach den Absätzen 7 oder 8 fest, veröffentlicht die Bundesanstalt jeweils auf ihrer Internetseite diese Quote sowie mindestens folgende weitere Angaben:

1. den Staat des Europäischen Wirtschaftsraums oder den Drittstaat, für den diese Quote gilt,
2. den Tag, ab dem die im Inland zugelassenen Institute die Quote für den antizyklischen Kapitalpuffer zur Berechnung ihres institutsspezifischen antizyklischen Kapitalpuffers anwenden müssen,
3. in den Fällen, in denen dieser Tag weniger als zwölf Monate nach dem Tag der Veröffentlichung nach diesem Absatz liegt, die außergewöhnlichen Umstände, die eine kürzere Frist für die Anwendung rechtfertigen.

(10) Das Nähere regelt die Rechtsverordnung nach § 10 Absatz 1 Satz 1 Nummer 5 Buchstabe a.

§ 10e Kapitalpuffer für systemische Risiken. (1) [1]Die Bundesanstalt kann anordnen, dass alle Institute oder bestimmte Arten oder Gruppen von Instituten zusätzlich zum harten Kernkapital, das zur Einhaltung

1. der Eigenmittelanforderung nach Artikel 92 der Verordnung (EU) Nr. 575/2013[1)],
2. erhöhter Eigenmittelanforderungen zur Absicherung nicht von Artikel 1 der Verordnung (EU) Nr. 575/2013 abgedeckter Risiken und Risikoelemente nach § 10 Absatz 3,
3. erhöhter Eigenmittelanforderungen nach § 10 Absatz 4,
4. des Kapitalerhaltungspuffers nach § 10c und
5. des institutsspezifischen antizyklischen Kapitalpuffers nach § 10d

erforderlich ist, einen aus hartem Kernkapital bestehenden Kapitalpuffer für systemische Risiken vorhalten müssen. [2]Der Kapitalpuffer für systemische Risiken kann für Risikopositionen, die im Inland, in einem anderen Staat des

---

1) Nr. **6**.

Europäischen Wirtschaftsraums oder in einem Drittstaat belegen sind, angeordnet werden. [3]Seine Quote beträgt mindestens 1,0 Prozent bezogen auf die risikogewichteten Positionswerte dieser Risikopositionen, die in den nach Artikel 92 Absatz 3 der Verordnung (EU) Nr. 575/2013 zu berechnenden Gesamtforderungsbetrag einfließen und die Quote wird von der Bundesanstalt in Schritten von 0,5 Prozentpunkten festgesetzt. [4]Die Sätze 1 bis 3 gelten entsprechend für Institutsgruppen, Finanzholding-Gruppen und gemischte Finanzholding-Gruppen, denen mindestens ein CRR-Kreditinstitut angehört, das die Anforderungen nach den Sätzen 1 bis 3 auf Einzelebene erfüllen muss, sowie für Kreditinstitute im Sinne des Artikels 22 der Verordnung (EU) Nr. 575/2013.

(2) [1]Der Kapitalpuffer für systemische Risiken kann angeordnet werden, um langfristige, nicht zyklische systemische oder makroprudenzielle Risiken zu vermindern oder abzuwehren, die

1. zu einer Störung mit bedeutenden Auswirkungen auf das nationale Finanzsystem und die Realwirtschaft im Inland führen können und
2. nicht durch die Verordnung (EU) Nr. 575/2013 abgedeckt sind.

[2]Der Kapitalpuffer für systemische Risiken darf nur angeordnet werden, wenn diese Risiken nicht hinreichend sicher durch andere Maßnahmen nach diesem Gesetz mit Ausnahme von Maßnahmen nach § 48t oder nach der Verordnung (EU) Nr. 575/2013 mit Ausnahme von Maßnahmen nach Artikel 458 und 459 der Verordnung (EU) Nr. 575/2013 vermindert oder abgewehrt werden können. [3]Die Anordnung darf nur erfolgen, wenn der Kapitalpuffer für systemische Risiken keine unverhältnismäßige Beeinträchtigung des Finanzsystems oder von Teilen des Finanzsystems eines anderen Staates oder des Europäischen Wirtschaftsraums insgesamt darstellt, so dass das Funktionieren des Binnenmarkts des Europäischen Wirtschaftsraums behindert wird. [4]Der Kapitalpuffer für systemische Risiken ist mindestens alle zwei Jahre zu überprüfen.

(3) [1]Vor Anordnung eines Kapitalpuffers für systemische Risiken hat die Bundesanstalt die Absicht, einen solchen Kapitalpuffer anzuordnen, der Europäischen Kommission, der Europäischen Bankenaufsichtsbehörde, dem Europäischen Ausschuss für Systemrisiken sowie den zuständigen Behörden der betroffenen anderen Staaten des Europäischen Wirtschaftsraums und der betroffenen Drittstaaten anzuzeigen. [2]Bei einem Kapitalpuffer in Höhe von bis zu 3 Prozent muss die Anzeige einen Monat vor der Anordnung erfolgen. [3]Die Anzeigen sollen jeweils mindestens folgende Angaben enthalten:

1. eine genaue Beschreibung der langfristigen, nicht zyklischen systemischen oder makroprudenziellen Risiken, die durch die Anordnung der Kapitalpuffer für systemische Risiken abgewehrt oder vermindert werden sollen;
2. eine Begründung, warum die Risiken nach Nummer 1 eine Gefahr für die Finanzstabilität auf nationaler Ebene darstellen, die den Kapitalpuffer für systemische Risiken auch in der beabsichtigten Höhe rechtfertigt;
3. eine Begründung, warum die Annahme gerechtfertigt ist, dass die Anordnung des Kapitalpuffers für systemische Risiken in seiner konkreten Ausgestaltung geeignet und verhältnismäßig ist, um die Risiken nach Nummer 1 abzuwehren oder zu vermindern;
4. eine Beurteilung der wahrscheinlichen positiven oder negativen Auswirkungen der Anordnung des Kapitalpuffers für systemische Risiken auf den

Binnenmarkt unter Berücksichtigung aller der Bundesanstalt zugänglichen Informationen;

5. eine Begründung, warum eine andere Maßnahme oder eine Kombination anderer Maßnahmen nach diesem Gesetz oder der Verordnung (EU) Nr. 575/2013 mit Ausnahme von Maßnahmen nach Artikel 458 und 459 der Verordnung (EU) Nr. 575/2013 unter Berücksichtigung der jeweiligen Wirksamkeit der Maßnahme nicht gleich geeignet ist, die Risiken nach Nummer 1 abzuwehren oder zu vermindern;
6. die beabsichtigte Höhe des Kapitalpuffers für systemische Risiken.

(4) [1] Für Risikopositionen, die im Inland und in Drittstaaten belegen sind, kann ein Kapitalpuffer für systemische Risiken bis zur Höhe von 3,0 Prozent angeordnet werden. [2] Für Risikopositionen, die in einem anderen Staat des Europäischen Wirtschaftsraums belegen sind, kann ein Kapitalpuffer für systemische Risiken in Höhe von bis zu 3,0 Prozent angeordnet werden, sofern dies einheitlich für alle Risikopositionen, die in Staaten des Europäischen Wirtschaftsraums belegen sind, erfolgt. [3] Ein Kapitalpuffer für systemische Risiken, der in Höhe von über 3,0 Prozent festgelegt werden soll, kann erst nach Erlass eines zustimmenden Rechtsaktes der Europäischen Kommission gemäß Artikel 133 Absatz 15 der Richtlinie 2013/36/EU angeordnet werden.

(5) [1] Abweichend von Absatz 4 Satz 3 kann die Bundesanstalt für Risikopositionen, die im Inland oder in Drittstaaten belegen sind, einen Kapitalpuffer für systemische Risiken in Höhe von über 3,0 Prozent bis zu 5,0 Prozent anordnen, nachdem

1. die Europäische Kommission eine zustimmende Empfehlung abgegeben hat oder, sofern die Europäische Kommission eine ablehnende Empfehlung abgegeben hat,
2. die Bundesanstalt gegenüber der Europäischen Kommission begründet hat, dass die Anordnung des Kapitalpuffers entgegen der Empfehlung der Europäischen Kommission erforderlich ist.

[2] Sind von der Anordnung des Kapitalpuffers für systemische Risiken nach Satz 1 auch Institute betroffen, deren Mutterinstitut seinen Sitz in einem anderen Staat des Europäischen Wirtschaftsraums hat, kann die Bundesanstalt den Kapitalpuffer für systemische Risiken nur anordnen, wenn sie zuvor die zuständige Behörde des jeweiligen Staates, die Europäische Kommission und den Europäischen Ausschuss für Systemrisiken von der Absicht unterrichtet hat, einen Kapitalpuffer für systemische Risiken nach Satz 1 auch gegenüber diesen Instituten anzuordnen. [3] Widerspricht die zuständige Behörde eines betroffenen Staates des Europäischen Wirtschaftsraums innerhalb eines Monats der Anordnung des Kapitalpuffers für systemische Risiken nach Satz 1 gegenüber einem Institut, dessen Mutterinstitut seinen Sitz in diesem Staat hat, oder geben sowohl die Europäische Kommission als auch der Europäische Ausschuss für Systemrisiken innerhalb eines Monats ablehnende Empfehlungen ab, kann die Bundesanstalt die Angelegenheit der Europäischen Bankenaufsichtsbehörde zur Durchführung eines Verfahrens zur Beilegung von Meinungsverschiedenheiten nach Artikel 19 der Verordnung (EU) Nr. 1093/2010 vorlegen.

(6) [1] Der Kapitalpuffer für systemische Risiken kann auch durch Allgemeinverfügung ohne vorherige Anhörung angeordnet und öffentlich bekannt gegeben werden. [2] Die Anordnung des Kapitalpuffers für systemische Risiken ist auf

der Internetseite der Bundesanstalt zu veröffentlichen. [3]Die Veröffentlichung soll mindestens folgende Angaben enthalten:

1. die Höhe des angeordneten Kapitalpuffers für systemische Risiken,
2. die Institute, Arten oder Gruppen von Instituten, die den Kapitalpuffer für systemische Risiken einhalten müssen,
3. eine Begründung der Anordnung des Kapitalpuffers für systemische Risiken,
4. den Zeitpunkt, ab dem der Kapitalpuffer für systemische Risiken einzuhalten ist,
5. die Staaten, bei denen Risikopositionen, die dort belegen sind, beim Kapitalpuffer für systemische Risiken zu berücksichtigen sind.

[4]Die Veröffentlichung nach Nummer 3 hat zu unterbleiben, wenn zu befürchten ist, dass dadurch die Stabilität der Finanzmärkte gefährdet werden könnte.

(7) Für die Aufhebung der Anordnung eines Kapitalpuffers für systemische Risiken gilt Absatz 6 Satz 1 und 2 entsprechend.

(8) [1]Die Bundesanstalt kann den Kapitalpuffer für systemische Risiken, der in einem anderen Staat des Europäischen Wirtschaftsraums angeordnet wurde, anerkennen, indem sie anordnet, dass alle Institute oder Arten oder Gruppen von Instituten den in diesem Staat angeordneten Kapitalpuffer für systemische Risiken anzuwenden haben, soweit er sich auf Risikopositionen bezieht, die in diesem Staat belegen sind. [2]Absatz 6 gilt für die Anerkennung entsprechend. [3]Bei der Entscheidung über die Anerkennung hat die Bundesanstalt die von dem anderen Staat bei Anordnung des Kapitalpuffers für systemische Risiken veröffentlichten Angaben zu berücksichtigen. [4]Die Bundesanstalt hat die Europäische Kommission, die Europäische Bankenaufsichtsbehörde, den Europäischen Ausschuss für Systemrisiken und den Staat, in dem der Kapitalpuffer für systemische Risiken angeordnet wurde, von der Anerkennung zu unterrichten.

(9) Die Bundesanstalt kann den Europäischen Ausschuss für Systemrisiken ersuchen, eine Empfehlung nach Artikel 16 der Verordnung (EU) Nr. 1092/2010 zur Anerkennung eines Kapitalpuffers für systemische Risiken gegenüber einem oder mehreren anderen Staaten des Europäischen Wirtschaftsraums abzugeben.

(10) Das Nähere regelt die Rechtsverordnung nach § 10 Absatz 1 Satz 1 Nummer 5 Buchstabe b.

§ 10f Kapitalpuffer für global systemrelevante Institute. (1) [1]Die Bundesanstalt ordnet an, dass ein global systemrelevantes Institut zusätzlich zum harten Kernkapital, das zur Einhaltung

1. der Eigenmittelanforderungen nach Artikel 92 der Verordnung (EU) Nr. 575/2013[1)],
2. erhöhter Eigenmittelanforderungen zur Absicherung nicht von Artikel 1 der Verordnung (EU) Nr. 575/2013 abgedeckter Risiken und Risikoelemente nach § 10 Absatz 3,
3. erhöhter Eigenmittelanforderungen nach § 10 Absatz 4,
4. des Kapitalerhaltungspuffers nach § 10c,
5. des institutsspezifischen antizyklischen Kapitalpuffers nach § 10d und

---

[1)] Nr. 6.

6. des systemischen Kapitalpuffers nach § 10e, soweit dieser nicht auf den Kapitalpuffer für global systemrelevante Institute angerechnet wird,

erforderlich ist, einen aus hartem Kernkapital bestehenden Kapitalpuffer für global systemrelevante Institute auf konsolidierter Ebene vorhalten muss. [2] Seine Quote wird von der Bundesanstalt entsprechend der Zuordnung des global systemrelevanten Instituts zu einer Größenklasse auf eine Höhe von 1,0, 1,5, 2,0, 2,5 oder 3,5 Prozent des nach Artikel 92 Absatz 3 der Verordnung (EU) Nr. 575/2013 ermittelten Gesamtforderungsbetrags festgelegt und mindestens jährlich überprüft.

(2) [1] Die Bundesanstalt bestimmt im Einvernehmen mit der Deutschen Bundesbank mindestens jährlich, welche Institute, EU-Mutterinstitute, EU-Mutterfinanzholdinggesellschaften oder gemischten EU-Mutterfinanzholdinggesellschaften mit Sitz im Inland auf Grund einer quantitativen Analyse auf konsolidierter Ebene als global systemrelevant eingestuft werden (global systemrelevante Institute). [2] Sie berücksichtigt bei der quantitativen Analyse die nachfolgenden Kategorien:

1. Größe der Gruppe,
2. grenzüberschreitende Aktivitäten der Gruppe,
3. Vernetztheit der Gruppe mit dem Finanzsystem,
4. Ersetzbarkeit hinsichtlich der angebotenen Dienstleistungen und Finanzinfrastruktureinrichtungen der Gruppe sowie
5. Komplexität der Gruppe.

[3] Die Institute sind verpflichtet, der Bundesanstalt und der Deutschen Bundesbank die zur Durchführung der quantitativen Analyse benötigten Einzeldaten jährlich zu melden.

(3) [1] In Abhängigkeit von den Ergebnissen der quantitativen Analyse weist die Bundesanstalt ein global systemrelevantes Institut einer bestimmten Größenklasse zu. [2] Die Bundesanstalt kann

1. ein global systemrelevantes Institut einer höheren Größenklasse zuordnen, oder
2. ein zur Teilnahme am quantitativen Verfahren verpflichtetes Institut, das im Rahmen der quantitativen Analyse nicht als global systemrelevantes Institut identifiziert wurde, als solches einstufen und einer der Größenklassen zuordnen, wenn im Rahmen der ergänzenden qualitativen Analyse Merkmale der Systemrelevanz festgestellt wurden, die im Rahmen der quantitativen Analyse nicht oder nicht ausreichend erfasst wurden.

(4) [1] Die Institute, deren Gesamtrisikopositionsmessgröße im Sinne des Artikels 429 Absatz 4 der Verordnung (EU) Nr. 575/2013 den Wert von 200 Milliarden Euro übersteigt, sind verpflichtet, die Werte der der quantitativen Analyse zugrunde liegenden Indikatoren jährlich innerhalb von vier Monaten nach Abschluss eines jeden Geschäftsjahres, spätestens jedoch bis zum 31. Juli, auf ihrer Internetseite und in dem Medium zu veröffentlichen, welches gemäß Artikel 434 der Verordnung (EU) Nr. 575/2013 für die Veröffentlichung der in Teil 8 dieser Verordnung verlangten Angaben vorgesehen ist. [2] Die Veröffentlichung hat mittels der ausgefüllten, im Anhang der Durchführungsverordnung (EU) Nr. 1030/2014 der Kommission vom 29. September 2014 zur Festlegung technischer Durchführungsstandards in Bezug auf einheitliche Formate und

Daten für die Offenlegung der Werte zur Bestimmung global systemrelevanter Institute gemäß der Verordnung (EU) Nr. 575/2013 des Europäischen Parlaments und des Rates (ABl. L 284 vom 30.9.2014, S. 14) enthaltenen Bögen entsprechend den Angaben auf der Internetseite der Europäischen Bankenaufsichtsbehörde elektronisch zu erfolgen. [3]Die Bundesanstalt übermittelt die Bögen an die Europäische Bankenaufsichtsbehörde zwecks zentraler Veröffentlichung auf ihrer Internetseite. [4]Bei der Anordnung und Überprüfung des Kapitalpuffers für global systemrelevante Institute nach Absatz 1 und der Einstufung als global systemrelevante Institute sowie der Zuweisung zu einer Größenklasse nach den Absätzen 2 und 3 sind die insoweit bestehenden Vorgaben und Empfehlungen der Europäischen Bankenaufsichtsbehörde und des Europäischen Ausschusses für Systemrisiken nach freiem Ermessen der Bundesanstalt zu berücksichtigen.

(4a) [1]Die in Absatz 4 genannten Institute sind verpflichtet, jährlich die Datenerfassungsbögen des Baseler Ausschusses für Bankenaufsicht auszufüllen und an die Bundesanstalt sowie die Deutsche Bundesbank zu senden. [2]Die Deutsche Bundesbank übermittelt die ausgefüllten Datenerfassungsbögen an den Baseler Ausschuss für Bankenaufsicht. [3]Darüber hinaus kann die Bundesanstalt die ausgefüllten Datenerfassungsbögen des Baseler Ausschusses für Bankenaufsicht auch an die Europäische Bankenaufsichtsbehörde weiterleiten.

(5) Die Bundesanstalt unterrichtet die Europäische Bankenaufsichtsbehörde, den Europäischen Ausschuss für Systemrisiken, die Europäische Kommission und die als global systemrelevant eingestuften Institute über die Entscheidungen nach den Absätzen 1 bis 3 und veröffentlicht Informationen über das Bestehen einer Anordnung sowie die Höhe des angeordneten Kapitalpuffers für global systemrelevante Institute sowie eine Liste der als global systemrelevant eingestuften Institute.

(6) Das Nähere regelt die Rechtsverordnung nach § 10 Absatz 1 Satz 1 Nummer 5 Buchstabe c.

§ 10g Kapitalpuffer für anderweitig systemrelevante Institute.

(1) Die Bundesanstalt kann anordnen, dass ein anderweitig systemrelevantes Institut zusätzlich zum harten Kernkapital, das zur Einhaltung

1. der Eigenmittelanforderungen nach Artikel 92 der Verordnung (EU) Nr. 575/2013[1)],
2. erhöhter Eigenmittelanforderungen zur Absicherung nicht von Artikel 1 der Verordnung (EU) Nr. 575/2013 abgedeckter Risiken und Risikoelemente nach § 10 Absatz 3,
3. erhöhter Eigenmittelanforderungen nach § 10 Absatz 4,
4. des Kapitalerhaltungspuffers nach § 10c,
5. des institutsspezifischen antizyklischen Kapitalpuffers nach § 10d und
6. des systemischen Kapitalpuffers nach § 10e, soweit dieser nicht auf den Kapitalpuffer für global systemrelevante Institute angerechnet wird,

erforderlich ist, einen aus hartem Kernkapital bestehenden Kapitalpuffer für anderweitig systemrelevante Institute in Höhe von bis zu 2,0 Prozent des nach Artikel 92 Absatz 3 der Verordnung (EU) Nr. 575/2013 ermittelten Gesamt-

---

1) Nr. 6.

forderungsbetrags auf konsolidierter, unterkonsolidierter oder auf Einzelinstitutsebene vorhalten muss.

(2) [1] Die Bundesanstalt bestimmt im Einvernehmen mit der Deutschen Bundesbank mindestens jährlich, welche Institute, EU-Mutterinstitute, EU-Mutterfinanzholdinggesellschaften oder gemischte EU-Mutterfinanzholdinggesellschaften mit Sitz im Inland auf konsolidierter, unterkonsolidierter oder Einzelinstitutsebene als anderweitig systemrelevant eingestuft werden (anderweitig systemrelevante Institute). [2] Bei der auf der relevanten Ebene durchgeführten qualitativen und quantitativen Analyse berücksichtigt sie jeweils für die untersuchte Einheit insbesondere die nachfolgenden Faktoren:

1. Größe,
2. wirtschaftliche Bedeutung für den Europäischen Wirtschaftsraum und die Bundesrepublik Deutschland,
3. grenzüberschreitende Aktivitäten sowie
4. Vernetztheit mit dem Finanzsystem.

(3) [1] Die Bundesanstalt überprüft mindestens jährlich, ob und in welcher Höhe der Kapitalpuffer für anderweitig systemrelevante Institute erforderlich ist. [2] Dabei sind jeweils die insoweit bestehenden Vorgaben und Empfehlungen der Europäischen Bankenaufsichtsbehörde und des Europäischen Ausschusses für Systemrisiken zu beachten. [3] Die Anordnung darf nur erfolgen, wenn der Kapitalpuffer für anderweitig systemrelevante Institute keine unverhältnismäßige Beeinträchtigung des Finanzsystems oder von Teilen des Finanzsystems eines anderen Staates oder des Europäischen Wirtschaftsraums insgesamt darstellt, so dass das Funktionieren des Binnenmarkts des Europäischen Wirtschaftsraums behindert wird.

(3a) [1] Die Bundesanstalt veröffentlicht die für die Einstufung der anderweitig systemrelevanten Institute und die Festsetzung der Höhe des Kapitalpuffers angewandte Methodik unter Berücksichtigung der maßgeblichen quantitativen und qualitativen Indikatoren und Schwellenwerte. [2] Dabei sind die insoweit bestehenden Leitlinien der Europäischen Bankenaufsichtsbehörde zu beachten.

(4) [1] Mindestens einen Monat vor Bekanntgabe der Anordnung eines neuen oder veränderten Kapitalpuffers für anderweitig systemrelevante Institute hat die Bundesanstalt die beabsichtigte Anordnung der Europäischen Bankenaufsichtsbehörde, dem Europäischen Ausschuss für Systemrisiken und der Europäischen Kommission sowie den zuständigen Aufsichtsbehörden gegebenenfalls betroffener Staaten des Europäischen Wirtschaftsraums anzuzeigen. [2] Die Anzeigen sollen jeweils mindestens folgende Angaben enthalten:

1. eine detaillierte Begründung, weshalb die Festsetzung eines Kapitalpuffers für anderweitig systemrelevante Institute gerechtfertigt und den identifizierten Risiken angemessen ist,
2. eine detaillierte Erläuterung der wahrscheinlichen positiven und negativen Auswirkungen des Kapitalpuffers auf den Binnenmarkt des Europäischen Wirtschaftsraums sowie
3. die Höhe des festgesetzten Kapitalpuffers.

(5) [1] Die Bundesanstalt unterrichtet das jeweilige anderweitig systemrelevante Institut mit den jeweils festgesetzten Kapitalpuffern, die Europäische Bankenaufsichtsbehörde, den Europäischen Ausschuss für Systemrisiken und die

Europäische Kommission über die Entscheidungen nach Absatz 1 und 2 und veröffentlicht eine Liste der als anderweitig systemrelevant eingestuften Institute. [2] Die Liste enthält die wesentlichen quantitativen und qualitativen Ergebnisse der den Entscheidungen zugrunde liegenden Analyse unter Berücksichtigung der verwendeten Indikatoren und Schwellenwerte. [3] Zudem übermittelt die Bundesanstalt der Europäischen Bankenaufsichtsbehörde die Werte der für die Analyse verwendeten Indikatoren für alle Institute, die nicht bereits auf Grund ihrer gemessen an der Bilanzsumme geringen Größe von der Analyse ausgeschlossen wurden. [4] Dabei sind die insoweit bestehenden Leitlinien der Europäischen Bankenaufsichtsbehörde zu beachten.

(6) Ist das anderweitig systemrelevante Institut Tochterunternehmen

1. eines global systemrelevanten Instituts oder
2. eines EU-Mutterinstituts mit Sitz im Ausland, das ein anderweitig systemrelevantes Institut im Sinne des Artikels 131 Absatz 1 der Richtlinie 2013/36/EU ist und einem Kapitalpuffer für anderweitig systemrelevante Institute auf konsolidierter Ebene unterliegt,

darf der Kapitalpuffer des Absatzes 2 den höheren Wert von entweder 1,0 Prozent oder des Kapitalpuffers auf konsolidierter Ebene nach Maßgabe des Artikels 131 Absatz 4 oder 5 der Richtlinie 2013/36/EU nicht übersteigen.

(7) Das Nähere regelt die Rechtsverordnung nach § 10 Absatz 1 Satz 1 Nummer 5 Buchstabe d.

§ 10h Zusammenwirken der Kapitalpuffer für systemische Risiken, für global systemrelevante Institute und für anderweitig systemrelevante Institute. (1) Solange neben einem Kapitalpuffer für global systemrelevante Institute nach § 10f auch ein Kapitalpuffer für anderweitig systemrelevante Institute nach § 10g auf konsolidierter Ebene besteht, ist nur der höhere der beiden Kapitalpuffer einzuhalten.

(2) Solange neben einem Kapitalpuffer für global systemrelevante Institute nach § 10f auch

1. ein Kapitalpuffer für anderweitig systemrelevante Institute nach § 10g auf konsolidierter Ebene besteht und
2. ein Kapitalpuffer für systemische Risiken nach § 10e auf konsolidierter Ebene besteht, der nicht nur für Risikopositionen angeordnet wurde, die in dem jeweils anordnenden Staat des Europäischen Wirtschaftsraums belegen sind,

ist nur der höchste der drei Kapitalpuffer einzuhalten.

(3) Solange neben einem Kapitalpuffer für anderweitig systemrelevante Institute nach § 10g auf Einzelinstitutsebene oder unterkonsolidierter Ebene oder konsolidierter Ebene ein Kapitalpuffer für systemische Risiken nach § 10e auf Einzelinstitutsebene oder unterkonsolidierter Ebene oder konsolidierter Ebene besteht, der nicht nur für Risikopositionen angeordnet wurde, die in dem jeweils anordnenden Staat des Europäischen Wirtschaftsraums belegen sind, ist nur der höhere der beiden Kapitalpuffer einzuhalten.

(4) Wurde ein Kapitalpuffer für systemische Risiken nach § 10e nur für Risikopositionen angeordnet, die in dem jeweils anordnenden Staat des Europäischen Wirtschaftsraums belegen sind, so ist dieser zusätzlich zu einem Ka-

pitalpuffer für ein global systemrelevantes Institut nach § 10f oder einem Kapitalpuffer für anderweitig systemrelevante Institute nach § 10g einzuhalten.

§ 10i Kombinierte Kapitalpuffer-Anforderung. (1) Die kombinierte Kapitalpuffer-Anforderung ist das gesamte harte Kernkapital eines Instituts, das zur Einhaltung der folgenden Kapitalpuffer-Anforderungen erforderlich ist:

1. des Kapitalerhaltungspuffers nach § 10c,
2. des institutsspezifischen antizyklischen Kapitalpuffers nach § 10d, und
3. in den Fällen und nach Maßgabe
   a) des § 10h Absatz 1 des höheren der Kapitalpuffer für global systemrelevante Institute nach § 10f und für anderweitig systemrelevante Institute nach § 10g,
   b) des § 10h Absatz 2 des höchsten der Kapitalpuffer für global systemrelevante Institute nach § 10f, für anderweitig systemrelevante Institute nach § 10g und für systemische Risiken nach § 10e,
   c) des § 10h Absatz 3 des höheren der Kapitalpuffer für systemische Risiken nach § 10e oder anderweitig systemrelevante Institute nach § 10g, oder
   d) des § 10h Absatz 4 der Summe aus dem Kapitalpuffer für systemische Risiken nach § 10e sowie dem Kapitalpuffer für global systemrelevante Institute nach § 10f oder dem Kapitalpuffer für anderweitig systemrelevante Institute nach § 10g.

(2) Ein Institut, das die kombinierte Kapitalpuffer-Anforderung erfüllt, darf keine Ausschüttung aus dem harten Kernkapital oder auf harte Kernkapitalinstrumente nach Absatz 5 vornehmen, wenn dadurch sein hartes Kernkapital so stark abnehmen würde, dass die kombinierte Kapitalpuffer-Anforderung nicht mehr erfüllt wäre.

(3) [1] Ein Institut, das die kombinierte Kapitalpuffer-Anforderung nicht oder nicht mehr erfüllt, muss den maximal ausschüttungsfähigen Betrag berechnen und der Bundesanstalt und der Deutschen Bundesbank anzeigen. [2] Das Institut muss Vorkehrungen treffen, um zu gewährleisten, dass die Höhe der ausschüttungsfähigen Gewinne und der maximal ausschüttungsfähige Betrag genau berechnet werden, und muss in der Lage sein, der Bundesanstalt und der Deutschen Bundesbank die Genauigkeit der Berechnung auf Anfrage nachzuweisen. [3] Bis zur Entscheidung der Bundesanstalt über die Genehmigung des Kapitalerhaltungsplans nach den Absätzen 7 und 8 darf das Kreditinstitut

1. keine Ausschüttung aus dem hartem Kernkapital oder auf harte Kernkapitalinstrumente nach Absatz 5 vornehmen,
2. keine Verpflichtung zur Zahlung einer variablen Vergütung oder zu freiwilligen Rentenzahlungen übernehmen oder eine variable Vergütung zahlen, wenn die entsprechende Verpflichtung in einem Zeitraum übernommen worden ist, in dem das Kreditinstitut die kombinierte Kapitalpuffer-Anforderung nicht erfüllt hat, und
3. keine Zahlungen aus zusätzlichen Kernkapitalinstrumenten vornehmen.

[4] Das Nähere regelt die Rechtsverordnung nach § 10 Absatz 1 Satz 1 Nummer 5 Buchstabe e.

(4) Ein Institut, das die kombinierte Kapitalpuffer-Anforderung nicht oder nicht mehr erfüllt und beabsichtigt, eine Ausschüttung ausschüttungsfähiger

Gewinne oder eine Maßnahme nach Absatz 3 Satz 3 Nummer 1 bis 3 durchzuführen, teilt diese Absicht der Bundesanstalt und der Deutschen Bundesbank unter Angabe der folgenden Informationen mit:

1. vom Institut vorgehaltene Eigenmittel, aufgeschlüsselt nach
   a) hartem Kernkapital;
   b) zusätzlichem Kernkapital;
   c) Ergänzungskapital;
2. Höhe der Zwischengewinne und Gewinne zum Jahresende;
3. Höhe des maximal ausschüttungsfähigen Betrages;
4. Höhe der ausschüttungsfähigen Gewinne und deren beabsichtigte Aufteilung auf
   a) Ausschüttungen an Anteilseigner oder Eigentümer;
   b) Rückkauf oder Rückerwerb von Anteilen;
   c) Zahlungen aus zusätzlichen Kernkapitalinstrumenten;
   d) Zahlung einer variablen Vergütung oder freiwillige Rentenzahlungen, entweder auf Grund der Übernahme einer neuen Zahlungsverpflichtung oder einer Zahlungsverpflichtung, die in einem Zeitraum übernommen wurde, in dem das Kreditinstitut die kombinierte Anforderung an Kapitalpuffer nicht erfüllt hat.

(5) Eine Ausschüttung aus hartem Kernkapital oder auf harte Kernkapitalinstrumente umfasst

1. Gewinnausschüttungen in bar,
2. die Ausgabe von teilweise oder voll gezahlten Gratisaktien oder anderen in Artikel 26 Absatz 1 Buchstabe a der Verordnung (EU) Nr. 575/2013[1] aufgeführten Eigenmittelinstrumenten,
3. eine Rücknahme oder einen Rückkauf eigener Aktien oder anderer Instrumente nach Artikel 26 Absatz 1 Buchstabe a der Verordnung (EU) Nr. 575/2013 durch ein Institut,
4. eine Rückzahlung der in Verbindung mit den Eigenmittelinstrumenten nach Artikel 26 Absatz 1 Buchstabe a der Verordnung (EU) Nr. 575/2013 eingezahlten Beträge und
5. eine Ausschüttung von in Artikel 26 Absatz 1 Buchstabe b bis e der Verordnung (EU) Nr. 575/2013 aufgeführten Positionen.

(6) [1] Ein Institut, das die kombinierte Kapitalpuffer-Anforderung nicht oder nicht mehr erfüllt, muss über die Anforderungen der Absätze 3 bis 4 hinaus zusätzlich einen Kapitalerhaltungsplan erstellen und innerhalb von fünf Arbeitstagen, nachdem es festgestellt hat, dass es die kombinierte Kapitalpuffer-Anforderung nicht erfüllen kann, der Bundesanstalt und der Deutschen Bundesbank vorlegen. [2] Die Bundesanstalt kann die Frist zur Vorlage auf längstens zehn Arbeitstage verlängern, wenn dies im Einzelfall und unter Berücksichtigung des Umfangs und der Komplexität der Geschäftstätigkeit des Instituts angemessen erscheint. [3] Der Kapitalerhaltungsplan umfasst

1. eine Einnahmen- und Ausgabenschätzung und eine Bilanzprognose,

---

[1] Nr. 6.

2. Maßnahmen zur Erhöhung der Kapitalquoten des Instituts,
3. Plan und Zeitplan für die Erhöhung der Eigenmittel, um die kombinierte Kapitalpuffer-Anforderung vollständig zu erfüllen, und
4. weitere Informationen, die die Bundesanstalt für die in Absatz 7 vorgeschriebene Bewertung als notwendig erachtet.

(7) [1] Die Bundesanstalt bewertet den Kapitalerhaltungsplan und genehmigt ihn, wenn sie der Auffassung ist, dass durch seine Umsetzung sehr wahrscheinlich genügend Kapital erhalten oder aufgenommen wird, damit das Institut die kombinierte Kapitalpuffer-Anforderung innerhalb des von der Bundesanstalt als angemessen erachteten Zeitraums erfüllen kann. [2] Die Bundesanstalt entscheidet über die Genehmigung innerhalb von 14 Tagen nach Eingang des Kapitalerhaltungsplans. [3] Nach Genehmigung des Kapitalerhaltungsplans ist das Institut berechtigt, eine Ausschüttung ausschüttungsfähiger Gewinne sowie Maßnahmen nach Absatz 3 Satz 3 Nummer 1 bis 3 bis zu Höhe des maximal ausschüttungsfähigen Betrags durchzuführen.

(8) [1] Genehmigt die Bundesanstalt den Kapitalerhaltungsplan nicht,
1. ordnet die Bundesanstalt an, dass die Ausschüttungsbeschränkungen des Absatzes 3 fortgelten, oder
2. erlaubt die Bundesanstalt dem Institut die Durchführung von Maßnahmen im Sinne des Absatzes 3 Satz 3 Nummer 1 bis 3 bis zu einem bestimmten Betrag, der den maximal ausschüttungsfähigen Betrag nicht übersteigen darf.

[2] Daneben kann sie von dem Institut verlangen, seine Eigenmittel innerhalb eines bestimmten Zeitraums auf eine bestimmte Höhe aufzustocken.

(9) Die in dieser Vorschrift festgelegten Beschränkungen finden ausschließlich auf Zahlungen und Ausschüttungen Anwendung, die zu einer Verringerung des harten Kernkapitals oder der Gewinne führen, und sofern die Aussetzung einer Zahlung oder eine versäumte Zahlung weder einen Ausfall noch eine Voraussetzung für die Einleitung eines Verfahrens nach den für das Institut geltenden Insolvenzvorschriften darstellt.

§ 11 Liquidität. (1) [1] Die Institute müssen ihre Mittel so anlegen, dass jederzeit eine ausreichende Zahlungsbereitschaft (Liquidität) gewährleistet ist. [2] Das Bundesministerium der Finanzen wird ermächtigt, durch Rechtsverordnung[1)] im Benehmen mit der Deutschen Bundesbank nähere Anforderungen an die ausreichende Liquidität zu bestimmen, insbesondere über die
1. Methoden zur Beurteilung der ausreichenden Liquidität und die dafür erforderlichen technischen Grundsätze,
2. als Zahlungsmittel und Zahlungsverpflichtungen zu berücksichtigenden Geschäfte einschließlich ihrer Bemessungsgrundlagen sowie
3. Pflicht der Institute zur Übermittlung der zum Nachweis der ausreichenden Liquidität erforderlichen Angaben an die Aufsichtsbehörde und die Deutsche Bundesbank, einschließlich Bestimmungen zu Inhalt, Art, Umfang und Form der Angaben, zu der Häufigkeit ihrer Übermittlung und über die zulässigen Datenträger, Übertragungswege und Datenformate.

[1)] Siehe die LiquiditätsVO (Nr. **8b**).

[3] In der Rechtsverordnung ist an die Definition der Spareinlagen aus § 21 Abs. 4 der Kreditinstituts-Rechnungslegungsverordnung[1)] anzuknüpfen. [4] Das Bundesministerium der Finanzen kann die Ermächtigung durch Rechtsverordnung auf die Bundesanstalt mit der Maßgabe übertragen, dass die Rechtsverordnung im Einvernehmen mit der Deutschen Bundesbank ergeht. [5] Vor Erlass der Rechtsverordnung sind die Spitzenverbände der Institute zu hören.

(2) Die Bundesanstalt kann bei der Beurteilung der Liquidität im Einzelfall gegenüber Instituten über die in der Rechtsverordnung nach Absatz 1 festgelegten Vorgaben hinausgehende Liquiditätsanforderungen anordnen, wenn ohne eine solche Maßnahme die nachhaltige Liquidität eines Instituts nicht gesichert ist.

(3) [1] Die Bundesanstalt kann bei der Beurteilung der Liquidität im Einzelfall gegenüber Instituten, Institutsgruppen, Finanzholding-Gruppen und gemischten Finanzholding-Gruppen spezifische über die Anforderungen der Artikel 411 bis 428 der Verordnung (EU) Nr. 575/2013[2)] in der jeweils geltenden Fassung hinausgehende Liquiditätsanforderungen anordnen, um spezifische Risiken abzudecken, denen ein Institut ausgesetzt ist oder ausgesetzt sein könnte. [2] Die Bundesanstalt beachtet dabei die in Artikel 105 der Richtlinie 2013/36/EU in der jeweils geltenden Fassung aufgeführten Erwägungsgründe. [3] Die Bundesanstalt kann darüber hinaus auch die Fristentransformation einschränken. [4] § 10a Absatz 1 bis 3 gilt entsprechend.

(4) Die Bundesanstalt kann anordnen, dass ein Institut, eine Institutsgruppe, eine Finanzholding-Gruppe oder eine gemischte Finanzholding-Gruppe häufigere oder auch umfangreichere Meldungen zu seiner Liquidität einzureichen hat.

§ 12 *(aufgehoben)*

§ 12a Begründung von Unternehmensbeziehungen. (1) [1] Ein Institut, eine Finanzholding-Gesellschaft oder eine gemischte Finanzholding-Gesellschaft hat bei dem Erwerb einer Beteiligung an einem Unternehmen mit Sitz im Ausland oder der Begründung einer Unternehmensbeziehung mit einem solchen Unternehmen, wodurch das Unternehmen zu einem nachgeordneten Unternehmen im Sinne des § 10a wird, sicherzustellen, daß es, im Falle einer Finanzholding-Gesellschaft oder gemischten Finanzholding-Gesellschaft das für die Zusammenfassung verantwortliche übergeordnete Unternehmen, die für die Erfüllung der jeweiligen Pflichten nach den §§ 10a und 25 Absatz 1 erforderlichen Angaben erhält. [2] Satz 1 ist hinsichtlich der für die Erfüllung der Pflichten nach § 10a erforderlichen Angaben nicht anzuwenden, wenn ein Institut für einzelne gruppenangehörige Unternehmen die erforderlichen Angaben für die Zusammenfassung nach § 10a nicht beschaffen kann und durch den gemäß Artikel 36 in Verbindung mit Artikel 19 Absatz 2 Buchstabe a der Verordnung (EU) Nr. 575/2013[2)] in der jeweils geltenden Fassung vorzunehmenden Abzug der Buchwerte in einer der Zusammenfassung nach § 10a Absatz 4 oder 5 vergleichbaren Weise dem Risiko aus der Begründung der Beteiligung oder der Unternehmensbeziehung Rechnung getragen und es der

---

[1)] Nr. **14**.
[2)] Nr. **6**.

Bundesanstalt ermöglicht wird, die Einhaltung dieser Voraussetzung zu überprüfen. [3]Das Institut, die Finanzholding-Gesellschaft oder gemischte Finanzholding-Gesellschaft hat die Begründung, die Veränderung oder die Aufgabe einer in Satz 1 genannten Beteiligung oder Unternehmensbeziehung unverzüglich der Bundesanstalt und der Deutschen Bundesbank anzuzeigen.

(2) [1]Die Bundesanstalt kann die Fortführung der Beteiligung oder der Unternehmensbeziehung untersagen, wenn das übergeordnete Unternehmen oder das Institut im Sinne des Artikels 22 der Verordnung (EU) Nr. 575/2013 die für die Erfüllung der Pflichten nach den §§ 10a, 13 Absatz 3, § 25 Absatz 1 oder nach den Rechtsverordnungen nach § 10 Absatz 1 Satz 1 oder § 13 Absatz 1 Satz 1 sowie nach den Artikeln 11 bis 17 der Verordnung (EU) Nr. 575/2013 in der jeweils geltenden Fassung erforderlichen Angaben nicht erhält. [2]Die Ausnahme nach Absatz 1 Satz 2 gilt entsprechend für die Untersagungsermächtigung nach Satz 1.

2. Kreditgeschäft

§ 13 Großkredite; Verordnungsermächtigung. (1) [1]Das Bundesministerium der Finanzen wird ermächtigt, durch Rechtsverordnung, die nicht der Zustimmung des Bundesrates bedarf, im Benehmen mit der Deutschen Bundesbank im Interesse des angemessenen Schutzes der Institute, Institutsgruppen, Finanzholding-Gruppen und gemischten Finanzholding-Gruppen vor Klumpenrisiken in Ergänzung der Verordnung (EU) Nr. 575/2013[1)] für Großkredite nähere Regelungen zu erlassen über

1. die Beschlussfassungspflichten der Geschäftsleiter nach Absatz 2 sowie Ausnahmen davon,
2. Art, Umfang, Zeitpunkt und Form der Angaben, Übertragungswege und Datenformate der Großkreditstammdatenanzeigen sowie deren Rückmeldungen im Rahmen des Großkreditmeldeverfahrens nach Artikel 394 Absatz 1 bis 3 der Verordnung (EU) Nr. 575/2013 in der jeweils geltenden Fassung,
3. die Meldung des Anteils des Handelsbuchs an der Gesamtsumme der bilanzmäßigen und außerbilanzmäßigen Geschäfte sowie die Nutzung der Ausnahmeregelung nach Artikel 94 Absatz 1 der Verordnung (EU) Nr. 575/2013,
4. die bis zum Inkrafttreten der technischen Durchführungsstandards nach Artikel 394 Absatz 4 der Verordnung (EU) Nr. 575/2013 geltenden Vorgaben zu Art, Umfang, Zeitpunkt und Form der Angaben zu den zulässigen Datenträgern, Übertragungswegen und Datenformaten der Großkreditanzeigen nach Artikel 394 Absatz 1 bis 3 der Verordnung (EU) Nr. 575/2013 sowie zu den nach diesen Bestimmungen bestehenden Anzeigepflichten, die durch die Pflicht zur Erstattung von Sammelanzeigen ergänzt werden können, soweit dies zur Erfüllung der Aufgaben der Aufsichtsbehörde erforderlich ist, insbesondere um einheitliche Unterlagen zur Beurteilung der von den Instituten geöffneten Positionen zu erhalten, und
5. die Umsetzung der von Artikel 493 Absatz 3 der Verordnung (EU) Nr. 575/2013 in der jeweils geltenden Fassung zugelassenen Freistellung bestimmter

---

1) Nr. **6**.

Kredite von der Anwendung des Artikels 395 Absatz 1 der Verordnung (EU) Nr. 575/2013 in der jeweils geltenden Fassung.

[2] Das Bundesministerium der Finanzen kann die Ermächtigung durch Rechtsverordnung auf die Bundesanstalt mit der Maßgabe übertragen, dass die Rechtsverordnung im Einvernehmen mit der Deutschen Bundesbank ergeht. [3] Vor Erlass der Rechtsverordnung sind die Spitzenverbände der Institute zu hören.

(2) [1] Ein Institut in der Rechtsform einer juristischen Person oder einer Personenhandelsgesellschaft darf unbeschadet der Wirksamkeit der Rechtsgeschäfte einen Großkredit nur auf Grund eines einstimmigen Beschlusses sämtlicher Geschäftsleiter gewähren. [2] Der Beschluss soll vor der Kreditgewährung gefasst werden. [3] Ist dies im Einzelfall wegen der Eilbedürftigkeit des Geschäftes nicht möglich, ist der Beschluss unverzüglich nachzuholen. [4] Der Beschluss ist zu dokumentieren. [5] Ist der Großkredit ohne vorherigen einstimmigen Beschluss sämtlicher Geschäftsleiter gewährt worden und wird die Beschlussfassung nicht innerhalb eines Monats nach Gewährung des Kredits nachgeholt, hat das Institut dies der Aufsichtsbehörde, der Deutschen Bundesbank und, soweit Aufsichtsbehörde die Europäische Zentralbank ist, auch der Bundesanstalt unverzüglich anzuzeigen. [6] Wird ein bereits gewährter Kredit durch Verringerung der nach Artikel 4 Absatz 1 Nummer 71 der Verordnung (EU) Nr. 575/2013 anrechenbaren Eigenmittel zu einem Großkredit, darf das Institut diesen Großkredit unbeschadet der Wirksamkeit des Rechtsgeschäftes nur auf Grund eines unverzüglich nachzuholenden einstimmigen Beschlusses sämtlicher Geschäftsleiter weitergewähren. [7] Der Beschluss ist zu dokumentieren. [8] Wird der Beschluss nicht innerhalb eines Monats ab dem Zeitpunkt, zu dem der Kredit zu einem Großkredit geworden ist, nachgeholt, hat das Institut dies der Aufsichtsbehörde, der Deutschen Bundesbank und, soweit Aufsichtsbehörde die Europäische Zentralbank ist, auch der Bundesanstalt unverzüglich anzuzeigen.

(3) Die Beschlussfassungspflichten nach Absatz 2 gelten entsprechend für das übergeordnete Unternehmen, wenn ein Unternehmen der Institutsgruppe, der Finanzholding-Gruppe oder der gemischten Finanzholding-Gruppe von Artikel 7 der Verordnung (EU) Nr. 575/2013 Gebrauch macht.

(4) [1] Bei Krediten aus öffentlichen Fördermitteln, die die Förderinstitute des Bundes und der Länder auf Grund selbständiger Kreditverträge, gegebenenfalls auch über weitere Durchleitungsinstitute, über Hausbanken zu vorbestimmten Konditionen an Endkreditnehmer leiten (Hausbankprinzip), können für die beteiligten Institute in Bezug auf die Anwendung des Artikels 395 Absatz 1 der Verordnung (EU) Nr. 575/2013 die einzelnen Endkreditnehmer als Kreditnehmer des von ihnen gewährten Interbankkredits behandelt werden, wenn ihnen die Kreditforderungen zur Sicherheit abgetreten werden. [2] Dies gilt entsprechend für aus eigenen oder öffentlichen Mitteln zinsverbilligte Kredite der Förderinstitute nach dem Hausbankprinzip (Eigenmittelprogramme) sowie für Kredite aus nichtöffentlichen Mitteln, die ein Kreditinstitut nach gesetzlichen Vorgaben, gegebenenfalls auch über weitere Durchleitungsinstitute, über Hausbanken an Endkreditnehmer leitet.

§§ 13a und 13b *(aufgehoben)*

§ 13c Gruppeninterne Transaktionen mit gemischten Holdinggesellschaften. (1) [1] Ein CRR-Institut, das Tochterunternehmen eines gemischten Unternehmens ist, hat der Aufsichtsbehörde, der Deutschen Bundesbank und, soweit Aufsichtsbehörde die Europäische Zentralbank ist, auch der Bundesanstalt bedeutende gruppeninterne Transaktionen mit gemischten Holdinggesellschaften oder deren anderen Tochterunternehmen anzuzeigen. [2] Das Bundesministerium der Finanzen wird ermächtigt, durch eine im Benehmen mit derDeutschen Bundesbank zu erlassende Rechtsverordnung, die nicht der Zustimmung des Bundesrates bedarf, näher zu bestimmen:

1. die Arten der anzuzeigenden Transaktionen und Schwellenwerte, anhand derer die gruppeninternen Transaktionen als bedeutend anzusehen sind;
2. die Obergrenzen für gruppeninterne Transaktionen und Beschränkungen hinsichtlich der Art gruppeninterner Transaktionen;
3. Art, Umfang, Zeitpunkt und Form der Angaben sowie die zulässigen Datenträger und Übertragungswege.

[3] Das Bundesministerium der Finanzen kann die Ermächtigung durch Rechtsverordnung auf die Bundesanstalt mit der Maßgabe übertragen, dass die Rechtsverordnung im Einvernehmen mit der Deutschen Bundesbank zu erlassen ist. [4] Vor Erlass der Rechtsverordnung sind die Spitzenverbände der Institute anzuhören.

(2) Das CRR-Institut im Sinne von Absatz 1 Satz 1 darf unbeschadet der Wirksamkeit der Rechtsgeschäfte bedeutende gruppeninterne Transaktionen mit gemischten Holdinggesellschaften oder deren anderen Tochterunternehmen nur auf Grund eines einstimmigen Beschlusses sämtlicher Geschäftsleiter durchführen; § 13 Abs. 2 Satz 2 bis 5 gilt entsprechend.

(3) [1] Unbeschadet der Wirksamkeit der Rechtsgeschäfte darf das CRR-Institut im Sinne des Absatzes 1 Satz 1 ohne Zustimmung der Aufsichtsbehörde keine bedeutenden gruppeninternen Transaktionen mit gemischten Holdinggesellschaften oder deren anderen Tochterunternehmen durchführen, die die in der Rechtsverordnung nach Absatz 1 Satz 2 festgelegten Obergrenzen überschreiten oder gegen die in der Rechtsverordnung festgelegten Beschränkungen hinsichtlich der Art bedeutender gruppeninterner Transaktionen verstoßen. [2] Die Zustimmung nach Satz 1 steht im Ermessen der Aufsichtsbehörde. [3] Unabhängig davon, ob die Aufsichtsbehörde die Zustimmung erteilt, hat das Institut das Überschreiten der Obergrenzen oder die Verstöße gegen die Beschränkungen hinsichtlich der Art gruppeninterner Transaktionen ihr, der Deutschen Bundesbank und, soweit Aufsichtsbehörde die Europäische Zentralbank ist, auch der Bundesanstalt unverzüglich anzuzeigen. [4] Die Aufsichtsbehörde kann

1. von dem CRR-Institut im Sinne des Absatzes 1 Satz 1 bei einem Überschreiten der in der Rechtsverordnung nach Absatz 1 Satz 2 bestimmten Obergrenzen die Unterlegung des Überschreitungsbetrags mit Eigenmitteln verlangen;
2. Verstöße gegen die in der Rechtsverordnung nach Absatz 1 Satz 2 bestimmten Beschränkungen hinsichtlich der Art gruppeninterner Transaktionen durch geeignete und erforderliche Maßnahmen unterbinden.

(4) [1] Zur Ermittlung, Quantifizierung, Überwachung und Steuerung bedeutender gruppeninterner Transaktionen innerhalb einer gemischten Unterneh-

mensgruppe müssen die gruppenangehörigen CRR-Institute über ein angemessenes Risikomanagement und angemessene interne Kontrollverfahren, einschließlich eines ordnungsgemäßen Berichtswesens und ordnungsgemäßer Rechnungslegungsverfahren, verfügen; § 13 bleibt unberührt. [2] § 10a Absatz 8, § 25a Abs. 1 Satz 2 sowie Artikel 11 Absatz 1 Satz 2 und 3 der Verordnung (EU) Nr. 575/2013[1)] gelten entsprechend.

§ 13d *(aufgehoben)*

§ 14 Millionenkredite. (1) [1] Kreditinstitute, CRR-Wertpapierfirmen, die für eigene Rechnung im Sinne des Anhangs I Nummer 3 der Richtlinie 2004/39/EG handeln, Finanzdienstleistungsinstitute im Sinne des § 1 Absatz 1a Satz 2 Nummer 4, 9 oder 10, Finanzinstitute im Sinne des Artikels 4 Absatz 1 Nummer 26 der Verordnung (EU) Nr. 575/2013[1)] in Verbindung mit Anhang I Nummer 2 der Richtlinie 2013/36/EU, die das Factoring betreiben, und die in § 2 Absatz 2 genannten Unternehmen und Stellen (am Millionenkreditmeldeverfahren beteiligte Unternehmen) haben der bei der Deutschen Bundesbank geführten Evidenzzentrale vierteljährlich (Beobachtungszeitraum) die Kreditnehmer (Millionenkreditnehmer) anzuzeigen, deren Kreditvolumen 1 Million Euro oder mehr beträgt (Millionenkreditmeldegrenze); Anzeigeinhalte, Anzeigefristen und nähere Bestimmungen zum Beobachtungszeitraum sind durch die Rechtsverordnung nach § 22 zu regeln. [2] Übergeordnete Unternehmen im Sinne des § 10a haben zugleich für die gruppenangehörigen Unternehmen deren Kreditnehmer im Sinne des entsprechend anzuwendenden Satzes 1 anzuzeigen. [3] Dies gilt nicht, soweit diese Unternehmen selbst nach Satz 1 anzeigepflichtig sind oder nach § 2 Absatz 4, 7, 8, 9a oder 9e von der Anzeigepflicht befreit oder ausgenommen sind oder der Buchwert der Beteiligung an dem gruppenangehörigen Unternehmen gemäß Artikel 36 in Verbindung mit Artikel 19 Absatz 2 Buchstabe a der Verordnung (EU) Nr. 575/2013 in der jeweils gültigen Fassung von den Eigenmitteln des übergeordneten Unternehmens abgezogen wird. [4] Die nicht selbst nach Satz 1 anzeigepflichtigen gruppenangehörigen Unternehmen haben dem übergeordneten Unternehmen die hierfür erforderlichen Angaben zu übermitteln. [5] Satz 1 gilt bei Gemeinschaftskrediten von 1 Million Euro und mehr auch dann, wenn der Anteil des einzelnen Unternehmens 1 Million Euro nicht erreicht.

(2) [1] Ergibt sich, dass einem Kreditnehmer von einem oder mehreren Unternehmen Millionenkredite gewährt worden sind, hat die Deutsche Bundesbank die anzeigenden Unternehmen zu benachrichtigen. [2] Die Benachrichtigung umfasst Angaben über die Gesamtverschuldung des Kreditnehmers und über die Gesamtverschuldung der Kreditnehmereinheit, der dieser zugehört, über die Anzahl der beteiligten Unternehmen sowie Informationen über die prognostizierte Ausfallwahrscheinlichkeit im Sinne der Artikel 92 bis 386 der Verordnung (EU) Nr. 575/2013 für diesen Kreditnehmer, soweit ein Unternehmen selbst eine solche gemeldet hat. [3] Die Benachrichtigung ist nach Maßgabe der Rechtsverordnung nach § 22 aufzugliedern. [4] Die Deutsche Bundesbank teilt einem anzeigepflichtigen Unternehmen auf Antrag den Schuldenstand eines Kreditnehmers oder voraussichtlichen Kreditnehmers oder, sofern der Kreditnehmer oder der voraussichtliche Kreditnehmer einer Kreditnehmerein-

1) Nr. 6.

heit angehört, den Schuldenstand der Kreditnehmereinheit mit. [5]Sofern es sich um einen voraussichtlichen Kreditnehmer handelt, hat das Unternehmen auf Verlangen der Deutschen Bundesbank die Höhe der beabsichtigten Kreditgewährung mitzuteilen und nachzuweisen, dass der voraussichtliche Kreditnehmer in die Mitteilung eingewilligt hat. [6]Die am Millionenkreditmeldeverfahren beteiligten Unternehmen und die Deutsche Bundesbank dürfen die Meldung nach Absatz 1, die Benachrichtigung nach Satz 1 sowie die Mitteilung nach Satz 4 auch im Wege der elektronischen Datenübertragung durchführen. [7]Einzelheiten des Verfahrens regelt die Rechtsverordnung nach § 22. [8]Soweit es für die Zwecke der Zuordnung der Meldung nach Absatz 1 zu einem bestimmten Kreditnehmer unerlässlich ist, darf die Deutsche Bundesbank personenbezogene Daten mehrerer Kreditnehmer an das anzeigepflichtige Unternehmen übermitteln. [9]Diese Daten dürfen keine Angaben über finanzielle Verhältnisse der Kreditnehmer enthalten. [10]Die bei einem anzeigepflichtigen Unternehmen beschäftigten Personen dürfen Angaben, die dem Unternehmen nach diesem Absatz mitgeteilt werden, Dritten nicht offenbaren und nicht verwerten. [11]Die Deutsche Bundesbank protokolliert zum Zwecke der Datenschutzkontrolle durch die jeweils zuständige Stelle bei jeder Datenübertragung den Zeitpunkt, die übertragenen Daten und die beteiligten Stellen. [12]Eine Verarbeitung der Protokolldaten für andere Zwecke ist unzulässig. [13]Die Protokolldaten sind mindestens 18 Monate aufzubewahren und spätestens nach 24 Monaten zu löschen.

(3) [1]Gelten nach § 19 Abs. 2 mehrere Schuldner als ein Kreditnehmer, so sind in den Anzeigen nach Absatz 1 auch die Verschuldung und Informationen über die prognostizierten Ausfallwahrscheinlichkeiten §2der einzelnen Schuldner anzugeben. [2]Die Verschuldung einzelner Schuldner sowie die Informationen über die prognostizierten Ausfallwahrscheinlichkeiten sind jeweils nur den Unternehmen mitzuteilen, die selbst oder deren gruppenangehörige Unternehmen im Sinne des Absatzes 1 diesen Schuldnern Kredite gewährt oder Informationen über die prognostizierten Ausfallwahrscheinlichkeiten dieses Schuldners gemeldet haben.

(4) Die Deutsche Bundesbank darf im Einvernehmen mit der Bundesanstalt nach Maßgabe der allgemeinen datenschutzrechtlichen Vorschriften ausländischen Evidenzzentralen die bei ihr gespeicherten Daten über Kreditnehmer, auch zur Weitergabe an dort ansässige Kreditgeber, zur Verfügung stellen.

§ 15 Organkredite. (1) [1]Kredite an

1. Geschäftsleiter des Instituts,
2. nicht zu den Geschäftsleitern gehörende Gesellschafter des Instituts, wenn dieses in der Rechtsform einer Personenhandelsgesellschaft oder der Gesellschaft mit beschränkter Haftung betrieben wird, sowie an persönlich haftende Gesellschafter eines in der Rechtsform der Kommanditgesellschaft auf Aktien betriebenen Instituts, die nicht Geschäftsleiter sind,
3. Mitglieder eines zur Überwachung der Geschäftsführung bestellten Organs des Instituts, wenn die Überwachungsbefugnisse des Organs durch Gesetz geregelt sind (Aufsichtsorgan),
4. Prokuristen und zum gesamten Geschäftsbetrieb ermächtigte Handlungsbevollmächtigte des Instituts,

5. Ehegatten, Lebenspartner und minderjährige Kinder der unter den Nummern 1 bis 4 genannten Personen,
6. stille Gesellschafter des Instituts,
7. Unternehmen in der Rechtsform einer juristischen Person oder einer Personenhandelsgesellschaft, wenn ein Geschäftsleiter, ein Prokurist oder ein zum gesamten Geschäftsbetrieb ermächtigter Handlungsbevollmächtigter des Instituts gesetzlicher Vertreter oder Mitglied des Aufsichtsorgans der juristischen Person oder Gesellschafter der Personenhandelsgesellschaft ist,
8. Unternehmen in der Rechtsform einer juristischen Person oder einer Personenhandelsgesellschaft, wenn ein gesetzlicher Vertreter der juristischen Person, ein Gesellschafter der Personenhandelsgesellschaft, ein Prokurist oder ein zum gesamten Geschäftsbetrieb ermächtigter Handlungsbevollmächtigter dieses Unternehmens dem Aufsichtsorgan des Instituts angehört,
9. Unternehmen, an denen das Institut oder ein Geschäftsleiter mit mehr als 10 vom Hundert des Kapitals des Unternehmens beteiligt ist oder bei denen das Institut oder ein Geschäftsleiter persönlich haftender Gesellschafter ist,
10. Unternehmen, die an dem Institut mit mehr als 10 vom Hundert des Kapitals des Instituts beteiligt sind,
11. Unternehmen in der Rechtsform einer juristischen Person oder einer Personenhandelsgesellschaft, wenn ein gesetzlicher Vertreter der juristischen Person oder ein Gesellschafter der Personenhandelsgesellschaft an dem Institut mit mehr als 10 vom Hundert des Kapitals beteiligt ist und
12. persönlich haftende Gesellschafter, Geschäftsführer, Mitglieder des Vorstands oder des Aufsichtsorgans, Prokuristen und an zum gesamten Geschäftsbetrieb ermächtigte Handlungsbevollmächtigte eines von dem Institut abhängigen Unternehmens oder das Institut berherrschenden Unternehmens sowie ihre Ehegatten, Lebenspartner und minderjährigen Kinder,

(Organkredite) dürfen nur auf Grund eines einstimmigen Beschlusses sämtlicher Geschäftsleiter des Instituts und außer im Rahmen von Mitarbeiterprogrammen nur zu marktmäßigen Bedingungen und nur mit ausdrücklicher Zustimmung des Aufsichtsorgans, im Falle der Nummer 12 des Aufsichtsorgans des das Institut berherrschenden Unternehmens, gewährt werden; die vorstehenden Bestimmungen für Personenhandelsgesellschaften sind auf Partnerschaften entsprechend anzuwenden. [2] Auf einen einstimmigen Beschluss sämtlicher Geschäftsleiter sowie die ausdrückliche Zustimmung des Aufsichtsorgans kann verzichtet werden, wenn für einen Kredit an ein Unternehmen nach Satz 1 Nr. 9 und 10 gemäß Artikel 113 der Verordnung (EU) Nr. 575/2013[1)] ein KSA-Risikogewicht von null vom Hundert verwendet werden kann. [3] Als Beteiligung im Sinne des Satzes 1 Nr. 9 bis 11 gilt jeder Besitz von Aktien oder Geschäftsanteilen des Unternehmens, wenn er mindestens ein Viertel des Kapitals (Nennkapital, Summe der Kapitalanteile) erreicht, ohne daß es auf die Dauer des Besitzes ankommt. [4] Der Gewährung eines Kredits steht die Gestattung von Entnahmen gleich, die über die einem Geschäftsleiter oder einem Mitglied des Aufsichtsorgans zustehenden Vergütungen hinausgehen, insbesondere auch die Gestattung der Entnahme von Vorschüssen auf Vergütungen. [5] Organkredite, die nicht zu marktmäßigen Bedingungen gewährt werden, sind

[1)] Nr. **6**.

auf Anordnung der Bundesanstalt mit hartem Kernkapital nach Artikel 26 der Verordnung (EU) Nr. 575/2013 in der jeweils geltenden Fassung zu unterlegen.

(2) [1]Die Bundesanstalt kann für die Gewährung von Organkrediten im Einzelfall Obergrenzen anordnen; dieses Recht besteht auch, nachdem der Organkredit gewährt worden ist. [2]Organkredite, die die von der Bundesanstalt angeordneten Obergrenzen überschreiten, sind auf weitere Anordnung der Bundesanstalt auf die angeordneten Obergrenzen zurückzuführen; in der Zwischenzeit sind sie mit hartem Kernkapital nach Artikel 26 der Verordnung (EU) Nr. 575/2013 in der jeweils geltenden Fassung zu unterlegen.

(3) Absatz 1 gilt nicht

1. für Kredite an Prokuristen und zum gesamten Geschäftsbetrieb ermächtigte Handlungsbevollmächtigte sowie an ihre Ehegatten, Lebenspartner und minderjährigen Kinder, wenn der Kredit ein Jahresgehalt des Prokuristen oder des Handlungsbevollmächtigten nicht übersteigt,
2. für Kredite an in Absatz 1 Satz 1 Nr. 6 bis 11 genannte Personen oder Unternehmen, wenn der Kredit weniger als 1 vom Hundert der nach Artikel 4 Absatz 1 Nummer 71 der Verordnung (EU) Nr. 575/2013 anrechenbaren Eigenmittel des Instituts oder weniger als 50 000 Euro beträgt, und
3. für Kredite, die um nicht mehr als 10 vom Hundert des nach Absatz 1 Satz 1 beschlossenen Betrages erhöht werden.

(4) [1]Der Beschluß der Geschäftsleiter und der Beschluß über die Zustimmung sind vor der Gewährung des Kredits zu fassen. [2]Die Beschlüsse müssen Bestimmungen über die Verzinsung und Rückzahlung des Kredits enthalten. [3]Sie sind aktenkundig zu machen. [4]Ist die Gewährung eines Kredits nach Absatz 1 Satz 1 Nr. 6 bis 11 eilbedürftig, genügt es, daß sämtliche Geschäftsleiter sowie das Aufsichtsorgan der Kreditgewährung unverzüglich nachträglich zustimmen. [5]Ist der Beschluß der Geschäftsleiter nicht innerhalb von zwei Monaten oder der Beschluß des Aufsichtsorgans nicht innerhalb von vier Monaten, jeweils vom Tage der Kreditgewährung an gerechnet, nachgeholt, hat das Institut dies der Bundesanstalt unverzüglich anzuzeigen. [6]Der Beschluß der Geschäftsleiter und der Beschluß über die Zustimmung zu Krediten an die in Absatz 1 Satz 1 Nr. 1 bis 5 und 12 genannten Personen können für bestimmte Kreditgeschäfte und Arten von Kreditgeschäften im voraus, jedoch nicht für länger als ein Jahr gefaßt werden.

(5) Wird entgegen Absatz 1 oder 4 ein Kredit an eine in Absatz 1 Satz 1 Nr. 1 bis 5 und 12 genannte Person gewährt, so ist dieser Kredit ohne Rücksicht auf entgegenstehende Vereinbarungen sofort zurückzuzahlen, wenn nicht sämtliche Geschäftsleiter sowie das Aufsichtsorgan der Kreditgewährung unverzüglich nachträglich zustimmen.

§ 16 (aufgehoben)

§ 17 Haftungsbestimmung. (1) Wird entgegen den Vorschriften des § 15 Kredit gewährt, so haften die Geschäftsleiter, die hierbei ihre Pflichten verletzen, und die Mitglieder des Aufsichtsorgans, die trotz Kenntnis gegen eine beabsichtigte Kreditgewährung pflichtwidrig nicht einschreiten, dem Institut als Gesamtschuldner für den entstehenden Schaden; die Geschäftsleiter und die

Mitglieder des Aufsichtsorgans haben nachzuweisen, daß sie nicht schuldhaft gehandelt haben.

(2) [1]Der Ersatzanspruch des Instituts kann auch von dessen Gläubigern geltend gemacht werden, soweit sie von diesem keine Befriedigung erlangen können. [2]Den Gläubigern gegenüber wird die Ersatzpflicht weder durch einen Verzicht oder Vergleich des Instituts noch dadurch aufgehoben, daß bei Instituten in der Rechtsform der juristischen Person die Kreditgewährung auf einem Beschluß des obersten Organs des Instituts (Hauptversammlung, Generalversammlung, Gesellschafterversammlung) beruht.

(3) Die Ansprüche nach Absatz 1 verjähren in fünf Jahren.

§ 18 Kreditunterlagen. [1]Ein Kreditinstitut darf einen Kredit, der insgesamt 750 000 Euro oder 10 vom Hundert des nach Artikel 4 Absatz 1 Nummer 71 der Verordnung (EU) Nr. 575/2013[1)] anrechenbaren Eigenkapitals des Instituts überschreitet, nur gewähren, wenn es sich von dem Kreditnehmer die wirtschaftlichen Verhältnisse, insbesondere durch Vorlage der Jahresabschlüsse, offen legen lässt. [2]Das Kreditinstitut kann hiervon absehen, wenn das Verlangen nach Offenlegung im Hinblick auf die gestellten Sicherheiten oder auf die Mitverpflichteten offensichtlich unbegründet wäre. [3]Das Kreditinstitut kann von der laufenden Offenlegung absehen, wenn

1. der Kredit durch Grundpfandrechte auf Wohneigentum, das vom Kreditnehmer selbst genutzt wird, gesichert ist,
2. der Kredit vier Fünftel des Beleihungswertes des Pfandobjektes im Sinne des § 16 Abs. 1 und 2 des Pfandbriefgesetzes[2)] nicht übersteigt und
3. der Kreditnehmer die von ihm geschuldeten Zins- und Tilgungsleistungen störungsfrei erbringt.

[4]Eine Offenlegung ist nicht erforderlich bei Krediten an

1. Zentralregierungen oder Zentralnotenbanken im Ausland, den Bund, die Deutsche Bundesbank oder ein rechtlich unselbständiges Sondervermögen des Bundes, wenn sie ungesichert ein Kreditrisiko-Standardansatz-Risikogewicht (KSA-Risikogewicht) von 0 Prozent erhalten würden,
2. multilaterale Entwicklungsbanken oder internationale Organisationen, wenn sie ungesichert ein KSA-Risikogewicht von 0 Prozent erhalten würden, oder
3. Regionalregierungen oder örtliche Gebietskörperschaften in einem anderen Staat des Europäischen Wirtschaftsraums, ein Land, eine Gemeinde, einen Gemeindeverband, ein rechtlich unselbständiges Sondervermögen eines Landes, einer Gemeinde oder eines Gemeindeverbandes oder Einrichtungen des öffentlichen Bereichs, wenn sie ungesichert ein KSA-Risikogewicht von 0 Prozent erhalten würden.

§ 18a Verbraucherdarlehen und entgeltliche Finanzierungshilfen; Verordnungsermächtigung. (1) [1]Die Kreditinstitute prüfen vor Abschluss eines Verbraucherdarlehensvertrags die Kreditwürdigkeit des Darlehensnehmers. [2]Das Kreditinstitut darf den Verbraucherdarlehensvertrag nur abschließen, wenn aus der Kreditwürdigkeitsprüfung hervorgeht, dass bei einem Allgemein-

---

1) Nr. **6**.
2) Nr. **16**.

Verbraucherdarlehensvertrag keine erheblichen Zweifel an der Kreditwürdigkeit bestehen und dass es bei einem Immobiliar-Verbraucherdarlehensvertrag wahrscheinlich ist, dass der Darlehensnehmer seinen Verpflichtungen, die im Zusammenhang mit dem Darlehensvertrag stehen, vertragsgemäß nachkommen wird.

(2) Wird der Nettodarlehensbetrag nach Abschluss des Darlehensvertrags deutlich erhöht, so ist die Kreditwürdigkeit auf aktualisierter Grundlage neu zu prüfen, es sei denn, der Erhöhungsbetrag des Nettodarlehens wurde bereits in die ursprüngliche Kreditwürdigkeitsprüfung einbezogen.

(2a) [1] Bei Immobiliar-Verbraucherdarlehensverträgen, die

1. im Anschluss an einen zwischen den Vertragsparteien abgeschlossenen Darlehensvertrag ein neues Kapitalnutzungsrecht zur Erreichung des von dem Darlehensnehmer mit dem vorangegangenen Darlehensvertrag verfolgten Zwecks einräumen oder
2. einen anderen Darlehensvertrag zwischen den Vertragsparteien zur Vermeidung von Kündigungen wegen Zahlungsverzuges des Darlehensnehmers oder zur Vermeidung von Zwangsvollstreckungsmaßnahmen gegen den Darlehensnehmer ersetzen oder ergänzen,

bedarf es einer erneuten Kreditwürdigkeitsprüfung nur unter den Voraussetzungen des Absatzes 2. [2] Ist danach keine Kreditwürdigkeitsprüfung erforderlich, darf der Darlehensgeber den neuen Immobiliar-Verbraucherdarlehensvertrag nicht abschließen, wenn ihm bereits bekannt ist, dass der Darlehensnehmer seinen Verpflichtungen, die im Zusammenhang mit diesem Darlehensvertrag stehen, dauerhaft nicht nachkommen kann.

(3) [1] Grundlage für die Kreditwürdigkeitsprüfung können Auskünfte des Darlehensnehmers und erforderlichenfalls Auskünfte von Stellen sein, die geschäftsmäßig personenbezogene Daten, die zur Bewertung der Kreditwürdigkeit von Verbrauchern genutzt werden dürfen, zum Zwecke der Übermittlung erheben, speichern, verändern oder nutzen. [2] Das Kreditinstitut ist verpflichtet, die Informationen in angemessener Weise zu überprüfen, soweit erforderlich auch durch Einsichtnahme in unabhängig nachprüfbare Unterlagen.

(4) [1] Bei Immobiliar-Verbraucherdarlehensverträgen hat das Kreditinstitut die Kreditwürdigkeit des Darlehensnehmers auf der Grundlage notwendiger, ausreichender und angemessener Informationen zu Einkommen, Ausgaben sowie zu anderen finanziellen und wirtschaftlichen Umständen des Darlehensnehmers eingehend zu prüfen. [2] Dabei hat das Kreditinstitut die Faktoren angemessen zu berücksichtigen, die für die Einschätzung relevant sind, ob der Darlehensnehmer seinen Verpflichtungen aus dem Darlehensvertrag voraussichtlich nachkommen kann. [3] Die Kreditwürdigkeitsprüfung darf sich nicht hauptsächlich darauf stützen, dass der Wert der Wohnimmobilie den Darlehensbetrag übersteigt, oder auf die Annahme, dass der Wert der Wohnimmobilie zunimmt, es sei denn, der Darlehensvertrag dient zum Bau oder zur Renovierung der Wohnimmobilie.

(5) Das Kreditinstitut ist verpflichtet, die Verfahren und Angaben, auf die sich die Kreditwürdigkeitsprüfung stützt, nach Maßgabe von § 25a Absatz 1 Satz 6 Nummer 2 zu dokumentieren und die Dokumentation aufzubewahren.

(6) Die mit der Vergabe von Immobiliar-Verbraucherdarlehen befassten internen und externen Mitarbeiter müssen über angemessene Kenntnisse und

Fähigkeiten in Bezug auf das Gestalten, Anbieten, Vermitteln, Abschließen von Immobiliar-Verbraucherdarlehensverträgen oder das Erbringen von Beratungsleistungen in Bezug auf diese Verträge verfügen und ihre Kenntnisse und Fähigkeiten auf aktuellem Stand halten.

(7) [1] Kreditinstitute, die grundpfandrechtlich oder durch eine Reallast besicherte Immobiliar-Verbraucherdarlehen vergeben, haben

1. bei der Bewertung der Immobilie zuverlässige Standards zu verwenden und
2. sicherzustellen, dass interne und externe Gutachter, die Immobilienbewertungen für sie vornehmen, fachlich kompetent und so unabhängig vom Darlehensvergabeprozess sind, dass sie eine objektive Bewertung vornehmen können.

[2] Das Kreditinstitut ist verpflichtet, Bewertungen für Immobilien, die als Sicherheit für Immobiliar-Verbraucherdarlehen dienen, nach Maßgabe von § 25a Absatz 1 Satz 6 Nummer 2 auf einem dauerhaften Datenträger zu dokumentieren und die Dokumentation aufzubewahren.

(8) Soweit Kreditinstitute Beratungsleistungen gemäß § 511 des Bürgerlichen Gesetzbuchs[1)] zu Immobiliar-Verbraucherdarlehen oder Nebenleistungen gewähren, vermitteln oder erbringen, sind Informationen über die Umstände des Verbrauchers, von ihm angegebene konkrete Bedürfnisse und realistische Annahmen bezüglich der Risiken für die Situation des Verbrauchers während der Laufzeit des Darlehensvertrags zugrunde zu legen.

(8a) Eine Genehmigung für Koppelungsgeschäfte bei Immobiliar-Verbraucherdarlehensverträgen nach § 492b Absatz 3 des Bürgerlichen Gesetzbuchs darf nur erteilt werden, wenn der Darlehensgeber gegenüber der für ihn zuständigen Aufsichtsbehörde nachweisen kann, dass die zu ähnlichen Vertragsbedingungen angebotenen gekoppelten Produkte oder Produktkategorien, die nicht separat erhältlich sind, unter gebührender Berücksichtigung der Verfügbarkeit und der Preise der einschlägigen auf dem Markt angebotenen Produkte einen klaren Nutzen für den Verbraucher bieten und es sich um Produkte handelt, die nach dem 20. März 2014 vertrieben werden.

(9) Die Bestimmungen zum Schutz personenbezogener Daten bleiben unberührt.

(10) Die Absätze 1 bis 9 gelten auch für die jeweils entsprechenden entgeltlichen Finanzierungshilfen.

(10a) [1] Das Bundesministerium der Finanzen und das Bundesministerium der Justiz und für Verbraucherschutz werden ermächtigt, durch gemeinsame Rechtsverordnung ohne Zustimmung des Bundesrates Leitlinien zu den Kriterien und Methoden der Kreditwürdigkeitsprüfung bei Immobiliar-Verbraucherdarlehensverträgen nach den Absätzen 1 bis 5 festzulegen. [2] Durch die Rechtsverordnung können insbesondere Leitlinien festgelegt werden:

1. zu den Faktoren, die für die Einschätzung relevant sind, ob der Darlehensnehmer seinen Verpflichtungen aus dem Darlehensvertrag voraussichtlich nachkommen kann,
2. zu den anzuwendenden Verfahren und der Erhebung und Prüfung von Informationen.

[1)] Nr. **23**.

(11) [1]Das Bundesministerium der Finanzen wird ermächtigt, durch Rechtsverordnung, die nicht der Zustimmung des Bundesrates bedarf, nähere Bestimmungen über die nach Absatz 6 erforderlichen Kenntnisse und Fähigkeiten der mit der Darlehensvergabe befassten internen und externen Mitarbeiter zu erlassen. [2]Das Bundesministerium der Finanzen kann die Ermächtigung nach Satz 1 durch Rechtsverordnung auf die Bundesanstalt übertragen.

§ 18b *(aufgehoben)*

§ 19 Begriff des Kredits für § 14 und des Kreditnehmers für die §§ 14, 15 und 18. (1) [1]Kredite im Sinne des § 14 sind Bilanzaktiva, Derivate mit Ausnahme der Stillhalterverpflichtungen aus Kaufoptionen sowie die dafür übernommenen Gewährleistungen und andere außerbilanzielle Geschäfte. [2]Bilanzaktiva im Sinne des Satzes 1 sind

1. Guthaben bei Zentralnotenbanken und Postgiroämtern,
2. Schuldtitel öffentlicher Stellen und Wechsel, die zur Refinanzierung bei Zentralnotenbanken zugelassen sind,
3. im Einzug befindliche Werte, für die entsprechende Zahlungen bereits bevorschußt wurden,
4. Forderungen an Kreditinstitute und Kunden, einschließlich der Warenforderungen von Kreditinstituten mit Warengeschäft sowie in der Bilanz aktivierte Ansprüche aus Leasingverträgen auf Zahlungen, zu denen der Leasingnehmer verpflichtet ist oder verpflichtet werden kann, und Optionsrechte des Leasingnehmers zum Kauf der Leasinggegenstände, die einen Anreiz zur Ausübung des Optionsrechts bieten,
5. Schuldverschreibungen und andere festverzinsliche Wertpapiere, soweit sie kein Recht verbriefen, das unter die in Satz 1 genannten Derivate fällt,
6. Aktien und andere nicht festverzinsliche Wertpapiere, soweit sie kein Recht verbriefen, das unter die in Satz 1 genannten Derivate fällt,
7. Beteiligungen,
8. Anteile an verbundenen Unternehmen,
9. *(aufgehoben)*
10. sonstige Vermögensgegenstände, sofern sie einem Adressenausfallrisiko unterliegen.

[3]Als andere außerbilanzielle Geschäfte im Sinne des Satzes 1 sind anzusehen

1. den Kreditnehmern abgerechnete eigene Ziehungen im Umlauf,
2. Indossamentsverbindlichkeiten aus weitergegebenen Wechseln,
3. Bürgschaften und Garantien für Bilanzaktiva,
4. Erfüllungsgarantien und andere als die in Nummer 3 genannten Garantien und Gewährleistungen, soweit sie sich nicht auf die in Satz 1 genannten Derivate beziehen,
5. Eröffnung und Bestätigung von Akkreditiven,
6. unbedingte Verpflichtungen der Bausparkassen zur Ablösung fremder Vorfinanzierungs- und Zwischenkredite an Bausparer,
7. Haftung aus der Bestellung von Sicherheiten für fremde Verbindlichkeiten,

8. beim Pensionsgeber vom Bestand abgesetzte Bilanzaktiva, die dieser mit der Vereinbarung auf einen anderen übertragen hat, daß er sie auf Verlangen zurücknehmen muß,
9. Verkäufe von Bilanzaktiva mit Rückgriff, bei denen das Kreditrisiko bei dem verkaufenden Institut verbleibt,
10. Terminkäufe auf Bilanzaktiva, bei denen eine unbedingte Verpflichtung zur Abnahme des Liefergegenstandes besteht,
11. Plazierung von Termineinlagen auf Termin,
12. Ankaufs- und Refinanzierungszusagen,
13. noch nicht in Anspruch genommene Kreditzusagen,
14. Kreditderivate,
15. noch nicht in der Bilanz aktivierte Ansprüche aus Leasingverträgen auf Zahlungen, zu denen der Leasingnehmer verpflichtet ist oder verpflichtet werden kann, und Optionsrechte des Leasingnehmers zum Kauf der Leasinggegenstände, die einen Anreiz zur Ausübung des Optionsrechts bieten, sowie
16. außerbilanzielle Geschäfte, sofern sie einem Adressenausfallrisiko unterliegen und von den Nummern 1 bis 14 nicht erfasst sind.

(1a) [1] Derivate im Sinne dieser Vorschrift sind als Kauf, Tausch oder durch anderweitigen Bezug auf einen Basiswert ausgestaltete Festgeschäfte oder Optionsgeschäfte, deren Wert durch den Basiswert bestimmt wird und deren Wert sich infolge eines für wenigstens einen Vertragspartner zeitlich hinausgeschobenen Erfüllungszeitpunkts künftig ändern kann, einschließlich finanzieller Differenzgeschäfte. [2] Basiswert im Sinne von Satz 1 kann auch ein Derivat sein.

(2) [1] Als ein Kreditnehmer im Sinne des § 14 gelten

1. zwei oder mehr natürliche oder juristische Personen oder Personenhandelsgesellschaften, wenn eine von ihnen unmittelbar oder mittelbar beherrschenden Einfluss auf die andere oder die anderen ausüben kann. Unmittelbar oder mittelbar beherrschender Einfluss liegt insbesondere vor,
   a) bei allen Unternehmen, die im Sinne des § 290 Absatz 2 des Handelsgesetzbuchs konsolidiert werden, oder
   b) bei allen Unternehmen, die durch Verträge verbunden sind, die vorsehen, dass das eine Unternehmen verpflichtet ist, seinen ganzen Gewinn an ein anderes abzuführen, oder
   c) beim Halten von Stimmrechts- oder Kapitalanteilen an einem Unternehmen in Höhe von 50 Prozent oder mehr durch ein anderes Unternehmen oder eine Person, unabhängig davon, ob diese Anteile im Rahmen eines Treuhandverhältnisses verwaltet werden,
2. Personenhandelsgesellschaften oder Kapitalgesellschaften und jeder persönlich haftende Gesellschafter sowie Partnerschaften und jeder Partner,
3. alle Unternehmen, die demselben Konzern im Sinne des § 18 des Aktiengesetzes angehören.

[2] Die Zusammenfassungstatbestände nach den Nummern 1 bis 3 sind kumulativ anzuwenden.

(3) Als ein Kreditnehmer im Sinne der §§ 15 und 18 gelten zwei oder mehr natürliche oder juristische Personen, die gemäß Artikel 4 Absatz 1 Nummer 39 der Verordnung (EU) Nr. 575/2013[1] eine Gruppe verbundener Kunden bilden.

(4) *(aufgehoben)*

(5) Bei dem entgeltlichen Erwerb von Geldforderungen gilt der Veräußerer der Forderungen als Kreditnehmer im Sinne der §§ 14 bis 18, wenn er für die Erfüllung der übertragenen Forderung einzustehen oder sie auf Verlangen des Erwerbers zurückzuerwerben hat; andernfalls gilt der Schuldner der Verbindlichkeit als Kreditnehmer.

§ 20 Ausnahmen von den Verpflichtungen nach § 14. Als Kredite im Sinne des § 14 gelten nicht:

1. Kredite bei Wechselkursgeschäften, die im Rahmen des üblichen Abrechnungsverfahrens innerhalb von zwei Geschäftstagen ab Vorleistung abgewickelt werden,
2. Kredite bei Wertpapiergeschäften, die im Rahmen des üblichen Abrechnungsverfahrens innerhalb von fünf Geschäftstagen ab Vorleistung abgewickelt werden,
3. im Fall der Durchführung des Zahlungsverkehrs, einschließlich der Ausführung von Zahlungsdiensten, der Verrechnung und Abwicklung in jedweder Währung und des Korrespondenzbankgeschäfts, oder der Erbringung von Dienstleistungen für Kunden zur Verrechnung, Abwicklung und Verwahrung von Finanzinstrumenten, verspätete Zahlungseingänge bei Finanzierungen und andere Kredite im Kundengeschäft, die längstens bis zum folgenden Geschäftstag bestehen,
4. Geldsicherheiten, die im Kontext von Finanzmarktgeschäften für Kunden hinterlegt werden und deren vereinbarte Laufzeit oder Kündigungsfrist einen Geschäftstag nicht überschreitet,
5. Kredite, die im Fall der Durchführung des Zahlungsverkehrs, einschließlich der Ausführung von Zahlungsdiensten, der Verrechnung und Abwicklung in jedweder Währung und des Korrespondenzbankgeschäfts, an Institute vergeben werden, die diese Dienste erbringen, sofern die Kredite bis zum Geschäftsschluss zurückzuzahlen sind,
6. abgeschriebene Kredite und
7. Verfügungen über gutgeschriebene Beträge aus dem Lastschrifteinzugsverfahren, die mit dem Vermerk „Eingang vorbehalten" versehen werden.

§§ 20a–20c *(aufgehoben)*

§ 21 Begriff des Kredits für die §§ 15 bis 18. (1) [1]Kredite im Sinne der §§ 15 bis 18 sind

1. Gelddarlehen aller Art, entgeltlich erworbene Geldforderungen, Akzeptkredite sowie Forderungen aus Namensschuldverschreibungen mit Ausnahme der auf den Namen lautenden Pfandbriefe und Kommunalschuldverschreibungen;

---

[1] Nr. **6**.

2. die Diskontierung von Wechseln und Schecks;
3. Geldforderungen aus sonstigen Handelsgeschäften eines Instituts, ausgenommen die Forderungen aus Warengeschäften der Kreditgenossenschaften, sofern diese nicht über die handelsübliche Frist hinaus gestundet werden;
4. Bürgschaften, Garantien und sonstige Gewährleistungen eines Instituts sowie die Haftung eines Instituts aus der Bestellung von Sicherheiten für fremde Verbindlichkeiten;
5. die Verpflichtung, für die Erfüllung entgeltlich übertragener Geldforderungen einzustehen oder sie auf Verlangen des Erwerbers zurückzuerwerben;
6. der Besitz eines Instituts an Aktien oder Geschäftsanteilen eines anderen Unternehmens, der mindestens ein Viertel des Kapitals (Nennkapital, Summe der Kapitalanteile) des Beteiligungsunternehmens erreicht, ohne daß es auf die Dauer des Besitzes ankommt;
7. Gegenstände, über die ein Institut als Leasinggeber Leasingverträge abgeschlossen hat, abzüglich bis zum Buchwert des ihm zugehörigen Leasinggegenstandes solcher Posten, die wegen der Erfüllung oder der Veräußerung von Forderungen aus diesen Leasingverträgen gebildet werden.

[2] Zugunsten des Instituts bestehende Sicherheiten sowie Guthaben des Kreditnehmers bei dem Institut bleiben außer Betracht.

(2) Als Kredite im Sinne der §§ 15 bis 18 gelten nicht

1. Kredite an den Bund, ein rechtlich unselbständiges Sondervermögen des Bundes oder eines Landes, ein Land, eine Gemeinde oder einen Gemeindeverband;
2. ungesicherte Forderungen an andere Institute aus bei diesen unterhaltenen, nur der Geldanlage dienenden Guthaben, die spätestens in drei Monaten fällig sind; Forderungen eingetragener Genossenschaften an ihre Zentralbanken, von Sparkassen an ihre Girozentralen sowie von Zentralbanken und Girozentralen an ihre Zentralkreditinstitute können später fällig gestellt sein;
3. von anderen Instituten angekaufte Wechsel, die von einem Institut angenommen, indossiert oder als eigene Wechsel ausgestellt sind, eine Laufzeit von höchstens drei Monaten haben und am Geldmarkt üblicherweise gehandelt werden;
4. abgeschriebene Kredite.

(3) § 15 Abs. 1 Satz 1 Nr. 6 bis 11 und § 18 gelten nicht für

1. Kredite, soweit sie den Erfordernissen des § 14 und des § 16 Abs. 1 und 2 des Pfandbriefgesetzes[1] entsprechen (Realkredite);
2. Kredite mit Laufzeiten von höchstens 15 Jahren gegen Bestellung von Schiffshypotheken, soweit sie den Erfordernissen des § 22 Abs. 1, 2 Satz 1 und Abs. 5 Satz 3, des § 23 Abs. 1 und 4 sowie des § 24 Abs. 2 in Verbindung mit Abs. 3 des Pfandbriefgesetzes entsprechen;
3. Kredite an eine inländische juristische Person des öffentlichen Rechts, die nicht in Absatz 2 Nr. 1 genannt ist, die Europäische Union, die Europäische Atomgemeinschaft oder die Europäische Investitionsbank;

---

[1] Nr. **16**.

4. Kredite, soweit sie vom Bund, einem Sondervermögen des Bundes, einem Land, einer Gemeinde oder einem Gemeindeverband verbürgt oder in anderer Weise gesichert sind (öffentlich verbürgte Kredite).

(4) Als Kredite im Sinne des § 18 gelten nicht

1. Kredite auf Grund des entgeltlichen Erwerbs einer Forderung aus nicht bankmäßigen Handelsgeschäften, wenn
   a) Forderungen aus nicht bankmäßigen Handelsgeschäften gegen den jeweiligen Schuldner laufend erworben werden,
   b) der Veräußerer der Forderung nicht für deren Erfüllung einzustehen hat und
   c) die Forderung innerhalb von drei Monaten, vom Tage des Ankaufs an gerechnet, fällig ist;
2. Kredite, soweit sie gedeckt sind durch Sicherheiten in Form von
   a) Bareinlagen bei dem kreditgewährenden Institut oder bei einem Drittinstitut, das Mutter- oder Tochterunternehmen des kreditgewährenden Instituts ist, oder Barmitteln, die das Institut im Rahmen der Emission einer Credit Linked Note erhält, oder
   b) Einlagenzertifikaten oder ähnlichen Papieren, die von dem kreditgewährenden Institut oder einem Drittinstitut, das Mutter- oder Tochterunternehmen des kreditgewährenden Instituts ist, ausgegeben wurden und bei diesen hinterlegt sind und die näheren Bestimmungen der Artikel 192 bis 241 der Verordnung (EU) Nr. 575/2013[1)] zur Kreditrisikominderung erfüllt werden.

§ 22 Verordnungsermächtigung für Millionenkredite. [1]Das Bundesministerium der Finanzen wird ermächtigt, durch Rechtsverordnung, die nicht der Zustimmung des Bundesrates bedarf, im Benehmen mit der Deutschen Bundesbank für Millionenkredite nähere Bestimmungen zu erlassen über

1. die Ermittlung der Kreditbeträge und Kreditnehmer,
2. die Ermittlung der Kreditäquivalenzbeträge von Derivaten sowie die Ermittlung von Pensions- und Leihgeschäften und von anderen mit diesen vergleichbaren Geschäften sowie der für diese Geschäfte übernommenen Gewährleistungen,
3. die Zurechnung von Krediten zu Kreditnehmern,
4. die Anzeigeinhalte, Anzeigefristen und den Beobachtungszeitraum nach § 14 Absatz 1 Satz 1,
5. weitere Angaben in der Benachrichtigung nach § 14 Absatz 2 Satz 2, soweit dies auf Grund von Informationen, die die Deutsche Bundesbank von ausländischen Evidenzzentralen erhalten hat, erforderlich ist,
6. Einzelheiten zu den Angaben in der Benachrichtigung nach § 14 Absatz 2 Satz 2, insbesondere zu den Voraussetzungen und den Inhalten der Rückmeldungen der Informationen über prognostizierte Ausfallwahrscheinlichkeiten, sowie die Aufgliederung dieser Benachrichtigung nach § 14 Absatz 2 Satz 3 und

---

[1)] Nr. 6.

7. Einzelheiten des Verfahrens der elektronischen Datenübertragung nach § 14 Absatz 2 Satz 6.

2 Das Bundesministerium der Finanzen kann die Ermächtigung durch Rechtsverordnung auf die Bundesanstalt mit der Maßgabe übertragen, dass die Rechtsverordnung im Einvernehmen mit der Deutschen Bundesbank ergeht. 3 Vor Erlass der Rechtsverordnung sind die Spitzenverbände der Institute anzuhören.

2a. Refinanzierungsregister

§ 22a Registerführendes Unternehmen. (1) 1 Ist das Refinanzierungsunternehmen ein Kreditinstitut oder eine in § 2 Abs. 1 Nr. 1 bis 3a genannte Einrichtung und hat ein Unternehmen im Sinne des § 1 Absatz 24 Satz 1 Nummer 1 bis 6 einen Anspruch auf Übertragung einer Forderung des Refinanzierungsunternehmens oder eines Grundpfandrechts des Refinanzierungsunternehmens, das der Sicherung von Forderungen dient, können diese Gegenstände in ein vom Refinanzierungsunternehmen geführtes Refinanzierungsregister eingetragen werden; dies gilt entsprechend für Registerpfandrechte an einem Luftfahrzeug und für Schiffshypotheken. 2 Für jede Refinanzierungstransaktion ist eine gesonderte Abteilung zu bilden.

(1a) Absatz 1 gilt entsprechend, wenn die Forderungen und Grundpfandrechte treuhänderisch von dem Refinanzierungsunternehmen verwaltet werden.

(2) 1 Eine Pflicht des Refinanzierungsunternehmens oder des Refinanzierungsmittlers zur Führung eines Refinanzierungsregisters wird durch diesen Unterabschnitt nicht begründet. 2 Die Registerführung kann nur unter den Voraussetzungen des § 22k beendet oder übertragen werden.

(3) Eine Auslagerung der Registerführung ist nicht statthaft.

(4) Die Absätze 1 bis 3 gelten sinngemäß für Refinanzierungsmittler, die Kreditinstitut oder eine in § 2 Abs. 1 Nr. 1 bis 3a genannte Einrichtung sind.

§ 22b Führung des Refinanzierungsregisters für Dritte. (1) 1 Ist das Refinanzierungsunternehmen weder ein Kreditinstitut noch eine in § 2 Abs. 1 Nr. 1 bis 3a genannte Einrichtung, können die in § 22a Abs. 1 Satz 1 genannten Gegenstände des Refinanzierungsunternehmens, auf deren Übertragung ein Unternehmen im Sinne des § 1 Absatz 24 Satz 1 Nummer 1 bis 6 einen Anspruch hat, in ein von einem Kreditinstitut oder von der Kreditanstalt für Wiederaufbau geführtes Refinanzierungsregister eingetragen werden. 2 Enthält das Refinanzierungsregister daneben Gegenstände, deren Übertragung das registerführende oder ein anderes Unternehmen schuldet, so ist für jeden zur Übertragung Verpflichteten innerhalb desselben Refinanzierungsregisters eine gesonderte Abteilung und innerhalb dieser für jede Refinanzierungstransaktion eine Unterabteilung zu bilden.

(2) 1 Ist das Refinanzierungsunternehmen ein Kreditinstitut, für welches die Führung eines eigenen Refinanzierungsregisters nach Art und Umfang seines Geschäftsbetriebs eine unangemessene Belastung darstellt, so soll die Bundesanstalt auf Antrag des Refinanzierungsunternehmens der Führung des Refinanzierungsregisters durch ein anderes Kreditinstitut zustimmen. 2 Die Zustim-

mung der Bundesanstalt gilt als erteilt, wenn sie nicht binnen eines Monats nach Stellung des Antrages verweigert wird.

(3) Eintragungen, die für andere Kreditinstitute vorgenommen werden, ohne dass eine Zustimmung der Bundesanstalt nach Absatz 2 vorliegt, sind unwirksam.

(4) § 22a Abs. 2 und 3, auch in Verbindung mit Abs. 4, findet entsprechende Anwendung.

§ 22c Refinanzierungsmittler. Die §§ 22d bis 22o gelten sinngemäß für Refinanzierungsregister, die gemäß § 22a Abs. 4 von einem Refinanzierungsmittler oder gemäß § 22b Abs. 4 für einen Refinanzierungsmittler geführt werden.

§ 22d Refinanzierungsregister. (1) [1] Eine elektronische Führung des Refinanzierungsregisters ist zulässig, sofern sichergestellt ist, dass hinreichende Vorkehrungen gegen einen Datenverlust getroffen worden sind. [2] Das Bundesministerium der Finanzen hat durch Rechtsverordnung[1)], die nicht der Zustimmung des Bundesrates bedarf, Einzelheiten über die Form des Refinanzierungsregisters sowie der Art und Weise der Aufzeichnung zu bestimmen. [3] Das Bundesministerium der Finanzen kann diese Ermächtigung durch Rechtsverordnung auf die Bundesanstalt für Finanzdienstleistungsaufsicht übertragen.

(2) [1] In das Refinanzierungsregister sind von dem registerführenden Unternehmen einzutragen:

1. die Forderungen oder die Sicherheiten, auf deren Übertragung die im Register als übertragungsberechtigt eingetragenen Unternehmen im Sinne des § 1 Absatz 24 Satz 1 Nummer 1 bis 6 (Übertragungsberechtigte) einen Anspruch haben,
2. der Übertragungsberechtigte,
3. der Zeitpunkt der Eintragung,
4. falls ein Gegenstand als Sicherheit dient, den rechtlichen Grund, den Umfang, den Rang der Sicherheit und das Datum des Tages, an dem der den rechtlichen Grund für die Absicherung enthaltende Vertrag geschlossen wurde.

[2] In den Fällen der Nummern 1 und 4 genügt es, wenn Dritten, insbesondere dem Verwalter, dem Sachwalter, der Bundesanstalt oder einem Insolvenzverwalter die eindeutige Bestimmung der einzutragenden Angaben möglich ist. [3] Ist der Übertragungsberechtigte eine Pfandbriefbank, so ist diese sowie der gemäß § 7 Abs. 1 des Pfandbriefgesetzes[2)] bestellte Treuhänder von der Eintragung zu unterrichten. [4] Ist der Übertragungsberechtigte ein Versicherungsunternehmen, ist dieses sowie der nach § 128 des Versicherungsaufsichtsgesetzes bestellte Treuhänder von der Eintragung zu unterrichten.

(3) Soweit nach Absatz 2 erforderliche Angaben fehlen oder Eintragungen unrichtig sind oder keine eindeutige Bestimmung einzutragender Angaben zulassen, sind die betroffenen Gegenstände nicht ordnungsgemäß eingetragen.

[1)] Siehe die RefinanzierungsregisterVO v. 18.12.2006 (BGBl. I S. 3241).
[2)] Nr. **16**.

(4) [1] Forderungen sind auch dann eintragungsfähig und nach Eintragung an den Übertragungsberechtigten veräußerbar, wenn die Abtretung durch mündliche oder konkludente Vereinbarung mit dem Schuldner ausgeschlossen worden ist. [2] § 354a des Handelsgesetzbuchs sowie gesetzliche Verfügungsverbote bleiben unberührt.

(5) [1] Eintragungen können nur mit Zustimmung des Übertragungsberechtigten gelöscht werden. [2] Sofern ein Übertragungsberechtigter eine Pfandbriefbank oder ein Versicherungsunternehmen ist, können Eintragungen nur mit Zustimmung des Treuhänders der Pfandbriefbank beziehungsweise des Treuhänders des Versicherungsunternehmens gelöscht werden. [3] In jedem Fall ist der Zeitpunkt der Löschung einzutragen. [4] Fehlerhafte Eintragungen können mit Zustimmung des Verwalters gelöscht werden; Absatz 2 Satz 3 und 4 gilt entsprechend. [5] Die Korrektur, ihr Zeitpunkt und die Zustimmung des Verwalters sind im Refinanzierungsregister einzutragen. [6] Die nochmalige Eintragung ohne Löschung der früheren Eintragung entfaltet keine Rechtswirkung.

(6) Der Übertragungsberechtigte kann jederzeit vom Verwalter einen Auszug über die ihn betreffenden Eintragungen im Refinanzierungsregister verlangen, auf dem der Verwalter die Übereinstimmung mit dem Refinanzierungsregister in Schriftform bestätigt hat.

§ 22e Bestellung des Verwalters. (1) [1] Bei jedem registerführenden Unternehmen ist eine natürliche Person als Verwalter des Refinanzierungsregisters (Verwalter) zu bestellen. [2] Das Amt erlischt mit der Beendigung der Registerführung oder der Bestellung eines personenverschiedenen Sachwalters des Refinanzierungsregisters nach § 22l Abs. 4 Satz 1.

(2) [1] Die Bestellung erfolgt durch die Bundesanstalt auf Vorschlag des registerführenden Unternehmens. [2] Die Bundesanstalt soll die vorgeschlagene Person zum Verwalter bestellen, wenn deren Unabhängigkeit, Zuverlässigkeit und Sachkunde gewährleistet erscheint. [3] Bei ihrer Entscheidung hat die Bundesanstalt die Interessen des im Refinanzierungsregister eingetragenen oder einzutragenden Übertragungsberechtigten angemessen zu berücksichtigen.

(3) [1] Die Bestellung kann befristet werden; die Bundesanstalt kann den Verwalter jederzeit aus sachlichem Grund abberufen. [2] Absatz 2 Satz 3 gilt entsprechend. [3] Steht der Verwalter zu einem an einer konkreten Refinanzierungstransaktion Beteiligten in einem Beschäftigungs- oder Mandatsverhältnis, so ruht sein Amt für diese Refinanzierungstransaktion.

(4) [1] Auf Antrag des registerführenden Unternehmens ist ein Stellvertreter des Verwalters zu bestellen. [2] Der Antrag ist zu jeder Zeit zulässig. [3] Auf die Bestellung und Abberufung des Stellvertreters finden die Absätze 2 und 3 entsprechende Anwendung. [4] Wird der Verwalter nach Absatz 3 Satz 1 abberufen, ruht sein Amt oder ist er verhindert, so tritt der Stellvertreter an seine Stelle.

(5) [1] Ist ein Verwalter für einen nicht unerheblichen Zeitraum nicht vorhanden, an der Wahrnehmung seiner Aufgaben verhindert oder ruht sein Amt, ohne dass ein Stellvertreter an seine Stelle getreten ist, bestellt die Bundesanstalt ohne Anhörung des registerführenden Unternehmens einen geeigneten Verwalter. [2] Absatz 2 Satz 3 gilt entsprechend. [3] Das registerführende Unternehmen hat der Bundesanstalt unverzüglich mitzuteilen, wenn ein Umstand gemäß Satz 1 eingetreten ist.

(6) [1]Der Verwalter und sein Stellvertreter haften dem registerführenden Unternehmen sowie den Übertragungsberechtigten aus ihrer Tätigkeit nur im Falle von Vorsatz oder grober Fahrlässigkeit. [2]Die Ersatzpflicht des Verwalters oder des Stellvertreters beschränkt sich im Falle grob fahrlässigen Handelns auf 1 Million Euro. [3]Sie kann nicht durch Vertrag ausgeschlossen oder beschränkt werden. [4]Wird die Haftung des Verwalters oder des Stellvertreters durch eine Versicherung abgedeckt, ist ein Selbstbehalt in Höhe des Eineinhalbfachen der nach § 22i Absatz 1 festgesetzten jährlichen Vergütung vorzusehen. [5]Das registerführende Unternehmen darf den Versicherungsvertrag zugunsten des Verwalters und des Stellvertreters schließen und die Prämien zahlen.

§ 22f Verhältnis des Verwalters zur Bundesanstalt. (1) Der Verwalter hat der Bundesanstalt Auskunft über die von ihm im Rahmen seiner Tätigkeit getroffenen Feststellungen und Beobachtungen zu erteilen und auch unaufgefordert Mitteilungen zu machen, wenn Umstände auf eine nicht ordnungsgemäße Registerführung hindeuten.

(2) Der Verwalter ist an Weisungen der Bundesanstalt nicht gebunden.

§ 22g Aufgaben des Verwalters. (1) [1]Der Verwalter wacht darüber, dass das Refinanzierungsregister ordnungsgemäß geführt wird. [2]Zu seinen Aufgaben gehört es jedoch nicht zu prüfen, ob es sich bei den eingetragenen Gegenständen um solche des Refinanzierungsunternehmens oder um nach § 22d Abs. 2 eintragungsfähige Gegenstände handelt.

(2) [1]Insbesondere hat der Verwalter des Refinanzierungsregisters darauf zu achten, dass

1. das Refinanzierungsregister die nach § 22d Abs. 2 erforderlichen Angaben enthält,
2. die im Refinanzierungsregister enthaltenen Zeitangaben der Richtigkeit entsprechen und
3. die Eintragungen nicht nachträglich verändert werden.

[2]Im Übrigen hat der Verwalter des Refinanzierungsregisters die inhaltliche Richtigkeit des Refinanzierungsregisters nicht zu überprüfen.

(3) Der Verwalter kann sich bei der Durchführung seiner Aufgaben anderer Personen und Einrichtungen bedienen.

§ 22h Verhältnis des Verwalters zum registerführenden Unternehmen und zum Refinanzierungsunternehmen. (1) [1]Der Verwalter ist befugt, jederzeit die Bücher und Papiere des registerführenden Unternehmens einzusehen, es sei denn, dass sie mit der Führung des Refinanzierungsregisters in keinem Zusammenhang stehen. [2]In den Fällen des § 22b stehen dem Verwalter dieselben Befugnisse auch gegenüber dem Refinanzierungsunternehmen zu.

(2) [1]Der Verwalter ist zur Verschwiegenheit über alle Tatsachen verpflichtet, von denen er durch Einsicht in die Bücher und Papiere des registerführenden Unternehmens oder des davon abweichenden Refinanzierungsunternehmens Kenntnis erlangt. [2]Der Bundesanstalt darf er nur über Tatsachen Auskunft geben oder Mitteilung machen, die mit der Überwachung des Refinanzierungsregisters im Zusammenhang stehen.

(3) Streitigkeiten zwischen dem Verwalter und dem registerführenden Unternehmen oder dem davon abweichenden Refinanzierungsunternehmen entscheidet die Bundesanstalt.

§ 22i Vergütung des Verwalters. (1) Der Verwalter sowie sein Stellvertreter erhalten von dem registerführenden Unternehmen eine angemessene Vergütung, deren Höhe von der Bundesanstalt festgesetzt wird, und Ersatz der notwendigen Auslagen.

(2) *(aufgehoben)*

(3) Außer in Fällen des Absatzes 1 sind Leistungen des registerführenden Unternehmens, des Refinanzierungsunternehmens, für welches das Register geführt wird, und der Übertragungsberechtigten an den Verwalter des Refinanzierungsregisters und dessen Stellvertreter unzulässig.

§ 22j Wirkungen der Eintragung in das Refinanzierungsregister.

(1) [1] Gegenstände des Refinanzierungsunternehmens, die ordnungsgemäß im Refinanzierungsregister eingetragen sind, können im Fall der Insolvenz des Refinanzierungsunternehmens vom Übertragungsberechtigten nach § 47 der Insolvenzordnung ausgesondert werden. [2] Das Gleiche gilt für Gegenstände, die an die Stelle der ordnungsgemäß im Refinanzierungsregister eingetragenen Gegenstände treten. [3] Gegen Verfügungen im Wege der Zwangsvollstreckung oder der Arrestvollziehung kann der Übertragungsberechtigte Widerspruch im Wege der Klage nach § 771 der Zivilprozessordnung erheben.

(2) [1] Die Eintragung in das Refinanzierungsregister schränkt Einwendungen und Einreden Dritter gegen die eingetragenen Forderungen und Rechte nicht ein. [2] Werden die im Refinanzierungsregister eingetragenen Gegenstände ausgesondert oder an den Übertragungsberechtigten beziehungsweise von dem Übertragungsberechtigten an einen Dritten übertragen, können alle Einwendungen und Einreden wie bei einer Abtretung geltend gemacht werden. [3] Die Vorschrift des § 1156 Satz 1 des Bürgerlichen Gesetzbuchs[1)] findet keine Anwendung. [4] Dienen im Refinanzierungsregister eingetragene Gegenstände der Absicherung anderer Gegenstände, so kann der Sicherungsgeber gegenüber dem Übertragungsberechtigten alle Einwendungen und Einreden aus dem Vertrag geltend machen, der den rechtlichen Grund für die Absicherung enthält. [5] Die Vorschrift des § 1157 Satz 2 des Bürgerlichen Gesetzbuchs findet keine Anwendung. [6] § 22d Abs. 4 in Verbindung mit § 22j Abs. 1 Satz 1 und 2 bleibt jedoch unberührt.

(3) [1] Gegenüber den Ansprüchen des Übertragungsberechtigten auf Übertragung der ordnungsgemäß im Refinanzierungsregister eingetragenen Gegenstände kann das Refinanzierungsunternehmen nicht aufrechnen und keine Zurückbehaltungsrechte geltend machen. [2] Anfechtungsrechte seiner Gläubiger nach dem Anfechtungsgesetz und den §§ 129 bis 147 der Insolvenzordnung bleiben unberührt.

(4) Den Wirkungen der Absätze 1 bis 3 steht nicht entgegen, dass das Refinanzierungsunternehmen im Rahmen der Veräußerung der eingetragenen Gegenstände an den Übertragungsberechtigten das Risiko deren Werthaltigkeit ganz oder teilweise trägt.

---

1) Auszugsweise abgedruckt unter Nr. **23**.

§ 22k Beendigung und Übertragung der Registerführung. (1) [1]Willigen alle im Refinanzierungsregister eingetragenen Übertragungsberechtigten und, sofern ein Übertragungsberechtigter eine Pfandbriefbank oder ein Versicherungsunternehmen ist, der Treuhänder der Pfandbriefbank oder des Versicherungsunternehmens ein, kann die Führung des Refinanzierungsregisters einen Monat nach Anzeige an die Bundesanstalt beendet werden. [2]Willigen alle im Refinanzierungsregister eingetragenen Übertragungsberechtigten und, sofern ein Übertragungsberechtigter eine Pfandbriefbank oder ein Versicherungsunternehmen ist, der Treuhänder der Pfandbriefbank oder des Versicherungsunternehmens ein, kann die Registerführung unter Aufsicht der Bundesanstalt auf ein geeignetes Kreditinstitut übertragen werden, sofern es sich bei den eingetragenen Gegenständen um solche des die Registerführung übernehmenden Kreditinstituts handelt oder die Voraussetzungen des § 22b über die Führung des Refinanzierungsregisters für Dritte vorliegen.

(2) [1]Die Registerführung endet außerdem, wenn das registerführende Unternehmen nach Einschätzung der Bundesanstalt zur Registerführung ungeeignet ist. [2]In diesem Fall wird die Führung des Registers unter Aufsicht der Bundesanstalt auf ein nach Einschätzung der Bundesanstalt zur Registerführung geeignetes Kreditinstitut übertragen. [3]Die Vorschriften des § 22b über die Führung des Refinanzierungsregisters für Dritte finden sinngemäße Anwendung.

(3) Absatz 2 findet keine Anwendung, wenn über das Vermögen eines Unternehmens, das ein Refinanzierungsregister nicht nur für Dritte führt, das Insolvenzverfahren eröffnet wird.

§ 22l Bestellung des Sachwalters bei Eröffnung des Insolvenzverfahrens. (1) [1]Ist über das Vermögen eines Unternehmens, das ein Refinanzierungsregister nicht nur für Dritte führt, das Insolvenzverfahren eröffnet, bestellt das Insolvenzgericht auf Antrag der Bundesanstalt eine oder zwei von der Bundesanstalt vorgeschlagene natürliche Personen als Sachwalter des Refinanzierungsregisters (Sachwalter). [2]Das Gericht kann vom Vorschlag der Bundesanstalt abweichen, wenn dies zur Sicherstellung einer sachgerechten Zusammenarbeit zwischen Insolvenzverwalter und Sachwalter erforderlich erscheint. [3]Der Sachwalter erhält eine Urkunde über seine Ernennung, die er bei Beendigung seines Amtes dem Insolvenzgericht zurückzugeben hat.

(2) [1]Die Bundesanstalt stellt einen Antrag nach Absatz 1 Satz 1, wenn dies nach Anhörung der Übertragungsberechtigten zur ordnungsgemäßen Verwaltung der im Refinanzierungsregister eingetragenen Gegenstände erforderlich erscheint. [2]Als Sachwalter des Refinanzierungsregisters soll die Bundesanstalt den Verwalter des Refinanzierungsregisters vorschlagen, bei Fehlen oder dauernder Verhinderung desselben seinen Stellvertreter oder eine andere geeignete natürliche Person. [3]Der Sachwalter des Refinanzierungsregisters ist auf Antrag der Bundesanstalt abzuberufen, wenn ein wichtiger Grund vorliegt.

(3) [1]Erscheint die Bestellung eines zweiten Sachwalters des Refinanzierungsregisters zur ordnungsgemäßen Verwaltung der im Refinanzierungsregister eingetragenen Gegenstände erforderlich, kann die Bundesanstalt nach Anhörung der Übertragungsberechtigten einen weiteren Antrag nach Absatz 1 Satz 1 stellen. [2]Stellt sie diesen Antrag, soll sie den Stellvertreter des Verwalters des Refinanzierungsregisters oder, wenn ein solcher fehlt, eine andere geeignete natürliche Person vorschlagen.

(4) [1]Mit der Bestellung einer anderen Person als der des Verwalters zum Sachwalter erlischt das Amt des Verwalters. [2]Das Amt wird vom Sachwalter des Refinanzierungsregisters fortgeführt. [3]Die Sätze 1 und 2 gelten entsprechend für den Stellvertreter des Verwalters.

§ 22m Bekanntmachung der Bestellung des Sachwalters. (1) [1]Das Insolvenzgericht hat die Ernennung und Abberufung des Sachwalters unverzüglich dem zuständigen Registergericht mitzuteilen und öffentlich bekannt zu machen. [2]Die Ernennung und Abberufung des Sachwalters sind auf die Mitteilung von Amts wegen in das Handelsregister einzutragen. [3]Die Eintragungen werden nicht bekannt gemacht. [4]Die Vorschriften des § 15 des Handelsgesetzbuchs finden keine Anwendung.

(2) [1]Sind in das Refinanzierungsregister Rechte des registerführenden Unternehmens eingetragen, für die eine Eintragung im Grundbuch besteht, so ist die Bestellung des Sachwalters auf Ersuchen des Insolvenzgerichts oder des Sachwalters in das Grundbuch einzutragen, wenn nach der Art der Rechte und den Umständen zu besorgen ist, dass ohne die Eintragung die Interessen der Übertragungsberechtigten gefährdet werden. [2]Satz 1 gilt entsprechend für Rechte des registerführenden Unternehmens, die im Schiffsregister, Schiffsbauregister oder im Register für Pfandrechte an Luftfahrzeugen eingetragen sind.

§ 22n Rechtsstellung des Sachwalters. (1) [1]Der Sachwalter steht unter der Aufsicht des Insolvenzgerichts. [2]Das Insolvenzgericht kann vom Sachwalter insbesondere jederzeit einzelne Auskünfte oder einen Bericht über den Sachstand und die Geschäftsführung verlangen. [3]Daneben obliegen dem Sachwalter die Pflichten eines Verwalters. [4]Der Sachwalter und der Insolvenzverwalter haben einander alle Informationen mitzuteilen, die für das Insolvenzverfahren über das Vermögen des registerführenden Unternehmens und für die Verwaltung der im Refinanzierungsregister eingetragenen Gegenstände von Bedeutung sein können.

(2) [1]Soweit das registerführende Unternehmen befugt war, die im Refinanzierungsregister eingetragenen Gegenstände zu verwalten und über sie zu verfügen, geht dieses Recht auf den Sachwalter über. [2]In Abstimmung mit dem Insolvenzverwalter nutzt der Sachwalter alle Einrichtungen des registerführenden Unternehmens, die zur Verwaltung der eingetragenen Gegenstände erforderlich sind.

(3) [1]Hat das registerführende Unternehmen nach der Bestellung des Sachwalters über einen im Refinanzierungsregister eingetragenen Gegenstand verfügt, so ist diese Verfügung unwirksam. [2]Die Vorschriften der §§ 892, 893 des Bürgerlichen Gesetzbuchs[1)], der §§ 16, 17 des Gesetzes über Rechte an eingetragenen Schiffen und Schiffsbauwerken und der §§ 16, 17 des Gesetzes über Rechte an Luftfahrzeugen bleiben unberührt. [3]Hat das registerführende Unternehmen am Tage der Bestellung des Sachwalters des Refinanzierungsregisters verfügt, so wird vermutet, dass es nach der Bestellung verfügt hat.

(4) [1]Der Sachwalter des Refinanzierungsregisters hat bei seiner Geschäftsführung die Sorgfalt eines ordentlichen und gewissenhaften Sachwalters anzuwenden. [2]Verletzt der Sachwalter des Refinanzierungsregisters seine Pflich-

---

1) Auszugsweise abgedruckt unter Nr. **23**.

ten, so können die Übertragungsberechtigten und das registerführende Unternehmen Ersatz des hierdurch entstehenden Schadens verlangen. [3]Dies gilt nicht, wenn der Sachwalter des Refinanzierungsregisters die Pflichtverletzung nicht zu vertreten hat.

(5) [1]Der Sachwalter des Refinanzierungsregisters erhält von der Bundesanstalt eine angemessene Vergütung und Ersatz seiner Aufwendungen. [2]Die gezahlten Beträge sind der Bundesanstalt von den Übertragungsberechtigten anteilig nach der Anzahl der für sie eingetragenen Gegenstände gesondert zu erstatten und auf Verlangen der Bundesanstalt vorzuschießen. [3]Soweit das Refinanzierungsregister für Dritte geführt wird, sind diese neben den Übertragungsberechtigten als Gesamtschuldner zur Erstattung und zum Vorschuss verpflichtet. [4]§ 22i Abs. 2 und 3 Satz 1 gilt sinngemäß. [5]§ 22i Abs. 3 Satz 2 findet mit der Maßgabe entsprechende Anwendung, dass die Bundesanstalt beim Insolvenzgericht einen Antrag auf Abberufung stellen soll.

§ 22o Bestellung des Sachwalters bei Insolvenzgefahr. (1) [1]Unter den Voraussetzungen des § 46 bestellt das Gericht am Sitz des registerführenden Unternehmens auf Antrag der Bundesanstalt eine oder zwei Personen als Sachwalter. [2]Die Bundesanstalt stellt einen Antrag nach Satz 1, wenn dies nach Anhörung der Übertragungsberechtigten zur ordnungsgemäßen Verwaltung der im Refinanzierungsregister eingetragenen Gegenstände erforderlich erscheint. [3]Bei Gefahr im Verzuge ist auf die Anhörung zu verzichten. [4]In diesem Fall ist die Anhörung unverzüglich nachzuholen.

(2) [1]Für die Bestellung und Abberufung sowie für die Rechtsstellung eines unter diesen Umständen bestellten Sachwalters gelten die Vorschriften der §§ 22l bis 22n mit der Maßgabe entsprechend, dass an die Stelle des Insolvenzgerichts das Gericht am Sitz des registerführenden Unternehmens tritt. [2]Ein wichtiger Grund im Sinne des § 22l Abs. 2 Satz 3 liegt insbesondere dann vor, wenn die Voraussetzungen des § 46 wieder entfallen sind. [3]In diesem Fall soll die Bundesanstalt aus dem Kreis der Sachwalter den Verwalter bestellen.

(3) [1]Wird das Insolvenzverfahren über das Vermögen des registerführenden Unternehmens nach Bestellung des Sachwalters nach Maßgabe der Absätze 1 und 2 eröffnet, so gilt der Sachwalter für die Zeit nach Eröffnung des Insolvenzverfahrens als mit Eröffnung des Insolvenzverfahrens vom Insolvenzgericht bestellt. [2]Das Insolvenzgericht tritt an die Stelle des Gerichts am Sitz des registerführenden Unternehmens. [3]Das Gericht am Sitz des registerführenden Unternehmens hat dem Insolvenzgericht alle mit der Bestellung und Aufsicht des Sachwalters des Refinanzierungsregisters in Zusammenhang stehenden Unterlagen zu übergeben.

3. Kundenrechte

§ 22p *(aufgehoben)*

4. Werbung und Hinweispflichten der Institute

§ 23 Werbung. (1) [1]Um Missständen bei der Werbung der Institute zu begegnen, kann die Bundesanstalt bestimmte Arten der Werbung untersagen. [2]Ein Missstand liegt insbesondere vor, wenn Werbung für Verbraucherdarlehensverträge falsche Erwartungen in Bezug auf die Möglichkeit, ein Darlehen zu erhalten oder in Bezug auf die Kosten eines Darlehens weckt.

(2) Vor allgemeinen Maßnahmen nach Absatz 1 sind die Spitzenverbände der Institute und des Verbraucherschutzes zu hören.

§ 23a Sicherungseinrichtung. (1) [1] Ein Institut, das Bankgeschäfte im Sinne des § 1 Abs. 1 Satz 2 Nr. 1, 4 oder 10 betreibt oder Finanzdienstleistungen im Sinne des § 1 Abs. 1a Satz 2 Nr. 1 bis 4 erbringt, hat Kunden, die nicht Institute sind, im Preisaushang über die Zugehörigkeit zu einer Einrichtung zur Sicherung der Ansprüche von Einlegern und Anlegern (Sicherungseinrichtung) zu informieren. [2] Das Institut hat ferner Kunden, die nicht Institute sind, vor Aufnahme der Geschäftsbeziehung in Textform in leicht verständlicher Form, soweit nicht die Sätze 3 bis 10 anzuwenden sind, über die für die Sicherung geltenden Bestimmungen einschließlich Umfang und Höhe der Sicherung zu informieren. [3] Die Einleger bestätigen in Bezug auf ihre Ansprüche aus § 5 des Einlagensicherungsgesetzes[1)] den Empfang dieser Informationen auf dem im Anhang I dieses Gesetzes enthaltenen Informationsbogen. [4] Die Bestätigung, dass es sich bei den Einlagen um entschädigungsfähige Einlagen handelt, erhalten die Einleger auf ihren Kontoauszügen, einschließlich eines Verweises auf den Informationsbogen in Anhang I. [5] Die Internetseite des einschlägigen Einlagensicherungssystems wird auf dem Informationsbogen angegeben. [6] Der in Anhang I festgelegte Informationsbogen wird dem Einleger mindestens einmal jährlich zur Verfügung gestellt. [7] Nutzt ein Einleger das Internetbanking, so können ihm die Informationen elektronisch übermittelt werden. [8] Auf Wunsch des Einlegers werden sie in Papierform zur Verfügung gestellt. [9] Die dem Einleger gewährten Informationen dürfen für Werbezwecke nur auf das Einlagensicherungssystem und seine Funktionsweise hinweisen. [10] § 3 Absatz 2 des Einlagensicherungsgesetzes gilt entsprechend. [11] Sofern Einlagen und andere rückzahlbare Gelder nicht gesichert sind, hat das Institut auf diese Tatsache in den Allgemeinen Geschäftsbedingungen, im Preisaushang und an hervorgehobener Stelle in den Vertragsunterlagen vor Aufnahme der Geschäftsbeziehung hinzuweisen, es sei denn, die rückzahlbaren Gelder sind in Pfandbriefen, Kommunalschuldverschreibungen oder anderen Schuldverschreibungen, welche die Voraussetzungen des Artikels 52 Absatz 4 Satz 1 und 2 der Richtlinie 2009/65/EG erfüllen, verbrieft. [12] Die Informationen in den Vertragsunterlagen gemäß Satz 11 dürfen keine anderen Erklärungen enthalten und sind gesondert von den Kunden zu bestätigen. [13] Die Sätze 7 und 8 gelten entsprechend. [14] Außerdem müssen auf Anfrage Informationen über die Bedingungen der Sicherung einschließlich der für die Geltendmachung der Entschädigungsansprüche erforderlichen Formalitäten erhältlich sein.

(2) Scheidet ein Institut aus einer Sicherungseinrichtung aus, hat es die Kunden, die nicht Institute sind, sowie die Bundesanstalt und die Deutsche Bundesbank hierüber unverzüglich in Textform zu unterrichten.

5. Besondere Pflichten der Institute, ihrer Geschäftsleiter sowie der Finanzholding-Gesellschaften, der gemischten Finanzholding-Gesellschaften und der gemischten Holdinggesellschaften

§ 24 Anzeigen. (1) Ein Institut hat der Aufsichtsbehörde und der Deutschen Bundesbank unverzüglich anzuzeigen

1) Nr. 12.

1. die Absicht der Bestellung eines Geschäftsleiters und die Absicht der Ermächtigung einer Person zur Einzelvertretung des Instituts in dessen gesamten Geschäftsbereich, jeweils unter Angabe der Tatsachen, die für die Beurteilung der Zuverlässigkeit, der fachlichen Eignung und der ausreichenden zeitlichen Verfügbarkeit für die Wahrnehmung der jeweiligen Aufgaben wesentlich sind, sowie den Vollzug, die Aufgabe oder die Änderung einer solchen Absicht;
2. das Ausscheiden eines Geschäftsleiters sowie die Entziehung der Befugnis zur Einzelvertretung des Instituts in dessen gesamten Geschäftsbereich;
3. die Änderung der Rechtsform, soweit nicht bereits eine Erlaubnis nach § 32 Abs. 1 erforderlich ist, und die Änderung der Firma;
4. einen Verlust in Höhe von 25 vom Hundert der nach Artikel 72 der Verordnung (EU) Nr. 575/2013[1)] anrechenbaren Eigenmittel;
5. die Verlegung der Niederlassung oder des Sitzes;
6. die Errichtung, die Verlegung und die Schließung einer Zweigstelle in einem Drittstaat sowie die Aufnahme und die Beendigung der Erbringung grenzüberschreitender Dienstleistungen ohne Errichtung einer Zweigstelle;
7. die Einstellung des Geschäftsbetriebs;
8. die Absicht seiner gesetzlichen und satzungsgemäßen Organe, eine Entscheidung über seine Auflösung herbeizuführen;
9. das Absinken des Anfangskapitals unter die Mindestanforderungen nach § 33 Abs. 1 Satz 1 Nr. 1 sowie den Wegfall einer geeigneten Versicherung nach § 33 Abs. 1 Satz 2 und 3;
10. den Erwerb oder die Aufgabe einer bedeutenden Beteiligung an dem eigenen Institut, das Erreichen, das Über- oder das Unterschreiten der Beteiligungsschwellen von 20 vom Hundert, 30 vom Hundert und 50 vom Hundert der Stimmrechte oder des Kapitals sowie die Tatsache, daß das Institut Tochterunternehmen eines anderen Unternehmens wird oder nicht mehr ist, sobald das Institut von der bevorstehenden Änderung dieser Beteiligungsverhältnisse Kenntnis erlangt;
11. jeden Fall, in dem die Gegenpartei eines Pensionsgeschäftes, umgekehrten Pensionsgeschäftes oder Darlehensgeschäftes in Wertpapieren oder Waren ihren Erfüllungsverpflichtungen nicht nachgekommen ist;
12. das Entstehen, die Änderung oder die Beendigung einer engen Verbindung zu einer anderen natürlichen Person oder einem anderen Unternehmen;
13. das Entstehen, die Veränderungen in der Höhe oder die Beendigung einer bedeutenden Beteiligung an anderen Unternehmen;
14. unter Vorlage desselben den Vorschlag zur Beschlussfassung gemäß § 25a Absatz 5 Satz 6;

14a. unter Vorlage eines Auszugs aus der Versammlungsniederschrift den Beschluss über die Billigung einer höheren variablen Vergütung nach § 25a Absatz 5 Satz 5 einschließlich der Angabe aller gebilligten, über das Verhältnis gemäß § 25a Absatz 5 Satz 2 hinausgehenden Höchstwerte;

---

1) Nr. **6**.

14b. unter Vorlage eines Auszugs aus der Versammlungsniederschrift den Beschluss über die Änderung eines Beschlusses über die Billigung einer höheren variablen Vergütung nach § 25a Absatz 5 Satz 5 einschließlich der Angabe aller gebilligten, über das Verhältnis gemäß § 25a Absatz 5 Satz 2 hinausgehenden Höchstwerte;

15. die Bestellung eines Mitglieds und stellvertretender Mitglieder des Verwaltungs- oder Aufsichtsorgans unter Angabe der Tatsachen, die zur Beurteilung ihrer Zuverlässigkeit, Sachkunde und der ausreichenden zeitlichen Verfügbarkeit für die Wahrnehmung ihrer Aufgaben notwendig sind;

15a. das Ausscheiden eines Mitglieds und stellvertretender Mitglieder des Verwaltungs- oder Aufsichtsorgans;

16. eine Änderung des Verhältnisses von bilanziellem Eigenkapital zur Summe aus der Bilanzsumme und den außerbilanziellen Verpflichtungen und des Wiedereindeckungsaufwands für Ansprüche aus außerbilanziellen Geschäften (modifizierte bilanzielle Eigenkapitalquote) um mindestens 5 vom Hundert auf der Grundlage von Informationen zur finanziellen Situation (Finanzinformation) nach § 25 Abs. 1 Satz 1 jeweils zum Ende eines Quartals im Verhältnis zum festgestellten Jahresabschluss des Instituts; soweit das Institut nach internationalen Rechnungslegungsstandards bilanziert oder auf Grund der Vorschriften des Wertpapierhandelsgesetzes zur Aufstellung von Zwischenabschlüssen verpflichtet ist, ist eine entsprechende Änderung der modifizierten bilanziellen Eigenkapitalquote auch auf der Grundlage eines Zwischenabschlusses im Verhältnis zum festgestellten Jahresabschluss nach internationalen Rechnungslegungsstandards anzuzeigen;

17. Kredite
    a) an Kommanditisten, Gesellschafter einer Gesellschaft mit beschränkter Haftung, Aktionäre, Kommanditaktionäre oder Anteilseigner an einem Institut des öffentlichen Rechts, wenn diesen jeweils mehr als 25 Prozent des Kapitals (Nennkapital, Summe der Kapitalanteile) des Instituts gehören oder ihnen jeweils mehr als 25 Prozent der Stimmrechte an dem Institut zustehen und der Kredit zu nicht marktmäßigen Bedingungen gewährt oder nicht banküblich besichert worden ist, und
    b) an Personen, die Kapital, soweit es sich nicht um Kapital nach Buchstabe a handelt, nach Artikel 26 Absatz 1 Buchstabe a und Artikel 51 Buchstabe a der Verordnung (EU) Nr. 575/2013 in der jeweils geltenden Fassung gewährt haben, das mehr als 25 Prozent des Kernkapitals nach Artikel 25 der Verordnung (EU) Nr. 575/2013 in der jeweils geltenden Fassung ohne Berücksichtigung des Kapitals nach Artikel 26 Absatz 1 Buchstabe a und Artikel 51 Buchstabe a der Verordnung (EU) Nr. 575/2013 in der jeweils geltenden Fassung beträgt, wenn der Kredit zu nicht marktmäßigen Bedingungen gewährt oder nicht banküblich besichert worden ist.

(1a) Ein Institut hat der Aufsichtsbehörde und der Deutschen Bundesbank jährlich anzuzeigen:

1. seine engen Verbindungen zu anderen natürlichen Personen oder Unternehmen,
2. seine bedeutenden Beteiligungen an anderen Unternehmen,

3. den Namen und die Anschrift des Inhabers einer bedeutenden Beteiligung an dem anzeigenden Institut und an den ihm nach § 10a nachgeordneten Unternehmen mit Sitz im Ausland sowie die Höhe dieser Beteiligungen,
4. die Anzahl seiner inländischen Zweigstellen,
5. die modifizierte bilanzielle Eigenkapitalquote auf der Grundlage des festgestellten Jahresabschlusses,
6. die Einstufung als bedeutendes Institut im Sinne des § 17 der Institutsvergütungsverordnung[1] vom 16. Dezember 2013 (BGBl. I S. 4270) sowie eine Änderung dieser Einstufung,
7. soweit es sich um ein CRR-Institut handelt, das im Sinne der Rechtsverordnung gemäß § 25a Absatz 6 dieses Gesetzes als bedeutend eingestuft ist oder das von der Aufsichtsbehörde oder der Deutschen Bundesbank dazu aufgefordert wurde, die Informationen, die für einen Vergleich der Vergütungstrends und -praktiken im Sinne des Artikels 75 Absatz 1 und 2 der Richtlinie 2013/36/EU erforderlich sind; der Vergleich umfasst auch die Vergütungstrends und -praktiken in Bezug auf die Mitglieder des Verwaltungs- und Aufsichtsorgans;
8. soweit es sich um ein CRR-Institut handelt, die Informationen über Geschäftsleiter, Mitglieder des Verwaltungs- oder Aufsichtsorgans und Mitarbeiter mit jeweils einer Gesamtvergütung von jährlich mindestens 1 Million Euro im Sinne des Artikels 75 Absatz 3 der Richtlinie 2013/36/EU, die für eine aggregierte Veröffentlichung durch die Europäische Bankenaufsichtsbehörde erforderlich sind.

(1b) [1] Bei der Anzeige eines Kredits nach Absatz 1 Nummer 17 hat das Institut die gestellten Sicherheiten und die Kreditbedingungen anzugeben. [2] Es hat einen Kredit, den es nach Absatz 1 Nummer 17 angezeigt hat, unverzüglich erneut der Aufsichtsbehörde und der Deutschen Bundesbank anzuzeigen, wenn die gestellten Sicherheiten oder die Kreditbedingungen rechtsgeschäftlich geändert werden, und die entsprechenden Änderungen anzugeben. [3] Die Aufsichtsbehörde kann von den Instituten fordern, ihr und der Deutschen Bundesbank alle fünf Jahre eine Sammelanzeige der nach Absatz 1 Nummer 17 anzuzeigenden Kredite einzureichen.

(1c) Die nach Artikel 4 Absatz 4 Satz 1 der Delegierten Verordnung (EU) Nr. 604/2014 der Kommission vom 4. März 2014 zur Ergänzung der Richtlinie 2013/36/EU des Europäischen Parlaments und des Rates im Hinblick auf technische Regulierungsstandards in Bezug auf qualitative und angemessene quantitative Kriterien zur Ermittlung der Mitarbeiterkategorien, deren berufliche Tätigkeit sich wesentlich auf das Risikoprofil eines Instituts auswirkt (ABl. L 167 vom 6.6.2014, S. 30), die durch die Delegierte Verordnung (EU) 2016/861 (ABl. L 144 vom 1.6.2016, S. 21) geändert worden ist, zu erstattenden Anzeigen sind unverzüglich, spätestens jedoch sechs Monate nach Ablauf des Geschäftsjahres, bei der Aufsichtsbehörde und der Deutschen Bundesbank einzureichen.

(2) Hat ein Institut die Absicht, sich mit einem anderen Institut im Sinne dieses Gesetzes, E-Geld-Institut im Sinne des Zahlungsdiensteaufsichtsgesetzes[2]

---

[1] Nr. **8f**.
[2] Nr. **10**.

oder Zahlungsinstitut im Sinne des Zahlungsdiensteaufsichtsgesetzes zu vereinigen, hat es dies der Aufsichtsbehörde und der Deutschen Bundesbank unverzüglich anzuzeigen.

(2a) Ein Mitglied eines Verwaltungs- oder Aufsichtsorgans eines CRR-Instituts, das von erheblicher Bedeutung im Sinne des § 25d Absatz 3 Satz 8 ist, einer Finanzholding-Gesellschaft oder einer gemischten Finanzholding-Gesellschaft hat der Aufsichtsbehörde und der Deutschen Bundesbank die Aufnahme und die Beendigung einer Tätigkeit als Geschäftsleiter oder als Aufsichtsrats- oder Verwaltungsratsmitglied eines anderen Unternehmens unverzüglich anzuzeigen.

(3) [1] Ein Geschäftsleiter eines Instituts und die Personen, die die Geschäfte einer Finanzholding-Gesellschaft oder einer gemischten Finanzholding-Gesellschaft tatsächlich führen, haben der Aufsichtsbehörde und der Deutschen Bundesbank unverzüglich anzuzeigen

1. die Aufnahme und die Beendigung einer Tätigkeit als Geschäftsleiter oder als Aufsichtsrats- oder Verwaltungsratsmitglied eines anderen Unternehmens und
2. die Übernahme und die Aufgabe einer unmittelbaren Beteiligung an einem Unternehmen sowie Veränderungen in der Höhe der Beteiligung.

[2] Als unmittelbare Beteiligung im Sinne des Satzes 1 Nr. 2 gilt das Halten von mindestens 25 vom Hundert der Anteile am Kapital des Unternehmens.

(3a) [1] Eine Finanzholding-Gesellschaft hat der Aufsichtsbehörde und der Deutschen Bundesbank unverzüglich anzuzeigen:

1. die Absicht der Bestellung einer Person, die die Geschäfte der Finanzholding-Gesellschaft tatsächlich führen soll, unter Angabe der Tatsachen, die für die Beurteilung der Zuverlässigkeit, der fachlichen Eignung und der ausreichenden zeitlichen Verfügbarkeit für das Wahrnehmen seiner Aufgaben wesentlich sind, und den Vollzug einer solchen Absicht;
2. das Ausscheiden einer Person, die die Geschäfte der Finanzholding-Gesellschaft tatsächlich geführt hat;
3. Änderungen der Struktur der Finanzholding-Gruppe in der Weise, dass die Gruppe künftig branchenübergreifend tätig wird;
4. die Bestellung eines Mitglieds und stellvertretender Mitglieder des Verwaltungs- oder Aufsichtsorgans unter Angabe der Tatsachen, die zur Beurteilung ihrer Zuverlässigkeit, Sachkunde und der ausreichenden zeitlichen Verfügbarkeit für die Wahrnehmung ihrer Aufgaben notwendig sind;
5. das Ausscheiden eines Mitglieds und stellvertretender Mitglieder des Verwaltungs- oder Aufsichtsorgans.

[2] Eine Finanzholding-Gesellschaft hat der Aufsichtsbehörde und der Deutschen Bundesbank ferner einmal jährlich eine Sammelanzeige der Institute, Kapitalverwaltungsgesellschaften, Finanzunternehmen, Anbieter von Nebendienstleistungen und Zahlungsinstitute im Sinne des Zahlungsdiensteaufsichtsgesetzes, die ihr nachgeordnete Unternehmen im Sinne des § 10a sind, einzureichen. [3] Die Aufsichtsbehörde übermittelt den zuständigen Stellen der anderen Staaten des Europäischen Wirtschaftsraums, der Europäischen Bankenaufsichtsbehörde und der Europäischen Kommission eine Aufstellung über die eingegangenen Sammelanzeigen nach Satz 2. [4] Die Begründung, die Veränderung oder die

Aufgabe solcher Beteiligungen oder Unternehmensbeziehungen sind der Aufsichtsbehörde und der Deutschen Bundesbank unverzüglich anzuzeigen. [5] Für eine gemischte Finanzholding-Gesellschaft gelten Satz 1 Nummer 1 und 2 hinsichtlich der Personen, die die Geschäfte tatsächlich führen sollen und Satz 1 Nummer 4 und 5 hinsichtlich der Mitglieder des Verwaltungs- und Aufsichtsorgans dieser Gesellschaft sowie die Sätze 2 bis 4 entsprechend.

(3b) Die Bundesanstalt und die Deutsche Bundesbank können Instituten oder Arten oder Gruppen von Instituten zusätzliche Anzeige- und Meldepflichten auferlegen, insbesondere um vertieften Einblick in die Entwicklung der wirtschaftlichen Verhältnisse der Institute, deren Grundsätze einer ordnungsgemäßen Geschäftsführung und in die Fähigkeiten der Mitglieder der Organe des Instituts, zu erhalten, soweit dies zur Erfüllung der Aufgaben der Bundesanstalt und der Deutschen Bundesbank erforderlich ist.

(3c) [1] Soweit die Europäische Zentralbank Aufsichtsbehörde ist, sind die Anzeigen nach den Absätzen 1 bis 3a auch gegenüber der Bundesanstalt abzugeben. [2] Die Anzeigen gemäß Absatz 1 Nummer 1, 2, 15 und 15a sind nur gegenüber der Bundesanstalt und der Deutschen Bundesbank abzugeben. [3] Soweit es sich bei Anzeigen nach Absatz 1 Nummer 6 um eine Zweigniederlassung oder grenzüberschreitende Dienstleistung in einem nicht am einheitlichen Aufsichtsmechanismus teilnehmenden Mitgliedstaat handelt, sind die Anzeigen ebenfalls nur gegenüber der Bundesanstalt und der Deutschen Bundesbank abzugeben.

(3d) Ein Datenbereitstellungsdienst hat der Bundesanstalt unverzüglich anzuzeigen:

1. die Absicht der Bestellung eines Geschäftsleiters unter Angabe der Tatsachen, die für die Beurteilung der Zuverlässigkeit, der fachlichen Eignung und der ausreichenden zeitlichen Verfügbarkeit für die Wahrnehmung der jeweiligen Aufgaben wesentlich sind, sowie den Vollzug einer solchen Absicht;
2. das Ausscheiden eines Geschäftsleiters;
3. die Bestellung eines Mitglieds und stellvertretender Mitglieder des Verwaltungs- oder Aufsichtsorgans unter Angabe der Tatsachen, die zur Beurteilung ihrer Zuverlässigkeit, Sachkunde und der ausreichenden zeitlichen Verfügbarkeit für die Wahrnehmung ihrer Aufgaben notwendig sind;
4. das Ausscheiden eines Mitglieds und stellvertretender Mitglieder des Verwaltungs- oder Aufsichtsorgans.

(4) [1] Das Bundesministerium der Finanzen kann im Benehmen mit der Deutschen Bundesbank durch Rechtsverordnung[1)] nähere Bestimmungen über Art, Umfang, Zeitpunkt und Form der nach diesem Gesetz vorgesehenen Anzeigen und Vorlagen von Unterlagen, über die zulässigen Datenträger, Übertragungswege und Datenformate und über zu verwendende und anzuzeigende Zusatzinformationen zu den Hauptinformationen, etwa besondere Rechtsträgerkennungen sowie Angaben zu deren Aktualität oder Validität, erlassen und die bestehenden Anzeigepflichten durch die Verpflichtung zur Erstattung von Sammelanzeigen und die Einreichung von Sammelaufstellungen ergänzen, soweit dies zur Erfüllung der Aufgaben der Aufsichtsbehörde erforderlich ist,

---

[1)] Siehe die ErstanzeigenVO v. 29.12.1997 (BGBl. I S. 3412), die ErgänzungsanzeigenVO v. 29.12. 1997 (BGBl. I S. 3415), die AnzeigenVO (Nr. **8g**), die KWG-VermittlerVO (Nr. **8c**) und die InhaberkontrollVO (Nr. **8h**).

insbesondere um einheitliche Unterlagen zur Beurteilung der von den Instituten durchgeführten Bankgeschäfte und Finanzdienstleistungen zu erhalten. [2] In der Rechtsverordnung können ebenfalls nähere Bestimmungen für die Führung eines öffentlichen Registers durch die Bundesanstalt sowie über die Zugriffsmöglichkeiten auf Seiten dieses Registers und die Zuweisung von Verantwortung für die Richtigkeit und Aktualität der Seiten erlassen werden. [3] Es kann diese Ermächtigung durch Rechtsverordnung auf die Bundesanstalt mit der Maßgabe übertragen, daß Rechtsverordnungen der Bundesanstalt im Einvernehmen mit der Deutschen Bundesbank ergehen. [4] Vor Erlaß der Rechtsverordnung sind die Spitzenverbände der Institute anzuhören.

§ 24a Errichtung einer Zweigniederlassung und Erbringung grenzüberschreitender Dienstleistungen in anderen Staaten des Europäischen Wirtschaftsraums. (1) [1] Ein CRR-Kreditinstitut oder Wertpapierhandelsunternehmen, das die Absicht hat, in einem anderen Staat des Europäischen Wirtschaftsraums

1. eine Zweigniederlassung zu errichten oder
2. ohne dort eine Zweigniederlassung zu errichten, vertraglich gebundene Vermittler mit Sitz oder gewöhnlichem Aufenthalt in diesem Staat des Europäischen Wirtschaftsraums heranzuziehen,

hat dies der Aufsichtsbehörde und der Deutschen Bundesbank unverzüglich nach Maßgabe des Satzes 2 anzuzeigen. [2] Die Anzeige muß enthalten

1. die Angabe des Mitgliedstaats, in dem die Zweigniederlassung errichtet werden soll oder in dem ohne Errichtung einer Zweigniederlassung dort ansässige vertraglich gebundene Vermittler herangezogen werden sollen,
2. einen Geschäftsplan, aus dem die Art der geplanten Geschäfte, der organisatorische Aufbau der Zweigniederlassung und eine Absicht zur Heranziehung vertraglich gebundener Vermittler, hervorgehen sowie die Namen der vertraglich gebundenen Vermittler,

2a. soweit vertraglich gebundene Vermittler in einem anderen Staat des Europäischen Wirtschaftsraums ohne Errichtung einer Zweigniederlassung herangezogen werden sollen, eine Beschreibung des beabsichtigten Einsatzes der vertraglich gebundenen Vermittler und der Organisationsstruktur, einschließlich der Berichtswege, aus der hervorgeht, wie die vertraglich gebundenen Vermittler in die Unternehmensstruktur des Instituts eingebunden sind, sowie die Namen der vertraglich gebundenen Vermittler,

3. die Anschrift, unter der Unterlagen des Instituts im Aufnahmemitgliedstaat angefordert und Schriftstücke zugestellt werden können, und
4. die Angabe der Leiter der Zweigniederlassung.

(2) [1] Besteht kein Grund, die Angemessenheit der Organisationsstruktur und der Finanzlage des Instituts anzuzweifeln, übermittelt die Aufsichtsbehörde die Angaben nach Absatz 1 Satz 2 innerhalb von drei Monaten nach Eingang der vollständigen Unterlagen den zuständigen Stellen des Aufnahmemitgliedstaates und teilt dies dem anzeigenden Institut mit. [2] Sie unterrichtet die zuständigen Stellen des Aufnahmemitgliedstaates außerdem über die Höhe der Eigenmittel und die Angemessenheit der Eigenmittelausstattung sowie gegebenenfalls über die Einlagensicherungseinrichtung oder Anlegerentschädigungseinrichtung, der das Institut angehört, oder den gleichwertigen Schutz im Sinne des § 23a

Absatz 1 Satz 1. [3] Leitet die Aufsichtsbehörde die Angaben nach Absatz 1 Satz 2 nicht an die zuständigen Stellen des Aufnahmemitgliedstaates weiter, teilt die Bundesanstalt dem Institut innerhalb von drei Monaten nach Eingang sämtlicher Angaben nach Absatz 1 Satz 2 die Gründe dafür mit. [4] Nach Weiterleitung der Anzeige an die zuständigen Stellen des Aufnahmemitgliedstaates kann das Institut nach einer entsprechenden Mitteilung dieser Stellen oder spätestens nach Ablauf einer Zweimonatsfrist seine Tätigkeit in dem anderen Staat aufnehmen.

(3) [1] Absatz 1 Satz 1 gilt entsprechend für die Absicht, im Wege des grenzüberschreitenden Dienstleistungsverkehrs in einem anderen Staat des Europäischen Wirtschaftsraums Bankgeschäfte zu betreiben, Finanzdienstleistungen im Sinne des § 1 Abs. 1a Satz 2 Nr. 1, 1a, 1c, 2 bis 4, 9 und 10 oder Satz 3 oder Tätigkeiten nach § 1 Abs. 3 Satz 1 Nr. 2 bis 8 zu erbringen, Handelsauskünfte oder Schließfachvermietungen anzubieten oder, im Falle von CRR-Kreditinstituten, Zahlungsdienste im Sinne des Zahlungsdiensteaufsichtsgesetzes[1)] zu erbringen. [2] Die Anzeige muss enthalten:

1. die Angabe des Staates, in dem die grenzüberschreitende Dienstleistung erbracht werden soll,
2. einen Geschäftsplan mit Angabe der beabsichtigten Tätigkeiten und
3. die Angabe, ob in diesem Staat vertraglich gebundene Vermittler, die ihren Sitz oder gewöhnlichen Aufenthalt im Inland haben, herangezogen werden sollen, sowie deren Namen.

[3] Besteht kein Grund, die Angemessenheit der Organisationsstruktur und der Finanzlage des Instituts anzuzweifeln, unterrichtet die Aufsichtsbehörde die zuständigen Stellen des Aufnahmemitgliedstaates innerhalb eines Monats nach Eingang der Anzeige. [4] Das Institut hat die Unterrichtung der zuständigen Stellen des Aufnahmemitgliedstaates innerhalb dieser Frist abzuwarten, bevor es seine Tätigkeit in dem anderen Staat aufnimmt. [5] Andernfalls teilt die Aufsichtsbehörde dem Institut die Nichtunterrichtung und deren Gründe unverzüglich mit.

(3a) [1] Beabsichtigt der Betreiber eines multilateralen oder organisierten Handelssystems, Handelsteilnehmern in anderen Staaten einen unmittelbaren Zugang zu seinem Handelssystem zu gewähren und ihnen das Handeln an seinen Märkten zu ermöglichen, hat er dies der Bundesanstalt anzuzeigen, sofern es sich um die erstmalige Zugangsgewährung an einen Handelsteilnehmer in dem betreffenden Staat handelt. [2] Die Bundesanstalt unterrichtet die zuständigen Stellen des Aufnahmemitgliedstaates innerhalb eines Monats nach Eingang der Anzeige von dieser Absicht. [3] Der Betreiber hat der Bundesanstalt auf Anfrage die Namen der zugelassenen Handelsteilnehmer aus diesem Staat zu nennen. [4] Auf Ersuchen der zuständigen Stellen im Aufnahmemitgliedstaat teilt die Bundesanstalt innerhalb einer angemessenen Frist diese Angaben mit.

(3b) *(aufgehoben)*

(3c) [1] Auf ein Finanzdienstleistungsinstitut, das Factoring im Sinne des § 1 Absatz 1a Satz 2 Nummer 9 oder Finanzierungsleasing im Sinne des § 1 Absatz 1a Satz 2 Nummer 10 betreibt und die Absicht hat, für diese Tätigkeit eine Zweigniederlassung in einem anderen Staat des Europäischen Wirtschafts-

---

1) Nr. **10**.

raums zu errichten oder diese Tätigkeit im Wege des grenzüberschreitenden Dienstleistungsverkehrs in einem anderen Staat des Europäischen Wirtschaftsraums zu betreiben, sind die Absätze 1 bis 3 entsprechend anzuwenden, sofern die Voraussetzungen des § 53b Absatz 7 Satz 1 Nummer 1 bis 7 erfüllt sind. [2] Absatz 2 Satz 2 gilt mit der Maßgabe, dass die zuständige Stelle des Aufnahmemitgliedstaats über die Höhe und die Zusammensetzung der Eigenmittel des Finanzdienstleistungsinstituts und die nach Artikel 92 Absatz 3 und 4 der Verordnung (EU) Nr. 575/2013[1)] errechneten Gesamtrisikobeträge von dessen Mutterkreditinstitut zu unterrichten ist.

(4) [1] Ändern sich die Verhältnisse, die nach Absatz 1 Satz 2 oder Absatz 3 Satz 2 angezeigt wurden, hat das Institut der Aufsichtsbehörde, der Deutschen Bundesbank und, sofern es sich um ein CRR-Kreditinstitut handelt, auch den zuständigen Stellen des Aufnahmemitgliedstaates diese Änderungen mindestens einen Monat vor dem Wirksamwerden der Änderungen schriftlich anzuzeigen, damit die Aufsichtsbehörde eine Entscheidung nach Absatz 2 und die zuständigen Stellen des Aufnahmemitgliedstaates eine Entscheidung über eventuell erforderliche Bedingungen treffen können. [2] Die Aufsichtsbehörde teilt den zuständigen Stellen des Aufnahmemitgliedstaates die Änderungen nach Satz 1 mit, sofern sie Wertpapierhandelsunternehmen betreffen. [3] Die Anzeigepflicht nach Satz 1 gilt entsprechend für ein Institut, das seine Zweigniederlassung bereits vor dem Zeitpunkt, von dem an es unter die Anzeigepflicht nach Absatz 1 fällt, in einem anderen Staat des Europäischen Wirtschaftsraums errichtet hat. [4] Änderungen der Verhältnisse der Einlagensicherungseinrichtung oder der Anlegerentschädigungseinrichtung oder des gleichwertigen Schutzes im Sinne des § 23a Absatz 1 Satz 1 hat das Institut, das eine Zweigniederlassung gemäß Absatz 1 errichtet hat, der Aufsichtsbehörde, der Deutschen Bundesbank und, sofern es sich um ein CRR-Kreditinstitut handelt, auch den zuständigen Stellen des Aufnahmemitgliedstaates mindestens einen Monat vor dem Wirksamwerden der Änderungen anzuzeigen. [5] Die Aufsichtsbehörde teilt den zuständigen Stellen des Aufnahmemitgliedstaates die Änderungen nach Satz 4 mit.

(4a) [1] Soweit die Europäische Zentralbank Aufsichtsbehörde ist, sind die Anzeigen nach den Absätzen 1, 3 und 4 auch gegenüber der Bundesanstalt abzugeben. [2] Soweit es sich bei dem Staat, in welchem die Zweigniederlassung errichtet oder die grenzüberschreitende Dienstleistung erbracht werden soll, um einen Mitgliedstaat der Europäischen Union handelt, sind die Anzeigen nur gegenüber der Bundesanstalt und der Deutschen Bundesbank abzugeben.

(5) Das Bundesministerium der Finanzen wird ermächtigt, durch Rechtsverordnung zu bestimmen, inwieweit die Absätze 1, 2 und 4 auf den Einsatz eines vertraglich gebundenen Vermittlers, der seinen Sitz oder seinen gewöhnlichen Aufenthalt in einem anderen Mitgliedstaat des Europäischen Wirtschaftsraums hat, entsprechend anzuwenden sind und daß die Absätze 2 und 4 für die Errichtung einer Zweigniederlassung in einem Drittstaat entsprechend gelten, soweit dies im Bereich des Niederlassungsrechts auf Grund von Abkommen der Europäischen Union mit Drittstaaten erforderlich ist.

---

1) Nr. **6**.

§ 24b Teilnahme an Zahlungs- sowie Wertpapierliefer- und -abrechnungssystemen sowie interoperablen Systemen. (1) [1]Ein Institut hat die Absicht, ein System nach § 1 Abs. 16 zu betreiben, unverzüglich der Bundesanstalt und der Deutschen Bundesbank anzuzeigen und die Teilnehmer zu benennen. [2]Dies gilt auch für eine spätere Änderung des Teilnehmerkreises sowie für Vereinbarungen über den Betrieb interoperabler Systeme. [3]Die Deutsche Bundesbank teilt die ihr gemeldeten Systeme der Europäischen Wertpapier- und Marktaufsichtsbehörde mit, nachdem sie sich von der Zweckdienlichkeit der Regeln des Systems überzeugt hat. [4]Im Fall einer Vereinbarung über den Betrieb interoperabler Systeme prüft die Deutsche Bundesbank, ob die Regeln der beteiligten Systeme über den Zeitpunkt des Einbringens und der Unwiderruflichkeit von Aufträgen miteinander vereinbar sind.

(2) Das Institut hat demjenigen, der ein berechtigtes Interesse nachweisen kann, Auskunft über die Systeme im Sinne von Absatz 1, an denen es beteiligt ist, sowie über die wesentlichen Regeln für deren Funktionieren zu erteilen.

(3) [1]Ein Institut, das ein System nach § 1 Absatz 16 betreibt, hat unbeschadet der Titel III, IV und V der Verordnung (EU) Nr. 648/2012 CRR-Instituten mit Sitz in einem anderen Staat des Europäischen Wirtschaftsraums gleichberechtigend den Zugang zu dem System nach denselben transparenten und objektiven Kriterien zu gewähren, die für inländische Teilnehmer an diesem System gelten. [2]Davon unberührt bleibt das Recht des Instituts, den Zugang aus berechtigten gewerblichen Gründen zu verweigern.

(4) Das Bundesministerium der Finanzen wird ermächtigt, im Benehmen mit der Deutschen Bundesbank durch Rechtsverordnung die Einzelheiten der Anzeigepflicht und der Unterrichtung der Europäischen Wertpapier- und Marktaufsichtsbehörde nach Absatz 1 , des Auskunftsanspruchs nach Absatz 2 sowie der Zugangsgewährung nach Absatz 3 zu bestimmen.

(5) Auf Systembetreiber, die nicht Institut sind, sind die Absätze 1 bis 4 entsprechend anzuwenden.

§ 24c Automatisierter Abruf von Kontoinformationen. (1) [1]Ein Kreditinstitut hat ein Dateisystem zu führen, in dem unverzüglich folgende Daten zu speichern sind:

1. die Nummer eines Kontos, das der Verpflichtung zur Legitimationsprüfung nach § 154 Absatz 2 Satz 1 der Abgabenordnung unterliegt, eines Depots oder eines Schließfachs sowie der Tag der Eröffnung und der Tag der Beendigung oder Auflösung,
2. der Name, sowie bei natürlichen Personen der Tag der Geburt, des Inhabers und eines Verfügungsberechtigten sowie in den Fällen des § 10 Absatz 1 Nummer 2 des Geldwäschegesetzes[1)] der Name und, soweit erhoben, die Anschrift eines abweichend wirtschaftlich Berechtigten im Sinne des § 3 des Geldwäschegesetzes.

[2]Bei jeder Änderung einer Angabe nach Satz 1 ist unverzüglich ein neuer Datensatz anzulegen. [3]Die Daten sind nach Ablauf von zehn Jahren nach der Auflösung des Kontos oder Depots zu löschen. [4]Im Falle des Satzes 2 ist der alte Datensatz nach Ablauf von drei Jahren nach Anlegung des neuen Daten-

[1)] Nr. **15**.

satzes zu löschen. [5]Das Kreditinstitut hat zu gewährleisten, dass die Bundesanstalt jederzeit Daten aus dem Dateisystem nach Satz 1 in einem von ihr bestimmten Verfahren automatisiert abrufen kann. [6]Es hat durch technische und organisatorische Maßnahmen sicherzustellen, dass ihm Abrufe nicht zur Kenntnis gelangen.

(2) [1]Die Bundesanstalt darf einzelne Daten aus dem Dateisystem nach Absatz 1 Satz 1 abrufen, soweit dies zur Erfüllung ihrer aufsichtlichen Aufgaben nach diesem Gesetz oder dem Geldwäschegesetz, insbesondere im Hinblick auf unerlaubte Bankgeschäfte oder Finanzdienstleistungen oder den Missbrauch der Institute durch Geldwäsche, Terrorismusfinanzierung oder sonstige strafbare Handlungen, die zu einer Gefährdung des Vermögens der Institute führen können, erforderlich ist und besondere Eilbedürftigkeit im Einzelfall vorliegt. [2]Die Zentralstelle für Finanztransaktionsuntersuchungen darf zur Erfüllung ihrer Aufgaben nach dem Geldwäschegesetz gleichermaßen einzelne Daten aus dem Dateisystem nach Absatz 1 Satz 1 abrufen.

(3) [1]Die Bundesanstalt erteilt auf Ersuchen Auskunft aus dem Dateisystem nach Absatz 1 Satz 1

1. den Aufsichtsbehörden gemäß § 9 Abs. 1 Satz 4 Nr. 2, soweit dies zur Erfüllung ihrer aufsichtlichen Aufgaben unter den Voraussetzungen des Absatzes 2 erforderlich ist,
2. den für die Leistung der internationalen Rechtshilfe in Strafsachen sowie im Übrigen für die Verfolgung und Ahndung von Straftaten zuständigen Behörden oder Gerichten, soweit dies für die Erfüllung ihrer gesetzlichen Aufgaben erforderlich ist,
3. der für die Beschränkungen des Kapital- und Zahlungsverkehrs nach dem Außenwirtschaftsgesetz zuständigen nationalen Behörde, soweit dies für die Erfüllung ihrer sich aus dem Außenwirtschaftsgesetz oder Rechtsakten der Europäischen Union im Zusammenhang mit der Einschränkung von Wirtschafts- oder Finanzbeziehungen ergebenden Aufgaben erforderlich ist.

[2]Die Bundesanstalt hat die in den Dateisystemen gespeicherten Daten im automatisierten Verfahren abzurufen und sie an die ersuchende Stelle weiter zu übermitteln. [3]Die Bundesanstalt prüft die Zulässigkeit der Übermittlung nur, soweit hierzu besonderer Anlass besteht. [4]Die Verantwortung für die Zulässigkeit der Übermittlung trägt die ersuchende Stelle. [5]Die Bundesanstalt darf zu den in Satz 1 genannten Zwecken ausländischen Stellen Auskunft aus dem Dateisystem nach Absatz 1 Satz 1 nach Maßgabe der allgemeinen datenschutzrechtlichen Vorschriften erteilen. [6]§ 9 Abs. 1 Satz 5, 6 und Abs. 2 gilt entsprechend. [7]Die Regelungen über die internationale Rechtshilfe in Strafsachen bleiben unberührt.

(4) [1]Die Bundesanstalt protokolliert für Zwecke der Datenschutzkontrolle durch die jeweils zuständige Stelle bei jedem Abruf den Zeitpunkt, die bei der Durchführung des Abrufs verwendeten Daten, die abgerufenen Daten, die Person, die den Abruf durchgeführt hat, das Aktenzeichen sowie bei Abrufen auf Ersuchen die ersuchende Stelle und deren Aktenzeichen. [2]Eine Verwendung der Protokolldaten für andere Zwecke ist unzulässig. [3]Die Protokolldaten sind mindestens 18 Monate aufzubewahren und spätestens nach zwei Jahren zu löschen.

(5) [1]Das Kreditinstitut hat in seinem Verantwortungsbereich auf seine Kosten alle Vorkehrungen zu treffen, die für den automatisierten Abruf erforderlich sind. [2]Dazu gehören auch, jeweils nach den Vorgaben der Bundesanstalt, die Anschaffung der zur Sicherstellung der Vertraulichkeit und des Schutzes vor unberechtigten Zugriffen erforderlichen Geräte, die Einrichtung eines geeigneten Telekommunikationsanschlusses und die Teilnahme an dem geschlossenen Benutzersystem sowie die laufende Bereitstellung dieser Vorkehrungen.

(6) [1]Das Kreditinstitut und die Bundesanstalt haben dem jeweiligen Stand der Technik entsprechende Maßnahmen zur Sicherstellung von Datenschutz und Datensicherheit zu treffen, die insbesondere die Vertraulichkeit und Unversehrtheit der abgerufenen und weiter übermittelten Daten gewährleisten. [2]Den Stand der Technik stellt die Bundesanstalt im Benehmen mit dem Bundesamt für Sicherheit in der Informationstechnik in einem von ihr bestimmten Verfahren fest.

(7) [1]Das Bundesministerium der Finanzen kann durch Rechtsverordnung Ausnahmen von der Verpflichtung zur Übermittlung im automatisierten Verfahren zulassen. [2]Es kann die Ermächtigung durch Rechtsverordnung auf die Bundesanstalt übertragen.

(8) Soweit die Deutsche Bundesbank Konten und Depots für Dritte führt, gilt sie als Kreditinstitut nach den Absätzen 1, 5 und 6.

§ 25 Finanzinformationen, Informationen zur Risikotragfähigkeit; Verordnungsermächtigung. (1) [1]Ein Institut hat unverzüglich nach Ablauf eines jeden Quartals der Deutschen Bundesbank Informationen zu seiner finanziellen Situation (Finanzinformationen) einzureichen. [2]Ein Kreditinstitut hat außerdem unverzüglich einmal jährlich zu einem von der Bundesanstalt festgelegten Stichtag der Deutschen Bundesbank Informationen zu seiner Risikotragfähigkeit nach § 25a Absatz 1 Satz 3 und zu den Verfahren nach § 25a Absatz 1 Satz 3 Nummer 2 (Risikotragfähigkeitsinformationen) einzureichen. [3]Die Bundesanstalt kann den Berichtszeitraum nach den Sätzen 1 und 2 für ein Institut verkürzen, soweit dies zur Erfüllung der Aufgaben der Bundesanstalt erforderlich ist. [4]Die Deutsche Bundesbank leitet die Angaben nach den Sätzen 1 und 2 an die Bundesanstalt mit ihrer Stellungnahme weiter; diese kann auf die Weiterleitung bestimmter Angaben nach den Sätzen 1 und 2 verzichten.

(2) [1]Ein übergeordnetes Unternehmen im Sinne des § 10a hat außerdem unverzüglich nach Ablauf eines jeden Quartals der Deutschen Bundesbank Finanzinformationen auf zusammengefasster Basis einzureichen. [2]Ein übergeordnetes Unternehmen im Sinne des § 10a hat, sofern der Gruppe im Sinne des § 10a Absatz 1 ein Kreditinstitut mit Sitz im Inland angehört, außerdem unverzüglich einmal jährlich zu einem von der Bundesanstalt festgelegten Stichtag der Deutschen Bundesbank Risikotragfähigkeitsinformationen der Gruppe zusammengefasster Ebene einzureichen. [3]Die Bundesanstalt kann den Berichtszeitraum nach den Sätzen 1 und 2 für ein übergeordnetes Unternehmen verkürzen, soweit dies zur Erfüllung der Aufgaben der Bundesanstalt erforderlich ist. [4]Absatz 1 Satz 4 und § 10a Absatz 4 und 5 über das Verfahren der Zusammenfassung, § 10a Absatz 10 über die Unterkonsolidierung von Tochtergesellschaften in Drittstaaten und Artikel 11 Absatz 1 der Verordnung

(EU) Nr. 575/2013[1] über die Informationspflicht gelten für die Angaben nach den Sätzen 1 und 2 entsprechend. [5] Für die Angaben nach Satz 2 gilt zudem § 25a Absatz 3 entsprechend.

(3) [1] Das Bundesministerium der Finanzen kann im Benehmen mit der Deutschen Bundesbank durch Rechtsverordnung, die nicht der Zustimmung des Bundesrates bedarf, nähere Bestimmungen über Art und Umfang und über die zulässigen Datenträger, Übertragungswege und Datenformate der Finanzinformationen und der Risikotragfähigkeitsinformationen, insbesondere um Einblick in die Entwicklung der Vermögens- und Ertragslage der Institute sowie die Entwicklung der Risikolage und die Verfahren der Risikosteuerung der Kreditinstitute zu erhalten, über weitere Angaben, sowie eine Verkürzung des Berichtszeitraums nach Absatz 1 Satz 3 oder Absatz 2 Satz 3 für bestimmte Arten oder Gruppen von Instituten erlassen, soweit dies zur Erfüllung der Aufgaben der Bundesanstalt erforderlich ist. [2] Die Angaben können sich auch auf nachgeordnete Unternehmen im Sinne des § 10a sowie auf Tochterunternehmen mit Sitz im Inland oder Ausland, die nicht in die Beaufsichtigung auf zusammengefaßter Basis einbezogen sind, sowie auf gemischte Holdinggesellschaften mit nachgeordneten Instituten beziehen; die gemischten Holdinggesellschaften haben den Instituten die erforderlichen Angaben zu übermitteln. [3] Das Bundesministerium der Finanzen kann die Ermächtigung zum Erlaß einer Rechtsverordnung durch Rechtsverordnung auf die Bundesanstalt mit der Maßgabe übertragen, daß die Rechtsverordnung im Einvernehmen mit der Deutschen Bundesbank ergeht.

§ 25a Besondere organisatorische Pflichten, Bestimmungen für Risikoträger; Verordnungsermächtigung. (1) [1] Ein Institut muss über eine ordnungsgemäße Geschäftsorganisation verfügen, die die Einhaltung der vom Institut zu beachtenden gesetzlichen Bestimmungen und der betriebswirtschaftlichen Notwendigkeiten gewährleistet. [2] Die Geschäftsleiter sind für die ordnungsgemäße Geschäftsorganisation des Instituts verantwortlich; sie haben die erforderlichen Maßnahmen für die Ausarbeitung der entsprechenden institutsinternen Vorgaben zu ergreifen, sofern nicht das Verwaltungs- oder Aufsichtsorgan entscheidet. [3] Eine ordnungsgemäße Geschäftsorganisation muss insbesondere ein angemessenes und wirksames Risikomanagement umfassen, auf dessen Basis ein Institut die Risikotragfähigkeit laufend sicherzustellen hat; das Risikomanagement umfasst insbesondere

1. die Festlegung von Strategien, insbesondere die Festlegung einer auf die nachhaltige Entwicklung des Instituts gerichteten Geschäftsstrategie und einer damit konsistenten Risikostrategie, sowie die Einrichtung von Prozessen zur Planung, Umsetzung, Beurteilung und Anpassung der Strategien;
2. Verfahren zur Ermittlung und Sicherstellung der Risikotragfähigkeit, wobei eine vorsichtige Ermittlung der Risiken und des zu ihrer Abdeckung verfügbaren Risikodeckungspotenzials zugrunde zu legen ist;
3. die Einrichtung interner Kontrollverfahren mit einem internen Kontrollsystem und einer Internen Revision, wobei das interne Kontrollsystem insbesondere

[1] Nr. **6**.

a) aufbau- und ablauforganisatorische Regelungen mit klarer Abgrenzung der Verantwortungsbereiche,

b) Prozesse zur Identifizierung, Beurteilung, Steuerung sowie Überwachung und Kommunikation der Risiken entsprechend den in Titel VII Kapitel 2 Abschnitt 2 Unterabschnitt II der Richtlinie 2013/36/EU niedergelegten Kriterien und

c) eine Risikocontrolling-Funktion und eine Compliance-Funktion umfasst;

4. eine angemessene personelle und technisch-organisatorische Ausstattung des Instituts;
5. die Festlegung eines angemessenen Notfallkonzepts, insbesondere für IT-Systeme, und
6. angemessene, transparente und auf eine nachhaltige Entwicklung des Instituts ausgerichtete Vergütungssysteme für Geschäftsleiter und Mitarbeiter unter Berücksichtigung von Absatz 5; dies gilt mit Ausnahme der Pflicht zur Offenlegung vergütungsbezogener Informationen nicht, soweit die Vergütung durch Tarifvertrag oder in seinem Geltungsbereich durch Vereinbarung der Arbeitsvertragsparteien über die Anwendung der tarifvertraglichen Regelungen oder auf Grund eines Tarifvertrags in einer Betriebs- oder Dienstvereinbarung vereinbart ist.

[4] Die Ausgestaltung des Risikomanagements hängt von Art, Umfang, Komplexität und Risikogehalt der Geschäftstätigkeit ab. [5] Seine Angemessenheit und Wirksamkeit ist vom Institut regelmäßig zu überprüfen. [6] Eine ordnungsgemäße Geschäftsorganisation umfasst darüber hinaus

1. angemessene Regelungen, anhand derer sich die finanzielle Lage des Instituts jederzeit mit hinreichender Genauigkeit bestimmen lässt;
2. eine vollständige Dokumentation der Geschäftstätigkeit, die eine lückenlose Überwachung durch die Bundesanstalt für ihren Zuständigkeitsbereich gewährleistet; erforderliche Aufzeichnungen sind mindestens fünf Jahre aufzubewahren; § 257 Absatz 4 des Handelsgesetzbuchs bleibt unberührt, § 257 Absatz 3 und 5 des Handelsgesetzbuchs gilt entsprechend;
3. einen Prozess, der es den Mitarbeitern unter Wahrung der Vertraulichkeit ihrer Identität ermöglicht, Verstöße gegen die Verordnung (EU) Nr. 575/2013[1)], die Verordnung (EU) Nr. 596/2014 des Europäischen Parlaments und des Rates vom 16. April 2014 über Marktmissbrauch (Marktmissbrauchsverordnung) und zur Aufhebung der Richtlinie 2003/6/EG des Europäischen Parlaments und des Rates und der Richtlinien 2003/124/EG, 2003/125/EG und 2004/72/EG der Kommission (ABl. L 173 vom 12.6. 2014, S. 1), die zuletzt durch die Verordnung (EU) 2016/1033 (ABl. L 175 vom 30.6.2016, S. 1; L 287 vom 21.10.2016, S. 320; L 306 vom 15.11.2016, S. 43; L 348 vom 21.12.2016, S. 83) geändert worden ist, die Verordnung (EU) Nr. 600/2014, die Verordnung (EU) Nr. 1286/2014 oder die Verordnung (EU) 2017/1129 des Europäischen Parlaments und des Rates vom 14. Juni 2017 über den Prospekt, der beim öffentlichen Angebot von Wertpapieren oder bei deren Zulassung zum Handel an einem geregelten Markt zu veröffentlichen ist und zur Aufhebung der Richtlinie 2003/71/EG (ABl. L

[1)] Nr. **6**.

168 vom 30.6.2017, S. 12) oder gegen dieses Gesetz oder gegen die auf Grund dieses Gesetzes erlassenen Rechtsverordnungen oder gegen das Wertpapierhandelsgesetz oder gegen die auf Grund des Wertpapierhandelsgesetzes erlassenen Rechtsverordnungen sowie etwaige strafbare Handlungen innerhalb des Unternehmens an geeignete Stellen zu berichten.

(2) [1] Die Bundesanstalt kann Vorgaben zur Ausgestaltung einer plötzlichen und unerwarteten Zinsänderung und zur Ermittlungsmethodik der Auswirkungen auf den Barwert bezüglich der Zinsänderungsrisiken aus den nicht unter das Handelsbuch fallenden Geschäften festlegen. [2] Die Bundesanstalt kann gegenüber einem Institut im Einzelfall Anordnungen treffen, die geeignet und erforderlich sind, die ordnungsgemäße Geschäftsorganisation im Sinne des Absatzes 1 Satz 3 und 6 sowie die Beachtung der Vorgaben nach Satz 1 sicherzustellen.

(3) [1] Die Absätze 1 und 2 gelten für Institutsgruppen, Finanzholding-Gruppen und gemischte Finanzholding-Gruppen sowie Unterkonsolidierungsgruppen nach Artikel 22 der Verordnung (EU) Nr. 575/2013 mit der Maßgabe entsprechend, dass die Geschäftsleiter des übergeordneten oder zur Unterkonsolidierung verpflichteten Unternehmens für die ordnungsgemäße Geschäftsorganisation der Institutsgruppe, Finanzholding-Gruppe, gemischten Finanzholding-Gruppe oder der Unterkonsolidierungsgruppe verantwortlich sind. [2] Zu einer Gruppe im Sinne von Satz 1 gehören auch Tochterunternehmen eines übergeordneten Unternehmens oder nachgeordneten Tochterunternehmens einer Institutsgruppe, Finanzholding-Gruppe oder gemischten Finanzholding-Gruppe, auf die weder die Verordnung (EU) Nr. 575/2013 noch § 1a zur Anwendung kommt. [3] Die sich aus der Einbeziehung in das Risikomanagement auf Gruppenebene ergebenden Pflichten müssen von Tochterunternehmen der Gruppe mit Sitz in einem Drittstaat nur insoweit beachtet werden, als diese Pflichten nicht dem geltenden Recht im Herkunftsstaat des Tochterunternehmens entgegenstehen.

(4) [1] Das Bundesministerium der Finanzen wird ermächtigt, durch Rechtsverordnung, die nicht der Zustimmung des Bundesrates bedarf, im Einvernehmen mit der Deutschen Bundesbank und nach Anhörung der Europäischen Zentralbank nähere Bestimmungen über die Ausgestaltung eines angemessenen und wirksamen Risikomanagements auf Einzelinstituts- und Gruppenebene gemäß Absatz 1 Satz 3 Nummer 1 bis 5 und Absatz 3 und der jeweils zugehörigen Tätigkeiten und Prozesse zu erlassen. [2] Vor Erlass der Rechtsverordnung sind die Spitzenverbände der Institute zu hören.

(5) [1] Die Institute haben angemessene Verhältnisse zwischen der variablen und fixen jährlichen Vergütung für Mitarbeiter und Geschäftsleiter festzulegen. [2] Dabei darf die variable Vergütung vorbehaltlich eines Beschlusses nach Satz 5 jeweils 100 Prozent der fixen Vergütung für jeden einzelnen Mitarbeiter oder Geschäftsleiter nicht überschreiten. [3] Hierbei kann für bis zu 25 Prozent der variablen Vergütung der zukünftige Wert auf den Zeitpunkt der Mitteilung an die jeweiligen Mitarbeiter oder Geschäftsleiter über die Höhe der variablen Vergütung für einen Bemessungszeitraum abgezinst werden, wenn dieser Teil der variablen Vergütung in Instrumenten gezahlt wird, die für die Dauer von mindestens fünf Jahren nach dieser Mitteilung zurückbehalten werden. [4] Bei der Zurückbehaltung dürfen ein Anspruch und eine Anwartschaft auf diesen Teil der variablen Vergütung erst nach Ablauf des Zurückbehaltungszeitraums

erwachsen und während des Zurückbehaltungszeitraums lediglich ein Anspruch auf fehlerfreie Ermittlung des noch nicht zu einer Anwartschaft oder einem Anspruch erwachsenen Teils dieses Teils der variablen Vergütung bestehen, nicht aber auf diesen Teil der variablen Vergütung selbst. [5]Die Anteilseigner, die Eigentümer, die Mitglieder oder die Träger des Instituts können über die Billigung einer höheren variablen Vergütung als nach Satz 2, die 200 Prozent der fixen Vergütung für jeden einzelnen Mitarbeiter oder Geschäftsleiter nicht überschreiten darf, beschließen. [6]Zur Billigung einer höheren variablen Vergütung als nach Satz 2 für Mitarbeiter haben die Geschäftsleitung und das Verwaltungs- oder Aufsichtsorgan, zur Billigung einer höheren variablen Vergütung als nach Satz 2 für Geschäftsleiter nur das Verwaltungs- oder Aufsichtsorgan, einen Vorschlag zur Beschlussfassung zu machen; der Vorschlag hat die Gründe für die erbetene Billigung einer höheren variablen Vergütung als nach Satz 2 und deren Umfang, einschließlich der Anzahl der betroffenen Mitarbeiter und Geschäftsleiter sowie ihrer Funktionen, und den erwarteten Einfluss einer höheren variablen Vergütung als nach Satz 2 auf die Anforderung, eine angemessene Eigenmittelausstattung vorzuhalten, darzulegen. [7]Der Beschlussvorschlag ist so rechtzeitig vor der Beschlussfassung bekannt zu machen, dass sich die Anteilseigner, die Eigentümer, die Mitglieder oder die Träger des Instituts angemessen informieren können; üben die Anteilseigner, die Eigentümer, die Mitglieder oder die Träger ihre Rechte in einer Versammlung aus, ist der Beschlussvorschlag mit der Einberufung der Versammlung bekannt zu machen. [8]Der Beschluss bedarf einer Mehrheit von mindestens 66 Prozent der abgegebenen Stimmen, sofern mindestens 50 Prozent der Stimmrechte bei der Beschlussfassung vertreten sind, oder von mindestens 75 Prozent der abgegebenen Stimmen. [9]Anteilseigner, Eigentümer, Mitglieder oder Träger die als Mitarbeiter oder Geschäftsleiter von einer höheren variablen Vergütung als nach Satz 2 betroffen wären, dürfen ihr Stimmrecht weder unmittelbar noch mittelbar ausüben.

(5a) [1]Auf Risikoträger und Risikoträgerinnen bedeutender Institute, deren jährliche fixe Vergütung das Dreifache der Beitragsbemessungsgrenze in der allgemeinen Rentenversicherung im Sinne des § 159 des Sechsten Buches Sozialgesetzbuch überschreitet und die keine Geschäftsführer, Betriebsleiter und ähnliche leitende Angestellte sind, die zur selbständigen Einstellung oder Entlassung von Arbeitnehmern berechtigt sind, findet § 9 Absatz 1 Satz 2 des Kündigungsschutzgesetzes mit der Maßgabe Anwendung, dass der Antrag des Arbeitgebers auf Auflösung des Arbeitsverhältnisses keiner Begründung bedarf. [2]§ 14 Absatz 1 des Kündigungsschutzgesetzes bleibt unberührt.

(5b) [1]Ein bedeutendes Institut hat auf der Grundlage einer Risikoanalyse eigenverantwortlich die Risikoträger und Risikoträgerinnen zu ermitteln. [2]Dabei sind immer mindestens die Kriterien gemäß den Artikeln 3 und 4 der Delegierten Verordnung (EU) Nr. 604/2014 der Kommission vom 4. März 2014 zur Ergänzung der Richtlinie 2013/36/EU des Europäischen Parlaments und des Rates im Hinblick auf technische Regulierungsstandards in Bezug auf qualitative und angemessene quantitative Kriterien zur Ermittlung der Mitarbeiterkategorien, deren berufliche Tätigkeit sich wesentlich auf das Risikoprofil eines Instituts auswirkt (ABl. L 167 vom 6.6.2014, S. 30), die durch die Delegierte Verordnung (EU) 2016/861 vom 18. Februar 2016 (ABl. L 144 vom 1.6.2016, S. 21) geändert worden ist, zugrunde zu legen. [3]Das Institut teilt den betroffenen Mitarbeitern und Mitarbeiterinnen die Einstufung als Risikoträger mit. [4]Die Risikoanalyse ist schriftlich oder elektronisch zu dokumentieren und regelmäßig zu aktualisieren. [5]Ausnahmen gemäß Artikel 4 Absatz 2 der Delegierten Verordnung (EU) Nr. 604/2014 bedürfen der Zustimmung der Geschäftsleitung und der Kenntnisnahme durch das Verwaltungs- oder Aufsichtsorgan.

(5c) Die nach Artikel 4 Absatz 5 Satz 1 der Delegierten Verordnung (EU) Nr. 604/2014 an die Aufsichtsbehörde zu stellenden Anträge sind unverzüglich, spätestens jedoch sechs Monate nach Ablauf des Geschäftsjahres, zu stellen.

(6) [1]Das Bundesministerium der Finanzen wird ermächtigt, durch Rechtsverordnung, die nicht der Zustimmung des Bundesrates bedarf, im Benehmen mit der Deutschen Bundesbank nähere Bestimmungen zu erlassen über

1. die Ausgestaltung der Vergütungssysteme nach Absatz 1 Satz 3 Nummer 6 einschließlich der Ausgestaltung
   a) der Entscheidungsprozesse und Verantwortlichkeiten,
   b) des Verhältnisses der variablen zur fixen Vergütung und der Vergütungsinstrumente für die variable Vergütung,
   c) positiver und negativer Vergütungsparameter, der Leistungszeiträume, Zurückbehaltungszeiträume und Rückforderungszeiträume einschließlich der Voraussetzungen und Parameter für einen vollständigen Verlust oder eine teilweise Reduzierung oder eine vollständige oder teilweise Rückforderung der variablen Vergütung sowie

   der Berücksichtigung der institutsspezifischen und gruppenweiten Geschäfts- und Vergütungsstrategie einschließlich deren Anwendung und Umsetzung in gruppenangehörigen Unternehmen, der Ziele, der Werte und der langfristigen Interessen des Instituts,
2. die Voraussetzungen und das Verfahren bei Billigung eines höheren Verhältnisses zwischen der variablen und fixen jährlichen Vergütung nach Absatz 5 Satz 2 bis 9,

2a. die Berechnung des Verhältnisses der variablen zur fixen Vergütung nach Absatz 5 Satz 2 bis 5, insbesondere über die Diskontierungsfaktoren zur Ermittlung des zugrunde zu legenden Barwerts der variablen Vergütung,

3. die Überwachung der Angemessenheit und der Transparenz der Vergütungssysteme durch das Institut und die Weiterentwicklung der Vergütungssysteme, auch unter Einbeziehung des Vergütungskontrollausschusses und eines Vergütungsbeauftragten,
4. die Offenlegung der Ausgestaltung der Vergütungssysteme und der Zusammensetzung der Vergütung einschließlich des Gesamtbetrags der garantierten Bonuszahlungen und der einzelvertraglichen Abfindungszahlungen unter Angabe der höchsten geleisteten Abfindung und der Anzahl der Begünstigten, soweit nicht von Artikel 450 der Verordnung (EU) Nr. 575/2013 erfasst, das Offenlegungsmedium und die Häufigkeit der Offenlegung,
5. die Ausgestaltung der Offenlegung gemäß Artikel 450 der Verordnung (EU) Nr. 575/2013 sowie
6. die vollständige oder teilweise Herausnahme von Instituten, die keine CRR-Institute sind, aus dem Anwendungsbereich der Rechtsverordnung.

[2]Die Regelungen haben sich insbesondere an Größe und Vergütungsstruktur des Instituts sowie Art, Umfang, Komplexität, Risikogehalt und Internationali-

tät der Geschäftsaktivitäten zu orientieren. [3]Im Rahmen der Bestimmungen nach Satz 1 Nummer 4 müssen die auf Offenlegung der Vergütung bezogenen handelsrechtlichen Bestimmungen nach § 340a Absatz 1 und 2 in Verbindung mit § 340l Absatz 1 Satz 1 des Handelsgesetzbuchs unberührt bleiben. [4]Das Bundesministerium der Finanzen kann die Ermächtigung durch Rechtsverordnung auf die Bundesanstalt mit der Maßgabe übertragen, dass die Rechtsverordnung im Einvernehmen mit der Deutschen Bundesbank ergeht. [5]Vor Erlass der Rechtsverordnung sind die Spitzenverbände der Institute zu hören.

§ 25b Auslagerung von Aktivitäten und Prozessen; Verordnungsermächtigung. (1) [1]Ein Institut muss abhängig von Art, Umfang, Komplexität und Risikogehalt einer Auslagerung von Aktivitäten und Prozessen auf ein anderes Unternehmen, die für die Durchführung von Bankgeschäften, Finanzdienstleistungen oder sonstigen institutstypischen Dienstleistungen wesentlich sind, angemessene Vorkehrungen treffen, um übermäßige zusätzliche Risiken zu vermeiden. [2]Eine Auslagerung darf weder die Ordnungsmäßigkeit dieser Geschäfte und Dienstleistungen noch die Geschäftsorganisation im Sinne des § 25a Absatz 1 beeinträchtigen. [3]Insbesondere muss ein angemessenes und wirksames Risikomanagement durch das Institut gewährleistet bleiben, das die ausgelagerten Aktivitäten und Prozesse einbezieht.

(2) [1]Die Auslagerung darf nicht zu einer Übertragung der Verantwortung der Geschäftsleiter an das Auslagerungsunternehmen führen. [2]Das Institut bleibt bei einer Auslagerung für die Einhaltung der vom Institut zu beachtenden gesetzlichen Bestimmungen verantwortlich.

(3) [1]Durch die Auslagerung darf die Bundesanstalt an der Wahrnehmung ihrer Aufgaben nicht gehindert werden; ihre Auskunfts- und Prüfungsrechte sowie Kontrollmöglichkeiten müssen in Bezug auf die ausgelagerten Aktivitäten und Prozesse auch bei einer Auslagerung auf ein Unternehmen mit Sitz in einem Staat des Europäischen Wirtschaftsraums oder einem Drittstaat durch geeignete Vorkehrungen gewährleistet werden. [2]Entsprechendes gilt für die Wahrnehmung der Aufgaben der Prüfer des Instituts. [3]Eine Auslagerung bedarf einer schriftlichen Vereinbarung, die die zur Einhaltung der vorstehenden Voraussetzungen erforderlichen Rechte des Instituts, einschließlich Weisungs- und Kündigungsrechten, sowie die korrespondierenden Pflichten des Auslagerungsunternehmens festlegt.

(4) [1]Sind bei Auslagerungen die Prüfungsrechte und Kontrollmöglichkeiten der Bundesanstalt beeinträchtigt, kann die Bundesanstalt im Einzelfall Anordnungen treffen, die geeignet und erforderlich sind, diese Beeinträchtigung zu beseitigen. [2]Die Befugnisse der Bundesanstalt nach § 25a Absatz 2 Satz 2 bleiben unberührt.

(5) [1]Das Bundesministerium der Finanzen wird ermächtigt, durch Rechtsverordnung, die nicht der Zustimmung des Bundesrates bedarf, im Benehmen mit der Deutschen Bundesbank nähere Bestimmungen zu erlassen über

1. das Vorliegen einer Auslagerung,
2. die bei einer Auslagerung zu treffenden Vorkehrungen zur Vermeidung übermäßiger zusätzlicher Risiken,
3. die Grenzen der Auslagerbarkeit,

4. die Einbeziehung der ausgelagerten Aktivitäten und Prozesse in das Risikomanagement sowie
5. die Ausgestaltung der Auslagerungsverträge.

[2]Das Bundesministerium der Finanzen kann die Ermächtigung durch Rechtsverordnung auf die Bundesanstalt mit der Maßgabe übertragen, dass die Rechtsverordnung im Einvernehmen mit der Deutschen Bundesbank ergeht. [3]Vor Erlass der Rechtsverordnung sind die Spitzenverbände der Institute zu hören.

§ 25c Geschäftsleiter. (1) [1]Die Geschäftsleiter eines Instituts müssen für die Leitung eines Instituts fachlich geeignet und zuverlässig sein und der Wahrnehmung ihrer Aufgaben ausreichend Zeit widmen. [2]Die fachliche Eignung setzt voraus, dass die Geschäftsleiter in ausreichendem Maß theoretische und praktische Kenntnisse in den betreffenden Geschäften sowie Leitungserfahrung haben. [3]Das Vorliegen der fachlichen Eignung ist regelmäßig anzunehmen, wenn eine dreijährige leitende Tätigkeit bei einem Institut von vergleichbarer Größe und Geschäftsart nachgewiesen wird.

(2) [1]Bei der Zahl der Leitungs- oder Aufsichtsmandate, die ein Geschäftsleiter gleichzeitig innehaben kann, sind der Einzelfall und die Art, der Umfang und die Komplexität der Geschäfte des Instituts zu berücksichtigen. [2]Geschäftsleiter eines CRR-Instituts, das von erheblicher Bedeutung im Sinne des Satzes 6 ist kann nicht sein,

1. wer in demselben Unternehmen Mitglied des Verwaltungs- oder Aufsichtsorgans ist oder
2. wer in einem anderen Unternehmen Geschäftsleiter ist oder bereits in mehr als zwei Unternehmen Mitglied des Verwaltungs- oder Aufsichtsorgans ist.

[3]Dabei gelten im Sinne von Satz 2 Nummer 2 mehrere Mandate als ein Mandat, wenn die Mandate bei Unternehmen wahrgenommen werden,

1. die derselben Institutsgruppe, Finanzholding-Gruppe, gemischten Finanzholding-Gruppe oder gemischten Holding-Gruppe angehören,
2. die demselben institutsbezogenen Sicherungssystem angehören oder
3. an denen das Institut eine bedeutende Beteiligung hält.

[4]Organisationen und Unternehmen, die nicht überwiegend gewerbliche Ziele verfolgen, insbesondere Unternehmen, die der kommunalen Daseinsvorsorge dienen, werden bei den nach Satz 1 Nummer 2 höchstens zulässigen Mandaten nicht berücksichtigt. [5]Die Aufsichtsbehörde kann einem Geschäftsleiter unter Berücksichtigung der Umstände im Einzelfall und der Art, des Umfangs und der Komplexität der Tätigkeiten des Instituts, der Institutsgruppe, der Finanzholding-Gruppe, der Finanzholding-Gesellschaft oder der gemischten Finanzholding-Gesellschaft gestatten, ein zusätzliches Mandat in einem Verwaltungs- oder Aufsichtsorgan innezuhaben, wenn dies das Mitglied nicht daran hindert, der Wahrnehmung seiner Aufgaben in dem betreffenden Unternehmen ausreichend Zeit zu widmen. [6]Ein Institut ist von erheblicher Bedeutung im Sinne von Satz 2, wenn seine Bilanzsumme im Durchschnitt zu den jeweiligen Stichtagen der letzten drei abgeschlossenen Geschäftsjahre 15 Milliarden Euro erreicht oder überschritten hat; als Institute von erheblicher Bedeutung gelten stets

1. Institute, die nach Artikel 6 Absatz 4 der Verordnung (EU) Nr. 1024/2013[1] des Rates vom 15. Oktober 2013 zur Übertragung besonderer Aufgaben im Zusammenhang mit der Aufsicht über Kreditinstitute auf die Europäische Zentralbank (ABl. L 287 vom 29.10.2013, S. 63) von der Europäischen Zentralbank beaufsichtigt werden,
2. Institute, die als potentiell systemgefährdend im Sinne des § 20 Absatz 1 Satz 3 des Sanierungs- und Abwicklungsgesetzes[2] eingestuft wurden, und
3. Finanzhandelsinstitute im Sinne des § 25f Absatz 1.

(3) Im Rahmen ihrer Gesamtverantwortung für die ordnungsgemäße Geschäftsorganisation müssen die Geschäftsleiter

1. Grundsätze einer ordnungsgemäßen Geschäftsführung beschließen, die die erforderliche Sorgfalt bei der Führung des Instituts gewährleisten und insbesondere eine Aufgabentrennung in der Organisation und Maßnahmen festlegen, um Interessenkonflikten vorzubeugen, sowie für die Umsetzung dieser Grundsätze Sorge tragen;
2. die Wirksamkeit der unter Nummer 1 festgelegten und umgesetzten Grundsätze überwachen und regelmäßig bewerten; die Geschäftsleiter müssen angemessene Schritte zur Behebung von Mängeln einleiten;
3. der Festlegung der Strategien und den Risiken, insbesondere den Adressenausfallrisiken, den Marktrisiken und den operationellen Risiken, ausreichend Zeit widmen;
4. für eine angemessene und transparente Unternehmensstruktur sorgen, die sich an den Strategien des Unternehmens ausrichtet und der für ein wirksames Risikomanagement erforderlichen Transparenz der Geschäftsaktivitäten des Instituts Rechnung trägt, und die hierfür erforderliche Kenntnis über die Unternehmensstruktur und die damit verbundenen Risiken besitzen; für die Geschäftsleiter eines übergeordneten Unternehmens bezieht sich diese Verpflichtung auch auf die Gruppe gemäß § 25a Absatz 3;
5. die Richtigkeit des Rechnungswesens und der Finanzberichterstattung sicherstellen; dies schließt die dazu erforderlichen Kontrollen und die Übereinstimmung mit den gesetzlichen Bestimmungen und den relevanten Standards ein; und
6. die Prozesse hinsichtlich Offenlegung sowie Kommunikation überwachen.

(4) Die Institute müssen angemessene personelle und finanzielle Ressourcen einsetzen, um den Mitgliedern der Geschäftsleitung die Einführung in ihr Amt zu erleichtern und die Fortbildung zu ermöglichen, die zur Aufrechterhaltung ihrer fachlichen Eignung erforderlich ist.

(4a) Im Rahmen ihrer Gesamtverantwortung für die ordnungsgemäße Geschäftsorganisation des Instituts nach § 25a Absatz 1 Satz 2 haben die Geschäftsleiter eines Instituts dafür Sorge zu tragen, dass das Institut über folgende Strategien, Prozesse, Verfahren, Funktionen und Konzepte verfügt:

1. eine auf die nachhaltige Entwicklung des Instituts gerichtete Geschäftsstrategie und eine damit konsistente Risikostrategie sowie Prozesse zur Planung, Umsetzung, Beurteilung und Anpassung der Strategien nach § 25a Absatz 1

---

[1] Nr. **5**.
[2] Nr. **22**.

Satz 3 Nummer 1, mindestens haben die Geschäftsleiter dafür Sorge zu tragen, dass

a) jederzeit das Gesamtziel, die Ziele des Instituts für jede wesentliche Geschäftsaktivität sowie die Maßnahmen zur Erreichung dieser Ziele dokumentiert werden;

b) die Risikostrategie jederzeit die Ziele der Risikosteuerung der wesentlichen Geschäftsaktivitäten sowie die Maßnahmen zur Erreichung dieser Ziele umfasst;

2. Verfahren zur Ermittlung und Sicherstellung der Risikotragfähigkeit nach § 25a Absatz 1 Satz 3 Nummer 2, mindestens haben die Geschäftsleiter dafür Sorge zu tragen, dass

a) die wesentlichen Risiken des Instituts, insbesondere Adressenausfall-, Marktpreis-, Liquiditäts- und operationelle Risiken, regelmäßig und anlassbezogen im Rahmen einer Risikoinventur identifiziert und definiert werden (Gesamtrisikoprofil);

b) im Rahmen der Risikoinventur Risikokonzentrationen berücksichtigt sowie mögliche wesentliche Beeinträchtigungen der Vermögenslage, der Ertragslage oder der Liquiditätslage geprüft werden;

3. interne Kontrollverfahren mit einem internen Kontrollsystem und einer internen Revision nach § 25a Absatz 1 Satz 3 Nummer 3 Buchstabe a bis c, mindestens haben die Geschäftsleiter dafür Sorge zu tragen, dass

a) im Rahmen der Aufbau- und Ablauforganisation Verantwortungsbereiche klar abgegrenzt werden, wobei wesentliche Prozesse und damit verbundene Aufgaben, Kompetenzen, Verantwortlichkeiten, Kontrollen sowie Kommunikationswege klar zu definieren sind und sicherzustellen ist, dass Mitarbeiter keine miteinander unvereinbaren Tätigkeiten ausüben;

b) eine grundsätzliche Trennung zwischen dem Bereich, der Kreditgeschäfte initiiert und bei den Kreditentscheidungen über ein Votum verfügt (Markt), sowie dem Bereich Handel einerseits und dem Bereich, der bei den Kreditentscheidungen über ein weiteres Votum verfügt (Marktfolge), und den Funktionen, die dem Risikocontrolling und die der Abwicklung und Kontrolle der Handelsgeschäfte dienen, andererseits besteht;

c) das interne Kontrollsystem Risikosteuerungs- und -controllingprozesse zur Identifizierung, Beurteilung, Steuerung, Überwachung und Kommunikation der wesentlichen Risiken und damit verbundener Risikokonzentrationen sowie eine Risikocontrolling-Funktion und eine Compliance-Funktion umfasst;

d) in angemessenen Abständen, mindestens aber vierteljährlich, gegenüber der Geschäftsleitung über die Risikosituation einschließlich einer Beurteilung der Risiken berichtet wird;

e) in angemessenen Abständen, mindestens aber vierteljährlich, seitens der Geschäftsleitung gegenüber dem Verwaltungs- oder Aufsichtsorgan über die Risikosituation einschließlich einer Beurteilung der Risiken berichtet wird;

f) regelmäßig angemessene Stresstests für die wesentlichen Risiken sowie das Gesamtrisikoprofil des Instituts durchgeführt werden und auf Grundlage der Ergebnisse möglicher Handlungsbedarf geprüft wird;

g) die interne Revision in angemessenen Abständen, mindestens aber vierteljährlich, an die Geschäftsleitung und an das Aufsichts- oder Verwaltungsorgan berichtet;

4. eine angemessene personelle und technisch-organisatorische Ausstattung des Instituts nach § 25a Absatz 1 Satz 3 Nummer 4, mindestens haben die Geschäftsleiter dafür Sorge zu tragen, dass die quantitative und qualitative Personalausstattung und der Umfang und die Qualität der technisch-organisatorischen Ausstattung die betriebsinternen Erfordernisse, die Geschäftsaktivitäten und die Risikosituation berücksichtigen;
5. für Notfälle in zeitkritischen Aktivitäten und Prozessen angemessene Notfallkonzepte nach § 25a Absatz 1 Satz 3 Nummer 5, mindestens haben die Geschäftsleiter dafür Sorge zu tragen, dass regelmäßig Notfalltests zur Überprüfung der Angemessenheit und Wirksamkeit des Notfallkonzeptes durchgeführt werden und über die Ergebnisse den jeweils Verantwortlichen berichtet wird;
6. im Fall einer Auslagerung von Aktivitäten und Prozessen auf ein anderes Unternehmen nach § 25b Absatz 1 Satz 1 mindestens angemessene Verfahren und Konzepte, um übermäßige zusätzliche Risiken sowie eine Beeinträchtigung der Ordnungsmäßigkeit der Geschäfte, Dienstleistungen und der Geschäftsorganisation im Sinne des § 25a Absatz 1 zu vermeiden.

(4b) [1] Für Institutsgruppen, Finanzholding-Gruppen, gemischte Finanzholding-Gruppen und Institute im Sinne des Artikels 4 der Verordnung (EU) Nr. 575/2013[1)] gilt, dass die Geschäftsleiter des übergeordneten Unternehmens für die Wahrung der Sorgfaltspflichten innerhalb der Institutsgruppe, der Finanzholding-Gruppe, der gemischten Finanzholding-Gruppe oder der Institute im Sinne des Artikels 4 der Verordnung (EU) Nr. 575/2013 verantwortlich sind, wenn das übergeordnete Unternehmen Mutterunternehmen ist, das beherrschenden Einfluss im Sinne des § 290 Absatz 2 des Handelsgesetzbuchs über andere Unternehmen der Gruppe ausübt, ohne dass es auf die Rechtsform der Muttergesellschaft ankommt. [2] Im Rahmen ihrer Gesamtverantwortung für die ordnungsgemäße Geschäftsorganisation der Gruppe nach Satz 1 haben die Geschäftsleiter des übergeordneten Unternehmens dafür Sorge zu tragen, dass die Gruppe über folgende Strategien, Prozesse, Verfahren, Funktionen und Konzepte verfügt:

1. eine auf die nachhaltige Entwicklung der Gruppe gerichtete gruppenweite Geschäftsstrategie und eine damit konsistente gruppenweite Risikostrategie sowie Prozesse zur Planung, Umsetzung, Beurteilung und Anpassung der Strategien nach § 25a Absatz 1 Satz 3 Nummer 1, mindestens haben die Geschäftsleiter dafür Sorge zu tragen, dass
   a) jederzeit das Gesamtziel der Gruppe, die Ziele der Gruppe für jede wesentliche Geschäftsaktivität sowie die Maßnahmen zur Erreichung dieser Ziele dokumentiert werden;
   b) die Risikostrategie der Gruppe jederzeit die Ziele der Risikosteuerung der wesentlichen Geschäftsaktivitäten sowie die Maßnahmen zur Erreichung dieser Ziele umfasst;

[1)] Nr. **6**.

c) die strategische Ausrichtung der gruppenangehörigen Unternehmen mit den gruppenweiten Geschäfts- und Risikostrategien abgestimmt wird;

2. Verfahren zur Ermittlung und Sicherstellung der Risikotragfähigkeit der Gruppe nach § 25a Absatz 1 Satz 3 Nummer 2, mindestens haben die Geschäftsleiter dafür Sorge zu tragen, dass

a) die wesentlichen Risiken der Gruppe, insbesondere Adressenausfall-, Marktpreis-, Liquiditäts- und operationelle Risiken, regelmäßig und anlassbezogen im Rahmen einer Risikoinventur identifiziert und definiert werden (Gesamtrisikoprofil der Gruppe);

b) im Rahmen der Risikoinventur Risikokonzentrationen innerhalb der Gruppe berücksichtigt sowie mögliche wesentliche Beeinträchtigungen der Vermögenslage, der Ertragslage oder der Liquiditätslage der Gruppe geprüft werden;

3. interne Kontrollverfahren mit einem internen Kontrollsystem und einer internen Revision nach § 25a Absatz 1 Satz 3 Nummer 3 Buchstabe a bis c, mindestens haben die Geschäftsleiter dafür Sorge zu tragen, dass

a) im Rahmen der Aufbau- und Ablauforganisation der Gruppe Verantwortungsbereiche klar abgegrenzt werden, wobei wesentliche Prozesse und damit verbundene Aufgaben, Kompetenzen, Verantwortlichkeiten, Kontrollen sowie Kommunikationswege innerhalb der Gruppe klar zu definieren sind und sicherzustellen ist, dass Mitarbeiter keine miteinander unvereinbaren Tätigkeiten ausüben;

b) bei den gruppenangehörigen Unternehmen eine grundsätzliche Trennung zwischen dem Bereich, der Kreditgeschäfte initiiert und bei den Kreditentscheidungen über ein Votum verfügt (Markt), sowie dem Bereich Handel einerseits und dem Bereich, der bei den Kreditentscheidungen über ein weiteres Votum verfügt (Marktfolge), und den Funktionen, die dem Risikocontrolling und die der Abwicklung und Kontrolle der Handelsgeschäfte dienen, andererseits besteht;

c) in angemessenen Abständen, mindestens aber vierteljährlich, gegenüber der Geschäftsleitung über die Risikosituation einschließlich einer Beurteilung der Risiken berichtet wird;

d) in angemessenen Abständen, mindestens aber vierteljährlich, auf Gruppenebene seitens der Geschäftsleitung gegenüber dem Verwaltungs- oder Aufsichtsorgan über die Risikosituation der Gruppe einschließlich einer Beurteilung der Risiken berichtet wird;

e) das interne Kontrollsystem der Gruppe eine Risikocontrolling-Funktion und eine Compliance-Funktion sowie Risikosteuerungs- und -controllingprozesse zur Identifizierung, Beurteilung, Steuerung, Überwachung und Kommunikation der wesentlichen Risiken und damit verbundener Risikokonzentrationen umfasst;

f) regelmäßig angemessene Stresstests für die wesentlichen Risiken und das Gesamtrisikoprofil auf Gruppenebene durchgeführt werden und auf Grundlage der Ergebnisse möglicher Handlungsbedarf geprüft wird;

g) die Konzernrevision in angemessenen Abständen, mindestens aber vierteljährlich, an die Geschäftsleitung und an das Verwaltungs- oder Aufsichtsorgan berichtet;

4. eine angemessene personelle und technisch-organisatorische Ausstattung der Gruppe nach § 25a Absatz 1 Satz 3 Nummer 4, mindestens haben die Geschäftsleiter dafür Sorge zu tragen, dass die quantitative und qualitative Personalausstattung und der Umfang und die Qualität der technisch-organisatorischen Ausstattung der gruppenangehörigen Unternehmen die jeweiligen betriebsinternen Erfordernisse, die Geschäftsaktivitäten und die Risikosituation der gruppenangehörigen Unternehmen berücksichtigen;
5. für Notfälle in zeitkritischen Aktivitäten und Prozessen angemessene Notfallkonzepte nach § 25a Absatz 1 Satz 3 Nummer 5 auf Gruppenebene, mindestens haben die Geschäftsleiter dafür Sorge zu tragen, dass regelmäßig Notfalltests zur Überprüfung der Angemessenheit und Wirksamkeit des Notfallkonzeptes auf Gruppenebene durchgeführt werden und über die Ergebnisse den jeweils Verantwortlichen berichtet wird;
6. im Fall einer Auslagerung von Aktivitäten und Prozessen auf ein anderes Unternehmen nach § 25b Absatz 1 Satz 1 mindestens angemessene Verfahren und Konzepte, um übermäßige zusätzliche Risiken sowie eine Beeinträchtigung der Ordnungsmäßigkeit der Geschäfte, Dienstleistungen und der Geschäftsorganisation im Sinne des § 25a Absatz 1 zu vermeiden.

(4c) Wenn die Bundesanstalt zu dem Ergebnis kommt, dass das Institut oder die Gruppe nicht über die Strategien, Prozesse, Verfahren, Funktionen und Konzepte nach Absatz 4a und 4b verfügt, kann sie, unabhängig von anderen Maßnahmen nach diesem Gesetz, anordnen, dass geeignete Maßnahmen ergriffen werden, um die festgestellten Mängel innerhalb einer angemessenen Frist zu beseitigen.

(5) [1] In Ausnahmefällen kann die Bundesanstalt auch eine andere mit der Führung der Geschäfte betraute und zur Vertretung ermächtigte Person widerruflich als Geschäftsleiter einsetzen, wenn sie zuverlässig ist und die erforderliche fachliche Eignung hat; Absatz 1 ist anzuwenden. [2] Wird das Institut von einem Einzelkaufmann betrieben, so kann in Ausnahmefällen unter den Voraussetzungen des Satzes 1 eine von dem Inhaber mit der Führung der Geschäfte betraute und zur Vertretung ermächtigte Person widerruflich als Geschäftsleiter eingesetzt werden. [3] Beruht die Einsetzung einer Person als Geschäftsleiter auf einem Antrag des Instituts, so kann sie nur auf Antrag des Instituts oder des Geschäftsleiters widerrufen werden.

(6) Die Geschäftsleiter eines Datenbereitstellungsdienstes müssen zuverlässig und für dessen Leitung fachlich geeignet sein und der Wahrnehmung ihrer Aufgabe ausreichend Zeit widmen.

§ 25d Verwaltungs- oder Aufsichtsorgan. (1) [1] Die Mitglieder des Verwaltungs- oder Aufsichtsorgans eines Instituts, einer Finanzholding-Gesellschaft oder einer gemischten Finanzholding-Gesellschaft müssen zuverlässig sein, die erforderliche Sachkunde zur Wahrnehmung der Kontrollfunktion sowie zur Beurteilung und Überwachung der Geschäfte, die das jeweilige Unternehmen betreibt, besitzen und der Wahrnehmung ihrer Aufgaben ausreichend Zeit widmen. [2] Bei der Prüfung, ob eine der in Satz 1 genannten Personen die erforderliche Sachkunde besitzt, berücksichtigt die Bundesanstalt den Umfang und die Komplexität der von dem Institut, der Institutsgruppe oder Finanzholding-Gruppe, der Finanzholding-Gesellschaft oder der gemischten Finanzholding-Gesellschaft betriebenen Geschäfte.

(2) [1]Das Verwaltungs- oder Aufsichtsorgan muss in seiner Gesamtheit die Kenntnisse, Fähigkeiten und Erfahrungen haben, die zur Wahrnehmung der Kontrollfunktion sowie zur Beurteilung und Überwachung der Geschäftsleitung des Instituts oder der Institutsgruppe oder Finanzholding-Gruppe, der Finanzholding-Gesellschaft oder der gemischten Finanzholding-Gesellschaft notwendig sind. [2]Die Vorschriften der Mitbestimmungsgesetze über die Wahl und Abberufung der Arbeitnehmervertreter im Verwaltungs- oder Aufsichtsorgan bleiben unberührt.

(3) [1]Mitglied des Verwaltungs- oder Aufsichtsorgans eines CRR-Instituts, das von erheblicher Bedeutung im Sinne des Satzes 8 ist kann nicht sein,

1. wer in demselben Unternehmen Geschäftsleiter ist;
2. wer in dem betreffenden Unternehmen Geschäftsleiter war, wenn bereits zwei ehemalige Geschäftsleiter des Unternehmens Mitglied des Verwaltungs- oder Aufsichtsorgans sind;
3. wer in einem Unternehmen Geschäftsleiter ist und zugleich in mehr als zwei Unternehmen Mitglied des Verwaltungs- oder Aufsichtsorgans ist oder
4. wer in mehr als vier Unternehmen Mitglied des Verwaltungs- oder Aufsichtsorgans ist.

[2]Satz 1 gilt jeweils auch für Mitglieder der Verwaltungs- oder Aufsichtsorgane einer Finanzholding-Gesellschaft oder gemischten Finanzholding-Gesellschaft, wenn diese nach § 10a Absatz 2 Satz 2 oder Satz 3 oder § 12 Absatz 2 des Finanzkonglomerate-Aufsichtsgesetzes[1)] als übergeordnetes Unternehmen bestimmt worden ist und ihr ein CRR-Institut nachgeordnet ist. [3]Dabei gelten im Sinne von Satz 1 Nummer 3 und 4 mehrere Mandate als ein Mandat, wenn die Mandate bei Unternehmen wahrgenommen werden,

1. die derselben Institutsgruppe, Finanzholding-Gruppe, gemischten Finanzholding-Gruppe oder gemischten Holding-Gruppe angehören,
2. die demselben institutsbezogenen Sicherungssystem angehören oder
3. an denen das Institut eine bedeutende Beteiligung hält.

[4]Mandate bei Organisationen und Unternehmen, die nicht überwiegend gewerbliche Ziele verfolgen, insbesondere Unternehmen, die der kommunalen Daseinsvorsorge dienen, werden bei den nach Satz 1 Nummer 3 und 4 höchstens zulässigen Mandaten nicht berücksichtigt. [5]Die Aufsichtsbehörde kann einem Mitglied des Verwaltungs- oder Aufsichtsorgans unter Berücksichtigung der Umstände im Einzelfall und der Art, des Umfangs und der Komplexität der Tätigkeiten des Instituts, der Institutsgruppe oder Finanzholding-Gruppe, der Finanzholding-Gesellschaft oder der gemischten Finanzholding-Gesellschaft über die Anzahl der nach Satz 1 Nummern 3 und 4 höchstens zulässigen Mandate hinaus gestatten, ein zusätzliches Mandat in einem Verwaltungs- oder Aufsichtsorgan innezuhaben, wenn dies das Mitglied nicht daran hindert, der Wahrnehmung seiner Aufgaben in dem betreffenden Unternehmen ausreichend Zeit zu widmen. [6]Mandate als Vertreter des Bundes oder der Länder werden bei den nach Satz 1 Nummer 3 und 4 höchstens zulässigen Mandaten nicht berücksichtigt. [7]Satz 1 Nummer 4 gilt nicht für kommunale Hauptverwaltungsbeamte, die kraft kommunaler Satzung zur Wahrnehmung eines Man-

---

1) Nr. **9**.

dats in einem kommunalen Unternehmen oder einem kommunalen Zweckverband verpflichtet sind. [8]Ein Institut ist von erheblicher Bedeutung im Sinne von Satz 1, wenn seine Bilanzsumme im Durchschnitt zu den jeweiligen Stichtagen der letzten drei abgeschlossenen Geschäftsjahre 15 Milliarden Euro erreicht oder überschritten hat; als Institute von erheblicher Bedeutung gelten stets

1. Institute, die nach Artikel 6 Absatz 4 der Verordnung (EU) Nr. 1024/2013[1)] des Rates vom 15. Oktober 2013 zur Übertragung besonderer Aufgaben im Zusammenhang mit der Aufsicht über Kreditinstitute auf die Europäische Zentralbank (ABl. L 287 vom 29.10.2013, S. 63) von der Europäischen Zentralbank beaufsichtigt werden,
2. Institute, die als potentiell systemgefährdend im Sinne des § 20 Absatz 1 Satz 3 des Sanierungs- und Abwicklungsgesetzes[2)] eingestuft wurden, und
3. Finanzhandelsinstitute im Sinne des § 25f Absatz 1.

(3a) Mitglied des Verwaltungs- oder Aufsichtsorgans eines Instituts, das nicht CRR-Institut von erheblicher Bedeutung im Sinne des Absatzes 3 Satz 8 ist, oder einer Finanzholding-Gesellschaft kann nicht sein,

1. wer in demselben Unternehmen Geschäftsleiter ist,
2. wer in dem betreffenden Unternehmen Geschäftsleiter war, wenn bereits zwei ehemalige Geschäftsleiter des Unternehmens Mitglied des Verwaltungs- oder Aufsichtsorgans sind, oder
3. wer in mehr als fünf Unternehmen, die unter der Aufsicht der Bundesanstalt stehen, Mitglied des Verwaltungs- oder Aufsichtsorgans ist, es sei denn, diese Unternehmen gehören demselben institutsbezogenen Sicherungssystem an.

(4) Institute, Finanzholding-Gesellschaften und gemischte Finanzholding-Gesellschaften müssen angemessene personelle und finanzielle Ressourcen einsetzen, um den Mitgliedern des Verwaltungs- oder Aufsichtsorgans die Einführung in ihr Amt zu erleichtern und die Fortbildung zu ermöglichen, die zur Aufrechterhaltung der erforderlichen Sachkunde notwendig ist.

(5) [1]Die Ausgestaltung der Vergütungssysteme für Mitglieder des Verwaltungs- oder Aufsichtsorgans darf im Hinblick auf die wirksame Wahrnehmung der Überwachungsfunktion des Verwaltungs- oder Aufsichtsorgans keine Interessenkonflikte erzeugen. [2]Für die Tätigkeit im Verwaltungs- oder Aufsichtsorgan dürfen dessen Mitglieder keine variablen Vergütungsbestandteile erhalten. [3]Artikel 450 der Verordnung (EU) Nr. 575/2013[3)] ist auch in Bezug auf die Vergütung der Mitglieder des Verwaltungs- oder Aufsichtsorgans anzuwenden.

(6) [1]Das Verwaltungs- oder Aufsichtsorgan muss die Geschäftsleiter auch im Hinblick auf die Einhaltung der einschlägigen bankaufsichtsrechtlichen Regelungen überwachen. [2]Es muss der Erörterung von Strategien, Risiken und Vergütungssystemen für Geschäftsleiter und Mitarbeiter ausreichend Zeit widmen.

(7) [1]Das Verwaltungs- oder Aufsichtsorgan eines Instituts, einer Finanzholding-Gesellschaft oder einer gemischten Finanzholding-Gesellschaft soll abhän-

[1)] Nr. **5**.
[2)] Nr. **22**.
[3)] Nr. **6**.

gig von der Größe, der internen Organisation und der Art, des Umfangs, der Komplexität und dem Risikogehalt der Geschäfte des Unternehmens aus seiner Mitte Ausschüsse gemäß den Absätzen 8 bis 12 bestellen, die es bei seinen Aufgaben beraten und unterstützen. [2]Jeder Ausschuss soll eines seiner Mitglieder zum Vorsitzenden ernennen. [3]Die Mitglieder der Ausschüsse müssen die zur Erfüllung der jeweiligen Ausschussaufgaben erforderlichen Kenntnisse, Fähigkeiten und Erfahrungen haben. [4]Um die Zusammenarbeit und den fachlichen Austausch zwischen den einzelnen Ausschüssen sicherzustellen, soll mindestens ein Mitglied eines jeden Ausschusses einem weiteren Ausschuss angehören. [5]Die Bundesanstalt kann die Bildung eines oder mehrerer Ausschüsse verlangen, wenn dies insbesondere unter Berücksichtigung der Kriterien nach Satz 1 oder zur ordnungsgemäßen Wahrnehmung der Kontrollfunktion des Verwaltungs- oder Aufsichtsorgans erforderlich erscheint.

(8) [1]Das Verwaltungs- oder Aufsichtsorgan eines in Absatz 3 Satz 1 und 2 genannten Unternehmens hat aus seiner Mitte einen Risikoausschuss zu bestellen. [2]Der Risikoausschuss berät das Verwaltungs- oder Aufsichtsorgan zur aktuellen und zur künftigen Gesamtrisikobereitschaft und -strategie des Unternehmens und unterstützt es bei der Überwachung der Umsetzung dieser Strategie durch die obere Leitungsebene. [3]Der Risikoausschuss wacht darüber, dass die Konditionen im Kundengeschäft mit dem Geschäftsmodell und der Risikostruktur des Unternehmens im Einklang stehen. [4]Soweit dies nicht der Fall ist, verlangt der Risikoausschuss von der Geschäftsleitung Vorschläge, wie die Konditionen im Kundengeschäft in Übereinstimmung mit dem Geschäftsmodell und der Risikostruktur ausgestaltet werden können, und überwacht deren Umsetzung. [5]Der Risikoausschuss prüft, ob die durch das Vergütungssystem gesetzten Anreize die Risiko-, Kapital- und Liquiditätsstruktur des Unternehmens sowie die Wahrscheinlichkeit und Fälligkeit von Einnahmen berücksichtigen. [6]Die Aufgaben des Vergütungskontrollausschusses nach Absatz 12 bleiben unberührt. [7]Der Vorsitzende des Risikoausschusses oder, falls ein Risikoausschuss nicht eingerichtet wurde, der Vorsitzende des Verwaltungs- oder Aufsichtsorgans, kann unmittelbar beim Leiter der Internen Revision und beim Leiter des Risikocontrollings Auskünfte einholen. [8]Die Geschäftsleitung muss hierüber unterrichtet werden. [9]Der Risikoausschuss kann, soweit erforderlich, den Rat externer Sachverständiger einholen. [10]Der Risikoausschuss oder, falls ein solcher nicht eingerichtet wurde, das Verwaltungs- oder Aufsichtsorgan bestimmt Art, Umfang, Format und Häufigkeit der Informationen, die die Geschäftsleitung zum Thema Strategie und Risiko vorlegen muss.

(9) [1]Das Verwaltungs- oder Aufsichtsorgan eines in Absatz 3 Satz 1 und 2 genannten Unternehmens hat aus seiner Mitte einen Prüfungsausschuss zu bestellen. [2]Der Prüfungsausschuss unterstützt das Verwaltungs- oder Aufsichtsorgan insbesondere bei der Überwachung

1. des Rechnungslegungsprozesses;
2. der Wirksamkeit des Risikomanagementsystems, insbesondere des internen Kontrollsystems und der Internen Revision;
3. der Durchführung der Abschlussprüfungen, insbesondere hinsichtlich der Unabhängigkeit des Abschlussprüfers und der vom Abschlussprüfer erbrachten Leistungen (Umfang, Häufigkeit, Berichterstattung). Der Prüfungsausschuss soll dem Verwaltungs- oder Aufsichtsorgan Vorschläge für die Bestellung eines Abschlussprüfers sowie für die Höhe seiner Vergütung unterbrei-

ten und das Verwaltungs- oder Aufsichtsorgan zur Kündigung oder Fortsetzung des Prüfauftrags beraten und

4. der zügigen Behebung der vom Prüfer festgestellten Mängel durch die Geschäftsleitung mittels geeigneter Maßnahmen.

[3]Der Vorsitzende des Prüfungsausschusses muss über Sachverstand auf den Gebieten Rechnungslegung und Abschlussprüfung verfügen. [4]Der Vorsitzende des Prüfungsausschusses oder, falls ein Prüfungsausschuss nicht eingerichtet wurde, der Vorsitzende des Verwaltungs- oder Aufsichtsorgans, kann unmittelbar beim Leiter der Internen Revision und beim Leiter des Risikocontrollings Auskünfte einholen. [5]Die Geschäftsleitung muss hierüber unterrichtet werden.

(10) [1]Das Verwaltungs- oder Aufsichtsorgan eines in Absatz 3 Satz 1 und 2 genannten Unternehmens kann einen gemeinsamen Risiko- und Prüfungsausschuss bestellen, wenn dies unter Berücksichtigung der Kriterien nach Absatz 7 Satz 1 sinnvoll ist. [2]Dies ist der Bundesanstalt mitzuteilen. [3]Auf den gemeinsamen Prüfungs- und Risikoausschuss finden die Absätze 8 und 9 entsprechende Anwendung.

(11) [1]Das Verwaltungs- oder Aufsichtsorgan eines in Absatz 3 Satz 1 und 2 genannten Unternehmens hat aus seiner Mitte einen Nominierungsausschuss zu bestellen. [2]Der Nominierungsausschuss unterstützt das Verwaltungs- oder Aufsichtsorgan bei der

1. Ermittlung von Bewerbern für die Besetzung einer Stelle in der Geschäftsleitung und bei der Vorbereitung von Wahlvorschlägen für die Wahl der Mitglieder des Verwaltungs- oder Aufsichtsorgans; hierbei berücksichtigt der Nominierungsausschuss die Ausgewogenheit und Unterschiedlichkeit der Kenntnisse, Fähigkeiten und Erfahrungen aller Mitglieder des betreffenden Organs, entwirft eine Stellenbeschreibung mit Bewerberprofil und gibt den mit der Aufgabe verbundenen Zeitaufwand an;
2. Erarbeitung einer Zielsetzung zur Förderung der Vertretung des unterrepräsentierten Geschlechts im Verwaltungs- oder Aufsichtsorgan sowie einer Strategie zu deren Erreichung;
3. regelmäßig, mindestens einmal jährlich, durchzuführenden Bewertung der Struktur, Größe, Zusammensetzung und Leistung der Geschäftsleitung und des Verwaltungs- oder Aufsichtsorgans und spricht dem Verwaltungs- oder Aufsichtsorgan gegenüber diesbezügliche Empfehlungen aus; der Nominierungsausschuss achtet dabei darauf, dass die Entscheidungsfindung innerhalb der Geschäftsleitung durch einzelne Personen oder Gruppen nicht in einer Weise beeinflusst wird, die dem Unternehmen schadet;
4. regelmäßig, mindestens einmal jährlich, durchzuführenden Bewertung der Kenntnisse, Fähigkeiten und Erfahrung sowohl der einzelnen Geschäftsleiter und Mitglieder des Verwaltungs- oder Aufsichtsorgans als auch des jeweiligen Organs in seiner Gesamtheit und
5. Überprüfung der Grundsätze der Geschäftsleitung für die Auswahl und Bestellung der Personen der oberen Leitungsebene und bei diesbezüglichen Empfehlungen an die Geschäftsleitung.

[3]Bei der Wahrnehmung seiner Aufgaben kann der Nominierungsausschuss auf alle Ressourcen zurückgreifen, die er für angemessen hält, und auch externe

Berater einschalten. [4] Zu diesem Zwecke soll er vom Unternehmen angemessene Finanzmittel erhalten.

(12) [1] Das Verwaltungs- oder Aufsichtsorgan eines in Absatz 3 Satz 1 und 2 genannten Unternehmens hat aus seiner Mitte einen Vergütungskontrollausschuss zu bestellen. [2] Der Vergütungskontrollausschuss

1. überwacht die angemessene Ausgestaltung der Vergütungssysteme der Geschäftsleiter und Mitarbeiter, und insbesondere die angemessene Ausgestaltung der Vergütungen für die Leiter der Risikocontrolling-Funktion und der Compliance-Funktion sowie solcher Mitarbeiter, die einen wesentlichen Einfluss auf das Gesamtrisikoprofil des Instituts haben, und unterstützt das Verwaltungs- oder Aufsichtsorgan bei der Überwachung der angemessenen Ausgestaltung der Vergütungssysteme für die Mitarbeiter des Unternehmens; die Auswirkungen der Vergütungssysteme auf das Risiko-, Kapital- und Liquiditätsmanagement sind zu bewerten;
2. bereitet die Beschlüsse des Verwaltungs- oder Aufsichtsorgans über die Vergütung der Geschäftsleiter vor und berücksichtigt dabei besonders die Auswirkungen der Beschlüsse auf die Risiken und das Risikomanagement des Unternehmens; den langfristigen Interessen von Anteilseignern, Anlegern, sonstiger Beteiligter und dem öffentlichen Interesse ist Rechnung zu tragen;
3. unterstützt das Verwaltungs- oder Aufsichtsorgan bei der Überwachung der ordnungsgemäßen Einbeziehung der internen Kontroll- und aller sonstigen maßgeblichen Bereiche bei der Ausgestaltung der Vergütungssysteme.

[3] Mindestens ein Mitglied des Vergütungskontrollausschusses muss über ausreichend Sachverstand und Berufserfahrung im Bereich Risikomanagement und Risikocontrolling verfügen, insbesondere im Hinblick auf Mechanismen zur Ausrichtung der Vergütungssysteme an der Gesamtrisikobereitschaft und -strategie und an der Eigenmittelausstattung des Unternehmens. [4] Wenn dem Verwaltungs- oder Aufsichtsorgan entsprechend den Mitbestimmungsgesetzen Arbeitnehmervertreter angehören, muss dem Vergütungskontrollausschuss mindestens ein Arbeitnehmervertreter angehören. [5] Der Vergütungskontrollausschuss soll mit dem Risikoausschuss zusammenarbeiten und soll sich intern beispielsweise durch das Risikocontrolling und extern von Personen beraten lassen, die unabhängig von der Geschäftsleitung sind. [6] Geschäftsleiter dürfen nicht an Sitzungen des Vergütungskontrollausschusses teilnehmen, bei denen über ihre Vergütung beraten wird. [7] Der Vorsitzende des Vergütungskontrollausschusses oder, falls ein Vergütungskontrollausschuss nicht eingerichtet wurde, der Vorsitzende des Verwaltungs- oder Aufsichtsorgans, kann unmittelbar beim Leiter der Internen Revision und bei den Leitern der für die Ausgestaltung der Vergütungssysteme zuständigen Organisationseinheiten Auskünfte einholen. [8] Die Geschäftsleitung muss hierüber unterrichtet werden.

(13) Für die Mitglieder des Verwaltungs- oder Aufsichtsorgans eines Datenbereitstellungsdienstes gilt § 25d Absatz 1 und 2 entsprechend.

§ 25e Anforderungen bei vertraglich gebundenen Vermittlern. [1] Bedient sich ein CRR-Kreditinstitut oder ein Wertpapierhandelsunternehmen eines vertraglich gebundenen Vermittlers im Sinne des § 2 Absatz 10 Satz 1, hat es sicherzustellen, dass dieser zuverlässig und fachlich geeignet ist, bei der Erbringung der Finanzdienstleistungen die gesetzlichen Vorgaben erfüllt, Kunden vor Aufnahme der Geschäftsbeziehung über seinen Status nach § 2 Absatz 10 Satz 1 und 2 informiert und unverzüglich von der Beendigung dieses Status in Kenntnis setzt. 2 Die erforderlichen Nachweise für die Erfüllung seiner Pflichten nach Satz 1 muss das CRR-Kreditinstitut oder das Wertpapierhandelsunternehmen mindestens bis zum Ablauf von fünf Jahren nach dem Ende des Status des vertraglich gebundenen Vermittlers aufbewahren. 3 Nähere Bestimmungen zu den erforderlichen Nachweisen können durch Rechtsverordnung nach § 24 Absatz 4 getroffen werden.

§ 25f Besondere Anforderungen an die ordnungsgemäße Geschäftsorganisation von CRR-Kreditinstituten sowie von Institutsgruppen, Finanzholding-Gruppen und gemischten Finanzholding-Gruppen, denen ein CRR-Kreditinstitut angehört; Verordnungsermächtigung.

(1) 1 Sämtliche Geschäfte im Sinne des § 3 Absatz 2 und Absatz 4 sind bei einem wirtschaftlich, organisatorisch und rechtlich eigenständigen Unternehmen (Finanzhandelsinstitut) zu betreiben. 2 Für das Finanzhandelsinstitut gelten die zusätzlichen Anforderungen gemäß den Absätzen 2 bis 6 an eine ordnungsgemäße Geschäftsorganisation.

(2) Für das Finanzhandelsinstitut findet § 2a keine Anwendung.

(3) 1 Das Finanzhandelsinstitut hat seine Refinanzierung eigenständig sicherzustellen. 2 Geschäfte des CRR-Kreditinstituts oder der Unternehmen, die einer Institutsgruppe, einer Finanzholding-Gruppe oder einer gemischten Finanzholding-Gruppe angehören, der auch ein CRR-Kreditinstitut angehört, mit dem Finanzhandelsinstitut sind wie Geschäfte mit Dritten zu behandeln.

(4) 1 Das Bundesministerium der Finanzen kann im Benehmen mit der Deutschen Bundesbank durch Rechtsverordnung für die Zwecke der Überwachung der Einhaltung des Verbots des § 3 Absatz 2 und 4 Satz 1 sowie für die Ermittlung von Art und Umfang der Geschäfte im Sinne des § 3 Absatz 2 Satz 2 und Absatz 4 Satz 1 für das CRR-Kreditinstitut und das übergeordnete Unternehmen einer Institutsgruppe, einer Finanzholding-Gruppe und einer gemischten Finanzholding-Gruppe, der auch ein CRR-Kreditinstitut angehört, Anzeigepflichten begründen und nähere Bestimmungen über Art, Umfang, Zeitpunkt und Form der Informationen und Vorlagen von Unterlagen und über die zulässigen Datenträger, Übertragungswege und Datenformate erlassen, soweit dies zur Erfüllung der Aufgaben der Bundesanstalt erforderlich ist, insbesondere um alle Informationen zu erhalten, die die Bundesanstalt im Rahmen des Verbots des § 3 Absatz 2 und 4 Satz 1 sowie für die Ermittlung von Art und Umfang der Geschäfte im Sinne des § 3 Absatz 2 Satz 2 und Absatz 4 Satz 1 benötigt. 2 Es kann diese Ermächtigung durch Rechtsverordnung auf die Bundesanstalt mit der Maßgabe übertragen, dass Rechtsverordnungen der Bundesanstalt im Einvernehmen mit der Deutschen Bundesbank ergehen. 3 Vor Erlass der Rechtsverordnung sind die Spitzenverbände der Institute anzuhören.

(5) Das Verwaltungs- oder Aufsichtsorgan des Finanzhandelsinstituts, des CRR-Kreditinstituts oder des übergeordneten Unternehmens der Institutsgruppe, der Finanzholding-Gruppe sowie der gemischten Finanzholding-Gruppe, der auch ein CRR-Kreditinstitut angehört, hat sich regelmäßig und anlassbezogen über die Geschäfte des Finanzhandelsinstituts sowie die damit verbundenen Risiken zu informieren und insbesondere auch die Einhaltung der vorgenannten Anforderungen zu überwachen.

(6) Das Finanzhandelsinstitut darf keine Zahlungsdienste erbringen und nicht das E-Geld-Geschäft im Sinne des Zahlungsdiensteaufsichtsgesetzes[1)] betreiben.

(7) Die Bundesanstalt kann gegenüber dem CRR-Kreditinstitut, dem übergeordneten Unternehmen einer Institutsgruppe, einer Finanzholding-Gruppe oder einer gemischten Finanzholding-Gruppe, der ein CRR-Kreditinstitut angehört, sowie gegenüber dem Finanzhandelsinstitut Anordnungen treffen, die geeignet und erforderlich sind, die ordnungsgemäße Geschäftsorganisation auch im Sinne der Absätze 1 bis 6 sicherzustellen.

5a. Bargeldloser Zahlungsverkehr; Verhinderung von Geldwäsche, Terrorismusfinanzierung und sonstigen strafbaren Handlungen zu Lasten der Institute

§ 25g Einhaltung der besonderen organisatorischen Pflichten im bargeldlosen Zahlungsverkehr. (1) Die Bundesanstalt überwacht die Einhaltung der Pflichten der Kreditinstitute nach

1. der Verordnung (EU) 2015/847 des Europäischen Parlaments und des Rates vom 20. Mai 2015 über die Übermittlung von Angaben bei Geldtransfers und zur Aufhebung der Verordnung (EU) Nr. 1781/2006 (ABl. L 141 vom 5.6.2015, S. 1),
2. der Verordnung (EG) Nr. 924/2009 des Europäischen Parlaments und des Rates vom 16. September 2009 über grenzüberschreitende Zahlungen in der Gemeinschaft und zur Aufhebung der Verordnung (EG) Nr. 2560/2001 (ABl. L 266 vom 9.10.2009, S. 1), die durch die Verordnung (EU) Nr. 260/2012 (ABl. L 94 vom 30.3.2012, S. 22) geändert worden ist,
3. der Verordnung (EU) Nr. 260/2012 zur Festlegung der technischen Vorschriften und der Geschäftsanforderungen für Überweisungen und Lastschriften in Euro und zur Änderung der Verordnung (EG) Nr. 924/2009 (ABl. L 94 vom 30.3.2012, S. 22) und
4. der Verordnung (EU) 2015/751 des Europäischen Parlaments und des Rates vom 29. April 2015 über Interbankenentgelte für kartengebundene Zahlungsvorgänge (ABl. L 123 vom 19.5.2015, S. 1).

(2) Ein Kreditinstitut muss über interne Verfahren und Kontrollsysteme verfügen, die die Einhaltung der Pflichten nach den Verordnungen nach Absatz 1 Nummer 1 bis 4 gewährleisten.

(3) Die Bundesanstalt kann gegenüber einem Kreditinstitut und seinen Geschäftsleitern Anordnungen treffen, die geeignet und erforderlich sind, um Verstöße gegen die Pflichten nach den Verordnungen nach Absatz 1 Nummer 1 bis 4 zu verhindern oder zu unterbinden.

§ 25h Interne Sicherungsmaßnahmen. (1) [1] Institute sowie Finanzholding-Gesellschaften und gemischte Finanzholding-Gesellschaften nach § 25l müssen unbeschadet der in § 25a Absatz 1 dieses Gesetzes und der in den §§ 4 bis 6 des Geldwäschegesetzes[2)] aufgeführten Pflichten über ein angemessenes Risikomanagement sowie über interne Sicherungsmaßnahmen verfügen, die

---

[1)] Nr. **10**.
[2)] Nr. **15**.

der Verhinderung von strafbaren Handlungen, die zu einer Gefährdung des Vermögens des Instituts führen können, dienen. [2] Sie haben dafür angemessene geschäfts- und kundenbezogene Sicherungssysteme zu schaffen und zu aktualisieren sowie Kontrollen durchzuführen. [3] Hierzu gehört auch die fortlaufende Entwicklung geeigneter Strategien und Sicherungsmaßnahmen zur Verhinderung des Missbrauchs von neuen Finanzprodukten und Technologien für Zwecke der Geldwäsche und der Terrorismusfinanzierung oder der Begünstigung der Anonymität von Geschäftsbeziehungen und Transaktionen.

(2) [1] Kreditinstitute haben unbeschadet des § 10 Absatz 1 Nummer 5 des Geldwäschegesetzes Datenverarbeitungssysteme zu betreiben und zu aktualisieren, mittels derer sie in der Lage sind, Geschäftsbeziehungen und einzelne Transaktionen im Zahlungsverkehr zu erkennen, die auf Grund des öffentlich und im Kreditinstitut verfügbaren Erfahrungswissens über die Methoden der Geldwäsche, der Terrorismusfinanzierung und über die sonstigen strafbaren Handlungen im Sinne von Absatz 1 im Verhältnis zu vergleichbaren Fällen besonders komplex oder groß sind, ungewöhnlich ablaufen oder ohne offensichtlichen wirtschaftlichen oder rechtmäßigen Zweck erfolgen. [2] Die Kreditinstitute dürfen personenbezogene Daten verarbeiten, soweit dies zur Erfüllung dieser Pflicht erforderlich ist. [3] Die Bundesanstalt kann Kriterien bestimmen, bei deren Vorliegen Kreditinstitute vom Einsatz von Systemen nach Satz 1 absehen können.

(3) [1] Jede Transaktion, die im Verhältnis zu vergleichbaren Fällen besonders komplex oder groß ist, ungewöhnlich abläuft oder ohne offensichtlichen wirtschaftlichen oder rechtmäßigen Zweck erfolgt, ist von Instituten im Sinne von Absatz 1 unbeschadet des § 15 des Geldwäschegesetzes mit angemessenen Maßnahmen zu untersuchen, um das Risiko der Transaktion im Hinblick auf strafbare Handlungen im Sinne von Absatz 1 Satz 1 überwachen, einschätzen und gegebenenfalls die Erstattung einer Strafanzeige gemäß § 158 der Strafprozessordnung prüfen zu können. [2] Die Institute haben diese Transaktionen, die durchgeführten Untersuchungen und deren Ergebnisse nach Maßgabe des § 8 des Geldwäschegesetzes angemessen zu dokumentieren, um gegenüber der Bundesanstalt darlegen zu können, dass diese Sachverhalte nicht darauf schließen lassen, dass eine strafbare Handlung im Sinne von Absatz 1 Satz 1 begangen oder versucht wurde oder wird. [3] Absatz 2 Satz 2 gilt entsprechend. [4] Auf Institute ist § 47 Absatz 5 des Geldwäschegesetzes entsprechend anzuwenden für Informationen über konkrete Sachverhalte, die Auffälligkeiten oder Ungewöhnlichkeiten enthalten, die auf andere strafbare Handlungen als auf Geldwäsche, auf eine ihrer Vortaten oder auf Terrorismusfinanzierung hindeuten.

(4) [1] Institute dürfen interne Sicherungsmaßnahmen nach Absatz 1 Satz 1 nach vorheriger Anzeige bei der Bundesanstalt im Rahmen von vertraglichen Vereinbarungen durch einen Dritten durchführen lassen. [2] Die Bundesanstalt kann die Rückübertragung auf das Institut dann verlangen, wenn der Dritte nicht die Gewähr dafür bietet, dass die Sicherungsmaßnahmen ordnungsgemäß durchgeführt werden oder die Steuerungsmöglichkeiten der Institute und die Kontrollmöglichkeiten der Bundesanstalt beeinträchtigt werden könnten. [3] Die Verantwortung für die Sicherungsmaßnahmen verbleibt bei den Instituten.

(5) Die Bundesanstalt kann gegenüber einem Institut im Einzelfall Anordnungen treffen, die geeignet und erforderlich sind, die in den Absätzen 1 bis 3 genannten Vorkehrungen zu treffen.

(6) Die Deutsche Bundesbank gilt als Institut im Sinne der Absätze 1 bis 4.

(7) [1] Die Funktion des Geldwäschebeauftragten im Sinne des § 7 des Geldwäschegesetzes und die Pflichten zur Verhinderung strafbarer Handlungen im Sinne des Absatzes 1 Satz 1 werden im Institut von einer Stelle wahrgenommen. [2] Die Bundesanstalt kann auf Antrag des Instituts zulassen, dass eine andere Stelle im Institut für die Verhinderung der strafbaren Handlungen zuständig ist, soweit hierfür ein wichtiger Grund vorliegt.

§ 25i Allgemeine Sorgfaltspflichten in Bezug auf E-Geld. (1) Kreditinstitute haben bei der Ausgabe von E-Geld die Pflichten nach § 10 Absatz 1 des Geldwäschegesetzes[1)] zu erfüllen, auch wenn die Schwellenwerte nach § 10 Absatz 3 Nummer 2 des Geldwäschegesetzes nicht erreicht werden.

(2) [1] In den Fällen des Absatzes 1 können die Kreditinstitute unbeschadet des § 14 des Geldwäschegesetzes von den Pflichten nach § 10 Absatz 1 Nummer 1 bis 4 des Geldwäschegesetzes absehen, wenn

1. das Zahlungsinstrument nicht wieder aufgeladen werden kann oder wenn ein wiederaufladbares Zahlungsinstrument nur im Inland genutzt werden kann und die Zahlungsvorgänge, die mit ihm ausgeführt werden können, auf monatlich 150 Euro begrenzt sind,
2. der elektronisch gespeicherte Betrag 150 Euro nicht übersteigt,
3. das Zahlungsinstrument ausschließlich für den Kauf von Waren und Dienstleistungen genutzt wird,
4. das Zahlungsinstrument nicht mit anonymem E-Geld erworben oder aufgeladen werden kann,
5. das Kreditinstitut die Transaktionen oder die Geschäftsbeziehung in ausreichendem Umfang überwacht, um die Aufdeckung ungewöhnlicher oder verdächtiger Transaktionen zu ermöglichen, und
6. ein Rücktausch des E-Geldes durch Barauszahlung, sofern es sich um mehr als 50 Euro handelt, ausgeschlossen ist oder bei Fernzahlungsvorgängen im Sinne des § 1 Absatz 19 des Zahlungsdiensteaufsichtsgesetzes[2)] der gezahlte Betrag 50 Euro pro Transaktion nicht übersteigt.

[2] Beim Schwellenwert nach Satz 1 Nummer 1 ist es unerheblich, ob der E-Geld-Inhaber das E-Geld über einen Vorgang oder über verschiedene Vorgänge erwirbt, sofern Anhaltspunkte dafür vorliegen, dass zwischen den verschiedenen Vorgängen eine Verbindung besteht.

(3) [1] Soweit E-Geld über einen wiederaufladbaren E-Geld-Träger ausgegeben wird, hat das ausgebende Kreditinstitut Dateisysteme zu führen, in denen alle an identifizierte E-Geld-Inhaber ausgegebenen und zurückgetauschten E-Geld-Beträge mit Zeitpunkt und ausgebender oder rücktauschender Stelle aufgezeichnet werden. [2] § 8 des Geldwäschegesetzes ist entsprechend anzuwenden.

(3a) [1] Kreditinstitute dürfen Zahlungen mit in Drittstaaten ausgestellten anonymen Guthabenkarten nur akzeptieren, wenn diese Karten die Anforderungen erfüllen, die den in Absatz 2 genannten gleichwertig sind.

[1)] Nr. **15**.
[2)] Nr. **10**.

(4) [1] Liegen Tatsachen vor, die die Annahme rechtfertigen, dass bei der Verwendung eines E-Geld-Trägers

1. die Voraussetzungen nach Absatz 2 nicht eingehalten werden oder
2. im Zusammenhang mit technischen Verwendungsmöglichkeiten des E-Geld-Trägers, dessen Vertrieb, Verkauf und der Einschaltung von bestimmten Akzeptanzstellen ein erhöhtes Risiko der Geldwäsche oder der Terrorismusfinanzierung nach § 1 Absatz 1 Nummer 1 und 2 des Geldwäschegesetzes oder ein erhöhtes Risiko sonstiger strafbarer Handlungen nach § 25h Absatz 1 besteht,

so kann die Bundesanstalt dem Kreditinstitut, das das E-Geld ausgibt, Anordnungen erteilen. [2] Insbesondere kann sie

1. die Ausgabe, den Verkauf und die Verwendung eines solchen E-Geld-Trägers untersagen,
2. sonstige geeignete und erforderliche technische Änderungen dieses E-Geld-Trägers verlangen oder
3. das E-Geld ausgebende Institut dazu verpflichten, dass es dem Risiko angemessene interne Sicherungsmaßnahmen ergreift.

§ 25j Zeitpunkt der Identitätsüberprüfung. [1] Abweichend von § 11 Absatz 1 des Geldwäschegesetzes[1)] kann die Überprüfung der Identität des Vertragspartners, einer für diesen auftretenden Person und des wirtschaftlich Berechtigten auch unverzüglich nach der Eröffnung eines Kontos oder Depots abgeschlossen werden. [2] In diesem Fall muss sichergestellt sein, dass vor Abschluss der Überprüfung der Identität keine Gelder von dem Konto oder dem Depot abverfügt werden können. [3] Für den Fall einer Rückzahlung eingegangener Gelder dürfen diese nur an den Einzahler ausgezahlt werden.

§ 25k Verstärkte Sorgfaltspflichten. (1) Abweichend von § 10 Absatz 3 Satz 1 Nummer 2 Buchstabe b des Geldwäschegesetzes[1)] bestehen die Sorgfaltspflichten nach § 10 Absatz 1 Nummer 1, 2 und 4 des Geldwäschegesetzes für Institute bei der Annahme von Bargeld ungeachtet etwaiger im Geldwäschegesetz oder in diesem Gesetz genannter Schwellenbeträge, soweit ein Sortengeschäft nach § 1 Absatz 1a Satz 2 Nummer 7 nicht über ein bei dem Institut eröffnetes Konto des Kunden abgewickelt wird und die Transaktion einen Wert von 2 500 Euro oder mehr aufweist.

(2) Institute, die Factoring nach § 1 Absatz 1a Satz 2 Nummer 9 betreiben, haben angemessene Maßnahmen zu ergreifen, um einem erkennbar erhöhten Geldwäscherisiko bei der Annahme von Zahlungen von Debitoren zu begegnen, die bei Abschluss des Rahmenvertrags unbekannt waren.

§ 25l Geldwäscherechtliche Pflichten für Finanzholding-Gesellschaften. [1] Finanzholding-Gesellschaften oder gemischte Finanzholding-Gesellschaften, die nach § 10a als übergeordnetes Unternehmen gelten oder von der Bundesanstalt als solches bestimmt wurden, sind Verpflichtete nach § 2 Absatz 1 Nummer 1 des Geldwäschegesetzes[1)]. [2] Sie unterliegen insoweit auch der Auf-

---

[1)] Nr. **15**.

sicht der Bundesanstalt nach § 50 Nummer 1 in Verbindung mit § 41 Absatz 1 des Geldwäschegesetzes.

§ 25m Verbotene Geschäfte. Verboten sind:

1. die Aufnahme oder Fortführung einer Korrespondenz- oder sonstigen Geschäftsbeziehung mit einer Bank-Mantelgesellschaft nach § 1 Absatz 22 des Geldwäschegesetzes[1] und
2. die Errichtung und Führung von solchen Konten auf den Namen des Instituts oder für dritte Institute, über die die Kunden des Instituts oder dritten Instituts zur Durchführung von eigenen Transaktionen eigenständig verfügen können; § 154 Absatz 1 der Abgabenordnung bleibt unberührt.

§ 25n Einstufung als bedeutendes Institut. (1) Ein Institut ist bedeutend im Sinne des § 25a Absatz 5a, wenn seine Bilanzsumme im Durchschnitt zu den jeweiligen Stichtagen der letzten drei abgeschlossenen Geschäftsjahre 15 Milliarden Euro erreicht oder überschritten hat, es sei denn, das Institut weist der Aufsichtsbehörde gemäß § 1 Absatz 5 des Kreditwesengesetzes auf der Grundlage einer Risikoanalyse gemäß Absatz 5 nach, dass es nicht bedeutend ist.

(2) Als bedeutende Institute im Sinne des Absatzes 1 gelten

1. Institute, die eine der Bedingungen gemäß Artikel 6 Absatz 4 Unterabsatz 2 der Verordnung (EU) Nr. 1024/2013[2] des Rates vom 15. Oktober 2013 zur Übertragung besonderer Aufgaben im Zusammenhang mit der Aufsicht über Kreditinstitute auf die Europäische Zentralbank (ABl. L 287 vom 29.10. 2013, S. 63; L 218 vom 19.8.2015, S. 82) erfüllen,
2. Institute, die als potenziell systemgefährdend gemäß § 20 Absatz 1 Satz 3 des Sanierungs- und Abwicklungsgesetzes[3] eingestuft wurden, und
3. Finanzhandelsinstitute gemäß § 25f Absatz 1.

(3) [1]Die Aufsichtsbehörde gemäß § 1 Absatz 5 kann ein Institut, dessen Bilanzsumme im Durchschnitt zu den jeweiligen Stichtagen der letzten drei abgeschlossenen Geschäftsjahre 15 Milliarden Euro nicht erreicht hat, als bedeutend im Sinne des Absatzes 1 einstufen, wenn dies hinsichtlich der Vergütungsstruktur des Instituts sowie hinsichtlich von Art, Umfang, Komplexität, Risikogehalt und Internationalität der Geschäftsaktivitäten geboten ist. [2]Geboten ist eine Einstufung als bedeutend insbesondere dann, wenn

1. das Institut hohe außerbilanzielle Positionen aufweist, insbesondere in derivativen Instrumenten,
2. das Institut in hohem Umfang als Originator, Sponsor oder Investor von Verbriefungstransaktionen tätig ist oder sich hierfür einer Verbriefungszweckgesellschaft gemäß Artikel 4 Absatz 1 Nummer 66 der Verordnung (EU) Nr. 575/2013[4] bedient,
3. das Institut hohe Positionen im Handelsbuch gemäß Artikel 4 Absatz 1 Nummer 86 der Verordnung (EU) Nr. 575/2013 inne hat oder

---

[1] Nr. **15**.
[2] Nr. **5**.
[3] Nr. **22**.
[4] Nr. **6**.

4. die Vergütungsstrukturen innerhalb des Instituts durch einen hohen Anteil variabler Vergütung an der Gesamtvergütung gekennzeichnet sind.

(4) Wird ein gruppenangehöriges Institut als bedeutend im Sinne des Absatzes 1 eingestuft, gelten auch alle anderen Institute, die derselben Gruppe angehören und deren jeweilige Bilanzsumme im Durchschnitt zu den jeweiligen Stichtagen der letzten drei abgeschlossenen Geschäftsjahre 15 Milliarden Euro erreicht oder überschritten hat, als bedeutend.

(5) [1] Bei der Risikoanalyse sind insbesondere die Größe des Instituts, seine Vergütungsstruktur sowie Art, Umfang, Komplexität, Risikogehalt und Internationalität der Geschäftsaktivitäten sowie die in Absatz 3 Satz 2 Nummer 1 bis 4 genannten Kriterien entsprechend zu berücksichtigen. [2] Die Risikoanalyse muss plausibel, umfassend und für Dritte nachvollziehbar sein. [3] Sie ist jährlich durchzuführen und schriftlich oder elektronisch zu dokumentieren.

5b. Vorlage von Rechnungslegungsunterlagen

§ 26 Vorlage von Jahresabschluß, Lagebericht und Prüfungsberichten.

(1) [1] Die Institute haben den Jahresabschluß in den ersten drei Monaten des Geschäftsjahres für das vergangene Geschäftsjahr aufzustellen und den aufgestellten sowie später den festgestellten Jahresabschluß und den Lagebericht der Bundesanstalt und der Deutschen Bundesbank nach Maßgabe des Satzes 2 jeweils unverzüglich einzureichen. [2] Der Jahresabschluß muß mit dem Bestätigungsvermerk oder einem Vermerk über die Versagung der Bestätigung versehen sein. [3] Der Abschlußprüfer hat den Bericht über die Prüfung des Jahresabschlusses (Prüfungsbericht) unverzüglich nach Beendigung der Prüfung der Bundesanstalt und der Deutschen Bundesbank einzureichen. [4] Bei Kreditinstituten, die einem genossenschaftlichen Prüfungsverband angehören oder durch die Prüfungsstelle eines Sparkassen- und Giroverbandes geprüft werden, hat der Abschlußprüfer den Prüfungsbericht nur auf Anforderung der Bundesanstalt einzureichen.

(2) Hat im Zusammenhang mit einer Sicherungseinrichtung eine zusätzliche Prüfung stattgefunden, hat der Prüfer oder der Prüfungsverband den Bericht über diese Prüfung der Bundesanstalt und der Deutschen Bundesbank unverzüglich einzureichen.

(3) [1] Ein Institut, das einen Konzernabschluß oder einen Konzernlagebericht aufstellt, hat diese Unterlagen der Bundesanstalt und der Deutschen Bundesbank unverzüglich einzureichen. [2] Das übergeordnete Unternehmen einer Finanzholding-Gruppe im Sinne des § 10a, einer gemischten Finanzholding-Gruppe im Sinne des § 10a oder eines Finanzkonglomerats hat einen Konzernabschluss oder einen Konzernlagebericht unverzüglich einzureichen, wenn die Finanzholding-Gesellschaft an der Spitze der Finanzholding-Gruppe oder die gemischte Finanzholding-Gesellschaft an der Spitze der gemischten Finanzholding-Gruppe oder des Finanzkonglomerats einen Konzernabschluss oder Konzernlagebericht aufstellt. [3] Der Konzernabschlussprüfer hat die Prüfungsberichte über die in den Sätzen 1 und 2 genannten Konzernabschlüsse und Konzernlageberichte unverzüglich nach Beendigung seiner Prüfung bei der Bundesanstalt und der Deutschen Bundesbank einzureichen. [4] Bei Kreditinstituten, die einem genossenschaftlichen Prüfungsverband angehören oder durch die Prü-

fungsstelle eines Sparkassen- und Giroverbandes geprüft werden, hat der Prüfer den Prüfungsbericht nur auf Anforderung der Bundesanstalt einzureichen.

(4) Die Bestimmungen des Absatzes 3 gelten entsprechend für einen Einzelabschluss nach § 325 Abs. 2a des Handelsgesetzbuchs.

5c. Offenlegung

§ 26a Offenlegung durch die Institute. (1) [1] Zusätzlich zu den Angaben, die nach den Artikeln 435 bis 455 der Verordnung (EU) Nr. 575/2013[1)] in der jeweils geltenden Fassung zu machen sind, sind die rechtliche und die organisatorische Struktur sowie die Grundsätze einer ordnungsgemäßen Geschäftsführung der Gruppe darzustellen. [2] Die CRR-Institute haben darüber hinaus auf konsolidierter Basis, aufgeschlüsselt nach Mitgliedstaaten der Europäischen Union und Drittstaaten, in denen die Institute über Niederlassungen verfügen, folgende Angaben in eine Anlage zum Jahresabschluss im Sinne des § 26 Absatz 1 Satz 2 aufzunehmen, von einem Abschlussprüfer nach Maßgabe des § 340k des Handelsgesetzbuchs prüfen zu lassen und offenzulegen:

1. die Firmenbezeichnungen, die Art der Tätigkeiten und die geografische Lage der Niederlassungen,
2. den Umsatz,
3. die Anzahl der Lohn- und Gehaltsempfänger in Vollzeitäquivalenten,
4. Gewinn oder Verlust vor Steuern,
5. Steuern auf Gewinn oder Verlust,
6. erhaltene öffentliche Beihilfen.

[3] Ist das CRR-Institut in den Konzernabschluss eines anderen Mutterunternehmens mit Sitz in einem Mitgliedstaat der Europäischen Union oder in einem Vertragsstaat des Abkommens über den Europäischen Wirtschaftsraum einbezogen, das den Anforderungen der Richtlinie 2013/36/EU unterworfen ist, braucht es die Angaben nach Satz 2 nicht zu machen. [4] In ihrem Jahresbericht legen die CRR-Institute ihre Kapitalrendite, berechnet als Quotient aus Nettogewinn und Bilanzsumme offen. [5] Global systemrelevante Institute, die im Inland zugelassen sind, sind verpflichtet, der Europäischen Kommission die in Satz 2 Nummer 4 bis 6 genannten Angaben bis zum 1. Juli 2014 auf vertraulicher Basis zu übermitteln. [6] Das Nähere zu den Anforderungen in Satz 2 bis 5 regelt die Rechtsverordnung nach § 10 Absatz 1 Satz 1 Nummer 10.

(2) [1] Kommt ein Institut seinen Offenlegungspflichten in anderen als den in Artikel 432 der Verordnung (EU) Nr. 575/2013 in der jeweils geltenden Fassung genannten Fällen nicht, nicht richtig, nicht vollständig oder nicht rechtzeitig nach, kann die Bundesanstalt im Einzelfall Anordnungen treffen, die geeignet und erforderlich sind, die ordnungsgemäße Offenlegung der Informationen zu veranlassen. [2] Die Bundesanstalt kann von den Artikeln 433 und 434 der Verordnung (EU) Nr. 575/2013 in der jeweils geltenden Fassung abweichende Zeitpunkte und Orte für die Veröffentlichung festlegen oder die Offenlegung zusätzlicher Informationen verlangen.

[1)] Nr. 6.

6. Prüfung und Prüferbestellung

§ 27 (aufgehoben)

§ 28 Bestellung des Prüfers in besonderen Fällen. (1) [1] Die Institute haben der Bundesanstalt und der Deutschen Bundesbank den von ihnen bestellten Prüfer unverzüglich nach der Bestellung anzuzeigen. [2] Die Bundesanstalt kann innerhalb eines Monats nach Zugang der Anzeige die Bestellung eines anderen Prüfers verlangen, wenn dies zur Erreichung des Prüfungszwecks geboten ist. [3] Hat das Institut eine Wirtschaftsprüfungsgesellschaft zum Prüfer bestellt, die in einem der beiden vorangegangenen Geschäftsjahre Prüfer des Instituts war, kann die Bundesanstalt den Wechsel des verantwortlichen Prüfungspartners verlangen, wenn die vorangegangene Prüfung einschließlich des Prüfungsberichts den Prüfungszweck nicht erfüllt hat; § 319a Absatz 1 Satz 4 des Handelsgesetzbuchs gilt entsprechend. [4] Widerspruch und Anfechtungsklage gegen Maßnahmen nach Satz 2 oder Satz 3 haben keine aufschiebende Wirkung.

(2) [1] Das Gericht des Sitzes des Instituts hat auf Antrag der Bundesanstalt einen Prüfer zu bestellen, wenn

1. die Anzeige nach Absatz 1 Satz 1 nicht unverzüglich nach Ablauf des Geschäftsjahres erstattet wird;
2. das Institut dem Verlangen auf Bestellung eines anderen Prüfers nach Absatz 1 Satz 2 nicht unverzüglich nachkommt;
3. der gewählte Prüfer die Annahme des Prüfungsauftrages abgelehnt hat, weggefallen ist oder am rechtzeitigen Abschluß der Prüfung verhindert ist und das Institut nicht unverzüglich einen anderen Prüfer bestellt hat.

[2] Die Bestellung durch das Gericht ist endgültig. [3] § 318 Abs. 5 des Handelsgesetzbuchs ist entsprechend anzuwenden. [4] Das Gericht kann auf Antrag der Bundesanstalt einen nach Satz 1 bestellten Prüfer abberufen.

(3) Die Absätze 1 und 2 gelten nicht für Kreditinstitute, die einem genossenschaftlichen Prüfungsverband angehören oder durch die Prüfungsstelle eines Sparkassen- und Giroverbandes geprüft werden.

§ 29 Besondere Pflichten des Prüfers. (1) [1] Bei der Prüfung des Jahresabschlusses sowie eines Zwischenabschlusses hat der Prüfer auch die wirtschaftlichen Verhältnisse des Instituts zu prüfen. [2] Bei der Prüfung des Jahresabschlusses hat er insbesondere festzustellen, ob das Institut die folgenden Anzeigepflichten und Anforderungen erfüllt hat:

1. die Anzeigepflichten nach den §§ 11, 12a, 14 Absatz 1 sowie nach der Verordnung (EU) Nr. 575/2013[1)] in ihrer jeweils geltenden Fassung, nach den §§ 15, 24 und 24a jeweils auch in Verbindung mit einer Rechtsverordnung nach § 24 Absatz 4 Satz 1, nach § 24a auch in Verbindung mit einer Rechtsverordnung nach § 24a Absatz 5, sowie
2. die Anforderungen
   a) nach den §§ 10a, 10c bis 10i jeweils auch in Verbindung mit einer Rechtsverordnung nach § 10 Absatz 1 Satz 1 Nummer 5, nach den §§ 11, 13 bis

[1)] Nr. **6**.

13c, 18, 18a, 25 Absatz 1 und 2, § 25a Absatz 1 Satz 3 jeweils auch in Verbindung mit einer Rechtsverordnung nach § 25 Absatz 3 und § 25a Absatz 5 auch in Verbindung mit einer Rechtsverordnung nach § 25a Absatz 6, nach § 25a Absatz 1 Satz 6 Nummer 1, Absatz 3, nach den §§ 25b, 25c Absatz 2 bis 4b, § 25d Absatz 3 bis 12, §26a, nach den §§ 13 und 14 Absatz 1, jeweils auch in Verbindung mit einer Rechtsverordnung nach § 22, nach § 51a Absatz 1 auch in Verbindung mit einer Rechtsverordnung nach § 51a Absatz 1, nach § 51b Absatz 1 auch in Verbindung mit einer Rechtsverordnung nach § 51b Absatz 2 und nach § 51c Absatz 1,

b) nach den §§ 17, 20, 23, 25 und 27 des Finanzkonglomerate-Aufsichtsgesetzes[1)],

c) nach Artikel 4 Absatz 1, 2 und 3 Unterabsatz 2, Artikel 9 Absatz 1 bis 4 sowie Artikel 11 Absatz 1 bis 10, 11 Unterabsatz 1 und Absatz 12 der Verordnung (EU) Nr. 648/2012,

d) nach den Artikeln 92 bis 386 der Verordnung (EU) Nr. 575/2013 auch in Verbindung mit einer Rechtsverordnung nach § 10 Absatz 1 Satz 1, nach den Artikeln 387 bis 403 der Verordnung (EU) Nr. 575/2013 auch in Verbindung mit einer Rechtsverordnung nach § 13 Absatz 1 Satz 1,

e) nach Artikel 4 Absatz 1 Unterabsatz 1, Artikel 5a Absatz 1 sowie nach den Artikeln 8b bis 8d der Verordnung (EG) Nr. 1060/2009 in der jeweils geltenden Fassung, soweit es nicht nach § 29 Absatz 2 in Verbindung mit § 89 Absatz 1 Satz 1 des Wertpapierhandelsgesetzes geprüft wird,

f) nach Artikel 9 der Verordnung (EU) Nr. 909/2014 sowie von der Europäischen Kommission erlassener darauf basierender technischer Regulierungs- und Durchführungsstandards,

g) nach Artikel 4 Absatz 1 bis 5 und Artikel 15 der Verordnung (EU) 2015/2365 des Europäischen Parlaments und des Rates vom 25. November 2015 über die Transparenz von Wertpapierfinanzierungsgeschäften und der Weiterverwendung sowie zur Änderung der Verordnung (EU) Nr. 648/2012 (ABl. L 337 vom 23.12.2015, S. 1),

h) nach den Artikeln 16, 23 Absatz 3 Satz 1, Absatz 5, 6 und 10, nach Artikel 28 Absatz 2 sowie nach Artikel 29 der Verordnung (EU) 2016/1011 des Europäischen Parlaments und des Rates vom 8. Juni 2016 über Indizes, die bei Finanzinstrumenten und Finanzkontrakten als Referenzwert oder zur Messung der Weiterentwicklung eines Investmentfonds verwendet werden, und zur Änderung der Richtlinien 2008/48/EG und 2014/17/EU sowie der Verordnung (EU) Nr. 596/2014 (ABl. L 171 vom 29.6.2016, S. 1),

i) nach Artikel 28 Absatz 1 bis 3 der Verordnung (EU) Nr. 600/2014 und

j) nach den Artikeln 5 bis 9, 18 bis 26, 27 Absatz 1 und 4 sowie nach Artikel 43 Absatz 5 und 6 der Verordnung (EU) 2017/2402.

[3] Ist ein Institut nach § 2a Absatz 1 freigestellt, hat der Prüfer den Fortbestand der in Artikel 7 der Verordnung (EU) Nr. 575/2013 in der jeweils geltenden Fassung genannten Voraussetzungen zu prüfen. [4] Ist ein Institut nach § 2a

---

[1)] Nr. **9**.

Absatz 3 freigestellt, hat der Prüfer den Fortbestand der in Artikel 8 der Verordnung (EU) Nr. 575/2013 in der jeweils geltenden Fassung genannten Voraussetzungen zu prüfen. [5]Hat die Bundesanstalt nach § 30 gegenüber dem Institut Bestimmungen über den Inhalt der Prüfung getroffen, sind diese vom Prüfer zu berücksichtigen. [6]Sofern dem haftenden Eigenkapital des Instituts nicht realisierte Reserven zugerechnet werden, hat der Prüfer bei der Prüfung des Jahresabschlusses auch zu prüfen, ob bei der Ermittlung dieser Reserven § 10 Abs. 4a bis 4c in der bis zum 31. Dezember 2013 geltenden Fassung beachtet worden ist. [7]Bei einem Kreditinstitut, das aufgefordert wurde, einen Sanierungsplan nach § 12 des Sanierungs- und Abwicklungsgesetzes[1)] aufzustellen, hat der Prüfer auch zu prüfen, ob der Sanierungsplan die Voraussetzungen nach § 12 Absatz 1 sowie nach § 13 Absatz 1 bis 4 des Sanierungs- und Abwicklungsgesetzes erfüllt. [8]Das Ergebnis ist in den Prüfungsbericht aufzunehmen.

(1a) [1]Absatz 1 gilt hinsichtlich der Anforderungen nach Artikel 4 Absatz 1, 2 und 3 Unterabsatz 2, Artikel 9 Absatz 1 bis 4 sowie Artikel 11 Absatz 1 bis 10, 11 Unterabsatz 1 und Absatz 12 der Verordnung (EU) Nr. 648/2012 für die Prüfung des Jahresabschlusses von zentralen Gegenparteien mit der Maßgabe, dass der Prüfer zusätzlich zu prüfen hat, ob die Anforderungen nach Artikel 7 Absatz 1 bis 4, Artikel 8 Absatz 1 bis 4, den Artikeln 26, 29 und 33 bis 54 der Verordnung (EU) Nr. 648/2012 und nach Artikel 29 Absatz 2, den Artikeln 30 und 35 der Verordnung (EU) Nr. 600/2014 sowie der gemäß diesen Artikeln erlassenen technischen Regulierungsstandards eingehalten sind. [2]Satz 1 gilt entsprechend für den verkürzten Abschluss einer zentralen Gegenpartei, wenn ein solcher nach den gesetzlichen Vorgaben zu erstellen ist.

(1b) [1]Bei der Prüfung des Jahresabschlusses eines Zentralverwahrers ist auch zu prüfen, ob die Anforderungen nach den Artikeln 6, 7, 26 bis 53, 54 Absatz 3 und nach Artikel 59 der Verordnung (EU) Nr. 909/2014 sowie nach den gemäß diesen Artikeln von der Europäischen Kommission erlassenen technischen Regulierungs- und Durchführungsstandards eingehalten sind. [2]Bei der Prüfung des Jahresabschlusses eines Kreditinstituts, das von einem Zentralverwahrer nach Artikel 54 Absatz 4 der Verordnung (EU) Nr. 909/2014 dazu benannt wurde, bankartige Nebendienstleistungen zu erbringen, ist zudem zu prüfen, ob die Anforderungen nach Artikel 54 Absatz 4 und Artikel 59 der Verordnung (EU) Nr. 909/2014 sowie nach den gemäß diesen Artikeln von der Europäischen Kommission erlassenen technischen Regulierungs- und Durchführungsstandards eingehalten sind. [3]Die Sätze 1 und 2 gelten entsprechend für den verkürzten Abschluss eines Zentralverwahrers, wenn ein solcher nach den gesetzlichen Vorgaben zu erstellen ist.

(2) [1]Der Prüfer hat auch zu prüfen, ob das Institut seinen Verpflichtungen nach den §§ 24c und 25g Absatz 1 und 2, den §§ 25h bis 25m und dem Geldwäschegesetz[2)] nachgekommen ist; bei Kreditinstituten hat der Prüfer auch zu prüfen, ob das Kreditinstitut seinen Verpflichtungen nach der Verordnung (EG) Nr. 924/2009, der Verordnung (EU) Nr. 260/2012, der Verordnung (EU) 2015/847 des Europäischen Parlaments und des Rates vom 20. Mai 2015 über die Übermittlung von Angaben bei Geldtransfers und zur Aufhebung der Verordnung (EU) Nr. 1781/2006 (ABl. L 141 vom 5.6.2015,

---

1) Nr. **22**.
2) Nr. **15**.

S. 1) und dem Zahlungskontengesetz[1)] nachgekommen ist. [2]Zudem hat er die Einhaltung der Mitteilungs- und Veröffentlichungspflichten und sonstigen Anforderungen der Artikel 5 bis 10 und 12 bis 14 der Verordnung (EU) Nr. 236/2012 des Europäischen Parlaments und des Rates vom 14. März 2012 über Leerverkäufe und bestimmte Aspekte von Credit Default Swaps (ABl. L 86 vom 24.3.2012, S. 1) zu prüfen. [3]Bei Instituten, Zweigniederlassungen im Sinne des § 53b und Zweigstellen im Sinne des § 53, die das Depotgeschäft betreiben, hat er dieses Geschäft besonders zu prüfen, soweit es nicht nach § 89 Absatz 1 Satz 2 des Wertpapierhandelsgesetzes zu prüfen ist; diese Prüfung hat sich auch auf die Einhaltung des § 67a Absatz 3 und des § 67b, jeweils auch in Verbindung mit § 125 Absatz 1, 2 und 5 des Aktiengesetzes über Mitteilungspflichten und des § 135 des Aktiengesetzes über die Ausübung des Stimmrechts zu erstrecken. [4]Bei Zentralverwahrern ist auch besonders zu prüfen, ob die Bestimmungen des Depotgesetzes sowie des § 67a Absatz 3, des § 67b, jeweils auch in Verbindung mit § 125 Absatz 1, 2 und 5 und des § 135 des Aktiengesetzes eingehalten werden. [5]Bei Pfandbriefbanken im Sinne des § 1 Absatz 1 Satz 1 des Pfandbriefgesetzes[2)] ist die Einhaltung der organisatorischen Anforderungen an die Verfahren und Systeme aus § 4 Absatz 4, den §§ 5, 16, 24, 26d, 27, 27a sowie 28 des Pfandbriefgesetzes zu prüfen. [6]Über die Prüfungen nach den Sätzen 1 bis 5 ist jeweils gesondert zu berichten; § 26 Abs. 1 Satz 3 gilt entsprechend.

(3) [1]Der Prüfer hat unverzüglich der Bundesanstalt und der Deutschen Bundesbank anzuzeigen, wenn ihm bei der Prüfung Tatsachen bekannt werden, welche die Einschränkung oder Versagung des Bestätigungsvermerkes rechtfertigen, die den Bestand des Instituts gefährden oder seine Entwicklung wesentlich beeinträchtigen können, die einen erheblichen Verstoß gegen die Vorschriften über die Zulassungsvoraussetzungen des Instituts oder die Ausübung einer Tätigkeit nach diesem Gesetz darstellen oder die schwerwiegende Verstöße der Geschäftsleiter gegen Gesetz, Satzung oder Gesellschaftsvertrag erkennen lassen. [2]Auf Verlangen der Bundesanstalt oder der Deutschen Bundesbank hat der Prüfer ihnen den Prüfungsbericht zu erläutern und sonstige bei der Prüfung bekanntgewordene Tatsachen mitzuteilen, die gegen eine ordnungsmäßige Durchführung der Geschäfte des Instituts sprechen. [3]Die Anzeige-, Erläuterungs- und Mitteilungspflichten nach den Sätzen 1 und 2 bestehen auch in Bezug auf ein Unternehmen, das mit dem Institut in enger Verbindung steht, sofern dem Prüfer die Tatsachen im Rahmen der Prüfung des Instituts bekannt werden. [4]Der Prüfer haftet nicht für die Richtigkeit von Tatsachen, die er nach diesem Absatz in gutem Glauben anzeigt.

(4) [1]Das Bundesministerium der Finanzen wird ermächtigt, im Einvernehmen mit dem Bundesministerium der Justiz und für Verbraucherschutz und nach Anhörung der Deutschen Bundesbank durch Rechtsverordnung[3)] nähere Bestimmungen über

1. den Gegenstand der Prüfung nach den Absätzen 1 bis 2,
2. den Zeitpunkt ihrer Durchführung und

---

1) Nr. **13**.
2) Nr. **16**.
3) Siehe die PrüfungsberichtsVO v. 11.6.2015 (BGBl. I S. 930), zuletzt geänd. durch G v. 12.12.2019 (BGBl. I S. 2637).

3. den Inhalt der Prüfungsberichte

zu erlassen, soweit dies zur Erfüllung der Aufgaben der Bundesanstalt erforderlich ist, insbesondere um Missstände, welche die Sicherheit der einem Institut anvertrauten Vermögenswerte gefährden oder die ordnungsgemäße Durchführung der Bankgeschäfte oder Finanzdienstleistungen beeinträchtigen können, zu erkennen sowie einheitliche Unterlagen zur Beurteilung der von den Instituten durchgeführten Geschäfte zu erhalten. [2] In der Rechtsverordnung kann bestimmt werden, dass die in den Absätzen 1 bis 3 geregelten Pflichten auch bei der Prüfung des Konzernabschlusses einer Institutsgruppe, Finanzholding-Gruppe oder gemischten Finanzholding-Gruppe oder eines Finanzkonglomerats einzuhalten sind; nähere Bestimmungen über den Gegenstand der Prüfung, den Zeitpunkt ihrer Durchführung und den Inhalt des Prüfungsberichts können dabei nach Maßgabe des Satzes 1 erlassen werden. [3] Das Bundesministerium der Finanzen kann die Ermächtigung durch Rechtsverordnung auf die Bundesanstalt übertragen.

§ 30 Bestimmung von Prüfungsinhalten. [1] Unbeschadet der besonderen Pflichten des Prüfers nach § 29 kann die Bundesanstalt auch gegenüber dem Institut Bestimmungen über den Inhalt der Prüfung treffen, die vom Prüfer im Rahmen der Jahresabschlussprüfung zu berücksichtigen sind. [2] Sie kann insbesondere Schwerpunkte für die Prüfungen festlegen.

7. Befreiungen

§ 31 Befreiungen; Verordnungsermächtigung. (1) [1] Das Bundesministerium der Finanzen kann nach Anhörung der Deutschen Bundesbank durch Rechtsverordnung[1)], die nicht der Zustimmung des Bundesrates bedarf,

1. alle Institute oder Arten oder Gruppen von Instituten von der Pflicht zur Anzeige bestimmter Kredite und Tatbestände nach § 14 Abs. 1 sowie § 24 Abs. 1 Nr. 1 bis 4 und 6 und Abs. 1a, Arten oder Gruppen von Instituten von der Pflicht zur Einreichung von Finanzinformationen nach § 25 oder von der Pflicht nach § 26 Abs. 1 Satz 2, den Jahresabschluß in einer Anlage zu erläutern, sowie Geschäftsleiter eines Instituts von der Pflicht zur Anzeige von Beteiligungen nach § 24 Abs. 3 Nr. 2 freistellen, wenn die Angaben für die Aufsicht ohne Bedeutung sind;
2. Arten oder Gruppen von Instituten von der Einhaltung des § 26 freistellen, wenn die Eigenart des Geschäftsbetriebes dies rechtfertigt;
3. alle Institute, die keine CRR-Institute sind, oder Arten oder Gruppen von Instituten, die keine CRR-Institute sind, von Pflichten zur Anzeige bestimmter Kredite und Tatbestände nach der Verordnung (EU) Nr. 575/2013[2)] freistellen.

[2] Das Bundesministerium der Finanzen kann diese Ermächtigung durch Rechtsverordnung auf die Bundesanstalt mit der Maßgabe übertragen, daß die Rechtsverordnung im Benehmen mit der Deutschen Bundesbank ergeht.

(2) [1] Die Bundesanstalt kann einzelne Institute von Verpflichtungen nach § 13 Abs. 1 und 2, § 15 Abs. 1 Satz 1 Nr. 6 bis 11 und Abs. 2, § 24 Abs. 1 Nr. 1

[1)] Siehe die AnzeigenVO (Nr. **8g**).
[2)] Nr. **6**.

bis 4, den §§ 25, 26 und 29 Abs. 2 Satz 2 sowie von der Verpflichtung nach § 15 Abs. 1 Satz 1, Kredite nur zu marktmäßigen Bedingungen zu gewähren, freistellen, wenn dies aus besonderen Gründen, insbesondere wegen der Art oder des Umfanges der betriebenen Geschäfte, angezeigt ist. [2] Sie kann ferner Unternehmen, die ausschließlich Finanzdienstleistungen nach § 1 Absatz 1a Satz 2 Nummer 9 oder Nummer 10 erbringen, von den Verpflichtungen nach § 25a Absatz 1 Satz 3 Nummer 3 Buchstabe c freistellen, wenn dies aus besonderen Gründen, insbesondere auf Grund der Institutsgröße, angezeigt ist. [3] Die Freistellung kann auf Antrag des Instituts oder von Amts wegen erfolgen.

(3) Ein übergeordnetes Unternehmen nach § 10a hat der Bundesanstalt und der Deutschen Bundesbank die Absicht mitzuteilen, Artikel 19 Absatz 1 der Verordnung (EU) Nr. 575/2013 in der jeweils geltenden Fassung für ein Unternehmen in Anspruch zu nehmen; es hat außerdem einmal jährlich in einer Sammelanzeige mitzuteilen, welche Unternehmen es nach Artikel 19 Absatz 1 der Verordnung (EU) Nr. 575/2013 in der jeweils geltenden Fassung von der Zusammenfassung nach § 12a Absatz 1 Satz 1, § 25 Absatz 2 und nach den Artikeln 11 bis 18 der Verordnung (EU) Nr. 575/2013 in der jeweils geltenden Fassung ausgenommen hat.

(4) *(aufgehoben)*

(5) *(aufgehoben)*

(6) *(aufgehoben)*

Dritter Abschnitt. Vorschriften über die Beaufsichtigung der Institute

1. Zulassung zum Geschäftsbetrieb

§ 32 Erlaubnis. (1) [1] Wer im Inland gewerbsmäßig oder in einem Umfang, der einen in kaufmännischer Weise eingerichteten Geschäftsbetrieb erfordert, Bankgeschäfte betreiben oder Finanzdienstleistungen erbringen will, bedarf der schriftlichen Erlaubnis der Aufsichtsbehörde; die Bundesanstalt hat § 37 Absatz 4 des Verwaltungsverfahrensgesetzes anzuwenden. [2] Der Erlaubnisantrag muß enthalten

1. einen geeigneten Nachweis der zum Geschäftsbetrieb erforderlichen Mittel;
2. die Angabe der Geschäftsleiter;
3. die Angaben, die für die Beurteilung der Zuverlässigkeit der Antragsteller und der in § 1 Abs. 2 Satz 1 bezeichneten Personen erforderlich sind;
4. die Angaben, die für die Beurteilung der zur Leitung des Instituts erforderlichen fachlichen Eignung der Inhaber und der in § 1 Abs. 2 Satz 1 bezeichneten Personen erforderlich sind;

4a. die Angaben, die für die Beurteilung, ob die Geschäftsleiter über die zur Wahrnehmung ihrer Aufgabe ausreichende Zeit verfügen, erforderlich sind;

5. einen tragfähigen Geschäftsplan, aus dem die Art der geplanten Geschäfte, der organisatorische Aufbau und die geplanten internen Kontrollverfahren des Instituts hervorgehen;
6. sofern an dem Institut bedeutende Beteiligungen gehalten werden:
   a) die Angabe der Inhaber bedeutender Beteiligungen,

b) die Höhe dieser Beteiligungen,

c) die für die Beurteilung der Zuverlässigkeit dieser Inhaber oder gesetzlichen Vertreter oder persönlich haftenden Gesellschafter erforderlichen Angaben,

d) sofern diese Inhaber Jahresabschlüsse aufzustellen haben: die Jahresabschlüsse der letzten drei Geschäftsjahre nebst Prüfungsberichten von unabhängigen Abschlußprüfern, sofern solche zu erstellen sind, und

e) sofern diese Inhaber einem Konzern angehören: die Angabe der Konzernstruktur und, sofern solche Abschlüsse aufzustellen sind, die konsolidierten Konzernabschlüsse der letzten drei Geschäftsjahre nebst Prüfungsberichten von unabhängigen Abschlußprüfern, sofern solche zu erstellen sind;

6a. sofern an dem Institut keine bedeutenden Beteiligungen gehalten werden, die maximal 20 größten Anteilseigner;

7. die Angabe der Tatsachen, die auf eine enge Verbindung zwischen dem Institut und anderen natürlichen Personen oder anderen Unternehmen hinweisen;

8. die Angabe der Mitglieder des Verwaltungs- oder Aufsichtsorgans nebst der zur Beurteilung ihrer Zuverlässigkeit und Sachkunde erforderlichen Tatsachen sowie Angaben, die für die Beurteilung erforderlich sind, ob sie der Wahrnehmung ihrer Aufgabe ausreichende Zeit widmen können.

[3] Die nach Satz 2 einzureichenden Anzeigen und vorzulegenden Unterlagen sind durch Rechtsverordnung nach § 24 Abs. 4 näher zu bestimmen. [4] Die Pflichten nach Satz 2 Nr. 6 Buchstabe d und e bestehen nicht für Finanzdienstleistungsinstitute.

(1a) [1] Wer neben dem Betreiben von Bankgeschäften oder der Erbringung von Finanzdienstleistungen im Sinne des § 1 Absatz 1a Satz 2 Nummer 1 bis 5 und 11 auch Eigengeschäft betreiben will, bedarf auch hierfür der schriftlichen Erlaubnis der Bundesanstalt. [2] Dies gilt unabhängig von einem Betreiben von Bankgeschäften oder dem Erbringen von Finanzdienstleistungen im Sinne des § 1 Absatz 1a Satz 2 Nummer 1 bis 5 und 11 auch dann, wenn das Unternehmen das Eigengeschäft als Mitglied oder Teilnehmer eines organisierten Marktes oder eines multilateralen Handelssystems oder mit einem direkten elektronischen Zugang zu einem Handelsplatz oder mit Warenderivaten, Emissionszertifikaten oder Derivaten auf Emissionszertifikate betreibt. [3] Einer schriftlichen Erlaubnis der Bundesanstalt bedarf es in den Fällen des Satzes 2 nicht, wenn

1. das Eigengeschäft von einem Unternehmen, das keine Bankgeschäfte betreibt oder Finanzdienstleistungen erbringt, betrieben wird, um objektiv messbar die Risiken aus der Geschäftstätigkeit oder dem Liquiditäts- und Finanzmanagement des Unternehmens oder der Gruppe, dem das Unternehmen angehört, zu reduzieren,

2. das Eigengeschäft mit Emissionszertifikaten von einem Betreiber im Sinne des § 3 Nummer 4 des Treibhausgas-Emissionshandelsgesetzes betrieben wird, der keine Bankgeschäfte betreibt und Finanzdienstleistungen im Sinne des § 1 Absatz 1a Satz 2 Nummer 1 bis 4 erbringt oder

3. das Eigengeschäft ausschließlich mit Warentermingeschäften, Emissionszertifikaten und Derivaten auf Emissionszertifikate betrieben wird und
   a) das Unternehmen nicht Teil einer Unternehmensgruppe ist, die in der Haupttätigkeit Bankgeschäfte betreibt oder Finanzdienstleistungen im Sinne des § 1 Absatz 1a Satz 2 Nummer 1 bis 4 erbringt,
   b) das Bankgeschäft des Unternehmens und der Gruppe im Verhältnis zu der sonstigen Tätigkeit des Unternehmens sowie der Gruppe auf individueller und aggregierter Basis eine Nebentätigkeit im Sinne des Artikels 1 der Delegierten Verordnung (EU) 2017/592 ist und
   c) das Unternehmen die Inanspruchnahme dieser Ausnahme der Bundesanstalt jährlich anzeigt. Für Zeitpunkt, Inhalt und Form der Anzeige und gegebenenfalls für die Führung eines öffentlichen Registers können nähere Bestimmungen in der Rechtsverordnung nach § 24 Absatz 4 erlassen werden; insbesondere kann dem Betreiber ein schreibender Zugriff auf die für dieses Unternehmen einzurichtende Seite des Registers eingeräumt und er mit der Verantwortung für die Richtigkeit und Aktualität der Seite belastet werden.

[4] Einer schriftlichen Erlaubnis der Bundesanstalt bedarf es auch, wenn ein Institut, dem eine Erlaubnis nach § 32 Absatz 1 Satz 1 erteilt wurde, eigene Finanzinstrumente vertreibt, soweit dies nicht ohnehin bereits als Betreiben eines Bankgeschäfts oder als Erbringen einer Finanzdienstleistung nach Absatz 1 Satz 1 oder als Betreiben des Eigengeschäfts nach Satz 1 unter Erlaubnisvorbehalt steht. [5] Ein Unternehmen, das nach Satz 2 der schriftlichen Erlaubnis der Bundesanstalt bedarf, gilt als Finanzdienstleistungsinstitut. [6] Absatz 1 Satz 1 Halbsatz 2 und die Absätze 2, 4 und 5 sowie die §§ 33 bis 38 sind entsprechend anzuwenden.

(1b) Die Erlaubnis für das eingeschränkte Verwahrgeschäft im Sinne des § 1 Absatz 1a Satz 2 Nummer 12 kann nur erteilt werden, wenn die Erlaubnis zur Erbringung mindestens einer Finanzdienstleistung im Sinne des § 1 Absatz 1a Satz 2 Nummer 1 bis 4 oder zum Betreiben eines Bankgeschäfts im Sinne des § 1 Absatz 1 Satz 2 vorliegt oder gleichzeitig erteilt wird; mit Erlöschen oder Aufhebung dieser Erlaubnis erlischt die Erlaubnis für das eingeschränkte Verwahrgeschäft.

(1c) [1] Zentralverwahrer, die nach Artikel 16 Absatz 1 der Verordnung (EU) Nr. 909/2014 zugelassen sind, benötigen für das Erbringen von Kerndienstleistungen im Sinne des Abschnitts A des Anhangs zur Verordnung (EU) Nr. 909/2014 und von nichtbankartigen Nebendienstleistungen im Sinne des Abschnitts B des Anhangs zur Verordnung (EU) Nr. 909/2014 sowie für das Betreiben von Bankgeschäften und das Erbringen von Finanzdienstleistungen, die zugleich Wertpapierdienstleistungen im Sinne des § 2 Absatz 8 des Wertpapierhandelsgesetzes sind, keine Erlaubnis nach Absatz 1 Satz 1, soweit das Betreiben dieser Bankgeschäfte oder das Erbringen dieser Finanzdienstleistungen von der Zulassung nach Artikel 16 Absatz 1 der Verordnung (EU) Nr. 909/2014 umfasst ist. [2] Satz 1 gilt für das Betreiben des Eigengeschäfts entsprechend.

(1d) Zentralverwahrer im Sinne des Artikels 54 Absatz 3 der Verordnung (EU) Nr. 909/2014, die eine Erlaubnis nach Absatz 1 Satz 1 zum Betreiben von Bankgeschäften nach § 1 Absatz 1 Satz 2 Nummer 1 und 2 haben, benötigen für das Erbringen von bankartigen Nebendienstleistungen im Sinne des Abschnitts C des Anhangs zur Verordnung (EU) Nr. 909/2014 keine weitere Erlaubnis nach Absatz 1 Satz 1 für das Betreiben von Bankgeschäften oder das Erbringen von Finanzdienstleistungen, soweit das Erbringen der bankartigen Nebendienstleistungen von der Genehmigung nach Artikel 54 Absatz 2 der Verordnung (EU) Nr. 909/2014 umfasst ist.

(1e) Benannte Kreditinstitute im Sinne des Artikels 54 Absatz 4 der Verordnung (EU) Nr. 909/2014, die eine Erlaubnis nach Absatz 1 Satz 1 zum Betreiben von Bankgeschäften nach § 1 Absatz 1 Satz 2 Nummer 1 und 2 haben, benötigen für das Erbringen von bankartigen Nebendienstleistungen im Sinne des Abschnitts C des Anhangs zur Verordnung (EU) Nr. 909/2014 keine weitere Erlaubnis nach Absatz 1 Satz 1 für das Betreiben von Bankgeschäften oder das Erbringen von Finanzdienstleistungen, soweit das Erbringen der bankartigen Nebendienstleistungen von der Genehmigung nach Artikel 54 Absatz 2 der Verordnung (EU) Nr. 909/2014 umfasst ist.

(1f) [1] Wer im Inland gewerbsmäßig oder in einem Umfang, der einen in kaufmännischer Weise eingerichteten Geschäftsbetrieb erfordert, als Datenbereitstellungsdienst tätig werden will, bedarf der schriftlichen Erlaubnis der Bundesanstalt; die Bundesanstalt hat § 37 Absatz 4 des Verwaltungsverfahrensgesetzes anzuwenden. [2] Der Erlaubnisantrag muss enthalten:

1. die Angabe der Geschäftsleiter;
2. die Angaben, die für die Beurteilung der Zuverlässigkeit der Geschäftsleiter erforderlich sind;
3. die Angaben, die für die Beurteilung der zur Leitung des Unternehmens erforderlichen fachlichen Eignung der in § 1 Absatz 2 Satz 1 bezeichneten Personen erforderlich sind;
4. die Angaben, die für die Beurteilung, ob die Geschäftsleiter über die zur Wahrnehmung ihrer Aufgabe ausreichende Zeit verfügen, erforderlich sind;
5. einen tragfähigen Geschäftsplan, aus dem die Art der geplanten Geschäfte, der organisatorische Aufbau und die geplanten internen Kontrollverfahren des Unternehmens hervorgehen;
6. die Angabe der Mitglieder des Verwaltungs- oder Aufsichtsorgans nebst der zur Beurteilung ihrer Zuverlässigkeit und Sachkunde erforderlichen Tatsachen sowie Angaben, die für die Beurteilung erforderlich sind, ob sie der Wahrnehmung ihrer Aufgabe ausreichend Zeit widmen können.

[3] Das Nähere zu Inhalt und Form des Erlaubnisantrages regeln die technischen Regulierungs- und Durchführungsstandards gemäß Artikel 61 Absatz 4 und 5 der Richtlinie 2014/65/EU. [4] Abweichend von den Sätzen 1 bis 3 ist Instituten und Trägern einer inländischen Börse, die eine Börse, ein multilaterales Handelssystem oder ein organisiertes Handelssystem betreiben, die Tätigkeit als Datenbereitstellungsdienst gestattet, sofern festgestellt wurde, dass sie den Anforderungen des Titels V der Richtlinie 2014/65/EU genügen. [5] Diese Dienstleistungen sind in ihre Erlaubnis eingeschlossen.

(2) [1] Die Bundesanstalt kann die Erlaubnis unter Auflagen erteilen, die sich im Rahmen des mit diesem Gesetz verfolgten Zweckes halten müssen. [2] Sie kann die Erlaubnis auf einzelne Bankgeschäfte oder Finanzdienstleistungen beschränken.

(3) Vor Erteilung der Erlaubnis hat die Bundesanstalt die für das Institut in Betracht kommende Sicherungseinrichtung zu hören.

(3a) [1]Mit der Erteilung der Erlaubnis ist dem Institut, sofern es nach den Vorschriften des Zweiten Abschnittes des Einlagensicherungsgesetzes[1)] oder nach § 8 Absatz 1 des Anlegerentschädigungsgesetzes[2)] beitragspflichtig ist, die Entschädigungseinrichtung mitzuteilen, der das Institut zugeordnet ist. [2]Bezieht sich die Tätigkeit eines Wertpapierdienstleistungsunternehmens im Sinne des § 2 Absatz 10 des Wertpapierhandelsgesetzes auf strukturierte Einlagen im Sinne des Wertpapierhandelsgesetzes und wird die strukturierte Einlage von einem Kreditinstitut ausgegeben, das Mitglied eines Einlagensicherungssystems im Sinne des Einlagensicherungsgesetzes ist, so deckt das Einlagensicherungssystem des Kreditinstituts auch die von dem Kreditinstitut ausgegebenen strukturierten Einlagen ab.

(4) Die Bundesanstalt hat die Erteilung der Erlaubnis im Bundesanzeiger bekannt zu machen.

(5) [1]Die Bundesanstalt hat auf ihrer Internetseite ein Institutsregister zu führen, in das sie alle inländischen Institute, denen eine Erlaubnis nach Absatz 1, auch in Verbindung mit § 53 Abs. 1 und 2, erteilt worden ist, mit dem Datum der Erteilung und dem Umfang der Erlaubnis und gegebenenfalls dem Datum des Erlöschens oder der Aufhebung der Erlaubnis einzutragen hat. [2]Das Bundesministerium der Finanzen kann durch Rechtsverordnung, die nicht der Zustimmung des Bundesrates bedarf, nähere Bestimmungen zum Inhalt des Registers und den Mitwirkungspflichten der Institute bei der Führung des Registers erlassen.

(5a) [1]Die Bundesanstalt führt auf ihrer Internetseite ein öffentlich zugängliches Register, in das sie alle Datenbereitstellungsdienste, denen eine Erlaubnis nach § 32 Absatz 1f erteilt worden ist, mit dem Datum der Erteilung und dem Umfang der Erlaubnis und gegebenenfalls dem Datum des Erlöschens oder der Aufhebung der Erlaubnis einträgt. [2]Das Erlöschen oder die Aufhebung der Erlaubnis bleibt für einen Zeitraum von fünf Jahren ab der entsprechenden Entscheidung im Register eingetragen.

(6) [1]Soweit einem Zahlungsinstitut eine Erlaubnis nach § 10 Absatz 1 Satz 1 des Zahlungsdiensteaufsichtsgesetzes[3)] oder einem E-Geld-Institut eine Erlaubnis nach § 11 Absatz 1 Satz 1 des Zahlungsdiensteaufsichtsgesetzes erteilt worden ist und dieses zusätzlich Finanzdienstleistungen im Sinne des § 1 Abs. 1a Satz 2 Nr. 9 erbringt, bedarf dieses Zahlungsinstitut oder E-Geld-Institut keiner Erlaubnis nach Absatz 1. [2]Die Anzeigepflicht nach § 14 Abs. 1 ist zu erfüllen und § 14 Abs. 2 bis 4 anzuwenden.

(7) [1]Auf den Beschlussentwurf der Bundesanstalt nach Artikel 14 Absatz 2 der Verordnung (EU) Nr. 1024/2013[4)] sind die Absätze 1, 2 Satz 1 und Absatz 3 entsprechend anzuwenden. [2]Die Aufgaben nach den Absätzen 3a bis 5 obliegen der Bundesanstalt unbeschadet davon, ob die Erlaubnis durch die Europäische Zentralbank oder die Bundesanstalt erteilt wird.

§ 33 Versagung der Erlaubnis. (1) [1]Die Erlaubnis ist zu versagen, wenn

---

[1)] Nr. **12**.
[2)] Nr. **11**.
[3)] Nr. **10**.
[4)] Nr. **5**.

1. die zum Geschäftsbetrieb erforderlichen Mittel, insbesondere ein ausreichendes Anfangskapital bestehend aus Bestandteilen des harten Kernkapitals gemäß Artikel 26 Absatz 1 Buchstabe a bis e der Verordnung (EU) Nr. 575/2013[1] im Inland nicht zur Verfügung stehen; als Anfangskapital muß zur Verfügung stehen
   a) bei Anlageberatern, Anlagevermittlern, Abschlußvermittlern, Anlageverwaltern und Finanzportfolioverwaltern, Betreibern multilateraler oder organisierter Handelssysteme oder Unternehmen, die das Platzierungsgeschäft betreiben, die nicht befugt sind, sich bei der Erbringung von Finanzdienstleistungen Eigentum oder Besitz an Geldern oder Wertpapieren von Kunden zu verschaffen, und die nicht auf eigene Rechnung mit Finanzinstrumenten handeln, ein Betrag im Gegenwert von mindestens 50 000 Euro,
   b) bei anderen Finanzdienstleistungsinstituten, die nicht auf eigene Rechnung mit Finanzinstrumenten handeln, ein Betrag im Gegenwert von mindestens 125 000 Euro,
   c) bei Finanzdienstleistungsinstituten, die auf eigene Rechnung mit Finanzinstrumenten handeln, bei Finanzdienstleistungsinstituten, die das eingeschränkte Verwahrgeschäft im Sinne des § 1 Absatz 1a Satz 1 Nummer 12 erbringen, sowie bei Wertpapierhandelsbanken ein Betrag im Gegenwert von mindestens 730 000 Euro,
   d) bei CRR-Kreditinstituten ein Betrag im Gegenwert von mindestens fünf Millionen Euro,
   e) *(aufgehoben)*
   f) bei Anlageberatern, Anlagevermittlern und Abschlussvermittlern, die nicht befugt sind, sich bei der Erbringung von Finanzdienstleistungen Eigentum oder Besitz an Geldern oder Wertpapieren von Kunden zu verschaffen, und nicht auf eigene Rechnung mit Finanzinstrumenten handeln, ein Betrag von 25 000 Euro, wenn sie zusätzlich als Versicherungsvermittler nach der Richtlinie 2002/92/EG des Europäischen Parlaments und des Rates vom 9. Dezember 2002 über Versicherungsvermittler (ABl. EU Nr. L 9 S. 3) in ein Register eingetragen sind und die Anforderungen des Artikels 4 Abs. 3 der Richtlinie 2002/92/EG erfüllen,
   g) bei Unternehmen, die Eigengeschäfte auch an ausländischen Derivatemärkten und an Kassamärkten nur zur Absicherung dieser Positionen betreiben, das Finanzkommissionsgeschäft oder die Anlagevermittlung nur für andere Mitglieder dieser Märkte erbringen oder im Wege des Eigenhandels im Sinne des § 1 Absatz 1a Satz 2 Nummer 4 Buchstabe a als Market Maker im Sinne des § 36 Absatz 5 des Wertpapierhandelsgesetzes Preise für andere Mitglieder dieser Märkte stellen, ein Betrag von 25 000 Euro, sofern für die Erfüllung der Verträge, die diese Unternehmen an diesen Märkten oder in diesen Handelssystemen schließen, Clearingmitglieder derselben Märkte oder Handelssysteme haften, und

[1] Nr. **6**.

h) bei einem Unternehmen im Sinne des Absatzes 1 Nummer 4 des Artikels 4 der Verordnung (EU) 575/2013 („lokale Firma"), abweichend von Buchstabe c ein Betrag im Gegenwert von mindestens 50 000 Euro.

2. Tatsachen vorliegen, aus denen sich ergibt, daß ein Antragsteller oder eine der in § 1 Abs. 2 Satz 1 bezeichneten Personen nicht zuverlässig ist;
3. Tatsachen die Annahme rechtfertigen, dass der Inhaber einer bedeutenden Beteiligung oder, wenn er eine juristische Person ist, auch ein gesetzlicher oder satzungsmäßiger Vertreter, oder, wenn er eine Personenhandelsgesellschaft ist, auch ein Gesellschafter, nicht zuverlässig ist oder aus anderen Gründen nicht den im Interesse einer soliden und umsichtigen Führung des Instituts zu stellenden Ansprüchen genügt;
4. Tatsachen vorliegen, aus denen sich ergibt, daß der Inhaber oder eine der in § 1 Abs. 2 Satz 1 bezeichneten Personen nicht die zur Leitung des Instituts erforderliche fachliche Eignung hat und auch nicht eine andere Person nach § 25c Absatz 5 als Geschäftsleiter bezeichnet wird;

4a. Tatsachen vorliegen, aus denen sich ergibt, dass ein Geschäftsleiter nicht über die zur Wahrnehmung seiner Aufgaben ausreichende Zeit verfügt;

4b. Tatsachen vorliegen, aus denen sich ergibt, dass ein Geschäftsleiter gegen die Anforderungen des § 25c Absatz 2 verstößt;

4c. das Institut im Fall der Erteilung der Erlaubnis Tochterunternehmen einer Finanzholding-Gesellschaft im Sinne des Artikel 4 Absatz 1 Nummer 20 der Verordnung (EU) Nr. 575/2013 oder einer gemischten Finanzholding-Gesellschaft im Sinne des Artikel 4 Absatz 1 Nummer 32 der Verordnung (EU) Nr. 575/2013 wird und Tatsachen die Annahme rechtfertigen, dass eine Person im Sinne des § 2d nicht zuverlässig ist oder nicht die zur Führung der Geschäfte der Finanzholding-Gesellschaft oder der gemischten Finanzholding-Gesellschaft erforderliche fachliche Eignung hat;

5. ein Kreditinstitut oder ein Finanzdienstleistungsinstitut, das befugt ist, sich bei der Erbringung von Finanzdienstleistungen Eigentum oder Besitz an Geldern oder Wertpapieren von Kunden zu verschaffen, oder das gemäß einer Bescheinigung der Bundesanstalt nach § 4 Abs. 1 Nr. 2 des Gesetzes über die Zertifizierung von Altersvorsorgeverträgen befugt ist, Altersvorsorgeverträge anzubieten, nicht mindestens zwei Geschäftsleiter hat, die nicht nur ehrenamtlich für das Institut tätig sind;
6. das Institut seine Hauptverwaltung und, soweit es sich um eine juristische Person und nicht um eine Zweigstelle im Sinne des § 53 handelt, seinen juristischen Sitz nicht im Inland hat;
7. das Institut nicht bereit oder in der Lage ist, die erforderlichen organisatorischen Vorkehrungen zum ordnungsmäßigen Betreiben der Geschäfte, für die es die Erlaubnis beantragt, zu schaffen;
8. der Antragsteller Tochterunternehmen eines ausländischen Kreditinstituts ist und die für dieses Kreditinstitut zuständige ausländische Aufsichtsbehörde der Gründung des Tochterunternehmens nicht zugestimmt hat.

[2] Einem Anlageberater oder Anlagevermittler, der nicht befugt ist, sich bei der Erbringung von Finanzdienstleistungen Eigentum oder Besitz an Geldern oder Wertpapieren von Kunden zu verschaffen, und der nicht auf eigene Rechnung mit Finanzinstrumenten handelt, ist die Erlaubnis nach Satz 1 Buchstabe a nicht

zu versagen, wenn er anstelle des Anfangskapitals den Abschluß einer geeigneten Versicherung zum Schutz der Kunden, die eine Versicherungssumme von mindestens 1 000 000 Euro für jeden Versicherungsfall und eine Versicherungssumme von mindestens 1 500 000 Euro für alle Versicherungsfälle eines Versicherungsjahres vorsieht, nachweist. [3]Satz 2 gilt für Anlageberater und Anlagevermittler, die zusätzlich als Versicherungsvermittler nach der Richtlinie 2002/92/EG in ein Register eingetragen sind und die Anforderungen des Artikels 4 Abs. 3 der Richtlinie 2002/92/EG erfüllen, mit der Maßgabe entsprechend, dass eine Versicherungssumme von mindestens 500 000 Euro für jeden Versicherungsfall und eine Versicherungssumme von mindestens 750 000 Euro vorgesehen ist. [4]Einem Anlageberater oder Anlagevermittler nach den Sätzen 2 und 3 ist die Erlaubnis auch dann nicht zu versagen, wenn sie eine Kombination aus Anfangskapital und geeigneter Versicherung zum Schutz der Kunden nachweisen, sofern diese Kombination ein Deckungsniveau aufweist, das entweder dem Anfangskapital oder der in Satz 2 oder 3 genannten Versicherung gleichwertig ist. [5]Bei Anlageberatern, Anlagevermittlern, Abschlussvermittlern, Anlageverwaltern oder Finanzportfolioverwaltern, die nicht befugt sind, sich bei der Erbringung von Finanzdienstleistungen Eigentum oder Besitz an Geldern oder Wertpapieren von Kunden zu verschaffen, gilt die Anlage von Eigenmitteln durch das Halten von Positionen in Finanzinstrumenten im Anlagebuch für die Zwecke der Solvenzaufsicht nicht als Handel für eigene Rechnung.

(1a) [1]Die Erlaubnis für die Erbringung von Datenbereitstellungsdienstleistungen ist zu versagen, wenn

1. Tatsachen vorliegen, aus denen sich ergibt, dass ein Geschäftsleiter nicht zuverlässig ist, nicht die zur Leitung des Unternehmens erforderliche fachliche Eignung hat oder nicht über die zur Wahrnehmung seiner Aufgaben ausreichende Zeit verfügt;
2. das Unternehmen nicht bereit oder in der Lage ist, die erforderlichen organisatorischen Vorkehrungen zum ordnungsmäßigen Betreiben der Geschäfte, für die es die Erlaubnis beantragt, zu schaffen.

[2]Die Bundesanstalt kann die Erlaubnis auch versagen, wenn entgegen § 32 Absatz 1f Satz 2 der Antrag keine ausreichenden Angaben oder Unterlagen enthält.

(1b) Mit Zustimmung der Bundesanstalt im Einzelfall dürfen Anlagevermittlern, Abschlussvermittlern oder Finanzportfolioverwaltern, die nicht befugt sind, sich bei der Erbringung von Finanzdienstleistungen Eigentum oder Besitz an Geldern oder Wertpapieren von Kunden zu verschaffen und die nicht auf eigene Rechnung mit Finanzinstrumenten handeln, im Zusammenhang mit der Ausführung von Aufträgen über Finanzinstrumente von Kunden, diese Finanzinstrumente für eigene Rechnung zu halten, sofern

1. die Positionen nur übernommen werden, weil das Finanzdienstleistungsinstitut nicht in der Lage ist, den Auftrag genau abdecken zu lassen,
2. der Gesamtmarktwert sämtlicher solcher Positionen höchstens 15 Prozent des für das jeweilige Institut maßgeblichen Anfangskapitals beträgt,
3. das Finanzdienstleistungsinstitut die Anforderungen der Artikel 92 bis 95 und des Teils 4 der Verordnung (EU) Nr. 575/2013 erfüllt und

4. die Übernahme solcher Positionen nur ausnahmsweise und vorübergehend und nicht länger erfolgt, als dies für die Durchführung der betreffenden Transaktion unbedingt erforderlich ist.

(2) [1] Die Bundesanstalt kann die Erlaubnis versagen, wenn Tatsachen die Annahme rechtfertigen, dass eine wirksame Aufsicht über das Institut beeinträchtigt wird. [2] Dies ist insbesondere der Fall, wenn

1. das Institut mit anderen Personen oder Unternehmen in einen Unternehmensverbund eingebunden ist oder in einer engen Verbindung zu einem solchen steht, der durch die Struktur des Beteiligungsgeflechtes oder mangelhafte wirtschaftliche Transparenz eine wirksame Aufsicht über das Institut beeinträchtigt;
2. eine wirksame Aufsicht über das Institut wegen der für solche Personen oder Unternehmen geltenden Rechts- oder Verwaltungsvorschriften eines Drittstaates beeinträchtigt wird;
3. das Institut Tochterunternehmen eines Instituts mit Sitz in einem Drittstaat ist, das im Staat seines Sitzes oder seiner Hauptverwaltung nicht wirksam beaufsichtigt wird oder dessen zuständige Aufsichtsstelle zu einer befriedigenden Zusammenarbeit mit der Bundesanstalt nicht bereit ist.

[3] Die Bundesanstalt kann die Erlaubnis auch versagen, wenn entgegen § 32 Abs. 1 Satz 2 der Antrag keine ausreichenden Angaben oder Unterlagen enthält.

(3) Aus anderen als den in den Absätzen 1, 1a und 2 genannten Gründen darf die Erlaubnis nicht versagt werden.

(4) [1] Die Bundesanstalt muss dem Antragsteller einer Erlaubnis binnen sechs Monaten nach Einreichung der vollständigen Unterlagen für einen Erlaubnisantrag nach § 32 Abs. 1 Satz 2 oder Absatz 1f mitteilen, ob eine Erlaubnis erteilt oder versagt wird. [2] Liegen innerhalb von zwölf Monaten ab Eingang des Antrags bei der Bundesanstalt trotz Aufforderung der Bundesanstalt, den Antrag innerhalb eines Monats zu vervollständigen, keine ausreichenden Angaben oder Unterlagen vor, die es der Bundesanstalt ermöglichen, über den Antrag zu befinden, ist der Antrag abzulehnen.

§ 33a Aussetzung oder Beschränkung der Erlaubnis bei Unternehmen mit Sitz außerhalb der Europäischen Union. [1] Die Aufsichtsbehörde hat die Entscheidung über einen Antrag auf Erlaubnis von Unternehmen mit Sitz außerhalb der Europäischen Union oder von Tochterunternehmen dieser Unternehmen auszusetzen oder die Erlaubnis zu beschränken, wenn ein entsprechender Beschluß des Rates oder der Europäischen Kommission vorliegt, der nach Artikel 147 der Richtlinie 2013/36/EU zustande gekommen ist. [2] Die Aussetzung oder Beschränkung darf drei Monate vom Zeitpunkt des Beschlusses an nicht überschreiten. [3] Die Sätze 1 und 2 gelten auch für nach dem Zeitpunkt des Beschlusses eingereichte Anträge auf Erlaubnis. [4] Beschließt der Rat die Verlängerung der Frist nach Satz 2, so hat die Aufsichtsbehörde diese Fristverlängerung zu beachten und die Aussetzung oder Beschränkung entsprechend zu verlängern.

§ 33b Anhörung der zuständigen Stellen eines anderen Staates des Europäischen Wirtschaftsraums. [1] Soll eine Erlaubnis für das Betreiben von

Bankgeschäften nach § 1 Abs. 1 Satz 2 Nr. 1, 2, 4 oder 10 oder für das Erbringen von Finanzdienstleistungen nach § 1 Abs. 1a Satz 2 Nr. 1 bis 4 einem Unternehmen erteilt werden, das

1. Tochter- oder Schwesterunternehmen eines CRR-Instituts, eines Wertpapierhandelsunternehmens, eines Börsenbetreibers oder eines Erstversicherungsunternehmens ist und dessen Mutterunternehmen in einem anderen Staat des Europäischen Wirtschaftsraums zugelassen ist oder
2. durch dieselben natürlichen Personen oder Unternehmen kontrolliert wird, die ein CRR-Institut, ein Wertpapierhandelsunternehmen, ein Börsenbetreiber oder ein Erstversicherungsunternehmen mit Sitz in einem anderen Staat des Europäischen Wirtschaftsraums kontrollieren,

hat die Aufsichtsbehörde vor Erteilung der Erlaubnis die zuständigen Stellen des Herkunftsmitgliedstaates anzuhören. [2]Die Anhörung erstreckt sich insbesondere auf die Angaben, die für die Beurteilung der Zuverlässigkeit und fachlichen Eignung der in § 1 Abs. 2 Satz 1 genannten Personen sowie für die Beurteilung der Zuverlässigkeit der Inhaber einer bedeutenden Beteiligung an Unternehmen derselben Gruppe mit Sitz in dem betreffenden Staat des Europäischen Wirtschaftsraums erforderlich sind.

§ 34 Stellvertretung und Fortführung bei Todesfall. (1) § 45 der Gewerbeordnung findet auf Institute keine Anwendung.

(2) [1]Nach dem Tode des Inhabers der Erlaubnis darf ein Institut durch zwei Stellvertreter ohne Erlaubnis für die Erben bis zur Dauer eines Jahres fortgeführt werden. [2]Die Stellvertreter sind unverzüglich nach dem Todesfall zu bestimmen; sie gelten als Geschäftsleiter. [3]Ist ein Stellvertreter nicht zuverlässig oder hat er nicht die erforderliche fachliche Eignung, kann die Aufsichtsbehörde die Fortführung der Geschäfte untersagen. [4]Sie kann die Frist nach Satz 1 aus besonderen Gründen verlängern. [5]Für Finanzdienstleistungsinstitute, die nicht befugt sind, sich bei der Erbringung von Finanzdienstleistungen Eigentum oder Besitz an Geldern oder Wertpapieren von Kunden zu verschaffen, genügt ein Stellvertreter.

§ 35 Erlöschen und Aufhebung der Erlaubnis. (1) [1]Die Erlaubnis erlischt, wenn von ihr nicht innerhalb eines Jahres seit ihrer Erteilung Gebrauch gemacht wird. [2]Die Erlaubnis erlischt auch, wenn das CRR-Kreditinstitut nach § 41 des Einlagensicherungsgesetzes[1)] von der gesetzlichen Entschädigungseinrichtung oder nach § 11 des Anlegerentschädigungsgesetzes[2)] von der Entschädigungseinrichtung ausgeschlossen worden ist oder die Bundesanstalt nach § 47 Absatz 3 Satz 1 des Einlagensicherungsgesetzes festgestellt hat, dass die Zugehörigkeit des Instituts zu einem Einlagensicherungssystem nicht gegeben ist. [3]Satz 2 gilt nicht, soweit die Europäische Zentralbank Aufsichtsbehörde ist. [4]In diesem Fall legt die Bundesanstalt der Europäischen Zentralbank einen Beschlussentwurf nach Artikel 14 Absatz 5 der Verordnung (EU) Nr. 1024/2013 vor. [5]Die Erlaubnis für das Betreiben von Bankgeschäften im Sinne des § 1 Satz 2 Nummer 12 erlischt auch dann, wenn die Zulassung der zentralen Gegenpartei nach Artikel 14 der Verordnung (EU) Nr. 648/2012 zur Erbrin-

---

[1)] Nr. **12**.
[2)] Nr. **11**.

gung von Clearingdienstleistungen durch die Bundesanstalt abgelehnt wurde und die Ablehnung bestandskräftig ist.

(2) Die Aufsichtsbehörde kann die Erlaubnis außer nach den Vorschriften des Verwaltungsverfahrensgesetzes aufheben, wenn

1. der Geschäftsbetrieb, auf den sich die Erlaubnis bezieht, seit mehr als sechs Monaten nicht mehr ausgeübt worden ist;
2.[1] ein Kreditinstitut in der Rechtsform des Einzelkaufmanns betrieben wird;
3. ihr Tatsachen bekannt werden, welche die Versagung der Erlaubnis nach § 33 Absatz 1 Satz 1 Nummer 1 bis 8, Absatz 1a oder Absatz 2 Nummer 1 bis 3 rechtfertigen würden;
4. Gefahr für die Erfüllung der Verpflichtungen des Instituts gegenüber seinen Gläubigern, insbesondere für die Sicherheit der dem Institut anvertrauten Vermögenswerte, besteht und die Gefahr nicht durch andere Maßnahmen nach diesem Gesetz abgewendet werden kann; eine Gefahr für die Sicherheit der dem Institut anvertrauten Vermögenswerte besteht auch
   a) bei einem Verlust in Höhe der Hälfte der nach Artikel 72 der Verordnung (EU) Nr. 575/2013[2] in der jeweils geltenden Fassung maßgebenden Eigenmittel oder
   b) bei einem Verlust in Höhe von jeweils mehr als 10 vom Hundert der nach Artikel 72 der Verordnung (EU) Nr. 575/2013 in der jeweils geltenden Fassung maßgebenden Eigenmittel in mindestens drei aufeinanderfolgenden Geschäftsjahren;
5. *(aufgehoben)*
6. das Institut nachhaltig gegen Bestimmungen dieses Gesetzes, des Geldwäschegesetzes[3], des Wertpapierhandelsgesetzes, der Verordnung (EU) 2015/847 oder die zur Durchführung dieser Gesetze erlassenen Verordnungen oder Anordnungen verstoßen hat;
7. das Institut nachhaltig gegen die Artikel 14, 15, 16 Absatz 1 oder Absatz 2, Artikel 17 Absatz 1, 2, 4, 5 oder 8, Artikel 18 Absatz 1 bis 6, Artikel 19 Absatz 1 bis 3, 5 bis 7 oder 11 oder Artikel 20 Absatz 1 der Verordnung (EU) Nr. 596/2014 oder sich auf diese Bestimmungen beziehende Anordnungen der Bundesanstalt verstoßen hat;
8. die in den Artikeln 92 bis 403 sowie 411 bis 428 der Verordnung (EU) Nr. 575/2013 niedergelegten aufsichtlichen Anforderungen nicht mehr erfüllt sind;
9. das Institut als Gegenpartei von Wertpapierfinanzierungsgeschäften nachhaltig gegen die Pflichten und Anforderungen von Artikel 4 oder 15 der Verordnung (EU) 2015/2365 oder sich auf diese Bestimmungen beziehende Anordnungen der Bundesanstalt verstoßen hat oder

---

[1] Beachte hierzu Art. 2 § 4 Abs. 1 G vom 24.3.1976 (BGBl. I S. 725): „Die §§ 2a *[jetzt § 2b]* und 35 Abs. 2 Nr. 3 *[jetzt Abs. 2 Nr. 2]* des Gesetzes über das Kreditwesen gelten nicht für einen Inhaber eines in der Rechtsform des Einzelkaufmanns betriebenen Kreditinstituts, der bei Inkrafttreten dieses Gesetzes *[am 1.5.1976]* Inhaber eines derartigen Kreditinstituts ist.“

[2] Nr. **6**.

[3] Nr. **15**.

10. das Institut nachhaltig gegen Artikel 7 Absatz 1 Satz 3 oder Artikel 11 Absatz 1 Satz 3 der Verordnung (EU) Nr. 600/2014 oder sich auf diese Bestimmungen beziehende Anordnungen der Bundesanstalt verstoßen hat.

(2a) [1]Die Erlaubnis soll durch die Aufsichtsbehörde aufgehoben werden, wenn über das Institut ein Insolvenzverfahren eröffnet oder die Auflösung des Instituts beschlossen worden ist. [2]Der Wegfall der Erlaubnis hindert die für die Liquidation zuständigen Personen nicht daran, bestimmte Tätigkeiten des Instituts weiter zu betreiben, soweit dies für Zwecke des Insolvenz- oder Liquidationsverfahrens erforderlich oder angezeigt ist.

(2b) Ist die Europäische Zentralbank Aufsichtsbehörde, kann die Bundesanstalt ihr nach Maßgabe der Absätze 2 und 2a Beschlussentwürfe nach Artikel 14 Absatz 5 der Verordnung (EU) Nr. 1024/2013[1)] vorlegen.

(3) § 48 Abs. 4 Satz 1 und § 49 Abs. 2 Satz 2 des Verwaltungsverfahrensgesetzes über die Jahresfrist sind nicht anzuwenden.

(4) Wird die Erlaubnis eines Instituts zum Betreiben von Bankgeschäften oder Erbringen von Finanzdienstleistungen aufgehoben, unterrichtet die Aufsichtsbehörde unverzüglich die zuständigen Stellen der anderen Staaten des Europäischen Wirtschaftsraums, in denen das Institut Zweigniederlassungen errichtet hat oder im Wege des grenzüberschreitenden Dienstleistungsverkehrs tätig gewesen ist.

§ 36 Maßnahmen gegen Geschäftsleiter und Mitglieder des Verwaltungs- oder Aufsichtsorgans. (1) [1]In den Fällen des § 35 Abs. 2 Nr. 3, 4 und 6 kann die Bundesanstalt, statt die Erlaubnis aufzuheben, die Abberufung der verantwortlichen Geschäftsleiter verlangen und diesen Geschäftsleitern auch die Ausübung ihrer Tätigkeit bei Instituten oder Unternehmen in der Rechtsform einer juristischen Person untersagen. [2]Für die Zwecke des Satzes 1 ist § 35 Abs. 2 Nr. 4 mit der Maßgabe anzuwenden, dass bei der Berechnung der Höhe des Verlustes Bilanzierungshilfen, mittels derer ein Verlustausweis vermindert oder vermieden wird, nicht berücksichtigt werden. [3]Im Falle eines Verstoßes gegen die §§ 25i, 25k oder 25m oder gegen die Verordnung (EU) 2015/847 kann die Bundesanstalt den dafür verantwortlichen Geschäftsleitern auch die Ausübung ihrer Tätigkeit bei Verpflichteten nach § 2 Absatz 1 des Geldwäschegesetzes[2)] untersagen.

(1a) [1]In den Fällen des Artikels 20 Absatz 1 Buchstabe b bis d der Verordnung (EU) Nr. 648/2012 kann die Bundesanstalt, statt die Erlaubnis aufzuheben, die Abberufung der verantwortlichen Geschäftsleiter verlangen und diesen Geschäftsleitern auch die Ausübung ihrer Tätigkeit bei Instituten in der Rechtsform einer juristischen Person untersagen. [2]Die Bundesanstalt kann eine Abberufung auch verlangen, wenn die Voraussetzungen des Artikels 27 Absatz 1 der Verordnung (EU) Nr. 648/2012 nicht gegeben sind oder die Voraussetzungen des Artikels 31 Absatz 1 der Verordnung (EU) Nr. 648/2012 vorliegen

(1b) [1]In den Fällen des Artikels 20 Absatz 1 Buchstabe b bis d oder des Artikels 57 Absatz 1 Buchstabe b bis d der Verordnung (EU) Nr. 909/2014 kann die Bundesanstalt, statt die Zulassung nach Artikel 20 der Verordnung

---

1) Nr. **5**.
2) Nr. **15**.

(EU) Nr. 909/2014 oder die Genehmigung nach Artikel 57 der Verordnung (EU) Nr. 909/2014 zu entziehen, die Abberufung der verantwortlichen Geschäftsleiter verlangen und diesen Geschäftsleitern auch die Ausübung ihrer Tätigkeit bei Instituten in der Rechtsform einer juristischen Person untersagen. [2]Die Bundesanstalt kann eine Abberufung auch dann verlangen, wenn die Voraussetzungen des Artikels 27 der Verordnung (EU) Nr. 909/2014 nicht gegeben sind.

(2) Die Bundesanstalt kann die Abberufung eines Geschäftsleiters auch verlangen und diesem Geschäftsleiter auch die Ausübung seiner Tätigkeit bei Instituten oder Unternehmen in der Rechtsform einer juristischen Person untersagen, wenn dieser vorsätzlich oder leichtfertig gegen die Bestimmungen dieses Gesetzes, der Verordnung (EU) Nr. 575/2013[1)], der Verordnung (EU) Nr. 648/2012, der Verordnung (EU) Nr. 596/2014, der Verordnung (EU) Nr. 600/2014, der Verordnung (EU) Nr. 909/2014, der Verordnung (EU) 2015/2365, der Verordnung (EU) 2016/1011, des Gesetzes über Bausparkassen[2)], des Depotgesetzes, des Geldwäschegesetzes, des Kapitalanlagegesetzbuchs, des Pfandbriefgesetzes[3)], des Zahlungsdiensteaufsichtsgesetzes[4)] oder des Wertpapierhandelsgesetzes, gegen die Artikel 6, 7, 9, 18 bis 26 oder 27 Absatz 1 oder 4 der Verordnung (EU) 2017/2402, gegen die zur Durchführung dieser Gesetze erlassenen Verordnungen, die zur Durchführung der Richtlinie 2013/36/EU und der Verordnung (EU) Nr. 575/2013 erlassenen Rechtsakte, die zur Durchführung der Verordnung (EU) Nr. 648/2012, der Verordnung (EU) Nr. 596/2014, der Verordnung (EU) Nr. 600/2014, der Verordnung (EU) Nr. 909/2014, der Verordnung (EU) 2015/2365, der Verordnung (EU) 2016/1011 oder der Verordnung (EU) 2017/2402 erlassenen Rechtsakte oder gegen Anordnungen der Bundesanstalt verstoßen hat und trotz Verwarnung durch die Bundesanstalt dieses Verhalten fortsetzt.

(3) [1]Die Bundesanstalt kann von den in § 25d Absatz 3 Satz 1 und 2 sowie § 25d Absatz 3a Satz 1 genannten Unternehmen die Abberufung einer der in § 25d Absatz 3 Satz 1 und 2 sowie § 25d Absatz 3a Satz 1 bezeichneten Person verlangen und einer solchen Person die Ausübung ihrer Tätigkeit untersagen, wenn

1. Tatsachen vorliegen, aus denen sich ergibt, dass die Person nicht zuverlässig ist,
2. Tatsachen vorliegen, aus denen sich ergibt, dass die Person nicht die erforderliche Sachkunde besitzt,
3. Tatsachen vorliegen, aus denen sich ergibt, dass die Person der Wahrnehmung ihrer Aufgaben nicht ausreichend Zeit widmet,
4. der Person wesentliche Verstöße des Unternehmens gegen die Grundsätze einer ordnungsgemäßen Geschäftsführung wegen sorgfaltswidriger Ausübung ihrer Überwachungs- und Kontrollfunktion verborgen geblieben sind und sie dieses sorgfaltswidrige Verhalten trotz Verwarnung durch die Bundesanstalt fortsetzt,

---

1) Nr. **6**.
2) Nr. **17**.
3) Nr. **16**.
4) Nr. **10**.

5. die Person nicht alles Erforderliche zur Beseitigung festgestellter Verstöße veranlasst hat und dies trotz Verwarnung durch die Bundesanstalt auch weiterhin unterlässt,
6. die Person bereits Geschäftsleiter desselben Unternehmens ist,
7. die Person Geschäftsleiter desselben Unternehmens war und bereits zwei ehemalige Geschäftsleiter des Unternehmens Mitglied des Verwaltungs- oder Aufsichtsorgans sind,
8. die nach § 25d Absatz 3 Satz 1 oder Satz 2 bezeichnete Person mehr als vier Kontrollmandate ausübt und die Bundesanstalt ihr nicht die Ausübung weiterer Mandate gestattet hat,
9. die nach § 25d Absatz 3 Satz 1 oder Satz 2 bezeichnete Person mehr als eine Geschäftsleiter- und zwei Aufsichtsfunktionen ausübt und die Bundesanstalt ihr nicht die Ausübung weiterer Mandate gestattet hat oder
10. die nach § 25d Absatz 3a Satz 1 bezeichnete Person mehr als fünf Kontrollmandate bei unter der Aufsicht der Bundesanstalt stehenden Unternehmen ausübt.

[2]Bei Instituten, die auf Grund ihrer Rechtsform einer besonderen Rechtsaufsicht unterliegen, erfolgt eine Maßnahme nach Satz 1 erst nach Anhörung der zuständigen Behörde für die Rechtsaufsicht über diese Institute. [3]Soweit das Gericht auf Antrag des Aufsichtsrats ein Aufsichtsratsmitglied abzuberufen hat, kann dieser Antrag bei Vorliegen der Voraussetzungen nach Satz 1 Nummer 1 bis 10 auch von der Bundesanstalt gestellt werden, wenn der Aufsichtsrat dem Abberufungsverlangen der Aufsichtsbehörde nicht nachgekommen ist. [4]Die Abberufung von Arbeitnehmervertretern im Aufsichtsrat erfolgt allein nach den Vorschriften der Mitbestimmungsgesetze.

(4) [1]Die Bundesanstalt kann von den in § 25d Absatz 13 genannten Unternehmen die Abberufung eines Mitglieds des Verwaltungs- oder Aufsichtsorgans verlangen und einer solchen Person die Ausübung ihrer Tätigkeit untersagen, wenn

1. Tatsachen vorliegen, aus denen sich ergibt, dass die Person nicht zuverlässig ist,
2. Tatsachen vorliegen, aus denen sich ergibt, dass die Person nicht die erforderliche Sachkunde besitzt,
3. Tatsachen vorliegen, aus denen sich ergibt, dass die Person der Wahrnehmung ihrer Aufgaben nicht ausreichend Zeit widmet,
4. der Person wesentliche Verstöße des Unternehmens gegen die Grundsätze einer ordnungsgemäßen Geschäftsführung wegen sorgfaltswidriger Ausübung ihrer Überwachungs- und Kontrollfunktion verborgen geblieben sind und sie dieses sorgfaltswidrige Verhalten trotz Verwarnung durch die Bundesanstalt fortsetzt oder
5. die Person nicht alles Erforderliche zur Beseitigung festgestellter Verstöße veranlasst hat und dies trotz Verwarnung durch die Bundesanstalt auch weiterhin unterlässt.

[2]Soweit das Gericht auf Antrag des Verwaltungs- oder Aufsichtsorgans ein Mitglied des Verwaltungs- oder Aufsichtsorgans abzuberufen hat, kann dieser Antrag bei Vorliegen der Voraussetzungen nach Satz 1 auch von der Bundes-

anstalt gestellt werden, wenn das Verwaltungs- oder Aufsichtsorgan dem Abberufungsverlangen der Bundesanstalt nicht nachgekommen ist. [3]Die Abberufung von Arbeitnehmervertretern im Verwaltungs- oder Aufsichtsorgan erfolgt allein nach den Vorschriften der Mitbestimmungsgesetze.

§ 36a Tätigkeitsverbot für natürliche Personen. (1) [1]In den Fällen des § 35 Absatz 2 Nummer 7, 9 oder 10 kann die Aufsichtsbehörde auch einer für den Verstoß verantwortlichen natürlichen Person, die zum Zeitpunkt des Verstoßes nicht Geschäftsleiter ist, vorübergehend für einen Zeitraum von bis zu zwei Jahren eine künftige Tätigkeit als Geschäftsleiter bei einem Institut in der Rechtsform einer juristischen Person untersagen. [2]Begeht eine natürliche Person im Sinne des Satzes 1 in den Fällen des § 35 Absatz 2 Nummer 7, 9 oder 10 wiederholt schwere Verstöße oder verstößt sie wiederholt gegen Artikel 14 oder Artikel 15 der Verordnung (EU) Nr. 596/2014 oder Artikel 4 oder Artikel 15 der Verordnung (EU) 2015/2365, kann ihr die Aufsichtsbehörde eine künftige Tätigkeit als Geschäftsleiter bei einem Institut in der Rechtsform einer juristischen Person dauerhaft untersagen. [3]§ 36 Absatz 1 und 2 bleibt unberührt. [4]Im Falle eines Verstoßes gegen die §§ 25i, 25k oder 25m oder gegen die Verordnung (EU) 2015/847 kann die Aufsichtsbehörde auch einer für den Verstoß verantwortlichen natürlichen Person, die zum Zeitpunkt des Verstoßes nicht Geschäftsleiter war, vorübergehend für einen Zeitraum von bis zu zwei Jahren eine künftige Tätigkeit als Geschäftsleiter bei Verpflichteten nach § 2 Absatz 1 des Geldwäschegesetzes[1)] untersagen.

(2) In den Fällen des Artikels 20 Absatz 1 Buchstabe b bis d oder des Artikels 57 Absatz 1 Buchstabe b bis d der Verordnung (EU) Nr. 909/2014 kann die Aufsichtsbehörde auch einer für den Verstoß verantwortlichen natürlichen Person, die zum Zeitpunkt des Verstoßes nicht Geschäftsleiter ist, vorübergehend für einen Zeitraum von bis zu zwei Jahren oder bei wiederholten schweren Verstößen dauerhaft eine künftige Tätigkeit als Geschäftsleiter in dem Institut untersagen.

(3) In den Fällen des § 48 Absatz 1 kann die Aufsichtsbehörde einer für den Verstoß verantwortlichen natürlichen Person, die zum Zeitpunkt des Verstoßes nicht Geschäftsleiter eines Instituts war, vorübergehend bis zu einem Zeitraum von zwei Jahren eine künftige Tätigkeit als Geschäftsleiter bei einem Originator, Sponsor, einer Verbriefungszweckgesellschaft oder einem Institut untersagen.

§ 37 Einschreiten gegen unerlaubte oder verbotene Geschäfte.

(1) [1]Die Bundesanstalt kann die sofortige Einstellung des Geschäftsbetriebs und die unverzügliche Abwicklung dieser Geschäfte gegenüber dem Unternehmen und den Mitgliedern seiner Organe anordnen, wenn

1. ohne die nach § 32 erforderliche Erlaubnis Bankgeschäfte betrieben oder Finanzdienstleistungen erbracht werden,
2. ohne die nach Artikel 14 der Verordnung (EU) Nr. 648/2012 erforderliche Zulassung als zentrale Gegenpartei Clearingdienstleistungen erbracht werden,

---

1) Nr. **15**.

3. ohne die nach Artikel 16 Absatz 1 der Verordnung (EU) Nr. 909/2014 erforderliche Zulassung die Tätigkeit als Zentralverwahrer ausgeübt wird,
4. ohne die nach Artikel 25 Absatz 2 der Verordnung (EU) Nr. 909/2014 erforderliche Anerkennung die in Abschnitt A des Anhangs zur Verordnung (EU) Nr. 909/2014 genannten Kerndienstleistungen erbracht werden oder
5. nach § 3 verbotene Geschäfte betrieben werden.

[2] Sie kann für die Abwicklung Weisungen erlassen und eine geeignete Person als Abwickler bestellen. [3] Sie kann ihre Maßnahmen nach den Sätzen 1 und 2 bekanntmachen. [4] Die Befugnisse der Bundesanstalt nach den Sätzen 1 bis 3 bestehen auch gegenüber dem Unternehmen, das in die Anbahnung, den Abschluss oder die Abwicklung dieser Geschäfte einbezogen ist.

(1a) Ordnet die Bundesanstalt die Einstellung des Geschäftsbetriebs oder die Abwicklung der unerlaubten Geschäfte an, so stehen ihr bei juristischen Personen und Personenhandelsgesellschaften auch die in § 38 Absatz 1 und 2 genannten Rechte zu; Absatz 1 Satz 3 gilt entsprechend.

(2) Der Abwickler ist zum Antrag auf Eröffnung eines Insolvenzverfahrens über das Vermögen des Unternehmens berechtigt.

(3) [1] Der Abwickler erhält von der Bundesanstalt eine angemessene Vergütung und den Ersatz seiner Aufwendungen. [2] Die gezahlten Beträge sind der Bundesanstalt von dem Unternehmen gesondert zu erstatten und auf Verlangen der Bundesanstalt vorzuschießen. [3] Die Bundesanstalt kann das betroffene Unternehmen anweisen, den von der Bundesanstalt festgesetzten Betrag im Namen der Bundesanstalt unmittelbar an den Abwickler zu leisten, wenn dadurch keine Beeinflussung der Unabhängigkeit des Abwicklers zu besorgen ist.

§ 38 Folgen der Aufhebung und des Erlöschens der Erlaubnis, Maßnahmen bei der Abwicklung. (1) [1] Hebt die Aufsichtsbehörde die Erlaubnis auf oder erlischt die Erlaubnis, so kann die Bundesanstalt bei juristischen Personen und Personenhandelsgesellschaften bestimmen, dass das Institut abzuwickeln ist. [2] Ihre Entscheidung wirkt wie ein Auflösungsbeschluß. [3] Sie ist dem Registergericht mitzuteilen und von diesem in das Handels- oder Genossenschaftsregister einzutragen.

(2) [1] Die Bundesanstalt kann für die Abwicklung eines Instituts oder seiner Bankgeschäfte und Finanzdienstleistungen Weisungen erlassen. [2] Das Gericht hat auf Antrag der Bundesanstalt Abwickler zu bestellen, wenn die sonst zur Abwicklung der Bankgeschäfte und Finanzdienstleistungen berufenen Personen keine Gewähr für die ordnungsmäßige Abwicklung bieten. [3] Besteht eine Zuständigkeit des Gerichts nicht, bestellt die Bundesanstalt den Abwickler.

(2a) [1] Der Abwickler erhält von der Bundesanstalt eine angemessene Vergütung und den Ersatz seiner Aufwendungen. [2] Die gezahlten Beträge sind der Bundesanstalt von der betroffenen juristischen Person oder Personenhandelsgesellschaft gesondert zu erstatten und auf Verlangen der Bundesanstalt vorzuschießen. [3] Die Bundesanstalt kann die betroffene juristische Person oder Personenhandelsgesellschaft anweisen, den von der Bundesanstalt festgesetzten Betrag im Namen der Bundesanstalt unmittelbar an den Abwickler zu leisten, wenn dadurch keine Beeinflussung der Unabhängigkeit des Abwicklers zu besorgen ist.

(3) [1]Die Bundesanstalt hat die Aufhebung oder das Erlöschen der Erlaubnis im Bundesanzeiger bekannt zu machen. [2]Sie hat die zuständigen Stellen der anderen Staaten des Europäischen Wirtschaftsraums zu unterrichten, in denen das Institut Zweigniederlassungen errichtet hat oder im Wege des grenzüberschreitenden Dienstleistungsverkehrs tätig gewesen ist.

(4) Die Absätze 1 und 2 gelten nicht für juristische Personen des öffentlichen Rechts.

2. Bezeichnungsschutz

§ 39 Bezeichnungen „Bank" und „Bankier". (1) Die Bezeichnung „Bank", „Bankier" oder eine Bezeichnung, in der das Wort „Bank" oder „Bankier" enthalten ist, dürfen, soweit durch Gesetz nichts anderes bestimmt ist, in der Firma, als Zusatz zur Firma, zur Bezeichnung des Geschäftszwecks oder zu Werbezwecken nur führen

1. Kreditinstitute, die eine Erlaubnis nach § 32 besitzen, oder *Zweigniederlassung*[1] von Unternehmen nach § 53b Abs. 1 Satz 1 und 2 oder Abs. 7;
2. andere Unternehmen, die bei Inkrafttreten dieses Gesetzes eine solche Bezeichnung nach den bisherigen Vorschriften befugt geführt haben.

(2) Die Bezeichnung „Volksbank" oder eine Bezeichnung, in der das Wort „Volksbank" enthalten ist, dürfen nur Kreditinstitute neu aufnehmen, die in der Rechtsform einer eingetragenen Genossenschaft betrieben werden und einem Prüfungsverband angehören.

(3) Die Bundesanstalt kann bei Erteilung der Erlaubnis bestimmen, daß die in Absatz 1 genannten Bezeichnungen nicht geführt werden dürfen, wenn Art oder Umfang der Geschäfte des Kreditinstituts nach der Verkehrsanschauung die Führung einer solchen Bezeichnung nicht rechtfertigen.

§ 40 Bezeichnung „Sparkasse". (1) Die Bezeichnung „Sparkasse" oder eine Bezeichnung, in der das Wort „Sparkasse" enthalten ist, dürfen in der Firma, als Zusatz zur Firma, zur Bezeichnung des Geschäftszwecks oder zu Werbezwecken nur führen

1. öffentlich-rechtliche Sparkassen, die eine Erlaubnis nach § 32 besitzen;
2. andere Unternehmen, die bei Inkrafttreten dieses Gesetzes eine solche Bezeichnung nach den bisherigen Vorschriften befugt geführt haben;
3. Unternehmen, die durch Umwandlung der in Nummer 2 bezeichneten Unternehmen neu gegründet werden, solange sie auf Grund ihrer Satzung besondere Merkmale, insbesondere eine am Gemeinwohl orientierte Aufgabenstellung und eine Beschränkung der wesentlichen Geschäftstätigkeit auf den Wirtschaftsraum, in dem das Unternehmen seinen Sitz hat, in dem Umfang wie vor der Umwandlung aufweisen.

(2) Kreditinstitute im Sinne des § 1 des Gesetzes über Bausparkassen dürfen die Bezeichnung „Bausparkasse", eingetragene Genossenschaften, die einem Prüfungsverband angehören, die Bezeichnung „Spar- und Darlehenskasse" führen.

---

[1] Richtig wohl: „Zweigniederlassungen".

§ 41 Ausnahmen. [1]Die §§ 39 und 40 gelten nicht für Unternehmen, die die Worte „Bank", „Bankier" oder „Sparkasse" in einem Zusammenhang führen, der den Anschein ausschließt, daß sie Bankgeschäfte betreiben. [2]Kreditinstitute mit Sitz im Ausland dürfen bei ihrer Tätigkeit im Inland die in § 39 Abs. 2 und in § 40 genannten Bezeichnungen in der Firma, als Zusatz zur Firma, zur Bezeichnung des Geschäftszwecks oder zu Werbezwecken führen, wenn sie zur Führung dieser Bezeichnung in ihrem Sitzstaat berechtigt sind und sie die Bezeichnung um einen auf ihren Sitzstaat hinweisenden Zusatz ergänzen.

§ 42 Entscheidung der Bundesanstalt. [1]Die Bundesanstalt entscheidet in Zweifelsfällen, ob ein Unternehmen zur Führung der in den §§ 39 und 40 genannten Bezeichnungen befugt ist. [2]Sie hat ihre Entscheidungen dem Registergericht mitzuteilen.

§ 43 Registervorschriften. (1) Soweit nach § 32 das Betreiben von Bankgeschäften oder das Erbringen von Finanzdienstleistungen einer Erlaubnis bedarf, dürfen Eintragungen in öffentliche Register nur vorgenommen werden, wenn dem Registergericht die Erlaubnis nachgewiesen ist.

(2) [1]Führt ein Unternehmen eine Firma oder einen Zusatz zur Firma, deren Gebrauch nach den §§ 39 bis 41 unzulässig ist, hat das Registergericht das Unternehmen zur Unterlassung des Gebrauchs der Firma oder des Zusatzes zur Firma durch Festsetzung von Ordnungsgeld anzuhalten; § 392 des Gesetzes über das Verfahren in Familiensachen und in den Angelegenheiten der freiwilligen Gerichtsbarkeit gilt entsprechend. [2]§ 395 des Gesetzes über das Verfahren in Familiensachen und in den Angelegenheiten der freiwilligen Gerichtsbarkeit bleibt unberührt.

(3) Die Bundesanstalt ist berechtigt, in Verfahren des Registergerichts, die sich auf die Eintragung oder Änderung der Rechtsverhältnisse oder der Firma von Kreditinstituten oder Unternehmen beziehen, die nach §§ 39 bis 41 unzulässige Bezeichnungen verwenden, Anträge zu stellen und die nach dem Gesetz über das Verfahren in Familiensachen und in den Angelegenheiten der freiwilligen Gerichtsbarkeit zulässigen Rechtsmittel einzulegen.

3. Auskünfte und Prüfungen

§ 44 Auskünfte und Prüfungen von Instituten, Anbietern von Nebendienstleistungen, Finanzholding-Gesellschaften, gemischten Finanzholding-Gesellschaften und anderen Unternehmen. (1) [1]Ein Institut oder ein übergeordnetes Unternehmen, die Mitglieder deren Organe und deren Beschäftigte haben der Bundesanstalt, den Personen und Einrichtungen, deren sich die Bundesanstalt bei der Durchführung ihrer Aufgaben bedient, sowie der Deutschen Bundesbank auf Verlangen Auskünfte über alle Geschäftsangelegenheiten zu erteilen, Unterlagen vorzulegen und erforderlichenfalls Kopien anzufertigen. [2]Die Bundesanstalt kann, auch ohne besonderen Anlass, bei den Instituten und übergeordneten Unternehmen Prüfungen vornehmen und die Durchführung der Prüfungen der Deutschen Bundesbank übertragen; das schließt Unternehmen ein, auf die ein Institut oder übergeordnetes Unternehmen wesentliche Bereiche im Sinne des § 25b ausgelagert hat (Auslagerungsunternehmen). [3]Die Bediensteten der Bundesanstalt, der Deutschen Bundesbank sowie die sonstigen Personen, deren sich die Bundesanstalt bei der Durchführung der Prüfungen bedient, können hierzu die Geschäftsräume des Instituts, des Auslagerungsunternehmens und des übergeordneten Unternehmens innerhalb der üblichen Betriebs- und Geschäftszeiten betreten und besichtigen. [4] Die Betroffenen haben Maßnahmen nach den Sätzen 2 und 3 zu dulden.

(1a) Soweit eine zentrale Gegenpartei unter den Voraussetzungen des Artikels 35 Absatz 1 der Verordnung (EU) Nr. 648/2012 operationelle Funktionen, Dienstleistungen oder Tätigkeiten auf ein Unternehmen auslagert, sind die Befugnisse der Bundesanstalt nach Absatz 1 Satz 2 und 3 auch auf dieses Unternehmen entsprechend anwendbar; Absatz 1 Satz 4 gilt entsprechend.

(1b) [1] Originatoren und ursprüngliche Kreditgeber, soweit sie keine Institute sind, sowie Verbriefungszweckgesellschaften und gemäß Artikel 28 Absatz 1 der Verordnung (EU) 2017/2402 zugelassene Dritte haben der Bundesanstalt Auskünfte entsprechend den Absätzen 1 und 6 zu erteilen. [2] Der Bundesanstalt stehen die in Absatz 1 genannten Prüfungsbefugnisse entsprechend zu.

(2) [1] Ein nachgeordnetes Unternehmen im Sinne des § 10a, eine Finanzholding-Gesellschaft an der Spitze einer Finanzholding-Gruppe im Sinne des § 10a, eine gemischte Finanzholding-Gesellschaft an der Spitze einer gemischten Finanzholding-Gruppe im Sinne des § 10a oder eine gemischte Holding-Gesellschaft sowie ein Mitglied eines Organs eines solchen Unternehmens haben der Bundesanstalt, den Personen und Einrichtungen, deren sich die Bundesanstalt bei der Durchführung ihrer Aufgaben bedient, sowie der Deutschen Bundesbank auf Verlangen Auskünfte zu erteilen, Unterlagen vorzulegen und erforderlichenfalls Kopien anzufertigen, um die Richtigkeit der Auskünfte oder der übermittelten Daten zu überprüfen, die für die Aufsicht auf zusammengefasster Basis erforderlich sind oder die in Verbindung mit einer Rechtsverordnung nach § 25 Absatz 3 Satz 1 zu übermitteln sind. [2] Die Bundesanstalt kann, auch ohne besonderen Anlass, bei den in Satz 1 genannten Unternehmen Prüfungen vornehmen und die Durchführung der Prüfungen der Deutschen Bundesbank übertragen; Absatz 1 Satz 2 Halbsatz 2 gilt entsprechend. [3] Die Bediensteten der Bundesanstalt, der Deutschen Bundesbank sowie der sonstigen Personen, deren sich die Bundesanstalt bei der Durchführung der Prüfungen bedient, können hierzu die Geschäftsräume der Unternehmen innerhalb der üblichen Betriebs- und Geschäftszeiten betreten und besichtigen. [4] Die Betroffenen haben Maßnahmen nach den Sätzen 2 und 3 zu dulden. [5] Die Sätze 1 bis 4 gelten entsprechend für ein nicht in die Zusammenfassung einbezogenes Tochterunternehmen und ein[1)] gemischte Holdinggesellschaft und dessen Tochterunternehmen.

(2a) [1] Benötigt die Bundesanstalt bei der Aufsicht über eine Institutsgruppe, Finanzholding-Gruppe oder eine gemischte Finanzholding-Gruppe oder gemischte Holding-Gruppe Informationen, die bereits einer anderen zuständigen Stelle vorliegen, richtet sie ihr Auskunftsersuchen zunächst an diese zuständige Stelle. [2] Bei der Aufsicht über Institute, die einem EU-Mutterinstitut nach § 10a nachgeordnet sind, richtet die Bundesanstalt Auskunftsersuchen zur Umsetzung der Ansätze und Methoden nach der Richtlinie 2013/36/EU regelmäßig zunächst an die für die Aufsicht auf zusammengefasster Basis zuständige Stelle.

(3) [1] Die in die Zusammenfassung einbezogenen Unternehmen mit Sitz im Ausland haben der Bundesanstalt auf Verlangen die nach diesem Gesetz zulässi-

---

[1)] Richtig wohl: „eine".

gen Prüfungen zu gestatten, insbesondere die Überprüfung der Richtigkeit der für die Zusammenfassung nach § 10a Absatz 4 bis 7, § 25 Absatz 2 und 3 und nach den Artikeln 11 bis 17 der Verordnung (EU) Nr. 575/2013 in ihrer jeweils geltenden Fassung übermittelten Daten, soweit dies zur Erfüllung der Aufgaben der Bundesanstalt erforderlich und nach dem Recht des anderen Staates zulässig ist. [2] Dies gilt auch für nicht in die Zusammenfassung einbezogene Tochterunternehmen mit Sitz im Ausland.

(4) [1] Die Bundesanstalt kann zu den Hauptversammlungen, Generalversammlungen oder Gesellschafterversammlungen sowie zu den Sitzungen der Aufsichtsorgane bei Instituten, Finanzholding-Gesellschaften oder gemischten Finanzholding-Gesellschaften in der Rechtsform einer juristischen Person Vertreter entsenden. [2] Diese können in der Versammlung oder Sitzung das Wort ergreifen. [3] Die Betroffenen haben Maßnahmen nach den Sätzen 1 und 2 zu dulden.

(5) [1] Die Institute, Finanzholding-Gesellschaften und gemischten Finanzholding-Gesellschaften in der Rechtsform einer juristischen Person haben auf Verlangen der Bundesanstalt die Einberufung der in Absatz 4 Satz 1 bezeichneten Versammlungen, die Anberaumung von Sitzungen der Verwaltungs- und Aufsichtsorgane sowie die Ankündigung von Gegenständen zur Beschlußfassung vorzunehmen. [2] Die Bundesanstalt kann zu einer nach Satz 1 anberaumten Sitzung Vertreter entsenden. [3] Diese können in der Sitzung das Wort ergreifen. [4] Die Betroffenen haben Maßnahmen nach den Sätzen 2 und 3 zu dulden. [5] Absatz 4 bleibt unberührt.

(6) Der zur Erteilung einer Auskunft Verpflichtete kann die Auskunft auf solche Fragen verweigern, deren Beantwortung ihn selbst oder einen der in § 383 Abs. 1 Nr. 1 bis 3 der Zivilprozeßordnung bezeichneten Angehörigen der Gefahr strafgerichtlicher Verfolgung oder eines Verfahrens nach dem Gesetz über Ordnungswidrigkeiten aussetzen würde.

§ 44a Grenzüberschreitende Auskünfte und Prüfungen. (1) [1] Rechtsvorschriften, die einer Übermittlung von Daten entgegenstehen, sind nicht anzuwenden auf die Übermittlung von Daten zwischen einem Institut, einer Kapitalverwaltungsgesellschaft, einem Finanzunternehmen, einer Finanzholding-Gesellschaft, einer gemischten Finanzholding-Gesellschaft, einem Anbieter von Nebendienstleistungen, einem E-Geld-Institut im Sinne des Zahlungsdiensteaufsichtsgesetzes[1)], einem Zahlungsinstitut im Sinne des Zahlungsdiensteaufsichtsgesetzes oder einem Unternehmen mit Sitz im Ausland, das mindestens 20 vom Hundert der Kapitalanteile oder Stimmrechte an dem Unternehmen unmittelbar oder mittelbar hält, Mutterunternehmen ist oder beherrschenden Einfluß ausüben kann, oder zwischen einem gemischten Holdinggesellschaften[2)] und seinen Tochterunternehmen mit Sitz im Ausland, wenn die Übermittlung der Daten erforderlich ist, um Bestimmungen der Aufsicht nach Maßgabe der Richtlinie 2013/36/EU oder der Richtlinie 2002/87/EG über das Unternehmen mit Sitz im Ausland zu erfüllen. [2] Die Aufsichtsbehörde kann einem Institut die Übermittlung von Daten in einen Drittstaat untersagen.

[1)] Nr. **10**.
[2)] Richtig wohl: „einer gemischten Holdinggesellschaft".

(2) [1] Auf Ersuchen einer für die Aufsicht über ein Unternehmen mit Sitz in einem anderen Staat des Europäischen Wirtschaftsraums zuständigen Stelle hat die Aufsichtsbehörde die Richtigkeit der von einem Unternehmen im Sinne des Absatzes 1 Satz 1 für die Aufsichtsstelle nach Maßgabe der Richtlinie 2013/36/EU, der Verordnung (EU) Nr. 575/2013[1)] oder der Richtlinie 2002/87/EG übermittelten Daten zu überprüfen oder zu gestatten, daß die ersuchende Stelle, ein Wirtschaftsprüfer oder ein Sachverständiger diese Daten überprüft; die Aufsichtsbehörde kann nach pflichtgemäßem Ermessen gegenüber Aufsichtsstellen in Drittstaaten ensprechend verfahren, wenn Gegenseitigkeit gewährleistet ist. [2] § 5 Abs. 2 des Verwaltungsverfahrensgesetzes über die Grenzen der Amtshilfe gilt entsprechend. [3] Die Unternehmen im Sinne des Absatzes 1 Satz 1 haben die Prüfung zu dulden.

(3) Die Aufsichtsbehörde kann von CRR-Kreditinstituten, Wertpapierhandelsunternehmen, Kapitalverwaltungsgesellschaften, Finanzholding-Gesellschaften oder gemischte Finanzholding-Gesellschaften mit Sitz in einem anderen Staat des Europäischen Wirtschaftsraums Auskünfte verlangen, welche die Aufsicht über Institute erleichtern, die Tochterunternehmen dieser Unternehmen sind und von den zuständigen Stellen des anderen Staates aus Artikel 19 Absatz 1 oder Absatz 2 Buchstabe b der Verordnung (EU) Nr. 575/2013 entsprechenden Gründen nicht in die Beaufsichtigung auf zusammengefaßter Basis einbezogen werden.

§ 44b Auskünfte und Prüfungen bei Inhabern bedeutender Beteiligungen. (1) [1] Die Verpflichtungen nach § 44 Abs. 1 Satz 1 gegenüber der Bundesanstalt und der Deutschen Bundesbank zur Auskunft und Vorlegung von Unterlagen gelten auch für

1. Personen und Unternehmen, die eine Beteiligungsabsicht nach § 2c anzeigen oder die im Rahmen eines Erlaubnisantrags nach § 32 Abs. 1 Satz 2 Nr. 6 oder einer Ergänzungsanzeige nach § 64e Abs. 2 Satz 4 als Inhaber bedeutender Beteiligungen angegeben werden,
2. die Inhaber einer bedeutenden Beteiligung an einem Institut und den von ihnen kontrollierten Unternehmen,
3. Personen und Unternehmen, bei denen Tatsachen die Annahme rechtfertigen, daß es sich um Personen oder Unternehmen im Sinne der Nummer 2 handelt, und
4. Personen und Unternehmen, die mit einer Person oder einem Unternehmen im Sinne der Nummern 1 bis 3 nach § 15 des Aktiengesetzes verbunden sind.

[2] Auf Verlangen der Bundesanstalt hat der Vorlagepflichtige die einzureichenden Unterlagen gemäß § 2c Abs. 1 Satz 2 auf seine Kosten durch einen von der Bundesanstalt zu bestimmenden Wirtschaftsprüfer prüfen zu lassen.

(2) [1] Die Bundesanstalt und die Deutsche Bundesbank können Maßnahmen nach § 44 Abs. 1 Satz 2 und 3 gegenüber den in Absatz 1 genannten Personen und Unternehmen ergreifen, wenn Anhaltspunkte für einen Untersagungsgrund nach § 2c Abs. 1b Satz 1 Nr. 1 bis 6 vorliegen. [2] Die Betroffenen haben diese Maßnahmen zu dulden.

[1)] Nr. **6**.

(3) Wer nach Absatz 1 oder 2 zur Erteilung einer Auskunft verpflichtet ist, kann die Auskunft auf solche Fragen verweigern, deren Beantwortung ihn selbst oder einen der in § 383 Abs. 1 Nr. 1 bis 3 der Zivilprozessordnung bezeichneten Angehörigen der Gefahr strafrechtlicher Verfolgung oder eines Verfahrens nach dem Gesetz über Ordnungswidrigkeiten aussetzen würde.

§ 44c Verfolgung unerlaubter Bankgeschäfte und Finanzdienstleistungen. (1) [1]Ein Unternehmen, die Mitglieder seiner Organe, seine Beschäftigten sowie andere Unternehmen, die in die Abwicklung seiner Geschäfte einbezogen sind oder einbezogen waren, haben der Bundesanstalt sowie der Deutschen Bundesbank auf Verlangen Auskünfte über alle Geschäftsangelegenheiten zu erteilen und Unterlagen vorzulegen, wenn Tatsachen die Annahme rechtfertigen oder feststeht, dass das Unternehmen

1. Bankgeschäfte oder Finanzdienstleistungen ohne die nach diesem Gesetz erforderliche Erlaubnis oder ohne die nach Artikel 14 der Verordnung (EU) Nr. 648/2012 erforderliche Zulassung betreibt oder erbringt,
2. die Tätigkeit als Zentralverwahrer ohne die nach Artikel 16 Absatz 1 der Verordnung (EU) Nr. 909/2014 erforderliche Zulassung ausübt,
3. als Zentralverwahrer die in Abschnitt A des Anhangs zur Verordnung (EU) Nr. 909/2014 genannten Kerndienstleistungen ohne die nach Artikel 25 Absatz 2 der Verordnung (EU) Nr. 909/2014 erforderliche Anerkennung erbringt oder
4. nach § 3 verbotene Geschäfte betreibt.

[2]Ein Mitglied eines Organs sowie ein Beschäftigter haben auf Verlangen auch nach ihrem Ausscheiden aus dem Organ oder dem Unternehmen Auskunft zu erteilen.

(2) [1]Soweit dies zur Feststellung der Art oder des Umfangs der Geschäfte oder Tätigkeiten erforderlich ist, kann die Bundesanstalt Prüfungen in Räumen des Unternehmens sowie in den Räumen der nach Absatz 1 Satz 1 auskunfts- und vorlegungspflichtigen Personen und Unternehmen vornehmen und die Durchführung der Prüfungen der Deutschen Bundesbank übertragen. [2]Die Bediensteten der Bundesanstalt und der Deutschen Bundesbank dürfen hierzu diese Räume innerhalb der üblichen Betriebs- und Geschäftszeiten betreten und besichtigen. [3]Zur Verhütung dringender Gefahren für die öffentliche Ordnung und Sicherheit sind sie befugt, diese Räume auch außerhalb der üblichen Betriebs- und Geschäftszeiten sowie Räume, die auch als Wohnung dienen, zu betreten und zu besichtigen; das Grundrecht des Artikels 13 des Grundgesetzes wird insoweit eingeschränkt.

(3) [1]Die Bediensteten der Bundesanstalt und der Deutschen Bundesbank dürfen diese Räume des Unternehmens sowie der nach Absatz 1 Satz 1 auskunfts- und vorlegungspflichtigen Personen und Unternehmen durchsuchen. [2]Im Rahmen der Durchsuchung dürfen die Bediensteten auch die auskunfts- und vorlegungspflichtigen Personen zum Zwecke der Sicherstellung von Gegenständen im Sinne des Absatzes 4 durchsuchen. [3]Das Grundrecht des Artikels 13 des Grundgesetzes wird insoweit eingeschränkt. [4]Durchsuchungen von Geschäftsräumen und Personen sind, außer bei Gefahr im Verzug, durch den Richter anzuordnen. [5]Durchsuchungen von Räumen, die als Wohnung dienen, sind durch den Richter anzuordnen. [6]Zuständig ist das Amtsgericht, in dessen Bezirk sich die Räume befinden. [7]Gegen die richterliche Entscheidung

ist die Beschwerde zulässig; die §§ 306 bis 310 und 311a der Strafprozeßordnung gelten entsprechend. [8] Über die Durchsuchung ist eine Niederschrift zu fertigen. [9] Sie muß die verantwortliche Dienststelle, Grund, Zeit und Ort der Durchsuchung und ihr Ergebnis und, falls keine richterliche Anordnung ergangen ist, auch die Tatsachen, welche die Annahme einer Gefahr im Verzuge begründet haben, enthalten.

(4) Die Bediensteten der Bundesanstalt und der Deutschen Bundesbank können Gegenstände sicherstellen, die als Beweismittel für die Ermittlung des Sachverhaltes von Bedeutung sein können.

(5) [1] Die Betroffenen haben Maßnahmen nach Absatz 2, Absatz 3 Satz 1 und Absatz 4 zu dulden. [2] § 44 Abs. 6 ist anzuwenden.

(6) [1] Die Rechte der Bundesanstalt und der Deutschen Bundesbank sowie die Mitwirkungs- und Duldungspflichten der Betroffenen bestehen auch hinsichtlich der Unternehmen und Personen, bei denen Tatsachen die Annahme rechtfertigen, dass sie in die Anbahnung, den Abschluss oder die Abwicklung unerlaubter Bankgeschäfte oder Finanzdienstleistungen einbezogen sind. [2] Auf der Grundlage eines entsprechenden Ersuchens der zuständigen Behörde eines anderen Staats an die Bundesanstalt bestehen sie auch hinsichtlich der Unternehmen und Personen, bei denen Tatsachen die Annahme rechtfertigen, dass die Unternehmen oder Personen in die Anbahnung, den Abschluss oder die Abwicklung von Bankgeschäften oder Finanzdienstleistungen einbezogen sind, die in dem anderen Staat entgegen einem dort bestehenden Verbot betrieben oder erbracht werden.

4. Maßnahmen in besonderen Fällen

§ 45 Maßnahmen zur Verbesserung der Eigenmittelausstattung und der Liquidität. (1) [1] Wenn die Vermögens-, Finanz- oder Ertragsentwicklung eines Instituts oder andere Umstände die Annahme rechtfertigt, dass es die Anforderungen der Artikel 92 bis 386 der Verordnung (EU) Nr. 575/2013[1)] in ihrer jeweils geltenden Fassung oder des § 10 Absatz 3 und 4, des § 45b Absatz 1 Satz 2, des § 11 oder des § 51a Absatz 1 oder Absatz 2 oder des § 51b nicht dauerhaft erfüllen können wird, kann die Bundesanstalt gegenüber dem Institut Maßnahmen zur Verbesserung seiner Eigenmittelausstattung und Liquidität anordnen, insbesondere

1. eine begründete Darstellung der Entwicklung der wesentlichen Geschäftsaktivitäten über einen Zeitraum von mindestens drei Jahren, einschließlich Planbilanzen, Plangewinn- und -verlustrechnungen sowie der Entwicklung der bankaufsichtlichen Kennzahlen anzufertigen und der Bundesanstalt und der Deutschen Bundesbank vorzulegen,
2. Maßnahmen zur besseren Abschirmung oder Reduzierung der vom Institut als wesentlich identifizierten Risiken und damit verbundener Risikokonzentrationen zu prüfen und gegenüber der Bundesanstalt und der Deutschen Bundesbank zu berichten, wobei auch Konzepte für den Ausstieg aus einzelnen Geschäftsbereichen oder die Abtrennung von Instituts- oder Gruppenteilen erwogen werden sollen,

---

1) Nr. 6.

3. über geeignete Maßnahmen zur Erhöhung des Kernkapitals, der Eigenmittel und der Liquidität des Instituts gegenüber der Bundesanstalt und der Deutschen Bundesbank zu berichten,
4. ein Konzept zur Abwendung einer möglichen Gefahrenlage im Sinne des § 35 Absatz 2 Nummer 4 zu entwickeln und der Bundesanstalt und der Deutschen Bundesbank vorzulegen.

[2] Die Annahme, dass das Institut die Anforderungen der Artikel 92 bis 386 der Verordnung (EU) Nr. 575/2013 in ihrer jeweils geltenden Fassung oder des § 10 Absatz 3 und 4, des § 45b Absatz 1 Satz 2, des § 11 oder des § 51a Absatz 1 oder Absatz 2 oder des § 51b nicht dauerhaft erfüllen können wird, ist regelmäßig gerechtfertigt, wenn sich

1. die Gesamtkapitalquote über das prozentuale Verhältnis der Eigenmittel und der mit 12,5 multiplizierten Summe aus dem Gesamtanrechnungsbetrag für Adressrisiken, dem Anrechungsbetrag für das operationelle Risiko und der Summe der Anrechnungsbeträge für Marktrisikopositionen einschließlich der Optionsgeschäfte nach den Artikeln 92 bis 386 der Verordnung (EU) Nr. 575/2013 in ihrer jeweils geltenden Fassung oder der Rechtsverordnung nach § 10 Absatz 1 Satz 1 oder die Kennziffer nach der Rechtsverordnung nach § 51a Absatz 1 Satz 2 von einem Meldestichtag zum nächsten um mindestens 10 Prozent oder die nach der Rechtsverordnung nach § 11 Absatz 1 oder der Rechtsverordnung nach § 51b Absatz 2 Satz 1 zu ermittelnde Liquiditätskennziffer von einem Meldestichtag zum nächsten um mindestens 25 Prozent verringert hat und aufgrund dieser Entwicklung mit einem Unterschreiten der Mindestanforderungen innerhalb der nächsten zwölf Monate zu rechnen ist oder
2. die Gesamtkapitalquote über das prozentuale Verhältnis der Eigenmittel und der mit 12,5 multiplizierten Summe aus dem Gesamtanrechnungsbetrag für Adressrisiken, dem Anrechnungsbetrag für das operationelle Risiko und der Summe der Anrechnungsbeträge für Marktrisikopositionen einschließlich der Optionsgeschäfte nach den Artikeln 92 bis 386 der Verordnung (EU) Nr. 575/2013 in ihrer jeweils geltenden Fassung oder der Rechtsverordnung nach § 10 Absatz 1 Satz 1 oder die Kennziffer nach der Rechtsverordnung nach § 51a Absatz 1 Satz 2 an mindestens drei aufeinanderfolgenden Meldestichtagen um jeweils mehr als 3 Prozent oder die nach der Rechtsverordnung nach § 11 Absatz 1 oder der Rechtsverordnung nach § 51b Absatz 2 Satz 1 zu ermittelnde Liquiditätskennziffer an mindestens drei aufeinanderfolgenden Meldestichtagen um jeweils mehr als 10 Prozent verringert hat und aufgrund dieser Entwicklung mit einem Unterschreiten der Mindestanforderungen innerhalb der nächsten 18 Monate zu rechnen ist und keine Tatsachen offensichtlich sind, die die Annahme rechtfertigen, dass die Mindestanforderungen mit überwiegender Wahrscheinlichkeit nicht unterschritten werden.

[3] Neben oder an Stelle der Maßnahmen nach Satz 1 kann die Bundesanstalt auch Maßnahmen nach Absatz 2 Satz 1 Nummer 1 bis 7 anordnen, wenn die Maßnahmen nach Satz 1 keine ausreichende Gewähr dafür bieten, die Einhaltung der Anforderungen der Artikel 92 bis 386 der Verordnung (EU) Nr. 575/2013 in ihrer jeweils geltenden Fassung oder des § 10 Absatz 3 und 4, des § 45b Absatz 1 Satz 2, des § 11 oder des § 51a Absatz 1 oder Absatz 2 oder

des § 51b nachhaltig zu sichern; insoweit ist Absatz 5 entsprechend anzuwenden.

(2) [1] Entsprechen bei einem Institut die Eigenmittel nicht den Anforderungen der Artikel 24 bis 386 der Verordnung (EU) Nr. 575/2013 in ihrer jeweils geltenden Fassung, des § 10 Absatz 3 und 4 oder des § 45b Absatz 1 Satz 2 oder die Anlage seiner Mittel nicht den Anforderungen des § 11oder entspricht bei einem Wohnungsunternehmen mit Spareinrichtung das haftende Eigenkapital nicht den Anforderungen des § 51a Absatz 1 und Absatz 2 oder § 45b Absatz 1 Satz 2 oder die Anlage seiner Mittel nicht den Anforderungen des § 51b, kann die Bundesanstalt

1. Entnahmen durch die Inhaber oder Gesellschafter sowie die Ausschüttung von Gewinnen untersagen oder beschränken;
2. bilanzielle Maßnahmen untersagen oder beschränken, die dazu dienen, einen entstandenen Jahresfehlbetrag auszugleichen oder einen Bilanzgewinn auszuweisen;
3. anordnen, dass die Auszahlung jeder Art von gewinnabhängigen Erträgen auf Eigenmittelinstrumente insgesamt oder teilweise ersatzlos entfällt, wenn sie nicht vollständig durch einen erzielten Jahresüberschuss gedeckt sind;
4. die Gewährung von Krediten im Sinne von § 19 Absatz 1 untersagen oder beschränken;
5. anordnen, dass das Institut Maßnahmen zur Reduzierung von Risiken ergreift, soweit sich diese aus bestimmten Arten von Geschäften und Produkten oder der Nutzung bestimmter Systeme ergeben;

5a. anordnen, dass das Institut den Jahresgesamtbetrag, den es für die variable Vergütung aller Geschäftsleiter und Mitarbeiter vorsieht (Gesamtbetrag der variablen Vergütungen), auf einen bestimmten Anteil des Jahresergebnisses beschränkt oder vollständig streicht; dies gilt nicht für variable Vergütungsbestandteile, die durch Tarifvertrag oder in seinem Geltungsbereich durch Vereinbarung der Arbeitsvertragsparteien über die Anwendung der tarifvertraglichen Regelungen oder auf Grund eines Tarifvertrags in einer Betriebs- oder Dienstvereinbarung vereinbart sind;

6. die Auszahlung variabler Vergütungsbestandteile untersagen oder auf einen bestimmten Anteil des Jahresergebnisses beschränken; dies gilt nicht für variable Vergütungsbestandteile, die durch Tarifvertrag oder in seinem Geltungsbereich durch Vereinbarung der Arbeitsvertragsparteien über die Anwendung der tarifvertraglichen Regelungen oder aufgrund eines Tarifvertrags in einer Betriebs- oder Dienstvereinbarung vereinbart sind;
7. anordnen, dass das Institut darlegt, wie und in welchem Zeitraum die Eigenmittelausstattung oder Liquidität des Instituts nachhaltig wiederhergestellt werden soll (Restrukturierungsplan) und der Bundesanstalt und der Deutschen Bundesbank regelmäßig über den Fortschritt dieser Maßnahmen zu berichten ist, und
8. anordnen, dass das Kreditinstitut eine oder mehrere Handlungsoptionen aus einem Sanierungsplan gemäß § 13 des Sanierungs- und Abwicklungsgesetzes[1] umsetzt.

---

[1] Nr. **22**.

[2]Der Restrukturierungsplan nach Satz 1 Nummer 7 muss transparent, plausibel und begründet sein. [3]In ihm sind konkrete Ziele, Zwischenziele und Fristen für die Umsetzung der dargelegten Maßnahmen zu benennen, die von der Bundesanstalt überprüft werden können. [4]Die Bundesanstalt kann jederzeit Einsicht in den Restrukturierungsplan und die zugehörigen Unterlagen nehmen. [5]Die Bundesanstalt kann die Änderung des Restrukturierungsplans verlangen und hierfür Vorgaben machen, wenn sie die angegebenen Ziele, Zwischenziele und Umsetzungsfristen für nicht ausreichend hält oder das Institut sie nicht einhält.

(3) [1]Die Absätze 1 und 2 Satz 1 Nummer 1 bis 3 und 5 bis 7 sind auf übergeordnete Unternehmen im Sinne des § 10a sowie auf Institute, die nach Artikel 22 der Verordnung (EU) Nr. 575/2013 zur Unterkonsolidierung verpflichtet sind, entsprechend anzuwenden, wenn die zusammengefassten Eigenmittel der gruppenangehörigen Unternehmen den Anforderungen der Artikel 24 bis 386 der Verordnung (EU) Nr. 575/2013 in ihrer jeweils geltenden Fassung oder des § 45b Absatz 1 nicht entsprechen. [2]Bei einem gruppenangehörigen Institut, das nach § 2a Absatz 1 freigestellt ist, kann die Bundesanstalt die Anwendung der Freistellung hinsichtlich der Vorschriften der Artikel 24 bis 403 der Verordnung (EU) Nr. 575/2013 in ihrer jeweils geltenden Fassung vorübergehend vollständig oder teilweise aussetzen.

(4) *(aufgehoben)*

(5) [1]Die Bundesanstalt darf die in den Absätzen 2 und 3 bezeichneten Anordnungen erst treffen, wenn das Institut oder die gemischte Finanzholding-Gesellschaft den Mangel nicht innerhalb einer von der Bundesanstalt zu bestimmenden Frist behoben hat. [2]Soweit dies zur Verhinderung einer kurzfristig zu erwartenden Verschlechterung der Eigenmittelausstattung oder der Liquidität des Instituts erforderlich ist oder bereits Maßnahmen nach Absatz 1 Satz 1 ergriffen wurden, sind solche Anordnungen auch ohne vorherige Androhung mit Fristsetzung zulässig. [3]Beschlüsse über die Gewinnausschüttung sind insoweit nichtig, als sie einer Anordnung nach den Absätzen 2 und 3 widersprechen. [4]Soweit Regelungen in Verträgen über Eigenmittelinstrumente einer Anordnung nach den Absätzen 2 und 3 widersprechen, können aus ihnen keine Rechte hergeleitet werden. [5]Nach oder zusammen mit einer Untersagung der Auszahlung von variablen Vergütungsbestandteilen gemäß Absatz 2 Satz 1 Nummer 6 kann die Bundesanstalt anordnen, dass die Ansprüche auf Gewährung variabler Vergütungsbestandteile ganz oder teilweise erlöschen, wenn

1. das Institut bei oder innerhalb eines Zeitraums von zwei Jahren nach einer Untersagung der Auszahlung außerordentliche staatliche Unterstützung, einschließlich Maßnahmen nach dem Restrukturierungsfondsgesetz oder dem Finanzmarktstabilisierungsfondsgesetz, in Anspruch nimmt und die Voraussetzungen für die Untersagung der Auszahlung bis zu diesem Zeitpunkt nicht weggefallen sind oder allein auf Grund dieser Maßnahmen weggefallen sind,
2. bei oder innerhalb eines Zeitraums von zwei Jahren nach einer Untersagung der Auszahlung eine Anordnung der Bundesanstalt nach Absatz 2 Nummer 1 bis 7 getroffen wird oder schon besteht oder
3. bei oder innerhalb eines Zeitraums von zwei Jahren nach einer Untersagung der Auszahlung Maßnahmen nach § 46 oder eine Abwicklungsanordnung

im Sinne des § 77 des Sanierungs- und Abwicklungsgesetzes getroffen werden.

[6] Eine solche Anordnung darf insbesondere auch ergehen, wenn

1. diese Ansprüche auf Gewährung variabler Vergütungsbestandteile auf Grund solcher Regelungen eines Vergütungssystems eines Instituts entstanden sind, die den aufsichtsrechtlichen Anforderungen dieses Gesetzes an angemessene, transparente und auf eine nachhaltige Entwicklung des Instituts ausgerichtete Vergütungssysteme widersprechen, oder
2. anzunehmen ist, dass ohne die Gewährung finanzieller Leistungen des Restrukturierungsfonds oder des Finanzmarktstabilisierungsfonds das Institut nicht in der Lage gewesen wäre, die variablen Vergütungsbestandteile zu gewähren; ist anzunehmen, dass das Institut einen Teil der variablen Vergütungsbestandteile hätte gewähren können, sind die variablen Vergütungsbestandteile angemessen zu kürzen.

[7] Die Bundesanstalt kann Anordnungen nach Satz 5 und nach Absatz 2 Satz 1 Nummer 5a und 6 auch treffen, wenn ein Institut außerordentliche staatliche Unterstützung, einschließlich Maßnahmen nach dem Restrukturierungsfondsgesetz oder dem Finanzmarktstabilisierungsfondsgesetz, in Anspruch nimmt und die Anordnung zur Erhaltung einer soliden Eigenkapital- oder Liquiditätsausstattung des Instituts und einer frühzeitigen Beendigung der staatlichen Unterstützung geboten ist. [8] Nimmt ein Institut staatliche Unterstützung in Anspruch, kann die Bundesanstalt außerdem die Auszahlung von variablen Vergütungsbestandteilen an Organmitglieder und Geschäftsleiter des Instituts ganz oder teilweise untersagen und das Erlöschen der entsprechenden Ansprüche anordnen; eine solche Anordnung ergeht nicht, soweit die Auszahlung oder der Fortbestand der Ansprüche trotz des Vorliegens der Voraussetzungen der Untersagung und der in Satz 6 genannten Umstände gerechtfertigt ist. [9] Die Sätze 5 bis 7 gelten nicht, soweit die Ansprüche auf Gewährung variabler Vergütung vor dem 1. Januar 2011 entstanden sind. [10] Satz 8 gilt nicht, soweit die Ansprüche auf Gewährung variabler Vergütung vor dem 1. Januar 2012 entstanden sind. [11] Institute müssen der Anordnungsbefugnis nach Absatz 2 Satz 1 Nummer 5a und 6 und den Regelungen in den Sätzen 5 bis 8 in entsprechenden vertraglichen Vereinbarungen mit ihren Organmitgliedern, Geschäftsleitern und Mitarbeitern Rechnung tragen. [12] Soweit vertragliche Vereinbarungen über die Gewährung einer variablen Vergütung einer Anordnung nach Absatz 2 Satz 1 Nummer 5a und 6 oder den Regelungen in den Sätzen 5 bis 8 entgegenstehen, können aus ihnen keine Rechte hergeleitet werden.

(6) Die Bundesanstalt kann eine Maßnahme nach Absatz 1 bis 5 auch anordnen, wenn ein Institut, das übergeordnete Unternehmen einer Institutsgruppe, einer Finanzholding-Gruppe oder einer gemischten Finanzholding-Gruppe die nach § 10 Absatz 4 angeordneten erhöhten Kapitalanforderungen nicht einhält.

(7) [1] Zur Umsetzung der Anordnungen nach Absatz 6 oder § 10 Absatz 4 gelten bis zur Feststellung des Erreichens der Eigenmittelanforderungen durch die Bundesanstalt für Beschlussfassungen der Anteilsinhaberversammlung des Instituts über Kapitalmaßnahmen die §§ 7 bis 7f, 9, 11, 11a, 14 und 15 des

Finanzmarktstabilisierungsbeschleunigungsgesetzes[1] entsprechend. [2]Dies gilt auch dann, wenn andere private oder öffentliche Stellen als der Finanzmarktstabilisierungsfonds zur Erreichung der Kapitalanforderungen teilweise oder vollständig beitragen.

§ 45a Maßnahmen gegenüber Finanzholding-Gesellschaften und gemischten Finanzholding-Gesellschaften. (1) Die Bundesanstalt kann einer Finanzholding-Gesellschaft an der Spitze einer Finanzholding-Gruppe im Sinne des § 10a oder einer gemischten Finanzholding-Gesellschaft an der Spitze einer gemischten Finanzholding-Gruppe im Sinne des § 10a die Ausübung ihrer Stimmrechte an dem übergeordneten Unternehmen und den anderen nachgeordneten Unternehmen untersagen, wenn

1. die Finanzholding-Gesellschaft oder die gemischte Finanzholding-Gesellschaft dem übergeordneten Unternehmen nicht die für die Zusammenfassung nach Artikel 11 bis 23 der Verordnung (EU) Nr. 575/2013[2] erforderlichen Angaben gemäß Artikel 11 Absatz 1 Satz 2 der Verordnung (EU) Nr. 575/2013 übermittelt, sofern nicht den Erfordernissen der bankaufsichtlichen Zusammenfassung in anderer Weise Rechnung getragen werden kann;
2. Tatsachen vorliegen, aus denen sich ergibt, dass eine Person, die die Geschäfte der Finanzholding-Gesellschaft oder der gemischten Finanzholding-Gesellschaft tatsächlich führt, nicht zuverlässig ist oder nicht die zur Führung der Geschäfte erforderliche fachliche Eignung hat.

(1a) [1]Die Bundesanstalt kann in den Fällen des Absatzes 1 Satz 1 Nummer 2 auch gegenüber dem übergeordneten Unternehmen einer Finanzholding-Gruppe oder einer gemischten Finanzholding-Gruppe anordnen, Weisungen der Finanzholding-Gesellschaft oder der gemischten Finanzholding-Gesellschaft nicht zu befolgen, sofern es keine gesellschaftsrechtlichen Möglichkeiten gibt, die Personen abzuberufen, die die Geschäfte der Finanzholding-Gesellschaft oder der gemischten Finanzholding-Gesellschaft tatsächlich führen. [2]Das Gleiche gilt, wenn solche Möglichkeiten zwar vorhanden sind, aber ihre Ausschöpfung erfolglos geblieben ist.

(2) [1]Im Falle der Untersagung nach Absatz 1 hat auf Antrag der Bundesanstalt das Gericht des Sitzes des übergeordneten Unternehmens nach § 10a einen Treuhänder zu bestellen, auf den es die Ausübung der Stimmrechte überträgt. [2]Der Treuhänder hat bei der Ausübung der Stimmrechte den Interessen einer soliden und bankaufsichtskonformen Führung der betroffenen Unternehmen Rechnung zu tragen. [3]Die Bundesanstalt kann aus wichtigem Grund die Bestellung eines anderen Treuhänders beantragen. [4]Sind die Voraussetzungen des Absatzes 1 entfallen, hat die Bundesanstalt den Widerruf der Bestellung des Treuhänders zu beantragen. [5]Der Treuhänder hat Anspruch auf Ersatz angemessener Auslagen und auf Vergütung für seine Tätigkeit. [6]Das Gericht setzt auf Antrag des Treuhänders die Auslagen und die Vergütung fest; die Rechtsbeschwerde gegen die Vergütungsfestsetzung ist ausgeschlossen. [7]Der Bund schießt die Auslagen und die Vergütung vor; für seine Aufwendun-

[1] Nr. **19**.
[2] Nr. **6**.

gen haften die Finanzholding-Gesellschaft oder die gemischte Finanzholding-Gesellschaft und die betroffenen Unternehmen gesamtschuldnerisch.

(3) Solange die Untersagungsverfügung nach Absatz 1 vollziehbar ist, gelten die betroffenen Unternehmen nicht als nachgeordnete Unternehmen der Finanzholding-Gesellschaft oder der gemischten Finanzholding-Gesellschaft im Sinne der §§ 10a und 13b.

§ 45b Maßnahmen bei organisatorischen Mängeln. (1) [1] Verfügt ein Institut nicht über eine ordnungsgemäße Geschäftsorganisation im Sinne des § 25a Abs. 1, kann die Bundesanstalt auch bereits vor oder gemeinsam mit einer Anordnung nach § 25a Absatz 2 Satz 2, auch in Verbindung mit einer Rechtsverordnung nach § 25a Absatz 4 oder Absatz 6 oder nach § 25b, auch in Verbindung mit einer Rechtsverordnung nach § 25b Absatz 5, insbesondere anordnen, dass das Institut

1. Maßnahmen zur Reduzierung von Risiken ergreift, soweit sich diese aus bestimmten Arten von Geschäften und Produkten oder der Nutzung bestimmter Systeme oder der Auslagerung von Aktivitäten und Prozessen auf ein anderes Unternehmen ergeben,
2. weitere Zweigstellen nur mit Zustimmung der Bundesanstalt errichten darf und
3. einzelne Geschäftsarten, namentlich die Annahme von Einlagen, Geldern oder Wertpapieren von Kunden und die Gewährung von Krediten nach § 19 Abs. 1 nicht oder nur in beschränktem Umfang betreiben darf.

[2] Die Bundesanstalt ist berechtigt, Maßnahmen nach Satz 1 zusätzlich zu einer Festsetzung erhöhter Eigenmittelanforderungen nach § 10 Absatz 3 Satz 2 Nummer 10 sowie zusammen oder zusätzlich zu einer Festsetzung erhöhter Eigenmittelanforderungen nach § 51a Absatz 2 Nummer 4 anzuordnen.

(2) [1] Absatz 1 ist entsprechend auf das jeweilige übergeordnete Unternehmen im Sinne des § 10a sowie auf ein Institut, das nach Artikel 22 der Verordnung (EU) Nr. 575/2013[1)] zur Unterkonsolidierung verpflichtet ist, anzuwenden, wenn eine Institutsgruppe, eine Finanzholding-Gruppe oder eine gemischte Finanzholding-Gruppe entgegen § 25a Absatz 1 und § 25b nicht über eine ordnungsgemäße Geschäftsorganisation verfügt; Absatz 1 Satz 1 Nummer 3 ist mit der Maßgabe entsprechend anzuwenden, dass die Bundesanstalt statt einer Untersagung oder Beschränkung der Gewährung von Krediten, die für die Institutsgruppe, Finanzholding-Gruppe oder gemischte Finanzholding-Gruppe nach Maßgabe der Artikel 387 bis 403 der Verordnung (EU) Nr. 575/2013 in ihrer jeweils geltenden Fassung geltenden Großkreditobergrenzen herabsetzen kann. [2] Verfügt eine Zweigniederlassung des Instituts in einem Drittstaat nicht über eine angemessene Geschäftsorganisation oder ist sie nicht in der Lage, die zur Beurteilung ihrer Geschäftsorganisation oder die zur Einbeziehung in die Institutsorganisation erforderlichen Angaben zur Verfügung zu stellen, oder wird sie in dem Drittstaat nicht effektiv beaufsichtigt oder ist die für die Zweigniederlassung zuständige Aufsichtsstelle nicht zu einer befriedigenden Zusammenarbeit mit der Bundesanstalt bereit, kann die Bundesanstalt auch die Geschäftstätigkeit der Zweigniederlassung beschränken oder ihre Schließung und Abwicklung anordnen.

[1)] Nr. **6**.

§ 45c Sonderbeauftragter. (1) [1]Die Bundesanstalt kann einen Sonderbeauftragten bestellen, diesen mit der Wahrnehmung von Aufgaben bei einem Institut betrauen und ihm die hierfür erforderlichen Befugnisse übertragen. [2]Der Sonderbeauftragte muss unabhängig, zuverlässig und zur ordnungsgemäßen Wahrnehmung der ihm übertragenen Aufgaben im Sinne einer nachhaltigen Geschäftspolitik des Instituts und der Wahrung der Finanzmarktstabilität geeignet sein; soweit der Sonderbeauftragte Aufgaben eines Geschäftsleiters oder eines Organs übernimmt, muss er Gewähr für die erforderliche fachliche Eignung bieten. [3]Er ist im Rahmen seiner Aufgaben berechtigt, von den Mitgliedern der Organe und den Beschäftigten des Instituts Auskünfte und die Vorlage von Unterlagen zu verlangen, an allen Sitzungen und Versammlungen der Organe und sonstiger Gremien des Instituts in beratender Funktion teilzunehmen, die Geschäftsräume des Instituts zu betreten, Einsicht in dessen Geschäftspapiere und Bücher zu nehmen und Nachforschungen anzustellen. [4]Die Organe und Organmitglieder haben den Sonderbeauftragten bei der Wahrnehmung seiner Aufgaben zu unterstützen. [5]Er ist gegenüber der Bundesanstalt zur Auskunft über alle Erkenntnisse im Rahmen seiner Tätigkeit verpflichtet.

(2) Die Bundesanstalt kann dem Sonderbeauftragten insbesondere übertragen:

1. die Aufgaben und Befugnisse eines oder mehrerer Geschäftsleiter wahrzunehmen, wenn Tatsachen vorliegen, aus denen sich ergibt, dass der oder die Geschäftsleiter des Instituts nicht zuverlässig sind oder nicht die zur Leitung des Instituts erforderliche fachliche Eignung haben;
2. die Aufgaben und Befugnisse eines oder mehrerer Geschäftsleiter wahrzunehmen, wenn das Institut nicht mehr über die erforderliche Anzahl von Geschäftsleitern verfügt, insbesondere weil die Bundesanstalt die Abberufung eines Geschäftsleiters verlangt oder ihm die Ausübung seiner Tätigkeit untersagt hat;
3. die Aufgaben und Befugnisse von Organen des Instituts insgesamt oder teilweise wahrzunehmen, wenn die Voraussetzungen des § 36 Absatz 3 Satz 1 Nummer 1 bis 10 vorliegen;
4. die Aufgaben und Befugnisse von Organen des Instituts insgesamt oder teilweise wahrzunehmen, wenn die Aufsicht über das Institut aufgrund von Tatsachen im Sinne des § 33 Absatz 2 beeinträchtigt ist;
5. geeignete Maßnahmen zur Herstellung und Sicherung einer ordnungsgemäßen Geschäftsorganisation einschließlich eines angemessenen Risikomanagements zu ergreifen, wenn das Institut nachhaltig gegen Bestimmungen dieses Gesetzes, des Gesetzes über Bausparkassen[1)], des Depotgesetzes, des Geldwäschegesetzes[2)], des Kapitalanlagebuchs, des Pfandbriefgesetzes[3)], des Zahlungsdiensteaufsichtsgesetzes[4)] oder des Wertpapierhandelsgesetzes, gegen die zur Durchführung dieser Gesetze erlassenen Verordnungen oder gegen Anordnungen der Bundesanstalt verstoßen hat;

[1)] Nr. **17**.
[2)] Nr. **15**.
[3)] Nr. **16**.
[4)] Nr. **10**.

6. zu überwachen, dass Anordnungen der Bundesanstalt gegenüber dem Institut beachtet werden;
7. einen Restrukturierungsplan für das Institut zu erstellen, wenn die Voraussetzungen des § 45 Absatz 1 Satz 3 oder Absatz 2 vorliegen, die Ausführung eines Restrukturierungsplans zu begleiten und die Befugnisse nach § 45 Absatz 2 Satz 4 und 5 wahrzunehmen;

7a. einen Plan nach § 10 Absatz 4 Satz 6 für das Institut zu erstellen, wenn die Voraussetzungen des § 10 Absatz 4 Satz 1 vorliegen und das Institut innerhalb einer von der Bundesanstalt festgelegten Frist keinen geeigneten Plan vorgelegt hat, sowie die Durchführung des Plans sicherzustellen;

8. Maßnahmen des Instituts zur Abwendung einer Gefahr im Sinne des § 35 Absatz 2 Nummer 4 oder des § 46 Absatz 1 Satz 1 zu überwachen, selbst Maßnahmen zur Abwendung einer Gefahr zu ergreifen oder die Einhaltung von Maßnahmen der Bundesanstalt nach § 46 zu überwachen;
9. eine Abwicklungsanordnung im Sinne des § 77 des Sanierungs- und Abwicklungsgesetzes[1] vorzubereiten;
10. Schadensersatzansprüche gegen Organmitglieder oder ehemalige Organmitglieder zu prüfen, wenn Anhaltspunkte für einen Schaden des Instituts durch eine Pflichtverletzung von Organmitgliedern vorliegen.

(3) [1] Soweit der Sonderbeauftragte in die Aufgaben und Befugnisse eines Organs oder Organmitglieds des Instituts insgesamt eintritt, ruhen die Aufgaben und Befugnisse des betroffenen Organs oder Organmitglieds. [2] Der Sonderbeauftragte kann nicht gleichzeitig die Funktion eines oder mehrerer Geschäftsleiter und eines oder mehrerer Mitglieder eines Verwaltungs- oder Aufsichtsorgans wahrnehmen. [3] Werden dem Sonderbeauftragten für die Wahrnehmung einer Aufgabe nur teilweise die Befugnisse eines Organs oder Organmitglieds eingeräumt, hat dies keine Auswirkung auf die Befugnisse des bestellten Organs oder Organmitglieds des Instituts. [4] Die umfassende Übertragung aller Aufgaben und Befugnisse eines oder mehrerer Geschäftsleiter auf den Sonderbeauftragten kann nur in den Fällen des Absatzes 2 Nummer 1, 2 und 4 erfolgen. [5] Seine Vertretungsbefugnis richtet sich dabei nach der Vertretungsbefugnis des oder der Geschäftsleiter, an dessen oder deren Stelle der Sonderbeauftragte bestellt ist. [6] Solange die Bundesanstalt einem Sonderbeauftragten die Funktion eines Geschäftsleiters übertragen hat, können die nach anderen Rechtsvorschriften hierzu berufenen Personen oder Organe ihr Recht, einen Geschäftsleiter zu bestellen, nur mit Zustimmung der Bundesanstalt ausüben.

(4) Überträgt die Bundesanstalt die Wahrnehmung von Aufgaben und Befugnisse eines Geschäftsleiters nach Absatz 2 Nummer 1 oder 2 auf einen Sonderbeauftragten, werden die Übertragung, die Vertretungsbefugnis sowie die Aufhebung der Übertragung von Amts wegen in das Handelsregister eingetragen.

(5) Das Organ des Instituts, das für den Ausschluss von Gesellschaftern von der Geschäftsführung und Vertretung oder die Abberufung geschäftsführungs- oder vertretungsbefugter Personen zuständig ist, kann bei Vorliegen eines wichtigen Grundes beantragen, die Übertragung der Funktion eines Geschäftsleiters auf den Sonderbeauftragten aufzuheben.

---

[1] Nr. **22**.

(6) [1]Die durch die Bestellung des Sonderbeauftragten entstehenden Kosten einschließlich der diesem zu gewährenden angemessenen Auslagen und der Vergütung fallen dem Institut zur Last. [2]Die Höhe der Vergütung setzt die Bundesanstalt fest. [3]Die Bundesanstalt schießt die Auslagen und die Vergütung auf Antrag des Sonderbeauftragten vor.

(7) [1]Der Sonderbeauftragte haftet für Vorsatz und Fahrlässigkeit. [2]Bei fahrlässigem Handeln beschränkt sich die Ersatzpflicht des Sonderbeauftragten auf 1 Million Euro. [3]Handelt es sich um eine Aktiengesellschaft, deren Aktien zum Handel im regulierten Markt zugelassen sind, beschränkt sich die Ersatzpflicht auf 50 Millionen Euro.

(8) Die Absätze 1 bis 7 gelten entsprechend für Finanzholding-Gesellschaften oder gemischte Finanzholding-Gesellschaften, die nach § 10a als übergeordnetes Unternehmen gelten und bezüglich der Personen, die die Geschäfte derartiger Finanzholding-Gesellschaften oder gemischter Finanzholding-Gesellschaften tatsächlich führen.

§ 46 Maßnahmen bei Gefahr. (1) [1]Besteht Gefahr für die Erfüllung der Verpflichtungen eines Instituts gegenüber seinen Gläubigern, insbesondere für die Sicherheit der ihm anvertrauten Vermögenswerte, oder besteht der begründete Verdacht, daß eine wirksame Aufsicht über das Institut nicht möglich ist (§ 33 Absatz 2), kann die Bundesanstalt zur Abwendung dieser Gefahr einstweilige Maßnahmen treffen. [2]Sie kann insbesondere

1. Anweisungen für die Geschäftsführung des Instituts erlassen,
2. die Annahme von Einlagen oder Geldern oder Wertpapieren von Kunden und die Gewährung von Krediten (§ 19 Abs. 1) verbieten,
3. Inhabern und Geschäftsleitern die Ausübung ihrer Tätigkeit untersagen oder beschränken,
4. vorübergehend ein Veräußerungs- und Zahlungsverbot an das Institut erlassen,
5. die Schließung des Instituts für den Verkehr mit der Kundschaft anordnen und
6. die Entgegennahme von Zahlungen, die nicht zur Erfüllung von Verbindlichkeiten gegenüber dem Institut bestimmt sind, verbieten, es sei denn, die zuständige Entschädigungseinrichtung oder sonstige Sicherungseinrichtung stellt die Befriedigung der Berechtigten in vollem Umfang sicher.

[3]Die Bundesanstalt kann unter den Voraussetzungen des Satzes 1 Zahlungen an konzernangehörige Unternehmen untersagen oder beschränken, wenn diese Geschäfte für das Institut nachteilig sind. [4]Sie kann ferner bestimmen, dass Zahlungen nur unter bestimmten Voraussetzungen zulässig sind. [5]Die Bundesanstalt unterrichtet über die von ihr nach den Sätzen 3 und 4 beabsichtigten Maßnahmen unverzüglich die betroffenen Aufsichtsbehörden in den Mitgliedstaaten der Europäischen Union sowie die Europäische Zentralbank und die Deutsche Bundesbank. [6]Beschlüsse über die Gewinnausschüttung sind insoweit nichtig, als sie einer Anordnung nach den Sätzen 1 und 2 widersprechen. [7]Bei Instituten, die in anderer Rechtsform als der eines Einzelkaufmanns betrieben werden, sind Geschäftsleiter, denen die Ausübung ihrer Tätigkeit untersagt worden ist, für die Dauer der Untersagung von der Geschäftsführung und Vertretung des Instituts ausgeschlossen. [8]Für die Ansprüche aus dem Anstel-

lungsvertrag oder anderen Bestimmungen über die Tätigkeit des Geschäftsleiters gelten die allgemeinen Vorschriften. [9]Rechte, die einem Geschäftsleiter als Gesellschafter oder in anderer Weise eine Mitwirkung an Entscheidungen über Geschäftsführungsmaßnahmen bei dem Institut ermöglichen, können für die Dauer der Untersagung nicht ausgeübt werden.

(2) [1]Die zuständige Entschädigungseinrichtung oder sonstige Sicherungseinrichtung kann ihre Verpflichtungserklärung im Sinne des Absatzes 1 Satz 2 Nummer 6 davon abhängig machen, dass eingehende Zahlungen, soweit sie nicht zur Erfüllung von Verbindlichkeiten nach Absatz 1 Satz 2 Nummer 6 gegenüber dem Institut bestimmt sind, von dem im Zeitpunkt des Erlasses des Veräußerungs- und Zahlungsverbots nach Absatz 1 Satz 2 Nummer 4 vorhandenen Vermögen des Instituts zugunsten der Einrichtung getrennt gehalten und verwaltet werden. [2]Das Institut darf nach Erlass des Veräußerungs- und Zahlungsverbots nach Absatz 1 Satz 2 Nummer 4 die im Zeitpunkt des Erlasses laufenden Geschäfte abwickeln und neue Geschäfte eingehen, soweit diese zur Abwicklung erforderlich sind, wenn und soweit die zuständige Entschädigungseinrichtung oder sonstige Sicherungseinrichtung die zur Durchführung erforderlichen Mittel zur Verfügung stellt oder sich verpflichtet, aus diesen Geschäften insgesamt entstehende Vermögensminderungen des Instituts, soweit dies zur vollen Befriedigung sämtlicher Gläubiger erforderlich ist, diesem zu erstatten. [3]Die Bundesanstalt kann darüber hinaus Ausnahmen vom Veräußerungs- und Zahlungsverbot nach Absatz 1 Satz 2 Nummer 4 zulassen, soweit dies für die Durchführung der Geschäfte oder die Verwaltung des Instituts sachgerecht ist. [4]Dabei kann sie insbesondere die Erstattung von Zahlungen anordnen, die entgegen einer Anordnung nach Absatz 1 Satz 2 Nummer 6 entgegengenommen worden sind oder beim Institut eingegangen sind. [5]Sie kann eine Betragsgrenze festsetzen, bis zu der ein Sonderbeauftragter Ausnahmen vom Veräußerungs- und Zahlungsverbot zulassen kann. [6]Solange Maßnahmen nach Absatz 1 Satz 2 Nummer 4 bis 6 andauern, sind Zwangsvollstreckungen, Arreste und einstweilige Verfügungen in das Vermögen des Instituts nicht zulässig. [7]Die Vorschriften der Insolvenzordnung zum Schutz von Zahlungs- sowie Wertpapierliefer- und Abrechnungssystemen einschließlich interoperabler Systeme sowie von dinglichen Sicherheiten der Zentralbanken und von Finanzsicherheiten sind bei Anordnung einer Maßnahme nach Absatz 1 Satz 2 Nummer 4 bis 6 entsprechend anzuwenden. [8]Die Anordnung von Sicherungsmaßnahmen nach § 21 der Insolvenzordnung berührt nicht die Wirksamkeit der Erstattung einer Zahlung, die entgegen einer Anordnung nach Absatz 1 Satz 2 Nummer 6 über ein System oder über eine zwischengeschaltete Stelle entgegengenommen worden ist oder eingegangen ist oder beim Institut eingegangen ist und deren Erstattung die Bundesanstalt nach Satz 4 angeordnet hat.

§ 46a Untersagungs- und Anordnungsbefugnis bei Verwenden externer Ratings. (1) Die Bundesanstalt kann einem Institut, das für aufsichtliche Zwecke Ratings einer oder mehrerer Ratingagenturen verwendet, das Verwenden dieser Ratings untersagen, wenn die Ratingagenturen ihren Sitz nicht innerhalb des Europäischen Wirtschaftsraums haben und nicht nach der Verordnung (EG) Nr. 1060/2009 in der jeweils geltenden Fassung registriert sind.

(2) [1]Die Bundesanstalt kann gegenüber einem Institut im Einzelfall Anordnungen treffen, die geeignet und erforderlich sind, die Einhaltung der Anforderungen der Verordnung (EG) Nr. 1060/2009 in der jeweils geltenden Fassung

sicherzustellen. [2] Insbesondere kann die Bundesanstalt Anordnungen treffen, um einem übermäßigen Rückgriff des Instituts auf Ratings entgegenzuwirken.

§ 46b Insolvenzantrag. (1) [1] Wird ein Institut, das eine Erlaubnis zum Geschäftsbetrieb im Inland besitzt, oder eine nach § 10a als übergeordnetes Unternehmen geltende Finanzholding-Gesellschaft oder gemischte Finanzholding-Gesellschaft zahlungsunfähig oder tritt Überschuldung ein, so haben die Geschäftsleiter, bei einem in der Rechtsform des Einzelkaufmanns betriebenen Institut der Inhaber und die Personen, die die Geschäfte der Finanzholding-Gesellschaft oder der gemischten Finanzholding-Gesellschaft tatsächlich führen, dies der Bundesanstalt unter Beifügung aussagefähiger Unterlagen unverzüglich anzuzeigen; die im ersten Halbsatz bezeichneten Personen haben eine solche Anzeige unter Beifügung entsprechender Unterlagen auch dann vorzunehmen, wenn das Institut oder die nach § 10a als übergeordnetes Unternehmen geltende Finanzholding-Gesellschaft oder gemischte Finanzholding-Gesellschaft voraussichtlich nicht in der Lage sein wird, die bestehenden Zahlungspflichten im Zeitpunkt der Fälligkeit zu erfüllen (drohende Zahlungsunfähigkeit). [2] Soweit diese Personen nach anderen Rechtsvorschriften verpflichtet sind, bei Zahlungsunfähigkeit oder Überschuldung die Eröffnung des Insolvenzverfahrens zu beantragen, tritt an die Stelle der Antragspflicht die Anzeigepflicht nach Satz 1. [3] Das Insolvenzverfahren über das Vermögen eines Instituts oder einer nach § 10a als übergeordnetes Unternehmen geltenden Finanzholding-Gesellschaft oder gemischten Finanzholding-Gesellschaft findet im Fall der Zahlungsunfähigkeit, der Überschuldung oder unter den Voraussetzungen des Satzes 5 auch im Fall der drohenden Zahlungsunfähigkeit statt. [4] Der Antrag auf Eröffnung des Insolvenzverfahrens über das Vermögen des Instituts oder der nach § 10a als übergeordnetes Unternehmen geltenden Finanzholding-Gesellschaft oder gemischten Finanzholding-Gesellschaft kann nur von der Bundesanstalt gestellt werden. [5] Im Fall der drohenden Zahlungsunfähigkeit darf die Bundesanstalt den Antrag jedoch nur mit Zustimmung des Instituts und im Fall einer nach § 10a als übergeordnetes Unternehmen geltenden Finanzholding-Gesellschaft oder gemischten Finanzholding-Gesellschaft mit deren Zustimmung stellen. [6] Vor der Bestellung des Insolvenzverwalters hat das Insolvenzgericht die Bundesanstalt zu dessen Eignung zu hören. [7] Der Bundesanstalt ist der Eröffnungsbeschluss besonders zuzustellen. [8] Das Insolvenzgericht übersendet der Bundesanstalt alle weiteren, das Verfahren betreffenden Beschlüsse und erteilt auf Anfrage Auskunft zum Stand und Fortgang des Verfahrens. [9] Die Bundesanstalt kann Einsicht in die Insolvenzakten nehmen.

(1a) [1] Die Antragsrechte nach § 3a Absatz 1, § 3d Absatz 2 und § 269d Absatz 2 der Insolvenzordnung stehen bei Instituten und bei nach § 10a als übergeordnete Unternehmen bestimmten Finanzholding-Gesellschaften ausschließlich der Bundesanstalt zu. [2] Die Einleitung eines Koordinationsverfahrens (§§ 269d bis 269i der Insolvenzordnung) entfaltet für die gruppenangehörigen Institute und für die als übergeordnete Unternehmen bestimmten Finanzholding-Gesellschaften nur dann Wirkung, wenn die Bundesanstalt sie beantragt oder ihr zugestimmt hat. [3] Für die Bestellung des Verfahrenskoordinators gilt Absatz 1 Satz 6 entsprechend.

(2) [1] Wird über ein Institut, das Teilnehmer eines Systems im Sinne des § 24b Absatz 1 ist, ein Insolvenzverfahren eröffnet, hat die Bundesanstalt unverzüglich die Europäische Wertpapier- und Marktaufsichtsbehörde, den Europäischen

Ausschuss für Systemrisiken und die Stellen zu informieren, die der Europäischen Kommission von den anderen Staaten des Europäischen Wirtschaftsraums benannt worden sind. [2] Auf Systembetreiber im Sinne des § 24b Abs. 5 ist Satz 1 entsprechend anzuwenden.

(3) [1] Der Insolvenzverwalter informiert die Bundesanstalt laufend über Stand und Fortgang des Insolvenzverfahrens, insbesondere durch Überlassung der Berichte für das Insolvenzgericht, die Gläubigerversammlung oder einen Gläubigerausschuss. [2] Die Bundesanstalt kann darüber hinaus weitere Auskünfte und Unterlagen zum Insolvenzverfahren verlangen.

§ 46c Insolvenzrechtliche Fristen und Haftungsfragen. (1) Die nach den §§ 88 und 130 bis 136 der Insolvenzordnung vom Tag des Antrags auf Eröffnung des Insolvenzverfahrens an zu berechnenden Fristen sind vom Tag des Erlasses einer Maßnahme nach § 46 Absatz 1 an zu berechnen.

(2) [1] Es wird vermutet, dass Leistungen des Instituts, die zwischen einer Anordnung der Bundesanstalt nach § 46 Absatz 1 Satz 2 Nummer 4 bis 6 und dem Insolvenzantrag erfolgten und nach § 46 zulässig sind, die Gläubiger des Instituts nicht benachteiligen und mit der Sorgfalt ordentlicher Kaufleute vereinbar sind. [2] Die Bundesanstalt handelt bei ihrer Tätigkeit pflichtgemäß, soweit sie bei Ausübung ihrer Befugnisse vernünftigerweise annehmen durfte, auf der Grundlage angemessener Informationen die Ziele des Gesetzes erreichen zu können. [3] § 4 Absatz 4 des Finanzdienstleistungsaufsichtsgesetzes[1)] bleibt unberührt.

§ 46d Unterrichtung der anderen Staaten des Europäischen Wirtschaftsraums über Sanierungsmaßnahmen. (1) [1] Vor Erlass einer Sanierungsmaßnahme, insbesondere einer Maßnahme nach § 46, gegenüber einem CRR-Kreditinstitut unterrichtet die Bundesanstalt die zuständigen Behörden der anderen Staaten des Europäischen Wirtschaftsraums. [2] Ist dies nicht möglich, sind die zuständigen Behörden unmittelbar nach Erlass der Maßnahme zu unterrichten. [3] Das Gleiche gilt, soweit gegenüber einer Zweigstelle eines Unternehmens im Sinne des § 53 mit Sitz außerhalb der Staaten des Europäischen Wirtschaftsraums Maßnahmen nach § 46 ergriffen werden. [4] In diesem Falle unterrichtet die Bundesanstalt die zuständigen Behörden der anderen Staaten des Europäischen Wirtschaftsraums, in denen das Unternehmen weitere Zweigstellen errichtet hat. [5] Die Regelungen des § 8 Abs. 3 bis 7 bleiben unberührt.

(2) [1] Sanierungsmaßnahmen, die die Rechte von Dritten in einem Aufnahmemitgliedstaat beeinträchtigen und gegen die Rechtsbehelfe eingelegt werden können, sind ohne den ihrer Begründung dienenden Teil in der Amtssprache oder den Amtssprachen der betroffenen Staaten des Europäischen Wirtschaftsraums unverzüglich im Amtsblatt der Europäischen Union und in mindestens zwei überregionalen Zeitungen der Aufnahmemitgliedstaaten bekannt zu machen. [2] In der Bekanntmachung sind die Stelle, bei der die Begründung vorgehalten wird, der Gegenstand und die Rechtsgrundlage der Entscheidung, die Rechtsbehelfsfristen einschließlich des Zeitpunkts ihres Fristablaufs, die Anschrift der Bundesanstalt als über einen Widerspruch entscheidende Behörde

---

[1)] Nr. 7.

und die Anschrift des zuständigen Verwaltungsgerichts anzugeben. [3]Die Bekanntmachung ist nicht Wirksamkeitsvoraussetzung.

(3) [1]Sanierungsmaßnahmen im Sinne der Absätze 1 und 2 sind Maßnahmen nach § 46 sowie nach § 6 Abs. 3, mit denen die finanzielle Lage eines CRR-Kreditinstituts gesichert oder wiederhergestellt werden soll und die die bestehenden Rechte von Dritten in einem Aufnahmemitgliedstaat des Europäischen Wirtschaftsraums beeinträchtigen könnten, einschließlich der Maßnahmen, die eine Aussetzung der Zahlungen erlauben oder der Wirksamkeit der Sanierungsmaßnahmen von Aufsichtsbehörden des Europäischen Wirtschaftsraums unterstützend dienen. [2]Sanierungsmaßnahmen sind als solche zu bezeichnen. [3]In Ansehung der Sanierungsmaßnahmen sind auf Verträge zur Nutzung oder zum Erwerb eines unbeweglichen Gegenstands, auf Arbeitsverträge und Arbeitsverhältnisse, auf Aufrechnungen, auf Pensionsgeschäfte im Sinne des § 340b des Handelsgesetzbuchs, auf Schuldumwandlungsverträge und Aufrechnungsvereinbarungen sowie auf dingliche Rechte Dritter die §§ 336, 337, 338, 340 und 351 Abs. 2 der Insolvenzordnung entsprechend anzuwenden, soweit dieses Gesetz nichts anderes bestimmt.

(4) [1]Die Absätze 1 und 2 sind nicht anzuwenden, wenn und soweit ausschließlich die Rechte von an der internen Betriebsstruktur beteiligten Personen sowie von Geschäftsführern und Aktionären eines CRR-Kreditinstituts in einer dieser Eigenschaften beeinträchtigt sein können. [2]Bei CRR-Kreditinstituten, die nicht grenzüberschreitend tätig sind, ist die Unterrichtung und Bekanntmachung nach den Absätzen 1 und 2 entbehrlich.

(5) [1]Die Bundesanstalt unterstützt Sanierungsmaßnahmen der Behörden des Herkunftsmitgliedstaates bei einem CRR-Kreditinstitut mit Sitz in einem anderen Staat des Europäischen Wirtschaftsraums. [2]Hält sie die Durchführung von Sanierungsmaßnahmen bei einem CRR-Kreditinstitut mit Sitz in einem anderen Staat des Europäischen Wirtschaftsraums für notwendig, so setzt sie die zuständigen Behörden dieses Staates hiervon in Kenntnis.

§ 46e Insolvenzverfahren in den Staaten des Europäischen Wirtschaftsraums. (1) [1]Zuständig für die Eröffnung eines Insolvenzverfahrens über das Vermögen eines CRR-Instituts sind im Bereich des Europäischen Wirtschaftsraums allein die jeweiligen Behörden oder Gerichte des Herkunftsmitgliedstaates. [2]Ist ein anderer Staat des Europäischen Wirtschaftsraums Herkunftsmitgliedstaat eines CRR-Instituts und wird dort ein Insolvenzverfahren über das Vermögen dieses Instituts eröffnet, so wird das Verfahren ohne Rücksicht auf die Voraussetzungen des § 343 Abs. 1 der Insolvenzordnung anerkannt.

(2) Sekundärinsolvenzverfahren nach § 356 der Insolvenzordnung und sonstige Partikularverfahren nach § 354 der Insolvenzordnung bezüglich der CRR-Institute, die ihren Sitz in einem anderen Staat des Europäischen Wirtschaftsraums haben, sind nicht zulässig.

(3) [1]Die Geschäftsstelle des Insolvenzgerichts hat den Eröffnungsbeschluss sofort der Bundesanstalt zu übermitteln, die unverzüglich die zuständigen Behörden der anderen Aufnahmemitgliedstaaten des Europäischen Wirtschaftsraums über die Verfahrenseröffnung unterrichtet. [2]Unbeschadet der in § 30 der Insolvenzordnung vorgesehenen Bekanntmachung hat das Insolvenzgericht den Eröffnungsbeschluss auszugsweise im Amtsblatt der Europäischen Union

und in mindestens zwei überregionalen Zeitungen der Aufnahmemitgliedstaaten zu veröffentlichen, in denen das betroffene Kreditinstitut eine Zweigstelle hat oder Dienstleistungen erbringt. [3] Der Veröffentlichung ist das Formblatt nach § 46f Abs. 1 voranzustellen.

(4) [1] Die Bundesanstalt kann jederzeit vom Insolvenzgericht und vom Insolvenzverwalter Auskünfte über den Stand des Insolvenzverfahrens verlangen. [2] Sie ist verpflichtet, die zuständige Behörde eines anderen Staates des Europäischen Wirtschaftsraums auf deren Verlangen über den Stand des Insolvenzverfahrens zu informieren.

(5) [1] Stellt die Bundesanstalt den Antrag auf Eröffnung eines Insolvenzverfahrens über das Vermögen der Zweigstelle eines Unternehmens mit Sitz außerhalb des Europäischen Wirtschaftsraums, so unterrichtet sie unverzüglich die zuständigen Behörden der Staaten des Europäischen Wirtschaftsraums, in denen das Unternehmen eine weitere Zweigstelle hat oder Dienstleistungen erbringt. [2] Die Unterrichtung hat sich auch auf Inhalt und Bestand der Erlaubnis nach § 32 zu erstrecken. [3] Die beteiligten Personen und Stellen bemühen sich um ein abgestimmtes Vorgehen.

(6) Die Absätze 1 bis 5 gelten auch für Unternehmen im Anwendungsbereich des § 1 des Sanierungs- und Abwicklungsgesetzes[1)], gegenüber denen ein Abwicklungsinstrument im Sinne des § 77 des Sanierungs- und Abwicklungsgesetzes angeordnet oder eine Abwicklungsbefugnis im Sinne der §§ 78 bis 87 des Sanierungs- und Abwicklungsgesetzes ausgeübt wird.

§ 46f Unterrichtung der Gläubiger im Insolvenzverfahren und Insolvenzrangfolge. (1) [1] Mit dem Eröffnungsbeschluss ist den Gläubigern von der Geschäftsstelle des Insolvenzgerichts ein Formblatt zu übersenden, das in sämtlichen Amtssprachen der Staaten des Europäischen Wirtschaftsraums mit den Worten „Aufforderung zur Anmeldung und Erläuterung einer Forderung. Fristen beachten!" überschrieben ist. [2] Das Formblatt wird vom Bundesministerium der Justiz und für Verbraucherschutz im Bundesanzeiger veröffentlicht und enthält insbesondere folgende Angaben:

1. welche Fristen einzuhalten sind und welche Folgen deren Versäumung hat;
2. wer für die Entgegennahme der Anmeldung und Erläuterung einer Forderung zuständig ist;
3. welche weiteren Maßnahmen vorgeschrieben sind;
4. welche Bedeutung die Anmeldung der Forderung für bevorrechtigte oder dinglich gesicherte Gläubiger hat und inwieweit diese ihre Forderungen anmelden müssen.

(2) [1] Gläubiger mit gewöhnlichem Aufenthalt, Wohnsitz oder Sitz in einem anderen Staat des Europäischen Wirtschaftsraums können ihre Forderungen in der oder einer der Amtssprachen dieses Staates anmelden. [2] Die Anmeldung muss in deutscher Sprache mit den Worten „Anmeldung und Erläuterung einer Forderung" überschrieben sein. [3] Der Gläubiger hat auf Verlangen eine Übersetzung der Anmeldung und der Erläuterung vorzulegen, die von einer hierzu in dem Staat nach Satz 1 befugten Person zu beglaubigen ist.

[1)] Nr. 22.

(3) Der Insolvenzverwalter hat die Gläubiger regelmäßig in geeigneter Form über den Fortgang des Insolvenzverfahrens zu unterrichten.

(4) Im Rang vor den übrigen Insolvenzforderungen werden in folgender Rangfolge, bei gleichem Rang nach dem Verhältnis ihrer Beträge, berichtigt:

1. gedeckte Einlagen im Sinne von § 2 Absatz 3 Nummer 23 des Sanierungs- und Abwicklungsgesetzes[1)] sowie Ansprüche, die auf Grund der Erfüllung eines Entschädigungsanspruchs nach § 16 des Einlagensicherungsgesetzes[2)] auf das Einlagensicherungssystem übergegangen sind;
2. entschädigungsfähige Einlagen im Sinne des § 2 Absatz 3 Nummer 18 des Sanierungs- und Abwicklungsgesetzes von natürlichen Personen, Kleinstunternehmen und kleinen und mittleren Unternehmen nach Artikel 2 Absatz 1 des Anhangs der Empfehlung 2003/361/EG der Kommission vom 6. Mai 2003 betreffend die Definition der Kleinstunternehmen sowie der kleinen und mittleren Unternehmen (ABl. L 124 vom 20.5.2003, S. 36), sowie solche Einlagen bei Instituten mit Sitz in der Europäischen Union, die entschädigungsfähige Einlagen wären, wenn sie nicht von deren Niederlassungen außerhalb der Europäischen Union angenommen worden wären.

(5)[3)] Von den Forderungen im Sinne des § 38 der Insolvenzordnung werden zunächst die Forderungen berichtigt, die keine Schuldtitel nach Absatz 6 Satz 1 sind.

(6)[3)] [1]Schuldtitel im Sinne dieses Satzes sind auf den Inhaber lautende Schuldverschreibungen und Orderschuldverschreibungen und diesen Schuldtiteln vergleichbare Rechte, die ihrer Art nach auf den Kapitalmärkten handelbar sind, sowie Schuldscheindarlehen und Namensschuldverschreibungen, die nicht als Einlagen unter Absatz 4 Nummer 1 oder 2 fallen, die zum Zeitpunkt ihrer Begebung eine vertragliche Laufzeit von mindestens einem Jahr haben, sofern in den vertraglichen Bedingungen des Schuldtitels ausdrücklich auf den durch Absatz 5 bestimmten niedrigeren Rang im Insolvenzverfahren hingewiesen wird. [2]Im Fall einer Pflicht zur Veröffentlichung eines Prospekts ist der Hinweis auch in den zu veröffentlichenden Prospekt aufzunehmen. [3]Schuldtitel, die in den Anwendungsbereich des § 91 Absatz 2 des Sanierungs- und Abwicklungsgesetzes fallen, und Schuldtitel, welche von Anstalten des öffentlichen Rechts begeben wurden, die nicht insolvenzfähig sind, zählen nicht zu den Schuldtiteln im Sinne von Satz 1.

(7)[3)] [1]Absatz 6 Satz 1 erfasst keine Schuldtitel, für die vereinbart ist,

1. dass die Höhe des Rückzahlungsbetrages vom Eintritt oder Nichteintritt eines zum Zeitpunkt der Begebung des Schuldtitels noch unsicheren Ereignisses abhängig ist oder die Erfüllung auf andere Weise als durch Geldzahlung erfolgt, oder
2. dass die Höhe des Zinszahlungsbetrages vom Eintritt oder Nichteintritt eines zum Zeitpunkt der Begebung des Schuldtitels noch unsicheren Ereignisses abhängt, es sei denn, die Zinszahlung oder die Höhe des Zinszahlungsbetrages ist ausschließlich von einem festen oder marktüblichen variablen Referenzzins abhängig und die Erfüllung erfolgt durch Geldzahlung.

[1)] Nr. **22**.
[2)] Nr. **12**.
[3)] Gem. Art. 15 Abs. 2 Satz 2 G v. 2.11.2015 (BGBl. I S. 1864) sind auf Insolvenzverfahren, die vor dem 1. Januar 2017 eröffnet worden sind, die bis dahin geltenden Vorschriften weiter anzuwenden.

[2] Die Höhe des Rückzahlungsbetrages oder des Zinszahlungsbetrages gilt nicht bereits deshalb als vom Eintritt oder Nichteintritt eines zum Zeitpunkt der Begebung des Schuldtitels noch unsicheren Ereignisses abhängig, weil der Schuldtitel auf eine andere als die Landeswährung des Emittenten lautet, sofern Hauptforderung, Rückzahlung und Zinsforderung auf dieselbe Währung lauten.

(8) [1] Das Bundesministerium der Finanzen wird ermächtigt, durch Rechtsverordnung, die nicht der Zustimmung des Bundesrates bedarf, nähere Bestimmungen über die Merkmale der vom Anwendungsbereich des Absatzes 7 erfassten Schuldtitel zu erlassen. [2] Das Bundesministerium der Finanzen kann die Ermächtigung zum Erlass der Rechtsverordnung nach Satz 1 durch Rechtsverordnung auf die Bundesanstalt für Finanzdienstleistungsaufsicht übertragen.

(9) [1] Für Schuldtitel, die vor dem 21. Juli 2018 begeben worden sind, gilt § 46f Absatz 5 bis 7 des Kreditwesengesetzes in der bis zum 20. Juli 2018 geltenden Fassung fort. [2] Im Insolvenzverfahren haben vor dem 21. Juli 2018 begebene Schuldtitel im Sinne des § 46f Absatz 6 Satz 1 des Kreditwesengesetzes in der bis zum 20. Juli 2018 geltenden Fassung den gleichen Rang wie Schuldtitel im Sinne des Absatzes 6 Satz 1.

§ 46g Moratorium, Einstellung des Bank- und Börsenverkehrs.

(1) Sind wirtschaftliche Schwierigkeiten bei Kreditinstituten zu befürchten, die schwerwiegende Gefahren für die Gesamtwirtschaft, insbesondere den geordneten Ablauf des allgemeinen Zahlungsverkehrs erwarten lassen, so kann die Bundesregierung durch Rechtsverordnung

1. einem Kreditinstitut einen Aufschub für die Erfüllung seiner Verbindlichkeiten gewähren und anordnen, daß während der Dauer des Aufschubs Zwangsvollstreckungen, Arreste und einstweilige Verfügungen gegen das Kreditinstitut sowie das Insolvenzverfahren über das Vermögen des Kreditinstituts nicht zulässig sind;
2. anordnen, daß die Kreditinstitute für den Verkehr mit ihrer Kundschaft vorübergehend geschlossen bleiben und im Kundenverkehr Zahlungen und Überweisungen weder leisten noch entgegennehmen dürfen; sie kann diese Anordnung auf Arten oder Gruppen von Kreditinstituten sowie auf bestimmte Bankgeschäfte beschränken;
3. anordnen, daß die Börsen im Sinne des Börsengesetzes vorübergehend geschlossen bleiben.

(2) Vor den Maßnahmen nach Absatz 1 hat die Bundesregierung die Deutsche Bundesbank zu hören.

(3) Trifft die Bundesregierung Maßnahmen nach Absatz 1, so hat sie durch Rechtsverordnung die Rechtsfolgen zu bestimmen, die sich hierdurch für Fristen und Termine auf dem Gebiet des bürgerlichen Rechts, des Handels-, Gesellschafts-, Wechsel-, Scheck- und Verfahrensrechts ergeben.

§ 46h Wiederaufnahme des Bank- und Börsenverkehrs. (1) [1] Die Bundesregierung kann nach Anhörung der Deutschen Bundesbank für die Zeit nach einer vorübergehenden Schließung der Kreditinstitute und Börsen gemäß § 46g Absatz 1 Nummer 2 und 3 durch Rechtsverordnung Vorschriften für die Wiederaufnahme des Zahlungs- und Überweisungsverkehrs sowie des Börsenverkehrs erlassen. [2]Sie kann hierbei insbesondere bestimmen, daß die Auszahlung von Guthaben zeitweiligen Beschränkungen unterliegt. [3]Für Geldbeträge, die nach einer vorübergehenden Schließung der Kreditinstitute angenommen werden, dürfen solche Beschränkungen nicht angeordnet werden.

(2) Die nach Absatz 1 sowie die nach § 46g Absatz 1 erlassenen Rechtsverordnungen treten, wenn sie nicht vorher aufgehoben worden sind, drei Monate nach ihrer Verkündung außer Kraft.

§ 47 Anordnungsbefugnis nach der Verordnung (EU) Nr. 1286/2014.

[1]Verstößt ein Institut, das über ein PRIIP im Sinne des Artikels 4 Nummer 3 der Verordnung (EU) Nr. 1286/2014 berät oder es verkauft oder das Hersteller von PRIIP im Sinne des Artikels 4 Nummer 4 der Verordnung (EU) Nr. 1286/2014 ist, gegen die Anforderungen von Artikel 5 Absatz 1, der Artikel 6, 7, 8 Absatz 1 bis 3, der Artikel 9, 10 Absatz 1, von Artikel 13 Absatz 1, 3 oder 4, der Artikel 14 oder 19 dieser Verordnung sowie der auf Grundlage der Artikel 8, 10 und 13 dieser Verordnung erlassenen technischen Regulierungsstandards, kann die Bundesanstalt gegenüber dem Institut Anordnungen treffen, die geeignet und erforderlich sind, um sicherzustellen, dass die Anforderungen eingehalten werden und um eine nicht den Grundsätzen der Verordnung entsprechende Information der Privatanleger zu verhindern. [2]Die Bundesanstalt kann insbesondere

1. die Vermarktung, den Vertrieb oder den Verkauf des PRIIP vorübergehend oder dauerhaft untersagen,
2. die Bereitstellung eines Basisinformationsblattes untersagen, das nicht den Anforderungen der Artikel 6 bis 8 oder 10 der Verordnung (EU) Nr. 1286/2014 genügt,
3. den Hersteller von PRIIP verpflichten, eine neue Fassung des Basisinformationsblattes zu veröffentlichen, sofern die veröffentlichte Fassung nicht den Anforderungen der Artikel 6 bis 8 oder 10 der Verordnung (EU) Nr. 1286/2014 genügt, und
4. auf ihrer Internetseite eine Warnung unter Nennung des verantwortlichen Instituts sowie der Art des Verstoßes veröffentlichen; § 60c Absatz 3 und 5 gilt entsprechend.

§§ 47a–47j *(aufgehoben)*

§ 48 Maßnahmen bei Verstößen gegen die Verordnung (EU) 2017/2402. (1) Verstößt ein Originator, Sponsor, ursprünglicher Kreditgeber oder eine Verbriefungszweckgesellschaft gegen die Anforderungen der Artikel 6, 7, 9, 18 bis 26 oder 27 Absatz 1 oder Absatz 4 der Verordnung (EU) 2017/2402, kann die Aufsichtsbehörde anordnen, dass die den Verstoß begründenden Handlungen oder Verhaltensweisen dauerhaft eingestellt werden, sowie verlangen, dass deren Wiederholung verhindert wird.

(2) Wird eine Verbriefung als STS-Verbriefung im Sinne des Artikels 18 der Verordnung (EU) 2017/2402 bezeichnet und hat ein Originator, Sponsor oder eine Verbriefungszweckgesellschaft gegen eine der Anforderungen der Artikel 19 bis 26 dieser Verordnung verstoßen oder macht ein Originator oder Sponsor eine irreführende Meldung nach Artikel 27 Absatz 1 dieser Verord-

nung, kann die Aufsichtsbehörde vorübergehend verbieten, dass Originator und Sponsor gemäß Artikel 27 Absatz 1 dieser Verordnung melden, dass ihre Verbriefungen die Anforderungen der Artikel 19 bis 22 oder der Artikel 23 bis 26 dieser Verordnung erfüllen.

(3) Verletzt ein gemäß Artikel 28 Absatz 1 der Verordnung (EU) 2017/2402 zugelassener Dritter seine Pflicht gemäß Artikel 28 Absatz 2 dieser Verordnung, kann die Bundesanstalt ihm vorübergehend untersagen, gemäß Artikel 28 Absatz 1 dieser Verordnung zu bewerten, ob Verbriefungen die in den Artikeln 19 bis 26 dieser Verordnung festgelegten Kriterien erfüllen.

4a. Maßnahmen gegenüber Kreditinstituten bei Gefahren für die Stabilität des Finanzsystems

§§ 48a–48s *(aufgehoben)*

§ 48t Maßnahmen zur Begrenzung makroprudenzieller oder systemischer Risiken. (1) Stellt der Ausschuss für Finanzstabilität Veränderungen in der Intensität des makroprudenziellen oder des systemischen Risikos im Sinne des Artikels 458 Absatz 2 der Verordnung (EU) Nr. 575/2013[1] fest, die zu einer Störung mit bedeutenden Auswirkungen auf das nationale Finanzsystem und die Realwirtschaft im Inland führen können, auf die besser mit nationalen Maßnahmen reagiert werden soll, kann die Bundesanstalt auf Aufforderung des Ausschusses für Finanzstabilität im Wege der Allgemeinverfügung gegenüber allen oder einer Gruppe der der Aufsicht der Bundesanstalt nach diesem Gesetz oder der Verordnung (EU) Nr. 575/2013 unterliegenden Institute und Unternehmen von folgenden Vorgaben der Verordnung (EU) Nr. 575/2013 in der jeweils geltenden Fassung für die Dauer von bis zu zwei Jahren abweichen, um die festgestellten Veränderungen in der Intensität des makroprudenziellen oder des systemischen Risikos zu vermindern, durch Erhöhung

1. der Eigenmittelanforderungen nach Artikel 92 der Verordnung (EU) Nr. 575/2013 in der jeweils geltenden Fassung,
2. der Anforderungen für Großkredite nach den Artikeln 392 sowie 395 bis 403 der Verordnung (EU) Nr. 575/2013 in der jeweils geltenden Fassung,
3. der Offenlegungspflichten nach den Artikeln 431 bis 455 der Verordnung (EU) Nr. 575/2013 in der jeweils geltenden Fassung,
4. des Kapitalerhaltungspuffers nach § 10c,
5. der Liquiditätsanforderungen nach Teil 6 der Verordnung (EU) Nr. 575/2013 in der jeweils geltenden Fassung oder
6. der Risikogewichte im Kreditrisiko-Standardansatz und im auf internen Ratings basierenden Ansatz für Kredite für Wohnimmobilien und gewerbliche Immobilien sowie für Forderungen, die von Instituten und Unternehmen untereinander innerhalb des Finanzsektors bestehen.

(2) Die Bundesanstalt kann die Allgemeinverfügung nach Absatz 1 erst dann erlassen, wenn

1. sie dem Europäischen Parlament, der Europäischen Kommission, dem Rat, dem Europäischen Ausschuss für Systemrisiken (ESRB) und der Europäischen Bankenaufsichtsbehörde (EBA)

---

[1] Nr. **6**.

a) die für die Gefährdung der Finanzstabilität auf nationaler Ebene erforderlichen Nachweise nach Artikel 458 Absatz 2 Buchstabe a bis f der Verordnung (EU) Nr. 575/2013 einschließlich der in Absatz 1 vorgesehenen nationalen Maßnahmen, die Artikel 458 Absatz 2 Buchstabe d der Verordnung (EU) Nr. 575/2013 umsetzen, angezeigt hat und

b) dargelegt hat, dass andere nach der Verordnung (EU) Nr. 575/2013 und der Richtlinie 2013/36/EU zur Verfügung stehende Maßnahmen nicht ausreichen, um der Gefährdung der Finanzstabilität auf nationaler Ebene zu begegnen, und

2. die Voraussetzungen nach Artikel 458 Absatz 4 der Verordnung (EU) Nr. 575/2013 für den Erlass der Maßnahme vorliegen.

(3) [1] Die Bundesanstalt überprüft unter Einbeziehung des Europäischen Ausschusses für Systemrisiken und der Europäischen Bankenaufsichtsbehörde die nach Absatz 1 festgesetzten nationalen Maßnahmen nach Ablauf der vorgesehenen Frist nach Maßgabe von Artikel 458 Absatz 9 der Verordnung (EU) Nr. 575/2013. [2] Liegen die Voraussetzungen für eine Verlängerung der Anwendung der nach Absatz 1 erlassenen nationalen Maßnahmen vor, kann die Bundesanstalt auf Aufforderung des Ausschusses für Finanzstabilität und nach Maßgabe des in Artikel 458 Absatz 4 der Verordnung (EU) Nr. 575/2013 in der jeweils geltenden Fassung vorgesehenen Verfahren im Wege der Allgemeinverfügung die nationalen Maßnahmen wiederholt um jeweils ein Jahr verlängern.

(4) Die Bundesanstalt kann im Benehmen mit der Deutschen Bundesbank und nach Befassung des Ausschusses für Finanzstabilität die nach Artikel 458 der Verordnung (EU) Nr. 575/2013 in der jeweils geltenden Fassung von anderen Mitgliedstaaten des Europäischen Wirtschaftsraums erlassenen Maßnahmen nach Maßgabe von Artikel 458 Absatz 5 bis 7 der Verordnung (EU) Nr. 575/2013 vollständig oder teilweise anerkennen und mit Wirkung für Zweigstellen von Instituten und Unternehmen mit Sitz im Ausland, auf die dieses Gesetz gemäß § 53 Anwendung findet, oder mit Wirkung für Zweigniederlassungen im Sinne von § 53b nach Maßgabe des Artikels 458 der Verordnung (EU) Nr. 575/2013 anwenden.

(5) Sofern die Voraussetzungen nach Absatz 2 Nummer 1 vorliegen, kann die Bundesanstalt unabhängig vom Verfahren nach den Absätzen 1 und 3 sowie nach Artikel 458 Absatz 4 der Verordnung (EU) Nr. 575/2013 jederzeit bis zur Beseitigung eines makroprudenziellen oder systemischen Risikos, jedoch nicht länger als für die Dauer von zwei Jahren

1. die Großkreditobergrenze nach Artikel 395 der Verordnung (EU) Nr. 575/2013 um bis zu 15 Prozent absenken,
2. die Risikogewichte von Krediten für Wohnimmobilien und gewerbliche Immobilien im Kreditrisiko-Standardansatz sowie im auf internen Ratings basierenden Ansatz um bis zu 25 Prozent erhöhen und
3. die Risikogewichte im Kreditrisiko-Standardansatz für Forderungen, die von Instituten und Unternehmen untereinander innerhalb des Finanzsektors eingegangen wurden, um bis zu 25 Prozent und im auf internen Ratings basierenden Ansatz um 25 Prozent erhöhen.

§ 48u Maßnahmen zur Begrenzung makroprudenzieller Risiken im Bereich der Darlehensvergabe zum Bau oder zum Erwerb von Wohnimmobilien; Verordnungsermächtigung. (1) [1] Die Bundesanstalt kann für Kreditinstitute, die das Kreditgeschäft betreiben, im Wege der Allgemeinverfügung die in Absatz 2 vorgesehenen Beschränkungen bei der Vergabe von Darlehen zum Bau oder zum Erwerb von im Inland belegenen Wohnimmobilien festlegen, wenn und soweit dies erforderlich ist, um einer Störung der Funktionsfähigkeit des inländischen Finanzsystems oder einer Gefährdung der Finanzstabilität im Inland entgegenzuwirken. [2] Eine Störung der Funktionsfähigkeit des Finanzsystems oder eine Gefährdung der Finanzstabilität kann insbesondere drohen, wenn die Preise von Wohnimmobilien und die Neuvergabe von Darlehen zum Bau oder Erwerb von Wohnimmobilien stark ansteigen und sich bei der Darlehensvergabe die in Absatz 2 genannten Quotienten erheblich verändern. [3] Von Beschränkungen ausgenommen ist die Vergabe von Darlehen

1. zum Aus- und Umbau oder zur Sanierung von Wohnimmobilien im Eigentum des Darlehensnehmers,
2. für Maßnahmen, für die eine soziale Wohnraumförderung im Sinne des Wohnraumförderungsgesetzes oder nach entsprechenden landesrechtlichen Regelungen zugesagt ist,
3. für Vorhaben, für die bereits vor der Festlegung von Beschränkungen nach Satz 1 Darlehen an denselben Darlehensnehmer vergeben wurden, soweit deren Betrag insgesamt nicht über den nach Tilgungen verbliebenen Betrag der vor Festlegung der Beschränkungen vergebenen Darlehen hinausgeht (Anschlussfinanzierung), sowie
4. für die Umschuldung und Restrukturierung von notleidenden Darlehen.

[4] Zu den nach Satz 3 von Beschränkungen ausgenommenen Darlehen können in der Allgemeinverfügung nach Satz 1 nähere Bestimmungen getroffen werden. [5] Die Bundesanstalt kann weitere Ausnahmen zulassen.

(2) [1] Die Darlehensvergabe kann beschränkt werden durch

1. die Vorgabe einer Obergrenze für den Quotienten aus dem gesamten Fremdkapitalvolumen einer Immobilienfinanzierung und dem Marktwert der Wohnimmobilien zum Zeitpunkt der Darlehensvergabe (Darlehensvolumen-Immobilienwert-Relation) und
2. die Vorgabe eines Zeitraums, innerhalb dessen ein bestimmter Bruchteil eines Darlehens spätestens zurückgezahlt werden muss oder, bei endfälligen Darlehen, die Vorgabe einer maximalen Laufzeit (Amortisationsanforderung).

[2] Die Beschränkungen können jeweils einzeln oder in Kombination festgelegt werden.

(3) [1] Die Bundesanstalt ordnet bei der Festlegung von Beschränkungen nach Absatz 1 Satz 1 zugleich an,

1. zu welchem Anteil das Neugeschäft für Wohnimmobilienfinanzierungen eines Kreditinstituts nicht den festgelegten Beschränkungen unterliegt (Freikontingent),
2. bis zu welcher Darlehenshöhe eine oder mehrere Beschränkungen nicht gelten (Bagatellgrenze), wobei eine Obergrenze für das Darlehensvolumen, welches in einem bestimmten Zeitraum im Rahmen der Bagatellgrenze ver-

geben werden darf, im Verhältnis zum gesamten Neugeschäft für Wohnimmobilienfinanzierungen eines Kreditinstituts in einem bestimmten Zeitraum festzulegen ist,

3. bis zu welchem Beleihungswert einer Wohnimmobilie eine oder mehrere Beschränkungen bei der Vergabe des Darlehens zum Bau oder Erwerb dieser Immobilie nicht gelten, wenn die Forderungen des Darlehensgebers aus dem Darlehen durch die Bestellung von Hypotheken oder Grundschulden an der Immobilie gesichert sind und die ersten 80 Prozent des Beleihungswerts nicht übersteigen (unterer Schwellenwert),
4. bis zu welchem Beleihungswert einer Wohnimmobilie eine oder mehrere Beschränkungen bei der Vergabe des Darlehens zum Bau oder Erwerb dieser Immobilie nicht gelten, wenn die Forderungen des Darlehensgebers aus dem Darlehen durch die Bestellung von Hypotheken oder Grundschulden an der Immobilie gesichert sind und die ersten 60 Prozent des Beleihungswerts nicht übersteigen (oberer Schwellenwert), und
5. ab welchem Zeitpunkt die Beschränkungen einzuhalten sind; es ist hierbei eine angemessene Frist nach Bekanntgabe der Allgemeinverfügung vorzusehen.

[2] Die Bagatellgrenze nach Satz 1 Nummer 2 beträgt mindestens 50 000 Euro, der untere Schwellenwert nach Satz 1 Nummer 3 mindestens 200 000 Euro, der obere Schwellenwert nach Satz 1 Nummer 4 mindestens 400 000 Euro.

(4) Die nach Absatz 1 Satz 1 festgelegten Beschränkungen sind mindestens alle sechs Monate zu überprüfen.

(5) Das Bundesministerium der Finanzen wird ermächtigt, nach Anhörung der Spitzenverbände der Institute durch Rechtsverordnung, die nicht der Zustimmung des Bundesrates bedarf, im Benehmen mit dem Bundesministerium für Wirtschaft und Energie, dem Bundesministerium der Justiz und für Verbraucherschutz, dem Bundesministerium für Umwelt, Naturschutz, Bau und Reaktorsicherheit und der Deutschen Bundesbank nähere Regelungen zu erlassen über

1. die Definitionen der Darlehen und der Wohnimmobilie nach Absatz 1, einschließlich der ausgenommenen Darlehen;
2. die Festlegung von Obergrenzen und Zeiträumen, über die Berechnung von Quotienten und über sonstige maßgebliche Größen nach Absatz 2;
3. die Anordnung zum Freikontingent, zur Bagatellgrenze, zu den Schwellenwerten und dem Zeitpunkt, ab dem die Beschränkungen einzuhalten sind, nach Absatz 3;
4. die regelmäßige Überprüfung festgelegter Beschränkungen nach Absatz 4;
5. Einzelheiten der Zusammenarbeit zwischen der Bundesanstalt und der Deutschen Bundesbank zur Anwendung dieser Vorschrift.

(6) [1] Vor Erlass einer Allgemeinverfügung nach Absatz 1 sind die Spitzenverbände der Institute, einschließlich der Bausparkassen, und der Immobilienwirtschaft sowie das Bundesministerium für Wirtschaft und Energie, das Bundesministerium der Justiz und für Verbraucherschutz und das Bundesministerium für Umwelt, Naturschutz, Bau und Reaktorsicherheit anzuhören. [2] Das Bundesministerium der Finanzen unterrichtet den Finanzausschuss des Deutschen Bundestages unverzüglich über die Einleitung der Anhörung nach Satz 1;

der Erlass der Allgemeinverfügung erfolgt frühestens sechs Wochen nach der Unterrichtung. [3]Die Bundesanstalt zeigt die Absicht, eine Allgemeinverfügung gemäß Absatz 1 zu erlassen, der Europäischen Kommission, dem Rat, dem Europäischen Ausschuss für Systemrisiken, der Europäischen Zentralbank und der Europäischen Bankenaufsichtsbehörde an. [4]Die Sätze 1 bis 3 gelten entsprechend bei einer Abänderung der Allgemeinverfügung, mit der zusätzliche oder weitergehende Beschränkungen festgelegt werden sollen.

(7) [1]Die Bundesanstalt kann die in einem anderen Staat des Europäischen Wirtschaftsraums oder in einem Drittstaat festgelegten Beschränkungen bei der Vergabe von Darlehen zum Bau oder zum Erwerb von Wohnimmobilien, die in einem anderen Staat belegen sind, anerkennen. [2]Die Anerkennung setzt voraus, dass die ausländischen Beschränkungen mit den nach Absatz 2 möglichen Beschränkungen vergleichbar sind. [3]Die Absätze 1 bis 4 gelten entsprechend.

5. Vollziehbarkeit, Zwangsmittel, Umlage und Kosten

§ 49 Sofortige Vollziehbarkeit. Widerspruch und Anfechtungsklage gegen Maßnahmen der Bundesanstalt einschließlich der Androhung und Festsetzung von Zwangsmitteln auf der Grundlage des § 2c Abs. 1b Satz 1 und 2, Abs. 2 Satz 1 und Abs. 4, des § 3 Absatz 4, des § 6 Absatz 1b, des § 6a, des § 8a Absatz 3 bis 5, des § 10 Absatz 3 und 4, des § 12a Abs. 2, des § 13 Abs. 3, des § 13c Abs. 3 Satz 4, des § 25c Absatz 4c, des § 28 Abs. 1, des § 35 Abs. 2 Nr. 2 bis 6, der §§ 36, 37 und 44 Abs. 1, auch in Verbindung mit § 44b, Abs. 2 und 3a Satz 1, des § 44a Abs. 2 Satz 1, der §§ 44c, 45, des § 45a Abs. 1 und des § 45b Abs. 1, der §§ 45c, 46, 46a, 46b, 48u Absatz 1 und 7, § 53b Absatz 12, der §§ 53l, 53n Absatz 1, der §§ 53p und 53q Absatz 2 haben keine aufschiebende Wirkung.

§ 50 *(aufgehoben)*

§ 51 Umlage und Kosten. (1) [1]Die Kosten des Bundesaufsichtsamtes sind, soweit sie nicht durch Gebühren oder durch besondere Erstattung nach Absatz 3 gedeckt sind, dem Bund von den Instituten zu 90 vom Hundert zu erstatten. [2]Die Kosten werden anteilig auf die einzelnen Institute nach Maßgabe ihres Geschäftsumfanges umgelegt und vom Bundesaufsichtsamt nach den Vorschriften des Verwaltungsvollstreckungsgesetzes beigetrieben. [3]Die in der Umlage-Verordnung Kredit- und Finanzdienstleistungswesen vom 8. März 1999 (BGBl. I S. 314) enthaltenen Regelungen gelten für die Zeit vom 12. März 1999 bis zum 30. Dezember 2000 in der am 12. März 1999 geltenden Fassung mit Gesetzeskraft. [4]Für die Zeit vom 31. Dezember 2000 bis zum 31. Dezember 2001 gelten die in der Umlage-Verordnung Kredit- und Finanzdienstleistungswesen enthaltenen Regelungen in der am 31. Dezember 2000 geltenden Fassung mit Gesetzeskraft. [5]Für die Zeit vom 1. Januar 2002 bis zum 30. April 2002 gelten die in der Umlage-Verordnung Kredit- und Finanzdienstleistungswesen enthaltenen Regelungen in der am 1. Januar 2002 geltenden Fassung mit Gesetzeskraft. [6]Zu den Kosten gehören auch die Erstattungsbeträge, die nicht beigetrieben werden konnten, sowie die Fehlbeträge aus der Umlage des vorhergehenden Jahres, für das Kosten zu erstatten sind; ausgenommen sind die Erstattungs- oder Fehlbeträge, über die noch nicht unanfechtbar oder rechtskräftig entschieden ist. [7]Das Nähere über die Erhebung der Umlage, insbesondere über den Verteilungsschlüssel und -stichtag, die Mindestveranlagung, das Umlageverfahren einschließlich eines geeigneten Schätzverfahrens, die Zahlungsfristen und die Höhe der Säumniszuschläge, sowie über die Beitreibung bestimmt das Bundesministerium der Finanzen durch Rechtsverordnung; die Rechtsverordnung kann auch Regelungen über die vorläufige Festsetzung des Umlagebetrags vorsehen. [8] Es kann die Ermächtigung durch Rechtsverordnung auf das Bundesaufsichtsamt übertragen.

(2) [1] Das Bundesaufsichtsamt kann für Entscheidungen auf Grund des § 2 Abs. 4, des § 10 Abs. 3b Satz 1, des § 31 Abs. 2, der §§ 32 und 34 Abs. 2 und der §§ 35 bis 37 Gebühren in Höhe von 250 Euro bis 50 000 Euro festsetzen. [2] Die Höhe der Gebühr soll sich im Einzelfall nach dem für die Entscheidung erforderlichen Arbeitsaufwand und nach dem Geschäftsumfang des betroffenen Unternehmens richten.

(3) [1] Die Kosten, die dem Bund durch die Bestellung eines Abwicklers nach § 37 Satz 2 und § 38 Abs. 2 Satz 2 und 4, einer Aufsichtsperson nach § 46 Abs. 1 Satz 2, durch eine Bekanntmachung nach § 32 Abs. 4, § 37 Satz 3 oder § 38 Abs. 3 oder eine auf Grund des § 44 Abs. 1 oder 2, § 44b Satz 2 oder § 44c Abs. 2 vorgenommene Prüfung entstehen, sind von dem betroffenen Unternehmen gesondert zu erstatten und auf Verlangen des Bundesaufsichtsamtes vorzuschießen. [2] Die Kosten, die dem Bund durch eine auf Grund des § 44 Abs. 3 vorgenommene Prüfung der Richtigkeit der für die Zusammenfassung nach § 10a Abs. 6 und 7, § 13b Abs. 3 und § 25 Abs. 2 übermittelten Daten entstehen, sind von dem zur Zusammenfassung verpflichteten übergeordneten Institut gesondert zu erstatten und auf Verlangen des Bundesaufsichtsamtes vorzuschießen.

(4) [1] Absatz 1 Satz 3 bis 5 in der Fassung des Gesetzes zur Änderung des Versicherungsaufsichtsgesetzes und anderer *Gesetzes*[1] vom 15. Dezember 2004 (BGBl. I S. 3416) ist für die Zeit vom 12. März 1999 bis zum 30. April 2002 auf die angefallenen Kosten des Bundesaufsichtsamtes für das Kreditwesen anzuwenden. [2] Im Übrigen sind die Absätze 1 bis 3 für den Zeitraum bis zum 30. April 2002 in der bis zum 30. April 2002 geltenden Fassung auf die angefallenen Kosten des Bundesaufsichtsamtes für das Kreditwesen anzuwenden.

Vierter Abschnitt. Besondere Vorschriften für Wohnungsunternehmen mit Spareinrichtung

§ 51a Anforderungen an die Eigenkapitalausstattung für Wohnungsunternehmen mit Spareinrichtung. (1) [1] Wohnungsunternehmen mit Spareinrichtung müssen im Interesse der Erfüllung ihrer Verpflichtungen gegenüber ihren Gläubigern, insbesondere im Interesse der Sicherheit der ihnen anvertrauten Vermögenswerte, angemessenes Eigenkapital haben. [2] Das Bundesministerium der Finanzen wird ermächtigt, durch Rechtsverordnung, die nicht der Zustimmung des Bundesrates bedarf, im Benehmen mit der Deutschen Bundesbank nähere Bestimmungen über die angemessene Eigenkapitalausstattung (Solvabilität) der Wohnungsunternehmen mit Spareinrichtung zu erlassen, insbesondere über

[1] Richtig wohl: „Gesetze“.

1. die Bestimmung der für Adressenausfallrisiken und Marktrisiken anrechnungspflichtigen Geschäfte und ihrer Risikoparameter;
2. den Gegenstand und die Verfahren zur Ermittlung von Eigenkapitalanforderungen für das operationelle Risiko;
3. die Berechnungsmethoden für die Eigenkapitalanforderung und die dafür erforderlichen technischen Grundsätze;
4. Inhalt, Art, Umfang und Form der zum Nachweis der angemessenen Eigenkapitalausstattung erforderlichen Angaben sowie Bestimmungen über die für die Datenübermittlung zulässigen Datenträger, Übertragungswege und Datenformate und
5. die Anforderungen an eine Ratingagentur, um deren Ratings für Risikogewichtungszwecke anerkennen zu können, und über die Anforderungen an das Rating.

[3] Das Bundesministerium der Finanzen kann die Ermächtigung durch Rechtsverordnung auf die Bundesanstalt mit der Maßgabe übertragen, dass die Rechtsverordnung im Einvernehmen mit der Deutschen Bundesbank ergeht. [4] Vor Erlass der Rechtsverordnung ist der Spitzenverband der Wohnungsunternehmen mit Spareinrichtung zu hören.

(2) Die Bundesanstalt kann bei der Beurteilung der Angemessenheit des Eigenkapitals anordnen, dass ein Wohnungsunternehmen mit Spareinrichtung Eigenkapitalanforderungen einhalten muss, die über die Anforderungen der Rechtsverordnung nach Absatz 1 Satz 2 hinausgehen, insbesondere

1. um solche Risiken zu berücksichtigen, die nicht oder nicht in vollem Umfang Gegenstand der Rechtsverordnung nach Absatz 1 Satz 2 sind,
2. wenn die Risikotragfähigkeit eines Wohnungsunternehmens mit Spareinrichtung nicht gewährleistet ist,
3. um einer besonderen Geschäftssituation des Wohnungsunternehmens mit Spareinrichtung, etwa bei Aufnahme der Geschäftstätigkeit, Rechnung zu tragen oder
4. wenn das Wohnungsunternehmen mit Spareinrichtung nicht über eine ordnungsgemäße Geschäftsorganisation im Sinne des § 25a Absatz 1 verfügt.

(3) Auf Antrag des Wohnungsunternehmens mit Spareinrichtung kann die Bundesanstalt bei der Beurteilung der Angemessenheit des Eigenkapitals einer abweichenden Berechnung der Eigenkapitalanforderungen zustimmen, um eine im Einzelfall unangemessene Risikoabbildung zu vermeiden.

(4) Der Berechnung der Angemessenheit des Eigenkapitals nach der Rechtsverordnung nach Absatz 1 Satz 2 ist das haftende Eigenkapital zugrunde zu legen.

(5) Eigenkapital, das von Dritten oder von Tochterunternehmen der Wohnungsunternehmen mit Spareinrichtung zur Verfügung gestellt wird oder wurde, kann nur berücksichtigt werden, wenn es dem Wohnungsunternehmen mit Spareinrichtung tatsächlich zugeflossen ist.

(6) [1] Als haftendes Eigenkapital gelten abzüglich der Positionen des Satzes 2

1. die Geschäftsguthaben und die Rücklagen; dabei sind Geschäftsguthaben von Mitgliedern, die zum Schluss des Geschäftsjahres ausscheiden, sowie ihre Ansprüche auf Auszahlung eines Anteils an der in der Bilanz nach § 73

Absatz 3 des Genossenschaftsgesetzes von eingetragenen Genossenschaften gesondert ausgewiesenen Ergebnisrücklage der Genossenschaft abzusetzen und

2. der Bilanzgewinn, soweit seine Zuweisung zu den Rücklagen oder den Geschäftsguthaben beschlossen ist.

[2] Abzugspositionen im Sinne des Satzes 1 sind:

1. der Bilanzverlust;
2. die immateriellen Vermögensgegenstände;
3. der Korrekturposten gemäß Absatz 9;
4. Verbriefungspositionen, soweit die Rechtsverordnung nach Absatz 1 Satz 2 eine die Wahl zwischen einer Unterlegung der Verbriefungsposition mit Eigenmitteln zu ihrem vollen Betrag oder dem Abzug vorsieht und das Wohnungsunternehmen mit Spareinrichtungen den Abzug wählt.

(7) [1] Als Rücklagen im Sinne des Absatzes 6 Satz 1 gelten nur die in der letzten für den Schluss eines Geschäftsjahres festgestellten Bilanz als Rücklagen ausgewiesenen Beträge mit Ausnahme solcher Passivposten, die erst bei ihrer Auflösung zu versteuern sind. [2] Als Rücklagen ausgewiesene Beträge, die aus Erträgen gebildet worden sind, auf die erst bei Eintritt eines zukünftigen Ereignisses Steuern zu entrichten sind, können nur in Höhe von 45 Prozent berücksichtigt werden. [3] Rücklagen, die auf Grund eines bei der Emission von Anteilen erzielten Aufgeldes oder anderweitig durch den Zufluss externer Mittel gebildet werden, können vom Zeitpunkt des Zuflusses an berücksichtigt werden.

(8) [1] Von einem Wohnungsunternehmen mit Spareinrichtung aufgestellte Zwischenabschlüsse sind einer prüferischen Durchsicht durch den Abschlussprüfer zu unterziehen; in diesen Fällen gilt der Zwischenabschluss für die Zwecke dieser Vorschrift als ein mit dem Jahresabschluss vergleichbarer Abschluss, wobei Gewinne des Zwischenabschlusses dem Eigenkapital zugerechnet werden, soweit sie nicht für voraussichtliche Gewinnausschüttungen oder Steueraufwendungen gebunden sind. [2] Verluste, die sich aus Zwischenabschlüssen ergeben, sind vom Eigenkapital abzuziehen. [3] Das Wohnungsunternehmen mit Spareinrichtung hat der Bundesanstalt und der Deutschen Bundesbank den Zwischenabschluss jeweils unverzüglich einzureichen. [4] Der Abschlussprüfer hat der Bundesanstalt und der Deutschen Bundesbank unverzüglich nach Beendigung der prüferischen Durchsicht des Zwischenabschlusses eine Bescheinigung über die Durchsicht einzureichen. [5] Ein im Zuge der Verschmelzung erstellter unterjähriger Jahresabschluss gilt nicht als Zwischenabschluss im Sinne dieses Absatzes.

(9) [1] Die Bundesanstalt kann auf das haftende Eigenkapital einen Korrekturposten festsetzen. [2] Wird der Korrekturposten festgesetzt, um noch nicht bilanzwirksam gewordene Kapitalveränderungen zu berücksichtigen, so wird die Festsetzung mit der Feststellung des nächsten für den Schluss eines Geschäftsjahres aufgestellten Jahresabschlusses gegenstandslos. [3] Die Bundesanstalt hat die Festsetzung auf Antrag des Wohnungsunternehmens mit Spareinrichtung aufzuheben, soweit die Voraussetzung für die Festsetzung wegfällt.

§ 51b Anforderungen an die Liquidität für Wohnungsunternehmen mit Spareinrichtung. (1) [1] Wohnungsunternehmen mit Spareinrichtung müssen ihre Mittel so anlegen, dass jederzeit eine ausreichende Zahlungsfähigkeit (Liquidität) gewährleistet ist. [2]Mietzahlungen, die in den nächsten zwölf Monaten fällig werden, werden als Liquiditätszuflüsse berücksichtigt.

(2) [1]Das Bundesministerium der Finanzen wird ermächtigt, durch Rechtsverordnung, die nicht der Zustimmung des Bundesrates bedarf, im Benehmen mit der Deutschen Bundesbank nähere Bestimmungen über die ausreichende Liquidität zu erlassen, insbesondere über die

1. Methoden zur Beurteilung der ausreichenden Liquidität und die dafür erforderlichen technischen Grundsätze,
2. als Zahlungsmittel und Zahlungsverpflichtungen zu berücksichtigenden Geschäfte einschließlich ihrer Bemessungsgrundlagen und
3. Pflicht der Wohnungsunternehmen mit Spareinrichtung zur Übermittlung der zum Nachweis der ausreichenden Liquidität erforderlichen Angaben an die Bundesanstalt und die Deutsche Bundesbank, einschließlich Bestimmungen zu Inhalt, Art, Umfang und Form der Angaben, zu der Häufigkeit ihrer Übermittlung und über die zulässigen Datenträger, Übertragungswege und Datenformate.

[2]Das Bundesministerium der Finanzen kann die Ermächtigung durch Rechtsverordnung auf die Bundesanstalt mit der Maßgabe übertragen, dass die Rechtsverordnung im Einvernehmen mit der Deutschen Bundesbank ergeht. [3]Vor Erlass der Rechtsverordnung ist der Spitzenverband der Wohnungsunternehmen mit Spareinrichtung zu hören.

(3) Die Bundesanstalt kann bei der Beurteilung der Liquidität im Einzelfall gegenüber Wohnungsunternehmen mit Spareinrichtung über die in der Rechtsverordnung nach Absatz 2 Satz 1 festgelegten Vorgaben hinausgehende Liquiditätsanforderungen anordnen, wenn ohne eine solche Maßnahme die nachhaltige Liquidität nicht gesichert ist.

§ 51c Sonstige Sondervorschriften für Wohnungsunternehmen mit Spareinrichtung. (1) Das Einlagengeschäft im Sinne des § 1 Absatz 29 Satz 1 Nummer 3 darf nur mit den Mitgliedern der Genossenschaft und ihren Angehörigen gemäß § 15 der Abgabenordnung betrieben werden.

(2) § 25c Absatz 1 gilt mit der Maßgabe, dass Geschäftsleiter von Wohnungsunternehmen mit Spareinrichtung im Einzelfall die praktischen Kenntnisse in den entsprechenden Geschäften nach ihrer Bestellung erwerben können, wenn mindestens zwei Vorstandsmitglieder vorhanden sind, die die fachliche Eignung nach § 25c Absatz 1 besitzen, und gesichert ist, dass diese bei allen Entscheidungen stets die Mehrheit der Stimmen innehaben.

(3) § 25c Absatz 4a Nummer 3 Buchstabe d, e und g gilt mit der Maßgabe, dass die Berichterstattung in angemessenen Abständen, mindestens jedoch jährlich, erfolgt.

(4) Die §§ 6b, 7a, 10 bis 18, 24 Absatz 1 Nummer 16, 17 und Absatz 1a Nummer 5, die §§ 24c, 25, 25d Absatz 7 bis 12, § 32 Absatz 1a sowie § 26a sind nicht anzuwenden.

(5) § 33 Absatz 1 Satz 1 gilt mit der Maßgabe, dass einem Wohnungsunternehmen mit Spareinrichtung als Anfangskapital ein Gegenwert von mindestens 5 Millionen Euro zur Verfügung steht.

Fünfter Abschnitt. Sondervorschriften

§ 52 Sonderaufsicht. Soweit Institute einer anderen staatlichen Aufsicht unterliegen, bleibt diese neben der Aufsicht der Bundesanstalt bestehen.

§ 52a Verjährung von Ansprüchen gegen Organmitglieder von Kreditinstituten. (1) Ansprüche von Kreditinstituten gegen Geschäftsleiter und Mitglieder des Aufsichts- oder Verwaltungsorgans aus dem Organ- und Anstellungsverhältnis wegen der Verletzung von Sorgfaltspflichten verjähren in zehn Jahren.

(2) Absatz 1 ist auch auf die vor dem 15. Dezember 2010 entstandenen und noch nicht verjährten Ansprüche anzuwenden.

§ 53 Zweigstellen von Unternehmen mit Sitz im Ausland. (1) [1] Unterhält ein Unternehmen mit Sitz im Ausland eine Zweigstelle im Inland, die Bankgeschäfte betreibt oder Finanzdienstleistungen erbringt, gilt die Zweigstelle als Kreditinstitut oder Finanzdienstleistungsinstitut. [2] Unterhält das Unternehmen mehrere Zweigstellen im Inland, gelten sie als ein Institut.

(2) Auf die in Absatz 1 bezeichneten Institute ist dieses Gesetz mit folgender Maßgabe anzuwenden:

1. [1] Das Unternehmen hat mindestens zwei natürliche Personen mit Wohnsitz im Inland zu bestellen, die für den Geschäftsbereich des Instituts zur Geschäftsführung und zur Vertretung des Unternehmens befugt sind, sofern das Institut Bankgeschäfte betreibt oder Finanzdienstleistungen erbringt und befugt ist, sich bei der Erbringung von Finanzdienstleistungen Eigentum oder Besitz an Geldern oder Wertpapieren von Kunden zu verschaffen. [2] Solche Personen gelten als Geschäftsleiter. [3] Sie sind zur Eintragung in das Handelsregister anzumelden.
2. [1] Das Institut ist verpflichtet, über die von ihm betriebenen Geschäfte und über das seinem Geschäftsbetrieb dienende Vermögen des Unternehmens gesondert Buch zu führen und gegenüber der Bundesanstalt und der Deutschen Bundesbank Rechnung zu legen. [2] Die Vorschriften des Handelsgesetzbuchs über Handelsbücher gelten insoweit entsprechend. [3] Auf der Passivseite der jährlichen Vermögensübersicht ist der Betrag des dem Institut von dem Unternehmen zur Verfügung gestellten Betriebskapitals und der Betrag der dem Institut zur Verstärkung der eigenen Mittel belassenen Betriebsüberschüsse gesondert auszuweisen. [4] Der Überschuß der Passivposten über die Aktivposten oder der Überschuß der Aktivposten über die Passivposten ist am Schluß der Vermögensübersicht ungeteilt und gesondert auszuweisen.
3. [1] Die nach Nummer 2 für den Schluß eines jeden Geschäftsjahres aufzustellende Vermögensübersicht mit einer Aufwands- und Ertragsrechnung und einem Anhang gilt als Jahresabschluß (§ 26). [2] Für die Prüfung des Jahresabschlusses gilt § 340k des Handelsgesetzbuchs entsprechend mit der Maßgabe, daß der Prüfer von den Geschäftsleitern gewählt und bestellt wird. [3] Mit dem Jahresabschluß des Instituts ist der Jahresabschluß des Unternehmens für das gleiche Geschäftsjahr einzureichen.

4. [1] Für Zweigstellen, die sowohl das Einlagen- als auch das Kreditgeschäft betreiben, gilt § 33 Absatz 1 Satz 1 Nummer 1 Buchstabe d entsprechend. [2] Als Eigenmittel des Instituts gilt die Summe der Beträge, die in den Finanzinformationen nach § 25 als dem Institut von dem Unternehmen zur Verfügung gestelltes Betriebskapital und ihm zur Verstärkung der eigenen Mittel belassene Betriebsüberschüsse ausgewiesen wird, abzüglich des Betrags eines etwaigen aktiven Verrechnungssaldos. [3] Außerdem ist dem Institut Kapital nach Artikel 71 der Verordnung (EU) Nr. 575/2013[1)] in der jeweils geltenden Fassung zuzurechnen; die Artikel 25 bis 91 der Verordnung (EU) Nr. 575/2013 in ihrer jeweils geltenden Fassung gelten mit der Maßgabe, dass die Eigenmittel nach Satz 2 als hartes Kernkapital gelten.
5. [1] Die Erlaubnis kann auch dann versagt werden, wenn die Gegenseitigkeit nicht auf Grund zwischenstaatlicher Vereinbarungen gewährleistet ist. [2] Die Erlaubnis ist zu widerrufen, wenn und soweit dem Unternehmen die Erlaubnis zum Betreiben von Bankgeschäften oder Erbringen von Finanzdienstleistungen von der für die Aufsicht über das Unternehmen im Ausland zuständigen Stelle entzogen worden ist.
6. Für die Anwendung des § 36 Abs. 1 gilt das Institut als juristische Person.
7. Die Eröffnung neuer Zweigstellen sowie die Schließung von Zweigstellen im Inland hat das Institut der Bundesanstalt und der Deutschen Bundesbank unverzüglich anzuzeigen.

(2a) Für die Bestimmungen dieses Gesetzes, die daran anknüpfen, daß ein Institut das Tochterunternehmen eines Unternehmens mit Sitz im Ausland ist, gilt die Zweigstelle als hundertprozentiges Tochterunternehmen der Institutszentrale mit Sitz im Ausland.

(3) Für Klagen, die auf den Geschäftsbetrieb einer Zweigstelle im Sinne des Absatzes 1 Bezug haben, darf der Gerichtsstand der Niederlassung nach § 21 der Zivilprozeßordnung nicht durch Vertrag ausgeschlossen werden.

(4) Die Absätze 2 bis 3 sind nicht anzuwenden, soweit zwischenstaatliche Vereinbarungen entgegenstehen, denen die gesetzgebenden Körperschaften in der Form eines Bundesgesetzes zugestimmt haben.

(5) [1] Ist ein Beschluss über die Auflösung der Zweigstelle gefasst worden, so ist dieser zur Eintragung in das Handelsregister des Gerichts der Zweigstelle anzumelden und der Vermerk „in Abwicklung" im Rechtsverkehr zu führen. [2] Die erteilte Erlaubnis ist an die Bundesanstalt zurückzugeben.

(6) [1] Die ebenfalls eintragungspflichtige Aufhebung der Zweigstelle darf nur mit Zustimmung der Bundesanstalt erfolgen. [2] Die Zustimmung ist in der Regel zu verweigern, wenn nicht nachgewiesen ist, dass sämtliche Geschäfte der Zweigstelle abgewickelt worden sind.

§ 53a Repräsentanzen von Instituten mit Sitz im Ausland. [1] Ein Institut mit Sitz im Ausland darf eine Repräsentanz im Inland errichten oder fortführen, wenn es befugt ist, in seinem Herkunftsstaat Bankgeschäfte zu betreiben oder Finanzdienstleistungen zu erbringen und dort seine Hauptverwaltung hat. [2] Das Institut hat die Absicht, eine Repräsentanz zu errichten, und den Vollzug einer solchen Absicht der Bundesanstalt und der Deutschen Bundesbank unver-

---

1) Nr. **6**.

züglich anzuzeigen. [3] Die Bundesanstalt bestätigt dem Institut den Eingang der Anzeige. [4] Die Repräsentanz, einschließlich ihrer Leiter, darf ihre Tätigkeit erst aufnehmen, wenn dem Institut die Bestätigung der Bundesanstalt vorliegt. [5] Das Institut hat der Bundesanstalt und der Deutschen Bundesbank die Verlegung oder Schließung der Repräsentanz unverzüglich anzuzeigen.

§ 53b Unternehmen mit Sitz in einem anderen Staat des Europäischen Wirtschaftsraums. (1) [1] Ein CRR-Kreditinstitut oder ein Wertpapierhandelsunternehmen mit Sitz in einem anderen Staat des Europäischen Wirtschaftsraums darf ohne Erlaubnis durch die Aufsichtsbehörde über eine Zweigniederlassung oder über gemäß § 2 Absatz 10 angezeigte vertraglich gebundene Vermittler, die ihren Sitz oder gewöhnlichen Aufenthalt im Inland haben, sowie im Wege des grenzüberschreitenden Dienstleistungsverkehrs, auch durch vertraglich gebundene Vermittler, die ihren Sitz oder gewöhnlichen Aufenthalt im Herkunftsmitgliedstaat haben, im Inland Bankgeschäfte betreiben oder Finanzdienstleistungen erbringen, wenn das Unternehmen von den zuständigen Stellen seines Herkunftsmitgliedstaates zugelassen worden ist, die Geschäfte von der Zulassung abgedeckt sind und das Unternehmen von den zuständigen Stellen nach Maßgabe der Richtlinien und Verordnungen der Europäischen Union beaufsichtigt wird. [2] Satz 1 gilt entsprechend für CRR-Kreditinstitute, die auch Zahlungsdienste im Sinne des Zahlungsdiensteaufsichtsgesetzes[1)] erbringen. [3] § 53 ist in diesem Falle nicht anzuwenden. [4] § 14 der Gewerbeordnung bleibt unberührt.

(1a) Ein Unternehmen mit Sitz in einem anderen Mitgliedstaat der Europäischen Union oder einem Vertragsstaat des Abkommens über den Europäischen Wirtschaftsraum darf ohne Erlaubnis durch die Bundesanstalt über eine Zweigniederlassung oder im Wege des grenzüberschreitenden Dienstleistungsverkehrs im Inland als Datenbereitstellungsdienst tätig werden, wenn das Unternehmen von den zuständigen Stellen seines Herkunftsmitgliedstaates zugelassen worden ist und die Geschäfte durch die Zulassung abgedeckt sind.

(2) [1] Vorbehaltlich der Regelungen in Teil II, Titel 3 der Verordnung (EU) Nr. 468/2014 hat die Bundesanstalt einem Unternehmen im Sinne des Absatzes 1 Satz 1 und 2, das beabsichtigt, eine Zweigniederlassung im Inland zu errichten, innerhalb von zwei Monaten nach Eingang der von den zuständigen Stellen des Herkunftsmitgliedstaates über die beabsichtigte Errichtung der Zweigniederlassung übermittelten Unterlagen auf die für seine Tätigkeit vorgeschriebenen Meldungen an die Bundesanstalt und die Deutsche Bundesbank hinzuweisen und die Bedingungen anzugeben, die nach Absatz 3 Satz 1 für die Ausübung der von der Zweigniederlassung geplanten Tätigkeiten aus Gründen des Allgemeininteresses gelten. [2] Nach Eingang der Mitteilung der Aufsichtsbehörde, spätestens nach Ablauf der in Satz 1 genannten Frist, kann die Zweigniederlassung errichtet werden und ihre Tätigkeit aufnehmen. [3] Die Europäische Wertpapier- und Marktaufsichtsbehörde kann nach dem Verfahren und unter den in Artikel 35 der Verordnung (EU) Nr. 1095/2010 festgelegten Bedingungen den Zugang zu diesen Informationen verlangen.

(2a) [1] Vorbehaltlich der Regelungen in Teil II, Titel 3 der Verordnung (EU) Nr. 468/2014 hat die Bundesanstalt einem Unternehmen im Sinne des Ab-

---

[1)] Nr. **10**.

satzes 1 Satz 1 und 2, das beabsichtigt, im Inland im Wege des grenzüberschreitenden Dienstleistungsverkehrs tätig zu werden, innerhalb von zwei Monaten nach Eingang der von den zuständigen Stellen des Herkunftsmitgliedstaates über die beabsichtigte Aufnahme des grenzüberschreitenden Dienstleistungsverkehrs übermittelten Unterlagen die Bedingungen anzugeben, die nach Absatz 3 Satz 3 für die Ausübung der geplanten Tätigkeiten aus Gründen des Allgemeininteresses gelten. [2] Die Bundesanstalt veröffentlicht die Namen von vertraglich gebundenen Vermittlern, die ihren Sitz oder gewöhnlichen Aufenthalt im Herkunftsmitgliedstaat des Instituts haben und die das Institut im Inland heranziehen will, auf ihrer Internetseite, soweit die zuständigen Stellen des Herkunftsmitgliedstaates diese mitgeteilt haben.

(3) [1] Auf Zweigniederlassungen im Sinne des Absatzes 1 Satz 1 und 2 sind die folgenden Regelungen entsprechend anzuwenden mit der Maßgabe, dass eine oder mehrere Zweigniederlassungen desselben Unternehmens als ein Kreditinstitut oder Finanzdienstleistungsinstitut gelten:

1. § 3 Absatz 1 und § 6 Absatz 2,
1a. § 10 Absatz 2,
2. *(aufgehoben)*
3. die §§ 14, 18a, 22 und 23,
4. § 23a, sofern es sich um ein CRR-Institut oder Wertpapierhandelsunternehmen handelt,
5. § 24 Abs. 1 Nr. 5 und 7,
6. die §§ 24b, 24c, 25, 25a Abs. 1 Satz 6 Nr. 2,
7. § 25h Absatz 1 bis 3, soweit es sich um Anforderungen zur Verhinderung von Geldwäsche und Terrorismusfinanzierung handelt, sowie § 25h Absatz 4 und 5,
8. die §§ 25i bis 25k, 25m, 37, 39 bis 42, 43 Absatz 2 und 3, § 44 Absatz 1 und 6, § 44a Absatz 1 und 2 sowie die §§ 44c, 46 bis 46h, 48u und 49,
9. § 17 des Finanzdienstleistungsaufsichtsgesetzes[1)].

[2] Für die Tätigkeiten im Wege des grenzüberschreitenden Dienstleistungsverkehrs nach Absatz 1 Satz 1 und 2 gelten § 3 Absatz 1, sofern es sich um ein CRR-Institut oder ein Wertpapierhandelsunternehmen handelt, die §§ 18a, 23a, 37, 44 Absatz 1 sowie die §§ 44c, 48u Absatz 1 und § 49 dieses Gesetzes und § 17 des Finanzdienstleistungsaufsichtsgesetzes entsprechend. [3] Auf Betreiber eines multilateralen oder organisierten Handelssystems, die im Wege des grenzüberschreitenden Dienstleistungsverkehrs im Inland einen Zugang anbieten, ist § 23a nicht anzuwenden.

(4) [1] Stellt die Aufsichtsbehörde fest, dass ein Unternehmen im Sinne des Absatzes 1 Satz 1 und 2 seinen Pflichten nach Absatz 3 oder der Verordnung (EU) Nr. 575/2013[2)] nicht nachkommt oder dass es sehr wahrscheinlich ist, dass es diesen Verpflichtungen nicht nachkommen wird, unterrichtet die Aufsichtsbehörde unverzüglich die zuständigen Stellen des Herkunftsmitgliedstaates. [2] Ergreifen die zuständigen Stellen des Herkunftsmitgliedstaates keine Maßnahmen oder erachtet die Aufsichtsbehörde die Maßnahme auf Grundlage der

---

[1)] Nr. 7.
[2)] Nr. 6.

ihr von den zuständigen Stellen des Herkunftsmitgliedstaates übermittelten Informationen und Erkenntnissen als unzureichend, kann sie nach Unterrichtung der zuständigen Stellen des Herkunftsmitgliedstaates und der Europäischen Bankenaufsichtsbehörde die erforderlichen Maßnahmen ergreifen. [3] Erforderlichenfalls kann sie die Durchführung neuer Geschäfte im Inland untersagen. Sind die zuständigen Stellen des Herkunftsmitgliedstaates mit den zu ergreifenden Maßnahmen nicht einverstanden, können sie die Angelegenheit nach Maßgabe des Artikels 19 der Verordnung (EU) Nr. 1093/2010 an die Europäische Bankenaufsichtsbehörde verweisen und diese um Unterstützung bitten.

(5) [1] In dringenden Fällen kann die Aufsichtsbehörde vor Einleitung des in Absatz 4 vorgesehenen Verfahrens die erforderlichen Maßnahmen anordnen, sofern der Herkunftsmitgliedstaat keine Sanierungsmaßnahmen im Sinne des Artikels 2 der Richtlinie 2001/24/EG des Europäischen Parlaments und des Rates vom 4. April 2001 über die Sanierung und Liquidation der Kreditinstitute (ABl. L 125 vom 5.5.2001, S. 15) erlassen hat. [2] Sie hat die Europäische Kommission, die Europäische Bankenaufsichtsbehörde und die zuständigen Stellen des Herkunftsmitgliedstaates unverzüglich hiervon zu unterrichten. [3] Diese Maßnahmen sind aufzuheben, wenn

1. der Herkunftsmitgliedstaat eine Sanierungsmaßnahme im Sinne des Artikels 2 der Richtlinie 2001/24/EG angeordnet oder erlassen hat,
2. der Herkunftsmitgliedstaat die notwendigen Maßnahmen angeordnet oder ergriffen hat, damit das Unternehmen seinen Verpflichtungen nachkommt,
3. die Europäische Kommission nach Anhörung der Aufsichtsbehörde, des Herkunftsmitgliedstaates und der Europäischen Bankaufsichtsbehörde entschieden hat, dass die Maßnahmen nach Satz 1 aufzuheben sind oder
4. der Grund für ihre Anordnung entfallen ist.

(6) Die zuständigen Stellen des Herkunftsmitgliedstaates können nach vorheriger Unterrichtung der Aufsichtsbehörde selbst oder durch ihre Beauftragten die für die bankaufsichtliche Überwachung der Zweigniederlassung erforderlichen Informationen bei der Zweigniederlassung prüfen.

(7) [1] Ein Unternehmen mit Sitz in einem anderen Staat des Europäischen Wirtschaftsraums, das Bankgeschäfte im Sinne des § 1 Abs. 1 Satz 2 Nr. 1 bis 3, 5, 7 bis 9 betreibt, Finanzdienstleistungen im Sinne des § 1 Abs. 1a Satz 2 Nr. 7, 9 und 10, oder Zahlungsdienste im Sinne des Zahlungsdiensteaufsichtsgesetzes erbringt oder sich als Finanzunternehmen im Sinne des § 1 Abs. 3 betätigt, kann diese Tätigkeiten über eine Zweigniederlassung oder im Wege des grenzüberschreitenden Dienstleistungsverkehrs im Inland abweichend von § 32 ohne Erlaubnis der Aufsichtsbehörde ausüben, wenn

1. das Unternehmen ein Tochterunternehmen eines CRR-Kreditinstituts oder ein gemeinsames Tochterunternehmen mehrere CRR-Kreditinstitute ist,
2. seine Satzung diese Tätigkeiten gestattet,
3. das oder die Mutterunternehmen in dem Staat, in dem das Unternehmen seinen Sitz hat, als CRR-Kreditinstitut zugelassen sind,
4. die Tätigkeiten, die das Unternehmen ausübt, auch im Herkunftsmitgliedstaat betrieben werden,
5. das oder die Mutterunternehmen mindestens 90 vom Hundert der Stimmrechte des Tochterunternehmens halten,

6. das oder die Mutterunternehmen gegenüber den zuständigen Stellen des Herkunftsmitgliedstaates des Unternehmens die umsichtige Geschäftsführung des Unternehmens glaubhaft gemacht und sich mit Zustimmung dieser zuständigen Stellen des Herkunftsmitgliedstaates gegebenenfalls gesamtschuldnerisch für die vom Tochterunternehmen eingegangenen Verpflichtungen verbürgt haben und
7. das Unternehmen in die Beaufsichtigung des Mutterunternehmens auf konsolidierter Basis einbezogen ist.

[2] Satz 1 gilt entsprechend für Tochterunternehmen von in Satz 1 genannten Unternehmen, Finanzholding-Gesellschaften, gemischten Finanzholding-Gesellschaften und gemischten Holdinggesellschaften, welche die vorgenannten Bedingungen erfüllen. [3] Die Absätze 2 bis 6 gelten entsprechend.

(7a) Ergreift die Aufsichtsbehörde Maßnahmen nach Absatz 4 oder Absatz 5, jeweils auch in Verbindung mit Absatz 7, sind diese schriftlich zu begründen und dem Institut bekanntzumachen.

(8) [1] Die Bundesanstalt kann beantragen, dass eine inländische Zweigniederlassung eines Instituts mit Sitz in einem anderen Staat des Europäischen Wirtschaftsraums als bedeutend angesehen wird. [2] Gehört das Institut einer Institutsgruppe, Finanzholding-Gruppe oder gemischten Finanzholding-Gruppe an, an deren Spitze ein EU-Mutterinstitut, eine EU-Mutterfinanzholding-Gesellschaft oder eine gemischte EU-Mutterfinanzholding-Gesellschaft steht, richtet die Bundesanstalt den Antrag an die für die Beaufsichtigung der Gruppe auf zusammengefasster Basis zuständige Stelle, anderenfalls an die zuständige Stelle des Herkunftsmitgliedstaates. [3] Der Antrag ist zu begründen. [4] Eine Zweigniederlassung ist insbesondere dann als bedeutend anzusehen, wenn

1. ihr Marktanteil gemessen an den Einlagen 2 vom Hundert übersteigt,
2. sich eine Aussetzung oder Einstellung der Tätigkeit des Instituts auf die systemische Liquidität und die Zahlungsverkehrs- sowie Abwicklungs- und Verrechnungssysteme im Inland auswirken würde oder
3. ihr eine gewisse Größe und Bedeutung gemessen an der Kundenzahl innerhalb des Banken- und Finanzsystems zukommt.

[5] Die Bundesanstalt kann von den Instituten nach Satz 1 alle Angaben verlangen, die für die Beurteilung nach Satz 4 erforderlich sind.

(9) [1] Haben die Bundesanstalt, die zuständige Stelle des Herkunftsmitgliedstaates sowie gegebenenfalls die für die Beaufsichtigung auf zusammengefasster Basis zuständige Stelle innerhalb von zwei Monaten nach Erhalt des Antrags keine einvernehmliche Entscheidung über die Einstufung der Zweigniederlassung als bedeutend getroffen, entscheidet die Bundesanstalt unter Berücksichtigung der Auffassungen und Vorbehalte der anderen zuständigen Stelle innerhalb von weiteren zwei Monaten selbst über die Einstufung einer Zweigniederlassung als bedeutend. [2] Diese Entscheidung ist den anderen zuständigen Stellen schriftlich unter Angabe von Gründen mitzuteilen. [3] Hat die Bundesanstalt oder eine zuständige Stelle in einem anderen Staat des Europäischen Wirtschaftsraums bis zum Ablauf der Zweimonatsfrist nach Satz 1 nach Maßgabe des Artikels 19 der Verordnung (EU) Nr. 1093/2010 die Europäische Bankenaufsichtsbehörde um Hilfe ersucht, stellt die Bundesanstalt ihre Entscheidung nach Satz 1 bis zu einem Beschluss der Europäischen Bankenauf-

sichtsbehörde gemäß Artikel 19 Absatz 3 der Verordnung (EU) Nr. 1093/2010 zurück und entscheidet dann in Übereinstimmung mit einem solchen Beschluss. [4] Nach Ablauf der Zweimonatsfrist oder nachdem eine gemeinsame Entscheidung getroffen wurde, kann die Europäische Bankenaufsichtsbehörde nicht mehr um Hilfe ersucht werden.

(10) [1] Ist die Bundesanstalt auf Einzelinstitutsebene oder unterkonsolidierter Basis für die Beaufsichtigung von Tochterunternehmen eines EU-Mutterinstituts, einer EU-Mutterfinanzholding-Gesellschaft oder einer gemischten EU-Mutterfinanzholding-Gesellschaft zuständig, für deren Beaufsichtigung auf zusammengefasster Basis sie nicht zuständig ist und kommt es innerhalb der viermonatigen Frist nicht zu einer gemeinsamen Entscheidung aller zuständigen Stellen über die Angemessenheit der Eigenmittelausstattung und das Erfordernis zusätzlicher Eigenmittelanforderungen, entscheidet die Bundesanstalt allein, ob die Eigenmittelausstattung der ihrer Beaufsichtigung unterliegenden Tochterunternehmen angemessen ist und ob zusätzliche Eigenmittelanforderungen erforderlich sind. [2] Bei der Entscheidung berücksichtigt sie angemessen die Auffassungen und Vorbehalte der zuständigen Stelle, die die Aufsicht auf zusammengefasster Basis über die Institutsgruppe, Finanzholding-Gruppe oder gemischte Finanzholding-Gruppe ausübt; die Entscheidung muss der Risikobewertung und den Auffassungen und Vorbehalten Rechnung tragen, die innerhalb der viermonatigen Frist von den anderen zuständigen Stellen geäußert wurden. [3] Hat die Bundesanstalt oder eine zuständige Stelle in einem anderen Staat des Europäischen Wirtschaftsraums bis zum Ablauf der Viermonatsfrist nach § 8a Absatz 4 Satz 1 nach Maßgabe des Artikels 19 der Verordnung (EU) Nr. 1093/2010 die Europäische Bankenaufsichtsbehörde um Hilfe ersucht, stellt die Bundesanstalt ihre Entscheidung nach Satz 1 bis zu dem Beschluss der Europäischen Bankenaufsichtsbehörde gemäß Artikel 19 Absatz 3 der Verordnung (EU) Nr. 1093/2010 zurück und entscheidet dann in Übereinstimmung mit einem solchen Beschluss. [4] Nach Ablauf der Viermonatsfrist oder nachdem eine gemeinsame Entscheidung getroffen wurde, kann die Europäische Bankenaufsichtsbehörde nicht mehr um Hilfe ersucht werden. [5] Die Bundesanstalt übersendet der zuständigen Stelle, die die Aufsicht auf zusammengefasster Basis über die Institutsgruppe, Finanzholding-Gruppe oder gemischte Finanzholding-Gruppe ausübt, die schriftliche Entscheidung unter Angabe der vollständigen Begründung. [6] Wurde die Europäische Bankenaufsichtsbehörde angehört, berücksichtigt die Bundesanstalt deren Stellungnahme und begründet jede erhebliche Abweichung davon.

(11) [1] Bevor die Bundesanstalt eine Prüfung nach § 44 über eine Zweigniederlassung anordnet, die im Inland tätig ist, hat sie die zuständigen Stellen des Herkunftsmitgliedstaates anzuhören. [2] Die Informationen und Erkenntnisse, die durch die Prüfung gewonnen werden, sind den zuständigen Stellen des Herkunftsmitgliedstaates mitzuteilen, wenn sie wichtig sind für die Risikobewertung des Mutterinstituts oder für die Stabilität des Finanzsystems des Herkunftsmitgliedstaates.

(12) [1] Wird der Austritt des Vereinigten Königreichs Großbritannien und Nordirland aus der Europäischen Union wirksam, ohne dass bis zu diesem Zeitpunkt ein Austrittsabkommen im Sinne von Artikel 50 Absatz 2 Satz 2 des Vertrages über die Europäische Union in Kraft getreten ist, so kann die Bundesanstalt zur Vermeidung von Nachteilen für die Funktionsfähigkeit oder die Stabilität der Finanzmärkte anordnen, dass die Vorschriften der Absätze 1 bis 9

für einen Übergangszeitraum nach dem Austritt auf Unternehmen mit Sitz im Vereinigten Königreich Großbritannien und Nordirland, die zum Zeitpunkt des Austritts des Vereinigten Königreichs Großbritannien und Nordirland aus der Europäischen Union nach Absatz 1 im Inland über eine Zweigniederlassung oder im Wege des grenzüberschreitenden Dienstleistungsverkehrs Bankgeschäfte betrieben oder Finanzdienstleistungen erbracht haben, ganz oder teilweise entsprechend anzuwenden sind. [2] Dies gilt nur, soweit die Unternehmen nach dem Austritt Bankgeschäfte betreiben oder Finanzdienstleistungen erbringen, die in engem Zusammenhang mit zum Zeitpunkt des Austritts bestehenden Verträgen stehen. [3] Der im Zeitpunkt des Austritts beginnende Übergangszeitraum darf eine Dauer von 21 Monaten nicht überschreiten. [4] Die Anordnung kann auch durch Allgemeinverfügung ohne vorherige Anhörung getroffen und öffentlich bekannt gegeben werden.

§ 53c Unternehmen mit Sitz in einem Drittstaat; Verordnungsermächtigung. (1) Das Bundesministerium der Finanzen wird ermächtigt, durch Rechtsverordnung[1)]

1. zu bestimmen, daß die Vorschriften dieses Gesetzes über ausländische Unternehmen mit Sitz in einem anderen Staat des Europäischen Wirtschaftsraums auch auf Unternehmen mit Sitz in einem Drittstaat anzuwenden sind, soweit dies im Bereich des Niederlassungsrechts oder des Dienstleistungsverkehrs oder für die Aufsicht auf zusammengefaßter Basis auf Grund von Abkommen der Europäischen Union mit Drittstaaten erforderlich ist;
2. die vollständige oder teilweise Anwendung der Vorschriften des § 53b unter vollständiger oder teilweiser Freistellung von den Vorschriften des § 53 auf Unternehmen mit Sitz in einem Drittstaat anzuordnen, wenn die Gegenseitigkeit gewährleistet ist und
   a) die Unternehmen in ihrem Sitzstaat in den von der Freistellung betroffenen Bereichen nach international anerkannten Grundsätzen beaufsichtigt werden,
   b) den Zweigniederlassungen der entsprechenden Unternehmen mit Sitz im Inland in diesem Staat gleichwertige Erleichterungen eingeräumt werden und
   c) die zuständigen Behörden des Sitzstaates zu einer befriedigenden Zusammenarbeit mit der Bundesanstalt bereit sind und dies auf der Grundlage einer Vereinbarung sichergestellt ist.

(2) [1] Ungeachtet der Regelungen des Absatzes 1 können Unternehmen mit Sitz in einem Drittstaat, die in das Register nach Artikel 48 der Verordnung (EU) Nr. 600/2014 eingetragen wurden, gegenüber geeigneten Gegenparteien und professionellen Kunden im Inland Wertpapierdienstleistungen im Sinne

---

[1)] Siehe die Verordnung über die Freistellung der Zweigstellen von Kreditinstituten mit Sitz in Australien von Vorschriften des Gesetzes über das Kreditwesen v. 30.1.2014 (BGBl. I S. 322), die Verordnung über die Freistellung der Zweigstellen von Kreditinstituten mit Sitz in Japan von Vorschriften des Gesetzes über das Kreditwesen v. 30.1.2014 (BGBl. I S. 322), geänd. durch VO v. 29.5. 2018 (BGBl. I S. 660) und die Verordnung über die Freistellung der Zweigstellen von Kreditinstituten mit Sitz in den Vereinigten Staaten von Amerika von Vorschriften des Gesetzes über das Kreditwesen v. 30.1.2014 (BGBl. I S. 322).

des § 2 Absatz 3 und 3a des Wertpapierhandelsgesetzes erbringen. [2]In diesem Fall ist § 53b Absatz 1 und 3 entsprechend anzuwenden.

§ 53d Mutterunternehmen mit Sitz in einem Drittstaat. (1) [1]Unterliegen CRR-Kreditinstitute und Wertpapierhandelsunternehmen mit Sitz im Inland, die Tochterunternehmen eines Instituts, einer Finanzholding-Gesellschaft oder einer gemischten Finanzholding-Gesellschaft mit Sitz in einem Drittstaat sind, in dem Drittstaat nicht einer Beaufsichtigung auf konsolidierter Basis nach den Bestimmungen dieses Gesetzes, bewertet die Aufsichtsbehörde, ob die Beaufsichtigung des CRR-Kreditinstituts oder des Wertpapierhandelsunternehmens auf konsolidierter Basis durch die zuständigen Stellen des Drittstaates der Beaufsichtigung nach den Bestimmungen des § 10a dieses Gesetzes und den Anforderungen des Teils 1 Titel II Kapitel 2 der Verordnung (EU) Nr. 575/2013[1)] gleichwertig ist. [2]Die Aufsichtsbehörde nimmt diese Bewertung auf Wunsch des Mutterunternehmens, eines im Europäischen Wirtschaftsraum zugelassenen Unternehmens oder von Amts wegen vor. [3]Vor der Entscheidung über die Gleichwertigkeit hört die Aufsichtsbehörde die anderen zuständigen Stellen und die Europäische Aufsichtsbehörde an.

(2) [1]Führt die Bewertung nach Absatz 1 zu dem Ergebnis, dass die Beaufsichtigung auf konsolidierter Basis im Drittstaat nicht gleichwertig ist, kann die Aufsichtsbehörde die Gruppe der im Inland ansässigen Unternehmen als Institutsgruppe, Finanzholding-Gruppe oder gemischte Finanzholding-Gruppe und ein Institut als übergeordnetes Unternehmen bestimmen. [2]Die Vorschriften des § 10a dieses Gesetzes und des Teils 1 Titel II Kapitel 2 der Verordnung (EU) Nr. 575/2013 sind entsprechend anzuwenden.

(3) [1]Die Bundesanstalt kann im Einzelfall abweichend von Absatz 2 und § 15 Absatz 2 des Finanzkonglomerate-Aufsichtsgesetzes[2)] einer angemessenen Beaufsichtigung auf konsolidierter Basis in anderer Weise Rechnung tragen. [2]Sie kann insbesondere verlangen, dass eine Finanzholding-Gesellschaft oder gemischte Finanzholding-Gesellschaft mit Sitz im Inland oder in einem anderen Staat des Europäischen Wirtschaftsraums gegründet wird, auf die die Vorschriften dieses Gesetzes über die Beaufsichtigung auf konsolidierter Basis entsprechend anzuwenden sind.

(4) [1]In den Fällen des Absatzes 3 unterrichtet die Bundesanstalt die betroffenen zuständigen Stellen im Europäischen Wirtschaftsraum über die gewählte Vorgehensweise. [2]Die Pflichten aus § 7a Absatz 2 Nummer 3 und § 7b Absatz 3 Nummer 2 bleiben unberührt.

Sechster Abschnitt. Sondervorschriften für zentrale Gegenparteien und Zentralverwahrer

1.[3)] Zentrale Gegenparteien

§ 53e Inhaber bedeutender Beteiligungen. § 2c Absatz 2 in Verbindung mit Absatz 1b Satz 1 Nummer 1, 3, 4 bis 6 gilt entsprechend, soweit die

---

1) Nr. 6.
2) Nr. 9.
3) 1. Unterabschnitt Überschrift eingef. mWv 30.3.2017 durch G v. 20.11.2015 (BGBl. I S. 2029 iVm Bek. v. 20.3.2017, BGBl. I S. 558).

Bundesanstalt nach Artikel 30 Absatz 4 der Verordnung (EU) Nr. 648/2012 die erforderlichen Maßnahmen ergreifen soll, um eine Einflussnahme der in Artikel 30 Absatz 1 der Verordnung (EU) Nr. 648/2012 genannten Personen, die sich voraussichtlich zum Nachteil für eine solide und umsichtige Geschäftsführung einer zentralen Gegenpartei auswirken wird, zu beenden; § 44b gilt entsprechend.

§ 53f Aufsichtskollegien. (1) Soweit die Bundesanstalt und die Deutsche Bundesbank einem Aufsichtskollegium nach Artikel 18 der Verordnung (EU) Nr. 648/2012 angehören, nehmen sie bei Abstimmungen jeweils eine Stimme wahr.

(2) Falls nach Artikel 19 Absatz 3 Satz 3 der Verordnung (EU) Nr. 648/2012 drei Stimmen für deutsche Aufsichtsbehörden vorgesehen sind oder die Bundesanstalt oder die Deutsche Bundesbank dem Aufsichtskollegium nicht angehören, rücken in der Wahrnehmung der Stimmen die zuständigen Aufsichtsbehörden der Handelsplätze im Sinne des Artikels 18 Absatz 2 Buchstabe d der Verordnung (EU) Nr. 648/2012 nach, und zwar in der Reihenfolge des an dem Handelsplatz im vorangegangenen Kalenderjahr gehandelten Volumens an Finanzinstrumenten, das über die betreffende zentrale Gegenpartei abgerechnet wurde.

§ 53g Finanzmittelausstattung von zentralen Gegenparteien. Die Bundesanstalt kann bei der Beurteilung der Angemessenheit der Finanzmittel anordnen, dass eine zentrale Gegenpartei Anforderungen an das Eigenkapital und die sonstigen Finanzmittel einhalten muss, die über die Anforderungen der Artikel 16 und 43 der Verordnung (EU) Nr. 648/2012 hinausgehen, insbesondere

1. um den Aufbau eines zusätzlichen Finanzmittelpuffers für Perioden wirtschaftlichen Abschwungs sicherzustellen,
2. um Risiken Rechnung zu tragen, die sich aufgrund gesellschaftsrechtlicher Gestaltungen oder Abhängigkeiten einer zentralen Gegenpartei insbesondere als Teil einer Instituts- oder Finanzholding-Gruppe ergeben oder
3. um einer besonderen Geschäftssituation einer zentralen Gegenpartei Rechnung zu tragen.

§ 53h Liquidität. Die Bundesanstalt kann bei der Beurteilung der Liquidität im Einzelfall gegenüber einer zentralen Gegenpartei Liquiditätsanforderungen anordnen, die über die Vorgaben hinausgehen, die in Artikel 44 der Verordnung (EU) Nr. 648/2012 gegebenenfalls in Verbindung mit nach Artikel 44 Absatz 2 erlassenen technischen Regulierungsstandards festgelegt sind, wenn ohne eine solche Maßnahme die nachhaltige Liquidität der zentralen Gegenpartei nicht gesichert ist.

§ 53i Gewährung des Zugangs nach den Artikeln 7 und 8 der Verordnung (EU) Nr. 648/2012. [1] Eine zentrale Gegenpartei, der eine Zulassung nach Artikel 14 der Verordnung (EU) Nr. 648/2012 erteilt worden ist, hat die Bundesanstalt über den Eingang von Anträgen auf Zugangsgewährung nach Artikel 7 der Verordnung (EU) Nr. 648/2012 sowie das Stellen eines Antrags auf Zugangsgewährung nach Artikel 8 der Verordnung (EU) Nr. 648/2012 unverzüglich schriftlich zu informieren. [2]Die Bundesanstalt kann der zentralen Gegenpartei

1. unter den in Artikel 7 Absatz 4 der Verordnung (EU) Nr. 648/2012 genannten Voraussetzungen untersagen, einen Zugang im Sinne des Artikels 7 der genannten Verordnung zu gewähren, oder
2. unter den in Artikel 7 Absatz 4 der Verordnung (EU) Nr. 648/2012 genannten Voraussetzungen untersagen, einen Zugang zu einem Handelsplatz im Sinne des Artikels 8 der genannten Verordnung einzurichten.

§ 53j Anzeigen; Verordnungsermächtigung. (1) Eine zentrale Gegenpartei hat der Bundesanstalt und der Deutschen Bundesbank jeweils zum Monatsende anzuzeigen:

1. die Einhaltung der Einschussanforderungen nach Artikel 41 Absatz 1 Satz 2 und 3 der Verordnung (EU) Nr. 648/2012,
2. die Summe des oder der Ausfallfonds nach Artikel 42 Absatz 1 der Verordnung (EU) Nr. 648/2012,
3. die Summe der sonstigen Finanzmittel nach Artikel 43 der Verordnung (EU) Nr. 648/2012, einschließlich einer Darlegung, ob der Ausfallfonds und die sonstigen Finanzmittel den Ausfall der beiden nach Artikel 43 Absatz 2 der Verordnung (EU) Nr. 648/2012 bestimmten Clearingmitglieder auffangen können,
4. stichtagsbezogen die Summe der für eine Deckung des Liquiditätsbedarfs bestehenden Kreditlinien oder ähnlichen Möglichkeiten und jeweils die diesbezüglichen Gegenparteien sowie den potenziellen täglichen Liquiditätsbedarf nach Artikel 44 Absatz 1 der Verordnung (EU) Nr. 648/2012,
5. die Summe aller im Berichtszeitraum nach Artikel 46 Absatz 1 der Verordnung (EU) Nr. 648/2012 entgegengenommenen Sicherheiten aufgeschlüsselt nach Sicherheiten in Form von Geld, Wertpapieren und Garantien; dabei sind die Geldsicherheiten nach Währungen weiter aufzuschlüsseln und die Wertpapiere nach der Art, dem jeweiligen Sicherheitsabschlag und dem jeweiligen Anteil an den Gesamtsicherheiten sowie, soweit gegeben, dem Zeitpunkt der Freigabe und
6. die Gegenparteien, bei denen zum Stichtag Finanzmittel im Sinne des Artikels 47 der Verordnung (EU) Nr. 648/2012 angelegt waren, jeweils unter Angabe des angelegten Volumens und der erfolgten Besicherung.

(2) [1]Die Unterlagen, die der Bundesanstalt nach der Verordnung (EU) Nr. 648/2012 vorzulegen sind, sind in deutscher Sprache und auf Verlangen der Bundesanstalt zusätzlich in englischer Sprache zu erstellen und vorzulegen. [2]Die Bundesanstalt kann gestatten, dass die Unterlagen ausschließlich in englischer Sprache erstellt und vorgelegt werden.

(3) [1]Das Bundesministerium der Finanzen kann durch Rechtsverordnung, die nicht der Zustimmung des Bundesrates bedarf, im Benehmen mit der Deutschen Bundesbank und nach Anhörung der Spitzenverbände der Institute nähere Bestimmungen erlassen über

1. Art, Umfang, Zeitpunkt und Form der nach Absatz 1 erforderlichen Anzeigen und der gegebenenfalls zum Nachweis erforderlichen Unterlagen,

2. die zulässigen Datenträger, Übertragungswege und Datenformate für diese Anzeigen und
3. eine Ergänzung der nach Absatz 1 bestehenden Anzeigepflichten durch die Erstattung von Sammelanzeigen und die Einreichung von Sammelaufstellungen,

soweit dies zur Erfüllung der Aufgaben der Bundesanstalt erforderlich ist, insbesondere um einheitliche Unterlagen zur Beurteilung des von zentralen Gegenparteien durchgeführten Clearings zu erhalten. [2]Das Bundesministerium der Finanzen kann diese Ermächtigung durch Rechtsverordnung auf die Bundesanstalt mit der Maßgabe übertragen, dass die Rechtsverordnung im Einvernehmen mit der Deutschen Bundesbank zu erlassen ist.

§ 53k Auslagerung von Aktivitäten und Prozessen. Soweit eine zentrale Gegenpartei eine Auslagerung gemäß Artikel 35 der Verordnung (EU) Nr. 648/2012 vornimmt, gilt *§ 25b Absatz 3 Satz 1 und 2 Absatz 4*[1)] entsprechend.

§ 53l Anordnungsbefugnis; Maßnahmen bei organisatorischen Mängeln. (1) [1]Die Bundesanstalt kann gegenüber einer zentralen Gegenpartei im Einzelfall Anordnungen treffen, die geeignet und erforderlich sind, die Einhaltung der Anforderungen der Verordnung (EU) Nr. 648/2012 sicherzustellen. [2]Insbesondere zur Sicherstellung der ordnungsgemäßen Geschäftsorganisation, der organisatorischen Anforderungen und der Anforderungen nach den Artikeln 26, 28, 29, 31 Absatz 1 Satz 2 sowie den Artikeln 33 bis 35 der Verordnung (EU) Nr. 648/2012 kann sie anordnen, dass eine zentrale Gegenpartei

1. Maßnahmen zur Reduzierung von Risiken ergreift, soweit sich diese Risiken aus bestimmten Arten von Geschäften und Produkten oder aus der Nutzung bestimmter Systeme oder der Auslagerung von Aktivitäten und Prozessen auf ein anderes Unternehmen ergeben, oder
2. einzelne Geschäftsarten oder Dienstleistungen nicht oder nur in beschränktem Umfang betreiben darf.

(2) Die Bundesanstalt kann anstelle der in Absatz 1 Satz 2 genannten Maßnahmen oder zusammen mit diesen anordnen, dass die zentrale Gegenpartei Eigenmittelanforderungen einhalten muss, die über die Anforderungen nach Artikel 16 Absatz 2 der Verordnung (EU) Nr. 648/2012, auch in Verbindung mit technischen Regulierungsstandards nach dessen Absatz 3, hinausgehen.

§ 53m Inhalt des Zulassungsantrags. (1) Ein Antrag auf Zulassung als zentrale Gegenpartei im Inland nach den Artikeln 14 und 17 der Verordnung (EU) Nr. 648/2012 muss enthalten:

1. die Art der abgerechneten Produkte,
2. eine Beschreibung der Einrichtung und Ausgestaltung der Modelle und Parameter, die zur Berechnung der Einschussanforderungen im Sinne des Artikels 41 der Verordnung (EU) Nr. 648/2012 verwendet werden, ein-

---

[1)] Richtig wohl: „§ 25b Absatz 3 Satz 1 und 2 und Absatz 4".

schließlich der Angabe der relevanten Quellen für die Preisermittlung im Sinne des Artikels 40 der Verordnung (EU) Nr. 648/2012,
3. einen Nachweis über die Einrichtung von Ausfallfonds im Sinne des Artikels 42 der Verordnung (EU) Nr. 648/2012 und eine Beschreibung deren Ausgestaltung,
4. eine Beschreibung der Vorkehrungen zum Vorhalten sonstiger Finanzmittel im Sinne des Artikels 43 Absatz 1 der Verordnung (EU) Nr. 648/2012,
5. eine Beschreibung der Mechanismen zur Kontrolle der Liquiditätsrisiken im Sinne des Artikels 44 der Verordnung (EU) Nr. 648/2012,
6. eine Beschreibung der Anforderungen an die Sicherheiten gemäß Artikel 46 der Verordnung (EU) Nr. 648/2012,
7. Angaben zur Anlagepolitik im Sinne des Artikels 47 der Verordnung (EU) Nr. 648/2012,
8. eine Darstellung der Verfahren bei Ausfall eines Clearingmitgliedes gemäß Artikel 48 der Verordnung (EU) Nr. 648/2012,
9. eine Darstellung der Prüfungsverfahren im Sinne des Artikels 49 der Verordnung (EU) Nr. 648/2012 sowie
10. alle in § 32 Absatz 1 Satz 2 genannten Angaben; die gemäß § 32 Absatz 1 Satz 3 erlassene Rechtsverordnung gilt entsprechend.

(2) Die Bundesanstalt kann weitere Unterlagen verlangen, soweit diese für die Beurteilung des Zulassungsantrags erforderlich sind.

§ 53n Maßnahmen zur Verbesserung der Finanzmittel und der Liquidität einer nach der Verordnung (EU) Nr. 648/2012 zugelassenen zentralen Gegenpartei. (1) [1] Wenn die Vermögens-, Finanz- oder Ertragsentwicklung einer zentralen Gegenpartei oder andere Umstände die Annahme rechtfertigen, dass die zentrale Gegenpartei die Anforderungen nach Artikel 41, 42, 43, 44, 46 oder 47 der Verordnung (EU) Nr. 648/2012, jeweils auch in Verbindung mit den zur näheren Ausgestaltung erlassenen technischen Regulierungsstandards nicht dauerhaft erfüllen können wird, kann die Bundesanstalt gegenüber der zentralen Gegenpartei Maßnahmen zur Verbesserung ihrer finanziellen Ausstattung und Liquidität anordnen, insbesondere
1. die Übermittlung einer begründeten Darstellung der Entwicklung der wesentlichen Geschäftsaktivitäten über einen Zeitraum von mindestens drei Jahren einschließlich Planbilanzen, Plangewinn- und -verlustrechnungen,
2. Maßnahmen zur besseren Abschirmung oder Reduzierung der von der zentralen Gegenpartei als wesentlich identifizierten Risiken und der damit verbundenen Risikokonzentrationen und eine Berichterstattung gegenüber der Bundesanstalt und der Deutschen Bundesbank, wobei auch über Konzepte für den Ausstieg aus einzelnen Geschäftsbereichen oder die Abtrennung von Teilen der zentralen Gegenpartei berichtet werden soll,
3. die Übermittlung eines Berichts über geeignete Maßnahmen zur Einhaltung der Einschussanforderungen, des Umfangs des Ausfallfonds, der anderen Finanzmittel, der Liquidität, der Anforderungen an die Sicherheiten und der Anlagepolitik, oder

4. die Übermittlung eines Konzepts zur Abwendung einer möglichen Gefahrenlage entsprechend § 35 Absatz 2 Nummer 4 an die Bundesanstalt und die Deutsche Bundesbank.

[2] Die Annahme, dass die zentrale Gegenpartei die Anforderungen dauerhaft nicht erfüllen können wird, ist regelmäßig gerechtfertigt, wenn

1. die Einschüsse
   a) mindestens an einem Tag in zwei Meldezeiträumen nach § 53j Absatz 1 innerhalb eines Kalenderjahres nicht ausreichend sind, um die Verluste mit mindestens 99 Prozent der Forderungsveränderungen in dem Zeithorizont zu decken, der nach Artikel 41 Absatz 1 der Verordnung (EU) Nr. 648/2012, auch in Verbindung mit technischen Regulierungsstandards nach dessen Absatz 5, bestimmt ist, oder
   b) nicht in vollem Umfang mindestens auf Tagesbasis alle Risiken gegenüber allen Clearingmitgliedern und den anderen zentralen Gegenparteien, mit denen Interoperabilitätsvereinbarungen bestehen, absichern,
2. der Ausfallfonds in zwei Meldezeiträumen nach § 53j Absatz 1 innerhalb eines Kalenderjahres nicht die Mindesthöhe nach Artikel 42 Absatz 1 Satz 2 der Verordnung (EU) Nr. 648/2012 erreicht,
3. der Ausfallfonds und die sonstigen Finanzmittel an zwei Meldestichtagen nach § 53j Absatz 1 innerhalb eines Kalenderjahres nicht zur Abdeckung eines Ausfalls der beiden nach Artikel 43 Absatz 2 der Verordnung (EU) Nr. 648/2012 bestimmten Clearingmitglieder ausreichen,
4. die Kreditlinien oder ähnlichen Möglichkeiten, die zur Abdeckung des Liquiditätsbedarfs nach Artikel 44 Absatz 1 der Verordnung (EU) Nr. 648/2012, auch in Verbindung mit technischen Regulierungsstandards nach dessen Absatz 2, bestehen, an zwei Meldestichtagen nach § 53j Absatz 1 nicht ausreichen, um das Liquiditätsrisiko bezüglich des Ausfalls mindestens der beiden Clearingmitglieder abzudecken, gegenüber denen die zentrale Gegenpartei die höchsten offenen Positionen hat,
5. die zentrale Gegenpartei in zwei Meldezeiträumen nach § 53j Absatz 1 jeweils mehr als 3 Prozent der Gesamtsicherheiten ohne Beachtung der Anforderungen nach Artikel 46 Absatz 1 der Verordnung (EU) Nr. 648/2012, auch in Verbindung mit technischen Regulierungsstandards nach dessen Absatz 3, entgegengenommen hat oder
6. die zentrale Gegenpartei in zwei Meldezeiträumen nach § 53j Absatz 1 jeweils mehr als 3 Prozent der Gesamtsicherheiten ohne Beachtung der Anforderungen nach Artikel 47 Absatz 1 der Verordnung (EU) Nr. 648/2012, auch in Verbindung mit technischen Regulierungsstandards nach dessen Absatz 8, angelegt hat.

(2) Die Bundesanstalt kann anstelle der Maßnahmen nach Absatz 1 Satz 1 oder zusammen mit diesen Maßnahmen nach Absatz 3 Satz 1 Nummer 1 bis 7 anordnen, wenn die Maßnahmen nach Absatz 1 Satz 1 keine ausreichende Gewähr dafür bieten, die Einhaltung der Anforderungen nach Artikel 41, 42, 43, 44, 46 oder 47 der Verordnung (EU) Nr. 648/2012, jeweils auch in Verbindung mit den zur näheren Ausgestaltung erlassenen technischen Regulierungsstandards nachhaltig zu sichern; insoweit ist Absatz 4 entsprechend anzuwenden.

(3) [1] Entsprechen bei einer zentralen Gegenpartei die Finanzmittel nicht den Anforderungen nach Artikel 41, 42 oder 43 der Verordnung (EU) Nr. 648/2012, jeweils auch in Verbindung mit den zur näheren Ausgestaltung erlassenen technischen Regulierungsstandards, oder den Anforderungen nach § 45b Absatz 1 Satz 2, die Liquidität nicht den Anforderungen nach Artikel 44 der Verordnung (EU) Nr. 648/2012 auch in Verbindung mit technischen Regulierungsstandards nach dessen Absatz 2, die erhaltenen Sicherheiten nicht den Anforderungen nach Artikel 46 der Verordnung (EU) Nr. 648/2012 auch in Verbindung mit technischen Regulierungsstandards nach dessen Absatz 3 oder die Anlage der Mittel nicht den Anforderungen nach Artikel 47 der Verordnung (EU) Nr. 648/2012 auch in Verbindung mit technischen Regulierungsstandards nach dessen Absatz 8, kann die Bundesanstalt

1. Entnahmen durch die Inhaber oder Gesellschafter sowie die Ausschüttung von Gewinnen untersagen oder beschränken,
2. bilanzielle Maßnahmen untersagen oder beschränken, die dazu dienen, einen entstandenen Jahresfehlbetrag auszugleichen oder einen Bilanzgewinn auszuweisen,
3. anordnen, dass die Auszahlung jeder Art von Erträgen auf Eigenmittelinstrumente insgesamt oder teilweise ersatzlos entfällt, wenn die Erträge nicht vollständig durch einen erzielten Jahresüberschuss gedeckt sind,
4. anordnen, dass die zentrale Gegenpartei Maßnahmen zur Reduzierung von Risiken ergreift, soweit sich diese aus bestimmten Arten von Geschäften und Produkten oder der Nutzung bestimmter Systeme ergeben,
5. die Auszahlung variabler Vergütungsbestandteile untersagen oder auf einen bestimmten Anteil des Jahresergebnisses beschränken; dies gilt nicht für variable Vergütungsbestandteile, die durch Tarifvertrag oder im Geltungsbereich eines Tarifvertrags durch Vereinbarung der Arbeitsvertragsparteien über die Anwendung der tarifvertraglichen Regelungen oder aufgrund eines Tarifvertrags in einer Betriebs- oder Dienstvereinbarung vereinbart sind,
6. anordnen, dass die zentrale Gegenpartei den Jahresgesamtbetrag, den sie für die variable Vergütung aller Geschäftsleiter und Mitarbeiter vorsieht (Gesamtbetrag der variablen Vergütungen), auf einen bestimmten Anteil des Jahresergebnisses beschränkt oder vollständig streicht; dies gilt nicht für variable Vergütungsbestandteile, die durch Tarifvertrag oder im Geltungsbereich eines Tarifvertrags durch Vereinbarung der Arbeitsvertragsparteien über die Anwendung der tarifvertraglichen Regelungen oder aufgrund eines Tarifvertrags in einer Betriebs- oder Dienstvereinbarung vereinbart sind, oder
7. anordnen, dass die zentrale Gegenpartei darlegt, wie und in welchem Zeitraum sie ihre finanziellen Mittel oder ihre Liquidität nachhaltig wiederherstellen wird (Plan zur Restrukturierung der zentralen Gegenpartei) und der Bundesanstalt und der Deutschen Bundesbank regelmäßig über den Fortschritt dieser Maßnahmen zu berichten ist.

[2] Der Plan zur Restrukturierung nach Satz 1 Nummer 7 muss transparent, plausibel und begründet sein. [3] In ihm sind konkrete Ziele, Zwischenziele und Fristen für die Umsetzung der dargelegten Maßnahmen zu benennen, die von der Bundesanstalt überprüft werden können. [4] Die Bundesanstalt kann jederzeit Einsicht in den Plan zur Restrukturierung der zentralen Gegenpartei und die

zugehörigen Unterlagen nehmen. [5] Die Bundesanstalt kann die Änderung des Plans zur Restrukturierung der zentralen Gegenpartei verlangen und hierfür Vorgaben machen, wenn sie die angegebenen Ziele, Zwischenziele und Umsetzungsfristen für nicht ausreichend hält oder die zentrale Gegenpartei sie nicht einhält.

(4) [1] Die Bundesanstalt darf die in Absatz 3 bezeichneten Anordnungen erst treffen, wenn die zentrale Gegenpartei den Mangel nicht innerhalb einer von der Bundesanstalt zu bestimmenden Frist behoben hat. [2] Soweit dies zur Verhinderung einer kurzfristig zu erwartenden Verschlechterung der finanziellen Mittel oder der Liquidität der zentralen Gegenpartei erforderlich ist oder bereits Maßnahmen nach Absatz 1 Satz 1 ergriffen wurden, sind solche Anordnungen auch ohne vorherige Androhung mit Fristsetzung zulässig. [3] Beschlüsse über die Gewinnausschüttung sind insoweit nichtig, als sie einer Anordnung nach Absatz 3 widersprechen. [4] Soweit Regelungen in Verträgen über Eigenmittelinstrumente einer Anordnung nach Absatz 3 widersprechen, können aus ihnen keine Rechte hergeleitet werden. [5] Nach oder zusammen mit einer Untersagung der Auszahlung von variablen Vergütungsbestandteilen gemäß Absatz 3 Satz 1 Nummer 5 kann die Bundesanstalt anordnen, dass die Ansprüche auf Gewährung variabler Vergütungsbestandteile ganz oder teilweise erlöschen, wenn

1. die zentrale Gegenpartei bei oder nach einer Untersagung der Auszahlung finanzielle Leistungen des Restrukturierungsfonds oder des Finanzmarktstabilisierungsfonds in Anspruch nimmt und, im Fall einer nachträglichen Anordnung, die Voraussetzungen für die Untersagung der Auszahlung bis zu diesem Zeitpunkt nicht weggefallen oder allein aufgrund dieser Leistungen weggefallen sind,
2. bei oder nach einer Untersagung der Auszahlung eine Anordnung der Bundesanstalt nach Absatz 3 Satz 1 Nummer 1 bis 4, 6 oder 7 getroffen wird oder schon besteht oder
3. bei oder nach einer Untersagung der Auszahlung Maßnahmen nach § 46 oder einer Abwicklungsanordnung im Sinne des § 77 des Sanierungs- und Abwicklungsgesetzes[1)] getroffen werden.

[6] Eine Anordnung nach Satz 5 darf insbesondere auch ergehen, wenn

1. die Ansprüche auf Gewährung variabler Vergütungsbestandteile aufgrund solcher Regelungen eines Vergütungssystems einer zentralen Gegenpartei entstanden sind, die den aufsichtsrechtlichen Anforderungen der Verordnung (EU) Nr. 648/2012 an angemessene, transparente und auf eine nachhaltige Entwicklung der zentralen Gegenpartei ausgerichtete Vergütungssysteme widersprechen, oder
2. anzunehmen ist, dass ohne die Gewährung finanzieller Leistungen des Restrukturierungsfonds oder des Finanzmarktstabilisierungsfonds die zentrale Gegenpartei nicht in der Lage gewesen wäre, die variablen Vergütungsbestandteile zu gewähren; ist anzunehmen, dass die zentrale Gegenpartei einen Teil der variablen Vergütungsbestandteile hätte gewähren können, sind die variablen Vergütungsbestandteile angemessen zu kürzen.

[1)] Nr. **22**.

[7] Die Sätze 5 und 6 gelten nicht, soweit die Ansprüche auf Gewährung variabler Vergütung vor dem 16. Februar 2013 entstanden sind. [8] Zentrale Gegenparteien müssen der Anordnungsbefugnis nach Absatz 3 Satz 1 Nummer 5 oder 6 und der Regelung in Satz 1 in entsprechenden vertraglichen Vereinbarungen mit ihren Geschäftsleitern und Mitarbeitern Rechnung tragen. [9] Soweit vertragliche Vereinbarungen über die Gewährung einer variablen Vergütung einer Anordnung nach Absatz 3 Satz 1 Nummer 5 oder 6 entgegenstehen, können aus ihnen keine Rechte hergeleitet werden.

2. Zentralverwahrer

§ 53o Anträge nach der Verordnung (EU) Nr. 909/2014; Verschwiegenheitspflicht. (1) [1] Die Unterlagen, die der Bundesanstalt nach der Verordnung (EU) Nr. 909/2014 vorzulegen sind, sind in deutscher Sprache und auf Verlangen der Bundesanstalt zusätzlich in englischer Sprache zu erstellen und vorzulegen. [2] Die Bundesanstalt kann gestatten, dass die Unterlagen oder Teile davon ausschließlich in englischer Sprache erstellt und vorgelegt werden.

(2) [1] Anträge sind der Bundesanstalt in Schriftform und elektronisch zu übermitteln. [2] Die Bundesanstalt kann gestatten, dass bestimmte Dokumente oder Angaben, die Bestandteile eines Antrags sind, ausschließlich elektronisch übermittelt werden. [3] Die elektronische Übermittlung hat in einem von der Bundesanstalt bestimmten Datenformat und auf einem von der Bundesanstalt bestimmten Übermittlungsweg zu erfolgen.

(3) Die Verschwiegenheitspflicht nach § 9 gilt für die Wahrnehmung der Aufgaben nach § 6 Absatz 1c entsprechend.

§ 53p Anordnungsbefugnis für die Aufsicht nach der Verordnung (EU) Nr. 909/2014. Die Bundesanstalt kann unbeschadet der anderen Bestimmungen dieses Gesetzes gegenüber einem Zentralverwahrer im Sinne des Artikels 2 Absatz 1 Nummer 1 der Verordnung (EU) Nr. 909/2014, gegenüber einem benannten Kreditinstitut im Sinne des Artikels 54 Absatz 2 Buchstabe b der Verordnung (EU) Nr. 909/2014, gegenüber deren übergeordneten Unternehmen sowie gegenüber Mitgliedern, deren Organe, deren Beschäftigten und anderen natürlichen oder juristischen Personen, die deren Geschäfte tatsächlich kontrollieren oder auf die Tätigkeiten im Sinne des Artikels 30 der Verordnung (EU) Nr. 909/2014 ausgelagert worden sind oder die ansonsten der Verordnung (EU) Nr. 909/2014 unterliegen, alle Anordnungen treffen, die geeignet und erforderlich sind, die Einhaltung der Anforderungen der Verordnung (EU) Nr. 909/2014, der darauf basierenden delegierten Rechtsakte sowie der auf Zentralverwahrer anwendbaren Bestimmungen dieses Gesetzes sicherzustellen.

§ 53q Eigentumsrechte an Zentralverwahrern. (1) Für die Unterrichtung der Bundesanstalt und der Deutschen Bundesbank über die Entscheidung, Eigentumsrechte an einem Zentralverwahrer zu übertragen, zu erwerben oder zu veräußern, der ausschließlich Dienstleistungen nach den Abschnitten A und B des Anhangs zur Verordnung (EU) Nr. 909/2014 erbringt oder der neben solchen Dienstleistungen Bankgeschäfte betreibt oder Finanzdienstleistungen erbringt, die zugleich Wertpapierdienstleistungen im Sinne des § 2 Absatz 3 des Wertpapierhandelsgesetzes sind, gilt Artikel 27 Absatz 7 der Verordnung (EU) Nr. 909/2014.

(2) [1]Die Bundesanstalt kann dem Erwerber, Veräußerer oder dem Zentralverwahrer die Ausübung der Stimmrechte untersagen und anordnen, dass über die Anteile nur mit ihrer Zustimmung verfügt werden darf, wenn

1. die Voraussetzungen einer Untersagungsverfügung nach Artikel 27 Absatz 8 der Verordnung (EU) Nr. 909/2014 vorliegen,
2. der Erwerber, Veräußerer oder Zentralverwahrer seiner Pflicht nach Artikel 27 Absatz 7 und 8 der Verordnung (EU) Nr. 909/2014 zur vorherigen Unterrichtung der Bundesanstalt und der Deutschen Bundesbank nicht nachgekommen ist und diese Unterrichtung innerhalb einer von der Bundesanstalt gesetzten Frist nicht nachgeholt hat oder
3. entgegen einer vollziehbaren Untersagung nach Artikel 27 Absatz 8 der Verordnung (EU) Nr. 909/2014 das Eigentumsrecht erworben oder veräußert oder der Anteil des Eigentumsrechts erhöht oder verringert worden ist.

[2]Im Falle einer Untersagung nach Satz 1 gelten § 2c Absatz 2 Satz 2 bis 9 und § 44b entsprechend.

Siebenter Abschnitt. Strafvorschriften, Bußgeldvorschriften

§ 54 Verbotene Geschäfte, Handeln ohne Erlaubnis. (1) Wer

1. Geschäfte betreibt, die nach § 3, auch in Verbindung mit § 53b Abs. 3 Satz 1 oder 2, verboten sind, oder
2. ohne Erlaubnis nach § 32 Abs. 1 Satz 1 Bankgeschäfte betreibt oder Finanzdienstleistungen erbringt,

wird mit Freiheitsstrafe bis zu fünf Jahren oder mit Geldstrafe bestraft.

(1a) Ebenso wird bestraft, wer ohne Zulassung nach Artikel 14 Absatz 1 der Verordnung (EU) Nr. 648/2012 des Europäischen Parlaments und des Rates vom 4. Juli 2012 über OTC-Derivate, zentrale Gegenparteien und Transaktionsregister (ABl. L 201 vom 27.7.2012, S. 1) eine Clearingdienstleistung erbringt.

(1b) Ebenso wird bestraft, wer ohne die erforderliche Zulassung nach Artikel 16 Absatz 1 der Verordnung (EU) Nr. 909/2014 eine Zentralverwahrertätigkeit ausübt.

(2) Handelt der Täter fahrlässig, so ist die Strafe Freiheitsstrafe bis zu drei Jahren oder Geldstrafe.

§ 54a Strafvorschriften. (1) Mit Freiheitsstrafe bis zu fünf Jahren oder mit Geldstrafe wird bestraft, wer entgegen § 25c Absatz 4a oder § 25c Absatz 4b Satz 2 nicht dafür Sorge trägt, dass ein Institut oder eine dort genannte Gruppe über eine dort genannte Strategie, einen dort genannten Prozess, ein dort genanntes Verfahren, eine dort genannte Funktion oder ein dort genanntes Konzept verfügt, und hierdurch eine Bestandsgefährdung des Instituts, des übergeordneten Unternehmens oder eines gruppenangehörigen Instituts herbeiführt.

(2) Wer in den Fällen des Absatzes 1 die Gefahr fahrlässig herbeiführt, wird mit Freiheitsstrafe bis zu zwei Jahren oder mit Geldstrafe bestraft.

(3) Die Tat ist nur strafbar, wenn die Bundesanstalt dem Täter durch Anordnung nach § 25c Absatz 4c die Beseitigung des Verstoßes gegen § 25c Absatz 4a oder § 25c Absatz 4b Satz 2 aufgegeben hat, der Täter dieser vollziehbaren Anordnung zuwiderhandelt und hierdurch die Bestandsgefährdung herbeigeführt hat.

§ 55 Verletzung der Pflicht zur Anzeige der Zahlungsunfähigkeit oder der Überschuldung. (1) Mit Freiheitsstrafe bis zu drei Jahren oder mit Geldstrafe wird bestraft, wer entgegen § 46b Abs. 1 Satz 1, auch in Verbindung mit § 53b Abs. 3 Satz 1, eine Anzeige nicht, nicht richtig, nicht vollständig oder nicht rechtzeitig erstattet.

(2) Handelt der Täter fahrlässig, so ist die Strafe Freiheitsstrafe bis zu einem Jahr oder Geldstrafe.

§ 55a Unbefugte Verwertung von Angaben über Millionenkredite.

(1) Mit Freiheitsstrafe bis zu zwei Jahren oder mit Geldstrafe wird bestraft, wer entgegen § 14 Abs. 2 Satz 10 eine Angabe verwertet.

(2) Die Tat wird nur auf Antrag verfolgt.

§ 55b Unbefugte Offenbarung von Angaben über Millionenkredite.

(1) Mit Freiheitsstrafe bis zu einem Jahr oder mit Geldstrafe wird bestraft, wer entgegen § 14 Abs. 2 Satz 10 eine Angabe offenbart.

(2) Handelt der Täter gegen Entgelt oder in der Absicht, sich oder einen anderen zu bereichern oder einen anderen zu schädigen, ist die Strafe Freiheitsstrafe bis zu zwei Jahren oder Geldstrafe.

(3) Die Tat wird nur auf Antrag verfolgt.

§ 56 Bußgeldvorschriften. (1) Ordnungswidrig handelt, wer einer vollziehbaren Anordnung nach § 36 Absatz 1 Satz 1, Absatz 2 oder Absatz 3 Satz 1 zuwiderhandelt.

(1a) Ordnungswidrig handelt, wer vorsätzlich oder leichtfertig einer unmittelbar geltenden Vorschrift in delegierten Rechtsakten der Europäischen Union, die die Verordnung (EG) Nr. 1060/2009 des Europäischen Parlaments und des Rates vom 16. September 2009 über Ratingagenturen (ABl. L 302 vom 17.11.2009, S. 1), die zuletzt durch die Verordnung (EU) Nr. 462/2013 (ABl. L 146 vom 31.5.2013, S. 1) geändert worden ist, in der jeweils geltenden Fassung ergänzen, im Anwendungsbereich dieses Gesetzes zuwiderhandelt, soweit eine Rechtsverordnung nach Absatz 4c für einen bestimmten Tatbestand auf diese Bußgeldvorschrift verweist.

(2) Ordnungswidrig handelt, wer vorsätzlich oder fahrlässig

1. entgegen
   a) § 2c Absatz 1 Satz 1, 5 oder Satz 6,
   b) § 2c Absatz 3 Satz 1 oder Satz 4,
   c) § 12a Absatz 1 Satz 3,
   d) § 14 Absatz 1 Satz 1 erster Halbsatz, auch in Verbindung mit einer Rechtsverordnung nach § 22 Satz 1 Nummer 4, jeweils auch in Verbindung mit § 53b Absatz 3 Satz 1 Nummer 3,

e) § 15 Absatz 4 Satz 5,
f) § 24 Absatz 1 Nummer 1, 2, 4, 6, 8, 9, 12, 15, 15a, 16 oder Nummer 17 oder Absatz 3d,
g) § 24 Absatz 1 Nummer 5 oder Nummer 7, jeweils auch in Verbindung mit § 53b Absatz 3 Satz 1 Nummer 5,
h) § 24 Absatz 1 Nummer 10, Absatz 1a oder Absatz 1b Satz 2,
i) § 24 Absatz 2a, 3 Satz 1 oder Absatz 3a Satz 1 Nummer 1 oder Nummer 2 oder Satz 2, jeweils auch in Verbindung mit Satz 5,
j) § 24 Absatz 3a Satz 1 Nummer 3,
k) § 24a Absatz 1 Satz 1, auch in Verbindung mit Absatz 3 Satz 1, Absatz 3a Satz 1, Absatz 3b Satz 1, Absatz 3c Satz 1, oder § 24a Absatz 4 Satz 1, auch in Verbindung mit Satz 2, jeweils auch in Verbindung mit einer Rechtsverordnung nach § 24a Absatz 5,
l) § 28 Absatz 1 Satz 1 oder
m) § 53a Satz 2 oder Satz 5,

jeweils auch in Verbindung mit einer Rechtsverordnung nach § 24 Absatz 4 Satz 1, eine Anzeige nicht, nicht richtig, nicht vollständig oder nicht rechtzeitig erstattet,

2. einer Rechtsverordnung nach
a) § 2c Absatz 1 Satz 3 oder
b) einer vollziehbaren Anordnung auf Grund einer solchen Rechtsverordnung

zuwiderhandelt, soweit die Rechtsverordnung für einen bestimmten Tatbestand auf diese Bußgeldvorschrift verweist,

3. einer vollziehbaren Anordnung nach
a) § 2c Absatz 1b Satz 1 oder Absatz 2 Satz 1,
b) § 6a Absatz 1,
c) § 10i Absatz 8 Satz 1 Nummer 1,
d) § 12a Absatz 2 Satz 1,
e) § 23 Absatz 1, auch in Verbindung mit § 53b Absatz 3 Satz 1 Nummer 3,
f) § 25a Absatz 2 Satz 2,
g) § 25b Absatz 4 Satz 1,
h) § 25g Absatz 3,
i) § 25g Absatz 5,
j) § 26a Absatz 2 Satz 1,
k) § 45 Absatz 1 Satz 1 oder Satz 3 erster Halbsatz oder Absatz 2 Satz 1 oder Absatz 5 Satz 5,
l) § 45a Absatz 1 Satz 1,
m) § 45b Absatz 1 oder
n) § 46 Absatz 1 Satz 1, auch in Verbindung mit § 53b Absatz 3 Satz 1 Nummer 8,

zuwiderhandelt,

4. entgegen § 10i Absatz 2 oder Absatz 3 Satz 3 Nummer 1 eine Ausschüttung vornimmt,
5. entgegen § 18 Absatz 1 Satz 1 einen Kredit gewährt,
6. entgegen § 22i Absatz 3, auch in Verbindung mit § 22n Absatz 5 Satz 4, eine Leistung vornimmt,
7. entgegen § 23a Absatz 1 Satz 11, auch in Verbindung mit § 53b Absatz 3 Satz 1 Nummer 4, einen Hinweis nicht, nicht richtig, nicht vollständig, nicht in der vorgeschriebenen Weise oder nicht rechtzeitig gibt,
8. entgegen § 23a Absatz 2, auch in Verbindung mit § 53b Absatz 3 Satz 1 Nummer 4, einen Kunden, die Bundesanstalt oder die Deutsche Bundesbank nicht, nicht richtig, nicht vollständig, nicht in der vorgeschriebenen Weise oder nicht rechtzeitig unterrichtet,
9. entgegen § 24c Absatz 1 Satz 1 oder § 25i Absatz 3 Satz 1 ein Dateisystem nicht, nicht richtig oder nicht vollständig führt,
10. entgegen § 24c Absatz 1 Satz 5 nicht gewährleistet, dass die Bundesanstalt Daten jederzeit automatisch abrufen kann,
11. entgegen
    a) § 25 Absatz 1 Satz 1 oder Absatz 2 Satz 1, jeweils in Verbindung mit einer Rechtsverordnung nach Absatz 3 Satz 1, jeweils auch in Verbindung mit § 53b Absatz 3 Satz 1 Nummer 6, oder
    b) § 26 Absatz 1 Satz 1, 3 oder 4 oder Absatz 3

    eine Finanzinformation, einen Jahresabschluss, einen Lagebericht, einen Prüfungsbericht, einen Konzernabschluss oder einen Konzernlagebericht nicht, nicht richtig, nicht vollständig oder nicht rechtzeitig einreicht,

11a. entgegen § 25g Absatz 2 nicht über interne Verfahren und Kontrollsysteme verfügt, die die Einhaltung der Pflichten nach der Verordnung nach § 25g Absatz 1 Nummer 1 gewährleisten,

11b. entgegen § 25h Absatz 2 kein angemessenes Datenverarbeitungssystem betreibt und aktualisiert,

11c. entgegen § 25h Absatz 3 Untersuchungen nicht vornimmt,

11d. entgegen § 25i Absatz 1 die Sorgfaltspflichten nach § 10 Absatz 1 des Geldwäschegesetzes[1] nicht erfüllt,

12. entgegen § 25m Nummer 1 eine Korrespondenzbeziehung oder eine sonstige Geschäftsbeziehung mit einer Bank-Mantelgesellschaft aufnimmt oder fortführt,
13. entgegen § 25m Nummer 2 erster Halbsatz ein Konto errichtet oder führt,
14. einer vollziehbaren Auflage nach § 32 Absatz 2 Satz 1 zuwiderhandelt,
15. entgegen
    a) § 44 Absatz 1 Satz 1, auch in Verbindung mit § 44b Absatz 1 Satz 1 oder § 53b Absatz 3 Satz 1 Nummer 8,
    b) § 44 Absatz 2 Satz 1 oder

---

[1] Nr. **15**.

c) § 44c Absatz 1, auch in Verbindung mit § 53b Absatz 3 Satz 1 Nummer 8,

eine Auskunft nicht, nicht richtig, nicht vollständig oder nicht rechtzeitig erteilt oder eine Unterlage nicht, nicht richtig, nicht vollständig oder nicht rechtzeitig vorlegt,

16. entgegen
    a) § 44 Absatz 1 Satz 4, auch in Verbindung mit § 53b Absatz 3 Satz 1 Nummer 8,
    b) § 44 Absatz 2 Satz 4, Absatz 4 Satz 3 oder Absatz 5 Satz 4,
    c) § 44b Absatz 2 Satz 2 oder
    d) § 44c Absatz 5 Satz 1, auch in Verbindung mit § 53b Absatz 3 Satz 1 Nummer 8,

    eine Maßnahme nicht duldet,
17. entgegen § 44 Absatz 5 Satz 1 eine dort genannte Maßnahme nicht oder nicht rechtzeitig vornimmt,

17a. einer vollziehbaren Anordnung nach § 48u Absatz 1 Satz 1 zuwiderhandelt oder

18. entgegen § 53a Satz 4 die Tätigkeit aufnimmt.

(3) *(aufgehoben)*

(4) Ordnungswidrig handelt, wer gegen die Verordnung (EU) 2015/847 des Europäischen Parlaments und des Rates vom 20. Mai 2015 über begleitende Angaben bei Geldtransfers und zur Aufhebung der Verordnung (EU) Nr. 1781/2006 (ABl. L 141 vom 5.6.2015, S. 1) verstößt, indem er bei Geldtransfers vorsätzlich oder fahrlässig

1. entgegen Artikel 4 Absatz 1, auch in Verbindung mit den Artikeln 5 und 6, nicht sicherstellt, dass die vorgeschriebenen Angaben zum Auftraggeber vollständig übermittelt werden,
2. entgegen Artikel 4 Absatz 2, auch in Verbindung mit Artikel 5 Absatz 1, nicht sicherstellt, dass die vorgeschriebenen Angaben übermittelt werden,
3. entgegen Artikel 4 Absatz 4, auch in Verbindung mit Absatz 5 und den Artikeln 5 und 6, die Richtigkeit der Angaben nicht oder nicht rechtzeitig überprüft,
4. entgegen Artikel 7 Absatz 1 keine wirksamen Verfahren zur Feststellung der ordnungsgemäßen Ausfüllung einrichtet,
5. entgegen Artikel 7 Absatz 2 keine wirksamen Verfahren zur Feststellung des Fehlens der dort genannten Angaben einrichtet,
6. entgegen Artikel 7 Absatz 3, auch in Verbindung mit Absatz 5, die Richtigkeit der Angaben zum Begünstigten nicht oder nicht rechtzeitig überprüft,
7. entgegen Artikel 7 Absatz 4, auch in Verbindung mit Absatz 5, die Richtigkeit der Angaben zum Begünstigten nicht oder nicht rechtzeitig überprüft,
8. entgegen Artikel 8 Absatz 1 Satz 1 keine wirksamen risikobasierten Verfahren einführt,
9. entgegen Artikel 8 Absatz 2 Satz 2 den Transferauftrag nicht oder nicht rechtzeitig zurückweist oder die vorgeschriebenen Angaben zum Auftraggeber und zum Begünstigten nicht oder nicht rechtzeitig anfordert,

10. entgegen Artikel 8 Absatz 2 Satz 1 keine Maßnahmen ergreift,
11. entgegen Artikel 8 Absatz 2 Satz 2 das Versäumnis oder die ergriffenen Maßnahmen nicht meldet,
12. entgegen Artikel 10 nicht dafür sorgt, dass alle Angaben zum Auftraggeber und zum Begünstigten, die bei einem Geldtransfer übermittelt werden, bei der Weiterleitung erhalten bleiben,
13. entgegen Artikel 11 Absatz 1 keine wirksamen Verfahren zur Feststellung der ordnungsgemäßen Ausfüllung einrichtet,
14. entgegen Artikel 11 Absatz 2 keine wirksamen Verfahren zur Feststellung des Fehlens der dort genannten Angaben einrichtet,
15. entgegen Artikel 12 Absatz 1 Satz 1 keine wirksamen risikobasierten Verfahren einführt,
16. entgegen Artikel 12 Absatz 1 Satz 2 den Transferauftrag nicht oder nicht rechtzeitig zurückweist oder die vorgeschriebenen Angaben zum Auftraggeber und zum Begünstigten nicht oder nicht rechtzeitig anfordert,
17. entgegen Artikel 12 Absatz 2 Satz 1 keine Maßnahmen ergreift,
18. entgegen Artikel 12 Absatz 2 Satz 2 das Versäumnis oder die ergriffenen Maßnahmen nicht meldet oder
19. entgegen Artikel 16 Absatz 1 Satz 2 Angaben zum Auftraggeber und zum Begünstigten nicht mindestens fünf Jahre aufbewahrt.

(4a) Ordnungswidrig handelt, wer vorsätzlich oder fahrlässig entgegen Artikel 3 Absatz 1 der Verordnung (EG) Nr. 924/2009 des Europäischen Parlaments und des Rates vom 16. September 2009 über grenzüberschreitende Zahlungen in der Gemeinschaft und zur Aufhebung der Verordnung (EG) Nr. 2560/2001 (ABl. L 266 vom 9.10.2009, S. 11), die durch die Verordnung (EU) Nr. 260/2012 (ABl. L 94 vom 30.3.2012, S. 22) geändert worden ist, ein anderes als das dort genannte Entgelt erhebt.

(4b) Ordnungswidrig handelt, wer als Person, die für ein CRR-Kreditinstitut handelt, gegen die Verordnung (EG) Nr. 1060/2009 verstößt, indem er vorsätzlich oder leichtfertig

1. entgegen Artikel 4 Absatz 1 Unterabsatz 1 ein Rating verwendet,
2. entgegen Artikel 5a Absatz 1 nicht dafür Sorge trägt, dass das CRR-Kreditinstitut eigene Kreditrisikobewertungen vornimmt,
3. entgegen Artikel 8c Absatz 1 einen Auftrag nicht richtig erteilt,
4. entgegen Artikel 8c Absatz 2 nicht dafür Sorge trägt, dass die beauftragten Ratingagenturen die dort genannten Voraussetzungen erfüllen oder
5. entgegen Artikel 8d Absatz 1 Satz 2 die dort genannte Dokumentation nicht richtig vornimmt.

(4c) Das Bundesministerium der Finanzen wird ermächtigt, soweit dies zur Durchsetzung der Rechtsakte der Europäischen Union erforderlich ist, durch Rechtsverordnung ohne Zustimmung des Bundesrates die Tatbestände zu bezeichnen, die als Ordnungswidrigkeit nach Absatz 1a geahndet werden können.

(4d) Ordnungswidrig handelt, wer gegen die Verordnung (EU) Nr. 260/2012 des Europäischen Parlaments und des Rates vom 14. März 2012 zur

Festlegung der technischen Vorschriften und der Geschäftsanforderungen für Überweisungen und Lastschriften in Euro und zur Änderung der Verordnung (EG) Nr. 924/2009 (ABl. L 94 vom 30.3.2012, S. 22) verstößt, indem er vorsätzlich oder fahrlässig

1. entgegen Artikel 4 Absatz 2 Satz 1 nicht sicherstellt, dass die technische Interoperabilität des Zahlungssystems gewährleistet wird,
2. entgegen Artikel 4 Absatz 2 Satz 2 eine dort genannte Geschäftsregel beschließt,
3. entgegen Artikel 4 Absatz 3 die Abwicklung einer Überweisung oder einer Lastschrift durch ein technisches Hindernis behindert,
4. entgegen Artikel 5 Absatz 1 Satz 1 oder Absatz 2 eine Überweisung ausführt,
5. entgegen Artikel 5 Absatz 1 Satz 1 oder Absatz 3 Satz 1 eine Lastschrift ausführt oder
6. entgegen Artikel 5 Absatz 8 ein Entgelt für einen dort genannten Auslesevorgang erhebt.

(4e) Ordnungswidrig handelt, wer gegen die Verordnung (EU) Nr. 648/2012 des Europäischen Parlaments und des Rates vom 4. Juli 2012 über OTC-Derivate, zentrale Gegenparteien und Transaktionsregister (ABl. L 201 vom 27.7.2012, S. 1) verstößt, indem er vorsätzlich oder fahrlässig

1. entgegen Artikel 7 Absatz 1 Unterabsatz 1 das Clearing nicht übernimmt oder
2. entgegen Artikel 7 Absatz 2 einem Antrag nicht oder nicht rechtzeitig stattgibt oder diesen nicht oder nicht rechtzeitig ablehnt.

(4f) Ordnungswidrig handelt, wer gegen die Verordnung (EU) Nr. 909/2014 des Europäischen Parlaments und des Rates vom 23. Juli 2014 zur Verbesserung der Wertpapierlieferungen und -abrechnungen in der Europäischen Union und über Zentralverwahrer sowie zur Änderung der Richtlinien 98/26/EG und 2014/65/EU und der Verordnung (EU) Nr. 236/2012 (ABl. L 257 vom 28.8.2014, S. 1) verstößt, indem er vorsätzlich oder leichtfertig

1. entgegen Artikel 16 Absatz 2 nichtbankartige Nebendienstleistungen erbringt,
2. in seinem Antrag nach Artikel 17 Absatz 1 die nach Artikel 17 Absatz 2 erforderlichen Angaben nicht, nicht richtig oder nicht vollständig macht oder in dem Zulassungsverfahren nach Artikel 17 wesentliche Umstände gegenüber der Bundesanstalt verschweigt,
3. in einem Verfahren, das den Entzug der Zulassung nach Artikel 20 Absatz 1 zum Gegenstand hat, die für die Entscheidung über den Entzug der Zulassung erforderlichen Angaben nicht, nicht richtig oder nicht vollständig macht oder in dem vorgenannten Verfahren wesentliche Umstände gegenüber der Bundesanstalt verschweigt,
4. entgegen Artikel 25 Absatz 2 ohne die erforderliche Anerkennung Kerndienstleistungen erbringt,
5. entgegen Artikel 25 Absatz 2 ohne die erforderliche Anerkennung eine Zweigniederlassung gründet,
6. entgegen Artikel 26 Absatz 1 unzureichende Instrumente zur Überwachung von Risiken vorhält,

7. entgegen Artikel 26 Absatz 2 die Verantwortlichkeiten der Beschäftigten in Schlüsselpositionen nicht oder nicht richtig festlegt,
8. entgegen Artikel 26 Absatz 3 Vorkehrungen zur Verhinderung von Interessenkonflikten nicht oder nicht richtig trifft,
9. entgegen Artikel 26 Absatz 5 keine geeigneten Verfahren eingerichtet hat, durch die Beschäftigte potenzielle Verstöße gegen die Verordnung (EU) Nr. 909/2014 über einen dafür geschaffenen Mechanismus intern melden können,
10. entgegen Artikel 26 Absatz 6 Satz 1 Prüfungen nicht oder nicht richtig durchführt,
11. entgegen Artikel 26 Absatz 6 Satz 2 Ergebnisse von Prüfungen nicht der Bundesanstalt vorlegt,
12. entgegen Artikel 26 Absatz 6 Satz 2 Prüfungsergebnisse dem Nutzerausschuss vorenthält,
13. entgegen Artikel 27 Absatz 3 Vergütungsabreden trifft,
14. entgegen Artikel 27 Absatz 7 Buchstabe a Eigentumsverhältnisse nicht, nicht richtig oder nicht vollständig vorlegt oder veröffentlicht,
15. entgegen Artikel 27 Absatz 7 Buchstabe b die Bundesanstalt nicht, nicht richtig oder nicht vollständig über die Entscheidung, Eigentumsrechte zu übertragen, unterrichtet,
16. entgegen Artikel 28 Absatz 1 Satz 1 einen dort vorgeschriebenen Nutzerausschuss nicht einrichtet,
17. entgegen Artikel 28 Absatz 1 Satz 2 Einfluss auf den Nutzerausschuss nimmt,
18. entgegen Artikel 28 Absatz 2 Satz 2 Regelungen nicht, nicht richtig oder nicht vollständig veröffentlicht,
19. entgegen Artikel 28 Absatz 5 Satz 1 als Mitglied des Nutzerausschusses die Geheimhaltungspflicht verletzt,
20. entgegen Artikel 28 Absatz 6 die Bundesanstalt oder den Nutzerausschuss nicht oder nicht unverzüglich unterrichtet,
21. entgegen Artikel 29 Absatz 1 eine Aufzeichnung nicht oder nicht mindestens zehn Jahre aufbewahrt,
22. entgegen Artikel 29 Absatz 2 Aufzeichnungen nicht zur Verfügung stellt,
23. entgegen Artikel 30 Absatz 1 oder Absatz 2 Satz 2 Auslagerungsvereinbarungen trifft,
24. entgegen Artikel 30 Absatz 3 Informationen nicht, nicht richtig oder nicht vollständig zur Verfügung stellt,
25. entgegen Artikel 30 Absatz 4 eine Vereinbarung zur Auslagerung von Kerndienstleistungen trifft, ohne die erforderliche Genehmigung zu besitzen,
26. entgegen Artikel 32 Absatz 1 nicht eindeutig bestimmte und realistische Ziele aufstellt,
27. entgegen Artikel 32 Absatz 2 nicht über transparente Vorschriften zum Umgang mit Beschwerden verfügt,
28. entgegen Artikel 33 Absatz 1 Satz 1 Teilnahmekriterien nicht veröffentlicht,

29. entgegen Artikel 33 Absatz 2 eine Beschwerde nicht innerhalb eines Monats beantwortet,
30. entgegen Artikel 34 Absatz 1 geltende Preise und Gebühren nicht, nicht richtig oder nicht vollständig bekanntgibt,
31. entgegen Artikel 34 Absatz 2 eine Preisliste nicht, nicht richtig oder nicht vollständig veröffentlicht,
32. entgegen Artikel 34 Absatz 6 oder 7 Informationen der Bundesanstalt nicht, nicht richtig oder nicht vollständig vorlegt,
33. entgegen Artikel 35 nicht die internationalen offenen Kommunikationsverfahren und Normen für den Datenaustausch und Referenzdaten verwendet,
34. entgegen Artikel 37 Absatz 1 nicht einmal pro Geschäftstag den vollständigen Depotkontenabgleich vornimmt,
35. entgegen Artikel 37 Absatz 3 Wertpapierkredite, Sollsalden oder die Schaffung von Wertpapieren veranlasst oder nicht verhindert,
36. entgegen Artikel 38 Absatz 1, 2, 3 oder 4 Aufzeichnungen oder Konten nicht, nicht richtig oder nicht vollständig führt,
37. entgegen Artikel 38 Absatz 7 Wertpapiere ohne ausdrückliche vorherige Zustimmung eines Kunden verwendet,
38. entgegen Artikel 39 Absatz 2, 4, 5, 6 oder 7 ein Wertpapierliefer- oder -abrechnungssystem betreibt,
39. entgegen Artikel 40 Absatz 3 Informationen nicht, nicht richtig oder nicht vollständig zur Verfügung stellt,
40. entgegen Artikel 41 Absatz 1 keine wirksamen und eindeutig festgelegten Regeln und Verfahren einrichtet,
41. entgegen Artikel 41 Absatz 2 Regeln und Verfahren nicht, nicht richtig oder nicht vollständig veröffentlicht,
42. einen Vertrag abschließt, dessen Inhalt gegen Artikel 43 verstößt,
43. entgegen Artikel 44 keine soliden Management- und Kontrollsysteme und keine soliden IT-Instrumente zur Ermittlung, Überwachung und Steuerung allgemeiner Geschäftsrisiken vorhält,
44. entgegen Artikel 45 Absatz 1 keine IT-Instrumente, Kontrollen oder Verfahren vorhält,
45. entgegen Artikel 45 Absatz 3 und 4 keinen vorgeschriebenen Notfallsanierungsplan erstellt oder ihn nicht oder nicht richtig an geänderte Voraussetzungen anpasst,
46. entgegen Artikel 46 Absatz 1 finanzielle Vermögenswerte nicht bei Zentralbanken, zugelassenen Kreditinstituten oder zugelassenen Zentralverwahrern hält,
47. entgegen Artikel 46 Absatz 2 keinen sofortigen Zugang zu seinen Vermögenswerten hat,
48. entgegen Artikel 46 Absatz 3 seine Finanzmittel nicht ausschließlich in Geld oder hochliquiden Finanzinstrumenten mit minimalem Markt- und Kreditrisiko anlegt,

49. entgegen Artikel 46 Absatz 5 sein Gesamtrisiko gegenüber jedem einzelnen zugelassenen Kreditinstitut oder zugelassenen Zentralverwahrer, bei dem er seine finanziellen Vermögenswerte hält, nicht innerhalb akzeptabler Konzentrationsgrenzen hält,
50. entgegen Artikel 47 Absatz 1 die darin vorgeschriebenen Eigenkapitalanforderungen nachhaltig verletzt,
51. entgegen Artikel 47 Absatz 2 Satz 1 und 2 einen dort vorgeschriebenen Kapitalplan nicht vorhält,
52. entgegen Artikel 47 Absatz 2 Satz 3 der Bundesanstalt die erfolgte Aktualisierung des Kapitalplans nicht, nicht vollständig oder nicht richtig mitteilt,
53. entgegen Artikel 48 Absatz 2 eine Zentralverwahrer-Verbindung ohne eine erforderliche Genehmigung oder Anzeige einrichtet,
54. entgegen Artikel 48 Absatz 4 die Rückübertragung von Wertpapieren veranlasst,
55. entgegen Artikel 48 Absatz 5 geeignete Maßnahmen zur Minderung zusätzlicher Risiken nicht oder nicht richtig trifft,
56. entgegen Artikel 48 Absatz 7 eine Zentralverwahrer-Verbindung betreibt, die keine Abwicklung „Lieferung gegen Zahlung" ermöglicht,
57. entgegen Artikel 49 Absatz 3 einem antragstellenden Emittenten nicht innerhalb von drei Monaten eine Antwort zukommen lässt,
58. entgegen Artikel 50 einem anderen Zentralverwahrer den Zugang über eine Stand-Verbindung verwehrt,
59. entgegen Artikel 51 Absatz 1 den Antrag eines Zentralverwahrers auf eine kundenspezifische Verbindung ablehnt,
60. entgegen Artikel 52 Absatz 1 einem antragstellenden Zentralverwahrer nicht innerhalb von drei Monaten eine Antwort zukommen lässt,
61. entgegen Artikel 52 Absatz 2 den Zugang verweigert,
62. entgegen Artikel 53 Absatz 1 Unterabsatz 1 einem Zentralverwahrer Transaktionsdaten nicht, nicht vollständig oder nicht rechtzeitig zur Verfügung stellt,
63. entgegen Artikel 53 Absatz 1 Unterabsatz 2 und Absatz 3 einer zentralen Gegenpartei oder einem Handelsplatz nicht in geeigneter Weise Zugang zu seinem Wertpapierliefer- oder -abrechnungssystem gewährt,
64. entgegen Artikel 53 Absatz 2 einer antragstellenden Partei nicht binnen drei Monaten antwortet,
65. entgegen Artikel 54 Absatz 1 bankartige Nebendienstleistungen erbringt,
66. entgegen Artikel 54 Absatz 4 bankartige Nebendienstleistungen für einen Zentralverwahrer erbringt,
67. in dem Antrag auf Genehmigung nach Artikel 55 Absatz 1 die nach Artikel 55 Absatz 2 erforderlichen Angaben nicht, nicht richtig oder nicht vollständig macht oder in dem vorgenannten Genehmigungsverfahren wesentliche Umstände verschweigt,
68. im Verfahren zum Entzug der Genehmigung nach Artikel 57 Absatz 1 die für die Entscheidung über den Entzug der Genehmigung erforderlichen

Angaben nicht, nicht richtig oder nicht vollständig macht oder wesentliche Angaben verschweigt,

69. entgegen Artikel 59 Absatz 3 dort genannte besondere aufsichtsrechtliche Anforderungen in Bezug auf Kreditrisiken nicht erfüllt oder
70. entgegen Artikel 59 Absatz 4 dort genannte besondere aufsichtsrechtliche Anforderungen in Bezug auf Liquiditätsrisiken nicht erfüllt.

(4g) Ordnungswidrig handelt, wer gegen die Verordnung (EU) Nr. 1286/2014 des Europäischen Parlaments und des Rates vom 26. November 2014 über Basisinformationsblätter für verpackte Anlageprodukte für Kleinanleger und Versicherungsanlageprodukte (PRIIP) (ABl. L 352 vom 9.12.2014, S. 1, L 358 vom 13.12.2014, S. 50) verstößt, indem er vorsätzlich oder leichtfertig

1. entgegen
   a) Artikel 5 Absatz 1,
   b) Artikel 5 Absatz 1 in Verbindung mit Artikel 6,
   c) Artikel 5 Absatz 1 in Verbindung mit Artikel 7 Absatz 2 oder
   d) Artikel 5 Absatz 1 in Verbindung mit Artikel 8 Absatz 1 bis 3

   ein Basisinformationsblatt nicht, nicht richtig, nicht vollständig, nicht rechtzeitig oder nicht in der vorgeschriebenen Weise abfasst oder veröffentlicht,
2. entgegen Artikel 5 Absatz 1 in Verbindung mit Artikel 7 Absatz 1 ein Basisinformationsblatt nicht in der vorgeschriebenen Weise abfasst oder übersetzt,
3. entgegen Artikel 10 Absatz 1 Satz 1 ein Basisinformationsblatt nicht oder nicht rechtzeitig überprüft,
4. entgegen Artikel 10 Absatz 1 Satz 1 ein Basisinformationsblatt nicht oder nicht vollständig überarbeitet,
5. entgegen Artikel 10 Absatz 1 Satz 2 ein Basisinformationsblatt nicht oder nicht rechtzeitig zur Verfügung stellt,
6. entgegen Artikel 9 Satz 1 in Werbematerialien Aussagen trifft, die im Widerspruch zu den Informationen des Basisinformationsblattes stehen oder dessen Bedeutung herabstufen,
7. entgegen Artikel 9 Satz 2 die erforderlichen Hinweise in Werbematerialien nicht, nicht richtig oder nicht vollständig aufnimmt,
8. entgegen
   a) Artikel 13 Absatz 1, 3 und 4 oder
   b) Artikel 14

   ein Basisinformationsblatt nicht oder nicht rechtzeitig oder nicht in der vorgeschriebenen Weise zur Verfügung stellt,
9. entgegen Artikel 19 Buchstabe a und b nicht, nicht richtig oder nicht in der vorgeschriebenen Weise geeignete Verfahren und Vorkehrungen zur Einreichung und Beantwortung von Beschwerden vorsieht,
10. entgegen Artikel 19 Buchstabe c nicht, nicht richtig oder nicht in der vorgeschriebenen Weise geeignete Verfahren und Vorkehrungen vorsieht, durch die gewährleistet wird, dass Kleinanlegern wirksame Beschwerdeverfahren im Fall von grenzüberschreitenden Streitigkeiten zur Verfügung stehen.

(4h) Ordnungswidrig handelt, wer vorsätzlich oder leichtfertig

1. entgegen § 25e Satz 1 nicht durch entsprechende Maßnahmen sicherstellt, dass ein vertraglich gebundener Vermittler die dort geforderten Anforderungen fortlaufend erfüllt,
2. entgegen § 25e Satz 2 danach erforderliche Nachweise nicht oder nicht für die gesetzlich vorgesehene Dauer aufbewahrt,
3. entgegen § 25e Satz 4 Vergütungssysteme nicht oder nicht ordnungsgemäß ausgestaltet,
4. bei der Antragstellung für die Zulassung zum Geschäftsbetrieb nach § 32 Absatz 1 Satz 2 oder Absatz 1f Satz 2 gegenüber der Bundesanstalt unrichtige Angaben im Hinblick auf die nach § 32 Absatz 1 Satz 2 oder Absatz 1f Satz 2 erforderlichen Informationen macht,
5. entgegen § 25c Absatz 1 Satz 1 der Wahrnehmung seiner Aufgaben als Geschäftsleiter nicht ausreichend Zeit widmet,
6. entgegen § 25c Absatz 2 Satz 2 in Verbindung mit Absatz 1 Satz 3, 4 und 5 als Geschäftsleiter eine zu hohe Anzahl an Leitungs- oder Aufsichtsmandaten innehat.

(5) [1] Ordnungswidrig handelt, wer gegen die Verordnung (EU) Nr. 575/2013[1)] des Europäischen Parlaments und des Rates vom 26. Juni 2013 über Aufsichtsanforderungen an Kreditinstitute und Wertpapierfirmen und zur Änderung der Verordnung (EU) Nr. 646/2012 (ABl. L 176 vom 27.6.2013, S. 1) oder gegen § 1a in Verbindung mit der Verordnung (EU) Nr. 575/2013 verstößt, indem er vorsätzlich oder fahrlässig

1. entgegen Artikel 28 Absatz 1 Buchstabe f den Kapitalbetrag von Instrumenten des harten Kernkapitals verringert oder zurückzahlt,
2. entgegen Artikel 28 Absatz 1 Buchstabe h Ziffer i Vorzugsausschüttungen auf Instrumente des harten Kernkapitals vornimmt,
3. entgegen Artikel 28 Absatz 1 Buchstabe h Ziffer ii oder Artikel 52 Absatz 1 Buchstabe l Ziffer i aus nicht ausschüttungsfähigen Posten Ausschüttungen auf Instrumente des harten oder zusätzlichen Kernkapitals vornimmt,
4. entgegen Artikel 52 Absatz 1 Buchstabe i Instrumente des zusätzlichen Kernkapitals kündigt, zurückzahlt oder zurückkauft,
5. entgegen Artikel 63 Buchstabe j Instrumente des Ergänzungskapitals kündigt, zurückzahlt oder zurückkauft,
6. entgegen Artikel 94 Absatz 3 Satz 1 die Nichterfüllung der Bedingung nach Artikel 94 Absatz 1 Buchstabe b nicht oder nicht rechtzeitig mitteilt,
7. entgegen Artikel 99 Absatz 1 über die Verpflichtungen nach Artikel 92 nicht, nicht richtig, nicht vollständig oder nicht rechtzeitig Meldung erstattet,
8. entgegen Artikel 101 Absatz 1 die genannten Daten nicht, nicht richtig, nicht vollständig oder nicht rechtzeitig übermittelt,
9. entgegen Artikel 146 die Nichterfüllung der Anforderungen nicht oder nicht rechtzeitig mitteilt,

---

1) Nr. **6**.

10. entgegen Artikel 175 Absatz 5 die Erfüllung der Anforderungen nicht, nicht richtig, nicht vollständig oder nicht hinreichend nachweist,
11. entgegen Artikel 213 Absatz 2 Satz 1 das Vorhandensein von Systemen nicht, nicht richtig oder nicht vollständig nachweist,
12. entgegen Artikel 248 Absatz 3 Satz 2 das Gebrauchmachen von der in Satz 1 genannten Möglichkeit nicht, nicht richtig oder nicht vollständig mitteilt,
13. *(aufgehoben)*
14. entgegen Artikel 283 Absatz 6 die Nichterfüllung der Anforderungen nicht oder nicht rechtzeitig mitteilt,
15. entgegen Artikel 292 Absatz 3 Satz 1 das dort bezeichnete zeitliche Zusammenfallen nicht hinreichend oder nicht rechtzeitig nachweist,
16. entgegen Artikel 394 Absatz 1 bis 3 eine Meldung nicht, nicht richtig, nicht vollständig oder nicht rechtzeitig erstattet,
17. entgegen Artikel 395 Absatz 1 Satz 1, auch in Verbindung mit Satz 2, eine Forderung eingeht,
18. entgegen Artikel 395 Absatz 5 Satz 2 die Höhe der Überschreitung und den Namen des betreffenden Kunden nicht, nicht richtig, nicht vollständig oder nicht unverzüglich meldet,
19. entgegen Artikel 396 Absatz 1 Satz 1 den Forderungswert nicht, nicht richtig, nicht vollständig oder nicht unverzüglich meldet,
20. *(aufgehoben)*
21. entgegen Artikel 412 Absatz 1 Satz 1 wiederholt oder fortgesetzt liquide Aktiva in der dort bezeichneten Höhe nicht hält,
22. entgegen Artikel 414 Satz 1 erster Halbsatz die Nichteinhaltung oder das erwartete Nichteinhalten der Anforderungen nicht, nicht richtig, nicht vollständig oder nicht unverzüglich mitteilt,
23. entgegen Artikel 414 Satz 1 zweiter Halbsatz einen Plan nicht, nicht richtig, nicht vollständig oder nicht rechtzeitig vorlegt,
24. entgegen Artikel 415 Absatz 1 oder Absatz 2 die dort bezeichneten Informationen über die Liquiditätslage nicht, nicht richtig, nicht vollständig oder nicht rechtzeitig meldet,
25. entgegen Artikel 430 Absatz 1 Satz 1 oder Unterabsatz 2 Informationen über die Verschuldungsquote und deren Elemente nicht, nicht richtig oder nicht vollständig übermittelt,
26. entgegen Artikel 431 Absatz 1 die dort bezeichneten Informationen nicht, nicht richtig, nicht vollständig oder nicht rechtzeitig veröffentlicht,
27. entgegen Artikel 431 Absatz 2 die in den dort bezeichneten Genehmigungen enthaltenen Informationen nicht, nicht richtig, nicht vollständig oder nicht rechtzeitig offenlegt,
28. entgegen Artikel 431 Absatz 3 Unterabsatz 2 Satz 1 und 2 die dort genannten Informationen nicht, nicht richtig, nicht vollständig oder nicht rechtzeitig veröffentlicht oder
29. entgegen Artikel 451 Absatz 1 die dort genannten Informationen nicht, nicht richtig, nicht vollständig oder nicht rechtzeitig offenlegt.

[2] Die Bestimmungen des Satzes 1 gelten auch für ein Kreditinstitut oder Finanzdienstleistungsinstitut im Sinne des § 1a.

(5a) Ordnungswidrig handelt, wer vorsätzlich oder fahrlässig ein höheres als in Artikel 3 Absatz 1 oder in Artikel 4 Satz 1 der Verordnung (EU) 2015/751 des Europäischen Parlaments und des Rates vom 29. April 2015 über Interbankenentgelte für kartengebundene Zahlungsvorgänge (ABl. L 123 vom 19.5. 2015, S. 1) genanntes Interbankenentgelt erhebt.

(5b) Ordnungswidrig handelt, wer im Anwendungsbereich dieses Gesetzes entgegen Artikel 6 Absatz 2 Satz 1 der Verordnung (EU) 2017/2402 des Europäischen Parlaments und des Rates vom 12. Dezember 2017 zur Festlegung eines allgemeinen Rahmens für Verbriefungen und zur Schaffung eines spezifischen Rahmens für einfache, transparente und standardisierte Verbriefung und zur Änderung der Richtlinien 2009/65/EG, 2009/138/EG, 2011/61/EU und der Verordnungen (EG) Nr. 1060/2009 und (EU) Nr. 648/2012 (ABl. L 347 vom 28.12.2017, S. 35) Vermögenswerte auswählt.

(5c) Ordnungswidrig handelt, wer im Anwendungsbereich dieses Gesetzes gegen die Verordnung (EU) 2017/2402 verstößt, indem er vorsätzlich oder fahrlässig

1. entgegen Artikel 6 Absatz 1 Satz 1 einen dort genannten Anteil nicht hält,
2. entgegen Artikel 7 Absatz 1 Unterabsatz 1 bis 4 oder 5 eine Information nicht, nicht richtig, nicht vollständig, nicht in der vorgeschriebenen Weise oder nicht rechtzeitig zur Verfügung stellt,
3. entgegen Artikel 9 Absatz 1 Satz 1 oder 2 ein anderes Kriterium oder Verfahren anwendet,
4. entgegen Artikel 18 Satz 1 eine dort genannte Bezeichnung verwendet,
5. entgegen Artikel 27 Absatz 4 die Europäische Wertpapier- und Marktaufsichtsbehörde nicht, nicht richtig, nicht vollständig oder nicht rechtzeitig unterrichtet oder die Bundesanstalt nicht, nicht richtig, nicht vollständig oder nicht rechtzeitig benachrichtigt oder
6. entgegen Artikel 28 Absatz 2 eine Meldung nicht, nicht richtig, nicht vollständig oder nicht rechtzeitig macht.

(5d) Ordnungswidrig handelt, wer im Anwendungsbereich dieses Gesetzes vorsätzlich oder fahrlässig

1. nicht sicherstellt, dass er über ein wirksames System nach Artikel 9 Absatz 1 Satz 3 der Verordnung (EU) 2017/2402 verfügt,
2. eine in Artikel 9 Absatz 3 der Verordnung (EU) 2017/2402 genannte Risikoposition verbrieft, ohne eine dort genannte Prüfung vorgenommen zu haben, oder
3. eine Meldung nach Artikel 27 Absatz 1 Unterabsatz 1, 2 oder 3 Satz 2 der Verordnung (EU) 2017/2402 mit irreführendem Inhalt macht.

(6) Die Ordnungswidrigkeit kann

1. in den Fällen des Absatzes 2 Nummer 1 Buchstabe a, b und h, Nummer 3 Buchstabe a und f, Nummer 4 und Nummer 12, der Absätze 4f, 4h, 5 Nummer 1 bis 5, 7, 8, 16, 17, 20, 21 und 24 bis 29 und der Absätze 5b bis 5d mit einer Geldbuße bis zu fünf Millionen Euro,

1a. in den Fällen des Absatzes 4g mit einer Geldbuße bis zu siebenhunderttausend Euro,
2. in den Fällen der Absätze 1 und 2 Nummer 3 Buchstabe l und des Absatzes 5a mit einer Geldbuße bis zu fünfhunderttausend Euro,
3. in den Fällen des Absatzes 2 Nummer 2 Buchstabe a, Nummer 3 Buchstabe b bis e, g bis k und m, Nummer 5 bis 10, 13, 14 und 17a, der Absätze 4, 4b Nummer 1 bis 5 und des Absatzes 4c in Verbindung mit Absatz 1a mit einer Geldbuße bis zu zweihunderttausend Euro und
4. in den übrigen Fällen mit einer Geldbuße bis zu hunderttausend Euro geahndet werden.

(6a) Gegenüber einer juristischen Person oder einer Personenvereinigung kann in den Fällen der Absätze 4f, 4g, 5b bis 5d über Absatz 6 hinaus eine höhere Geldbuße verhängt werden; diese Geldbuße darf den höheren der folgenden Beträge nicht übersteigen:
1. in den Fällen des Absatzes 4f den höheren der Beträge von zwanzig Millionen Euro oder 10 Prozent des Gesamtumsatzes, den die juristische Person oder die Personenvereinigung im der Behördenentscheidung vorangegangenen Geschäftsjahr erzielt hat,
2. in den Fällen des Absatzes 4g den höheren der Beträge von fünf Millionen Euro oder 3 Prozent des Gesamtumsatzes, den die juristische Person oder die Personenvereinigung im der Behördenentscheidung vorausgegangenen Geschäftsjahr erzielt hat,
3. in den Fällen der Absätze 4h, 5b bis 5d den höheren der Beträge von fünf Millionen Euro oder 10 Prozent des Gesamtumsatzes, den die juristische Person oder die Personenvereinigung im der Behördenentscheidung vorausgegangenen Geschäftsjahr erzielt hat.

(6b) Gegenüber einer juristischen Person oder einer Personenvereinigung kann in den Fällen des Absatzes 2 Nummer 11b bis 13 und in den Fällen des Absatzes 4 Nummer 1 bis 3, 8, 9 und 11 bis 15, sofern es sich um nachhaltige Verstöße handelt, eine über Absatz 6 hinausgehende Geldbuße verhängt werden; die Geldbuße darf den höheren der folgenden Beträge nicht übersteigen:
1. fünf Millionen Euro oder
2. 10 Prozent des Gesamtumsatzes, den die juristische Person oder Personenvereinigung im der Behördenentscheidung vorausgegangenen Geschäftsjahr erzielt hat.

(6c) [1] Über die in den Absätzen 6, 6a und 6b genannten Beträge hinaus kann die Ordnungswidrigkeit in den Fällen des Absatzes 2 Nummer 11b bis 13, in den Fällen des Absatzes 4 Nummer 1 bis 3, 8, 9 und 11 bis 15, in den Fällen der Absätze 4f bis 4h und in den Fällen der Absätze 5b bis 5d mit einer Geldbuße bis zum Zweifachen des aus dem Verstoß gezogenen wirtschaftlichen Vorteils geahndet werden. [2] Der wirtschaftliche Vorteil umfasst erzielte Gewinne und vermiedene Verluste und kann geschätzt werden.

(6d) [1] Gesamtumsatz im Sinne des Absatzes 6a und 6b Nummer 2 ist
1. im Falle von Kreditinstituten, Zahlungsinstituten und Finanzdienstleistungsinstituten im Sinne des § 340 des Handelsgesetzbuchs der sich aus dem auf das Institut anwendbaren nationalen Recht im Einklang mit Artikel 27

Nummer 1, 3, 4, 6 und 7 oder Artikel 28 Nummer B1, B2, B3, B4 und B7 der Richtlinie 86/635/EWG des Rates vom 8. Dezember 1986 über den Jahresabschluss und den konsolidierten Abschluss von Banken und anderen Finanzinstituten (ABl. L 372 vom 31.12.1986, S. 1, L 316 vom 23.11.1988, S. 51), die zuletzt durch die Richtlinie 2006/46/EG (ABl. L 224 vom 16.8. 2006, S. 1) geändert worden ist, ergebende Gesamtbetrag, abzüglich der Umsatzsteuer und sonstiger direkt auf diese Erträge erhobener Steuern,

2. im Falle von Versicherungsunternehmen der sich aus dem auf das Versicherungsunternehmen anwendbaren nationalen Recht im Einklang mit Artikel 63 der Richtlinie 91/674/EWG des Rates vom 19. Dezember 1991 über den Jahresabschluss und den konsolidierten Abschluss von Versicherungsunternehmen (ABl. L 374 vom 31.12.1991, S. 7), die zuletzt durch die Richtlinie 2006/46/EG (ABl. L 224 vom 16.8.2006, S. 1) geändert worden ist, ergebende Gesamtbetrag, abzüglich der Umsatzsteuer und sonstiger direkt auf diese Erträge erhobener Steuern,
3. im Übrigen der Betrag der Nettoumsätze nach Maßgabe des auf das Unternehmen anwendbaren nationalen Rechts im Einklang mit Artikel 2 Nummer 5 der Richtlinie 2013/34/EU des Europäischen Parlaments und des Rates vom 26. Juni 2013 über den Jahresabschluss, den konsolidierten Abschluss und damit verbundene Berichte von Unternehmen bestimmter Rechtsformen und zur Änderung der Richtlinie 2006/43/EG des Europäischen Parlaments und des Rates und zur Aufhebung der Richtlinien 78/660/EWG und 83/349/EWG des Rates (ABl. L 182 vom 29.6.2013, S. 19, L 369 vom 24.12.2014, S. 79), die zuletzt durch die Richtlinie 2014/102/EU (ABl. L 334 vom 21.11.2014, S. 86) geändert worden ist.

[2] Handelt es sich bei der juristischen Person oder der Personenvereinigung um das Mutterunternehmen oder um eine Tochtergesellschaft, so ist anstelle des Gesamtumsatzes der juristischen Person oder der Personenvereinigung der jeweilige Gesamtbetrag in dem Konzernabschluss des Mutterunternehmens maßgeblich, der für den größten Kreis von Unternehmen aufgestellt wird. [3] Wird der Konzernabschluss für den größten Kreis von Unternehmen nicht nach den in Satz 1 genannten Vorschriften aufgestellt, ist der Gesamtumsatz nach Maßgabe der den in Satz 1 Nummer 1 bis 3 vergleichbaren Posten des Konzernabschlusses zu ermitteln. [4] Ist ein Jahresabschluss oder Konzernabschluss für das maßgebliche Geschäftsjahr nicht verfügbar, ist der Jahres- oder Konzernabschluss für das unmittelbar vorangegangene Geschäftsjahr maßgeblich; ist auch dieser nicht verfügbar, kann der Gesamtumsatz geschätzt werden.

(6e) [1] § 17 Absatz 2 des Gesetzes über Ordnungswidrigkeiten ist nicht anzuwenden bei Verstößen gegen Gebote und Verbote, die in den Absätzen 6a und 6b in Bezug genommen werden. [2] § 30 des Gesetzes über Ordnungswidrigkeiten gilt auch für juristische Personen oder für Personenvereinigungen, die über eine Zweigniederlassung oder im Wege des grenzüberschreitenden Dienstleistungsverkehrs im Inland tätig sind. [3] Die Verfolgung der Ordnungswidrigkeiten nach der Absätze 4f bis 4h verjährt in drei Jahren.

(7) [1] Die Geldbuße soll den wirtschaftlichen Vorteil, den der Täter aus der Ordnungswidrigkeit gezogen hat, übersteigen. [2] Reicht in den Fällen des Absatzes 6 das Höchstmaß, mit Ausnahme der Fälle nach Absatz 2 Nummer 11b bis 13, und in den Fällen des Absatzes 4 Nummer 1 bis 3, 8, 9 und 11 bis 15

hierzu nicht aus, so kann es für juristische Personen oder Personenvereinigungen bis zu einem Betrag in folgender Höhe überschritten werden:

1. 10 Prozent des Jahresnettoumsatzes des Unternehmens im Geschäftsjahr, das der Ordnungswidrigkeit vorausgeht, oder
2. das Zweifache des durch die Zuwiderhandlung erlangten Mehrerlöses.

[3] § 17 Absatz 4 des Gesetzes über Ordnungswidrigkeiten bleibt unberührt.

(8) [1] Der Jahresnettoumsatz im Sinne des Absatzes 7 Satz 2 Nummer 1 ist der Gesamtbetrag der in § 34 Absatz 2 Satz 1 Nummer 1 Buchstabe a bis e der Kreditinstituts-Rechnungslegungsverordnung in der jeweils geltenden Fassung genannten Erträge einschließlich der Bruttoerträge bestehend aus Zinserträgen und ähnlichen Erträgen, Erträgen aus Aktien, anderen Anteilsrechten und nicht festverzinslichen/festverzinslichen Wertpapieren sowie Erträgen aus Provisionen und Gebühren wie in Artikel 316 der Verordnung (EU) Nr. 575/2013 ausgeführt, abzüglich der Umsatzsteuer und sonstiger direkt auf diese Erträge erhobener Steuern. [2] Handelt es sich bei dem Unternehmen um ein Tochterunternehmen, ist auf den Jahresnettoumsatz abzustellen, der im vorangegangenen Geschäftsjahr im konsolidierten Abschluss des Mutterunternehmens an der Spitze der Gruppe ausgewiesen ist.

§§ 57, 58 (weggefallen)

§ 59 Geldbußen gegen Unternehmen. § 30 des Gesetzes über Ordnungswidrigkeiten gilt auch für Unternehmen im Sinne des § 53b Abs. 1 Satz 1 und Abs. 7 Satz 1, die über eine Zweigniederlassung oder im Wege des grenzüberschreitenden Dienstleistungsverkehrs im Inland tätig sind.

§ 60 Zuständige Verwaltungsbehörde. Verwaltungsbehörde im Sinne des § 36 Abs. 1 Nr. 1 des Gesetzes über Ordnungswidrigkeiten ist die Bundesanstalt.

§ 60a Beteiligung der Bundesanstalt und Mitteilungen in Strafsachen.

(1) [1] Das Gericht, die Strafverfolgungs- oder die Strafvollstreckungsbehörde hat in Strafverfahren gegen Inhaber, Geschäftsleiter oder Mitglieder der Verwaltungs- oder Aufsichtsorgane von Instituten oder Finanzholding-Gesellschaften sowie gegen Inhaber bedeutender Beteiligungen an Instituten oder deren gesetzliche Vertreter oder persönlich haftende Gesellschafter wegen Verletzung ihrer Berufspflichten oder anderer Straftaten bei oder im Zusammenhang mit der Ausübung eines Gewerbes oder dem Betrieb einer sonstigen wirtschaftlichen Unternehmung, ferner in Strafverfahren, die Straftaten nach § 54 zum Gegenstand haben, im Falle der Erhebung der öffentlichen Klage der Bundesanstalt

1. die Anklageschrift oder eine an ihre Stelle tretende Antragsschrift,
2. den Antrag auf Erlaß eines Strafbefehls und
3. die das Verfahren abschließende Entscheidung mit Begründung

zu übermitteln; ist gegen die Entscheidung ein Rechtsmittel eingelegt worden, ist die Entscheidung unter Hinweis auf das eingelegte Rechtsmittel zu übermitteln. [2] In Verfahren wegen fahrlässig begangener Straftaten werden die in den Nummern 1 und 2 bestimmten Übermittlungen nur vorgenommen, wenn aus der Sicht der übermittelnden Stelle unverzüglich Entscheidungen oder andere Maßnahmen der Bundesanstalt geboten sind.

(1a) [1] In Strafverfahren, die Straftaten nach § 54 zum Gegenstand haben, hat die Staatsanwaltschaft die Bundesanstalt bereits über die Einleitung des Ermittlungsverfahrens zu unterrichten, soweit dadurch eine Gefährdung des Ermittlungszweckes nicht zu erwarten ist. [2] Erwägt die Staatsanwaltschaft, das Verfahren einzustellen, so hat sie die Bundesanstalt zu hören.

(2) [1] Werden sonst in einem Strafverfahren Tatsachen bekannt, die auf Mißstände in dem Geschäftsbetrieb eines Instituts hindeuten, und ist deren Kenntnis aus der Sicht der übermittelnden Stelle für Maßnahmen der Bundesanstalt nach diesem Gesetz erforderlich, soll das Gericht, die Strafverfolgungs- oder die Strafvollstreckungsbehörde diese Tatsachen ebenfalls mitteilen, soweit nicht für die übermittelnde Stelle erkennbar ist, daß schutzwürdige Interessen des Betroffenen überwiegen. [2] Dabei ist zu berücksichtigen, wie gesichert die zu übermittelnden Erkenntnisse sind.

(3) [1] Der Bundesanstalt ist auf Antrag Akteneinsicht zu gewähren, soweit nicht für die Akteneinsicht gewährende Stelle erkennbar ist, dass schutzwürdige Interessen des Betroffenen überwiegen. [2] Absatz 2 Satz 2 gilt entsprechend.

§ 60b Bekanntmachung von Maßnahmen. (1) [1] Die Bundesanstalt soll, sofern die Bekanntmachung nicht bereits nach § 60c Absatz 1 Satz 1 erfolgt, jede gegen ein ihrer Aufsicht unterstehendes Institut oder Unternehmen oder gegen einen Geschäftsleiter eines Instituts oder Unternehmens verhängte und bestandskräftig gewordene Maßnahme, die sie wegen eines Verstoßes gegen dieses Gesetz, die dazu erlassenen Rechtsverordnungen oder die Bestimmungen der Verordnung (EU) Nr. 575/2013[1)] oder der Verordnung (EU) 2015/847 verhängt hat, und jede unanfechtbar gewordene Bußgeldentscheidung nach Maßgabe der Absätze 2 bis 4 unverzüglich auf ihren Internetseiten öffentlich bekannt machen und dabei auch Informationen zu Art und Charakter des Verstoßes mitteilen. [2] Die Rechte der Bundesanstalt nach § 37 Absatz 1 Satz 3 bleiben unberührt.

(2) Die Bekanntmachung einer unanfechtbar gewordenen Bußgeldentscheidung nach § 56 Absatz 4c darf keine personenbezogenen Daten enthalten.

(3) Eine unanfechtbar gewordene Bußgeldentscheidung nach § 56 Absatz 4e darf nicht nach Absatz 1 bekannt gemacht werden, wenn eine solche Bekanntmachung die Stabilität der Finanzmärkte der Bundesrepublik Deutschland oder eines oder mehrerer Vertragsstaaten des Abkommens über den Europäischen Wirtschaftsraum erheblich gefährden oder eine solche Bekanntmachung den Beteiligten einen unverhältnismäßig großen Schaden zufügen würde.

(4) [1] Die Bundesanstalt hat eine bestandskräftig gewordene Maßnahme oder eine unanfechtbar gewordene Bußgeldentscheidung mit Ausnahme von Bußgeldentscheidungen nach § 56 Absatz 4e auf anonymer Basis bekannt zu machen, wenn eine Bekanntmachung nach Absatz 1

1. das Persönlichkeitsrecht natürlicher Personen verletzt oder eine Bekanntmachung personenbezogener Daten aus sonstigen Gründen unverhältnismäßig wäre,

---

[1)] Nr. 6.

2. die Stabilität der Finanzmärkte der Bundesrepublik Deutschland oder eines oder mehrerer Mitgliedstaaten des Europäischen Wirtschaftsraums oder den Fortgang einer strafrechtlichen Ermittlung erheblich gefährden würde oder
3. den beteiligten Instituten oder natürlichen Personen einen unverhältnismäßig großen Schaden zufügen würde.

[2] Abweichend von Satz 1 kann die Bundesanstalt in den Fällen von Satz 1 Nummer 2 und 3 so lange von der Bekanntmachung nach Absatz 1 absehen, bis die Gründe für eine Bekanntmachung auf anonymer Basis weggefallen sind.

(5) [1] Die Maßnahmen und Bußgeldentscheidungen im Sinne des Absatzes 1 mit Ausnahme der Bußgeldentscheidungen nach § 56 Absatz 4e sollen mindestens für fünf Jahre ab Bestandskraft der Maßnahme oder ab Unanfechtbarkeit der Bußgeldentscheidung auf den Internetseiten der Bundesanstalt veröffentlicht bleiben. [2] Abweichend von Satz 1 sind personenbezogene Daten zu löschen, sobald ihre Bekanntmachung nicht mehr erforderlich ist.

§ 60c Bekanntmachung von Maßnahmen und Sanktionen wegen Verstößen gegen die Verordnung (EU) Nr. 909/2014, die Verordnung (EU) 2015/2365, die Verordnung (EU) 2016/1011 oder die Verordnung (EU) 2017/2402. (1) Die Bundesanstalt macht Entscheidungen über Maßnahmen und Sanktionen, die wegen Verstößen gegen die Verordnung (EU) Nr. 909/2014 oder Artikel 4 oder 15 der Verordnung (EU) 2015/2365, Artikel 16 Absatz 1 bis 4 der Verordnung (EU) 2016/1011 oder die jeweils darauf basierenden delegierten Rechtsakte erlassen wurden, auf ihrer Internetseite unverzüglich nach Unterrichtung der natürlichen oder juristischen Person, gegen die die Maßnahme oder Sanktion verhängt wurde, bekannt.

(2) In der Bekanntmachung benennt die Bundesanstalt die Vorschrift, gegen die verstoßen wurde, und die für den Verstoß verantwortliche natürliche oder juristische Person oder Personenvereinigung.

(3) Ist die Bekanntmachung der Identität einer von der Entscheidung betroffenen juristischen Person oder der personenbezogenen Daten einer natürlichen Person unverhältnismäßig oder würde die Bekanntmachung laufende Ermittlungen oder die Stabilität der Finanzmärkte gefährden, so

1. schiebt die Bundesanstalt die Bekanntmachung der Entscheidung auf, bis die Gründe für das Aufschieben weggefallen sind,
2. macht die Bundesanstalt die Entscheidung ohne Nennung der Identität oder der personenbezogenen Daten bekannt, wenn hierdurch ein wirksamer Schutz der Identität oder der betreffenden personenbezogenen Daten gewährleistet ist oder
3. macht die Bundesanstalt die Entscheidung nicht bekannt, wenn eine Bekanntmachung gemäß den Nummern 1 und 2 nicht ausreichend wäre, um sicherzustellen, dass
   a) die Stabilität der Finanzmärkte nicht gefährdet wird oder
   b) die Verhältnismäßigkeit der Bekanntmachung gewahrt bleibt.

(4) [1] Bei nicht bestands- oder nicht rechtskräftigen Entscheidungen fügt die Bundesanstalt einen entsprechenden Hinweis hinzu. [2] Wird gegen die bekanntzumachende Entscheidung ein Rechtsbehelf eingelegt, so ergänzt die Bundesanstalt die Bekanntmachung unverzüglich um einen Hinweis auf den Rechts-

behelf sowie um alle weiteren Informationen über das Ergebnis des Rechtsbehelfsverfahrens.

(5) [1] Eine Bekanntmachung nach Absatz 1 ist fünf Jahre nach ihrer Bekanntmachung zu löschen. [2] Abweichend von Satz 1 sind personenbezogene Daten zu löschen, sobald ihre Bekanntmachung nicht mehr erforderlich ist.

(6) Bei bestandskräftigen Maßnahmen und unanfechtbar gewordenen Bußgeldentscheidungen, die wegen eines Verstoßes gegen die Artikel 6, 7, 9 oder 27 Absatz 1 der Verordnung (EU) 2017/2402 erlassen wurden, gelten die Absätze 1 bis 3 und 5 mit der Maßgabe entsprechend, dass die Bekanntmachung auch die verhängten Maßnahmen und Bußgeldentscheidungen umfasst und in der Verhältnismäßigkeitsprüfung nach Absatz 3 geprüft wird, ob die Bekanntmachung den beteiligten Personen einen unverhältnismäßigen Schaden zufügen würde.

§ 60d Bekanntmachung von Maßnahmen und Sanktionen gegen Wertpapierdienstleistungsunternehmen und Betreiber von Datenbereitstellungsdiensten. (1) [1] Die Bundesanstalt macht Entscheidungen über Maßnahmen und Sanktionen gemäß § 56 Absatz 1h, die gegen Wertpapierdienstleistungsunternehmen im Sinne des § 2 Absatz 10 des Wertpapierhandelsgesetzes und Betreiber von Datenbereitstellungsdiensten erlassen wurden, unverzüglich nach Unterrichtung der natürlichen oder juristischen Person, gegen die die Maßnahme oder Sanktion verhängt wurde, auf ihrer Internetseite bekannt. [2] Dies gilt nicht für Entscheidungen über Ermittlungsmaßnahmen.

(2) In der Bekanntmachung benennt die Bundesanstalt die Vorschrift, gegen die verstoßen wurde, und die für den Verstoß verantwortliche natürliche oder juristische Person oder Personenvereinigung.

(3) [1] Ist die Bundesanstalt nach einer fallbezogenen Bewertung der Verhältnismäßigkeit der Bekanntmachung zu der Ansicht gelangt, dass die Bekanntmachung der Identität der juristischen Person oder der personenbezogenen Daten der natürlichen Person unverhältnismäßig wäre, oder würde die Bekanntmachung die Stabilität der Finanzmärkte oder laufende Ermittlungen gefährden, so kann die Bundesanstalt

1. die Entscheidung erst dann bekanntmachen, wenn die Gründe für den Verzicht auf ihre Bekanntmachung nicht mehr bestehen, oder
2. die Entscheidung ohne Nennung personenbezogener Daten bekanntmachen, wenn diese anonymisierte Bekanntmachung einen wirksamen Schutz der betreffenden personenbezogenen Daten gewährleistet, oder
3. gänzlich von der Bekanntmachung der Entscheidung absehen, wenn die in den Nummern 1 und 2 genannten Möglichkeiten ihrer Ansicht nach nicht ausreichend gewährleisten, dass
   a) die Stabilität der Finanzmärkte nicht gefährdet wird,
   b) die Bekanntmachung von Entscheidungen über Maßnahmen, die als geringfügiger einzustufen sind, verhältnismäßig ist.

[2] Entscheidet sich die Bundesanstalt für eine Bekanntmachung in anonymisierter Form, kann die Bekanntmachung um einen angemessenen Zeitraum aufgeschoben werden, wenn vorhersehbar ist, dass die Gründe für die anonymisierte Bekanntmachung innerhalb dieses Zeitraums wegfallen werden.

(4) [1] Wird gegen die Entscheidung, mit der die Sanktion oder Maßnahme erlassen wird, ein Rechtsbehelf eingelegt, so macht die Bundesanstalt auch diesen Sachverhalt und alle weiteren Informationen über das Ergebnis des Rechtsbehelfsverfahrens umgehend auf ihrer Internetseite bekannt. [2] Ferner wird jede Entscheidung, mit der eine frühere Entscheidung aufgehoben oder geändert wird, ebenfalls bekannt gemacht.

(5) [1] Eine Bekanntmachung nach Absatz 1 ist fünf Jahre nach ihrer Bekanntmachung zu löschen. [2] Abweichend von Satz 1 sind personenbezogene Daten zu löschen, sobald ihre Bekanntmachung nicht mehr erforderlich ist.

Achter Abschnitt. Übergangs- und Schlußvorschriften

§ 61 Erlaubnis für bestehende Kreditinstitute. [1] Soweit ein Kreditinstitut bei Inkrafttreten dieses Gesetzes Bankgeschäfte in dem in § 1 Abs. 1 bezeichneten Umfang betreiben durfte, gilt die Erlaubnis nach § 32 als erteilt. [2] Die in § 35 Abs. 1 genannte Frist beginnt mit dem Inkrafttreten dieses Gesetzes zu laufen.

§ 62 Überleitungsbestimmungen. (1) [1] Die auf dem Gebiet des Kreditwesens bestehenden Rechtsvorschriften sowie die auf Grund der bisherigen Rechtsvorschriften erlassenen Anordnungen bleiben aufrechterhalten, soweit ihnen nicht Bestimmungen dieses Gesetzes entgegenstehen. [2] Rechtsvorschriften, die für die geschäftliche Betätigung bestimmter Arten von Kreditinstituten weitergehende Anforderungen stellen als dieses Gesetz, bleiben unberührt.

(2) Aufgaben und Befugnisse, die in Rechtsvorschriften des Bundes der Bankaufsichtsbehörde zugewiesen sind, gehen auf die Bundesanstalt über.

(3) Die Zuständigkeiten der Länder für die Anerkennung als verlagertes Geldinstitut nach der Fünfunddreißigsten Durchführungsverordnung zum Umstellungsgesetz, für die Bestätigung der Umstellungsrechnung und der Altbankenrechnung sowie für die Aufgaben und Befugnisse nach den Wertpapierbereinigungsgesetzen und dem Bereinigungsgesetz für deutsche Auslandsbonds bleiben unberührt.

§ 63 (Aufhebung und Änderung von Rechtsvorschriften)

§ 63a Sondervorschriften für das in Artikel 3 des Einigungsvertrages genannte Gebiet. (1) Soweit ein Kreditinstitut mit Sitz in der Deutschen Demokratischen Republik einschließlich Berlin (Ost) am 1. Juli 1990 Bankgeschäfte in dem in § 1 Abs. 1 bezeichneten Umfang betreiben durfte, gilt die Erlaubnis nach § 32 als erteilt.

(2) Die Bundesanstalt kann Gruppen von Kreditinstituten oder einzelne Kreditinstitute mit Sitz in dem in Artikel 3 des Einigungsvertrages genannten Gebiet von Verpflichtungen auf Grund dieses Gesetzes freistellen, wenn dies aus besonderen Gründen, insbesondere wegen der noch fehlenden Angleichung des Rechts in dem in Artikel 3 des Einigungsvertrages genannten Gebiet an das Bundesrecht, angezeigt ist.

§ 64 Nachfolgeunternehmen der Deutschen Bundespost. [1] Ab 1. Januar 1995 gilt die Erlaubnis nach § 32 für das Nachfolgeunternehmen der Deutschen Bundespost POSTBANK als erteilt. [2]Bei der Zusammenfassung gemäß § 19 Abs. 2 Satz 1 werden bis zum 31. Dezember 2002 Anteile an den Nachfolgeunternehmen der Deutschen Bundespost nicht berücksichtigt, die von der Bundesanstalt für Post und Telekommunikation Deutsche Bundespost gehalten werden.

§ 64a *(aufgehoben)*

§ 64b *(aufgehoben)*

§ 64c *(aufgehoben)*

§ 64d *(aufgehoben)*

§ 64e Übergangsvorschriften zum Sechsten Gesetz zur Änderung des Gesetzes über das Kreditwesen. (1) Für ein Kreditinstitut, das am 1. Januar 1998 über eine Erlaubnis als Einlagenkreditinstitut verfügt, gilt die Erlaubnis für das Betreiben des Finanzkommissionsgeschäftes, des Emissionsgeschäftes, des Geldkartengeschäftes, des Netzgeldgeschäftes sowie für das Erbringen von Finanzdienstleistungen für diesen Zeitpunkt als erteilt.

(2) [1]Finanzdienstleistungsinstitute und Wertpapierhandelsbanken, die am 1. Januar 1998 zulässigerweise tätig waren, ohne über eine Erlaubnis der Bundesanstalt zu verfügen, haben bis zum 1. April 1998 ihre nach diesem Gesetz erlaubnispflichtigen Tätigkeiten und die Absicht, diese fortzuführen, der Bundesanstalt und der Deutschen Bundesbank anzuzeigen. [2]Ist die Anzeige fristgerecht erstattet worden, gilt die Erlaubnis nach § 32 in diesem Umfang als erteilt. [3]Die Bundesanstalt bestätigt die bezeichneten Erlaubnisgegenstände innerhalb von drei Monaten nach Eingang der Anzeige. [4]Innerhalb von drei Monaten nach Zugang der Bestätigung der Bundesanstalt hat das Institut der Bundesanstalt und der Deutschen Bundesbank eine Ergänzungsanzeige einzureichen, die den inhaltlichen Anforderungen des § 32 entspricht. [5]Wird die Ergänzungsanzeige nicht fristgerecht eingereicht, kann die Bundesanstalt die Erlaubnis nach Satz 2 aufheben; § 35 bleibt unberührt.

(3) [1]Auf Institute, für die eine Erlaubnis nach Absatz 2 als erteilt gilt, sind § 35 Abs. 2 Nr. 3 in Verbindung mit § 33 Abs. 1 Satz 1 Nr. 1 Buchstabe a bis c sowie § 24 Abs. 1 Nr. 9 über das Anfangskapital erst ab 1. Januar 2003 anzuwenden. [2]Solange das Anfangskapital der in Satz 1 genannten Institute geringer ist als der bei Anwendung des § 33 Abs. 1 Satz 1 Nr. 1 erforderliche Betrag, darf es den Durchschnittswert der jeweils sechs vorangehenden Monate nicht unterschreiten; der Durchschnittswert ist alle sechs Monate zu berechnen und der Bundesanstalt mitzuteilen. [3]Bei einem Unterschreiten des in Satz 2 genannten Durchschnittswertes kann die Bundesanstalt die Erlaubnis aufheben. [4]Auf die in Satz 1 genannten Institute sind § 10 Abs. 1 bis 8 und die §§ 10a, 11 und 13 bis 13b erst ab 1. Januar 1999 anzuwenden, es sei denn, sie errichten eine Zweigniederlassung oder erbringen grenzüberschreitende Dienstleistungen in anderen Staaten des Europäischen Wirtschaftsraums gemäß § 24a. [5]Wertpapierhandelsunternehmen, für die eine Erlaubnis nach Absatz 2 als erteilt gilt und die § 10 Abs. 1 bis 8 und die §§ 10a, 11 und 13 bis 13b nicht anwenden, haben die Kunden darüber zu unterrichten, daß sie nicht gemäß § 24a in anderen Staaten des Europäischen Wirtschaftsraums eine Zweignieder-

lassung errichten oder grenzüberschreitende Dienstleistungen erbringen können. [6]Institute, für die eine Erlaubnis nach Absatz 2 als erteilt gilt, haben der Bundesanstalt und der Deutschen Bundesbank anzuzeigen, ob sie § 10 Abs. 1 bis 8 und die §§ 10a, 11 und 13 bis 13b anwenden.

§ 64f Übergangsvorschriften zum Vierten Finanzmarktförderungsgesetz. (1) Für ein Kreditinstitut, das am 1. Juli 2002 über eine Erlaubnis als Einlagenkreditinstitut verfügt, gilt die Erlaubnis für das Betreiben des Kreditkartengeschäfts für diesen Zeitpunkt als erteilt.

(2) [1]Finanzdienstleistungsinstitute und Wertpapierhandelsbanken, die am 1. Juli 2002 zulässigerweise tätig waren, ohne über eine Erlaubnis der Bundesanstalt gemäß § 1 Abs. 1a Satz 2 Nr. 8 zu verfügen, haben bis zum 1. November 2002 ihre erlaubnispflichtige Tätigkeit und die Absicht, diese fortzuführen, der Bundesanstalt und der Deutschen Bundesbank anzuzeigen. [2]§ 64e Abs. 2 Satz 2 bis 5 gilt entsprechend.

(3)–(6) *(aufgehoben)*

§ 64g Übergangsvorschriften zum Finanzkonglomeraterichtlinie-Umsetzungsgesetz. (1) *(aufgehoben)*

(2) [1]Bis zum Erlass der Rechtsverordnung nach § 13c Absatz 1 Satz 2 sind sämtliche während eines Kalenderjahres durchgeführten bedeutenden gruppeninternen Transaktionen mit gemischten Holdinggesellschaften oder deren Tochterunternehmen der Bundesanstalt und der Deutschen Bundesbank vor dem 16. Januar des darauffolgenden Jahres anzuzeigen. [2]Gruppeninterne Transaktionen sind insbesondere

1. Darlehen,
2. Bürgschaften, Garantien und andere außerbilanzielle Geschäfte,
3. Geschäfte, die Eigenmittelbestandteile im Sinne der §§ 10, 10a, 53c und 104g des Versicherungsaufsichtsgesetzes betreffen,
4. Kapitalanlagen,
5. Rückversicherungsgeschäfte,
6. Kostenteilungsvereinbarungen.

[3]Eine gruppeninterne Transaktion ist bedeutend, wenn die einzelne Transaktion mindestens 5 Prozent der Eigenkapitalanforderung auf Gruppenebene erreicht oder übersteigt. [4]Mehrere Transaktionen desselben oder verschiedener gruppenangehöriger Unternehmen mit einem anderen gruppenangehörigen Unternehmen während eines Geschäftsjahres sind jeweils adressatenbezogen zusammenzufassen, auch wenn die einzelne Transaktion 5 Prozent der Eigenkapitalanforderung auf Gruppenebene nicht erreicht.

(3) Bis zu einer Ergänzung der Rechtsverordnung nach § 24 Abs. 4

1. sind im Rahmen der Anzeigen nach § 24 Abs. 3a Satz 1 Nr. 1
   a) zur Beurteilung der Zuverlässigkeit der Personen, die die Geschäfte einer Finanzholding-Gesellschaft oder einer gemischten Finanzholding-Gesellschaft tatsächlich führen sollen, die nach § 8 Satz 2 Nr. 2 der Anzeigenverordnung[1)] vom 29. Dezember 1997 (BGBl. I S. 3372), die zuletzt durch

---

[1)] Nr. 8g.

Artikel 8 des Gesetzes vom 15. August 2003 (BGBl. I S. 1657) geändert worden ist, vorgesehenen Erklärungen abzugeben;

b) zur Beurteilung der fachlichen Eignung der Personen, die die Geschäfte einer Finanzholding-Gesellschaft oder gemischten Finanzholding-Gesellschaft tatsächlich führen sollen, die nach § 8 Satz 2 Nr. 1 der Anzeigenverordnung vom 29. Dezember 1997 (BGBl. I S. 3372), die zuletzt durch Artikel 8 des Gesetzes vom 15. August 2003 (BGBl. I S. 1657) geändert worden ist, genannten Unterlagen beizufügen;

2. gilt § 27 der Anzeigenverordnung vom 29. Dezember 1997 (BGBl. I S. 3372), die zuletzt durch Artikel 8 des Gesetzes vom 15. August 2003 (BGBl. I S. 1657) geändert worden ist, in Bezug auf Anzeigen einer gemischten Finanzholding-Gesellschaft nach § 12a Abs. 1 Satz 3 entsprechend.

§ 64h Übergangsvorschriften zum Gesetz zur Umsetzung der neu gefassten Bankenrichtlinie und der neu gefassten Kapitaladäquanzrichtlinie. (1)–(4) *(aufgehoben)*

(5) Institute dürfen personenbezogene Daten, die sie vor dem 1. Januar 2007 erhoben haben, nach Maßgabe des § 10 Absatz 2 verarbeiten.

(6) *(aufgehoben)*

(7) § 2 Abs. 8a ist bis längstens zum 31. Dezember 2014 anzuwenden.

§ 64i Übergangsvorschriften zum Finanzmarktrichtlinie-Umsetzungsgesetz. (1) [1] Für ein Unternehmen, das am 1. November 2007 eine Erlaubnis für ein oder mehrere Bankgeschäfte oder Finanzdienstleistungen im Sinne des § 1 Abs. 1a Satz 2 Nr. 1 bis 4 hat, gilt die Erlaubnis für die Anlageberatung als zu diesem Zeitpunkt erteilt. [2] Für ein Finanzdienstleistungsinstitut, das nicht unter Satz 1 fällt, gilt die Erlaubnis für die Anlageberatung ab diesem Zeitpunkt bis zur Entscheidung der Bundesanstalt als vorläufig erteilt, wenn es bis zum 31. Januar 2008 einen vollständigen Erlaubnisantrag nach § 32 Abs. 1 Satz 1 und 2, auch in Verbindung mit einer Rechtsverordnung nach § 24 Abs. 4, stellt.

(2) Für ein Unternehmen, das am 1. November 2007 eine Erlaubnis für ein oder mehrere Bankgeschäfte oder Finanzdienstleistungen im Sinne des § 1 Abs. 1a Satz 2 Nr. 1 bis 4 hat und bisher auf eigene Rechnung mit Finanzinstrumenten gehandelt hat, gilt die Erlaubnis für das Eigengeschäft als zu diesem Zeitpunkt erteilt.

(3) Für ein Unternehmen, das auf Grund der Ausdehnung der Definition der Finanzinstrumente in § 1 Abs. 11 am 1. November 2007 zum Finanzdienstleistungsinstitut oder zur Wertpapierhandelsbank wird, gilt Absatz 1 Satz 2 entsprechend.

(4) [1] Für ein Unternehmen, das am 1. November 2007 eine Erlaubnis für die Anlagevermittlung hat, gilt die Erlaubnis für den Betrieb eines multilateralen Handelssystems als zu diesem Zeitpunkt erteilt, wenn es bis zum 31. Januar 2008 einen vollständigen Erlaubnisantrag nach § 32 Abs. 1 Satz 1 und 2, auch in Verbindung mit einer Rechtsverordnung nach § 24 Abs. 4, stellt und die Bundesanstalt dem nicht binnen drei Monaten nach Eingang des vollständigen Erlaubnisantrags widerspricht. [2] Die Bundesanstalt kann widersprechen, wenn

sie im Falle eines ordentlichen Erlaubnisantrags nach § 32 das Recht hätte, die Erteilung der Erlaubnis nach § 33 zu versagen.

(5) Für ein Unternehmen, das am 1. November 2007 eine Erlaubnis für die Abschlussvermittlung hat, gilt für die Erlaubnis zur Erbringung des Platzierungsgeschäfts Absatz 1 Satz 2 entsprechend.

§ 64j Übergangsvorschriften zum Jahressteuergesetz 2009. (1) Für ein Unternehmen, das am 25. Dezember 2008 eine Erlaubnis für ein oder mehrere Bankgeschäfte im Sinne des § 1 Abs. 1 oder Finanzdienstleistungsgeschäfte im Sinne des § 1 Abs. 1a Satz 2 Nr. 1 bis 4 hat, gilt die Erlaubnis für das Factoring und das Finanzierungsleasing als zu diesem Zeitpunkt erteilt.

(2) [1] Für Finanzdienstleistungsinstitute, die nicht unter Absatz 1 fallen, gilt die Erlaubnis für das Factoring und das Finanzierungsleasing ab dem 25. Dezember 2008 als erteilt, wenn sie bis zum 31. Januar 2009 anzeigen, dass sie diese Tätigkeiten ausüben. [2] Für Unternehmen im Sinne des Satzes 1, die zum Zeitpunkt des Inkrafttretens des Gesetzes mindestens zwei der drei in § 267 Abs. 1 des Handelsgesetzbuchs genannten Größenkriterien nicht überschreiten, gilt eine längere Frist bis zum 31. Dezember 2009. [3] Die Anzeige muss die Angaben nach § 32 Abs. 1 Satz 2 Nr. 2 und 6 Buchstabe a und b, den Jahresabschluss für das letzte abgelaufene Geschäftsjahr, oder – soweit dieser nach den hierfür geltenden Fristen noch nicht aufzustellen war – für das diesem vorausgegangene Geschäftsjahr, oder – soweit noch kein Jahresabschluss aufzustellen war – die Eröffnungsbilanz und eine unterjährige Gewinn- und Verlustrechnung, sowie einen aktuellen Handelsregisterauszug und die Gewerbeanzeige nach § 14 Abs. 1 Satz 1 der Gewerbeordnung enthalten.

§ 64k Übergangsvorschrift zum Gesetz zur Umsetzung der Beteiligungsrichtlinie. Auf Verfahren nach § 2c, bei denen bis zum 17. März 2009 eine Anzeige eingegangen ist, sind die Vorschriften dieses Gesetzes in der bis zum 17. März 2009 geltenden Fassung anzuwenden.

§ 64l Übergangsvorschrift zur Erlaubnis für die Anlageverwaltung. [1] Für ein Institut, das am 25. März 2009 die Erlaubnis für das Finanzkommissionsgeschäft, den Eigenhandel oder die Finanzportfolioverwaltung hat, gilt die Erlaubnis für die Anlageverwaltung als zu diesem Zeitpunkt erteilt. [2] Eine Erlaubnispflicht für die Anlageverwaltung besteht nicht für solche Produkte, für die bis zum 24. September 2008 ein Verkaufsprospekt veröffentlicht wurde.

§ 64m Übergangsvorschrift zum Brexit-Steuerbegleitgesetz. (1) § 25a Absatz 5a in der am 29. März 2019 geltenden Fassung ist erstmals für Kündigungen anzuwenden, die nach Ablauf von acht Monaten nach dem 29. März 2019 zugehen.

(2) Wird der Austritt des Vereinigten Königreichs Großbritannien und Nordirland aus der Europäischen Union wirksam, ohne dass bis zu diesem Zeitpunkt ein Austrittsabkommen im Sinne von Artikel 50 Absatz 2 Satz 2 des Vertrages über die Europäische Union in Kraft getreten ist, so ist § 64x Absatz 8 Satz 1 auf Unternehmen mit Sitz im Vereinigten Königreich Großbritannien und Nordirland mit der Maßgabe anzuwenden, dass die Befreiung nach § 2 Absatz 5 ab dem Zeitpunkt des Austritts bis zur Entscheidung der Europäischen Wertpapier- und Marktaufsichtsbehörde über eine Eintragung des Unterneh-

mens in das Register nach Artikel 48 der Verordnung (EU) Nr. 600/2014 als vorläufig erteilt gilt, wenn das Unternehmen innerhalb von drei Monaten nach dem Zeitpunkt des Austritts einen vollständigen Freistellungsantrag nach § 2 Absatz 5 Satz 1 stellt.

§ 64n Übergangsvorschrift zum Gesetz zur Novellierung des Finanzvermittler- und Vermögensanlagenrechts. Für ein Unternehmen, das auf Grund der Erweiterung der Definition der Finanzinstrumente in § 1 Absatz 11 Satz 1 am 1. Juni 2012 zum Finanzdienstleistungsinstitut wird, gilt die Erlaubnis ab diesem Zeitpunkt bis zur Entscheidung der Bundesanstalt als vorläufig erteilt, wenn es bis zum 31. Dezember 2012 einen vollständigen Erlaubnisantrag nach § 32 Absatz 1 Satz 1 und 2, auch in Verbindung mit einer Rechtsverordnung nach § 24 Absatz 4, stellt.

§ 64o Übergangsvorschriften zum EMIR-Ausführungsgesetz.

(1) [1] Für Kreditinstitute, die am 16. Februar 2013 über eine Erlaubnis nach § 32 zur Ausübung der Tätigkeit einer zentralen Gegenpartei nach § 1 Absatz 1 Satz 2 Nummer 12 verfügen, findet bis zu der Erteilung einer Erlaubnis nach Artikel 14 in Verbindung mit Artikel 17 der Verordnung (EU) Nr. 648/2012 § 2 Absatz 9a und 9b keine Anwendung. [2] § 37 Absatz 1 Satz 1 sowie § 54 Absatz 1a finden auf in Satz 1 genannte Kreditinstitute hinsichtlich der Tätigkeit als zentrale Gegenpartei im Sinne des § 1 Absatz 1 Satz 2 Nummer 12 bis zur Erteilung oder der rechtskräftigen Versagung der Erlaubnis nach Artikel 14 in Verbindung mit Artikel 17 der Verordnung (EU) Nr. 648/2012 keine Anwendung. [3] Soweit eine Erlaubnis nach § 32 das Betreiben von Bankgeschäften nach § 1 Absatz 1 Satz 2 Nummer 1 bis 10 oder das Erbringen von Finanzdienstleistungen nach § 1 Absatz 1a umfasst, bleibt sie insoweit von der Erteilung oder der rechtskräftigen Versagung der Erlaubnis nach Artikel 14 in Verbindung mit Artikel 17 der Verordnung (EU) Nr. 648/2012 unberührt.

(2) § 29 Absatz 1 Satz 2 in der ab dem 16. Februar 2013 geltenden Fassung ist erstmals auf die Abschlussprüfung des Jahresabschlusses für ein Geschäftsjahr anzuwenden, das nach dem 31. Dezember 2012 beginnt.

(3) § 29 Absatz 1a in der ab dem 16. Februar 2013 geltenden Fassung ist erstmals auf die Abschlussprüfung des Jahresabschlusses für ein Geschäftsjahr anzuwenden, das nach dem Zeitpunkt beginnt, in dem das Kreditinstitut eine Erlaubnis nach Artikel 14 in Verbindung mit Artikel 17 der Verordnung (EU) Nr. 648/2012 erhalten hat.

§ 64p Übergangsvorschrift zum Hochfrequenzhandelsgesetz. [1] Für ein Unternehmen, das auf Grund der Ausdehnung des Begriffs des Eigenhandels in § 1 Absatz 1a Satz 2 Nummer 4 am 15. Mai 2013 zum Finanzdienstleistungsinstitut wird, gilt die Erlaubnis für den Eigenhandel und das Eigengeschäft im Sinne des § 32 Absatz 1a als zu diesem Zeitpunkt vorläufig erteilt, wenn es bis zum 14. November 2013 einen vollständigen Erlaubnisantrag nach § 32 Absatz 1 Satz 1 und 2, auch in Verbindung mit einer Rechtsverordnung nach § 24 Absatz 4, stellt. [2] Für ein Unternehmen, das nicht im Inland ansässig und kein Unternehmen im Sinne des § 53b Absatz 1 Satz 1 und 2 ist, gilt Satz 1 mit der Maßgabe, dass der vollständige Erlaubnisantrag bis zum 14. Februar 2014 zu stellen ist.

§ 64q Übergangsvorschrift zum AIFM-Umsetzungsgesetz. (1) Auf Finanzdienstleistungsinstitute, die durch die Änderung des § 1 und das Inkrafttreten des Kapitalanlagegesetzbuchs als Kapitalverwaltungsgesellschaften im Sinne des § 17 des Kapitalanlagegesetzbuchs oder als Anteile an Investmentvermögen im Sinne des § 1 Absatz 1 des Kapitalanlagegesetzbuchs gelten und die die Voraussetzungen von § 353 Absatz 1 bis 3 erfüllen, ist § 1 Absatz 1a in der bis zum 21. Juli 2013 geltenden Fassung weiterhin anzuwenden.

(2) Auf Finanzdienstleistungsinstitute, die durch die Änderung des § 1 und das Inkrafttreten des Kapitalanlagegesetzbuchs als Kapitalverwaltungsgesellschaften im Sinne des § 17 des Kapitalanlagegesetzbuchs oder als Anteile an Investmentvermögen im Sinne des § 1 Absatz 1 des Kapitalanlagegesetzbuchs gelten, ist dieses Gesetz in der bis zum 21. Juli 2013 geltenden Fassung bis zur Stellung des Erlaubnisantrages gemäß § 22 des Kapitalanlagegesetzbuchs oder, wenn die Voraussetzungen des § 2 Absatz 4, 4a, 4b oder Absatz 5 des Kapitalanlagegesetzbuchs erfüllt sind, bis zur Registrierung gemäß § 44 des Kapitalanlagegesetzbuchs weiterhin anzuwenden.

§ 64r Übergangsvorschriften zum CRD IV-Umsetzungsgesetz.

(1) [1] § 8 Absatz 3 Satz 7 in der ab dem 1. Januar 2014 geltenden Fassung ist ab dem 1. Januar 2015 oder, sofern ein Rechtsakt nach Artikel 151 Absatz 2 der Richtlinie 2013/36/EU erlassen wird, ab dem Ablauf des dort bestimmten Zeitraums anzuwenden. [2] Bis zum 31. Dezember 2014 oder dem Ablauf des im vorgenannten Rechtsakt bestimmten Zeitraums ist § 8 Absatz 3 Satz 7 in der bis zum 31. Dezember 2013 geltenden Fassung weiter anzuwenden.

(2) § 8f ist ab dem 1. Januar 2015 oder, sofern ein Rechtsakt nach Artikel 151 Absatz 2 der Richtlinie 2013/36/EU erlassen wird, ab dem Ablauf des dort bestimmten Zeitraums, spätestens aber ab dem 1. Januar 2017 anzuwenden.

(3) § 10 Absatz 3 Satz 2 Nummer 5 in der ab 1. Januar 2014 geltenden Fassung ist nur bis zum 1. Januar 2016 anzuwenden.

(4) Der Abzug des Unterschiedsbetrages nach § 10a Absatz 4 Satz 4 in der ab dem 1. Januar 2014 geltenden Fassung ist im Zeitraum vom 1. Januar 2014 bis zum 31. Dezember 2017 wie folgt vorzunehmen:

1. vom 1. Januar 2014 bis 31. Dezember 2014 zu 80 Prozent vom Kernkapital der Gruppe gemäß Artikel 25 der Verordnung (EU) Nr. 575/2013[1)] und zu 20 Prozent vom harten Kernkapital der Gruppe gemäß Artikel 50 der Verordnung (EU) Nr. 575/2013;
2. vom 1. Januar 2015 bis zum 31. Dezember 2015 zu 60 Prozent vom Kernkapital der Gruppe gemäß Artikel 25 der Verordnung (EU) Nr. 575/2013 und zu 40 Prozent vom harten Kernkapital der Gruppe gemäß Artikel 50 der Verordnung (EU) Nr. 575/2013;
3. vom 1. Januar 2016 bis zum 31. Dezember 2016 zu 40 Prozent vom Kernkapital der Gruppe gemäß Artikel 25 der Verordnung (EU) Nr. 575/2013 und zu 60 Prozent vom harten Kernkapital der Gruppe gemäß Artikel 50 der Verordnung (EU) Nr. 575/2013;
4. vom 1. Januar 2017 bis zum 31. Dezember 2017 zu 20 Prozent vom Kernkapital der Gruppe gemäß Artikel 25 der Verordnung (EU) Nr. 575/2013

---

1) Nr. **6**.

und zu 80 Prozent vom harten Kernkapital der Gruppe gemäß Artikel 50 der Verordnung (EU) Nr. 575/2013.

(5) [1] Die §§ 10c und 10d in der ab dem 1. Januar 2014 geltenden Fassung sind erstmals ab dem 1. Januar 2019 vollständig anzuwenden. [2] In der Zeit vom 1. Januar 2016 bis zum 31. Dezember 2018 sind die in Satz 1 genannten Vorschriften mit den folgenden Maßgaben anzuwenden:

1. Im Zeitraum vom 1. Januar 2016 bis zum 31. Dezember 2016
   a) ist der Kapitalerhaltungspuffer in hartem Kernkapital zu halten und beträgt 0,625 Prozent der gesamten risikogewichteten Forderungsbeträge des Instituts, berechnet gemäß Artikel 92 Absatz 3 der Verordnung (EU) Nr. 575/2013;
   b) beträgt der institutsspezifische antizyklische Kapitalpuffer höchstens 0,625 Prozent der gesamten risikogewichteten Forderungsbeträge des Instituts, berechnet gemäß Artikel 92 Absatz 3 der Verordnung (EU) Nr. 575/2013, so dass die geforderte kombinierte Kapitalpuffer-Anforderung abzüglich des auf den Kapitalpuffer für systemische Risiken entfallenden Betrags zwischen 0,625 Prozent und 1,25 Prozent der gesamten risikogewichteten Fordcrungsbeträge der Institute liegt.
2. Im Zeitraum vom 1. Januar 2017 bis zum 31. Dezember 2017
   a) ist der Kapitalerhaltungspuffer in hartem Kernkapital zu halten und beträgt 1,25 Prozent der gesamten risikogewichteten Forderungsbeträge des Instituts, berechnet gemäß Artikel 92 Absatz 3 der Verordnung (EU) Nr. 575/2013;
   b) beträgt der institutsspezifische antizyklische Kapitalpuffer höchstens 1,25 Prozent der gesamten risikogewichteten Forderungsbeträge des Instituts, berechnet gemäß Artikel 92 Absatz 3 der Verordnung (EU) Nr. 575/2013, so dass die geforderte kombinierte Kapitalpuffer-Anforderung abzüglich des auf den Kapitalpuffer für systemische Risiken entfallenden Betrags zwischen 1,25 Prozent und 2,50 Prozent der gesamten risikogewichteten Forderungsbeträge der Institute liegt.
3. Im Zeitraum vom 1. Januar 2018 bis zum 31. Dezember 2018
   a) ist der Kapitalerhaltungspuffer in hartem Kernkapital zu halten und beträgt 1,875 Prozent der gesamten risikogewichteten Forderungsbeträge des Instituts, berechnet gemäß Artikel 92 Absatz 3 der Verordnung (EU) Nr. 575/2013;
   b) beträgt der institutsspezifische antizyklische Kapitalpuffer höchstens 1,875 Prozent der gesamten risikogewichteten Forderungsbeträge des Instituts, berechnet gemäß Artikel 92 Absatz 3 der Verordnung (EU) Nr. 575/2013, so dass die geforderte kombinierte Kapitalpuffer-Anforderung abzüglich des auf den Kapitalpuffer für systemische Risiken entfallenden Betrags zwischen 1,875 Prozent und 3,750 Prozent der gesamten risikogewichteten Forderungsbeträge der Institute liegt.

(6) § 10e Absatz 5 in der ab dem 1. Januar 2014 geltenden Fassung ist erstmals ab dem 1. Januar 2015 anzuwenden.

(7) [1] § 10f Absatz 1 in der ab dem 1. Januar 2014 geltenden Fassung ist erstmals ab dem 1. Januar 2019 vollständig anzuwenden. [2] In der Zeit vom

1. Januar 2016 bis zum 31. Dezember 2018 ist die in Satz 1 genannte Vorschrift mit den folgenden Maßgaben anzuwenden:

1. Im Zeitraum vom 1. Januar 2016 bis zum 31. Dezember 2016 beträgt der Kapitalpuffer für global systemrelevante Institute 25 Prozent des nach § 10f Absatz 1 Satz 2 vorzuhaltenden Kapitalpuffers für global systemrelevante Institute;
2. im Zeitraum vom 1. Januar 2017 bis zum 31. Dezember 2017 beträgt der Kapitalpuffer für global systemrelevante Institute 50 Prozent des nach § 10f Absatz 1 Satz 2 vorzuhaltenden Kapitalpuffers für global systemrelevante Institute;
3. im Zeitraum vom 1. Januar 2018 bis zum 31. Dezember 2018 beträgt der Kapitalpuffer für global systemrelevante Institute 75 Prozent des nach § 10f Absatz 1 Satz 2 vorzuhaltenden Kapitalpuffers für global systemrelevante Institute.

(8) § 10g in der ab dem 1. Januar 2014 geltenden Fassung ist erstmals ab dem 1. Januar 2016 anzuwenden.

(9) § 10i in der ab dem 1. Januar 2014 geltenden Fassung gilt im Zeitraum vom 1. Januar 2016 bis zum 31. Dezember 2018 nach Maßgabe der in Absatz 5 und 7 geregelten Pufferbeträge.

(10) [1] § 14 Absatz 1 in der ab dem 1. Januar 2014 geltenden Fassung ist für die nachfolgend genannten Übergangszeiträume jeweils mit folgenden Maßgaben anzuwenden:

1. vom 1. Januar 2014 bis zum 31. Dezember 2014 beträgt die Millionenkreditmeldegrenze 1,5 Millionen Euro; dies gilt auch für die Meldung von Gemeinschaftskrediten;
2. vom 1. Januar 2014 bis zum 31. Dezember 2018 gelten
   a) Kreditzusagen,
   b) Anteile an anderen Unternehmen unabhängig von ihrem Bilanzausweis,
   c) Bilanzaktiva, die nach Artikel 36 in Verbindung mit Artikel 19 Absatz 2 Buchstabe a der Verordnung (EU) Nr. 575/2013 vom harten Kernkapital abgezogen werden und
   d) Wertpapiere des Handelsbestandes

   nicht als Kredite im Sinne des § 14 Absatz 1; § 20 bleibt unberührt.

[2] Die am Millionenkreditmeldeverfahren beteiligten Unternehmen dürfen ab dem 1. Juli 2014 diejenigen Stammdateninformationen an die Deutsche Bundesbank übermitteln, die notwendig sind, um die mit Ablauf der Übergangsfrist nach Satz 1 Nummer 1 potenziell neu zu meldenden Millionenkreditnehmer zu erfassen.

(11) § 25 Absatz 1 Satz 2 und Absatz 2 Satz 2 in der ab dem 1. Januar 2014 geltenden Fassung sind erstmalig ab dem 1. Januar 2015 anzuwenden.

(12) Die Anzeigen nach § 24 Absatz 1 Nummer 16 und Absatz 1a Nummer 5 zur modifizierten bilanziellen Eigenkapitalquote sind letztmalig zu erstatten für die Eigenkapitalverhältnisse am 31. Dezember 2014 beziehungsweise für die bis zu diesem Tag eingetretenen Veränderungen.

(13) [1] § 25c Absatz 2 in der ab 1. Januar 2014 geltenden Fassung kommt, vorbehaltlich des Satzes 2, für Mandate als Geschäftsleiter und für Mandate in

Verwaltungs- und Aufsichtsorganen, die der Geschäftsleiter am 31. Dezember 2013 bereits innehatte, nicht zur Anwendung. [2] Für Institute, bei denen eine Systemgefährdung im Sinne des § 67 Absatz 2 Satz 1 des Gesetzes zur Sanierung und Abwicklung von Instituten und Finanzgruppen[1)] vorliegt, gilt § 25c Absatz 2 ab dem 1. Juli 2014.

(14) [1] § 25d Absatz 3 in der ab 1. Januar 2014 geltenden Fassung kommt, vorbehaltlich des Satzes 2, für Mandate als Geschäftsleiter und für Mandate in Verwaltungs- und Aufsichtsorganen, die das Mitglied des Verwaltungs- und Aufsichtsorgans am 31. Dezember 2013 bereits innehatte, nicht zur Anwendung. [2] Für Institute, bei denen eine Systemgefährdung im Sinne des § 67 Absatz 2 Satz 1 des Gesetzes zur Sanierung und Abwicklung von Instituten und Finanzgruppen vorliegt, gilt § 25d Absatz 3 ab dem 1. Juli 2014.

(15) [1] CRR-Institute haben die in § 26a Absatz 1 Satz 2 Nummer 1 bis 3 bezeichneten Angaben erstmals zum 1. Juli 2014 und danach einmal jährlich offenzulegen. [2] Im Übrigen ist § 26a Absatz 1 Satz 2 und 3 ab dem 1. Januar 2015 anzuwenden. [3] Erlässt die Europäische Kommission einen Rechtsakt, der die Offenlegungspflicht nach Artikel 89 der Richtlinie 2013/36/EU aufschiebt, ist § 26a Absatz 1 Satz 2 und 3 erstmals ab dem 1. Januar 2016 anzuwenden; Satz 1 bleibt unberührt.

(16) [1] § 53b Absatz 4, 5 und 8 in der ab dem 1. Januar 2014 geltenden Fassung ist ab dem 1. Januar 2015 oder bei Erlass eines Rechtsakts nach Artikel 151 Absatz 2 der Richtlinie 2013/36/EU ab dem Ablauf des dort bestimmten Zeitraums anzuwenden. [2] Bis zum 31. Dezember 2014 oder dem Ablauf des in dem vorgenannten Rechtsakt bestimmten Zeitraums ist § 53b Absatz 4, 5 und 8 in der bis zum 31. Dezember 2013 geltenden Fassung weiter anzuwenden.

(17) Bei der Anwendung der Übergangsvorschriften des Artikels 484 Absatz 5 der Verordnung (EU) Nr. 575/2013 sind bis zum 31. Dezember 2021 die Regelungen der Zuschlagsverordnung in der im Bundesgesetzblatt Teil III, Gliederungsnummer 7610-2-6, veröffentlichten bereinigten Fassung, die durch Artikel 2 der Verordnung vom 20. Dezember 1984 (BGBl. I S. 1727) geändert und durch Artikel 7 Absatz 1 des Gesetzes vom 28. August 2013 (BGBl. I S. 3395) aufgehoben worden ist, weiter anzuwenden.

(18) Für Kreditinstitute mit einer ausschließlichen Erlaubnis zum Betreiben der Tätigkeit einer zentralen Gegenpartei nach § 1 Absatz 1 Satz 2 Nummer 12 gelten bis zur Entscheidung über die Erteilung einer Zulassung nach Artikel 17 der Verordnung (EU) Nr. 648/2012 des Europäischen Parlaments und des Rates vom 4. Juli 2012 über OTC-Derivate, zentrale Gegenparteien und Transaktionsregister (ABl. L 201 vom 27.7.2012, S. 1) die Vorschriften dieses Gesetzes und der auf Grund dieses Gesetzes erlassenen Rechtsverordnungen jeweils in der bis zum 31. Dezember 2013 geltenden Fassung fort.

(19) [1] Wohnungsunternehmen mit Spareinrichtung, die am 31. Dezember 2013 über eine Erlaubnis zum Betreiben von Bankgeschäften nach § 32 Absatz 1 verfügt haben, dürfen abweichend von § 51c Absatz 5 über ein geringeres Anfangskapital als den Gegenwert von 5 Millionen Euro verfügen. [2] In diesem Fall darf das Anfangskapital nicht unter den am 31. Dezember 2013 vorhandenen Betrag sinken.

[1)] Nr. **22**.

§ 64s Übergangsvorschrift zum Gesetz zur Abschirmung von Risiken und zur Planung der Sanierung und Abwicklung von Kreditinstituten.

(1) Für ein Unternehmen, das nach § 1 Absatz 1a Satz 3 am 1. Juli 2015 als Finanzdienstleistungsinstitut gilt, gilt die Erlaubnis ab diesem Zeitpunkt bis zur Entscheidung der Bundesanstalt als vorläufig erteilt, wenn das Unternehmen innerhalb von zwölf Monaten nach Inkrafttreten dieser Bestimmung einen vollständigen Erlaubnisantrag nach § 32 Absatz 1 Satz 1 und 2, auch in Verbindung mit einer Rechtsverordnung nach § 24 Absatz 4, stellt.

(2) [1] § 1 Absatz 1a Satz 3 und 4, § 3 Absatz 2 und 3 sowie § 25f sind erst ab dem 1. Juli 2015 anzuwenden. [2] § 3 Absatz 4 ist erst ab dem 1. Juli 2016 anzuwenden.

§ 64t Übergangsvorschrift zur Verordnung (EU) Nr. 1060/2009.

§ 29 Absatz 2 Satz 4 in der ab dem 19. Dezember 2014 geltenden Fassung ist erstmals auf die Abschlussprüfung des Jahresabschlusses für das Geschäftsjahr anzuwenden, das nach dem 31. Dezember 2014 beginnt.

§ 64u Übergangsvorschrift zum BRRD-Umsetzungsgesetz. Sofern bis zum 31. Dezember 2014 eine Übertragungsanordnung nach § 48a in der bis zum 31. Dezember 2014 geltenden Fassung erlassen wird, gelten für die Durchführung und Rechtsfolgen einer solchen Übertragungsanordnung auch nach dem 31. Dezember 2014 die §§ 48a bis 48s in der bis zum 31. Dezember 2014 geltenden Fassung.

§ 64v Übergangsvorschriften zum Ersten Finanzmarktnovellierungsgesetz. (1) [1] Die Tätigkeit als Zentralverwahrer kann auf Grund einer Erlaubnis für das Depotgeschäft nach § 1 Absatz 1 Satz 2 Nummer 5 bis zur Bestandskraft der Entscheidung über den Antrag auf Zulassung als Zentralverwahrer nach Artikel 17 Absatz 1 der Verordnung (EU) Nr. 909/2014 fortgeführt werden. [2] § 2 Absatz 9e und 9f sowie § 29 Absatz 1b sind bis dahin nicht anzuwenden.

(2) [1] Ein Zentralverwahrer, der am Tag, den die Bundesregierung nach Artikel 17 Absatz 3 Satz 2 des Gesetzes vom 30. Juni 2016 (BGBl. I S. 1514) im Bundesgesetzblatt bekannt gibt, eine Erlaubnis nach § 1 Absatz 1 Satz 2 Nummer 1 oder Nummer 2 besitzt, kann die Erbringung von dadurch erlaubten Bankdienstleistungen bis zur Bestandskraft der Entscheidung über den Antrag auf Genehmigung nach Artikel 55 Absatz 1 der Verordnung (EU) Nr. 909/2014 fortführen. [2] § 2 Absatz 9e und 9f sowie § 29 Absatz 1b sind bis dahin nicht anzuwenden.

§ 64w Übergangsregelung zum CSR-Richtlinie-Umsetzungsgesetz.

[1] Die §§ 3 und 10a in der Fassung des CSR-Richtlinie-Umsetzungsgesetzes vom 11. April 2017 (BGBl. I S. 802) sind erstmals auf Lageberichte und Konzernlageberichte anzuwenden, die sich auf ein nach dem 31. Dezember 2016 beginnendes Geschäftsjahr beziehen. [2] Auf Lage- und Konzernlageberichte, die sich auf vor dem 1. Januar 2017 beginnende Geschäftsjahre beziehen, bleiben die §§ 3 und 10a in der bis zum 18. April 2017 geltenden Fassung anwendbar.

§ 64x Übergangsvorschrift zum Zweiten Finanzmarktnovellierungsgesetz. (1) Für ein Kreditinstitut, das am 3. Januar 2018 über eine Erlaubnis als CRR-Kreditinstitut verfügt, und ein Finanzdienstleistungsinstitut, das über eine Erlaubnis für den Betrieb eines multilateralen Handelssystems im Sinne des § 1 Absatz 1a Satz 2 Nummer 1b verfügt, gilt die Erlaubnis für den Betrieb eines organisierten Handelssystems im Sinne des § 1 Absatz 1a Satz 2 Nummer 1d als erteilt.

(2) Für ein Unternehmen, das auf Grund des neuen Tatbestands in § 1 Absatz 1a Satz 2 Nummer 1d am 3. Januar 2018 zum Finanzdienstleistungsinstitut wird, gilt die Erlaubnis für den Betrieb eines organisierten Handelssystems als zu diesem Zeitpunkt vorläufig erteilt, wenn es bis zum 2. Juli 2018 einen vollständigen Erlaubnisantrag nach § 32 Absatz 1 Satz 1 und 2, auch in Verbindung mit einer Rechtsverordnung nach § 24 Absatz 4, stellt.

(3) Für ein Unternehmen, das auf Grund der Erweiterung des Begriffs des Finanzinstruments im Sinne des § 1 Absatz 11 um Emissionszertifikate am 3. Januar 2018 eine Erlaubnis nach § 32 Absatz 1 Satz 1 benötigt, gilt die Erlaubnis für das Betreiben der dann nach diesem Gesetz erlaubnispflichtigen Geschäfte als zu diesem Zeitpunkt vorläufig erteilt, wenn es bis zum 2. Juli 2018 einen vollständigen Erlaubnisantrag nach § 32 Absatz 1 Satz 1 und 2, auch in Verbindung mit einer Rechtsverordnung nach § 24 Absatz 4, stellt.

(4) Für ein Unternehmen, das wegen des Wegfalls des § 2 Absatz 1 Nummer 8 und Absatz 6 Satz 1 Nummer 9 und 13 in der bis zum 2. Januar 2018 gültigen Fassung dieses Gesetzes eine Erlaubnis nach § 32 Absatz 1 Satz 1 benötigt, gilt die Erlaubnis für das Betreiben der dann nach diesem Gesetz erlaubnispflichtigen Geschäfte als zu diesem Zeitpunkt vorläufig erteilt, wenn es bis zum 2. Juli 2018 einen vollständigen Erlaubnisantrag nach § 32 Absatz 1 Satz 1 und 2, auch in Verbindung mit einer Rechtsverordnung nach § 24 Absatz 4, stellt.

(5) Für ein Unternehmen, das auf Grund der Neufassung des § 2 Absatz 1 Nummer 9 und Absatz 6 Satz 1 Nummer 11 eine Erlaubnis nach § 32 Absatz 1 Satz 1 benötigt, gilt die Erlaubnis für das Betreiben der dann nach diesem Gesetz erlaubnispflichtigen Geschäfte als zu diesem Zeitpunkt vorläufig erteilt, wenn es bis zum 2. Juli 2018 einen vollständigen Erlaubnisantrag nach § 32 Absatz 1 Satz 1 und 2, auch in Verbindung mit einer Rechtsverordnung nach § 24 Absatz 4, stellt.

(6) Für ein Unternehmen, das auf Grund der Erweiterung der Erlaubnispflicht für das Betreiben des Eigengeschäfts gemäß § 32 Absatz 1a Satz 2 und 3 am 3. Januar 2018 eine Erlaubnis nach § 32 Absatz 1 Satz 1 benötigt, gilt die Erlaubnis für das Betreiben des Eigengeschäfts als zu diesem Zeitpunkt vorläufig erteilt, wenn es bis zum 2. Juli 2018 einen vollständigen Erlaubnisantrag nach § 32 Absatz 1 Satz 1 und 2, auch in Verbindung mit einer Rechtsverordnung nach § 24 Absatz 4, stellt.

(7) Für ein Unternehmen, das am 3. Januar 2018 als Datenbereitstellungsdienst tätig ist, ohne über eine Erlaubnis der Bundesanstalt zu verfügen, gilt die Erlaubnis als zu diesem Zeitpunkt vorläufig erteilt, wenn es bis zum 2. Juli 2018 einen vollständigen Erlaubnisantrag nach § 32 Absatz 1f stellt.

(8) [1] Für ein Unternehmen mit Sitz in einem Drittstaat, das auf Grund der Erweiterung der Erlaubnispflicht für das Betreiben des Eigengeschäfts gemäß § 32 Absatz 1a Satz 2 und 3 am 3. Januar 2018 eine Erlaubnis nach § 32 Absatz 1

Satz 1 benötigt, gilt die Befreiung nach § 2 Absatz 5 ab dem 3. Januar 2018 bis zur Entscheidung der Europäischen Wertpapier- und Marktaufsichtsbehörde über eine Eintragung des Unternehmens in das Register nach Artikel 48 der Verordnung (EU) Nr. 600/2014 als vorläufig erteilt, wenn es bis zum 2. Juli 2018 einen vollständigen Freistellungsantrag nach § 2 Absatz 5 Satz 1 stellt. [2] Für ein Unternehmen mit Sitz in einem Drittstaat, das, wenn es ein Unternehmen mit Sitz im Inland wäre, die Regelungen der Absätze 1 bis 6 in Anspruch nehmen könnte, gilt die Freistellung nach § 2 Absatz 5 ab dem 3. Januar 2018 für das Betreiben der dann nach diesem Gesetz erlaubnispflichtigen Geschäfte als zu diesem Zeitpunkt vorläufig erteilt, wenn es bis zum 2. Juli 2018 einen vollständigen Freistellungsantrag nach § 2 Absatz 5 Satz 1 stellt.

§ 64y Übergangsvorschriften zum Gesetz zur Umsetzung der Änderungsrichtlinie zur Vierten EU-Geldwäscherichtlinie. (1) Für ein Unternehmen, das auf Grund des neuen Tatbestands in § 1 Absatz 1a Satz 2 Nummer 6 am 1. Januar 2020 zum Finanzdienstleistungsinstitut wird, gilt die Erlaubnis für den Betrieb des Kryptoverwahrgeschäftes als zu diesem Zeitpunkt vorläufig erteilt, wenn es bis zum 30. November 2020 einen vollständigen Erlaubnisantrag nach § 32 Absatz 1 Satz 1 und 2, auch in Verbindung mit einer Rechtsverordnung nach § 24 Absatz 4, stellt und wenn es die Absicht, einen Erlaubnisantrag zu stellen, bis zum 31. März 2020 der Bundesanstalt schriftlich anzeigt. Unternehmen nach Satz 1, die am 1. Januar 2020 auch als vertraglich gebundene Vermittler nach § 2 Absatz 10 tätig sind, können neben der Tätigkeit als vertraglich gebundener Vermittler bis zum 30. November 2020 weiterhin das Kryptoverwahrgeschäft betreiben.

(2) Für ein Unternehmen, das auf Grund der Erweiterung des Begriffs des Finanzinstruments im Sinne des § 1 Absatz 11 um Kryptowerte am 1. Januar 2020 eine Erlaubnis nach § 32 Absatz 1 Satz 1 benötigt, gilt die Erlaubnis für das Betreiben der dann nach diesem Gesetz erlaubnispflichtigen Geschäfte als zu diesem Zeitpunkt vorläufig erteilt, wenn es bis zum 30. November 2020 einen vollständigen Erlaubnisantrag nach § 32 Absatz 1 Satz 1 und 2, auch in Verbindung mit einer Rechtsverordnung nach § 24 Absatz 4, stellt und wenn es die Absicht, einen Erlaubnisantrag zu stellen, bis zum 31. März 2020 der Bundesanstalt schriftlich anzeigt.

§ 65 (Inkrafttreten)

Anhang I

Informationsbogen für den Einleger

Einlagen bei (Name des Kreditinstituts einfügen) sind geschützt durch:	[Name des einschlägigen Einlagensicherungssystems einfügen] (1)
Sicherungsobergrenze:	100 000 Euro pro Einleger pro Kreditinstitut (2) [durch entsprechenden Betrag ersetzen, falls die Währung nicht auf Euro lautet] [Wenn zutreffend:] Die folgenden Marken sind Teil Ihres Kreditinstituts [alle Marken einfügen, die unter derselben Lizenz tätig sind]
Falls Sie mehrere Einlagen bei demselben Kreditinstitut haben:	Alle Ihre Einlagen bei demselben Kreditinstitut werden „aufaddiert" und die Gesamtsumme unterliegt der Obergrenze von 100 000 Euro [durch entsprechenden Betrag ersetzen, falls die Währung nicht auf Euro lautet] (2)
Falls Sie ein Gemeinschaftskonto mit einer oder mehreren anderen Personen haben:	Die Obergrenze von 100 000 Euro [durch entsprechenden Betrag ersetzen, falls die Währung nicht auf Euro lautet] gilt für jeden einzelnen Einleger (3)
Erstattungsfrist bei Ausfall eines Kreditinstituts:	20 Arbeitstage bis zum 31. Mai 2016 bzw. 7 Arbeitstage ab dem 1. Juni 2016
Währung der Erstattung:	Euro [gegebenenfalls durch andere Währung ersetzen]
Kontaktdaten:	[Kontaktdaten des einschlägigen Einlagensicherungssystems einfügen (Adresse, Telefon, E-Mail usw.)]
Weitere Informationen:	[Website des einschlägigen Einlagensicherungssystems einfügen]
Empfangsbestätigung durch den Einleger:	

Zusätzliche Informationen (für alle oder einige der nachstehenden Punkte)

(1) [Nur wenn zutreffend:] Ihr Kreditinstitut ist Teil eines institutsbezogenen Sicherungssystems, das als Einlagensicherungssystem amtlich anerkannt ist. Das heißt, alle Institute, die Mitglied dieses Einlagensicherungssystems sind, unterstützen sich gegenseitig, um eine Insolvenz zu vermeiden. Im Falle einer Insolvenz werden Ihre Einlagen bis zu 100 000 Euro [durch entsprechenden Betrag ersetzen, falls die Währung nicht auf Euro lautet] erstattet.

[Nur wenn zutreffend:] Ihre Einlage wird von einem gesetzlichen Einlagensicherungssystem gedeckt. Im Falle einer Insolvenz Ihres Kreditinstituts werden Ihre Einlagen in jedem Fall bis zu 100 000 Euro [durch entsprechenden Betrag ersetzen, falls die Währung nicht auf Euro lautet] erstattet.

[Nur wenn zutreffend:] Ihre Einlage wird von einem gesetzlichen Einlagensicherungssystem und einem vertraglichen Einlagensicherungssystem gedeckt. Im Falle einer Insolvenz Ihres Kreditinstituts werden Ihre Einlagen in jedem Fall bis zu 100 000 Euro [durch entsprechenden Betrag ersetzen, falls die Währung nicht auf Euro lautet] erstattet.

[Nur wenn zutreffend:] Ihre Einlage wird von einem gesetzlichen Einlagensicherungssystem gedeckt. Außerdem ist Ihr Kreditinstitut Teil eines institutsbezogenen Sicherungssystems, in dem sich alle Mitglieder gegenseitig unterstützen, um eine Insolvenz zu vermeiden. Im Falle einer Insolvenz werden Ihre Einlagen bis zu 100 000 Euro [durch entsprechenden Betrag ersetzen, falls die Währung nicht auf Euro lautet] vom Einlagensicherungssystem erstattet.

(2) Sollte eine Einlage nicht verfügbar sein, weil ein Kreditinstitut seinen finanziellen Verpflichtungen nicht nachkommen kann, so werden die Einleger von dem Einlagensicherungssystem entschädigt. Die betreffende Deckungssumme beträgt maximal 100 000 Euro [durch entspre-

chenden Betrag ersetzen, falls die Währung nicht auf Euro lautet] pro Kreditinstitut. Das heißt, dass bei der Ermittlung dieser Summe alle bei demselben Kreditinstitut gehaltenen Einlagen addiert werden. Hält ein Einleger beispielsweise 90 000 Euro auf einem Sparkonto und 20 000 Euro auf einem Girokonto, so werden ihm lediglich 100 000 Euro erstattet.

[Nur wenn zutreffend:] Diese Methode wird auch angewandt, wenn ein Kreditinstitut unter unterschiedlichen Marken auftritt. Die [Name des kontoführenden Kreditinstituts einfügen] ist auch unter dem Namen [alle anderen Marken desselben Kreditinstituts einfügen] tätig. Das heißt, dass die Gesamtsumme aller Einlagen bei einem oder mehreren dieser Marken in Höhe von bis zu 100 000 Euro gedeckt ist.

(3) Bei Gemeinschaftskonten gilt die Obergrenze von 100 000 Euro für jeden Einleger.

[Nur wenn zutreffend:] Einlagen auf einem Konto, über das zwei oder mehrere Personen als Mitglieder einer Personengesellschaft oder Sozietät, einer Vereinigung oder eines ähnlichen Zusammenschlusses ohne Rechtspersönlichkeit verfügen können, werden bei der Berechnung der Obergrenze von 100 000 Euro [durch entsprechenden Betrag ersetzen, falls die Währung nicht auf Euro lautet] allerdings zusammengefasst und als Einlage eines einzigen Einlegers behandelt.

In den Fällen des § 8 Absatz 2 bis 4 des Einlagensicherungsgesetzes[1] sind Einlagen über 100 000 Euro hinaus [durch entsprechenden Betrag ersetzen, falls die Währung nicht auf Euro lautet] gesichert. Weitere Informationen sind erhältlich über [Website des einschlägigen Einlagensicherungssystems einfügen].

(4) Erstattung [ist anzupassen]

Das zuständige Einlagensicherungssystem ist [Name, Adresse, Telefon, E-Mail und Website einfügen]. Es wird Ihnen Ihre Einlagen (bis zu 100 000 Euro [durch entsprechenden Betrag ersetzen, falls die Währung nicht auf Euro lautet]) spätestens innerhalb 20 Arbeitstagen bis zum 31. Mai 2016 bzw. 7 Arbeitstagen ab dem 1. Juni 2016 erstatten.

Haben Sie die Erstattung innerhalb dieser Fristen nicht erhalten, sollten Sie mit dem Einlagensicherungssystem Kontakt aufnehmen, da der Gültigkeitszeitraum für Erstattungsforderungen nach einer bestimmten Frist abgelaufen sein kann. Weitere Informationen sind erhältlich über [Website des zuständigen Einlagensicherungssystems einfügen].

Weitere wichtige Informationen

Einlagen von Privatkunden und Unternehmen sind im Allgemeinen durch Einlagensicherungssysteme gedeckt. Für bestimmte Einlagen geltende Ausnahmen werden auf der Website des zuständigen Einlagensicherungssystems mitgeteilt. Ihr Kreditinstitut wird Sie auf Anfrage auch darüber informieren, ob bestimmte Produkte gedeckt sind oder nicht. Wenn Einlagen entschädigungsfähig sind, wird das Kreditinstitut dies auch auf dem Kontoauszug bestätigen.

[1] Nr. **12**.

8a. Verordnung zur Ergänzung der Großkreditvorschriften nach der Verordnung (EU) Nr. 575/2013 des Europäischen Parlaments und des Rates vom 26. Juni 2013 über Aufsichtsanforderungen an Kreditinstitute und Wertpapierfirmen und zur Änderung der Verordnung (EU) Nr. 648/2012 und zur Ergänzung der Millionenkreditvorschriften nach dem Kreditwesengesetz (Großkredit- und Millionenkreditverordnung – GroMiKV)[1)]

Vom 6. Dezember 2013
(BGBl. I S. 4183)

FNA 7610-2-40

zuletzt geänd. durch Art. 1 Zweite ÄndVO v. 27.2.2019 (BGBl. I S. 151)

Auf Grund des § 13 Absatz 1 Satz 1 und 3 sowie des § 22 Satz 1 und 3 des Kreditwesengesetzes[2)], von denen § 13 Absatz 1 Satz 1 und 3 durch Artikel 1 Nummer 27 und § 22 Satz 1 und 3 durch Artikel 1 Nummer 38 des Gesetzes vom 28. August 2013 (BGBl. I S. 3395) neu gefasst worden sind, verordnet das Bundesministerium der Finanzen im Benehmen mit der Deutschen Bundesbank und nach Anhörung der Spitzenverbände der Institute:

Inhaltsübersicht

---

1) **Amtl. Anm.:** Diese Verordnung dient der Umsetzung der Richtlinie 2013/36/EU des Europäischen Parlaments und des Rates vom 26. Juni 2013 über den Zugang zur Tätigkeit von Kreditinstituten und die Beaufsichtigung von Kreditinstituten und Wertpapierfirmen, zur Änderung der Richtlinie 2002/87/EG und zur Aufhebung der Richtlinien 2006/48/EG und 2006/49/EG (ABl. L 176 vom 27.6.2013, S. 338) sowie der Anpassung des Aufsichtsrechts an die Verordnung (EU) Nr. 575/2013 des Europäischen Parlaments und des Rates vom 26. Juni 2013 über Aufsichtsanforderungen an Kreditinstitute und Wertpapierfirmen und zur Änderung der Verordnung (EU) Nr. 646/2012 (ABl. L 176 vom 27.6.2013, S. 1).

2) Nr. **8**.

Teil 1. Ergänzende Regelungen für Großkredite

Kapitel 1. Ausnahmen von der Anwendung der Obergrenze für Großkredite

§ 1 Ausnahmen von der Anwendung der Obergrenze für Großkredite nach Artikel 395 Absatz 1 der Verordnung (EU) Nr. 575/2013 Die folgenden Risikopositionen sind in der jeweils genannten Höhe nach Berücksichtigung der Wirkung einer Kreditrisikominderung nach den Artikeln 399, 401 bis 403 der Verordnung (EU) Nr. 575/2013[1)] des Europäischen Parlaments und des Rates vom 26. Juni 2013 über Aufsichtsanforderungen an Kreditinstitute und Wertpapierfirmen und zur Änderung der Verordnung (EU) Nr. 648/2012 (ABl. L 176 vom 27.6.2013,S. 1; L 208 vom 2.8.2013, S. 68; L 321 vom 30.11.2013, S. 6; L 193 vom 21.7.2015, S. 166; L 20 vom 25.1.2017, S. 3), die zuletzt durch die Verordnung (EU) 2016/1014 (ABl. L 171 vom 29.6. 2016, S. 153) geändert worden ist, bei der Berechnung der Auslastung der Obergrenze für Großkredite nach Artikel 395 Absatz 1 der Verordnung (EU) Nr. 575/2013 ausgenommen:

1. gedeckte Schuldverschreibungen im Sinne des Artikels 129 Absatz 1, 3 und 6 der Verordnung (EU) Nr. 575/2013 in voller Höhe;

[1)] Nr. **6**.

2. in Höhe von 80 Prozent ihrer Bemessungsgrundlage:
   a) Bilanzaktiva in Form von Forderungen an regionale oder lokale Gebietskörperschaften der Mitgliedstaaten, denen nach Artikel 115 in Verbindung mit den Artikeln 119 bis 121 der Verordnung (EU) Nr. 575/2013 ein Risikogewicht von 20 Prozent zugewiesen würde, und andere Risikopositionen gegenüber regionalen oder lokalen Gebietskörperschaften dieser Mitgliedstaaten;
   b) Risikopositionen gegenüber Kreditnehmern, sofern die Risikopositionen
      aa) durch eine regionale oder lokale Gebietskörperschaft der Mitgliedstaaten, denen nach Artikel 115 in Verbindung mit den Artikeln 119 bis 121 der Verordnung (EU) Nr. 575/2013 ein Risikogewicht von 20 Prozent zugewiesen würde, gewährleistet werden, und
      bb) unbedingt rückzahlbar und im Fall der Insolvenz oder der Liquidation des Kreditnehmers oder des Garanten nach Doppelbuchstabe aa nicht nachrangig zu bedienen sind;
   c) Bilanzaktiva in Form von Forderungen an eine Kirche oder Religionsgesellschaft, die in der Rechtsform einer Körperschaft des öffentlichen Rechts verfasst ist und aufgrund des Artikels 140 des Grundgesetzes in Verbindung mit Artikel 137 Absatz 6 der Weimarer Reichsverfassung vom 11. August 1919 (RGBl. S. 1383) Steuern erheben oder am Steueraufkommen der steuererhebenden kirchlichen Körperschaften teilhaben, und andere Risikopositionen gegenüber diesen kirchlichen Körperschaften des öffentlichen Rechts;
3. Bilanzaktiva in Form von Forderungen an Institute und sonstige Risikopositionen gegenüber Instituten in voller Höhe, sofern diese Risikopositionen
   a) keine Eigenmittel dieser Institute darstellen,
   b) höchstens bis zum folgenden Geschäftstag bestehen und
   c) nicht auf eine wichtige Handelswährung lauten;
4. Bilanzaktiva in Form von Forderungen an eine Zentralnotenbank in voller Höhe, sofern diese Bilanzaktiva auf die Währung dieser Zentralnotenbank lauten und aufgrund des Mindestreservesolls bei dieser Zentralnotenbank gehalten werden;
5. Bilanzaktiva in Form von Forderungen an einen Zentralstaat, der von einer benannten externen Ratingagentur (ECAI) im Sinne des Artikels 4 Absatz 1 Nummer 99 der Verordnung (EU) Nr. 575/2013 mindestens mit einem Ratingurteil, das der Rating-Klasse 3 gemäß Artikel 114 Absatz 2 dieser EU-Verordnung zuzuordnen ist, bewertet wurde, in voller Höhe, sofern diese Forderungen
   a) aufgrund von Staatsschuldtiteln bestehen, die zur Erfüllung der gesetzlichen Liquiditätsanforderungen gehalten werden, und
   b) auf die Währung dieses Zentralstaats lauten und in dieser Währung refinanziert sind;
6. in Höhe von 50 Prozent ihrer Bemessungsgrundlage die als außerbilanzielle Geschäfte mit mittlerem/niedrigem Kreditrisiko einzustufenden

a) Dokumentenakkreditive im Sinne von Gliederungspunkt (3) a) i) des Anhangs I der Verordnung (EU) Nr. 575/2013 und

b) nicht in Anspruch genommenen Kreditfazilitäten im Sinne von Gliederungspunkt (3) b) i) des Anhangs I der Verordnung (EU) Nr. 575/2013;

7. die als außerbilanzielle Geschäfte mit mittlerem/niedrigem Kreditrisiko einzustufenden außerbilanziellen Posten für die Handelsfinanzierung im Sinne von Gliederungspunkt (3) a) des Anhangs I der Verordnung (EU) Nr. 575/2013 in voller Höhe, sofern

   a) diese Geschäfte Risikopositionen eines Instituts gegenüber seinem Mutterunternehmen, gegenüber anderen Tochterunternehmen seines Mutterunternehmens oder gegenüber eigenen Tochterunternehmen sind und

   b) die Gegenpartei in die Beaufsichtigung auf konsolidierter Basis einbezogen ist, der das Institut nach der Verordnung (EU) Nr. 575/2013, nach der Richtlinie 2002/87/EG des Europäischen Parlaments und des Rates vom 16. Dezember 2002 über die zusätzliche Beaufsichtigung der Kreditinstitute, Versicherungsunternehmen und Wertpapierfirmen eines Finanzkonglomerats und zur Änderung der Richtlinien 73/239/EWG, 79/267/EWG, 92/49/EWG, 92/96/EWG, 93/6/EWG und 93/22/EWG des Rates und der Richtlinien 98/78/EG und 2000/12/EG des Europäischen Parlaments und des Rates (ABl. L 35 vom 11.2.2003, S. 1) oder nach gleichwertigen Normen eines Drittlandes unterliegt;

8. rechtlich vorgeschriebene Garantien, die das Institut gegenüber einer Pfandbriefbank in Bezug auf einen Darlehensnehmer zu stellen hat, wenn das Institut diesem Darlehensnehmer einen grundpfandrechtlich besicherten Kredit, der über die Emission von Pfandbriefen refinanziert wird, vor der Eintragung der Hypothek oder Grundschuld im Grundbuch ausgezahlt hat, in voller Höhe, sofern die Garantie von der Pfandbriefbank nicht dazu verwendet wird, bei der Berechnung der risikogewichteten Aktiva das Risiko zu verringern;

9. Bilanzaktiva in Form von Forderungen an anerkannte Börsen im Sinne des Artikels 4 Absatz 1 Nummer 72 der Verordnung (EU) Nr. 575/2013 und sonstige Risikopositionen gegenüber diesen anerkannten Börsen in voller Höhe und

10. Bilanzaktiva in Form von Forderungen eines Förderinstituts des Bundes oder eines Landes im Sinne des § 5 Absatz 1 Nummer 2 des Körperschaftsteuergesetzes an Kreditinstitute und sonstige Risikopositionen dieser Förderinstitute gegenüber Kreditinstituten in voller Höhe, sofern die betreffenden Forderungen und Positionen aufgrund von Darlehen bestehen, die dem Förderauftrag entsprechen und über diese Kreditinstitute an die Begünstigten weitergereicht werden.

§ 2 Weitere Ausnahmen von der Anwendung der Obergrenze für Großkredite nach Artikel 395 Absatz 1 der Verordnung (EU) Nr. 575/2013 bei gruppen- und verbundangehörigen Instituten. (1) Bei der Berechnung der Auslastung der Obergrenze für Großkredite nach Artikel 395

Absatz 1 der Verordnung (EU) Nr. 575/2013[1] sind Beteiligungen und sonstige Anteile eines Instituts an seinem Mutterunternehmen, an anderen Tochterunternehmen seines Mutterunternehmens oder an eigenen Tochterunternehmen, sofern das gruppenangehörige Unternehmen, an dem das Institut diese Beteiligung oder diesen sonstigen Anteil hält, in die Beaufsichtigung auf konsolidierter Basis einbezogen ist, der das Institut nach der Verordnung (EU) Nr. 575/2013, nach der Richtlinie 2002/87/EG oder nach gleichwertigen Normen eines Drittlandes unterliegt, wie folgt ausgenommen:

1. eine Beteiligung oder ein sonstiger Anteil, der 25 Prozent der anrechenbaren Eigenmittel des Instituts nach Artikel 4 Absatz 1 Nummer 71 der Verordnung (EU) Nr. 575/2013 nicht überschreitet, in voller Höhe,
2. eine Beteiligung oder ein sonstiger Anteil, der 25 Prozent der anrechenbaren Eigenmittel des Instituts nach Artikel 4 Absatz 1 Nummer 71 der Verordnung (EU) Nr. 575/2013 überschreitet, in Höhe des Betrages, der 25 Prozent der anrechenbaren Eigenmittel entspricht.

(2) Unbeschadet des Artikels 400 Absatz 1 Buchstabe f der Verordnung (EU) Nr. 575/2013 sind bei der Berechnung der Auslastung der Obergrenze für Großkredite nach Artikel 395 Absatz 1 der Verordnung (EU) Nr. 575/2013 in Höhe von 25 Prozent der anrechenbaren Eigenmittel Risikopositionen eines Instituts gegenüber seinem Mutterunternehmen, gegenüber anderen Tochterunternehmen seines Mutterunternehmens und gegenüber eigenen Tochterunternehmen, die weder Beteiligungen noch sonstige Anteile sind, insgesamt in der jeweils nachfolgend genannten Höhe nach Berücksichtigung der Wirkung einer Kreditrisikominderung nach den Artikeln 399, 401 bis 403 der Verordnung (EU) Nr. 575/2013 ausgenommen, sofern das gruppenangehörige Unternehmen, gegenüber dem die Risikoposition besteht, in die Beaufsichtigung auf konsolidierter Basis einbezogen ist, der das Institut nach der Verordnung (EU) Nr. 575/2013, nach der Richtlinie 2002/87/EG oder nach gleichwertigen Normen eines Drittlandes unterliegt,

1. in voller Höhe ihrer Bemessungsgrundlage, wenn es sich bei der Risikoposition um eine vor dem 1. Januar 2014 für ein gruppenangehöriges Unternehmen erstmals abgegebene Patronatserklärung des Instituts handelt, die zur Erfüllung konkret bestehender aufsichtlicher Anforderungen abgegeben wurde. Das Institut hat gegenüber der Bundesanstalt die Höhe sowie den erstmaligen Zeitpunkt der Abgabe als auch den jeweiligen Zeitpunkt der Bestätigung einer bereits vor dem 1. Januar 2014 bestehenden Patronatserklärung im Einzelnen anzugeben,
2. anderenfalls in Höhe von 75 Prozent ihrer Bemessungsgrundlage.

(3) [1]Die Bundesanstalt kann auf Antrag des Instituts zulassen, dass Risikopositionen nach Absatz 2 gegenüber sämtlichen oder einzelnen gruppenangehörigen Unternehmen bei der Berechnung der Auslastung der Obergrenze für Großkredite nach Artikel 395 Absatz 1 der Verordnung (EU) Nr. 575/2013 in Höhe von bis zu 93,75 Prozent ihrer Bemessungsgrundlage ausgenommen werden, sofern

1. das gruppenangehörige Unternehmen, gegenüber dem die Risikoposition besteht, in die Beaufsichtigung auf konsolidierter Basis einbezogen ist, der

---

[1] Nr. **6**.

das Institut nach der Verordnung (EU) Nr. 575/2013, nach der Richtlinie 2002/87/EG oder nach gleichwertigen Normen eines Drittlandes unterliegt, und

2. das Institut der Bundesanstalt nachweist, dass die Ausnahme für die Liquiditätsversorgung oder für Zwecke der zentralen Risikosteuerung innerhalb der Gruppe notwendig ist und kein unangemessenes Konzentrationsrisiko entsteht.

²Bei der Antragstellung hat das Institut der Bundesanstalt die Höhe der gegenüber gruppenangehörigen Unternehmen bestehenden Risikopositionen anzugeben.

(4) Die Bundesanstalt kann die nach Absatz 3 gewährte Ausnahme von der Anrechnung von Risikopositionen auf die Großkreditobergrenze jederzeit überprüfen; stellt die Bundesanstalt fest, dass gegenüber dem Zeitpunkt der Antragstellung nach Absatz 3 unangemessene Konzentrationsrisiken vorliegen, kann die Bundesanstalt die nach Absatz 3 gewährte Ausnahme nach Anhörung des Instituts widerrufen.

(5) Bei der Berechnung der Auslastung der Obergrenze für Großkredite nach Artikel 395 Absatz 1 der Verordnung (EU) Nr. 575/2013 in Höhe von 25 Prozent der anrechenbaren Eigenmittel sind Risikopositionen, insbesondere direkte oder indirekte Beteiligungen oder sonstige Anteile, die bei regionalen Kreditinstituten oder Zentralkreditinstituten,

1. denen ein Kreditinstitut aufgrund von Rechts- oder Satzungsvorschriften im Rahmen eines Verbunds angeschlossen ist und
2. die nach diesen Rechts- oder Satzungsvorschriften beauftragt sind, den Liquiditätsausgleich innerhalb des Verbunds vorzunehmen,

Eigenmittel im Sinne von Artikel 72 der Verordnung (EU) Nr. 575/2013 begründen, in Höhe von 50 Prozent ihrer Bemessungsgrundlage nach Berücksichtigung der Wirkung einer Kreditrisikominderung nach den Artikeln 399, 401 bis 403 der Verordnung (EU) Nr. 575/2013 ausgenommen.

Kapitel 2. Beschlussfassungspflichten der Geschäftsleiter

§ 3 Ausnahmen von der Beschlussfassungspflicht nach § 13 Absatz 2 des Kreditwesengesetzes. (1) Ein Geschäftsleiterbeschluss nach § 13 Absatz 2 und 3 des Kreditwesengesetzes[1] ist nicht erforderlich bei

1. Risikopositionen im Sinne des § 1 Nummer 1, 3 bis 5 und 8 bis 10 sowie
2. Risikopositionen im Sinne des Artikels 400 Absatz 1 Satz 1 Buchstabe a bis e, g bis h und j sowie Satz 2 der Verordnung (EU) Nr. 575/2013.

(2) ¹Ein bereits von den Geschäftsleitern beschlossener Großkredit nach § 13 Absatz 2 und 3 des Kreditwesengesetzes muss von ihnen nicht erneut beschlossen werden, auch wenn er durch Änderung von Devisenkursen oder anderen Marktpreisen die Großkreditdefinitionsgrenze nach Artikel 392 der Verordnung (EU) Nr. 575/2013[2] zwischenzeitlich unterschritten hat und diese später wieder erreicht oder überschreitet. ²Ein neuer Beschluss ist erst erforderlich,

[1] Nr. **8**.
[2] Nr. **6**.

wenn der beschlossene Höchstbetrag für die Risikoposition durch Änderungen nach Satz 1 überschritten wird.

§ 4 Beschlussfassungspflicht bei Großkreditüberschreitungen. Soll ein Großkredit über die Obergrenze für Großkredite hinaus erhöht werden, haben die Geschäftsleiter hierüber vor der Erhöhung einstimmig nach § 13 Absatz 2 und 3 des Kreditwesengesetzes[1)] zu beschließen.

Kapitel 3. Nutzung der Ausnahmeregelung nach Artikel 94 Absatz 1 der Verordnung (EU) Nr. 575/2013

§ 5 Anzeige der Nutzung der Ausnahmeregelung nach Artikel 94 Absatz 1 der Verordnung (EU) Nr. 575/2013. [1] Macht ein Institut von der Möglichkeit nach Artikel 94 Absatz 1 der Verordnung (EU) Nr. 575/2013[2)] Gebrauch, hat es dies der Bundesanstalt und der Deutschen Bundesbank unbeschadet der Meldepflicht nach Artikel 94 Absatz 3 der Verordnung (EU) Nr. 575/2013 unverzüglich anzuzeigen. [2] Gleiches gilt, wenn ein Institut die Vorschriften über das Handelsbuch anwendet, obwohl die Voraussetzungen des Artikels 94 Absatz 1 der Verordnung (EU) Nr. 575/2013 erfüllt sind.

§ 6 Meldung der Positionen des Handelsbuchs. (1) [1] Ein Institut, das von der Ausnahmeregelung nach Artikel 94 Absatz 1 der Verordnung (EU) Nr. 575/2013[2)] Gebrauch macht, hat der Deutschen Bundesbank für die Meldetermine 31. März, 30. Juni, 30. September und 31. Dezember die Positionen des Handelsbuchs in elektronischer Form zu melden. [2] Für die Meldung ist das Formular Angaben zu den Handelsbuchpositionen gemäß Artikel 94 der Verordnung (EU) Nr. 575/2013 in Verbindung mit § 5 GroMiKV[3)] – HA (Anlage 1) zu verwenden. [3] Die Meldung hat spätestens zum 12. Mai, 11. August, 11. November und 11. Februar zu erfolgen. [4] Ist der Tag, an dem die Meldung spätestens zu erfolgen hat, ein gesetzlicher Feiertag oder ein Samstag oder Sonntag, hat die Meldung am darauf folgenden Werktag zu erfolgen.

(2) [1] Ein Institut, das kein Handelsbuch hat oder dessen Handelsbuch im Berichtszeitraum weder Positionen noch Bewegungen aufweist, muss nach der erstmaligen Abgabe einer Fehlanzeige zu den nachfolgenden Meldeterminen keine erneute Fehlanzeige abgeben. [2] Als erstmalige Abgabe einer Fehlanzeige gilt auch eine Fehlanzeige nach § 19 der Großkredit- und Millionenkreditverordnung vom 14. Dezember 2006 (BGBl. I S. 3065), die zuletzt durch Artikel 2 der Verordnung vom 26. Oktober 2011 (BGBl. I S. 2103) geändert worden ist, in der bis zum 31. Dezember 2013 geltenden Fassung.

§ 7 Organisatorische Maßnahmen. [1] Ein Nichthandelsbuchinstitut hat durch geeignete organisatorische Maßnahmen sicherzustellen, dass es ein Erreichen oder Überschreiten der Grenzen nach Artikel 94 Absatz 1 der Verordnung (EU) Nr. 575/2013[2)] feststellt. [2] Es hat für die Bundesanstalt und die Deutsche Bundesbank folgende Angaben auf Abruf vorzuhalten:

1. eine Beschreibung der organisatorischen Verfahren,

[1)] Nr. **8**.
[2)] Nr. **6**.
[3)] Nr. **8a**.

2. eine Aufstellung der Berechnungsergebnisse und
3. eine Aufschlüsselung der Positionen des Handelsbuchs.

Kapitel 4. Meldungen zu Großkrediten

§ 8 Stammdaten der Großkreditnehmer. (1) [1] Besteht eine Meldepflicht nach Artikel 394 Absatz 1 und 2 der Verordnung (EU) Nr. 575/2013[1)] in Bezug auf einen Kreditnehmer oder eine Gruppe verbundener Kunden, für die noch keine Stammdaten gemeldet wurden, muss ein Institut die Angaben zu den Stammdaten eines Kunden oder einer Gruppe verbundener Kunden der zuständigen Hauptverwaltung der Deutschen Bundesbank unverzüglich, spätestens jedoch bis zum 15. Geschäftstag des Kalendermonats, der auf den Meldetermin folgt, einfach in Papierform einreichen. [2] Satz 1 gilt entsprechend, wenn sich die folgenden Stammdaten eines Großkreditnehmers geändert haben:
1. Name oder Firma,
2. Wohnsitz oder Sitz,
3. Zuordnung zu einer Gruppe verbundener Kunden nach Artikel 4 Absatz 1 Nummer 39 der Verordnung (EU) Nr. 575/2013.

(2) [1] Für die Meldung nach Absatz 1 ist für die Meldung von Kreditnehmern das Formular Vorgezogene Stammdatenmeldung Kreditnehmer für Groß- und Millionenkreditanzeigen nach Artikel 394 der Verordnung (EU) Nr. 575/2013 sowie § 14 KWG[2)] – STA (Anlage 3) und für die Meldung von Gruppen verbundener Kunden das Formular Vorgezogene Stammdatenmeldung Gruppe verbundener Kunden für Großkreditanzeigen nach Artikel 394 der Verordnung (EU) Nr. 575/2013 – STAK (Anlage 6) zu verwenden. [2] Kann das Institut einen neuen Kreditnehmer oder eine neue Gruppe verbundener Kunden unter Zuhilfenahme der Stammdatensuchmaschine im Datenbestand der Deutschen Bundesbank identifizieren, kann das Institut auf die Abgabe einer Meldung verzichten.

(3) Die Absätze 1 und 2 gelten entsprechend für Meldungen nach Artikel 394 Absatz 1 und 2 in Verbindung mit den Artikeln 10 bis 22 der Verordnung (EU) Nr. 575/2013, die ein übergeordnetes Unternehmen für seine Gruppe einzureichen hat.

(4) [1] Abweichend von Absatz 1 Satz 1 kann die Bundesanstalt statt der Einreichung in Papierform die elektronische Einreichung durch eine Allgemeinverfügung verbindlich vorgeben, sobald die für die elektronische Stammdateneinreichung erforderlichen technischen Voraussetzungen bei der Deutschen Bundesbank vorliegen. [2] Vor Erlass einer Allgemeinverfügung nach Satz 1 sind die am Meldeverfahren beteiligten Unternehmen und die Deutsche Bundesbank anzuhören. [3] Mindestens zwölf Monate vor dem Erlass einer Allgemeinverfügung ist dieser allen beteiligten Unternehmen gegenüber anzukündigen.

§ 9 Stammdatenrückmeldung. [1] Die Deutsche Bundesbank übersendet den Instituten und den übergeordneten Unternehmen spätestens am 25. Geschäftstag, der auf den Meldetermin folgt, eine Stammdatenrückmeldung als

---

[1)] Nr. 6.
[2)] Nr. 8.

Grundlage für die Meldung der zum Meldetermin bestehenden Großkredite. [2]Die Stammdatenrückmeldung enthält alle Kreditnehmer und Gruppen verbundener Kunden, für die vom Institut oder vom übergeordneten Unternehmen Stammdatenmeldungen abgegeben wurden, sowie alle Kreditnehmer und Gruppen verbundener Kunden, die zum vorangegangenen Meldetermin von diesen im Rahmen der Meldungen nach Artikel 394 Absatz 1 und 2 der Verordnung (EU) Nr. 575/2013[1)] gemeldet wurden.

§ 10 Aufbewahrungsfristen. Die Institute und die übergeordneten Unternehmen haben die Meldungen zu den Stammdaten und die Meldungen nach Artikel 394 Absatz 1 und 2 der Verordnung (EU) Nr. 575/2013[1)], die sie im laufenden Kalenderjahr und in den zwei vorangegangenen Kalenderjahren eingereicht haben, aufzubewahren.

Teil 2. Bestimmungen für Millionenkredite

Kapitel 1. Allgemeine Bestimmungen

§ 11 Begriffsbestimmungen. (1) [1]Geschäftsschluss im Sinne von Teil 2 dieser Verordnung ist täglich um 24 Uhr MEZ/MESZ. [2]Die Bundesanstalt kann auf Antrag eines Instituts einen anderen Zeitpunkt festsetzen, der den Aktivitäten des Instituts angemessen Rechnung trägt.

(2) Derivate im Sinne von Teil 2 dieser Verordnung sind solche nach § 19 Absatz 1a des Kreditwesengesetzes[2)].

§ 12 Bemessungsgrundlage. (1) [1]Die Bemessungsgrundlage für die Ermittlung der Kreditbeträge nach § 14 des Kreditwesengesetzes[2)] ist

1. bei den Bilanzaktiva nach § 19 Absatz 1 Satz 2 des Kreditwesengesetzes der Buchwert zuzüglich der darauf vorgenommenen Einzelwertberichtigungen,
2. bei Ansprüchen aus Leasingverträgen nach § 19 Absatz 1 Satz 2 Nummer 4 und Satz 3 Nummer 15 des Kreditwesengesetzes der Barwert der Mindestleasingzahlungen nach Artikel 134 Absatz 7 der Verordnung (EU) Nr. 575/2013[1)],
3. bei Swap-Geschäften und den für sie übernommenen Gewährleistungen der effektive Kapitalbetrag oder, falls es einen solchen Kapitalbetrag nicht gibt, der aktuelle Marktpreis des Geschäftsgegenstandes,
4. bei sonstigen Derivaten und den für sie übernommenen Gewährleistungen der unter der Annahme der tatsächlichen Erfüllung bestehende und zum aktuellen Marktpreis umgerechnete Anspruch des Instituts auf Lieferung oder Abnahme des Geschäftsgegenstandes,
5. bei Patronatserklärungen und vergleichbaren Globalgarantien die Summe der Beträge aller vom patronierten Unternehmen gewährten Kredite mit Ausnahme der Kredite an das Institut, abzüglich des eingezahlten Kapitals und der ausgewiesenen Rücklagen des patronierten Unternehmens,

---

[1)] Nr. **6**.
[2)] Nr. **8**.

6. bei Pensions- oder Darlehensgeschäften, die sich auf Wertpapiere oder Waren beziehen und bei denen das Institut der Pensions- oder Darlehensgeber ist, der Buchwert der Wertpapiere oder Waren,
7. bei Pensions- oder Darlehensgeschäften, die sich auf Wertpapiere oder Waren beziehen und bei denen das Institut der Pensions- oder Darlehensnehmer ist, der übertragene Geldbetrag oder der Buchwert der im Gegenzug gestellten Wertpapier- oder Warensicherheit,
8. bei Effektenlombardkreditgeschäften der gewährte Kredit und
9. bei den anderen außerbilanziellen Geschäften nach § 19 Absatz 1 Satz 3 des Kreditwesengesetzes der Kapitalbetrag, für den das Institut einzustehen hat, oder, falls es einen solchen Kapitalbetrag nicht gibt, der Buchwert.

[2] Anteilige Zinsen sind zu berücksichtigen, sofern diese bei der Anwendung der Artikel 387 bis 403 der Verordnung (EU) Nr. 575/2013 zu berücksichtigen wären.

(2) Abweichend von Absatz 1 gilt für Derivate- und sonstige Pensions-, Darlehens- oder vergleichbare Geschäfte über Wertpapiere oder Waren die Bemessungsgrundlage der Artikel 271 bis 293 und 299 der Verordnung (EU) Nr. 575/2013 entsprechend.

(3) [1] Abweichend von Absatz 1 darf ein am Millionenkreditmeldeverfahren beteiligtes Unternehmen im Sinne von § 14 Absatz 1 Satz 1 des Kreditwesengesetzes, das nicht der Verordnung (EU) Nr. 575/2013 unterliegt, für die Zwecke des Teils 2 dieser Verordnung die Bemessungsgrundlage für derivative Adressenausfallrisikopositionen nach einheitlicher Wahl anhand des laufzeitbewerteten Wiedereindeckungsaufwands gemäß Artikel 275 der Verordnung (EU) Nr. 575/2013 ermitteln (Ursprungsrisikomethode). [2] Für bestimmte und eindeutig abgegrenzte Teilbereiche darf die Wahl unterschiedlich ausfallen. [3] Die Festlegung von Teilbereichen kann nach verschiedenen Finanzinstrumenten oder nach unterschiedlichen organisatorisch festgelegten Bereichen des Instituts erfolgen. [4] Die Ursprungsrisikomethode darf mit Zustimmung der Bundesanstalt auch von Zweigstellen von Unternehmen mit Sitz in einem Drittstaat angewandt werden, die unter die Rechtsverordnung nach § 53c des Kreditwesengesetzes fallen; die Bundesanstalt kann die Zustimmung jederzeit widerrufen. [5] Am Millionenkreditmeldeverfahren beteiligte Unternehmen, die nicht den Artikeln 387 bis 403 der Verordnung (EU) Nr. 575/2013 unterliegen, dürfen die Ursprungsrisikomethode unter Anwendung des Prozentsatzes für währungskursbezogene Geschäfte auch für die Berechnung des Kreditäquivalenzbetrags von Kreditderivaten verwenden.

§ 13 Umrechnung der auf fremde Währungen lautenden Positionen.

[1] Eine auf eine fremde Währung lautende Position ist entweder zu dem Referenzkurs, der von der Europäischen Zentralbank am Tag des Meldestichtags festgestellt und von der Deutschen Bundesbank veröffentlicht worden ist (Euro-Referenzkurs), oder unter Anwendung des Artikels 24 der Verordnung (EU) Nr. 575/2013[1)] in Euro umzurechnen. [2] Statt des Euro-Referenzkurses am Meldestichtag darf für Beteiligungen der zum Zeitpunkt ihrer Erstverbuchung maßgebliche Devisenkurs angewendet werden. [3] Bei der Umrechnung

---

1) Nr. **6**.

von Währungen, für die kein Euro-Referenzkurs veröffentlicht wird, sind die Mittelkurse aus feststellbaren An- und Verkaufskursen des Meldestichtags zugrunde zu legen.

§ 14 Bestimmung des Kreditnehmers. (1) Für die Zwecke des § 14 des Kreditwesengesetzes[1)] ist der Kreditnehmer

1. bei Forderungen der Forderungsschuldner,
2. bei Anteilen an Unternehmen einschließlich Personenhandelsgesellschaften oder Partnerschaften das Unternehmen, an dem die Anteile gehalten werden,
3. bei Bürgschaften, Garantien oder anderen Gewährleistungen für Forderungen Dritter der Forderungsschuldner,
4. bei dem Ankauf von Wechseln oder Schecks der Einreicher,
5. bei Wertgarantien für Anteile an Unternehmen einschließlich Personenhandelsgesellschaften oder Partnerschaften das Unternehmen, an dem die Anteile gehalten werden,
6. bei als Festgeschäften ausgestalteten Termingeschäften der Geschäftspartner,
7. bei Optionsrechten oder Gewährleistungen für Optionsrechte der Stillhalter,
8. bei Gewährleistungen für als Festgeschäfte ausgestaltete Termingeschäfte der Geschäftspartner, für dessen Verbindlichkeiten das Institut einzustehen verspricht,
9. bei als Festgeschäften ausgestalteten Termingeschäften sowie Stillhalterverpflichtungen, die kommissionsweise abgeschlossen oder übernommen werden, der Kommittent,
10. bei Forderungen aus Kreditderivaten der Kontraktpartner und die dem Kreditderivat zugrunde liegenden Referenzschuldner und
11. bei Kreditzusagen die Gegenpartei, gegenüber der die Zusage gegeben wurde.

(2) [1] Bei Forderungen aus Geschäften im Sinne des Artikels 112 Buchstabe m (Verbriefungspositionen) oder des Artikels 112 Buchstabe o (Forderungen in Form von Anteilen an Organismen für Gemeinsame Anlagen) der Verordnung (EU) Nr. 575/2013[2)] oder aus anderen Geschäften, bei denen Forderungen aus zugrunde liegenden Vermögenswerten resultieren, hat das Institut das Geschäft als solches für die Zwecke des § 14 des Kreditwesengesetzes wie einen Kreditnehmer zu melden. [2] Nimmt das Institut die Zerlegung nach Artikel 390 Absatz 7 und 8 der Verordnung (EU) Nr. 575/2013 für Großkreditzwecke vor, hat das Institut auch die zugrunde liegenden Vermögenswerte zu melden.

Kapitel 2. Meldeverfahren für Millionenkreditanzeigen

§ 15 Meldeverfahren, Meldestichtag, Ermittlung der Millionenkreditmeldegrenze. (1) Im Rahmen der Millionenkreditanzeigen nach § 14 des Kreditwesengesetzes[1)] haben die am Millionenkreditmeldeverfahren beteiligten

---

[1)] Nr. **8**.
[2)] Nr. **6**.

Unternehmen unter Berücksichtigung der Bildung von Kreditnehmereinheiten nach § 19 Absatz 2 des Kreditwesengesetzes folgende Daten zu melden:

1. die Stammdaten der Millionenkreditnehmer im Sinne des § 14 Absatz 1 Satz 1 des Kreditwesengesetzes und
2. die Betragsdaten der Kredite im Sinne von § 19 Absatz 1 des Kreditwesengesetzes mit Kreditnehmern oder Kreditnehmereinheiten, deren Volumen zu einem beliebigen Zeitpunkt während der dem Meldestichtag vorhergehenden drei Kalendermonate die Millionenkreditmeldegrenze im Sinne des § 14 des Kreditwesengesetzes erreicht oder überschritten hat.

(2) Meldestichtag ist jeweils der letzte Kalendertag der Monate März, Juni, September und Dezember.

(3) [1] Für die Ermittlung, ob das Volumen der Kredite, die ein am Millionenkreditmeldeverfahren beteiligtes Unternehmen einem Kreditnehmer oder einer Kreditnehmereinheit gewährt hat, die Millionenkreditmeldegrenze erreicht oder übersteigt, sind Wertpapiere des Handelsbuchs nicht zu berücksichtigen. [2] Für die Ermittlung nach Satz 1 ist der Stand der Geschäfte täglich bei Geschäftsschluss maßgeblich; untertägige Spitzen, die bis Geschäftsschluss wieder unter die Millionenkreditmeldegrenze zurückgeführt werden, bleiben unberücksichtigt.

§ 16 Stammdaten für Millionenkreditnehmer. (1) [1] Ein am Millionenkreditmeldeverfahren beteiligtes Unternehmen muss die Angaben zu den Stammdaten eines Kunden oder einer Kreditnehmereinheit der zuständigen Hauptverwaltung der Deutschen Bundesbank einfach in Papierform einreichen, wenn

1. ein Kredit oder das Volumen der Kredite, den oder die ein am Millionenkreditmeldeverfahren beteiligtes Unternehmen diesem Kreditnehmer oder dieser Kreditnehmereinheit gewährt hat, erstmalig die Millionenkreditmeldegrenze im Sinne des § 14 Absatz 1 Satz 1 des Kreditwesengesetzes[1)] erreicht oder übersteigt oder
2. sich die folgenden Stammdaten eines Millionenkreditnehmers ändern:
   a) Name oder Firma,
   b) Wohnsitz oder Sitz,
   c) Zuordnung zu einer Kreditnehmereinheit nach § 19 Absatz 2 des Kreditwesengesetzes.

[2] Die Meldung nach Satz 1 ist spätestens bis zum 15. Kalendertag der Monate Januar, April, Juli und Oktober, der auf den Beobachtungszeitraum im Sinne von § 14 Absatz 1 Satz 1 des Kreditwesengesetzes folgt, in dem das Ereignis nach Satz 1 Nummer 1 oder 2 eingetreten ist, einzureichen.

(2) [1] Für die Meldung nach Absatz 1 sind die folgenden Formulare zu verwenden:

1. Einzelmeldung Kreditnehmer für Millionenkreditanzeigen nach § 14 KWG – EA (Anlage 2),
2. Meldung über die Zusammensetzung von Gesellschaften bürgerlichen Rechts o.a. für Millionenkreditanzeigen nach § 14 KWG – GbR (Anlage 4),

---

[1)] Nr. **8**.

3. Meldung über die Zugehörigkeit eines Kreditnehmers zu mehreren Kreditnehmereinheiten für Millionenkreditanzeigen nach § 14 KWG – MKNE (Anlage 5).

[2] Wenn die anzuzeigende Änderung bereits im Datenbestand der Deutschen Bundesbank vorgenommen wurde, darf das am Millionenkreditmeldeverfahren beteiligte Unternehmen auf die Meldung nach Absatz 1 verzichten.

(3) Abweichend von Absatz 2 kann die Meldung auch im Rahmen der vorgezogenen Einreichung unter Verwendung des Formulars Vorgezogene Stammdatenmeldung Kreditnehmer für Groß- und Millionenkreditanzeigen nach Artikel 394 der Verordnung (EU) Nr. 575/2013[1)] sowie § 14 KWG – STA (Anlage 3) anstelle des Formulars nach Absatz 2 Nummer 1 (Anlage 2) erfolgen.

(4) Mit Zustimmung der bei der Deutschen Bundesbank geführten Evidenzzentrale (Evidenzzentrale) darf ein am Millionenkreditmeldeverfahren beteiligtes Unternehmen die Meldung von Stammdaten abweichend von den in den Absätzen 2 und 3 vorgesehenen Formularen vornehmen, soweit es für die technische Durchführung der Einreichungsverfahren zweckmäßig erscheint und der Informationsgehalt der Meldungen dadurch nicht beeinträchtigt wird.

(5) [1] Abweichend von Absatz 1 Satz 1 kann die Bundesanstalt statt der Einreichung in Papierform die elektronische Einreichung durch eine Allgemeinverfügung verbindlich vorgeben, sobald die für die elektronische Stammdateneinreichung erforderlichen technischen Voraussetzungen bei der Deutschen Bundesbank vorliegen. [2] Vor Erlass einer Allgemeinverfügung nach Satz 1 sind die am Meldeverfahren beteiligten Unternehmen und die Deutsche Bundesbank anzuhören. [3] Mindestens zwölf Monate vor dem Erlass einer Allgemeinverfügung ist dieser allen beteiligten Unternehmen gegenüber anzukündigen.

§ 17 Betragsdaten für Millionenkredite. (1) [1] Ein am Millionenkreditmeldeverfahren beteiligtes Unternehmen muss die Angaben zu den Betragsdaten der Millionenkredite der Evidenzzentrale in elektronischer Form bis zum 15. Geschäftstag der Monate Januar, April, Juli und Oktober melden. [2] Für die Meldung nach Satz 1 sind folgende Formulare nach Maßgabe der Absätze 2 bis 6 zu verwenden:
Angaben zu den Krediten nach § 14 KWG[2)] – BA, BAS, BA6, BAS6, BA7, BAS7 § 14 (Anlage 7).

(2) [1] Das Formular BA nach Absatz 1 Satz 2 (Anlage 7) ist für jeden Kreditnehmer gesondert auszufüllen. [2] Besteht eine Kreditnehmereinheit nach § 19 Absatz 2 des Kreditwesengesetzes, ist das Formular BA nach Absatz 1 Satz 2 (Anlage 7) für jeden Kreditnehmer dieser Kreditnehmereinheit gesondert auszufüllen.

(3) [1] Bei Krediten, an denen mehrere meldepflichtige Unternehmen in der Weise beteiligt sind, dass ein beteiligtes Unternehmen den Kredit gewährt und ein anderes den Kredit durch Gewährleistung, Akzepthergabe, Avalkreditzusage oder auf andere Weise sichert, hat das kreditgebende Unternehmen zusätzlich

---

[1)] Nr. **6**.
[2)] Nr. **8**.

zu den Betragspositionen des Formulars BA der Anlage 7 die Positionen 080 sowie 121 bis 123 des Formulars BA7 der Anlage 7 anzuzeigen. [2]Das den Kredit sichernde Unternehmen hat die Gewährleistung, Akzepthergabe, Avalkreditzusage oder sonstige Art der Sicherung in den Positionen 080 sowie 121 bis 123 des Formulars BA6 der Anlage 7 anzuzeigen. [3]Bei Bürgschaften, die durch Rückbürgschaften anderer meldepflichtiger Unternehmen gesichert sind, ist entsprechend zu verfahren. [4]Die Sätze 1 und 2 gelten entsprechend, soweit gruppenangehörige Unternehmen im Sinne des § 14 Absatz 1 Satz 2 des Kreditwesengesetzes bei Kreditgewährungen in der in den Sätzen 1, 2 oder 3 genannten Weise beteiligt sind.

(4) [1]Ist ein am Millionenkreditmeldeverfahren beteiligtes Unternehmen als Konsorte an einem Gemeinschaftskredit und Konsortialavalkredit mit einem Millionenkreditnehmer beteiligt, bei dem ein anderes Unternehmen als Konsortialführer die Kreditmittel zur Verfügung stellt, hat es den eigenen Haftungsanteil unter Berücksichtigung der Vorgaben von Absatz 3 anzuzeigen. [2]Soweit gruppenangehörige Unternehmen im Sinne des § 14 Absatz 1 Satz 2 des Kreditwesengesetzes an Gemeinschaftskrediten und Konsortialavalkrediten beteiligt sind, gilt Entsprechendes.

(5) Ein am Millionenkreditmeldeverfahren beteiligtes Unternehmen muss für alle mit den Formularen BA, BA6, BA7 angezeigten Kreditbeträge jeweils gesonderte Summenanzeigen mit den Formularen BAS, BAS6, BAS7 einreichen (Anlage 7).

(6) Mit Zustimmung der Evidenzzentrale darf ein am Millionenkreditmeldeverfahren beteiligtes Unternehmen die Meldung von Betragsdaten abweichend von den in Absatz 1 Satz 2 vorgesehenen Formularen vornehmen, soweit es für die technische Durchführung des Meldeverfahrens zweckmäßig erscheint und der Informationsgehalt der Meldungen dadurch nicht beeinträchtigt wird.

§ 18 Aufbewahrungsfristen. Die am Millionenkreditmeldeverfahren beteiligten Unternehmen haben die Meldungen zu den Stammdaten und zu den Betragsdaten nach den §§ 15 bis 17, die sie im laufenden Kalenderjahr und in den zwei vorangegangenen Kalenderjahren eingereicht haben, aufzubewahren.

Teil 3. Benachrichtigung nach § 14 Absatz 2 Satz 1 des Kreditwesengesetzes

§ 19 Benachrichtigung über die Verschuldung der Kreditnehmer.

(1) Die Benachrichtigung nach § 14 Absatz 2 Satz 1 des Kreditwesengesetzes[1] stellt die Evidenzzentrale den am Millionenkreditmeldeverfahren beteiligten Unternehmen in elektronischer Form zur Verfügung.

(2) Die Evidenzzentrale hat die Angaben über die Verschuldung eines Kreditnehmers und einer Kreditnehmereinheit, der dieser zugehört, bei den am Millionenkreditmeldeverfahren beteiligten Unternehmen in der Benachrichtigung nach § 14 Absatz 2 Satz 1 des Kreditwesengesetzes in die Betragspositionen POS 100 bis 102 und 110 bis 150 des Formulars nach § 17 Absatz 1 Satz 2 der Anlage 7 aufzugliedern.

---

[1] Nr. 8.

(3) [1]Die Benachrichtigung nach § 14 Absatz 2 Satz 1 des Kreditwesengesetzes muss die Angabe des Medians der prognostizierten Ausfallwahrscheinlichkeiten im Sinne der Artikel 92 bis 386 der Verordnung (EU) Nr. 575/2013[1)] für einen Kreditnehmer umfassen, wenn

1. das zu benachrichtigende am Millionenkreditmeldeverfahren beteiligte Unternehmen eine solche prognostizierte Ausfallwahrscheinlichkeit gemeldet hat und
2. insgesamt mindestens drei am Millionenkreditmeldeverfahren beteiligte Unternehmen eine solche prognostizierte Ausfallwahrscheinlichkeit gemeldet haben.

[2]Haben mindestens vier am Millionenkreditmeldeverfahren beteiligte Unternehmen eine Ausfallwahrscheinlichkeit angezeigt, ist zusätzlich die Bandbreite als Differenz aus der geringsten und der höchsten gemeldeten prognostizierten Ausfallwahrscheinlichkeit (Maximum minus Minimum) auszuweisen.

(4) [1]Die Evidenzzentrale teilt den am Millionenkreditmeldeverfahren beteiligten Unternehmen Betragsdatenkorrekturen zu den letzten zwei Meldeterminen mit. [2]Die Korrekturbenachrichtigung ist entsprechend der Vorgaben der Absätze 2 und 3 aufzugliedern. [3]Die Deutsche Bundesbank ist nicht verpflichtet, Betragsdatenkorrekturen für davor liegende Meldetermine vorzunehmen und diese mitzuteilen.

(5) Die Evidenzzentrale kann jedem am Millionenkreditmeldeverfahren beteiligten Unternehmen für den nächsten Meldetermin in elektronischer Form eine Rückmeldung als Grundlage für die Meldung der zum Meldetermin bestehenden Millionenkredite, die Stammdaten und weitere gemeldete Informationen zu den Kreditnehmern und Kreditnehmereinheiten enthält, die von den am Millionenkreditmeldeverfahren beteiligten Unternehmen zum vorhergehenden Meldetermin von diesen gemeldet wurden, bereitstellen.

Teil 4. Übergangs- und Schlussvorschriften

§ 20 Übergangsbestimmungen. (1) [1]Die §§ 15 und 17 sind ab dem 1. Januar 2019 anzuwenden. [2]Auf Betragsdatenmeldungen für die Zwecke der Millionenkreditmeldung nach § 14 des Kreditwesengesetzes[2)], die sich auf den Zeitraum bis zum Meldetermin 31. Dezember 2018 beziehen, ist § 38 der Großkredit- und Millionenkreditverordnung vom 14. Dezember 2006 (BGBl. I S. 3065) in der bis zum 31. Dezember 2013 geltenden Fassung weiter anzuwenden.

(2) [1]§ 19 Absatz 2 bis 5 ist ab dem 1. Januar 2019 anzuwenden. [2]Auf Benachrichtigungen nach § 14 Absatz 2 des Kreditwesengesetzes, die sich auf den Zeitraum bis zum Meldetermin 31. Dezember 2018 beziehen, ist § 39 der Großkredit- und Millionenkreditverordnung in der bis zum 31. Dezember 2013 geltenden Fassung weiter anzuwenden.

§ 21 Inkrafttreten, Außerkrafttreten. Diese Verordnung tritt am 1. Januar 2014 in Kraft.

[1)] Nr. **6**.
[2)] Nr. **8**.

Gleichzeitig tritt die Großkredit- und Millionenkreditverordnung vom 14. Dezember 2006 (BGBl. I S. 3065), die zuletzt durch Artikel 2 der Verordnung vom 26. Oktober 2011 (BGBl. I S. 2103) geändert worden ist, außer Kraft.

Anl.

(hier nicht wiedergegeben)

8b. Verordnung über die Liquidität der Institute (Liquiditätsverordnung – LiqV)[1]

Vom 14. Dezember 2006
(BGBl. I S. 3117)

FNA 7610-2-30

zuletzt geänd. durch Art. 1 Zweite ÄndVO v. 22.12.2017 (BGBl. I S. 4033)

Auf Grund des § 11 Abs. 1 Satz 2 des Kreditwesengesetzes[2], der durch Artikel 1 Nr. 16 des Gesetzes vom 17. November 2006 (BGBl. I S. 2606) neu gefasst worden ist, verordnet das Bundesministerium der Finanzen im Benehmen mit der Deutschen Bundesbank nach Anhörung der Spitzenverbände der Institute:

§ 1 Anwendungsbereich. (1) Diese Verordnung ist anzuwenden auf

1. Kreditinstitute, auf die die Vorschriften der Artikel 411 bis 428 der Verordnung (EU) Nr. 575/2013[3] des Europäischen Parlaments und des Rates vom 26. Juni 2013 über Aufsichtsanforderungen an Kreditinstitute und Wertpapierfirmen und zur Änderung der Verordnung (EU) Nr. 648/2012 (ABl. L 176 vom 27.6.2013, S. 1; L 208 vom 2.8.2013, S. 68; L 321 vom 30.11.2013, S. 6; L 193 vom 21.7.2015, S. 166; L 20 vom 25.1.2017, S. 3), die zuletzt durch die Verordnung (EU) 2016/1014 (ABl. L 171 vom 29.6.2016, S. 153) geändert worden ist, nicht anzuwenden sind, und
2. Finanzdienstleistungsinstitute, die
   a) Eigenhandel betreiben oder
   b) als Anlagevermittler, Abschlussvermittler oder Finanzportfolioverwalter befugt sind, sich Eigentum oder Besitz an Geldern oder Wertpapieren von Kunden zu verschaffen oder auf eigene Rechnung mit Finanzinstrumenten zu handeln.

(2) CRR-Wertpapierfirmen, die die Vorschriften der Artikel 411 bis 428 der Verordnung (EU) Nr. 575/2013 auf Gruppenebene konsolidiert oder teilkonsolidiert einhalten müssen, können durch die Bundesanstalt auf Antrag von den Anforderungen dieser Verordnung befreit werden.

§ 2 Ausreichende Liquidität. (1) [1] Die Liquidität eines Instituts gilt als ausreichend, wenn die zu ermittelnde Liquiditätskennzahl den Wert eins nicht unterschreitet. [2] Die Liquiditätskennzahl gibt das Verhältnis zwischen den im Laufzeitband 1 verfügbaren Zahlungsmitteln und den während dieses Zeitraumes abrufbaren Zahlungsverpflichtungen an. [3] Zahlungsmittel und Zahlungsverpflichtungen sind jeweils einem der folgenden Laufzeitbänder zuzuordnen: fällig

---

[1] **Amtl. Anm.:** § 9 dieser Verordnung dient der Umsetzung von Artikel 5 und 6 der Richtlinie 2000/46/EG des Europäischen Parlaments und des Rates vom 18. September 2000 über die Aufnahme, Ausübung und Beaufsichtigung der Tätigkeit von E-Geld-Instituten (ABl. EG Nr. L 275, S. 39).

[2] Nr. **8**.

[3] Nr. **6**.

1. täglich oder in bis zu einem Monat (Laufzeitband 1),
2. in über einem Monat bis zu drei Monaten (Laufzeitband 2),
3. in über drei Monaten bis zu sechs Monaten (Laufzeitband 3),
4. in über sechs Monaten bis zu zwölf Monaten (Laufzeitband 4).

(2) [1]Das Institut hat Beobachtungskennzahlen zu berechnen, die das Verhältnis zwischen den jeweiligen Zahlungsmitteln und den Zahlungsverpflichtungen in den Laufzeitbändern nach Absatz 1 Satz 3 Nr. 2 bis 4 angeben. [2]Die Ermittlung der Beobachtungskennzahlen erfolgt entsprechend der Berechnung der Liquiditätskennzahl nach Absatz 1 Satz 2. [3]Überschreiten die in einem Laufzeitband vorhandenen Zahlungsmittel die abrufbaren Zahlungsverpflichtungen, ist der Unterschiedsbetrag als zusätzliches Zahlungsmittel bei der Ermittlung der Beobachtungskennzahl in dem nächst höheren Laufzeitband zu berücksichtigen.

§ 3 Zahlungsmittel. (1) Als Zahlungsmittel sind im Laufzeitband 1 vorbehaltlich Absatz 3 zu erfassen
1. Kassenbestand,
2. Guthaben bei Zentralnotenbanken,
3. Inkassopapiere,
4. unwiderrufliche Kreditzusagen, die das Institut von einem anderen Kreditinstitut oder der Kreditanstalt für Wiederaufbau erhalten hat,
5. nicht wie Anlagevermögen bewertete Wertpapiere, die zum Handel an einer anerkannten Börse im Sinne des Artikels 4 Absatz 1 Nummer 72 der Verordnung (EU) Nr. 575/2013[1)] in einem Staat des Europäischen Wirtschaftsraums oder an einer Wertpapierbörse nach § 1 Absatz 3e des Kreditwesengesetzes[2)] zugelassen sind (börsennotierte Wertpapiere), einschließlich der dem Institut als Pensionsnehmer oder Entleiher im Rahmen von Pensionsgeschäften oder Leihgeschäften übertragenen Papiere,
6. Vermögensgegenstände, die von der Europäischen Zentralbank oder der Zentralnotenbank eines Staates, dessen unbesicherte Zahlungsverpflichtungen ein Risikogewicht nach Artikel 114 der Verordnung (EU) Nr. 575/2013 von 0 Prozent erhalten würden, nach dem jeweiligen Verzeichnis als refinanzierungsfähige Sicherheiten anerkannt werden, wobei das Kreditinstitut im Sitzland der Zentralnotenbank eine Zweigniederlassung haben muss, wenn diese nicht dem Europäischen System der Zentralbanken angehört, einschließlich der dem Institut als Pensionsnehmer oder Entleiher im Rahmen von Pensionsgeschäften oder Leihgeschäften übertragenen Vermögensgegenstände, sofern nicht bereits nach Nummer 5 erfasst (bei nullgewichteten Zentralnotenbanken refinanzierungsfähige Vermögensgegenstände),
7. nicht wie Anlagevermögen bewertete gedeckte Schuldverschreibungen nach Artikel 129 der Verordnung (EU) Nr. 575/2013, einschließlich der dem Institut als Pensionsnehmer oder Entleiher im Rahmen von Pensionsgeschäften oder Leihgeschäften übertragenen gedeckten Schuldverschreibungen, und

---

1) Nr. **6**.
2) Nr. **8**.

8. in Höhe von 90 Prozent der jeweiligen Rücknahmepreise nicht wie Anlagevermögen bewertete Anteile an inländischen OGAW-Sondervermögen, inländischen Spezialsondervermögen, deren Anlagebedingungen Anlagegrundsätze und -grenzen vorsehen, die denen von inländischen OGAW entsprechen, und EU-OGAW, soweit deren Rücknahme- und Abwicklungsregelungen denen für Publikumssondervermögen entsprechen; die Anlagebedingungen der Sondervermögen müssen sicherstellen, dass die Anteilseigner ihre Anteile börsentäglich zurückgeben können und die Rücknahme entgegen § 98 Absatz 2 des Kapitalanlagegesetzbuchs nicht verweigert werden kann.

(2) Als Zahlungsmittel sind entsprechend ihren Restlaufzeiten in den Laufzeitbändern 1 bis 4 vorbehaltlich Absatz 3 zu erfassen
1. Forderungen an Zentralnotenbanken,
2. Forderungen an Kreditinstitute,
3. Forderungen an Kunden,
4. bei Zentralnotenbanken refinanzierbare Wechsel, die nicht bereits unter die Nummer 2 oder 3 fallen,
5. Sachforderungen des verleihenden Instituts auf Rückgabe der verliehenen Wertpapiere,
6. andere als die unter Absatz 1 erfassten Schuldverschreibungen und andere festverzinsliche Wertpapiere, einschließlich der dem Institut als Pensionsnehmer oder Entleiher im Rahmen von Pensionsgeschäften oder Leihgeschäften übertragenen festverzinslichen Wertpapiere,
7. Sachforderungen des Pensionsgebers auf Rückübertragung von Wertpapieren im Rahmen echter Pensionsgeschäfte,
8. Geldforderungen des Pensionsnehmers aus unechten Pensionsgeschäften in Höhe des vereinbarten Rückzahlungsbetrags, wenn der aktuelle Marktwert der übertragenen Wertpapiere unter diesem liegt, und
9. Ausgleichsforderungen gegen die öffentliche Hand (insbesondere Ausgleichsfonds Währungsumstellung), einschließlich Schuldverschreibungen aus deren Umtausch, soweit sie nicht von Absatz 1 Nr. 5 erfasst werden,

soweit die jeweiligen Restlaufzeiten zum Meldestichtag die Dauer eines Jahres nicht übersteigen.

(3) Keine liquiditätswirksamen Zahlungsmittel im Sinne der Absätze 1 und 2 sind
1. Forderungen und Wechsel, auf die Einzelwertberichtigungen gebildet worden sind, wenn aktuelle Leistungsstörungen vorliegen,
2. Beteiligungen und Anteile an verbundenen Unternehmen,
3. zurückgekaufte Schuldverschreibungen eigener Emissionen, die die Voraussetzungen des Artikels 129 der Verordnung (EU) Nr. 575/2013 nicht erfüllen,
4. im Rahmen von Pensionsgeschäften oder Leihgeschäften übertragene Wertpapiere für die Dauer des Geschäfts beim Pensionsgeber oder Verleiher,
5. als Sicherheiten gestellte Wertpapiere, die der Verfügung durch das Institut entzogen sind, für den Zeitraum der Sicherheitenbestellung, es sei denn, sie

sind bei einer Zentralnotenbank des Europäischen Systems der Zentralbanken verpfändet, und

6. andere als die in Absatz 1 Nr. 8 aufgeführten Investmentanteile, soweit sie nicht von Absatz 1 Nr. 5 als Zahlungsmittel erfasst sind.

§ 4 Zahlungsverpflichtungen. (1) Als Zahlungsverpflichtungen sind im Laufzeitband 1 zu erfassen

1. 40 Prozent der täglich fälligen Verbindlichkeiten gegenüber Kreditinstituten,
2. 10 Prozent der täglich fälligen Verbindlichkeiten gegenüber Kunden,
3. 10 Prozent der Spareinlagen im Sinne von § 21 Abs. 4 der Kreditinstituts-Rechnungslegungsverordnung[1],
4. 5 Prozent der Eventualverbindlichkeiten aus weitergegebenen Wechseln,
5. 5 Prozent der Eventualverbindlichkeiten aus übernommenen Bürgschafts- oder Gewährleistungsverpflichtungen,
6. 5 Prozent des Haftungsbetrags aus der Bestellung von Sicherheiten für fremde Verbindlichkeiten,
7. 20 Prozent der Platzierungs- oder Übernahmeverpflichtungen und
8. 20 Prozent der noch nicht in Anspruch genommenen, unwiderruflich zugesagten Kredite, wenn sie nicht nach Absatz 2 Nr. 12 oder Absatz 3 zu erfassen sind.

(2) Als Zahlungsverpflichtungen sind entsprechend ihren Restlaufzeiten in den Laufzeitbändern 1 bis 4 zu erfassen

1. Verbindlichkeiten gegenüber einer Zentralnotenbank,
2. Verbindlichkeiten gegenüber Kreditinstituten,
3. *(aufgehoben)*
4. Verbindlichkeiten gegenüber Kunden, soweit sie nicht unter Nummer 12 fallen,
5. Sachverbindlichkeiten des entleihenden Instituts zur Rückgabe entliehener Wertpapiere,
6. Sachverbindlichkeiten des Pensionsnehmers aus der Rückgabepflicht von Wertpapieren im Rahmen von echten Wertpapierpensionsgeschäften,
7. Geldverbindlichkeiten des Pensionsgebers aus unechten Pensionsgeschäften in Höhe des vereinbarten Rückzahlungsbetrags, wenn der aktuelle Marktwert der übertragenen Wertpapiere unter diesem liegt,
8. verbriefte Verbindlichkeiten,
9. nachrangige Verbindlichkeiten,
10. Genussrechtskapital,
11. sonstige Verbindlichkeiten und
12. 20 Prozent des nicht in Anspruch genommenen Teils von Verbriefungs-Liquiditätsfazilitäten im Sinne des Artikels 255 Absatz 1 der Verordnung (EU) Nr. 575/2013[2], die nicht jederzeit fristlos und bedingungslos vom Institut gekündigt werden können, wenn eine Inanspruchnahme zwischen

---

[1] Nr. **14**.
[2] Nr. **6**.

den Refinanzierungsterminen für die Verbriefungstransaktion ausgeschlossen ist,

wenn die jeweiligen Restlaufzeiten zum Meldestichtag ein Jahr nicht übersteigen.

(3) Die während der auf den Meldestichtag folgenden zwölf Monate erwarteten Inanspruchnahmen unwiderruflich zugesagter Investitionskredite und grundpfandrechtlich gesicherter Darlehen, die nach Baufortschritt ausgezahlt werden, sind zu erfassen in Höhe von

1. 12 Prozent im Laufzeitband 1,
2. 16 Prozent im Laufzeitband 2,
3. 24 Prozent im Laufzeitband 3 und
4. 48 Prozent im Laufzeitband 4.

§ 5 Wertpapierpensions- und Wertpapierleihgeschäfte. (1) [1] Im Rahmen echter Pensionsgeschäfte verpensionierte Wertpapiere sind dem Bestand des Pensionsnehmers zuzurechnen, der eine daraus resultierende Sachverbindlichkeit zur Rückgabe der Papiere zu berücksichtigen hat. [2] Der Pensionsnehmer hat in Höhe des vereinbarten Rückzahlungsbetrags eine Geldforderung gegenüber dem Pensionsgeber anzurechnen. [3] Der Pensionsgeber hat anstelle der Wertpapiere eine Sachforderung auf Rückgabe der Papiere zu erfassen. [4] Er hat eine Geldverbindlichkeit in Höhe des vereinbarten Rückzahlungsbetrags gegenüber dem Pensionsnehmer zu berücksichtigen.

(2) [1] Im Rahmen unechter Pensionsgeschäfte vom Pensionsnehmer erworbene Wertpapiere sind vom Bestand des Pensionsgebers abzusetzen, der an deren Stelle die vom Pensionsnehmer erhaltenen Geldmittel anrechnet. [2] Der Pensionsnehmer hat die Wertpapiere anstelle der abgeflossenen Geldmittel seinem Bestand zuzurechnen. [3] Liegt der Marktkurs der verpensionierten Wertpapiere unter dem vereinbarten Rückzahlungsbetrag,

1. sind die verpensionierten Wertpapiere wieder dem Bestand des Pensionsgebers zuzurechnen, der in Höhe des vereinbarten Rückzahlungsbetrags eine Geldverbindlichkeit gegenüber dem Pensionsnehmer zu berücksichtigen hat, und
2. ist eine Geldforderung gegenüber dem Pensionsgeber in Höhe des vereinbarten Rückzahlungsbetrags beim Pensionsnehmer anzurechnen, der die Wertpapiere vom Bestand abzusetzen hat.

(3) [1] Im Rahmen von Leihgeschäften übertragene Wertpapiere sind vom Bestand des Verleihers abzusetzen und dem Entleiher zuzurechnen. [2] Der Entleiher hat eine Sachverbindlichkeit zur Rückgabe der Papiere zu berücksichtigen, der eine Sachforderung beim Verleiher in entsprechender Höhe gegenüber steht.

§ 6 Bemessungsgrundlage. (1) [1] Bemessungsgrundlage sind bei

1. Zahlungsmitteln nach § 3 Abs. 1 Nr. 5 und 7 die Marktkurse der zugrunde liegenden Wertpapiere bei geschäftstäglicher Marktbewertung,
2. Zahlungsmitteln nach § 3 Abs. 1 Nr. 6 die nach den entsprechenden Bewertungsgrundsätzen der jeweiligen Zentralnotenbank ermittelten Werte

der zugrunde liegenden Vermögensgegenstände abzüglich dem von der jeweiligen Zentralnotenbank vorgesehenen Bewertungsabschlag,

3. Zahlungsmitteln nach § 3 Abs. 1 Nr. 8 die Rücknahmepreise,
4. Zahlungsmitteln nach § 3 Abs. 2 Nr. 8 und Zahlungsverpflichtungen nach § 4 Abs. 2 Nr. 7 bis 9 die Rückzahlungsbeträge,
5. Wertpapierposten und wertpapierbezogenen Sachforderungen und Sachverbindlichkeiten im Rahmen von Pensions- und Leihgeschäften die Marktkurse der Wertpapiere bei geschäftstäglicher Marktbewertung,
6. den übrigen Zahlungsmitteln und Zahlungsverpflichtungen die Buchwerte.

[2] Marktkurse sind die am jeweiligen Meldestichtag amtlich festgestellten Kurse oder, falls nicht verfügbar, die vom Institut ermittelten Marktwerte. [3] Werden die Wertpapiere an mehreren Märkten amtlich notiert, so verwendet das Institut Marktkurse nach einer institutsintern festgelegten Methode, die einheitlich und dauerhaft anzuwenden und zu dokumentieren ist. [4] Die Ermittlung der Marktwerte ist vom Institut für den letzten Meldestichtag, die Meldestichtage der vergangenen 24 Monate sowie für den laufenden Meldezeitraum zu dokumentieren und auf Verlangen der Bundesanstalt vorzulegen. [5] Mit Ausnahme der Zahlungsmittel nach Satz 1 Nr. 2 dürfen Schuldverschreibungen und andere festverzinsliche Wertpapiere im Bestand in Höhe von 90 Prozent des Buchwerts und börsennotierte Aktien und andere nicht festverzinsliche Wertpapiere im Bestand in Höhe von 80 Prozent des Buchwerts angesetzt werden, wenn das Institut keine geschäftstägliche Marktbewertung durchführt. [6] Von den Buchwerten der Aktivposten sind Wertberichtigungen für das Länderrisiko, Pauschalwertberichtigungen und Einzelwertberichtigungen abzusetzen, wenn diese die Anrechnung der Aktivposten nach § 3 Abs. 3 Nr. 1 nicht ausschließen.

(2) [1] Ist ein Institut aus meldetechnischen Gründen nicht im Stande, die Wertberichtigungen von den jeweiligen Aktivposten abzuziehen, kann es ein vereinfachtes Verfahren zur Absetzung der Wertberichtigungen anwenden. [2] Bei diesem Verfahren sind, entsprechend dem Anteil der anrechenbaren Liquiditätsposten an der Gesamtsumme sämtlicher Aktiva, auf die sich die Wertberichtigungen beziehen, die insgesamt gebildeten Wertberichtigungen von den Zahlungsmitteln

a) des Laufzeitbandes 1 (Standardverfahren) oder
b) aus allen Laufzeitbändern (alternatives Verfahren)

abzusetzen. [3] Entscheidet sich ein Institut für das alternative Verfahren, hat es beim Abzug der Wertberichtigungen die den Zahlungsmitteln zugrunde liegende Laufzeitstruktur zu berücksichtigen. [4] Einzelwertberichtigungen, die eine Nichtanrechnung der betreffenden Forderungen und Wechsel bewirken, dürfen unberücksichtigt bleiben [5] Institute, die beabsichtigen, das vereinfachte Verfahren in Anspruch zu nehmen, müssen dies der Bundesanstalt und der Deutschen Bundesbank vor erstmaliger Anwendung anzeigen. [6] In der Anzeige ist anzugeben, auf welche Wertberichtigungen das Verfahren angewandt wird und welche Aktiva einbezogen werden. [7] Die Bundesanstalt kann die Anwendung des vereinfachten Verfahrens untersagen, wenn begründete Zweifel bestehen, dass die aus Wertberichtigungen resultierenden liquiditätseinschränkenden Effekte nicht ausreichend abgebildet werden.

(3) [1]Eine auf eine fremde Währung lautende Position ist zu dem Referenzkurs, der von der Europäischen Zentralbank am Meldestichtag festgestellt und von der Deutschen Bundesbank veröffentlicht worden ist (Euro-Referenzkurs), in Euro umzurechnen. [2]Bei der Umrechnung von Währungen, für die kein Euro-Referenzkurs veröffentlicht wird, sind die Mittelkurse aus feststellbaren An- und Verkaufskursen des Stichtages zugrunde zu legen.

(4) Institute dürfen abweichend von Absatz 3 intern verwendete Fremdwährungsumrechnungskurse aus eigenen Risikomodellen, die für aufsichtliche Zwecke zugelassen sind, weiterhin berücksichtigen, wenn sie diese bereits vor dem 1. Januar 2014 konsistent berücksichtigt haben.

§ 7 Restlaufzeiten. [1]Als Restlaufzeit gilt

1. der Zeitraum zwischen dem jeweiligen Meldestichtag und dem Fälligkeitstag der jeweiligen Zahlungsmittel und Zahlungsverpflichtungen vorbehaltlich der Nummern 2 bis 6,
2. die jeweilige Kündigungsfrist bei ungekündigten Kündigungsgeldern, wobei eine Kündigungssperrfrist hinzuzurechnen ist,
3. der Zeitraum zwischen dem jeweiligen Meldestichtag und der Fälligkeit des Teilbetrags bei Forderungen und Verbindlichkeiten, die regelmäßig in Teilbeträgen zu tilgen sind, ungeachtet dessen, ob die Teilbeträge einen Zinsanteil enthalten oder nicht,
4. die verbleibende Geschäftsdauer bei Sachforderungen aus echten Pensions- und Leihgeschäften mit Wertpapieren im Sinne des § 3 Abs. 1 sowie bei daraus resultierenden Sachverbindlichkeiten und Wertpapierposten des Pensionsgebers aus unechten Pensionsgeschäften,
5. die verbleibende Geschäftsdauer zuzüglich der am Ende des Geschäfts geltenden Restlaufzeiten der Wertpapiere bei Sachforderungen aus echten Pensions- und Leihgeschäften mit anderen als den unter Nummer 4 genannten Wertpapieren und bei daraus resultierenden Sachverbindlichkeiten und Wertpapierposten des Pensionsgebers aus unechten Pensionsgeschäften und
6. die verbleibende Geschäftsdauer bei Geldforderungen und Geldverbindlichkeiten aus echten und unechten Pensionsgeschäften.

[2]Vorzeitige Kündigungsmöglichkeiten sind bei Verbindlichkeiten zu berücksichtigen. [3]Sie sind bei Forderungen und Wertpapieren im Bestand unberücksichtigt zu lassen. [4]Bei Forderungen und Verbindlichkeiten, die regelmaßig in Teilbeträgen getilgt werden, sind die Rückzahlungsbeträge in Höhe der jeweiligen Teilbeträge in die betreffenden Laufzeitbänder einzustellen. [5]Tagesgelder und Gelder mit täglicher Kündigung gelten nicht als täglich fällig. [6]Sie werden wie Festgelder mit eintägiger Laufzeit behandelt.

§ 8 *(aufgehoben)*

§ 9 *(aufgehoben)*

§ 10 Verwendung von institutseigenen Liquiditätsrisikomess- und -steuerungsverfahren. (1) [1]Zur Beurteilung der ausreichenden Liquidität darf das Institut nach dauerhafter Wahl mit Zustimmung der Bundesanstalt anstelle der §§ 2 bis 7 ein eigenes Liquiditätsrisikomess- und -steuerungsverfahren verwenden, wenn die Voraussetzungen nach Absatz 3 erfüllt werden und die Bundesanstalt dessen Eignung für die Zwecke dieser Verordnung auf Antrag des Institutes schriftlich bestätigt hat. [2]Die Bundesanstalt kann ihre Zustimmung an Nebenbestimmungen, insbesondere Auflagen, knüpfen und eine bereits erteilte Zustimmung widerrufen, wenn das Institut die Voraussetzungen nach Absatz 3 nicht mehr erfüllt.

(2) [1]Die Eignung eines institutseigenen Liquiditätsrisikomess- und -steuerungsverfahrens wird auf der Grundlage einer von der Bundesanstalt in Zusammenarbeit mit der Deutschen Bundesbank durchgeführten Prüfung nach § 44 Abs. 1 Satz 2 des Kreditwesengesetzes[1)] beurteilt und nach erteilter Eignungsbestätigung durch Nachschauprüfungen überprüft. [2]Wesentliche Änderungen des Liquiditätsrisikomess- und -steuerungsverfahrens bedürfen einer erneuten Eignungsbestätigung nach Absatz 1.

(3) [1]Das Institut hat insbesondere die folgenden Voraussetzungen für die Verwendung eines eigenen Liquiditätsrisikomess- und -steuerungsverfahrens zu erfüllen:

1. [1]Das Liquiditätsrisikomess- und -steuerungsverfahren gewährleistet unter Berücksichtigung der besonderen institutsspezifischen Verhältnisse, der Art und Komplexität der betriebenen Geschäfte und der Größe des Institutes eine adäquate laufende Ermittlung und Überwachung des Liquiditätsrisikos und stellt die Liquiditätslage eingehender und angemessener dar, als bei Anwendung der §§ 2 bis 7. [2]Insbesondere soll das Liquiditätsrisikomess- und -steuerungsverfahren dabei auch Aufschluss über zu erwartende kurzfristige Nettomittelabflüsse, die Möglichkeit zur Aufnahme unbesicherter Finanzierungsmittel sowie die Auswirkung von Stressszenarien ermöglichen. [3]Das Institut überprüft regelmäßig die Einhaltung der Voraussetzungen nach Satz 1.
2. [1]Das Institut hat auf der Grundlage des Liquiditätsrisikomess- und -steuerungsverfahrens geeignete, quantitativ zu bemessende Obergrenzen für Liquiditätsrisiken, auch unter Berücksichtigung von Stressszenarien, eingerichtet (Limite), die es regelmäßig überprüft. [2]Dazu identifiziert das Institut Kenngrößen aus seinem Liquiditätsrisikomessverfahren, die für eine aggregierte Darstellung des Risikos einer nicht ausreichenden Liquidität des Instituts besonders geeignet sind, und dokumentiert, bei welchem Niveau dieser Größen es sich einem nennenswerten, mittleren und hohen Risiko einer nicht ausreichenden Liquidität ausgesetzt sieht, sowie welche Maßnahmen es an das Erreichen eines der benannten Niveaus durch eine der Kenngrößen knüpft.
3. [1]Das Institut zeigt der Deutschen Bundesbank und der Bundesanstalt schriftlich unverzüglich an, wenn eine der Kenngrößen nach Nummer 2 das Niveau für ein mittleres oder hohes Risiko einer nicht ausreichenden Liquidität überschreitet und berichtet über die Maßnahmen, die es zur Beseitigung der Gefährdung getroffen hat und zu treffen beabsichtigt. [2]Die Pflicht zur Meldung der Kennzahlen nach § 11 bleibt unberührt.
4. Das Liquiditätsrisikomess- und -steuerungsverfahren und das interne Limitsystem werden für das interne Liquiditätsrisikomanagement und in der Unternehmenssteuerung des Institutes verwendet.

[1)] Nr. 8.

(4) [1] Ein Institut mit Sitz im Inland, das nachgeordnetes Unternehmen einer Institutsgruppe oder einer Finanzholding-Gruppe ist und die Voraussetzungen nach § 2a Absatz 5 des Kreditwesengesetzes erfüllt, oder das übergeordnetes Unternehmen ist und die Voraussetzungen nach § 2a Absatz 5 des Kreditwesengesetzes erfüllt, darf nach dauerhafter Wahl mit Zustimmung der Bundesanstalt von der Anwendung der §§ 2 bis 7 absehen, wenn die Institutsgruppe oder die Finanzholding-Gruppe, der das Institut angehört, ein eigenes Liquiditätsrisikomess- und -steuerungsverfahren verwendet und die Bundesanstalt dessen Eignung schriftlich bestätigt hat. [2] Die Absätze 1 bis 3 gelten entsprechend.

§ 11 Meldungen der Kennzahlen. (1) [1] Die Institute haben der Deutschen Bundesbank zu den Anforderungen nach § 2 nach dem Stand zum Meldestichtag Ende des Monats Meldungen mit den Vordrucken nach Anlage 2 und 3 jeweils bis zum 15. Geschäftstag des auf den Meldestichtag folgenden Monats einzureichen. [2] Auf Antrag des Instituts kann die Bundesanstalt eine Fristverlängerung bewilligen. [3] Für Bürgschaftsbanken und Kreditgarantiegemeinschaften gilt Satz 1 mit der Maßgabe, dass die Meldungen nur zweimal jährlich nach dem Stand zum Meldestichtag Ende Mai und Ende November jeweils bis zum 15. Geschäftstag des auf den Meldestichtag folgenden Monats einzureichen sind.

(2) Macht ein Institut von der Möglichkeit der Verwendung eines eigenen Liquiditätsrisikomess- und -steuerungsverfahrens nach § 10 Gebrauch, legt die Bundesanstalt abweichend von Absatz 1 im Einzelfall Inhalt und Form der monatlichen Meldeanforderungen in ihrer schriftlichen Eignungsbestätigung für das jeweilige Liquiditätsrisikomess- und -steuerungsverfahren nach § 10 fest.

(3) [1] Die Meldungen nach den Absätzen 1 und 2 sind im papierlosen Verfahren einzureichen. [2] Die Deutsche Bundesbank veröffentlicht im Internet die für eine elektronische Dateneinreichung nach Absatz 1 zu verwendenden Satzformate und den Einreichungsweg. [3] Sie leitet die Meldungen an die Bundesanstalt weiter. [4] Institute haben die Meldungen nach Anlage 2 und 3 für das laufende Kalenderjahr und die zwei vorangegangenen Kalenderjahre aufzubewahren.

§ 12 *(aufgehoben)*

§ 13 Inkrafttreten. Diese Verordnung tritt am 1. Januar 2007 in Kraft.

Anl. 1–3

(hier nicht wiedergegeben)

8c. Verordnung über die vertraglich gebundenen Vermittler und das öffentliche Register nach § 2 Abs. 10 Satz 5 des Kreditwesengesetzes (KWG-Vermittlerverordnung – KWGVermV)[1)]

Vom 4. Dezember 2007

(BGBl. I S. 2785)

FNA 7610-2-35

geänd. durch Art. 19 Zweites Finanzmarktnovellierungsgesetz v. 23.6.2017 (BGBl. I S. 1693)

Auf Grund des § 24 Abs. 4 Satz 1 und 3 in Verbindung mit § 2 Abs. 10 Satz 4 und 7 des Kreditwesengesetzes[2)] in der Fassung der Bekanntmachung vom 9. September 1998 (BGBl. I S. 2776), von denen § 24 Abs. 4 zuletzt durch Artikel 1 Nr. 30 Buchstabe d des Gesetzes vom 17. November 2006 (BGBl. I S. 2606) geändert und § 2 Abs. 10 durch Artikel 3 Nr. 3 Buchstabe g des Gesetzes vom 16. Juli 2007 (BGBl. I S. 1330) neu gefasst worden sind, in Verbindung mit § 1 Nr. 5 der Verordnung zur Übertragung von Befugnissen zum Erlass von Rechtsverordnungen auf die Bundesanstalt für Finanzdienstleistungsaufsicht vom 13. Dezember 2002 (BGBl. 2003 I S. 3), der zuletzt durch die Verordnung vom 21. November 2007 (BGBl. I S. 2605) geändert worden ist, verordnet die Bundesanstalt für Finanzdienstleistungsaufsicht nach Anhörung der Spitzenverbände der Institute im Einvernehmen mit der Deutschen Bundesbank:

§ 1 Einreichung der Anzeigen. [1]Die Anzeigen nach § 2 Abs. 10 Satz 1 und 3 des Kreditwesengesetzes[2)] sind im Wege der Datenfernübertragung unter Verwendung des von der Bundesanstalt bereitgestellten elektronischen Anzeigeverfahrens einzureichen. [2]Vor der erstmaligen Verwendung des elektronischen Anzeigeverfahrens ist eine Anmeldung bei der Bundesanstalt für Finanzdienstleistungsaufsicht (Bundesanstalt) erforderlich. [3]Die Anmeldung hat über die Internetseite der Bundesanstalt zu erfolgen. [4]Die Bundesanstalt teilt unverzüglich nach Eingang der Anmeldung die zur Verwendung des elektronischen Anzeigeverfahrens erforderlichen Zertifikate zu. [5]Unmittelbar nach jeder erfolgreichen Übermittlung einer Anzeige erhält das haftende Unternehmen eine Bestätigung.

§ 2 Inhalt der Anzeigen. [1]Die Anzeige nach § 2 Abs. 10 Satz 1 des Kreditwesengesetzes[2)] muss enthalten:

[1)] **Amtl. Anm.:** Diese Verordnung dient der weiteren Umsetzung der Richtlinie 2004/ 39/EG des Europäischen Parlaments und des Rates vom 21. April 2004 über Märkte für Finanzinstrumente, zur Änderung der Richtlinien 85/611/EWG und 93/6/EWG des Rates und der Richtlinie 2000/12/EG des Europäischen Parlaments und des Rates und zur Aufhebung der Richtlinie 93/22/EWG des Rates (ABl. EU Nr. L 145 S. 1, 2005 Nr. L 45 S. 18), zuletzt geändert durch Artikel 3 der Richtlinie 2007/ 44/EG des Europäischen Parlaments und des Rates vom 5. September 2007 (ABl. EU Nr. L 247 S. 1).

[2)] Nr. **8**.

1. sofern der vertraglich gebundene Vermittler eine natürliche Person ist: die Firma, den Familiennamen, den Geburtsnamen, den Vornamen, den Tag und den Ort der Geburt sowie die Geschäftsanschrift des Vermittlers;
2. sofern der vertraglich gebundene Vermittler eine juristische Person oder eine Personenhandelsgesellschaft ist: die Firma, die Rechtsform, den Sitz (Straße, Hausnummer, Postleitzahl, Ort, Sitzstaat) des Vermittlers sowie die Familiennamen, die Vornamen und die Geburtstage der nach Gesetz, Satzung oder Gesellschaftsvertrag zur Führung der Geschäfte und zur Vertretung berufenen Personen;
3. den Tag des Beginns der Tätigkeit des vertraglich gebundenen Vermittlers für das haftende Unternehmen.

[2]Jede Änderung der nach Satz 1 angezeigten Angaben ist unverzüglich als Änderungsanzeige nach § 2 Abs. 10 Satz 3 des Kreditwesengesetzes in dem in § 1 vorgegebenen Verfahren einzureichen. [3]Endet die Tätigkeit des vertraglich gebundenen Vermittlers für das haftende Unternehmen, ist der Tag der Beendigung der Tätigkeit anzuzeigen.

§ 3 Bestätigung der fachlichen Eignung und Zuverlässigkeit. In der Anzeige nach § 2 Abs. 10 Satz 1 des Kreditwesengesetzes[1)] hat das haftende Unternehmen, sofern es seinen Sitz im Inland hat, zu bestätigen, dass der vertraglich gebundene Vermittler fachlich geeignet und zuverlässig ist.

§ 4 Inhalt des Registers. (1) Von den Angaben nach § 2 werden die folgenden Angaben automatisiert in das öffentliche Register nach § 2 Abs. 10 Satz 5 des Kreditwesengesetzes[1)] eingestellt:
1. sofern der vertraglich gebundene Vermittler eine natürliche Person ist: die Firma, der Familienname, der Vorname sowie die Geschäftsanschrift des Vermittlers;
2. sofern der vertraglich gebundene Vermittler eine juristische Person oder Personenhandelsgesellschaft ist: die Firma, die Rechtsform, der Sitz (Straße, Hausnummer, Postleitzahl, Ort, Sitzstaat) des vertraglich gebundenen Vermittlers und die Familiennamen sowie die Vornamen der nach Gesetz, Satzung oder Gesellschaftsvertrag zur Führung der Geschäfte und zur Vertretung berufenen Personen;
3. der Tag des Beginns der Tätigkeit des vertraglich gebundenen Vermittlers für das haftende Unternehmen;
4. der Tag der Beendigung der Tätigkeit des vertraglich gebundenen Vermittlers für das haftende Unternehmen.

(2) In dem Register werden außerdem folgende Angaben ausgewiesen:
1. die Firma, die Rechtsform und der Sitz (Straße, Hausnummer, Postleitzahl, Ort, Sitzstaat) des haftenden Unternehmens;
2. der Tag, an dem die Anzeige nach § 2 Abs. 10 Satz 1 des Kreditwesengesetzes bei der Bundesanstalt eingegangen ist;
3. der Tag, an dem die Anzeige über die Beendigung der Tätigkeit des vertraglich gebundenen Vermittlers bei der Bundesanstalt eingegangen ist;

[1)] Nr. 8.

4. der Tag, an dem die in Absatz 1 Nr. 3 und 4 genannten Angaben abgeändert oder berichtigt worden sind;
5. den angezeigten Zeitpunkt des Beginns oder der Beendigung der Tätigkeit des vertraglich gebundenen Vermittlers auch dann, wenn diese Daten nachträglich abgeändert oder berichtigt worden sind.

(3) Weitere Angaben werden in dem Register nicht ausgewiesen.

§ 5 Verantwortlichkeit. [1]Das haftende Unternehmen trägt die Verantwortung für die Vollständigkeit, die Richtigkeit und die Aktualität der im Register veröffentlichten Daten nach § 4 Abs. 1. Es hat diese Daten auf Vollständigkeit und Richtigkeit laufend zu prüfen. [2]Erforderliche Berichtigungen sind unter Verwendung des elektronischen Anzeigeverfahrens vorzunehmen.

§ 6 Einsichtnahme in das Register. Die Einsichtnahme in das öffentliche Register nach § 2 Abs. 10 Satz 5 des Kreditwesengesetzes[1)] erfolgt ausschließlich im automatisierten Abrufverfahren.

§ 7 Dauer der Einsehbarkeit. Die Angaben zu dem vertraglich gebundenen Vermittler sind nach Ablauf des Jahres, in das die angezeigte Beendigung seiner Tätigkeit für das haftende Unternehmen fällt, noch weitere fünf Jahre in dem Register einsehbar.

§ 8 Übergangsvorschrift. [1]Bis zum 31. Dezember 2007 können das Tätigwerden eines vertraglich gebundenen Vermittlers oder neue Verhältnisse im Sinne des § 2 Abs. 10 Satz 3 des Kreditwesengesetzes[1)] auch in Papierform bei der Bundesanstalt angezeigt werden. [2]Die bereits vor dem 1. Januar 2008 aufgrund der bis zum 31. Oktober 2007 oder der ab dem 1. November 2007 geltenden Fassung des § 2 Abs. 10 des Kreditwesengesetzes der Bundesanstalt in Papierform angezeigten Vermittlerverhältnisse sind bis zum 31. März 2008 erneut nach Maßgabe der §§ 1 bis 3 dieser Verordnung anzuzeigen; der Tag des Beginns der Tätigkeit muss nicht angegeben werden.

§ 9 Inkrafttreten. Diese Verordnung tritt am Tag nach der Verkündung[2)] in Kraft.

[1)] Nr. **8**.
[2)] Verkündet am 7.12.2007.

8d. Verordnung zur angemessenen Eigenmittelausstattung von Instituten, Institutsgruppen, Finanzholding-Gruppen und gemischten Finanzholding-Gruppen (Solvabilitätsverordnung – SolvV)[1)]

Vom 6. Dezember 2013

(BGBl. I S. 4168)

FNA 7610-2-39

zuletzt geänd. durch Art. 1 Zweite ÄndVO v. 19.2.2019 (BGBl. I S. 122)

Auf Grund des § 10 Absatz 1 Satz 1 und 3 des Kreditwesengesetzes[2)], der durch Artikel 1 Nummer 21 des Gesetzes vom 28. August 2013 (BGBl. I S. 3395) neu gefasst worden ist, sowie auf Grund des § 10a Absatz 7 Satz 1 und 3 des Kreditwesengesetzes[2)], der durch Artikel 1 Nummer 22 des Gesetzes vom 28. August 2013 (BGBl. I S. 3395) neu gefasst worden ist, jeweils im Benehmen mit der Deutschen Bundesbank und nach Anhörung der Spitzenverbände der Institute verordnet das Bundesministerium der Finanzen:

Inhaltsübersicht

[1)] **Amtl. Anm.:** Diese Verordnung dient der Umsetzung der Richtlinie 2013/36/EU des Europäischen Parlaments und des Rates vom 26. Juni 2013 über den Zugang zur Tätigkeit von Kreditinstituten und die Beaufsichtigung von Kreditinstituten und Wertpapierfirmen, zur Änderung der Richtlinie 2002/87/EG und zur Aufhebung der Richtlinien 2006/48/EG und 2006/49/EG (ABl. L 176 vom 27.6.2013, S. 338) sowie der Anpassung des Aufsichtsrechts an die Verordnung (EU) Nr. 575/2013 des Europäischen Parlaments und des Rates vom 26. Juni 2013 über Aufsichtsanforderungen an Kreditinstitute und Wertpapierfirmen und zur Änderung der Verordnung (EU) Nr. 646/2012 (ABl. L 176 vom 27.6.2013, S. 1).

[2)] Nr. **8**.

Teil 1. Allgemeine Vorschriften

§ 1 Anwendungsbereich. (1) Die §§ 3 bis 23 dieser Verordnung sind ergänzend zu den Artikeln 92 bis 386 der Verordnung (EU) Nr. 575/2013[1] des Europäischen Parlaments und des Rates vom 26. Juni 2013 über Aufsichtsanforderungen an Kreditinstitute und Wertpapierfirmen und zur Änderung der Verordnung (EU) Nr. 646/2012 (ABl. L 176 vom 27.6.2013, S. 1) von denjenigen Instituten und Gruppen anzuwenden, die sich nach der Verordnung (EU) Nr. 575/2013 oder nach dem Kreditwesengesetz[2] an die Vorgaben dieser Artikel halten müssen.

(2) [1]Die §§ 24 bis 31 dieser Verordnung sind ergänzend zu den Artikeln 25 bis 91 der Verordnung (EU) Nr. 575/2013 von denjenigen Instituten und Gruppen anzuwenden, die sich nach der Verordnung (EU) Nr. 575/2013 oder nach dem Kreditwesengesetz an die Vorgaben dieser Artikel halten müssen. [2]Dies gilt nicht für Kreditinstitute, die gemäß Artikel 6 Absatz 4 der Verordnung (EU) Nr. 1024/2013[3] des Rates vom 15. Oktober 2013 zur Übertragung besonderer Aufgaben im Zusammenhang mit der Aufsicht über Kreditinstitute auf die Europäische Zentralbank (ABl. L 287 vom 29.10.2013, S. 63, L 218 vom 19.8.2015, S. 82) sowie gemäß Teil IV und Artikel 147 Absatz 1 der Verordnung (EU) Nr. 468/2014 der Europäischen Zentralbank vom 16. April 2014 zur Einrichtung eines Rahmenwerks für die Zusammenarbeit zwischen der Europäischen Zentralbank und den nationalen zuständigen Behörden und den nationalen benannten Behörden innerhalb des einheitlichen Aufsichtsmechanismus (SSM-Rahmenverordnung) (ABl. L 141 vom 14.5.2014, S. 1) als bedeutend eingestuft werden.[4]

(3) § 32 dieser Verordnung ist ergänzend zu den Artikeln 11 bis 91 der Verordnung (EU) Nr. 575/2013 von denjenigen Instituten und Gruppen anzuwenden, die sich nach der Verordnung (EU) Nr. 575/2013 oder nach dem Kreditwesengesetz an die Vorgaben dieser Artikel halten müssen.

(4) Die §§ 33 bis 37 dieser Verordnung sind ergänzend zu den §§ 10c bis 10i des Kreditwesengesetzes von denjenigen Instituten und Gruppen anzuwenden, die sich an die Vorgaben dieser Vorschriften halten müssen.

§ 2 Anträge und Anzeigen. (1) Anträge, über die nach der Verordnung (EU) Nr. 575/2013[1] die Bundesanstalt für Finanzdienstleistungsaufsicht (Bundesanstalt) als zuständige Behörde zu entscheiden hat, sind vorbehaltlich abweichender Bestimmungen in schriftlicher Form bei der Bundesanstalt zu stellen.

---

[1] Nr. 6.
[2] Nr. 8.
[3] Nr. 5.
[4] Beachte zur Anwendbarkeit § 39 Satz 3.

(2) Anzeigen nach der Verordnung (EU) Nr. 575/2013, für die die Bundesanstalt die zuständige Behörde ist, sind bei der Bundesanstalt und in Kopie bei der Deutschen Bundesbank einzureichen.

(3) Meldungen, die aufgrund regelmäßiger Berichtspflichten nach der Verordnung (EU) Nr. 575/2013 gegenüber der Bundesanstalt als zuständige Behörde erfolgen müssen, sind über die Deutsche Bundesbank einzureichen.

Teil 2. Nähere Bestimmungen zu den Eigenmittelanforderungen für Institute und Gruppen

Kapitel 1. Interne Ansätze

Abschnitt 1. Allgemeine Bestimmungen

§ 3 Prüfungen bei Verwendung eines erlaubnispflichtigen Ansatzes zur Ermittlung der Mindesteigenmittelanforderungen. (1) [1] Hat die Bundesanstalt einem Institut die Erlaubnis zur Verwendung eines Ansatzes zur Ermittlung der Mindesteigenmittelanforderungen erteilt, dessen Verwendung nach den Artikeln 92 bis 386 der Verordnung (EU) Nr. 575/2013[1)] einer Erlaubnis der zuständigen Behörde bedarf (erlaubnispflichtiger Ansatz zur Ermittlung der Mindesteigenmittelanforderungen), muss sie regelmäßig überprüfen, ob die Anforderungen für diesen Ansatz nach dieser Verordnung und nach der Verordnung (EU) Nr. 575/2013 erfüllt sind. [2] Die Überprüfung findet mindestens alle drei Jahre statt. [3] Daneben prüft die Bundesanstalt im Rahmen von Nachschauprüfungen, ob festgestellte Mängel abgestellt und Auflagen erfüllt sind.

(2) [1] Die Bundesanstalt kann die Eignungsprüfung für die Erlaubnis zur Verwendung eines Ansatzes sowie die regelmäßige Überprüfung und die Nachschauprüfungen auf der Grundlage einer Prüfung nach § 44 Absatz 1 Satz 2 des Kreditwesengesetzes[2)] durchführen. [2] Die Prüfung nach § 44 Absatz 1 Satz 2 des Kreditwesengesetzes führt in der Regel die Deutsche Bundesbank durch.

(3) [1] Bei der Überprüfung berücksichtigt die Bundesanstalt insbesondere Veränderungen der Geschäftstätigkeit des Instituts sowie die Anwendung dieses erlaubnispflichtigen Ansatzes zur Ermittlung der Mindesteigenmittelanforderungen auf neue Produkte. [2] Zusätzlich überprüft sie, ob das Institut für diesen Ansatz ausgereifte und aktuelle Techniken und Praktiken anwendet.

(4) Bei der Überprüfung berücksichtigt die Bundesanstalt die Analysen und Benchmarks der Europäischen Bankenaufsichtsbehörde.

§ 4 Maßnahmen bei Mängeln bei der Risikoerfassung oder der Nichteinhaltung der Anforderungen bei Verwendung eines erlaubnispflichtigen Ansatzes zur Ermittlung der Mindesteigenmittelanforderungen.

(1) [1] Sofern die Bundesanstalt feststellt, dass die Ausgestaltung eines erlaubnispflichtigen Ansatzes zur Ermittlung der Mindesteigenmittelanforderungen durch das Institut erhebliche Mängel bei der Erfassung des Risikos aufweist, sorgt die Bundesanstalt dafür, dass diese Mängel beseitigt werden, oder sie ergreift angemessene Maßnahmen, die geeignet sind, um die aus den Mängeln

---

1) Nr. **6**.
2) Nr. **8**.

resultierenden Folgen abzuschwächen. [2] Geeignete Maßnahmen sind insbesondere die Festsetzung höherer Multiplikationsfaktoren oder zusätzlicher Eigenmittelanforderungen.

(2) Deutet bei einem von der Bundesanstalt erlaubten internen Modell für Marktrisiken das zahlreiche Auftreten von in Artikel 366 der Verordnung (EU) Nr. 575/2013[1)] genannten Überschreitungen darauf hin, dass das Modell nicht oder nicht mehr präzise genug ist, widerruft die Bundesanstalt die Erlaubnis zur Verwendung dieses internen Modells für Marktrisiken oder ordnet angemessene Maßnahmen an, die gewährleisten, dass das Modell umgehend verbessert wird.

(3) [1] Wenn ein Institut nicht mehr sämtliche Anforderungen für einen erlaubnispflichtigen Ansatz zur Ermittlung der Mindesteigenmittelanforderungen nach dieser Verordnung und nach der Verordnung (EU) Nr. 575/2013 erfüllt, verlangt die Bundesanstalt

1. vom Institut einen Plan, wie und in welchem Zeitraum eine zeitnahe Rückkehr zur Regelkonformität gewährleistet werden soll, oder
2. dass das Institut in einer die Bundesanstalt zufriedenstellenden Weise nachweist, dass die Auswirkungen des Nichteinhaltens der Anforderungen unwesentlich sind, sofern das nach der Verordnung (EU) Nr. 575/2013 für diesen Ansatz zulässig ist.

[2] Sind die Eigenmittelanforderungen im Falle des Satzes 1 wahrscheinlich unzureichend, ordnet die Bundesanstalt, soweit angemessen, zusätzliche Eigenmittelanforderungen an.

(4) Erscheint es nach Einschätzung der Bundesanstalt unwahrscheinlich, dass ein vom Institut vorgelegter Plan nach Absatz 3 Satz 1 Nummer 1 zur vollständigen Wiedereinhaltung der Anforderungen führt oder der vom Institut vorgesehene Umsetzungszeitraum unangemessen lang ist, verlangt die Bundesanstalt eine Nachbesserung des Plans.

(5) [1] Erscheint es nach Einschätzung der Bundesanstalt unwahrscheinlich, dass das Institut die Anforderungen innerhalb einer angemessenen Frist wieder einhalten wird, und hat das Institut, sofern das nach der Verordnung (EU) Nr. 575/2013 für diesen Ansatz zulässig ist, auch keinen zufriedenstellenden Nachweis der Unwesentlichkeit der Auswirkungen des Nichteinhaltens der Anforderungen nach Absatz 3 Satz 1 Nummer 2 erbracht, muss die Bundesanstalt die Erlaubnis zur Verwendung des Ansatzes durch das Institut

1. insgesamt widerrufen oder
2. auf solche Bereiche beschränken, in denen die Einhaltung der Anforderungen gegeben ist oder innerhalb einer angemessenen Frist erreicht werden kann, sofern dies innerhalb der von der Bundesanstalt festgelegten Grenzen für die Nichtanwendung dieses Ansatzes möglich ist.

[2] Insbesondere für risikogewichtete Positionsbeträge nach dem auf internen Beurteilungen beruhenden Ansatz (IRB-Ansatz) im Sinne von Artikel 107 Absatz 1 der Verordnung (EU) Nr. 575/2013 kann die Bundesanstalt separat für einzelne Arten von Kreditrisikopositionen die Zustimmung nach Artikel 143 Absatz 2 der Verordnung (EU) Nr. 575/2013 zur Verwendung des IRB-An-

---

[1)] Nr. **6**.

satzes oder zur Verwendung eigener Schätzungen von Verlustausfallquoten (Loss Given Defaults – LGDs) im Sinne von Artikel 4 Absatz 1 Nummer 55 der Verordnung (EU) Nr. 575/2013 oder Konversionsfaktoren für diese Art von Kreditrisikopositionen widerrufen.

§ 5 Berechnungen und Meldungen für das aufsichtliche Benchmarking bei der Anwendung interner Ansätze. (1) [1]Ein Institut, das seine Eigenmittelanforderungen anhand interner Ansätze ermittelt, hat die Eigenmittelanforderungen einmal jährlich für diejenigen seiner Risikopositionen oder Positionen zu berechnen und zu melden, die in den diese internen Ansätze betreffenden Referenzportfolios der Bundesanstalt oder der Europäischen Bankenaufsichtsbehörde enthalten sind. [2]Diese Berechnungs- und Meldepflicht gilt nicht, soweit die Eigenmittelanforderungen mit dem fortgeschrittenen Messansatz nach Artikel 312 Absatz 2 Satz 1 der Verordnung (EU) Nr. 575/2013[1)] berechnet werden.

(2) [1]Die Berechnungen und Meldungen nach Absatz 1 müssen nach dem Stand zum Ende des Kalenderjahres und für jeden vom Institut verwendeten internen Ansatz getrennt erfolgen. [2]Die Ergebnisse dieser Berechnungen sind mit einer Erläuterung der bei der Ermittlung der Ergebnisse angewandten Methoden jeweils bis zum 30. Geschäftstag nach Ablauf eines Kalenderjahres getrennt für Referenzportfolios der Bundesanstalt und der Europäischen Bankenaufsichtsbehörde bei der Deutschen Bundesbank sowie bei der Europäischen Bankenaufsichtsbehörde zu melden. [3]Hierbei sind die technischen Durchführungsstandards nach Artikel 78 Absatz 8 der Richtlinie 2013/36/EU des Europäischen Parlaments und des Rates vom 26. Juni 2013 über den Zugang zur Tätigkeit von Kreditinstituten und die Beaufsichtigung von Kreditinstituten und Wertpapierfirmen, zur Änderung der Richtlinie 2002/87/EG und zur Aufhebung der Richtlinien 2006/48/EG und 2006/49/EG (ABl. L 176 vom 27.6.2013, S. 338) zu berücksichtigen.

(3) Die Bundesanstalt kann von Absatz 1 Satz 1 und Absatz 2 Satz 1 abweichende Berechnungstermine oder von Absatz 2 Satz 2 abweichende Meldefristen bestimmen.

§ 6 Aufsichtliches Benchmarking interner Ansätze. (1) Die Bundesanstalt erstellt eigene Referenzportfolios ausschließlich in Abstimmung mit der Europäischen Bankenaufsichtsbehörde.

(2) Die Bundesanstalt verwendet die von den Instituten nach § 5 gemeldeten Informationen, um die Spanne der risikogewichteten Positionsbeträge und der Eigenmittelanforderungen für diejenigen Risikopositionen oder Positionen eines Referenzportfolios zu überwachen, die sich aus den internen Ansätzen der meldepflichtigen Institute ergeben.

(3) Die Bundesanstalt bewertet mindestens jährlich die Qualität dieser internen Ansätze und konzentriert sich dabei insbesondere auf

1. die internen Ansätze, die erhebliche Unterschiede in Bezug auf die Eigenmittelanforderungen für dieselbe Risikoposition oder Position aufweisen,
2. die internen Ansätze, die eine besonders hohe oder niedrige Vielfalt aufweisen, sowie

---

1) Nr. 6.

3. auf Fälle einer signifikanten und systematischen Unterschätzung der Eigenmittelanforderungen.

(4) [1] Ergeben die Überwachung nach Absatz 2 und die Bewertung nach Absatz 3, dass die Ergebnisse interner Ansätze bestimmter Institute erheblich von den Ergebnissen der Mehrheit der Institute abweichen oder dass nur wenige Gemeinsamkeiten bei den internen Ansätzen bestehen, so dass sich eine weite Spanne an Ergebnissen ergibt, untersucht die Bundesanstalt die Gründe hierfür. [2] Wenn klar festgestellt werden kann, dass der interne Ansatz eines Instituts zu einer Unterschätzung der Eigenmittelanforderungen führt, die nicht auf Unterschiede bei den zugrundeliegenden Risiken der Risikopositionen oder Positionen zurückgeführt werden kann, ergreift die Bundesanstalt angemessene Abhilfemaßnahmen. [3] Bei ihrer Entscheidung über die Angemessenheit von Abhilfemaßnahmen sind die Ziele, die mit der Verwendung interner Ansätze verfolgt werden, zu berücksichtigen und ist sicherzustellen, dass die Abhilfemaßnahmen

1. nicht zu Standardisierungen oder bevorzugten Methoden führen,
2. keine falschen Anreize schaffen und
3. kein Herdenverhalten verursachen.

Abschnitt 2. Ergänzende Regelungen zum IRB-Ansatz

§ 7 IRB-Ansatz-Eignungsprüfungen für interne Ratingsysteme und Beteiligungsrisikomodelle. (1) [1] Die Bundesanstalt entscheidet über die Erlaubnis zur Verwendung des IRB-Ansatzes nach Artikel 143 Absatz 2 sowie über die nach Artikel 143 Absatz 3 der Verordnung (EU) Nr. 575/2013[1)] erlaubnispflichtigen Veränderungen (IRB-Ansatz-Eignungsprüfung) auf der Grundlage einer Prüfung gemäß § 44 Absatz 1 Satz 2 des Kreditwesengesetzes[2)]. [2] Die Prüfung gemäß § 44 Absatz 1 Satz 2 des Kreditwesengesetzes führt in der Regel die Deutsche Bundesbank durch. [3] IRB-Ansatz-Eignungsprüfungen führt die Bundesanstalt erst dann durch, wenn das Institut

1. mit den Ratingsystemen, die zur IRB-Ansatz-Eignungsprüfung angemeldet sind, und den Ratingsystemen, die das Institut bereits für den IRB-Ansatz verwenden darf, insgesamt die IRB-Ansatz-Eintrittsschwelle nach § 10 Absatz 1 erreicht oder überschreitet,
2. für jedes der zur IRB-Ansatz-Eignungsprüfung angemeldeten Ratingsysteme und Beteiligungsrisikomodelle die Verwendungsanforderungen nach Artikel 144 Absatz 1 Buchstabe f der Verordnung (EU) Nr. 575/2013 erfüllt hat und, im Falle eines Ratingsystems, die Erfahrungsanforderungen nach Artikel 145 der Verordnung (EU) Nr. 575/2013 in einem Umfang erfüllt hat, der die vollständige Erfüllung der Erfahrungsanforderungen bis zum beabsichtigten Zeitpunkt der Nutzung des Ratingsystems ermöglicht,
3. für jedes der zur IRB-Ansatz-Eignungsprüfung angemeldeten Ratingsysteme und Beteiligungsrisikomodelle das Neugeschäft nach § 14 Absatz 1 Satz 2 Nummer 1 sowie mindestens einen signifikanten Teil des zu berücksichti-

---

1) Nr. **6**.
2) Nr. **8**.

genden Bestandsgeschäfts nach § 14 Absatz 2 mit diesem Ratingsystem oder Beteiligungsrisikomodell erfasst hat, und

4. glaubhaft machen kann, dass es zu dem laut Umsetzungsplan angestrebten Zeitpunkt der Verwendung für den IRB-Ansatz die für das Ratingsystem oder Beteiligungsrisikomodell einzuhaltenden Nutzungsvoraussetzungen für den IRB-Ansatz einhalten wird.

(2) Im Rahmen einer IRB-Ansatz-Eignungsprüfung, die nach bereits erteilter Erlaubnis des Instituts zum IRB-Ansatz durchgeführt wird, beurteilt die Bundesanstalt auch, ob das Institut den bei der Erlaubnis zum IRB-Ansatz genehmigten Umsetzungsplan einhält.

(3) Bei bedeutenden Änderungen von Ratingsystemen oder Beteiligungsrisikomodellen muss ein Institut vor Verwendung des geänderten Ratingsystems oder Beteiligungsrisikomodells für den IRB-Ansatz mit der Bundesanstalt abstimmen, ob die Bundesanstalt die Einschätzung des Instituts teilt, dass es sich nicht um eine wesentliche Änderung handelt, die nach Artikel 143 Absatz 3 Buchstabe b der Verordnung (EU) Nr. 575/2013 einer Erlaubnis der Bundesanstalt bedarf.

§ 8 Zeitraum für die Umsetzung des IRB-Ansatzes. (1) [1]Der nach Artikel 148 Absatz 2 der Verordnung (EU) Nr. 575/2013[1)] von der Bundesanstalt festzulegende maximal zulässige Zeitraum, in dem der IRB-Ansatz umzusetzen ist, beträgt stets fünf Jahre. [2]Er beginnt, sobald die Bundesanstalt die Verwendung des IRB-Ansatzes durch das Institut erlaubt hat (IRB-Ansatz-Zulassung).

(2) Der Zeitraum, in dem die Fähigkeit zur Ermittlung der Eigenmittelanforderungen unter Verwendung des Kreditrisikostandardansatzes (KSA) nach Artikel 148 Absatz 4 der Verordnung (EU) Nr. 575/2013 beizubehalten ist, beginnt mit der IRB-Ansatz-Zulassung und endet mit Erreichen des aufsichtlichen Referenzpunkts nach § 10 Absatz 2 für die Umsetzung des IRB-Ansatzes.

(3) Hat ein Institut bereits eine IRB-Ansatz-Zulassung auf der Grundlage eines Umsetzungsplans erhalten, nach dem es für sämtliche Kreditrisikopositionen, für die das Institut den IRB-Ansatz verwendet (IRB-Ansatz-Positionen), die nicht der Forderungsklasse Mengengeschäft nach Artikel 147 Absatz 2 Buchstabe d der Verordnung (EU) Nr. 575/2013 zugeordnet sind, keine eigenen Schätzungen der LGD oder des Konversionsfaktors verwendet, und hat das Institut auf der Grundlage dieses Umsetzungsplans bereits die IRB-Ansatz-Austrittsschwelle nach § 10 Absatz 3 erreicht, dann gilt auch bei einem nachfolgenden Umsetzungsplan, nach dem das Institut für solche IRB-Ansatz-Positionen eigene Schätzungen der LGD oder des Konversionsfaktors verwendet, der in Absatz 2 genannte Zeitraum als bereits beendet.

§ 9 Anforderungen an die Umsetzung des IRB-Ansatzes. (1) Bei der Umsetzung des IRB-Ansatzes muss ein Institut die Anforderungen der Absätze 2 bis 4 erfüllen; diese Anforderungen bilden die nach Artikel 148 Absatz 3 Satz 1 der Verordnung (EU) Nr. 575/2013[1)] zu konkretisierenden Anforderungen.

[1)] Nr. **6**.

(2) Für die Kreditrisikopositionen des Instituts muss

1. zum Zeitpunkt der IRB-Ansatz-Zulassung bereits die IRB-Ansatz-Eintrittsschwelle erreicht sein,
2. spätestens nach zweieinhalb Jahren der aufsichtliche Referenzpunkt für die Umsetzung des IRB-Ansatzes erreicht sein,
3. bis zum Ende des maximal zulässigen Zeitraums für die Umsetzung des IRB-Ansatzes die IRB-Ansatz-Austrittsschwelle erreicht sein.

(3) Einmal erreichte Schwellen müssen weiter eingehalten werden.

(4) Hat das Institut bereits eine IRB-Ansatz-Zulassung auf der Grundlage eines Umsetzungsplans erhalten, nach dem es für IRB-Ansatz-Positionen, die nicht der Forderungsklasse Mengengeschäft nach Artikel 147 Absatz 2 Buchstabe d der Verordnung (EU) Nr. 575/2013 zugeordnet sind, keine eigenen Schätzungen der LGD oder des Konversionsfaktors verwendet, und hat das Institut auf Grundlage dieses Umsetzungsplans bereits die IRB-Ansatz-Austrittsschwelle erreicht, dann muss das Institut bei einem nachfolgenden Umsetzungsplan, nach dem es für derartige IRB-Ansatz-Positionen eigene Schätzungen der LGD oder des Konversionsfaktors verwendet, bis zur Feststellung der Bundesanstalt, dass der aufsichtliche Referenzpunkt erreicht worden ist, sicherstellen, dass es die Positionsbeträge im IRB-Ansatz (risikogewichtete IRB-Ansatz-Positionsbeträge) für diese IRB-Ansatz-Positionen ermitteln kann, ohne eigene Schätzungen der LGD oder des Konversionsfaktors zu verwenden.

§ 10 IRB-Ansatz-Schwellen; aufsichtlicher Referenzpunkt. (1) Die IRB-Ansatz-Eintrittsschwelle ist erreicht, wenn für die Kreditrisikopositionen des Instituts sowohl der Abdeckungsgrad für IRB-Ansatz-Positionswerte als auch der Abdeckungsgrad für risikogewichtete IRB-Ansatz-Positionsbeträge mit geeigneten Ratingsystemen und Beteiligungsrisikomodellen jeweils mindestens 50 Prozent beträgt.

(2) Der aufsichtliche Referenzpunkt ist erreicht, wenn der Abdeckungsgrad für IRB-Ansatz-Positionswerte und der Abdeckungsgrad für risikogewichtete IRB-Ansatz-Positionsbeträge mit geeigneten Ratingsystemen und Beteiligungsrisikomodellen jeweils mindestens 80 Prozent beträgt.

(3) [1]Die IRB-Ansatz-Austrittsschwelle ist erreicht, wenn der Abdeckungsgrad für IRB-Ansatz-Positionswerte nach § 11 Absatz 1 und der Abdeckungsgrad für risikogewichtete IRB-Ansatz-Positionsbeträge nach § 11 Absatz 2 mit geeigneten Ratingsystemen jeweils mindestens 92 Prozent beträgt. [2]Die Bundesanstalt kann den Prozentsatz für die IRB-Ansatz-Austrittsschwelle für ein Institut auf Antrag absenken, wenn das Institut dafür wichtige Gründe dargelegt hat.

§ 11 Berechnung des Abdeckungsgrads. (1) Der Abdeckungsgrad für IRB-Ansatz-Positionswerte ist der Quotient aus

1. der Summe der IRB-Ansatz-Positionswerte für sämtliche IRB-Ansatz-Positionen, die nach § 12 im Zähler für den Abdeckungsgrad berücksichtigt werden dürfen, jedoch für IRB-Ansatz-Positionen nach § 13 Absatz 4 Nummer 2 Buchstabe a nur in Höhe des nach Absatz 4 berücksichtigungsfähigen Prozentsatzes des IRB-Ansatz-Positionswerts, und

2. der Summe der KSA-Positionswerte für sämtliche KSA-Positionen und der IRB-Ansatz-Positionswerte für sämtliche IRB-Ansatz-Positionen, die nach § 13 jeweils im Nenner für den Abdeckungsgrad zu berücksichtigen sind.

(2) Der Abdeckungsgrad für risikogewichtete IRB-Ansatz-Positionsbeträge ist der Quotient aus

1. der Summe der risikogewichteten IRB-Ansatz-Positionsbeträge für sämtliche IRB-Ansatz-Positionen, die nach § 12 im Zähler für den Abdeckungsgrad berücksichtigt werden dürfen, jedoch für IRB-Ansatz-Positionen nach § 13 Absatz 4 Nummer 2 Buchstabe a nur in Höhe des nach Absatz 5 berücksichtigungsfähigen Prozentsatzes des risikogewichteten IRB-Ansatz-Positionsbetrags, soweit diese risikogewichteten IRB-Ansatz-Positionsbeträge bei der Ermittlung des Gesamtrisikopositionsbetrags nach Artikel 92 Absatz 3 der Verordnung (EU) Nr. 575/2013[1] berücksichtigt oder bei der Ermittlung des harten Kernkapitals nach Artikel 36 Absatz 1 Buchstabe k dieser EU-Verordnung in Abzug gebracht worden sind, und
2. der Summe der risikogewichteten KSA-Positionsbeträge für sämtliche KSA-Positionen und der risikogewichteten IRB-Ansatz-Positionsbeträge für sämtliche IRB-Ansatz-Positionen, die nach § 13 jeweils im Nenner für den Abdeckungsgrad zu berücksichtigen sind, soweit diese risikogewichteten Positionsbeträge bei der Ermittlung des Gesamtrisikopositionsbetrags nach Artikel 92 Absatz 3 der Verordnung (EU) Nr. 575/2013 berücksichtigt oder bei der Ermittlung des harten Kernkapitals nach Artikel 36 Absatz 1 Buchstabe k dieser EU-Verordnung in Abzug gebracht worden sind.

(3) Zur Bestimmung der Abdeckungsgrade nach den Absätzen 1 und 2 sind die Positionswerte und die risikogewichteten Positionsbeträge nach dem Verfahren zu ermitteln, das zu dem betreffenden Zeitpunkt für jede der Risikopositionen laut Umsetzungsplan vorgesehen oder durch die IRB-Ansatz-Zulassung bereits festgelegt ist.

(4) Der berücksichtigungsfähige Prozentsatz des IRB-Ansatz-Positionswerts einer IRB-Ansatz-Position nach § 13 Absatz 4 Nummer 2 Buchstabe a ist der Quotient aus

1. der Summe der IRB-Ansatz-Positionswerte für diejenigen Kreditrisikopositionen des verbrieften Portfolios, die das Institut mit einem Ratingsystem erfasst hat, das das Institut mit Zustimmung der Bundesanstalt nach Artikel 143 Absatz 2 der Verordnung (EU) Nr. 575/2013 für den IRB-Ansatz verwenden darf, und
2. der Summe der Positionswerte für sämtliche Kreditrisikopositionen des verbrieften Portfolios.

(5) Der berücksichtigungsfähige Prozentsatz des risikogewichteten IRB-Ansatz-Positionsbetrags einer IRB-Ansatz-Position nach § 13 Absatz 4 Nummer 2 Buchstabe a ist der Quotient aus

1. der Summe der risikogewichteten IRB-Ansatz-Positionsbeträge für diejenigen Kreditrisikopositionen des verbrieften Portfolios, die das Institut mit einem Ratingsystem erfasst hat, das das Institut mit Zustimmung der Bundes-

---

[1] Nr. **6**.

anstalt nach Artikel 143 Absatz 2 der Verordnung (EU) Nr. 575/2013 für den IRB-Ansatz verwenden darf, und

2. der Summe der risikogewichteten Positionsbeträge für sämtliche Kreditrisikopositionen des verbrieften Portfolios.

§ 12 Im Zähler für den Abdeckungsgrad zu berücksichtigende IRB-Ansatz-Positionen. (1) [1] Wenn das Institut für relevante Arten von Risikopositionen die Verwendung eigener Schätzungen der LGD oder des Konversionsfaktors anstrebt, bestimmen sich die im Zähler zu berücksichtigenden IRB-Ansatz-Positionen nach Absatz 2 Nummer 2, anderenfalls nach Absatz 2 Nummer 1. [2] Nach Satz 1 relevante Arten von Risikopositionen sind sämtliche IRB-Ansatz-Positionen, die der IRB-Ansatz-Forderungsklasse Zentralregierungen, Institute oder Unternehmen nach Artikel 147 Absatz 2 Buchstabe b, c und d der Verordnung (EU) Nr. 575/2013[1)] zugeordnet sind, mit Ausnahme von

1. Risikopositionen, die aus angekauften Forderungen resultieren,
2. Spezialfinanzierungspositionen nach Artikel 147 Absatz 8 der Verordnung (EU) Nr. 575/2013, hinsichtlich derer sich das Institut für die Verwendung der Risikogewichtskategorien nach Artikel 153 Absatz 5 dieser EU-Verordnung entschieden hat, und
3. Risikopositionen, die bei Anwendung des Standardansatzes für Kreditrisiken der Forderungsklasse gedeckte Schuldverschreibungen nach Artikel 112 Buchstabe l der Verordnung (EU) Nr. 575/2013 zuzuordnen wären und für die das Institut nach einheitlicher Wahl für alle derartigen IRB-Ansatz-Positionen nicht beabsichtigt, eigene Schätzungen von LGD und Konversionsfaktor zu verwenden.

(2) Im Zähler für einen Abdeckungsgrad dürfen,

1. falls das Institut für keine der nach Absatz 1 Satz 2 relevanten Arten von Risikopositionen die Verwendung eigener Schätzungen der LGD oder des Konversionsfaktors anstrebt, sämtliche zur Grundgesamtheit für den Abdeckungsgrad gehörende Risikopositionen berücksichtigt werden, die mit Ratingsystemen oder Beteiligungsrisikomodellen erfasst worden sind, die das Institut mit Zustimmung der Bundesanstalt nach Artikel 143 Absatz 2 der Verordnung (EU) Nr. 575/2013 für den IRB-Ansatz verwenden darf, und für die sämtliche Risikoparameter geschätzt werden, die zur Ermittlung des risikogewichteten IRB-Ansatz-Positionsbetrags der jeweiligen Risikoposition mindestens selbst geschätzt werden müssen;
2. falls es nach Absatz 1 Satz 2 relevante Arten von Risikopositionen gibt, für die das Institut die Verwendung eigener Schätzungen der LGD oder des Konversionsfaktors anstrebt, sämtliche zur Grundgesamtheit für den Abdeckungsgrad gehörenden Risikopositionen berücksichtigt werden, die,
   a) sofern sie zu den nach Absatz 1 Satz 2 relevanten Arten von Risikopositionen gehören, mit Ratingsystemen erfasst worden sind, die das Institut mit Zustimmung der Bundesanstalt nach Artikel 143 Absatz 2 der Verordnung (EU) Nr. 575/2013 für den IRB-Ansatz verwenden darf und die sowohl zur Schätzung der PD im Sinne von Artikel 4 Absatz 1

[1)] Nr. **6**.

Nummer 54 der Verordnung (EU) Nr. 575/2013 als auch zur Schätzung der LGD und, soweit anwendbar, des Konversionsfaktors geeignet sind, oder

b) sofern sie nicht zu den nach Absatz 1 Satz 2 relevanten Arten von Risikopositionen gehören, mit Ratingsystemen oder Beteiligungsrisikomodellen erfasst worden sind, die das Institut mit Zustimmung der Bundesanstalt nach Artikel 143 Absatz 2 der Verordnung (EU) Nr. 575/2013 für den IRB-Ansatz verwenden darf, und für die sämtliche Risikoparameter geschätzt werden, die zur Ermittlung des risikogewichteten IRB-Ansatz-Positionsbetrags der jeweiligen Risikoposition mindestens selbst geschätzt werden müssen.

(3) [1] Die Entscheidung, für welche Geschäftsbereiche nach Artikel 142 Absatz 1 Nummer 3 der Verordnung (EU) Nr. 575/2013 die Risikopositionen bei Vorliegen der Voraussetzungen nach Absatz 2 im Zähler berücksichtigt werden sollen, liegt beim Institut. [2] Sie muss einheitlich für alle Risikopositionen, die zum Neugeschäft oder zum zu berücksichtigenden Bestandsgeschäft eines Geschäftsbereichs gehören, ausgeübt und im Umsetzungsplan dargelegt werden. [3] IRB-Ansatz-Positionen des zu berücksichtigenden Bestandsgeschäfts eines Geschäftsbereichs dürfen im Zähler für einen Abdeckungsgrad erst dann berücksichtigt werden, wenn sämtliche dieser IRB-Ansatz-Positionen nach Absatz 2 im Zähler für diesen Abdeckungsgrad berücksichtigt werden dürfen.

§ 13 Im Nenner für den Abdeckungsgrad zu berücksichtigende Positionen; Grundgesamtheit für den Abdeckungsgrad. (1) Im Nenner für einen Abdeckungsgrad sind sämtliche IRB-Ansatz-Positionen und KSA-Positionen zu berücksichtigen, die zur Grundgesamtheit für den Abdeckungsgrad gehören.

(2) Zur Grundgesamtheit für den Abdeckungsgrad gehören sämtliche KSA-Positionen und IRB-Ansatz-Positionen, mit Ausnahme von

1. Beteiligungspositionen nach Artikel 147 Absatz 2 Buchstabe e der Verordnung (EU) Nr. 575/2013[1)],
2. Verbriefungspositionen nach Artikel 4 Absatz 1 Nummer 62 der Verordnung (EU) Nr. 575/2013,
3. sonstigen kreditunabhängigen Aktiva nach Artikel 147 Absatz 2 Buchstabe g der Verordnung (EU) Nr. 575/2013,
4. Risikopositionen in der Form eines Anteils an einem Organismus für gemeinsame Anlagen (OGA) im Sinne des Artikels 4 Absatz 1 Nummer 7 der Verordnung (EU) Nr. 575/2013,
5. Risikopositionen, die nach der Entscheidung des Instituts nach Artikel 150 der Verordnung (EU) Nr. 575/2013 ohne zeitliche Beschränkung von der Anwendung des IRB-Ansatzes ausgenommen sind,
6. Risikopositionen eines gruppenangehörigen Unternehmens, das nicht das zuständige Institut für die Einhaltung der Eigenmittelanforderungen auf zusammengefasster Basis der Gruppe nach Artikel 11 Absatz 1 oder 2 der Verordnung (EU) Nr. 575/2013 ist, und für die die Bundesanstalt festgestellt hat, dass bereits vor Inkrafttreten dieser Verordnung vom Institut dargelegte

1) Nr. **6**.

wichtige Gründe bestanden haben, diese Risikopositionen nicht zu berücksichtigen,

7. Risikopositionen, die zu einer übergangsweise ausnahmefähigen Art von Kreditrisikopositionen gehören, oder
8. Risikopositionen, für die nach Artikel 107 Absatz 2 Satz 1 der Verordnung (EU) Nr. 575/2013 zur Berechnung der risikogewichteten Positionsbeträge die Behandlung gemäß Kapitel 6 Abschnitt 9 anzuwenden ist.

(3) [1] Nach Absatz 2 Satz 1 Nummer 7 übergangsweise ausnahmefähig ist eine Art von Kreditrisikopositionen nach Artikel 142 Absatz 1 Nummer 2 der Verordnung (EU) Nr. 575/2013, wenn die Bundesanstalt

1. festgestellt hat, dass vom Institut dargelegte wichtige Gründe vorliegen, diese Art von Kreditrisikopositionen in der Grundgesamtheit für den Abdeckungsgrad nicht zu berücksichtigen,
2. einem vom Institut vorgelegten Plan zugestimmt hat, dessen Umsetzung über einen angemessenen Zeitraum zum Wegfall der Gründe für die Nichtberücksichtigung dieser Art von Kreditrisikopositionen nach Nummer 1 führt.

[2] Ein wichtiger Grund nach Satz 1 Nummer 1 liegt insbesondere dann vor, wenn die Kreditrisikopositionen

1. durch die Geschäfte eines Geschäftsbereichs nach Artikel 142 Absatz 1 Nummer 3 der Verordnung (EU) Nr. 575/2013 begründet worden sind, der zu dem Zeitpunkt, an dem das Institut der Bundesanstalt seinen Umsetzungsplan für den IRB-Ansatz vorgelegt hat, noch nicht zu den Geschäftsbereichen des Instituts gehörte, und
2. nicht in den Anwendungsbereich eines Ratingsystems oder Beteiligungsrisikomodells fallen, das das Institut bereits mit Zustimmung der Bundesanstalt nach Artikel 143 Absatz 2 der Verordnung (EU) Nr. 575/2013 für den IRB-Ansatz verwenden darf oder nach seinem von der Bundesanstalt genehmigten Umsetzungsplan für den IRB-Ansatz zu verwenden beabsichtigt.

(4) Ein Institut darf unter Einhaltung der Anforderungen nach § 11 Absatz 3 zusätzlich die folgenden IRB-Ansatz-Positionen in der Grundgesamtheit für den Abdeckungsgrad berücksichtigen:

1. IRB-Ansatz-Positionen, die der Forderungsklasse Beteiligungen nach Artikel 147 Absatz 2 Buchstabe e der Verordnung (EU) Nr. 575/2013 zuzuordnen sind und mittels eines Ratingsystems oder Beteiligungsrisikomodells, das das Institut mit Zustimmung der Bundesanstalt nach Artikel 143 Absatz 2 der Verordnung (EU) Nr. 575/2013 für den IRB-Ansatz verwenden darf, erfasst worden sind,
2. Verbriefungspositionen nach Artikel 2 Nummer 19 der Verordnung (EU) 2017/2402 des Europäischen Parlaments und des Rates vom 12. Dezember 2017 zur Festlegung eines allgemeinen Rahmens für Verbriefungen und zur Schaffung eines spezifischen Rahmens für einfache, transparente und standardisierte Verbriefung und zur Änderung der Richtlinien 2009/65/EG, 2009/138/EG, 2011/61/EU und der Verordnungen (EG) Nr. 1060/2009 und (EU) Nr. 648/2012 (ABl. L 347 vom 28.12.2017, S. 35), für die das Institut

a) SEC-IRBA nach Artikel 259 der Verordnung (EU) Nr. 575/2013 verwendet und dafür Kreditrisikopositionen des verbrieften Portfolios mit einem Ratingsystem erfasst hat, das das Institut mit Zustimmung der Bundesanstalt nach Artikel 143 Absatz 2 der Verordnung (EU) Nr. 575/2013 für den IRB-Ansatz verwenden darf, oder

b) mit Zustimmung der Bundesanstalt ein internes Einstufungsverfahren nach Artikel 265 der Verordnung (EU) Nr. 575/2013 verwendet,

3. Risikopositionen in der Form eines Anteils an einem OGA im Sinne des Artikels 152 der Verordnung (EU) Nr. 575/2013, die das Institut nach Artikel 152 Absatz 1 Satz 1 dieser EU-Verordnung unter Verwendung der Methoden für den IRB-Ansatz berücksichtigt hat,

4. Risikopositionen, die das Institut nach Artikel 150 Absatz 1 Buchstaben d bis j der Verordnung (EU) Nr. 575/2013 von der Anwendung des IRB-Ansatzes ausgenommen hat und unter Verwendung des KSA bei der Ermittlung des Gesamtrisikopositionsbetrags nach Artikel 92 Absatz 3 der Verordnung (EU) Nr. 575/2013 berücksichtigt, sofern das Institut

a) diese Risikopositionen unter Verwendung von Ratingsystemen oder Beteiligungsrisikomodellen erfasst hat, die es mit Zustimmung der Bundesanstalt nach Artikel 143 Absatz 2 der Verordnung (EU) Nr. 575/2013 für den IRB-Ansatz verwenden darf, und

b) für diese Risikopositionen IRB-Ansatz-Risikogewichte und risikogewichtete IRB-Ansatz-Positionsbeträge so ermittelt hat, als wären die Kreditrisikopositionen IRB-Ansatz-Positionen.

(5) Für Risikopositionen nach Absatz 4 Nummer 4 muss das Institut die so ermittelten IRB-Ansatz-Risikogewichte und risikogewichteten IRB-Ansatz-Positionsbeträge statt der KSA-Risikogewichte oder risikogewichteten KSA-Positionsbeträge für die Berücksichtigung der betreffenden Kreditrisikopositionen im Zähler und im Nenner für einen Abdeckungsgrad berücksichtigen.

§ 14 Auslaufender Geschäftsbereich; Neugeschäft; zu berücksichtigendes Bestandsgeschäft. (1) [1] Ein auslaufender Geschäftsbereich ist ein Geschäftsbereich nach Artikel 142 Absatz 1 Nummer 3 der Verordnung (EU) Nr. 575/2013[1)], in dem das Institut weder neue Kreditrisikopositionen durch den Abschluss neuer Geschäfte eingeht noch einzugehen beabsichtigt. [2] Für einen Geschäftsbereich, der kein auslaufender Geschäftsbereich ist und auf dessen Risikopositionen sich der Anwendungsbereich nach Artikel 143 Absatz 3 Satz 2 der Verordnung (EU) Nr. 575/2013 eines laut Umsetzungsplan des Instituts für den IRB-Ansatz zu verwendenden Ratingsystems erstreckt, besteht

1. das Neugeschäft aus den Geschäften, die ab der Verwendung dieses Ratingsystems zur Erfüllung der Überprüfungsanforderungen nach Artikel 144 Absatz 1 Buchstabe f der Verordnung (EU) Nr. 575/2013 begründet werden, und

2. das Bestandsgeschäft aus den Geschäften, die in den Anwendungsbereich des Ratingsystems fallen und nicht zum Neugeschäft zählen.

---

1) Nr. **6**.

(2) [1] Zu berücksichtigendes Bestandsgeschäft ist das Bestandsgeschäft eines nicht auslaufenden Geschäftsbereichs, das kein ausnahmefähiges Bestandsgeschäft ist. [2] Ausnahmefähiges Bestandsgeschäft ist das Bestandsgeschäft eines nicht auslaufenden Geschäftsbereichs, für den das Institut

1. gegenüber der Bundesanstalt nachgewiesen hat, dass die Erfassung mit dem für diesen Geschäftsbereich für den IRB-Ansatz zu verwendenden Ratingsystem derzeit einen unverhältnismäßig hohen Aufwand im Vergleich zu dem Aufwand darstellen würde, der vom Institut für die Erfassung von vergleichbarem Bestandsgeschäft mit einem Ratingsystem üblicherweise betrieben wird, und
2. darauf basierend entschieden hat, das gesamte Bestandsgeschäft gegenwärtig nicht mit dem für diesen Geschäftsbereich für den IRB-Ansatz zu verwendenden Ratingsystem zu erfassen.

§ 15 Dauerhafte Ausnahme von der Anwendung des IRB-Ansatzes für steuererhebende Kirchen und Religionsgesellschaften. Wenn es sich bei den Schuldnern um inländische Kirchen oder Religionsgesellschaften handelt, die in der Rechtsform einer Körperschaft des öffentlichen Rechts verfasst sind und die aufgrund des Artikels 140 des Grundgesetzes in Verbindung mit Artikel 137 Absatz 6 der Weimarer Reichsverfassung vom 11. August 1919 (RGBl. S. 1383) Steuern erheben oder am Steueraufkommen der steuererhebenden kirchlichen Körperschaften teilhaben, dann gelten für die dauerhafte Anwendung des KSA nach Artikel 150 Absatz 1 Buchstabe a der Verordnung (EU) Nr. 575/2013[1)] die Voraussetzungen einer geringen Anzahl wesentlicher Schuldner und eines unverhältnismäßig großen Aufwands für die Einführung eines Ratingsystems ohne weiteren Nachweis als erfüllt.

§ 16 Erheblichkeitsschwelle für den 90-Tage-Verzug. (1) Für die Zwecke der Bestimmung der Wesentlichkeit einer überfälligen Verbindlichkeit nach Artikel 178 Absatz 1 Buchstabe b der Verordnung (EU) Nr. 575/2013[1)] wird die einheitliche Erheblichkeitsschwelle für Risikopositionen aus dem Mengengeschäft im Sinne von Artikel 1 Absatz 1 Unterabsatz 1 der Delegierten Verordnung (EU) 2018/171 der Kommission vom 19. Oktober 2017 zur Ergänzung der Verordnung (EU) Nr. 575/2013 des Europäischen Parlaments und des Rates durch technische Regulierungsstandards bezüglich der Erheblichkeitsschwelle für überfällige Verbindlichkeiten (ABl. L 32 vom 6.2.2018, S. 1) nach Maßgabe der Absätze 2 und 3 und die einheitliche Erheblichkeitsschwelle für nicht dem Mengengeschäft zuzuordnende Risikopositionen im Sinne von Artikel 2 Absatz 1 der Delegierten Verordnung (EU) 2018/171 nach Maßgabe der Absätze 4 und 5 festgelegt.

(2) [1] Die absolute Komponente der Erheblichkeitsschwelle im Sinne von Artikel 1 Absatz 2 Unterabsatz 2 der Delegierten Verordnung (EU) 2018/171 wird nach der Maßgabe festgelegt, dass für Kreditrisikopositionen, die der Risikopositionsklasse Risikopositionen aus dem Mengengeschäft nach Artikel 112 Buchstabe h oder Artikel 147 Absatz 2 Buchstabe d der Verordnung (EU) Nr. 575/2013 zugeordnet werden, der zu verwendende Höchstbetrag für die Summe aller überfälligen Verbindlichkeiten eines Schuldners 100 Euro

---

[1)] Nr. 6.

beträgt. [2]Dieser Höchstbetrag gilt auch für Risikopositionen aus dem Mengengeschäft, wenn ein Institut gemäß Artikel 178 Absatz 1 Unterabsatz 2 der Verordnung (EU) Nr. 575/2013 die Ausfalldefinition auf einzelne Kreditfazilitäten und nicht auf die gesamten Verbindlichkeiten eines Kreditnehmers anwendet.

(3) [1]Die relative Komponente der Erheblichkeitsschwelle im Sinne von Artikel 1 Absatz 2 Unterabsatz 3 der Delegierten Verordnung (EU) 2018/171 wird nach der Maßgabe festgelegt, dass für Kreditrisikopositionen, die der Risikopositionsklasse Risikopositionen aus dem Mengengeschäft nach Artikel 112 Buchstabe h oder Artikel 147 Absatz 2 Buchstabe d der Verordnung (EU) Nr. 575/2013 zugeordnet werden, der zu verwendende Prozentsatz 1 Prozent beträgt. [2]Dieser Prozentsatz ist auch für Risikopositionen aus dem Mengengeschäft zu verwenden, wenn ein Institut gemäß Artikel 178 Absatz 1 Unterabsatz 2 der Verordnung (EU) Nr. 575/2013 die Ausfalldefinition auf einzelne Kreditfazilitäten und nicht auf die gesamten Verbindlichkeiten eines Kreditnehmers anwendet.

(4) Die absolute Komponente der Erheblichkeitsschwelle im Sinne von Artikel 2 Absatz 2 in Verbindung mit Artikel 1 Absatz 2 Unterabsatz 2 der Delegierten Verordnung (EU) 2018/171 wird nach der Maßgabe festgelegt, dass für Kreditrisikopositionen, die nicht unter die Absätze 2 und 3 fallen und keine Beteiligungsrisikopositionen nach Artikel 112 Buchstabe p oder Artikel 147 Absatz 2 Buchstabe e der Verordnung (EU) Nr. 575/2013 sind, der zu verwendende Höchstbetrag für die Summe aller überfälligen Verbindlichkeiten eines Schuldners 500 Euro beträgt.

(5) Die relative Komponente der Erheblichkeitsschwelle im Sinne von Artikel 2 Absatz 2 in Verbindung mit Artikel 1 Absatz 2 Unterabsatz 3 der Delegierten Verordnung (EU) 2018/171 wird nach der Maßgabe festgelegt, dass für Kreditrisikopositionen, die nicht unter die Absätze 2 und 3 fallen und keine Beteiligungsrisikopositionen nach Artikel 112 Buchstabe p oder Artikel 147 Absatz 2 Buchstabe e der Verordnung (EU) Nr. 575/2013 sind, der zu verwendende Prozentsatz 1 Prozent beträgt.

§ 17 Berücksichtigungsfähige Arten von Beteiligungen für die Ausnahme von der Anwendung des IRB-Ansatzes bis 31. Dezember 2017.

Für die übergangsweise Ausnahme bis 31. Dezember 2017 von der Anwendung des IRB-Ansatzes nach den Vorschriften des Artikels 495 der Verordnung (EU) Nr. 575/2013[1)] darf ein Institut nach Maßgabe der Bundesanstalt sämtliche Arten von Beteiligungspositionen berücksichtigen, die es nicht bereits nach Artikel 150 Absatz 1 Buchstaben g und h der Verordnung (EU) Nr. 575/2013 von der Anwendung des IRB-Ansatzes ausnehmen darf.

Abschnitt 3. Ergänzende Regelungen zur IMM

§ 18 IMM-Eignungsprüfung. (1) [1]Die Bundesanstalt entscheidet über die nach Artikel 283 Absatz 1 der Verordnung (EU) Nr. 575/2013[1)] erforderliche Erlaubnis zur Verwendung der auf einem internen Modell beruhenden Methode (IMM-Eignungsprüfung) auf der Grundlage einer Prüfung nach § 44 Ab-

---

[1)] Nr. **6**.

satz 1 Satz 2 des Kreditwesengesetzes[1]. [2]Die Prüfung nach § 44 Absatz 1 Satz 2 des Kreditwesengesetzes führt in der Regel die Deutsche Bundesbank durch.

(2) [1]Wesentliche Änderungen und Erweiterungen der der auf einem internen Modell beruhenden Methode (IMM) bedürfen einer erneuten Erlaubnis. [2]Absatz 1 gilt entsprechend. [3]Im Einzelfall kann die Bundesanstalt einer Änderung oder Erweiterung nach Satz 1 ohne vorherige IMM-Eignungsprüfung zustimmen, sofern die Änderung oder Erweiterung nach Einschätzung der Bundesanstalt in Abstimmung mit der Deutschen Bundesbank auch ohne IMM-Eignungsprüfung angemessen beurteilt werden kann. [4]Bedeutende und unbedeutende Änderungen erfordern keine erneute IMM-Eignungsprüfung, sind aber der Bundesanstalt und der Deutschen Bundesbank schriftlich anzuzeigen; bedeutende Änderungen sind vor Verwendung der geänderten IMM mit der Bundesanstalt abzustimmen.

Abschnitt 4. Ergänzende Regelungen zu internen Einstufungsverfahren

§ 19 Eignungsprüfungen für interne Einstufungsverfahren. (1) [1]Eine Erlaubnis zur Anwendung eines internen Einstufungsverfahrens nach Artikel 265 Absatz 2 der Verordnung (EU) Nr. 575/2013[2] erteilt die Bundesanstalt für jedes interne Einstufungsverfahren, das nach einer Eignungsprüfung die Erlaubnisvoraussetzungen nach Artikel 265 Absatz 2 dieser EU-Verordnung erfüllt und sämtliche in seinen Anwendungsbereich fallende Verbriefungspositionen vollständig erfasst. [2]Institute haben vor der Erteilung einer Erlaubnis darzulegen, dass sie über hinreichende Erfahrungen mit solchen internen Verfahren verfügen, die den Anforderungen des Artikels 265 Absatz 2 der Verordnung (EU) Nr. 575/2013 im Wesentlichen entsprochen haben und deren Anwendungsbereich im Wesentlichen dem des internen Einstufungsverfahrens entspricht, für das eine Erlaubnis beantragt wurde.

(2) [1]Eignungsprüfungen ordnet die Bundesanstalt auf der Grundlage von § 44 Absatz 1 Satz 2 des Kreditwesengesetzes[1] für jedes interne Einstufungsverfahren an,

1. das ein Institut zur Eignungsprüfung angemeldet hat, und
2. das ein Institut zum Zeitpunkt der Eignungsprüfung über einen angemessenen Zeitraum als maßgebliches Instrument zur Messung und Steuerung der wesentlichen Verbriefungspositionen verwendet hat, die in den Anwendungsbereich des internen Einstufungsverfahren fallen, und von dem das Institut danach überzeugt ist, dass es für seine Einsatzzwecke geeignet ist.

[2]Die Prüfung nach § 44 Absatz 1 Satz 2 des Kreditwesengesetzes führt in der Regel die Deutsche Bundesbank durch.

(3) Der durch das Institut zu bestimmende Anwendungsbereich eines internen Einstufungsverfahrens wird durch die nach ihren Risikoeigenschaften, insbesondere der Art der einer Verbriefungsposition zugrundeliegenden verbrieften Kreditrisikopositionen, den Ausstattungsmerkmalen der Verbriefungsposition, Verbriefungstransaktion oder eines Verbriefungsprogramms, in dessen Rahmen fortlaufend Wertpapiere überwiegend in der Form von Geldmarktpapieren mit einer Ursprungslaufzeit von längstens einem Jahr be-

---

[1] Nr. **8**.
[2] Nr. **6**.

geben werden (ABCP-Programm) oder dem verfügbaren Datenumfang, von diesem internen Einstufungsverfahren erfassbare Art von Verbriefungspositionen gebildet.

Abschnitt 5. Ergänzende Regelungen zu operationellen Risiken

§ 20 AMA-Eignungsprüfung. (1) [1]Die Bundesanstalt entscheidet über die nach Artikel 312 Absatz 2 Satz 1 der Verordnung (EU) Nr. 575/2013[1)] erforderliche Erlaubnis zur Verwendung eines fortgeschrittenen Messansatzes (AMA-Eignungsprüfung) auf der Grundlage einer Prüfung nach § 44 Absatz 1 Satz 2 des Kreditwesengesetzes[2)]. [2]Die Prüfung gemäß § 44 Absatz 1 Satz 2 des Kreditwesengesetzes führt in der Regel die Deutsche Bundesbank durch.

(2) [1]Bei einer erneuten Genehmigung aufgrund wesentlicher Änderungen und Erweiterungen des fortgeschrittenen Messansatzes nach Artikel 312 Absatz 2 Satz 2 der Verordnung (EU) Nr. 575/2013 gilt Absatz 1 entsprechend. [2]Im Einzelfall kann die Bundesanstalt einer Änderung oder Erweiterung nach Satz 1 ohne vorherige AMA-Eignungsprüfung zustimmen, sofern die Änderung oder Erweiterung nach Einschätzung der Bundesanstalt in Abstimmung mit der Deutschen Bundesbank auch ohne AMA-Eignungsprüfung angemessen beurteilt werden kann. [3]Bedeutende und unbedeutende Änderungen erfordern keine erneute AMA-Eignungsprüfung, sind aber der Bundesanstalt und der Deutschen Bundesbank schriftlich anzuzeigen. [4]Bedeutende Änderungen sind vor Verwendung des geänderten fortgeschrittenen Messansatzes mit der Bundesanstalt abzustimmen.

Abschnitt 6. Ergänzende Regelungen zu internen Modellen für Marktrisiken

§ 21 Interne Modelle-Eignungsprüfung. (1) [1]Die Bundesanstalt entscheidet über die nach Artikel 363 Absatz 1 der Verordnung (EU) Nr. 575/2013[1)] erforderliche Erlaubnis zur Verwendung interner Modelle (Interne Modelle-Eignungsprüfung) auf der Grundlage einer Prüfung nach § 44 Absatz 1 Satz 2 des Kreditwesengesetzes[2)]. [2]Die Prüfung gemäß § 44 Absatz 1 Satz 2 des Kreditwesengesetzes führt in der Regel die Deutsche Bundesbank durch.

(2) [1]Für eine erneute, erweiterte oder zusätzliche Erlaubnis aufgrund wesentlicher Änderungen oder Erweiterungen interner Modelle, insbesondere der Hinzunahme zusätzlicher Risikokategorien, nach Artikel 363 Absatz 2 der Verordnung (EU) Nr. 575/2013 gilt Absatz 1 grundsätzlich entsprechend. [2]Im Einzelfall kann die Bundesanstalt einer Änderung oder Erweiterung nach Satz 1 ohne vorherige Interne Modelle-Eignungsprüfung zustimmen, sofern die zu beurteilende Änderung oder Erweiterung nach Einschätzung der Bundesanstalt in Abstimmung mit der Deutschen Bundesbank auch ohne Interne Modelle-Eignungsprüfung angemessen beurteilt werden kann. [3]Bedeutende und unbedeutende Änderungen erfordern keine erneute Interne Modelle-Eignungsprüfung, sind aber der Bundesanstalt und der Deutschen Bundesbank schriftlich anzuzeigen. [4]Bedeutende Änderungen sind vor Verwendung des geänderten internen Modells mit der Bundesanstalt abzustimmen.

---

1) Nr. **6**.
2) Nr. **8**.

(3) [1] Ein Institut, das nach erteilter Erlaubnis der Bundesanstalt interne Modelle verwendet, darf die Eigenmittelanforderungen für die Risikokategorien nach Artikel 363 Absatz 1 der Verordnung (EU) Nr. 575/2013 nur bei Vorliegen wesentlicher Gründe und nur nach erneuter Erlaubnis der Bundesanstalt nach den Artikeln 326 bis 361 der Verordnung (EU) Nr. 575/2013 ermitteln. [2] Die Erlaubnis ist vom Institut unter Angabe der Gründe bei der Bundesanstalt zu beantragen.

Kapitel 2. Vorgaben für die Bemessung des Beleihungswerts

§ 22 Vorgaben für die Bemessung des Beleihungswerts von Immobilien. Wenn ein Institut für eine Immobilie einen Beleihungswert nach Artikel 4 Absatz 1 Nummer 74 der Verordnung (EU) Nr. 575/2013[1)] für Zwecke der Artikel 92 bis 386 der Verordnung (EU) Nr. 575/2013 verwenden will, die dafür strenge Vorgaben in Rechts- oder Verwaltungsvorschriften der Mitgliedstaaten für die Bemessung des Beleihungswerts erfordert, muss der Beleihungswert

1. nach § 16 Absatz 2 Satz 1 bis 3 des Pfandbriefgesetzes[2)] in Verbindung mit der Beleihungswertermittlungsverordnung vom 12. Mai 2006 (BGBl. I S. 1175) in der jeweils geltenden Fassung ermittelt worden sein,
2. nach den Vorschriften für die Beleihungswertermittlung nach § 7 Absatz 7 des Gesetzes über Bausparkassen[3)] unter Beachtung einer von der Bundesanstalt genehmigten Bestimmung nach § 5 Absatz 2 Nummer 3 des Gesetzes über Bausparkassen ermittelt worden sein,
3. sich auf eine Immobilie in einem anderen Staat des Europäischen Wirtschaftsraums beziehen und auf Grundlage von in diesem Staat gültigen strengen Vorgaben in Rechts- oder Verwaltungsvorschriften ermittelt worden sein, die die Bundesanstalt als mit der Beleihungswertermittlungsverordnung gleichwertig anerkannt hat,
4. ein anders ermittelter nachhaltig erzielbarer Wert sein, der den Anforderungen des § 16 Absatz 2 Satz 1 bis 3 des Pfandbriefgesetzes genügt.

Kapitel 3. Nähere Bestimmungen zu den Übergangsvorschriften für die Eigenmittelanforderungen

§ 23 Prozentsätze für die Kapitalquoten. Abweichend von Artikel 92 Absatz 1 Buchstabe a und b der Verordnung (EU) Nr. 575/2013[1)] haben die Institute in dem Zeitraum vom 1. Januar 2014 bis 31. Dezember 2014 eine harte Kernkapitalquote von mindestens 4 Prozent und eine Kernkapitalquote von mindestens 5,5 Prozent vorzuhalten.

---

1) Nr. **6**.
2) Nr. **16**.
3) Nr. **17**.

Teil 3. Nähere Bestimmungen zur Ermittlung der Eigenmittel

Kapitel 1. Nähere Bestimmungen zu den Übergangsvorschriften für die Ermittlung der Eigenmittel

§ 24 Prozentsätze für die Berücksichtigung von in der Bilanz ausgewiesenen nicht realisierten Verlusten aus Vermögensgegenständen oder Verbindlichkeiten, die zum beizulegenden Zeitwert bewertet werden. Abweichend von Artikel 35 der Verordnung (EU) Nr. 575/2013[1] haben die Institute bei der Berechnung des harten Kernkapitals im Zeitraum vom 1. Januar 2014 bis zum 31. Dezember 2017 folgende Prozentsätze der in ihrer Bilanz veröffentlichten nicht realisierten Verluste aus Vermögensgegenständen oder Verbindlichkeiten, die zum beizulegenden Zeitwert bewertet werden, abzuziehen:
1. 20 Prozent im Zeitraum vom 1. Januar 2014 bis 31. Dezember 2014;
2. 40 Prozent im Zeitraum vom 1. Januar 2015 bis 31. Dezember 2015;
3. 60 Prozent im Zeitraum vom 1. Januar 2016 bis 31. Dezember 2016;
4. 80 Prozent im Zeitraum vom 1. Januar 2017 bis 31. Dezember 2017.

§ 25 Prozentsätze für die Berücksichtigung von in der Bilanz ausgewiesenen nicht realisierten Gewinnen aus Vermögensgegenständen oder Verbindlichkeiten, die zum beizulegenden Zeitwert bewertet werden. Abweichend von Artikel 35 der Verordnung (EU) Nr. 575/2013[1] dürfen die Institute bei der Berechnung des harten Kernkapitals im Zeitraum vom 1. Januar 2015 bis zum 31. Dezember 2017 folgende Prozentsätze der in ihrer Bilanz veröffentlichten nicht realisierten Gewinne aus Vermögensgegenständen oder Verbindlichkeiten, die zum beizulegenden Zeitwert bewertet werden, nicht anrechnen:
1. 60 Prozent im Zeitraum vom 1. Januar 2015 bis 31. Dezember 2015;
2. 40 Prozent im Zeitraum vom 1. Januar 2016 bis 31. Dezember 2016;
3. 20 Prozent im Zeitraum vom 1. Januar 2017 bis 31. Dezember 2017.

§ 26 Prozentsätze für die Abzüge vom harten Kernkapital, zusätzlichen Kernkapital und Ergänzungskapital. (1) Für die Zwecke der Übergangsvorschriften nach Artikel 468 Absatz 4, Artikel 469 Absatz 1 Buchstabe a und c, Artikel 474 Buchstabe a und Artikel 476 Buchstabe a der Verordnung (EU) Nr. 575/2013[1] gelten die folgenden Prozentsätze:
1. 20 Prozent im Zeitraum vom 1. Januar 2014 bis 31. Dezember 2014;
2. 40 Prozent im Zeitraum vom 1. Januar 2015 bis 31. Dezember 2015;
3. 60 Prozent im Zeitraum vom 1. Januar 2016 bis 31. Dezember 2016;
4. 80 Prozent im Zeitraum vom 1. Januar 2017 bis 31. Dezember 2017.

(2) Die in Absatz 1 genannten Prozentsätze gelten im jeweiligen Zeitraum entsprechend für

---

[1] Nr. **6**.

1. die Abzüge nach Artikel 36 Absatz 1 Buchstabe a bis h der Verordnung (EU) Nr. 575/2013 mit Ausnahme des Abzugs latenter Steuern, die von der künftigen Rentabilität abhängig sind und aus zeitlichen Differenzen resultieren,
2. den nach Artikel 48 der Verordnung (EU) Nr. 575/2013 vorgeschriebenen Abzug des aggregierten Betrags latenter Steuern, die von der künftigen Rentabilität abhängig sind und aus zeitlichen Differenzen resultieren,
3. den nach Artikel 48 der Verordnung (EU) Nr. 575/2013 vorgeschriebenen Abzug der Posten nach Artikel 36 Absatz 1 Buchstabe i der Verordnung (EU) Nr. 575/2013,
4. jeden vorgeschriebenen Abzug nach Artikel 56 Buchstabe b bis d der Verordnung (EU) Nr. 575/2013 und
5. jeden vorgeschriebenen Abzug nach Artikel 66 Buchstabe b bis d der Verordnung (EU) Nr. 575/2013.

(3) Abweichend von den in Absatz 1 genannten Prozentsätzen gelten für die in Artikel 36 Absatz 1 Buchstabe c der Verordnung (EU) Nr. 575/2013 genannten Posten, die vor dem 1. Januar 2014 bestanden, für die Zwecke des Artikels 469 Absatz 1 Buchstabe c der Verordnung (EU) Nr. 575/2013 folgende Prozentsätze:
1. 0 Prozent im Zeitraum vom 1. Januar 2014 bis 31. Dezember 2014;
2. 10 Prozent im Zeitraum vom 1. Januar 2015 bis 31. Dezember 2015;
3. 20 Prozent im Zeitraum vom 1. Januar 2016 bis 31. Dezember 2016;
4. 30 Prozent im Zeitraum vom 1. Januar 2017 bis 31. Dezember 2017;
5. 40 Prozent im Zeitraum vom 1. Januar 2018 bis 31. Dezember 2018;
6. 50 Prozent im Zeitraum vom 1. Januar 2019 bis 31. Dezember 2019;
7. 60 Prozent im Zeitraum vom 1. Januar 2020 bis 31. Dezember 2020;
8. 70 Prozent im Zeitraum vom 1. Januar 2021 bis 31. Dezember 2021;
9. 80 Prozent im Zeitraum vom 1. Januar 2022 bis 31. Dezember 2022;
10. 90 Prozent im Zeitraum vom 1. Januar 2023 bis 31. Dezember 2023.

§ 27 Prozentsätze für die Anerkennung von nicht als Minderheitenbeteiligungen geltenden Instrumenten und Positionen im konsolidierten harten Kernkapital. (1) Abweichend von Teil 2 Titel III der Verordnung (EU) Nr. 575/2013[1] können Instrumente und Posten, die nach § 10a Absatz 6 Satz 1 und 2 und Absatz 7 Satz 1 des Kreditwesengesetzes[2] in der bis zum 31. Dezember 2013 geltenden Fassung zu den konsolidierten Rücklagen gerechnet worden wären und aus einem der in Artikel 479 Absatz 1 Buchstabe a bis d der Verordnung (EU) Nr. 575/2013 aufgeführten Gründe nicht länger als konsolidiertes hartes Kernkapital anerkennungsfähig sind, zu den folgenden Prozentsätzen weiterhin zum konsolidierten harten Kernkapital gerechnet werden:
1. 80 Prozent im Zeitraum vom 1. Januar 2014 bis 31. Dezember 2014;
2. 60 Prozent im Zeitraum vom 1. Januar 2015 bis 31. Dezember 2015;

---

[1] Nr. 6.
[2] Nr. 8.

3. 40 Prozent im Zeitraum vom 1. Januar 2016 bis 31. Dezember 2016;
4. 20 Prozent im Zeitraum vom 1. Januar 2017 bis 31. Dezember 2017.

(2) Abweichend von Absatz 1 dürfen Instrumente und Posten, die nach § 10a Absatz 6 Satz 10 des Kreditwesengesetzes in der bis zum 31. Dezember 2013 geltenden Fassung zu den konsolidierten Rücklagen gerechnet worden wären und aus einem der in Artikel 479 Absatz 1 Buchstabe a bis d der Verordnung (EU) Nr. 575/2013 aufgeführten Gründe nicht länger als konsolidiertes hartes Kernkapital anerkennungsfähig sind, bei der Anwendung der Regelungen von Teil 2 Titel III der Verordnung (EU) Nr. 575/2013 im Zeitraum vom 1. Januar 2014 bis 31. Dezember 2017 nicht mehr zum konsolidierten harten Kernkapital gerechnet werden.

§ 28 Faktoren für die Anerkennung von Minderheitsbeteiligungen und qualifizierten zusätzlichem Kernkapital sowie Ergänzungskapital.

Abweichend von Artikel 84 Absatz 1 Buchstabe b, Artikel 85 Absatz 1 Buchstabe b und Artikel 87 Absatz 1 Buchstabe b der Verordnung (EU) Nr. 575/2013[1] sind die dort genannten Prozentsätze im Zeitraum vom 1. Januar 2014 bis 31. Dezember 2017 mit folgenden Faktoren zu multiplizieren:
1. dem Faktor 0,2 im Zeitraum vom 1. Januar 2014 bis 31. Dezember 2014;
2. dem Faktor 0,4 im Zeitraum vom 1. Januar 2015 bis 31. Dezember 2015;
3. dem Faktor 0,6 im Zeitraum vom 1. Januar 2016 bis 31. Dezember 2016;
4. dem Faktor 0,8 im Zeitraum vom 1. Januar 2017 bis 31. Dezember 2017.

§ 29 Prozentsätze für Abzüge nach den Artikeln 32 bis 36, 56 und 66 der Verordnung (EU) Nr. 575/2013. (1) Abweichend von den Artikeln 32 bis 36, 56 und 66 der Verordnung (EU) Nr. 575/2013[1] gelten im Zeitraum vom 1. Januar 2014 bis 31. Dezember 2017 für die in Artikel 481 Absatz 1 der Verordnung (EU) Nr. 575/2013 von den Instituten geforderten Anpassungen für Abzüge, die gemäß § 10 Absatz 2a Satz 2, Absatz 6 Satz 1 und 2 sowie Absatz 6a Nummer 1, 2 und 4 des Kreditwesengesetzes[2] in der bis zum 31. Dezember 2013 geltenden Fassung vorgeschrieben sind, folgende Prozentsätze:
1. 80 Prozent im Zeitraum vom 1. Januar 2014 bis 31. Dezember 2014;
2. 60 Prozent im Zeitraum vom 1. Januar 2015 bis 31. Dezember 2015;
3. 40 Prozent im Zeitraum vom 1. Januar 2016 bis 31. Dezember 2016 und
4. 20 Prozent im Zeitraum vom 1. Januar 2017 bis 31. Dezember 2017.

(2) Bei Anwendung der Regelungen der Artikel 32 bis 36, 56 und 66 der Verordnung (EU) Nr. 575/2013 gilt im Zeitraum vom 1. Januar 2014 bis 31. Dezember 2017 für die nach § 10a Absatz 6 Satz 9 des Kreditwesengesetzes in der bis zum 31. Dezember 2013 geltenden Fassung von den Instituten geforderte Anpassung ein Prozentsatz von 0 Prozent.

(3) Der Unterschiedsbetrag, der nach § 2 Absatz 1 der Konzernabschlussüberleitungsverordnung in der bis zum 31. Dezember 2013 geltenden Fassung

---

[1] Nr. **6**.
[2] Nr. **8**.

im Ergänzungskapital berücksichtigungsfähig ist, kann im Zeitraum vom 1. Januar 2014 bis 31. Dezember 2017 multipliziert mit den folgenden Prozentsätzen weiterhin dem Ergänzungskapital zugerechnet werden:

1. 80 Prozent im Zeitraum vom 1. Januar 2014 bis 31. Dezember 2014;
2. 60 Prozent im Zeitraum vom 1. Januar 2015 bis 31. Dezember 2015;
3. 40 Prozent im Zeitraum vom 1. Januar 2016 bis 31. Dezember 2016 und
4. 20 Prozent im Zeitraum vom 1. Januar 2017 bis 31. Dezember 2017.

§ 30 Prozentsatz für die Anpassung nach Artikel 36 Absatz 1 Buchstabe i und Artikel 49 Absatz 1 und 3 der Verordnung (EU) Nr. 575/2013. Abweichend von Artikel 36 Absatz 1 Buchstabe i und Artikel 49 Absatz 1 und 3 der Verordnung (EU) Nr. 575/2013[1)] gilt für die in Artikel 481 Absatz 2 der Verordnung (EU) Nr. 575/2013 genannte Ausnahme vom Abzug im Zeitraum vom 1. Januar 2014 bis 31. Dezember 2014 ein Prozentsatz von 50 Prozent.

§ 31 Prozentsätze für die Begrenzung der unter Bestandsschutz fallenden Instrumente des harten Kernkapitals, zusätzlichen Kernkapitals und Ergänzungskapitals nach Artikel 484 Absatz 3 bis 5 der Verordnung (EU) Nr. 575/2013. Für die Anwendung des Artikels 484 Absatz 3 bis 5 der Verordnung (EU) Nr. 575/2013[1)] gelten im Zeitraum vom 1. Januar 2014 bis 31. Dezember 2021 für die Anerkennung der unter Bestandsschutz fallenden Instrumente und Posten des harten Kernkapitals, des zusätzlichen Kernkapitals und des Ergänzungskapitals folgende Prozentsätze:

1. 80 Prozent im Zeitraum vom 1. Januar 2014 bis 31. Dezember 2014;
2. 70 Prozent im Zeitraum vom 1. Januar 2015 bis 31. Dezember 2015;
3. 60 Prozent im Zeitraum vom 1. Januar 2016 bis 31. Dezember 2016;
4. 50 Prozent im Zeitraum vom 1. Januar 2017 bis 31. Dezember 2017;
5. 40 Prozent im Zeitraum vom 1. Januar 2018 bis 31. Dezember 2018;
6. 30 Prozent im Zeitraum vom 1. Januar 2019 bis 31. Dezember 2019;
7. 20 Prozent im Zeitraum vom 1. Januar 2020 bis 31. Dezember 2020;
8. 10 Prozent im Zeitraum vom 1. Januar 2021 bis 31. Dezember 2021.

Kapitel 2. Behandlung der nach der Äquivalenzmethode bewerteten Beteiligungen bei Gruppen

§ 32 Behandlung der nach der Äquivalenzmethode bewerteten Beteiligungen bei Anwendung des Verfahrens nach § 10a Absatz 5 des Kreditwesengesetzes. (1) [1]Beteiligungen an Instituten, Finanzunternehmen oder Anbietern von Nebendienstleistungen, die nach der Äquivalenzmethode gemäß IAS 28.13 in der jeweils geltenden Fassung der Verordnung (EG) Nr. 1725/2003 der Kommission vom 29. September 2003 betreffend die Übernahme bestimmter internationaler Rechnungslegungsstandards in Übereinstimmung mit der Verordnung (EG) Nr. 1606/2002 des Europäischen Parlaments und des Rates (ABl. L 261 vom 13.10.2003, S. 1) bewertet werden, können,

---

[1)] Nr. 6.

vorbehaltlich der Anwendung des § 10a Absatz 4 des Kreditwesengesetzes[1], mit ihrem anteiligen bilanziellen Eigenkapital aus dem Abschluss, differenziert nach Eigenkapitalbestandteilen, in die Zusammenfassung nach § 10a Absatz 5 des Kreditwesengesetzes einbezogen werden. [2]Der nach der Äquivalenzmethode ermittelte fortgeführte Buchwert der Beteiligung ist vom harten Kernkapital der Gruppe abzuziehen, wobei der darin enthaltene Firmenwert in der Abzugsposition nach Artikel 36 Absatz 1 Buchstabe b der Verordnung (EU) Nr. 575/2013[2] zu erfassen ist.

(2) Absatz 1 gilt entsprechend bei Verwendung eines Abschlusses, der nicht nach Maßgabe der Rechnungslegungsstandards, die nach den Artikeln 2, 3 und 6 der Verordnung (EG) Nr. 1606/2002 des Europäischen Parlaments und des Rates vom 19. Juli 2002 betreffend die Anwendung internationaler Rechnungslegungsstandards (ABl. L 243 vom 11.9.2002, S. 1) übernommen wurden, aufgestellt wurde.

Teil 4. Nähere Bestimmungen zum antizyklischen Kapitalpuffer und zur kombinierten Kapitalpuffer-Anforderung

Kapitel 1. Antizyklischer Kapitalpuffer

§ 33 Festlegung der Quote für den inländischen antizyklischen Kapitalpuffer. (1) [1]Zur Festlegung der Quote für den inländischen antizyklischen Kapitalpuffer gemäß § 10d des Kreditwesengesetzes[1] ermittelt die Bundesanstalt quartalsweise einen Puffer-Richtwert. [2]Dieser spiegelt in aussagekräftiger Form den Kreditzyklus und die durch ein übermäßiges Kreditwachstum bedingten Risiken im Inland wider und trägt den spezifischen volkswirtschaftlichen Gegebenheiten im Geltungsbereich des Kreditwesengesetzes Rechnung. [3]Der Puffer-Richtwert basiert auf der Abweichung des Verhältnisses der im Inland gewährten Kredite zum Bruttoinlandsprodukt (Kredite-BIP-Verhältnis) vom langfristigen Trend. [4]Bei der Festlegung des Puffer-Richtwerts berücksichtigt die Bundesanstalt:

1. einen Indikator für das Kreditwachstum im Inland und insbesondere einen Indikator, der Veränderungen des Kredite-BIP-Verhältnisses widerspiegelt;
2. etwaige Empfehlungen zur Messung und Berechnung der Abweichung des Kredite-BIP-Verhältnisses vom langfristigen Trend sowie zur Ermittlung der Puffer-Richtwerte des Europäischen Ausschusses für Systemrisiken nach Artikel 16 der Verordnung (EU) Nr. 1092/2010 des Europäischen Parlaments und des Rates vom 24. November 2010 über die Finanzaufsicht der Europäischen Union auf Makroebene und zur Errichtung eines Europäischen Ausschusses für Systemrisiken (ABl. L 331 vom 15.12.2010, S. 1) in der jeweils geltenden Fassung.

(2) Bei der Festlegung und Bewertung der Quote für den antizyklischen Kapitalpuffer berücksichtigt die Bundesanstalt darüber hinaus alle etwaigen Empfehlungen, die der Europäische Ausschuss für Systemrisiken gemäß Artikel 135 Absatz 1 der Richtlinie 2013/36/EU des Europäischen Parlaments und des Rates vom 26. Juni 2013 über den Zugang zur Tätigkeit von Kredit-

[1] Nr. 8.
[2] Nr. 6.

instituten und die Beaufsichtigung von Kreditinstituten und Wertpapierfirmen, zur Änderung der Richtlinie 2002/87/EG und zur Aufhebung der Richtlinien 2006/48/EG und 2006/49/EG (ABl. L 176 vom 27.6.2013, S. 338) abgibt.

§ 34 Veröffentlichung der Quote. [1] In den Fällen des § 10d Absatz 3 und 4 des Kreditwesengesetzes[1)] veröffentlicht die Bundesanstalt die für das jeweilige Quartal festgelegte Quote für den inländischen antizyklischen Kapitalpuffer auf ihrer Internetseite. [2] Zusätzlich werden mindestens noch die folgenden weiteren Angaben veröffentlicht:

1. das maßgebliche Kredite-BIP-Verhältnis und dessen Abweichung vom langfristigen Trend,
2. der Puffer-Richtwert nach § 33 Absatz 1,
3. eine Begründung für die Quote für den inländischen antizyklischen Kapitalpuffer,
4. bei einer Erhöhung der Quote für den inländischen antizyklischen Kapitalpuffer das Datum, ab dem die Institute diese höhere Quote zur Berechnung ihres institutsspezifischen antizyklischen Kapitalpuffers verwenden müssen,
5. in den Fällen, in denen das Datum nach Nummer 4 weniger als zwölf Monate nach dem Datum der Veröffentlichung dieser Erhöhung der Quote für den inländischen antizyklischen Kapitalpuffer nach Satz 1 liegt, die außergewöhnlichen Umstände, die eine kürzere Frist für die Anwendung rechtfertigen,
6. bei einer Herabsetzung der Quote für den inländischen antizyklischen Kapitalpuffer der Zeitraum, in dem keine Erhöhung der Quote für den inländischen antizyklischen Kapitalpuffer zu erwarten ist, und eine Begründung hierfür.

§ 35 Zusätzliche Veröffentlichungen für Quoten in Drittstaaten.

Die Bundesanstalt veröffentlicht zusätzlich zu den Angaben, die nach § 10d Absatz 9 des Kreditwesengesetzes[1)] zu veröffentlichen sind, im Falle des § 10d Absatz 6 des Kreditwesengesetzes eine Begründung für die Anerkennung der von einem Drittstaat festgelegten Quote für den antizyklischen Kapitalpuffer und in den Fällen des § 10d Absatz 7 und 8 des Kreditwesengesetzes eine Begründung für die Festlegung der Quote für den antizyklischen Kapitalpuffer.

§ 36 Maßgebliche Risikopositionen. (1) Zu den maßgeblichen Risikopositionen im Sinne von § 10d Absatz 2 des Kreditwesengesetzes[1)] zählt jede Risikoposition, die keiner der Forderungsklassen des Artikels 112 Buchstabe a bis f der Verordnung (EU) Nr. 575/2013[2)] angehört und für die eine der nachfolgenden Bedingungen erfüllt ist:

1. sie unterliegt den Eigenmittelanforderungen für Kreditrisiken gemäß den Artikeln 107 bis 311 der Verordnung (EU) Nr. 575/2013,
2. wird die Risikoposition im Handelsbuch geführt, sind die Eigenmittelanforderungen für spezifische Risiken gemäß den Artikeln 326 bis 350 oder für

---

1) Nr. 8.
2) Nr. 6.

zusätzliche Ausfall- und Migrationsrisiken gemäß den Artikeln 362 bis 377 der Verordnung (EU) Nr. 575/2013 anzuwenden,

3. handelt es sich bei der Risikoposition um eine Verbriefung, so sind die Eigenmittelanforderungen gemäß den Artikeln 242 bis 270 der Verordnung (EU) Nr. 575/2013 anzuwenden.

(2) [1] Für die Zwecke der in § 10d Absatz 2 des Kreditwesengesetzes vorgeschriebenen Berechnung

1. ist die geänderte Quote für den antizyklischen Kapitalpuffer für einen Staat des Europäischen Wirtschaftsraums im Falle ihrer Erhöhung ab dem Datum anzuwenden, das in den nach § 34 oder nach § 10d Absatz 9 des Kreditwesengesetzes veröffentlichten Informationen angegeben ist;
2. ist eine geänderte Quote für den antizyklischen Kapitalpuffer für einen Drittstaat im Falle ihrer Erhöhung vorbehaltlich Nummer 3 ab dem Tag anzuwenden, der zwölf Monate nach dem Datum liegt, an dem die zuständige Behörde in dem Drittstaat eine Änderung der Quote für den antizyklischen Kapitalpuffer bekannt gegeben hat, unabhängig davon, ob diese Behörde von den Instituten mit Sitz in dem betreffenden Drittstaat verlangt, diese Änderung innerhalb einer kürzeren Frist anzuwenden;
3. ist die jeweilige Quote für den antizyklischen Kapitalpuffer in Fällen, in denen die Bundesanstalt die Quote für den antizyklischen Kapitalpuffer für einen Drittstaat festlegt oder die für einen Drittstaat geltende Quote für den antizyklischen Kapitalpuffer anerkennt und die Festlegung oder Anerkennung zu einer Erhöhung der bisher jeweils geltenden Quote führt, ab dem Datum anzuwenden, das in den gemäß § 10d Absatz 9 des Kreditwesengesetzes veröffentlichten Informationen angegeben ist;
4. gilt eine Quote für den antizyklischen Kapitalpuffer bei einer Herabsetzung der Quote ab der Entscheidung über die Herabsetzung der Quote.

[2] Für die Zwecke des Satzes 1 Nummer 2 gilt eine Änderung der Quote für den antizyklischen Kapitalpuffer für einen Drittstaat ab dem Datum als bekannt gegeben, an dem sie von der zuständigen Behörde in diesem Drittstaat nach den dort geltenden einzelstaatlichen Vorschriften veröffentlicht wird.

(3) Die Belegenheit eines wesentlichen Kreditengagements nach § 10d Absatz 2 des Kreditwesengesetzes bestimmt das Institut unter Berücksichtigung etwaiger Rechtsakte, die von der Europäischen Kommission hierzu auf der Grundlage der Verordnung (EU) Nr. 1093/2010 des Europäischen Parlaments und des Rates vom 24. November 2010 zur Errichtung einer Europäischen Aufsichtsbehörde (Europäische Bankenaufsichtsbehörde), zur Änderung des Beschlusses Nr. 716/2009/EG und zur Aufhebung des Beschlusses 2009/78/EG der Kommission (ABl. L 331 vom 15.12.2010, S. 12) in der jeweils geltenden Fassung erlassen wurden.

Kapitel 2. Kombinierte Kapitalpuffer-Anforderung

§ 37 Maximal ausschüttungsfähiger Betrag. (1) [1] Der maximal ausschüttungsfähige Betrag im Sinne des § 10i Absatz 3 des Kreditwesengesetzes[1)] errechnet sich durch Multiplikation des nach Absatz 2 berechneten Betrags mit

---

[1)] Nr. 8.

dem gemäß Absatz 3 festgelegten Faktor. [2]Er reduziert sich durch jede nach § 10i Absatz 3 Satz 3 Nummer 1 bis 3 des Kreditwesengesetzes durchgeführte Maßnahme.

(2) Der zu multiplizierende Betrag ergibt sich aus

1. den Zwischengewinnen, die nicht im Kernkapital gemäß Artikel 26 Absatz 2 der Verordnung (EU) Nr. 575/2013[1)] enthalten sind und die nach der letzten Entscheidung über die Gewinnausschüttung oder eine der unter § 10i Absatz 3 Satz 3 Nummer 1 bis 3 des Kreditwesengesetzes aufgeführten Maßnahmen erwirtschaftet wurden;
2. zuzüglich der Gewinne zum Jahresende, die nicht im Kernkapital gemäß Artikel 26 Absatz 2 der Verordnung (EU) Nr. 575/2013 enthalten sind und die nach der letzten Entscheidung über die Gewinnausschüttung oder eine der unter § 10i Absatz 3 Satz 3 Nummer 1 bis 3 des Kreditwesengesetzes aufgeführten Maßnahmen erwirtschaftet wurden;
3. abzüglich der Beträge, die in Form von Steuern zu zahlen wären, wenn die unter den Nummern 1 und 2 aufgeführten Gewinne einbehalten würden.

(3) Liegt das von dem Institut vorgehaltene und nicht zur Einhaltung der Eigenmittelanforderungen nach Artikel 92 Absatz 1 Buchstabe c der Verordnung (EU) Nr. 575/2013 verwendete Kernkapital, ausgedrückt als Prozentsatz des Gesamtforderungsbetrags im Sinne von Artikel 92 Absatz 3 der Verordnung (EU) Nr. 575/2013, innerhalb des

1. ersten (das heißt des untersten) Quartils der kombinierten Kapitalpuffer-Anforderung, so beträgt der Faktor 0;
2. zweiten Quartils der kombinierten Kapitalpuffer-Anforderung, so beträgt der Faktor 0,2;
3. dritten Quartils der kombinierten Kapitalpuffer-Anforderung, so beträgt der Faktor 0,4;
4. obersten Quartils der kombinierten Kapitalpuffer-Anforderung, so beträgt der Faktor 0,6.

(4) Die Ober- und Untergrenzen für jedes Quartil der kombinierten Kapitalpuffer-Anforderung werden wie folgt berechnet:

$$\text{Untergrenze des Quartils} = \frac{\text{Kombinierte Kapitalpufferanforderung}}{4} \times (Q_n - 1)$$

$$\text{Obergrenze des Quartils} = \frac{\text{Kombinierte Kapitalpufferanforderung}}{4} \times Q_n.$$

„Q_n" steht für die Ordinalzahl des betreffenden Quartils.

Teil 5. Übergangs- und Schlussbestimmungen

§ 38 Übergangsvorschriften. (1) [1]§ 22 Nummer 4 ist ab dem Tag, ab dem der Technische Regulierungsstandard nach Artikel 124 Absatz 4 Buchstabe a der Verordnung (EU) Nr. 575/2013[1)] anzuwenden ist, nicht mehr anzuwenden. [2]Das Bundesministerium der Finanzen macht den Zeitpunkt, zu dem die

[1)] Nr. **6**.

Durchführungsstandards nach Artikel 124 Absatz 4 Buchstabe a der Verordnung (EU) Nr. 575/2013 anwendbar sind, im Bundesgesetzblatt bekannt.

(2) Eine nach Artikel 329 Absatz 1 Satz 4, Artikel 352 Absatz 1 Satz 3 oder Artikel 358 Absatz 3 Satz 4 der Verordnung (EU) Nr. 575/2013 erforderliche Genehmigung der Bundesanstalt dafür, dass ein Institut den Delta-Faktor für eine Option oder einen Optionsschein selbst berechnet, gilt bis zum 31. Dezember 2015 als erteilt, wenn das Institut

1. der Bundesanstalt und der Deutschen Bundesbank bis zum 31. Januar 2014 anzeigt, dass es auf dem Stand vom 31. Dezember 2012 das Optionspreismodell für die Berechnung der Eigenmittelanforderungen benutzt hat, für das mit erster Anwendung der Verordnung (EU) Nr. 575/2013 eine Genehmigung der Bundesanstalt erforderlich wäre, und
2. das Institut der Anzeige nach Nummer 1 eine Stellungnahme seines Abschlussprüfers beifügt, wonach auf dem Stand vom 31. Dezember 2012 kein Anlass bestand, an der angemessenen Ermittlung der Delta-Faktoren zu zweifeln.

(3) Bis zum Ablauf des 30. Dezember 2020 können Institute die Erheblichkeitsschwelle für den 90-Tage-Verzug auch nach § 16 in der Fassung vom 6. Dezember 2013 anwenden.

§ 39 Inkrafttreten, Außerkrafttreten. [1] Diese Verordnung tritt am 1. Januar 2014 in Kraft. [2] Gleichzeitig tritt die Solvabilitätsverordnung vom 14. Dezember 2006 (BGBl. I S. 2926), die zuletzt durch Artikel 6 der Verordnung vom 20. September 2013 (BGBl. I S. 3672) geändert worden ist, außer Kraft. [3] § 1 Absatz 2 Satz 2 ist ab dem 1. Oktober 2016 anzuwenden.

8e. Verordnung zur Einreichung von Finanz- und Risikotragfähigkeitsinformationen nach dem Kreditwesengesetz (Finanz- und Risikotragfähigkeitsinformationenverordnung – FinaRisikoV)[1)]

Vom 6. Dezember 2013
(BGBl. I S. 4209)

FNA 7610-2-41

zuletzt geänd. durch Art. 1 Zweite ÄndVO v. 4.7.2018 (BGBl. I S. 1086)

Inhaltsübersicht

Abschnitt 1. Allgemeines

§ 1 Anwendungsbereich Diese Verordnung gilt für alle Institute im Sinne des § 1 Absatz 1b des Kreditwesengesetzes[2)] sowie für übergeordnete Unternehmen im Sinne des § 10a Absatz 1 Satz 2, 4 bis 8 und Absatz 2, jeweils auch in Verbindung mit Absatz 3, des Kreditwesengesetzes.

[1)] Verkündet als Art. 1 VO v. 6.12.2013 (BGBl. I S. 4209); Inkrafttreten gem. Art. 4 dieser VO am 1.1.2014.
Die VO wurde erlassen auf Grund des § 25 Absatz 3 Satz 1 und 2 des Kreditwesengesetzes (Nr. **8**), der zuletzt durch Artikel 1 Nummer 47 Buchstabe c des Gesetzes vom 28. August 2013 (BGBl. I S. 3395) geändert worden ist, und des § 29a Absatz 3 Satz 1 des Zahlungsdiensteaufsichtsgesetzes (Nr. **10**), der durch Artikel 1 Nummer 39 Buchstabe c des Gesetzes vom 1. März 2011 (BGBl. I S. 288) geändert worden ist.

[2)] Nr. **8**.

Abschnitt 2. Finanzinformationen

§ 2 Art und Umfang der Finanzinformationen und der ergänzenden Informationen. (1) [1]Die Finanzinformationen im Sinne des § 25 Absatz 1 und 2 des Kreditwesengesetzes[1)] bestehen aus:

1. Angaben zur Gewinn- und Verlustrechnung, die den Zeitraum seit dem Ende des letzten Geschäftsjahres umfassen,
2. Planangaben für die Gewinn- und Verlustrechnung,
3. Angaben zum Vermögensstatus, bezogen auf das Ende des jeweiligen Berichtszeitraums, und
4. sonstigen Angaben.

[2]Nähere Bestimmungen zu Art und Umfang der jeweils einzureichenden Finanzinformationen ergeben sich aus den §§ 4 bis 6. [3]Die Bundesanstalt für Finanzdienstleistungsaufsicht (Bundesanstalt) kann auf Antrag eines Instituts oder eines übergeordneten Unternehmens inhaltliche Abweichungen von den einzureichenden Formularen zulassen, wenn dies auf Grund der besonderen Geschäftsstruktur angemessen ist.

(2) [1]Finanzdienstleistungsinstitute, die die Drittstaateneinlagenvermittlung im Sinne des § 1 Absatz 1a Satz 2 Nummer 5 des Kreditwesengesetzes oder das Sortengeschäft im Sinne des § 1 Absatz 1a Satz 2 Nummer 7 des Kreditwesengesetzes erbringen, haben darüber hinaus ergänzende Informationen nach § 7 einzureichen. [2]Dies gilt auch für Finanzdienstleistungsinstitute, die die Abschlussvermittlung im Sinne des § 1 Absatz 1a Satz 2 Nummer 2 des Kreditwesengesetzes, die Finanzportfolioverwaltung im Sinne des § 1 Absatz 1a Satz 2 Nummer 3 des Kreditwesengesetzes oder die Anlageverwaltung im Sinne des § 1 Absatz 1a Satz 2 Nummer 11 des Kreditwesengesetzes erbringen und die nicht befugt sind, sich bei der Erbringung von Finanzdienstleistungen Eigentum oder Besitz an Geldern oder Wertpapieren von Kunden zu verschaffen, und die nicht auf eigene Rechnung handeln.

§ 3 Termin und Verfahren zur Einreichung. (1) [1]Der Berichtszeitraum für die Finanzinformationen und die ergänzenden Informationen umfasst ein Quartal. [2]Abweichend davon umfasst der Berichtszeitraum im Falle des § 4 Absatz 2 Satz 1 einen Kalendermonat. [3]Meldestichtag ist jeweils der letzte Kalendertag des Berichtszeitraums.

(2) [1]Die Finanzinformationen und die ergänzenden Informationen sind zu folgenden Terminen bis Geschäftsschluss einzureichen: 12. Mai, 11. August, 11. November und 11. Februar. [2]Fällt der Einreichungstermin auf einen gesetzlichen Feiertag, einen Samstag oder einen Sonntag, so sind die Daten am darauffolgenden Geschäftstag zu übermitteln.

(3) [1]Die Finanzinformationen und die ergänzenden Informationen gemäß § 7 Absatz 3 sind der Deutschen Bundesbank elektronisch zu übermitteln. [2]Die Bundesbank veröffentlicht auf ihrer Internetseite die zu verwendenden Datenformate und den Übertragungsweg.

---

1) Nr. 8.

(4) Die ergänzenden Informationen gemäß § 7 Absatz 1 und 2 sind der zuständigen Hauptverwaltung der Deutschen Bundesbank formlos einzureichen.

§ 4 Finanzinformationen von Kreditinstituten. (1) Kreditinstitute mit Ausnahme von Wertpapierhandelsbanken im Sinne des § 1 Absatz 3d Satz 5 des Kreditwesengesetzes[1] haben die folgenden Finanzinformationen einzureichen und hierfür die folgenden Formulare aus den Anlagen der Verordnung zu verwenden:

1. Gewinn- und Verlustrechnung – GVKI (Anlage 1),
2. Planangaben für die Gewinn- und Verlustrechnung – GVKIP (Anlage 2),
3. Sonstige Angaben – SAKI (Anlage 3) und
4. Vermögensstatus nach Maßgabe von Absatz 2.

(2) [1]Die Angaben zum Vermögensstatus nach Absatz 1 Nummer 4 gelten für Kreditinstitute, die auf Grund einer Anordnung nach § 18 des Gesetzes über die Deutsche Bundesbank[2] oder nach Artikel 5 des Protokolls über die Satzung des Europäischen Systems der Zentralbanken und der Europäischen Zentralbank[3] vom 7. Februar 1992 (ABl. C 191 vom 29.7.1992, S. 68) in der jeweils geltenden Fassung Daten zur Monatlichen Bilanzstatistik melden, mit diesen Meldungen als eingereicht. [2]Alle anderen Kreditinstitute haben die Angaben zum Vermögensstatus unter Verwendung des Formulars Vermögensstatus – STFDI (Anlage 5) einzureichen.

(3) Kreditinstitute, die nur das Garantiegeschäft im Sinne des § 1 Absatz 1 Satz 2 Nummer 8 des Kreditwesengesetzes betreiben, sind von der Pflicht, Finanzinformationen nach Absatz 1 einzureichen, befreit.

(4) Kreditinstitute im Sinne des § 53b des Kreditwesengesetzes sind von der Pflicht, Finanzinformationen nach Absatz 1 Nummer 1, 2 und 3 einzureichen, befreit.

(5) Kreditinstitute im Sinne des § 53 des Kreditwesengesetzes und Kreditinstitute im Sinne des § 53c Absatz 1 Nummer 2 des Kreditwesengesetzes sind von der Pflicht, Finanzinformationen nach Absatz 1 Nummer 2 einzureichen, befreit.

(6) [1]Kreditinstitute, die Teil einer Institutsgruppe, einer Finanzholding-Gruppe oder einer gemischten Finanzholding-Gruppe sind, sind von der Pflicht, Finanzinformationen nach Absatz 1 Nummer 2 einzureichen, befreit, wenn diese Finanzinformationen auf zusammengefasster Basis durch das übergeordnete Unternehmen der Gruppe unter Verwendung des Formulars Planangaben für die Gewinn- und Verlustrechnung – QGVP (Anlage 7) eingereicht werden. [2]Die Befreiung nach Satz 1 gilt entsprechend, wenn das übergeordnete Unternehmen der Gruppe Finanzinformationen nach § 2 Absatz 1 Nummer 2 auf Basis internationaler Rechnungslegungsstandards erstellt und die Bundesanstalt diese Finanzinformationen für die jeweilige Gruppe auf sonstige Weise in gleichwertiger Form erhält. [3]Die Entscheidung über die Gleichwertigkeit trifft die Bundesanstalt.

---

[1] Nr. 8.
[2] Nr. 4.
[3] Nr. 2.

§ 5 Finanzinformationen von Finanzdienstleistungsinstituten und Wertpapierhandelsbanken. (1) Finanzdienstleistungsinstitute und Wertpapierhandelsbanken haben die folgenden Finanzinformationen einzureichen und hierfür die folgenden Formulare aus den Anlagen der Verordnung zu verwenden:
1. Gewinn- und Verlustrechnung – GVFDI (Anlage 4) und
2. Vermögensstatus – STFDI (Anlage 5).

(2) Finanzdienstleistungsinstitute, die entweder über die Drittstaateneinlagenvermittlung oder über das Sortengeschäft hinaus keine weiteren nach dem Kreditwesengesetz[1] erlaubnispflichtigen Geschäfte betreiben, sind von der Pflicht, Finanzinformationen nach Absatz 1 einzureichen, befreit.

§ 6 Finanzinformationen auf zusammengefasster Basis. (1) Übergeordnete Unternehmen haben auf zusammengefasster Basis das Formular Sonstige Angaben – QSA (Anlage 13) einzureichen.

(2) Übergeordnete Unternehmen, deren Institutsgruppe, Finanzholding-Gruppe oder gemischte Finanzholding-Gruppe kein CRR-Kreditinstitut im Sinne des § 1 Absatz 3d Satz 1 des Kreditwesengesetzes[1] angehört, haben abweichend von Absatz 1 die folgenden Finanzinformationen auf zusammengefasster Basis einzureichen und hierfür die folgenden Formulare aus den Anlagen der Verordnung zu verwenden:
1. Gewinn- und Verlustrechnung – QGV (Anlage 6),
2. Vermögensstatus – Angaben zu den Aktiva – QV 1 (Anlage 8) und
3. Vermögensstatus – Angaben zu den Passiva – QV 2 (Anlage 9).

§ 7 Ergänzende Informationen von Finanzdienstleistungsinstituten.

(1) Finanzdienstleistungsinstitute, die die Drittstaateneinlagenvermittlung erbringen, haben ergänzend zu den Finanzinformationen nach Staaten geordnet folgende Informationen einzureichen:
1. Firma und Sitz der Unternehmen, denen sie im Berichtszeitraum Einlagen vermittelt haben und die ihren Sitz in Staaten außerhalb des Europäischen Wirtschaftsraums haben, sowie
2. die jeweils zuständigen Aufsichtsbehörden.

(2) Finanzdienstleistungsinstitute, die das Sortengeschäft erbringen, haben ergänzend zu den Finanzinformationen folgende Informationen einzureichen:
1. Firma und Sitz der Unternehmen, die sie innerhalb des Berichtszeitraums im Rahmen der Durchführung des Sortengeschäfts eingeschaltet haben, und
2. Stückzahl und Betrag der Umsätze mit Kunden, aufgegliedert nach
   a) den einzelnen Währungen und
   b) innerhalb der Währungen nach Ankauf und Verkauf, jeweils aufgegliedert nach folgenden Größenordnungen:
      aa) bis 2 500 Euro,
      bb) über 2 500 bis 15 000 Euro,

---

[1] Nr. 8.

cc) über 15 000 Euro.

Sorten im Sinne des Satzes 1 sind ausländische Banknoten und Münzen, die gesetzliche Zahlungsmittel sind, sowie Reiseschecks in ausländischer Währung.

(3) Finanzdienstleistungsinstitute nach § 2 Absatz 2 Satz 2 haben ergänzend zu den Finanzinformationen Angaben zu ihrer Eigenmittel-Kosten-Relation sowie ihrer Kapitalquote unter Verwendung des Formulars Meldung der Eigenmittel – EKRQU (Anlage 13a) einzureichen.

Abschnitt 3. Risikotragfähigkeitsinformationen

§ 8 Art und Umfang der Risikotragfähigkeitsinformationen. (1) [1] Die Risikotragfähigkeitsinformationen im Sinne des § 25 Absatz 1 und 2 des Kreditwesengesetzes[1)] bestehen aus den Angaben zur Konzeption der Risikotragfähigkeitssteuerung, zum Risikodeckungspotential, zu den Risiken und den Verfahren zu ihrer Ermittlung, Steuerung und Überwachung gemäß den Formularen in den Anlagen 14 bis 24. [2] Nähere Bestimmungen zu Art und Umfang der jeweils einzureichenden Risikotragfähigkeitsinformationen ergeben sich aus den §§ 10 und 11.

(2) [1] Mit den Formularen werden Pflichtangaben und freiwillige Angaben erhoben, die auf Informationen beruhen, welche den Kreditinstituten und übergeordneten Unternehmen bereits vorliegen. [2] Die Ausgestaltung der Verfahren zur Ermittlung und Sicherstellung der Risikotragfähigkeit durch die Kreditinstitute und übergeordneten Unternehmen wird durch die Risikotragfähigkeitsinformationen gemäß den Anlagen 14 bis 24 nicht berührt.

§ 9 Turnus, Frist und Verfahren zur Einreichung der Risikotragfähigkeitsinformationen. (1) [1] Nach § 25 Absatz 1 Satz 2 und Absatz 2 Satz 2 des Kreditwesengesetzes[1)] haben Kreditinstitute und übergeordnete Unternehmen einmal jährlich Risikotragfähigkeitsinformationen einzureichen. [2] Hiervon abweichend haben Kreditinstitute und übergeordnete Unternehmen, die gemäß § 12 Absatz 1 und 2 einer erhöhten Meldefrequenz unterliegen, Risikotragfähigkeitsinformationen in halbjährlichem Turnus einzureichen. [3] Hat die Bundesanstalt nach § 12 Absatz 3 für ein Kreditinstitut oder eine Gruppe eine erhöhte Meldefrequenz angeordnet, so ist der in der Anordnung bestimmte Meldeturnus einschlägig.

(2) Die Risikotragfähigkeitsinformationen sind innerhalb von sieben Wochen nach dem von der Bundesanstalt festgelegten Meldestichtag einzureichen.

(3) [1] Die Risikotragfähigkeitsinformationen sind der Deutschen Bundesbank elektronisch zu übermitteln. [2] Die Deutsche Bundesbank veröffentlicht auf ihrer Internetseite die zu verwendenden Datenformate und den Übertragungsweg.

[1)] Nr. 8.

§ 10 Risikotragfähigkeitsinformationen von Kreditinstituten. (1) Kreditinstitute haben die Angaben gemäß § 8 Absatz 1 zu melden und hierfür die Formulare aus den Anlagen 14 und 17 bis 24 dieser Verordnung zu verwenden.

(2) Kreditinstitute im Sinne des § 53b und des § 53c Absatz 1 Nummer 2 des Kreditwesengesetzes[1)] und Wertpapierhandelsbanken im Sinne des § 1 Absatz 3d Satz 5 des Kreditwesengesetzes sind von der Pflicht, Risikotragfähigkeitsinformationen nach Absatz 1 einzureichen, befreit.

(3) [1] Kreditinstitute, die nach § 2a Absatz 2 des Kreditwesengesetzes für das Management von Risiken mit Ausnahme des Liquiditätsrisikos von den Anforderungen an eine ordnungsgemäße Geschäftsorganisation gemäß § 25a Absatz 1 des Kreditwesengesetzes freigestellt sind, sind von der Pflicht, Risikotragfähigkeitsinformationen nach Absatz 1 einzureichen, befreit. [2] Satz 1 gilt entsprechend für Kreditinstitute, für die eine solche Freistellung gemäß § 2a Absatz 5 des Kreditwesengesetzes als gewährt gilt.

§ 11 Risikotragfähigkeitsinformationen auf zusammengefasster Ebene. (1) Übergeordnete Unternehmen einer Gruppe, zu der mindestens ein Kreditinstitut mit Sitz im Inland gehört, haben die Risikotragfähigkeitsinformationen der Gruppe auf zusammengefasster Ebene gemäß § 8 Absatz 1 einzureichen und hierfür die Formulare aus den Anlagen 14 bis 24 dieser Verordnung zu verwenden.

(2) Gehören zu einer Gruppe keine inländischen Kreditinstitute, die weder Wertpapierhandelsbank noch Kreditinstitut im Sinne des § 53b und des § 53c Absatz 1 Nummer 2 des Kreditwesengesetzes[1)] sind, so ist das übergeordnete Unternehmen von der Pflicht, Risikotragfähigkeitsinformationen nach Absatz 1 einzureichen, befreit.

§ 12 Kreditinstitute und Gruppen mit erhöhter Meldefrequenz. (1) Ein Kreditinstitut unterliegt einer erhöhten Meldefrequenz, wenn

1. seine Bilanzsumme im Durchschnitt zu den jeweiligen Jahresabschlussstichtagen der letzten drei abgeschlossenen Geschäftsjahre 30 Milliarden Euro erreicht oder überschritten hat,
2. es als potentiell systemgefährdend im Sinne des § 20 Absatz 1 Satz 2 Nummer 2 und Satz 3 in Verbindung mit § 67 Absatz 2 des Sanierungs- und Abwicklungsgesetzes[2)] eingestuft wurde, oder
3. es Finanzhandelsinstitut im Sinne des § 25f Absatz 1 des Kreditwesengesetzes[1)] ist.

(2) Das übergeordnete Unternehmen einer Gruppe gemäß § 11 unterliegt einer erhöhten Meldefrequenz, wenn

1. der Gruppe mindestens ein inländisches Kreditinstitut gemäß Absatz 1 angehört oder
2. die Bilanzsumme der Gruppe im Durchschnitt zu den jeweiligen Jahresabschlussstichtagen der letzten drei abgeschlossenen Geschäftsjahre 50 Milliarden Euro erreicht oder überschritten hat.

---

1) Nr. **8**.
2) Nr. **22**.

(3) Die Bundesanstalt kann für ein Kreditinstitut oder eine Gruppe im Einzelfall eine erhöhte Meldefrequenz anordnen, soweit dies zur Erfüllung ihrer Aufgaben erforderlich ist.

Abschnitt 4. Schlussvorschrift

§ 13 *(aufgehoben)*

Anl. 1–24

(hier nicht wiedergegeben)

8f. Verordnung über die aufsichtsrechtlichen Anforderungen an Vergütungssysteme von Instituten (Institutsvergütungsverordnung – InstitutsVergV)[1)]

Vom 16. Dezember 2013
(BGBl. I S. 4270)

FNA 7610-2-43

zuletzt geänd. durch Art. 1 Zweite ÄndVO v. 15.4.2019 (BGBl. I S. 486)

Auf Grund des § 25a Absatz 6 des Kreditwesengesetzes[2)], der durch Artikel 1 Nummer 48 des Gesetzes vom 28. August 2013 (BGBl. I S. 3395) in das Kreditwesengesetz eingefügt worden ist, verordnet das Bundesministerium der Finanzen im Benehmen mit der Deutschen Bundesbank und nach Anhörung der Spitzenverbände der Institute:

Inhaltsübersicht

[1)] **Amtl. Anm.:** Diese Verordnung dient der Umsetzung der Richtlinie 2013/36/EU des Europäischen Parlaments und des Rates vom 26. Juni 2013 über den Zugang zur Tätigkeit von Kreditinstituten und die Beaufsichtigung von Kreditinstituten und Wertpapierfirmen, zur Änderung der Richtlinie 2002/87/EG und zur Aufhebung der Richtlinien 2006/48/EG und 2006/49/EG (ABl. L 176 vom 27.6.2013, S. 338) sowie der Anpassung des Aufsichtsrechts an die Verordnung (EU) Nr. 575/2013 [Nr. **6**] des Europäischen Parlaments und des Rates vom 26. Juni 2013 über die Aufsichtsanforderungen an Kreditinstitute und Wertpapierfirmen und zur Änderung der Verordnung (EU) Nr. 646/2012 (ABl. L 176 vom 27.6.2013, S. 1).

[2)] Nr. **8**.

Abschnitt 1. Allgemeines

§ 1 Anwendungsbereich. (1) [1]Diese Verordnung gilt vorbehaltlich des Absatzes 3 für alle Institute gemäß § 1 Absatz 1b und § 53 Absatz 1 des Kreditwesengesetzes[1)], auf die § 25a des Kreditwesengesetzes anzuwenden ist, und für die Vergütung sämtlicher Mitarbeiter und Mitarbeiterinnen dieser Institute gemäß § 2 Absatz 7. [2]Auf Zweigniederlassungen von Unternehmen mit Sitz in einem anderen Staat des Europäischen Wirtschaftsraums gemäß § 53b Absatz 1 und 7 des Kreditwesengesetzes ist sie nicht anzuwenden.

(2) § 5 Absatz 6 und § 16 sind nicht anzuwenden auf Institute, die weder ein CRR-Institut gemäß § 1 Absatz 3d Satz 3 des Kreditwesengesetzes noch bedeutend gemäß § 25n des Kreditwesengesetzes sind.

(3) Abschnitt 3 gilt nur für bedeutende Institute gemäß § 25n des Kreditwesengesetzes.

(4) Diese Verordnung ist mit Ausnahme von § 16 Absatz 1 Satz 1 Nummer 1 und 3 nicht anzuwenden auf Vergütungen, die

1. durch Tarifvertrag vereinbart sind,
2. im Geltungsbereich eines Tarifvertrages durch Vereinbarung der Arbeitsvertragsparteien über die Anwendung der tarifvertraglichen Regelungen vereinbart sind oder
3. aufgrund eines Tarifvertrages in einer Betriebs- oder Dienstvereinbarung vereinbart sind.

§ 2 Begriffsbestimmungen. (1) [1]Vergütung im Sinne dieser Verordnung sind

1. sämtliche finanziellen Leistungen, gleich welcher Art, einschließlich der Leistungen zur Altersversorgung,

---

[1)] Nr. 8.

2. sämtliche Sachbezüge, gleich welcher Art, einschließlich der Leistungen zur Altersversorgung, und
3. sämtliche Leistungen von Dritten,

die ein Mitarbeiter oder eine Mitarbeiterin im Hinblick auf seine oder ihre berufliche Tätigkeit für das Institut erhält. [2] Sachbezüge gemäß Satz 1 Nummer 2, die nach dem Einkommensteuergesetz nicht als Einkünfte aus nichtselbständiger Arbeit anzusehen sind oder gemäß § 8 Absatz 2 Satz 11 des Einkommensteuergesetzes außer Ansatz bleiben, müssen nicht berücksichtigt werden.

(2) Vergütungssysteme im Sinne dieser Verordnung sind die institutsinternen Regelungen zur Vergütung sowie deren tatsächliche Umsetzung und Anwendung durch das Institut.

(3) [1] Variable Vergütung im Sinne dieser Verordnung ist der Teil der Vergütung, der nicht fix gemäß Absatz 6 ist. [2] Ist eine eindeutige Zuordnung eines Vergütungsbestandteils zur fixen Vergütung gemäß Absatz 6 nicht möglich, gilt dieser Bestandteil als variable Vergütung.

(4) Zusätzliche Leistungen zur Altersversorgung im Sinne dieser Verordnung sind die Teile der variablen Vergütung, deren Gewährung einem Mitarbeiter oder einer Mitarbeiterin vom Institut nach dessen Ermessen als Altersversorgung zugesagt werden.

(5) Abfindungen sind Vergütungen, die ein Mitarbeiter oder eine Mitarbeiterin im Zusammenhang mit der vorzeitigen Beendigung des Arbeits-, Geschäftsbesorgungs- oder Dienstverhältnisses erhält.

(6) [1] Fixe Vergütung im Sinne dieser Verordnung ist der Teil der Vergütung,

1. dessen Gewährung und Höhe keinem Ermessen unterliegt,
2. dessen Gewährung und Höhe dem Mitarbeiter oder der Mitarbeiterin keine Anreize für eine Risikoübernahme bieten,
3. bei dem die Voraussetzungen für die Gewährung und Höhe vorher festgelegt wurden,
4. bei dem die Voraussetzungen für die Gewährung und Höhe transparent für den Mitarbeiter oder die Mitarbeiterin sind,
5. dessen Gewährung und Höhe dauerhaft sind,
6. der nicht einseitig vom Institut verringert, ausgesetzt oder aufgehoben werden kann und
7. der nicht leistungsabhängig oder sonst vom Eintritt zuvor vereinbarter Bedingungen abhängig ausgestaltet ist.

[2] Als fixe Vergütung gelten auch finanzielle Leistungen oder Sachbezüge, die auf einer zuvor festgelegten allgemeinen, ermessensunabhängigen und institutsweiten Regelung beruhen, die nicht leistungsabhängig sind, keine Anreize für eine Risikoübernahme bieten und entweder einen Großteil der Mitarbeiter und Mitarbeiterinnen oder Mitarbeiter und Mitarbeiterinnen, die vorab festgelegte Kriterien erfüllen, begünstigen, sowie Zahlungen in Erfüllung gesetzlicher Verpflichtungen. [3] Abweichend von Satz 1 Nummer 5 gelten bei Erfüllung der zusätzlichen Voraussetzungen gemäß Satz 4 auch Zulagen als fixe Vergütung, die

1. an ins Ausland entsandte Mitarbeiter und Mitarbeiterinnen für die Dauer ihres Auslandsaufenthalts entweder im Hinblick auf die dortigen Lebenshaltungskosten sowie die dortige Steuerlast gezahlt werden oder um die ver-

traglich vereinbarte fixe Vergütung gemäß Satz 1 an das für eine vergleichbare Tätigkeit im jeweiligen Markt übliche Vergütungsniveau anzupassen (Auslandszulage) oder
2. an Mitarbeiter und Mitarbeiterinnen im Hinblick auf eine vorübergehend übernommene anspruchsvollere Aufgabe, Funktion oder organisatorische Verantwortung gezahlt werden (Funktionszulage).

[4] Die Zulagen gemäß Satz 3 müssen folgende zusätzliche Voraussetzungen erfüllen, um als fixe Vergütung zu gelten:
1. Die Zulage wird aufgrund einer einheitlichen institutsweiten Regelung in vergleichbaren Fällen ermessensunabhängig an alle betroffenen Mitarbeiter und Mitarbeiterinnen geleistet;
2. die Höhe der Zulage basiert auf vorbestimmten Kriterien und
3. der Anspruch auf die Leistung der Zulage steht unter der auflösenden Bedingung des Wegfalls des jeweiligen Grundes ihrer Gewährung.

(7) [1] Mitarbeiter und Mitarbeiterinnen im Sinne dieser Verordnung sind alle Arbeitnehmer des Instituts gemäß § 5 Absatz 1 des Arbeitsgerichtsgesetzes sowie alle natürlichen Personen,
1. deren sich das Institut beim Betreiben von Bankgeschäften oder bei der Erbringung von Finanzdienstleistungen bedient, insbesondere aufgrund eines Arbeits-, Geschäftsbesorgungs- oder Dienstverhältnisses, oder
2. die im Rahmen einer Auslagerungsvereinbarung mit einem gruppenangehörigen Auslagerungsunternehmen unmittelbar an Dienstleistungen für das Institut beteiligt sind, um Bankgeschäfte zu betreiben oder Finanzdienstleistungen zu erbringen.

[2] Als Mitarbeiter und Mitarbeiterinnen im Sinne dieser Verordnung gelten auch Geschäftsleiter und Geschäftsleiterinnen gemäß § 1 Absatz 2 des Kreditwesengesetzes[1)]. [3] Nicht als Mitarbeiter und Mitarbeiterinnen im Sinne dieser Verordnung gelten Handelsvertreter und Handelsvertreterinnen gemäß § 84 Absatz 1 des Handelsgesetzbuchs.

(8) [1] Risikoträger und Risikoträgerinnen sind Mitarbeiter und Mitarbeiterinnen, deren berufliche Tätigkeit sich wesentlich auf das Risikoprofil eines Instituts auswirkt. [2] Gruppen-Risikoträger und Gruppen-Risikoträgerinnen sind Mitarbeiter und Mitarbeiterinnen, deren berufliche Tätigkeit sich wesentlich auf das Gesamtrisikoprofil einer Gruppe gemäß Absatz 12 auswirkt.

(9) Vergütungsparameter im Sinne dieser Verordnung sind die quantitativen und qualitativen Bestimmungsfaktoren, anhand derer die Leistung und der Erfolg eines Mitarbeiters oder einer Mitarbeiterin oder einer Organisationseinheit oder der Gesamterfolg eines Instituts oder einer Gruppe gemessen werden.

(10) [1] Erfolgsbeiträge im Sinne dieser Verordnung sind die auf der Grundlage von Vergütungsparametern ermittelten tatsächlichen Leistungen und Erfolge eines Mitarbeiters oder einer Mitarbeiterin oder einer Organisationseinheit oder der Gesamterfolg eines Instituts oder einer Gruppe, die in die Ermittlung der Höhe der variablen Vergütungsbestandteile einfließen. [2] Erfolgsbeiträge können auch negativ sein.

[1)] Nr. **8**.

(11) [1]Kontrolleinheiten im Sinne dieser Verordnung sind diejenigen Organisationseinheiten unterhalb der Geschäftsleitung, die die geschäftsinitiierenden Organisationseinheiten, insbesondere die Bereiche Markt gemäß § 25c Absatz 4a Nummer 3 Buchstabe b des Kreditwesengesetzes und Handel, überwachen. [2]Hierzu zählen die Bereiche Marktfolge gemäß § 25c Absatz 4a Nummer 3 Buchstabe b des Kreditwesengesetzes und Risikocontrolling. [3]Weitere Kontrolleinheiten im Sinne dieser Verordnung sind die Einheiten mit Compliance-Funktion, die Interne Revision und der Bereich Personal.

(12) Gruppen, übergeordnete Unternehmen und nachgeordnete Unternehmen im Sinne dieser Verordnung sind solche gemäß § 10a Absatz 1 bis 3 des Kreditwesengesetzes.

Abschnitt 2. Allgemeine Anforderungen an Vergütungssysteme

§ 3 Verantwortlichkeiten; Beteiligung der Kontrolleinheiten. (1)[1]Die Geschäftsleitung ist für die angemessene Ausgestaltung der Vergütungssysteme der Mitarbeiter und Mitarbeiterinnen, die keine Geschäftsleiter oder Geschäftsleiterinnen sind, nach Maßgabe des § 25a Absatz 1 Nummer 6 in Verbindung mit Absatz 5 des Kreditwesengesetzes[1)] und dieser Verordnung verantwortlich. [2]Sie hat das Verwaltungs- oder Aufsichtsorgan mindestens einmal jährlich über die Ausgestaltung der Vergütungssysteme des Instituts zu informieren. [3]Die Sätze 1 und 2 gelten bei bedeutenden Instituten gemäß § 25n des Kreditwesengesetzes auch in Bezug auf den Prozess der Ermittlung der Risikoträger und Risikoträgerinnen gemäß § 25a Absatz 5b des Kreditwesengesetzes sowie der Gruppen-Risikoträger und Gruppen-Risikoträgerinnen gemäß § 27 Absatz 2 Satz 1. [4]Dem oder der Vorsitzenden des Verwaltungs- oder Aufsichtsorgans ist ein entsprechendes Auskunftsrecht gegenüber der Geschäftsleitung einzuräumen.

(2) Das Verwaltungs- oder Aufsichtsorgan ist für die angemessene Ausgestaltung der Vergütungssysteme der Geschäftsleiter und Geschäftsleiterinnen nach Maßgabe des § 25a Absatz 1 Nummer 6 in Verbindung mit Absatz 5 des Kreditwesengesetzes und dieser Verordnung verantwortlich.

(3) Die Kontrolleinheiten sind im Rahmen ihrer Aufgaben bei der Ausgestaltung und der Überwachung der Vergütungssysteme sowie in bedeutenden Instituten gemäß § 25n des Kreditwesengesetzes auch in Bezug auf den Prozess der Ermittlung der Risikoträger und Risikoträgerinnen gemäß § 25a Absatz 5b des Kreditwesengesetzes sowie der Gruppen-Risikoträger und Gruppen-Risikoträgerinnen gemäß § 27 Absatz 2 Satz 1 angemessen zu beteiligen.

§ 4 Ausrichtung an der Strategie des Instituts. [1]Die Vergütungsstrategie und die Vergütungssysteme müssen auf die Erreichung der Ziele ausgerichtet sein, die in den Geschäfts- und Risikostrategien des jeweiligen Instituts niedergelegt sind. [2]Dabei ist auch die Unternehmenskultur zu berücksichtigen. [3]Die Vergütungsparameter müssen sich an den Strategien ausrichten und das Erreichen der strategischen Ziele unterstützen.

[1)] Nr. 8.

§ 5 Angemessenheit der Vergütung und der Vergütungssysteme.

(1) Die Vergütungssysteme sind angemessen ausgestaltet, wenn

1. Anreize für die Mitarbeiter und Mitarbeiterinnen, unverhältnismäßig hohe Risiken einzugehen, vermieden werden;
2. die Vergütungssysteme nicht der Überwachungsfunktion der Kontrolleinheiten und des für die Risikosteuerung zuständigen Mitglieds der Geschäftsleitung zuwiderlaufen;
3. sie die Verbraucherrechte und -interessen berücksichtigen; insbesondere dürfen nicht ausschließlich quantitative Vergütungsparameter verwendet werden, sofern unmittelbar Verbraucherinteressen betroffen sind;
4. sie nicht der Einhaltung der Verpflichtung zuwiderlaufen, bei der Erbringung von Beratungsleistungen gemäß § 511 des Bürgerlichen Gesetzbuchs[1] im besten Interesse des Darlehensnehmers zu handeln; insbesondere darf die Vergütung nicht an Absatzziele in Bezug auf Immobiliar-Verbraucherdarlehensverträge gemäß § 491 Absatz 3 des Bürgerlichen Gesetzbuchs gekoppelt sein; und
5. die Vergütung der für die Prüfung der Kreditwürdigkeit zuständigen Mitarbeiter und Mitarbeiterinnen nicht von der Zahl oder dem Anteil der genehmigten Anträge auf Abschluss eines Immobiliar-Verbraucherdarlehensvertrags gemäß § 491 Absatz 3 des Bürgerlichen Gesetzbuchs abhängt.

(2) In der Regel sind Vergütungssysteme nicht angemessen ausgestaltet, wenn trotz negativer Erfolgsbeiträge ein der Höhe nach unveränderter Anspruch auf die variable Vergütung besteht.

(3) Anreize, unverhältnismäßig hohe Risiken einzugehen, liegen insbesondere vor, wenn

1. eine signifikante Abhängigkeit der Mitarbeiter oder Mitarbeiterinnen von der variablen Vergütung besteht oder
2. einzelvertraglich für den Fall der Beendigung der Tätigkeit Ansprüche auf Leistungen begründet werden und diese Ansprüche selbst bei negativen individuellen Erfolgsbeiträgen oder bei Fehlverhalten der Höhe nach unverändert bleiben.

(4) [1] Vergütungssysteme laufen der Überwachungsfunktion der Kontrolleinheiten insbesondere zuwider, wenn sich die Höhe der variablen Vergütung von Mitarbeitern und Mitarbeiterinnen der Kontrolleinheiten und den Mitarbeitern und Mitarbeiterinnen der von ihnen kontrollierten Organisationseinheiten maßgeblich nach gleichlaufenden Vergütungsparametern bestimmt und die Gefahr eines Interessenkonfliktes besteht. [2] Im Hinblick auf das für die Risikosteuerung zuständige Mitglied der Geschäftsleitung gilt dies entsprechend.

(5) [1] Eine variable Vergütung darf nur garantiert werden

1. für die ersten zwölf Monate nach Aufnahme eines Arbeits-, Geschäftsbesorgungs- oder Dienstverhältnisses bei dem Institut,
2. unter der Voraussetzung, dass die unmittelbar vorangegangene Tätigkeit des Mitarbeiters oder der Mitarbeiterin nicht in derselben Gruppe erfolgte, und

---

[1] Nr. **23**.

3. unter der Bedingung, dass das Institut zum Zeitpunkt der Auszahlung die Anforderungen gemäß § 7 Absatz 1 Satz 3 erfüllt.

[2] In bedeutenden Instituten gemäß § 25n des Kreditwesengesetzes[1)] sind die Anforderungen der §§ 20 und 22 darauf nicht anzuwenden. [3] Bei der Berechnung des Verhältnisses zwischen der variablen und der fixen jährlichen Vergütung gemäß § 25a Absatz 5 des Kreditwesengesetzes kann eine garantierte variable Vergütung nur dann unberücksichtigt bleiben, wenn sie vor Beginn der Tätigkeit zugesagt worden ist.

(6) Abfindungen und vertraglich festgelegte Karenzentschädigungen für die Dauer eines nachvertraglichen Wettbewerbsverbots gelten als variable Vergütung. Das Institut hat in Bezug auf die Zusage von Abfindungen schriftlich oder elektronisch Grundsätze festzulegen, in denen insbesondere ein Höchstbetrag oder die Kriterien für die Bestimmung der Abfindungsbeträge zu regeln sind. Abfindungen sind im Einklang mit dem Rahmenkonzept gemäß § 11 Absatz 1 Nummer 3 zu gewähren und angemessen zu dokumentieren. Sie müssen vorbehaltlich Satz 5 der Leistung des Mitarbeiters oder der Mitarbeiterin im Zeitverlauf Rechnung tragen und dürfen negative Erfolgsbeiträge oder Fehlverhalten des Mitarbeiters oder der Mitarbeiterin nicht belohnen. Folgende Vergütungen fallen nicht in den Anwendungsbereich der §§ 7 und 20 und müssen bei der Berechnung des Verhältnisses der variablen zur fixen Vergütung gemäß § 25a Absatz 5 Satz 2 bis 5 des Kreditwesengesetzes nicht berücksichtigt werden:

1. Abfindungen,
   a) auf die ein gesetzlicher Anspruch besteht,
   b) die aufgrund eines Sozialplans gemäß § 112 Absatz 1 des Betriebsverfassungsgesetzes geleistet werden,
   c) die aufgrund eines rechtskräftigen Urteils oder Prozessvergleichs zu leisten sind, oder
   d) die im Fall einer einvernehmlichen oder institutsseitigen betriebsbedingten Vertragsbeendigung oder bei Abwendung eines unmittelbar drohenden gerichtlichen Verfahrens einen Betrag nicht überschreiten, der anhand einer vorher in den Grundsätzen gemäß Satz 2 festgelegten allgemeinen Formel berechnet wurde;
2. vertraglich festgelegten Karenzentschädigungen für die Dauer eines nachvertraglichen Wettbewerbsverbots, sofern die Zahlungen vorbehaltlich § 74 Absatz 2 des Handelsgesetzbuchs die ursprünglich geschuldete Fixvergütung nicht überschreiten, und
3. sonstige Abfindungen, sofern das Institut der Aufsichtsbehörde gemäß § 1 Absatz 5 des Kreditwesengesetzes die Gründe für die Gewährung sowie die Angemessenheit des Betrages schlüssig dargelegt hat; bei Abfindungen bis zu einer Höhe, die
   a) 200 000 Euro nicht überschreitet und
   b) nicht mehr als 200 Prozent der fixen Vergütung des Mitarbeiters oder der Mitarbeiterin im letzten abgeschlossenen Geschäftsjahr entspricht,

---

[1)] Nr. **8**.

gilt der Betrag als angemessen, und es kann auf eine Darlegung verzichtet werden.

Setzt sich die Vergütung aus mehreren Bestandteilen gemäß den Nummern 1 bis 3 zusammen, so ist in jedem Fall eine Darlegung bei der Aufsichtsbehörde gemäß Nummer 3 notwendig.

(7) [1] Zusätzliche variable Vergütungen, die zum Zweck der Bindung der Mitarbeiter und Mitarbeiterinnen an das Institut gewährt werden (Halteprämien), sind nur zulässig, wenn das Institut in der Lage ist, sein berechtigtes Interesse an der Gewährung von Halteprämien zu begründen. [2] Sie müssen insbesondere den Anforderungen gemäß den §§ 4 und 7 genügen. [3] Bei der Berechnung des Verhältnisses gemäß § 25a Absatz 5 des Kreditwesengesetzes sind Halteprämien entweder zeitanteilig oder mit dem Gesamtbetrag zum Zeitpunkt der Fälligkeit zu berücksichtigen. [4] Bei Risikoträgern und Risikoträgerinnen von bedeutenden Instituten gemäß § 25n des Kreditwesengesetzes sind zusätzlich auch die Anforderungen der §§ 20 und 22 einzuhalten.

§ 6 Verhältnis von variabler zu fixer Vergütung; Billigung einer höheren Obergrenze gemäß § 25a Absatz 5 Satz 5 des Kreditwesengesetzes.

(1) [1] Besteht die Vergütung aus einer variablen und einer fixen Vergütung, müssen diese in einem angemessenen Verhältnis zueinander stehen. [2] Das Verhältnis ist angemessen, wenn einerseits keine signifikante Abhängigkeit des Mitarbeiters oder der Mitarbeiterin von der variablen Vergütung besteht, die variable Vergütung aber andererseits einen wirksamen Verhaltensanreiz setzen kann.

(2) [1] Das Institut hat eine angemessene Obergrenze für die variable Vergütung im Verhältnis zur fixen Vergütung festzulegen. [2] Soweit anwendbar, ist § 25a Absatz 5 des Kreditwesengesetzes[1)] bei der Festlegung der Obergrenze zu beachten. [3] Dabei kann auf höchstens 25 Prozent des Gesamtwerts der variablen Vergütung ein angemessener Diskontierungssatz angewendet werden, sofern dieser Anteil in Instrumenten gezahlt wird, die für mindestens fünf Jahre zurückbehalten werden.

(3) Im Zusammenhang mit der Zurückbehaltung darf ein Anspruch oder eine Anwartschaft auf den in Instrumenten zurückbehaltenen Vergütungsanteil gemäß Absatz 2 Satz 3 erst nach Ablauf des Zurückbehaltungszeitraums entstehen und während des Zurückbehaltungszeitraums lediglich ein Anspruch auf fehlerfreie Ermittlung des noch nicht zu einer Anwartschaft oder einem Anspruch erwachsenen Teils dieses Teils der variablen Vergütung bestehen, nicht aber auf diesen Teil der variablen Vergütung selbst.

(4) Wird gemäß § 25a Absatz 5 Satz 5 des Kreditwesengesetzes eine Erhöhung der Obergrenze für die variable Vergütung im Verhältnis zur fixen Vergütung gemäß Satz 2 angestrebt, muss das Institut in der Lage sein, der Aufsichtsbehörde gemäß § 1 Absatz 5 des Kreditwesengesetzes nachzuweisen, dass die vorgeschlagene höhere Obergrenze nicht die Einhaltung der Verpflichtungen des Instituts gemäß der Verordnung (EU) Nr. 575/2013[2)] des Europäischen Parlaments und des Rates vom 26. Juni 2013 über Aufsichtsanforderungen an Kreditinstitute und Wertpapierfirmen und zur Änderung der Verordnung (EU) Nr. 648/2012 (ABl. L 176 vom 27.6.2013, S. 1; L 208 vom 2.8.2013, S. 68; L

---

1) Nr. **8**.
2) Nr. **6**.

321 vom 30.11.2013, S. 6; L 193 vom 21.7.2015, S. 166), die zuletzt durch die Verordnung (EU) 2016/1014 (ABl. L 171 vom 19.6.2016, S. 153) geändert worden ist, gemäß dem Kreditwesengesetz und gemäß dieser Verordnung beeinträchtigt, wobei besonderes Augenmerk auf die Eigenmittelverpflichtungen des Instituts zu legen ist.

(5) Übt ein Unternehmen als Anteilseigner, Eigentümer, Mitglied oder Träger seine Stimmrechte im Hinblick auf die Billigung einer höheren Obergrenze für die variable Vergütung im Verhältnis zur fixen Vergütung gemäß § 25a Absatz 5 des Kreditwesengesetzes für Mitarbeiter und Mitarbeiterinnen seines Tochterunternehmens aus, ist dessen Zustimmung zur Erhöhung nur dann wirksam, wenn diese entweder ihrerseits unter Einhaltung der Anforderungen aus § 25a Absatz 5 Satz 5 bis 9 des Kreditwesengesetzes zustande gekommen ist oder wenn die Erhöhung in Übereinstimmung mit der gruppenweiten Vergütungsstrategie gemäß § 27 Absatz 1 steht.

§ 7 Voraussetzungen für die Festsetzung des Gesamtbetrags der variablen Vergütung und die Erdienung zurückbehaltener Vergütungsbestandteile. (1) [1]Der Gesamtbetrag der variablen Vergütungen gemäß § 45 Absatz 2 Satz 1 Nummer 5a des Kreditwesengesetzes[1)] muss in einem formalisierten, transparenten und nachvollziehbaren Prozess unter angemessener und ihrem Aufgabenbereich entsprechender Beteiligung der Kontrolleinheiten festgesetzt werden. [2]Die Verantwortlichkeiten gemäß § 3 gelten entsprechend. [3]Bei der Festsetzung des Gesamtbetrags

1. sind die Risikotragfähigkeit, die mehrjährige Kapitalplanung und die Ertragslage des Instituts und der Gruppe hinreichend zu berücksichtigen und
2. ist sicherzustellen, dass das Institut und die Gruppe in der Lage sind,
   a) eine angemessene Eigenmittel- und Liquiditätsausstattung und
   b) die kombinierten Kapitalpuffer-Anforderungen gemäß § 10i des Kreditwesengesetzes

   dauerhaft aufrechtzuerhalten oder wiederherzustellen.

(2) [1]Eine Ermittlung und eine Erdienung von variabler Vergütung darf nur erfolgen, wenn und soweit zu den jeweiligen Zeitpunkten die Voraussetzungen gemäß Absatz 1 Satz 3 erfüllt sind. [2]Ein späterer Ausgleich für eine Verringerung der variablen Vergütung ist nicht zulässig.

§ 8 Verbot der Einschränkung oder Aufhebung der Risikoadjustierung.

(1) [1]Die Risikoadjustierung der variablen Vergütung darf seitens der Institute nicht durch Absicherungs- oder sonstige Gegenmaßnahmen eingeschränkt oder aufgehoben werden. [2]Insbesondere dürfen keine Instrumente oder Methoden angewendet werden, durch die Anforderungen dieser Verordnung umgangen werden.

(2) [1]Die Institute haben angemessene Compliance-Strukturen einzurichten, um Absicherungs- oder sonstige Gegenmaßnahmen seitens der Mitarbeiter und Mitarbeiterinnen zur Einschränkung oder Aufhebung der Risikoadjustierung der Vergütung zu verhindern. [2]Angemessene Compliance-Strukturen bestehen insbesondere in einer Verpflichtung der Mitarbeiter und Mitarbeiterinnen, keine

---

1) Nr. 8.

persönlichen Absicherungs- oder sonstigen Gegenmaßnahmen zu treffen, um die Risikoorientierung ihrer Vergütung einzuschränken oder aufzuheben, sowie bei bedeutenden Instituten gemäß § 25n des Kreditwesengesetzes[1)] in der Verpflichtung der Risikoträger und Risikoträgerinnen, private Depotkonten anzuzeigen. [3]Dabei ist die Einhaltung dieser Verpflichtung risikoorientiert zumindest stichprobenartig durch die Kontrolleinheiten mit Compliance-Funktion gemäß § 2 Absatz 11 zu überprüfen; bei bedeutenden Instituten gemäß § 25n des Kreditwesengesetzes erfolgt die Überprüfung durch den Vergütungsbeauftragten gemäß den §§ 23 bis 25.

§ 9 Zusätzliche Anforderungen an die Vergütung der Mitarbeiter und Mitarbeiterinnen der Kontrolleinheiten. (1) Die Vergütung der Mitarbeiter und Mitarbeiterinnen der Kontrolleinheiten muss so ausgestaltet sein, dass eine angemessene qualitative und quantitative Personalausstattung ermöglicht wird.

(2) Bei der Ausgestaltung der Vergütung der Mitarbeiter und Mitarbeiterinnen der Kontrolleinheiten ist sicherzustellen, dass der Schwerpunkt auf dem fixen Vergütungsbestandteil liegt.

§ 10 Zusätzliche Anforderungen an die Vergütung von Geschäftsleitern und Geschäftsleiterinnen. (1) Das Verwaltungs- oder Aufsichtsorgan hat bei der Festsetzung der Vergütung des einzelnen Geschäftsleiters oder der einzelnen Geschäftsleiterin dafür zu sorgen, dass die Vergütung

1. in einem jeweils angemessenen Verhältnis zu den Aufgaben und Leistungen des Geschäftsleiters oder der Geschäftsleiterin sowie zur Lage des Instituts steht und
2. die übliche Vergütung nicht ohne besondere Gründe übersteigt.

(2) Variable Vergütungen sollen eine mehrjährige Bemessungsgrundlage haben; für außerordentliche Entwicklungen soll das Verwaltungs- oder Aufsichtsorgan eine Begrenzungsmöglichkeit vereinbaren.

(3) Andere einschlägige bundes- oder landesgesetzliche Regelungen zur Vergütung von Geschäftsleitern und Geschäftsleiterinnen bleiben von den Absätzen 1 und 2 unberührt.

(4) [1]Die Vergütung, die Geschäftsleiter und Geschäftsleiterinnen für ihre berufliche Tätigkeit bei dem Institut erhalten, muss abschließend im Anstellungsvertrag festgelegt werden. [2]Der Anstellungsvertrag und spätere Änderungen bedürfen der Schriftform.

§ 11 Grundsätze zu den Vergütungssystemen in den Organisationsrichtlinien; Dokumentationspflichten. (1) [1]Das Institut hat in seinen Organisationsrichtlinien Grundsätze zu den Vergütungssystemen festzulegen. [2]Die Grundsätze umfassen insbesondere

1. Angaben zur Ausgestaltung und Anpassung der Vergütungssysteme und zur Zusammensetzung der Vergütung,
2. die Regelungen der jeweiligen Zuständigkeiten und Entscheidungsbefugnisse der Geschäftsleitung, des Verwaltungs- oder Aufsichtsorgans, gegebenenfalls des Vergütungskontrollausschusses und des Vergütungsbeauftragten, der Kon-

---

[1)] Nr. **8**.

trolleinheiten und der übrigen Organisationseinheiten im Rahmen von Entscheidungsprozessen sowie

3. ein Rahmenkonzept zur Festlegung und Genehmigung von Abfindungen einschließlich einer klaren Zuordnung von Zuständigkeiten und Entscheidungsbefugnissen unter Einbeziehung der Kontrolleinheiten im Rahmen ihrer jeweiligen Zuständigkeiten.

(2) Die Institute haben Inhalte und Ergebnisse der Entscheidungsprozesse, in denen der Gesamtbetrag der variablen Vergütungen und dessen Verteilung im Institut festgelegt wurden, angemessen zu dokumentieren.

(3) [1] Werden Zulagen der fixen Vergütung zugeordnet, sind die Gründe dafür zu dokumentieren. [2] Dabei ist gesondert darauf einzugehen, wenn die Zulagen

1. im Ergebnis ausschließlich an Risikoträger und Risikoträgerinnen gezahlt werden,
2. im Ergebnis beschränkt sind auf Fälle, in denen das Verhältnis zwischen der variablen und der fixen jährlichen Vergütung die Obergrenze gemäß § 25a Absatz 5 des Kreditwesengesetzes[1)] übersteigen würde, sofern die Zulagen als variable Vergütung angesehen würden, oder
3. an Kennzahlen anknüpfen, die Näherungswerte für den Erfolg des Instituts sein können; in diesem Fall muss das Institut darlegen können, dass diese Kennzahlen tatsächlich nicht vom Erfolg des Instituts abhängen.

§ 12 Überprüfung und Anpassung der Vergütungssysteme. (1) [1] Die Vergütungssysteme und die zugrunde gelegten Vergütungsparameter sind von dem Institut zumindest einmal jährlich auf ihre Angemessenheit, insbesondere auch ihre Vereinbarkeit mit den Geschäfts- und Risikostrategien, zu überprüfen. [2] Dabei sind zumindest die diesbezüglichen Berichte der Internen Revision, der Prüfungsbericht des Abschlussprüfers gemäß § 26 Absatz 1 des Kreditwesengesetzes[1)] sowie in bedeutenden Instituten gemäß § 25n des Kreditwesengesetzes dieser Verordnung der Vergütungskontrollbericht gemäß § 24 Absatz 3 heranzuziehen. [3] Die Überprüfung ist schriftlich oder elektronisch zu dokumentieren und das Überprüfungsergebnis dem Verwaltungs- oder Aufsichtsorgan vorzulegen.

(2) [1] Werden bei der Überprüfung Mängel festgestellt, ist zeitnah ein Maßnahmenplan zu erstellen und umzusetzen. [2] Die ergriffenen Maßnahmen zur Behebung der festgestellten Mängel sind zu dokumentieren.

§ 13 Information über die Vergütungssysteme. (1) [1] Die Mitarbeiter und Mitarbeiterinnen müssen schriftlich über die Ausgestaltung der für sie maßgeblichen Vergütungssysteme und insbesondere über die Ausgestaltung der für sie relevanten Vergütungsparameter in Kenntnis gesetzt werden. [2] Die Schriftform ist auch bei einer elektronischen Übermittlung gewahrt.

(2) Die weiteren Informationen zu den Vergütungssystemen, die gemäß Artikel 450 der Verordnung (EU) Nr. 575/2013[2)] und ergänzend gemäß § 16 dieser Verordnung von den Instituten offenzulegen sind, sind allen Mitarbeitern und Mitarbeiterinnen zugänglich zu machen.

[1)] Nr. **8**.
[2)] Nr. **6**.

§ 14 Anpassung bestehender Vereinbarungen. (1) Das Institut hat darauf hinzuwirken, dass bestehende

1. Verträge mit Mitarbeitern und Mitarbeiterinnen,
2. Betriebs- und Dienstvereinbarungen sowie
3. betriebliche Übungen,

die mit dieser Verordnung nicht vereinbar sind, soweit rechtlich zulässig, angepasst werden.

(2) Die Anpassung hat auf Grundlage einer für Dritte nachvollziehbaren fundierten juristischen Begutachtung der Rechtslage und unter Berücksichtigung der konkreten Erfolgsaussichten zu erfolgen.

§ 15 Aufgaben des Vergütungskontrollausschusses. (1) Hat das Institut einen Vergütungskontrollausschuss gemäß § 25d Absatz 12 Satz 1 des Kreditwesengesetzes[1] eingerichtet, so nimmt dieser insbesondere die Aufgaben gemäß den Absätzen 2 bis 5 sowie gemäß § 25d Absatz 12 Satz 2 des Kreditwesengesetzes wahr.

(2) [1]Der Vergütungskontrollausschuss unterstützt das Verwaltungs- oder Aufsichtsorgan bei der angemessenen Ausgestaltung der Vergütungssysteme des Instituts für Geschäftsleiter und Geschäftsleiterinnen. [2]Dies umfasst insbesondere auch

1. die Vorbereitung der Beschlüsse des Verwaltungs- oder Aufsichtsorgans zur Festsetzung des Gesamtbetrags der variablen Vergütungen gemäß § 45 Absatz 2 Satz 1 Nummer 5a des Kreditwesengesetzes unter Berücksichtigung des § 7 sowie zur Festlegung von angemessenen Vergütungsparametern, von Erfolgsbeiträgen, der Leistungs- und Zurückbehaltungszeiträume und der Voraussetzungen für einen vollständigen Verlust oder eine teilweise Reduzierung der zurückbehaltenen variablen Vergütung oder für eine Rückforderung bereits ausgezahlter variabler Vergütung sowie
2. die regelmäßige, mindestens jedoch jährliche Überprüfung, ob die vom Verwaltungs- oder Aufsichtsorgan beschlossenen Festlegungen zu den in Nummer 1 genannten Punkten noch angemessen sind; im Fall festgestellter Mängel ist zeitnah ein Maßnahmenplan zu erstellen.

(3) [1]Der Vergütungskontrollausschuss unterstützt das Verwaltungs- oder Aufsichtsorgan des Instituts ferner bei der Überwachung der angemessenen Ausgestaltung der Vergütungssysteme für die Mitarbeiter und Mitarbeiterinnen, die keine Geschäftsleiter oder Geschäftsleiterinnen sind, sowie in bedeutenden Instituten gemäß § 25n des Kreditwesengesetzes auch bei der Überwachung des Prozesses der Ermittlung der Risikoträger und Risikoträgerinnen gemäß § 25a Absatz 5b des Kreditwesengesetzes sowie der Gruppen-Risikoträger und Gruppen-Risikoträgerinnen gemäß § 27 Absatz 2 Satz 1. [2]Zu den diesbezüglichen Aufgaben des Vergütungskontrollausschusses zählt insbesondere die regelmäßige, mindestens jedoch jährliche Überprüfung, ob

1. der Gesamtbetrag der variablen Vergütungen gemäß § 45 Absatz 2 Satz 1 Nummer 5a des Kreditwesengesetzes unter Berücksichtigung des § 7 dieser Verordnung ermittelt ist,

---

[1] Nr. 8.

2. die festgelegten Grundsätze zur Bemessung von Vergütungsparametern, Erfolgsbeiträgen sowie Leistungs- und Zurückbehaltungszeiträumen einschließlich der Voraussetzungen für einen vollständigen Verlust oder eine teilweise Reduzierung der variablen Vergütung angemessen sind und
3. die Vergütungssysteme der Mitarbeiter und Mitarbeiterinnen in den Kontrolleinheiten den Anforderungen dieser Verordnung entsprechen.

(4) Im Rahmen seiner Aufgaben bewertet der Vergütungskontrollausschuss die Auswirkungen der Vergütungssysteme auf die Risiko-, Kapital- und Liquiditätssituation des Instituts oder der Gruppe und stellt sicher, dass die Vergütungssysteme im Einklang mit den Anforderungen gemäß § 4 stehen.

(5) Der Vergütungskontrollausschuss hat das Aufsichts- oder Verwaltungsorgan bei der Erstellung der Beschlussvorschläge gemäß § 25a Absatz 5 Satz 6 des Kreditwesengesetzes zu unterstützen.

§ 16 Offenlegung. (1) Unbeschadet der Offenlegungspflichten gemäß Artikel 450 der Verordnung (EU) Nr. 575/2013[1] haben bedeutende Institute gemäß § 25n des Kreditwesengesetzes[2], unterteilt nach den jeweiligen Geschäftsbereichen des Instituts, folgende Informationen offenzulegen:
1. eine Darstellung der Vergütungssysteme mit
   a) Erläuterungen dazu, wie die Anforderungen dieser Verordnung erfüllt werden, insbesondere die Anforderungen an die Ausgestaltung der Vergütungssysteme gemäß den §§ 4 bis 10,
   b) gegebenenfalls einer Darstellung vorhandener Unterschiede und Besonderheiten in der Ausgestaltung der Vergütungssysteme von einzelnen Mitarbeiterkategorien und
   c) gegebenenfalls einer Darstellung der wesentlichen Veränderungen in der Vergütungsstrategie einschließlich der Auswirkungen auf die jeweilige Zusammensetzung der variablen und fixen Vergütung,
2. bei Einrichtung eines Vergütungskontrollausschusses gemäß § 15 Angaben zu seiner Zusammensetzung und seinen Aufgaben sowie Erläuterungen dazu, wie die Anforderungen an die Zusammenarbeit mit diesem Vergütungskontrollausschuss erfüllt werden, sowie
3. den Gesamtbetrag aller Vergütungen, unterteilt in fixe und variable Vergütung, sowie die Anzahl der Begünstigten der variablen Vergütung.

(2) Institute, die keine bedeutenden Institute gemäß § 25n des Kreditwesengesetzes sind und deren Bilanzsumme im Durchschnitt zu den jeweiligen Stichtagen der letzten drei abgeschlossenen Geschäftsjahre 3 Milliarden Euro erreicht oder überschritten hat, haben die Informationen gemäß Artikel 450 der Verordnung (EU) Nr. 575/2013 in Bezug auf die Vergütungen aller Mitarbeiter und Mitarbeiterinnen aufgeschlüsselt nach Geschäftsbereichen offenzulegen.

(3) [1]Die Institute haben unter Wahrung der in Absatz 4 genannten Grundsätze die in den Absätzen 1 und 2 genannten Informationen so detailliert darzustellen, dass die inhaltliche Übereinstimmung der Vergütungssysteme mit den Anforderungen dieser Verordnung nachvollziehbar ist. [2]Auf die etwaige Ein-

[1] Nr. **6**.
[2] Nr. **8**.

bindung externer Berater und Interessengruppen bei der Ausgestaltung der Vergütungssysteme ist einzugehen.

(4) [1]Die Informationen gemäß den Absätzen 1 und 2 sind zusammen mit den Angaben gemäß Artikel 450 der Verordnung (EU) Nr. 575/2013 in deutscher Sprache sowie in verständlicher und transparenter Form offenzulegen. [2]Institute, die eine Webseite betreiben, haben die Informationen gemäß den Absätzen 1 und 2 in jedem Fall dort offenzulegen. [3]Die quantitativen Informationen sind in tabellarischer und, sofern dies zum besseren Verständnis erforderlich ist, auch in grafischer Form darzustellen. [4]Wie detailliert die Informationen offenzulegen sind, ist abhängig von der Größe und der Vergütungsstruktur des Instituts sowie von Art, Umfang, Risikogehalt und Internationalität seiner Geschäftsaktivitäten. [5]Bei der Offenlegung der Informationen gemäß den Absätzen 1 und 2 können die in Artikel 432 der Verordnung (EU) Nr. 575/2013 genannten Grundsätze zur Wesentlichkeit der Informationen, zum Schutz von Geschäftsgeheimnissen und zur Wahrung der Vertraulichkeit entsprechend angewendet werden.

(5) Absatz 2 gilt nicht für nachgeordnete Unternehmen, die keine bedeutenden Institute gemäß § 25n des Kreditwesengesetzes sind, sofern deren übergeordnetes Unternehmen

1. innerhalb des Europäischen Wirtschaftsraums ansässig ist oder
2. in einem Drittstaat ansässig ist und von diesem gleichwertige Angaben auf konsolidierter Basis veröffentlicht werden.

Abschnitt 3. Besondere Anforderungen an bedeutende Institute

§ 17 *(aufgehoben)*

§ 18 Anforderungen an Vergütungssysteme von Risikoträgern und Risikoträgerinnen in bedeutenden Instituten; Risikoausrichtung der Vergütungssysteme. (1) Vergütungssysteme für Risikoträger und Risikoträgerinnen bedeutender Institute gemäß § 25n des Kreditwesengesetzes[1)] müssen zusätzlich den besonderen Anforderungen der Absätze 3 bis 5 und der §§ 19 bis 22 entsprechen, wobei die §§ 20 und 22 nur auf ermittelte variable Vergütungen von mehr als 50 000 Euro anzuwenden sind.

(2) *(aufgehoben)*

(3) [1]Die variable Vergütung ist an den eingegangenen gegenwärtigen und zukünftigen Risiken auszurichten, wobei sicherzustellen ist, dass Anreize, Risiken einzugehen durch Anreize zur Risikosteuerung ausgeglichen werden. [2]Dies umfasst sowohl die Ex-ante-Risikoadjustierung bei der Ermittlung der variablen Vergütung gemäß § 19 als auch die Ex-post-Risikoadjustierung bei der Auszahlung der variablen Vergütung gemäß § 20 und die Auszahlung von zusätzlichen Leistungen zur Altersversorgung gemäß § 22.

(4) [1]Das Institut muss den Zeitrahmen der Risiko- und Erfolgsmessung über mehrere Jahre anlegen und an seinem Geschäftszyklus ausrichten. [2]Bei der Festlegung des Bemessungszeitraums gemäß § 19 und des Zurückbehaltungszeitraums gemäß § 20 Absatz 1 und 2 und § 22 Absatz 1 Satz 1 sowie der Sperrfrist gemäß § 20 Absatz 5 muss das Institut seine Geschäftstätigkeit und die Stellung

---

[1)] Nr. 8.

des jeweiligen Risikoträgers oder der jeweiligen Risikoträgerin angemessen berücksichtigen.

(5) [1] Negative Abweichungen des Erfolgsbeitrags des Risikoträgers oder der Risikoträgerin, des Erfolgsbeitrags seiner oder ihrer Organisationseinheit oder des Gesamterfolgs des Instituts oder der Gruppe von den vereinbarten Zielen müssen die Höhe der variablen Vergütung verringern und auch zum vollständigen Verlust derselben führen können. [2] Dies gilt auf Basis einer periodengerechten Zuordnung der negativen Abweichung zu einem Bemessungszeitraum sowohl für § 19 als auch für die §§ 20 und 22 Absatz 1. [3] Der vollständige Verlust einer variablen Vergütung muss in jedem Fall eintreten, wenn der Risikoträger oder die Risikoträgerin

1. an einem Verhalten, das für das Institut zu erheblichen Verlusten oder einer wesentlichen regulatorischen Sanktion geführt hat, maßgeblich beteiligt oder dafür verantwortlich war oder
2. relevante externe oder interne Regelungen in Bezug auf Eignung und Verhalten in schwerwiegendem Maß verletzt hat.

§ 19 Ermittlung der variablen Vergütung (Ex-ante-Risikoadjustierung) (1) [1] Bei der Ermittlung der variablen Vergütung sind der Gesamterfolg des Instituts oder, falls erforderlich, der Gruppe sowie der Erfolgsbeitrag der Organisationseinheit und der individuelle Erfolgsbeitrag angemessen zu berücksichtigen. [2] Dabei ist ein angemessener Betrachtungszeitraum zugrunde zu legen, der mindestens ein Jahr betragen muss (Bemessungszeitraum). [3] Bei Risikoträgern oder Risikoträgerinnen, die Geschäftsleiter oder Geschäftsleiterinnen sind, beträgt der Bemessungszeitraum mindestens drei Jahre. [4] Dabei kann der Zurückbehaltungszeitraum auf den Bemessungszeitraum angerechnet werden, soweit er die Untergrenze aus § 20 Absatz 2 überschreitet; Satz 2 bleibt unberührt.

(2) [1] Der individuelle Erfolgsbeitrag ist anhand der Erreichung von vereinbarten Zielen zu bestimmen, wobei sowohl quantitative als auch qualitative Vergütungsparameter angemessen berücksichtigt werden müssen. [2] Die Vergütungsparameter sind so festzulegen, dass der Grad der Zielerreichung ermittelt werden kann. [3] Insbesondere sitten- oder pflichtwidriges Verhalten darf nicht durch positive Erfolgsbeiträge ausgeglichen werden, sondern muss die Höhe der variablen Vergütung verringern.

(3) [1] Für die Ermittlung des Gesamterfolgs des Instituts oder, falls erforderlich, der Gruppe, des Erfolgsbeitrags der jeweiligen Organisationseinheit und, soweit dies nicht mit einem unverhältnismäßigen Aufwand verbunden ist, des individuellen Erfolgsbeitrags sind insbesondere solche Vergütungsparameter zu verwenden, die dem Ziel eines nachhaltigen Erfolges Rechnung tragen. [2] Dabei sind vor allem eingegangene Risiken, deren Laufzeiten sowie Kapital- und Liquiditätskosten zu berücksichtigen, wobei die Laufzeiten der Risiken nicht zwingend nachgebildet werden müssen.

§ 20 Zurückbehaltung, Anspruchs- und Auszahlungsvoraussetzungen, Rückforderung (Ex-post-Risikoadjustierung) (1) [1] Die Auszahlung eines erheblichen Teils, mindestens aber von 40 Prozent, der variablen Vergütung eines Risikoträgers oder einer Risikoträgerin muss über einen Zurückbehaltungszeitraum von mindestens drei Jahren gestreckt werden. [2] Abhängig von der Stellung, den Aufgaben und den Tätigkeiten eines Risikoträgers oder einer

Risikoträgerin sowie von der Höhe der variablen Vergütung und der Risiken, die ein Risikoträger oder eine Risikoträgerin begründen kann, erhöhen sich die Untergrenze des Zurückbehaltungszeitraums auf bis zu fünf Jahre und die Untergrenze des zurückzubehaltenden Anteils der variablen Vergütung auf bis zu 60 Prozent. [3]Bei der Festlegung des Zurückbehaltungszeitraums und des zurückzubehaltenden Anteils der variablen Vergütung gemäß den Sätzen 1 und 2 sind der Geschäftszyklus, Art und Risikogehalt der Geschäftsaktivitäten, die diesbezüglich erwarteten Schwankungen, die Einflussnahmemöglichkeit der Risikoträger und Risikoträgerinnen hierauf sowie gegebenenfalls eine gemäß § 25a Absatz 5 des Kreditwesengesetzes[1)] gebilligte höhere Obergrenze für die variable Vergütung im Verhältnis zur fixen Vergütung zu berücksichtigen.

(2) Bei Risikoträgern oder Risikoträgerinnen, die Geschäftsleiter oder Geschäftsleiterinnen sind oder der nachgelagerten Führungsebene angehören, betragen die Untergrenzen gemäß Absatz 1 Satz 2 fünf Jahre und 60 Prozent.

(3) [1]Jedes Institut hat in seinen Organisationsrichtlinien einen Schwellenwert für die jährliche variable Vergütung eines Risikoträgers oder einer Risikoträgerin in angemessener Höhe festzulegen, ab dessen Erreichen sich der Anteil der variablen Vergütung, dessen Auszahlung gemäß Absatz 1 Satz 1 zu strecken ist, auf mindestens 60 Prozent erhöht. [2]Dieser Schwellenwert darf 500 000 Euro nicht überschreiten.

(4) Während des Zurückbehaltungszeitraums

1. darf der Anspruch oder die Anwartschaft auf diesen Vergütungsanteil nicht schneller als zeitanteilig entstehen,
2. besteht lediglich ein Anspruch auf fehlerfreie Ermittlung bezüglich des noch nicht zu einer Anwartschaft oder einem Anspruch erwachsenen Teils der variablen Vergütung, nicht aber auf diesen Teil der variablen Vergütung selbst, und
3. erfolgt eine nachträgliche Überprüfung, ob die ursprüngliche Ermittlung der variablen Vergütung gemäß § 19 auch rückblickend noch zutreffend erscheint; im Fall einer negativen Abweichung des Überprüfungsergebnisses ist die zurückbehaltene variable Vergütung entsprechend zu reduzieren.

(5) [1]Abhängig von den Aufgaben sowie der Tätigkeit und der Stellung eines Risikoträgers oder einer Risikoträgerin muss sich ein erheblicher Teil, mindestens aber 50 Prozent, jeder zurückbehaltenen und jeder nicht zurückbehaltenen variablen Vergütung aus den folgenden Bestandteilen zusammensetzen, die vorbehaltlich der Verfügbarkeit von Instrumenten gemäß Nummer 2 in einem ausgewogenen Verhältnis zueinander stehen müssen:

1. je nach Rechtsform des jeweiligen Instituts aus Aktien oder gleichwertigen Beteiligungen oder aus aktienbasierten oder gleichwertigen Instrumenten, die den Wert des Unternehmens nachhaltig widerspiegeln,
2. falls verfügbar, aus Instrumenten im Sinne der Delegierten Verordnung (EU) Nr. 527/2014 der Kommission vom 12. März 2014 zur Ergänzung der Richtlinie 2013/36/EU des Europäischen Parlaments und des Rates durch technische Regulierungsstandards zur Bezeichnung der Klassen von Instrumenten, die die Bonität eines Instituts unter der Annahme der Unternehmensfortfüh-

---

1) Nr. 8.

rung angemessen widerspiegeln und die für eine Verwendung zu Zwecken der variablen Vergütung geeignet sind (ABl. L 148 vom 20.5.2014, S. 21).
[2] Die in Satz 1 genannten Instrumente sind mit einer angemessenen Sperrfrist von in der Regel mindestens einem Jahr zu versehen, nach deren Ablauf frühestens über den jeweiligen Anteil der variablen Vergütung verfügt werden darf.

(6) [1] In den Fällen des § 18 Absatz 5 Satz 3 Nummer 1 und 2 hat das Institut auf Grundlage entsprechender Vereinbarungen mit den Risikoträgern und Risikoträgerinnen eine bereits ausgezahlte variable Vergütung zurückzufordern und Ansprüche auf die Auszahlung variabler Vergütung zum Erlöschen zu bringen. [2] Dies gilt auf Basis einer periodengerechten Zuordnung des negativen Erfolgsbeitrags zu einem Bemessungszeitraum mindestens für einen Zeitraum, der mit der Auszahlung des nicht gemäß den Absätzen 1 und 2 zurückbehaltenen Anteils der variablen Vergütung beginnt und zwei Jahre nach Ablauf der Zurückbehaltungsfrist für den zuletzt gemäß Absatz 4 Satz 1 Nummer 1 erdienten Vergütungsbestandteil endet.

§ 21 Vergütungen im Zusammenhang mit Ausgleichszahlungen.

Vergütungen im Zusammenhang mit Ausgleichszahlungen für entgangene Ansprüche aus vorherigen Beschäftigungsverhältnissen gelten als garantierte variable Vergütung gemäß § 5 Absatz 5 und müssen unter Einbeziehung der besonderen Anforderungen gemäß den §§ 20 und 22 mit den langfristigen Interessen des Instituts in Einklang stehen.

§ 22 Zusätzliche Leistungen zur Altersversorgung. (1) [1] Zusätzliche Leistungen zur Altersversorgung, die anlässlich einer nicht ruhestandsbedingten Beendigung des Arbeits-, Geschäftsbesorgungs- oder Dienstverhältnisses an Risikoträger oder Risikoträgerinnen gewährt werden, müssen abweichend von § 20 in voller Höhe aus Instrumenten gemäß § 20 Absatz 5 Satz 1 Nummer 1 und 2 bestehen und vom Institut mindestens fünf Jahre zurückbehalten werden. [2] § 18 Absatz 5 und § 20 Absatz 4 Nummer 2 und 3 gelten entsprechend.

(2) [1] Zusätzliche Leistungen zur Altersversorgung, die anlässlich einer ruhestandsbedingten Beendigung des Arbeits-, Geschäftsbesorgungs- oder Dienstverhältnisses an Risikoträger oder Risikoträgerinnen geleistet werden, müssen abweichend von § 20 in voller Höhe aus Instrumenten gemäß § 20 Absatz 5 Satz 1 Nummer 1 und 2 bestehen und mit einer fünfjährigen Sperrfrist versehen sein. [2] Über die Instrumente darf frühestens nach Ablauf der Sperrfrist verfügt werden. [3] § 20 Absatz 6 gilt entsprechend.

(3) Für die Auszahlung der zusätzlichen Leistungen zur Altersversorgung gilt § 7 entsprechend.

§ 23 Vergütungsbeauftragte in bedeutenden Instituten. (1) [1] Bedeutende Institute haben eine angemessene, dauerhafte und wirksame Kontrolle der Vergütung der Mitarbeiter und Mitarbeiterinnen sicherzustellen. [2] Hierfür hat die Geschäftsleitung nach Anhörung des Verwaltungs- oder Aufsichtsorgans einen Vergütungsbeauftragten oder eine Vergütungsbeauftragte zu bestellen. [3] Vergütungsbeauftragte müssen die für ihre Tätigkeit erforderlichen Kenntnisse und Erfahrungen besitzen, insbesondere im Bereich der Vergütungssysteme und des Risikocontrollings. [4] Zum Erhalt der zur Erfüllung ihrer Aufgaben erforderlichen Fachkunde sind Vergütungsbeauftragten die Teilnahme an Fort- und Weiterbildungsveranstaltungen zu ermöglichen und deren Kosten vom Institut zu übernehmen.

(2) [1]Vergütungsbeauftragte werden für einen Zeitraum von mindestens 24 Monaten bestellt. [2]Sie dürfen wegen der Erfüllung ihrer Aufgaben nicht benachteiligt werden. [3]Ist gemäß Absatz 1 Satz 2 ein Vergütungsbeauftragter oder eine Vergütungsbeauftragte bestellt, so ist die Kündigung seines oder ihres Arbeitsverhältnisses während der Bestellung unzulässig, es sei denn, es liegen Tatsachen vor, die die verantwortliche Stelle zur Kündigung aus wichtigem Grund ohne Einhaltung einer Kündigungsfrist berechtigen. [4]Nach der Abberufung als Vergütungsbeauftragter oder Vergütungsbeauftragte ist die Kündigung innerhalb eines Jahres nach der Beendigung der Bestellung unzulässig, es sei denn, die verantwortliche Stelle ist zur Kündigung aus wichtigem Grund ohne Einhaltung einer Kündigungsfrist berechtigt.

(3) Soll ein neuer Vergütungsbeauftragter oder eine neue Vergütungsbeauftragte bestellt werden, ist das Verwaltungs- oder Aufsichtsorgan rechtzeitig vorher zu informieren und anzuhören.

(4) Vergütungsbeauftragter oder Vergütungsbeauftragte dürfen nicht sein:
1. ein Geschäftsleiter oder eine Geschäftsleiterin des Instituts,
2. der oder die Compliance-Beauftragte des Instituts oder
3. ein Mitarbeiter oder eine Mitarbeiterin des Instituts, der oder die auch für die Ausgestaltung der Vergütungssysteme verantwortlich ist oder war und bei dem dadurch ein Interessenkonflikt vorliegt.

(5) Vergütungsbeauftragte sind aufbauorganisatorisch auf einer ausreichend hohen Führungsebene unterhalb der Geschäftsleitung anzusiedeln.

(6) Für Vergütungsbeauftragte ist ein hinreichend qualifizierter Vertreter oder eine hinreichend qualifizierte Vertreterin zu bestimmen, auf den oder die die Regelungen der Absätze 1 bis 5 und der §§ 24 und 25 entsprechend anzuwenden sind.

§ 24 Aufgaben der Vergütungsbeauftragten. (1) [1]Vergütungsbeauftragte haben die Angemessenheit der Vergütungssysteme der Mitarbeiter und Mitarbeiterinnen, die keine Geschäftsleiter oder Geschäftsleiterinnen sind, ständig zu überwachen. [2]Zu diesem Zweck sind sie mit den zur wirksamen Ausübung ihrer Tätigkeit erforderlichen Befugnissen auszustatten sowie in die laufenden Prozesse der Vergütungssysteme einzubinden. [3]Dies gilt sowohl für die konzeptionelle Neu- und Weiterentwicklung als auch für die laufende Anwendung der Vergütungssysteme. [4]Sie sind verpflichtet, sich mit dem oder der Vorsitzenden des Vergütungskontrollausschusses oder, falls kein Vergütungskontrollausschuss eingerichtet wurde, mit dem oder der Vorsitzenden des Verwaltungs- oder Aufsichtsorgans eng abzustimmen.

(2) [1]Vergütungsbeauftragte haben zudem das Verwaltungs- oder Aufsichtsorgan und dessen Vergütungskontrollausschuss bei deren Überwachungs- und Ausgestaltungsaufgaben hinsichtlich aller Vergütungssysteme zu unterstützen. [2]Sie sind verpflichtet, dem oder der Vorsitzenden des Vergütungskontrollausschusses oder, falls kein Vergütungskontrollausschuss eingerichtet wurde, dem oder der Vorsitzenden des Aufsichts- oder Verwaltungsorgans Auskunft zu erteilen.

(3) Vergütungsbeauftragte haben mindestens einmal jährlich einen Bericht über die Angemessenheit der Ausgestaltung der Vergütungssysteme der Mitarbeiter und Mitarbeiterinnen, die keine Geschäftsleiter und Geschäftsleiterinnen sind, (Vergütungskontrollbericht) zu verfassen und diesen gleichzeitig der Geschäftsleitung, dem Verwaltungs- oder Aufsichtsorgan und dem Vergütungskontrollausschuss, sofern ein solcher eingerichtet ist, vorzulegen. [2] Das Verwaltungs- oder Aufsichtsorgan oder der Vergütungskontrollausschuss bestimmt unbeschadet des Satzes 1 über den Turnus für die Erstellung des Vergütungskontrollberichtes. [3] Soweit erforderlich, haben Vergütungsbeauftragte auch anlassbezogen Bericht zu erstatten.

§ 25 Personal- und Sachausstattung der Vergütungsbeauftragten.

(1) [1] Die Institute müssen Vergütungsbeauftragten eine angemessene quantitative und qualitative Personal- und Sachausstattung zur Verfügung stellen. [2] Vergütungsbeauftragten unterstellte Mitarbeiter und Mitarbeiterinnen müssen die für ihre Tätigkeit erforderlichen Kenntnisse und Erfahrungen besitzen, insbesondere im Bereich der Vergütungssysteme und des Risikocontrollings. [3] Durch geeignete Maßnahmen ist zu gewährleisten, dass das Qualifikationsniveau dieser Mitarbeiter und Mitarbeiterinnen die Ausübung der Tätigkeit ermöglicht.

(2) Die Vergütungsbeauftragten gemäß Absatz 1 unterstellten Mitarbeiter und Mitarbeiterinnen sind jeweils mit den zur wirksamen Ausübung ihrer Tätigkeit erforderlichen Befugnissen auszustatten.

§ 26 Vergütungsbeauftragte in den Organisationsrichtlinien. Die Aufgaben und die organisatorische Einbindung der Vergütungsbeauftragten sind in den Organisationsrichtlinien des Instituts gemäß § 11 darzustellen.

Abschnitt 4. Ergänzende Vorschriften für Gruppen

§ 27 Gruppenweite Regelung der Vergütung. (1) [1] Das übergeordnete Unternehmen einer Gruppe hat eine gruppenweite Vergütungsstrategie festzulegen, die die Anforderungen des § 25a Absatz 5 des Kreditwesengesetzes[1)] und der §§ 4 bis 13 dieser Verordnung in Bezug auf alle Mitarbeiter und Mitarbeiterinnen der gruppenangehörigen Unternehmen umsetzt, die nicht vom Anwendungsbereich des § 37 des Kapitalanlagegesetzbuchs erfasst sind. [2] In nachgeordneten Unternehmen gelten vorbehaltlich der Regelungen in Absatz 2 sowohl § 1 dieser Verordnung als auch im Hinblick auf die Anforderungen des § 25a Absatz 5 des Kreditwesengesetzes § 2 des Kreditwesengesetzes entsprechend. [3] Das übergeordnete Unternehmen hat die Offenlegungsanforderungen gemäß § 16 auf konsolidierter Ebene zu erfüllen. [4] Unterliegt ein nachgeordnetes Unternehmen mit Sitz im Ausland nach der dortigen Rechtsordnung strengeren Anforderungen als im Inland, hat das übergeordnete Unternehmen dies bei der Festlegung der gruppenweiten Vergütungsstrategie zu berücksichtigen und darauf hinzuwirken, dass das nachgeordnete Unternehmen die strengeren Anforderungen einhält.

[1)] Nr. 8.

(2) [1] Ist das übergeordnete Unternehmen bedeutend gemäß § 25n des Kreditwesengesetzes, hat es auf Grundlage einer gruppenweiten Risikoanalyse in entsprechender Anwendung des § 25a Absatz 5b des Kreditwesengesetzes die Gruppen-Risikoträger und Gruppen-Risikoträgerinnen zu ermitteln. [2] Bei der gruppenweiten Risikoanalyse können die Mitarbeiter und Mitarbeiterinnen von Unternehmen, die vom Anwendungsbereich des § 37 des Kapitalanlagegesetzbuchs erfasst sind, unberücksichtigt bleiben. [3] Bei der Festlegung der gruppenweiten Vergütungsstrategie gemäß Absatz 1 sind zudem die Anforderungen des § 18 Absatz 1 und 3 bis 5 und der §§ 19 bis 22 dieser Verordnung sowie des § 25a Absatz 5 des Kreditwesengesetzes in Bezug auf die Gruppen-Risikoträger und Gruppen-Risikoträgerinnen umzusetzen.

(3) [1] Das übergeordnete Unternehmen hat die Einhaltung der gruppenweiten Vergütungsstrategie in den nachgeordneten Unternehmen, die nicht vom Anwendungsbereich des § 37 des Kapitalanlagegesetzbuchs erfasst sind, sicherzustellen. [2] Soweit geboten, hat das übergeordnete Unternehmen auf die Einrichtung eines Vergütungskontrollausschusses in den nachgeordneten Unternehmen hinzuwirken, der die Anforderungen des § 25d Absatz 12 des Kreditwesengesetzes und des § 15 dieser Verordnung erfüllt.

(4) [1] Die Aufgaben des Vergütungsbeauftragten gemäß § 24 können zentral durch den Vergütungsbeauftragten des übergeordneten Unternehmens erfüllt werden. [2] Bei nachgeordneten Unternehmen, die keine bedeutenden Institute gemäß § 25n des Kreditwesengesetzes sind, kann auch die Überprüfung gemäß § 12 Absatz 1 zentral durch das übergeordnete Unternehmen durchgeführt werden.

Abschnitt 5. Schlussvorschriften

§ 28 Übergangsregelungen. (1) § 5 Absatz 1 Nummer 2, 4 und 5 sowie die §§ 18, 19 Absatz 1 und die §§ 20 bis 22 und 27 in der ab dem 4. August 2017 geltenden Fassung sind erstmals mit Beginn des nach diesem Zeitpunkt liegenden Bemessungszeitraums anzuwenden.

(2) § 5 Absatz 1 Nummer 3 in der ab dem 4. August 2017 geltenden Fassung ist erst ab dem 13. Januar 2018 anzuwenden.

(3) Die Offenlegungspflichten nach § 16 in der am 4. August 2017 in Kraft getretenen Fassung sind erstmals für die nach diesem Zeitpunkt beginnenden Bemessungszeiträume zu erfüllen.

§ 29 Inkrafttreten, Außerkrafttreten. [1] Diese Verordnung tritt am 1. Januar 2014 in Kraft. [2] Gleichzeitig tritt die Instituts-Vergütungsverordnung vom 6. Oktober 2010 (BGBl. I S. 1374) außer Kraft.

8g. Verordnung über die Anzeigen und die Vorlage von Unterlagen nach dem Kreditwesengesetz (Anzeigenverordnung – AnzV)[1)]

Vom 19. Dezember 2006
(BGBl. I S. 3245)

FNA 7610-2-33

zuletzt geänd. durch Art. 1 Dritte ÄndVO v. 16.10.2018 (BGBl. I S. 1725)

Nichtamtliche Inhaltsübersicht

[1)] **Amtl. Anm.:** Diese Verordnung dient auch der weiteren Umsetzung der Richtlinie 2006/48/EG des Europäischen Parlaments und des Rates vom 14. Juni 2006 über die Aufnahme und Ausübung der Tätigkeit der Kreditinstitute (Neufassung) (ABl. EU Nr. L 177 S. 1) und der Richtlinie 2006/49/EG des Europäischen Parlaments und des Rates vom 14. Juni 2006 über die angemessene Eigenkapitalausstattung von Wertpapierfirmen und Kreditinstituten (Neufassung) (ABl. EU Nr. L 177 S. 201).

Die Bundesanstalt für Finanzdienstleistungsaufsicht verordnet

- auf Grund des § 24 Abs. 4 Satz 1 und 3, auch in Verbindung mit § 2b Abs. 1 Satz 2 und 3, des Kreditwesengesetzes[1)] in der Fassung der Bekanntmachung vom 9. September 1998 (BGBl. I S. 2776), von denen § 2b Abs. 1 Satz 2 und 3 zuletzt durch Artikel 6 Nr. 5 Buchstabe a des Gesetzes vom 21. Juni 2002 (BGBl. I S. 2010) und § 24 Abs. 4 zuletzt durch Artikel 1 Nr. 30 des Gesetzes vom 17. November 2006 (BGBl. I S. 2606) geändert worden ist, nach Anhörung der Spitzenverbände der Institute im Einvernehmen mit der Deutschen Bundesbank und
- auf Grund des § 31 Abs. 1 Satz 1 Nr. 1 des Kreditwesengesetzes in der Fassung der Bekanntmachung vom 9. September 1998 (BGBl. I S. 2776) im Benehmen mit der Deutschen Bundesbank,

jeweils in Verbindung mit § 1 Nr. 5 der Verordnung zur Übertragung von Befugnissen zum Erlass von Rechtsverordnungen auf die Bundesanstalt für Finanzdienstleistungsaufsicht vom 13. Dezember 2002 (BGBl. 2003 I S. 3), der zuletzt durch die Verordnung vom 17. November 2005 (BGBl. I S. 3187) geändert worden ist:

§ 1 Einreichungsverfahren (1) [1]Die Anzeigen und die Unterlagen, die nach dem Kreditwesengesetz[1)] zu erstatten oder vorzulegen sind und durch diese Verordnung näher bestimmt werden, sind vorbehaltlich abweichender Bestimmungen in dieser Verordnung jeweils in einfacher Ausfertigung der Aufsichtsbehörde im Sinne des § 1 Absatz 5 des Kreditwesengesetzes (Aufsichtsbehörde) und der für das Institut zuständigen Hauptverwaltung der Deutschen Bundesbank einzureichen. [2]Anzeigen und Vorlagen von Unterlagen von Finanzholding-Gesellschaften und gemischten Finanzholding-Gesellschaften nach § 12a Absatz 1 Satz 3 und § 24 Absatz 3a des Kreditwesengesetzes sind der Hauptverwaltung, in deren Bereich das übergeordnete Unternehmen nach § 10a Absatz 2 Satz 1 des Kreditwesengesetzes oder das konglomeratsangehörige Unternehmen aus der Banken- und Wertpapierdienstleistungsbranche mit der höchsten Bilanzsumme seinen Sitz hat, einzureichen.

(2) [1]Sofern die Bundesanstalt für Finanzdienstleistungsaufsicht (Bundesanstalt) Aufsichtsbehörde ist und der Bundesanstalt eine entsprechende Einverständniserklärung des Verbandes vorliegt, haben Kreditinstitute, die einem genossenschaftlichen Prüfungsverband angeschlossen sind oder durch die Prüfungsstelle eines Sparkassen- und Giroverbandes geprüft werden, die nach dieser Verordnung zu erstattenden Anzeigen und vorzulegenden Unterlagen, mit Ausnahme der Anzeige nach § 24 Absatz 1a Nummer 4 des Kreditwesengesetzes, über

---

[1)] Nr. **8**.

ihren Verband mit je einer weiteren, für diesen bestimmten Ausfertigung einzureichen. [2]Der Verband hat die Anzeigen und Unterlagen an die Bundesanstalt und die für das betroffene Institut zuständige Hauptverwaltung der Deutschen Bundesbank in der in dieser Verordnung jeweils bestimmten Anzahl von Ausfertigungen mit seiner Stellungnahme, bei Sparkassen zusammen mit der Stellungnahme der Prüfungsstelle, unverzüglich weiterzuleiten. [3]Die Bundesanstalt kann auf die gesonderte Stellungnahme der Prüfungsstelle verzichten.

(3) Soweit die Europäische Zentralbank Aufsichtsbehörde im Sinne des § 1 Absatz 5 Nummer 1 des Kreditwesengesetzes ist, sind § 24 Absatz 3c und § 24a Absatz 4a des Kreditwesengesetzes zu beachten.

§ 2 Rechtsträgerkennung. (1) Zur Identifizierung im Meldewesen benötigen die folgenden Unternehmen eine Rechtsträgerkennung:

1. Kreditinstitute,
2. CRR-Wertpapierfirmen,
3. Finanzholding-Gesellschaften im Sinne des Artikels 4 Absatz 1 Nummer 20 der Verordnung (EU) Nr. 575/2013[1] des Europäischen Parlaments und des Rates vom 26. Juni 2013 über Aufsichtsanforderungen an Kreditinstitute und Wertpapierfirmen und zur Änderung der Verordnung (EU) Nr. 648/2012 (ABl. L 176 vom 27.6.2013, S. 1, L 208 vom 2.8.2013, S. 68, L 321 vom 30.11.2013, S. 6, L 193 vom 21.7.2015, S. 166), die zuletzt durch die Verordnung (EU) 2016/1014 (ABl. L 171 vom 29.6.2016, S. 153) geändert worden ist,
4. gemischte Finanzholding-Gesellschaften im Sinne des Artikels 4 Absatz 1 Nummer 21 der Verordnung (EU) Nr. 575/2013 und
5. Unternehmen gemäß § 2 Absatz 1 Nummer 2 oder Nummer 6 des Kreditwesengesetzes[2].

(2) Die Rechtsträgerkennung muss von einer Vergabestelle ausgegeben sein, die einem international von Aufsichtsbehörden anerkannten System zur Identifizierung von Rechtsträgern angehört.

(3) Die Rechtsträgerkennung ist der Bundesanstalt und der Deutschen Bundesbank unverzüglich nach ihrem Erwerb schriftlich mitzuteilen.

(4) Unternehmen, die gemäß Absatz 1 eine Rechtsträgerkennung benötigen, sind verpflichtet, die Gültigkeit der ihnen zugeteilten Rechtsträgerkennung aufrechtzuerhalten, insbesondere durch die Bezahlung des dafür erforderlichen Entgelts.

(5) Ändern sich Firma, juristischer Sitz, Anschrift der Hauptniederlassung, Rechtsform, zuständiges Handelsregister oder Handelsregister-Nummer, so sind die neuen Angaben unverzüglich der für die Rechtsträgerkennung zuständigen Vergabestelle zu melden.

(6) Übergeordnete Unternehmen einer Gruppe im Sinne des § 10a Absatz 1 Satz 1 des Kreditwesengesetzes haben sicherzustellen, dass alle Mitglieder ihrer Gruppe, für die sie nach der Verordnung (EU) Nr. 575/2013 oder nach dem Kreditwesengesetz Informationen an die Bundesanstalt oder an die Deutsche

---

[1] Nr. 6.
[2] Nr. 8.

Bundesbank zu melden haben, die Pflichten nach den Absätzen 1 und 3 bis 5 erfüllen.

§ 3 *(aufgehoben)*

§ 4 Anzeigen nach § 24 Absatz 1 Nummer 17 und Absatz 1b Satz 2 des Kreditwesengesetzes. (1) Anzeigen nach § 24 Absatz 1 Nummer 17 und Absatz 1b Satz 2 des Kreditwesengesetzes[1] müssen enthalten:
1. Angaben über die Höhe und die Art der Berechnung des nach § 24 Absatz 1 Nummer 17 des Kreditwesengesetzes maßgeblichen Prozentsatzes,
2. die Kreditbedingungen sowie
3. die gestellten Sicherheiten.

(2) Anzeigen nach § 24 Absatz 1b Satz 2 des Kreditwesengesetzes sind als Änderungsanzeigen zu kennzeichnen.

(3) Kredite sind nicht nach § 24 Absatz 1b Satz 2 des Kreditwesengesetzes anzuzeigen, wenn
1. sie bereits nach § 24 Absatz 1 Nummer 17 des Kreditwesengesetzes angezeigt wurden und
2. sich die rechtsgeschäftliche Änderung der Kreditbedingungen auf eine Anpassung des Zinssatzes entsprechend der Entwicklung des Marktzinses beschränkt.

§ 5 Anzeigen nach § 24 Absatz 1 Nummer 1 und 15 des Kreditwesengesetzes (Bestellung von Personen) (1) Für Anzeigen nach § 24 Absatz 1 Nummer 1 des Kreditwesengesetzes[1] über die Absicht, einen Geschäftsleiter zu bestellen und eine Person zur Einzelvertretung des Instituts in dessen gesamtem Geschäftsbereich zu ermächtigen, sowie über den Vollzug, die Aufgabe oder die Änderung einer solchen Absicht haben
1. Institute, bei denen die Bundesanstalt Aufsichtsbehörde ist, das Formular „Personelle Veränderungen bei den Geschäftsleitern" nach Anlage 1 und
2. Institute, bei denen die Europäische Zentralbank Aufsichtsbehörde ist, das Formular „Personelle Veränderungen bei den Geschäftsleitern" nach Anlage 8

zu verwenden.

(2) Für Anzeigen nach § 24 Absatz 1 Nummer 15 des Kreditwesengesetzes über die Bestellung eines Mitglieds und stellvertretender Mitglieder des Verwaltungs- oder Aufsichtsorgans haben
1. Institute, bei denen die Bundesanstalt Aufsichtsbehörde ist, das Formular „Personelle Veränderungen des Verwaltungs- oder Aufsichtsorgans" nach Anlage 2 und
2. Institute, bei denen die Europäische Zentralbank Aufsichtsbehörde ist, das Formular „Personelle Veränderungen des Verwaltungs- oder Aufsichtsorgans" nach Anlage 9

zu verwenden.

---

[1] Nr. **8**.

(3) Auf Verlangen der Bundesanstalt sind weitere Auskünfte zu erteilen und weitere Unterlagen vorzulegen.

(4) [1] Wenn eine Anzeige nach § 24 Absatz 1 Nummer 1 des Kreditwesengesetzes über den Vollzug der Bestellung eines Geschäftsleiters oder der Ermächtigung einer Person zur Einzelvertretung des Instituts in dessen gesamtem Geschäftsbereich länger als 12 Monate nach der Anzeige einer solchen Absicht abgegeben wird, sind die nach den §§ 5a bis 5d beizufügenden Unterlagen und Erklärungen in aktualisierter Form erneut einzureichen. [2] Die Bundesanstalt kann im Einzelfall darauf verzichten.

(5) Mit Einreichung der nach den §§ 5a und 5b der Anzeige beizufügenden Unterlagen bestätigt das anzeigende Institut, dass die Unterlagen nach seinem Kenntnisstand richtig sind.

§ 5a Lebenslauf der nach § 24 Absatz 1 Nummer 1 und 15 des Kreditwesengesetzes anzuzeigenden Person. (1) [1] Den Anzeigen der Absicht einer Bestellung oder Ermächtigung nach § 24 Absatz 1 Nummer 1 und den Anzeigen nach § 24 Absatz 1 Nummer 15 des Kreditwesengesetzes[1)] ist ein aussagekräftiger Lebenslauf der genannten Personen beizufügen. [2] Der Lebenslauf muss lückenlos, vollständig und wahr sein. [3] Er muss eigenhändig unterzeichnet und mit einem Datum versehen sein.

(2) [1] Der Lebenslauf hat folgende Angaben zu enthalten:

1. den Namen, sämtliche Vornamen und den Geburtsnamen,
2. den Geburtstag,
3. den Geburtsort,
4. den Wohnsitz,
5. die Staatsangehörigkeit,
6. eine eingehende Darlegung der fachlichen Vorbildung,
7. die Namen aller Unternehmen, für die diese Person tätig ist oder gewesen ist und
8. Angaben zur Art und Dauer der jeweiligen Tätigkeit einschließlich Nebentätigkeiten.

[2] Der Schwerpunkt des Lebenslaufs hat auf den Stationen des Berufslebens zu liegen. [3] Bei den einzelnen Stationen ist nicht nur das Jahr, sondern auch der Monat des Beginns und des Endes einer Tätigkeit anzugeben.

(3) [1] Bei einer Anzeige nach § 24 Absatz 1 Nummer 1 des Kreditwesengesetzes sind in dem Lebenslauf bei der Art der jeweiligen Tätigkeit insbesondere der Umfang der Vertretungsmacht dieser Person, ihre internen Entscheidungskompetenzen und die ihr innerhalb des Unternehmens unterstellten Geschäftsbereiche darzulegen. [2] Sofern vorhanden, sind dem Lebenslauf Arbeitszeugnisse über unselbständige Tätigkeiten, die in den letzten drei Jahren vor Abgabe der Anzeige ausgeübt wurden, beizufügen.

§ 5b Erklärungen der nach § 24 Absatz 1 Nummer 1 und 15 des Kreditwesengesetzes anzuzeigenden Personen und des anzeigenden Instituts. (1) [1] Ein Institut, bei dem die Bundesanstalt Aufsichtsbehörde ist, hat

---

[1)] Nr. 8.

den Anzeigen der Absicht einer Bestellung oder Ermächtigung nach § 24 Absatz 1 Nummer 1 und den Anzeigen nach § 24 Absatz 1 Nummer 15 des Kreditwesengesetzes[1] eine Erklärung der dort genannten Personen beizufügen, ob nach deren Kenntnis

1. gegen sie ein Strafverfahren wegen eines Verbrechens oder Vergehens geführt wird oder geführt wurde,
2. gegen sie im Zusammenhang mit einer unternehmerischen oder sonstigen beruflichen Tätigkeit ein Ordnungswidrigkeitsverfahren oder vergleichbares Verfahren geführt wird oder mit einer Geldbuße oder sonstigen Sanktion abgeschlossen wurde,
3. gegen sie eine Aufsichtsbehörde eine gewerberechtliche Zuverlässigkeits- oder Eignungsprüfung oder ein aufsichtliches Verfahren zum Erlass von Maßnahmen eingeleitet oder durchgeführt hat,
4. durch eine öffentliche Stelle eine auf sie oder auf ein von ihr geleitetes Unternehmen oder Gewerbe lautende Zulassung, Mitgliedschaft oder Registereintragung versagt, aufgehoben, zurückgenommen, widerrufen oder gelöscht wurde oder in sonstiger Weise die Ausübung eines Berufes, der Betrieb eines Gewerbes oder die Vertretung oder Führung der Geschäfte untersagt wurde oder ein entsprechendes Verfahren geführt wird oder
5. sie oder ein von ihr geleitetes Unternehmen als Schuldner in ein Insolvenzverfahren, in ein Verfahren zur Abgabe einer eidesstattlichen Versicherung oder in ein vergleichbares Verfahren verwickelt ist oder war.

[2]In der Erklärung können Strafverfahren unberücksichtigt bleiben, die mangels hinreichenden Tatverdachts oder wegen eines Verfahrenshindernisses eingestellt oder mit einem Freispruch beendet worden sind oder bei denen eine ergangene Eintragung im Bundeszentralregister entfernt oder getilgt worden ist oder die gemäß § 53 des Bundeszentralregistergesetzes nicht angegeben werden müssen. [3]Eintragungen, die gemäß § 153 der Gewerbeordnung aus dem Gewerbezentralregister zu tilgen sind, können unerwähnt bleiben. [4]Die nach den §§ 153 und 153a der Strafprozessordnung eingestellten Strafverfahren sind anzugeben. [5]Die gemäß Satz 1 und 4 anzugebenden Sachverhalte sind gegebenenfalls zu erläutern. [6]Kopien der Urteile, Beschlüsse, Sanktionen oder sonstiger Dokumente über den Abschluss der Verfahren sind beizufügen.

(2) Den in Absatz 1 genannten Anzeigen sind beizufügen:

1. eine Erklärung dieser Person, ob sie in einem Angehörigkeitsverhältnis im Sinne des § 11 Absatz 1 Nummer 1 des Strafgesetzbuches steht mit
   a) einem Mitglied der Geschäftsleitung des anzeigenden Unternehmens oder der Geschäftsleitung von dessen Mutter- oder eines Tochterunternehmens oder
   b) einem Mitglied des Verwaltungs- oder Aufsichtsorgans des anzeigenden Unternehmens oder des Verwaltungs- oder Aufsichtsorgans von dessen Mutter- oder Tochterunternehmen;
2. eine Erklärung dieser Person über Geschäftsbeziehungen zu dem anzeigenden Unternehmen oder zu dessen Mutter- oder eines Tochterunternehmens, die die Person selbst, ein naher Angehöriger der Person oder ein von der Person

---

[1] Nr. **8**.

geleitetes Unternehmen unterhält und aus denen sich eine wirtschaftliche Abhängigkeit zu dem Unternehmen ergeben kann; nahe Angehörige sind der Ehepartner, der eingetragene Lebenspartner, der Partner in einer Lebensgemeinschaft, Kinder, Eltern sowie andere Verwandte, mit denen die Person in einem Haushalt lebt;

3. eine Erklärung dieser Person über weitere Mandate als Geschäftsleiter oder als Mitglied des Verwaltungs- oder Aufsichtsorgans eines oder mehrerer anderer Unternehmen;
4. eine Aufstellung aller weiteren Tätigkeiten der Person, die sie als Geschäftsleiter eines Unternehmens oder als Mitglied eines Verwaltungs- oder Aufsichtsorgans eines oder mehrerer anderer Unternehmen ausführt;
5. Angaben zu den Tatsachen, die für die Beurteilung der ausreichenden zeitlichen Verfügbarkeit für die Wahrnehmung der Aufgaben wesentlich sind; dabei ist der zeitliche Aufwand für die einzelnen Tätigkeiten und Mandate, die die Person ausübt, zu schätzen und in seiner geschätzten Summe anzugeben; reine Ehrenämter und Tätigkeiten, die dem Privatleben zuzuordnen sind, brauchen grundsätzlich nicht berücksichtigt zu werden.

(3) [1] Für die Erklärungen nach den Absätzen 1 und 2 ist das Formular „Angaben zur Zuverlässigkeit, zeitlichen Verfügbarkeit und zu weiteren Mandaten" nach Anlage 2a zu verwenden. [2] Das Formular ist vollständig auszufüllen und von der anzuzeigenden Person eigenhändig zu unterzeichnen.

(4) Ein Institut, bei dem die Europäische Zentralbank Aufsichtsbehörde ist, hat den Anzeigen der Absicht einer Bestellung oder Ermächtigung nach § 24 Absatz 1 Nummer 1 und den Anzeigen nach § 24 Absatz 1 Nummer 15 des Kreditwesengesetzes einen „Fragebogen zur Beurteilung der fachlichen Qualifikation, persönlichen Zuverlässigkeit und ausreichenden zeitlichen Verfügbarkeit – durch das beaufsichtigte Unternehmen auszufüllen" nach Anlage 10 beizufügen.

(5) Ein Institut, bei dem die Europäische Zentralbank Aufsichtsbehörde ist, hat den Anzeigen der Absicht einer Bestellung oder Ermächtigung nach § 24 Absatz 1 Nummer 1 und den Anzeigen nach § 24 Absatz 1 Nummer 15 des Kreditwesengesetzes zudem einen von der angezeigten Person vollständig und wahrheitsgemäß ausgefüllten „Fragebogen zur Beurteilung der fachlichen Qualifikation, persönlichen Zuverlässigkeit und ausreichenden zeitlichen Verfügbarkeit – durch die angezeigte Person auszufüllen" nach Anlage 11 beizufügen.

§ 5c Führungszeugnis der nach § 24 Absatz 1 Nummer 1 und 15 des Kreditwesengesetzes anzuzeigenden Person. (1) Die in den Anzeigen der Absicht einer Bestellung oder Ermächtigung nach § 24 Absatz 1 Nummer 1 und den Anzeigen nach § 24 Absatz 1 Nummer 15 des Kreditwesengesetzes[1)] genannten Personen haben bei der Bundesanstalt ein Führungszeugnis zur Vorlage bei einer Behörde gemäß § 30 Absatz 5 oder § 30b des Bundeszentralregistergesetzeseinzureichen.

(2) [1] Das Führungszeugnis darf zum Zeitpunkt der Erstattung der Anzeige nach § 24 Absatz 1 Nummer 1 oder zum Zeitpunkt der Bestellung nach § 24

[1)] Nr. 8.

Absatz 1 Nummer 15 des Kreditwesengesetzes nicht älter als drei Monate sein. [2] Maßgeblich ist das Datum der Ausstellung des Führungszeugnisses.

(3) [1] Personen, die einem Staat angehören oder ihren Wohnsitz in einem Staat haben, der kein Führungszeugnis ausstellt, haben Dokumente aus dem Herkunfts- oder Wohnsitzstaat einzureichen, die dem Führungszeugnis entsprechen. [2] Werden dort auch derartige Dokumente nicht ausgestellt, so ist der Umfang der einzureichenden Ersatzunterlagen mit der Bundesanstalt im Einzelfall abzustimmen.

(4) Personen, die in den letzten zehn Jahren Wohnsitze in verschiedenen Staaten hatten, müssen die Führungszeugnisse und Unterlagen aus jedem dieser Staaten einreichen.

(5) [1] Sofern die Dokumente nicht in deutscher Sprache ausgestellt sind, bedarf es grundsätzlich zusätzlich zum Original einer Übersetzung in die deutsche Sprache. [2] Die Übersetzung muss beglaubigt oder von einem öffentlich bestellten oder beeidigten Dolmetscher oder Übersetzer angefertigt sein. [3] Die Bundesanstalt kann auf die Übersetzung von Unterlagen in englischer Sprache verzichten.

§ 5d Auszug aus dem Gewerbezentralregister der nach § 24 Absatz 1 Nummer 1 und 15 des Kreditwesengesetzes anzuzeigenden Person.

(1) [1] Die in den Anzeigen der Absicht einer Bestellung oder Ermächtigung nach § 24 Absatz 1 Nummer 1 und den Anzeigen nach § 24 Absatz 1 Nummer 15 des Kreditwesengesetzes[1)] genannten Personen haben bei der Bundesanstalt einen Auszug aus dem Gewerbezentralregister nach § 150 der Gewerbeordnung einzureichen. [2] Satz 1 gilt nicht, wenn die Person keinen Wohnsitz in Deutschland hat oder gehabt hat oder keine berufliche Tätigkeit in Deutschland ausübt oder ausgeübt hat.

(2) [1] Der Registerauszug darf zum Zeitpunkt der Erstattung der Anzeige nach § 24 Absatz 1 Nummer 1 oder zum Zeitpunkt der Bestellung nach § 24 Absatz 1 Nummer 15 des Kreditwesengesetzes nicht älter als drei Monate sein. [2] Maßgeblich ist das Datum der Ausstellung des Registerauszuges.

§ 5e Anzeigen nach § 24 Absatz 1 Nummer 2 und 15a des Kreditwesengesetzes (Ausscheiden von Personen) (1) [1] Für Anzeigen nach § 24 Absatz 1 Nummer 2 des Kreditwesengesetzes[1)] haben

1. Institute, bei denen die Bundesanstalt Aufsichtsbehörde ist, das Formular „Personelle Veränderungen bei den Geschäftsleitern" nach Anlage 1 und
2. Institute, bei denen die Europäische Zentralbank Aufsichtsbehörde ist, das Formular „Personelle Veränderungen bei den Geschäftsleitern" nach Anlage 8

zu verwenden. [2] In dem Formular sind jeweils die Gründe für das Ausscheiden oder für die Entziehung der Befugnis anzugeben.

(2) [1] Für Anzeigen nach § 24 Absatz 1 Nummer 15a des Kreditwesengesetzes haben

---

[1)] Nr. **8**.

1. Institute, bei denen die Bundesanstalt Aufsichtsbehörde ist, das Formular „Personelle Veränderungen des Verwaltungs- oder Aufsichtsorgans“ nach Anlage 2 und
2. Institute, bei denen die Europäische Zentralbank Aufsichtsbehörde ist, das Formular „Personelle Veränderungen des Verwaltungs- oder Aufsichtsorgans“ nach Anlage 9

zu verwenden. [2] In dem Formular sind jeweils die Gründe für das Ausscheiden anzugeben.

§ 5f Geschäftsleiter-Vertreter im Verhinderungsfall. Die Bestimmungen nach den §§ 5 bis 5e gelten auch für die Bestellung und das Ausscheiden eines Geschäftsleiter-Vertreters, der im Fall der Verhinderung eines Geschäftsleiters dessen Funktion ausüben soll.

§ 6 Anzeigen nach § 24 Abs. 1 Nr. 6 des Kreditwesengesetzes (Zweigstelle und grenzüberschreitender Dienstleistungsverkehr ohne Errichtung einer Zweigstelle im Drittstaat) [1] Die Anzeige nach § 24 Abs. 1 Nr. 6 des Kreditwesengesetzes[1)] muss enthalten:

1. die Bezeichnung des Staates, in dem die Zweigstelle errichtet, verlegt oder geschlossen oder die grenzüberschreitende Dienstleistung aufgenommen oder beendet wurde,
2. die Anschrift der Zweigstelle, die errichtet, verlegt oder geschlossen wurde; bei Verlegung der Zweigstelle ferner deren neue Anschrift und
3. die Bezeichnung aller aufgenommenen Bank- oder Finanzdienstleistungsgeschäfte entsprechend den Vorgaben des § 1 Abs. 1 Satz 2 und Abs. 1a Satz 2 des Kreditwesengesetzes.

[2] Mehrere zeitgleich einzureichende Anzeigen nach Satz 1 können in einer Anzeige zusammengefasst werden, solange deren Übersichtlichkeit erhalten bleibt.

§ 7 Anzeigen von Instituten nach § 12a Absatz 1 Satz 3, § 24 Absatz 1 Nummer 12 und 13, § 24 Absatz 1a Nummer 1 und 2 sowie § 31 Absatz 3 des Kreditwesengesetzes (bedeutende Beteiligungen an anderen Unternehmen, aktivische enge Verbindungen, Beteiligungen an oder Unternehmensbeziehungen mit Unternehmen mit Sitz im Ausland, Befreiungen) (1) [1] Einzelanzeigen von Instituten über aktivische Beteiligungsverhältnisse nach § 12a Absatz 1 Satz 3, § 24 Absatz 1 Nummer 12 und 13 und § 31 Absatz 3 des Kreditwesengesetzes[1)] sind mit dem Formular „Aktivische Beteiligungsanzeige“ nach Anlage 3 dieser Verordnung einzureichen. [2] Bei Änderungen des Beteiligungsverhältnisses sind Einzelanzeigen einzureichen, wenn

1. durch die Änderung 20 Prozent, 30 Prozent oder 50 Prozent des Kapitals oder der Stimmrechte des Unternehmens erreicht, über- oder unterschritten werden,
2. das Unternehmen ein Tochterunternehmen wird oder nicht mehr ist,
3. die gehaltenen Anteile an dem Unternehmen nicht mehr oder nunmehr die Voraussetzungen des § 1 Absatz 9 Satz 3 des Kreditwesengesetzes oder des

---

[1)] Nr. 8.

Artikels 91 Absatz 2 der Verordnung (EU) Nr. 575/2013[1)] in ihrer jeweils geltenden Fassung erfüllen,
4. unmittelbar gehaltene Anteile ganz oder teilweise auf ein Tochterunternehmen übertragen werden,
5. sich bei ganz oder teilweise mittelbar gehaltenen Anteilen die Anzahl oder die Identität der zwischengeschalteten Unternehmen verändert oder die Anteile nunmehr ganz oder teilweise vom Institut selbst gehalten oder unter den Beteiligten umverteilt werden oder
6. für das Unternehmen die Befreiung des § 31 Absatz 3 des Kreditwesengesetzes in Anspruch genommen wird.

(2) Sammelanzeigen von Instituten über aktivische Beteiligungsverhältnisse nach § 24 Absatz 1a Nummer 1 und 2 des Kreditwesengesetzes und § 31 Absatz 3 des Kreditwesengesetzes sind nach dem Stand vom 31. Dezember des Vorjahres bis zum 15. Juni des Folgejahres als Sammlung fortlaufend nummerierter Teilanzeigen mit dem Formular „Aktivische Beteiligungsanzeige" nach Anlage 3 dieser Verordnung einzureichen.

(3) Für die Berechnung des Anteils der Stimmrechte gelten § 33 Absatz 1 in Verbindung mit einer Rechtsverordnung nach Absatz 5, § 34 Absatz 1 und 2, § 35 Absatz 1 bis 3 in Verbindung mit einer Rechtsverordnung nach Absatz 6 und § 36 des Wertpapierhandelsgesetzes entsprechend.

(4) [1] Erfüllt ein Beteiligungsverhältnis mehrere Anzeigetatbestände, ist nur ein Formular zu verwenden. [2] Für jedes weitere anzeigepflichtige Beteiligungsverhältnis ist unter Berücksichtigung der Regelung des Satzes 1 ein gesondertes Formular zu verwenden. [3] Bei komplexen Beteiligungsstrukturen ist der Anzeige zusätzlich das Formular „Anlage für komplexe Beteiligungsstrukturen" nach Anlage 4 dieser Verordnung beizufügen. [4] Komplexe Beteiligungsstrukturen liegen insbesondere vor bei Treuhandverhältnissen sowie bei Beteiligungen, die gleichzeitig unmittelbar und mittelbar über ein oder mehrere Unternehmen oder über mehrere Beteiligungsketten gehalten werden.

(5) Auf Verlangen der Europäischen Zentralbank, der Bundesanstalt oder der zuständigen Hauptverwaltung der Deutschen Bundesbank sind weitere Angaben, insbesondere zu Übernahmepreis und Veräußerungserlös, einzureichen.

(6) [1] Die Einzelanzeigen und Sammelanzeigen sollen im papierlosen Verfahren der Deutschen Bundesbank eingereicht werden. [2] Die Deutsche Bundesbank veröffentlicht auf ihrer Internetseite die für eine Dateneinreichung im Wege der Datenfernübertragung zu verwendenden Satzformate und den Einreichungsweg. [3] Sie hat die bei ihr eingereichten Anzeigen an die Bundesanstalt weiterzuleiten. [4] Nimmt ein in § 1 Abs. 2 genanntes Kreditinstitut an dem papierlosen Einreichungsverfahren teil, hat es abweichend von § 1 Abs. 2 nur eine Ausfertigung in einem mit seinem Verband abgestimmten Format diesem einzureichen. [5] Der Verband leitet abweichend von § 1 Abs. 2 lediglich die dort genannten Stellungnahmen an die Bundesanstalt und an die für das betroffene Institut zuständige Hauptverwaltung der Deutschen Bundesbank jeweils in einfacher Ausfertigung weiter. [6] Bei papiergebundener Einreichung gilt § 1.

[1)] Nr. **6**.

§ 8 Anzeigen nach § 24 Abs. 1 Nr. 10 und 12 und § 24 Abs. 1a Nr. 1 und 3 des Kreditwesengesetzes (bedeutende Beteiligungen an dem eigenen Institut und passivische enge Verbindungen) (1) [1]Einzelanzeigen über passivische Beteiligungsverhältnisse nach § 24 Abs. 1 Nr. 10 und 12 des Kreditwesengesetzes[1)] sind mit dem Formular „Passivische Beteiligungsanzeige" nach Anlage 5 dieser Verordnung einzureichen. [2]Bei Änderungen des Beteiligungsverhältnisses sind Einzelanzeigen einzureichen, wenn

1. durch die Änderung 20 Prozent, 30 Prozent oder 50 Prozent des Kapitals oder der Stimmrechte an dem Institut erreicht, über- oder unterschritten werden,
2. das Institut ein Tochter- oder Schwesterunternehmen eines anderen Unternehmens wird oder nicht mehr ist,
3. unmittelbar gehaltene Anteile ganz oder teilweise auf ein zwischengeschaltetes Unternehmen übertragen werden oder
4. sich bei ganz oder teilweise mittelbar gehaltenen Anteilen die Anzahl oder die Identität der zwischengeschalteten Unternehmen verändert oder die Anteile nunmehr ganz oder teilweise vom Anteilseigner selbst gehalten werden.

(2) Sammelanzeigen über passivische Beteiligungsverhältnisse nach § 24 Abs. 1a Nr. 1 und 3 des Kreditwesengesetzes sind nach dem Stand vom 31. Dezember des Vorjahres bis zum 15. Juni des Folgejahres mit dem Formular „Passivische Beteiligungsanzeige" nach Anlage 5 dieser Verordnung einzureichen.

(3) § 7 Abs. 3, 4 und 6 gilt entsprechend mit der Maßgabe, dass auch die Unternehmensbeziehung des Instituts zum Schwesterunternehmen eine komplexe Beteiligungsstruktur im Sinne des § 7 Abs. 4 Satz 3 darstellt.

§ 9 Sammelanzeigen nach § 24 Abs. 1a Nr. 4 des Kreditwesengesetzes (Anzahl inländischer Zweigstellen) (1) [1]Die Anzeige der Anzahl inländischer Zweigstellen nach § 24 Abs. 1a Nr. 4 des Kreditwesengesetzes[1)] ist jährlich bis zum 31. Januar des Folgejahres nach dem Stand vom 31. Dezember des Vorjahres einzureichen. [2]Der Aufsichtsbehörde ist die Anzeige nur auf Verlangen einzureichen.

(2) [1]Bei der Berechnung der Anzahl der Zweigstellen sind auch Zweigstellen zu berücksichtigen, die nur vorübergehend für einen Zeitraum von bis zu zwölf Monaten geschlossen waren oder sind. [2]Nicht zu berücksichtigen sind Zweigstellen, die

1. nur vorübergehend für einen Zeitraum von bis zu zwölf Monaten errichtet wurden,
2. nur automatisierte Bank- oder Finanzdienstleistungen erbringen oder
3. ausschließlich dem Betreiben von Geschäften dienen, die keine Bankgeschäfte oder Finanzdienstleistungen sind.

§ 10 Anzeigen nach § 24 Abs. 2 des Kreditwesengesetzes (Vereinigung von Instituten) [1]Die Absicht von Instituten, sich zu vereinigen, ist von den beteiligten Instituten nach § 24 Abs. 2 des Kreditwesengesetzes[1)] anzuzeigen,

---

[1)] Nr. 8.

sobald auf Grund der geführten Verhandlungen anzunehmen ist, dass die Vereinigung zustande kommen wird. [2]Das Scheitern der Fusionsverhandlungen ist unverzüglich mitzuteilen. [3]Gleiches gilt bei erfolgreichen Fusionsverhandlungen für den rechtlichen Vollzug der Vereinigung.

§ 10a Anzeigen nach § 24 Absatz 2a des Kreditwesengesetzes (Weitere Tätigkeiten der Mitglieder eines Verwaltungs- oder Aufsichtsorgans eines CRR-Instituts von erheblicher Bedeutung) Für Anzeigen nach § 24 Absatz 2a des Kreditwesengesetzes[1)] haben die Mitglieder von Verwaltungs- oder Aufsichtsorganen von CRR-Instituten, die von erheblicher Bedeutung im Sinne des § 25d Absatz 3 Satz 8 des Kreditwesengesetzes sind, von Finanzholding-Gesellschaften und von gemischten Finanzholding-Gesellschaften

1. bei denen die Bundesanstalt Aufsichtsbehörde ist, das Formular „Weitere Tätigkeiten von Mitgliedern eines Verwaltungs- oder Aufsichtsorgans" nach Anlage 6 und
2. bei denen die Europäische Zentralbank Aufsichtsbehörde ist, das Formular „Weitere Tätigkeiten von Mitgliedern eines Verwaltungs- oder Aufsichtsorgans" nach Anlage 12

zu verwenden.

§ 11 Anzeigen nach § 24 Abs. 3 Satz 1 des Kreditwesengesetzes (Geschäftsleiter und Personen, die die Geschäfte einer Finanzholding-Gesellschaft oder einer gemischten Finanzholding-Gesellschaft tatsächlich führen) (1) Für Anzeigen nach § 24 Absatz 3 Satz 1 Nummer 1 des Kreditwesengesetzes[1)] haben die Geschäftsleiter und die Personen, die die Geschäfte einer Finanzholding-Gesellschaft oder einer gemischten Finanzholding-Gesellschaft führen,

1. bei der die Bundesanstalt Aufsichtsbehörde ist, das Formular „Nebentätigkeiten von Geschäftsleitern eines Instituts und Personen, die die Geschäfte einer Finanzholding-Gesellschaft oder einer gemischten Finanzholding-Gesellschaft tatsächlich führen" nach Anlage 6 und
2. bei der die Europäische Zentralbank Aufsichtsbehörde ist, das Formular „Nebentätigkeiten von Geschäftsleitern eines Instituts und Personen, die die Geschäfte einer Finanzholding-Gesellschaft oder einer gemischten Finanzholding- Gesellschaft tatsächlich führen" nach Anlage 12

zu verwenden.

(2) [1]Anzeigen nach § 24 Abs. 3 Satz 1 Nr. 2 des Kreditwesengesetzes sind mit dem Formular „Beteiligungen von Geschäftsleitern und Personen, die die Geschäfte einer Finanzholding-Gesellschaft oder einer gemischten Finanzholding-Gesellschaft tatsächlich führen" nach Anlage 7 dieser Verordnung einzureichen. [2]Eine Änderungsanzeige ist nur abzugeben, wenn die Beteiligung 30 Prozent oder 50 Prozent des Kapitals des Unternehmens erreicht, über- oder unterschreitet. [3]§ 7 Abs. 5 und 6 gilt entsprechend.

§ 12 Anzeigen nach § 24a Abs. 1, 3 und 4 des Kreditwesengesetzes (Errichtung einer Zweigniederlassung und Erbringung grenzüber-

---

1) Nr. 8.

schreitenden Dienstleistungsverkehrs in einem anderen Staat des Europäischen Wirtschaftsraums) (1) [1] Anzeigen nach § 24a Abs. 1, 3 und 4 des Kreditwesengesetzes[1)] sind für jeden Staat des Europäischen Wirtschaftsraums gesondert einzureichen. [2] Den Anzeigen nach § 24a Abs. 1 und 3 des Kreditwesengesetzes an die Aufsichtsbehörde sind im Fall der Aufnahmestaaten Österreich, Liechtenstein und Luxemburg eine zweite Ausfertigung und im Fall der übrigen Staaten des Europäischen Wirtschaftsraums eine Übersetzung in eine Amtssprache des Aufnahmestaates beizufügen. [3] Sofern die Änderungsanzeige nach § 24a Abs. 4 des Kreditwesengesetzes an die zuständige Behörde des Aufnahmestaates nicht in einer Amtssprache dieses Staates abgefasst ist, ist dieser eine amtlich beglaubigte Übersetzung in eine solche Amtssprache beizufügen.

(2) Eine Änderungsanzeige nach § 24a Abs. 4 des Kreditwesengesetzes ist auch einzureichen, wenn die Zweigstelle geschlossen oder die erbrachte grenzüberschreitende Dienstleistung eingestellt wird.

(3) Im Geschäftsplan müssen die vorgesehenen geschäftlichen Aktivitäten typenmäßig bezeichnet werden entsprechend den Vorgaben in:

1. Anhang I der Richtlinie 2013/36/EU des Europäischen Parlaments und des Rates vom 26. Juni 2013 über den Zugang zur Tätigkeit von Kreditinstituten und die Beaufsichtigung von Kreditinstituten und Wertpapierfirmen, zur Änderung der Richtlinie 2002/87/EG und zur Aufhebung der Richtlinien 2006/48/EG und 2006/49/EG (ABl. L 176 vom 27.6.2013, S. 338, L 208 vom 2.8.2013, S. 73), die zuletzt durch die Richtlinie 2014/59/EU (ABl. L 173 vom 12.6.2014, S. 190) geändert worden ist, und
2. Anhang I der Richtlinie 2004/39/EG des Europäischen Parlaments und des Rates vom 21. April 2004 über Märkte für Finanzinstrumente, zur Änderung der Richtlinien 85/611/ EWG und 93/6/EWG des Rates und der Richtlinie 2000/12/EG des Europäischen Parlaments und des Rates und zur Aufhebung der Richtlinie 93/22/EWG des Rates (ABl. L 145 vom 30.4.2004, S. 1, L 45 vom 16.2.2005, S. 18, L 54 vom 22.2.2014, S. 23), die zuletzt durch die Richtlinie 2010/78/EU (ABl. L 331 vom 15.12.2010, S. 120, L 170 vom 30.6.2011, S. 43, L 54 vom 22.2.2014, S. 23) geändert worden ist.

(4) [1] Für Anzeigen nach § 24a Abs. 1 des Kreditwesengesetzes gelten zudem folgende Bestimmungen:

1. Gesetzliche Beschränkungen des Umfangs der Erlaubnis sind darzulegen; Bausparkassen müssen darauf hinweisen, dass die Entgegennahme von Einlagen und die Vornahme von Ausleihungen in der Form des Bauspargeschäftes betrieben werden sollen.
2. Sämtliche in Aussicht genommenen Geschäfte, die in der Zweigniederlassung ausgeführt werden sollen, sind im Einzelnen zu erläutern; die Entwicklung deren Volumens und die hierfür erforderliche Personalausstattung sind für die ersten drei Jahre zu schätzen.
3. Ist die Errichtung mehrerer Betriebsstellen im Aufnahmestaat geplant, sind hierzu nähere Angaben zu machen.
4. Der Geschäftsplan muss außerdem den organisatorischen Aufbau der Zweigniederlassung darstellen. Dazu sind die internen Entscheidungskompetenzen,

---

[1)] Nr. 8.

die Vertretungsmacht und die Art der Einbindung der Zweigniederlassung in das interne Kontrollverfahren des Instituts zu beschreiben.

5. Lebensläufe der Leiter der Zweigniederlassung unter besonderer Darstellung deren beruflichen Werdeganges sind beizufügen.

[2] Satz 1 gilt für die nach § 24a Abs. 4 des Kreditwesengesetzes anzuzeigenden Änderungen der Verhältnisse bestehender Zweigniederlassungen entsprechend.

§ 13 Vorlage von Unterlagen nach § 26 des Kreditwesengesetzes (Jahresabschlüsse, Lage- und Prüfungsberichte) Bei der Einreichung des festgestellten Jahresabschlusses ist der Tag der Feststellung anzugeben.

§ 14 Anzeigen und Vorlage von Unterlagen nach § 32 Abs. 1 des Kreditwesengesetzes (Anträge auf Erlaubnis) (1) Anträge und Unterlagen nach § 32 Abs. 1 des Kreditwesengesetzes[1] sind der Bundesanstalt in dreifacher Ausfertigung einzureichen.

(2) [1] In den Anträgen ist anzugeben, für welche der in § 1 Abs. 1 Satz 2 des Kreditwesengesetzes genannten Bankgeschäfte oder der in § 1 Absatz 1a Satz 2 und 3 des Kreditwesengesetzes genannten Finanzdienstleistungen die Erlaubnis beantragt wird. [2] Den Anträgen sind beglaubigte Ablichtungen der Gründungsunterlagen, des Gesellschaftsvertrags oder der Satzung sowie die vorgesehene Geschäftsordnung für die Geschäftsleitung beizufügen. [3] Ferner sind die vorgesehenen Geschäftsleiter und Mitglieder des Verwaltungs- oder Aufsichtsorgans zu benennen.

(3) [1] Zum Nachweis der zum Geschäftsbetrieb erforderlichen Mittel nach § 32 Abs. 1 Satz 2 Nr. 1 des Kreditwesengesetzes ist eine Bestätigung eines CRR-Kreditinstituts mit Sitz in einem Staat des Europäischen Wirtschaftsraums darüber vorzulegen, dass das Anfangskapital eingezahlt sowie frei von Rechten Dritter ist und zur freien Verfügung der Geschäftsleiter steht. [2] Der Nachweis kann mit Zustimmung der Bundesanstalt auch erbracht werden durch eine schriftliche oder elektronische Bestätigung eines Prüfers, der im Falle der Erlaubniserteilung zur Prüfung des Jahresabschlusses des Antragstellers berechtigt wäre, über die vorhandenen Eigenmittel, die nach den für Institute geltenden Grundsätzen ermittelt worden sein müssen.

(4) Zur Beurteilung der Zuverlässigkeit der Geschäftsleiter und der Mitglieder des Verwaltungs- oder Aufsichtsorgans sind,

1. soweit die Erlaubnis nach § 32 Absatz 1 des Kreditwesengesetzes durch die Bundesanstalt erteilt wird, die in § 5b Absatz 1 und 2 Nummer 2 und in den §§ 5c, 5d und 5f vorgesehenen Erklärungen, Angaben und Unterlagen, und,
2. soweit die Erlaubnis nach § 32 Absatz 1 des Kreditwesengesetzes durch die Europäische Zentralbank erteilt wird, die in § 5b Absatz 4 und 5 und in den §§ 5c, 5d und 5f vorgesehenen Erklärungen, Angaben und Unterlagen

einzureichen.

(5) [1] Zur Beurteilung der Zuverlässigkeit der Antragsteller und der Inhaber bedeutender Beteiligungen sowie zur Prüfung, ob die Erlaubnis nach § 33 Absatz 1 Satz 1 Nummer 3 oder Absatz 2 des Kreditwesengesetzes zu versagen

---

[1] Nr. 8.

ist, sind dem Antrag die in § 8 Nummer 1 bis 5, §§ 9 bis 11 und 14 der Inhaberkontrollverordnung[1] genannten Erklärungen und Unterlagen beizufügen und auf Verlangen der Bundesanstalt Auskünfte zu erteilen. [2]Jeder Lebenslauf nach § 10 der Inhaberkontrollverordnung ist eigenhändig zu unterzeichnen. [3]Die §§ 4, 5 und 16 der Inhaberkontrollverordnung sind entsprechend anzuwenden.

(6) Zur Beurteilung der zur Leitung des Instituts erforderlichen fachlichen Eignung der Inhaber und der Geschäftsleiter und zur Beurteilung der erforderlichen Sachkunde der Mitglieder des Verwaltungs- oder Aufsichtsorgans sind,

1. soweit die Erlaubnis nach § 32 Absatz 1 des Kreditwesengesetzes durch die Bundesanstalt erteilt wird, die in § 5a genannten Unterlagen, und,
2. soweit die Erlaubnis nach § 32 Absatz 1 des Kreditwesengesetzes durch die Europäische Zentralbank erteilt wird, die in § 5a und § 5b Absatz 4 und 5 genannten Unterlagen

einzureichen.

(6a) Zur Beurteilung der ausreichenden zeitlichen Verfügbarkeit und der Einhaltung der Mandatsbegrenzungen der Geschäftsleiter und der Mitglieder des Verwaltungs- oder Aufsichtsorgans nach § 25c Absatz 2 und § 25d Absatz 3 oder Absatz 3a des Kreditwesengesetzes sind,

1. soweit die Erlaubnis nach § 32 Absatz 1 des Kreditwesengesetzes durch die Bundesanstalt erteilt wird, die in § 5b Absatz 2 Nummer 4 und 5 genannten Angaben zu machen, und,
2. soweit die Erlaubnis nach § 32 Absatz 1 des Kreditwesengesetzes durch die Europäische Zentralbank erteilt wird, die in § 5b Absatz 4 und 5 genannten Unterlagen einzureichen.

(7) Der dem Antrag nach § 32 Abs. 1 Satz 2 Nr. 5 des Kreditwesengesetzes beizufügende Geschäftsplan hat folgende Angaben zu enthalten:

1. die Art der geplanten Geschäfte unter begründeter Angabe ihrer künftigen Entwicklung; hierzu sind Planbilanzen und Plangewinn- und -verlustrechnungen für die ersten drei vollen Geschäftsjahre nach Aufnahme des Geschäftsbetriebs vorzulegen,
2. die Darstellung des organisatorischen Aufbaus des Instituts unter Beifügung eines Organigramms, das insbesondere die Zuständigkeiten der Geschäftsleiter erkennen lässt; es ist anzugeben, ob und wo Zweigstellen errichtet werden sollen, und
3. die Darstellung der geplanten internen Kontrollverfahren des Instituts.

(8) Auf Verlangen der Bundesanstalt sind weitere Auskünfte zu erteilen und Unterlagen vorzulegen, soweit dies für die Beurteilung erforderlich ist, dass keine Gründe für die Versagung der beantragten Erlaubnis bestehen.

§ 15 Anzeigen nach § 53a Satz 2 und 5 des Kreditwesengesetzes (Repräsentanzen von Instituten mit Sitz im Ausland) (1) Anzeigen über die Errichtung einer Repräsentanz nach § 53a Satz 2 des Kreditwesengesetzes[2] müssen die folgenden Angaben enthalten:

---

[1] Nr. **8h**.
[2] Nr. **8**.

1. genaue Bezeichnung und Anschrift der Repräsentanz,
2. Name des Leiters oder der Leiter der Repräsentanz,
3. Art und Umfang der Tätigkeit der Repräsentanz,
4. Datum des Beginns der Tätigkeit der Repräsentanz,
5. Name oder Firma, Sitz und Anschrift des Instituts, das die Repräsentanz errichtet hat,
6. Anschrift der Hauptverwaltung des Instituts,
7. satzungsmäßiger Geschäftsgegenstand des Instituts,
8. Art der tatsächlich ausgeübten Geschäftstätigkeit des Instituts im Sitzstaat und, falls davon abweichend, im Staat des Sitzes der Hauptverwaltung und
9. Name und Anschrift der Behörde, deren Aufsicht das Institut im Sitzstaat und, falls davon abweichend, im Staat des Sitzes der Hauptverwaltung unterliegt.

(2) [1] Den Anzeigen über die Errichtung einer Repräsentanz sind die folgenden Unterlagen beizufügen:
1. eine rechtsverbindlich unterzeichnete Erklärung des Instituts, dass es die Errichtung der Repräsentanz beschlossen und die nach Absatz 1 Nr. 2 benannten Personen mit der Leitung der Repräsentanz betraut hat,
2. eine Erklärung, dass folgende Tätigkeiten nicht ausgeübt werden:
   a) Bankgeschäfte im Sinne des § 1 Absatz 1 Satz 2 des Kreditwesengesetzes,
   b) Finanzdienstleistungen im Sinne des § 1 Absatz 1a Satz 2 des Kreditwesengesetzes sowie
   c) Zahlungsdienste im Sinne des § 1 Absatz 2 des Zahlungsdiensteaufsichtsgesetzes[1)],

2a eine Erklärung, dass im Inland der Name oder die Firma des Instituts nur mit dem Zusatz „Repräsentanz" verwendet wird,

3. der letzte Jahresabschluss und Lagebericht des Instituts und
4. eine von der deutschen diplomatischen oder konsularischen Vertretung im Sitzstaat des Instituts beglaubigte Bescheinigung der Behörde, deren Aufsicht das Institut im Sitzstaat und, falls davon abweichend, auch im Sitzstaat der Hauptverwaltung unterliegt, in der diese Behörde bestätigt, dass
   a) das Institut ihrer Solvenzaufsicht unterliegt oder kraft örtlichen Statuts eine Solvenzaufsicht über das Institut nicht besteht,
   b) das Institut eine von ihr erteilte Erlaubnis zum Betreiben der Geschäfte in dem betreffenden Staat besitzt, soweit es sich um Bankgeschäfte im Sinne des § 1 Abs. 1 Satz 2 des Kreditwesengesetzes oder um Finanzdienstleistungen im Sinne des § 1 Abs. 1a Satz 2 des Kreditwesengesetzes handelt, oder eine Erlaubnis kraft örtlichen Statuts nicht erforderlich ist,
   c) sie das Institut mit seinen Tochterunternehmen, die als Kreditinstitute, Finanzinstitute oder Anbieter von Nebendienstleistungen einzustufen sind, auf konsolidierter Basis überwacht oder eine solche Aufsicht kraft örtlichen Statuts nicht vorgesehen ist und

---

[1)] Nr. **10**.

d) das Institut eine allgemeine oder besondere Erlaubnis zur Errichtung der Repräsentanz erhalten hat oder dass eine solche Erlaubnis kraft örtlichen Statuts nicht vorgesehen ist.

²Die Unterlagen nach Absatz 2 Satz 1 Nr. 3 und 4 sind nur auf Verlangen der Bundesanstalt der Anzeige beizufügen.

(3) Eine Änderungsanzeige nach § 53a Satz 5 des Kreditwesengesetzes ist auch bei Änderungen, die sich während des Bestehens der Repräsentanz gegenüber den Angaben in der Errichtungsanzeige nach § 53a Satz 2 des Kreditwesengesetzes ergeben, einzureichen.

§ 16 Anzeigen nach § 12a Absatz 1 Satz 3 und nach § 24 Absatz 3a des Kreditwesengesetzes (Finanzholding-Gesellschaften, gemischte Finanzholding-Gesellschaften) (1) ¹Für Einzelanzeigen einer Finanzholding-Gesellschaft oder einer gemischten Finanzholding-Gesellschaft nach § 12a Absatz 1 Satz 3 und nach § 24 Absatz 3a Satz 4 und 5 des Kreditwesengesetzes[1)] ist das Formular „Aktivische Beteiligungsanzeige" nach Anlage 3 dieser Verordnung zu verwenden. ²Sammelanzeigen nach § 24 Abs. 3a Satz 2 und 5 des Kreditwesengesetzes sind nach dem Stand vom 31. Dezember des Vorjahres bis zum 15. Juni des Folgejahres als Sammlung fortlaufend nummerierter Teilanzeigen mit dem Formular „Aktivische Beteiligungsanzeige" nach Anlage 3 dieser Verordnung einzureichen. ³§ 7 Abs. 1 Satz 2 und Abs. 3 bis 6 gilt entsprechend.

(2) Für die Anzeigen nach § 24 Absatz 3a Satz 1 Nummer 1, 2, 4 und 5 und Satz 5 des Kreditwesengesetzes über die Absicht der Bestellung einer Person, die die Geschäfte der Finanzholding-Gesellschaft oder gemischten Finanzholding-Gesellschaft tatsächlich führen soll oder das Ausscheiden dieser Person und über die Bestellung oder das Ausscheiden eines Mitglieds oder stellvertretenden Mitglieds des Verwaltungs- oder Aufsichtsorgans gelten die §§ 5 bis 5f entsprechend.

§ 16a Übergangsvorschrift. Unternehmen im Sinne des § 2 Absatz 1, für die das international von Aufsichtsbehörden anerkannte System zur Identifizierung von Rechtsträgern noch keine Vergabe einer Kennung ermöglicht, müssen die Rechtsträgerkennung erst erwerben, sobald die Vergabe auch für diese Unternehmen zugelassen ist.

§ 17 Inkrafttreten, Außerkrafttreten. ¹Diese Verordnung tritt am 31. Dezember 2006 in Kraft. ²Gleichzeitig tritt die Anzeigenverordnung vom 29. Dezember 1997 (BGBl. I S. 3372), zuletzt geändert durch Artikel 8 Abs. 14 des Gesetzes vom 4. Dezember 2004 (BGBl. I S. 3166), außer Kraft.

Anl. 1–12

(hier nicht wiedergegeben)

---

1) Nr. 8.

8h. Verordnung über die Anzeigen nach § 2c des Kreditwesengesetzes und § 104 des Versicherungsaufsichtsgesetzes (Inhaberkontrollverordnung – InhKontrollV)[1)]

Vom 20. März 2009
(BGBl. I S. 562, ber. S. 688)

FNA 7610-2-36

zuletzt geänd. durch Art. 24 Abs. 31 Zweites Finanzmarktnovellierungsgesetz v. 23.6.2017 (BGBl. I S. 1693)

Abschnitt 1. Allgemeine Vorschriften

§ 1 Zielunternehmen. Zielunternehmen im Sinne dieser Verordnung ist
1. das Kreditinstitut,
2. das Finanzdienstleistungsinstitut,
3. das Versicherungsunternehmen,
4. der Pensionsfonds oder
5. die Versicherungs-Holdinggesellschaft im Sinne des § 1b des Versicherungsaufsichtsgesetzes,

an dem oder an der eine bedeutende Beteiligung im Sinne des § 1 Absatz 9 des Kreditwesengesetzes[2)] oder des § 7a Absatz 2 Satz 3 bis 6 des Versicherungsaufsichtsgesetzes erworben, eine bestehende bedeutende Beteiligung verändert oder eine bedeutende Beteiligung aufgegeben werden soll.

§ 2 Anzeigenexemplare, Einreichungsweg und Übersetzungen.

(1) [1] Ist das Zielunternehmen ein Kreditinstitut oder Finanzdienstleistungsinstitut, sind die Anzeigen nach § 2c Absatz 1, 1b Satz 8 und Absatz 3 des Kreditwesengesetzes[2)] und die Anzeigen und Mitteilungen nach den §§ 7, 18 und 19 jeweils in einfacher Ausfertigung der Bundesanstalt für Finanzdienstleistungsaufsicht (Bundesanstalt) und der für das betroffene Kreditinstitut oder Finanzdienstleistungsinstitut zuständigen Hauptverwaltung der Deutschen Bundesbank einzureichen. [2] Dies gilt für nachgeforderte Unterlagen und Erklärungen entsprechend.

(2) Ist das Zielunternehmen ein Versicherungsunternehmen, ein Pensionsfonds oder eine Versicherungs-Holdinggesellschaft, sind die Anzeigen nach § 104 Absatz 1, 1b Satz 7 und Absatz 3 des Versicherungsaufsichtsgesetzes und die Anzeigen und Mitteilungen nach den §§ 7, 18 und 19 jeweils in einfacher Ausfertigung der Bundesanstalt oder der zuständigen Landesaufsichtsbehörde einzureichen.

[1)] Verkündet als Art. 1 VO zur weiteren Umsetzung der Bewertungsrichtlinie v. 20.3.2009 (BGBl. I S. 562); Inkrafttreten gem. Art. 3 dieser VO am 25.3.2009.
[2)] Nr. **8**.

(3) [1] Unterlagen und Erklärungen, die nicht in deutscher Sprache verfasst sind, hat der Anzeigepflichtige zusätzlich zum Original in einer amtlich beglaubigten oder von einem öffentlich bestellten oder beeidigten Dolmetscher oder Übersetzer angefertigten Übersetzung einzureichen. [2] Die Bundesanstalt oder die zuständige Landesaufsichtsbehörde kann im Einzelfall auf amtlich beglaubigte Übersetzungen verzichten.

§ 3 Angaben zum Empfangsbevollmächtigten im Inland. [1] Anzeigepflichtige ohne Wohnsitz oder gewöhnlichen Aufenthalt, Sitz oder Geschäftsleitung im Inland müssen im Formular nach § 6 Absatz 1 Satz 1 und § 17 Absatz 1 Satz 1 den Namen und die Anschrift eines Empfangsbevollmächtigten im Inland angeben. [2] Die Bevollmächtigung ist durch die Beifügung einer amtlich beglaubigten Kopie der entsprechenden Urkunde nachzuweisen.

§ 4 Angaben zu Personen, Personenhandelsgesellschaften, Gesellschaften anderer Rechtsform und Zweckvermögen. (1) Die nach dieser Verordnung und nach § 2c Absatz 1 Satz 2 letzter Halbsatz des Kreditwesengesetzes[1] und § 104 Absatz 1 Satz 2 letzter Halbsatz des Versicherungsaufsichtsgesetzes vom Anzeigepflichtigen anzugebenden natürlichen Personen sind mit
1. vollständigem Namen,
2. Geburtsdatum,
3. Geburtsort und
4. Anschrift des ersten Wohnsitzes

zu benennen.

(2) Die nach dieser Verordnung und nach § 2c Absatz 1 Satz 2 letzter Halbsatz des Kreditwesengesetzes und § 104 Absatz 1 Satz 2 letzter Halbsatz des Versicherungsaufsichtsgesetzes vom Anzeigepflichtigen anzugebenden juristischen Personen, Personenhandelsgesellschaften und Gesellschaften anderer Rechtsform sowie Zweckvermögen sind mit
1. Firma,
2. Rechtsform,
3. Sitz,
4. Sitzstaat,
5. Anschrift des Hauptsitzes der Geschäftsleitung und
6. den Ordnungsmerkmalen der gewerberechtlichen Registereintragung, sofern eine Eintragung besteht,

zu benennen.

§ 5 Kapital- und Stimmrechtsanteile. (1) [1] Bei der Berechnung der Kapital- oder Stimmrechtsanteile nach § 8 Nummer 5, § 11 Nummer 1 und 3 sowie § 12 Absatz 2 Nummer 3 und 4 und Absatz 4 Nummer 2 sind unmittelbar und mittelbar gehaltene Anteile zu berücksichtigen. [2] Für die Berechnung der Stimmrechtsanteile gelten § 1 Absatz 9 Satz 2 und 3 des Kreditwesengesetzes[1] und § 7a Absatz 2 Satz 4 und 5 des Versicherungsaufsichtsgesetzes.

---

[1] Nr. 8.

(2) [1]Kommt es nach dieser Verordnung auf die Höhe gehaltener Kapital- oder Stimmrechtsanteile an, ist diese in Prozent anzugeben. [2]Bei mittelbaren Anteilen sind zusätzlich die vermittelnden Unternehmen mit den von ihnen gehaltenen Kapital- oder Stimmrechtsanteilen in Prozent anzugeben. [3]In den Fällen einer Stimmrechtszurechnung sind auch diejenigen, die die betreffenden Stimmrechte halten, sowie der Grund der Stimmrechtszurechnung anzugeben.

Abschnitt 2. Anzeige der Absicht des Erwerbs oder der Erhöhung einer bedeutenden Beteiligung

§ 6 Anzeigeformulare, Vollständigkeit der Anzeige. (1) [1]Die Absicht

1. des Erwerbs einer bedeutenden Beteiligung nach § 2c Absatz 1 Satz 1 des Kreditwesengesetzes[1)],
2. des Erwerbs einer bedeutenden Beteiligung nach § 104 Absatz 1 Satz 1 des Versicherungsaufsichtsgesetzes,
3. der Erhöhung einer bedeutenden Beteiligung nach § 2c Absatz 1 Satz 6 des Kreditwesengesetzes oder
4. der Erhöhung einer bedeutenden Beteiligung nach § 104 Absatz 1 Satz 6 des Versicherungsaufsichtsgesetzes

ist mit dem Formular „Erwerb-Erhöhung" der Anlage dieser Verordnung anzuzeigen. [2]Bei komplexen Beteiligungsstrukturen sind der Anzeige zusätzlich das Formular „Komplexe Beteiligungsstrukturen" der Anlage dieser Verordnung sowie ein Schaubild der beabsichtigten Beteiligungsstruktur unter Angabe der jeweils gehaltenen Kapitalanteile und Stimmrechtsanteile in Prozent beizufügen. [3]Komplexe Beteiligungsstrukturen liegen insbesondere vor bei Beteiligungen, die gleichzeitig unmittelbar und mittelbar über ein oder mehrere Unternehmen, über mehrere Beteiligungsketten, im Zusammenwirken mit anderen, bei Treuhandverhältnissen oder in anderen Fällen der Zurechnung von Stimmrechtsanteilen nach § 1 Absatz 9 Satz 2 und 3 des Kreditwesengesetzes oder § 7a Absatz 2 Satz 4 und 5 des Versicherungsaufsichtsgesetzes, jeweils in Verbindung mit § 34 Absatz 1 Satz 1 Nummer 2 bis 6 und Absatz 2 des Wertpapierhandelsgesetzes gehalten werden.

(2) [1]Die Absichtsanzeigen sind vollständig im Sinne des § 2c Absatz 1 Satz 7 in Verbindung mit Absatz 1a Satz 1 des Kreditwesengesetzes und des § 104 Absatz 1 Satz 7 in Verbindung mit Absatz 1a Satz 1 des Versicherungsaufsichtsgesetzes, wenn das Formular nach Absatz 1 Satz 1 vollständig ausgefüllt ist und alle erforderlichen Anlagen beigefügt sind. [2]Können nicht alle erforderlichen Anlagen beigefügt werden, sind die Gründe hierfür anzugeben und die fehlenden Anlagen unverzüglich nachzureichen. [3]Erst mit deren Eingang gelten die Absichtsanzeigen als vollständig.

(3) Eine Anzeige gilt für die Zwecke des § 2c Absatz 1 Satz 7 des Kreditwesengesetzes als vollständig eingegangen, wenn sie bei der Bundesanstalt vollständig eingegangen ist.

[1)] Nr. **8**.

§ 7 Änderung der angezeigten Absicht und der angezeigten Angaben. (1) Gibt der Anzeigepflichtige die Absicht, eine bedeutende Beteiligung zu erwerben oder zu erhöhen, vor dem Erwerb oder der Erhöhung auf, hat er dies unverzüglich schriftlich mitzuteilen.

(2) [1] Ändert der Anzeigepflichtige in einem laufenden Verfahren nach § 2c Absatz 1 Satz 1 oder Satz 6 des Kreditwesengesetzes[1)] oder nach § 104 Absatz 1 Satz 1 oder Satz 6 des Versicherungsaufsichtsgesetzes seine Absicht, eine bedeutende Beteiligung am Zielunternehmen zu erwerben oder zu erhöhen, hat er dies vorbehaltlich des Satzes 2 unverzüglich schriftlich mitzuteilen und die nach dieser Verordnung eingereichten Unterlagen und Erklärungen neu einzureichen, soweit darin einzelne Angaben anzupassen sind. [2] Sofern nunmehr die Beteiligungsschwellen von 20 Prozent, 30 Prozent oder 50 Prozent überschritten werden sollen oder der Anzeigepflichtige durch den geplanten Erwerb oder die geplante Erhöhung Kontrolle über das Zielunternehmen erlangen würde, gilt die angezeigte Absicht als aufgegeben; der Anzeigepflichtige hat in diesem Fall eine neue Anzeige nach § 2c Absatz 1 Satz 1 oder Satz 6 des Kreditwesengesetzes oder § 104 Absatz 1 Satz 1 oder Satz 6 des Versicherungsaufsichtsgesetzes einzureichen.

(3) [1] Ändern sich nach Absendung einer Absichtsanzeige bis zum Ende des Beurteilungszeitraums nach § 2c Absatz 1a des Kreditwesengesetzes oder § 104 Absatz 1a des Versicherungsaufsichtsgesetzes Angaben in den eingereichten Unterlagen und Erklärungen, hat der Anzeigepflichtige die betroffenen Dokumente unverzüglich aktualisiert einzureichen, damit die Bundesanstalt oder die zuständige Landesaufsichtsbehörde diese in ihre Beurteilung einbeziehen kann. [2] Unterlässt er dies oder geht die Aktualisierung der Angaben so spät ein, dass der Behörde für deren Prüfung innerhalb des Beurteilungszeitraums nicht mehr fünf Arbeitstage zur Verfügung stehen, gelten die Angaben in den eingereichten Unterlagen und Erklärungen als nicht richtig.

§ 8 Allgemeine Unterlagen und Erklärungen. Den Absichtsanzeigen sind folgende Unterlagen und Erklärungen beizufügen:

1. ein geeigneter aktueller Nachweis über die Identität oder die Existenz des Anzeigepflichtigen; geeignete Nachweise sind insbesondere:
   a) bei natürlichen Personen eine amtlich beglaubigte Kopie eines gültigen Ausweises, der ein Lichtbild enthält und mit dem die Pass- und Ausweispflicht im Inland erfüllt wird,
   b) bei sonstigen Anzeigepflichtigen amtlich beglaubigte Kopien der Gründungsdokumente oder gleichwertig beweiskräftiger Dokumente und, wenn nach dem Recht des Herkunftsstaates eine Eintragungspflicht in einem Register oder Verzeichnis besteht oder eine Eintragung freiwillig vorgenommen wurde, ein amtlich beglaubigter, aktueller Auszug aus dem Handels-, Vereins-, Genossenschafts-, Partnerschafts- oder Stiftungsregister oder einem vergleichbaren öffentlichen Register oder Verzeichnis,
2. sofern der Anzeigepflichtige keine natürliche Person ist, eine amtlich beglaubigte Kopie der aktuellen Satzung, des aktuellen Gesellschaftsvertrages oder einer gleichwertigen Vereinbarung,

---

1) Nr. 8.

3. sofern der Anzeigepflichtige keine natürliche Person ist, eine Liste mit den persönlich haftenden Gesellschaftern und mit den Personen, die zur Vertretung der Geschäfte des Anzeigepflichtigen auf Grund Gesetz, Satzung, Gesellschaftsvertrag oder einer gleichwertigen Vereinbarung befugt sind, unter Darlegung von Art und Umfang ihrer Befugnisse sowie der Geschäftsverteilung und, sofern der Anzeigepflichtige ein Zweckvermögen ist, ob und in welcher prozentualen Höhe diese Personen an der Verteilung dessen Gewinns teilnehmen,
4. eine aktuelle, vollständige und aussagekräftige Darstellung der geschäftlichen Aktivitäten des Anzeigepflichtigen,
5. sofern der Anzeigepflichtige keine natürliche Person ist, eine Liste mit den natürlichen Personen, juristischen Personen, Personenhandelsgesellschaften oder Gesellschaften anderer Rechtsform sowie Zweckvermögen, in deren Eigentum oder unter deren Kontrolle der Anzeigepflichtige steht oder auf deren Veranlassung der Erwerb oder die Erhöhung der bedeutenden Beteiligung durchgeführt wird; hierzu zählen insbesondere alle Inhaber von mehr als 25 Prozent der Kapital- oder Stimmrechtsanteile am Anzeigepflichtigen und, sofern der Anzeigepflichtige ein Zweckvermögen ist, diejenigen, die 25 Prozent oder mehr des Zweckvermögens kontrollieren oder in mindestens dieser Höhe an der Verteilung dessen Gewinns teilnehmen,
6. eine Erklärung, ob im Zusammenhang mit dem beabsichtigten Erwerb eine Behörde außerhalb der Finanzbranche eine Untersuchung durchführt oder durchgeführt hat; Anschrift und Bezeichnung der Behörde sowie der Verfahrensstand und bei einer abgeschlossenen Untersuchung deren Ergebnis, das durch amtliche Dokumente zu belegen ist, sind anzugeben, und
7. eine Erklärung, ob und durch welche Personen beabsichtigt ist, Geschäftsleiter des Zielunternehmens auszutauschen.

§ 9 Erklärungen und Unterlagen zur Zuverlässigkeit. (1) [1]Der Anzeigepflichtige hat zu jeder Absichtsanzeige mit dem Formular „Angaben zur Zuverlässigkeit" der Anlage dieser Verordnung anzugeben, ob gegen ihn, gegen eine Person nach § 8 Nummer 3 oder Nummer 7 oder gegen ein von ihm derzeit oder früher geleitetes oder kontrolliertes Unternehmen
1. ein Strafverfahren geführt wird oder zu einem früheren Zeitpunkt ein Strafverfahren wegen eines Verbrechens oder Vergehens geführt worden ist,
2. im Zusammenhang mit einer unternehmerischen oder sonstigen beruflichen Tätigkeit ein Ordnungswidrigkeitsverfahren oder vergleichbares Verfahren nach einer anderen Rechtsordnung geführt wird oder mit einer Verurteilung oder sonstigen Sanktion abgeschlossen worden ist,
3. ein Insolvenzverfahren, ein Verfahren zur Abgabe einer eidesstattlichen Versicherung oder ein vergleichbares Verfahren geführt wird oder zu einem früheren Zeitpunkt geführt worden ist,
4. eine Aufsichtsbehörde eine aufsichtliche Maßnahme eingeleitet hat oder ein solches Verfahren bereits mit einer Sanktion abgeschlossen worden ist und
5. eine Registereintragung, Erlaubnis, Mitgliedschaft oder Gewerbeerlaubnis durch eine Behörde versagt oder aufgehoben worden ist oder der Anzeigepflichtige oder eine Person nach § 8 Nummer 3 oder Nummer 7 in sonstiger Weise vom Betrieb eines Gewerbes oder der Vertretung und Führung dessen

Geschäfte ausgeschlossen worden ist oder ein entsprechendes Verfahren geführt wird.

[2] Vergleichbare Sachverhalte und Verfahren nach anderen Rechtsordnungen sind ebenfalls anzuzeigen. [3] Für jede natürliche Person und für jedes Unternehmen ist jeweils ein gesondertes Formular zu verwenden. [4] Alle in den Formularen angegebenen Verfahren und Sanktionen sind zu erläutern. [5] Amtlich beglaubigte Kopien von Urteilen, Beschlüssen und anderen Sanktionen sind dem jeweiligen Formular beizufügen.

(2) [1] Bei den Angaben nach Absatz 1 Satz 1 Nummer 1 können Strafverfahren unberücksichtigt bleiben, die mangels hinreichenden Tatverdachts oder wegen eines Verfahrenshindernisses eingestellt oder mit einem Freispruch beendet worden sind oder bei denen eine ergangene Eintragung im Bundeszentralregister entfernt oder getilgt wurde. [2] Entsprechendes gilt für Strafverfahren, die nicht von einer deutschen Strafermittlungsbehörde oder von einem deutschen Gericht beendet worden sind. [3] Bei den Angaben nach Absatz 1 Satz 1 Nummer 2, 4 und 5 können die Verfahren unberücksichtigt bleiben, die vor mehr als fünf Jahren vor dem Beginn des Jahres, in dem die Anzeige eingereicht wird, mit einer Verurteilung, Sanktion oder sonstigen Entscheidung abgeschlossen worden sind.

(3) [1] Der Anzeigepflichtige hat in dem jeweiligen Formular nach Absatz 1 ferner zu erklären, ob seine Zuverlässigkeit oder die Zuverlässigkeit der Personen nach § 8 Nummer 3 oder Nummer 7 als Erwerber einer bedeutenden Beteiligung an einem Zielunternehmen oder als Geschäftsleiter eines Zielunternehmens durch eine andere Aufsichtsbehörde geprüft worden ist. [2] Er hat auch zu erklären, ob eine vergleichbare Prüfung durch eine andere Behörde erfolgt ist. [3] Amtliche Dokumente über das Ergebnis dieser Prüfung sind dem jeweiligen Formular beizufügen. [4] Liegen dem Anzeigepflichtigen solche Dokumente nicht vor, hat er dies zu begründen. [5] Bei den Angaben nach den Sätzen 1 und 2 können Prüfungen unberücksichtigt bleiben, die vor mehr als einem Jahr vor dem Beginn des Jahres, in dem die Anzeige eingereicht wird, abgeschlossen worden sind.

(4) [1] Anzeigepflichtige natürliche Personen und Personen nach § 8 Nummer 3 oder Nummer 7 haben bei der Bundesanstalt oder der zuständigen Landesaufsichtsbehörde ein Führungszeugnis zur Vorlage bei einer Behörde gemäß § 30 Absatz 5 oder § 30b des Bundeszentralregistergesetzes einzureichen. [2] Das Führungszeugnis darf zum Zeitpunkt des Einreichens nicht älter als drei Monate sein. [3] Maßgeblich hierfür ist das Ausstellungsdatum. [4] Personen, die einem Staat angehören oder ihren Wohnsitz in einem Staat haben, der keine Dokumente nach Satz 1 ausstellt, haben Dokumente aus dem Herkunfts- oder Wohnsitzstaat einzureichen, die den Dokumenten nach Satz 1 entsprechen. [5] Werden dort auch derartige Dokumente nicht ausgestellt, so ist der Umfang der einzureichenden Ersatzunterlagen mit der Bundesanstalt oder der zuständigen Landesaufsichtsbehörde im Einzelfall abzustimmen. [6] Personen, die in den letzten zehn Jahren Wohnsitze in verschiedenen Staaten hatten, müssen die Führungszeugnisse und Unterlagen aus jedem dieser Staaten beibringen.

(5) [1] Anzeigepflichtige natürliche Personen und Personen nach § 8 Nummer 3 oder Nummer 7 haben, wenn sie einen Wohnsitz in Deutschland innehaben oder hatten oder eine berufliche Tätigkeit in Deutschland ausüben oder ausgeübt haben, bei der Bundesanstalt oder der zuständigen Landesauf-

sichtsbehörde einen Auszug aus dem Gewerbezentralregister gemäß § 150 der Gewerbeordnung einzureichen. [2]Der Registerauszug darf zum Zeitpunkt des Einreichens nicht älter als drei Monate sein. [3]Maßgeblich hierfür ist das Ausstellungsdatum des Dokuments.

§ 10 Lebenslauf. (1) Den Absichtsanzeigen sind ein Lebenslauf des Anzeigepflichtigen, sofern dieser eine natürliche Person ist, und ein eigenhändig unterzeichneter Lebenslauf jeder natürlichen Person nach § 8 Nummer 3 oder Nummer 7 beizufügen.

(2) [1]Der nach Absatz 1 einzureichende Lebenslauf muss die nachfolgenden Angaben enthalten:
1. den vollständigen Namen,
2. den Geburtsnamen,
3. das Geburtsdatum,
4. den Geburtsort,
5. das Geburtsland,
6. die Anschrift des ersten Wohnsitzes,
7. die Staatsangehörigkeit,
8. die berufliche Qualifikation einschließlich der erworbenen Abschlüsse,
9. Weiterbildungsmaßnahmen und
10. die Berufserfahrung, die in chronologischer Reihenfolge darzustellen ist und mit dem derzeit ausgeübten Beruf beginnen soll, wobei jeweils anzugeben sind:
    a) Name und Sitz des Unternehmens, für das die Person tätig ist oder war,
    b) Art und Dauer der Tätigkeit einschließlich Nebentätigkeiten, mit Ausnahme ehrenamtlicher Tätigkeiten,
    c) Vertretungsmacht dieser Person,
    d) ihre internen Entscheidungskompetenzen und
    e) die ihr unterstellten Geschäftsbereiche.

[2]Alle Zeitangaben müssen monatsgenau erfolgen. [3]Die Angaben müssen lückenlos, vollständig und wahr sein. [4]Dem Lebenslauf von Personen nach § 8 Nummer 7 sind, sofern vorhanden, Arbeitszeugnisse über unselbständige Tätigkeiten, die in den letzten drei Jahren vor Abgabe der Anzeige ausgeübt wurden, beizufügen.

§ 11 Beteiligungsverhältnisse und Konzernzugehörigkeit sowie sonstige Einflussmöglichkeiten. Die Absichtsanzeigen müssen folgende Angaben zu den aktivischen und passivischen Beteiligungsverhältnissen, zur Konzernzugehörigkeit und sonstigen Einflussmöglichkeiten des Anzeigepflichtigen enthalten:
1. sofern der Anzeigepflichtige einem Konzern angehört:
    a) eine aussagekräftige Darstellung der Konzernstruktur mit einem Schaubild unter Angabe jedes Konzernunternehmens sowie der jeweils gehaltenen Kapitalanteile und Stimmrechtsanteile in Prozent,
    b) eine aussagekräftige Darstellung der Geschäftstätigkeit des Konzerns,

c) eine Aufstellung der aufsichtspflichtigen Konzernunternehmen, die in der Finanzbranche im Sinne des § 1 Absatz 19 des Kreditwesengesetzes[1] oder des § 2 Absatz 3 des Finanzkonglomerate-Aufsichtsgesetzes[2] erlaubnispflichtige Geschäfte nach Maßgabe der Branchenvorschriften des § 1 Absatz 18 des Kreditwesengesetzes oder des § 2 Absatz 2 des Finanzkonglomerate-Aufsichtsgesetzes betreiben, unter Angabe der betreffenden Branchenvorschrift sowie der Bezeichnung und der Anschrift der zuständigen Aufsichtsbehörde; Entsprechendes gilt für Konzernunternehmen mit Hauptniederlassung außerhalb eines Mitgliedstaates, die nach den für sie maßgeblichen Vorschriften aufsichtspflichtig sind, und

d) sofern der Anzeigepflichtige eine natürliche Person ist, zusätzlich,

aa) bei welchen Konzernunternehmen und bei welchen weiteren Unternehmen er die Geschäfte führt und

bb) über welche weiteren Unternehmen er Kontrolle hat, oder

e) sofern der Anzeigepflichtige keine natürliche Person ist, zusätzlich eine Liste der nicht konzernangehörigen Personen und Unternehmen, die den in Nummer 3 genannten Kriterien entsprechen; bestehende Stimmrechtsvereinbarungen sind zu erläutern;

2. sofern der Anzeigepflichtige eine natürliche Person ist und keinem Konzern angehört, eine Liste der Unternehmen, deren Geschäfte er führt oder über die er Kontrolle hat; es ist jeweils auch anzugeben, ob der Anzeigepflichtige die Geschäfte des angegebenen Unternehmens führt oder über dieses Kontrolle hat;

3. sofern der Anzeigepflichtige keine natürliche Person ist und keinem Konzern angehört, eine Liste der natürlichen und juristischen Personen, Personenhandelsgesellschaften und Gesellschaften anderer Rechtsform sowie Zweckvermögen, die an dem Anzeigepflichtigen mindestens 10 Prozent der Kapital- oder Stimmrechtsanteile halten oder, unabhängig davon, ob Kapital- oder Stimmrechtsanteile gehalten werden, einen maßgeblichen Einfluss auf den Anzeigepflichtigen ausüben können oder die, sofern der Anzeigepflichtige ein Zweckvermögen ist, an der Verteilung dessen Gewinns in Höhe von mindestens 10 Prozent teilnehmen; bestehende Stimmrechtsvereinbarungen sind zu erläutern.

§ 12 Erwerbsinteressen. (1) Den Absichtsanzeigen ist eine ausführliche Darstellung der finanziellen und der sonstigen Interessen des Anzeigepflichtigen an der bedeutenden Beteiligung beizufügen.

(2) Diese Darstellung muss die Geschäftsbeziehungen beschreiben, die er oder ein von ihm geleitetes oder von ihm kontrolliertes Unternehmen zu

1. dem Zielunternehmen,
2. den vom Zielunternehmen kontrollierten Unternehmen,
3. Inhabern von mindestens 5 Prozent der Kapitalanteile am Zielunternehmen, wobei auch die Höhe der Kapitalanteile anzugeben ist,

---

[1] Nr. 8.
[2] Nr. 9.

4. Inhabern von mindestens 5 Prozent der Stimmrechtsanteile am Zielunternehmen, wobei auch die Höhe der Stimmrechtsanteile anzugeben ist,
5. Geschäftsleitern des Zielunternehmens und Personen, die die Geschäfte des Zielunternehmens tatsächlich führen und
6. Mitgliedern des Aufsichtsorgans des Zielunternehmens

unterhält.

(3) [1] Ist der Anzeigepflichtige oder eine Person nach § 8 Nummer 3 Angehöriger einer Person im Sinne des Absatzes 2 Nummer 3, 4 oder 5, ist dies anzugeben. [2] Angehörige im Sinne dieser Vorschrift sind die in § 20 Absatz 5 des Verwaltungsverfahrensgesetzes genannten Personen.

(4) Ferner ist anzugeben, ob und welche

1. Personen nach § 8 Nummer 3 zugleich aufgrund Gesetz, Satzung, Gesellschaftsvertrag oder einer gleichwertigen Vereinbarung befugt sind, die Geschäfte eines Inhabers nach Absatz 2 Nummer 3 und 4 oder des Zielunternehmens zu führen, oder die Geschäfte des Inhabers tatsächlich führen oder diesen vertreten, und
2. Inhaber von Kapital- oder Stimmrechtsanteilen am Anzeigepflichtigen zugleich Inhaber von mindestens 5 Prozent der Kapital- oder Stimmrechtsanteile am Zielunternehmen sind; die Höhe der Kapital- oder Stimmrechtsanteile ist jeweils anzugeben.

(5) Auf Interessen oder Tätigkeiten des Anzeigepflichtigen, die den Interessen des Zielunternehmens an einer soliden und umsichtigen Geschäftsführung entgegenstehen könnten, ist gesondert einzugehen und zu erklären, wie verhindert werden soll, dass sich diese Interessen negativ auf das Zielunternehmen auswirken.

§ 13 Finanzlage und Bonität des Anzeigepflichtigen. (1) Der Anzeigepflichtige hat seine wirtschaftlichen Verhältnisse darzustellen.

(2) Bei bilanzierenden Anzeigepflichtigen muss die Darstellung nach Absatz 1 folgende Unterlagen zum Anzeigepflichtigen enthalten:

1. Jahresabschlüsse und, sofern diese aufzustellen sind oder freiwillig aufgestellt wurden, Lageberichte jeweils der letzten drei Geschäftsjahre,
2. Berichte über die Jahresabschlussprüfung unabhängiger Abschlussprüfer der letzten drei Geschäftsjahre, sofern diese aufzustellen sind oder freiwillig aufgestellt wurden, und
3. Kapitalflussrechnungen und Segmentberichterstattungen der letzten drei Geschäftsjahre, sofern diese zu erstellen sind oder freiwillig erstellt wurden.

(3) Ist der Anzeigepflichtige eine natürliche Person, muss die Darstellung nach Absatz 1 folgende Angaben enthalten:

1. eine vollständige Aufzählung und Beschreibung seiner Einkommensquellen nebst Nachweisen,
2. seine aktuelle Vermögensaufstellung unter Angabe sämtlicher Verbindlichkeiten nebst Nachweisen,
3. Jahresabschlüsse und, sofern diese aufzustellen sind oder freiwillig aufgestellt wurden, Lageberichte jeweils der letzten drei Geschäftsjahre der vom An-

zeigepflichtigen kontrollierten Unternehmen und der Unternehmen, deren Geschäfte er führt, und

4. Berichte über die Jahresabschlussprüfung unabhängiger Abschlussprüfer der letzten drei Geschäftsjahre der vom Anzeigepflichtigen kontrollierten Unternehmen und der Unternehmen, deren Geschäfte er führt, sofern diese aufzustellen sind oder freiwillig aufgestellt wurden.

(4) Gehört der Anzeigepflichtige einem Konzern an, muss die Darstellung nach Absatz 1 zusätzlich enthalten:

1. Konzernabschlüsse der letzen drei Geschäftsjahre, sofern diese zu erstellen sind oder freiwillig erstellt wurden, und
2. Berichte über die Konzernabschlussprüfung unabhängiger Abschlussprüfer der letzten drei Geschäftsjahre, sofern diese zu erstellen sind oder freiwillig erstellt wurden.

(5) [1] Handelt es sich bei dem Zielunternehmen um ein Versicherungsunternehmen, einen Pensionsfonds oder eine Versicherungs-Holdinggesellschaft und sind die Unterlagen nach Absatz 2 Nummer 1 und 2 nicht schlüssig oder bestehen Anhaltspunkte, dass diese Unterlagen die geschäftlichen Verhältnisse des Anzeigepflichtigen nicht zutreffend darstellen, kann die Bundesanstalt oder die zuständige Landesaufsichtsbehörde verlangen, dass der Anzeigepflichtige diese Unterlagen auf seine Kosten durch einen von der Bundesanstalt oder der zuständigen Landesaufsichtsbehörde zu bestimmenden Wirtschaftsprüfer prüfen zu lassen hat. [2] Entsprechendes gilt für die Unterlagen nach Absatz 4.

(6) [1] Wurde die Bonität des Anzeigepflichtigen von einer oder mehreren Ratingagenturen beurteilt, hat der Anzeigepflichtige das jüngste Rating jeder Ratingagentur anzugeben und jeweils durch aussagekräftige Unterlagen der beurteilenden Ratingagentur zu belegen. [2] Gleiches gilt in Bezug auf die Bonität des Konzerns, dem der Anzeigepflichtige angehört, sowie in Bezug auf die nicht konzernangehörigen Unternehmen, über die der Anzeigepflichtige, sofern dieser eine natürliche Person ist, Kontrolle hat oder deren Geschäfte er führt. [3] Liegen dem Anzeigepflichtigen die Unterlagen nach Satz 1 nicht vor, hat er dies zu begründen.

§ 14 Finanzierung des Erwerbs, Offenlegung sämtlicher Vereinbarungen. Den Absichtsanzeigen sind eine aussagekräftige, lückenlose Darstellung und geeignete, lückenlose Nachweise über das Vorhandensein und die wirtschaftliche Herkunft der Eigen- und Fremdmittel, die für den Erwerb eingesetzt werden sollen, sowie sämtliche im Zusammenhang mit dem beabsichtigten Erwerb getroffenen Vereinbarungen und Verträge beizufügen.

§ 15 Geschäftsplan, Darstellung strategischer Ziele und Pläne.

(1) [1] Erlangt der Anzeigepflichtige durch den geplanten Erwerb oder die geplante Erhöhung der bedeutenden Beteiligung Kontrolle über das Zielunternehmen, ist der Anzeige ein Geschäftsplan beizufügen, der die mit dem Erwerb oder der Erhöhung verfolgten strategischen Ziele und Pläne des Anzeigepflichtigen nachvollziehbar beschreibt. [2] Der Geschäftsplan hat insbesondere aussagekräftige Angaben zur geplanten strategischen Entwicklung, zur geplanten Entwicklung der Vermögens-, Finanz- und Ertragslage sowie zu Auswirkungen auf die Unternehmensstruktur und -organisation des Zielunternehmens zu enthal-

ten. [3] Die Angaben zur geplanten strategischen Entwicklung haben allgemeine Ausführungen zu den wesentlichen Zielen des Beteiligungserwerbs und den zur Zielerreichung geplanten Maßnahmen zu enthalten. [4] Dies umfasst insbesondere:

1. Beweggründe für den Beteiligungserwerb,
2. mittelfristige Vermögens- und Ertragsziele,
3. angestrebte Synergieeffekte im Zielunternehmen,
4. eine mögliche Neuausrichtung der Geschäftsaktivitäten,
5. eine geplante Umverteilung von Kapital im Zielunternehmen und
6. allgemeine Vorgaben und Festlegungen für die Einbeziehung und Integration des Zielunternehmens in die Konzern- und in die Gruppenstruktur des Erwerbers; dies beinhaltet eine Beschreibung der wesentlichen angestrebten Synergieeffekte mit anderen Unternehmen des Konzerns und der Gruppe sowie eine Beschreibung der Grundsätze und Verfahren zur Führung und Steuerung der Unternehmensbeziehungen innerhalb des Konzerns und der Gruppe.

[5] Die Angaben zur geplanten Entwicklung der Vermögens-, Finanz- und Ertragslage umfassen die Planbilanzen und Plangewinn- und Planverlustrechnungen für die nächsten drei Geschäftsjahre nach dem Erwerb oder der geplanten Erhöhung der bedeutenden Beteiligung sowohl für das Zielunternehmen als auch für den Konzern. [6] Darüber hinaus sind insbesondere für die nächsten drei Geschäftsjahre nach dem Erwerb oder der geplanten Erhöhung der bedeutenden Beteiligung sowohl für das Zielunternehmen als auch für den Konzern anzugeben:

1. die prognostizierten Kapitalkennziffern,
2. die Höhe der voraussichtlichen Risikopositionen,
3. ein Ausblick auf geplante gruppeninterne Geschäfte.

[7] Die Angaben zu den Auswirkungen auf die Unternehmens- und Organisationsstruktur des Zielunternehmens haben insbesondere zu umfassen:

1. Auswirkungen auf die Zusammensetzung und Aufgabenbereiche der Unternehmensorgane und der von ihnen eingesetzten Ausschüsse,
2. Änderungen der Rechnungslegungsmethode und wesentlichen Änderungen der Leitungs-, Steuerungs- und Kontrollprozesse; dies beinhaltet auch Angaben zu wesentlichen Änderungen hinsichtlich der Internen Revision und der Compliance-Funktion und zu einem Wechsel bei den leitenden Mitarbeitern mit Schlüsselfunktion,
3. wesentliche Änderungen der eingesetzten IT-Systeme und IT-Sicherheitssysteme und
4. Auswirkungen auf die Grundsätze für die Delegation und Auslagerung von Unternehmensaktivitäten und -prozessen auf andere Unternehmen oder Personen.

(2) Wenn durch den geplanten Erwerb oder durch die geplante Erhöhung der bedeutenden Beteiligung an dem Zielunternehmen Kapital- oder Stimmrechtsanteile im Umfang von 20 Prozent bis 50 Prozent vom Anzeigepflichtigen gehalten werden oder von diesem auf das Zielunternehmen ein maßgeblicher Einfluss ausgeübt werden kann und der Anzeigepflichtige nach dem

geplanten Erwerb oder der geplanten Erhöhung der bedeutenden Beteiligung keine Kontrolle über das Zielunternehmen hat, sind der Anzeige Dokumente beizufügen, die folgende Informationen beinhalten:

1. aussagekräftige Angaben zur geplanten strategischen Entwicklung nach Absatz 1 Satz 3 und 4 und
2. aussagekräftige Angaben im Sinne des Absatzes 3, die jedoch zusätzlich detaillierte Aussagen über die Art der beabsichtigten zukünftigen Einflussnahme auf die finanzielle Ausstattung sowie die Kapitalallokation des Zielunternehmens beinhalten müssen.

(3) Wenn durch den geplanten Erwerb oder durch die geplante Erhöhung der bedeutenden Beteiligung an dem Zielunternehmen Kapital- oder Stimmrechtsanteile unter 20 Prozent vom Anzeigepflichtigen gehalten werden, von diesem auf das Zielunternehmen kein maßgeblicher Einfluss ausgeübt werden kann und der Anzeigepflichtige nach dem geplanten Erwerb oder der geplanten Erhöhung der bedeutenden Beteiligung auch keine Kontrolle über das Zielunternehmen hat, sind der Anzeige Dokumente beizufügen, die folgende Informationen beinhalten:

1. eine aussagekräftige Darstellung der allgemeinen strategischen Ziele, die mit dem Erwerb verfolgt werden; anzugeben ist hierbei unter anderem, wie lange die Anteile voraussichtlich gehalten werden und ob in einem absehbaren Zeitraum nach dem Erwerb die Anteilshöhe verändert werden soll,
2. die beabsichtigte zukünftige Einflussnahme auf das Zielunternehmen unter Angabe der Gründe hierfür und
3. Aussagen zur Bereitschaft und der wirtschaftlichen Fähigkeit, dem Zielunternehmen zukünftig weiteres Kapital, sofern dies notwendig wird, zur Verfügung zu stellen.

§ 16 Abweichende Vorlage- und Nachweispflichten. (1) [1] Der Anzeigepflichtige muss Unterlagen und Erklärungen nicht erneut einreichen, die er bereits mit einer früheren Anzeige nach § 2c Absatz 1 Satz 1, 5 oder 6 des Kreditwesengesetzes[1)] in der ab dem 18. März 2009 geltenden Fassung oder § 104 Absatz 1 Satz 1, 5 oder 6 des Versicherungsaufsichtsgesetzes in der ab dem 18. März 2009 geltenden Fassung innerhalb des letzten Jahres vor der aktuellen Absichtsanzeige eingereicht hat, wenn sich die in den Unterlagen und Erklärungen enthaltenen Angaben nicht verändert haben. [2] Die Bundesanstalt oder die zuständige Landesaufsichtsbehörde kann im Einzelfall einen längeren Zeitraum zulassen. [3] Ist der Anzeigepflichtige bereits Inhaber einer bedeutenden Beteiligung, braucht er seine Identität oder Existenz nach § 8 Nummer 1 nicht erneut nachzuweisen. [4] Die Bundesanstalt oder die zuständige Landesaufsichtsbehörde kann die in den Sätzen 1 und 3 genannten Unterlagen und Erklärungen jedoch im Rahmen des § 2c Absatz 1a Satz 3 bis 9 des Kreditwesengesetzes oder des § 104 Absatz 1a Satz 3 bis 9 des Versicherungsaufsichtsgesetzes anfordern.

(2) [1] Den Absichtsanzeigen müssen folgende Unterlagen und Erklärungen nicht beigefügt werden, wenn der Anzeigepflichtige

---

1) Nr. 8.

1. der Bund, die Deutsche Bundesbank, ein rechtlich unselbständiges Sondervermögen des Bundes oder eines Landes, ein Land, eine Gemeinde oder ein Gemeindeverband ist: die Unterlagen und Erklärungen der §§ 8 bis 15,
2. ein zugelassenes Kreditinstitut oder Finanzdienstleistungsinstitut, Versicherungsunternehmen, Pensionsfonds, jeweils mit Sitz im Inland, oder Kapitalverwaltungsgesellschaft ist, die eine Erlaubnis nach § 7 oder § 97 Absatz 1 des Investmentgesetzes in der bis zum 21. Juli 2013 geltenden Fassung, die für den in § 345 Absatz 2 Satz 1, Absatz 3 Satz 2, in Verbindung mit Absatz 2 Satz 1, oder Absatz 4 Satz 1 des Kapitalanlagegesetzbuchs vorgesehenen Zeitraum noch fortbesteht oder eine Erlaubnis nach den §§ 20, 21 oder §§ 20, 22 des Kapitalanlagegesetzbuchs hat: die Unterlagen und Erklärungen nach § 8 Nummer 1 bis 5 und den §§ 9 bis 14,
3. eine Versicherungs-Holdinggesellschaft ist: die Unterlagen und Erklärungen nach § 8 Nummer 1, 3, 5 und 6 und den §§ 9 bis 14,
4. eine Finanzholding-Gesellschaft oder gemischte Finanzholding-Gesellschaft nach § 1 Absatz 35 des Kreditwesengesetzes in Verbindung mit Artikel 4 Absatz 1 Nummer 20 oder Nummer 21 der Verordnung (EU) Nr. 575/2013[1] des Europäischen Parlaments und des Rates vom 26. Juni 2013 über Aufsichtsanforderungen an Kreditinstitute und Wertpapierfirmen und zur Änderung der Verordnung (EU) Nr. 646/2012 (ABl. L 176 vom 27.6.2013, S. 1) in der jeweils geltenden Fassung ist und der Bundesanstalt die Unterlagen und Erklärungen nach § 16 Absatz 2 der Anzeigenverordnung[2] vorliegen: die Unterlagen und Erklärungen nach den §§ 9 und 10,
5. eine Versicherungs-Holdinggesellschaft im Sinne des § 104a Absatz 2 Nummer 4 des Versicherungsaufsichtsgesetzes oder gemischte Finanzholding-Gesellschaft nach § 2 Absatz 10 des Finanzkonglomerate-Aufsichtsgesetzes[3] ist und der Bundesanstalt oder der zuständigen Landesaufsichtsbehörde die Unterlagen und Erklärungen nach § 13e Absatz 1 Satz 1 Nummer 1 des Versicherungsaufsichtsgesetzes oder § 13e Absatz 1 Satz 2 in Verbindung mit Satz 1 Nummer 1 des Versicherungsaufsichtsgesetzes vorliegen: die Unterlagen und Erklärungen nach den §§ 9 und 10,
6. eine Zentralregierung, Zentralnotenbank, Regionalregierung oder örtliche Gebietskörperschaft eines Mitgliedstaates der Europäischen Union oder eines anderen Vertragsstaates des Abkommens über den Europäischen Wirtschaftsraum oder die Europäische Zentralbank ist: die Unterlagen und Erklärungen der §§ 8 bis 15,
7. ein in einem Mitgliedstaat der Europäischen Union oder einem anderen Vertragsstaat des Abkommens über den Europäischen Wirtschaftsraum zugelassenes CRR-Kreditinstitut, Wertpapierhandelsunternehmen, E-Geld-Institut, Versicherungsunternehmen oder Pensionsfonds ist: die Unterlagen und Erklärungen nach den §§ 9 und 10,
8. in einem anderen Mitgliedstaat der Europäischen Union oder einem anderen Vertragsstaat des Abkommens über den Europäischen Wirtschaftsraum nach Maßgabe der Richtlinie 2009/65/EG des Europäischen Parlaments und des Rates vom 13. Juli 2009 zur Koordinierung der Rechts- und Verwaltungs-

---

[1] Nr. **6**.
[2] Nr. **8g**.
[3] Nr. **9**.

vorschriften betreffend bestimmte Organismen für gemeinsame Anlagen in Wertpapieren (OGAW) (ABl. L 302 vom 17.11.2009, S. 32) oder der Richtlinie 2011/61/EU des Europäischen Parlaments und des Rates vom 8. Juni 2011 über die Verwalter alternativer Investmentfonds und zur Änderung der Richtlinien 2003/41/EG und 2009/65/EG und der Verordnungen (EG) Nr. 1060/2009 und (EU) Nr. 1095/2010 (ABl. L 174 vom 1. Juli 2011, S. 1) in der jeweils geltenden Fassung beaufsichtigt wird: die Unterlagen und Erklärungen nach den §§ 9 und 10, oder

9. ein Konzernunternehmen eines Konzerns ist, dem mehrere Anzeigepflichtige angehören, und der Bundesanstalt eine vollständige Anzeige nach § 6 von einem dieser Anzeigepflichtigen fristgerecht vorgelegt worden ist: die Unterlagen und Erklärungen nach den §§ 9 und 10, soweit der andere konzernangehörige Anzeigepflichtige verpflichtet war, diese einzureichen, sowie die Unterlagen und Erklärungen nach § 11 Nummer 1 Buchstabe a bis d und § 13 Absatz 4 und 6 Satz 2.

[2] Absatz 1 Satz 4 gilt entsprechend.

(3) [1] Die Bundesanstalt oder die zuständige Landesaufsichtsbehörde kann auf Unterlagen und Erklärungen bei den Anzeigepflichtigen, die konzernangehörig sind, ganz oder teilweise verzichten, soweit diese Informationen für die Prüfung des Erwerbers in diesem Einzelfall nicht erforderlich sind. [2] Die Bundesanstalt oder die zuständige Landesaufsichtsbehörde unterrichtet den Anzeigepflichtigen schriftlich über diese Entscheidung.

(4) Den Absichtsanzeigen müssen die Arbeitszeugnisse nach § 10 Absatz 2 Satz 4 nicht beigefügt werden, wenn das Zielunternehmen ein Versicherungsunternehmen, ein Pensionsfonds oder eine Versicherungs-Holdinggesellschaft im Sinne von § 1b des Versicherungsaufsichtsgesetzes ist.

(5) Den Absichtsanzeigen müssen die Unterlagen nach § 13 Absatz 2, Absatz 3 Nummer 3 und 4 sowie Absatz 4 nicht beigefügt werden, wenn das Zielunternehmen ein Finanzdienstleistungsinstitut ist.

Abschnitt 3. Weitere Anzeige- und Mitteilungspflichten; Übergangsvorschrift

§ 17 Anzeige der Absicht der Verringerung oder Aufgabe einer bedeutenden Beteiligung. (1) [1] Die Absicht

1. der Verringerung einer bedeutenden Beteiligung nach § 2c Absatz 3 Satz 1 des Kreditwesengesetzes[1)],
2. der Verringerung einer bedeutenden Beteiligung nach § 104 Absatz 3 Satz 1 des Versicherungsaufsichtsgesetzes,
3. der Aufgabe einer bedeutenden Beteiligung nach § 2c Absatz 3 Satz 1 des Kreditwesengesetzes oder
4. der Aufgabe einer bedeutenden Beteiligung nach § 104 Absatz 3 Satz 1 des Versicherungsaufsichtsgesetzes

[1)] Nr. 8.

ist mit dem Formular „Aufgabe-Verringerung“ der Anlage dieser Verordnung anzuzeigen. [2]Auf die Absichtsanzeigen nach Satz 1 Nummer 1 und 2 ist § 6 Absatz 1 Satz 2 entsprechend anzuwenden.

(2) [1]Der Anzeigepflichtige hat in einer Anlage zu dem Formular nach Absatz 1 Satz 1 zu erklären, auf wen er die Kapital- oder Stimmrechtsanteile übertragen wird. [2]Ist ihm diese Angabe nicht möglich, hat er dies in der Anlage zu begründen.

(3) Für alle Absichtsanzeigen nach Absatz 1 gilt § 16 Absatz 3 entsprechend.

§ 18 Anzeige von Änderungen beim Inhaber einer bedeutenden Beteiligung. [1]Der Anzeige nach § 2c Absatz 1 Satz 5 des Kreditwesengesetzes[1)] oder § 104 Absatz 1 Satz 5 des Versicherungsaufsichtgesetzes sind für jede neu bestellte Person nach § 8 Nummer 3 die Unterlagen und Erklärungen nach den §§ 9 und 10 beizufügen. [2]Die Anzeige ist entbehrlich, wenn der Inhaber der bedeutenden Beteiligung

1. der Bund, die Deutsche Bundesbank, ein rechtlich unselbständiges Sondervermögen des Bundes oder eines Landes, ein Land, eine Gemeinde oder ein Gemeindeverband ist,
2. ein zugelassenes Kreditinstitut oder Finanzdienstleistungsinstitut, Versicherungsunternehmen oder Pensionsfonds, jeweils mit Sitz im Inland, eine Versicherungs-Holdinggesellschaft oder Kapitalverwaltungsgesellschaft ist, die eine Erlaubnis nach § 7 oder § 97 Absatz 1 des Investmentgesetzes in der bis zum 21. Juli 2013 geltenden Fassung, die für den in § 345 Absatz 2 Satz 1, Absatz 3 Satz 2, in Verbindung mit Absatz 2 Satz 1, oder Absatz 4 Satz 1 des Kapitalanlagegesetzbuchs vorgesehenen Zeitraum noch fortbesteht oder eine Erlaubnis nach den §§ 20, 21 oder §§ 20, 22 des Kapitalanlagegesetzbuchs hat,
3. eine Finanzholding-Gesellschaft oder gemischte Finanzholding-Gesellschaft nach § 1 Absatz 35 des Kreditwesengesetzes in Verbindung mit Artikel 4 Absatz 1 Nummer 20 oder Nummer 21 der Verordnung (EU) Nr. 575/2013[2)] in der jeweils geltenden Fassung ist und der Bundesanstalt die Unterlagen und Erklärungen nach § 16 Absatz 2 der Anzeigenverordnung[3)] vorliegen,
4. eine Versicherungs-Holdinggesellschaft im Sinne des § 104a Absatz 2 Nummer 4 des Versicherungsaufsichtsgesetzes oder gemischte Finanzholding-Gesellschaft im Sinne des § 2 Absatz 10 des Finanzkonglomerate-Aufsichtsgesetzes[4)] ist und der Bundesanstalt oder der zuständigen Landesaufsichtsbehörde die Unterlagen und Erklärungen nach § 13e Absatz 1 Satz 1 Nummer 1 des Versicherungsaufsichtsgesetzes oder § 13e Absatz 1 Satz 2 in Verbindung mit Satz 1 Nummer 1 des Versicherungsaufsichtsgesetzes vorliegen oder
5. eine Zentralregierung, Zentralnotenbank, Regionalregierung oder örtliche Gebietskörperschaft eines Mitgliedstaates der Europäischen Union oder eines

---

1) Nr. **8**.
2) Nr. **6**.
3) Nr. **8g**.
4) Nr. **9**.

anderen Vertragsstaates des Abkommens über den Europäischen Wirtschaftsraum oder die Europäische Zentralbank ist.

§ 19 Ergänzende Mitteilungen bei nachträglichen Änderungen beim Inhaber einer bedeutenden Beteiligung zur Sicherung der Zusammenarbeit mit den zuständigen Stellen im Europäischen Wirtschaftsraum.

[1] Ist der Inhaber einer bedeutenden Beteiligung kein Kreditinstitut oder Finanzdienstleistungsinstitut, Versicherungsunternehmen oder Pensionsfonds mit Sitz im Inland, hat er unverzüglich schriftlich unter Angabe des betreffenden Staates und der Bezeichnung der jeweils zuständigen Aufsichtsbehörde mitzuteilen, wenn er

1. in einem anderen Mitgliedstaat der Europäischen Union oder einem anderen Vertragsstaat des Abkommens über den Europäischen Wirtschaftsraum als CRR-Kreditinstitut, E-Geld-Institut, Wertpapierhandelsunternehmen, Erstversicherungsunternehmen oder Rückversicherungsunternehmen zugelassen wird, wobei die Identitätsnummer, unter der der Anzeigepflichtige bei der zuständigen Aufsichtsbehörde geführt wird, anzugeben ist;
2. Mutterunternehmen eines in einem anderen Mitgliedstaat der Europäischen Union oder einem anderen Vertragsstaat des Abkommens über den Europäischen Wirtschaftsraum zugelassenen CRR-Kreditinstituts, E-Geld-Instituts, Wertpapierhandelsunternehmens, Erstversicherungsunternehmens oder Rückversicherungsunternehmens wird oder
3. die Kontrolle über ein in einem anderen Mitgliedstaat der Europäischen Union oder einem anderen Vertragsstaat des Abkommens über den Europäischen Wirtschaftsraum zugelassenes CRR-Kreditinstitut, E-Geld-Institut, Wertpapierhandelsunternehmen, Erstversicherungsunternehmen oder Rückversicherungsunternehmen erlangt.

[2] Das CRR-Kreditinstitut, E-Geld-Institut, Wertpapierhandelsunternehmen, Erstversicherungsunternehmen oder Rückversicherungsunternehmen nach Satz 1 Nummer 2 und 3 ist auch mit der Identitätsnummer, unter der es bei der zuständigen Aufsichtsbehörde geführt wird, anzugeben.

§ 20 *(aufgehoben)*

Anl. 1

(hier nicht wiedergegeben)

9. Gesetz zur zusätzlichen Aufsicht über beaufsichtigte Unternehmen eines Finanzkonglomerats (Finanzkonglomerate-Aufsichtsgesetz – FKAG)[1)2)]

Vom 27. Juni 2013

(BGBl. I S. 1862)

FNA 7610-19

zuletzt geänd. durch Art. 14 Abs. 4 G zur Umsetzung der Zweiten ZahlungsdiensteRL v. 17.7.2017 (BGBl. I S. 2446)

Nichtamtliche Inhaltsübersicht

---

1) Verkündet als Art. 1 G v. 27.6.2013 (BGBl. I S. 1862); Inkrafttreten gem. Art. 7 dieses G am 4.7.2013.

2) Amtl. Anm. zum MantelG: Die Artikel 1, 3 und 4 dieses Gesetzes dienen der Umsetzung der Richtlinie 2011/89/EU des Europäischen Parlaments und des Rates vom 16. November 2011 zur Änderung der Richtlinien 98/78/EG, 2002/87/EG, 2006/48/EG und 2009/138/EG hinsichtlich der zusätzlichen Beaufsichtigung der Finanzunternehmen eines Finanzkonglomerats (ABl. L 326 vom 8.12.2011, S. 113).

§ 1 Zuständigkeit und Anwendungsbereich. (1) [1]Beaufsichtigte Unternehmen eines Finanzkonglomerats unterliegen einer zusätzlichen Aufsicht nach Maßgabe dieses Gesetzes. [2]Die Aufsicht wird von der Bundesanstalt für Finanzdienstleistungsaufsicht (Bundesanstalt) ausgeübt.

(2) [1]Ein Finanzkonglomerat ist eine Gruppe oder Untergruppe,

1. an deren Spitze ein beaufsichtigtes Unternehmen steht oder bei der mindestens eines der Tochterunternehmen ein beaufsichtigtes Unternehmen ist,
2. in der mindestens eines der Unternehmen der Gruppe oder Untergruppe ein Unternehmen der Versicherungsbranche ist und mindestens eines ein Unternehmen der Banken- oder der Wertpapierdienstleistungsbranche ist,
3. in der die konsolidierten oder aggregierten Tätigkeiten der in der Versicherungsbranche tätigen Unternehmen der Gruppe oder Untergruppe und der in der Banken- und Wertpapierdienstleistungsbranche tätigen Unternehmen der Gruppe oder Untergruppe jeweils als erheblich im Sinne des § 8 anzusehen sind und
4. die die Bedingungen des Satzes 2 oder 3 erfüllt.

[2]In dem Fall, dass an der Spitze der Gruppe oder Untergruppe ein beaufsichtigtes Unternehmen eines Finanzkonglomerats steht, muss dieses Unternehmen

1. ein Mutterunternehmen eines Unternehmens der Finanzbranche sein,
2. ein Unternehmen sein, das eine Beteiligung an einem Unternehmen der Finanzbranche hält, oder
3. ein Unternehmen sein, das mit einem Unternehmen der Finanzbranche eine horizontale Unternehmensgruppe bildet.

[3]In dem Fall, dass an der Spitze der Gruppe oder Untergruppe kein beaufsichtigtes Unternehmen eines Finanzkonglomerats steht, muss der Schwerpunkt der Unternehmenstätigkeit der Gruppe oder Untergruppe im Sinne des § 7 in der Finanzbranche liegen.

§ 2 Begriffsbestimmungen. (1) Beaufsichtigte Unternehmen eines Finanzkonglomerats sind konglomeratsangehörige

1. CRR-Kreditinstitute im Sinne des Kreditwesengesetzes,
2. Erst- und Rückversicherungsunternehmen mit Ausnahme der Sterbekassen im Sinne des Versicherungsaufsichtsgesetzes,
3. Versicherungs-Zweckgesellschaften im Sinne des Versicherungsaufsichtsgesetzes,
4. Wertpapierhandelsunternehmen im Sinne des Wertpapierhandelsgesetzes,
5. Verwaltungsgesellschaften im Sinne des § 1 Absatz 14 des Kapitalanlagegesetzbuchs.

(2) Branchenvorschriften im Sinne dieses Gesetzes sind die Rechtsvorschriften der Europäischen Union im Bereich der Finanzaufsicht, insbesondere die Richtlinien 2004/39/EG des Europäischen Parlaments und des Rates vom 21. April 2004 über Märkte für Finanzinstrumente, zur Änderung der Richt-

linien 85/611/EWG und 93/6/EWG des Rates und der Richtlinie 2000/12/EG des Europäischen Parlaments und des Rates und zur Aufhebung der Richtlinie 93/22/EWG des Rates, Richtlinie 2013/36/EU des Europäischen Parlaments und des Rates vom 26. Juni 2013 über den Zugang zur Tätigkeit von Kreditinstituten und die Beaufsichtigung von Kreditinstituten und Wertpapierfirmen, zur Änderung der Richtlinie 2002/87/EG und zur Aufhebung der Richtlinien 2006/48/EG und 2006/49/EG (ABl. L 176 vom 27.6.2013, S. 338), Verordnung (EU) Nr. 575/2013 des Europäischen Parlaments und des Rates vom 26. Juni 2013 über Aufsichtsanforderungen an Kreditinstitute und Wertpapierfirmen und zur Änderung der Verordnung (EU) Nr. 646/2012 (ABl. L 176 vom 27.6.2013, S. 1), Richtlinie, 2009/65/EG des Europäischen Parlaments und des Rates vom 13. Juli 2009 zur Koordinierung der Rechts- und Verwaltungsvorschriften betreffend bestimmte Organismen für gemeinsame Anlagen in Wertpapieren (OGAW) und 2009/138/EG des Europäischen Parlaments und des Rates vom 25. November 2009 betreffend die Aufnahme und Ausübung der Versicherungs- und der Rückversicherungstätigkeit (Solvabilität II), die darauf beruhenden inländischen Gesetze, einschließlich der dazu ergangenen Rechtsverordnungen sowie der sonstigen im Bereich der Finanzaufsicht erlassenen Rechts- und Verwaltungsvorschriften.

(3) Finanzbranche sind die folgenden Branchen:

1. die Banken- und Wertpapierdienstleistungsbranche; zu dieser gehören
   a) Kreditinstitute im Sinne des § 1 Absatz 1 des Kreditwesengesetzes[1],
   b) Finanzdienstleistungsinstitute im Sinne des § 1 Absatz 1a des Kreditwesengesetzes,
   c) Kapitalverwaltungsgesellschaften im Sinne des § 17 des Kapitalanlagegesetzbuchs, extern verwaltete Investmentgesellschaften im Sinne des § 1 Absatz 13 des Kapitalanlagegesetzbuchs,
   d) Finanzunternehmen im Sinne des § 1 Absatz 3 des Kreditwesengesetzes,
   e) Anbieter von Nebendienstleistungen im Sinne des Artikels 4 Absatz 1 Nummer 18 der Verordnung (EU) Nr. 575/2013[2],
   f) E-Geld-Institute im Sinne des § 1 Absatz 2 Satz 1 Nummer 1 des Zahlungsdiensteaufsichtsgesetzes[3],
   g) Zahlungsinstitute im Sinne des § 1 Absatz 1 Satz 2 Nummer 1 des Zahlungsdiensteaufsichtsgesetzes sowie
   h) den Buchstaben *a bis h*[4] entsprechende Unternehmen mit Sitz im Ausland;

für die Zwecke der §§ 6 bis 12 gelten Kapitalverwaltungsgesellschaften und extern verwaltete Investmentgesellschaften als nicht der Bank- und Wertpapierdienstleistungsbranche angehörig;

2. die Versicherungsbranche; zu dieser gehören
   a) Erst- und Rückversicherungsunternehmen im Sinne des Versicherungsaufsichtsgesetzes mit Ausnahme der Sterbekassen,

---

[1] Nr. **8**.
[2] Nr. **6**.
[3] Nr. **10**.
[4] Richtig wohl: „a bis g".

b) Versicherungs-Holdinggesellschaften und Versicherungs-Zweckgesellschaften im Sinne des Versicherungsaufsichtsgesetzes sowie

c) den Buchstaben a und b entsprechende Unternehmen mit Sitz im Ausland.

(4) [1] Mutterunternehmen sind: Mutterunternehmen im Sinne des § 290 des Handelsgesetzbuchs oder Unternehmen, die tatsächlich einen beherrschenden Einfluss auf ein anderes Unternehmen ausüben, ohne dass es auf die Rechtsform oder den Sitz ankommt. [2] Abweichend von Satz 1 gelten Unternehmen nach Absatz 3 Nummer 1 als Mutterunternehmen, sofern sie die Voraussetzungen des Artikels 4 Absatz 1 Nummer 15 der Verordnung (EU) Nr. 575/2013 erfüllen.

(5) [1] Tochterunternehmen sind: Tochterunternehmen im Sinne des § 290 des Handelsgesetzbuchs oder Unternehmen, auf die ein Mutterunternehmen tatsächlich einen beherrschenden Einfluss ausübt, ohne dass es auf die Rechtsform oder den Sitz ankommt; jedes Tochterunternehmen eines Tochterunternehmens ist ebenfalls Tochterunternehmen des Mutterunternehmens. [2] Abweichend von Satz 1 gelten Unternehmen nach Absatz 3 Nummer 1 als Tochterunternehmen, sofern sie die Voraussetzungen des Artikels 4 Absatz 1 Nummer 16 der Verordnung (EU) Nr. 575/2013 erfüllen.

(6) [1] Beteiligungen im Sinne dieses Gesetzes sind Anteile an anderen Unternehmen nach Maßgabe des § 271 Absatz 1 Satz 1 des Handelsgesetzbuchs oder das unmittelbare oder mittelbare Halten von mindestens 20 Prozent der Stimmrechte oder des Kapitals. [2] Abweichend von Satz 1 bestimmt sich eine Beteiligung, soweit es Unternehmen im Sinne des Absatzes 3 Nummer 1 betrifft, gemäß Artikel 4 Absatz 1 Nummer 35 der Verordnung (EU) Nr. 575/2013.

(7) Eine Gruppe im Sinne dieses Gesetzes besteht

1. aus einem Mutterunternehmen, seinen Tochterunternehmen und den Unternehmen, an denen das Mutterunternehmen oder ein Tochterunternehmen eine Beteiligung hält, oder
2. aus mindestens zwei Unternehmen, die in der Weise miteinander verbunden sind, dass
   a) sie gemeinsam auf Grund einer Satzungsbestimmung oder eines Vertrages unter einheitlicher Leitung stehen oder
   b) sich ihre Verwaltungs-, Leitungs- oder Aufsichtsorgane mehrheitlich aus denselben Personen zusammensetzen, die während des Geschäftsjahres und bis zum Ablauf der in § 290 Absatz 1 des Handelsgesetzbuchs jeweils bestimmten Zeiträume im Amt sind, wenn sie einen konsolidierten Abschluss aufzustellen haben oder hätten (horizontale Unternehmensgruppe).

(8) Eine enge Verbindung im Sinne dieses Gesetzes ist

1. ein Kontrollverhältnis oder eine Situation, in der zwei oder mehr natürliche oder juristische Personen durch ein Kontrollverhältnis dauerhaft mit derselben Person verbunden sind, oder
2. eine Verbindung eines oder mehrerer Unternehmen oder einer oder mehrerer natürlicher Personen durch das unmittelbare oder mittelbare Halten durch ein oder mehrere Tochterunternehmen oder Treuhänder von mindestens 20 Prozent der Stimmrechte oder des Kapitals.

(9) Kontrollverhältnis ist das Verhältnis zwischen Mutter- und Tochterunternehmen oder ein gleichartiges Verhältnis zwischen einer natürlichen oder juristischen Person und einem Unternehmen.

(10) Gemischte Finanzholding-Gesellschaft ist ein Mutterunternehmen, das kein beaufsichtigtes Unternehmen eines Finanzkonglomerats ist und das zusammen mit seinen Tochterunternehmen, von denen mindestens eines ein beaufsichtigtes Unternehmen eines Finanzkonglomerats mit Sitz im Inland oder in einem anderen Staat des Europäischen Wirtschaftsraums ist, und anderen Unternehmen ein Finanzkonglomerat bildet.

(11) Staaten des Europäischen Wirtschaftsraums sind die Mitgliedstaaten der Europäischen Union sowie die anderen Vertragsstaaten des Abkommens über den Europäischen Wirtschaftsraum.

(12) Drittstaaten sind alle Staaten, die keine Staaten des Europäischen Wirtschaftsraums sind.

(13) Zuständige Behörden im Sinne dieses Gesetzes sind die Behörden der anderen Staaten des Europäischen Wirtschaftsraums, die auf Grund der jeweiligen gesetzlichen Bestimmungen für die Beaufsichtigung von Unternehmen eines Finanzkonglomerats auf Einzel- oder Gruppenebene zuständig sind.

(14) [1] Jeweils zuständige Behörden

1. sind die zuständigen Behörden der anderen Staaten des Europäischen Wirtschaftsraums, die für die branchenbezogene Gruppenaufsicht der beaufsichtigten Unternehmen eines Finanzkonglomerats, insbesondere des in einer Branche an der Spitze stehenden Mutterunternehmens, verantwortlich sind,
2. ist der Koordinator, sofern es sich bei diesem nicht um eine der unter Nummer 1 genannten Behörden handelt, und
3. sind gegebenenfalls sonstige zuständige Behörden, die nach Ansicht der in den Nummern 1 und 2 genannten Behörden ebenfalls betroffen sind.

[2] Bis zum Erlass der in Artikel 21a Absatz 1 Buchstabe b der Richtlinie 2002/87/EG des Europäischen Parlaments und des Rates vom 16. Dezember 2002 über die zusätzliche Beaufsichtigung der Kreditinstitute, Versicherungsunternehmen und Wertpapierfirmen eines Finanzkonglomerats und zur Änderung der Richtlinien 73/239/EWG, 79/267/EWG, 92/49/EWG, 92/96/EWG, 93/6/EWG und 93/22/EWG des Rates und der Richtlinien 98/78/EG und 2000/12/EG des Europäischen Parlaments und des Rates (ABl. L 35 vom 11.2. 2003, S. 1) genannten technischen Regulierungsstandards sind hierbei insbesondere der Marktanteil der beaufsichtigten Unternehmen des Finanzkonglomerats in anderen Staaten des Europäischen Wirtschaftsraums – insbesondere wenn dieser mehr als 5 Prozent beträgt – sowie das Gewicht der in anderen Staaten des Europäischen Wirtschaftsraums niedergelassenen beaufsichtigten Unternehmen innerhalb des Finanzkonglomerats zu berücksichtigen.

(15) Konglomeratsinterne Transaktionen sind alle Transaktionen, bei denen beaufsichtigte Unternehmen eines Finanzkonglomerats sich zur Erfüllung einer Verbindlichkeit direkt oder indirekt auf andere Unternehmen innerhalb derselben Gruppe oder auf natürliche oder juristische Personen, die enge Verbindungen mit Unternehmen der Gruppe haben, stützen, unabhängig davon, ob dies auf vertraglicher oder nicht vertraglicher und auf entgeltlicher oder unentgeltlicher Basis geschieht.

(16) Risikokonzentrationen sind alle mit einem Ausfallrisiko behafteten Engagements der Unternehmen eines Finanzkonglomerats, bei denen das Verlustpotential groß genug ist, um die Solvabilität oder die allgemeine Finanzlage eines beaufsichtigten Unternehmens eines Finanzkonglomerats zu gefährden, unabhängig davon, ob das Ausfallrisiko auf einem Adressenausfallrisiko, Kreditrisiko, Anlagerisiko, Versicherungsrisiko, Marktrisiko, sonstigen Risiko oder einer Kombination von Risiken oder einer Wechselwirkung zwischen Risiken beruht oder beruhen kann.

(17) Gemeinsamer Ausschuss ist der Gemeinsame Ausschuss der Europäischen Bankenaufsichtsbehörde, der Europäischen Aufsichtsbehörde für das Versicherungswesen und die betriebliche Altersversorgung sowie der Europäischen Wertpapier- und Marktaufsichtsbehörde.

§ 3 Zusammenarbeit mit der Deutschen Bundesbank. [1] Die Bundesanstalt und die Deutsche Bundesbank arbeiten nach Maßgabe dieses Gesetzes zusammen. [2] § 7 des Kreditwesengesetzes[1)] gilt entsprechend.

§ 4 Zusammenarbeit mit den zuständigen Behörden und dem Gemeinsamen Ausschuss. (1) Bei der Beaufsichtigung von Finanzkonglomeraten, die grenzüberschreitend tätig sind, arbeiten die Bundesanstalt und die Deutsche Bundesbank bei der Ermittlung eines Finanzkonglomerats und bei der Beaufsichtigung auf Konglomeratsebene nach Maßgabe der Richtlinie 2002/87/EG des Europäischen Parlaments und des Rates vom 16. Dezember 2002 über die zusätzliche Beaufsichtigung der Kreditinstitute, Versicherungsunternehmen und Wertpapierfirmen eines Finanzkonglomerats und zur Änderung der Richtlinien 73/239/EWG, 79/267/EWG, 92/49/EWG, 92/96/EWG, 93/6/EWG und 93/22/EWG des Rates und der Richtlinien 98/78/EG und 2000/12/EG des Europäischen Parlaments und des Rates mit den zuständigen Behörden und dem Gemeinsamen Ausschuss zusammen; § 309 Absatz 4 und 8 Satz 4 des Versicherungsaufsichtsgesetzes und § 8 Absatz 5 und § 9 Absatz 1 Satz 8 des Kreditwesengesetzes[1)] gelten entsprechend.

(2) Die Bundesanstalt bestimmt mit den zuständigen Behörden der betroffenen Staaten des Europäischen Wirtschaftsraums, einschließlich desjenigen Staates, in dem die gemischte Finanzholding-Gesellschaft ihren Sitz hat, nach Maßgabe des Artikels 10 der Richtlinie 2002/87/EG den Koordinator.

(3) Auf Anfrage einer zuständigen Behörde übermittelt die Bundesanstalt die Informationen, die dazu dienen, die Beaufsichtigung nach der Richtlinie 2002/87/EG zu ermöglichen oder zu erleichtern.

(4) Die Bundesanstalt kann die zuständigen Behörden des Staates des Europäischen Wirtschaftsraums, in dem ein Mutterunternehmen seinen Sitz hat, ersuchen, von dem Mutterunternehmen die Informationen, die für die Wahrnehmung ihrer Aufgaben als Koordinator zweckdienlich sind, zu verlangen und diese an sie weiterzuleiten.

(5) Die nach Abschnitt 3 der Richtlinie 2002/87/EG erforderliche Zusammenarbeit und die Wahrnehmung der in Artikel 11 Absatz 1, 2 und 3 und Artikel 12 der Richtlinie 2002/87/EG genannten Aufgaben sowie gegebenenfalls die Abstimmung und Zusammenarbeit mit den jeweils zuständigen Auf-

---

1) Nr. 8.

sichtsbehörden in Drittstaaten in geeigneter Form und unter Einhaltung der Geheimhaltungspflichten und des Unionsrechts erfolgt durch Kollegien, die gemäß Artikel 131a der Richtlinie 2006/48/EG oder Artikel 248 Absatz 2 der Richtlinie 2009/138/EG eingesetzt wurden.

(6) [1] Die näheren Bestimmungen über die Zusammenarbeit legt die Bundesanstalt in Kooperationsvereinbarungen mit den zuständigen Behörden der betroffenen Staaten des Europäischen Wirtschaftsraums fest. [2] Diese Vereinbarungen werden gesondert in die schriftlichen Koordinierungsvereinbarungen, die nach Artikel 115 der Richtlinie 2013/36/EU oder Artikel 248 der Richtlinie 2009/138/EG geschlossen werden, aufgenommen. [3] § 8e Absatz 7 des Kreditwesengesetzes gilt entsprechend.

§ 5 Aufgaben der Bundesanstalt als Koordinator. (1) Ist die Bundesanstalt Koordinator, hat sie folgende Aufgaben:

1. die Koordinierung der Sammlung und der Verbreitung zweckdienlicher und grundlegender Informationen bei der laufenden Beaufsichtigung sowie in Krisensituationen,
2. die Planung und Koordinierung der Tätigkeiten bei der laufenden Beaufsichtigung sowie in Krisensituationen in Zusammenarbeit mit den jeweils zuständigen Behörden,
3. die generelle Aufsicht und die Beurteilung der Finanzlage des Finanzkonglomerats,
4. die Beurteilung der Einhaltung der Vorschriften über die Eigenmittelausstattung und über Risikokonzentrationen und konglomeratsinterne Transaktionen,
5. die Beurteilung der Struktur, Organisation und internen Kontrollsysteme des Finanzkonglomerats,
6. sonstige Aufgaben, Maßnahmen und Entscheidungen, die der Bundesanstalt als Koordinator durch die Richtlinie 2002/87/EG oder in Anwendung ihrer Bestimmungen zugewiesen werden.

(2) [1] Darüber hinaus nimmt die Bundesanstalt als Koordinator folgende Aufgaben wahr:

1. Sie unterrichtet über die Bekanntgabe der Feststellung nach § 8 Absatz 1
   a) die zuständigen Behörden, die beaufsichtigte Unternehmen der Gruppe zugelassen haben,
   b) die zuständigen Behörden des Staates des Europäischen Wirtschaftsraums, in dem die gemischte Finanzholding-Gesellschaft ihren Sitz hat, und
   c) den Gemeinsamen Ausschuss.
2. Sie unterrichtet die jeweils zuständigen Behörden und die Europäische Kommission über die gewählte Vorgehensweise in den Fällen des § 15 Absatz 4.
3. Sie hört die jeweils zuständigen Behörden in den betroffenen Staaten des Europäischen Wirtschaftsraums vorab an
   a) vor Entscheidungen nach § 12 Absatz 2 Satz 3 und § 15 Absatz 4,
   b) vor Freistellungen nach § 19 Absatz 1 Nummer 3,

c) vor Maßnahmen nach den §§ 20, 21 Absatz 1, § 23 Absatz 4 und § 28 Absatz 1, wenn dies für die Aufsichtstätigkeit dieser Behörden von Bedeutung ist.

[2]In dringenden Fällen oder bei Gefahr im Verzug kann die Bundesanstalt von der vorherigen Anhörung absehen. [3]Sie hat die jeweils zuständigen Behörden von der getroffenen Maßnahme unverzüglich zu unterrichten.

4. Sie unterbreitet den jeweils zuständigen Behörden Vorschläge für Entscheidungen zur
   a) Nichtberücksichtigung bestimmter Unternehmen oder Beteiligungen bei der Ermittlung eines Finanzkonglomerats nach § 9 Absatz 1,
   b) Aufhebung der Feststellung nach § 11 Absatz 2, dass eine Gruppe ein Finanzkonglomerat ist,
   c) Befreiung nach § 13 Absatz 1 Nummer 3.
5. Sie teilt die Ergebnisse unionsweiter Prognoserechnungen dem Gemeinsamen Ausschuss mit.
6. Sie stellt dem Gemeinsamen Ausschuss die in Artikel 9 Absatz 4 und in Artikel 12 Absatz 1 Unterabsatz 2 Buchstabe a der Richtlinie 2002/87/EG genannten Informationen zur Verfügung.

(3) Führt die Bundesanstalt als Koordinator den Vorsitz eines Kollegiums im Sinne des § 4 Absatz 5, entscheidet sie darüber, welche zuständigen Behörden an einer Sitzung oder Tätigkeit des Kollegiums teilnehmen.

§ 6 Ermittlung eines Finanzkonglomerats. (1) Die Bundesanstalt ermittelt, ob eine branchenübergreifend tätige Gruppe als Finanzkonglomerat einzustufen ist.

(2) Gelangt die Bundesanstalt zu der Auffassung, dass ein von ihr beaufsichtigtes Unternehmen im Sinne des § 2 Absatz 1 Nummer 1 bis 5 einer grenzüberschreitend tätigen Gruppe angehört, die ein Finanzkonglomerat sein könnte, teilt sie dies den zuständigen Behörden in den betroffenen Staaten des Europäischen Wirtschaftsraums und dem Gemeinsamen Ausschuss mit.

§ 7 Zugehörigkeit zur Finanzbranche. Eine Gruppe ist vorwiegend in der Finanzbranche tätig, wenn der Anteil der Bilanzsumme der beaufsichtigten und unbeaufsichtigten Finanzunternehmen dieser Gruppe an der Bilanzsumme der Gruppe insgesamt mehr als 40 Prozent beträgt.

§ 8 Erheblichkeit von konsolidierten oder aggregierten Tätigkeiten.
(1) Die branchenübergreifenden Tätigkeiten von Unternehmen der Gruppe oder Untergruppe sind als erheblich anzusehen, wenn

1. für jede Branche der durchschnittliche Anteil der Bilanzsumme dieser Branche an der Bilanzsumme der Finanzunternehmen der Gruppe und der Anteil der Solvabilitätsanforderungen derselben Branche an der Gesamtsolvabilitätsanforderung der Finanzunternehmen der Gruppe mehr als 10 Prozent betragen oder
2. die Bilanzsumme der in der Gruppe am schwächsten vertretenen Branche 6 Milliarden Euro übersteigt.

(2) Als die am schwächsten vertretene Branche in einem Finanzkonglomerat gilt diejenige mit dem geringsten durchschnittlichen Anteil und als die am stärksten vertretene Branche diejenige mit dem höchsten durchschnittlichen Anteil.

(3) [1] Bei der Berechnung des durchschnittlichen Anteils und der Ermittlung der im Finanzkonglomerat am schwächsten und am stärksten vertretenen Branche werden die Banken- und die Wertpapierdienstleistungsbranche gemeinsam berücksichtigt. [2] Verwaltungsgesellschaften im Sinne des § 1 Absatz 14 des Kapitalanlagegesetzbuchs werden innerhalb der Gruppe der Finanzbranche zugerechnet, der sie angehören. [3] Gehören sie nicht ausschließlich einer Branche innerhalb der Gruppe an, werden sie der kleinsten Branche zugerechnet.

§ 9 Berechnung der Zugehörigkeit zur Finanzbranche und der Erheblichkeit von konsolidierten oder aggregierten Tätigkeiten. (1) [1] Bei den Berechnungen nach den §§ 7 und 8 kann die Bundesanstalt vorbehaltlich der Sätze 2 und 3 im Einzelfall ein konglomeratsangehöriges Unternehmen unberücksichtigt lassen, wenn und solange

1. sich das Unternehmen in einem Drittstaat befindet, in dem Hindernisse der Übermittlung der notwendigen Informationen entgegenstehen;
2. das Unternehmen im Hinblick auf die Ziele der zusätzlichen Aufsicht auf Konglomeratsebene von untergeordneter Bedeutung ist;
3. die Einbeziehung des Unternehmens im Hinblick auf die Ziele der zusätzlichen Beaufsichtigung ungeeignet oder irreführend wäre.

[2] Erfüllen mehrere konglomeratsangehörige Unternehmen für sich genommen die Voraussetzungen des Satzes 1 Nummer 2, sind sie zu berücksichtigen, wenn sie insgesamt im Hinblick auf die Ziele der zusätzlichen Beaufsichtigung nicht von untergeordneter Bedeutung sind. [3] Satz 1 gilt nicht, wenn das Unternehmen von einem Staat des Europäischen Wirtschaftsraums in einen Drittstaat umgezogen ist und dieser Umzug nachweislich erfolgt ist, um sich der Beaufsichtigung zu entziehen.

(2) Bei den Berechnungen nach den §§ 7 und 8 kann die Bundesanstalt außerdem im Einzelfall eine oder mehrere Beteiligungen an der schwächer vertretenen Branche ausschließen, wenn und solange diese Beteiligungen ausschlaggebend für eine Einstufung als Finanzkonglomerat, jedoch insgesamt im Hinblick auf die Ziele der zusätzlichen Beaufsichtigung von untergeordneter Bedeutung sind.

(3) Für die Anwendung der §§ 7 und 8 kann die Bundesanstalt im Einzelfall das Kriterium der Bilanzsumme durch eines oder mehrere der folgenden Kriterien ersetzen oder ergänzen, wenn diese im Hinblick auf die Ziele der zusätzlichen Beaufsichtigung besonders aussagekräftig sind:

1. Ertragsstruktur,
2. außerbilanzielle Geschäfte,
3. Gesamtwert des verwalteten Vermögens.

(4) Bei Finanzkonglomeraten, die grenzüberschreitend tätig sind, trifft die Bundesanstalt Entscheidungen nach den Absätzen 1 bis 3 im Einvernehmen mit den jeweils zuständigen Behörden.

§ 10 Schwellenwerte für die Einstufung als Finanzkonglomerat. Werden bei einer Gruppe, deren beaufsichtigte Unternehmen im Sinne des § 2 Absatz 1 Nummer 1 bis 5 bereits einer zusätzlichen Beaufsichtigung nach diesem Gesetz unterliegen, die Schwellenwerte nach den §§ 7 und 8 während eines Geschäftsjahres unterschritten, gilt sie weiter als Finanzkonglomerat, wenn in den drei darauffolgenden Geschäftsjahren folgende Schwellenwerte überschritten werden:

1. im Fall des § 7 ein Schwellenwert von 35 Prozent,
2. im Fall des § 8 Absatz 1 Nummer 1 ein Schwellenwert von 8 Prozent oder
3. im Fall des § 8 Absatz 1 Nummer 2 ein Schwellenwert von 5 Milliarden Euro.

§ 11 Feststellung eines Finanzkonglomerats. (1) [1] Die Bundesanstalt stellt fest, dass eine branchenübergreifend tätige Gruppe ein Finanzkonglomerat ist. [2] Sie gibt die Feststellung dem Mutterunternehmen an der Spitze der Gruppe bekannt. [3] Wenn an der Spitze kein Mutterunternehmen steht, gibt sie die Feststellung dem beaufsichtigten Unternehmen mit der höchsten Bilanzsumme innerhalb der Gruppe bekannt.

(2) [1] In den Fällen des § 10 kann die Bundesanstalt während des maßgeblichen Zeitraums von drei Geschäftsjahren die Feststellung, dass eine Gruppe ein Finanzkonglomerat ist, aufheben; Absatz 1 Satz 2 und 3 gilt entsprechend. [2] Bei Finanzkonglomeraten, die grenzüberschreitend tätig sind, entscheidet die Bundesanstalt im Einvernehmen mit den jeweils zuständigen Behörden.

(3) [1] Die Bundesanstalt hat die Feststellung, dass eine Gruppe ein Finanzkonglomerat ist, aufzuheben, wenn die Voraussetzungen des § 1 Absatz 2 nicht mehr erfüllt sind. [2] Sie hat die Feststellung insbesondere aufzuheben, wenn folgende Schwellenwerte unterschritten werden:

1. im Fall des § 7 ein Schwellenwert von 35 Prozent,
2. im Fall des § 8 Absatz 1 Nummer 1 ein Schwellenwert von 8 Prozent oder
3. im Fall des § 8 Absatz 1 Nummer 2 ein Schwellenwert von 5 Milliarden Euro.

[3] Absatz 1 Satz 2 und 3 gilt entsprechend.

§ 12 Übergeordnetes Unternehmen. (1) Übergeordnetes Unternehmen eines Finanzkonglomerats ist ein beaufsichtigtes Unternehmen des Finanzkonglomerats, das an der Spitze des Finanzkonglomerats steht und seinen Sitz im Inland hat.

(2) [1] Steht an der Spitze eines Finanzkonglomerats kein beaufsichtigtes Unternehmen mit Sitz im Inland und hat die gemischte Finanzholding-Gesellschaft ihren Sitz im Inland, bestimmt die Bundesanstalt ein beaufsichtigtes Tochterunternehmen mit Sitz im Inland als übergeordnetes Unternehmen des Finanzkonglomerats. [2] Abweichend hiervon kann die Bundesanstalt die gemischte Finanzholding-Gesellschaft oder ein anderes beaufsichtigtes Unternehmen als übergeordnetes Unternehmen des Finanzkonglomerats bestimmen. [3] Die Bundesanstalt berücksichtigt neben der Struktur des Finanzkonglomerats auch, ob die Banken- und Wertpapierdienstleistungsbranche oder die Versicherungsbranche stärker im Sinne des § 8 Absatz 2 vertreten ist. [4] Das zu bestimmende Unternehmen ist vorab anzuhören.

§ 13 Befreiung und Freistellung von der zusätzlichen Beaufsichtigung. (1) Auf Antrag des Mutterunternehmens an der Spitze der Gruppe kann die Bundesanstalt von der Feststellung, dass eine Gruppe ein Finanzkonglomerat ist, absehen (Befreiung) oder das übergeordnete Unternehmen des Finanzkonglomerats von den Verpflichtungen nach den §§ 23 bis 25 ganz oder teilweise freistellen, wenn

1. zwar die Bilanzsumme der am schwächsten vertretenen Branche 6 Milliarden Euro übersteigt, die Gruppe aber den in § 8 Absatz 1 Nummer 1 genannten Schwellenwert nicht erreicht und die Einbeziehung der Gruppe in die zusätzliche Beaufsichtigung auf Konglomeratsebene oder die Anwendung der §§ 23 bis 25 nicht erforderlich oder im Hinblick auf die Ziele der zusätzlichen Beaufsichtigung unangebracht oder irreführend wäre;
2. zwar die Gruppe den in § 8 Absatz 1 Nummer 1 genannten Schwellenwert erreicht, die Bilanzsumme der am schwächsten vertretenen Branche aber 6 Milliarden Euro nicht übersteigt und die Einbeziehung der Gruppe in die zusätzliche Beaufsichtigung auf Konglomeratsebene oder die Anwendung der §§ 23 bis 25 nicht erforderlich oder im Hinblick auf die Ziele der zusätzlichen Beaufsichtigung unangebracht oder irreführend wäre;
3. die Überschreitung der Schwellenwerte in den §§ 7 und 8 ausschließlich auf eine erhebliche Änderung der Struktur der Gruppe zurückzuführen ist; in diesem Fall ist die Befreiung auf höchstens drei Jahre, beginnend mit dem nächstfolgenden Geschäftsjahr, zu befristen.

(2) [1]Steht an der Spitze der Gruppe kein Mutterunternehmen, kann das beaufsichtigte Unternehmen des Finanzkonglomerats mit der höchsten Bilanzsumme innerhalb der Gruppe den Antrag stellen. [2]In diesem Fall ist die Befreiung zu befristen.

(3) Die Bundesanstalt kann eine Befreiung mit Wirkung für die Zukunft ganz oder teilweise widerrufen, wenn ein Grund für die Befreiung nachträglich entfällt.

(4) Bei Finanzkonglomeraten, die grenzüberschreitend tätig sind, entscheidet die Bundesanstalt im Einvernehmen mit den jeweils zuständigen Behörden und teilt die Entscheidungen den zuständigen Behörden in den anderen betroffenen Staaten des Europäischen Wirtschaftsraums mit.

(5) Die Bundesanstalt veröffentlicht die Entscheidungen, sofern keine außergewöhnlichen Umstände vorliegen.

(6) Die Bundesanstalt bewertet jedes Jahr erneut die Befreiungen nach Absatz 1 und überprüft die qantitativ en Indikatoren und die risikobasierten Einschätzungen der Gruppen.

§ 14 Ausnahme von der laufenden Beaufsichtigung. [1]Auf Antrag eines übergeordneten Unternehmens eines Finanzkonglomerats kann die Bundesanstalt von der laufenden Beaufsichtigung auf Finanzkonglomeratsebene absehen und das übergeordnete Unternehmen des Finanzkonglomerats von den Verpflichtungen nach diesem Gesetz widerruflich freistellen, wenn

1. das Finanzkonglomerat eine Untergruppe eines anderen Finanzkonglomerats ist, dessen übergeordnetes Unternehmen seinen Sitz in einem anderen Staat des Europäischen Wirtschaftsraums hat, und insoweit eine zusätzliche Beaufsichtigung nach Maßgabe der Richtlinie 2002/87/EG sichergestellt ist, oder

2. dies unter Berücksichtigung der Struktur des Finanzkonglomerats und des relativen Gewichts seiner Tätigkeiten in verschiedenen Staaten des Europäischen Wirtschaftsraums angemessen ist.

[2]Dem übergeordneten Unternehmen des Finanzkonglomerats ist Gelegenheit zur Äußerung zu geben.

§ 15 Erweiterung der zusätzlichen Beaufsichtigung. (1) [1]Die Bundesanstalt kann im Einvernehmen mit den jeweils zuständigen Behörden über die Fälle des § 1 Absatz 2, § 12 Absatz 2 Satz 2 oder des Absatzes 3 hinaus nach Maßgabe des Artikels 2 Nummer 14, der Artikel 3 und 5 der Richtlinie 2002/87/EG eine branchenübergreifend tätige Gruppe als Finanzkonglomerat und ein beaufsichtigtes Unternehmen eines Finanzkonglomerats als übergeordnetes Unternehmen bestimmen. [2]Die Vorschriften dieses Gesetzes sind in diesem Fall entsprechend anzuwenden.

(2) [1]Liegt kein Finanzkonglomerat vor, bestehen jedoch Beteiligungen an mindestens einem beaufsichtigten Unternehmen eines Finanzkonglomerats oder Kapitalbeziehungen zu einem solchen Unternehmen oder kann auf ein solches Unternehmen ein beherrschender Einfluss ausgeübt werden, kann die Bundesanstalt im Einvernehmen mit den jeweils zuständigen Behörden die Vorschriften dieses Gesetzes auf diese Unternehmen ganz oder teilweise entsprechend anwenden, wenn die in § 1 Absatz 2 Satz 1 Nummer 2 und 3 genannten Bedingungen erfüllt sind; in diesem Fall bestimmt die Bundesanstalt eines dieser Unternehmen als übergeordnetes Unternehmen eines Finanzkonglomerats. [2]Die Bundesanstalt trifft ihre Entscheidung unter Berücksichtigung der Ziele der zusätzlichen Beaufsichtigung.

(3) [1]Unterliegen beaufsichtigte Unternehmen eines Finanzkonglomerats mit Sitz im Inland, die Tochterunternehmen eines beaufsichtigten Unternehmens eines Finanzkonglomerats oder einer gemischten Finanzholding-Gesellschaft mit Sitz in einem Drittstaat sind, in dem Drittstaat keiner Beaufsichtigung, die der Beaufsichtigung nach diesem Gesetz gleichwertig ist, kann die Bundesanstalt die Gruppe als Finanzkonglomerat und ein beaufsichtigtes Unternehmen eines Finanzkonglomerats als übergeordnetes Unternehmen bestimmen. [2]Die Vorschriften dieses Gesetzes sind in diesem Fall entsprechend anzuwenden. [3]Ist die Bundesanstalt nicht mit der von einer jeweils zuständigen Behörde im Sinne des Artikels 18 Absatz 1 der Richtlinie 2002/87/EG getroffenen Entscheidung einverstanden, kann sie nach Maßgabe des Artikels 19 der Verordnung (EU) Nr. 1093/2010, der Verordnung (EU) Nr. 1094/2010 oder der Verordnung (EU) Nr. 1095/2010 die Europäische Bankenaufsichtsbehörde, die Europäische Aufsichtsbehörde für das Versicherungswesen und die betriebliche Altersversorgung oder die Europäische Wertpapier- und Marktaufsichtsbehörde um Hilfe ersuchen.

(4) [1]Die Bundesanstalt kann abweichend von Absatz 3 im Einzelfall einer angemessenen Beaufsichtigung auf Konglomeratsebene in anderer Weise Rechnung tragen. [2]Sie kann insbesondere verlangen, dass eine gemischte Finanzholding-Gesellschaft mit Sitz im Inland oder in einem anderen Staat des Europäischen Wirtschaftsraums gegründet wird. [3]Die Vorschriften dieses Gesetzes sind in diesem Fall entsprechend anzuwenden.

(5) Wenn ein anderer Staat des Europäischen Wirtschaftsraums betroffen ist, trifft die Bundesanstalt Entscheidungen nach Absatz 4 im Einvernehmen mit dem Koordinator.

§ 16 Bezugnahme auf Bilanzsumme oder auf Solvabilitätsanforderungen. (1) [1] Soweit in den §§ 7 bis 13 auf die Bilanzsumme Bezug genommen wird, ist von der anhand der einzelnen Jahresabschlüsse ermittelten aggregierten Bilanzsumme der Unternehmen der Gruppe auszugehen. [2] Unternehmen, an denen eine Beteiligung gehalten wird, werden in Höhe des Anteils ihrer Bilanzsumme berücksichtigt, der dem von der Gruppe gehaltenen aggregierten proportionalen Anteil entspricht. [3] Liegt ein konsolidierter Abschluss vor, ist abweichend von Satz 1 dieser maßgebend.

(2) [1] Soweit in § 8 auf Solvabilitätsanforderungen Bezug genommen wird, sind diese nach den §§ 89 und 250 des Versicherungsaufsichtsgesetzes sowie den Artikel 11 bis 386 der Verordnung (EU) Nr. 575/2013[1)] zu ermitteln. [2] Ist ein Unternehmen mit Sitz in einem anderen Staat des Europäischen Wirtschaftsraums einzubeziehen, das nicht bereits von der Berechnung nach § 104g des Versicherungsaufsichtsgesetzes oder § 10a des Kreditwesengesetzes[2)] in Verbindung mit den Artikeln 11 bis 24 der Verordnung (EU) Nr. 575/2013 erfasst wird, sind die Solvabilitätsanforderungen des Sitzstaates maßgebend; dies gilt entsprechend für Unternehmen mit Sitz in einem Drittstaat, wenn dort gleichwertige Solvabilitätsanforderungen bestehen.

§ 17 Eigenmittelausstattung. (1) Ein Finanzkonglomerat muss auf Konglomeratsebene angemessene Eigenmittel haben.

(2) [1] Die Bundesanstalt überprüft, ob die Eigenmittelausstattung des Finanzkonglomerats angemessen ist. [2] Das übergeordnete Unternehmen eines Finanzkonglomerats hat der Bundesanstalt und der Deutschen Bundesbank die hierfür erforderlichen Angaben einzureichen.

§ 18 Berechnung der Eigenmittel. (1) [1] In die Berechnung der Eigenmittel auf Konglomeratsebene nach § 17 Absatz 1 sind einzubeziehen das übergeordnete Unternehmen eines Finanzkonglomerats mit Sitz im Inland und die konglomeratsangehörigen gemischten Finanzholding-Gesellschaften, Kreditinstitute, Finanzdienstleistungsinstitute, Finanzunternehmen, Anbieter von Nebendienstleistungen, Kapitalverwaltungsgesellschaften, extern verwaltete Investmentgesellschaften, E-Geld-Institute, Zahlungsinstitute, Versicherungsunternehmen, Versicherungs-Holdinggesellschaften und Versicherungs-Zweckgesellschaften (nachgeordnete Unternehmen eines Finanzkonglomerats). [2] Bei diesen Unternehmen gelten als Eigenmittel die Bestandteile, die den nach den Vorschriften des Kreditwesengesetzes[2)] der Verordnung (EU) Nr. 575/2013[1)], des Versicherungsaufsichtsgesetzes und anderer Spezialgesetze anerkannten Bestandteilen entsprechen.

(2) [1] Die Bundesanstalt bestimmt, welche der in der Rechtsverordnung nach § 22 Absatz 1 Satz 1 Nummer 3 näher bestimmten Berechnungsmethoden das Finanzkonglomerat bei der Berechnung der Eigenmittel auf Konglomeratsebene anzuwenden hat; das übergeordnete Unternehmen des Finanzkonglomerats

---

1) Nr. **6**.
2) Nr. **8**.

ist vorab anzuhören. [2]Steht eine gemischte Finanzholding-Gesellschaft an der Spitze eines Finanzkonglomerats, dessen beaufsichtigte Unternehmen des Finanzkonglomerats ihren Sitz nicht ausschließlich im Inland haben, ist die Anwendung jeder der in der Rechtsverordnung nach § 22 Absatz 1 Nummer 3 näher bestimmten Berechnungsmethoden zulässig; das übergeordnete Unternehmen des Finanzkonglomerats hat der Bundesanstalt und der Deutschen Bundesbank die Wahl der Berechnungsmethode unverzüglich anzuzeigen.

(3) [1]Das übergeordnete Unternehmen eines Finanzkonglomerats ist für eine angemessene Eigenmittelausstattung des Finanzkonglomerats verantwortlich. [2]Es darf jedoch zur Erfüllung dieser Verpflichtung auf die nachgeordneten Unternehmen des Finanzkonglomerats, die nach Absatz 1 in die Berechnung der Eigenmittel auf Konglomeratsebene einzubeziehen sind, nur einwirken, soweit dem das allgemeine Gesellschaftsrecht nicht entgegensteht.

(4) [1]Die Unternehmen, die nach Absatz 1 in die Berechnung der Eigenmittel auf Konglomeratsebene einzubeziehen sind, haben zur Sicherstellung der ordnungsgemäßen Aufbereitung und Weiterleitung der für die zusätzliche Beaufsichtigung erforderlichen Angaben eine ordnungsgemäße Organisation und angemessene interne Kontrollverfahren einzurichten. [2]Die nachgeordneten Unternehmen eines Finanzkonglomerats sind verpflichtet, die für die zusätzliche Beaufsichtigung erforderlichen Angaben an das nach § 17 Absatz 2 Satz 1 anzeigepflichtige übergeordnete Unternehmen des Finanzkonglomerats zu übermitteln. [3]Kann das anzeigepflichtige Unternehmen für einzelne nachgeordnete Unternehmen eines Finanzkonglomerats die erforderlichen Angaben nicht beschaffen, sind die auf diese Unternehmen entfallenden Buchwerte nach Maßgabe der Rechtsverordnung nach § 22 Absatz 1 von den Eigenmitteln des übergeordneten Unternehmens des Finanzkonglomerats abzuziehen.

(5) § 17 Absatz 1, 3 und 4 gilt nicht, wenn und solange das Finanzkonglomerat eine Untergruppe eines anderen Finanzkonglomerats ist, für das § 17 Absatz 1, 3 und 4 gilt und dessen übergeordnetes Unternehmen seinen Sitz im Inland hat.

§ 19 Freistellung von den Eigenmittelanforderungen. (1) Die Bundesanstalt kann ein übergeordnetes Unternehmen eines Finanzkonglomerats auf dessen Antrag oder von Amts wegen von den Eigenmittelanforderungen der §§ 17 und 18 hinsichtlich einzelner nachgeordneter Unternehmen eines Finanzkonglomerats widerruflich freistellen, wenn

1. sich das Unternehmen in einem Drittstaat befindet, in dem der Übermittlung der notwendigen Informationen Hindernisse entgegenstehen,
2. das Unternehmen im Hinblick auf die Ziele der zusätzlichen Aufsicht auf Konglomeratsebene von untergeordneter Bedeutung ist,
3. die Einbeziehung des Unternehmens im Hinblick auf die Ziele der zusätzlichen Beaufsichtigung ungeeignet oder irreführend wäre.

(2) Erfüllen mehrere nachgeordnete Unternehmen des Finanzkonglomerats für sich genommen die Voraussetzungen von Absatz 1 Nummer 2, scheidet eine Freistellung aus, wenn die Unternehmen insgesamt im Hinblick auf die Ziele der zusätzlichen Beaufsichtigung nicht von untergeordneter Bedeutung sind.

§ 20 Festsetzung von Korrekturposten. (1) Die Bundesanstalt kann auf die Eigenmittel des Finanzkonglomerats einen Korrekturposten festsetzen, wenn

1. unbeschadet der Erfüllung der Anforderungen nach § 17 Absatz 1 in Verbindung mit der Rechtsverordnung nach § 22 Absatz 1 oder nach den §§ 23 bis 25 die Solvabilität des Finanzkonglomerats gefährdet ist oder
2. bedeutende konglomeratsinterne Transaktionen oder bedeutende Risikokonzentrationen auf Konglomeratsebene die Finanzlage des Finanzkonglomerats gefährden.

(2) [1]Die Bundesanstalt darf den Korrekturposten erst festsetzen, wenn die Gefährdung nicht innerhalb einer von der Bundesanstalt gesetzten Frist beseitigt wurde. [2]Die Bundesanstalt hat die Festsetzung auf Antrag des übergeordneten Unternehmens eines Finanzkonglomerats ganz oder zum Teil aufzuheben, wenn die Gefährdung wegfällt.

§ 21 Maßnahmen bei unzureichenden Eigenmitteln auf Konglomeratsebene. (1) Entsprechen bei einem Finanzkonglomerat die Eigenmittel nicht den Anforderungen des § 17 Absatz 1, kann die Bundesanstalt gegenüber

1. dem übergeordneten Unternehmen des Finanzkonglomerats, den in § 1 Absatz 2 Satz 1 oder § 2d Absatz 1 des Kreditwesengesetzes[1)] oder den in § 24 Absatz 2 Satz 2, auch in Verbindung mit § 293 Absatz 1 des Versicherungsaufsichtsgesetzes genannten Personen dieses Unternehmens oder den dieses Unternehmen kontrollierenden Personen die erforderlichen und geeigneten Maßnahmen treffen; sie kann insbesondere einen Sanierungsplan oder einen Finanzierungsplan verlangen, die freie Verfügung über die Vermögensgegenstände des Unternehmens einschränken oder untersagen und bilanzielle Maßnahmen untersagen oder beschränken, die dazu dienen, einen entstandenen Jahresfehlbetrag auszugleichen oder einen Bilanzgewinn auszuweisen;
2. der gemischten Finanzholding-Gesellschaft die erforderlichen und geeigneten Maßnahmen treffen; sie kann insbesondere Entnahmen durch Inhaber oder Gesellschafter und die Ausschüttung von Gewinnen untersagen oder beschränken.

(2) [1]Die Bundesanstalt darf die in Absatz 1 bezeichneten Maßnahmen erst treffen, wenn das übergeordnete Unternehmen des Finanzkonglomerats oder die in Absatz 1 Nummer 1 genannten Personen dieses Unternehmens oder die gemischte Finanzholding-Gesellschaft den Mangel nicht innerhalb einer von der Bundesanstalt zu bestimmenden Frist behoben hat. [2]Beschlüsse über die Gewinnausschüttung sind insoweit nichtig, als sie einer Anordnung nach Absatz 1 Nummer 2 widersprechen.

§ 22 Verordnungsermächtigung für nähere Bestimmungen über die angemessene Eigenmittelausstattung. (1) Das Bundesministerium der Finanzen wird ermächtigt, im Benehmen mit der Deutschen Bundesbank durch Rechtsverordnung, die nicht der Zustimmung des Bundesrates bedarf, nähere Bestimmungen über die angemessene Eigenmittelausstattung zur Umsetzung

---

1) Nr. 8.

des Artikels 6 und des Anhangs I der Richtlinie 2002/87/EG zu erlassen, insbesondere über

1. die zulässige Zusammensetzung der Eigenmittel,
2. den Umfang der zusätzlichen Eigenmittelanforderung und die Form ihrer Berechnung sowie die sonstigen technischen Grundsätze,
3. die folgenden zulässigen Berechnungsmethoden für die zusätzliche Eigenmittelanforderung:
   a) Berechnung auf Grundlage des konsolidierten Abschlusses (Methode 1),
   b) Abzugs- und Aggregationsmethode (Methode 2) oder
   c) Kombination der Methoden 1 und 2,
4. Risikomodelle,
5. Berechnungsintervalle,
6. Art, Umfang, Zeitpunkt und Form der nach § 17 Absatz 2 einzureichenden Angaben sowie über die zulässigen Datenträger und Übertragungswege.

(2) [1] Das Bundesministerium der Finanzen kann diese Ermächtigung durch Rechtsverordnung auf die Bundesanstalt mit der Maßgabe übertragen, dass die Rechtsverordnung im Einvernehmen mit der Deutschen Bundesbank ergeht. [2] Vor Erlass der Rechtsverordnung sind die Spitzenverbände der Institute im Sinne des § 1 Absatz 1b des Kreditwesengesetzes[1)] und der bei der Bundesanstalt bestehende Versicherungsbeirat nach § 325 des Versicherungsaufsichtsgesetzes anzuhören.

§ 23 Risikokonzentrationen und konglomeratsinterne Transaktionen. (1) Das übergeordnete Unternehmen eines Finanzkonglomerats hat der Bundesanstalt und der Deutschen Bundesbank bedeutende Risikokonzentrationen auf Konglomeratsebene und bedeutende konglomeratsinterne Transaktionen anzuzeigen.

(2) [1] Ein beaufsichtigtes Unternehmen eines Finanzkonglomerats darf unbeschadet der Wirksamkeit der Rechtsgeschäfte nur auf Grund eines einstimmigen Beschlusses sämtlicher Geschäftsleiter des beaufsichtigten Unternehmens bedeutende konglomeratsinterne Transaktionen durchführen. [2] Der Beschluss soll vor der Durchführung gefasst werden. [3] Ist dies im Einzelfall wegen der Eilbedürftigkeit des Geschäftes nicht möglich, ist der Beschluss unverzüglich nachzuholen. [4] Der Beschluss ist aktenkundig zu machen. [5] Ist die konglomeratsinterne Transaktion ohne vorherigen einstimmigen Beschluss sämtlicher Geschäftsleiter durchgeführt worden und wird die Beschlussfassung nicht innerhalb eines Monats nach der Durchführung nachgeholt, hat das beaufsichtigte Unternehmen eines Finanzkonglomerats dies der Bundesanstalt und der Deutschen Bundesbank unverzüglich anzuzeigen.

(3) [1] Unbeschadet der Wirksamkeit der Rechtsgeschäfte ist das übergeordnete Unternehmen eines Finanzkonglomerats dafür verantwortlich, dass bedeutende Risikokonzentrationen auf Konglomeratsebene oder bedeutende konglomeratsinterne Transaktionen ohne Zustimmung der Bundesanstalt nicht die in der Rechtsverordnung nach § 24 Absatz 1 festgelegten Obergrenzen überschreiten oder gegen die in der Rechtsverordnung festgelegten Beschränkun-

---

[1)] Nr. **8**.

gen hinsichtlich der Art konglomeratsinterner Transaktionen verstoßen. [2]Das übergeordnete Unternehmen darf jedoch zur Erfüllung seiner Verpflichtungen nach Satz 1 auf die konglomeratsangehörigen Unternehmen nur einwirken, soweit das allgemeine Gesellschaftsrecht dem nicht entgegensteht; § 18 Absatz 4 Satz 1 und 2 und Absatz 5 gilt entsprechend. [3]§ 18 Absatz 4 Satz 3 gilt entsprechend, wenn das nach Absatz 1 anzeigepflichtige Unternehmen für einzelne nachgeordnete Unternehmen eines Finanzkonglomerats im Sinne des § 18 Absatz 1 die für die Anzeige im Sinne des Absatzes 1 erforderlichen Angaben nicht beschaffen kann. [4]Ist dies der Fall, müssen diese nachgeordneten Unternehmen in angemessener Weise im Risikomanagementsystem des Finanzkonglomerats berücksichtigt werden. [5]Die Zustimmung nach Satz 1 steht im Ermessen der Bundesanstalt. [6]Unabhängig davon, ob die Bundesanstalt die Zustimmung erteilt, hat das nach Absatz 1 anzeigepflichtige Unternehmen der Bundesanstalt und der Deutschen Bundesbank das Überschreiten der Obergrenzen oder die Verstöße gegen die Beschränkungen hinsichtlich der Art konglomeratsinterner Transaktionen unverzüglich anzuzeigen.

(4) Die Bundesanstalt kann

1. bei einem Überschreiten der in der Rechtsverordnung nach § 24 Absatz 1 bestimmten Obergrenzen von dem übergeordneten Unternehmen eines Finanzkonglomerats die Unterlegung des Überschreitungsbetrags mit Eigenmitteln verlangen;
2. Verstöße gegen die in der Rechtsverordnung nach § 24 Absatz 1 bestimmten Beschränkungen hinsichtlich der Art konglomeratsinterner Transaktionen durch geeignete und erforderliche Maßnahmen unterbinden.

§ 24 Verordnungsermächtigung für nähere Bestimmungen zu Risikokonzentrationen und konglomeratsinternen Transaktionen. (1) Das Bundesministerium der Finanzen wird ermächtigt, im Benehmen mit der Deutschen Bundesbank durch Rechtsverordnung, die nicht der Zustimmung des Bundesrates bedarf, nähere Bestimmungen zu Risikokonzentrationen und konglomeratsinternen Transaktionen zur Durchführung der Artikel 7 und 8 und des Anhangs II der Richtlinie 2002/87/EG zu erlassen, insbesondere über

1. die Arten der anzuzeigenden Risikokonzentrationen und konglomeratsinternen Transaktionen sowie Schwellenwerte, anhand derer die Risikokonzentrationen und konglomeratsinternen Transaktionen als bedeutend anzusehen sind;
2. die Obergrenzen für bedeutende Risikokonzentrationen und bedeutende konglomeratsinterne Transaktionen sowie Beschränkungen hinsichtlich der Art konglomeratsinterner Transaktionen;
3. Art, Umfang, Zeitpunkt und Form der nach § 23 Absatz 1 bis 3 anzuzeigenden Angaben sowie über die zulässigen Datenträger und Übertragungswege.

(2) [1]Das Bundesministerium der Finanzen kann die Ermächtigung durch Rechtsverordnung mit der Maßgabe auf die Bundesanstalt übertragen, dass die Rechtsverordnung im Einvernehmen mit der Deutschen Bundesbank ergeht. [2]Vor Erlass der Rechtsverordnung sind insbesondere die Spitzenverbände der

Institute im Sinne des § 1 Absatz 1b des Kreditwesengesetzes[1)] und der Versicherungsbeirat nach § 325 des Versicherungsaufsichtsgesetzes zu hören.

§ 25 Besondere organisatorische Pflichten. (1) [1] Ein Finanzkonglomerat muss über eine ordnungsgemäße Geschäftsorganisation nach Maßgabe des Artikels 9 der Richtlinie 2002/87/EG verfügen. [2] §§ 23, 26, 27, 29 und 30 des Versicherungsaufsichtsgesetzes und § 25a Absatz 1 und 2 des Kreditwesengesetzes[1)] gelten entsprechend mit der Maßgabe, dass die in § 24 Absatz 2 Satz 2, auch in Verbindung mit § 293 Absatz 1 des Versicherungsaufsichtsgesetzes oder die in § 1 Absatz 2 Satz 1 oder § 2d Absatz 1 des Kreditwesengesetzes genannten Personen des übergeordneten Unternehmens eines Finanzkonglomerats für die ordnungsgemäße Geschäftsorganisation des Finanzkonglomerats verantwortlich sind. [3] § 18 Absatz 3 Satz 2 und Absatz 4 Satz 1 und 2 sowie § 23 Absatz 5, § 294 Absatz 4 und § 275 des Versicherungsaufsichtsgesetzes gelten entsprechend. [4] Für übergeordnete Unternehmen eines Finanzkonglomerats gelten die §§ 25 und 34 des Versicherungsaufsichtsgesetzes entsprechend. [5] Eine ordnungsgemäße Geschäftsorganisation auf Konglomeratsebene umfasst zudem geeignete Vorkehrungen, um bei Bedarf zu geeigneten Sanierungs- und Abwicklungsverfahren und -plänen beizutragen und solche Verfahren und Pläne zu entwickeln. [6] Diese Vorkehrungen sind regelmäßig zu überprüfen und anzupassen.

(2) Die Bundesanstalt kann gegenüber dem übergeordneten Unternehmen des Finanzkonglomerats, gegenüber einem beaufsichtigten nachgeordneten Unternehmen eines Finanzkonglomerats, gegenüber den in Absatz 1 Satz 2 genannten Personen dieser Unternehmen und gegenüber den diese Unternehmen kontrollierenden Personen Maßnahmen ergreifen, die geeignet und erforderlich sind, um die Beachtung der besonderen organisatorischen Pflichten im Sinne des Absatzes 1 zu schaffen.

(3) Übergeordnete Unternehmen eines Finanzkonglomerats müssen der Bundesanstalt und der Deutschen Bundesbank bis zum 15. Mai jedes Jahres Einzelheiten der rechtlichen sowie der Governance- und Organisationsstruktur des Finanzkonglomerats, einschließlich aller beaufsichtigten Unternehmen, nicht beaufsichtigten Tochtergesellschaften und bedeutenden Zweigniederlassungen, mitteilen.

(4) Übergeordnete Unternehmen eines Finanzkonglomerats müssen bis zum 15. Mai jedes Jahres entweder vollständig oder durch Verweisung auf gleichwertige Informationen eine Beschreibung der rechtlichen sowie der Governance- und Organisationsstruktur des Finanzkonglomerats veröffentlichen.

§ 26 Prognoserechnungen. (1) [1] Die Bundesanstalt kann von dem übergeordneten Unternehmen eines Finanzkonglomerats die Vorlage von Prognoserechnungen für das betreffende Finanzkonglomerat verlangen. [2] In diesem Fall legt sie die Parameter, Stichtage und Berechnungsmethoden sowie die Form und Frist, in denen die Prognoserechnung vorzulegen ist, fest.

(2) [1] Die Bundesanstalt gestattet dem übergeordneten Unternehmen eines Finanzkonglomerats die Verwendung eigener Berechnungsmethoden, soweit dies die Beurteilung des Finanzkonglomerats oder des entsprechenden Marktes

[1)] Nr. 8.

insgesamt nicht erschwert. [2]Sie kann verlangen, dass dabei bestimmte Rechnungsannahmen zugrunde gelegt werden.

§ 27 Begründung von Unternehmensbeziehungen. (1) Ein beaufsichtigtes Unternehmen eines Finanzkonglomerats hat bei dem Erwerb einer Beteiligung an einem Unternehmen mit Sitz im Ausland oder bei der Begründung einer Unternehmensbeziehung mit einem Unternehmen, wodurch dieses Unternehmen zu einem nachgeordneten Unternehmen im Sinne des § 18 Absatz 1 wird, sicherzustellen, dass das für die Zusammenfassung verantwortliche übergeordnete Unternehmen des Finanzkonglomerats die für die Erfüllung der jeweiligen Pflichten nach den §§ 17 bis 24 erforderlichen Angaben erhält.

(2) [1]Absatz 1 ist nicht anzuwenden, wenn

1. das jeweilige beaufsichtigte Unternehmen des Finanzkonglomerats die erforderlichen Angaben für die Zusammenfassung nach den §§ 17 bis 24 nicht beschaffen und an das übergeordnete Unternehmen weiterleiten oder dem übergeordneten Unternehmen auf andere Weise zugänglich machen kann,
2. bei der Zusammenfassung entsprechend § 10a Absatz 4 und 5 des Kreditwesengesetzes[1)] dem Risiko aus der Begründung der Beteiligung oder der Unternehmensbeziehung Rechnung getragen wird und
3. es der Bundesanstalt ermöglicht wird, die Einhaltung der Voraussetzung nach Nummer 2 zu überprüfen.

[2]Das beaufsichtigte Unternehmen eines Finanzkonglomerats hat die Begründung, die Veränderung oder die Aufgabe einer in Absatz 1 genannten Beteiligung oder Unternehmensbeziehung unverzüglich der Bundesanstalt und der Deutschen Bundesbank anzuzeigen.

(3) Die Bundesanstalt kann die Fortführung der Beteiligung oder der Unternehmensbeziehung untersagen, wenn das übergeordnete Unternehmen eines Finanzkonglomerats die für die Erfüllung der Pflichten nach den §§ 17 bis 24 erforderlichen Angaben nicht erhält.

§ 28 Gemischte Finanzholding-Gesellschaften. (1) Die Bundesanstalt kann einer gemischten Finanzholding-Gesellschaft an der Spitze eines Finanzkonglomerats die Ausübung ihrer Stimmrechte an dem übergeordneten Unternehmen eines Finanzkonglomerats und den nachgeordneten Unternehmen des Finanzkonglomerats untersagen, wenn

1. die gemischte Finanzholding-Gesellschaft dem nach § 17 Absatz 2 und § 23 Absatz 1 anzeigepflichtigen Unternehmen nicht die für die Beaufsichtigung auf Konglomeratsebene nach den §§ 17 bis 24 erforderlichen Angaben gemäß § 18 Absatz 4 Satz 2 oder § 18 Absatz 4 Satz 2 in Verbindung mit § 23 Absatz 3 Satz 2 zweiter Halbsatz übermittelt;
2. Tatsachen vorliegen, aus denen sich ergibt, dass eine Person, die die Geschäfte der gemischten Finanzholding-Gesellschaft tatsächlich führt, nicht zuverlässig ist oder nicht die zur Führung der Geschäfte erforderliche fachliche Eignung hat;
3. Tatsachen vorliegen, aus denen sich ergibt, dass eine Person, die dem Kontrollorgan der gemischten Finanzholding-Gesellschaft angehört, nicht zuver-

---

1) Nr. 8.

lässig ist oder nicht die zur Wahrnehmung der Kontrollfunktion sowie zur Beurteilung und Überwachung der Geschäfte, die das Unternehmen betreibt, erforderliche Sachkunde besitzt.

(2) [1] Im Fall der Untersagung nach Absatz 1 hat auf Antrag der Bundesanstalt das Gericht des Sitzes des übergeordneten Unternehmens des Finanzkonglomerats einen Treuhänder zu bestellen, auf den es die Ausübung der Stimmrechte überträgt. [2] Der Treuhänder hat bei der Ausübung der Stimmrechte den Interessen einer soliden und aufsichtskonformen Führung der betroffenen Unternehmen Rechnung zu tragen. [3] Die Bundesanstalt kann aus wichtigem Grund die Bestellung eines anderen Treuhänders beantragen. [4] Sind die Voraussetzungen des Absatzes 1 entfallen, hat die Bundesanstalt den Widerruf der Bestellung des Treuhänders zu beantragen. [5] Der Treuhänder hat Anspruch auf Ersatz angemessener Auslagen und auf Vergütung für seine Tätigkeit. [6] Das Gericht setzt auf Antrag des Treuhänders die Auslagen und die Vergütung fest; die Rechtsbeschwerde gegen die Vergütungsfestsetzung ist ausgeschlossen. [7] Die Bundesanstalt schießt die Auslagen und die Vergütung vor; für seine Aufwendungen haften die gemischte Finanzholding-Gesellschaft und die betroffenen Unternehmen gesamtschuldnerisch.

(3) Solange die Untersagungsverfügung nach Absatz 1 vollziehbar ist, gelten die betroffenen Unternehmen nicht als nachgeordnete Unternehmen im Sinne des § 18 Absatz 1 der gemischten Finanzholding-Gesellschaft.

(4) [1] Die Bundesanstalt kann in den Fällen des Absatzes 1 Nummer 2 auch gegenüber dem übergeordneten Unternehmen des Finanzkonglomerats anordnen, Weisungen der gemischten Finanzholding-Gesellschaft nicht zu befolgen, sofern es keine gesellschaftsrechtlichen Möglichkeiten gibt, die Personen abzuberufen, die die Geschäfte der gemischten Finanzholding-Gesellschaft tatsächlich führen. [2] Das Gleiche gilt, wenn solche Möglichkeiten zwar vorhanden sind, ihre Ausschöpfung aber erfolglos geblieben ist.

(5) [1] Eine gemischte Finanzholding-Gesellschaft, die an der Spitze eines Finanzkonglomerats steht, hat der Bundesanstalt und der Deutschen Bundesbank einmal jährlich die konglomeratsangehörigen Unternehmen anzuzeigen. [2] Veränderungen im Bestand konglomeratsangehöriger Unternehmen sind der Bundesanstalt und der Deutschen Bundesbank unverzüglich anzuzeigen.

(6) Die Vorschriften des Kreditwesengesetzes und des Versicherungsaufsichtsgesetzes für gemischte Finanzholding-Gesellschaften bleiben unberührt.

§ 29 Auskünfte und Prüfungen. (1) [1] Die Bundesanstalt und die Deutsche Bundesbank sind befugt, von beaufsichtigten Unternehmen eines Finanzkonglomerats, den Mitgliedern ihres Vorstandes sowie sonstigen Geschäftsleitern oder den diese Unternehmen kontrollierenden Personen Auskünfte und die Vorlage von Unterlagen über die Geschäftsangelegenheiten zu verlangen, die für die zusätzliche Beaufsichtigung zweckdienlich sind. [2] Übermittelt das beaufsichtigte Unternehmen des Finanzkonglomerats diese Informationen trotz Aufforderung nicht, können die Bundesanstalt und die Deutsche Bundesbank die Auskünfte und die Vorlage der Unterlagen auch von der gemischten Finanzholding-Gesellschaft verlangen. [3] Benötigt die Bundesanstalt oder die Deutsche Bundesbank Informationen, die im Einklang mit den Rechtsvorschriften, die für die in die zusätzliche Beaufsichtigung einbezogenen Unternehmen erlassen wurden, bereits einer zuständigen Behörde erteilt wurden, soll sie sich an diese Behörde wenden.

(2) [1] Im Rahmen der zusätzlichen Beaufsichtigung kann die Bundesanstalt auch ohne besonderen Anlass in den Geschäftsräumen der beaufsichtigten Unternehmen eines Finanzkonglomerats Prüfungen der Informationen nach Absatz 1 vornehmen. [2] Diese Befugnis hat sie auch gegenüber verbundenen Unternehmen und beteiligten Unternehmen und deren verbundenen Unternehmen des der zusätzlichen Beaufsichtigung unterliegenden beaufsichtigten Unternehmens eines Finanzkonglomerats sowie gegenüber der entsprechenden gemischten Finanzholding-Gesellschaft. [3] Die Bundesanstalt kann an von ihr durchgeführten Prüfungen Abschlussprüfer im Sinne des § 319 des Handelsgesetzbuchs beteiligen oder solche Personen mit der Durchführung von Prüfungen beauftragen; für diese Personen gelten § 323 des Handelsgesetzbuchs sowie die Ausschlussgründe des § 319 Absatz 2 bis 5 und des § 319a des Handelsgesetzbuchs entsprechend. [4] Die Bundesanstalt kann der Deutschen Bundesbank die Durchführung einer Prüfung übertragen.

(3) [1] Die Bediensteten der Bundesanstalt, der Deutschen Bundesbank sowie der sonstigen Personen, derer sich die Bundesanstalt bei der Durchführung der Prüfungen bedient, können hierzu die Geschäftsräume der Unternehmen innerhalb der üblichen Betriebs- und Geschäftszeiten betreten und besichtigen. [2] Das Grundrecht des Artikels 13 des Grundgesetzes wird insoweit eingeschränkt. [3] Die Betroffenen haben Maßnahmen nach den Absätzen 2 und 3 zu dulden.

(4) Der zur Erteilung einer Auskunft Verpflichtete kann die Auskunft auf solche Fragen verweigern, deren Beantwortung ihn selbst oder einen der in § 383 Absatz 1 Nummer 1 bis 3 der Zivilprozessordnung bezeichneten Angehörigen der Gefahr strafrechtlicher Verfolgung oder eines Verfahrens nach dem Gesetz über Ordnungswidrigkeiten aussetzen würde.

§ 30 Grenzüberschreitende Auskünfte und Prüfungen. (1) [1] Rechtsvorschriften, die einer Übermittlung von Daten entgegenstehen, sind nicht anzuwenden auf die Übermittlung von Daten zwischen einem übergeordneten oder einem nachgeordneten Unternehmen eines Finanzkonglomerats im Sinne des § 18 Absatz 1 und einem anderen derartigen Unternehmen mit Sitz im Ausland oder zwischen einem konglomeratsangehörigen Unternehmen und einem Unternehmen mit Sitz im Ausland, zu dem eine enge Verbindung im Sinne des § 2 Absatz 8 besteht, wenn die Übermittlung der Daten erforderlich ist, um Bestimmungen der Aufsicht nach Maßgabe der Richtlinie 2002/87/EG über das Unternehmen mit Sitz im Ausland zu erfüllen. [2] Die Bundesanstalt kann einem übergeordneten oder nachgeordneten Unternehmen eines Finanzkonglomerats die Übermittlung von Daten in einen Drittstaat untersagen.

(2) [1] Nachgeordnete Unternehmen eines Finanzkonglomerats mit Sitz im Ausland haben der Bundesanstalt auf Verlangen die nach diesem Gesetz zulässigen Prüfungen, insbesondere die Überprüfung der Richtigkeit der nach den §§ 17 bis 24 übermittelten Daten, zu gestatten, soweit dies zur Erfüllung der Aufgaben der Bundesanstalt erforderlich und nach dem Recht des anderen Staates zulässig ist. [2] Satz 1 gilt auch für nicht einbezogene Tochterunternehmen mit Sitz im Ausland. [3] Für die Prüfung von im Rahmen der zusätzlichen Beaufsichtigung benötigten Informationen in einem anderen Staat des Europäischen Wirtschaftsraums ersucht die Bundesanstalt die zuständige Behörde des

betreffenden Staates unter Mitteilung der beabsichtigten Maßnahmen um Zusammenarbeit.

(3) [1] Auf ein Ersuchen einer zuständigen Behörde (ersuchende Behörde) im Sinne des Absatzes 2 Satz 3 hat die Bundesanstalt die Richtigkeit der von einem Unternehmen mit Sitz im Inland nach Maßgabe der Richtlinie 2002/87/EG übermittelten Daten zu überprüfen oder zu gestatten, dass die ersuchende Behörde, ein Wirtschaftsprüfer oder ein Sachverständiger diese Daten überprüft. [2] Die ersuchende Behörde darf auf Wunsch zugegen sein, wenn die Bundesanstalt die Prüfung selbst vornimmt. [3] Anderenfalls kann sich die Bundesanstalt an der Prüfung beteiligen. [4] Die Bundesanstalt kann nach pflichtgemäßem Ermessen gegenüber Aufsichtsbehörden in Drittstaaten entsprechend verfahren, wenn Gegenseitigkeit gewährleistet ist. [5] § 5 Absatz 2 des Verwaltungsverfahrensgesetzes über die Grenzen der Amtshilfe sowie § 29 Absatz 3 gelten entsprechend.

(4) Wenn eine zuständige Behörde als Koordinator ein beaufsichtigtes Unternehmen eines Finanzkonglomerats mit Sitz im Inland aus einem Grund, der § 19 Absatz 1 Nummer 2 und 3 entspricht, nicht in die Berechnung der zusätzlichen Eigenmittelanforderung einbezieht, kann die Bundesanstalt von dem Unternehmen an der Spitze des Finanzkonglomerats mit Sitz in dem anderen Staat des Europäischen Wirtschaftsraums Informationen verlangen, die ihr die Aufsicht über das betreffende Unternehmen erleichtern.

§ 31 Sofortige Vollziehbarkeit. Widerspruch und Anfechtungsklage gegen Maßnahmen nach den §§ 21, 23 Absatz 4, § 28 Absatz 1 und § 29 Absatz 1 und 2 haben keine aufschiebende Wirkung.

§ 32 Bußgeldvorschriften. (1) Ordnungswidrig handelt, wer vorsätzlich oder leichtfertig entgegen § 28 Absatz 5 Satz 1 eine Anzeige nicht, nicht richtig, nicht vollständig oder nicht rechtzeitig erstattet.

(2) Die Ordnungswidrigkeit kann mit einer Geldbuße bis zu zweihunderttausend Euro geahndet werden.

§ 33 Übergangsvorschriften zu § 23. [1] Bis zum Erlass der Rechtsverordnung nach § 24 Absatz 1 hat das übergeordnete Unternehmen eines Finanzkonglomerats der Bundesanstalt und der Deutschen Bundesbank

1. sämtliche während eines Kalenderjahres auftretenden bedeutenden Risikokonzentrationen bis zum 15. Mai des darauffolgenden Jahres anzuzeigen. Eine Risikokonzentration ist bedeutend, wenn das Adressenausfallrisiko, Kreditrisiko oder Anlagerisiko, das entsprechend den Artikeln 387 bis 403 in Verbindung mit Artikel 10 der Verordnung (EU) Nr. 575/2013[1)] und § 13 des Kreditwesengesetzes[2)], jeweils auch in Verbindung mit der Rechtsverordnung nach § 13 des Kreditwesengesetzes, sowie dem § 124 des Versicherungsaufsichtsgesetzes zu ermitteln ist, gegenüber einer nach Maßgabe des Artikels 4 Absatz 1 Nummer 39 der Verordnung (EU) Nr. 575/2013 zu bestimmenden Adresse einzeln oder in der Summe 10 Prozent der Eigenkapitalanforderung auf Konglomeratsebene erreicht oder überschreitet;

[1)] Nr. **6**.
[2)] Nr. **8**.

2. die aus Versicherungsrisiken resultierenden, auf Basis des internen Risikomanagementsystems als bedeutend identifizierten Risikokonzentrationen, die sich aus Großrisiken und Kumulrisiken sowie Risiken mit langer Entwicklungsphase bei unsicherer Ursachenkette ergeben, unverzüglich anzuzeigen. Soweit sich solche Risiken auch auf einzelne Adressen nach Nummer 1 unmittelbar auswirken, ist dies in der Anzeige, aufgeschlüsselt nach Einzeladressen, ebenfalls anzugeben. Das Versicherungsrisiko besteht in der möglichen Inanspruchnahme, deren Höhe unter Berücksichtigung der vertraglichen Versicherungssumme unter Einbeziehung der Rückversicherung, der Schadenerfahrungen der Vergangenheit und mathematischer Modelle zu bestimmen ist;
3. Risiken unverzüglich anzuzeigen, die sich durch eine Kombination aus und durch Wechselwirkungen zwischen den einzelnen Risikoarten ergeben;
4. sämtliche bedeutende konglomeratsinterne Transaktionen, die während eines Kalenderjahres durchgeführt wurden, bis zum 15. Mai des darauffolgenden Jahres anzuzeigen. Konglomeratsinterne Transaktionen sind insbesondere
   a) Darlehen,
   b) Bürgschaften, Garantien und andere außerbilanzielle Geschäfte,
   c) Geschäfte, die Eigenmittelbestandteile im Sinne der Artikel 11 bis 91 der Verordnung (EU) Nr. 575/2013 sowie der §§ 89 bis 95 und 250 bis 272 des Versicherungsaufsichtsgesetzes betreffen,
   d) Kapitalanlagen,
   e) Rückversicherungsgeschäfte,
   f) Kostenteilungsvereinbarungen.

[2]Eine konglomeratsinterne Transaktion ist bedeutend, wenn die einzelne Transaktion mindestens 5 Prozent der Eigenkapitalanforderung auf Konglomeratsebene erreicht. [3]Mehrere Transaktionen desselben oder verschiedener konglomeratsangehöriger Unternehmen mit einem anderen konglomeratsangehörigen Unternehmen während eines Geschäftsjahres sind jeweils adressatenbezogen zusammenzufassen, auch wenn die einzelne Transaktion 5 Prozent der Eigenkapitalanforderung auf Konglomeratsebene nicht erreicht.

10. Gesetz über die Beaufsichtigung von Zahlungsdiensten (Zahlungsdiensteaufsichtsgesetz – ZAG) [1)2)]

Vom 17. Juli 2017
(BGBl. I S. 2446)

FNA 7610-22

zuletzt geänd. durch Art. 4 G zur Umsetzung der ÄndRL zur Vierten EU-GeldwäscheRL v. 12.12. 2019 (BGBl. I S. 2602)

Inhaltsübersicht

[1)] **Amtl. Anm.:** Dieses Gesetz dient der Umsetzung der Richtlinie (EU) 2015/2366 des Europäischen Parlaments und des Rates vom 25. November 2015 über Zahlungsdienste im Binnenmarkt, zur Änderung der Richtlinien 2002/65/EG, 2009/110/EG und 2013/36/EU und der Verordnung (EU) Nr. 1093/2010 sowie zur Aufhebung der Richtlinie 2007/64/EG (ABl. L 337 vom 23.12.2015, S. 35; L 169 vom 28.6.2016, S. 18).

[2)] Verkündet als Art. 1 G v. 17.7.2017 (BGBl. I S. 2446); Inkrafttreten gem. Art. 15 Abs. 4 dieses G am 13.1.2018.
§§ 45–52 sowie § 55 sind gem. Art. 15 Abs. 1 G v. 17.7.2017 (BGBl. I S. 2446) 18 Monate nach dem gem. Bek. v. 26.7.2019 (BGBl. I S. 1113) am 14.3.2018 erfolgten Inkrafttreten der Delegierten VO (EU) 2018/389 am 14.9.2019 in Kraft getreten.

Abschnitt 1. Allgemeine Vorschriften

Unterabschnitt 1. Begriffsbestimmungen, Anwendungsbereich, Aufsicht

§ 1 Begriffsbestimmungen. (1) [1] Zahlungsdienstleister sind

1. Unternehmen, die gewerbsmäßig oder in einem Umfang, der einen in kaufmännischer Weise eingerichteten Geschäftsbetrieb erfordert, Zahlungsdienste erbringen, ohne Zahlungsdienstleister im Sinne der Nummern 2 bis 5 zu sein (Zahlungsinstitute);
2. E-Geld-Institute im Sinne des Absatzes 2 Satz 1 Nummer 1, die im Inland zum Geschäftsbetrieb nach diesem Gesetz zugelassen sind, sofern sie Zahlungsdienste erbringen;
3. CRR-Kreditinstitute im Sinne des § 1 Absatz 3d Satz 1 des Kreditwesengesetzes[1)], die im Inland zum Geschäftsbetrieb zugelassen sind, sowie die Kreditanstalt für Wiederaufbau, sofern sie Zahlungsdienste erbringen;
4. die Europäische Zentralbank, die Deutsche Bundesbank sowie andere Zentralbanken in der Europäischen Union oder den anderen Vertragsstaaten des

[1)] Nr. 8.

Abkommens über den Europäischen Wirtschaftsraum, soweit sie außerhalb ihrer Eigenschaft als Währungsbehörde oder andere Behörde Zahlungsdienste erbringen;

5. der Bund, die Länder, die Gemeinden und Gemeindeverbände sowie die Träger bundes- oder landesmittelbarer Verwaltung, einschließlich der öffentlichen Schuldenverwaltung, der Sozialversicherungsträger und der Bundesagentur für Arbeit, soweit sie außerhalb ihres hoheitlichen Handelns Zahlungsdienste erbringen.

[2] Zahlungsdienste sind

1. die Dienste, mit denen Bareinzahlungen auf ein Zahlungskonto ermöglicht werden, sowie alle für die Führung eines Zahlungskontos erforderlichen Vorgänge (Einzahlungsgeschäft);
2. die Dienste, mit denen Barauszahlungen von einem Zahlungskonto ermöglicht werden, sowie alle für die Führung eines Zahlungskontos erforderlichen Vorgänge (Auszahlungsgeschäft);
3. die Ausführung von Zahlungsvorgängen einschließlich der Übermittlung von Geldbeträgen auf ein Zahlungskonto beim Zahlungsdienstleister des Nutzers oder bei einem anderen Zahlungsdienstleister durch
   a) die Ausführung von Lastschriften einschließlich einmaliger Lastschriften (Lastschriftgeschäft),
   b) die Ausführung von Zahlungsvorgängen mittels einer Zahlungskarte oder eines ähnlichen Zahlungsinstruments (Zahlungskartengeschäft),
   c) die Ausführung von Überweisungen einschließlich Daueraufträgen (Überweisungsgeschäft),

   jeweils ohne Kreditgewährung (Zahlungsgeschäft);
4. die Ausführung von Zahlungsvorgängen im Sinne der Nummer 3, die durch einen Kreditrahmen für einen Zahlungsdienstnutzer im Sinne des § 3 Absatz 4 gedeckt sind (Zahlungsgeschäft mit Kreditgewährung);
5. die Ausgabe von Zahlungsinstrumenten oder die Annahme und Abrechnung von Zahlungsvorgängen (Akquisitionsgeschäft);
6. die Dienste, bei denen ohne Einrichtung eines Zahlungskontos auf den Namen des Zahlers oder des Zahlungsempfängers ein Geldbetrag des Zahlers nur zur Übermittlung eines entsprechenden Betrags an einen Zahlungsempfänger oder an einen anderen, im Namen des Zahlungsempfängers handelnden Zahlungsdienstleister entgegengenommen wird oder bei dem der Geldbetrag im Namen des Zahlungsempfängers entgegengenommen und diesem verfügbar gemacht wird (Finanztransfergeschäft);
7. Zahlungsauslösedienste;
8. Kontoinformationsdienste.

(2) [1] E-Geld-Emittenten sind

1. Unternehmen, die das E-Geld-Geschäft betreiben, ohne E-Geld-Emittenten im Sinne der Nummern 2 bis 4 zu sein (E-Geld-Institute);
2. CRR-Kreditinstitute im Sinne des § 1 Absatz 3d Satz 1 des Kreditwesengesetzes, die im Inland zum Geschäftsbetrieb zugelassen sind, sowie die Kreditanstalt für Wiederaufbau, sofern sie das E-Geld-Geschäft betreiben;

3. die Europäische Zentralbank, die Deutsche Bundesbank sowie andere Zentralbanken in der Europäischen Union oder den anderen Vertragsstaaten des Abkommens über den Europäischen Wirtschaftsraum, soweit sie außerhalb ihrer Eigenschaft als Währungsbehörde oder anderer Behörde das E-Geld-Geschäft betreiben;
4. der Bund, die Länder, die Gemeinden und Gemeindeverbände sowie die Träger bundes- oder landesmittelbarer Verwaltung, einschließlich der öffentlichen Schuldenverwaltung, der Sozialversicherungsträger und der Bundesagentur für Arbeit, soweit sie außerhalb ihres hoheitlichen Handelns das E-Geld-Geschäft betreiben.

[2] E-Geld-Geschäft ist die Ausgabe von E-Geld. [3] E-Geld ist jeder elektronisch, darunter auch magnetisch, gespeicherte monetäre Wert in Form einer Forderung an den Emittenten, der gegen Zahlung eines Geldbetrags ausgestellt wird, um damit Zahlungsvorgänge im Sinne des § 675f Absatz 4 Satz 1 des Bürgerlichen Gesetzbuchs[1)] durchzuführen, und der auch von anderen natürlichen oder juristischen Personen als dem Emittenten angenommen wird. [4] Kein E-Geld ist ein monetärer Wert,
1. der auf Instrumenten im Sinne des § 2 Absatz 1 Nummer 10 gespeichert ist oder
2. der nur für Zahlungsvorgänge nach § 2 Absatz 1 Nummer 11 eingesetzt wird.

(3) Institute im Sinne dieses Gesetzes sind Zahlungsinstitute und E-Geld-Institute.

(4) [1] Herkunftsmitgliedstaat ist der Mitgliedstaat der Europäischen Union (Mitgliedstaat) oder anderer Vertragsstaat des Abkommens über den Europäischen Wirtschaftsraum, in dem sich der Sitz des Instituts befindet, oder, wenn das Institut nach dem für ihn geltenden nationalen Recht keinen Sitz hat, der Mitgliedstaat oder Vertragsstaat, in dem sich seine Hauptverwaltung befindet. [2] Aufnahmemitgliedstaat ist jeder andere Mitgliedstaat oder Vertragsstaat, in dem das Institut einen Agenten oder eine Zweigniederlassung hat oder im Wege des grenzüberschreitenden Dienstleistungsverkehrs tätig ist.

(5) [1] Zweigniederlassung ist eine Geschäftsstelle, die nicht die Hauptverwaltung ist und die einen Teil eines Instituts bildet, keine eigene Rechtspersönlichkeit hat und unmittelbar sämtliche oder einen Teil der Geschäfte betreibt, die mit der Tätigkeit eines Instituts verbunden sind. [2] Alle Geschäftsstellen eines Instituts mit Hauptverwaltung in einem anderen Mitgliedstaat, die sich in einem Mitgliedstaat befinden, gelten als eine einzige Zweigniederlassung.

(6) Gruppe ist ein Verbund von Unternehmen, die untereinander durch eine in Artikel 22 Absatz 1, 2 oder 7 der Richtlinie 2013/34/EU des Europäischen Parlaments und des Rates vom 26. Juni 2013 über den Jahresabschluss, den konsolidierten Abschluss und damit verbundene Berichte von Unternehmen bestimmter Rechtsformen und zur Änderung der Richtlinie 2006/43/EG des Europäischen Parlaments und des Rates und zur Aufhebung der Richtlinien 78/660/EWG und 83/349/EWG des Rates (ABl. L 182 vom 29.6.2013, S. 19; L 369 vom 24.12.2014, S. 79), die zuletzt durch die Richtlinie 2014/102/EU

[1)] Nr. **23**.

geändert worden ist (ABl. L 334 vom 21.11.2014, S. 86), genannte Beziehung verbunden sind, oder Unternehmen im Sinne der Artikel 4, 5, 6 und 7 der Delegierten Verordnung (EU) Nr. 241/2014 der Kommission vom 7. Januar 2014 zur Ergänzung der Verordnung (EU) Nr. 575/2013 des Europäischen Parlaments und des Rates im Hinblick auf technische Regulierungsstandards für die Eigenmittelanforderungen an Institute (ABl. L 74 vom 14.3.2014, S. 8), die zuletzt durch die Delegierte Verordnung (EU) 2015/923 (ABl. L 150 vom 17.6.2015, S. 1) geändert worden ist, die untereinander durch eine in Artikel 10 Absatz 1 oder Artikel 113 Absatz 6 oder 7 der Verordnung (EU) Nr. 575/2013[1)] des Europäischen Parlaments und des Rates vom 26. Juni 2013 über Aufsichtsanforderungen an Kreditinstitute und Wertpapierfirmen und zur Änderung der Verordnung (EU) Nr. 648/2012 (ABl. L 176 vom 27.6.2013, S. 1; L 208 vom 2.8.2013, S. 68; L 321 vom 30.11.2013, S. 6; L 193 vom 21.7.2015, S. 166), die zuletzt durch die Verordnung (EU) 2016/1014 (ABl. L 171 vom 29.6.2016, S. 153) geändert worden ist, genannte Beziehung verbunden sind.

(7) [1] Eine bedeutende Beteiligung im Sinne dieses Gesetzes ist eine qualifizierte Beteiligung gemäß Artikel 4 Absatz 1 Nummer 36 der Verordnung (EU) Nr. 575/2013 in der jeweils geltenden Fassung. [2] Für das Bestehen und die Berechnung einer bedeutenden Beteiligung gilt § 1 Absatz 9 Satz 2 und 3 des Kreditwesengesetzes entsprechend.

(8) [1] Geschäftsleiter im Sinne dieses Gesetzes sind diejenigen natürlichen Personen, die nach Gesetz, Satzung oder Gesellschaftsvertrag zur Führung der Geschäfte und zur Vertretung eines Instituts in der Rechtsform einer juristischen Person oder Personenhandelsgesellschaft berufen sind. [2] In Ausnahmefällen kann die Bundesanstalt für Finanzdienstleistungsaufsicht (Bundesanstalt) auch eine andere mit der Führung der Geschäfte betraute und zur Vertretung ermächtigte Person widerruflich als Geschäftsleiter bestimmen, wenn sie zuverlässig ist und die erforderliche fachliche Eignung hat. [3] Beruht die Bestimmung einer Person als Geschäftsleiter auf einem Antrag des Instituts, so ist sie auf Antrag des Instituts oder des Geschäftsleiters zu widerrufen.

(9) [1] Agent im Sinne dieses Gesetzes ist jede natürliche oder juristische Person, die als selbständiger Gewerbetreibender im Namen eines Instituts Zahlungsdienste ausführt. [2] Die Handlungen des Agenten werden dem Institut zugerechnet.

(10) E-Geld-Agent im Sinne dieses Gesetzes ist jede natürliche oder juristische Person, die als selbständiger Gewerbetreibender im Namen eines E-Geld-Instituts beim Vertrieb und Rücktausch von E-Geld tätig ist.

(11) Zahlungssystem ist ein System zur Übertragung von Geldbeträgen auf der Grundlage von formalen und standardisierten Regeln und einheitlichen Vorschriften für die Verarbeitung, das Clearing oder die Verrechnung von Zahlungsvorgängen.

(12) Elektronische Kommunikationsnetze sind Übertragungssysteme und Vermittlungs- und Leitwegeinrichtungen sowie anderweitige Ressourcen einschließlich der nicht aktiven Netzbestandteile, die die Übertragung von Signalen über Kabel, Funk, optische oder andere elektromagnetische Einrichtungen ermöglichen, einschließlich Satellitennetze, feste (leitungs- und paketvermittelte, einschließlich Internet) und mobile terrestrische Netze, Stromlei-

[1)] Nr. 6.

tungssysteme, soweit sie zur Signalübertragung genutzt werden, Netze für Hör- und Fernsehfunk sowie Kabelfernsehnetze, unabhängig von der Art der übertragenen Informationen.

(13) [1] Elektronische Kommunikationsdienste sind Dienste, die gewöhnlich gegen Entgelt erbracht werden und die ganz oder überwiegend in der Übertragung von Signalen über elektronische Kommunikationsnetze bestehen, einschließlich von Telekommunikations- und Übertragungsdiensten in Rundfunknetzen, jedoch ausgenommen von Diensten, die Inhalte über elektronische Kommunikationsnetze und -dienste anbieten oder eine redaktionelle Kontrolle über sie ausüben. [2] Keine elektronischen Kommunikationsdienste in diesem Sinne sind Dienste der Informationsgesellschaft im Sinne des Artikels 1 der Richtlinie (EU) 2015/1535 des Europäischen Parlaments und des Rates vom 9. September 2015 über ein Informationsverfahren auf dem Gebiet der technischen Vorschriften und der Vorschriften für die Dienste der Informationsgesellschaft (ABl. L 241 vom 17.9.2015, S. 1), die nicht ganz oder überwiegend in der Übertragung von Signalen über elektronische Kommunikationsnetze bestehen.

(14) Durchschnittlicher E-Geld-Umlauf ist der durchschnittliche Gesamtbetrag der am Ende jedes Kalendertages über die vergangenen sechs Kalendermonate bestehenden, aus der Ausgabe von E-Geld erwachsenden finanziellen Verbindlichkeiten, der am ersten Kalendertag jedes Kalendermonats berechnet wird und für diesen Kalendermonat gilt.

(15) Zahler ist eine natürliche oder juristische Person, die Inhaber eines Zahlungskontos ist und die Ausführung eines Zahlungsauftrags von diesem Zahlungskonto gestattet oder, falls kein Zahlungskonto vorhanden ist, eine natürliche oder juristische Person, die den Zahlungsauftrag erteilt.

(16) Zahlungsempfänger ist die natürliche oder juristische Person, die den Geldbetrag, der Gegenstand eines Zahlungsvorgangs ist, als Empfänger erhalten soll.

(17) Zahlungskonto ist ein auf den Namen eines oder mehrerer Zahlungsdienstnutzer lautendes Konto, das für die Ausführung von Zahlungsvorgängen genutzt wird.

(18) Kontoführender Zahlungsdienstleister ist ein Zahlungsdienstleister, der für einen Zahler ein Zahlungskonto bereitstellt und führt.

(19) Fernzahlungsvorgang im Sinne dieses Gesetzes ist ein Zahlungsvorgang, der über das Internet oder mittels eines Geräts, das für die Fernkommunikation verwendet werden kann, ausgelöst wird.

(20) Zahlungsinstrument ist jedes personalisierte Instrument oder Verfahren, dessen Verwendung zwischen dem Zahlungsdienstnutzer und dem Zahlungsdienstleister vereinbart wurde und das zur Erteilung eines Zahlungsauftrags verwendet wird.

(21) Lastschrift ist ein Zahlungsvorgang zur Belastung des Zahlungskontos des Zahlers, bei dem der Zahlungsvorgang vom Zahlungsempfänger aufgrund der Zustimmung des Zahlers gegenüber dem Zahlungsempfänger, dessen Zahlungsdienstleister oder seinem eigenen Zahlungsdienstleister ausgelöst wird.

(22) Überweisung ist ein auf Veranlassung des Zahlers ausgelöster Zahlungsvorgang zur Erteilung einer Gutschrift auf dem Zahlungskonto des Zahlungsempfängers zulasten des Zahlungskontos des Zahlers in Ausführung eines oder

mehrerer Zahlungsvorgänge durch den Zahlungsdienstleister, der das Zahlungskonto des Zahlers führt.

(23) Authentifizierung ist ein Verfahren, mit dessen Hilfe der Zahlungsdienstleister die Identität eines Zahlungsdienstnutzers oder die berechtigte Verwendung eines bestimmten Zahlungsinstruments, einschließlich der Verwendung der personalisierten Sicherheitsmerkmale des Nutzers, überprüfen kann.

(24) Starke Kundenauthentifizierung ist eine Authentifizierung, die so ausgestaltet ist, dass die Vertraulichkeit der Authentifizierungsdaten geschützt ist und die unter Heranziehung von mindestens zwei der folgenden, in dem Sinne voneinander unabhängigen Elementen geschieht, dass die Nichterfüllung eines Kriteriums die Zuverlässigkeit der anderen nicht in Frage stellt:
1. Kategorie Wissen, also etwas, das nur der Nutzer weiß,
2. Kategorie Besitz, also etwas, das nur der Nutzer besitzt oder
3. Kategorie Inhärenz, also etwas, das der Nutzer ist.

(25) Personalisierte Sicherheitsmerkmale sind personalisierte Merkmale, die der Zahlungsdienstleister einem Zahlungsdienstnutzer zum Zwecke der Authentifizierung bereitstellt.

(26) [1] Sensible Zahlungsdaten sind Daten, einschließlich personalisierter Sicherheitsmerkmale, die für betrügerische Handlungen verwendet werden können. [2] Für die Tätigkeiten von Zahlungsauslösedienstleistern und Kontoinformationsdienstleistern stellen der Name des Kontoinhabers und die Kontonummer keine sensiblen Zahlungsdaten dar.

(27) Digitale Inhalte sind Waren oder Dienstleistungen, die in digitaler Form hergestellt und bereitgestellt werden, deren Nutzung oder Verbrauch auf ein technisches Gerät beschränkt ist und die in keiner Weise die Nutzung oder den Verbrauch von Waren oder Dienstleistungen in physischer Form einschließen.

(28) Zahlungsmarke ist jeder reale oder digitale Name, jeder reale oder digitale Begriff, jedes reale oder digitale Zeichen, jedes reale oder digitale Symbol oder jede Kombination davon, mittels dessen oder derer bezeichnet werden kann, unter welchem Zahlungskartensystem kartengebundene Zahlungsvorgänge ausgeführt werden.

(29) Eigenmittel sind Mittel im Sinne des Artikels 4 Absatz 1 Nummer 118 der Verordnung (EU) Nr. 575/2013 des Europäischen Parlaments und des Rates vom 26. Juni 2013 über Aufsichtsanforderungen an Kreditinstitute und Wertpapierfirmen und zur Änderung der Verordnung (EU) Nr. 648/2012 (ABl. L 176 vom 27.6.2013, S. 1; L 208 vom 2.8.2013, S. 68; ABl. L 321 vom 30.11.2013, S. 6; L 193 vom 21.7.2015, S. 166), die zuletzt durch die Verordnung (EU) 2016/1014 (ABl. L 171 vom 29.6.2016, S. 153) geändert worden ist, wobei mindestens 75 Prozent des Kernkapitals in Form von hartem Kernkapital nach Artikel 50 der genannten Verordnung gehalten werden müssen und das Ergänzungskapital höchstens ein Drittel des harten Kernkapitals betragen muss.

(30) Anfangskapital im Sinne dieses Gesetzes ist das aus Bestandteilen gemäß Artikel 26 Absatz 1 Satz 1 Buchstabe a bis e der Verordnung (EU) Nr. 575/2013 bestehende harte Kernkapital.

(31) [1] Sichere Aktiva mit niedrigem Risiko im Sinne dieses Gesetzes sind Aktiva, die unter eine der Kategorien nach Artikel 336 Absatz 1 der Verord-

nung (EU) Nr. 575/2013 fallen, für die die Eigenmittelanforderung für das spezifische Risiko nicht höher als 1,6 Prozent ist, wobei jedoch andere qualifizierte Positionen gemäß Artikel 336 Absatz 4 der Verordnung (EU) Nr. 575/2013 ausgeschlossen sind. [2] Sichere Aktiva mit niedrigem Risiko im Sinne dieses Gesetzes sind auch Anteile an einem Organismus für gemeinsame Anlagen in Wertpapieren, der ausschließlich in die in Satz 1 genannten Aktiva investiert.

(32) Bargeldabhebungsdienst ist die Ausgabe von Bargeld über Geldausgabeautomaten für einen oder mehrere Kartenemittenten, ohne einen eigenen Rahmenvertrag mit dem Geld abhebenden Kunden geschlossen zu haben.

(33) Zahlungsauslösungsdienst ist ein Dienst, bei dem auf Veranlassung des Zahlungsdienstnutzers ein Zahlungsauftrag in Bezug auf ein bei einem anderen Zahlungsdienstleister geführtes Zahlungskonto ausgelöst wird.

(34) Kontoinformationsdienst ist ein Online-Dienst zur Mitteilung konsolidierter Informationen über ein Zahlungskonto oder mehrere Zahlungskonten des Zahlungsdienstnutzers bei einem oder mehreren anderen Zahlungsdienstleistern.

(35) [1] Annahme und Abrechnung von Zahlungsvorgängen (Akquisitionsgeschäft) beinhaltet einen Zahlungsdienst, der die Übertragung von Geldbeträgen zum Zahlungsempfänger bewirkt und bei dem der Zahlungsdienstleister mit dem Zahlungsempfänger eine vertragliche Vereinbarung über die Annahme und die Verarbeitung von Zahlungsvorgängen schließt. [2] Die Ausgabe von Zahlungsinstrumenten beinhaltet alle Dienste, bei denen ein Zahlungsdienstleister eine vertragliche Vereinbarung mit dem Zahler schließt, um einem Zahler ein Zahlungsinstrument zur Auslösung und Verarbeitung der Zahlungsvorgänge des Zahlers zur Verfügung zu stellen.

§ 2 Ausnahmen; Verordnungsermächtigung. (1) Als Zahlungsdienste gelten nicht

1. Zahlungsvorgänge, die ohne zwischengeschaltete Stellen ausschließlich als unmittelbare Bargeldzahlung vom Zahler an den Zahlungsempfänger erfolgen;
2. Zahlungsvorgänge zwischen Zahler und Zahlungsempfänger über einen Zentralregulierer oder Handelsvertreter, der aufgrund einer Vereinbarung befugt ist, den Verkauf oder Kauf von Waren oder Dienstleistungen nur im Namen des Zahlers oder nur im Namen des Zahlungsempfängers auszuhandeln oder abzuschließen;
3. der gewerbsmäßige Transport von Banknoten und Münzen einschließlich ihrer Entgegennahme, Bearbeitung und Übergabe;
4. Dienste, bei denen der Zahlungsempfänger dem Zahler Bargeld im Rahmen eines Zahlungsvorgangs aushändigt, nachdem ihn der Zahlungsdienstnutzer kurz vor der Ausführung eines Zahlungsvorgangs zum Erwerb von Waren oder Dienstleistungen ausdrücklich hierum gebeten hat;
5. Geldwechselgeschäfte, die bar abgewickelt werden;
6. Zahlungsvorgänge, denen eines der folgenden Dokumente zugrunde liegt, das auf den Zahlungsdienstleister gezogen ist und die Bereitstellung von Geldern an einen Zahlungsempfänger vorsieht:

a) ein Scheck in Papierform im Sinne des Scheckgesetzes oder ein vergleichbarer Scheck in Papierform nach dem Recht eines anderen Mitgliedstaates oder eines anderen Vertragsstaates des Abkommens über den Europäischen Wirtschaftsraum,
b) ein Wechsel in Papierform im Sinne des Wechselgesetzes oder ein vergleichbarer Wechsel in Papierform nach dem Recht eines anderen Mitgliedstaates oder eines anderen Vertragsstaates des Abkommens über den Europäischen Wirtschaftsraum,
c) ein Gutschein in Papierform,
d) ein Reisescheck in Papierform oder
e) eine Postanweisung in Papierform im Sinne der Definition des Weltpostvereins;

7. Zahlungsvorgänge, die innerhalb eines Zahlungs- oder Wertpapierabwicklungssystems zwischen Zahlungsausgleichsagenten, zentralen Gegenparteien, Clearingstellen oder Zentralbanken und anderen Teilnehmern des Systems und Zahlungsdienstleistern abgewickelt werden;
8. Zahlungsvorgänge im Zusammenhang mit der Bedienung von Wertpapieranlagen, die von den unter Nummer 7 fallenden Unternehmen oder von Kreditinstituten, Finanzdienstleistungsinstituten oder Kapitalverwaltungsgesellschaften im Rahmen ihrer Erlaubnis nach dem Kreditwesengesetz oder dem Kapitalanlagegesetzbuch durchgeführt werden;
9. Dienste, die von technischen Dienstleistern erbracht werden, die zwar zur Erbringung der Zahlungsdienste beitragen, jedoch zu keiner Zeit in den Besitz der zu übertragenden Gelder gelangen; hierzu zählen die Verarbeitung und Speicherung von Daten, vertrauensbildende Maßnahmen und Dienste zum Schutz der Privatsphäre, Nachrichten- und Instanzenauthentisierung, Bereitstellung von Informationstechnologie- und Kommunikationsnetzen sowie Bereitstellung und Wartung der für Zahlungsdienste genutzten Endgeräte und Einrichtungen; jeweils mit Ausnahme von Zahlungsauslösediensten und Kontoinformationsdiensten;
10. Dienste, die auf Zahlungsinstrumenten beruhen, die
    a) für den Erwerb von Waren oder Dienstleistungen in den Geschäftsräumen des Emittenten oder innerhalb eines begrenzten Netzes von Dienstleistern im Rahmen einer Geschäftsvereinbarung mit einem professionellen Emittenten eingesetzt werden können,
    b) für den Erwerb eines sehr begrenzten Waren- oder Dienstleistungsspektrums eingesetzt werden können, oder
    c) beschränkt sind auf den Einsatz im Inland und auf Ersuchen eines Unternehmens oder einer öffentlichen Stelle für bestimmte soziale oder steuerliche Zwecke nach Maßgabe öffentlich-rechtlicher Bestimmungen für den Erwerb der darin bestimmten Waren oder Dienstleistungen von Anbietern, die eine gewerbliche Vereinbarung mit dem Emittenten geschlossen haben, bereitgestellt werden;
11. Zahlungsvorgänge, die von einem Anbieter elektronischer Kommunikationsnetze oder -dienste zusätzlich zu elektronischen Kommunikationsdiensten für einen Teilnehmer des Netzes oder Dienstes bereitgestellt werden, und die

a) im Zusammenhang stehen mit dem Erwerb von digitalen Inhalten und Sprachdiensten, ungeachtet des für den Erwerb oder Konsum des digitalen Inhalts verwendeten Geräts, und die auf der entsprechenden Rechnung abgerechnet werden, oder

b) von einem elektronischen Gerät aus oder über dieses ausgeführt und auf der entsprechenden Rechnung im Rahmen einer gemeinnützigen Tätigkeit oder für den Erwerb von Tickets abgerechnet werden,

sofern der Wert einer Einzelzahlung 50 Euro nicht überschreitet und der kumulative Wert der Zahlungsvorgänge eines einzelnen Teilnehmers monatlich 300 Euro nicht überschreitet;

12. Zahlungsvorgänge, die zwischen Zahlungsdienstleistern, ihren Agenten oder Zweigniederlassungen auf eigene Rechnung ausgeführt werden;
13. Zahlungsvorgänge und damit verbundene Dienste innerhalb eines Konzerns oder zwischen Mitgliedern einer kreditwirtschaftlichen Verbundgruppe;
14. Bargeldabhebungsdienste, vorausgesetzt, dass dieser Dienstleister keine anderen Zahlungsdienste erbringt;
15. die nicht gewerbsmäßige Entgegennahme und Übergabe von Bargeld im Rahmen einer gemeinnützigen Tätigkeit oder einer Tätigkeit ohne Erwerbszweck.

(2) [1] Übt ein Unternehmen eine Tätigkeit nach Absatz 1 Nummer 10 Buchstabe a oder Buchstabe b aus und überschreitet der Gesamtwert der Zahlungsvorgänge der vorangegangenen zwölf Monate den Betrag von 1 Million Euro, hat es diese Tätigkeit der Bundesanstalt anzuzeigen und in einer Beschreibung der angebotenen Dienstleistung anzugeben, welche Ausnahme nach Absatz 1 Nummer 10 Buchstabe a oder Buchstabe b in Anspruch genommen wird. [2] Auf Grundlage dieser Anzeige entscheidet die Bundesanstalt, ob die Voraussetzungen des Absatzes 1 Nummer 10 Buchstabe a oder Buchstabe b vorliegen. [3] Entspricht die Tätigkeit des Unternehmens nicht den Voraussetzungen des Absatzes 1 Nummer 10 Buchstabe a oder Buchstabe b, setzt die Bundesanstalt es hiervon in Kenntnis.

(3) Übt ein Unternehmen eine Tätigkeit nach Absatz 1 Nummer 11 aus, hat es diese Tätigkeit der Bundesanstalt anzuzeigen und ihr in einem jährlichen Bestätigungsvermerk mitzuteilen, dass die Tätigkeit die in Absatz 1 Nummer 11 festgelegten Obergrenzen nicht überschreitet.

(4) [1] Die Bundesanstalt hat die Europäische Bankenaufsichtsbehörde über die Anzeigen nach den Absätzen 2 und 3 unter Angabe der jeweils in Anspruch genommenen Ausnahme zu unterrichten. [2] Die Bundesanstalt hat die Informationen, die ihr nach den Absätzen 2 und 3 angezeigt werden, in dem Zahlungsinstituts-Register oder, soweit die Ausnahme über § 1 Absatz 2 Satz 4 anwendbar ist, in dem E-Geld-Instituts-Register öffentlich zugänglich zu machen; die Europäische Bankenaufsichtsbehörde unterrichtet sie gesondert.

(5) [1] Das Bundesministerium der Finanzen wird ermächtigt, durch Rechtsverordnung, die nicht der Zustimmung des Bundesrates bedarf, nähere Bestimmungen über Inhalt, Art und Umfang der Angaben, Nachweise und Unterlagen zu treffen, die eine Anzeige nach den Absätzen 2 und 3 enthalten muss. [2] Diese kann insbesondere nähere Bestimmungen enthalten zu:

1. der Ausgestaltung der Beschreibung der angebotenen Dienstleistungen im Falle der Inanspruchnahme einer Ausnahme nach Absatz 1 Nummer 10 Buchstabe a oder Buchstabe b,
2. dem Bestätigungsvermerk im Falle der Inanspruchnahme der Ausnahme nach Absatz 1 Nummer 11,
3. den zulässigen Datenträgern, Übertragungswegen und Datenformaten und über zu verwendende und anzuzeigende Zusatzinformationen zu den Hauptinformationen, etwa besondere Rechtsträgerkennungen sowie Angaben zu deren Aktualität oder Validität.

[3] Das Bundesministerium der Finanzen kann in der Rechtsverordnung die Anzeigepflichten durch die Pflicht zur Erstattung von Sammelanzeigen und zur Einreichung von Sammelaufstellungen ergänzen, soweit dies zur Erfüllung der Aufgaben der Bundesanstalt erforderlich erscheint, auch um einheitliche Unterlagen zur Beurteilung der unter diesen Bereichsausnahmen durchgeführten Geschäfte zu erhalten. [4] Die Rechtsverordnung kann auch nähere Bestimmungen zur Unterrichtung der Europäischen Bankenaufsichtsbehörde und zur öffentlichen Zugänglichmachung der Informationen in dem Zahlungsinstituts-Register und dem E-Geld-Instituts-Register regeln. [5] Das Bundesministerium der Finanzen kann die Ermächtigung durch Rechtsverordnung auf die Bundesanstalt übertragen. [6] Vor Erlass der Rechtsverordnung sind die Spitzenverbände der Institute anzuhören.

(6) Auf Zahlungsinstitute, die als Zahlungsdienst nur den Kontoinformationsdienst anbieten, sind die §§ 10 bis 18 und 25 nicht anzuwenden.

§ 3 Für Institute zugelassene Tätigkeiten und verbotene Geschäfte.

(1) Ein Institut darf außerhalb der Vorgaben der Absätze 2 und 3 und seiner Erlaubnis nach § 10 Absatz 1 Satz 1 oder § 11 Absatz 1 Satz 1 nicht gewerbsmäßig oder in einem Umfang, der einen in kaufmännischer Weise eingerichteten Geschäftsbetrieb erfordert, Einlagen oder andere rückzahlbare Gelder des Publikums entgegennehmen.

(2) [1] Gelder, die ein E-Geld-Institut zum Zwecke der Ausgabe von E-Geld entgegennimmt, hat es unverzüglich in E-Geld umzutauschen. [2] Solche Gelder gelten nicht als Einlagen oder andere rückzahlbare Gelder des Publikums im Sinne des § 1 Absatz 1 Satz 2 Nummer 1 des Kreditwesengesetzes[1)], sofern

1. die Ausgabe des E-Geldes gleichzeitig oder unverzüglich nach der Entgegennahme der im Austausch gegen die Ausgabe des E-Geldes einzuzahlenden Gelder erfolgt und
2. das E-Geld und das Guthaben, das durch die Ausgabe des E-Geldes entsteht, nicht verzinst werden und dem Inhaber auch sonst keine Vorteile gewährt werden, die mit der Länge der Haltedauer in Zusammenhang stehen.

(3) [1] Soweit ein Institut im Rahmen seiner Erlaubnis nach § 10 Absatz 1 Satz 1 oder § 11 Absatz 1 Satz 1 Zahlungskonten für Zahlungsdienstnutzer führt, darf es über diese Zahlungskonten ausschließlich die Abwicklung von Zahlungsvorgängen vornehmen. [2] Guthaben auf Zahlungskonten, die bei dem Institut geführt werden, dürfen nicht verzinst werden. [3] Die Gelder, die ein

---

1) Nr. 8.

Institut von den Zahlungsdienstnutzern ausschließlich bestimmt für die Durchführung von Zahlungsvorgängen entgegennimmt, gelten nicht als Einlagen oder andere unbedingt rückzahlbare Gelder des Publikums im Sinne des § 1 Absatz 1 Satz 2 Nummer 1 des Kreditwesengesetzes oder als E-Geld.

(4) [1] Ein Institut darf im Rahmen seiner Erlaubnis nach § 10 Absatz 1 Satz 1 oder § 11 Absatz 1 Satz 1 Zahlungsdienstnutzern im Zusammenhang mit Zahlungsdiensten nach § 1 Absatz 1 Satz 2 Nummer 4 oder 5 Kredite im Sinne des § 19 des Kreditwesengesetzes nur unter der Voraussetzung gewähren, dass

1. die Gewährung des Kredits als Nebentätigkeit und ausschließlich im Zusammenhang mit der Ausführung eines Zahlungsvorgangs erfolgt,
2. im Kreditvertrag eine Laufzeit von nicht mehr als zwölf Monaten vereinbart und das Darlehen innerhalb von zwölf Monaten vollständig zurückzuzahlen ist und
3. der Kredit nicht aus den für den Zweck der Ausführung eines Zahlungsvorgangs oder aus der Ausgabe von E-Geld entgegengenommenen oder gehaltenen Geldern gewährt wird.

[2] Satz 1 gilt für die Ausgabe von E-Geld entsprechend mit der Maßgabe, dass der Kredit auch nicht aus den im Austausch für die Ausgabe von E-Geld angenommenen Geldern gewährt werden darf. [3] Eine Kreditgewährung durch ein Institut im Sinne dieses Gesetzes, die die Voraussetzungen des Satzes 1 erfüllt, gilt nicht als Kreditgeschäft im Sinne des § 1 Absatz 1 Satz 2 Nummer 2 des Kreditwesengesetzes. [4] In diesem Fall prüft das Zahlungsinstitut vor Abschluss eines Verbraucherdarlehensvertrags oder eines Vertrags über eine entgeltliche Finanzierungshilfe die Kreditwürdigkeit des Verbrauchers; § 18a Absatz 1 bis 10 des Kreditwesengesetzes gilt entsprechend.

§ 4 Aufgaben und allgemeine Befugnisse der Bundesanstalt, Entscheidung in Zweifelsfällen. (1) Die Bundesanstalt übt die Aufsicht über die Zahlungsdienstleister und E-Geld-Emittenten nach den Vorschriften dieses Gesetzes aus.

(2) [1] Die Bundesanstalt kann im Rahmen der ihr gesetzlich zugewiesenen Aufgaben gegenüber den Instituten und ihren Geschäftsleitern die Anordnungen treffen, die geeignet und erforderlich sind, um Verstöße gegen aufsichtsrechtliche Bestimmungen zu verhindern oder zu unterbinden oder um Missstände in einem Institut zu verhindern oder zu beseitigen, die die Sicherheit der dem Institut anvertrauten Vermögenswerte gefährden können oder die ordnungsgemäße Durchführung der Zahlungsdienste oder E-Geld-Geschäfte beeinträchtigen. [2] Die Befugnis nach Satz 1 schließt die Behebung von Missständen bei der Werbung der Institute ein. [3] Vor allgemeinen Maßnahmen nach Satz 2 sind die Spitzenverbände der Institute und des Verbraucherschutzes anzuhören.

(3) [1] Die Bundesanstalt und die Deutsche Bundesbank arbeiten nach Maßgabe dieses Gesetzes zusammen. [2] § 7 des Kreditwesengesetzes[1)] gilt entsprechend.

(4) [1] Die Bundesanstalt entscheidet in Zweifelsfällen, dass ein Unternehmen den Vorschriften dieses Gesetzes unterliegt. [2] Als Zweifelsfall gilt insbesondere

---

[1)] Nr. 8.

jeder Fall, bei dem die Einstufung als Institut, Zahlungsdienstleister oder E-Geld-Emittent zwischen dem Betreiber und der Bundesanstalt oder einer anderen Verwaltungsbehörde streitig ist. [3] Ihre Entscheidungen binden die anderen Verwaltungsbehörden.

§ 5 Zusammenarbeit mit anderen Behörden. [1] Die Bundesanstalt und die Deutsche Bundesbank arbeiten bei der Aufsicht über Institute, Zahlungsdienstleister und E-Geld-Emittenten, die in einem anderen Mitgliedstaat oder Vertragsstaat des Abkommens über den Europäischen Wirtschaftsraum Zahlungsdienste erbringen oder das E-Geld-Geschäft betreiben, mit den zuständigen Behörden des anderen Staates und den zuständigen europäischen Behörden zusammen; dies schließt die §§ 60 und 61 ein. [2] Die §§ 7a bis 8a des Kreditwesengesetzes[1)] gelten entsprechend.

§ 6 Verschwiegenheitspflicht. [1] Die Bediensteten der Bundesanstalt und der Deutschen Bundesbank, die nach diesem Gesetz bestellten Aufsichtspersonen und Abwickler und die nach § 4 Absatz 3 des Finanzdienstleistungsaufsichtsgesetzes[2)] beauftragten Personen dürfen die ihnen bei ihrer Tätigkeit bekannt gewordenen Tatsachen, deren Geheimhaltung im Interesse des Instituts, Zahlungsdienstleisters oder E-Geld-Emittenten oder eines Dritten liegt, insbesondere Geschäfts- und Betriebsgeheimnisse, nicht unbefugt offenbaren oder verwerten. [2] § 9 des Kreditwesengesetzes[1)] gilt entsprechend.

Unterabschnitt 2. Durchsetzung des Erlaubnisvorbehalts

§ 7 Einschreiten gegen unerlaubte Zahlungsdienste und E-Geld-Geschäfte. (1) [1] Werden ohne die nach § 10 Absatz 1 erforderliche Erlaubnis oder die nach § 34 Absatz 1 erforderliche Registrierung Zahlungsdienste erbracht (unerlaubte Zahlungsdienste) oder wird ohne die nach § 11 Absatz 1 erforderliche Erlaubnis das E-Geld-Geschäft betrieben (unerlaubtes E-Geld-Geschäft), kann die Bundesanstalt die sofortige Einstellung des Geschäftsbetriebs und die unverzügliche Abwicklung dieser Geschäfte gegenüber dem Unternehmen sowie gegenüber seinen Gesellschaftern und den Mitgliedern seiner Organe anordnen. [2] Sie kann

1. für die Abwicklung Weisungen erlassen und
2. eine geeignete Person als Abwickler bestellen.

[3] Sie kann ihre Maßnahmen nach den Sätzen 1 und 2 bekannt machen; personenbezogene Daten dürfen nur veröffentlicht werden, soweit dies zur Gefahrenabwehr erforderlich ist. [4] Die Befugnisse der Bundesanstalt nach den Sätzen 1 bis 3 bestehen auch gegenüber dem Unternehmen, das in die Anbahnung, den Abschluss oder die Abwicklung dieser Geschäfte einbezogen ist, sowie gegenüber seinen Gesellschaftern und den Mitgliedern seiner Organe.

(2) [1] Ordnet die Bundesanstalt die Einstellung des Geschäftsbetriebs oder die Abwicklung der unerlaubten Geschäfte an, so stehen ihr bei juristischen Personen und Personenhandelsgesellschaften auch die in § 38 Absatz 1 und 2 des Kreditwesengesetzes[1)] genannten Rechte zu. [2] Absatz 1 Satz 3 gilt entsprechend.

---

1) Nr. 8.
2) Nr. 7.

(3) Der Abwickler ist zum Antrag auf Eröffnung eines Insolvenzverfahrens über das Vermögen des Unternehmens berechtigt.

(4) [1] Der Abwickler erhält von der Bundesanstalt eine angemessene Vergütung und Ersatz seiner Auslagen entsprechend den Regeln über die Vergütung des Insolvenzverwalters. [2] Die gezahlten Beträge sind der Bundesanstalt von dem betroffenen Unternehmen gesondert zu erstatten und auf Verlangen der Bundesanstalt vorzuschießen. [3] Die Bundesanstalt kann das betroffene Unternehmen anweisen, den von der Bundesanstalt festgesetzten Betrag im Namen der Bundesanstalt unmittelbar an den Abwickler zu leisten, wenn dadurch keine Beeinflussung der Unabhängigkeit des Abwicklers zu besorgen ist.

§ 8 Verfolgung unerlaubter Zahlungsdienste und E-Geld-Geschäfte.

(1) [1] Steht es fest oder rechtfertigen Tatsachen die Annahme, dass ein Unternehmen unerlaubt Zahlungsdienste erbringt oder unerlaubt das E-Geld-Geschäft betreibt oder dass es in die Anbahnung, den Abschluss oder die Abwicklung unerlaubter Zahlungsdienste oder E-Geld-Geschäfte einbezogen ist oder war, haben sowohl das Unternehmen als auch die Mitglieder der Organe, die Gesellschafter und die Beschäftigten eines solchen Unternehmens der Bundesanstalt sowie der Deutschen Bundesbank auf Verlangen Auskünfte über alle Geschäftsangelegenheiten zu erteilen und Unterlagen vorzulegen. [2] Ein Mitglied eines Organs, ein Gesellschafter oder ein Beschäftigter hat auf Verlangen auch nach seinem Ausscheiden aus dem Organ oder dem Unternehmen Auskunft zu erteilen und Unterlagen vorzulegen.

(2) [1] Soweit dies zur Feststellung der Art oder des Umfangs der Geschäfte oder Tätigkeiten erforderlich ist, kann die Bundesanstalt Prüfungen in Räumen des Unternehmens sowie in den Räumen der nach Absatz 1 auskunfts- und vorlegungspflichtigen Personen und Unternehmen vornehmen; sie kann die Durchführung der Prüfungen der Deutschen Bundesbank übertragen. [2] Die Bediensteten der Bundesanstalt und der Deutschen Bundesbank dürfen hierzu diese Räume innerhalb der üblichen Betriebs- und Geschäftszeiten betreten und besichtigen. [3] Zur Verhütung dringender Gefahren für die öffentliche Ordnung und Sicherheit sind sie befugt, diese Räume auch außerhalb der üblichen Betriebs- und Geschäftszeiten sowie Räume, die auch als Wohnung dienen, zu betreten und zu besichtigen; das Grundrecht des Artikels 13 des Grundgesetzes wird insoweit eingeschränkt.

(3) [1] Die Bediensteten der Bundesanstalt und der Deutschen Bundesbank dürfen die Räume des Unternehmens sowie der nach Absatz 1 auskunfts- und vorlegungspflichtigen Personen und Unternehmen durchsuchen. [2] Im Rahmen der Durchsuchung dürfen die Bediensteten auch die auskunfts- und vorlegungspflichtigen Personen zum Zwecke der Sicherstellung von Gegenständen im Sinne des Absatzes 4 durchsuchen. [3] Das Grundrecht des Artikels 13 des Grundgesetzes wird insoweit eingeschränkt. [4] Durchsuchungen von Geschäftsräumen und Personen sind, außer bei Gefahr im Verzug, durch das Gericht anzuordnen. [5] Durchsuchungen von Räumen, die als Wohnung dienen, sind durch das Gericht anzuordnen. [6] Zuständig ist das Amtsgericht, in dessen Bezirk sich die Räume befinden. [7] Gegen die gerichtliche Entscheidung ist die Beschwerde zulässig; die §§ 306 bis 310 und 311a der Strafprozessordnung gelten entsprechend. [8] Über die Durchsuchung ist eine Niederschrift zu fertigen. [9] Sie muss die verantwortliche Dienststelle, Grund, Zeit und Ort der Durchsuchung und ihr Ergebnis und, falls keine gerichtliche Anordnung ergangen ist, auch

Tatsachen, welche die Annahme einer Gefahr im Verzuge begründet haben, enthalten.

(4) Die Bediensteten der Bundesanstalt und der Deutschen Bundesbank können Gegenstände sicherstellen, die als Beweismittel für die Ermittlung des Sachverhaltes von Bedeutung sein können.

(5) [1] Die Betroffenen haben Maßnahmen nach den Absätzen 2 und 3 Satz 1 und 2 sowie Absatz 4 zu dulden. [2] Der zur Erteilung einer Auskunft Verpflichtete kann die Auskunft auf solche Fragen verweigern, deren Beantwortung ihn selbst oder einen der in § 383 Absatz 1 Nummer 1 bis 3 der Zivilprozessordnung bezeichneten Angehörigen der Gefahr strafgerichtlicher Verfolgung oder eines Verfahrens nach dem Gesetz über Ordnungswidrigkeiten aussetzen würde.

(6) Die Absätze 1 bis 5 gelten entsprechend für andere Unternehmen und Personen, sofern

1. Tatsachen die Annahme rechtfertigen, dass sie in die Anbahnung, den Abschluss oder die Abwicklung von Zahlungsdiensten oder des E-Geld-Geschäfts einbezogen sind, die in einem anderen Staat entgegen einem dort bestehenden Verbot erbracht oder betrieben werden, und
2. die zuständige Behörde des anderen Staates ein entsprechendes Ersuchen an die Bundesanstalt stellt.

(7) [1] Soweit und solange Tatsachen die Annahme rechtfertigen oder feststeht, dass ein Unternehmen unerlaubt Zahlungsdienste erbringt oder unerlaubt das E-Geld-Geschäft betreibt, kann die Bundesanstalt die Öffentlichkeit unter Nennung des Namens oder der Firma des Unternehmens über den Verdacht informieren. [2] Satz 1 ist entsprechend anzuwenden, wenn ein Unternehmen die unerlaubten Zahlungsdienste zwar nicht erbringt oder das E-Geld-Geschäft nicht betreibt, aber in der Öffentlichkeit einen entsprechenden Anschein erweckt. [3] Vor der Entscheidung über die Veröffentlichung der Information ist das Unternehmen anzuhören. [4] Stellen sich die von der Bundesanstalt veröffentlichten Informationen als falsch oder die zugrunde liegenden Umstände als unrichtig wiedergegeben heraus, so informiert die Bundesanstalt die Öffentlichkeit hierüber in der gleichen Art und Weise, in der sie die betreffende Information zuvor bekannt gegeben hat.

Unterabschnitt 3. Sofortige Vollziehbarkeit

§ 9 Sofortige Vollziehbarkeit. Widerspruch und Anfechtungsklage gegen Maßnahmen der Bundesanstalt, einschließlich der Androhung und Festsetzung von Zwangsmitteln, auf der Grundlage des § 4 Absatz 2, der §§ 7, 8, § 13 Absatz 2 Nummer 2 bis 5 oder § 14 Absatz 1 in Verbindung mit § 2c Absatz 1b Satz 1 und 2 und Absatz 2 Satz 1 des Kreditwesengesetzes[1)], auf der Grundlage des § 15 Absatz 1 Satz 3 und 4, der §§ 19 bis 21, diese auch in Verbindung mit § 17 Absatz 3 Satz 3, § 23 Absatz 1, § 24 Absatz 4 oder auf der Grundlage des § 25 Absatz 3, des § 26 Absatz 3 oder des § 27 Absatz 3 Satz 1 oder Absatz 4 Satz 2 oder des § 32 Absatz 2 oder des § 39 Absatz 8 haben keine aufschiebende Wirkung.

---

1) Nr. 8.

Abschnitt 2. Erlaubnis; Inhaber bedeutender Beteiligungen

Unterabschnitt 1. Erlaubnis

§ 10 Erlaubnis für das Erbringen von Zahlungsdiensten; Verordnungsermächtigung. (1) [1] Wer im Inland gewerbsmäßig oder in einem Umfang, der einen in kaufmännischer Weise eingerichteten Geschäftsbetrieb erfordert, Zahlungsdienste erbringen will, ohne Zahlungsdienstleister im Sinne des § 1 Absatz 1 Satz 1 Nummer 2 bis 5 zu sein, bedarf der schriftlichen Erlaubnis der Bundesanstalt. [2] Über die Erbringung von Zahlungsdiensten hinaus sind von der Erlaubnis umfasst

1. die Erbringung betrieblicher und eng verbundener Nebendienstleistungen; Nebendienstleistungen sind die Sicherstellung der Ausführung von Zahlungsvorgängen, Devisengeschäfte, Dienstleistungen für die Sicherstellung des Datenschutzes sowie die Datenspeicherung und -verarbeitung und Verwahrungsleistungen, soweit es sich nicht um die Entgegennahme von Einlagen handelt;
2. der Betrieb von Zahlungssystemen nach Maßgabe des § 57;
3. Geschäftstätigkeiten, die nicht in der Erbringung von Zahlungsdiensten bestehen, wobei das geltende Unionsrecht und das jeweils maßgebende einzelstaatliche Recht zu berücksichtigen sind.

(2) [1] Der Erlaubnisantrag muss folgende Angaben und Nachweise enthalten:

1. eine Beschreibung des Geschäftsmodells, aus der insbesondere die Art der beabsichtigten Zahlungsdienste hervorgeht;
2. einen Geschäftsplan mit einer Budgetplanung für die ersten drei Geschäftsjahre, aus dem hervorgeht, dass der Antragsteller über geeignete und angemessene Systeme, Mittel und Verfahren verfügt, um seine Tätigkeit ordnungsgemäß auszuführen;
3. den Nachweis, dass der Antragsteller über das erforderliche Anfangskapital nach § 12 Nummer 3 verfügt sowie für Zahlungsauslösedienste und Kontoinformationsdienste den Nachweis über die Absicherung im Haftungsfall unter den Voraussetzungen der §§ 16 und 36;
4. eine Beschreibung der Maßnahmen zur Erfüllung der Sicherungsanforderungen nach § 17;
5. eine Beschreibung der Unternehmenssteuerung und der internen Kontrollmechanismen des Antragstellers einschließlich der Verwaltungs-, Risikomanagement- und Rechnungslegungsverfahren, aus der hervorgeht, dass diese Unternehmenssteuerung, Kontrollmechanismen und Verfahren verhältnismäßig, angemessen, zuverlässig und ausreichend sind;
6. eine Beschreibung der vorhandenen Verfahren für Überwachung, Handhabung und Folgemaßnahmen bei Sicherheitsvorfällen und sicherheitsbezogenen Kundenbeschwerden, einschließlich eines Mechanismus für die Meldung von Vorfällen, der die Meldepflichten nach § 54 berücksichtigt;
7. eine Beschreibung der vorhandenen Verfahren für die Erfassung, Überwachung, Rückverfolgung sowie Beschränkung des Zugangs zu sensiblen Zahlungsdaten;

8. eine Beschreibung der Regelungen zur Geschäftsfortführung im Krisenfall, einschließlich klarer Angabe der maßgeblichen Abläufe, der wirksamen Notfallpläne und eines Verfahrens für die regelmäßige Überprüfung der Angemessenheit und Wirksamkeit solcher Pläne;
9. eine Beschreibung der Grundsätze und Definitionen für die Erfassung statistischer Daten über Leistungsfähigkeit, Geschäftsvorgänge und Betrugsfälle;
10. eine Beschreibung der Sicherheitsstrategie, einschließlich einer detaillierten Risikobewertung der erbrachten Zahlungsdienste und eine Beschreibung von Sicherheitskontroll- und Risikominderungsmaßnahmen zur Gewährleistung eines angemessenen Schutzes der Zahlungsdienstnutzer vor den festgestellten Risiken, einschließlich Betrug und illegaler Verwendung sensibler und personenbezogener Daten;
11. eine Beschreibung der internen Kontrollmechanismen, die der Antragsteller eingeführt hat, um die Anforderungen der §§ 27 und 53 zu erfüllen;
12. eine Darstellung des organisatorischen Aufbaus des Antragstellers, gegebenenfalls einschließlich einer Beschreibung der geplanten Inanspruchnahme von Agenten und Zweigniederlassungen und von deren Überprüfungen vor Ort oder von außerhalb ihres Standorts erfolgenden Überprüfungen, zu deren mindestens jährlicher Durchführung der Antragsteller sich verpflichtet, sowie einer Darstellung der Auslagerungsvereinbarungen und eine Beschreibung der Art und Weise seiner Teilnahme an einem nationalen oder internationalen Zahlungssystem;
13. die Namen der Inhaber einer bedeutenden Beteiligung, die Höhe ihrer Beteiligung sowie den Nachweis, dass sie den im Interesse der Gewährleistung einer soliden und umsichtigen Führung des Antragstellers zu stellenden Ansprüchen genügen; § 2c Absatz 1 Satz 4 des Kreditwesengesetzes[1] gilt entsprechend;
14. die Namen der Geschäftsleiter und, soweit es sich um Unternehmen handelt, die neben der Erbringung von Zahlungsdiensten anderen Geschäftsaktivitäten nachgehen, der für die Führung der Zahlungsdienstgeschäfte des Antragstellers verantwortlichen Personen;
15. gegebenenfalls die Namen der Abschlussprüfer des Jahresabschlusses und des Konzernabschlusses;
16. die Rechtsform und die Satzung oder den Gesellschaftsvertrag des Antragstellers;
17. die Anschrift der Hauptverwaltung oder des Sitzes des Antragstellers.

[2] Mit den Unterlagen nach Satz 1 Nummer 4 bis 6 und 12 hat der Antragsteller eine Beschreibung seiner Prüfmodalitäten und seiner organisatorischen Vorkehrungen für das Ergreifen aller angemessenen Maßnahmen zum Schutz der Interessen seiner Nutzer und zur Gewährleistung der Kontinuität und Verlässlichkeit der von ihm erbrachten Zahlungsdienste vorzulegen. [3] In der Beschreibung der Sicherheitsstrategie gemäß Satz 1 Nummer 10 ist anzugeben, auf welche Weise durch diese Maßnahmen ein hohes Maß an technischer Sicherheit und Datenschutz gewährleistet wird; das gilt auch für Software und IT-

---

[1] Nr. 8.

Systeme, die der Antragsteller oder die Unternehmen verwenden, an die der Antragsteller alle oder einen Teil seiner Tätigkeiten auslagert. [4]Der Antrag muss den Nachweis enthalten, dass die in Satz 1 Nummer 14 genannten Personen zuverlässig sind und über angemessene theoretische und praktische Kenntnisse und Fähigkeiten, einschließlich Leitungserfahrung, zur Erbringung von Zahlungsdiensten verfügen. [5]Der Antragsteller hat mindestens zwei Geschäftsleiter zu bestellen; bei Unternehmen mit geringer Größe genügt ein Geschäftsleiter. [6]Die Bundesanstalt kann im Einzelfall zu den Angaben nach den Sätzen 1 bis 5 nähere Angaben und Nachweise verlangen, soweit dies erforderlich erscheint, um ihren gesetzlichen Auftrag zu erfüllen.

(3) Die Bundesanstalt teilt dem Antragsteller binnen drei Monaten nach Eingang des Antrags oder bei Unvollständigkeit des Antrags binnen drei Monaten nach Übermittlung aller für die Entscheidung erforderlichen Angaben mit, ob die Erlaubnis erteilt oder versagt wird.

(4) [1]Die Bundesanstalt kann die Erlaubnis unter Auflagen erteilen, die sich im Rahmen des mit diesem Gesetz verfolgten Zweckes halten müssen. [2]Sie kann im Rahmen dieses Zweckes die Erlaubnis auch auf einzelne Zahlungsdienste beschränken. [3]Geht das Zahlungsinstitut zugleich anderen Geschäftstätigkeiten nach, kann die Bundesanstalt ihm auferlegen, dass es diese Geschäfte abzuspalten oder ein eigenes Unternehmen für das Zahlungsdienstgeschäft zu gründen hat, wenn diese Geschäfte die finanzielle Solidität des Zahlungsinstituts oder die Prüfungsmöglichkeiten beeinträchtigen oder beeinträchtigen könnten.

(5) Das Zahlungsinstitut hat der Bundesanstalt unverzüglich jede materiell und strukturell wesentliche Änderung der tatsächlichen oder rechtlichen Verhältnisse mitzuteilen, soweit sie die Richtigkeit der nach Absatz 2 vorgelegten Angaben und Nachweise betreffen.

(6) Die Bundesanstalt hat die Erteilung der Erlaubnis im Bundesanzeiger bekannt zu machen.

(7) Soweit für das Erbringen von Zahlungsdiensten eine Erlaubnis nach Absatz 1 erforderlich ist, dürfen Eintragungen in öffentliche Register nur vorgenommen werden, wenn dem Registergericht die Erlaubnis nachgewiesen ist.

(8) [1]Das Bundesministerium der Finanzen wird ermächtigt, durch Rechtsverordnung, die nicht der Zustimmung des Bundesrates bedarf, im Benehmen mit der Deutschen Bundesbank nähere Bestimmungen über Art, Umfang und Form der nach dieser Vorschrift vorgesehenen Antragsunterlagen zu erlassen. [2]Das Bundesministerium der Finanzen kann diese Ermächtigung im Einvernehmen mit der Deutschen Bundesbank durch Rechtsverordnung auf die Bundesanstalt übertragen. [3]Vor Erlass der Rechtsverordnung sind die Spitzenverbände der Institute anzuhören. [4]Das Bundesamt für Sicherheit in der Informationstechnik ist anzuhören, soweit die Sicherheit informationstechnischer Systeme betroffen ist.

§ 11 Erlaubnis für das Betreiben von E-Geld-Geschäften; Verordnungsermächtigung. (1) [1]Wer im Inland das E-Geld-Geschäft betreiben will, ohne E-Geld-Emittent im Sinne des § 1 Absatz 2 Satz 1 Nummer 2 bis 4 zu sein, bedarf der schriftlichen Erlaubnis der Bundesanstalt. [2]Über die Erbringung des E-Geld-Geschäfts hinaus sind von der Erlaubnis nach Satz 1 umfasst:

1. die Erbringung von Zahlungsdiensten;

2. die Gewährung von Krediten nach Maßgabe des § 3;
3. die Erbringung von betrieblichen Dienstleistungen und damit eng verbundenen Nebendienstleistungen, die mit der Ausgabe von E-Geld oder mit der Erbringung von Zahlungsdiensten im Zusammenhang stehen;
4. der Betrieb von Zahlungssystemen nach Maßgabe des § 58;
5. andere Geschäftstätigkeiten als die Ausgabe von E-Geld im Rahmen der geltenden gemeinschaftlichen und nationalen Rechtsvorschriften.

(2) [1] Auf den Inhalt des Erlaubnisantrags ist § 10 Absatz 2 Satz 1 Nummer 2, 5 bis 11, 13 und 15 bis 17 entsprechend anzuwenden. [2] Der Erlaubnisantrag hat zusätzlich folgende Angaben und Nachweise zu enthalten:
1. eine Beschreibung des Geschäftsmodells, aus dem insbesondere die beabsichtigte Ausgabe von E-Geld sowie die Art der beabsichtigten Zahlungsdienste hervorgeht,
2. den Nachweis, dass der Antragsteller über das erforderliche Anfangskapital nach § 12 Nummer 3 Buchstabe d verfügt,
3. eine Beschreibung der Maßnahmen zur Erfüllung der Sicherungsanforderungen nach den §§ 17 und 18,
4. eine Darstellung des organisatorischen Aufbaus des Antragstellers, gegebenenfalls einschließlich einer Beschreibung der geplanten Inanspruchnahme von E-Geld-Agenten, Zweigniederlassungen und, soweit Zahlungsdienste erbracht werden, Agenten sowie eine Darstellung der Auslagerungsvereinbarungen und eine Beschreibung der Art und Weise seiner Teilnahme an einem nationalen oder internationalen Zahlungssystem sowie
5. die Namen der Geschäftsleiter, der für die Geschäftsleitung des Antragstellers verantwortlichen Personen und, soweit es sich um Unternehmen handelt, die neben der Ausgabe von E-Geld und der Erbringung von Zahlungsdiensten anderen Geschäftsaktivitäten nachgehen, der für die Ausgabe von E-Geld und Erbringung von Zahlungsdiensten des Antragstellers verantwortlichen Personen.

[3] Der Antrag muss den Nachweis enthalten, dass die in Satz 1 Nummer 5 genannten Personen zuverlässig sind und über angemessene theoretische und praktische Kenntnisse und Erfahrungen, einschließlich Leitungserfahrung, für den Betrieb des E-Geld-Geschäfts und die Erbringung von Zahlungsdiensten verfügen. [4] Der Antragsteller hat mindestens zwei Geschäftsleiter zu bestellen; bei Unternehmen mit geringer Größe genügt ein Geschäftsleiter. [5] Für das weitere Verfahren gilt § 10 Absatz 2 Satz 2, 3 und 5 sowie Absatz 3 und 6 entsprechend.

(3) [1] Die Bundesanstalt kann die Erlaubnis unter Auflagen erteilen, die sich im Rahmen des mit diesem Gesetz verfolgten Zweckes halten müssen. [2] Erbringt das E-Geld-Institut zugleich Zahlungsdienste oder geht es anderen Geschäftstätigkeiten nach, kann die Bundesanstalt ihm auferlegen, dass es die Erbringung von Zahlungsdiensten oder die anderen Geschäfte abzuspalten oder ein eigenes Unternehmen für das E-Geld-Geschäft zu gründen hat, wenn diese die finanzielle Solidität des Instituts oder die Prüfungsmöglichkeiten beeinträchtigen oder beeinträchtigen könnten.

(4) Das E-Geld-Institut hat der Bundesanstalt unverzüglich jede materiell und strukturell wesentliche Änderung der tatsächlichen und rechtlichen Ver-

hältnisse mitzuteilen, soweit sie die Richtigkeit der nach Absatz 2 Satz 1 und 2 vorgelegten Angaben und Nachweise betreffen.

(5) Soweit für das Betreiben des E-Geld-Geschäfts eine Erlaubnis nach Absatz 1 erforderlich ist, dürfen Eintragungen in öffentliche Register nur vorgenommen werden, wenn dem Registergericht die Erlaubnis nachgewiesen ist.

(6) [1] Das Bundesministerium der Finanzen wird ermächtigt, durch Rechtsverordnung, die nicht der Zustimmung des Bundesrates bedarf, im Benehmen mit der Deutschen Bundesbank nähere Bestimmungen über Art, Umfang und Form der nach dieser Vorschrift vorgesehenen Antragsunterlagen zu erlassen. [2] Das Bundesministerium der Finanzen kann die Ermächtigung im Einvernehmen mit der Deutschen Bundesbank durch Rechtsverordnung auf die Bundesanstalt übertragen. [3] Vor Erlass der Rechtsverordnung sind die Spitzenverbände der Institute anzuhören. [4] Das Bundesamt für Sicherheit in der Informationstechnik ist anzuhören, soweit die Sicherheit informationstechnischer Systeme betroffen ist.

§ 12 Versagung der Erlaubnis. Die Erlaubnis zur Erbringung von Zahlungsdiensten oder zum Betreiben des E-Geld-Geschäfts ist zu versagen, wenn

1. der Antragsteller keine juristische Person oder Personenhandelsgesellschaft ist;
2. der Antrag entgegen § 10 Absatz 2 oder § 11 Absatz 2 keine ausreichenden Angaben oder Unterlagen enthält oder die eingereichten Angaben und Unterlagen keine positive Gesamtbewertung zulassen;
3. die zum Geschäftsbetrieb erforderlichen Mittel, insbesondere ein ausreichendes Anfangskapital, im Inland nicht zur Verfügung stehen; als Anfangskapital muss zur Verfügung stehen:
   a) bei Zahlungsinstituten, die nur das Finanztransfergeschäft betreiben, ein Betrag im Gegenwert von mindestens 20 000 Euro;
   b) bei Zahlungsinstituten, die nur Zahlungsauslösedienste anbieten, ein Betrag im Gegenwert von mindestens 50 000 Euro;
   c) bei Zahlungsinstituten, die die Zahlungsdienste im Sinne des § 1 Absatz 1 Satz 2 Nummer 1 bis 5 anbieten, ein Betrag im Gegenwert von mindestens 125 000 Euro;
   d) bei E-Geld-Instituten ein Betrag im Gegenwert von mindestens 350 000 Euro;

   ist das Institut zugleich Institut im Sinne des § 1 Absatz 1b des Kreditwesengesetzes[1)], gilt der nach dieser Vorschrift oder nach § 33 Absatz 1 des Kreditwesengesetzes jeweils höhere Betrag;
4. Tatsachen die Annahme rechtfertigen, dass der Antragsteller oder der Inhaber einer bedeutenden Beteiligung oder, wenn dieser eine juristische Person ist, auch ein gesetzlicher oder satzungsmäßiger Vertreter, oder, wenn er eine Personenhandelsgesellschaft ist, auch ein Gesellschafter, nicht zuverlässig ist oder aus anderen Gründen nicht den im Interesse einer soliden und umsichtigen Führung des Zahlungsinstituts zu stellenden Ansprüchen genügt;

---

1) Nr. 8.

5. Tatsachen vorliegen, aus denen sich ergibt, dass ein Geschäftsleiter nicht zuverlässig ist oder nicht die zur Leitung des Antragstellers erforderliche fachliche Eignung hat und auch nicht eine andere Person nach § 1 Absatz 8 Satz 2 als Geschäftsleiter bestimmt wird; die fachliche Eignung setzt voraus, dass in ausreichendem Maß theoretische und praktische Kenntnisse und Fähigkeiten in den betreffenden Geschäften und Leitungserfahrung vorhanden sind;
6. der Antragsteller nicht über wirksame Verfahren zur Ermittlung, Steuerung, Überwachung und Meldung von Risiken sowie angemessene interne Kontrollverfahren einschließlich solider Verwaltungs- und Rechnungslegungsverfahren verfügt;
7. Tatsachen die Annahme rechtfertigen, dass eine wirksame Aufsicht über den Antragsteller beeinträchtigt wird; dies ist insbesondere der Fall, wenn
   a) der Antragsteller mit anderen Personen oder Unternehmen in einen Unternehmensverbund eingebunden ist oder in einer engen Verbindung im Sinne des Artikels 4 Absatz 1 Nummer 38 der Verordnung (EU) Nr. 575/2013[1] zu einem solchen steht, der durch die Struktur des Beteiligungsgeflechtes oder mangelhafte wirtschaftliche Transparenz eine wirksame Aufsicht über das Institut beeinträchtigt,
   b) eine wirksame Aufsicht über den Antragsteller wegen der für solche Personen oder Unternehmen geltenden Rechts- oder Verwaltungsvorschriften eines Drittstaates beeinträchtigt wird oder
   c) der Antragsteller Tochterunternehmen eines Instituts mit Sitz in einem Drittstaat ist, das im Staat seines Sitzes oder seiner Hauptverwaltung nicht wirksam beaufsichtigt wird oder dessen zuständige Aufsichtsbehörde zu einer befriedigenden Zusammenarbeit mit der Bundesanstalt nicht bereit ist;
8. der Antragsteller seine Hauptverwaltung nicht im Inland hat oder nicht zumindest einen Teil seiner Zahlungsdienste im Inland erbringt oder seines E-Geld-Geschäfts im Inland betreibt;
9. der Antragsteller nicht über eine Absicherung für den Haftungsfall gemäß den Voraussetzungen des § 16 oder § 36 verfügt;
10. die Erfüllung der Sicherungsanforderungen nach § 17 oder § 18 der Bundesanstalt nicht ausreichend nachgewiesen wird;
11. der Antragsteller gegen das Verbot der Ausgabe von E-Geld über andere Personen nach § 31 verstößt;
12. eine Rechtsnorm der Europäischen Union oder des nationalen Rechts der Erteilung der Erlaubnis entgegensteht.

§ 13 Erlöschen und Aufhebung der Erlaubnis. (1) Die Erlaubnis eines Instituts erlischt, wenn das Institut von ihr nicht innerhalb eines Jahres seit ihrer Erteilung Gebrauch macht oder wenn es ausdrücklich auf sie verzichtet.

(2) Die Bundesanstalt kann die Erlaubnis außer nach den Vorschriften des Verwaltungsverfahrensgesetzes aufheben, wenn

---

[1] Nr. **6**.

1. der Geschäftsbetrieb, auf den sich die Erlaubnis bezieht, seit mehr als sechs Monaten nicht mehr ausgeübt worden ist,
2. die Erlaubnis aufgrund falscher Angaben oder auf andere Weise unrechtmäßig erlangt wurde,
3. Tatsachen bekannt werden, die die Versagung der Erlaubnis rechtfertigten oder gegen die Mitteilungspflichten nach § 10 Absatz 5 oder § 11 Absatz 4 verstoßen wird,
4. die Fortsetzung der Erbringung von Zahlungsdiensten oder des Betreibens des E-Geld-Geschäfts die Stabilität des betriebenen Zahlungssystems oder das Vertrauen darin gefährden würde oder
5. schwerwiegend, wiederholt oder systematisch gegen § 27, gegen das Geldwäschegesetz[1)], gegen die Verordnung (EU) 2015/847 des Europäischen Parlaments und des Rates vom 20. Mai 2015 über die Übermittlung von Angaben bei Geldtransfers und zur Aufhebung der Verordnung (EU) Nr. 1781/2006 (ABl. L 141 vom 5.6.2015, S. 1) oder gegen die zur Durchführung dieser Vorschriften erlassenen Verordnungen oder vollziehbaren Anordnungen verstoßen wurde.

(3) [1] § 38 des Kreditwesengesetzes[2)] gilt entsprechend. [2] § 48 Absatz 4 Satz 1 und § 49 Absatz 2 Satz 2 des Verwaltungsverfahrensgesetzes über die Jahresfrist sind nicht anzuwenden.

(4) Die Bundesanstalt macht die Aufhebung oder das Erlöschen der Erlaubnis im Bundesanzeiger und in dem Institutsregister nach § 43 oder § 44 bekannt.

Unterabschnitt 2. Inhaber bedeuten der Beteiligungen

§ 14 Inhaber bedeutender Beteiligungen; Verordnungsermächtigung.

(1) [1] Der Inhaber einer bedeutenden Beteiligung an einem Institut muss den Ansprüchen genügen, die im Interesse einer soliden und umsichtigen Führung des Instituts zu stellen sind. [2] § 2c Absatz 1 Satz 1 bis 7, Absatz 1a, 1b, 2 und 3 des Kreditwesengesetzes[2)] ist entsprechend anzuwenden.

(2) Die Auskunfts-, Vorlegungs- und Prüfungsrechte der Bundesanstalt und der Deutschen Bundesbank nach § 19 Absatz 1 gelten entsprechend § 44b des Kreditwesengesetzes gegenüber den Inhabern bedeutender Beteiligungen, den Mitgliedern ihrer Organe und ihren Beschäftigten.

(3) [1] Das Bundesministerium der Finanzen wird ermächtigt, durch Rechtsverordnung, die nicht der Zustimmung des Bundesrates bedarf, im Benehmen mit der Deutschen Bundesbank nähere Bestimmungen über die wesentlichen Unterlagen und Tatsachen zu treffen, die der interessierte Erwerber einer bedeutenden Beteiligung gemäß Absatz 1 Satz 2 in Verbindung mit § 2c Absatz 1 Satz 2 des Kreditwesengesetzes in der Anzeige anzugeben hat, soweit diese Angaben zur Erfüllung der Aufgaben der Bundesanstalt erforderlich sind. [2] Das Bundesministerium der Finanzen kann die Ermächtigung durch Rechtsverordnung im Einvernehmen mit der Deutschen Bundesbank auf die Bundesanstalt übertragen. [3] Vor Erlass der Rechtsverordnung sind die Spitzenverbände der Institute anzuhören.

[1)] Nr. **15**.
[2)] Nr. **8**.

Abschnitt 3. Eigenmittel, Absicherung im Haftungsfall

§ 15 Eigenmittel; Verordnungsermächtigung. (1) [1] Institute müssen im Interesse der Erfüllung ihrer Verpflichtungen über angemessene Eigenmittel verfügen; die Eigenmittel des Instituts dürfen zu keinem Zeitpunkt unter den Betrag des Anfangskapitals nach § 12 Nummer 3 oder unter den Betrag der Eigenmittel gemäß der Berechnung der nach Absatz 3 zu erlassenden Rechtsverordnung sinken, wobei der jeweils höhere Betrag maßgebend ist. [2] Gewährt ein Institut Kredite im Sinne des § 3 Absatz 4, müssen die Eigenmittel jederzeit in einem angemessenen Verhältnis zum Gesamtbetrag der gewährten Kredite stehen. [3] Die Bundesanstalt hat Maßnahmen zu treffen, die erforderlich sind, um in Fällen, in denen ein Institut zu derselben Gruppe gehört wie ein anderes Institut im Sinne dieses Gesetzes, wie ein Institut im Sinne des § 1 Absatz 1b des Kreditwesengesetzes[1)], wie eine Kapitalverwaltungsgesellschaft oder wie ein Versicherungsunternehmen, zu verhindern, dass Bestandteile, die für die Berechnung der Eigenmittel in Frage kommen, mehrfach genutzt werden. [4] Die Bundesanstalt kann auf die Eigenmittel nach Satz 1 einen Korrekturposten festsetzen, wenn die rechnerische Größe der durch das Institut ermittelten Eigenmittel die tatsächliche Eigenmittelbasis nicht angemessen abbildet. [5] Die Festsetzung ist aufzuheben oder für gegenstandslos zu erklären, sobald die Voraussetzungen für die Festsetzung weggefallen sind.

(2) [1] Die Institute haben der Bundesanstalt und der Deutschen Bundesbank vierteljährlich die für die Überprüfung der angemessenen Eigenmittelausstattung erforderlichen Angaben einzureichen. [2] Die Rechtsverordnung nach Absatz 3 kann in besonderen Fällen einen anderen Meldezeitraum vorsehen. [3] Die Bundesanstalt kann bei der Beurteilung der Angemessenheit der Eigenmittel auf der Grundlage einer Bewertung der Geschäftsorganisation, des Risikomanagements, der Verlustdatenbank im Sinne des Artikels 324 der Verordnung (EU) Nr. 575/2013[2)], der internen Kontrollmechanismen sowie der tatsächlichen Risiken des Instituts vorschreiben, dass die Eigenmittelunterlegung einem Betrag entsprechen muss, der um bis zu 20 Prozent von den Solvabilitätsgrundsätzen abweicht.

(3) [1] Das Bundesministerium der Finanzen wird ermächtigt, durch Rechtsverordnung, die nicht der Zustimmung des Bundesrates bedarf, im Benehmen mit der Deutschen Bundesbank nähere Bestimmungen über die angemessene Eigenmittelausstattung (Solvabilität) der Institute zu erlassen, insbesondere über

1. die Berechnungsmethoden,
2. Inhalt, Art, Umfang und Form der nach Absatz 2 erforderlichen Angaben,
3. Meldepflichten bei Nichteinhaltung von Eigenmittelanforderungen und
4. die für die Datenübermittlung zulässigen Datenträger, Übertragungswege und Datenformate.

[2] Das Bundesministerium der Finanzen kann die Ermächtigung im Einvernehmen mit der Deutschen Bundesbank durch Rechtsverordnung auf die Bundesanstalt übertragen. [3] Vor Erlass der Rechtsverordnung sind die Spitzenverbände der Institute anzuhören.

[1)] Nr. **8**.
[2)] Nr. **6**.

(4) [1] Institute, die eine Erlaubnis nach § 32 Absatz 1 des Kreditwesengesetzes haben, müssen neben den Eigenmittelanforderungen nach diesem Gesetz auch die Eigenmittelanforderungen nach den Artikeln 24 bis 386 der Verordnung (EU) Nr. 575/2013 oder nach § 1a des Kreditwesengesetzes in Verbindung mit den Artikeln 24 bis 386 der Verordnung (EU) Nr. 575/2013 ermitteln, sofern sie nicht von der Anwendung dieser Artikel ausgenommen sind. [2] Sofern die Anforderungen nach diesem Gesetz höher sind, sind diese mit Eigenmitteln nach Absatz 1 abzudecken.

(5) Sofern die Voraussetzungen für eine Freistellung nach § 2a des Kreditwesengesetzes in Verbindung mit Artikel 7 Absatz 1 und 2 der Verordnung (EU) Nr. 575/2013 gegeben sind, kann die Bundesanstalt davon absehen, die Absätze 1, 2 und 4 auf Institute anzuwenden, die in die konsolidierte Beaufsichtigung des übergeordneten Instituts einbezogen sind.

§ 16 Absicherung für den Haftungsfall für Zahlungsauslösedienste; Verordnungsermächtigung. (1) [1] Ein Institut, das Zahlungsauslösedienste erbringt, hat eine Berufshaftpflichtversicherung oder eine andere gleichwertige Garantie abzuschließen und während der Gültigkeitsdauer seiner Erlaubnis aufrechtzuerhalten. [2] Die Berufshaftpflichtversicherung oder die andere gleichwertige Garantie hat sich auf die Gebiete, in denen der Zahlungsauslösedienstleister seine Dienste anbietet, zu erstrecken und muss die sich für den Zahlungsauslösedienstleister ergebende Haftung aus den Vorschriften des Bürgerlichen Gesetzbuchs abdecken. [3] § 17 Absatz 3 gilt entsprechend.

(2) [1] Die Berufshaftpflichtversicherung muss bei einem im Inland zum Geschäftsbetrieb befugten Versicherungsunternehmen genommen werden. [2] In der Vereinbarung ist das Versicherungsunternehmen zu verpflichten, der Bundesanstalt die Beendigung oder Kündigung der Berufshaftpflichtversicherung, gegebenenfalls erst nach Ablauf der Frist des § 38 Absatz 3 Satz 3 des Versicherungsvertragsgesetzes, sowie jede Vertragsänderung, die die vorgeschriebene Absicherung für den Haftungsfall im Verhältnis zu Dritten beeinträchtigt, unverzüglich mitzuteilen.

(3) [1] In den Fällen des § 115 Absatz 1 Satz 1 Nummer 2 und 3 des Versicherungsvertragsgesetzes erteilt die Bundesanstalt Dritten zur Geltendmachung von Haftungsansprüchen auf Antrag Auskunft über den Namen und die Adresse des Versicherungsunternehmens sowie die Vertragsnummer, soweit das Unternehmen, das den Zahlungsauslösedienst erbringt, kein überwiegendes schutzwürdiges Interesse an der Nichterteilung der Auskunft hat. [2] Dies gilt auch, wenn die Erlaubnis als Zahlungsauslösedienstleister erloschen oder aufgehoben ist.

(4) Zuständige Stelle im Sinne des § 117 Absatz 2 des Versicherungsvertragsgesetzes ist die Bundesanstalt.

(5) [1] Das Bundesministerium der Finanzen wird ermächtigt, durch Rechtsverordnung, die nicht der Zustimmung des Bundesrates bedarf, nähere Bestimmungen zu Umfang und Inhalt der erforderlichen Absicherung im Haftungsfall zu treffen. [2] Das Bundesministerium der Finanzen kann die Ermächtigung durch Rechtsverordnung auf die Bundesanstalt übertragen. [3] Vor Erlass der Rechtsverordnung sind die Spitzenverbände der Institute und der Versicherungsunternehmen anzuhören.

Abschnitt 4. Sicherungsanforderungen

§ 17 Sicherungsanforderungen für die Entgegennahme von Geldbeträgen im Rahmen der Erbringung von Zahlungsdiensten und des Betreibens des E-Geld-Geschäfts. (1) [1] Institute, die die Zahlungsdienste gemäß § 1 Absatz 1 Satz 2 Nummer 1 bis 6 erbringen oder das E-Geld-Geschäft betreiben, haben die Geldbeträge, die sie von den Zahlungsdienstnutzern oder über einen anderen Zahlungsdienstleister für die Ausführung von Zahlungsvorgängen oder die Ausgabe von E-Geld entgegengenommen haben, nach den Methoden 1 oder 2 zu sichern. [2] Die Geldbeträge

1. a) dürfen zu keinem Zeitpunkt mit den Geldbeträgen anderer natürlicher oder juristischer Personen als der Zahlungsdienstnutzer oder E-Geld-Inhaber, für die sie gehalten werden, vermischt werden,
   b) sind, wenn sie sich am Ende des auf den Tag ihres Eingangs folgenden Geschäftstags noch im Besitz des Instituts befinden und noch nicht dem Zahlungsempfänger übergeben oder an einen anderen Zahlungsdienstleister übermittelt worden sind, auf einem offenen Treuhandkonto bei einem Kreditinstitut zu hinterlegen oder in sichere liquide Aktiva mit niedrigem Risiko nach Abstimmung mit der Bundesanstalt anzulegen; die Bundesanstalt kann insoweit nach pflichtgemäßem Ermessen im Einzelfall nach § 1 Absatz 31 grundsätzlich erfasste Aktiva ausschließen, wenn die kategorische Einordnung als sichere liquide Aktiva mit niedrigem Risiko mit Rücksicht auf die objektive Werthaltigkeit der Sicherheit, insbesondere Fälligkeit und anderer relevanter Risikofaktoren sachlich nicht gerechtfertigt erscheint,
   c) sind so von den übrigen Vermögenswerten des Instituts zu trennen, dass sie im Insolvenzfall nicht in die Insolvenzmasse des Instituts fallen und dessen Gläubiger auf sie auch nicht im Wege der Einzelzwangsvollstreckung Zugriff haben, oder
2. sind durch eine Versicherung oder eine andere vergleichbare Garantie bei einem Versicherungsunternehmen oder Kreditinstitut, das im Geltungsbereich dieses Gesetzes zum Geschäftsbetrieb befugt ist und nicht zur selben Gruppe gehört wie das Institut selbst, in Höhe eines Betrags abzusichern, der demjenigen entspricht, der ohne die Versicherung oder die andere vergleichbare Garantie getrennt gehalten werden müsste und der im Falle der Zahlungsunfähigkeit des Zahlungsinstituts auszuzahlen ist.

[3] Die Bundesanstalt kann dem Institut nach pflichtgemäßem Ermessen eine der beiden in Satz 2 beschriebenen Methoden vorgeben.

(2) [1] Muss ein Institut Geldbeträge nach Absatz 1 absichern und ist ein Teil dieser Geldbeträge für zukünftige Zahlungsvorgänge zu verwenden, während der verbleibende Teil für Dienste, die keine Zahlungsdienste sind, verwendet werden muss, gilt Absatz 1 auch für den Anteil der Geldbeträge, der für zukünftige Zahlungsvorgänge zu verwenden ist. [2] Ist dieser Anteil variabel oder nicht im Voraus bekannt, ist Satz 1 mit der Maßgabe anzuwenden, dass ein repräsentativer Anteil zugrunde gelegt wird, der typischerweise für Zahlungsdienste verwendet wird, sofern sich dieser repräsentative Anteil auf der Grundlage historischer Daten nach Überzeugung der Bundesanstalt mit hinreichender Sicherheit schätzen lässt.

(3) [1]Das Institut hat der Bundesanstalt während des laufenden Geschäftsbetriebs auf Anforderung darzulegen und nachzuweisen, dass es ausreichende Maßnahmen ergriffen hat, um die in den Absätzen 1 und 2 genannten Anforderungen zu erfüllen. [2]Wird der Nachweis nicht erbracht oder sind die Maßnahmen nicht ausreichend, kann die Bundesanstalt das Institut auffordern, die erforderlichen Nachweise vorzulegen oder Vorkehrungen zu treffen, die geeignet und erforderlich sind, die bestehenden Mängel zu beseitigen; die Bundesanstalt kann dafür eine angemessene Frist bestimmen. [3]Werden die Nachweise oder Vorkehrungen nicht oder nicht fristgerecht vorgelegt oder getroffen, kann die Bundesanstalt Maßnahmen nach § 21 Absatz 2 treffen.

§ 18 Sicherungsanforderungen für die Entgegennahme von Geldbeträgen für die Ausgabe von E-Geld. Sofern Geldbeträge zum Zweck der Ausgabe von E-Geld durch Zahlung mittels eines Zahlungsinstruments entgegengenommen werden, sind diese Geldbeträge, sobald sie dem Zahlungskonto des E-Geld-Instituts gutgeschrieben oder dem E-Geld-Institut nach Maßgabe des § 675s des Bürgerlichen Gesetzbuchs[1)] zur Verfügung gestellt worden sind, spätestens jedoch fünf Geschäftstage im Sinne des § 675n Absatz 1 Satz 4 des Bürgerlichen Gesetzbuchs nach Ausgabe des E-Geldes zu sichern; die Vorgaben des § 17 gelten entsprechend.

Abschnitt 5. Vorschriften über die laufende Beaufsichtigung von Instituten

§ 19 Auskünfte und Prüfungen. (1) [1]Ein Institut, die Mitglieder seiner Organe sowie seine Beschäftigten und die für das Institut tätigen Agenten sowie E-Geld-Agenten, seine Zweigniederlassungen und Auslagerungsunternehmen sowie zentrale Kontaktpersonen haben der Bundesanstalt, den Personen und Einrichtungen, derer sich die Bundesanstalt bei der Durchführung ihrer Aufgaben bedient, sowie der Deutschen Bundesbank auf Verlangen Auskünfte über alle Geschäftsangelegenheiten zu erteilen, Unterlagen vorzulegen und erforderlichenfalls Kopien anzufertigen. [2]Die Bundesanstalt kann, auch ohne besonderen Anlass, bei den Instituten, ihren Zweigniederlassungen, Agenten sowie E-Geld-Agenten und Auslagerungsunternehmen Prüfungen vornehmen und die Durchführung der Prüfungen der Deutschen Bundesbank übertragen. [3]Die Bediensteten der Bundesanstalt, der Deutschen Bundesbank sowie die sonstigen Personen, derer sich die Bundesanstalt bei der Durchführung der Prüfungen bedient, können hierzu die Geschäftsräume des Instituts, der Zweigniederlassung, des Agenten sowie E-Geld-Agenten oder des Auslagerungsunternehmens innerhalb der üblichen Betriebs- und Geschäftszeiten betreten und besichtigen. [4]Die Betroffenen haben Maßnahmen nach den Sätzen 2 und 3 zu dulden.

(2) [1]Die Bundesanstalt und die Deutsche Bundesbank können zu den Hauptversammlungen, Generalversammlungen oder Gesellschafterversammlungen sowie zu den Sitzungen der Verwaltungs- und Aufsichtsorgane Vertreter entsenden. [2]Diese können in der Versammlung oder Sitzung das Wort ergreifen. [3]Die Betroffenen haben Maßnahmen nach den Sätzen 1 und 2 zu dulden.

---

1) Nr. **23**.

(3) [1] Institute haben auf Verlangen der Bundesanstalt die Einberufung der in Absatz 2 Satz 1 bezeichneten Versammlungen, die Anberaumung von Sitzungen der Verwaltungs- und Aufsichtsorgane sowie die Ankündigung von Gegenständen zur Beschlussfassung vorzunehmen. [2] Die Bundesanstalt kann zu einer nach Satz 1 anberaumten Sitzung Vertreter entsenden; diese können in der Sitzung das Wort ergreifen. [3] Die Betroffenen haben Maßnahmen nach den Sätzen 1 und 2 zu dulden. [4] Absatz 2 bleibt unberührt.

(4) Wer zur Auskunft verpflichtet ist, kann die Auskunft auf solche Fragen verweigern, deren Beantwortung ihn selbst oder einen der in § 383 Absatz 1 Nummer 1 bis 3 der Zivilprozessordnung bezeichneten Angehörigen der Gefahr strafgerichtlicher Verfolgung oder eines Verfahrens nach dem Gesetz über Ordnungswidrigkeiten aussetzen würde.

§ 20 Abberufung von Geschäftsleitern und Mitgliedern des Verwaltungs- und Aufsichtsorgans, Übertragung von Organbefugnissen auf Sonderbeauftragte. (1) [1] In den Fällen des § 13 Absatz 2 Nummer 3 bis 5 kann die Bundesanstalt, statt die Erlaubnis aufzuheben, die Abberufung der verantwortlichen Geschäftsleiter verlangen und diesen Geschäftsleitern auch die Ausübung ihrer Tätigkeit bei Instituten untersagen. [2] In den Fällen des § 13 Absatz 2 Nummer 5 kann die Bundesanstalt auch die vorübergehende Abberufung der verantwortlichen Geschäftsleiter verlangen und ihnen vorübergehend die Ausübung einer Geschäftsleitertätigkeit bei dem Institut und bei einem anderen Verpflichteten nach § 2 Absatz 1 des Geldwäschegesetzes[1)] untersagen. [3] Die Anordnung nach Satz 2 kann die Bundesanstalt auch gegenüber jeder anderen Person treffen, die für den Verstoß verantwortlich ist.

(2) [1] Die Bundesanstalt kann unter den Voraussetzungen des Absatzes 1 Befugnisse, die Organen des Instituts zustehen, ganz oder teilweise auf einen Sonderbeauftragten übertragen, der zur Wahrung der Befugnisse geeignet erscheint. [2] § 45c Absatz 6 und 7 des Kreditwesengesetzes[2)] gilt entsprechend.

(3) Die Bundesanstalt kann die Abberufung eines Geschäftsleiters auch verlangen und ihm auch die Ausübung seiner Tätigkeit bei Instituten untersagen, wenn er vorsätzlich oder leichtfertig gegen Bestimmungen dieses Gesetzes, des Geldwäschegesetzes oder die zur Durchführung dieser Gesetze erlassenen Verordnungen oder gegen Anordnungen der Bundesanstalt verstoßen hat und dieses Verhalten trotz Verwarnung durch die Bundesanstalt fortsetzt.

(4) [1] Die Mitglieder des Verwaltungs- oder Aufsichtsorgans eines Instituts müssen zuverlässig sein und die zur Wahrnehmung der Kontrollfunktion sowie zur Beurteilung und Überwachung der Geschäfte, die das Institut betreibt, erforderliche Sachkunde besitzen. [2] Bei der Prüfung, ob eine der in Satz 1 genannten Personen die erforderliche Sachkunde besitzt, berücksichtigt die Bundesanstalt den Umfang und die Komplexität der vom Institut betriebenen Geschäfte. [3] Liegen Tatsachen vor, aus denen sich ergibt, dass eine der in Satz 1 genannten Personen nicht zuverlässig ist oder nicht die erforderliche Sachkunde besitzt, kann die Bundesanstalt von dem Institut verlangen, diese abzuberufen oder ihr die Ausübung ihrer Tätigkeit zu untersagen. [4] Die Bundesanstalt kann dies von dem Institut auch dann verlangen, wenn einer der in Satz 1 genannten Personen wesentliche Verstöße des Instituts gegen die Grundsätze einer ord-

---

1) Nr. **15**.
2) Nr. **8**.

nungsgemäßen Geschäftsführung wegen sorgfaltswidriger Ausübung ihrer Überwachungs- und Kontrollfunktion verborgen geblieben sind oder sie nicht alles Erforderliche zur Beseitigung festgestellter Verstöße veranlasst hat und dieses Verhalten trotz Verwarnung des Instituts durch die Bundesanstalt fortsetzt. [5] Soweit das Gericht auf Antrag des Aufsichtsrats ein Aufsichtsratsmitglied abzuberufen hat, kann dieser Antrag bei Vorliegen der Voraussetzungen nach Satz 3 oder Satz 4 auch von der Bundesanstalt gestellt werden, wenn der Aufsichtsrat dem Abberufungsverlangen der Aufsichtsbehörde nicht nachgekommen ist. [6] Die Vorschriften der Mitbestimmungsgesetze über die Wahl und die Abberufung der Arbeitnehmervertreter im Verwaltungs- oder Aufsichtsorgan bleiben unberührt.

§ 21 Maßnahmen in besonderen Fällen und Insolvenzantrag. (1) Entsprechen die Eigenmittel eines Instituts nicht den Anforderungen dieses Gesetzes, kann die Bundesanstalt

1. Entnahmen durch die Inhaber oder Gesellschafter sowie die Ausschüttung von Gewinnen untersagen oder beschränken oder
2. anordnen, dass das Institut Maßnahmen zur Verringerung von Risiken ergreift, soweit sich diese aus bestimmten Arten von Geschäften und Produkten, insbesondere aus der Vergabe von Krediten, oder der Nutzung bestimmter Zahlungssysteme ergeben.

(2) [1] Ist die Erfüllung der Verpflichtungen eines Instituts gegenüber seinen Gläubigern gefährdet, insbesondere die Sicherheit der ihm anvertrauten Vermögenswerte, liegen die Voraussetzungen für die Aufhebung der Erlaubnis oder der Registrierung vor oder besteht der begründete Verdacht, dass eine wirksame Aufsicht über das Institut nicht möglich ist, kann die Bundesanstalt zur Abwendung dieser Gefahren einstweilige Maßnahmen treffen. [2] Sie kann insbesondere

1. Anweisungen für die Geschäftsführung des Instituts erlassen,
2. Inhabern und Geschäftsleitern die Ausübung ihrer Tätigkeit untersagen oder beschränken und
3. Aufsichtspersonen bestellen.

(3) [1] Unter den Voraussetzungen des Absatzes 2 Satz 1 kann die Bundesanstalt zur Vermeidung eines Insolvenzverfahrens oder zur Vermeidung der Erlaubnisaufhebung vorübergehend

1. die Annahme von Geldern und die Gewährung von Darlehen verbieten,
2. ein Veräußerungs- und Zahlungsverbot an das Institut erlassen,
3. die Schließung des Instituts für den Verkehr mit der Kundschaft anordnen und
4. die Entgegennahme von Zahlungen, die nicht zur Tilgung von Verbindlichkeiten gegenüber dem Institut bestimmt sind, verbieten.

[2] § 45c Absatz 2 Nummer 8, Absatz 6 und 7, § 46 Absatz 1 Satz 3 bis 6 sowie § 46c des Kreditwesengesetzes[1)] gelten entsprechend.

(4) [1] Wird ein Institut zahlungsunfähig oder tritt Überschuldung ein, so haben die Geschäftsleiter dies der Bundesanstalt unter Beifügung aussagefähiger

---

[1)] Nr. **8**.

Unterlagen unverzüglich anzuzeigen; die Geschäftsleiter haben eine solche Anzeige unter Beifügung entsprechender Unterlagen auch dann vorzunehmen, wenn das Institut voraussichtlich nicht in der Lage sein wird, die bestehenden Zahlungspflichten zum Zeitpunkt der Fälligkeit zu erfüllen (drohende Zahlungsunfähigkeit). [2] Soweit diese Personen nach anderen Rechtsvorschriften verpflichtet sind, bei Zahlungsunfähigkeit oder Überschuldung die Eröffnung des Insolvenzverfahrens zu beantragen, tritt an die Stelle der Antragspflicht die Anzeigepflicht nach Satz 1. [3] Das Insolvenzverfahren über das Vermögen eines Instituts findet im Falle der Zahlungsunfähigkeit, der Überschuldung oder unter den Voraussetzungen des Satzes 5 auch im Falle der drohenden Zahlungsunfähigkeit statt. [4] Den Antrag auf Eröffnung des Insolvenzverfahrens über das Vermögen des Instituts, das eine Erlaubnis nach § 10 Absatz 1 oder § 11 Absatz 1 hat, kann nur die Bundesanstalt stellen. [5] Im Falle der drohenden Zahlungsunfähigkeit darf die Bundesanstalt den Antrag jedoch nur mit Zustimmung des Instituts und nur dann stellen, wenn Maßnahmen nach Absatz 3 nicht erfolgversprechend erscheinen. [6] Vor der Bestellung des Insolvenzverwalters hat das Insolvenzgericht die Bundesanstalt anzuhören. [7] Der Eröffnungsbeschluss ist der Bundesanstalt gesondert zuzustellen.

(5) [1] Die Antragsrechte nach § 3a Absatz 1, § 3d Absatz 2 und § 269d Absatz 2 der Insolvenzordnung stehen bei Instituten ausschließlich der Bundesanstalt zu. [2] Die Einleitung eines Koordinationsverfahrens nach den §§ 269d bis 269i der Insolvenzordnung entfaltet für die gruppenangehörigen Institute nur dann Wirkung, wenn die Bundesanstalt sie beantragt oder ihr zugestimmt hat.

§ 22 Vorlage von Jahresabschluss, Lagebericht und Prüfungsberichten. (1) [1] Ein Institut hat den Jahresabschluss in den ersten drei Monaten des Geschäftsjahres für das vergangene Geschäftsjahr aufzustellen und den aufgestellten sowie später den festgestellten Jahresabschluss und den Lagebericht der Bundesanstalt und der Deutschen Bundesbank jeweils unverzüglich einzureichen. [2] Der Jahresabschluss muss mit dem Bestätigungsvermerk oder einem Vermerk über die Versagung der Bestätigung versehen sein. [3] Der Abschlussprüfer hat den Bericht über die Prüfung des Jahresabschlusses (Prüfungsbericht) unverzüglich nach Beendigung der Prüfung der Bundesanstalt und der Deutschen Bundesbank einzureichen.

(2) [1] Ein Institut, das einen Konzernabschluss oder einen Konzernlagebericht aufstellt, hat diese Unterlagen der Bundesanstalt und der Deutschen Bundesbank unverzüglich einzureichen. [2] Wird ein Prüfungsbericht von einem Konzernabschlussprüfer erstellt, hat dieser den Prüfungsbericht unverzüglich nach Beendigung der Prüfung der Bundesanstalt und der Deutschen Bundesbank einzureichen. [3] Die Bestimmungen dieses Absatzes gelten entsprechend für einen Einzelabschluss nach § 325 Absatz 2a des Handelsgesetzbuchs.

§ 23 Anzeigepflicht bei Bestellung des Abschlussprüfers, Bestellung in besonderen Fällen. (1) [1] Das Institut hat einen Abschlussprüfer oder Konzernabschlussprüfer unverzüglich nach dessen Bestellung der Bundesanstalt und der Deutschen Bundesbank anzuzeigen. [2] Die Bundesanstalt kann innerhalb eines Monats nach Zugang der Anzeige die Bestellung eines anderen Prüfers verlangen, wenn dies zur Erreichung des Prüfungszweckes geboten ist.

(2) [1]Das Registergericht des Sitzes des Instituts hat auf Antrag der Bundesanstalt einen Prüfer zu bestellen, wenn

1. nicht unverzüglich nach Ablauf des Geschäftsjahres die Bestellung nach Absatz 1 Satz 1 angezeigt worden ist;
2. das Institut dem Verlangen auf Bestellung eines anderen Prüfers nach Absatz 1 Satz 2 nicht unverzüglich nachkommt;
3. der gewählte Prüfer die Annahme des Prüfungsauftrags abgelehnt hat, weggefallen ist oder am rechtzeitigen Abschluss der Prüfung gehindert ist und das Institut nicht unverzüglich einen anderen Prüfer bestellt hat.

[2]Die Bestellung durch das Gericht ist endgültig. [3]§ 318 Absatz 5 des Handelsgesetzbuchs gilt entsprechend. [4]Das Registergericht kann auf Antrag der Bundesanstalt einen nach Satz 1 bestellten Prüfer abberufen.

§ 24 Besondere Pflichten des Prüfers; Verordnungsermächtigung.

(1) [1]Bei der Prüfung des Jahresabschlusses sowie eines Zwischenabschlusses hat der Prüfer auch die wirtschaftlichen Verhältnisse des Instituts zu prüfen. [2]Bei der Prüfung des Jahresabschlusses hat er insbesondere festzustellen, ob das Institut die Anzeigepflichten nach § 10 Absatz 5, § 11 Absatz 4, § 21 Absatz 4 Satz 1, § 28 Absatz 1, auch in Verbindung mit einer Rechtsverordnung nach § 28 Absatz 4, erfüllt hat. [3]Der Prüfer hat auch zu prüfen, ob das Institut seinen Verpflichtungen

1. nach dem Geldwäschegesetz[1)] und der Verordnung (EU) 2015/847 nachgekommen ist,
2. nach § 3, nach § 15, auch in Verbindung mit einer Rechtsverordnung nach § 15 Absatz 3, nach den §§ 16 bis 18, 25 bis 30 und 36 nachgekommen ist,
3. nach der Verordnung (EG) Nr. 924/2009 des Europäischen Parlaments und des Rates vom 16. September 2009 über grenzüberschreitende Zahlungen in der Gemeinschaft und zur Aufhebung der Verordnung (EG) Nr. 2560/2001 (ABl. L 266 vom 9.10.2009, S. 11), die durch die Verordnung (EU) Nr. 260/2012 (ABl. L 94 vom 30.3.2012, S. 22) geändert worden ist, und der Verordnung (EU) Nr. 260/2012 des Europäischen Parlaments und des Rates vom 14. März 2012 zur Festlegung der technischen Vorschriften und der Geschäftsanforderungen für Überweisungen und Lastschriften in Euro und zur Änderung der Verordnung (EG) Nr. 924/2009 (ABl. L 94 vom 30.3.2012, S. 22), die durch die Verordnung (EU) Nr. 248/2014 (ABl. L 84 vom 20.3.2014, S. 1) geändert worden ist, nachgekommen ist und
4. nach der Verordnung (EU) 2015/751 des Europäischen Parlaments und des Rates vom 29. April 2015 über Interbankenentgelte für kartengebundene Zahlungsvorgänge (ABl. L 123 vom 19.5.2015, S. 1) nachgekommen ist.

(2) [1]Der Prüfer hat es unverzüglich der Bundesanstalt und der Deutschen Bundesbank anzuzeigen, wenn ihm bei der Prüfung Tatsachen bekannt werden,

1. welche die Einschränkung oder Versagung des Bestätigungsvermerkes rechtfertigen,

---

[1)] Nr. **15**.

2. die den Bestand des Instituts gefährden oder seine Entwicklung wesentlich beeinträchtigen können,
3. die einen erheblichen Verstoß gegen die Vorschriften über die Zulassungsvoraussetzungen des Instituts oder über die Ausübung einer Tätigkeit nach diesem Gesetz darstellen oder
4. die schwerwiegende Verstöße der Geschäftsleiter gegen Gesetz, Satzung oder Gesellschaftsvertrag erkennen lassen.

[2] Auf Verlangen der Bundesanstalt oder der Deutschen Bundesbank hat der Prüfer ihnen den Prüfungsbericht zu erläutern und sonstige bei der Prüfung bekannt gewordene Tatsachen mitzuteilen, die gegen eine ordnungsmäßige Durchführung der Geschäfte des Instituts sprechen. [3] Die Anzeige-, Erläuterungs- und Mitteilungspflichten nach den Sätzen 1 und 2 bestehen auch in Bezug auf ein Unternehmen, das mit dem Institut in enger Verbindung steht, sofern dem Prüfer die Tatsachen im Rahmen der Prüfung des Instituts bekannt werden. [4] Der Prüfer haftet nicht für die Richtigkeit von Tatsachen, die er nach diesem Absatz in gutem Glauben anzeigt.

(3) [1] Das Bundesministerium der Finanzen wird ermächtigt, durch Rechtsverordnung, die nicht der Zustimmung des Bundesrates bedarf, im Einvernehmen mit dem Bundesministerium der Justiz und für Verbraucherschutz und nach Anhörung der Deutschen Bundesbank nähere Bestimmungen über den Gegenstand der Prüfung, den Zeitpunkt ihrer Durchführung und den Inhalt der Prüfungsberichte zu erlassen, soweit dies zur Erfüllung der Aufgaben der Bundesanstalt erforderlich ist. [2] Insbesondere sollen die Bestimmungen geeignet sein, Missstände, welche die Sicherheit der dem Institut anvertrauten Vermögenswerte gefährden oder die ordnungsmäßige Durchführung der Zahlungsdienste oder das ordnungsgemäße Betreiben des E-Geld-Geschäfts beeinträchtigen können, zu erkennen sowie einheitliche Unterlagen zur Beurteilung der von den Instituten durchgeführten Geschäfte zu erhalten. [3] Das Bundesministerium der Finanzen kann die Ermächtigung im Einvernehmen mit dem Bundesministerium der Justiz und für Verbraucherschutz auf die Bundesanstalt übertragen. [4] Vor Erlass der Rechtsverordnung sind die Spitzenverbände der Institute anzuhören.

(4) [1] § 29 des Kreditwesengesetzes[1)] bleibt unberührt. [2] Unbeschadet der Absätze 1 bis 3 kann die Bundesanstalt gegenüber dem Institut auch Bestimmungen über den Inhalt der Prüfung treffen, die vom Prüfer im Rahmen der Jahresabschlussprüfung zu berücksichtigen sind. [3] Sie kann insbesondere Schwerpunkte für die Prüfungen festlegen.

§ 25 Inanspruchnahme von Agenten; Verordnungsermächtigung.

(1) [1] Beabsichtigt ein Institut, Zahlungsdienste über einen Agenten zu erbringen, hat es der Bundesanstalt und der Deutschen Bundesbank folgende Angaben zu übermitteln:
1. Name und Anschrift des Agenten;
2. eine Beschreibung der internen Kontrollmechanismen, die der Agent anwendet, um die Anforderungen des Geldwäschegesetzes zu erfüllen; diese ist

---

1) Nr. 8.

bei sachlichen Änderungen der zuvor übermittelten Angaben unverzüglich zu aktualisieren;

3. die Namen der Geschäftsleiter und der für die Geschäftsleitung verantwortlichen Personen eines Agenten, der zur Erbringung von Zahlungsdiensten eingesetzt werden soll, und im Falle von Agenten, die keine Zahlungsdienstleister sind, den Nachweis, dass sie zuverlässig und fachlich geeignet sind;
4. die Zahlungsdienste des Zahlungsinstituts, mit denen der Agent beauftragt ist;
5. gegebenenfalls den Identifikationscode oder die Kennnummer des Agenten.

[2] Die Bundesanstalt teilt dem Institut binnen zwei Monaten nach vollständiger Übermittlung der Angaben nach Satz 1 mit, ob der Agent in das Zahlungsinstituts-Register eingetragen wird. [3] Der Agent darf erst nach Eintragung in das Zahlungsinstituts-Register mit der Erbringung von Zahlungsdiensten beginnen. [4] Ändern sich Verhältnisse, die nach Absatz 1 angezeigt wurden, hat das Institut diese Änderungen der Bundesanstalt und der Deutschen Bundesbank unverzüglich schriftlich anzuzeigen; die Sätze 2 und 3 gelten entsprechend.

(2) [1] Das Institut hat sicherzustellen, dass der Agent zuverlässig und fachlich geeignet ist, bei der Erbringung der Zahlungsdienste die gesetzlichen Vorgaben erfüllt, den Zahlungsdienstnutzer vor oder während der Aufnahme der Geschäftsbeziehung über seinen Status informiert und diesen unverzüglich von der Beendigung dieses Status in Kenntnis setzt. [2] Das Institut hat die erforderlichen Nachweise für die Erfüllung seiner Pflichten nach Satz 1 mindestens fünf Jahre nach dem Ende des Status des Agenten aufzubewahren.

(3) [1] Die Bundesanstalt kann einem Institut, das die Auswahl oder Überwachung seiner Agenten nicht ordnungsgemäß durchgeführt hat, untersagen, Agenten im Sinne der Absätze 1 und 2 in das Institut einzubinden. [2] Die Untersagung kann sich auf die Ausführung von Zahlungsdiensten durch einzelne Agenten oder auf die Einbindung von Agenten insgesamt beziehen.

(4) Beabsichtigt ein Institut durch Beauftragung eines Agenten in einem anderen Mitgliedstaat oder einem anderen Vertragsstaat des Abkommens über den Europäischen Wirtschaftsraum Zahlungsdienste zu erbringen, so muss es das Verfahren nach § 38 Absatz 1 befolgen.

(5) [1] Das Bundesministerium der Finanzen wird ermächtigt, durch Rechtsverordnung, die nicht der Zustimmung des Bundesrates bedarf, im Benehmen mit der Deutschen Bundesbank nähere Bestimmungen über Art, Umfang und Form der Nachweise nach Absatz 2 Satz 2 zu erlassen, soweit dies zur Erfüllung der Aufgaben der Bundesanstalt erforderlich ist. [2] Das Bundesministerium der Finanzen kann die Ermächtigung im Einvernehmen mit der Deutschen Bundesbank durch Rechtsverordnung auf die Bundesanstalt übertragen. [3] Vor Erlass der Rechtsverordnung sind die Spitzenverbände der Institute anzuhören.

§ 26 Auslagerung. (1) [1] Ein Institut muss abhängig von Art, Umfang, Komplexität und Risikogehalt einer Auslagerung von Aktivitäten und Prozessen auf ein anderes Unternehmen, die für die Durchführung von Zahlungsdiensten, E-Geld-Geschäften oder sonstigen nach diesem Gesetz institutstypischen Dienstleistungen wesentlich sind, einschließlich IT-Systeme, angemessene Vorkehrungen treffen, um übermäßige zusätzliche Risiken zu vermeiden. [2] Eine Auslagerung darf weder die Ordnungsmäßigkeit dieser Geschäfte und Dienstleistungen noch die Geschäftsorganisation beeinträchtigen. [3] Insbesondere muss ein angemessenes und wirksames Risikomanagement durch das Institut gewährleistet bleiben, das die ausgelagerten Aktivitäten und Prozesse einbezieht, und die Auslagerung darf nicht zu einer Delegation der Verantwortung der Geschäftsleiter oder anderen in § 10 Absatz 2 Nummer 14 und in § 11 Absatz 2 Satz 2 Nummer 5 bezeichneten Personen an das Auslagerungsunternehmen führen. [4] Das Institut bleibt für die Einhaltung der von ihm zu beachtenden gesetzlichen Bestimmungen verantwortlich. [5] Durch die Auslagerung darf die Bundesanstalt an der Wahrnehmung ihrer Aufgaben nicht gehindert werden; ihre Auskunfts- und Prüfungsrechte sowie Kontrollmöglichkeiten müssen in Bezug auf die ausgelagerten Aktivitäten und Prozesse auch bei einer Auslagerung auf ein Unternehmen mit Sitz im Ausland durch geeignete Vorkehrungen gewährleistet werden; Entsprechendes gilt für die Wahrnehmung der Aufgaben der Prüfer des Instituts. [6] Eine Auslagerung bedarf einer schriftlichen Vereinbarung, welche die zur Einhaltung der vorstehenden Voraussetzungen erforderlichen Rechte des Instituts, einschließlich Weisungs- und Kündigungsrechten, sowie die korrespondierenden Pflichten des Auslagerungsunternehmens festschreibt.

(2) [1] Beabsichtigt ein Institut, wesentliche betriebliche Aufgaben von Zahlungsdiensten oder des E-Geld-Geschäfts auszulagern, hat es die Bundesanstalt und die Deutsche Bundesbank hiervon in Kenntnis zu setzen. [2] Eine betriebliche Aufgabe ist dann wesentlich, wenn deren unzureichende oder unterlassene Wahrnehmung die dauerhafte Einhaltung der Zulassungsanforderungen oder der anderen Verpflichtungen des Instituts nach diesem Gesetz, seine finanzielle Leistungsfähigkeit oder die Solidität oder die Kontinuität seiner Zahlungsdienste oder des E-Geld-Geschäfts wesentlich beeinträchtigen würde.

(3) [1] Rechtfertigen Tatsachen die Annahme, dass eine Auslagerung die Prüfungsrechte und Kontrollmöglichkeiten der Bundesanstalt beeinträchtigt, kann die Bundesanstalt gegenüber dem Institut die Anordnungen treffen, die geeignet und erforderlich sind, die Beeinträchtigungen zu beseitigen und künftigen Beeinträchtigungen vorzubeugen. [2] Erweisen sich die Maßnahmen nicht als hinreichend, um die Prüfungsrechte und Kontrollmöglichkeiten der Bundesanstalt zu gewährleisten, kann die Bundesanstalt die Rücklagerung der ausgelagerten Tätigkeiten anordnen. [3] Die Befugnisse der Bundesanstalt nach § 27 Absatz 3 bleiben unberührt.

(4) Ändert sich die Inanspruchnahme von Stellen, an die Tätigkeiten ausgelagert werden, hat das Institut der Bundesanstalt und der Deutschen Bundesbank diese Änderungen unverzüglich schriftlich anzuzeigen.

§ 27 Organisationspflichten. (1) [1] Ein Institut muss über eine ordnungsgemäße Geschäftsorganisation verfügen; die Geschäftsleiter sind für die ordnungsgemäße Geschäftsorganisation des Instituts verantwortlich. [2] Eine ordnungsgemäße Geschäftsorganisation umfasst insbesondere:

1. angemessene Maßnahmen der Unternehmenssteuerung, Kontrollmechanismen und Verfahren, die gewährleisten, dass das Institut seine Verpflichtungen erfüllt;
2. das Führen und Pflegen einer Verlustdatenbank sowie eine vollständige Dokumentation der Geschäftstätigkeit, die eine lückenlose Überwachung durch die Bundesanstalt für ihren Zuständigkeitsbereich gewährleistet;
3. ein angemessenes Notfallkonzept für IT-Systeme;

4. interne Verfahren und Kontrollsysteme, die die Einhaltung der Verordnung (EG) Nr. 924/2009, der Verordnung (EU) Nr. 260/2012 und der Verordnung (EU) 2015/751 des Europäischen Parlaments und des Rates vom 29. April 2015 über Interbankenentgelte für kartengebundene Zahlungsvorgänge (ABl. L 123 vom 19.5.2015, S. 1) gewährleisten;
5. unbeschadet der Pflichten der §§ 4 bis 7 des Geldwäschegesetzes[1] angemessene Maßnahmen, einschließlich Datenverarbeitungssysteme, die die Einhaltung der Anforderungen des Geldwäschegesetzes und der Verordnung (EU) 2015/847 gewährleisten; soweit dies zur Erfüllung dieser Pflicht erforderlich ist, darf das Institut personenbezogene Daten verarbeiten.

(2) [1] Die §§ 6a, 24c, 25i, 25m und 60b des Kreditwesengesetzes[2] sowie § 93 Absatz 7 und 8 in Verbindung mit § 93b der Abgabenordnung gelten für Institute im Sinne dieses Gesetzes entsprechend. [2] § 24c des Kreditwesengesetzes gilt mit der Maßgabe, dass die Bundesanstalt einzelne Daten aus dem Dateisystem nach § 24c Absatz 1 Satz 1 des Kreditwesengesetzes abrufen darf, soweit dies zur Erfüllung ihrer aufsichtsrechtlichen Aufgaben nach diesem Gesetz und dem Geldwäschegesetz, insbesondere im Hinblick auf unerlaubte Zahlungsdienste und unerlaubte E-Geld-Geschäfte erforderlich ist und besondere Eilbedürftigkeit im Einzelfall vorliegt.

(3) [1] Die Bundesanstalt kann gegenüber einem Institut im Einzelfall Anordnungen treffen, die geeignet und erforderlich sind, um die Anforderungen an eine ordnungsgemäße Geschäftsorganisation im Sinne des Absatzes 1 zu erfüllen. [2] Die Bundesanstalt kann Kriterien bestimmen, bei deren Vorliegen Institute vom Einsatz von Datenverarbeitungssystemen nach Absatz 1 Satz 2 Nummer 5 absehen können.

(4) [1] Die Bundesanstalt überwacht die Einhaltung der in der Verordnung (EU) 2015/847, in der Verordnung (EG) Nr. 924/2009, in der Verordnung (EU) Nr. 260/2012 und in der Verordnung (EU) 2015/751 enthaltenden Pflichten durch die Institute. [2] Sie kann gegenüber einem Institut und seinen Geschäftsleitern Anordnungen treffen, die geeignet und erforderlich sind, um Verstöße gegen die Pflichten nach den Verordnungen nach Satz 1 zu verhindern oder zu unterbinden.

§ 28 Anzeigen; Verordnungsermächtigung. (1) Ein Institut hat der Bundesanstalt und der Deutschen Bundesbank unverzüglich anzuzeigen:
1. die Absicht der Bestellung eines Geschäftsleiters und der Ermächtigung einer Person zur Einzelvertretung des Instituts in dessen gesamten Geschäftsbereich unter Angabe der Tatsachen, die für die Beurteilung der Zuverlässigkeit und der fachlichen Eignung, einschließlich der Leitungserfahrung, wesentlich sind, und den Vollzug einer solchen Absicht;
2. das Ausscheiden eines Geschäftsleiters sowie die Entziehung der Befugnis zur Einzelvertretung des Instituts in dessen gesamten Geschäftsbereich;
3. die Änderung der Rechtsform, soweit nicht bereits eine neue Erlaubnis nach § 10 Absatz 1 oder § 11 Absatz 1 oder neue Registrierung nach § 34 Absatz 1 erforderlich ist, und die Änderung der Firma;

---

[1] Nr. **15**.
[2] Nr. **8**.

4. den Erwerb oder die Aufgabe einer bedeutenden Beteiligung an dem eigenen Institut, das Erreichen, das Über- oder das Unterschreiten der Beteiligungsschwellen von 20 Prozent, 30 Prozent und 50 Prozent der Stimmrechte oder des Kapitals sowie die Tatsache, dass das Institut Tochterunternehmen eines anderen Unternehmens wird oder nicht mehr ist, sobald das Institut von der bevorstehenden Änderung dieser Beteiligungsverhältnisse Kenntnis erlangt;
5. einen Verlust in Höhe von 25 Prozent der Eigenmittel;
6. die Verlegung der Niederlassung oder des Sitzes;
7. die Einstellung des Geschäftsbetriebs;
8. das Entstehen, die Änderung oder die Beendigung einer engen Verbindung im Sinne des Artikels 4 Absatz 1 Nummer 38 der Verordnung (EU) Nr. 575/2013[1)] zu einer anderen natürlichen Person oder einem anderen Unternehmen;
9. die Absicht, sich mit einem anderen Institut im Sinne dieses Gesetzes oder einem Institut im Sinne des § 1 Absatz 1b des Kreditwesengesetzes[2)] zu vereinigen;
10. die Absicht einer Auslagerung sowie den Vollzug einer Auslagerung.

(2) [1] Ein Institut hat der Bundesanstalt und der Deutschen Bundesbank im Voraus jede wesentliche Änderung der zur Sicherung von Geldbeträgen nach § 17 getroffenen Maßnahmen anzuzeigen. [2] Hat ein Institut eine Absicherung im Haftungsfall gemäß § 16 oder § 36 aufrechtzuerhalten, so hat es der Bundesanstalt und der Deutschen Bundesbank im Voraus jede wesentliche Änderung der Absicherung anzuzeigen.

(3) Geschäftsleiter, die für die Geschäftsleitung des Instituts verantwortlichen Personen und soweit es sich um Institute handelt, die neben der Erbringung von Zahlungsdiensten und der Ausgabe von E-Geld anderen Geschäftsaktivitäten nachgehen, die Personen, die für die Führung der Zahlungsdienstgeschäfte und des E-Geld-Geschäfts des Instituts verantwortlich sind, haben der Bundesanstalt und der Deutschen Bundesbank unverzüglich anzuzeigen:

1. die Aufnahme und die Beendigung einer Tätigkeit als Geschäftsleiter oder als Aufsichtsrats- oder Verwaltungsratsmitglied eines anderen Unternehmens und
2. die Übernahme und die Aufgabe einer unmittelbaren Beteiligung an einem Unternehmen sowie Veränderungen in der Höhe der Beteiligung.

(4) [1] Das Bundesministerium der Finanzen wird ermächtigt, durch Rechtsverordnung, die nicht der Zustimmung des Bundesrates bedarf, im Benehmen mit der Deutschen Bundesbank nähere Bestimmungen über Art, Umfang, Zeitpunkt und Form der nach diesem Gesetz vorgesehenen Anzeigen und Vorlagen von Unterlagen und über die zulässigen Datenträger, Übertragungswege und Datenformate zu erlassen und die bestehenden Anzeigepflichten durch die Verpflichtung zur Erstattung von Sammelanzeigen und die Einreichung von Sammelaufstellungen zu ergänzen, soweit dies zur Erfüllung der Aufgaben der Bundesanstalt erforderlich ist. [2] Das Bundesministerium der Fi-

---

[1)] Nr. **6**.
[2)] Nr. **8**.

nanzen kann die Ermächtigung im Einvernehmen mit der Deutschen Bundesbank durch Rechtsverordnung auf die Bundesanstalt übertragen. [3]Vor Erlass der Rechtsverordnung sind die Spitzenverbände der Institute anzuhören.

§ 29 Monatsausweise; Verordnungsermächtigung. (1) [1]Ein Institut hat unverzüglich nach Ablauf eines jeden Monats der Deutschen Bundesbank einen Monatsausweis einzureichen. [2]Die Deutsche Bundesbank leitet diese Meldungen an die Bundesanstalt mit ihrer Stellungnahme weiter; diese kann auf die Weiterleitung bestimmter Meldungen verzichten.

(2) In den Fällen des § 15 Absatz 1 Satz 3 kann die Bundesanstalt festlegen, ob und wie ein Institut unverzüglich nach Ablauf eines jeden Monats der Deutschen Bundesbank einen zusammengefassten Monatsausweis einzureichen hat.

(3) [1]Das Bundesministerium der Finanzen wird ermächtigt, durch Rechtsverordnung, die nicht der Zustimmung des Bundesrates bedarf, im Benehmen mit der Deutschen Bundesbank nähere Bestimmungen über Inhalt, Art, Umfang und Zeitpunkt sowie über die zulässigen Datenträger, Übertragungswege und Datenformate der Monatsausweise zu erlassen, insbesondere um Einblick in die Entwicklung der Vermögens- und Ertragslage der Institute zu erhalten, sowie über weitere Angaben, soweit dies zur Erfüllung der Aufgaben der Bundesanstalt erforderlich ist. [2]Das Bundesministerium der Finanzen kann die Ermächtigung im Einvernehmen mit der Deutschen Bundesbank durch Rechtsverordnung auf die Bundesanstalt übertragen. [3]Vor Erlass der Rechtsverordnung sind die Spitzenverbände der Institute anzuhören.

§ 30 Aufbewahrung von Unterlagen. [1]Die Institute haben für aufsichtsrechtliche Zwecke alle Unterlagen unbeschadet anderer gesetzlicher Bestimmungen mindestens fünf Jahre aufzubewahren. [2]§ 257 Absatz 3 und 5 des Handelsgesetzbuchs sowie § 147 Absatz 5 und 6 der Abgabenordnung gelten entsprechend. [3]§ 257 Absatz 4 des Handelsgesetzbuchs bleibt unberührt.

Abschnitt 6. Sondervorschriften für das E-Geld-Geschäft und den Vertrieb und die Rücktauschbarkeit

§ 31 Verbot der Ausgabe von E-Geld über andere Personen. E-Geld-Institute dürfen E-Geld nicht über natürliche oder juristische Personen ausgeben, die im Namen des E-Geld-Instituts tätig werden.

§ 32 Vertrieb und Rücktausch von E-Geld durch E-Geld-Agenten.

(1) [1]E-Geld-Institute können sich für den Vertrieb oder den Rücktausch von E-Geld eines E-Geld-Agenten bedienen. [2]§ 25 Absatz 1 gilt entsprechend mit der Maßgabe, dass Nachweise über die Zuverlässigkeit und die fachliche Eignung nicht einzureichen sind.

(2) [1]Die Bundesanstalt kann einem E-Geld-Institut, das die Auswahl oder Überwachung seiner E-Geld-Agenten nicht ordnungsgemäß durchgeführt hat, untersagen, E-Geld-Agenten in das E-Geld-Institut einzubinden. [2]Die Untersagung kann sich auf den Vertrieb oder Rücktausch von E-Geld oder auf die Einbindung von E-Geld-Agenten insgesamt beziehen.

(3) Sofern ein E-Geld-Institut beabsichtigt, E-Geld über E-Geld-Agenten in einem Mitgliedstaat oder einem anderen Vertragsstaat des Abkommens über den Europäischen Wirtschaftsraum zu vertreiben oder zurückzutauschen, ist § 25 Absatz 4 in Verbindung mit § 38 Absatz 1 entsprechend anzuwenden.

§ 33 Verpflichtungen des E-Geld-Emittenten bei der Ausgabe und dem Rücktausch von E-Geld. (1) [1]Der E-Geld-Emittent hat E-Geld stets zum Nennwert des entgegengenommenen Geldbetrags auszugeben. [2]Er ist verpflichtet, E-Geld auf Verlangen des E-Geld-Inhabers jederzeit zum Nennwert in gesetzliche Zahlungsmittel zurückzutauschen. [3]Das Rücktauschverlangen des E-Geld-Inhabers kann sich vor Beendigung des Vertrags auch auf einen Teil des E-Geldes beziehen.

(2) [1]Der E-Geld-Emittent ist verpflichtet, den E-Geld-Inhaber über die Bedingungen für den Rücktausch von E-Geld einschließlich insoweit etwaig zu vereinbarender Entgelte zu unterrichten, bevor dieser durch einen Vertrag oder ein Angebot gebunden wird. [2]Die Bedingungen sind im Vertrag zwischen dem E-Geld-Emittenten und dem E-Geld-Inhaber eindeutig und deutlich erkennbar anzugeben.

(3) [1]Der E-Geld-Emittent darf vom E-Geld-Inhaber für den Rücktausch von E-Geld nur dann ein Entgelt verlangen, wenn dies vertraglich vereinbart wurde. [2]Eine solche Vereinbarung ist nur für den Fall zulässig, dass

1. der E-Geld-Inhaber den Rücktausch vor Beendigung des Vertrags verlangt,
2. der Vertrag für einen bestimmten Zeitraum geschlossen wurde und durch eine Kündigung des E-Geld-Inhabers vor Ablauf dieses Zeitraums beendet wird oder
3. der E-Geld-Inhaber den Rücktausch nach mehr als einem Jahr nach Beendigung des Vertrags verlangt.

[3]Das Entgelt muss in einem angemessenen Verhältnis zu den tatsächlich entstandenen Kosten des E-Geld-Emittenten stehen.

(4) [1]Abweichend von Absatz 1 Satz 3 ist im Falle eines Rücktauschverlangens mit Beendigung des Vertrags oder bis zu einem Jahr nach Vertragsbeendigung der gesamte Betrag des vom E-Geld-Emittenten gehaltenen E-Geldes zurückzutauschen. [2]Übt ein E-Geld-Institut eine oder mehrere Tätigkeiten im Sinne des § 11 Absatz 1 Satz 2 Nummer 5 aus und fordert der E-Geld-Inhaber nach Beendigung des E-Geld-Vertrags einen Gesamtbetrag, so ist dieser in gesetzliche Zahlungsmittel zurückzutauschen, wenn im Voraus nicht bekannt ist, welcher Anteil der Geldbeträge als E-Geld verwendet werden soll.

(5) Von den Regelungen des Absatzes 1 Satz 3 und der Absätze 3 und 4 darf zum Nachteil des E-Geld-Inhabers nur abgewichen werden, wenn es sich bei diesem nicht um einen Verbraucher handelt.

Abschnitt 7. Sonderbestimmungen für Kontoinformationsdienste

§ 34 Registrierungspflicht; Verordnungsermächtigung. (1) [1]Wer im Inland gewerbsmäßig oder in einem Umfang, der einen in kaufmännischer Weise eingerichteten Geschäftsbetrieb erfordert, als Zahlungsdienst ausschließlich Kontoinformationsdienste erbringen will, bedarf nur der schriftlichen

Registrierung durch die Bundesanstalt. [2]Der Registrierungsantrag muss folgende Angaben und Nachweise enthalten:

1. eine Beschreibung des Geschäftsmodells, aus dem insbesondere die Art des beabsichtigten Kontoinformationsdienstes hervorgeht;
2. einen Geschäftsplan mit einer Budgetplanung für die ersten drei Geschäftsjahre, aus dem hervorgeht, dass der Kontoinformationsdienstleister über geeignete und angemessene Systeme, Mittel und Verfahren verfügt, um seine Tätigkeit ordnungsgemäß auszuführen;
3. eine Beschreibung der Unternehmenssteuerung und der internen Kontrollmechanismen des Kontoinformationsdienstes einschließlich der Verwaltungs-, Risikomanagement- und Rechnungslegungsverfahren, aus der hervorgeht, dass diese Unternehmenssteuerung, Kontrollmechanismen und Verfahren verhältnismäßig, angemessen, zuverlässig und ausreichend sind;
4. eine Beschreibung der vorhandenen Verfahren für Überwachung, Handhabung und Folgemaßnahmen bei Sicherheitsvorfällen und sicherheitsbezogenen Kundenbeschwerden, einschließlich eines Mechanismus für die Meldung von Vorfällen, der die Meldepflichten des Kontoinformationsdienstleisters nach § 54 berücksichtigt;
5. eine Beschreibung der vorhandenen Verfahren für die Erfassung, Überwachung, Rückverfolgung sowie Beschränkung des Zugangs zu sensiblen Zahlungsdaten;
6. eine Beschreibung der Regelungen zur Geschäftsfortführung im Krisenfall, einschließlich klarer Angabe der maßgeblichen Abläufe, der wirksamen Notfallpläne und eines Verfahrens für die regelmäßige Überprüfung der Angemessenheit und Wirksamkeit solcher Pläne;
7. eine Beschreibung der Sicherheitsstrategie, einschließlich einer detaillierten Risikobewertung des erbrachten Kontoinformationsdienstes und eine Beschreibung von Sicherheitskontroll- und Risikominderungsmaßnahmen zur Gewährleistung eines angemessenen Schutzes der Zahlungsdienstnutzer vor den festgestellten Risiken, einschließlich Betrug und illegaler Verwendung sensibler und personenbezogener Daten;
8. eine Darstellung des organisatorischen Aufbaus des Kontoinformationsdienstes, gegebenenfalls einschließlich einer Beschreibung der geplanten Errichtung von Zweigniederlassungen und von deren Überprüfungen vor Ort oder von außerhalb ihres Standorts erfolgenden Überprüfungen, zu deren mindestens jährlicher Durchführung der Kontoinformationsdienstleister sich verpflichtet, sowie einer Darstellung der Auslagerungsvereinbarungen und eine Beschreibung der Art und Weise seiner Teilnahme an einem nationalen oder internationalen Zahlungssystem;
9. die Namen der Geschäftsleiter, der für die Geschäftsführung des Kontoinformationsdienstleisters verantwortlichen Personen und soweit es sich um Unternehmen handelt, die neben der Erbringung des Kontoinformationsdienstes anderen Geschäftsaktivitäten nachgehen, der für die Führung der Zahlungsdienstgeschäfte des Kontoinformationsdienstleisters verantwortlichen Personen;
10. die Rechtsform und die Satzung oder den Gesellschaftsvertrag des Kontoinformationsdienstes;

11. die Anschrift der Hauptverwaltung oder des Sitzes des Kontoinformationsdienstes;
12. eine Darstellung der Absicherung für den Haftungsfall nach § 36 einschließlich einer Erläuterung des Risikoprofils des Kontoinformationsdienstes, des etwaigen Erbringens anderer Zahlungsdienste als dem Kontoinformationsdienst oder des Nachgehens anderer Geschäftstätigkeiten als den Zahlungsdienstgeschäften, der Zahl der Kunden, die den Kontoinformationsdienst nutzen, sowie der besonderen Merkmale der Berufshaftpflichtversicherung oder der anderen gleichwertigen Garantie.

[3] Mit den Unterlagen nach Satz 2 Nummer 3, 4 und 8 hat der Kontoinformationsdienstleister eine Beschreibung seiner Prüfmodalitäten und seiner organisatorischen Vorkehrungen für das Ergreifen aller angemessenen Maßnahmen zum Schutze der Interessen seiner Kunden und zur Gewährleistung der Kontinuität und Verlässlichkeit des von ihm erbrachten Kontoinformationsdienstes vorzulegen. [4] In der Beschreibung der Sicherheitsstrategie gemäß Satz 2 Nummer 7 ist anzugeben, auf welche Weise durch diese Maßnahmen ein hohes Maß an technischer Sicherheit und Datenschutz gewährleistet wird; das gilt auch für Software und IT-Systeme, die der Kontoinformationsdienstleister oder die Unternehmen verwenden, an die der Kontoinformationsdienstleister alle oder einen Teil seiner Tätigkeiten auslagert. [5] Der Antrag muss den Nachweis enthalten, dass die unter Satz 2 Nummer 9 genannten Personen zuverlässig sind und über angemessene theoretische und praktische Kenntnisse und Erfahrungen zur Erbringung des Kontoinformationsdienstes verfügen. [6] Der Kontoinformationsdienstleister hat mindestens zwei Geschäftsleiter zu bestellen; bei Unternehmen mit geringer Größe genügt ein Geschäftsleiter. [7] Die Bundesanstalt kann im Einzelfall zu den Angaben nach den Sätzen 2 bis 6 nähere Angaben und Nachweise verlangen, soweit dies erforderlich erscheint, um ihren gesetzlichen Auftrag zu erfüllen.

(2) Die Bundesanstalt teilt dem Antragsteller binnen drei Monaten nach Eingang des Antrags oder bei Unvollständigkeit des Antrags binnen drei Monaten nach Übermittlung aller für die Entscheidung erforderlichen Angaben mit, ob die Registrierung erteilt oder versagt wird.

(3) Die Bundesanstalt kann die Registrierung unter Auflagen erteilen, die sich im Rahmen des mit diesem Gesetz verfolgten Zwecks halten müssen.

(4) Über die Erbringung des Kontoinformationsdienstes hinaus sind von der Registrierung nur die Erbringung betrieblicher und eng verbundener Nebendienstleistungen erfasst; Nebendienstleistungen sind die Dienstleistungen für die Sicherstellung des Datenschutzes sowie die Datenspeicherung und -verarbeitung.

(5) Der Kontoinformationsdienstleister hat der Bundesanstalt unverzüglich jede materiell und strukturell wesentliche Änderung der tatsächlichen oder rechtlichen Verhältnisse mitzuteilen, soweit sie die Richtigkeit der nach Absatz 1 vorgelegten Angaben und Nachweise betreffen.

(6) Soweit für das Erbringen von Kontoinformationsdiensten eine Registrierung nach Absatz 1 erforderlich ist, dürfen Eintragungen in öffentliche Register nur vorgenommen werden, wenn dem Registergericht die Registrierung nachgewiesen ist.

(7) [1]Das Bundesministerium der Finanzen wird ermächtigt, durch Rechtsverordnung, die nicht der Zustimmung des Bundesrates bedarf, im Benehmen mit der Deutschen Bundesbank nähere Bestimmungen über Art, Umfang, und Form der nach dieser Vorschrift vorgesehenen Antragsunterlagen zu erlassen. [2]Das Bundesministerium der Finanzen kann die Ermächtigung im Einvernehmen mit der Deutschen Bundesbank durch Rechtsverordnung auf die Bundesanstalt übertragen. [3]Vor Erlass der Rechtsverordnung sind die Spitzenverbände der Institute anzuhören. [4]Das Bundesamt für Sicherheit in der Informationstechnik ist anzuhören, soweit die Sicherheit informationstechnischer Systeme betroffen ist.

§ 35 Versagung der Registrierung. Die Registrierung zur Erbringung von Kontoinformationsdiensten ist zu versagen, wenn

1. der Antrag entgegen § 34 Absatz 1 keine ausreichenden Angaben oder Unterlagen enthält;
2. der Antragsteller nicht über eine Absicherung für den Haftungsfall gemäß den Voraussetzungen des § 36 verfügt;
3. Tatsachen die Annahme rechtfertigen, dass der Antragsteller nicht zuverlässig ist oder aus anderen Gründen nicht den im Interesse einer soliden und umsichtigen Führung des Kontoinformationsdienstes zu stellenden Ansprüchen genügt;
4. Tatsachen vorliegen, aus denen sich ergibt, dass ein Geschäftsleiter nicht zuverlässig ist oder nicht die zur Leitung des Kontoinformationsdienstes erforderliche fachliche Eignung hat und die Bundesanstalt nach § 1 Absatz 8 Satz 2 eine andere Person als Geschäftsleiter bestimmt; die fachliche Eignung setzt voraus, dass in ausreichendem Maß theoretische und praktische Kenntnisse in den betreffenden Geschäften und Leitungserfahrung vorhanden sind;
5. der Antragsteller nicht über wirksame Verfahren zur Ermittlung, Steuerung, Überwachung und Meldung von Risiken sowie angemessene interne Kontrollverfahren einschließlich solider Verwaltungs- und Rechnungslegungsverfahren verfügt;
6. Tatsachen die Annahme rechtfertigen, dass eine wirksame Aufsicht über den Antragsteller beeinträchtigt wird;
7. der Antragsteller seine Hauptverwaltung nicht im Inland hat oder nicht zumindest einen Teil seiner Dienste im Inland erbringt.

§ 36 Absicherung für den Haftungsfall; Verordnungsermächtigung.

(1) [1]Ein Institut, das Kontoinformationsdienste erbringt, ist verpflichtet, eine Berufshaftpflichtversicherung oder eine andere gleichwertige Garantie abzuschließen und während der Gültigkeitsdauer seiner Registrierung aufrechtzuerhalten. [2]Die Berufshaftpflichtversicherung oder die andere gleichwertige Garantie hat sich auf die Gebiete, in denen der Kontoinformationsdienstleister seine Dienste anbietet, zu erstrecken und muss die sich für den Kontoinformationsdienstleister ergebende Haftung gegenüber dem kontoführenden Zahlungsdienstleister und dem Zahlungsdienstnutzer für einen nicht autorisierten oder betrügerischen Zugang zu Zahlungskontoinformationen und deren nicht autorisierte oder betrügerische Nutzung abdecken.

(2) Die Berufshaftpflichtversicherung muss bei einem im Inland zum Geschäftsbetrieb befugten Versicherungsunternehmen genommen werden; § 16 Absatz 2 Satz 2 gilt entsprechend.

(3) § 16 Absatz 3 und 4 sowie § 17 Absatz 3 gelten entsprechend.

(4) [1] Das Bundesministerium der Finanzen wird ermächtigt, durch Rechtsverordnung, die nicht der Zustimmung des Bundesrates bedarf, nähere Bestimmungen zu Umfang und Inhalt der erforderlichen Absicherung im Haftungsfall zu treffen. [2] Das Bundesministerium der Finanzen kann die Ermächtigung durch Rechtsverordnung auf die Bundesanstalt übertragen. [3] Vor Erlass der Rechtsverordnung sind die Spitzenverbände der Institute und der Versicherungsunternehmen anzuhören.

§ 37 Erlöschen und Aufhebung der Registrierung. (1) Die Registrierung erlischt, wenn der Kontoinformationsdienstleister von ihr nicht innerhalb eines Jahres seit ihrer Erteilung Gebrauch macht oder wenn er ausdrücklich auf sie verzichtet.

(2) Die Bundesanstalt kann die Registrierung außer nach den Vorschriften des Verwaltungsverfahrensgesetzes aufheben, wenn

1. der Geschäftsbetrieb, auf den sich die Registrierung bezieht, seit mehr als sechs Monaten nicht mehr ausgeübt worden ist;
2. die Registrierung aufgrund falscher Angaben oder auf andere Weise unrechtmäßig erlangt wurde;
3. Tatsachen bekannt werden, die die Versagung der Registrierung nach § 35 rechtfertigten, oder gegen die Mitteilungspflicht nach § 34 Absatz 5 verstoßen wird.

(3) [1] § 38 des Kreditwesengesetzes[1)] gilt entsprechend. [2] § 48 Absatz 4 Satz 1 und § 49 Absatz 2 Satz 2 des Verwaltungsverfahrensgesetzes über die Jahresfrist sind nicht anzuwenden.

(4) Die Bundesanstalt macht die Aufhebung oder das Erlöschen der Registrierung im Bundesanzeiger und im Zahlungsinstituts-Register bekannt.

Abschnitt 8. Europäischer Pass, Zweigniederlassung und grenzüberschreitender Dienstleistungsverkehr, Zweigstellen aus Drittstaaten

§ 38 Errichten einer Zweigniederlassung, grenzüberschreitender Dienstleistungsverkehr durch inländische Institute. (1) [1] Ein nach § 10 Absatz 1 oder § 11 Absatz 1 zugelassenes oder nach § 34 Absatz 1 registriertes Institut, das die Absicht hat, eine Zweigniederlassung in einem anderen Mitgliedstaat oder einem anderen Vertragsstaat des Abkommens über den Europäischen Wirtschaftsraum zu errichten oder Agenten heranzuziehen, hat dies der Bundesanstalt und der Deutschen Bundesbank unverzüglich nach Maßgabe des Satzes 2 anzuzeigen. [2] Die Anzeige muss enthalten:

1. die Angabe des Staates, in dem die Zweigniederlassung errichtet oder der Agent herangezogen werden soll;

---

1) Nr. 8.

2. einen Geschäftsplan, aus dem die Art der geplanten Geschäfte, der organisatorische Aufbau der Zweigniederlassung und die Angaben nach § 10 Absatz 2 Satz 1 Nummer 2 und 5 hervorgehen;
3. die Angaben nach § 25 Absatz 1, wenn die Heranziehung von Agenten beabsichtigt ist;
4. die Anschrift, unter der dem Institut in dem Staat, in dem es eine Zweigniederlassung unterhält, Schriftstücke zugestellt und Unterlagen angefordert werden können;
5. die Angabe der Leiter der Zweigniederlassung.

(2) [1] Absatz 1 Satz 1 gilt entsprechend für die Absicht, im Wege des grenzüberschreitenden Dienstleistungsverkehrs in einem anderen Mitgliedstaat oder einem anderen Vertragsstaat des Abkommens über den Europäischen Wirtschaftsraum Zahlungsdienste zu erbringen oder das E-Geld-Geschäft zu betreiben. [2] Die Anzeige muss enthalten:
1. die Angabe des Staates, in dem die grenzüberschreitende Dienstleistung erbracht werden soll,
2. einen Geschäftsplan mit Angabe der beabsichtigten Tätigkeiten und
3. die Angaben nach § 25 Absatz 1, wenn in diesem Staat Agenten oder E-Geld-Agenten herangezogen werden sollen.

(3) Beabsichtigt ein Institut betriebliche Aufgaben von Zahlungsdiensten oder des E-Geld-Geschäfts auf ein anderes Unternehmen in einem anderen Mitgliedstaat oder einem anderen Vertragsstaat des Abkommens über den Europäischen Wirtschaftsraum auszulagern, hat es dies der Bundesanstalt und der Deutschen Bundesbank unverzüglich anzuzeigen.

(4) Die Bundesanstalt teilt den zuständigen Behörden des jeweiligen Aufnahmemitgliedstaates innerhalb eines Monats nach Erhalt der vollständigen Anzeigen nach den Absätzen 1 bis 3 die entsprechenden Angaben mit.

(5) [1] Die Bundesanstalt entscheidet, ob die Zweigniederlassung oder der Agent in das Institutsregister gemäß § 43 Absatz 1, § 44 Absatz 2 eingetragen wird und teilt ihre Entscheidung den zuständigen Behörden des Aufnahmemitgliedstaates und dem Institut innerhalb von drei Monaten nach vollständigem Eingang der in den Absätzen 1 bis 3 genannten Angaben mit. [2] Sie berücksichtigt hierbei eine Bewertung der zuständigen Behörden des Aufnahmemitgliedstaates. [3] Stimmt die Bundesanstalt der Bewertung durch die zuständigen Behörden des Aufnahmemitgliedstaates nicht zu, so teilt sie diesen die Gründe für ihre Entscheidung mit. [4] Fällt die Bewertung der Bundesanstalt insbesondere vor dem Hintergrund der von den zuständigen Behörden des Aufnahmemitgliedstaates übermittelten Angaben negativ aus, so lehnt sie die Eintragung des Agenten oder der Zweigniederlassung in das Institutsregister gemäß § 43 Absatz 1, § 44 Absatz 2 ab oder löscht diese Eintragung, falls sie bereits erfolgt ist.

(6) [1] Nach Eintragung in das Institutsregister gemäß § 43 Absatz 1, § 44 Absatz 2 dürfen die Agenten oder darf die Zweigniederlassung ihre Tätigkeiten in dem Aufnahmemitgliedstaat aufnehmen. [2] Das Institut hat der Bundesanstalt und der Deutschen Bundesbank den Zeitpunkt mitzuteilen, ab dem die Agenten oder die Zweigniederlassung ihre Tätigkeiten in dem betreffenden Aufnahmemitgliedstaat aufnehmen. [3] Die Bundesanstalt informiert die zuständigen Behörden des Aufnahmemitgliedstaates hierüber.

(7) [1]Teilt die zuständige Behörde des Aufnahmemitgliedstaates der Bundesanstalt mit, dass ein im Inland zugelassenes Institut, das in dem Hoheitsgebiet des anderen Mitgliedstaates Agenten oder Zweigniederlassungen hat, seinen dortigen aufsichtsrechtlichen Verpflichtungen nicht nachkommt, hat die Bundesanstalt nach Bewertung der ihr übermittelten Informationen unverzüglich alle Maßnahmen zu ergreifen, die erforderlich sind, um für die Erfüllung der Verpflichtungen zu sorgen. [2]Über die von ihr ergriffenen Maßnahmen hält sie die zuständigen Behörden des Aufnahmemitgliedstaates und die zuständigen Behörden jedes anderen betroffenen Mitgliedstaates auf dem Laufenden.

(8) [1]Gegenüber der ausländischen Zweigniederlassung sowie gegenüber den Agenten, E-Geld-Agenten und Auslagerungsunternehmen, deren sich ein inländisches Institut in anderen Staaten des Europäischen Wirtschaftsraums bedient, stehen der Bundesanstalt und der Deutschen Bundesbank unmittelbar die gleichen Rechte nach diesem Gesetz zu wie gegenüber den inländischen Stellen des Instituts. [2]Bei Prüfungen vor Ort hat die Bundesanstalt oder die Deutsche Bundesbank über die Bundesanstalt grundsätzlich vorab die Zustimmung der zuständigen Behörden des Aufnahmemitgliedstaates einzuholen.

(9) [1]Ändern sich die Verhältnisse, die nach Absatz 1 Satz 2, Absatz 2 Satz 2 oder Absatz 3 angezeigt wurden, hat das Institut diese Änderungen der Bundesanstalt und der Deutschen Bundesbank unverzüglich schriftlich anzuzeigen. [2]Auf das Verfahren finden die Absätze 4 und 5 entsprechende Anwendung.

§ 39 Errichten einer Zweigniederlassung, grenzüberschreitender Dienstleistungsverkehr von Unternehmen mit Sitz in einem anderen Staat des Europäischen Wirtschaftsraums. (1) [1]Ein Institut mit Sitz in einem anderen Mitgliedstaat oder einem anderen Vertragsstaat des Abkommens über den Europäischen Wirtschaftsraum darf ohne Erlaubnis durch die Bundesanstalt über eine Zweigniederlassung oder im Wege des grenzüberschreitenden Dienstleistungsverkehrs oder über Agenten im Inland Zahlungsdienste erbringen oder das E-Geld-Geschäft betreiben oder über E-Geld-Agenten E-Geld vertreiben oder rücktauschen, wenn das Unternehmen von den zuständigen Behörden des anderen Staates zugelassen oder registriert worden ist, die Geschäfte durch die Zulassung oder Registrierung abgedeckt sind und das Unternehmen, die Agenten oder E-Geld-Agenten von den zuständigen Behörden nach Vorschriften, die denen der Richtlinie (EU) 2015/2366 des Europäischen Parlaments und des Rates vom 25. November 2015 über Zahlungsdienste im Binnenmarkt, zur Änderung der Richtlinien 2002/65/EG, 2009/110/EG und 2013/36/EU und der Verordnung (EU) Nr. 1093/2010 sowie zur Aufhebung der Richtlinie 2007/64/EG (ABl. L 337 vom 23.12.2015, S. 35; L 169 vom 28.6.2016, S. 18) oder der Richtlinie 2009/110/EG des Europäischen Parlaments und des Rates vom 16. September 2009 über die Aufnahme, Ausübung und Beaufsichtigung der Tätigkeit von E-Geld-Instituten, zur Änderung der Richtlinien 2005/60/EG und 2006/48/EG sowie zur Aufhebung der Richtlinie 2000/46/EG (ABl. L 267 vom 10.10.2009, S. 7) entsprechen, beaufsichtigt werden und die Agenten in das Institutsregister der zuständigen Behörde des Herkunftsmitgliedstaates eingetragen wurden. [2]§ 14 der Gewerbeordnung bleibt unberührt.

(2) [1]Hat die Bundesanstalt im Fall des Absatzes 1 tatsächliche Anhaltspunkte dafür, dass im Zusammenhang mit der geplanten Beauftragung eines Agenten oder E-Geld-Agenten oder der Gründung einer Zweigniederlassung Geld-

wäsche im Sinne des § 261 des Strafgesetzbuchs oder Terrorismusfinanzierung im Sinne des § 1 Absatz 2 des Geldwäschegesetzes[1)] stattfinden, stattgefunden haben oder versucht wurden, oder dass die Beauftragung des Agenten oder die Gründung der Zweigniederlassung das Risiko erhöht, dass Geldwäsche oder Terrorismusfinanzierung stattfinden, so unterrichtet die Bundesanstalt die zuständige Behörde des Herkunftsmitgliedstaates. [2] Zuständige Behörde des Herkunftsmitgliedstaates ist die Behörde, die die Eintragung des Agenten oder der Zweigniederlassung in das dortige Zahlungsinstituts-Register oder E-Geld-Instituts-Register ablehnen oder, falls bereits eine Eintragung erfolgt ist, löschen kann.

(3) [1] Auf Institute im Sinne des Absatzes 1 Satz 1 sind § 17 des Finanzdienstleistungsaufsichtsgesetzes[2)] sowie die §§ 3, 7 bis 9 und 19 Absatz 1 und 4 anzuwenden. [2] Auf Institute, die eine Zweigniederlassung errichten oder Agenten heranziehen, sind zusätzlich § 27 Absatz 1 Satz 2 Nummer 5, Absatz 2 bis 4, § 28 Absatz 1 Nummer 1, 2, 6 und 7 sowie die §§ 60 bis 62 mit der Maßgabe anzuwenden, dass eine oder mehrere Zweigniederlassungen desselben Unternehmens im Inland als eine Zweigniederlassung gelten. [3] Änderungen des Geschäftsplans, insbesondere der Art der geplanten Geschäfte und des organisatorischen Aufbaus der Zweigniederlassung, der Anschrift und der Leiter sind der Bundesanstalt und der Deutschen Bundesbank mindestens einen Monat vor dem Wirksamwerden der Änderungen schriftlich anzuzeigen.

(4) Für Agenten, E-Geld-Agenten und zentrale Kontaktpersonen gilt Absatz 3 Satz 1 entsprechend.

(5) Werden der Bundesanstalt von den zuständigen Behörden des Staates, in dem das Institut zugelassen ist, nach § 38 entsprechende Angaben übermittelt, bewertet die Bundesanstalt diese Angaben innerhalb eines Monats nach ihrem Erhalt und teilt den zuständigen Behörden dieses Staates die einschlägigen Angaben zu den Zahlungsdiensten mit, die das Institut im Wege der Errichtung einer Zweigniederlassung oder des grenzüberschreitenden Dienstleistungsverkehrs im Inland zu erbringen beabsichtigt.

(6) [1] Stellt die Bundesanstalt fest, dass das ausländische Institut seinen aufsichtsrechtlichen Verpflichtungen im Inland nicht nachkommt, unterrichtet sie unverzüglich die zuständigen Behörden des Herkunftsmitgliedstaates hierüber. [2] Solange die zuständigen Behörden des Herkunftsmitgliedstaates keine Maßnahmen ergreifen oder sich die ergriffenen Maßnahmen als unzureichend erweisen, kann die Bundesanstalt nach Unterrichtung der zuständigen Behörden des Herkunftsmitgliedstaates die Maßnahmen ergreifen, die erforderlich sind, um eine ernste Bedrohung der kollektiven Interessen der Zahlungsdienstnutzer im Inland abzuwenden; falls erforderlich kann sie die Durchführung neuer Geschäfte im Inland untersagen. [3] In dringenden Fällen kann die Bundesanstalt vor Einleitung des Verfahrens die erforderlichen Maßnahmen ergreifen. [4] Entsprechende Maßnahmen müssen im Hinblick auf den mit ihnen verfolgten Zweck, eine ernste Bedrohung für die kollektiven Interessen der Zahlungsdienstnutzer im Aufnahmemitgliedstaat abzuwenden, angemessen sein. [5] Sie sind zu beenden, wenn die festgestellte ernste Bedrohung abgewendet wurde. [6] Sie dürfen nicht zu einer Bevorzugung der Zahlungsdienstnutzer des Zah-

---

[1)] Nr. **15**.
[2)] Nr. **7**.

lungsinstituts im Aufnahmemitgliedstaat gegenüber den Zahlungsdienstnutzern von Zahlungsinstituten in anderen Mitgliedstaaten führen. [7] Die Bundesanstalt hat die zuständigen Behörden des Herkunftsmitgliedstaates und die jedes anderen betroffenen Mitgliedstaates sowie die Kommission und die Europäische Bankenaufsichtsbehörde vorab oder in dringenden Fällen unverzüglich über die nach Satz 2 ergriffenen Maßnahmen zu unterrichten.

(7) [1] Nach vorheriger Unterrichtung der Bundesanstalt können die zuständigen Behörden des Herkunftsmitgliedstaates selbst oder durch ihre Beauftragten die für die aufsichtsrechtliche Überwachung der Zweigniederlassung erforderlichen Informationen bei der Zweigniederlassung prüfen. [2] Auf Ersuchen der zuständigen Behörden des Herkunftsmitgliedstaates dürfen die Bediensteten der Bundesanstalt und der Deutschen Bundesbank diese bei der Prüfung nach Satz 1 unterstützen oder die Prüfung in deren Auftrag durchführen; der Bundesanstalt und der Deutschen Bundesbank stehen dabei die Befugnisse nach § 19 oder, falls Tatsachen die Annahme rechtfertigen oder feststeht, dass das ausländische Unternehmen unerlaubte Zahlungsdienste erbringt oder unerlaubt das E-Geld-Geschäft betreibt, oder dass dieses unerlaubte Geschäfte nach dem Kreditwesengesetz, nach dem Versicherungsaufsichtsgesetz oder nach dem Kapitalanlagegesetzbuch betreibt oder gegen vergleichbare Bestimmungen des Herkunftsstaates verstößt, auch die Rechte nach § 8 zu.

(8) [1] Wird der Austritt des Vereinigten Königreichs Großbritannien und Nordirland aus der Europäischen Union wirksam, ohne dass bis zu diesem Zeitpunkt ein Austrittsabkommen im Sinne von Artikel 50 Absatz 2 Satz 2 des Vertrags über die Europäische Union in Kraft getreten ist, so kann die Bundesanstalt zur Vermeidung von Nachteilen für die Funktionsfähigkeit oder die Stabilität der Zahlungsverkehrsmärkte anordnen, dass die Absätze 1 bis 7 für einen Übergangszeitraum nach dem Austritt auf Unternehmen mit Sitz im Vereinigten Königreich Großbritannien und Nordirland, die zum Zeitpunkt des Austritts des Vereinigten Königreichs Großbritannien und Nordirland nach Absatz 1 im Inland über eine Zweigniederlassung oder im Wege des grenzüberschreitenden Dienstleistungsverkehrs oder über Agenten Zahlungsdienste erbracht oder das E-Geld-Geschäft betrieben oder über E-Geld-Agenten E-Geld vertrieben oder rückgetauscht haben, ganz oder teilweise entsprechend anzuwenden sind. [2] Dies gilt nur, soweit die Unternehmen nach dem Austritt Zahlungsdienste erbringen oder E-Geld-Geschäfte betreiben, die in engem Zusammenhang mit zum Zeitpunkt des Austritts bestehenden Verträgen stehen. [3] Der im Zeitpunkt des Austritts beginnende Übergangszeitraum darf eine Dauer von 21 Monaten nicht überschreiten. [4] Die Anordnung kann auch durch Allgemeinverfügung ohne vorherige Anhörung getroffen und öffentlich bekanntgegeben werden.

§ 40 Berichtspflicht. Ein Institut mit Sitz in einem anderen Mitgliedstaat, das im Inland über Agenten oder Zweigniederlassungen verfügt, hat der Bundesanstalt in regelmäßigen Abständen über die im Inland ausgeübten Tätigkeiten zu berichten.

§ 41 Zentrale Kontaktperson; Verordnungsermächtigung. (1) Ein Institut mit Sitz in einem anderen Mitgliedstaat, das im Inland in anderer Form als einer Zweigniederlassung tätig ist, hat der Bundesanstalt auf Anforderung eine zentrale Kontaktperson im Inland zu benennen.

(2) [1]Das Bundesministerium der Finanzen wird ermächtigt, durch Rechtsverordnung, die nicht der Zustimmung des Bundesrates bedarf, die Aufgaben der zentralen Kontaktperson, die Anforderungen an die Übermittlung von Unterlagen und die Vorlage von Informationen näher zu bestimmen. [2]Das Bundesministerium der Finanzen kann die Ermächtigung durch Rechtsverordnung auf die Bundesanstalt übertragen. [3]Vor Erlass der Rechtsverordnung sind die Spitzenverbände der Institute anzuhören.

§ 42 Zweigstellen von Unternehmen mit Sitz außerhalb des Europäischen Wirtschaftsraums. (1) [1]Unterhält ein Unternehmen mit Sitz außerhalb der Europäischen Union oder des Europäischen Wirtschaftsraums eine Zweigstelle im Inland, die Zahlungsdienste erbringt oder das E-Geld-Geschäft betreibt, gilt die Zweigstelle als Institut im Sinne dieses Gesetzes. [2]Unterhält das Unternehmen mehrere Zweigstellen im Inland, gelten diese als ein Institut.

(2) Auf die in Absatz 1 bezeichneten Institute ist dieses Gesetz nach Maßgabe der Absätze 3 bis 6 anzuwenden.

(3) [1]Das Institut hat mindestens zwei natürliche Personen mit Wohnsitz im Inland zu bestellen, die für den Geschäftsbereich des Instituts zur Geschäftsführung und zur Vertretung des Unternehmens befugt sind. [2]Solche Personen gelten als Geschäftsleiter. [3]Sie sind zur Eintragung in das Handelsregister anzumelden. [4]Bei Instituten mit geringer Größe und mit geringem Geschäftsvolumen genügt ein Geschäftsleiter.

(4) [1]Das Institut ist verpflichtet, über die von ihm betriebenen Geschäfte und über das seinem Geschäftsbetrieb dienende Vermögen des Unternehmens gesondert Buch zu führen und gegenüber der Bundesanstalt und der Deutschen Bundesbank Rechnung zu legen. [2]Die Vorschriften des Handelsgesetzbuchs über Handelsbücher für Kreditinstitute und Finanzdienstleistungsinstitute gelten insoweit entsprechend. [3]Auf der Passivseite der jährlichen Vermögensübersicht ist der Betrag des dem Institut von dem Unternehmen zur Verfügung gestellten Betriebskapitals und der Betrag der dem Institut zur Verstärkung der eigenen Mittel belassenen Betriebsüberschüsse gesondert auszuweisen. [4]Der Überschuss der Passivposten über die Aktivposten oder der Überschuss der Aktivposten über die Passivposten ist am Schluss der Vermögensübersicht ungeteilt und gesondert auszuweisen.

(5) [1]Die nach Absatz 4 für den Schluss eines jeden Geschäftsjahres aufzustellende Vermögensübersicht mit einer Aufwands- und Ertragsrechnung und einem Anhang gilt als Jahresabschluss. [2]Für die Prüfung des Jahresabschlusses gilt § 340k des Handelsgesetzbuchs entsprechend mit der Maßgabe, dass der Prüfer von den Geschäftsleitern gewählt und bestellt wird. [3]Mit dem Jahresabschluss des Instituts ist der Jahresabschluss des Unternehmens für das gleiche Geschäftsjahr einzureichen.

(6) Als Eigenmittel des Instituts gilt die Summe der Beträge, die in der vierteljährlichen Meldung nach § 15 Absatz 2 als dem Institut von dem Unternehmen zur Verfügung gestelltes Betriebskapital und ihm zur Verstärkung der eigenen Mittel belassene Betriebsüberschüsse ausgewiesen wird, abzüglich des Betrags eines etwaigen aktiven Verrechnungssaldos.

Abschnitt 9. Register

§ 43 Zahlungsinstituts-Register. (1) [1]Die Bundesanstalt führt auf ihrer Internetseite ein Zahlungsinstituts-Register, in das sie einträgt:

1. jedes inländische Zahlungsinstitut, dem sie eine Erlaubnis nach § 10 Absatz 1 erteilt hat, mit dem Datum der Erteilung und dem Umfang der Erlaubnis und gegebenenfalls dem Datum des Erlöschens oder der Aufhebung der Erlaubnis;
2. jeden inländischen Kontoinformationsdienstleister, dem sie die Registrierung nach § 34 bestätigt hat, mit dem Datum der Aufnahme in das Zahlungsinstituts-Register und gegebenenfalls dem Datum der Löschung aus dem Zahlungsinstituts-Register;
3. die von inländischen Zahlungsinstituten errichteten Zweigniederlassungen unter Angabe des Staates, in dem die Zweigniederlassung errichtet ist, des Umfangs sowie des Zeitpunkts der Aufnahme der Geschäftstätigkeit;
4. die Agenten, die für ein Zahlungsinstitut nach § 25 tätig sind sowie das Datum des Beginns und des Endes der Tätigkeit des jeweiligen Agenten.

[2]Zahlungsinstitute, die lediglich als Kontoinformationsdienstleister registriert sind, sind getrennt von den anderen Zahlungsinstituten auszuweisen. [3]Das Zahlungsinstituts-Register ist laufend und unverzüglich zu aktualisieren.

(2) [1]Liegen Tatsachen vor, die darauf schließen lassen, dass die der Bundesanstalt nach § 25 Absatz 1 von einem Institut übermittelten Angaben über einen Agenten nicht zutreffend sind, kann die Bundesanstalt die Eintragung des Agenten in das Zahlungsinstituts-Register ablehnen. [2]Die Bundesanstalt setzt das Institut hiervon unverzüglich in Kenntnis.

(3) [1]Die Bundesanstalt übermittelt der Europäischen Bankenaufsichtsbehörde unverzüglich die nach Absatz 1 im Zahlungsinstituts-Register aufgenommenen Angaben in einer im Finanzsektor gebräuchlichen Sprache. [2]Sie unterrichtet die Europäische Bankenaufsichtsbehörde über die Gründe für das Erlöschen oder die Aufhebung einer nach § 10 Absatz 1 oder § 11 Absatz 1 erteilten Erlaubnis oder einer gemäß § 34 Absatz 1 erteilten Registrierung.

§ 44 E-Geld-Instituts-Register. (1) Die Bundesanstalt führt auf ihrer Internetseite ein gesondertes, laufend zu aktualisierendes E-Geld-Instituts-Register, in das sie jedes inländische E-Geld-Institut, dem sie eine Erlaubnis nach § 11 Absatz 1 erteilt hat, mit dem Datum der Erteilung und dem Umfang der Erlaubnis und gegebenenfalls dem Datum des Erlöschens oder der Aufhebung der Erlaubnis einträgt.

(2) [1]Zweigniederlassungen und Agenten des E-Geld-Instituts werden entsprechend § 43 Absatz 1 Nummer 3 und 4 sowie Absatz 2 eingetragen. [2]§ 43 Absatz 2 gilt für beide entsprechend.

Abschnitt 10. Gemeinsame Bestimmungen für alle Zahlungsdienstleister

Unterabschnitt 1.[1] Kartengebundene Zahlungsinstrumente

§ 45[1] Pflichten des kontoführenden Zahlungsdienstleisters. (1) Ein kontoführender Zahlungsdienstleister hat einem Zahlungsdienstleister, der kartengebundene Zahlungsinstrumente ausgibt (kartenausgebender Zahlungsdienstleister) auf dessen Ersuchen unverzüglich zu bestätigen, ob der für die Ausführung eines kartengebundenen Zahlungsvorgangs erforderliche Geldbetrag auf dem Zahlungskonto des Zahlers verfügbar ist, wenn

1. das Zahlungskonto des Zahlers zum Zeitpunkt des Ersuchens online zugänglich ist,
2. der Zahler dem kontoführenden Zahlungsdienstleister seine ausdrückliche Zustimmung erteilt hat, den Ersuchen eines bestimmten kartenausgebenden Zahlungsdienstleisters um Bestätigung der Verfügbarkeit des Geldbetrags, der einem bestimmten kartengebundenen Zahlungsvorgang entspricht, auf dem Zahlungskonto des Zahlers nachzukommen und
3. die Zustimmung nach Nummer 2 vor Eingang des ersten Ersuchens erteilt worden ist.

(2) Die Antwort des kontoführenden Zahlungsdienstleisters auf das Ersuchen darf keine Mitteilung des Kontostandes des Zahlers enthalten und besteht ausschließlich aus „Ja" oder „Nein".

(3) Die Bestätigung nach Absatz 1 erlaubt es dem kontoführenden Zahlungsdienstleister nicht, einen Geldbetrag auf dem Zahlungskonto des Zahlers zu sperren.

§ 46[1] Rechte und Pflichten des kartenausgebenden Zahlungsdienstleisters. [1]Der kartenausgebende Zahlungsdienstleister darf den kontoführenden Zahlungsdienstleister um die Bestätigung nach § 45 Absatz 1 ersuchen, wenn der Zahler

1. dem kartenausgebenden Zahlungsdienstleister vorab seine ausdrückliche Zustimmung hierzu erteilt und
2. den kartengebundenen Zahlungsvorgang über den betreffenden Betrag unter Verwendung eines vom kartenausgebenden Zahlungsdienstleister ausgegebenen kartengebundenen Zahlungsinstruments ausgelöst hat.

[2]Der kartenausgebende Zahlungsdienstleister hat sich gegenüber dem kontoführenden Zahlungsdienstleister vor jedem einzelnen Ersuchen um Bestätigung zu authentifizieren und mit ihm auf sichere Weise zu kommunizieren. [3]Der kartenausgebende Zahlungsdienstleister darf die Antwort nach § 45 Absatz 2 nicht speichern oder für andere Zwecke als für die Ausführung des kartengebundenen Zahlungsvorgangs verwenden. [4]Näheres regelt der delegierte Rechtsakt nach Artikel 98 der Richtlinie (EU) 2015/2366.

---

[1] §§ 45–52 sowie § 55 sind gem. Art. 15 Abs. 1 G v. 17.7.2017 (BGBl. I S. 2446) 18 Monate nach dem gem. Bek. v. 26.7.2019 (BGBl. I S. 1113) am 14.3.2018 erfolgten Inkrafttreten der Delegierten VO (EU) 2018/389 am 14.9.2019 in Kraft getreten.

§ 47[1)] Ausnahme für E-Geld-Instrumente. Die §§ 45 und 46 gelten nicht für Zahlungsvorgänge, die durch kartengebundene Zahlungsinstrumente ausgelöst werden, auf denen E-Geld gespeichert ist.

Unterabschnitt 2.[1)] Zugang von Zahlungsauslöse- und Kontoinformationsdienstleistern zu Zahlungskonten

§ 48[1)] Pflichten des kontoführenden Zahlungsdienstleisters bei Zahlungsauslösediensten. (1) Erteilt der Zahler seine ausdrückliche Zustimmung zur Ausführung einer Zahlung, so ist der kontoführende Zahlungsdienstleister verpflichtet,

1. mit dem Zahlungsauslösedienstleister auf sichere Weise zu kommunizieren,
2. unmittelbar nach Eingang des Zahlungsauftrags über einen Zahlungsauslösedienstleister diesem alle Informationen über die Auslösung des Zahlungsvorgangs und alle dem kontoführenden Zahlungsdienstleister zugänglichen Informationen hinsichtlich der Ausführung des Zahlungsvorgangs mitzuteilen oder zugänglich zu machen und
3. Zahlungsaufträge, die über einen Zahlungsauslösedienstleister übermittelt werden, insbesondere in Bezug auf zeitliche Abwicklung, Prioritäten oder Entgelte so zu behandeln wie Zahlungsaufträge, die der Zahler unmittelbar übermittelt, es sei denn, es bestehen objektive Gründe für eine abweichende Behandlung.

(2) Das Erbringen von Zahlungsauslösediensten ist nicht davon abhängig, ob der Zahlungsauslösedienstleister und der kontoführende Zahlungsdienstleister zu diesem Zweck einen Vertrag abgeschlossen haben.

(3) Näheres regelt der delegierte Rechtsakt nach Artikel 98 der Richtlinie (EU) 2015/2366.

§ 49[1)] Pflichten des Zahlungsauslösedienstleisters. (1) [1] Der Zahlungsauslösedienstleister darf den Zahlungsbetrag, den Zahlungsempfänger oder ein anderes Merkmal des Zahlungsvorgangs nicht ändern. [2] Er darf zu keiner Zeit Gelder des Zahlers im Zusammenhang mit der Erbringung des Zahlungsauslösedienstes halten.

(2) [1] Ein Zahlungsauslösedienstleister ist verpflichtet, sich gegenüber dem kontoführenden Zahlungsdienstleister des Zahlers jedes Mal, wenn er eine Zahlung auslöst, zu identifizieren. [2] Er muss sicherstellen, dass die personalisierten Sicherheitsmerkmale des Zahlungsdienstnutzers keiner anderen Partei als dem Nutzer und demjenigen, der die personalisierten Sicherheitsmerkmale ausgegeben hat, zugänglich sind.

(3) [1] Der Zahlungsauslösedienstleister hat mit dem kontoführenden Zahlungsdienstleister, dem Zahler und dem Zahlungsempfänger auf sichere Weise zu kommunizieren. [2] Soweit die Übermittlung der personalisierten Sicherheitsmerkmale des Zahlers erforderlich ist, darf dies nur über sichere und effiziente Kanäle geschehen.

[1)] §§ 45–52 sowie § 55 sind gem. Art. 15 Abs. 1 G v. 17.7.2017 (BGBl. I S. 2446) 18 Monate nach dem gem. Bek. v. 26.7.2019 (BGBl. I S. 1113) am 14.3.2018 erfolgten Inkrafttreten der Delegierten VO (EU) 2018/389 am 14.9.2019 in Kraft getreten.

(4) [1]Der Zahlungsauslösedienstleister darf vom Zahler nur die für die Erbringung des Zahlungsauslösedienstes erforderlichen Daten verlangen und keine sensiblen Zahlungsdaten des Zahlers speichern. [2]Er darf Daten nur für die Zwecke des vom Zahler ausdrücklich geforderten Zahlungsauslösedienstes speichern, verwenden oder darauf zugreifen. [3]Alle anderen Informationen, die er über den Zahler bei der Bereitstellung von Zahlungsauslösediensten erlangt hat, darf er nur dem Zahlungsempfänger mitteilen; dies setzt die ausdrückliche Zustimmung des Zahlers voraus.

(5) Sobald der Zahlungsauftrag ausgelöst worden ist, hat der Zahlungsauslösedienstleister dem kontoführenden Zahlungsdienstleister des Zahlers die Referenzangaben des Zahlungsvorgangs zugänglich zu machen.

(6) Näheres regelt der delegierte Rechtsakt nach Artikel 98 der Richtlinie (EU) 2015/2366.

§ 50[1)] Pflichten des kontoführenden Zahlungsdienstleisters bei Kontoinformationsdiensten. (1) Der kontoführende Zahlungsdienstleister ist verpflichtet,

1. mit dem Kontoinformationsdienstleister auf sichere Weise zu kommunizieren und
2. Anfragen nach der Übermittlung von Daten, die von einem Kontoinformationsdienstleister übermittelt werden, ohne Benachteiligung zu behandeln, es sei denn, es bestehen objektive Gründe für eine abweichende Behandlung.

(2) Das Erbringen von Kontoinformationsdiensten ist nicht davon abhängig, ob der Kontoinformationsdienstleister und der kontoführende Zahlungsdienstleister zu diesem Zweck einen Vertrag abgeschlossen haben.

(3) Näheres regelt der delegierte Rechtsakt nach Artikel 98 der Richtlinie (EU) 2015/2366.

§ 51[1)] Pflichten des Kontoinformationsdienstleisters. (1) [1]Der Kontoinformationsdienstleister darf seine Dienste nur mit der ausdrücklichen Zustimmung des Zahlungsdienstnutzers erbringen. [2]Er darf nur auf Informationen von Zahlungskonten, die der Zahlungsdienstnutzer bezeichnet hat, und mit diesen im Zusammenhang stehenden Zahlungsvorgängen zugreifen. [3]Er darf keine sensiblen Zahlungsdaten anfordern, die mit den Zahlungskonten in Zusammenhang stehen. [4]Er darf Daten nur für die Zwecke des vom Zahlungsdienstnutzer ausdrücklich geforderten Kontoinformationsdienstes speichern, verwenden oder darauf zugreifen.

(2) [1]Ein Kontoinformationsdienstleister ist verpflichtet, sich gegenüber dem kontoführenden Zahlungsdienstleister des Zahlungsdienstnutzers jedes Mal, wenn er mit ihm kommuniziert, zu identifizieren. [2]Er muss sicherstellen, dass die personalisierten Sicherheitsmerkmale des Zahlungsdienstnutzers keiner anderen Partei als dem Nutzer und demjenigen, der die personalisierten Sicherheitsmerkmale ausgegeben hat, zugänglich sind.

(3) [1]Der Kontoinformationsdienstleister hat mit dem kontoführenden Zahlungsdienstleister und dem Zahlungsdienstnutzer auf sichere Weise zu kom-

---

[1)] §§ 45–52 sowie § 55 sind gem. Art. 15 Abs. 1 G v. 17.7.2017 (BGBl. I S. 2446) 18 Monate nach dem gem. Bek. v. 26.7.2019 (BGBl. I S. 1113) am 14.3.2018 erfolgten Inkrafttreten der Delegierten VO (EU) 2018/389 am 14.9.2019 in Kraft getreten.

munizieren. ²Soweit die Übermittlung der personalisierten Sicherheitsmerkmale erforderlich ist, darf dies nur über sichere und effiziente Kanäle geschehen.

(4) Näheres regelt der delegierte Rechtsakt nach Artikel 98 der Richtlinie (EU) 2015/2366.

§ 52[1)] Zugang zu Zahlungskonten. (1) Ein kontoführender Zahlungsdienstleister kann einem Kontoinformationsdienstleister oder einem Zahlungsauslösedienstleister den Zugang zu einem Zahlungskonto verweigern, wenn objektive und gebührend nachgewiesene Gründe im Zusammenhang mit einem nicht autorisierten oder betrügerischen Zugang des Kontoinformationsdienstleisters oder des Zahlungsauslösedienstleisters zum Zahlungskonto, einschließlich der nicht autorisierten oder betrügerischen Auslösung eines Zahlungsvorgangs, es rechtfertigen.

(2) ¹In den Fällen des Absatzes 1 hat der kontoführende Zahlungsdienstleister den Vorfall der Bundesanstalt unverzüglich zu melden. ²Hierbei sind die Einzelheiten des Vorfalls und die Gründe für das Tätigwerden anzugeben. ³Die Bundesanstalt hat den Fall zu bewerten und kann erforderlichenfalls geeignete Maßnahmen ergreifen. ⁴Die Aufgaben und Zuständigkeiten anderer Behörden, insbesondere der Kartellbehörden nach dem Gesetz gegen Wettbewerbsbeschränkungen sowie der Strafverfolgungsbehörden nach der Strafprozessordnung, bleiben unberührt.

(3) Der kontoführende Zahlungsdienstleister hat den Zugang zu dem Zahlungskonto zu gewähren, sobald die Gründe für die Verweigerung des Zugangs nicht mehr bestehen.

Unterabschnitt 3. Risiken und Meldung von Vorfällen

§ 53 Beherrschung operationeller und sicherheitsrelevanter Risiken.

(1) ¹Ein Zahlungsdienstleister hat angemessene Risikominderungsmaßnahmen und Kontrollmechanismen zur Beherrschung der operationellen und der sicherheitsrelevanten Risiken im Zusammenhang mit den von ihm erbrachten Zahlungsdiensten einzurichten, aufrechtzuerhalten und anzuwenden. ²Dies umfasst wirksame Verfahren für die Behandlung von Störungen im Betriebsablauf, auch zur Aufdeckung und Klassifizierung schwerer Betriebs- und Sicherheitsvorfälle.

(2) ¹Ein Zahlungsdienstleister hat der Bundesanstalt einmal jährlich eine aktuelle und umfassende Bewertung der operationellen und sicherheitsrelevanten Risiken im Zusammenhang mit den von ihm erbrachten Zahlungsdiensten und hinsichtlich der Angemessenheit der Risikominderungsmaßnahmen und Kontrollmechanismen, die er zur Beherrschung dieser Risiken ergriffen hat, zu übermitteln. ²Die Bundesanstalt kann gegenüber einem Zahlungsdienstleister festlegen, dass die Übermittlung der Bewertung nach Satz 1 in kürzeren Zeitabständen zu erfolgen hat.

[1)] §§ 45–52 sowie § 55 sind gem. Art. 15 Abs. 1 G v. 17.7.2017 (BGBl. I S. 2446) 18 Monate nach dem gem. Bek. v. 26.7.2019 (BGBl. I S. 1113) am 14.3.2018 erfolgten Inkrafttreten der Delegierten VO (EU) 2018/389 am 14.9.2019 in Kraft getreten.

§ 54 Meldung schwerwiegender Betriebs- oder Sicherheitsvorfälle.

(1) [1] Ein Zahlungsdienstleister hat die Bundesanstalt unverzüglich über einen schwerwiegenden Betriebs- oder Sicherheitsvorfall zu unterrichten. [2] Die Bundesanstalt unterrichtet die Europäische Bankenaufsichtsbehörde und die Europäische Zentralbank unverzüglich nach Eingang einer Meldung über die maßgeblichen Einzelheiten des Vorfalls. [3] Sie hat die Relevanz des Vorfalls für andere in ihrer sachlichen Zuständigkeit betroffene inländische Behörden unverzüglich zu prüfen und diese entsprechend zu unterrichten.

(2) Die Bundesanstalt wirkt an der Prüfung der Relevanz des Vorfalls für andere in ihrer sachlichen Zuständigkeit betroffene Behörden der Europäischen Union, der anderen Mitgliedstaaten und der anderen Vertragsstaaten des Abkommens über den Europäischen Wirtschaftsraum durch die Europäische Bankenaufsichtsbehörde und die Europäische Zentralbank mit.

(3) Wird die Bundesanstalt von der Europäischen Bankenaufsichtsbehörde oder der Europäischen Zentralbank über einen Vorfall im Sinne des Absatzes 1 Satz 1 unterrichtet, so hat sie die für die unmittelbare Sicherheit des Finanzsystems notwendigen Schutzvorkehrungen zu treffen.

(4) Kann sich ein Vorfall im Sinne des Absatzes 1 Satz 1 auf die finanziellen Interessen seiner Zahlungsdienstnutzer auswirken, hat ein Zahlungsdienstleister diese unverzüglich über den Vorfall zu benachrichtigen und über alle Maßnahmen zu informieren, die sie ergreifen können, um negative Auswirkungen des Vorfalls zu begrenzen.

(5) [1] Die Zahlungsdienstleister haben der Bundesanstalt mindestens einmal jährlich statistische Daten zu Betrugsfällen in Verbindung mit den unterschiedlichen Zahlungsmitteln vorzulegen. [2] Die Bundesanstalt hat der Europäischen Bankenaufsichtsbehörde und der Europäischen Zentralbank die vorgelegten Daten in aggregierter Form zur Verfügung zu stellen.

(6) Meldepflichten der Zahlungsdienstleister an andere inländische Behörden, Mitwirkungsaufgaben der Bundesanstalt sowie die Zuständigkeiten anderer inländischen Behörden für schwerwiegende Betriebs- oder Sicherheitsvorfälle bleiben unberührt.

Unterabschnitt 4.[1] Starke Kundenauthentifizierung

§ 55[1] Starke Kundenauthentifizierung. (1) [1] Der Zahlungsdienstleister ist verpflichtet, eine starke Kundenauthentifizierung zu verlangen, wenn der Zahler

1. online auf sein Zahlungskonto zugreift;
2. einen elektronischen Zahlungsvorgang auslöst;
3. über einen Fernzugang eine Handlung vornimmt, die das Risiko eines Betrugs im Zahlungsverkehr oder anderen Missbrauchs beinhaltet.

[2] Ein Zahlungsdienstleister muss im Fall des Satzes 1 über angemessene Sicherheitsvorkehrungen verfügen, um die Vertraulichkeit und die Integrität der personalisierten Sicherheitsmerkmale der Zahlungsdienstnutzer zu schützen.

---

[1] §§ 45–52 sowie § 55 sind gem. Art. 15 Abs. 1 G v. 17.7.2017 (BGBl. I S. 2446) 18 Monate nach dem gem. Bek. v. 26.7.2019 (BGBl. I S. 1113) am 14.3.2018 erfolgten Inkrafttreten der Delegierten VO (EU) 2018/389 am 14.9.2019 in Kraft getreten.

(2) Handelt es sich bei dem elektronischen Zahlungsvorgang nach Absatz 1 Satz 1 Nummer 2 um einen elektronischen Fernzahlungsvorgang, hat der Zahlungsdienstleister eine starke Kundenauthentifizierung zu verlangen, die Elemente umfasst, die den Zahlungsvorgang dynamisch mit einem bestimmten Betrag und einem bestimmten Zahlungsempfänger verknüpfen.

(3) [1] Absatz 1 Satz 2 und Absatz 2 gelten auch, wenn Zahlungen über einen Zahlungsauslösedienstleister ausgelöst werden. [2] Absatz 1 gilt auch, wenn die Informationen über einen Kontoinformationsdienstleister angefordert werden.

(4) Der kontoführende Zahlungsdienstleister hat es dem Zahlungsauslösedienstleister und dem Kontoinformationsdienstleister zu gestatten, sich auf die Authentifizierungsverfahren zu stützen, die er dem Zahlungsdienstnutzer gemäß Absatz 1 sowie, in Fällen, in denen ein Zahlungsauslösedienstleister beteiligt ist, darüber hinaus gemäß Absatz 2 bereitstellt.

(5) Näheres zu Erfordernissen und Verfahren zur starken Kundenauthentifizierung einschließlich etwaiger Ausnahmen von deren Anwendung sowie Anforderungen an Sicherheitsvorkehrungen für die Vertraulichkeit und die Integrität der personalisierten Sicherheitsmerkmale regelt der delegierte Rechtsakt nach Artikel 98 der Richtlinie (EU) 2015/2366.

Unterabschnitt 5. Zugang zu Konten und Zahlungssystemen

§ 56 Zugang zu Zahlungskontodiensten bei CRR-Kreditinstituten.

(1) [1] CRR-Kreditinstitute im Sinne des § 1 Absatz 3d Satz 1 des Kreditwesengesetzes[1)] haben den Instituten, die im Inland auf der Grundlage einer entsprechenden Erlaubnis tätig werden, auf objektiver, nichtdiskriminierender und verhältnismäßiger Grundlage den Zugang zu Zahlungskontodiensten zu gewähren. [2] Der Zugang nach Satz 1 muss so umfassend sein, dass das Institut seine Dienstleistung ungehindert und effizient erbringen kann. [3] Das CRR-Kreditinstitut hat die Ablehnung des Zugangs nach Satz 1 mit einer nachvollziehbaren Begründung der Bundesanstalt mitzuteilen.

(2) Die Vorschriften zur Bekämpfung der Geldwäsche und der Terrorismusfinanzierung bleiben unberührt.

§ 57 Zugang zu Zahlungssystemen. (1) [1] Der Betreiber eines Zahlungssystems darf Zahlungsdienstleister, Zahlungsdienstnutzer und gleichartige Zahlungssysteme weder unmittelbar noch mittelbar

1. bei dem Zugang zum Zahlungssystem durch restriktive Bedingungen oder mit sonstigen unverhältnismäßigen Mitteln behindern;
2. in Bezug auf ihre Rechte und Pflichten als Teilnehmer des Zahlungssystems ohne sachlich gerechtfertigten Grund unterschiedlich behandeln;
3. im Hinblick auf den institutionellen Status des Zahlungsdienstleisters beschränken.

[2] Der Betreiber eines Zahlungssystems darf objektive Bedingungen für eine Teilnahme an einem Zahlungssystem festlegen, soweit diese für einen wirksamen Schutz der finanziellen und operativen Stabilität des Zahlungssystems und zur Verhinderung der mit der Teilnahme an einem Zahlungssystem verbundenen Risiken erforderlich sind. [3] Zu diesen Risiken gehören insbesondere

1) Nr. 8.

das operationelle Risiko, das Erfüllungsrisiko und das unternehmerische Risiko. [4]Jeder Zahlungsdienstleister und jedes andere Zahlungssystem hat vor dem Beitritt und während seiner Teilnahme an einem Zahlungssystem gegenüber dem Betreiber und den anderen Teilnehmern des Zahlungssystems auf Anforderung darzulegen, dass seine eigenen Vorkehrungen die objektiven Bedingungen im Sinne des Satzes 2 erfüllen. [5]Der Betreiber hat bei Ablehnung eines Antrags auf Zugang zu dem System oder Ausschluss eines Teilnehmers mit der Bekanntgabe der Maßnahme die Gründe abschließend darzulegen.

(2) [1]Wer als Betreiber eines Zahlungssystems gegen die Vorschriften des Absatzes 1 verstößt, ist dem Betroffenen zur Beseitigung und bei Wiederholungsgefahr zur Unterlassung verpflichtet. [2]Wer den Verstoß vorsätzlich oder fahrlässig begeht, ist dem Betroffenen zum Ersatz des daraus entstehenden Schadens verpflichtet; für diese Ansprüche ist der ordentliche Rechtsweg gegeben.

(3) [1]Die Absätze 1 und 2 gelten nicht für die in § 1 Absatz 16 des Kreditwesengesetzes[1)] bezeichneten Systeme sowie für die Zahlungssysteme, die ausschließlich aus einer einzigen Unternehmensgruppe angehörenden Zahlungsdienstleistern bestehen. [2]Gewährt ein Teilnehmer eines in § 1 Absatz 16 des Kreditwesengesetzes bezeichneten Systems einem zugelassenen oder registrierten Zahlungsdienstleister, der kein Teilnehmer des Systems ist, das Recht, über ihn Überweisungsaufträge über das System zu erteilen, hat er auch anderen zugelassenen oder registrierten Zahlungsdienstleistern auf Antrag die gleiche Möglichkeit in objektiver, verhältnismäßiger und nichtdiskriminierender Weise einzuräumen; die Bestimmungen des Absatzes 1 Satz 4 und Absatz 2 gelten für diese Teilnehmer insoweit entsprechend.

(4) Die Aufgaben und Zuständigkeiten der Kartellbehörden nach dem Gesetz gegen Wettbewerbsbeschränkungen bleiben unberührt.

§ 58 Aufgaben der Bundesanstalt bei Kartenzahlverfahren, Ausnahmen für neue Zahlverfahren im Massenzahlungsverkehr; Verordnungsermächtigung. (1) Die Bundesanstalt überwacht die Einhaltung der Pflichten der Betreiber von Kartenzahlverfahren nach der Verordnung (EU) 2015/751; sie kann gegenüber den Betreibern von Kartenzahlverfahren Anordnungen treffen, die geeignet und erforderlich sind, um Verstöße gegen die Pflichten nach dieser Verordnung zu verhindern oder zu unterbinden.

(2) Die Bundesanstalt ist zuständige Behörde nach Artikel 4 Absatz 4 der Verordnung (EU) Nr. 260/2012, an die die Anträge nach Artikel 4 Absatz 4 dieser Verordnung zu stellen sind, wenn der Antragsteller seinen Sitz im Inland hat.

(3) [1]Das Bundesministerium der Finanzen wird ermächtigt, durch Rechtsverordnung, die nicht der Zustimmung des Bundesrates bedarf, im Benehmen mit der Deutschen Bundesbank nähere Bestimmungen über Inhalt, Art und Umfang der Angaben, Nachweise und Unterlagen zu treffen, die ein Antrag nach Artikel 4 Absatz 4 der Verordnung (EU) Nr. 260/2012 enthalten muss. [2]Das Bundesministerium der Finanzen kann die Ermächtigung im Einvernehmen mit der Deutschen Bundesbank durch Rechtsverordnung auf die Bundes-

---

[1)] Nr. 8.

anstalt übertragen. [3] Vor Erlass der Rechtsverordnung sind die Spitzenverbände der Zahlungsdienstleister anzuhören.

Unterabschnitt 5a. Technische Infrastrukturleistungen

§ 58a Zugang zu technischen Infrastrukturleistungen bei der Erbringung von Zahlungsdiensten oder dem Betreiben des E-Geld-Geschäfts.

(1) [1] Ein Unternehmen, das durch technische Infrastrukturleistungen zu dem Erbringen von Zahlungsdiensten oder dem Betreiben des E-Geld-Geschäfts im Inland beiträgt (Systemunternehmen), ist auf Anfrage eines Zahlungsdienstleisters im Sinne des § 1 Absatz 1 Satz 1 Nummer 1 bis 3 oder eines E-Geld-Emittenten im Sinne des § 1 Absatz 2 Satz 1 Nummer 1 oder 2 verpflichtet, diese technischen Infrastrukturleistungen gegen angemessenes Entgelt unverzüglich und unter Verwendung angemessener Zugangsbedingungen zur Verfügung zu stellen. [2] Die Zurverfügungstellung im Sinne des Satzes 1 muss so ausgestaltet sein, dass das anfragende Unternehmen seine Zahlungsdienste oder E-Geld-Geschäfte ungehindert erbringen oder betreiben kann.

(2) Absatz 1 gilt nicht, wenn es sich im Zeitpunkt der Anfrage bei dem Systemunternehmen nicht um ein Unternehmen handelt, dessen technische Infrastrukturleistungen von mehr als zehn Zahlungsdienstleistern im Sinne des § 1 Absatz 1 Satz 1 Nummer 1 bis 3 oder E-Geld-Emittenten im Sinne des § 1 Absatz 2 Satz 1 Nummer 1 oder 2 in Anspruch genommen werden oder das mehr als zwei Millionen registrierte Nutzer hat.

(3) [1] Das Systemunternehmen ist ausnahmsweise nicht entsprechend Absatz 1 verpflichtet, wenn sachlich gerechtfertigte Gründe für die Ablehnung der Zurverfügungstellung vorliegen. [2] Diese liegen insbesondere vor, wenn das Systemunternehmen nachweisen kann, dass die Sicherheit und Integrität der technischen Infrastrukturleistungen durch die Zurverfügungstellung konkret gefährdet wird. [3] Die Ablehnung muss nachvollziehbar begründet sein.

(4) [1] Verstößt ein Systemunternehmen schuldhaft gegen Absatz 1, ist es dem anfragenden Unternehmen zum Ersatz des daraus entstehenden Schadens verpflichtet. [2] Der ordentliche Rechtsweg ist gegeben.

(5) Die Aufgaben und Zuständigkeiten der Kartellbehörden nach dem Gesetz gegen Wettbewerbsbeschränkungen bleiben unberührt.

Abschnitt 11. Datenschutz

§ 59 Datenschutz. (1) Betreiber von Zahlungssystemen und Zahlungsdienstleister dürfen personenbezogene Daten verarbeiten, soweit das zur Verhütung, Ermittlung und Feststellung von Betrugsfällen im Zahlungsverkehr notwendig ist.

(2) Zahlungsdienstleister dürfen die für das Erbringen ihrer Zahlungsdienste notwendigen personenbezogenen Daten nur mit der ausdrücklichen Einwilligung des Zahlungsdienstnutzers verarbeiten.

(3) Die datenschutzrechtlichen Vorschriften über die Verarbeitung personenbezogener Daten sind zu beachten.

Abschnitt 12. Beschwerden und Außergerichtliche Streitbeilegung

§ 60 Beschwerden über Zahlungsdienstleister. (1) [1] Zahlungsdienstnutzer und die Stellen nach Satz 2 können jederzeit wegen behaupteter Verstöße eines Zahlungsdienstleisters gegen Bestimmungen dieses Gesetzes oder gegen die §§ 675c bis 676c des Bürgerlichen Gesetzbuchs[1)] oder Artikel 248 des Einführungsgesetzes zum Bürgerlichen Gesetzbuche[2)] eine Beschwerde bei der Bundesanstalt einlegen. [2] Beschwerdebefugte Stellen sind:

1. die Industrie- und Handelskammern;
2. qualifizierte Einrichtungen nach § 3 Absatz 1 Nummer 1 des Unterlassungsklagengesetzes;
3. rechtsfähige Verbände zur Förderung gewerblicher Interessen,
   a) die insbesondere nach ihrer personellen, sachlichen und finanziellen Ausstattung imstande sind, ihre satzungsgemäßen Aufgaben der Verfolgung gewerblicher Interessen tatsächlich wahrzunehmen und
   b) denen eine erhebliche Zahl von Unternehmen angehört, die Zahlungsdienste auf demselben Markt anbieten,

   wenn der Verstoß die Interessen der Mitglieder berührt und geeignet ist, den Wettbewerb nicht unerheblich zu verfälschen.

(2) [1] Beschwerden sind schriftlich oder zur Niederschrift bei der Bundesanstalt einzulegen und sollen den Sachverhalt sowie den Beschwerdegrund angeben. [2] Bei Beschwerden von Zahlungsdienstnutzern wegen behaupteter Verstöße von Zahlungsdienstleistern gegen die §§ 675c bis 676c des Bürgerlichen Gesetzbuchs oder Artikel 248 des Einführungsgesetzes zum Bürgerlichen Gesetzbuche weist die Bundesanstalt in ihrer Antwort auch auf die Möglichkeit zur außergerichtlichen Streitbeilegung nach § 14 Absatz 1 Nummer 4 des Unterlassungsklagengesetzes hin.

§ 61 Beschwerden über E-Geld-Emittenten. (1) Inhaber von E-Geld und die in § 60 Absatz 1 Satz 2 genannten Einrichtungen, Verbände und Kammern können jederzeit wegen behaupteter Verstöße eines E-Geld-Emittenten gegen Bestimmungen dieses Gesetzes oder gegen die §§ 675c bis 676c des Bürgerlichen Gesetzbuchs[1)] oder Artikel 248 des Einführungsgesetzes zum Bürgerlichen Gesetzbuche[2)] eine Beschwerde bei der Bundesanstalt einlegen.

(2) [1] Beschwerden sind schriftlich oder zur Niederschrift bei der Bundesanstalt einzulegen und sollen den Sachverhalt und den Beschwerdegrund angeben. [2] § 60 Absatz 2 Satz 2 gilt entsprechend.

§ 62 Streitbeilegung bei einem Zahlungsdienstleister. (1) Ein Zahlungsdienstleister hat angemessene und wirksame Verfahren zur Abhilfe bei Beschwerden in Bezug auf die Rechte und Pflichten von Zahlungsdienstnutzern nach den §§ 675c bis 676c des Bürgerlichen Gesetzbuchs[1)] oder Artikel 248 des Einführungsgesetzes zum Bürgerlichen Gesetzbuche[2)] einzurichten und anzuwenden (Streitbeilegung bei einem Zahlungsdienstleister).

---

1) Nr. 23.
2) Nr. 24.

(2) [1]Die Streitbeilegung bei einem Zahlungsdienstleister findet in jedem Mitgliedstaat und den anderen Vertragsstaaten des Abkommens über den Europäischen Wirtschaftsraum Anwendung, in denen der Zahlungsdienstleister die Zahlungsdienste anbietet. [2]Sie muss in einer Amtssprache des jeweiligen Mitgliedstaates oder in einer anderen zwischen dem Zahlungsdienstleister und dem Zahlungsdienstnutzer vereinbarten Sprache zur Verfügung stehen.

(3) [1]Ein Zahlungsdienstleister hat Beschwerden der Zahlungsdienstnutzer in Papierform oder im Falle einer Vereinbarung zwischen Zahlungsdienstleister und Zahlungsdienstnutzer auf einem anderen dauerhaften Datenträger zu beantworten. [2]Die Antwort des Zahlungsdienstleisters muss innerhalb einer angemessenen Frist, spätestens innerhalb von 15 Arbeitstagen nach Eingang der Beschwerde, erfolgen und hat auf alle vom Zahlungsdienstnutzer angesprochenen Fragen einzugehen. [3]Kann ein Zahlungsdienstleister ausnahmsweise aus Gründen, die er nicht zu vertreten hat, nicht innerhalb von 15 Arbeitstagen antworten, so hat er ein vorläufiges Antwortschreiben zu versenden, das die Gründe für die Verzögerung bei der Beantwortung der Beschwerde eindeutig angibt und den Zeitpunkt benennt, bis zu dem der Zahlungsdienstnutzer die endgültige Antwort spätestens erhält. [4]Die endgültige Antwort darf in keinem Fall später als 35 Arbeitstage nach Eingang der Beschwerde erfolgen.

(4) [1]Ein Zahlungsdienstleister hat Zahlungsdienstnutzer auch dann entsprechend § 36 Absatz 1 Nummer 1 des Verbraucherstreitbeilegungsgesetzes über die zuständige Verbraucherschlichtungsstelle zu informieren, wenn er über keine Webseite verfügt und keine Allgemeinen Geschäftsbedingungen verwendet oder der Zahlungsdienstnutzer kein Verbraucher ist. [2]Verfügt der Zahlungsdienstleister über keine Webseite oder verwendet er keine Allgemeinen Geschäftsbedingungen, sind die Informationen nach Satz 1 im Zahlungsdienstevertrag zu geben. [3]Informationen nach Satz 1 müssen auch Angaben darüber enthalten, wo weitere Informationen über die zuständige Stelle zur alternativen Streitbeilegung und über die Voraussetzungen für deren Anrufung erhältlich sind.

Abschnitt 13. Strafvorschriften, Bußgeldvorschriften

§ 63 Strafvorschriften. (1) Mit Freiheitsstrafe bis zu fünf Jahren oder mit Geldstrafe wird bestraft, wer

1. entgegen § 3 Absatz 1 Einlagen oder andere rückzahlbare Gelder entgegennimmt,
2. entgegen § 3 Absatz 2 Satz 1 dort genannte Gelder nicht oder nicht rechtzeitig in E-Geld umtauscht,
3. entgegen § 3 Absatz 4 Satz 1 einen Kredit gewährt,
4. ohne Erlaubnis nach § 10 Absatz 1 Satz 1 oder ohne Registrierung nach § 34 Absatz 1 Satz 1 Zahlungsdienste erbringt,
5. ohne Erlaubnis nach § 11 Absatz 1 Satz 1 das E-Geld-Geschäft betreibt oder
6. entgegen § 49 Absatz 1 Satz 2 dort genannte Gelder hält.

(2) Mit Freiheitsstrafe bis zu drei Jahren oder mit Geldstrafe wird bestraft, wer

1. entgegen § 21 Absatz 4 Satz 1 erster Halbsatz eine Anzeige nicht, nicht richtig oder nicht rechtzeitig erstattet oder

2. entgegen § 31 E-Geld ausgibt.

(3) Handelt der Täter fahrlässig, so ist die Strafe in den Fällen des Absatzes 1 Freiheitsstrafe bis zu drei Jahren oder Geldstrafe und in den Fällen des Absatzes 2 Freiheitsstrafe bis zu einem Jahr oder Geldstrafe.

§ 64 Bußgeldvorschriften. (1) Ordnungswidrig handelt, wer einer vollziehbaren Anordnung nach § 7 Absatz 1 Satz 2 Nummer 1, auch in Verbindung mit Satz 4, oder nach § 20 Absatz 1, 3 oder 4 zuwiderhandelt.

(2) Ordnungswidrig handelt, wer vorsätzlich oder leichtfertig

1. entgegen § 2 Absatz 2 Satz 1 oder Absatz 3, § 28 Absatz 1 Nummer 4 bis 10 oder Absatz 2 oder § 38 Absatz 1 Satz 1 eine Anzeige nicht, nicht richtig, nicht vollständig oder nicht rechtzeitig erstattet oder
2. entgegen
   a) § 22 Absatz 1 Satz 1 oder 3 oder Absatz 2 Satz 1 oder 2 einen Jahresabschluss, einen Lagebericht, einen Prüfungsbericht, einen Konzernabschluss oder einen Konzernlagebericht oder
   b) § 29 Absatz 1 Satz 1, auch in Verbindung mit Absatz 2, jeweils in Verbindung mit einer Rechtsverordnung nach Absatz 3 Satz 1 oder 2, einen Monatsausweis

   nicht, nicht richtig, nicht vollständig oder nicht rechtzeitig einreicht.

(3) Ordnungswidrig handelt, wer vorsätzlich oder fahrlässig

1. entgegen § 8 Absatz 1 oder § 19 Absatz 1 Satz 1 eine Auskunft nicht, nicht richtig, nicht vollständig oder nicht rechtzeitig erteilt oder eine Unterlage nicht, nicht richtig, nicht vollständig oder nicht rechtzeitig vorlegt,
2. entgegen § 8 Absatz 5 Satz 1, auch in Verbindung mit Absatz 6, oder § 19 Absatz 1 Satz 4 eine Maßnahme nicht duldet,
3. einer vollziehbaren Auflage nach § 10 Absatz 4 Satz 1 oder § 11 Absatz 3 Satz 1 zuwiderhandelt,
4. entgegen § 19 Absatz 3 Satz 1 eine dort genannte Maßnahme nicht oder nicht rechtzeitig vornimmt,
5. einer vollziehbaren Anordnung nach § 21 Absatz 3 Satz 1 oder § 27 Absatz 3 Satz 1 zuwiderhandelt,

5a. entgegen § 27 Absatz 1 Satz 1 und 2 Nummer 5 über keine angemessenen Maßnahmen, einschließlich Datenverarbeitungssysteme, zur Gewährleistung der Einhaltung der Anforderungen des Geldwäschegesetzes und der Verordnung (EU) 2015/847 verfügt,

6. einer vollziehbaren Anordnung nach § 27 Absatz 2 Satz 1 in Verbindung mit § 6a Absatz 1 oder § 25i Absatz 4 des Kreditwesengesetzes[1] zuwiderhandelt,
7. entgegen § 27 Absatz 2 Satz 1 in Verbindung mit § 24c Absatz 1 Satz 1 oder § 25i Absatz 3 Satz 1 des Kreditwesengesetzes ein Dateisystem nicht, nicht richtig oder nicht vollständig führt,

---

[1] Nr. 8.

8. entgegen § 27 Absatz 2 Satz 1 in Verbindung mit § 24c Absatz 1 Satz 5 des Kreditwesengesetzes nicht gewährleistet, dass die Bundesanstalt Daten abrufen kann,
9. entgegen § 27 Absatz 2 Satz 1 in Verbindung mit § 25i Absatz 1 des Kreditwesengesetzes die Sorgfaltspflichten nach § 10 Absatz 1 des Geldwäschegesetzes[1] nicht erfüllt,
10. *(aufgehoben)*
11. einer vollziehbaren Anordnung nach § 27 Absatz 2 Satz 1 in Verbindung mit § 25i Absatz 4 des Kreditwesengesetzes zuwiderhandelt,
12. entgegen § 27 Absatz 2 Satz 1 in Verbindung mit § 8 Absatz 1 des Geldwäschegesetzes erhobene Angaben oder eingeholte Informationen nicht, nicht richtig oder nicht vollständig aufzeichnet,
13. einer vollziehbaren Anordnung nach § 27 Absatz 3 zur Verhinderung und Unterbindung von Verstößen gegen die Verordnung (EU) 2015/847 zuwider handelt,
14. entgegen § 52 Absatz 1 und 3 einem Zahlungsauslösedienstleister oder einem Kontoinformationsdienstleister den Zugang zu einem Zahlungskonto nicht gewährt,
15. entgegen § 54 Absatz 1 Satz 1 die Bundesanstalt nicht, nicht richtig, nicht vollständig oder nicht rechtzeitig unterrichtet.

(4) Die Ordnungswidrigkeit kann in Fällen des Absatzes 1 mit einer Geldbuße bis zu einer Million Euro, in Fällen des Absatzes 3 Nummer 1 und 2 mit einer Geldbuße bis dreihunderttausend Euro und in den übrigen Fällen mit einer Geldbuße bis zu hunderttausend Euro geahndet werden.

(5) Verwaltungsbehörde im Sinne des § 36 Absatz 1 Nummer 1 des Gesetzes über Ordnungswidrigkeiten ist die Bundesanstalt.

§ 65 Mitteilung in Strafsachen. [1] Das Gericht, die Strafverfolgungs- oder die Strafvollstreckungsbehörde hat in Strafverfahren gegen Inhaber oder Geschäftsleiter von Instituten sowie gegen Inhaber bedeutender Beteiligungen an Instituten oder deren gesetzliche Vertreter wegen Verletzung ihrer Berufspflichten oder anderer Straftaten bei oder im Zusammenhang mit der Ausübung eines Gewerbes oder dem Betrieb einer sonstigen wirtschaftlichen Unternehmung, im Fall der Erhebung der öffentlichen Klage der Bundesanstalt

1. die Anklageschrift oder eine an ihre Stelle tretende Antragsschrift,
2. den Antrag auf Erlass eines Strafbefehls und
3. die das Verfahren abschließende Entscheidung mit Begründung

zu übermitteln. [2] Ist gegen die Entscheidung ein Rechtsbehelf eingelegt worden, ist die Entscheidung unter Hinweis auf den eingelegten Rechtsbehelf zu übermitteln. [3] § 60a Absatz 1a bis 3 des Kreditwesengesetzes[2] gilt entsprechend.

---

[1] Nr. **15**.
[2] Nr. **8**.

Abschnitt 14. Übergangsvorschriften

§ 66 Übergangsvorschriften für Zahlungsinstitute, die bereits über eine Erlaubnis verfügen. (1) [1] Zahlungsinstitute mit einer Erlaubnis gemäß § 8 dieses Gesetzes in der bis zum 12. Januar 2018 geltenden Fassung dürfen die Zahlungsdienste, für die ihnen diese Erlaubnis erteilt worden ist, bis zur Bestandskraft der Entscheidung der Bundesanstalt nach den Absätzen 3 oder 4, längstens jedoch bis zum 13. Juli 2018, weiter erbringen. [2] Für sie ist dieses Gesetz in der bis zum 12. Januar 2018 geltenden Fassung insoweit weiter anzuwenden.

(2) [1] Hat ein Zahlungsinstitut nach Absatz 1 die Absicht, Zahlungsdienste gemäß seiner Erlaubnis auch über den 13. Juli 2018 hinaus zu erbringen, so hat es diese Absicht spätestens zwei Wochen nach Inkrafttreten dieses Gesetzes der Bundesanstalt schriftlich anzuzeigen. [2] Spätestens vier Wochen nach Inkrafttreten dieses Gesetzes hat das Zahlungsinstitut die Angaben und Nachweise gemäß § 10 Absatz 2 Satz 1 Nummer 6 bis 10 sowie alle Angaben und Nachweise entsprechend § 10 Absatz 5 bei der Bundesanstalt und der Deutschen Bundesbank einzureichen.

(3) Entscheidet die Bundesanstalt nach Prüfung der gemäß Absatz 2 Satz 2 eingereichten Angaben und Nachweise, dass eine Erlaubnis gemäß § 10 als erteilt gilt, so trägt sie das Zahlungsinstitut in das Register gemäß § 43 ein und teilt dem Zahlungsinstitut die Entscheidung mit; ab diesem Zeitpunkt ist auf das Zahlungsinstitut nach Absatz 1 dieses Gesetz in der ab dem 13. Januar 2018 geltenden Fassung anzuwenden.

(4) [1] Lassen die eingereichten Angaben und Nachweise eine positive Gesamtbewertung nicht zu oder hat das Zahlungsinstitut keine Anzeige nach Absatz 2 Satz 1 erstattet oder keine Unterlagen nach Absatz 2 Satz 2 eingereicht, so stellt die Bundesanstalt fest, dass die Erlaubnis nach § 10 nicht als erteilt gilt. [2] § 13 Absatz 3 ist entsprechend anzuwenden.

(5) Wird dem Zahlungsinstitut im Sinne des Absatzes 1 keine Erlaubnis nach Absatz 3 erteilt, so macht die Bundesanstalt das Erlöschen der Erlaubnis mit Bestandskraft seiner Entscheidung im Bundesanzeiger und im Zahlungsinstituts-Register gemäß § 30 dieses Gesetzes in der bis zum 12. Januar 2018 geltenden Fassung bekannt.

§ 67 Übergangsvorschriften für E-Geld-Institute, die bereits über eine Erlaubnis verfügen. (1) [1] E-Geld-Institute dürfen im Rahmen der Erlaubnis, die ihnen nach § 8a dieses Gesetzes in der bis zum 12. Januar 2018 gültigen Fassung erteilt worden ist, das E-Geld-Geschäft bis zur Bestandskraft der Entscheidung der Bundesanstalt nach den Absätzen 3 oder 4, längstens jedoch bis zum 13. Juli 2018, weiter betreiben und so lange auch die Zahlungsdienste weiter erbringen. [2] Für sie ist dieses Gesetz in der bis zum 12. Januar 2018 geltenden Fassung insoweit weiter anzuwenden.

(2) [1] Hat ein E-Geld-Institut nach Absatz 1 die Absicht, Geschäfte gemäß seiner E-Geld-Erlaubnis auch über den 13. Juli 2018 hinaus zu erbringen, so hat es diese Absicht spätestens zwei Wochen nach Inkrafttreten dieses Gesetzes der Bundesanstalt schriftlich anzuzeigen. [2] Spätestens vier Wochen nach Inkrafttreten dieses Gesetzes hat das E-Geld-Institut die Angaben und Nachweise

gemäß § 11 Absatz 2 Satz 1 in Verbindung mit § 10 Absatz 2 Satz 1 Nummer 6 bis 10 sowie alle Angaben und Nachweise entsprechend § 11 Absatz 4 bei der Bundesanstalt und der Deutschen Bundesbank einzureichen.

(3) Entscheidet die Bundesanstalt nach Prüfung der gemäß Absatz 2 Satz 2 eingereichten Angaben und Nachweise, dass eine Erlaubnis gemäß § 11 als erteilt gilt, so trägt sie das E-Geld-Institut in das Register nach § 44 ein und teilt dem E-Geld-Institut die Entscheidung mit; ab diesem Zeitpunkt ist auf das E-Geld-Institut nach Absatz 1 dieses Gesetz in der ab dem 13. Januar 2018 geltenden Fassung anzuwenden.

(4) [1] Lassen die eingereichten Angaben und Nachweise eine positive Gesamtbewertung nicht zu oder hat das E-Geld-Institut keine Anzeige nach Absatz 2 Satz 1 erstattet oder keine Unterlagen nach Absatz 2 Satz 2 eingereicht, so stellt die Bundesanstalt fest, dass die Erlaubnis nach § 11 nicht als erteilt gilt. [2] § 13 Absatz 3 ist entsprechend anzuwenden.

(5) Wird dem E-Geld-Institut im Sinne des Absatzes 1 keine Erlaubnis nach Absatz 3 erteilt, so macht die Bundesanstalt das Erlöschen der Erlaubnis mit Bestandskraft der Entscheidung im Bundesanzeiger und im E-Geld-Instituts-Register gemäß § 30a dieses Gesetzes in der bis zum 12. Januar 2018 geltenden Fassung bekannt.

§ 68 Übergangsvorschriften für bestimmte Zahlungsdienste und für die starke Kundenauthentifizierung. (1) Unternehmen, die vor dem 12. Januar 2016 im Inland Zahlungsauslösedienste im Sinne dieses Gesetzes in seiner ab dem 13. Januar 2018 geltenden Fassung erbracht haben, dürfen diese Tätigkeit bis zum Inkrafttreten der §§ 45 bis 52 sowie des § 55 im Inland insoweit weiter unter den vor dem 13. Januar 2018 geltenden Voraussetzungen ausüben.

(2) Unternehmen, die vor dem 12. Januar 2016 im Inland Kontoinformationsdienste im Sinne dieses Gesetzes in seiner ab dem 13. Januar 2018 geltenden Fassung erbracht haben, dürfen diese Tätigkeit bis zum Inkrafttreten der §§ 45 bis 52 sowie des § 55 im Inland insoweit weiter unter den vor dem 13. Januar 2018 geltenden Voraussetzungen ausüben.

(3) Kontoführende Zahlungsdienstleister dürfen bis zum Inkrafttreten der §§ 45 bis 52 sowie des § 55 Zahlungsauslöse- und Kontoinformationsdienstleistern den Zugang zu ihren Zahlungskonten nicht verweigern, weil sie die Anforderungen der §§ 45 bis 52 sowie des § 55 nicht erfüllen.

(4) Bis zum Inkrafttreten des § 55 erfolgt die starke Kundenauthentifizierung nach Maßgabe des Rundschreibens der Bundesanstalt 4/2015 (BA) vom 5. Mai 2015, abrufbar von der Internetseite der Bundesanstalt.

(5) [1] Ein Unternehmen, das ab dem 13. Januar 2018 Zahlungsdienste anbietet, die nach diesem Gesetz in der bis zum 12. Januar 2018 geltenden Fassung noch erlaubnisfrei waren, und diese Dienste auch ab dem 13. Januar 2018 weiter anbieten will, hat innerhalb von drei Monaten ab dem 13. Januar 2018 einen Erlaubnisantrag nach § 10 Absatz 1 oder einen Registrierungsantrag nach § 34 Absatz 1 zu stellen. [2] Wird der Erlaubnisantrag oder Registrierungsantrag rechtzeitig und vollständig gestellt, ist dieses Unternehmen bis zur Bestandskraft der Entscheidung über den Erlaubnisantrag oder Registrierungsantrag durch die Bundesanstalt insoweit weiterhin erlaubt tätig.

11. Anlegerentschädigungsgesetz (AnlEntG)[1)]

Vom 16. Juli 1998

(BGBl. I S. 1842)

FNA 7610-13

zuletzt geänd. durch Art. 3 G zur Umsetzung der ÄndRL zur Vierten EU-GeldwäscheRL v. 12.12. 2019 (BGBl. I S. 2602)

Inhaltsübersicht

§ 1 Begriffsbestimmungen. (1) Institute im Sinne dieses Gesetzes sind

1. Finanzdienstleistungsinstitute, denen eine Erlaubnis zur Erbringung von Finanzdienstleistungen im Sinne des § 1 Absatz 1a Satz 2 Nummer 1 bis 4 Buchstabe a bis c des Kreditwesengesetzes[2)] erteilt ist,
2. Kreditinstitute, denen eine Erlaubnis zum Betreiben von Bankgeschäften im Sinne des § 1 Absatz 1 Satz 2 Nummer 4 oder Nummer 10 des Kreditwesengesetzes oder zur Erbringung von Finanzdienstleistungen im Sinne des § 1 Absatz 1a Satz 2 Nummer 1 bis 4 Buchstabe a bis c des Kreditwesengesetzes erteilt ist und denen keine Erlaubnis zum Betreiben des Einlagen- und Kreditgeschäfts nach § 1 Absatz 1 Satz 2 Nummer 1 und 2 des Kreditwesengesetzes erteilt ist, und,[3)]
3. externe Kapitalverwaltungsgesellschaften, denen eine Erlaubnis nach § 20 Absatz 1 in Verbindung mit § 21 oder § 22 des Kapitalanlagegesetzbuchs erteilt ist und die zur Erbringung der in § 20 Absatz 2 Nummer 1, 2 und 3

[1)] Verkündet als Art. 1 G v. 16.7.1998 (BGBl. I S. 1842); Inkrafttreten gemäß Art. 7 Satz 2 dieses G am 1.8.1998.

[2)] Nr. **8**.

[3)] Zeichensetzung amtlich.

oder Absatz 3 Nummer 2 bis 5 des Kapitalanlagegesetzbuchs genannten Dienst- oder Nebendienstleistungen befugt sind.

(2) Wertpapiergeschäfte im Sinne dieses Gesetzes sind

1. Bankgeschäfte oder Finanzdienstleistungen im Sinne des § 1 Absatz 1 Satz 2 Nummer 4, 5 oder Nummer 10 oder Absatz 1a Satz 2 Nummer 1 bis 4 des Kreditwesengesetzes, soweit sie sich nicht auf Rechnungseinheiten im Sinne des § 1 Absatz 11 Satz 1 Nummer 7 des Kreditwesengesetzes oder auf Kryptowerte im Sinne des § 1 Absatz 11 Satz 1 Nummer 10 des Kreditwesengesetzes beziehen, und
2. Dienstleistungen und Nebendienstleistungen nach § 20 Absatz 2 Nummer 1, 2 und 3 oder Absatz 3 Nummer 2 bis 5 des Kapitalanlagegesetzbuchs.

(3) [1] Verbindlichkeiten aus Wertpapiergeschäften im Sinne dieses Gesetzes sind die Verpflichtungen eines Instituts zur Rückzahlung von Geldern, die Anlegern aus Wertpapiergeschäften geschuldet werden oder gehören und die für deren Rechnung im Zusammenhang mit Wertpapiergeschäften gehalten werden. [2] Hierzu gehören auch Ansprüche von Anlegern auf Herausgabe von Instrumenten, deren Eigentümer diese sind und die für deren Rechnung im Zusammenhang mit Wertpapiergeschäften gehalten oder verwahrt werden.

(4) Ein Entschädigungsfall im Sinne dieses Gesetzes tritt ein, wenn die Bundesanstalt für Finanzdienstleistungsaufsicht (Bundesanstalt) feststellt, dass ein Institut aus Gründen, die mit seiner Finanzlage unmittelbar zusammenhängen, nicht in der Lage ist, Verbindlichkeiten aus Wertpapiergeschäften zu erfüllen und keine Aussicht auf eine spätere Erfüllung besteht.

§ 2 Sicherungspflicht der Institute. Die Institute sind verpflichtet, ihre Verbindlichkeiten aus Wertpapiergeschäften nach Maßgabe dieses Gesetzes durch Zugehörigkeit zu einer Entschädigungseinrichtung zu sichern.

§ 3 Entschädigungsanspruch. (1) Der Gläubiger eines Instituts hat im Entschädigungsfall gegen die Entschädigungseinrichtung einen Anspruch auf Entschädigung nach Maßgabe des § 4.

(2) [1] Keinen Anspruch haben

1. CRR-Kreditinstitute im Sinne des § 1 Absatz 3d Satz 1 des Kreditwesengesetzes[1)] einschließlich Zweigstellen von Unternehmen mit Sitz im Ausland, denen eine Erlaubnis gemäß § 1 Absatz 1 Satz 2 Nummer 1 und 2 des Kreditwesengesetzes erteilt ist, Wertpapierfirmen im Sinne des Artikels 4 Absatz 1 Nummer 1 der Richtlinie 2004/39/EG des Europäischen Parlaments und des Rates vom 21. April 2004 über Märkte für Finanzinstrumente, zur Änderung der Richtlinien 85/611/EWG und 93/6/EWG des Rates und der Richtlinie 2000/12/EG des Europäischen Parlaments und des Rates und zur Aufhebung der Richtlinie 93/22/EWG des Rates (ABl. L 145 vom 30.4.2004, S. 1) und Finanzinstitute im Sinne des Artikels 4 Absatz 1 Nummer 26 der Verordnung (EU) Nr. 575/2013[2)] des Europäischen Parlaments und des Rates vom 26. Juni 2013 über Aufsichtsanforderungen an Kreditinstitute und Wertpapierfirmen und zur Änderung der

---

[1)] Nr. **8**.
[2)] Nr. **6**.

Verordnung (EU) Nr. 646/2012 (ABl. L 176 vom 27.6.2013, S. 1) mit Sitz im In- oder Ausland, soweit sie im eigenen Namen und auf eigene Rechnung handeln,

2. private und öffentlich-rechtliche Versicherungsunternehmen mit Sitz im In- oder Ausland,
3. Verwaltungsgesellschaften im Sinne des § 1 Absatz 14 des Kapitalanlagegesetzbuchs mit Sitz im In- oder Ausland einschließlich der von ihnen verwalteten inländischen, EU- und ausländischen Investmentvermögen im Sinne des § 1 Absatz 1 des Kapitalanlagegesetzbuchs,
4. der Bund, ein Land, ein rechtlich unselbständiges Sondervermögen des Bundes oder eines Landes, eine kommunale Gebietskörperschaft, ein anderer Staat oder eine Regionalregierung oder eine örtliche Gebietskörperschaft eines anderen Staates,
5. Geschäftsleiter, persönlich haftende Gesellschafter oder Mitglieder von Aufsichtsorganen des Instituts, Personen, die mindestens 5 Prozent des Kapitals des Instituts halten, Prüfer im Sinne des § 28 des Kreditwesengesetzes und Gläubiger, die eine entsprechende Stellung oder Funktion in einem Unternehmen haben, das mit dem Institut einen Konzern im Sinne des § 18 des Aktiengesetzes, ohne dass es auf die Rechtsform ankommt, bildet,
6. Ehegatten, Lebenspartner und Verwandte ersten und zweiten Grades der unter Nummer 5 genannten Personen, es sei denn, dass die Gelder oder Finanzinstrumente aus dem eigenen Vermögen der Ehegatten, Lebenspartner oder Verwandten stammen,
7. Unternehmen, die mit dem Institut einen Konzern im Sinne des § 18 des Aktiengesetzes, ohne dass es auf die Rechtsform ankommt, bilden,
8. Gläubiger, die bei dem Institut Sachverhalte herbeigeführt oder genutzt haben, welche die finanziellen Schwierigkeiten verursacht oder wesentlich zur Verschlechterung der finanziellen Lage des Instituts beigetragen haben; dies sind insbesondere Gläubiger, die auf Grund einzeln ausgehandelter Vereinbarungen hohe Zinsen oder finanzielle Vorteile erhalten haben,
9. Unternehmen, die nach den Vorschriften des Dritten Buchs des Handelsgesetzbuchs einen Lagebericht aufzustellen haben oder nur wegen ihrer Einbeziehung in einen Konzernabschluss von dieser Verpflichtung befreit sind, und vergleichbare Unternehmen mit Sitz im Ausland sowie
10. Gläubiger, deren Ansprüche gegen das Institut im Zusammenhang mit Geschäften stehen, auf Grund derer Personen in einem Strafverfahren wegen Geldwäsche im Sinne des Artikels 1 der Richtlinie 2005/60/EG des Europäischen Parlaments und des Rates vom 26. Oktober 2005 zur Verhinderung der Nutzung des Finanzsystems zum Zwecke der Geldwäsche und der Terrorismusfinanzierung (ABl. L 309 vom 25.11.2005, S. 15) rechtskräftig verurteilt worden sind.

[2] Hat der Gläubiger des Instituts für Rechnung eines Dritten gehandelt und ist das Treuhandverhältnis eindeutig als solches gekennzeichnet, so ist für die Feststellung der Berechtigung des Anspruchs nach Satz 1 auf den Dritten abzustellen.

(3) Der Anspruch des Entschädigungsberechtigten gegen die Entschädigungseinrichtung verjährt in fünf Jahren nach Unterrichtung des Entschädigungsberechtigten über den Entschädigungsfall gemäß § 5 Absatz 4 Satz 1.

(4) Für Streitigkeiten über den Grund und die Höhe des Entschädigungsanspruchs ist der Zivilrechtsweg gegeben.

§ 4 Umfang des Entschädigungsanspruchs. (1) [1]Der Entschädigungsanspruch des Gläubigers des Instituts richtet sich nach der Höhe und dem Umfang der ihm gegenüber bestehenden Verbindlichkeiten aus Wertpapiergeschäften unter Berücksichtigung etwaiger Aufrechnungs- und Zurückbehaltungsrechte des Instituts. [2]Ein Entschädigungsanspruch besteht nicht, soweit Gelder nicht auf die Währung eines EU-Mitgliedstaates oder auf Euro lauten.

(2) Der Entschädigungsanspruch ist der Höhe nach begrenzt auf 90 Prozent der Verbindlichkeiten aus Wertpapiergeschäften und den Gegenwert von 20 000 Euro.

(3) [1]Bei der Berechnung der Höhe des Entschädigungsanspruchs ist der Betrag der Gelder und der Marktwert der Finanzinstrumente bei Eintritt des Entschädigungsfalles zugrunde zu legen. [2]Der Entschädigungsanspruch umfasst im Rahmen der Obergrenze nach Absatz 2 auch Ansprüche auf Zinsen. [3]Diese bestehen ab dem Eintritt des Entschädigungsfalles bis zur Rückzahlung der Verbindlichkeiten, längstens bis zur Eröffnung des Insolvenzverfahrens. [4]Der Entschädigungsanspruch mindert sich insoweit, als der durch den Entschädigungsfall eingetretene Vermögensverlust des Gläubigers durch Leistungen Dritter ausgeglichen wird.

(4) [1]Die Obergrenze nach Absatz 2 bezieht sich auf die Gesamtforderung des Gläubigers gegen das Institut, unabhängig von der Zahl der Konten, der Währung und dem Ort, an dem die Konten geführt oder die Finanzinstrumente verwahrt werden. [2]Die Entschädigung kann in Euro geleistet werden.

(5) [1]Bei Gemeinschaftskonten ist für die Obergrenze nach Absatz 2 der jeweilige Anteil des einzelnen Kontoinhabers maßgeblich. [2]Fehlen besondere Bestimmungen, so werden die Gelder oder die Finanzinstrumente den Kontoinhabern zu gleichen Anteilen zugerechnet.

(6) Hat der Gläubiger für Rechnung eines Dritten gehandelt, ist für die Obergrenze nach Absatz 2 auf den Dritten abzustellen.

§ 5 Entschädigungsverfahren. (1) [1]Die Bundesanstalt hat den Entschädigungsfall unverzüglich festzustellen, spätestens jedoch innerhalb von 21 Tagen, nachdem sie davon Kenntnis erlangt hat, dass ein Institut nicht in der Lage ist, Verbindlichkeiten aus Wertpapiergeschäften zu erfüllen. [2]Sie hat den Entschädigungsfall auch festzustellen, wenn Maßnahmen nach § 46 Absatz 1 Satz 2 Nummer 4 bis 6 des Kreditwesengesetzes[1)] angeordnet worden sind und diese länger als sechs Wochen andauern.

(2) Widerspruch und Anfechtungsklage gegen die Feststellung des Entschädigungsfalls haben keine aufschiebende Wirkung.

[1)] Nr. **8**.

(3) [1]Die Bundesanstalt veröffentlicht die Feststellung des Entschädigungsfalls im Bundesanzeiger. [2]Sie unterrichtet die Entschädigungseinrichtung unverzüglich über die Feststellung des Entschädigungsfalls.

(4) [1]Die Entschädigungseinrichtung hat die Gläubiger des Instituts unverzüglich über den Eintritt des Entschädigungsfalles und die Frist gemäß Absatz 5 Satz 1 zu unterrichten; sie trifft geeignete Maßnahmen, um die Gläubiger innerhalb der in Absatz 6 genannten Frist zu entschädigen. [2]Das Institut hat der Entschädigungseinrichtung unverzüglich, spätestens jedoch innerhalb einer Woche, die für die Entschädigung der Gläubiger erforderlichen Unterlagen zur Verfügung zu stellen.

(5) [1]Der Entschädigungsanspruch ist schriftlich innerhalb eines Jahres nach Unterrichtung über den Entschädigungsfall bei der Entschädigungseinrichtung anzumelden. [2]Nach Ablauf dieser Frist ist der Entschädigungsanspruch ausgeschlossen, es sei denn, die Fristversäumnis ist nicht vom Entschädigungsberechtigten zu vertreten.

(6) [1]Die Entschädigungseinrichtung hat die angemeldeten Ansprüche unverzüglich zu prüfen. [2]Die Entschädigungseinrichtung hat Ansprüche spätestens drei Monate, nachdem sie die Berechtigung und die Höhe der Ansprüche festgestellt hat, zu erfüllen. [3]In besonderen Fällen kann diese Frist mit Zustimmung der Bundesanstalt um bis zu drei Monate verlängert werden.

(7) Soweit die Entschädigungseinrichtung den Entschädigungsanspruch eines Berechtigten erfüllt, gehen dessen Ansprüche gegen das Institut auf sie über.

(8) Steht der Anspruch des Gläubigers im Zusammenhang mit Geschäften, auf Grund derer gegen Personen in einem Strafverfahren wegen Geldwäsche im Sinne des Artikels 1 der Richtlinie 2005/60/EG ermittelt wird, so kann die Entschädigungseinrichtung die Leistung der Entschädigung aussetzen, bis das Strafverfahren beendet ist.

§ 6 Entschädigungseinrichtung. (1) [1]Bei der Kreditanstalt für Wiederaufbau wird eine Entschädigungseinrichtung als nicht rechtsfähiges Sondervermögen des Bundes errichtet, der die Institute gemäß § 1 Absatz 1 zugeordnet sind. [2]Die Entschädigungseinrichtung kann im Rechtsverkehr handeln, klagen oder verklagt werden.

(2) Die Entschädigungseinrichtung hat die Aufgabe, die Beiträge der ihr zugeordneten Institute einzuziehen, die Mittel nach Maßgabe des § 8 Absatz 1 anzulegen und im Entschädigungsfall die Gläubiger eines ihr zugeordneten Instituts für nicht erfüllte Verbindlichkeiten aus Wertpapiergeschäften zu entschädigen.

(3) [1]Die Kreditanstalt für Wiederaufbau verwaltet die Entschädigungseinrichtung. Sie unterliegt insoweit der Aufsicht durch die Bundesanstalt. [2]§ 7 Absatz 3 Satz 2 bis 4 gilt entsprechend. [3]Für die Verwaltung erhält sie eine angemessene Vergütung aus dem Sondervermögen.

(4) Über den Widerspruch gegen Verwaltungsakte der Entschädigungseinrichtung entscheidet die Bundesanstalt.

(5) [1]Die Entschädigungseinrichtung hat in regelmäßigen Abständen ihre Systeme im Hinblick auf ihre Funktionstüchtigkeit zu überprüfen. [2]Sie hat die Bundesanstalt über die Ergebnisse der Prüfungen zu unterrichten.

(6) [1]Sofern die Bundesanstalt Kenntnis über Umstände bei einem Institut erlangt, welche voraussichtlich den Eintritt eines Entschädigungsfalls nach sich ziehen, hat sie die Entschädigungseinrichtung hiervon zu unterrichten.

§ 7 Beliehene Entschädigungseinrichtung; Verordnungsermächtigung. (1) [1]Das Bundesministerium der Finanzen wird ermächtigt, durch Rechtsverordnung Aufgaben und Befugnisse der Entschädigungseinrichtung einer juristischen Person des Privatrechts zuzuweisen, wenn diese bereit ist, die Aufgaben der Entschädigungseinrichtung zu übernehmen, und hinreichende Gewähr für die Erfüllung der Ansprüche der Entschädigungsberechtigten bietet (beliehene Entschädigungseinrichtung). [2]Eine juristische Person bietet hinreichende Gewähr, wenn

1. die Personen, die nach Gesetz oder Satzung die Geschäftsführung und Vertretung der juristischen Person ausüben, zuverlässig und geeignet sind,
2. die juristische Person über die zur Erfüllung der Aufgaben der Entschädigungseinrichtung notwendige Ausstattung und Organisation, insbesondere in Bezug auf die Beitragseinziehung, die Verwaltung der Mittel und die Auszahlung der Entschädigungen, verfügt und dafür eigene Mittel im Gegenwert von mindestens 1 Million Euro vorhält.

[3]Durch die Rechtsverordnung nach Satz 1 kann sich das Bundesministerium der Finanzen die Genehmigung der Satzung der juristischen Person und die Genehmigung von Satzungsänderungen der juristischen Person vorbehalten.

(2) [1]Im Fall der Beleihung nach Absatz 1 tritt die juristische Person des Privatrechts in die Rechte und Pflichten der Entschädigungseinrichtung nach § 6 ein. [2]Die Bestimmungen des § 6 Absatz 1 über die Zuordnung der Institute sowie des § 6 Absatz 4 bis 6 sind entsprechend anzuwenden.

(3) [1]Eine beliehene Entschädigungseinrichtung unterliegt der Aufsicht der Bundesanstalt. [2]Die Bundesanstalt hat Missständen entgegenzuwirken, welche die ordnungsgemäße Durchführung der Entschädigung beeinträchtigen oder das zur Durchführung der Entschädigung angesammelte Vermögen gefährden können. [3]Die Bundesanstalt kann Anordnungen treffen, die geeignet und erforderlich sind, diese Missstände zu beseitigen oder zu verhindern. [4]Der Bundesanstalt stehen gegenüber der beliehenen Entschädigungseinrichtung die Auskunfts- und Prüfungsrechte nach § 44 Absatz 1 des Kreditwesengesetzes[1)] zu.

§ 8 Mittel der Entschädigungseinrichtung. (1) [1]Die Mittel für die Durchführung der Entschädigung werden durch Beiträge der Institute erbracht. [2]Die Beiträge der Institute müssen die Ansprüche gegen die Entschädigungseinrichtung, die entstehenden Verwaltungskosten und sonstige Kosten, die durch die Tätigkeit der Entschädigungseinrichtung entstehen, decken. [3]Die für die Entschädigung angesammelten Mittel sind nach dem Gesichtspunkt der Risikomischung so anzulegen, dass eine möglichst große Sicherheit und ausreichende Liqidität der Anlagen bei angemessener Rentabilität gewährleistet sind.

(2) [1]Die Institute sind verpflichtet, jeweils zum Ende eines Abrechnungsjahres Jahresbeiträge an die Entschädigungseinrichtung zu leisten. [2]Das Abrechnungsjahr umfasst den Zeitraum vom 1. Oktober eines Jahres bis zum 30. Sep-

---

[1)] Nr. 8.

tember des Folgejahres. [3] In der Rechtsverordnung nach Absatz 9 Satz 1 ist eine Obergrenze für die Erhebung von Jahresbeiträgen festzulegen. [4] Institute, die nach dem 1. August 1998 einer Entschädigungseinrichtung zugeordnet sind, haben neben dem Jahresbeitrag eine einmalige Zahlung zu leisten. [5] Die Entschädigungseinrichtung kann nach Zustimmung durch die Bundesanstalt die Beitragspflicht herab- oder aussetzen, wenn die vorhandenen Mittel zur Durchführung der Entschädigung ausreichen.

(3) [1] Die Entschädigungseinrichtung hat unverzüglich nach der Unterrichtung durch die Bundesanstalt über einen Entschädigungsfall nach § 5 Absatz 3 Satz 2 den Mittelbedarf festzustellen und hiernach vorbehaltlich des Absatzes 4 Sonderbeiträge zu erheben, wenn dies zur Durchführung des Entschädigungsverfahrens erforderlich ist. [2] Die Entschädigungseinrichtung ist berechtigt, den Mittelbedarf für einen Entschädigungsfall durch Sonderbeiträge zu decken, die in Teilbeträgen zu erheben sind, soweit damit die Verpflichtung nach § 5 Absatz 6 unter Berücksichtigung der Dauer, der Größe und der Umstände des Entschädigungsfalls erfüllt werden kann. [3] Im Fall der Erhebung von Teilbeträgen hat die Entschädigungseinrichtung die betroffenen Institute über die von ihr beabsichtigte weitere Vorgehensweise zu informieren.

(4) [1] Sonderbeiträge sind Vorausleistungen zur Deckung des Mittelbedarfs, der in einem Entschädigungsfall besteht. [2] Der Mittelbedarf ergibt sich aus der Gesamtentschädigung in dem Entschädigungsfall zuzüglich der zur Durchführung des Entschädigungsfalls entstehenden Verwaltungskosten und sonstigen Kosten abzüglich der für diese Entschädigung im Zeitpunkt der Feststellung zur Verfügung stehenden Mittel der Entschädigungseinrichtung. [3] Die Gesamtentschädigung ist von der Entschädigungseinrichtung aus den Unterlagen zu bestimmen, die die Institute nach § 5 Absatz 4 Satz 2 zu übermitteln haben. [4] Lässt sich die Gesamtentschädigung anhand der Unterlagen nicht hinreichend bestimmen, hat die Entschädigungseinrichtung den Betrag insbesondere auf Grund der ihr vorliegenden Daten über den Entschädigungsfall und der durchschnittlichen Entschädigungsleistung sowie der Kosten aus den bisherigen Entschädigungsfällen bei den zugeordneten Instituten zu schätzen. [5] Stellt die Entschädigungseinrichtung fest, dass der tatsächliche Mittelbedarf für die Gesamtentschädigung den nach Satz 3 oder Satz 4 ermittelten Betrag übersteigt, ist die Entschädigungseinrichtung verpflichtet, unverzüglich nach dieser Feststellung weitere Sonderbeiträge zur Deckung des Mittelbedarfs zu erheben. [6] Sonderbeiträge werden mit der Bekanntgabe der Sonderbeitragsbescheide fällig.

(5) [1] Soweit der Mittelbedarf der Entschädigungseinrichtung durch die Erhebung von Sonderbeiträgen nicht rechtzeitig zur Erfüllung ihrer Pflichten nach § 5 Absatz 6 gedeckt werden kann, hat die Entschädigungseinrichtung einen Kredit aufzunehmen. [2] Kann die Entschädigungseinrichtung den Kredit voraussichtlich nicht aus dem verfügbaren Vermögen bedienen, hat sie für Tilgung, Zins und Kosten Sonderzahlungen zu erheben. [3] Sonderzahlungen werden jeweils sechs Wochen vor Fälligkeit der Kreditleistungen fällig, frühestens jedoch zwei Wochen nach der Bekanntgabe der Sonderzahlungsbescheide. [4] Anstelle der Beitragserhebung nach Absatz 3 Satz 1 kann die Entschädigungseinrichtung einen Kredit aufnehmen, wenn zu erwarten ist, dass dieser Kredit einschließlich der Zinsen und Kosten innerhalb des laufenden und des darauf folgenden Abrechnungsjahres aus dem verfügbaren Vermögen vollständig zurückgeführt werden kann, ohne dass eine Erhebung von Sonderzahlungen erforderlich wird.

(6) [1]Die Pflicht zur Leistung von Sonderbeiträgen und Sonderzahlungen besteht für alle Unternehmen, die der Entschädigungseinrichtung zu Beginn des Abrechnungsjahres, in dem ein Sonderbeitrag oder eine Sonderzahlung erhoben wird, zugeordnet waren. [2]Dies gilt nicht für Institute, die vor der Feststellung des Entschädigungsfalls aus der Entschädigungseinrichtung ausgeschieden sind.

(7) [1]Die Höhe des jeweiligen Sonderbeitrags und der jeweiligen Sonderzahlung bemisst sich nach dem Verhältnis des zuletzt fälligen vollen Jahresbeitrags des einzelnen Instituts zur Gesamtsumme der Jahresbeiträge und der einmaligen Zahlungen sowie, in den Fällen des Satzes 3, der fiktiven Jahresbeiträge aller nach Absatz 6 beitrags- oder zahlungspflichtigen Institute. [2]Für Institute, die noch keinen Jahresbeitrag zu zahlen hatten, tritt an die Stelle des zuletzt fälligen Jahresbeitrags die einmalige Zahlung nach Absatz 2 Satz 4. [3]Die Rechtsverordnung nach Absatz 9 Satz 1 kann vorsehen, dass die Entschädigungseinrichtung in Fällen des Satzes 2 auf Antrag eines Instituts und nach Vorlage von glaubhaft gemachten Planzahlen einen fiktiven Jahresbeitrag berechnet, der an die Stelle des zuletzt fälligen Jahresbeitrags tritt, sofern sich hiernach eine erhebliche Abweichung zu der einmaligen Zahlung des Instituts ergibt. [4]Wenn auf Grund der Bildung von Sonderposten nach § 340g des Handelsgesetzbuchs eine einheitliche und gerechte Verteilung der Leistungspflicht auf die Institute unter Berücksichtigung der Anforderungen nach Absatz 9 Satz 1 zweiter Halbsatz nicht mehr gewährleistet ist, kann die Rechtsverordnung nach Absatz 8 Satz 1 auch vorsehen, dass die Entschädigungseinrichtung in den Fällen des Satzes 1 für Institute, die einen Sonderposten nach § 340g des Handelsgesetzbuchs bilden, einen fiktiven Jahresbeitrag berechnet, der an die Stelle des zuletzt fälligen Jahresbeitrags tritt; bei der Berechnung dieses fiktiven Jahresbeitrags werden über § 340e Absatz 4 des Handelsgesetzbuchs hinausgehend gebildete Sonderposten im Sinne des § 340g des Handelsgesetzbuchs nur in Höhe der Hälfte ihres Betrages berücksichtigt. [5]Die Entschädigungseinrichtung ist berechtigt, in einem Abrechnungsjahr mehrere Sonderbeiträge und Sonderzahlungen zu erheben. [6]Die in einem Abrechnungsjahr erhobenen Sonderbeiträge und Sonderzahlungen dürfen insgesamt das Fünffache des für ein Institut zuletzt fälligen Jahresbeitrags nicht übersteigen; bei Instituten, die noch keinen Jahresbeitrag zu zahlen hatten, dürfen die in einem Abrechnungsjahr erhobenen Sonderbeiträge und Sonderzahlungen insgesamt das Fünffache der einmaligen Zahlung oder des fiktiven Jahresbeitrags nicht übersteigen. [7]Hat ein Institut über einen Zeitraum von drei aufeinanderfolgenden Abrechnungsjahren Sonderbeiträge oder Sonderzahlungen geleistet, dürfen in unmittelbar nachfolgenden Jahren erhobene Sonderbeiträge und Sonderzahlungen in jedem Abrechnungsjahr insgesamt das Zweifache des für ein Institut zuletzt fälligen Jahresbeitrags nicht übersteigen. [8]Die Entschädigungseinrichtung kann ein Institut mit Zustimmung der Bundesanstalt von der Pflicht zur Leistung eines Sonderbeitrags oder einer Sonderzahlung ganz oder teilweise befreien, wenn durch die Gesamtheit der an die Entschädigungseinrichtung zu leistenden Zahlungen Gefahr für die Erfüllung der Verpflichtungen dieses Instituts gegenüber seinen Gläubigern bestehen würde.

(8) [1]Nach Abschluss eines Entschädigungsverfahrens hat die Entschädigungseinrichtung den Instituten über die Verwendung der Sonderbeiträge und Sonderzahlungen zu berichten. [2]Sie hat den Instituten gezahlte Sonderbeiträge und Sonderzahlungen nach Abschluss des Entschädigungsverfahrens zu erstatten,

soweit sie im Fall von Sonderbeiträgen nicht zur Durchführung des Entschädigungsfalls oder im Fall von Sonderzahlungen nicht zur Bedienung eines Kredits nach Absatz 5 Satz 1 und 2 verwendet worden sind.

(9) [1]Das Nähere über die Jahresbeiträge, die einmaligen Zahlungen, die Sonderbeiträge und die Sonderzahlungen regelt das Bundesministerium der Finanzen durch Rechtsverordnung ohne Zustimmung des Bundesrates nach Anhörung der Entschädigungseinrichtung; hinsichtlich der Jahresbeiträge, der einmaligen Zahlungen sowie der Sonderbeiträge und Sonderzahlungen sind die Art und der Umfang der gesicherten Geschäfte, das Geschäftsvolumen und die Anzahl, die Größe, die Geschäftsstruktur und das Risiko der der Entschädigungseinrichtung zugeordneten Institute, einen Entschädigungsfall herbeizuführen, zu berücksichtigen. [2]Die Rechtsverordnung kann auch Bestimmungen zur Erhebung von Verzugszinsen für verspätet geleistete Beiträge zur Kreditaufnahme und zur Anlage der Mittel enthalten. [3]Das Bundesministerium der Finanzen kann die Ermächtigung durch Rechtsverordnung auf die Bundesanstalt übertragen.

(10) [1]Aus den Beitragsbescheiden der Entschädigungseinrichtung findet die Vollstreckung nach den Bestimmungen des Verwaltungsvollstreckungsgesetzes statt. [2]Die vollstreckbare Ausfertigung erteilt die Entschädigungseinrichtung. [3]Widerspruch und Anfechtungsklage gegen Beitragsbescheide haben keine aufschiebende Wirkung.

(11) [1]Für die Erfüllung der Verpflichtungen nach § 3 Absatz 1 haftet die Entschädigungseinrichtung nur mit dem Vermögen, das auf Grund der Beitragsleistungen nach Abzug der Kosten nach Absatz 1 Satz 2 zur Verfügung steht. [2]Eine beliehene Entschädigungseinrichtung hat dieses Vermögen getrennt von ihrem sonstigen Vermögen zu halten und zu verwalten.

§ 9 Prüfung der Institute. (1) [1]Die Entschädigungseinrichtung soll zur Einschätzung der Gefahr des Eintritts eines Entschädigungsfalls regelmäßig und bei gegebenem Anlass Prüfungen der ihr zugeordneten Institute vornehmen. [2]Sie hat die Intensität und Häufigkeit der Prüfungen an der Wahrscheinlichkeit des Eintritts eines Entschädigungsfalls bei einem Institut und an der Höhe der in diesem Fall zu erwartenden Gesamtentschädigung auszurichten. [3]Widerspruch und Anfechtungsklage gegen die Prüfungen haben keine aufschiebende Wirkung.

(2) [1]Die Institute sind verpflichtet, der Entschädigungseinrichtung, der sie zugeordnet sind, den festgestellten Jahresabschluss mit dem dazugehörigen Prüfungsbericht unverzüglich einzureichen sowie auf Verlangen alle Auskünfte zu erteilen und Unterlagen vorzulegen, welche die Entschädigungseinrichtung zur Wahrnehmung ihrer Aufgaben nach diesem Gesetz benötigt. [2]Den bei der Entschädigungseinrichtung beschäftigten oder für sie tätigen Personen ist während der üblichen Arbeitszeit das Betreten der Grundstücke und Geschäftsräume des Instituts zu gestatten, soweit dies zur Wahrnehmung der Aufgaben der Entschädigungseinrichtung nach diesem Gesetz erforderlich ist. [3]Der zur Erteilung einer Auskunft Verpflichtete kann die Auskunft auf solche Fragen verweigern, deren Beantwortung ihn selbst oder einen der in § 383 Absatz 1 Nummer 1 bis 3 der Zivilprozessordnung bezeichneten Angehörigen der Gefahr strafgerichtlicher Verfolgung oder eines Verfahrens nach dem Gesetz über Ordnungswidrigkeiten aussetzen würde. [4]Der Verpflichtete ist über sein Recht zur Verweigerung der Auskunft zu belehren.

(3) Die Entschädigungseinrichtung darf bei einem Unternehmen, das einen Erlaubnisantrag gemäß § 32 Absatz 1 Satz 2 des Kreditwesengesetzes[1)] bei der Bundesanstalt eingereicht hat und ihr bei Erteilung der Erlaubnis zugeordnet würde, Prüfungen zur Einschätzung der Gefahr des Eintritts eines Entschädigungsfalles im Fall einer Erteilung der Erlaubnis vornehmen.

(4) [1] Für die Entschädigungseinrichtung bei der Kreditanstalt für Wiederaufbau werden die Prüfungen nach den Absätzen 1 und 3 durch die Deutsche Bundesbank durchgeführt. [2] Die Bundesanstalt erteilt der Deutschen Bundesbank auf Vorschlag der Entschädigungseinrichtung den Auftrag, die Prüfungen durchzuführen. [3] Eine beliehene Entschädigungseinrichtung nach § 7 hat die Prüfungen nach den Absätzen 1 und 3 durch eigene sachkundige Prüfer durchzuführen oder geeignete Dritte mit den Prüfungen zu beauftragen. [4] Geeignete Dritte sind Wirtschaftsprüfer, vereidigte Buchprüfer, Wirtschaftsprüfungs- und Buchprüfungsgesellschaften sowie andere Dritte, die über die erforderlichen Kenntnisse und Erfahrungen verfügen, sofern keine Umstände vorliegen, die bei diesen Personen im Hinblick auf die zu prüfenden Institute Interessenkonflikte begründen können. [5] Die beliehene Entschädigungseinrichtung hat die mit den Aufgaben nach Satz 3 betrauten Personen zu verpflichten, ihr das Vorliegen entsprechender Umstände unverzüglich mitzuteilen. [6] Die Prüfungen dürfen nicht durch den Abschlussprüfer oder den Prüfer der Meldepflichten und Verhaltensregeln des Instituts durchgeführt werden. [7] Die für Prüfungen entstehenden Kosten haben die geprüften Unternehmen der Entschädigungseinrichtung zu erstatten. [8] Die Entschädigungseinrichtung hat der Deutschen Bundesbank oder, in den Fällen des Satzes 3, den geeigneten Dritten den Personal- und Sachaufwand zu ersetzen.

(5) Die Entschädigungseinrichtung legt die Einzelheiten der Prüfungen in Prüfungsrichtlinien fest, die der Genehmigung durch die Bundesanstalt bedürfen.

(6) [1] Die Mitarbeiter der Entschädigungseinrichtung sowie die Personen, deren sich diese bedient, können die Geschäftsräume eines Instituts innerhalb der üblichen Betriebs- und Geschäftszeiten betreten, soweit die Bundesanstalt Maßnahmen gemäß § 46 des Kreditwesengesetzes gegen dieses Institut angeordnet hat. [2] Ihnen sind sämtliche Unterlagen vorzulegen, die diese benötigen, um ein Entschädigungsverfahren gemäß § 5 Absatz 1 Satz 1 und 2 vorzubereiten. [3] Sofern Bereiche des Instituts auf ein anderes Unternehmen ausgelagert worden sind, gelten die Sätze 1 und 2 gegenüber diesem Unternehmen entsprechend.

(7) Die Aufwendungen der Entschädigungseinrichtung zur Durchführung oder Vorbereitung eines Entschädigungsverfahrens im Sinne von § 5 hat das Institut der Entschädigungseinrichtung zu ersetzen.

(8) Erhält die Entschädigungseinrichtung im Rahmen einer Prüfung nach Absatz 1 oder in sonstiger Weise Kenntnis von Umständen, welche die Gefahr des Eintritts des Entschädigungsfalls bei einem Institut begründen, hat sie diese unverzüglich der Bundesanstalt mitzuteilen.

§ 10 Prüfung der Entschädigungseinrichtung. (1) [1] Die Entschädigungseinrichtung hat nach Ablauf eines Kalenderjahres einen Geschäftsbericht auf-

[1)] Nr. 8.

zustellen und einen unabhängigen Wirtschaftsprüfer oder eine unabhängige Wirtschaftsprüfungsgesellschaft mit der Prüfung der Vollständigkeit des Geschäftsberichts und der Richtigkeit der Angaben zu beauftragen. [2]Die Entschädigungseinrichtung hat der Bundesanstalt den von ihr bestellten Prüfer unverzüglich nach der Bestellung anzuzeigen. [3]Die Bundesanstalt kann innerhalb eines Monats nach Zugang der Anzeige die Bestellung eines anderen Prüfers verlangen, wenn dies zur Erreichung des Prüfungszwecks geboten ist; Widerspruch und Anfechtungsklage hiergegen haben keine aufschiebende Wirkung. [4]Der Geschäftsbericht muss Angaben zu der Tätigkeit und zu den finanziellen Verhältnissen der Entschädigungseinrichtung, insbesondere zu der Höhe und der Anlage der Mittel, zu der Verwendung der Mittel für Entschädigungsfälle, zu der Höhe der Beiträge sowie zu den Kosten der Verwaltung enthalten.

(2) [1]Die Entschädigungseinrichtung hat der Bundesanstalt und der Deutschen Bundesbank jeweils bis zum 31. Mai den festgestellten Geschäftsbericht einzureichen. [2]Der Prüfer hat den Bericht über die Prüfung des Geschäftsberichts unverzüglich nach Beendigung der Prüfung der Bundesanstalt und der Deutschen Bundesbank einzureichen. [3]Die Bundesanstalt und die Deutsche Bundesbank sind auch auf Anforderung über die Angaben nach Absatz 1 Satz 4 zu unterrichten. [4]§ 9 des Kreditwesengesetzes[1)] ist entsprechend anzuwenden.

(3) [1]Wurde die Wahrnehmung der Aufgaben und Befugnisse der Entschädigungseinrichtung nach § 7 einem Beliehenen übertragen, prüft der Bundesrechnungshof die beliehene Entschädigungseinrichtung im Hinblick auf eine ordnungsgemäße Haushalts- und Wirtschaftsführung. [2]Die §§ 89, 90, 92 bis 100 der Bundeshaushaltsordnung sind entsprechend anzuwenden. [3]Der Bundesrechnungshof ist unverzüglich zu unterrichten, wenn oberste Bundesbehörden allgemeine Vorschriften erlassen oder erläutern, welche die Entschädigungseinrichtung betreffen. [4]Der Bundesrechnungshof ist vor dem Erlass dieser Vorschriften zu hören.

§ 11 Ausschluss aus der Entschädigungseinrichtung. (1) [1]Erfüllt ein Institut die Beitrags- oder Mitwirkungspflichten nach § 8 oder § 9 nicht, nicht richtig, nicht vollständig oder nicht rechtzeitig, so hat die Entschädigungseinrichtung die Bundesanstalt und die Deutsche Bundesbank zu unterrichten. [2]Erfüllt das Institut auch innerhalb eines Monats nach Aufforderung durch die Bundesanstalt seine Verpflichtungen nicht, kann die Entschädigungseinrichtung dem Institut mit einer Frist von zwölf Monaten den Ausschluss aus der Entschädigungseinrichtung ankündigen. [3]Erfüllt das Institut die Verpflichtungen auch weiterhin nicht, kann die Entschädigungseinrichtung mit Zustimmung der Bundesanstalt nach Ablauf dieser Frist das Institut von der Entschädigungseinrichtung ausschließen. [4]Nach dem Ausschluss haftet die Entschädigungseinrichtung nur noch für Verbindlichkeiten des Instituts, die vor Ablauf dieser Frist begründet wurden.

(2) Fällt die Erlaubnis zum Betreiben von Wertpapiergeschäften gemäß § 1 Absatz 2 weg, haftet die Entschädigungseinrichtung nur noch für Verbindlichkeiten des Instituts, die vor dem Wegfall begründet wurden.

[1)] Nr. **8**.

§ 12 Zweigniederlassungen von Unternehmen mit Sitz in einem anderen Staat des Europäischen Wirtschaftsraums. (1) [1] Zweigniederlassungen eines Unternehmens im Sinne des § 53b des Kreditwesengesetzes[1)] haben zu den für inländische Institute geltenden Bedingungen einen Anspruch auf Einbeziehung in eine Entschädigungseinrichtung, sofern die Entschädigung nach diesem Gesetz nach Höhe oder Umfang die Sicherung im Herkunftsstaat des Unternehmens übersteigt. [2] Voraussetzung ist, dass dem Unternehmen in seinem Herkunftsstaat die Erlaubnis zum Betreiben der Geschäfte eines Wertpapierhandelsunternehmens im Sinne des § 1 Absatz 3d des Kreditwesengesetzes erteilt ist.

(2) [1] Die Sicherung im Sinne des Absatzes 1 ist nach Höhe und Umfang auf den Anteil beschränkt, der die Sicherung im Herkunftsstaat übersteigt. [2] Nicht gesichert sind Bankgeschäfte oder Finanzdienstleistungen mit Devisen oder Rechnungseinheiten.

(3) [1] Erfüllt eine Zweigniederlassung, die nach Absatz 1 in eine Entschädigungseinrichtung einbezogen ist, ihre Verpflichtungen gegenüber der Entschädigungseinrichtung nicht, hat die Entschädigungseinrichtung die Bundesanstalt und die Deutsche Bundesbank zu unterrichten. [2] Die Bundesanstalt fordert die Zweigniederlassung auf, ihre Verpflichtungen innerhalb einer von der Bundesanstalt zu bestimmenden Frist zu erfüllen. [3] Kommt die Zweigniederlassung dieser Aufforderung nicht nach, unterrichtet die Bundesanstalt die zuständigen Behörden des Herkunftsstaats, welche die in Absatz 1 Satz 2 genannte Erlaubnis erteilt haben. [4] Die Bundesanstalt und die zuständigen Behörden des Herkunftsstaats ergreifen im Zusammenwirken mit der Entschädigungseinrichtung alle erforderlichen Maßnahmen, um sicherzustellen, dass die Zweigniederlassung ihre Verpflichtungen nach diesem Gesetz erfüllt.

(4) [1] Sofern die zuständigen Behörden des Herkunftsstaats keine Maßnahmen ergreifen oder sich die Maßnahmen nach Absatz 3 als unzureichend erweisen, kann die Entschädigungseinrichtung mit Zustimmung der zuständigen Behörden des Herkunftsstaats die Zweigniederlassung mit einer Frist von zwölf Monaten von der Entschädigungseinrichtung ausschließen. [2] Nach dem Ausschluss haftet die Entschädigungseinrichtung nur noch für Verbindlichkeiten der Zweigniederlassung, die vor Ablauf dieser Frist begründet wurden.

(5) Die Entschädigungseinrichtung arbeitet in Abstimmung mit der Bundesanstalt in den Fällen der Absätze 1 bis 4 mit der Entschädigungseinrichtung des Herkunftsstaats zusammen.

§ 13 Verschwiegenheitspflicht. [1] Personen, die bei der Entschädigungseinrichtung beschäftigt oder für sie tätig sind, dürfen fremde Geheimnisse, insbesondere Betriebs- oder Geschäftsgeheimnisse, nicht unbefugt offenbaren oder verwerten. [2] Sie sind nach dem Verpflichtungsgesetz vom 2. März 1974 (BGBl. I S. 469, 547), das durch § 1 Nummer 4 des Gesetzes vom 15. August 1974 (BGBl. I S. 1942) geändert worden ist, von der Bundesanstalt auf eine gewissenhafte Erfüllung ihrer Obliegenheiten zu verpflichten. [3] Ein unbefugtes Offenbaren oder Verwerten fremder Geheimnisse liegt insbesondere nicht vor, wenn Tatsachen an die Bundesanstalt oder die Deutsche Bundesbank weitergegeben werden.

---

1) Nr. 8.

§ 13a Verarbeitung personenbezogener Daten. (1) [1]Die Entschädigungseinrichtung ist befugt, personenbezogene Daten zu verarbeiten, soweit dies zur Erfüllung ihrer gesetzlichen Aufgaben erforderlich ist. [2]Verarbeitet die Entschädigungseinrichtung im Zuge einer Maßnahme zur Durchführung ihrer Aufgaben nach diesem Gesetz personenbezogene Daten, stehen den betroffenen Personen die Rechte aus den Artikeln 15 bis 18 und 20 bis 22 der Verordnung (EU) 2016/679 des Europäischen Parlaments und des Rates vom 27. April 2016 zum Schutz natürlicher Personen bei der Verarbeitung personenbezogener Daten, zum freien Datenverkehr und zur Aufhebung der Richtlinie 95/46/EG (Datenschutz- Grundverordnung) (ABl. L 119 vom 4.5. 2016, S. 1; L 314 vom 22.11.2016, S. 72; L 127 vom 23.5.2018, S. 2) in der jeweils geltenden Fassung nicht zu, soweit die Erfüllung der Rechte der betroffenen Personen Folgendes gefährden würde:

1. die Stabilität und Integrität der Finanzmärkte der Bundesrepublik Deutschland oder eines oder mehrerer Mitgliedstaaten des Europäischen Wirtschaftsraums,
2. den Zweck der Maßnahme,
3. ein sonstiges wichtiges Ziel des allgemeinen öffentlichen Interesses der Bundesrepublik Deutschland oder eines oder mehrerer Mitgliedstaaten des Europäischen Wirtschaftsraums, insbesondere ein wichtiges wirtschaftliches oder finanzielles Interesse, oder
4. die Verhütung, Ermittlung, Aufdeckung oder Verfolgung von Straftaten oder die Strafvollstreckung, einschließlich des Schutzes vor und der Abwehr von Gefahren für die öffentliche Sicherheit.

[3]Unter diesen Voraussetzungen ist die Entschädigungseinrichtung auch von den Pflichten nach den Artikeln 5, 12 bis 14, 19 und 34 der Verordnung (EU) 2016/679 befreit.

(2) Die jeweils betroffene Person ist über das Ende der Beschränkung in geeigneter Form zu unterrichten, sofern dies nicht dem Zweck der Beschränkung abträglich ist.

(3) [1]Soweit die Entschädigungseinrichtung der betroffenen Person in den Fällen des Absatzes 1 Satz 1 und 2 keine Auskunft erteilt, ist die Auskunft auf Verlangen der betroffenen Person dem Bundesbeauftragten für den Datenschutz und die Informationsfreiheit zu erteilen, soweit nicht im Einzelfall festgestellt wird, dass dadurch die öffentliche Sicherheit des Bundes oder eines Landes oder die Stabilität und Integrität der Finanzmärkte gefährdet würde. [2]Die Mitteilung des Bundesbeauftragten für den Datenschutz und die Informationsfreiheit an die betroffene Person über das Ergebnis der datenschutzrechtlichen Prüfung darf keine Rückschlüsse auf den Erkenntnisstand der Entschädigungseinrichtung zulassen, sofern diese nicht einer weitergehenden Auskunft zustimmt.

(4) Soweit Personen und Unternehmen personenbezogene Daten zur Erfüllung der Aufgaben nach Absatz 1 an die Entschädigungseinrichtung übermitteln oder diese von dort erhoben werden, bestehen die Pflicht zur Information der betroffenen Person nach Artikel 13 Absatz 3 und Artikel 14 Absatz 4 der Verordnung (EU) 2016/679 und das Recht auf Auskunft der betroffenen Person nach Artikel 15 der Verordnung (EU) 2016/679 nicht.

§ 14 Nichtanwendung des Versicherungsaufsichtsgesetzes. Die Vorschriften des Versicherungsaufsichtsgesetzes gelten nicht für Entschädigungseinrichtungen im Sinne der §§ 6 und 7.

§ 15 Bußgeldvorschriften. (1) Ordnungswidrig handelt, wer vorsätzlich oder leichtfertig entgegen § 9 Absatz 2 Satz 1 den Jahresabschluss mit dem dazugehörigen Prüfungsbericht nicht, nicht richtig, nicht vollständig oder nicht rechtzeitig einreicht.

(2) Ordnungswidrig handelt, wer vorsätzlich oder fahrlässig entgegen § 9 Absatz 2 Satz 1 eine Auskunft nicht, nicht richtig, nicht vollständig oder nicht rechtzeitig erteilt oder eine Unterlage nicht, nicht richtig, nicht vollständig oder nicht rechtzeitig vorlegt.

(3) Die Ordnungswidrigkeit kann mit einer Geldbuße bis zu fünfzigtausend Euro geahndet werden.

(4) Verwaltungsbehörde im Sinne des § 36 Absatz 1 Nummer 1 des Gesetzes über Ordnungswidrigkeiten ist die Bundesanstalt.

§ 16 Zwangsmittel. (1) Die Entschädigungseinrichtung kann die Befolgung der Verfügungen, die sie innerhalb ihrer gesetzlichen Befugnisse trifft, mit Zwangsmitteln nach den Bestimmungen des Verwaltungsvollstreckungsgesetzes durchsetzen.

(2) Die Höhe des Zwangsgeldes beträgt bei Maßnahmen gemäß § 8 Absatz 1, 2 Satz 1, § 9 Absatz 2 Satz 1, Absatz 3 und 6 Satz 1 und 2 bis zu 50 000 Euro, bei Maßnahmen nach § 9 Absatz 1 Satz 1 bis zu 100 000 Euro.

§ 17 Zeitlicher Anwendungsbereich. (1) Ein Anspruch auf Entschädigung nach diesem Gesetz besteht für einen Entschädigungsfall wegen Nichterfüllung von Verbindlichkeiten aus Wertpapiergeschäften nur, wenn dieser Entschädigungsfall nach dem 25. September 1998 eingetreten ist.

(2) [1] Ansprüche auf Entschädigung nach diesem Gesetz können erstmals ab dem 1. November 1998 angemeldet werden. [2] Sofern die Unterrichtung gemäß § 5 Absatz 4 vorher erfolgt ist, beginnt die Anmeldefrist gemäß § 5 Absatz 5 erst ab dem 1. November 1998.

§ 18[1] Anwendungsbestimmung und Übergangsregelung. (1) Bis zum 31. Dezember 2010 können die Entschädigungseinrichtungen und Institute § 5 weiter in der bis zum 29. Juni 2009 geltenden Fassung anwenden.

(2) Institute, die vor dem 30. Juni 2009 aus einer Entschädigungseinrichtung ausgeschieden sind, können nicht mehr für die Abwicklung von Entschädigungsfällen bei dieser Entschädigungseinrichtung herangezogen werden.

(3) Für Entschädigungsfälle, die vor dem 30. Juni 2009 festgestellt worden sind und bei denen das Entschädigungsverfahren noch nicht abgeschlossen ist, ist § 8 Abs. 3 bis 10 in der ab dem 30. Juni 2009 geltenden Fassung mit folgenden Maßgaben anzuwenden:

1. An die Stelle der Unterrichtung durch die Bundesanstalt nach § 8 Abs. 3 Satz 1 tritt der 30. Juni 2009.

---

[1] Beachte auch die Übergangsregelung in § 63 des Einlagensicherungsgesetzes (Nr. **12**).

2. Hat die Entschädigungseinrichtung zur Deckung des Mittelbedarfs bereits vor dem 30. Juni 2009 einen Kredit aufgenommen, entfällt die Verpflichtung zur Erhebung von Sonderbeiträgen nach § 8 Abs. 3 Satz 1, soweit der Mittelbedarf durch den Kredit gedeckt wird.

(4) Kapitalanlagegesellschaften, die am 29. Juni 2009 eine Erlaubnis zum Erbringen der individuellen Vermögensverwaltung nach § 7 Abs. 2 Nr. 1 des Investmentgesetzes haben und von dieser Erlaubnis länger als ein Jahr keinen Gebrauch gemacht haben, gelten bis zum 29. September 2009 nicht als Institute im Sinne des § 1 Abs. 1 Nr. 4.

(5) Wertpapiergeschäfte im Sinne des § 1 Absatz 2 Nummer 1, die sich auf Rechnungseinheiten im Sinne des § 1 Absatz 11 Nummer 7 des Kreditwesengesetzes[1)] beziehen und die vor dem 1. Januar 2020 abgeschlossen worden sind, gelten als Wertpapiergeschäfte im Sinne dieses Gesetzes.

[1)] Nr. 8.

12. Einlagensicherungsgesetz (EinSiG)[1)]

Vom 28. Mai 2015

(BGBl. I S. 786)

FNA 7610-20

zuletzt geänd. durch Art. 95 Zweites Datenschutz-Anpassungs- und Umsetzungsgesetz EU v. 20.11. 2019 (BGBl. I S. 1626)

Inhaltsübersicht

[1)] Verkündet als Art. 1 G v. 28.5.2015 (BGBl. I S. 786); Inkrafttreten gem. Art. 9 dieses G am 3.7. 2015, mit Ausnahme der §§ 23, 33, 43, 44, 47 und 48, die gem. Art. 9 Abs. 2 bereits am 6.6.2015 in Kraft getreten sind.

Amtl. Anm. am Titel des vorgenannten G: „Dieses Gesetz dient der Umsetzung der Richtlinie 2014/49/EU des Europäischen Parlaments und des Rates vom 16. April 2014 über Einlagensicherungssysteme (ABl. L 173 vom 12.6.2014, S. 149)".

Teil 1. Allgemeine Vorschriften

§ 1 Sicherungspflicht der Institute. [1] Die CRR-Kreditinstitute im Sinne des § 1 Absatz 3d Satz 1 des Kreditwesengesetzes[1)] sind verpflichtet, ihre Einlagen nach Maßgabe dieses Gesetzes durch Zugehörigkeit zu einem Einlagensicherungssystem zu sichern. [2] Im Sinne dieses Gesetzes gelten als CRR-Kreditinstitute auch Zweigstellen im Inland, die von Unternehmen mit Sitz im Ausland unterhalten werden und zumindest das Einlagengeschäft nach § 1 Absatz 1 Satz 2 Nummer 1 des Kreditwesengesetzes und das Kreditgeschäft nach § 1 Absatz 1 Satz 2 Nummer 2 des Kreditwesengesetzes betreiben.

§ 2 Begriffsbestimmungen. (1) Einlagensicherungssysteme im Sinne dieses Gesetzes sind

1. gesetzliche Entschädigungseinrichtungen nach § 22 Absatz 2 und
2. institutsbezogene Sicherungssysteme, die nach § 43 als Einlagensicherungssystem anerkannt sind.

(2) Ein institutsbezogenes Sicherungssystem im Sinne dieses Gesetzes ist eine Haftungsvereinbarung im Sinne des Artikels 113 Absatz 7 der Verordnung (EU) Nr. 575/2013[2)] des Europäischen Parlaments und des Rates vom 26. Juni 2013 über Aufsichtsanforderungen an Kreditinstitute und Wertpapierfirmen und zur Änderung der Verordnung (EU) Nr. 646/2012 (ABl. L 176 vom 27.6.2013, S. 1).

(3) [1] Einlagen im Sinne dieses Gesetzes sind Guthaben, einschließlich Festgeld und Spareinlagen, die

1. sich aus Beträgen, die auf einem Konto verblieben sind, oder aus Zwischenpositionen im Rahmen von Bankgeschäften ergeben und
2. vom CRR-Kreditinstitut nach den geltenden gesetzlichen und vertraglichen Bedingungen zurückzuzahlen sind.

[2] Von Einlagen nach Satz 1 ausgenommen ist ein Guthaben, wenn

1. die Existenz dieses Guthabens nur durch ein Finanzinstrument im Sinne des § 2 Absatz 4 des Wertpapierhandelsgesetzes nachgewiesen werden kann, es sei denn, es handelt sich um ein Sparprodukt, das durch ein auf eine benannte Person lautendes Einlagenzertifikat verbrieft ist und bereits zum 2. Juli 2014 bestand,

---

[1)] Nr. **8**.
[2)] Nr. **6**.

2. das Guthaben nicht zum Nennwert rückzahlbar ist oder
3. das Guthaben nur im Rahmen einer bestimmten, vom CRR-Kreditinstitut oder einem Dritten gestellten Garantie oder Vereinbarung rückzahlbar ist.

[3] Als Einlagen im Sinne dieses Gesetzes gelten auch Verbindlichkeiten aus Wertpapiergeschäften eines CRR-Kreditinstituts, das auch die Erlaubnis zum Betreiben von Bankgeschäften nach § 1 Absatz 1 Satz 2 Nummer 4 und 10 des Kreditwesengesetzes[1)] oder zur Erbringung von Finanzdienstleistungen im Sinne des § 1 Absatz 1a Satz 2 Nummer 1 bis 4 des Kreditwesengesetzes besitzt, sofern die Verbindlichkeiten des CRR-Kreditinstituts darin bestehen, den Kunden Besitz oder Eigentum an Geld zu verschaffen.

(4) Entschädigungsfähige Einlagen eines CRR-Kreditinstituts im Sinne dieses Gesetzes sind alle Einlagen mit Ausnahme der nicht entschädigungsfähigen Einlagen gemäß § 6.

(5) Gedeckte Einlagen eines CRR-Kreditinstituts im Sinne dieses Gesetzes sind die Teile entschädigungsfähiger Einlagen, die die Deckungssumme gemäß § 8 nicht übersteigen.

§ 3 Informationen für den Einleger über die Einlagensicherung.

(1) Die Internetseiten der Einlagensicherungssysteme müssen alle erforderlichen Informationen für die Gläubiger eines CRR-Kreditinstituts, die Inhaber einer Einlage sind (Einleger), enthalten, insbesondere Informationen über das Entschädigungsverfahren und die Bedingungen der Einlagensicherung nach Maßgabe dieses Gesetzes.

(2) Die Informationen für die Einleger können die Funktionsweise des Einlagensicherungssystems sachlich beschreiben, dürfen aber keinen Verweis auf eine unbegrenzte Deckung von Einlagen enthalten.

§ 4 Information für den Einleger und Kündigungsrecht bei Umwandlung. (1) [1] Ein CRR-Kreditinstitut hat die Einleger im Falle einer Umwandlung, die zu einem Wechsel des Einlagensicherungssystems führt, mindestens einen Monat, bevor die Umwandlung wirksam wird, über die Umwandlung und den Wechsel des Einlagensicherungssystems zu informieren, es sei denn, die Bundesanstalt für Finanzdienstleistungsaufsicht (Bundesanstalt) lässt aus Gründen der Wahrung von Geschäftsgeheimnissen oder der Stabilität des Finanzsystems eine kürzere Frist zu. [2] Über eine Verkürzung der Frist nach Satz 1 entscheidet die Bundesanstalt auf Antrag des CRR-Kreditinstituts innerhalb von fünf Arbeitstagen.

(2) Die Einleger sind berechtigt, innerhalb einer Frist von drei Monaten nach Zugang der Informationen nach Absatz 1 ihre entschädigungsfähigen Einlagen im Sinne des § 2 Absatz 4 einschließlich der Ansprüche auf Zinsen auf diese Einlagen, soweit sie die Deckungssumme gemäß § 8 übersteigen, höchstens jedoch den zum Zeitpunkt der Umwandlung vorhandenen Betrag entschädigungsfrei abzuheben oder auf ein anderes CRR-Kreditinstitut zu übertragen.

---

1) Nr. 8.

Teil 2. Entschädigung der Einleger

Kapitel 1. Entschädigungsanspruch

§ 5 Rechtsanspruch auf Entschädigung. (1) [1]Der Einleger hat im Entschädigungsfall gegen das Einlagensicherungssystem, dem das CRR-Kreditinstitut angehört, einen Anspruch auf Entschädigung nach Maßgabe der §§ 6 bis 15. [2]Darf der Einleger nicht uneingeschränkt über die Einlage verfügen, steht der Anspruch auf Entschädigung dem uneingeschränkt Nutzungsberechtigten zu, sofern dieser im Zeitpunkt des Entschädigungsfalls bekannt ist oder ermittelt werden kann.

(2) Das Einlagensicherungssystem, dem das CRR-Kreditinstitut angehört, ist verpflichtet, Verbindlichkeiten aus Wertpapiergeschäften im Sinne des § 1 Absatz 3 Satz 2 des Anlegerentschädigungsgesetzes[1)] nach Maßgabe der §§ 3 bis 5 des Anlegerentschädigungsgesetzes zu entschädigen.

(3) Fällt die Erlaubnis zum Betreiben des Einlagengeschäftes gemäß § 1 Absatz 1 Satz 2 Nummer 1 des Kreditwesengesetzes[2)] weg, haftet das Einlagensicherungssystem nur für Verbindlichkeiten des CRR-Kreditinstituts, die vor dem Wegfall begründet wurden.

§ 6 Nicht entschädigungsfähige Einlagen. Nicht nach § 5 werden folgende Einlagen entschädigt:

1. Einlagen, die andere CRR-Kreditinstitute im eigenen Namen und auf eigene Rechnung getätigt haben,
2. Eigenmittel im Sinne des Artikels 4 Absatz 1 Nummer 118 der Verordnung (EU) Nr. 575/2013[3)],
3. Einlagen, die entstanden sind im Zusammenhang mit Transaktionen, auf Grund derer Personen in einem Strafverfahren wegen Geldwäsche im Sinne des Artikels 1 Absatz 2 der Richtlinie 2005/60/EG des Europäischen Parlaments und des Rates vom 26. Oktober 2005 zur Verhinderung der Nutzung des Finanzsystems zum Zwecke der Geldwäsche und der Terrorismusfinanzierung (ABl. L 309 vom 25.11.2005, S. 15) verurteilt worden sind,
4. Einlagen von Finanzinstituten im Sinne des Artikels 4 Absatz 1 Nummer 26 der Verordnung (EU) Nr. 575/2013,
5. Einlagen von Wertpapierfirmen im Sinne des Artikels 4 Absatz 1 Nummer 1 der Richtlinie 2004/39/EG des Europäischen Parlaments und des Rates vom 21. April 2004 über Märkte für Finanzinstrumente, zur Änderung der Richtlinien 85/611/EWG und 93/6/EWG des Rates und der Richtlinie 2000/12/EG des Europäischen Parlaments und des Rates und zur Aufhebung der Richtlinie 93/22/EWG des Rates (ABl. L 145 vom 30.4.2004, S. 1),

---

1) Nr. **11**.
2) Nr. **8**.
3) Nr. **6**.

6. Einlagen, die nicht mehr verfügbar sind und bei denen die Identität ihres Inhabers niemals nach Artikel 9 Absatz 1 der Richtlinie 2005/60/EG festgestellt wurde,
7. Einlagen von Versicherungsunternehmen und von Rückversicherungsunternehmen im Sinne des Artikels 13 Nummer 1 bis 6 der Richtlinie 2009/138/EG des Europäischen Parlaments und des Rates vom 25. November 2009 betreffend die Aufnahme und Ausübung der Versicherungs- und der Rückversicherungstätigkeit (Solvabilität II) (ABl. L 335 vom 17.12. 2009, S. 1),
8. Einlagen von Organismen für gemeinsame Anlagen im Sinne des Artikels 4 Absatz 1 Nummer 7 der Verordnung (EU) Nr. 575/2013,
9. Einlagen von Pensions- und Rentenfonds, insbesondere von Einrichtungen der betrieblichen Altersversorgung im Sinne des Artikels 6 Buchstabe a der Richtlinie 2003/41/EG des Europäischen Parlaments und des Rates vom 3. Juni 2003 über die Tätigkeiten und die Beaufsichtigung von Einrichtungen der betrieblichen Altersversorgung (ABl. L 235 vom 23.9.2003, S. 10),
10. Einlagen staatlicher Stellen, insbesondere staatlicher Stellen des Bundes, eines Landes, eines rechtlich unselbständigen Sondervermögens des Bundes oder eines Landes, einer kommunalen Gebietskörperschaft, eines anderen Staats oder einer Regionalregierung oder einer örtlichen Gebietskörperschaft eines anderen Staats,
11. Schuldverschreibungen eines CRR-Kreditinstituts und Verbindlichkeiten aus eigenen Akzepten und Solawechseln.

§ 7 Umfang und Berechnung des Entschädigungsanspruchs. (1) Der Entschädigungsanspruch des Einlegers richtet sich nach dem Umfang seiner entschädigungsfähigen Einlagen und ist der Höhe nach auf die Deckungssumme nach § 8 begrenzt.

(2) Bei der Berechnung der Höhe des Entschädigungsanspruchs ist der Betrag der entschädigungsfähigen Einlagen bei Eintritt des Entschädigungsfalls, einschließlich der Ansprüche auf Zinsen auf entschädigungsfähige Einlagen bis zum Zeitpunkt der Feststellung des Entschädigungsfalls nach § 10 Absatz 1, zugrunde zu legen.

(3) Die Deckungssumme nach § 8 bezieht sich auf die Gesamtforderung des Einlegers gegen das CRR-Kreditinstitut nach Absatz 2, unabhängig von der Zahl der Konten, der Währung und dem Ort, an dem die Konten geführt werden.

(4) [1] Bei einem Konto, das im Namen von zwei oder mehreren Personen eröffnet wurde oder an dem zwei oder mehrere Personen Rechte haben, die mittels der Unterschrift von einer oder mehreren dieser Personen ausgeübt werden können (Gemeinschaftskonto), ist für die Deckungssumme nach § 8 der jeweilige Anteil des einzelnen Kontoinhabers maßgeblich. [2] Fehlen besondere Bestimmungen, so wird die Einlage den Kontoinhabern jeweils zu gleichen Anteilen zugerechnet.

(5) Für Konten, welche auf den Namen einer Gemeinschaft von Wohnungseigentümern geführt wird, gilt Absatz 4 entsprechend mit der Maßgabe, dass die Mitglieder der Wohnungseigentümergemeinschaft als Kontoinhaber gelten.

(6) Sind an einer entschädigungsfähigen Einlage mehrere Personen uneingeschränkt nutzungsberechtigt, gilt Absatz 4 entsprechend.

(7) [1] Die Entschädigung wird in Euro gewährt. [2] Falls Konten eines Einlegers in einer anderen Währung als in Euro geführt werden, wird als Wechselkurs der Referenzkurs der Europäischen Zentralbank des Tages verwendet, an dem die Bundesanstalt nach § 10 Absatz 1 den Entschädigungsfall festgestellt hat. [3] Liegt ein Referenzkurs der Europäischen Zentralbank nicht vor, ist für die Umrechnung der Mittelkurs aus feststellbaren An- und Verkaufskursen des Stichtages zugrunde zu legen.

(8) [1] Die CRR-Kreditinstitute sind verpflichtet, dem Einlagensicherungssystem auf Verlangen jederzeit alle Informationen zur Verfügung zu stellen, die es zur Vorbereitung einer Entschädigung benötigt, einschließlich der Informationen über die entschädigungsfähigen Gesamteinlagen der einzelnen Einleger. [2] Dafür sind die entschädigungsfähigen Einlagen so zu kennzeichnen, dass sie für jeden einzelnen Einleger sofort ermittelt werden können. [3] Das CRR-Kreditinstitut hat dem Einlagensicherungssystem die für die Entschädigung der Gläubiger erforderlichen Daten nach den Vorgaben des Einlagensicherungssystems in maschinell bearbeitbarer Form zur Verfügung zu stellen.

§ 8 Deckungssumme. (1) Der Entschädigungsanspruch ist der Höhe nach begrenzt auf den Gegenwert von 100 000 Euro (Deckungssumme).

(2) Abweichend von Absatz 1 beträgt die Deckungssumme den Gegenwert von bis zu 500 000 Euro, wenn und soweit

1. die Gesamtforderung des Einlegers gegen das CRR-Kreditinstitut den in Absatz 1 genannten Betrag übersteigt durch die Gutschrift folgender nicht regelmäßig ausgezahlter Beträge:
   a) Beträge, die aus Immobilientransaktionen im Zusammenhang mit privat genutzten Wohnimmobilien resultieren,
   b) Beträge, die soziale, gesetzlich vorgesehene Zwecke erfüllen und an bestimmte Lebensereignisse eines Einlegers geknüpft sind, wie Heirat, Scheidung, Renteneintritt, Ruhestand, Kündigung, Entlassung, Geburt, Krankheit, Pflegebedürftigkeit, Invalidität, Behinderung oder Tod,
   c) Beträge, die bestimmte Zwecke erfüllen und auf der Auszahlung von Versicherungsleistungen oder Entschädigungszahlungen für aus Gewalttaten verursachte gesundheitliche Schädigungen oder für durch nicht zu Recht erlittene Strafverfolgungsmaßnahmen verursachte Schäden beruhen,
   d) Beträge aus Zahlungen nach dem Recht anderer Staaten, die den in den Buchstaben a bis c genannten Leistungen und Zahlungen vergleichbar sind, und
2. der Entschädigungsfall eingetreten ist
   a) in einem Zeitraum von bis zu sechs Monaten nach Gutschrift der Beträge nach Nummer 1, sofern diese Beträge ab Gutschrift auf rechtlich zulässige Weise übertragen werden können, oder
   b) in einem Zeitraum ab Gutschrift der Beträge nach Nummer 1 bis zu sechs Monaten nach dem Tag, ab dem diese Beträge nach ihrer Gutschrift erstmalig auf rechtlich zulässige Weise übertragen werden können.

(3) Beträge im Sinne des Absatzes 2 Nummer 1 Buchstabe b sind insbesondere:

1. Leistungen auf Grund des Sozialgesetzbuches;
2. Auszahlungen von Wertguthaben im Sinne des Vierten Buches Sozialgesetzbuch;
3. Leistungen auf Grund des Beamtenversorgungsgesetzes, der entsprechenden Regelungen der Länder, des Soldatenversorgungsgesetzes, des Gesetzes über den Auswärtigen Dienst sowie auf Grund von beamtenrechtlichen Vorschriften bezüglich Beihilfe in Krankheits-, Pflege- und Geburtsfällen;
4. Kapitalauszahlungen und Kapitalabfindungen aus betrieblicher Altersversorgung, aus nach § 10a oder Abschnitt XI des Einkommensteuergesetzes geförderter Altersvorsorge sowie von berufsständischen Versorgungswerken;
5. Leistungen auf Grund von Sozialplänen im Sinne des § 112 des Betriebsverfassungsgesetzes, des § 32 Absatz 2 Satz 2 des Sprecherausschussgesetzes, auf Grund personalvertretungsrechtlicher Vorschriften oder kirchenrechtlicher Vorschriften nach dem Mitarbeitervertretungsgesetz der Evangelischen Kirche in Deutschland und der Mitarbeitervertretungsordnungen;
6. Abfindungen auf Grund der §§ 1a, 9, 13, 14 des Kündigungsschutzgesetzes, des § 113 des Betriebsverfassungsgesetzes sowie Abfindungen für den Verlust des Arbeitsplatzes oder auf Grund eines Aufhebungsvertrages oder auf Grund von Tarifverträgen;
7. schuldrechtliche Ausgleichszahlungen zur Durchführung des Versorgungsausgleichs gemäß § 22 des Versorgungsausgleichsgesetzes;
8. Erstattungen eines Versicherungsunternehmens, die Gegenstand einer substitutiven Krankenversicherung im Sinne des § 12 des Versicherungsaufsichtsgesetzes sind;
9. Leistungen auf Grund eines Vergleichs über die von den Nummern 1 bis 8 erfassten Leistungen.

(4) Beträge im Sinne des Absatzes 2 Nummer 1 Buchstabe c sind insbesondere:

1. Leistungen auf Grund von Ansprüchen nach den Vorschriften des 27. Titels des Achten Abschnitts des Zweiten Buchs des Bürgerlichen Gesetzbuchs[1];
2. Leistungen nach dem Gesetz über die Entschädigung für Strafverfolgungsmaßnahmen;
3. Leistungen nach dem Gesetz über die Entschädigung für Opfer von Gewalttaten;
4. Leistungen nach Artikel 5 Absatz 5 der Konvention zum Schutze der Menschenrechte und Grundfreiheiten.

(5) Ein die Deckungssumme nach Absatz 1 übersteigender Rechtsanspruch auf Entschädigung gemäß § 5 in Verbindung mit Absatz 2 ist vom Einleger gesondert schriftlich unter Nachweis der anspruchsbegründenden Tatsachen glaubhaft zu machen.

---

[1] Auszugsweise abgedruckt unter Nr. **23**.

§ 9 Verjährung des Entschädigungsanspruchs; Rechtsweg. (1) Der Entschädigungsanspruch gegen das Einlagensicherungssystem verjährt in fünf Jahren nach Unterrichtung des Einlegers über den Entschädigungsfall gemäß § 12.

(2) Für Streitigkeiten über Grund und Höhe des Entschädigungsanspruchs ist der Zivilrechtsweg gegeben.

Kapitel 2. Eintritt des Entschädigungsfalls

§ 10 Eintritt und Feststellung des Entschädigungsfalls. (1) Ein Entschädigungsfall im Sinne dieses Gesetzes tritt ein, wenn die Bundesanstalt feststellt, dass

1. ein CRR-Kreditinstitut aus Gründen, die mit seiner Finanzlage unmittelbar zusammenhängen, vorerst nicht in der Lage ist, fällige Einlagen zurückzuzahlen, und
2. gegenwärtig keine Aussicht besteht, dass das CRR-Kreditinstitut dazu zukünftig in der Lage sein wird.

(2) [1] Die Bundesanstalt hat den Entschädigungsfall unverzüglich festzustellen, spätestens jedoch innerhalb von fünf Arbeitstagen, nachdem sie davon Kenntnis erlangt hat, dass ein CRR-Kreditinstitut nicht in der Lage ist, fällige Einlagen zurückzuzahlen. [2] Sie hat den Entschädigungsfall auch festzustellen, wenn sie gegenüber dem CRR-Kreditinstitut Maßnahmen nach § 46 Absatz 1 Satz 2 Nummer 4 bis 6 des Kreditwesengesetzes[1)] angeordnet hat und diese Maßnahmen länger als sechs Wochen andauern.

(3) Widerspruch und Anfechtungsklage gegen die Feststellung des Entschädigungsfalls haben keine aufschiebende Wirkung.

§ 11 Bekanntgabe der Feststellung des Entschädigungsfalls; Unterrichtung des Einlagensicherungssystems. (1) Die Bundesanstalt hat die Feststellung des Entschädigungsfalls unverzüglich im Bundesanzeiger bekannt zu geben.

(2) Die Bundesanstalt unterrichtet das Einlagensicherungssystem, dem das CRR-Kreditinstitut angehört, unverzüglich über die Feststellung des Entschädigungsfalls.

Kapitel 3. Entschädigungsverfahren

§ 12 Unterrichtung der Einleger über den Eintritt des Entschädigungsfalls. [1] Das Einlagensicherungssystem hat die Einleger des CRR-Kreditinstituts unverzüglich über den Eintritt des Entschädigungsfalls zu unterrichten und darauf hinzuweisen, dass Ansprüche nach § 5 in Verbindung mit § 8 Absatz 2 nach Maßgabe von § 8 Absatz 5 glaubhaft gemacht werden müssen. [2] Die Unterrichtung kann mit der Entschädigung erfolgen.

§ 13 Im Entschädigungsverfahren zu verwendende Sprachen.

(1) Jeder Schriftwechsel zwischen dem Einlagensicherungssystem und dem Einleger ist in einer der folgenden Sprachen abzufassen:

[1)] Nr. 8.

1. in der Amtssprache der Organe der Union, die das CRR-Kreditinstitut, das die gedeckte Einlage hält, in seinem Schriftverkehr mit dem Einleger verwendet, oder
2. in der oder den Amtssprachen des Mitgliedstaats, in dem sich die gedeckte Einlage befindet.

(2) Ist ein CRR-Kreditinstitut unmittelbar in einem anderen Mitgliedstaat tätig, ohne Zweigstellen errichtet zu haben, so ist die Sprache zu verwenden, die der Einleger bei Kontoeröffnung gewählt hat.

§ 14 Prüfung und Erfüllung der Entschädigungsansprüche. (1) Das Einlagensicherungssystem hat die Entschädigungsansprüche der Einleger unverzüglich zu prüfen und geeignete Maßnahmen zu treffen, um die Einleger innerhalb der Frist nach Absatz 3 zu entschädigen.

(2) Das CRR-Kreditinstitut hat dem Einlagensicherungssystem auf Verlangen unverzüglich die für die Prüfung der Entschädigungsansprüche der Einleger und deren Entschädigung erforderlichen Unterlagen sowie die hierzu erforderlichen Angaben zu Einlagen und Einlegern zur Verfügung zu stellen.

(3) [1] Das Einlagensicherungssystem hat Ansprüche der Einleger auf Entschädigung bis zum 31. Mai 2016 spätestens 20 Arbeitstage und ab dem 1. Juni 2016 spätestens sieben Arbeitstage nach der Feststellung des Entschädigungsfalls durch die Bundesanstalt zu erfüllen, ohne dass es eines Antrags beim Einlagensicherungssystem bedarf. [2] Beträge, die vorübergehend einer hohen Deckungssumme gemäß § 8 Absatz 2 unterliegen, sind innerhalb von sieben Arbeitstagen nach Zugang der Anmeldung dieser Beträge durch den Einleger gemäß § 8 Absatz 5 zu entschädigen.

§ 15 Ausschluss, Aufschub und Aussetzung der Entschädigung.

(1) Eine Entschädigung ist ausgeschlossen, wenn in den letzten 24 Monaten keine Transaktion in Verbindung mit der Einlage stattgefunden hat und der Wert dieser Einlage geringer ist als die Verwaltungskosten, die dem Einlagensicherungssystem bei einer Entschädigung durchschnittlich entstehen.

(2) [1] Die Erfüllung des Entschädigungsanspruchs kann abweichend von § 14 Absatz 3 aufgeschoben werden, wenn
1. der Anspruch des Einlegers auf Entschädigung streitig ist,
2. in den letzten 24 Monaten keine Transaktionen in Verbindung mit der Einlage stattgefunden haben,
3. der zu entschädigende Betrag Bestandteil einer vorübergehend höheren Deckungssumme gemäß § 8 Absatz 2 ist oder
4. der Einleger nicht uneingeschränkt über die Einlage verfügen kann.

[2] Der Entschädigungsanspruch ist im Fall von Satz 1 Nummer 4 innerhalb von drei Monaten nach der Feststellung des Entschädigungsfalls durch die Bundesanstalt, in den übrigen Fällen binnen angemessener Frist zu erfüllen.

(3) Die Erfüllung des Entschädigungsanspruchs kann ausgesetzt werden, wenn
1. die Einlage Gegenstand einer Rechtsstreitigkeit ist, bis zur rechtskräftigen Entscheidung über die Rechtsstreitigkeit,

2. die Einlage restriktiven Maßnahmen unterliegt, die von einer zuständigen deutschen Behörde oder der Europäischen Union oder von einem anderen Staat oder einer internationalen Organisation verhängt worden sind und die für die Bundesrepublik Deutschland rechtlich verbindlich sind, bis zur Aufhebung der betreffenden Maßnahmen,
3. Tatsachen darauf hindeuten, dass der Entschädigungsanspruch sich auf Vermögenswerte bezieht, die im Zusammenhang mit Geldwäsche oder Terrorismusfinanzierung stehen und aus diesem Grund ein Ermittlungsverfahren gegen Personen eingeleitet worden ist, bis zur Beendigung dieses Verfahrens.

§ 16 Forderungsübergang bei Entschädigung. Soweit das Einlagensicherungssystem den Entschädigungsanspruch eines Berechtigten erfüllt, gehen dessen Forderungen gegen das CRR-Kreditinstitut auf das Einlagensicherungssystem über.

Teil 3. Einlagensicherungssysteme

Kapitel 1. Finanzierung und Zielausstattung der Einlagensicherungssysteme und Verwendung ihrer Mittel

§ 17 Finanzierung und Zielausstattung der Einlagensicherungssysteme. (1) [1] Einlagensicherungssysteme müssen über angemessene Finanzmittel im Verhältnis zu ihren bestehenden und potentiellen Verbindlichkeiten verfügen (verfügbare Finanzmittel). [2] Zur Feststellung ihrer potentiellen Verbindlichkeiten haben sie angemessene Systeme einzurichten.

(2) [1] Die Einlagensicherungssysteme sorgen dafür, dass ihre verfügbaren Finanzmittel bis zum Ablauf des 3. Juli 2024 mindestens eine Zielausstattung von 0,8 Prozent der gedeckten Einlagen nach § 8 Absatz 1 der ihnen angehörenden CRR-Kreditinstitute betragen. [2] Hat ein Einlagensicherungssystem bis zum Ablauf des 3. Juli 2024 mehr als 0,8 Prozent der nach § 8 Absatz 1 gedeckten Einlagen der ihm angehörenden CRR-Kreditinstitute für Auszahlungen verwendet, verlängert sich der Ansparzeitraum für das betroffene Einlagensicherungssystem bis zum Ablauf des 3. Juli 2028.

(3) [1] Unterschreiten die verfügbaren Finanzmittel die Zielausstattung, haben die Einlagensicherungssysteme dafür Sorge zu tragen, dass so lange wieder Beiträge erhoben werden, bis die Zielausstattung erneut erreicht ist. [2] Verringern sich die verfügbaren Finanzmittel nach dem erstmaligen Erreichen der Zielausstattung auf weniger als zwei Drittel der Zielausstattung, werden die Beiträge in einer Höhe festgesetzt, mit der die Zielausstattung innerhalb von sechs Jahren wieder erreicht werden kann.

(4) [1] Zur Feststellung der erforderlichen Zielausstattung nach Absatz 2 sowie nach der Delegierten Verordnung (EU) 2015/63 der Kommission vom 21. Oktober 2014 zur Ergänzung der Richtlinie 2014/59/EU des Europäischen Parlaments und des Rates im Hinblick auf im Voraus erhobene Beiträge zu Abwicklungsfinanzierungsmechanismen (ABl. L 11 vom 17.1.2015, S. 44) melden die CRR-Kreditinstitute dem Einlagensicherungssystem, dem sie angehören, bis zum 15. Januar jeden Jahres die Höhe der bei ihnen vorhandenen nach § 8 Absatz 1 gedeckten Einlagen zum Stand vom 31. März, 30. Juni, 30. September und 31. Dezember des Vorjahres. [2] Die Einlagensicherungssysteme

legen die Berechnung – auf Quartalsbasis – des durchschnittlichen Betrags der gedeckten Einlagen aller ihnen angeschlossenen CRR-Kreditinstitute der Abwicklungsbehörde bis zum 31. Januar jeden Jahres vor. [3] Die zusammengefassten Meldungen der CRR-Kreditinstitute geben die Einlagensicherungssysteme bis zum 31. Januar jeden Jahres an die Bundesanstalt und die Deutsche Bundesbank weiter.

(5) Die Bundesanstalt teilt der Europäischen Bankenaufsichtsbehörde bis zum 31. März jeden Jahres die Höhe der in Deutschland nach § 8 Absatz 1 gedeckten Einlagen sowie die Höhe der verfügbaren Finanzmittel deutscher Einlagensicherungssysteme zum Stand vom 31. Dezember des Vorjahres mit.

§ 18 Verfügbare Finanzmittel. (1) [1] Als verfügbare Finanzmittel im Sinne dieses Gesetzes sind Bargeld sowie Einlagen und risikoarme Schuldtitel, die innerhalb des in § 14 Absatz 3 genannten Zeitraums liquidiert werden können, zu berücksichtigen. [2] Risikoarme Schuldtitel sind Titel, die unter die erste oder zweite der in Tabelle 1 des Artikels 336 der Verordnung (EU) Nr. 575/2013[1)] genannten Kategorien fallen, sowie alle Titel, von denen die Bundesanstalt auf Antrag eines Einlagensicherungssystems feststellt, dass diese Titel als ähnlich sicher und liquide anzusehen sind.

(2) Als verfügbare Finanzmittel können abweichend von Absatz 1 auch Zahlungsverpflichtungen eines CRR-Kreditinstituts gegenüber einem Einlagensicherungssystem berücksichtigt werden, wenn

1. diese Zahlungsverpflichtungen vollständig besichert sind und
2. die Sicherheiten für diese Zahlungsverpflichtungen
   a) für das Einlagensicherungssystem verfügbar sind,
   b) aus risikoarmen Schuldtiteln bestehen und
   c) nicht mit Rechten Dritter belastet sind.

(3) Der Gesamtanteil der Zahlungsverpflichtungen nach Absatz 2 an den verfügbaren Finanzmitteln ist im Hinblick auf die Anerkennung der Zielausstattung auf höchstens 30 Prozent der verfügbaren Finanzmittel des jeweiligen Einlagensicherungssystems begrenzt.

(4) [1] Die verfügbaren Finanzmittel müssen risikoarm und ausreichend diversifiziert angelegt werden. [2] Sie sind so anzulegen, dass eine möglichst große Sicherheit und eine ausreichende Liquidität der Anlagen bei angemessener Rentabilität gewährleistet sind. [3] Die Erträge aus der Anlage der verfügbaren Finanzmittel können zur Deckung der Verwaltungskosten und sonstigen Kosten der Einlagensicherungssysteme verwendet werden.

§ 19 Beitragsberechnung; Methoden der Beitragsbemessung.

(1) [1] Die verfügbaren Finanzmittel werden durch Beiträge der dem Einlagensicherungssystem angehörenden CRR-Kreditinstitute nach Maßgabe dieses Gesetzes aufgebracht. [2] Die Verpflichtung der CRR-Kreditinstitute zur Beitragsleistung steht einer zusätzlichen Finanzierung eines Einlagensicherungssystems aus anderen Quellen nicht entgegen.

---

1) Nr. 6.

(2) Die Beiträge zu den Einlagensicherungssystemen beruhen auf der Höhe der gedeckten Einlagen der dem Einlagensicherungssystem angehörenden CRR-Kreditinstitute und der Höhe des Risikos, dem das entsprechende CRR-Kreditinstitut ausgesetzt ist.

(3) [1] Ein Einlagensicherungssystem ist mit Zustimmung der Bundesanstalt berechtigt, zur Bemessung der risikobasierten Beiträge eigene risikobasierte Methoden zu verwenden. [2] Die Berechnung der jeweiligen Beiträge erfolgt proportional zum Risiko der dem Einlagensicherungssystem angehörenden CRR-Kreditinstitute und berücksichtigt in angemessener Form die Risikoprofile der unterschiedlichen Geschäftsmodelle. [3] Die eigenen risikobasierten Methoden der Beitragsbemessung können auch die Aktivseite der Bilanz und Risikoindikatoren wie die Kapitaladäquanz sowie die Qualität der Aktiva und die Liquidität berücksichtigen.

(4) Für CRR-Kreditinstitute, die risikoarmen Sektoren angehören oder die Mitglieder eines nicht als Einlagensicherungssystem anerkannten institutsbezogenen Sicherungssystems sind, können geringere Beiträge vorgesehen werden.

(5) Die Europäische Bankenaufsichtsbehörde wird über die Methoden nach Absatz 3 unterrichtet, denen die Bundesanstalt zugestimmt hat.

§ 20 Verwendung der verfügbaren Finanzmittel. (1) Die verfügbaren Finanzmittel der Einlagensicherungssysteme sind für folgende Zwecke zu verwenden:

1. zur Entschädigung der Einleger nach Maßgabe dieses Gesetzes,
2. für Ausgleichsbeiträge gemäß § 145 des Sanierungs- und Abwicklungsgesetzes[1)] im Rahmen einer Abwicklung von CRR-Kreditinstituten.

(2) Anerkannte institutsbezogene Sicherungssysteme können ihre verfügbaren Finanzmittel auch für Maßnahmen nach Maßgabe des § 49 verwenden.

§ 21 Verschwiegenheitspflicht und Datenschutz. (1) [1] Personen, die bei einem Einlagensicherungssystem beschäftigt oder für dieses tätig sind, dürfen fremde Geheimnisse, insbesondere Betriebs- oder Geschäftsgeheimnisse, nicht unbefugt offenbaren oder verwerten. [2] Sie sind nach dem Verpflichtungsgesetz vom 2. März 1974 (BGBl. I S. 469, 547), das durch § 1 Nummer 4 des Gesetzes vom 15. August 1974 (BGBl. I S. 1942) geändert worden ist, von der Bundesanstalt auf eine gewissenhafte Erfüllung ihrer Obliegenheiten zu verpflichten.

(2) Ein unbefugtes Offenbaren oder Verwerten nach Absatz 1 Satz 1 liegt insbesondere dann nicht vor, wenn Tatsachen an die Bundesanstalt, die Abwicklungsbehörde, die Deutsche Bundesbank, die Europäische Zentralbank oder die Europäische Bankenaufsichtsbehörde zur Erfüllung ihrer Aufgaben weitergegeben werden.

(3) [1] Die Einlagensicherungssysteme gewährleisten die Vertraulichkeit und den Schutz der mit den Konten der Einleger zusammenhängenden Daten. [2] Für die Verarbeitung solcher Daten gelten die allgemeinen datenschutzrechtlichen Vorschriften.

(4) [1] Die Einlagensicherungssysteme sind befugt, personenbezogene Daten zu verarbeiten, soweit dies zur Erfüllung ihrer gesetzlichen Aufgaben erforder-

---

1) Nr. **22**.

lich ist. [2] Verarbeiten die Einlagensicherungssysteme personenbezogene Daten im Zuge einer Maßnahme zur Durchführung ihrer Aufgaben nach diesem Gesetz, stehen den betroffenen Personen die Rechte aus den Artikeln 15 bis 18 und 20 bis 22 der Verordnung (EU) 2016/679 des Europäischen Parlaments und des Rates vom 27. April 2016 zum Schutz natürlicher Personen bei der Verarbeitung personenbezogener Daten, zum freien Datenverkehr und zur Aufhebung der Richtlinie 95/46/EG (Datenschutz-Grundverordnung) (ABl. L 119 vom 4.5.2016, S. 1; L 314 vom 22.11.2016, S. 72; L 127 vom 23.5.2018, S. 2) in der jeweils geltenden Fassung nicht zu, soweit die Erfüllung der Rechte der betroffenen Personen Folgendes gefährden würde:

1. die Stabilität und Integrität der Finanzmärkte der Bundesrepublik Deutschland oder eines oder mehrerer Mitgliedstaaten des Europäischen Wirtschaftsraums,
2. den Zweck der Maßnahme,
3. ein sonstiges wichtiges Ziel des allgemeinen öffentlichen Interesses der Bundesrepublik Deutschland oder eines oder mehrerer Mitgliedstaaten des Europäischen Wirtschaftsraums, insbesondere ein wichtiges wirtschaftliches oder finanzielles Interesse, oder
4. die Verhütung, Ermittlung, Aufdeckung oder Verfolgung von Straftaten oder die Strafvollstreckung, einschließlich des Schutzes vor und der Abwehr von Gefahren für die öffentliche Sicherheit.

[3] Unter diesen Voraussetzungen sind die Einlagensicherungssysteme auch von den Pflichten nach den Artikeln 5, 12 bis 14, 19 und 34 der Verordnung (EU) 2016/679 befreit.

(5) Die jeweils betroffene Person ist über das Ende der Beschränkung in geeigneter Form zu unterrichten, sofern dies nicht dem Zweck der Beschränkung abträglich ist.

(6) [1] Soweit das Einlagensicherungssystem der betroffenen Person in den Fällen des Absatzes 4 keine Auskunft erteilt, ist die Auskunft auf Verlangen der betroffenen Person dem Bundesbeauftragten für den Datenschutz und die Informationsfreiheit zu erteilen, soweit nicht im Einzelfall festgestellt wird, dass dadurch die öffentliche Sicherheit des Bundes oder eines Landes oder die Stabilität und Integrität der Finanzmärkte gefährdet würde. [2] Die Mitteilung des Bundesbeauftragten für den Datenschutz und die Informationsfreiheit an die betroffene Person über das Ergebnis der datenschutzrechtlichen Prüfung darf keine Rückschlüsse auf den Erkenntnisstand der Einlagensicherungssysteme zulassen, sofern diese nicht einer weitergehenden Auskunft zustimmen.

(7) Soweit Personen und Unternehmen personenbezogene Daten zur Erfüllung der Aufgaben nach Absatz 4 an die Einlagensicherungssysteme übermitteln oder diese von dort erhoben werden, bestehen die Pflicht zur Information der betroffenen Person nach Artikel 13 Absatz 3 und Artikel 14 Absatz 4 der Verordnung (EU) 2016/679 und das Recht auf Auskunft der betroffenen Person nach Artikel 15 der Verordnung (EU) 2016/679 nicht.

Kapitel 2. Gesetzliche Entschädigungseinrichtungen

Abschnitt 1. Errichtung gesetzlicher Entschädigungseinrichtungen; Zuordnung der CRR-Kreditinstitute

§ 22 Gesetzliche Entschädigungseinrichtungen. (1) Die gesetzlichen Entschädigungseinrichtungen haben die Aufgaben und Befugnisse nach diesem Gesetz, insbesondere haben sie die Beiträge der ihnen zugeordneten CRR-Kreditinstitute zu erheben, die Mittel nach Maßgabe dieses Gesetzes anzulegen und im Entschädigungsfall die Gläubiger eines ihnen zugeordneten CRR-Kreditinstituts für nicht zurückgezahlte Einlagen zu entschädigen.

(2) Gesetzliche Entschädigungseinrichtungen sind

1. juristische Personen des Privatrechts, denen die Aufgaben und Befugnisse einer gesetzlichen Entschädigungseinrichtung nach diesem Gesetz durch Rechtsverordnung nach § 23 Absatz 1 zugewiesen sind (beliehene Entschädigungseinrichtungen),
2. Entschädigungseinrichtungen, die durch Rechtsverordnung nach § 23 Absatz 2 bei der Kreditanstalt für Wiederaufbau errichtet werden.

(3) Über den Widerspruch gegen Verwaltungsakte der gesetzlichen Entschädigungseinrichtungen entscheidet die Bundesanstalt.

(4) [1] Für die Erfüllung ihrer Verpflichtungen nach § 5 haftet die gesetzliche Entschädigungseinrichtung nur mit dem Vermögen, das ihr auf Grund der Beitragsleistungen nach Abzug der Kosten zur Verfügung steht. [2] Eine beliehene Entschädigungseinrichtung hat dieses Vermögen getrennt von ihrem sonstigen Vermögen zu halten und zu verwalten.

§ 23[1)] Verordnungsermächtigung. (1) [1] Das Bundesministerium der Finanzen wird ermächtigt, durch Rechtsverordnung, die nicht der Zustimmung des Bundesrates bedarf, einer juristischen Person des Privatrechts die Aufgaben und Befugnisse einer gesetzlichen Entschädigungseinrichtung zuzuweisen, wenn diese juristische Person bereit ist, die Aufgaben der Entschädigungseinrichtung zu übernehmen, und hinreichende Gewähr für die Erfüllung der Ansprüche der Entschädigungsberechtigten bietet. [2] Eine juristische Person bietet hinreichende Gewähr, wenn

1. die Personen, die nach Gesetz oder Satzung die Geschäftsführung und Vertretung der juristischen Person ausüben, zuverlässig und geeignet sind und
2. sie über die zur Erfüllung ihrer Aufgaben notwendige Ausstattung und Organisation, insbesondere für die Beitragserhebung, die Verwaltung der Mittel und die Auszahlung der Entschädigungen, verfügt und dafür eigene Mittel im Gegenwert von mindestens einer Million Euro vorhält.

[3] Durch die Rechtsverordnung nach Satz 1 kann sich das Bundesministerium der Finanzen die Genehmigung der Satzung und von Änderungen der Satzung der juristischen Person vorbehalten und nähere Bestimmungen über die Auflösung und Abwicklung der Entschädigungseinrichtung erlassen.

(2) Das Bundesministerium der Finanzen wird ermächtigt, durch Rechtsverordnung, die nicht der Zustimmung des Bundesrates bedarf, gesetzliche Entschädigungseinrichtungen bei der Kreditanstalt für Wiederaufbau zu errichten

---

1) Siehe zum Inkrafttreten der §§ 23, 33, 43, 44, 47 und 48 die Anm. am Gesetzestitel.

und nähere Bestimmungen zur Verwaltung der gesetzlichen Entschädigungseinrichtungen und zur angemessenen Vergütung der Verwaltung zu erlassen, wenn gesetzliche Entschädigungseinrichtungen nach § 22 Absatz 2 Nummer 1 nicht zur Verfügung stehen, insbesondere wenn eine solche Entschädigungseinrichtung aufgelöst oder abgewickelt wird.

§ 24 Zuordnung der CRR-Kreditinstitute zu einer gesetzlichen Entschädigungseinrichtung. (1) Den gesetzlichen Entschädigungseinrichtungen wird jeweils eine der folgenden Institutsgruppen zugeordnet:

1. Institutsgruppe der privatrechtlichen CRR-Kreditinstitute oder
2. Institutsgruppe der öffentlich-rechtlichen CRR-Kreditinstitute.

(2) Die Bundesanstalt kann ein CRR-Kreditinstitut auf Antrag einer anderen gesetzlichen Entschädigungseinrichtung zuordnen, wenn

1. das CRR-Kreditinstitut ein berechtigtes Interesse an der beantragten Zuordnung darlegt,
2. die Erfüllung der Aufgabe der Entschädigungseinrichtung, der das CRR-Kreditinstitut angehört, nicht gefährdet wird und
3. die andere Entschädigungseinrichtung der beantragten Zuordnung zustimmt.

(3) Die Bundesanstalt kann CRR-Kreditinstitute auch dann einer anderen gesetzlichen Entschädigungseinrichtung zuordnen, wenn alle CRR-Kreditinstitute, die einer Entschädigungseinrichtung angehören,

1. die Zuordnung zu einer anderen Entschädigungseinrichtung beantragt haben und
2. die andere Entschädigungseinrichtung der beantragten Zuordnung zustimmt.

(4) Ein Antrag nach Absatz 2 oder Absatz 3 ist mindestens sechs Monate vor dem beabsichtigten Wechsel der Entschädigungseinrichtung zu stellen.

(5) Ein CRR-Kreditinstitut ist von der Zuordnung zu einer gesetzlichen Entschädigungseinrichtung befreit, wenn es einem nach § 43 anerkannten institutsbezogenen Sicherungssystem angehört.

§ 25 Rechtsfolgen bei Wechsel der gesetzlichen Entschädigungseinrichtung. (1) Während der Antragsfrist nach § 24 Absatz 4 bleibt ein CRR-Kreditinstitut weiterhin verpflichtet, Beiträge und Zahlungen an seine bisherige Entschädigungseinrichtung nach den §§ 26 und 27 Absatz 1 Nummer 1 und 2 zu leisten.

(2) Wird ein CRR-Kreditinstitut auf Antrag einer anderen gesetzlichen Entschädigungseinrichtung zugeordnet, so hat die gesetzliche Entschädigungseinrichtung, der das CRR-Kreditinstitut bisher angehörte, die Beiträge und Zahlungen mit Ausnahme der Sonderbeiträge und Sonderzahlungen nach § 27 Absatz 1 Nummer 1 und 2, die in den zwölf Monaten vor Ende der Zuordnung gezahlt wurden, auf diese Entschädigungseinrichtung zu übertragen.

(3) Das CRR-Kreditinstitut hat seine Einleger innerhalb eines Monats nach dem Wechsel zu einer gesetzlichen Entschädigungseinrichtung über diesen Wechsel zu informieren.

Abschnitt 2. Beitragspflicht; Deckung des Mittelbedarfs durch Beiträge und Zahlungen

§ 26 Pflicht zur Leistung von Jahresbeiträgen und einmaligen Zahlungen. (1) [1] Die CRR-Kreditinstitute sind bis zur Erreichung der Zielausstattung der gesetzlichen Entschädigungseinrichtung, der sie zugeordnet sind, verpflichtet, jährlich zum Ende eines Abrechnungsjahres Beiträge an diese gesetzliche Entschädigungseinrichtung zu leisten (Jahresbeiträge). [2] Die Jahresbeiträge dienen der Aufbringung der verfügbaren Finanzmittel nach § 19 Absatz 1 Satz 1 und der Deckung der Verwaltungskosten und sonstigen Kosten, die der gesetzlichen Entschädigungseinrichtung im Rahmen ihrer Tätigkeit entstehen. [3] Die Jahresbeiträge werden nach Maßgabe von § 19 Absatz 2 bis 4 berechnet, zuzüglich eines angemessenen pauschalierten Zuschlags zur Deckung der Verwaltungskosten und sonstigen Kosten. [4] Die Entschädigungseinrichtung kann Mindestbeiträge erheben. [5] Das Abrechnungsjahr umfasst den Zeitraum vom 1. Oktober eines Jahres bis zum 30. September des Folgejahres.

(2) CRR-Kreditinstitute, die nach dem 1. August 1998 einer gesetzlichen Entschädigungseinrichtung zugeordnet wurden, haben neben dem Jahresbeitrag eine nach Maßgabe des § 19 Absatz 2 bis 4 berechnete einmalige Zahlung zu leisten.

§ 27 Pflicht zur Leistung von Sonderbeiträgen und Sonderzahlungen.

(1) Reichen die verfügbaren Finanzmittel einer gesetzlichen Entschädigungseinrichtung nicht aus, um die Einleger eines der Entschädigungseinrichtung zugeordneten CRR-Kreditinstituts im Entschädigungsfall zu entschädigen, sind die dieser gesetzlichen Entschädigungseinrichtung zugeordneten CRR-Kreditinstitute verpflichtet,

1. Sonderbeiträge als Vorausleistung zur Deckung des Mittelbedarfs in einem Entschädigungsfall gemäß § 29 zu leisten oder
2. Sonderzahlungen zur Rückführung von Krediten zur Deckung des Mittelbedarfs in einem Entschädigungsfall gemäß § 30 zu leisten.

(2) Die Pflicht zur Leistung von Sonderbeiträgen und Sonderzahlungen besteht nur für CRR-Kreditinstitute, die der gesetzlichen Entschädigungseinrichtung bereits zu Beginn des Abrechnungsjahres, in dem ein Sonderbeitrag oder eine Sonderzahlung erhoben wird, zugeordnet waren und zum Zeitpunkt der Feststellung des Entschädigungsfalls der gesetzlichen Entschädigungseinrichtung noch angehörten.

(3) [1] Die Höhe des jeweiligen Sonderbeitrags und der jeweiligen Sonderzahlung der nach den Absätzen 1 und 2 beitrags- oder zahlungspflichtigen CRR-Kreditinstitute bemisst sich nach dem Verhältnis des zuletzt fälligen vollen Jahresbeitrags des jeweiligen CRR-Kreditinstituts zur Gesamtsumme aller zuletzt fälligen vollen Jahresbeiträge und einmaligen Zahlungen nach § 26 Absatz 2. [2] Für CRR-Kreditinstitute, die noch keinen Jahresbeitrag zu zahlen hatten, tritt an die Stelle des zuletzt fälligen Jahresbeitrags die einmalige Zahlung nach § 26 Absatz 2.

(4) [1] Die gesetzliche Entschädigungseinrichtung ist berechtigt, in einem Abrechnungsjahr mehrere Sonderbeiträge und Sonderzahlungen nach Maßgabe der §§ 29 und 30 zu erheben. [2] In einem Abrechnungsjahr darf eine gesetzliche Entschädigungseinrichtung jedoch nur Sonderbeiträge und Sonderzahlungen

in Höhe von maximal 0,5 Prozent der gedeckten Einlagen der ihr zugeordneten CRR-Kreditinstitute erheben. [3]Mit Zustimmung der Bundesanstalt kann eine gesetzliche Entschädigungseinrichtung unter außergewöhnlichen Umständen zum Schutz der Funktionsfähigkeit der gesetzlichen Entschädigungseinrichtung höhere Sonderbeiträge verlangen.

(5) [1]Die gesetzliche Entschädigungseinrichtung kann die Erhebung eines Sonderbeitrags oder einer Sonderzahlung gegenüber einem CRR-Kreditinstitut mit Zustimmung der Bundesanstalt ganz oder teilweise zurückstellen, wenn die Gefahr besteht, dass dieses CRR-Kreditinstitut auf Grund der Gesamtheit der an die gesetzliche Entschädigungseinrichtung zu leistenden Zahlungen seine Verpflichtungen gegenüber seinen Gläubigern nicht mehr erfüllen kann. [2]Die Zurückstellung erfolgt auf Antrag des CRR-Kreditinstituts. [3]Das CRR-Kreditinstitut hat mit dem Antrag die Bestätigung eines Wirtschaftsprüfers oder einer Wirtschaftsprüfungsgesellschaft vorzulegen, dass durch die Gesamtheit der an die gesetzliche Entschädigungseinrichtung im jeweiligen Abrechnungsjahr zu leistenden Zahlungen Gefahr für die Erfüllung seiner Verpflichtungen gegenüber seinen Gläubigern bestehen würde. [4]Eine solche Zurückstellung wird für maximal sechs Monate gewährt und kann auf Antrag des CRR-Kreditinstituts jeweils um weitere sechs Monate verlängert werden. [5]Die zurückgestellten Sonderbeiträge oder Sonderzahlungen sind zu erheben, wenn die Bundesanstalt feststellt, dass die Liquidität und die Solvenz des Kreditinstituts durch die Zahlung nicht mehr gefährdet sind. [6]Die zurückgestellten Beträge werden mit Ablauf der Zurückstellung fällig.

§ 28 Feststellung des Mittelbedarfs im Entschädigungsfall. (1) Die Entschädigungseinrichtung hat unverzüglich nach der Unterrichtung durch die Bundesanstalt über einen Entschädigungsfall nach § 11 Absatz 2 den Mittelbedarf festzustellen.

(2) Der Mittelbedarf ergibt sich aus der Gesamtentschädigung in diesem Entschädigungsfall zuzüglich der zur Durchführung dieses Entschädigungsfalls entstehenden Verwaltungskosten und sonstigen Kosten.

(3) [1]Die Gesamtentschädigung ist von der Entschädigungseinrichtung anhand der Unterlagen zu bestimmen, die von den CRR-Kreditinstituten nach § 14 Absatz 2 zu übermitteln sind. [2]Lässt sich die Gesamtentschädigung anhand dieser Unterlagen nicht hinreichend bestimmen, hat die Entschädigungseinrichtung die Gesamtentschädigung insbesondere auf Grund folgender Daten zu schätzen:

1. der ihr vorliegenden Daten über den Entschädigungsfall,
2. der durchschnittlichen Entschädigungsleistung und
3. der Kosten aus den bisherigen Entschädigungsfällen bei den ihr zugeordneten CRR-Kreditinstituten.

§ 29 Deckung des Mittelbedarfs durch Sonderbeiträge. (1) Übersteigt der für einen Entschädigungsfall festgestellte Mittelbedarf zum Zeitpunkt der Feststellung die verfügbaren Finanzmittel der Entschädigungseinrichtung, hat die Entschädigungseinrichtung in dieser Höhe vorbehaltlich des § 30 unverzüglich Sonderbeiträge zu erheben, wenn dies zur Durchführung des Entschädigungsverfahrens erforderlich ist.

(2) Stellt die Entschädigungseinrichtung fest, dass der tatsächliche Mittelbedarf für die Gesamtentschädigung im Entschädigungsfall den festgestellten Mittelbedarf übersteigt, ist die Entschädigungseinrichtung verpflichtet, unverzüglich nach dieser Feststellung weitere Sonderbeiträge zur Deckung des Mittelbedarfs zu erheben.

(3) Sonderbeiträge werden mit der Bekanntgabe der Sonderbeitragsbescheide fällig.

§ 30 Deckung des Mittelbedarfs durch Kredit; Sonderzahlungen.

(1) Kann die Entschädigungseinrichtung den festgestellten Mittelbedarf im Entschädigungsfall nicht rechtzeitig zur Erfüllung ihrer Pflicht nach § 14 Absatz 3 durch die Erhebung von Sonderbeiträgen decken, hat sie einen Kredit aufzunehmen.

(2) [1] Wenn die Entschädigungseinrichtung den Kredit voraussichtlich nicht aus den verfügbaren Finanzmitteln bedienen kann, hat sie für die Tilgung, die Zinsen und die Kosten dieses Kredits Sonderzahlungen zu erheben. [2] Sonderzahlungen werden jeweils sechs Wochen vor Fälligkeit der jeweiligen Forderung aus dem Kredit, frühestens jedoch zwei Wochen nach der Bekanntgabe der Sonderzahlungsbescheide fällig.

(3) Anstelle der Erhebung von Sonderbeiträgen nach § 29 kann die Entschädigungseinrichtung einen Kredit aufnehmen, wenn zu erwarten ist, dass dieser Kredit einschließlich der Zinsen und Kosten innerhalb des laufenden und des darauffolgenden Abrechnungsjahres aus den verfügbaren Finanzmitteln vollständig zurückgeführt werden kann, ohne dass eine Erhebung von Sonderzahlungen nach Absatz 2 erforderlich wird.

§ 31 Berichtspflicht; Erstattung von Sonderbeiträgen und Sonderzahlungen. (1) Nach Abschluss eines Entschädigungsverfahrens hat die gesetzliche Entschädigungseinrichtung den ihr zugeordneten CRR-Kreditinstituten über die Verwendung der Sonderbeiträge und Sonderzahlungen zu berichten.

(2) Die gesetzliche Entschädigungseinrichtung hat den ihr zugeordneten CRR-Kreditinstituten gezahlte Sonderbeiträge und Sonderzahlungen nach Abschluss des Entschädigungsverfahrens zu erstatten, soweit sie im Fall von Sonderbeiträgen nicht zur Durchführung des Entschädigungsfalls oder im Fall von Sonderzahlungen nicht zur Bedienung eines Kredits verwendet worden sind.

§ 32 Sofortige Vollziehbarkeit; Zwangsvollstreckung. (1) Widerspruch und Anfechtungsklage gegen Beitragsbescheide haben keine aufschiebende Wirkung.

(2) Aus den Beitragsbescheiden der Entschädigungseinrichtung findet die Vollstreckung nach den Bestimmungen des Verwaltungsvollstreckungsgesetzes statt.

§ 33[1)] Verordnungsermächtigung. (1) [1] Das Bundesministerium der Finanzen wird ermächtigt, durch Rechtsverordnung, die nicht der Zustimmung des Bundesrates bedarf, nähere Bestimmungen zu treffen über

---

1) Siehe zum Inkrafttreten der §§ 23, 33, 43, 44, 47 und 48 die Anm. am Gesetzestitel.

1. die Methoden der Beitragsbemessung nach Maßgabe des § 19 Absatz 2 bis 4,
2. die Berechnung und Erhebung der Jahresbeiträge, einschließlich der Deckung der Verwaltungskosten und sonstigen Kosten und der Erhebung von Mindestbeiträgen nach Maßgabe des § 26 Absatz 1 Satz 3 und 4, der einmaligen Zahlungen, der Sonderbeiträge und der Sonderzahlungen,
3. die Erhebung von Verzugszinsen für verspätet geleistete Beiträge,
4. die Modalitäten der Kreditaufnahme,
5. die Anforderungen an die Anlage der verfügbaren Finanzmittel,
6. die Voraussetzungen für die Berücksichtigung von Zahlungsverpflichtungen nach § 18 Absatz 2 und 3 als verfügbare Finanzmittel.

[2] Vor Erlass der Rechtsverordnung sind die gesetzlichen Entschädigungseinrichtungen zu hören.

(2) Die Europäische Bankenaufsichtsbehörde wird über den Inhalt der Rechtsverordnung unterrichtet.

(3) Das Bundesministerium der Finanzen kann die Ermächtigung durch Rechtsverordnung auf die Bundesanstalt übertragen.

Abschnitt 3. Prüfung der CRR-Kreditinstitute durch gesetzliche Entschädigungseinrichtungen

§ 34 Informationspflichten der CRR-Kreditinstitute. (1) Die CRR-Kreditinstitute sind verpflichtet, der gesetzlichen Entschädigungseinrichtung, der sie zugeordnet sind, unverzüglich den festgestellten Jahresabschluss mit dem dazugehörigen Prüfungsbericht einzureichen sowie auf Verlangen alle Auskünfte zu erteilen und alle Unterlagen vorzulegen, welche die Entschädigungseinrichtung zur Wahrnehmung ihrer Aufgaben nach diesem Gesetz benötigt.

(2) Die CRR-Kreditinstitute sind verpflichtet, die Entschädigungseinrichtung über jede wesentliche Änderung des Geschäftsmodells oder eine Änderung sonstiger wesentlicher Umstände zu informieren, die den Umfang der gedeckten Einlagen wesentlich erhöhen oder der Gefahr des Eintritts eines Entschädigungsfalls begründen oder erhöhen können.

§ 35 Prüfung der CRR-Kreditinstitute. (1) [1] Die gesetzliche Entschädigungseinrichtung hat zur Einschätzung der Gefahr des Eintritts eines Entschädigungsfalls und zur Überprüfung der Einhaltung der Pflichten nach § 7 Absatz 8 regelmäßig und bei gegebenem Anlass Prüfungen der ihr zugeordneten CRR-Kreditinstitute vorzunehmen. [2] Sie hat die Intensität und Häufigkeit der Prüfungen an der Wahrscheinlichkeit des Eintritts eines Entschädigungsfalls bei einem CRR-Kreditinstitut und an der Höhe der in diesem Fall zu erwartenden Gesamtentschädigung auszurichten.

(2) Die Entschädigungseinrichtung darf bei einem Unternehmen, das einen Erlaubnisantrag gemäß § 32 Absatz 1 Satz 2 des Kreditwesengesetzes[1)] bei der Bundesanstalt eingereicht hat und ihr bei einer Erlaubniserteilung zugeordnet wird, Prüfungen zur Einschätzung der Gefahr des Eintritts eines Entschädigungsfalls im Falle einer Erlaubniserteilung vornehmen.

[1)] Nr. 8.

(3) Widerspruch und Anfechtungsklage gegen die Prüfungsanordnung haben keine aufschiebende Wirkung.

§ 36 Durchführung der Prüfung. (1) [1] Gesetzliche Entschädigungseinrichtungen haben die Prüfungen nach § 35 durch eigene sachkundige Prüfer durchzuführen oder geeignete Dritte mit den Prüfungen zu beauftragen. [2] Geeignete Dritte sind Wirtschaftsprüfer, vereidigte Buchprüfer, Wirtschaftsprüfungs- und Buchprüfungsgesellschaften sowie andere Dritte, die über die erforderlichen Kenntnisse und Erfahrungen verfügen, sofern keine Umstände vorliegen, die bei diesen Personen im Hinblick auf die zu prüfenden CRR-Kreditinstitute Interessenkonflikte begründen können. [3] Die Entschädigungseinrichtung hat die mit den Prüfungen betrauten Personen zu verpflichten, ihr das Vorliegen entsprechender Umstände unverzüglich mitzuteilen. [4] Die Prüfungen dürfen nicht durch den Abschlussprüfer oder den Prüfer der Meldepflichten und Verhaltensregeln des CRR-Kreditinstituts durchgeführt werden.

(2) Die gesetzliche Entschädigungseinrichtung legt die Einzelheiten der Prüfungen in Prüfungsrichtlinien fest, die der Genehmigung durch die Bundesanstalt bedürfen.

(3) [1] Während der üblichen Betriebs- und Geschäftszeiten ist den Mitarbeitern der gesetzlichen Entschädigungseinrichtung oder den für sie nach Absatz 1 tätigen Personen, soweit dies zur Wahrnehmung der Aufgaben der Entschädigungseinrichtung nach diesem Gesetz erforderlich ist, das Betreten der Grundstücke und Geschäftsräume des CRR-Kreditinstituts zu gestatten. [2] Der zur Erteilung einer Auskunft Verpflichtete kann die Auskunft auf solche Fragen verweigern, deren Beantwortung ihn selbst oder einen der in § 383 Absatz 1 Nummer 1 bis 3 der Zivilprozessordnung bezeichneten Angehörigen der Gefahr strafgerichtlicher Verfolgung oder eines Verfahrens nach dem Gesetz über Ordnungswidrigkeiten aussetzen würde. [3] Der Verpflichtete ist über sein Recht zur Verweigerung der Auskunft zu belehren.

(4) [1] Die Mitarbeiter der gesetzlichen Entschädigungseinrichtung sowie die für sie nach Absatz 1 tätigen Personen können die Geschäftsräume eines CRR-Kreditinstituts innerhalb der üblichen Betriebs- und Geschäftszeiten betreten, soweit die Bundesanstalt Maßnahmen gemäß § 46 des Kreditwesengesetzes[1)] gegen dieses CRR-Kreditinstitut angeordnet hat. [2] Ihnen sind sämtliche Unterlagen vorzulegen, die diese benötigen, um ein Entschädigungsverfahren gemäß den §§ 12 bis 15 vorzubereiten. [3] Sofern Bereiche des CRR-Kreditinstituts auf ein anderes Unternehmen ausgelagert worden sind, gelten die Sätze 1 und 2 gegenüber diesem Unternehmen entsprechend.

§ 37 Bericht über das Ergebnis der Prüfung. (1) Über das Ergebnis der Prüfungen nach § 35 ist ein Bericht zu erstellen.

(2) Der Bericht enthält die Feststellung, ob bei dem geprüften CRR-Kreditinstitut Umstände vorliegen, welche die Gefahr des Eintritts eines Entschädigungsfalls bei dem CRR-Kreditinstitut begründen.

---

1) Nr. 8.

(3) Wurden im Rahmen der Prüfung wesentliche Verstöße des CRR-Kreditinstituts gegen dieses Gesetz, das Kreditwesengesetz[1] oder die Verordnung (EU) Nr. 575/2013[2] festgestellt, enthält der Bericht auch diese Feststellungen.

§ 38 Kosten der Prüfung; Kosten des Entschädigungsverfahrens.

(1) Die für Prüfungen nach § 35 entstehenden Kosten haben die geprüften CRR-Kreditinstitute der gesetzlichen Entschädigungseinrichtung, der sie zugeordnet sind, zu erstatten.

(2) Die gesetzlichen Entschädigungseinrichtungen haben den geeigneten Dritten den für eine Prüfung nach den §§ 35 bis 37 entstehenden Personal- und Sachaufwand zu ersetzen.

(3) Das CRR-Kreditinstitut hat der gesetzlichen Entschädigungseinrichtung, der es zugeordnet ist, die Aufwendungen zur Durchführung oder Vorbereitung eines Entschädigungsverfahrens nach den §§ 12 bis 15 zu ersetzen.

§ 39 Pflicht der CRR-Kreditinstitute zur Berichterstattung über Mängelbeseitigung. (1) Stellt die gesetzliche Entschädigungseinrichtung im Rahmen einer Prüfung nach § 35 einen Mangel hinsichtlich der rechtlichen, organisatorischen oder wirtschaftlichen Verhältnisse einschließlich der Vermögens-, Finanz-, Ertrags- und Risikolage des CRR-Kreditinstituts fest und ist der Mangel geeignet, die Gefahr des Eintritts eines Entschädigungsfalls zu erhöhen, kann die Entschädigungseinrichtung das CRR-Kreditinstitut auffordern, ihr über die zur Beseitigung des Mangels geplanten Maßnahmen und deren Umsetzung zu berichten.

(2) Die Befugnisse der gesetzlichen Entschädigungseinrichtung nach § 35 bleiben hiervon unberührt.

§ 40 Unterrichtung der Bundesanstalt. Erhält die gesetzliche Entschädigungseinrichtung im Rahmen einer Prüfung nach § 35 oder in sonstiger Weise Kenntnis von Umständen, welche die Gefahr des Eintritts eines Entschädigungsfalls bei einem CRR-Kreditinstitut begründen oder erhöhen, hat sie diese unverzüglich der Bundesanstalt mitzuteilen.

Abschnitt 4. Ausschluss aus der gesetzlichen Entschädigungseinrichtung und Verwaltungsverfahren

§ 41 Ausschluss aus der gesetzlichen Entschädigungseinrichtung; Rechtsfolgen. (1) Erfüllt ein CRR-Kreditinstitut die Beitrags-, Zahlungs- oder Mitwirkungspflichten nach § 7 Absatz 8, den §§ 26, 27, 35, 36, 38 und 39 nicht, nicht richtig, nicht vollständig oder nicht rechtzeitig, so hat die gesetzliche Entschädigungseinrichtung, der das CRR-Kreditinstitut zugeordnet ist, die Bundesanstalt und die Deutsche Bundesbank darüber zu unterrichten.

(2) [1] Die Bundesanstalt fordert das CRR-Kreditinstitut auf, seine Verpflichtungen gegenüber der gesetzlichen Entschädigungseinrichtung innerhalb eines Monats nach Aufforderung durch die Bundesanstalt zu erfüllen. [2] Erfüllt das CRR-Kreditinstitut seine Verpflichtungen nicht innerhalb der Frist nach Satz 1, kann die Entschädigungseinrichtung dem CRR-Kreditinstitut mit einer Frist

---

[1] Nr. **8**.
[2] Nr. **6**.

von einem weiteren Monat den Ausschluss aus der Entschädigungseinrichtung ankündigen. [3] Hat das CRR-Kreditinstitut seine Verpflichtungen bei Ablauf der Ausschlussfrist nach Satz 2 nicht erfüllt, so schließt die betroffene Entschädigungseinrichtung das CRR-Kreditinstitut mit Zustimmung der Bundesanstalt aus.

(3) Die gesetzliche Entschädigungseinrichtung sichert Einlagen, die bis zum Ausschluss des CRR-Kreditinstituts nach Absatz 2 Satz 3 entgegengenommen wurden, weiterhin in vollem Umfang nach Maßgabe dieses Gesetzes.

(4) Das ausgeschlossene CRR-Kreditinstitut hat seine Einleger unverzüglich über den Ausschluss aus der gesetzlichen Entschädigungseinrichtung und dessen Rechtsfolgen zu informieren.

§ 42 Zwangsmittel. (1) Die Befolgung der Verfügungen, die die gesetzliche Entschädigungseinrichtung innerhalb ihrer gesetzlichen Befugnisse trifft, ist mit Zwangsmitteln nach den Bestimmungen des Verwaltungsvollstreckungsgesetzes durchzusetzen.

(2) Das Zwangsgeld beträgt bei Maßnahmen gemäß § 26 Absatz 1 Satz 1, § 34 Satz 1 und 2, § 35 Absatz 2, § 36 Absatz 3 Satz 1 und Absatz 4 Satz 1 und 2 bis zu 50 000 Euro, bei Maßnahmen nach § 35 Absatz 1 Satz 1 bis zu 100 000 Euro.

Kapitel 3. Als Einlagensicherungssystem anerkannte institutsbezogene Sicherungssysteme

Abschnitt 1. Anerkennung institutsbezogener Sicherungssysteme und laufende Pflichten

§ 43[1] Voraussetzungen für die Anerkennung institutsbezogener Sicherungssysteme. (1) Ein institutsbezogenes Sicherungssystem kann auf Antrag von der Bundesanstalt als Einlagensicherungssystem anerkannt werden, wenn das System

1. die Entschädigung der Einleger der dem System angehörenden CRR-Kreditinstitute nach Maßgabe der §§ 5 bis 16 übernimmt,
2. die Voraussetzungen des Artikels 113 Absatz 7 der Verordnung (EU) Nr. 575/2013[2] erfüllt und
3. hinreichende Gewähr für die ordnungsgemäße Erfüllung seiner Aufgaben nach diesem Gesetz bietet.

(2) Ein institutsbezogenes Sicherungssystem bietet hinreichende Gewähr für die ordnungsgemäße Erfüllung seiner Aufgaben nach diesem Gesetz, wenn

1. das System über mindestens zwei Personen verfügt, die nach Gesetz oder Satzung die Geschäftsführung und Vertretung des Systems ausüben und zuverlässig und fachlich geeignet sind,
2. die Geschäftsführung des Systems von einem Kontrollorgan überwacht wird und die Mitglieder dieses Kontrollorgans entsprechend § 25d Absatz 1 des Kreditwesengesetzes[3] zuverlässig sind und über die erforderliche Sachkunde zur Wahrnehmung ihrer Kontrollfunktion verfügen,

---

[1] Siehe zum Inkrafttreten der §§ 23, 33, 43, 44, 47 und 48 die Anm. am Gesetzestitel.
[2] Nr. **6**.
[3] Nr. **8**.

3. das System über die zur Erfüllung der Aufgaben eines Einlagensicherungssystems nach diesem Gesetz notwendige sachliche und personelle Ausstattung sowie über eine Organisation und Entscheidungsstruktur verfügt, die insbesondere die Entschädigung der Einleger sowie die Beitragserhebung und Verwaltung der Mittel sicherstellen,
4. die verfügbaren Finanzmittel nach § 18 getrennt vom sonstigen Vermögen des Systems verwaltet und angelegt werden und
5. die Satzung des institutsbezogenen Sicherungssystems den Mindestanforderungen des § 47 Absatz 1 und 2 entspricht.

§ 44[1)] Anerkennungsantrag. (1) Der Anerkennungsantrag muss insbesondere folgende Unterlagen und Angaben enthalten:
1. einen Ansparplan nach Maßgabe von Absatz 2;
2. das Statut oder die Satzung sowie die vertraglichen Grundlagen des institutsbezogenen Sicherungssystems;
3. die Namen der Personen nach § 43 Absatz 2 Nummer 1 und der Mitglieder des Kontrollorgans nach § 43 Absatz 2 Nummer 2 sowie Angaben zu den Tatsachen, die für die Beurteilung der Zuverlässigkeit und fachlichen Eignung erforderlich sind;
4. die Leitlinien und Rechtsgrundlagen für die Prüfung der dem institutsbezogenen Sicherungssystem angehörenden CRR-Kreditinstitute im Hinblick auf entschädigungsrelevante Risiken;
5. einen Organisationsplan, aus dem sich die Entscheidungsstruktur des institutsbezogenen Sicherungssystems ergibt;
6. Angaben zu den Pflichten der dem institutsbezogenen Sicherungssystem angehörenden CRR-Kreditinstitute gegenüber dem institutsbezogenen Sicherungssystem, insbesondere zu den Pflichten zur Einreichung des festgestellten Jahresabschlusses mit dem dazugehörenden Prüfungsbericht sowie den Informations- und Auskunftspflichten entsprechend § 34 Absatz 1.

(2) [1] Ein Ansparplan hat folgende Angaben zu enthalten:
1. Angaben zur aktuellen finanziellen Ausstattung des Systems und der voraussichtlichen Entwicklung der finanziellen Ausstattung;
2. Angaben zu den Einzelheiten der Erhebung von Jahres- und Sonderbeiträgen bei den dem institutsbezogenen Sicherungssystem angehörenden CRR-Kreditinstituten;
3. Angaben zur risikoorientierten Beitragserhebung nach § 19 und
4. Angaben zu den bei dem institutsbezogenen Sicherungssystem angehörenden CRR-Kreditinstituten vorhandenen gedeckten Einlagen.

[2] Der Ansparplan hat zudem Schätzungen zu enthalten, wie sich Maßnahmen nach § 49 in der Zukunft auf die Länge der Ansparphase auswirken können, und die Auswirkungen zu berücksichtigen. [3] Soweit die Zielausstattung durch Zahlungsverpflichtungen gemäß § 18 Absatz 2 erreicht werden soll, sind Angaben zur Einhaltung der Voraussetzungen des § 18 Absatz 2 zu machen.

---

1) Siehe zum Inkrafttreten der §§ 23, 33, 43, 44, 47 und 48 die Anm. am Gesetzestitel.

§ 45 Anzeigepflichten. (1) Die anerkannten institutsbezogenen Sicherungssysteme haben der Bundesanstalt unverzüglich anzuzeigen:
1. ein Beschluss über die Änderung ihrer Satzung;
2. die Bestellung einer Person nach § 43 Absatz 2 Nummer 1 unter Angabe der Tatsachen, die für die Beurteilung ihrer Zuverlässigkeit und fachlichen Eignung für die Wahrnehmung der jeweiligen Aufgaben wesentlich sind;
3. das Ausscheiden einer Person nach § 43 Absatz 2 Nummer 1;
4. die Bestellung eines Mitglieds des Kontrollorgans nach § 43 Absatz 2 Nummer 2 unter Angabe der Tatsachen, die für die Beurteilung seiner Zuverlässigkeit und Sachkunde notwendig sind;
5. das Ausscheiden eines Mitglieds des Kontrollorgans nach § 43 Absatz 2 Nummer 2;
6. die Absicht der Organe des Systems, eine Entscheidung über die Aufgabe der Anerkennung nach § 43 oder die Auflösung des institutsbezogenen Sicherungssystems herbeizuführen.

(2) Der Ansparplan nach § 44 Absatz 2 ist jährlich zu aktualisieren und der Bundesanstalt zum 10. Februar jeden Jahres vorzulegen.

§ 46 Widerruf der Anerkennung; Rechtsfolgen. (1) [1] Liegen die Voraussetzungen für eine Anerkennung nach § 43 nicht mehr vor, kann die Anerkennung durch die Bundesanstalt widerrufen werden. [2] Widerspruch und Anfechtungsklage gegen den Widerruf haben keine aufschiebende Wirkung.

(2) Das institutsbezogene Sicherungssystem hat die bisher ihm angehörenden CRR-Kreditinstitute über den Widerruf der Anerkennung zu informieren und ihnen mitzuteilen, welcher gesetzlichen Entschädigungseinrichtung sie gemäß § 24 Absatz 1 zugeordnet sind.

(3) Nach Zugang des Widerrufs hat das institutsbezogene Sicherungssystem die verfügbaren Finanzmittel bis zu dem in § 17 Absatz 2 genannten Betrag, einschließlich der Forderungen gegen die CRR-Kreditinstitute auf Grund bestehender Zahlungsverpflichtungen nach § 18 Absatz 2, innerhalb von fünf Arbeitstagen an die von der Bundesanstalt zu benennende gesetzliche Entschädigungseinrichtung zu übertragen.

(4) [1] Sind die betroffenen CRR-Kreditinstitute verschiedenen gesetzlichen Entschädigungseinrichtungen zugeordnet, werden die verfügbaren Finanzmittel anteilig nach der Höhe der gedeckten Einlagen der betroffenen CRR-Kreditinstitute aufgeteilt. [2] Vorübergehend gedeckte Einlagen nach § 8 Absatz 2 werden dabei nicht berücksichtigt.

Abschnitt 2. Mindestanforderungen an die Satzung; Ausscheiden eines CRR-Kreditinstituts aus einem anerkannten institutsbezogenen Sicherungssystem

§ 47[1)] Anforderungen an die Satzung und Satzungsänderung; Ausscheiden eines CRR-Kreditinstituts aus einem anerkannten institutsbezogenen Sicherungssystem. (1) Die Satzung eines anerkannten institutsbezogenen Sicherungssystems muss mindestens Folgendes regeln:

[1)] Siehe zum Inkrafttreten der §§ 23, 33, 43, 44, 47 und 48 die Anm. am Gesetzestitel.

1. die Beitragserhebung nach Maßgabe von § 48;
2. Bedingungen zur Durchführung von Maßnahmen nach Maßgabe von § 49;
3. Prüfungs-, Informations- und Auskunftsrechte gegenüber den dem anerkannten institutsbezogenen Sicherungssystem angehörenden CRR-Kreditinstituten entsprechend den §§ 34 und 35 sowie Regelungen zu geeigneten Maßnahmen, mit denen diese Rechte durchgesetzt werden können;
4. Voraussetzung und Umfang der Weitergabe von eigenen und fremden Geheimnissen, insbesondere von Betriebs- und Geschäftsgeheimnissen des Systems und der ihm angehörenden CRR-Kreditinstitute, an die Bundesanstalt entsprechend den Regelungen für ein Einlagensicherungssystem nach diesem Gesetz oder dem Kreditwesengesetz[1];
5. Regelungen zur Ermächtigung des anerkannten institutsbezogenen Sicherungssystems zur Kreditaufnahme;
6. für den Fall des Widerrufs Vorschriften zu einer Übertragung des Vermögens gemäß § 46 Absatz 3 auf ein anderes von der Bundesanstalt zu benennendes Einlagensicherungssystem;
7. Regelungen zum Ausschluss von CRR-Kreditinstituten aus dem System entsprechend § 41, wobei § 41 Absatz 2 mit der Maßgabe umzusetzen ist, dass Maßnahmen gegenüber dem CRR-Kreditinstitut von dem anerkannten institutsbezogenen Sicherungssystem mit Zustimmung der Bundesanstalt vorgenommen werden.

(2) Eine Änderung der Satzung eines anerkannten institutsbezogenen Sicherungssystems wird erst drei Monate nach der Anzeige gemäß § 45 Absatz 1 wirksam, wenn die Bundesanstalt nicht vorher die Unbedenklichkeit feststellt.

(3) [1] Hat ein anerkanntes institutsbezogenes Sicherungssystem ein CRR-Kreditinstitut entsprechend § 41 Absatz 2 Satz 3 mit Zustimmung der Bundesanstalt aus dem System ausgeschlossen, stellt die Bundesanstalt gegenüber dem CRR-Kreditinstitut fest, dass die Zugehörigkeit des CRR-Kreditinstituts zu einem Einlagensicherungssystem gemäß § 1 Satz 1 nicht mehr gegeben ist. [2] Der Ausschluss durch das anerkannte institutsbezogene Sicherungssystem wird wirksam, wenn die Feststellung der Bundesanstalt nach Satz 1 sofort vollziehbar oder bestandskräftig ist.

(4) [1] Scheidet ein CRR-Kreditinstitut aus einem anerkannten institutsbezogenen Sicherungssystem aus, wird es gemäß § 24 Absatz 1 einer gesetzlichen Entschädigungseinrichtung zugeordnet. [2] § 25 Absatz 2 ist entsprechend anzuwenden. [3] Die Sätze 1 und 2 gelten nicht im Falle eines nach Maßgabe des Absatzes 3 erfolgten Ausschlusses.

§ 48[2] Beitragserhebung anerkannter institutsbezogener Sicherungssysteme. (1) Die Beitragserhebung eines anerkannten institutsbezogenen Sicherungssystems wird durch seine Satzung bestimmt.

(2) In der Satzung ist mindestens vorzusehen, dass

---

[1] Nr. 8.
[2] Siehe zum Inkrafttreten der §§ 23, 33, 43, 44, 47 und 48 die Anm. am Gesetzestitel.

1. die zur Erreichung der Zielausstattung nach § 17 Absatz 2 notwendigen Finanzmittel mindestens einmal jährlich durch Beiträge an das Sicherungssystem aufgebracht werden;
2. Sonderbeiträge für den Fall zu erheben sind, dass die verfügbaren Finanzmittel im Entschädigungsfall nicht ausreichen, um die Einleger zu entschädigen;
3. in einem Beitragsjahr mehrere Sonderbeiträge und Sonderzahlungen nur unter den Voraussetzungen des § 27 Absatz 4 Satz 2 und 3 erhoben werden dürfen;
4. die Erhebung eines Sonderbeitrags oder einer Sonderzahlung entsprechend § 27 Absatz 5 zurückgestellt werden kann, wenn die Gefahr besteht, dass ein CRR-Kreditinstitut auf Grund der Gesamtheit der an das anerkannte institutsbezogene Sicherungssystem zu leistenden Zahlungen seine Verpflichtungen gegenüber seinen Gläubigern nicht mehr erfüllen kann;
5. die dem System angehörenden CRR-Kreditinstitute verpflichtet werden, ihre Beiträge auf erstes Anfordern hin zu leisten und eine entsprechende Garantieerklärung abzugeben.

(3) [1] In der Satzung kann die Erhebung von Mindestbeiträgen von den CRR-Kreditinstituten vorgesehen werden. [2] Das Nähere über die Bemessung und Erhebung der Jahresbeiträge und Sonderbeiträge regelt das anerkannte institutsbezogene Sicherungssystem in seiner Satzung. [3] Werden nach § 18 Absatz 2 und 3 Zahlungsverpflichtungen eines CRR-Kreditinstituts gegenüber dem institutsbezogenen Sicherungssystem berücksichtigt, sind die Anforderungen an diese Zahlungsverpflichtungen in der Satzung zu regeln.

(4) Die Bundesanstalt unterrichtet die Europäische Bankenaufsichtsbehörde über die in der Satzung enthaltenden Vorgaben zur Beitragserhebung.

Abschnitt 3. Stützungsmaßnahmen durch anerkannte institutsbezogene Sicherungssysteme

§ 49 Stützungsmaßnahmen anerkannter institutsbezogener Sicherungssysteme. (1) [1] Ein anerkanntes institutsbezogenes Sicherungssystem ist, um die Bestandsgefährdung eines ihm angehörenden CRR-Kreditinstituts zu verhindern, berechtigt, Maßnahmen zur Abwendung einer Bestandsgefährdung, insbesondere zur Sicherstellung der Liquidität und Solvenz dieses CRR-Kreditinstituts durchzuführen, sofern

1. das Sicherungssystem über geeignete Mechanismen und Verfahren für die Auswahl und Durchführung solcher Maßnahmen und für die Überwachung der damit verbundenen Risiken verfügt,
2. die Abwicklungsanstalt keine Abwicklungsmaßnahme gemäß § 62 des Sanierungs- und Abwicklungsgesetzes[1] getroffen hat,
3. die Kosten dieser Maßnahme nicht die notwendigen Kosten zur Erfüllung der Aufgaben des institutsbezogenen Sicherungssystems übersteigen,
4. diese Maßnahme mit Auflagen gegenüber dem gestützten CRR-Kreditinstitut verbunden ist, die im Vergleich zu den bestehenden Bestimmungen

[1] Nr. 22.

mindestens eine strengere Risikoüberwachung und weitergehende Prüfungsrechte für das anerkannte institutsbezogene Sicherungssystem umfassen,

5. diese Maßnahme mit der Zusage seitens des gestützten CRR-Kreditinstituts im Hinblick auf die Gewährleistung des Zugangs des Einlegers zu gedeckten Einlagen verbunden ist und
6. die Bundesanstalt auf Grund einer Bewertung bestätigt, dass die dem institutsbezogenen Sicherungssystem angehörenden CRR-Kreditinstitute in der Lage sind, die nach Absatz 3 zu erhebenden Sonderbeiträge zu zahlen.

[2]Das Nähere regelt das System in seiner Satzung. [3]Es setzt sich mit der Bundesanstalt über die Maßnahmen und die Auflagen für das CRR-Kreditinstitut ins Benehmen.

(2) Wenn die Bundesanstalt nach Abstimmung mit der Abwicklungsbehörde feststellt, dass die Voraussetzungen für eine Abwicklungsmaßnahme gemäß § 62 des Sanierungs- und Abwicklungsgesetzes erfüllt sind, werden die in Absatz 1 genannten Maßnahmen nicht durchgeführt.

(3) Verwendet das anerkannte institutsbezogene Sicherungssystem die verfügbaren Finanzmittel für Maßnahmen nach Absatz 1, hat es sicherzustellen, dass die ihm angehörenden CRR-Kreditinstitute, erforderlichenfalls durch Sonderbeiträge, die Mittel, die für die Maßnahmen verwendet wurden, unverzüglich wieder zur Verfügung stellen, falls

1. Einleger entschädigt werden müssen und die verfügbaren Finanzmittel weniger als zwei Drittel der Zielausstattung nach § 17 Absatz 2 betragen oder
2. die verfügbaren Finanzmittel 25 Prozent der Zielausstattung nach § 17 Absatz 2 unterschreiten.

Kapitel 4. Aufsicht und Prüfungsrechte

§ 50 Aufsicht über Einlagensicherungssysteme. (1) Einlagensicherungssysteme unterliegen der Aufsicht der Bundesanstalt.

(2) [1]Die Bundesanstalt hat Missständen entgegenzuwirken, welche die ordnungsgemäße Durchführung der Entschädigung beeinträchtigen oder die zur Durchführung der Entschädigung verfügbaren Finanzmittel gefährden können. [2]Die Bundesanstalt kann Anordnungen treffen, die geeignet und erforderlich sind, diese Missstände zu beseitigen oder zu verhindern. [3]Verstoßen Personen, die nach Gesetz oder Satzung die Geschäftsführung und Vertretung des Einlagensicherungssystems ausüben, vorsätzlich oder leichtfertig gegen die Bestimmungen dieses Gesetzes, gegen die zur Durchführung dieses Gesetzes erlassenen Verordnungen oder gegen Anordnungen der Aufsichtsbehörde, und setzen sie trotz Verwarnung durch die Bundesanstalt dieses Verhalten fort, kann die Bundesanstalt ihre Abberufung verlangen und ihnen die Ausübung ihrer Tätigkeit untersagen.

(3) Der Bundesanstalt stehen gegenüber den Einlagensicherungssystemen die Auskunfts- und Prüfungsrechte nach § 44 Absatz 1, 4 und 5 des Kreditwesengesetzes[1)] zu.

(4) Sofern die Bundesanstalt Kenntnis von Umständen bei einem CRR-Kreditinstitut erlangt, welche voraussichtlich den Eintritt eines Entschädigungs-

---

[1)] Nr. 8.

falls nach sich ziehen, hat sie das Einlagensicherungssystem, dem das CRR-Kreditinstitut zugeordnet ist, hiervon zu unterrichten.

§ 51 Prüfung durch die Bundesanstalt. Erhält die Bundesanstalt von einem Einlagensicherungssystem Kenntnis von Umständen, welche die Gefahr des Eintritts eines Entschädigungsfalls bei einem dem Einlagensicherungssystem angehörenden CRR-Kreditinstitut begründen, prüft sie unverzüglich, ob aufsichtsrechtliche Maßnahmen gegenüber dem CRR-Kreditinstitut zu treffen sind.

§ 52 Prüfung der Einlagensicherungssysteme. (1) Die Einlagensicherungssysteme haben nach Ablauf eines Kalenderjahres einen Geschäftsbericht aufzustellen und der Bundesanstalt und der Deutschen Bundesbank jeweils bis zum 31. Mai einzureichen.

(2) Der Geschäftsbericht muss folgende Angaben enthalten:

1. Angaben zur Tätigkeit und zu den finanziellen Verhältnissen des Einlagensicherungssystems, insbesondere zur Höhe und Anlage der verfügbaren Finanzmittel sowie zu deren Verwendung für Entschädigungsfalle,
2. Angaben zur Höhe der Beiträge,
3. Angaben zu den Kosten der Verwaltung sowie
4. eine Aktualisierung des Ansparplans gemäß § 45 Absatz 2.

§ 53 Prüfungsbericht. (1) [1]Die Einlagensicherungssysteme haben einen Wirtschaftsprüfer oder eine Wirtschaftsprüfungsgesellschaft zur Prüfung der Vollständigkeit des Geschäftsberichts und der Richtigkeit der Angaben zu bestellen. [2]Die Einlagensicherungssysteme haben der Bundesanstalt den bestellten Prüfer unverzüglich nach der Bestellung anzuzeigen. [3]Die Bundesanstalt kann innerhalb eines Monats nach Zugang der Anzeige die Bestellung eines anderen Prüfers verlangen, wenn dies zur Erreichung des Prüfungszwecks geboten ist; Widerspruch und Anfechtungsklage hiergegen haben keine aufschiebende Wirkung.

(2) Der Prüfer hat den Bericht über die Prüfung des Geschäftsberichts der Bundesanstalt und der Deutschen Bundesbank unverzüglich nach Beendigung der Prüfung einzureichen.

(3) [1]Die Einlagensicherungssysteme unterrichten auf Anforderung die Bundesanstalt und die Deutsche Bundesbank auch über die im Geschäftsbericht enthaltenen Angaben nach § 52 Absatz 2. [2]§ 9 des Kreditwesengesetzes[1)] ist entsprechend anzuwenden.

§ 54 Prüfung der Systeme durch Stresstests. (1) [1]Die Einlagensicherungssysteme haben in regelmäßigen Abständen, jedoch mindestens alle drei Jahre, ihre Systeme durch Stresstests auf ihre Funktionstüchtigkeit zu überprüfen. [2]Der erste Test ist spätestens am 3. Juli 2017 durchzuführen.

(2) [1]Die Einlagensicherungssysteme verwenden die Informationen, die zur Durchführung von Stresstests ihrer Systeme notwendig sind, nur zu diesem

---

[1)] Nr. 8.

Zweck. [2] Sie bewahren diese Informationen nur so lange auf, wie es für diesen Zweck erforderlich ist.

(3) [1] Die Bundesanstalt ist über die Ergebnisse der Prüfungen durch Stresstests zu unterrichten. [2] Sie gibt diese Ergebnisse an die Europäische Bankenaufsichtsbehörde weiter.

§ 55 Prüfung durch den Bundesrechnungshof. (1) [1] Der Bundesrechnungshof prüft die Haushalts- und Wirtschaftsführung der Einlagensicherungssysteme. [2] Die §§ 89, 90, 92 bis 100 der Bundeshaushaltsordnung sind entsprechend anzuwenden. [3] Bei anerkannten institutsbezogenen Sicherungssystemen beschränkt sich die Prüfung auf die ordnungsgemäße und wirtschaftliche Erfüllung ihrer Aufgaben hinsichtlich der Entschädigung der Einleger nach den §§ 5 bis 16 sowie der Finanzierung und Zielausstattung nach den §§ 17 bis 19.

(2) [1] Der Bundesrechnungshof ist unverzüglich zu unterrichten, wenn oberste Bundesbehörden allgemeine Vorschriften erlassen oder erläutern, welche die Einlagensicherungssysteme betreffen und sich auf den Gegenstand der Prüfung nach Absatz 1 beziehen. [2] Der Bundesrechnungshof ist vor dem Erlass dieser Vorschriften zu hören.

Kapitel 5. Zusammenarbeit mit anderen Einlagensicherungssystemen

§ 56 Zweigniederlassungen von inländischen CRR-Kreditinstituten in einem anderen Staat des Europäischen Wirtschaftsraums. (1) [1] Ein Einlagensicherungssystem schützt die Einlagen einer Zweigniederlassung eines ihm angehörenden CRR-Kreditinstituts in einem anderen Staat des Europäischen Wirtschaftsraums. [2] Zur Durchführung der Einlegerentschädigung, die vom Einlagensicherungssystem des Aufnahmemitgliedstaats im Namen und entsprechend den Anweisungen des inländischen Einlagensicherungssystems durchgeführt wird, stellt das inländische Einlagensicherungssystem dem Einlagensicherungssystem des Aufnahmemitgliedstaats die notwendigen Mittel zur Einlegerentschädigung vor der Auszahlung zur Verfügung und erstattet diesem die angefallenen Kosten des Entschädigungsverfahrens.

(2) [1] Das inländische Einlagensicherungssystem stellt dem Einlagensicherungssystem des Aufnahmemitgliedstaats die notwendigen Informationen zur Vorbereitung einer Einlegerentschädigung sowie zur Durchführung von Stresstests zur Verfügung. [2] Das inländische Einlagensicherungssystem stellt mittels geeigneter Verfahren sicher, dass Informationen mit anderen Einlagensicherungssystemen, diesen angehörenden CRR-Kreditinstituten, Aufsichtsbehörden und gegebenenfalls mit anderen Stellen auf grenzübergreifender Basis wirksam ausgetauscht werden können.

(3) [1] Um die effektive Zusammenarbeit zwischen den Einlagensicherungssystemen nach den Absätzen 1 und 2 zu erleichtern, schließen die inländischen Einlagensicherungssysteme eine Kooperationsvereinbarung mit dem Einlagensicherungssystem des Aufnahmemitgliedstaats. [2] Die inländischen Einlagensicherungssysteme unterrichten die Bundesanstalt über das Bestehen und den Inhalt der Vereinbarungen. [3] Die Bundesanstalt unterrichtet hierüber die Europäische Bankenaufsichtsbehörde.

§ 57 Zweigniederlassungen von CRR-Kreditinstituten mit Sitz in einem anderen Staat des Europäischen Wirtschaftsraums. (1) [1] Ein inländisches Einlagensicherungssystem nach diesem Gesetz hat die Aufgabe, die Erstattung von Einlagen der Zweigniederlassungen eines CRR-Kreditinstituts mit Sitz in einem anderen Staat des Europäischen Wirtschaftsraums im Namen und entsprechend den Anweisungen des Einlagensicherungssystems des Herkunftsmitgliedstaats durchzuführen, soweit das inländische Einlagensicherungssystem die notwendigen Mittel zur Einlegerentschädigung vor der Auszahlung sowie die angefallenen Kosten des Entschädigungsverfahrens von dem Einlagensicherungssystems des Herkunftsmitgliedstaats erhalten hat. [2]Die Erstattung kann entsprechend § 15 Absatz 2 aufgeschoben werden. [3]Das Einlagensicherungssystem haftet nicht für Handlungen, die es entsprechend den Anweisungen des Einlagensicherungssystems des Herkunftsmitgliedstaats durchgeführt hat.

(2) Das Einlagensicherungssystem ist befugt, die Korrespondenz der Einleger im Namen des Einlagensicherungssystems des Herkunftsmitgliedstaats entgegenzunehmen und informiert die betroffenen Einleger im Namen dieses Einlagensicherungssystems.

(3) [1]Die Bundesanstalt fordert die Zweigniederlassung auf, das für sie zuständige Einlagensicherungssystem im Herkunftsmitgliedstaat zu benennen und bestimmt für diese Zweigniederlassung das für die Zwecke des Absatzes 1 zuständige inländische Einlagensicherungssystem. [2]Das von der Bundesanstalt bestimmte inländische Einlagensicherungssystem hat sich unverzüglich um eine Kooperationsvereinbarung im Sinne des § 56 Absatz 3 mit dem Einlagensicherungssystem des Herkunftsmitgliedstaats zu bemühen. [3]§ 56 Absatz 3 Satz 2 und 3 gilt entsprechend.

§ 58 Beitragszahlung bei Übertragung von Tätigkeiten eines CRR-Kreditinstituts. Wenn ein Teil der Tätigkeiten eines CRR-Kreditinstituts auf ein anderes CRR-Kreditinstitut in einem anderen Staat des Europäischen Wirtschaftsraums übertragen wird und somit einem anderen Einlagensicherungssystem im Europäischen Wirtschaftsraum außerhalb des Geltungsbereiches dieses Gesetzes unterliegt, werden die Beiträge dieses CRR-Kreditinstituts, die in den letzten zwölf Monaten vor der Übertragung gezahlt wurden, proportional zur Höhe der übertragenen gedeckten Einlagen auf das andere Einlagensicherungssystem übertragen; ausgenommen davon sind Sonderbeiträge und Sonderzahlungen nach § 27 Absatz 1 Nummer 1 und 2.

§ 59 Zweigstellen von CRR-Kreditinstituten mit Sitz in einem Drittland. (1) [1]Verfügen niedergelassene Zweigstellen eines CRR-Kreditinstituts, das seinen Sitz außerhalb des Europäischen Wirtschaftsraums hat, über einen Einlagenschutz, der dem in diesem Gesetz vorgesehenen Schutz gleichwertig ist, befreit die Bundesanstalt diese Zweigstelle auf Antrag von der Zuordnung nach § 24 Absatz 1. [2]Der Schutz ist als gleichwertig anzusehen, wenn lediglich die in § 6 genannten Einlagen von dem Schutz ausgenommen sind und die Einlagen der Einleger zumindest in einer der Deckungssumme gemäß § 8 Absatz 1 entsprechenden Höhe geschützt sind.

(2) [1]Eine Zweigstelle eines CRR-Kreditinstituts mit Sitz außerhalb des Europäischen Wirtschaftsraums, die nicht Mitglied eines Einlagensicherungssystems nach diesem Gesetz ist, stellt den Einlegern dieser Zweigstelle alle wichtigen Informationen über die Sicherungsvorkehrungen für die Einlagen zur Verfügung. [2]Die in Satz 1 genannten Informationen müssen in der Sprache,

die der Einleger und das CRR-Kreditinstitut bei Eröffnung des Kontos vereinbart haben, oder in deutscher Sprache vorliegen sowie klar und verständlich sein.

Kapitel 6. Bußgeldvorschriften

§ 60 Bußgeldvorschriften. (1) Ordnungswidrig handelt, wer vorsätzlich oder leichtfertig entgegen § 34 Absatz 1 einen Jahresabschluss mit dem dazugehörigen Prüfungsbericht nicht, nicht richtig, nicht vollständig oder nicht rechtzeitig einreicht.

(2) Ordnungswidrig handelt, wer vorsätzlich oder fahrlässig

1. entgegen § 34 Absatz 1 eine Auskunft nicht, nicht richtig, nicht vollständig oder nicht rechtzeitig erteilt oder eine Unterlage nicht, nicht richtig, nicht vollständig oder nicht rechtzeitig vorlegt oder
2. entgegen § 41 Absatz 4 eine Information nicht, nicht richtig, nicht vollständig oder nicht rechtzeitig gibt.

(3) Die Ordnungswidrigkeit kann mit einer Geldbuße bis zu hunderttausend Euro geahndet werden.

(4) Verwaltungsbehörde im Sinne des § 36 Absatz 1 Nummer 1 des Gesetzes über Ordnungswidrigkeiten ist die Bundesanstalt.

Teil 4. Institutsbezogene Sicherungssysteme und Einlagensicherungssysteme ohne Anerkennung

§ 61 Anforderungen an nicht anerkannte Systeme. (1) [1] Für vertragliche Systeme zum Schutz von Einlagen und institutsbezogene Sicherungssysteme, die nicht als Einlagensicherungssysteme anerkannt sind, sowie für die ihnen angehörenden CRR-Kreditinstitute gelten § 3 Absatz 2, § 41 Absatz 4 sowie § 23a Absatz 1 Satz 9 des Kreditwesengesetzes[1)] entsprechend. [2] Systeme, die einer Rechtspflicht zur Entschädigung von Einlegern unterliegen, müssen über angemessene finanzielle Mittel oder entsprechende Finanzierungsmechanismen verfügen, um ihre Verpflichtungen erfüllen zu können.

(2) [1] Die Systeme nach Absatz 1 unterliegen unbeschadet der bestehenden Aufsicht anderer staatlicher Stellen hinsichtlich der Anforderungen des Absatzes 1 der Aufsicht und Prüfung durch die Bundesanstalt. [2] § 44 Absatz 1 des Kreditwesengesetzes gilt entsprechend.

Teil 5. Schlussvorschriften

§ 62 Nichtanwendung des Versicherungsaufsichtsgesetzes. Die Vorschriften des Versicherungsaufsichtsgesetzes gelten nicht für Einlagensicherungssysteme.

§ 63 Übergangsregelung. (1) Auf Entschädigungsfälle, die bis zum Inkrafttreten des Einlagensicherungsgesetzes vom 28. Mai 2015 (BGBl. I S. 786) festgestellt sind, sind die §§ 3 bis 5 des Einlagensicherungs- und Anlegerentschädi-

---

[1)] Nr. 8.

gungsgesetzes[1)] vom 16. Juli 1998 (BGBl. I S. 1842), das zuletzt durch Artikel 6 des Gesetzes vom 15. Juli 2014 (BGBl. I S. 934) geändert worden ist, in seiner bis dahin geltenden Fassung weiter anzuwenden.

(2) Bis zum erstmaligen Erreichen der in § 17 Absatz 2 genannten Beträge sind die Schwellenwerte nach § 49 Absatz 3 nicht in Bezug auf diese Beträge, sondern auf die bisher verfügbaren Finanzmittel anzuwenden.

(3) § 8 des Einlagensicherungs- und Anlegerentschädigungsgesetzes vom 16. Juli 1998 (BGBl. I S. 1842), das zuletzt durch Artikel 6 des Gesetzes vom 15. Juli 2014 (BGBl. I S. 934) geändert worden ist, sowie die Bestimmungen der nach § 8 Absatz 8 Satz 1 des Einlagensicherungs- und Anlegerentschädigungsgesetzes erlassenen EdB-Beitragsverordnung vom 10. Juli 1999 (BGBl. I S. 1540), die zuletzt durch Artikel 5 der Verordnung vom 30. Januar 2014 (BGBl. I S. 322) geändert worden ist, und der EdVÖB-Beitragsverordnung vom 10. Juli 1999 (BGBl. I S. 1538), die zuletzt durch Artikel 4 der Verordnung vom 30. Januar 2014 (BGBl. I S. 322) geändert worden ist, finden weiterhin Anwendung auf die Jahresbeiträge, einmalige Zahlungen, Sonderbeiträge und Sonderzahlungen, die für die bis zum 30. September 2014 endenden Abrechnungsjahre zu erheben waren.

(4) Die Jahresbeiträge für die nach § 24 Absatz 1 Nummer 1 und 2 zugeordneten CRR-Kreditinstitute werden für das am 30. September 2015 endende Abrechnungsjahr abweichend von § 19 Absatz 2 bis 4 nach § 8 des Einlagensicherungs- und Anlegerentschädigungsgesetzes vom 16. Juli 1998 (BGBl. I S. 1842), das zuletzt durch Artikel 6 des Gesetzes vom 15. Juli 2014 (BGBl. I S. 934) geändert worden ist, sowie den Bestimmungen der nach § 8 Absatz 8 Satz 1 des Einlagensicherungs- und Anlegerentschädigungsgesetzes erlassenen EdB-Beitragsverordnung vom 10. Juli 1999 (BGBl. I S. 1540), die zuletzt durch Artikel 5 der Verordnung vom 30. Januar 2014 (BGBl. I S. 322) geändert worden ist, und der EdVÖB-Beitragsverordnung vom 10. Juli 1999 (BGBl. I S. 1538), die zuletzt durch Artikel 4 der Verordnung vom 30. Januar 2014 (BGBl. I S. 322) geändert worden ist, erhoben.

(5) Die Satzung eines anerkannten institutsbezogenen Sicherungssystems nach § 47 Absatz 1 kann dem Sicherungssystem gestatten, den jährlichen Beitrag für das in 2015 endende Beitragsjahr abweichend von den Vorschriften dieses Gesetzes zu erheben.

[1)] Nr. **11**.

13. Gesetz über die Vergleichbarkeit von Zahlungskontoentgelten, den Wechsel von Zahlungskonten sowie den Zugang zu Zahlungskonten mit grundlegenden Funktionen (Zahlungskontengesetz – ZKG) [1] [2] [3]

Vom 11. April 2016

(BGBl. I S. 720, ber. BGBl. 2018 I S. 1102)

FNA 7610-21

zuletzt geänd. durch Art. 14 Abs. 5 G zur Umsetzung der Zweiten ZahlungsdiensteRL v. 17.7.2017 (BGBl. I S. 2446)

Inhaltsübersicht

---

[1] Verkündet als Art. 1 G v. 11.4.2016 (BGBl. I S. 720); Inkrafttreten gem. Art. 9 Abs. 4 dieses G am **18.4.2016** mit folgenden Ausnahmen:
- §§ 20–29 ZKG (Nr. **13**) traten gem. Art. 9 Abs. 2 dieses G am **18.9.2016** in Kraft.
- §§ 16–19 ZKG (Nr. **13**) traten gem. Art. 9 Abs. 1a G v. 11.4.2016 (BGBl. I S. 720, insoweit geänd. durch G v. 10.7.2018, BGBl. I S. 1102) am **14.7.2018** in Kraft.
- §§ 5–13, 14 Abs. 1 Nr. 1 und 5 sowie § 15 ZKG (Nr. **13**) treten gem. Art. 9 Abs. 1 G v. 11.4.2016 (BGBl. I S. 720, insoweit geänd. durch G v. 10.7.2018, BGBl. I S. 1102) neun Monate nach dem Inkrafttreten des delegierten Rechtsakts nach Art. 3 Abs. 4 der Richtlinie 2014/92/EU in Kraft. Dieser Rechtsakt – die Delegierte Verordnung (EU) 2018/32 v. 28.9.2017 (ABl. L 6 v. 11.1.2018, S. 3) – ist gem. Bek. v. 6.6.2018 (BGBl. I S. 668) am 31.1.2018 in Kraft getreten; die genannten Vorschriften des ZKG traten somit am **31.10.2018** in Kraft.

[2] **Amtl. Anm.:** Dieses Gesetz dient der Umsetzung der Richtlinie 2014/92/EU des Europäischen Parlaments und des Rates vom 23. Juli 2014 über die Vergleichbarkeit von Zahlungskontoentgelten, den Wechsel von Zahlungskonten und den Zugang zu Zahlungskonten mit grundlegenden Funktionen (ABl. L 257 vom 28.8.2014, S. 214).

[3] Siehe hierzu ua die Vergleichswebsitesverordnung v. 16.7.2018 (BGBl. I S. 1182).

Abschnitt 1. Allgemeine Vorschriften

§ 1 Anwendungsbereich. Dieses Gesetz gilt, soweit hierin nicht ausdrücklich etwas anderes geregelt ist, für alle Verbraucher sowie für Zahlungsdienstleister, die auf dem Markt Zahlungskonten für Verbraucher anbieten.

§ 2 Begriffsbestimmungen. (1) [1] Rechtmäßiger Aufenthalt in der Europäischen Union ist der rechtmäßige Aufenthalt natürlicher Personen, einschließlich Personen ohne festen Wohnsitz, in einem Mitgliedstaat der Europäischen Union auf Grund des Unionsrechts oder auf Grund nationalen Rechts sowie der rechtmäßige Aufenthalt Asylsuchender im Sinne des Abkommens über die Rechtsstellung der Flüchtlinge vom 28. Juli 1951 (BGBl. 1953 II S. 560), des Protokolls über die Rechtsstellung der Flüchtlinge vom 31. Januar 1967 (BGBl. 1969 II S. 1294) und anderer einschlägiger völkerrechtlicher Verträge. [2] Als rechtmäßiger Aufenthalt in der Europäischen Union im Sinne dieses Gesetzes gilt auch der Aufenthalt im Inland Geduldeter.

(2) Ein mit einem Zahlungskonto verbundener Dienst ist jeder Dienst im Zusammenhang mit der Eröffnung, dem Führen oder dem Schließen eines Zahlungskontos einschließlich Zahlungsdiensten und Zahlungsvorgängen, die unter Artikel 3 Buchstabe g der Richtlinie 2007/64/EG des Europäischen Parlaments und des Rates vom 13. November 2007 über Zahlungsdienste im Binnenmarkt, zur Änderung der Richtlinien 97/7/EG, 2002/65/EG, 2005/60/EG und 2006/48/EG sowie zur Aufhebung der Richtlinie 97/5/EG (ABl. L 319 vom 5.12.2007, S. 1; L 187 vom 18.7.2009, S. 5), die durch die Richtlinie 2009/111/EG (ABl. L 302 vom 17.11.2009, S. 97) geändert worden ist, fallen, sowie Überziehungsmöglichkeiten und Überschreitungen.

(3) Zahlungsdienstleister ist ein Zahlungsdienstleister im Sinne des Artikels 4 Nummer 9 der Richtlinie 2007/64/EG.

(4) Europäischer Zahlungsdienstleister ist ein in einem anderen Mitgliedstaat der Europäischen Union ansässiger Zahlungsdienstleister im Sinne des Artikels 4 Nummer 9 der Richtlinie 2007/64/EG.

(5) Institut im Sinne dieses Gesetzes ist ein Kreditinstitut im Sinne des Artikels 4 Absatz 1 Nummer 1 der Verordnung (EU) Nr. 575/2013[1] des Europäischen Parlaments und des Rates vom 26. Juni 2013 über Aufsichtsanforderungen an Kreditinstitute und Wertpapierfirmen und zur Änderung der Verordnung (EU) Nr. 646/2012 (ABl. L 176 vom 27.6.2013, S. 1; L 208 vom 2.8.2013, S. 68; L 321 vom 30.11.2013, S. 6), die durch die Delegierte Verordnung (EU) 2015/62 (ABl. L 11 vom 17.1.2015, S. 37) geändert worden ist, eine Zweigniederlassung nach § 53b Absatz 1 Satz 1 oder 2 des Kreditwesengesetzes[2] oder eine Zweigstelle nach § 53 des Kreditwesengesetzes.

(6) Maßgebliche Zahlungskontendienste sind die mit einem Zahlungskonto verbundenen Dienste, die in der jeweils aktuellen Liste der repräsentativsten

---

[1] Nr. **6**.
[2] Nr. **8**.

mit einem Zahlungskonto verbundenen Dienste enthalten sind, die von der Bundesanstalt für Finanzdienstleistungsaufsicht veröffentlicht worden ist.

(7) Standardisierte Zahlungskontenterminologie ist die von der Europäischen Kommission gemäß Artikel 3 Absatz 4 der Richtlinie 2014/92/EU des Europäischen Parlaments und des Rates vom 23. Juli 2014 über die Vergleichbarkeit von Zahlungskontoentgelten, den Wechsel von Zahlungskonten und den Zugang zu Zahlungskonten mit grundlegenden Funktionen (ABl. L 257 vom 28.8.2014, S. 214) festgelegte jeweils aktuelle standardisierte Terminologie für die mit einem Zahlungskonto verbundenen Dienste.

(8) Zahlungskonto im Sinne dieses Gesetzes ist ein auf den Namen eines oder mehrerer Zahlungsdienstnutzer lautendes Konto, das für die Ausführung von Zahlungsvorgängen genutzt wird.

§ 3 Allgemeines Benachteiligungsverbot. Verbraucher mit rechtmäßigem Aufenthalt in der Europäischen Union, die innerhalb der Europäischen Union den Abschluss eines Zahlungsdiensterahmenvertrags über die Führung eines Zahlungskontos im Sinne des § 1 Absatz 17 des Zahlungsdiensteaufsichtsgesetzes[1)] beantragen, dürfen von Instituten bei der Eröffnung eines solchen Kontos weder auf Grund ihrer Staatsangehörigkeit, ihrer Sprache oder ihres Wohnsitzes noch aus anderen Gründen, die in Artikel 21 der Charta der Grundrechte der Europäischen Union genannt werden, benachteiligt werden.

§ 4 Abweichende Vereinbarungen. (1) Soweit die Vorschriften dieses Gesetzes das Verhältnis zwischen Zahlungsdienstleistern und Verbrauchern regeln, darf von ihnen nicht zum Nachteil des Verbrauchers abgewichen werden, es sei denn, es ist etwas anderes bestimmt.

(2) Die Vorschriften dieses Gesetzes gehen anderweitigen Gestaltungen vor, es sei denn, es ist etwas anderes bestimmt.

Abschnitt 2. Informationspflichten sowie Vergleichbarkeit der Entgelte für Zahlungskonten

Unterabschnitt 1. Informationspflichten

§ 5[2)] Vorvertragliche Entgeltinformation. Der Zahlungsdienstleister hat dem Verbraucher rechtzeitig vor dessen Vertragserklärung zum Abschluss eines Zahlungsdiensterahmenvertrags über die Führung eines Zahlungskontos Informationen über Entgelte für mit einem Zahlungskonto verbundene Dienste (Entgeltinformation) nach den §§ 6 bis 9 unentgeltlich mitzuteilen.

§ 6[2)] Inhalt der Entgeltinformation zu den maßgeblichen Zahlungskontendiensten. (1) [1]Die Entgeltinformation muss angeben, welche der maßgeblichen Zahlungskontendienste von dem Zahlungsdienstleister angeboten werden und welches Entgelt er dafür verlangt. [2]Soweit einer oder mehrere dieser Dienste von dem Zahlungsdienstleister nicht angeboten werden, ist auch dies anzugeben. [3]Soweit nach dem Angebot des Zahlungsdienstleisters im

---

[1)] Nr. **10**.

[2)] §§ 5–13, 14 Abs. 1 Nr. 1 und 5 sowie § 15 ZKG (Nr. **13**) sind gem. Art. 9 Abs. 1 G v. 11.4.2016 (BGBl. I S. 720) iVm Bek. v. 6.6.2018 (BGBl. I S. 668) am 31.10.2018 in Kraft getreten.

Zusammenhang mit den angebotenen maßgeblichen Zahlungskontendiensten die Erstattung von Kosten durch den Verbraucher oder die Verwirkung von vom Verbraucher zu zahlenden Vertragsstrafen vorgesehen ist, sind auch diese Kosten und Vertragsstrafen anzugeben.

(2) Die Entgeltinformation muss den Hinweis enthalten, dass nur die Entgelte für die maßgeblichen Zahlungskontendienste angegeben sind und dass die vollständigen vorvertraglichen und vertraglichen Informationen zu den maßgeblichen Zahlungskontendiensten und den übrigen angebotenen Diensten anderen Dokumenten zu entnehmen sind.

§ 7[1] Inhalt der Entgeltinformation bei Paketen von Diensten oder von weiteren Produkten. (1) Soweit einer oder mehrere der maßgeblichen Zahlungskontendienste von dem Zahlungsdienstleister als Teil eines Dienstepakets für ein Zahlungskonto angeboten werden, muss die Entgeltinformation auch die folgenden Angaben enthalten:

1. die Dienste, die in dem Paket enthalten sind,
2. der Umfang, in dem die Dienste in dem Paket enthalten sind,
3. die Entgelte, die für das Paket zu zahlen sind, und
4. die zusätzlichen Entgelte, die für Dienste anfallen, die über den im Entgelt für das Paket enthaltenen Umfang hinausgehen.

(2) [1] Soweit ein Zahlungskonto als Teil eines Pakets angeboten wird, das Produkte oder Dienste enthält, die über die Erbringung von Zahlungskontendiensten hinausgehen, muss die Entgeltinformation angeben, ob es auch möglich ist, einen Zahlungsdiensterahmenvertrag über die Führung eines Zahlungskontos separat abzuschließen. [2] In diesem Fall sind auch die Entgelte anzugeben, die jeweils für die übrigen im Paket enthaltenen Produkte und Dienste anfallen, soweit diese separat erworben werden könnten.

(3) Im Rahmen der Angaben nach den Absätzen 1 und 2 sind auch vom Verbraucher zu erstattende Kosten und vom Verbraucher zu zahlende Vertragsstrafen zu nennen, die nach dem Angebot des Zahlungsdienstleisters in Bezug auf die angebotenen Dienste oder Pakete vorgesehen sind.

§ 8[1] Verwendung der standardisierten Zahlungskontenterminologie, Währungsangaben und Sprache der Entgeltinformation. (1) [1] Für die Bezeichnung der in der Entgeltinformation genannten maßgeblichen Zahlungskontendienste ist die standardisierte Zahlungskontenterminologie zu verwenden. [2] Andere Bezeichnungen dürfen in der Entgeltinformation nur zusätzlich zur standardisierten Zahlungskontenterminologie und als untergeordnete Bezeichnungen für die jeweiligen Dienste verwendet werden.

(2) Entgelte sind in der Währung des Zahlungskontos oder in der Währung eines Mitgliedstaates der Europäischen Union anzugeben, auf die sich Verbraucher und Zahlungsdienstleister geeinigt haben.

(3) Die Entgeltinformation muss in deutscher Sprache abgefasst sein, wenn Verbraucher und Zahlungsdienstleister nichts anderes vereinbart haben.

---

[1] §§ 5–13, 14 Abs. 1 Nr. 1 und 5 sowie § 15 ZKG (Nr. **13**) sind gem. Art. 9 Abs. 1 G v. 11.4.2016 (BGBl. I S. 720) iVm Bek. v. 6.6.2018 (BGBl. I S. 668) am 31.10.2018 in Kraft getreten.

§ 9[1)] Form und Gestaltung der Entgeltinformation. (1) Die Entgeltinformation bedarf der Textform.

(2) [1] Die Entgeltinformation ist als ein kurz gehaltenes, eigenständiges Dokument abzufassen. [2] Sie muss so gestaltet sein, dass sie klar und leicht verständlich ist. [3] Schriftart und Schriftgröße sowie Farbgestaltung müssen so gewählt werden, dass die Entgeltinformation sowohl im Original als auch ebenso, wenn sie farbig oder schwarz-weiß kopiert oder ausgedruckt wird, gut lesbar ist.

(3) [1] Die Entgeltinformation muss den Anforderungen des von der Europäischen Kommission gemäß Artikel 4 Absatz 6 der Richtlinie 2014/92/EU festgelegten standardisierten Präsentationsformats entsprechen. [2] Das Dokument muss am oberen Ende der ersten Seite mit „Entgeltinformation" überschrieben sein. [3] Neben der Überschrift ist das gemeinsame Symbol zur Unterscheidung der Entgeltinformation von anderen Unterlagen anzubringen, das von der Europäischen Kommission gemäß Artikel 4 Absatz 6 der Richtlinie 2014/92/EU festgelegt worden ist.

(4) Zahlungsdienstleister genügen den Anforderungen an die Gestaltung der Entgeltinformation nach den Absätzen 2 und 3, wenn sie das von der Bundesanstalt für Finanzdienstleistungsaufsicht nach § 47 Absatz 2 für Entgeltinformationen veröffentlichte Muster verwenden.

§ 10[1)] Entgeltaufstellung während und bei Beendigung des Vertragsverhältnisses. [1] Ein Zahlungsdienstleister hat einem Verbraucher bei einem Zahlungsdiensterahmenvertrag über die Führung eines Zahlungskontos eine Information über sämtliche Entgelte, die für mit dem Zahlungskonto verbundene Dienste angefallen sind, sowie gegebenenfalls über den Sollzinssatz bei Überziehungen und den Zinssatz für Einlagen für dieses Zahlungskonto (Entgeltaufstellung) unentgeltlich zur Verfügung zu stellen. [2] Eine Entgeltaufstellung ist dem Verbraucher während des Vertragsverhältnisses mindestens jährlich sowie bei Beendigung des Vertragsverhältnisses zur Verfügung zu stellen.

§ 11[1)] Inhalt der Entgeltaufstellung. (1) Die Entgeltaufstellung muss bezogen auf den Zeitraum, für den die Entgeltaufstellung erteilt wird, mindestens folgende Angaben enthalten:

1. das in Rechnung gestellte Einzelentgelt je Dienst und die Anzahl der Inanspruchnahmen der betreffenden Dienste,
2. für den Fall, dass die Dienste in einem Paket zusammengefasst sind, das für das Paket in Rechnung gestellte Entgelt, die Angabe, wie oft das Entgelt für das Paket in Rechnung gestellt wurde, sowie das für jeden Dienst, der über den im Entgelt für das Paket enthaltenen Umfang hinausgeht, in Rechnung gestellte zusätzliche Entgelt,
3. den Gesamtbetrag der angefallenen Entgelte für jeden Dienst sowie für jedes Dienstepaket und für Dienste, die über den im Entgelt für das Paket enthaltenen Umfang hinausgehen,
4. bei Inanspruchnahme einer eingeräumten Überziehungsmöglichkeit gemäß § 504 des Bürgerlichen Gesetzbuchs[2)] oder bei einer geduldeten Überzie-

---

[1)] §§ 5–13, 14 Abs. 1 Nr. 1 und 5 sowie § 15 ZKG (Nr. **13**) sind gem. Art. 9 Abs. 1 G v. 11.4.2016 (BGBl. I S. 720) iVm Bek. v. 6.6.2018 (BGBl. I S. 668) am 31.10.2018 in Kraft getreten.

[2)] Nr. **23**.

hung gemäß § 505 des Bürgerlichen Gesetzbuchs den hierfür angewandten Sollzinssatz und den Gesamtbetrag der angefallenen Zinsen,

5. bei Anfallen von Guthabenzinsen den Zinssatz für Einlagen und den Gesamtbetrag der angefallenen Zinsen sowie
6. den in Rechnung gestellten Gesamtbetrag der Entgelte für sämtliche geleistete Dienste.

(2) Im Rahmen der Angaben nach Absatz 1 sind auch Kosten und Vertragsstrafen zu nennen, die in Bezug auf die angebotenen Dienste oder Pakete angefallen sind.

§ 12[1)] Verwendung der standardisierten Zahlungskontenterminologie, Währungsangaben und Sprache der Entgeltaufstellung. (1) [1] Für die Bezeichnung der in der Entgeltaufstellung genannten maßgeblichen Zahlungskontendienste ist die standardisierte Zahlungskontenterminologie zu verwenden. [2] Andere Bezeichnungen dürfen in der Entgeltaufstellung nur zusätzlich zur standardisierten Zahlungskontenterminologie und als untergeordnete Bezeichnungen für die jeweiligen Dienste verwendet werden.

(2) Entgelte sind in der Währung des Zahlungskontos oder in der Währung eines Mitgliedstaates der Europäischen Union anzugeben, auf die sich Verbraucher und Zahlungsdienstleister geeinigt haben.

(3) Die Entgeltaufstellung muss in deutscher Sprache abgefasst sein, wenn Verbraucher und Zahlungsdienstleister nichts anderes vereinbart haben.

§ 13[1)] Form und Gestaltung der Entgeltaufstellung. (1) [1] Die Entgeltaufstellung muss dem Verbraucher in Textform zur Verfügung gestellt werden. [2] Der Verbraucher kann verlangen, dass ihm die Entgeltaufstellung auf Papier zur Verfügung gestellt wird.

(2) [1] Die Entgeltaufstellung muss so gestaltet sein, dass sie klar und leicht verständlich ist. [2] Schriftart und Schriftgröße müssen so gewählt werden, dass die Entgeltaufstellung gut lesbar ist.

(3) [1] Die Entgeltaufstellung muss den Anforderungen des von der Europäischen Kommission gemäß Artikel 5 Absatz 4 der Richtlinie 2014/92/EU festgelegten standardisierten Präsentationsformats entsprechen. [2] Das Dokument muss am oberen Ende der ersten Seite mit „Entgeltaufstellung" überschrieben sein. [3] Neben der Überschrift ist das gemeinsame Symbol zur Unterscheidung der Entgeltaufstellung von anderen Unterlagen anzubringen, das gemäß Artikel 5 Absatz 4 der Richtlinie 2014/92/EU von der Europäischen Kommission festgelegt worden ist.

(4) Zahlungsdienstleister genügen den Anforderungen an die Gestaltung der Entgeltaufstellung nach den Absätzen 2 und 3, wenn sie das von der Bundesanstalt für Finanzdienstleistungsaufsicht nach § 47 Absatz 2 für Entgeltaufstellungen veröffentlichte Muster verwenden.

[1)] §§ 5–13, 14 Abs. 1 Nr. 1 und 5 sowie § 15 ZKG (Nr. **13**) sind gem. Art. 9 Abs. 1 G v. 11.4.2016 (BGBl. I S. 720) iVm Bek. v. 6.6.2018 (BGBl. I S. 668) am 31.10.2018 in Kraft getreten.

§ 14[1] Allgemeine Informationspflichten der Zahlungsdienstleister.

(1) Ein Zahlungsdienstleister, der sich öffentlich zur Führung von Zahlungskonten für Verbraucher erboten hat, hat Verbrauchern ergänzend zu den in § 675a des Bürgerlichen Gesetzbuchs[2] genannten Informationen unentgeltlich die folgenden Angaben in Textform jederzeit leicht zugänglich zur Verfügung zu stellen:

1. eine Entgeltinformation zu den angebotenen Zahlungskonten nach den §§ 6 bis 8 und 9 Absatz 2 bis 4,
2. Informationen in Bezug auf die Merkmale, Entgelte sowie Kosten und Nutzungsbedingungen der angebotenen Basiskonten nach Abschnitt 5, wobei diese Informationen auch auf besonders schutzbedürftige Verbraucher, Verbraucher ohne festen Wohnsitz, Geduldete, Asylsuchende und Verbraucher, die über kein Zahlungskonto verfügen, ausgerichtet sein müssen,
3. einen Hinweis darauf, ob der Abschluss und der Inhalt eines Basiskontovertrags sowie die tatsächliche Nutzung des hiervon umfassten Leistungsangebots von in § 32 Absatz 1 genannten Voraussetzungen abhängig gemacht werden und dass der Zugang zu einem Basiskonto von keinen zusätzlichen Voraussetzungen oder der Vereinbarung zusätzlicher Dienste abhängig gemacht werden darf,
4. Informationen zur Kontenwechselhilfe nach Abschnitt 3 unter Einschluss der Pflichten der beteiligten Zahlungsdienstleister, der hierfür geltenden Fristen, der vom Verbraucher geschuldeten Entgelte, der Kosten, der beim Verbraucher anzufordernden Informationen sowie der einschlägigen Verfahren vor einer Verbraucherschlichtungsstelle nach § 14 des Unterlassungsklagengesetzes sowie
5. ein klar und verständlich abgefasstes Glossar zu mit einem Zahlungskonto verbundenen Diensten, das mindestens die maßgeblichen Zahlungskontendienste sowie die Begriffsbestimmungen nennen muss, die von der Europäischen Kommission zur standardisierten Zahlungskontenterminologie zu diesen Diensten festgelegt worden sind.

(2) Absatz 1 Nummer 2 und 3 gilt nur für Institute, die Zahlungskonten auf dem Markt anbieten.

(3) [1]Die Informationen nach Absatz 1 Nummer 1, 4 und 5 sind Verbrauchern in den Geschäftsräumen des Zahlungsdienstleisters zur Verfügung zu stellen. [2]Verfügt der Zahlungsdienstleister über einen Internetauftritt, so sind diese Informationen auch dort zur Verfügung zu stellen.

(4) Die Informationen nach Absatz 1 Nummer 1 und 5 sind Verbrauchern auf Verlangen auch mitzuteilen.

(5) Zahlungsdienstleister genügen den Anforderungen an die Gestaltung und den Inhalt des Glossars nach Absatz 1 Nummer 5, wenn sie das von der Bundesanstalt für Finanzdienstleistungsaufsicht nach § 47 Absatz 2 für dieses Glossar veröffentlichte Muster verwenden.

---

[1] § 14 Abs. 1 Nr. 1 und 5 sind gem. Art. 9 Abs. 1 G v. 11.4.2016 (BGBl. I S. 720) iVm Bek. v. 6.6. 2018 (BGBl. I S. 668) am 31.10.2018 in Kraft getreten.

[2] Auszugsweise abgedruckt unter Nr. **23**.

§ 15[1] Allgemeine Verwendung der standardisierten Zahlungskontenterminologie. [1] Ein Zahlungsdienstleister, der sich öffentlich zur Führung von Zahlungskonten für Verbraucher erboten hat, hat die standardisierte Zahlungskontenterminologie auch für die Bezeichnung der maßgeblichen Zahlungskontendienste in anderen für Verbraucher bestimmten Informationen als der Entgeltinformation und der Entgeltaufstellung zu verwenden. [2] Andere Bezeichnungen dürfen in diesen anderen Informationen für diese Dienste des Zahlungsdienstleisters nur dann verwendet werden, wenn der Zahlungsdienstleister zusätzlich eindeutig angibt, mit welchen Begriffen aus der standardisierten Zahlungskontenterminologie die betreffenden Dienste bezeichnet werden.

Unterabschnitt 2. Vergleichswebsites

§ 16[2] Zertifizierung als Vergleichswebsite nach dem Zahlungskontengesetz, Berechtigung zur Führung dieser Bezeichnung sowie zur Verwendung des Zertifizierungssymbols. (1) Dem Betreiber einer Website, die die in § 17 genannten Kriterien in der in § 18 vorgeschriebenen Art und Weise für den Verbraucher entgeltfrei vergleicht (Vergleichswebsite), ist auf Antrag ein Zertifikat durch die akkreditierten Konformitätsbewertungsstellen zu erteilen.

(2) Das Zertifikat nach Absatz 1 berechtigt den Betreiber der Website zur Führung der Bezeichnung „Vergleichswebsite nach dem Zahlungskontengesetz" sowie zur Verwendung des Zertifizierungssymbols.

§ 17[2] Anforderungen an Vergleichskriterien. Der Betreiber einer Vergleichswebsite muss auf dieser Vergleichswebsite das Angebot verschiedener Zahlungsdienstleister, die Zahlungskontendienste anbieten und Zahlungskonten führen, mindestens anhand der folgenden Kriterien vergleichen:

1. die von den Zahlungsdienstleistern erhobenen Entgelte für die maßgeblichen Zahlungskontendienste sowie etwaige Kosten und Vertragsstrafen, die in Bezug auf die angebotenen Dienste oder Pakete vorgesehen sind,
2. das Filialnetz,
3. das Geldautomatennetz und
4. den Sollzinssatz für eingeräumte Überziehungsmöglichkeiten gemäß § 504 des Bürgerlichen Gesetzbuchs[3] und für geduldete Überziehungen gemäß § 505 des Bürgerlichen Gesetzbuchs.

§ 18[2] Weitere Anforderungen an Vergleichswebsites. Eine Vergleichswebsite muss

1. unabhängig betrieben werden, wobei sicherzustellen ist, dass Zahlungsdienstleister bei den Vergleichsergebnissen gleichbehandelt werden;
2. ihre Betreiber nennen;
3. klare und objektive Kriterien verwenden, auf die sich der Vergleich stützt;

---

[1] §§ 5–13, 14 Abs. 1 Nr. 1 und 5 sowie § 15 ZKG (Nr. **13**) sind gem. Art. 9 Abs. 1 G v. 11.4.2016 (BGBl. I S. 720) iVm Bek. v. 6.6.2018 (BGBl. I S. 668) am 31.10.2018 in Kraft getreten.

[2] §§ 16–19 ZKG (Nr. **13**) sind gem. Art. 9 Abs. 1a G v. 11.4.2016 (BGBl. I S. 720, insoweit geänd. durch G v. 10.7.2018, BGBl. I S. 1102) am 14.7.2018 in Kraft getreten.

[3] Nr. **23**.

4. leicht verständliche und eindeutige Sprache sowie die standardisierte Zahlungskontenterminologie für die maßgeblichen Zahlungskontendienste verwenden;
5. korrekte und aktuell gehaltene Informationen bereitstellen und den Zeitpunkt der letzten Aktualisierung angeben;
6. genügend Zahlungskontenangebote enthalten, damit ein wesentlicher Teil des deutschen Marktes abgedeckt wird, und, falls die angebotenen Informationen keine vollständige Marktübersicht darstellen, eine eindeutige diesbezügliche Erklärung geben, bevor sie Ergebnisse anzeigt, und
7. ein wirksames Verfahren für die Meldung unrichtiger Informationen über Entgelte, Kosten und Vertragsstrafen vorsehen.

§ 19[1] Verordnungsermächtigung; Verwaltungsvorschriften. (1) Das Bundesministerium der Finanzen wird ermächtigt, im Einvernehmen mit dem Bundesministerium der Justiz und für Verbraucherschutz Rechtsverordnungen ohne Zustimmung des Bundesrates zu erlassen

1. zur Konkretisierung und Ergänzung der in den §§ 17 und 18 genannten Anforderungen,
2. zur Festlegung der an Akkreditierung und Konformitätsbewertung im Zusammenhang mit Vergleichswebsites gestellten Anforderungen,
3. zum Schutz und zur Gestaltung des Zertifizierungssymbols für Vergleichswebsites, insbesondere zu dessen Aufmachung, Zusammensetzung und Größe, und
4. zur Verwendung des Zertifizierungssymbols.

(2) Das Bundesministerium der Finanzen bestimmt im Einvernehmen mit dem Bundesministerium der Justiz und für Verbraucherschutz durch Rechtsverordnung ohne Zustimmung des Bundesrates die für die Ausführung dieses Unterabschnittes und der auf ihm beruhenden Rechtsvorschriften zuständigen Behörden und Stellen.

(3) Das Bundesministerium der Finanzen wird ermächtigt, im Einvernehmen mit dem Bundesministerium der Justiz und für Verbraucherschutz durch Rechtsverordnung ohne Zustimmung des Bundesrates zur Erfüllung der in den §§ 17 und 18 genannten Vorgaben für Vergleichswebsites

1. Zahlungsdienstleister zu verpflichten, einer Behörde oder einer anderen in der Rechtsverordnung zu benennenden Stelle die Vergleichskriterien nach § 17 bereitzustellen oder ihr diese zu übermitteln, sowie
2. nähere Bestimmungen zum Zeitpunkt sowie zur Art und Form der Bereitstellung oder Übermittlung der Vergleichskriterien nach § 17 zu erlassen.

(4) Das Bundesministerium der Finanzen kann im Einvernehmen mit dem Bundesministerium der Justiz und für Verbraucherschutz Verwaltungsvorschriften erlassen, die für die Ausführung dieses Unterabschnittes und der auf ihm beruhenden Rechtsvorschriften durch die zuständigen Behörden und Stellen erforderlich sind.

---

[1] §§ 16–19 ZKG (Nr. **13**) sind gem. Art. 9 Abs. 1a G v. 11.4.2016 (BGBl. I S. 720, insoweit geänd. durch G v. 10.7.2018, BGBl. I S. 1102) am 14.7.2018 in Kraft getreten.

Abschnitt 3. Kontenwechselhilfe

Unterabschnitt 1. Anspruch auf Kontenwechselhilfe

§ 20[1)] Verpflichtung zur Gewährung von Kontenwechselhilfe.

(1) [1] Im Zusammenhang mit einem Wechsel von einem beim übertragenden Zahlungsdienstleister geführten Zahlungskonto zu einem beim empfangenden Zahlungsdienstleister geführten Zahlungskonto sind die Zahlungsdienstleister verpflichtet, dem Verbraucher auf dessen Wunsch Unterstützungsleistungen zu erbringen (Kontenwechselhilfe). [2] Die Kontenwechselhilfe erfolgt nach Maßgabe dieses und des folgenden Unterabschnittes.

(2) Die Verpflichtung gemäß Absatz 1 besteht nicht, wenn
1. der übertragende oder der empfangende Zahlungsdienstleister nicht im Geltungsbereich dieses Gesetzes ansässig ist oder
2. die betreffenden Zahlungskonten des Verbrauchers bei den beteiligten Zahlungsdienstleistern nicht in derselben Währung geführt werden.

(3) Die Kontenwechselhilfe darf nur gewährt werden, wenn der Verbraucher und gegebenenfalls jeder weitere Inhaber der betroffenen Zahlungskonten eine den Anforderungen des § 21 entsprechende Ermächtigung zur Kontenwechselhilfe erteilt hat.

§ 21[1)] Ermächtigung des Kontoinhabers. (1) [1] Eine Ermächtigung zur Kontenwechselhilfe bedarf der Schriftform. [2] Sie muss in deutscher Sprache verfasst sein, es sei denn, die beteiligten Zahlungsdienstleister und der Inhaber des betroffenen Zahlungskontos haben sich auf eine andere Sprache geeinigt. [3] Jeder der beteiligten Zahlungsdienstleister hat dem Verbraucher sowie gegebenenfalls jedem weiteren Inhaber der betroffenen Zahlungskonten auf dessen Wunsch unverzüglich ein Formular für die Ermächtigung zu übermitteln. [4] Dem Verbraucher ist eine Kopie der erteilten Ermächtigung auszuhändigen.

(2) Das Formular für die Ermächtigung muss so gestaltet sein, dass der Inhaber des betroffenen Zahlungskontos die Möglichkeit hat, eine Ermächtigung in Schriftform zu erteilen, in der er
1. dem übertragenden Zahlungsdienstleister für die Ausführung jeder der in den §§ 22 und 23 genannten Leistungen separat seine ausdrückliche Einwilligung erteilen kann,
2. dem empfangenden Zahlungsdienstleister für die Ausführung jeder der in den §§ 22 und 24 genannten Leistungen separat seine ausdrückliche Einwilligung erteilen kann,
3. die einzelnen eingehenden Überweisungen, Daueraufträge und Lastschriftmandate bestimmen kann, die von der Kontenwechselhilfe erfasst werden sollen,
4. Daten bestimmen kann, ab denen der übertragende Zahlungsdienstleister für das bei ihm geführte Zahlungskonto Lastschriften und eingehende Überweisungen nicht mehr akzeptieren sowie Daueraufträge nicht mehr ausfüh-

---

[1)] §§ 20–29 ZKG (Nr. **13**) sind gem. Art. 9 Abs. 2 G v. 11.4.2016 (BGBl. I S. 720) am 18.9.2016 in Kraft getreten.

ren und Zahlungsauthentifizierungsinstrumente sperren soll sowie zu denen er das bei ihm geführte Zahlungskonto schließen und einen verbleibenden positiven Saldo auf das beim empfangenden Zahlungsdienstleister geführte Zahlungskonto überweisen soll, und

5. Daten bestimmen kann, ab denen Daueraufträge von dem beim empfangenden Zahlungsdienstleister geführten Zahlungskonto ausgeführt und Lastschriften akzeptiert werden sollen.

(3) Ein Zahlungsdienstleister kann sich des Musterformulars in Anlage 1 bedienen, das den Anforderungen des Absatzes 2 entspricht.

(4) Die Ermächtigung nach Absatz 1 kann abweichend von Absatz 1 Satz 1 auch im Online-Banking durch den Inhaber des betroffenen Zahlungskontos erteilt werden.

Unterabschnitt 2. Pflichten der beteiligten Zahlungsdienstleister

§ 22[1] Einleitung des Kontenwechsels über den empfangenden Zahlungsdienstleister. Der empfangende Zahlungsdienstleister hat auf Verlangen des Verbrauchers innerhalb von zwei Geschäftstagen nach Erhalt der Ermächtigung zur Kontenwechselhilfe den übertragenden Zahlungsdienstleister aufzufordern, folgende Leistungen zu erbringen, soweit die Ermächtigung zur Kontenwechselhilfe dies vorsieht:

1. dem empfangenden Zahlungsdienstleister und dem Verbraucher eine Liste der bestehenden Daueraufträge und die beim übertragenden Zahlungsdienstleister verfügbaren Informationen zu Lastschriftmandaten zu übermitteln, die bei dem Kontowechsel transferiert werden,
2. dem empfangenden Zahlungsdienstleister und dem Verbraucher die verfügbaren Informationen über eingehende Überweisungen und vom Zahlungsempfänger veranlasste Lastschriften auf dem Zahlungskonto des Verbrauchers in den vorangegangenen 13 Monaten zu übermitteln,
3. Lastschriften und eingehende Überweisungen mit Wirkung ab dem in der Ermächtigung hierzu bestimmten Datum gemäß § 21 Absatz 2 Nummer 4 nicht mehr zu akzeptieren, wenn der übertragende Zahlungsdienstleister keinen Mechanismus für die automatische Umleitung der Lastschriften und eingehenden Überweisungen auf das beim empfangenden Zahlungsdienstleister geführte Zahlungskonto des Verbrauchers vorsieht,
4. Daueraufträge mit Wirkung ab dem in der Ermächtigung hierzu bestimmten Datum gemäß § 21 Absatz 2 Nummer 4 nicht mehr auszuführen,
5. einen auf dem Zahlungskonto des Verbrauchers verbliebenen positiven Saldo zu dem in der Ermächtigung hierzu bestimmten Datum gemäß § 21 Absatz 2 Nummer 4 auf das beim empfangenden Zahlungsdienstleister geführte oder eröffnete Zahlungskonto zu überweisen und
6. das beim übertragenden Zahlungsdienstleister geführte Zahlungskonto des Verbrauchers zu dem in der Ermächtigung hierzu bestimmten Datum gemäß § 21 Absatz 2 Nummer 4 zu schließen.

---

[1] §§ 20–29 ZKG (Nr. **13**) sind gem. Art. 9 Abs. 2 G v. 11.4.2016 (BGBl. I S. 720) am 18.9.2016 in Kraft getreten.

§ 23[1] **Pflichten des übertragenden Zahlungsdienstleisters.** (1) Der übertragende Zahlungsdienstleister hat nach Erhalt einer entsprechenden Aufforderung nach § 22 folgende Leistungen zu erbringen, soweit die Ermächtigung zur Kontenwechselhilfe dies vorsieht:

1. dem empfangenden Zahlungsdienstleister und dem Verbraucher die Listen und Informationen gemäß § 22 Nummer 1 und 2 innerhalb von fünf Geschäftstagen zu senden,
2. Lastschriften und eingehende Überweisungen mit Wirkung ab dem in der Ermächtigung hierzu bestimmten Datum gemäß § 21 Absatz 2 Nummer 4 nicht mehr zu akzeptieren, wenn er keinen Mechanismus für die automatische Umleitung der Lastschriften und der eingehenden Überweisungen auf das beim empfangenden Zahlungsdienstleister geführte Zahlungskonto des Verbrauchers vorsieht, sowie Zahlungsempfänger und Zahler dieser nicht akzeptierten Zahlungsvorgänge darüber zu informieren, aus welchem Grund sie nicht akzeptiert wurden,
3. Daueraufträge mit Wirkung ab dem in der Ermächtigung hierzu bestimmten Datum gemäß § 21 Absatz 2 Nummer 4 nicht mehr auszuführen,
4. den auf dem Zahlungskonto des Verbrauchers verbliebenen positiven Saldo zu dem in der Ermächtigung hierzu bestimmten Datum gemäß § 21 Absatz 2 Nummer 4 auf das beim empfangenden Zahlungsdienstleister geführte oder eröffnete Zahlungskonto zu überweisen und
5. das beim übertragenden Zahlungsdienstleister geführte Zahlungskonto des Verbrauchers unbeschadet des § 675h Absatz 1 des Bürgerlichen Gesetzbuchs[2] zu dem in der Ermächtigung hierzu bestimmten Datum gemäß § 21 Absatz 2 Nummer 4 zu schließen, wenn die Schritte nach den Nummern 1, 2 und 4 vollzogen wurden.

(2) Der übertragende Zahlungsdienstleister darf unbeschadet des § 675k Absatz 2 des Bürgerlichen Gesetzbuchs vom Verbraucher eingesetzte Zahlungsauthentifizierungsinstrumente nicht vor dem in der Ermächtigung hierzu bestimmten Datum gemäß § 21 Absatz 2 Nummer 4 sperren.

§ 24[1] **Abschluss des Kontenwechsels durch den empfangenden Zahlungsdienstleister.** (1) Der empfangende Zahlungsdienstleister hat innerhalb von fünf Geschäftstagen nach Erhalt der Listen und Informationen nach § 23 Absatz 1 Nummer 1 folgende Leistungen zu erbringen, soweit die Ermächtigung zur Kontenwechselhilfe dies vorsieht;

1. die vom Verbraucher gewünschten Daueraufträge einzurichten und sie mit Wirkung ab dem in der Ermächtigung hierzu bestimmten Datum gemäß § 21 Absatz 2 Nummer 5 auszuführen,
2. die notwendigen Vorkehrungen zu treffen, um Lastschriften zu akzeptieren, und sie mit Wirkung ab dem in der Ermächtigung hierzu bestimmten Datum gemäß § 21 Absatz 2 Nummer 5 zu akzeptieren,
3. den in der Ermächtigung genannten Zahlern, die Überweisungen auf das Zahlungskonto des Verbrauchers tätigen, die Angaben zur neuen Zahlungs-

---

[1] §§ 20–29 ZKG (Nr. **13**) sind gem. Art. 9 Abs. 2 G v. 11.4.2016 (BGBl. I S. 720) am 18.9.2016 in Kraft getreten.

[2] Nr. **23**.

kontoverbindung des Verbrauchers beim empfangenden Zahlungsdienstleister mitzuteilen und ihnen eine Kopie der hierauf bezogenen Ermächtigung des Verbrauchers zu übermitteln,

4. soweit er nicht über alle Informationen verfügt, die er für die Mitteilung nach Nummer 3 benötigt, den Verbraucher oder den übertragenden Zahlungsdienstleister aufzufordern, ihm die fehlenden Informationen mitzuteilen,
5. den in der Ermächtigung genannten Zahlungsempfängern, die im Lastschriftverfahren Geldbeträge vom Zahlungskonto des Verbrauchers abbuchen, die Angaben zur neuen Zahlungskontoverbindung des Verbrauchers beim empfangenden Zahlungsdienstleister sowie das in der Ermächtigung hierzu bestimmte Datum gemäß § 21 Absatz 2 Nummer 5, ab dem Lastschriften von diesem Zahlungskonto abzubuchen sind, mitzuteilen und ihnen eine Kopie der hierauf bezogenen Ermächtigung des Verbrauchers zu übermitteln,
6. soweit er nicht über alle Informationen verfügt, die er für die Mitteilung nach Nummer 5 benötigt, den Verbraucher oder den übertragenden Zahlungsdienstleister aufzufordern, ihm die fehlenden Informationen mitzuteilen, sowie
7. den Verbraucher über seine Rechte, soweit einschlägig, zu informieren,
   a) Lastschrifteinzüge auf einen bestimmten Betrag oder eine bestimmte Periodizität oder beides zu begrenzen,
   b) den empfangenden Zahlungsdienstleister zu beauftragen, falls das Lastschriftmandat gemäß dem Zahlungsverfahren kein Erstattungsrecht vorsieht, vor Belastung seines Zahlungskontos jede Lastschrift anhand der Mandatsangaben zu überprüfen und zu kontrollieren, ob der Betrag und die Periodizität der vorgelegten Lastschrift den Vereinbarungen im Mandat entsprechen, und
   c) sämtliche auf sein Zahlungskonto bezogenen Lastschriften oder sämtliche von einem oder mehreren genannten Zahlungsempfängern veranlassten Lastschriften zu blockieren oder lediglich durch einen oder mehrere genannte Zahlungsempfänger veranlasste Lastschriften zu autorisieren.

(2) Statt der Mitteilung an die Zahler gemäß Absatz 1 Nummer 3 oder der Mitteilung an die Zahlungsempfänger gemäß Absatz 1 Nummer 5 kann der Verbraucher vom empfangenden Zahlungsdienstleister verlangen, ihm Musterschreiben zur Verfügung zu stellen, die die Angaben zur neuen Zahlungskontoverbindung sowie das in der Ermächtigung hierzu bestimmte Datum gemäß § 21 Absatz 2 Nummer 5, ab dem Lastschriften von diesem Zahlungskonto abzubuchen sind, enthalten.

(3) Liegt ein in der Ermächtigung bestimmtes Datum gemäß § 21 Absatz 2 Nummer 5 nicht mindestens sechs Geschäftstage nach dem Erhalt der Listen und Informationen nach § 23 Absatz 1 Nummer 1 durch den empfangenden Zahlungsdienstleister, so tritt an die Stelle dieses in der Ermächtigung bestimmten Datums der sechste Geschäftstag nach dem Erhalt der Listen und Informationen.

§ 25[1)] Haftung bei Pflichtverletzungen. Der empfangende und der übertragende Zahlungsdienstleister haften dem Verbraucher für Schäden aus einer Verletzung ihrer Pflichten nach diesem und dem vorangegangenen Unterabschnitt als Gesamtschuldner nach den allgemeinen Vorschriften.

Unterabschnitt 3. Entgelte, Kosten und Verbot von Vertragsstrafen

§ 26[1)] Entgelte, Kosten und Verbot von Vertragsstrafen. (1) [1] Ein Zahlungsdienstleister hat für die Erfüllung seiner Pflichten nach den Unterabschnitten 1 und 2 nur dann einen Entgeltanspruch gegenüber dem Verbraucher, wenn dies zwischen dem Verbraucher und dem Zahlungsdienstleister vereinbart worden ist. [2] Dieses Entgelt muss angemessen und an den tatsächlichen Kosten des Zahlungsdienstleisters ausgerichtet sein.

(2) Absatz 1 Satz 2 gilt für Vereinbarungen über zu erstattende Kosten entsprechend.

(3) Ein Entgelt oder die Erstattung von Kosten darf mit dem Verbraucher nicht vereinbart werden für

1. den Zugang des Verbrauchers zu seinen personenbezogenen Daten im Zusammenhang mit bestehenden Daueraufträgen und Lastschriften, die beim betreffenden Zahlungsdienstleister vorhanden sind,
2. die Übersendung der Informationen und Listen nach § 23 Absatz 1 Nummer 1 sowie
3. die Schließung des beim übertragenden Zahlungsdienstleister geführten Zahlungskontos des Verbrauchers.

(4) Der übertragende Zahlungsdienstleister darf mit dem empfangenden Zahlungsdienstleister weder ein Entgelt noch die Erstattung von Kosten für die Übersendung der Informationen und Listen nach § 23 Absatz 1 Nummer 1 vereinbaren.

(5) Eine Vereinbarung, nach der der Verbraucher eine Vertragsstrafe im Zusammenhang mit der Kontenwechselhilfe nach diesem Abschnitt schuldet, ist unzulässig.

Abschnitt 4. Grenzüberschreitende Kontoeröffnung

§ 27[1)] Verpflichtung des Zahlungsdienstleisters zur Erleichterung einer grenzüberschreitenden Kontoeröffnung. (1) Teilt der Verbraucher einem Zahlungsdienstleister, bei dem für ihn ein Zahlungskonto geführt wird, mit, dass er bei einem europäischen Zahlungsdienstleister ein Zahlungskonto eröffnen möchte, so hat der Zahlungsdienstleister die in § 29 genannten Handlungen vorzunehmen, soweit der Verbraucher ihn hierzu gemäß § 28 auffordert.

(2) Auf die Mitteilung nach Absatz 1 hat der Zahlungsdienstleister dem Verbraucher unentgeltlich das Formular nach Anlage 2 zur Datenabfrage für die grenzüberschreitende Kontoeröffnung zu übermitteln.

[1)] §§ 20–29 ZKG (Nr. **13**) sind gem. Art. 9 Abs. 2 G v. 11.4.2016 (BGBl. I S. 720) am 18.9.2016 in Kraft getreten.

§ 28[1)] Aufforderung durch den Verbraucher. (1) [1]Die Aufforderung durch den Verbraucher zur Vornahme der in § 29 genannten Handlungen muss das Datum enthalten, zu welchem diese Handlungen vorgenommen werden sollen. [2]Dieses Datum muss mindestens sechs Geschäftstage nach dem Eingang der Aufforderung beim Zahlungsdienstleister liegen. [3]Dies gilt nicht, sofern der Verbraucher und der Zahlungsdienstleister ausdrücklich etwas anderes vereinbart haben. [4]Fehlt eine Datumsangabe oder entspricht sie nicht den in Satz 2 genannten Voraussetzungen, so gilt die Aufforderung als für den siebten Geschäftstag nach ihrem Eingang beim Zahlungsdienstleister erteilt.

(2) Verlangt der Verbraucher die Übertragung eines positiven Saldos seines beim übertragenden Zahlungsdienstleister geführten Zahlungskontos auf das Zahlungskonto, das bei einem anderen europäischen Zahlungsdienstleister eröffnet oder geführt wird, so muss der Verbraucher dem übertragenden Zahlungsdienstleister die IBAN dieses Kontos oder gleichwertige Angaben nennen, die dem Zahlungsdienstleister die Identifizierung des europäischen Zahlungsdienstleisters sowie des dortigen Zahlungskontos des Verbrauchers ermöglichen.

§ 29[1)] Handlungen des Zahlungsdienstleisters zur Erleichterung einer grenzüberschreitenden Kontoeröffnung. Der Zahlungsdienstleister hat auf Aufforderung durch den Verbraucher zu dem gemäß § 28 Absatz 1 maßgeblichen Datum

1. dem Verbraucher unentgeltlich ein Verzeichnis mit Informationen über die folgenden Positionen zu übermitteln:
   a) über vom Verbraucher erteilte laufende Daueraufträge,
   b) über vom Zahler veranlasste, dem Zahlungsdienstleister verfügbare Lastschriftmandate und
   c) über eingehende Überweisungen sowie über die vom Zahlungsempfänger veranlassten Lastschriften auf dem Zahlungskonto des Verbrauchers, bezogen auf die vorangegangenen 13 Monate;
2. einen verbleibenden positiven Saldo auf dem Zahlungskonto des Verbrauchers an den Verbraucher auszuzahlen oder auf dessen Zahlungskonto bei einem anderen europäischen Zahlungsdienstleister zu überweisen, sofern die Aufforderung des Verbrauchers die nach § 28 Absatz 2 und 3 erforderlichen Angaben enthält, und
3. das Zahlungskonto des Verbrauchers zu schließen; § 675h Absatz 1 des Bürgerlichen Gesetzbuchs[2)] bleibt unberührt.

Abschnitt 5. Zahlungskonten mit grundlegenden Funktionen

Unterabschnitt 1. Anwendungsbereich

§ 30 Anwendungsbereich. (1) Dieser Abschnitt gilt für Zahlungsdiensterahmenverträge über die Führung eines Zahlungskontos für Verbraucher mit grundlegenden Funktionen (Basiskontoverträge).

[1)] §§ 20–29 ZKG (Nr. **13**) sind gem. Art. 9 Abs. 2 G v. 11.4.2016 (BGBl. I S. 720) am 18.9.2016 in Kraft getreten.
[2)] Nr. **23**.

(2) Ein Zahlungskonto mit grundlegenden Funktionen (Basiskonto) ist ein bei einem Institut geführtes Zahlungskonto, das folgende Kriterien erfüllt:
1. mit ihm wird mindestens die Erbringung von Zahlungsdiensten im Sinne des § 38 Absatz 2 Nummer 1 und 2 ermöglicht und
2. es wird auf Grund eines Basiskontovertrags geführt, der
   a) vom Kontoinhaber auf Grund der Geltendmachung eines Anspruchs auf Abschluss eines Basiskontovertrags mit dem nach § 31 Absatz 1 Satz 1 Verpflichteten geschlossen worden ist oder
   b) zwischen dem Kontoinhaber und dem kontoführenden Institut in anderer als in Buchstabe a bezeichneter Weise auf Grund eines angebotenen Zahlungsdiensterahmenvertrags über die Führung eines Basiskontos bei ausdrücklicher Bezeichnung des Zahlungskontos als Basiskonto geschlossen worden ist.

(3) [1] Wenn es sich bei dem Institut um eine rechtlich nicht selbständige Zweigniederlassung nach § 53b Absatz 1 des Kreditwesengesetzes[1)] oder eine Zweigstelle nach § 53 des Kreditwesengesetzes handelt, so ist Träger der Rechte und Pflichten des Instituts nach diesem Abschnitt das Unternehmen mit Sitz im Ausland, das diese Zweigniederlassung oder Zweigstelle betreibt. [2] Maßgeblich für den Umfang des Angebots des Instituts nach § 38 Absatz 4 ist der Umfang des allgemeinen Angebots des Instituts für Verbraucher in Bezug auf diese Zweigniederlassung oder Zweigstelle.

Unterabschnitt 2. Zugang zu Zahlungskonten mit grundlegenden Funktionen

§ 31 Anspruch auf Abschluss eines Basiskontovertrags. (1) [1] Ein Institut, das Zahlungskonten für Verbraucher anbietet (Verpflichteter), hat mit einem Berechtigten einen Basiskontovertrag zu schließen, wenn dessen Antrag die Voraussetzungen des § 33 erfüllt. [2] Berechtigter ist jeder Verbraucher mit rechtmäßigem Aufenthalt in der Europäischen Union einschließlich Personen ohne festen Wohnsitz und Asylsuchende sowie Personen ohne Aufenthaltstitel, die aber aus rechtlichen oder tatsächlichen Gründen nicht abgeschoben werden können.

(2) [1] Der Verpflichtete hat dem Berechtigten den Abschluss des Basiskontovertrags unverzüglich, spätestens jedoch innerhalb von zehn Geschäftstagen nach Eingang des in Absatz 1 genannten Antrags, anzubieten. [2] Der Verpflichtete hat dem Berechtigten den Eingang des Antrags unter Beifügung einer Abschrift des Antrags zu bestätigen.

§ 32 Benachteiligungsfreies Leistungsangebot und Koppelungsverbot.

(1) Der Abschluss und der gesetzlich vorgegebene Inhalt eines Basiskontovertrags nach dem dritten Unterabschnitt sowie die tatsächliche Nutzung des hiervon umfassten Leistungsangebots dürfen nur von den folgenden Voraussetzungen abhängig gemacht werden:
1. von der Zugehörigkeit zu einer bestimmten Berufsgruppe nur dann, wenn sich der Verpflichtete bei der Kontoführung mit seinem Geschäftsmodell ausnahmslos an Personen dieser Berufsgruppe wendet, sowie

---

[1)] Nr. 8.

2. von dem Erwerb von Geschäftsanteilen eines Verpflichteten, wenn der Verpflichtete diese Anforderung an alle seine Kunden gleichermaßen stellt.

(2) Alle weiteren Koppelungen mit der Nutzung oder der Vereinbarung zusätzlicher Dienstleistungen sind unzulässig.

§ 33 Antrag auf Abschluss eines Basiskontovertrags. (1) [1] Der Antrag des Berechtigten auf Abschluss eines Basiskontovertrags muss alle Angaben enthalten, die für den Abschluss dieses Vertrags erforderlich sind. [2] Dies schließt Angaben darüber ein, ob und gegebenenfalls bei welchem Institut für den Berechtigten bereits ein Zahlungskonto geführt wird, das die Voraussetzungen des § 35 Absatz 1 Satz 2 erfüllt. [3] Der Berechtigte kann bereits bei Stellung des Antrags auf Abschluss eines Basiskontovertrags verlangen, dass der Verpflichtete das Basiskonto als Pfändungsschutzkonto nach § 850k der Zivilprozessordnung führt.

(2) [1] Teilt ein Berechtigter dem Verpflichteten mit, dass er mit diesem einen Basiskontovertrag abschließen möchte, so hat der Verpflichtete dem Berechtigten das Formular nach Anlage 3 unentgeltlich zu übermitteln. [2] Der Berechtigte soll dieses Formular zur Antragstellung nutzen. [3] Hat er es vollständig ausgefüllt, so kann sich der Verpflichtete nicht darauf berufen, dass der Antrag unvollständig sei. [4] Verfügt der Verpflichtete über einen Internetauftritt, so ist das Formular nach Anlage 3 auch dort zur Verfügung zu stellen.

§ 34 Ablehnung des Antrags auf Abschluss eines Basiskontovertrags.

(1) Ein Verpflichteter kann den Antrag eines Berechtigten auf Abschluss eines Basiskontovertrags, der den Voraussetzungen des § 33 Absatz 1 genügt, nur aus den in den §§ 35 bis 37 genannten Gründen ablehnen.

(2) Die Ablehnung des Antrags auf Abschluss eines Basiskontovertrags hat der Verpflichtete gegenüber dem Berechtigten unverzüglich, spätestens jedoch zehn Geschäftstage nach Eingang des Antrags des Berechtigten, zu erklären.

(3) [1] Der Verpflichtete hat den Berechtigten mit der Ablehnung des Antrags auf Abschluss eines Basiskontovertrags unentgeltlich in Textform sowie, soweit nicht anders vereinbart, in deutscher Sprache über die Gründe der Ablehnung zu unterrichten. [2] Die Unterrichtung über die Gründe der Ablehnung unterbleibt, soweit hierdurch die öffentliche Sicherheit, insbesondere die gesetzlichen Regelungen zur Verhinderung der Nutzung des Finanzsystems zum Zweck der Geldwäsche oder der Terrorismusfinanzierung, gefährdet oder gegen ein Verbot der Informationsweitergabe verstoßen würde.

(4) [1] Der Verpflichtete hat den Berechtigten mit der Ablehnung des Antrags auf Abschluss eines Basiskontovertrags unentgeltlich in Textform sowie, soweit nicht anders vereinbart, in deutscher Sprache auch über das Verwaltungsverfahren nach § 48 sowie über das Recht des Berechtigten zu unterrichten, sich an die nach § 14 Absatz 1 des Unterlassungsklagengesetzes zuständige Verbraucherschlichtungsstelle zu wenden. [2] Er hat dem Berechtigten zugleich die Kontaktdaten dieser Stelle mitzuteilen. [3] Der Ablehnungserklärung durch den Verpflichteten ist das Antragsformular nach Anlage 4 beizufügen.

§ 35 Ablehnung wegen eines bereits vorhandenen Zahlungskontos.

(1) [1] Ein Verpflichteter kann den Antrag auf Abschluss eines Basiskontovertrags ablehnen, wenn der Berechtigte bereits Inhaber eines Zahlungskontos bei einem im Geltungsbereich dieses Gesetzes ansässigen Institut ist und er mit diesem Konto die in § 38 Absatz 2 genannten Dienste tatsächlich nutzen kann. [2] Eine tatsächliche Nutzungsmöglichkeit setzt insbesondere voraus, dass der Kunde mit diesen Diensten am Zahlungsverkehr teilnehmen kann. [3] Der Verpflichtete darf den Antrag nicht ablehnen, wenn das Konto gekündigt wurde oder der Berechtigte von der Schließung dieses Zahlungskontos benachrichtigt wurde.

(2) [1] Ein Verpflichteter ist berechtigt, vor Abschluss eines Basiskontovertrags innerhalb der Frist des § 31 Absatz 2 nachzuprüfen, ob der Berechtigte bereits Inhaber eines Zahlungskontos im Sinne des Absatzes 1 ist. [2] Der Verpflichtete darf sich dabei auch an eine Stelle wenden, die geschäftsmäßig personenbezogene Daten, die zur Bewertung der Kreditwürdigkeit herangezogen werden dürfen, zum Zweck der Übermittlung erhebt, speichert oder ändert. [3] Der Verpflichtete darf sich bei dieser Nachprüfung nicht auf Auskünfte dieser Stelle beschränken, wenn deren Auskünfte zu den Angaben des Verbrauchers nach § 33 Absatz 1 Satz 2 in Widerspruch stehen.

§ 36 Ablehnung wegen strafbaren Verhaltens oder wegen Verstoßes gegen ein gesetzliches Verbot. (1) Ein Verpflichteter kann den Antrag auf Abschluss eines Basiskontovertrags ablehnen, wenn

1. der Berechtigte innerhalb der letzten drei Jahre vor Antragstellung wegen einer vorsätzlichen Straftat zum Nachteil dieses Verpflichteten, dessen Mitarbeitern oder Kunden mit Bezug auf deren Stellung als Mitarbeiter oder Kunden des Verpflichteten verurteilt worden ist,
2. der Berechtigte Inhaber eines Basiskontos bei demselben Verpflichteten war und der Verpflichtete den Zahlungsdiensterahmenvertrag über die Führung dieses Basiskontos innerhalb des letzten Jahres vor Antragstellung nach § 42 Absatz 4 Nummer 1 berechtigt gekündigt hat oder
3. der Verpflichtete die Sorgfaltspflichten im Hinblick auf die Aufnahme und das Unterhalten einer Geschäftsbeziehung zu diesem Berechtigten nach § 10 Absatz 1 Nummer 1 bis 3 des Geldwäschegesetzes[1)] oder nach § 25j des Kreditwesengesetzes[2)] nicht erfüllen kann oder bei der Begründung der Ablehnung gegen das Verbot der Informationsweitergabe nach § 47 Absatz 1 des Geldwäschegesetzes verstoßen würde.

(2) In den Fällen des Absatzes 1 Nummer 3 hat der Verpflichtete die gemäß § 46 Absatz 1 zuständige Behörde über die Ablehnung und den Ablehnungsgrund zu informieren.

§ 37 Ablehnung bei früherer Kündigung wegen Zahlungsverzugs.

Ein Verpflichteter kann den Antrag auf Abschluss eines Basiskontovertrags ablehnen, wenn der Berechtigte Inhaber eines Basiskontos bei demselben Verpflichteten war und dieser Verpflichtete den Zahlungsdiensterahmenvertrag

---

[1)] Nr. **15**.
[2)] Nr. **8**.

über die Führung dieses Basiskontos innerhalb des letzten Jahres vor Antragstellung nach § 42 Absatz 3 Nummer 2 berechtigt gekündigt hat.

Unterabschnitt 3. Basiskontovertrag

§ 38 Pflicht des kontoführenden Instituts zur Führung eines Basiskontos und zur Erbringung von Diensten in Bezug auf dieses Konto. (1) Durch einen Basiskontovertrag wird das kontoführende Institut verpflichtet, für den Kontoinhaber ein Basiskonto in Euro zu eröffnen und zu führen.

(2) Die Kontoführung nach Absatz 1 muss die Erbringung folgender Zahlungsdienste ohne Kreditgeschäft (Zahlungsgeschäft) ermöglichen:
1. die Dienste, mit denen Bareinzahlungen auf das Zahlungskonto oder Barauszahlungen von dem Zahlungskonto ermöglicht werden (Ein- oder Auszahlungsgeschäft), sowie alle für die Führung eines Zahlungskontos erforderlichen Vorgänge und
2. die Ausführung von Zahlungsvorgängen einschließlich der Übermittlung von Geldbeträgen auf ein Zahlungskonto beim kontoführenden Institut des Kontoinhabers oder bei einem anderen Zahlungsdienstleister durch
   a) die Ausführung von Lastschriften einschließlich einmaliger Lastschriften (Lastschriftgeschäft),
   b) die Ausführung von Überweisungen einschließlich Daueraufträgen (Überweisungsgeschäft),
   c) die Ausführung von Zahlungsvorgängen mittels einer Zahlungskarte oder eines ähnlichen Zahlungsinstruments (Zahlungskartengeschäft).

(3) [1] Barauszahlungen nach Absatz 2 Nummer 1 sind innerhalb des Europäischen Wirtschaftsraums an Schaltern sowie unabhängig von den Geschäftszeiten an Geldautomaten des kontoführenden Instituts oder eines Geldautomatennetzes, dem das kontoführende Institut angehört, zu ermöglichen. [2] Zahlungsdienste nach Absatz 2 Nummer 2 sind auch dann zu ermöglichen, wenn der Zahlungsdienstleister des Zahlungsdienstnutzers, an den die Zahlung des Kontoinhabers erfolgt oder von dem der Kontoinhaber eine Zahlung empfängt, seinen Sitz zwar nicht im Geltungsbereich dieses Gesetzes, aber innerhalb des Europäischen Wirtschaftsraums hat.

(4) [1] Zahlungsdienste nach den Absätzen 2 und 3 sind dem Kontoinhaber in dem Umfang zur Verfügung zu stellen, wie sie von dem kontoführenden Institut Verbrauchern als Inhabern von Zahlungskonten allgemein angeboten werden. [2] Die Anzahl der Zahlungsdienste darf nicht beschränkt werden. [3] Dem Kontoinhaber ist die Erteilung von Aufträgen für die Erbringung von Zahlungsdiensten in den Geschäftsräumen des kontoführenden Instituts oder über alle weiteren vom kontoführenden Institut hierfür allgemein vorgesehenen Kommunikationsformen zu ermöglichen.

§ 39 Vereinbarung weiterer Dienstleistungen. [1] Unbeschadet des § 32 dürfen das kontoführende Institut und der Kontoinhaber zusätzlich Dienstleistungen vereinbaren, die sich auf das Basiskonto beziehen und nicht von § 38 erfasst sind. [2] Dies schließt auch die Vereinbarung einer eingeräumten Überziehungsmöglichkeit gemäß § 504 des Bürgerlichen Gesetzbuchs[1)] oder eines Entgelts für eine geduldete Überziehung gemäß § 505 des Bürgerlichen Gesetzbuchs ein.

§ 40 Benachteiligungsverbot bei der Führung eines Basiskontos.

Das kontoführende Institut darf das Basiskonto für den Kontoinhaber im Übrigen nicht zu Bedingungen führen, die benachteiligend sind im Vergleich zu den Bedingungen für Zahlungskonten, die für Verbraucher angeboten werden, die keine Inhaber eines Basiskontos sind.

§ 41 Entgelte, Kosten und Verbot von Vertragsstrafen. (1) Der Kontoinhaber ist verpflichtet, an das kontoführende Institut für die Erbringung von Diensten auf Grund des Basiskontovertrags das vereinbarte Entgelt zu entrichten.

(2) [1] Das Entgelt für die von § 38 erfassten Dienste muss angemessen sein. [2] Für die Beurteilung der Angemessenheit sind insbesondere die marktüblichen Entgelte sowie das Nutzerverhalten zu berücksichtigen. [3] Die Sätze 1 und 2 gelten für Vereinbarungen über vom Kontoinhaber zu erstattende Kosten entsprechend.

(3) Eine Vereinbarung, nach der der Kontoinhaber eine Vertragsstrafe im Zusammenhang mit dem Basiskontovertrag schuldet, ist unzulässig.

(4) Die Unwirksamkeit der Vereinbarung eines Entgelts, eines Kostenerstattungsanspruchs oder einer Vertragsstrafe lässt die Wirksamkeit des Basiskontovertrags im Übrigen unberührt.

§ 42 Kündigung durch das kontoführende Institut. (1) Das kontoführende Institut kann den Basiskontovertrag nur unter den Voraussetzungen der nachfolgenden Absätze kündigen.

(2) Sofern ein entsprechendes Kündigungsrecht vereinbart wurde, kann das kontoführende Institut den Basiskontovertrag unter Einhaltung einer Kündigungsfrist von mindestens zwei Monaten kündigen, wenn

1. über das Basiskonto in mehr als 24 aufeinanderfolgenden Monaten kein vom Kontoinhaber in Auftrag gegebener Zahlungsvorgang ausgeführt wurde,
2. der Kontoinhaber die Voraussetzungen des § 31 Absatz 1 Satz 2 nicht mehr erfüllt,
3. der Kontoinhaber ein weiteres Zahlungskonto, das von ihm nach Maßgabe des § 35 Absatz 1 Satz 1 und 2 genutzt werden kann, im Geltungsbereich dieses Gesetzes eröffnet hat oder
4. der Kontoinhaber eine angekündigte Änderung des Basiskontovertrags nach § 675g des Bürgerlichen Gesetzbuchs[1)] abgelehnt hat, die das kontoführende Institut allen Inhabern von bei ihm geführten entsprechenden Basiskonten wirksam angeboten hat.

(3) Auch ohne Vereinbarung eines entsprechenden Kündigungsrechts kann das kontoführende Institut den Basiskontovertrag unter Einhaltung einer Kündigungsfrist von mindestens zwei Monaten kündigen, wenn der Kontoinhaber

---

[1)] Nr. 23.

1. eine vorsätzliche Straftat zum Nachteil des kontoführenden Instituts oder dessen Mitarbeitern oder Kunden mit Bezug auf deren Stellung als Mitarbeiter oder Kunden des Instituts begangen oder durch sonstiges vorsätzliches strafbares Verhalten die Interessen des Instituts schwerwiegend verletzt hat und deshalb dem kontoführenden Institut unter Berücksichtigung aller Umstände des Einzelfalls und unter Abwägung der Interessen beider Vertragsteile die Fortsetzung des Vertragsverhältnisses nicht zugemutet werden kann oder
2. mit der Entrichtung eines nicht unerheblichen Teils der dem kontoführenden Institut geschuldeten Entgelte oder Kosten über einen Zeitraum von mehr als drei Monaten in Verzug ist und dieser Betrag 100 Euro übersteigt, und zu besorgen ist, dass aus der Führung des Basiskontos weitere Forderungen entstehen werden, deren Erfüllung nicht gesichert ist.

(4) Das kontoführende Institut kann den Basiskontovertrag ohne Einhaltung einer Kündigungsfrist kündigen, wenn der Kontoinhaber
1. das Zahlungskonto vorsätzlich für Zwecke nutzt, die gegen ein gesetzliches Verbot verstoßen, oder
2. unzutreffende Angaben gemacht hat, um den Basiskontovertrag abschließen zu können, und bei Vorlage der zutreffenden Angaben kein solcher Vertrag mit ihm abgeschlossen worden wäre.

(5) [1] Für eine Kündigung nach Absatz 3 oder Absatz 4 gilt § 314 Absatz 3 und 4 des Bürgerlichen Gesetzbuchs. [2] Für eine Kündigung nach Absatz 3 ist auch § 314 Absatz 2 des Bürgerlichen Gesetzbuchs entsprechend anzuwenden. [3] In diesem Fall unterbleiben die Bestimmung einer Frist zur Abhilfe und eine Abmahnung auch dann, wenn hierdurch die öffentliche Sicherheit, insbesondere die gesetzlichen Regelungen zur Verhinderung der Nutzung des Finanzsystems zum Zweck der Geldwäsche oder der Terrorismusfinanzierung, gefährdet oder gegen ein Verbot der Informationsweitergabe verstoßen würde.

§ 43 Kündigungserklärung des kontoführenden Instituts. (1) [1] Die Kündigung durch das kontoführende Institut ist in Textform zu erklären. [2] Die Kündigung muss klar und verständlich sein. [3] Sie muss, wenn der Verbraucher und das kontoführende Institut nichts anderes vereinbart haben, in deutscher Sprache abgefasst sein.

(2) [1] In der Kündigung ist der Kündigungsgrund anzugeben. [2] Die Angabe des Kündigungsgrundes unterbleibt, soweit hierdurch die öffentliche Sicherheit, insbesondere die gesetzlichen Regelungen zur Verhinderung der Nutzung des Finanzsystems zum Zwecke der Geldwäsche oder der Terrorismusfinanzierung, gefährdet oder gegen ein Verbot der Informationsweitergabe verstoßen würde.

(3) [1] In der Kündigung ist der Kontoinhaber darüber zu informieren, dass er berechtigt ist, sich an die zuständige Behörde gemäß § 46 Absatz 1 und an die nach § 14 Absatz 1 des Unterlassungsklagengesetzes zuständige Verbraucherschlichtungsstelle zu wenden. [2] Dabei sind dem Kontoinhaber die einschlägigen Kontaktdaten mitzuteilen.

(4) Sieht das kontoführende Institut ein Verfahren zum Einlegen einer Beschwerde gegen die Kündigung vor, gilt Absatz 3 entsprechend.

(5) Gibt das kontoführende Institut den Kündigungsgrund wegen Gefährdung der öffentlichen Sicherheit oder wegen eines Verbots der Informationsweitergabe nicht an, so hat das Institut die gemäß § 46 Absatz 1 zuständige Behörde über die Kündigung und den Kündigungsgrund zu informieren.

§ 44 Ordentliche Kündigung durch den Kontoinhaber. [1] Für die ordentliche Kündigung des Basiskontovertrags durch den Kontoinhaber gilt § 675h Absatz 1 des Bürgerlichen Gesetzbuchs[1)]. [2] Das kontoführende Institut ist verpflichtet, das Konto nach Wirksamwerden der Kündigung zu schließen.

§ 45 Unterstützungsleistungen zu Basiskonten. Institute, die Zahlungskonten auf dem Markt für Verbraucher anbieten, haben Verbrauchern jederzeit unentgeltlich Unterstützung in Bezug auf die spezifischen Merkmale, Entgelte und Kosten sowie auf die Nutzungsbedingungen der angebotenen Basiskonten zur Verfügung zu stellen.

Abschnitt 6. Organisationspflichten der Zahlungsdienstleister; zuständige Behörde; Verwaltungsverfahren und Rechtsschutz

§ 46 Organisationspflichten der Zahlungsdienstleister; zuständige Behörde; Aufsicht. (1) Ein Zahlungsdienstleister muss über eine ordnungsgemäße Geschäftsorganisation, über interne Verfahren und über Kontrollsysteme verfügen, die die Erfüllung der Pflichten dieses Gesetzes gewährleisten.

(2) [1] Die Bundesanstalt für Finanzdienstleistungsaufsicht (Bundesanstalt) überwacht die Einhaltung der Pflichten der Zahlungsdienstleister nach diesem Gesetz. [2] Sie ist Kontaktstelle im Sinne des Artikels 22 Absatz 1 Unterabsatz 3 Satz 1 der Richtlinie 2014/92/EU.

(3) [1] Die Bundesanstalt kann gegenüber einem Zahlungsdienstleister oder seinen Geschäftsleitern Anordnungen treffen, die geeignet und erforderlich sind, um Verstöße gegen Pflichten des Zahlungsdienstleisters nach diesem Gesetz zu verhindern oder zu unterbinden. [2] Widerspruch und Anfechtungsklage gegen diese Anordnungen haben keine aufschiebende Wirkung. [3] Für die Durchsetzung der Anordnungen mit Zwangsmitteln ist § 17 des Finanzdienstleistungsaufsichtsgesetzes[2)] anzuwenden.

(4) [1] Die Bundesanstalt kann unanfechtbar gewordene Anordnungen, die sie wegen Verstößen gegen dieses Gesetz getroffen hat, auf ihren Internetseiten nach Maßgabe des § 60b des Kreditwesengesetzes[3)] öffentlich bekannt machen. [2] Die Bekanntmachung soll mindestens für fünf Jahre ab Bestandskraft der Maßnahme oder ab Unanfechtbarkeit der Bußgeldentscheidung auf den Internetseiten der Bundesanstalt veröffentlicht bleiben. [3] Sie ist zu löschen, sobald sie nicht mehr zu Warn- und Informationszwecken erforderlich ist.

(5) Die Bundesanstalt stellt die Erfüllung der Anforderungen des Artikels 3 Absatz 6 der Richtlinie 2014/92/EU sicher.

(6) § 4 Absatz 1a und 4 des Finanzdienstleistungsaufsichtsgesetzes bleibt unberührt.

---

1) Nr. 23.
2) Nr. 7.
3) Nr. 8.

§ 47 Öffentliche Informationen der Bundesanstalt. (1) Die Bundesanstalt veröffentlicht die Liste der repräsentativsten mit einem Zahlungskonto verbundenen Dienste nach Artikel 3 Absatz 5 der Richtlinie 2014/92/EU.

(2) [1] Die Bundesanstalt veröffentlicht und aktualisiert die nach § 9 Absatz 4, § 13 Absatz 4 und § 14 Absatz 5 vorgegebenen Muster auf ihren Internetseiten. [2] Nicht mehr aktuelle Fassungen sind zu archivieren und zum Abruf bereitzuhalten.

§ 48 Verwaltungsverfahren. (1) [1] Der Berechtigte kann gegenüber der Bundesanstalt die Durchführung eines Verwaltungsverfahrens nach dieser Vorschrift gegen den Verpflichteten beantragen, wenn dieser

1. den Antrag des Berechtigten auf Abschluss eines Basiskontovertrags ablehnt,
2. über den Antrag nach Nummer 1 nicht innerhalb von zehn Geschäftstagen nach dessen Eingang entscheidet oder
3. ein Basiskonto nicht innerhalb von zehn Geschäftstagen nach Abschluss eines Basiskontovertrags eröffnet.

[2] Die Frist nach Satz 1 Nummer 3 verringert sich um den Zeitraum, der zwischen dem Eingang des Antrags auf Abschluss eines Basiskontovertrags beim Verpflichteten und dem Zugang des Angebots des Abschlusses des Basiskontovertrags durch den Verpflichteten beim Berechtigten verstrichen ist. [3] Die Frist nach Satz 1 Nummer 3 verlängert sich um den Zeitraum, der zwischen dem Zugang des Angebots auf Abschluss des Basiskontovertrags beim Berechtigten und dem Zugang der Annahme dieses Angebots durch den Berechtigten beim Verpflichteten liegt.

(2) Die Beantragung eines Verwaltungsverfahrens nach Absatz 1 ist unzulässig, wenn

1. der Berechtigte wegen der in Absatz 1 Satz 1 Nummer 1 bis 3 genannten Gründe bereits eine Klage gegen den Verpflichteten vor den ordentlichen Gerichten erhoben hat und diese Klage noch anhängig ist oder rechtskräftig über sie entschieden wurde oder
2. wegen der in Absatz 1 Satz 1 Nummer 1 bis 3 genannten Gründe ein Verfahren vor der nach § 14 Absatz 1 des Unterlassungsklagengesetzes zuständigen Verbraucherschlichtungsstelle anhängig ist.

(3) [1] Die Bundesanstalt bestätigt dem Berechtigten schriftlich den Eingang des Antrags auf Durchführung des Verwaltungsverfahrens. [2] Den Abschluss des Verwaltungsverfahrens bestätigt sie gleichermaßen.

§ 49 Anordnung bei unrechtmäßiger Ablehnung des Antrags auf Abschluss eines Basiskontovertrags, Untätigkeit und Fristversäumnis.

(1) [1] Verweigert ein Verpflichteter dem Berechtigten den Abschluss eines Basiskontovertrags oder die Eröffnung eines Basiskontos, ordnet die Bundesanstalt gegenüber dem Verpflichteten den Abschluss eines Basiskontovertrags oder die Eröffnung eines Basiskontos zugunsten des Berechtigten an. [2] Dies gilt nicht, wenn der Verpflichtete die Voraussetzungen einer Ablehnung des Antrags nach den §§ 34 bis 37 oder das Nichtvorliegen nach § 32 Absatz 1 zulässiger Voraussetzungen gegenüber der Bundesanstalt glaubhaft machen kann. [3] In diesem Fall ist der nach § 48 Absatz 1 gestellte Antrag abzulehnen.

(2) Die Anordnung des Abschlusses eines Basiskontovertrags nach Absatz 1 verpflichtet den Verpflichteten, dem Berechtigten ein Angebot auf Abschluss eines Basiskontovertrags zu machen und nach Abschluss des Basiskontovertrags ein Basiskonto zu eröffnen.

(3) Die Bundesanstalt kann von dem Verpflichteten für die Anordnung eine Gebühr nach Maßgabe des § 14 Absatz 1 und 2 des Finanzdienstleistungsaufsichtsgesetzes[1)] sowie der auf dieser Grundlage erlassenen Rechtsverordnung erheben.

§ 50 Klage gegen die Bundesanstalt; Verordnungsermächtigung.

(1) [1] Gegen Anordnungen der Bundesanstalt gegenüber dem Verpflichteten gemäß § 49 Absatz 1 Satz 1 oder gegen Ablehnungen des Antrags des Berechtigten gemäß § 49 Absatz 1 Satz 3 ist die Klage des Verpflichteten oder des Berechtigten zulässig. [2] Die Klage des Berechtigten ist auch gegen die Unterlassung einer beantragten Anordnung der Bundesanstalt zulässig, auf deren Vornahme der Berechtigte ein Recht zu haben behauptet, wenn die Bundesanstalt den Antrag ohne zureichenden Grund nicht binnen eines Monats nach Eingang eines vollständigen und zulässigen Antrags nach § 48 Absatz 1 entschieden hat. [3] Für die Klage ist das Landgericht zuständig, in dessen Bezirk der Verpflichtete seinen Sitz hat. [4] An dem Rechtsstreit sind der Berechtigte, der Verpflichtete und die Bundesanstalt beteiligt.

(2) [1] Vor Erhebung der Klage sind von der Bundesanstalt Rechtmäßigkeit und Zweckmäßigkeit der Anordnung gemäß § 49 Absatz 1 Satz 1 oder 3 in einem Widerspruchsverfahren nachzuprüfen. [2] Die §§ 69 bis 72 sowie § 73 Absatz 1 und 3 der Verwaltungsgerichtsordnung sind entsprechend anzuwenden. [3] Widerspruch und Klage gegen eine Anordnung gemäß § 49 Absatz 1 Satz 1 oder 3 haben keine aufschiebende Wirkung.

(3) [1] Die Klage muss innerhalb eines Monats nach Zustellung des Widerspruchsbescheids schriftlich bei dem zuständigen Gericht erhoben werden. [2] Ergeht ohne zureichenden Grund in angemessener Frist auf einen Antrag keine Anordnung oder auf einen Widerspruch kein Widerspruchsbescheid, so ist die Klage abweichend von Absatz 2 Satz 1 zulässig und nicht an eine Frist gebunden.

(4) [1] Auch wenn einer oder mehrere Beteiligte in einem Verhandlungstermin trotz ordnungsgemäßer Ladung nicht erschienen sind, kann gleichwohl in der Sache verhandelt und entschieden werden. [2] Hält das Gericht die Anordnung der Bundesanstalt für rechtswidrig, hebt es sie auf. [3] Hält es die Ablehnung oder Unterlassung der Anordnung für rechtswidrig, so spricht es die Verpflichtung der Bundesanstalt aus, die beantragte Anordnung zu erlassen.

(5) Das Gericht kann anordnen, dass die Kosten, die zur zweckentsprechenden Erledigung der Angelegenheit notwendig waren, von einem Beteiligten ganz oder teilweise zu erstatten sind, wenn dies der Billigkeit entspricht.

(6) Abweichend von § 78 der Zivilprozessordnung kann sich die Bundesanstalt durch ein Mitglied der Behörde vertreten lassen.

---

1) Nr. 7.

(7) Für das Verfahren gelten die Vorschriften der Zivilprozessordnung entsprechend, soweit sich nicht aus den Vorschriften dieses Gesetzes etwas Abweichendes ergibt.

(8) [1] Die Landesregierungen werden ermächtigt, die Zuständigkeit für Klagen gemäß Absatz 1 sowie für Klagen nach § 51 durch Rechtsverordnung einem Landgericht für die Bezirke mehrerer Landgerichte zuzuweisen. [2] Die Landesregierungen können diese Ermächtigung durch Rechtsverordnung auf die Landesjustizverwaltungen übertragen.

§ 51 Klage gegen den Verpflichteten. (1) Die Vorschriften dieses Abschnitts lassen die Zulässigkeit einer Klage des Berechtigten gegen den Verpflichteten auf Abschluss eines Basiskontovertrags oder auf Eröffnung eines Basiskontos unberührt, soweit Absatz 2 nichts anderes bestimmt.

(2) Die Klage des Berechtigten gegen den Verpflichteten auf Abschluss eines Basiskontovertrags oder auf Eröffnung eines Basiskontos ist unzulässig während der Anhängigkeit eines Verwaltungsverfahrens gemäß den §§ 48 bis 50 zur Durchsetzung des Anspruchs oder bei Vorliegen einer in einem solchen Verfahren ergangenen Entscheidung der Bundesanstalt, die unanfechtbar ist.

(3) Für die Klage ist das Landgericht zuständig, in dessen Bezirk der Verpflichtete seinen Sitz hat.

§ 52 Mitteilung an die Bundesanstalt in Zivilverfahren. In Streitigkeiten vor den Zivilgerichten um die Rechte und Pflichten des Berechtigten und des Verpflichteten auf Grund der Vorschriften dieses Gesetzes, soweit nicht ein Fall des § 50 vorliegt, hat das Gericht der Bundesanstalt eine Abschrift des Schriftsatzes zu übersenden, in dem erstmals in dem betreffenden Verfahren eine Bezugnahme auf die Bestimmungen dieses Gesetzes erfolgt.

Abschnitt 7. Sanktionen

§ 53 Bußgeldvorschriften. (1) Ordnungswidrig handelt, wer vorsätzlich oder fahrlässig

1. entgegen § 10 Satz 2 eine Entgeltaufstellung nicht, nicht richtig, nicht vollständig oder nicht rechtzeitig zur Verfügung stellt,
2. entgegen § 14 Absatz 1 Nummer 1, 3 oder 5 eine Angabe nicht, nicht richtig oder nicht vollständig zur Verfügung stellt,
3. entgegen § 14 Absatz 4 eine Mitteilung nicht, nicht richtig, nicht vollständig oder nicht rechtzeitig macht,
4. entgegen § 15 Satz 1 die standardisierte Zahlungskontenterminologie nicht verwendet,
5. entgegen § 15 Satz 2 eine andere Bezeichnung verwendet,
6. entgegen § 20 Absatz 1 Satz 1 Kontenwechselhilfe nicht oder nicht rechtzeitig erbringt,
7. entgegen § 21 Absatz 1 Satz 3 oder § 27 Absatz 2 ein Formular nicht, nicht richtig oder nicht rechtzeitig übermittelt,
8. entgegen § 22 den übertragenden Zahlungsdienstleister nicht, nicht richtig, nicht vollständig oder nicht rechtzeitig auffordert,

9. entgegen § 23 Absatz 1 oder § 24 Absatz 1 eine Leistung nicht oder nicht rechtzeitig erbringt,
10. entgegen § 23 Absatz 2 ein Zahlungsauthentifizierungsinstrument sperrt,
11. entgegen § 26 Absatz 3, 4 oder 5 ein Entgelt, eine Erstattung von Kosten oder eine Vertragsstrafe vereinbart,
12. entgegen § 29 Nummer 1 ein Verzeichnis nicht, nicht richtig, nicht vollständig oder nicht rechtzeitig übermittelt,
13. entgegen § 29 Nummer 2 einen Saldo nicht, nicht vollständig oder nicht rechtzeitig auszahlt und nicht, nicht vollständig oder nicht rechtzeitig überweist,
14. entgegen § 29 Nummer 3 das Zahlungskonto nicht oder nicht rechtzeitig schließt,
15. entgegen § 31 Absatz 2 Satz 1 den Abschluss eines Basiskontovertrags nicht oder nicht rechtzeitig anbietet,
16. entgegen § 32 Absatz 1, auch in Verbindung mit Absatz 2, den Abschluss eines Basiskontovertrags von einer dort genannten Voraussetzung oder Koppelung abhängig macht oder
17. entgegen § 38 Absatz 1 ein Basiskonto nicht führt.

(2) Die Ordnungswidrigkeit kann in den Fällen des Absatzes 1 Nummer 1 bis 8 und 10 mit einer Geldbuße bis zu fünfzigtausend Euro und in den übrigen Fällen mit einer Geldbuße bis zu dreihunderttausend Euro geahndet werden.

(3) Verwaltungsbehörde im Sinne des § 36 Absatz 1 Nummer 1 des Gesetzes über Ordnungswidrigkeiten ist die Bundesanstalt.

14. Verordnung über die Rechnungslegung der Kreditinstitute und Finanzdienstleistungsinstitute (Kreditinstituts-Rechnungslegungsverordnung – RechKredV) [1)2)]

In der Fassung der Bekanntmachung vom 11. Dezember 1998[3)]
(BGBl. I S. 3658)

FNA 4142-1

zuletzt geänd. durch Art. 8 Abs. 13 Bilanzrichtlinie-Umsetzungsgesetz v. 17.7.2015 (BGBl. I S. 1245)

Inhaltsübersicht

[1)] **Amtl. Anm.:** Diese Verordnung dient der Umsetzung der Richtlinie 86/635/EWG des Rates vom 8. Dezember 1986 über den Jahresabschluß und den konsolidierten Abschluß von Banken und anderen Finanzinstituten (ABl. EG Nr. L 372 S. 1) und der Richtlinie 89/117/EWG des Rates vom 13. Februar 1989 über die Pflichten der in einem Mitgliedstaat eingerichteten Zweigniederlassungen von Kreditinstituten und Finanzinstituten mit Sitz außerhalb dieses Mitgliedstaats zur Offenlegung von Jahresabschlußunterlagen (ABl. EG Nr. L 44 S. 40).

[2)] Die VO wurde erlassen aufgrund des durch Art. 1 Nr. 3 des Bankbilanzrichtlinie-G v. 30.11.1990 (BGBl. I S. 2570) eingefügten § 330 Abs. 2 des Handelsgesetzbuchs in Verbindung mit dessen durch Art. 1 Nr. 8 des BilanzrichtlinienG v. 19.12.1985 (BGBl. I S. 2355) eingefügten Absatz 1.

[3)] Neubekanntmachung der VO v. 10.2.1992 (BGBl. I S. 203).

Abschnitt 1. Anwendungsbereich

§ 1 Anwendungsbereich. [1] Diese Verordnung ist auf Institute (Kreditinstitute und Finanzdienstleistungsinstitute) sowie Zweigstellen anzuwenden, für die nach § 340 Abs. 1 Satz 1 und Abs. 4 Satz 1 des Handelsgesetzbuchs der Erste Unterabschnitt des Vierten Abschnitts des Dritten Buchs des Handelsgesetzbuchs anzuwenden ist. [2] Diese Verordnung ist auf Wohnungsunternehmen mit Spareinrichtung nicht anzuwenden.

Abschnitt 2. Bilanz und Gewinn- und Verlustrechnung

§ 2 Formblätter. (1) [1] Institute haben an Stelle des § 266 des Handelsgesetzbuchs über die Gliederung der Bilanz das anliegende Formblatt 1 und an Stelle des § 275 des Handelsgesetzbuchs über die Gliederung der Gewinn- und Verlustrechnung das anliegende Formblatt 2 (Kontoform) oder 3 (Staffelform) anzuwenden, soweit für bestimmte Arten von Instituten nachfolgend sowie in den Fußnoten zu den Formblättern nichts anderes vorgeschrieben ist. [2] Kreditinstitute mit Bausparabteilung haben die für Bausparkassen vorgesehenen besonderen Posten in ihre Bilanz und in ihre Gewinn- und Verlustrechnung zu übernehmen.

(2) [1] Die mit kleinen Buchstaben versehenen Posten der Bilanz und der Gewinn- und Verlustrechnung können zusammengefaßt ausgewiesen werden, wenn

1. sie einen Betrag enthalten, der für die Vermittlung eines den tatsächlichen Verhältnissen entsprechenden Bildes im Sinne des § 264 Abs. 2 des Handelsgesetzbuchs nicht erheblich ist, oder
2. dadurch die Klarheit der Darstellung vergrößert wird; in diesem Falle müssen die zusammengefaßten Posten jedoch im Anhang gesondert ausgewiesen werden.

[2] Satz 1 ist auf die der Deutschen Bundesbank und der Bundesanstalt für Finanzdienstleistungsaufsicht einzureichenden Bilanzen und Gewinn- und Verlustrechnungen nicht anzuwenden.

§ 3 Unterposten. [1] Als Unterposten sind im Formblatt jeweils gesondert auszuweisen:

1. die verbrieften und unverbrieften Forderungen an verbundene Unternehmen zu den Posten „Forderungen an Kreditinstitute" (Aktivposten Nr. 3), „Forderungen an Kunden" (Aktivposten Nr. 4) und „Schuldverschreibungen und andere festverzinsliche Wertpapiere" (Aktivposten Nr. 5);
2. die verbrieften und unverbrieften Forderungen an Unternehmen, mit denen ein Beteiligungsverhältnis besteht, zu den Posten „Forderungen an Kreditinstitute" (Aktivposten Nr. 3), „Forderungen an Kunden" (Aktivposten Nr. 4) und „Schuldverschreibungen und andere festverzinsliche Wertpapiere" (Aktivposten Nr. 5);
3. die verbrieften und unverbrieften Verbindlichkeiten gegenüber verbundenen Unternehmen zu den Posten „Verbindlichkeiten gegenüber Kreditinstituten" (Passivposten Nr. 1), „Verbindlichkeiten gegenüber Kunden" (Passivposten Nr. 2), „Verbriefte Verbindlichkeiten" (Passivposten Nr. 3) und „Nachrangige Verbindlichkeiten" (Passivposten Nr. 9);
4. die verbrieften und unverbrieften Verbindlichkeiten gegenüber Unternehmen, mit denen ein Beteiligungsverhältnis besteht, zu den Posten „Verbindlichkeiten gegenüber Kreditinstituten" (Passivposten Nr. 1), „Verbindlichkeiten gegenüber Kunden" (Passivposten Nr. 2), „Verbriefte Verbindlichkeiten" (Passivposten Nr. 3) und „Nachrangige Verbindlichkeiten" (Passivposten Nr. 9).

[2] Die Angaben nach Satz 1 können statt in der Bilanz im Anhang in der Reihenfolge der betroffenen Posten gemacht werden.

§ 4 Nachrangige Vermögensgegenstände und Schulden. (1) Vermögensgegenstände und Schulden sind als nachrangig auszuweisen, wenn sie als Forderungen oder Verbindlichkeiten im Falle der Liquidation oder der Insolvenz erst nach den Forderungen der anderen Gläubiger erfüllt werden dürfen.

(2) [1] Nachrangige Vermögensgegenstände sind auf der Aktivseite bei dem jeweiligen Posten oder Unterposten gesondert auszuweisen. [2] Die Angaben

können statt in der Bilanz im Anhang in der Reihenfolge der betroffenen Posten gemacht werden.

§ 5 Gemeinschaftsgeschäfte. [1] Wird ein Kredit von mehreren Kreditinstituten gemeinschaftlich gewährt (Gemeinschaftskredit), so hat jedes beteiligte oder unterbeteiligte Kreditinstitut nur seinen eigenen Anteil an dem Kredit in die Bilanz aufzunehmen, soweit es die Mittel für den Gemeinschaftskredit zur Verfügung gestellt hat. [2] Übernimmt ein Kreditinstitut über seinen eigenen Anteil hinaus die Haftung für einen höheren Betrag, so ist der Unterschiedsbetrag als Eventualverbindlichkeit auf der Passivseite der Bilanz unter dem Strich zu vermerken. [3] Wird von einem Kreditinstitut lediglich die Haftung für den Ausfall eines Teils der Forderung aus dem Gemeinschaftskredit übernommen, so hat das kreditgebende Kreditinstitut den vollen Kreditbetrag auszuweisen, das haftende Kreditinstitut seinen Haftungsbetrag in der Bilanz im Unterposten „Verbindlichkeiten aus Bürgschaften und Gewährleistungsverträgen" (Passivposten unter dem Strich Nr. 1 Buchstabe b) zu vermerken. [4] Die Sätze 1 und 2 sind entsprechend anzuwenden, wenn Kreditinstitute Wertpapiere oder Beteiligungen gemeinschaftlich erwerben.

§ 6 Treuhandgeschäfte. (1) [1] Vermögensgegenstände und Schulden, die ein Institut im eigenen Namen, aber für fremde Rechnung hält, sind in seine Bilanz aufzunehmen. [2] Die Gesamtbeträge sind in der Bilanz unter den Posten „Treuhandvermögen" (Aktivposten Nr. 9) und „Treuhandverbindlichkeiten" (Passivposten Nr. 4) auszuweisen und im Anhang nach den Aktiv- und Passivposten des Formblatts aufzugliedern. [3] Als Gläubiger gilt bei hereingenommenen Treuhandgeldern die Stelle, der das bilanzierende Kreditinstitut die Gelder unmittelbar schuldet. [4] Als Schuldner gilt bei Treuhandkrediten die Stelle, an die das bilanzierende Kreditinstitut die Gelder unmittelbar ausreicht.

(2) Kredite sind unter den Voraussetzungen des Absatzes 1 in der Bilanz im Vermerk „darunter: Treuhandkredite" bei Aktivposten Nr. 9 und bei Passivposten Nr. 4 auszuweisen.

(3) Vermögensgegenstände und Schulden, die ein Institut im fremden Namen für fremde Rechnung hält, dürfen in seine Bilanz nicht aufgenommen werden.

(4) Kapitalverwaltungsgesellschaften haben die Summe der Inventarwerte und die Zahl der verwalteten Investmentvermögen in der Bilanz auf der Passivseite unter dem Strich in einem Posten mit der Bezeichnung „Für Anteilinhaber verwaltete Sondervermögen" auszuweisen.

§ 7 Wertpapiere. (1) [1] Als Wertpapiere sind Aktien, Zwischenscheine, Anteile oder Aktien an Investmentvermögen, Optionsscheine, Zins- und Gewinnanteilscheine, börsenfähige Inhaber- und Ordergenußscheine, börsenfähige Inhaberschuldverschreibungen auszuweisen, auch wenn sie vinkuliert sind, unabhängig davon, ob sie in Wertpapierurkunden verbrieft oder als Wertrechte ausgestaltet sind, börsenfähige Orderschuldverschreibungen, soweit sie Teile einer Gesamtemission sind, ferner andere festverzinsliche Inhaberpapiere, soweit sie börsenfähig sind, und andere nicht festverzinsliche Wertpapiere, soweit sie börsennotiert sind. [2] Hierzu rechnen auch ausländische Geldmarktpapiere, die zwar auf den Namen lauten, aber wie Inhaberpapiere gehandelt werden.

(2) Als börsenfähig gelten Wertpapiere, die die Voraussetzungen einer Börsenzulassung erfüllen; bei Schuldverschreibungen genügt es, daß alle Stücke einer Emission hinsichtlich Verzinsung, Laufzeitbeginn und Fälligkeit einheitlich ausgestattet sind.

(3) Als börsennotiert gelten Wertpapiere, die an einer deutschen Börse zum Handel im regulierten Markt zugelassen sind, außerdem Wertpapiere, die an ausländischen Börsen zugelassen sind oder gehandelt werden.

§ 8 Restlaufzeit. (1) [1] Für die Gliederung nach Restlaufzeiten sind bei ungekündigten Kündigungsgeldern die Kündigungsfristen maßgebend. [2] Sofern neben der Kündigungsfrist noch eine Kündigungssperrfrist vereinbart wird, ist diese ebenfalls zu berücksichtigen. [3] Bei Forderungen sind vorzeitige Kündigungsmöglichkeiten nicht zu berücksichtigen.

(2) Bei Forderungen oder Verbindlichkeiten mit Rückzahlungen in regelmäßigen Raten gilt als Restlaufzeit der Zeitraum zwischen dem Bilanzstichtag und dem Fälligkeitstag jedes Teilbetrags.

(3) Als täglich fällig sind nur solche Forderungen und Verbindlichkeiten auszuweisen, über die jederzeit ohne vorherige Kündigung verfügt werden kann oder für die eine Laufzeit oder Kündigungsfrist von 24 Stunden oder von einem Geschäftstag vereinbart worden ist; hierzu rechnen auch die sogenannten Tagesgelder und Gelder mit täglicher Kündigung einschließlich der über geschäftsfreie Tage angelegten Gelder mit Fälligkeit oder Kündigungsmöglichkeit am nächsten Geschäftstag.

§ 9 Fristengliederung. (1) [1] Im Anhang sind gesondert die Beträge der folgenden Posten oder Unterposten des Formblattes 1 (Bilanz) nach Restlaufzeiten aufzugliedern:

1. andere Forderungen an Kreditinstitute mit Ausnahme der darin enthaltenen Bausparguthaben aus abgeschlossenen Bausparverträgen (Aktivposten Nr. 3 Buchstabe b),
2. Forderungen an Kunden (Aktivposten Nr. 4),
3. Verbindlichkeiten gegenüber Kreditinstituten mit vereinbarter Laufzeit oder Kündigungsfrist (Passivposten Nr. 1 Buchstabe b),
4. Spareinlagen mit vereinbarter Kündigungsfrist von mehr als drei Monaten (Passivposten Nr. 2 Buchstabe a Doppelbuchstabe ab),
5. andere Verbindlichkeiten gegenüber Kunden mit vereinbarter Laufzeit oder Kündigungsfrist (Passivposten Nr. 2 Buchstabe b Doppelbuchstabe bb),
6. andere verbriefte Verbindlichkeiten (Passivposten Nr. 3 Buchstabe b).

[2] Auf Pfandbriefbanken und Bausparkassen ist Satz 1 entsprechend anzuwenden; Bausparkassen brauchen die Bauspareinlagen nicht nach Restlaufzeiten aufzugliedern.

(2) Für die Aufgliederung nach Absatz 1 sind folgende Restlaufzeiten maßgebend:

1. bis drei Monate,
2. mehr als drei Monate bis ein Jahr,
3. mehr als ein Jahr bis fünf Jahre,
4. mehr als fünf Jahre.

(3) Im Anhang sind ferner zu folgenden Posten der Bilanz anzugeben:

1. die im Posten „Forderungen an Kunden" (Aktivposten Nr. 4) enthaltenen Forderungen mit unbestimmter Laufzeit;
2. die im Posten „Schuldverschreibungen und andere festverzinsliche Wertpapiere" (Aktivposten Nr. 5) und im Unterposten „begebene Schuldverschreibungen" (Passivposten Nr. 3 Buchstabe a) enthaltenen Beträge, die in dem Jahr, das auf den Bilanzstichtag folgt, fällig werden.

§ 10 Verrechnung. (1) Täglich fällige, keinerlei Bindungen unterliegende Verbindlichkeiten gegenüber einem Kontoinhaber müssen mit gegen denselben Kontoinhaber bestehenden täglich fälligen Forderungen und Forderungen, die auf einem Kreditsonderkonto belastet und gleichzeitig auf einem laufenden Konto erkannt sind, verrechnet werden, sofern für die Zins- und Provisionsberechnung vereinbart ist, daß der Kontoinhaber wie bei Verbuchung über ein einziges Konto gestellt wird.

(2) [1] Eine Verrechnung von Forderungen und Verbindlichkeiten in verschiedenen Währungen ist nicht zulässig. [2] Nicht verrechnet werden darf mit Sperrguthaben und Spareinlagen.

§ 11 Anteilige Zinsen. [1] Anteilige Zinsen und ähnliche das Geschäftsjahr betreffende Beträge, die erst nach dem Bilanzstichtag fällig werden, aber bereits am Bilanzstichtag bei Kreditinstituten den Charakter von bankgeschäftlichen und bei Finanzdienstleistungsinstituten den Charakter von für diese Institute typischen Forderungen oder Verbindlichkeiten haben, sind demjenigen Posten der Aktiv- oder Passivseite der Bilanz zuzuordnen, dem sie zugehören. [2] § 268 Abs. 4 Satz 2, Abs. 5 Satz 3 des Handelsgesetzbuchs bleibt unberührt. [3] Die in Satz 1 genannten Beträge brauchen nicht nach Restlaufzeiten aufgegliedert zu werden.

Abschnitt 3. Vorschriften zu einzelnen Posten der Bilanz (Formblatt 1)

Unterabschnitt 1. Posten der Aktivseite

§ 12 Barreserve (Nr. 1) (1) [1] Als Kassenbestand sind gesetzliche Zahlungsmittel einschließlich der ausländischen Noten und Münzen sowie Postwertzeichen und Gerichtsgebührenmarken auszuweisen. [2] Zu einem höheren Betrag als dem Nennwert erworbene Gedenkmünzen sowie Goldmünzen, auch wenn es sich um gesetzliche Zahlungsmittel handelt, und Barrengold sind im Posten „Sonstige Vermögensgegenstände" (Aktivposten Nr. 15) zu erfassen.

(2) [1] Als Guthaben dürfen nur täglich fällige Guthaben einschließlich der täglich fälligen Fremdwährungsguthaben bei Zentralnotenbanken und Postgiroämtern der Niederlassungsländer des Instituts ausgewiesen werden. [2] Andere Guthaben wie Übernachtguthaben im Rahmen der Einlagefazilität der Deutschen Bundesbank sowie Forderungen an die Deutsche Bundesbank aus Devisenswapgeschäften, Wertpapierpensionsgeschäften und Termineinlagen sind im Posten „Forderungen an Kreditinstitute" (Aktivposten Nr. 3) auszuweisen. [3] Bei Zentralnotenbanken in Anspruch genommene Kredite wie Übernachtkredite im Rahmen der Spitzenrefinanzierungsfazilität der Deutschen Bundesbank oder andere täglich fällige Darlehen sind nicht von den Guthaben

abzusetzen, sondern im Posten „Verbindlichkeiten gegenüber Kreditinstituten“ (Passivposten Nr. 1) als täglich fällige Verbindlichkeiten auszuweisen.

§ 13 Schuldtitel öffentlicher Stellen und Wechsel, die zur Refinanzierung bei Zentralnotenbanken zugelassen sind (Nr. 2) (1) [1] Im Posten Nr. 2 sind Schatzwechsel und unverzinsliche Schatzanweisungen sowie ähnliche Schuldtitel öffentlicher Stellen und Wechsel auszuweisen, die unter Diskontabzug hereingenommen wurden und zur Refinanzierung bei den Zentralnotenbanken der Niederlassungsländer zugelassen sind. [2] Schuldtitel öffentlicher Stellen, die die bezeichneten Voraussetzungen nicht erfüllen, sind im Unterposten „Geldmarktpapiere von öffentlichen Emittenten“ (Aktivposten Nr. 5 Buchstabe a Doppelbuchstabe aa), gegebenenfalls im Unterposten „Anleihen und Schuldverschreibungen von öffentlichen Emittenten“ (Aktivposten Nr. 5 Buchstabe b Doppelbuchstabe ba), auszuweisen, sofern sie börsenfähig sind, andernfalls im Posten „Forderungen an Kunden“ (Aktivposten Nr. 4). [3] Öffentliche Stellen im Sinne dieser Vorschrift sind öffentliche Haushalte einschließlich ihrer Sondervermögen.

(2) Im Vermerk zum Unterposten Buchstabe a „bei der Deutschen Bundesbank refinanzierbar“ sind alle im Bestand befindlichen Schatzwechsel und unverzinslichen Schatzanweisungen und ähnliche Schuldtitel öffentlicher Stellen auszuweisen, die bei der Deutschen Bundesbank refinanzierungsfähig sind.

(3) [1] Der Bestand an eigenen Akzepten ist nicht auszuweisen. [2] Den Kunden nicht abgerechnete Wechsel, Solawechsel und eigene Ziehungen, die beim bilanzierenden Institut hinterlegt sind (Depot- oder Kautionswechsel), sind nicht als Wechsel zu bilanzieren.

§ 14 Forderungen an Kreditinstitute (Nr. 3) [1] Im Posten „Forderungen an Kreditinstitute“ sind alle Arten von Forderungen aus Bankgeschäften sowie alle Forderungen von Finanzdienstleistungsinstituten an in- und ausländische Kreditinstitute einschließlich der von Kreditinstituten eingereichten Wechsel auszuweisen, soweit es sich nicht um börsenfähige Schuldverschreibungen im Sinne des Postens „Schuldverschreibungen und andere festverzinsliche Wertpapiere“ (Aktivposten Nr. 5) handelt. [2] Von den à forfait eingereichten Wechseln sind diejenigen hier auszuweisen, die von Kreditinstituten akzeptiert sind, soweit sie nicht unter Aktivposten Nr. 2 Buchstabe b auszuweisen sind. Zu den Forderungen an Kreditinstitute gehören auch Namensschuldverschreibungen sowie nicht börsenfähige Inhaberschuldverschreibungen, Orderschuldverschreibungen, die nicht Teile einer Gesamtemission sind, sowie nicht börsenfähige Orderschuldverschreibungen, die Teile einer Gesamtemission sind, Namensgeldmarktpapiere und nicht börsenfähige Inhabergeldmarktpapiere, Namensgenußscheine, nicht börsenfähige Inhabergenußscheine und andere nicht in Wertpapieren verbriefte rückzahlbare Genußrechte. [3] § 7 bleibt unberührt. [4] Ferner gehören hierzu Bausparguthaben aus abgeschlossenen Bausparverträgen und Soll-Salden aus Effektengeschäften und Verrechnungskonten.

§ 15 Forderungen an Kunden (Nr. 4) (1) [1] Im Posten „Forderungen an Kunden“ sind alle Arten von Vermögensgegenständen einschließlich der von Kunden eingereichten Wechsel auszuweisen, die Forderungen an in- und ausländische Nichtbanken (Kunden) darstellen, soweit es sich nicht um börsenfähige Schuldverschreibungen im Sinne des Postens „Schuldverschreibungen und andere festverzinsliche Wertpapiere“ (Aktivposten Nr. 5) handelt. [2] § 7 bleibt unberührt. [3] Von den à forfait eingereichten Wechseln sind diejenigen hier auszuweisen, die von Nichtbanken akzeptiert sind, soweit sie nicht unter Aktivposten Nr. 2 Buchstabe b auszuweisen sind. [4] Zu den Forderungen an Kunden gehören auch Forderungen aus dem eigenen Warengeschäft und die in § 14 Satz 3 bezeichneten Papiere. [5] Es darf nur die Summe der in Anspruch genommenen Kredite, nicht die Summe der Kreditzusagen, eingesetzt werden.

(2) [1] Als durch Grundpfandrechte gesichert sind nur Forderungen zu vermerken, für die dem bilanzierenden Institut Grundpfandrechte bestellt, verpfändet oder abgetreten worden sind und die den Erfordernissen des § 14 Abs. 1 und des § 16 Abs. 1 und 2 des Pfandbriefgesetzes[1)] entsprechen, jedoch unabhängig davon, ob sie zur Deckung ausgegebener Schuldverschreibungen dienen oder nicht. [2] Bausparkassen haben hier nur solche Baudarlehen zu vermerken, für die dem bilanzierenden Institut Grundpfandrechte bestellt, verpfändet oder abgetreten worden sind, die den Erfordernissen des § 7 Abs. 1 des Gesetzes über Bausparkassen entsprechen. [3] Durch Grundpfandrechte gesicherte Forderungen, die in Höhe des die zulässige Beleihungsgrenze übersteigenden Betrages durch eine Bürgschaft oder Gewährleistung der öffentlichen Hand gesichert sind (Ib-Hypothekendarlehen), sind ebenfalls hier zu vermerken.

(3) [1] Als Kommunalkredite sind alle Forderungen zu vermerken, die an inländische Körperschaften und Anstalten des öffentlichen Rechts gewährt wurden oder für die eine solche Körperschaft oder Anstalt die volle Gewährleistung übernommen hat, unabhängig davon, ob sie zur Deckung ausgegebener Schuldverschreibungen dienen oder nicht. [2] Hier sind auch Kredite gemäß § 20 Abs. 1 Nr. 1 Buchstabe b bis e des Pfandbriefgesetzes auszuweisen.

(4) Schiffshypotheken dürfen unter der Bezeichnung „durch Schiffshypotheken gesichert“ gesondert vermerkt werden, wenn sie den Erfordernissen des § 22 Abs. 1, 2 Satz 1 und Abs. 5 Satz 3, des § 23 Abs. 1 und 4 sowie des § 24 Abs. 2 in Verbindung mit Abs. 3 des Pfandbriefgesetzes entsprechen.

§ 16 Schuldverschreibungen und andere festverzinsliche Wertpapiere (Nr. 5) (1) [1] Als Schuldverschreibungen und andere festverzinsliche Wertpapiere sind die folgenden Rechte, wenn sie börsenfähig sind und nicht zu dem Unterposten „Schatzwechsel und unverzinsliche Schatzanweisungen sowie ähnliche Schuldtitel öffentlicher Stellen“ (Aktivposten Nr. 2 Buchstabe a) gehören, auszuweisen: festverzinsliche Inhaberschuldverschreibungen, Orderschuldverschreibungen, die Teile einer Gesamtemission sind, Schatzwechsel, Schatzanweisungen und andere verbriefte Rechte (wie zum Beispiel commercial papers, euronotes, certificates of deposit, bons de caisse), Kassenobligationen sowie Schuldbuchforderungen. [2] Vor Fälligkeit hereingenommene Zinsscheine sind ebenfalls hier aufzunehmen.

(2) Als festverzinslich gelten auch Wertpapiere, die mit einem veränderlichen Zinssatz ausgestattet sind, sofern dieser an eine bestimmte Größe, zum Beispiel an einen Interbankzinssatz oder an einen Euro-Geldmarktsatz gebunden ist, sowie Null-Kupon-Anleihen, ferner Schuldverschreibungen, die einen anteiligen Anspruch auf Erlöse aus einem gepoolten Forderungsvermögen verbriefen.

[1)] Nr. **16**.

(2a) Als Geldmarktpapiere gelten alle Schuldverschreibungen und anderen festverzinslichen Wertpapiere unabhängig von ihrer Bezeichnung, sofern ihre ursprüngliche Laufzeit ein Jahr nicht überschreitet.

(3) [1] Als „beleihbar bei der Deutschen Bundesbank" sind nur solche Wertpapiere zu vermerken, die bei der Deutschen Bundesbank refinanzierungsfähig sind. [2] Sie sind mit dem Bilanzwert zu vermerken.

(4) Im Unterposten Buchstabe c sind zurückgekaufte börsenfähige Schuldverschreibungen eigener Emissionen auszuweisen; der Bestand an nicht börsenfähigen eigenen Schuldverschreibungen ist vom Passivposten 3 Buchstabe a abzusetzen.

(5) Bezüglich der Absätze 1 bis 2a und 4 bleibt § 7 unberührt.

§ 17 Aktien und andere nicht festverzinsliche Wertpapiere (Nr. 6)

[1] Im Posten „Aktien und andere nicht festverzinsliche Wertpapiere" sind Aktien auszuweisen, soweit sie nicht im Posten „Beteiligungen" (Aktivposten Nr. 7) oder im Posten „Anteile an verbundenen Unternehmen" (Aktivposten Nr. 8) auszuweisen sind, ferner Zwischenscheine, Anteile oder Aktien an Investmentvermögen, Optionsscheine, Gewinnanteilscheine, als Inhaber- oder Orderpapiere ausgestaltete börsenfähige Genußscheine sowie andere nicht festverzinsliche Wertpapiere, soweit sie börsennotiert sind. [2] Vor Fälligkeit hereingenommene Gewinnanteilscheine sind ebenfalls hier aufzunehmen.

§ 18 Beteiligungen (Nr. 7) [1] Institute in der Rechtsform der eingetragenen Genossenschaft und genossenschaftliche Zentralbanken haben Geschäftsguthaben bei Genossenschaften unter dem Posten „Beteiligungen" (Aktivposten Nr. 7) auszuweisen. [2] In diesem Falle ist die Postenbezeichnung entsprechend anzupassen.

§ 19 Ausgleichsforderungen gegen die öffentliche Hand einschließlich Schuldverschreibungen aus deren Umtausch (Nr. 10) [1] Im Posten Nr. 10 sind Ausgleichsforderungen aus der Währungsreform von 1948 sowie Ausgleichsforderungen gegenüber dem Ausgleichsfonds Währungsumstellung auszuweisen. [2] Hierzu zählen auch Schuldverschreibungen des Ausgleichsfonds Währungsumstellung, die aus der Umwandlung gegen ihn gerichteter Ausgleichsforderungen entstanden sind, unabhängig davon, ob das bilanzierende Institut die Schuldverschreibungen aus dem Umtausch eigener Ausgleichsforderungen oder als Erwerber von einem anderen Institut oder einem Außenhandelsbetrieb erlangt hat.

§ 20 Sonstige Vermögensgegenstände (Nr. 14) [1] Im Posten „Sonstige Vermögensgegenstände" sind Forderungen und sonstige Vermögensgegenstände auszuweisen, die einem anderen Posten nicht zugeordnet werden können. [2] Hierzu gehören auch Schecks, fällige Schuldverschreibungen, Zins- und Gewinnanteilscheine, Inkassowechsel und sonstige Inkassopapiere, soweit sie innerhalb von 30 Tagen ab Einreichung zur Vorlage bestimmt und dem Einreicher bereits gutgeschrieben worden sind. [3] Dies gilt auch dann, wenn sie unter dem Vorbehalt des Eingangs gutgeschrieben worden sind. [4] Hierzu zählen ferner nicht in Wertpapieren verbriefte Genußrechte, die nicht rückzahlbar sind. [5] Zur Verhütung von Verlusten im Kreditgeschäft erworbene Grundstücke und Gebäude dürfen, soweit sie nicht im Posten Nr. 12 „Sachanlagen" ausgewiesen sind, im Posten Nr. 14 „Sonstige Vermögensgegenstände" nur ausgewiesen werden, wenn sie sich nicht länger als fünf Jahre im Bestand des bilanzierenden Instituts befinden.

Unterabschnitt 2. Posten der Passivseite

§ 21 Verbindlichkeiten gegenüber Kreditinstituten (Nr. 1), Verbindlichkeiten gegenüber Kunden (Nr. 2) (1) [1] Als Verbindlichkeiten gegenüber Kreditinstituten sind alle Arten von Verbindlichkeiten aus Bankgeschäften sowie alle Verbindlichkeiten von Finanzdienstleistungsinstituten gegenüber in- und ausländischen Kreditinstituten auszuweisen, sofern es sich nicht um verbriefte Verbindlichkeiten (Passivposten Nr. 3) handelt. [2] Hierher gehören auch Verbindlichkeiten aus Namensschuldverschreibungen, Orderschuldverschreibungen, die nicht Teile einer Gesamtemission sind, Namensgeldmarktpapieren, Haben-Salden aus Effektengeschäften und aus Verrechnungskonten sowie Verbindlichkeiten aus verkauften Wechseln einschließlich eigener Ziehungen, die den Kreditnehmern nicht abgerechnet worden sind.

(2) [1] Als Verbindlichkeiten gegenüber Kunden sind alle Arten von Verbindlichkeiten gegenüber in- und ausländischen Nichtbanken (Kunden) auszuweisen, sofern es sich nicht um verbriefte Verbindlichkeiten (Passivposten Nr. 3) handelt. [2] Hierzu gehören auch Verbindlichkeiten aus Namensschuldverschreibungen, Orderschuldverschreibungen, die nicht Teile einer Gesamtemission sind, Namensgeldmarktpapieren, Sperrguthaben und Abrechnungsguthaben der Anschlußfirmen im Teilzahlungsfinanzierungsgeschäft, soweit der Ausweis nicht unter dem Posten „Verbindlichkeiten gegenüber Kreditinstituten" (Passivposten Nr. 1) vorzunehmen ist, sowie „Anweisungen im Umlauf".

(3) [1] Verbindlichkeiten, die einem Institut dadurch entstehen, daß ihm von einem anderen Institut Beträge zugunsten eines namentlich genannten Kunden mit der Maßgabe überwiesen werden, sie diesem erst auszuzahlen, nachdem er bestimmte Auflagen erfüllt hat (sogenannte Treuhandzahlungen), sind unter „Verbindlichkeiten gegenüber Kunden" (Passivposten Nr. 2) auszuweisen, auch wenn die Verfügungsbeschränkung noch besteht. [2] Eine Ausnahme besteht nur dann, wenn nach dem Vertrag mit dem die Treuhandzahlung überweisenden Kreditinstitut nicht der Kunde, sondern das empfangende Institut der Schuldner ist.

(4) [1] Als Spareinlagen sind nur unbefristete Gelder auszuweisen, die folgende vier Voraussetzungen erfüllen:

1. sie sind durch Ausfertigung einer Urkunde, insbesondere eines Sparbuchs, als Spareinlagen gekennzeichnet;
2. sie sind nicht für den Zahlungsverkehr bestimmt;
3. sie werden nicht von Kapitalgesellschaften, Genossenschaften, wirtschaftlichen Vereinen, Personenhandelsgesellschaften oder von Unternehmen mit Sitz im Ausland mit vergleichbarer Rechtsform angenommen, es sei denn, diese Unternehmen dienen gemeinnützigen, mildtätigen oder kirchlichen Zwecken oder es handelt sich bei den von diesen Unternehmen angenommenen Geldern um Sicherheiten gemäß § 551 des Bürgerlichen Gesetzbuchs oder § 14 Abs. 4 des Heimgesetzes;
4. sie weisen eine Kündigungsfrist von mindestens drei Monaten auf.

[2]Sparbedingungen, die dem Kunden das Recht einräumen, über seine Einlagen mit einer Kündigungsfrist von drei Monaten bis zu einem bestimmten Betrag, der jedoch pro Sparkonto und Kalendermonat 2 000 Euro nicht überschreiten darf, ohne Kündigung zu verfügen, schließen deren Einordnung als Spareinlagen im Sinne dieser Vorschrift nicht aus. [3]Geldbeträge, die auf Grund von Vermögensbildungsgesetzen geleistet werden, gelten als Spareinlagen. [4]Bauspareinlagen gelten nicht als Spareinlagen.

§ 22 Verbriefte Verbindlichkeiten (Nr. 3) (1) Als verbriefte Verbindlichkeiten sind Schuldverschreibungen und diejenigen Verbindlichkeiten auszuweisen, für die nicht auf den Namen lautende übertragbare Urkunden ausgestellt sind.

(2) [1]Als begebene Schuldverschreibungen sind auf den Inhaber lautende Schuldverschreibungen sowie Orderschuldverschreibungen, die Teile einer Gesamtemission sind, unabhängig von ihrer Börsenfähigkeit auszuweisen. [2]Zurückgekaufte, nicht börsenfähige eigene Schuldverschreibungen sind abzusetzen. [3]Null-Kupon-Anleihen sind einschließlich der anteiligen Zinsen auszuweisen.

(3) Als Geldmarktpapiere sind nur Inhaberpapiere oder Orderpapiere, die Teile einer Gesamtemission sind, unabhängig von ihrer Börsenfähigkeit zu vermerken.

(4) [1]Als eigene Akzepte sind nur Akzepte zu vermerken, die vom Institut zu seiner eigenen Refinanzierung ausgestellt worden sind und bei denen es erster Zahlungspflichtiger („Bezogener") ist. [2]Der eigene Bestand sowie verpfändete eigene Akzepte und eigene Solawechsel gelten nicht als im Umlauf befindlich.

(5) [1]Bei Instituten, die einen unabhängigen Treuhänder haben, gehören Stücke, die vom Treuhänder ausgefertigt sind, auch dann zu den begebenen Schuldverschreibungen, wenn sie dem Erwerber noch nicht geliefert worden sind. [2]Dem Treuhänder zurückgegebene Stücke dürfen nicht mehr ausgewiesen werden.

§ 23 Rechnungsabgrenzungsposten (Nr. 6) [1]Dem Kreditnehmer aus Teilzahlungsfinanzierungsgeschäften berechnete Zinsen, Provisionen und Gebühren, die künftigen Rechnungsperioden zuzurechnen sind, sind in diesem Posten auszuweisen, soweit sie nicht mit dem entsprechenden Aktivposten verrechnet werden. [2]Bei Teilzahlungsfinanzierungsgeschäften ist auch die anfallende Zinsmarge aus der Weitergabe von Wechselabschnitten, soweit sie künftigen Rechnungsperioden zuzurechnen ist, hier auszuweisen; letzteres gilt entsprechend auch für andere Wechselrefinanzierungen.

§ 24 Rückstellungen (Nr. 7) Wird im Unterposten Buchstabe c „andere Rückstellungen" eine Rückstellung für einen drohenden Verlust aus einer unter dem Strich vermerkten Eventualverbindlichkeit oder einem Kreditrisiko gebildet, so ist der Posten unter dem Strich in Höhe des zurückgestellten Betrags zu kürzen.

§ 25 Eigenkapital (Nr. 12) (1) [1]Im Unterposten Buchstabe a „Gezeichnetes Kapital" sind, ungeachtet ihrer genauen Bezeichnung im Einzelfall, alle Beträge auszuweisen, die entsprechend der Rechtsform des Instituts als von den Gesellschaftern oder anderen Eigentümern gezeichnete Eigenkapitalbeträge gelten; auch Einlagen stiller Gesellschafter, Dotationskapital sowie Geschäftsguthaben sind in diesen Posten einzubeziehen. [2]Die genaue Bezeichnung im Einzelfall kann zusätzlich zu der Postenbezeichnung „Gezeichnetes Kapital" in das Bilanzformblatt eingetragen werden.

(2) [1]Im Unterposten Buchstabe c „Gewinnrücklagen" sind auch die Sicherheitsrücklage der Sparkassen sowie die Ergebnisrücklagen der Kreditgenossenschaften auszuweisen. [2]Die genaue Bezeichnung im Einzelfall kann zusätzlich zu der Postenbezeichnung „Gewinnrücklagen" in das Bilanzformblatt eingetragen werden.

§ 26 Eventualverbindlichkeiten (Nr. 1 unter dem Strich) (1) [1]Im Unterposten Buchstabe a „Eventualverbindlichkeiten aus weitergegebenen abgerechneten Wechseln" sind nur Indossamentsverbindlichkeiten und andere wechselrechtliche Eventualverbindlichkeiten aus abgerechneten und weiterverkauften Wechseln (einschließlich eigenen Ziehungen) bis zu ihrem Verfalltag zu vermerken. [2]Verbindlichkeiten aus umlaufenden eigenen Akzepten, Eventualverbindlichkeiten aus Schatzwechseln sind nicht einzubeziehen.

(2) [1]Im Unterposten Buchstabe b „Verbindlichkeiten aus Bürgschaften und Gewährleistungsverträgen" sind auch Ausbietungs- und andere Garantieverpflichtungen, verpflichtende Patronatserklärungen, unwiderrufliche Kreditbriefe einschließlich der dazugehörigen Nebenkosten zu vermerken, ferner Akkreditiveröffnungen und -bestätigungen. [2]Die Verbindlichkeiten sind in voller Höhe zu vermerken, soweit für sie keine zweckgebundenen Deckungsguthaben unter dem Posten „Verbindlichkeiten gegenüber Kreditinstituten" (Passivposten Nr. 1) oder dem Posten „andere Verbindlichkeiten gegenüber Kunden" (Passivposten Nr. 2 Buchstabe b) ausgewiesen sind.

(3) [1]Im Unterposten Buchstabe c „Haftung aus der Bestellung von Sicherheiten für fremde Verbindlichkeiten" sind die Beträge mit dem Buchwert der bestellten Sicherheiten zu vermerken. [2]Hierzu gehören Sicherungsabtretungen, Sicherungsübereignungen und Kautionen für fremde Verbindlichkeiten sowie Haftungen aus der Bestellung von Pfandrechten an beweglichen Sachen und Rechten wie auch aus Grundpfandrechten für fremde Verbindlichkeiten. [3]Besteht außerdem eine Verbindlichkeit aus einer Bürgschaft oder aus einem Gewährleistungsvertrag, so ist nur diese zu vermerken, und zwar im Unterposten Buchstabe b „Verbindlichkeiten aus Bürgschaften und Gewährleistungsverträgen".

§ 27 Andere Verpflichtungen (Nr. 2 unter dem Strich) (1) [1]Im Unterposten Buchstabe b „Plazierungs- und Übernahmeverpflichtungen" sind Verbindlichkeiten aus der Übernahme einer Garantie für die Plazierung oder Übernahme von Finanzinstrumenten gegenüber Emittenten zu vermerken, die während eines vereinbarten Zeitraums Finanzinstrumente revolvierend am Geldmarkt begeben. [2]Es sind nur Garantien zu erfassen, durch die ein Kreditinstitut sich verpflichtet, Finanzinstrumente zu übernehmen oder einen entsprechenden Kredit zu gewähren, wenn die Finanzinstrumente am Markt nicht plaziert werden können. [3]Die Verbindlichkeiten sind gekürzt um die in Anspruch genommenen Beträge zu vermerken. [4]Über die Inanspruchnahme ist im Anhang zu berichten. [5]Wird eine Garantie von mehreren Kreditinstituten gemeinschaftlich gewährt, so hat jedes beteiligte Kreditinstitut nur seinen eigenen Anteil an dem Kredit zu vermerken.

(2) [1] Im Unterposten Buchstabe c „Unwiderrufliche Kreditzusagen" sind alle unwiderruflichen Verpflichtungen, die Anlaß zu einem Kreditrisiko geben können, zu vermerken. [2] Der Abschluß eines Bausparvertrages gilt nicht als unwiderrufliche Kreditzusage.

Abschnitt 4. Vorschriften zu einzelnen Posten der Gewinn- und Verlustrechnung (Formblätter 2 und 3)

§ 28 Zinserträge (Formblatt 2 Spalte Erträge Nr. 1, Formblatt 3 Nr. 1) [1] Im Posten „Zinserträge" sind Zinserträge und ähnliche Erträge aus dem Bankgeschäft einschließlich des Factoring-Geschäfts sowie alle Zinserträge und ähnliche Erträge der Finanzdienstleistungsinstitute auszuweisen, insbesondere alle Erträge aus den in den Posten der Bilanz „Barreserve" (Aktivposten Nr. 1), „Schuldtitel öffentlicher Stellen und Wechsel, die zur Refinanzierung bei Zentralnotenbanken zugelassen sind" (Aktivposten Nr. 2), „Forderungen an Kreditinstitute" (Aktivposten Nr. 3), „Forderungen an Kunden" (Aktivposten Nr. 4) und „Schuldverschreibungen und andere festverzinsliche Wertpapiere" (Aktivposten Nr. 5) bilanzierten Vermögensgegenständen ohne Rücksicht darauf, in welcher Form sie berechnet werden. [2] Hierzu gehören auch Diskontabzüge, Ausschüttungen auf Genußrechte und Gewinnschuldverschreibungen im Bestand, Erträge mit Zinscharakter, die im Zusammenhang mit der zeitlichen Verteilung des Unterschiedsbetrages bei unter dem Rückzahlungsbetrag erworbenen Vermögensgegenständen entstehen, Zuschreibungen aufgelaufener Zinsen zu Null-Kupon-Anleihen im Bestand, die sich aus gedeckten Termingeschäften ergebenden, auf die tatsächliche Laufzeit des jeweiligen Geschäfts verteilten Erträge mit Zinscharakter sowie Gebühren und Provisionen mit Zinscharakter, die nach dem Zeitablauf oder nach der Höhe der Forderung berechnet werden.

§ 29 Zinsaufwendungen (Formblatt 2 Spalte Aufwendungen Nr. 1, Formblatt 3 Nr. 2) [1] Im Posten „Zinsaufwendungen" sind Zinsaufwendungen und ähnliche Aufwendungen aus dem Bankgeschäft einschließlich des Factoring-Geschäfts sowie alle Zinsaufwendungen und ähnliche Aufwendungen der Finanzdienstleistungsinstitute auszuweisen, insbesondere alle Aufwendungen für die in den Posten der Bilanz „Verbindlichkeiten gegenüber Kreditinstituten" (Passivposten Nr. 1), „Verbindlichkeiten gegenüber Kunden" (Passivposten Nr. 2), „Verbriefte Verbindlichkeiten" (Passivposten Nr. 3) und „Nachrangige Verbindlichkeiten" (Passivposten Nr. 9) bilanzierten Verbindlichkeiten ohne Rücksicht darauf, in welcher Form sie berechnet werden. [2] Hierzu gehören auch Diskontabzüge, Ausschüttungen auf begebene Genußrechte und Gewinnschuldverschreibungen, Aufwendungen mit Zinscharakter, die im Zusammenhang mit der zeitlichen Verteilung des Unterschiedsbetrages bei unter dem Erfüllungsbetrag eingegangenen Verbindlichkeiten entstehen, Zuschreibungen aufgelaufener Zinsen zu begebenen Null-Kupon-Anleihen, die sich aus gedeckten Termingeschäften ergebenden, auf die tatsächliche Laufzeit des jeweiligen Geschäfts verteilten Aufwendungen mit Zinscharakter sowie Gebühren und Provisionen mit Zinscharakter, die nach dem Zeitablauf oder nach der Höhe der Verbindlichkeiten berechnet werden.

§ 30 Provisionserträge (Formblatt 2 Spalte Erträge Nr. 4, Formblatt 3 Nr. 5), Provisionsaufwendungen (Formblatt 2 Spalte Aufwendungen Nr. 2, Formblatt 3 Nr. 6) (1) [1] Im Posten „Provisionserträge" sind Provisionen und ähnliche Erträge aus Dienstleistungsgeschäften wie dem Zahlungsverkehr, Außenhandelsgeschäft, Wertpapierkommissions- und Depotgeschäft, Erträge für Treuhandkredite und Verwaltungskredite, Provisionen im Zusammenhang mit Finanzdienstleistungen und der Veräußerung von Devisen, Sorten und Edelmetallen und aus der Vermittlertätigkeit bei Kredit-, Spar-, Bauspar- und Versicherungsverträgen auszuweisen. [2] Zu den Erträgen gehören auch Bonifikationen aus der Plazierung von Wertpapieren, Bürgschaftsprovisionen und Kontoführungsgebühren.

(2) Im Posten „Provisionsaufwendungen" sind Provisionen und ähnliche Aufwendungen aus den in Absatz 1 bezeichneten Dienstleistungsgeschäften auszuweisen.

§ 31 Allgemeine Verwaltungsaufwendungen (Formblatt 2 Spalte Aufwendungen Nr. 4, Formblatt 3 Nr. 10) (1) [1] Im Unterposten Buchstabe a Doppelbuchstabe ab „Soziale Abgaben und Aufwendungen für Altersversorgung und für Unterstützung" sind gesetzliche Pflichtabgaben, Beihilfen und Unterstützungen, die das Institut zu erbringen hat, sowie Aufwendungen für die Altersversorgung, darunter auch die Zuführungen zu den Pensionsrückstellungen, auszuweisen. [2] Der sonstige Personalaufwand (zum Beispiel freiwillige soziale Leistungen) ist dem Unterposten des Personalaufwands zuzurechnen, zu dem er seiner Art nach gehört.

(2) Im Unterposten Buchstabe b „andere Verwaltungsaufwendungen" sind die gesamten Aufwendungen sachlicher Art, wie Raumkosten, Bürobetriebskosten, Kraftfahrzeugbetriebskosten, Porto, Verbandsbeiträge einschließlich der Beiträge zur Sicherungseinrichtung eines Verbandes, Werbungskosten, Repräsentation, Aufsichtsratsvergütungen, Versicherungsprämien, Rechts-, Prüfungs- und Beratungskosten und dergleichen auszuweisen; Prämien für Kreditversicherungen sind nicht hier, sondern im Posten „Abschreibungen und Wertberichtigungen auf Forderungen und bestimmte Wertpapiere sowie Zuführungen zu Rückstellungen im Kreditgeschäft" (Formblatt 2 Spalte Aufwendungen Nr. 7, Formblatt 3 Nr. 13) zu erfassen.

§ 32 Abschreibungen und Wertberichtigungen auf Forderungen und bestimmte Wertpapiere sowie Zuführungen zu Rückstellungen im Kreditgeschäft (Formblatt 2 Spalte Aufwendungen Nr. 7, Formblatt 3 Nr. 13), Erträge aus Zuschreibungen zu Forderungen und bestimmten Wertpapieren sowie aus der Auflösung von Rückstellungen im Kreditgeschäft (Formblatt 2 Spalte Erträge Nr. 6, Formblatt 3 Nr. 14) [1] In diese Posten sind die in § 340f Abs. 3 des Handelsgesetzbuchs bezeichneten Aufwendungen und Erträge aufzunehmen. [2] Die Posten dürfen verrechnet und in einem Aufwand- oder Ertragsposten ausgewiesen werden. [3] Eine teilweise Verrechnung ist nicht zulässig.

§ 33 Abschreibungen und Wertberichtigungen auf Beteiligungen, Anteile an verbundenen Unternehmen und wie Anlagevermögen behandelte Wertpapiere (Formblatt 2 Spalte Aufwendungen Nr. 8, Formblatt 3 Nr. 15), Erträge aus Zuschreibungen zu Beteiligungen, Anteilen an

verbundenen Unternehmen und wie Anlagevermögen behandelten Wertpapieren (Formblatt 2 Spalte Erträge Nr. 7, Formblatt 3 Nr. 16)

[1] In diese Posten sind die in § 340c Abs. 2 des Handelsgesetzbuchs bezeichneten Aufwendungen und Erträge aufzunehmen. [2] Die Posten dürfen verrechnet und in einem Aufwand- oder Ertragsposten ausgewiesen werden. [3] Eine teilweise Verrechnung ist nicht zulässig.

Abschnitt 5. Anhang

§ 34 Zusätzliche Erläuterungen. (1) [1] In den Anhang sind neben den nach § 340a in Verbindung mit § 284 Absatz 1, 2 Nummer 1, 2 und 4, § 285 Nummer 3, 3a, 7, 9 Buchstabe a und b, Nummer 10 bis 11b, 13 bis 26 und 28 bis 30, 32 bis 34, § 340b Abs. 4 Satz 4, § 340e Abs. 2 des Handelsgesetzbuchs und den in dieser Verordnung zu den einzelnen Posten der Bilanz oder der Gewinn- und Verlustrechnung vorgeschriebenen Angaben die in diesem Abschnitt vorgeschriebenen Angaben aufzunehmen. [2] § 285 Nr. 3a des Handelsgesetzbuchs braucht nicht angewendet zu werden, soweit diese Angaben in der Bilanz unter dem Strich gemacht werden.

(2) An Stelle der in § 285 Nr. 4, 9 Buchstabe c, Nr. 27 des Handelsgesetzbuchs vorgeschriebenen Angaben sind die folgenden Angaben zu machen:

1. Der Gesamtbetrag der folgenden Posten der Gewinn- und Verlustrechnung ist nach geographischen Märkten aufzugliedern, soweit diese Märkte sich vom Standpunkt der Organisation des Instituts wesentlich voneinander unterscheiden:
   a) Zinserträge (Formblatt 2 Spalte Erträge Nr. 1, Formblatt 3 Nr. 1),
   b) laufende Erträge aus Aktien und anderen nicht festverzinslichen Wertpapieren, Beteiligungen, Anteilen an verbundenen Unternehmen (Formblatt 2 Spalte Erträge Nr. 2, Formblatt 3 Nr. 3),
   c) Provisionserträge (Formblatt 2 Spalte Erträge Nr. 4, Formblatt 3 Nr. 5),
   d) Nettoertrag des Handelsbestands (Formblatt 2 Spalte Erträge Nr. 5, Formblatt 3 Nr. 7),
   e) sonstige betriebliche Erträge (Formblatt 2 Spalte Erträge Nr. 8, Formblatt 3 Nr. 8).

   Die Aufgliederung kann unterbleiben, soweit sie nach vernünftiger kaufmännischer Beurteilung geeignet ist, dem Institut oder einem Unternehmen, von dem das Institut mindestens den fünften Teil der Anteile besitzt, einen erheblichen Nachteil zuzufügen.
2. Der Gesamtbetrag der den Mitgliedern des Geschäftsführungsorgans, eines Aufsichtsrats, eines Beirats oder einer ähnlichen Einrichtung gewährten Vorschüsse und Kredite sowie der zugunsten dieser Personen eingegangenen Haftungsverhältnisse ist jeweils für jede Personengruppe anzugeben.
3. Institute in der Rechtsform der eingetragenen Genossenschaft haben die im Passivposten Nr. 12 Unterposten Buchstabe a ausgewiesenen Geschäftsguthaben wie folgt aufzugliedern:
   a) Geschäftsguthaben der verbleibenden Mitglieder,
   b) Geschäftsguthaben der ausscheidenden Mitglieder,
   c) Geschäftsguthaben aus gekündigten Geschäftsanteilen.

4. Die Gründe der Einschätzung des Risikos der Inanspruchnahme für gemäß der §§ 26 und 27 unter der Bilanz ausgewiesene Eventualverbindlichkeiten und andere Verpflichtungen.

(3) [1] Die in § 284 Absatz 3 des Handelsgesetzbuchs verlangten Angaben sind für Vermögensgegenstände im Sinne des § 340e Abs. 1 des Handelsgesetzbuchs zu machen. [2] Die Zuschreibungen, Abschreibungen und Wertberichtigungen auf Beteiligungen, Anteile an verbundenen Unternehmen sowie auf andere Wertpapiere, die wie Anlagevermögen behandelt werden, können mit anderen Posten zusammengefaßt werden.

§ 35 Zusätzliche Pflichtangaben. (1) Zu den Posten der Bilanz und der Gewinn- und Verlustrechnung sind im Anhang anzugeben:

1. eine Aufgliederung der in den Bilanzposten „Schuldverschreibungen und andere festverzinsliche Wertpapiere" (Aktivposten Nr. 5), „Aktien und andere nicht festverzinsliche Wertpapiere" (Aktivposten Nr. 6), „Beteiligungen" (Aktivposten Nr. 7), „Anteile an verbundenen Unternehmen" (Aktivposten Nr. 8) enthaltenen börsenfähigen Wertpapiere nach börsennotierten und nicht börsennotierten Wertpapieren;

1a. eine Aufgliederung des Bilanzpostens „Handelsbestand" (Aktivposten Nr. 6a) in derivative Finanzinstrumente, Forderungen, Schuldverschreibungen und andere festverzinsliche Wertpapiere, Aktien und andere nicht festverzinsliche Wertpapiere sowie sonstige Vermögensgegenstände und eine Aufgliederung des Bilanzpostens „Handelsbestand" (Passivposten Nr. 3a) in derivative Finanzinstrumente und Verbindlichkeiten;

2. der Betrag der nicht mit dem Niederstwert bewerteten börsenfähigen Wertpapiere jeweils zu folgenden Posten der Bilanz: „Schuldverschreibungen und andere festverzinsliche Wertpapiere" (Aktivposten Nr. 5) sowie „Aktien und andere nicht festverzinsliche Wertpapiere" (Aktivposten Nr. 6); es ist anzugeben, in welcher Weise die so bewerteten Wertpapiere von den mit dem Niederstwert bewerteten börsenfähigen Wertpapieren abgegrenzt worden sind;

3. der auf das Leasing-Geschäft entfallende Betrag zu jedem davon betroffenen Posten der Bilanz, ferner die im Posten „Abschreibungen und Wertberichtigungen auf immaterielle Anlagewerte und Sachanlagen" (Formblatt 2 Spalte Aufwendungen Nr. 5, Formblatt 3 Nr. 11) enthaltenen Abschreibungen und Wertberichtigungen auf Leasinggegenstände sowie die im Posten „Sonstige betriebliche Erträge" (Formblatt 2 Spalte Erträge Nr. 8, Formblatt 3 Nr. 8) enthaltenen Erträge aus Leasinggeschäften;

4. die in den folgenden Posten enthaltenen wichtigsten Einzelbeträge, sofern sie für die Beurteilung des Jahresabschlusses nicht unwesentlich sind: „Sonstige Vermögensgegenstände" (Formblatt 1, Aktivposten Nr. 14), „Sonstige Verbindlichkeiten" (Formblatt 1, Passivposten Nr. 5), „Sonstige betriebliche Aufwendungen" (Formblatt 2 Spalte Aufwendungen Nr. 6, Formblatt 3 Nr. 12), „Sonstige betriebliche Erträge" (Formblatt 2 Spalte Erträge Nr. 8, Formblatt 3 Nr. 8), „Außerordentliche Aufwendungen" (Formblatt 2 Spalte Aufwendungen Nr. 11, Formblatt 3 Nr. 21) und „Außerordentliche Erträge" (Formblatt 2 Spalte Erträge Nr. 10, Formblatt 3 Nr. 20). Die Beträge und ihre Art sind zu erläutern;

5. die Dritten erbrachten Dienstleistungen für Verwaltung und Vermittlung, sofern ihr Umfang in bezug auf die Gesamttätigkeit des Instituts von wesentlicher Bedeutung ist;
6. der Gesamtbetrag der Vermögensgegenstände und der Gesamtbetrag der Schulden, die auf Fremdwährung lauten, jeweils in Euro[1)];
6a. bei Finanzinstrumenten des Handelsbestands die Methode der Ermittlung des Risikoabschlags nebst den wesentlichen Annahmen, insbesondere die Haltedauer, der Beobachtungszeitraum und das Konfidenzniveau sowie der absolute Betrag des Risikoabschlags;
6b. in den Fällen der Umgliederung deren Gründe, der Betrag der umgegliederten Finanzinstrumente des Handelsbestands und die Auswirkungen der Umgliederung auf den Jahresüberschuss/Jahresfehlbetrag sowie für den Fall der Umgliederung wegen Aufgabe der Handelsabsicht die außergewöhnlichen Umstände, die dies rechtfertigen;
6c. ob innerhalb des Geschäftsjahres die institutsinternen festgelegten Kriterien für die Einbeziehung von Finanzinstrumenten in den Handelsbestand geändert worden sind und welche Auswirkungen sich daraus auf den Jahresüberschuss/Jahresfehlbetrag ergeben;
7. von Pfandbriefbanken eine Deckungsrechnung getrennt nach Hypotheken-, Schiffshypotheken- und Kommunalkreditgeschäft nach Maßgabe des § 28 des Pfandbriefgesetzes[2)], ferner zu den Posten der Aktivseite der Bilanz die zur Deckung begebener Schuldverschreibungen bestimmten Aktiva;
8. von Bausparkassen
   a) zu den Posten der Bilanz „Forderungen an Kreditinstitute" (Aktivposten Nr. 3) und „Forderungen an Kunden" (Aktivposten Nr. 4) rückständige Zins- und Tilgungsbeträge für Baudarlehen in einem Betrag sowie noch nicht ausgezahlte bereitgestellte Baudarlehen
      aa) aus Zuteilung,
      bb) zur Vor- und Zwischenfinanzierung und
      cc) sonstige;
   b) zu den Posten der Bilanz „Verbindlichkeiten gegenüber Kreditinstituten" (Passivposten Nr. 1) und „Verbindlichkeiten gegenüber Kunden" (Passivposten Nr. 2) die Bewegung des Bestandes an nicht zugeteilten und zugeteilten Bausparverträgen und vertraglichen Bausparsummen;
   c) zu den Posten der Bilanz „Verbindlichkeiten gegenüber Kreditinstituten" (Passivposten Nr. 1), „Verbindlichkeiten gegenüber Kunden" (Passivposten Nr. 2) und „Verbriefte Verbindlichkeiten" (Passivposten Nr. 3) die aufgenommenen Fremdgelder nach § 4 Abs. 1 Nr. 5 des Gesetzes über Bausparkassen und deren Verwendung;
   d) zu den Posten der Bilanz „Forderungen an Kreditinstitute" (Aktivposten Nr. 3), „Forderungen an Kunden" (Aktivposten Nr. 4), „Verbindlichkeiten gegenüber Kreditinstituten" (Passivposten Nr. 1) und „Verbind-

---

[1)] **Amtl. Anm.:** Bis zum 31. Dezember 1998 gilt an Stelle der Währungsbezeichnung „Euro" die Währungsbezeichnung„Deutsche Mark"; vgl. aber ab 1. Januar 1999 Artikel 42 Abs. 1 Satz 2 des Einführungsgesetzes zum Handelsgesetzbuch.
[2)] Nr. **16**.

lichkeiten gegenüber Kunden" (Passivposten Nr. 2) die Bewegung der Zuteilungsmasse.

Die Angaben zu den Buchstaben b und d können auch in einen statistischen Anhang zum Lagebericht aufgenommen werden, sofern der Lagebericht und der statistische Anhang im Geschäftsbericht der einzelnen Bausparkasse abgedruckt werden;

9. von Sparkassen
   a) zu dem Posten der Bilanz „Forderungen an Kreditinstitute" (Aktivposten Nr. 3) die im Gesamtbetrag enthaltenen Forderungen an die eigene Girozentrale,
   b) zu dem Posten der Bilanz „Verbindlichkeiten gegenüber Kreditinstituten" (Passivposten Nr. 1) die im Gesamtbetrag enthaltenen Verbindlichkeiten gegenüber der eigenen Girozentrale;
10. von Girozentralen
   a) zu dem Posten der Bilanz „Forderungen an Kreditinstitute" (Aktivposten Nr. 3) die im Gesamtbetrag enthaltenen Forderungen an angeschlossene Sparkassen,
   b) zu dem Posten der Bilanz „Verbindlichkeiten gegenüber Kreditinstituten" (Passivposten Nr. 1) die im Gesamtbetrag enthaltenen Verbindlichkeiten gegenüber angeschlossenen Sparkassen;
11. von Kreditgenossenschaften
   a) zu dem Posten der Bilanz „Forderungen an Kreditinstitute" (Aktivposten Nr. 3) die im Gesamtbetrag enthaltenen Forderungen an die zuständige genossenschaftliche Zentralbank,
   b) zu dem Posten der Bilanz „Verbindlichkeiten gegenüber Kreditinstituten" (Passivposten Nr. 1) die im Gesamtbetrag enthaltenen Verbindlichkeiten gegenüber der zuständigen genossenschaftlichen Zentralbank;
12. von genossenschaftlichen Zentralbanken
   a) zu dem Posten der Bilanz „Forderungen an Kreditinstitute" (Aktivposten Nr. 3) die im Gesamtbetrag enthaltenen
      aa) Forderungen an die Deutsche Genossenschaftsbank,
      bb) Forderungen an angeschlossene Kreditgenossenschaften,
   b) zu dem Posten der Bilanz „Verbindlichkeiten gegenüber Kreditinstituten" (Passivposten Nr. 1) die im Gesamtbetrag enthaltenen
      aa) Verbindlichkeiten gegenüber der Deutschen Genossenschaftsbank,
      bb) Verbindlichkeiten gegenüber angeschlossenen Kreditgenossenschaften;
13. von der Deutschen Genossenschaftsbank
   a) zu dem Posten der Bilanz „Forderungen an Kreditinstitute" (Aktivposten Nr. 3) die im Gesamtbetrag enthaltenen Forderungen an angeschlossene Kreditinstitute sowie die darin enthaltenen Forderungen an regionale genossenschaftliche Zentralbanken,
   b) zu dem Posten der Bilanz „Verbindlichkeiten gegenüber Kreditinstituten" (Passivposten Nr. 1) die im Gesamtbetrag enthaltenen Verbindlichkeiten gegenüber angeschlossenen Kreditinstituten sowie die darin ent-

haltenen Verbindlichkeiten gegenüber regionalen genossenschaftlichen Zentralbanken.

(2) Zu dem Posten der Bilanz „Sachanlagen" (Aktivposten Nr. 12) sind im Anhang mit ihrem Gesamtbetrag anzugeben:

1. die vom Institut im Rahmen seiner eigenen Tätigkeit genutzten Grundstücke und Bauten,
2. die Betriebs- und Geschäftsausstattung.

(3) Zu dem Posten der Bilanz „Nachrangige Verbindlichkeiten" (Passivposten Nr. 9) sind im Anhang anzugeben:

1. der Betrag der für nachrangige Verbindlichkeiten angefallenen Aufwendungen,
2. zu jeder zehn vom Hundert des Gesamtbetrags der nachrangigen Verbindlichkeiten übersteigenden Mittelaufnahme:
   a) der Betrag, die Währung, auf die sie lautet, ihr Zinssatz und ihre Fälligkeit sowie, ob eine vorzeitige Rückzahlungsverpflichtung entstehen kann,
   b) die Bedingungen ihrer Nachrangigkeit und ihrer etwaigen Umwandlung in Kapital oder in eine andere Schuldform,
3. zu anderen Mittelaufnahmen die wesentlichen Bedingungen.

(4) Zu dem Posten der Bilanz „Eventualverbindlichkeiten" (Passivposten Nr. 1 unter dem Strich) sind im Anhang Art und Betrag jeder Eventualverbindlichkeit anzugeben, die in bezug auf die Gesamttätigkeit des Instituts von wesentlicher Bedeutung ist.

(5) Zu jedem Posten der in der Bilanz ausgewiesenen Verbindlichkeiten und der unter dem Strich vermerkten Eventualverbindlichkeiten ist im Anhang jeweils der Gesamtbetrag der als Sicherheit übertragenen Vermögensgegenstände anzugeben.

(6) Zu dem Posten der Bilanz „Andere Verpflichtungen" (Passivposten Nr. 2 unter dem Strich) sind im Anhang Art und Höhe jeder der in den Unterposten Buchstabe a bis c bezeichneten Verbindlichkeiten anzugeben, die in bezug auf die Gesamttätigkeit des Instituts von wesentlicher Bedeutung sind.

§ 36 Termingeschäfte. [1] In den Anhang ist eine Aufstellung über die Arten von am Bilanzstichtag noch nicht abgewickelten fremdwährungs-, zinsabhängigen und sonstigen Termingeschäften, die lediglich ein Erfüllungsrisiko sowie Währungs-, Zins- und/oder sonstige Marktpreisänderungsrisiken aus offenen und im Falle eines Adressenausfalls auch aus geschlossenen Positionen beinhalten, aufzunehmen. [2] Hierzu gehören:

1. Termingeschäfte in fremden Währungen, insbesondere Devisentermingeschäfte, Devisenterminkontrakte, Währungsswaps, Zins-/Währungsswaps, Stillhalterverpflichtungen aus Devisenoptionsgeschäften, Devisenoptionsrechte, Termingeschäfte in Gold und anderen Edelmetallen, Edelmetallterminkontrakte, Stillhalterverpflichtungen aus Goldoptionen, Goldoptionsrechte;
2. zinsbezogene Termingeschäfte, insbesondere Termingeschäfte mit festverzinslichen Wertpapieren, Zinsterminkontrakte, Forward Rate Agreements, Stillhalterverpflichtungen aus Zinsoptionen, Zinsoptionsrechte, Zinsswaps,

Abnahmeverpflichtungen aus Forward Forward Deposits; Lieferverpflichtungen aus solchen Geschäften sind in dem Unterposten der Bilanz „Unwiderrufliche Kreditzusagen" (Passivposten Nr. 2 unter dem Strich Buchstabe c) zu vermerken;

3. Termingeschäfte mit sonstigen Preisrisiken, insbesondere aktienkursbezogene Termingeschäfte, Stillhalterverpflichtungen aus Aktienoptionen, Aktienoptionsrechte, Indexterminkontrakte, Stillhalterverpflichtungen aus Indexoptionen, Indexoptionsrechte.

[3] Für jeden der drei Gliederungsposten der Termingeschäfte ist anzugeben, ob ein wesentlicher Teil davon zur Deckung von Zins-, Wechselkurs- oder Marktpreisschwankungen abgeschlossen wurde und ob ein wesentlicher Teil davon auf Handelsgeschäfte entfällt.

Abschnitt 6. Konzernrechnungslegung

§ 37 Konzernrechnungslegung. Auf den Konzernabschluß sind, soweit seine Eigenart keine Abweichung bedingt, die §§ 1 bis 36 entsprechend anzuwenden.

Abschnitt 7. Ordnungswidrigkeiten

§ 38 Ordnungswidrigkeiten. (1) Ordnungswidrig im Sinne des § 340n Abs. 1 Nr. 6 des Handelsgesetzbuchs handelt, wer als Geschäftsleiter im Sinne des § 1 Abs. 2 Satz 1 oder des § 53 Abs. 2 Nr. 1 des Gesetzes über das Kreditwesen oder als Inhaber eines in der Rechtsform des Einzelkaufmanns betriebenen Instituts oder als Mitglied des Aufsichtsrats bei der Aufstellung oder Feststellung des Jahresabschlusses

1. entgegen § 2 Abs. 1 Satz 1 nicht das vorgeschriebene Formblatt anwendet,
2. entgegen §§ 3 bis 5, 6 Abs. 1 Satz 1 oder 2, Abs. 2 oder 4 die dort genannten Posten nicht, nicht in der vorgeschriebenen Weise oder nicht mit dem vorgeschriebenen Inhalt ausweist,
3. entgegen § 6 Abs. 3 dort genannte Vermögensgegenstände oder Schulden in seine Bilanz aufnimmt,
4. einer Vorschrift des § 9 über die Fristengliederung zuwiderhandelt,
5. entgegen § 10 Abs. 1 dort genannte Verbindlichkeiten nicht verrechnet,
6. entgegen § 10 Abs. 2 Forderungen oder Verbindlichkeiten verrechnet,
7. einer Vorschrift der §§ 12 bis 33 über die in einzelne Posten der Bilanz oder der Gewinn- und Verlustrechnung aufzunehmenden Angaben zuwiderhandelt,
8. einer Vorschrift des § 34 oder 35 über zusätzliche Erläuterungen oder Pflichtangaben zuwiderhandelt oder
9. einer Vorschrift des § 36 über Termingeschäfte zuwiderhandelt.

(2) Die Bestimmungen des Absatzes 1 gelten auch für den Konzernabschluß im Sinne des § 37.

Abschnitt 8. Schlußvorschriften

§ 39 Übergangsvorschriften. (1) Vor dem 1. Juli 1993 begründete Spareinlagen nach § 21 des Gesetzes über das Kreditwesen[1)] in der Fassung der Bekanntmachung vom 11. Juli 1985 (BGBl. I S. 1472) und dafür gutgeschriebene oder danach gutzuschreibende Zinsen gelten weiterhin als Spareinlagen, wenn für sie die Voraussetzungen des § 21 Abs. 4 Satz 1 Nr. 1 und 2, Satz 2 dieser Verordnung zutreffen und sie die Vorschriften des § 22 Abs. 1 Satz 1 und Abs. 2 des Gesetzes über das Kreditwesen in der Fassung der Bekanntmachung vom 11. Juli 1985 (BGBl. I S. 1472) erfüllt haben.

(2) [1] Die Vorschriften dieser Verordnung in der Fassung der Zweiten Verordnung zur Änderung der Verordnung über die Rechnungslegung der Kreditinstitute sind erstmals auf den Jahresabschluß und den Lagebericht sowie den Konzernabschluß und den Konzernlagebericht für das nach dem 31. Dezember 1997 beginnende Geschäftsjahr anzuwenden. [2] § 4 Abs. 1 Satz 1, § 12 Abs. 2, § 13 Abs. 2 und 3, § 16 Abs. 1 Satz 1, Abs. 3 Satz 1 und § 26 Abs. 1 Satz 2 in der Fassung der Zweiten Verordnung zur Änderung der Verordnung über die Rechnungslegung der Kreditinstitute sind erstmals auf den Jahresabschluß und den Lagebericht sowie den Konzernabschluß und den Konzernlagebericht für das nach dem 31. Dezember 1998 endende Geschäftsjahr anzuwenden.

(3) [1] §§ 20, 29 Satz 2, § 34 Absatz 2 Satz 1 Nummer 1 Buchstabe d, Nummer 4, § 35 Absatz 1 Nummer 1a, 6a bis 6c und 7 in der Fassung des Bilanzrechtsmodernisierungsgesetzes vom 25. Mai 2009 (BGBl. I S. 1102) sowie die Formblätter 1 bis 3 mit den Änderungen, die durch das Bilanzrechtsmodernisierungsgesetz sowie durch Artikel 3 Nummer 2 bis 4 der Verordnung zur Änderung von Rechnungslegungsverordnungen vom 9. Juni 2011 (BGBl. I S. 1041) erfolgt sind, sind erstmals auf Jahres- und Konzernabschlüsse für das nach dem 31. Dezember 2009 beginnende Geschäftsjahr anzuwenden. [2] Die Formblätter 1 bis 3 in der bis zum 28. Mai 2009 geltenden Fassung sind letztmals auf Jahres- und Konzernabschlüsse für das vor dem 1. Januar 2010 beginnende Geschäftsjahr anzuwenden. [3] Soweit im Übrigen in dieser Verordnung auf Bestimmungen des Handelsgesetzbuchs in der Fassung des Bilanzrechtsmodernisierungsgesetzes verwiesen wird, gelten die in den Artikeln 66 und 67 des Einführungsgesetzes zum Handelsgesetzbuch enthaltenen Übergangsregelungen entsprechend. [4] Artikel 66 Abs. 3 Satz 6 des Einführungsgesetzes zum Handelsgesetzbuch gilt entsprechend. [5] Die von Finanzdienstleistungsinstituten geforderten Angaben nach der Fußnote 14 des Bilanzformblatts und den jeweiligen Fußnoten 8 und 9 der Formblätter für die Gewinn- und Verlustrechnung sind erstmals auf Jahresabschlüsse für Geschäftsjahre anzuwenden, die nach dem 31. Dezember 2010 beginnen.

(4) Auf die Formblätter 2 und 3 in der Fassung der Verordnung zur Änderung der Versicherungsunternehmens-Rechnungslegungsverordnung sowie zur Änderung weiterer Rechnungslegungsverordnungen vom 18. Dezember 2009 (BGBl. I S. 3934) ist Absatz 10 Satz 1, 2 und 4 entsprechend anzuwenden.

---

1) Nr. **8**.

(5) Die §§ 6, 7 und 17 in der Fassung des AIFM-Umsetzungsgesetzes vom 4. Juli 2013 (BGBl. I S. 1981) sind erstmals auf Jahres- und Konzernabschlüsse für nach dem 21. Juli 2013 beginnende Geschäftsjahre anzuwenden.

(6) § 34 Absatz 1 und 3 in der Fassung des Bilanzrichtlinie-Umsetzungsgesetzes vom 17. Juli 2015 (BGBl. I S. 1245) ist erstmals auf Jahres- und Konzernabschlüsse für Geschäftsjahre anzuwenden, die nach dem 31. Dezember 2015 beginnen.

§ 40 (Inkrafttreten, Aufhebung von Rechtsvorschriften)

Anlage Formblätter

(hier nicht wiedergegeben)

15. Gesetz über das Aufspüren von Gewinnen aus schweren Straftaten (Geldwäschegesetz – GwG)[1)]

Vom 23. Juni 2017
(BGBl. I S. 1822)

FNA 7613-3

zuletzt geänd. durch Art. 1 G zur Umsetzung der ÄndRL zur Vierten EU-GeldwäscheRL v. 12.12. 2019 (BGBl. I S. 2602)

Inhaltsübersicht

[1)] Verkündet als Art. 1 G v. 23.6.2017 (BGBl. I S. 1822); Inkrafttreten gem. Art. 24 Abs. 1 Satz 1 dieses G am 26.6.2017.

Abschnitt 1. Begriffsbestimmungen und Verpflichtete

§ 1 Begriffsbestimmungen (1) Geldwäsche im Sinne dieses Gesetzes ist eine Straftat nach § 261 des Strafgesetzbuchs.

(2) Terrorismusfinanzierung im Sinne dieses Gesetzes ist

1. die Bereitstellung oder Sammlung von Vermögensgegenständen mit dem Wissen oder in der Absicht, dass diese Vermögensgegenstände ganz oder

teilweise dazu verwendet werden oder verwendet werden sollen, eine oder mehrere der folgenden Straftaten zu begehen:

a) eine Tat nach § 129a des Strafgesetzbuchs, auch in Verbindung mit § 129b des Strafgesetzbuchs, oder

b) eine andere der in den Artikeln 3, 5 bis 10 und 12 der Richtlinie (EU) 2017/541 des Europäischen Parlaments und des Rates vom 15. März 2017 zur Terrorismusbekämpfung und zur Ersetzung des Rahmenbeschlusses 2002/475/JI des Rates und zur Änderung des Beschlusses 2005/671/JI des Rates (ABl. L 88 vom 31.3.2017, S. 6) umschriebenen Straftaten,

2. die Begehung einer Tat nach § 89c des Strafgesetzbuchs oder
3. die Anstiftung oder Beihilfe zu einer Tat nach Nummer 1 oder 2.

(3) Identifizierung im Sinne dieses Gesetzes besteht aus
1. der Feststellung der Identität durch Erheben von Angaben und
2. der Überprüfung der Identität.

(4) Geschäftsbeziehung im Sinne dieses Gesetzes ist jede Beziehung, die unmittelbar in Verbindung mit den gewerblichen oder beruflichen Aktivitäten der Verpflichteten steht und bei der beim Zustandekommen des Kontakts davon ausgegangen wird, dass sie von gewisser Dauer sein wird.

(5) [1] Transaktion im Sinne dieses Gesetzes ist oder sind eine oder, soweit zwischen ihnen eine Verbindung zu bestehen scheint, mehrere Handlungen, die eine Geldbewegung oder eine sonstige Vermögensverschiebung bezweckt oder bezwecken oder bewirkt oder bewirken. [2] Bei Vermittlungstätigkeiten von Verpflichteten nach § 2 Absatz 1 Nummer 14 und 16 gilt als Transaktion im Sinne dieses Gesetzes das vermittelte Rechtsgeschäft.

(6) [1] Trust im Sinne dieses Gesetzes ist eine Rechtgestaltung, die als Trust errichtet wurde, wenn das für die Errichtung anwendbare Recht das Rechtsinstitut des Trusts vorsieht. [2] Sieht das für die Errichtung anwendbare Recht ein Rechtsinstitut vor, das dem Trust nachgebildet ist, so gelten auch Rechtsgestaltungen, die unter Verwendung dieses Rechtsinstituts errichtet wurden, als Trust.

(7) Vermögensgegenstand im Sinne dieses Gesetzes ist
1. jeder Vermögenswert, ob körperlich oder nichtkörperlich, beweglich oder unbeweglich, materiell oder immateriell, sowie
2. Rechtstitel und Urkunden in jeder Form, einschließlich der elektronischen und digitalen Form, die das Eigentumsrecht oder sonstige Rechte an Vermögenswerten nach Nummer 1 verbriefen.

(8) Glücksspiel im Sinne dieses Gesetzes ist jedes Spiel, bei dem ein Spieler für den Erwerb einer Gewinnchance ein Entgelt entrichtet und der Eintritt von Gewinn oder Verlust ganz oder überwiegend vom Zufall abhängt.

(9) Güterhändler im Sinne dieses Gesetzes ist, wer gewerblich Güter veräußert, unabhängig davon, in wessen Namen oder auf wessen Rechnung.

(10) [1] Hochwertige Güter im Sinne dieses Gesetzes sind Gegenstände,
1. die sich aufgrund ihrer Beschaffenheit, ihres Verkehrswertes oder ihres bestimmungsgemäßen Gebrauchs von Gebrauchsgegenständen des Alltags abheben oder

2. die aufgrund ihres Preises keine Alltagsanschaffung darstellen.

[2] Zu ihnen gehören insbesondere
1. Edelmetalle wie Gold, Silber und Platin,
2. Edelsteine,
3. Schmuck und Uhren,
4. Kunstgegenstände und Antiquitäten,
5. Kraftfahrzeuge, Schiffe und Motorboote sowie Luftfahrzeuge.

(11) Immobilienmakler im Sinne dieses Gesetzes ist, wer gewerblich den Abschluss von Kauf-, Pacht- oder Mietverträgen über Grundstücke, grundstücksgleiche Rechte, gewerbliche Räume oder Wohnräume vermittelt.

(12) [1] Politisch exponierte Person im Sinne dieses Gesetzes ist jede Person, die ein hochrangiges wichtiges öffentliches Amt auf internationaler, europäischer oder nationaler Ebene ausübt oder ausgeübt hat oder ein öffentliches Amt unterhalb der nationalen Ebene, dessen politische Bedeutung vergleichbar ist, ausübt oder ausgeübt hat. [2] Zu den politisch exponierten Personen gehören insbesondere
1. Personen, die folgende Funktionen innehaben:
   a) Staatschefs, Regierungschefs, Minister, Mitglieder der Europäischen Kommission, stellvertretende Minister und Staatssekretäre,
   b) Parlamentsabgeordnete und Mitglieder vergleichbarer Gesetzgebungsorgane,
   c) Mitglieder der Führungsgremien politischer Parteien,
   d) Mitglieder von obersten Gerichtshöfen, Verfassungsgerichtshöfen oder sonstigen hohen Gerichten, gegen deren Entscheidungen im Regelfall kein Rechtsmittel mehr eingelegt werden kann,
   e) Mitglieder der Leitungsorgane von Rechnungshöfen,
   f) Mitglieder der Leitungsorgane von Zentralbanken,
   g) Botschafter, Geschäftsträger und Verteidigungsattachés,
   h) Mitglieder der Verwaltungs-, Leitungs- und Aufsichtsorgane staatseigener Unternehmen,
   i) Direktoren, stellvertretende Direktoren, Mitglieder des Leitungsorgans oder sonstige Leiter mit vergleichbarer Funktion in einer zwischenstaatlichen internationalen oder europäischen Organisation;
2. Personen, die Ämter innehaben, welche in der nach Artikel 1 Nummer 13 der Richtlinie (EU) 2018/843 des Europäischen Parlaments und des Rates vom 30. Mai 2018 zur Änderung der Richtlinie (EU) 2015/849 zur Verhinderung der Nutzung des Finanzsystems zum Zwecke der Geldwäsche und der Terrorismusfinanzierung und zur Änderung der Richtlinien 2009/138/EG und 2013/36/EU (ABl. L 156 vom 19.6.2018, S. 43) von der Europäischen Kommission veröffentlichten Liste enthalten sind.

[3] Das Bundesministerium der Finanzen erstellt, aktualisiert und übermittelt der Europäischen Kommission eine Liste gemäß Artikel 1 Nummer 13 der Richtlinie (EU) 2018/843. [4] Organisationen nach Satz 2 Nummer 1 Buchstabe i mit Sitz in Deutschland übermitteln dem Bundesministerium der Finanzen hierfür

jährlich zum Jahresende eine Liste mit wichtigen öffentlichen Ämtern nach dieser Vorschrift.

(13) Familienmitglied im Sinne dieses Gesetzes ist ein naher Angehöriger einer politisch exponierten Person, insbesondere

1. der Ehepartner oder eingetragene Lebenspartner,
2. ein Kind und dessen Ehepartner oder eingetragener Lebenspartner sowie
3. jeder Elternteil.

(14) Bekanntermaßen nahestehende Person im Sinne dieses Gesetzes ist eine natürliche Person, bei der der Verpflichtete Grund zu der Annahme haben muss, dass diese Person

1. gemeinsam mit einer politisch exponierten Person
   a) wirtschaftlich Berechtigter einer Vereinigung nach § 20 Absatz 1 ist oder
   b) wirtschaftlich Berechtigter einer Rechtsgestaltung nach § 21 ist,
2. zu einer politisch exponierten Person sonstige enge Geschäftsbeziehungen unterhält oder
3. alleiniger wirtschaftlich Berechtigter
   a) einer Vereinigung nach § 20 Absatz 1 ist oder
   b) einer Rechtsgestaltung nach § 21 ist,

   bei der der Verpflichtete Grund zu der Annahme haben muss, dass die Errichtung faktisch zugunsten einer politisch exponierten Person erfolgte.

(15) [1] Mitglied der Führungsebene im Sinne dieses Gesetzes ist eine Führungskraft oder ein leitender Mitarbeiter eines Verpflichteten mit ausreichendem Wissen über die Risiken, denen der Verpflichtete in Bezug auf Geldwäsche und Terrorismusfinanzierung ausgesetzt ist, und mit der Befugnis, insoweit Entscheidungen zu treffen. [2] Ein Mitglied der Führungsebene muss nicht zugleich ein Mitglied der Leitungsebene sein.

(16) Gruppe im Sinne dieses Gesetzes ist ein Zusammenschluss von Unternehmen, der besteht aus

1. einem Mutterunternehmen,
2. den Tochterunternehmen des Mutterunternehmens,
3. den Unternehmen, an denen das Mutterunternehmen oder seine Tochterunternehmen eine Beteiligung halten, und
4. Unternehmen, die untereinander verbunden sind durch eine Beziehung im Sinne des Artikels 22 Absatz 1 der Richtlinie 2013/34/EU des Europäischen Parlaments und des Rates vom 26. Juni 2013 über den Jahresabschluss, den konsolidierten Abschluss und damit verbundene Berichte von Unternehmen bestimmter Rechtsformen und zur Änderung der Richtlinie 2006/43/EG des Europäischen Parlaments und des Rates und zur Aufhebung der Richtlinien 78/660/EWG und 83/349/EWG des Rates (ABl. L 182 vom 29.6. 2013, S. 19).

(17) Drittstaat im Sinne dieses Gesetzes ist ein Staat,

1. der nicht Mitgliedstaat der Europäischen Union ist und
2. der nicht Vertragsstaat des Abkommens über den Europäischen Wirtschaftsraum ist.

(18) E-Geld im Sinne dieses Gesetzes ist E-Geld nach § 1 Absatz 2 Satz 3 und 4 des Zahlungsdiensteaufsichtsgesetzes[1].

(19) Aufsichtsbehörde im Sinne dieses Gesetzes ist die zuständige Aufsichtsbehörde nach § 50.

(20) Die Zuverlässigkeit eines Mitarbeiters im Sinne dieses Gesetzes liegt vor, wenn der Mitarbeiter die Gewähr dafür bietet, dass er

1. die in diesem Gesetz geregelten Pflichten, sonstige geldwäscherechtliche Pflichten und die beim Verpflichteten eingeführten Strategien, Kontrollen und Verfahren zur Verhinderung von Geldwäsche und von Terrorismusfinanzierung sorgfältig beachtet,
2. Tatsachen nach § 43 Absatz 1 dem Vorgesetzten oder dem Geldwäschebeauftragten, sofern ein Geldwäschebeauftragter bestellt ist, meldet und
3. sich weder aktiv noch passiv an zweifelhaften Transaktionen oder Geschäftsbeziehungen beteiligt.

(21) Korrespondenzbeziehung im Sinne dieses Gesetzes ist eine Geschäftsbeziehung, in deren Rahmen folgende Leistungen erbracht werden:

1. Bankdienstleistungen, wie die Unterhaltung eines Kontokorrent- oder eines anderen Zahlungskontos und die Erbringung damit verbundener Leistungen wie die Verwaltung von Barmitteln, die Durchführung von internationalen Geldtransfers oder Devisengeschäften und die Vornahme von Scheckverrechnungen, durch Verpflichtete nach § 2 Absatz 1 Nummer 1 (Korrespondenten) für CRR-Kreditinstitute oder für Unternehmen in einem Drittstaat, die Tätigkeiten ausüben, die denen solcher Kreditinstitute gleichwertig sind (Respondenten), oder
2. andere Leistungen als Bankdienstleistungen, soweit diese anderen Leistungen nach den jeweiligen gesetzlichen Vorschriften durch Verpflichtete nach § 2 Absatz 1 Nummer 1 bis 3 und 6 bis 9 (Korrespondenten) erbracht werden dürfen
   a) für andere CRR-Kreditinstitute oder Finanzinstitute im Sinne des Artikels 3 Nummer 2 der Richtlinie (EU) 2015/849 oder
   b) für Unternehmen oder Personen in einem Drittstaat, die Tätigkeiten ausüben, die denen solcher Kreditinstitute oder Finanzinstitute gleichwertig sind (Respondenten).

(22) Bank-Mantelgesellschaft im Sinne dieses Gesetzes ist

1. ein CRR-Kreditinstitut oder ein Finanzinstitut nach Artikel 3 Nummer 2 der Richtlinie (EU) 2015/849 oder
2. ein Unternehmen,
   a) das Tätigkeiten ausübt, die denen eines solchen Kreditinstituts oder Finanzinstituts gleichwertig sind, und das in einem Land in ein Handelsregister oder ein vergleichbares Register eingetragen ist, in dem die tatsächliche Leitung und Verwaltung nicht erfolgen, und
   b) das keiner regulierten Gruppe von Kredit- oder Finanzinstituten angeschlossen ist.

---

[1] Nr. **10**.

(23) [1]Kunstvermittler im Sinne dieses Gesetzes ist, wer gewerblich den Abschluss von Kaufverträgen über Kunstgegenstände vermittelt, auch als Auktionator oder Galerist. [2]Kunstlagerhalter im Sinne dieses Gesetzes ist, wer gewerblich Kunstgegenstände lagert. [3]Unerheblich ist, in wessen Namen oder auf wessen Rechnung die Tätigkeit nach Satz 1 oder 2 erfolgt.

(24) [1]Finanzunternehmen im Sinne dieses Gesetzes ist ein Unternehmen, dessen Haupttätigkeit darin besteht,

1. Beteiligungen zu erwerben, zu halten oder zu veräußern,
2. Geldforderungen mit Finanzierungsfunktion entgeltlich zu erwerben,
3. mit Finanzinstrumenten auf eigene Rechnung zu handeln,
4. Finanzanlagenvermittler nach § 34f Absatz 1 Satz 1 der Gewerbeordnung und Honorar-Finanzanlagenberater nach § 34h Absatz 1 Satz 1 der Gewerbeordnung zu sein, es sei denn, die Vermittlung oder Beratung bezieht sich ausschließlich auf Anlagen, die von Verpflichteten nach diesem Gesetz vertrieben oder emittiert werden,
5. Unternehmen über die Kapitalstruktur, die industrielle Strategie und die damit verbundenen Fragen zu beraten sowie bei Zusammenschlüssen und Übernahmen von Unternehmen diese Unternehmen zu beraten und ihnen Dienstleistungen anzubieten oder
6. Darlehen zwischen Kreditinstituten zu vermitteln (Geldmaklergeschäfte).

[2]Holdinggesellschaften, die ausschließlich Beteiligungen an Unternehmen außerhalb des Kreditinstituts-, Finanzinstituts- und Versicherungssektors halten und die nicht über die mit der Verwaltung des Beteiligungsbesitzes verbundenen Aufgaben hinaus unternehmerisch tätig sind, sind keine Finanzunternehmen im Sinne dieses Gesetzes.

(25) Mutterunternehmen im Sinne dieses Gesetzes ist ein Unternehmen, dem mindestens ein anderes Unternehmen nach Absatz 16 Nummer 2 bis 4 nachgeordnet ist, und dem kein anderes Unternehmen übergeordnet ist.

§ 2 Verpflichtete, Verordnungsermächtigung. (1) Verpflichtete im Sinne dieses Gesetzes sind, soweit sie in Ausübung ihres Gewerbes oder Berufs handeln,

1. Kreditinstitute nach § 1 Absatz 1 des Kreditwesengesetzes[1)], mit Ausnahme der in § 2 Absatz 1 Nummer 3 bis 8 des Kreditwesengesetzes genannten Unternehmen, und im Inland gelegene Zweigstellen und Zweigniederlassungen von Kreditinstituten mit Sitz im Ausland,
2. Finanzdienstleistungsinstitute nach § 1 Absatz 1a des Kreditwesengesetzes, mit Ausnahme der in § 2 Absatz 6 Satz 1 Nummer 3 bis 10 und 12 und Absatz 10 des Kreditwesengesetzes genannten Unternehmen, und im Inland gelegene Zweigstellen und Zweigniederlassungen von Finanzdienstleistungsinstituten mit Sitz im Ausland,
3. Zahlungsinstitute und E-Geld-Institute nach § 1 Absatz 3 des Zahlungsdiensteaufsichtsgesetzes[2)] und im Inland gelegene Zweigstellen und Zweigniederlassungen von vergleichbaren Instituten mit Sitz im Ausland,

---

[1)] Nr. **8**.
[2)] Nr. **10**.

4. Agenten nach § 1 Absatz 9 des Zahlungsdiensteaufsichtsgesetzes und E-Geld-Agenten nach § 1 Absatz 10 des Zahlungsdiensteaufsichtsgesetzes sowie diejenigen Zahlungsinstitute und E-Geld-Institute mit Sitz in einem anderen Vertragsstaat des Abkommens über den Europäischen Wirtschaftsraum, die im Inland über Agenten nach § 1 Absatz 9 des Zahlungsdiensteaufsichtsgesetzes oder über E-Geld-Agenten nach § 1 Absatz 10 des Zahlungsdiensteaufsichtsgesetzes niedergelassen sind,
5. selbständige Gewerbetreibende, die E-Geld eines Kreditinstituts nach § 1 Absatz 2 Satz 1 Nummer 2 des Zahlungsdiensteaufsichtsgesetzes vertreiben oder rücktauschen,
6. Finanzunternehmen sowie im Inland gelegene Zweigstellen und Zweigniederlassungen von Finanzunternehmen mit Sitz im Ausland, soweit sie nicht bereits von den Nummern 1 bis 5, 7, 9, 10, 12 oder 13 erfasst sind,
7. Versicherungsunternehmen nach Artikel 13 Nummer 1 der Richtlinie 2009/138/EG des Europäischen Parlaments und des Rates vom 25. November 2009 betreffend die Aufnahme und Ausübung der Versicherungs- und der Rückversicherungstätigkeit (Solvabilität II) (ABl. L 335 vom 17.12. 2009, S. 1) und im Inland gelegene Niederlassungen solcher Unternehmen mit Sitz im Ausland, soweit sie jeweils
   a) Lebensversicherungstätigkeiten, die unter diese Richtlinie fallen, anbieten,
   b) Unfallversicherungen mit Prämienrückgewähr anbieten,
   c) Darlehen im Sinne von § 1 Absatz 1 Satz 2 Nummer 2 des Kreditwesengesetzes vergeben oder
   d) Kapitalisierungsprodukte anbieten,
8. Versicherungsvermittler nach § 59 des Versicherungsvertragsgesetzes, soweit sie die unter Nummer 7 fallenden Tätigkeiten, Geschäfte, Produkte oder Dienstleistungen vermitteln, mit Ausnahme der gemäß § 34d Absatz 6 oder 7 Nummer 1 der Gewerbeordnung tätigen Versicherungsvermittler, und im Inland gelegene Niederlassungen entsprechender Versicherungsvermittler mit Sitz im Ausland,
9. Kapitalverwaltungsgesellschaften nach § 17 Absatz 1 des Kapitalanlagegesetzbuchs, im Inland gelegene Zweigniederlassungen von EU-Verwaltungsgesellschaften und ausländischen AIF-Verwaltungsgesellschaften sowie ausländische AIF-Verwaltungsgesellschaften, für die die Bundesrepublik Deutschland Referenzmitgliedstaat ist und die der Aufsicht der Bundesanstalt für Finanzdienstleistungsaufsicht gemäß § 57 Absatz 1 Satz 3 des Kapitalanlagegesetzbuchs unterliegen,
10. Rechtsanwälte, Kammerrechtsbeistände, Patentanwälte sowie Notare, soweit sie
    a) für den Mandanten an der Planung oder Durchführung von folgenden Geschäften mitwirken:
       aa) Kauf und Verkauf von Immobilien oder Gewerbebetrieben,
       bb) Verwaltung von Geld, Wertpapieren oder sonstigen Vermögenswerten,
       cc) Eröffnung oder Verwaltung von Bank-, Spar- oder Wertpapierkonten,

dd) Beschaffung der zur Gründung, zum Betrieb oder zur Verwaltung von Gesellschaften erforderlichen Mittel,
ee) Gründung, Betrieb oder Verwaltung von Treuhandgesellschaften, Gesellschaften oder ähnlichen Strukturen,

b) im Namen und auf Rechnung des Mandanten Finanz- oder Immobilientransaktionen durchführen,

c) den Mandanten im Hinblick auf dessen Kapitalstruktur, dessen industrielle Strategie oder damit verbundene Fragen beraten,

d) Beratung oder Dienstleistungen im Zusammenhang mit Zusammenschlüssen oder Übernahmen erbringen oder

e) geschäftsmäßig Hilfeleistung in Steuersachen erbringen,

11. Rechtsbeistände, die nicht Mitglied einer Rechtsanwaltskammer sind, und registrierte Personen nach § 10 des Rechtsdienstleistungsgesetzes, soweit sie Tätigkeiten nach Nummer 10 Buchstabe a bis d erbringen, ausgenommen die Erbringung von Inkassodienstleistungen im Sinne des § 2 Absatz 2 Satz 1 des Rechtsdienstleistungsgesetzes,

12. Wirtschaftsprüfer, vereidigte Buchprüfer, Steuerberater, Steuerbevollmächtigte und die in § 4 Nummer 11 des Steuerberatungsgesetzes genannten Vereine,

13. Dienstleister für Gesellschaften und für Treuhandvermögen oder Treuhänder, die nicht den unter den Nummern 10 bis 12 genannten Berufen angehören, wenn sie für Dritte eine der folgenden Dienstleistungen erbringen:

a) Gründung einer juristischen Person oder Personengesellschaft,

b) Ausübung der Leitungs- oder Geschäftsführungsfunktion einer juristischen Person oder einer Personengesellschaft, Ausübung der Funktion eines Gesellschafters einer Personengesellschaft oder Ausübung einer vergleichbaren Funktion,

c) Bereitstellung eines Sitzes, einer Geschäfts-, Verwaltungs- oder Postadresse und anderer damit zusammenhängender Dienstleistungen für eine juristische Person, für eine Personengesellschaft oder für eine Rechtsgestaltung nach § 3 Absatz 3,

d) Ausübung der Funktion eines Treuhänders für eine Rechtsgestaltung nach § 3 Absatz 3,

e) Ausübung der Funktion eines nominellen Anteilseigners für eine andere Person, bei der es sich nicht um eine auf einem organisierten Markt notierte Gesellschaft nach § 2 Absatz 11 des Wertpapierhandelsgesetzes handelt, die den Gemeinschaftsrecht entsprechenden Transparenzanforderungen im Hinblick auf Stimmrechtsanteile oder gleichwertigen internationalen Standards unterliegt,

f) Schaffung der Möglichkeit für eine andere Person, die in den Buchstaben b, d und e genannten Funktionen auszuüben,

14. Immobilienmakler,

15. Veranstalter und Vermittler von Glücksspielen, soweit es sich nicht handelt um

a) Betreiber von Geldspielgeräten nach § 33c der Gewerbeordnung,

b) Vereine, die das Unternehmen eines Totalisatoren nach § 1 des Rennwett- und Lotteriegesetzes betreiben,

c) Lotterien, die nicht im Internet veranstaltet werden und für die die Veranstalter und Vermittler über eine staatliche Erlaubnis der in Deutschland jeweils zuständigen Behörde verfügen,

d) Soziallotterien und

16. Güterhändler, Kunstvermittler und Kunstlagerhalter, soweit die Lagerhaltung in Zollfreigebieten erfolgt.

(2) [1] Das Bundesministerium der Finanzen kann durch Rechtsverordnung ohne Zustimmung des Bundesrates Verpflichtete gemäß Absatz 1 Nummer 1 bis 9 und 16, die Finanztätigkeiten, die keinen Finanztransfer im Sinne von § 1 Absatz 1 Satz 2 Nummer 6 des Zahlungsdiensteaufsichtsgesetzes darstellen, nur gelegentlich oder in sehr begrenztem Umfang ausüben und bei denen ein geringes Risiko der Geldwäsche oder der Terrorismusfinanzierung besteht, vom Anwendungsbereich dieses Gesetzes ausnehmen, wenn

1. die Finanztätigkeit auf einzelne Transaktionen beschränkt ist, die in absoluter Hinsicht je Kunde und einzelne Transaktion den Betrag von 1 000 Euro nicht überschreitet,
2. der Umsatz der Finanztätigkeit insgesamt nicht über 5 Prozent des jährlichen Gesamtumsatzes der betroffenen Verpflichteten hinausgeht,
3. die Finanztätigkeit lediglich eine mit der ausgeübten Haupttätigkeit zusammenhängende Nebentätigkeit darstellt und
4. die Finanztätigkeit nur für Kunden der Haupttätigkeit und nicht für die allgemeine Öffentlichkeit erbracht wird.

[2] In diesem Fall hat es die Europäische Kommission zeitnah zu unterrichten.

(3) [1] Für Gerichte, die öffentliche Versteigerungen durchführen, gelten im Rahmen der Zwangsversteigerung von Grundstücken, von im Schiffsregister eingetragenen Schiffen, von Schiffsbauwerken, die im Schiffsbauregister eingetragen sind oder in dieses Register eingetragen werden können, und Luftfahrzeugen im Wege der Zwangsvollstreckung die in den Abschnitten 3, 5 und 6 genannten Identifizierungs- und Meldepflichten sowie die Pflicht zur Zusammenarbeit mit der Zentralstelle für Finanztransaktionsuntersuchungen entsprechend, soweit Transaktionen mit Barzahlungen über mindestens 10 000 Euro getätigt werden. [2] Die Identifizierung des Erstehers soll unmittelbar nach Erteilung des Zuschlags erfolgen, spätestens jedoch bei Einzahlung des Bargebots; dabei ist bei natürlichen Personen die Erhebung des Geburtsorts und der Staatsangehörigkeit sowie bei Personengesellschaften und juristischen Personen die Erhebung der Namen sämtlicher Mitglieder des Vertretungsorgans oder sämtlicher gesetzlicher Vertreter nicht erforderlich.

(4) [1] Für Behörden sowie Körperschaften und Anstalten des öffentlichen Rechts, die öffentliche Versteigerungen durchführen, gelten die in den Abschnitten 3, 5 und 6 genannten Identifizierungs- und Meldepflichten sowie die Pflicht zur Zusammenarbeit mit der Zentralstelle für Finanztransaktionsuntersuchungen entsprechend, soweit Transaktionen mit Barzahlungen über mindestens 10 000 Euro getätigt werden. [2] Satz 1 gilt nicht, soweit im Rahmen der Zwangsvollstreckung gepfändete Gegenstände verwertet werden. [3] Die Identifizierung des Erstehers soll bei Zuschlag erfolgen, spätestens jedoch bei Einzah-

lung des Bargebots. [4] Nach Satz 1 verpflichtete Behörden sowie Körperschaften und Anstalten des öffentlichen Rechts können bei der Erfüllung ihrer Pflichten nach Satz 1 auf Dritte zurückgreifen.

§ 3 Wirtschaftlich Berechtigter. (1) [1] Wirtschaftlich Berechtigter im Sinne dieses Gesetzes ist

1. die natürliche Person, in deren Eigentum oder unter deren Kontrolle der Vertragspartner letztlich steht, oder
2. die natürliche Person, auf deren Veranlassung eine Transaktion letztlich durchgeführt oder eine Geschäftsbeziehung letztlich begründet wird.

[2] Zu den wirtschaftlich Berechtigten zählen insbesondere die in den Absätzen 2 bis 4 aufgeführten natürlichen Personen.

(2) [1] Bei juristischen Personen außer rechtsfähigen Stiftungen und bei sonstigen Gesellschaften, die nicht an einem organisierten Markt nach § 2 Absatz 11 des Wertpapierhandelsgesetzes notiert sind und keinen dem Gemeinschaftsrecht entsprechenden Transparenzanforderungen im Hinblick auf Stimmrechtsanteile oder gleichwertigen internationalen Standards unterliegen, zählt zu den wirtschaftlich Berechtigten jede natürliche Person, die unmittelbar oder mittelbar

1. mehr als 25 Prozent der Kapitalanteile hält,
2. mehr als 25 Prozent der Stimmrechte kontrolliert oder
3. auf vergleichbare Weise Kontrolle ausübt.

[2] Mittelbare Kontrolle liegt insbesondere vor, wenn entsprechende Anteile von einer oder mehreren Vereinigungen nach § 20 Absatz 1 gehalten werden, die von einer natürlichen Person kontrolliert werden. [3] Kontrolle liegt insbesondere vor, wenn die natürliche Person unmittelbar oder mittelbar einen beherrschenden Einfluss auf die Vereinigung nach § 20 Absatz 1 ausüben kann. [4] Für das Bestehen eines beherrschenden Einflusses gilt § 290 Absatz 2 bis 4 des Handelsgesetzbuchs entsprechend. [5] Wenn auch nach Durchführung umfassender Prüfungen und ohne dass Tatsachen nach § 43 Absatz 1 vorliegen von der meldepflichtigen Vereinigung nach § 20 Absatz 1 kein wirtschaftlich Berechtigter nach Absatz 1 oder nach den Sätzen 1 bis 4 ermittelt werden kann, gilt als wirtschaftlich Berechtigter der gesetzliche Vertreter, der geschäftsführende Gesellschafter oder der Partner des Vertragspartners.

(3) Bei rechtsfähigen Stiftungen und Rechtsgestaltungen, mit denen treuhänderisch Vermögen verwaltet oder verteilt oder die Verwaltung oder Verteilung durch Dritte beauftragt wird, oder bei diesen vergleichbaren Rechtsformen zählt zu den wirtschaftlich Berechtigten:

1. jede natürliche Person, die als Treugeber (Settlor), Verwalter von Trusts (Trustee) oder Protektor, sofern vorhanden, handelt,
2. jede natürliche Person, die Mitglied des Vorstands der Stiftung ist,
3. jede natürliche Person, die als Begünstigte bestimmt worden ist,
4. die Gruppe von natürlichen Personen, zu deren Gunsten das Vermögen verwaltet oder verteilt werden soll, sofern die natürliche Person, die Begünstigte des verwalteten Vermögens werden soll, noch nicht bestimmt ist,
5. jede natürliche Person, die auf sonstige Weise unmittelbar oder mittelbar beherrschenden Einfluss auf die Vermögensverwaltung oder Ertragsverteilung ausübt, und

6. jede natürliche Person, die unmittelbar oder mittelbar beherrschenden Einfluss auf eine Vereinigung ausüben kann, die Mitglied des Vorstands der Stiftung ist oder die als Begünstigte der Stiftung bestimmt worden ist.

(4) [1]Bei Handeln auf Veranlassung zählt zu den wirtschaftlich Berechtigten derjenige, auf dessen Veranlassung die Transaktion durchgeführt wird. [2]Soweit der Vertragspartner als Treuhänder handelt, handelt er ebenfalls auf Veranlassung.

Abschnitt 2. Risikomanagement

§ 4 Risikomanagement. (1) Die Verpflichteten müssen zur Verhinderung von Geldwäsche und von Terrorismusfinanzierung über ein wirksames Risikomanagement verfügen, das im Hinblick auf Art und Umfang ihrer Geschäftstätigkeit angemessen ist.

(2) Das Risikomanagement umfasst eine Risikoanalyse nach § 5 sowie interne Sicherungsmaßnahmen nach § 6.

(3) [1]Verantwortlich für das Risikomanagement sowie für die Einhaltung der geldwäscherechtlichen Bestimmungen in diesem und anderen Gesetzen sowie in den aufgrund dieses und anderer Gesetze ergangenen Rechtsverordnungen ist ein zu benennendes Mitglied der Leitungsebene. [2]Die Risikoanalyse und interne Sicherungsmaßnahmen bedürfen der Genehmigung dieses Mitglieds.

(4) Verpflichtete nach § 2 Absatz 1 Nummer 14 müssen über ein wirksames Risikomanagement einschließlich gruppenweiter Verfahren verfügen:

1. bei der Vermittlung von Kaufverträgen und
2. bei der Vermittlung von Miet- oder Pachtverträgen mit einer monatlichen Miete oder Pacht in Höhe von mindestens 10 000 Euro.

(5) Verpflichtete nach § 2 Absatz 1 Nummer 16 müssen über ein wirksames Risikomanagement einschließlich gruppenweiter Verfahren verfügen:

1. als Güterhändler bei folgenden Transaktionen:
   a) Transaktionen im Wert von mindestens 10 000 Euro über Kunstgegenstände,
   b) Transaktionen über hochwertige Güter nach § 1 Absatz 10 Satz 2 Nummer 1, bei welchen sie Barzahlungen über mindestens 2 000 Euro selbst oder durch Dritte tätigen oder entgegennehmen, oder
   c) Transaktionen über sonstige Güter, bei welchen sie Barzahlungen über mindestens 10 000 Euro selbst oder durch Dritte tätigen oder entgegennehmen, und
2. als Kunstvermittler und Kunstlagerhalter bei Transaktionen im Wert von mindestens 10 000 Euro.

§ 5 Risikoanalyse. (1) [1]Die Verpflichteten haben diejenigen Risiken der Geldwäsche und der Terrorismusfinanzierung zu ermitteln und zu bewerten, die für Geschäfte bestehen, die von ihnen betrieben werden. [2]Dabei haben sie insbesondere die in den Anlagen 1 und 2 genannten Risikofaktoren sowie die Informationen, die auf Grundlage der nationalen Risikoanalyse zur Verfügung gestellt werden, zu berücksichtigen. [3] Der Umfang der Risikoanalyse richtet sich nach Art und Umfang der Geschäftstätigkeit der Verpflichteten.

(2) Die Verpflichteten haben

1. die Risikoanalyse zu dokumentieren,
2. die Risikoanalyse regelmäßig zu überprüfen und gegebenenfalls zu aktualisieren und
3. der Aufsichtsbehörde auf Verlangen die jeweils aktuelle Fassung der Risikoanalyse zur Verfügung zu stellen.

(3) Für Verpflichtete als Mutterunternehmen einer Gruppe gelten die Absätze 1 und 2 in Bezug auf die gesamte Gruppe.

(4) Die Aufsichtsbehörde kann einen Verpflichteten auf dessen Antrag von der Dokumentation der Risikoanalyse befreien, wenn der Verpflichtete darlegen kann, dass die in dem jeweiligen Bereich bestehenden konkreten Risiken klar erkennbar sind und sie verstanden werden.

§ 6 Interne Sicherungsmaßnahmen. (1) [1] Verpflichtete haben angemessene geschäfts- und kundenbezogene interne Sicherungsmaßnahmen zu schaffen, um die Risiken von Geldwäsche und von Terrorismusfinanzierung in Form von Grundsätzen, Verfahren und Kontrollen zu steuern und zu mindern. [2] Angemessen sind solche Maßnahmen, die der jeweiligen Risikosituation des einzelnen Verpflichteten entsprechen und diese hinreichend abdecken. [3] Die Verpflichteten haben die Funktionsfähigkeit der internen Sicherungsmaßnahmen zu überwachen und sie bei Bedarf zu aktualisieren.

(2) Interne Sicherungsmaßnahmen sind insbesondere:

1. die Ausarbeitung von internen Grundsätzen, Verfahren und Kontrollen in Bezug auf
   a) den Umgang mit Risiken nach Absatz 1,
   b) die Kundensorgfaltspflichten nach den §§ 10 bis 17,
   c) die Erfüllung der Meldepflicht nach § 43 Absatz 1,
   d) die Aufzeichnung von Informationen und die Aufbewahrung von Dokumenten nach § 8 und
   e) die Einhaltung der sonstigen geldwäscherechtlichen Vorschriften,
2. die Bestellung eines Geldwäschebeauftragten und seines Stellvertreters gemäß § 7,
3. für Verpflichtete, die Mutterunternehmen einer Gruppe sind, die Schaffung von gruppenweiten Verfahren gemäß § 9,
4. die Schaffung und Fortentwicklung geeigneter Maßnahmen zur Verhinderung des Missbrauchs von neuen Produkten und Technologien zur Begehung von Geldwäsche und von Terrorismusfinanzierung oder für Zwecke der Begünstigung der Anonymität von Geschäftsbeziehungen oder von Transaktionen,
5. die Überprüfung der Mitarbeiter auf ihre Zuverlässigkeit durch geeignete Maßnahmen, insbesondere durch Personalkontroll- und Beurteilungssysteme der Verpflichteten,
6. die erstmalige und laufende Unterrichtung der Mitarbeiter in Bezug auf Typologien und aktuelle Methoden der Geldwäsche und der Terrorismus-

finanzierung sowie die insoweit einschlägigen Vorschriften und Pflichten, einschließlich Datenschutzbestimmungen, und

7. die Überprüfung der zuvor genannten Grundsätze und Verfahren durch eine unabhängige Prüfung, soweit diese Überprüfung angesichts der Art und des Umfangs der Geschäftstätigkeit angemessen ist.

(3) Soweit ein Verpflichteter nach § 2 Absatz 1 Nummer 10 bis 14 und 16 seine berufliche Tätigkeit als Angestellter eines Unternehmens ausübt, obliegen die Verpflichtungen nach den Absätzen 1 und 2 diesem Unternehmen.

(4) [1] Verpflichtete nach § 2 Absatz 1 Nummer 15 haben über die in Absatz 2 genannten Maßnahmen hinaus Datenverarbeitungssysteme zu betreiben, mittels derer sie in der Lage sind, sowohl Geschäftsbeziehungen als auch einzelne Transaktionen im Spielbetrieb und über ein Spielerkonto nach § 16 zu erkennen, die als zweifelhaft oder ungewöhnlich anzusehen sind aufgrund des öffentlich verfügbaren oder im Unternehmen verfügbaren Erfahrungswissens über die Methoden der Geldwäsche und der Terrorismusfinanzierung. [2] Sie haben diese Datenverarbeitungssysteme zu aktualisieren. [3] Die Aufsichtsbehörde kann Kriterien bestimmen, bei deren Erfüllung Verpflichtete nach § 2 Absatz 1 Nummer 15 vom Einsatz von Datenverarbeitungssystemen nach Satz 1 absehen können.

(5) Die Verpflichteten haben im Hinblick auf ihre Art und Größe angemessene Vorkehrungen zu treffen, damit es ihren Mitarbeitern und Personen in einer vergleichbaren Position unter Wahrung der Vertraulichkeit ihrer Identität möglich ist, Verstöße gegen geldwäscherechtliche Vorschriften geeigneten Stellen zu berichten.

(6) [1] Die Verpflichteten treffen Vorkehrungen, um auf Anfrage der Zentralstelle für Finanztransaktionsuntersuchungen oder auf Anfrage anderer zuständiger Behörden Auskunft darüber zu geben, ob sie während eines Zeitraums von fünf Jahren vor der Anfrage mit bestimmten Personen eine Geschäftsbeziehung unterhalten haben und welcher Art diese Geschäftsbeziehung war. [2] Sie haben sicherzustellen, dass die Informationen sicher und vertraulich an die anfragende Stelle übermittelt werden. [3] Verpflichtete nach § 2 Absatz 1 Nummer 10 und 12 können die Auskunft verweigern, wenn sich die Anfrage auf Informationen bezieht, die sie im Rahmen von Tätigkeiten der Rechtsberatung oder Prozessvertretung erhalten haben. [4] Die Pflicht zur Auskunft bleibt bestehen, wenn der Verpflichtete weiß, dass die Rechtsberatung oder Prozessvertretung für den Zweck der Geldwäsche oder der Terrorismusfinanzierung genutzt wurde oder wird.

(7) [1] Die Verpflichteten dürfen die internen Sicherungsmaßnahmen im Rahmen von vertraglichen Vereinbarungen durch einen Dritten durchführen lassen, wenn sie dies vorher der Aufsichtsbehörde angezeigt haben. [2] Die Aufsichtsbehörde kann die Übertragung dann untersagen, wenn

1. der Dritte nicht die Gewähr dafür bietet, dass die Sicherungsmaßnahmen ordnungsgemäß durchgeführt werden,
2. die Steuerungsmöglichkeiten der Verpflichteten beeinträchtigt werden oder
3. die Aufsicht durch die Aufsichtsbehörde beeinträchtigt wird.

[3] Die Verpflichteten haben in ihrer Anzeige darzulegen, dass die Voraussetzungen für eine Untersagung der Übertragung nach Satz 2 nicht vorliegen. [4] Die

Verantwortung für die Erfüllung der Sicherungsmaßnahmen bleibt bei den Verpflichteten.

(8) Die Aufsichtsbehörde kann im Einzelfall Anordnungen erteilen, die geeignet und erforderlich sind, damit der Verpflichtete die erforderlichen internen Sicherungsmaßnahmen schafft.

(9) Die Aufsichtsbehörde kann anordnen, dass auf einzelne Verpflichtete oder Gruppen von Verpflichteten wegen der Art der von diesen betriebenen Geschäfte und wegen der Größe des Geschäftsbetriebs unter Berücksichtigung der Risiken in Bezug auf Geldwäsche oder Terrorismusfinanzierung die Vorschriften der Absätze 1 bis 6 risikoangemessen anzuwenden sind.

§ 7 Geldwäschebeauftragter. (1) [1]Verpflichtete nach § 2 Absatz 1 Nummer 1 bis 3, 6, 7, 9 und 15 haben einen Geldwäschebeauftragten auf Führungsebene sowie einen Stellvertreter zu bestellen. [2]Der Geldwäschebeauftragte ist für die Einhaltung der geldwäscherechtlichen Vorschriften zuständig; die Verantwortung der Leitungsebene bleibt hiervon unberührt. [3]Der Geldwäschebeauftragte ist der Geschäftsleitung unmittelbar nachgeordnet.

(2) Die Aufsichtsbehörde kann einen Verpflichteten von der Pflicht, einen Geldwäschebeauftragten zu bestellen, befreien, wenn sichergestellt ist, dass

1. die Gefahr von Informationsverlusten und -defiziten aufgrund arbeitsteiliger Unternehmensstruktur nicht besteht und
2. nach risikobasierter Bewertung anderweitige Vorkehrungen getroffen werden, um Geschäftsbeziehungen und Transaktionen zu verhindern, die mit Geldwäsche oder Terrorismusfinanzierung zusammenhängen.

(3) [1]Die Aufsichtsbehörde kann anordnen, dass Verpflichtete nach § 2 Absatz 1 Nummer 4, 5, 8, 10 bis 14 und 16 einen Geldwäschebeauftragten zu bestellen haben, wenn sie dies für angemessen erachtet. [2]Bei Verpflichteten nach § 2 Absatz 1 Nummer 16 soll die Anordnung erfolgen, wenn die Haupttätigkeit des Verpflichteten im Handel mit hochwertigen Gütern besteht.

(4) [1]Die Verpflichteten haben der Aufsichtsbehörde die Bestellung des Geldwäschebeauftragten und seines Stellvertreters oder ihre Entpflichtung vorab anzuzeigen. [2]Die Bestellung einer Person zum Geldwäschebeauftragten oder zu seinem Stellvertreter muss auf Verlangen der Aufsichtsbehörde widerrufen werden, wenn die Person nicht die erforderliche Qualifikation oder Zuverlässigkeit aufweist.

(5) [1]Der Geldwäschebeauftragte muss seine Tätigkeit im Inland ausüben. [2]Er muss Ansprechpartner sein für die Strafverfolgungsbehörden, für die für Aufklärung, Verhütung und Beseitigung von Gefahren zuständigen Behörden, für die Zentralstelle für Finanztransaktionsuntersuchungen und für die Aufsichtsbehörde in Bezug auf die Einhaltung der einschlägigen Vorschriften. [3]Ihm sind ausreichende Befugnisse und die für eine ordnungsgemäße Durchführung seiner Funktion notwendigen Mittel einzuräumen. [4]Insbesondere ist ihm ungehinderter Zugang zu sämtlichen Informationen, Daten, Aufzeichnungen und Systemen zu gewähren oder zu verschaffen, die im Rahmen der Erfüllung seiner Aufgaben von Bedeutung sein können. [5]Der Geldwäschebeauftragte hat der Geschäftsleitung unmittelbar zu berichten. [6]Soweit der Geldwäschebeauftragte die Erstattung einer Meldung nach § 43 Absatz 1 beabsichtigt oder ein Auskunftsersuchen der Zentralstelle für Finanztransaktionsuntersuchungen

nach § 30 Absatz 3 beantwortet, unterliegt er nicht dem Direktionsrecht durch die Geschäftsleitung.

(6) Der Geldwäschebeauftragte darf Daten und Informationen ausschließlich zur Erfüllung seiner Aufgaben verwenden.

(7) [1] Dem Geldwäschebeauftragten und dem Stellvertreter darf wegen der Erfüllung ihrer Aufgaben keine Benachteiligung im Beschäftigungsverhältnis entstehen. [2] Die Kündigung des Arbeitsverhältnisses ist unzulässig, es sei denn, dass Tatsachen vorliegen, welche die verantwortliche Stelle zur Kündigung aus wichtigem Grund ohne Einhaltung einer Kündigungsfrist berechtigen. [3] Nach der Abberufung als Geldwäschebeauftragter oder als Stellvertreter ist die Kündigung innerhalb eines Jahres nach der Beendigung der Bestellung unzulässig, es sei denn, dass die verantwortliche Stelle zur Kündigung aus wichtigem Grund ohne Einhaltung einer Kündigungsfrist berechtigt ist.

§ 8 Aufzeichnungs- und Aufbewahrungspflicht. (1) [1] Vom Verpflichteten aufzuzeichnen und aufzubewahren sind

1. die im Rahmen der Erfüllung der Sorgfaltspflichten erhobenen Angaben und eingeholten Informationen
   a) über die Vertragspartner, die Vertragsparteien des Kaufgegenstandes nach § 11 Absatz 2 und gegebenenfalls über die für die Vertragspartner oder die Vertragsparteien des Kaufgegenstandes auftretenden Personen und wirtschaftlich Berechtigten,
   b) über Geschäftsbeziehungen und Transaktionen, insbesondere Transaktionsbelege, soweit sie für die Untersuchung von Transaktionen erforderlich sein können,
2. hinreichende Informationen über die Durchführung und über die Ergebnisse der Risikobewertung nach § 10 Absatz 2, § 14 Absatz 1 und § 15 Absatz 2 und über die Angemessenheit der auf Grundlage dieser Ergebnisse ergriffenen Maßnahmen,
3. die Ergebnisse der Untersuchung nach § 15 Absatz 5 Nummer 1 und
4. die Erwägungsgründe und eine nachvollziehbare Begründung des Bewertungsergebnisses eines Sachverhalts hinsichtlich der Meldepflicht nach § 43 Absatz 1.

[2] Die Aufzeichnungen nach Satz 1 Nummer 1 Buchstabe a schließen Aufzeichnungen über die getroffenen Maßnahmen zur Ermittlung des wirtschaftlich Berechtigten sowie die Dokumentation der Eigentums- und Kontrollstruktur nach § 11 Absatz 5a Satz 1 ein. [3] Bei Personen, die nach § 3 Absatz 2 Satz 5 als wirtschaftlich Berechtigte gelten, sind zudem die Maßnahmen zur Überprüfung der Identität nach § 11 Absatz 5 und etwaige Schwierigkeiten, die während des Überprüfungsvorgangs aufgetreten sind, aufzuzeichnen.

(2) [1] Zur Erfüllung der Pflicht nach Absatz 1 Satz 1 Nummer 1 Buchstabe a sind in den Fällen des § 12 Absatz 1 Satz 1 Nummer 1 auch die Art, die Nummer und die Behörde, die das zur Überprüfung der Identität vorgelegte Dokument ausgestellt hat, aufzuzeichnen. [2] Soweit zur Überprüfung der Identität einer natürlichen Person Dokumente nach § 12 Absatz 1 Satz 1 Nummer 1, 4 oder 5 oder zur Überprüfung der Identität einer juristischen Person Unterlagen nach § 12 Absatz 2 vorgelegt werden oder soweit Dokumente, die aufgrund einer Rechtsverordnung nach § 12 Absatz 3 bestimmt sind, vorgelegt

oder herangezogen werden, haben die Verpflichteten das Recht und die Pflicht, Kopien dieser Dokumente oder Unterlagen anzufertigen oder sie optisch digitalisiert zu erfassen oder, bei einem Vor-Ort-Auslesen nach § 18a des Personalausweisgesetzes, nach § 78 Absatz 5 Satz 2 des Aufenthaltsgesetzes oder nach § 13 des eID-Karte-Gesetzes, das dienste- und kartenspezifische Kennzeichen sowie die Tatsache aufzuzeichnen, dass die Daten im Wege des Vor-Ort-Auslesens übernommen wurden. [3]Diese gelten als Aufzeichnung im Sinne des Satzes 1. [4]Die Aufzeichnungs- und Aufbewahrungspflicht nach Absatz 1 Satz 1 Nummer 1 Buchstabe a umfasst auch die zur Erfüllung geldwäscherechtlicher Sorgfaltspflichten angefertigten Aufzeichnungen von Video- und Tonaufnahmen. [5]Wird nach § 11 Absatz 3 Satz 1 von einer erneuten Identifizierung abgesehen, so sind der Name des zu Identifizierenden und der Umstand, dass er bei früherer Gelegenheit identifiziert worden ist, aufzuzeichnen. [6]Im Fall des § 12 Absatz 1 Satz 1 Nummer 2 ist anstelle der Art, der Nummer und der Behörde, die das zur Überprüfung der Identität vorgelegte Dokument ausgestellt hat, das dienste- und kartenspezifische Kennzeichen und die Tatsache, dass die Prüfung anhand eines elektronischen Identitätsnachweises erfolgt ist, aufzuzeichnen. [7]Bei der Überprüfung der Identität anhand einer qualifizierten Signatur nach § 12 Absatz 1 Satz 1 Nummer 3 ist auch deren Validierung aufzuzeichnen. [8]Bei Einholung von Angaben und Informationen durch Einsichtnahme in elektronisch geführte Register oder Verzeichnisse gemäß § 12 Absatz 2 gilt die Anfertigung eines Ausdrucks als Aufzeichnung der darin enthaltenen Angaben oder Informationen.

(3) [1]Die Aufzeichnungen können auch digital auf einem Datenträger gespeichert werden. [2]Die Verpflichteten müssen sicherstellen, dass die gespeicherten Daten

1. mit den festgestellten Angaben und Informationen übereinstimmen,
2. während der Dauer der Aufbewahrungsfrist verfügbar sind und
3. jederzeit innerhalb einer angemessenen Frist lesbar gemacht werden können.

(4) [1]Die Aufzeichnungen und sonstigen Belege nach den Absätzen 1 bis 3 sind fünf Jahre aufzubewahren, soweit nicht andere gesetzliche Bestimmungen über Aufzeichnungs- und Aufbewahrungspflichten eine längere Frist vorsehen. [2]In jedem Fall sind die Aufzeichnungen und sonstigen Belege spätestens nach Ablauf von zehn Jahren zu vernichten. [3]Die Aufbewahrungsfrist im Fall des § 10 Absatz 3 Satz 1 Nummer 1 beginnt mit dem Schluss des Kalenderjahres, in dem die Geschäftsbeziehung endet. [4]In den übrigen Fällen beginnt sie mit dem Schluss des Kalenderjahres, in dem die jeweilige Angabe festgestellt worden ist.

(5) Soweit aufzubewahrende Unterlagen einer öffentlichen Stelle vorzulegen sind, gilt für die Lesbarmachung der Unterlagen § 147 Absatz 5 der Abgabenordnung entsprechend.

§ 9 Gruppenweite Pflichten. (1) [1]Verpflichtete, die Mutterunternehmen einer Gruppe sind, haben eine Risikoanalyse für alle Zweigstellen, Zweigniederlassungen und gruppenangehörigen Unternehmen nach § 1 Absatz 16 Nummer 2 bis 4, die geldwäscherechtlichen Pflichten unterliegen, durchzuführen. [2]Auf Grundlage dieser Risikoanalyse haben sie gruppenweit folgende Maßnahmen zu ergreifen:

1. die Einrichtung von einheitlichen internen Sicherungsmaßnahmen nach § 6 Absatz 2,

2. die Bestellung eines Geldwäschebeauftragten, der für die Erstellung einer gruppenweiten Strategie zur Verhinderung von Geldwäsche und Terrorismusfinanzierung sowie für die Koordinierung und Überwachung ihrer Umsetzung zuständig ist,
3. die Schaffung von Verfahren für den Informationsaustausch innerhalb der Gruppe zur Verhinderung von Geldwäsche und von Terrorismusfinanzierung sowie
4. die Schaffung von Vorkehrungen zum Schutz von personenbezogenen Daten.

[3] Sie haben sicherzustellen, dass die von ihnen getroffenen Maßnahmen nach Satz 2 Nummer 1, 3 und 4 von ihren Zweigstellen, Zweigniederlassungen und gruppenangehörigen Unternehmen nach § 1 Absatz 16 Nummer 2 bis 4, soweit diese geldwäscherechtlichen Pflichten und dem beherrschenden Einfluss des Mutterunternehmens unterliegen, wirksam umgesetzt werden.

(2) Verpflichtete, die Mutterunternehmen einer Gruppe sind, haben sicherzustellen, dass Zweigniederlassungen und gruppenangehörige Unternehmen nach § 1 Absatz 16 Nummer 2 bis 4, die mehrheitlich in ihrem Besitz stehen und die in einem anderen Mitgliedstaat der Europäischen Union ansässig sind, nach dessen Recht sie Pflichten zur Verhinderung von Geldwäsche und von Terrorismusfinanzierung unterliegen, die dort geltenden nationalen Rechtsvorschriften zur Umsetzung der Richtlinie (EU) 2015/849 einhalten.

(3) [1] Verpflichtete, die Mutterunternehmen einer Gruppe sind, haben sicherzustellen, dass Zweigstellen und gruppenangehörige Unternehmen nach § 1 Absatz 16 Nummer 2 bis 4, die mehrheitlich in ihrem Besitz stehen und ihren Sitz in einem Drittstaat haben, in dem die Mindestanforderungen zur Verhinderung von Geldwäsche und von Terrorismusfinanzierung geringer sind als die Anforderungen für Unternehmen mit Sitz in Deutschland, die Anforderungen nach diesem Gesetz erfüllen, soweit das Recht des Drittstaats dies zulässt. [2] Soweit eine Umsetzung der in Absatz 1 Satz 2 Nummer 1, 3 und 4 genannten Maßnahmen nach dem Recht des Drittstaats nicht zulässig ist, sind die Mutterunternehmen verpflichtet,

1. sicherzustellen, dass ihre in Satz 1 genannten Zweigstellen und gruppenangehörigen Unternehmen, die mehrheitlich in ihrem Besitz stehen, zusätzliche Maßnahmen ergreifen, um dem Risiko der Geldwäsche und der Terrorismusfinanzierung wirksam zu begegnen, und
2. die nach § 50 zuständige Aufsichtsbehörde über die getroffenen Maßnahmen zu informieren.

[3] Reichen die getroffenen Maßnahmen nicht aus, so ordnet die nach § 50 zuständige Aufsichtsbehörde an, dass die Mutterunternehmen sicherstellen, dass die in Satz 1 genannten Zweigstellen und gruppenangehörigen Unternehmen nach § 1 Absatz 16 Nummer 2 bis 4 in diesem Drittstaat weder eine Geschäftsbeziehung begründen oder fortsetzen noch Transaktionen durchführen.

(4) Die Absätze 1 bis 3 gelten entsprechend für Verpflichtete,

1. die gruppenangehörige Unternehmen nach § 1 Absatz 16 Nummer 2 bis 4 sind, soweit ihnen mindestens ein anderes Unternehmen nach § 1 Absatz 16 Nummer 2 bis 4 nachgeordnet ist und ihrem beherrschenden Einfluss unterliegt, und

2. deren Mutterunternehmen weder nach Absatz 1 noch nach dem Recht des Staates, in dem es ansässig ist, gruppenweite Maßnahmen ergreifen muss.

(5) [1] Verpflichtete, die gruppenangehörige Unternehmen nach § 1 Absatz 16 Nummer 2 bis 4 eines Mutterunternehmens im Sinne von Absatz 1 sind, haben die in Absatz 1 Satz 2 Nummer 1, 3 und 4 genannten Maßnahmen umzusetzen. [2] Alle anderen gruppenangehörigen Verpflichteten müssen die für sie geltenden gruppenweiten Pflichten umsetzen, die insbesondere Verfahren für den Informationsaustausch innerhalb der Gruppe zur Verhinderung von Geldwäsche und von Terrorismusfinanzierung sowie Vorkehrungen zum Schutz von personenbezogenen Daten umfassen müssen. [3] Die Pflichten nach den Sätzen 1 und 2 gelten unbeschadet der von den Verpflichteten zu beachtenden eigenen gesetzlichen Verpflichtung zur Erfüllung sonstiger geldwäscherechtlicher Vorschriften.

Abschnitt 3. Sorgfaltspflichten in Bezug auf Kunden

§ 10 Allgemeine Sorgfaltspflichten. (1) Die allgemeinen Sorgfaltspflichten sind:

1. die Identifizierung des Vertragspartners und gegebenenfalls der für ihn auftretenden Person nach Maßgabe des § 11 Absatz 4 und des § 12 Absatz 1 und 2 sowie die Prüfung, ob die für den Vertragspartner auftretende Person hierzu berechtigt ist,
2. die Abklärung, ob der Vertragspartner für einen wirtschaftlich Berechtigten handelt, und, soweit dies der Fall ist, die Identifizierung des wirtschaftlich Berechtigten nach Maßgabe des § 11 Absatz 5; dies umfasst in Fällen, in denen der Vertragspartner keine natürliche Person ist, die Pflicht, die Eigentums- und Kontrollstruktur des Vertragspartners mit angemessenen Mitteln in Erfahrung zu bringen,
3. die Einholung und Bewertung von Informationen über den Zweck und über die angestrebte Art der Geschäftsbeziehung, soweit sich diese Informationen im Einzelfall nicht bereits zweifelsfrei aus der Geschäftsbeziehung ergeben,
4. die Feststellung mit angemessenen, risikoorientierten Verfahren, ob es sich bei dem Vertragspartner oder dem wirtschaftlich Berechtigten um eine politisch exponierte Person, um ein Familienmitglied oder um eine bekanntermaßen nahestehende Person handelt, und
5. die kontinuierliche Überwachung der Geschäftsbeziehung einschließlich der Transaktionen, die in ihrem Verlauf durchgeführt werden, zur Sicherstellung, dass diese Transaktionen übereinstimmen
   a) mit den beim Verpflichteten vorhandenen Dokumenten und Informationen über den Vertragspartner und gegebenenfalls über den wirtschaftlich Berechtigten, über deren Geschäftstätigkeit und Kundenprofil und,
   b) soweit erforderlich, mit den beim Verpflichteten vorhandenen Informationen über die Herkunft der Vermögenswerte;

   im Rahmen der kontinuierlichen Überwachung haben die Verpflichteten sicherzustellen, dass die jeweiligen Dokumente, Daten oder Informationen unter Berücksichtigung des jeweiligen Risikos im angemessenen zeitlichen Abstand aktualisiert werden.

(2) [1] Der konkrete Umfang der Maßnahmen nach Absatz 1 Nummer 2 bis 5 muss dem jeweiligen Risiko der Geldwäsche oder Terrorismusfinanzierung, insbesondere in Bezug auf den Vertragspartner, die Geschäftsbeziehung oder Transaktion, entsprechen. [2] Die Verpflichteten berücksichtigen dabei insbesondere die in den Anlagen 1 und 2 genannten Risikofaktoren. [3] Darüber hinaus zu berücksichtigen haben sie bei der Bewertung der Risiken zumindest

1. den Zweck des Kontos oder der Geschäftsbeziehung,
2. die Höhe der von Kunden eingezahlten Vermögenswerte oder den Umfang der ausgeführten Transaktionen sowie
3. die Regelmäßigkeit oder die Dauer der Geschäftsbeziehung.

[4] Verpflichtete müssen gegenüber den Aufsichtsbehörden auf deren Verlangen darlegen, dass der Umfang der von ihnen getroffenen Maßnahmen im Hinblick auf die Risiken der Geldwäsche und der Terrorismusfinanzierung angemessen ist.

(3) Die allgemeinen Sorgfaltspflichten sind von Verpflichteten zu erfüllen:

1. bei der Begründung einer Geschäftsbeziehung,
2. bei Transaktionen, die außerhalb einer Geschäftsbeziehung durchgeführt werden, wenn es sich handelt um
   a) Geldtransfers nach Artikel 3 Nummer 9 der Verordnung (EU) 2015/847 des Europäischen Parlaments und des Rates vom 20. Mai 2015 über die Übermittlung von Angaben bei Geldtransfers und zur Aufhebung der Verordnung (EU) Nr. 1781/2006 (ABl. L 141 vom 5.6.2015, S. 1) und dieser Geldtransfer einen Betrag von 1 000 Euro oder mehr ausmacht,
   b) die Durchführung einer sonstigen Transaktion im Wert von 15 000 Euro oder mehr,
3. ungeachtet etwaiger nach diesem Gesetz oder anderen Gesetzen bestehender Ausnahmeregelungen, Befreiungen oder Schwellenbeträge beim Vorliegen von Tatsachen, die darauf hindeuten, dass
   a) es sich bei Vermögensgegenständen, die mit einer Transaktion oder Geschäftsbeziehung im Zusammenhang stehen, um den Gegenstand von Geldwäsche handelt oder
   b) die Vermögensgegenstände im Zusammenhang mit Terrorismusfinanzierung stehen,
4. bei Zweifeln, ob die aufgrund von Bestimmungen dieses Gesetzes erhobenen Angaben zu der Identität des Vertragspartners, zu der Identität einer für den Vertragspartner auftretenden Person oder zu der Identität des wirtschaftlich Berechtigten zutreffend sind.

(3a) [1] Die Verpflichteten müssen die allgemeinen Sorgfaltspflichten bei allen neuen Kunden erfüllen. [2] Bei bereits bestehenden Geschäftsbeziehungen müssen sie die allgemeinen Sorgfaltspflichten zu geeigneter Zeit auf risikobasierter Grundlage erfüllen, insbesondere dann, wenn

1. sich bei einem Kunden maßgebliche Umstände ändern,
2. der Verpflichtete rechtlich verpflichtet ist, den Kunden im Laufe des betreffenden Kalenderjahres zu kontaktieren, um etwaige einschlägige Informationen über den wirtschaftlich Berechtigten zu überprüfen, oder

3. der Verpflichtete gemäß der Richtlinie 2011/16/EU des Rates vom 15. Februar 2011 über die Zusammenarbeit der Verwaltungsbehörden im Bereich der Besteuerung und zur Aufhebung der Richtlinie 77/799/EWG (ABl. L 64 vom 11.3.2011, S. 1) dazu verpflichtet ist.

(4) Nehmen Verpflichtete nach § 2 Absatz 1 Nummer 3 bis 5 Bargeld bei der Erbringung von Zahlungsdiensten nach § 1 Absatz 1 Satz 2 des Zahlungsdiensteaufsichtsgesetzes[1] an, so haben sie die allgemeinen Sorgfaltspflichten nach Absatz 1 Nummer 1 und 2 zu erfüllen.

(5) [1] Verpflichtete nach § 2 Absatz 1 Nummer 15 haben die allgemeinen Sorgfaltspflichten bei Transaktionen in Form von Gewinnen oder Einsätzen eines Spielers in Höhe von 2 000 Euro oder mehr zu erfüllen, es sei denn, das Glücksspiel wird im Internet angeboten oder vermittelt. [2] Der Identifizierungspflicht kann auch dadurch nachgekommen werden, dass der Spieler bereits beim Betreten der Spielbank oder der sonstigen örtlichen Glücksspielstätte identifiziert wird, wenn vom Verpflichteten zusätzlich sichergestellt wird, dass Transaktionen im Wert von 2 000 Euro oder mehr einschließlich des Kaufs oder Rücktauschs von Spielmarken dem jeweiligen Spieler zugeordnet werden können.

(6) Verpflichtete nach § 2 Absatz 1 Nummer 14 haben die allgemeinen Sorgfaltspflichten zu erfüllen:

1. bei der Vermittlung von Kaufverträgen und
2. bei der Vermittlung von Miet- oder Pachtverträgen bei Transaktionen mit einer monatlichen Miete oder Pacht in Höhe von mindestens 10 000 Euro.

(6a) Verpflichtete nach § 2 Absatz 1 Nummer 16 haben die allgemeinen Sorgfaltspflichten zu erfüllen:

1. als Güterhändler bei folgenden Transaktionen:
   a) Transaktionen im Wert von mindestens 10 000 Euro über Kunstgegenstände,
   b) Transaktionen über hochwertige Güter nach § 1 Absatz 10 Satz 2 Nummer 1, bei welchen sie Barzahlungen über mindestens 2 000 Euro selbst oder durch Dritte tätigen oder entgegennehmen oder
   c) Transaktionen über sonstige Güter, bei welchen sie Barzahlungen über mindestens 10 000 Euro selbst oder durch Dritte tätigen oder entgegennehmen, und
2. als Kunstvermittler und Kunstlagerhalter bei Transaktionen im Wert von mindestens 10 000 Euro.

(7) [1] Für Verpflichtete nach § 2 Absatz 1 Nummer 4 und 5, die bei der Ausgabe von E-Geld tätig sind, gilt § 25i Absatz 1 des Kreditwesengesetzes[2] mit der Maßgabe, dass lediglich die Pflichten nach Absatz 1 Nummer 1 und 4 zu erfüllen sind. [2] § 25i Absatz 2 und 4 des Kreditwesengesetzes gilt entsprechend.

(8) Versicherungsvermittler nach § 2 Absatz 1 Nummer 8, die für ein Versicherungsunternehmen nach § 2 Absatz 1 Nummer 7 Prämien einziehen,

---

[1] Nr. **10**.
[2] Nr. **8**.

haben diesem Versicherungsunternehmen mitzuteilen, wenn Prämienzahlungen in bar erfolgen und den Betrag von 15 000 Euro innerhalb eines Kalenderjahres übersteigen.

(8a) Soweit ein Verpflichteter nach § 2 Absatz 1 Nummer 10 als Syndikusrechtsanwalt oder als Syndikuspatentanwalt oder ein Verpflichteter nach § 2 Absatz 1 Nummer 12 als Syndikussteuerberater für ein Unternehmen tätig wird, das selbst Verpflichteter nach § 2 Absatz 1 ist, obliegen die Verpflichtungen nach Absatz 1 diesem Unternehmen.

(9) [1] Ist der Verpflichtete nicht in der Lage, die allgemeinen Sorgfaltspflichten nach Absatz 1 Nummer 1 bis 4 zu erfüllen, so darf die Geschäftsbeziehung nicht begründet oder nicht fortgesetzt werden und darf keine Transaktion durchgeführt werden. [2] Soweit eine Geschäftsbeziehung bereits besteht, ist sie vom Verpflichteten ungeachtet anderer gesetzlicher oder vertraglicher Bestimmungen durch Kündigung oder auf andere Weise zu beenden. [3] Die Sätze 1 und 2 gelten für Verpflichtete nach § 2 Absatz 1 Nummer 10 und 12 nicht, wenn Tätigkeiten der Rechtsberatung oder Prozessvertretung erbracht werden sollen, es sei denn, der Verpflichtete weiß, dass die Rechtsberatung oder Prozessvertretung bewusst für den Zweck der Geldwäsche oder der Terrorismusfinanzierung genutzt wurde oder wird. [4] Solange der Vertragspartner seiner Pflicht nach § 11 Absatz 5a Satz 1 oder eine Vereinigung mit Sitz im Ausland ihrer Mitteilungspflicht nach § 20 Absatz 1 Satz 2 und 3 nicht nachkommt, hat der Notar die Beurkundung abzulehnen; § 15 Absatz 2 der Bundesnotarordnung gilt insoweit entsprechend.

§ 11 Identifizierung. (1) [1] Verpflichtete haben Vertragspartner, gegebenenfalls für diese auftretende Personen und wirtschaftlich Berechtigte vor Begründung der Geschäftsbeziehung unverzüglich oder vor Durchführung der Transaktion zu identifizieren. [2] Die Identifizierung kann auch noch während der Begründung der Geschäftsbeziehung abgeschlossen werden, wenn dies erforderlich ist, um den normalen Geschäftsablauf nicht zu unterbrechen, und wenn ein geringes Risiko der Geldwäsche und der Terrorismusfinanzierung besteht.

(2) [1] Abweichend von Absatz 1 haben Verpflichtete nach § 2 Absatz 1 Nummer 14 die Vertragsparteien des Kaufgegenstandes, gegebenenfalls für diese auftretende Personen und den wirtschaftlich Berechtigten zu identifizieren, sobald der Vertragspartner des Maklers ein ernsthaftes Interesse an der Durchführung des Immobilienkaufvertrages äußert und die Kaufvertragsparteien hinreichend bestimmt sind. [2] Sind für beide Vertragsparteien des Kaufgegenstandes Verpflichtete nach § 2 Absatz 1 Nummer 14 tätig, so muss jeder Verpflichtete nur die Vertragspartei identifizieren, für die er handelt.

(3) [1] Von einer Identifizierung kann abgesehen werden, wenn der Verpflichtete die zu identifizierende Person bereits bei früherer Gelegenheit im Rahmen der Erfüllung seiner Sorgfaltspflichten identifiziert hat und die dabei erhobenen Angaben aufgezeichnet hat. [2] Muss der Verpflichtete aufgrund der äußeren Umstände Zweifel hegen, ob die bei der früheren Identifizierung erhobenen Angaben weiterhin zutreffend sind, hat er eine erneute Identifizierung durchzuführen.

(4) Bei der Identifizierung hat der Verpflichtete folgende Angaben zu erheben:

1. bei einer natürlichen Person:

a) Vorname und Nachname,
b) Geburtsort,
c) Geburtsdatum,
d) Staatsangehörigkeit und
e) eine Wohnanschrift oder, sofern kein fester Wohnsitz mit rechtmäßigem Aufenthalt in der Europäischen Union besteht und die Überprüfung der Identität im Rahmen des Abschlusses eines Basiskontovertrags im Sinne von § 38 des Zahlungskontengesetzes[1)] erfolgt, die postalische Anschrift, unter der der Vertragspartner sowie die gegenüber dem Verpflichteten auftretende Person erreichbar ist;

2. bei einer juristischen Person oder bei einer Personengesellschaft:
a) Firma, Name oder Bezeichnung,
b) Rechtsform,
c) Registernummer, falls vorhanden,
d) Anschrift des Sitzes oder der Hauptniederlassung und
e) die Namen der Mitglieder des Vertretungsorgans oder die Namen der gesetzlichen Vertreter und, sofern ein Mitglied des Vertretungsorgans oder der gesetzliche Vertreter eine juristische Person ist, von dieser juristischen Person die Daten nach den Buchstaben a bis d.

(5) [1] Bei einem wirtschaftlich Berechtigten hat der Verpflichtete abweichend von Absatz 4 zur Feststellung der Identität zumindest dessen Name und, soweit dies in Ansehung des im Einzelfall bestehenden Risikos der Geldwäsche oder der Terrorismusfinanzierung angemessen ist, weitere Identifizierungsmerkmale zu erheben. [2] Bei Begründung einer neuen Geschäftsbeziehung mit einer Vereinigung nach § 20 oder einer Rechtsgestaltung nach § 21 hat der Verpflichtete einen Nachweis der Registrierung nach § 20 Absatz 1 oder § 21 oder einen Auszug der über das Transparenzregister zugänglichen Daten einzuholen. [3] Geburtsdatum, Geburtsort und Anschrift des wirtschaftlich Berechtigten dürfen unabhängig vom festgestellten Risiko erhoben werden. [4] Der Verpflichtete hat sich durch risikoangemessene Maßnahmen zu vergewissern, dass die zur Identifizierung erhobenen Angaben zutreffend sind; dabei darf sich der Verpflichtete nicht ausschließlich auf die Angaben im Transparenzregister verlassen. [5] Handelt es sich um eine Person, die nach § 3 Absatz 2 Satz 5 als wirtschaftlich Berechtigter gilt, so hat der Verpflichtete angemessene Maßnahmen für die Überprüfung der Identität dieser Person zu ergreifen. [6] Werden bei Trusts oder anderen Rechtsgestaltungen nach § 21 die wirtschaftlich Berechtigten nach besonderen Merkmalen oder nach einer Kategorie bestimmt, so hat der Verpflichtete ausreichende Informationen über den wirtschaftlich Berechtigten einzuholen, um zum Zeitpunkt der Ausführung der Transaktion oder der Ausübung seiner Rechte die Identität des wirtschaftlich Berechtigten feststellen zu können.

(5a) [1] Sofern der Vertragspartner bei einem Erwerbsvorgang nach § 1 des Grunderwerbsteuergesetzes für eine Rechtsform im Sinne von § 3 Absatz 2 oder 3 handelt, hat der beurkundende Notar vor der Beurkundung die Identität des wirtschaftlich Berechtigten anhand einer von dem jeweiligen Vertragspart-

---

[1)] Nr. **13**.

ner in Textform vorzulegenden Dokumentation der Eigentums- und Kontrollstruktur auf ihre Schlüssigkeit zu überprüfen. [2]Die Dokumentation ist der Zentralstelle für Finanztransaktionsuntersuchungen sowie den Strafverfolgungsbehörden auf Verlangen zur Verfügung zu stellen.

(6) [1]Der Vertragspartner eines Verpflichteten hat dem Verpflichteten die Informationen und Unterlagen zur Verfügung zu stellen, die zur Identifizierung erforderlich sind. [2]Ergeben sich im Laufe der Geschäftsbeziehung Änderungen, hat er diese Änderungen unverzüglich dem Verpflichteten anzuzeigen. [3]Der Vertragspartner hat gegenüber dem Verpflichteten offenzulegen, ob er die Geschäftsbeziehung oder die Transaktion für einen wirtschaftlich Berechtigten begründen, fortsetzen oder durchführen will. [4]Mit der Offenlegung hat er dem Verpflichteten auch die Identität des wirtschaftlich Berechtigten nachzuweisen. [5]Die Sätze 1 bis 4 gelten entsprechend für die Vertragsparteien des Kaufgegenstandes im Sinne des Absatzes 2, die nicht Vertragspartner des Verpflichteten nach § 2 Absatz 1 Nummer 14 sind.

(7) Verwalter von Trusts und anderen Rechtsgestaltungen nach § 21 haben dem Verpflichteten ihren Status offenzulegen und ihm die Angaben nach § 21 Absatz 1 und 2 unverzüglich zu übermitteln, wenn sie in dieser Position eine Geschäftsbeziehung aufnehmen oder eine Transaktion oberhalb der in § 10 Absatz 3 Nummer 2, Absatz 5, Absatz 6 oder Absatz 6a genannten Schwellenbeträge durchführen.

§ 11a Verarbeitung personenbezogener Daten durch Verpflichtete.

(1) Verpflichtete nach § 2 dürfen personenbezogene Daten nur verarbeiten, soweit dies auf Grundlage dieses Gesetzes für Zwecke der Verhinderung von Geldwäsche und Terrorismusfinanzierung erforderlich ist.

(2) Soweit ein den Vorschriften dieses Gesetzes unterliegender Verpflichteter nach § 2 personenbezogene Daten für Zwecke gemäß Absatz 1 an die zuständigen Aufsichtsbehörden oder die Personen und Einrichtungen, deren sich die zuständigen Aufsichtsbehörden bei der Durchführung ihrer Aufgaben bedienen, oder an die Zentralstelle für Finanztransaktionsuntersuchungen übermittelt, bestehen die Pflicht zur Information der betroffenen Person nach Artikel 13 Absatz 3 der Verordnung (EU) 2016/679 und das Recht auf Auskunft der betroffenen Person nach Artikel 15 der Verordnung (EU) 2016/679 nicht.

(3) Die Absätze 1 und 2 finden entsprechende Anwendung auf Dritte im Sinne von § 17, auf die ein Verpflichteter zur Erfüllung der allgemeinen Sorgfaltspflichten nach § 10 Absatz 1 Nummer 1 bis 4 zurückgreift.

§ 12 Identitätsüberprüfung, Verordnungsermächtigung. (1) [1]Die Identitätsüberprüfung hat in den Fällen des § 10 Absatz 1 Nummer 1 bei natürlichen Personen zu erfolgen anhand

1. eines gültigen amtlichen Ausweises, der ein Lichtbild des Inhabers enthält und mit dem die Pass- und Ausweispflicht im Inland erfüllt wird, insbesondere anhand eines inländischen oder nach ausländerrechtlichen Bestimmungen anerkannten oder zugelassenen Passes, Personalausweises oder Pass- oder Ausweisersatzes,
2. eines elektronischen Identitätsnachweises nach § 18 des Personalausweisgesetzes ***[ab 1.11.2020:** , nach § 12 des eID-Karte-Gesetzes**]*** oder nach § 78 Absatz 5 des Aufenthaltsgesetzes,

3. einer qualifizierten elektronischen Signatur nach Artikel 3 Nummer 12 der Verordnung (EU) Nr. 910/2014 des Europäischen Parlaments und des Rates vom 23. Juli 2014 über elektronische Identifizierung und Vertrauensdienste für elektronische Transaktionen im Binnenmarkt und zur Aufhebung der Richtlinie 1999/93/EG (ABl. L 257 vom 28.8.2014, S. 73),
4. eines nach Artikel 8 Absatz 2 Buchstabe c in Verbindung mit Artikel 9 der Verordnung (EU) Nr. 910/2014 notifizierten elektronischen Identifizierungssystems oder
5. von Dokumenten nach § 1 Absatz 1 der Verordnung über die Bestimmung von Dokumenten, die zur Identifizierung einer nach dem Geldwäschegesetz zu identifizierenden Person zum Zwecke des Abschlusses eines Zahlungskontovertrags zugelassen werden.

[2] Im Fall der Identitätsüberprüfung anhand einer qualifizierten elektronischen Signatur gemäß Satz 1 Nummer 3 hat der Verpflichtete eine Validierung der qualifizierten elektronischen Signatur nach Artikel 32 Absatz 1 der Verordnung (EU) Nr. 910/2014 vorzunehmen. [3] Er hat in diesem Falle auch sicherzustellen, dass eine Transaktion unmittelbar von einem Zahlungskonto im Sinne des § 1 Absatz 17 des Zahlungsdiensteaufsichtsgesetzes[1)] erfolgt, das auf den Namen des Vertragspartners lautet, bei einem Verpflichteten nach § 2 Absatz 1 Satz 1 Nummer 1 oder Nummer 3 oder bei einem Kreditinstitut, das ansässig ist in einem

1. anderen Mitgliedstaat der Europäischen Union,
2. Vertragsstaat des Abkommens über den Europäischen Wirtschaftsraum oder
3. Drittstaat, in dem das Kreditinstitut Sorgfalts- und Aufbewahrungspflichten unterliegt, die den in der Richtlinie (EU) 2015/849 festgelegten Sorgfalts- und Aufbewahrungspflichten entsprechen und deren Einhaltung in einer mit Kapitel IV Abschnitt 2 der Richtlinie (EU) 2015/849 im Einklang stehenden Weise beaufsichtigt wird.

(2) Die Identitätsüberprüfung hat in den Fällen des § 10 Absatz 1 Nummer 1 bei juristischen Personen oder bei Personengesellschaften zu erfolgen anhand

1. eines Auszuges aus dem Handels- oder Genossenschaftsregister oder aus einem vergleichbaren amtlichen Register oder Verzeichnis,
2. von Gründungsdokumenten oder von gleichwertigen beweiskräftigen Dokumenten oder
3. einer eigenen dokumentierten Einsichtnahme des Verpflichteten in die Register- oder Verzeichnisdaten.

(3) Das Bundesministerium der Finanzen kann im Einvernehmen mit dem Bundesministerium des Innern durch Rechtsverordnung ohne Zustimmung des Bundesrates weitere Dokumente bestimmen, die zur Überprüfung der Identität geeignet sind.

§ 13 Verfahren zur Identitätsüberprüfung, Verordnungsermächtigung. (1) Verpflichtete überprüfen die Identität der natürlichen Personen mit einem der folgenden Verfahren:

[1)] Nr. **10**.

1. durch angemessene Prüfung des vor Ort vorgelegten Dokuments oder
2. mittels eines sonstigen Verfahrens, das zur geldwäscherechtlichen Überprüfung der Identität geeignet ist und ein Sicherheitsniveau aufweist, das dem in Nummer 1 genannten Verfahren gleichwertig ist.

(2) Das Bundesministerium der Finanzen kann im Einvernehmen mit dem Bundesministerium des Innern durch Rechtsverordnung, die nicht der Zustimmung des Bundesrates bedarf,
1. Konkretisierungen oder weitere Anforderungen an das in Absatz 1 genannte Verfahren sowie an die sich dieses bedienenden Verpflichteten festlegen und
2. Verfahren bestimmen, die zur geldwäscherechtlichen Identifizierung nach Absatz 1 Nummer 2 geeignet sind.

§ 14 Vereinfachte Sorgfaltspflichten, Verordnungsermächtigung.

(1) [1] Verpflichtete müssen nur vereinfachte Sorgfaltspflichten erfüllen, soweit sie unter Berücksichtigung der in den Anlagen 1 und 2 genannten Risikofaktoren feststellen, dass in bestimmten Bereichen, insbesondere im Hinblick auf Kunden, Transaktionen und Dienstleistungen oder Produkte, nur ein geringes Risiko der Geldwäsche oder der Terrorismusfinanzierung besteht. [2] Vor der Anwendung vereinfachter Sorgfaltspflichten haben sich die Verpflichteten zu vergewissern, dass die Geschäftsbeziehung oder Transaktion tatsächlich mit einem geringeren Risiko der Geldwäsche oder Terrorismusfinanzierung verbunden ist. [3] Für die Darlegung der Angemessenheit gilt § 10 Absatz 2 Satz 4 entsprechend.

(2) [1] Bei Anwendbarkeit der vereinfachten Sorgfaltspflichten können Verpflichtete
1. den Umfang der Maßnahmen, die zur Erfüllung der allgemeinen Sorgfaltspflichten zu treffen sind, angemessen reduzieren und
2. insbesondere die Überprüfung der Identität abweichend von den §§ 12 und 13 auf der Grundlage von sonstigen Dokumenten, Daten oder Informationen durchführen, die von einer glaubwürdigen und unabhängigen Quelle stammen und für die Überprüfung geeignet sind.

[2] Die Verpflichteten müssen in jedem Fall die Überprüfung von Transaktionen und die Überwachung von Geschäftsbeziehungen in einem Umfang sicherstellen, der es ihnen ermöglicht, ungewöhnliche oder verdächtige Transaktionen zu erkennen und zu melden.

(3) Ist der Verpflichtete nicht in der Lage, die vereinfachten Sorgfaltspflichten zu erfüllen, so gilt § 10 Absatz 9 entsprechend.

(4) [1] Das Bundesministerium der Finanzen kann im Einvernehmen mit dem Bundesministerium des Innern durch Rechtsverordnung ohne Zustimmung des Bundesrates Fallkonstellationen festlegen, in denen insbesondere im Hinblick auf Kunden, Produkte, Dienstleistungen, Transaktionen oder Vertriebskanäle ein geringeres Risiko der Geldwäsche oder der Terrorismusfinanzierung bestehen kann und die Verpflichteten unter den Voraussetzungen von Absatz 1 nur vereinfachte Sorgfaltspflichten in Bezug auf Kunden erfüllen müssen. [2] Bei der Festlegung sind die in den Anlagen 1 und 2 genannten Risikofaktoren zu berücksichtigen.

(5) Die Verordnung (EU) 2015/847 findet keine Anwendung auf Inlandsgeldtransfers auf ein Zahlungskonto eines Begünstigten, auf das ausschließlich Zahlungen für die Lieferung von Gütern oder Dienstleistungen vorgenommen werden können, wenn

1. der Zahlungsdienstleister des Begünstigten den Verpflichtungen dieses Gesetzes unterliegt,
2. der Zahlungsdienstleister des Begünstigten in der Lage ist, anhand einer individuellen Transaktionskennziffer über den Begünstigten den Geldtransfer bis zu der Person zurückzuverfolgen, die mit dem Begünstigten eine Vereinbarung über die Lieferung von Gütern und Dienstleistungen getroffen hat, und
3. der überwiesene Betrag höchstens 1 000 Euro beträgt.

§ 15 Verstärkte Sorgfaltspflichten, Verordnungsermächtigung.

(1) Die verstärkten Sorgfaltspflichten sind zusätzlich zu den allgemeinen Sorgfaltspflichten zu erfüllen.

(2) [1] Verpflichtete haben verstärkte Sorgfaltspflichten zu erfüllen, wenn sie im Rahmen der Risikoanalyse oder im Einzelfall unter Berücksichtigung der in den Anlagen 1 und 2 genannten Risikofaktoren feststellen, dass ein höheres Risiko der Geldwäsche oder Terrorismusfinanzierung bestehen kann. [2] Die Verpflichteten bestimmen den konkreten Umfang der zu ergreifenden Maßnahmen entsprechend dem jeweiligen höheren Risiko der Geldwäsche oder der Terrorismusfinanzierung. [3] Für die Darlegung der Angemessenheit gilt § 10 Absatz 2 Satz 4 entsprechend.

(3) Ein höheres Risiko liegt insbesondere vor, wenn es sich

1. bei einem Vertragspartner des Verpflichteten oder bei einem wirtschaftlich Berechtigten um eine politisch exponierte Person, ein Familienmitglied oder um eine bekanntermaßen nahestehende Person handelt,
2. um eine Geschäftsbeziehung oder Transaktion handelt, an der ein von der Europäischen Kommission nach Artikel 9 Absatz 2 der Richtlinie (EU) 2015/849, der durch Artikel 1 Nummer 5 der Richtlinie (EU) 2018/843 geändert worden ist, ermittelter Drittstaat mit hohem Risiko oder eine in diesem Drittstaat ansässige natürliche oder juristische Person beteiligt ist; dies gilt nicht für Zweigstellen von in der Europäischen Union niedergelassenen Verpflichteten nach Artikel 2 Absatz 1 der Richtlinie (EU) 2015/849, der durch Artikel 1 Nummer 1 der Richtlinie (EU) 2018/843 geändert worden ist, und für mehrheitlich im Besitz dieser Verpflichteten befindliche Tochterunternehmen, die ihren Standort in einem Drittstaat mit hohem Risiko haben, sofern sich diese Zweigstellen und Tochterunternehmen uneingeschränkt an die von ihnen anzuwendenden gruppenweiten Strategien und Verfahren nach Artikel 45 Absatz 1 der Richtlinie (EU) 2015/849 halten,
3. um eine Transaktion handelt, die im Vergleich zu ähnlichen Fällen
   a) besonders komplex oder ungewöhnlich groß ist,
   b) einem ungewöhnlichen Transaktionsmuster folgt oder
   c) keinen offensichtlichen wirtschaftlichen oder rechtmäßigen Zweck hat, oder

4. für Verpflichtete nach § 2 Absatz 1 Nummer 1 bis 3 und 6 bis 8 um eine grenzüberschreitende Korrespondenzbeziehung mit Respondenten mit Sitz in einem Drittstaat oder, vorbehaltlich einer Beurteilung durch die Verpflichteten als erhöhtes Risiko, in einem Staat des Europäischen Wirtschaftsraums handelt.

(4) [1] In einem der in den Absätzen 2 und 3 Nummer 1 genannten Fälle sind mindestens folgende verstärkte Sorgfaltspflichten zu erfüllen:

1. die Begründung oder Fortführung einer Geschäftsbeziehung bedarf der Zustimmung eines Mitglieds der Führungsebene,
2. es sind angemessene Maßnahmen zu ergreifen, mit denen die Herkunft der Vermögenswerte bestimmt werden kann, die im Rahmen der Geschäftsbeziehung oder der Transaktion eingesetzt werden, und
3. die Geschäftsbeziehung ist einer verstärkten kontinuierlichen Überwachung zu unterziehen.

[2] Wenn im Fall des Absatzes 3 Nummer 1 der Vertragspartner oder der wirtschaftlich Berechtigte erst im Laufe der Geschäftsbeziehung ein wichtiges öffentliches Amt auszuüben begonnen hat oder der Verpflichtete erst nach Begründung der Geschäftsbeziehung von der Ausübung eines wichtigen öffentlichen Amts durch den Vertragspartner oder den wirtschaftlich Berechtigten Kenntnis erlangt, so hat der Verpflichtete sicherzustellen, dass die Fortführung der Geschäftsbeziehung nur mit Zustimmung eines Mitglieds der Führungsebene erfolgt. [3] Bei einer ehemaligen politisch exponierten Person haben die Verpflichteten für mindestens zwölf Monate nach Ausscheiden aus dem öffentlichen Amt das Risiko zu berücksichtigen, das spezifisch für politisch exponierte Personen ist, und so lange angemessene und risikoorientierte Maßnahmen zu treffen, bis anzunehmen ist, dass dieses Risiko nicht mehr besteht.

(5) In dem in Absatz 3 Nummer 2 genannten Fall haben Verpflichtete mindestens folgende verstärkte Sorgfaltspflichten zu erfüllen:

1. sie müssen einholen:
   a) zusätzliche Informationen über den Vertragspartner und den wirtschaftlich Berechtigten,
   b) zusätzliche Informationen über die angestrebte Art der Geschäftsbeziehung,
   c) Informationen über die Herkunft der Vermögenswerte und des Vermögens des Vertragspartners,
   d) Informationen über die Herkunft der Vermögenswerte und des Vermögens des wirtschaftlich Berechtigten mit Ausnahme der Person, die nach § 3 Absatz 2 Satz 5 als wirtschaftlich Berechtigter gilt,
   e) Informationen über die Gründe für die geplante oder durchgeführte Transaktion und
   f) Informationen über die geplante Verwendung der Vermögenswerte, die im Rahmen der Transaktion oder Geschäftsbeziehung eingesetzt werden, soweit dies zur Beurteilung der Gefahr von Terrorismusfinanzierung erforderlich ist,
2. die Begründung oder Fortführung einer Geschäftsbeziehung bedarf der Zustimmung eines Mitglieds der Führungsebene und

3. bei einer Geschäftsbeziehung müssen sie die Geschäftsbeziehung verstärkt überwachen durch
   a) häufigere und intensivere Kontrollen sowie
   b) die Auswahl von Transaktionsmustern, die einer weiteren Prüfung bedürfen.

(5a) [1] In dem in Absatz 3 Nummer 2 genannten Fall und zusätzlich zu den in Absatz 5 genannten verstärkten Sorgfaltspflichten können die zuständigen Aufsichtsbehörden risikoangemessen und im Einklang mit den internationalen Pflichten der Europäischen Union eine oder mehrere von den Verpflichteten zu erfüllende verstärkte Sorgfaltspflichten anordnen, die auch folgende Maßnahmen umfassen können:

1. die Meldung von Finanztransaktionen an die Zentralstelle für Finanztransaktionsuntersuchungen,
2. die Beschränkung oder das Verbot geschäftlicher Beziehungen oder Transaktionen mit natürlichen oder juristischen Personen aus Drittstaaten mit hohem Risiko,
3. das Verbot für Verpflichtete mit Sitz in einem Drittstaat mit hohem Risiko, im Inland Tochtergesellschaften, Zweigniederlassungen oder Repräsentanzen zu gründen,
4. das Verbot, Zweigniederlassungen oder Repräsentanzen in einem Drittstaat mit hohem Risiko zu gründen,
5. die Verpflichtung für Zweigniederlassungen und Tochtergesellschaften von Verpflichteten mit Sitz in einem Drittstaat mit hohem Risiko, sich einer verschärften Prüfung der Einhaltung der geldwäscherechtlichen Pflichten
   a) durch die zuständige Aufsichtsbehörde zu unterziehen oder
   b) durch einen externen Prüfer zu unterziehen,
6. die Einführung verschärfter Anforderungen in Bezug auf eine externe Prüfung nach Nummer 5 Buchstabe b,
7. für Verpflichtete nach § 2 Absatz 1 Nummer 1 bis 3 und 6 bis 9 die Überprüfung, Änderung oder erforderlichenfalls Beendigung von Korrespondenzbankbeziehungen zu Respondenten in einem Drittstaat mit hohem Risiko.

[2] Bei der Anordnung dieser Maßnahmen gilt für die zuständigen Aufsichtsbehörden Absatz 10 Satz 2 entsprechend.

(6) In dem in Absatz 3 Nummer 3 genannten Fall sind mindestens folgende verstärkte Sorgfaltspflichten zu erfüllen:

1. die Transaktion sowie deren Hintergrund und Zweck sind mit angemessenen Mitteln zu untersuchen, um das Risiko der jeweiligen Geschäftsbeziehung oder Transaktionen in Bezug auf Geldwäsche oder auf Terrorismusfinanzierung überwachen und einschätzen zu können und um gegebenenfalls prüfen zu können, ob die Pflicht zu einer Meldung nach § 43 Absatz 1 vorliegt, und
2. die der Transaktion zugrunde liegende Geschäftsbeziehung, soweit vorhanden, ist einer verstärkten kontinuierlichen Überwachung zu unterziehen, um das mit der Geschäftsbeziehung und mit einzelnen Transaktionen verbundene Risiko in Bezug auf Geldwäsche oder auf Terrorismusfinanzierung einschätzen und bei höherem Risiko überwachen zu können.

(7) In dem in Absatz 3 Nummer 4 genannten Fall haben Verpflichtete nach § 2 Absatz 1 Nummer 1 bis 3 und 6 bis 9 bei Begründung einer Geschäftsbeziehung mindestens folgende verstärkte Sorgfaltspflichten zu erfüllen:

1. es sind ausreichende Informationen über den Respondenten einzuholen, um die Art seiner Geschäftstätigkeit in vollem Umfang verstehen und seine Reputation, seine Kontrollen zur Verhinderung der Geldwäsche und Terrorismusfinanzierung sowie die Qualität der Aufsicht bewerten zu können,
2. es ist vor Begründung einer Geschäftsbeziehung mit dem Respondenten die Zustimmung eines Mitglieds der Führungsebene einzuholen,
3. es sind vor Begründung einer solchen Geschäftsbeziehung die jeweiligen Verantwortlichkeiten der Beteiligten in Bezug auf die Erfüllung der Sorgfaltspflichten festzulegen und nach Maßgabe des § 8 zu dokumentieren,
4. es sind Maßnahmen zu ergreifen, um sicherzustellen, dass sie keine Geschäftsbeziehung mit einem Respondenten begründen oder fortsetzen, von dem bekannt ist, dass seine Konten von einer Bank-Mantelgesellschaft genutzt werden, und
5. es sind Maßnahmen zu ergreifen, um sicherzustellen, dass der Respondent keine Transaktionen über Durchlaufkonten zulässt.

(8) Liegen Tatsachen, einschlägige Evaluierungen, Berichte oder Bewertungen nationaler oder internationaler für die Verhinderung oder Bekämpfung der Geldwäsche oder der Terrorismusfinanzierung zuständiger Stellen vor, die die Annahme rechtfertigen, dass über die in Absatz 3 genannten Fälle hinaus ein höheres Risiko besteht, so kann die Aufsichtsbehörde anordnen, dass die Verpflichteten die Transaktionen oder Geschäftsbeziehungen einer verstärkten Überwachung unterziehen und zusätzliche, dem Risiko angemessene Sorgfaltspflichten sowie erforderliche Gegenmaßnahmen zu erfüllen haben.

(9) Ist der Verpflichtete nicht in der Lage, die verstärkten Sorgfaltspflichten zu erfüllen, so gilt § 10 Absatz 9 entsprechend.

(10) [1] Das Bundesministerium der Finanzen kann durch Rechtsverordnung, die nicht der Zustimmung des Bundesrates bedarf,

1. Fallkonstellationen bestimmen, in denen insbesondere im Hinblick auf Staaten, Kunden, Produkte, Dienstleistungen, Transaktionen oder Vertriebskanäle ein potenziell höheres Risiko der Geldwäsche oder der Terrorismusfinanzierung besteht und die Verpflichteten bestimmte verstärkte Sorgfaltspflichten und Gegenmaßnahmen zu erfüllen haben,
2. für Fallkonstellationen im Sinne des Absatzes 3 Nummer 2 bestimmte verstärkte Sorgfaltspflichten und Gegenmaßnahmen anordnen sowie für die Anordnung und Ausgestaltung verstärkter Sorgfaltspflichten durch die zuständigen Aufsichtsbehörden nach Absatz 5a Regelungen treffen.

[2] Das Bundesministerium der Finanzen hat bei Erlass einer Rechtsverordnung nach dieser Vorschrift einschlägige Evaluierungen, Bewertungen oder Berichte internationaler Organisationen oder von Einrichtungen für die Festlegung von Standards mit Kompetenzen im Bereich der Verhinderung von Geldwäsche und der Bekämpfung von Terrorismusfinanzierung hinsichtlich der von einzelnen Drittstaaten ausgehenden Risiken zu berücksichtigen.

§ 16 Besondere Vorschriften für das Glücksspiel im Internet. (1) [1] Für Verpflichtete nach § 2 Absatz 1 Nummer 15 gelten, soweit sie das Glücksspiel im Internet anbieten oder vermitteln, die besonderen Vorschriften der Absätze 2 bis 8. [2] Bei der Anwendung der allgemeinen Sorgfaltspflichten findet der Schwellenbetrag nach § 10 Absatz 5 keine Anwendung.

(2) Der Verpflichtete darf einen Spieler erst zu einem Glücksspiel im Internet zulassen, wenn er zuvor für den Spieler auf dessen Namen ein Spielerkonto eingerichtet hat.

(3) [1] Der Verpflichtete darf auf dem Spielerkonto weder Einlagen noch andere rückzahlbare Gelder vom Spieler entgegennehmen. [2] Das Guthaben auf dem Spielerkonto darf nicht verzinst werden. [3] Für die entgegengenommenen Geldbeträge gilt § 3 Absatz 3 Satz 3 des Zahlungsdiensteaufsichtsgesetzes[1)] entsprechend.

(4) [1] Der Verpflichtete muss sicherstellen, dass Transaktionen des Spielers auf das Spielerkonto nur erfolgen

1. durch die Ausführung eines Zahlungsvorgangs
   a) mittels einer Lastschrift nach § 1 Absatz 1 Satz 2 Nummer 3 Buchstabe a des Zahlungsdiensteaufsichtsgesetzes,
   b) mittels einer Überweisung nach § 1 Absatz 1 Satz 2 Nummer 3 Buchstabe c des Zahlungsdiensteaufsichtsgesetzes oder
   c) mittels einer auf den Namen des Spielers ausgegebenen Zahlungskarte nach § 1 Absatz 1 Satz 2 Nummer 3 Buchstabe b des Zahlungsdiensteaufsichtsgesetzes und
2. von einem Zahlungskonto nach § 1 Absatz 17 des Zahlungsdiensteaufsichtsgesetzes, das auf den Namen des Spielers bei einem Verpflichteten nach § 2 Absatz 1 Nummer 1 oder 3 errichtet worden ist.

[2] Von der Erfüllung der Verpflichtung nach Satz 1 Nummer 1 Buchstabe c und Nummer 2 kann der Verpflichtete absehen, wenn gewährleistet ist, dass die Zahlung zur Teilnahme am Spiel für eine einzelne Transaktion 25 Euro und für mehrere Transaktionen innerhalb eines Kalendermonats 100 Euro nicht überschreitet.

(5) Der Verpflichtete hat die Aufsichtsbehörde unverzüglich zu informieren über die Eröffnung und Schließung eines Zahlungskontos nach § 1 Absatz 17 des Zahlungsdiensteaufsichtsgesetzes, das auf seinen eigenen Namen bei einem Verpflichteten nach § 2 Absatz 1 Nummer 1 oder 3 eingerichtet ist und auf dem Gelder eines Spielers zur Teilnahme an Glücksspielen im Internet entgegengenommen werden.

(6) Wenn der Verpflichtete oder ein anderer Emittent einem Spieler für Transaktionen auf einem Spielerkonto monetäre Werte ausstellt, die auf einem Instrument nach § 2 Absatz 1 Nummer 10 des Zahlungsdiensteaufsichtsgesetzes gespeichert sind, hat der Verpflichtete oder der andere Emittent sicherzustellen, dass der Inhaber des monetären Werts mit dem Inhaber des Spielerkontos identisch ist.

(7) [1] Der Verpflichtete darf Transaktionen an den Spieler nur vornehmen

1. durch die Ausführung eines Zahlungsvorgangs nach Absatz 4 und

---

1) Nr. **10**.

2. auf ein Zahlungskonto, das auf den Namen des Spielers bei einem Verpflichteten nach § 2 Absatz 1 Nummer 1 oder 3 eingerichtet worden ist.

[2] Bei der Transaktion hat der Verpflichtete den Verwendungszweck dahingehend zu spezifizieren, dass für einen Außenstehenden erkennbar ist, aus welchem Grund der Zahlungsvorgang erfolgt ist. [3] Für diesen Verwendungszweck können die Aufsichtsbehörden Standardformulierungen festlegen, die vom Verpflichteten zu verwenden sind.

(8) [1] Abweichend von § 11 kann der Verpflichtete bei einem Spieler, für den er ein Spielerkonto einrichtet, eine vorläufige Identifizierung durchführen. [2] Die vorläufige Identifizierung kann anhand einer elektronisch oder auf dem Postweg übersandten Kopie eines Dokuments nach § 12 Absatz 1 Satz 1 Nummer 1 erfolgen. [3] Eine vollständige Identifizierung ist unverzüglich nachzuholen. [4] Sowohl die vorläufige als auch die vollständige Identifizierung kann auch anhand der glücksspielrechtlichen Anforderungen an Identifizierung und Authentifizierung erfolgen.

§ 17 Ausführung der Sorgfaltspflichten durch Dritte, vertragliche Auslagerung. (1) [1] Zur Erfüllung der allgemeinen Sorgfaltspflichten nach § 10 Absatz 1 Nummer 1 bis 4 kann ein Verpflichteter auf Dritte zurückgreifen. [2] Dritte dürfen nur sein

1. Verpflichtete nach § 2 Absatz 1,
2. Verpflichtete gemäß Artikel 2 Absatz 1 der Richtlinie (EU) 2015/849 in einem anderen Mitgliedstaat der Europäischen Union,
3. Mitgliedsorganisationen oder Verbände von Verpflichteten nach Nummer 2 oder in einem Drittstaat ansässige Institute und Personen, sofern diese Sorgfalts- und Aufbewahrungspflichten unterliegen,
   a) die den in der Richtlinie (EU) 2015/849 festgelegten Sorgfalts- und Aufbewahrungspflichten entsprechen und
   b) deren Einhaltung in einer mit Kapitel IV Abschnitt 2 der Richtlinie (EU) 2015/849 im Einklang stehenden Weise beaufsichtigt wird.

[3] Die Verantwortung für die Erfüllung der allgemeinen Sorgfaltspflichten bleibt bei dem Verpflichteten.

(2) [1] Verpflichtete dürfen nicht auf einen Dritten zurückgreifen, der in einem Drittstaat mit hohem Risiko niedergelassen ist. [2] Ausgenommen hiervon sind

1. Zweigstellen von in der Europäischen Union niedergelassenen Verpflichteten nach Artikel 2 Absatz 1 der Richtlinie (EU) 2015/849, wenn die Zweigstelle sich uneingeschränkt an die gruppenweit anzuwendenden Strategien und Verfahren gemäß Artikel 45 der Richtlinie (EU) 2015/849 hält, und
2. Tochterunternehmen, die sich im Mehrheitsbesitz von in der Europäischen Union niedergelassenen Verpflichteten nach Artikel 2 Absatz 1 der Richtlinie (EU) 2015/849 befinden, wenn das Tochterunternehmen sich uneingeschränkt an die gruppenweit anzuwendenden Strategien und Verfahren gemäß Artikel 45 der Richtlinie (EU) 2015/849 hält.

(3) [1] Wenn ein Verpflichteter auf Dritte zurückgreift, muss er sicherstellen, dass die Dritten

1. bei der Identifizierung von im Inland ansässigen Personen den Vorschriften dieses Gesetzes entsprechen,
2. die Informationen einholen, die für die Durchführung der Sorgfaltspflichten nach § 10 Absatz 1 Nummer 1 bis 4 notwendig sind, und
3. ihm diese Informationen unverzüglich und unmittelbar übermitteln.

[2] Er hat zudem angemessene Schritte zu unternehmen, um zu gewährleisten, dass die Dritten ihm auf seine Anforderung hin unverzüglich Kopien derjenigen Dokumente, die maßgeblich zur Feststellung und Überprüfung der Identität des Vertragspartners, gegebenenfalls der für diesen auftretenden Personen und eines etwaigen wirtschaftlich Berechtigten sind, einschließlich Informationen, soweit diese verfügbar sind, die mittels elektronischer Mittel für die Identitätsfeststellung nach § 12 Absatz 1 Satz 1 Nummer 4 eingeholt wurden, sowie andere maßgebliche Unterlagen vorlegen. [3] Die Dritten sind befugt, zu diesem Zweck Kopien von Ausweisdokumenten zu erstellen und weiterzuleiten.

(3a) [1] Der Dritte kann zur Identifizierung des Vertragspartners, einer gegebenenfalls für ihn auftretenden Person und eines wirtschaftlich Berechtigten auch auf anlässlich einer zu einem früheren Zeitpunkt erfolgten Identifizierung dieser Person eingeholte Informationen nach Absatz 3 Satz 1 Nummer 2 zurückgreifen, sofern

1. die Identifizierung im Rahmen der Begründung einer eigenen Geschäftsbeziehung des Dritten und nicht unter Anwendung vereinfachter Sorgfaltspflichten erfolgt ist,
2. die Identifizierung oder die letzte Aktualisierung unter Einhaltung des § 12 vor nicht mehr als 24 Monaten abgeschlossen wurde,
3. für den Verpflichteten aufgrund äußerer Umstände keine Zweifel an der Richtigkeit der ihm übermittelten Informationen bestehen und
4. das Gültigkeitsdatum eines im Rahmen der Identifizierung oder der letzten Aktualisierung unter Einhaltung des § 12 gegebenenfalls verwendeten Identifikationsdokuments noch nicht abgelaufen ist.

[2] Absatz 3 Satz 2 und 3 gilt entsprechend.

(4) Die Voraussetzungen der Absätze 1 und 3 gelten als erfüllt, wenn

1. der Verpflichtete auf Dritte zurückgreift, die derselben Gruppe angehören wie er selbst,
2. die in dieser Gruppe angewandten Sorgfaltspflichten, Aufbewahrungsvorschriften, Strategien und Verfahren zur Verhinderung von Geldwäsche und von Terrorismusfinanzierung mit den Vorschriften der Richtlinie (EU) 2015/849 oder gleichwertigen Vorschriften im Einklang stehen und
3. die effektive Umsetzung dieser Anforderungen auf Gruppenebene von einer Behörde beaufsichtigt wird.

(5) [1] Ein Verpflichteter kann die Durchführung der Maßnahmen, die zur Erfüllung der Sorgfaltspflichten nach § 10 Absatz 1 Nummer 1 bis 4 erforderlich sind, auf andere geeignete Personen und Unternehmen als die in Absatz 1 genannten Dritten übertragen. [2] Die Übertragung bedarf einer vertraglichen Vereinbarung und der Verpflichtete hat sicherzustellen, dass die anderen geeigneten Personen und Unternehmen den Vorschriften dieses Gesetzes entspre-

chen. [3]Die Maßnahmen der Personen oder der Unternehmen werden dem Verpflichteten als eigene Maßnahmen zugerechnet. [4]Absatz 3 gilt entsprechend.

(6) Durch die Übertragung nach Absatz 5 dürfen nicht beeinträchtigt werden

1. die Erfüllung der Pflichten nach diesem Gesetz durch den Verpflichteten,
2. die Steuerungs- oder Kontrollmöglichkeiten der Geschäftsleitung des Verpflichteten und
3. die Aufsicht der Aufsichtsbehörde über den Verpflichteten.

(7) [1]Vor der Übertragung nach Absatz 5 hat sich der Verpflichtete von der Zuverlässigkeit der Personen oder der Unternehmen, denen er Maßnahmen übertragen will, zu überzeugen. [2]Während der Zusammenarbeit muss er sich durch Stichproben von der Angemessenheit und Ordnungsmäßigkeit der Maßnahmen überzeugen, die diese Personen oder Unternehmen getroffen haben.

(8) [1]Soweit eine vertragliche Vereinbarung nach Absatz 5 mit deutschen Botschaften, Auslandshandelskammern oder Konsulaten geschlossen wird, gelten diese kraft Vereinbarung als geeignet. [2]Absatz 7 findet keine Anwendung.

(9) Bei der Übertragung nach Absatz 5 bleiben die Vorschriften über die Auslagerung von Aktivitäten und Prozessen nach § 25b des Kreditwesengesetzes[1)] unberührt.

Abschnitt 4. Transparenzregister

§ 18 Einrichtung des Transparenzregisters und registerführende Stelle. (1) Es wird ein Register zur Erfassung und Zugänglichmachung von Angaben über den wirtschaftlich Berechtigten (Transparenzregister) eingerichtet.

(2) [1]Das Transparenzregister wird als hoheitliche Aufgabe des Bundes von der registerführenden Stelle elektronisch geführt. [2]Daten, die im Transparenzregister gespeichert sind, werden als chronologische Datensammlung angelegt.

(3) [1]Ist eine Mitteilung nach § 20 unvollständig, unklar oder bestehen Zweifel, welcher Vereinigung nach § 20 Absatz 1 die in der Mitteilung enthaltenen Angaben zum wirtschaftlich Berechtigten zuzuordnen sind, kann die registerführende Stelle von der in der Mitteilung genannten Vereinigung verlangen, dass diese die für eine Eintragung in das Transparenzregister erforderlichen Informationen innerhalb einer angemessenen Frist übermittelt. [2]Dies gilt entsprechend für Mitteilungen von Rechtsgestaltungen nach § 21.

(3a) Die registerführende Stelle ist im Einzelfall berechtigt, der Behörde nach § 56 Absatz 5 Satz 2 die Informationen und Unterlagen zu übermitteln, die für die Erfüllung der Aufgaben der Behörde nach § 56 Absatz 5 Satz 2 erforderlich sind.

(4) [1]Die registerführende Stelle erstellt auf Antrag Ausdrucke von Daten, die im Transparenzregister gespeichert sind, und Bestätigungen, dass im Transparenzregister keine aktuelle Eintragung aufgrund einer Mitteilung nach § 20 Absatz 1 oder § 21 vorliegt. [2]Sie beglaubigt auf Antrag, dass die übermittelten Daten mit dem Inhalt des Transparenzregisters übereinstimmen. [3]Mit der

---

[1)] Nr. 8.

Beglaubigung ist keine Gewähr für die Richtigkeit und Vollständigkeit der Angaben zum wirtschaftlich Berechtigten verbunden. [4]Ein Antrag auf Ausdruck von Daten, die lediglich über das Transparenzregister gemäß § 22 Absatz 1 Satz 1 Nummer 4 bis 8 zugänglich gemacht werden, kann auch über das Transparenzregister an das Gericht vermittelt werden. [5]Dies gilt entsprechend für die Vermittlung eines Antrags auf Ausdruck von Daten, die gemäß § 22 Absatz 1 Satz 1 Nummer 2 und 3 zugänglich gemacht werden, an den Betreiber des Unternehmensregisters.

(5) Die registerführende Stelle erstellt ein Informationssicherheitskonzept für das Transparenzregister, aus dem sich die getroffenen technischen und organisatorischen Maßnahmen zum Datenschutz ergeben.

(6) Das Bundesministerium der Finanzen wird ermächtigt, durch Rechtsverordnung, die nicht der Zustimmung des Bundesrates bedarf, die technischen Einzelheiten zu Einrichtung und Führung des Transparenzregisters einschließlich der Speicherung historischer Datensätze sowie die Einhaltung von Löschungsfristen für die im Transparenzregister gespeicherten Daten zu regeln.

§ 19 Angaben zum wirtschaftlich Berechtigten. (1) Über das Transparenzregister sind im Hinblick auf Vereinigungen nach § 20 Absatz 1 Satz 1 und Rechtsgestaltungen nach § 21 folgende Angaben zum wirtschaftlich Berechtigten nach Maßgabe des § 23 zugänglich:

1. Vor- und Nachname,
2. Geburtsdatum,
3. Wohnort,
4. Art und Umfang des wirtschaftlichen Interesses und
5. Staatsangehörigkeit.

(2) [1]Für die Bestimmung des wirtschaftlich Berechtigten von Vereinigungen im Sinne des § 20 Absatz 1 Satz 1 mit Ausnahme der rechtsfähigen Stiftungen gilt § 3 Absatz 1 und 2 entsprechend. [2]Für die Bestimmung des wirtschaftlich Berechtigten von Rechtsgestaltungen nach § 21 und rechtsfähigen Stiftungen gilt § 3 Absatz 1 und 3 entsprechend.

(3) Die Angaben zu Art und Umfang des wirtschaftlichen Interesses nach Absatz 1 Nummer 4 zeigen, woraus die Stellung als wirtschaftlich Berechtigter folgt, und zwar

1. bei Vereinigungen nach § 20 Absatz 1 Satz 1 mit Ausnahme der rechtsfähigen Stiftungen aus
   a) der Beteiligung an der Vereinigung selbst, insbesondere der Höhe der Kapitalanteile oder der Stimmrechte,
   b) der Ausübung von Kontrolle auf sonstige Weise, insbesondere aufgrund von Absprachen zwischen einem Dritten und einem Anteilseigner oder zwischen mehreren Anteilseignern untereinander, oder aufgrund der einem Dritten eingeräumten Befugnis zur Ernennung von gesetzlichen Vertretern oder anderen Organmitgliedern oder
   c) der Funktion des gesetzlichen Vertreters, geschäftsführenden Gesellschafters oder Partners,
2. bei Rechtsgestaltungen nach § 21 und rechtsfähigen Stiftungen aus einer der in § 3 Absatz 3 aufgeführten Funktionen.

§ 20 Transparenzpflichten im Hinblick auf bestimmte Vereinigungen.

(1) [1]Juristische Personen des Privatrechts und eingetragene Personengesellschaften haben die in § 19 Absatz 1 aufgeführten Angaben zu den wirtschaftlich Berechtigten dieser Vereinigungen einzuholen, aufzubewahren, auf aktuellem Stand zu halten und der registerführenden Stelle unverzüglich zur Eintragung in das Transparenzregister mitzuteilen. [2]Die Pflicht nach Satz 1 gilt auch für Vereinigungen mit Sitz im Ausland, wenn sie sich verpflichten, Eigentum an einer im Inland gelegenen Immobilie zu erwerben. [3]Die Pflicht nach Satz 1 gilt nicht für in Satz 2 genannte Vereinigungen, wenn sie die Angaben nach Artikel 1 Nummer 15 Buchstabe c der Richtlinie (EU) 2018/843 und nach § 19 Absatz 1 bereits an ein anderes Register eines Mitgliedstaates der Europäischen Union übermittelt haben. [4]Die Mitteilung hat elektronisch in einer Form zu erfolgen, die ihre elektronische Zugänglichmachung ermöglicht. [5]Bei den Angaben zu Art und Umfang des wirtschaftlichen Interesses nach § 19 Absatz 1 Nummer 4 ist anzugeben, woraus nach § 19 Absatz 3 die Stellung als wirtschaftlich Berechtigter folgt, sofern nicht Absatz 2 Satz 2 einschlägig ist.

(1a) Eine juristische Person des Privatrechts oder eine eingetragene Personengesellschaft, die nach Absatz 1 Satz 1 mitteilungspflichtig ist und die nicht in einem der in Absatz 2 Satz 1 Nummer 1 bis 4 aufgeführten Register eingetragen ist, hat der registerführenden Stelle unverzüglich mitzuteilen, wenn

1. sich ihre Bezeichnung geändert hat,
2. sie verschmolzen worden ist,
3. sie aufgelöst worden ist oder
4. ihre Rechtsform geändert wurde.

(2) [1]Die Pflicht zur Mitteilung an das Transparenzregister nach Absatz 1 Satz 1 gilt als erfüllt, wenn sich die in § 19 Absatz 1 Nummer 1 bis 4 aufgeführten Angaben zum wirtschaftlich Berechtigten bereits aus den in § 22 Absatz 1 aufgeführten Dokumenten und Eintragungen ergeben, die elektronisch abrufbar sind aus:

1. dem Handelsregister (§ 8 des Handelsgesetzbuchs),
2. dem Partnerschaftsregister (§ 5 des Partnerschaftsgesellschaftsgesetzes),
3. dem Genossenschaftsregister (§ 10 des Genossenschaftsgesetzes),
4. dem Vereinsregister (§ 55 des Bürgerlichen Gesetzbuchs[1]) oder
5. dem Unternehmensregister (§ 8b Absatz 2 des Handelsgesetzbuchs).

[2]Bei Gesellschaften, die an einem organisierten Markt nach § 2 Absatz 11 des Wertpapierhandelsgesetzes notiert sind oder dem Gemeinschaftsrecht entsprechenden Transparenzanforderungen im Hinblick auf Stimmrechtsanteile oder gleichwertigen internationalen Standards unterliegen, gilt die Pflicht zur Mitteilung an das Transparenzregister stets als erfüllt. [3]Eine gesonderte Angabe im Hinblick auf Art und Umfang des wirtschaftlichen Interesses nach § 19 Absatz 1 Nummer 4 ist nicht erforderlich, wenn sich aus den in § 22 Absatz 1 aufgeführten Dokumenten und Eintragungen ergibt, woraus nach § 19 Absatz 3 die Stellung als wirtschaftlich Berechtigter folgt. [4]Ist eine Mitteilung nach Absatz 1 Satz 1 an das Transparenzregister erfolgt und ändert sich danach der wirtschaftlich Berechtigte, so dass sich die Angaben zu ihm nun aus den in Satz 1

---

[1] Auszugsweise abgedruckt unter Nr. **23**.

aufgeführten Registern ergeben, ist dies der registerführenden Stelle nach Absatz 1 Satz 1 unverzüglich zur Berücksichtigung im Transparenzregister mitzuteilen.

(3) [1] Wirtschaftlich Berechtigte von Vereinigungen nach Absatz 1 haben diesen Vereinigungen die zur Erfüllung der Pflichten nach Absatz 1 notwendigen Angaben mitzuteilen und jede Änderung dieser Angaben unverzüglich mitzuteilen. [2] Anteilseigner, die wirtschaftlich Berechtigte sind oder die von dem wirtschaftlich Berechtigten unmittelbar kontrolliert werden, haben den Vereinigungen nach Absatz 1 die zur Erfüllung der Pflichten nach Absatz 1 notwendigen Angaben mitzuteilen und jede Änderung dieser Angaben unverzüglich mitzuteilen. [3] Kontrolliert ein Mitglied eines Vereins oder einer Genossenschaft mehr als 25 Prozent der Stimmrechte, so trifft die Mitteilungspflicht nach Satz 1 dieses Mitglied. [4] Bei Stiftungen trifft die Mitteilungspflicht nach Satz 1 die Personen nach § 3 Absatz 3.

(3a) [1] Hat die Vereinigung keine Angaben der wirtschaftlich Berechtigten nach Absatz 3 erhalten, so hat sie von ihren Anteilseignern, soweit sie ihr bekannt sind, in angemessenem Umfang Auskunft zu den wirtschaftlich Berechtigten der Vereinigung zu verlangen. [2] Die Anteilseigner sind verpflichtet, das Auskunftsersuchen innerhalb angemessener Frist zu beantworten. [3] Die Pflicht, Auskunft nach Satz 1 zu verlangen, gilt nicht, wenn der Vereinigung die Angaben zum wirtschaftlich Berechtigten nach § 19 bereits anderweitig bekannt sind. [4] Die Vereinigung hat die Auskunftsersuchen sowie die eingeholten Informationen zu dokumentieren.

(3b) [1] Gelangt der Anteilseigner zu der Erkenntnis, dass sich der wirtschaftlich Berechtigte der Vereinigung geändert hat, so muss er dies der Vereinigung innerhalb einer angemessenen Frist mitteilen. [2] Satz 1 gilt nicht, wenn

1. die Angaben zu dem neuen wirtschaftlich Berechtigten bereits über das Transparenzregister zugänglich sind, oder
2. der Anteilseigner anderweitig positive Kenntnis davon hat, dass der Vereinigung der neue wirtschaftlich Berechtigte bekannt ist.

[3] Der Anteilseigner hat die Mitteilung an die Vereinigung zu dokumentieren und aufzubewahren.

(4) Die Angabepflicht nach Absatz 3 entfällt, wenn die Meldepflicht nach Absatz 1 gemäß Absatz 2 als erfüllt gilt oder wenn die Anteilseigner, Mitglieder und wirtschaftlich Berechtigten die erforderlichen Angaben bereits in anderer Form mitgeteilt haben.

(5) [1] Die Zentralstelle für Finanztransaktionsuntersuchungen und die Aufsichtsbehörden können im Rahmen ihrer Aufgaben und Befugnisse die nach Absatz 1 aufbewahrten Angaben einsehen oder sich vorlegen lassen. [2] Die Angaben sind ihnen unverzüglich zur Verfügung zu stellen.

§ 21 Transparenzpflichten im Hinblick auf bestimmte Rechtsgestaltungen. (1) [1] Verwalter von Trusts (Trustees) mit Wohnsitz oder Sitz in Deutschland haben die in § 19 Absatz 1 aufgeführten Angaben zu den wirtschaftlich Berechtigten des Trusts, den sie verwalten, und die Staatsangehörigkeit der wirtschaftlich Berechtigten einzuholen, aufzubewahren, auf aktuellem Stand zu halten und der registerführenden Stelle unverzüglich zur Eintragung in das Transparenzregister mitzuteilen. [2] Die Pflicht nach Satz 1 gilt auch für

Trustees, die außerhalb der Europäischen Union ihren Wohnsitz oder Sitz haben, wenn sie für den Trust eine Geschäftsbeziehung mit einem Vertragspartner mit Sitz in Deutschland aufnehmen oder sich verpflichten, Eigentum an einer im Inland gelegenen Immobilie zu erwerben. [3]Die Pflicht nach Satz 1 gilt nicht für die in Satz 2 genannten Trustees, wenn ein Trustee die Angaben nach Artikel 1 Nummer 16 Buchstabe a der Richtlinie (EU) 2018/843 und nach § 19 Absatz 1 bereits an ein anderes Register eines Mitgliedstaates der Europäischen Union übermittelt hat und

1. der Trustee in diesem Mitgliedstaat der Europäischen Union ebenfalls einen Wohnsitz oder Sitz unterhält oder
2. einer der Vertragspartner, zu dem ein Trust mit Wohnsitz oder Sitz außerhalb der Europäischen Union ebenfalls eine Geschäftsbeziehung unterhält, in diesem Mitgliedstaat seinen Sitz hat.

(1a) [1]Die Mitteilung hat elektronisch in einer Form zu erfolgen, die ihre elektronische Zugänglichmachung ermöglicht. [2]Der Trust ist in der Mitteilung eindeutig zu bezeichnen. [3]Bei den Angaben zu Art und Umfang des wirtschaftlichen Interesses nach § 19 Absatz 1 Nummer 4 ist anzugeben, woraus nach § 19 Absatz 3 Nummer 2 die Stellung als wirtschaftlich Berechtigter folgt.

(1b) Der registerführenden Stelle ist ferner durch den nach Absatz 1 zur Mitteilung Verpflichteten unverzüglich mitzuteilen, wenn der Trust

1. umbenannt wurde,
2. aufgelöst wurde oder
3. nicht mehr nach Absatz 1 verpflichtet ist.

(2) Die Pflichten der Absätze 1, 1a und 1b gelten entsprechend auch für Treuhänder mit Wohnsitz oder Sitz in Deutschland folgender Rechtsgestaltungen:

1. nichtrechtsfähige Stiftungen, wenn der Stiftungszweck aus Sicht des Stifters eigennützig ist, und
2. Rechtsgestaltungen, die solchen Stiftungen in ihrer Struktur oder Funktion entsprechen.

(3) [1]Die Zentralstelle für Finanztransaktionsuntersuchungen und die Aufsichtsbehörden können im Rahmen ihrer Aufgaben und Befugnisse die von Trustees nach Absatz 1 und von Treuhändern nach Absatz 2 aufbewahrten Angaben einsehen oder sich vorlegen lassen. [2]Die Angaben sind ihnen unverzüglich zur Verfügung zu stellen.

(4) Das Bundesministerium der Finanzen wird ermächtigt, im Einvernehmen mit dem Bundesministerium der Justiz und für Verbraucherschutz durch Rechtsverordnung, die nicht der Zustimmung des Bundesrates bedarf, die Einzelheiten zu regeln, welche Trusts und trustähnlichen Rechtsgestaltungen von § 21 Absatz 1 und 2 erfasst sind und durch welche Merkmale sich diese auszeichnen.

§ 22 Zugängliche Dokumente und Datenübermittlung an das Transparenzregister, Verordnungsermächtigung. (1) [1]Über die Internetseite des Transparenzregisters sind nach Maßgabe des § 23 zugänglich:

1. Eintragungen im Transparenzregister zu Meldungen nach § 20 Absatz 1 Satz 1, Absatz 2 Satz 4 und nach § 21,

2. Bekanntmachungen des Bestehens einer Beteiligung nach § 20 Absatz 6 des Aktiengesetzes,
3. Stimmrechtsmitteilungen nach den §§ 40 und 41 des Wertpapierhandelsgesetzes,
4. Listen der Gesellschafter von Gesellschaften mit beschränkter Haftung und Unternehmergesellschaften nach § 8 Absatz 1 Nummer 3, § 40 des Gesetzes betreffend die Gesellschaften mit beschränkter Haftung sowie Gesellschafterverträge gemäß § 8 Absatz 1 Nummer 1 in Verbindung mit § 2 Absatz 1a Satz 2 des Gesetzes betreffend die Gesellschaften mit beschränkter Haftung, sofern diese als Gesellschafterliste gelten, nach § 2 Absatz 1a Satz 4 des Gesetzes betreffend die Gesellschaften mit beschränkter Haftung,
5. Eintragungen im Handelsregister,
6. Eintragungen im Partnerschaftsregister,
7. Eintragungen im Genossenschaftsregister,
8. Eintragungen im Vereinsregister.

[2] Zugänglich in dem nach den besonderen registerrechtlichen Vorschriften für die Einsicht geregelten Umfang sind nur solche Dokumente und Eintragungen nach Satz 1 Nummer 2 bis 8, die aus den in § 20 Absatz 2 Satz 1 genannten öffentlichen Registern elektronisch abrufbar sind.

(2) [1] Um die Eröffnung des Zugangs zu den Originaldaten nach Absatz 1 Satz 1 Nummer 2 bis 8 über die Internetseite des Transparenzregisters zu ermöglichen, sind dem Transparenzregister die dafür erforderlichen Daten (Indexdaten) zu übermitteln. [2] Der Betreiber des Unternehmensregisters übermittelt die Indexdaten zu den Originaldaten nach Absatz 1 Satz 1 Nummer 2 und 3 dem Transparenzregister. [3] Die Landesjustizverwaltungen übermitteln die Indexdaten zu den Originaldaten nach Absatz 1 Satz 1 Nummer 4 bis 8 dem Transparenzregister. [4] Die Indexdaten dienen nur der Zugangsvermittlung und dürfen nicht zugänglich gemacht werden.

(3) [1] Das Bundesministerium der Finanzen wird ermächtigt, im Benehmen mit dem Bundesministerium der Justiz und für Verbraucherschutz für die Datenübermittlung nach Absatz 2 Satz 3 durch Rechtsverordnung, die der Zustimmung des Bundesrates bedarf, technische Einzelheiten der Datenübermittlung zwischen den Behörden der Länder und dem Transparenzregister einschließlich der Vorgaben für die zu verwendenden Datenformate und zur Sicherstellung von Datenschutz und Datensicherheit zu regeln. [2] Abweichungen von den Verfahrensregelungen durch Landesrecht sind ausgeschlossen.

(4) Das Bundesministerium der Finanzen wird ermächtigt, im Benehmen mit dem Bundesministerium der Justiz und für Verbraucherschutz durch Rechtsverordnung, die nicht der Zustimmung des Bundesrates bedarf, Registrierungsverfahren für die Mitteilungsverpflichteten nach den §§ 20 und 21 sowie technische Einzelheiten der Datenübermittlung nach Absatz 2 Satz 2 sowie nach den §§ 20 und 21 einschließlich der Vorgaben für die zu verwendenden Datenformate und Formulare sowie zur Sicherstellung von Datenschutz und Datensicherheit zu regeln.

§ 23 Einsichtnahme in das Transparenzregister, Verordnungsermächtigung. (1) [1] Bei Vereinigungen nach § 20 Absatz 1 Satz 1 und Rechtsgestaltungen nach § 21 ist die Einsichtnahme gestattet:

1. den folgenden Behörden, soweit sie zur Erfüllung ihrer gesetzlichen Aufgaben erforderlich ist:
   a) den Aufsichtsbehörden und der Behörde nach § 25 Absatz 6 sowie nach § 56 Absatz 5 Satz 2,
   b) der Zentralstelle für Finanztransaktionsuntersuchungen,
   c) den gemäß § 13 des Außenwirtschaftsgesetzes zuständigen Behörden,
   d) den Strafverfolgungsbehörden,
   e) dem Bundeszentralamt für Steuern sowie den örtlichen Finanzbehörden nach § 6 Absatz 2 Nummer 5 der Abgabenordnung,
   f) den für Aufklärung, Verhütung und Beseitigung von Gefahren zuständigen Behörden,
   g) den Gerichten sowie
   h) den Stellen nach § 2 Absatz 4,
2. den Verpflichteten, sofern sie der registerführenden Stelle darlegen, dass die Einsichtnahme zur Erfüllung ihrer Sorgfaltspflichten in einem der in § 10 Absatz 3 genannten Fälle erfolgt, und
3. allen Mitgliedern der Öffentlichkeit.

[2] Im Fall des Satzes 1 Nummer 3 sind neben den Angaben nach § 19 Absatz 1 Nummer 1 und 4 nur Monat und Jahr der Geburt des wirtschaftlich Berechtigten, sein Wohnsitzland und die Staatsangehörigkeit der Einsicht zugänglich, sofern sich nicht alle Angaben nach § 19 Absatz 1 bereits aus anderen öffentlichen Registern ergeben.

(2) [1] Auf Antrag des wirtschaftlich Berechtigten beschränkt die registerführende Stelle die Einsichtnahme in das Transparenzregister vollständig oder teilweise, wenn ihr der wirtschaftlich Berechtigte darlegt, dass der Einsichtnahme unter Berücksichtigung aller Umstände des Einzelfalls überwiegende schutzwürdige Interessen des wirtschaftlich Berechtigten entgegenstehen. [2] Schutzwürdige Interessen liegen vor, wenn

1. Tatsachen die Annahme rechtfertigen, dass die Einsichtnahme den wirtschaftlich Berechtigten der Gefahr aussetzen würde, Opfer einer der folgenden Straftaten zu werden:
   a) eines Betrugs (§ 263 des Strafgesetzbuchs),
   b) eines erpresserischen Menschenraubs (§ 239a des Strafgesetzbuchs),
   c) einer Geiselnahme (§ 239b des Strafgesetzbuchs),
   d) einer Erpressung oder räuberischen Erpressung (§§ 253, 255 des Strafgesetzbuchs),
   e) einer strafbaren Handlung gegen Leib oder Leben (§§ 211, 212, 223, 224, 226, 227 des Strafgesetzbuchs),
   f) einer Nötigung (§ 240 des Strafgesetzbuchs),
   g) einer Bedrohung (§ 241 des Strafgesetzbuchs) oder
2. der wirtschaftlich Berechtigte minderjährig oder geschäftsunfähig ist.

[3]Schutzwürdige Interessen des wirtschaftlich Berechtigten liegen nicht vor, wenn sich die Daten bereits aus den in § 22 Absatz 1 genannten Registern ergeben. [4]Die Beschränkung der Einsichtnahme nach Satz 1 ist nicht möglich gegenüber den in Absatz 1 Satz 1 Nummer 1 aufgeführten Behörden und gegenüber Verpflichteten nach § 2 Absatz 1 Nummer 1 bis 3 und 7 sowie gegenüber Notaren. [5]Die registerführende Stelle hat jährlich eine Statistik über die Anzahl der bewilligten Beschränkungen und darüber, ob die Beschränkungen nach Satz 1 Nummer 1 oder 2 erfolgt sind, zu erstellen, auf ihrer Internetseite zu veröffentlichen und an die Europäische Kommission zu übermitteln.

(3) [1]Die Einsichtnahme ist nur nach vorheriger Online-Registrierung des Nutzers möglich und kann zum Zweck der Kontrolle, wer Einsicht genommen hat, protokolliert werden. [2]Die registerführende Stelle ist nicht befugt, gegenüber Vereinigungen nach § 20 und Rechtsgestaltungen nach § 21 offenzulegen, wer Einsicht in die Angaben genommen hat, die die Vereinigungen und Rechtsgestaltungen zu ihren wirtschaftlich Berechtigten gemacht haben.

(4) Das Transparenzregister erlaubt die Suche nach Vereinigungen nach § 20 Absatz 1 Satz 1 und Rechtsgestaltungen nach § 21 über alle eingestellten Daten sowie über sämtliche Indexdaten.

(5) Das Bundesministerium der Finanzen wird ermächtigt, durch Rechtsverordnung, die nicht der Zustimmung des Bundesrates bedarf, die Einzelheiten der Einsichtnahme und Beschränkung, insbesondere der Online-Registrierung und der Protokollierung wie die zu protokollierenden Daten und die Löschungsfrist für die protokollierten Daten nach Absatz 3, der Darlegungsanforderungen für die Einsichtnahme nach Absatz 1 Satz 1 Nummer 2 und 3 und der Darlegungsanforderungen für die Beschränkung der Einsichtnahme nach Absatz 2 zu bestimmen.

[Abs. 6 ab 1.7.2020:]

(6) [1]Auf Antrag ist dem wirtschaftlich Berechtigten durch die registerführende Stelle Auskunft über die nach § 23 Absatz 1 Satz 1 Nummer 3 erfolgten Einsichtnahmen zu erteilen. [2]Der wirtschaftlich Berechtigte hat bei Antragstellung die Vereinigung nach § 20 oder die Rechtsgestaltung nach § 21 anzugeben, für die eine Auskunft beantragt wird. [3]Die Auskunft beinhaltet folgende Informationen:

1. die beauskunfteten personenbezogenen Daten des wirtschaftlich Berechtigten,
2. die monatsweise dargestellte Anzahl der seit der letzten Antragstellung erfolgten Einsichtnahmen,
3. der Zeitpunkt der jeweiligen Einsichtnahmen,
4. eine anonymisierte Auflistung der natürlichen Personen, die Einsicht genommen haben und
5. bei Einsichtnahme durch juristische Personen deren Bezeichnung.

[4]Die beantragte Auskunft ist mindestens einmal im Kalenderjahr, höchstens jedoch einmal im Quartal zu erteilen. [5]Der wirtschaftlich Berechtigte belegt im Rahmen der Antragstellung nach Satz 1 seine Identität und seine Stellung als wirtschaftlich Berechtigter der im Antrag in Bezug genommenen Vereinigung nach § 20 oder Rechtsgestaltung nach § 21 anhand geeigneter Nachweise. [6]Geeignete Nachweise zur Feststellung der Identität sind solche nach § 12. [7]Die Antragstellung und Auskunftserteilung nach diesem Absatz ist ausschließlich über die Internetseite des Transparenzregisters nach den Vorgaben der registerführenden Stelle möglich.

§ 23a Meldung von Unstimmigkeiten an die registerführende Stelle.

(1) [1]Verpflichtete nach § 23 Absatz 1 Satz 1 Nummer 2 haben der registerführenden Stelle Unstimmigkeiten unverzüglich zu melden, die sie zwischen den Angaben über die wirtschaftlich Berechtigten, die im Transparenzregister zugänglich sind, und den ihnen zur Verfügung stehenden Angaben und Erkenntnissen über die wirtschaftlich Berechtigten feststellen. [2]§ 43 Absatz 2 gilt entsprechend. [3]Zuständige Behörden nach § 23 Absatz 1 Satz 1 Nummer 1 Buchstabe a und b trifft die Pflicht nach Satz 1, sofern dadurch die Aufgabenwahrnehmung der Behörden nicht beeinträchtigt wird. [4]Eine Unstimmigkeit nach Satz 1 besteht, wenn Eintragungen nach § 20 Absatz 1 und 2 sowie nach § 21 Absatz 1 und 2 fehlen, einzelne Angaben zu den wirtschaftlich Berechtigten nach § 19 Absatz 1 abweichen oder wenn abweichende wirtschaftlich Berechtigte ermittelt wurden. [5]Die der Unstimmigkeitsmeldung zugrunde liegende Ermittlung der wirtschaftlich Berechtigten hat nach den Vorgaben des § 3 zu erfolgen.

(2) Die registerführende Stelle hat auf der Internetseite des Transparenzregisters deutlich sichtbar eine Vorkehrung einzurichten, über die Unstimmigkeitsmeldungen nach Absatz 1 abzugeben sind.

(3) [1]Die registerführende Stelle hat die Unstimmigkeitsmeldung nach Absatz 1 unverzüglich zu prüfen. [2]Hierzu kann sie von dem Erstatter der Unstimmigkeitsmeldung, der betroffenen Vereinigung nach § 20 oder der Rechtsgestaltung nach § 21 die zur Aufklärung erforderlichen Informationen und Unterlagen verlangen.

(4) Die registerführende Stelle übergibt die Unstimmigkeitsmeldung mit allen erforderlichen Unterlagen der Behörde nach § 56 Absatz 5 Satz 2 im Rahmen ihrer Zuständigkeit für die Verfolgung von Ordnungswidrigkeiten nach § 56 Absatz 1 Satz 1 Nummer 54 bis 66, wenn

1. sie zu der Erkenntnis gelangt, dass die im Transparenzregister enthaltenen Angaben zum wirtschaftlich Berechtigten nicht zutreffend sind oder
2. sie die Prüfung der Unstimmigkeitsmeldung aufgrund unklarer Sachlage nicht abschließen konnte.

(5) [1]Nachdem das Verfahren zur Prüfung der Unstimmigkeitsmeldung abgeschlossen ist, ist der Erstatter der Unstimmigkeitsmeldung durch die registerführende Stelle über das Ergebnis der Prüfung unverzüglich zu informieren. [2]Das Verfahren zur Prüfung der Unstimmigkeitsmeldung gilt als abgeschlossen, wenn die registerführende Stelle oder die Behörde nach § 56 Absatz 5 Satz 2 aufgrund der nach Absatz 3 erlangten Erkenntnisse oder aufgrund einer neuen Mitteilung der Vereinigung nach § 20 oder der Rechtsgestaltung nach § 21, die Gegenstand der Unstimmigkeitsmeldung ist, zu dem Ergebnis gekommen ist, dass die Unstimmigkeit ausgeräumt ist.

(6) [1]Nach Eingang der Unstimmigkeitsmeldung nach Absatz 1 hat die registerführende Stelle auf dem Registerauszug sichtbar zu vermerken, dass die Angaben zu den wirtschaftlich Berechtigten der Vereinigung nach § 20 oder der Rechtsgestaltung nach § 21 der Prüfung unterliegen. [2]Der Abschluss des Verfahrens zur Prüfung der Unstimmigkeitsmeldung ist auf dem Registerauszug zu vermerken.

§ 24 Gebühren und Auslagen, Verordnungsermächtigung. (1) [1] Für die Führung des Transparenzregisters erhebt die registerführende Stelle von Vereinigungen nach § 20 und von Rechtsgestaltungen nach § 21 Gebühren. [2] Dies gilt auf Antrag nicht für Vereinigungen nach § 20, die einen steuerbegünstigten Zweck im Sinne der §§ 52 bis 54 der Abgabenordnung verfolgen und dies mittels einer Bescheinigung des zuständigen Finanzamtes gegenüber der registerführenden Stelle nachweisen.

(2) [1] Für die Einsichtnahme in die dem Transparenzregister nach § 20 Absatz 1 und § 21 mitgeteilten Daten erhebt die registerführende Stelle zur Deckung des Verwaltungsaufwands Gebühren und Auslagen. [2] Dasselbe gilt für die Erstellung von Ausdrucken, Bestätigungen und Beglaubigungen nach § 18 Absatz 4. [3] Behörden und Gerichte nach § 23 Absatz 1 Satz 1 Nummer 1 und die Behörde nach § 56 Absatz 5 Satz 2 haben keine Gebühren und Auslagen nach den Sätzen 1 und 2 zu entrichten. [4] § 8 Absatz 2 Satz 1 des Bundesgebührengesetzes ist nicht anzuwenden. [5] Für Behörden gilt § 8 des Bundesgebührengesetzes.

(2a) Für die Registrierung und Identifizierung von wirtschaftlich Berechtigten im Zusammenhang mit einem Antrag nach § 23 Absatz 6 erhebt die registerführende Stelle zur Deckung des Verwaltungsaufwands Gebühren und Auslagen von den Antragstellern nach § 23 Absatz 6.

(3) Das Bundesministerium der Finanzen wird ermächtigt, durch Rechtsverordnung, die nicht der Zustimmung des Bundesrates bedarf, Einzelheiten zu Folgendem näher zu regeln:
1. die gebührenpflichtigen Tatbestände,
2. die Gebührenschuldner,
3. die Gebührensätze nach festen Sätzen oder als Rahmengebühren,
4. die Auslagenerstattung und
5. das Verfahren für eine Gebührenbefreiung nach Absatz 1 Satz 2.

§ 25 Übertragung der Führung des Transparenzregisters, Verordnungsermächtigung. (1) Das Bundesministerium der Finanzen wird ermächtigt, durch Rechtsverordnung, die nicht der Zustimmung des Bundesrates bedarf, eine juristische Person des Privatrechts mit den Aufgaben der registerführenden Stelle und mit den hierfür erforderlichen Befugnissen zu beleihen.

(2) [1] Eine juristische Person des Privatrechts darf nur beliehen werden, wenn sie die Gewähr für die ordnungsgemäße Erfüllung der ihr übertragenen Aufgaben, insbesondere für den langfristigen und sicheren Betrieb des Transparenzregisters, bietet. [2] Sie bietet die notwendige Gewähr, wenn
1. die natürlichen Personen, die nach Gesetz, dem Gesellschaftsvertrag oder der Satzung die Geschäftsführung und Vertretung ausüben, zuverlässig und fachlich geeignet sind,
2. sie grundlegende Erfahrungen mit der Zugänglichmachung von registerrechtlichen Informationen, insbesondere von Handelsregisterdaten, Gesellschaftsbekanntmachungen und kapitalmarktrechtlichen Informationen, hat,
3. sie die zur Erfüllung ihrer Aufgaben notwendige Organisation sowie technische und finanzielle Ausstattung hat und

4. sie sicherstellt, dass sie die Vorschriften zum Schutz personenbezogener Daten einhält.

(3) [1]Die Dauer der Beleihung ist zu befristen. [2]Sie soll fünf Jahre nicht unterschreiten. [3]Die Möglichkeit, bei Vorliegen eines wichtigen Grundes die Beleihung vor Ablauf der Frist zu beenden, ist vorzusehen. [4]Haben die Voraussetzungen für die Beleihung nicht vorgelegen oder sind sie nachträglich entfallen, soll die Beleihung jederzeit beendet werden können. [5]Es ist sicherzustellen, dass mit Beendigung der Beleihung dem Bundesministerium der Finanzen oder einer von ihm bestimmten Stelle alle für den ordnungsgemäßen Weiterbetrieb des Transparenzregisters erforderlichen Softwareprogramme und Daten unverzüglich zur Verfügung gestellt werden und die Rechte an diesen Softwareprogrammen und an der für das Transparenzregister genutzten Internetadresse übertragen werden.

(4) [1]Der Beliehene ist berechtigt, das kleine Bundessiegel zu führen. [2]Es wird vom Bundesministerium der Finanzen zur Verfügung gestellt. [3]Das kleine Bundessiegel darf ausschließlich zur Beglaubigung von Ausdrucken aus dem Transparenzregister und zu Bestätigungen nach § 18 Absatz 4 genutzt werden.

(5) [1]Der Beliehene ist befugt, die Gebühren nach § 24 zu erheben. [2]Das Gebührenaufkommen steht ihm zu. [3]In der Rechtsverordnung kann das Bundesministerium der Finanzen die Vollstreckung der Gebührenbescheide dem Beliehenen übertragen.

(6) [1]Der Beliehene untersteht der Rechts- und Fachaufsicht durch das Bundesverwaltungsamt. [2]Das Bundesverwaltungsamt kann sich zur Wahrnehmung seiner Aufsichtstätigkeit jederzeit über die Angelegenheiten des Beliehenen unterrichten, insbesondere durch Einholung von Auskünften und Berichten sowie durch das Verlangen nach Vorlage von Aufzeichnungen aller Art, rechtswidrige Maßnahmen beanstanden sowie entsprechende Abhilfe verlangen. [3]Der Beliehene ist verpflichtet, den Weisungen des Bundesverwaltungsamts nachzukommen. [4]Dieses kann, wenn der Beliehene den Weisungen nicht oder nicht fristgerecht nachkommt, die erforderlichen Maßnahmen an Stelle und auf Kosten des Beliehenen selbst durchführen oder durch einen anderen durchführen lassen. [5]Die Bediensteten und sonstigen Beauftragten des Bundesverwaltungsamts sind befugt, zu den Betriebs- und Geschäftszeiten Betriebsstätten, Geschäfts- und Betriebsräume des Beliehenen zu betreten, zu besichtigen und zu prüfen, soweit dies zur Erfüllung ihrer Aufgaben erforderlich ist. [6]Gegenstände oder geschäftliche Unterlagen können im erforderlichen Umfang eingesehen und in Verwahrung genommen werden.

(7) Für den Fall, dass keine juristische Person des Privatrechts beliehen wird, oder für den Fall, dass die Beleihung beendet wird, kann das Bundesministerium der Finanzen die Führung des Transparenzregisters auf eine Bundesoberbehörde in seinem Geschäftsbereich oder im Einvernehmen mit dem zuständigen Bundesministerium auf eine Bundesoberbehörde in dessen Geschäftsbereich übertragen.

§ 26 Europäisches System der Registervernetzung, Verordnungsermächtigung. (1) [1]Die in § 22 Absatz 1 Satz 1 aufgeführten Daten sind, sofern sie juristische Personen des Privatrechts und eingetragene Personengesellschaften nach § 20 sowie Rechtsgestaltungen nach § 21 betreffen, über die durch Artikel 22 Absatz 1 der Richtlinie (EU) 2017/1132 des Europäischen

Parlaments und des Rates vom 14. Juni 2017 über bestimmte Aspekte des Gesellschaftsrechts geschaffene zentrale Europäische Plattform zugänglich. [2] § 23 Absatz 1 bis 3 gilt entsprechend. [3] Zur Zugänglichmachung über die zentrale Europäische Plattform übermittelt die registerführende Stelle die dem Transparenzregister nach § 20 Absatz 1 und § 21 mitgeteilten Daten sowie die Indexdaten nach § 22 Absatz 2 an die zentrale Europäische Plattform nach Artikel 22 Absatz 1 der Richtlinie (EU) 2017/1132 und Artikel 4a Absatz 1 der Richtlinie 2009/101/EG des Europäischen Parlaments und des Rates vom 16. September 2009 zur Koordinierung der Schutzbestimmungen, die in den Mitgliedstaaten den Gesellschaften im Sinne des Artikels 48 Absatz 2 des Vertrags im Interesse der Gesellschafter sowie Dritter vorgeschrieben sind, um diese Bestimmungen gleichwertig zu gestalten (ABl. L 258 vom 1.10.2009, S. 11), die zuletzt durch die Richtlinie 2013/24/EU (ABl. L 158 vom 10.6. 2013, S. 365) geändert worden ist, sofern die Übermittlung für die Eröffnung eines Zugangs zu den Originaldaten über den Suchdienst auf der Internetseite der zentralen Europäischen Plattform erforderlich ist.

(2) [1] Das Transparenzregister ist mit den Registern anderer Mitgliedstaaten der Europäischen Union im Sinne von Artikel 22 Absatz 2 der Richtlinie (EU) 2017/1132 über die durch Artikel 22 Absatz 1 der Richtlinie (EU) 2017/1132 geschaffene zentrale Europäische Plattform zu vernetzen. [2] Die Vernetzung der Register der Mitgliedstaaten über die Plattform erfolgt nach Maßgabe der technischen Spezifikationen und Verfahren, die durch von der Europäischen Kommission gemäß Artikel 24 der Richtlinie (EU) 2017/1132 und Artikel 1 Nummer 17 der Richtlinie (EU) 2018/843 erlassene Durchführungsrechtsakte festgelegt werden.

(3) Daten nach § 22 Absatz 1 Satz 1, soweit sie juristische Personen des Privatrechts und eingetragene Personengesellschaften nach § 20 oder Rechtsgestaltungen nach § 21 betreffen, sind nach Abschluss der Abwicklung und, soweit sie registerlich geführt sind, nach Löschung im Register der juristischen Personen des Privatrechts, eingetragenen Personengesellschaften oder Rechtsgestaltungen noch für einen Zeitraum von mindestens fünf und höchstens zehn Jahren über das Transparenzregister und die durch Artikel 22 Absatz 1 der Richtlinie (EU) 2017/1132 geschaffene zentrale Europäische Plattform zugänglich.

(4) Das Bundesministerium der Finanzen wird im Benehmen mit dem Bundesministerium der Justiz und für Verbraucherschutz ermächtigt, durch Rechtsverordnung, die der Zustimmung des Bundesrates bedarf, die erforderlichen Bestimmungen über die Einzelheiten des elektronischen Datenverkehrs und seiner Abwicklung nach Absatz 1 einschließlich Vorgaben über Datenformate und Zahlungsmodalitäten zu treffen, soweit keine Regelungen in den von der Europäischen Kommission gemäß Artikel 24 der Richtlinie (EU) 2017/1132 und Artikel 31a der Richtlinie (EU) 2018/843 erlassenen Durchführungsrechtsakten enthalten sind.

[§ 26a bis 31.12.2020:]

§ 26a Abruf durch die Zentralstelle für Finanztransaktionsuntersuchungen und die Strafverfolgungsbehörden *(noch nicht in Kraft)*

[§ 26a ab 1.1.2021:]
§ 26a Abruf durch die Zentralstelle für Finanztransaktionsuntersuchungen und die Strafverfolgungsbehörden. *(1) Die registerführende Stelle übermittelt der Zentralstelle für Finanztransaktionsuntersuchungen für Zwecke nach § 28 Absatz 1 Satz 2 Nummer 2, 4 und 8 und den Strafverfolgungsbehörden für ihre Aufgabenerfüllung die erforderlichen Informationen aus dem Transparenzregister.*

(2) [1] Die Übermittlung erfolgt im Wege des automatisierten Abrufs. [2] Die registerführende Stelle richtet für Abfragen nach Absatz 1 einen nach den Vorgaben der registerführenden Stelle ausgestalteten automatisierten Zugriff auf die im Transparenzregister gespeicherten Daten ein, der auch die Suche nach wirtschaftlich Berechtigten einer Vereinigung nach § 20 oder einer Rechtsgestaltung nach § 21 über die Angaben Name und Vorname sowie zusätzlich Geburtsdatum, Wohnort oder Staatsangehörigkeit des wirtschaftlich Berechtigten erlaubt. [3] § 23 bleibt hiervon unberührt.

(3) Die beteiligten Stellen haben zu gewährleisten, dass für Abfragen nach Absatz 1 dem jeweiligen Stand der Technik entsprechende Maßnahmen zur Sicherstellung von Datenschutz und Datensicherheit getroffen werden, die insbesondere die Vertraulichkeit und Unversehrtheit der Daten gewährleisten.

Abschnitt 5. Zentralstelle für Finanztransaktionsuntersuchungen

§ 27 Zentrale Meldestelle. (1) Zentrale Meldestelle zur Verhinderung, Aufdeckung und Unterstützung bei der Bekämpfung von Geldwäsche und Terrorismusfinanzierung nach Artikel 32 Absatz 1 der Richtlinie (EU) 2015/849 ist die Zentralstelle für Finanztransaktionsuntersuchungen.

(2) Die Zentralstelle für Finanztransaktionsuntersuchungen ist organisatorisch eigenständig und arbeitet im Rahmen ihrer Aufgaben und Befugnisse fachlich unabhängig.

§ 28 Aufgaben, Aufsicht und Zusammenarbeit. (1) [1] Die Zentralstelle für Finanztransaktionsuntersuchungen hat die Aufgabe der Erhebung und Analyse von Informationen im Zusammenhang mit Geldwäsche oder Terrorismusfinanzierung und der Weitergabe dieser Informationen an die zuständigen inländischen öffentlichen Stellen zum Zwecke der Aufklärung, Verhinderung oder Verfolgung solcher Taten. [2] Ihr obliegen in diesem Zusammenhang:

1. die Entgegennahme und Sammlung von Meldungen nach diesem Gesetz,
2. die Durchführung von operativen Analysen einschließlich der Bewertung von Meldungen und sonstigen Informationen,
3. der Informationsaustausch und die Koordinierung mit inländischen Aufsichtsbehörden,
4. die Zusammenarbeit und der Informationsaustausch mit zentralen Meldestellen anderer Staaten,
5. die Untersagung von Transaktionen und die Anordnung von sonstigen Sofortmaßnahmen,
6. die Übermittlung der sie betreffenden Ergebnisse der operativen Analyse nach Nummer 2 und zusätzlicher relevanter Informationen an die zuständigen inländischen öffentlichen Stellen,
7. die Rückmeldung an den Verpflichteten, der eine Meldung nach § 43 Absatz 1 abgegeben hat,

8. die Durchführung von strategischen Analysen und Erstellung von Berichten aufgrund dieser Analysen,
9. der Austausch mit den Verpflichteten sowie mit den inländischen Aufsichtsbehörden und für die Aufklärung, Verhinderung oder Verfolgung der Geldwäsche und der Terrorismusfinanzierung zuständigen inländischen öffentlichen Stellen insbesondere über entsprechende Typologien und Methoden,
10. die Erstellung von Statistiken zu den in Artikel 44 Absatz 2 der Richtlinie (EU) 2015/849 genannten Zahlen und Angaben und die Veröffentlichung einer konsolidierten Statistik auf Jahresbasis in einem Jahresbericht,
11. die Veröffentlichung eines Jahresberichts über die erfolgten operativen Analysen,
12. die Teilnahme an Treffen nationaler und internationaler Arbeitsgruppen und
13. die Wahrnehmung der Aufgaben, die ihr darüber hinaus nach anderen Bestimmungen übertragen worden sind.

(2) Die Zentralstelle für Finanztransaktionsuntersuchungen untersteht der Aufsicht des Bundesministeriums der Finanzen, die sich in den Fällen des Absatzes 1 Nummer 1, 2, 5 und 6 auf die Rechtsaufsicht beschränkt.

(3) Die Zentralstelle für Finanztransaktionsuntersuchungen sowie die sonstigen für die Aufklärung, Verhütung und Verfolgung der Geldwäsche, Terrorismusfinanzierung und sonstiger Straftaten sowie die zur Gefahrenabwehr zuständigen inländischen öffentlichen Stellen und die inländischen Aufsichtsbehörden arbeiten zur Durchführung dieses Gesetzes zusammen und unterstützen sich gegenseitig.

(4) Die Zentralstelle für Finanztransaktionsuntersuchungen informiert, soweit erforderlich, die für das Besteuerungsverfahren oder den Schutz der sozialen Sicherungssysteme zuständigen Behörden über Sachverhalte, die ihr bei der Wahrnehmung ihrer Aufgaben bekannt werden und die sie nicht an eine andere zuständige staatliche Stelle übermittelt hat.

§ 29 Verarbeitung personenbezogener Daten durch die Zentralstelle für Finanztransaktionsuntersuchungen. (1) Die Zentralstelle für Finanztransaktionsuntersuchungen darf personenbezogene Daten verarbeiten, soweit dies zur Erfüllung ihrer Aufgaben erforderlich ist.

(2) Die Zentralstelle für Finanztransaktionsuntersuchungen darf personenbezogene Daten, die sie zur Erfüllung ihrer Aufgaben gespeichert hat, mit anderen Daten abgleichen, wenn dies nach diesem Gesetz oder nach einem anderen Gesetz zulässig ist.

(3) Die Zentralstelle für Finanztransaktionsuntersuchungen darf personenbezogene Daten, die bei ihr vorhanden sind, zu Fortbildungszwecken oder zu statistischen Zwecken verarbeiten, soweit eine Verarbeitung anonymisierter Daten zu diesen Zwecken nicht möglich ist.

§ 30 Entgegennahme und Analyse von Meldungen. (1) Die Zentralstelle für Finanztransaktionsuntersuchungen hat zur Erfüllung ihrer Aufgaben folgende Meldungen und Informationen entgegenzunehmen und zu verarbeiten:

1. Meldungen von Verpflichteten nach § 43 sowie Meldungen von Aufsichtsbehörden nach § 44,
2. Mitteilungen von Finanzbehörden nach § 31b der Abgabenordnung,
3. Informationen, die ihr übermittelt werden
   a) nach Artikel 5 Absatz 1 der Verordnung (EG) Nr. 1889/2005 des Europäischen Parlaments und des Rates vom 26. Oktober 2005 über die Überwachung von Barmitteln, die in die Gemeinschaft oder aus der Gemeinschaft verbracht werden (ABl. L 309 vom 25.11.2005, S. 9), und
   b) nach § 12a des Zollverwaltungsgesetzes, und
4. sonstige Informationen aus öffentlichen und nicht öffentlichen Quellen im Rahmen ihres Aufgabenbereiches.

(2) Die Zentralstelle für Finanztransaktionsuntersuchungen analysiert die Meldungen nach den §§ 43 und 44 sowie die Mitteilungen nach § 31b der Abgabenordnung, um zu prüfen, ob der gemeldete Sachverhalt im Zusammenhang mit Geldwäsche, mit Terrorismusfinanzierung oder mit einer sonstigen Straftat steht.

(3) [1] Die Zentralstelle für Finanztransaktionsuntersuchungen kann unabhängig vom Vorliegen einer Meldung Informationen von Verpflichteten einholen, soweit dies zur Erfüllung ihrer Aufgaben erforderlich ist. [2] Zur Beantwortung ihres Auskunftsverlangens gewährt sie dem Verpflichteten eine angemessene Frist. [3] Verpflichtete nach § 2 Absatz 1 Nummer 10 und 12 können die Auskunft verweigern, soweit sich das Auskunftsverlangen auf Informationen bezieht, die sie im Rahmen der Rechtsberatung oder der Prozessvertretung des Vertragspartners erhalten haben. [4] Die Auskunftspflicht bleibt jedoch bestehen, wenn der Verpflichtete weiß, dass der Vertragspartner die Rechtsberatung für den Zweck der Geldwäsche oder der Terrorismusfinanzierung in Anspruch genommen hat oder nimmt.

§ 31 Auskunftsrecht gegenüber inländischen öffentlichen Stellen, Datenzugriffsrecht. (1) [1] Die Zentralstelle für Finanztransaktionsuntersuchungen kann, soweit es zur Erfüllung ihrer Aufgaben erforderlich ist, bei inländischen öffentlichen Stellen Daten erheben. [2] Die inländischen öffentlichen Stellen erteilen der Zentralstelle für Finanztransaktionsuntersuchungen zur Erfüllung von deren Aufgaben auf deren Ersuchen Auskunft, soweit der Auskunft keine Übermittlungsbeschränkungen entgegenstehen.

(2) [1] Die Anfragen sind von der inländischen öffentlichen Stelle unverzüglich zu beantworten. [2] Daten, die mit der Anfrage im Zusammenhang stehen, sind zur Verfügung zu stellen.

(3) [1] Die Zentralstelle für Finanztransaktionsuntersuchungen soll ein automatisiertes Verfahren für die Übermittlung personenbezogener Daten, die bei anderen inländischen öffentlichen Stellen gespeichert sind und zu deren Erhalt die Zentralstelle für Finanztransaktionsuntersuchungen gesetzlich berechtigt ist, durch Abruf einrichten, soweit gesetzlich nichts anderes bestimmt ist und diese Form der Datenübermittlung unter Berücksichtigung der schutzwürdigen Interessen der betroffenen Personen wegen der Vielzahl der Übermittlungen oder wegen ihrer besonderen Eilbedürftigkeit angemessen ist. [2] Zur Kontrolle der Zulässigkeit des automatisierten Abrufverfahrens hat die Zentralstelle für Finanztransaktionsuntersuchungen schriftlich festzulegen:

1. den Anlass und den Zweck des Abgleich- oder Abrufverfahrens,
2. die Dritten, an die übermittelt wird,
3. die Art der zu übermittelnden Daten und
4. die technischen und organisatorischen Maßnahmen zur Gewährleistung des Datenschutzes.

(4) [1]Die Zentralstelle für Finanztransaktionsuntersuchungen ist berechtigt, soweit dies zur Erfüllung ihrer Aufgaben nach § 28 Absatz 1 Satz 2 Nummer 2 erforderlich ist, die in ihrem Informationssystem gespeicherten, personenbezogenen Daten mit den im polizeilichen Informationsverbund nach § 29 Absatz 1 und 2 des Bundeskriminalamtgesetzes enthaltenen, personenbezogenen Daten automatisiert abzugleichen. [2]Wird im Zuge des Abgleichs nach Satz 1 eine Übereinstimmung übermittelter Daten mit im polizeilichen Informationsverbund gespeicherten Daten festgestellt, so erhält die Zentralstelle für Finanztransaktionsuntersuchungen automatisiert die Information über das Vorliegen eines Treffers und ist berechtigt, die dazu im polizeilichen Informationsverbund vorhandenen Daten automatisiert abzurufen. [3]Haben die Teilnehmer am polizeilichen Informationsverbund Daten als besonders schutzwürdig eingestuft und aus diesem Grund einen Datenabruf der Zentralstelle für Finanztransaktionsuntersuchungen nach Satz 2 ausgeschlossen, erhält der datenbesitzende Teilnehmer am polizeilichen Informationsverbund automatisiert die Information über das Vorliegen eines Treffers. [4]Zugleich erhält die Zentralstelle für Finanztransaktionsuntersuchungen in den Fällen nach Satz 3 die Information über das Vorliegen eines Treffers sowie die Information, wer datenbesitzender Teilnehmer am polizeilichen Informationsverbund ist. [5]Bei Information über das Vorliegen eines Treffers nach Satz 3 obliegt es dem jeweiligen datenbesitzenden Teilnehmer des polizeilichen Informationsverbunds, mit der Zentralstelle für Finanztransaktionsuntersuchungen unverzüglich Kontakt aufzunehmen und ihr die Daten zu übermitteln, soweit dem keine Übermittlungsbeschränkungen entgegenstehen. [6]Die Regelungen der Sätze 1 bis 5 gehen der Regelung des § 29 Absatz 8 des Bundeskriminalamtgesetzes vor. [7]Die Einrichtung eines weitergehenden automatisierten Abrufverfahrens für die Zentralstelle für Finanztransaktionsuntersuchungen ist mit Zustimmung des Bundesministeriums des Innern, des Bundesministeriums der Finanzen und der Innenministerien und Senatsinnenverwaltungen der Länder zulässig, soweit diese Form der Datenübermittlung unter Berücksichtigung der schutzwürdigen Interessen der Betroffenen wegen der Vielzahl der Übermittlungen oder wegen der besonderen Eilbedürftigkeit angemessen ist.

(4a) [1]Die Zentralstelle für Finanztransaktionsuntersuchungen ist berechtigt, soweit dies zur Erfüllung ihrer Aufgaben nach § 28 Absatz 1 Satz 2 Nummer 2 erforderlich ist, unter Angabe des Vornamens, des Nachnamens sowie zusätzlich des Geburtsdatums, des Geburtsortes oder der letzten bekannten Anschrift einer natürlichen Person Auskunft aus dem Zentralen Staatsanwaltschaftlichen Verfahrensregister automatisiert einzuholen. [2]Wird im Zuge der Auskunftseinholung nach Satz 1 eine Übereinstimmung übermittelter Daten mit den im Zentralen Staatsanwaltschaftlichen Verfahrensregister gespeicherten Daten festgestellt, so erhält die Zentralstelle für Finanztransaktionsuntersuchungen automatisiert die Information über das Vorliegen eines Treffers und ist berechtigt, die dazu im Zentralen Staatsanwaltschaftlichen Verfahrensregister vorhandenen Daten automatisiert abzurufen. [3]Die aus dem Zentralen Staatsanwaltschaftlichen Verfahrensregister erhobenen personenbezogenen Daten dürfen nur für die Zwecke der operativen Analyse verwendet werden.

(5) [1] Finanzbehörden erteilen der Zentralstelle für Finanztransaktionsuntersuchungen nach Maßgabe des § 31b Absatz 1 Nummer 5 der Abgabenordnung Auskunft und teilen ihr nach § 31b Absatz 2 der Abgabenordnung die dort genannten Informationen mit. [2] Die Zentralstelle für Finanztransaktionsuntersuchungen darf zur Vorbereitung von Auskunftsersuchen gegenüber Finanzämtern unter Angabe des Vornamens, des Nachnamens und der Anschrift oder des Geburtsdatums einer natürlichen Person aus der Datenbank nach § 139b der Abgabenordnung automatisiert abrufen, bei welchem Finanzamt und unter welcher Steuernummer diese natürliche Person geführt wird. [3] Ein automatisierter Abruf anderer Daten, die bei den Finanzbehörden gespeichert sind und die nach § 30 der Abgabenordnung dem Steuergeheimnis unterliegen, durch die Zentralstelle für Finanztransaktionsuntersuchungen ist nur möglich, soweit dies nach der Abgabenordnung oder den Steuergesetzen zugelassen ist. [4] Abweichend von Satz 3 findet für den automatisierten Abruf von Daten, die bei den Finanzbehörden der Zollverwaltung gespeichert sind und für deren Erhalt die Zentralstelle für Finanztransaktionsuntersuchungen die gesetzliche Berechtigung hat, Absatz 3 Anwendung.

(6) [1] Die Zentralstelle für Finanztransaktionsuntersuchungen darf zur Erfüllung ihrer Aufgaben bei den Kreditinstituten nach § 2 Absatz 1 Nummer 1 und bei den Instituten nach § 2 Absatz 1 Nummer 3 Daten aus den von ihnen nach § 24c Absatz 1 des Kreditwesengesetzes[1)] zu führenden Dateisystemen im automatisierten Verfahren abrufen. [2] Für die Datenübermittlung gilt § 24c Absatz 4 bis 8 des Kreditwesengesetzes entsprechend.

(7) Soweit zur Überprüfung der Personalien des Betroffenen erforderlich, darf die Zentralstelle für Finanztransaktionsuntersuchungen im automatisierten Abrufverfahren nach § 38 des Bundesmeldegesetzes über die in § 38 Absatz 1 des Bundesmeldegesetzes aufgeführten Daten hinaus folgende Daten abrufen:

1. derzeitige Staatsangehörigkeiten,
2. frühere Anschriften, gekennzeichnet nach Haupt- und Nebenwohnung, und
3. Ausstellungsbehörde, Ausstellungsdatum, Gültigkeitsdauer, Seriennummer des Personalausweises, vorläufigen Personalausweises oder Ersatzpersonalausweises, des anerkannten und gültigen Passes oder Passersatzpapiers.

§ 32 Datenübermittlungsverpflichtung an inländische öffentliche Stellen. (1) Meldungen nach § 43 Absatz 1, § 44 sind von der Zentralstelle für Finanztransaktionsuntersuchungen unverzüglich an das Bundesamt für Verfassungsschutz zu übermitteln, soweit tatsächliche Anhaltspunkte dafür bestehen, dass die Übermittlung dieser Informationen für die Erfüllung der Aufgaben des Bundesamtes für Verfassungsschutz erforderlich ist.

(2) [1] Stellt die Zentralstelle für Finanztransaktionsuntersuchungen bei der operativen Analyse fest, dass ein Vermögensgegenstand mit Geldwäsche, mit Terrorismusfinanzierung oder mit einer sonstigen Straftat im Zusammenhang steht, übermittelt sie das Ergebnis ihrer Analyse sowie alle sachdienlichen Informationen unverzüglich an die zuständigen Strafverfolgungsbehörden. [2] Die

---

1) Nr. 8.

in Satz 1 genannten Informationen sind außerdem an den Bundesnachrichtendienst zu übermitteln, soweit tatsächliche Anhaltspunkte vorliegen, dass diese Übermittlung für die Erfüllung der Aufgaben des Bundesnachrichtendienstes erforderlich ist. [3] Im Fall von Absatz 1 übermittelt die Zentralstelle für Finanztransaktionsuntersuchungen außerdem dem Bundesamt für Verfassungsschutz zu der zuvor übermittelten Meldung auch das entsprechende Ergebnis ihrer operativen Analyse sowie alle sachdienlichen Informationen.

(3) [1] Die Zentralstelle für Finanztransaktionsuntersuchungen übermittelt auf Ersuchen personenbezogene Daten an die Strafverfolgungsbehörden, das Bundesamt für Verfassungsschutz, den Bundesnachrichtendienst oder den Militärischen Abschirmdienst des Bundesministeriums der Verteidigung, soweit dies erforderlich ist für

1. die Aufklärung von Geldwäsche und Terrorismusfinanzierung oder die Durchführung von diesbezüglichen Strafverfahren oder
2. die Aufklärung sonstiger Gefahren und die Durchführung von anderen, nicht von Nummer 1 erfassten Strafverfahren.

[2] Die Zentralstelle für Finanztransaktionsuntersuchungen übermittelt von Amts wegen oder auf Ersuchen personenbezogene Daten an andere als in Satz 1 benannte, zuständige inländische öffentliche Stellen, soweit dies erforderlich ist für

1. Besteuerungsverfahren,
2. Verfahren zum Schutz der sozialen Sicherungssysteme oder
3. die Aufgabenwahrnehmung der Aufsichtsbehörden.

(4) [1] In den Fällen des Absatzes 3 Satz 1 Nummer 1 und 2 sind die Strafverfolgungsbehörden und das Bundesamt für Verfassungsschutz berechtigt, die Daten zur Erfüllung ihrer Aufgaben automatisiert bei der Zentralstelle für Finanztransaktionsuntersuchungen abzurufen, soweit dem keine Übermittlungsbeschränkungen entgegenstehen. [2] Zur Kontrolle der Zulässigkeit des automatisierten Abrufverfahrens haben die jeweiligen Strafverfolgungsbehörden und das Bundesamt für Verfassungsschutz schriftlich festzulegen:

1. den Anlass und den Zweck des Abrufverfahrens,
2. die Dritten, an die übermittelt wird,
3. die Art der zu übermittelnden Daten und
4. die technischen und organisatorischen Maßnahmen zur Gewährleistung des Datenschutzes.

(5) [1] Die Übermittlung personenbezogener Daten nach Absatz 3 unterbleibt, soweit

1. sich die Bereitstellung der Daten negativ auf den Erfolg laufender Ermittlungen der zuständigen inländischen öffentlichen Stellen auswirken könnte oder
2. die Weitergabe der Daten unverhältnismäßig wäre.

[2] Soweit ein Abruf nach Absatz 4 zu Daten erfolgt, zu denen Übermittlungsbeschränkungen dem automatisierten Abruf grundsätzlich entgegenstehen, wird die Zentralstelle für Finanztransaktionsuntersuchungen automatisiert durch Übermittlung aller Anfragedaten über die Abfrage unterrichtet. [3] Ihr obliegt es in diesem Fall, unverzüglich mit der anfragenden Behörde Kontakt

aufzunehmen, um im Einzelfall zu klären, ob Erkenntnisse nach Absatz 3 übermittelt werden können.

(6) [1] Falls die Strafverfolgungsbehörde ein Strafverfahren aufgrund eines nach Absatz 2 übermittelten Sachverhalts eingeleitet hat, teilt sie den Sachverhalt zusammen mit den zugrunde liegenden Tatsachen der zuständigen Finanzbehörde mit, wenn eine Transaktion festgestellt wird, die für die Finanzverwaltung für die Einleitung oder Durchführung von Besteuerungs- oder Steuerstrafverfahren Bedeutung haben könnte. [2] Zieht die Strafverfolgungsbehörde im Strafverfahren Aufzeichnungen nach § 11 Absatz 1 heran, dürfen auch diese der Finanzbehörde übermittelt werden. [3] Die Mitteilungen und Aufzeichnungen dürfen für Besteuerungsverfahren und für Strafverfahren wegen Steuerstraftaten verwendet werden.

(7) [1] Der Empfänger darf die ihm übermittelten personenbezogenen Daten nur zu dem Zweck verwenden, zu dem sie ihm übermittelt worden sind. [2] Eine Verwendung für andere Zwecke ist zulässig, soweit die Daten auch dafür hätten übermittelt werden dürfen.

§ 33 Datenaustausch mit Mitgliedstaaten der Europäischen Union.

(1) [1] Der Datenaustausch mit den für die Verhinderung, Aufdeckung und Bekämpfung von Geldwäsche und von Terrorismusfinanzierung zuständigen zentralen Meldestellen anderer Mitgliedstaaten der Europäischen Union ist unabhängig von der Art der Vortat der Geldwäsche und auch dann, wenn die Art der Vortat nicht feststeht, zu gewährleisten. [2] Insbesondere steht eine im Einzelfall abweichende Definition der Steuerstraftaten, die nach nationalem Recht eine taugliche Vortat zur Geldwäsche sein können, einem Informationsaustausch mit zentralen Meldestellen anderer Mitgliedstaaten der Europäischen Union nicht entgegen. [3] Geht bei der Zentralstelle für Finanztransaktionsuntersuchungen eine Meldung nach § 43 Absatz 1 ein, die die Zuständigkeit eines anderen Mitgliedstaates betrifft, so leitet sie diese Meldung umgehend an die zentrale Meldestelle des betreffenden Mitgliedstaates weiter. [4] Hierzu kann die Zentralstelle für Finanztransaktionsuntersuchungen mit den Zentralstellen anderer Mitgliedstaaten ein System zur verschlüsselten automatisierten Weiterleitung einrichten und betreiben.

(2) [1] Für die Übermittlung der Daten gelten die Vorschriften über die Datenübermittlung im internationalen Bereich nach § 35 Absatz 2 bis 6 entsprechend. [2] § 35 Absatz 2 gilt mit der Maßgabe, dass die Zentralstelle für Finanztransaktionsuntersuchungen bei der Beantwortung eines Auskunftsersuchens die ihr nach diesem Gesetz zur Erhebung und Weiterleitung von Informationen zustehenden Befugnisse zu nutzen hat. [3] Die Verantwortung für die Zulässigkeit der Datenübermittlung trägt die Zentralstelle für Finanztransaktionsuntersuchungen. [4] Für den Datenaustausch mit zentralen Meldestellen anderer Mitgliedstaaten nutzt die Zentralstelle für Finanztransaktionsuntersuchungen gesicherte Kommunikationskanäle.

(3) [1] Sind zusätzliche Informationen über einen in Deutschland tätigen Verpflichteten, der in einem anderen Mitgliedstaat der Europäischen Union in einem öffentlichen Register eingetragen ist, erforderlich, richtet die Zentralstelle für Finanztransaktionsuntersuchungen ihr Ersuchen an die zentrale Meldestelle dieses anderen Mitgliedstaates der Europäischen Union. [2] Geht bei der Zentralstelle für Finanztransaktionsuntersuchungen ein Ersuchen einer zentra-

len Meldestelle eines anderen Mitgliedstaates um zusätzliche Informationen über einen in ihrem Hoheitsgebiet tätigen Verpflichteten ein, der in Deutschland eingetragen ist, so nutzt die Zentralstelle für Finanztransaktionsuntersuchen die ihr nach diesem Gesetz zur Erhebung und Weiterleitung von Informationen zustehenden Befugnisse. [3]Die Übermittlung von Anfragen und Antworten nach den Sätzen 1 und 2 hat unverzüglich zu erfolgen.

(4) [1]Die Zentralstelle für Finanztransaktionsuntersuchungen darf ein Ersuchen um Informationsübermittlung, das eine zentrale Meldestelle eines Mitgliedstaates der Europäischen Union im Rahmen ihrer Aufgabenerfüllung an sie gerichtet hat, nur ablehnen, wenn

1. durch die Informationsübermittlung die innere oder äußere Sicherheit oder andere wesentliche Interessen der Bundesrepublik Deutschland gefährdet werden könnten,
2. im Einzelfall die Informationsübermittlung, auch unter Berücksichtigung des öffentlichen Interesses an der Datenübermittlung, mit den Grundprinzipien des deutschen Rechts nicht in Einklang zu bringen ist,
3. durch die Informationsübermittlung strafrechtliche Ermittlungen oder die Durchführung eines Gerichtsverfahrens behindert oder gefährdet werden könnten oder
4. rechtshilferechtliche Bedingungen ausländischer Stellen entgegenstehen, die von den zuständigen Behörden zu beachten sind.

[2]Die Gründe für die Ablehnung des Informationsersuchens legt die Zentralstelle für Finanztransaktionsuntersuchungen der ersuchenden zentralen Meldestelle angemessen schriftlich dar, außer wenn die operative Analyse noch nicht abgeschlossen ist oder soweit die Ermittlungen hierdurch gefährdet werden könnten.

(5) [1]Übermittelt die Zentralstelle für Finanztransaktionsuntersuchungen einer zentralen Meldestelle eines Mitgliedstaates der Europäischen Union auf deren Ersuchen Informationen, so soll sie in der Regel umgehend und unabhängig von der Art der Vortaten, die damit in Zusammenhang stehen können, ihre Einwilligung dazu erklären, dass diese Informationen an andere Behörden dieses Mitgliedstaates weitergeleitet werden dürfen. [2]Die Zentralstelle für Finanztransaktionsuntersuchungen darf ihre Einwilligung nur aus den in Absatz 4 genannten Gründen verweigern. [3]Die Gründe für die Verweigerung der Einwilligung legt die Zentralstelle für Finanztransaktionsuntersuchungen angemessen dar. [4]Die Verwendung der Informationen zu anderen Zwecken bedarf der vorherigen Zustimmung der Zentralstelle für Finanztransaktionsuntersuchungen.

(6) Die Zentralstelle für Finanztransaktionsuntersuchungen benennt eine zentrale Kontaktstelle, die für die Annahme von Informationsersuchen der zentralen Meldestellen anderer Mitgliedstaaten nach dieser Vorschrift zuständig ist.

§ 34 Informationsersuchen im Rahmen der internationalen Zusammenarbeit. (1) Die Zentralstelle für Finanztransaktionsuntersuchungen kann die zentralen Meldestellen anderer Staaten, die mit der Verhinderung, Aufdeckung und Bekämpfung von Geldwäsche, von Vortaten der Geldwäsche sowie von Terrorismusfinanzierung befasst sind, um die Erteilung von Auskünften einschließlich der personenbezogenen Daten oder der Übermittlung von Unterlagen ersuchen, wenn diese Informationen und Unterlagen erforderlich sind zur Erfüllung ihrer Aufgaben.

(2) Für ein Ersuchen kann die Zentralstelle für Finanztransaktionsuntersuchungen personenbezogene Daten übermitteln, soweit dies erforderlich ist, um ein berechtigtes Interesse an der begehrten Information glaubhaft zu machen und wenn überwiegende berechtigte Interessen des Betroffenen nicht entgegenstehen.

(3) [1] In dem Ersuchen muss die Zentralstelle für Finanztransaktionsuntersuchungen den Zweck der Datenerhebung offenlegen und die beabsichtigte Weitergabe der Daten an andere inländische öffentliche Stellen mitteilen. [2] Die Zentralstelle für Finanztransaktionsuntersuchungen darf die von einer zentralen Meldestelle eines anderen Staates übermittelten Daten nur verwenden

1. zu den Zwecken, zu denen um die Daten ersucht wurde, und
2. zu den Bedingungen, unter denen die Daten zur Verfügung gestellt wurden.

[3] Sollen die übermittelten Daten nachträglich an eine andere öffentliche Stelle weitergegeben werden oder für einen Zweck genutzt werden, der über die ursprünglichen Zwecke hinausgeht, so ist vorher die Zustimmung der übermittelnden zentralen Meldestelle einzuholen.

§ 35 Datenübermittlung im Rahmen der internationalen Zusammenarbeit. (1) [1] Geht bei der Zentralstelle für Finanztransaktionsuntersuchungen eine Meldung nach § 43 Absatz 1 ein, die die Zuständigkeit eines anderen Staates betrifft, so kann sie diese Meldung umgehend an die zentrale Meldestelle des betreffenden Staates weiterleiten. [2] Sie weist die zentrale Meldestelle des betreffenden Staates darauf hin, dass die personenbezogenen Daten nur zu dem Zweck genutzt werden dürfen, zu dem sie übermittelt worden sind.

(2) [1] Die Zentralstelle für Finanztransaktionsuntersuchungen kann einer zentralen Meldestelle eines anderen Staates auf deren Ersuchen personenbezogene Daten übermitteln

1. für eine von der zentralen Meldestelle des anderen Staates durchzuführende operative Analyse,
2. im Rahmen einer beabsichtigten Sofortmaßnahme nach § 40, soweit Tatsachen darauf hindeuten, dass der Vermögensgegenstand
   a) sich in Deutschland befindet und
   b) im Zusammenhang steht mit einem Sachverhalt, der der zentralen Meldestelle des anderen Staates vorliegt, oder
3. zur Erfüllung der Aufgaben einer anderen ausländischen öffentlichen Stelle, die der Verhinderung, Aufdeckung und Bekämpfung von Geldwäsche oder von Vortaten der Geldwäsche oder von Terrorismusfinanzierung dient.

[2] Sie kann hierbei auf ihr vorliegende Informationen zurückgreifen. [3] Enthalten diese Informationen auch Daten, die von anderen in- oder ausländischen Behörden erhoben oder von diesen übermittelt wurden, so ist eine Weitergabe dieser Daten nur mit Zustimmung dieser Behörden zulässig, es sei denn, die Informationen stammen aus öffentlich zugänglichen Quellen. [4] Die Zentralstelle für Finanztransaktionsuntersuchungen kann nach Maßgabe der §§ 28, 30 und 31 andere inländische öffentliche Stellen um Auskunft ersuchen oder von

Verpflichteten Auskunft verlangen. [5]Ersuchen um Auskunft und Verlangen nach Auskunft sind zeitnah zu beantworten.

(3) Die Übermittlung personenbezogener Daten an eine zentrale Meldestelle eines anderen Staates ist nur zulässig, wenn das Ersuchen mindestens folgende Angaben enthält:

1. die Bezeichnung, die Anschrift und sonstige Kontaktdaten der ersuchenden Behörde,
2. die Gründe des Ersuchens und die Benennung des Zwecks, zu dem die Daten verwendet werden sollen, nach Absatz 2,
3. erforderliche Einzelheiten zur Identität der betroffenen Person, sofern sich das Ersuchen auf eine bekannte Person bezieht,
4. die Beschreibung des Sachverhalts, der dem Ersuchen zugrunde liegt, sowie die Behörde, an die die Daten gegebenenfalls weitergeleitet werden sollen, und
5. die Angabe, inwieweit der Sachverhalt mit Geldwäsche oder mit Terrorismusfinanzierung im Zusammenhang steht.

(4) [1]Die Zentralstelle für Finanztransaktionsuntersuchungen kann auch ohne Ersuchen personenbezogene Daten an eine zentrale Meldestelle eines anderen Staates übermitteln, wenn Tatsachen darauf hindeuten, dass natürliche oder juristische Personen auf dem Hoheitsgebiet dieses Staates Handlungen, die wegen Geldwäsche oder Terrorismusfinanzierung strafbar sind, begangen haben. [2]Dies gilt unabhängig von der Art der Vortat der Geldwäsche und auch, wenn die Art der Vortat nicht feststeht.

(5) [1]Die Verantwortung für die Zulässigkeit der Übermittlung trägt die Zentralstelle für Finanztransaktionsuntersuchungen. [2]Sie kann bei der Übermittlung von Daten an eine ausländische zentrale Meldestelle Einschränkungen und Auflagen für die Verwendung der übermittelten Daten festlegen.

(6) [1]Der Empfänger personenbezogener Daten ist darauf hinzuweisen, dass die personenbezogenen Daten nur zu dem Zweck genutzt werden dürfen, zu dem sie übermittelt worden sind. [2]Sollen die Daten von der ersuchenden ausländischen zentralen Meldestelle an eine andere Behörde in dem Staat weitergeleitet werden, muss die Zentralstelle für Finanztransaktionsuntersuchungen dem unter Berücksichtigung des Zwecks und der schutzwürdigen Interessen des Betroffenen an den Daten zuvor zustimmen. [3]Soweit die Informationen als Beweismittel in einem Strafverfahren verwendet werden sollen, gelten die Regeln der grenzüberschreitenden Zusammenarbeit in Strafsachen.

(7) [1]Die Übermittlung personenbezogener Daten an eine ausländische zentrale Meldestelle unterbleibt, soweit

1. durch die Übermittlung die innere oder äußere Sicherheit oder andere wesentliche Interessen der Bundesrepublik Deutschland verletzt werden könnten,
2. einer Übermittlung besondere bundesgesetzliche Übermittlungsvorschriften entgegenstehen oder
3. im Einzelfall, auch unter Berücksichtigung des besonderen öffentlichen Interesses an der Datenübermittlung, die schutzwürdigen Interessen der betroffenen Person überwiegen.

[2] Zu den schutzwürdigen Interessen der betroffenen Person gehört auch das Vorhandensein eines angemessenen Datenschutzniveaus im Empfängerstaat. [3] Die schutzwürdigen Interessen der betroffenen Person können auch dadurch gewahrt werden, dass der Empfängerstaat oder die empfangende zwischen- oder überstaatliche Stelle im Einzelfall einen angemessenen Schutz der übermittelten Daten garantiert.

(8) Die Übermittlung personenbezogener Daten soll unterbleiben, wenn

1. strafrechtliche Ermittlungen oder die Durchführung eines Gerichtsverfahrens durch die Übermittlung behindert oder gefährdet werden könnten oder
2. nicht gewährleistet ist, dass die ersuchende ausländische zentrale Meldestelle einem gleichartigen deutschen Ersuchen entsprechen würde.

(9) Die Gründe für die Ablehnung eines Informationsersuchens sollen der ersuchenden zentralen Meldestelle angemessen dargelegt werden.

(10) [1] Die Zentralstelle für Finanztransaktionsuntersuchungen hat den Zeitpunkt, die übermittelten Daten sowie die empfangende zentrale Meldestelle aufzuzeichnen. [2] Unterbleibt die Datenübermittlung, so ist dies entsprechend aufzuzeichnen. [3] Sie hat diese Daten drei Jahre aufzubewahren und danach zu löschen.

§ 36 Automatisierter Datenabgleich im europäischen Verbund. [1] Die Zentralstelle für Finanztransaktionsuntersuchungen kann im Verbund mit zentralen Meldestellen anderer Mitgliedstaaten der Europäischen Union ein System zum verschlüsselten automatisierten Abgleich von dazu geeigneten Daten, die die nationalen zentralen Meldestellen im Rahmen ihrer Aufgabenerfüllung erhoben haben, einrichten und betreiben. [2] Zweck dieses Systems ist es, Kenntnis davon zu erlangen, ob zu einer betreffenden Person bereits durch zentrale Meldestellen anderer Mitgliedstaaten der Europäischen Union eine Analyse nach § 30 durchgeführt wurde oder anderweitige Informationen zu dieser Person dort vorliegen.

§ 37 Berichtigung, Einschränkung der Verarbeitung und Löschung personenbezogener Daten aus automatisierter Verarbeitung und bei Speicherung in automatisierten Dateien. (1) Die Zentralstelle für Finanztransaktionsuntersuchungen berichtigt unrichtig gespeicherte personenbezogene Daten, die sie automatisiert verarbeitet.

(2) Die Zentralstelle für Finanztransaktionsuntersuchungen löscht gespeicherte personenbezogene Daten, wenn die Speicherung dieser Daten unzulässig ist oder die Kenntnis dieser Daten für die Aufgabenerfüllung nicht mehr erforderlich ist.

(3) [1] An die Stelle einer Löschung tritt eine Einschränkung der Verarbeitung der gespeicherten personenbezogenen Daten, wenn

1. Anhaltspunkte vorliegen, dass durch die Löschung schutzwürdige Interessen eines Betroffenen beeinträchtigt würden,
2. die Daten für laufende Forschungsarbeiten benötigt werden oder
3. eine Löschung wegen der besonderen Art der Speicherung nur mit unverhältnismäßigem Aufwand möglich ist.

[2]Der eingeschränkten Verarbeitung unterliegende Daten dürfen nur für den Zweck verarbeitet werden, für den die Löschung unterblieben ist. [3]Sie dürfen auch verarbeitet werden, soweit dies zur Durchführung eines laufenden Strafverfahrens unerlässlich ist oder der Betroffene einer Verarbeitung zustimmt.

(4) Die Zentralstelle für Finanztransaktionsuntersuchungen prüft bei der Einzelfallbearbeitung und nach festgesetzten Fristen, ob gespeicherte personenbezogene Daten zu berichtigen, zu löschen oder in der Verarbeitung einzuschränken sind.

(5) Die Fristen beginnen mit dem Tag, an dem die Zentralstelle für Finanztransaktionsuntersuchungen die operative Analyse nach § 30 abgeschlossen hat.

(6) [1]Die Zentralstelle für Finanztransaktionsuntersuchungen ergreift angemessene Maßnahmen, um zu gewährleisten, dass personenbezogene Daten, die unrichtig, unvollständig oder in der Verarbeitung eingeschränkt sind, nicht übermittelt werden. [2]Zu diesem Zweck überprüft sie, soweit durchführbar, die Qualität der Daten vor ihrer Übermittlung. [3]Bei jeder Übermittlung von personenbezogenen Daten fügt sie nach Möglichkeit Informationen bei, die es dem Empfänger gestatten, die Richtigkeit, die Vollständigkeit und die Zuverlässigkeit der personenbezogenen Daten zu beurteilen.

(7) Stellt die Zentralstelle für Finanztransaktionsuntersuchungen fest, dass sie unrichtige, zu löschende oder in der Verarbeitung einzuschränkende personenbezogene Daten übermittelt hat, so teilt sie dem Empfänger dieser Daten die Berichtigung, Löschung oder Einschränkung der Verarbeitung mit, wenn eine Mitteilung erforderlich ist, um schutzwürdige Interessen des Betroffenen zu wahren.

§ 38 Berichtigung, Einschränkung der Verarbeitung und Vernichtung personenbezogener Daten, die weder automatisiert verarbeitet werden noch in einer automatisierten Datei gespeichert sind. (1) Die Zentralstelle für Finanztransaktionsuntersuchungen hält in geeigneter Weise fest, wenn

1. sie feststellt, dass personenbezogene Daten, die weder automatisiert verarbeitet werden noch in einer automatisierten Datei gespeichert sind, unrichtig sind, oder
2. die Richtigkeit der personenbezogenen Daten, die weder automatisiert verarbeitet werden noch in einer automatisierten Datei gespeichert sind, von dem Betroffenen bestritten wird.

(2) [1]Die Zentralstelle für Finanztransaktionsuntersuchungen schränkt die Verarbeitung personenbezogener Daten, die weder automatisiert verarbeitet werden noch in einer automatisierten Datei gespeichert sind, ein, wenn sie im Einzelfall feststellt, dass

1. ohne die Einschränkung der Verarbeitung schutzwürdige Interessen des Betroffenen beeinträchtigt würden und
2. die Daten für die Aufgabenerfüllung nicht mehr erforderlich sind.

[2]Die personenbezogenen Daten sind auch dann in der Verarbeitung einzuschränken, wenn für sie eine Löschungsverpflichtung nach § 37 Absatz 2 besteht.

(3) Die Zentralstelle für Finanztransaktionsuntersuchungen vernichtet die Unterlagen mit personenbezogenen Daten entsprechend den Bestimmungen

über die Aufbewahrung von Akten, wenn diese Unterlagen insgesamt zur Erfüllung der Aufgaben der Zentralstelle für Finanztransaktionsuntersuchungen nicht mehr erforderlich sind.

(4) [1] Die Vernichtung unterbleibt, wenn

1. Anhaltspunkte vorliegen, dass anderenfalls schutzwürdige Interessen des Betroffenen beeinträchtigt würden, oder
2. die Daten für laufende Forschungsarbeiten benötigt werden.

[2] In diesen Fällen schränkt die Zentralstelle für Finanztransaktionsuntersuchungen die Verarbeitung der Daten ein und versieht die Unterlagen mit einem Einschränkungsvermerk. [3] Für die Einschränkung gilt § 37 Absatz 3 Satz 2 und 3 entsprechend.

(5) Anstelle der Vernichtung nach Absatz 3 sind die Unterlagen an das zuständige Archiv abzugeben, sofern diesen Unterlagen ein bleibender Wert nach § 3 des Bundesarchivgesetzes in der Fassung der Bekanntmachung vom 6. Januar 1988 (BGBl. I S. 62), das zuletzt durch das Gesetz vom 13. März 1992 (BGBl. I S. 506) geändert worden ist, in der jeweils geltenden Fassung zukommt.

(6) Für den Fall, dass unrichtige, zu löschende oder in der Verarbeitung einzuschränkende personenbezogene Daten übermittelt worden sind, gilt § 37 Absatz 7 entsprechend.

§ 39 Errichtungsanordnung. (1) [1] Die Zentralstelle für Finanztransaktionsuntersuchungen erlässt für jede automatisierte Datei mit personenbezogenen Daten, die sie zur Erfüllung ihrer Aufgaben führt, eine Errichtungsanordnung. [2] Die Errichtungsanordnung bedarf der Zustimmung des Bundesministeriums der Finanzen. [3] Vor Erlass einer Errichtungsanordnung ist die oder der Bundesbeauftragte für den Datenschutz und die Informationsfreiheit anzuhören.

(2) [1] In der Errichtungsanordnung sind festzulegen:

1. die Bezeichnung der Datei,
2. die Rechtsgrundlage und Zweck der Verarbeitung,
3. der Personenkreis, über den Daten gespeichert werden,
4. die Art der zu speichernden personenbezogenen Daten,
5. die Arten der personenbezogenen Daten, die der Erschließung der Datei dienen,
6. die Anlieferung oder Eingabe der zu speichernden Daten,
7. die Voraussetzungen, unter denen in der Datei gespeicherte personenbezogene Daten an welche Empfänger und in welchem Verfahren übermittelt werden,
8. die Fristen für die Überprüfung der gespeicherten Daten und die Dauer der Speicherung,
9. die Protokollierung.

[2] Die Fristen für die Überprüfung der gespeicherten Daten dürfen fünf Jahre nicht überschreiten. [3] Diese richten sich nach dem Zweck der Speicherung sowie nach Art und Bedeutung des Sachverhalts, wobei nach dem Zweck der Speicherung sowie nach Art und Bedeutung des Sachverhalts zu unterscheiden ist.

(3) [1] Ist im Hinblick auf die Dringlichkeit der Aufgabenerfüllung der Zentralstelle für Finanztransaktionsuntersuchungen eine Mitwirkung der in Absatz 1 genannten Stellen nicht möglich, so kann die Generalzolldirektion eine Sofortanordnung treffen. [2] Gleichzeitig unterrichtet die Generalzolldirektion das Bundesministerium der Finanzen und legt ihm die Sofortanordnung vor. [3] Das Verfahren nach Absatz 1 ist unverzüglich nachzuholen.

(4) In angemessenen Abständen ist die Notwendigkeit der Weiterführung oder der Änderung der Errichtungsanordnung zu überprüfen.

§ 40 Sofortmaßnahmen. (1) [1] Liegen der Zentralstelle für Finanztransaktionsuntersuchungen Anhaltspunkte dafür vor, dass eine Transaktion im Zusammenhang mit Geldwäsche steht oder der Terrorismusfinanzierung dient, oder erhält sie eine Meldung nach Artikel 23 Absatz 2 der Verordnung (EU) 2017/1509 des Rates vom 30. August 2017 über restriktive Maßnahmen gegen die Demokratische Volksrepublik Korea, so kann sie die Durchführung der Transaktion untersagen, um den Anhaltspunkten nachzugehen und die Transaktion zu analysieren. [2] Außerdem kann sie unter den Voraussetzungen des Satzes 1

1. einem Verpflichteten nach § 2 Absatz 1 Nummer 1 bis 3 untersagen,
   a) Verfügungen von einem bei ihm geführten Konto oder Depot auszuführen und
   b) sonstige Finanztransaktionen durchzuführen,
2. einen Verpflichteten nach § 2 Absatz 1 Nummer 1 anweisen, dem Vertragspartner und allen sonstigen Verfügungsberechtigten den Zugang zu einem Schließfach zu verweigern, oder
3. gegenüber einem Verpflichteten anderweitige Anordnungen in Bezug auf eine Transaktion treffen.

(2) [1] Maßnahmen nach Absatz 1 können von der Zentralstelle für Finanztransaktionsuntersuchungen aufgrund des Ersuchens einer zentralen Meldestelle eines anderen Staates getroffen werden. [2] Ein Ersuchen hat die Angaben entsprechend § 35 Absatz 3 zu enthalten. [3] Die Zentralstelle für Finanztransaktionsuntersuchungen soll die Gründe für die Ablehnung eines Ersuchens angemessen darlegen.

(3) Maßnahmen nach Absatz 1 werden von der Zentralstelle für Finanztransaktionsuntersuchungen aufgehoben, sobald oder soweit die Voraussetzungen für die Maßnahmen nicht mehr vorliegen.

(4) Maßnahmen nach Absatz 1 enden

1. spätestens mit Ablauf eines Monats nach Anordnung der Maßnahmen durch die Zentralstelle für Finanztransaktionsuntersuchungen,
2. mit Ablauf des fünften Werktages nach Abgabe des Sachverhalts an die zuständige Strafverfolgungsbehörde, wobei der Samstag nicht als Werktag gilt, oder
3. zu einem früheren Zeitpunkt, wenn ein solcher von der Zentralstelle für Finanztransaktionsuntersuchungen festgelegt wurde.

(5) Die Zentralstelle für Finanztransaktionsuntersuchungen kann Vermögensgegenstände, die einer Maßnahme nach Absatz 1 Satz 2 unterliegen, auf Antrag der betroffenen Person oder einer nichtrechtsfähigen Personenvereini-

gung freigeben, soweit diese Vermögensgegenstände einem der folgenden Zwecke dienen:

1. der Deckung des notwendigen Lebensunterhalts der Person oder ihrer Familienmitglieder,
2. der Bezahlung von Versorgungsleistungen oder Unterhaltsleistungen oder
3. vergleichbaren Zwecken.

(6) [1] Gegen Maßnahmen nach Absatz 1 kann der Verpflichtete oder ein anderer Beschwerter Widerspruch erheben. [2] Der Widerspruch hat keine aufschiebende Wirkung.

§ 41 Rückmeldung an den meldenden Verpflichteten. (1) Die Zentralstelle für Finanztransaktionsuntersuchungen bestätigt dem Verpflichteten, der eine Meldung nach § 43 Absatz 1 durch elektronische Datenübermittlung abgegeben hat, unverzüglich den Eingang seiner Meldung.

(2) [1] Die Zentralstelle für Finanztransaktionsuntersuchungen gibt dem Verpflichteten in angemessener Zeit Rückmeldung zur Relevanz seiner Meldung. [2] Der Verpflichtete darf hierdurch erlangte personenbezogene Daten nur zur Verbesserung seines Risikomanagements, der Erfüllung seiner Sorgfaltspflichten und seines Meldeverhaltens nutzen. [3] Er hat diese Daten zu löschen, wenn sie für den jeweiligen Zweck nicht mehr erforderlich sind, spätestens jedoch nach einem Jahr.

§ 42 Benachrichtigung von inländischen öffentlichen Stellen an die Zentralstelle für Finanztransaktionsuntersuchungen. (1) [1] In Strafverfahren, in denen die Zentralstelle für Finanztransaktionsuntersuchungen Informationen weitergeleitet hat, teilt die zuständige Staatsanwaltschaft der Zentralstelle für Finanztransaktionsuntersuchungen die Erhebung der öffentlichen Klage und den Ausgang des Verfahrens einschließlich aller Einstellungsentscheidungen mit. [2] Die Mitteilung erfolgt durch Übersendung einer Kopie der Anklageschrift, der begründeten Einstellungsentscheidung oder des Urteils.

(2) [1] Leitet die Zentralstelle für Finanztransaktionsuntersuchungen Informationen an sonstige inländische öffentliche Stellen weiter, so benachrichtigt die empfangende Stelle die Zentralstelle für Finanztransaktionsuntersuchungen über die abschließende Verwendung der bereitgestellten Informationen und über die Ergebnisse der auf Grundlage der bereitgestellten Informationen durchgeführten Maßnahmen, soweit andere Rechtsvorschriften der Benachrichtigung nicht entgegenstehen. [2] § 30 Absatz 1 der Abgabenordung steht dem nicht entgegen.

Abschnitt 6. Pflichten im Zusammenhang mit Meldungen von Sachverhalten

§ 43 Meldepflicht von Verpflichteten, Verordnungsermächtigung.

(1) Liegen Tatsachen vor, die darauf hindeuten, dass

1. ein Vermögensgegenstand, der mit einer Geschäftsbeziehung, einem Maklergeschäft oder einer Transaktion im Zusammenhang steht, aus einer strafbaren Handlung stammt, die eine Vortat der Geldwäsche darstellen könnte,

2. ein Geschäftsvorfall, eine Transaktion oder ein Vermögensgegenstand im Zusammenhang mit Terrorismusfinanzierung steht oder
3. der Vertragspartner seine Pflicht nach § 11 Absatz 6 Satz 3, gegenüber dem Verpflichteten offenzulegen, ob er die Geschäftsbeziehung oder die Transaktion für einen wirtschaftlich Berechtigten begründen, fortsetzen oder durchführen will, nicht erfüllt hat,

so hat der Verpflichtete diesen Sachverhalt unabhängig vom Wert des betroffenen Vermögensgegenstandes oder der Transaktionshöhe unverzüglich der Zentralstelle für Finanztransaktionsuntersuchungen zu melden.

(2) [1] Abweichend von Absatz 1 sind Verpflichtete nach § 2 Absatz 1 Nummer 10 und 12 nicht zur Meldung verpflichtet, wenn sich der meldepflichtige Sachverhalt auf Informationen bezieht, die sie im Rahmen von Tätigkeiten der Rechtsberatung oder Prozessvertretung erhalten haben. [2] Die Meldepflicht bleibt jedoch bestehen, wenn der Verpflichtete weiß, dass der Vertragspartner die Rechtsberatung oder Prozessvertretung für den Zweck der Geldwäsche, der Terrorismusfinanzierung oder einer anderen Straftat genutzt hat oder nutzt oder ein Fall des Absatzes 6 vorliegt.

(3) Ein Mitglied der Führungsebene eines Verpflichteten hat eine Meldung nach Absatz 1 an die Zentralstelle für Finanztransaktionsuntersuchungen abzugeben, wenn

1. der Verpflichtete über eine Niederlassung in Deutschland verfügt und
2. der zu meldende Sachverhalt im Zusammenhang mit einer Tätigkeit der deutschen Niederlassung steht.

(4) [1] Wenn ein nach Absatz 1 gegenüber der Zentralstelle für Finanztransaktionsuntersuchungen gemeldeter Sachverhalt zugleich die für eine Anzeige nach § 261 Absatz 9 Satz 1 des Strafgesetzbuches erforderlichen Angaben enthält, gilt die Meldung zugleich als Selbstanzeige im Sinne von § 261 Absatz 9 Satz 1 des Strafgesetzbuches. [2] Die Pflicht zur Meldung nach Absatz 1 schließt die Freiwilligkeit der Anzeige nach § 261 Absatz 9 Satz 1 des Strafgesetzbuches nicht aus.

(5) Die Zentralstelle für Finanztransaktionsuntersuchungen kann im Benehmen mit den Aufsichtsbehörden typisierte Transaktionen bestimmen, die stets nach Absatz 1 zu melden sind.

(6) Das Bundesministerium der Finanzen kann im Einvernehmen mit dem Bundesministerium der Justiz und für Verbraucherschutz durch Rechtsverordnung ohne Zustimmung des Bundesrates Sachverhalte bei Erwerbsvorgängen nach § 1 des Grunderwerbsteuergesetzes bestimmen, die von Verpflichteten nach § 2 Absatz 1 Nummer 10 und 12 stets nach Absatz 1 zu melden sind.

§ 44 Meldepflicht von Aufsichtsbehörden. (1) Liegen Tatsachen vor, die darauf hindeuten, dass ein Vermögensgegenstand mit Geldwäsche oder mit Terrorismusfinanzierung im Zusammenhang steht, meldet die Aufsichtsbehörde diese Tatsachen unverzüglich der Zentralstelle für Finanztransaktionsuntersuchungen.

(2) Absatz 1 gilt entsprechend für Behörden, die für die Überwachung der Aktien-, Devisen- und Finanzderivatemärkte zuständig sind.

§ 45 Form der Meldung, Registrierungspflicht, Ausführung durch Dritte, Verordnungsermächtigung. (1) [1] Die Meldung nach § 43 Absatz 1 oder § 44 hat elektronisch zu erfolgen. [2] Verpflichtete nach § 2 Absatz 1 haben sich unabhängig von der Abgabe einer Verdachtsmeldung bei der Zentralstelle für Finanztransaktionsuntersuchungen elektronisch zu registrieren. [3] Bei einer Störung der elektronischen Datenübermittlung ist die Übermittlung auf dem Postweg zulässig. [4] Meldungen nach § 44 sind aufgrund des besonderen Bedürfnisses nach einem einheitlichen Datenübermittlungsverfahren auch für die aufsichtsführenden Landesbehörden bindend.

(2) [1] Auf Antrag kann die Zentralstelle für Finanztransaktionsuntersuchungen zur Vermeidung von unbilligen Härten auf die elektronische Übermittlung einer Meldung eines Verpflichteten verzichten und die Übermittlung auf dem Postweg genehmigen. [2] Die Ausnahmegenehmigung kann befristet werden.

(3) Für die Übermittlung auf dem Postweg ist der amtliche Vordruck zu verwenden.

(4) Bei Erfüllung der Meldepflicht nach § 43 Absatz 1 kann ein Verpflichteter entsprechend § 6 Absatz 7 auf Dritte zurückgreifen.

(5) [1] Das Bundesministerium der Finanzen kann durch Rechtsverordnung ohne Zustimmung des Bundesrates nähere Bestimmungen über die Form der Meldung nach § 43 Absatz 1 oder § 44 erlassen. [2] Von Absatz 1 und den Regelungen einer Rechtsverordnung nach Satz 1 kann durch Landesrecht nicht abgewichen werden.

§ 46 Durchführung von Transaktionen. (1) [1] Eine Transaktion, wegen der eine Meldung nach § 43 Absatz 1 erfolgt ist, darf frühestens durchgeführt werden, wenn

1. dem Verpflichteten die Zustimmung der Zentralstelle für Finanztransaktionsuntersuchungen oder der Staatsanwaltschaft zur Durchführung übermittelt wurde oder
2. der dritte Werktag nach dem Abgangstag der Meldung verstrichen ist, ohne dass die Durchführung der Transaktion durch die Zentralstelle für Finanztransaktionsuntersuchungen oder die Staatsanwaltschaft untersagt worden ist.

[2] Für die Berechnung der Frist gilt der Samstag nicht als Werktag.

(2) [1] Ist ein Aufschub der Transaktion, bei der Tatsachen vorliegen, die auf einen Sachverhalt nach § 43 Absatz 1 hindeuten, nicht möglich oder könnte durch den Aufschub die Verfolgung einer mutmaßlichen strafbaren Handlung behindert werden, so darf die Transaktion durchgeführt werden. [2] Die Meldung nach § 43 Absatz 1 ist vom Verpflichteten unverzüglich nachzuholen.

§ 47 Verbot der Informationsweitergabe, Verordnungsermächtigung.

(1) Ein Verpflichteter darf den Vertragspartner, den Auftraggeber der Transaktion und sonstige Dritte nicht in Kenntnis setzen von

1. einer beabsichtigten oder erstatteten Meldung nach § 43 Absatz 1,
2. einem Ermittlungsverfahren, das aufgrund einer Meldung nach § 43 Absatz 1 eingeleitet worden ist, und
3. einem Auskunftsverlangen nach § 30 Absatz 3 Satz 1.

(2) [1] Das Verbot gilt nicht für eine Informationsweitergabe

1. an staatliche Stellen,
2. zwischen Verpflichteten nach § 2 Absatz 1 Nummer 1 bis 3 und 6 bis 8, die derselben Unternehmensgruppe angehören,
3. zwischen Verpflichteten nach § 2 Absatz 1 Nummer 1 bis 3 und 6 bis 8, die Mutterunternehmen nach § 9 Absatz 1 sind, und ihren in Drittstaaten ansässigen und dort geldwäscherechtlichen Pflichten unterliegenden Zweigstellen und gruppenangehörigen Unternehmen gemäß § 1 Absatz 16 Nummer 2, sofern diese die Maßnahmen nach § 9 Absatz 1 Satz 2 Nummer 1, 3 und 4 wirksam umgesetzt haben,
4. zwischen Verpflichteten nach § 2 Absatz 1 Nummer 10 bis 12 aus Mitgliedstaaten der Europäischen Union oder aus Drittstaaten, in denen die Anforderungen an ein System zur Verhinderung von Geldwäsche und von Terrorismusfinanzierung denen der Richtlinie (EU) 2015/849 entsprechen, sofern die betreffenden Personen ihre berufliche Tätigkeit
   a) selbständig ausüben,
   b) angestellt in derselben juristischen Person ausüben oder
   c) angestellt in einer Struktur ausüben, die einen gemeinsamen Eigentümer oder eine gemeinsame Leitung hat oder über eine gemeinsame Kontrolle in Bezug auf die Einhaltung der Vorschriften zur Verhinderung der Geldwäsche oder der Terrorismusfinanzierung verfügt,
5. zwischen Verpflichteten nach § 2 Absatz 1 Nummer 1 bis 3, 6, 7, 9, 10 und 12 in Fällen, die sich auf denselben Vertragspartner und auf dieselbe Transaktion beziehen, an der zwei oder mehr Verpflichtete beteiligt sind, wenn
   a) die Verpflichteten ihren Sitz in einem Mitgliedstaat der Europäischen Union oder in einem Drittstaat haben, in dem die Anforderungen an ein System zur Verhinderung von Geldwäsche und Terrorismusfinanzierung den Anforderungen der Richtlinie (EU) 2015/849 entsprechen,
   b) die Verpflichteten derselben Berufskategorie angehören und
   c) für die Verpflichteten vergleichbare Verpflichtungen in Bezug auf das Berufsgeheimnis und auf den Schutz personenbezogener Daten gelten.

[2] Nach Satz 1 Nummer 2 bis 5 weitergegebene Informationen dürfen ausschließlich zum Zweck der Verhinderung der Geldwäsche oder der Terrorismusfinanzierung verwendet werden.

(3) [1] Soweit in diesem oder anderen Gesetzen nicht etwas anderes geregelt ist, dürfen andere staatliche Stellen als die Zentralstelle für Finanztransaktionsuntersuchungen, die Kenntnis von einer nach § 43 Absatz 1 abgegebenen Meldung erlangt haben, diese Informationen nicht weitergeben an

1. den Vertragspartner des Verpflichteten,
2. den Auftraggeber der Transaktion,
3. den wirtschaftlich Berechtigten,
4. eine Person, die von einer der in den Nummern 1 bis 3 genannten Personen als Vertreter oder Bote eingesetzt worden ist, und
5. den Rechtsbeistand, der von einer der in den Nummern 1 bis 4 genannten Personen mandatiert worden ist.

[2] Eine Weitergabe dieser Informationen an diese Personen ist nur zulässig, wenn die Zentralstelle für Finanztransaktionsuntersuchungen vorher ihr Einverständnis erklärt hat und durch die Weitergabe dieser Informationen der ursprüngliche Zweck der Verdachtsmeldung nicht verändert wird.

(4) Nicht als Informationsweitergabe gilt, wenn sich Verpflichtete nach § 2 Absatz 1 Nummer 10 bis 12 bemühen, einen Mandanten davon abzuhalten, eine rechtswidrige Handlung zu begehen.

(5) [1] Verpflichtete nach § 2 Absatz 1 Nummer 1 bis 9 dürfen einander andere als die in Absatz 1 genannten Informationen über konkrete Sachverhalte, die auf Geldwäsche, eine ihrer Vortaten oder Terrorismusfinanzierung hindeutende Auffälligkeiten oder Ungewöhnlichkeiten enthalten, zur Kenntnis geben, wenn sie davon ausgehen können, dass andere Verpflichtete diese Informationen benötigen für

1. die Risikobeurteilung einer entsprechenden oder ähnlichen Transaktion oder Geschäftsbeziehung oder
2. die Beurteilung, ob eine Meldung nach § 43 Absatz 1 oder eine Strafanzeige nach § 158 der Strafprozessordnung erstattet werden sollte.

[2] Die Informationen dürfen auch unter Verwendung von Datenbanken zur Kenntnis gegeben werden, unabhängig davon, ob diese Datenbanken von den Verpflichteten nach § 2 Absatz 1 Nummer 1 bis 9 selbst oder von Dritten betrieben werden. [3] Die weitergegebenen Informationen dürfen ausschließlich zum Zweck der Verhinderung der Geldwäsche, ihrer Vortaten oder der Terrorismusfinanzierung und nur unter den durch den übermittelnden Verpflichteten vorgegebenen Bedingungen verwendet werden.

(6) Das Bundesministerium der Finanzen kann im Einvernehmen mit dem Bundesministerium des Innern, dem Bundesministerium der Justiz und für Verbraucherschutz und dem Bundesministerium für Wirtschaft und Energie durch Rechtsverordnung ohne Zustimmung des Bundesrates weitere Regelungen treffen, nach denen in Bezug auf Verpflichtete aus Drittstaaten mit erhöhtem Risiko nach Artikel 9 der Richtlinie (EU) 2015/849 keine Informationen weitergegeben werden dürfen.

§ 48 Freistellung von der Verantwortlichkeit. (1) Wer Sachverhalte nach § 43 Absatz 1 meldet oder eine Strafanzeige nach § 158 der Strafprozessordnung erstattet, darf wegen dieser Meldung oder Strafanzeige nicht verantwortlich gemacht werden, es sei denn, die Meldung oder Strafanzeige ist vorsätzlich oder grob fahrlässig unwahr erstattet worden.

(2) Absatz 1 gilt auch, wenn

1. ein Beschäftigter einen Sachverhalt nach § 43 Absatz 1 seinem Vorgesetzten meldet oder einer Stelle meldet, die unternehmensintern für die Entgegennahme einer solchen Meldung zuständig ist, und
2. ein Verpflichteter oder einer seiner Beschäftigten einem Auskunftsverlangen der Zentralstelle für Finanztransaktionsuntersuchungen nach § 30 Absatz 3 Satz 1 nachkommt.

§ 49 Informationszugang und Schutz der meldenden Beschäftigten.

(1) [1] Ist die Analyse aufgrund eines nach § 43 gemeldeten Sachverhalts noch nicht abgeschlossen, so kann die Zentralstelle für Finanztransaktionsuntersuchungen dem Betroffenen auf Anfrage Auskunft über die zu ihm vorliegenden Informationen geben, wenn dadurch der Analysezweck nicht beeinträchtigt wird. [2] Gibt sie dem Betroffenen Auskunft, so macht sie die personenbezogenen Daten der Einzelperson, die die Meldung nach § 43 Absatz 1 abgegeben hat, unkenntlich.

(2) [1] Ist die Analyse aufgrund eines nach § 43 gemeldeten Sachverhalts abgeschlossen, aber nicht an die Strafverfolgungsbehörde übermittelt worden, so kann die Zentralstelle für Finanztransaktionsuntersuchungen auf Anfrage des Betroffenen über die zu ihm vorliegenden Informationen Auskunft geben. [2] Sie verweigert die Auskunft, wenn ein Bekanntwerden dieser Informationen negative Auswirkungen hätte auf

1. internationale Beziehungen,
2. Belange der inneren oder äußeren Sicherheit der Bundesrepublik Deutschland,
3. die Durchführung eines anderen strafrechtlichen Ermittlungsverfahrens oder
4. die Durchführung eines laufenden Gerichtsverfahrens.

[3] In der Auskunft macht sie personenbezogene Daten der Einzelperson, die eine Meldung nach § 43 Absatz 1 abgegeben hat oder die einem Auskunftsverlangen der Zentralstelle für Finanztransaktionsuntersuchungen nachgekommen ist, unkenntlich. [4] Auf Antrag des Betroffenen kann sie Ausnahmen von Satz 3 zulassen, wenn schutzwürdige Interessen des Betroffenen überwiegen.

(3) [1] Die Zentralstelle für Finanztransaktionsuntersuchungen ist nicht mehr befugt, dem Betroffenen Auskunft zu geben, nachdem sie den jeweiligen Sachverhalt an die Strafverfolgungsbehörde übermittelt hat. [2] Ist das Verfahren durch die Staatsanwaltschaft oder das Gericht abgeschlossen worden, ist die Zentralstelle für Finanztransaktionsuntersuchungen wieder befugt, dem Betroffenen Auskunft zu erteilen. [3] In diesem Fall gilt Absatz 2 entsprechend.

(4) Steht die Person, die eine Meldung nach § 43 Absatz 1 abgegeben hat oder die dem Verpflichteten intern einen solchen Sachverhalt gemeldet hat, in einem Beschäftigungsverhältnis zum Verpflichteten, so darf ihr aus der Meldung keine Benachteiligung im Beschäftigungsverhältnis entstehen.

(5) [1] Einer Person, die aufgrund der Abgabe einer Meldung nach § 43 Absatz 1 oder aufgrund der internen Meldung eines solchen Sachverhalts an den Verpflichteten entgegen dem Benachteiligungsverbot des Absatzes 4 einer Benachteiligung im Zusammenhang mit ihrem Beschäftigungsverhältnis ausgesetzt ist, steht bei der zuständigen Aufsichtsbehörde nach § 50 das Recht der Beschwerde zu. [2] Der Rechtsweg bleibt von dem Beschwerdeverfahren unberührt. [3] Dem Beschwerdeführer steht für die Einreichung der Beschwerde nach Satz 1 das vertrauliche Informationssystem der Aufsichtsbehörde nach § 53 Absatz 1 Satz 2 zur Verfügung.

Abschnitt 7. Aufsicht, Zusammenarbeit, Bußgeldvorschriften, Datenschutz

§ 50 Zuständige Aufsichtsbehörde. Zuständige Aufsichtsbehörde für die Durchführung dieses Gesetzes ist

1. die Bundesanstalt für Finanzdienstleistungsaufsicht für
   a) Kreditinstitute mit Ausnahme der Deutschen Bundesbank,
   b) Finanzdienstleistungsinstitute sowie Zahlungsinstitute nach § 1 Absatz 1 Satz 1 Nummer 1 des Zahlungsdiensteaufsichtsgesetzes und E-Geld-Institute nach § 1 Absatz 2 Satz 1 Nummer 1 des Zahlungsdiensteaufsichtsgesetzes[1],
   c) im Inland gelegene Zweigstellen und Zweigniederlassungen von Kreditinstituten mit Sitz im Ausland, von Finanzdienstleistungsinstituten mit Sitz im Ausland und Zahlungsinstituten mit Sitz im Ausland,
   d) Kapitalverwaltungsgesellschaften nach § 17 Absatz 1 des Kapitalanlagegesetzbuchs,
   e) im Inland gelegene Zweigniederlassungen von EU-Verwaltungsgesellschaften nach § 1 Absatz 17 des Kapitalanlagegesetzbuchs sowie von ausländischen AIF-Verwaltungsgesellschaften nach § 1 Absatz 18 des Kapitalanlagegesetzbuchs,
   f) ausländische AIF-Verwaltungsgesellschaften, für die die Bundesrepublik Deutschland Referenzmitgliedstaat ist und die der Aufsicht der Bundesanstalt für Finanzdienstleistungsaufsicht nach § 57 Absatz 1 Satz 3 des Kapitalanlagegesetzbuchs unterliegen,
   g) Zahlungsinstitute und E-Geld-Institute mit Sitz in einem anderen Vertragsstaat des Abkommens über den Europäischen Wirtschaftsraum, Agenten und E-Geld-Agenten nach § 2 Absatz 1 Nummer 4,
   h) Unternehmen und Personen nach § 2 Absatz 1 Nummer 5 und
   i) die Kreditanstalt für Wiederaufbau,
2. für Versicherungsunternehmen nach § 2 Absatz 1 Nummer 7 die jeweils zuständige Aufsichtsbehörde für das Versicherungswesen,
3. für Rechtsanwälte und Kammerrechtsbeistände nach § 2 Absatz 1 Nummer 10 die jeweils örtlich zuständige Rechtsanwaltskammer (§§ 60, 61, 163 Satz 4 der Bundesrechtsanwaltsordnung),
4. für Patentanwälte nach § 2 Absatz 1 Nummer 10 die Patentanwaltskammer (§ 53 der Patentanwaltsordnung),
5. für Notare nach § 2 Absatz 1 Nummer 10 der jeweilige Präsident des Landgerichts, in dessen Bezirk der Notar seinen Sitz hat (§ 92 Nummer 1 der Bundesnotarordnung),
6. für Wirtschaftsprüfer und vereidigte Buchprüfer nach § 2 Absatz 1 Nummer 12 die Wirtschaftsprüferkammer (§ 57 Absatz 2 Nummer 17 der Wirtschaftsprüferordnung),

---

[1] Nr. **10**.

7. für Steuerberater und Steuerbevollmächtigte nach § 2 Absatz 1 Nummer 12 die jeweils örtlich zuständige Steuerberaterkammer (§ 76 des Steuerberatungsgesetzes),
7a. für Vereine nach § 4 Nummer 11 des Steuerberatungsgesetzes die für die Aufsicht nach § 27 des Steuerberatungsgesetzes zuständige Behörde,
8. für die Veranstalter und Vermittler von Glücksspielen nach § 2 Absatz 1 Nummer 15, soweit das Landesrecht nichts anderes bestimmt, die für die glücksspielrechtliche Aufsicht zuständige Behörde und
9. im Übrigen die jeweils nach Bundes- oder Landesrecht zuständige Stelle.

§ 51 Aufsicht. (1) Die Aufsichtsbehörden üben die Aufsicht über die Verpflichteten aus.

(2) [1]Die Aufsichtsbehörden können im Rahmen der ihnen gesetzlich zugewiesenen Aufgaben die geeigneten und erforderlichen Maßnahmen und Anordnungen treffen, um die Einhaltung der in diesem Gesetz und der in aufgrund dieses Gesetzes ergangenen Rechtsverordnungen festgelegten Anforderungen sicherzustellen. [2]Insbesondere können die Aufsichtsbehörden in diesem Rahmen durch erforderliche Maßnahmen und Anordnungen sicherstellen, dass die Verpflichteten diese Anforderungen auch im Einzelfall einhalten und nicht entgegen diesen Anforderungen Geschäftsbeziehungen begründen oder fortsetzen und Transaktionen durchführen. [3]Sie können hierzu auch die ihnen für sonstige Aufsichtsaufgaben eingeräumten Befugnisse ausüben. [4]Widerspruch und Anfechtungsklage gegen diese Maßnahmen haben keine aufschiebende Wirkung.

(3) [1]Die Aufsichtsbehörde nach § 50 Nummer 1, soweit sich die Aufsichtstätigkeit auf die in § 50 Nummer 1 Buchstabe g und h genannten Verpflichteten bezieht, und die Aufsichtsbehörden nach § 50 Nummer 3 bis 9 können bei den Verpflichteten Prüfungen zur Einhaltung der in diesem Gesetz festgelegten Anforderungen durchführen. [2]Die Prüfungen können ohne besonderen Anlass vor Ort und anderswo erfolgen. [3]Die Aufsichtsbehörden können die Durchführung der Prüfungen vertraglich auf sonstige Personen und Einrichtungen übertragen. [4]Häufigkeit und Intensität der Prüfungen haben sich am Risikoprofil der Verpflichteten im Hinblick auf Geldwäsche und Terrorismusfinanzierung zu orientieren, das in regelmäßigen Abständen und bei Eintritt wichtiger Ereignisse oder Entwicklungen in deren Geschäftsleitung und Geschäftstätigkeit neu zu bewerten ist.

(4) Für Maßnahmen und Anordnungen nach dieser Vorschrift kann die Aufsichtsbehörde nach § 50 Nummer 8 und 9 zur Deckung des Verwaltungsaufwands Kosten erheben.

(5) [1]Die Aufsichtsbehörde nach § 50 Nummer 1, soweit sich die Aufsichtstätigkeit auf die in § 50 Nummer 1 Buchstabe g und h genannten Verpflichteten bezieht, und die Aufsichtsbehörden nach § 50 Nummer 3 bis 9 können einem Verpflichteten, dessen Tätigkeit einer Zulassung bedarf und durch die Aufsichtsbehörde zugelassen wurde, die Ausübung des Geschäfts oder Berufs vorübergehend untersagen oder ihm gegenüber die Zulassung widerrufen, wenn der Verpflichtete vorsätzlich oder fahrlässig

1. gegen die Bestimmungen dieses Gesetzes, gegen die zur Durchführung dieses Gesetzes erlassenen Verordnungen oder gegen Anordnungen der zuständigen Aufsichtsbehörde verstoßen hat,
2. trotz Verwarnung durch die zuständige Aufsichtsbehörde dieses Verhalten fortsetzt und
3. der Verstoß nachhaltig ist.

[2] Hat ein Mitglied der Führungsebene oder ein anderer Beschäftigter eines Verpflichteten vorsätzlich oder fahrlässig einen Verstoß nach Satz 1 begangen, kann die Aufsichtsbehörde nach § 50 Nummer 1, soweit sich die Aufsichtstätigkeit auf die in § 50 Nummer 1 Buchstabe g und h genannten Verpflichteten bezieht, und können die Aufsichtsbehörden nach § 50 Nummer 3 bis 9 dem Verstoßenden gegenüber ein vorübergehendes Verbot zur Ausübung einer Leitungsposition bei Verpflichteten nach § 2 Absatz 1 aussprechen. [3] Handelt es sich bei der Aufsichtsbehörde nicht um die Behörde, die dem Verpflichteten für die Ausübung seiner Tätigkeit die Zulassung erteilt hat, führt die Zulassungsbehörde auf Verlangen derjenigen Aufsichtsbehörde, die einen Verstoß nach Satz 1 festgestellt hat, das Verfahren entsprechend Satz 1 oder 2 durch.

(5a) [1] Ist die für die Aufsicht über einen Verpflichteten nach § 50 Nummer 1 Buchstabe g und h zuständige Behörde eine Behörde in einem anderen Mitgliedstaat der Europäischen Union oder in einem anderen Vertragsstaat des Abkommens über den Europäischen Wirtschaftsraum, kann die Aufsichtsbehörde nach § 50 Nummer 1, wenn die ausländische Behörde selbst keine Maßnahmen ergreift oder sich die von ihr ergriffenen Maßnahmen als unzureichend erweisen und eine sofortige Abhilfe geboten ist, nach Unterrichtung der zuständigen ausländischen Behörde die zur Behebung eines schweren Verstoßes erforderlichen Maßnahmen ergreifen. [2] Soweit erforderlich, kann sie die Durchführung neuer Geschäfte im Inland untersagen. [3] In dringenden Fällen kann die Aufsichtsbehörde nach § 50 Nummer 1 vor Unterrichtung die erforderlichen Maßnahmen ergreifen. [4] Die Maßnahmen müssen befristet und im Hinblick auf den mit ihnen verfolgten Zweck, der Abwendung schwerer Verstöße gegen die Bestimmungen dieses Gesetzes, gegen die zur Durchführung dieses Gesetzes erlassenen Verordnungen oder gegen Anordnungen der zuständigen Aufsichtsbehörden, angemessen sein. [5] Sie sind zu beenden, wenn die festgestellten schweren Verstöße abgewendet wurden. [6] In dringenden Fällen des Satzes 3 ist die ausländische Behörde über die ergriffenen Maßnahmen unverzüglich zu unterrichten.

(5b) [1] Verpflichtete nach § 2 Absatz 1 Nummer 13 haben sich unter Angabe ihrer konkreten Tätigkeit bei der Aufsichtsbehörde zu registrieren, wenn sie nicht bereits nach anderen Vorschriften einer Anmeldung, Eintragung, Erlaubnis oder Zulassung bedürfen. [2] Soweit nicht nach anderen Vorschriften die Befugnis hierzu besteht, kann die Aufsichtsbehörde Mitglieder der Führungs- und Leitungsebene des Verpflichteten abberufen, soweit begründete Tatsachen die Annahme rechtfertigen, dass diese nicht die erforderliche Eignung oder Zuverlässigkeit besitzen. [3] Die Aufsichtsbehörde kann Verpflichteten, bei denen begründete Tatsachen die Annahme rechtfertigen, dass der wirtschaftlich Berechtigte die erforderliche Eignung oder Zuverlässigkeit nicht besitzt, die Ausübung der Dienstleistung nach § 2 Absatz 1 Nummer 13 untersagen. [4] Absatz 5 Satz 1 und 2 gilt entsprechend.

(6) Die nach § 50 Nummer 9 zuständige Aufsichtsbehörde übt zudem die Aufsicht aus, die ihr übertragen ist nach Artikel 55 Absatz 1 der Verordnung (EU) Nr. 1031/2010 der Kommission vom 12. November 2010 über den zeitlichen und administrativen Ablauf sowie sonstige Aspekte der Versteigerung von Treibhausgasemissionszertifikaten gemäß der Richtlinie 2003/87/EG des Europäischen Parlaments und des Rates über ein System für den Handel mit Treibhausgasemissionszertifikaten in der Gemeinschaft (ABl. L 302 vom 18.11. 2010, S. 1).

(7) Die nach § 50 Nummer 8 und 9 zuständige Aufsichtsbehörde für Verpflichtete nach § 2 Absatz 1 Nummer 15 kann zur Erfüllung ihrer Aufgaben im Einzelfall bei einem Verpflichteten nach § 2 Absatz 1 Nummer 1 oder Nummer 3 Auskünfte einholen zu Zahlungskonten nach § 1 Absatz 17 des Zahlungsdiensteaufsichtsgesetzes[1)] und zu darüber ausgeführten Zahlungsvorgängen

1. eines Veranstalters oder Vermittlers von Glücksspielen im Internet, unabhängig davon, ob er im Besitz einer glücksspielrechtlichen Erlaubnis ist, sowie
2. eines Spielers.

(8) [1] Die Aufsichtsbehörde stellt den Verpflichteten regelmäßig aktualisierte Auslegungs- und Anwendungshinweise für die Umsetzung der Sorgfaltspflichten und der internen Sicherungsmaßnahmen nach den gesetzlichen Bestimmungen zur Verhinderung von Geldwäsche und von Terrorismusfinanzierung zur Verfügung. [2] Sie kann diese Pflicht auch dadurch erfüllen, dass sie solche Hinweise, die durch Verbände der Verpflichteten erstellt worden sind, genehmigt.

(9) [1] Die Aufsichtsbehörden haben zur Dokumentation ihrer Aufsichtstätigkeit folgende Daten in Form einer Statistik vorzuhalten:

1. Daten zur Aufsichtstätigkeit pro Kalenderjahr, insbesondere:
   a) die Anzahl der in der Aufsichtsbehörde beschäftigten Personen, gemessen in Vollzeitäquivalenten, die mit der Aufsicht über die Verpflichteten nach § 2 Absatz 1 betraut sind;
   b) die Anzahl der durchgeführten Vor-Ort-Prüfungen und der sonstigen ergriffenen Prüfungsmaßnahmen, differenziert nach den betroffenen Verpflichteten nach § 2 Absatz 1;
   c) die Anzahl der Maßnahmen nach Buchstabe b, bei denen die Aufsichtsbehörde eine Pflichtverletzung nach diesem Gesetz oder nach einer auf der Grundlage dieses Gesetzes erlassenen Rechtsverordnung festgestellt hat, sowie die Anzahl der Fälle, in denen die Aufsichtsbehörde anderweitig Kenntnis von einer solchen Pflichtverletzung erlangt hat, und
   d) Art und Umfang der daraufhin von der Aufsichts- und Verwaltungsbehörde rechtskräftig ergriffenen Maßnahmen; dazu gehören die Anzahl
      aa) der erteilten Verwarnungen,
      bb) der festgesetzten Bußgelder einschließlich der jeweiligen Höhe, differenziert danach, ob und inwieweit eine Bekanntmachung nach § 57 erfolgte,
      cc) der angeordneten Abberufungen von Geldwäschebeauftragten oder Mitgliedern der Geschäftsführung,

---

1) Nr. **10**.

dd) der angeordneten Erlaubnisentziehungen,

ee) der sonstigen ergriffenen Maßnahmen;

e) Art und Umfang der Maßnahmen, um die Verpflichteten nach § 2 Absatz 1 über die von ihnen einzuhaltenden Sorgfaltspflichten und internen Sicherungsmaßnahmen zu informieren;

2. die Anzahl der von der Aufsichtsbehörde nach § 44 abgegebenen Verdachtsmeldungen pro Kalenderjahr, differenziert nach den betroffenen Verpflichteten nach § 2 Absatz 1.

[2] Die Aufsichtsbehörden haben dem Bundesministerium der Finanzen und der Zentralstelle für Finanztransaktionsuntersuchungen die Daten nach Satz 1 mit Stand zum 31. Dezember des Berichtsjahres bis zum 31. März des Folgejahres in elektronischer Form zu übermitteln. [3] Das Bundesministerium der Finanzen und die Zentralstelle für Finanztransaktionsuntersuchungen können dazu einen gemeinsamen Vordruck vorsehen. [4] Die Aufsichtsbehörden teilen der Zentralstelle für Finanztransaktionsuntersuchungen ihre Kontaktdaten, ihre Angaben zu ihrem Zuständigkeitsbereich und ihre Änderungen der Daten unverzüglich mit.

(10) [1] Die zuständigen Aufsichtsbehörden unterrichten das Bundesministerium der Finanzen vor der Anordnung oder der Anwendung der in § 15 Absatz 5a genannten Maßnahmen. [2] Das Bundesministerium der Finanzen unterrichtet die Europäische Kommission vor der Anordnung oder der Anwendung der in § 15 Absatz 5a genannten Maßnahmen durch die zuständigen Aufsichtsbehörden sowie über den Erlass einer Rechtsverordnung nach § 15 Absatz 10 Satz 1 Nummer 2.

§ 51a Verarbeitung personenbezogener Daten durch Aufsichtsbehörden. (1) Die nach diesem Gesetz zuständigen Aufsichtsbehörden sind befugt, personenbezogene Daten zu verarbeiten, soweit dies zur Erfüllung ihrer gesetzlichen Aufgaben erforderlich ist.

(2) [1] Verarbeiten die nach diesem Gesetz zuständigen Aufsichtsbehörden im Zuge einer aufsichtsrechtlichen Maßnahme nach diesem Gesetz oder auf Grundlage der nach diesem Gesetz ergangenen Rechtsverordnungen personenbezogene Daten, stehen den betroffenen Personen die Rechte aus den Artikeln 15 bis 18 und 20 bis 22 der Verordnung (EU) 2016/679 nicht zu, soweit die Erfüllung der Rechte der betroffenen Personen Folgendes gefährden würde:

1. den Zweck der Maßnahme,
2. die Stabilität der Finanzmärkte der Bundesrepublik Deutschland oder eines oder mehrerer Mitgliedstaaten des Europäischen Wirtschaftsraums,
3. ein sonstiges wichtiges Ziel des allgemeinen öffentlichen Interesses der Bundesrepublik Deutschland oder eines oder mehrerer Mitgliedstaaten des Europäischen Wirtschaftsraums, insbesondere ein wichtiges wirtschaftliches oder finanzielles Interesse oder
4. die Verhütung, Ermittlung, Aufdeckung oder Verfolgung von Straftaten oder die Strafvollstreckung, einschließlich des Schutzes vor und der Abwehr von Gefahren für die öffentliche Sicherheit.

[2] Unter diesen Voraussetzungen ist die zuständige Aufsichtsbehörde auch von den Pflichten nach den Artikeln 12 bis 14, 19 und 34 sowie den Transparenz-

pflichten nach Artikel 5 der Verordnung (EU) 2016/679 befreit. [3]Die Sätze 1 und 2 gelten entsprechend für Personen und Einrichtungen, derer sich die zuständige Aufsichtsbehörde bei der Durchführung ihrer Aufgaben bedient sowie für die registerführende Stelle.

(3) Die betroffene Person ist über den Wegfall der Beschränkung zu informieren, sofern dies nicht dem Zweck der Beschränkung abträglich ist.

(4) [1]Wird der betroffenen Person in den Fällen des Absatzes 2 Satz 1 bis 3 keine Auskunft erteilt, so ist auf ihr Verlangen je nach Zuständigkeit dem Bundesbeauftragten für den Datenschutz und die Informationsfreiheit oder der nach Landesrecht für den Datenschutz zuständigen Aufsichtsbehörde die Auskunft zu erteilen, soweit nicht im Einzelfall festgestellt wird, dass dadurch die öffentliche Sicherheit des Bundes oder eines Landes oder die Stabilität und Integrität der Finanzmärkte gefährdet würde. [2]Die Mitteilung des Bundesbeauftragten für den Datenschutz und die Informationsfreiheit oder der nach Landesrecht für den Datenschutz zuständigen Aufsichtsbehörde an die betroffene Person über das Ergebnis der datenschutzrechtlichen Prüfung darf keine Rückschlüsse auf den Erkenntnisstand der zuständigen Aufsichtsbehörde und der Personen und Einrichtungen, derer sich die zuständige Aufsichtsbehörde bei der Durchführung ihrer Aufgaben bedient, zulassen, sofern diese nicht einer weitergehenden Auskunft zustimmt.

§ 52 Mitwirkungspflichten. (1) [1]Ein Verpflichteter, die Mitglieder seiner Organe und seine Beschäftigten haben der nach § 50 Nummer 1 zuständigen Aufsichtsbehörde, soweit sich die Aufsichtstätigkeit auf die in § 50 Nummer 1 Buchstabe g und h genannten Verpflichteten bezieht, der nach § 50 Nummer 3 bis 9 zuständigen Aufsichtsbehörde sowie den Personen und Einrichtungen, derer sich diese Aufsichtsbehörden zur Durchführung ihrer Aufgaben bedienen, auf Verlangen unentgeltlich

1. Auskunft über alle Geschäftsangelegenheiten und Transaktionen zu erteilen und
2. Unterlagen vorzulegen,

die für die Einhaltung der in diesem Gesetz festgelegten Anforderungen von Bedeutung sind. [2]Im Rahmen der Pflicht nach Satz 1 Nummer 2 hat der Verpflichtete der Behörde die vorzulegenden Unterlagen im Original, in Form von Kopien oder in digitaler Form auf elektronischem Wege oder auf einem digitalen Speichermedium zur Verfügung zu stellen.

(2) Bei den Prüfungen nach § 51 Absatz 3 ist es den Bediensteten der Aufsichtsbehörde und den sonstigen Personen, derer sich die zuständige Aufsichtsbehörde bei der Durchführung der Prüfungen bedient, gestattet, die Geschäftsräume des Verpflichteten innerhalb der üblichen Betriebs- und Geschäftszeiten zu betreten und zu besichtigen.

(3) Die Betroffenen haben Maßnahmen nach Absatz 2 zu dulden.

(4) Der zur Erteilung einer Auskunft Verpflichtete kann die Auskunft auf solche Fragen verweigern, deren Beantwortung ihn selbst oder einen der in § 383 Absatz 1 Nummer 1 bis 3 der Zivilprozessordnung bezeichneten Angehörigen der Gefahr strafrechtlicher Verfolgung oder eines Verfahrens nach dem Gesetz über Ordnungswidrigkeiten aussetzen würde.

(5) [1]Verpflichtete nach § 2 Absatz 1 Nummer 10 und 12 können die Auskunft auch auf Fragen verweigern, wenn sich diese Fragen auf Informationen beziehen, die sie im Rahmen der Rechtsberatung oder der Prozessvertretung des Vertragspartners erhalten haben. [2]Die Pflicht zur Auskunft bleibt bestehen, wenn der Verpflichtete weiß, dass sein Mandant seine Rechtsberatung für den Zweck der Geldwäsche oder der Terrorismusfinanzierung in Anspruch genommen hat oder nimmt.

(6) [1]Personen, bei denen aufgrund ihrer Geschäftstätigkeit Tatsachen die Annahme rechtfertigen, dass sie Verpflichtete nach § 2 Absatz 1 sind, haben der nach § 50 zuständigen Aufsichtsbehörde auf Verlangen unentgeltlich Auskunft über alle Geschäftsangelegenheiten zu erteilen und Unterlagen vorzulegen, soweit dies für die Feststellung der Verpflichteteneigenschaft erforderlich ist. [2]Absatz 1 Satz 2 sowie die Absätze 4 und 5 gelten entsprechend.

§ 53 Hinweise auf Verstöße. (1) [1]Die Aufsichtsbehörden errichten ein System zur Annahme von Hinweisen zu potenziellen oder tatsächlichen Verstößen gegen dieses Gesetz und gegen auf Grundlage dieses Gesetzes erlassene Rechtsverordnungen und gegen andere Bestimmungen zur Verhinderung von Geldwäsche und von Terrorismusfinanzierung, bei denen es die Aufgabe der Aufsichtsbehörde ist, die Einhaltung der genannten Rechtsvorschriften sicherzustellen oder Verstöße gegen die genannten Rechtsvorschriften zu ahnden. [2]Das System hat die Abgabe von Hinweisen über einen geschützten Kommunikationsweg zu ermöglichen. [3]Die Hinweise können auch anonym abgegeben werden.

(2) Die Aufsichtsbehörden sind zu diesem Zweck befugt, personenbezogene Daten zu verarbeiten, soweit dies zur Erfüllung ihrer Aufgaben erforderlich ist.

(3) [1]Die Aufsichtsbehörden machen die Identität einer Person, die einen Hinweis abgegeben hat, nur bekannt, wenn sie zuvor die ausdrückliche Zustimmung dieser Person eingeholt haben. [2]Sie geben die Identität einer Person, die Gegenstand eines Hinweises ist, nicht bekannt. [3]Die Sätze 1 und 2 gelten nicht, wenn

1. eine Weitergabe der Information im Kontext weiterer Ermittlungen oder nachfolgender Verwaltungs- oder Gerichtsverfahren aufgrund eines Gesetzes erforderlich ist oder
2. die Offenlegung durch einen Gerichtsbeschluss oder in einem Gerichtsverfahren angeordnet wird.

(4) Das Informationsfreiheitsgesetz findet auf die Vorgänge nach dieser Vorschrift keine Anwendung.

(5) [1]Mitarbeiter, die bei Unternehmen und Personen beschäftigt sind, die von den zuständigen Aufsichtsbehörden nach Absatz 1 beaufsichtigt werden, oder bei anderen Unternehmen oder Personen beschäftigt sind, auf die Tätigkeiten von beaufsichtigten Unternehmen oder Personen ausgelagert wurden, und die einen Hinweis nach Absatz 1 abgeben, dürfen wegen dieses Hinweises weder nach arbeitsrechtlichen oder nach strafrechtlichen Vorschriften verantwortlich gemacht noch zum Ersatz von Schäden herangezogen oder anderweitig benachteiligt werden. [2]Satz 1 gilt nicht, wenn der Hinweis vorsätzlich unwahr oder grob fahrlässig unwahr abgegeben worden ist.

(5a) [1]Mitarbeitern im Sinne des Absatzes 5, die aufgrund der Abgabe eines Hinweises nach Absatz 1 und entgegen dem Benachteiligungsverbot des Absatzes 5 einer Benachteiligung im Zusammenhang mit ihrem Beschäftigungsverhältnis ausgesetzt sind, steht bei der zuständigen Aufsichtsbehörde das Recht der Beschwerde zu. [2]Der Rechtsweg bleibt von dem Beschwerdeverfahren unberührt. [3]Dem Beschwerdeführer steht für die Einreichung der Beschwerde nach Satz 1 der geschützte Kommunikationsweg nach Absatz 1 Satz 2 zur Verfügung.

(6) [1]Nicht vertraglich eingeschränkt werden darf die Berechtigung zur Abgabe von Hinweisen nach Absatz 1 durch Mitarbeiter, die beschäftigt sind bei

1. Unternehmen und Personen, die von den Aufsichtsbehörden nach Absatz 1 beaufsichtigt werden, oder
2. anderen Unternehmen oder Personen, auf die Tätigkeiten von beaufsichtigten Unternehmen oder Personen ausgelagert wurden.

[2]Dem entgegenstehende Vereinbarungen sind unwirksam.

(7) Durch die Einrichtung und Führung des Systems zur Abgabe von Hinweisen zu Verstößen werden die Rechte einer Person, die Gegenstand eines Hinweises ist, nicht eingeschränkt, insbesondere nicht die Rechte nach den

1. §§ 28 und 29 des Verwaltungsverfahrensgesetzes,
2. §§ 68 bis 71 der Verwaltungsgerichtsordnung und
3. §§ 137, 140, 141 und 147 der Strafprozessordnung.

§ 54 Verschwiegenheitspflicht. (1) [1]Soweit Personen, die bei den zuständigen Aufsichtsbehörden nach § 50 beschäftigt sind oder für diese Aufsichtsbehörden tätig sind, Aufgaben nach § 51 Absatz 1 erfüllen, dürfen sie die ihnen bei ihrer Tätigkeit bekannt gewordenen Tatsachen nicht unbefugt offenbaren oder verwerten, wenn die Geheimhaltung dieser Tatsachen, insbesondere Geschäfts- und Betriebsgeheimnisse, im Interesse eines von ihnen beaufsichtigten Verpflichteten oder eines Dritten liegt. [2]Satz 1 gilt auch, wenn sie nicht mehr im Dienst sind oder ihre Tätigkeit beendet ist. [3]Die datenschutzrechtlichen Bestimmungen, die von den beaufsichtigten Verpflichteten zu beachten sind, bleiben unberührt.

(2) Absatz 1 gilt auch für andere Personen, die durch dienstliche Berichterstattung Kenntnis von den in Absatz 1 Satz 1 bezeichneten Tatsachen erhalten.

(3) Ein unbefugtes Offenbaren oder Verwerten liegt insbesondere nicht vor, wenn Tatsachen im Sinne von Absatz 1 weitergegeben werden, soweit der Weitergabe keine anderen Rechtsvorschriften entgegenstehen,

1. in zusammengefasster oder aggregierter Form, so dass einzelne Verpflichtete nicht identifiziert werden können, oder
2. an eine der folgenden Stellen, soweit diese Stellen die Informationen zur Erfüllung ihrer Aufgaben benötigen:
   a) an die Strafverfolgungsbehörden, an die für Straf- und Bußgeldsachen zuständigen Behörden und Gerichte,
   b) an andere Stellen, die kraft Gesetzes oder im öffentlichen Auftrag mit der Aufklärung und Verhinderung von Geldwäsche oder von Terrorismusfinanzierung oder mit der Aufsicht über Kredit- und Finanzinstitute im

Sinne von Artikel 3 der Richtlinie (EU) 2015/849 betraut sind, sowie an Personen, die von diesen Stellen beauftragt werden,

c) an die Europäische Zentralbank, soweit sie im Einklang mit der Verordnung (EU) Nr. 1024/2013[1] des Rates vom 15. Oktober 2013 zur Übertragung besonderer Aufgaben im Zusammenhang mit der Aufsicht über Kreditinstitute auf die Europäische Zentralbank tätig wird,

d) an die zentralen Meldestellen im Sinne von Artikel 32 Absatz 1 der Richtlinie (EU) 2015/849 und

e) an andere Stellen, die kraft Gesetzes oder im öffentlichen Auftrag mit der Aufsicht über das allgemeine Risikomanagement oder über die Compliance von Verpflichteten betraut sind, sowie an Personen, die von diesen Stellen beauftragt sind.

(4) [1]Befindet sich eine der in Absatz 3 genannten Stellen in einem anderen Staat oder handelt es sich um eine supranationale Stelle, so dürfen Tatsachen im Sinne von Absatz 1 nur weitergegeben werden, wenn die bei dieser Stelle beschäftigten Personen oder die im Auftrag dieser Stelle handelnden Personen einer Verschwiegenheitspflicht unterliegen, die der Verschwiegenheitspflicht nach den Absätzen 1 bis 3 weitgehend entspricht. [2]Die ausländische oder supranationale Stelle ist von der weitergebenden Stelle darauf hinzuweisen, dass sie die Tatsachen nur zu dem Zweck verwenden darf, zu dessen Erfüllung ihr diese übermittelt werden. [3]Tatsachen, die aus einem anderen Staat stammen, dürfen nur weitergegeben werden

1. mit ausdrücklicher Zustimmung der zuständigen Behörden, die diese Tatsachen mitgeteilt haben, und
2. für solche Zwecke, denen die zuständigen Behörden zugestimmt haben.

§ 55 Zusammenarbeit mit anderen Behörden. (1) [1]Die Aufsichtsbehörden arbeiten zur Verhinderung und zur Bekämpfung von Geldwäsche und von Terrorismusfinanzierung bei der Wahrnehmung ihrer Aufgaben nach § 51 untereinander sowie mit den in § 54 Absatz 3 genannten Stellen umfassend zusammen. [2]Im Rahmen dieser Zusammenarbeit sind die Aufsichtsbehörden verpflichtet, einander von Amts wegen und auf Ersuchen Informationen einschließlich personenbezogener Daten und die Ergebnisse der Prüfungen zu übermitteln, soweit deren Kenntnis für die Erfüllung der Aufgaben der Aufsichtsbehörden nach § 51 erforderlich ist. [3]Die zuständige Aufsichtsbehörde übermittelt im Einzelfall von Amts wegen sämtliche Informationen an die zuständige Verwaltungsbehörde, soweit diese für die Erfüllung der Aufgaben der Verwaltungsbehörde erforderlich sind. [4]Bei Anhaltspunkten für strafrechtliche Verstöße informieren die Aufsichtsbehörden unverzüglich die zuständigen Strafverfolgungsbehörden.

(2) Die nach § 155 Absatz 2 der Gewerbeordnung in Verbindung mit dem jeweiligen Landesrecht nach § 14 Absatz 1 der Gewerbeordnung zuständigen Behörden übermitteln auf Ersuchen den nach § 50 Nummer 9 zuständigen Aufsichtsbehörden kostenfrei die Daten aus der Gewerbeanzeige gemäß den Anlagen 1 bis 3 der Gewerbeanzeigenverordnung über Verpflichtete nach § 2

---

[1] Nr. 5.

Absatz 1, soweit die Kenntnis dieser Daten zur Wahrnehmung der Aufgaben der Aufsichtsbehörden nach § 51 erforderlich ist.

(3) Die Registerbehörde nach § 11a Absatz 1 der Gewerbeordnung übermittelt auf Ersuchen den nach § 50 Nummer 9 zuständigen Aufsichtsbehörden kostenfrei die in § 6 der Finanzanlagenvermittlungsverordnung und die in § 8 der Versicherungsvermittlungsverordnung genannten Daten, soweit die Kenntnis dieser Daten zur Wahrnehmung der Aufgaben der Aufsichtsbehörden nach § 51 erforderlich ist.

(4) Weitergehende Befugnisse der Aufsichtsbehörden zur Verarbeitung von personenbezogenen Daten nach anderen Rechtsvorschriften bleiben unberührt.

(5) [1] In grenzüberschreitenden Fällen koordinieren die zusammenarbeitenden Aufsichtsbehörden und die in § 54 Absatz 3 genannten Stellen ihre Maßnahmen. [2] Unterhält ein Verpflichteter, der seinen Sitz in einem anderen Mitgliedstaat der Europäischen Union hat, eine oder mehrere Zweigstellen oder Zweigniederlassungen in Deutschland, so arbeiten die in Satz 1 genannten Aufsichtsbehörden und Stellen mit den zuständigen Behörden des Mitgliedstaats zusammen, in dem der Verpflichtete seinen Hauptsitz hat.

(6) [1] Soweit die Aufsichtsbehörden die Aufsicht über die Verpflichteten nach § 2 Absatz 1 Nummer 1 bis 3 und 6 bis 9 ausüben, stellen sie den folgenden Behörden auf deren Verlangen alle Informationen zur Verfügung, die erforderlich sind zur Durchführung von deren Aufgaben aufgrund der Richtlinie (EU) 2015/849 sowie der Verordnung (EU) Nr. 1093/2010 des Europäischen Parlaments und des Rates vom 24. November 2010 zur Errichtung einer Europäischen Aufsichtsbehörde (Europäische Bankenaufsichtsbehörde), zur Änderung des Beschlusses Nr. 716/2009/EG und zur Aufhebung des Beschlusses 2009/78/EG der Kommission, der Verordnung (EU) Nr. 1094/2010 des Europäischen Parlaments und des Rates vom 24. November 2010 zur Errichtung einer Europäischen Aufsichtsbehörde (Europäische Aufsichtsbehörde für das Versicherungswesen und die betriebliche Altersversorgung), zur Änderung des Beschlusses Nr. 716/2009/EG und zur Aufhebung des Beschlusses 2009/79/EG der Kommission und der Verordnung (EU) Nr. 1095/2010 des Europäischen Parlaments und des Rates vom 24. November 2010 zur Errichtung einer Europäischen Aufsichtsbehörde (Europäische Wertpapier- und Marktaufsichtsbehörde), zur Änderung des Beschlusses Nr. 716/2009/EG und zur Aufhebung des Beschlusses 2009/77/EG der Kommission:

1. der Europäischen Bankenaufsichtsbehörde,
2. der Europäischen Aufsichtsbehörde für das Versicherungswesen und die betriebliche Altersversorgung sowie
3. der Europäischen Wertpapier- und Marktaufsichtsbehörde.

[2] Die Informationen sind zur Verfügung zu stellen nach Maßgabe des Artikels 35 der Verordnung (EU) Nr. 1093/2010, des Artikels 35 der Verordnung (EU) Nr. 1094/2010 und des Artikels 35 der Verordnung (EU) Nr. 1095/2010.

(7) Dem Informationsaustausch mit den zuständigen Aufsichtsbehörden anderer Mitgliedstaaten der Europäischen Union stehen nicht entgegen:

1. ein Bezug des Ersuchens zu steuerlichen Belangen,
2. Vorgaben des nationalen Rechts, nach denen die Verpflichteten die Vertraulichkeit oder Geheimhaltung zu wahren haben, außer in Fällen, in denen

a) die einschlägigen Informationen, auf die sich das Ersuchen bezieht, durch ein Zeugnisverweigerungsrecht geschützt werden oder
b) ein Berufsgeheimnis gemäß § 43 Absatz 2 Satz 1 greift,

3. die Anhängigkeit eines Ermittlungsverfahrens, einer Untersuchung oder eines Verfahrens in dem ersuchenden Mitgliedstaat, es sei denn, das Ermittlungsverfahren, die Untersuchung oder das Verfahren würde durch die Amtshilfe beeinträchtigt,
4. Unterschiede in der Art und Stellung der ersuchenden und der ersuchten Behörde.

(8) [1] Die zuständigen Aufsichtsbehörden gemäß § 50 Nummer 1 und 2 können mit den zuständigen Behörden von Drittstaaten, die diesen zuständigen Aufsichtsbehörden entsprechen, Kooperationsvereinbarungen zur Zusammenarbeit und zum Austausch von Tatsachen im Sinne von § 54 Absatz 1 schließen. [2] Solche Kooperationsvereinbarungen werden auf Basis der Gegenseitigkeit und nur dann geschlossen, wenn gewährleistet ist, dass die übermittelten Tatsachen zumindest den in § 54 Absatz 1 enthaltenen Anforderungen unterliegen. [3] Die gemäß diesen Kooperationsvereinbarungen weitergegebenen Tatsachen müssen der Erfüllung der aufsichtsrechtlichen Aufgaben dieser Behörden dienen. [4] § 54 Absatz 4 gilt entsprechend.

§ 56 Bußgeldvorschriften. (1) [1] Ordnungswidrig handelt, wer vorsätzlich oder leichtfertig

1. entgegen § 5 Absatz 1 Satz 1 Risiken nicht ermittelt oder nicht bewertet,
2. entgegen § 5 Absatz 2 die Risikoanalyse nicht dokumentiert oder regelmäßig überprüft und gegebenenfalls aktualisiert,
3. entgegen § 6 Absatz 1 keine angemessenen geschäfts- und kundenbezogenen internen Sicherungsmaßnahmen schafft oder entgegen § 6 Absatz 1 Satz 3 die Funktionsfähigkeit der Sicherungsmaßnahmen nicht überwacht oder wer geschäfts- und kundenbezogene interne Sicherungsmaßnahmen nicht regelmäßig oder nicht bei Bedarf aktualisiert,
4. entgegen § 6 Absatz 4 keine Datenverarbeitungssysteme betreibt oder sie nicht aktualisiert,
5. einer vollziehbaren Anordnung nach § 6 Absatz 9 nicht nachkommt,
6. entgegen § 8 Absatz 1 und 2 eine Angabe, eine Information, Ergebnisse der Untersuchung, Erwägungsgründe oder eine nachvollziehbare Begründung des Bewertungsergebnisses nicht, nicht richtig oder nicht vollständig aufzeichnet oder aufbewahrt,
7. entgegen § 8 Absatz 4 Satz 1 eine Aufzeichnung oder einen sonstigen Beleg nicht fünf Jahre aufbewahrt,
8. entgegen § 9 Absatz 1 Satz 2, auch in Verbindung mit Absatz 4, keine gruppenweit einheitlichen Vorkehrungen, Verfahren und Maßnahmen schafft,
9. entgegen § 9 Absatz 1 Satz 3, auch in Verbindung mit Absatz 4, nicht die wirksame Umsetzung der gruppenweit einheitlichen Pflichten und Maßnahmen sicherstellt,

10. entgegen § 9 Absatz 2, auch in Verbindung mit Absatz 4, nicht sicherstellt, dass die in einem anderen Mitgliedstaat der Europäischen Union befindlichen gruppenangehörigen Unternehmen gemäß § 1 Absatz 16 Nummer 2 bis 4, die dort Pflichten zur Verhinderung von Geldwäsche und Terrorismusfinanzierung unterliegen, die geltenden nationalen Rechtsvorschriften zur Umsetzung der Richtlinie (EU) 2015/849 einhalten,
11. entgegen § 9 Absatz 3 Satz 2, auch in Verbindung mit Absatz 4, nicht sicherstellt, dass die in einem Drittstaat ansässigen Zweigstellen und gruppenangehörigen Unternehmen nach § 1 Absatz 16 Nummer 2 zusätzliche Maßnahmen ergreifen, um dem Risiko der Geldwäsche oder der Terrorismusfinanzierung wirksam zu begegnen, oder die nach § 50 zuständige Aufsichtsbehörde nicht über die getroffenen Maßnahmen informiert,
12. einer vollziehbaren Anordnung nach § 9 Absatz 3 Satz 3, auch in Verbindung mit Absatz 4, zuwiderhandelt,
13. entgegen § 9 Absatz 5 Satz 1 die in Absatz 1 Satz 2 Nummer 1, 3 und 4 genannten Maßnahmen nicht umsetzt,
14. entgegen § 9 Absatz 5 Satz 2 gruppenweite Pflichten nicht umsetzt,
15. entgegen § 10 Absatz 1 Nummer 1 eine Identifizierung des Vertragspartners oder einer für den Vertragspartner auftretenden Person nicht, nicht richtig, nicht vollständig oder nicht in der vorgeschriebenen Weise vornimmt oder nicht prüft, ob die für den Vertragspartner auftretende Person hierzu berechtigt ist,
16. entgegen § 10 Absatz 1 Nummer 2 nicht prüft, ob der Vertragspartner für einen wirtschaftlich Berechtigten handelt,
17. entgegen § 10 Absatz 1 Nummer 2 den wirtschaftlich Berechtigten nicht identifiziert,
18. entgegen § 10 Absatz 1 Nummer 3 keine Informationen über den Zweck und die angestrebte Art der Geschäftsbeziehung einholt oder diese Informationen nicht bewertet,
19. entgegen § 10 Absatz 1 Nummer 4 nicht oder nicht richtig feststellt, ob es sich bei dem Vertragspartner oder bei dem wirtschaftlich Berechtigten um eine politisch exponierte Person, um ein Familienmitglied oder um eine bekanntermaßen nahestehende Person handelt,
20. entgegen § 10 Absatz 1 Nummer 5 die Geschäftsbeziehung, einschließlich der in ihrem Verlauf durchgeführten Transaktionen, nicht oder nicht richtig kontinuierlich überwacht,
21. entgegen § 10 Absatz 2 Satz 1 den konkreten Umfang der allgemeinen Sorgfaltspflichten nicht entsprechend dem jeweiligen Risiko der Geldwäsche oder Terrorismusfinanzierung bestimmt,
22. entgegen § 10 Absatz 2 Satz 4 oder entgegen § 14 Absatz 1 Satz 2 nicht darlegt, dass der Umfang der von ihm getroffenen Maßnahmen im Hinblick auf die Risiken der Geldwäsche und der Terrorismusfinanzierung als angemessen anzusehen ist,
23. entgegen § 10 Absatz 6 den Sorgfaltspflichten nicht nachkommt,
24. entgegen § 10 Absatz 8 keine Mitteilung macht,

25. entgegen § 10 Absatz 9, § 14 Absatz 3 oder § 15 Absatz 9 in Verbindung mit § 15 Absatz 3 Nummer 1, 3 und 4 die Geschäftsbeziehung begründet, fortsetzt, sie nicht kündigt oder nicht auf andere Weise beendet oder die Transaktion durchführt,
26. entgegen § 11 Absatz 1 Vertragspartner, für diese auftretenden Personen oder wirtschaftlich Berechtigte nicht rechtzeitig identifiziert,
27. entgegen § 11 Absatz 2 die Vertragsparteien nicht rechtzeitig identifiziert,
28. entgegen § 11 Absatz 3 Satz 2 keine erneute Identifizierung durchführt,
29. entgegen § 11 Absatz 4 Nummer 1 oder 2 die Angaben nicht oder nicht vollständig erhebt,
30. entgegen § 11 Absatz 5 Satz 1 zur Feststellung der Identität des wirtschaftlich Berechtigten dessen Namen nicht erhebt,
31. entgegen § 14 Absatz 2 Satz 2 nicht die Überprüfung von Transaktionen und die Überwachung von Geschäftsbeziehungen in einem Umfang sicherstellt, der es ermöglicht, ungewöhnliche oder verdächtige Transaktionen zu erkennen und zu melden,
32. entgegen § 15 Absatz 2 keine verstärkten Sorgfaltspflichten erfüllt,
33. entgegen § 15 Absatz 4 Satz 1 Nummer 1 in Verbindung mit Absatz 2 oder Absatz 3 Nummer 1 vor der Begründung oder Fortführung einer Geschäftsbeziehung nicht die Zustimmung eines Mitglieds der Führungsebene einholt,
34. entgegen § 15 Absatz 4 Satz 1 Nummer 2 in Verbindung mit Absatz 2 oder Absatz 3 Nummer 1 keine Maßnahmen ergreift,
35. entgegen § 15 Absatz 4 Satz 1 Nummer 3 in Verbindung mit Absatz 2 oder Absatz 3 Nummer 1 die Geschäftsbeziehung keiner verstärkten kontinuierlichen Überwachung unterzieht,
36. entgegen § 15 Absatz 5 Nummer 1 Buchstabe a bis f in Verbindung mit Absatz 3 Nummer 2 keine Informationen einholt,
37. entgegen § 15 Absatz 5 Nummer 2 in Verbindung mit Absatz 3 Nummer 2 nicht die Zustimmung eines Mitglieds der Führungsebene einholt,
38. entgegen § 15 Absatz 5 Nummer 3 in Verbindung mit Absatz 3 Nummer 2 nicht die Geschäftsbeziehung keiner verstärkten Überwachung unterzieht,
39. entgegen § 15 Absatz 6 Nummer 1 in Verbindung mit Absatz 3 Nummer 3 die Transaktion nicht untersucht,
40. entgegen § 15 Absatz 6 Nummer 2 in Verbindung mit Absatz 3 Nummer 3 die zugrunde liegende Geschäftsbeziehung keiner verstärkten kontinuierlichen Überwachung unterzieht,
41. entgegen § 15 Absatz 7 Nummer 1 in Verbindung mit Absatz 3 Nummer 4 keine ausreichenden Informationen einholt,
42. entgegen § 15 Absatz 7 Nummer 2 in Verbindung mit Absatz 3 Nummer 4 nicht die Zustimmung eines Mitglieds der Führungsebene einholt,
43. entgegen § 15 Absatz 7 Nummer 3 in Verbindung mit Absatz 3 Nummer 4 die Verantwortlichkeiten nicht festlegt oder nicht dokumentiert,
44. entgegen § 15 Absatz 7 Nummer 4 oder Nummer 5 in Verbindung mit Absatz 3 Nummer 4 keine Maßnahmen ergreift,

45. entgegen § 15 Absatz 5a und 8 einer vollziehbaren Anordnung der Aufsichtsbehörde zuwiderhandelt,
46. entgegen § 16 Absatz 2 einen Spieler zum Glücksspiel zulässt,
47. entgegen § 16 Absatz 3 Einlagen oder andere rückzahlbare Gelder entgegennimmt,
48. entgegen § 16 Absatz 4 Transaktionen des Spielers an den Verpflichteten auf anderen als den in § 16 Absatz 4 Nummer 1 und 2 genannten Wegen zulässt,
49. entgegen § 16 Absatz 5 seinen Informationspflichten nicht nachkommt,
50. entgegen § 16 Absatz 7 Satz 1 Nummer 2 Transaktionen auf ein Zahlungskonto vornimmt,
51. entgegen § 16 Absatz 7 Satz 2 trotz Aufforderung durch die Aufsichtsbehörde den Verwendungszweck nicht hinreichend spezifiziert,
52. entgegen § 16 Absatz 8 Satz 3 die vollständige Identifizierung nicht oder nicht rechtzeitig durchführt,
53. entgegen § 17 Absatz 2 die Erfüllung der Sorgfaltspflichten durch einen Dritten ausführen lässt, der in einem Drittstaat mit hohem Risiko ansässig ist,
54. entgegen § 18 Absatz 3 Informationen nicht oder nicht rechtzeitig zur Verfügung stellt,
55. entgegen § 20 Absatz 1 Angaben zu den wirtschaftlich Berechtigten
    a) nicht einholt,
    b) nicht, nicht richtig oder nicht vollständig aufbewahrt,
    c) nicht auf aktuellem Stand hält oder
    d) nicht, nicht richtig, nicht vollständig oder nicht rechtzeitig der registerführenden Stelle mitteilt,
56. entgegen § 20 Absatz 1a seine Mitteilungspflicht nicht, nicht richtig, nicht vollständig oder nicht rechtzeitig erfüllt,
57. ohne von der mitteilungspflichtigen Vereinigung dazu ermächtigt worden zu sein, der registerführenden Stelle Angaben zu den wirtschaftlich Berechtigten zur Eintragung in das Transparenzregister elektronisch mitteilt,
58. entgegen § 20 Absatz 3 seine Mitteilungspflicht nicht, nicht richtig, nicht vollständig oder nicht rechtzeitig erfüllt,
59. entgegen § 20 Absatz 3a Satz 1 bis 3 oder Absatz 3b Satz 1 seine Mitteilungspflicht nicht, nicht richtig, nicht vollständig oder nicht rechtzeitig erfüllt,
60. entgegen § 20 Absatz 3a Satz 4 seiner Dokumentationspflicht nicht nachkommt,
61. entgegen § 21 Absatz 1 oder 2 Angaben zu den wirtschaftlich Berechtigten
    a) nicht einholt,
    b) nicht, nicht richtig oder nicht vollständig aufbewahrt,
    c) nicht auf aktuellem Stand hält oder
    d) nicht, nicht richtig, nicht vollständig oder nicht rechtzeitig der registerführenden Stelle mitteilt,

62. entgegen § 21 Absatz 1a oder 1b seine Mitteilungspflicht nicht, nicht richtig, nicht vollständig oder nicht rechtzeitig erfüllt,
63. eine unrichtige Mitteilung nach § 20 Absatz 1 oder § 21 Absatz 1 nicht berichtigt,
64. die Einsichtnahme in das Transparenzregister entgegen § 23 Absatz 1 Satz 1 Nummer 2 oder Nummer 3 unter Vorspiegelung falscher Tatsachen erschleicht oder sich auf sonstige Weise widerrechtlich Zugriff auf das Transparenzregister verschafft,
65. entgegen § 23a Absatz 1 Satz 1 seine Mitteilungspflicht nicht erfüllt,
66. als Verpflichteter entgegen § 23a Absatz 3 Informationen oder Dokumente nicht oder nicht rechtzeitig zur Verfügung stellt,
67. entgegen § 30 Absatz 3 einem Auskunftsverlangen nicht, nicht richtig, nicht vollständig oder nicht rechtzeitig nachkommt,
68. entgegen § 40 Absatz 1 Satz 1 oder 2 einer Anordnung oder Weisung nicht, nicht rechtzeitig oder nicht vollständig nachkommt,
69. entgegen § 43 Absatz 1 eine Meldung nicht, nicht richtig, nicht vollständig oder nicht rechtzeitig abgibt,
70. entgegen § 46 Absatz 2 Satz 2 die Meldung nicht unverzüglich nachholt,
71. eine Untersagung nach § 51 Absatz 5 nicht beachtet,
72. Auskünfte nach § 51 Absatz 7 nicht, nicht richtig, nicht vollständig oder nicht rechtzeitig gibt,
73. entgegen § 52 Absatz 1 und 6
    a) Auskünfte nicht, nicht richtig, nicht vollständig oder nicht rechtzeitig erteilt oder
    b) Unterlagen nicht, nicht richtig, nicht vollständig oder nicht rechtzeitig vorlegt oder
74. entgegen § 52 Absatz 3 eine Prüfung nicht duldet.

[2] Die Ordnungswidrigkeit kann bei vorsätzlicher Begehung mit einer Geldbuße bis zu einhundertfünfzigtausend Euro, im Übrigen mit einer Geldbuße bis zu einhunderttausend Euro geahndet werden.

(2) [1] Ordnungswidrig handelt, wer vorsätzlich oder fahrlässig
1. entgegen § 4 Absatz 3 Satz 1 kein Mitglied der Leitungsebene benennt,
2. entgegen § 7 Absatz 1 keinen Geldwäschebeauftragten oder keinen Stellvertreter bestellt,
3. einer vollziehbaren Anordnung nach § 7 Absatz 3 nicht oder nicht rechtzeitig nachkommt,
4. entgegen § 9 Absatz 1 Satz 2, auch in Verbindung mit Absatz 4, keinen Gruppengeldwäschebeauftragten bestellt,
5. entgegen § 15 Absatz 9 in Verbindung mit § 15 Absatz 3 Nummer 2 die Geschäftsbeziehung begründet, fortsetzt, sie nicht kündigt oder nicht auf andere Weise beendet oder die Transaktion durchführt,
6. entgegen § 46 Absatz 1 Satz 1 eine Transaktion durchführt oder
7. entgegen § 47 Absatz 1 in Verbindung mit Absatz 2 den Vertragspartner, den Auftraggeber oder einen Dritten in Kenntnis setzt.

[2] Die Ordnungswidrigkeit kann bei vorsätzlicher Begehung mit einer Geldbuße bis zu einhundertfünfzigtausend Euro, bei leichtfertiger Begehung mit einer Geldbuße bis zu einhunderttausend Euro, im Übrigen mit einer Geldbuße bis zu fünfzigtausend Euro geahndet werden.

(3) [1] Die Ordnungswidrigkeit nach Absatz 1 und bei vorsätzlicher oder leichtfertiger Begehung nach Absatz 2 kann geahndet werden mit einer

1. Geldbuße bis zu einer Million Euro oder
2. Geldbuße bis zum Zweifachen des aus dem Verstoß gezogenen wirtschaftlichen Vorteils,

wenn es sich um einen schwerwiegenden, wiederholten oder systematischen Verstoß handelt. [2] Der wirtschaftliche Vorteil umfasst erzielte Gewinne und vermiedene Verluste und kann geschätzt werden. [3] Gegenüber Verpflichteten gemäß § 2 Absatz 1 Nummer 1 bis 3 und 6 bis 9, die juristische Personen oder Personenvereinigungen sind, kann über Satz 1 hinaus eine höhere Geldbuße verhängt werden. [4] In diesen Fällen darf die Geldbuße den höheren der folgenden Beträge nicht übersteigen:

1. fünf Millionen Euro oder
2. 10 Prozent des Gesamtumsatzes, den die juristische Person oder die Personenvereinigung im Geschäftsjahr, das der Behördenentscheidung vorausgegangen ist, erzielt hat.

[5] Gegenüber Verpflichteten gemäß § 2 Absatz 1 Nummer 1 bis 3 und 6 bis 9, die natürliche Personen sind, kann über Satz 1 hinaus eine Geldbuße bis zu fünf Millionen Euro verhängt werden.

(4) [1] Gesamtumsatz im Sinne des Absatzes 2 Satz 4 Nummer 2 ist

1. bei Kreditinstituten, Zahlungsinstituten und Finanzdienstleistungsinstituten nach § 340 des Handelsgesetzbuchs der Gesamtbetrag, der sich ergibt aus dem auf das Institut anwendbaren nationalen Recht im Einklang mit Artikel 27 Nummer 1, 3, 4, 6 und 7 oder Artikel 28 Abschnitt B Nummer 1 bis 4 und 7 der Richtlinie 86/635/EWG des Rates vom 8. Dezember 1986 über den Jahresabschluss und den konsolidierten Abschluss von Banken und anderen Finanzinstituten (ABl. L 372 vom 31.12.1986, S. 1), abzüglich der Umsatzsteuer und sonstiger direkt auf diese Erträge erhobener Steuern,
2. bei Versicherungsunternehmen der Gesamtbetrag, der sich ergibt aus dem auf das Versicherungsunternehmen anwendbaren nationalen Recht im Einklang mit Artikel 63 der Richtlinie 91/674/EWG des Rates vom 19. Dezember 1991 über den Jahresabschluss und den konsolidierten Abschluss von Versicherungsunternehmen (ABl. L 374 vom 31.12.1991, S. 7), abzüglich der Umsatzsteuer und sonstiger direkt auf diese Erträge erhobener Steuern,
3. im Übrigen der Betrag der Nettoumsatzerlöse nach Maßgabe des auf das Unternehmen anwendbaren nationalen Rechts im Einklang mit Artikel 2 Nummer 5 der Richtlinie 2013/34/EU.

[2] Handelt es sich bei der juristischen Person oder Personenvereinigung um ein Mutterunternehmen oder um ein Tochterunternehmen, so ist anstelle des Gesamtumsatzes der juristischen Person oder Personenvereinigung der jeweilige Gesamtbetrag in demjenigen Konzernabschluss des Mutterunternehmens maßgeblich, der für den größten Kreis von Unternehmen aufgestellt wird. [3] Wird der Konzernabschluss für den größten Kreis von Unternehmen nicht nach den

in Satz 1 genannten Vorschriften aufgestellt, ist der Gesamtumsatz nach Maßgabe der den in Satz 1 Nummer 1 bis 3 vergleichbaren Posten des Konzernabschlusses zu ermitteln. [4] Ist ein Jahresabschluss oder Konzernabschluss für das maßgebliche Geschäftsjahr nicht verfügbar, so ist der Jahresabschluss oder Konzernabschluss für das unmittelbar vorausgehende Geschäftsjahr maßgeblich. [5] Ist auch der Jahresabschluss oder Konzernabschluss für das unmittelbar vorausgehende Geschäftsjahr nicht verfügbar, so kann der Gesamtumsatz geschätzt werden.

(5) [1] Die jeweils nach § 50 Nummer 1 und 7a bis 9 zuständige Aufsichtsbehörde ist auch Verwaltungsbehörde nach § 36 Absatz 1 Nummer 1 des Gesetzes über Ordnungswidrigkeiten. [2] Für Ordnungswidrigkeiten nach Absatz 1 Satz 1 Nummer 54 bis 66 ist Verwaltungsbehörde nach § 36 Absatz 1 Nummer 1 des Gesetzes über Ordnungswidrigkeiten das Bundesverwaltungsamt.

(6) Die zuständige Verwaltungsbehörde übermittelt, sofern sie nicht zugleich zuständige Aufsichtsbehörde ist, auf Ersuchen sämtliche Informationen einschließlich personenbezogener Daten an die zuständige Aufsichtsbehörde, soweit die Informationen für die Erfüllung der Aufgaben der Aufsichtsbehörde, insbesondere für die Vorhaltung der Statistik nach § 51 Absatz 9, erforderlich sind.

(7) Die Aufsichtsbehörden überprüfen im Bundeszentralregister, ob eine einschlägige Verurteilung der betreffenden Person vorliegt.

(8) Die zuständigen Aufsichtsbehörden nach § 50 Nummer 1, 2 und 9 informieren die jeweils zuständige Europäische Aufsichtsbehörde hinsichtlich der Verpflichteten nach § 2 Absatz 1 Nummer 1 bis 3 und 6 bis 9 über

1. die gegen diese Verpflichteten verhängten Geldbußen,
2. sonstige Maßnahmen aufgrund von Verstößen gegen Vorschriften dieses Gesetzes oder anderer Gesetze zur Verhinderung von Geldwäsche oder von Terrorismusfinanzierung und
3. diesbezügliche Rechtsmittelverfahren und deren Ergebnisse.

§ 57 Bekanntmachung von bestandskräftigen Maßnahmen und von unanfechtbaren Bußgeldentscheidungen. (1) [1] Die zuständigen Aufsichts- und Verwaltungsbehörden und die Behörde nach§ 56 Absatz 5 Satz 2 haben bestandskräftige Maßnahmen und unanfechtbare Bußgeldentscheidungen, die sie wegen eines Verstoßes gegen dieses Gesetz oder die auf seiner Grundlage erlassenen Rechtsverordnungen verhängt haben, nach Unterrichtung des Adressaten der Maßnahme oder Bußgeldentscheidung auf ihrer Internetseite oder auf einer gemeinsamen Internetseite bekannt zu machen. [2] Dies gilt auch für gerichtliche Entscheidungen, soweit diese unanfechtbar geworden sind und die Verhängung eines Bußgeldes zum Gegenstand haben. [3] In der Bekanntmachung sind Art und Charakter des Verstoßes und die für den Verstoß verantwortlichen natürlichen Personen und juristischen Personen oder Personenvereinigungen zu benennen.

(2) [1] Die Bekanntmachung nach Absatz 1 ist aufzuschieben, solange die Bekanntmachung

1. das Persönlichkeitsrecht natürlicher Personen verletzen würde oder eine Bekanntmachung personenbezogener Daten aus sonstigen Gründen unverhältnismäßig wäre,
2. die Stabilität der Finanzmärkte der Bundesrepublik Deutschland oder eines oder mehrerer Vertragsstaaten des Abkommens über den Europäischen Wirtschaftsraum gefährden würde oder
3. laufende Ermittlungen gefährden würde.

[2] Anstelle einer Aufschiebung kann die Bekanntmachung auf anonymisierter Basis erfolgen, wenn hierdurch ein wirksamer Schutz nach Satz 1 Nummer 1 gewährleistet ist. [3] Ist vorhersehbar, dass die Gründe der anonymisierten Bekanntmachung innerhalb eines überschaubaren Zeitraums wegfallen werden, so kann die Bekanntmachung der Informationen nach Satz 1 Nummer 1 entsprechend aufgeschoben werden. [4] Die Bekanntmachung erfolgt, wenn die Gründe für den Aufschub entfallen sind.

(3) Eine Bekanntmachung darf nicht erfolgen, wenn die Maßnahmen nach Absatz 2 nicht ausreichend sind, um eine Gefährdung der Finanzmarktstabilität auszuschließen oder die Verhältnismäßigkeit der Bekanntmachung sicherzustellen.

(4) [1] Eine Bekanntmachung muss fünf Jahre auf der Internetseite der Aufsichtsbehörde veröffentlicht bleiben. [2] Abweichend von Satz 1 sind personenbezogene Daten zu löschen, sobald die Bekanntmachung nicht mehr erforderlich ist.

§ 58 *(aufgehoben)*

§ 59 Übergangsregelung. (1) Die Mitteilungen nach § 20 Absatz 1 und § 21 haben erstmals bis zum 1. Oktober 2017 an das Transparenzregister zu erfolgen.

(2) [1] Die Eröffnung des Zugangs zu Eintragungen im Vereinsregister, welche § 22 Absatz 1 Satz 1 Nummer 8 vorsieht, erfolgt ab dem 26. Juni 2018. [2] Bis zum 25. Juni 2018 werden die technischen Voraussetzungen geschaffen, um diejenigen Indexdaten nach § 22 Absatz 2 zu übermitteln, welche für die Eröffnung des Zugangs zu den Originaldaten nach § 22 Absatz 1 Satz 1 Nummer 8 erforderlich sind. [3] Für den Übergangszeitraum vom 26. Juni 2017 bis zum 25. Juni 2018 enthält das Transparenzregister stattdessen einen Link auf das gemeinsame Registerportal der Länder.

(3) § 23 Absatz 1 bis 3 findet ab dem 27. Dezember 2017 Anwendung.

(4) Gewährte Befreiungen der Aufsichtsbehörden nach § 50 Nummer 8 gegenüber Verpflichteten nach § 2 Absatz 1 Nummer 15, soweit sie Glücksspiele im Internet veranstalten oder vermitteln, bleiben in Abweichung zu § 16 bis zum 30. Juni 2018 wirksam.

(5) Ist am 25. Juni 2015 ein Gerichtsverfahren betreffend die Verhinderung, Aufdeckung, Ermittlung oder Verfolgung von mutmaßlicher Geldwäsche oder Terrorismusfinanzierung anhängig gewesen und besitzt ein Verpflichteter Informationen oder Unterlagen im Zusammenhang mit diesem anhängigen Verfahren, so darf der Verpflichtete diese Informationen oder Unterlagen bis zum 25. Juni 2020 aufbewahren.

(6) [1] Die Pflicht zur Registrierung nach § 45 Absatz 1 Satz 2 besteht mit Inbetriebnahme des neuen Informationsverbundes der Zentralstelle für Finanztransaktionsuntersuchungen, spätestens jedoch ab dem 1. Januar 2024. [2] Das Bundesministerium der Finanzen gibt den Tag der Inbetriebnahme des neuen Informationsverbundes der Zentralstelle für Finanztransaktionsuntersuchungen im Bundesgesetzblatt bekannt.

Anlage 1
(zu den §§ 5, 10, 14, 15)

Faktoren für ein potenziell geringeres Risiko

Die Liste ist eine nicht abschließende Aufzählung von Faktoren und möglichen Anzeichen für ein potenziell geringeres Risiko nach § 14:

1. Faktoren bezüglich des Kundenrisikos:
   a) öffentliche, an einer Börse notierte Unternehmen, die (aufgrund von Börsenordnungen oder von Gesetzes wegen oder aufgrund durchsetzbarer Instrumente) solchen Offenlegungspflichten unterliegen, die Anforderungen an die Gewährleistung einer angemessenen Transparenz hinsichtlich des wirtschaftlichen Eigentümers auferlegen,
   b) öffentliche Verwaltungen oder Unternehmen,
   c) Kunden mit Wohnsitz in geografischen Gebieten mit geringerem Risiko nach Nummer 3.
2. Faktoren bezüglich des Produkt-, Dienstleistungs-, Transaktions- oder Vertriebskanalrisikos:
   a) Lebensversicherungspolicen mit niedriger Prämie,
   b) Versicherungspolicen für Rentenversicherungsverträge, sofern die Verträge weder eine Rückkaufklausel enthalten noch als Sicherheit für Darlehen dienen können,
   c) Rentensysteme und Pensionspläne oder vergleichbare Systeme, die den Arbeitnehmern Altersversorgungsleistungen bieten, wobei die Beiträge vom Gehalt abgezogen werden und die Regeln des Systems den Begünstigten nicht gestatten, ihre Rechte zu übertragen,
   d) Finanzprodukte oder -dienste, die bestimmten Kunden angemessen definierte und begrenzte Dienstleistungen mit dem Ziel der Einbindung in das Finanzsystem („financial inclusion") anbieten,
   e) Produkte, bei denen die Risiken der Geldwäsche und der Terrorismusfinanzierung durch andere Faktoren wie etwa Beschränkungen der elektronischen Geldbörse oder die Transparenz der Eigentumsverhältnisse gesteuert werden (z.B. bestimmte Arten von E-Geld).
3. Faktoren bezüglich des geografischen Risikos – Registrierung, Niederlassung, Wohnsitz in:
   a) Mitgliedstaaten,
   b) Drittstaaten mit gut funktionierenden Systemen zur Verhinderung, Aufdeckung und Bekämpfung von Geldwäsche und von Terrorismusfinanzierung,
   c) Drittstaaten, in denen Korruption und andere kriminelle Tätigkeiten laut glaubwürdigen Quellen schwach ausgeprägt sind,
   d) Drittstaaten, deren Anforderungen an die Verhinderung, Aufdeckung und Bekämpfung von Geldwäsche und von Terrorismusfinanzierung laut glaubwürdigen Quellen (z.B. gegenseitige Evaluierungen, detaillierte Bewertungsberichte oder veröffentlichte Follow-up-Berichte) den überarbeiteten FATF (Financial Action Task Force)-Empfehlungen entsprechen und die diese Anforderungen wirksam umsetzen.

Anlage 2
(zu den §§ 5, 10, 14, 15)

Faktoren für ein potenziell höheres Risiko

Die Liste ist eine nicht erschöpfende Aufzählung von Faktoren und möglichen Anzeichen für ein potenziell höheres Risiko nach § 15:

1. Faktoren bezüglich des Kundenrisikos:
   a) außergewöhnliche Umstände der Geschäftsbeziehung,
   b) Kunden, die in geografischen Gebieten mit hohem Risiko gemäß Nummer 3 ansässig sind,
   c) juristische Personen oder Rechtsvereinbarungen, die als Instrumente für die private Vermögensverwaltung dienen,
   d) Unternehmen mit nominellen Anteilseignern oder als Inhaberpapiere emittierten Aktien,
   e) bargeldintensive Unternehmen,
   f) angesichts der Art der Geschäftstätigkeit als ungewöhnlich oder übermäßig kompliziert erscheinende Eigentumsstruktur des Unternehmens,
   g) der Kunde ist ein Drittstaatsangehöriger, der Aufenthaltsrechte oder die Staatsbürgerschaft eines Mitgliedstaats im Austausch gegen die Übertragung von Kapital, den Kauf von Immobilien oder Staatsanleihen oder Investitionen in Gesellschaften in diesem Mitgliedstaat beantragt;
2. Faktoren bezüglich des Produkt-, Dienstleistungs-, Transaktions- oder Vertriebskanalrisikos:
   a) Betreuung vermögender Privatkunden,
   b) Produkte oder Transaktionen, die Anonymität begünstigen könnten,
   c) Geschäftsbeziehungen oder Transaktionen ohne persönliche Kontakte und ohne bestimmte Sicherungsmaßnahmen wie elektronische Mittel für die Identitätsfeststellung, einschlägige Vertrauensdienste gemäß der Definition in der Verordnung (EU) Nr. 910/2014 oder andere von den einschlägigen nationalen Behörden regulierte, anerkannte, gebilligte oder akzeptierte sichere Verfahren zur Identifizierung aus der Ferne oder auf elektronischem Weg,
   d) Eingang von Zahlungen unbekannter oder nicht verbundener Dritter,
   e) neue Produkte und neue Geschäftsmodelle einschließlich neuer Vertriebsmechanismen sowie Nutzung neuer oder in der Entwicklung begriffener Technologien für neue oder bereits bestehende Produkte,
   f) Transaktionen in Bezug auf Öl, Waffen, Edelmetalle, Tabakerzeugnisse, Kulturgüter und andere Artikel von archäoloischer, historischer, kultureller oder religiöser Bedeutung oder von außergewöhnlichem wissenschaftlichem Wert sowie Elfenbein und geschützte Arten;
3. Faktoren bezüglich des geografischen Risikos:
   a) unbeschadet des Artikels 9 der Richtlinie (EU) 2015/849 ermittelte Länder, deren Finanzsysteme laut glaubwürdigen Quellen (z.B. gegenseitige Evaluierungen, detaillierte Bewertungsberichte oder veröffentlichte Follow-up-Berichte) nicht über hinreichende Systeme zur Verhinderung, Aufdeckung und Bekämpfung von Geldwäsche und Terrorismusfinanzierung verfügen,
   b) Drittstaaten, in denen Korruption oder andere kriminelle Tätigkeiten laut glaubwürdigen Quellen signifikant stark ausgeprägt sind,
   c) Staaten, gegen die beispielsweise die Europäische Union oder die Vereinten Nationen Sanktionen, Embargos oder ähnliche Maßnahmen verhängt hat oder haben,
   d) Staaten, die terroristische Aktivitäten finanziell oder anderweitig unterstützen oder in denen bekannte terroristische Organisationen aktiv sind.

15a. Verordnung über die Bestimmung von Dokumenten, die zur Überprüfung der Identität einer nach dem Geldwäschegesetz zu identifizierenden Person zum Zwecke des Abschlusses eines Zahlungskontovertrags zugelassen werden (Zahlungskonto-Identitätsprüfungsverordnung – ZIdPrüfV)

Vom 5. Juli 2016

(BAnz AT 06.07.2016 V1)

FNA 7613-2-1

zuletzt geänd. durch Art. 14 Abs. 6 G zur Umsetzung der Zweiten ZahlungsdiensteRL v. 17.7.2017 (BGBl. I S. 2446)

Auf Grund des § 4 Absatz 4 Satz 2 des Geldwäschegesetzes[1] vom 13. August 2008 (BGBl. I S. 1690) verordnet das Bundesministerium des Innern im Einvernehmen mit dem Bundesministerium der Finanzen:

§ 1 Weitere Dokumente, die zur Überprüfung der Identität zum Zwecke des Abschlusses eines Zahlungskontovertrags zugelassen werden.

(1) Zum Zwecke des Abschlusses eines Vertrags über ein Zahlungskonto im Sinne von § 1 Absatz 17 des Zahlungsdiensteaufsichtsgesetzes[2] ist zur Überprüfung der Identität einer nach dem Geldwäschegesetz[1] zu identifizierenden Person auch zugelassen:

1. bei einer Person, die das 16. Lebensjahr nicht vollendet hat und nicht selbst im Besitz eines Dokuments nach § 12 Absatz 1 Satz 1 Nummer 1 des Geldwäschegesetzes ist, die Geburtsurkunde in Verbindung mit der Überprüfung der Identität des gesetzlichen Vertreters anhand eines Dokuments nach § 12 Absatz 1 Satz 1 Nummer 1 des Geldwäschegesetzes,
2. bei einem Betreuten die Bestellungsurkunde des Betreuers nach § 290 des Gesetzes über das Verfahren in Familiensachen und in den Angelegenheiten der freiwilligen Gerichtspraxis in Verbindung mit der Überprüfung der Identität des Betreuers anhand eines Dokuments nach § 12 Absatz 1 Satz 1 Nummer 1 des Geldwäschegesetzes.

(2) Zum Zwecke des Abschlusses eines Basiskontovertrags im Sinne der §§ 31, 38 des Zahlungskontengesetzes[3] ist zur Überprüfung der Identität einer nach dem Geldwäschegesetz zu identifizierenden Person auch zugelassen:

1. bei einem Ausländer, der nicht im Besitz eines der in § 12 Absatz 1 Satz 1 Nummer 1 des Geldwäschegesetzes genannten Dokumente ist, eine Bescheinigung über die Aussetzung der Abschiebung nach § 60a Absatz 4 des

---

[1] Nr. **15**.
[2] Nr. **10**.
[3] Nr. **13**.

Aufenthaltsgesetzes gemäß Anlage D2b in Verbindung mit Anlage D2a der Aufenthaltsverordnung,
2. bei einem Asylsuchenden, der nicht im Besitz eines der in § 12 Absatz 1 Satz 1 Nummer 1 des Geldwäschegesetzes genannten Dokumente ist, ein Ankunftsnachweis nach § 63a des Asylgesetzes.

§ 2 Inkrafttreten. Diese Verordnung tritt am Tag nach der Verkündung[1] in Kraft.

Berlin, den 5. Juli 2016

Der Bundesminister des Innern
Thomas de Maizière

---

[1] Verkündet am 6.7.2016.

16. Pfandbriefgesetz (PfandBG)[1)]

Vom 22. Mai 2005
(BGBl. I S. 1373)

FNA 7628-8

zuletzt geänd. durch Art. 97 Zweites Datenschutz-Anpassungs- und Umsetzungsgesetz EU v. 20.11. 2019 (BGBl. I S. 1626)

Inhaltsübersicht

[1)] Verkündet als Art. 1 G zur Neuordnung des Pfandbriefrechts v. 22.5.2005 (BGBl. I S. 1373); Inkrafttreten gem. Art. 20 dieses G am 19.7.2005 mit Ausnahme der §§ 4 Abs. 6, 5 Abs. 3, 16 Abs. 4, 24 Abs. 5 und 53, die am 28.5.2005 in Kraft getreten sind.

Abschnitt 1. Anwendungsbereich, Erlaubnis und Aufsicht

§ 1 Begriffsbestimmungen. (1) [1] Pfandbriefbanken sind Kreditinstitute, deren Geschäftsbetrieb das Pfandbriefgeschäft umfasst. [2] Pfandbriefgeschäft ist

1. die Ausgabe gedeckter Schuldverschreibungen auf Grund erworbener Hypotheken unter der Bezeichnung Pfandbriefe oder Hypothekenpfandbriefe (im Folgenden: Hypothekenpfandbriefe),
2. die Ausgabe gedeckter Schuldverschreibungen auf Grund erworbener Forderungen gegen staatliche Stellen unter der Bezeichnung Kommunalschuldverschreibungen, Kommunalobligationen oder Öffentliche Pfandbriefe (im Folgenden: Öffentliche Pfandbriefe),

3. die Ausgabe gedeckter Schuldverschreibungen auf Grund erworbener Schiffshypotheken unter der Bezeichnung Schiffspfandbriefe,
4. die Ausgabe gedeckter Schuldverschreibungen auf Grund erworbener Registerpfandrechte nach § 1 des Gesetzes über Rechte an Luftfahrzeugen oder ausländischer Flugzeughypotheken unter der Bezeichnung Flugzeugpfandbriefe.

(2) [1] Dem Erwerb einer Hypothek steht gleich der Anspruch gegen ein geeignetes Kreditinstitut auf Abtretung oder Teilabtretung einer Hypothek, die von dem Kreditinstitut treuhänderisch zugunsten der Pfandbriefbank verwaltet wird, sofern im Falle der Insolvenz des Kreditinstituts die Pfandbriefbank die Aussonderung der Hypothek verlangen kann. [2] Für Forderungen im Sinne des Absatzes 1 Satz 2 Nummer 2, für Schiffshypotheken und für Registerpfandrechte im Sinne des Absatzes 1 Satz 2 Nummer 4 oder ausländische Flugzeughypotheken gilt Satz 1 entsprechend. [3] Bei Forderungen im Sinne des Absatzes 1 Satz 2 Nummer 2 gegen öffentliche Schuldner im Sinne des § 20 Absatz 1 können Gegenstand des Abtretungs- und Übertragungsanspruchs auch Ansprüche sein, die sich gegen geeignete andere Kreditinstitute richten und die Voraussetzungen des Satzes 1 erfüllen oder ihrerseits gleiche Ansprüche gegen geeignete Kreditinstitute oder unter öffentlicher Aufsicht stehende Wertpapierverwahrer zum Gegenstand haben.

(3) Pfandbriefe im Sinne der folgenden Vorschriften sind Hypothekenpfandbriefe, Öffentliche Pfandbriefe, Schiffspfandbriefe und Flugzeugpfandbriefe.

§ 2 Erlaubnis. (1) [1] Ein Kreditinstitut mit Sitz im Geltungsbereich dieses Gesetzes, das das Pfandbriefgeschäft betreiben will, bedarf der schriftlichen Erlaubnis der Bundesanstalt für Finanzdienstleistungsaufsicht (Bundesanstalt) nach § 32 des Kreditwesengesetzes[1)]. [2] Zusätzlich muss das Kreditinstitut für eine Erlaubnis zum Betreiben des Pfandbriefgeschäfts folgende Voraussetzungen erfüllen:

1. Das Kreditinstitut muss über ein Kernkapital von mindestens 25 Millionen Euro verfügen.
2. Das Kreditinstitut muss eine Erlaubnis für das Kreditgeschäft im Sinne des § 1 Abs. 1 Satz 2 Nr. 2 des Kreditwesengesetzes haben und dieses voraussichtlich betreiben.
3. Das Kreditinstitut muss über geeignete Regelungen und Instrumente im Sinne des § 27 zur Steuerung, Überwachung und Kontrolle der Risiken für die Deckungsmassen und das darauf gründende Emissionsgeschäft verfügen.
4. Aus dem der Bundesanstalt vorzulegenden Geschäftsplan des Kreditinstituts muss hervorgehen, dass das Kreditinstitut das Pfandbriefgeschäft regelmäßig und nachhaltig betreiben wird und dass ein dafür erforderlicher organisatorischer Aufbau vorhanden ist.
5. Der organisatorische Aufbau und die Ausstattung des Kreditinstituts müssen, abhängig von der Reichweite der Erlaubnis, künftigen Pfandbriefemissionen sowie dem Immobilienfinanzierungs-, Staatsfinanzierungs-, Schiffsfinanzierungs- oder Flugzeugfinanzierungsgeschäft angemessen Rechnung tragen.

---

1) Nr. **8**.

[3] Abweichend von § 33 Absatz 3 des Kreditwesengesetzes ist die nach Satz 1 erforderliche Erlaubnis auch dann zu versagen, wenn die Voraussetzungen des Satzes 2 Nr. 1 bis 5 nicht vorliegen. [4] § 32 Abs. 2 Satz 2 des Kreditwesengesetzes ist mit der Maßgabe anzuwenden, dass die Erlaubnis für das Pfandbriefgeschäft auch auf einzelne der in § 1 Abs. 1 Satz 2 Nr. 1 bis 4 genannten Tätigkeiten beschränkt werden kann. [5] Die nach § 25c Absatz 1 Satz 2 des Kreditwesengesetzes vorausgesetzten theoretischen und praktischen Kenntnisse sind im Pfandbriefgeschäft abhängig von der Reichweite der Erlaubnis regelmäßig anzunehmen, wenn die Geschäftsleiter über entsprechende Kenntnisse im Bereich des Hypothekarkreditgeschäfts, des Kommunalkreditgeschäfts, des Schiffskreditgeschäfts oder des Flugzeugfinanzierungsgeschäfts und dessen Refinanzierung verfügen.

(2) Die Bundesanstalt kann die Erlaubnis zum Betreiben des Pfandbriefgeschäfts außer in den Fällen des § 35 Abs. 2 des Kreditwesengesetzes auch aufheben, wenn

1. die Voraussetzungen des Absatzes 1 Satz 2 Nr. 1 bis 3 und 5 nicht mehr vorliegen oder
2. die Pfandbriefbank seit mehr als zwei Jahren keine Pfandbriefe begeben hat und nicht zu erwarten ist, dass das Pfandbriefgeschäft innerhalb der nächsten sechs Monate als regelmäßig und nachhaltig betriebenes Bankgeschäft wieder aufgenommen wird.

(3) Hebt die Bundesanstalt die Erlaubnis für das Pfandbriefgeschäft auf oder erlischt diese, so sind die Deckungsmassen abzuwickeln.

(4) Hebt die Bundesanstalt die Erlaubnis nach § 32 des Kreditwesengesetzes zum Betreiben von Bankgeschäften und zur Erbringung von Finanzdienstleistungen vollständig auf oder erlischt diese, besteht die bisherige Erlaubnis der Pfandbriefbank in Ansehung der Deckungsmassen und der durch diese gesicherten Verbindlichkeiten bis zur vollständigen und fristgerechten Erfüllung der Pfandbriefverbindlichkeiten fort, soweit nicht die Bundesanstalt die Erstreckung der Erlaubnisaufhebung ausdrücklich anordnet.

(5) [1] In den Fällen der Absätze 3 und 4 ist ein Sachwalter zu ernennen, wenn dies für die vollständige und fristgerechte Erfüllung der Pfandbriefverbindlichkeiten erforderlich ist und nicht bereits nach § 30 Absatz 2 oder 5 ein Sachwalter ernannt worden ist. [2] Die Ernennung kann auf Antrag der Bundesanstalt mit Zustimmung der Geschäftsleiter der Pfandbriefbank auch dann erfolgen, wenn die Ernennung eines Sachwalters dienlich erscheint. [3] Für das Verfahren der Ernennung und die Rechtsstellung dieses Sachwalters gelten die Vorschriften der §§ 30 bis 36 entsprechend.

§ 3 Aufsicht; Auskunfts- und Vorlageverlangen. (1) [1] Die Bundesanstalt übt die Aufsicht über die Pfandbriefbanken nach den Vorschriften dieses Gesetzes und den in § 6 Absatz 1 Satz 1 des Kreditwesengesetzes[1)] genannten Gesetzen und Verordnungen aus. [2] Sie ist befugt, alle Anordnungen zu treffen, die geeignet und erforderlich sind, um das Geschäft der Pfandbriefbanken mit diesem Gesetz und den dazu erlassenen Rechtsverordnungen im Einklang zu erhalten. [3] Sie hat zu von ihr bestimmten Zeitpunkten auf der Grundlage

---

[1)] Nr. 8.

geeigneter Stichproben die Deckung der Pfandbriefe zu prüfen; hierbei kann sie sich anderer Personen und Einrichtungen bedienen. [4] Die Prüfung soll in der Regel nach jeweils zwei Jahren erfolgen. [5] Die von anderen staatlichen Stellen ausgeübte Aufsicht bleibt unberührt.

(2) Eine Pfandbriefbank, die Mitglieder deren Organe, deren Beschäftigte und ein Sachwalter haben der Bundesanstalt sowie den Personen und Einrichtungen, derer sich die Bundesanstalt bei der Durchführung ihrer Aufgaben bedient, auf Verlangen über die Deckungssituation einschließlich der wirtschaftlichen Werthaltigkeit der Deckung Auskünfte zu erteilen und Unterlagen vorzulegen.

Abschnitt 2. Allgemeine Vorschriften über die Pfandbriefemission

§ 4 Deckungskongruenz; Anordnung erhöhter Mindestdeckungsanforderungen. (1) [1] Die jederzeitige Deckung der umlaufenden Pfandbriefe nach dem Barwert, der die Zins- und Tilgungsverpflichtungen einbezieht, muss sichergestellt sein; der Barwert der eingetragenen Deckungswerte muss den Barwert der zu deckenden Verbindlichkeiten um 2 Prozent übersteigen (sichernde Überdeckung). [2] Die sichernde Überdeckung muss bestehen in

1. Schuldverschreibungen, Schuldbuchforderungen, Schatzwechseln und Schatzanweisungen, deren Schuldner der Bund, ein Sondervermögen des Bundes, ein Land, die Europäischen Gemeinschaften, ein anderer Mitgliedstaat der Europäischen Union, ein anderer Vertragsstaat des Abkommens über den Europäischen Wirtschaftsraum, die Europäische Investitionsbank, die Internationale Bank für Wiederaufbau und Entwicklung, die Entwicklungsbank des Europarates oder die Europäische Bank für Wiederaufbau und Entwicklung ist; dies gilt auch für Schuldverschreibungen, Schuldbuchforderungen, Schatzwechsel und Schatzanweisungen, deren Schuldner die Schweiz, das Vereinigte Königreich Großbritannien und Nordirland, die Vereinigten Staaten von Amerika, Kanada oder Japan sind, sofern deren Risikogewicht entsprechend dem Rating einer anerkannten internationalen Ratingagentur der Bonitätsstufe 1 nach Tabelle 1 des Artikels 114 Absatz 2 der Verordnung (EU) Nr. 575/2013[1)] des Europäischen Parlaments und des Rates vom 26. Juni 2013 über Aufsichtsanforderungen an Kreditinstitute und Wertpapierfirmen und zur Änderung der Verordnung (EU) Nr. 646/2012 (ABl. L 176 vom 27.6.2013, S. 1) zugeordnet worden ist;
2. Schuldverschreibungen, für deren Verzinsung und Rückzahlung eine der unter Nummer 1 bezeichneten Stellen die Gewährleistung übernommen hat,
3. Guthaben bei der Europäischen Zentralbank, bei Zentralbanken der Mitgliedstaaten der Europäischen Union oder bei geeigneten Kreditinstituten mit Sitz in einem der in Nummer 1 genannten Staaten, denen nach Maßgabe von Artikel 119 Absatz 1 der Verordnung (EU) Nr. 575/2013 ein der Bonitätsstufe 1, bei Ursprungslaufzeiten von bis zu 100 Tagen und Sitz in einem Mitgliedstaat der Europäischen Union ein der Bonitätsstufe 1 oder 2 entsprechendes Risikogewicht nach der Tabelle 3 des Artikels 120 Absatz 1 oder der Tabelle 5 des Artikels 121 Absatz 1 der Verordnung (EU) Nr. 575/

---

1) Nr. **6**.

2013 zugeordnet worden ist, deren Erfüllung nicht bedingt, befristet, anderen Forderungen rechtsgeschäftlich nachgeordnet oder in sonstiger Weise eingeschränkt ist, jedoch nur, sofern die Höhe der Forderungen der Pfandbriefbank bereits beim Erwerb bekannt ist; für die Zuordnung zu den Bonitätsstufen sind die Ratings anerkannter internationaler Ratingagenturen maßgeblich.

[3] Die Begrenzungen des § 19 Abs. 1 Nr. 2 und 3, des § 20 Abs. 2 Nr. 2, des § 26 Abs. 1 Nr. 3 und 4 und des § 26f Abs. 1 Nr. 3 und 4 sind insoweit nicht anzuwenden. [4] Die Bundesanstalt kann nach Anhörung der Europäischen Bankenaufsichtsbehörde durch Allgemeinverfügung anordnen, dass abweichend von Absatz 1 Satz 2 Nummer 3 auch Guthaben mit einer Ursprungslaufzeit von über 100 Tagen bei inländischen Kreditinstituten, denen ein der Bonitätsstufe 2 entsprechendes Risikogewicht nach der Tabelle 3 des Artikels 120 Absatz 1 der Verordnung (EU) Nr. 575/2013 zugeordnet ist, zur Deckung verwendet werden dürfen, sofern durch die Beschränkung auf Bonitätsstufe 1 die Gefahr einer erheblichen Schuldnerkonzentration bei Forderungen gegen inländische Kreditinstitute entstünde. [5] Die Bundesanstalt überprüft das Fortbestehen des Anordnungsgrundes mindestens halbjährlich. [6] Die Allgemeinverfügung ist aufzuheben, sobald ihr Anordnungsgrund weggefallen ist. [7] Die Allgemeinverfügung und ihre Aufhebung sind auf der Internetseite der Bundesanstalt und im Bundesanzeiger bekannt zu machen. [8] Bis zur Bekanntmachung der Aufhebung der Allgemeinverfügung im Bundesanzeiger in das Deckungsregister eingetragene Deckungswerte, deren Deckungsfähigkeit auf der Allgemeinverfügung beruht, dürfen nach Aufhebung der Allgemeinverfügung bis zu ihrer ursprünglichen Fälligkeit, längstens jedoch sechs Monate nach Bekanntmachung der Aufhebung, zur Deckung verwendet werden.

(1a) [1] Zusätzlich ist zur Sicherung der Liquidität für die nächsten 180 Tage ein taggenauer Abgleich der fällig werdenden Forderungen aus eingetragenen Deckungswerten und fällig werdenden Verbindlichkeiten aus ausstehenden Pfandbriefen und in Deckung befindlichen Derivategeschäften vorzunehmen. [2] Für jeden Tag ist die Summe der bis zu diesem Tag anfallenden Tagesdifferenzen zu bilden. [3] Die größte sich ergebende negative Summe in den nächsten 180 Tagen muss jederzeit durch die Summe aus den Deckungswerten nach Absatz 1 Satz 2 und den eingetragenen Deckungswerten, die vom Europäischen System der Zentralbanken als notenbankfähig eingestuft werden, gedeckt werden. [4] Für Werte, die ausschließlich zur Sicherung der Liquidität ins Deckungsregister eingetragen werden, sind die Begrenzungen der §§ 19, 20, 26 und 26f nicht anzuwenden.

(2) [1] Der jeweilige Gesamtbetrag der im Umlauf befindlichen Pfandbriefe einer Gattung muss auch in Höhe des Nennwertes jederzeit durch Werte von mindestens gleicher Höhe gedeckt sein. [2] Wenn der zum Zeitpunkt der Pfandbriefausgabe bekannte maximale Einlösungswert höher als der Nennwert ist, tritt er an die Stelle des Nennwertes.

(3) [1] Soweit aus als Deckung verwendeten Derivategeschäften Verbindlichkeiten der Pfandbriefbank begründet werden, müssen auch die Ansprüche der Vertragspartner der Pfandbriefbank gedeckt sein. [2] Derivategeschäfte im Sinne dieses Gesetzes sind unter einem standardisierten Rahmenvertrag zusammenge-

fasste Derivate nach § 1 Absatz 11 Satz 4 Nummer 1 des Kreditwesengesetzes[1)] einschließlich der unter dem Rahmenvertrag abgeschlossenen Besicherungsanhänge und weiteren Vereinbarungen.

(3a) [1]Die Bundesanstalt kann für jede Deckungsmasse anordnen, dass eine Pfandbriefbank über Absatz 1 Satz 1 und Absatz 2, jeweils in Verbindung mit Absatz 3 Satz 1, hinausgehende Deckungsanforderungen einhalten muss, sofern eine werthaltige Deckung der Verbindlichkeiten aus im Umlauf befindlichen Pfandbriefen und in Deckung befindlichen Derivategeschäften nicht sichergestellt erscheint. [2]Den Umstand einer Anordnung nach Satz 1 hat die Pfandbriefbank unverzüglich unter Angabe der entsprechenden Höhe der Zusatzanforderung auf ihrer Internetseite bei den nach § 28 zu der betreffenden Pfandbriefgattung veröffentlichten Angaben zu veröffentlichen. [3]Eine Anordnung nach Satz 1 ist aufzuheben, soweit ihr Grund nachweislich entfallen ist, frühestens jedoch drei Monate nach ihrem Erlass.

(3b) [1]Absatz 3a Satz 1 und 2 gilt entsprechend bei im Rahmen der Jahresabschlussprüfung oder von Sonderprüfungen nach § 44 Absatz 1 Satz 2 des Kreditwesengesetzes, einschließlich Deckungsprüfungen nach § 3 Absatz 1 Satz 3, festgestellten Mängeln, die die Deckungsrechnung nach Absatz 4, die Deckungsregisterführung nach § 5, die Anforderungen an das Risikomanagement nach § 27, das pfandbriefrechtliche Meldewesen nach § 27a, die Einhaltung der Transparenzvorschriften des § 28, die Angemessenheit der zur Ermittlung der barwertigen sichernden Überdeckung nach der Pfandbrief-Barwertverordnung verwendeten Methoden und Prozesse oder die Angemessenheit der Methoden und Verfahren der Beleihungswertermittlung betreffen. [2]Eine nach Satz 1 getroffene Anordnung ist aufzuheben, wenn die Pfandbriefbank die Behebung des zur Anordnung führenden Mangels zur Überzeugung der Bundesanstalt nachgewiesen hat oder sobald prüferisch festgestellt worden ist, dass der zur Anordnung nach Satz 1 führende Mangel nicht mehr fortbesteht und kein neuer Anordnungsgrund vorliegt.

(4) Die Pfandbriefbank hat fortlaufend durch geeignete Rechenwerke sicherzustellen und in nachvollziehbarer Weise zu dokumentieren, dass die vorschriftsmäßige Deckung jederzeit gegeben ist.

(5) Im Umlauf befindlich ist ein Pfandbrief, wenn der Treuhänder ihn gemäß § 8 Abs. 3 ausgefertigt und der Pfandbriefbank übergeben hat; soweit sichergestellt wird, dass eine Verfügung über einen von der Pfandbriefbank gehaltenen Pfandbrief ohne Zustimmung des Treuhänders nicht ausgeführt würde, scheidet der Pfandbrief für die Dauer der Sicherstellung aus dem Umlauf aus.

(6) [1]Das Bundesministerium der Finanzen wird ermächtigt, im Einvernehmen mit dem Bundesministerium der Justiz und für Verbraucherschutz durch Rechtsverordnung, die nicht der Zustimmung des Bundesrates bedarf, Einzelheiten der Methode für die Barwertrechnung nach Absatz 1 Satz 1 und § 19 Abs. 1 Nr. 4 Satz 3, auch in Verbindung mit § 20 Abs. 2 Nr. 3 und § 26 Abs. 1 Nr. 5 sowie § 26f Abs. 1 Nr. 5, sowie das Maß der Zins- und Währungskursveränderungen zu bestimmen, dem die Deckung nach Absatz 1 Satz 1 mindestens standhalten muss. [2]Das Bundesministerium der Finanzen kann diese Ermächtigung durch Rechtsverordnung auf die Bundesanstalt für Finanzdienst-

---

[1)] Nr. 8.

leistungsaufsicht übertragen. [3] Vor Erlass der Rechtsverordnung sind die Spitzenverbände der Kreditwirtschaft anzuhören.

(7) [1] Es ist verboten, für eine Pfandbriefbank Pfandbriefe in den Verkehr zu bringen, wenn deren Betrag nicht durch die im jeweiligen Deckungsregister eingetragenen Werte vorschriftsmäßig gedeckt ist. [2] Es ist auch verboten, für eine Pfandbriefbank über einen im Deckungsregister eingetragenen Wert durch Veräußerung oder Belastung zum Nachteil der Pfandbriefgläubiger oder der Gläubiger von Ansprüchen aus Derivategeschäften nach Absatz 3 zu verfügen, obwohl die übrigen im jeweiligen Register eingetragenen Werte zur vorschriftsmäßigen Deckung der entsprechenden Pfandbriefe und der Ansprüche aus Derivaten nach Absatz 3 nicht genügen. [3] Pfandbriefe dürfen nicht ohne die nach § 8 Abs. 3 Satz 1 erforderliche Bescheinigung in den Verkehr gebracht werden.

§ 4a Umschuldungsklauseln in Staatsanleihen. Umschuldungsklauseln nach § 4a des Bundesschuldenwesengesetzes in den Emissionsbedingungen von Schuldverschreibungen des Bundes sowie entsprechende Umschuldungsklauseln in den Emissionsbedingungen von Schuldverschreibungen anderer Schuldner im Sinne des § 20 Absatz 1 Nummer 1 stehen einer Indeckungnahme nach § 4 Absatz 1 Satz 2 Nummer 1 und 2, § 19 Absatz 1 Nummer 3, § 20 Absatz 1 Nummer 1, § 26 Absatz 1 Nummer 4 oder § 26f Absatz 1 Nummer 4 nicht entgegen.

§ 5 Deckungsregister. (1) [1] Die zur Deckung der Pfandbriefe sowie der Ansprüche aus Derivategeschäften nach § 4 Abs. 3 verwendeten Deckungswerte sind von der Pfandbriefbank einzeln in das für die jeweilige Pfandbriefgattung geführte Register (Deckungsregister) einzutragen. [2] Derivate dürfen nur mit Zustimmung des Treuhänders und des Vertragspartners der Pfandbriefbank eingetragen werden; eine Eintragung ohne die erforderliche Zustimmung gilt als nicht erfolgt. [3] Wird ein zur Deckung benötigter Wert zurückgezahlt, so hat derjenige, der für die Eintragung der Deckungswerte verantwortlich ist, unverzüglich entsprechende Ersatzwerte in das Deckungsregister einzutragen. [4] Zum jeweiligen Deckungsregister können mehrere Unterregister, die den Anforderungen des Deckungsregisters entsprechen, angelegt werden, wenn dadurch die Klarheit und die Funktion des Deckungsregisters nicht beeinträchtigt werden. [5] Die Bundesanstalt kann anordnen, dass die Eintragungen aus einem Unterregister oder mehreren Unterregistern innerhalb einer angemessenen Frist in das Hauptregister zu übertragen sind.

(1a) [1] Soweit eingetragene Werte nur teilweise zur Deckung der Pfandbriefe der Pfandbriefbank bestimmt sind, muss das Deckungsregister genaue Angaben über den Umfang des zur Deckung bestimmten Teils und seinen Rang gegenüber dem nicht zur Deckung bestimmten Teil enthalten; im Zweifel hat der zur Deckung bestimmte Teil Vorrang. [2] Vorbehaltlich einer teilweisen Indeckungnahme in geringerer Höhe nach Satz 1 gelten Hypotheken stets nur bis zur Höhe der Beleihungsgrenze nach den §§ 14 und 22 Abs. 2 sowie § 26b Abs. 2 als zur Deckung bestimmt. [3] Die Beleihungsgrenze errechnet sich anhand des eingetragenen Beleihungswertes; der zur Deckung bestimmte Teil hat im Zweifel Vorrang. [4] Werden eingetragene Werte ganz oder teilweise von der Pfandbriefbank als Treuhänder verwaltet, muss das Deckungsregister genaue Angaben über den Gläubiger des Übertragungsanspruchs enthalten; bei teilweiser treuhänderischer Verwaltung gelten die Sätze 1 und 2 entsprechend. [5] Eine treuhänderische Verwaltung nach Satz 4 liegt vor, wenn die verwalteten Werte im Verhältnis zwischen dem Treugeber und der Pfandbriefbank oder deren Gläubigern als Werte des Treugebers gelten, obwohl sie nicht übertragen sind, insbesondere im Falle der Verwaltung als Refinanzierungsunternehmen nach den §§ 22a bis 22o des Kreditwesengesetzes[1)].

(1b) Die Übermittlung der im Deckungsregister einzutragenden personenbezogenen Daten an eine Pfandbriefbank, die zum Zwecke der Refinanzierung über Pfandbriefe nach der Deckungsregisterverordnung zur Eintragung der Daten in ihr Deckungsregister verpflichtet ist, ist zur Wahrnehmung berechtigter Interessen zulässig.

(2) [1] Innerhalb des ersten Monats eines jeden Kalenderhalbjahres ist eine von dem nach § 7 bestellten Treuhänder bestätigte Aufzeichnung der Eintragungen, welche während des letzten Kalenderhalbjahres in den Deckungsregistern vorgenommen worden sind, der Bundesanstalt zu übermitteln. [2] Ist ein Treuhänder erstmalig im Laufe des letzten Kalenderhalbjahres bestellt worden, so hat die bestätigte Aufzeichnung sämtliche in den Deckungsregistern vorgenommenen Eintragungen zu enthalten. [3] In der nach Absatz 3 zu erlassenden Rechtsverordnung kann bestimmt werden, dass im Falle der Übermittlung der Aufzeichnung in elektronischer Form diese abweichend von Satz 1 sämtliche in den Deckungsregistern vorgenommenen Eintragungen zu enthalten hat.

(3) [1] Das Bundesministerium der Finanzen hat im Einvernehmen mit dem Bundesministerium der Justiz und für Verbraucherschutz durch Rechtsverordnung, die nicht der Zustimmung des Bundesrates bedarf, Einzelheiten über die Form und den notwendigen Inhalt des Deckungsregisters sowie der vorzunehmenden Eintragungen zu bestimmen. [2] Die Rechtsverordnung muss auch Vorschriften über die Form der Aufzeichnung, über die Form der Bestätigung durch den Treuhänder sowie über die Art und Weise der Übermittlung der Aufzeichnung und deren Aufbewahrung durch die Bundesanstalt enthalten. [3] Vor Erlass der Rechtsverordnung sind die Spitzenverbände der Kreditwirtschaft anzuhören. [4] Das Bundesministerium der Finanzen kann diese Ermächtigung durch Rechtsverordnung auf die Bundesanstalt für Finanzdienstleistungsaufsicht übertragen.

§ 6 Inhalt der Pfandbriefe. (1) In den Pfandbriefen sind die für das Rechtsverhältnis zwischen der Pfandbriefbank und den Pfandbriefgläubigern maßgebenden Bestimmungen, insbesondere bezüglich der Kündbarkeit der Pfandbriefe, ersichtlich zu machen.

(2) Den Pfandbriefgläubigern darf ein Kündigungsrecht nicht eingeräumt werden.

(3) Die Ausgabe von Pfandbriefen, deren maximaler Einlösungswert nicht bekannt ist, ist nicht gestattet.

§ 7 Treuhänder und Stellvertreter. (1) Bei jeder Pfandbriefbank ist ein Treuhänder sowie mindestens ein Stellvertreter zu bestellen.

(2) [1] Treuhänder und Stellvertreter müssen die zur Erfüllung ihrer Aufgaben erforderlichen Kenntnisse und Erfahrungen besitzen. [2] Die Qualifikation als

---

[1)] Nr. **8**.

Wirtschaftsprüfer oder vereidigter Buchprüfer lässt die erforderlichen Kenntnisse vermuten. [3]Eine Bestellung als Treuhänder oder Stellvertreter ist ausgeschlossen, wenn Gründe vorliegen, nach denen die Besorgnis der Befangenheit besteht. [4]Das ist insbesondere der Fall, wenn die Person in einem Beschäftigungs- oder Mandatsverhältnis mit der Pfandbriefbank steht oder innerhalb der vorausgegangenen drei Jahre gestanden hat.

(3) [1]Die Bestellung erfolgt durch die Bundesanstalt nach Anhörung der Pfandbriefbank; vor der erstmaligen Ausgabe von Pfandbriefen findet eine Bestellung nur auf Antrag der Pfandbriefbank statt. [2]Die Bestellung kann befristet und jederzeit aus sachlichem Grund durch die Bundesanstalt widerrufen werden. [3]Die Bestellung endet spätestens zum Ende des Monats, in dem das 75. Lebensjahr vollendet wird. [4]Mit der Ernennung eines Sachwalters nach § 2 Absatz 5 oder § 30 Absatz 2 oder 5 ruht das Amt des Treuhänders bis zur Beendigung des Sachwalteramtes. [5]Der Treuhänder bleibt verpflichtet, dem Sachwalter alle Informationen mitzuteilen, die für die Verwaltung der Deckungswerte von Bedeutung sein können.

(4) [1]Der Treuhänder hat der Bundesanstalt Auskunft über die von ihm im Rahmen seiner Tätigkeit getroffenen Feststellungen und Beobachtungen zu erteilen. [2]Der Treuhänder ist an Weisungen der Bundesanstalt nicht gebunden.

(5) [1]Treuhänder und Stellvertreter haften der Pfandbriefbank sowie den Pfandbriefgläubigern und den Gläubigern von Ansprüchen aus Derivategeschäften nach § 4 Abs. 3 aus ihrer Tätigkeit nur im Falle von Vorsatz und grober Fahrlässigkeit. [2]Die Ersatzpflicht des Treuhänders oder des Stellvertreters beschränkt sich im Falle grob fahrlässigen Handelns auf 1 Million Euro. [3]Sie kann nicht durch Vertrag ausgeschlossen oder beschränkt werden. [4]Wird die Haftung des Treuhänders oder des Stellvertreters durch eine Versicherung abgedeckt, ist ein Selbstbehalt in Höhe des Eineinhalbfachen der nach § 11 Absatz 1 festgesetzten jährlichen Vergütung vorzusehen. [5]Die Pfandbriefbank darf den Versicherungsvertrag zugunsten des Treuhänders und des Stellvertreters schließen und die Prämien zahlen.

§ 8 Aufgaben. (1) [1]Der Treuhänder hat darauf zu achten, dass die vorschriftsmäßige Deckung für die Pfandbriefe und Ansprüche aus Derivategeschäften nach § 4 Abs. 3 jederzeit vorhanden ist; hierbei hat er darauf zu achten, dass der Wert der beliehenen Grundstücke nach der auf Grund des § 16 Abs. 4 erlassenen Rechtsverordnung, der Wert der beliehenen Schiffe und Schiffsbauwerke nach der auf Grund des § 24 Abs. 5 erlassenen Rechtsverordnung und der Wert der beliehenen Flugzeuge nach der auf Grund des § 26d Abs. 3 erlassenen Rechtsverordnung festgesetzt ist. [2]Darüber hinaus ist er nicht verpflichtet zu untersuchen, ob der festgesetzte Wert dem wirklichen Wert entspricht.

(2) [1]Der Treuhänder hat darauf zu achten, dass die zur Deckung der Pfandbriefe und der Ansprüche aus Derivategeschäften nach § 4 Abs. 3 verwendeten Werte gemäß § 5 Abs. 1 in das jeweilige Deckungsregister eingetragen werden. [2]Er hat auch darauf zu achten, dass die Eintragung eines Derivats von der Pfandbriefbank unter Angabe des entsprechenden Deckungsregisters unverzüglich dem Vertragspartner des Derivategeschäfts mitgeteilt wird.

(3) [1]Der Treuhänder hat die Pfandbriefe vor der Ausgabe mit einer Bescheinigung über das Vorhandensein der vorschriftsmäßigen Deckung und über die

Eintragung in das entsprechende Deckungsregister zu versehen. [2]Eine Nachbildung der eigenhändigen Unterschrift genügt.

(4) [1]Im Deckungsregister eingetragene Werte können nur mit Zustimmung des Treuhänders in dem Register gelöscht werden. [2]Die Zustimmung des Treuhänders bedarf der Schriftform; sie kann in der Weise erfolgen, dass der Treuhänder seine Namensunterschrift dem Löschungsvermerk im Deckungsregister beifügt. [3]Für die Löschung eines eingetragenen Derivats, das noch nicht vollständig abgewickelt ist, ist ferner die Zustimmung des Vertragspartners der Pfandbriefbank erforderlich; eine Löschung ohne die erforderliche Zustimmung gilt als nicht erfolgt. [4]Absatz 2 Satz 2 ist entsprechend anzuwenden.

§ 9 *(aufgehoben)*

§ 10 Befugnisse. (1) Der Treuhänder ist befugt, jederzeit die Unterlagen der Pfandbriefbank einzusehen und Auskünfte zu verlangen, soweit sie sich auf die Pfandbriefe und auf die in die Deckungsregister eingetragenen Werte beziehen.

(2) Die Pfandbriefbank ist verpflichtet, von den Kapitalrückzahlungen auf die in die Deckungsregister eingetragenen Werte sowie von sonstigen für die Pfandbriefgläubiger und die Gläubiger von Ansprüchen aus Derivategeschäften nach § 4 Abs. 3 erheblichen Änderungen, welche diese Werte betreffen, dem Treuhänder fortlaufende Mitteilung zu machen.

§ 11 Vergütung, Streitentscheidung. (1) [1]Der Treuhänder und seine Stellvertreter erhalten von der Pfandbriefbank eine angemessene Vergütung, deren Höhe von der Bundesanstalt festgesetzt wird, und Ersatz der notwendigen Auslagen. [2]Darüber hinausgehende Leistungen der Pfandbriefbank sind unzulässig.

(2) Streitigkeiten zwischen dem Treuhänder und der Pfandbriefbank entscheidet die Bundesanstalt.

Abschnitt 3. Besondere Vorschriften über die Deckungswerte

Unterabschnitt 1. Hypothekenpfandbriefe

§ 12 Deckungswerte. (1) Zur Deckung für Hypothekenpfandbriefe nach § 1 Abs. 1 Satz 2 Nr. 1 dürfen nur Hypotheken benutzt werden, soweit sie den Erfordernissen der §§ 13 bis 16 entsprechen.

(2) Steht der Pfandbriefbank eine Hypothek an einem Grundstück zu, das sie zur Verhütung eines Verlustes an der Hypothek erworben hat, so darf sie die Hypothek nur auf Grund einer neuen Beleihungswertermittlung nach § 16 zur Deckung verwenden.

(3) Die eingetragenen Deckungswerte erstrecken sich auch auf alle Forderungen, deren Inhaber die Pfandbriefbank ist und die auf die wirtschaftliche Substanz des Grundstücks gerichtet sind, insbesondere Forderungen, auf die sich die Hypothek bei inländischen Grundstücken nach den §§ 1120, 1123, 1126, 1127 und 1128 des Bürgerlichen Gesetzbuchs[1)] erstrecken würde sowie auf Ansprüche der Pfandbriefbank aus eigenem oder abgetretenem Recht aus

---

[1)] Auszugsweise abgedruckt unter Nr. **23**.

einer Versicherung nach § 15, auf die Übertragung des Grundstücks oder grundstücksgleiche oder vergleichbare Rechte und auf die Auskehr des Erlöses einer Verwertung.

§ 13 Belegenheit der Sicherheiten. (1) [1]Die Hypotheken müssen lasten auf Grundstücken, grundstücksgleichen Rechten oder solchen Rechten einer ausländischen Rechtsordnung, die den grundstücksgleichen Rechten deutschen Rechts vergleichbar sind. [2]Die belasteten Grundstücke und die Grundstücke, an denen die belasteten Rechte bestehen, müssen in einem Mitgliedstaat der Europäischen Union oder einem anderen Vertragsstaat des Abkommens über den Europäischen Wirtschaftsraum, in der Schweiz, im Vereinigten Königreich Großbritannien und Nordirland, in den Vereinigten Staaten von Amerika, in Kanada, in Japan, in Australien, in Neuseeland oder in Singapur belegen sein; der Gesamtbetrag der Beleihungen in Staaten, die nicht der Europäischen Union angehören, bei denen nicht sichergestellt ist, dass sich das Vorrecht der Pfandbriefgläubiger nach § 30 Abs. 1 auf die Forderungen der Pfandbriefbank aus diesen Beleihungen erstreckt, darf 10 Prozent des Gesamtbetrages der Beleihungen, bei denen das Vorrecht sichergestellt ist, nicht übersteigen.

(2) Die Beleihung befristeter Rechte ist nur zulässig, wenn die planmäßige Tilgung der Hypothek spätestens zehn Jahre vor Ablauf des Rechts endet und nicht länger dauert, als zur buchmäßigen Abschreibung des Bauwerks nach wirtschaftlichen Grundsätzen erforderlich ist.

§ 14 Beleihungsgrenze. Hypotheken dürfen nur bis zur Höhe der ersten 60 Prozent des von der Pfandbriefbank auf Grund einer Wertermittlung nach § 16 festgesetzten Wertes des Grundstücks (Beleihungswert) zur Deckung benutzt werden.

§ 15 Versicherungspflicht. [1]Werden mit dem Grundstück fest verbundene Bauwerke beim Beleihungswert werterhöhend berücksichtigt, muss während der gesamten Dauer der Beleihung sichergestellt sein, dass die Pfandbriefbank im Falle der Beschädigung oder Zerstörung des Bauwerks, sofern dieses nicht wiederhergestellt wird, eine Entschädigungsleistung aus einer Versicherung erhält. [2]Die Versicherung muss mindestens die nach Art und Lage des Objektes erheblichen Schadensrisiken erfassen. [3]Die Höhe der Versicherung muss mindestens Folgendes abdecken:

1. die für eine Wiederherstellung der in Satz 1 genannten Bauwerke erwartungsgemäß aufzuwendenden Kosten,
2. den bei Eintritt erheblicher Risiken an den in Satz 1 genannten Bauwerken mit hoher Wahrscheinlichkeit nicht überschrittenen Schaden oder
3. die jeweils ausstehende Darlehensforderung.

[4]Die Pfandbriefbank darf die Versicherung für eigene Rechnung nur abschließen, wenn eine Verpflichtung des Darlehensnehmers zum Abschluss einer entsprechenden Versicherung nach Satz 3 Nummer 1 oder Nummer 2 besteht.

§ 16 Beleihungswertermittlung. (1) Die als Grundlage für die Beleihungswertfestsetzung dienende Wertermittlung ist von einem von der Kreditentscheidung unabhängigen Gutachter vorzunehmen, der über die hierzu notwendige Berufserfahrung sowie über die notwendigen Fachkenntnisse für Beleihungswertermittlungen verfügen muss.

(2) [1]Der Beleihungswert darf den Wert nicht überschreiten, der sich im Rahmen einer vorsichtigen Bewertung der zukünftigen Verkäuflichkeit einer Immobilie und unter Berücksichtigung der langfristigen, nachhaltigen Merkmale des Objektes, der normalen regionalen Marktgegebenheiten sowie der derzeitigen und möglichen anderweitigen Nutzungen ergibt. [2]Spekulative Elemente dürfen dabei nicht berücksichtigt werden. [3]Der Beleihungswert darf einen auf transparente Weise und nach einem anerkannten Bewertungsverfahren ermittelten Marktwert nicht übersteigen. [4]Der Marktwert ist der geschätzte Betrag, für welchen ein Beleihungsobjekt am Bewertungsstichtag zwischen einem verkaufsbereiten Verkäufer und einem kaufbereiten Erwerber, nach angemessenem Vermarktungszeitraum, in einer Transaktion im gewöhnlichen Geschäftsverkehr verkauft werden könnte, wobei jede Partei mit Sachkenntnis, Umsicht und ohne Zwang handelt.

(3) [1]Die zur Deckung verwendeten Hypotheken an Bauplätzen sowie an solchen Neubauten, die noch nicht fertig gestellt und ertragsfähig sind, dürfen zusammen 10 Prozent des Gesamtbetrages der zur Deckung der Hypothekenpfandbriefe benutzten Deckungswerte sowie das Doppelte des haftenden Eigenkapitals nicht überschreiten. [2]Hypotheken an Bauplätzen dürfen 1 Prozent des Gesamtbetrages der zur Deckung der Hypothekenpfandbriefe benutzten Deckungswerte nicht überschreiten. [3]Hypotheken an Grundstücken, die einen dauernden Ertrag nicht gewähren, insbesondere an Gruben und Brüchen, sind von der Verwendung zur Deckung ebenso ausgeschlossen wie Hypotheken an Bergwerken. [4]Hypotheken an anderen Berechtigungen, für welche die sich auf Grundstücke beziehenden Vorschriften Anwendung finden, sind von der Verwendung zur Deckung von Hypothekenpfandbriefen ebenfalls ausgeschlossen, sofern die Berechtigungen einen dauernden Ertrag nicht gewähren.

(4) [1]Das Bundesministerium der Finanzen wird ermächtigt, im Einvernehmen mit dem Bundesministerium der Justiz und für Verbraucherschutz durch Rechtsverordnung, die nicht der Zustimmung des Bundesrates bedarf, Einzelheiten der Methodik und Form der Beleihungswertermittlung sowie die Mindestanforderungen an die Qualifikation des Gutachters zu bestimmen. [2]Die Rechtsverordnung kann für die Bewertung von überwiegend zu Wohnzwecken genutzten Beleihungsobjekten Erleichterungen vorsehen. [3]Vor Erlass der Rechtsverordnung sind die Spitzenverbände der Kreditwirtschaft anzuhören. [4]Das Bundesministerium der Finanzen kann diese Ermächtigung durch Rechtsverordnung auf die Bundesanstalt für Finanzdienstleistungsaufsicht übertragen.

§ 17 *(aufgehoben)*

§ 18 Grundschulden und ausländische Sicherungsrechte. (1) Im Sinne dieses Gesetzes stehen den Hypotheken die Grundschulden und solche ausländische Sicherungsrechte gleich, die eine vergleichbare Sicherheit bieten und den Gläubiger berechtigen, seine Forderung auch durch Verwertung des belasteten Grundstücks oder Rechts im Sinne des § 13 Abs. 1 Satz 1 zu befriedigen.

(2) [1]Auf Grundschulden, die auf Grund einer Zweckvereinbarung zwischen der Pfandbriefbank und dem jeweiligen Grundstückseigentümer der Sicherung einer Darlehensforderung dienen, ist § 12 Abs. 1 mit der Maßgabe anzuwen-

den, dass an die Stelle der Hypotheken die Grundschulden nebst den ihr zugrunde liegenden Darlehensforderungen treten. [2] § 5 Absatz 1a gilt entsprechend, wenn eine Zweckvereinbarung mehrere Forderungen umfasst. [3] Mehrere zur Deckung bestimmte Forderungen haben im Zweifel gleichen Rang. [4] Soweit ausländische Sicherungsrechte Forderungen unterschiedlicher Gläubiger sichern, bestimmt sich der Rang einer zur Deckung bestimmten Forderung nach den Regeln des jeweils anwendbaren Rechts.

(3) Hat die Pfandbriefbank ein Grundstück zur Verhütung von Verlusten an einer ihr an dem Grundstück zustehenden Hypothek oder Grundschuld bei der Zwangsversteigerung erworben und an Stelle der gelöschten Hypothek oder Grundschuld für sich eine Grundschuld eintragen lassen, so findet auf diese § 12 Abs. 2 entsprechende Anwendung.

§ 19 Weitere Deckungswerte. (1) [1] Die in § 12 Absatz 1 vorgeschriebene Deckung kann auch erfolgen

1. durch in Inhaberschuldverschreibungen umgewandelte Ausgleichsforderungen nach § 8 Abs. 2 der Verordnung über die Bestätigung der Umstellungsrechnung und das Verfahren der Zuteilung und des Erwerbs von Ausgleichsforderungen in der Fassung der Bekanntmachung vom 7. Dezember 1994 (BGBl. I S. 3738), die durch die Verordnung vom 26. September 1995 (BGBl. I S. 1194) geändert worden ist,
2. bis zu insgesamt 10 Prozent des Gesamtbetrages der im Umlauf befindlichen Hypothekenpfandbriefe durch Werte der in § 4 Absatz 1 Satz 2 Nummer 1 und 2 bezeichneten Art, durch Geldforderungen gegen die Europäische Zentralbank, gegen Zentralbanken der Mitgliedstaaten der Europäischen Union oder gegen Kreditinstitute im Sinne des § 4 Absatz 1 Satz 2 Nummer 3, sofern die Höhe der Forderungen der Pfandbriefbank bereits beim Erwerb bekannt ist, sowie durch das jeweilige Guthaben aus einer Kontoverbindung mit den vorgenannten Stellen; der Anteil an Geldforderungen gegen ein und dasselbe Kreditinstitut darf nicht höher sein als 2 Prozent des Gesamtbetrages der in Halbsatz 1 genannten Hypothekenpfandbriefe,
3. bis zu insgesamt 20 Prozent des Gesamtbetrages der im Umlauf befindlichen Hypothekenpfandbriefe durch Werte der in § 20 Abs. 1 bezeichneten Art, sofern es sich um Schuldverschreibungen handelt; die in Nummer 2 genannten Deckungswerte sind anzurechnen,
4. durch Ansprüche aus Derivategeschäften im Sinne des § 4 Abs. 3 Satz 2, die mit geeigneten Kreditinstituten, Kapitalverwaltungsgesellschaften mit einer Erlaubnis nach § 7 oder § 97 Absatz 1 des Investmentgesetzes in der bis zum 21. Juli 2013 geltenden Fassung, die für den in § 345 Absatz 2 Satz 1, Absatz 3 Satz 2, in Verbindung mit Absatz 2 Satz 1, oder Absatz 4 Satz 1 des Kapitalanlagegesetzbuchs vorgesehenen Zeitraum noch fortbesteht oder mit einer Erlaubnis nach den §§ 20, 21 oder §§ 20, 22 des Kapitalanlagegesetzbuchs, Finanzdienstleistungsinstituten, Versicherungsunternehmen, einer zentralen Gegenpartei bei einer Börse, dem Bund oder den Ländern abgeschlossen werden, sofern sichergestellt ist, dass die Ansprüche der Pfandbriefbank nach Maßgabe des Rahmenvertrags im Falle der Insolvenz der Pfandbriefbank oder der anderen Deckungsmassen nicht beeinträchtigt werden können; sofern für das in Deckung befindliche Derivategeschäft keine angemessene Besicherung vorliegt, müssen Kreditinstitute die Bonitätsanforderungen des

§ 4 Absatz 1 Satz 2 Nummer 3 erfüllen. Die Geschäfte dürfen nur Risiken beinhalten oder nachbilden, welche die Pfandbriefbank auch mit Geschäften über die übrigen nach diesem Gesetz zulässigen Deckungswerte eingehen kann; ausgeschlossen sind Optionen und andere Derivate, wenn sie eine offene Stillhalterposition der Pfandbriefbank begründen, sowie Geschäfte, die in vergleichbarer Weise ein einer offenen Stillhalterposition entsprechendes Risiko begründen. Der Anteil der Ansprüche der Pfandbriefbank aus den in Deckung genommenen Derivategeschäften am Gesamtbetrag der Deckungswerte sowie der Anteil der Verbindlichkeiten der Pfandbriefbank aus diesen Derivategeschäften am Gesamtbetrag der im Umlauf befindlichen Hypothekenpfandbriefe zuzüglich der Verbindlichkeiten aus Derivategeschäften dürfen jeweils 12 Prozent nicht überschreiten; die Berechnung hat auf der Grundlage der Barwerte der Derivategeschäfte zu erfolgen; auf die Grenzen nach Halbsatz 1 sind Ansprüche und Verbindlichkeiten der Pfandbriefbank aus solchen in Deckung genommenen Derivategeschäften nicht anzurechnen, die ausschließlich der Absicherung eines Währungsrisikos von Deckungswerten und Pfandbriefen dienen.

[2] Für Nummer 2 gilt § 4 Absatz 1 Satz 4 bis 8 entsprechend.

(2) Im Falle des § 2 Abs. 3 kann die Bundesanstalt Ausnahmen von den Begrenzungen des Absatzes 1 Nr. 2 und 3 zulassen.

Unterabschnitt 2. Öffentliche Pfandbriefe

§ 20 Deckungswerte. (1) Zur Deckung Öffentlicher Pfandbriefe dürfen nur Geldforderungen aus der Vergabe von Darlehen, aus Schuldverschreibungen oder aus einem vergleichbaren Rechtsgeschäft oder andere, von den in Nummer 1 Buchstabe a bis f genannten Stellen schriftlich als einredefrei anerkannte Forderungen benutzt werden,

1. die sich unmittelbar richten gegen
   a) inländische Gebietskörperschaften und solche Körperschaften und Anstalten des öffentlichen Rechts, für die eine Anstaltslast oder eine auf Gesetz beruhende Gewährträgerhaftung oder eine staatliche Refinanzierungsgarantie gilt oder die das gesetzliche Recht zur Erhebung von Gebühren, Umlagen oder anderen Abgaben innehaben,
   b) Mitgliedstaaten der Europäischen Union oder Vertragsstaaten des Abkommens über den Europäischen Wirtschaftsraum sowie deren Zentralnotenbanken,
   c) Regionalverwaltungen sowie Gebietskörperschaften der in Buchstabe b genannten Staaten,
   d) die Vereinigten Staaten von Amerika, Japan, die Schweiz, das Vereinigte Königreich Großbritannien und Nordirland und Kanada sowie deren Zentralnotenbanken, sofern das Risikogewicht nach Tabelle 1 des Artikels 114 Absatz 2 der Verordnung (EU) Nr. 575/2013[1] entsprechend der von den zuständigen Behörden vorgenommenen Zuordnung des Ratings anerkannter internationaler Ratingagenturen der Bonitätsstufe 1 zugeordnet worden ist,

---

[1] Nr. **6**.

e) Regionalverwaltungen sowie Gebietskörperschaften der in Buchstabe d genannten Staaten, sofern sie von der jeweiligen nationalen Behörde dem Zentralstaat gleichgestellt worden sind oder sofern ihnen ein der Bonitätsstufe 1 entsprechendes Risikogewicht nach Tabelle 5 des Artikels 121 Absatz 1 der Verordnung (EU) Nr. 575/2013 nach den nationalen Regelungen zugeordnet worden ist, die zur Umsetzung der Rahmenvereinbarung „Internationale Konvergenz der Kapitalmessung und Eigenkapitalanforderungen" des Baseler Ausschusses für Bankenaufsicht vom Juni 2004 erlassen worden sind; für die Zuordnung zur Bonitätsstufe 1 sind die Ratings anerkannter internationaler Ratingagenturen maßgeblich; hierfür gilt Artikel 115 Absatz 4 der Verordnung (EU) Nr. 575/2013 entsprechend,

f) die Europäische Zentralbank sowie multilaterale Entwicklungsbanken und internationale Organisationen im Sinne der Artikel 117 und 118 der Verordnung (EU) Nr. 575/2013 oder den Europäischen Stabilitätsmechanismus,

g) öffentliche Stellen eines Mitgliedstaats der Europäischen Union oder eines anderen Vertragsstaats des Abkommens über den Europäischen Wirtschaftsraum,

h) öffentliche Stellen im Sinne des Artikels 4 Absatz 1 Nummer 8 der Verordnung (EU) Nr. 575/2013 der unter Buchstabe d genannten Staaten, sofern sie die in Buchstabe e aufgeführten Anforderungen erfüllen, oder

2. für die eine der in Nummer 1 Buchstabe a bis f genannten Stellen oder ein Exportkreditversicherer mit Sitz in einem der in Nummer 1 Buchstabe b und d genannten Staaten, sofern die Anforderungen der Nummer 1 Buchstabe g oder Buchstabe h erfüllt sind, die Gewährleistung übernommen hat. Eine Gewährleistung liegt insoweit vor, als auf Grund eines Gesetzes, einer Verordnung, einer Satzung oder eines Rechtsgeschäfts der Forderungsinhaber einen Anspruch gegen den Gewährleistenden hat, dass dieser im Falle der Nichtzahlung des Schuldners die für die Erfüllung der Verpflichtung erforderlichen Mittel zur Verfügung stellt. Der Gewährleistende darf gegenüber der Pfandbriefbank nicht das Recht haben, Einwendungen aus dem Rechtsverhältnis mit Dritten geltend zu machen oder sich einseitig von seinen Verpflichtungen zu lösen, oder

3. die von einer

a) Zentralregierung, Zentralnotenbank, Regionalverwaltung oder örtlichen Gebietskörperschaft eines in Nummer 1 Buchstabe d aufgeführten Staates,

b) von einer öffentlichen Stelle eines in Nummer 1 Buchstabe d aufgeführten Staates,

c) von einer multilateralen Entwicklungsbank oder

d) von einer internationalen Organisation

geschuldet oder von den in Buchstabe a, c oder d genannten Einrichtungen gewährleistet werden, sofern der Schuldner oder Gewährleistungsgeber der Bonitätsstufe 2 zugeordnet ist und zum Zeitpunkt der Eintragung der konkreten Forderung in das Deckungsregister der Bonitätsstufe 1 zugeordnet war und diese Forderungen insgesamt 20 Prozent des Gesamtbetrages der ausstehenden Öffentlichen Pfandbriefe der Pfandbriefbank nicht übersteigen.

(2) Die in Absatz 1 vorgeschriebene Deckung kann auch erfolgen

1. durch die in § 19 Abs. 1 Nr. 1 genannten Werte;
2. bis zu 10 Prozent des Gesamtbetrages der im Umlauf befindlichen Öffentlichen Pfandbriefe durch Geldforderungen gegen die Europäische Zentralbank, gegen Zentralbanken der Mitgliedstaaten der Europäischen Union oder gegen Kreditinstitute im Sinne des § 4 Abs. 1 Satz 2 Nr. 3, sofern die Höhe der Forderungen der Pfandbriefbank bereits beim Erwerb bekannt ist, sowie durch das jeweilige Guthaben aus einer Kontoverbindung mit den vorgenannten Stellen; der Anteil an Geldforderungen gegen ein und dasselbe geeignete Kreditinstitut darf nicht höher als 2 Prozent des Gesamtbetrages der im Umlauf befindlichen Öffentlichen Pfandbriefe sein; § 4 Absatz 1 Satz 4 bis 8 gilt entsprechend;
3. durch die in § 19 Abs. 1 Nr. 4 genannten Werte unter den dort genannten Voraussetzungen und Begrenzungen mit der Maßgabe, dass an die Stelle des Gesamtbetrages der im Umlauf befindlichen Hypothekenpfandbriefe der Gesamtbetrag der im Umlauf befindlichen Öffentlichen Pfandbriefe tritt.

(2a) [1]Der Gesamtbetrag der Forderungen gegen außerhalb der Mitgliedstaaten der Europäischen Union ansässige Schuldner, bei denen nicht sichergestellt ist, dass sich das Vorrecht der Gläubiger der Öffentlichen Pfandbriefe nach § 30 Absatz 1 auf die Forderungen der Pfandbriefbank nach den Absätzen 1 und 2 erstreckt, darf 10 Prozent des Gesamtbetrags der Forderungen, bei denen das Vorrecht sichergestellt ist oder für die eine Verpflichtung nach Satz 3 besteht, nicht übersteigen. [2]Satz 1 gilt entsprechend für Ansprüche gegen Gewährleistende nach Absatz 1 Nummer 2. [3]Eine Anrechnung von Forderungen gegen die in den Sätzen 1 und 2 genannten Schuldner auf die in Satz 1 genannte Grenze unterbleibt, soweit eine der in Absatz 1 Nummer 1 Buchstabe b oder Buchstabe d genannten Stellen oder ein Exportkreditversicherer, der die Anforderungen des Absatzes 1 Nummer 2 erfüllt, gegenüber der Pfandbriefbank die Verpflichtung übernommen hat, die Pfandbriefbank mit beschränkter Geschäftstätigkeit im Falle der Entziehung der betreffenden Forderung schadlos zu stellen, und dieser Anspruch bei der betreffenden Forderung in das Deckungsregister für Öffentliche Pfandbriefe eingetragen wird; sofern der zur Schadlosstellung Verpflichtete seinen Sitz außerhalb der Mitgliedstaaten der Europäischen Union hat, unterbleibt die Anrechnung auf die in Satz 1 genannte Grenze nur, wenn sichergestellt ist, dass sich das Vorrecht der Pfandbriefgläubiger auf den Anspruch auf Schadlosstellung erstreckt.

(3) Im Falle des § 2 Abs. 3 kann die Bundesanstalt Ausnahmen von den Begrenzungen des Absatzes 2 zulassen.

(4) Die eingetragenen Deckungswerte erstrecken sich auch auf alle Forderungen, deren Inhaber die Pfandbriefbank ist und die auf die wirtschaftliche Substanz des Deckungswertes gerichtet sind, im Falle einer nach Absatz 1 Nummer 2 gewährleisteten Hypothek insbesondere auch auf die in § 12 Abs. 3 genannten Forderungen.

Unterabschnitt 3. Schiffspfandbriefe

§ 21 Deckungswerte. [1]Zur Deckung für Schiffspfandbriefe dürfen nur durch Schiffshypotheken gesicherte Darlehensforderungen verwendet werden, soweit sie den Erfordernissen der §§ 22 bis 24 entsprechen. [2]Im Falle einer teilweisen Verwendung einer Darlehensforderung zur Deckung hat die Pfandbriefbank den Vorgang nachvollziehbar zu dokumentieren.

§ 22 Beleihungsgrenze. (1) Die Beleihung ist auf Schiffe und Schiffsbauwerke beschränkt, die in einem öffentlichen Register eingetragen sind.

(2) [1]Die Beleihung darf die ersten 60 Prozent des von der Pfandbriefbank auf Grund einer Wertermittlung nach § 24 festgesetzten Wertes des Schiffes (Schiffsbeleihungswert) oder Schiffsbauwerkes nicht übersteigen. [2]Sie darf nur durch Gewährung von Abzahlungsdarlehen erfolgen, wobei die Abzahlung des Darlehens in der Regel gleichmäßig auf die einzelnen Jahre zu verteilen ist; die Vereinbarung sich ermäßigender Tilgungsraten ist unschädlich. [3]Wird für ein Darlehen vereinbart, dass dieses bis zum Ende der Darlehenslaufzeit nicht vollständig durch Abzahlungsraten gemäß Satz 2, sondern zusätzlich durch eine am Ende der Darlehenslaufzeit zu erbringende Schlussrate zu tilgen ist, gilt dies nicht als Fall ungleichmäßiger Abzahlung, wenn die Schlussrate den Betrag nicht übersteigt, der bei Zugrundelegung der für das Darlehen vereinbarten gleichmäßigen Abzahlung bis zum Ende des zwanzigsten Lebensjahres des Schiffes zurückgezahlt werden könnte. [4]Die Bundesanstalt kann in Einzelfällen weitere Ausnahmen von den Vorschriften der Sätze 1 und 2 zulassen, wenn die Eigenart des zu beleihenden Schiffes oder Schiffsbauwerks, die wirtschaftlichen Verhältnisse des Darlehensschuldners oder zusätzliche Sicherheiten sie gerechtfertigt erscheinen lassen.

(3) *(aufgehoben)*

(4) [1]Die Beleihung darf höchstens bis zum Ende des zwanzigsten Lebensjahres des Schiffes reichen, es sei denn, dass eine geringere Lebensdauer zu erwarten ist. [2]Die Bundesanstalt kann darüber hinaus unter den Voraussetzungen des Absatzes 2 Satz 4 weitere Ausnahmen zulassen. [3]Eine dem Darlehensnehmer gewährte Stundung, die zur Folge haben würde, dass die zulässige Höchstdauer des Beleihungszeitraums überschritten wird, ist nur mit Zustimmung des Treuhänders zulässig. [4]Werden mehrere Schiffe oder Schiffsbauwerke durch eine durch Schiffshypotheken gesicherte Darlehensforderung beliehen, ist die Darlehensforderung nur dann zur Deckung geeignet, wenn bei deren Aufteilung auf die einzelnen Schiffe und Schiffsbauwerke die einzelnen Darlehensforderungen zur Deckung geeignet wären.

(5) [1]Die Beleihung von Schiffen und Schiffsbauwerken, die im Ausland registriert sind, ist zulässig, wenn nach dem Recht des Staates, in dessen Register das Schiff oder das Schiffsbauwerk eingetragen ist,

1. an Schiffen und Schiffsbauwerken ein dingliches Recht bestellt werden kann, das in ein öffentliches Register eingetragen wird,
2. das dingliche Recht dem Gläubiger eine der Schiffshypothek des deutschen Rechts vergleichbare Sicherheit, insbesondere das Recht gewährt, wegen der gesicherten Darlehensforderung Befriedigung aus dem Schiff oder dem Schiffsbauwerk zu suchen,
3. die Rechtsverfolgung für Gläubiger, die einem anderen Staat angehören, gegenüber den eigenen Staatsangehörigen nicht wesentlich erschwert ist.

[2]Der Gesamtbetrag der Beleihungen nach Satz 1 außerhalb der Mitgliedstaaten der Europäischen Union, bei denen nicht sichergestellt ist, dass sich das Vorrecht der Schiffspfandbriefgläubiger nach § 30 Abs. 1 auf die Forderungen der

Pfandbriefbank aus diesen Beleihungen erstreckt, darf 20 Prozent des Gesamtbetrages der Forderungen, bei denen das Vorrecht sichergestellt ist, nicht übersteigen. [3] Sieht das Recht des Staates, in dessen Register das Schiff oder Schiffsbauwerk eingetragen ist, vor, dass das dingliche Recht ohne Eintragung in ein öffentliches Register entsteht, zur Sicherung der Rechte des Gläubigers Dritten gegenüber aber in ein solches Register eingetragen werden kann, so ist die Beleihung nur mit der Maßgabe zulässig, dass die Pfandbriefbank die Eintragung in das öffentliche Register unverzüglich herbeiführt. [4] Die Beleihung ist regelmäßig nur zur ersten Stelle zulässig; Absatz 2 Satz 4 gilt entsprechend.

(6) Die eingetragenen Deckungswerte erstrecken sich auch auf alle Forderungen, deren Inhaber die Pfandbriefbank ist und die auf die wirtschaftliche Substanz des Schiffes oder Schiffsbauwerkes gerichtet sind, insbesondere Forderungen, auf die sich die Schiffshypothek bei in das deutsche Seeschiffsregister eingetragenen Schiffen und Schiffsbauwerken nach den §§ 31 und 32 des Gesetzes über Rechte an eingetragenen Schiffen und Schiffsbauwerken erstrecken würde, sowie Miet- und Pachtforderungen, Forderungen auf die Übertragung des Schiffes oder Schiffsbauwerkes und Forderungen auf Auskehr des Erlöses einer Verwertung.

§ 23 Versicherung. (1) [1] Das Schiff oder das Schiffsbauwerk muss während der gesamten Dauer der Beleihung zumindest in Höhe von 110 Prozent der jeweiligen ausstehenden Darlehensforderungen zuzüglich eventueller vor- oder gleichrangiger Schiffshypotheken Dritter entsprechend den Geschäftsbedingungen der Pfandbriefbank versichert sein. [2] Der Versicherer muss sich verpflichtet haben, der Pfandbriefbank gegenüber Einwendungen auf Grund des § 36 Abs. 2 Nr. 2 des Gesetzes über Rechte an eingetragenen Schiffen und Schiffsbauwerken oder bei Beleihung von im Ausland registrierten Schiffen und Schiffsbauwerken die entsprechenden Einwendungen nicht zu erheben.

(2) Die Pfandbriefbank hat die Beleihung dem Versicherer unverzüglich anzuzeigen.

(3) [1] Soweit der Versicherer auf Grund der nach Absatz 1 übernommenen Verpflichtung die Pfandbriefbank befriedigt, geht die Schiffshypothek auf ihn über. [2] Der Übergang kann nicht zum Nachteil der Pfandbriefbank oder eines gleich- oder nachstehenden Schiffshypothekengläubigers, demgegenüber die Verpflichtung des Versicherers zur Leistung bestehen geblieben ist, geltend gemacht werden.

(4) Erstreckt sich die Schiffshypothek nicht kraft Gesetzes auf die Versicherungsforderung, ist die Beleihung nur zulässig, wenn die Pfandbriefbank durch Vertrag eine entsprechende Sicherheit erhält.

§ 24 Beleihungswertermittlung. (1) Die als Grundlage für die Festsetzung des Schiffsbeleihungswertes dienende Wertermittlung ist von einem von der Kreditentscheidung unabhängigen Gutachter vorzunehmen, der über die hierzu notwendige Berufserfahrung sowie über die notwendigen Fachkenntnisse für Schiffsbeleihungswertermittlungen verfügen muss.

(2) [1] Der Schiffsbeleihungswert darf den Wert nicht überschreiten, der sich im Rahmen einer vorsichtigen Bewertung der zukünftigen Verkäuflichkeit des Schiffes und unter Berücksichtigung der langfristigen, nachhaltigen Merkmale des Objektes, der Marktgegebenheiten sowie der derzeitigen und möglichen

anderweitigen Nutzungen ergibt. [2]Spekulative Elemente dürfen dabei nicht berücksichtigt werden. [3]Der Schiffsbeleihungswert darf einen auf transparente Weise und nach einem anerkannten Bewertungsverfahren ermittelten Marktwert nicht übersteigen. [4]§ 16 Abs. 2 Satz 4 gilt entsprechend.

(3) Die Absätze 1 und 2 gelten für die Bewertung eines Schiffsbauwerkes sinngemäß.

(4) Die zur Deckung von Schiffspfandbriefen in Ansatz gebrachten, durch Schiffshypotheken an Schiffsbauwerken gesicherten Forderungen dürfen zusammen 20 Prozent des Gesamtbetrages der zur Deckung der Schiffspfandbriefe verwendeten Schiffshypotheken nicht übersteigen.

(5) [1]Das Bundesministerium der Finanzen wird ermächtigt, im Einvernehmen mit dem Bundesministerium der Justiz und für Verbraucherschutz durch Rechtsverordnung, die nicht der Zustimmung des Bundesrates bedarf, Einzelheiten der Methodik und Form der Schiffsbeleihungswertermittlung sowie die Mindestanforderungen an die Qualifikation des Gutachters zu bestimmen. [2]Vor Erlass der Rechtsverordnung sind die Spitzenverbände der Kreditwirtschaft anzuhören. [3]Das Bundesministerium der Finanzen kann diese Ermächtigung durch Rechtsverordnung auf die Bundesanstalt für Finanzdienstleistungsaufsicht übertragen.

§ 25 Abzahlungsbeginn. Der Beginn der Abzahlung darf für einen Zeitraum, der die Dauer von zwei Jahren nicht übersteigt, hinausgeschoben werden; mit Genehmigung der Bundesanstalt kann dieser Zeitraum für einzelne Darlehensforderungen aus besonderen Gründen bis zu fünf Jahren verlängert werden.

§ 26 Weitere Deckungswerte. (1) Die in § 21 Satz 1 vorgeschriebene Deckung kann auch erfolgen

1. durch Schuldversprechen oder Schuldanerkenntnisse im Sinne der §§ 780 und 781 des Bürgerlichen Gesetzbuchs[1)], die durch Schiffshypotheken gesichert sind, sofern ihnen Darlehensforderungen zugrunde liegen, die den in den §§ 22 bis 24 bezeichneten Erfordernissen entsprechen; soweit die Darlehensforderungen den vorgenannten Erfordernissen nur teilweise entsprechen, können sie nur in diesem Umfang zur Deckung verwendet werden; § 21 Satz 2 gilt entsprechend;
2. durch Werte der in § 19 Abs. 1 Nr. 1 bezeichneten Art;
3. bis zu 10 Prozent des Gesamtbetrages der im Umlauf befindlichen Schiffspfandbriefe durch Werte der in § 4 Abs. 1 Satz 2 Nr. 1 und 2 bezeichneten Art, durch Geldforderungen gegen die Europäische Zentralbank, gegen Zentralbanken der Mitgliedstaaten der Europäischen Union oder gegen Kreditinstitute im Sinne des § 4 Abs. 1 Satz 2 Nr. 3, sofern die Höhe der Forderungen der Pfandbriefbank bereits beim Erwerb bekannt ist, sowie durch das jeweilige Guthaben aus einer Kontoverbindung mit den vorgenannten Stellen; der Anteil an Geldforderungen gegen ein und dasselbe Kreditinstitut darf nicht höher als 2 Prozent des Gesamtbetrages der in Halbsatz 1 genannten Schiffspfandbriefe sein; § 4 Absatz 1 Satz 4 bis 8 gilt entsprechend;

---

1) Auszugsweise abgedruckt unter Nr. **23**.

4. bis zu insgesamt 20 Prozent des Gesamtbetrages der im Umlauf befindlichen Schiffspfandbriefe durch Werte der in § 20 Abs. 1 bezeichneten Art, sofern es sich um Schuldverschreibungen handelt; die in Nummer 3 genannten Deckungswerte sind anzurechnen;
5. durch die in § 19 Abs. 1 Nr. 4 genannten Werte unter den dort genannten Voraussetzungen und Begrenzungen mit der Maßgabe, dass an die Stelle des Gesamtbetrages der im Umlauf befindlichen Hypothekenpfandbriefe der Gesamtbetrag der im Umlauf befindlichen Schiffspfandbriefe tritt.

(2) Im Falle des § 2 Abs. 3 kann die Bundesanstalt Ausnahmen von den Begrenzungen des Absatzes 1 Nr. 3 und 4 zulassen.

Unterabschnitt 4. Flugzeugpfandbriefe

§ 26a Deckungswerte. [1] Zur Deckung für Flugzeugpfandbriefe dürfen nur durch Registerpfandrechte nach § 1 des Gesetzes über Rechte an Luftfahrzeugen oder durch ausländische Flugzeughypotheken gesicherte Darlehensforderungen verwendet werden, soweit sie den Erfordernissen der §§ 26b bis 26f entsprechen. [2] Im Falle einer teilweisen Verwendung einer Darlehensforderung zur Deckung hat die Pfandbriefbank den Vorgang nachvollziehbar zu dokumentieren.

§ 26b Beleihungsgrenze. (1) Die Beleihung ist auf Flugzeuge im Sinne des § 1 Abs. 2 Satz 1 Nr. 1 des Luftverkehrsgesetzes beschränkt, die in einem öffentlichen Register eingetragen sind.

(2) [1] Die Beleihung darf die ersten 60 Prozent des von der Pfandbriefbank auf Grund einer Wertermittlung nach § 26d festgesetzten Wertes des Flugzeuges (Flugzeugbeleihungswert) nicht übersteigen. [2] Es ist durch geeignete Maßnahmen sicherzustellen, dass sich das Registerpfandrecht oder die ausländische Flugzeughypothek auch auf die Triebwerke erstreckt. [3] Umregistrierungen von Flugzeugen und sich daraus ergebende Auswirkungen auf das Registerpfandrecht oder die ausländische Flugzeughypothek sind zu überwachen; die fortlaufende Erfüllung der Anforderungen nach Absatz 4 ist durch geeignete Maßnahmen sicherzustellen. [4] Die Beleihung darf nur durch Gewährung von Abzahlungsdarlehen erfolgen, wobei die Abzahlung des Darlehens in der Regel gleichmäßig auf die einzelnen Jahre zu verteilen ist; die Vereinbarung sich ermäßigender Tilgungsraten ist unschädlich. [5] Wird für ein Darlehen vereinbart, dass dieses bis zum Ende der Darlehenslaufzeit nicht vollständig durch Abzahlungsraten nach Satz 4, sondern zusätzlich durch eine am Ende der Darlehenslaufzeit zu erbringende Schlussrate zu tilgen ist, gilt dies nicht als Fall ungleichmäßiger Abzahlung, wenn die Schlussrate den Betrag nicht übersteigt, der bei Zugrundelegung der für das Darlehen vereinbarten gleichmäßigen Abzahlung bis zum Ende des 20. Lebensjahres des Flugzeuges zurückgezahlt werden könnte. [6] Die Bundesanstalt kann in Einzelfällen weitere Ausnahmen von den Vorschriften der Sätze 1 und 4 zulassen, wenn die Eigenart des zu beleihenden Flugzeuges, die wirtschaftlichen Verhältnisse des Darlehensschuldners oder zusätzliche Sicherheiten sie gerechtfertigt erscheinen lassen.

(3) [1] Die Beleihung darf höchstens bis zum Ende des 20. Lebensjahres des Flugzeuges reichen, es sei denn, dass eine geringere Lebensdauer zu erwarten ist. [2] Die Bundesanstalt kann darüber hinaus unter den Voraussetzungen des Absatzes 2 Satz 6 weitere Ausnahmen zulassen. [3] Eine dem Darlehensnehmer

gewährte Stundung, die zur Folge haben würde, dass die zulässige Höchstdauer des Beleihungszeitraums überschritten wird, ist nur mit Zustimmung des Treuhänders zulässig.

(4) [1]Die Beleihung von Flugzeugen, die im Ausland registriert sind, ist zulässig, wenn nach dem Recht des Staates, in dessen Register das Flugzeug eingetragen ist,

1. an Flugzeugen ein dingliches Recht bestellt werden kann, das in ein öffentliches Register eingetragen wird,
2. das dingliche Recht dem Gläubiger eine dem Registerpfandrecht des deutschen Rechts vergleichbare Sicherheit, insbesondere das Recht gewährt, wegen der gesicherten Darlehensforderung Befriedigung aus dem Flugzeug zu suchen, und
3. die Rechtsverfolgung für Gläubiger, die einem anderen Staat angehören, gegenüber den eigenen Staatsangehörigen nicht wesentlich erschwert ist.

[2]Der Gesamtbetrag der Beleihungen nach Satz 1 außerhalb der Mitgliedstaaten der Europäischen Union, bei denen nicht sichergestellt ist, dass sich das Vorrecht der Flugzeugpfandbriefgläubiger nach § 30 Abs. 1 auf die Forderungen der Pfandbriefbank aus diesen Beleihungen erstreckt, darf 20 Prozent des Gesamtbetrages der Forderungen, bei denen das Vorrecht sichergestellt ist, nicht übersteigen. [3]Sieht das Recht des Staates, in dessen Register das Flugzeug eingetragen ist, vor, dass das dingliche Recht ohne Eintragung in ein öffentliches Register entsteht, zur Sicherung der Rechte des Gläubigers Dritten gegenüber aber in ein solches Register eingetragen werden kann, so ist die Beleihung nur mit der Maßgabe zulässig, dass die Pfandbriefbank die Eintragung in das öffentliche Register unverzüglich herbeiführt. [4]Die Beleihung ist regelmäßig nur zur ersten Stelle zulässig; Absatz 2 Satz 4 gilt entsprechend.

(5) Die eingetragenen Deckungswerte erstrecken sich auch auf alle Forderungen, deren Inhaber die Pfandbriefbank ist und die auf die wirtschaftliche Substanz des Flugzeuges gerichtet sind, insbesondere Forderungen, auf die sich das Registerpfandrecht nach den §§ 31 und 32 des Gesetzes über Rechte an Luftfahrzeugen oder die ausländische Flugzeughypothek erstrecken würde, sowie Miet- und Pachtforderungen, Forderungen auf die Übertragung des Flugzeuges und Forderungen auf Auskehr des Erlöses einer Verwertung.

§ 26c Versicherung. (1) [1]Das Flugzeug muss während der gesamten Dauer der Beleihung zumindest in Höhe von 110 Prozent der jeweiligen ausstehenden Darlehensforderungen zuzüglich eventueller vor- oder gleichrangiger Registerpfandrechte Dritter entsprechend den Geschäftsbedingungen der Pfandbriefbank versichert sein. [2]Der Versicherer muss sich verpflichtet haben, der Pfandbriefbank gegenüber Einwendungen in Bezug auf leistungsbefreiendes Verhalten des Versicherungsnehmers oder des Versicherten nach § 36 Satz 1 des Gesetzes über Rechte an Luftfahrzeugen oder bei Beleihung von im Ausland registrierten Flugzeugen die entsprechenden Einwendungen nicht zu erheben.

(2) Die Pfandbriefbank hat die Beleihung dem Versicherer unverzüglich anzuzeigen.

(3) [1]Soweit der Versicherer auf Grund der nach Absatz 1 übernommenen Verpflichtung die Pfandbriefbank befriedigt, geht das Registerpfandrecht auf ihn über. [2]Der Übergang kann nicht zum Nachteil der Pfandbriefbank oder

eines gleich- oder nachstehenden Registerpfandrechtsgläubigers, demgegenüber die Verpflichtung des Versicherers zur Leistung bestehen geblieben ist, geltend gemacht werden.

(4) Erstreckt sich das Registerpfandrecht nicht kraft Gesetzes auf die Versicherungsforderung, ist die Beleihung nur zulässig, wenn die Pfandbriefbank durch Vertrag eine entsprechende Sicherheit erhält.

§ 26d Beleihungswertermittlung. (1) Die als Grundlage für die Festsetzung des Flugzeugbeleihungswertes dienende Wertermittlung ist von einem von der Kreditentscheidung unabhängigen Gutachter vorzunehmen, der über die hierzu notwendige Berufserfahrung sowie über die notwendigen Fachkenntnisse für Flugzeugbeleihungswertermittlungen verfügen muss.

(2) [1] Der Flugzeugbeleihungswert darf den Wert nicht überschreiten, der sich im Rahmen einer vorsichtigen Bewertung der zukünftigen Verkäuflichkeit des Flugzeugs und unter Berücksichtigung der langfristigen, nachhaltigen Merkmale des Objekts, der Marktgegebenheiten sowie der derzeitigen und möglichen anderweitigen Nutzungen ergibt. [2] Spekulative Elemente dürfen dabei nicht berücksichtigt werden. [3] Der Flugzeugbeleihungswert darf einen auf transparente Weise und nach einem anerkannten Bewertungsverfahren ermittelten Marktwert nicht übersteigen. [4] § 16 Abs. 2 Satz 4 gilt entsprechend.

(3) [1] Das Bundesministerium der Finanzen wird ermächtigt, im Einvernehmen mit dem Bundesministerium der Justiz und für Verbraucherschutz durch Rechtsverordnung, die nicht der Zustimmung des Bundesrates bedarf, Einzelheiten der Methodik und Form der Flugzeugbeleihungswertermittlung sowie die Mindestanforderungen an die Qualifikation des Gutachters zu bestimmen. [2] Vor Erlass der Rechtsverordnung sind die Spitzenverbände der Kreditwirtschaft anzuhören. [3] Das Bundesministerium der Finanzen kann diese Ermächtigung durch Rechtsverordnung auf die Bundesanstalt für Finanzdienstleistungsaufsicht übertragen.

§ 26e Abzahlungsbeginn. Der Beginn der Abzahlung darf für einen Zeitraum, der die Dauer von zwei Jahren nicht übersteigt, hinausgeschoben werden; mit Genehmigung der Bundesanstalt kann dieser Zeitraum für einzelne Darlehensforderungen aus besonderen Gründen bis zu fünf Jahren verlängert werden.

§ 26f Weitere Deckungswerte. (1) Die in § 26a Satz 1 vorgeschriebene Deckung kann auch erfolgen

1. durch Schuldversprechen oder Schuldanerkenntnisse im Sinne der §§ 780 und 781 des Bürgerlichen Gesetzbuchs[1)], die durch Registerpfandrechte gesichert sind, sofern ihnen Darlehensforderungen zugrunde liegen, die den in den §§ 26b bis 26d bezeichneten Erfordernissen entsprechen; soweit die Darlehensforderungen den vorgenannten Erfordernissen nur teilweise entsprechen, können sie nur in diesem Umfang zur Deckung verwendet werden; § 21 Satz 2 gilt entsprechend;
2. durch Werte der in § 19 Abs. 1 Nr. 1 bezeichneten Art;

[1)] Auszugsweise abgedruckt unter Nr. **23**.

3. bis zu 10 Prozent des Gesamtbetrages der im Umlauf befindlichen Flugzeugpfandbriefe durch Werte der in § 4 Abs. 1 Satz 2 Nr. 1 und 2 bezeichneten Art, durch Geldforderungen gegen die Europäische Zentralbank, gegen Zentralbanken der Mitgliedstaaten der Europäischen Union oder gegen Kreditinstitute im Sinne des § 4 Abs. 1 Satz 2 Nr. 3, sofern die Höhe der Forderungen der Pfandbriefbank bereits beim Erwerb bekannt ist, sowie durch das jeweilige Guthaben aus einer Kontoverbindung mit den vorgenannten Stellen; der Anteil an Geldforderungen gegen ein und dasselbe Kreditinstitut darf nicht höher als 2 Prozent des Gesamtbetrages der in Halbsatz 1 genannten Flugzeugpfandbriefe sein; § 4 Absatz 1 Satz 4 bis 8 gilt entsprechend;
4. bis zu insgesamt 20 Prozent des Gesamtbetrages der im Umlauf befindlichen Flugzeugpfandbriefe durch Werte der in § 20 Abs. 1 bezeichneten Art, sofern es sich um Schuldverschreibungen handelt; die in Nummer 3 genannten Deckungswerte sind anzurechnen;
5. durch die in § 19 Abs. 1 Nr. 4 genannten Werte unter den dort genannten Voraussetzungen und Begrenzungen mit der Maßgabe, dass an die Stelle des Gesamtbetrages der im Umlauf befindlichen Hypothekenpfandbriefe der Gesamtbetrag der im Umlauf befindlichen Flugzeugpfandbriefe tritt.

(2) Im Falle des § 2 Abs. 3 kann die Bundesanstalt Ausnahmen von den Begrenzungen des Absatzes 1 Nr. 3 und 4 zulassen.

Abschnitt 4. Allgemeine Vorschriften für das Pfandbriefgeschäft

§ 27 Risikomanagement. (1) [1]Die Pfandbriefbank muss für das Pfandbriefgeschäft über ein geeignetes Risikomanagementsystem verfügen. [2]Das System hat die Identifizierung, Beurteilung, Steuerung und Überwachung sämtlicher damit verbundener Risiken, wie insbesondere Adressenausfallrisiken, Zinsänderungs-, Währungs- sowie sonstiger Marktpreisrisiken, operationeller Risiken und Liquiditätsrisiken sicherzustellen. [3]Darüber hinaus muss
1. die Konzentration von Risiken anhand eines Limitsystems begrenzt werden,
2. ein Verfahren vorgehalten werden, das bei starker Erhöhung des Risikos die Risikorückführung sicherstellt; das Verfahren muss die frühzeitige Information der Entscheidungsträger beinhalten,
3. das Risikomanagementsystem kurzfristig an sich ändernde Bedingungen angepasst sowie zumindest jährlich einer Überprüfung unterzogen werden,
4. ein gemäß dieser Vorschrift erstellter Risikoreport dem Vorstand in angemessenen Zeitabständen, mindestens vierteljährlich, vorgelegt werden.

[4]Das Risikomanagementsystem ist ausführlich und nachvollziehbar zu dokumentieren.

(2) [1]Vor Aufnahme von Geschäften in neuen Produkten, Geschäftsarten oder auf neuen Märkten hat die Pfandbriefbank eine umfassende Analyse der damit einhergehenden Risiken und der daraus resultierenden Erfordernisse an das Risikomanagementsystem vorzunehmen und zu dokumentieren. [2]Die Pfandbriefbank darf die Werte erst nach Erwerb eines gefestigten Erfahrungswissens hinsichtlich dieser neuen Geschäfte in Deckung nehmen, bei Geschäften auf neuen Märkten im Bereich des Hypothekarkredites nicht jedoch vor

Ablauf von zwei Jahren nach deren Aufnahme. [3]Das Vorhandensein eines gefestigten Erfahrungswissens ist ausführlich schriftlich darzulegen.

§ 27a Pfandbriefmeldungen; Verordnungsermächtigung. (1) [1]Die Pfandbriefbank hat der Bundesanstalt innerhalb von zwei Wochen nach Quartalsende auf das Quartalsende bezogen zu jeder Gattung im Umlauf befindlicher Pfandbriefe Meldungen zu den Deckungsmassen, insbesondere zu deren Werthaltigkeit, einzureichen. [2]Die Bundesanstalt kann den Berichtszeitraum für einzelne Pfandbriefbanken oder im Wege der Allgemeinverfügung für einzelne Pfandbriefgattungen auf einen Monat verkürzen, sofern dies die Deckungssituation oder die Marktverhältnisse angemessen erscheinen lassen.

(2) [1]Das Bundesministerium der Finanzen kann durch Rechtsverordnung, die nicht der Zustimmung des Bundesrates bedarf, nähere Bestimmungen über Inhalt und Umfang und über die zu verwendenden Datenträger, Übertragungswege und Datenformate der Pfandbriefmeldungen erlassen. [2]Vor Erlass der Rechtsverordnung sind die Spitzenverbände der Kreditwirtschaft anzuhören. [3]Das Bundesministerium der Finanzen kann diese Ermächtigung durch Rechtsverordnung auf die Bundesanstalt übertragen.

§ 28 Transparenzvorschriften. (1) [1]Die Pfandbriefbank hat quartalsweise folgende, jeweils auf das Quartalsende bezogene Angaben zu veröffentlichen:

1. den jeweiligen Gesamtbetrag der im Umlauf befindlichen Hypothekenpfandbriefe, Öffentlichen Pfandbriefe, Schiffspfandbriefe und Flugzeugpfandbriefe sowie der entsprechenden Deckungsmassen in Höhe des Nennwertes, des Barwertes sowie des in der Rechtsverordnung nach § 4 Abs. 6 festgelegten Risikobarwertes,
2. die Laufzeitenstruktur der im Umlauf befindlichen Hypothekenpfandbriefe, Öffentlichen Pfandbriefe, Schiffspfandbriefe und Flugzeugpfandbriefe sowie die Zinsbindungsfristen der entsprechenden Deckungsmassen, jeweils in Stufen von bis zu sechs Monaten, von mehr als sechs Monaten bis zu zwölf Monaten, von mehr als zwölf Monaten bis zu 18 Monaten, von mehr als 18 Monaten bis zu zwei Jahren, von mehr als zwei Jahren bis zu drei Jahren, von mehr als drei Jahren bis zu vier Jahren, von mehr als vier Jahren bis zu fünf Jahren, von mehr als fünf Jahren bis zu zehn Jahren und über zehn Jahren,
3. den Anteil der Derivategeschäfte an den Deckungsmassen gemäß § 19 Abs. 1 Nr. 4 Satz 3, auch in Verbindung mit § 20 Abs. 2 Nr. 3 und § 26 Abs. 1 Nr. 5 sowie § 26f Abs. 1 Nr. 5, bei einem negativen Gesamtwert der Derivategeschäfte an Stelle des Anteils an den Deckungsmassen den Anteil an den zu deckenden Verbindlichkeiten,
4. jeweils den Gesamtbetrag der in das Deckungsregister eingetragenen Forderungen im Sinne des § 19 Absatz 1 Nummer 1, § 20 Absatz 2 Nummer 1, § 26 Absatz 1 Nummer 2 und § 26f Absatz 1 Nummer 2,
5. jeweils den Gesamtbetrag der in das Deckungsregister eingetragenen Forderungen im Sinne des § 19 Absatz 1 Nummer 2, § 20 Absatz 2 Nummer 2, § 26 Absatz 1 Nummer 3 und § 26f Absatz 1 Nummer 3 jeweils mit Ausnahme der Werte im Sinne des § 4 Absatz 1 Satz 2 Nummer 1 und 2 getrennt nach den Staaten, in denen die Schuldner ihren Sitz haben, und

hierzu jeweils zusätzlich den Gesamtbetrag der Forderungen im Sinne des Artikels 129 der Verordnung (EU) Nr. 575/2013[1)],

6. jeweils den Gesamtbetrag der in das Deckungsregister eingetragenen Forderungen im Sinne des § 19 Absatz 1 Nummer 3 zuzüglich der Werte nach § 19 Absatz 1 Nummer 2 in Verbindung mit § 4 Absatz 1 Satz 2 Nummer 1 und 2, § 26 Absatz 1 Nummer 4 zuzüglich der Werte nach § 26 Absatz 1 Nummer 3 in Verbindung mit § 4 Absatz 1 Satz 2 Nummer 1 und 2 sowie § 26f Absatz 1 Nummer 4 zuzüglich der Werte nach § 26f Absatz 1 Nummer 3 in Verbindung mit § 4 Absatz 1 Satz 2 Nummer 1 und 2 getrennt nach den Staaten, in denen die Schuldner oder im Fall einer vollen Gewährleistung die gewährleistenden Stellen ihren Sitz haben,
7. für die in das Deckungsregister eingetragenen Hypotheken nach § 12 Absatz 1 auch den Gesamtbetrag der Forderungen, die die Grenzen des § 13 Absatz 1 überschreiten,
8. für die Nummern 5 und 6 jeweils auch den Gesamtbetrag der Forderungen, die die Begrenzungen des § 19 Absatz 1, des § 20 Absatz 2, des § 26 Absatz 1 und des § 26f Absatz 1 überschreiten,
9. den prozentualen Anteil der festverzinslichen Deckungswerte an der entsprechenden Deckungsmasse sowie den prozentualen Anteil der festverzinslichen Pfandbriefe an den zu deckenden Verbindlichkeiten,
10. je Fremdwährung den Nettobarwert nach § 6 der Pfandbrief-Barwertverordnung und
11. für die zur Deckung nach § 12 Absatz 1 verwendeten Forderungen auch den volumengewichteten Durchschnitt der seit der Kreditvergabe verstrichenen Laufzeit.

[2] Die Angaben sind in den Anhang des Jahresabschlusses aufzunehmen und für die Dauer von zwei Jahren auf der Internetseite der Pfandbriefbank zu veröffentlichen. [3] Die Veröffentlichung der Angaben auf der Internetseite hat für die ersten drei Quartale eines Geschäftsjahres jeweils innerhalb eines Monats nach Quartalsende zu erfolgen; für das vierte Quartal eines Geschäftsjahres hat die Veröffentlichung der Angaben innerhalb von zwei Monaten nach Quartalsende zu erfolgen.

(2) [1] Für den Gesamtbetrag der zur Deckung von Hypothekenpfandbriefen verwendeten Forderungen nach § 12 Absatz 1 sind zusätzlich anzugeben:

1. die Verteilung mit den nennwertig als Deckung in Ansatz gebrachten Beträgen
   a) nach ihrer Höhe in Stufen bis zu 300 000 Euro, von mehr als 300 000 Euro bis zu 1 Million Euro, von mehr als 1 Million Euro bis zu 10 Millionen Euro und von mehr als 10 Millionen Euro,
   b) nach den Staaten, in denen die Grundstückssicherheiten liegen, dabei jeweils
   c) nach gewerblich und wohnwirtschaftlich genutzten Grundstücken, sowie nach Eigentumswohnungen, Ein- und Zweifamilienhäusern, Mehrfamilienhäusern, Bürogebäuden, Handelsgebäuden, Industriegebäuden, sons-

[1)] Nr. 6.

tigen gewerblich genutzten Gebäuden, unfertigen und noch nicht ertragsfähigen Neubauten sowie Bauplätzen,

2. der Gesamtbetrag der mindestens 90 Tage rückständigen Leistungen auf diese Forderungen sowie der Gesamtbetrag dieser Forderungen, soweit der jeweilige Rückstand mindestens 5 Prozent der Forderung beträgt, und deren Verteilung nach Staaten entsprechend Nummer 1 Buchstabe b,
3. der durchschnittliche, anhand des Betrags der zur Deckung verwendeten Forderungen gewichtete Beleihungsauslauf; werden mehrere auf einem Grundstück lastende Hypotheken zur Deckung genutzt, so ist hiervon nur diejenige mit dem höchsten Beleihungsauslauf zugrunde zu legen; Beleihungsauslauf im Sinne dieses Gesetzes ist das prozentuale Verhältnis der nach § 14 zur Deckung genutzten Hypothek zuzüglich der ihr vorrangigen und gleichrangigen Belastungen zum Beleihungswert, sowie
4. ausschließlich im Anhang des Jahresabschlusses
   a) die Zahl der Zwangsversteigerungs- und Zwangsverwaltungsverfahren, die am Abschlussstichtag anhängig waren, sowie die Zahl der im Geschäftsjahr durchgeführten Zwangsversteigerungen,
   b) die Zahl der Fälle, in denen die Pfandbriefbank während des Geschäftsjahres Grundstücke zur Verhütung von Verlusten an Hypotheken hat übernehmen müssen,
   c) der Gesamtbetrag der Rückstände auf die von Hypothekenschuldnern zu entrichtenden Zinsen, soweit diese nicht bereits in den vorhergehenden Jahren abgeschrieben worden sind.

[2] Die in Satz 1 Nummer 4 Buchstabe a bis c bezeichneten Angaben sind getrennt nach gewerblich genutzten und Wohnzwecken dienenden Grundstücken aufzuführen.

(3) Für den Gesamtbetrag der zur Deckung von Öffentlichen Pfandbriefen verwendeten Forderungen nach § 20 Absatz 1 sind zusätzlich anzugeben:

1. die Verteilung mit den nennwertig als Deckung in Ansatz gebrachten Beträgen nach ihrer Höhe in Stufen bis zu 10 Millionen Euro, von mehr als 10 Millionen Euro bis zu 100 Millionen Euro und von mehr als 100 Millionen Euro, jeweils bezogen auf einen Schuldner oder eine gewährleistende Stelle;
2. verteilt auf die einzelnen Staaten, in denen die Schuldner und im Falle einer Gewährleistung die gewährleistenden Stellen ihren Sitz haben, die nennwertig als Deckung in Ansatz gebrachten Beträge, der Art nach zusätzlich danach aufgeschlüsselt, ob sich die Forderung gegen den Staat, regionale Gebietskörperschaften, örtliche Gebietskörperschaften oder sonstige Schuldner richtet oder von diesen jeweils gewährleistet ist sowie danach, ob eine Gewährleistung aus Gründen der Exportförderung gewährt wurde;
3. der Gesamtbetrag der mindestens 90 Tage rückständigen Leistungen auf diese Forderungen sowie der Gesamtbetrag dieser Forderungen, soweit der jeweilige Rückstand mindestens 5 Prozent der Forderung beträgt, und deren regionale Verteilung gemäß Nummer 1.

(4) [1] Für den Gesamtbetrag der zur Deckung von Schiffspfandbriefen und Flugzeugpfandbriefen verwendeten Forderungen nach § 21 Satz 1 und § 26a Satz 1 sind zusätzlich anzugeben:

1. die Verteilung mit den nennwertig als Deckung in Ansatz gebrachten Beträgen
   a) nach ihrer Höhe in Stufen bis zu 500 000 Euro, von mehr als 500 000 Euro bis zu 5 Millionen Euro und von mehr als 5 Millionen Euro,
   b) nach den Staaten, in denen die beliehenen Schiffe und Schiffsbauwerke registriert sind, jeweils getrennt nach Seeschiffen und Binnenschiffen, und
   c) nach den Staaten, in denen die beliehenen Flugzeuge registriert sind,
2. der Gesamtbetrag der mindestens 90 Tage rückständigen Leistungen auf diese Forderungen sowie der Gesamtbetrag dieser Forderungen, soweit der jeweilige Rückstand mindestens 5 Prozent der Forderung beträgt, sowie
3. ausschließlich im Anhang des Jahresabschlusses
   a) die Zahl der Verfahren zur Zwangsversteigerung von Schiffen, Schiffsbauwerken und Flugzeugen, die am Abschlussstichtag anhängig waren, sowie die Zahl der im Geschäftsjahr durchgeführten Zwangsversteigerungen,
   b) die Zahl der Fälle, in denen die Bank während des Geschäftsjahres Schiffe, Schiffsbauwerke oder Flugzeuge zur Verhütung von Verlusten an Schiffshypotheken, Registerpfandrechten oder ausländischen Flugzeughypotheken hat übernehmen müssen,
   c) der Gesamtbetrag der Rückstände auf die von Darlehensschuldnern zu entrichtenden Zinsen, soweit diese nicht bereits in den vorhergehenden Jahren abgeschrieben worden sind.

[2] Die in Satz 1 Nummer 3 Buchstabe a bis c bezeichneten Angaben sind getrennt nach Seeschiffen und Binnenschiffen vorzunehmen.

(5) Für sämtliche Angaben nach den Absätzen 1 bis 4 ist jeweils auch der entsprechende Wert des Vorjahres anzugeben.

Abschnitt 5. Schutz vor Zwangsvollstreckung; Trennungsprinzip bei Insolvenz der Pfandbriefbank

§ 29 Schutz vor Zwangsvollstreckung, Arresten und Aufrechnung. [1] Arreste und Zwangsvollstreckungen in alle in ein Deckungsregister eingetragenen Werte einschließlich der Werte im Sinne des § 30 Abs. 3 finden nur wegen der Ansprüche aus den jeweiligen Pfandbriefen und der Ansprüche aus den in das entsprechende Deckungsregister eingetragenen Derivategeschäften statt. [2] § 394 des Bürgerlichen Gesetzbuchs[1)] ist entsprechend anzuwenden.

§ 30 Trennungsprinzip bei Insolvenz der Pfandbriefbank; Sachwalterernennung. (1) [1] Die in die Deckungsregister eingetragenen Werte einschließlich der Werte im Sinne des Absatzes 3 sowie die bei der Deutschen Bundesbank unterhaltene Mindestreserve, soweit sie auf Pfandbriefe entfällt, bilden vom allgemeinen Vermögen der Pfandbriefbank getrennte Vermögensmassen, die nicht in die Insolvenzmasse fallen, wenn über das Vermögen der Pfandbriefbank das Insolvenzverfahren eröffnet wird (insolvenzfreie Vermögen). [2] Die Forderungen der Pfandbriefgläubiger werden von der Eröffnung des Insolvenzverfahrens über das Vermögen der Pfandbriefbank nicht berührt; das Recht der

1) Auszugsweise abgedruckt unter Nr. **23**.

Pfandbriefgläubiger nach Absatz 6 Satz 4 bleibt gewahrt. [3]Diese in den Sätzen 1 und 2 genannten Teile der Pfandbriefbank bestehen außerhalb des Insolvenzverfahrens für jede Pfandbriefgattung als Pfandbriefbank mit beschränkter Geschäftstätigkeit fort. [4]Zweck der jeweiligen Pfandbriefbank mit beschränkter Geschäftstätigkeit ist die vollständige vertragsgemäße Erfüllung der Pfandbriefverbindlichkeiten und die hierzu notwendige ordnungsgemäße Verwaltung des insolvenzfreien Vermögens. [5]Die Geschäftsführung der jeweiligen Pfandbriefbank mit beschränkter Geschäftstätigkeit steht dem nach § 31 Absatz 1 und 2 ernannten Sachwalter zu. [6]Die jeweilige Pfandbriefbank mit beschränkter Geschäftstätigkeit haftet für die Pfandbriefverbindlichkeiten sowie für die Ansprüche nach Absatz 3 Satz 3 und 4 und den Absätzen 4 und 7 sowie für die aus Geschäften des Sachwalters entstehenden Verbindlichkeiten mit dem zugehörigen insolvenzfreien Vermögen.

(2) [1]Im Fall des Absatzes 1 ist ein Sachwalter zu ernennen; für das Verfahren gilt § 31 Absatz 1 und 2. [2]Mit der Ernennung geht das Recht, alle eingetragenen Werte einschließlich der Werte im Sinne des Absatzes 3 zu verwalten und über sie zu verfügen, auf den Sachwalter über. [3]Hat die Pfandbriefbank nach der Ernennung des Sachwalters über einen im Deckungsregister eingetragenen Wert verfügt, so ist diese Verfügung unwirksam; die §§ 892 und 893 des Bürgerlichen Gesetzbuchs[1)] und die §§ 16 und 17 des Gesetzes über Rechte an eingetragenen Schiffen und Schiffsbauwerken sowie die §§ 16 und 17 des Gesetzes über Rechte an Luftfahrzeugen bleiben unberührt. [4]Hat die Pfandbriefbank am Tag der Ernennung des Sachwalters verfügt, so wird vermutet, dass sie nach der Bestellung verfügt hat. [5]Der Sachwalter darf mit Wirkung für die jeweilige Pfandbriefbank mit beschränkter Geschäftstätigkeit nach Absatz 1 Rechtsgeschäfte tätigen, soweit dies für die ordnungsgemäße Verwaltung der Deckungsmassen im Interesse der vollständigen vertragsgemäßen Erfüllung der Pfandbriefverbindlichkeiten erforderlich ist; insbesondere kann er liquide Mittel zur zeitgerechten Bedienung ausstehender Pfandbriefe beschaffen. [6]Für diesen Geschäftskreis vertritt er die Pfandbriefbank gerichtlich und außergerichtlich. [7]Der Sachwalter ist unter den in Satz 5 genannten Voraussetzungen auch berechtigt, sonstige Handlungen im Hinblick auf die Verwaltung der Deckungsmassen vorzunehmen, insbesondere ein neues Refinanzierungsregister im Sinne der §§ 22a bis 22o des Kreditwesengesetzes[2)] einzurichten und ein bestehendes Refinanzierungsregister der Pfandbriefbank zu nutzen. [8]Die Begrenzungen des § 19 Absatz 1 Nummer 2 bis 4, des § 20 Abs. 2 Nr. 2 und 3 und des § 26 Absatz 1 Nummer 3 bis 5 sowie des § 26f Absatz 1 Nummer 3 bis 5 gelten nicht.

(3) [1]Die im Deckungsregister eingetragenen Werte unterliegen auch insoweit der Verwaltungs- und Verfügungsbefugnis des Sachwalters, als sie nach § 5 Abs. 1a nicht zur Deckung der Pfandbriefe der Pfandbriefbank bestimmt sind. [2]Der Sachwalter hat insbesondere Forderungen entsprechend ihrer Fälligkeit einzuziehen und Hypotheken bei Verwertungsreife zu verwerten. [3]Nach Abzug angemessener Verwaltungskosten führt er an die Gläubiger treuhänderisch gehaltener Werte im Sinne des § 5 Abs. 1a Satz 4 und 5 und im Übrigen an die Insolvenzmasse den Anteil ab, der bei getrennten Forderungen oder Einzelhypotheken auf die Anteile unter Berücksichtigung ihres Ranges entfallen

[1)] Auszugsweise abgedruckt unter Nr. **23**.
[2)] Nr. **8**.

würde. [4] Die in Satz 3 genannten Gläubiger und der Insolvenzverwalter können jeweils rangwahrende Teilung von Forderungen oder Hypotheken verlangen; die Kosten tragen die Gläubiger oder, soweit der Insolvenzverwalter Teilung verlangt, die Insolvenzmasse.

(4) [1] Der Insolvenzverwalter kann jederzeit verlangen, dass eingetragene Werte, die nicht treuhänderischer Verwaltung unterliegen und zur Deckung der jeweiligen Pfandbriefgattung einschließlich der sichernden Überdeckung offensichtlich nicht notwendig sein werden, vom Sachwalter der Insolvenzmasse zugeführt werden. [2] Nach Befriedigung der Pfandbriefgläubiger und Deckung der Verwaltungskosten verbleibende Werte sind an die Insolvenzmasse herauszugeben. [3] Eine Anfechtung der Handlungen des Sachwalters durch den Insolvenzverwalter der Pfandbriefbank ist ausgeschlossen.

(5) [1] Das nach § 31 Absatz 11 zuständige Gericht kann auf Antrag der Bundesanstalt schon vor der Eröffnung eines Insolvenzverfahrens über das Vermögen der Pfandbriefbank bei Vorliegen der Voraussetzungen des § 46 Absatz 1 des Kreditwesengesetzes einen Sachwalter ernennen. [2] Für die Rechtsstellung dieses Sachwalters gelten die Vorschriften über den nach Absatz 2 Satz 1 ernannten Sachwalter entsprechend.

(6) [1] Die Bundesanstalt kann entsprechend § 46 des Kreditwesengesetzes eigene Maßnahmen in Bezug auf einzelne Deckungsmassen treffen. [2] Im Falle der Zahlungsunfähigkeit oder Überschuldung einer Deckungsmasse findet über das Vermögen der Pfandbriefbank mit beschränkter Geschäftstätigkeit ein gesondertes Insolvenzverfahren statt; der Antrag auf Eröffnung des Insolvenzverfahrens kann nur von der Bundesanstalt gestellt werden. [3] Absatz 4 ist entsprechend anzuwenden. [4] Im Insolvenzverfahren über das übrige Vermögen der Pfandbriefbank können die Pfandbriefgläubiger ihre Forderungen nur in Höhe des Ausfalls geltend machen; im Übrigen gelten die Vorschriften für absonderungsberechtigte Gläubiger, insbesondere § 52 Satz 1, § 190 Abs. 1 und 2 sowie § 192 der Insolvenzordnung entsprechend. [5] Werte im Sinne des Absatzes 3, die zur Insolvenzmasse der Pfandbriefbank gehören, berechtigen im Insolvenzverfahren über das Vermögen der Pfandbriefbank mit beschränkter Geschäftstätigkeit zur Aussonderung nach § 47 der Insolvenzordnung. [6] Sowohl der Sachwalter als auch der Insolvenzverwalter in dem Insolvenzverfahren über das Vermögen der Pfandbriefbank mit beschränkter Geschäftstätigkeit sind berechtigt, die in Satz 4 genannten Forderungen der Pfandbriefgläubiger in dem Insolvenzverfahren über das Vermögen der Pfandbriefbank anzumelden. [7] Das Recht der Pfandbriefgläubiger, die Anmeldung abzulehnen oder zurückzunehmen, bleibt unberührt.

(6a) [1] Im Insolvenzverfahren über das Vermögen der Pfandbriefbank mit beschränkter Geschäftstätigkeit soll das Insolvenzgericht auf Antrag der Bundesanstalt die Eigenverwaltung durch den Sachwalter anordnen, es sei denn, es ist nach den Umständen zu erwarten, dass die Anordnung zu Nachteilen für die Gläubiger führen wird. [2] Falls eine solche von der Bundesanstalt beantragte Anordnung dem einstimmigen Beschluss eines vorläufigen Gläubigerausschusses, sofern ein solcher vorhanden ist, widerspricht, entscheidet das Gericht nach pflichtgemäßem Ermessen auf der Grundlage der von der Bundesanstalt, dem Sachwalter und dem vorläufigen Gläubigerausschuss mitgeteilten Tatsachen. [3] Im Verfahren der Eigenverwaltung bleibt der Sachwalter im Sinne des Absatzes 2 (Eigenverwalter) für die schuldnerische Pfandbriefbank mit beschränkter Geschäftstätigkeit geschäftsführungs- und vertretungsbefugt, soweit die Vorschriften der Insolvenzordnung diese Befugnisse nicht beschränken. [4]Die Stellung des Beirats nach § 31 Absatz 6a bleibt unberührt. [5]Vor der Bestellung des Sachwalters im Sinne des § 270c der Insolvenzordnung und des vorläufigen Sachwalters im Sinne des § 270a Absatz 1 Satz 2 der Insolvenzordnung ist die Bundesanstalt zu hören. [6]Neben den gemäß § 272 Absatz 1 der Insolvenzordnung Antragsberechtigten ist auch die Bundesanstalt berechtigt, die Aufhebung der Anordnung der Eigenverwaltung zu beantragen. [7]§ 270 Absatz 2, § 270a Absatz 2 und die §§ 270b, 276a, 278 Absatz 1 der Insolvenzordnung gelten nicht.

(7) Gläubiger von Ansprüchen aus Derivategeschäften nach § 4 Abs. 3 stehen Pfandbriefgläubigern gleich.

§ 31 Ernennung des Sachwalters; Rechte und Pflichten. (1) [1]Zuständig für die Ernennung des Sachwalters ist das gemäß Absatz 11 zuständige Gericht. [2]Die Bundesanstalt schlägt dem Gericht mindestens eine geeignete natürliche Person zur Ernennung vor. [3]Das Gericht darf die Ernennung einer vorgeschlagenen Person nur versagen, wenn die Person zur Übernahme des Amtes nicht geeignet ist; vor einer Versagung ist die Bundesanstalt anzuhören. [4]Vor einer vom Vorschlag der Bundesanstalt abweichenden Ernennung ist die Bundesanstalt ebenfalls zu hören.

(2) [1]Das zuständige Gericht kann auf Vorschlag der Bundesanstalt bis zu drei Sachwalter ernennen. [2]Der Vorschlag der Bundesanstalt muss bei Benennung mehrerer Sachwalter eine Regelung der Geschäftsführungs- und Vertretungsbefugnisse enthalten; Absatz 1 Satz 4 gilt entsprechend. [3]Ein Sachwalter kann gleichzeitig für mehrere Pfandbriefbanken mit beschränkter Geschäftstätigkeit ernannt werden. [4]Die Vorschriften dieses Gesetzes über den Sachwalter gelten für mehrere Sachwalter entsprechend.

(2a) [1]Der Sachwalter steht unter der Aufsicht des für die Ernennung zuständigen Gerichts. [2]Das Gericht kann insbesondere jederzeit einzelne Auskünfte oder einen Bericht über den Sachstand und die Geschäftsführung von ihm verlangen. [3]Es kann den Sachwalter auf Antrag der Bundesanstalt abberufen, wenn ein wichtiger Grund vorliegt. [4]Der Sachwalter tritt gegenüber der Bundesanstalt in die Pflichten ein, die von der Pfandbriefbank nach diesem Gesetz und dem Kreditwesengesetz[1)] im Zusammenhang mit der Verwaltung der Deckungswerte zu erfüllen sind.

(2b) [1]Der Sachwalter erhält eine Urkunde über seine Ernennung, die er bei Beendigung seines Amtes dem Gericht zurückzugeben hat. [2]Das Gericht hat die Ernennung und Abberufung des Sachwalters dem zuständigen Registergericht mitzuteilen und unverzüglich im Bundesanzeiger bekannt zu machen. [3]Die Ernennung und Abberufung des Sachwalters ist von Amts wegen in das Handelsregister oder im Falle des § 33 Abs. 5 in das Genossenschaftsregister einzutragen. [4]Die Eintragungen werden nicht bekannt gemacht. [5]Die Vorschriften des § 15 des Handelsgesetzbuchs sind nicht anzuwenden.

(3) [1]Die Ernennung des Sachwalters ist bei den im Register eingetragenen Hypotheken in das Grundbuch einzutragen, wenn nach Art des Rechts und nach den Umständen zu befürchten ist, dass ohne die Eintragung die Pfandbriefgläubiger benachteiligt würden. [2]Die Eintragung ist vom Sachwalter beim

---

[1)] Nr. **8**.

Grundbuchamt zu beantragen. [3]Werden Hypotheken, bei denen die Ernennung des Sachwalters eingetragen worden ist, im Register gelöscht, so hat der Sachwalter beim Grundbuchamt die Löschung der Eintragung der Sachwalterernennung zu beantragen. [4]Bei im Register eingetragenen Rechten an Schiffen tritt an die Stelle des Grundbuches das Schiffsregister, bei im Register eingetragenen Rechten an Schiffsbauwerken das Schiffsbauregister, an die Stelle des Grundbuchamtes tritt das Registergericht.

(4) *(aufgehoben)*

(5) [1]Der Sachwalter hat die Werthaltigkeit der einzelnen Deckungsmassen regelmäßig zu überwachen; § 4 Absatz 4 ist entsprechend anzuwenden. [2]Die Bundesanstalt kann Sonderprüfungen anordnen. [3]Die der Bundesanstalt dadurch entstehenden Kosten sind anteilig aus den in den Registern eingetragenen Werten zu tragen; maßgeblich ist das Verhältnis des Nennwertes der einzelnen Deckungsmasse zum Nennwert aller Deckungsmassen der Pfandbriefbank.

(6) [1]Der Sachwalter hat bei seiner Geschäftsführung die Sorgfalt eines ordentlichen und gewissenhaften Geschäftsführers anzuwenden. [2]Bei einer Pflichtverletzung ist er der Pfandbriefbank mit beschränkter Geschäftstätigkeit zum Schadensersatz verpflichtet. [3]Eine Pflichtverletzung liegt nicht vor, wenn der Sachwalter bei einer unternehmerischen Entscheidung vernünftigerweise annehmen durfte, auf der Grundlage angemessener Information zum Wohle der Pfandbriefgläubiger zu handeln.

(6a) [1]Der Sachwalter kann einen Beirat mit bis zu fünf sachverständigen Mitgliedern berufen. [2]Der Beirat berät den Sachwalter. [3]Er gibt sich eine Geschäftsordnung. [4]Der Sachwalter kann die Mitglieder abberufen und neue Mitglieder berufen. [5]Für die Vergütung und den Ersatz von Auslagen gilt § 31a Absatz 1 und 2 entsprechend. [6]Das Bundesministerium der Finanzen wird ermächtigt, die Vergütung und die Erstattung der Auslagen der Beiratsmitglieder sowie das hierfür maßgebliche Verfahren durch Rechtsverordnung zu regeln, die nicht der Zustimmung des Bundesrates bedarf.

(7) Sachwalter und Insolvenzverwalter haben einander alle Informationen mitzuteilen, die für das Insolvenzverfahren der Pfandbriefbank oder die Verwaltung der Deckungswerte von Bedeutung sein können.

(8) [1]Der Sachwalter ist berechtigt, zur Erfüllung seiner Aufgaben auf die personellen und sachlichen Mittel der Pfandbriefbank zurückzugreifen. [2]Die dabei tatsächlich anfallenden Kosten hat er der Insolvenzmasse zu erstatten.

(9) [1]Der Sachwalter darf personenbezogene Daten verarbeiten, soweit dies zur Erfüllung seiner Aufgaben erforderlich ist. [2]§ 203 des Strafgesetzbuchs steht einer Übertragung von Informationen, die zur Erfüllung seiner Aufgaben erforderlich ist, nicht entgegen.

(10) [1]Die Bundesanstalt kann einen Sonderbeauftragten gemäß § 45c Absatz 1 Satz 1 des Kreditwesengesetzes bestellen mit der ausschließlichen Aufgabe, die Verwaltung der Deckungsmasse als Sachwalter vorzubereiten. [2]Der Sonderbeauftragte darf keine geschäftsführenden oder beratenden Aufgaben wahrnehmen. [3]Im Übrigen gilt § 45c Absatz 1 Satz 3 bis 5, Absatz 6 und 7 des Kreditwesengesetzes entsprechend. [4]Die Bestellung zum Sonderbeauftragten ist kein Grund zur Ablehnung der späteren Ernennung zum Sachwalter durch das zuständige Gericht, es sei denn, der Sonderbeauftragte hat entgegen den Sätzen 1 und 2 geschäftsführende oder beratende Aufgaben wahrgenommen.

(11) [1]Für alle die Ernennung und Stellung des Sachwalters betreffenden gerichtlichen Entscheidungen richtet sich die Zuständigkeit nach den §§ 2 und 3 der Insolvenzordnung. [2]Die Entscheidungen ergehen durch Beschluss. [3]Für das Verfahren gelten die §§ 4, 5 Absatz 1 und 3 und § 6 Absatz 1 Satz 2 und Absatz 2 und 3 der Insolvenzordnung entsprechend. [4]Gegen Entscheidungen des Gerichts steht der Bundesanstalt, dem Sachwalter sowie der Pfandbriefbank die sofortige Beschwerde zu; Halbsatz 1 gilt nicht in den Fällen des § 30 Absatz 6a.

§ 31a Vergütung des Sachwalters; Verordnungsermächtigung.

(1) [1]Der Sachwalter hat Anspruch auf Vergütung seiner Tätigkeit und Ersatz angemessener Auslagen. [2]Der Regelsatz der Vergütung wird nach dem Wert der Deckungsmasse berechnet, soweit sich die Verwaltung durch den Sachwalter darauf erstreckt. [3]Die Kosten der Verwaltung durch den Sachwalter einschließlich seiner Vergütung und der Erstattung seiner Auslagen sind aus dem Vermögen der Pfandbriefbank mit beschränkter Geschäftstätigkeit zu tragen.

(2) [1]Das für die Ernennung zuständige Gericht setzt die Vergütung und die Auslagen auf Antrag des Sachwalters fest. [2]Aus der rechtskräftigen Entscheidung findet die Zwangsvollstreckung nach der Zivilprozessordnung statt.

(3) Das Bundesministerium der Finanzen wird ermächtigt, die Vergütung und die Erstattung der Auslagen des Sachwalters sowie das hierfür maßgebliche Verfahren durch Rechtsverordnung zu regeln, die nicht der Zustimmung des Bundesrates bedarf.

§ 32 Übertragung der Deckungsmassen und -verbindlichkeiten.

(1) Der Sachwalter kann mit schriftlicher Zustimmung der Bundesanstalt alle oder einen Teil der im Deckungsregister eingetragenen Werte einschließlich der Werte im Sinne des § 30 Abs. 3 und der Verbindlichkeiten aus Pfandbriefen als Gesamtheit nach den folgenden Vorschriften auf eine andere Pfandbriefbank übertragen.

(2) Der Übertragungsvertrag muss mindestens folgende Angaben enthalten:
1. die Firma und den Sitz der übertragenden und der übernehmenden Pfandbriefbank,
2. die Vereinbarung über die Übertragung der im Deckungsregister eingetragenen Werte und der Verbindlichkeiten aus Pfandbriefen als Gesamtheit und gegebenenfalls über eine Gegenleistung,
3. die genaue Bezeichnung der zu übertragenden Werte und Verbindlichkeiten aus Pfandbriefen.

(3) [1]Soweit für die Übertragung von Gegenständen im Falle der Einzelrechtsnachfolge in den allgemeinen Vorschriften eine besondere Art der Bezeichnung bestimmt ist, sind diese Regelungen für die Bezeichnung der zu übertragenden Werte und Verbindlichkeiten aus Pfandbriefen nach Absatz 2 Nr. 3 anzuwenden. [2]§ 28 der Grundbuchordnung sowie § 36 der Schiffsregisterordnung und § 87 des Gesetzes über Rechte an Luftfahrzeugen sind zu beachten. [3]Im Übrigen kann auf Urkunden Bezug genommen werden, deren Inhalt eine Zuweisung des einzelnen Gegenstands ermöglicht; die Urkunden sind dem Übertragungsvertrag als Anlagen beizufügen.

(4) Der Übertragungsvertrag muss notariell beurkundet werden.

§ 33 Handelsregistereintragung. (1) [1]Der Sachwalter und das Vertretungsorgan der übernehmenden Pfandbriefbank haben die Übertragung zur Eintragung in das Handelsregister des Sitzes der jeweiligen Pfandbriefbank anzumelden. [2]Der Anmeldung sind der Übertragungsvertrag in Ausfertigung oder öffentlich beglaubigter Abschrift und die Zustimmungsurkunde der Bundesanstalt beizufügen.

(2) [1]Die Übertragung darf in das Handelsregister des Sitzes der übertragenden Pfandbriefbank erst eingetragen werden, nachdem sie im Handelsregister des Sitzes der übernehmenden Pfandbriefbank eingetragen worden ist. [2]Die Eintragung im Handelsregister des Sitzes der übernehmenden Pfandbriefbank ist mit dem Vermerk zu versehen, dass die Übertragung erst mit der Eintragung im Handelsregister des Sitzes der übertragenden Pfandbriefbank wirksam wird.

(3) [1]Das Gericht des Sitzes der übertragenden Pfandbriefbank hat von Amts wegen dem Gericht des Sitzes der übernehmenden Pfandbriefbank den Tag der Eintragung der Übertragung mitzuteilen und einen Auszug aus dem Handelsregister zu übersenden. [2]Nach Eingang der Mitteilung hat das Gericht des Sitzes der übernehmenden Pfandbriefbank von Amts wegen den Tag der Eintragung der Übertragung im Handelsregister zu vermerken.

(4) Das Gericht des Sitzes jeder der an der Übertragung beteiligten Pfandbriefbanken hat jeweils die von ihr vorgenommene Eintragung der Übertragung von Amts wegen im Bundesanzeiger ihrem ganzen Inhalt nach bekannt zu machen.

(5) Sofern die Pfandbriefbank eine eingetragene Genossenschaft im Sinne des § 1 Abs. 1 des Genossenschaftsgesetzes ist, tritt bei Anwendung der Absätze 1 bis 4 an die Stelle des Handelsregisters das Genossenschaftsregister.

§ 34 Übergang von Deckungswerten und -verbindlichkeiten. (1) [1]Bei Eintragung der Übertragung in das Handelsregister des Sitzes der übertragenden Pfandbriefbank gehen die im Übertragungsvertrag bezeichneten Werte und Pfandbriefverbindlichkeiten als Gesamtheit auf die übernehmende Pfandbriefbank über. [2]Durch die Eintragung wird der Mangel der notariellen Beurkundung des Übertragungsvertrags geheilt. [3]§ 33 Abs. 5 gilt entsprechend. [4]Für die übertragenen Pfandbriefverbindlichkeiten haften die übertragende Pfandbriefbank und die übernehmende Pfandbriefbank als Gesamtschuldner.

(2) [1]Im Falle der Gewährung einer Gegenleistung gilt § 30 Absatz 4 Satz 1 und 2 entsprechend. [2]§ 30 Abs. 3 gilt mit der Maßgabe entsprechend, dass an die Stelle des Sachwalters die übernehmende Pfandbriefbank tritt.

§ 35 Treuhänderische Verwaltung. (1) [1]Mit schriftlicher Zustimmung der Bundesanstalt kann der Sachwalter mit einer anderen Pfandbriefbank vereinbaren, dass die in den Deckungsregistern der insolventen Pfandbriefbank eingetragenen Werte einschließlich der Werte im Sinne des § 30 Abs. 3, ganz oder teilweise treuhänderisch durch den Sachwalter der insolventen Pfandbriefbank für die andere Pfandbriefbank verwaltet werden, soweit die andere Pfandbriefbank die Haftung für die gedeckten Verbindlichkeiten der insolventen Pfandbriefbank übernimmt. [2]Der Vertrag bedarf der Schriftform. [3]Die Werte und Pfandbriefverbindlichkeiten sind darin genau zu bezeichnen.

(2) Die im Sinne des Absatzes 1 treuhänderisch verwalteten Werte gelten im Verhältnis zwischen der anderen Pfandbriefbank und der insolventen Pfandbriefbank oder deren Gläubigern als Werte der anderen Pfandbriefbank, auch wenn sie nicht auf diese übertragen wurden.

(3) [1] Der aus dem Treuhandverhältnis folgende Übertragungsanspruch ist in das entsprechende Register der anderen Pfandbriefbank einzutragen. [2] Die im Vertrag im Sinne des Absatzes 1 bezeichneten und im Deckungsregister der insolventen Pfandbriefbank eingetragenen Werte gelten als im Register der anderen Pfandbriefbank eingetragen. [3] Der Treuhänder der anderen Pfandbriefbank nimmt seine Aufgaben und Befugnisse insoweit gegenüber der insolventen Pfandbriefbank wahr. [4] Die teilweise treuhänderische Verwaltung ist im jeweiligen Deckungsregister der insolventen Pfandbriefbank bei den einzelnen Deckungswerten zu vermerken.

(4) § 30 Abs. 3 gilt entsprechend.

§ 36 Teilweise Übertragung. [1] Im Falle der teilweisen Übertragung der Deckungsmasse nach § 32 Abs. 1 muss der bei der insolventen Pfandbriefbank verbleibende Teil der entsprechenden Deckungsmasse den Vorschriften über die Pfandbriefdeckung genügen. [2] Satz 1 gilt entsprechend für den Fall der teilweisen treuhänderischen Verwaltung der Deckungsmasse nach § 35 Abs. 1.

§ 36a Trennungsprinzip bei Reorganisation oder Restrukturierung der Pfandbriefbank. (1) [1] Maßnahmen nach den Vorschriften des Kreditinstitute-Reorganisationsgesetzes finden keine Anwendung auf die Teile der Pfandbriefbank, die nach § 30 Absatz 1 Satz 3 im Falle einer Insolvenz als Pfandbriefbank mit beschränkter Geschäftstätigkeit fortbestehen würden. [2] Wird ein Reorganisationsverfahren nach § 7 des Kreditinstitute-Reorganisationsgesetzes[1)] angeordnet, gelten für den Bereich des Pfandbriefgeschäfts die §§ 30 bis 36 entsprechend. [3] Der Sachwalter soll die Bestimmungen des Reorganisationsplans bei Erfüllung seiner Pflichten und Ausübung seiner Rechte beachten, es sei denn, es droht entgegen §§ 30 bis 36 eine Benachteiligung der Pfandbriefgläubiger.

(2) [1] Trifft die Abwicklungsbehörde bei einer Übertragung im Sinne des § 107 des Sanierungs- und Abwicklungsgesetzes[2)] Bestimmungen zur teilweisen oder vollständigen Übertragung des Pfandbriefgeschäfts, ist die Übertragung abweichend von § 114 Absatz 2 des Sanierungs- und Abwicklungsgesetzes nach Maßgabe der §§ 30 bis 36 zu vollziehen. [2] Der Sachwalter beachtet bei Erfüllung seiner Pflichten und Ausübung seiner Rechte die Bestimmungen der Anordnung im Sinne des Satzes 1. [3] Die Anordnung im Sinne des Satzes 1 kann abweichend von Satz 1 auch den unmittelbaren Übergang der in den Deckungsregistern eingetragenen Werte einschließlich der Werte im Sinne des § 30 Absatz 3 und der zugehörigen Pfandbriefverbindlichkeiten anordnen. [4] Im Fall des Satzes 3 gilt § 30 Absatz 3 mit der Maßgabe entsprechend, dass an die Stelle des Sachwalters die übernehmende Pfandbriefbank tritt und die Abführungspflicht gegenüber der übertragenden Pfandbriefbank unabhängig von ihrer Insolvenz besteht; ist die Gewährung einer Gegenleistung vorgesehen, gilt

---

1) Nr. 20.
2) Nr. 22.

darüber hinaus § 30 Absatz 4 Satz 1 und 2 entsprechend. [5]Sind im Deckungsregister
1. Forderungen gegen Schuldner eingetragen, die ihren Sitz nicht in einem Mitgliedstaat der Europäischen Union oder einem anderen Vertragsstaat des Abkommens über den Europäischen Wirtschaftsraum haben, oder
2. Sicherheiten an Grundstücken oder grundstücksgleichen Rechten, Schiffen oder Flugzeugen eingetragen, die ihrerseits außerhalb der Mitgliedstaaten der Europäischen Union oder der anderen Vertragsstaaten des Abkommens über den Europäischen Wirtschaftsraum belegen oder registriert sind,

kann die Übertragung nach Satz 3 jedoch nur in der Weise erfolgen, dass die Abwicklungsbehörde die Rechtsfolge des § 35 Absatz 2 anordnet und zeitgleich einen Sachwalter von Amts wegen vorläufig bestellt, der die übertragenen Werte gemäß § 35 treuhänderisch für die übernehmende Pfandbriefbank verwaltet; Absatz 3 Satz 2 gilt entsprechend.

(3) [1]Bei Einleitung des Reorganisationsverfahrens kann die Bundesanstalt oder bei Erlass der Anordnung im Sinne des Absatzes 2 Satz 1 die Abwicklungsbehörde den Sachwalter von Amts wegen vorläufig bestellen, sofern nicht ohnehin nach Absatz 2 Satz 5 eine vorläufige Bestellung erfolgen muss. [2]Die gerichtliche Ernennung ist in allen Fällen unverzüglich nachzuholen; bei einer vorläufigen Bestellung des Sachwalters durch die Abwicklungsbehörde ist § 31 Absatz 1 und 2 entsprechend anzuwenden.

(4) Die Absätze 2 und 3 gelten entsprechend bei Anwendung eines Instrumentes nach den Artikeln 24 bis 26 der Verordnung (EU) Nr. 806/2014 des Europäischen Parlaments und des Rates vom 15. Juli 2014 zur Festlegung einheitlicher Vorschriften und eines einheitlichen Verfahrens für die Abwicklung von Kreditinstituten und bestimmten Wertpapierfirmen im Rahmen eines einheitlichen Abwicklungsmechanismus und eines einheitlichen Abwicklungsfonds sowie zur Änderung der Verordnung (EU) Nr. 1093/2010 (ABl. L 225 vom 30.7.2014, S. 1).

Abschnitt 6. Rechtsbehelfe und Zuwiderhandlungen

§ 37 Sofortige Vollziehbarkeit. Widerspruch und Anfechtungsklage gegen Maßnahmen der Bundesanstalt auf der Grundlage von § 2 Abs. 2 Nr. 1, § 3 Absatz 1 Satz 2 und 3, Absatz 2, § 4 Absatz 3a und 3b, § 7 Abs. 3 Satz 2, § 27a Absatz 1 Satz 2, § 32 Abs. 1, § 35 Abs. 1 Satz 1, § 36a Absatz 3 Satz 1 sowie § 42 Abs. 1 Satz 3 und Abs. 2 haben keine aufschiebende Wirkung.

§ 38 Strafvorschriften. Mit Freiheitsstrafe bis zu einem Jahr oder mit Geldstrafe wird bestraft, wer
1. entgegen § 4 Abs. 7 Satz 1 Pfandbriefe in den Verkehr bringt,
2. wissentlich entgegen § 4 Abs. 7 Satz 2 über einen dort genannten Wert verfügt oder
3. entgegen § 5 Abs. 1 Satz 3 einen Ersatzwert nicht oder nicht rechtzeitig in das Deckungsregister einträgt.

§ 39 Bußgeldvorschriften. (1) Ordnungswidrig handelt, wer vorsätzlich oder fahrlässig entgegen § 4 Abs. 7 Satz 3 Pfandbriefe in den Verkehr bringt.

(2) Die Ordnungswidrigkeit kann mit einer Geldbuße bis zu einhunderttausend Euro geahndet werden.

§ 40 Verwaltungsbehörde. Verwaltungsbehörde im Sinne des § 36 Abs. 1 Nr. 1 des Gesetzes über Ordnungswidrigkeiten ist die Bundesanstalt für Finanzdienstleistungsaufsicht.

Abschnitt 7. Schlussvorschriften

§ 41 Bezeichnungsschutz. Schuldverschreibungen dürfen unter einer der in § 1 Abs. 1 Satz 2 Nr. 1 bis 4 genannten Bezeichnungen oder unter einer anderen Bezeichnung, die das Wort Pfandbrief enthält, nur in Verkehr gebracht werden

1. von Kreditinstituten, denen eine Erlaubnis zum Betreiben des Pfandbriefgeschäfts erteilt worden ist,
2. von Kreditinstituten im Sinne des Artikels 4 Absatz 1 Nummer 1 der Verordnung (EU) Nr. 575/2013[1)] mit Sitz in einem anderen Mitgliedstaat der Europäischen Union oder einem anderen Vertragsstaat des Abkommens über den Europäischen Wirtschaftsraum auch ohne Erlaubnis durch die Bundesanstalt, wenn
   a) die Ausgabe von Schuldverschreibungen unter einer der oben genannten Bezeichnungen auch im Herkunftsstaat zulässigerweise betrieben wird,
   b) es sich um Schuldverschreibungen im Sinne des Artikels 52 Absatz 4 Unterabsatz 1 der Richtlinie 2009/65/EG des Europäischen Parlaments und des Rates vom 13. Juli 2009 zur Koordinierung der Rechts- und Verwaltungsvorschriften betreffend bestimmte Organismen für gemeinsame Anlagen in Wertpapieren (OGAW) (ABl. L 302 vom 17.11.2009, S. 32, L 269 vom 13.10.2010, S. 27) in der jeweils geltenden Fassung handelt und die Schuldverschreibungen in einer gemäß Artikel 52 Absatz 4 Unterabsatz 3 der vorgenannten Richtlinie vom Herkunftsstaat des Kreditinstituts an die Europäische Kommission übersandten Liste enthalten sind,
   c) bei den zur Deckung verwendeten Hypotheken, Schiffshypotheken und Registerpfandrechten oder ausländischen Flugzeughypotheken eine Grenze von 50 Prozent des Marktwertes oder 60 Prozent des Beleihungswertes entsprechend dem Artikel 4 Absatz 1 Nummer 74 der Verordnung (EU) Nr. 575/2013 nicht überschritten wird und
   d) bei der Bezeichnung der Schuldverschreibung in allen Prospekten, Berichten und Werbeschriften eine etwaige fremdsprachige Originalbezeichnung des Pfandbriefs angegeben wird und darauf hingewiesen wird, dass die Schuldverschreibung auf der Grundlage des jeweiligen ausländischen Rechts ausgegeben wird.

§ 42 Erlaubnis für bestehende Pfandbriefbanken. (1) [1]Soweit ein Kreditinstitut vor dem 19. Juli 2005 zulässigerweise Pfandbriefe der in § 1 Abs. 1 Satz 2 Nr. 1 bis 3 genannten Gattungen begeben hat und auch noch zu Beginn

---

[1)] Nr. **6**.

des 19. Juli 2005 die Befugnis zur Ausgabe von Pfandbriefen besitzt, gilt die für das Betreiben des Pfandbriefgeschäfts nach § 2 Abs. 1 Satz 1 erforderliche Erlaubnis beschränkt auf die jeweilige Pfandbriefgattung als erteilt. [2] Das Kreditinstitut hat vor Ablauf des 18. Oktober 2005 eine Anzeige einzureichen, die den inhaltlichen Anforderungen eines Erlaubnisantrages entspricht. [3] Wird die Anzeige nicht fristgerecht eingereicht, kann die Bundesanstalt die als erteilt geltende Erlaubnis aufheben.

(2) Die Bundesanstalt kann die als erteilt geltende Erlaubnis auch aufheben, wenn die Voraussetzungen für eine Aufhebung nach § 35 Abs. 2 des Kreditwesengesetzes[1)] erfüllt sind oder wenn das Kreditinstitut, unbeschadet des Absatzes 3, die Anforderungen des § 2 Abs. 1 Satz 2 nicht erfüllt.

(3) [1] Für die in Absatz 1 genannten Kreditinstitute findet § 2 Abs. 1 Satz 2 Nr. 1 bis zum 31. Dezember 2008 keine Anwendung. [2] Die in Satz 1 genannte Befristung ist nicht anzuwenden auf das Ritterschaftliche Kreditinstitut Stade und den Calenberg-Göttingen-Grubenhagen-Hildesheim'schen ritterschaftlichen Kreditverein.

§ 43 Erlaubnis für Hypothekenbanken. [1] Für die bei Ablauf des 18. Juli 2005 zugelassenen Hypothekenbanken im Sinne des § 1 des Hypothekenbankgesetzes gilt die Erlaubnis für die in § 1 Abs. 1 Satz 2 Nr. 1 bis 5 und 7 bis 10 des Kreditwesengesetzes[1)] bezeichneten Bankgeschäfte nach § 32 des Kreditwesengesetzes als erteilt. [2] Die in § 35 Abs. 1 des Kreditwesengesetzes genannte Frist beginnt am 19. Juli 2005.

§ 44 Erlaubnis für Schiffspfandbriefbanken. [1] Für die bei Ablauf des 18. Juli 2005 zugelassenen Schiffspfandbriefbanken im Sinne des § 1 des Schiffsbankgesetzes gilt die Erlaubnis für die in § 1 Abs. 1 Satz 2 Nr. 1 bis 5 und 7 bis 10 des Kreditwesengesetzes[1)] bezeichneten Bankgeschäfte nach § 32 des Kreditwesengesetzes als erteilt. [2] Die in § 35 Abs. 1 des Kreditwesengesetzes genannte Frist beginnt am 19. Juli 2005.

§ 45 Versicherungspflicht. [1] Hypotheken, die den Pfandbriefbanken zu Beginn des 19. Juli 2005 zustehen, sind zur Deckung der von ihnen ausgegebenen Hypothekenpfandbriefe nicht aus dem Grunde ungeeignet, weil das aufstehende Gebäude nicht nach Maßgabe des § 15 Satz 3 Nummer 1 versichert ist. [2] Durch Schiffshypotheken gesicherte Darlehensforderungen, die den Pfandbriefbanken zu Beginn des 19. Juli 2005 zustehen, sind zur Deckung der von ihnen ausgegebenen Schiffspfandbriefe nicht aus dem Grunde ungeeignet, weil das Schiff oder Schiffsbauwerk nicht in Höhe der Versicherungspflicht nach Maßgabe des § 23 Abs. 1 Satz 1 versichert ist.

§ 46 Beleihungsgrenze. (1) Hypotheken, die vor dem 13. Oktober 2004 in ein bei der Pfandbriefbank geführtes Deckungsregister für Hypothekenpfandbriefe eingetragen worden sind, dürfen, soweit sie nicht den Erfordernissen des § 16 Abs. 1 bis 3 entsprechen, abweichend von § 14 Abs. 1 bis zum 30. Juni 2006 in Höhe von 50 Prozent des von der Pfandbriefbank auf Grund einer vor dem 13. Oktober durchgeführten Wertermittlung festgesetzten Wertes zur Deckung von Hypothekenpfandbriefen benutzt werden.

---

1) Nr. 8.

(2) Im Falle des Absatzes 1 sind § 14 Abs. 2 und § 30 Abs. 3 Satz 4 mit der Maßgabe anzuwenden, dass statt der in § 14 Abs. 1 festgelegten Beleihungsgrenze die Grenze nach Absatz 1 maßgeblich ist.

§ 47 Vorrecht der Schiffspfandbriefgläubiger. [1] Bis zum Ablauf des 18. Juli 2009 unterliegt eine Pfandbriefbank, die vor dem 19. Juli 2005 Schiffspfandbriefe nach § 1 Nr. 1 des Schiffsbankgesetzes begeben hat, nicht der Grenze des § 22 Abs. 5 Satz 2. [2] Die Pfandbriefbank hat jedoch sicherzustellen, dass der Gesamtbetrag der Beleihungen, bei denen nicht sichergestellt ist, dass sich das Vorrecht der Schiffspfandbriefgläubiger nach § 30 Abs. 1 auf die Forderungen der Pfandbriefgläubiger aus diesen Beleihungen erstreckt, bis zum Ablauf des 18. Juli 2007 50 Prozent des Gesamtbetrages der Forderungen, bei denen das Vorrecht sichergestellt ist, nicht übersteigt.

§ 48 Schiffspfandbriefe in ausländischer Währung. Auf die von einer Schiffspfandbriefbank im Sinne des § 1 des Schiffsbankgesetzes vor dem 19. Juli 2005 nach § 37 des Schiffsbankgesetzes ausgegebenen Schiffspfandbriefe sind die vor dem 19. Juli 2005 geltenden Vorschriften des Schiffsbankgesetzes weiter anzuwenden.

§ 49 Fortgeltende Deckungsfähigkeit. (1) [1] Abweichend von § 20 Absatz 1 Nummer 1 Buchstabe a sind Forderungen gegen solche Kreditinstitute, die in der Rechtsform einer Körperschaft oder Anstalt des öffentlichen Rechts geführt werden, weiterhin unbeschränkt deckungsfähig, wenn die Forderungen bereits am 18. Juli 2001 bestanden. [2] Forderungen gegen die genannten Kreditinstitute sind auch deckungsfähig, wenn die Forderungen nach dem 18. Juli 2001 und vor dem 19. Juli 2005 vereinbart worden sind und ihre Laufzeit nicht über den 31. Dezember 2015 hinausgeht.

(2) [1] Abweichend von § 20 Absatz 1 Nummer 1 Buchstabe d, e und h in der ab dem 26. März 2009 geltenden Fassung sind Forderungen gegen die dort genannten Schuldner oder Gewährleistungsgeber, welche der Bonitätsstufe 2 nach Tabelle 1 des Artikels 114 Absatz 2, Tabelle 5 des Artikels 121 Absatz 1, Tabelle 2 des Artikels 116 Absatz 1 oder Tabelle 3 des Artikels 120 Absatz 1 der Verordnung (EU) Nr. 575/2013[1)] zugeordnet worden sind, weiterhin deckungsfähig, sofern die Forderungen vor dem 26. März 2009 in das Deckungsregister eingetragen worden sind. [2] Der Gesamtbetrag der Forderungen gegen Schuldner der Bonitätsstufe 2 darf höchstens einen Anteil von 20 Prozent der ausstehenden Pfandbriefe der jeweiligen Pfandbriefgattung betragen; die von § 20 Absatz 1 Nummer 3 in der ab dem 26. März 2009 geltenden Fassung umfassten Deckungswerte sind anzurechnen.

(3) [1] Abweichend von § 4 Absatz 1 Satz 2 Nummer 3, § 19 Absatz 1 Satz 1 Nummer 2, § 20 Absatz 2 Nummer 2, § 26 Absatz 1 Nummer 3 sowie § 26f Absatz 1 Nummer 3 sind Forderungen, die sich gegen das Vereinigte Königreich Großbritannien und Nordirland oder dort ansässige Schuldner richten oder für die von diesen Stellen die Gewährleistung übernommen worden ist und vor dem Zeitpunkt, ab dem das Vereinigte Königreich Großbritannien und Nordirland nicht mehr Mitgliedstaat der Europäischen Union ist und auch nicht wie ein solcher zu behandeln ist, gemäß den vorgenannten Vorschriften

[1)] Nr. **6**.

zur Deckung verwendet worden sind, weiterhin für die entsprechende Pfandbriefgattung deckungsfähig. [2] Für Sichteinlagen und Geldforderungen mit täglicher Fälligkeit gilt dies bis zu einem Monat nach dem Tag, an dem erstmalig über die vorgenannten Guthaben seitens der Pfandbriefbank verfügt werden konnte.

(4) Forderungen, die

1. durch Grundpfandrechte an im Vereinigten Königreich Großbritannien und Nordirland belegenen Grundstücken und grundstücksgleichen Rechten,
2. durch Schiffshypotheken an dort registrierten Schiffen und Schiffsbauwerken oder
3. durch Flugzeughypotheken an dort registrierten Flugzeugen im Sinne des § 1 Absatz 2 Satz 1 Nummer 1 des Luftverkehrsgesetzes besichert sind oder die
4. sich gegen das Vereinigte Königreich Großbritannien und Nordirland oder dort ansässige Schuldner richten oder für die von diesen Stellen die Gewährleistung übernommen worden ist

und vor dem Zeitpunkt, ab dem das Vereinigte Königreich Großbritannien und Nordirland nicht mehr Mitgliedstaat der Europäischen Union ist und auch nicht wie ein solcher zu behandeln ist, gemäß § 12 Absatz 1 in Verbindung mit § 13 Absatz 1 Satz 2, § 20 Absatz 1 Nummer 1 Buchstabe b, c und g sowie Nummer 2, § 21 in Verbindung mit § 22 Absatz 5 Satz 1 und § 26a in Verbindung mit § 26b Absatz 4 Satz 1 zur Deckung verwendet worden sind, sind nicht auf die in § 13 Absatz 1 Satz 2 zweiter Halbsatz, § 20 Absatz 2a, § 22 Absatz 5 Satz 2 und § 26b Absatz 4 Satz 2 genannten Grenzen anzurechnen.

§ 50 Fortgeltung bisherigen Rechts. (1) Im Falle des § 2 Abs. 3 gelten für öffentlich-rechtliche Kreditanstalten hinsichtlich der von ihnen nach den Vorschriften des Gesetzes über die Pfandbriefe und verwandten Schuldverschreibungen öffentlich-rechtlicher Kreditanstalten abgeschlossenen Geschäfte und der ausschließlich zur Deckung dieser Geschäfte geführten Deckungsregister das vorgenannte Gesetz und die zu dessen Durchführung erlassenen Rechtsverordnungen jeweils in der vor dem 19. Juli 2005 geltenden Fassung mit der Maßgabe fort, dass Forderungen gegen inländische öffentlich-rechtliche Kreditinstitute nur soweit zur ordentlichen Deckung geeignet sind, als für die Kreditinstitute eine unbeschränkte Anstaltslast oder als für die entsprechenden Verbindlichkeiten der Kreditinstitute eine Gewährträgerhaftung oder Refinanzierungsgarantie gilt.

(2) Im Falle des § 2 Abs. 3 gelten für Hypothekenbanken hinsichtlich der von ihnen nach den Vorschriften des Hypothekenbankgesetzes abgeschlossenen Geschäfte und der ausschließlich zur Deckung dieser Geschäfte geführten Deckungsregister das Hypothekenbank und die zu dessen Durchführung erlassenen Rechtsverordnungen jeweils in der vor dem 19. Juli 2005 geltenden Fassung mit der Maßgabe fort, dass Forderungen gegen inländische öffentlich-rechtliche Kreditinstitute nur soweit zur ordentlichen Deckung geeignet sind, als für die Kreditinstitute eine unbeschränkte Anstaltslast oder als für die entsprechenden Verbindlichkeiten der Kreditinstitute eine Gewährträgerhaftung oder Refinanzierungsgarantie gilt.

(3) Im Falle des § 2 Abs. 3 gelten für Schiffsbanken hinsichtlich der von ihnen nach den Vorschriften des Schiffsbankgesetzes abgeschlossenen Geschäfte und der ausschließlich zur Deckung dieser Geschäfte geführten Deckungsregister das Schiffsbankgesetz und die zu dessen Durchführung erlassenen Rechtsverordnungen jeweils in der vor dem 19. Juli 2005 geltenden Fassung mit der Maßgabe fort, dass Forderungen gegen inländische öffentlich-rechtliche Kreditinstitute nur soweit zur ordentlichen Deckung geeignet sind, als für die Kreditinstitute eine unbeschränkte Anstaltslast oder als für die entsprechenden Verbindlichkeiten der Kreditinstitute eine Gewährträgerhaftung oder Refinanzierungsgarantie gilt.

(4) Im Falle der Umwandlung einer öffentlich-rechtlichen Kreditanstalt in einer in § 1 Abs. 1 des Umwandlungsgesetzes genannten Weise gilt Absatz 1 hinsichtlich der von der Kreditanstalt vor Wirksamwerden der Umwandlung abgeschlossenen Geschäfte für den fortbestehenden Rechtsträger nach Rechtsformwechsel oder für einen Rechtsträger, auf den im Zuge der Umwandlung das Vermögen der Kreditanstalt als Ganzes oder in Teilen übertragen worden ist, auch dann, wenn es sich bei dem Rechtsträger um ein Unternehmen in einer Rechtsform des Privatrechts handelt.

§ 51 Getrennter Pfandbriefumlauf. [1]Abweichend von § 4 Abs. 1 bis 2 kann eine Pfandbriefbank die von ihr vor Inkrafttreten dieses Gesetzes begebenen Pfandbriefe weiter nach den bis zum Inkrafttreten dieses Gesetzes geltenden Vorschriften decken, wenn die Pfandbriefbank diese Absicht bis spätestens zum 18. Juli 2005 bei der Bundesanstalt angezeigt hat. [2]Bei der Anzeigefrist handelt es sich um eine Ausschlussfrist. [3]In diesem Fall ist das bisherige Deckungsregister getrennt von demjenigen nach § 5 Abs. 1 Satz 1 zu führen. [4]Forderungen gegen inländische öffentlich-rechtliche Kreditinstitute sind nur soweit zur ordentlichen Deckung geeignet, als für die Kreditinstitute eine unbeschränkte Anstaltslast oder als für die entsprechenden Verbindlichkeiten der Kreditinstitute eine Gewährträgerhaftung oder Refinanzierungsgarantie gilt. [5]Die Vorschriften der §§ 8, 9, 10, 27 und 28 sind hinsichtlich des bisherigen Deckungsregisters nicht anzuwenden.

§ 52 Fortgeltende Bestimmungen des Gesetzes zur Änderung und Ergänzung des Schiffsbankgesetzes. (1) [1]Wird für eine Forderung, die in ausländischer Währung zu zahlen ist, eine Schiffshypothek in das Schiffsregister eingetragen, so kann der Geldbetrag der Forderung und etwaiger Nebenleistungen oder der Höchstbetrag, bis zu dem das Schiff haften soll, in ausländischer Währung angegeben werden. [2]Dasselbe gilt für die Eintragung einer Schiffshypothek in das Schiffsbauregister.

(2) Die durch Artikel 4 Abs. 1 des Gesetzes zur Änderung und Ergänzung des Schiffsbankgesetzes in der im Bundesgesetzblatt Teil III, Gliederungsnummer 7628-2-1, veröffentlichten bereinigten Fassung mit der Maßgabe aufgehobenen Vorschriften, dass sie, soweit sie noch in Geltung sind, auf Rechte anwendbar bleiben, die vor Inkrafttreten des bezeichneten Gesetzes in ausländischer Währung eingetragen waren, bleiben für den durch die Maßgabe bezeichneten Umfang und Anwendungsbereich unverändert anwendbar.

§ 53 Übergangsvorschrift zum CRD IV-Umsetzungsgesetz. [1]§ 28 Absatz 1 bis 3 dieses Gesetzes in der ab dem 1. Januar 2014 geltenden Fassung ist erstmals auf das am 1. April 2014 beginnende Quartal, bei Anwendung des § 28 Absatz 5 erstmals auf das am 1. April 2015 beginnende Quartal, anzuwenden. [2] § 28 Absatz 1 bis 3 in der bis zum 31. Dezember 2013 geltenden Fassung ist letztmalig auf das am 31. März 2014 endende Quartal und § 28 Absatz 5 in der bis zum 31. Dezember 2013 geltenden Fassung ist in Bezug auf § 28 Absatz 1 Satz 1 Nummer 1 und 3, Absatz 2 Satz 1 Nummer 3 und Satz 2, Absatz 3 Nummer 1 und Absatz 4 in der bis zum 31. Dezember 2013 geltenden Fassung letztmalig auf das am 31. März 2015 endende Quartal anzuwenden.

§ 54 Übergangsvorschrift zum BRRD-Umsetzungsgesetz. [1] § 28 Absatz 1 bis 4 dieses Gesetzes in der ab dem 19. Dezember 2014 geltenden Fassung ist erstmals auf das am 1. April 2015 beginnende Quartal, bei Anwendung des § 28 Absatz 5 erstmals auf das am 1. April 2016 beginnende Quartal, anzuwenden. [2] § 28 Absatz 1 bis 4 in der bis zum 18. Dezember 2014 geltenden Fassung ist letztmalig auf das am 31. März 2015 endende Quartal und § 28 Absatz 5 ist in Bezug auf § 28 Absatz 1 Satz 1 Nummer 5 und 6, Absatz 2 Satz 1 Nummer 3, Absatz 3 Nummer 1 und 2 letzter Satzteil sowie auf Absatz 4 Nummer 2 in der bis zum 18. Dezember 2014 geltenden Fassung letztmalig auf das am 31. März 2016 endende Quartal anzuwenden. [3] § 27a Absatz 1 ist erst mit Inkrafttreten der Rechtsverordnung nach § 27a Absatz 2 Satz 1 anzuwenden.

17. Gesetz über Bausparkassen (Bausparkassengesetz – BauSparkG)

In der Fassung der Bekanntmachung vom 15. Februar 1991[1])
(BGBl. I S. 454)

FNA 7691-2

zuletzt geänd. durch Art. 11 Brexit-Steuerbegleitgesetz v. 25.3.2019 (BGBl. I S. 357)

Nichtamtliche Inhaltsübersicht

§ 1 Begriffsbestimmungen. (1) [1]Bausparkassen sind Kreditinstitute, deren Geschäftsbetrieb darauf gerichtet ist, Einlagen von Bausparern (Bauspareinlagen) entgegenzunehmen und aus den angesammelten Beträgen den Bausparern für wohnungswirtschaftliche Maßnahmen Gelddarlehen (Bauspardarlehen) zu gewähren (Bauspargeschäft). [2]Das Bauspargeschäft darf nur von Bausparkassen betrieben werden.

(2) [1]Bausparer ist, wer mit einer Bausparkasse einen Vertrag schließt, durch den er nach Leistung von Bauspareinlagen einen Rechtsanspruch auf Gewährung eines Bauspardarlehens erwirbt (Bausparvertrag). [2]Ein Bausparvertrag kann auch als Altersvorsorgevertrag im Sinne des Altersvorsorgeverträge-Zertifizierungsgesetzes vom 26 Juni 2001 (BGBl. I S. 1310, 1322), zuletzt geändert durch Artikel 2 Absatz 8 des Gesetzes vom 1. April 2015 (BGBl. I S. 434), in der jeweils geltenden Fassung abgeschlossen werden. [3]Jeder Bausparer einer Bausparkasse ist Mitglied einer Zweckspargemeinschaft (Kollektiv).

---

[1]) Neubekanntmachung des BausparkassenG v. 16.11.1972 (BGBl. I S. 2097) in der ab 1.1.1991 geltenden Fassung.

(3) [1] Wohnungswirtschaftliche Maßnahmen im Sinne dieses Gesetzes sind

1. die Errichtung, Beschaffung, Erhaltung und Verbesserung von überwiegend zu Wohnzwecken bestimmten Gebäuden und von Wohnungen, insbesondere von Eigenheimen und Eigentumswohnungen, sowie der Erwerb von Rechten zur dauernden Nutzung von Wohnraum,
2. die Errichtung, Beschaffung, Erhaltung und Verbesserung von anderen Gebäuden, soweit sie Wohnzwecken dienen,
3. der Erwerb von Bauland und Erbbaurechten zur Errichtung von überwiegend zu Wohnzwecken bestimmten Gebäuden,
4. der Erwerb von Bauland und Erbbaurechten zur Errichtung anderer Gebäude hinsichtlich des Anteils, der dem Verhältnis des zu Wohnzwecken bestimmten Teils des auf dem Grundstück zu errichtenden Gebäudes zum Gesamtgebäude entspricht,
5. Maßnahmen zur Erschließung und zur Förderung von Wohngebieten,
6. die Ablösung von Verbindlichkeiten, die zur Durchführung von Maßnahmen nach den Nummern 1 bis 5 eingegangen worden sind,
7. die Ablösung von Verbindlichkeiten, die auf einem überwiegend Wohnzwecken dienenden Grundstück ruhen.

[2] Als wohnungswirtschaftliche Maßnahmen gelten die Ablösung von Verbindlichkeiten, die zur Leistung von Bauspareinlagen eingegangen worden sind, sowie gewerbliche Bauvorhaben und der Erwerb gewerblicher Bauwerke, wenn sie dazu bestimmt sind, zur Versorgung von Wohngebieten beizutragen.

(4) [1] Die kollektiv bedingte Zinsspanne ist der Quotient aus dem kollektiv bedingten Zinsüberschuss und dem Jahresdurchschnittsbestand an Bauspareinlagen. [2] Der kollektiv bedingte Zinsüberschuss ist die Summe der Erträge aus Bauspardarlehen und der nicht in Bauspardarlehen angelegten Bauspareinlagen abzüglich des Zinsaufwands für Bauspareinlagen.

(5) Zuteilung ist die Bereitstellung des Bausparguthabens und des Bauspardarlehens aus der zur Verfügung stehenden Zuteilungsmasse nach Erreichen der vertraglich vereinbarten Zuteilungsvoraussetzungen.

(6) Zuteilungsmasse ist die Summe aus den Bauspareinlagen, den Mitteln, die zur Gewährung von Bauspardarlehen zugeführt worden sind, und dem Fonds zur bauspartechnischen Absicherung im Sinne des § 6 Absatz 2, abzüglich der Summe der gewährten Bauspardarlehen.

(7) Kollektivmittel sind die Summe aus Bauspareinlagen und dem Fonds zur bauspartechnischen Absicherung im Sinne des § 6 Absatz 2.

(8) Wartezeit ist der Zeitraum vom Beginn des Bausparvertrages bis zur Zuteilung.

(9) Aufsichtsbehörde ist die Behörde im Sinne des § 1 Absatz 5 des Kreditwesengesetzes[1)].

(10) Das Recht der Länder, den öffentlich-rechtlichen Bausparkassen besondere Aufgaben für den Wohnungsbau oder sonstige öffentliche Aufgaben zu übertragen, bleibt unberührt.

[1)] Nr. 8.

§ 2 Zulassung zum Geschäftsbetrieb; Rechtsform. (1) [1] Wer das Bauspargeschäft betreiben will, bedarf der schriftlichen oder elektronischen Erlaubnis der Aufsichtsbehörde. [2] Zusätzlich zu den in § 32 des Kreditwesengesetzes[1)] genannten Voraussetzungen setzt die Erteilung der Erlaubnis voraus, dass eine Bausparkasse

1. über ein Kernkapital im Sinne des Artikels 25 der Verordnung (EU) Nr. 575/2013[2)] des Europäischen Parlaments und des Rates vom 26. Juni 2013 über Aufsichtsanforderungen an Kreditinstitute und Wertpapierfirmen und zur Änderung der Verordnung (EU) Nr. 646/2012 (ABl. L 176 vom 27.6.2013, S. 1) von mindestens 20 Millionen Euro verfügt,
2. geeignete Geschäftsleiter hat, die insbesondere über ausreichende Erfahrungen im Kredit- und Bauspargeschäft verfügen und nicht gleichzeitig Mitglied der Geschäftsleitung eines übergeordneten Unternehmens oder Schwesterunternehmens sind,
3. Allgemeine Geschäftsgrundsätze und Allgemeine Bedingungen für Bausparverträge formuliert hat, die jeweils den Anforderungen nach § 5 entsprechen,
4. geeignete Regelungen und Instrumente im Sinne des § 8 Absatz 1 zur Steuerung, Überwachung und Kontrolle der Risiken aus dem Bauspargeschäft besitzt,
5. der Bundesanstalt für Finanzdienstleistungsaufsicht (Bundesanstalt) einen Geschäftsplan vorlegt, in dem sie darlegt, wie sie das Bauspargeschäft regelmäßig und nachhaltig betreiben wird,
6. über den für den regelmäßigen und nachhaltigen Betrieb des Bauspargeschäfts erforderlichen organisatorischen Aufbau verfügt und
7. eine nachhaltige Vertriebstätigkeit sowie deren Kontrolle und Steuerung dauerhaft gewährleistet erscheinen lässt, um durch den ausreichenden Abschluss neuer Bausparverträge (Neugeschäft) eine gleichmäßige und möglichst kurze Wartezeit sicherstellen zu können.

[3] Das Vorliegen dieser Voraussetzungen ist im Erlaubnisantrag darzulegen.

(2) [1] Private Bausparkassen dürfen nur in der Rechtsform der Aktiengesellschaft betrieben werden. [2] Die Rechtsform der öffentlich-rechtlichen Bausparkassen wird von den Ländern bestimmt.

(3) [1] Abweichend von § 33 Absatz 3 des Kreditwesengesetzes ist die erforderliche Erlaubnis auch dann zu versagen, wenn die Voraussetzungen nach den Absätzen 1 und 2 nicht vorliegen. [2] Die Bundesanstalt kann die Erlaubnis auch versagen, wenn der Antrag entgegen Absatz 1 Satz 3 keine ausreichenden Angaben oder Unterlagen enthält.

(4) [1] Die Aufsichtsbehörde kann die Erlaubnis außer in den Fällen des § 35 Absatz 2 des Kreditwesengesetzes auch dann aufheben, wenn die Voraussetzungen nach Absatz 1 Satz 2 Nummer 1 bis 4, 6 und 7 sowie nach Absatz 2 nicht mehr vorliegen. [2] Ist die Europäische Zentralbank Aufsichtsbehörde, kann die Bundesanstalt ihr nach Maßgabe von Satz 1 und § 35 Absatz 2 und 2a des Kreditwesengesetzes Beschlussentwürfe nach Artikel 14 Absatz 5 der Verord-

---

1) Nr. **8**.
2) Nr. **6**.

nung (EU) Nr. 1024/2013[1] des Rates vom 15. Oktober 2013 zur Übertragung besonderer Aufgaben im Zusammenhang mit der Aufsicht über Kreditinstitute auf die Europäische Zentralbank (ABl. L 287 vom 29.10.2013, S. 63) vorlegen.

(5) [1] Hebt die Aufsichtsbehörde die Erlaubnis für das Bauspargeschäft auf oder erlischt die Erlaubnis nach § 35 Absatz 1 des Kreditwesengesetzes, so ist der gesamte Bestand an Bausparverträgen mit den zugehörigen Aktiva und Passiva gemäß § 14 Absatz 1 auf eine andere Bausparkasse zu übertragen. [2] Soweit zu diesem Zweck erforderlich, sind sonstige Aktiva und Passiva mit zu übertragen, etwa Forderungen aus einer Anlage nach § 4 Absatz 1 Nummer 10 in Verbindung mit § 4 Absatz 3, die zur Gewährung von Bauspardarlehen zugeführten Mittel sowie Verbindlichkeiten aus Geschäften nach § 4 Absatz 1 Nummer 5.

(6) [1] Kommt die Bausparkasse einer Aufforderung der Bundesanstalt zur Übertragung im Sinne des Absatzes 5 innerhalb einer angemessenen Zeit nicht nach, kann die Bundesanstalt die Abwicklung der Geschäfte anordnen. [2] Für Bausparkassen, die keine juristischen Personen des öffentlichen Rechts sind, gilt § 38 Absatz 1 Satz 2 und 3 des Kreditwesengesetzes entsprechend.

(7) Die Regelungen des Sanierungs- und Abwicklungsgesetzes, des Kreditinstitute-Reorganisationsgesetzes und § 48t des Kreditwesengesetzes bleiben jeweils unberührt.

§ 2a Unwirksamkeit von Verträgen oder Absprachen mit beherrschender Wirkung. Verträge und Absprachen, durch die die Leitung einer Bausparkasse ganz oder teilweise einer anderen Person unterstellt wird, sind unwirksam, sofern es sich bei der anderen Person nicht um eine Bausparkasse handelt.

§ 3 Aufsicht. (1) [1] Die Aufsichtsbehörde übt die Aufsicht über die Bausparkassen nach den Vorschriften dieses Gesetzes, des Kreditwesengesetzes[2] und der in § 6 Absatz 1 Satz 1 des Kreditwesengesetzes genannten Gesetze und Verordnungen aus. [2] Sie ist befugt, im Rahmen der Aufsicht alle Anordnungen zu treffen, die erforderlich sind, um den Geschäftsbetrieb einer Bausparkasse mit den Allgemeinen Geschäftsgrundsätzen und den Allgemeinen Bedingungen für Bausparverträge im Einklang zu erhalten.

(2) Soweit Bausparkassen einer anderen staatlichen Aufsicht unterliegen, bleibt diese neben der Aufsicht der Aufsichtsbehörde bestehen.

(3) [1] Die Aufsichtsbehörde entscheidet in Zweifelsfällen, ob ein Unternehmen den Vorschriften dieses Gesetzes unterliegt. [2] Ihre Entscheidungen binden die Verwaltungsbehörden.

(4) [1] Die Bausparkasse hat die Genehmigungen der Bundesanstalt nach diesem Gesetz schriftlich oder elektronisch zu beantragen. [2] Sie hat dem Antrag jeweils sämtliche Unterlagen und Informationen beizufügen, die zur Beurteilung des Antrags erforderlich sind. [3] Die Bundesanstalt kann die Genehmigung versagen, wenn der Antrag keine ausreichenden Unterlagen oder Informationen enthält.

---

[1] Nr. 5.
[2] Nr. 8.

(5) [1] Bausparkassen haben der Bundesanstalt laufend, mindestens einmal jährlich, über
1. die Erfüllbarkeit der von der Bausparkasse übernommenen Verpflichtungen,
2. den Bestand an Bausparverträgen mit den zugehörigen Aktiva und Passiva,
3. Zuführungen zur Zuteilungsmasse,
4. Zwischenanlagen der Mittel der Zuteilungsmasse,
5. Entnahmen aus der Zuteilungsmasse und
6. die aktuellen Forderungen aus Bauspardarlehen samt ihrer Besicherung

zu berichten (kollektiver Lagebericht). [2] Die Bausparkasse hat im Rahmen des kollektiven Lageberichts gesondert zur Erfüllbarkeit von längerfristigen Verbindlichkeiten Stellung zu nehmen. [3] Der kollektive Lagebericht hat insbesondere Fortschreibungen über die erwartete Entwicklung des Bauspargeschäfts sowie Prognosen weiterer, im Zusammenhang mit dem Bauspargeschäft stehender betriebswirtschaftlicher Größen zu enthalten.

(6) [1] Liegen nach den Ergebnissen der von den Bausparkassen nach den Regelungen des § 8 Absatz 1 zu verwendenden bauspartechnischen Simulationsmodelle die Voraussetzungen des § 2 Absatz 1 Nummer 3 in Verbindung mit § 5 Absatz 4 nicht vor, so hat die Bausparkasse dies unverzüglich der Bundesanstalt anzuzeigen. [2] Die Bausparkasse hat der Bundesanstalt zudem auf Anforderung aktuelle Ergebnisse eines bausparspezifischen Simulationsmodells vorzulegen, sofern dies zur Erfüllung der Aufgaben der Bundesanstalt erforderlich ist.

§ 4 Zulässige Geschäfte. (1) Bausparkassen dürfen außer dem Bauspargeschäft nur folgende Geschäfte betreiben:
1. Gelddarlehen gewähren, die der Vorfinanzierung oder der Zwischenfinanzierung von Leistungen der Bausparkasse auf Bausparverträge ihrer Bausparer dienen (Vorfinanzierungskredite oder Zwischenfinanzierungskredite);
2. für wohnungswirtschaftliche Maßnahmen sonstige Gelddarlehen nach Maßgabe des Absatzes 2 gewähren (sonstige Baudarlehen);
3. Gelddarlehen Dritter verwalten, vermitteln und im eigenen oder fremden Namen und für Rechnung Dritter bewilligen, wenn die Darlehen der Finanzierung wohnungswirtschaftlicher Maßnahmen dienen;
4. nach Maßgabe des Absatzes 2 Gewährleistungen für Gelddarlehen Dritter übernehmen, welche die Bausparkasse selbst zu geben befugt wäre und die in der in § 7 vorgeschriebenen Weise gesichert sind;
5. zur Gewährung von Bauspardarlehen und von Darlehen nach den Nummern 1 und 2, zur Erfüllung von Verpflichtungen aus Verträgen nach § 1 Abs. 2 Satz 2 sowie zur Beschaffung der darüber hinaus für den Geschäftsbetrieb erforderlichen Mittel
   a) fremde Gelder von Kreditinstituten und sonstigen Kapitalsammelstellen aufnehmen,
   b) fremde Gelder von sonstigen Gläubigern entgegennehmen,
   c) vorbehaltlich einer Erlaubnis nach § 2 Absatz 1 Satz 1 des Pfandbriefgesetzes[1] Hypothekenpfandbriefe im Sinne des § 1 Absatz 1 Satz 2 Num-

[1] Nr. **16**.

mer 1 des Pfandbriefgesetzes nach den Bestimmungen des Pfandbriefgesetzes ausgeben,

d) sonstige Schuldverschreibungen ausgeben;

6. sich an Unternehmen beteiligen, wenn die Beteiligungen dazu dienen, die nach § 1 betriebenen Geschäfte zu fördern, und die Haftung der Bausparkasse aus den Beteiligungen durch die Rechtsform des Unternehmens beschränkt ist, mit der Maßgabe, daß die einzelne Beteiligung insgesamt den dritten Teil des Kapitals (Nennkapital, Summe der Kapitalanteile) des Unternehmens nicht übersteigen darf. Eine höhere Beteiligung ist zulässig, sofern der Geschäftszweck des Unternehmens gesetzlich oder satzungsmäßig im wesentlichen auf solche Geschäfte ausgerichtet ist, welche die Bausparkasse selbst betreiben darf; der Gesamtbetrag dieser Beteiligungen darf zwanzig vom Hundert des haftenden Eigenkapitals der Bausparkasse nicht übersteigen; die Regelungen des Absatzes 3 Satz 1 Nummer 8, Satz 2 und 3 bleiben hiervon unberührt;
7. Gelddarlehen an Unternehmen gewähren, an denen die Bausparkasse beteiligt ist;
8. die Gelegenheit zum Abschluss von Verträgen über den Erwerb, die Veräußerung oder die Nutzung von Grundstücken und Räumen nachweisen;
9. Wertermittlungen und Standortanalysen sowie Finanzierungsberatungen auch unabhängig von der Gewährung von eigenen Darlehen durchführen;
10. verfügbares Geld nach Maßgabe des Absatzes 3 anlegen;
11. sonstige Geschäfte betreiben, die mit dem Bauspargeschäft oder mit den nach den Nummern 1 bis 10 zulässigen Geschäften in einem unmittelbaren Zusammenhang stehen, diesem nützlich und allenfalls mit einem geringen Risiko verbunden sind sowie keine neuen Geschäftskreise eröffnen.

(2) Der Gesamtbetrag der Forderungen aus Darlehen nach Absatz 1 Nr. 2 und der Gewährleistungen nach Absatz 1 Nr. 4 darf den Gesamtbetrag der Bauspardarlehen und der Darlehen nach Absatz 1 Nr. 1 nicht übersteigen.

(3) [1] Verfügbares Geld dürfen die Bausparkassen anlegen in

1. Guthaben bei dem einheitlichen Aufsichtsmechanismus nach Artikel 6 der Verordnung (EU) Nr. 1024/2013[1)] oder einer staatlichen Aufsicht unterliegenden Kreditinstituten in der Europäischen Union, in anderen Vertragsstaaten des Abkommens über den Europäischen Wirtschaftsraum oder in der Schweiz,
2. Namensschuldverschreibungen, die von den in Nummer 1 genannten Kreditinstituten ausgegeben werden,
3. Einlagenzertifikate von den in Nummer 1 genannten Kreditinstituten, sofern diese Papiere eine restliche Laufzeit von höchstens zwölf Monaten haben,
4. Schuldbuchforderungen, unverzinslichen Schatzanweisungen und Schatzwechseln des Bundes, seiner Sondervermögen und der Länder sowie vergleichbaren Schuldtiteln der Europäischen Union, ihrer Mitgliedstaaten oder anderer Vertragsstaaten des Abkommens über den Europäischen Wirtschaftsraum sowie der Schweiz,

---

[1)] Nr. 5.

5. Schuldverschreibungen,
   a) die von einer der in Nummer 4 bezeichneten Stellen ausgegeben wurden,
   b) für deren Verzinsung und Rückzahlung eine der in Nummer 4 bezeichneten Stellen die Gewährleistung übernommen hat oder
   c) die zum Handel an einem organisierten Markt nach § 2 Absatz 11 des Wertpapierhandelsgesetzes zugelassen sind und bei denen die Erfüllung der Leistungspflichten aus der Schuldverschreibung während der gesamten Laufzeit gewährleistet erscheint,
6. Forderungen aus Gelddarlehen, über die ein Schuldschein ausgestellt wurde, sofern diese Forderungen nach dem Erwerb durch die Bausparkasse mindestens zweimal abgetreten werden können und das Darlehen gewährt wurde,
   a) einer der in Nummer 4 bezeichneten Stellen, einer anderen regionalen oder lokalen Gebietskörperschaft im Sinne des Artikels 115 der Verordnung (EU) Nr. 575/2013[1] eines Mitgliedstaats der Europäischen Union oder eines anderen Vertragsstaats des Abkommens über den Europäischen Wirtschaftsraum oder der Schweiz,
   b) geeigneten sonstigen Körperschaften oder Anstalten des öffentlichen Rechts im Inland oder in einem anderen Mitgliedstaat der Europäischen Union oder in einem anderen Vertragsstaat des Abkommens über den Europäischen Wirtschaftsraum oder in der Schweiz,
   c) Unternehmen, die Wertpapiere ausgegeben haben, die zum Handel an einem organisierten Markt nach § 2 Absatz 11 des Wertpapierhandelsgesetzes zugelassen sind, oder
   d) gegen Übernahme der Gewährleistung für die Verzinsung und Rückzahlung durch eine der in Nummer 4 bezeichneten Stellen;

   der Gesamtbetrag dieser Forderungen der Bausparkasse darf ihr haftendes Eigenkapital nicht übersteigen;
7. Investmentanteilen an einem nach dem Grundsatz der Risikomischung angelegten Vermögen, die von einer Kapitalverwaltungsgesellschaft oder von einer ausländischen Investmentgesellschaft, die jeweils zum Schutz der Anteilinhaber einer besonderen öffentlichen Aufsicht unterliegt, ausgegeben wurden, wenn nach den Vertragsbedingungen oder der Satzung der Kapitalverwaltungsgesellschaft oder der Investmentgesellschaft das Vermögen nur in den Schuldtiteln nach den Nummern 1 bis 6 und 8 sowie in Bankguthaben angelegt werden darf,
8. Aktien,
   a) die voll eingezahlt sind und
   b) die zum Handel zugelassen oder an einem anderen organisierten Markt zugelassen oder in diesen einbezogen oder an einer Börse in einem Staat außerhalb des Europäischen Wirtschaftsraums zum Handel zugelassen oder dort an einem anderen organisierten Markt zugelassen oder in diesen einbezogen sind.

[2]Die Anlagen nach Satz 1 Nummer 8 dürfen unter Berücksichtigung von Investmentanteilen nach Satz 1 Nummer 7 insgesamt 5 Prozent der Summe der

---

[1] Nr. 6.

Zuteilungsmasse gemäß § 1 Absatz 6 nicht übersteigen. [3]Die Anlagen nach Satz 1 Nummer 8 bei demselben Unternehmen dürfen unter Berücksichtigung von Investmentanteilen nach Satz 1 Nummer 7 0,2 Prozent der Summe der Zuteilungsmasse gemäß § 1 Absatz 6 nicht übersteigen.

(3a) [1]Soweit eine Bausparkasse im Rahmen der betrieblichen Altersversorgung in zulässiger Art und Weise sowie in zulässigem Umfang zur Erfüllung von Ansprüchen aus betrieblicher Altersversorgung einem Dritten Vermögensgegenstände überlässt, die ausschließlich der Erfüllung von Verbindlichkeiten aus Altersversorgungsverpflichtungen dienen und dem Zugriff aller übrigen Gläubiger entzogen sind, unterliegt der Dritte bei der Anlage dieser Vermögensgegenstände nicht den Beschränkungen des Absatzes 3. [2]Die Vermögensgegenstände sind unter Berücksichtigung der Art und Dauer der Altersversorgungsverpflichtungen so anzulegen, dass möglichst große Sicherheit und Rentabilität unter Wahrung angemessener Mischung und Streuung sowie der Liquidität zur Erfüllung der Verbindlichkeiten erreicht wird.

(4) Bausparkassen ist der Erwerb von Grundstücken, Erbbaurechten, Rechten in der Form des Wohnungseigentums, Teileigentums, Wohnungserbbaurechts und Teilerbbaurechts nur zur Verhütung von Ausfällen an Forderungen und zur Beschaffung von Geschäftsräumen sowie von Wohnräumen für ihre Betriebsangehörigen gestattet.

(5) Bausparkassen können sich vor Zuteilung eines Bausparvertrages nicht verpflichten, die Bausparsumme zu einem bestimmten Zeitpunkt auszuzahlen.

§ 5 Allgemeine Geschäftsgrundsätze, Allgemeine Bedingungen für Bausparverträge. (1) Bausparkassen haben ihrem Geschäftsbetrieb Allgemeine Geschäftsgrundsätze und Allgemeine Bedingungen für Bausparverträge zugrunde zu legen.

(2) Die Allgemeinen Geschäftsgrundsätze müssen Bestimmungen enthalten über

1. die Berechnungen für die Abwicklung der Bausparverträge unter Angabe der individuellen Sparer-Kassen-Leistungsverhältnisse (§ 5 Absatz 4 Nummer 1) und der zugehörigen Wartezeiten;
2. die Zusammensetzung der Zuteilungsmasse, die Zuteilungstermine sowie die Voraussetzungen und die Ermittlung der Reihenfolge für die Zuteilung (Zuteilungsverfahren);

2a. die Berechnung der Mehrerträge aus der Anlage der Kollektivmittel nach § 1 Absatz 7 sowie die Verwendung des daraus gebildeten Sonderpostens „Fonds zur bauspartechnischen Absicherung";

3. die Berechnung des Beleihungswertes der zu beleihenden Grundstücke;
4. die Finanzierung von Maßnahmen zur Erschließung und zur Förderung von Wohngebieten;
5. die Finanzierung von Gebäuden, die überwiegend oder ausschließlich gewerblichen Zwecken dienen, soweit dies nach § 1 zulässig ist;
6. das Verfahren bei Rückzahlung der Einlagen gekündigter Bausparverträge;
7. eine die Belange der Bausparer wahrende vereinfachte Abwicklung der Bausparverträge im Falle der Einstellung des Geschäftsbetriebes der Bau-

sparkasse oder der Rücknahme der Erlaubnis zum Betrieb einer Bausparkasse durch die Aufsichtsbehörde.

(3) Die Allgemeinen Bedingungen für Bausparverträge müssen Bestimmungen enthalten über

1. die Höhe und Fälligkeit der Leistungen des Bausparers und der Bausparkasse sowie über die Rechtsfolgen, die bei Leistungsverzug eintreten;
2. die Verzinsung der Bauspareinlagen und der Bauspardarlehen;
3. die Höhe der Kosten und Gebühren, die den Bausparern berechnet werden;
4. die Voraussetzungen und die Ermittlung der Reihenfolge für die Zuteilung und die Bedingungen für die Auszahlung der Bausparsumme;
5. die Sicherung der Forderungen aus Bauspardarlehen;
6. die Bedingungen, nach denen ein Bausparvertrag geteilt oder mit einem anderen Bausparvertrag zusammengelegt oder die Bausparsumme erhöht oder ermäßigt werden kann;
7. die Bedingungen, nach denen Ansprüche aus dem Bausparvertrag abgetreten oder verpfändet werden können oder ein Bausparvertrag gekündigt werden kann, sowie die Rechtsfolgen, die sich aus der Kündigung des Bausparvertrages oder aus einer vereinfachten Abwicklung der Bausparverträge ergeben;
8. das zuständige Gericht oder einen Schiedsvertrag;
9. den Abschluß von Lebensversicherungen auf den Todesfall, die Höhe der Versicherungssumme und die vom Bausparer hierfür zu zahlenden Versicherungsbeiträge sowie die Möglichkeit der Anrechnung bereits bestehender Lebensversicherungen, wenn der Bausparer zum Abschluß einer solchen Versicherung verpflichtet ist.

(4) Die Allgemeinen Geschäftsgrundsätze und die Allgemeinen Bedingungen für Bausparverträge

1. müssen die Erfüllbarkeit der von der Bausparkasse übernommenen Verpflichtungen dauerhaft gewährleistet erscheinen lassen, insbesondere bezogen auf ihre gesamte Laufzeit ein angemessenes Verhältnis zwischen den Leistungen der Bausparer und denen der Bausparkasse (individuelles Sparer-Kassen-Leistungsverhältnis) aufweisen und
2. dürfen keine Bestimmungen vorsehen, die die Zuteilung unangemessen hinausschieben, zu unangemessen langen Vertragslaufzeiten führen oder sonstige Belange der Bausparer nicht ausreichend wahren.

(5) [1] Legt eine Bausparkasse für die gleiche Zuteilungsmasse Allgemeine Geschäftsgrundsätze und Allgemeine Bedingungen für Bausparverträge unterschiedlichen Inhalts zugrunde, sind diese so zu gestalten, dass zwischen ihnen eine weitgehende Ausgewogenheit gewährleistet ist. [2] Bei Tarifen, die eine Bausparkasse nicht mehr anbietet, kann hiervon in begründeten Ausnahmefällen abgewichen werden.

§ 6 Zweckbindung. (1) [1] Die Zuteilungsmasse im Sinne des § 1 Absatz 6 darf nur für das Bauspargeschäft und zur Rückzahlung fremder Gelder, die der Zuteilungsmasse zugeführt worden sind, verwendet werden. [2] Mittel aus der

Zuteilungsmasse, die vorübergehend nicht für die Zuteilung verwendet werden können, darf die Bausparkasse zwischenzeitlich

1. nach § 4 Absatz 3 anlegen sowie
2. mit Genehmigung der Bundesanstalt zur Gewährung von Darlehen nach § 4 Absatz 1 Nummer 1 und 2 verwenden, wenn die Bausparkasse auf Grund einer nachhaltig gesicherten Liquidität ihrer Zuteilungsmasse ohne die Zuführung von Eigenmitteln und Fremdmitteln und ohne die Mittel des Fonds zur bauspartechnischen Absicherung jederzeit in der Lage ist, Ansprüche auf Auszahlung der Bauspardarlehen und Bauspareinlagen zu befriedigen.

³Die Zuteilungsmasse ist mit dem Ziel gleichmäßiger, möglichst kurzer Wartezeiten einzusetzen. ⁴Die Bundesanstalt kann eine Genehmigung nach Satz 2 Nummer 2 jederzeit widerrufen, insbesondere wenn die Voraussetzungen des Satzes 2 Nummer 2 nicht mehr vorliegen.

(2) ¹Bausparkassen haben zur Wahrung der Belange der Bausparer einen Sonderposten „Fonds zur bauspartechnischen Absicherung" zu bilden, der Folgendes absichert:

1. die Gewährleistung gleichmäßiger, möglichst kurzer Wartezeiten und
2. die für den nachhaltigen Betrieb des Bauspargeschäfts erforderliche kollektiv bedingte Zinsspanne.

²Hierzu müssen Überschüsse aus einer Anlage der Kollektivmittel dem Sonderposten zugeführt werden, und zwar in Höhe des Unterschiedsbetrages zwischen dem erzielten Ertrag aus der Anlage der Kollektivmittel und dem Zinsertrag, der sich bei Anlage der gesamten Kollektivmittel in Bauspardarlehen ergeben hätte (Mehrerträge). ³Der Sonderposten ist von der Bausparkasse gemäß Satz 1 zu verwenden. ⁴Darüber hinaus kann er mit Genehmigung der Bundesanstalt unter hinreichender Wahrung der Belange der Bausparer verwendet werden, wenn dies geeignet und erforderlich erscheint, um ein bausparspezifisches Risiko für den nachhaltigen Betrieb des Bauspargeschäfts zu beseitigen. ⁵Ein bausparspezifisches Risiko für den nachhaltigen Betrieb des Bauspargeschäfts kann insbesondere vorliegen, wenn

1. die Wartezeiten unangemessen lang sind,
2. die Zuteilung nicht gewährleistet erscheint oder
3. die Erfüllung der von der Bausparkasse in den Bausparverträgen übernommenen Verpflichtungen nicht gewährleistet erscheint.

⁶Die Bausparkasse darf am Ende eines Geschäftsjahres diesen Sonderposten auflösen, soweit er zu diesem Zeitpunkt 3 Prozent der Bauspareinlagen übersteigt.

(3) ¹Forderungen aus Bauspardarlehen und die zu ihrer Sicherheit dienenden Grundpfandrechte und sonstigen Sicherheiten dürfen nur für das Bauspargeschäft und für das Geschäft mit Vorfinanzierungsund Zwischenfinanzierungskrediten veräußert, beliehen oder verpfändet werden. ²Das Gleiche gilt für Forderungen aus Vorfinanzierungs- und Zwischenfinanzierungskrediten sowie sonstigen Baudarlehen für wohnungswirtschaftliche Maßnahmen und die zu ihrer Sicherheit dienenden Grundpfandrechte und sonstigen Sicherheiten. ³§ 4 Absatz 1 Nummer 5 Buchstabe c bleibt hiervon unberührt.

§ 6a Vorgaben für Zuteilungsmassen. (1) [1]Grundsätzlich darf eine Bausparkasse nur eine einheitliche Zuteilungsmasse für alle Bausparverträge bilden. [2]Ausnahmen sind nur übergangsweise für eine beschränkte Zeit und nur mit Zustimmung der Bundesanstalt möglich.

(2) [1]Für Bausparverträge, die in fremden Währungen oder in Rechnungseinheiten zu erfüllen sind, hat eine Bausparkasse jeweils getrennte Zuteilungsmassen zu bilden, um Währungsrisiken zu vermeiden. [2]Die Bundesanstalt kann im Einzelfall von der Pflicht zur Bildung getrennter Zuteilungsmassen befreien, wenn dadurch die Belange der Bausparer nicht erheblich beeinträchtigt werden.

§ 7 Sicherung der Forderungen aus Darlehen. (1) [1]Forderungen aus Bauspardarlehen und aus Darlehen nach § 4 Abs. 1 Nr. 2 sowie Forderungen aus Darlehen nach § 4 Abs. 1 Nr. 1, soweit diese nicht durch Abtretung von Rechten aus Bausparverträgen gesichert werden, sind durch Bestellung von Hypotheken oder Grundschulden an einem inländischen Pfandobjekt zu sichern. [2]Der Bestellung einer Grundschuld steht gleich der Anspruch einer Bausparkasse gegen ein Kreditinstitut auf Abtretung oder Teilabtretung einer Grundschuld, die von dem Kreditinstitut treuhänderisch zugunsten der Bausparkasse verwaltet wird. [3]Die Beleihung darf ohne ausreichende zusätzliche Sicherheiten (Zusatzsicherheiten) die ersten vier Fünftel des Beleihungswertes des Pfandobjektes nicht übersteigen. [4]Bei der Finanzierung von selbstgenutztem Wohneigentum kann die Bausparkasse Beleihungen bis zum Beleihungswert vornehmen.

(2) Forderungen im Sinne des Absatzes 1 Satz 1 können auch durch die Bestellung von Grundpfandrechten an einem Pfandobjekt in einem anderen Mitgliedstaat der Europäischen Union oder einem anderen Vertragsstaat des Abkommens über den Europäischen Wirtschaftsraum oder in der Schweiz gesichert werden, wenn das Grundpfandrecht von Finanzinstituten in diesem Mitgliedstaat oder Vertragsstaat üblicherweise zur Sicherung von Forderungen aus Wohnungsbaudarlehen vereinbart wird.

(2a) Forderungen im Sinne des Absatzes 1 Satz 1 können auch durch die Bestellung von Grundpfandrechten an einem Pfandobjekt in anderen als den in Absatz 2 erfaßten europäischen Staaten gesichert werden, sofern

1. der Staat Vollmitglied der Organisation für wirtschaftliche Zusammenarbeit und Entwicklung ist,
2. das Grundpfandrecht in diesem Staat die Rückzahlung und Verzinsung der Forderungen sicherstellt und
3. der Gesamtbetrag dieser Beleihungen das haftende Eigenkapital der Bausparkasse nicht übersteigt.

(3) Von einer Sicherung durch Grundpfandrechte kann abgesehen werden, wenn ausreichende anderweitige Sicherheiten gestellt werden (Ersatzsicherheiten).

(4) [1]Von einer Sicherung durch Grundpfandrechte oder durch Ersatzsicherheiten kann abgesehen werden, wenn

1. wegen der geringen Höhe des Darlehensbetrages eine Erklärung des Darlehensnehmers als ausreichend erscheint, in der er sich gegenüber der Bausparkasse verpflichtet, eine mögliche Sicherung durch Grundpfandrechte

nicht durch eine Verpfändung des als Pfandobjekt in Betracht kommenden Gegenstandes für eine andere Verbindlichkeit oder durch seine Veräußerung zu verhindern oder

2. eine Sicherung wegen der geringen Höhe des Darlehensbetrages nicht erforderlich erscheint.

[2] Wenn gesicherte Darlehen nach den Absätzen 1 bis 3 und Darlehen nach Nummer 1 oder 2 derselben Finanzierungsmaßnahme dienen sollen, so sind auch die Darlehen nach Nummer 1 oder Nummer 2 gemäß den Absätzen 1 bis 3 zu sichern.

(5) Von einer Sicherung kann abgesehen werden bei der Gewährung von Darlehen an

1. inländische Körperschaften und Anstalten des öffentlichen Rechts,
2. die Europäische Union, ihre Mitgliedstaaten, andere Vertragsstaaten des Abkommens über den Europäischen Wirtschaftsraum und die Europäische Investitionsbank,
3. andere regionale und lokale Gebietskörperschaften im Sinne des Artikels 115 der Verordnung (EU) Nr. 575/2013[1)] eines Mitgliedstaats der Europäischen Union und eines anderen Vertragsstaats des Abkommens über den Europäischen Wirtschaftsraum,
4. andere Darlehensnehmer, wenn für die Darlehen eine der in den Nummern 1 bis 3 bezeichneten Stellen die Gewährleistung übernommen hat.

(6) Die Bundesanstalt kann zulassen, daß Pfandobjekte beliehen werden, die außerhalb der in den Absätzen 2 und 2a erfaßten Staaten belegen sind, wenn das zu bestellende Grundpfandrecht oder zusätzliche Sicherheiten eine Ausnahme gerechtfertigt erscheinen lassen.

(7) [1] Der bei der Beleihung angenommene Wert des Pfandobjektes (Beleihungswert) darf den Verkehrswert nicht übersteigen. [2] Bei der Feststellung des Beleihungswertes sind nur die dauernden Eigenschaften des Pfandobjektes und der Ertrag zu berücksichtigen, den das Pfandobjekt bei ordnungsgemäßer Wirtschaft jedem Besitzer nachhaltig gewähren kann.

§ 8 Risikomanagement, bauspartechnische Simulationsmodelle.

(1) [1] Die Bausparkasse muss über ein dem § 25a Absatz 1 des Kreditwesengesetzes[2)] entsprechendes, auf ihre Belange ausgerichtetes eigenständiges Risikomanagementsystem verfügen. [2] Dies umfasst insbesondere auch Verfahren und Methoden zur Beurteilung, ob die Voraussetzungen des § 5 Absatz 4 laufend vorliegen.

(2) [1] Wesentliche Tätigkeiten zur Steuerung und Kontrolle der spezifischen Risiken des Bauspargeschäfts darf die Bausparkasse nicht auf Dritte übertragen oder auslagern. [2] Dazu gehören insbesondere das Risikomanagement des kollektiven Bauspargeschäfts, die Kollektivsteuerung und die hierauf bezogenen Tätigkeiten der internen Revision.

[1)] Nr. 6.
[2)] Nr. 8.

(3) Die Bausparkasse hat mit der Sorgfalt eines ordentlichen Kaufmanns die erforderlichen Maßnahmen zu treffen, um Währungsrisiken aus ihrem Geschäftsbetrieb zu vermeiden.

(4) Bausparkassen haben im Rahmen ihres Risikomanagements unter Zugrundelegung angemessener bauspartechnischer Annahmen laufend geeignete Verfahren und Methoden zu verwenden, anhand derer die Entwicklung des Bauspargeschäfts, insbesondere der Bauspareinlagen und der Bauspardarlehen, hinreichend genau prognostiziert werden kann (bauspartechnische Simulationsmodelle).

(5) [1] Die Eignung eines bauspartechnischen Simulationsmodells ist vor der erstmaligen Verwendung und bei wesentlichen Änderungen von einem unabhängigen Wirtschaftsprüfer oder einer unabhängigen Wirtschaftsprüfungsgesellschaft zu prüfen. [2] Der Prüfer hat insbesondere zu beurteilen, ob mit dem bauspartechnischen Simulationsmodell die Entwicklung des Bauspargeschäfts hinreichend genau prognostiziert werden kann. [3] Der Prüfer hat über Art und Umfang sowie über das Ergebnis der Prüfung schriftlich oder elektronisch und mit der gebotenen Klarheit zu berichten (Prüfungsbericht). [4] Der Prüfer hat das Ergebnis der Prüfung in einem Bestätigungsvermerk zum Prüfungsbericht zusammenzufassen. [5] § 28 Absatz 1 und 2 des Kreditwesengesetzes gilt entsprechend.

§ 9 Änderung der Allgemeinen Geschäftsgrundsätze und der Allgemeinen Bedingungen für Bausparverträge. (1) [1] Änderungen und Ergänzungen der Allgemeinen Geschäftsgrundsätze und der Allgemeinen Bedingungen für Bausparverträge, welche die in § 5 Abs. 2 und 3 Nr. 1, 2, 4 bis 9 aufgeführten Bestimmungen betreffen, sowie die Allgemeinen Geschäftsgrundsätze und die Allgemeinen Bedingungen für Bausparverträge, die neuen Bauspartarifen zugrunde gelegt werden sollen, bedürfen der Genehmigung der Bundesanstalt; § 37 Abs. 4 des Verwaltungsverfahrensgesetzes ist anzuwenden. [2] Die Genehmigung kann auch mit Wirkung für bestehende Verträge erteilt werden, sofern die Änderungen und Ergänzungen zur hinreichenden Wahrung der Belange der Bausparer erforderlich erscheinen. [3] Die Genehmigung kann insbesondere versagt werden, wenn die Voraussetzungen des § 5 oder der nach § 10 in Konkretisierung des § 5 zu erlassenden Rechtsverordnung nicht vorliegen. [4] Sonstige Änderungen und Ergänzungen sind der Bundesanstalt mindestens drei Monate vor ihrem Inkrafttreten anzuzeigen.

(2) [1] Erscheint die Erfüllung der von der Bausparkasse in den Bausparverträgen übernommenen Verpflichtungen nicht mehr gewährleistet, so kann die Bundesanstalt verlangen, daß die Bausparkasse die Allgemeinen Geschäftsgrundsätze und die Allgemeinen Bedingungen für Bausparverträge ändert. [2] Unter der gleichen Voraussetzung kann die Bundesanstalt, unbeschadet ihrer Befugnisse nach § 46 Abs. 1 des Kreditwesengesetzes[1)], der Bausparkasse den Abschluß neuer Verträge verbieten.

§ 10 Erlaß von Rechtsverordnungen. [1] Im Interesse der Erfüllung der Verpflichtungen der Bausparkassen gegenüber ihren Gläubigern, insbesondere zur Sicherung der ihnen anvertrauten Vermögenswerte und einer ausreichenden Zahlungsbereitschaft für die Zuteilung der Bausparsummen sowie zur dauer-

---

1) Nr. 8.

haften Aufrechterhaltung einer möglichst gleichmäßigen Zuteilungsfolge kann der Bundesminister der Finanzen nach Anhörung der Deutschen Bundesbank und der Spitzenverbände der Bausparkassen durch Rechtsverordnung Vorschriften erlassen über

1. die näheren Voraussetzungen für die zwischenzeitliche Verwendung der Mittel der Zuteilungsmasse nach § 6 Absatz 1;
2. den zulässigen Anteil von Bausparverträgen, die einen in der Rechtsverordnung festzusetzenden Betrag übersteigen (Großbausparverträge), am gesamten nicht zugeteilten Vertragssummenbestand der Bausparverträge einer Bausparkasse und den zulässigen Anteil von Großbausparverträgen, die innerhalb eines Kalenderjahres abgeschlossen werden, an der gesamten Vertragssumme der in diesem Jahr von der Bausparkasse abgeschlossenen Bausparverträge; dabei gelten die innerhalb von zwölf Monaten abgeschlossenen Verträge eines Bausparers als ein Vertrag; auf die zulässigen Anteile von Großbausparverträgen sind die Bausparverträge, auf die der Bausparer die nach den Allgemeinen Geschäftsgrundsätzen für eine Zuteilung erforderliche Mindestansparsumme innerhalb des ersten Jahres nach Vertragsabschluß eingezahlt hat, anzurechnen;
3. die Voraussetzungen für die Gewährung von Darlehen, die der Finanzierung von Bauvorhaben mit gewerblichem Charakter dienen, und den zulässigen Anteil solcher Darlehen am Gesamtbestand der Forderungen aus Darlehen einer Bausparkasse; der Anteil darf höchstens auf drei Prozent festgesetzt werden;
4. Prozentsätze des haftenden Eigenkapitals der Bausparkassen, bis zu denen Darlehen nach § 4 Abs. 1 Nr. 7 insgesamt sowie an ein Unternehmen gewährt werden dürfen;

4a. Anlagen gemäß § 4 Absatz 3 Satz 1, insbesondere durch quantitative und qualitative Vorgaben, die auch Beschränkungen enthalten können, die über die Anforderungen in § 4 Absatz 3 Satz 2 und 3 hinausgehen, wenn dies zur Gewährleistung einer möglichst großen Sicherheit und Rentabilität bei jederzeitiger Liquidität unter Wahrung angemessener Mischung und Streuung erforderlich erscheint;

5. taugliche Zusatzsicherheiten;
6. taugliche Ersatzsicherheiten sowie den zulässigen Anteil von Darlehen, für die Ersatzsicherheiten gestellt werden, am Gesamtbestand der Forderungen aus Darlehen einer Bausparkasse;

6a. den Betrag, bis zu dem eine Bausparkasse im Einzelfall Darlehen ohne Sicherheit nach § 7 Absatz 4 Nummer 2 und Darlehen gegen Abgabe einer Verpflichtungserklärung nach § 7 Absatz 4 Nummer 1 gewähren darf, sowie den zulässigen Anteil solcher Darlehen am Gesamtbestand der Forderungen aus Darlehen einer Bausparkasse; der Anteil darf höchstens auf 30 Prozent festgesetzt werden;

7. folgende Voraussetzungen und Anforderungen einschließlich der erforderlichen Begriffsbestimmungen:
   a) die näheren Voraussetzungen des § 5 Absatz 1 bis 3, insbesondere Festlegung von Mindestanforderungen an Bestimmungen in den Allgemeinen Geschäftsgrundsätzen und den Allgemeinen Bedingungen für Bausparverträge,

b) die näheren Voraussetzungen des § 5 Absatz 4 und 5, etwa Bestimmungen zur tariflichen Zinsspanne,

c) die Mindestvoraussetzungen für die Zuteilung zur Gewährleistung eines angemessenen individuellen Sparer-Kassen-Leistungsverhältnisses, insbesondere die Mindestansparung und die Bemessung einer Mindestbewertungszahl,

d) die Voraussetzungen, unter denen die Bausparkasse ihre Zuteilungsvoraussetzungen anzupassen hat, sowie

e) die Anforderungen an das individuelle Sparer-Kassen-Leistungsverhältnis, insbesondere die Festlegung von dessen Ober- und Untergrenzen;

8. die Einzelheiten der Ermittlung der Mehrerträge nach § 6 Absatz 2 Satz 1 und 2 und ihrer Zuführung zum Sonderposten „Fonds zur bauspartechnischen Absicherung";

9. die näheren Voraussetzungen, unter denen der Sonderposten „Fonds zur bauspartechnischen Absicherung" gemäß § 6 Absatz 2 Satz 3 bis 5 verwendet werden kann, und wann dieser spätestens zu verwenden ist sowie die näheren Voraussetzungen, unter denen dieser Sonderposten nach § 6 Absatz 2 Satz 6 aufgelöst werden kann, und wann dieser spätestens aufzulösen ist;

10. Verfahren und Methoden der Bausparkassen sowie die erforderlichen technischen Grundsätze der Bausparkassen, die zur Prüfung herangezogen werden können, ob

a) im Sinne des § 5 Absatz 4 die Allgemeinen Geschäftsgrundsätze und die Allgemeinen Bedingungen für Bausparverträge die Erfüllbarkeit der von der Bausparkasse übernommenen Verpflichtungen dauerhaft gewährleistet erscheinen lassen und keine Bestimmungen vorsehen, die die Zuteilung unangemessen hinausschieben, zu unangemessen langen Vertragslaufzeiten führen oder sonstige Belange der Bausparer nicht ausreichend wahren würden,

b) im Sinne des § 5 Absatz 5 Satz 1 zwischen Bauspartarifen eine weitgehende Ausgewogenheit gewährleistet ist,

c) im Sinne des § 6 Absatz 1 Satz 2 Nummer 2 die Bausparkasse auf Grund einer nachhaltig gesicherten Liquidität ihrer Zuteilungsmasse ohne die Zuführung von Eigenmitteln und Fremdmitteln und ohne die Mittel des Fonds zur bauspartechnischen Absicherung jederzeit in der Lage ist, Ansprüche auf Auszahlung der Bauspardarlehen und Bauspareinlagen zu befriedigen,

d) im Sinne des § 6 Absatz 2 Satz 4 die Belange der Bausparer hinreichend gewahrt werden,

e) im Sinne des § 6 Absatz 2 Satz 4 ein bausparspezifisches Risiko für den nachhaltigen Betrieb des Bauspargeschäfts vorliegt,

f) im Sinne des § 6 Absatz 2 Satz 5 Nummer 1 die Wartezeiten unangemessen lang sind,

g) im Sinne des § 6 Absatz 2 Satz 5 Nummer 2 die Zuteilung nicht gewährleistet erscheint,

h) im Sinne des § 6 Absatz 2 Satz 5 Nummer 3 die Erfüllung der von der Bausparkasse in den Bausparverträgen übernommenen Verpflichtungen nicht gewährleistet erscheint,
i) im Sinne des § 9 Absatz 1 Satz 2 und § 14 Absatz 3 die Änderungen und Ergänzungen zur hinreichenden Wahrung der Belange der Bausparer erforderlich erscheinen,
j) im Sinne des § 14 Absatz 1 Satz 4 durch die Übertragung die Belange der Bausparer der übertragenden oder der übernehmenden Bausparkasse gefährdet werden und
k) im Sinne des § 16 Absatz 3 Satz 2 der Plan für eine geordnete Abwicklung unter Berücksichtigung der Belange der Bausparer keine Gewähr zu bieten scheint;

11. nähere Bestimmungen über Art, Umfang, Zeitpunkt und Form der Unterlagen und Informationen, die die Bausparkasse nach § 3 Absatz 4 dem Antrag beizufügen hat;
12. nähere Bestimmungen über Art, Umfang, Zeitpunkt und Form der kollektiven Lageberichte, die die Bausparkasse gemäß § 3 Absatz 5 zu erstellen hat, insbesondere die Festlegung von Szenarien, Größen, Parametern, Stichtagen und Berechnungsmethoden für den kollektiven Lagebericht einschließlich der Fortschreibungen und Prognosen, sowie die Bestimmung von Form und Frist, in der der kollektive Lagebericht vorzulegen ist;
13. nähere Bestimmungen über die Anforderungen an ein bauspartechnisches Simulationsmodell nach § 8 Absatz 4 und dessen Anwendungsbereich sowie über Art, Umfang und Form der Ergebnisse eines bausparspezifischen Simulationsmodells und unbeschadet des § 3 Absatz 6 über den Zeitpunkt, zu dem diese Ergebnisse der Bundesanstalt vorzulegen sind;
14. nähere Bestimmungen über
    a) den Gegenstand der nach § 8 Absatz 5 vorzunehmenden Prüfung sowie den Zeitpunkt ihrer Durchführung und
    b) den Inhalt der nach § 8 Absatz 5 zu erstellenden Prüfungsberichte und der Bestätigungsvermerke sowie über den Zeitpunkt, zu dem diese jeweils der Bundesanstalt einzureichen sind.

[2] Der Bundesminister der Finanzen kann diese Ermächtigung durch Rechtsverordnung auf die Bundesanstalt übertragen.

§ 11 Abberufung von Geschäftsleitern. Die Bundesanstalt kann die Abberufung des Geschäftsleiters einer Bausparkasse außer aus den in § 36 des Kreditwesengesetzes[1] bezeichneten Gründen auch dann verlangen, wenn dieser vorsätzlich ober leichtfertig gegen die Bestimmungen dieses Gesetzes, die zu seiner Durchführung erlassenen Verordnungen, gegen Anordnungen der Bundesanstalt oder gegen die in § 5 Abs. 2 und 3 bezeichneten Bestimmungen der Allgemeinen Geschäftsgrundsätze oder der Allgemeinen Bedingungen für Bau-

---

[1] Nr. 8.

sparverträge verstoßen hat und trotz Verwarnung durch die Bundesanstalt dieses Verhalten fortsetzt.

§ 12 Vertrauensmann. (1) [1]Die Bundesanstalt bestellt bei jeder Bausparkasse einen Vertrauensmann. [2]Vor der Bestellung ist die Bausparkasse und, soweit eine andere staatliche Aufsicht nach § 3 Abs. 2 besteht, auch die für diese Aufsicht zuständige Behörde zu hören. [3]Die Bestellung kann jederzeit widerrufen werden.

(2) Der Vertrauensmann hat darauf zu achten, daß die Bestimmungen der Allgemeinen Bedingungen für Bausparverträge über das Zuteilungsverfahren eingehalten werden.

(3) [1]Der Vertrauensmann ist befugt, die Bücher und Schriften der Bausparkasse einzusehen, soweit sie sich auf das Zuteilungsverfahren beziehen. [2]Bei Streitigkeiten zwischen der Bausparkasse und dem Vertrauensmann über dessen Obliegenheiten entscheidet die Bundesanstalt.

(4) [1]Der Vertrauensmann teilt der Bundesanstalt seine Feststellungen und Beobachtungen mit. [2]Er ist an Weisungen der Bundesanstalt nicht gebunden.

(5) Der Vertrauensmann erhält von der Bundesanstalt eine angemessene Vergütung; diese ist von der Bausparkasse in sinngemäßer Anwendung des § 51 Abs. 3 des Kreditwesengesetzes[1)] gesondert zu erstatten.

§ 13 Besondere Pflichten des Prüfers. [1]Bei der Prüfung des Jahresabschlusses einer Bausparkasse hat der Prüfer auch festzustellen, ob

1. die Bausparsummen den Allgemeinen Bedingungen für Bausparverträge entsprechend zugeteilt worden sind,
2. die Bausparkasse die in § 5 Abs. 2 Nr. 2 bezeichnete Bestimmung der Allgemeinen Geschäftsgrundsätze und die in § 5 Abs. 3 Nr. 5 bezeichnete Bestimmung der Allgemeinen Bedingungen für Bausparverträge eingehalten hat und
3. die Vorschriften einer nach § 10 erlassenen Rechtsverordnung beachtet worden sind.

[2]Das Ergebnis ist in den Prüfungsbericht aufzunehmen.

§ 14 Bestandsübertragung. (1) [1]Ein Vertrag, durch den der Bestand einer Bausparkasse an Bausparverträgen mit den zugehörigen Aktiva und Passiva auf eine andere Bausparkasse oder auf mehrere andere Bausparkassen ganz oder teilweise übertragen werden soll, bedarf der Genehmigung der Bundesanstalt. [2]Die Genehmigung ist von der Bundesanstalt im Bundesanzeiger zu veröffentlichen; sie gilt mit der Veröffentlichung den Bausparern als bekanntgegeben. [3]Die Rechte und Pflichten der übertragenden Bausparkasse aus den Bausparverträgen gehen mit der Genehmigung auch im Verhältnis zu den Bausparern auf die übernehmende Bausparkasse über; § 415 des Bürgerlichen Gesetzbuchs[2)] ist nicht anzuwenden. [4]Die Genehmigung darf nur versagt werden, wenn durch die Übertragung die Belange der Bausparer der übertragenden oder der übernehmenden Bausparkasse gefährdet werden.

---

1) Nr. **8**.
2) Auszugsweise abgedruckt unter Nr. **23**.

(2) Der Vertrag bedarf der Schriftform.

(3) Zur Zusammenführung der Kollektive genehmigt die Bundesanstalt innerhalb von zwölf Monaten nach einer Übertragung nach Absatz 1 oder einer Verschmelzung der Bausparkasse auf Antrag Änderungen oder Ergänzungen der Allgemeinen Geschäftsgrundsätze und der Allgemeinen Bedingungen für Bausparverträge, sofern die Änderungen und Ergänzungen zur hinreichenden Wahrung der Belange der Bausparer erforderlich erscheinen, es sei denn, die Änderungen oder Ergänzungen erscheinen für die Zusammenführung der Bestände an Bausparverträgen nicht geeignet oder nicht erforderlich.

§ 15 Zahlungsverbot, Zustimmung zur vereinfachten Abwicklung.

(1) [1] Besteht Gefahr für die Erfüllung der Verpflichtungen einer Bausparkasse und erscheint die Vermeidung des Insolvenzverfahrens unter Abwägung der Interessen der Bausparer und der übrigen Gläubiger geboten, so kann die Bundesanstalt alle Arten von Zahlungen einstweilen verbieten. [2] Unter den gleichen Voraussetzungen kann die Bundesanstalt auch einer vereinfachten Abwicklung (§ 5 Abs. 2 Nr. 7) zustimmen. [3] Die Vorschriften der Insolvenzordnung zum Schutz von Zahlungs- sowie Wertpapierliefer- und -abrechnungssystemen sowie von dinglichen Sicherheiten der Zentralbanken und von Finanzsicherheiten finden entsprechend Anwendung.

(2) Die Regelungen des Sanierungs- und Abwicklungsgesetzes, des Kreditinstitute-Reorganisationsgesetzes, des Einlagensicherungsgesetzes sowie § 48t des Kreditwesengesetzes[1)] bleiben unberührt.

§ 16 Einstellung des Geschäftsbetriebs. (1) [1] Beschließt eine Bausparkasse, ihren Geschäftsbetrieb einzustellen, oder ordnet die Bundesanstalt die Abwicklung der Geschäfte einer Bausparkasse nach § 2 Absatz 6 an, so ist die Bausparkasse im Rahmen der geltenden gesetzlichen Vorschriften unter Berücksichtigung der Belange der Bausparer abzuwickeln. [2] Soweit dies zur Abwendung von Nachteilen für die Belange der Bausparer erforderlich erscheint, hat sich die Bausparkasse um eine Übertragung ihres Bauspargeschäfts auf eine andere Bausparkasse nach § 14 Absatz 1 zu bemühen. [3] § 2 Absatz 5 ist entsprechend anzuwenden.

(2) [1] Die Bausparkasse hat der Bundesanstalt einen Plan für die Abwicklung nach Absatz 1 vorzulegen, es sei denn, über ihr Vermögen wurde ein Insolvenzverfahren eröffnet. [2] In dem Plan hat die Bausparkasse der Bundesanstalt insbesondere darzulegen,

1. dass sie sich erfolglos um eine Übertragung ihres Bauspargeschäfts auf eine andere Bausparkasse nach § 14 Absatz 1 bemüht hat oder dass die Abwicklung keine Nachteile für die Bausparer bringt,
2. ihren derzeitigen Bestand an Bausparverträgen mit den zugehörigen Aktiva und Passiva,
3. wie die Bausparverträge mit den zugehörigen Aktiva und Passiva abgewickelt werden sollen, wobei sie die voraussichtlich noch erfolgenden Zuteilungen gesondert auszuweisen hat,

---

1) Nr. 8.

4. in welcher Art, in welchem Umfang und zu welchem Zeitpunkt die Befriedigung ihrer Gläubiger erfolgt,
5. ob und gegebenenfalls welche Verträge auf eine andere Bausparkasse übertragen werden und
6. wann die Abwicklung voraussichtlich beendet sein wird.

(3) [1] Der Plan bedarf der Zustimmung der Bundesanstalt. [2] Die Bundesanstalt kann die Zustimmung versagen, wenn der Plan für eine geordnete Abwicklung unter Berücksichtigung der Belange der Bausparer keine Gewähr zu bieten scheint. [3] Dies kann insbesondere anzunehmen sein, wenn die Nachteile einer Abwicklung für die Bausparer durch eine Übertragung voraussichtlich vermieden werden können.

(4) [1] Die Verpflichtungen der Bausparkasse nach den Absätzen 1 und 2 sind Bestandteil der Abwicklung. [2] Kommt die Bausparkasse diesen nicht oder nur unzureichend nach oder liegen die Voraussetzungen nach Absatz 3 Satz 2 vor und versagt die Bundesanstalt ihre Zustimmung zu dem Plan, so kann die Bundesanstalt Maßnahmen zur Sicherung einer geordneten Abwicklung unter Berücksichtigung der Belange der Bausparer treffen. [3] Sie kann insbesondere

1. nach Absatz 6 in Verbindung mit § 38 Absatz 2 des Kreditwesengesetzes[1)] Weisungen für die Abwicklung erlassen und die Bestellung von Abwicklern beantragen oder vornehmen sowie
2. einen Plan für die Bausparkasse erstellen.

(5) [1] Stimmt die Bundesanstalt dem Plan zu oder erstellt sie einen Plan, so ist die Bausparkasse im Rahmen der geltenden gesetzlichen Vorschriften gemäß diesem Plan abzuwickeln. [2] Für eine spätere Änderung des Planes gelten die Absätze 2 bis 6 entsprechend.

(6) [1] Soweit in diesem Gesetz nichts Abweichendes geregelt ist, gilt § 38 Absatz 2 bis 3 des Kreditwesengesetzes. [2] Liegen die Voraussetzungen nach Absatz 4 vor, wird vermutet, dass die sonst zur Abwicklung berufenen Personen keine Gewähr für die ordnungsgemäße Abwicklung im Sinne des § 38 Absatz 2 Satz 2 des Kreditwesengesetzes bieten. [3] Die Regelungen des Sanierungs- und Abwicklungsgesetzes, des Kreditinstitute-Reorganisationsgesetzes sowie § 48t des Kreditwesengesetzes bleiben unberührt.

§ 17 Bezeichnung „Bausparkasse". (1) Die Bezeichnung „Bausparkasse" oder eine Bezeichnung, in der das Wort „Bausparkasse" oder der Wortstamm „Bauspar" enthalten ist, dürfen in der Firma, als Zusatz zur Firma, zur Bezeichnung des Geschäftszweckes oder zu Werbezwecken nur Unternehmen führen, die die Erlaubnis zum Betreiben der Geschäfte einer Bausparkasse besitzen.

(2) Absatz 1 gilt nicht für Unternehmen, die das Wort „Bausparkasse" oder eine Bezeichnung, in der das Wort „Bausparkasse" oder der Wortstamm „Bauspar" enthalten ist, in einem Zusammenhang führen, der den Anschein ausschließt, daß sie Bauspargeschäfte betreiben.

(3) Die Vorschriften der §§ 42 und 43 des Kreditwesengesetzes[1)] gelten entsprechend.

[1)] Nr. 8.

§ 18 Bestimmungen für bestehende und für neue rechtlich unselbständige Bausparkassen. (1) [1] Für Kreditinstitute, die beim Inkrafttreten dieses Gesetzes das Bauspargeschäft betreiben durften, gilt die nach § 32 des Kreditwesengesetzes[1)] erforderliche Erlaubnis zum Betrieb der für Bausparkassen zulässigen Bankgeschäfte als erteilt. [2] Die in § 35 Abs. 1 des Kreditwesengesetzes bezeichnete Frist beginnt mit dem Inkrafttreten dieses Gesetzes.

(2) [1] Kreditinstitute, die bei Inkrafttreten dieses Gesetzes das Bauspargeschäft durch rechtlich unselbständige Einrichtungen betreiben durften, gelten insoweit als Bausparkassen. [2] Sie haben das Vermögen der Bausparkasse getrennt von ihrem sonstigen Vermögen zu verwalten, für die Bausparkasse einen gesonderten Jahresabschluß aufzustellen sowie einen besonderen Geschäftsbericht zu erstatten. [3] Die Vorschriften über die Prüfung der Buchführung, des Jahresabschlusses und des Geschäftsberichts der Kreditinstitute gelten sinngemäß. [4] Der auf die Bausparkasse entfallende, in dem gesonderten Jahresabschluß ausgewiesene Anteil am haftenden Eigenkapital des Kreditinstituts gilt als haftendes Eigenkapital der Bausparkasse.

(3) [1] Auf Bausparkassen, die bis zum Inkrafttreten dieses Gesetzes andere als die nach § 4 zulässigen Geschäfte oder Geschäfte in einem weiteren als dem nach den §§ 4, 6 und 7 sowie nach den Rechtsverordnungen gemäß § 10 zulässigen Umfang betrieben haben, sind diese Vorschriften nicht anzuwenden, soweit bereits abgeschlossene Verträge betroffen werden. [2] Die Bundesanstalt kann eine angemessene Frist für die Abwicklung dieser Geschäfte festsetzen.

(4) Absatz 3 gilt entsprechend auch für solche Kreditinstitute, die nach Inkrafttreten dieses Gesetzes das Bauspargeschäft durch rechtlich unselbständige Einrichtungen betreiben.

§ 19 Überleitungsbestimmungen. (1) [1] Die auf dem Gebiet des Bausparwesens bestehenden Rechtsvorschriften sowie die auf Grund der bisherigen Rechtsvorschriften erlassenen Anordnungen bleiben aufrechterhalten, soweit ihnen nicht Bestimmungen dieses Gesetzes, des Kreditwesengesetzes[1)] oder der Verordnung (EU) Nr. 575/2013[2)] entgegenstehen. [2] Rechtsvorschriften, die für die geschäftliche Betätigung bestimmter Arten von Bausparkassen weitergehende Anforderungen stellen als dieses Gesetz, bleiben unberührt.

(2) *(aufgehoben)*

(3) Die Zuständigkeit der Länder für die Bestätigung der Umstellungsrechnung von Bausparkassen, die ihrer besonderen staatlichen Aufsicht unterliegen, bleibt unberührt.

(4) [1] Mehrerträge im Sinne des § 6 Abs. 1, die vor dem 1. Januar 2001 anfallen, müssen mindestens zu sechzig Prozent in den Sonderposten „Fonds zur bauspartechnischen Absicherung" eingestellt werden. [2] Mehrerträge im Sinne des § 6 Abs. 1 brauchen nicht in den Sonderposten „Fonds zur bauspartechnischen Absicherung" eingestellt zu werden, sofern die Zuteilungsmittel, die vorübergehend nicht zugeteilt werden können, aus Bausparverträgen herrühren, die vor dem 1. Januar 1991 abgeschlossen worden sind.

(5) Die Bausparkasse darf abweichend von § 4 Abs. 1 Nr. 6 Satz 1 Beteiligungen an einem Unternehmen über den dritten Teil des Nennbetrages aller

---

1) Nr. **8**.
2) Nr. **6**.

Anteile dieses Unternehmens hinaus halten, wenn sie diese Beteiligungen vor dem 31. Mai 1990 zulässigerweise übernommen oder erworben hat.

(5a) Die Regelungen des § 4 Absatz 3 Satz 1 Nummer 8 und des § 4 Absatz 3 Satz 2 und 3 finden erstmals Anwendung auf Anlagen, die ab dem 1. Januar 2017 getätigt werden.

(6) [1] Die nach § 6 Absatz 1 Satz 2 in der bis zum 28. Dezember 2015 geltenden Fassung dem Sonderposten „Fonds zur bauspartechnischen Absicherung" zugeführten Erträge gelten mit Ablauf des 28. Dezember 2015 als nach § 6 Absatz 2 in der ab dem 29. Dezember 2015 geltenden Fassung gebildet, soweit dieser Sonderposten nicht bis zum 28. Dezember 2015 nach § 6 Absatz 1 Satz 3 in der bis zum 28. Dezember 2015 geltenden Fassung von der Bausparkasse aufgelöst werden konnte. [2] Ab dem 29. Dezember 2015 kann der Sonderposten ausschließlich nach § 6 Absatz 2 in der ab dem 29. Dezember 2015 geltenden Fassung dieses Gesetzes verwendet und aufgelöst werden.

(7) § 8 Absatz 5 findet erstmals Anwendung auf die nach § 8 Absatz 4 zu verwendenden bauspartechnischen Simulationsmodelle, die 18 Monate nach Inkrafttreten der nach § 10 zu erlassenden Rechtsverordnung, die Bestimmungen nach § 10 Satz 1 Nummer 13 enthält, verwendet werden.

(8) Anlagen nach § 4 Absatz 3 Satz 1, die vor dem Zeitpunkt, ab dem das Vereinigte Königreich Großbritannien und Nordirland nicht mehr Mitgliedstaat der Europäischen Union ist und auch nicht wie ein solcher zu behandeln ist, im Gebiet des Vereinigten Königreichs Großbritannien und Nordirland getätigt wurden, können bis zu ihrer Fälligkeit weiter gehalten werden.

(9) Eine Sicherung von Forderungen im Sinne des § 7 Absatz 1 Satz 1, die nach § 7 Absatz 2 vor dem Zeitpunkt, ab dem das Vereinigte Königreich Großbritannien und Nordirland nicht mehr Mitgliedstaat der Europäischen Union ist und auch nicht wie ein solcher zu behandeln ist, durch die Bestellung von Grundpfandrechten an einem im Gebiet des Vereinigten Königreichs Großbritannien und Nordirland belegenen Pfandobjekt erfolgt ist, bleibt bis zum Wegfall der besicherten Forderung weiterhin zulässig.

§ 20 (Änderung und Aufhebung von Rechtsvorschriften)

§ 21[1] (Inkrafttreten)

[1] Das G in seiner ursprünglichen Fassung ist am 1.1.1973 in Kraft getreten.

17a. Verordnung zum Gesetz über Bausparkassen (Bausparkassen-Verordnung – BausparkV)

Vom 29. Dezember 2015
(BGBl. I S. 2576)

FNA 7691-2-1-3

Auf Grund des § 10 des Gesetzes über Bausparkassen[1)], der zuletzt durch Artikel 1 Nummer 12 des Gesetzes vom 21. Dezember 2015 (BGBl. I S. 2399) geändert worden ist, in Verbindung mit § 1 der Verordnung zur Übertragung der Ermächtigung zum Erlass von Rechtsverordnungen nach § 10 Satz 1 des Gesetzes über Bausparkassen auf die Bundesanstalt für Finanzdienstleistungsaufsicht, der durch Artikel 1 Absatz 4 Nummer 2 der Verordnung vom 13. Dezember 2002 (BGBl. 2003 I S. 2) geändert worden ist, verordnet die Bundesanstalt für Finanzdienstleistungsaufsicht nach Anhörung der Deutschen Bundesbank und der Spitzenverbände der Bausparkassen:

§ 1 Bauspartechnische Simulationsmodelle. (1) Ein bauspartechnisches Simulationsmodell ist jeweils nur dann als geeignet anzusehen für die in § 8 Absatz 4 des Gesetzes über Bausparkassen[1)] und die in § 2 genannten Zwecke sowie zur Beurteilung, ob nach § 4 Absatz 3 eine nachhaltig gesicherte kollektive Liquidität sichergestellt ist und die Bausparkasse aufgrund einer nachhaltig gesicherten kollektiven Liquidität jederzeit in der Lage ist, Ansprüche auf Auszahlung der Bauspardarlehen und Bausparguthaben zu befriedigen, wenn damit eine hinreichend genaue Fortschreibung der Entwicklung des Bauspargeschäfts im Sinne des § 1 Absatz 1 des Gesetzes über Bausparkassen sowie der zugehörigen Zinsaufwendungen und -erträge über einen Zeitraum von in der Regel 20 Jahren (Simulationszeitraum) möglich ist.

(2) [1] Zur Überprüfung der Güte des bauspartechnischen Simulationsmodells hat jede Bausparkasse mindestens einmal jährlich einen Rückvergleich durchzuführen. [2] Zur Beurteilung der Güte der Simulationsparameter sind mindestens einmal jährlich Soll-Ist-Vergleiche durchzuführen. [3] Die Ergebnisse des Rückvergleichs und der Soll-Ist-Vergleiche hat die jeweilige Bausparkasse in einem Validierungsbericht zusammenzufassen. [4] Der Validierungsbericht ist vorzulegen bei

1. einem unabhängigen Wirtschaftsprüfer oder einer unabhängigen Wirtschaftsprüfungsgesellschaft einmalig im Rahmen einer Prüfung nach § 8 Absatz 5 des Gesetzes über Bausparkassen und
2. der Bundesanstalt jährlich im Rahmen des kollektiven Lageberichts gemäß § 3.

(3) [1] Der Prüfer nach § 8 Absatz 5 des Gesetzes über Bausparkassen hat zur Beurteilung, ob das bauspartechnische Simulationsmodell im Sinne des Absatzes 1 geeignet ist, insbesondere zu prüfen, ob

1. die der Simulation zugrunde liegenden Annahmen plausibel erscheinen und nachvollziehbar dargelegt sowie begründet wurden,

---

[1)] Nr. **17**.

2. die Simulationsparameter mit geeigneten Methoden und hinreichender Genauigkeit unter Berücksichtigung möglicher Verhaltensweisen der Bausparer sowie der gesamtwirtschaftlichen Rahmenbedingungen plausibel und nachvollziehbar bestimmt wurden,
3. die internen Rechenperioden des Simulationsmodells drei Monate nicht übersteigen,
4. bei Annahme der Konstanz aller Simulationsparameter die Simulation zu einem Beharrungszustand im Sinne von konstanten Umsatz- und Bestandsgrößen führt und bei Einstellung eines Tarifs bei ausreichend langer Simulationsdauer die Bestandszahlen im Wesentlichen auf null geführt werden,
5. bei der Verwendung einer Stichprobe oder einer anderen geeigneten Methode zur Komprimierung des Datenbestandes der Vertragsbestand hinreichend genau abgebildet wird,
6. der Aufbau des Modells und der Ablauf des Verfahrens einschließlich der Prämissen- und Parameterfestlegung schriftlich dokumentiert wird und sichergestellt ist, dass diese Dokumentation regelmäßig aktualisiert wird, und
7. die Ergebnisse des Validierungsberichts nach Absatz 2 den Anforderungen nach Absatz 1 nicht entgegenstehen.

[2] Der Prüfungsbericht nach § 8 Absatz 5 des Gesetzes über Bausparkassen muss zweifelsfrei ergeben, ob die in Absatz 1 und 2 genannten Anforderungen an ein bauspartechnisches Simulationsmodell erfüllt sind. [3] Der Prüfer hat den Prüfungsbericht und den Bestätigungsvermerk nach § 8 Absatz 5 des Gesetzes über Bausparkassen unverzüglich nach Beendigung der Prüfung der Bundesanstalt vorzulegen.

(4) [1] Die Bundesanstalt kann der Bausparkasse die Verwendung des bauspartechnischen Simulationsmodells für sämtliche oder einzelne der in Absatz 1 genannten Zwecke untersagen, wenn es die Anforderungen nach den Absätzen 1 bis 3 nicht erfüllt. [2] Zur Beurteilung, ob die Voraussetzungen der Absätze 1 bis 3 vorliegen, zieht die Bundesanstalt in der Regel den in Absatz 3 genannten Prüfungsbericht und den Bestätigungsvermerk mit heran.

§ 2 Simulationen und Prognosen. (1) [1] Bei den nach den Regelungen des § 8 Absatz 4 des Gesetzes über Bausparkassen[1)] sowie dieser Verordnung zu erstellenden Simulationen und Prognosen hat die Bausparkasse jeweils ein Basisszenario und geeignete Stressszenarien zu simulieren. [2] Ein Basisszenario stellt insbesondere die von der Bausparkasse erwartete Entwicklung der Ertrags- und Liquiditätslage unter Berücksichtigung des erwarteten Marktzinsniveaus über einen bestimmten Zeitraum dar. [3] Ein Stressszenario liegt vor, wenn gegenüber dem Basisszenario abweichende und aus Sicht der Bausparkasse ungünstige Entwicklungen bestimmter Parameter, beispielsweise des Marktzinsniveaus oder der Neugeschäftsentwicklung, angenommen werden.

(2) [1] Die Ergebnisse einer gemäß § 8 Absatz 4 des Gesetzes über Bausparkassen mit einem bauspartechnischen Simulationsmodell durchgeführten Simulation (Simulationsergebnisse) sind von der Bausparkasse nachvollziehbar zu dokumentieren. [2] Hierzu hat die Bausparkasse einen Bericht zu erstellen. [3] In dem Bericht sind nachvollziehbar darzulegen und zu begründen:

[1)] Nr. **17**.

1. die den Simulationsergebnissen zugrunde liegenden Annahmen und
2. die Simulationsparameter und die Abhängigkeiten, die zu den jeweiligen Simulationsergebnissen führen.

(3) Die Bundesanstalt kann die Gestaltung der Szenarien vorgeben und bei Bedarf weitere Szenarien anfordern, sofern dies für den jeweiligen Zweck erforderlich erscheint.

(4) [1] Die Bundesanstalt kann die Simulationsergebnisse zur Beurteilung mit heranziehen, ob die in § 10 Nummer 10 Buchstaben a bis k des Gesetzes über Bausparkassen genannten Voraussetzungen vorliegen. [2] Zur Beurteilung nach Satz 1 kann die Bundesanstalt ferner weitere im Zusammenhang mit dem Bauspargeschäft stehende betriebswirtschaftliche Größen mit heranziehen. [3] Die Bausparkasse hat die Entwicklung dieser betriebswirtschaftlichen Größen über einen Zeitraum von in der Regel 20 Jahren (Prognosezeitraum) zu prognostizieren. [4] Zu den betriebswirtschaftlichen Größen im Sinne des Satzes 2 zählen insbesondere

1. die Höhe der Vorfinanzierungskredite oder der Zwischenfinanzierungskredite nach § 4 Absatz 1 Nummer 1 des Gesetzes über Bausparkassen,
2. die Höhe der sonstigen Baudarlehen nach § 4 Absatz 1 Nummer 2 des Gesetzes über Bausparkassen,
3. die Höhe der Geldanlagen nach § 4 Absatz 3 des Gesetzes über Bausparkassen,
4. die Höhe der zur Gewährung von Bauspardarlehen und von Darlehen nach § 4 Absatz 1 Nummer 1 und 2 des Gesetzes über Bausparkassen sowie zur Beschaffung der darüber hinaus für den Geschäftsbetrieb erforderlichen Mittel nach den Regelungen des § 4 Absatz 1 Nummer 5 des Gesetzes über Bausparkassen eingegangenen Verbindlichkeiten,
5. die Höhe des Fonds zur bauspartechnischen Absicherung nach § 6 Absatz 2 des Gesetzes über Bausparkassen,
6. die Höhe der jeweiligen Aufwendungen und Erträge, die jeweils den in Nummer 1 bis 5 genannten Größen zuzuordnen sind,
7. die Höhe der unverzinslichen Passiva,
8. die Höhe des Verwaltungsaufwands,
9. die Höhe des Provisionsüberschusses,
10. die Höhe des Teilbetriebsergebnisses im Sinne des Satzes 5,
11. die kollektive Zinsspanne im Sinne des Satzes 6,
12. die kollektiv bedingte Zinsspanne im Sinne des § 1 Absatz 4 Satz 1 des Gesetzes über Bausparkassen,
13. der kollektiv bedingte Zinsüberschuss im Sinne des § 1 Absatz 4 Satz 2 des Gesetzes über Bausparkassen und
14. der gesamte Zinsüberschuss.

[5] Das Teilbetriebsergebnis im Sinne des Satzes 4 Nummer 10 ist die Summe aus Zinsüberschuss und Provisionsüberschuss abzüglich des Verwaltungsaufwands. [6] Die kollektive Zinsspanne im Sinne des Satzes 4 Nummer 11 ist die Differenz von durchschnittlicher Verzinsung der Bauspardarlehen und durchschnittlicher Verzinsung der Bauspareinlagen. [7] Die durchschnittliche Verzinsung der Bau-

spardarlehen im Sinne des Satzes 6 ist das Verhältnis Zinsertrag zu Jahresdurchschnittsbestand an Bauspardarlehen. [8]Die durchschnittliche Verzinsung der Bauspareinlagen im Sinne des Satzes 6 ist das Verhältnis Zinsaufwand zu Jahresdurchschnittsbestand an Bauspareinlagen. [9]Die Annahmen, die der Prognose über die Entwicklung der in Satz 4 Nummer 1 bis 9 genannten Größen zugrunde liegen, sind nachvollziehbar darzulegen und zu begründen.

(5) Die Bundesanstalt kann weitere zu prognostizierende Größen benennen, sofern dies erforderlich erscheint, um zu beurteilen, ob die Voraussetzungen nach § 10 Nummer 10 Buchstabe a bis k des Gesetzes über Bausparkassen vorliegen.

(6) [1]Die Ergebnisse einer nach den Absätzen 4 und 5 erstellten Prognose (Prognoseergebnisse) sind von der Bausparkasse nachvollziehbar zu dokumentieren. [2]Absatz 1 Satz 1 und Absatz 3 gelten entsprechend. [3]Die den Prognoseergebnissen zugrunde liegenden Annahmen, die Prognoseparameter und die Abhängigkeiten, die zu den jeweiligen Prognoseergebnissen führen, sowie die Zusammenhänge mit den Simulationsergebnissen nach Absatz 2 sind von der Bausparkasse nachvollziehbar darzulegen und zu begründen.

(7) Die Bundesanstalt kann die Form vorgeben, in der Simulations- und Prognoseergebnissen darzulegen und zu begründen sind, insbesondere auch deren Verbindung in einem gemeinsamen Bericht.

(8) [1]Bei Anträgen auf eine Genehmigung nach § 6 Absatz 1 Satz 2 Nummer 2 und Absatz 2 Satz 4, nach § 9 Absatz 1 Satz 1 und 2 sowie nach § 14 Absatz 1 und 3 des Gesetzes über Bausparkassen hat die Bausparkasse ihrem jeweiligen Antrag in der Regel beizufügen:

1. aktuelle Simulations- und Prognoseergebnisse sowie
2. einen Bericht zu den Simulations- und Prognoseergebnissen.

[2]Diese müssen den Anforderungen nach den Absätzen 1 bis 7 entsprechen.

§ 3 Kollektiver Lagebericht. (1) [1]Die Bausparkasse hat der Bundesanstalt bis spätestens zum Ende eines Kalenderjahres einen kollektiven Lagebericht nach § 3 Absatz 5 des Gesetzes über Bausparkassen[1)] einzureichen. [2]Dieser hat unter Beschreibung des Istzustands des Bausparkollektivs und der aktuellen gesamtwirtschaftlichen Rahmenbedingungen die in § 2 Absatz 8 Satz 1 Nummer 1 und 2 aufgeführten Informationen und Unterlagen zu enthalten. [3]§ 2 Absatz 8 Satz 2 gilt entsprechend. [4]Darüber hinaus hat die Bausparkasse insbesondere darzulegen

1. die Risiken derjenigen Tarife, deren Verzinsung vom jeweiligen Marktzinsniveau erheblich abweicht,
2. den Anteil der Tarife, absolut und relativ gemessen am gesamten Bausparsummenbestand, getrennt nach der Spar- und der Darlehensphase, deren individuelles Sparer-Kassen-Leistungsverhältnis größer als 1,000 ist, einschließlich einer Erläuterung der Auswirkungen dieser Tarife auf den Zinsertrag und die kollektive Liquidität sowie einer Beurteilung der diesbezüglichen Risiken und auch der Risikobegrenzungsmaßnahmen,
3. die Maßnahmen zur Absicherung der Risiken aus längerfristigen Verbindlichkeiten und

---

[1)] Nr. **17**.

4. eine Beurteilung, ob die Erfüllung der übernommenen Verpflichtungen im Sinne des § 3 Absatz 5 Satz 1 Nummer 1 des Gesetzes über Bausparkassen im Simulationszeitraum gewährleistet ist.

(2) [1] Den kollektiven Lagebericht hat die Bausparkasse um Schwellenwerte für ausgewählte, geeignete Größen der Simulations- und Prognoseergebnisse gemäß § 2 Absatz 2 und 6 zu ergänzen, deren Über- oder Unterschreitung Gegensteuerungsmaßnahmen erforderlich machen würde. [2] Sind die Schwellenwerte im Simulationszeitrum über- oder unterschritten, hat die Bausparkasse geeignete Gegensteuerungsmaßnahmen aufzuzeigen. [3] Sind die Schwellenwerte in den ersten fünf Jahren des Simulationszeitraums über- oder unterschritten, so sind die Wirkungen geeigneter Gegensteuerungsmaßnahmen qualitativ und quantitativ zu beschreiben.

(3) Die Bundesanstalt kann den Bausparkassen abweichend von Absatz 1 Satz 1 vorgeben, zu welchen Zeitpunkten und in welcher Häufigkeit innerhalb eines Kalenderjahres die Bausparkasse der Bundesanstalt einen kollektiven Lagebericht einzureichen hat.

§ 4 Mindestanforderungen an Bauspartarife. (1) In die Allgemeinen Bedingungen für Bausparverträge sind Mindestbewertungszahlen oder andere geeignete Zuteilungsvoraussetzungen aufzunehmen, die eine nachhaltig gesicherte kollektive Liquidität sicherstellen sollen.

(2) [1] Die Leistungen der Bausparer im Sinne des § 5 Absatz 4 Nummer 1 des Gesetzes über Bausparkassen[1)] sind das Verhältnis Guthabenzinsen, die in der Sparphase angefallenen sind, zu Guthabenzinssatz (Sparerleistungen). [2] Die Leistungen der Bausparkasse im Sinne des § 5 Absatz 4 Nummer 1 des Gesetzes über Bausparkassen sind das Verhältnis Darlehenszinsen, die in der Tilgungsphase angefallenen sind, zu Darlehenszinssatz (Kassenleistungen). [3] Das niedrigste individuelle Sparer-Kassen-Leistungsverhältnis eines Bauspartarifs im Sinne des § 5 Absatz 4 Nummer 1 des Gesetzes über Bausparkassen muss vorbehaltlich des Satzes 4 zum Zeitpunkt der Zuteilung mindestens 0,400 betragen. [4] Die Bundesanstalt kann unter Berücksichtigung der Umstände des Einzelfalls den Mindestwert für das individuelle Sparer-Kassen-Leistungsverhältnis abweichend von Satz 3 bestimmen, sofern für die in einer Zuteilungsmasse geführten Bauspartarife eine nachhaltig gesicherte kollektive Liquidität gewährleistet erscheint.

(3) [1] Zur Beurteilung, ob eine nachhaltig gesicherte kollektive Liquidität sichergestellt ist, kann die Bundesanstalt insbesondere die Simulationsergebnisse gemäß § 2 Absatz 2 mit heranziehen. [2] Der Nachweis einer nachhaltig gesicherten kollektiven Liquidität ist zudem durch ein langfristig angemessenes kollektives Sparer-Kassen-Leistungsverhältnis und gegebenenfalls weitere, von der Bundesanstalt zu benennende Größen zu führen. [3] Das kollektive Sparer-Kassen-Leistungsverhältnis ist der Quotient aus der Summe der Sparerleistungen der Bausparverträge, deren Bausparguthaben an die Bausparer innerhalb eines Kalenderjahres ausgezahlt wurden, und der Summe der Kassenleistungen derjenigen Bausparverträge, bei denen im Kalenderjahr die erste Darlehensauszahlung erfolgte. [4] Bei der Berechnung der Kassenleistung kann die Bundesanstalt neben der Berücksichtigung der tariflichen Tilgungsbeiträge auch zusätzliche

---

[1)] Nr. **17**.

Berechnungen mit höheren Tilgungsbeiträgen (Sondertilgungen) verlangen. [5]Die Werte des kollektiven Sparer-Kassen-Leistungsverhältnisses für das abgelaufene Kalenderjahr sind der Bundesanstalt jährlich vorzulegen.

(4) Führen die Zuteilungsvoraussetzungen nicht zu einer nachhaltig gesicherten kollektiven Liquidität oder ergeben sich für das kollektive Sparer-Kassen-Leistungsverhältnis nicht nur vorübergehend unangemessen hohe Werte, hat die Bausparkasse die Zuteilungsvoraussetzungen unverzüglich in geeigneter Weise anzupassen.

(5) [1]In den Allgemeinen Bedingungen für Bausparverträge ist die Differenz zwischen nominalem Darlehenszins und dem Guthabenzins in einem Bauspartarif (tarifliche Zinsspanne) so festzulegen, dass die Erfüllbarkeit der von der Bausparkasse übernommenen Verpflichtungen dauerhaft gewährleistet erscheint. [2]Bei der Festlegung der tariflichen Zinsspanne ist die Höhe der individuellen Sparer-Kassen-Leistungsverhältnisse angemessen zu berücksichtigen.

§ 5 Gewährung von Vorfinanzierungs- oder Zwischenfinanzierungskrediten und sonstigen Baudarlehen aus Zuteilungsmitteln. (1) [1]Beantragt eine Bausparkasse eine Genehmigung nach § 6 Absatz 1 Satz 2 Nummer 2 des Gesetzes über Bausparkassen[1)], so hat sie insbesondere mittels Simulationsergebnissen darzulegen, dass sie aufgrund einer nachhaltig gesicherten kollektiven Liquidität jederzeit in der Lage ist, Ansprüche auf Auszahlung der Bauspardarlehen und Bausparguthaben zu befriedigen. [2]Die Bundesanstalt kann zusätzlich weitere relevante Informationen, insbesondere aus dem kollektiven Lagebericht (§ 3) mit heranziehen, die zur Beurteilung, ob die Voraussetzungen des § 6 Absatz 1 Nummer 2 des Gesetzes über Bausparkassen vorliegen, erforderlich sind.

(2) [1]Die Laufzeit der Darlehen nach § 4 Absatz 1 Nummer 1 und 2 des Gesetzes über Bausparkassen, die aus Mitteln der Zuteilungsmasse refinanziert werden, darf einen Zeitraum von zwölf Jahren nicht überschreiten. [2]Die Bundesanstalt kann diesen Zeitraum verkürzen, wenn anderenfalls die Belange der Bausparer nicht ausreichend gewahrt wären. [3]Dies kann insbesondere dann der Fall sein, wenn die Zuteilung zur Mindestbewertungszahl nicht gewährleistet ist oder es nicht gewährleistet erscheint, dass die Bausparkasse aufgrund einer nachhaltig gesicherten kollektiven Liquidität jederzeit in der Lage ist, Ansprüche auf Auszahlung der Bauspardarlehen und Bausparguthaben zu befriedigen. [4]Die Bundesanstalt kann Ausnahmen von Satz 1 in besonderen Fällen auf Antrag zulassen.

(3) Bausparkassen, die eine Genehmigung nach § 6 Absatz 1 Nummer 2 des Gesetzes über Bausparkassen beantragt oder erhalten haben, haben nachfolgende Anforderungen einzuhalten:

1. insbesondere die fortgeschriebenen Werte der Bauspareinlagen und Bauspardarlehen mindestens jährlich mit den Ist-Werten zu vergleichen und am Ende eines Kalenderjahres die fortgeschriebenen Werte den Ist-Werten gegenüberzustellen sowie das Ergebnis der Bundesanstalt einzureichen;
2. bei gravierenden Abweichungen der Ist-Werte von den Soll-Werten im Sinne der Nummer 1 eine Abweichungsanalyse durchzuführen, die Ergeb-

[1)] Nr. **17**.

nisse der Analyse der Bundesanstalt anzuzeigen, die Abweichungsursachen zu begründen und Maßnahmen aufzuzeigen, die geeignet sind, derartige Abweichungen künftig zu verhindern.

(4) Die Bausparkasse hat der Bundesanstalt unverzüglich schriftlich anzuzeigen, wenn ihr aufgrund der Simulationsergebnisse, Prognoseergebnisse oder sonstiger Größen Erkenntnisse vorliegen, nach denen es nicht gewährleistet erscheint, dass die Bausparkasse aufgrund einer nachhaltig gesicherten kollektiven Liquidität jederzeit in der Lage ist, Ansprüche auf Auszahlung der Bauspardarlehen und Bausparguthaben zu befriedigen.

(5) [1] Die Bundesanstalt kann eine Genehmigung nach § 6 Absatz 1 Nummer 2 des Gesetzes über Bausparkassen insbesondere auch versagen, bei Bekanntgabe oder nachträglich mit Nebenbestimmungen versehen oder widerrufen, wenn

1. die Anforderungen nach Absatz 1 Satz 1 oder Absatz 2 nicht eingehalten werden oder
2. gravierende Abweichungen im Sinne des Absatzes 2 Nummer 2 nicht nur einmalig auftreten und die Abweichungen nicht nachweislich auf von der Bausparkasse nicht prognostizierbare externe Faktoren zurückzuführen sind.

[2] Bei ihrer Entscheidung über eine Versagung, einen Widerruf oder eine Nebenbestimmung zu der Genehmigung berücksichtigt die Bundesanstalt die Belange der Bausparer. [3] Liegen die Voraussetzungen vor, eine Genehmigung zu widerrufen, kann die Bundesanstalt anstelle eines sofortigen Widerrufs insbesondere die Genehmigung nachträglich befristen und mit Auflagen versehen, wenn dies geeignet und erforderlich erscheint, um der Bausparkasse zu ermöglichen, ihre Kollektivsteuerung innerhalb eines angemessenen Zeitraums an den Umstand anzupassen, dass sie die Zuteilungsmasse nicht mehr gemäß der ursprünglichen Genehmigung verwenden darf.

§ 6 Tarifgenehmigungsanträge und Anträge auf Genehmigung von Bestandsübertragungen. (1) [1] Die Bausparkasse hat Anträgen auf eine Genehmigung nach § 9 Absatz 1 Satz 1 und 2 und nach § 14 Absatz 3 des Gesetzes über Bausparkassen[1)] insbesondere die nachfolgend aufgeführten Unterlagen beizufügen:

1. die Allgemeinen Geschäftsgrundsätze und Allgemeinen Bedingungen für Bausparverträge, die Gegenstand des Antrags sind, sowie
2. Nachweise darüber, dass die Anforderungen nach § 4 eingehalten worden sind.

[2] Die Unterlagen können auch in elektronischer Form bei der Bundesanstalt vorgelegt werden.

(2) Die Bausparkasse hat Anträgen auf eine Genehmigung nach § 14 Absatz 1 des Gesetzes über Bausparkassen insbesondere die folgenden Unterlagen beizufügen:

1. den Vertrag, durch den der Bestand an Bausparverträgen mit den zugehörigen Aktiva und Passiva auf eine andere oder auf mehrere andere Bausparkassen ganz oder teilweise übertragen werden soll, sowie

---

[1)] Nr. **17**.

2. Unterlagen, aus denen hervorgeht, dass die Anforderungen nach § 4 eingehalten werden.

(3) § 2 Absatz 8 bleibt von den Absätzen 1 und 2 unberührt.

§ 7 Zuführung zum Fonds zur bauspartechnischen Absicherung.

(1) [1]Die Zuführung zum Fonds zur bauspartechnischen Absicherung nach § 6 Absatz 2 Satz 2 des Gesetzes über Bausparkassen[1)] erfolgt jährlich zum Ende des Geschäftsjahres. [2]Für den Fall, dass der Unterschiedsbetrag zwischen dem Ist-Zinsertrag im Sinne des Absatzes 2 und dem Soll-Zinsertrag im Sinne des Absatzes 3 positiv ist, sind dem Fonds sechs Zehntel des Unterschiedsbetrags zuzuführen.

(2) [1]Der Ist-Zinsertrag ist das Produkt aus dem außerkollektiven Zinssatz und der Summe aus den nicht in Bauspardarlehen angelegten Bausparguthaben und dem Fonds zuzüglich des Produkts aus den Bauspardarlehen und dem bauspardarlehensgewichteten Durchschnitt der tariflichen Bauspardarlehenszinssätze. [2]Der außerkollektive Zinssatz ist der Quotient aus dem außerkollektiven Zinsertrag und dem Volumen der außerkollektiven Geldanlagen und der außerkollektiven Kredite der Bausparkasse.

(3) [1]Der Soll-Zinsertrag ist das Produkt aus dem kollektiven Zinssatz und den Kollektivmitteln im Sinne des § 1 Absatz 7 des Gesetzes über Bausparkassen. [2]Der kollektive Zinssatz ist der bauspareinlagengewichtete Durchschnitt der tariflichen Bauspardarlehenszinssätze.

(4) Bei Tarifen oder Tarifvarianten, bei denen das individuelle Sparer-Kassen-Leistungsverhältnis größer als 1,000 ist, kann statt des Zinssatzes für Bauspardarlehen wahlweise der Guthabenzins für Bauspareinlagen zuzüglich 2 Prozent zum Ansatz gebracht werden.

§ 8 Einsatz des Fonds zur bauspartechnischen Absicherung. (1) [1]Die Mittel des Fonds zur bauspartechnischen Absicherung sind im Sinne des § 6 Absatz 2 Satz 1 Nummer 1 des Gesetzes über Bausparkassen[1)] einzusetzen, soweit die Zuteilung mit einer Zielbewertungszahl, die für Regelsparer zu einem individuellen Sparer-Kassen-Leistungsverhältnis von 1,000 führt, ohne Zuführung außerkollektiver Mittel zur Zuteilungsmasse nicht aufrechterhalten werden kann (obere Einsatzbewertungszahl). [2]Für alle Bauspartarife einer Zuteilungsmasse gilt eine in den Allgemeinen Geschäftsgrundsätzen zu nennende einheitliche obere Einsatzbewertungszahl, die nach den Allgemeinen Bedingungen für Bausparverträge derjenigen Bauspartarifvariante zu ermitteln ist, die im nicht zugeteilten Vertragsbestand summenmäßig den größten Anteil hat und deren niedrigstes individuelles Sparer-Kassen-Leistungsverhältnis gleichzeitig weniger als 0,800 beträgt.

(2) [1]Die Mittel des Fonds zur bauspartechnischen Absicherung können im Sinne des § 6 Absatz 2 Satz 1 Nummer 1 des Gesetzes über Bausparkassen eingesetzt werden, soweit die Zuteilung mit einer Zielbewertungszahl in Höhe der unteren Einsatzbewertungszahl nicht aufrechterhalten werden kann. [2]Für alle Bauspartarife einer Zuteilungsmasse gilt eine in den Allgemeinen Geschäftsgrundsätzen zu nennende einheitliche untere Einsatzbewertungszahl, die

---

[1)] Nr. **17**.

das 1,4fache der nach den Allgemeinen Bedingungen für Bausparverträge höchsten Mindestbewertungszahl aller Tarife nicht übersteigen darf.

(3) Die Bausparkasse kann aus dem Fonds zur bauspartechnischen Absicherung in den Fällen der Absätze 1 und 2 den Betrag entnehmen, der sich ergibt, wenn auf die außerkollektiven Mittel, die der Zuteilungsmasse zugeführt werden, ein Zinssatz angewendet wird, der dem Unterschiedsbetrag aus dem effektiven Jahreszins für die zugeführten Mittel und dem kollektiven Zinssatz entspricht.

(4) Zur Sicherung einer kollektiv bedingten Zinsspanne im Sinne des § 6 Absatz 2 Satz 1 Nummer 2 des Gesetzes über Bausparkassen kann die Bausparkasse für den Fall, dass der Unterschiedsbetrag zwischen dem Ist-Zinsertrag (§ 7 Absatz 2) und dem Soll-Zinsertrag (§ 7 Absatz 3), negativ ist, bis zu acht Zehntel dieses negativen Unterschiedsbetrags dem Fonds zur bauspartechnischen Absicherung zum Ende des Geschäftsjahres entnehmen.

(5) § 6 Absatz 2 Satz 3 bis 6 des Gesetzes über Bausparkassen sowie die Absätze 1 bis 4 gelten auch für Mittel, die dem Fonds über die Anforderungen nach § 7 Absatz 1 hinaus zugeführt wurden.

§ 9 Großbausparverträge. (1) [1] Großbausparverträge sind Bausparverträge, bei denen die Bausparsumme den Betrag von 350 000 Euro übersteigt. [2] Alle innerhalb von zwölf Monaten abgeschlossenen Bausparverträge eines Bausparers gelten dabei als ein Vertrag.

(2) Der Anteil der nicht zugeteilten Großbausparverträge am gesamten nicht zugeteilten Bausparsummenbestand der Bausparverträge einer Bausparkasse darf nicht höher als 15 Prozent sein.

(3) Der Anteil der Großbausparverträge, die innerhalb eines Kalenderjahres abgeschlossen werden, an der gesamten Bausparsumme der in diesem Jahr von der Bausparkasse abgeschlossenen Bausparverträge darf nicht höher als 30 Prozent sein.

(4) Auf die nach den Absätzen 2 und 3 zulässigen Anteile von Großbausparverträgen sind diejenigen Bausparverträge anzurechnen, auf die der Bausparer die für eine Zuteilung erforderliche Mindestansparsumme innerhalb des ersten Jahres nach Vertragsabschluss eingezahlt hat.

§ 10 Gewerbliche Finanzierungen. Der Anteil der Darlehen, die der Finanzierung von Bauvorhaben mit gewerblichem Charakter dienen, darf drei Prozent des Gesamtbestandes der Forderungen aus Darlehen einer Bausparkasse nicht übersteigen.

§ 11 Darlehen an Beteiligungsunternehmen. (1) Darlehen nach § 4 Absatz 1 Nummer 7 des Gesetzes über Bausparkassen [1)] dürfen einer Bausparkasse insgesamt in Höhe von bis zu 60 Prozent ihrer Eigenmittel nach Artikel 72 der Verordnung (EU) Nr. 575/2013 [2)] des Europäischen Parlaments und des Rates vom 26. Juni 2013 über Aufsichtsanforderungen an Kreditinstitute und Wertpapierfirmen und zur Änderung der Verordnung (EU) Nr. 648/2012 (ABl. L 176 vom 27.6.2013, S. 1, L 208 vom 2.8.2013, S. 68, L 321 vom 30.11.2013,

---

[1)] Nr. **17**.
[2)] Nr. **6**.

S. 6, L 193 vom 21.7.2015, S. 166), die durch die Delegierte Verordnung (EU) 2015/62 (ABl. L 11 vom 17.1.2015, S. 37) geändert worden ist, gewährt werden.

(2) Einem einzelnen Unternehmen, an dem die Bausparkasse beteiligt ist, dürfen Darlehen nach Absatz 1 insgesamt in Höhe von bis zu 20 Prozent ihrer Eigenmittel nach Artikel 72 der Verordnung (EU) Nr. 575/2013 gewährt werden.

§ 12 Darlehen gegen Verpflichtungserklärung, Blankodarlehen.

(1) Darlehen gegen Abgabe einer Verpflichtungserklärung nach § 7 Absatz 4 Nummer 1 des Gesetzes über Bausparkassen[1] oder ohne Sicherung nach § 7 Absatz 4 Nummer 2 des Gesetzes über Bausparkassen dürfen im Einzelfall nur bis zu einem Betrag von 30 000 Euro gewährt werden.

(2) Der Anteil aller Darlehen nach Absatz 1 darf insgesamt 30 Prozent des Gesamtbestandes der Forderungen aus Darlehen einer Bausparkasse nicht übersteigen.

§ 13 Begrenzung der nicht durch Grundpfandrechte gesicherten Darlehen. Der Anteil der Darlehen, für die Ersatzsicherheiten nach § 7 Absatz 3 des Gesetzes über Bausparkassen[1] gestellt werden, sowie der Darlehen nach § 12 Absatz 1 darf insgesamt 45 Prozent des Gesamtbestandes der Forderungen aus Darlehen einer Bausparkasse nicht übersteigen.

§ 14 Überleitungsbestimmung. Eine nach den Regelungen des § 6 Absatz 1 Satz 1 in Verbindung mit § 10 Satz 1 Nummer 1 des Gesetzes über Bausparkassen[1] in der bis zum 28. Dezember 2015 geltenden Fassung in Verbindung mit § 1 Absatz 4 der Bausparkassen-Verordnung in der bis zum 30. Dezember 2015 geltenden Fassung von der Bundesanstalt zugelassene Ausnahme von § 1 Absatz 1 bis 3 der Bausparkassen-Verordnung in der bis zum 30. Dezember 2015 geltenden Fassung gilt für einen Übergangszeitraum vom 29. Dezember 2015 bis zum 29. August 2017 als eine Genehmigung der Bundesanstalt nach § 6 Absatz 1 Nummer 2 des Gesetzes über Bausparkassen in der ab dem 29. Dezember 2015 geltenden Fassung, Mittel aus der Zuteilungsmasse, die vorübergehend nicht für die Zuteilung verwendet werden können, zwischenzeitlich zur Gewährung von Darlehen nach § 4 Absatz 1 Nummer 1 des Gesetzes über Bausparkassen in der ab dem 29. Dezember 2015 geltenden Fassung, verwenden zu dürfen.

§ 15 Inkrafttreten, Außerkrafttreten. [1]Diese Verordnung tritt am Tag nach der Verkündung[2] in Kraft. [2]Gleichzeitig tritt die Bausparkassen-Verordnung vom 19. Dezember 1990 (BGBl. I S. 2947), die zuletzt durch Artikel 1 der Verordnung vom 24. April 2009 (BGBl. I S. 999) geändert worden ist, außer Kraft.

---

[1] Nr. **17**.

[2] Verkündet am 30.12.2015.

18. Gesetz zur Errichtung eines Finanzmarktstabilisierungsfonds (Finanzmarktstabilisierungsfondsgesetz – FMStFG) [1)2)]

Vom 17. Oktober 2008
(BGBl. I S. 1982)

FNA 660-3

zuletzt geänd. durch Art. 7 G zur Ausübung von Optionen der EU-ProspektVO und zur Anpassung weiterer Finanzmarktgesetze v. 10.7.2018 (BGBl. I S. 1102)

Inhaltsübersicht

[1)] Zum Leitungsausschuss siehe Übergangsregelungen in § 18.
[2)] Siehe hierzu ua:
Statut Abwicklungsanstalt „FMS Wertmanagement" v. 29.1.2019 (BAnz AT 13.05.2019 B4).

Teil 1. Finanzmarktstabilisierungsfonds

§ 1 Errichtung des Fonds Es wird ein Fonds des Bundes unter der Bezeichnung „Finanzmarktstabilisierungsfonds – FMS“ errichtet.

§ 2 Zweck des Fonds. (1) [1]Der Fonds dient der Stabilisierung des Finanzmarktes durch Überwindung von Liquiditätsengpässen und durch Schaffung der Rahmenbedingungen für eine Stärkung der Eigenkapitalbasis von Unternehmen im Sinne des § 2 des Restrukturierungsfondsgesetzes[1)] in der bis zum 31. Dezember 2014 geltenden Fassung (Unternehmen des Finanzsektors). [2]Kreditinstitute, die gemäß § 5 Absatz 1 Nummer 2 des Körperschaftsteuergesetzes in der bis zum 31. Dezember 2014 geltenden Fassung von der Körperschaftsteuer befreit sind, und Brückeninstitute im Sinne des § 5 Absatz 1 des Restrukturierungsfondsgesetzes in der bis zum 31. Dezember 2014 geltenden Fassung sind keine Unternehmen des Finanzsektors im Sinne des Satzes 1.

(2) Der Fonds ist ein Sondervermögen im Sinne des Artikels 110 Absatz 1 des Grundgesetzes.

§ 3 Stellung im Rechtsverkehr. [1]Der Fonds ist nicht rechtsfähig. [2]Er kann unter seinem Namen im rechtsgeschäftlichen Verkehr handeln, klagen und verklagt werden. [3]Arrest oder andere Maßnahmen der Zwangsvollstreckung in den Fonds finden nicht statt. [4]§ 394 Satz 1 des Bürgerlichen Gesetzbuchs[2)] ist entsprechend anzuwenden. [5]Der allgemeine Gerichtsstand des Fonds ist Frankfurt am Main.

Teil 2. Institutioneller Rahmen

§ 3a Bundesanstalt für Finanzmarktstabilisierung; Trägerschaft der Finanzagentur; Organisation und Aufgaben; Verordnungsermächtigung. (1) [1]Die mit diesem Gesetz in der Fassung vom 17. Oktober 2008 errichtete Finanzmarktstabilisierungsanstalt wird mit Wirkung zum 23. Juli 2009 eine bundesunmittelbare, rechtsfähige Anstalt des öffentlichen Rechts im Geschäftsbereich des Bundesministeriums der Finanzen. [2]Sie trägt die Bezeichnung „Bundesanstalt für Finanzmarktstabilisierung – FMSA“ (Anstalt). [3]Die

---

1) Nr. **21**.
2) Auszugsweise abgedruckt unter Nr. **23**.

Anstalt hat ihren Sitz in Frankfurt am Main. [4]Sie untersteht der Rechts- und Fachaufsicht des Bundesministeriums der Finanzen. [5]Das Bundesministerium der Finanzen ist insbesondere befugt, alle Anordnungen zu treffen, um den Geschäftsbetrieb der Anstalt mit den Gesetzen, der Satzung und den sonstigen Bestimmungen im Einklang zu halten und die zweckmäßige Wahrnehmung der Aufgaben der Anstalt sicherzustellen und zu überprüfen. [6]Die Bundesrepublik Deutschland – Finanzagentur GmbH (Finanzagentur) wird mit der Trägerschaft an der Anstalt beliehen und führt nach Maßgabe dieses Gesetzes Aufgaben und Befugnisse der Anstalt fort.

(2) [1]Die Anstalt nimmt die ihr nach § 8a übertragenen Aufgaben wahr und ist für die Erfüllung dieser Aufgaben verantwortlich. [2]Die Finanzagentur unterstützt die Anstalt bei der Erfüllung dieser Aufgaben.

(2a) [1]Alle übrigen Aufgaben im Zusammenhang mit der Verwaltung des Fonds nimmt die Finanzagentur, auch im Namen des Fonds, als eigene wahr. [2]Die Finanzagentur untersteht hinsichtlich der Wahrnehmung der Aufgaben nach diesem Gesetz der Rechts- und Fachaufsicht des Bundesministeriums der Finanzen. [3]Das Bundesministerium der Finanzen kann Aufgaben und Befugnisse der Finanzagentur nach diesem Gesetz vorübergehend selbst wahrnehmen oder auf eine Behörde in seinem Geschäftsbereich oder einen Dritten übertragen, wenn auf andere Weise die recht- und zweckmäßige Wahrnehmung der Aufgaben nicht sichergestellt werden kann.

(2b) [1]Die Finanzagentur übernimmt alle Rechte und Pflichten, Verträge und sonstigen Rechtsverhältnisse der Anstalt, soweit diese die auf die Finanzagentur nach diesem Gesetz übergegangenen Aufgaben betreffen, und tritt hinsichtlich der übergehenden Rechte und Pflichten in allen Verwaltungs- und Gerichtsverfahren, an denen die Anstalt beteiligt ist, an deren Stelle. [2]Dies gilt nicht für bestehende und künftige Rechte und Pflichten der Anstalt, soweit sie die der Anstalt nach § 8a übertragenen Aufgaben betreffen. [3]Absatz 2c bleibt unberührt.

(2c) [1]Die Finanzagentur tritt zum 1. Januar 2018 in die Rechte und Pflichten aus den Arbeitsverhältnissen mit übergehenden Beschäftigten ein. [2]Als übergehende Beschäftigte im Sinne von Satz 1 gelten die bei der Anstalt beschäftigten Arbeitnehmerinnen und Arbeitnehmer, die nicht übergehende Beschäftigte im Sinne des § 18a Absatz 3 des Finanzdienstleistungsaufsichtsgesetzes[1)] sind und nicht zum 31. August 2017 in der Abteilung Abwicklungsanstalten der Anstalt tätig sind. [3]Die vom Übergang betroffenen Beschäftigten werden von der Anstalt bis zum 31. Oktober 2017 schriftlich über die rechtlichen, wirtschaftlichen und sozialen Folgen des Übergangs unterrichtet. [4]Die Beschäftigten können dem Übergang ihrer Arbeitsverhältnisse widersprechen. [5]Der Widerspruch kann gegenüber der Anstalt oder der Finanzagentur innerhalb eines Monats nach Zugang der Unterrichtung schriftlich erklärt werden.

(2d) Für die übergehenden Verbindlichkeiten der Anstalt haftet die Bundesrepublik Deutschland unbeschränkt.

(3) [1]Die Anstalt wird von einem Leitungsausschuss geleitet, der aus einem oder mehreren Mitgliedern bestehen kann. [2]Der Leitungsausschuss ist Vorgesetzter der Mitarbeiterinnen und Mitarbeiter der Anstalt. [3]Für die Ernen-

---

1) Nr. **7**.

nung und die Rechtsstellung der Mitglieder des Leitungsausschusses gelten die Bestimmungen des § 3c.

(4) [1] Die Anstalt weist die in ihrem Verwaltungsbereich zu erwartenden Einnahmen und zu leistenden Ausgaben in einem Wirtschaftsplan einschließlich eines Stellenplans aus. [2] Das Haushaltsjahr ist das Kalenderjahr. [3] Auf Zahlungen, die Buchführung und die Rechnungslegung sind die für die bundesunmittelbaren juristischen Personen geltenden Bestimmungen der Bundeshaushaltsordnung anzuwenden. [4] Näheres über Haushaltsführung, Rechnungslegung und Revision wird in der Satzung der Anstalt geregelt.

(5) [1] Die Finanzagentur kann sich nach Maßgabe einer gemäß § 4 Absatz 2 zu erlassenden Rechtsverordnung bei der Erfüllung ihrer Aufgaben nach diesem Gesetz geeigneter Dritter bedienen. [2] Für die Anstalt gelten die Regelungen aus § 1 Absatz 4 der Finanzmarktstabilisierungsfonds-Verordnung in der am 1. Januar 2018 geltenden Fassung entsprechend. [3] Die Finanzagentur und die Anstalt können bei der Abwicklung ihrer Geschäfte die Deutsche Bundesbank im Rahmen von § 20 des Bundesbankgesetzes[1)] in Anspruch nehmen.

(6) [1] Das Bundesministerium der Finanzen wird ermächtigt, durch Rechtsverordnung, die nicht der Zustimmung des Bundesrates bedarf, die Satzung der Anstalt zu erlassen. [2] Die Satzung kann vom Bundesministerium der Finanzen durch Rechtsverordnung die nicht der Zustimmung des Bundesrates bedarf geändert werden. [3] In der Satzung sind, soweit erforderlich, insbesondere Bestimmungen über die Organisation der Anstalt, die Rechte und Pflichten der Finanzagentur als Trägerin der Anstalt und die Aufgabenverteilung im Verhältnis zur Finanzagentur, ihre Vertretung sowie über die Haushaltsführung, Wirtschaftsführung und Rechnungslegung des Fonds und der Anstalt aufzunehmen.

(6a) [1] Die Finanzagentur und die Anstalt betreiben keine Geschäfte, die einer Zulassung nach der Richtlinie 2006/48/EG des Europäischen Parlaments und des Rates vom 14. Juni 2006 über die Aufnahme und Ausübung der Tätigkeit der Kreditinstitute (ABl. L 177 vom 30.6.2006, S. 1) oder der Richtlinie 2004/39/EG des Europäischen Parlaments und des Rates vom 21. April 2004 über Märkte für Finanzinstrumente, zur Änderung der Richtlinien 85/611/EWG und 93/6/EWG des Rates und der Richtlinie 2000/12/EG des Europäischen Parlaments und des Rates und zur Aufhebung der Richtlinie 93/22/EWG des Rates (ABl. L 145 vom 30.4.2004, S. 1) in der jeweils geltenden Fassung bedürfen. [2] Die Finanzagentur und die Anstalt gelten bei ihrer Aufgabenwahrnehmung nach diesem Gesetz nicht als Kreditinstitut oder Finanzdienstleistungsinstitut im Sinne des Kreditwesengesetzes, als Wertpapierdienstleistungsunternehmen im Sinne des Wertpapierhandelsgesetzes oder als Versicherungsunternehmen im Sinne des Versicherungsaufsichtsgesetzes.

(7) Der Haushaltsausschuss und der Finanzausschuss des Deutschen Bundestages sind über Erlass und Änderungen der Rechtsverordnungen nach Absatz 6 unverzüglich zu unterrichten.

§ 3b Verschwiegenheitspflicht; Zusammenarbeit mit der Bundesanstalt für Finanzdienstleistungsaufsicht und der Deutschen Bundesbank. (1) [1] Die Mitglieder des Leitungsausschusses der Anstalt, der Geschäfts-

---

[1)] Nr. 4.

führung der Finanzagentur und die Mitarbeiterinnen und Mitarbeiter der Finanzagentur und der Anstalt sowie die von der Anstalt oder der Finanzagentur im Zusammenhang mit Aufgaben nach diesem Gesetz beauftragten Dritten dürfen die ihnen bei ihrer Tätigkeit bekannt gewordenen Tatsachen, deren Geheimhaltung im Interesse des Unternehmens des Finanzsektors oder eines Dritten liegt, insbesondere Betriebs- und Geschäftsgeheimnisse, nicht unbefugt offenbaren oder verwerten, auch wenn ihre Tätigkeit bei der Finanzagentur oder der Anstalt beendet ist. [2] Dies gilt auch für andere Personen, die durch dienstliche Berichterstattung Kenntnis von den in Satz 1 bezeichneten Tatsachen erhalten.

(2) [1] Ein unbefugtes Offenbaren oder Verwerten im Sinne des Absatzes 1 liegt insbesondere dann nicht vor, wenn Tatsachen weitergegeben werden an

1. Strafverfolgungsbehörden oder für Straf- und Bußgeldsachen zuständige Gerichte,
2. kraft Gesetzes oder im öffentlichen Auftrag mit der Überwachung von Unternehmen des Finanzsektors betraute Stellen sowie von diesen beauftragte Personen,
3. die Zentralnotenbanken einschließlich der Europäischen Zentralbank und die Europäische Bankenaufsichtsbehörde im Sinne des Artikels 1 Absatz 1 der Verordnung (EU) Nr. 1093/2010 des Europäischen Parlaments und des Rates vom 24. November 2010 zur Errichtung einer Europäischen Aufsichtsbehörde (Europäische Bankenaufsichtsbehörde), zur Änderung des Beschlusses Nr. 716/2009/EG und zur Aufhebung des Beschlusses 2009/78/EG der Kommission (ABl. L 331 vom 15.12.2010, S. 12, L 101 vom 18.4.2015, S. 62), die zuletzt durch die Verordnung (EU) Nr. 806/2014 (ABl. L 225 vom 30.7.2014, S. 1) geändert worden ist,
4. mit der Liquidation oder Insolvenz eines Unternehmens des Finanzsektors befasste Stellen oder
5. mit der gesetzlichen Prüfung der Rechnungslegung von Unternehmen des Finanzsektors betraute Personen sowie Stellen, die diese Prüfer beaufsichtigen, oder
6. kraft Gesetzes für die Verwertung dieser Tatsachen zuständige Behörden, Gerichte oder andere Stellen,

soweit diese die Informationen zur Erfüllung ihrer Aufgaben benötigen. [2] Für die bei diesen Stellen beschäftigten Personen gilt die Verschwiegenheitspflicht nach Absatz 1 entsprechend.

(3) § 10a bleibt unberührt.

(4) [1] Die Finanzagentur im Rahmen ihrer Tätigkeit nach diesem Gesetz, die Anstalt, die Deutsche Bundesbank im Rahmen ihrer Tätigkeit nach dem Kreditwesengesetz und die Bundesanstalt für Finanzdienstleistungsaufsicht haben sich Beobachtungen, Feststellungen und Einschätzungen, einschließlich personenbezogener Daten und Betriebs- und Geschäftsgeheimnissen, mitzuteilen, die zur Erfüllung ihrer jeweiligen Aufgaben erforderlich sind, im Fall der Finanzagentur insbesondere zur Prüfung von Anträgen auf Gewährung von Stabilisierungsmaßnahmen sowie zur Überwachung der Unternehmen, denen Stabilisierungsmaßnahmen gewährt worden sind, und im Fall der Anstalt insbesondere zur Aufsicht über Abwicklungsanstalten nach § 8a. [2] Die in § 9 Absatz 1 Satz 1 des Kreditwesengesetzes, in § 32 Satz 1 des Gesetzes über die

Deutsche Bundesbank[1], in § 21 des Wertpapierhandelsgesetzes und in § 5 Absatz 1 und 2 des Sanierungs- und Abwicklungsgesetzes[2] sowie die in Absatz 1 genannten Personen sind insoweit von ihren jeweiligen Verschwiegenheitspflichten befreit. [3]Die Finanzagentur und die Anstalt sind berechtigt, Informationen im Sinne von Satz 1 auch bei der Europäischen Zentralbank anzufragen. [4]Im Übrigen richtet sich der Informationsaustausch mit der Europäischen Zentralbank und anderen Behörden der Europäischen Union sowie anderer Mitgliedstaaten nach der Richtlinie 2014/59/EU des Europäischen Parlaments und des Rates vom 15. Mai 2014 zur Festlegung eines Rahmens für die Sanierung und Abwicklung von Kreditinstituten und Wertpapierfirmen und zur Änderung der Richtlinie 82/891/EWG des Rates, der Richtlinien 2001/24/EG, 2002/47/EG, 2004/25/EG, 2005/56/EG, 2007/36/EG, 2011/35/EU, 2012/30/EU und 2013/36/EU sowie der Verordnungen (EU) Nr. 1093/2010 und (EU) Nr. 648/2012 des Europäischen Parlaments und des Rates (ABl. L 173 vom 12.6.2014, S. 190), der Verordnung (EU) Nr. 806/2014, der Verordnung (EU) Nr. 1024/2013[3] des Rates vom 15. Oktober 2013 zur Übertragung besonderer Aufgaben im Zusammenhang mit der Aufsicht über Kreditinstitute auf die Europäische Zentralbank (ABl. L 287 vom 29.10.2013, S. 63), der Verordnung (EU) Nr. 468/2014 der Europäischen Zentralbank vom 16. April 2014 zur Einrichtung eines Rahmenwerks für die Zusammenarbeit zwischen der Europäischen Zentralbank und den nationalen zuständigen Behörden und den nationalen benannten Behörden innerhalb des einheitlichen Aufsichtsmechanismus (SSM-Rahmenverordnung) (EZB/2014/17) (ABl. L 141 vom 14.5.2014, S. 1) sowie den sonstigen auf Grundlage der vorgenannten Verordnungen und Richtlinien ergangenen Rechtsakte.

§ 3c Rechtsstellung der Mitglieder des Leitungsausschusses. (1) [1]Die Mitglieder des Leitungsausschusses der Anstalt stehen in einem öffentlich-rechtlichen Amtsverhältnis zum Bund. [2]Sie müssen besondere fachliche Eignung besitzen und werden auf Vorschlag der Bundesregierung durch den Bundespräsidenten ernannt. [3]Eine Ernennung soll grundsätzlich für drei Jahre, darf jedoch höchstens für fünf Jahre erfolgen. [4]Wiederholte Ernennungen sind zulässig.

(2) [1]Das Amtsverhältnis der Mitglieder des Leitungsausschusses beginnt mit der Aushändigung der Ernennungsurkunde, wenn nicht in der Urkunde ein späterer Tag bestimmt ist. [2]Es endet mit Ablauf der Amtszeit oder mit der Entlassung. [3]Der Bundespräsident entlässt ein Mitglied des Leitungsausschusses

1. auf dessen Verlangen oder
2. auf Beschluss der Bundesregierung aus wichtigem Grund.

[4]Vor der Beschlussfassung der Bundesregierung ist dem Mitglied des Leitungsausschusses Gelegenheit zur Stellungnahme zu geben. [5]Im Fall der Beendigung des Amtsverhältnisses erhält das Mitglied des Leitungsausschusses eine von dem Bundespräsidenten vollzogene Urkunde. [6]Die Entlassung auf Verlangen wird mit der Aushändigung der Urkunde wirksam, wenn in der Urkunde nicht ausdrücklich ein späterer Tag bestimmt ist. [7]Die Entlassung aus wichtigem

[1] Nr. 4.
[2] Nr. 22.
[3] Nr. 5.

Grund wird mit dem Vollzug des Beschlusses der Bundesregierung wirksam, wenn sie nicht ausdrücklich für einen späteren Tag beschlossen wird.

(3) [1]Die Mitglieder des Leitungsausschusses leisten vor dem Bundesminister der Finanzen folgenden Eid: „Ich schwöre, das Grundgesetz für die Bundesrepublik Deutschland und alle in der Bundesrepublik Deutschland geltenden Gesetze zu wahren und meine Amtspflichten gewissenhaft zu erfüllen, so wahr mir Gott helfe." [2]Der Eid kann auch ohne religiöse Beteuerung geleistet werden.

(4) [1]Die Mitglieder des Leitungsausschusses dürfen ohne Zustimmung des Bundesministeriums der Finanzen neben ihrem Amt kein anderes besoldetes Amt, kein Gewerbe und keinen Beruf ausüben und weder der Leitung eines auf Erwerb gerichteten Unternehmens noch einem Aufsichtsrat, Verwaltungsrat, Beirat oder einem anderen Gremium eines öffentlichen oder privaten Unternehmens, noch einer Regierung oder einer gesetzgebenden Körperschaft des Bundes oder eines Landes angehören. [2]Sie dürfen ohne Zustimmung des Bundesministeriums der Finanzen nicht gegen Entgelt außergerichtliche Gutachten erstatten. [3]§ 99 Absatz 2 des Bundesbeamtengesetzes gilt entsprechend.

(5) [1]Die §§ 67 bis 69 und 71 des Bundesbeamtengesetzes gelten entsprechend. [2]An die Stelle der obersten Dienstbehörde tritt das Bundesministerium der Finanzen.

(6) [1]Im Übrigen werden die Rechtsverhältnisse der Mitglieder des Leitungsausschusses durch Verträge geregelt, die das Bundesministerium der Finanzen mit den Mitgliedern des Leitungsausschusses schließt. [2]Die Verträge bedürfen der Zustimmung der Bundesregierung.

(7) [1]Wird ein Bundesbeamter zum Mitglied des Leitungsausschusses ernannt, scheidet er mit Beginn des Amtsverhältnisses aus dem bisherigen Amt aus. [2]Für die Dauer des Amtsverhältnisses ruhen die Rechte und Pflichten aus dem Beamtenverhältnis. [3]Dies gilt nicht für die Pflicht zur Amtsverschwiegenheit und das Verbot der Annahme von Belohnungen oder Geschenken. [4]Satz 2 gilt längstens bis zum Eintritt oder bis zur Versetzung in den Ruhestand.

(8) [1]Endet das Amtsverhältnis nach Absatz 1 Satz 1 und wird der Betroffene nicht anschließend in ein anderes öffentlich-rechtliches Amtsverhältnis zum Bund berufen, treten Beamtinnen und Beamte, wenn ihnen nicht innerhalb von drei Monaten unter den Voraussetzungen des § 28 Absatz 2 des Bundesbeamtengesetzes oder vergleichbarer landesgesetzlicher Regelungen ein anderes Amt übertragen wird, mit Ablauf dieser Frist aus ihrem Dienstverhältnis als Beamte in den einstweiligen Ruhestand, sofern sie zu diesem Zeitpunkt noch nicht die gesetzliche Altersgrenze erreicht haben. [2]Im Übrigen gelten die Vorschriften des Bundesbeamtengesetzes zum einstweiligen Ruhestand. [3]Sie erhalten ein Ruhegehalt, das sie in ihrem früheren Amt unter Hinzurechnung der Zeit des Amtsverhältnisses nach Absatz 1 Satz 1 erdient hätten. [4]Die Zeit des Amtsverhältnisses nach Absatz 1 Satz 1 ist auch ruhegehaltfähig, wenn dem Beamten nach Satz 1 ein anderes Amt in einem Beamtenverhältnis übertragen wird. [5]Für die beamteten Mitglieder des Leitungsausschusses gilt § 107b des Beamtenversorgungsgesetzes entsprechend. [6]Eine vertragliche Versorgungsregelung nach Absatz 6 bleibt unberührt. [7]Die Ruhens- und Anrechnungsvorschriften des Beamtenversorgungsgesetzes sind sinngemäß anzuwenden.

(9) Die Absätze 7 und 8 gelten für Richter und für Berufssoldaten entsprechend.

§ 3d Deckung der Kosten. [1] Die Kosten, die der Finanzagentur und der Anstalt in Ausübung der Aufgaben nach diesem Gesetz entstehen, werden durch den Bund getragen. [2] Zu den Kosten der Finanzagentur und der Anstalt nach Satz 1 gehören die Personal- und Sachkosten sowie die Kosten Dritter, derer sich die Finanzagentur oder die Anstalt bei der Erfüllung ihrer Aufgaben nach diesem Gesetz bedient.

§ 3e Kostenerstattungen. (1) [1] Für die Kosten, die der Finanzagentur oder der Anstalt für Maßnahmen in Ausübung ihrer gesetzlichen Ermächtigung nach den §§ 6 bis 8a oder nach § 20 Absatz 2 bis 4 des Finanzmarktstabilisierungsbeschleunigungsgesetzes[1)] entstehen, können die Finanzagentur und die Anstalt von den jeweiligen Adressaten eine Erstattung an den Bund, auch in Form von Kostenpauschalen, nach Maßgabe der Rechtsverordnung nach § 3f verlangen. [2] Dies gilt insbesondere gegenüber

1. Unternehmen des Finanzsektors, welche Stabilisierungsmaßnahmen nach den §§ 6 bis 8a beantragen oder beantragt haben, auch in Bezug auf Kosten im Zusammenhang mit der Beendigung, Umstrukturierung, Refinanzierung, Übertragung, Veräußerung oder Änderung bezüglich einer zum Zwecke der Rekapitalisierung erworbenen Beteiligung des Fonds nach § 20 Absatz 2 bis 4 des Finanzmarktstabilisierungsbeschleunigungsgesetzes,
2. Abwicklungsanstalten in Bezug auf Koordinations- und Überwachungstätigkeiten.

(2) [1] Die Finanzagentur und die Anstalt können die Erstattung von Kosten an den Bund ebenfalls von demjenigen verlangen, der die Pflicht zur Kostenerstattung durch Verpflichtungserklärung oder Vertrag übernommen hat. [2] Verpflichtungserklärungen oder Verträge, die vor dem 1. Januar 2018 bestanden, werden mit Wirkung zum 1. Januar 2018 dahingehend abgeändert, dass die Kostenerstattung an den Bund zu leisten ist.

(3) [1] Die Höhe der Kostenerstattung nach Absatz 1 wird von Amts wegen schriftlich oder elektronisch durch Verwaltungsakt festgesetzt. [2] Die Festsetzung von Kostenerstattungen kann zusammen mit der Sachentscheidung erfolgen. [3] Soweit die Pflicht zur Kostenerstattung durch Verpflichtungserklärung oder Vertrag übernommen wurde, ist die Kostenerstattung abweichend von Satz 1 nach Maßgabe dieser Verpflichtungserklärung oder dieses Vertrages zu verlangen.

§ 3f Verordnungsermächtigung. (1) Das Bundesministerium der Finanzen wird ermächtigt, durch Rechtsverordnung ohne Zustimmung des Bundesrates nähere Bestimmungen zu erlassen über

1. Kostenerstattung und Kostenerstattungsverfahren sowie die Zahlungspflichtigen nach § 3e;
2. sonstige Regelungen, die zur Sicherstellung des Zwecks dieses Gesetzes nach Maßgabe der §§ 3d und 3e erforderlich sind.

(2) In der nach Absatz 1 erlassenen Rechtsverordnung kann bestimmt werden, dass sie auch auf die bei ihrem Inkrafttreten anhängigen Verwaltungsver-

---

1) Nr. **19**.

fahren anzuwenden ist, soweit zu diesem Zeitpunkt die Kostenerstattung nicht bereits festgesetzt ist.

§ 3g *(aufgehoben)*

§ 3h *(aufgehoben)*

§ 3i *(aufgehoben)*

§ 3j *(aufgehoben)*

Teil 3. Stabilisierungsmaßnahmen

§ 4 Entscheidung über Stabilisierungsmaßnahmen; Verwaltung.

(1) [1] Über vom Fonds gemäß den §§ 5a, 6, 7 und 8 vorzunehmende Stabilisierungsmaßnahmen entscheidet das Bundesministerium der Finanzen, in den Fällen der §§ 6, 7 und 8 auf Antrag des Unternehmens des Finanzsektors, nach pflichtgemäßem Ermessen unter Berücksichtigung der Bedeutung des jeweils von der Stabilisierungsmaßnahme erfassten Unternehmens des Finanzsektors für die Finanzmarktstabilität, der Dringlichkeit, der Auswirkungen auf den Wettbewerb und des Grundsatzes des möglichst effektiven und wirtschaftlichen Einsatzes der Mittel des Fonds. [2] Soweit es sich um Grundsatzfragen, Angelegenheiten von besonderer Bedeutung sowie um Entscheidungen über wesentliche Auflagen nach Maßgabe einer zu § 10 dieses Gesetzes erlassenen Rechtsverordnung handelt, entscheidet ein interministerieller Ausschuss (Lenkungsausschuss) in Bezug auf Maßnahmen nach § 8a auf Vorschlag der Anstalt oder in allen übrigen Angelegenheiten auf Vorschlag der Finanzagentur. [3] Ein Rechtsanspruch auf Leistungen des Fonds besteht nicht. [4] Die Verwaltung des Fonds obliegt dem Bundesministerium der Finanzen. [5] Die Leistungen sollen von Bedingungen und Auflagen abhängig gemacht werden; dabei sind Beschlüsse des Europäischen Rates und des Rates, Empfehlungen der Europäischen Bankenaufsichtsbehörde und Vorgaben der Europäischen Kommission, insbesondere zur Vereinbarkeit mit den Artikeln 107 und 108 des Vertrages über die Arbeitsweise der Europäischen Union[1)], zu berücksichtigen.

(1a) Vor Entscheidungen des Lenkungsausschusses über beantragte Stabilisierungsmaßnahmen ist die Bundesanstalt für Finanzdienstleistungsaufsicht anzuhören.

(2) [1] Die Bundesregierung kann durch Rechtsverordnung, die nicht der Zustimmung des Bundesrates bedarf, der Finanzagentur die Entscheidung über Maßnahmen nach den §§ 6, 7 und 8 und die Verwaltung des Fonds übertragen; Absatz 1 Satz 2 bleibt unberührt. [2] Der Haushaltsausschuss und der Finanzausschuss des Deutschen Bundestages sind über Erlass und Änderungen der Rechtsverordnung unverzüglich zu unterrichten.

(3) [1] Der Lenkungsausschuss ist besetzt mit je einem Vertreter des Bundeskanzleramts, des Bundesministeriums der Finanzen, des Bundesministeriums der Justiz und für Verbraucherschutz, des Bundesministeriums für Wirtschaft und Energie sowie einem Mitglied auf Vorschlag der Länder. [2] Dem Lenkungs-

---

1) Auszugsweise abgedruckt unter Nr. **1**.

ausschuss gehört als weiteres Mitglied ein Vertreter der Deutschen Bundesbank beratend an. [3]Dem Lenkungsausschuss können weitere Mitglieder beratend angehören. [4]Das Bundesministerium der Finanzen kann dem Lenkungsausschuss eine Geschäftsordnung geben.

(4) [1]Die Richtlinien für die Verwaltung des Fonds bestimmt die Bundesregierung durch Rechtsverordnung, die nicht der Zustimmung des Bundesrates bedarf. [2]Der Haushaltsausschuss und der Finanzausschuss des Deutschen Bundestages sind über Erlass und Änderungen der Rechtsverordnungen nach Satz 1 und Absatz 2 unverzüglich zu unterrichten.

§ 5 Vermögenstrennung, Bundeshaftung. [1]Der Fonds ist von dem übrigen Vermögen des Bundes, seinen Rechten und Verbindlichkeiten zu trennen. [2]Der Bund haftet unmittelbar für die Verbindlichkeiten des Fonds; dieser haftet nicht für die sonstigen Verbindlichkeiten des Bundes.

§ 5a Anteilserwerb. [1]Der Fonds ist berechtigt, im Zusammenhang mit der Stabilisierung eines Unternehmens des Finanzsektors Anteile an dem betroffenen Unternehmen oder an einem unmittelbaren oder mittelbaren Tochterunternehmen von diesen Unternehmen oder von Dritten zu erwerben. [2]Ein solcher Anteilserwerb soll nur erfolgen, wenn ein wichtiges Interesse des Bundes vorliegt und der vom Bund erstrebte Zweck sich nicht besser und wirtschaftlicher auf andere Weise erreichen lässt. [3]Die §§ 65 bis 69 der Bundeshaushaltsordnung finden keine Anwendung. [4]§ 5 Absatz 2 und 5 bis 9 der Finanzmarktstabilisierungsfonds-Verordnung in der am 1. Januar 2015 geltenden Fassung gilt für Maßnahmen nach Satz 1 entsprechend.

§ 6 Garantieermächtigung. (1) [1]Der Fonds wird ermächtigt, für den Fonds Garantien bis zur Höhe von 400 Milliarden Euro für ab Inkrafttreten dieses Gesetzes und bis zum 31. Dezember 2015 begebene Schuldtitel und begründete Verbindlichkeiten von Unternehmen des Finanzsektors zu übernehmen, um Liquiditätsengpässe zu beheben und die Refinanzierung am Kapitalmarkt zu unterstützen; die Laufzeit der Garantien und der abzusichernden Verbindlichkeiten darf 84 Monate für gedeckte Schuldverschreibungen im Sinne des Artikels 129 der Verordnung (EU) Nr. 575/2013[1)] des Europäischen Parlaments und des Rates vom 26. Juni 2013 über Aufsichtsanforderungen an Kreditinstitute und Wertpapierfirmen und zur Änderung der Verordnung (EU) Nr. 646/2012 (ABl. L 176 vom 27.6.2013, S. 1) und 60 Monate für andere Verbindlichkeiten nicht übersteigen. [2]Satz 1 gilt entsprechend für die Übernahme von Garantien für Verbindlichkeiten von Zweckgesellschaften, die Risikopositionen eines Unternehmens des Finanzsektors übernommen haben. [3]Für die Übernahme von Garantien ist ein Entgelt in angemessener Höhe zu erheben.

(1a) [1]Soweit Schuldtitel und sonstige Forderungen vom Fonds garantiert sind,

1. ist die vorzeitige Geltendmachung der Forderungen, auch auf Grund einer Kündigung, ausgeschlossen,

---

[1)] Nr. 6.

2. dürfen die Inhaber ihre Forderungen nicht durch Arrest oder Zwangsvollstreckung gegenüber dem Emittenten geltend machen. § 394 Satz 1 des Bürgerlichen Gesetzbuchs[1)] ist entsprechend anzuwenden,
3. nehmen die Inhaber am Insolvenzverfahren über das Vermögen des Schuldners nicht teil.

[2] In einem Insolvenzverfahren über das Vermögen des Schuldners der Forderungen kann der Fonds seine Rückgriffsforderungen gegen den Schuldner als Insolvenzforderung anmelden. [3] § 41 Absatz 2 der Insolvenzordnung findet insoweit keine Anwendung.

(2) § 39 Abs. 2 und 3 der Bundeshaushaltsordnung findet keine Anwendung.

(3) [1] Eine Garantie ist auf den Höchstbetrag der entsprechenden Ermächtigung in der Höhe anzurechnen, in der der Fonds daraus in Anspruch genommen werden kann. [2] Zinsen und Kosten sind auf den jeweiligen Ermächtigungsrahmen nur anzurechnen, soweit dies gesetzlich bestimmt ist oder bei der Übernahme ein gemeinsamer Haftungsbetrag für Hauptverpflichtung, Zinsen und Kosten festgelegt wird. [3] Soweit der Fonds in den Fällen der Garantieübernahme nach Absatz 1 ohne Inanspruchnahme von seiner Haftung frei wird oder Ersatz für erbrachte Leistungen erlangt hat, ist eine Garantie auf den Höchstbetrag nicht mehr anzurechnen.

(4) Die Bundesregierung kann durch Rechtsverordnung, die nicht der Zustimmung des Bundesrates bedarf, nähere Bestimmungen erlassen über
1. die Art der Garantie und der Risiken, die durch sie abgedeckt werden können,
2. die Eigenmittelausstattung, die durch Maßnahmen nach Absatz 1 begünstigte Unternehmen des Finanzsektors mindestens aufweisen müssen,
3. die Berechnung und Anrechnung von Garantiebeträgen,
4. die Gegenleistung und die sonstigen Bedingungen der Garantie,
5. Obergrenzen für die Übernahme von Garantien für Verbindlichkeiten einzelner Unternehmen des Finanzsektors sowie für bestimmte Arten von Garantien und
6. sonstige Bedingungen, die zur Sicherstellung des Zweckes dieses Gesetzes im Rahmen der Garantieübernahme nach Absatz 1 erforderlich sind.

(5) Der Haushaltsausschuss und der Finanzausschuss des Deutschen Bundestages sind über Erlass und Änderungen der Rechtsverordnung nach Absatz 4 unverzüglich zu unterrichten.

§ 6a Garantien an Zweckgesellschaften. (1) [1] Abweichend von § 6 Absatz 1 Satz 1 und 2 kann der Fonds Garantien nach § 6 Absatz 1 für Schuldtitel übernehmen, welche von Zweckgesellschaften nach dem 1. Januar 2015 nachweislich ausschließlich als Gegenleistung für die Übernahme von Wertpapieren und damit verbundenen Absicherungsgeschäften an Kreditinstitute, Finanzholding-Gesellschaften oder deren in- und ausländische Tochterunternehmen (übertragende Unternehmen) begeben werden; die Laufzeiten der Garantien richten sich nach der Laufzeit der von den Zweckgesellschaften begebenen

[1)] Auszugsweise abgedruckt unter Nr. **23**.

Schuldtitel. [2] Diese Garantien gelten als nachrangig im Sinne des § 39 Absatz 2 der Insolvenzordnung.

(2) Eine Garantieübernahme nach Absatz 1 setzt voraus, dass

1. das übertragende Unternehmen die Wertpapiere nicht nach dem 31. Mai 2014 erworben hat,
2. die Wertpapiere von dem übertragenden Unternehmen zu 90 Prozent des Buchwertes vom 31. Dezember 2013, zu 90 Prozent des Buchwertes vom 31. Mai 2014 oder zum tatsächlichen wirtschaftlichen Wert, je nachdem welcher dieser Werte der höchste ist, auf die Zweckgesellschaft übertragen werden. Der Übertragungswert darf den Buchwert vom 31. Mai 2014 nicht übersteigen. Die Buchwerte ergeben sich aus dem geprüften Jahresabschluss zum entsprechenden Stichtag; andernfalls gilt der nach den für den Jahresabschluss geltenden Vorschriften ermittelte Buchwert, der von einem Abschlussprüfer zu bestätigen ist. Der Abschlag vom Buchwert gemäß Satz 1 muss nur in der Höhe vorgenommen werden, in der das übertragende Unternehmen eine Kernkapitalquote von mindestens 7 Prozent einhalten kann,
3. das übertragende Unternehmen den aktuellen beizulegenden Zeitwert als den tatsächlichen wirtschaftlichen Wert der Wertpapiere ermittelt. Die Bewertung ist durch einen vom Fonds benannten sachverständigen Dritten zu prüfen und durch die Bankenaufsicht zu bestätigen,
4. das Kreditinstitut und die Finanzholding-Gesellschaft ihren Sitz bereits zum 31. Mai 2014 im Inland hatten und die Zweckgesellschaft ihren Sitz im Inland hat, ausschließlich für das übertragende Unternehmen gegründet wurde und ausschließlich Wertpapiere des übertragenden Unternehmens verwaltet,
5. die vertragliche Laufzeit des am längsten laufenden Wertpapiers die Laufzeit der Garantie nicht übersteigt und
6. die Schuldtitel nach Absatz 1 nicht handelbar sind.

(3) [1] Der nach Absatz 2 Nummer 3 ermittelte tatsächliche wirtschaftliche Wert ist um einen angemessenen Abschlag für weitere Risiken, die sich bis zum Ende der Laufzeit der Wertpapiere im konkreten Portfolio noch realisieren könnten, zu mindern. [2] Die Höhe des Abschlags bestimmt der Fonds im Einzelfall. [3] Der sich danach ergebende Wert ist der Fundamentalwert.

(4) [1] Über eine Garantieübernahme nach Absatz 1 entscheidet die Anstalt auf Antrag des übertragenden Unternehmens. [2] § 4 Absatz 1 ist entsprechend anzuwenden. [3] Der Antrag muss auch die Gründungsdokumentation der Zweckgesellschaft enthalten.

(5) Die näheren Bedingungen für eine Garantie nach Absatz 1 legt der Fonds im Einzelfall nach folgenden Maßgaben fest:

1. Die übertragenden Unternehmen müssen vor einer Übertragung auf die Zweckgesellschaft sämtliche Risiken bezüglich der zu übertragenden Wertpapiere gegenüber dem Fonds, dem sachverständigen Dritten und der Bankenaufsicht vollständig offenlegen. Übertragende Unternehmen müssen vor einer Übertragung zur Überprüfung ihrer Verlustanfälligkeit auf Grundlage der Vorgaben des Fonds Stresstests für die jeweils wesentlichen Risiken durchführen. Ziel dieser Stresstests ist die Ermittlung eines etwaigen Hand-

lungsbedarfs bei dem übertragenden Unternehmen, insbesondere im Hinblick auf Risikosteuerung, auf ausreichende Risikovorsorge für konjunkturelle Entwicklungen oder Geschäftspolitik. Die Ergebnisse der Stresstests werden nicht veröffentlicht. Ist das übertragende Unternehmen eine Tochtergesellschaft, trifft die Pflicht zur Durchführung von Stresstests das Mutterunternehmen.

2. Der Fonds muss eine marktgerechte Vergütung für die Garantie erhalten. Die Vergütung besteht grundsätzlich aus einem individuellen Prozentsatz des Höchstbetrags der zur Verfügung gestellten Garantie, der das Ausfallrisiko aus der Inanspruchnahme der Garantie abbildet, und einer Marge. Bei der Berechnung der Vergütung ist auch der Zinsvorteil, der sich für das übertragende Unternehmen aus der Zahlungsstreckung der Differenz zwischen dem gemäß Absatz 2 Nummer 2 ermittelten Übertragungswert und dem Fundamentalwert ergibt, zu berücksichtigen. Die Vergütung kann ganz oder teilweise durch Ausgabe von Kapitalanteilen des übertragenden Unternehmens oder des beliehenen Trägers im Sinne von § 2 Absatz 1 Satz 2 an den Fonds geleistet werden.
3. Die Garantie wird grundsätzlich auf erstes Anfordern in banküblicher Form gestellt. Sie erstreckt sich sowohl auf den Kapitalbetrag als auch auf die Zinsen und alle sonstigen, den Gläubigern im Zusammenhang mit ihrer Forderung zustehenden Beträge und wird grundsätzlich in Euro ausgestellt. Währungsrisiken aus Garantiegewährungen in anderer Währung hat der Fonds abzusichern. Die Kosten dieser Absicherung hat das übertragende Unternehmen zu tragen.
4. Die Übernahme einer Garantie setzt ein tragfähiges Geschäftsmodell sowie grundsätzlich eine im Einzelfall angemessene Kapitalausstattung des übertragenden Unternehmens voraus.
5. Der Fonds kann verlangen, dass die Verwaltung der ausgelagerten Wertpapiere nicht durch das übertragende Unternehmen, sondern durch Dritte erfolgt. Der Fonds kann Anweisungen geben im Hinblick auf die Verwaltung und Verwertung der übertragenen Wertpapiere. Erfolgt die Verwaltung durch das übertragende Unternehmen, so ist eine funktionelle und organisatorische Trennung vom übrigen Geschäft des übertragenden Unternehmens sicherzustellen.
6. Die Obergrenze für die Garantieübernahme, bezogen auf ein einzelnes übertragendes Unternehmen und seine verbundenen Unternehmen, orientiert sich an der Summe der risikogewichteten Aktiva des übertragenden Unternehmens und dem dem Fonds für Garantien zur Verfügung stehenden freien Ermächtigungsrahmen.

(6) [1]§ 6 Absatz 2 und 3 dieses Gesetzes, §§ 16 und 17 des Finanzmarktstabilisierungsbeschleunigungsgesetzes[1)] sowie § 5 Absatz 2 und 5 bis 9 der Finanzmarktstabilisierungsfonds-Verordnung in der am 1. Januar 2015 geltenden Fassung gelten für die Garantiegewährung nach Absatz 1 entsprechend. [2]§ 5 Absatz 2 Nummer 5 der Finanzmarktstabilisierungsfonds-Verordnung findet jedoch vorbehaltlich der Zahlung der Ausgleichsbeträge nach den §§ 6b

---

[1)] Nr. **19**.

und 6c auf Dividenden und Gewinnausschüttungen an die Anteilseigner keine Anwendung.

§ 6b Verpflichtung zur Zahlung eines Ausgleichsbetrags. (1) Übertragende Unternehmen zahlen für die Dauer der Laufzeit der Garantie, maximal jedoch für die Dauer von 20 Jahren, jährlich aus dem an die Anteilseigner auszuschüttenden Betrag einen Ausgleich an die Zweckgesellschaft, der sich wie folgt bemisst:

1. Für jedes Geschäftsjahr entsteht eine Verbindlichkeit in Höhe eines gleichbleibenden Anteils des Unterschiedsbetrages zwischen dem gemäß § 6a Absatz 2 Nummer 2 ermittelten Übertragungswert und dem gemäß § 6a Absatz 3 ermittelten Fundamentalwert, maximal in Höhe des an die Anteilseigner auszuschüttenden Betrages des jeweiligen Geschäftsjahres. Der gleichbleibende Anteil berechnet sich aus dem Unterschiedsbetrag geteilt durch die Zahl der vollen Jahre der Laufzeit der Garantie; er beträgt mindestens ein Zwanzigstel des Unterschiedsbetrages.
2. Entspricht der für ein Geschäftsjahr anzusetzende Betrag mangels entsprechender Höhe des an die Anteilseigner auszuschüttenden Betrages nicht dem gleichbleibenden Anteil nach Nummer 1, ist der Betrag in den Folgejahren bis zur Höhe des jeweiligen an die Anteilseigner auszuschüttenden Betrages entsprechend zu erhöhen.
3. Ist das übertragende Unternehmen ein Tochterunternehmen, so hat dessen Mutterunternehmen den seiner Beteiligungsquote am übertragenden Unternehmen entsprechenden Anteil an der Ausgleichsverpflichtung aus seinem an die Anteilseigner auszuschüttenden Betrag zu zahlen und gilt insofern als übertragendes Unternehmen. Die Ausgleichspflicht aus dem an die übrigen Anteilseigner des Tochterunternehmens auszuschüttenden Betrag bleibt davon unberührt.
4. Das übertragende Unternehmen kann bis zur Hälfte des am 1. Januar 2015 bestehenden Grundkapitals Vorzugsaktien mit einem der Beteiligungsquote entsprechenden Vorzug vor der Zahlungsverpflichtung nach diesem Absatz aus dem an die Anteilseigner auszuschüttenden Betrag ausgeben; die Vorzugsaktien können auch mit Stimmrecht ausgestattet werden. Um den Betrag des Dividendenvorzugs ist die Ermächtigung zur Einstellung in Gewinnrücklagen nach § 58 Absatz 2 Satz 1 des Aktiengesetzes gemindert.

(2) [1] Ergibt sich nach der vollständigen Verwertung der Wertpapiere ein positiver Saldo zugunsten der Zweckgesellschaft, so ist dieser dem übertragenden Unternehmen zur Auskehrung an seine Anteilseigner zu überlassen. [2] Vorzugsaktionäre nach Absatz 1 Nummer 4 und § 6c Absatz 3 sind hiervon ausgenommen.

(3) Der tatsächliche wirtschaftliche Wert der übertragenen Wertpapiere sowie die sich aus den Absätzen 1 und 2 ergebenden Folgen sind im Lagebericht und Konzernlagebericht des übertragenden Unternehmens anzugeben.

§ 6c Verpflichtung zum weiteren Verlustausgleich. (1) [1] Ist das übertragende Unternehmen in der Rechtsform einer Aktiengesellschaft verfasst und reichen die über die Laufzeit der Garantie nach § 6b gezahlten Ausgleichsbeträge nicht aus, um Verluste gegenüber dem gemäß § 6a Absatz 2 Nummer 2 ermittelten Übertragungswert zum Übertragungszeitpunkt auszugleichen, sind nicht ausgeglichene Verluste auch über die Laufzeit der Garantie hinaus in voller Höhe einschließlich Verzinsung aus dem an die Anteilseigner auszuschüttenden Betrag gegenüber dem Fonds auszugleichen (Nachhaftung). [2] Der Ausgleich kann im beiderseitigen Einvernehmen auch durch die Ausgabe von Aktien an den Fonds erfolgen.

(2) Während der Dauer der Nachhaftung kann die Satzung gemäß § 58 Absatz 2 Satz 2 des Aktiengesetzes nur zur Einstellung eines kleineren Teils des Jahresüberschusses ermächtigen.

(3) [1] Das übertragende Unternehmen kann bis zur Hälfte des am 1. Januar 2015 bestehenden Grundkapitals Vorzugsaktien mit einem der Beteiligungsquote entsprechenden Vorzug vor den Ansprüchen des Fonds auf den an die Anteilseigner auszuschüttenden Betrag ausgeben; die Vorzugsaktien können auch mit Stimmrecht ausgestattet werden. [2] Um den Betrag des Dividendenvorzugs ist die Ermächtigung zur Einstellung in Gewinnrücklagen nach § 58 Absatz 2 Satz 1 des Aktiengesetzes gemindert.

(4) Für übertragende Unternehmen, die nicht in der Rechtsform einer Aktiengesellschaft verfasst sind, muss der Fonds eine den Absätzen 1 und 2 entsprechende Pflicht zur Nachhaftung in den Garantiebedingungen festlegen.

(5) Die gesetzlichen und vertraglichen Ansprüche auf Nachhaftung unterliegen nicht der Verjährung.

(6) Die sich aus den Absätzen 1 bis 5 ergebenden Folgen sind im Lagebericht und Konzernlagebericht des übertragenden Unternehmens anzugeben.

§ 6d *(aufgehoben)*

§ 7 Rekapitalisierung. (1) Der Fonds kann sich an der Rekapitalisierung von Unternehmen des Finanzsektors beteiligen, insbesondere gegen Leistung einer Einlage Anteile oder stille Beteiligungen erwerben und sonstige Bestandteile der Eigenmittel dieser Unternehmen, einschließlich solcher, die durch Landesrecht geschaffen werden, übernehmen.

(2) [1] Das Bundesministerium der Finanzen entscheidet über die Übernahme und Veräußerung von Beteiligungen nach Absatz 1. [2] Eine Beteiligung durch den Fonds soll nur dann erfolgen, wenn ein wichtiges Interesse des Bundes vorliegt und der vom Bund angestrebte Zweck sich nicht besser und wirtschaftlicher auf andere Weise erreichen lässt. [3] Die §§ 65bis 69 der Bundeshaushaltsordnung finden keine Anwendung.

(3) Die Bundesregierung kann durch Rechtsverordnung, die nicht der Zustimmung des Bundesrates bedarf, nähere Bestimmungen erlassen über

1. die Gegenleistung und die sonstigen Bedingungen der Rekapitalisierung,
2. Obergrenzen für die Beteiligung an Eigenmittelbestandteilen von einzelnen Unternehmen des Finanzsektors sowie für bestimmte Arten von Eigenmittelbestandteilen,
3. die Bedingungen, unter denen der Fonds seine Beteiligung an den Eigenmittelbestandteilen wieder veräußern kann, und
4. sonstige Bedingungen, die zur Sicherstellung des Zweckes dieses Gesetzes im Rahmen der Rekapitalisierung nach Absatz 1 erforderlich sind.

(4) Der Haushaltsausschuss und der Finanzausschuss des Deutschen Bundestages sind über Erlass und Änderungen der Rechtsverordnung nach Absatz 3 unverzüglich zu unterrichten.

§ 8 Risikoübernahme. (1) [1]Der Fonds kann von Unternehmen des Finanzsektors vor dem 1. Juni 2014 erworbene Risikopositionen, insbesondere Forderungen, Wertpapiere, derivative Finanzinstrumente, Rechte und Pflichten aus Kreditzusagen oder Gewährleistungen und Beteiligungen, jeweils nebst zugehöriger Sicherheiten, erwerben oder auf andere Weise absichern. [2]Dasselbe gilt gegenüber Zweckgesellschaften, die Risikopositionen eines Unternehmens des Finanzsektors übernommen haben.

(2) Die Bundesregierung kann durch Rechtsverordnung, die nicht der Zustimmung des Bundesrates bedarf, nähere Bestimmungen erlassen über

1. die Art der Risikopositionen, die erworben oder deren Risiken abgesichert werden können,
2. die Art des Erwerbs oder der Absicherung, einschließlich der dafür geltenden Bedingungen, Zusicherungen und Gegenleistungen,
3. Obergrenzen für die Risikoübernahmen bezogen auf einzelne Unternehmen des Finanzsektors und ihre verbundenen Unternehmen sowie für bestimmte Arten von Risikopositionen,
4. Rückkaufrechte zugunsten und Rückkaufverpflichtungen zulasten der begünstigten Unternehmen des Finanzsektors und andere geeignete Formen ihrer Beteiligung an den von dem Fonds übernommenen Risiken und
5. sonstige Bedingungen, die zur Sicherstellung des Zweckes dieses Gesetzes im Rahmen der Risikoübernahme nach Absatz 1 erforderlich sind.

(3) Der Haushaltsausschuss und der Finanzausschuss des Deutschen Bundestages sind über Erlass und Änderungen der Rechtsverordnung nach Absatz 2 unverzüglich zu unterrichten.

§ 8a Bundesrechtliche Abwicklungsanstalten. (1) [1]Die Anstalt kann auf Antrag der übertragenden Gesellschaft teilrechtsfähige Anstalten des öffentlichen Rechts errichten, auf die bis zum 31. Mai 2014 erworbene Risikopositionen sowie auf die nichtstrategienotwendige Geschäftsbereiche der übertragenden Gesellschaft durch Rechtsgeschäft oder Umwandlung zum Zwecke der Abwicklung übertragen werden können (Abwicklungsanstalten). [2]Übertragende Gesellschaften sind Kreditinstitute und Finanzholding-Gesellschaften, die ihren Sitz bereits zum 31. Mai 2014 im Inland hatten, sowie ihre in- und ausländischen Tochterunternehmen oder Zweckgesellschaften, die Risikopositionen von ihnen übernommen haben. [3]Übertragende Gesellschaften können vor einer Übertragung nach Satz 1 bis zum 31. Mai 2014 erworbene Risikopositionen von in- und ausländischen Tochterunternehmen oder Zweckgesellschaften, die Risikopositionen von ihnen übernommen haben, übernehmen. [4]Die Abwicklungsanstalten können die Risikopositionen oder Geschäftsbereiche auch durch Übernahme von Garantien, Unterbeteiligungen oder auf sonstige Weise ohne Übertragung absichern. [5]Sie können unter ihrem eigenen Namen im rechtsgeschäftlichen Verkehr handeln, klagen und verklagt werden, verfügen über einen eigenen Rechnungs- und Buchungskreis und sind vom Registergericht unverzüglich ins Handelsregister einzutragen. [6]Die Kosten der Abwicklungsanstalten werden aus ihrem Vermögen gedeckt. [7]Die der Anstalt oder der Finanzagentur entstehenden Verwaltungskosten aus Koordinations- und Überwachungstätigkeiten für die Abwicklungsanstalten tragen die Abwicklungsanstalten selbst; § 3e bleibt unberührt. 8 Das Vermögen einer Abwicklungsanstalt ist vom Vermögen anderer Abwicklungsanstalten und von dem übrigen Vermögen der Anstalt, ihren Rechten und Verbindlichkeiten getrennt zu halten. 9 Die Anstalt, die Finanzagentur, der Fonds oder der Bund haften unbeschadet der Regelung nach Absatz 4 Nummer 1 Satz 6 und Nummer 1b nicht für die Verbindlichkeiten der Abwicklungsanstalten; eine Abwicklungsanstalt haftet nicht für die Verbindlichkeiten anderer Abwicklungsanstalten. 10 Sofern Aufgaben der Anstalt, der Finanzagentur nach diesem Gesetz oder der Abwicklungsanstalten von anderen juristischen oder natürlichen Personen wahrgenommen werden, ist vertraglich sicherzustellen, dass der Bundesrechnungshof auch Erhebungsrechte bei diesen Personen hat.

(1a) 1 Die Abwicklungsanstalten stellen innerhalb der ersten vier Monate nach Abschluss des Geschäftsjahres einen Jahresabschluss und einen Lagebericht nach den für große Kapitalgesellschaften geltenden Vorschriften des Handelsgesetzbuchs oder nach den für Kreditinstitute geltenden Vorschriften auf. 2 Der Jahresabschluss und der Lagebericht sind nach den Vorschriften des Handelsgesetzbuchs zu prüfen. 3 Eine Konzernrechnungslegungspflicht besteht nicht. 4 Das Publizitätsgesetz ist nicht anzuwenden. 5 Näheres über Haushaltsführung und Rechnungslegung wird in der jeweiligen Satzung der Abwicklungsanstalten geregelt.

(2) 1 Die Anstalt überwacht die Abwicklungsanstalten. 2 Die Überwachung stellt insbesondere sicher, dass die Abwicklungsanstalten die Vorgaben aus Gesetz und Statut einhalten. 3 Darüber hinaus kann die Anstalt in Abstimmung mit den Abwicklungsanstalten Koordinationsaufgaben für die Abwicklungsanstalten übernehmen, insbesondere zu Grundsätzen der Risikobewertung, zur Refinanzierung und zur marktschonenden Veräußerung übernommener Vermögenswerte; als Trägerin unterstützt die Finanzagentur die Anstalt bei der Wahrnehmung der Aufgaben nach den Sätzen 1 bis 3; im Übrigen obliegt die Verwaltung der jeweiligen Aktiva der Abwicklungsanstalt. 4 Der Sitz sowie das Nähere über die Aufgaben, Organisation, Vertretung, Erstattung von Kosten, Rechnungslegung und Auflösung der Abwicklungsanstalten, einschließlich ihre Überwachung durch die Anstalt wird durch gesonderte Statute geregelt, die von der Anstalt im Benehmen mit der Abwicklungsanstalt beschlossen werden; § 4 Absatz 1 Satz 1 bis 3 gilt entsprechend. 5 In den Statuten können auch Bestimmungen getroffen werden über

1. die Ausstattung der Abwicklungsanstalten mit Eigenmitteln,
2. die Aufbringung der Eigenmittel durch die unmittelbaren oder mittelbaren Anteilsinhaber des übertragenden Rechtsträgers oder durch Dritte sowie über die Übertragung von Anteilen oder eine sonstige Beteiligung an der Abwicklungsanstalt und die mit einer Beteiligung verbundenen Rechte und Pflichten,
3. die Aufgaben, Befugnisse und Verpflichtungen der an den Eigenmitteln Beteiligten sowie
4. Besetzungs- oder Zustimmungsrechte für die Errichtung von Leitungsgremien und die Bestellung von Leitungspersonen der Abwicklungsanstalten; ein Vorschlagsrecht der an der Abwicklungsanstalt Beteiligten kann vorgesehen werden; Absatz 2a bleibt unberührt.

[6] Die Statuten sind im Bundesanzeiger zu veröffentlichen. [7] Sonstige Veröffentlichungen erfolgen ebenfalls im Bundesanzeiger.

(2a) [1] Die Errichtung von Leitungsgremien und die Bestellung von Leitungspersonen bedürfen der Zustimmung der Anstalt. [2] Leiter von Abwicklungsanstalten werden für höchstens fünf Jahre bestellt. [3] Eine wiederholte Bestellung oder Verlängerung der Amtszeit, jeweils für höchstens fünf Jahre, ist zulässig. [4] Sie bedarf der Zustimmung der Anstalt und kann frühestens ein Jahr vor Ablauf der bisherigen Amtszeit erfolgen.

(3) Über die Errichtung einer Abwicklungsanstalt zur Übernahme von Risikopositionen oder nichtstrategienotwendigen Geschäftsbereichen entscheidet die Anstalt auf Antrag der übertragenden Gesellschaft, im Falle einer Zweckgesellschaft auf den gemeinsamen Antrag der Zweckgesellschaft und des Kreditinstituts, dessen Risikopositionen die Zweckgesellschaft übernommen hat; § 4 Absatz 1 Satz 1 bis 3 gilt entsprechend.

(4) [1] Die näheren Bedingungen für die Errichtung von Abwicklungsanstalten zur Übernahme von Risikopositionen oder nichtstrategienotwendigen Geschäftsbereichen legt die Anstalt nach folgenden Maßgaben fest:

1. Es ist sicherzustellen, dass eine Pflicht zum Ausgleich von Verlusten der Abwicklungsanstalten von den unmittelbaren oder mittelbaren Anteilsinhabern oder Mitgliedern der übertragenden Gesellschaft entsprechend ihrer Beteiligungsquote übernommen und im Außenverhältnis eine gesamtschuldnerische Haftung der zum Verlustausgleich Verpflichteten begründet wird. Ist die übertragende Gesellschaft eine Zweckgesellschaft, ist auf die unmittelbaren oder mittelbaren Anteilsinhaber oder Mitglieder des Kreditinstituts abzustellen, dessen Risikopositionen sie übernommen hat. Die Übernahme einer nicht dem jeweiligen Anteil entsprechenden Verlustausgleichspflicht durch Teile der Anteilsinhaber oder Mitglieder ist zulässig, wenn die Einhaltung der europarechtlichen Vorgaben gewährleistet ist. Eine Haftung der Anteilsinhaber oder Mitglieder für übertragene Verbindlichkeiten der Abwicklungsanstalten kann begründet werden; die Sätze 2 und 3 gelten entsprechend. Für den Fall, dass die zum Verlustausgleich verpflichteten Anteilsinhaber oder Mitglieder, als Gesamtschuldner und einzeln, nicht oder nicht mehr leistungsfähig sind, ist eine, gegebenenfalls nachrangige Pflicht der Gesellschaft vorzusehen, die Verluste aus dem an die Anteilseigner auszuschüttenden Betrag nach Nummer 2 auszugleichen. Nachrangig hierzu kann auch eine Verlustausgleichspflicht des Fonds gegenüber der Abwicklungsanstalt sowie ein Rückgriffsanspruch des Fonds oder des Bundes gegenüber der übertragenden Gesellschaft und ihren unmittelbaren oder mittelbaren Anteilsinhabern oder Mitgliedern vorgesehen werden.

1a. Gehört zu den unmittelbaren oder mittelbaren Anteilsinhabern oder Mitgliedern der übertragenden Gesellschaft ein Land, ist eine gesamtschuldnerische Haftung nicht zu begründen; die Pflicht zur Übernahme von Verlusten entsprechend der jeweiligen Beteiligungsquote nach Nummer 1 Satz 1 bleibt unberührt. Für einen Verbund von Sparkassen oder eine Beteiligungsgesellschaft, an der Sparkassen mittelbar oder unmittelbar beteiligt sind, (Verbund) als Anteilsinhaber oder Mitglied muss vorgesehen werden, dass von diesem zu tragende Verluste der Abwicklungsanstalt jeweils zunächst aus dem an ihn auszuschüttenden Betrag nach Nummer 2 (Stufe 1), sodann, sofern der Betrag nicht ausreicht, unmittelbar durch den

Verbund ausgeglichen werden (Stufe 2). Der kumulierte Gesamtumfang der von dem Verbund zu tragenden Verluste ist auf den von der Anstalt festzusetzenden Betrag begrenzt, den der Verbund am 30. Juni 2008 auf Grund der Gewährträgerhaftung zu tragen hatte. Sofern Leistungen des Verbundes aus den Stufen 1 und 2 nicht ausreichen, um die von ihm entsprechend der Beteiligungsquote zu tragenden Verluste zu decken, wird der Differenzbetrag jeweils durch den Fonds vorfinanziert und in den Folgejahren durch den auf den Verbund auszuschüttenden Betrag nach Nummer 2 refinanziert. Hieraus resultierende finanzielle Lasten tragen der Bund und das betreffende Land im Verhältnis von 65 : 35; Einzelheiten werden in einer Verwaltungsvereinbarung geregelt. Weitergehende landesrechtliche Bestimmungen bleiben unberührt.

1b. Der Fonds haftet für alle Darlehen, Schuldverschreibungen, als Festgeschäfte ausgestaltete Termingeschäfte, Rechte aus Optionen und andere Kredite an die Abwicklungsanstalt sowie für Kredite an Dritte, soweit sie von der Abwicklungsanstalt ausdrücklich gewährleistet werden, sofern diese jeweils in dem Zeitraum von der Abwicklungsanstalt aufgenommen, begeben, abgeschlossen, begründet oder auf die Abwicklungsanstalt übertragen wurden, in dem der Fonds alleiniger Verlustausgleichsverpflichteter ist. Eine angemessene Garantie im Sinne der Vorschriften über die aufsichtsrechtliche Risikogewichtung von Risikopositionen gegenüber einer Abwicklungsanstalt liegt auch vor, wenn ein Land allein oder gemeinsam mit dem Fonds unbegrenzt für den Ausgleich von Verlusten einer Abwicklungsanstalt haftet. Rückgriffsansprüche zwischen Verlustausgleichsverpflichteten und gegenüber der Abwicklungsanstalt bleiben unberührt und können insbesondere im Statut der Abwicklungsanstalt begründet werden.

2. Ist eine Übernahme einer Verlustausgleichspflicht nach Nummer 1 auf Grund der nicht geschlossenen Anteilsinhaberschaft oder Mitgliedschaft der übertragenden Gesellschaft, etwa bei deren Börsennotierung, nicht praktikabel, ist von der übertragenden Gesellschaft die Pflicht zu übernehmen, die Verluste aus dem an die Anteilseigner auszuschüttenden Betrag auszugleichen. Ist die übertragende Gesellschaft eine Zweckgesellschaft, ist auf das Kreditinstitut abzustellen, dessen Risikopositionen sie übernommen hat; Entsprechendes gilt für Tochterunternehmen als übertragende Gesellschaften. Für die Pflicht der übertragenden Gesellschaft, die Verluste aus dem an die Anteilseigner auszuschüttenden Betrag auszugleichen, gelten die §§ 6b und 6c entsprechend.

3. Ergibt sich nach der vollständigen Verwertung der übertragenen Risikopositionen und der nichtstrategienotwendigen Geschäftsbereiche ein positiver Saldo zugunsten der Abwicklungsanstalt, wird dieser gemäß den Regelungen in den Statuten der Abwicklungsanstalt an die Beteiligten der Abwicklungsanstalt oder gegebenenfalls Dritte ausgekehrt; soweit die Statuten über diesen Saldo keine Regelung treffen, ist er den Anteilsinhabern oder Mitgliedern der übertragenden Gesellschaft oder der übertragenden Gesellschaft zur Auskehrung an ihre Anteilsinhaber oder Mitglieder zu überlassen. § 6b Absatz 2 Satz 2 gilt entsprechend.

4. Unbeschadet der Nummern 1 und 2 kann die Anstalt die Gegenleistung bestimmen, die für die Übernahme von Risikopositionen oder nichtstrategienotwendigen Geschäftsbereichen oder deren Absicherung gewährt wird.

5. Die übertragende Gesellschaft muss vor einer Übertragung auf die Abwicklungsanstalt sämtliche Risiken bezüglich der zu übertragenden oder abzusichernden Risikopositionen und nichtstrategienotwendigen Geschäftsbereiche gegenüber der Anstalt offenlegen.
6. Die Übernahme von Risikopositionen oder nichtstrategienotwendigen Geschäftsbereichen setzt voraus, dass die übertragende Gesellschaft, im Falle einer Zweckgesellschaft das Kreditinstitut, dessen Risikopositionen sie übernommen hat, über ein tragfähiges Geschäftsmodell und grundsätzlich eine im Einzelfall angemessene Kapitalausstattung sowie die Abwicklungsanstalt über einen Abwicklungsplan verfügt, der im Einzelnen die vorgesehene Abwicklung der übernommenen Risikopositionen und nichtstrategienotwendigen Geschäftsbereiche bestimmt.
7. Die übertragende Gesellschaft oder deren unmittelbare oder mittelbare Anteilsinhaber oder Mitglieder müssen sicherstellen, dass ihre Verantwortung für Arbeitnehmer und Arbeitnehmerinnen, Pensionsverbindlichkeiten und sonstige im Zusammenhang mit Arbeitsverhältnissen bestehenden Lasten in vollem Umfang auch nach Übertragung von Risikopositionen und nichtstrategienotwendigen Geschäftsbereichen auf Abwicklungsanstalten erhalten bleibt.
8. Für Institute, die Maßnahmen nach § 8a in Anspruch nehmen, gelten die Auflagen aus § 5 Absatz 2 Nummer 1 bis 5, Absatz 5 bis 9 der Finanzmarktstabilisierungsfonds-Verordnung in der am 1. Januar 2015 geltenden Fassung entsprechend. Die Anstalt kann sonstige Bedingungen festlegen, die auch an Stabilisierungsmaßnahmen nach § 8 geknüpft werden können.

[2] Die Bedingungen können in den Statuten der Abwicklungsanstalten gemäß Absatz 2 und durch vertragliche Regelungen sichergestellt werden. [3] § 6a Absatz 5 Nummer 1 Satz 2 bis 5 gilt entsprechend.

(5) [1] Die Abwicklungsanstalten gelten nicht als Kreditinstitute oder Finanzdienstleistungsinstitute im Sinne des Kreditwesengesetzes[1)], als Wertpapierdienstleistungsunternehmen im Sinne des Wertpapierhandelsgesetzes oder als Versicherungsunternehmen im Sinne des Versicherungsaufsichtsgesetzes; § 3a Absatz 6a Satz 1 gilt entsprechend. [2] Auf die Abwicklungsanstalten sind die §§ 3 und 6 Absatz 2 und 3, die §§ 6a, 7 bis 8e, 9, 14, 22a bis 22o, 24 Absatz 1 Nummer 6, 8, 11 bis 13 sowie Absatz 1a, 2 und 4, die §§ 25, 25a Absatz 1 Satz 1 und Absatz 2 Satz 2, die §§ 25g bis 25m, 26 Absatz 1 Satz 1 bis 3, § 29 Absatz 2 Satz 1 und Absatz 3, die §§ 37, 39 bis 44a, 44c, 46g, 46h, 49, 54, 55a, 55b, 56, 59, 60 und 60a des Kreditwesengesetzes sowie § 23 des Wertpapierhandelsgesetzes entsprechend anzuwenden; sie gelten als Verpflichtete im Sinne des § 2 Absatz 1 des Geldwäschegesetzes[2)]. [3] Insoweit unterliegen sie der Aufsicht der Bundesanstalt für Finanzdienstleistungsaufsicht. [4] § 15 des Finanzdienstleistungsaufsichtsgesetzes[3)] ist entsprechend anzuwenden.

(6) [1] Auf die Abwicklungsanstalten sind die Grundsätze der Wirtschaftlichkeit und Sparsamkeit sowie die §§ 55 und 109 Absatz 1 und 2 der Bundeshaushaltsordnung anzuwenden. [2] Im Übrigen finden die §§ 1 bis 87 und 106 bis

---

1) Nr. **8**.
2) Nr. **15**.
3) Nr. **7**.

110 der Bundeshaushaltsordnung keine Anwendung; Absatz 8 Satz 3 bleibt unberührt. [3]Der Bundesrechnungshof hat ein Prüfungsrecht gemäß § 111 der Bundeshaushaltsordnung.

(7) Ein Vertrag, durch den eine Verpflichtung der übertragenden Gesellschaft oder ihrer unmittelbaren oder mittelbaren Anteilsinhaber oder Mitglieder begründet wird, Verluste einer Abwicklungsanstalt auszugleichen oder zukünftige an die Anteilsinhaber auszuschüttende Beträge an die betreffende Abwicklungsanstalt abzuführen, ist kein Unternehmensvertrag.

(8) [1]Die Abwicklungsanstalten können als übernehmende Rechtsträger an Ausgliederungen und Abspaltungen, jeweils zur Aufnahme, nach Maßgabe folgender Bestimmungen beteiligt sein:

1. Den unmittelbaren oder mittelbaren Anteilsinhabern des übertragenden Rechtsträgers oder dem übertragenden Rechtsträger selbst kann im Rahmen der Spaltung eine Beteiligung an den Abwicklungsanstalten gewährt werden. Die Beteiligung kann auf einen Anspruch auf einen nach Beendigung der Abwicklung erzielten Überschuss begrenzt werden. Die an der Abwicklungsanstalt Beteiligten sowie weitere Einzelheiten der Beteiligung werden in den Statuten der Abwicklungsanstalten nach Absatz 2 bestimmt. Soweit den Anteilsinhabern des übertragenden Rechtsträgers eine Verlustausgleichspflicht oder Haftung für Verbindlichkeiten einer Abwicklungsanstalt auferlegt wird, bedarf der Beschluss des übertragenden Rechtsträgers gemäß § 125 in Verbindung mit § 13 des Umwandlungsgesetzes der Zustimmung aller Anteilsinhaber, die nach den zugrunde liegenden Regelungen eine Verlustausgleichspflicht oder Haftung für Verbindlichkeiten trifft; Nummer 4 bleibt unberührt. Werden mittelbaren Anteilsinhabern im Sinne des Absatzes 4 Nummer 1 Satz 2 Beteiligungen eingeräumt, ist zusätzlich ein Beschluss dieser Anteilsinhaber erforderlich; werden ihnen Verlustausgleichspflichten oder eine Haftung für Verbindlichkeiten einer Abwicklungsanstalt auferlegt, bedarf der Beschluss der Zustimmung aller Anteilsinhaber. Die Abwicklungsanstalten können im In- und Ausland Gesellschaften gründen und Beteiligungen an Gesellschaften erwerben.
2. Zwischen den an der Spaltung beteiligten Rechtsträgern können Ausgleichsansprüche begründet werden.
3. Der Spaltungs- und Übernahmevertrag bedarf keiner Prüfung im Sinne des § 125 in Verbindung mit den §§ 9 bis 12 des Umwandlungsgesetzes. Für die Anstalt fasst der Leitungsausschuss den gemäß § 125 in Verbindung mit § 13 des Umwandlungsgesetzes zur Wirksamkeit der Übertragung erforderlichen Beschluss; er ist außerdem für die Verzichtserklärung gemäß § 127 Satz 2 in Verbindung mit § 8 Absatz 3 des Umwandlungsgesetzes zuständig. Der Bericht gemäß § 127 des Umwandlungsgesetzes ist von dem nach dem Statut gemäß Absatz 2 für die Geschäftsführung zuständigen Organ der Abwicklungsanstalt zu erstatten.
4. Der Beschluss des übertragenden Rechtsträgers gemäß § 125 in Verbindung mit § 13 des Umwandlungsgesetzes bedarf vorbehaltlich des Satzes 3 einer Mehrheit, die mindestens zwei Drittel der abgegebenen Stimmen oder des vertretenen gezeichneten Kapitals oder Beteiligungskapitals umfasst; die einfache Mehrheit reicht, wenn die Hälfte des gezeichneten Kapitals oder Beteiligungskapitals vertreten ist. Abweichende Satzungsbestimmungen sind

unbeachtlich. Die Sätze 1 und 2 gelten nicht für Rechtsträger in der Rechtsform landesunmittelbarer Anstalten des öffentlichen Rechts.

5. Bei Spaltungen unter Beteiligung einer Abwicklungsanstalt sind die §§ 22, 23, 126 Absatz 2 Satz 1 und 2 sowie die §§ 133 und 141 des Umwandlungsgesetzes nicht anzuwenden.
6. Als Schlussbilanz darf auch eine Aufstellung des zu übertragenden Vermögens (Teilbilanz) verwendet werden, für die die Vorschriften über die Jahresbilanz und deren Prüfung entsprechend gelten, sofern sich aus ihrem beschränkten Umfang nichts anderes ergibt. Das Registergericht darf die Spaltung nur eintragen, wenn die Schlussbilanz auf einen höchstens zwölf Monate vor der Anmeldung liegenden Stichtag aufgestellt worden ist. Im Übrigen bleibt die Vorschrift des § 125 in Verbindung mit § 17 Absatz 2 des Umwandlungsgesetzes unberührt.
7. Als Zwischenbilanz (§ 125 in Verbindung mit § 63 Absatz 1 Nummer 1 des Umwandlungsgesetzes) darf auch eine Teilbilanz verwendet werden. Diese muss nicht geprüft werden.
8. Werden mittelbaren Anteilsinhabern im Sinne des Absatzes 4 Nummer 1 Satz 2 Beteiligungen eingeräumt, sind bei der Anmeldung zum Handelsregister des übertragenden Rechtsträgers auch Erklärungen gemäß den §§ 140, 146 Absatz 1 und § 148 Absatz 1 des Umwandlungsgesetzes der gesetzlichen Vertreter aller unmittelbar oder mittelbar an dem übertragenden Rechtsträger beteiligten Unternehmen einzureichen, denen im Rahmen der Spaltung keine unmittelbare oder mittelbare Beteiligung an der Abwicklungsanstalt eingeräumt wird. § 313 Absatz 2 des Umwandlungsgesetzes ist auch auf diese Erklärung anzuwenden.
9. Das Nähere über die Spaltung ist in den Statuten der Abwicklungsanstalten gemäß Absatz 2 zu regeln. Spaltungen nach diesem Absatz sind Ausgliederungen und Abspaltungen, jeweils zur Aufnahme, im Sinne des Umwandlungsgesetzes vom 28. Oktober 1994 in der Fassung vom 17. Dezember 2008 (BGBl. I S. 2586) in Verbindung mit Nummer 1 dieses Absatzes, auf die die Vorschriften des Umwandlungsgesetzes entsprechend anzuwenden sind, soweit dieses Gesetz und die Statuten der Abwicklungsanstalten gemäß Absatz 2 nicht etwas anderes bestimmen.

[2] Die Gründung einer Gesellschaft oder ein Beteiligungserwerb soll nur erfolgen, wenn dies unmittelbar der Umsetzung des Abwicklungsplans gemäß Absatz 4 Satz 1 Nummer 6 dient. [3] § 65 Absatz 1 Nummer 3 und 4 der Bundeshaushaltsordnung ist entsprechend anzuwenden. [4] Es ist sicherzustellen, dass der Bundesrechnungshof in Bezug auf Gesellschaften und Beteiligungen im Sinne des Satzes 2 die Unterlagen und Auskünfte erhält, die er für die Erfüllung seiner Aufgaben für erforderlich hält. [5] Die näheren Einzelheiten zur Gründung einer Gesellschaft und zum Beteiligungserwerb werden in den Statuten der Abwicklungsanstalten geregelt.

(8a) [1] Die Abwicklungsanstalten können als übertragende Rechtsträger an Ausgliederungen und Abspaltungen nach Maßgabe der folgenden Bestimmungen beteiligt sein:

1. die Ausgliederung oder Abspaltung bedarf der Zustimmung der Haftungsbeteiligten und der Anstalt;

2. Refinanzierungsverbindlichkeiten dürfen im Rahmen der Ausgliederung oder Abspaltung nicht übertragen werden;
3. zum Zeitpunkt des Wirksamwerdens der Ausgliederung oder Abspaltung bestehende Gewährträgerhaftungen sowie eine für übertragene Verbindlichkeiten bestehende Haftung des Fonds gemäß Absatz 4 Satz 1 Nummer 1b werden durch die Ausgliederung oder Abspaltung nicht berührt;
4. das Nähere über die Ausgliederung oder Abspaltung ist in den Statuten der Abwicklungsanstalten gemäß Absatz 2 zu regeln.

[2] Ausgliederungen und Abspaltungen nach diesem Absatz sind Ausgliederungen und Abspaltungen im Sinne des Umwandlungsgesetzes vom 28. Oktober 1994 (BGBl. I S. 3210; 1995 I S. 428), das zuletzt durch Artikel 22 des Gesetzes vom 24. April 2015 (BGBl. I S. 642) geändert worden ist, auf die die Vorschriften des Umwandlungsgesetzes entsprechend anzuwenden sind, soweit dieses Gesetz und die Statuten der Abwicklungsanstalten von Absatz 2 Satz 4 und 5 nicht etwas anderes bestimmen.

(8b) [1] Sollen im Rahmen der Ausgliederung oder Abspaltung nach Absatz 8a Verbindlichkeiten übertragen werden, darf die Anstalt die Zustimmung nach Absatz 8a Satz 1 Nummer 1 nur erteilen, soweit es sich um Verbindlichkeiten handelt, die in unmittelbarem Zusammenhang mit einem zu übertragenden Grundgeschäft stehen oder durch den weiteren Fortgang des Grundgeschäfts bedingt sind. [2] Die Anstalt darf die Zustimmung zu einer Abspaltung nur erteilen, wenn die Abwicklungsanstalt nachweist, dass eine Ausgliederung wirtschaftlich nicht sinnvoll wäre und die Risiken für den Fonds durch die Abspaltung nicht erhöht werden. Solange die Abwicklungsanstalten nach einer Ausgliederung Anteile an einem übernehmenden Rechtsträger halten, gelten für den übernehmenden Rechtsträger die Absätze 2 und 2a entsprechend. [3] Die übernehmenden Rechtsträger sind in diesem Fall auch dazu verpflichtet, einen Abwicklungsplan aufzustellen. [4] Satz 3 und 4 gelten auch, solange die Abwicklungsanstalten nach einer Abspaltung für Verbindlichkeiten des übernehmenden Rechtsträgers haften, es sei denn, die Träger der Abwicklungsanstalten verpflichten sich, die Abwicklungsanstalt von den Nachhaftungsansprüchen freizustellen.

(9) Die §§ 16 bis 19 des Finanzmarktstabilisierungsbeschleunigungsgesetzes[1)] sind auf die Übertragung und Absicherung von Risikopositionen und nichtstrategienotwendigen Geschäftsbereichen gemäß den Absätzen 1 bis 8 entsprechend anwendbar.

(10) [1] Der Fonds kann Abwicklungsanstalten Darlehen zur Refinanzierung der von diesen übernommenen Vermögensgegenstände gewähren, sofern der Fonds alleiniger Verlustausgleichsverpflichteter ist. [2] Die näheren Bedingungen der Darlehensgewährung legt der Fonds im Einzelfall fest. [3] Ist der Fonds unmittelbarer oder mittelbarer Anteilsinhaber nach § 8a Absatz 4 Satz 1 Nummer 1 Satz 1, kann er eine Pflicht zum Ausgleich von Verlusten und eine Haftung für übertragene Verbindlichkeiten der Abwicklungsanstalten nach § 8a Absatz 4 Satz 1 Nummer 1 Satz 1, 3 und 4 übernehmen.

(11) Soweit Risikopositionen oder nicht strategienotwendige Geschäftsbereiche durch eine Maßnahme nach dem Umwandlungsgesetz auf eine Ab-

---

1) Nr. **19**.

wicklungsanstalt übertragen werden sollen, gilt § 7c des Finanzmarktstabilisierungsbeschleunigungsgesetzes entsprechend.

§ 8b Landesrechtliche Abwicklungsanstalten. (1) Eine landesrechtliche Abwicklungsanstalt ist eine Anstalt des öffentlichen Rechts nach Landesrecht, der die Aufgabe obliegt, Kreditinstitute, Finanzholding-Gesellschaften, deren in- und ausländische Tochterunternehmen oder Zweckgesellschaften, die Risikopositionen von ihnen übernommen haben, von Risikopositionen und nichtstrategienotwendigen Geschäftsbereichen durch rechtliche oder wirtschaftliche Übertragung zu entlasten und für die Folgendes durch oder auf Grund Landesgesetz vorgesehen ist:

1. Die landesrechtliche Abwicklungsanstalt darf keine Geschäfte betreiben, die einer Zulassung nach der Richtlinie 2006/48/EG des Europäischen Parlaments und des Rates vom 14. Juni 2006 über die Aufnahme und Ausübung der Tätigkeit der Kreditinstitute (ABl. L 177 vom 30. 6. 2006, S. 1) oder der Richtlinie 2004/39/EG des Europäischen Parlaments und des Rates vom 21. April 2004 über Märkte für Finanzinstrumente, zur Änderung der Richtlinien 85/611/EWG und 93/6/EWG des Rates und der Richtlinie 2000/12/EG des Europäischen Parlaments und des Rates und zur Aufhebung der Richtlinie 93/22/EWG des Rates (ABl. L 145 vom 30.4.2004, S. 1) in der jeweils geltenden Fassung bedürfen.
2. Auf die landesrechtliche Abwicklungsanstalt können Risikopositionen, die bis zum 31. Mai 2014 erworben wurden, sowie nichtstrategienotwendige Geschäftsbereiche einer übertragenden Gesellschaft durch Rechtsgeschäft oder Umwandlung zum Zwecke der Abwicklung übertragen werden. § 8a Absatz 1 Satz 2 bis 4 gilt entsprechend.
3. Für die Übernahme von Risikopositionen und nichtstrategienotwendigen Geschäftsbereichen durch die landesrechtliche Abwicklungsanstalt gelten die Bedingungen nach § 8a Absatz 4 Nummer 5, 6 und 8 Satz 1 entsprechend.

(2) [1] Liegen die Voraussetzungen des Absatzes 1 vor, gelten für landesrechtliche Abwicklungsanstalten die Bestimmungen des § 8a Absatz 5, 7 und 9 entsprechend. [2] Die Aufsicht nach § 8a Absatz 5 Satz 3 erstreckt sich auch auf die Bedingungen nach Absatz 1 Nummer 1. [3] Die landesrechtlichen Abwicklungsanstalten stellen innerhalb der ersten vier Monate nach Abschluss des Geschäftsjahres einen Jahresabschluss und einen Lagebericht nach den für große Kapitalgesellschaften geltenden Vorschriften des Handelsgesetzbuchs oder nach den für Kreditinstitute geltenden Vorschriften auf. [4] Der Jahresabschluss und der Lagebericht sind nach den Vorschriften des Handelsgesetzbuchs zu prüfen. [5] Eine Konzernrechnungslegungspflicht besteht nicht. [6] Das Publizitätsgesetz ist nicht anzuwenden.

(3) Für Verbindlichkeiten und Zahlungsverpflichtungen einer landesrechtlichen Abwicklungsanstalt im Sinne des Absatzes 1 kann das Land eine § 8a Absatz 4 Satz 1 Nummer 1b Satz 1 entsprechende Haftung vorsehen.

§ 9 Kreditermächtigung. (1) [1] Das Bundesministerium der Finanzen wird ermächtigt, für den Fonds zur Deckung von Aufwendungen und von Maßnahmen nach den §§ 5a, 7 und 8 und 8a Absatz 4 Satz 1 Nummer 1 und 1a dieses Gesetzes und von Maßnahmen nach den §§ 1 und 4 des Rettungsübernahmegesetzes Kredite bis zur Höhe von 60 Milliarden Euro aufzunehmen.

[2]Die Kreditermächtigung ist in Höhe von 30 Milliarden Euro gesperrt. [3]Die Aufhebung der Sperre bedarf der Einwilligung des Haushaltsausschusses des Deutschen Bundestages. [4]Soweit nicht nur der Inhalt der Beratung, sondern auch die Tatsache der Beratung und der Beschlussfassung an sich geheim gehalten werden muss, um die Erreichung des Ziels der Finanzmarktstabilisierung nicht von vornherein unmöglich zu machen, bedarf die Aufhebung der Sperre abweichend von Satz 3 der Einwilligung durch das Gremium nach § 10a. [5]Die Bundesregierung kann dieses Erfordernis geltend machen, das Gremium kann der Annahme dieses Erfordernisses unverzüglich mit Mehrheit widersprechen. [6]In diesem Fall entscheidet der Haushaltsausschuss. [7]Sofern gemäß Satz 4 das Gremium nach § 10a über die Einwilligung entscheidet, unterrichtet das Gremium den Haushaltsausschuss des Deutschen Bundestages nach Fortfall des Grundes für die Geheimhaltung unverzüglich über die Einwilligung.

(2) Dem Kreditrahmen nach Absatz 1 wachsen die Beträge aus getilgten Krediten wieder zu.

(3) Auf die Kreditermächtigung ist bei Diskontpapieren der Nettobetrag anzurechnen.

(4) Unter den Voraussetzungen des § 37 Abs. 1 Satz 2 der Bundeshaushaltsordnung kann der in Absatz 1 festgelegte Ermächtigungsrahmen mit Einwilligung des Haushaltsausschusses des Deutschen Bundestages um bis zu 10 Milliarden Euro überschritten werden.

(5) [1]Das Bundesministerium der Finanzen wird ermächtigt, für den Fonds zum Zwecke der Darlehensgewährung nach § 8a Absatz 10 Satz 1 dieses Gesetzes Kredite in Höhe von bis zu 30 Milliarden Euro aufzunehmen. [2]Die Absätze 2 und 3 finden entsprechende Anwendung.

(6) [1]Werden für Ausgaben, die keine finanziellen Transaktionen im Sinne des § 3 des Artikel 115-Gesetzes vom 10. August 2009 (BGBl. I S. 2702, 2704) sind, Kredite aufgenommen, ist in Verbindung mit der nächsten Beschlussfassung über ein Haushaltsgesetz ein gesonderter Beschluss des Deutschen Bundestages über die Tilgung der in diesem Umfang erhöhten Bundesschuld herbeizuführen, soweit mit dieser Kreditaufnahme die nach der Schuldenregel zulässige Kreditaufnahme überschritten worden ist. [2]Die Tilgung hat binnen eines angemessenen Zeitraums zu erfolgen. [3]Nach Maßgabe dieses Tilgungsplans verringert sich in den jeweiligen Jahren die nach der Schuldenregel zulässige Nettokreditaufnahme des Bundes. [4]Für Kreditaufnahmen zur Finanzierung von Ausgaben auf Grund von bis zum 31. Dezember 2010 ergriffenen Maßnahmen sowie deren Anschlussmaßnahmen gemäß § 13 Absatz 1a und 1b dieses Gesetzes gilt Artikel 143d Absatz 1 Satz 2 zweiter Halbsatz des Grundgesetzes.

§ 10 Bedingungen für Stabilisierungsmaßnahmen. (1) Unternehmen des Finanzsektors, die Stabilisierungsmaßnahmen des Fonds nach den §§ 6, 7 und 8 dieses Gesetzes in Anspruch nehmen, müssen die Gewähr für eine solide und umsichtige Geschäftspolitik bieten.

(2) [1]Die Bundesregierung kann durch Rechtsverordnung, die nicht der Zustimmung des Bundesrates bedarf, nähere Bestimmungen erlassen über die von den begünstigten Unternehmen des Finanzsektors zu erfüllenden Anforderungen an

1. die geschäftspolitische Ausrichtung, bei Kreditinstituten insbesondere die Versorgung kleiner und mittlerer Unternehmen mit Krediten, und die Nachhaltigkeit des verfolgten Geschäftsmodells,
2. die Verwendung der aufgenommenen Mittel,
3. die Vergütung ihrer Organe, Angestellten und wesentlichen Erfüllungsgehilfen,
4. die Eigenmittelausstattung,
5. die Ausschüttung von Dividenden,
6. den Zeitraum, innerhalb dessen diese Anforderungen zu erfüllen sind,
7. Maßnahmen zur Vermeidung von Wettbewerbsverzerrungen,
8. die Art und Weise, wie dem Fonds Rechenschaft zu legen ist,
9. eine von dem vertretungsberechtigten Organ mit Zustimmung des Aufsichtsorgans abzugebende und zu veröffentlichende Verpflichtungserklärung zur Einhaltung der in den Nummern 1 bis 8 einzuhaltenden Anforderungen,
10. sonstige Bedingungen, die zur Sicherstellung des Zweckes dieses Gesetzes nach Absatz 1 erforderlich sind.

[2] Die Anforderungen können sich nach Art und Adressaten der Stabilisierungsmaßnahme unterscheiden. [3] Sie werden auf der Grundlage dieses Gesetzes und der hierzu ergangenen Rechtsverordnung durch Vertrag, Selbstverpflichtung oder Verwaltungsakt festgelegt. [4] In der nach Satz 1 zu erlassenden Rechtsverordnung können auch Rechtsfolgen einer Nichtbeachtung der vorgenannten Anforderungen geregelt werden.

(2a) [1] In einem Unternehmen des Finanzsektors, das Stabilisierungsmaßnahmen nach § 7 dieses Gesetzes in Anspruch nimmt und bei dem der Fonds unmittelbar oder mittelbar über ein oder mehrere Tochterunternehmen mindestens 75 Prozent der Anteile hält, darf die monetäre Vergütung der Organmitglieder und Angestellten jeweils 500 000 Euro pro Jahr nicht übersteigen. [2] Variable Vergütungen sind nicht zulässig.

(2b) [1] In einem Unternehmen des Finanzsektors, das Stabilisierungsmaßnahmen nach § 7 dieses Gesetzes in Anspruch nimmt und bei dem der Fonds die in Absatz 2a genannte Beteiligungsschwelle nicht erreicht, darf die monetäre Vergütung der Organmitglieder und Angestellten vorbehaltlich der Regelung in Satz 3 jeweils 500 000 Euro pro Jahr nicht übersteigen. [2] Variable Vergütungen sind nicht zulässig, es sei denn, die Summe aus fixer und variabler Vergütung überschreitet nicht die Obergrenze von 500 000 Euro pro Jahr. [3] Die Obergrenze von 500 000 Euro darf überschritten werden, sofern das Unternehmen mindestens die Hälfte der geleisteten Rekapitalisierungen zurückgezahlt hat oder soweit die geleistete Kapitalzuführung voll verzinst wird.

(2c) [1] Nicht umfasst von den Absätzen 2a und 2b sind Vergütungen, die durch Tarifvertrag oder in seinem Geltungsbereich durch Vereinbarung der Arbeitsvertragsparteien über die Anwendung der tarifvertraglichen Regelungen oder aufgrund eines Tarifvertrages in einer Betriebs- oder Dienstvereinbarung vereinbart sind. [2] Die Vorgaben der Absätze 2a und 2b sind bei Vertragsänderungen und -neuabschlüssen mit Organmitgliedern und Angestellten zu berücksichtigen. [3] Die Verlängerung eines Vertrages gilt als Neuabschluss im Sinne des Satzes 2. [4] Soweit Verträge den Vorgaben der Absätze 2a und 2b nicht entsprechen, können Organmitglieder und Angestellte aus ihnen keine Rechte herleiten. [5]Dies gilt nicht für Ansprüche, die vor dem 1. Januar 2011 entstanden sind.

(2d) [1]Bei einem Unternehmen des Finanzsektors, das Stabilisierungsmaßnahmen gemäß den §§ 6 bis 8a in Anspruch nimmt, sollen Vertreter der Anstalt im Zusammenhang mit den ihr nach § 8a übertragenen Aufgaben oder Vertreter der Finanzagentur im Zusammenhang mit den nach diesem Gesetz auf diese übertragenen Aufgaben als Sachverständige oder Auskunftspersonen im Sinne des § 109 Absatz 1 Satz 2 des Aktiengesetzes zu den Sitzungen des Aufsichtsrats und seiner Ausschüsse hinzugezogen werden, soweit über Gegenstände beraten wird, bei denen eine Beteiligung von Vertretern der Anstalt oder der Finanzagentur als Sachverständige oder als Vertreter der Eigentümerinteressen des Bundes jeweils zweckdienlich erscheint. [2]Die Anstalt und die Finanzagentur können die Teilnahme ihrer Vertreter an solchen Sitzungen verlangen, soweit über Gegenstände beraten wird, die Auswirkungen auf die jeweils in ihrem Aufgabenbereich liegenden Stabilisierungsmaßnahmen haben können.

(3) Der Haushaltsausschuss und der Finanzausschuss des Deutschen Bundestages sind über Erlass und Änderungen der Rechtsverordnung nach Absatz 2 unverzüglich zu unterrichten.

§ 10a Parlamentarische Kontrolle. (1) *(aufgehoben)*

(2) [1]Das Gremium nach § 3 des Bundesschuldenwesengesetzes (Gremium) wird vom Bundesministerium der Finanzen laufend über alle den Fonds betreffenden Fragen unterrichtet. [2]Es ist befugt, Mitglieder des Lenkungsausschusses und Leitungsausschusses sowie Vertreter der Geschäftsführung der Finanzagentur und der Organe eines von einer Maßnahme des Fonds begünstigten Unternehmens zu laden. [3]Die Vertreter der Geschäftsführung der Finanzagentur und der Organe eines von der Maßnahme des Fonds begünstigten Unternehmens sind zur Auskunft vor dem Gremium berechtigt und verpflichtet. [4]Das Gremium berät ferner über grundsätzliche und strategische Fragen und langfristige Entwicklungen der Finanzmarktpolitik.

(3) [1]Das Gremium tagt geheim. [2]Die Mitglieder des Gremiums sind zur Geheimhaltung aller Angelegenheiten verpflichtet, die ihnen bei ihrer Tätigkeit bekannt geworden sind. [3]Dies gilt für alle Teilnehmerinnen und Teilnehmer der Sitzungen. [4]§ 3 Absatz 2 Satz 2 und 3 des Bundesschuldenwesengesetzes gilt entsprechend.

§ 11 Jahresrechnung und parlamentarische Unterrichtung. (1) [1]Das Bundesministerium der Finanzen stellt am Schluss eines jeden Rechnungsjahres die Jahresrechnung für den Fonds auf. [2]Sie ist als Anhang der Haushaltsrechnung des Bundes beizufügen.

(2) Die Jahresrechnung muss in übersichtlicher Weise den Bestand des Fonds einschließlich der Forderungen und Verbindlichkeiten erkennen lassen sowie die Einnahmen und Ausgaben nachweisen.

(3) [1]Ein Haushalts- oder Wirtschaftsplan wird nicht aufgestellt. [2]Der Haushaltsausschuss und der Finanzausschuss des Deutschen Bundstages sind regelmäßig über den aktuellen Sachstand zu unterrichten. [3]Das Gremium nach § 10a dieses Gesetzes ist in allen Fällen von wesentlicher Bedeutung unverzüglich zu unterrichten.

§ 12 Verwaltungskosten. Die Kosten für die Verwaltung des Fonds trägt der Bund.

§ 13 Befristung und Länderbeteiligung. (1) [1]Stabilisierungsmaßnahmen des Fonds einschließlich der Maßnahmen nach den §§ 6a und 8a sind bis zum 31. Dezember 2015 möglich. [2]Anschließend ist der Fonds abzuwickeln und aufzulösen. [3]Für den Fonds ist ein Schlussergebnis zu ermitteln. [4]Dabei sind Ergebnisse für die bis zum 31. Dezember 2012 gewährten Maßnahmen und die nach dem 31. Dezember 2012 gewährten Maßnahmen separat auszuweisen. [5]Dem Ergebnis für bis zum 31. Dezember 2012 gewährte Maßnahmen werden dabei auch die Ergebnisse von Maßnahmen nach den Absätzen 1a und 1b zugerechnet, soweit sie Anschlussmaßnahmen nach den Absätzen 1a und 1b zu bis zum 31. Dezember 2012 ergriffenen Maßnahmen sind.

(1a) Der Fonds kann sich auch nach dem 31. Dezember 2015 an Unternehmen des Finanzsektors gemäß § 2 Absatz 1 Satz 1 dieses Gesetzes in der am 31. Dezember 2014 geltenden Fassung beteiligen, an denen er auf Grund von Maßnahmen nach § 7 bereits beteiligt ist, soweit dies erforderlich ist, um den Anteil seiner Kapitalbeteiligung an dem Unternehmen aufrechtzuerhalten oder gewährte Stabilisierungsmaßnahmen abzusichern.

(1b) [1]Die Gewährung von Darlehen durch den Fonds nach § 8a Absatz 10 Satz 1 ist nach dem in Absatz 1 genannten Datum möglich. [2]Gleiches gilt für eine Übertragung von Risikopositionen sowie nichtstrategienotwendiger Geschäftsbereiche der übertragenden Gesellschaft auf eine bereits errichtete Abwicklungsanstalt durch Rechtsgeschäft oder Umwandlung zum Zwecke der Abwicklung und in diesem Zusammenhang die Übernahme von Verlustausgleichspflichten durch den Fonds nach § 8a Absatz 4 Satz 1 Nummer 1 und 1a. [3]Im Falle einer nachträglichen Übertragung nach Satz 2 können abweichend von § 8a Absatz 1 Satz 1 auch Risikopositionen übertragen werden, die nach dem 31. Mai 2014 erworben wurden. [4]Für die Entscheidung der Anstalt über die nachträgliche Übertragung sowie die näheren Bedingungen gilt § 8a Absatz 3 und 4 entsprechend. [5]Bei der Festlegung von Bedingungen nach § 8a Absatz 4, insbesondere einer Verlustausgleichspflicht oder Haftung nach § 8a Absatz 4 Satz 1 Nummer 1 und 1a, bleiben Anteile, die der Fonds nach Errichtung der Abwicklungsanstalt an der übertragenden Gesellschaft erworben hat, außer Betracht.

(2) [1]Nach Abwicklung des Fonds wird das verbleibende Ergebnis für bis zum 31. Dezember 2012 gewährte Maßnahmen zwischen Bund und Ländern im Verhältnis 65 : 35 aufgeteilt. [2]Die Beteiligung der Länder ist auf einen Höchstbetrag von 7,7 Milliarden Euro begrenzt. [3]Die Aufteilung auf die einzelnen Länder erfolgt zur Hälfte nach Einwohnern (Stand 30. Juni 2008) und zur Hälfte nach dem Bruttoinlandsprodukt 2007 in jeweiligen Preisen.

(2a) [1]Das verbleibende Ergebnis für die nach dem 31. Dezember 2012 gewährten Maßnahmen wird zwischen Bund und Ländern im Verhältnis 65:35 aufgeteilt, soweit es positiv ist. [2]Sofern dieses Ergebnis negativ ist, ist der Restrukturierungsfonds im Sinne des § 1 des Restrukturierungsfondsgesetzes[1] gegenüber dem Fonds zum Ausgleich verpflichtet.

[1] Nr. **21**.

(3) [1] Soweit Landesbanken oder Zweckgesellschaften, die deren Risikopositionen übernommen haben, durch Maßnahmen des Fonds unterstützt werden, tragen hieraus resultierende finanzielle Lasten die Länder entsprechend ihren Anteilen an den Landesbanken oder Zweckgesellschaften zum Zeitpunkt des Inkrafttretens des Gesetzes. [2] Der Bund trägt gemäß seinem Anteil zum Zeitpunkt des Inkrafttretens des Gesetzes die Lasten der Finanzinstitutionen nach § 2, an denen er beteiligt ist.

(4) Die Einzelheiten der Abwicklung und Auflösung des Fonds bestimmt die Bundesregierung jeweils durch Rechtsverordnung, die der Zustimmung des Deutschen Bundestages und des Bundesrates bedarf.

(5) Der Haushaltsausschuss und der Finanzausschuss des Deutschen Bundestages sind über Erlass und Änderungen der Rechtsverordnungen nach Absatz 4 unverzüglich zu unterrichten.

Teil 4. Besteuerung

§ 14 Steuern. (1) [1] Der Fonds unterliegt nicht der Gewerbesteuer oder der Körperschaftsteuer. [2] Er ist kein Unternehmer im Sinne des Umsatzsteuergesetzes.

(2) [1] Auf Kapitalerträge des Fonds ist ein Steuerabzug nicht vorzunehmen; ist Kapitalertragsteuer einbehalten und abgeführt worden, obwohl eine Verpflichtung hierzu nicht bestand, hat der zum Steuerabzug Verpflichtete die Steueranmeldung insoweit zu ändern. [2] Zahlungen des Fonds unterliegen keinem Kapitalertragsteuerabzug. [3] Für Zwecke der Doppelbesteuerungsabkommen gilt der Fonds als in Deutschland ansässige Person, die der deutschen Besteuerung unterliegt.

(3) [1] § 8c des Körperschaftsteuergesetzes und § 10a letzter Satz des Gewerbesteuergesetzes sind bei Erwerb von Stabilisierungselementen durch den Fonds oder deren Rückübertragung durch den Fonds nicht anzuwenden. [2] Satz 1 gilt auch für den Erwerb von Stabilisierungselementen oder deren Rückübertragung durch eine andere inländische Gebietskörperschaft oder einer von dieser errichteten, mit dem Fonds vergleichbaren Einrichtung, wenn die Stabilisierungsmaßnahmen innerhalb der in § 13 Absatz 1 genannten Frist durchgeführt werden. [3] Satz 1 ist auf Maßnahmen im Sinne des Rettungsübernahmegesetzes entsprechend anzuwenden.

(3a) [1] Sofern Abspaltungen im Sinne des § 15 Absatz 1 des Umwandlungssteuergesetzes eine notwendige Vorbereitung von Stabilisierungsmaßnahmen im Sinne der §§ 6 bis 8 dieses Gesetzes darstellen, ist § 15 Absatz 3 des Umwandlungssteuergesetzes in der Fassung des Artikels 5 Nummer 2 des Gesetzes vom 14. August 2007 (BGBl. I S. 1912) nicht anzuwenden. [2] Verrechenbare Verluste, verbleibende Verlustvorträge, nicht ausgeglichene negative Einkünfte und ein Zinsvortrag nach § 4h Absatz 1 Satz 2 des Einkommensteuergesetzes verbleiben bei der übertragenden Körperschaft.

(4) [1] Die zur Wahrnehmung der dem Fonds zugewiesenen Aufgaben als Erwerber vorgenommenen Rechtsakte und dessen Erwerbe als Enteignungsbegünstigter sind von der Grunderwerbsteuer befreit. [2] Bei der Ermittlung des Vomhundertsatzes des § 1 Absatz 2a des Grunderwerbsteuergesetzes bleiben Erwerbe von Anteilen durch den Fonds außer Betracht.

§ 14a Steuerrechtliche Sonderregelungen im Zusammenhang mit Vermögensübertragungen nach den §§ 6a und 8a. (1) [1]Beim übertragenden Unternehmen sind die Schuldtitel im Sinne des § 6a Absatz 1 abweichend von § 6 Absatz 6 des Einkommensteuergesetzes mit dem Wert anzusetzen, zu dem das übertragende Unternehmen die strukturierten Wertpapiere nach § 6a Absatz 2 Nummer 2 übertragen hat. [2]Bei der Zweckgesellschaft im Sinne des § 6a Absatz 1 sind die erhaltenen strukturierten Wertpapiere mit dem Wert der für die Anschaffung begebenen Schuldtitel im Sinne des § 6a Absatz 1 anzusetzen.

(2) [1]Bei der Abspaltung zur Aufnahme im Sinne des § 8a hat die übertragende Körperschaft die Risikopositionen und nichtstrategienotwendigen Geschäftsbereiche (übertragene Wirtschaftsgüter) im Sinne des § 8a Absatz 1 Satz 1 in ihrer steuerlichen Schlussbilanz mit dem Buchwert anzusetzen. [2]Die an der übernehmenden Abwicklungsanstalt im Sinne des § 8a im Zuge der Abspaltung gewährte Beteiligung gilt als zu Buchwerten angeschafft und tritt steuerlich an die Stelle der übertragenen Wirtschaftsgüter. [3]§ 14 Absatz 3a gilt entsprechend. [4]Der übernehmende Rechtsträger tritt in die Rechtsstellung der übertragenden Körperschaft ein, insbesondere bezüglich der Absetzungen für Abnutzung und der den steuerlichen Gewinn mindernden Rücklagen. [5]Ist die Dauer der Zugehörigkeit eines Wirtschaftsguts zum Betriebsvermögen für die Besteuerung bedeutsam, so ist der Zeitraum seiner Zugehörigkeit zum Betriebsvermögen der übertragenden Körperschaft dem übernehmenden Rechtsträger anzurechnen.

(3) [1]Bei der Ausgliederung zur Aufnahme im Sinne des § 8a hat die Abwicklungsanstalt das eingebrachte Betriebsvermögen mit dem Buchwert anzusetzen. [2]Der Buchwert des übergehenden Vermögens, vermehrt um eine Ausgleichsverbindlichkeit und vermindert um eine Ausgleichsforderung des Einbringenden im Sinne des § 8a Absatz 8 Nummer 2, gilt für den Einbringenden als Veräußerungspreis und als Anschaffungskosten der Beteiligung an der Abwicklungsanstalt. [3]Absatz 2 Satz 4 und 5 gilt entsprechend.

(4) Für den steuerlichen Übertragungsstichtag gilt § 8a Absatz 8 Nummer 6.

§ 14b Steuerrechtliche Sonderregelungen zu Zweckgesellschaften und Abwicklungsanstalten nach den §§ 6a und 8a. (1) Die Zweckgesellschaft im Sinne des § 6a Absatz 1 gilt als Gewerbebetrieb im Sinne des § 35c Absatz 1 Nummer 2 Buchstabe e des Gewerbesteuergesetzes und des § 19 Absatz 3 Nummer 2 der Gewerbesteuer-Durchführungsverordnung, wenn sie nachweislich ausschließlich die in § 6a Absatz 1 genannten Wirtschaftsgüter erwirbt und verwaltet (einschließlich deren Veräußerung und Wiederanlage) und für den Erwerb notwendige Schuldtitel begibt.

(2) Die Anstalt im Sinne des § 3a Absatz 1 begründet mit Ausnahme der errichteten Abwicklungsanstalten keinen Betrieb gewerblicher Art im Sinne des § 4 des Körperschaftsteuergesetzes und keinen Betrieb der öffentlichen Hand im Sinne des § 2 Absatz 1 der Gewerbesteuer-Durchführungsverordnung.

(3) [1]Abweichend von § 1 Absatz 1 Nummer 6 des Körperschaftsteuergesetzes ist die Abwicklungsanstalt unbeschränkt körperschaftsteuerpflichtig und Betrieb gewerblicher Art im Sinne des § 4 des Körperschaftsteuergesetzes; sie ist Steuerschuldner der Körperschaftsteuer. [2]Die Rechtsfolgen einer verdeckten

Gewinnausschüttung im Sinne des § 8 Absatz 3 des Körperschaftsteuergesetzes sind nicht bereits deshalb zu ziehen, weil die Abwicklungsanstalt Verluste erzielt.

(4) [1] Die Abwicklungsanstalt ist gewerbesteuerpflichtig, wenn sie als stehender Gewerbebetrieb anzusehen ist; sie ist in diesem Fall Schuldner der Gewerbesteuer. [2] Auf die gewerbesteuerpflichtige Abwicklungsanstalt, auf die nur Risikopositionen im Sinne des § 8a Absatz 1 Satz 1 übertragen worden sind, ist Absatz 1 entsprechend anzuwenden; für übrige Abwicklungsanstalten ist § 19 Absatz 1 und 2 der Gewerbesteuer-Durchführungsverordnung entsprechend anzuwenden.

§ 14c Steuerrechtliche Behandlung von Zahlungen in die Zweckgesellschaft oder die Abwicklungsanstalt und Auskehrungen der Zweckgesellschaft oder der Abwicklungsanstalt. (1) [1] Als negative Einnahmen im Sinne des § 20 Absatz 1 Nummer 1 oder 10 Buchstabe a des Einkommensteuergesetzes gelten

1. Zahlungen im Sinne des § 6b Absatz 1 an die Zweckgesellschaft und
2. Zahlungen im Sinne des § 8a Absatz 4 Satz 1 Nummer 2 an die Abwicklungsanstalt, wenn der Anteilsinhaber oder das Mitglied des übertragenden Unternehmens im Sinne des § 8a Absatz 4 Satz 1 Nummer 2 an der Abwicklungsanstalt nicht beteiligt ist.

[2] Die Zahlungen mindern auch die Bemessungsgrundlage im Sinne des § 43a Absatz 1 Satz 1 Nummer 1 und 2 des Einkommensteuergesetzes für den Kapitalertrag aus der Beteiligung an dem übertragenden Unternehmen; die Zahlungen gelten auch bei der Anwendung des Investmentsteuergesetzes als negative Einnahmen. [3] Ist der Ausgleichsverpflichtete im Sinne des § 8a Absatz 4 Satz 1 Nummer 1 und 2 an der Abwicklungsanstalt beteiligt, sind Zahlungen im Sinne des § 8a Absatz 4 Satz 1 Nummer 1 und 2 an die Abwicklungsanstalt als Einlagen zu behandeln.

(2) § 8b des Körperschaftsteuergesetzes ist nicht anzuwenden auf die Einnahmen

1. im Sinne des § 6b Absatz 1 der Zweckgesellschaft und
2. im Sinne des § 8a Absatz 4 Satz 1 Nummer 2 der Abwicklungsanstalt.

(3) [1] Die Zweckgesellschaft hat die Einnahmen im Sinne des § 6b Absatz 1 als Zugang und die Auskehrungen im Sinne des § 6b Absatz 2 als Abgang in einem besonderen Konto auszuweisen, das durch die Auskehrungen nicht negativ werden darf; § 27 Absatz 2 des Körperschaftsteuergesetzes gilt entsprechend. [2] Auskehrungen im Sinne des § 6b Absatz 2 sind bei der Zweckgesellschaft nur Betriebsausgaben, soweit die Auskehrungen als aus dem nach Satz 1 zu führenden Konto geleistet gelten. Die Sätze 1 und 2 gelten entsprechend für die Abwicklungsanstalt, die Einnahmen im Sinne des § 8a Absatz 4 Satz 1 Nummer 1 und 2 von Ausgleichsverpflichteten erhält, die an der Abwicklungsanstalt nicht beteiligt sind, und Auskehrungen im Sinne des § 8a Absatz 4 Satz 1 Nummer 3 an diese Anteilseigner unmittelbar oder mittelbar leistet.

(4) Auskehrungen der Zweckgesellschaft im Sinne des § 6b Absatz 2 gelten als Einnahmen im Sinne des § 20 Absatz 1 Nummer 1 des Einkommensteuergesetzes.

(5) [1]Leistungen der Abwicklungsanstalt im Sinne des § 8a Absatz 4 Nummer 3, die Anteilseignern im Sinne des § 8a Absatz 4 Satz 1 Nummer 3 aus der Beteiligung an der Abwicklungsanstalt zustehen, gelten

1. als Einnahmen im Sinne des § 20 Absatz 1 Nummer 1 des Einkommensteuergesetzes, wenn der Berechtigte keine juristische Person des öffentlichen Rechts ist,
2. als inländische Einnahmen im Sinne des § 20 Absatz 1 Nummer 10 Buchstabe a des Einkommensteuergesetzes, wenn der Berechtigte eine juristische Person des öffentlichen Rechts ist.

[2]Für Leistungen der Abwicklungsanstalt im Sinne des § 8a Absatz 4 Satz 1 Nummer 3, die Anteilseignern im Sinne des § 8a Absatz 4 Satz 1 Nummer 3 zustehen, ohne dass sie an der Abwicklungsanstalt beteiligt sind, ist Satz 1 entsprechend anzuwenden, wenn

1. der Begünstigte Zahlungen im Sinne des § 8a Absatz 4 Satz 1 Nummer 1 an die Abwicklungsanstalt geleistet hat, soweit die Leistungen die Summe der Zahlungen (vermindert um Rückflüsse) an die Abwicklungsanstalt übersteigen. Dies ist vom Anteilseigner nachzuweisen; Absatz 3 ist vom Anteilseigner entsprechend anzuwenden,
2. der Begünstigte Zahlungen im Sinne des § 8a Absatz 4 Satz 1 Nummer 2 an die Abwicklungsanstalt geleistet hat;

ist in diesen Fällen das übertragende Unternehmen im Sinne des § 8a Absatz 1 Satz 2 das zur Weiterleitung der Kapitalerträge verpflichtete Unternehmen, ist es für Zwecke von Abschnitt VI Teil 3 des Einkommensteuergesetzes Schuldner dieser Kapitalerträge. [3]Werden Leistungen, die mit Leistungen im Sinne des § 8a Absatz 4 Satz 1 Nummer 3 wirtschaftlich vergleichbar sind, vor dem in § 8a Absatz 4 Satz 1 Nummer 3 genannten Zeitpunkt erbracht, sind die Sätze 1 und 2 im Sinne des § 8b entsprechend anzuwenden. [4]Hat der nicht an der Abwicklungsanstalt beteiligte Begünstigte Zahlungen im Sinne des § 8a Absatz 4 Satz 1 Nummer 1 und 2 geleistet, ist auf Leistungen der Abwicklungsanstalt im Sinne des § 8a Absatz 4 Satz 1 Nummer 3 bis zur Höhe dieser Zahlungen zunächst Satz 2 Nummer 2 anzuwenden. [5]Dies ist vom Anteilseigner nachzuweisen; Absatz 3 ist vom Anteilseigner entsprechend anzuwenden.

§ 14d Steuerrechtliche Sonderregelungen im Zusammenhang mit landesrechtlichen Abwicklungsanstalten. [1]§ 14a Absatz 2 bis 4 gilt im Zusammenhang mit Vermögensübertragungen in die landesrechtliche Abwicklungsanstalten im Sinne des § 8b entsprechend. [2]§ 14b Absatz 2 bis 4 ist auf die landesrechtlichen Abwicklungsanstalten im Sinne des § 8b entsprechend anzuwenden.

Teil 5. Übergangs- und Schlussvorschriften

§ 14e Anwendungsvorschrift für die §§ 14 bis 14d. (1) § 14 Absatz 3 Satz 1 und 2 und Absatz 3a in der Fassung des Artikels 10 des Gesetzes vom 16. Juli 2009 (BGBl. I S. 1959) ist erstmals für den Veranlagungszeitraum und Erhebungszeitraum 2008 anzuwenden.

(2) Die §§ 14a bis 14d in der ab dem 23. Juli 2009 geltenden Fassung sind erstmals für den Veranlagungszeitraum 2009 und den Erhebungszeitraum 2009 anzuwenden.

§ 15 Sofortige Vollziehbarkeit. [1] Ein Widerspruch ist ausgeschlossen. [2] Die Anfechtungsklage gegen Maßnahmen nach diesem Gesetz und den auf diesem Gesetz beruhenden Rechtsverordnungen hat keine aufschiebende Wirkung.

§ 16 Rechtsweg. [1] Das Bundesverwaltungsgericht entscheidet im ersten und letzten Rechtszug über öffentlich-rechtliche Streitigkeiten nicht verfassungsrechtlicher Art nach diesem Gesetz. [2] Im Übrigen bleibt die Zuständigkeit der ordentlichen Gerichte unberührt. [3] Dabei entscheidet der Bundesgerichtshof in erster und letzter Instanz.

§ 17 Verkündung von Rechtsverordnungen. Rechtsverordnungen nach diesem Gesetz können abweichend von § 2 Absatz 1 des Verkündungs- und Bekanntmachungsgesetzes im Bundesanzeiger verkündet werden.

§ 18 Übergangsregelungen. (1) [1] Die am 1. März 2012 dem Leitungsausschuss angehörenden Personen verbleiben im Leitungsausschuss. [2] Auf sie sind bis zu einer Ernennung in ein öffentlich-rechtliches Amtsverhältnis die §§ 3a und 3b in der vor dem 1. März 2012 geltenden Fassung und die Vorschriften der nach § 3a Absatz 6 erlassenen Rechtsverordnung in der vor dem 1. März 2012 geltenden Fassung weiter anzuwenden.

(2) Anschlussmaßnahmen nach § 13 Absatz 1a oder 1b zu bis zum 31. Dezember 2012 gewährten Stabilisierungsmaßnahmen können von Unternehmen des Finanzsektors gemäß § 2 Absatz 1 Satz 1 dieses Gesetzes in der am 31. Dezember 2012 geltenden Fassung beantragt werden.

§ 19 *(aufgehoben)*

18a. Verordnung über die Erstattung und Umlage von Kosten der Bundesanstalt für Finanzmarktstabilisierung (FMSA-Kostenverordnung – FMSAKostV)[1)]

Vom 6. November 2015
(BGBl. I S. 1928)

FNA 660-3-5

geänd. durch Art. 1 VO über die Neuordnung der Aufgaben der Finanzmarktstabilisierung v. 20.12. 2017 (BGBl. I S. 4019)

Abschnitt 1. Kostenerstattung

§ 1 Kostenschuldner. (1) Zur Erstattung der nach § 3e des Finanzmarktstabilisierungsfondsgesetzes[2)] zurechenbaren Kosten an den Bund verpflichtet ist,

1. wer die Verpflichtung zur Kostenerstattung durch Verpflichtungserklärung oder Vertrag übernommen hat, oder
2. für den eine Verpflichtung zur Kostenerstattung gesetzlich oder hoheitlich angeordnet ist oder der für die Verpflichtung eines anderen zur Kostenerstattung gesetzlich haftet.

(2) Mehrere Kostenschuldner haften als Gesamtschuldner.

§ 2 Entstehung der Pflicht zur Kostenerstattung. (1) [1]Die Pflicht zur Kostenerstattung entsteht mit Beendigung der Leistung, für die Kosten zu erstatten sind. [2]Bedarf diese Leistung einer Zustellung, Eröffnung oder sonstigen Bekanntgabe, so gilt diese jeweils als deren Beendigung. [3]Abweichend von Satz 1 entsteht die Pflicht zur Kostenerstattung bei laufenden Überwachungs- und sonstigen laufenden Maßnahmen, die sich voraussichtlich über einen längeren Zeitraum als ein Jahr erstrecken, jährlich zum 31. März eines Kalenderjahres, es sei denn, die Bundesanstalt für Finanzmarktstabilisierung (Anstalt) oder die Bundesrepublik Deutschland – Finanzagentur GmbH (Finanzagentur) legen einen anderen Zeitpunkt fest.

(2) Abweichend von Absatz 1 entsteht die Pflicht zur Kostenerstattung,

1. im Zeitpunkt der bestandskräftigen Ablehnung, Rücknahme oder der sonstigen Erledigung eines Antrags oder
2. wenn eine Leistung aus Gründen, die der Betroffene zu vertreten hat, nicht zum festgesetzten Termin erbracht werden kann oder abgebrochen werden muss, im Zeitpunkt des für die Erbringung der Leistung festgesetzten Termins oder im Zeitpunkt des Abbruchs der Leistung.

(3) [1]Abweichend von den Absätzen 1 und 2 entsteht die Pflicht zur Kostenerstattung, die durch Verpflichtungserklärung oder Vertrag übernommen wurde, nach Maßgabe dieser Verpflichtungserklärung oder dieses Vertrages. [2]So-

---

[1)] Verkündet als Art. 1 VO v. 6.11.2015 (BGBl. I S. 1928); Inkrafttreten gem. Art. 3 dieser VO am 12.11.2015.

[2)] Nr. **18**.

weit die Verpflichtungserklärung oder der Vertrag keine Bestimmungen zur Entstehung der Pflicht der Kostenerstattung vorsehen, gelten die Absätze 1 und 2.

§ 3 Umfang der zu erstattenden Kosten; Kostenpauschale. (1) Zu den zu erstattenden Kosten gehören auch solche Kosten, die in Vorbereitung oder während der Laufzeit einer Maßnahme oder anlässlich ihrer Beendigung entstehen.

(2) [1] Die zu erstattenden Kosten können in Form von Kostenpauschalen berechnet werden. [2] Zur Festlegung der Höhe und sonstigen Einzelheiten der Kostenpauschalen erstellen die Anstalt und die Finanzagentur Regelungen, die der Einwilligung des Bundesministeriums der Finanzen bedürfen. [3] Bei der Festlegung der Höhe der Kostenpauschalen ist zwischen einzelnen Maßnahmen oder Tätigkeiten zu unterscheiden. [4] Außerdem kann die Höhe der Kostenpauschale von dem Wert der jeweiligen Leistungen abhängig gemacht werden.

(3) In den Regelungen zu den Kostenpauschalen nach Absatz 2 Satz 2 kann der Leitungsausschuss den Entstehungszeitpunkt für die Kostenpauschalen abweichend von § 2 festlegen.

§ 4 Fälligkeit. (1) Die Pflicht zur Kostenerstattung wird zehn Tage nach Bekanntgabe der Festsetzung an den Kostenschuldner fällig, es sei denn, die Anstalt oder die Finanzagentur legen einen anderen Zeitpunkt fest.

(2) Soweit die Pflicht zur Kostenerstattung durch Verpflichtungserklärung oder Vertrag übernommen worden ist, bestimmt sich die Fälligkeit nach dieser Verpflichtungserklärung oder diesem Vertrag.

§ 5 Vorschusszahlung und Sicherheitsleistung. (1) [1] Die Anstalt oder die Finanzagentur können von einem Kostenschuldner nach § 1 die Zahlung eines Vorschusses oder die Leistung einer Sicherheit bis zur Höhe der voraussichtlich zu erstattenden Kosten verlangen. [2] Bei Maßnahmen, die sich über einen längeren Zeitraum erstrecken, können auch mehrfach Vorschüsse oder Sicherheitsleistungen verlangt werden.

(2) Dem Kostenschuldner ist eine Frist zur Zahlung des Vorschusses oder zur Leistung der Sicherheit zu setzen.

(3) Soweit die Pflicht zur Kostenerstattung durch Verpflichtungserklärung oder Vertrag übernommen worden ist, bestimmt sich die Pflicht zur Zahlung eines Vorschusses oder zur Leistung einer Sicherheit nach dieser Verpflichtungserklärung oder diesem Vertrag.

Abschnitt 2. Verjährung und Säumniszuschlag

§ 6 Festsetzungsverjährung. (1) Die Festsetzung von Kostenerstattungen sowie ihre Aufhebung oder Änderung ist nicht mehr zulässig, wenn die Festsetzungsfrist abgelaufen ist (Festsetzungsverjährung).

(2) Die Festsetzungsfrist beträgt vier Jahre.

(3) Die Festsetzungsfrist beginnt für Kostenerstattungen mit Ablauf des Kalenderjahres, in dem die Pflicht zur Kostenerstattung gemäß § 2 oder § 3 Absatz 3 entstanden ist.

(4) Die Festsetzungsfrist läuft nicht ab, solange die Festsetzung wegen höherer Gewalt innerhalb der letzten sechs Monate der Festsetzungsfrist nicht erfolgen kann.

(5) [1] Wird die Festsetzung angefochten, läuft die Festsetzungsfrist erst sechs Monate nach dem Zeitpunkt ab, an dem die Festsetzung unanfechtbar geworden ist. [2] Dies gilt auch, wenn der Rechtsbehelf erst nach Ablauf der Festsetzungsfrist eingelegt wird. [3] Der Ablauf der Festsetzungsfrist ist hinsichtlich des gesamten Anspruchs gehemmt. [4] Für vor dem Ablauf der Festsetzungsfrist gestellte Anträge auf Aufhebung oder Änderung der Festsetzung gilt Satz 1 entsprechend.

§ 7 Zahlungsverjährung. (1) [1] Der Anspruch auf Zahlung von festgesetzten Kostenerstattungen verjährt nach fünf Jahren (Zahlungsverjährung). [2] Die Verjährungsfrist beginnt mit dem Ablauf des Kalenderjahres, in dem der Anspruch erstmals fällig geworden ist.

(2) Die Zahlungsverjährung ist gehemmt, solange der Anspruch wegen höherer Gewalt innerhalb der letzten sechs Monate der Verjährungsfrist nicht verfolgt werden kann.

§ 8 Unterbrechung der Zahlungsverjährung. (1) Die Zahlungsverjährung wird unterbrochen durch

1. schriftliche Geltendmachung des Anspruchs,
2. Zahlungsaufschub,
3. Stundung,
4. Eintritt der aufschiebenden Wirkung,
5. Aussetzung der Vollziehung,
6. Sicherheitsleistung,
7. Vollstreckungsaufschub,
8. eine Vollstreckungsmaßnahme,
9. Anmeldung im Insolvenzverfahren,
10. Aufnahme in einen Insolvenzplan oder einen gerichtlichen Schuldenbereinigungsplan,
11. Einbeziehung in ein Verfahren, das die Restschuldbefreiung für den Schuldner zum Ziel hat, oder
12. Ermittlungen nach dem Wohnsitz oder dem Aufenthaltsort des Zahlungspflichtigen.

(2) Die Unterbrechung der Zahlungsverjährung durch eine der in Absatz 1 genannten Maßnahmen dauert fort, bis

1. der Zahlungsaufschub, die Stundung, die aufschiebende Wirkung, die Aussetzung der Vollziehung oder der Vollstreckungsaufschub beendet ist,
2. bei Sicherheitsleistung, Pfändungspfandrecht, Zwangshypothek oder einem sonstigen Vorzugsrecht auf Befriedigung das entsprechende Recht erloschen ist,
3. das Insolvenzverfahren beendet ist,
4. der Insolvenzplan oder der gerichtliche Schuldenbereinigungsplan erfüllt ist oder hinfällig wird,

5. die Restschuldbefreiung erteilt oder versagt wird oder das Verfahren, das die Restschuldbefreiung zum Ziel hat, vorzeitig beendet wird oder
6. die Ermittlung nach dem Wohnsitz oder dem Aufenthalt des Zahlungspflichtigen beendet ist.

(3) [1] Die Zahlungsverjährung wird nur in Höhe des Betrags unterbrochen, auf den sich die Unterbrechungshandlung bezieht. [2] Mit Ablauf des Kalenderjahres, in dem die Unterbrechung geendet hat, beginnt eine neue Verjährungsfrist.

(4) [1] Wird die Festsetzung einer Kostenerstattung oder Umlage angefochten, so verjähren die Zahlungsansprüche aus ihr nicht vor Ablauf von sechs Monaten, nachdem die Festsetzung unanfechtbar geworden ist oder sich das Verfahren auf andere Weise erledigt hat. [2] Die Frist nach Satz 1 kann durch verjährungsunterbrechende Maßnahmen nach Absatz 1 unterbrochen werden.

§ 9 Säumniszuschlag. (1) [1] Werden Kostenerstattungsbeträge nicht bis zum Ablauf des Fälligkeitstages entrichtet, so ist für jeden angefangenen Monat der Säumnis ein Säumniszuschlag von 1 Prozent des abgerundeten rückständigen Betrags zu entrichten. [2] Der Säumniszuschlag wird nur erhoben, wenn der rückständige Betrag 50 Euro übersteigt und die Säumnis länger als drei Tage beträgt.

(2) Für die Berechnung des Säumniszuschlages ist der rückständige Betrag auf volle 50 Euro abzurunden.

(3) Ein wirksam geleisteter Kostenerstattungsbetrag gilt als entrichtet
1. bei Übergabe oder Übersendung von Zahlungsmitteln am Tag des Eingangs bei der dem Kostenschuldner bekannt gegebenen oder aufgrund des Vertrages oder der Verpflichtungserklärung zuständigen Bundeskasse oder Zahlstelle (zuständige Kasse) oder
2. bei Überweisung oder Einzahlung auf ein Konto der zuständigen Kasse an dem Tag, an dem der Betrag der zuständigen Kasse gutgeschrieben wird.

(4) [1] In den Fällen der Gesamtschuld entstehen Säumniszuschläge gegenüber jedem säumigen Gesamtschuldner. [2] Insgesamt ist jedoch kein höherer Säumniszuschlag zu entrichten, als verwirkt worden wäre, wenn die Säumnis nur bei einem Gesamtschuldner eingetreten wäre.

§ 10 Stundung, Niederschlagung und Erlass. Stundung, Niederschlagung und Erlass festgesetzter Kostenerstattungen richten sich nach § 59 der Bundeshaushaltsordnung.

§ 11 Erstattung überzahlter oder zu Unrecht erhobener Kostenerstattungen. (1) Überzahlte oder zu Unrecht erhobene Kostenerstattungen, die nicht auf der Erhebung einer Vorauszahlung beruhen, sind nach Kenntniserlangung durch den Bund zu erstatten, zu Unrecht erhobene Kostenerstattungen jedoch nur, solange ihre Festsetzung noch anfechtbar ist.

(2) Ein Anspruch auf Erstattung einer Überzahlung im Sinne des Absatzes 1 entsteht erst mit Zahlungseingang nach § 9 Absatz 3.

(3) [1] Der Erstattungsanspruch nach Absatz 1 erlischt durch Verjährung, wenn er nicht bis zum Ablauf des dritten Kalenderjahres geltend gemacht wird, das

auf die Entstehung des Anspruchs folgt. [2] Die Verjährung beginnt nicht vor der Unanfechtbarkeit der Festsetzung.

Abschnitt 3. Übergangsregelungen und Inkrafttreten

§ 12 Übergangsregelungen. (1) [1] Für Unternehmen des Finanzsektors, die eine Stabilisierungsmaßnahme nach dem Finanzmarktstabilisierungsfondsgesetz beantragt haben und sich vor dem 10. November 2015 auf Grundlage einer Verpflichtungserklärung oder eines Vertrages zur Erstattung von Kosten verpflichtet haben, bleiben diese Verpflichtungserklärungen und Verträge auch nach dem 10. November 2015 wirksam. [2] Verpflichtungserklärungen und Verträge nach Satz 1 gelten als Verpflichtungserklärungen und Verträge im Sinne dieser Verordnung.

(2) [1] Soweit der Leitungsausschuss vor dem 10. November 2015 Regelungen zur Festlegung der Höhe und sonstiger Einzelheiten der Kostenpauschalen nach § 7 Absatz 2 Nummer 11 und § 10 Absatz 7 der Anlage zur Verordnung über die Satzung der Bundesanstalt für Finanzmarktstabilisierung vom 21. Februar 2011 (BGBl. I S. 271) in der am 1. Januar 2013 geltenden Fassung festgelegt hat, bleiben diese auch nach dem 10. November 2015 wirksam. [2] Sie gelten als Regelungen im Sinne des § 3 Absatz 2 Satz 2.

(3) Die Regelungen zur Kostenerstattung sind auch auf die bei ihrem Inkrafttreten anhängigen Verwaltungsverfahren anzuwenden, soweit zu diesem Zeitpunkt die Kostenerstattung nicht bereits festgesetzt ist.

19. Gesetz zur Beschleunigung und Vereinfachung des Erwerbs von Anteilen an sowie Risikopositionen von Unternehmen des Finanzsektors durch den Fonds „Finanzmarktstabilisierungsfonds – FMS" (Finanzmarktstabilisierungsbeschleunigungsgesetz – FMStBG)[1]

Vom 17. Oktober 2008

(BGBl. I S. 1982)

FNA 660-4

zuletzt geänd. durch Art. 8 Abs. 9 G zur weiteren Ausführung der EU-ProspektVO und zur Änd. von Finanzmarktgesetzen v. 8.7.2019 (BGBl. I S. 1002)

Inhaltsübersicht

§ 1 Anwendungsbereich. [1]Dieses Gesetz findet Anwendung auf Unternehmen des Finanzsektors im Sinne des § 2 des Finanzmarktstabilisierungsfondsgesetzes[2], denen zum Zwecke der Stabilisierung des Finanzmarktes Stabilisierungsmaßnahmen gewährt werden. [2]Daneben findet das Gesetz Anwendung

---

[1] Verkündet als Art. 2 des FinanzmarktstabilisierungsfondsG (Nr. **18**) v. 17.10.2008 (BGBl. I S. 1982); Inkrafttreten gem. Art. 7 Abs. 1 dieses G am 18.10.2008.

[2] Nr. **18**.

auf Unternehmen, die zum Zweck der Einhaltung von Eigenmittelanforderungen nach § 10 Absatz 4 des Kreditwesengesetzes[1)] Kapitalmaßnahmen durchführen. [3] Die §§ 7 bis 7d finden auch dann Anwendung, wenn die Einberufung der Hauptversammlung vor Inkrafttreten dieses Gesetzes erfolgt ist.

§ 2 Verpflichtungserklärung. (1) [1] Die Vorschriften des Aktiengesetzes über die Verantwortung des Vorstands zur eigenverantwortlichen Leitung der Gesellschaft sowie über die Zuständigkeiten der Organe stehen der Zulässigkeit und Wirksamkeit einer gemäß § 10 Abs. 2 Satz 1 Nr. 9 des Finanzmarktstabilisierungsfondsgesetzes[2)] abgegebenen Verpflichtungserklärung nicht entgegen. [2] Die Verpflichtungserklärung wird mit ihrer Abgabe wirksam.

(2) [1] Die vertretungsberechtigten Organe sind auch gegenüber der Gesellschaft und der Gesamtheit ihrer Gesellschafter berechtigt und verpflichtet, der Verpflichtungserklärung zu entsprechen. [2] Beschlüsse, die der Verpflichtungserklärung, insbesondere im Hinblick auf die Dividendenpolitik, zuwiderlaufen, können aus diesem Grunde angefochten werden. [3] § 254 Abs. 2 des Aktiengesetzes gilt entsprechend.

(3) Die vorstehenden Absätze gelten für Unternehmen des Finanzsektors in einer anderen Rechtsform als der Aktiengesellschaft entsprechend.

§ 3 *(aufgehoben)*

§ 4 *(aufgehoben)*

§ 5 Ausgestaltung der Aktien. (1) [1] Der Vorstand entscheidet über den Inhalt der Aktienrechte und die Bedingungen der Aktienausgabe. [2] Der Vorstand kann insbesondere bestimmen, dass die neuen Aktien mit einem Gewinnvorzug und bei der Verteilung des Gesellschaftsvermögens mit einem Vorrang ausgestattet sind. [3] Er kann insbesondere auch Vorzugsaktien ohne Stimmrecht ausgeben, bei denen der Vorzug nicht nachzahlbar ist.

(2) Die Entscheidung des Vorstands bedarf der Zustimmung des Aufsichtsrates.

(3) [1] Ein Ausgabebetrag, der dem Börsenkurs entspricht, ist in jedem Falle angemessen. [2] Unbeschadet dessen kann der Vorstand mit Zustimmung des Aufsichtsrates entscheiden, dass der Ausgabebetrag den Börsenpreis der Aktien unterschreitet. [3] § 9 des Aktiengesetzes gilt.

(4) Eine Vorauszahlung der Einlage durch den Finanzmarktstabilisierungsfonds (Fonds) befreit diesen von seiner Einlagepflicht.

(5) [1] Soweit die an den Fonds ausgegebenen Aktien mit einem Gewinnvorzug oder einem Vorrang bei der Verteilung des Gesellschaftsvermögens ausgestattet sind, verlieren sie diesen bei der Übertragung an einen Dritten. [2] Der Fonds kann bestimmen, dass die an ihn ausgegebenen Vorzugsaktien bei der Übertragung an einen Dritten in stimmberechtigte Stammaktien umgewandelt werden.

[1)] Nr. **8**.
[2)] Nr. **18**.

§ 6 Bericht an die Hauptversammlung. Der Vorstand hat der nächsten ordentlichen Hauptversammlung einen schriftlichen Bericht über die Kapitalerhöhung und Ausgabe neuer Aktien vorzulegen, in dem insbesondere der Umfang der Kapitalerhöhung sowie der Ausgabebetrag sowie ein Gewinnvorzug und Liqidationsv orrang der Aktien rechtlich und wirtschaftlich erläutert werden.

§ 7 Kapitalerhöhung gegen Einlagen und Kapitalherabsetzung.

(1) [1] Wird im Zusammenhang mit einer Rekapitalisierung nach § 7 des Finanzmarktstabilisierungsfondsgesetzes[1)] eine Hauptversammlung zur Beschlussfassung über eine Kapitalerhöhung gegen Einlagen einberufen, gilt § 16 Absatz 4 des Wertpapiererwerbs- und Übernahmegesetzes entsprechend mit der Maßgabe, dass die Einberufung zur Hauptversammlung spätestens am 21. Tag vor dem Tag der Hauptversammlung erfolgen muss. [2] Abweichend von § 123 Absatz 4 Satz 2 des Aktiengesetzes hat sich der Nachweis bei börsennotierten Gesellschaften auf den Beginn des 18. Tages vor der Versammlung zu beziehen und muss bei Inhaberaktien der Gesellschaft unter der in der Einberufung hierfür mitgeteilten Adresse bis spätestens am vierten Tag vor der Hauptversammlung zugehen, soweit der Vorstand in der Einberufung der Hauptversammlung keine kürzere Frist für den Zugang des Nachweises bei der Gesellschaft vorsieht; abweichende Satzungsbestimmungen sind unbeachtlich. [3] Die vorstehenden Regelungen gelten entsprechend, wenn die Kapitalerhöhung nicht nur von dem Fonds, sondern auch oder ausschließlich von den Aktionären oder Dritten gezeichnet werden kann oder die Tagesordnung der Hauptversammlung neben der Beschlussfassung über die Kapitalerhöhung noch andere Gegenstände enthält.

(2) [1] Der Beschluss über die Erhöhung des Grundkapitals gegen Einlagen im Zusammenhang mit einer Rekapitalisierung nach § 7 des Finanzmarktstabilisierungsfondsgesetzes bedarf der Mehrheit der abgegebenen Stimmen. [2] Abweichende Satzungsbestimmungen sind unbeachtlich.

(3) [1] Wird das Bezugsrecht ganz oder teilweise im Beschluss über die Erhöhung des Grundkapitals im Zusammenhang mit einer Rekapitalisierung nach § 7 ausgeschlossen, bedarf der Beschluss einer Mehrheit, die mindestens zwei Drittel der abgegebenen Stimmen oder des vertretenen Grundkapitals umfasst. [2] Die einfache Mehrheit reicht, wenn die Hälfte des Grundkapitals vertreten ist. [3] Absatz 2 Satz 2 gilt entsprechend. [4] Der Ausschluss des Bezugsrechts zur Zulassung des Fonds zur Übernahme der Aktien ist in jedem Fall zulässig und angemessen.

(3a) [1] Die Hauptversammlung kann beschließen, dass der Fonds die neuen Aktien zu einem geringeren Preis als den Ausgabebetrag beziehen kann, sofern sie den Aktionären zuvor nach § 186 des Aktiengesetzes zum Ausgabebetrag angeboten wurden. [2] Absatz 3 gilt entsprechend. [3] Der Umstand, dass der Fonds die Aktien zu einem geringeren Preis als den Ausgabebetrag beziehen kann, ist kein Schaden.

(4) [1] Eine vorherige Leistung durch den Fonds in das Vermögen der Gesellschaft kann der Einlagepflicht zugeordnet werden und befreit den Fonds von seiner Einlagepflicht. [2] § 194 Absatz 1 Satz 2 des Aktiengesetzes gilt entspre-

---

[1)] Nr. **18**.

chend, sofern die Ausgabe neuer Aktien gegen Hingabe von Einlagen aus von dem Fonds oder von Dritten nach § 15 Absatz 1 eingegangenen stillen Gesellschaften erfolgt.

(5) Die Bestimmungen des § 5 Absatz 1 Satz 2 und 3, Absatz 3 Satz 1 und Absatz 5 gelten sinngemäß; an die Stelle des Vorstandes in § 5 Absatz 1 Satz 2 und 3 tritt die Hauptversammlung.

(6) [1] Eine Herabsetzung des Grundkapitals im Zusammenhang mit einer Rekapitalisierung nach § 7 des Finanzmarktstabilisierungsfondsgesetzes kann mit einer Mehrheit nach Absatz 3 Satz 1 oder 2 beschlossen werden. [2] Absatz 2 Satz 2 gilt entsprechend. [3] Auf die Einberufung zur Hauptversammlung ist Absatz 1 entsprechend anzuwenden. [4] Das Recht, gemäß § 225 des Aktiengesetzes Sicherheitsleistung zu verlangen, steht Gläubigern nicht zu, wenn der Betrag des Grundkapitals der Gesellschaft vor der Kapitalherabsetzung durch eine Kapitalerhöhung mindestens wieder erreicht wird, die zugleich mit der Kapitalherabsetzung beschlossen ist. [5] Gleiches gilt für den Fall, dass keine Kapitalerhöhung beschlossen wird, aber in dem Beschluss über die Kapitalherabsetzung festgelegt wird, dass der Unterschiedsbetrag des Grundkapitals vor der Kapitalherabsetzung abzüglich des Grundkapitals nach der Kapitalherabsetzung in die Kapitalrücklage einzustellen ist. [6] § 228 Absatz 2 des Aktiengesetzes gilt unbeschadet des § 7c entsprechend. [7] Im Fall des Satzes 5 dürfen Beträge, die aus der Auflösung der Kapitalrücklage und aus der Kapitalherabsetzung gewonnen werden, nicht zu Zahlungen an die Aktionäre und nicht dazu verwandt werden, die Aktionäre von der Verpflichtung zur Leistung von Einlagen zu befreien.

(7) [1] Aktionäre, die eine für den Fortbestand der Gesellschaft erforderliche Rekapitalisierungsmaßnahme, insbesondere durch ihre Stimmrechtsausübung oder die Einlegung unbegründeter Rechtsmittel, verzögern oder vereiteln, um dadurch ungerechtfertigte Vorteile für sich zu erlangen, sind der Gesellschaft gesamtschuldnerisch zum Schadenersatz verpflichtet. [2] Ein Aktionär kann nicht geltend machen, dass seine Stimmrechtsausübung für das Beschlussergebnis deshalb nicht ursächlich war, weil auch andere Aktionäre ihr Stimmrecht in gleicher Weise ausgeübt haben.

§ 7a Bedingtes Kapital. (1) [1] Eine bedingte Kapitalerhöhung im Zusammenhang mit einer Rekapitalisierung nach § 7 des Finanzmarktstabilisierungsfondsgesetzes[1)] kann auch zur Gewährung von Umtausch- oder Bezugsrechten an den Fonds als stillen Gesellschafter beschlossen werden. [2] Der Beschluss bedarf einer Mehrheit der abgegebenen Stimmen. [3] § 192 Absatz 3 Satz 1 des Aktiengesetzes gilt nicht; eine Anrechnung auf sonstige bedingte Kapitalien erfolgt nicht. [4] § 194 Absatz 1 Satz 2 des Aktiengesetzes gilt entsprechend. [5] Dies gilt auch für die Ausgabe von Wandelschuldverschreibungen durch ein Unternehmen des Finanzsektors gegen Einbringung von Vermögenseinlagen aus stillen Beteiligungen nach § 15. [6] Es genügt, wenn in dem Beschluss oder dem damit verbundenen Beschluss nach § 15 Absatz 2 der Mindestausgabebetrag oder die Grundlagen für die Festlegung des Ausgabebetrages oder des Mindestausgabebetrages bestimmt werden. [7] Im Übrigen ist § 7 Absatz 1 und 2 Satz 2 entsprechend anzuwenden.

[1)] Nr. **18**.

(2) § 5 gilt entsprechend.

(3) Für bedingtes Kapital nach Absatz 1 gilt § 218 des Aktiengesetzes entsprechend.

§ 7b Schaffung eines genehmigten Kapitals durch die Hauptversammlung. (1) [1]Der Beschluss der Hauptversammlung, mit dem der Vorstand ermächtigt wird, im Zusammenhang mit einer Rekapitalisierung nach § 7 des Finanzmarktstabilisierungsfondsgesetzes[1)] das Grundkapital bis zu einem bestimmten Nennbetrag durch Ausgabe neuer Aktien gegen Einlagen zu erhöhen (§ 202 Absatz 2 des Aktiengesetzes), bedarf einer Mehrheit der abgegebenen Stimmen. [2]§ 202 Absatz 3 Satz 1 des Aktiengesetzes gilt nicht; eine Anrechnung auf sonstige genehmigte Kapitalien erfolgt nicht. [3]Im Übrigen ist § 7 Absatz 1 und 2 Satz 2 sowie Absatz 4 Satz 2 entsprechend anzuwenden.

(2) Wird das Bezugsrecht ganz oder teilweise im Ermächtigungsbeschluss ausgeschlossen oder wird hierin vorgesehen, dass der Vorstand über den Ausschluss des Bezugsrechts entscheidet, gilt § 7 Absatz 3 entsprechend.

(3) Für die Ausgabe der neuen Aktien gilt § 5 entsprechend.

§ 7c Eintragung von Hauptversammlungsbeschlüssen. [1]Ein Beschluss der Hauptversammlung nach den §§ 7, 7a und 7b ist unverzüglich zur Eintragung in das Handelsregister anzumelden. [2]Er ist, sofern er nicht offensichtlich nichtig ist, unverzüglich in das Handelsregister einzutragen. [3]Klagen oder Anträge auf Erlass von Entscheidungen im einstweiligen Anordnungsverfahren stehen weder der Eintragung von Beschlüssen der Hauptversammlung nach den §§ 7, 7a und 7b noch der Umsetzung von damit verbundenen, nicht eintragungspflichtigen Beschlüssen nach den §§ 7f und 15 entgegen. [4]§ 246a Absatz 4 des Aktiengesetzes gilt entsprechend. [5]Dasselbe gilt für die Beschlussfassungen von Vorstand und Aufsichtsrat auf Grund einer Ermächtigung nach § 7b.

§ 7d Ausschluss der aktienrechtlichen Vorschriften über verbundene Unternehmen. [1]Die Vorschriften des Aktiengesetzes über herrschende Unternehmen sind auf den Fonds, den Bund und die von ihnen errichteten Körperschaften, Anstalten und Sondervermögen sowie die ihnen nahe stehenden Personen oder sonstige von ihnen mittelbar oder unmittelbar abhängigen Unternehmen nicht anzuwenden. [2]Dies gilt nicht für die Anwendung von Vorschriften über die Vertretung der Arbeitnehmer im Aufsichtsrat eines vom Fonds beherrschten Unternehmens.

§ 7e Kapitalmaßnahmen durch Dritte im Zusammenhang mit einer Stabilisierungsmaßnahme. [1]Die §§ 7 bis 7d gelten entsprechend für Kapitalmaßnahmen, insbesondere die Ausgabe neuer Aktien gegen Hingabe von Einlagen aus von dem Fonds eingegangenen stillen Gesellschaften oder zur Beschaffung von Mitteln zum Zweck der Rückgewähr solcher Einlagen, im Zusammenhang mit einer Stabilisierungsmaßnahme nach den §§ 6 bis 8 des Finanzmarktstabilisierungsfondsgesetzes[1)], wenn die neuen Aktien aus der Kapitalmaßnahme auch oder ausschließlich durch Dritte gezeichnet werden. [2]Dies gilt insbesondere, wenn durch die Kapitalmaßnahmen die Voraussetzung

---

1) Nr. **18**.

für eine Maßnahme nach § 6 des Finanzmarktstabilisierungsfondsgesetzes geschaffen werden soll.

§ 7f Zusammenhang mit Stabilisierungsmaßnahmen. [1] Ein Zusammenhang mit der Stabilisierung, einer Rekapitalisierung oder einer anderen Stabilisierungsmaßnahme im Sinne der §§ 7 bis 7b und 7e besteht auch dann, wenn Beschlüsse der Hauptversammlung des Unternehmens, insbesondere über Kapitalmaßnahmen oder die Ermächtigung des Vorstands zu deren Vornahme, dem Zweck dienen,

1. eine von dem Fonds im Zuge einer solchen Maßnahme bereits erworbene Beteiligung an dem Unternehmen ganz oder teilweise zu übertragen oder zu veräußern,
2. die Bedingungen der Beteiligung zu ändern,
3. die Beteiligung des Fonds oder von Dritten nach § 15 Absatz 1 als Einlage in das Unternehmen einzubringen, insbesondere gegen Ausgabe von Aktien oder Wandelschuldverschreibungen,
4. die Beteiligung in vergleichbarer Weise umzustrukturieren, insbesondere aufzuteilen oder als Wertpapier auszugestalten,
5. dem Fonds erstmalig oder zusätzliche Umtausch- und Bezugsrechte einzuräumen und bedingtes Kapital für die Erfüllung der dadurch entstehenden Ansprüche zu schaffen, oder
6. Kapitalerhöhungen gegen Einlagen für die Einhaltung von Eigenmittelanforderungen nach § 10 Absatz 4 des Kreditwesengesetzes[1)] durchzuführen.

[2] Dasselbe gilt, wenn der Beschluss der Hauptversammlung eine Vereinbarung mit dem Fonds oder eine Erklärung der Geschäftsführung des Unternehmens vorsieht, die aus einer Kapitalmaßnahme dem Unternehmen zufließenden Mittel überwiegend für eine Rückzahlung von dem Unternehmen durch den Fonds zur Verfügung gestelltem Kapital zu verwenden.

§ 8 Genussrechte. (1) [1] Der Vorstand eines als Aktiengesellschaft verfassten Unternehmens des Finanzsektors ist bis 31. Dezember 2009 ermächtigt, Genussrechte an den Fonds auszugeben. [2] Der Vorstand kann von der Ermächtigung nur mit Zustimmung des Aufsichtsrates Gebrauch machen.

(2) Die Ausgabe der Genussrechte bedarf nicht der Zustimmung der Hauptversammlung.

(3) Das Bezugsrecht der Aktionäre ist ausgeschlossen.

§ 9 Sinngemäße Anwendung. (1) Für Unternehmen des Finanzsektors, die in der Rechtsform der Kommanditgesellschaft auf Aktien oder der Europäischen Gesellschaft (SE) verfasst sind, gelten die §§ 5 bis 8 sinngemäß.

(2) [1] Der Fonds kann Mitglied von Unternehmen des Finanzsektors werden, die in der Rechtsform der Genossenschaft verfasst sind. [2] Satzungsänderungen von Genossenschaften, deren Zweck darin besteht, eine Kapitalverstärkung durch den Fonds herbeizuführen, sind unverzüglich zur Eintragung in das Genossenschaftsregister anzumelden und unverzüglich einzutragen, sofern der zugrunde liegende Beschluss nicht offensichtlich nichtig ist.

---

1) Nr. 8.

§ 10 Keine Informationspflicht gegenüber dem Wirtschaftsausschuss.

§ 106 Abs. 2 Satz 2 und Abs. 3 Nr. 9a sowie § 109a des Betriebsverfassungsgesetzes finden keine Anwendung auf den Erwerb von Anteilen durch den Fonds.

§ 11 Keine Mitteilungspflicht für wesentliche Beteiligung. § 43 des Wertpapierhandelsgesetzes findet keine Anwendung auf den Erwerb von Anteilen durch den Fonds.

§ 11a Keine Anzeigepflicht für bedeutende Beteiligung. § 2c des Kreditwesengesetzes[1] findet keine Anwendung auf den Erwerb von bedeutenden Beteiligungen durch den Fonds.

§ 12 Wertpapiererwerbs- und Übernahmeangebote; Ausschluss von Minderheitsaktionären. (1) Wird die Kontrolle im Sinne des § 29 Absatz 2 des Wertpapiererwerbs- und Übernahmegesetzes über eine Zielgesellschaft durch den Bund, den Fonds oder durch ihre jeweiligen Tochtergesellschaften im Zusammenhang mit einer Stabilisierungsmaßnahme nach dem Finanzmarktstabilisierungsfondsgesetz[2], einschließlich der nachträglichen Erhöhung einer im Rahmen einer Stabilisierungsmaßnahme erworbenen Beteiligung des Fonds, oder einer Maßnahme nach dem Rettungsübernahmegesetz erlangt, so befreit sie die Bundesanstalt für Finanzdienstleistungsaufsicht von der Pflicht zur Veröffentlichung nach § 35 Absatz 1 Satz 1 des Wertpapiererwerbs- und Übernahmegesetzes und zur Abgabe eines Angebots nach § 35 Absatz 2 Satz 1 des Wertpapiererwerbs- und Übernahmegesetzes.

(2) § 30 Absatz 2 des Wertpapiererwerbs- und Übernahmegesetzes findet keine Anwendung, wenn sich Aktionäre einer Zielgesellschaft oder Personen oder Gesellschaften, denen nach § 30 Absatz 1 oder 2 des Wertpapiererwerbs- und Übernahmegesetzes Stimmrechte aus Aktien dieser Zielgesellschaft zugerechnet werden, ihr Verhalten in Bezug auf diese Zielgesellschaft auf Grund einer Vereinbarung oder in sonstiger Weise mit dem Fonds, dem Bund oder mit deren jeweiligen Tochterunternehmen im Zusammenhang mit Stabilisierungsmaßnahmen nach § 7 oder § 8 des Finanzmarktstabilisierungsfondsgesetzes über die Ausübung von Stimmrechten oder in sonstiger Weise in Bezug auf die Zielgesellschaft abstimmen.

(3) Gibt der Bund oder der Fonds im Zusammenhang mit einer Stabilisierung ein Angebot im Sinne des § 2 Absatz 1 des Wertpapiererwerbs- und Übernahmegesetzes zum Erwerb von Wertpapieren eines Unternehmens des Finanzsektors im Sinne des § 2 Absatz 1 des Finanzmarktstabilisierungsfondsgesetzes ab, gilt Folgendes:

1. [1]Die Annahmefrist darf unter Abweichung von § 16 Absatz 1 des Wertpapiererwerbs- und Übernahmegesetzes nicht weniger als zwei Wochen betragen. [2]Die weitere Annahmefrist im Sinne des § 16 Absatz 2 Satz 1 des Wertpapiererwerbs- und Übernahmegesetzes entfällt. [3]Die Schwellenwerte in § 39a Absatz 1 Satz 1 und 2 des Wertpapiererwerbs- und Übernahmegesetzes betragen jeweils 90 Prozent. [4]Die §§ 13, 16 Absatz 3 Satz 1 und

---

[1] Nr. **8**.
[2] Nr. **18**.

§ 22 Absatz 2 Satz 1 des Wertpapiererwerbs- und Übernahmegesetzes sind nicht anzuwenden.

2. In der Angebotsunterlage bedarf es nicht der Aufnahme der ergänzenden Angaben nach § 11 Absatz 2 Satz 3 Nummer 1 und 4 des Wertpapiererwerbs- und Übernahmegesetzes und der ergänzenden Angaben nach § 2 Nummer 1 der WpÜG-Angebotsverordnung für solche Personen, die lediglich nach Maßgabe des § 2 Absatz 5 Satz 3 des Wertpapiererwerbs- und Übernahmegesetzes als gemeinsam handelnde Personen gelten, aber tatsächlich ihr Verhalten im Hinblick auf ihren Erwerb von Wertpapieren der Zielgesellschaft oder ihre Ausübung von Stimmrechten aus Aktien der Zielgesellschaft nicht mit dem Bund oder dem Fonds abstimmen.
3. [1] Abweichend von § 31 Absatz 1 Satz 2 des Wertpapiererwerbs- und Übernahmegesetzes und den §§ 4 bis 6 der WpÜG-Angebotsverordnung bemisst sich der Mindestwert bei Übernahmeangeboten nach Abschnitt 4 des Wertpapiererwerbs- und Übernahmegesetzes nach dem gewichteten durchschnittlichen inländischen Börsenkurs während der letzten zwei Wochen vor Bekanntgabe oder Bekanntwerden der Absicht eines Übernahmeangebots. [2] Das gilt nicht, wenn dieser Wert über dem gewichteten durchschnittlichen inländischen Börsenkurs während des Zeitraums vom 1. bis zum 15. Februar 2009 liegt. [3] In diesem Fall ist der letztgenannte Wert der maßgebliche Mindestwert. [4] § 31 Absatz 4 und 5 des Wertpapiererwerbs- und Übernahmegesetzes findet keine Anwendung.

(4) [1] Der Fonds kann ein Verlangen nach § 327a Absatz 1 Satz 1 des Aktiengesetzes stellen, wenn ihm Aktien der Gesellschaft in Höhe von 90 Prozent des Grundkapitals gehören. [2] § 327b Absatz 3 des Aktiengesetzes ist nicht anzuwenden. [3] Anstelle des § 327e Absatz 2 des Aktiengesetzes findet § 7c Satz 2 bis 4 entsprechende Anwendung. [4] Ist eine gegen die Wirksamkeit des Hauptversammlungsbeschlusses gerichtete Klage begründet, hat der Fonds den Aktionären ihre Aktien Zug um Zug gegen Erstattung einer bereits gezahlten Abfindung zurückzuübertragen. [5] Im Übrigen sind die §§ 327a bis 327f des Aktiengesetzes anzuwenden.

§ 13 *(aufgehoben)*

§ 14 Keine Börsenzulassung. [1] § 40 Abs. 1 des Börsengesetzes und § 69 der Börsenzulassungs-Verordnung finden auf die Ausgabe von Aktien an den Fonds keine Anwendung. [2] Nach einer Übertragung der Aktien an einen Dritten sind die vorstehenden Vorschriften anzuwenden. [3] Die Frist des § 69 Abs. 2 der Börsenzulassungs-Verordnung beginnt mit der Übertragung an den Dritten zu laufen.

§ 15 Stille Gesellschaft. (1) [1] Eine Vereinbarung über die Leistung einer Vermögenseinlage durch den Fonds als stiller Gesellschafter in ein Unternehmen des Finanzsektors ist kein Unternehmensvertrag. [2] Sie bedarf insbesondere nicht der Zustimmung der Hauptversammlung oder der Eintragung in das Handelsregister. [3] Die vorstehenden Sätze gelten entsprechend, wenn sich im Rahmen einer Rekapitalisierung nach § 7 des Finanzmarktstabilisierungsfondsgesetzes[1] neben dem Fonds auch Dritte als stille Gesellschafter an dem Unternehmen beteiligen oder die stille Beteiligung nach Gewährung der Einlage ganz oder in Teilen an Dritte übertragen wird.

(2) [1]In der Vereinbarung kann auch ein Umtausch oder Bezugsrecht auf Aktien eingeräumt werden. [2]Das Bezugsrecht der Aktionäre ist ausgeschlossen. [3]Ein Umtausch- oder Bezugsrecht bedarf der Zustimmung oder Ermächtigung der Hauptversammlung mit einer Mehrheit, die mindestens zwei Drittel der abgegebenen Stimmen oder des vertretenen Grundkapitals umfasst. [4]Die einfache Mehrheit reicht, wenn die Hälfte des gezeichneten Kapitals vertreten ist.

(3) Die Absätze 1 und 2 gelten auch für nachträgliche Änderungen oder Ergänzungen und die Aufhebung einer Vereinbarung über stille Beteiligungen des Fonds an einem von ihm gestützten Unternehmen des Finanzsektors oder einer Vereinbarung über stille Beteiligungen von Dritten an dem Unternehmen des Finanzsektors, die nach Absatz 1 abgeschlossen wurde.

(4) Die vorzeitige Rückgewähr einer Vermögenseinlage des Fonds oder einvernehmliche Aufhebung einer stillen Gesellschaft nach Absatz 1 gilt nicht als Rückgewähr von Einlagen im Sinne des § 57 des Aktiengesetzes.

§ 16 Erwerb von Risikopositionen. (1) [1]Übertragungen von Risikopositionen und Sicherheiten auf den Fonds sind insolvenzrechtlich nicht anfechtbar. [2]Zivilrechtliche Abtretungs- und Übertragungshindernisse, einschließlich des Erfordernisses einer Zustimmung Dritter, stehen der Wirksamkeit der Übertragung an den Fonds nicht entgegen. [3]Die Übertragung einer Forderung oder eines Vertragsverhältnisses an den Fonds stellt keinen wichtigen Grund zur Kündigung im Sinne des § 314 des Bürgerlichen Gesetzbuchs[2] und keine Vertragsverletzung dar. [4]Die Übertragung einer gesellschaftsrechtlichen Beteiligung auf den Fonds stellt keinen Grund für die Einziehung oder Kündigung der Beteiligung und keine Vertragsverletzung dar. [5]Die §§ 307 bis 309 des Bürgerlichen Gesetzbuchs und § 354a Abs. 2 des Handelsgesetzbuchs sind auf Übertragungen an den Fonds und die von ihm verwandten Vertragsbedingungen nicht anwendbar.

(2) [1]Die an einer Übertragung von Risikopositionen an den Fonds Beteiligten dürfen personenbezogene Daten erheben, verarbeiten und nutzen, soweit dies zur Übertragung erforderlich ist. [2]§ 203 des Strafgesetzbuchs steht einer Übertragung von Informationen im Rahmen der Übertragung von Risikopositionen an den Fonds nicht entgegen.

(3) Durch Vereinbarungstreuhand auf den Fonds übertragene Vermögensgegenstände fallen nicht in die Insolvenzmasse des Treuhänders.

(4) Der Fonds und von ihm abhängige Unternehmen gelten als Zweckgesellschaften im Sinne des § 1 Absatz 26 des Kreditwesengesetzes[3].

§ 17 Wettbewerbsrecht. Die Vorschriften des Ersten bis Dritten Teils des Gesetzes gegen Wettbewerbsbeschränkungen finden keine Anwendung auf den Fonds.

---

[1] Nr. **18**.
[2] Auszugsweise abgedruckt unter Nr. **23**.
[3] Nr. **8**.

§ 18 Anfechtung, Gesellschafterdarlehen und wirtschaftlich vergleichbare Forderungen, verdeckte Sacheinlage. (1) Rechtshandlungen, die im Zusammenhang mit Stabilisierungsmaßnahmen stehen, können nicht zu Lasten des Fonds, des Bundes und der von ihnen errichteten Körperschaften, Anstalten und Sondervermögen sowie der ihnen nahe stehenden Personen oder sonstigen von ihnen mittelbar oder unmittelbar abhängigen Unternehmen nach den Bestimmungen der Insolvenzordnung und des Anfechtungsgesetzes angefochten werden.

(2) Die Vorschriften über Gesellschafterdarlehen und wirtschaftlich vergleichbare Forderungen, insbesondere § 39 Absatz 1 Nummer 5 der Insolvenzordnung, gelten nicht zu Lasten der in Absatz 1 genannten Personen und Rechtsträger.

(3) Die Absätze 1 und 2 gelten auch zugunsten von Rechtsnachfolgern, die in die Rechte und Pflichten in Bezug auf die privilegierte Forderung oder Sicherheit eintreten.

(4) [1] Die Rechtsgrundsätze der verdeckten Sacheinlage finden auf Rechtsgeschäfte zwischen dem Fonds und Unternehmen des Finanzsektors keine Anwendung. [2] Dies gilt insbesondere für die Ausgabe neuer Aktien gegen Hingabe von Einlagen aus von dem Fonds eingegangenen stillen Gesellschaften oder von sonstigen Verbindlichkeiten des Unternehmens gegenüber dem Fonds.

§ 19 Keine Kündigung bei Übernahme einer Beteiligung. [1] Die Übernahme, Umstrukturierung, Veränderung oder Veräußerung einer Beteiligung des Fonds an einem Unternehmen des Finanzsektors stellt keinen wichtigen Grund zur Kündigung eines Schuldverhältnisses dar und führt auch nicht zu einer automatischen Beendigung von Schuldverhältnissen. [2] Entgegenstehende vertragliche Bestimmungen sind unwirksam. [3] Die Vereinbarung von Abfindungs- oder Entschädigungsansprüchen in Anstellungsverträgen von Organmitgliedern oder in sonstigen Dienstverträgen des Unternehmens ist unwirksam, soweit die Vereinbarung Ansprüche auch für den Fall einer Vertragsbeendigung aus Anlass der Übernahme einer Beteiligung des Fonds, aus Anlass einer Veränderung der Höhe dieser Beteiligung oder aus Anlass der Wahrnehmung von Rechten aus dieser Beteiligung gewähren würde.

§ 20 Veränderung und Beendigung von Rekapitalisierungsmaßnahmen. (1) [1] Das Unternehmen des Finanzsektors ist verpflichtet, auf Verlangen des Fonds zumutbare Maßnahmen vorzunehmen, die für die Rückführung, Veräußerung, Übertragung oder Änderung von im Zusammenhang mit einer Rekapitalisierung erworbenen Beteiligungen des Fonds zweckdienlich sind. [2] Das gilt insbesondere für die Börsenzulassung von Finanzinstrumenten und die Erstellung von Wertpapierprospekten oder sonstigen Angebotsunterlagen, die in Form und Inhalt den anwendbaren gesetzlichen Vorgaben zu entsprechen haben. [3] Auf Verlangen des Fonds sind solche Wertpapierprospekte oder sonstige Angebotsunterlagen auch mehrsprachig und unter Beachtung der Anforderungen an derartige Unterlagen auch für das Angebot an institutionelle Anleger im Ausland zu erstellen.

(2) [1] Kosten von öffentlichen oder nichtöffentlichen Angeboten von Beteiligungen oder Finanzinstrumenten, die im Zusammenhang mit der Beendigung, der Umstrukturierung, der Refinanzierung, der Übertragung, der Ver-

äußerung oder der Änderung von im Zusammenhang mit einer Rekapitalisierung erworbenen Beteiligungen des Fonds stehen, einschließlich der Kosten der Erstellung von Wertpapierprospekten und Unterlagen im Sinne des Absatzes 1 Satz 2, sind von dem Unternehmen zu tragen. [2]Kosten, die dem Fonds in diesem Zusammenhang entstehen, sind dem Fonds zu erstatten.

(3) [1]Das Unternehmen ist verantwortlich für die Gesetzmäßigkeit, Richtigkeit und Vollständigkeit von Wertpapierprospekten oder sonstigen Unterlagen im Sinne des Absatzes 1 Satz 2, die das Unternehmen im Zusammenhang mit Börsenzulassungen oder Angeboten von Finanzinstrumenten erstellt. [2]Der Fonds ist nicht Veranlasser im Sinne des § 9 Absatz 1 des Wertpapierprospektgesetzes. [3]Wird der Fonds aufgrund einer Unrichtigkeit, Unvollständigkeit oder der mangelnden Verständlichkeit derartiger Wertpapierprospekte oder Unterlagen von Dritten in Anspruch genommen, so stellt das Unternehmen den Fonds von sämtlichen daraus entstehenden Schäden, Kosten und Auslagen frei. [4]Dies gilt auch dann, wenn der Fonds an der Erstellung der Wertpapierprospekte oder Unterlagen mitgewirkt hat.

(4) § 57 des Aktiengesetzes findet auf die Maßnahmen des Unternehmens im Sinne des Absatzes 1, auf die Übernahme und Erstattung von Kosten gemäß Absatz 2 und auf die Freistellung gemäß Absatz 3 keine Anwendung.

20. Gesetz zur Reorganisation von Kreditinstituten (Kreditinstitute-Reorganisationsgesetz – KredReorgG)[1)]

Vom 9. Dezember 2010
(BGBl. I S. 1900)

FNA 7610-17

zuletzt geänd. durch Art. 9 Aktienrechtsnovelle 2016 v. 22.12.2015 (BGBl. I S. 2565)

Inhaltsübersicht

Abschnitt 1. Allgemeine Bestimmungen

§ 1 Grundsätze von Sanierungs- und Reorganisationsverfahren.

(1) [1] Sanierungsverfahren und Reorganisationsverfahren dienen der Stabilisierung des Finanzmarktes durch Sanierung oder Reorganisation von Kreditinstituten im Sinne des § 1 Absatz 1 des Kreditwesengesetzes[2)] mit Sitz im Inland (Kreditinstitute). [2] Das Reorganisationsverfahren setzt eine Gefährdung der Stabilität des Finanzsystems voraus.

[1)] Verkündet als Art. 1 G zur Restrukturierung und geordneten Abwicklung von Kreditinstituten, zur Errichtung eines Restrukturierungsfonds für Kreditinstitute und zur Verlängerung der Verjährungsfrist der aktienrechtlichen Organhaftung; Inkrafttreten gem. Art. 17 dieses G am 1.1.2011.
[2)] Nr. 8.

(2) Für beide Verfahren gelten, soweit dieses Gesetz nichts anderes bestimmt, die Vorschriften der Zivilprozessordnung entsprechend.

(3) [1]Die in den Verfahren getroffenen gerichtlichen Entscheidungen ergehen durch Beschluss und sind unanfechtbar. [2]Das Gericht hat von Amts wegen alle Umstände zu ermitteln, die für die Verfahren von Bedeutung sind.

(4) [1]Eine Haftung der Bundesanstalt für Finanzdienstleistungsaufsicht (Bundesanstalt) für Handlungen nach diesem Gesetz ist ausgeschlossen, wenn die gesetzlichen Voraussetzungen für die Zulässigkeit der Handlung nicht vorliegen, die Bundesanstalt aber bei verständiger Würdigung der für sie zum Zeitpunkt der Handlung erkennbaren Umstände annehmen darf, dass die Voraussetzungen vorliegen. [2]Hat das betroffene Kreditinstitut diese Umstände nicht zu verantworten, steht ihm ein Anspruch auf Entschädigung zu. [3]§ 4 Absatz 4 des Finanzdienstleistungsaufsichtsgesetzes[1)] bleibt unberührt.

(5) Die Befugnisse der Bundesanstalt nach anderen Gesetzen bleiben unberührt.

Abschnitt 2. Sanierungsverfahren

§ 2 Einleitung und Beantragung des Sanierungsverfahrens; Inhalt des Sanierungsplans. (1) [1]Das Kreditinstitut leitet das Sanierungsverfahren durch Anzeige der Sanierungsbedürftigkeit bei der Bundesanstalt ein. [2]Sanierungsbedürftigkeit liegt vor, wenn die Voraussetzungen des § 45 Absatz 1 Satz 1 und 2 des Kreditwesengesetzes[2)] erfüllt sind. [3]Mit dieser Anzeige genügt das Institut auch seiner Pflicht nach § 46b Absatz 1 des Kreditwesengesetzes.

(2) [1]Mit der Anzeige der Sanierungsbedürftigkeit legt das Kreditinstitut einen Sanierungsplan vor und schlägt einen geeigneten Sanierungsberater vor. [2]Der Sanierungsplan kann alle Maßnahmen enthalten, die geeignet sind, ohne einen Eingriff in Drittrechte eine Sanierung des Kreditinstituts zu erreichen. [3]Im Sanierungsplan kann vorgesehen werden, dass die Insolvenzgläubiger in einem anschließenden Insolvenzverfahren, das innerhalb von drei Jahren nach Anordnung der Durchführung eröffnet wird, nachrangig sind gegenüber Gläubigern mit Forderungen aus Darlehen und sonstigen Krediten, die das Kreditinstitut in Umsetzung des Sanierungsplans aufnimmt. [4]In diesem Fall ist zugleich ein Gesamtbetrag für derartige Kredite festzulegen (Kreditrahmen). [5]Dieser darf 10 Prozent der Eigenmittel nicht übersteigen. [6]§ 264 Absatz 2 der Insolvenzordnung ist entsprechend anzuwenden mit der Maßgabe, dass an die Stelle des Insolvenzverwalters der Sanierungsberater tritt.

(3) [1]Die Bundesanstalt stellt unverzüglich einen Antrag auf Durchführung des Sanierungsverfahrens, wenn sie dies für zweckmäßig hält. [2]Über den Antrag entscheidet das Oberlandesgericht, das für Klagen gegen die Bundesanstalt zuständig ist, unter Berücksichtigung der besonderen Eilbedürftigkeit. [3]Die Bundesanstalt übersendet dem Oberlandesgericht den Sanierungsplan mit einer Stellungnahme, die insbesondere Aussagen zu den Aussichten einer Sanierung auf der Grundlage des Sanierungsplans sowie zur Eignung des vorgeschlagenen Sanierungsberaters enthält. [4]Die Bundesanstalt kann dem Oberlandesgericht nach Anhörung des Kreditinstituts einen anderen Sanierungsberater vorschla-

---

1) Nr. 7.
2) Nr. 8.

gen, wenn sie den vom Kreditinstitut vorgeschlagenen Sanierungsberater für ungeeignet hält.

(4) [1]Sofern die Bundesanstalt keine abweichende Bestimmung trifft, gilt der Antrag als zurückgenommen, wenn eine Maßnahme nach den §§ 45c, 46 oder 46b des Kreditwesengesetzes angeordnet wird oder eine Abwicklungsanordnung im Sinne des § 77 des Sanierungs- und Abwicklungsgesetzes[1)] ergeht. [2]Die Bundesanstalt zeigt dem Oberlandesgericht die Anordnung in diesen Fällen an.

(5) [1]Die Bundesanstalt trifft die Entscheidungen über Maßnahmen nach Absatz 3 im Benehmen mit der Bundesanstalt für Finanzmarktstabilisierung, sofern ein Kreditinstitut betroffen ist, dem Maßnahmen nach dem Finanzmarktstabilisierungsfondsgesetz gewährt wurden. [2]Die Bundesanstalt ist berechtigt, der Bundesanstalt für Finanzmarktstabilisierung die für die Entscheidung erforderlichen Informationen zur Verfügung zu stellen.

§ 3 Anordnung des Sanierungsverfahrens; Bestellung des Sanierungsberaters. (1) [1]Wenn der Antrag zulässig und der Sanierungsplan nicht offensichtlich ungeeignet ist, ordnet das Oberlandesgericht die Durchführung des Sanierungsverfahrens an. [2]Zugleich bestellt das Oberlandesgericht den vorgeschlagenen Sanierungsberater, sofern dieser nicht offensichtlich ungeeignet ist. [3]Die Mitwirkung an der Erstellung des Sanierungsplans ist kein Kriterium für eine mangelnde Eignung. [4]Bei offensichtlich fehlender Eignung ernennt das Oberlandesgericht nach Anhörung des Kreditinstituts und der Bundesanstalt einen anderen Sanierungsberater.

(2) [1]Mit der Anordnung nach Absatz 1 treten die Wirkungen des § 2 Absatz 2 Satz 3 ein; bei Rechtshandlungen nach dieser Vorschrift wird vermutet, dass sie nicht mit dem Vorsatz vorgenommen werden, die anderen Gläubiger zu benachteiligen. [2]Ein Insolvenzgläubiger kann nach Eröffnung eines Insolvenzverfahrens Klage vor dem Prozessgericht gegen einen vorrangigen Insolvenzgläubiger auf Feststellung erheben, dass die Voraussetzungen für die Einleitung des Sanierungsverfahrens nicht gegeben waren oder der Kreditrahmen nicht den gesetzlichen Anforderungen entsprochen hat.

(3) [1]Zum Sanierungsberater kann auch das Mitglied eines Organs oder ein sonstiger Angehöriger des Kreditinstituts bestellt werden. [2]Wird eine solche Person zum Sanierungsberater bestellt, kann das Oberlandesgericht auf Antrag der Bundesanstalt an deren Stelle einen anderen Sanierungsberater bestellen, ohne dass ein wichtiger Grund gegeben sein muss.

(4) Auf das weitere Verfahren vor dem Oberlandesgericht sind, soweit sich keine Abweichungen aus den Vorschriften dieses Gesetzes ergeben, die im ersten Rechtszug für das Verfahren vor den Landgerichten geltenden Vorschriften der Zivilprozessordnung mit Ausnahme der §§ 348 bis 350 entsprechend anzuwenden.

§ 4 Rechtsstellung des Sanierungsberaters; Verordnungsermächtigung. (1) Der Sanierungsberater ist berechtigt,

1. die Geschäftsräume des Kreditinstituts zu betreten und dort Nachforschungen anzustellen,

---

1) Nr. 22.

2. Einsicht in Bücher und Geschäftspapiere des Kreditinstituts zu nehmen und die Vorlage von Unterlagen sowie die Erteilung aller erforderlichen Auskünfte zu verlangen,
3. an allen Sitzungen und Versammlungen sämtlicher Organe und sonstiger Gremien des Kreditinstituts in beratender Funktion teilzunehmen,
4. Anweisungen für die Geschäftsführung des Kreditinstituts zu erteilen,
5. eigenständige Prüfungen zur Feststellung von Schadensersatzansprüchen gegen Organmitglieder oder ehemalige Organmitglieder des Kreditinstituts durchzuführen oder Sonderprüfungen zu veranlassen und
6. die Einhaltung bereits getroffener Auflagen nach dem Finanzmarktstabilisierungsfondsgesetz zu überwachen.

(2) [1] Der Sanierungsberater steht unter der Aufsicht des Oberlandesgerichts. [2] Sowohl das Oberlandesgericht als auch die Bundesanstalt können jederzeit einzelne Auskünfte oder einen Bericht über den Sachstand und über die Geschäftsführung von ihm verlangen. [3] Das Oberlandesgericht kann den Sanierungsberater aus wichtigem Grund aus dem Amt entlassen. [4] Die Entlassung kann von Amts wegen oder auf Antrag der Bundesanstalt erfolgen. [5] Vor der Entscheidung ist der Sanierungsberater zu hören. [6] Sofern ein Kreditinstitut betroffen ist, dem Maßnahmen nach dem Finanzmarktstabilisierungsfondsgesetz gewährt wurden, kann auch die Bundesanstalt für Finanzmarktstabilisierung die in Satz 2 genannten Auskünfte oder Berichte verlangen, und das Oberlandesgericht hat sie vor seiner Entscheidung zu hören.

(3) Der Sanierungsberater ist allen Beteiligten zum Schadenersatz verpflichtet, wenn er schuldhaft die Pflichten verletzt, die ihm nach diesem Gesetz obliegen.

(4) [1] Der Sanierungsberater hat Anspruch gegen das Kreditinstitut auf Vergütung und auf Erstattung angemessener Auslagen. [2] Das Oberlandesgericht setzt die Höhe der Vergütung und der notwendigen Auslagen auf Antrag des Sanierungsberaters nach Anhörung des Kreditinstituts durch unanfechtbaren Beschluss fest. [3] Das Bundesministerium der Justiz und für Verbraucherschutz wird ermächtigt, die Vergütung und die Erstattung der Auslagen des Sanierungsberaters durch Rechtsverordnung ohne Zustimmung des Bundesrates näher zu regeln.

§ 5 Gerichtliche Maßnahmen. (1) [1] Das Oberlandesgericht kann auf Vorschlag der Bundesanstalt, der zu begründen ist, weitere Maßnahmen ergreifen, wenn dies zur Sanierung des Kreditinstituts erforderlich ist und wenn die Gefahr besteht, dass das Kreditinstitut seine Verpflichtungen gegenüber den Gläubigern nicht erfüllen kann. [2] Es kann insbesondere

1. den Mitgliedern der Geschäftsleitung und den Inhabern die Ausübung ihrer Tätigkeit untersagen oder diese beschränken,
2. anordnen, den Sanierungsberater in die Geschäftsleitung aufzunehmen,
3. Entnahmen durch die Inhaber oder Gesellschafter sowie die Ausschüttung von Gewinnen untersagen oder beschränken,
4. die bestehenden Vergütungs- und Bonusregelungen der Geschäftsleitung auf ihre Anreizwirkung und ihre Angemessenheit hin überprüfen und gegebe-

nenfalls eine Anpassung für die Zukunft vornehmen sowie Zahlungsverbote bezüglich nicht geschuldeter Leistungen aussprechen und

5. die Zustimmung des Aufsichtsorgans ersetzen.

(2) [1] Das Oberlandesgericht kann eine Entscheidung über weitere Maßnahmen nach Absatz 1 zeitgleich mit der Bestellung nach § 3 oder nachträglich treffen und von Amts wegen mit Wirkung für die Zukunft ändern. [2] Zuvor gibt es dem Kreditinstitut und den von einer Maßnahme nach Absatz 1 unmittelbar rechtlich Betroffenen Gelegenheit zur Stellungnahme. [3] Wenn dies aufgrund besonderer Umstände ausnahmsweise nicht möglich ist, gibt das Oberlandesgericht ihnen unverzüglich nachträglich Gelegenheit zur Stellungnahme. [4] Das Oberlandesgericht überprüft in diesem Fall die getroffene Entscheidung unter Berücksichtigung der eingegangenen Stellungnahmen; besteht danach kein Grund für eine Abänderung, teilt es dies den Beteiligten formlos mit.

§ 6 Umsetzung des Sanierungsplans; Aufhebung des Sanierungsverfahrens. (1) [1] Der Sanierungsberater setzt den Sanierungsplan um. [2] Er kann im Einvernehmen mit der Bundesanstalt und dem Oberlandesgericht Änderungen des Sanierungsplans vornehmen; dies gilt nicht für Regelungen nach § 2 Absatz 2 Satz 3.

(2) [1] Der Sanierungsberater berichtet dem Oberlandesgericht und der Bundesanstalt regelmäßig über den Stand der Sanierung. [2] Sofern ein Kreditinstitut betroffen ist, dem Maßnahmen nach dem Finanzmarktstabilisierungsfondsgesetz gewährt wurden, berichtet er zugleich der Bundesanstalt für Finanzmarktstabilisierung.

(3) [1] Bevor der Sanierungsberater dem Oberlandesgericht die Beendigung des Sanierungsverfahrens anzeigt, hat er die Bundesanstalt davon zu unterrichten. [2] Das Oberlandesgericht beschließt die Aufhebung des Sanierungsverfahrens. [3] Sofern ein Reorganisationsverfahren eingeleitet werden soll, verbindet es die Aufhebung des Sanierungsverfahrens mit der Entscheidung über den Antrag auf Durchführung des Reorganisationsverfahrens.

Abschnitt 3. Reorganisationsverfahren

§ 7 Einleitung, Beantragung und Anordnung des Reorganisationsverfahrens. (1) [1] Hält das Kreditinstitut ein Sanierungsverfahren für aussichtslos, kann es sogleich ein Reorganisationsverfahren durch Anzeige bei der Bundesanstalt unter Vorlage eines Reorganisationsplans einleiten. [2] Soll nach Scheitern eines Sanierungsverfahrens ein Reorganisationsverfahren durchgeführt werden, erfolgt die Anzeige mit Zustimmung des Kreditinstituts bei der Bundesanstalt unter Vorlage des Reorganisationsplans durch den Sanierungsberater.

(2) Nach der Anzeige durch das Kreditinstitut kann die Bundesanstalt einen Antrag auf Durchführung des Reorganisationsverfahrens stellen, wenn die Voraussetzungen für eine Abwicklungsanordnung im Sinne des § 77 des Sanierungs- und Abwicklungsgesetzes[1)] vorliegen.

(3) [1] Das Oberlandesgericht weist den Reorganisationsplan und den Antrag auf Durchführung des Reorganisationsverfahrens zurück, wenn die Vorschrif-

---

[1)] Nr. 22.

ten über den Inhalt des Reorganisationsplans nicht beachtet sind und der Mangel nicht innerhalb einer angemessenen, vom Oberlandesgericht gesetzten Frist behoben wird. [2] Vor der Zurückweisung gibt das Oberlandesgericht dem Kreditinstitut und der Bundesanstalt Gelegenheit zur Stellungnahme.

(4) [1] Wird der Antrag nicht nach Absatz 3 zurückgewiesen, entscheidet das Oberlandesgericht nach Anhörung der Bundesanstalt, der Deutschen Bundesbank und des Kreditinstituts, ob die Voraussetzungen nach Absatz 2 vorliegen. [2] Dieser Beschluss ist mit der Entscheidung über den Antrag auf Durchführung des Reorganisationsverfahrens zu verbinden.

(5) [1] Soweit für das Reorganisationsverfahren nichts anderes bestimmt ist, gelten die Vorschriften über das Sanierungsverfahren entsprechend. [2] § 46d Absatz 1 bis 4 des Kreditwesengesetzes[1)] gilt entsprechend. [3] Für Kreditinstitute, die in anderer Rechtsform als einer Aktiengesellschaft verfasst sind, gelten die folgenden Vorschriften sinngemäß.

§ 8 Inhalt des Reorganisationsplans. (1) [1] Der Reorganisationsplan besteht aus einem darstellenden und einem gestaltenden Teil. [2] Im darstellenden Teil wird beschrieben, welche Regelungen getroffen werden sollen, um die Grundlagen für die Gestaltung der Rechte der Betroffenen zu schaffen. [3] Im gestaltenden Teil wird festgelegt, wie die Rechtsstellung der Beteiligten durch den Reorganisationsplan geändert werden soll; er kann auch Regelungen nach § 2 Absatz 2 Satz 3 enthalten. [4] In dem Reorganisationsplan kann auch die Liquidation des Kreditinstituts vorgesehen werden. [5] Soweit der Reorganisationsplan eintragungspflichtige gesellschaftsrechtliche Maßnahmen enthält, sind diese gesondert aufzuführen.

(2) [1] Im Reorganisationsplan sind Gruppen für die Abstimmung nach den §§ 17 und 18 zu bilden, sofern in die Rechte von Beteiligten eingegriffen wird. [2] Beteiligte mit unterschiedlicher Rechtsstellung bilden jeweils eigene Gruppen. [3] Aus den Beteiligten mit gleicher Rechtsstellung können Gruppen gebildet werden, in denen Beteiligte mit gleichartigen wirtschaftlichen Interessen zusammengefasst werden. [4] Die Anteilsinhaber bilden nur dann eine eigene Gruppe, wenn im Reorganisationsplan Regelungen vorgesehen sind, für die nach den gesellschaftsrechtlichen Bestimmungen ein Beschluss der Hauptversammlung erforderlich oder in diesem Gesetz vorgesehen ist.

(3) Der Reorganisationsplan kann in die Rechte der Gläubiger und in die Stellung der Anteilsinhaber nach Maßgabe der §§ 9 bis 12 eingreifen.

§ 9 Umwandlung von Forderungen in Eigenkapital. (1) [1] Im gestaltenden Teil des Reorganisationsplans kann vorgesehen werden, dass Forderungen von Gläubigern in Anteile am Kreditinstitut umgewandelt werden. [2] Eine Umwandlung gegen den Willen der betroffenen Gläubiger ist ausgeschlossen. [3] Insbesondere kann der Reorganisationsplan eine Kapitalherabsetzung oder -erhöhung, die Leistung von Sacheinlagen oder den Ausschluss von Bezugsrechten vorsehen. [4] Zugunsten der in Satz 1 genannten Gläubiger ist § 39 Absatz 4 Satz 2 und Absatz 5 der Insolvenzordnung entsprechend anzuwenden.

(2) [1] Für eine Maßnahme im Sinne des Absatzes 1 hat das Kreditinstitut den bisherigen Anteilsinhabern eine angemessene Entschädigung zu leisten. [2] Die

---

1) Nr. 8.

Angemessenheit der Entschädigung ist durch einen oder mehrere sachverständige Prüfer festzustellen. [3] Diese werden auf Antrag des Reorganisationsberaters vom Oberlandesgericht ausgewählt und bestellt.

(3) Rechtshandlungen, die im Zusammenhang mit einer Kapitalmaßnahme nach Absatz 1 stehen, können nicht nach den Bestimmungen der Insolvenzordnung und des Anfechtungsgesetzes angefochten werden zu Lasten
1. des Finanzmarktstabilisierungsfonds,
2. des Bundes und der Länder,
3. der vom Finanzmarktstabilisierungsfonds und dem Bund errichteten Körperschaften, Anstalten und Sondervermögen sowie
4. der dem Finanzmarktstabilisierungsfonds und dem Bund nahestehenden Personen oder sonstigen von ihnen mittelbar oder unmittelbar abhängigen Unternehmen.

§ 10 Sonstige gesellschaftsrechtliche Regelungen. [1] In dem gestaltenden Teil des Reorganisationsplans können alle nach dem Gesellschaftsrecht zulässigen Regelungen getroffen werden, die geeignet sind, die Reorganisation des Kreditinstituts zu fördern. [2] Dies gilt insbesondere für Satzungsänderungen und die Übertragung von Anteils- und Mitgliedschaftsrechten des Kreditinstituts an anderen Gesellschaften. [3] § 9 Absatz 1 Satz 4, Absatz 2 und 3 gilt entsprechend.

§ 11 Ausgliederung. (1) [1] Im gestaltenden Teil des Reorganisationsplans kann festgelegt werden, dass das Kreditinstitut sein Vermögen ganz oder in Teilen ausgliedert und auf einen bestehenden oder zu gründenden Rechtsträger gegen Gewährung von Anteilen dieses Rechtsträgers an das Kreditinstitut überträgt. [2] Der gestaltende Teil des Reorganisationsplans kann auch festlegen, dass einzelne Vermögensgegenstände, Verbindlichkeiten oder Rechtsverhältnisse auf das übertragende Kreditinstitut zurückübertragen werden. [3] Der Reorganisationsplan hat mindestens die in § 136 Absatz 1 Nummer 1, 2, 3 und 5 des Sanierungs- und Abwicklungsgesetzes[1)] genannten Angaben sowie Angaben über die Folgen der Ausgliederung für die Arbeitnehmer und ihre Vertretungen sowie die insoweit vorgesehenen Maßnahmen zu enthalten. [4] § 110 Absatz 2 des Sanierungs- und Abwicklungsgesetzes gilt entsprechend.

(2) [1] Sieht der Reorganisationsplan eine Ausgliederung zur Aufnahme vor, so darf er durch das Oberlandesgericht nur bestätigt werden, wenn eine notariell beurkundete Zustimmungserklärung des übernehmenden Rechtsträgers vorliegt. [2] Im Übrigen gelten § 115 Absatz 1 Satz 2 und Absatz 3 des Sanierungs- und Abwicklungsgesetzes sowie § 21 Absatz 3 für die Zuleitung an das Registergericht des übernehmenden Rechtsträgers entsprechend.

(3) [1] Ist im Reorganisationsplan eine Ausgliederung zur Neugründung vorgesehen, so muss die in den Reorganisationsplan aufzunehmende Satzung des neuen Rechtsträgers der Satzung des Kreditinstituts nachgebildet werden. [2] Die für die Rechtsform des neuen Rechtsträgers geltenden Gründungsvorschriften sind anzuwenden; § 21 Absatz 1 Satz 2 und 3 bleibt unberührt. [3] Eine Schlussbilanz im Sinne des Absatzes 2 Satz 2 ist beizufügen; § 21 Absatz 3 gilt für die Zuleitung an das Registergericht des neuen Rechtsträgers entsprechend.

---

1) Nr. **22**.

(4) [1] Für Verbindlichkeiten des ausgliedernden Kreditinstituts, die vor Wirksamwerden der Ausgliederung begründet worden sind, haften als Gesamtschuldner das ausgliedernde Kreditinstitut und der übernehmende Rechtsträger, im Falle einer Ausgliederung zur Neugründung das ausgliedernde Kreditinstitut und der neue Rechtsträger. [2] Die gesamtschuldnerische Haftung des übernehmenden oder des neuen Rechtsträgers ist auf den Betrag beschränkt, den die Gläubiger ohne eine Ausgliederung erhalten hätten. [3] Die Forderungen der Gläubiger, die vom Reorganisationsplan erfasst werden, bestimmen sich ausschließlich nach den Festlegungen dieses Plans. [4] § 141 des Sanierungs- und Abwicklungsgesetzes gilt entsprechend.

§ 12 Eingriffe in Gläubigerrechte. (1) Im gestaltenden Teil des Reorganisationsplans ist anzugeben, um welchen Bruchteil die Forderungen von Gläubigern gekürzt, für welchen Zeitraum sie gestundet, wie sie gesichert oder welchen sonstigen Regelungen sie unterworfen werden sollen.

(2) [1] Ein Eingriff in eine Forderung, für die im Entschädigungsfall dem Gläubiger ein Entschädigungsanspruch gegen eine Sicherungseinrichtung im Sinne des § 23a des Kreditwesengesetzes[1)] zusteht, ist ausgeschlossen. [2] Dies gilt auch für Forderungen, die über eine freiwillige Einlagensicherung abgedeckt sind.

(3) Ein Eingriff in Forderungen von Arbeitnehmern auf Arbeitsentgelt und von Versorgungsberechtigten auf betriebliche Altersversorgung ist ausgeschlossen.

§ 13 Beendigung von Schuldverhältnissen. [1] Schuldverhältnisse mit dem Kreditinstitut können ab dem Tag der Anzeige nach § 7 Absatz 1 bis zum Ablauf des folgenden Geschäftstages im Sinne des § 1 Absatz 16b des Kreditwesengesetzes[1)] nicht beendet werden. [2] Eine Kündigung gegenüber dem Kreditinstitut ist in diesem Zeitraum ausgeschlossen. [3] Die Wirkung sonstiger in diesem Zeitraum eintretender Beendigungstatbestände ist bis zu seinem Ablauf aufgeschoben. [4] Abweichende Vereinbarungen sind unwirksam. [5] Dies gilt nicht für Gläubiger von Forderungen aus Schuldverhältnissen nach § 12 Absatz 2.

§ 14 Anmeldung von Forderungen. (1) [1] Gläubiger, in deren Rechte nach § 12 eingegriffen wird, fordert der Reorganisationsberater auf, ihre Forderungen innerhalb einer von ihm gesetzten Frist, die mindestens drei Wochen beträgt, bei ihm anzumelden. [2] Die Aufforderung ist mit der Ladung nach § 17 Absatz 3 zu verbinden. [3] In der Anmeldung sind der Grund und der Betrag der Forderung anzugeben; die Urkunden, aus denen sich die Forderung ergibt, sind auf Verlangen vorzulegen. [4] § 46f des Kreditwesengesetzes[1)] gilt entsprechend mit der Maßgabe, dass an die Stelle der Geschäftsstelle des Insolvenzgerichts der Reorganisationsberater tritt.

(2) Der Reorganisationsberater hat jede nach Maßgabe des Absatzes 1 angemeldete Forderung mit den dort genannten Angaben in eine Tabelle einzutragen.

§ 15 Prüfung und Feststellung der Forderungen. (1) [1] Zur Feststellung des Stimmrechts werden im Abstimmungstermin die fristgemäß angemeldeten

---

[1)] Nr. 8.

Forderungen nach ihrem Betrag geprüft. [2]Maßgeblich für das Stimmrecht ist die Höhe des Betrages im Zeitpunkt der Prüfung der jeweiligen Forderung. [3]Werden Forderungen vom Reorganisationsberater bestritten, sind diese einzeln zu erörtern.

(2) [1]Wurde eine nicht rechtskräftig titulierte Forderung von dem Reorganisationsberater bestritten, so kann der Gläubiger gegen ihn auf dem Zivilrechtsweg die Feststellung zur Tabelle betreiben. [2]Weist der Gläubiger nach Abschluss dieses Verfahrens nach, dass die Abstimmung zu seiner Besserstellung im Reorganisationsplan geführt hätte, so steht ihm gegen das Kreditinstitut ein Ausgleichsanspruch zu.

§ 16 Vorbereitung der Abstimmung über den Reorganisationsplan. [1]Ordnet das Oberlandesgericht die Durchführung des Reorganisationsverfahrens an, legt es die abstimmungserheblichen Inhalte des Reorganisationsplans in der Geschäftsstelle zur Einsicht für die Beteiligten aus und bestimmt einen Termin, in dem der Reorganisationsplan und das Stimmrecht der Gläubiger erörtert werden und über den Reorganisationsplan abgestimmt wird. [2]Der Termin ist innerhalb eines Monats nach der Anordnung der Durchführung des Reorganisationsverfahrens anzusetzen. [3]Zugleich bestimmt das Oberlandesgericht einen Termin für die Hauptversammlung der Anteilsinhaber zur Abstimmung nach § 18; dieser Termin soll vor dem Erörterungs- und Abstimmungstermin der Gläubiger nach Satz 1 stattfinden.

§ 17 Abstimmung der Gläubiger. (1) Jede Gruppe der stimmberechtigten Gläubiger stimmt gesondert über den Reorganisationsplan ab.

(2) [1]Die Einberufung zu dem Termin erfolgt auf Veranlassung des Reorganisationsberaters durch öffentliche Bekanntmachung im Bundesanzeiger. [2]Die Einberufung muss spätestens am 21. Tag vor dem Termin erfolgen. [3]Das Kreditinstitut hat vom Tag der öffentlichen Bekanntmachung nach Satz 1 bis zum Abschluss der Abstimmung folgende Informationen über seine Internetseite zugänglich zu machen:

1. die Einberufung,
2. die genauen Bedingungen, von denen die Teilnahme an der Abstimmung und die Ausübung des Stimmrechts abhängen und
3. die abstimmungserheblichen Inhalte des Reorganisationsplans.

[4]Die öffentliche Bekanntmachung enthält die genaue Angabe zu Ort und Zeit des Termins sowie einen Hinweis auf die Internetseite, auf der die in Satz 3 genannten Informationen abrufbar sind.

(3) [1]Neben der Einberufung nach Absatz 2 sind zu dem Termin alle Gläubiger, in deren Rechte nach § 12 eingegriffen wird, durch den Reorganisationsberater zu laden. [2]In der Ladung ist darauf hinzuweisen, dass die in Absatz 2 Satz 3 genannten Informationen auf der Internetseite des Kreditinstituts abrufbar sind.

(4) [1]Die Ladung ist zuzustellen. [2]Die Zustellung kann durch Aufgabe zur Post unter der Anschrift des Zustellungsadressaten erfolgen; § 184 Absatz 2 Satz 1, 2 und 4 der Zivilprozessordnung gilt entsprechend. [3]Soll die Ladung im Inland bewirkt werden, gilt sie drei Tage nach Aufgabe zur Post als zugestellt. [4]Das Oberlandesgericht beauftragt den Reorganisationsberater mit der Durch-

führung der Ladung. [5] Er kann sich hierfür Dritter, insbesondere auch eigenen Personals, bedienen. [6] Die von ihm nach § 184 Absatz 2 Satz 4 der Zivilprozessordnung gefertigten Vermerke hat er unverzüglich zu den Gerichtsakten zu reichen.

§ 18 Abstimmung der Anteilsinhaber. (1) Die Anteilsinhaber stimmen gesondert im Rahmen einer Hauptversammlung über den Reorganisationsplan ab.

(2) [1] Die Hauptversammlung wird durch den Reorganisationsberater einberufen. [2] Die Einberufung zur Hauptversammlung muss spätestens am 21. Tag vor der Hauptversammlung erfolgen. [3] § 121 Absatz 3 bis 7, § 123 Absatz 1 Satz 2, Absatz 2 bis 5 und die §§ 124 bis 125 des Aktiengesetzes sind anzuwenden.

(3) [1] Der Beschluss über die Annahme des Reorganisationsplans bedarf der Mehrheit der abgegebenen Stimmen. [2] Wird das Bezugsrecht ganz oder teilweise in einem Beschluss über die Erhöhung des Grundkapitals ausgeschlossen oder wird das Grundkapital herabgesetzt, bedarf der Beschluss einer Mehrheit, die mindestens zwei Drittel der abgegebenen Stimmen oder des vertretenen Grundkapitals umfasst. [3] Die einfache Mehrheit reicht, wenn die Hälfte des Grundkapitals vertreten ist. [4] § 134 Absatz 1 bis 3 des Aktiengesetzes gilt entsprechend. [5] Abweichende Satzungsbestimmungen sind unbeachtlich.

(4) [1] Anteilsinhaber können gegen den Beschluss Widerspruch zur Niederschrift erklären. [2] Wird der Reorganisationsplan nicht angenommen, kann sich an dem Bestätigungsverfahren nach § 20 Absatz 5 nur beteiligen, wer seine ablehnende Stimme zur Niederschrift hat festhalten lassen.

(5) [1] Gegen den Beschluss der Hauptversammlung ist die Anfechtungsklage statthaft. [2] Über Anfechtungsklagen entscheidet ausschließlich das Landgericht, das für Klagen gegen die Bundesanstalt zuständig ist. [3] § 246a des Aktiengesetzes ist entsprechend anzuwenden mit der Maßgabe, dass der Antrag bei dem nach § 2 Absatz 3 Satz 2 zuständigen Oberlandesgericht durch den Reorganisationsberater zu stellen ist.

§ 19 Annahme des Reorganisationsplans. (1) [1] Zur Annahme des Reorganisationsplans müssen alle Gruppen dem Reorganisationsplan zustimmen. [2] Hierfür ist erforderlich, dass

1. die Gruppe der Anteilsinhaber nach Maßgabe des § 18 Absatz 3 zustimmt und
2. in jeder Gruppe der Gläubiger die Mehrheit der abstimmenden Gläubiger dem Reorganisationsplan zustimmen und
3. in jeder Gruppe der Gläubiger die Summe der Ansprüche der zustimmenden Gläubiger mehr als die Hälfte der Summe der Ansprüche der abstimmenden Gläubiger beträgt.

[3] In dem Erörterungs- und Abstimmungstermin der Gläubiger teilt der Reorganisationsberater den Beschluss der Hauptversammlung nach § 18 mit.

(2) Auch wenn die erforderlichen Mehrheiten in einer Gläubigergruppe nicht erreicht sind, gilt ihre Zustimmung als erteilt, wenn

1. die Gläubiger dieser Gruppe durch den Reorganisationsplan voraussichtlich nicht schlechter gestellt werden, als sie ohne einen Reorganisationsplan stünden und
2. die Gläubiger dieser Gruppe angemessen an dem wirtschaftlichen Wert beteiligt werden, der auf der Grundlage des Reorganisationsplans allen Beteiligten zufließen soll und
3. die Mehrheit der abstimmenden Gruppen dem Reorganisationsplan mit den jeweils erforderlichen Mehrheiten zugestimmt hat.

(3) Eine angemessene Beteiligung im Sinne des Absatzes 2 Nummer 2 liegt vor, wenn nach dem Reorganisationsplan
1. kein anderer Gläubiger wirtschaftliche Werte erhält, die den vollen Betrag seines Anspruchs übersteigen und
2. weder ein Gläubiger, der ohne einen Reorganisationsplan mit Nachrang gegenüber den Gläubigern der Gruppe zu befriedigen wäre, noch das Kreditinstitut oder eine an ihm beteiligte Person einen wirtschaftlichen Wert erhält und
3. kein Gläubiger, der ohne einen Reorganisationsplan gleichrangig mit den Gläubigern der Gruppe zu befriedigen wäre, besser gestellt wird als diese Gläubiger.

(4) Falls die Zustimmung der Anteilsinhaber verweigert wurde, gilt sie als erteilt, wenn
1. die Mehrheit der abstimmenden Gruppen dem Reorganisationsplan mit den jeweils erforderlichen Mehrheiten zugestimmt hat und
2. die im Reorganisationsplan vorgesehenen Maßnahmen nach den §§ 9 bis 11 dazu dienen, erhebliche negative Folgeeffekte bei anderen Unternehmen des Finanzsektors infolge der Bestandsgefährdung des Kreditinstituts und eine Instabilität des Finanzsystems zu verhindern und wenn diese Maßnahmen hierzu geeignet, erforderlich und angemessen sind; wenn die Anteilsinhaber ein alternatives Konzept vorgelegt haben, ist auch dieses zu berücksichtigen.

(5) Der Reorganisationsberater unterrichtet die Anteilsinhaber, wenn ihre Zustimmung nach Absatz 4 ersetzt werden soll, über die Internetseite des Kreditinstituts.

§ 20 Gerichtliche Bestätigung des Reorganisationsplans. (1) [1] Nach der Annahme des Reorganisationsplans durch die Beteiligten bedarf der Reorganisationsplan der Bestätigung durch das Oberlandesgericht. [2] Die Bestätigung oder deren Versagung erfolgt durch Beschluss, der in einem besonderen Termin zu verkünden ist. [3] Dieser soll spätestens einen Monat nach der Annahme des Reorganisationsplans stattfinden.

(2) Die Bestätigung ist von Amts wegen zu versagen,
1. wenn die Vorschriften über den Inhalt und die verfahrensmäßige Behandlung des Reorganisationsplans sowie über die Annahme durch die Beteiligten in einem wesentlichen Punkt nicht beachtet worden sind und der Mangel nicht behoben werden kann oder
2. wenn die Annahme des Reorganisationsplans unlauter, insbesondere durch Begünstigung eines Beteiligten, herbeigeführt worden ist oder

3. wenn die erforderlichen Mehrheiten nicht erreicht wurden und die Voraussetzungen für die Ersetzung der Zustimmung nach § 19 Absatz 2 oder 4 nicht vorliegen.

(3) Auf Antrag eines Gläubigers ist die Bestätigung des Reorganisationsplans zu versagen, wenn der Gläubiger
1. dem Reorganisationsplan spätestens im Abstimmungstermin schriftlich widersprochen hat und
2. durch den Reorganisationsplan voraussichtlich schlechter gestellt wird, als er ohne einen Reorganisationsplan stünde.

(4) [1] Der Antrag nach Absatz 3 ist nur zulässig, wenn der Gläubiger glaubhaft macht, dass die Voraussetzungen des Absatzes 3 vorliegen und wenn der Reorganisationsberater keine Sicherheit leistet. [2] Leistet der Reorganisationsberater Sicherheit, so kann der Gläubiger nur außerhalb des Reorganisationsverfahrens Klage auf angemessene Beteiligung gegenüber dem Reorganisationsberater erheben.

(5) Soll die Zustimmung der Anteilsinhaber nach § 19 Absatz 4 ersetzt werden, so ist den Anteilsinhabern Gelegenheit zur Stellungnahme zu geben, die ihre ablehnende Stimmabgabe zur Niederschrift der Hauptversammlung haben festhalten lassen.

§ 21 Allgemeine Wirkungen des Reorganisationsplans; Eintragung ins Handelsregister. (1) [1] Mit der gerichtlichen Bestätigung des Reorganisationsplans treten die Wirkungen der im gestaltenden Teil festgelegten Regelungen einschließlich der Wirkungen des § 2 Absatz 2 Satz 3 für und gegen die Planbeteiligten ein. [2] Soweit Rechte an Gegenständen begründet, geändert, übertragen, aufgehoben oder gesellschaftsrechtliche Maßnahmen insbesondere nach den §§ 9 bis 11 durchgeführt werden sollen, gelten die in den Reorganisationsplan aufgenommenen Willenserklärungen der Beteiligten als in der vorgeschriebenen Form abgegeben. [3] Entsprechendes gilt für die in den Reorganisationsplan aufgenommenen Verpflichtungserklärungen, die einer Maßnahme nach Satz 2 zugrunde liegen.

(2) Werden Forderungen von Gläubigern in Anteile am Kreditinstitut umgewandelt, kann das Kreditinstitut nach der gerichtlichen Bestätigung keine Ansprüche wegen einer Überbewertung der umgewandelten Forderungen im Reorganisationsplan gegen die bisherigen Gläubiger geltend machen.

(3) [1] Das Oberlandesgericht leitet dem für das Kreditinstitut zuständigen Registergericht unverzüglich eine Ausfertigung des Reorganisationsplans zu oder beauftragt den Reorganisationsberater mit der Zuleitung. [2] Das Registergericht leitet das Eintragungsverfahren von Amts wegen ein. [3] Die im Reorganisationsplan enthaltenen eintragungspflichtigen gesellschaftsrechtlichen Maßnahmen sind, falls sie nicht offensichtlich nichtig sind, unverzüglich in das Handelsregister einzutragen.

§ 22 Aufhebung des Reorganisationsverfahrens; Überwachung der Planerfüllung. (1) Mit der Bestätigung des Reorganisationsplans oder deren Versagung beschließt das Oberlandesgericht die Aufhebung des Reorganisationsverfahrens.

(2) [1] Im gestaltenden Teil des Reorganisationsplans kann vorgesehen werden, dass der Reorganisationsberater die Erfüllung des Reorganisationsplans auch nach Aufhebung des Reorganisationsverfahrens überwacht. [2] Das Oberlandesgericht beschließt die Aufhebung der Überwachung,

1. wenn die Ansprüche, deren Erfüllung überwacht wird, erfüllt sind oder wenn gewährleistet ist, dass sie erfüllt werden,
2. wenn seit der Aufhebung des Reorganisationsverfahrens drei Jahre verstrichen sind und kein Antrag auf Durchführung eines neuen Reorganisationsverfahrens vorliegt oder
3. wenn die Bundesanstalt Maßnahmen nach den §§ 45c, 46 oder 46b anordnet oder eine Abwicklungsanordnung im Sinne des § 77 des Sanierungs- und Abwicklungsgesetzes[1)] ergeht.

(3) Die Beschlüsse nach den Absätzen 1 und 2 sind im Bundesanzeiger und auf der Internetseite des Kreditinstituts bekannt zu machen.

§ 23 Schutz von Finanzsicherheiten sowie von Zahlungs- und Wertpapiersystemen. Die Vorschriften der Insolvenzordnung zum Schutz von Zahlungs- sowie Wertpapierliefer- und -abrechnungssystemen sowie von dinglichen Sicherheiten der Zentralbanken und von Finanzsicherheiten sind entsprechend anzuwenden.

[1)] Nr. 22.

21. Gesetz zur Errichtung eines Restrukturierungsfonds für Kreditinstitute (Restrukturierungsfondsgesetz – RStruktFG)[1)]

Vom 9. Dezember 2010
(BGBl. I S. 1900)

FNA 660-8

zuletzt geänd. durch Art. 4 FMSA-Neuordnungsgesetz v. 23.12.2016 (BGBl. I S. 3171)

Inhaltsübersicht

[1)] Verkündet als Art. 3 G zur Restrukturierung und geordneten Abwicklung von Kreditinstituten, zur Errichtung eines Restrukturierungsfonds für Kreditinstitute und zur Verlängerung der Verjährungsfrist der aktienrechtlichen Organhaftung; Inkrafttreten gem. Art. 17 dieses G am 31.12.2010.

§ 1 Errichtung des Fonds. Die Bundesanstalt für Finanzdienstleistungsaufsicht verwaltet das durch Artikel 3 des Gesetzes zur Restrukturierung und geordneten Abwicklung von Kreditinstituten, zur Errichtung eines Restrukturierungsfonds für Kreditinstitute und zur Verlängerung der Verjährungsfrist für aktienrechtliche Organhaftung (Restrukturierungsgesetz) vom 9. Dezember 2010 (BGBl. I S. 1900) errichtete Vermögen als Sondervermögen des Bundes im Sinne des Artikels 110 Absatz 1 des Grundgesetzes unter der Bezeichnung „Restrukturierungsfonds für Institute" (Restrukturierungsfonds).

§ 2 Beitragspflichtige Institute. [1] Beitragspflichtige Institute sind alle vom Anwendungsbereich gemäß § 1 des Sanierungs- und Abwicklungsgesetzes[1)] erfassten

1. CRR-Kreditinstitute im Sinne des § 1 Absatz 3d Satz 1 des Kreditwesengesetzes[2)] mit Ausnahme der Unternehmen im Sinne von Artikel 2 Absatz 5 der Richtlinie 2013/36/EU des Europäischen Parlaments und des Rates vom 26. Juni 2013 über den Zugang zur Tätigkeit von Kreditinstituten und die Beaufsichtigung von Kreditinstituten und Wertpapierfirmen, zur Änderung der Richtlinie 2002/87/EG und zur Aufhebung der Richtlinien 2006/48/EG und 2006/49/EG (ABl. L 176 vom 27.6.2013, S. 338),
2. CRR-Wertpapierfirmen im Sinne des § 1 Absatz 3d Satz 2 des Kreditwesengesetzes, die gemäß gemäß § 33 Absatz 1 Satz 1 Nummer 1 Buchstabe c des Kreditwesengesetzes mit einem Anfangskapital im Gegenwert von mindestens 730 000 Euro auszustatten sind, und
3. inländische Unionszweigstellen im Sinne des § 2 Absatz 3 Nummer 31 des Sanierungs- und Abwicklungsgesetzes (Unionszweigstellen),

für die im Beitragsjahr eine Erlaubnis nach dem Kreditwesengesetz bestand. [2] Die Beitragspflicht eines Instituts endet mit Ablauf des Kalenderjahres, in dem die Erlaubnis des Instituts erlischt oder aufgehoben wird.

§ 2a Begriffsbestimmungen. (1) CRR-Wertpapierfirma unter Einzelaufsicht ist eine CRR-Wertpapierfirma im Sinne des § 1 Absatz 3d Satz 2 des Kreditwesengesetzes[2)], die

1. gemäß § 33 Absatz 1 Satz 1 Nummer 1 Buchstabe c des Kreditwesengesetzes mit einem Anfangskapital im Gegenwert von mindestens 730 000 Euro auszustatten ist und
2. nicht gemäß Artikel 4 Absatz 1 Buchstabe g der Verordnung (EU) Nr. 1024/2013[3)] des Rates vom 15. Oktober 2013 zur Übertragung besonderer Aufgaben im Zusammenhang mit der Aufsicht über Kreditinstitute auf die Europäische Zentralbank (ABl. L 287 vom 29.10.2013, S. 63) in die Beaufsichtigung ihres Mutterunternehmens auf konsolidierter Basis durch die Europäische Zentralbank einbezogen ist.

(2) Für die Zwecke dieses Gesetzes gelten die folgenden Definitionen des Sanierungs- und Abwicklungsgesetzes[1)]:

1. Abwicklung im Sinne des § 2 Absatz 3 Nummer 1 des Sanierungs- und Abwicklungsgesetzes,

---

[1)] Nr. 22.
[2)] Nr. 8.
[3)] Nr. 5.

2. Abwicklungsbehörde im Sinne des § 3 Absatz 1 des Sanierungs- und Abwicklungsgesetzes,
3. Abwicklungsinstrument im Sinne des § 2 Absatz 3 Nummer 4 des Sanierungs- und Abwicklungsgesetzes,
4. auf konsolidierter Basis im Sinne des § 2 Absatz 3 Nummer 7 des Sanierungs- und Abwicklungsgesetzes,

4a. Ausschuss im Sinne des § 2 Absatz 3 Nummer 9a des Sanierungs- und Abwicklungsgesetzes,

5. Brückeninstitut im Sinne des § 61 Absatz 1 Nummer 1 des Sanierungs- und Abwicklungsgesetzes,

5a. einheitlicher Abwicklungsfonds im Sinne des § 2 Absatz 3 Nummer 14a des Sanierungs- und Abwicklungsgesetzes,

6. Finanzierungsmechanismen im Sinne des § 2 Absatz 3 Nummer 20 des Sanierungs- und Abwicklungsgesetzes,
7. in Abwicklung befindliches Institut oder gruppenangehöriges Unternehmen im Sinne des § 2 Absatz 3 Nummer 33 des Sanierungs- und Abwicklungsgesetzes,
8. Institut im Sinne des § 2 Absatz 1 des Sanierungs- und Abwicklungsgesetzes,
9. Instrument der Gläubigerbeteiligung im Sinne des § 90 des Sanierungs- und Abwicklungsgesetzes,
10. Vermögensverwaltungsgesellschaft im Sinne des § 61 Absatz 1 Nummer 2 des Sanierungs- und Abwicklungsgesetzes.

§ 3 Aufgaben und Verwendungszwecke des Restrukturierungsfonds.

(1) [1]Der Restrukturierungsfonds dient der Stabilisierung des Finanzmarktes. [2]Er wird nach Maßgabe der in § 67 des Sanierungs- und Abwicklungsgesetzes[1)] genannten Abwicklungsziele und im Einklang mit den Abwicklungsgrundsätzen nach § 68 des Sanierungs- und Abwicklungsgesetzes verwendet. [3]Die Aufgabe des Restrukturierungsfonds umfasst zudem die Erhebung von Beiträgen für den einheitlichen Abwicklungsfonds und die Übertragung dieser Beiträge auf den einheitlichen Abwicklungsfonds.

(2) Der Restrukturierungsfonds kann die Mittel, die ihm aus den Beiträgen der CRR-Wertpapierfirmen unter Einzelaufsicht und der Unionszweigstellen zur Verfügung stehen, für Maßnahmen nach § 3a verwenden.

(3) Die Mittel des Restrukturierungsfonds aus den Beitragsjahren 2011, 2012, 2013 und 2014 dienen der Stabilisierung des Finanzmarktes und werden abweichend von den Absätzen 1 und 2 und vorbehaltlich des Absatzes 4 ausschließlich für Maßnahmen nach § 3b herangezogen.

(4) [1]Die Mittel des Restrukturierungsfonds aus den Beitragsjahren 2013 und 2014 dienen auch der Stabilisierung des Finanzmarktes durch Maßnahmen im Sinne des § 2 Absatz 1 des Finanzmarktstabilisierungsfondsgesetzes[2)]. [2]Sie werden nach Maßgabe von § 13 Absatz 2a des Finanzmarktstabilisierungsfonds-

[1)] Nr. **22**.
[2)] Nr. **18**.

gesetzes auch zum Ausgleich eines negativen Schlussergebnisses des Finanzmarktstabilisierungsfonds herangezogen.

§ 3a Maßnahmen des Restrukturierungsfonds. (1) Im Rahmen der Anwendung der Abwicklungsinstrumente auf CRR-Wertpapierfirmen unter Einzelaufsicht und Unionszweigstellen kann der Restrukturierungsfonds, soweit dies zur Sicherstellung einer effektiven Anwendung der Abwicklungsinstrumente auf CRR-Wertpapierfirmen unter Einzelaufsicht und Unionszweigstellen notwendig ist, die Mittel, die ihm aus den Beiträgen der CRR-Wertpapierfirmen unter Einzelaufsicht und der Unionszweigstellen zur Verfügung stehen, für folgende Maßnahmen verwenden:

1. Gewährung von Garantien nach § 6 für Verbindlichkeiten an eine in Abwicklung befindliche CRR-Wertpapierfirma unter Einzelaufsicht, ihre Tochterunternehmen, ein Brückeninstitut oder eine Vermögensverwaltungsgesellschaft,
2. Besicherung von Vermögenswerten nach § 6a einer in Abwicklung befindlichen CRR-Wertpapierfirma unter Einzelaufsicht, ihrer Tochterunternehmen, eines Brückeninstituts oder einer Vermögensverwaltungsgesellschaft sowie Erwerb von Vermögenswerten einer in Abwicklung befindlichen CRR-Wertpapierfirma unter Einzelaufsicht,
3. Gewährung von Darlehen nach § 6b an eine in Abwicklung befindliche CRR-Wertpapierfirma unter Einzelaufsicht, ihre Tochterunternehmen, ein Brückeninstitut oder eine Vermögensverwaltungsgesellschaft,
4. Beteiligung an der Rekapitalisierung eines Brückeninstituts oder einer Vermögensverwaltungsgesellschaft nach § 7,
5. Gewährung eines Ausgleichsbeitrags im Rahmen des Instruments der Gläubigerbeteiligung nach § 7a an eine in Abwicklung befindliche CRR-Wertpapierfirma unter Einzelaufsicht,
6. Zahlung von Entschädigungen an Anteilsinhaber, Gläubiger oder Entschädigungseinrichtungen nach § 8,
7. Gewährung von Krediten an andere Finanzierungsmechanismen auf freiwilliger Basis nach § 12h und
8. gegenseitige Unterstützung der Finanzierungsmechanismen bei einer Gruppenabwicklung nach § 12i.

(2) Die Maßnahmen nach Absatz 1 können kombiniert werden.

(3) Im Rahmen einer Unternehmensveräußerung gemäß § 107 Absatz 1 Nummer 1 Buchstabe a des Sanierungs- und Abwicklungsgesetzes[1] in Bezug auf eine CRR-Wertpapierfirma unter Einzelaufsicht oder eine Unionszweigstelle kann der Restrukturierungsfonds seine Mittel für die Maßnahmen gemäß Absatz 1 auch in Bezug auf den Erwerber einsetzen.

(4) [1] Ein unmittelbarer Ausgleich von Verlusten einer CRR-Wertpapierfirma unter Einzelaufsicht oder eine Rekapitalisierung einer CRR-Wertpapierfirma unter Einzelaufsicht mit Mitteln des Restrukturierungsfonds ist nur im Rahmen einer Maßnahme nach Absatz 1 Nummer 5 zulässig. [2] Führt eine Maßnahme des Restrukturierungsfonds mittelbar dazu, dass Verluste einer CRR-

---

[1] Nr. 22.

Wertpapierfirma unter Einzelaufsicht oder einer Unionszweigstelle vom Restrukturierungsfonds getragen werden, so ist diese Maßnahme nur unter den Voraussetzungen des § 7a zulässig.

§ 3b Maßnahmen aus den Altmitteln des Restrukturierungsfonds.

Die Mittel des Restrukturierungsfonds aus den Beitragsjahren 2011, 2012, 2013 und 2014 können nach Maßgabe von § 12j Absatz 1 und 1a und § 17 verwendet werden.

§ 4 Entscheidung über Restrukturierungsmaßnahmen. (1) Über die Maßnahmen des Restrukturierungsfonds nach den §§ 6 bis 8, 12h bis 12j entscheidet die Abwicklungsbehörde nach pflichtgemäßem Ermessen unter Berücksichtigung der Bedeutung der Maßnahmen für die Finanzmarktstabilität und des Grundsatzes des möglichst effektiven und wirtschaftlichen Einsatzes der Mittel.

(2) [1]Ein Rechtsanspruch auf Leistung des Fonds besteht nicht. [2]Bei der Gewährung von Maßnahmen können Bedingungen und Auflagen durch Vertrag, Selbstverpflichtung oder Verwaltungsakt festgelegt werden.

(3) [1]In Instituten oder gruppenangehörigen Unternehmen oder sonstigen Rechtsträgern, an denen der Restrukturierungsfonds aufgrund einer Restrukturierungsmaßnahme nach § 7 Absatz 1 Satz 3, § 7a Absatz 1 Nummer 2 dieses Gesetzes oder nach § 61 des Sanierungs- und Abwicklungsgesetzes[1)] beteiligt ist und bei denen der Restrukturierungsfonds unmittelbar oder mittelbar über ein oder mehrere Tochterunternehmen mindestens 75 Prozent der Anteile hält, darf die monetäre Vergütung der Organmitglieder und Angestellten jeweils 500 000 Euro pro Jahr nicht übersteigen. [2]Variable Vergütungen sind nicht zulässig.

(4) [1]In Instituten oder gruppenangehörigen Unternehmen oder sonstigen Rechtsträgern, an denen der Restrukturierungsfonds aufgrund einer Restrukturierungsmaßnahme nach § 7 Absatz 1 Satz 3, § 7a Absatz 1 Nummer 2 dieses Gesetzes oder nach § 61 des Sanierungs- und Abwicklungsgesetzes beteiligt ist und bei denen der Restrukturierungsfonds unmittelbar oder mittelbar über ein oder mehrere Tochterunternehmen weniger als 75 Prozent der Anteile hält, darf die monetäre Vergütung der Organmitglieder und Angestellten vorbehaltlich der Regelung in Satz 3 jeweils 500 000 Euro pro Jahr nicht übersteigen. [2]Variable Vergütungen sind nicht zulässig, es sei denn, die Summe aus fixer und variabler Vergütung überschreitet nicht die Obergrenze von 500 000 Euro pro Jahr. [3]Die Obergrenze von 500 000 Euro darf überschritten werden, sofern das Institut oder gruppenangehörige Unternehmen oder der sonstige Rechtsträger mindestens die Hälfte der geleisteten Rekapitalisierungen zurückgezahlt hat oder soweit die geleistete Kapitalzuführung voll verzinst wird.

(5) [1]Nicht umfasst von den Absätzen 3 und 4 sind Vergütungen, die durch Tarifvertrag oder in seinem Geltungsbereich durch Vereinbarung der Arbeitsvertragsparteien über die Anwendung der tarifvertraglichen Regelungen oder aufgrund eines Tarifvertrages in einer Betriebs- oder Dienstvereinbarung vereinbart sind. [2]Die Vorgaben der Absätze 3 und 4 sind bei Vertragsänderungen und -neuabschlüssen mit Organmitgliedern und Angestellten zu berücksichti-

[1)] Nr. **22**.

gen. [3]Die Verlängerung eines Vertrages gilt als Neuabschluss im Sinne des Satzes 2. [4]Soweit Verträge den Vorgaben der Absätze 3 und 4 nicht entsprechen, können Organmitglieder und Angestellte aus ihnen keine Rechte herleiten. [5]Dies gilt nicht für Ansprüche, die vor dem 1. Januar 2011 entstanden sind.

(6) Die Vereinbarung von Abfindungs- oder Entschädigungsansprüchen in Anstellungsverträgen von Organmitgliedern oder in sonstigen Dienstverträgen des übernehmenden Rechtsträgers ist unwirksam, soweit die Vereinbarung Ansprüche auch für den Fall einer Vertragsbeendigung aus Anlass der Übernahme einer Beteiligung des Restrukturierungsfonds, aus Anlass einer Veränderung der Höhe dieser Beteiligung oder aus Anlass der Wahrnehmung von Rechten aus dieser Beteiligung gewähren würde.

(7) [1]Bei einem Rechtsträger, dem Maßnahmen gemäß den §§ 6 bis 7a gewährt werden, sollen Vertreter der Abwicklungsbehörde als Sachverständige oder Auskunftspersonen im Sinne des § 109 Absatz 1 Satz 2 des Aktiengesetzes zu den Sitzungen des Aufsichtsrats und seiner Ausschüsse hinzugezogen werden, soweit über Gegenstände beraten wird, bei denen eine Beteiligung von Vertretern der Anstalt als Sachverständige oder als Vertreter der Eigentümerinteressen des Bundes zweckdienlich erscheint. [2]Die Abwicklungsbehörde kann die Teilnahme ihrer Vertreter an solchen Sitzungen verlangen, soweit über Gegenstände beraten wird, die Auswirkungen auf die gewährten Maßnahmen haben können. [3]Die Sätze 1 und 2 gelten auch für die Sitzungen des Aufsichtsrats und seiner Ausschüsse des in Abwicklung befindlichen Instituts oder gruppenangehörigen Unternehmens, wenn die Maßnahmen gemäß den §§ 6 bis 7a im Rahmen seiner Abwicklung einem anderem Rechtsträger gewährt werden.

§ 5 *(aufgehoben)*

§ 6 Garantien für Verbindlichkeiten; Verordnungsermächtigung.

(1) [1]Der Restrukturierungsfonds kann Garantien zur Besicherung von Verbindlichkeiten einer in Abwicklung befindlichen CRR-Wertpapierfirma unter Einzelaufsicht, ihrer Tochterunternehmen, eines Brückeninstituts oder einer Vermögensverwaltungsgesellschaft gewähren. [2]Im Rahmen einer Unternehmensveräußerung nach § 107 Absatz 1 Nummer 1 Buchstabe a des Sanierungs- und Abwicklungsgesetzes[1)] in Bezug auf eine CRR-Wertpapierfirma unter Einzelaufsicht oder eine Unionszweigstelle kann der Restrukturierungsfonds auch Garantien zur Besicherung von Verbindlichkeiten des Erwerbers gewähren. [3]§ 39 Absatz 2 und 3 der Bundeshaushaltsordnung ist nicht anzuwenden.

(2) [1]Im Rahmen einer Übertragung nach § 107 Absatz 1 des Sanierungs- und Abwicklungsgesetzes in Bezug auf eine CRR-Wertpapierfirma unter Einzelaufsicht oder eine Unionszweigstelle kann der Restrukturierungsfonds zum Zweck der Refinanzierung des übernehmenden Rechtsträgers Garantien für die von dem übernehmenden Rechtsträger begebenen Schuldverschreibungen gewähren. [2]Die Laufzeit der abzusichernden Verbindlichkeiten darf 60 Monate nicht überschreiten.

[1)] Nr. 22.

(3) [1]Das Gesamtvolumen der nach den Absätzen 1 und 2 gewährten Garantien darf die Summe der für die Beitragsjahre ab 2015 aus den Beiträgen der CRR-Wertpapierfirmen unter Einzelaufsicht und der Unionszweigstellen angesammelten Mittel des Restrukturierungsfonds gemäß § 12 nicht überschreiten. [2]Eine Garantie ist auf den Höchstbetrag der entsprechenden Ermächtigung in der Höhe anzurechnen, in der der Restrukturierungsfonds daraus in Anspruch genommen werden kann. [3]Zinsen und Kosten sind auf den jeweiligen Ermächtigungsrahmen nur anzurechnen, soweit das gesetzlich bestimmt ist oder bei der Übernahme ein gemeinsamer Haftungsbetrag für die Hauptverpflichtung, Zinsen und Kosten festgelegt wird. [4]Soweit der Restrukturierungsfonds in den Fällen der Gewährung einer Garantie nach Absatz 1 ohne Inanspruchnahme von seiner Haftung frei wird oder Ersatz für erbrachte Leistungen erlangt hat, ist eine Garantie auf den Höchstbetrag nicht mehr anzurechnen.

(4) Für die Gewährung von Garantien ist ein Entgelt zu erheben.

(5) [1]Die Bundesregierung kann durch Rechtsverordnung, die nicht der Zustimmung des Bundesrates bedarf, nähere Bestimmungen erlassen über

1. das Entgelt und die sonstigen Bedingungen einer Garantie für Verbindlichkeiten,
2. die Arten der Verbindlichkeiten, für die eine Garantie gewährt werden kann,
3. Obergrenzen für die Gewährung von Garantien bezogen auf einzelne Abwicklungsfälle sowie für bestimmte Arten von Verbindlichkeiten,
4. sonstige Bedingungen, die dem Zweck dieses Gesetzes im Rahmen der Gewährung von Garantien nach Absatz 1 dienen.

[2]Die Bundesregierung kann die Ermächtigung durch Rechtsverordnung auf die Abwicklungsbehörde übertragen.

§ 6a Besicherung und Erwerb von Vermögenswerten; Verordnungsermächtigung. (1) [1]Der Restrukturierungsfonds kann Vermögenswerte einer in Abwicklung befindlichen CRR-Wertpapierfirma unter Einzelaufsicht, ihrer Tochterunternehmen, eines Brückeninstituts oder einer Vermögensverwaltungsgesellschaft, insbesondere Forderungen und Wertpapiere, besichern. [2]Im Rahmen einer Unternehmensveräußerung nach § 107 Absatz 1 Nummer 1 Buchstabe a des Sanierungs- und Abwicklungsgesetzes[1)] in Bezug auf eine CRR-Wertpapierfirma unter Einzelaufsicht oder eine Unionszweigstelle kann er zudem Vermögenswerte des Erwerbers besichern.

(2) [1]Der Restrukturierungsfonds kann Vermögenswerte einer in Abwicklung befindlichen CRR-Wertpapierfirma unter Einzelaufsicht erwerben, insbesondere Forderungen, Wertpapiere, derivative Finanzinstrumente, Rechte und Pflichten aus gewährten Krediten und Beteiligungen, jeweils nebst den zugehörigen Sicherheiten. [2]Im Rahmen einer Unternehmensveräußerung nach § 107 Absatz 1 Nummer 1 Buchstabe a des Sanierungs- und Abwicklungsgesetzes in Bezug auf eine CRR-Wertpapierfirma unter Einzelaufsicht oder eine Unionszweigstelle kann er zudem Vermögenswerte des Erwerbers erwerben.

---

1) Nr. 22.

(3) [1]Die Bundesregierung kann durch Rechtsverordnung, die nicht der Zustimmung des Bundesrates bedarf, nähere Bestimmungen erlassen über

1. die Art der Vermögenswerte, die besichert oder erworben werden können,
2. die Art der Besicherung oder des Erwerbs, einschließlich der dafür geltenden Bedingungen, Zusicherungen und Gegenleistungen,
3. Obergrenzen für die Besicherung oder den Erwerb von Vermögenswerten bezogen auf einzelne Abwicklungsfälle sowie für bestimmte Arten von Vermögenswerten,
4. Rückkaufrechte zugunsten und Rückkaufverpflichtungen zulasten der Rechtsträger, deren Vermögenswerte besichert oder erworben wurden, und andere geeignete Formen ihrer Beteiligung an den vom Restrukturierungsfonds übernommenen Risiken und
5. sonstige Bedingungen, die dem Zweck dieses Gesetzes im Rahmen der Besicherung und des Erwerbs von Vermögenswerten nach den Absätzen 1 und 2 dienen.

[2]Die Bundesregierung kann die Ermächtigung durch Rechtsverordnung auf die Abwicklungsbehörde übertragen.

§ 6b Darlehen; Verordnungsermächtigung. (1) [1]Der Restrukturierungsfonds kann Darlehen an eine in Abwicklung befindliche CRR-Wertpapierfirma unter Einzelaufsicht, ihre Tochterunternehmen, ein Brückeninstitut oder eine Vermögensverwaltungsgesellschaft gewähren. [2]Im Rahmen einer Unternehmensveräußerung nach § 107 Absatz 1 Nummer 1 Buchstabe a des Sanierungs- und Abwicklungsgesetzes[1)] in Bezug auf eine CRR-Wertpapierfirma unter Einzelaufsicht oder eine Unionszweigstelle kann er zudem Darlehen an den Erwerber gewähren.

(2) [1]Die Bundesregierung kann durch Rechtsverordnung, die nicht der Zustimmung des Bundesrates bedarf, nähere Bestimmungen erlassen über

1. die Verzinsung und die sonstigen Bedingungen eines Darlehens,
2. Obergrenzen für die Gewährung von Darlehen bezogen auf einzelne Abwicklungsfälle,
3. sonstige Bedingungen, die dem Zweck dieses Gesetzes im Rahmen der Gewährung von Darlehen nach Absatz 1 dienen.

[2]Die Bundesregierung kann die Ermächtigung durch Rechtsverordnung auf die Abwicklungsbehörde übertragen.

§ 7 Rekapitalisierung; Verordnungsermächtigung. (1) [1]Der Restrukturierungsfonds kann sich im Rahmen einer Übertragung nach § 107 Absatz 1 Nummer 1 Buchstabe b oder Nummer 2 des Sanierungs- und Abwicklungsgesetzes[1)] in Bezug auf eine CRR-Wertpapierfirma unter Einzelaufsicht oder eine Unionszweigstelle an der Rekapitalisierung eines Brückeninstituts oder einer Vermögensverwaltungsgesellschaft beteiligen. [2]Er kann insbesondere gegen Leistung einer Einlage Anteile oder stille Beteiligungen an Brückeninstituten oder Vermögensverwaltungsgesellschaften erwerben und sonstige Bestandteile der Eigenmittel von Brückeninstituten oder Vermögensverwaltungs-

[1)] Nr. 22.

gesellschaften übernehmen. [3]Im Rahmen einer Unternehmensveräußerung nach § 107 Absatz 1 Nummer 1 Buchstabe a des Sanierungs- und Abwicklungsgesetzes in Bezug auf eine CRR-Wertpapierfirma unter Einzelaufsicht oder eine Unionszweigstelle kann sich der Restrukturierungsfonds auch an der Rekapitalisierung des Erwerbers beteiligen.

(2) Die §§ 65 bis 69 der Bundeshaushaltsordnung sind nicht anzuwenden.

(3) [1]Die Bundesregierung kann durch Rechtsverordnung, die nicht der Zustimmung des Bundesrates bedarf, nähere Bestimmungen erlassen über

1. die Gegenleistung und die sonstigen Bedingungen einer Rekapitalisierung,
2. Obergrenzen für die Übernahme von Kapitalinstrumenten bezogen auf einzelne Abwicklungsfälle sowie für bestimmte Arten von Kapitalinstrumenten,
3. die Bedingungen, unter denen der Restrukturierungsfonds übernommene Kapitalinstrumente wieder veräußern darf, und
4. sonstige Bedingungen, die dem Zweck dieses Gesetzes im Rahmen der Rekapitalisierung nach Absatz 1 dienen.

[2]Die Bundesregierung kann die Ermächtigung durch Rechtsverordnung auf die Abwicklungsbehörde übertragen.

(4) Soweit sich aus den Vorschriften dieses Gesetzes nichts anderes ergibt, sind die Vorschriften des Finanzmarktstabilisierungsbeschleunigungsgesetzes[1)] auf Rekapitalisierungsmaßnahmen im Sinne dieser Vorschrift und auf die Veräußerung nach dieser Vorschrift erworbener Kapitalinstrumente entsprechend anzuwenden.

§ 7a Ausgleichsbeitrag im Rahmen des Instruments der Gläubigerbeteiligung. (1) Schließt die Abwicklungsbehörde gemäß § 92 Absatz 1 des Sanierungs- und Abwicklungsgesetzes[2)] eine berücksichtigungsfähige Verbindlichkeit oder eine Kategorie berücksichtigungsfähiger Verbindlichkeiten ganz oder teilweise aus dem Anwendungsbereich des Instruments der Gläubigerbeteiligung aus und werden die entsprechenden Fehlbeträge nicht vollständig durch Erhöhung des Umfangs der auf andere berücksichtigungsfähige Verbindlichkeiten angewandten Herabschreibung oder Umwandlung ausgeglichen, so kann der Restrukturierungsfonds einen Ausgleichsbeitrag an die von der Abwicklungsmaßnahme betroffene CRR-Wertpapierfirma unter Einzelaufsicht leisten, um

1. gemäß § 96 Absatz 1 Nummer 1 des Sanierungs- und Abwicklungsgesetzes sicherzustellen, dass der Nettovermögenswert der CRR-Wertpapierfirma unter Einzelaufsicht gleich null ist, oder
2. Anteile oder andere Instrumente des harten Kernkapitals der betroffenen CRR-Wertpapierfirma unter Einzelaufsicht zu erwerben und dieses in dem von § 96 Absatz 1 Nummer 2 des Sanierungs- und Abwicklungsgesetzes verlangten Umfang zu rekapitalisieren.

(2) Sollte der Nettovermögenswert der CRR-Wertpapierfirma unter Einzelaufsicht nach Anwendung des Instruments der Gläubigerbeteiligung und trotz

---

1) Nr. **19**.
2) Nr. **22**.

des Ausschlusses von Verbindlichkeiten aus dem Anwendungsbereich dieses Instruments gemäß § 92 Absatz 1 des Sanierungs- und Abwicklungsgesetzes bereits größer als null sein und drohen auch keine in § 96 Absatz 1 Nummer 1 des Sanierungs- und Abwicklungsgesetzes genannten Verluste, leistet der Restrukturierungsfonds nur für den in Absatz 1 Nummer 2 genannten Zweck einen Ausgleichsbeitrag.

(3) Der Restrukturierungsfonds darf den in Absatz 1 genannten Ausgleichsbeitrag nur leisten, sofern die Inhaber von Anteilen, anderen Instrumenten des harten Kernkapitals, relevanten Kapitalinstrumenten oder berücksichtigungsfähigen Verbindlichkeiten durch Herabschreibung, Umwandlung oder auf andere Weise einen Beitrag zum Ausgleich eines Fehlbetrags in Höhe von mindestens 8 Prozent der Summe aus Verbindlichkeiten und Eigenmitteln der CRR-Wertpapierfirma unter Einzelaufsicht leisten, berechnet auf Grundlage der in § 69 des Sanierungs- und Abwicklungsgesetzes vorgesehenen Bewertung.

(4) Der Ausgleichsbeitrag des Restrukturierungsfonds darf 5 Prozent der Summe aus Verbindlichkeiten und Eigenmitteln des Instituts oder gruppenangehörigen Unternehmens, berechnet auf Grundlage der in § 69 des Sanierungs- und Abwicklungsgesetzes vorgesehenen Bewertung, nicht übersteigen.

(5) Ist die Fünf-Prozent-Grenze nach Absatz 4 erreicht, kann der Restrukturierungsfonds anstelle alternativer Finanzierungsquellen nach § 94 Absatz 2 des Sanierungs- und Abwicklungsgesetzes oder zusätzlich zu diesen Finanzierungsquellen einen weiteren Ausgleichsbeitrag leisten, sofern die Voraussetzungen nach § 94 Absatz 2 Nummer 2 des Sanierungs- und Abwicklungsgesetzes erfüllt sind.

§ 8 Entschädigungszahlungen an Anteilsinhaber und Gläubiger. Der Restrukturierungsfonds kann im Zusammenhang mit Abwicklungsmaßnahmen in Bezug auf eine CRR-Wertpapierfirma unter Einzelaufsicht oder eine Unionszweigstelle gemäß § 147 des Sanierungs- und Abwicklungsgesetzes[1)] Entschädigungen an Anteilsinhaber, Gläubiger oder Entschädigungseinrichtungen zahlen.

§ 9 Stellung im Rechtsverkehr. [1]Der Restrukturierungsfonds ist nicht rechtsfähig. [2]Er kann unter seinem Namen im rechtsgeschäftlichen Verkehr handeln, klagen und verklagt werden. [3]Arrest oder andere Maßnahmen der Zwangsvollstreckung in den Restrukturierungsfonds finden nicht statt. [4]§ 394 Satz 1 des Bürgerlichen Gesetzbuchs[2)] ist entsprechend anzuwenden. [5]Ausschließlicher Gerichtsstand des Restrukturierungsfonds ist Frankfurt am Main.

§ 10 Vermögenstrennung. [1]Der Restrukturierungsfonds ist von dem übrigen Vermögen des Bundes, seinen Rechten und Verbindlichkeiten zu trennen. [2]§ 3 Absatz 4 bleibt unberührt. [3]Der Bund haftet unmittelbar für die Verbindlichkeiten des Restrukturierungsfonds; der Fonds haftet nicht für die sonstigen Verbindlichkeiten des Bundes.

§ 11 *(aufgehoben)*

---

1) Nr. **22**.

2) Auszugsweise abgedruckt unter Nr. **23**.

§ 11a Übertragung von Beiträgen auf den einheitlichen Abwicklungsfonds. (1) Die Abwicklungsbehörde überträgt ab Anwendbarkeit des Übereinkommens vom 21. Mai 2014 über die Übertragung von Beiträgen auf den einheitlichen Abwicklungsfonds und über die gemeinsame Nutzung dieser Beiträge (BGBl. II 2014 S. 1299) (Übereinkommen) gemäß Artikel 12 Absatz 2 des Übereinkommens die folgenden Beiträge auf den einheitlichen Abwicklungsfonds:

1. gemäß Artikel 3 des Übereinkommens die Jahresbeiträge von Instituten gemäß § 2 Satz 1 mit Ausnahme der Beiträge von CRR-Wertpapierfirmen unter Einzelaufsicht und von Unionszweigstellen,
2. gemäß den Artikeln 3 und 5 Absatz 1 Buchstabe d und e des Übereinkommens die Sonderbeiträge von Instituten gemäß § 2 Satz 1 mit Ausnahme der Sonderbeiträge von CRR-Wertpapierfirmen unter Einzelaufsicht und von Unionszweigstellen.

(2) [1]Die Abwicklungsbehörde überträgt die Beiträge nach Absatz 1, soweit diese nicht im Einklang mit Artikel 3 Absatz 4 des Übereinkommens für nationale Abwicklungsmaßnahmen verwendet wurden, vollständig auf den einheitlichen Abwicklungsfonds, damit der Ausschuss sie im Einklang mit den Zwecken des Artikels 67 Absatz 2 Satz 1 der Verordnung (EU) Nr. 806/2014 des Europäischen Parlaments und des Rates vom 15. Juli 2014 zur Festlegung einheitlicher Vorschriften und eines einheitlichen Verfahrens für die Abwicklung von Kreditinstituten und bestimmten Wertpapierfirmen im Rahmen eines einheitlichen Abwicklungsmechanismus und eines einheitlichen Abwicklungsfonds sowie zur Änderung der Verordnung (EU) Nr. 1093/2010 (ABl. L 225 vom 30.7.2014, S. 1) einsetzt. [2]Der Restrukturierungsfonds darf die Beiträge, soweit sie nicht im Einklang mit Artikel 3 Absatz 4 des Übereinkommens für nationale Abwicklungsmaßnahmen verwendet wurden, nicht für eigene Maßnahmen verwenden.

(3) Während des Übergangszeitraums im Sinne von Artikel 1 Absatz 1 Buchstabe b des Übereinkommens (Übergangszeitraum) überträgt die Abwicklungsbehörde die Beiträge nach Maßgabe des Artikels 4 des Übereinkommens auf die der Bundesrepublik Deutschland zugeordnete nationale Kammer des einheitlichen Abwicklungsfonds (deutsche Kammer), damit der Ausschuss die Beiträge im Einklang mit den in den Artikeln 5 bis 9 des Übereinkommens festgelegten Bedingungen nutzt.

(4) Die Übertragung der Beiträge nach Absatz 1 erfolgt innerhalb der in Artikel 3 des Übereinkommens festgelegten Fristen.

(5) Wurden die Beiträge nach Absatz 1 Nummer 1 in Form von abgesicherten Zahlungsansprüchen erbracht, so sind diese Zahlungsansprüche einschließlich der zugehörigen Sicherheiten auf den einheitlichen Abwicklungsfonds zu übertragen.

§ 11b Pflichten bei vorübergehender Übertragung von Finanzmitteln auf die deutsche Kammer. (1) [1]Wurden nach Artikel 7 Absatz 1 des Übereinkommens vorübergehend Finanzmittel auf die deutsche Kammer übertragen, so überträgt die Abwicklungsbehörde vor Ablauf des Übergangszeitraums Sonderbeiträge im Sinne von § 11a Absatz 1 Nummer 2 auf den einheitlichen Abwicklungsfonds. [2]Die Höhe der zu übertragenden Sonderbeiträge richtet sich nach Artikel 7 Absatz 1 Satz 2 des Übereinkommens.

(2) Werden Finanzmittel, die vorübergehend auf die deutsche Kammer übertragen wurden, nach Maßgabe von Artikel 7 Absatz 5 des Übereinkommens zurückgefordert, so überträgt die Abwicklungsbehörde die Finanzmittel gemäß Artikel 7 Absatz 5 Satz 3 des Übereinkommens nach Maßgabe der Bedingungen, die der Ausschuss festgelegt hat, auf den einheitlichen Abwicklungsfonds.

§ 11c Zuständigkeit für die Ausübung der Befugnisse aus dem Übereinkommen; Informationspflicht. (1) [1] Zu den Aufgaben der Abwicklungsbehörde zählen

1. das Ersuchen um vorübergehende Übertragung von Finanzmitteln anderer nationaler Kammern auf die deutsche Kammer nach Artikel 7 Absatz 1 des Übereinkommens;
2. das Erheben von Einwänden gegen die vorübergehende Übertragung von Finanzmitteln der deutschen Kammer auf eine andere nationale Kammer nach Artikel 7 Absatz 4 des Übereinkommens;
3. das Ersuchen um Rückübertragung von Mitteln, die von der deutschen Kammer auf eine andere nationale Kammer übertragen wurden, nach Artikel 7 Absatz 5 des Übereinkommens und
4. das Stellen von Anträgen nach Artikel 10 Absatz 2 des Übereinkommens mit dem Ziel, durch den Ausschuss überprüfen zu lassen, ob eine andere Vertragspartei des Übereinkommens ihre Verpflichtung zur Übertragung von Beiträgen auf den einheitlichen Abwicklungsfonds nicht erfüllt hat.

[2] Mit dem Ersuchen um vorübergehende Übertragung von Finanzmitteln nach Satz 1 Nummer 1 treffen das Bundesministerium der Finanzen und die Abwicklungsbehörde Vorkehrungen, um für den Fall des Artikels 7 Absatz 5 des Übereinkommens die Rückzahlung der Mittel sicherzustellen.

(2) [1] Für die Ausübung der in Absatz 1 Satz 1 genannten Befugnisse bedarf die Abwicklungsbehörde jeweils der Zustimmung des Bundesministeriums der Finanzen. [2] Die Abwicklungsbehörde informiert das Bundesministerium der Finanzen unverzüglich über

1. den Eingang eines Antrags auf eine vorübergehende Übertragung von Finanzmitteln aus der deutschen Kammer auf eine andere Kammer;
2. den Beschluss des Ausschusses über den Antrag sowie
3. sonstige Umstände, die für die Ausübung der in Absatz 1 Satz 1 Nummer 2 und 4 genannten Befugnisse von Bedeutung sind.

§ 12 Mittel des Restrukturierungsfonds; Jahresbeiträge; Sonderbeiträge. (1) Die Mittel des Restrukturierungsfonds werden durch Beiträge der gemäß § 2 Satz 1 beitragspflichtigen Institute erbracht.

(2) [1] Die beitragspflichtigen Institute sind verpflichtet, Jahresbeiträge zu leisten; die Erhebung der Jahresbeiträge erfolgt durch die Abwicklungsbehörde. [2] Die Berechnung und Erhebung der Jahresbeiträge der CRR-Wertpapierfirmen unter Einzelaufsicht und der Unionszweigstellen richtet sich nach den Vorgaben der delegierten Rechtsakte gemäß Artikel 103 Absatz 7 und 8 der Richtlinie 2014/59/EU des Europäischen Parlaments und des Rates vom 15. Mai 2014 zur Festlegung eines Rahmens für die Sanierung und Abwicklung von Kreditinstituten und Wertpapierfirmen und zur Änderung der Richtlinie 82/891/EWG des Rates, der Richtlinien 2001/24/EG, 2002/47/EG, 2004/

25/EG, 2005/56/EG, 2007/36/EG, 2011/35/EU, 2012/30/EU und 2013/36/EU sowie der Verordnungen (EU) Nr. 1093/2010 und (EU) Nr. 648/2012 des Europäischen Parlaments und des Rates (ABl. L 173 vom 12.6.2014, S. 190); darüber hinaus nach § 12b und nach der Rechtsverordnung gemäß § 12g. 3 Im Übrigen erfolgt die Berechnung der Jahresbeiträge gemäß Artikel 70 Absatz 2 der Verordnung (EU) Nr. 806/2014 durch den Ausschuss.

(3) 1 Die Abwicklungsbehörde kann nach Maßgabe von § 12c Sonderbeiträge von den CRR-Wertpapierfirmen unter Einzelaufsicht und von den Unionszweigstellen erheben. 2 Sie kann von den übrigen beitragspflichtigen Instituten Sonderbeiträge erheben, die vom Ausschuss nach Artikel 71 in Verbindung mit Artikel 70 der Verordnung (EU) Nr. 806/2014 berechnet werden.

(4) 1 Die angesammelten Mittel sind so anzulegen, dass eine möglichst große Sicherheit und ausreichende Liquidität der Anlagen gewährleistet sind. 2 Die Abwicklungsbehörde erarbeitet nach dieser Maßgabe eine mit dem Bundesministerium der Finanzen abgestimmte Anlagerichtlinie.

(5) 1 Die Abwicklungsbehörde kann, soweit nicht die Zuständigkeit des Ausschusses gegeben ist, auf Antrag gestatten, dass ein beitragspflichtiges Institut einen Teil seines Jahresbeitrags in Form von in vollem Umfang abgesicherten Zahlungsansprüchen erbringt. 2 Der Anteil dieser Zahlungsansprüche am Gesamtbetrag der Jahresbeiträge darf 30 Prozent nicht überschreiten. 3 Der Antrag des jeweiligen Instituts ist innerhalb einer von der Anstalt zu setzenden angemessenen Frist bei der Abwicklungsbehörde einzureichen. 4 Zur Absicherung sind risikoarme Sicherheiten zu verwenden, die nicht durch Rechte Dritter belastet sind. 5 Die Sicherheiten müssen im Bedarfsfall für die Abwicklungsbehörde frei verfügbar sein und sind ausschließlich der Verwendung durch die Anstalt für die in § 3 genannten Zwecke vorzubehalten. 6 Die Abwicklungsbehörde kann zu den Anforderungen an die Sicherheiten nach den Sätzen 4 und 5 Einzelheiten festlegen.

§ 12a Zielausstattung des Restrukturierungsfonds. Zielausstattung ist die Summe der Jahresbeiträge, die von CRR-Wertpapierfirmen unter Einzelaufsicht und Unionszweigstellen nach Maßgabe der Delegierten Verordnung (EU) 2015/63 der Kommission vom 21. Oktober 2014 zur Ergänzung der Richtlinie 2014/59/EU des Europäischen Parlaments und des Rates im Hinblick auf im Voraus erhobene Beiträge zu Abwicklungsfinanzierungsmechanismen (ABl. L 11 vom 17.1.2015, S. 44) sowie nach § 12b und der Rechtsverordnung nach § 12g bis zum 31. Dezember 2024 zu erbringen sind.

§ 12b Jahresbeiträge der CRR-Wertpapierfirmen unter Einzelaufsicht und der Unionszweigstellen. (1) 1 Soweit die Delegierte Verordnung (EU) 2015/63 keine Regelung enthält, regelt die Bundesregierung das Nähere über die von CRR-Wertpapierfirmen unter Einzelaufsicht und von Unionszweigstellen zu erbringenden Jahresbeiträge in der nach § 12g zu erlassenden Rechtsverordnung. 2 Maßgeblich für die Berechnung der Höhe der Jahresbeiträge ist die Summe der Verbindlichkeiten im Sinne von Artikel 3 Nummer 11 der Delegierten Verordnung (EU) 2015/63 abzüglich Eigenmittel und gedeckter Einlagen. 3 Artikel 12 der Delegierten Verordnung (EU) 2015/63 gilt entsprechend.

(2) Liegt der Betrag der verfügbaren Mittel aus den Beiträgen der CRR-Wertpapierfirmen unter Einzelaufsicht und der Unionszweigstellen nach dem 31. Dezember 2024 unter der Zielausstattung gemäß § 12a, so haben die CRR-Wertpapierfirmen unter Einzelaufsicht und die Unionszweigstellen erneut Jahresbeiträge zu leisten, bis die Zielausstattung erreicht ist.

§ 12c Sonderbeiträge der CRR-Wertpapierfirmen unter Einzelaufsicht und der Unionszweigstellen. (1) [1] Entscheidet die Abwicklungsbehörde über die in § 3a genannten Maßnahmen, hat sie unverzüglich den damit verbundenen Mittelbedarf festzustellen. [2] Soweit die in dem Restrukturierungsfonds verfügbaren, von den CRR-Wertpapierfirmen unter Einzelaufsicht und den Unionszweigstellen aufgebrachten Mittel nicht zur Deckung dieses Bedarfs ausreichen, kann die Abwicklungsbehörde Sonderbeiträge erheben.

(2) [1] Die Pflicht zur Leistung von Sonderbeiträgen besteht für alle CRR-Wertpapierfirmen unter Einzelaufsicht und für alle Unionszweigstellen. [2] Die Abwicklungsbehörde ist berechtigt, in einem Kalenderjahr mehrere Sonderbeiträge zu erheben.

(3) [1] Die Berechnung der von den einzelnen CRR-Wertpapierfirmen unter Einzelaufsicht und von den Unionszweigstellen jeweils zu erhebenden Sonderbeiträge erfolgt entsprechend der Berechnung der Jahresbeiträge. [2] Die in einem Kalenderjahr insgesamt erhobenen Sonderbeiträge dürfen das Dreifache des festgesetzten Jahresbeitrags der CRR-Wertpapierfirma unter Einzelaufsicht oder der Unionszweigstelle nicht übersteigen. [3] Kann der nach Absatz 1 Satz 1 festgestellte zusätzliche Mittelbedarf in einem oder mehreren Beitragsjahren nicht oder nur teilweise nach Maßgabe der Sätze 1 und 2 gedeckt werden, so werden die erforderlichen Sonderbeiträge in den folgenden Beitragsjahren von den in diesen Jahren beitragspflichtigen CRR-Wertpapierfirmen unter Einzelaufsicht und Unionszweigstellen erhoben, bis der Mittelbedarf gedeckt ist.

(4) [1] Die Abwicklungsbehörde kann auf Antrag die Pflicht einer CRR-Wertpapierfirma unter Einzelaufsicht oder einer Unionszweigstelle zur Leistung eines Sonderbeitrags ganz oder teilweise stunden, wenn und solange durch die Entrichtung des Beitrags die Liquidität oder die Solvenz der CRR-Wertpapierfirma unter Einzelaufsicht oder der Unionszweigstelle gefährdet würde. [2] Die Stundung darf nicht für einen längeren Zeitraum als sechs Monate gewährt werden, sie kann jedoch auf Antrag der CRR-Wertpapierfirma unter Einzelaufsicht oder der Unionszweigstelle mehrfach um jeweils bis zu sechs Monate verlängert werden.

(5) Sonderbeiträge, die nicht für die Maßnahmen verwendet werden, für die sie erhoben worden sind, verbleiben im Restrukturierungsfonds.

§ 12d *(aufgehoben)*

§ 12e Einnahmen im Zusammenhang mit Maßnahmen gemäß § 3a. Die von einer in Abwicklung befindlichen CRR-Wertpapierfirma unter Einzelaufsicht oder Unionszweigstelle oder einem Brückeninstitut im Zusammenhang mit einer Maßnahme nach § 3a vereinnahmten Beträge, Zinsen und sonstigen Erträge aus Anlagen und etwaige weitere Einnahmen können dem Restrukturierungsfonds zugeführt werden.

§ 12f Informationspflichten; Fälligkeit der Beiträge; Säumniszuschläge; Beitreibung; Verjährung. (1) [1] CRR-Wertpapierfirmen unter Einzelaufsicht, die Wertpapierfirmen im Sinne von Artikel 96 Absatz 1 Buchstabe a oder Buchstabe b der Verordnung (EU) Nr. 575/2013[1)] des Europäischen Parlaments und des Rates vom 26. Juni 2013 über Aufsichtsanforderungen an Kreditinstitute und Wertpapierfirmen und zur Änderung der Verordnung (EU) Nr. 646/2012 (ABl. L 176 vom 27.6.2013, S. 1) sind oder die die in Anhang I Abschnitt A Nummer 8 der Richtlinie 2004/39/EG des Europäischen Parlaments und des Rates vom 21. April 2004 über Märkte für Finanzinstrumente, zur Änderung der Richtlinien 85/611/EWG und 93/6/EWG des Rates und der Richtlinie 2000/12/EG des Europäischen Parlaments und des Rates und zur Aufhebung der Richtlinie 93/22/EWG des Rates (ABl. L 145 vom 30.4. 2004, S. 1) genannte Tätigkeit, nicht aber die in den Nummern 3 und 6 des Anhangs I Abschnitt A dieser Richtlinie genannten Tätigkeiten ausüben, und Unionszweigstellen sind verpflichtet, die für die Erhebung der Jahres- und Sonderbeiträge erforderlichen Informationen der Abwicklungsbehörde zu übermitteln. [2] Die Informationen sind bis zum 31. Januar jeden Jahres zu übermitteln, wenn nicht die Rechtsverordnung nach § 12g oder die Abwicklungsbehörde einen anderen Zeitpunkt bestimmt. [3] Zudem legen die Einlagensicherungssysteme der Anstalt die Berechnung der gedeckten Einlagen gemäß Artikel 3 Satz 2 Nummer 10 der Delegierten Verordnung (EU) 2015/63 aller ihnen zugeordneten Unionszweigstellen entsprechend Artikel 16 der Delegierten Verordnung (EU) 2015/63 vor; Artikel 20 Absatz 1 Satz 3 und Absatz 4 der Delegierten Verordnung (EU) 2015/63 gilt entsprechend.

(2) [1] Die Jahresbeiträge werden einen Monat nach der Bekanntgabe ihrer Festsetzung an das beitragspflichtige Institut fällig, wenn die Abwicklungsbehörde keinen anderen Zeitpunkt bestimmt. [2] Die Sonderbeiträge werden mit Bekanntgabe ihrer Festsetzung an das beitragspflichtige Institut fällig, wenn die Abwicklungsbehörde keinen späteren Zeitpunkt bestimmt. [3] In Bezug auf Jahresbeiträge von Unternehmen im Sinne des Absatzes 1 Satz 1 sowie in Bezug auf Sonderbeiträge von den beitragspflichtigen Instituten gilt für die Bekanntgabe § 122 Absatz 2 und 2a der Abgabenordnung entsprechend.

(3) [1] Wird der Jahresbeitrag von Unternehmen im Sinne des Absatzes 1 Satz 1 oder der Sonderbeitrag von beitragspflichtigen Instituten nicht bis zum Ablauf des Fälligkeitstags entrichtet, erhebt die Abwicklungsbehörde Säumniszuschläge. [2] § 16 des Bundesgebührengesetzes ist entsprechend anzuwenden.

(4) [1] Aus den Beitragsbescheiden der Abwicklungsbehörde findet die Vollstreckung nach den Bestimmungen des Verwaltungs-Vollstreckungsgesetzes statt. [2] Die vollstreckbare Ausfertigung erteilt die Abwicklungsbehörde. [3] Vollstreckungsbehörde ist das für den Sitz oder die Niederlassung des Vollstreckungsschuldners zuständige Hauptzollamt.

(5) Widerspruch und Anfechtungsklage gegen Beitragsbescheide haben keine aufschiebende Wirkung.

(6) [1] Hinsichtlich der Festsetzungs- und Zahlungsverjährung sind die §§ 169 bis 171 und 228 bis 232 der Abgabenordnung anzuwenden. [2] Die Festsetzungsfrist beträgt vier Jahre.

[1)] Nr. **6**.

§ 12g Verordnungsermächtigung. Die Bundesregierung wird ermächtigt, durch Rechtsverordnung, die der Zustimmung des Bundesrates bedarf, nähere Bestimmungen zu erlassen über

1. die Bemessung der Jahresbeiträge und Sonderbeiträge, insbesondere das Konzept der Beitragsbemessung entsprechend dem Risikoprofil der beitragspflichtigen Institute, sowie im Hinblick auf die Ausübung von Wahlrechten zugunsten kleiner Banken, soweit dies im delegierten Rechtsakt im Sinne von Artikel 103 Absatz 7 und 8 der Richtlinie 2014/59/EU zugelassen ist,
2. das Verfahren sowie Art, Umfang und Häufigkeit der von den beitragspflichtigen Instituten zu übermittelnden Informationen,
3. die Voraussetzungen für eine Stundung nach § 12c Absatz 4.

§ 12h Kreditaufnahme zwischen Finanzierungsmechanismen der EU-Mitgliedstaaten. (1) Der Restrukturierungsfonds kann bei allen Finanzierungsmechanismen der anderen Mitgliedstaaten der Europäischen Union Kredite aufnehmen, soweit

1. die erhobenen Jahresbeiträge gemäß § 12b nicht ausreichen, um die durch Inanspruchnahme des Restrukturierungsfonds entstehenden Verluste, Kosten oder sonstigen Aufwendungen im Zusammenhang mit Maßnahmen gemäß § 3a zu decken,
2. Sonderbeiträge nach § 12c nicht unmittelbar verfügbar sind und
3. eine Kreditaufnahme nicht zu angemessenen Bedingungen unmittelbar möglich ist.

(2) Der Restrukturierungsfonds ist befugt, Finanzierungsmechanismen anderer Mitgliedstaaten der Europäischen Union auf Antrag Kredite zu gewähren, soweit

1. die Beiträge, die auf Grundlage der jeweiligen zur Umsetzung des Artikels 103 der Richtlinie 2014/59/EU erlassenen nationalen Vorschriften erhoben wurden, nicht ausreichen, um die durch die Inanspruchnahme des betreffenden Finanzierungsmechanismus entstehenden Verluste, Kosten oder sonstigen Aufwendungen zu decken,
2. die außerordentlichen nachträglich erhobenen Beiträge, die auf Grundlage der jeweiligen zur Umsetzung des Artikels 104 der Richtlinie 2014/59/EU erlassenen nationalen Vorschriften erhoben wurden, nicht unmittelbar verfügbar sind und
3. alternative Finanzierungsmöglichkeiten im Sinne des Artikels 105 der Richtlinie 2014/59/EU nicht zu angemessenen Bedingungen unmittelbar verfügbar sind.

(3) Soweit nicht anders vereinbart, beläuft sich die Höhe des Kredits eines einzelnen kreditgewährenden Finanzierungsmechanismus auf den Anteil des Gesamtkreditbetrags, der dem Verhältnis des Betrags der gedeckten Einlagen in dem Mitgliedstaat des betreffenden Finanzierungsmechanismus zu der aggregierten Höhe der gedeckten Einlagen in den Mitgliedstaaten der teilnehmenden Finanzierungsmechanismen entspricht.

(4) [1] Der Zinssatz, die Rückzahlungsfrist und andere Bedingungen des Kredits werden zwischen dem kreditnehmenden Finanzierungsmechanismus und den kreditgewährenden Finanzierungsmechanismen vereinbart. [2] Soweit nicht

anders vereinbart, sind für die Kredite der einzelnen teilnehmenden Finanzierungsmechanismen derselbe Zinssatz, dieselbe Rückzahlungsfrist und dieselben sonstigen Bedingungen vorzusehen.

(5) Der ausstehende Betrag eines Kredits an einen Finanzierungsmechanismus eines anderen Mitgliedstaates wird als Vermögenswert des Restrukturierungsfonds behandelt und auf seine Zielausstattung angerechnet.

(6) [1] Für eine Kreditvergabe nach Absatz 2 stehen lediglich die von den CRR-Wertpapierfirmen unter Einzelaufsicht und den Unionszweigstellen eingezahlten Beträge zur Verfügung. [2] Die Mittel des Restrukturierungsfonds aus den Beitragsjahren 2011, 2012, 2013 und 2014 werden nicht für eine Kreditgewährung gemäß Absatz 2 herangezogen.

§ 12i Gegenseitige Unterstützung der Finanzierungsmechanismen bei einer Gruppenabwicklung. (1) Sind CRR-Wertpapierfirmen unter Einzelaufsicht oder Unionszweigstellen Teil einer Gruppenabwicklung im Sinne der §§ 161 bis 165 oder des § 166 des Sanierungs- und Abwicklungsgesetzes[1)], so trägt der Restrukturierungsfonds hinsichtlich dieser CRR-Wertpapierfirmen unter Einzelaufsicht oder Unionszweigstellen, zur Finanzierung der Gruppenabwicklung bei.

(2) [1] Für die Zwecke des Absatzes 1 schlägt die Abwicklungsbehörde im Sinne des § 3 Absatz 1 des Sanierungs- und Abwicklungsgesetzes einen Finanzierungsplan als Teil des Gruppenabwicklungskonzepts gemäß § 164 des Sanierungs- und Abwicklungsgesetzes vor. [2] Der Finanzierungsplan wird nach dem Entscheidungsfindungsverfahren gemäß den §§ 161 bis 165 oder § 166 des Sanierungs- und Abwicklungsgesetzes vereinbart.

(3) [1] Der Finanzierungsplan umfasst Folgendes:

1. eine Bewertung gemäß § 69 des Sanierungs- und Abwicklungsgesetzes in Bezug auf die betroffenen Unternehmen der Gruppe;
2. die Fehlbeträge, die für jedes betroffene Unternehmen der Gruppe zum Zeitpunkt der Anwendung der Abwicklungsinstrumente zu erfassen sind;
3. für jedes betroffene Unternehmen der Gruppe die Verluste, die jede Kategorie von Anteilsinhabern und Gläubigern erleiden würde;
4. die Beiträge, die Entschädigungseinrichtungen gemäß § 145 Absatz 1 des Sanierungs- und Abwicklungsgesetzes zu leisten hätten;
5. die Gesamtfinanzierungsanforderung an die Finanzierungsmechanismen sowie Zweck und Form der Finanzierungsanforderung;
6. die Grundlage für die Berechnung des Betrags, den jeder der Finanzierungsmechanismen der Mitgliedstaaten, in denen die betroffenen Unternehmen der Gruppe ansässig sind, zur Finanzierung der Gruppenabwicklung einbringen muss, um die Gesamtfinanzierungsanforderung gemäß Nummer 5 aufzubauen;
7. den Betrag, den jeder der Finanzierungsmechanismen der Mitgliedstaaten, in denen die betroffenen Unternehmen der Gruppe ansässig sind, zur Finanzierung der Gruppenabwicklung beitragen muss, und die Form der Beiträge;

---

1) Nr. **22**.

8. den Betrag der Kredite, den die Finanzierungsmechanismen der Mitgliedstaaten, in denen die betroffenen Unternehmen der Gruppe ansässig sind, in Anspruch nehmen können;
9. einen Zeitrahmen für die Inanspruchnahme der Finanzierungsmechanismen der Mitgliedstaaten, in denen die betroffenen Unternehmen der Gruppe ansässig sind, der gegebenenfalls verlängert werden kann.

[2]Die Grundlage für die Berechnung des Beitrags jedes Finanzierungsmechanismus gemäß Nummer 6 muss im Einklang mit den Grundsätzen des Gruppenabwicklungsplans gemäß § 46 Absatz 3 Nummer 8 des Sanierungs- und Abwicklungsgesetzes stehen, es sei denn, im Finanzierungsplan wurde etwas anderes vereinbart.

(4) Sofern im Finanzierungsplan nichts anderes vereinbart wird, wird bei der Grundlage für die Berechnung des Beitrags jedes Finanzierungsmechanismus insbesondere Folgendes berücksichtigt:
1. der Anteil der risikogewichteten Vermögenswerte der Gruppe, der von den in Abwicklung befindlichen Instituten oder gruppenangehörigen Unternehmen, die in dem Mitgliedstaat des betreffenden Finanzierungsmechanismus ansässig sind, gehalten wird;
2. der Anteil der die Gruppenabwicklung erforderlich machenden Fehlbeträge, die in den in Abwicklung befindlichen Instituten oder gruppenangehörigen Unternehmen entstanden sind, die in dem Mitgliedstaat des betreffenden Finanzierungsmechanismus ansässig sind, und
3. in Bezug auf Mittel der Finanzierungsmechanismen des Mitgliedstaates, in dem sich die für die Gruppenabwicklung zuständige Behörde befindet: der Anteil dieser Mittel, die im Rahmen des Finanzierungsplans voraussichtlich so verwendet werden, dass sie direkt den in Abwicklung befindlichen Instituten oder gruppenangehörigen Unternehmen zugutekommen, die in dem betreffenden Mitgliedstaat ansässig sind.

(5) Die Abwicklungsbehörde legt im Einvernehmen mit dem Bundesministerium der Finanzen im Voraus Regeln und Verfahren fest, um sicherzustellen, dass der Restrukturierungsfonds seinen Beitrag zur Finanzierung der Gruppenabwicklung unverzüglich unbeschadet Absatz 2 leisten kann.

(6) Der Restrukturierungfonds kann Garantien für die Kredite gewähren, die die Finanzierungsmechanismen des Mitgliedstaates, in dem sich die für die Gruppenabwicklung zuständige Behörde befindet, für die Finanzierung der Gruppenabwicklung aufgenommen hat.

(7) Erträge oder sonstige Vorteile, die sich aus der Inanspruchnahme der Finanzierungsmechanismen des Mitgliedstaates ergeben, in dem sich die für die Gruppenabwicklung zuständige Behörde befindet, kommen den nationalen Finanzierungsmechanismen entsprechend ihren Beiträgen an der Finanzierung der Abwicklung zugute.

§ 12j Brückenfinanzierung der deutschen Kammer durch Mittel des Restrukturierungsfonds; vorübergehende Finanzierung von Maßnahmen; Verordnungsermächtigung. (1) Während des Übergangszeitraums nach Artikel 1 Absatz 1 Buchstabe b des Übereinkommens kann der Restrukturierungsfonds zur Finanzierung von Abwicklungsmaßnahmen im Hinblick auf beitragspflichtige Institute die für die Beitragsjahre 2011, 2012, 2013 und 2014 angesammelten und verfügbaren Mittel für die deutsche Kammer als Darlehen zur Verfügung stellen.

(1a) [1] Während des Übergangszeitraums nach Artikel 1 Absatz 1 Buchstabe b des Übereinkommens kann der Restrukturierungsfonds die für die Beitragsjahre 2011, 2012, 2013 und 2014 angesammelten und verfügbaren Mittel vorübergehend zur Finanzierung von Maßnahmen nach § 3a zur Verfügung stellen. [2] Die vorübergehend zur Verfügung gestellten Mittel gelten als Darlehen und sind zuzüglich eines Zinssatzes in angemessener Höhe, der von der Abwicklungsbehörde festzulegen ist, aus Sonderbeiträgen gemäß § 12c zurückzuführen. [3] Der Restrukturierungsfonds hat die zurückgeführten Mittel den für die Beitragsjahre 2011, 2012, 2013 und 2014 angesammelten Mitteln wieder zuzurechnen.

(1b) [1] Während des Übergangszeitraums nach Artikel 1 Absatz 1 Buchstabe b des Übereinkommens wird das Bundesministerium der Finanzen ermächtigt, für den Restrukturierungsfonds Kredite in Höhe von bis zu 15 Milliarden Euro zur Darlehensvergabe für die deutsche Kammer zur Finanzierung von Abwicklungsmaßnahmen im Hinblick auf beitragspflichtige Institute aufzunehmen, wenn eine rechtzeitige Deckung des Mittelbedarfs auch durch Maßnahmen nach Absatz 1 nicht möglich ist oder die vorhandenen Mittel nicht ausreichen. [2] Dem Kreditrahmen wachsen die Beträge aus getilgten Krediten wieder zu. [3] Auf die Kreditermächtigung ist bei Diskontpapieren der Nettobetrag anzurechnen.

(1c) Die Entscheidung der Abwicklungsbehörde über die Bereitstellung von Mitteln nach den Absätzen 1 bis 1b bedarf der Zustimmung des Bundesministeriums der Finanzen.

(2) [1] Die Bundesregierung kann durch Rechtsverordnung, die nicht der Zustimmung des Bundesrates bedarf, nähere Bestimmungen erlassen über

1. die Verzinsung und die sonstigen Bedingungen eines Darlehens nach den Absätzen 1 bis 1b;
2. sonstige Bedingungen, die dem Zweck dieses Gesetzes im Rahmen eines Darlehens nach den Absätzen 1 bis 1b dienen.

[2] Die Bundesregierung kann die Ermächtigung durch Rechtsverordnung auf die Abwicklungsbehörde übertragen.

(3) Der Haushaltsausschuss und der Finanzausschuss des Deutschen Bundestages sind über Erlass und Änderungen der Rechtsverordnung nach Absatz 2 unverzüglich zu unterrichten.

§ 13 Wirtschaftsführung und Rechnungslegung. (1) Das Bundesministerium der Finanzen stellt für den Restrukturierungsfonds am Schluss eines jeden Rechnungsjahres die Haushaltsrechnung (Rechnung über die Einnahmen und Ausgaben nach der Bundeshaushaltsordnung) sowie die Vermögensrechnung (Bilanz und Gewinn- und Verlustrechnung nach den Vorschriften des Handelsgesetzbuchs) auf.

(2) Die Haushaltsrechnung und die Vermögensrechnung des Fonds sind als Anhang der Haushaltsrechnung des Bundes beizufügen.

(3) [1]Ein Haushalts- und Wirtschaftsplan wird nicht aufgestellt. [2]Der Haushaltsauschuss und der Finanzausschuss des Deutschen Bundestages sind regelmäßig über den aktuellen Sachstand zu unterrichten.

(4) [1]Der Restrukturierungsfonds hat bei Maßnahmen nach den §§ 6 bis 7a dieses Gesetzes und nach § 61 des Sanierungs- und Abwicklungsgesetzes[1)] sicherzustellen, dass dem Bundesrechnungshof ein Prüfungsrecht bei den CRR-Wertpapierfirmen unter Einzelaufsicht und den Unionszweigstellen, die diese Maßnahmen jeweils in Anspruch nehmen, eingeräumt wird. [2]Sofern Aufgaben der Abwicklungsbehörde von anderen juristischen oder natürlichen Personen wahrgenommen werden, ist vertraglich sicherzustellen, dass der Bundesrechnungshof auch Erhebungsrechte bei diesen Personen hat.

(5) Das Bundesministerium der Finanzen wird ermächtigt, das Nähere über die Haushaltsführung, die Wirtschaftsführung und die Rechnungslegung des Restrukturierungsfonds durch Rechtsverordnung, die nicht der Zustimmung des Bundesrates bedarf, in der nach § 3a Absatz 6 des Finanzmarktstabilisierungsfondsgesetzes[2)] erlassenen Satzung zu bestimmen.

§ 14 Informations- und Verschwiegenheitspflichten. (1) Die Informations- und Verschwiegenheitspflichten gemäß den §§ 4 bis 10 des Sanierungs- und Abwicklungsgesetzes[1)] gelten entsprechend für die Wahrnehmung der Aufgaben nach diesem Gesetz einschließlich der Aufgaben nach der Restrukturierungsfonds-Verordnung und der Delegierten Verordnung (EU) 2015/63 der Kommission vom 21. Oktober 2014 zur Ergänzung der Richtlinie 2014/59/EU des Europäischen Parlaments und des Rates im Hinblick auf im Voraus erhobene Beiträge zu Abwicklungsfinanzierungsmechanismen (ABl. L 11 vom 17.1.2015, S. 44) in der jeweils geltenden Fassung.

(2) [1]Die Abwicklungsbehörde kann der Deutschen Bundesbank sämtliche Informationen mitteilen, die ihr im Zusammenhang mit der Erhebung von Beiträgen nach den §§ 12 bis 12c des Restrukturierungsfondsgesetzes[3)] in Verbindung mit der Restrukturierungsfonds-Verordnung und der Delegierten Verordnung (EU) 2015/63 in der jeweils geltenden Fassung vorliegen und die zur Erfüllung der Aufgaben der Deutschen Bundesbank nach dem Finanzstabilitätsgesetz erforderlich sind. [2]Dies umfasst auch Informationen aus den Beitragsjahren 2011 bis 2014. [3]Die Abwicklungsbehörde und die Deutsche Bundesbank regeln einvernehmlich die Einzelheiten von Art und Umfang der in Satz 1 genannten Informationen. [4]Die in § 5 Absatz 1 und 2 des Sanierungs- und Abwicklungsgesetzes genannten Personen sind insoweit von ihrer Verschwiegenheitspflicht befreit.

§ 15 Steuern. (1) Der Restrukturierungsfonds unterliegt nicht der Gewerbesteuer oder der Körperschaftsteuer.

(2) [1]Auf Kapitalerträge des Restrukturierungsfonds ist ein Steuerabzug nicht vorzunehmen; ist Kapitalertragsteuer einbehalten und abgeführt worden, obwohl eine Verpflichtung hierzu nicht bestand, hat der zum Steuerabzug Verpflichtete die Steueranmeldung insoweit zu ändern. [2]Zahlungen des Restrukturierungsfonds unterliegen keinem Kapitalertragsteuerabzug.

[1)] Nr. **22**.
[2)] Nr. **18**.
[3)] Nr. **21**.

§ 16 Parlamentarische Kontrolle. (1) [1]Die parlamentarische Kontrolle des Restrukturierungsfonds und seiner Verwaltung wird durch das Gremium nach § 3 des Bundesschuldenwesengesetzes (Gremium) wahrgenommen. [2]§ 10a Absatz 2 und 3 des Finanzmarktstabilisierungsfondsgesetzes[1)] ist entsprechend anzuwenden.

(2) Nach Entscheidung über eine Maßnahme nach § 4 Absatz 1 wird das Gremium unverzüglich über den jeweiligen Sachverhalt unterrichtet.

§ 17 Übergangsvorschriften. (1) *(aufgehoben)*

(2) Soweit die Mittel des Restrukturierungsfonds aus den Beitragsjahren 2013 und 2014 nicht zur Deckung der Ausgleichsverpflichtungen gemäß § 13 Absatz 2a des Finanzmarktstabilisierungsfondsgesetzes[1)] ausreichen, kann die Abwicklungsbehörde Sonderbeiträge nach Maßgabe von § 12c Absatz 2 bis 5 dieses Gesetzes in der bis zum 31. Dezember 2015 geltenden Fassung erheben, wobei solche Sonderbeiträge ausschließlich von den beitragspflichtigen Unternehmen im Sinne des § 2 dieses Gesetzes in der bis zum 31. Dezember 2014 geltenden Fassung erhoben werden können.

(3) Für die Summe aller Sonderbeiträge, inklusive derjenigen, die gemäß § 11a auf den einheitlichen Abwicklungsfonds zu übertragen sind, gilt § 12c Absatz 3 Satz 2 und 3 dieses Gesetzes in der bis zum 31. Dezember 2015 geltenden Fassung entsprechend; in Bezug auf Sonderbeiträge nach Absatz 2 mit der Maßgabe, dass diese Sonderbeiträge in den folgenden Beitragsjahren von den in diesen folgenden Beitragsjahren jeweils beitragspflichtigen Unternehmen im Sinne des § 2 dieses Gesetzes in der bis zum 31. Dezember 2014 geltenden Fassung erhoben werden.

[1)] Nr. **18**.

22. Gesetz zur Sanierung und Abwicklung von Instituten und Finanzgruppen (Sanierungs- und Abwicklungsgesetz – SAG)[1)]

Vom 10. Dezember 2014

(BGBl. I S. 2091)

FNA 660-10

zuletzt geänd. durch Art. 78 Zweites Datenschutz-Anpassungs- und Umsetzungsgesetz EU v. 20.11. 2019 (BGBl. I S. 1626)

Inhaltsübersicht

[1)] Verkündet als Art. 1 G v. 10.12.2014 (BGBl. I S. 2091); Inkrafttreten gem. Art. 10 dieses G am 1.1.2015; § 19 Abs. 3, § 30 Abs. 2, § 36 Abs. 4, § 41 Abs. 4, § 42 Abs. 4, § 45 Abs. 2, § 59 Abs. 10, § 63 Abs. 3, §§ 76, 98 Abs. 3, § 126 Abs. 5 und § 132 treten am 19.12.2014 in Kraft; § 146 Abs. 6 tritt an dem Tag außer Kraft, an dem die technischen Regulierungsstandards gemäß Art. 74 Absatz 4 der Richtlinie 2014/59/EU des Europäischen Parlaments und des Rates vom 15. Mai 2014 in Kraft treten.
Dieses Gesetz dient der Umsetzung der Richtlinie 2014/59/EU des Europäischen Parlaments und des Rates vom 15. Mai 2014 zur Festlegung eines Rahmens für die Sanierung und Abwicklung von Kreditinstituten und Wertpapierfirmen und zur Änderung der Richtlinie 82/891/EWG des Rates, der Richtlinien 2001/24/EG, 2002/47/EG, 2004/25/EG, 2005/56/EG, 2007/36/EG, 2011/35/EU, 2012/30/EU und 2013/36/EU sowie der Verordnungen (EU) Nr. 1093/2010 und (EU) Nr. 648/2012 des Europäischen Parlaments und des Rates (ABl. L 173 vom 12.6.2014, S. 84) sowie der Anpassung an die Verordnung (EU) Nr. 1024/2013 des Rates vom 15. Oktober 2013 zur Übertragung besonderer Aufgaben im Zusammenhang mit der Aufsicht über Kreditinstitute auf die Europäische Zentralbank (ABl. L 287 vom 29.10.2013, S. 63).

Teil 1. Allgemeine Vorschriften

§ 1 Anwendungsbereich; Verhältnis zur SRM-Verordnung. Soweit nicht die Verordnung (EU) Nr. 806/2014 des Europäischen Parlaments und des Rates vom 15. Juli 2014 zur Festlegung einheitlicher Vorschriften und eines einheitlichen Verfahrens für die Abwicklung von Kreditinstituten und bestimmten Wertpapierfirmen im Rahmen eines einheitlichen Abwicklungsmechanismus und eines einheitlichen Abwicklungsfonds sowie zur Änderung der Verordnung (EU) Nr. 1093/2010 (ABl. L 225 vom 30.7.2014, S. 1) maßgeblich ist, gilt dieses Gesetz für

1. CRR-Kreditinstitute im Sinne des § 1 Absatz 3d Satz 1 des Kreditwesengesetzes[1] mit Ausnahme der Unternehmen im Sinne von Artikel 2 Absatz 5 der Richtlinie 2013/36/EU des Europäischen Parlaments und des Rates vom 26. Juni 2013 über den Zugang zur Tätigkeit von Kreditinstituten und die Beaufsichtigung von Kreditinstituten und Wertpapierfirmen, zur Änderung der Richtlinie 2002/87/EG und zur Aufhebung der Richtlinien 2006/48/EG und 2006/49/EG,
2. CRR-Wertpapierfirmen im Sinne des § 1 Absatz 3d Satz 2 des Kreditwesengesetzes, die gemäß § 33 Absatz 1 Satz 1 Nummer 1 Buchstabe c des Kreditwesengesetzes mit einem Anfangskapital im Gegenwert von mindestens 730 000 Euro auszustatten sind,
3. übergeordnete Unternehmen einer Institutsgruppe, einer Finanzholding-Gruppe oder einer gemischten Finanzholding-Gruppe gemäß § 10a Absatz 1 des Kreditwesengesetzes und deren nachgeordnete Unternehmen gemäß § 10a Absatz 1 des Kreditwesengesetzes mit Sitz im Inland und
4. Inländische Unionszweigstellen.

---

[1] Nr. **8**.

§ 2 Begriffsbestimmungen. (1) Institute im Sinne dieses Gesetzes sind CRR-Kreditinstitute und CRR-Wertpapierfirmen, die vom Anwendungsbereich dieses Gesetzes gemäß § 1 erfasst sind.

(2) Relevante Kapitalinstrumente sind Kapitalinstrumente, die beim ausgebenden Unternehmen für die Zwecke der Erfüllung der Eigenmittelanforderungen als zusätzliches Kernkapital oder Ergänzungskapital anerkannt sind.

(3) Die folgenden Begriffe werden für die Zwecke dieses Gesetzes wie folgt bestimmt:

1. Abwicklung ist die Anwendung eines Abwicklungsinstruments zur Erreichung eines oder mehrerer Abwicklungsziele.
2. Abwicklungsbefugnis ist eine der in den §§ 78 bis 86, 101, 107 sowie 144 und 153 genannten Befugnisse.
3. Abwicklungsbehörden sind die von einem Mitgliedstaat benannten Behörden, die für die Anwendung der Abwicklungsinstrumente und die Ausübung der Abwicklungsbefugnisse zuständig sind.
4. Abwicklungsinstrument ist ein Instrument nach den §§ 89, 90 oder 107.
5. Abwicklungsmaßnahme ist die Entscheidung über die Abwicklung eines Instituts oder gruppenangehörigen Unternehmens nach Maßgabe von § 62 oder § 64, die Anwendung eines Abwicklungsinstruments oder die Ausübung einer Abwicklungsbefugnis.
6. Anteilsinhaber im Sinne dieses Gesetzes sind Anteilsinhaber oder Gesellschafter.
7. Auf konsolidierter Basis entspricht auf Basis der konsolidierten Lage im Sinne des Artikels 4 Absatz 1 Nummer 47 der Verordnung (EU) Nr. 575/2013[1] des Europäischen Parlaments und des Rates vom 26. Juni 2013 über Aufsichtsanforderungen an Kreditinstitute und Wertpapierfirmen und zu Änderung der Verordnung (EU) Nr. 646/2012 (ABl. L 176 vom 27.6. 2013, S. 1).
8. Aufsichtskollegium ist ein Aufsichtskollegium im Sinne des § 8e des Kreditwesengesetzes[2].
9. Außerordentliche finanzielle Unterstützung aus öffentlichen Mitteln ist eine staatliche Beihilfe gemäß Artikel 107 Absatz 1 des Vertrages über die Arbeitsweise der Europäischen Union[3] oder eine vergleichbare finanzielle Unterstützung aus öffentlichen Mitteln auf supranationaler Ebene, die jeweils zur Erhaltung oder Wiederherstellung der Existenzfähigkeit, Liquidität oder Solvenz eines Instituts oder einer Gruppe gewährt wird.

9a. Ausschuss ist der Ausschuss nach Artikel 42 Absatz 1 der Verordnung (EU) Nr. 806/2014.

10. Bedeutende Zweigniederlassung ist eine bedeutende Zweigniederlassung im Sinne des § 8f Absatz 1 des Kreditwesengesetzes.
11. Derivate sind Derivate im Sinne des § 1 Absatz 11 Satz 3 des Kreditwesengesetzes.
12. Drittstaat ist ein Staat, der kein Mitgliedstaat ist.

---

[1] Nr. **6**.
[2] Nr. **8**.
[3] Auszugsweise abgedruckt unter Nr. **1**.

13. Drittstaatsinstitut ist ein Unternehmen, dessen Hauptsitz sich in einem Drittstaat befindet und das nach dem Recht des betreffenden Drittstaats zur Ausübung einer der in Anhang I der Richtlinie 2013/36/EU oder in Anhang I Abschnitt A der Richtlinie 2014/65/EU des Europäischen Parlaments und des Rates vom 15. Mai 2014 über Märkte für Finanzinstrumente sowie zur Änderung der Richtlinien 2002/92/EG und 2011/61/EU (ABl. L 173 vom 12.6.2014, S. 349) genannten Tätigkeiten zugelassen ist.
14. Eigenmittelanforderungen sind die Anforderungen der Artikel 92 bis 98 der Verordnung (EU) Nr. 575/2013.
14a. Einheitlicher Abwicklungsfonds ist der einheitliche Abwicklungsfonds nach Artikel 67 Absatz 1 der Verordnung (EU) Nr. 806/2014.
15. Einleger ist der Inhaber einer Einlage im Sinne des § 2 Absatz 3 des Einlagensicherungsgesetzes[1].
16. Einlagensicherungssysteme sind solche im Sinne des § 2 Absatz 1 des Einlagensicherungsgesetzes.
17. Ergänzungskapital sind die Instrumente des Ergänzungskapitals im Sinne des Artikels 63 der Verordnung (EU) Nr. 575/2013.
18. Entschädigungsfähige Einlagen sind Einlagen im Sinne des § 2 Absatz 4 des Einlagensicherungsgesetzes.
19. EU-Mutterunternehmen ist ein EU-Mutterinstitut, eine EU-Mutterfinanzholdinggesellschaft oder eine gemischte EU-Mutterfinanzholdinggesellschaft.
20. Finanzierungsmechanismen sind die von den Mitgliedstaaten im Wege eines Fonds oder auf Grundlage von Pflichtbeiträgen der in ihrem Hoheitsgebiet zugelassenen Institute in Umsetzung von Artikel 100 der Richtlinie 2014/59/EU eingerichteten Mechanismen.
21. Finanzkontrakte sind
    a) Wertpapierkontrakte, insbesondere
        aa) Kontrakte über den Kauf, den Verkauf oder die Leihe eines Wertpapiers, einer Gruppe von Wertpapieren oder Anteilen an Indexfonds,
        bb) Optionen auf ein Wertpapier, eine Gruppe von Wertpapieren oder einen Wertpapierindex sowie
        cc) Pensions- oder umgekehrte Pensionsgeschäfte mit einem Wertpapier, einer Gruppe von Wertpapieren oder einem Wertpapierindex,
        dd) sonstige vergleichbare Kontrakte, die das Institut mit Wertpapiersammelstellen, Abwicklungssystemen oder Zahlungsverkehrssystemen, zentralen Kontrahenten oder Auslagerungsunternehmen abschließt sowie
        ee) Verträge, aus welchen dem Institut berücksichtigungsfähige Verbindlichkeiten im Sinne des § 91 Absatz 1 erwachsen,
    b) Warenkontrakte, insbesondere

[1] Nr. **12**.

aa) Kontrakte über den Kauf, den Verkauf oder die Leihe einer Ware, einer Gruppe von Waren oder eines Warenindexes zwecks künftiger Lieferung,

bb) Optionen auf eine Ware, eine Gruppe von Waren oder einen Warenindex,

cc) Pensions- oder umgekehrte Pensionsgeschäfte mit einer Ware, einer Gruppe von Waren oder einem Warenindex,

c) Terminkontrakte, insbesondere Kontrakte über den Kauf, den Verkauf oder die Übertragung einer Ware oder eines anderen Gutes, einer Dienstleistung, eines Rechts oder eines Anteils zu einem festgelegten Preis zu einem künftigen Zeitpunkt,

d) Swap-Vereinbarungen, insbesondere

aa) Zinsswaps und -optionen, Kassa- oder sonstige Devisenvereinbarungen, Vereinbarungen über Währungen, einen Aktienindex oder eine Aktie, einen Schuldtitelindex oder einen Schuldtitel, Warenindizes oder Waren sowie Vereinbarungen bezogen auf das Wetter, Emissionen oder Inflation,

bb) Gesamtertrags-, Credit-Spread- oder Credit-Swaps,

e) Kreditvereinbarungen zwischen Instituten mit einer Laufzeit von bis zu drei Monaten,

f) Rahmenvereinbarungen für die in den Buchstaben a bis e genannten Kontrakte und Vereinbarungen und

g) den in den Buchstaben a bis f genannten Kontrakten und Vereinbarungen vergleichbare Verträge.

22. Finanzmarktinfrastruktur ist ein multilaterales System zwischen teilnehmenden Finanzmarktakteuren, einschließlich eines Systembetreibers, das für die Abrechnung, Abwicklung, Verwahrung und Verbuchung von Zahlungen, Wertpapieren, Derivaten und anderen Finanztransaktionen sorgt oder solche Finanztransaktionen erleichtert oder ermöglicht; es umfasst insbesondere Systeme im Sinne des § 1 Absatz 16 des Kreditwesengesetzes, die in § 1 Absatz 31 Satz 1 und 2 des Kreditwesengesetzes genannten zentralen Gegenparteien sowie Börsen.

23. Gedeckte Einlagen sind Einlagen im Sinne des § 2 Absatz 5 des Einlagensicherungsgesetzes.

24. Gedeckte Schuldverschreibung ist ein Instrument im Sinne von Artikel 52 Absatz 4 der Richtlinie 2009/65/EG des Europäischen Parlaments und des Rates vom 13. Juli 2009 zur Koordinierung der Rechts- und Verwaltungsvorschriften betreffend bestimmte Organismen für gemeinsame Anlagen in Wertpapieren (OGAW) (ABl. L 302 vom 17.11.2009, S. 32), die durch die Richtlinie 2014/91/EU (ABl. L 257 vom 28.8.2014, S. 186) geändert worden ist.

25. Geschäftsleiter sind Geschäftsleiter im Sinne des § 1 Absatz 2 des Kreditwesengesetzes.

26. Geschäftstag ist jeder Tag mit Ausnahme von Samstag und Sonntag sowie von gesetzlichen Feiertagen in der Bundesrepublik Deutschland, an denen mindestens an einer Börse im Inland kein Börsenhandel betrieben wird.

27. Grenzüberschreitende Gruppe ist eine Gruppe, deren gruppenangehörige Unternehmen ihren Sitz in mehr als in einem Staat der Europäischen Union haben.
28. Eine Gruppe besteht aus dem übergeordneten Unternehmen und seinen nachgeordneten Unternehmen.
29. Gruppenabwicklung ist eine Abwicklungsmaßnahme auf der Ebene des Mutterunternehmens oder des einer Beaufsichtigung auf konsolidierter Basis unterliegenden Instituts sowie die Koordinierung der Anwendung von Abwicklungsinstrumenten und der Ausübung von Abwicklungsbefugnissen durch Abwicklungsbehörden in Bezug auf Unternehmen einer Gruppe, die die Voraussetzungen für eine Abwicklung erfüllen.
30. Gruppenangehöriges Unternehmen ist ein Unternehmen, das übergeordnetes oder nachgeordnetes Unternehmen einer Gruppe ist.
31. Inländische Unionszweigstelle ist eine im Inland unterhaltene Unionszweigstelle.
32. Instrumente des harten Kernkapitals sind die Instrumente des harten Kernkapitals im Sinne des Artikels 28 der Verordnung (EU) Nr. 575/2013.
33. In Abwicklung befindliches Institut oder gruppenangehöriges Unternehmen ist ein Institut oder ein gruppenangehöriges Unternehmen, für das eine Abwicklungsmaßnahme getroffen wird.
34. Institutsbezogenes Sicherungssystem ist eine Haftungsvereinbarung im Sinne des Artikels 113 Absatz 7 der Verordnung (EU) Nr. 575/2013.
35. Konsolidierende Aufsichtsbehörde ist die Behörde, die im Sinne von Artikel 4 Absatz 1 Nummer 41 der Verordnung (EU) Nr. 575/2013 für die Beaufsichtigung auf konsolidierter Basis zuständig ist.
36. Krisenmanagementmaßnahme ist eine Abwicklungsmaßnahme oder die Ausübung von Kontrollbefugnissen gemäß § 86 Absatz 1.
37. Krisenpräventionsmaßnahme ist
    a) die Ausübung von Befugnissen zur Beseitigung von Unzulänglichkeiten oder Hindernissen für die Sanierungsfähigkeit nach § 16,
    b) die Ausübung von Befugnissen zum Abbau oder zur Beseitigung von Hindernissen für die Abwicklungsfähigkeit nach § 59 oder § 60,
    c) die Anwendung von Maßnahmen frühzeitigen Eingreifens nach den §§ 36 bis 38 oder
    d) die Ausübung des Instruments der Beteiligung der Inhaber relevanter Kapitalinstrumente gemäß § 89.
38. Kritische Funktionen sind Tätigkeiten, Dienstleistungen und Geschäfte, deren Einstellung zu einer Störung der für die Realwirtschaft unverzichtbaren Dienste oder zu einer Störung der Finanzmarktstabilität in einem oder mehreren Mitgliedstaaten aufgrund der Größe des Instituts oder der Gruppe oder deren Marktanteils, deren externen und internen Verflechtungen, deren Komplexität oder deren grenzüberschreitenden Tätigkeiten führen kann, und zwar insbesondere im Hinblick auf ihre Substituierbarkeit.
39. Maßnahmenziel meint:

a) im Fall des § 107 Absatz 1 Nummer 1 die Herstellung einer Vermögens-, Finanz- und Ertragslage, welche die Wettbewerbsfähigkeit des übertragenen Unternehmens nachhaltig gewährleistet oder dessen geordnete Abwicklung sicherstellt und
b) im Fall des § 85 Absatz 1 Nummer 2 die in § 132 Absatz 1 Nummer 1 bis 3 genannten Ziele.

39a. Mitarbeiterinnen und Mitarbeiter der nachgelagerten Führungsebene sind die Geschäftsleitung im Sinne des Artikels 4 Absatz 1 Nummer 10 der Verordnung (EU) Nr. 575/2013, wobei die Geschäftsleiter im Sinne von Nummer 25 nicht erfasst sind.

40. Mitgliedstaat ist ein Mitgliedstaat der Europäischen Union.

41. Notfallliquiditätshilfe ist eine zeitlich begrenzte Maßnahme einer Zentralbank im Sinne des Artikels 4 Absatz 1 Nummer 46 der Verordnung (EU) Nr. 575/2013 gegenüber solventen Instituten oder Gruppen mit vorübergehenden Liquiditätsproblemen zur Behebung der Liquiditätsprobleme.

42. Relevantes Mutterinstitut ist ein Mutterinstitut in einem Mitgliedstaat, ein EU-Mutterinstitut, eine Finanzholdinggesellschaft, eine gemischte Finanzholdinggesellschaft, eine gemischte Holdinggesellschaft, eine Mutterfinanzholdinggesellschaft in einem Mitgliedstaat, eine EU-Mutterfinanzholdinggesellschaft, eine gemischte Mutterfinanzholdinggesellschaft in einem Mitgliedstaat oder eine gemischte EU-Mutterfinanzholdinggesellschaft, auf die das Instrument der Gläubigerbeteiligung angewandt wird.

43. Saldierungsvereinbarung ist eine Vereinbarung, der zufolge eine Reihe von im Vorhinein festgelegten oder bestimmbaren Forderungen oder Verpflichtungen in eine einzige Nettoforderung umgewandelt werden kann einschließlich
a) Vereinbarungen, bei denen die Leistungspflichten der Parteien bei Eintreten eines Ereignisses unmittelbar fällig oder beendet werden und in eine einzige Nettoforderung umzuwandeln oder durch eine solche zu ersetzen sind (Close-out-Nettingvereinbarung),
b) Aufrechnungen auf Grund einer Beendigung (close out netting) im Sinne von Artikel 2 Absatz 1 Buchstabe n Ziffer i der Richtlinie 2002/47/EG des Europäischen Parlaments und des Rates vom 6. Juni 2002 über Finanzsicherheiten (ABl. L 168 vom 27.6.2002, S. 43) und
c) Aufrechnungen im Sinne von Artikel 2 Buchstabe k der Richtlinie 98/26/EG des Europäischen Parlaments und des Rates vom 19. Mai 1998 über die Wirksamkeit von Abrechnungen in Zahlungs- sowie Wertpapierliefer- und -abrechnungssystemen (ABl. L 166 vom 11.6.1998, S. 45).

44. Unionszweigstelle ist eine in einem Mitgliedstaat befindliche Zweigstelle eines Drittstaatsinstituts.

45. Wesentliche Geschäftsaktivitäten sind Geschäftsbereiche und damit verbundene Dienste, die die Vermögens-, Finanz- und Ertragslage eines Instituts oder einer Gruppe in erheblicher Weise beeinflussen können. Wesentlich sind auch Geschäftsaktivitäten, die aus Sicht des Instituts oder der Gruppe im Fall einer Störung zu einem erheblichen Ausfall von Ein-

nahmen oder Gewinnen, zu erheblichen Verlusten oder zu einem erheblichen Verlust des Beteiligungswerts führen könnten.

46. Zusätzliches Kernkapital sind die Instrumente des zusätzlichen Kernkapitals im Sinne des Artikels 52 der Verordnung (EU) Nr. 575/2013.
47. Zweigstelle ist eine Betriebsstelle im Sinne des Artikels 4 Absatz 17 der Verordnung (EU) Nr. 575/2013.

(4) Im Übrigen gelten für die Zwecke dieses Gesetzes die folgenden Definitionen aus Artikel 4 Absatz 1 der Verordnung (EU) Nr. 575/2013:

1. Mutterunternehmen im Sinne des Artikels 4 Absatz 1 Nummer 15 der Verordnung (EU) Nr. 575/2013;
2. Tochterunternehmen im Sinne des Artikels 4 Absatz 1 Nummer 16 der Verordnung (EU) Nr. 575/2013;
3. Finanzholdinggesellschaft im Sinne des Artikels 4 Absatz 1 Nummer 20 der Verordnung (EU) Nr. 575/2013;
4. gemischte Finanzholdinggesellschaft im Sinne des Artikels 4 Absatz 1 Nummer 21 der Verordnung (EU) Nr. 575/2013;
5. gemischte Holdinggesellschaft im Sinne des Artikels 4 Absatz 1 Nummer 22 der Verordnung (EU) Nr. 575/2013;
6. Finanzinstitut im Sinne des Artikels 4 Absatz 1 Nummer 26 der Verordnung (EU) Nr. 575/2013;
7. Mutterinstitut in einem Mitgliedstaat im Sinne des Artikels 4 Absatz 1 Nummer 28 der Verordnung (EU) Nr. 575/2013;
8. EU-Mutterinstitut im Sinne des Artikels 4 Absatz 1 Nummer 29 der Verordnung (EU) Nr. 575/2013;
9. Mutterfinanzholdinggesellschaft in einem Mitgliedstaat im Sinne des Artikels 4 Absatz 1 Nummer 30 der Verordnung (EU) Nr. 575/2013;
10. EU-Mutterfinanzholdinggesellschaft im Sinne des Artikels 4 Absatz 1 Nummer 31 der Verordnung (EU) Nr. 575/2013;
11. gemischte Mutterfinanzholdinggesellschaft im Sinne des Artikels 4 Absatz 1 Nummer 32 der Verordnung (EU) Nr. 575/2013;
12. gemischte EU-Mutterfinanzholdinggesellschaft im Sinne des Artikels 4 Absatz 1 Nummer 33 der Verordnung (EU) Nr. 575/2013;
13. Eigenmittel im Sinne des Artikels 4 Absatz 1 Nummer 118 der Verordnung (EU) Nr. 575/2013.

§ 3 Abwicklungsbehörde; Aufsichtsbehörde. (1) Abwicklungsbehörde ist die Bundesanstalt für Finanzdienstleistungsaufsicht.

(2) Aufsichtsbehörde ist die Aufsichtsbehörde im Sinne des § 1 Absatz 5 des Kreditwesengesetzes[1)].

§ 4 Vertraulichkeit von Informationen; personenbezogene Daten; Informationsansprüche. (1) Die §§ 5 bis 10 gelten für die Weitergabe von

---

[1)] Nr. 8.

1. vertraulichen Informationen, insbesondere Betriebs- und Geschäftsgeheimnissen von Kreditinstituten, gruppenangehörigen Unternehmen oder sonstigen Dritten, sowie
2. Informationen, deren Bekanntwerden nachteilige Auswirkungen auf die Erreichung der Abwicklungsziele im Sinne des § 67 Absatz 1, auf die Effektivität von Aufsichts- und Abwicklungsinstrumenten oder auf die Finanz-, Geldmarkt- oder Wirtschaftspolitik haben kann.

(2) Der Schutz personenbezogener Daten nach der Verordnung (EU) 2016/679 des Europäischen Parlaments und des Rates vom 27. April 2016 zum Schutz natürlicher Personen bei der Verarbeitung personenbezogener Daten, zum freien Datenverkehr und zur Aufhebung der Richtlinie 95/46/EG (Datenschutz-Grundverordnung) (ABl. L 119 vom 4.5.2016, S. 1; L 314 vom 22.11.2016, S. 72; L 127 vom 23.5.2018, S. 2) in der jeweils geltenden Fassung und nach dem Bundesdatenschutzgesetz sowie der Schutz des geistigen Eigentums bleiben unberührt, soweit die Absätze 3 bis 6 nicht etwas anderes regeln.

(3) [1] Werden personenbezogene Daten im Rahmen der Zuständigkeit der Aufsichtsbehörde oder der Abwicklungsbehörde aufgrund dieses Gesetzes oder aufgrund der Verordnung (EU) 806/2014 verarbeitet, stehen den betroffenen Personen die Rechte nach den Artikeln 15 bis 18 und den Artikeln 20 bis 22 der Verordnung (EU) 2016/679 nicht zu, soweit eine Gefährdung des Erfolgs der jeweiligen Maßnahmen nicht ausgeschlossen werden kann. [2] Unter diesen Voraussetzungen sind die Aufsichtsbehörde und die Abwicklungsbehörde auch von den Pflichten nach den Artikeln 5, 12 bis 14, 19 und 34 der Verordnung (EU) 2016/679 befreit.

(4) Die Aufsichtsbehörde und die Abwicklungsbehörde informieren die von den Beschränkungen nach Absatz 3 Satz 1 betroffenen Personen in geeigneter Form über das Ende der Beschränkung, sofern dies nicht dem Zweck der Beschränkung abträglich ist.

(5) [1] Soweit die Aufsichtsbehörde oder die Abwicklungsbehörde der betroffenen Person keine Auskunft erteilt, ist die Auskunft auf Verlangen der betroffenen Person dem Bundesbeauftragten für den Datenschutz und die Informationsfreiheit zu erteilen. [2] Dies gilt nur, soweit die jeweilige Behörde nicht im Einzelfall festgestellt hat, dass dadurch die öffentliche Sicherheit des Bundes oder eines Landes oder die Finanzmarktstabilität gefährdet würde. [3] Die Mitteilung des Bundesbeauftragten für den Datenschutz und die Informationsfreiheit an die betroffene Person über das Ergebnis der datenschutzrechtlichen Prüfung darf keine Rückschlüsse auf den Erkenntnisstand der jeweiligen Behörde zulassen, sofern diese nicht einer weitergehenden Auskunft zustimmt.

(6) Soweit Institute, Unternehmen oder inländische Unionszweigstellen gemäß § 1 personenbezogene Daten für Zwecke nach diesem Gesetz oder nach der Verordnung (EU) 806/2014 übermitteln, bestehen die Pflicht zur Information der betroffenen Person nach Artikel 13 Absatz 3 und Artikel 14 Absatz 4 der Verordnung (EU) 2016/679 und das Recht auf Auskunft der betroffenen Person nach Artikel 15 der Verordnung (EU) 2016/679 nicht.

§ 5 Verschwiegenheitspflicht. (1) [1] Die bei der Abwicklungsbehörde, bei der Aufsichtsbehörde und bei anderen nationalen Behörden beschäftigten Personen dürfen die ihnen bei ihrer Tätigkeit im Rahmen dieses Gesetzes bekanntgewordenen Informationen im Sinne des § 4 Absatz 1 nicht unbefugt offenbaren oder verwerten. [2]Dies gilt auch, wenn die Bediensteten der vorbezeichneten Behörden nicht mehr im Dienst sind oder ihre Tätigkeit im Rahmen dieses Gesetzes beendet haben. [3]Gleiches gilt für andere Personen, welche im Wege dienstlicher Berichterstattung Kenntnis von den in Satz 1 bezeichneten Informationen erhalten.

(2) Absatz 1 gilt für die folgenden Personen oder die bei den folgenden Stellen tätigen Personen entsprechend:

1. Einlagensicherungssysteme und bei ihnen tätige Personen;
2. potentielle Erwerber, die von den im Rahmen dieses Gesetzes tätigen anderen nationalen Behörden kontaktiert oder von den Abwicklungsbehörden angesprochen wurden;
3. Rechnungsprüfer, Wirtschaftsprüfer, vereidigte Buchprüfer, Rechtsberater, sonstige professionelle Berater, Bewerter und andere von den Abwicklungsbehörden, von anderen im Rahmen dieses Gesetzes tätigen Behörden oder von potentiellen Erwerbern unmittelbar oder mittelbar hinzugezogene Experten;
4. vorläufige Verwalter gemäß § 38 und den Sonderverwalter nach § 87;
5. die von der Abwicklungsbehörde ernannten Mitglieder der Geschäftsleitung und des Aufsichts- oder Verwaltungsorgans eines Brückeninstituts oder einer Vermögensverwaltungsgesellschaft vor, während oder nach ihrer Ernennung;
6. sonstige Personen oder Stellen, die unmittelbar oder mittelbar, dauerhaft oder zeitweise Dienstleistungen für die Abwicklungsbehörde, für die im Rahmen dieses Gesetzes tätigen national zuständigen Behörden und für die in den Nummern 1 bis 5 genannten Personen, Stellen oder Behörden erbringen oder erbracht haben;
7. die Mitarbeiter und Mitarbeiterinnen der nachgelagerten Führungsebene und die Mitglieder der Geschäftsleitung und des Aufsichts- oder Verwaltungsorgans der in den Nummern 1 bis 6 genannten Personen, Stellen oder Behörden vor, während oder nach ihrer Ernennung und Bedienstete oder ehemalige Bedienstete der unter den Nummern 1 bis 6 genannten Personen, Stellen oder Behörden.

(3) [1]Die Abwicklungsbehörde, die Aufsichtsbehörde und andere nationale Behörden, welche im Rahmen dieses Gesetzes tätig werden, Einlagensicherungssysteme sowie Brückeninstitute und Vermögensverwaltungsgesellschaften haben in ihrem jeweiligen Bereich interne Geheimhaltungsregelungen vorzusehen, welche den Regeln der §§ 4 bis 10 weitgehend entsprechen. [2]Insbesondere ist sicherzustellen, dass Informationen im Sinne des § 4 Absatz 1 nur an Personen gelangen, welche unmittelbar mit dem Abwicklungsprozess befasst sind.

(4) Die Verschwiegenheitspflicht steht einer Weitergabe oder Verwertung von Informationen im Sinne von § 4 Absatz 1 Nummer 1 dann nicht entgegen, wenn die Kreditinstitute, gruppenangehörigen Unternehmen oder sonstigen Dritten, deren Belange durch die Weitergabe oder Verwertung berührt sind, in die Weitergabe oder Verwertung ausdrücklich eingewilligt haben.

(5) [1]Bei Verletzung der Verschwiegenheitspflicht gelten die allgemeinen Haftungs- und Schadensersatzregeln. [2]Hinsichtlich der Inanspruchnahme eines Beschäftigten der Abwicklungsbehörde, Aufsichtsbehörde oder einer im Rah-

men des Gesetzes tätigen national zuständigen Behörde gelten die Regelungen des § 152.

§ 6 Zulässiger Informationsaustausch zwischen Behörden im Rahmen dieses Gesetzes. (1) [1] Zwischen der Abwicklungsbehörde und der Aufsichtsbehörde findet im Rahmen gegenseitiger Unterstützung, Beratung und Abstimmung ein ungehinderter Informationsaustausch statt. [2] Soweit dies für die Erfüllung ihrer Aufgaben erforderlich ist, können sie voneinander Informationen anfordern und haben sie einander Beobachtungen und Feststellungen mitzuteilen. [3] Die Sätze 1 und 2 gelten auch im Verhältnis zwischen Abwicklungsbehörde und Deutscher Bundesbank, soweit Informationen betroffen sind, welche bei der laufenden Überwachung der Institute durch die Deutsche Bundesbank entstanden oder zur laufenden Überwachung der Institute durch die Deutsche Bundesbank erforderlich sind.

(2) Die in § 5 Absatz 1 und 2 genannten Behörden, Personen oder Stellen sind befugt, sich gegenseitig Informationen zu übermitteln, sofern der Erhalt der Information zur Erfüllung der nach diesem Gesetz obliegenden Aufgaben nötig ist.

§ 7 Weitergabe von Informationen an sonstige Stellen. (1) Die Abwicklungsbehörde und die Aufsichtsbehörde sind ferner berechtigt, die ihnen im Zusammenhang mit diesem Gesetz vorliegenden Informationen folgenden Behörden, Personen oder Stellen zur Verfügung zu stellen:

1. im Rahmen von Abwicklungskollegien deren Mitgliedern, den Abwicklungsbehörden sowie den zuständigen Stellen in anderen Staaten, mit denen die Aufsichtsbehörde im Rahmen von Aufsichtskollegien nach § 8e des Kreditwesengesetzes[1)] zusammenarbeitet, unter entsprechender Anwendung des § 8e des Kreditwesengesetzes,
2. der Europäischen Bankenaufsichtsbehörde,
3. Behörden, deren Urteil die Abwicklungsbehörde für erforderlich oder hilfreich hält,
4. mit der Liquidation oder dem Insolvenzverfahren über das Verfahren eines Instituts oder eines gruppenangehörigen Unternehmens befassten Stellen oder Behörden,
5. Strafverfolgungsbehörden oder Gerichten,
6. Stellen sowie von diesen beauftragten Personen, die kraft Gesetzes oder im öffentlichen Auftrag betraut sind
   a) mit der Überwachung von Instituten, Kapitalverwaltungsgesellschaften, extern verwalteten Investmentgesellschaften, EU-Verwaltungsgesellschaften oder ausländischen AIF-Verwaltungsgesellschaften, Finanzunternehmen, Versicherungsunternehmen, der Finanzmärkte oder des Zahlungsverkehrs oder
   b) mit der Geldwäscheprävention,
7. mit der gesetzlichen Prüfung der Rechnungslegung von Instituten oder Finanzunternehmen betraute Personen sowie Stellen, welche die vorgenannten Personen beaufsichtigen,

---

[1)] Nr. 8.

8. Behörden, die für die Aufsicht über Zahlungs- und Abwicklungssysteme zuständig sind,
9. parlamentarischen Untersuchungsausschüssen nach § 1 des Untersuchungsausschussgesetzes auf Grund einer Entscheidung über ein Ersuchen nach § 18 Absatz 2 des Untersuchungsausschussgesetzes,
10. der Bank für Internationalen Zahlungsausgleich einschließlich der bei ihr ansässigen multilateralen Gremien, insbesondere dem Financial Stability Board,
11. dem Internationalen Währungsfonds,
12. dem Ausschuss für Finanzstabilität oder dem Europäischen Ausschuss für Systemrisiken,
13. dem Gremium zum Finanzmarktstabilisierungsfonds im Sinne des § 10a Absatz 1 des Finanzmarktstabilisierungsfondsgesetzes[1)], dem Lenkungsausschuss im Sinne des § 4 Absatz 1 Satz 2 des Finanzmarktstabilisierungsfondsgesetzes,
14. der Deutschen Bundesbank oder
15. dem Ausschuss nach Artikel 42 bis 48 der Verordnung (EU) Nr. 806/2014 des Europäischen Parlaments und des Rates vom 15. Juli 2014 zur Festlegung einheitlicher Vorschriften und eines einheitlichen Verfahrens für die Abwicklung von Kreditinstituten und bestimmten Wertpapierfirmen im Rahmen eines einheitlichen Abwicklungsmechanismus und eines einheitlichen Abwicklungsfonds sowie zur Änderung der Verordnung (EU) Nr. 1093/2010 (ABl. L 225 vom 30.7.2014, S. 1).

(2) [1] Eine Weitergabe von Informationen nach Absatz 1 darf nur erfolgen, soweit die dort genannten Stellen die Informationen zur Erfüllung ihrer Aufgaben benötigen. [2] Für die Weitergabe von Informationen an Drittstaaten müssen zusätzlich die Anforderungen des § 8 erfüllt sein.

§ 8 Vertraulichkeit gegenüber Drittstaaten. (1) Die Abwicklungsbehörde und die im Rahmen dieses Gesetzes tätigen national zuständigen Behörden dürfen Informationen im Sinne des § 4 Absatz 1 nur dann an Drittstaatsbehörden weitergeben, wenn die folgenden Voraussetzungen erfüllt sind:
1. für die betreffenden Drittstaatsbehörden gelten Geheimhaltungsvorschriften, welche den Anforderungen dieses Gesetzes mindestens gleichwertig sind; die Beurteilung trifft die weitergebende Behörde gegebenenfalls im Benehmen mit den weiteren betroffenen Behörden;
2. die Informationen sind für die jeweiligen Drittstaatsbehörden erforderlich, um die ihnen nach nationalem Recht obliegenden Funktionen, die den in diesem Gesetz vorgesehenen Funktionen vergleichbar sind, auszuüben, und sie werden vorbehaltlich der Offenbarungs- und Verwendungsbefugnisse nach Nummer 1 nicht für einen anderen Zweck verarbeitet;
3. personenbezogene Daten werden nur unter den Voraussetzungen des Kapitels V der Verordnung (EU) 2016/679 übermittelt.

---

1) Nr. **18**.

(2) [1] Aus einem anderen EU-Mitgliedstaat stammende vertrauliche Informationen dürfen die Abwicklungsbehörden und die sonstigen nationalen Behörden nur dann den jeweiligen Drittstaatsbehörden offenlegen, wenn folgende Voraussetzungen erfüllt sind:

1. die Aufsichtsbehörde des Mitgliedstaats, aus dem die Information stammt (Ursprungsbehörde), willigt in die Offenlegung ein;
2. die Information wird nur für die von der Ursprungsbehörde genehmigten Zwecke offengelegt.

[2] Eine aus einem anderen EU-Mitgliedstaat stammende Information ist dann als vertraulich zu betrachten, wenn sie Geheimhaltungsvorschriften gemäß Unionsrecht unterfällt oder nach dem Recht des jeweiligen Mitgliedstaates der Verschwiegenheitspflicht unterliegt.

§ 9 Vorabprüfung auf Vertraulichkeit bei sonstiger Weitergabe von Informationen. [1] Vor der Weitergabe von Informationen außerhalb der Offenbarungsbefugnisse der §§ 5 bis 8 ist sicherzustellen, dass sich darunter keine Informationen im Sinne des § 4 Absatz 1 befinden. [2] Im Rahmen dieser Prüfung sind die Auswirkungen einer Weitergabe auf wirtschaftliche Interessen Betroffener nach § 4 Absatz 1 Nummer 1 und auf öffentliche Interessen nach § 4 Absatz 1 Nummer 2 zu berücksichtigen. [3] Die Auswirkungen einer Weitergabe von Inhalten und Details der Sanierungs- und Abwicklungspläne nach den §§ 12 bis 21 und 40 bis 48 und von Ergebnissen einer Bewertung nach den §§ 57 bis 60 sind dabei gesondert zu untersuchen.

§ 10 Sonstige Vorschriften. (1) Hinsichtlich der Weitergabe von Informationen für die Zwecke von Straf- oder Zivilverfahren gelten die Regelungen des § 9 des Kreditwesengesetzes[1)] entsprechend.

(2) Hinsichtlich einer Inanspruchnahme eines Beschäftigten einer im Rahmen dieses Gesetzes tätigen national zuständigen Behörde, die auf der Verletzung der Verschwiegenheit im Sinne dieses Gesetzes beruht, gelten die Regelungen des § 152.

§ 11 Zugang zu Informationen. Zum Schutz einer effektiven Sanierungs- und Abwicklungsplanung und einer effektiven Anwendung der Abwicklungsinstrumente wird ein Zugang zu den Informationen, die der Aufsichts- oder Abwicklungsbehörde im Zusammenhang mit der Sanierungsplanung nach den §§ 12 bis 21 oder der Abwicklungsplanung nach den §§ 40 bis 48 übermittelt wurden oder im Zusammenhang mit der Bewertung gemäß § 69 oder dem Vermarktungsprozess gemäß § 126 bei der Aufsichts- oder Abwicklungsbehörde entstanden sind, nicht gewährt.

---

1) Nr. 8.

Teil 2. Aufsichtsrechtliche Vorschriften und Anforderungen zur Vorbereitung der Sanierung und zur Frühintervention

Kapitel 1. Sanierungsplanung

§ 12 Sanierungsplanung. (1) [1] Institute, die nicht nach § 20 Absatz 1 befreit sind, haben einen Sanierungsplan zu erstellen. [2] In dem Sanierungsplan hat das Institut darzulegen, mit welchen von dem Institut zu treffenden Maßnahmen die finanzielle Stabilität gesichert oder wiederhergestellt werden kann, falls sich seine Finanzlage wesentlich verschlechtert und diese Verschlechterung zu einer Bestandsgefährdung führen kann (Krisenfall).

(2) Ist das Institut Teil einer Gruppe, gilt Absatz 1 mit der Maßgabe, dass allein das übergeordnete Unternehmen einen Sanierungsplan zu erstellen hat, der sich auf die gesamte Gruppe bezieht, soweit sich nicht aus § 14 etwas Abweichendes ergibt.

(3) [1] Die Aufsichtsbehörde fordert die Institute auf, einen Sanierungsplan vorzulegen, und bestimmt dafür eine Frist, die sechs Monate nicht überschreiten darf; auf Antrag des Instituts kann die Aufsichtsbehörde die Frist um bis zu sechs Monate verlängern. [2] In der Aufforderung hat die Aufsichtsbehörde auch anzugeben, ob für das Institut vereinfachte Anforderungen in Bezug auf den Inhalt und den Detaillierungsgrad des Sanierungsplans gemäß § 19 Absatz 1 Nummer 1 und in Bezug auf die Frist für die Aktualisierung des Sanierungsplans gemäß § 19 Absatz 1 Nummer 2 gelten. [3] Die Institute reichen den Sanierungsplan der Aufsichtsbehörde und der Deutschen Bundesbank ein.

(4) [1] Soweit keine vereinfachten Anforderungen gemäß § 19 Absatz 1 Nummer 2 gelten, hat ein Institut seinen Sanierungsplan zu aktualisieren und der Aufsichtsbehörde und der Deutschen Bundesbank zu übermitteln

1. nach jeder Änderung der Rechts- oder Organisationsstruktur des Instituts, seiner Geschäftstätigkeit oder Finanzlage oder jeder Änderung der allgemeinen Risikosituation, die sich wesentlich auf den Sanierungsplan des Instituts auswirken könnte oder aus anderen Gründen dessen Änderung erforderlich macht,
2. mindestens jedoch jährlich.

[2] Die Aufsichtsbehörde kann von einem Institut verlangen, seinen Sanierungsplan häufiger zu aktualisieren.

(5) Die Absätze 3 und 4 finden auf das übergeordnete Unternehmen einer Gruppe entsprechende Anwendung.

§ 13 Ausgestaltung von Sanierungsplänen. (1) Die Ausgestaltung des Sanierungsplans ist abhängig von Größe, Komplexität und Vernetzung des Instituts oder der Gruppe sowie von Art, Umfang und Komplexität des Geschäftsmodells und des damit einhergehenden Risikos.

(2) Vorbehaltlich vereinfachter Anforderungen nach § 19 Absatz 1 Nummer 1 hat der Sanierungsplan insbesondere folgende wesentliche Bestandteile zu enthalten:

1. eine Zusammenfassung der wesentlichen Inhalte des Sanierungsplans einschließlich einer Bewertung der Sanierungsfähigkeit des Instituts oder der Gruppe;
2. eine strategische Analyse des Instituts oder der Gruppe, die Folgendes zu enthalten hat:
   a) eine Darstellung der Unternehmensstruktur und des Geschäftsmodells,
   b) die Benennung der wesentlichen Geschäftsaktivitäten und kritischen Funktionen sowie
   c) eine Beschreibung der internen und externen Vernetzungsstrukturen;
3. eine Darstellung, welche Handlungsoptionen dem Institut oder der Gruppe zur Verfügung stehen, um im Krisenfall die finanzielle Stabilität zu sichern oder wiederherzustellen;
4. eine Analyse der Auswirkungen jeder der dargestellten Handlungsoptionen auf das Institut oder die Gruppe sowie der Auswirkungen der Handlungsoptionen auf die Fortführung von kritischen Funktionen sowie der Auswirkungen auf andere Marktteilnehmer, Gläubiger und Anteilsinhaber; in diesem Zusammenhang sind auch die Folgen der Handlungsoptionen für die Arbeitnehmer und ihre Vertretungen zu beschreiben;
5. eine Analyse der Umsetzbarkeit der dargestellten Handlungsoptionen, einschließlich der möglicher Umsetzungshindernisse, sowie eine Darstellung, ob und wie diese Hindernisse überwunden werden können;
6. die Festlegung von qualitativen und quantitativen Indikatoren, die eine rechtzeitige Durchführung von Handlungsoptionen zur Sicherstellung oder Wiederherstellung der finanziellen Stabilität des Instituts oder der Gruppe dergestalt ermöglichen, dass der Krisenfall aus eigener Kraft und ohne Stabilisierungsmaßnahmen der öffentlichen Hand überwunden werden kann; in diesem Zusammenhang ist auch ein Eskalations- und Informationsprozess zu definieren, der sicherstellt, dass die Geschäftsleiterebene rechtzeitig und umfassend in die Entscheidungen eingebunden wird; in dem Sanierungsplan ist ebenfalls vorzusehen, wann und wie die Aufsichtsbehörde im Rahmen des Eskalations- und Informationsprozesses beim Erreichen von Schwellenwerten der Indikatoren informiert wird;
7. eine Darstellung von Szenarien für schwerwiegende Belastungen, die einen Krisenfall auslösen können, und deren Auswirkungen auf das Institut oder die Gruppe; die Belastungsszenarien sollen sowohl systemweite Ereignisse als auch das einzelne Institut oder die ganze Gruppe betreffende Ereignisse beinhalten, welche die instituts- oder gruppenspezifischen Gefährdungspotenziale abbilden;
8. eine Prüfung der Wirksamkeit und Umsetzbarkeit des Sanierungsplans anhand der Belastungsszenarien;
9. ein Kommunikations- und Informationskonzept, in dem die interne und die externe Kommunikation unter Berücksichtigung der für bestimmte Handlungsoptionen geltenden Besonderheiten dargelegt wird;
10. eine Aufstellung der vorbereitenden Maßnahmen, die das Institut oder die Gruppe getroffen hat oder zu treffen beabsichtigt, um die Umsetzung des Sanierungsplans zu erleichtern.

(3) [1]Der Sanierungsplan darf nicht von der Möglichkeit des Zugangs zu einer außerordentlichen finanziellen Unterstützung aus öffentlichen Mitteln oder vom Erhalt einer solchen Unterstützung ausgehen. [2]In dem Sanierungsplan ist jedoch zu analysieren, wie und wann das Institut in einer Krisensituation die Nutzung von Zentralbankfazilitäten beantragen könnte und sind Vermögenspositionen zu ermitteln, die als Sicherheit herangezogen werden könnten.

(4) [1]Weiterhin hat der Sanierungsplan folgende Anforderungen zu erfüllen:

1. die Umsetzung der in dem Sanierungsplan vorgesehenen Maßnahmen ist, unter Berücksichtigung der vom betreffenden Institut getroffenen oder geplanten vorbereitenden Maßnahmen gemäß Absatz 2 Nummer 10, mit überwiegender Wahrscheinlichkeit geeignet, die Überlebensfähigkeit und finanzielle Solidität des Instituts oder der Gruppe nachhaltig zu sichern oder wiederherzustellen;
2. der Sanierungsplan und die Handlungsoptionen können mit überwiegender Wahrscheinlichkeit im Krisenfall schnell und wirksam umgesetzt werden, so dass wesentliche negative Auswirkungen auf das Finanzsystem, auch in Fällen, in denen andere Institute im selben Zeitraum Sanierungspläne umsetzen, so weit wie möglich vermieden werden.

[2]Der Sanierungsplan muss die Erfüllung der in Satz 1 Nummer 1 und 2 genannten Anforderungen nachvollziehbar darlegen.

(5) Jeder Geschäftsleiter ist, unabhängig von der internen Zuständigkeitsregelung, für die Erstellung, die Implementierung und die Aktualisierung des Sanierungsplans sowie für dessen Umsetzung im Krisenfall verantwortlich.

(6) Die Aufsichtsbehörde kann im Benehmen mit der Abwicklungsbehörde von Instituten oder dem übergeordneten Unternehmen einer Gruppe die Führung detaillierter Aufzeichnungen in einer zentralen Datenbank über Finanzkontrakte verlangen, bei denen das betreffende Institut Vertragspartei ist.

§ 14 Besondere Anforderungen an die Ausgestaltung von Gruppensanierungsplänen; Einzelsanierungsplan. (1) Ein übergeordnetes Unternehmen, das ein EU-Mutterunternehmen ist und für das die Aufsichtsbehörde gleichzeitig die konsolidierende Aufsichtsbehörde ist, hat einen Gruppensanierungsplan zu erstellen.

(2) Ergänzend zu den Anforderungen des § 13 hat der Gruppensanierungsplan folgende Anforderungen zu erfüllen:

1. der Gruppensanierungsplan hat Handlungsoptionen zu enthalten, die sowohl auf der Ebene des übergeordneten Unternehmens als auch auf der Ebene von nachgeordneten Unternehmen umgesetzt werden können;
2. der Gruppensanierungsplan soll Regelungen vorsehen, die gewährleisten, dass Handlungsoptionen miteinander in Einklang stehen, die zu ergreifen sind auf der Ebene
   a) des übergeordneten Unternehmens,
   b) einer Finanzholdinggesellschaft, einer gemischten Finanzholdinggesellschaft, einer gemischten Holdinggesellschaft, einer Mutterfinanzholdinggesellschaft in einem Mitgliedstaat, einer EU-Mutterfinanzholdinggesellschaft, einer gemischten Mutterfinanzholdinggesellschaft in einem Mitgliedstaat oder einer gemischten EU-Mutterfinanzholdinggesellschaft,

c) der Tochterunternehmen und
d) bedeutender Zweigstellen;

3. der Gruppensanierungsplan soll Regelungen für eine mögliche gruppeninterne Unterstützung enthalten, sofern eine Vereinbarung über gruppeninterne finanzielle Unterstützung gemäß § 22 vorliegt.

(3) [1] Nach Maßgabe von § 17 Absatz 2 bis 4 und § 18 kann die Aufsichtsbehörde die Erstellung eines Einzelsanierungsplans in Bezug auf ein inländisches Institut verlangen, das nachgeordnetes Unternehmen eines EU-Mutterunternehmens in einem anderen Mitgliedstaat ist. [2] Anstelle und unter den Voraussetzungen eines Verlangens nach Satz 1 kann die Aufsichtsbehörde die Erstellung eines Sanierungsplans durch ein inländisches übergeordnetes Unternehmen verlangen, welcher sich auch auf alle ihm nachgeordneten Unternehmen bezieht.

§ 15 Prüfung und Bewertung von Sanierungsplänen. (1) [1] Die Aufsichtsbehörde legt der Abwicklungsbehörde den Sanierungsplan vor. [2] Die Abwicklungsbehörde kann den Sanierungsplan prüfen, um dort vorgesehene Maßnahmen zu identifizieren, welche sich nachteilig auf die Abwicklungsfähigkeit des Instituts oder der Gruppe auswirken könnten. [3] Die Abwicklungsbehörde kann der Aufsichtsbehörde diesbezüglich Empfehlungen geben.

(2) [1] Die Aufsichtsbehörde prüft und bewertet im Einvernehmen mit der Deutschen Bundesbank, inwieweit der Sanierungsplan die Anforderungen der §§ 13 und 14 erfüllt. [2] Bei der Bewertung des Sanierungsplans wird die Aufsichtsbehörde auch die Angemessenheit der Kapital- und Refinanzierungsstruktur im Verhältnis zur Komplexität der Organisationsstruktur und des Risikoprofils des Instituts oder der Gruppe beurteilen.

§ 16 Maßnahmen bei Mängeln von Sanierungsplänen. (1) [1] Gelangt die Aufsichtsbehörde zu der Einschätzung, dass der Sanierungsplan nicht den Anforderungen der §§ 13 und 14 entspricht oder dass seiner Umsetzung wesentliche Hindernisse entgegenstehen, so teilt sie dem betreffenden Institut oder dem übergeordneten Unternehmen einer Gruppe ihre Bewertungsergebnisse mit und fordert das Institut oder das übergeordnete Unternehmen auf, innerhalb von zwei Monaten einen überarbeiteten Sanierungsplan vorzulegen. [2] Auf Antrag kann die Aufsichtsbehörde diese Frist um bis zu einen Monat verlängern.

(2) [1] In dem überarbeiteten Sanierungsplan hat das Institut oder übergeordnete Unternehmen darzulegen, wie die von der Aufsichtsbehörde festgestellten Mängel beseitigt werden. [2] Vor der Anforderung eines überarbeiteten Sanierungsplans ist das Institut oder übergeordnete Unternehmen von der Aufsichtsbehörde anzuhören. [3] Ist die Aufsichtsbehörde der Auffassung, dass die Unzulänglichkeiten und Hindernisse mit dem überarbeiteten Sanierungsplan nicht angemessen beseitigt wurden, kann sie das Institut oder übergeordnete Unternehmen anweisen, bestimmte Änderungen an dem Sanierungsplan vorzunehmen.

(3) Legt das betreffende Institut oder übergeordnete Unternehmen keinen überarbeiteten Sanierungsplan vor oder gelangt die Aufsichtsbehörde zu dem Schluss, dass die von ihr in ihrer ursprünglichen Bewertung aufgezeigten Un-

zulänglichkeiten oder potentiellen Hindernisse mit dem überarbeiteten Sanierungsplan nicht in angemessener Weise behoben werden, und können die Unzulänglichkeiten oder Hindernisse durch die Anweisung, bestimmte Änderungen an dem Plan vorzunehmen, nicht angemessen beseitigt werden, so kann die Aufsichtsbehörde von dem Institut oder übergeordneten Unternehmen verlangen, dass dieses innerhalb angemessener Frist mitteilt, durch welche Änderungen an seiner Geschäftstätigkeit die Unzulänglichkeiten oder Hindernisse, die eine Sanierung in einem Krisenfall unmöglich machen oder wesentlich erschweren würden (Sanierungshindernisse), behoben werden können.

(4) Teilt das Institut oder übergeordnete Unternehmen keine Änderungen mit, die es zur Beseitigung von Sanierungshindernissen an seiner Geschäftstätigkeit vornehmen kann, oder gelangt die Aufsichtsbehörde zu der Einschätzung, dass die Sanierungshindernisse mit den von dem Institut oder übergeordneten Unternehmen vorgeschlagenen Maßnahmen nicht angemessen beseitigt werden können, so kann die Aufsichtsbehörde das Institut oder übergeordnete Unternehmen anweisen, Maßnahmen zu treffen, die sie unter Berücksichtigung der Schwere der Unzulänglichkeiten und Hindernisse sowie der Auswirkungen der Maßnahmen auf die Geschäftstätigkeit des Instituts für erforderlich und verhältnismäßig erachtet, um die Sanierungshindernisse zu beseitigen.

(5) [1] Die Aufsichtsbehörde kann von dem Institut oder übergeordneten Unternehmen gemäß Absatz 4 insbesondere verlangen, dass es

1. das Risikoprofil einschließlich des Liquiditätsrisikos verringert,
2. Maßnahmen trifft, um die rechtzeitige Einleitung von Rekapitalisierungsmaßnahmen zu ermöglichen,
3. die Geschäftsstrategie und die Organisationsstruktur überprüft,
4. Korrekturen an der Refinanzierungsstrategie vornimmt, um die Widerstandsfähigkeit der wesentlichen Geschäftsaktivitäten und kritischen Funktionen zu erhöhen, oder
5. die Organisation der Unternehmensführung so ändert, dass Handlungsoptionen aus dem Sanierungsplan rechtzeitig und zügig umgesetzt werden können.

[2] Die Befugnis der Aufsichtsbehörde, Maßnahmen nach dem Kreditwesengesetz und den §§ 36 bis 39 zu erlassen, bleibt hiervon unberührt.

(6) Eine nach den Absätzen 4 und 5 anzuordnende Maßnahme ist insbesondere dann

1. erforderlich, wenn sich die festgestellten Sanierungshindernisse bei einer drohenden Belastungssituation nicht mehr rechtzeitig beheben lassen und daher die Gefahr besteht, dass sich bei Eintritt eines Krisenfalls eine Bestandsgefährdung des Instituts nicht mehr wirksam vermeiden lässt und
2. verhältnismäßig, wenn die mit der Anweisung verbundenen Belastungen in einem angemessenen Verhältnis zu der von einer Bestandsgefährdung ausgehenden Systemgefährdung stehen.

(7) [1] Vor Erlass einer Anweisung gemäß den Absätzen 4 und 5 stimmt sich die Aufsichtsbehörde mit der Abwicklungsbehörde bezüglich möglicher Maßnahmen nach § 59 Absatz 5 ab. [2] Der Verwaltungsakt bedarf der Schriftform.

(8) Wird der Sanierungsplan gemäß § 20 Absatz 4 von einem Institutssicherungssystem erstellt, stehen der Aufsichtsbehörde die in den Absätzen 1 und 2 genannten Befugnisse gegenüber dem Institutssicherungssystem zu.

§ 17 Verfahren bei Gruppensanierungsplänen und Mängeln von Gruppensanierungsplänen, wenn die Aufsichtsbehörde zugleich konsolidierende Aufsichtsbehörde ist. (1) [1] Ist die Aufsichtsbehörde zugleich die konsolidierende Aufsichtsbehörde, übermittelt sie die Gruppensanierungspläne an

1. die Aufsichtsbehörden der Mitgliedstaaten, in denen sich Tochterunternehmen befinden;
2. die Aufsichtsbehörden der Mitgliedstaaten, in denen sich bedeutende Zweigstellen befinden, sofern der Gruppensanierungsplan für die bedeutende Zweigstelle von Belang ist;
3. die Abwicklungsbehörde;
4. die Abwicklungsbehörden der Mitgliedstaaten, in denen sich Tochterunternehmen befinden.

[2] Eine Übermittlung an eine Behörde in einem Mitgliedstaat erfolgt nur, soweit sichergestellt ist, dass von dieser Behörde den §§ 4 bis 10 entsprechende Anforderungen an die Geheimhaltung eingehalten werden.

(2) [1] Nach Abstimmung mit den im relevanten Aufsichtskollegium vertretenen Aufsichtsbehörden und mit den Aufsichtsbehörden der bedeutenden Zweigstellen, soweit die bedeutenden Zweigstellen vom Gruppensanierungsplan betroffen sind, bemüht sich die Aufsichtsbehörde, innerhalb von vier Monaten nach Übermittlung des Gruppensanierungsplans gemäß Absatz 1 mit den Aufsichtsbehörden der Tochterunternehmen eine gemeinsame Entscheidung zu treffen über

1. die Bewertung des Gruppensanierungsplans,
2. die Notwendigkeit der Erstellung eines Sanierungsplans auf Einzelbasis für Institute, die Teil der Gruppe sind, und
3. die Anwendung der Maßnahmen nach § 16.

[2] Die Aufsichtsbehörde kann die Europäische Bankenaufsichtsbehörde gemäß Artikel 31 der Verordnung (EU) Nr. 1093/2010 des Europäischen Parlaments und des Rates vom 24. November 2010 zur Errichtung einer Europäischen Aufsichtsbehörde (Europäische Bankenaufsichtsbehörde), zur Änderung des Beschlusses Nr. 716/2009/EG und zur Aufhebung des Beschlusses 2009/78/EG der Kommission (ABl. L 331 vom 15.12.2010, S. 12) um Unterstützung bei der Erzielung einer Einigung ersuchen. [3] Soweit einzelne betroffene Aufsichtsbehörden einer gemeinsamen Entscheidung nach Satz 1 nicht zustimmen, kann die Aufsichtsbehörde mit den übrigen betroffenen Aufsichtsbehörden eine gemeinsame Entscheidung treffen.

(3) [1] Soweit die Aufsichtsbehörde und die anderen betroffenen Aufsichtsbehörden innerhalb von vier Monaten keine gemeinsame Entscheidung gemäß Absatz 2 erreichen, trifft die Aufsichtsbehörde die Entscheidung nach Absatz 2 allein. [2] Die Aufsichtsbehörde trägt bei ihrer Entscheidung den von den anderen betroffenen Aufsichtsbehörden innerhalb der Viermonatsfrist geäußerten Standpunkten und Vorbehalten Rechnung. [3] Sie teilt die Entscheidung dem

übergeordneten Unternehmen und den anderen betroffenen Aufsichtsbehörden mit.

(4) [1]Die Aufsichtsbehörde trifft ihre Entscheidung im Einklang mit dem Beschluss der Europäischen Bankenaufsichtsbehörde nach Artikel 19 Absatz 3 der Verordnung (EU) Nr. 1093/2010, sofern bis zum Ablauf der Viermonatsfrist eine der betroffenen Aufsichtsbehörden gemäß Artikel 19 der Verordnung (EU) Nr. 1093/2010 die Europäische Bankenaufsichtsbehörde mit einer der Angelegenheiten, die in Absatz 2 Satz 1 Nummer 1 oder, soweit Maßnahmen nach § 16 Absatz 5 Satz 1 Nummer 1, 2 und 4 betroffen sind, in Absatz 2 Satz 1 Nummer 3 genannt sind, befasst. [2]Fasst die Europäische Bankenaufsichtsbehörde innerhalb eines Monats keinen Beschluss, so gilt Absatz 3 entsprechend.

§ 18 Verfahren bei Gruppensanierungsplänen und Mängeln von Gruppensanierungsplänen, wenn die Aufsichtsbehörde nicht konsolidierende Aufsichtsbehörde ist. (1) [1]Erhält die Aufsichtsbehörde von der konsolidierenden Aufsichtsbehörde einen Gruppensanierungsplan, bemüht sie sich, nach Abstimmung mit den im relevanten Aufsichtskollegium vertretenen Aufsichtsbehörden und mit den Aufsichtsbehörden der bedeutenden Zweigstellen, soweit bedeutende Zweigstellen vom Gruppensanierungsplan betroffen sind, innerhalb von vier Monaten mit der konsolidierenden Aufsichtsbehörde und den anderen betroffenen Aufsichtsbehörden eine gemeinsame Entscheidung zu treffen über

1. die Bewertung des Gruppensanierungsplans,
2. die Notwendigkeit der Erstellung eines Sanierungsplans auf Einzelbasis für Institute, die Teil der Gruppe sind, und
3. die Anwendung der Maßnahmen nach § 16.

[2]Die Aufsichtsbehörde kann die Europäische Bankenaufsichtsbehörde gemäß Artikel 31 der Verordnung (EU) Nr. 1093/2010 um Unterstützung bei der Erzielung einer Einigung ersuchen. [3]Soweit einzelne betroffene Aufsichtsbehörden einer gemeinsamen Entscheidung nach Satz 1 nicht zustimmen, kann die Aufsichtsbehörde mit den übrigen betroffenen Aufsichtsbehörden eine gemeinsame Entscheidung treffen.

(2) Die Aufsichtsbehörde trifft die Entscheidung allein, wenn innerhalb von vier Monaten keine gemeinsame Entscheidung der Aufsichtsbehörden nach Absatz 1 vorliegt über

1. die Notwendigkeit der Erstellung eines Einzelsanierungsplans gemäß Absatz 1 Satz 1 Nummer 2 für ein inländisches Institut oder
2. die Anwendung der Maßnahmen nach § 16 auf Ebene des deutschen Tochterunternehmens.

(3) [1]Die Aufsichtsbehörde trifft ihre Entscheidung im Einklang mit dem Beschluss der Europäischen Bankenaufsichtsbehörde, sofern bis zum Ablauf der Viermonatsfrist die konsolidierende Aufsichtsbehörde oder eine der betroffenen Aufsichtsbehörden gemäß Artikel 19 Absatz 3 der Verordnung (EU) Nr. 1093/2010 die Europäische Bankenaufsichtsbehörde mit einer der in Absatz 2 Nummer 2 genannten Angelegenheiten, soweit Maßnahmen nach § 16 Absatz 5 Satz 1 Nummer 1, 2 und 4 betroffen sind, befasst hat. [2]Fasst die Europäische Bankenaufsichtsbehörde innerhalb eines Monats keinen Beschluss, gilt Absatz 2 entsprechend.

(4) Soweit eine gemeinsame Entscheidung gemäß Absatz 1 nicht zustande kommt, legt die Aufsichtsbehörde die durch die konsolidierende Aufsichtsbehörde oder die anderen betroffenen Aufsichtsbehörden im Rahmen ihrer jeweiligen Zuständigkeit getroffenen Entscheidungen als bindend zugrunde.

§ 19 Vereinfachte Anforderungen. (1) Die Aufsichtsbehörde kann die Anforderungen nach den §§ 12 bis 18 im Einvernehmen mit der Deutschen Bundesbank beschränken in Bezug auf

1. den Inhalt und den Detaillierungsgrad der zu erstellenden Sanierungspläne,
2. die Frist, innerhalb der Sanierungspläne aufzustellen oder zu aktualisieren sind, oder
3. den Inhalt und den Detaillierungsgrad der von den Instituten im Zusammenhang mit der Sanierungs- oder Abwicklungsplanung zur Verfügung zu stellenden Informationen.

(2) Bei der Festlegung vereinfachter Anforderungen berücksichtigt die Aufsichtsbehörde

1. die Auswirkungen, die der Ausfall eines Instituts abhängig von der Größe des Instituts, der Art, dem Umfang und der Komplexität der Geschäftsaktivitäten, von der Eigentümerstruktur, von der Rechtsform, dem Risikoprofil und der Vernetztheit und von der Mitgliedschaft in einem institutsbezogenen Sicherungssystem hätte, und
2. ob eine Abwicklung in einem Insolvenzverfahren negative Auswirkungen auf die Finanzmärkte, auf andere Unternehmen der Finanzbranche einschließlich deren Refinanzierung oder auf die Realwirtschaft haben kann.

(3) Die Aufsichtsbehörde unterrichtet die Europäische Bankenaufsichtsbehörde darüber, wie sie Artikel 4 Absatz 1 und 8 bis 10 der Richtlinie 2014/59/EU umsetzt und anwendet.

§ 20 Befreiung von Instituten, die institutsbezogenen Sicherungssystemen angehören. (1) [1] Die Aufsichtsbehörde kann ein Institut, das einem institutsbezogenen Sicherungssystem angehört, im Einvernehmen mit der Deutschen Bundesbank auf Antrag von den Anforderungen der §§ 12 bis 18 dieses Gesetzes befreien. [2] Satz 1 gilt nicht für die Pflicht zur Erstellung eines Einzelsanierungsplans, wenn

1. das Institut potentiell systemgefährdend ist,
2. das Institut nach Artikel 6 Absatz 4 der Verordnung (EU) Nr. 1024/2013[1)] des Rates vom 15. Oktober 2013 zur Übertragung besonderer Aufgaben im Zusammenhang mit der Aufsicht über Kreditinstitute auf die Europäische Zentralbank (ABl. L 287 vom 29.10.2013, S. 93) der Aufsicht der Europäischen Zentralbank unterliegt,
3. der Gesamtwert der Aktiva des Instituts 30 Milliarden Euro übersteigt oder
4. das Verhältnis der gesamten Aktiva des Instituts zum Bruttoinlandsprodukt 20 Prozent übersteigt, es sei denn, der Gesamtwert der Aktiva des Instituts liegt unter 5 Milliarden Euro.

---

1) Nr. 5.

[3]Ein Institut ist potentiell systemgefährdend, wenn es entweder ein global systemrelevantes Institut nach § 10f des Kreditwesengesetzes[1)] oder ein anderweitig systemrelevantes Institut nach § 10g des Kreditwesengesetzes ist oder wenn für dieses Institut keine vereinfachten Anforderungen gemäß den Kriterien nach § 19 Absatz 2 festgesetzt werden können. [4]Die Aufsichtsbehörde stellt im Einvernehmen mit der Deutschen Bundesbank fest, welche Institute potentiell systemgefährdend sind, weil sie die Voraussetzungen der letzten Alternative von Satz 3 erfüllen. [5]Die Sätze 2 bis 3 gelten entsprechend für die Befreiung von der Pflicht zur Erstellung eines Gruppensanierungsplans.

(2) [1]Dem Antrag nach Absatz 1 sind geeignete Unterlagen beizufügen, die nachweisen, dass die Voraussetzungen für eine Freistellung vorliegen. [2]Der Antrag bedarf der Zustimmung des institutsbezogenen Sicherungssystems. [3]Der Antrag kann gesammelt durch das institutsbezogene Sicherungssystem erfolgen. [4]Der Sammelantrag nach Satz 3 hat die Erklärung zu enthalten, dass die Zustimmung der vom Sammelantrag umfassten Institute zum Befreiungsantrag vorliegt.

(3) [1]Auf Anforderung der Aufsichtsbehörde hat der Antragsteller nachzuweisen, dass die Voraussetzungen der Befreiung noch vorliegen. [2]Liegen die Voraussetzungen der Befreiung nicht mehr vor, kann die Aufsichtsbehörde die Befreiung jederzeit widerrufen.

(4) Das institutsbezogene Sicherungssystem hat die Anforderungen der §§ 12 bis 18 für die dem institutsbezogenen Sicherungssystem angehörigen Institute, die von der Befreiung betroffen sind, gegebenenfalls nach Maßgabe des § 19 zu erfüllen.

§ 21 Vertraulichkeitspflicht der Institute und gruppenangehörigen Unternehmen. Institute und gruppenangehörige Unternehmen sind verpflichtet, Sanierungspläne und Gruppensanierungspläne vertraulich zu behandeln; sie dürfen die Sanierungspläne oder Gruppensanierungspläne nur an diejenigen Dritten weitergeben, die an der Erstellung und Umsetzung des Sanierungsplans oder Gruppensanierungsplans beteiligt sind.

§ 21a Verordnungsermächtigung. (1) [1]Das Bundesministerium der Finanzen wird ermächtigt, durch Rechtsverordnung ohne Zustimmung des Bundesrates im Benehmen mit der Deutschen Bundesbank nähere Bestimmungen zu erlassen über

1. die Anforderungen an die Ausgestaltung von Sanierungsplänen, insbesondere nähere Bestimmungen zu den in § 13 Absatz 2 genannten wesentlichen Bestandteilen des Sanierungsplans, jeweils auch unter Berücksichtigung besonderer Geschäftsmodelle und besonderer Geschäftsaktivitäten von Instituten,
2. den Inhalt von vereinfachten Anforderungen an Sanierungspläne gemäß § 19 Absatz 1 und
3. die Anforderungen nach § 20, insbesondere
   a) zum Antrag auf Befreiung,

[1)] Nr. 8.

b) zu den vom Institut und vom institutsbezogenen Sicherungssystem zu erfüllenden Voraussetzungen der Befreiung und

c) zum Inhalt von Sanierungsplänen, die im Falle einer Befreiung gemäß § 20 vom jeweiligen institutsbezogenen Sicherungssystem zu erstellen sind.

[2]Das Bundesministerium der Finanzen kann die Ermächtigung durch Rechtsverordnung auf die Bundesanstalt für Finanzdienstleistungsaufsicht mit der Maßgabe übertragen, dass die Rechtsverordnung im Einvernehmen mit der Deutschen Bundesbank ergeht. [3]Vor Erlass der Rechtsverordnung ist die Abwicklungsbehörde anzuhören.

(2) [1]Das Bundesministerium der Finanzen wird ermächtigt, durch Rechtsverordnung ohne Zustimmung des Bundesrates im Benehmen mit der Deutschen Bundesbank nähere Bestimmungen zu erlassen zu den in § 19 Absatz 2 genannten Kriterien für die Festlegung vereinfachter Anforderungen. [2]Das Bundesministerium der Finanzen kann die Ermächtigung durch Rechtsverordnung ohne Zustimmung des Bundesrates auf die Bundesanstalt für Finanzdienstleistungsaufsicht mit der Maßgabe übertragen, dass die Rechtsverordnung im Einvernehmen mit der Deutschen Bundesbank und im Benehmen mit der Abwicklungsbehörde ergeht.

Kapitel 2. Gruppeninterne finanzielle Unterstützung

§ 22 Vereinbarung über gruppeninterne finanzielle Unterstützung.

(1) Eine Vereinbarung über gruppeninterne finanzielle Unterstützung im Sinne dieses Gesetzes ist eine Vereinbarung über die einseitige oder wechselseitige Gewährung gruppeninterner finanzieller Unterstützung, die abgeschlossen wird

1. zwischen dem übergeordneten Unternehmen und gruppenangehörigen Instituten oder Finanzinstituten, die jeweils in die Beaufsichtigung auf konsolidierter Basis des übergeordneten Unternehmens einbezogen sind und von denen mindestens ein Institut oder Finanzinstitut seinen Sitz in einem anderen Mitgliedstaat hat,
2. für den Fall, dass bei mindestens einem an der Vereinbarung beteiligten Institut oder Finanzinstitut die Voraussetzungen für ein frühzeitiges Eingreifen gemäß § 36 Absatz 1 eintreten sollten.

(2) Die Gewährung finanzieller Unterstützung an ein Unternehmen der Gruppe, bei dem die Voraussetzungen für ein frühzeitiges Eingreifen gemäß § 36 Absatz 1 vorliegen, setzt keine Vereinbarung über gruppeninterne finanzielle Unterstützung voraus, wenn die Unterstützung auf der Grundlage einer Einzelfallenscheidung im Einklang mit den Konzernrichtlinien gewährt wird und kein Risiko für die Gruppe insgesamt begründet wird.

(3) [1]Auf Verträge, welche nicht auf den Zweck des Absatzes 1 Nummer 2 gerichtet sind, insbesondere Verträge des normalen Geschäftsgangs, finden die Regelungen der §§ 22 bis 35 keine Anwendung. [2]Die Befugnis der Aufsichtsbehörde gemäß § 46 Absatz 1 Satz 2 in Verbindung mit Satz 1 des Kreditwesengesetzes[1)] bleibt für Zahlungen, die weder auf der Grundlage einer Verein-

---

[1)] Nr. 8.

barung über gruppeninterne finanzielle Unterstützung nach Absatz 1 erfolgen noch die Voraussetzungen für die Gewährung finanzieller Unterstützung nach Absatz 2 erfüllen, unberührt.

§ 23 Zulässigkeit und Inhalt einer Vereinbarung über gruppeninterne finanzielle Unterstützung. (1) Die Partei einer Vereinbarung über gruppeninterne finanzielle Unterstützung darf weder von anderen gruppenangehörigen Unternehmen einschließlich dem übergeordneten Unternehmen noch von Dritten zum Abschluss bestimmt werden.

(2) Die Parteien können eine Vereinbarung über gruppeninterne finanzielle Unterstützung nicht abschließen, wenn im Zeitpunkt des Vertragsschlusses bereits bei mindestens einer Partei der Vereinbarung die Voraussetzungen für ein frühzeitiges Eingreifen gemäß § 36 Absatz 1 vorliegen.

(3) In einer Vereinbarung über gruppeninterne finanzielle Unterstützung können jeweils einzeln oder nebeneinander folgende Leistungen zur Unterstützung vereinbart werden:

1. Darlehen oder
2. Sicherheiten zur Absicherung von Verbindlichkeiten der die Unterstützung empfangenden Partei in Form von Personalsicherheiten oder der Bereitstellung von Vermögenswerten.

(4) In einer Vereinbarung über gruppeninterne finanzielle Unterstützung ist festzulegen,

1. dass die die Unterstützung empfangende Partei eine Gegenleistung zu erbringen hat und
2. nach welchen Grundsätzen die Gegenleistung im Zeitpunkt der Gewährung der finanziellen Unterstützung festzulegen und zu berechnen ist.

(5) Die Vereinbarung über gruppeninterne finanzielle Unterstützung einschließlich der Grundsätze zur Berechnung der Gegenleistung muss folgenden Prinzipien entsprechen:

1. die Voraussetzungen für die Gewährung gruppeninterner finanzieller Unterstützung müssen zumindest den in § 30 geregelten Voraussetzungen entsprechen;
2. bei Abschluss der Vereinbarung und bei Berechnung der Gegenleistung für die Gewährung der finanziellen Unterstützung handelt jede Partei in ihrem eigenen Interesse; dabei können direkte und indirekte Vorteile berücksichtigt werden, die einer Partei auf Grund der Gewährung einer finanziellen Unterstützung zugutekommen;
3. jede Partei, die eine finanzielle Unterstützung gewährt, erhält vor der Entscheidung, eine finanzielle Unterstützung zu gewähren, und vor der Berechnung der hierfür zu erbringenden Gegenleistung Zugang zu allen relevanten Informationen über die die Unterstützung empfangende Partei;
4. bei der Berechnung der Gegenleistung für die Gewährung finanzieller Unterstützung können auch Informationen berücksichtigt werden, die sich auf Grund der Gruppenzugehörigkeit im Besitz der die Unterstützung gewährenden Partei befinden und dem Markt nicht bekannt sind;
5. bei der Berechnung der Gegenleistung für die Gewährung finanzieller Unterstützung muss nicht jede Auswirkung auf Marktpreise berücksichtigt wer-

den, die voraussichtlich vorübergehend ist und sich aus Umständen außerhalb der Gruppe ergibt.

§ 24 Abtretungsverbot. [1]Forderungen und andere Rechte aus einer Vereinbarung über gruppeninterne finanzielle Unterstützung können nicht abgetreten werden. [2]Dritte können keine Rechte aus einer Vereinbarung über gruppeninterne finanzielle Unterstützung herleiten.

§ 25 Genehmigungserfordernis. Eine Vereinbarung über gruppeninterne finanzielle Unterstützung darf nur mit vorheriger Genehmigung der zuständigen Aufsichtsbehörde auf Antrag des übergeordneten Unternehmens der Gruppe abgeschlossen werden.

§ 26 Genehmigungsverfahren bei übergeordnetem Unternehmen mit Sitz im Inland. (1) [1]Hat das übergeordnete Unternehmen seinen Sitz im Inland, hat es den Antrag auf Genehmigung des geplanten Abschlusses der Vereinbarung über gruppeninterne finanzielle Unterstützung bei der Aufsichtsbehörde zu stellen. [2]Dem Antrag ist die geplante Vereinbarung beizufügen.

(2) Die Aufsichtsbehörde leitet den Antrag unverzüglich an die Aufsichtsbehörden weiter, die für die nachgeordneten Unternehmen in anderen Mitgliedstaaten, die Parteien der Vereinbarung über gruppeninterne finanzielle Unterstützung zu werden beabsichtigen, zuständig sind.

(3) [1]Die Aufsichtsbehörde und die betroffenen Aufsichtsbehörden in den anderen Mitgliedstaaten sollen innerhalb von vier Monaten nach Eingang eines vollständigen Antrages nach Absatz 1 einvernehmlich entscheiden, ob die Bedingungen der geplanten Vereinbarung die Anforderungen gemäß § 23 Absatz 5 oder gemäß den in Umsetzung der Artikel 19 und 23 der Richtlinie 2014/59/EU erlassenen Vorschriften in anderen Mitgliedstaaten erfüllen. [2]Bei der Entscheidung sind die potentiellen Auswirkungen der Durchführung der Vereinbarung in allen Mitgliedstaaten, in denen die Gruppe tätig ist, einschließlich der steuerlichen Konsequenzen zu berücksichtigen. [3]Auf Antrag einer der für die einvernehmliche Entscheidung zuständigen Aufsichtsbehörden kann die Europäische Bankenaufsichtsbehörde die Aufsichtsbehörden gemäß Artikel 31 der Verordnung (EU) Nr. 1093/2010 bei der Erreichung einer Einigung unterstützen. [4]Die einvernehmliche Entscheidung ist schriftlich zu begründen.

(4) Hat eine der für die einvernehmliche Entscheidung gemäß Absatz 3 zuständigen Aufsichtsbehörden vor Erreichen einer einvernehmlichen Entscheidung und vor dem Ablauf der viermonatigen Frist nach Absatz 3 Satz 1 nach Maßgabe des Artikels 19 der Verordnung (EU) Nr. 1093/2010 die Europäische Bankenaufsichtsbehörde um Hilfe ersucht, entscheidet die Aufsichtsbehörde in Übereinstimmung mit dem Beschluss der Europäischen Bankenaufsichtsbehörde.

(5) [1]Die Aufsichtsbehörde entscheidet unter Würdigung der Auffassungen und Vorbehalte, die von den betroffenen Aufsichtsbehörden in den anderen Mitgliedstaaten im Rahmen des Verfahrens nach Absatz 3 vorgebracht wurden, wenn die für die einvernehmliche Entscheidung zuständigen Aufsichtsbehörden bis zum Ablauf der viermonatigen Frist nach Absatz 3 Satz 1 weder einvernehmlich entschieden haben noch die Europäische Bankenaufsichtsbehörde nach Maßgabe des Artikels 19 der Verordnung (EU) Nr. 1093/2010

um Hilfe ersucht haben. [2]Die Aufsichtsbehörde teilt ihre Entscheidung den betroffenen Aufsichtsbehörden in den anderen Mitgliedstaaten mit.

(6) [1]Die Aufsichtsbehörde gibt dem Antrag des übergeordneten Unternehmens auf Genehmigung des Abschlusses der Vereinbarung statt, wenn nach Durchführung des Genehmigungsverfahrens nach Maßgabe der Absätze 3 bis 5 entschieden wird, dass die Vereinbarung über gruppeninterne finanzielle Unterstützung die Anforderungen des § 23 Absatz 5 erfüllt. [2]Liegen die Voraussetzungen für eine Genehmigung nicht vor, lehnt die Aufsichtsbehörde den Antrag ab. [3]Dem übergeordneten Unternehmen ist die schriftliche Begründung einer einvernehmlichen Entscheidung nach Absatz 3 Satz 4 zu übermitteln.

§ 27 Genehmigungsverfahren bei übergeordnetem Unternehmen mit Sitz in einem anderen Mitgliedstaat. (1) [1]Leitet die zuständige Aufsichtsbehörde mit Sitz in einem Mitgliedstaat an die Aufsichtsbehörde den Antrag eines übergeordneten Unternehmens mit Sitz in einem anderen Mitgliedstaat weiter, eine Vereinbarung über gruppeninterne finanzielle Unterstützung zu genehmigen, an der ein nachgeordnetes Unternehmen, das von der Aufsichtsbehörde beaufsichtigt wird, Partei zu werden beabsichtigt, hat die Aufsichtsbehörde innerhalb einer Frist von vier Monaten auf eine einvernehmliche Entscheidung aller betroffenen Aufsichtsbehörden hinzuwirken, ob die Vereinbarung über gruppeninterne finanzielle Unterstützung die Anforderungen von § 23 Absatz 5 erfüllt. [2]Dabei hat die Aufsichtsbehörde die potentiellen Auswirkungen der Durchführung der Vereinbarung in allen Mitgliedstaaten, in denen die Gruppe tätig ist, einschließlich der steuerlichen Konsequenzen zu berücksichtigen.

(2) Die Aufsichtsbehörde kann bis zum Ablauf der viermonatigen Frist nach Maßgabe des Artikels 19 der Verordnung (EU) Nr. 1093/2010 die Europäische Bankenaufsichtsbehörde um Hilfe ersuchen.

§ 28 Weiterleitung an die Abwicklungsbehörde. Die Aufsichtsbehörde leitet eine gemäß § 26 oder § 27 genehmigte Vereinbarung über gruppeninterne finanzielle Unterstützung an die Abwicklungsbehörde weiter.

§ 29 Einholung der Zustimmung der Anteilsinhaber; Berichtspflichten gegenüber den Anteilsinhabern. (1) [1]Eine Vereinbarung über gruppeninterne finanzielle Unterstützung wird nur im Verhältnis derjenigen Parteien wirksam, deren Anteilsinhaber der Vereinbarung zustimmen. [2]Falls die Anteilsinhaber ihre Entscheidungen auf Grund der Rechtsform des Instituts oder des Finanzinstituts in einer Versammlung treffen, tritt die Zustimmung der Versammlung an die Stelle der Zustimmung der Anteilsinhaber.

(2) Die Geschäftsleitung jedes Unternehmens, das Partei einer Vereinbarung über gruppeninterne finanzielle Unterstützung ist, erstattet den Anteilsinhabern mindestens jährlich Bericht über den Stand der Durchführung der Vereinbarung und die Umsetzung aller auf der Grundlage der Vereinbarung getroffenen Entscheidungen.

§ 30 Voraussetzungen für die Gewährung gruppeninterner finanzieller Unterstützung; Verordnungsermächtigung. (1) Eine finanzielle Unterstützung in Durchführung einer Vereinbarung über gruppeninterne finanzielle Unterstützung darf von einem Unternehmen der Gruppe nach Maßgabe der §§ 31 und 32 nur unter folgenden Voraussetzungen gewährt werden:

1. es bestehen begründete Aussichten, dass die finanziellen Schwierigkeiten des Unternehmens der Gruppe, welches Empfänger der Unterstützung ist, durch die gewährte Unterstützung in wesentlichem Umfang behoben werden;
2. die Gewährung der finanziellen Unterstützung
   a) bezweckt, die finanzielle Stabilität der Gruppe als Ganzes oder eines Unternehmens der Gruppe zu erhalten oder wiederherzustellen und
   b) liegt im Interesse des die finanzielle Unterstützung gewährenden Unternehmens der Gruppe;
3. es wird eine dem § 23 Absatz 5 entsprechende Gegenleistung festgelegt;
4. die Informationen, die der Geschäftsleitung des die finanzielle Unterstützung gewährenden Unternehmens der Gruppe bei Entscheidung über die Gewährung einer finanziellen Unterstützung vorliegen, rechtfertigen die begründete Erwartung, dass das die Unterstützung empfangende Unternehmen der Gruppe seine Verpflichtungen aus der Vereinbarung über gruppeninterne Unterstützung erfüllen wird;
5. die Gewährung der finanziellen Unterstützung gefährdet weder die Liquidität noch die Solvabilität des die Unterstützung gewährenden Unternehmens der Gruppe;
6. die Gewährung der finanziellen Unterstützung bewirkt insbesondere in dem Mitgliedstaat des die finanzielle Unterstützung gewährenden Unternehmens der Gruppe keine Bedrohung für die Finanzstabilität;
7. das die finanzielle Unterstützung gewährende Unternehmen der Gruppe
   a) erfüllt zum Zeitpunkt der Bereitstellung der Unterstützung die Anforderungen, die in Umsetzung der Richtlinie 2013/36/EU erlassen wurden, in Bezug
      aa) auf Eigenmittel oder Liquidität sowie sonstige gemäß Artikel 104 Absatz 2 der Richtlinie 2013/36/EU gestellte Anforderungen,
      bb) auf Großkredite, einschließlich jeglicher nationaler Rechtsvorschriften über die Ausübung der darin vorgesehenen Optionen;
   b) wird durch die Gewährung der finanziellen Unterstützung nicht dazu veranlasst, gegen die Anforderungen nach Buchstabe a zu verstoßen, es sei denn, die für die Beaufsichtigung des Unternehmens auf Einzelbasis zuständige Behörde hat dies genehmigt;
8. durch die Gewährung der finanziellen Unterstützung wird die Abwicklungsfähigkeit des die Unterstützung gewährenden Unternehmens der Gruppe nicht beeinträchtigt.

(2)[1] [1]Das Bundesministerium der Finanzen wird ermächtigt, durch Rechtsverordnung, die nicht der Zustimmung des Bundesrates bedarf, nähere Bestimmungen über die in Absatz 1 Nummer 2, 4, 6 und 7 genannten Voraussetzungen zu erlassen. [2]Das Bundesministerium der Finanzen kann die Ermächtigung durch Rechtsverordnung auf die Bundesanstalt für Finanzdienstleistungs-

---

[1] § 30 Abs. 2 ist bereits am 19.12.2014 in Kraft getreten; vgl. Art. 10 Abs. 3 G v. 10.12.2014 (BGBl. I S. 2091).

aufsicht mit der Maßgabe übertragen, dass vor Erlass der Rechtsverordnung nach Satz 1 die Abwicklungsbehörde anzuhören ist.

§ 31 Beschlüsse über Gewährung und Annahme einer finanziellen Unterstützung. (1) [1]Die Geschäftsleitung entscheidet über die beabsichtigte Gewährung einer gruppeninternen finanziellen Unterstützung nach Maßgabe der Vereinbarung über gruppeninterne finanzielle Unterstützung und der Entscheidung der Aufsichtsbehörde gemäß § 33 Absatz 1. [2]Die Gründe für die Gewährung sind von der Geschäftsleitung zu dokumentieren.

(2) Die Geschäftsleitung entscheidet über die Annahme einer gruppeninternen finanziellen Unterstützung.

§ 32 Anzeige der beabsichtigten Gewährung gruppeninterner finanzieller Unterstützung. (1) Hat die Geschäftsleitung eines gruppenangehörigen Unternehmens mit Sitz im Inland die Absicht, gruppeninterne finanzielle Unterstützung zu gewähren, so hat sie dies vor der Gewährung folgenden Behörden schriftlich anzuzeigen:

1. der Aufsichtsbehörde,
2. der konsolidierenden Aufsichtsbehörde,
3. der Aufsichtsbehörde des Unternehmens, das beabsichtigt, die finanzielle Unterstützung zu empfangen, und
4. der Europäischen Bankenaufsichtsbehörde.

(2) Die Anzeige nach Absatz 1 muss folgende Angaben enthalten:

1. den begründeten Beschluss der Geschäftsleitung,
2. detaillierte Angaben der beabsichtigten Gewährung finanzieller Unterstützung,
3. eine nachvollziehbare Darstellung der auf Grundlage der in der Vereinbarung über gruppeninterne finanzielle Unterstützung festgelegten Grundsätze zur Festlegung und Berechnung ermittelten Gegenleistung und
4. eine Kopie der Vereinbarung über gruppeninterne finanzielle Unterstützung.

(3) Ist die Aufsichtsbehörde zugleich die konsolidierende Aufsichtsbehörde des Unternehmens, das die Absicht der Gewährung finanzieller Unterstützung anzeigt, informiert sie die übrigen Mitglieder des Aufsichtskollegiums sowie die Mitglieder des Abwicklungskollegiums unverzüglich über die angezeigte Absicht.

§ 33 Entscheidung der Aufsichtsbehörde über die Gewährung gruppeninterner finanzieller Unterstützung durch ein Unternehmen mit Sitz im Inland. (1) [1]Die Aufsichtsbehörde kann der Gewährung der finanziellen Unterstützung innerhalb von fünf Werktagen nach Eingang der vollständigen Anzeige gemäß § 32 Absatz 1 zustimmen oder diese untersagen oder beschränken, wenn die Voraussetzungen für die Gewährung einer finanziellen Unterstützung gemäß § 30 im Zeitpunkt der Gewährung nicht erfüllt sind. [2]Die Entscheidung, die finanzielle Unterstützung zu untersagen oder zu beschränken, ist zu begründen.

(2) [1]Die Entscheidung der Aufsichtsbehörde, der Gewährung der finanziellen Unterstützung zuzustimmen, diese zu untersagen oder zu beschränken, ist

unverzüglich der Aufsichtsbehörde des Unternehmens, dem die finanzielle Unterstützung gewährt werden soll, der Europäischen Bankenaufsichtsbehörde und, wenn die Aufsichtsbehörde nicht zugleich die konsolidierende Aufsichtsbehörde ist, auch dieser unverzüglich anzuzeigen. [2]Ist die Aufsichtsbehörde zugleich die konsolidierende Aufsichtsbehörde, informiert sie die übrigen Mitglieder des Aufsichtskollegiums sowie die Mitglieder des Abwicklungskollegiums unverzüglich über die Entscheidung.

(3) Macht die Aufsichtsbehörde nach Zugang einer ordnungsgemäßen Anzeige nach § 32 Absatz 1 nicht innerhalb der in Absatz 1 Satz 1 bestimmten Frist von ihrer Befugnis zur Untersagung oder Beschränkung der Gewährung finanzieller Unterstützungsleistung Gebrauch oder stimmt sie der Gewährung innerhalb der in Absatz 1 Satz 1 bestimmten Frist zu, kann die Vereinbarung gemäß den angezeigten Angaben vollzogen werden.

§ 34 Beteiligung der Aufsichtsbehörde bei der Entscheidung über die Gewährung gruppeninterner finanzieller Unterstützung durch ein Unternehmen mit Sitz in einem anderen Mitgliedstaat. (1) Untersagt oder beschränkt eine Aufsichtsbehörde mit Sitz in einem anderen Mitgliedstaat die Gewährung finanzieller Unterstützung an ein Unternehmen der Gruppe mit Sitz im Inland, das von der Aufsichtsbehörde beaufsichtigt wird, oder an ein Unternehmen innerhalb einer Gruppe, die der konsolidierenden Aufsicht der Aufsichtsbehörde unterliegt, und hat die Aufsichtsbehörde Einwände gegen die Untersagung oder Beschränkung der Gewährung finanzieller Unterstützung, kann die Aufsichtsbehörde innerhalb von zwei Kalendertagen nach Mitteilung der Entscheidung durch die betroffene Aufsichtsbehörde die Europäische Bankenaufsichtsbehörde mit der Angelegenheit befassen und ihre Unterstützung gemäß Artikel 31 der Verordnung (EU) Nr. 1093/2010 beantragen.

(2) Untersagt oder beschränkt eine Aufsichtsbehörde mit Sitz in einem anderen Mitgliedstaat die Gewährung finanzieller Unterstützung an ein gruppenangehöriges Unternehmen mit Sitz im Inland, das von der Aufsichtsbehörde beaufsichtigt wird und dessen Gruppensanierungsplan gemäß Artikel 7 Absatz 5 der Richtlinie 2014/59/EU Angaben zu getroffenen Vereinbarungen über gruppeninterne finanzielle Unterstützung enthält, so kann die Aufsichtsbehörde bei der konsolidierenden Aufsichtsbehörde beantragen, eine Neubewertung des Gruppensanierungsplans gemäß Artikel 8 der Richtlinie 2014/59/EU einzuleiten oder, wenn der Sanierungsplan auf Ebene des Einzelunternehmens erstellt wird, von diesem die Übersendung eines aktualisierten Sanierungsplans verlangen.

§ 35 Offenlegungspflichten. (1) [1]Jedes Unternehmen einer Gruppe hat offenzulegen, ob es Partei einer Vereinbarung über gruppeninterne finanzielle Unterstützung ist. [2]Jede Partei einer Vereinbarung über gruppeninterne finanzielle Unterstützung hat darüber hinaus die allgemeinen Bedingungen der Vereinbarung sowie die Namen der beteiligten Unternehmen der Gruppe offenzulegen. [3]Die nach den Sätzen 1 und 2 offenzulegenden Angaben sind mindestens einmal jährlich zu aktualisieren.

(2) Die Vorschriften der Artikel 431 bis 434 der Verordnung (EU) Nr. 575/2013[1] sind anzuwenden.

Kapitel 3. Frühzeitiges Eingreifen

§ 36 Frühinterventionsmaßnahmen; Verordnungsermächtigung.

(1) [1] Verschlechtert sich die Finanzlage eines Instituts, insbesondere auf Grund seiner Liquiditätssituation, auf Grund seiner Fremdkapitalquote oder auf Grund von Kreditausfällen oder Klumpenrisiken, signifikant und verstößt ein Institut hierdurch gegen die Anforderungen der Verordnung (EU) Nr. 575/2013, gegen Vorschriften des Kreditwesengesetzes oder einen der Artikel 3 bis 7, 14 bis 17 und 24, 25 und 26 der Verordnung (EU) Nr. 600/2014 des Europäischen Parlaments und des Rates vom 15. Mai 2014 über Märkte für Finanzinstrumente und zur Änderung der Verordnung (EU) Nr. 648/2012 (ABl. L 173 vom 12.6.2014, S. 84), kann die Aufsichtsbehörde, unbeschadet ihrer Befugnisse nach dem Kreditwesengesetz, gegenüber dem Institut Maßnahmen anordnen, die geeignet und erforderlich sind, um die signifikant verschlechterte wirtschaftliche Situation des Instituts zu verbessern. [2] Gleiches gilt, wenn dem Institut nach einer Bewertung der maßgeblichen Umstände, einschließlich der Eigenmittelanforderungen des Instituts zuzüglich 1,5 Prozentpunkten, in naher Zukunft eine Verschlechterung seiner Finanzlage nach Satz 1 droht. [3] Insbesondere kann die Aufsichtsbehörde

1. von der Geschäftsleitung des Instituts verlangen,
   a) den Sanierungsplan gemäß § 12 Absatz 4 zu aktualisieren, wenn sich die Umstände, die zur Erfüllung oder zur drohenden Erfüllung der in Satz 1 genannten Voraussetzungen geführt haben, von den Annahmen im Sanierungsplan unterscheiden;
   b) eine oder mehrere der im Sanierungsplan genannten Handlungsoptionen umzusetzen;
   c) eine Analyse der Situation vorzunehmen und einen Plan zur Überwindung bestehender Probleme einschließlich eines Zeitplans zu erstellen;
   d) einen Plan für Verhandlungen über eine Umschuldung mit einigen oder allen Gläubigern zu erstellen;
   e) die Geschäftsstrategie sowie die rechtlichen und operativen Strukturen zu ändern;
   f) der Aufsichtsbehörde und der Abwicklungsbehörde, auch im Rahmen einer Prüfung vor Ort, Zugang zu allen Informationen zu gewähren, die zur Aktualisierung des Abwicklungsplans, zur Vorbereitung der Abwicklung des Instituts und zur Bewertung der Vermögenswerte und Verbindlichkeiten des Instituts für Abwicklungszwecke erforderlich sind; § 78 Absatz 2 gilt entsprechend;
   g) eine Versammlung der Anteilsinhaber mit einer von der Aufsichtsbehörde vorgegebenen Tagesordnung einzuberufen; kommt die Geschäftsleitung dem nicht nach, so kann die Aufsichtsbehörde die Einberufung anstelle der Geschäftsleitung mit gleicher Wirkung selbst vornehmen;
2. vom Institut verlangen, dass eines oder mehrere der Mitglieder der Geschäftsleitung und des Aufsichts- oder Verwaltungsorgans des Instituts abbe-

---

[1] Nr. **6**.

rufen werden, sofern sie gemäß den Vorschriften des Kreditwesengesetzes[1] für die Erfüllung ihrer Aufgaben nicht geeignet sind.

(2) Die Aufsichtsbehörde hat die zuständigen Abwicklungsbehörden unverzüglich über die Maßnahmen zu unterrichten.

(3) Absatz 1 steht der Verpflichtung des Instituts zur Einhaltung der Beteiligungsrechte nach dem Betriebsverfassungsgesetz nicht entgegen; die Pflicht des Instituts, der Anordnung binnen der von der Aufsichtsbehörde gesetzten Frist in vollem Umfang nachzukommen, bleibt hiervon unberührt.

(4)[2] [1] Das Bundesministerium der Finanzen wird ermächtigt, durch Rechtsverordnung, die nicht der Zustimmung des Bundesrates bedarf, nähere Bestimmungen bezüglich der Umstände zu treffen, auf Grund derer auf einen in naher Zukunft drohenden Verstoß nach Absatz 1 Satz 2 geschlossen werden kann. [2] Das Bundesministerium der Finanzen kann die Ermächtigung durch Rechtsverordnung auf die Bundesanstalt für Finanzdienstleistungsaufsicht mit der Maßgabe übertragen, dass die Rechtsverordnung im Benehmen mit der Abwicklungsbehörde ergeht.

(5) [1] In der Satzung eines Instituts in der Rechtsform der Aktiengesellschaft kann vorgesehen werden, dass eine Hauptversammlung, deren Tagesordnung allein oder neben anderen Gegenständen die Beschlussfassung über eine Kapitalerhöhung enthält, abweichend von § 123 Absatz 1 Satz 1 des Aktiengesetzes mindestens zehn Tage vor der Hauptversammlung einzuberufen ist, wenn

1. die Voraussetzungen für ein aufsichtsbehördliches Tätigwerden nach Absatz 1 Satz 1 oder Satz 2 erfüllt sind und
2. eine Kapitalerhöhung erforderlich ist, um zu verhindern, dass die Abwicklungsvoraussetzungen im Sinne von § 62 eintreten.

[2] Der Beschluss der Hauptversammlung zu einer entsprechenden Änderung der Satzung bedarf der Mehrheit von zwei Dritteln der abgegebenen Stimmen.

(6) [1] Bei der Ermittlung der Mindestfrist ist der Tag der Einberufung nicht mitzurechnen. [2] § 121 Absatz 7 des Aktiengesetzes gilt entsprechend. [3] Sieht die Satzung vor, dass die Frist des § 123 Absatz 1 Satz 1 des Aktiengesetzes unterschritten werden kann, und wird davon Gebrauch gemacht, so müssen zwischen Anmeldung und Versammlung mindestens drei Tage liegen und sind Mitteilungen nach § 125 Absatz 1 Satz 1 des Aktiengesetzes unverzüglich zu machen; § 121 Absatz 7, § 123 Absatz 2 Satz 4 und § 125 Absatz 1 Satz 2 des Aktiengesetzes gelten entsprechend. [4] § 122 Absatz 2 Satz 3 des Aktiengesetzes findet mit der Maßgabe Anwendung, dass das Verlangen der Gesellschaft mindestens sechs Tage vor der Versammlung zugehen muss. [5] Die Gesellschaft hat den Aktionären die Erteilung von Stimmrechtsvollmachten, soweit nach Gesetz und Satzung möglich, zu erleichtern. [6] Mitteilungen an die Aktionäre und fristgerecht eingereichte Anträge von Aktionären sind allen Aktionären zugänglich und in Kurzfassung bekannt zu machen. [7] Die Zusendung von Mitteilungen kann unterbleiben, wenn zur Überzeugung des Vorstands mit Zustimmung des Aufsichtsrats der rechtzeitige Eingang bei den Aktionären nicht wahrscheinlich ist.

---

[1] Nr. **8**.
[2] § 36 Abs. 4 ist bereits am 19.12.2014 in Kraft getreten; vgl. Art. 10 Abs. 3 G v. 10.12.2014 (BGBl. I S. 2091).

(7) [1]Ein Beschluss der Hauptversammlung über eine Kapitalerhöhung im Sinne des Absatzes 5 ist unverzüglich zur Eintragung in das Handelsregister anzumelden. [2]Er ist, sofern er nicht offensichtlich nichtig ist, unverzüglich in das Handelsregister einzutragen. [3]Klagen oder Anträge auf Erlass von Entscheidungen im einstweiligen Anordnungsverfahren stehen seiner Eintragung nicht entgegen. [4]§ 246a Absatz 4 des Aktiengesetzes gilt entsprechend.

§ 37 Abberufung der Geschäftsleitung. (1) [1]Sind die Maßnahmen nach § 36 nicht ausreichend, die signifikante Verschlechterung der wirtschaftlichen Situation des Instituts zu verbessern und die Verstöße gegen die in § 36 Absatz 1 genannten Rechtsvorschriften zu beseitigen, kann die Aufsichtsbehörde gegenüber dem Institut die Abberufung einzelner oder aller Geschäftsleiter oder Mitglieder des Aufsichts- oder Verwaltungsorgans anordnen. [2]Die Bestellung der neuen Geschäftsleiter oder Mitglieder des Aufsichts- oder Verwaltungsorgans durch das Institut bedarf der Zustimmung der Aufsichtsbehörde.

(2) Befugnisse der Aufsichtsbehörde nach dem Kreditwesengesetz[1)] bleiben unberührt.

§ 38 Vorläufiger Verwalter. (1) [1]Wäre eine Maßnahme nach § 37 nicht ausreichend, die signifikant verschlechterte wirtschaftliche Situation des Instituts zu verbessern, kann die Aufsichtsbehörde einen Verwalter für das Institut bestellen, der vorübergehend entweder die Geschäftsleitung und das Aufsichts- oder Verwaltungsorgan des Instituts ablöst oder mit ihnen zusammenarbeitet (vorläufiger Verwalter). [2]Die Aufgaben und Befugnisse des vorläufigen Verwalters sind von der Aufsichtsbehörde festzulegen, wobei die Befugnis zur Einberufung einer Versammlung der Anteilsinhaber und die Festlegung der Tagesordnung nur mit vorheriger Zustimmung der Aufsichtsbehörde ausgeübt werden darf. [3]Die Übertragung von Aufgaben und Befugnissen eines Geschäftsleiters und des Aufsichts- oder Verwaltungsorgans auf einen vorläufigen Verwalter sowie die Aufhebung der Übertragung sind von Amts wegen im Register einzutragen.

(2) Die Aufsichtsbehörde kann für ein Institut auch mehrere vorläufige Verwalter nach Absatz 1 bestellen.

(3) Der vorläufige Verwalter hat der Aufsichtsbehörde in festgelegten Abständen über seine Tätigkeit zu berichten.

(4) [1]Der vorläufige Verwalter wird für einen Zeitraum von maximal einem Jahr bestellt. [2]Dieser Zeitraum kann ausnahmsweise verlängert werden, wenn die Voraussetzungen für die Bestellung eines vorläufigen Verwalters fortbestehen. [3]Die Aufsichtsbehörde kann den vorläufigen Verwalter jederzeit wieder abberufen.

(5) § 45c des Kreditwesengesetzes[1)] bleibt unberührt.

§ 39 Koordinierung der Frühinterventionsmaßnahmen und Bestellung eines vorläufigen Verwalters bei Gruppen. (1) [1]Liegen bei einem EU-Mutterunternehmen, für das die Aufsichtsbehörde die konsolidierende Aufsichtsbehörde ist, die Voraussetzungen der §§ 36 oder 38 vor, so unterrichtet die konsolidierende Aufsichtsbehörde die Europäische Bankenaufsichts-

---

[1)] Nr. 8.

behörde und konsultiert die anderen Aufsichtsbehörden innerhalb des Aufsichtskollegiums. [2] Im Anschluss an die Unterrichtung und Konsultation entscheidet die konsolidierende Aufsichtsbehörde unter Berücksichtigung der Auswirkungen auf die Unternehmen der Gruppe in den anderen Mitgliedstaaten, ob in Bezug auf das EU-Mutterunternehmen eine Maßnahme nach den §§ 36 oder 38 angeordnet werden soll. [3] Ihre Entscheidung teilt sie den anderen Aufsichtsbehörden innerhalb des Aufsichtskollegiums und der Europäischen Bankenaufsichtsbehörde mit.

(2) [1] Liegen bei einem Tochterunternehmen eines EU-Mutterunternehmens, das von der Aufsichtsbehörde beaufsichtigt wird, die Voraussetzungen der §§ 36 oder 38 vor und beabsichtigt die Aufsichtsbehörde die Anordnung einer Maßnahme, so unterrichtet sie die Europäische Bankenaufsichtsbehörde und konsultiert die konsolidierende Aufsichtsbehörde im Hinblick auf deren Bewertung der möglichen Auswirkungen auf die Gruppe oder auf Unternehmen der Gruppe in anderen Mitgliedstaaten. [2] Die Aufsichtsbehörde entscheidet unter Berücksichtigung der Bewertung durch die konsolidierende Aufsichtsbehörde über die Anordnung der Maßnahme. [3] Ist nach Ablauf von drei Kalendertagen keine Bewertung der konsolidierenden Aufsichtsbehörde eingegangen, so kann die Aufsichtsbehörde ohne deren Bewertung entscheiden. [4] Ihre Entscheidung teilt sie der konsolidierenden Aufsichtsbehörde und den anderen Aufsichtsbehörden innerhalb des Aufsichtskollegiums sowie der Europäischen Bankenaufsichtsbehörde mit.

(3) [1] Beabsichtigt die Aufsichtsbehörde die Anordnung einer Maßnahme nach den §§ 36 oder 38 bei einem Institut und beabsichtigt zugleich zumindest eine Aufsichtsbehörde in einem Mitgliedstaat die Anordnung einer Maßnahme nach den entsprechenden nationalen Bestimmungen in Umsetzung der Artikel 27 oder 29 der Richtlinie 2014/59/EU bei einem anderen Institut derselben Gruppe, wirkt die Aufsichtsbehörde an der gemeinsamen Bewertung der Frage mit, ob für alle betroffenen Institute derselbe vorläufige Verwalter bestellt wird oder ob die Anwendung von Frühinterventionsmaßnahmen im Interesse der Wiederherstellung der finanziellen Stabilität des betroffenen Instituts koordiniert wird. [2] Die Bewertung soll in Form einer schriftlichen und mit Gründen versehenen gemeinsamen Entscheidung ergehen, welche die Aufsichtsbehörde, sofern sie die konsolidierende Aufsichtsbehörde ist, dem EU-Mutterunternehmen übermittelt. [3] Die Aufsichtsbehörde kann die Europäische Bankenaufsichtsbehörde gemäß Artikel 31 der Verordnung (EU) Nr. 1093/2010 um Unterstützung bei der Erzielung einer Einigung ersuchen. [4] Liegt innerhalb von fünf Kalendertagen keine einvernehmliche Entscheidung der betroffenen Aufsichtsbehörden vor, entscheidet die Aufsichtsbehörde im Rahmen ihrer Zuständigkeit selbst über die Anordnung der Maßnahme.

(4) [1] Wird die Aufsichtsbehörde in den Fällen des Artikels 30 Absatz 1 oder 3 der Richtlinie 2014/59/EU von einer Entscheidung einer Aufsichtsbehörde eines Mitgliedstaats über Frühinterventionsmaßnahmen unterrichtet und ist sie mit der Entscheidung nicht einverstanden, kann sie bis zum Abschluss der Konsultation gemäß Artikel 19 Absatz 3 der Verordnung (EU) Nr. 1093/2010 die Europäische Bankenaufsichtsbehörde anrufen, wenn die Entscheidung eine der folgenden Frühinterventionsmaßnahmen betrifft:

1. Frühinterventionsmaßnahmen hinsichtlich der Umsetzung von Regelungen oder Maßnahmen aus dem Sanierungsplan, sofern das zur Aufrechterhaltung

oder Wiederherstellung der Existenzfähigkeit und der Finanzlage des Instituts erforderliche Spektrum an Kapital- und Liquiditätsmaßnahmen nach Nummer 4 des Abschnitts A des Anhangs der Richtlinie 2014/59/EU, Regelungen und Maßnahmen zur Erhaltung beziehungsweise Wiederherstellung der Eigenmittel des Instituts nach Nummer 10 des Abschnitts A des Anhangs der Richtlinie 2014/59/EU, Regelungen und Maßnahmen zur Sicherstellung des Zugangs zu Liquiditätsquellen nach Nummer 11 des Abschnitts A des Anhangs der Richtlinie 2014/59/EU oder Maßnahmen zur Durchführung des Sanierungsplans nach Nummer 19 des Abschnitts A des Anhangs der Richtlinie 2014/59/EU betroffen sind;

2. Frühinterventionsmaßnahmen hinsichtlich der Erstellung eines Plans für Verhandlungen über eine Umschuldung oder
3. Frühinterventionsmaßnahmen hinsichtlich der Änderung der rechtlichen oder operativen Strukturen eines Instituts.

[2] Ferner kann sie gemäß Artikel 19 Absatz 3 der Verordnung (EU) Nr. 1093/2010 die Europäische Bankenaufsichtsbehörde anrufen, wenn innerhalb der Frist des Absatzes 3 Satz 4 kein Einvernehmen hinsichtlich der Bewertung in Bezug auf diese Frühinterventionsmaßnahmen erzielt wird. [3] Hat eine Aufsichtsbehörde in einem Mitgliedstaat nach Artikel 19 Absatz 3 der Verordnung (EU) Nr. 1093/2010 die Europäische Bankenaufsichtsbehörde befasst, entscheidet die Aufsichtsbehörde im Einklang mit dem Beschluss der Europäischen Bankenaufsichtsbehörde. [4] Wenn nicht innerhalb von drei Kalendertagen eine Entscheidung der Europäischen Bankenaufsichtsbehörde vorliegt, entscheidet die Aufsichtsbehörde im Rahmen ihrer Zuständigkeit selbst über die Anordnung der Maßnahme.

Teil 3. Abwicklungsrechtliche Vorschriften und Anforderungen zur Vorbereitung der Restrukturierung und Abwicklung

Kapitel 1. Abwicklungsplanung

§ 40 Erstellung und Aktualisierung von Abwicklungsplänen. (1) [1] Die Abwicklungsbehörde erstellt für jedes Institut, das nicht Teil einer Gruppe ist, die einer Beaufsichtigung auf konsolidierter Basis unterliegt, einen Abwicklungsplan. [2] Die Abwicklungsbehörde stimmt sich bei der Erstellung des Abwicklungsplans mit der Aufsichtsbehörde ab. [3] Gleiches gilt für die Abwicklungsbehörden der Mitgliedstaaten und Drittstaaten, in denen sich bedeutende Zweigniederlassungen befinden, soweit Belange der bedeutenden Zweigniederlassung betroffen sind.

(2) [1] Der Abwicklungsplan

1. sieht Abwicklungsmaßnahmen vor, die die Abwicklungsbehörde treffen kann, sofern das Institut die Abwicklungsvoraussetzungen erfüllt, und legt, sofern ein Insolvenzverfahren nicht in Frage kommt, Optionen für die Anwendung der in Teil 4 vorgesehenen Abwicklungsinstrumente und -befugnisse dar;
2. berücksichtigt relevante Szenarien, insbesondere den Fall, dass die Ursachen der Bestandsgefährdung unternehmensspezifischer Natur oder auf eine allgemeine finanzielle Instabilität oder systemweite Ereignisse zurückzuführen sind;

3. darf nicht von folgenden Annahmen ausgehen:
   a) der Gewährung einer außerordentlichen finanziellen Unterstützung aus öffentlichen Mitteln, die über die Gewährung von Mitteln des Restrukturierungsfonds gemäß § 1 des Restrukturierungsfondsgesetzes[1] hinausgeht,
   b) der Gewährung einer Notfallliquiditätshilfe durch eine Zentralbank oder
   c) der Gewährung einer Liquiditätshilfe durch eine Zentralbank auf der Basis nicht standardisierter Besicherungen, Laufzeiten oder Zinssätze;
4. beachtet technische Regulierungsstandards, die nach Artikel 10 Absatz 9 der Richtlinie 2014/59/EU erlassen werden.

[2] Sofern möglich und angezeigt, sollen die Angaben im Abwicklungsplan mengen- und zahlenmäßig belegt werden und nicht nur qualitativer Natur sein.

(3) Der Abwicklungsplan enthält insbesondere

1. eine zusammenfassende Darstellung der Hauptbestandteile des Plans,
2. eine zusammenfassende Darstellung der seit Vorlage des letzten Abwicklungsplans eingetretenen wesentlichen Veränderungen innerhalb des Instituts,
3. Ausführungen dazu, wie kritische Funktionen und wesentliche Geschäftsaktivitäten im erforderlichen Umfang rechtlich und wirtschaftlich von anderen Funktionen getrennt werden könnten, um deren Fortführung nach einem Ausfall des Instituts zu gewährleisten,
4. eine Analyse, unter welchen zeitlichen und sachlichen Voraussetzungen das Institut bei Berücksichtigung der im Abwicklungsplan diskutierten Umstände Zentralbankfazilitäten, die nicht unter Absatz 2 Satz 1 Nummer 3 Buchstabe b fallen, in Anspruch nehmen kann; in diesem Zusammenhang sollen auch Vermögensgegenstände identifiziert werden, die sich als Sicherheiten eignen könnten,
5. eine Schätzung des Zeitrahmens für die jeweilige Umsetzung der wesentlichen Aspekte des Plans,
6. eine detaillierte Darstellung der gemäß § 57 vorgenommenen Bewertung der Abwicklungsfähigkeit,
7. eine Beschreibung wesentlicher Abwicklungshindernisse und etwaiger nach § 59 Absatz 4 verlangter Maßnahmen zum Abbau oder zur Beseitigung von Hindernissen für die Abwicklungsfähigkeit, die im Rahmen der nach § 57 vorgenommenen Bewertung festgestellt wurden,
8. eine Beschreibung der Verfahren zur Ermittlung des Werts und der Marktfähigkeit der kritischen Funktionen, der wesentlichen Geschäftsaktivitäten und der Vermögenswerte des Instituts,
9. eine detaillierte Beschreibung der Vorkehrungen, durch die gewährleistet werden soll, dass die gemäß § 42 zu übermittelnden Informationen auf dem aktuellen Stand sind und den Abwicklungsbehörden jederzeit zur Verfügung stehen,
10. Erläuterungen, wie die verschiedenen Abwicklungsmaßnahmen unter Beachtung der Grundsätze in Absatz 2 Satz 1 Nummer 3 finanziert werden können,

---

[1] Nr. **21**.

11. eine detaillierte Beschreibung der verschiedenen Abwicklungsstrategien, die im Kontext der unterschiedlichen Szenarien und Zeithorizonte angewandt werden können,
12. Erläuterungen zu kritischen wechselseitigen Abhängigkeiten (Vernetzungsanalyse),
13. eine Beschreibung der Voraussetzungen für die Aufrechterhaltung des Zugangs zu Finanzmarktinfrastrukturen, Anlegerentschädigungseinrichtungen und Einlagensicherungssystemen sowie der Übertragbarkeit von Kundenpositionen,
14. eine Analyse der Auswirkungen des Abwicklungsplans auf die Arbeitnehmer und ihre Vertreter, insbesondere unter Berücksichtigung möglicher Kosten,
15. eine Darstellung der Kommunikation mit Medien und der Öffentlichkeit,
16. die Mindestanforderungen für die nach § 49 Absatz 1 erforderlichen Eigenmittel und berücksichtigungsfähigen Verbindlichkeiten sowie gegebenenfalls eine Frist, bis wann diese Mindestanforderungen erfüllt werden müssen,
17. eine Beschreibung der wesentlichen Prozesse und Systeme zur Fortführung des Geschäftsbetriebs des Instituts und
18. sofern einschlägig, Einschätzungen des Instituts in Bezug auf den Abwicklungsplan.

(4) [1] Nach seiner erstmaligen Erstellung wird der Abwicklungsplan mindestens einmal im Kalenderjahr geprüft und gegebenenfalls aktualisiert. [2] Dasselbe gilt nach wesentlichen Änderungen der Rechts- oder Organisationsstruktur des Instituts, seiner Geschäftstätigkeit oder seiner Finanzlage, die sich nicht unwesentlich auf die Wirkungsweise des Abwicklungsplans auswirken oder in sonstiger Weise dessen Änderung erforderlich machen können. [3] Die Aufsichtsbehörde unterrichtet die Abwicklungsbehörde über jede der Aufsichtsbehörde bekannte Änderung, die im Rahmen einer turnusmäßigen Aktualisierung nach Satz 1 oder einer sonstigen Anpassung nach Satz 2 relevant ist oder eine solche Aktualisierung oder Anpassung erforderlich macht.

(5) [1] Die Abwicklungsbehörde übermittelt den Abwicklungsplan und eventuelle Änderungen an die Aufsichtsbehörde. [2] Die zusammenfassende Darstellung der Hauptbestandteile des Plans nach Absatz 3 Nummer 1 soll dem Institut offengelegt werden.

§ 41 Vereinfachte Anforderungen; Verordnungsermächtigung.

(1) Die Abwicklungsbehörde kann die Anforderungen nach den §§ 40 bis 48 und 57 und 58 beschränken in Bezug auf

1. den Inhalt und den Detaillierungsgrad der zu erstellenden Abwicklungspläne,
2. die Frist, innerhalb der Abwicklungspläne aufzustellen oder zu aktualisieren sind,
3. den Inhalt und den Detaillierungsgrad der von den Instituten im Zusammenhang mit der Abwicklungsplanung zu übermittelnden Informationen oder

4. den Detaillierungsgrad der Bewertung der Abwicklungsfähigkeit gemäß den §§ 57 und 58.

(2) Bei der Festlegung vereinfachter Anforderungen berücksichtigt die Abwicklungsbehörde

1. die Auswirkungen, die der Ausfall eines Instituts abhängig von der Art, dem Umfang und der Komplexität der Geschäftsaktivitäten, von der Eigentümerstruktur, von der Rechtsform, dem Risikoprofil und der Vernetztheit und von der Mitgliedschaft in einem institutsbezogenen Sicherungssystem hätte, und
2. ob eine Abwicklung in einem Insolvenzverfahren negative Auswirkungen auf die Finanzmärkte, auf andere Unternehmen der Finanzbranche einschließlich deren Refinanzierung oder auf die Realwirtschaft haben kann.

(3) Dabei beachtet die Abwicklungsbehörde die nach Artikel 4 Absatz 6 der Richtlinie 2014/59/EU festgesetzten technischen Regulierungsstandards.

(4)[1] [1] Das Bundesministerium der Finanzen wird ermächtigt, durch Rechtsverordnung, die nicht der Zustimmung des Bundesrates bedarf, nähere Bestimmungen zu erlassen über die in Absatz 2 genannten Kriterien für die Festlegung vereinfachter Anforderungen. [2] Das Bundesministerium der Finanzen kann die Ermächtigung durch Rechtsverordnung auf die Abwicklungsbehörde mit der Maßgabe übertragen, dass die Rechtsverordnung im Benehmen mit der Bundesanstalt für Finanzdienstleistungsaufsicht und der Deutschen Bundesbank ergeht.

(5) Die Abwicklungsbehörde unterrichtet die Europäische Bankenaufsichtsbehörde darüber, wie sie Artikel 4 Absatz 1 und 8 bis 10 der Richtlinie 2014/59/EU umsetzt und anwendet.

§ 42 Mitwirkung des Instituts; Verordnungsermächtigung. (1) [1] Die Abwicklungsbehörde kann vorbehaltlich der Regelungen in Absatz 2 verlangen, dass das Institut die Abwicklungsbehörde bei der Erstellung und Aktualisierung des Abwicklungsplans umfassend unterstützt. [2] Insbesondere kann die Abwicklungsbehörde verlangen, dass das Institut ihr alle zur Erstellung und Umsetzung des Abwicklungsplans erforderlichen Informationen und Analysen übermittelt. [3] Die Abwicklungsbehörde kann Instituten Anzeige- und Meldepflichten auferlegen, die für die Erstellung und Aktualisierung des Abwicklungsplans erforderlich sind. [4] § 40 Absatz 4 Satz 3 gilt entsprechend für das Institut. [5] In den Fällen der Sätze 1 und 2 sowie im Rahmen von Anzeige- und Meldepflichten nach Satz 3 beachtet die Abwicklungsbehörde technische Regulierungsstandards, die nach Artikel 11 Absatz 3 der Richtlinie 2014/59/EU erlassen werden.

(2) [1] Die Aufsichtsbehörde und die Deutsche Bundesbank prüfen in Zusammenarbeit mit der Abwicklungsbehörde, ob einige oder alle der nach Absatz 1 zu übermittelnden Informationen bereits vorliegen. [2] Liegen entsprechende Informationen vor, stellen die Aufsichtsbehörde und die Deutsche Bundesbank diese der Abwicklungsbehörde zur Verfügung.

(3) [1] Die Abwicklungsbehörde kann im Benehmen mit der Aufsichtsbehörde

---

[1] § 41 Abs. 4 ist bereits am 19.12.2014 in Kraft getreten; vgl. Art. 10 Abs. 3 G v. 10.12.2014 (BGBl. I S. 2091).

1. von einem Institut die Führung detaillierter Aufzeichnungen über Finanzkontrakte, an denen es als Vertragspartei beteiligt ist, in einer zentralen Datenbank verlangen und
2. für alle Institute eine angemessene Frist vorsehen, innerhalb derer die Erstellung solcher Aufzeichnungen möglich sein muss.

[2] Die Abwicklungsbehörde kann für verschiedene Arten von Finanzkontrakten jeweils unterschiedliche Fristen nach Satz 1 Nummer 2 festlegen. [3] Die Befugnisse der Aufsichtsbehörde bleiben unberührt.

(4)[1)] [1] Das Bundesministerium der Finanzen wird ermächtigt, durch Rechtsverordnung, die nicht der Zustimmung des Bundesrates bedarf, nähere Bestimmungen zu erlassen über Art und Umfang der Pflichten nach den Absätzen 1 und 3 zur Übermittlung von Informationen und Analysen sowie der Anzeigepflichten, die zulässigen Datenträger, Übertragungswege und Datenformate und die Verpflichtung zur Erstattung von Sammelanzeigen und die Einreichung von Sammelaufstellungen, soweit dies zur Erfüllung der Aufgaben der Abwicklungsbehörde erforderlich ist, insbesondere, um einheitliche Unterlagen zur Erstellung und Aktualisierung des Abwicklungsplans zu erhalten. [2] Das Bundesministerium der Finanzen kann die Ermächtigung durch Rechtsverordnung auf die Abwicklungsbehörde mit der Maßgabe übertragen, dass die Rechtsverordnung nach Anhörung der Bundesanstalt für Finanzdienstleistungsaufsicht und der Deutschen Bundesbank ergeht.

(5) Die Abwicklungsbehörde ist nicht verpflichtet, dem betroffenen Institut die infolge der Anwendung dieser Vorschrift entstandenen Kosten und Aufwendungen zu ersetzen.

§ 43 Zentrale Verwahrung und Verwaltung von Finanzkontrakten.

(1) [1] Die Aufsichtsbehörde oder die Abwicklungsbehörde kann verlangen, dass Institute und gruppenangehörige Unternehmen sowie das übergeordnete Unternehmen einer Gruppe für die gesamte Gruppe sämtliche Finanzkontrakte zentral verwahren und angemessen verwalten. [2] Die Verwaltung kann zentral für die gruppenangehörigen Unternehmen durch ein Institut im Inland erfolgen. [3] Die Verwaltung der Finanzkontrakte muss insbesondere so ausgestaltet sein, dass

1. Finanzkontrakte in kurzer Zeit auffindbar und zu prüfen sind und
2. Finanzkontrakte vom Institut oder von gruppenangehörigen Unternehmen auf ihre Bedeutung für das Institut oder gruppenangehörige Unternehmen untersucht und eingestuft sind und davon abhängig die wesentlichen Vertragsinhalte erfasst sind.

[4] Das Institut, die gruppenangehörigen Unternehmen sowie das übergeordnete Unternehmen einer Gruppe für die gesamte Gruppe müssen ein System vorhalten, das auch kurzfristig die Auswertung der verwahrten und verwalteten Finanzkontrakte ermöglicht.

(2) Die Aufsichtsbehörde oder die Abwicklungsbehörde kann

---

1) § 42 Abs. 4 ist bereits am 19.12.2014 in Kraft getreten; vgl. Art. 10 Abs. 3 G v. 10.12.2014 (BGBl. I S. 2091).

1. von einem Institut oder gruppenangehörigen Unternehmen jederzeit Auskünfte und Auswertungen zu den verwahrten und verwalteten Finanzkontrakten im Sinne des Absatzes 1 verlangen,
2. dem Institut oder gruppenangehörigen Unternehmen sowie dem übergeordneten Unternehmen einer Gruppe für die gesamte Gruppe aufgeben, die Finanzkontrakte in einer bestimmten Weise zu verwahren und zu verwalten oder
3. von dem Institut oder gruppenangehörigen Unternehmen ergänzende Aufzeichnungen über Finanzkontrakte verlangen.

(3) Auf Anordnung der Aufsichtsbehörde oder der Abwicklungsbehörde hat ein Transaktionsregister gemäß Artikel 81 der Verordnung (EU) Nr. 648/2012 des Europäischen Parlaments und des Rates vom 4. Juli 2012 über OTC-Derivate, zentrale Gegenparteien und Transaktionsregister (ABl. L 201 vom 27.7.2012, S. 1) mit Sitz im Inland der Aufsichtsbehörde oder der Abwicklungsbehörde die für die Erfüllung ihrer jeweiligen Aufgaben und Mandate erforderlichen Informationen zugänglich zu machen und Auswertungen bereitzustellen.

(4) § 42 Absatz 5 ist entsprechend anzuwenden.

§ 44 Information der Abwicklungsbehörde über Vermögenswerte und Verbindlichkeiten. [1] Die Abwicklungsbehörde trifft geeignete Vorkehrungen, um zu gewährleisten, dass sie stets so aktuell und umfassend wie möglich über Vermögenswerte und Verbindlichkeiten des Instituts oder des gruppenangehörigen Unternehmens informiert ist. [2] Institute und gruppenangehörige Unternehmen haben der Abwicklungsbehörde diese Informationen regelmäßig zur Verfügung zu stellen. [3] § 42 Absatz 5 ist entsprechend anzuwenden.

§ 45 Mitwirkung Dritter; Verordnungsermächtigung. (1) [1] Die folgenden Unternehmen haben der Abwicklungsbehörde, der Bundesanstalt für Finanzdienstleistungsaufsicht und der Deutschen Bundesbank Art und Ausmaß der Vernetzung im Sinne des § 40 Absatz 3 Nummer 12 mit Instituten mitzuteilen:

1. Erst- und Rückversicherungsunternehmen sowie Pensionsfonds mit Sitz im Inland,
2. Versicherungs-Holdinggesellschaften im Sinne der §§ 1b und 104a Absatz 2 Nummer 4 des Versicherungsaufsichtsgesetzes mit Sitz im Inland,
3. Versicherungs-Zweckgesellschaften mit Sitz im Inland,
4. gemischte Finanzholding-Gesellschaften mit Sitz im Inland,
5. übergeordnete Unternehmen eines Finanzkonglomerats mit Sitz im Inland, es sei denn, es handelt sich um Institute im Sinne des § 1 Absatz 1b des Kreditwesengesetzes[1)],
6. im Inland erlaubnispflichtige Niederlassungen von Erst- und Rückversicherungsunternehmen mit Sitz in einem Drittstaat,

---

[1)] Nr. 8.

7. Einrichtungen der betrieblichen Altersversorgung mit Sitz in einem Drittstaat,
8. im Inland nach § 110d Absatz 1 Satz 1 des Versicherungsaufsichtsgesetzes erlaubnispflichtige Niederlassungen von Versicherungsunternehmen mit Sitz in einem anderen Mitgliedstaat der Europäischen Gemeinschaft oder in einem anderen Vertragsstaat des Abkommens über den Europäischen Wirtschaftsraum, die nicht den Richtlinien des Rates der Europäischen Gemeinschaft auf dem Gebiet des Versicherungswesens unterliegen,
9. OGAW-Kapitalverwaltungsgesellschaften nach dem Kapitalanlagegesetzbuch, bei extern verwalteten OGAW-Kapitalverwaltungsgesellschaften auch in Bezug auf die von ihnen verwalteten Investmentvermögen, und
10. AIF-Kapitalverwaltungsgesellschaften nach dem Kapitalanlagegesetzbuch, bei extern verwalteten AIF-Kapitalverwaltungsgesellschaften auch in Bezug auf die von ihnen verwalteten Investmentvermögen.

[2] Die Abwicklungsbehörde kann den in Satz 1 genannten Unternehmen weitere Anzeige- und Meldepflichten gegenüber der Abwicklungsbehörde, der Bundesanstalt für Finanzdienstleistungsaufsicht und der Deutschen Bundesbank auferlegen und von diesen Unternehmen weitere Informationen anfordern, die bei der Erstellung und Aktualisierung des Abwicklungsplans für die Vernetzungsanalyse erforderlich sind.

(2)[1)] [1] Das Bundesministerium der Finanzen wird ermächtigt, durch Rechtsverordnung, die nicht der Zustimmung des Bundesrates bedarf, nähere Bestimmungen zu erlassen über Art und Umfang der Mitteilungspflichten nach Absatz 1 sowie deren Zeitpunkt und Form, die zulässigen Datenträger, Übertragungswege und Datenformate und die Verpflichtung zur Erstattung von Sammelanzeigen und die Einreichung von Sammelaufstellungen, soweit dies zur Erfüllung der Aufgaben der Abwicklungsbehörde erforderlich ist, insbesondere, um einheitliche Unterlagen zur Erstellung und Aktualisierung des Abwicklungsplans zu erhalten. [2] Das Bundesministerium der Finanzen kann die Ermächtigung durch Rechtsverordnung auf die Bundesanstalt für Finanzdienstleistungsaufsicht mit der Maßgabe übertragen, dass die Rechtsverordnung im Benehmen mit der Abwicklungsbehörde ergeht.

§ 46 Gruppenabwicklungspläne; Mitwirkung der EU-Mutterunternehmen und Dritter. (1) [1] Ist die Abwicklungsbehörde gemäß § 155 die für die Gruppenabwicklung zuständige Behörde, erstellt sie den Gruppenabwicklungsplan. [2] Die Abwicklungsbehörde arbeitet dabei mit den in Absatz 6 Satz 1 Nummer 5 genannten Abwicklungsbehörden in Abwicklungskollegien zusammen und stimmt sich mit den jeweils zuständigen Aufsichtsbehörden ab. [3] Wenn die Anforderungen des § 8 erfüllt sind, kann die Abwicklungsbehörde bei der Erstellung des Gruppenabwicklungsplans Abwicklungsbehörden aus Drittstaaten einbeziehen, in denen die Gruppe Tochterunternehmen, Finanzholdinggesellschaften oder bedeutende Zweigniederlassungen hat. [4] Der Gruppenabwicklungsplan soll keine unverhältnismäßigen Auswirkungen auf einen Mitgliedstaat haben.

[1)] § 45 Abs. 2 ist bereits am 19.12.2014 in Kraft getreten; vgl. Art. 10 Abs. 3 G v. 10.12.2014 (BGBl. I S. 2091).

(2) [1]Der Gruppenabwicklungsplan wird auf der Basis der nach Absatz 5 zur Verfügung gestellten Informationen erstellt. [2]Der Gruppenabwicklungsplan umfasst einen Plan für die Abwicklung der Gruppe als Ganzes entweder durch das Ergreifen von Maßnahmen auf der Ebene des EU-Mutterunternehmens oder durch eine Aufteilung der Gruppe und eine Abwicklung der Tochtergesellschaften. [3]Der Gruppenabwicklungsplan enthält Abwicklungsmaßnahmen in Bezug auf

1. das EU-Mutterunternehmen,
2. die Tochterunternehmen, die Teil der Gruppe sind und ihren Sitz in einem Mitgliedstaat haben,
3. sonstige gruppenangehörige Unternehmen und
4. Tochterunternehmen, die ihren Sitz nicht in einem Mitgliedstaat haben, vorbehaltlich der Regelungen in §§ 167 bis 171.

(3) [1]Im Gruppenabwicklungsplan

1. werden die Abwicklungsmaßnahmen dargelegt, die in Bezug auf Unternehmen einer Gruppe im Rahmen der in § 40 Absatz 2 Nummer 2 vorgesehenen Szenarien zu treffen sind; dies umfasst Abwicklungsmaßnahmen in Bezug auf gruppenangehörige Unternehmen, auf das Mutterunternehmen und auf Tochterinstitute sowie koordinierte Abwicklungsmaßnahmen in Bezug auf Tochterinstitute;
2. wird analysiert, inwieweit in Bezug auf in der Union ansässige Unternehmen der Gruppe die Abwicklungsinstrumente in koordinierter Weise angewandt und die Abwicklungsbefugnisse in koordinierter Weise ausgeübt werden könnten, insbesondere auf Grund von Maßnahmen zur Erleichterung des Erwerbs der Gruppe als Ganzes, bestimmter abgegrenzter Geschäftsbereiche oder Tätigkeiten, die von mehreren Unternehmen der Gruppe erbracht werden, oder bestimmter Unternehmen der Gruppe durch einen Dritten;
3. werden etwaige Hindernisse für eine koordinierte Abwicklung aufgezeigt;
4. werden, sofern einer Gruppe Unternehmen angehören, die ihren Sitz in Drittländern haben, zum einen angemessene Verfahren für die Zusammenarbeit und die Abstimmung mit den jeweils zuständigen Behörden der betreffenden Drittländer festgelegt und zum anderen die Auswirkungen einer Abwicklung in der Union aufgezeigt;
5. werden Maßnahmen, einschließlich einer rechtlichen und wirtschaftlichen Trennung bestimmter Funktionen oder Geschäftsbereiche, dargestellt, die erforderlich sind, um bei Vorliegen der Abwicklungsvoraussetzungen eine Abwicklung auf Gruppenebene zu erleichtern;
6. werden alle zusätzlichen Maßnahmen beschrieben, die die Abwicklungsbehörde im Zusammenhang mit der Abwicklung der Gruppe zu treffen beabsichtigt;
7. soll nicht von den folgenden Annahmen ausgegangen werden:
   a) der Gewährung einer außerordentlichen finanziellen Unterstützung aus öffentlichen Mitteln, die über die Gewährung von Mitteln des Restruk-

turierungsfonds gemäß § 1 des Restrukturierungsfondsgesetzes[1)] hinausgeht,

b) der Gewährung einer Notfallliquiditätshilfe durch eine Zentralbank oder

c) der Gewährung einer Liquiditätshilfe durch eine Zentralbank auf der Basis nicht standardisierter Besicherungen, Laufzeiten oder Zinssätze;

8. werden, vorbehaltlich der Regelung in Nummer 7, Angaben zur möglichen Finanzierung der verschiedenen Gruppenabwicklungsmaßnahmen gemacht und, sofern der Einsatz von Finanzierungsmechanismen erforderlich ist, Grundsätze für eine Aufteilung der Finanzierungsverantwortung zwischen Finanzierungsmechanismen in mehreren Mitgliedstaaten dargelegt; diese Grundsätze sollen auf fairen und ausgewogenen Kriterien beruhen und insbesondere den Bestimmungen des § 12i des Restrukturierungsfondsgesetzes sowie den Auswirkungen auf die Finanzstabilität in allen betroffenen Mitgliedstaaten Rechnung tragen;

9. ist detailliert auf die Bewertung der Abwicklungsfähigkeit nach § 58 einzugehen und

10. werden technische Regulierungsstandards, die nach Artikel 12 Absatz 6 der Richtlinie 2014/59/EU erlassen werden, beachtet.

[2]Der Inhalt des Gruppenabwicklungsplans soll sich an den Vorgaben des § 40 Absatz 3 orientieren.

(4) [1]Nach seiner erstmaligen Erstellung wird der Gruppenabwicklungsplan mindestens einmal im Kalenderjahr sowie nach Änderungen der Rechts- oder Organisationsstruktur, der Geschäftstätigkeit oder der Finanzlage der Gruppe, einschließlich der Finanzlage jedes Unternehmens der Gruppe, die sich wesentlich auf den Gruppenabwicklungsplan auswirken oder dessen Änderung erforderlich machen könnten, geprüft und gegebenenfalls aktualisiert. [2]Absatz 1 Satz 2 und 3 ist entsprechend anzuwenden.

(5) [1]Das EU-Mutterunternehmen unterstützt die Abwicklungsbehörde umfassend und übermittelt ihr die entsprechenden Informationen und Analysen. [2]Diese umfassende Unterstützung, Informationen und Analysen betreffen das EU-Mutterunternehmen und, soweit notwendig, jedes nachgeordnete Unternehmen der Gruppe und sonstige Mitglieder der Gruppe. [3]§ 42 ist entsprechend anzuwenden.

(6) [1]Unter der Voraussetzung, dass die Vertraulichkeit nach Maßgabe der §§ 5 bis 10 und 21 gewahrt ist, übermittelt die Abwicklungsbehörde die Informationen und Analysen, die sie gemäß Absatz 5 erhält, an

1. die Europäische Bankenaufsichtsbehörde,
2. die in Bezug auf Tochterunternehmen zuständigen Abwicklungsbehörden,
3. die Abwicklungsbehörden der Aufnahmemitgliedstaaten, in denen sich bedeutende Zweigniederlassungen befinden, sofern Belange der jeweiligen bedeutenden Zweigniederlassung betroffen sind,
4. die in den Artikeln 115 und 116 der Richtlinie 2013/36/EU genannten zuständigen Behörden und

---

1) Nr. **21**.

5. die Abwicklungsbehörden der Mitgliedstaaten, in denen sich gruppenangehörige Unternehmen befinden.

[2]Die Informationen und Analysen, die nach Satz 1 Nummer 2, 3 und 4 an die dort genannten Behörden übermittelt werden, umfassen mindestens die Informationen und Analysen, die Belange des Tochterunternehmens oder der bedeutenden Zweigniederlassung betreffen. [3]Der Europäischen Bankenaufsichtsbehörde sind alle Informationen und Analysen zu übermitteln, die für ihre Rolle im Prozess der Gruppenabwicklungsplanung von Belang sind. [4]Handelt es sich um Informationen über Drittstaatsunternehmen, so ist die Abwicklungsbehörde nicht verpflichtet, diese Informationen ohne Zustimmung der betreffenden Aufsichts- oder Abwicklungsbehörde des Drittstaats zu übermitteln.

(7) Dritte sind entsprechend § 45 zur Mitwirkung verpflichtet.

(8) § 40 Absatz 5 ist entsprechend anzuwenden, wobei im Rahmen der entsprechenden Anwendung von § 40 Absatz 5 Satz 2 die Offenlegung gegenüber dem EU-Mutterunternehmen erfolgt.

§ 47 Verfahren für Gruppenabwicklungspläne, wenn die Abwicklungsbehörde die für die Gruppenabwicklung zuständige Behörde ist.

(1) [1]Ist die Abwicklungsbehörde die für die Gruppenabwicklung zuständige Behörde, so entscheiden die Abwicklungsbehörde und die für die Tochterunternehmen zuständigen Abwicklungsbehörden gemeinsam über den Gruppenabwicklungsplan. [2]Die Abwicklungsbehörde stimmt sich zuvor mit der Bundesanstalt für Finanzdienstleistungsaufsicht ab, wenn diese Aufsichtsbehörde ist.

(2) [1]Auf Antrag einer für die gemeinsame Entscheidung zuständigen Abwicklungsbehörde kann die Europäische Bankenaufsichtsbehörde die Abwicklungsbehörden gemäß Artikel 31 Buchstabe c der Verordnung (EU) Nr. 1093/2010 bei der Erreichung einer Einigung unterstützen. [2]Dies gilt nicht, wenn eine der betroffenen Abwicklungsbehörden zu der Einschätzung gelangt, dass die strittige Thematik Auswirkungen fiskalischer Art auf den entsprechenden Mitgliedstaat hat. [3]Als für die Gruppenabwicklung zuständige Behörde soll die Abwicklungsbehörde in diesem Fall eine Neubewertung des Gruppenabwicklungsplanes einschließlich der Mindestanforderungen an Eigenmittel und berücksichtigungsfähige Verbindlichkeiten einleiten.

(3) [1]Liegt innerhalb von vier Monaten nach dem Zeitpunkt der Übermittlung der in § 46 Absatz 5 genannten Informationen und Analysen durch die Abwicklungsbehörde keine gemeinsame Entscheidung der Abwicklungsbehörden vor, so entscheidet die Abwicklungsbehörde allein über den Gruppenabwicklungsplan. [2]Die Entscheidung ist zu begründen und hat den Standpunkten und Vorbehalten anderer Abwicklungsbehörden Rechnung zu tragen.

(4) [1]Die Abwicklungsbehörde teilt die Entscheidung dem EU-Mutterunternehmen mit. [2]Hat eine Abwicklungsbehörde nach Ablauf der Viermonatsfrist die Europäische Bankenaufsichtsbehörde gemäß Artikel 19 der Verordnung (EU) Nr. 1093/2010 mit der Angelegenheit befasst, so stellt die Abwicklungsbehörde ihre Entscheidung in Erwartung eines etwaigen Beschlusses der Europäischen Bankenaufsichtsbehörde nach Artikel 19 Absatz 3 der Verordnung (EU) Nr. 1093/2010 zurück und trifft anschließend ihre Entscheidung im Einklang mit dem Beschluss der Europäischen Bankenaufsichtsbehörde. [3]Die

Viermonatsfrist ist als Schlichtungsphase im Sinne der Verordnung (EU) Nr. 1093/2010 zu betrachten. [4]Fasst die Europäische Bankenaufsichtsbehörde innerhalb eines Monats keinen Beschluss, so findet die Entscheidung der Abwicklungsbehörde Anwendung.

(5) [1]Die Abwicklungsbehörde trifft ihre Entscheidung im Einklang mit dem Beschluss der Europäischen Bankenaufsichtsbehörde nach Artikel 19 Absatz 3 der Verordnung (EU) Nr. 1093/2010, sofern bis zum Ablauf der Viermonatsfrist eine der betroffenen Abwicklungsbehörden die Europäische Bankenaufsichtsbehörde gemäß Artikel 19 der Verordnung (EU) Nr. 1093/2010 mit der Angelegenheit befasst. [2]Fasst die Europäische Bankenaufsichtsbehörde innerhalb eines Monats keinen Beschluss, so gilt Absatz 3 entsprechend.

§ 48 Verfahren für Gruppenabwicklungspläne, wenn die Abwicklungsbehörde nicht die für die Gruppenabwicklung zuständige Behörde ist. (1) Ist die Abwicklungsbehörde nicht die für die Gruppenabwicklung zuständige Behörde, sondern die zuständige Abwicklungsbehörde für ein Tochterunternehmen, bemüht sie sich nach Erhalt der in § 46 Absatz 5 genannten Informationen und Analysen von der für die Gruppenabwicklung zuständigen Behörde, zusammen mit anderen Abwicklungsbehörden und nach Abstimmung mit der Bundesanstalt für Finanzdienstleistungsaufsicht, wenn diese Aufsichtsbehörde ist, eine gemeinsame Entscheidung über einen Gruppenabwicklungsplan für die ihrer Zuständigkeit unterliegenden Unternehmen der Gruppe zu treffen.

(2) [1]Die Abwicklungsbehörde kann die Europäische Bankenaufsichtsbehörde und die Abwicklungsbehörden gemäß Artikel 31 Buchstabe c der Verordnung (EU) Nr. 1093/2010 um Unterstützung bei der Erreichung einer Einigung ersuchen. [2]Dies gilt nicht, wenn eine der betroffenen Abwicklungsbehörden zu der Einschätzung gelangt, dass die strittige Thematik Auswirkungen fiskalischer Art auf den entsprechenden Mitgliedstaat hat.

(3) [1]Liegt innerhalb von vier Monaten nach dem Zeitpunkt der Übermittlung der in § 46 Absatz 5 genannten Informationen und Analysen durch die für die Gruppenabwicklung zuständige Behörde keine gemeinsame Entscheidung der Abwicklungsbehörden über einen Gruppenabwicklungsplan vor, so entscheidet die Abwicklungsbehörde für das entsprechende Tochterunternehmen selbst, erstellt einen Abwicklungsplan für das entsprechende Tochterunternehmen und schreibt diesen fort. [2]Die Entscheidung ist unter Angabe der Gründe, warum dem vorgeschlagenen Gruppenabwicklungsplan nicht zugestimmt wird, zu begründen und hat den Standpunkten und Vorbehalten der anderen Aufsichtsbehörden und Abwicklungsbehörden Rechnung zu tragen. [3]Die Abwicklungsbehörde teilt ihre Entscheidung den anderen Mitgliedern des Abwicklungskollegiums mit.

(4) [1]Die Abwicklungsbehörde trifft ihre Entscheidung im Einklang mit dem Beschluss der Europäischen Bankenaufsichtsbehörde nach Artikel 19 Absatz 3 der Verordnung (EU) Nr. 1093/2010, sofern bis zum Ablauf der Viermonatsfrist eine der betroffenen Abwicklungsbehörden die Europäische Bankenaufsichtsbehörde gemäß Artikel 19 der Verordnung (EU) Nr. 1093/2010 mit der Angelegenheit befasst. [2]Fasst die Europäische Bankenaufsichtsbehörde innerhalb eines Monats keinen Beschluss, so gilt Absatz 3 entsprechend.

Kapitel 2. Anforderungen in Bezug auf berücksichtigungsfähige Verbindlichkeiten, relevante Kapitalinstrumente und genehmigtes Kapital

Abschnitt 1. Mindestbetrag berücksichtigungsfähiger Verbindlichkeiten

§ 49 Institutsspezifischer Mindestbetrag berücksichtigungsfähiger Verbindlichkeiten. (1) [1]Jedes Institut hat auf Verlangen der Abwicklungsbehörde einen Mindestbetrag berücksichtigungsfähiger Verbindlichkeiten vorzuhalten. [2]Der Mindestbetrag wird als Quote bestehend aus der Summe der Eigenmittel und berücksichtigungsfähigen Verbindlichkeiten einerseits und der Summe der Gesamtverbindlichkeiten und Eigenmittel des Instituts andererseits ausgedrückt. [3]Verbindlichkeiten aus Derivaten werden bei der Berechnung der Gesamtverbindlichkeiten mit der Maßgabe berücksichtigt, dass Saldierungsvereinbarungen der Vertragspartner in voller Höhe anerkannt werden.

(2) Berücksichtigungsfähige Verbindlichkeiten müssen folgende Voraussetzungen erfüllen, um auf den Mindestbetrag angerechnet zu werden:

1. die Verbindlichkeit ist in der Höhe, in der sie berücksichtigt werden soll, entstanden;
2. die Verbindlichkeit besteht nicht gegenüber dem Institut und ist nicht durch das Institut garantiert oder von dem Institut in sonstiger Weise besichert;
3. die Verbindlichkeit wird weder direkt noch indirekt durch das Institut finanziert;
4. die Verbindlichkeit hat eine Restlaufzeit von mindestens einem Jahr; gewährt die Verbindlichkeit dem Gläubiger einen Anspruch auf vorzeitige Rückzahlung, gilt die Verbindlichkeit für die Zwecke dieser Vorschrift als in dem Zeitpunkt fällig, in dem eine solche Rückzahlung erstmalig verlangt werden kann;
5. die Verbindlichkeit resultiert nicht aus einem Derivat;
6. es handelt sich nicht um eine Verbindlichkeit aus Einlagen, die gemäß § 46f Absatz 4 Nummer 2 des Kreditwesengesetzes[1)] in einem Insolvenzverfahren vorrangig zu befriedigen ist.

(3) [1]Unterliegt eine Verbindlichkeit dem Recht eines Drittstaats, so kann die Abwicklungsbehörde von dem Institut den Nachweis verlangen, dass die Anwendung des Instruments der Gläubigerbeteiligung auf diese Verbindlichkeit nach dem Recht dieses Drittstaats anerkannt würde, wobei insbesondere das für die Verbindlichkeit geltende Vertragsrecht und internationale Abkommen über die Anerkennung von Abwicklungsmaßnahmen zu berücksichtigen sind. [2]Ist die Abwicklungsbehörde nicht davon überzeugt, dass die Anwendung des Instruments der Gläubigerbeteiligung auf diese Verbindlichkeit nach dem Recht dieses Drittstaats anerkannt würde, kann die Verbindlichkeit nicht auf den Mindestbetrag berücksichtigungsfähiger Verbindlichkeiten angerechnet werden.

(4) Die Abwicklungsbehörde legt den institutsspezifischen Mindestbetrag von berücksichtigungsfähigen Verbindlichkeiten gemäß Absatz 1 insbesondere auf Grundlage der folgenden Kriterien fest:

---

1) Nr. 8.

1. des Erfordernisses, sicherzustellen, dass das Institut durch Anwendung der Abwicklungsinstrumente in einer den Abwicklungszielen entsprechenden Weise abgewickelt werden kann;
2. des Erfordernisses, sicherzustellen, dass das Institut über ausreichende berücksichtigungsfähige Verbindlichkeiten verfügt, um bei Anwendung des Instruments der Gläubigerbeteiligung zu gewährleisten, dass
   a) Verluste absorbiert werden können und
   b) die harte Kernkapitalquote in einem Ausmaß wiederhergestellt werden kann, das erforderlich wäre, um ein ausreichendes Marktvertrauen in das Institut sicherzustellen und es in die Lage zu versetzen, die Zulassungsvoraussetzungen zu erfüllen und die Tätigkeiten, für die es im Rahmen der Richtlinien 2013/36/EU oder 2014/65/EU zugelassen ist, fortzuführen;
3. des Erfordernisses, sicherzustellen, dass das Institut auch für den Fall, dass der Abwicklungsplan den möglichen Ausschluss bestimmter Kategorien berücksichtigungsfähiger Verbindlichkeiten nach § 92 vom Instrument der Gläubigerbeteiligung oder die vollständige Übertragung bestimmter Kategorien berücksichtigungsfähiger Verbindlichkeiten im Rahmen einer partiellen Übertragung auf einen übernehmenden Rechtsträger vorsieht, über ausreichende berücksichtigungsfähige Verbindlichkeiten verfügt, um bei Anwendung des Instruments der Gläubigerbeteiligung zu gewährleisten, dass
   a) Verluste absorbiert werden können und
   b) die harte Kernkapitalquote in einem Ausmaß wiederhergestellt werden kann, das erforderlich wäre, um ein ausreichendes Marktvertrauen in das Institut sicherzustellen und das Institut in die Lage zu versetzen, die Zulassungsvoraussetzungen zu erfüllen und die Tätigkeiten, für die es im Rahmen der Richtlinien 2013/36/EU oder 2014/65/EU zugelassen ist, fortzuführen;
4. der Größe, des Geschäftsmodells, der Refinanzierungsstruktur und des Risikoprofils des Instituts;
5. des Umfangs, in dem ein Einlagensicherungssystem gemäß § 145 zur Finanzierung der Abwicklungsmaßnahmen herangezogen werden könnte und
6. des Umfangs, in dem der Ausfall des Instituts, insbesondere auf Grund der Vernetzung mit anderen Instituten oder mit dem übrigen Finanzsystem, negative Auswirkungen auf die Finanzstabilität im Sinne einer Ansteckung haben könnte.

(5) [1] Der von der Abwicklungsbehörde im Benehmen mit der Bundesanstalt für Finanzdienstleistungsaufsicht, wenn diese Aufsichtsbehörde ist, festgesetzte institutsspezifische Mindestbetrag muss von dem Institut auf Einzelinstitutsbasis vorgehalten werden. [2] Die Abwicklungsbehörde kann nach Anhörung der Aufsichtsbehörde anordnen, dass der Mindestbetrag auch von einem gruppenangehörigen Unternehmen vorzuhalten ist.

(6) Die Abwicklungsbehörde trifft Entscheidungen nach den Absätzen 4 und 5 Satz 2 parallel zur Ausarbeitung und Fortschreibung von Abwicklungsplänen.

§ 50 Mindestbetrag berücksichtigungsfähiger Verbindlichkeiten auf konsolidierter Basis. (1) [1] Übergeordnete Unternehmen, die gleichzeitig EU-Mutterunternehmen sind, haben zusätzlich zum Mindestbetrag berücksichtigungsfähiger Verbindlichkeiten auf Einzelbasis gemäß § 49 auch einen Mindestbetrag berücksichtigungsfähiger Verbindlichkeiten auf konsolidierter Basis vorzuhalten. [2] Die Höhe des Mindestbetrags auf konsolidierter Basis wird von der Abwicklungsbehörde als für die Gruppenabwicklung zuständige Behörde im Benehmen mit der Bundesanstalt für Finanzdienstleistungsaufsicht, wenn diese Aufsichtsbehörde ist, nach Abstimmung mit der für die Aufsicht auf konsolidierter Basis zuständigen Aufsichtsbehörde festgelegt. [3] Dabei sind insbesondere die in § 49 Absatz 4 genannten Kriterien und die Frage, ob Tochterunternehmen in Drittstaaten nach dem Gruppenabwicklungsplan separat abgewickelt werden sollen, zu berücksichtigen.

(2) [1] Ist die Abwicklungsbehörde die für die Gruppenabwicklung zuständige Behörde, bemüht sie sich, mit den für die Tochterunternehmen der Gruppe zuständigen ausländischen Abwicklungsbehörden eine gemeinsame Entscheidung in Bezug auf die Höhe des auf konsolidierter Ebene vorzuhaltenden Mindestbetrags berücksichtigungsfähiger Verbindlichkeiten zu erreichen. [2] Die gemeinsame Entscheidung ist zu begründen. [3] Die Abwicklungsbehörde als die für die Gruppenabwicklung zuständige Behörde teilt dem übergeordneten Unternehmen die gemeinsame Entscheidung mit.

(3) [1] Liegt innerhalb von vier Monaten nach dem Zeitpunkt der Befassung der für die Tochterunternehmen zuständigen ausländischen Abwicklungsbehörden durch die Abwicklungsbehörde keine gemeinsame Entscheidung vor, so entscheidet die Abwicklungsbehörde als die für die Gruppenabwicklung zuständige Behörde über den Mindestbetrag auf konsolidierter Basis. [2] Die Entscheidung ist zu begründen und hat die von den ausländischen Abwicklungsbehörden vorgenommene Bewertung der Tochterunternehmen zu berücksichtigen. [3] Die Abwicklungsbehörde teilt die Entscheidung dem EU-Mutterunternehmen mit.

(4) [1] Die Abwicklungsbehörde trifft ihre Entscheidung über den Mindestbetrag auf konsolidierter Basis im Einklang mit dem Beschluss der Europäischen Bankenaufsichtsbehörde nach Artikel 19 Absatz 3 der Verordnung (EU) Nr. 1093/2010, sofern bis zum Ablauf der Viermonatsfrist eine der betroffenen Abwicklungsbehörden die Europäische Bankenaufsichtsbehörde gemäß Artikel 19 der Verordnung (EU) Nr. 1093/2010 mit der Angelegenheit befasst hat. [2] Fasst die Europäische Bankenaufsichtsbehörde innerhalb eines Monats keinen Beschluss, so gilt Absatz 3 entsprechend.

(5) [1] Ist die Abwicklungsbehörde die für ein Tochterunternehmen zuständige Abwicklungsbehörde, aber nicht die für die Gruppenabwicklung zuständige Behörde, wirkt sie an einer gemeinsamen Entscheidung über den Mindestbetrag auf konsolidierter Ebene entsprechend Absatz 2 mit. [2] Sie kann die Europäische Bankenaufsichtsbehörde gemäß Artikel 19 der Verordnung (EU) Nr. 1093/2010 mit der Angelegenheit befassen. [3] Wenn eine gemeinsame Entscheidung nicht zustande kommt, legt die Abwicklungsbehörde die von der für die Gruppenabwicklung zuständigen Behörde entsprechend Absatz 3 getroffene Entscheidung als bindend zugrunde.

(6) Entscheidungen über den Mindestbetrag auf konsolidierter Basis werden regelmäßig überprüft und gegebenenfalls aktualisiert.

(7) Die Abwicklungsbehörde trifft Entscheidungen über den Mindestbetrag auf konsolidierter Basis parallel zur Ausarbeitung und Fortschreibung von Abwicklungsplänen.

§ 51 Mindestbetrag berücksichtigungsfähiger Verbindlichkeiten für Tochterunternehmen auf Einzelbasis. (1) [1]Die Abwicklungsbehörde legt im Benehmen mit der Bundesanstalt für Finanzdienstleistungsaufsicht, wenn diese Aufsichtsbehörde ist, für die Tochterunternehmen, für die sie zuständige Abwicklungsbehörde ist, den von jedem Tochterunternehmen der Gruppe auf Einzelbasis vorzuhaltenden Mindestbetrag berücksichtigungsfähiger Verbindlichkeiten fest. [2]Dieser Mindestbetrag wird auf eine für das jeweilige Tochterunternehmen angemessene Höhe festgelegt, wobei folgende Kriterien berücksichtigt werden:

1. die in § 49 Absatz 4 genannten Kriterien, insbesondere Größe, Geschäftsmodell, Refinanzierungsstruktur und Risikoprofil des Tochterunternehmens, und
2. der für die Gruppe gemäß § 50 festgelegte Mindestbetrag auf konsolidierter Basis.

(2) [1]Ist die Abwicklungsbehörde die für die Gruppenabwicklung zuständige Behörde, befasst sie die für die Tochterunternehmen der Gruppe zuständigen ausländischen Abwicklungsbehörden und bemüht sich, mit diesen eine gemeinsame Entscheidung in Bezug auf die Höhe des von jedem Tochterunternehmen vorzuhaltenden Mindestbetrags berücksichtigungsfähiger Verbindlichkeiten zu erreichen. [2]Sie kann gemäß Artikel 19 der Verordnung (EU) Nr. 1093/2010 die Europäische Bankenaufsichtsbehörde mit der Angelegenheit befassen. [3]Dies gilt nicht, wenn die von der für das Tochterunternehmen zuständigen Abwicklungsbehörde festgelegte Höhe des Mindestbetrags weniger als einen Prozentpunkt von der nach § 50 festgelegten Höhe des Mindestbetrags auf konsolidierter Ebene abweicht. [4]Die gemeinsame Entscheidung ist zu begründen. [5]Die Abwicklungsbehörde legt den Tochterunternehmen, für die sie die zuständige Abwicklungsbehörde ist, sowie dem EU-Mutterunternehmen, wenn sie die für die Gruppenabwicklung zuständige Behörde ist, die gemeinsame Entscheidung vor. [6]Liegt innerhalb von vier Monaten nach dem Zeitpunkt der Befassung der für die Tochterunternehmen zuständigen ausländischen Abwicklungsbehörden durch die Abwicklungsbehörde keine gemeinsame Entscheidung vor, so entscheidet die Abwicklungsbehörde über die Höhe des von den Tochterunternehmen, für deren Abwicklung sie zuständig ist, vorzuhaltenden Mindestbetrags berücksichtigungsfähiger Verbindlichkeiten.

(3) [1]Ist die Abwicklungsbehörde die für ein Tochterunternehmen zuständige Abwicklungsbehörde, aber nicht die für die Gruppenabwicklung zuständige Behörde, wirkt sie an einer gemeinsamen Entscheidung über den Mindestbetrag auf Einzelbasis entsprechend Absatz 2 mit. [2]Liegt innerhalb von vier Monaten nach dem Zeitpunkt der Befassung der betroffenen Abwicklungsbehörden durch die für die Gruppenabwicklung zuständige Behörde keine gemeinsame Entscheidung in Bezug auf die Höhe des auf das Tochterunternehmen anzuwendenden Mindestbetrags vor, so trifft die Abwicklungsbehörde für die Tochterunternehmen, für deren Abwicklung sie zuständig ist, selbst eine Entscheidung. [3]Hierbei hat sie die von der für die Gruppenabwicklung zuständigen Behörde geäußerte Meinung gebührend zu berücksichtigen. [4]Hat

nach Ablauf der Viermonatsfrist die für die Gruppenabwicklung zuständige Behörde die Europäische Bankenaufsichtsbehörde mit der Angelegenheit befasst, so stellt die Abwicklungsbehörde ihre Entscheidung nach Satz 2 bis zum Vorliegen eines Beschlusses der Europäischen Bankenaufsichtsbehörde gemäß Artikel 19 Absatz 3 der Verordnung (EU) Nr. 1093/2010 zurück. [5] Anschließend trifft sie ihre Entscheidung im Einklang mit dem Beschluss der Europäischen Bankenaufsichtsbehörde. [6] Fasst die Europäische Bankenaufsichtsbehörde innerhalb eines Monats keinen Beschluss, gilt Satz 2 entsprechend.

(4) Die Abwicklungsbehörde legt die von den betroffenen Abwicklungsbehörden im Rahmen ihrer jeweiligen Zuständigkeit getroffenen Entscheidungen als bindend zugrunde.

(5) Entscheidungen über den Mindestbetrag berücksichtigungsfähiger Verbindlichkeiten für Tochterunternehmen werden regelmäßig überprüft und gegebenenfalls aktualisiert.

(6) Die Abwicklungsbehörde trifft Entscheidungen über den Mindestbetrag berücksichtigungsfähiger Verbindlichkeiten für Tochterunternehmen parallel zur Ausarbeitung und Fortschreibung von Abwicklungsplänen.

§ 52 Absehen vom Mindestbetrag berücksichtigungsfähiger Verbindlichkeiten. (1) Die Abwicklungsbehörde als für die Gruppenabwicklung zuständige Behörde kann für ein übergeordnetes Unternehmen, das ein EU-Mutterinstitut ist, von der Festlegung eines institutsspezifischen Mindestbetrags berücksichtigungsfähiger Verbindlichkeiten auf Einzelbasis absehen, wenn

1. das EU-Mutterinstitut den Mindestbetrag auf konsolidierter Basis nach § 50 Absatz 1 einhält und
2. die Aufsichtsbehörde des EU-Mutterinstituts das Institut vollständig von den Eigenmittelanforderungen nach Maßgabe von Artikel 108 Absatz 1 der Richtlinie 2013/36/EU ausgenommen hat.

(2) Die Abwicklungsbehörde als für ein Tochterunternehmen zuständige Abwicklungsbehörde kann für ein Tochterunternehmen von der Festlegung eines einzuhaltenden Mindestbetrags auf Einzelbasis nach § 51 absehen, wenn

1. sowohl das Tochterunternehmen als auch sein Mutterunternehmen in der Bundesrepublik Deutschland zugelassen sind und beaufsichtigt werden;
2. das Mutterunternehmen ein Institut ist und das Tochterunternehmen in dessen Beaufsichtigung auf konsolidierter Basis einbezogen ist;
3. das höchstrangige Gruppeninstitut des Tochterunternehmens mit Sitz im Inland, sofern es nicht zugleich das EU-Mutterinstitut ist, auf unterkonsolidierter Basis den Mindestbetrag auf Einzelbasis nach § 51 Absatz 1 einhält;
4. kein wesentliches praktisches oder rechtliches Hindernis für die unverzügliche Übertragung von Eigenmitteln oder die Rückzahlung von Verbindlichkeiten durch das Mutterunternehmen an das Tochterunternehmen vorhanden oder abzusehen ist;
5. entweder das Mutterunternehmen in Bezug auf die umsichtige Führung des Tochterunternehmens die Anforderungen der Aufsichtsbehörde erfüllt und mit deren Zustimmung erklärt hat, dass es für die von seinem Tochterunternehmen eingegangenen Verpflichtungen bürgt, oder die durch das Tochterunternehmen verursachten Risiken unerheblich sind;

6. die Risikobewertungs-, -mess- und -kontrollverfahren des Mutterunternehmens sich auch auf das Tochterunternehmen erstrecken;
7. das Mutterunternehmen mehr als 50 Prozent der mit den Anteilen oder Aktien des Tochterunternehmens verbundenen Stimmrechte hält oder zur Bestellung oder Abberufung der Mehrheit der Mitglieder des Leitungsorgans des Tochterunternehmens berechtigt ist und
8. die im Sinne des Artikels 4 Absatz 1 Nummer 40 der Verordnung (EU) Nr. 575/2013[1)] zuständige Behörde des Tochterunternehmens dieses vollständig von den Eigenkapitalanforderungen nach Artikel 7 Absatz 1 der Verordnung (EU) Nr. 575/2013 ausgenommen hat.

§ 53 Einhaltung des Mindestbetrags berücksichtigungsfähiger Verbindlichkeiten durch vertragliche Instrumente. (1) In den Entscheidungen über die Höhe des Mindestbetrags berücksichtigungsfähiger Verbindlichkeiten gemäß den §§ 49 bis 52 kann vorgesehen werden, dass der Mindestbetrag berücksichtigungsfähiger Verbindlichkeiten auf konsolidierter Basis oder auf Einzelbasis teilweise durch Instrumente mit einer vertraglichen Gläubigerbeteiligungsklausel zu erfüllen ist.

(2) Ein Instrument kann gemäß Absatz 1 auf den Mindestbetrag angerechnet werden, wenn das Instrument

1. eine Vertragsbestimmung enthält, wonach es in dem Fall, dass die Abwicklungsbehörde das Instrument der Gläubigerbeteiligung auf das betreffende Institut anwendet, in dem erforderlichen Maße herabgeschrieben oder umgewandelt wird, bevor andere berücksichtigungsfähige Verbindlichkeiten herabgeschrieben oder umgewandelt werden, und
2. einer verbindlichen Nachrangvereinbarung unterliegt, wonach es im Fall eines Insolvenzverfahrens gegenüber anderen berücksichtigungsfähigen Verbindlichkeiten nachrangig ist und nicht vor anderen zu dem betreffenden Zeitpunkt noch ausstehenden berücksichtigungsfähigen Verbindlichkeiten – mit Ausnahme anderer vertraglicher Instrumente im Sinne dieser Vorschrift – zurückerstattet werden darf.

§ 54 Überprüfung des Einhaltens des Mindestbetrags berücksichtigungsfähiger Verbindlichkeiten. (1) Die Abwicklungsbehörde überprüft in Abstimmung mit der Aufsichtsbehörde, dass Institute den Mindestbetrag berücksichtigungsfähiger Verbindlichkeiten auf Einzelbasis gemäß § 49 Absatz 1 und gegebenenfalls die Anforderung des § 53 Absatz 1 vorhalten.

(2) Die Abwicklungsbehörde teilt im Benehmen mit der Aufsichtsbehörde der Europäischen Bankenaufsichtsbehörde den Mindestbetrag berücksichtigungsfähiger Verbindlichkeiten und gegebenenfalls die Anforderung gemäß § 53 Absatz 1 mit, die sie für jedes einzelne Institut festgelegt hat.

§ 55 Vertragliche Anerkennung des Instruments der Gläubigerbeteiligung und des Instruments der Beteiligung der Inhaber relevanter Kapitalinstrumente in Drittstaaten. (1) Institute und gruppenangehörige Unternehmen sind verpflichtet, in den Vertragsbestimmungen von berücksich-

---

[1)] Nr. **6**.

tigungsfähigen Verbindlichkeiten, die dem Recht eines Drittstaats unterliegen, zu vereinbaren, dass der Gläubiger oder die Partei der die Verbindlichkeit begründenden Vereinbarung

1. anerkennt, dass das Instrument der Gläubigerbeteiligung auf die Verbindlichkeit angewendet werden kann, und
2. sich sowohl mit einer teilweisen als auch mit einer vollständigen Herabschreibung des Nennwerts oder des ausstehenden Restbetrags und einer Umwandlung in Anteile oder andere Instrumente des harten Kernkapitals einverstanden erklärt, die die Abwicklungsbehörde in Anwendung des Instruments der Gläubigerbeteiligung vornimmt.

(2) Auf Verlangen hat das Institut oder das gruppenangehörige Unternehmen der Abwicklungsbehörde ein Rechtsgutachten in Bezug auf die rechtliche Durchsetzbarkeit und Rechtswirksamkeit dieser Vertragsbestimmung vorzulegen.

(3) Die Verpflichtung gemäß Absatz 1 gilt nicht für

1. Verbindlichkeiten, die gemäß § 91 Absatz 2 vom Anwendungsbereich des Instruments der Gläubigerbeteiligung ausgenommen sind,
2. Verbindlichkeiten aus Einlagen gemäß § 46f Absatz 4 Nummer 2 des Kreditwesengesetzes[1)], und
3. Verbindlichkeiten, die bereits vor dem 1. Januar 2015 begründet worden sind.

(4) [1] Die Abwicklungsbehörde kann berücksichtigungsfähige Verbindlichkeiten, die dem Recht eines bestimmten Drittstaats oder bestimmter Drittstaaten unterliegen, von der Verpflichtung nach Absatz 1 ausnehmen, soweit Verbindlichkeiten nach dem Recht des betreffenden Drittstaats oder einem bindenden Abkommen mit dem betreffenden Drittstaat den Herabschreibungs- und Umwandlungsbefugnissen der Abwicklungsbehörde unterliegen. [2] Die Abwicklungsbehörde kann diese Ausnahme jederzeit aufheben, wenn die Voraussetzungen nach Satz 1 nicht mehr vorliegen.

(5) Die Absätze 1, 2, 3 Nummer 3 und Absatz 4 sind auf das Instrument der Beteiligung der Inhaber relevanter Kapitalinstrumente entsprechend anzuwenden.

(6) Fehlt die Vertragsbestimmung nach Absatz 1 in Verbindung mit Absatz 4 in den Vertragsbestimmungen eines relevanten Kapitalinstruments, dann ist dieses nicht als bankaufsichtlicher Eigenmittelbestandteil anrechenbar.

Abschnitt 2. Genehmigtes Kapital und andere Instrumente harten Kernkapitals

§ 56 Beseitigung der verfahrenstechnischen Hindernisse für das Instrument der Gläubigerbeteiligung. (1) [1] Die Abwicklungsbehörde kann im Benehmen mit der Bundesanstalt für Finanzdienstleistungsaufsicht, wenn diese Aufsichtsbehörde ist, anordnen, dass Institute oder gruppenangehörige Unternehmen jederzeit in ausreichendem Umfang genehmigtes Grundkapital, genehmigtes Stammkapital oder andere Instrumente des harten Kernkapitals vorzuhalten oder eine bedingte Kapitalerhöhung durchzuführen haben, um die

1) Nr. 8.

praktische Durchführbarkeit der Umwandlung von Verbindlichkeiten in Anteile oder andere Instrumente des harten Kernkapitals durch die Ausgabe neuer Anteile oder anderer Instrumente des harten Kernkapitals zu gewährleisten. [2]§ 202 Absatz 3 Satz 1 des Aktiengesetzes und § 55a Absatz 1 Satz 2 des Gesetzes betreffend die Gesellschaften mit beschränkter Haftung sind nicht anzuwenden auf genehmigtes Kapital, das in Vollzug einer Anordnung nach Satz 1 geschaffen wird. [3]Genehmigtes Kapital, das in Vollzug einer Anordnung nach Satz 1 geschaffen wird, wird nicht auf sonstiges genehmigtes Kapital angerechnet. [4]Sollten trotz einer Anordnung gemäß Satz 1 nicht in ausreichendem Umfang genehmigtes Grundkapital, genehmigtes Stammkapital oder andere Instrumente des harten Kernkapitals vorhanden sein, steht dies der Wirksamkeit einer Abwicklungsanordnung nicht entgegen.

(2) [1]Die Abwicklungsbehörde bewertet im Rahmen der Abwicklungsplanung für das betreffende Institut oder gruppenangehörige Unternehmen, ob und in welcher Höhe sie von ihrer Befugnis gemäß Absatz 1 Gebrauch macht. [2]Dabei berücksichtigt sie insbesondere die im Rahmen der Abwicklungsplanung in Betracht gezogenen Abwicklungsinstrumente. [3]Sieht der Abwicklungsplan die Möglichkeit der Anwendung des Instruments der Gläubigerbeteiligung vor, prüft die Abwicklungsbehörde, ob das genehmigte Grundkapital, das genehmigte Stammkapital oder die anderen Instrumente des harten Kernkapitals zur Deckung der in § 96 genannten Beträge ausreichen könnten.

(3) Absatz 1 gilt nicht, wenn rechtsformspezifische Besonderheiten dem Vorhalten von Instrumenten des harten Kernkapitals entgegenstehen und die Möglichkeit der Anwendung des Instruments der Gläubigerbeteiligung bei Vorliegen der Abwicklungsvoraussetzungen oder der Voraussetzungen des § 65 durch andere Maßnahmen, insbesondere die Anordnung eines Rechtsformwechsels nach § 149, sichergestellt ist.

(4) [1]Die Abwicklungsbehörde kann von einem Institut oder gruppenangehörigen Unternehmen verlangen, der Abwicklungsbehörde darzulegen, dass sich aus den Gründungsdokumenten oder der Satzung des Instituts oder gruppenangehörigen Unternehmens keine Hindernisse für die Umwandlung von Verbindlichkeiten in Anteile oder andere Instrumente des harten Kernkapitals ergeben oder dass solche Hindernisse insbesondere durch Anordnung eines Rechtsformwechsels nach § 149 überwunden werden können. [2]Sollten dennoch bei Anwendung des Instruments der Gläubigerbeteiligung solche Hindernisse vorhanden sein, stehen diese der Wirksamkeit einer Abwicklungsanordnung nicht entgegen.

(5) Sehen die Vertragsbestimmungen einer Verbindlichkeit keine Vertragsbestimmung im Sinne des § 55 Absatz 1 vor, hindert dies die Abwicklungsbehörde nicht daran, bei dieser Verbindlichkeit von dem Instrument der Gläubigerbeteiligung Gebrauch zu machen.

Kapitel 3. Abwicklungsfähigkeit

§ 57 Bewertung der Abwicklungsfähigkeit von Instituten. (1) [1]Die Abwicklungsbehörde bewertet, inwieweit ein Institut, das keiner Gruppe angehört, die einer Beaufsichtigung auf konsolidierter Basis unterliegt, abwicklungsfähig ist. [2]Die Abwicklungsbehörde stimmt sich bei ihrer Bewertung mit der Aufsichtsbehörde und den Abwicklungsbehörden der Mitgliedstaaten und der

Drittstaaten ab, in denen sich bedeutende Zweigniederlassungen befinden, soweit Belange dieser bedeutenden Zweigniederlassungen betroffen sind.

(2) Ein Institut ist abwicklungsfähig, wenn es aus Sicht der Abwicklungsbehörde möglich ist, über das Vermögen des Instituts entweder ein Insolvenzverfahren zu eröffnen und durchzuführen oder dieses durch Anwendung von Abwicklungsinstrumenten und -befugnissen abzuwickeln, insofern dabei

1. auch in einer Situation allgemeiner finanzieller Instabilität oder bei Eintritt systemweiter Ereignisse wesentliche nachteilige Auswirkungen auf Finanzsysteme in der Bundesrepublik Deutschland, den anderen Mitgliedstaaten oder der Union insgesamt soweit wie möglich vermieden werden,
2. die Fortführung kritischer Funktionen gewährleistet ist, sofern der Geschäftsbetrieb des Instituts solche kritischen Funktionen umfasst, und
3. kritische Funktionen und wesentliche Geschäftsaktivitäten im erforderlichen Umfang rechtlich und wirtschaftlich von anderen Funktionen getrennt werden.

(3) Für die Zwecke der Bewertung der Abwicklungsfähigkeit gemäß den Absätzen 1 und 2 prüft die Abwicklungsbehörde mindestens die in Abschnitt C des Anhangs der Richtlinie 2014/59/EU genannten Aspekte.

(4) Die Abwicklungsbehörde bewertet die Abwicklungsfähigkeit nach dieser Vorschrift zeitgleich mit und für die Zwecke der Erstellung und Aktualisierung des Abwicklungsplans gemäß § 40.

(5) Kommt die Abwicklungsbehörde im Rahmen der Bewertung der Abwicklungsfähigkeit eines Instituts zu einem negativen Ergebnis, informiert sie die Europäische Bankenaufsichtsbehörde entsprechend und umfassend.

(6) § 42 findet entsprechende Anwendung.

§ 58 Bewertung der Abwicklungsfähigkeit von Gruppen. (1) [1]Wenn die Abwicklungsbehörde gemäß § 155 für die Gruppenabwicklung zuständig ist, bewertet sie die Abwicklungsfähigkeit der entsprechenden Gruppe. [2]Die Abwicklungsbehörde führt die Bewertung innerhalb eines Abwicklungskollegiums nach Abstimmung mit der konsolidierenden Aufsichtsbehörde, den für die Tochterunternehmen zuständigen Abwicklungsbehörden und den Abwicklungsbehörden der Mitgliedstaaten und Drittstaaten, in denen sich bedeutende Zweigniederlassungen befinden, soweit Belange dieser bedeutenden Zweigniederlassungen betroffen sind, durch.

(2) Eine Gruppe ist abwicklungsfähig, wenn es aus Sicht der Abwicklungsbehörden möglich ist, über die Vermögen der Gruppenunternehmen entweder ein Insolvenzverfahren zu eröffnen und durchzuführen oder es durch Anwendung von Abwicklungsinstrumenten und -befugnissen abzuwickeln, sofern dabei

1. insbesondere in einer Situation allgemeiner finanzieller Instabilität oder bei Eintritt systemweiter Ereignisse, wesentliche nachteilige Auswirkungen auf Finanzsysteme in Mitgliedstaaten, in denen Gruppenunternehmen ihren Sitz haben, anderen Mitgliedstaaten oder der Union insgesamt soweit möglich vermieden werden,
2. die Fortführung einschließlich der Möglichkeit der geordneten Abwicklung kritischer Funktionen gewährleistet ist, sofern der Geschäftsbetrieb des jeweiligen Gruppenunternehmens solche kritischen Funktionen umfasst, und

3. die Bedingungen des § 46 Absatz 3 Satz 1 Nummer 7 eingehalten werden.

(3) [1] Für die Zwecke der Bewertung der Abwicklungsfähigkeit gemäß den Absätzen 1 und 2 prüfen die Abwicklungsbehörden mindestens die in Abschnitt C des Anhangs zur Richtlinie 2014/59/EU genannten Aspekte. [2] Darüber hinaus beachtet die Abwicklungsbehörde technische Regulierungsstandards, die nach Artikel 15 Absatz 4 der Richtlinie 2014/59/EU erlassen werden.

(4) Die Bewertung der Abwicklungsfähigkeit nach dieser Vorschrift

1. erfolgt zeitgleich mit und für Zwecke der Erstellung und Aktualisierung des Abwicklungsplans gemäß § 46,
2. ergeht im Rahmen des Entscheidungsprozesses nach § 47 und
3. wird von den Abwicklungskollegien gemäß § 156 berücksichtigt.

(5) Kommt die Abwicklungsbehörde im Rahmen ihrer Beteiligung an der Bewertung der Abwicklungsfähigkeit einer Gruppe zu einem negativen Ergebnis, informiert sie die Europäische Bankenaufsichtsbehörde.

(6) § 47 Absatz 2 findet entsprechende Anwendung.

§ 59 Abbau und Beseitigung von Abwicklungshindernissen bei Instituten; Verordnungsermächtigung. (1) [1] Stellt die Abwicklungsbehörde bei ihrer Bewertung nach § 57 fest, dass der Abwicklungsfähigkeit des Instituts wesentliche Hindernisse entgegenstehen, so teilt sie dies dem betreffenden Institut und den nach § 57 Absatz 1 beteiligten Behörden schriftlich unter Hinweis auf die Frist nach Absatz 2 mit. [2] Die deutsche Fassung des Schreibens kann mit einer nicht bindenden Übersetzung versehen werden.

(2) Innerhalb von vier Monaten nach Erhalt einer Mitteilung nach Absatz 1 hat das Institut der Abwicklungsbehörde geeignete Maßnahmen vorzuschlagen, mit denen die in der Mitteilung nach Absatz 1 genannten Hindernisse beseitigt oder zumindest abgebaut werden sollen.

(3) [1] Die Abwicklungsbehörde bewertet, ob die nach Absatz 2 vorgeschlagenen Maßnahmen geeignet sind, die in Frage stehenden Hindernisse zu beseitigen oder zumindest abzubauen. [2] Die Abwicklungsbehörde stimmt sich bei ihrer Bewertung mit der Aufsichtsbehörde ab.

(4) [1] Kommt die Abwicklungsbehörde in ihrer Bewertung zu dem Ergebnis, dass die vorgeschlagenen Maßnahmen geeignet sind, die in Frage stehenden Hindernisse zu beseitigen oder zumindest abzubauen, ordnet die Abwicklungsbehörde an, dass das Institut die nach Absatz 2 vorgeschlagenen Maßnahmen unverzüglich umzusetzen hat. [2] Andernfalls ordnet die Abwicklungsbehörde an, dass das Institut andere von der Abwicklungsbehörde festgelegte alternative Maßnahmen zur Beseitigung oder zum Abbau der in Frage stehenden Hindernisse umzusetzen hat. [3] Das Institut erstellt innerhalb eines Monats einen Plan, der darlegt, wie die von der Abwicklungsbehörde festgelegten Maßnahmen umgesetzt werden sollen.

(5) Die von der Abwicklungsbehörde anzuordnenden alternativen Maßnahmen nach Absatz 4 Satz 2 müssen erforderlich und verhältnismäßig sein, um die in Frage stehenden Abwicklungshindernisse abzubauen oder zu beseitigen, und dabei der Bedrohung der Finanzstabilität durch diese Abwicklungshindernisse sowie den Auswirkungen der alternativen Maßnahmen auf die Geschäftstätig-

keit, die Stabilität und die Fähigkeit des Instituts, einen Beitrag zur Wirtschaft zu leisten, Rechnung tragen.

(6) [1] Die Abwicklungsbehörde kann nach Maßgabe von Absatz 5 anordnen, dass das Institut eine oder mehrere der folgenden Maßnahmen umzusetzen hat:

1. den Abschluss oder die Änderung von Vereinbarungen über eine gruppeninterne finanzielle Unterstützung;
2. den Abschluss von Dienstleistungsvereinbarungen über die Sicherstellung kritischer Funktionen;
3. die Begrenzung der maximalen individuellen und aggregierten Risikopositionen; dies gilt, unbeschadet der Regelungen über Großkredite, auch für berücksichtigungsfähige Verbindlichkeiten im Sinne des § 91 Absatz 1, die gegenüber anderen Instituten bestehen, es sei denn, es handelt sich um Verbindlichkeiten gegenüber einem gruppenangehörigen Unternehmen;
4. die Erfüllung zusätzlicher, für Zwecke der Abwicklungsplanung relevanter Informationspflichten in regelmäßigen oder unregelmäßigen Abständen;
5. die Veräußerung von Vermögensgegenständen;
6. die Einschränkung oder die Einstellung bestehender oder geplanter Geschäftsaktivitäten oder des Vertriebs neuer oder existierender Produkte;
7. die Änderung der rechtlichen oder operativen Strukturen des Instituts, um die Komplexität zu reduzieren und um zu gewährleisten, dass kritische Funktionen durch die Anwendung der Abwicklungsinstrumente rechtlich und operativ von anderen Funktionen getrennt werden können;
8. die Errichtung einer Mutterfinanzholdinggesellschaft oder gemischten Mutterfinanzholdinggesellschaft in einem Mitgliedstaat oder einer EU-Finanzholdinggesellschaft;
9. die Begebung berücksichtigungsfähiger Verbindlichkeiten oder die Vornahme alternativer Maßnahmen, um die Anforderungen nach § 49 zu erfüllen; zu den alternativen Maßnahmen gehört insbesondere der Versuch, die Bedingungen ausstehender berücksichtigungsfähiger Verbindlichkeiten, Kernkapital- oder Ergänzungskapitalinstrumente mit dem Ziel nachzuverhandeln, dass Entscheidungen der Abwicklungsbehörde nach dem maßgeblichen Recht Anerkennung finden;
10. wenn es sich bei einem Institut um ein Tochterunternehmen einer gemischten Holdinggesellschaft handelt, die Errichtung einer getrennten Finanzholdinggesellschaft durch die gemischte Holdinggesellschaft zur Kontrolle des Instituts, soweit dies erforderlich ist, um die Abwicklung des Instituts zu erleichtern und zu verhindern, dass die Anwendung der in Teil 4 vorgesehenen Abwicklungsinstrumente und -befugnisse sich negativ auf die nicht im Finanzsektor operierenden Teile der Gruppe auswirkt.

[2] Die Abwicklungsbehörde soll Maßnahmen nach den Nummern 5 bis 7 nur anordnen, wenn dem Institut zuvor erneut Gelegenheit gegeben wurde, Maßnahmen zur Beseitigung der Hindernisse vorzuschlagen, und die vorgeschlagenen Maßnahmen nach Einschätzung der Abwicklungsbehörde nicht geeignet sind, die Hindernisse wirksam zu beseitigen. [3] Handelt es sich bei einem Institut um ein Tochterunternehmen einer gemischten Holdinggesellschaft, kann die Abwicklungsbehörde ferner anordnen, dass die gemischte Holdinggesellschaft eine getrennte Finanzholdinggesellschaft zur Kontrolle des Instituts errichtet,

sofern dies erforderlich ist, um die Abwicklung des Instituts zu erleichtern und zu verhindern, dass sich die Anwendung der in Teil 4 vorgesehenen Abwicklungsinstrumente und -befugnisse negativ auf die nicht im Finanzsektor operierenden Teile der Gruppe auswirkt.

(7) Bevor die Abwicklungsbehörde eine Maßnahme nach Absatz 4 Satz 2 verlangt, prüft sie nach Abstimmung mit der Aufsichtsbehörde, der Deutschen Bundesbank und gegebenenfalls mit der Behörde, die mit der Durchführung der makroprudenziellen Politik nach der Empfehlung B Nummer 1 der Empfehlung des Europäischen Ausschusses für Systemrisiken vom 22. Dezember 2011 zu dem makroprudenziellen Mandat der nationalen Behörden (ESRB/2011/3) betraut ist, die potentiellen Auswirkungen der betreffenden Maßnahme auf das jeweilige Institut, auf den gemeinsamen Markt für Finanzdienstleistungen, die Finanzstabilität in anderen Mitgliedstaaten und der Union als solcher.

(8) Absatz 4 Satz 2 und die Absätze 5 und 6 gelten entsprechend, wenn das Institut innerhalb der Frist des Absatzes 2 keine Vorschläge unterbreitet.

(9) Im Fall des Absatzes 1 ist die Pflicht der Abwicklungsbehörde zur Erstellung eines Abwicklungsplans nach § 40 soweit und so lange ausgesetzt, bis das Verfahren nach Absatz 4, einschließlich einer entsprechenden Anwendung des Absatzes 4 nach Absatz 8, beendet wurde und die entsprechenden Hindernisse beseitigt oder zumindest abgebaut wurden.

(10)[1] [1] Das Bundesministerium der Finanzen wird ermächtigt, durch Rechtsverordnung, die nicht der Zustimmung des Bundesrates bedarf, nähere Bestimmungen bezüglich der in Absatz 6 vorgesehenen Maßnahmen und der Voraussetzungen, unter denen sie jeweils angeordnet werden können, zu treffen. [2] Das Bundesministerium der Finanzen kann die Ermächtigung durch Rechtsverordnung auf die Abwicklungsbehörde übertragen.

§ 60 Abbau und Beseitigung von Abwicklungshindernissen bei Gruppen. (1) [1] Ist die Abwicklungsbehörde nach § 155 für die Gruppenabwicklung zuständig, erstellt sie in Zusammenarbeit mit der konsolidierenden Aufsichtsbehörde und der Europäischen Bankenaufsichtsbehörde im Einklang mit Artikel 25 Absatz 1 der Verordnung (EU) Nr. 1093/2010 und nach Abstimmung mit den betroffenen Aufsichtsbehörden einen Bericht. [2] Diesen übermittelt sie an

1. das EU-Mutterunternehmen,
2. die für die Tochterunternehmen zuständigen Abwicklungsbehörden und
3. die Abwicklungsbehörden der Mitgliedstaaten und Drittstaaten, in denen sich bedeutende Zweigniederlassungen befinden.

(2) [1] In dem Bericht nach Absatz 1 werden

1. etwaige wesentliche Hindernisse für eine effektive Anwendung der Abwicklungsinstrumente und Ausübung der Abwicklungsbefugnisse in Bezug auf die Gruppe analysiert und

[1] § 59 Abs. 10 ist bereits am 19.12.2014 in Kraft getreten; vgl. Art. 10 Abs. 3 G v. 10.12.2014 (BGBl. I S. 2091).

2. Empfehlungen für Maßnahmen formuliert, die nach Auffassung der Abwicklungsbehörde erforderlich oder angemessen sind, um Hindernisse nach Nummer 1 zu beseitigen.

[2] Die Auswirkungen auf das Geschäftsmodell der Gruppe sind jeweils zu berücksichtigen.

(3) [1] Innerhalb von vier Monaten nach Vorlage des Berichts nach Absatz 1 kann das EU-Mutterunternehmen Stellung nehmen und der Abwicklungsbehörde als für die Gruppenabwicklung zuständige Behörde alternative Maßnahmen vorschlagen, mit denen die im Bericht aufgezeigten Hindernisse beseitigt oder zumindest abgebaut werden können. [2] Die Abwicklungsbehörde unterrichtet die konsolidierende Aufsichtsbehörde, die Europäische Bankenaufsichtsbehörde sowie die Behörden nach Absatz 1 Satz 2 Nummer 2 und 3 über die vorgeschlagenen Maßnahmen oder darüber, dass das EU-Mutterunternehmen innerhalb der Frist des Satzes 1 keine Maßnahmen vorgeschlagen hat.

(4) [1] Nach Abstimmung mit den übrigen Aufsichtsbehörden und den Abwicklungsbehörden der Mitgliedstaaten und Drittstaaten, in denen sich bedeutende Zweigniederlassungen befinden, bemüht sich die Abwicklungsbehörde als für die Gruppenabwicklung zuständige Behörde, gemeinsam mit den für die Tochterunternehmen zuständigen Abwicklungsbehörden eine gemeinsame Entscheidung zu treffen bezüglich

1. der Identifizierung der wesentlichen Hindernisse und,
2. soweit erforderlich, der Bewertung der von dem EU-Mutterunternehmen vorgeschlagenen Maßnahmen sowie der von den Behörden verlangten Maßnahmen zur Beseitigung oder zum Abbau der bestehenden Hindernisse.

[2] Bei der Entscheidung sollen die möglichen Auswirkungen solcher Maßnahmen in den Mitgliedstaaten, in denen die Gruppe tätig ist, berücksichtigt werden. [3] In der Entscheidung kann vorgesehen werden, dass eine oder mehrere Maßnahmen im Sinne des § 59 Absatz 5 auf Ebene einzelner Gruppenunternehmen oder in Bezug auf die Gruppe insgesamt angeordnet werden. [4] Die Abwicklungsbehörde kann die Europäische Bankenaufsichtsbehörde gemäß Artikel 31 Buchstabe c der Verordnung (EU) Nr. 1093/2010 um Unterstützung bei der Erzielung einer Einigung ersuchen. [5] Die Abwicklungsbehörde als für die Gruppenabwicklung zuständige Behörde teilt die gemeinsame Entscheidung dem EU-Mutterunternehmen mit.

(5) [1] Liegt innerhalb von vier Monaten nach Vorlage des Berichts nach Absatz 1 keine gemeinsame Entscheidung vor, so entscheidet die Abwicklungsbehörde als für die Gruppenabwicklung zuständige Behörde allein über die auf Gruppenebene zu treffenden Maßnahmen. [2] Dabei trägt sie den Standpunkten und Vorbehalten anderer Abwicklungsbehörden Rechnung. [3] Die Abwicklungsbehörde begründet die Entscheidung und teilt sie dem EU-Mutterunternehmen mit. [4] Sie trifft ihre Entscheidung im Einklang mit dem Beschluss der Europäischen Bankenaufsichtsbehörde nach Artikel 19 der Verordnung (EU) Nr. 1093/2010, sofern eine der betroffenen Behörden die Europäische Bankenaufsichtsbehörde mit einer der in § 59 Absatz 6 Nummer 7, 8 oder 10 genannten Angelegenheiten befasst hat. [5] Fasst die Europäische Bankenaufsichtsbehörde innerhalb eines Monats keinen Beschluss, so gilt Satz 1 entsprechend.

(6) [1]Ist die Abwicklungsbehörde die zuständige Abwicklungsbehörde für Tochterunternehmen der Gruppe, ohne nach § 155 für die Gruppenabwicklung zuständig zu sein, bemüht sie sich, nach Abstimmung mit den übrigen Aufsichtsbehörden und den Abwicklungsbehörden der Mitgliedstaaten und Drittstaaten, in denen sich bedeutende Zweigniederlassungen befinden, gemeinsam mit der für die Gruppenabwicklung zuständigen Abwicklungsbehörde und den anderen betroffenen Abwicklungsbehörden eine gemeinsame Entscheidung zu treffen bezüglich

1. der Identifizierung der wesentlichen Hindernisse und,
2. soweit erforderlich, der Bewertung der von dem EU-Mutterunternehmen vorgeschlagenen Maßnahmen sowie der von den Behörden vorgeschlagenen Maßnahmen zur Beseitigung oder zum Abbau der bestehenden Hindernisse.

[2]Die Abwicklungsbehörde kann die Europäische Bankenaufsichtsbehörde gemäß Artikel 19 der Verordnung (EU) Nr. 1093/2010 mit einer der in § 59 Absatz 6 Nummer 7, 8 oder 10 genannten Angelegenheiten befassen. [3]Sie teilt die gemeinsame Entscheidung den Tochterunternehmen mit, welche ihrer Zuständigkeit unterfallen.

(7) [1]Liegt innerhalb von vier Monaten keine gemeinsame Entscheidung der Abwicklungsbehörden nach Absatz 6 vor, so trifft die Abwicklungsbehörde für die Tochterunternehmen, für welche sie zuständig ist, selbst eine Entscheidung. [2]Hierbei hat sie die Standpunkte und Vorbehalte der anderen Abwicklungsbehörden gebührend zu berücksichtigen. [3]Sie teilt die Entscheidung den betroffenen Tochterunternehmen und der für die Gruppenabwicklung zuständigen Abwicklungsbehörde mit. [4]Die Abwicklungsbehörde trifft ihre Entscheidung im Einklang mit dem Beschluss der Europäischen Bankenaufsichtsbehörde nach Artikel 19 der Verordnung (EU) Nr. 1093/2010, sofern eine der betroffenen Behörden die Europäische Bankenaufsichtsbehörde mit einer der in § 59 Absatz 6 Nummer 7, 8 oder 10 genannten Angelegenheiten befasst hat. [5]Fasst die Europäische Bankenaufsichtsbehörde innerhalb eines Monats keinen Beschluss, gilt Satz 1 entsprechend.

(8) Soweit eine gemeinsame Entscheidung nicht zustande kommt, legt die Abwicklungsbehörde die von der für die Gruppenabwicklung zuständigen Behörde und von den betroffenen Abwicklungsbehörden im Rahmen deren jeweiliger Zuständigkeit getroffenen Entscheidungen als bindend zugrunde.

(9) [1]Ist die Abwicklungsbehörde nach § 155 für die Gruppenabwicklung zuständig, setzt sie das Verfahren zur Erstellung eines Gruppenabwicklungsplans nach § 46 soweit und so lange aus, bis das Verfahren nach den Absätzen 1 bis 6 beendet wurde und die Hindernisse für eine effektive Anwendung der Abwicklungsinstrumente und Ausübung der Abwicklungsbefugnisse beseitigt oder zumindest abgebaut wurden. [2]Ist die Abwicklungsbehörde nicht nach § 155 für die Gruppenabwicklung zuständig, setzt sie das Verfahren zur Erstellung eines Teilabwicklungsplans nach § 48 Absatz 3 und 4 soweit und so lange aus, bis das Verfahren nach den Absätzen 7 und 8 beendet wurde und die Hindernisse für eine effektive Anwendung der Abwicklungsinstrumente und Ausübung der Abwicklungsbefugnisse beseitigt oder zumindest abgebaut wurden.

§ 60a Vertragliche Anerkennung der vorübergehenden Aussetzung von Beendigungsrechten. (1) Institute und gruppenangehörige Unternehmen sind verpflichtet, in Finanzkontrakte, die dem Recht eines Drittstaats unterliegen oder für welche ein Gerichtsstand in einem Drittstaat besteht, vertragliche Bestimmungen aufzunehmen, durch welche die Gegenpartei

1. anerkennt, dass die Bestimmungen zur vorübergehenden Aussetzung von Beendigungsrechten und sonstigen vertraglichen Rechten nach den §§ 82 bis 84, 144 Absatz 3 und nach § 169 Absatz 5 Nummer 3 und 4 auf die Verbindlichkeit des Instituts oder gruppenangehörigen Unternehmens angewendet werden können und
2. sich mit einer in Ausübung der Befugnisse nach den §§ 82 bis 84, 144 Absatz 3 und nach § 169 Absatz 5 Nummer 3 und 4 ergehenden Aussetzung von Beendigungsrechten und sonstigen vertraglichen Rechten einverstanden erklärt.

(2) Die Verpflichtung gemäß Absatz 1 gilt nicht

1. für Verbindlichkeiten, die vor dem 1. Januar 2016 begründet wurden, es sei denn, die betroffene Verbindlichkeit ist in eine Saldierungsvereinbarung einbezogen, welche auch nach dem 1. Januar 2016 begründete Verbindlichkeiten umfasst,
2. für Finanzkontrakte oder Rahmenvereinbarungen, welche von oder mit den in § 84 Absatz 4 genannten Teilnehmern, Systembetreibern, zentralen Gegenparteien und Zentralbanken geschlossen werden.

(3) [1] Übergeordnete Unternehmen gemäß § 10a des Kreditwesengesetzes[1)] tragen dafür Sorge, dass deren nachgeordnete Unternehmen gemäß § 10a des Kreditwesengesetzes mit Sitz im Ausland die Bestimmungen der Absätze 1 und 2 erfüllen, sofern die betroffenen Finanzkontrakte Verpflichtungen enthalten, deren Erfüllung von einem gruppenangehörigen Unternehmen mit Sitz im Inland garantiert oder auf andere Art und Weise sichergestellt wird; § 10a Absatz 8 des Kreditwesengesetzes gilt entsprechend. [2] Ausgenommen von dieser Verpflichtung sind übergeordnete Unternehmen einer gemischten Finanzholding-Gruppe, welche kein Institut sind.

(4) [1] Die Abwicklungsbehörde kann die Pflichten nach den Absätzen 1 bis 3 mittels Verwaltungsakts durchsetzen. [2] Bei der Ausübung ihres Ermessens kann die Abwicklungsbehörde insbesondere die Besonderheiten des Geschäftsmodells, des betroffenen ausländischen Marktes, des betroffenen Vertragstyps und die Systemrelevanz sowie die zu erwartenden Auswirkungen auf die Abwicklungsfähigkeit des betroffenen Instituts oder gruppenangehörigen Unternehmens, im Fall des Absatzes 3 des gruppenangehörigen Unternehmens mit Sitz im Inland berücksichtigen.

Kapitel 4. Gründung von Brückeninstituten und Vermögensverwaltungsgesellschaften

§ 61 Gründung von Brückeninstituten und Vermögensverwaltungsgesellschaften. (1) Die Abwicklungsbehörde oder der Restrukturierungsfonds gemäß § 1 des Restrukturierungsfondsgesetzes[2)] kann, auch ohne konkreten Anlass, juristische Personen gründen, die

---

[1)] Nr. **8**.
[2)] Nr. **21**.

1. im Rahmen von Übertragungen nach § 107 Absatz 1 Nummer 1 Buchstabe b als übernehmender Rechtsträger fungieren können (Brückeninstitut) oder
2. im Rahmen von Übertragungen nach § 107 Absatz 1 Nummer 2 als übernehmender Rechtsträger fungieren können (Vermögensverwaltungsgesellschaft).

(2) [1] Die Abwicklungsbehörde oder der Restrukturierungsfonds kann Anteile an einem Rechtsträger erwerben, der von einem Dritten für die Zwecke des § 107 Absatz 1 Nummer 1 Buchstabe a oder Nummer 2 gegründet wurde, um diesen als Brückeninstitut im Rahmen einer Übertragung nach § 107 Absatz 1 Nummer 1 Buchstabe b oder als Vermögensverwaltungsgesellschaft im Rahmen einer Übertragung nach § 107 Absatz 1 Nummer 2 zu verwenden. [2] Ein Anteilserwerb soll nur erfolgen, wenn ein wichtiges Interesse des Bundes vorliegt und sich der vom Bund erstrebte Zweck nicht besser und wirtschaftlicher auf andere Weise erreichen lässt. [3] Die §§ 65 bis 69 der Bundeshaushaltsordnung sind nicht anzuwenden.

(3) § 202 Absatz 3 Satz 1 des Aktiengesetzes ist auf Brückeninstitute und Vermögensverwaltungsgesellschaften nicht anzuwenden.

Teil 4. Abwicklung

Kapitel 1. Abwicklungsbefugnis, Voraussetzungen und weitere Befugnisse

§ 62 Abwicklungsvoraussetzungen in Bezug auf Institute. (1) [1] Die Abwicklungsvoraussetzungen in Bezug auf ein Institut liegen vor, wenn

1. das Institut in seinem Bestand gefährdet ist;
2. die Durchführung einer Abwicklungsmaßnahme zur Erreichung eines oder mehrerer Abwicklungsziele erforderlich und verhältnismäßig ist und wenn dies bei einer Liquidation des Instituts im Wege eines regulären Insolvenzverfahrens nicht im selben Umfang der Fall wäre und
3. die Bestandsgefährdung sich innerhalb des zur Verfügung stehenden Zeitrahmens nicht ebenso sicher durch andere Maßnahmen als durch Abwicklungsmaßnahmen beseitigen lässt. Als alternative Maßnahmen kommen in Betracht:
   a) Maßnahmen des privaten Sektors einschließlich Maßnahmen eines Institutssicherungssystems oder
   b) Maßnahmen der Aufsichtsbehörde, insbesondere Maßnahmen frühzeitigen Eingreifens gemäß den §§ 36 bis 38 oder Maßnahmen gemäß den §§ 45 bis 46 des Kreditwesengesetzes[1].

[2] Die vorhergehende Anwendung von Maßnahmen frühzeitigen Eingreifens gemäß den §§ 36 bis 38 oder von Maßnahmen gemäß den §§ 45 bis 46 des Kreditwesengesetzes ist keine Voraussetzung für den Erlass von Abwicklungsmaßnahmen.

(2) [1] Die Aufsichtsbehörde stellt nach Anhörung der Abwicklungsbehörde oder die Abwicklungsbehörde stellt nach Anhörung der Aufsichtsbehörde die

[1] Nr. 8.

Bestandsgefährdung des Instituts fest. 2 Zu diesem Zweck stellen sich die Abwicklungsbehörde und die Aufsichtsbehörde auf Anforderung gegenseitig unverzüglich alle Informationen zur Verfügung, die für diese Feststellung erforderlich sind.

§ 63 Bestandsgefährdung; Verordnungsermächtigung. (1) Eine Bestandsgefährdung eines Instituts liegt vor, wenn

1. das Institut gegen die mit einer Erlaubnis nach § 32 des Kreditwesengesetzes[1] verbundenen Anforderungen in einer Weise verstößt, die die Aufhebung der Erlaubnis durch die Aufsichtsbehörde rechtfertigen würde oder objektive Anhaltspunkte dafür vorliegen, dass dies in naher Zukunft bevorsteht,
2. die Vermögenswerte des Instituts die Höhe seiner Verbindlichkeiten unterschreiten oder objektive Anhaltspunkte dafür vorliegen, dass dies in naher Zukunft bevorsteht, oder
3. das Institut zahlungsunfähig ist oder objektive Anhaltspunkte dafür vorliegen, dass das Institut in naher Zukunft nicht mehr in der Lage sein wird, die bestehenden Zahlungspflichten im Zeitpunkt der Fälligkeit zu erfüllen, es sei denn, es bestehen ernsthafte Aussichten darauf, dass das Institut durch Garantien im Sinne von Absatz 2 Satz 2 Nummer 1 oder 2 in die Lage versetzt wird, bestehende Zahlungspflichten im Zeitpunkt der Fälligkeit zu erfüllen.

(2) 1 Einer Bestandsgefährdung steht die Bewilligung einer außerordentlichen finanziellen Unterstützung aus öffentlichen Mitteln gleich. 2 Dies gilt nicht, wenn die außerordentliche finanzielle Unterstützung aus öffentlichen Mitteln zur Abwendung einer schweren Störung der Volkswirtschaft und zur Wahrung der Finanzstabilität erfolgt in der Form

1. einer staatlichen Garantie für Liquiditätsfazilitäten, die von der Europäischen Zentralbank oder der Deutschen Bundesbank zu ihren jeweiligen Bedingungen bereitgestellt werden,
2. einer staatlichen Garantie für neu emittierte Verbindlichkeiten oder
3. einer Zuführung von Eigenkapital oder des Kaufs von Kapitalinstrumenten
   a) zu Preisen und Bedingungen, die das Institut nicht begünstigen,
   b) zwecks Schließung von Kapitallücken, die in Stresstests auf nationaler Ebene oder der Ebene der Union oder des einheitlichen Aufsichtsmechanismus, bei der Bewertung der Qualität der Vermögenswerte oder vergleichbaren Prüfungen durch die Aufsichtsbehörde, die Europäische Zentralbank oder die Europäische Bankenaufsichtsbehörde festgestellt und gegebenenfalls durch die Aufsichtsbehörde bestätigt wurden,
   c) wenn im Zeitpunkt der Kapitalzuführung die Voraussetzungen des § 65 Absatz 2 nicht erfüllt sind.

3 Die Regelungen gemäß den Nummern 1, 2 und 3 gelten nur für präventive, zeitlich befristete und verhältnismäßige Maßnahmen, die nicht dem Ausgleich von Verlusten dienen, die das Institut bereits erlitten hat oder in naher Zukunft voraussichtlich erleiden wird. 4 Kapitalmaßnahmen öffentlicher Eigentümer, die

---

[1] Nr. 8.

keine Beihilfe im Sinne des Artikels 107 Absatz 1 des Vertrags über die Arbeitsweise der Europäischen Union[1] sind, bleiben unbenommen.

(3)[2] [1] Das Bundesministerium der Finanzen wird ermächtigt, durch Rechtsverordnung, die nicht der Zustimmung des Bundesrates bedarf, nähere Bestimmungen bezüglich der Umstände zu treffen, unter denen eine Bestandsgefährdung nach den Absätzen 1 und 2 vorliegt. [2] Das Bundesministerium der Finanzen kann die Ermächtigung durch Rechtsverordnung auf die Abwicklungsbehörde mit der Maßgabe übertragen, dass die Rechtsverordnung im Einvernehmen mit der Bundesanstalt für Finanzdienstleistungsaufsicht und der Deutschen Bundesbank ergeht.

§ 64 Abwicklungsvoraussetzungen in Bezug auf Finanzinstitute und Holdinggesellschaften. (1) [1] Die Abwicklungsvoraussetzungen in Bezug auf ein Finanzinstitut, das nachgeordnetes Unternehmen eines auf konsolidierter Basis beaufsichtigten übergeordneten Unternehmens ist, liegen vor, wenn die in § 62 Absatz 1 genannten Voraussetzungen sowohl in Bezug auf das Finanzinstitut als auch in Bezug auf das übergeordnete Unternehmen erfüllt sind. [2] § 62 Absatz 2 gilt entsprechend.

(2) [1] Die Abwicklungsvoraussetzungen in Bezug auf eine Finanzholdinggesellschaft, eine gemischte Finanzholdinggesellschaft, eine gemischte Holdinggesellschaft, eine Mutterfinanzholdinggesellschaft in einem Mitgliedstaat, eine EU-Mutterfinanzholdinggesellschaft, eine gemischte Mutterfinanzholdinggesellschaft in einem Mitgliedstaat oder eine gemischte EU-Mutterfinanzholdinggesellschaft liegen vor, wenn die in § 62 Absatz 1 genannten Voraussetzungen sowohl in Bezug auf eine der vorgenannten Holdinggesellschaften als auch in Bezug auf ein Tochterunternehmen oder mehrere Tochterunternehmen dieser Holdinggesellschaft erfüllt sind, sofern es sich bei dem beziehungsweise den Tochterunternehmen um ein Institut beziehungsweise um Institute handelt. [2] Hat ein nachgeordnetes Unternehmen nach Satz 1 seinen Sitz in einem Drittstaat, muss die Abwicklungsbehörde im Drittstaat festgestellt haben, dass dieses nachgeordnete Unternehmen die Abwicklungsvoraussetzungen gemäß dem Recht des Drittstaats erfüllt.

(3) [1] Abweichend von Absatz 2 kann die Abwicklungsbehörde auch dann Abwicklungsmaßnahmen in Bezug auf eine in Absatz 2 genannte Holdinggesellschaft anordnen, wenn

1. die in § 62 Absatz 1 genannten Voraussetzungen in Bezug auf ein Tochterunternehmen oder mehrere Tochterunternehmen dieser Holdinggesellschaft erfüllt sind, sofern es sich bei den Tochterunternehmen um Institute handelt,
2. die Bestandsgefährdung des Tochterunternehmens oder der Tochterunternehmen nach Nummer 1 eine Bestandsgefährdung der Gruppe als Ganzes oder eines Instituts auslösen könnte und
3. eine Abwicklungsmaßnahme in Bezug auf diese Holdinggesellschaft für die Abwicklung eines Tochterunternehmens oder mehrerer Tochterunternehmen nach Nummer 1 oder für die Abwicklung der Gruppe als Ganzes erforderlich ist.

---

[1] Auszugsweise abgedruckt unter Nr. **1**.

[2] § 63 Abs. 3 ist bereits am 19.12.2014 in Kraft getreten; vgl. Art. 10 Abs. 3 G v. 10.12.2014 (BGBl. I S. 2091).

[2]Bei der Beurteilung, ob die Abwicklungsvoraussetzungen gemäß § 62 Absatz 1 in Bezug auf ein Tochterunternehmen nach Satz 1 Nummer 1 vorliegen, können die Abwicklungsbehörde des Tochterunternehmens und die Abwicklungsbehörde der Holdinggesellschaft im Wege einer gemeinsamen Entscheidung einen Kapitaltransfer oder einen Verlustausgleich in der Gruppe, einschließlich der bereits erfolgten Ausübung des Instruments der Beteiligung der Inhaber relevanter Kapitalinstrumente gemäß § 89, außer Betracht lassen.

(4) Werden die Tochterinstitute einer gemischten Holdinggesellschaft direkt oder indirekt von einer Zwischen-Finanzholdinggesellschaft gehalten, dürfen Abwicklungsmaßnahmen zum Zweck einer Gruppenabwicklung nach Absatz 2 oder Absatz 3 nur in Bezug auf die Zwischen-Finanzholdinggesellschaft und nicht in Bezug auf die gemischte Holdinggesellschaft angeordnet werden.

§ 65 Voraussetzungen für die Anwendung des Instruments der Beteiligung der Inhaber relevanter Kapitalinstrumente. (1) Außer in den Fällen der §§ 62 und 64 kann die Abwicklungsbehörde das Instrument der Beteiligung der Inhaber relevanter Kapitalinstrumente gemäß § 89 auch in Bezug auf relevante Kapitalinstrumente anwenden, die

1. von einem Tochterunternehmen ausgegeben werden und die auf Einzelbasis und auf konsolidierter Basis für die Zwecke der Erfüllung der Eigenmittelanforderungen anerkannt sind, wenn die Abwicklungsbehörde und die für die Feststellung zuständige Behörde des Mitgliedstaats des Tochterunternehmens in Form einer gemeinsamen Entscheidung gemäß § 166 Absatz 3 und 4 nach Maßgabe des § 66 feststellen, dass in Bezug auf die Gruppe die Voraussetzungen des § 62 Absatz 1 vorliegen;
2. von einem inländischen Mutterunternehmen ausgegeben werden und die auf Einzelbasis auf der Ebene des inländischen Mutterunternehmens oder auf konsolidierter Basis für die Zwecke der Erfüllung der Eigenmittelanforderungen anerkannt sind, wenn die Abwicklungsbehörde feststellt, dass in Bezug auf die Gruppe die Voraussetzungen des § 62 Absatz 1 vorliegen oder
3. von einem Institut ausgegeben werden, wenn diesem eine außerordentliche finanzielle Unterstützung aus öffentlichen Mitteln bewilligt wird, außer in Fällen des § 63 Absatz 2 Satz 2 Nummer 3.

(2) Für die Zwecke von Absatz 1 Nummer 1 und 2 liegt die Bestandsgefährdung einer Gruppe vor, wenn

1. die Gruppe gegen die Aufsichtsanforderungen auf konsolidierter Ebene in einer Weise verstößt, die Maßnahmen gemäß § 45 Absatz 2, gegebenenfalls in Verbindung mit § 45 Absatz 1 Satz 3 des Kreditwesengesetzes[1)], durch die Aufsichtsbehörde in Bezug auf ein auf konsolidierter Basis beaufsichtigtes Unternehmen der Gruppe rechtfertigt oder
2. objektive Anhaltspunkte dafür vorliegen, dass ein Verstoß nach Nummer 1 zumindest in naher Zukunft bevorsteht.

§ 66 Feststellung der Voraussetzungen für die Anwendung des Instruments der Beteiligung der Inhaber relevanter Kapitalinstrumente bei gruppenangehörigen Unternehmen. (1) [1]Beabsichtigt die Abwicklungs-

---

[1)] Nr. 8.

behörde in Bezug auf ein Tochterunternehmen, das relevante Kapitalinstrumente ausgibt, welche auf Einzelbasis und auf konsolidierter Basis für die Zwecke der Erfüllung der Eigenmittelanforderungen anerkannt sind, die Feststellung der in § 62 Absatz 1 genannten Voraussetzungen, sofern die Beteiligung der Inhaber relevanter Kapitalinstrumente gemäß § 89 zur Erreichung der Abwicklungsziele ausreichen würde, oder die Feststellung nach § 65 Absatz 1 Nummer 3, teilt sie diese Absicht umgehend der konsolidierenden Aufsichtsbehörde mit. [2] Ist die konsolidierende Aufsichtsbehörde nicht die für die Feststellung hinsichtlich des übergeordneten Unternehmens zuständige Behörde, teilt die Abwicklungsbehörde ihre Absicht auch der für die Feststellung zuständigen Behörde des Mitgliedstaats mit.

(2) Beabsichtigt die Abwicklungsbehörde in Bezug auf ein Tochterunternehmen, das relevante Kapitalinstrumente ausgibt, die auf Einzelbasis und auf konsolidierter Basis für die Zwecke der Erfüllung der Eigenmittelanforderungen anerkannt sind, die Feststellung der in § 65 Absatz 1 Nummer 1 genannten Voraussetzungen, teilt sie diese Absicht umgehend der Aufsichtsbehörde des Tochterunternehmens mit, auf dessen relevante Kapitalinstrumente das Instrument der Beteiligung der Inhaber relevanter Kapitalinstrumente angewendet wird.

(3) Die Abwicklungsbehörde fügt einer Mitteilung gemäß Absatz 1 oder 2 eine Begründung bei, warum sie die betreffende Feststellung in Betracht zieht.

(4) [1] Die Abwicklungsbehörde bewertet nach Abstimmung mit den Behörden, denen eine Mitteilung gemäß Absatz 1 gemacht wurde, ob eine oder mehrere alternative Maßnahmen durchführbar sind, durch welche sich die Abwicklungsziele auch ohne die Beteiligung der Inhaber relevanter Kapitalinstrumente nach § 89 sicherstellen lassen (alternative Maßnahmen). [2] Als alternative Maßnahmen sind insbesondere Frühinterventionsmaßnahmen nach § 36, die in Artikel 104 Absatz 1 der Richtlinie 2013/36/EU genannten Maßnahmen oder ein Mittel- oder Kapitaltransfer des Mutterunternehmens in Betracht zu ziehen.

(5) Gelangt die Abwicklungsbehörde – nach Abstimmung mit den benachrichtigten Behörden – gemäß Absatz 4 zu dem Schluss, dass alternative Maßnahmen zur Verfügung stehen, bringt sie diese zur Anwendung.

(6) Gelangt die Abwicklungsbehörde im Fall des Absatzes 1 – nach Abstimmung mit den benachrichtigten Behörden – gemäß Absatz 4 zu dem Schluss, dass keine alternativen Maßnahmen zur Verfügung stehen, entscheidet die Abwicklungsbehörde, ob die in Absatz 1 genannte, in Betracht gezogene Feststellung angemessen ist.

(7) [1] Im Fall des Absatzes 2 erfolgt die Feststellung in Form einer gemeinsamen Entscheidung der für die Feststellung ausgewählten Behörden der Mitgliedstaaten, in denen sich Tochterunternehmen befinden, gemäß den §§ 161 bis 165. [2] In Ermangelung einer gemeinsamen Entscheidung wird keine Feststellung gemäß § 65 Absatz 1 Nummer 1 getroffen.

(8) Die Abwicklungsbehörde trifft im Einklang mit diesem Paragraphen eine Entscheidung zur Beteiligung von Inhabern relevanter Kapitalinstrumente und setzt sie unter gebührender Berücksichtigung der Dringlichkeit der Umstände umgehend um.

§ 67 Abwicklungsziele. (1) Abwicklungsziele sind

1. die Sicherstellung der Kontinuität kritischer Funktionen;
2. die Vermeidung erheblicher negativer Auswirkungen auf die Finanzstabilität vor allem durch die Verhinderung einer Ansteckung, beispielsweise von Finanzmarktinfrastrukturen, und durch die Erhaltung der Marktdisziplin;
3. der Schutz öffentlicher Mittel durch geringere Inanspruchnahme außerordentlicher finanzieller Unterstützung aus öffentlichen Mitteln;
4. der Schutz der unter das Einlagensicherungsgesetz fallenden Einleger und der unter das Anlegerentschädigungsgesetz fallenden Anleger;
5. der Schutz der Gelder und Vermögenswerte der Kunden.

(2) Vorbehaltlich anderer Bestimmungen dieses Gesetzes sind die Abwicklungsziele gleichrangig; es obliegt der Abwicklungsbehörde, entsprechend der Art und den Umständen des jeweiligen Falls eine angemessene Abwägung vorzunehmen.

§ 68 Allgemeine Grundsätze für eine Abwicklung. (1) Die Abwicklungsbehörde verfolgt bei Abwicklungsmaßnahmen die Grundsätze, dass
1. Verluste von Anteilsinhabern und Gläubigern in demselben Umfang zu tragen sind wie in einem Insolvenzverfahren, das zum Zeitpunkt der Anordnung der Abwicklung eröffnet worden wäre, sofern in diesem Gesetz keine abweichenden Bestimmungen getroffen werden,
2. gedeckte Einlagen vollständig geschützt werden,
3. die Kosten der Abwicklung möglichst gering zu halten sind und eine Vernichtung von Werten, die nicht zur Erreichung der Abwicklungsziele erforderlich ist, vermieden wird,
4. die Geschäftsleiter, die Mitglieder des Aufsichts- oder Verwaltungsorgans sowie die Mitarbeiter und Mitarbeiterinnen der nachgelagerten Führungsebene des in Abwicklung befindlichen Instituts oder gruppenangehörigen Unternehmens ersetzt werden, es sei denn, die Abwicklungsbehörde betrachtet deren vollständige oder teilweise Beibehaltung im Einzelfall als erforderlich, um die Abwicklungsziele zu erreichen,
5. die Geschäftsleiter, die Mitglieder des Aufsichts- oder Verwaltungsorgans sowie die Mitarbeiter und Mitarbeiterinnen der nachgelagerten Führungsebene des in Abwicklung befindlichen Instituts oder gruppenangehörigen Unternehmens zu jeder erforderlichen Unterstützung für die Erreichung der Abwicklungsziele herangezogen werden,
6. die straf- und zivilrechtliche Verantwortung von natürlichen und juristischen Personen für die Bestandsgefährdung des in Abwicklung befindlichen Instituts unberührt bleibt.

(2) Die Abwicklungsbehörde trifft Abwicklungsmaßnahmen gegenüber einem Institut, das einer Gruppe angehört, nach Maßgabe dieses Gesetzes in einer Weise, die die negativen Auswirkungen auf gruppenangehörige Unternehmen und die Gruppe als Ganzes sowie auf die Finanzstabilität in der Europäischen Union und in ihren Mitgliedstaaten, insbesondere in Mitgliedstaaten, in denen gruppenangehörige Unternehmen tätig sind, so gering wie möglich hält.

(3) Bei Abwicklungsmaßnahmen wird die Abwicklungsbehörde den Betriebsrat des Instituts oder gruppenangehörigen Unternehmens informieren, soweit dies ohne Beeinträchtigung der Abwicklungsziele möglich ist.

§ 69 Bewertung; gerichtliche Überprüfung. (1) Bevor eine Abwicklungsanordnung erlassen wird,

1. stellt die Abwicklungsbehörde sicher, dass nach Maßgabe der §§ 69 bis 75 eine angemessene und vorsichtige Bewertung der Vermögenswerte und Verbindlichkeiten des Instituts oder des gruppenangehörigen Unternehmens durch einen unabhängigen, sachverständigen Prüfer vorgenommen wird oder
2. nimmt die Abwicklungsbehörde zumindest eine vorläufige Bewertung nach Maßgabe des § 74 vor.

(2) Eine Bewertung nach den §§ 69 bis 75 kann nur im Rahmen der gerichtlichen Überprüfung einer Abwicklungsmaßnahme oder der Anwendung des Instruments der Beteiligung der Inhaber relevanter Kapitalinstrumente gerichtlich überprüft werden.

§ 70 Sachverständiger Prüfer. (1) [1]Der sachverständige Prüfer (Prüfer) muss unabhängig sein von

1. staatlichen Stellen einschließlich der Abwicklungsbehörde,
2. dem Institut oder gruppenangehörigen Unternehmen und
3. dem übernehmenden Rechtsträger, soweit vorhanden.

[2]Die für die Durchführung einer abschließenden Bewertung erforderliche Unabhängigkeit des Prüfers wird nicht schon dadurch ausgeschlossen, dass der Prüfer bereits an der vorläufigen Bewertung der Vermögenswerte und Verbindlichkeiten des Instituts oder des gruppenangehörigen Unternehmens durch die Abwicklungsbehörde beteiligt war.

(2) [1]Der Prüfer wird auf Antrag der Abwicklungsbehörde vom Gericht ausgewählt und bestellt. [2]§ 10 Absatz 1 Satz 3, Absatz 3 und 4 und § 11 des Umwandlungsgesetzes gelten entsprechend. [3]Zuständig ist das Landgericht, in dessen Bezirk sich der Sitz der Abwicklungsbehörde befindet. [4]Die Auswahl und Bestellung durch das Landgericht soll spätestens innerhalb von fünf Werktagen erfolgen. [5]Über eine Beschwerde soll das Oberlandesgericht innerhalb von fünf Werktagen entscheiden.

§ 71 Zwecke der Bewertung. Die Bewertung dient der Abwicklungsbehörde als Beurteilungsgrundlage für die folgenden Zwecke:

1. die Feststellung, ob die Abwicklungsvoraussetzungen oder die Voraussetzungen für die Anwendung des Instruments der Beteiligung der Inhaber relevanter Kapitalinstrumente für das Institut oder das gruppenangehörige Unternehmen erfüllt sind;
2. wenn die Abwicklungsvoraussetzungen erfüllt sind, die Entscheidung über die in Bezug auf das Institut oder das gruppenangehörige Unternehmen zu treffenden angemessenen Abwicklungsmaßnahmen;
3. wenn das Instrument der Beteiligung der Inhaber relevanter Kapitalinstrumente gemäß § 89 ausgeübt wird, die fundierte Entscheidung über den

Umfang der Einziehung, Löschung, Übertragung von Anteilen oder anderen Instrumenten des harten Kernkapitals an dem Institut oder dem gruppenangehörigen Unternehmen und über den Umfang der Herabschreibung und Umwandlung der relevanten Kapitalinstrumente;

4. wenn das Instrument der Gläubigerbeteiligung gemäß § 90 angewandt wird, die Entscheidung über die Höhe der Herabschreibung oder Umwandlung von berücksichtigungsfähigen Verbindlichkeiten;
5. wenn das Instrument des Brückeninstituts oder das Instrument der Übertragung auf eine Vermögensverwaltungsgesellschaft angewandt wird, die Bestimmung der zu übertragenden Vermögenswerte, Rechte, Verbindlichkeiten oder Anteile oder anderen Eigentumstitel und die Bewertung der Gegenleistung, die an das in Abwicklung befindliche Institut oder gruppenangehörige Unternehmen oder gegebenenfalls an die Inhaber der Anteile oder anderen Eigentumstitel zu entrichten ist;
6. wenn das Instrument der Unternehmensveräußerung angewandt wird, die Bestimmung der zu übertragenden Vermögenswerte, Rechte, Verbindlichkeiten oder Anteile oder anderen Eigentumsrechte;
7. wenn das Instrument der Unternehmensveräußerung, das Instrument des Brückeninstituts oder das Instrument der Übertragung auf eine Vermögensverwaltungsgesellschaft angewandt wird, die Durchführung des Drittvergleichs gemäß § 112;
8. in allen Fällen der Sicherstellung, dass jegliche Verluste in Bezug auf Vermögenswerte des Instituts oder des gruppenangehörigen Unternehmens zum Zeitpunkt der Anwendung der Abwicklungsinstrumente vollständig erfasst werden.

§ 72 Grundsätze der Bewertung. (1) Die Bewertung hat sich auf vorsichtige Annahmen zu stützen, insbesondere auch in Bezug auf Ausfallwahrscheinlichkeiten und Verlustquoten hinsichtlich der Vermögenswerte des Instituts.

(2) [1]Bei der Bewertung darf nicht die Möglichkeit in Betracht gezogen werden, dass dem Institut oder dem gruppenangehörigen Unternehmen ab dem Zeitpunkt, zu dem eine Abwicklungsmaßnahme ergriffen wird, eine außerordentliche finanzielle Unterstützung aus öffentlichen Mitteln, eine Notfallliquiditätshilfe einer Zentralbank oder eine Liquiditätshilfe einer Zentralbank zu nicht marktüblichen Konditionen hinsichtlich Besicherung, Laufzeit und Verzinsung gewährt werden könnte. [2]Satz 1 gilt nicht für Leistungen des Restrukturierungsfonds, die nach Maßgabe dieses Gesetzes erfolgen.

(3) Bei der Bewertung muss berücksichtigt werden, dass

1. die Abwicklungsbehörde für den Erlass einer Abwicklungsanordnung und damit zusammenhängende Tätigkeiten Gebühren und Auslagen nach dem Bundesgebührengesetz erheben sowie Kostenerstattungen nach § 15 Absatz 1 Satz 1 Nummer 11 des Finanzdienstleistungsaufsichtsgesetzes[1)] verlangen kann;
2. der Restrukturierungsfonds im Sinne des § 1 des Restrukturierungsfondsgesetzes[2)] Zinsen und Gebühren für die Garantien und Darlehen berechnen

---

[1)] Nr. **7**.
[2)] Nr. **21**.

kann, die dem in Abwicklung befindlichen Institut oder gruppenangehörigen Unternehmen nach den §§ 6 bis 6b des Restrukturierungsfondsgesetzes gewährt werden.

§ 73 Umfang der Bewertung; Prüfungsbericht und ergänzende Bestandteile. (1) [1] Die Bewertung hat unter Berücksichtigung ihres Zwecks nach § 71 und der Grundsätze der Bewertung nach § 72 für alle Verbindlichkeiten die Rangstellung sowie die voraussichtlichen Befriedigungsquoten in einem Insolvenzverfahren anzugeben, das zum Zeitpunkt der Vornahme der ersten Abwicklungsmaßnahme oder der ersten Beteiligung der Inhaber relevanter Kapitalinstrumente eröffnet worden wäre. [2] Die Durchführung der Bewertung des hypothetischen Insolvenzverfahrens gemäß § 146 erfolgt unabhängig von der Bewertung nach § 69.

(2) [1] Der Prüfer hat der Abwicklungsbehörde schriftlich über das Ergebnis seiner Prüfung zu berichten (Prüfungsbericht). [2] Zudem hat der Prüfer als ergänzende Bestandteile des Prüfungsberichts folgende Unterlagen beizufügen:
1. eine auf den Bewertungsstichtag aktualisierte Bilanz und einen Bericht über die Finanzlage des Instituts oder des gruppenangehörigen Unternehmens;
2. eine Analyse und eine Schätzung des Buchwerts der Vermögenswerte, die dem Institut oder dem gruppenangehörigen Unternehmen zuzuordnen sind;
3. eine Aufstellung der in den Büchern oder in sonstigen Aufzeichnungen des Instituts oder des gruppenangehörigen Unternehmens enthaltenen bilanziellen und außerbilanziellen Verbindlichkeiten mit Angaben zu den jeweiligen Gläubigern und den jeweils zugrunde liegenden Forderungen und ihrer Rangstellung in einem Insolvenzverfahren.

(3) Als Grundlage für die in § 71 Nummer 5 und 6 genannten Entscheidungen der Abwicklungsbehörde können die Analyse und eine Schätzung nach Absatz 2 Satz 2 Nummer 2 durch eine Analyse oder Schätzung des Werts der Vermögenswerte und Verbindlichkeiten des Instituts oder des gruppenangehörigen Unternehmens auf der Grundlage des Marktwerts ergänzt werden.

(4) [1] Die Abwicklungsbehörde kann den Prüfungsbericht einschließlich der ergänzenden Bestandteile dem übernehmenden Rechtsträger und dem in Abwicklung befindlichen Institut oder gruppenangehörigen Unternehmen übermitteln, wenn dies mit den Abwicklungszielen vereinbar ist. [2] Ein Rechtsanspruch auf Übermittlung des Prüfungsberichts besteht nicht.

§ 74 Vorläufige Bewertung. (1) Ist die Durchführung einer Bewertung, die sämtliche Anforderungen der §§ 70 bis 73 erfüllt, nicht oder nicht rechtzeitig vor der Anwendung einer Abwicklungsanordnung möglich, so kann die Abwicklungsbehörde eine vorläufige Bewertung der Vermögenswerte und Verbindlichkeiten des Instituts oder des gruppenangehörigen Unternehmens vornehmen.

(2) Die Anforderungen der §§ 71, 72 und 73 Absatz 1 gelten für die vorläufige Bewertung entsprechend, soweit dies auf Grund der Dringlichkeit im Einzelfall angemessen und durchführbar ist.

(3) Die vorläufige Bewertung hat einen Abschlag für zusätzliche Verluste zu enthalten und diesen angemessen zu begründen.

(4) Die vorläufige Bewertung ist für die Abwicklungsbehörde eine zulässige Grundlage zum Ergreifen von Abwicklungsmaßnahmen, einschließlich der Übernahme der Kontrolle über das in Abwicklung befindliche Institut oder gruppenangehörige Unternehmen und des Instruments der Beteiligung der Inhaber relevanter Kapitalinstrumente.

§ 75 Abschließende Bewertung. (1) [1] Eine Bewertung, die nicht sämtliche Anforderungen der §§ 70 bis 73 erfüllt, gilt so lange als vorläufige Bewertung, bis ein sachverständiger und unabhängiger Prüfer nach § 70 eine abschließende Bewertung vorgenommen hat, die sämtliche Anforderungen der §§ 70 bis 73 erfüllt. [2] Die Abwicklungsbehörde hat die abschließende Bewertung unverzüglich zu veranlassen.

(2) [1] Die abschließende Bewertung kann separat oder zeitgleich mit der Bewertung gemäß § 146 durch den sachverständigen und unabhängigen Prüfer durchgeführt werden. [2] Sie muss jedoch inhaltlich getrennt von der Bewertung gemäß § 146 erfolgen.

(3) Die abschließende Bewertung dient über die Zwecke des § 71 hinaus

1. dem Zweck sicherzustellen, dass sämtliche Verluste in Bezug auf Vermögenswerte des Instituts oder des gruppenangehörigen Unternehmens in dessen Büchern vollständig erfasst werden, und
2. als Grundlage der Entscheidung, ob Forderungen der Gläubiger oder Inhaber relevanter Kapitalinstrumente wieder heraufzusetzen sind oder ob der Wert der zu entrichtenden Gegenleistung zu erhöhen ist.

(4) Fällt die im Rahmen der abschließenden Bewertung durchgeführte Schätzung des Nettovermögenswerts des Instituts oder des gruppenangehörigen Unternehmens höher aus als die im Rahmen der vorläufigen Bewertung durchgeführte Schätzung des Nettovermögenswerts, so kann die Abwicklungsbehörde

1. ihre Befugnis zur Wiederheraufsetzung des Werts der Forderungen der Gläubiger und der Inhaber der relevanten Kapitalinstrumente, die auf Basis der vorläufigen Bewertung durch Anwendung der Instrumente der Beteiligung der Inhaber relevanter Kapitalinstrumente und der Gläubigerbeteiligung herabgeschrieben wurden, ausüben;
2. das Brückeninstitut oder die Vermögensverwaltungsgesellschaft anweisen, eine zusätzliche angemessene Zahlung als weitere Gegenleistung in Bezug auf die Vermögenswerte, Rechte oder Verbindlichkeiten an das in Abwicklung befindliche Institut oder gruppenangehörige Unternehmen oder in Bezug auf Anteile oder Eigentumstitel an die Inhaber der Anteile oder anderen Eigentumstitel zu entrichten.

§ 76[1] Verordnungsermächtigung. [1] Das Bundesministerium der Finanzen wird ermächtigt, durch Rechtsverordnung, die nicht der Zustimmung des Bundesrates bedarf, nähere Bestimmungen unter Berücksichtigung der technischen Regulierungsstandards gemäß Artikel 36 Absatz 14, 15 und 16 der Richtlinie 2014/59/EU zu erlassen über

[1] § 76 ist bereits am 19.12.2014 in Kraft getreten; vgl. Art. 10 Abs. 3 G v. 10.12.2014 (BGBl. I S. 2091).

1. die Anforderungen an die Unabhängigkeit des sachverständigen Prüfers gemäß § 70 Absatz 1,
2. die zur Bewertung der Vermögenswerte und Verbindlichkeiten anzuwendende Methode und
3. die bei der Berechnung und Einbeziehung des Abschlags gemäß § 74 Absatz 3 anzuwendende Methode.

[2]Das Bundesministerium der Finanzen kann die Ermächtigung durch Rechtsverordnung auf die Abwicklungsbehörde übertragen.

§ 77 Anordnung von Abwicklungsmaßnahmen. (1) Die Abwicklungsbehörde kann bei Vorliegen der Abwicklungsvoraussetzungen nach Maßgabe dieses Gesetzes alle zur Erreichung der Abwicklungsziele erforderlichen Maßnahmen treffen, insbesondere kann sie

1. in einer Abwicklungsanordnung nach § 136 die Anwendung folgender Abwicklungsinstrumente anordnen:
   a) das Instrument der Beteiligung der Inhaber relevanter Kapitalinstrumente nach § 89;
   b) das Instrument der Gläubigerbeteiligung nach § 90;
   c) das Instrument der Unternehmensveräußerung nach § 107 Absatz 1 Nummer 1 Buchstabe a;
   d) das Instrument der Übertragung auf ein Brückeninstitut nach § 107 Absatz 1 Nummer 1 Buchstabe b;
   e) das Instrument der Übertragung auf eine Vermögensgesellschaft nach § 107 Absatz 1 Nummer 2;
2. in oder neben, in den Fällen der §§ 78 und 82 bis 86 auch in Vorbereitung einer Abwicklungsanordnung nach § 136 Maßnahmen auf Grund ihrer Befugnisse nach den §§ 78 bis 87 treffen.

(1a) [1]Die Abwicklungsbehörde kann die erforderlichen Maßnahmen zur Umsetzung eines Beschlusses des Ausschusses nach Maßgabe dieses Gesetzes treffen; dabei hat sie Feststellungen und Vorgaben dieses Beschlusses zugrunde zu legen. [2]Die Abwicklungsbehörde beachtet bei Ausführung ihrer Aufgaben die nach der Verordnung (EU) Nr. 806/2014 ergangenen Leitlinien und allgemeinen Anweisungen des Ausschusses. [3]Die Abwicklungsbehörde und die Aufsichtsbehörde berücksichtigen Empfehlungen des Ausschusses bei ihren Entscheidungen.

(1b) Maßnahmen nach Absatz 1 Nummer 2 und entsprechende Maßnahmen nach Absatz 1a, die neben oder in Vorbereitung einer Abwicklungsanordnung getroffen werden, können als Allgemeinverfügung entsprechend § 137 Absatz 1 und 2 ergehen.

(2) Bei Vorliegen der Voraussetzungen nach § 65 kann die Abwicklungsbehörde in einer Abwicklungsanordnung nach § 136 das Instrument der Beteiligung der Inhaber relevanter Kapitalinstrumente anordnen und in oder neben dieser Abwicklungsanordnung alle Abwicklungsbefugnisse ausüben, die zur Ausübung des Instruments der Beteiligung der Inhaber relevanter Kapitalinstrumente erforderlich sind.

(3) [1]Wenn dies für die Anwendung der Abwicklungsmaßnahmen oder des Instruments der Beteiligung der Inhaber relevanter Kapitalinstrumente erforderlich ist, kann die Abwicklungsbehörde bei einem in Abwicklung befindlichen Institut oder gruppenangehörigen Unternehmen nach § 149 in einer Abwicklungsanordnung einen Rechtsformwechsel in eine Aktiengesellschaft anordnen. [2]Bei Instituten oder gruppenangehörigen Unternehmen, für die Landesrecht maßgeblich ist, ist die Anordnung des Rechtsformwechsels unzulässig, wenn das Landesrecht dies ausdrücklich bestimmt.

(4) Bei der Anwendung von Abwicklungsmaßnahmen trägt die Abwicklungsbehörde den Abwicklungszielen Rechnung und wählt diejenigen Abwicklungsinstrumente und Abwicklungsbefugnisse aus, mit denen sich die unter den Umständen des Einzelfalls relevanten Ziele am besten erreichen lassen.

(5) Die Abwicklungsinstrumente können einzeln oder in beliebiger Kombination angewendet werden.

(6) [1]Abweichend von Absatz 5 wendet die Abwicklungsbehörde bei Vorliegen der Abwicklungsvoraussetzungen nach Maßgabe dieses Gesetzes stets das Instrument der Beteiligung der Inhaber relevanter Kapitalinstrumente an. [2]Ist die Beteiligung der Inhaber relevanter Kapitalinstrumente ausreichend, um die Abwicklungsziele zu erreichen, ordnet die Abwicklungsbehörde keine weiteren Abwicklungsinstrumente an.

(7) Abweichend von Absatz 5 darf das Instrument der Übertragung auf eine Vermögensverwaltungsgesellschaft gemäß § 107 Absatz 1 Nummer 2 nur gemeinsam mit einem anderen Abwicklungsinstrument angewendet werden.

(8) [1]Liegen die Voraussetzungen des § 63 Absatz 2 Satz 2 Nummer 3 vor, kann die Abwicklungsbehörde das Instrument der Gläubigerbeteiligung nach § 90 und das Instrument der Beteiligung der Inhaber relevanter Kapitalinstrumente nach § 89 anordnen und die Abwicklungsbefugnisse nach den §§ 78 bis 87 ausüben, soweit dies der Erfüllung beihilferechtlicher Anforderungen dient. [2]Das Gleiche gilt, wenn im Fall des § 64 Absatz 1 oder 2 die Abwicklungsvoraussetzungen nur auf Grund von § 63 Absatz 2 Satz 2 Nummer 3 nicht vorliegen.

§ 78 Allgemeine Befugnisse der Abwicklungsbehörde; Prüfungen vor Ort. (1) Wenn die Abwicklungsvoraussetzungen vorliegen, kann die Abwicklungsbehörde

1. gegenüber dem Institut oder dem gruppenangehörigen Unternehmen und den in § 45 Absatz 1 Satz 1 genannten Unternehmen anordnen, sämtliche Informationen zu übermitteln, die erforderlich sind, um eine Abwicklungsmaßnahme zu beschließen und vorzubereiten, einschließlich Aktualisierungen und Nachträgen zu den für die Abwicklungspläne gelieferten Angaben;
2. das Institut oder das gruppenangehörige Unternehmen verpflichten, eigene Prüfungen durchzuführen oder die Vornahme von Prüfungen vor Ort durch die Abwicklungsbehörde oder von ihr beauftragte Personen zu dulden und zu unterstützen, wobei die Kosten der Prüfungen von dem Institut oder dem gruppenangehörigen Unternehmen zu tragen sind;
3. die Fälligkeit der von einem Institut oder gruppenangehörigen Unternehmen ausgegebenen Schuldtitel und anderen berücksichtigungsfähigen Verbindlichkeiten oder den auf Grund der entsprechenden Schuldtitel und

anderen berücksichtigungsfähigen Verbindlichkeiten zahlbaren Zinsbetrag oder den Zeitpunkt, an dem die Zinsen zu zahlen sind, ändern, insbesondere durch eine zeitlich befristete Aussetzung der Zahlungen;

4. Rechte zum Erwerb weiterer Anteile oder anderer Eigentumstitel an dem Institut oder gruppenangehörigen Unternehmen aufheben;
5. die Geschäftsleiter, die Mitglieder des Aufsichts- oder Verwaltungsorgans sowie die Mitarbeiter und Mitarbeiterinnen der nachgelagerten Führungsebene eines in Abwicklung befindlichen Instituts oder gruppenangehörigen Unternehmens abberufen oder ersetzen.

(2) [1] Zur Verhütung dringender Gefahren für die öffentliche Sicherheit und Ordnung sind die Bediensteten der Aufsichtsbehörde und der Abwicklungsbehörde oder von der Aufsichtsbehörde oder der Abwicklungsbehörde beauftragte Personen befugt, zu einer Prüfung vor Ort nach Absatz 1 Nummer 2 Geschäftsräume auch außerhalb der üblichen Betriebszeiten zu betreten und zu besichtigen. [2] Die Bediensteten der Aufsichts- und der Abwicklungsbehörde oder von der Aufsichts- oder der Abwicklungsbehörde beauftragte Personen dürfen die Geschäftsräume durchsuchen und Kopien und Auszüge aus Büchern und Aufzeichnungen anfertigen, soweit dies für die Durchführung der Prüfung erforderlich und angemessen ist. [3] Das Grundrecht des Artikels 13 des Grundgesetzes wird durch die Sätze 1 und 2 eingeschränkt.

(3) [1] Die Durchsuchungen der Geschäftsräume dürfen nur durch den Richter, bei Gefahr im Verzug auch durch die Abwicklungsbehörde oder die Aufsichtsbehörde angeordnet werden. [2] Zuständig für die richterliche Anordnung ist das Amtsgericht, in dessen Bezirk sich die Räume befinden. [3] Gegen die richterliche Entscheidung ist die Beschwerde zulässig; die §§ 306 bis 310 und 311a der Strafprozessordnung gelten entsprechend. [4] Für Durchsuchungen ohne richterliche Anordnung gilt § 98 Absatz 2 Satz 1, 2 und 5 der Strafprozessordnung entsprechend; zuständig ist das Amtsgericht, in dessen Bezirk die Durchsuchung der Geschäftsräume stattgefunden hat.

(4) [1] Über die Durchsuchung ist eine Niederschrift zu fertigen. [2] Sie muss die verantwortliche Dienststelle, den Grund, die Zeit und den Ort der Durchsuchung und ihr Ergebnis enthalten sowie, falls keine richterliche Anordnung ergangen ist, auch die Tatsachen, welche die Annahme einer Gefahr im Verzug begründet haben.

§ 79 Unterstützende Maßnahmen. (1) Die Abwicklungsbehörde kann Maßnahmen nach den Absätzen 2 bis 7 anordnen, wenn dies erforderlich ist, um Abwicklungsanordnungen wirksam anzuwenden oder die Abwicklungsziele zu erreichen.

(2) [1] Die Abwicklungsbehörde kann vorbehaltlich des Absatzes 3 durch Anordnung Rechte Dritter an Gegenständen ändern und beseitigen, die sich im Vermögen des in Abwicklung befindlichen Instituts befinden. [2] Unbeschadet der Befugnisse der Abwicklungsbehörde nach den §§ 82 bis 84 und 144 kann ein Sicherungsrecht nicht umgestaltet werden, soweit die gesicherte Verbindlichkeit hierdurch unbesichert würde, es sei denn, es handelt sich bei den Verbindlichkeiten um gedeckte Einlagen und die Umgestaltung ist erforderlich, um die Verfügbarkeit der gedeckten Einlagen zu gewährleisten.

(3) Soweit dies zur Wahrnehmung ihrer Aufgaben erforderlich ist, kann die Abwicklungsbehörde die Aufhebung oder Aussetzung des Handels an einem geregelten Markt oder der amtlichen Notierung von Finanzinstrumenten gemäß der Richtlinie 2001/34/EG des Europäischen Parlaments und des Rates vom 28. Mai 2001 über die Zulassung von Wertpapieren zur amtlichen Börsennotierung und über die hinsichtlich dieser Wertpapiere zu veröffentlichenden Informationen (ABl. L 184 vom 6.7.2001, S. 1), welche das von Abwicklungsmaßnahmen betroffene Institut ausgegeben hat, anordnen.

(4) [1]Die Abwicklungsbehörde kann unter anderem für die Zwecke des § 118 Absatz 3 anordnen, dass der übernehmende Rechtsträger so behandelt wird, als wäre er das in Abwicklung befindliche Institut oder gruppenangehörige Unternehmen. [2]Diese Gleichbehandlung bezieht sich insbesondere auf Rechte oder Verpflichtungen des in Abwicklung befindlichen Instituts oder gruppenangehörigen Unternehmens, einschließlich der Rechte oder Verpflichtungen im Zusammenhang mit der Beteiligung an einer Marktinfrastruktur oder deren Nutzung.

(5) Die Abwicklungsbehörde kann in Bezug auf einen Vertrag, bei dem das in Abwicklung befindliche Institut oder gruppenangehörige Unternehmen Vertragspartei ist,

1. alle oder einzelne Regelungen umgestalten;
2. die weitere Erfüllung ablehnen;
3. einen übernehmenden Rechtsträger als Vertragspartei einsetzen.

(6) [1]Eine Maßnahme nach Absatz 5 berechtigt die anderen Parteien des Vertrags nicht zur Kündigung oder sonstigen Beendigung oder Änderung des Vertrags. [2]Unbeschadet der Befugnisse der Abwicklungsbehörde gemäß den §§ 82 bis 84 und 144 erstreckt sich die die Befugnis nach Absatz 5 nicht auf Finanzsicherheiten im Sinne des § 1 Absatz 17 des Kreditwesengesetzes[1)], Aufrechnungsvereinbarungen, Saldierungsvereinbarungen, Verbindlichkeiten aus gedeckten Schuldverschreibungen einschließlich von in Deckung befindlichen Derivategeschäften im Sinne des § 4 Absatz 3 Satz 2 des Pfandbriefgesetzes[2)] und Verbindlichkeiten aus begebenen Verbriefungstransaktionen.

(7) [1]Bei Systemen im Sinne des § 1 Absatz 16 des Kreditwesengesetzes darf eine Maßnahme nach Absatz 5 nicht die Funktionsweise von unter die Richtlinie 98/26/EG fallenden Systemen berühren oder den Bestimmungen der Richtlinie zuwiderlaufen. [2]Sie darf insbesondere nicht zu einem Widerruf von Übertragungsaufträgen im Sinne des Artikels 5 der Richtlinie 98/26/EG führen und muss die rechtliche Verbindlichkeit von Übertragungsaufträgen und Aufrechnungen gemäß den Artikeln 3 und 5 der Richtlinie 98/26/EG, die Verwendung von Guthaben, Wertpapieren oder Kreditfazilitäten im Sinne von Artikel 4 der Richtlinie 98/26/EG und den Schutz dinglicher Sicherheiten im Sinne von Artikel 9 der Richtlinie 98/26/EG unberührt lassen.

(8) Die Abwicklungsbehörde kann Maßnahmen anordnen, die erforderlich sind, um zu gewährleisten, dass die Abwicklungsmaßnahme wirksam ist und gegebenenfalls die übertragene Tätigkeit vom übernehmenden Rechtsträger wahrgenommen werden kann (Kontinuitätsmaßnahmen).

[1)] Nr. **8**.
[2)] Nr. **16**.

(9) Folgende Rechte bleiben von Maßnahmen nach den Absätzen 4 und 8 unberührt:

1. das Recht eines Geschäftsleiters oder einer Geschäftsleiterin sowie eines Mitarbeiters oder einer Mitarbeiterin des in Abwicklung befindlichen Instituts oder gruppenangehörigen Unternehmens, seinen oder ihren Arbeits- oder Anstellungsvertrag zu kündigen;
2. vorbehaltlich der §§ 82 bis 84 und 144 das Recht einer Vertragspartei, von ihren vertraglich vorgesehenen Rechten Gebrauch zu machen, einschließlich von ihrem Recht auf Kündigung, sofern ein vertragliches Kündigungsrecht für den Fall einer bestimmten Handlung oder Unterlassung des in Abwicklung befindlichen Instituts oder gruppenangehörigen Unternehmens vor der entsprechenden Übertragung oder des übernehmenden Rechtsträgers nach der Übertragung vereinbart ist.

§ 80 Bereitstellung von Diensten und Einrichtungen. (1) Die Abwicklungsbehörde kann bei Vorliegen der Abwicklungsvoraussetzungen gegenüber dem in Abwicklung befindlichen Institut oder gruppenangehörigen Unternehmen oder gegenüber einem anderen Unternehmen der Gruppe, dem das in Abwicklung befindliche Institut oder gruppenangehörige Unternehmen angehört, anordnen, Informationen, Dienstleistungen, Einrichtungen sowie Mitarbeiter und Mitarbeiterinnen bereitzustellen, die ein übernehmender Rechtsträger für den effektiven Betrieb des auf ihn übertragenen Geschäfts benötigt.

(2) [1] Die Abwicklungsbehörde kann auf Ersuchen der Abwicklungsbehörde eines anderen Mitgliedstaats der Europäischen Union Maßnahmen auf Grundlage des Artikels 65 Absatz 1 der Richtlinie 2014/59/EU, die nach der Anordnung dieser Abwicklungsbehörde für ein gruppenangehöriges Unternehmen mit Sitz im Inland gelten sollen, dadurch anerkennen, dass sie gegenüber dem betroffenen gruppenangehörigen Unternehmen mit Sitz im Inland eine entsprechende Anordnung trifft. [2] In den Fällen des Satzes 1 gilt Absatz 1 entsprechend.

(3) [1] Ein Institut sowie ein übergeordnetes Unternehmen und deren nachgeordnete Unternehmen haben bei wesentlichen Auslagerungen in Auslagerungsverträgen Vereinbarungen zu treffen, die den Anordnungsbefugnissen im Sinne der Absätze 1 und 2 Rechnung tragen. [2] Die Anforderungen gemäß § 25b des Kreditwesengesetzes[1)] bleiben unberührt.

(4) Die Befugnisse nach den Absätzen 1 und 2 berechtigen die Abwicklungsbehörde nicht dazu, das Institut oder das gruppenangehörige Unternehmen zu einer finanziellen Unterstützung zu verpflichten.

(5) [1] Die Gegenleistung richtet sich bei Vereinbarungen über Dienstleistungen und Einrichtungen im Sinne der Absätze 1 und 2, die im Zeitpunkt der Anordnung einer Abwicklungsmaßnahme bereits bestehen, nach der bestehenden Vereinbarung. [2] In allen anderen Fällen bestimmt die Abwicklungsbehörde eine angemessene Gegenleistung.

(6) [1] Wird über das Vermögen des Instituts oder des gruppenangehörigen Unternehmens ein Insolvenzverfahren eröffnet, bestehen die aus einer Anordnung nach Absatz 1 folgenden Verpflichtungen gegenüber dem Insolvenzver-

[1)] Nr. 8.

walter fort. [2]Die Anordnung kann auch gegenüber dem Insolvenzverwalter erfolgen. [3]Die Absätze 2 bis 5 gelten entsprechend.

§ 81 Befugnis in Bezug auf in Drittstaaten belegene Gegenstände.

(1) Erstreckt sich eine Abwicklungsmaßnahme auch auf Gegenstände oder Verbindlichkeiten, die in einem Drittstaat belegen sind oder die dem Recht eines Drittstaats unterliegen, kann die Abwicklungsbehörde bei Vorliegen der Abwicklungsvoraussetzungen oder der Voraussetzungen nach § 65 anordnen, dass

1. die Geschäftsleitung, ein Sonderverwalter im Sinne des § 45c des Kreditwesengesetzes[1)], ein vorläufiger Verwalter im Sinne des § 38, ein Sonderverwalter im Sinne des § 87 oder eine andere Person, die die Kontrolle über das in Abwicklung befindliche Institut oder gruppenangehörige Unternehmen ausübt, und der übernehmende Rechtsträger alle geeigneten und erforderlichen Maßnahmen ergreifen, damit die Übertragung, die Herabschreibung, die Umwandlung oder sonstige Abwicklungsmaßnahmen für die betreffenden Gegenstände und Verbindlichkeiten wirksam werden;
2. die Geschäftsleitung, ein Sonderverwalter im Sinne des § 45c des Kreditwesengesetzes, ein vorläufiger Verwalter im Sinne des § 38, ein Sonderverwalter im Sinne des § 87 oder eine andere Person, die die Kontrolle über das in Abwicklung befindliche Institut oder gruppenangehörige Unternehmen ausübt, sicherstellt, dass das Institut oder gruppenangehörige Unternehmen die betreffenden Gegenstände hält oder die betreffenden Verbindlichkeiten im Namen des übernehmenden Rechtsträgers begleicht, bis die Abwicklungsmaßnahme wirksam wird;
3. die Aufwendungen des übernehmenden Rechtsträgers, die diesem bei der Durchführung der unter den Nummern 1 und 2 vorgeschriebenen Maßnahmen entstanden sind, soweit sie angemessen sind, nach § 142 Absatz 2 ersetzt werden.

(2) [1]Wenn nach Einschätzung der Abwicklungsbehörde die in Absatz 1 vorgesehenen Maßnahmen mit hoher Wahrscheinlichkeit nicht geeignet sind, eine nach dem Recht des Drittstaats wirksame Übertragung, Herabschreibung, Umwandlung oder sonstige Abwicklungsmaßnahme herbeizuführen, obwohl die Geschäftsleiter, Sonderverwalter im Sinne des § 45c des Kreditwesengesetzes, vorläufigen Verwalter im Sinne des § 38, Sonderverwalter im Sinne des § 87 oder anderen Personen, die die Kontrolle über das in Abwicklung befindliche Institut oder gruppenangehörige Unternehmen ausüben, die nach Absatz 1 vorgesehenen Maßnahmen ergreifen, verzichtet die Abwicklungsbehörde insoweit auf die Übertragung, Herabschreibung, Umwandlung oder sonstige Abwicklungsmaßnahme. [2]Hat die Abwicklungsbehörde die Übertragung, Herabschreibung, Umwandlung oder sonstige Abwicklungsmaßnahme bereits angeordnet, so hebt sie diese rückwirkend auf.

§ 82 Befugnis zur Aussetzung vertraglicher Pflichten. (1) [1]Die Abwicklungsbehörde kann anordnen, dass alle oder einzelne Zahlungs- oder Lieferverpflichtungen eines in Abwicklung befindlichen Instituts oder gruppenangehörigen Unternehmens aus Verträgen, bei denen es Vertragspartei ist, ausgesetzt

[1)] Nr. 8.

werden für den Zeitraum ab der öffentlichen Bekanntgabe dieser Aussetzung gemäß § 137 Absatz 1 bis zum Ablauf des auf diese Bekanntgabe folgenden Geschäftstages. [2] Bei der Anordnung einer solchen Aussetzung berücksichtigt die Abwicklungsbehörde die möglichen Auswirkungen auf das ordnungsgemäße Funktionieren der Finanzmärkte.

(2) Von einer Aussetzung gemäß Absatz 1 Satz 1 sind ausgenommen:
1. entschädigungsfähige Einlagen,
2. Zahlungs- und Lieferverpflichtungen gegenüber Systemen im Sinne des § 1 Absatz 16 des Kreditwesengesetzes[1)], Systembetreibern im Sinne des § 1 Absatz 16a des Kreditwesengesetzes, zentralen Gegenparteien im Sinne des § 1 Absatz 31 des Kreditwesengesetzes und Zentralbanken und
3. entschädigungsfähige Verbindlichkeiten aus Wertpapiergeschäften im Sinne des § 4 des Anlegerentschädigungsgesetzes[2)].

(3) Werden die Zahlungs- oder Lieferverpflichtungen eines in Abwicklung befindlichen Instituts oder gruppenangehörigen Unternehmens aus einem Vertrag gemäß Absatz 1 Satz 1 ausgesetzt, so sind die Zahlungs- oder Lieferverpflichtungen der Gegenparteien des in Abwicklung befindlichen Instituts oder des gruppenangehörigen Unternehmens aus diesem Vertrag für den gleichen Zeitraum ausgesetzt.

(4) Eine Zahlungs- oder Lieferverpflichtung, deren Fälligkeit in den Aussetzungszeitraum fällt, wird unmittelbar nach Ablauf des Aussetzungszeitraums fällig.

(5) Hat die Abwicklungsbehörde eine Abwicklungsmaßnahme angeordnet, sind die §§ 46 und 46g des Kreditwesengesetzes in Bezug auf das betroffene Institut nur mit Zustimmung der Abwicklungsbehörde anzuwenden.

§ 83 Befugnis zur Beschränkung von Sicherungsrechten. (1) [1] Bei Vorliegen der Abwicklungsvoraussetzungen kann die Abwicklungsbehörde den Gläubigern eines in Abwicklung befindlichen Instituts oder gruppenangehörigen Unternehmens, deren Forderungen besichert sind, die Durchsetzung von Sicherungsrechten untersagen für den Zeitraum ab der öffentlichen Bekanntgabe dieser Beschränkung gemäß § 137 Absatz 1 bis zum Ablauf des auf diese Bekanntgabe folgenden Geschäftstages. [2] Bei der Anordnung einer solchen Beschränkung berücksichtigt die Abwicklungsbehörde die möglichen Auswirkungen auf das ordnungsgemäße Funktionieren der Finanzmärkte.

(2) Von einer Beschränkung nach Absatz 1 sind Sicherungsrechte ausgenommen, die das in Abwicklung befindliche Institut oder gruppenangehörige Unternehmen Systemen im Sinne des § 1 Absatz 16 des Kreditwesengesetzes[1)] oder Systembetreibern im Sinne des § 1 Absatz 16a des Kreditwesengesetzes, zentralen Gegenparteien im Sinne des § 1 Absatz 31 des Kreditwesengesetzes und Zentralbanken an seinen Vermögenswerten bestellt hat.

§ 84 Befugnis zur vorübergehenden Aussetzung von Beendigungsrechten. (1) Bei Vorliegen der Abwicklungsvoraussetzungen kann die Abwicklungsbehörde das Recht einer Partei, einen Vertrag mit einem in Abwick-

---

1) Nr. **8**.
2) Nr. **11**.

lung befindlichen Institut oder gruppenangehörigen Unternehmen zu beenden, aussetzen für den Zeitraum ab der öffentlichen Bekanntgabe dieser Aussetzung gemäß § 137 Absatz 1 bis zum Ablauf des auf diese Bekanntgabe folgenden Geschäftstages.

(2) Die Abwicklungsbehörde kann das Recht einer Partei, einen Vertrag mit einem gruppenangehörigen Unternehmen zu beenden, das derselben Gruppe angehört wie ein in Abwicklung befindliches gruppenangehöriges Unternehmen, aussetzen für den Zeitraum ab der öffentlichen Bekanntgabe gemäß § 137 Absatz 1 bis zum Ablauf des auf diese Bekanntgabe folgenden Geschäftstages in dem Mitgliedstaat, in dem die von der Aussetzung betroffene Vertragspartei ihren Sitz hat, wenn folgende Voraussetzungen vorliegen:

1. die Erfüllung der sich aus dem Vertrag ergebenden Verpflichtungen wird von dem in Abwicklung befindlichen gruppenangehörigen Unternehmen garantiert oder auf andere Art und Weise sichergestellt;
2. das Beendigungsrecht knüpft ausschließlich auf das Vorliegen von Insolvenzgründen oder die Abwicklungsvoraussetzungen oder die Anordnung oder Durchführung von Abwicklungsmaßnahmen an und,
3. für den Fall, dass eine Übertragung in Bezug auf das in Abwicklung befindliche Institut oder gruppenangehörige Unternehmen angeordnet wurde oder angeordnet werden kann,
   a) alle mit diesem Vertrag verbundenen Rechte und Pflichten des in Abwicklung befindlichen Instituts oder des gruppenangehörigen Unternehmens wurden auf den übernehmenden Rechtsträger übertragen und von ihm übernommen oder können auf ihn übertragen und von ihm übernommen werden oder
   b) die Abwicklungsbehörde kann einen anderweitigen Schutz der Ansprüche der anderen Vertragsparteien bewirken.

(3) Bei einer Anordnung nach Absatz 1 oder Absatz 2 berücksichtigt die Abwicklungsbehörde die möglichen Auswirkungen auf das ordnungsgemäße Funktionieren der Finanzmärkte.

(4) Eine Anordnung nach Absatz 1 oder 2 erfolgt nicht gegenüber Teilnehmern von Systemen im Sinne des § 1 Absatz 16 des Kreditwesengesetzes[1], gegenüber Systembetreibern im Sinne des § 1 Absatz 16a des Kreditwesengesetzes, gegenüber zentralen Gegenparteien im Sinne des § 1 Absatz 31 des Kreditwesengesetzes und gegenüber Zentralbanken.

(5) Eine Vertragspartei kann vor Ablauf des in Absatz 1 oder 2 genannten Zeitraums von einem Beendigungsrecht nur Gebrauch machen, wenn sie von der Abwicklungsbehörde die Mitteilung erhält, dass die mit dem Vertrag verbundenen Rechte und Pflichten weder auf einen übernehmenden Rechtsträger übertragen werden, noch Gegenstand einer Herabschreibung oder Umwandlung bei der Anwendung des Instruments der Gläubigerbeteiligung sind.

(6) [1] Auf eine Mitteilung der Abwicklungsbehörde nach Absatz 5 besteht kein Anspruch. [2] Eine Vertragspartei kann nach Ablauf des in Absatz 1 oder 2 genannten Zeitraums, sofern keine Mitteilung nach Absatz 5 ergangen ist, von einem Beendigungsrecht vorbehaltlich der Regelungen der §§ 82 und 144 Gebrauch machen, wenn

---

[1] Nr. **8**.

1. in Fällen, in denen die mit dem Vertrag verbundenen Rechte und Pflichten auf einen übernehmenden Rechtsträger übertragen wurden, die vertraglichen Voraussetzungen für eine Beendigung des Vertrags auch nach Übertragung an den übernehmenden Rechtsträger noch vorliegen;
2. in Fällen, in denen die mit dem Vertrag verbundenen Rechte und Pflichten bei dem in Abwicklung befindlichen Institut oder gruppenangehörigen Unternehmen verbleiben und die Abwicklungsbehörde das Instrument der Gläubigerbeteiligung nicht auf das in Abwicklung befindliche Institut oder ein gruppenangehöriges Unternehmen angewendet hat, die vertraglichen Voraussetzungen für eine Beendigung des Vertrags bei Ablauf des in Absatz 1 genannten Zeitraums noch vorliegen.

(7) Die Absätze 1 bis 6 gelten entsprechend für sämtliche Beendigungstatbestände, die sich aus einem Vertrag mit einem in Abwicklung befindlichen Institut oder gruppenangehörigen Unternehmen ergeben.

§ 85 Streichung des Gesamtbetrags variabler Vergütungen und zurückbehaltener variabler Vergütungen. (1) [1]Die Abwicklungsbehörde kann bei Vorliegen der Abwicklungsvoraussetzungen gegenüber dem Institut oder gruppenangehörigen Unternehmen anordnen, dass das Institut oder das gruppenangehörige Unternehmen den Jahresgesamtbetrag, der für die variable Vergütung aller Geschäftsleiter und Geschäftsleiterinnen sowie Mitarbeiter und Mitarbeiterinnen vorgesehen ist (Gesamtbetrag der variablen Vergütungen), auf einen bestimmten Anteil des Jahresergebnisses beschränkt oder vollständig streicht. [2]Von der Beschränkung nach Satz 1 ausgenommen sind variable Vergütungsbestandteile, die vereinbart sind

1. durch Tarifvertrag oder
2. im Geltungsbereich eines Tarifvertrags durch Vereinbarung der Arbeitsvertragsparteien über die Anwendung der tarifvertraglichen Regelungen oder auf Grund eines Tarifvertrags in einer Betriebs- oder Dienstvereinbarung.

(2) Die Abwicklungsbehörde kann bei Vorliegen der Abwicklungsvoraussetzungen gegenüber dem Institut oder dem gruppenangehörigen Unternehmen anordnen, dass das Institut oder gruppenangehörige Unternehmen sämtliche bereits zurückbehaltene variable Vergütungen von Geschäftsleitern und Geschäftsleiterinnen sowie von Mitarbeitern und Mitarbeiterinnen im Sinne des § 25a Absatz 5 Satz 4 des Kreditwesengesetzes[1)] und des § 20 Absatz 1 und 2 der Institutsvergütungsverordnung[2)] reduziert oder streicht.

§ 86 Kontrollbefugnisse. (1) Bei Vorliegen der Abwicklungsvoraussetzungen kann die Abwicklungsbehörde zur Vornahme einer Abwicklungsmaßnahme direkt oder über einen Sonderverwalter im Sinne des § 87 die Kontrolle über das in Abwicklung befindliche Institut und gruppenangehörige Unternehmen übernehmen, um

1. das in Abwicklung befindliche Institut oder gruppenangehörige Unternehmen mit allen Befugnissen der Anteilsinhaber, der Geschäftsleitung und des Aufsichts- oder Verwaltungsorgans des in Abwicklung befindlichen Instituts

---

1) Nr. 8.
2) Nr. 8f.

betreiben und die Tätigkeiten und Dienstleistungen des Instituts erbringen zu können,

2. Vermögenswerte und Eigentum des in Abwicklung befindlichen Instituts oder gruppenangehörigen Unternehmens verwalten und über diese Vermögenswerte und das Eigentum verfügen zu können.

(2) Die Abwicklungsbehörde und der Sonderverwalter gelten nicht als Geschäftsleiter im Sinne des § 25c des Kreditwesengesetzes[1)] und nicht als Aufsichts- oder Verwaltungsorgan im Sinne des § 25d des Kreditwesengesetzes.

§ 87 Sonderverwaltung; gemeinsamer Sonderverwalter für gruppenangehörige Unternehmen. (1) [1] Hat die Abwicklungsbehörde gegenüber einem Institut eine Abwicklungsanordnung erlassen, kann sie die Geschäftsleitung und das Aufsichts- oder Verwaltungsorgan dieses Instituts für einen Zeitraum von bis zu einem Jahr durch einen geeigneten Sonderverwalter ersetzen. [2] Der Zeitraum kann ausnahmsweise auf insgesamt bis zu zwei Jahre verlängert werden, wenn die Voraussetzungen für die Bestellung eines Sonderverwalters fortbestehen. [3] Die Abwicklungsbehörde kann den Sonderverwalter jederzeit ohne Angabe von Gründen abberufen.

(2) [1] Falls die Abwicklungsbehörde erwägt, einen Sonderverwalter für ein gruppenangehöriges Unternehmen zu bestellen und gleichzeitig eine Abwicklungsbehörde in einem anderen Mitgliedstaat oder mehrere Abwicklungsbehörden in anderen Mitgliedstaaten erwägen, ebenfalls Sonderverwalter für andere Unternehmen derselben Gruppe zu bestimmen, so prüft die Abwicklungsbehörde gemeinsam mit den anderen Abwicklungsbehörden die Bestellung eines gemeinsamen Sonderverwalters, um eine gemeinsame Lösung für die Wiederherstellung der Lebensfähigkeiten der Einheiten zu finden. [2] Die Abwicklungsbehörde stimmt der Bestellung eines gemeinsamen Sonderverwalters nur zu, wenn hierdurch die Wiederherstellung der Lebensfähigkeit aller Einheiten überwiegend wahrscheinlich ist und der zu bestellende Sonderverwalter die Anforderungen dieser Vorschrift erfüllt.

(3) Mit der Bestellung eines Sonderverwalters nach Absatz 1 endet eine bestehende Bestellung eines vorläufigen Verwalters für dieses Institut nach § 38 oder eines Sonderverwalters nach § 45c des Kreditwesengesetzes[1)].

§ 88 Rechte, Aufgaben und Befugnisse des Sonderverwalters.

(1) [1] Die Abwicklungsbehörde kann dem Sonderverwalter nach § 87 die in § 45c Absatz 2 des Kreditwesengesetzes[1)] genannten Aufgaben und Befugnisse und die Rechte der Anteilsinhaber sowie die Aufgaben und Befugnisse des Verwaltungs- sowie des Aufsichtsorgans des Instituts übertragen. [2] Im Rahmen seiner Tätigkeit ist der Sonderverwalter insbesondere dazu befugt, zur Durchführung der von der Abwicklungsbehörde angeordneten Abwicklungsmaßnahmen Kapitalerhöhungen und sonstige Maßnahmen durchzuführen, die die Eigentümerstruktur des Instituts verändern, und das Institut an ein organisatorisch und finanziell solides Drittinstitut unter Beachtung der für eine solche Abwicklungsmaßnahme geltenden Vorgaben nach den §§ 107 ff. zu veräußern.

[1)] Nr. 8.

(2) Der Sonderverwalter unterliegt bei der Wahrnehmung seiner Rechte, Aufgaben und Befugnisse nach Absatz 1 der Aufsicht durch die Abwicklungsbehörde und hat deren Anordnungen zu befolgen.

(3) [1] Der Sonderverwalter hat bei Wahrnehmung seiner Rechte, Aufgaben und Befugnisse nach Absatz 1 stets die Abwicklungsziele zu verfolgen und im Rahmen seiner Befugnisse die von der Abwicklungsbehörde für das Institut angeordneten Abwicklungsmaßnahmen durchzuführen. [2] Diese Pflicht hat Vorrang vor anderen Geschäftsleiterpflichten und Pflichten des Aufsichts- oder Verwaltungsorgans.

(4) Die Abwicklungsbehörde kann die Rechte, Aufgaben und Befugnisse nach Absatz 1 jederzeit ohne Angabe von Gründen beschränken oder anordnen, dass der Sonderverwalter diese nur mit der vorherigen, schriftlichen Zustimmung der Abwicklungsbehörde wahrnehmen darf.

(5) [1] Der Sonderverwalter hat der Abwicklungsbehörde zu Beginn und zum Ende seiner Tätigkeit sowie zwischenzeitlich regelmäßig in Intervallen, welche von der Abwicklungsbehörde festgesetzt werden, ausführlich schriftlich Bericht über die wirtschaftliche und finanzielle Lage des Instituts sowie die Wahrnehmung der ihm übertragenen Aufgaben und der hierbei erzielten Ergebnisse zu erstatten. [2] Im Übrigen sind die Vorschriften über den Sonderbeauftragten in § 45c des Kreditwesengesetzes entsprechend anzuwenden.

Kapitel 2. Abwicklungsinstrumente

Abschnitt 1. Beteiligung der Anteilsinhaber und Gläubiger

§ 89 Instrument der Beteiligung der Inhaber relevanter Kapitalinstrumente. Liegen bei einem Institut oder einem gruppenangehörigen Unternehmen die Abwicklungsvoraussetzungen gemäß § 62 oder § 64 oder die Voraussetzungen für die Anwendung des Instruments der Beteiligung der Inhaber relevanter Kapitalinstrumente gemäß § 65 vor, so hat die Abwicklungsbehörde nach Maßgabe der nachfolgenden Bestimmungen anzuordnen, dass

1. relevante Kapitalinstrumente des Instituts oder des gruppenangehörigen Unternehmens in Anteile oder andere Instrumente des harten Kernkapitals am Institut oder am gruppenangehörigen Unternehmen umgewandelt werden oder
2. im Fall des § 96 Absatz 1 Nummer 1 auch der Nennwert oder der ausstehende Restbetrag von relevanten Kapitalinstrumenten des Instituts oder des gruppenangehörigen Unternehmens ganz oder teilweise herabgeschrieben wird; im Fall des § 96 Absatz 7 kann eine Herabschreibung ohne Durchführung einer Umwandlung erfolgen.

§ 90 Instrument der Gläubigerbeteiligung. Liegen bei einem Institut oder einem gruppenangehörigen Unternehmen die Abwicklungsvoraussetzungen gemäß § 62 oder § 64 vor, so kann die Abwicklungsbehörde nach Maßgabe der nachfolgenden Bestimmungen anordnen, dass

1. berücksichtigungsfähige Verbindlichkeiten des Instituts oder des gruppenangehörigen Unternehmens umgewandelt werden in Anteile oder in andere Instrumente des harten Kernkapitals an
   a) diesem Institut oder gruppenangehörigen Unternehmen,
   b) einem relevanten Mutterinstitut oder

c) an einem Brückeninstitut, auf das Vermögenswerte, Rechte oder Verbindlichkeiten des Instituts oder des gruppenangehörigen Unternehmens übertragen werden, oder
2. im Fall des § 96 Absatz 1 Nummer 1 auch der Nennwert oder der ausstehende Restbetrag von berücksichtigungsfähigen Verbindlichkeiten des Instituts oder des gruppenangehörigen Unternehmens ganz oder teilweise herabgeschrieben wird; im Fall des § 96 Absatz 7 kann eine Herabschreibung ohne Durchführung einer Umwandlung erfolgen.

§ 91 Berücksichtigungsfähige Verbindlichkeiten. (1) Das Instrument der Gläubigerbeteiligung ist auf alle Verbindlichkeiten eines Instituts oder eines gruppenangehörigen Unternehmens anzuwenden, die weder gemäß Absatz 2 vom Anwendungsbereich des Instruments der Gläubigerbeteiligung ausgenommen sind noch relevante Kapitalinstrumente sind (berücksichtigungsfähige Verbindlichkeiten).

(2) Folgende Verbindlichkeiten sind vom Anwendungsbereich des Instruments der Gläubigerbeteiligung ausgenommen, und zwar unabhängig davon, ob sie dem Recht eines Mitgliedstaats oder eines Drittstaats unterliegen:
1. gedeckte Einlagen bis zur Höhe des Deckungsniveaus gemäß § 8 des Einlagensicherungsgesetzes[1]; für Einlagen nach § 8 Absatz 2 des Einlagensicherungsgesetzes gilt dies nur, sofern der Einleger diese binnen einer von der Abwicklungsbehörde festgelegten angemessenen Frist gesondert schriftlich unter Nachweis der anspruchsbegründenden Tatsachen glaubhaft macht; mit der Fristsetzung ist er auf die Anwendung des Instruments der Gläubigerbeteiligung und die Erforderlichkeit der gesonderten Geltendmachung und des Nachweises der Voraussetzungen des § 8 Absatz 2 des Einlagensicherungsgesetzes hinzuweisen;
2. besicherte Verbindlichkeiten einschließlich Verbindlichkeiten aus gedeckten Schuldverschreibungen, einschließlich von in Deckung befindlichen Derivategeschäften im Sinne des § 4 Absatz 3 Satz 2 des Pfandbriefgesetzes[2], soweit sie mindestens durch den Wert der hierfür bestellten Sicherung besichert oder gedeckt sind;
3. Verbindlichkeiten aus der Verwahrung von Kundenvermögen oder Kundengeldern durch das Institut oder das gruppenangehörige Unternehmen, sofern dem betreffenden Kunden in einem Insolvenzverfahren über das Vermögen des Instituts in Bezug auf das verwaltete Vermögen oder die verwalteten Gelder ein Aussonderungs- oder Absonderungsrecht zusteht; dies gilt auch für Kundenvermögen oder Kundengelder, die für Organismen für gemeinsame Anlagen in Wertpapieren und alternative Investmentfonds im Sinne des Kapitalanlagegesetzbuchs gehalten werden;
4. Verbindlichkeiten aus einem Treuhandverhältnis zwischen dem Institut oder dem gruppenangehörigen Unternehmen als Treuhänder und einer anderen Person als Treugeber, sofern dem Treugeber in Bezug auf das Treugut in einem Insolvenzverfahren ein Aussonderungsrecht zustehen würde;

---
[1] Nr. **12**.
[2] Nr. **16**.

5. Verbindlichkeiten gegenüber anderen Instituten, die nicht der Gruppe des in Abwicklung befindlichen Instituts oder gruppenangehörigen Unternehmens angehören, mit einer Ursprungslaufzeit von weniger als sieben Tagen;
6. Verbindlichkeiten mit einer Restlaufzeit von weniger als sieben Tagen gegenüber Zahlungssystemen, Wertpapierliefer- und -abrechnungssystemen oder den Betreibern oder anderen Teilnehmern an solchen Systemen, wenn diese Verbindlichkeiten aus einer Teilnahme an dem System resultieren;
7. Verbindlichkeiten gegenüber
   a) Beschäftigten auf Grund ausstehender Gehaltsforderungen, Rentenleistungen oder anderer fester Vergütungen mit Ausnahme von
      aa) variablen Vergütungsbestandteilen, die nicht durch Tarifvertrag oder in seinem Geltungsbereich durch Vereinbarung der Arbeitsvertragsparteien über die Anwendung der tarifvertraglichen Regelungen oder auf Grund eines Tarifvertrags in einer Betriebs- oder Dienstvereinbarung geregelt sind, und
      bb) variablen Vergütungsbestandteilen, die in Bezug auf Geschäftsleiter und Geschäftsleiterinnen sowie Mitarbeiter und Mitarbeiterinnen im Sinne des § 18 Absatz 1 der Institutsvergütungsverordnung[1)] in der jeweils geltenden Fassung vereinbart sind,
   b) Geschäfts- oder Handelsgläubigern auf Grund von Lieferungen und Leistungen, die für den laufenden Geschäftsbetrieb des Instituts oder des gruppenangehörigen Unternehmens von wesentlicher Bedeutung sind, einschließlich Diensten der Informationstechnologie, Versorgungsdienstleistungen sowie auf Grund von Miete, Bewirtschaftung und Instandhaltung von Gebäuden,
   c) Einlagensicherungssystemen auf Grund von Beitragspflichten.

§ 92 Ausschluss der Anwendung des Instruments der Gläubigerbeteiligung im Einzelfall. (1) Die Abwicklungsbehörde kann im Einzelfall bestimmte berücksichtigungsfähige Verbindlichkeiten oder bestimmte Kategorien berücksichtigungsfähiger Verbindlichkeiten ganz oder teilweise aus dem Anwendungsbereich des Instruments der Gläubigerbeteiligung ausschließen, sofern

1. für die betreffende Verbindlichkeit trotz angemessener Bemühungen der Abwicklungsbehörde die Anwendung des Instruments der Gläubigerbeteiligung innerhalb einer angemessenen Frist nicht möglich ist;
2. der Ausschluss zwingend notwendig und verhältnismäßig ist, um die Fortführung der kritischen Funktionen und wesentlichen Geschäftsaktivitäten sicherzustellen, so dass das Institut oder gruppenangehörige Unternehmen die existentiell wichtigen Geschäfte, Dienstleistungen und Transaktionen fortführen kann;
3. der Ausschluss zwingend notwendig und verhältnismäßig ist, um die Gefahr einer Ansteckung zu vermeiden, die das Funktionieren der Finanzmärkte, einschließlich der Finanzmarktinfrastrukturen, so stören würde, dass dies die Wirtschaft Deutschlands, eines anderen Mitgliedstaats oder der Europäischen

---

1) Nr. 8f.

Union erheblich beeinträchtigen könnte; dies betrifft insbesondere Einlagen, die von natürlichen Personen, von Kleinstunternehmen sowie kleinen oder mittleren Unternehmen gehalten werden und deren Höhe die gedeckten Einlagen überschreitet oder

4. die Anwendung des Instruments der Gläubigerbeteiligung auf diese Verbindlichkeiten zu einer Wertvernichtung führen würde, bei der die von anderen Gläubigern zu tragenden Verluste höher wären, als wenn diese Verbindlichkeiten vom Instrument der Gläubigerbeteiligung ausgeschlossen würden.

(2) Bei der Ausübung des Ermessens nach Absatz 1 hat die Abwicklungsbehörde Folgendes zu berücksichtigen:

1. den Grundsatz, dass Verluste in erster Linie von den Anteilsinhabern und erst dann von den Gläubigern des Instituts oder des gruppenangehörigen Unternehmens entsprechend dem Rang ihrer Verbindlichkeiten zu tragen sind;
2. die Höhe der Verlustabsorptionskapazität, über die das Institut oder das gruppenangehörige Unternehmen noch verfügen würde, wenn die Verbindlichkeit oder die Kategorie von Verbindlichkeiten aus dem Anwendungsbereich des Instruments der Gläubigerbeteiligung ausgeschlossen würde;
3. das Vorhandensein ausreichender Mittel zur Finanzierung der Abwicklungsmaßnahmen.

(3) [1] Bevor die Abwicklungsbehörde von der Möglichkeit eines Ausschlusses gemäß Absatz 1 Gebrauch macht, meldet sie den beabsichtigten Ausschluss der Kommission. [2] Für den Fall, dass der beabsichtigte Ausschluss entweder einen Ausgleichsbeitrag des Restrukturierungsfonds oder eine Finanzierung aus einer alternativen Finanzierungsquelle gemäß § 94 erfordert und die Anforderungen dieses Paragraphen in Verbindung mit delegierten Rechtsakten der Kommission nach Artikel 44 Absatz 11 der Richtlinie 2014/59/EU nicht erfüllt sind, gibt die Abwicklungsbehörde der Kommission die Gelegenheit, binnen 24 Stunden den beabsichtigten Ausschluss zu untersagen oder eine Modifizierung des beabsichtigten Ausschlusses vorzuschlagen. [3] Die Abwicklungsbehörde kann ihr Einverständnis zu einer längeren Frist geben.

§ 93 Anwendung des Instruments der Gläubigerbeteiligung in Bezug auf Verbindlichkeiten aus Derivaten. (1) In Bezug auf Verbindlichkeiten aus Derivaten ist das Instrument der Gläubigerbeteiligung nur nach oder gleichzeitig mit der Glattstellung der Derivate anwendbar.

(2) Die Abwicklungsbehörde ist bei Vorliegen der Abwicklungsvoraussetzungen des § 62 Absatz 1 befugt, Derivateverträge zum Zweck der Anwendung des Instruments der Gläubigerbeteiligung zu kündigen und glattzustellen, es sei denn, eine Verbindlichkeit aus einem Derivat wird gemäß § 92 aus dem Anwendungsbereich des Instruments der Gläubigerbeteiligung ausgenommen.

(3) Unterliegen Transaktionen mit Derivaten einer Saldierungsvereinbarung, so bestimmt die Abwicklungsbehörde oder ein unabhängiger Sachverständiger im Rahmen der Bewertung gemäß § 69 auf der Basis der Derivateverträge den Nettowert der Verbindlichkeiten.

(4) Den Nettowert von Verbindlichkeiten aus Derivaten bestimmt die Abwicklungsbehörde oder der unabhängige Sachverständige nach Absatz 3 anhand von

1. angemessenen Methoden zur Bestimmung des Werts von Derivatekategorien, einschließlich Transaktionen, die Saldierungsvereinbarungen unterliegen;
2. Grundsätzen für die Festlegung des Zeitpunkts, zu dem der Wert einer Derivateposition festgestellt werden sollte und
3. geeigneten Methoden für den Vergleich der Höhe der Wertvernichtung, die aus der Glattstellung und der Anwendung des Instruments der Gläubigerbeteiligung auf Derivate resultieren würde, mit der Höhe der Verluste, die für diese Derivate bei der Anwendung des Instruments der Gläubigerbeteiligung entstehen würden.

(5) Die Absätze 1 bis 4 gelten entsprechend für Verbindlichkeiten aus Finanzleistungen im Sinne des § 104 Absatz 1 der Insolvenzordnung, die in einem Rahmenvertrag nach § 104 Absatz 3 der Insolvenzordnung zusammengefasst sind.

§ 94 Ausgleichsbeiträge des Restrukturierungsfonds. (1) Für die nach § 92 ganz oder teilweise ausgeschlossenen Verbindlichkeiten kann nach Maßgabe des § 7a des Restrukturierungsfondsgesetzes[1] ein Ausgleichsbeitrag des Restrukturierungsfonds erbracht werden.

(2) Unter außergewöhnlichen Umständen kann die Abwicklungsbehörde für eine weitere Finanzierung der Abwicklung alternative Finanzierungsquellen in Anspruch nehmen, wenn
1. die in § 7a Absatz 4 des Restrukturierungsfondsgesetzes genannte Obergrenze von 5 Prozent erreicht worden ist und
2. alle unbesicherten berücksichtigungsfähigen Verbindlichkeiten mit Ausnahme von entschädigungsfähigen Einlagen, die nicht gemäß § 92 ausgeschlossen worden sind, vollständig abgeschrieben oder umgewandelt worden sind.

§ 95 Zwecke des Instruments der Gläubigerbeteiligung. [1]Das Instrument der Gläubigerbeteiligung kann für folgende Zwecke eingesetzt werden:
1. zur Rekapitalisierung des Instituts oder gruppenangehörigen Unternehmens in dem Umfang, der erforderlich ist, um
   a) das Institut oder gruppenangehörige Unternehmen wieder in die Lage zu versetzen, den Zulassungsbedingungen zu genügen und die Tätigkeiten auszuüben, für die es gemäß der Richtlinie 2013/36/EG oder der Richtlinie 2014/65/EU zugelassen ist und
   b) das Vertrauen des Marktes in das Institut oder das gruppenangehörige Unternehmen aufrechtzuerhalten,

   wenn die begründete Aussicht besteht, dass die Anwendung dieses Instruments in Kombination mit den Maßnahmen, die im Rahmen des nach § 102 vorzulegenden Restrukturierungsplans umgesetzt werden, über die Verwirklichung der Abwicklungsziele hinaus die finanzielle Solidität und Überlebensfähigkeit des betreffenden Instituts oder gruppenangehörigen Unternehmens wiederherstellen wird;

---

[1] Nr. 21.

2. zur Umwandlung von berücksichtigungsfähigen Verbindlichkeiten in Instrumente des harten Kernkapitals oder zur Reduzierung des Nennwerts von berücksichtigungsfähigen Verbindlichkeiten in den Fällen, in denen die Verbindlichkeiten übertragen werden
   a) auf ein Brückeninstitut mit dem Ziel, Kapital für das Brückeninstitut bereitzustellen, oder
   b) im Rahmen des Instruments der Unternehmensveräußerung oder des Instruments der Übertragung auf eine Vermögensverwaltungsgesellschaft.

§ 96 Festlegung des Betrags der herabzuschreibenden oder umzuwandelnden relevanten Kapitalinstrumente und berücksichtigungsfähigen Verbindlichkeiten. (1) Vor der Anwendung des Instruments der Beteiligung der Inhaber relevanter Kapitalinstrumente oder des Instruments der Gläubigerbeteiligung legt die Abwicklungsbehörde auf Grundlage der gemäß § 69 vorgenommenen Bewertung folgende Beträge fest:

1. den Gesamtbetrag der relevanten Kapitalinstrumente oder berücksichtigungsfähigen Verbindlichkeiten des Instituts oder des gruppenangehörigen Unternehmens, die herabzuschreiben sind,
   a) um sicherzustellen, dass der Nettovermögenswert des Instituts oder des gruppenangehörigen Unternehmens gleich null ist, oder
   b) um im Fall eines drohenden Verlustes sicherzustellen, dass der Nettovermögenswert null nicht unterschreitet, und
2. den Gesamtbetrag der relevanten Kapitalinstrumente oder berücksichtigungsfähigen Verbindlichkeiten des Instituts oder des gruppenangehörigen Unternehmens, die in Anteile oder andere Instrumente des harten Kernkapitals am Institut oder am gruppenangehörigen Unternehmen umzuwandeln sind, um
   a) die erforderliche Quote für das harte Kernkapital des Instituts oder gruppenangehörigen Unternehmens wiederherzustellen oder
   b) die erforderliche Quote für das harte Kernkapital des Brückeninstituts zu erreichen.

(2) Sollte der Nettovermögenswert des Instituts oder des gruppenangehörigen Unternehmens vor der Anwendung des Instruments der Beteiligung der Inhaber relevanter Kapitalinstrumente oder des Instruments der Gläubigerbeteiligung bereits größer als Null sein und drohen auch keine in Absatz 1 Nummer 1 genannten Verluste, wendet die Abwicklungsbehörde nur die in § 89 Nummer 1 und § 90 Nummer 1 genannte Umwandlungsbefugnis an.

(3) [1] Bei der Festlegung des in Absatz 1 Nummer 2 genannten Betrags legt die Abwicklungsbehörde folgende weitere Beträge fest:

1. den Betrag, der zur Wiederherstellung oder, im Fall eines Brückeninstituts, zum Erreichen der erforderlichen Quote für das harte Kernkapital erforderlich ist,
2. erforderlichenfalls einen zusätzlichen Betrag, um ein ausreichendes Marktvertrauen in das in Abwicklung befindliche Institut oder gruppenangehörige Unternehmen oder das Brückeninstitut sicherzustellen und es in die Lage zu versetzen, über einen Zeitraum von mindestens einem Jahr die Zulassungsvoraussetzungen weiterhin zu erfüllen und die Tätigkeiten, für die es im

Rahmen der Richtlinien 2013/36/EU oder 2014/65/EU zugelassen ist, fortzuführen.

[2] Etwaige Kapitalzuführungen durch den Restrukturierungsfonds an das Brückeninstitut nach § 7 des Restrukturierungsfondsgesetzes[1)] sind zu berücksichtigen.

(4) Im Fall von § 65 Absatz 1 Nummer 1 wird ein von einem Tochterunternehmen ausgegebenes relevantes Kapitalinstrument nicht zu einem höheren Betrag oder zu ungünstigeren Bedingungen herabgeschrieben oder umgewandelt, als gleichrangige relevante Kapitalinstrumente auf der Ebene des Mutterunternehmens herabgeschrieben oder umgewandelt wurden.

(5) Bei der Anwendung des Instruments der Gläubigerbeteiligung in Kombination mit dem Instrument der Übertragung auf eine Vermögensverwaltungsgesellschaft ist bei der Festlegung der Höhe der herabzuschreibenden berücksichtigungsfähigen Verbindlichkeiten eine vernünftige Schätzung der Kapitalanforderungen der Vermögensverwaltungsgesellschaft zu berücksichtigen.

(6) [1] Wird eine berücksichtigungsfähige Verbindlichkeit oder eine Kategorie berücksichtigungsfähiger Verbindlichkeiten gemäß § 92 Absatz 1 ganz oder teilweise ausgeschlossen, so kann der Umfang, in dem andere berücksichtigungsfähige Verbindlichkeiten herabzuschreiben oder umzuwandeln sind, entsprechend erhöht werden. [2] Dabei sind die Grundsätze nach § 68 Absatz 1 Nummer 3 und 4 einzuhalten.

(7) [1] Für den Fall, dass eine Umwandlung von relevanten Kapitalinstrumenten oder berücksichtigungsfähigen Verbindlichkeiten im Sinne des Absatzes 1 Nummer 2 auf Grund der Rechtsform des Instituts oder gruppenangehörigen Unternehmens nicht möglich und ein Rechtsformwechsel gemäß § 77 Absatz 3 unverhältnismäßig ist, kann bei der Festsetzung der Beträge nach Absatz 1 zugrunde gelegt werden, dass eine Wandlung im Sinne des Absatzes 1 Nummer 2 nicht stattfindet und die Herabschreibung nach Absatz 1 Nummer 1 auch zu den in Absatz 1 Nummer 2 Buchstabe a oder b aufgeführten Zwecken erfolgt. [2] Die Festsetzung ist ebenfalls nach Maßgabe des Satzes 1 vorzunehmen, wenn das Landesrecht anstelle eines Rechtsformwechsels nach § 77 Absatz 3 Satz 2 ein Alternativmodell vorsieht.

§ 97 Haftungskaskade. (1) [1] Anteile, andere Instrumente des harten Kernkapitals, relevante Kapitalinstrumente und berücksichtigungsfähige Verbindlichkeiten werden in folgender Reihenfolge herangezogen:

1. Anteile und andere Instrumente des harten Kernkapitals;
2. Instrumente des zusätzlichen Kernkapitals;
3. Instrumente des Ergänzungskapitals;
4. berücksichtigungsfähige Verbindlichkeiten.

[2] Dabei wird eine Kategorie erst herangezogen, wenn durch Maßnahmen der Abwicklungsbehörde in der jeweils vorhergehenden Kategorie der betreffende nach § 96 Absatz 1 festgelegte Betrag nicht erreicht wurde. [3] Innerhalb der berücksichtigungsfähigen Verbindlichkeiten gilt Satz 1 entsprechend für den

---

[1)] Nr. **21**.

Rang, den die Verbindlichkeiten als Insolvenzforderungen eingenommen hätten.

(2) [1] Bei der Anwendung des Instruments der Beteiligung der Inhaber relevanter Kapitalinstrumente oder des Instruments der Gläubigerbeteiligung weist die Abwicklungsbehörde die Verluste, die in dem betreffenden nach § 96 Absatz 1 festgelegten Betrag ausgedrückt sind, unter Beachtung der Haftungskaskade gemäß Absatz 1 gleichmäßig den Anteilen oder anderen Instrumenten des harten Kernkapitals, des zusätzlichen Kernkapitals oder des Ergänzungskapitals sowie den berücksichtigungsfähigen Verbindlichkeiten gleichen Ranges zu; zu diesem Zweck schreibt sie den Nennwert dieser Anteile und den Nennwert oder den noch ausstehenden Restbetrag dieser anderen Kapitalinstrumente oder dieser berücksichtigungsfähigen Verbindlichkeiten im gleichen Umfang proportional zu ihrem Nennwert herab oder wandelt sie im gleichen Umfang proportional zu ihrem Nennwert um. [2] Satz 1 gilt nicht, wenn eine andere Verlustverteilung innerhalb von Verbindlichkeiten des gleichen Ranges gemäß § 92 Absatz 1 zulässig ist.

§ 98 Umwandlungssatz; Verordnungsermächtigung. (1) Der Faktor, zu dem ein relevantes Kapitalinstrument oder eine berücksichtigungsfähige Verbindlichkeit im Rahmen der Anwendung des Instruments der Beteiligung der Inhaber relevanter Kapitalinstrumente oder des Instruments der Gläubigerbeteiligung umgewandelt wird (Umwandlungssatz), muss wertangemessen sein.

(2) Um den Grundsätzen des § 68 Absatz 1 Rechnung zu tragen, berücksichtigt die Abwicklungsbehörde bei der Festlegung des Umwandlungssatzes den Nennwert und die Rangstellung, welche die Forderung und die relevanten Kapitalinstrumente in einem Insolvenzverfahren einnehmen würden.

(3)[1)] [1] Das Bundesministerium der Finanzen wird ermächtigt, durch Rechtsverordnung, die nicht der Zustimmung des Bundesrates bedarf, nähere Bestimmungen darüber zu erlassen, wie betroffene Gläubiger durch den Umwandlungssatz angemessen entschädigt werden können, insbesondere auch darüber, wie der Priorität vorrangiger Verbindlichkeiten nach geltendem Insolvenzrecht durch den Umwandlungssatz Rechnung getragen werden kann. [2] Das Bundesministerium der Finanzen kann die Ermächtigung durch Rechtsverordnung auf die Abwicklungsbehörde übertragen.

§ 99 Weitere Wirkungen der Anwendung des Instruments der Beteiligung der Inhaber relevanter Kapitalinstrumente und des Instruments der Gläubigerbeteiligung. (1) Schreibt die Abwicklungsbehörde den Nennwert oder den geschuldeten Restbetrag eines relevanten Kapitalinstruments oder einer berücksichtigungsfähigen Verbindlichkeit unter Ausübung der in § 89 Nummer 2 oder § 90 Nummer 2 genannten Befugnisse auf null herab, gelten die betreffende Verbindlichkeit und etwaige daraus resultierende Verpflichtungen oder Ansprüche gegenüber dem Institut oder gruppenangehörigen Unternehmen sowie deren Rechtsnachfolgern als erfüllt.

(2) Schreibt die Abwicklungsbehörde den Nennwert oder den ausstehenden Restbetrag eines relevanten Kapitalinstruments oder einer berücksichtigungs-

---

1) § 98 Abs. 3 ist bereits am 19.12.2014 in Kraft getreten; vgl. Art. 10 Abs. 3 G v. 10.12.2014 (BGBl. I S. 2091).

fähigen Verbindlichkeit unter Ausübung der in den §§ 89 und 90 genannten Befugnisse nur teilweise herab,

1. gelten die betreffende Verbindlichkeit und etwaige daraus resultierende Verpflichtungen oder Ansprüche gegenüber dem Institut oder gruppenangehörigen Unternehmen sowie deren Rechtsnachfolgern als in Höhe des herabgeschriebenen Betrags beglichen;
2. ist die Vereinbarung, durch die die ursprüngliche Verbindlichkeit begründet wurde, vorbehaltlich einer der Herabschreibung des Nennwerts entsprechenden Änderung des zahlbaren Zinsbetrags und etwaiger weiterer Änderungen der Bedingungen, die die Abwicklungsbehörde in Ausübung der in § 78 Nummer 3 genannten Befugnis vorsehen könnte, weiterhin auf den verbleibenden Nennwert oder den noch ausstehenden Restbetrag der Verbindlichkeit anwendbar.

(3) [1]Die Herabschreibung des Nennwerts oder des ausstehenden Restbetrags ist von Dauer. [2]Hiervon unberührt bleibt die Befugnis der Abwicklungsbehörde gemäß § 75 Absatz 4, den Wert der herabgeschriebenen Verbindlichkeiten wieder zu erhöhen. [3]Wenn die Voraussetzungen des § 75 Absatz 4 erfüllt sind, hat die Abwicklungsbehörde außerdem die Befugnis, in der erforderlichen Höhe die Einziehung von Anteilen oder die Löschung anderer Instrumente des harten Kernkapitals rückgängig zu machen. [4]Auch die Rechtsposition der Anteilsinhaber oder Inhaber anderer Instrumente des harten Kernkapitals ist in entsprechender Höhe wiederherzustellen. [5]Die Umsetzung dieser Befugnisse erfolgt durch einen Verwaltungsakt, der in der gleichen Form wie die Abwicklungsanordnung bekannt gemacht wird.

(4) [1]Die Abwicklungsanordnung ersetzt für die in ihr angeordneten Maßnahmen alle nach Gesellschaftsrecht erforderlichen Beschlüsse und Zustimmungen, sofern diese nicht bereits vor Anwendung des Instruments der Beteiligung der Inhaber relevanter Kapitalinstrumente oder des Instruments der Gläubigerbeteiligung gefasst worden sind. [2]Ladungen, Bekanntmachungen und sonstige Maßnahmen zur Vorbereitung von gesellschaftsrechtlichen Beschlüssen gelten als in der vorgeschriebenen Form bewirkt. [3]Die Abwicklungsanordnung ersetzt auch alle rechtsgeschäftlichen Erklärungen der Beteiligten, die zur Umsetzung der gesellschaftsrechtlichen Maßnahmen erforderlich sind.

(5) Die Vorschriften über Gesellschafterdarlehen und wirtschaftlich vergleichbare Forderungen, insbesondere § 39 Absatz 1 Nummer 5 der Insolvenzordnung, sind auf die Inhaber relevanter Kapitalinstrumente oder Gläubiger nicht anzuwenden, wenn sie allein deshalb zu einem Gesellschafter oder einem Gesellschafter wirtschaftlich vergleichbaren Dritten werden, weil auf ihre Forderungen das Instrument der Beteiligung der Inhaber relevanter Kapitalinstrumente oder das Instrument der Gläubigerbeteiligung angewendet wurde.

(6) Werden berücksichtigungsfähige Verbindlichkeiten in Anteile oder andere Instrumente des harten Kernkapitals am Institut oder am gruppenangehörigen Unternehmen umgewandelt, kann das Institut oder gruppenangehörige Unternehmen keine Ansprüche wegen einer fehlerhaften Bewertung der umgewandelten Verbindlichkeiten gegen die bisherigen Gläubiger oder Inhaber relevanter Kapitalinstrumente geltend machen.

(7) Erlangen ein oder mehrere Inhaber relevanter Kapitalinstrumente oder Gläubiger auf Grund der Anwendung des Instruments der Beteiligung der Inhaber relevanter Kapitalinstrumente oder des Instruments der Gläubigerbe-

teiligung die Kontrolle im Sinne von § 29 Absatz 2 des Wertpapiererwerbs- und Übernahmegesetzes, so befreit die Bundesanstalt für Finanzdienstleistungsaufsicht auf Antrag der Abwicklungsbehörde die betroffenen Anteilsinhaber von der Pflicht zur Veröffentlichung nach § 35 Absatz 1 Satz 1 des Wertpapiererwerbs- und Übernahmegesetzes und von der Pflicht zur Abgabe eines Angebots nach § 35 Absatz 2 Satz 1 des Wertpapiererwerbs- und Übernahmegesetzes.

(8) [1] Die Rechte der Inhaber relevanter Kapitalinstrumente oder der Gläubiger gegen Mitschuldner, Bürgen und sonstige Dritte, die für Verbindlichkeiten des Instituts oder gruppenangehörigen Unternehmens haften, werden durch die Anwendung des Instruments der Beteiligung der Inhaber relevanter Kapitalinstrumente oder des Instruments der Gläubigerbeteiligung nicht berührt. [2] Das Institut oder gruppenangehörige Unternehmen sowie deren Rechtsnachfolger werden jedoch durch die Anwendung der in Satz 1 genannten Instrumente gegenüber dem Mitschuldner, dem Bürgen, dem sonstigen Dritten oder anderen Rückgriffsberechtigten in gleicher Weise befreit wie gegenüber dem Inhaber relevanter Kapitalinstrumente oder dem Gläubiger.

§ 100 Behandlung der Anteilsinhaber und der Inhaber von Instrumenten des harten Kernkapitals bei der Anwendung des Instruments der Beteiligung der Inhaber relevanter Kapitalinstrumente und des Instruments der Gläubigerbeteiligung. (1) [1] Im Fall des § 96 Absatz 2 wird die Beteiligung der Anteilsinhaber durch die Anwendung des Instruments der Beteiligung der Inhaber relevanter Kapitalinstrumente oder des Instruments der Gläubigerbeteiligung entsprechend dem Umwandlungssatz verwässert. [2] Andernfalls verlieren die Anteilsinhaber ihre Rechtsposition vollständig.

(2) Anteilsinhaber und Inhaber von Instrumenten des harten Kernkapitals werden auch dann nach Maßgabe des § 97 Absatz 1 Satz 1 Nummer 1 berücksichtigt, wenn die betreffenden Anteile oder Instrumente des harten Kernkapitals erworben wurden im Rahmen einer Umwandlung von Schuldinstrumenten in Anteile oder andere Instrumente des harten Kernkapitals gemäß den Vertragsbedingungen der ursprünglichen Schuldinstrumente, wenn das die Umwandlung auslösende Ereignis spätestens zu dem Zeitpunkt eingetreten ist, zu dem die Bewertung der Abwicklungsbehörde ergeben hat, dass das Institut oder das gruppenangehörige Unternehmen die Abwicklungsvoraussetzungen erfüllt.

(3) Bei der Anwendung des Instruments der Gläubigerbeteiligung werden Anteilsinhaber und Inhaber von Instrumenten des harten Kernkapitals auch dann nach Maßgabe des § 97 Absatz 1 Satz 1 Nummer 1 berücksichtigt, wenn die betreffenden Anteile oder Instrumente des harten Kernkapitals erworben wurden im Rahmen einer Beteiligung der Inhaber relevanter Kapitalinstrumente gemäß § 89, die vor oder zu dem Zeitpunkt erfolgt ist, zu dem die Bewertung der Abwicklungsbehörde ergeben hat, dass das Institut oder das gruppenangehörige Unternehmen die Abwicklungsvoraussetzungen erfüllt.

(4) Wenn die Anwendung des Instruments der Beteiligung der Inhaber relevanter Kapitalinstrumente oder des Instruments der Gläubigerbeteiligung zum Erwerb oder zur Erhöhung einer qualifizierten Beteiligung an dem Institut oder gruppenangehörigen Unternehmen im Sinne des § 1 Absatz 9 des Kredit-

wesengesetzes[1)] führen würde, soll die Aufsichtsbehörde abweichend von den §§ 2a, 2c, 24 Absatz 1 Nummer 10 und Absatz 1a Nummer 3 des Kreditwesengesetzes und von den Vorschriften der Inhaberkontrollverordnung die danach erforderliche Beurteilung so rechtzeitig vornehmen, dass dies die Anwendung des Instruments der Beteiligung der Inhaber relevanter Kapitalinstrumente und des Instruments der Gläubigerbeteiligung nicht verzögert und das Erreichen der mit der Maßnahme jeweils angestrebten Abwicklungsziele nicht beeinträchtigt wird.

(5) Hat die Aufsichtsbehörde die Beurteilung nach Maßgabe des Absatzes 4 bis zum Zeitpunkt der Anwendung des Instruments der Beteiligung der relevanten Kapitalinstrumente oder des Instruments der Gläubigerbeteiligung nicht abgeschlossen, so ist § 120 Absatz 2 auf jeden Erwerb und jede Erhöhung einer qualifizierten Beteiligung durch einen Erwerber anzuwenden, die sich auf Grund der Anwendung des Instruments der Beteiligung von relevanten Kapitalinstrumenten oder des Instruments der Gläubigerbeteiligung ergeben.

§ 101 Abwicklungsbefugnisse bei Anwendung des Instruments der Beteiligung der Inhaber relevanter Kapitalinstrumente und des Instruments der Gläubigerbeteiligung. [1]Bei Anwendung des Instruments der Beteiligung der Inhaber relevanter Kapitalinstrumente und des Instruments der Gläubigerbeteiligung kann die Abwicklungsbehörde nach Maßgabe von § 96 Absatz 1 und 2 und § 97 alle erforderlichen Anordnungen treffen. [2]Die Abwicklungsbehörde kann insbesondere

1. Anteile oder andere Instrumente des harten Kernkapitals einziehen oder löschen;
2. Anteile oder andere Instrumente des harten Kernkapitals auf Gläubiger übertragen;
3. den Nennwert oder den noch ausstehenden Restbetrag von relevanten Kapitalinstrumenten des Instituts oder gruppenangehörigen Unternehmens herabschreiben;
4. den Nennwert oder den noch ausstehenden Restbetrag von berücksichtigungsfähigen Verbindlichkeiten des Instituts oder gruppenangehörigen Unternehmens herabschreiben;
5. relevante Kapitalinstrumente in Anteile oder andere Instrumente des harten Kernkapitals umwandeln;
6. berücksichtigungsfähige Verbindlichkeiten in Anteile oder andere Instrumente des harten Kernkapitals umwandeln;
7. Kapital des Instituts oder gruppenangehörigen Unternehmens herabsetzen;
8. Kapital des Instituts oder gruppenangehörigen Unternehmens erhöhen, auch unter Ausschluss von Bezugsrechten und gegen Sacheinlagen.

§ 102 Erfordernis der Erstellung eines Restrukturierungsplans.

(1) Wird das Instrument der Gläubigerbeteiligung zur Rekapitalisierung eines Instituts oder gruppenangehörigen Unternehmens gemäß § 95 Nummer 1 angewandt, so hat die Geschäftsleitung des betroffenen Instituts oder gruppenangehörigen Unternehmens innerhalb eines Monats, nachdem das Instrument

[1)] Nr. 8.

der Gläubigerbeteiligung durch die Abwicklungsbehörde angewandt worden ist, einen Restrukturierungsplan zu erstellen, der die in § 103 festgelegten Anforderungen erfüllt und ihn der Abwicklungsbehörde zur Genehmigung vorzulegen.

(2) [1] In Ausnahmefällen kann die Abwicklungsbehörde die in Absatz 1 genannte Frist um bis zu einen Monat verlängern, sofern dies erforderlich ist, um die Abwicklungsziele zu erreichen. [2] Besteht nach den Vorschriften des Unionsrechts für staatliche Beihilfen eine Pflicht zur Notifizierung des Restrukturierungsplans, kann die Frist nach Absatz 1 entsprechend der im Beihilfeverfahren bestehenden Frist verlängert werden, höchstens jedoch um einen Monat.

(3) Die Abwicklungsbehörde kann zum Zweck der Erstellung und Umsetzung eines Restrukturierungsplans einen oder mehrere Sonderverwalter gemäß § 87 bestellen.

(4) [1] Wird das Instrument der Gläubigerbeteiligung gemäß § 95 Nummer 1 auf zwei oder mehr als zwei Unternehmen einer Gruppe angewendet, so muss der Restrukturierungsplan vom EU-Mutterinstitut erstellt werden und sämtliche Institute der Gruppe abdecken; § 14 gilt entsprechend. [2] Der Restrukturierungsplan ist bei der für die Abwicklung auf Gruppenebene zuständigen Behörde einzureichen. [3] Ist die Abwicklungsbehörde die gemäß § 155 für die Gruppenabwicklung zuständige Behörde, leitet sie den Restrukturierungsplan an die für die anderen Gruppenunternehmen zuständigen Abwicklungsbehörden und die Europäische Bankenaufsichtsbehörde weiter.

§ 103 Anforderungen an den Restrukturierungsplan. (1) [1] Im Restrukturierungsplan ist festzulegen, wie innerhalb eines angemessenen Zeitrahmens die vollständige oder teilweise Fortführung der Geschäftstätigkeit des Instituts oder des gruppenangehörigen Unternehmens sichergestellt werden kann. [2] Der Restrukturierungsplan berücksichtigt unter anderem die aktuelle Lage und die künftigen Aussichten auf den Finanzmärkten und enthält Annahmen für den besten wie für den schlechtesten Fall. [3] Dabei sind auch Kombinationen von Ereignissen zu berücksichtigen, anhand derer institutsspezifische Gefährdungspotenziale identifiziert werden können. [4] Die im Restrukturierungsplan enthaltenen Maßnahmen sollen auf realistischen Annahmen hinsichtlich der Wirtschafts- und Finanzmarktbedingungen, unter denen das Institut oder gruppenangehörige Unternehmen tätig sein wird, beruhen. [5] Annahmen, die in dem Restrukturierungsplan getroffen wurden, sind mit sektorweiten Referenzwerten zu vergleichen.

(2) Der Restrukturierungsplan hat mindestens die folgenden Bestandteile zu enthalten:
1. eine detaillierte Analyse der Ursachen und Umstände, auf Grund derer die Bestandsgefährdung des Instituts oder des gruppenangehörigen Unternehmens eingetreten ist,
2. eine Beschreibung der zu treffenden Maßnahmen, die die finanzielle Solidität und Überlebensfähigkeit des Instituts oder gruppenangehörigen Unternehmens wiederherstellen sollen, einschließlich der Folgen der Maßnahmen für die Arbeitnehmer und
3. einen Zeitplan für die Umsetzung dieser Maßnahmen.

(3) In Bezug auf das Institut oder gruppenangehörige Unternehmen können insbesondere folgende Maßnahmen, die die finanzielle Solidität und Überlebensfähigkeit des Instituts oder gruppenangehörigen Unternehmens wiederherstellen sollen, getroffen werden:

1. die Restrukturierung von Geschäftsaktivitäten;
2. Änderungen der operativen Systeme und der Institutsinfrastruktur;
3. die Aufgabe von verlustbringenden Geschäftsaktivitäten;
4. die Umstrukturierung bestehender Geschäftsaktivitäten, um deren Wettbewerbsfähigkeit wiederherzustellen;
5. die Veräußerung von Vermögenswerten oder Geschäftsbereichen.

(4) Sind die Vorschriften der Europäischen Union für staatliche Beihilfen anwendbar, so muss der Restrukturierungsplan mit dem Umstrukturierungsplan, den das Institut oder gruppenangehörige Unternehmen der Kommission gemäß den Vorschriften des Unionsrechts für staatliche Beihilfen vorlegen muss, vereinbar sein.

§ 104 Bewertung und Genehmigung des Restrukturierungsplans.

(1) [1]Die Abwicklungsbehörde bewertet im Benehmen mit der Aufsichtsbehörde innerhalb eines Monats nach Vorlage des Restrukturierungsplans die Wahrscheinlichkeit, dass die Fortführung der Geschäftstätigkeit des Instituts oder gruppenangehörigen Unternehmens bei Umsetzung des Restrukturierungsplans sichergestellt werden kann. [2]Die Abwicklungsbehörde genehmigt den Restrukturierungsplan, wenn sich die Abwicklungsbehörde und die Aufsichtsbehörde im Rahmen ihrer Bewertung davon überzeugt haben, dass die Umsetzung des Restrukturierungsplans die Fortführung der Geschäftstätigkeit des Instituts oder des gruppenangehörigen Unternehmens mit überwiegender Wahrscheinlichkeit sicherstellt.

(2) Ist die Abwicklungsbehörde in Übereinstimmung mit der Aufsichtsbehörde nicht davon überzeugt, dass der Restrukturierungsplan das in Absatz 1 genannte Ziel erreichen kann, teilt die Abwicklungsbehörde der Geschäftsleitung oder der als Sonderverwalter gemäß § 87 bestellten Person die Bedenken mit und fordert diese auf, den Restrukturierungsplan entsprechend zu ändern.

(3) [1]Die Geschäftsleitung oder der gemäß § 87 bestellte Sonderverwalter des Instituts oder gruppenangehörigen Unternehmens legt der Abwicklungsbehörde innerhalb von zwei Wochen nach Erhalt einer Mitteilung nach Absatz 2 einen geänderten Restrukturierungsplan zur Genehmigung vor. [2]Innerhalb einer Woche bewertet die Abwicklungsbehörde den geänderten Restrukturierungsplan und genehmigt diesen oder teilt der Geschäftsleitung oder dem gemäß § 87 bestellten Sonderverwalter des Instituts oder des gruppenangehörigen Unternehmens mit, ob der geänderte Restrukturierungsplan weiterer Änderungen bedarf.

§ 105 Umsetzung des Restrukturierungsplans; spätere Überarbeitungen. (1) Die Geschäftsleitung des Instituts oder gruppenangehörigen Unternehmens oder die als Sonderverwalter gemäß § 87 bestellte Person setzt den genehmigten Restrukturierungsplan um und erstattet der Abwicklungsbehörde mindestens alle sechs Monate über die Fortschritte bei der Umsetzung Bericht.

(2) [1] Auf Anforderung der Abwicklungsbehörde hat die Geschäftsleitung des Instituts oder gruppenangehörigen Unternehmens oder die als Sonderverwalter gemäß § 87 bestellte Person den Plan zu überarbeiten, falls dies nach Ansicht der Abwicklungsbehörde im Benehmen mit der Aufsichtsbehörde zur Erreichung des in § 104 Absatz 1 genannten Ziels erforderlich ist, und der Abwicklungsbehörde zur Genehmigung vorzulegen. [2] Absatz 1 gilt für die Umsetzung des geänderten Plans entsprechend.

§ 106 Zulassung zum Handel und Einbeziehung in den Handel von neu ausgegebenen Wertpapieren. (1) Wertpapiere, die zum Zweck der Anwendung des Instruments der Beteiligung der Inhaber relevanter Kapitalinstrumente oder des Instruments der Gläubigerbeteiligung emittiert worden sind, sind an jeder inländischen Börse zum Handel im regulierten Markt zugelassen, wenn Wertpapiere dieser Art bereits vor Anwendung des Instruments der Beteiligung der Inhaber relevanter Kapitalinstrumente oder des Instruments der Gläubigerbeteiligung an einer inländischen Börse zum Handel im regulierten Markt zugelassen waren.

(2) [1] Die Abwicklungsbehörde teilt der Geschäftsführung der jeweiligen Börse die Merkmale des einzuführenden Wertpapiers gemäß Absatz 1 Satz 1 mit. [2] Die Regelungen der jeweiligen Börsenordnungen über den Antrag nach § 38 Absatz 1 Satz 2 des Börsengesetzes sind auf die Mitteilung entsprechend anzuwenden.

(3) Die Börse nimmt am dritten Börsentag, der auf die Mitteilung gemäß Absatz 2 folgt, die Notierung des Wertpapiers auf (Einführung).

(4) § 38 Absatz 2 bis 4 des Börsengesetzes gilt nicht für die Fälle dieses Paragraphen.

(5) Die Folgepflichten der Einführung sind durch das Institut oder gruppenangehörige Unternehmen zu erfüllen.

Abschnitt 2. Übertragung von Anteilen, Vermögenswerten, Verbindlichkeiten und Rechtsverhältnissen

Unterabschnitt 1. Allgemeine Vorschriften

§ 107 Übertragung. (1) Liegen die Abwicklungsvoraussetzungen gemäß § 62 oder § 64 vor, kann die Abwicklungsbehörde nach Maßgabe der §§ 108 bis 137 in der Abwicklungsanordnung anordnen, dass

1. die von einem in Abwicklung befindlichen Institut oder gruppenangehörigen Unternehmen ausgegebenen Anteile oder ein Teil oder die Gesamtheit des Vermögens eines in Abwicklung befindlichen Instituts oder gruppenangehörigen Unternehmens einschließlich seiner Verbindlichkeiten übertragen werden auf
   a) einen Dritten (Instrument der Unternehmensveräußerung) oder
   b) ein Brückeninstitut (Instrument der Übertragung auf ein Brückeninstitut),
2. ein Teil oder die Gesamtheit des Vermögens eines in Abwicklung befindlichen Instituts oder gruppenangehörigen Unternehmens einschließlich seiner Verbindlichkeiten auf eine Vermögensverwaltungsgesellschaft übertragen wird (Instrument der Übertragung auf eine Vermögensverwaltungsgesellschaft).

(2) Übertragungsgegenstände sind die übertragenen Anteile, Vermögenswerte, Verbindlichkeiten und Rechtsverhältnisse.

(3) [1] Anteilsinhaber und Gläubiger des übertragenden Rechtsträgers sowie sonstige Dritte, deren Vermögenswerte, Verbindlichkeiten oder Rechtsverhältnisse nicht nach dieser Vorschrift übertragen werden, haben keinerlei Rechte in Bezug auf die Übertragungsgegenstände. [2] Ein Anspruch auf Übertragung besteht nicht.

§ 108 Mehrfache Anwendung. Liegen die Abwicklungsvoraussetzungen gemäß § 62 oder § 64 vor, können das Instrument der Unternehmensveräußerung, das Instrument der Übertragung auf ein Brückeninstitut und das Instrument der Übertragung auf eine Vermögensverwaltungsgesellschaft auch mehr als einmal ausgeübt werden.

§ 109 Einwilligung des übernehmenden Rechtsträgers. (1) [1] Eine Übertragung nach § 107 bedarf der Einwilligung des übernehmenden Rechtsträgers. [2] Die Einwilligung muss auf einen Entwurf der Abwicklungsanordnung Bezug nehmen, der der erlassenen Abwicklungsanordnung inhaltlich entspricht. [3] Im Fall des § 107 Absatz 1 Nummer 1 Buchstabe a bedarf die Einwilligung der öffentlichen Beurkundung. [4] Das Vorliegen der Einwilligung ist in der Abwicklungsanordnung zu dokumentieren.

(2) Soll in der Abwicklungsanordnung vorgesehen werden, dass dem Institut oder dem gruppenangehörigen Unternehmen als Gegenleistung für die Übertragung Anteile an dem übernehmenden Rechtsträger einzuräumen sind und ist hierfür ein Beschluss der Anteilsinhaberversammlung beim übernehmenden Rechtsträger erforderlich, darf die Abwicklungsanordnung erst erlassen werden, wenn die erforderlichen Beschlüsse der Anteilsinhaberversammlung gefasst sind und nicht mehr mit der Rechtsfolge einer möglichen Rückabwicklung angefochten werden können.

§ 110 Auswahl der Übertragungsgegenstände. (1) Unbeschadet der Befugnisse der Abwicklungsbehörde gemäß den §§ 82, 83 und 144 können die Übertragungsgegenstände nur zusammen mit den bestellten Sicherheiten übertragen werden und können Sicherheiten nur zusammen mit den Übertragungsgegenständen, für welche die Sicherheiten bestellt sind, übertragen werden.

(2) [1] Absatz 1 gilt nicht für gedeckte Einlagen. [2] Soweit es erforderlich ist, um die Verfügbarkeit der gedeckten Einlagen zu gewährleisten, können Übertragungsgegenstände auch ohne die bestellten Sicherheiten und bestellte Sicherheiten auch ohne die Übertragungsgegenstände, für die die Sicherheiten bestellt sind, übertragen werden.

(3) Absatz 1 gilt entsprechend für

1. Sicherheiten, die der Besicherung von Verbindlichkeiten in einem System im Sinne des § 1 Absatz 16 des Kreditwesengesetzes[1] dienen oder in ein System von Zentralbanken einbezogen sind,
2. Saldierungsvereinbarungen,
3. Aufrechnungsvereinbarungen,

---

[1] Nr. 8.

4. Verbindlichkeiten aus begebenen Verbriefungstransaktionen und die verbrieften Forderungen sowie
5. Verbindlichkeiten aus umlaufenden gedeckten Schuldverschreibungen einschließlich von in Deckung befindlichen Derivategeschäften im Sinne des § 4 Absatz 3 Satz 2 des Pfandbriefgesetzes[1] und die in das zugehörige Deckungsregister eingetragenen Deckungswerte.

(4) Bei Systemen im Sinne des § 1 Absatz 16 des Kreditwesengesetzes berechtigt eine Übertragung von Übertragungsgegenständen nicht zu einem Widerruf von Übertragungsaufträgen im Sinne des Artikels 5 der Richtlinie 98/26/EG; die Übertragung lässt die rechtliche Verbindlichkeit von Übertragungsaufträgen und Aufrechnungen gemäß den Artikeln 3 und 5 der Richtlinie 98/26/EG, die Verwendung von Guthaben, Wertpapieren oder Kreditfazilitäten im Sinne von Artikel 4 der Richtlinie 98/26/EG und den Schutz dinglicher Sicherheiten im Sinne von Artikel 9 der Richtlinie 98/26/EG unberührt.

§ 111 Bewertung von Angeboten; Gegenleistung; Ausgleichsverbindlichkeit. (1) Im Fall des § 107 Absatz 1 Nummer 1 Buchstabe a dient der Wert der Übertragungsgegenstände auf der Grundlage der Bewertung nach § 69 der Abwicklungsbehörde als Grundlage für die Bewertung der Angebote, die im Rahmen eines Vermarktungsprozesses nach § 126 Absatz 1 und 2 oder bei Verzicht auf einen Vermarktungsprozess nach Maßgabe von § 126 Absatz 3 außerhalb eines solchen Vermarktungsprozesses eingehen.

(2) Ist der Wert der Übertragungsgegenstände auf der Grundlage der Bewertung nach § 69 positiv, schuldet der übernehmende Rechtsträger in den Fällen des § 107 Absatz 1 Nummer 1 Buchstabe b und Nummer 2 nach Maßgabe von Absatz 5 eine Gegenleistung in der Höhe des festgestellten Wertes.

(3) Ist der Wert der Übertragungsgegenstände auf der Grundlage der Bewertung nach § 69 negativ und ist der Übertragungsgegenstand ein Teil oder die Gesamtheit des Vermögens eines in Abwicklung befindlichen Instituts einschließlich seiner Verbindlichkeiten, schuldet der übertragende Rechtsträger dem übernehmenden Rechtsträger in den Fällen des § 107 Absatz 1 Nummer 1 Buchstabe b und des Nummer 2 einen Ausgleich in der Höhe des Absolutbetrags des festgestellten negativen Werts.

(4) [1] Wurde vor Erlass einer Abwicklungsanordnung lediglich eine vorläufige Bewertung nach § 74 durchgeführt, legt die Abwicklungsbehörde diese ihrer Bewertung nach Absatz 1 und der Ermittlung der Gegenleistung oder Ausgleichsverbindlichkeit nach den Absätzen 2 und 3 zugrunde. [2] Eine nach Satz 1 vorläufig ermittelte Gegenleistung oder Ausgleichsverbindlichkeit ist ebenfalls vorläufig und nach vollständiger Durchführung der Bewertung nach § 69 entweder zu bestätigen oder entsprechend anzupassen. [3] Kommt die vorläufige Bewertung zu dem Ergebnis, dass weder eine Gegenleistung nach Absatz 2 noch ein Ausgleich nach Absatz 3 geschuldet ist, ist dies nach vollständiger Durchführung der Bewertung nach § 69 entweder zu bestätigen, oder es ist eine entsprechende Gegenleistung oder ein entsprechender Ausgleich festzusetzen.

[1] Nr. **16**.

(5) [1] Die Gegenleistung ist in Geld oder Anteilen des übernehmenden Rechtsträgers zu leisten. [2] Im Fall des § 107 Absatz 1 Nummer 2 kann die Gegenleistung auch in Schuldtiteln des übernehmenden Rechtsträgers bestehen. [3] Leistungen nach § 124 Absatz 2 können, sofern eine entsprechende Umrechnung vorzunehmen ist, nach dieser Umrechnung in Abzug gebracht werden. [4] Sind Übertragungsgegenstände die von dem in Abwicklung befindlichen Institut oder gruppenangehörigen Unternehmen ausgegebenen Anteile, ist die Gegenleistung den ehemaligen Anteilsinhabern geschuldet. [5] Ist Übertragungsgegenstand ein Teil oder die Gesamtheit des Vermögens eines in Abwicklung befindlichen Instituts oder gruppenangehörigen Unternehmens einschließlich seiner Verbindlichkeiten, ist die Gegenleistung dem übertragenden Rechtsträger geschuldet. [6] § 142 Absatz 2 Nummer 1 bleibt unberührt; Abzüge nach dieser Vorschrift haben auch gegenüber den nach Satz 5 oder Satz 6 Empfangsberechtigten schuldbefreiende Wirkung. [7] Sind dem übernehmenden Rechtsträger im Fall des Satzes 5 die Anteilsinhaber nicht bekannt, so kann er die Gegenleistung in entsprechender Anwendung des § 372 Satz 2 des Bürgerlichen Gesetzbuchs[1)] hinterlegen. [8] Leistungsort im Sinne einer entsprechenden Anwendung des § 374 Absatz 1 des Bürgerlichen Gesetzbuchs ist Frankfurt am Main.

(6) [1] Die Verpflichtung zur Gegenleistung und die Ausgleichsverbindlichkeit entstehen mit Bekanntgabe der Abwicklungsanordnung. [2] Fälligkeit und insolvenzrechtlicher Rang der Ausgleichsverbindlichkeit richten sich nach Fälligkeit und Rang der von der Übertragung erfassten Verbindlichkeiten.

§ 112 Drittvergleich. (1) [1] Eine Übertragung nach § 107 muss einem Drittvergleich standhalten. [2] Hierbei sind zu berücksichtigen:

1. die Umstände des Einzelfalls vor und bei Vorliegen der Abwicklungsvoraussetzungen und vor und bei dem Erlass der Abwicklungsanordnung,
2. die Vorschriften des Unionsrechts für staatliche Beihilfen und
3. die Bewertung nach Maßgabe von § 69.

(2) [1] Eine Übertragung, für die eine gleichwertige Gegenleistung in das Vermögen des übertragenden Rechtsträgers gelangt, erfüllt die Kriterien des Absatzes 1 Nummer 1 und 3 in jedem Fall und ohne dass es einer weiteren Prüfung bedarf. [2] Eine Gegenleistung oder Ausgleichsverbindlichkeit, die auf der Grundlage von § 111 und, soweit einschlägig, im Rahmen eines Vermarktungsprozesses ermittelt wird, hält einem Drittvergleich im Sinne von Absatz 1 stand.

§ 113 Wirkungen der Abwicklungsanordnung bei Übertragung.

(1) Eine Übertragung nach § 107 vollzieht sich ausschließlich nach Maßgabe dieses Gesetzes in Verbindung mit der nach Maßgabe dieses Gesetzes erlassenen Abwicklungsanordnung; § 36a des Pfandbriefgesetzes[2)] bleibt unberührt.

(2) Die Abwicklungsanordnung hat folgende Wirkungen:

1. in Bezug auf den übertragenden Rechtsträger gelten

[1)] Auszugsweise abgedruckt unter Nr. **23**.
[2)] Nr. **16**.

a) Verfahrensschritte, die nach den allgemeinen Vorschriften einzuhalten oder vertraglich vereinbart sind, insbesondere Beschlüsse einer Haupt-, General- oder Gläubigerversammlung oder anderer Gremien, als ersetzt;
b) gesetzlich geforderte oder vertraglich vereinbarte Beteiligungs- und Zustimmungserfordernisse als erfüllt und Übertragungshindernisse als beseitigt; die §§ 118 bis 122 bleiben unberührt;

2. in Bezug auf die Übertragung von Übertragungsgegenständen
a) sind Register-, Grundbuch- und sonstige Eintragungen oder Umschreibungen für den Rechtsübergang nicht konstitutiv;
b) werden Urkunden, insbesondere Globalurkunden, entsprechend umgestaltet; sie können ausgetauscht oder berichtigt werden;
c) ist die Einhaltung außerhalb dieses Gesetzes geregelter oder vertraglich vereinbarter Formvorschriften oder sonstiger allgemeiner Vorschriften nicht erforderlich.

(3) Die Mitwirkung der Mitglieder der Leitungs- und Aufsichtsorgane bei der Vorbereitung und Durchführung der Übertragung stellt gegenüber dem übertragenden Rechtsträger und seinen Anteilsinhabern keine Pflichtwidrigkeit dar.

(4) Anteilsinhaberähnliche Rechte ohne Stimmrecht, Umtauschrechte sowie Instrumente, die auf Anteile referenzieren oder eine Wandlung oder einen Umtausch vorsehen, werden im Zweifel an die durch die Übertragung geschaffene Lage angepasst.

§ 114 Wirksamwerden der Übertragung. (1) Die Übertragung wird mit der Bekanntgabe der Abwicklungsanordnung nach § 137 wirksam.

(2) Mit Wirksamwerden der Übertragung gehen die von der Abwicklungsanordnung erfassten Übertragungsgegenstände auf den übernehmenden Rechtsträger über.

§ 115 Eintragung der Übertragung. (1) [1] Ist Übertragungsgegenstand ein Teil oder die Gesamtheit des Vermögens eines in Abwicklung befindlichen Instituts oder gruppenangehörigen Unternehmens einschließlich seiner Verbindlichkeiten, haben der übertragende und der übernehmende Rechtsträger die Übertragung unverzüglich zur Eintragung in das Register ihres jeweiligen Sitzes anzumelden. [2] Den Anmeldungen ist neben der Schlussbilanz eine Ausfertigung der Abwicklungsanordnung beizufügen. [3] In den Fällen des § 107 Absatz 1 Nummer 1 Buchstabe a ist auch die notariell beurkundete Einwilligungserklärung des übernehmenden Rechtsträgers nach § 109 Absatz 1 Satz 3 beizufügen.

(2) Besteht die Gegenleistung in Anteilen an dem übernehmenden Rechtsträger und ist eine Kapitalerhöhung zur Schaffung der Anteile erforderlich, muss der übernehmende Rechtsträger unverzüglich die für die Eintragung der Kapitalerhöhung und ihre Durchführung erforderlichen Handlungen vornehmen.

(3) [1] Die Eintragungen sind unverzüglich vorzunehmen. [2] Die Einlegung eines Rechtsbehelfs oder die Erhebung einer Klage gegen die Abwicklungsanordnung, die Kapitalerhöhung oder die Eintragung der Übertragung oder

der Kapitalerhöhung beim übernehmenden Rechtsträger stehen der Eintragung nicht entgegen.

(4) [1] Unterlässt oder verzögert der übertragende oder der übernehmende Rechtsträger die nach Absatz 1 gebotene Anmeldung zur Eintragung in ein Register, kann die Abwicklungsbehörde die Anmeldung für den Eintragungsverpflichteten vornehmen. [2] In diesem Fall kann die Anmeldung nicht ohne Zustimmung durch die Abwicklungsbehörde zurückgenommen werden.

§ 116 Insolvenzantragspflicht; Haftung des übernehmenden Rechtsträgers. (1) [1] Werden die in § 107 Absatz 1 Nummer 1 genannten Abwicklungsinstrumente angewendet, stellt die Abwicklungsbehörde bei Vorliegen eines Insolvenzgrundes unverzüglich einen Antrag auf Eröffnung des Insolvenzverfahrens über das verbleibende Vermögen des übertragenden Rechtsträgers. [2] § 46b Absatz 1 Satz 4 des Kreditwesengesetzes[1)] gilt mit der Maßgabe entsprechend, dass die Abwicklungsbehörde an die Stelle der Bundesanstalt tritt. [3] Liegt im Fall des Satzes 1 kein Insolvenzgrund vor, veranlasst die Abwicklungsbehörde die Liquidation des übertragenden Rechtsträgers.

(2) [1] In allen Fällen des § 107 gehören Übertragungsgegenstände in einem Insolvenzverfahren über das Vermögen des übertragenden Rechtsträgers nicht zur Insolvenzmasse. [2] Der übernehmende Rechtsträger haftet nicht für von der Übertragung nicht erfasste Verbindlichkeiten des übertragenden Rechtsträgers.

§ 117 Übertragungsgegenstände, die ausländischem Recht unterliegen. (1) Unterliegen Übertragungsgegenstände ausländischem Recht und werden danach die Rechtswirkungen der Abwicklungsanordnung nicht oder nicht vollständig anerkannt, ist der übertragende Rechtsträger verpflichtet, darauf hinzuwirken, dass sämtliche Maßnahmen getroffen werden, die nach dem ausländischen Recht für den Rechtsübergang auf den übernehmenden Rechtsträger erforderlich sind.

(2) [1] In den Fällen des Absatzes 1 sind der übertragende Rechtsträger und der übernehmende Rechtsträger bis zum Rechtsübergang verpflichtet, einander in Bezug auf die hiervon betroffenen Übertragungsgegenstände so zu stellen, als wäre der Rechtsübergang nach den Vorschriften der ausländischen Rechtsordnung erfolgt. [2] Zu diesem Zweck hat

1. der übertragende Rechtsträger die betroffenen Übertragungsgegenstände für Rechnung und im Interesse des übernehmenden Rechtsträgers, dessen Weisungen er unterliegt, zu verwalten;
2. der übernehmende Rechtsträger den übertragenden Rechtsträger von den Aufwendungen, die im Zusammenhang mit den betroffenen Übertragungsgegenständen anfallen, freizustellen;
3. der übertragende Rechtsträger das aus der Verwaltung des betroffenen Übertragungsgegenstands Erlangte an den übernehmenden Rechtsträger herauszugeben.

(3) [1] Übertragungsgegenstände, deren Übertragung nach Absatz 1 durch die ausländische Rechtsordnung nicht anerkannt wird, gehören in einem Insolvenzverfahren über das Vermögen des übertragenden Rechtsträgers nicht zur

---

1) Nr. 8.

Insolvenzmasse. [2]Die Gläubiger von Forderungen gegen den übertragenden Rechtsträger, deren Übertragung nach Absatz 1 durch die ausländische Rechtsordnung nicht anerkannt wird, können ihre Ansprüche nicht gegen den übertragenden Rechtsträger geltend machen. [3]Ansprüche und Verpflichtungen nach den Absätzen 1 und 2 bleiben von einem solchen Insolvenzverfahren unberührt. [4]Rechtshandlungen, die der Erfüllung dieser Ansprüche und Verpflichtungen dienen, sind weder innerhalb noch außerhalb dieses Insolvenzverfahrens anfechtbar.

(4) Bestehen Zweifel daran, ob die Rechtswirkungen der Abwicklungsanordnung nach ausländischem Recht anerkannt werden, sind die Absätze 1 bis 3 entsprechend anzuwenden.

§ 118 Erforderliche Erlaubnisse, Zulassungen und Genehmigungen; aufsichtliche Anforderungen; Mitgliedschaft in und Zugang zu Finanzmarktinfrastrukturen. (1) Führt die Übertragung von Übertragungsgegenständen nach § 107 auf den übernehmenden Rechtsträger dazu, dass dieser erlaubnis-, zulassungs- oder genehmigungspflichtige Geschäfte oder Tätigkeiten betreiben wird, bedarf der übernehmende Rechtsträger der erforderlichen Erlaubnisse, Zulassungen und Genehmigungen.

(2) Der übernehmende Rechtsträger muss die etwaig für seine Tätigkeiten geltenden Anforderungen der Verordnung (EU) Nr. 575/2013[1)] und der in Umsetzung der Richtlinien 2013/36/EU und 2014/65/EU ergangenen Vorschriften erfüllen; dabei unterliegt er einer Beaufsichtigung nach Maßgabe dieser Richtlinien und deren nationaler Umsetzung.

(3) [1]Der übernehmende Rechtsträger kann als Rechtsnachfolger des in Abwicklung befindlichen Instituts alle Rechte, die zuvor von dem in Abwicklung befindlichen Institut in Bezug auf die Übertragungsgegenstände ausgeübt wurden, weiter ausüben. [2]Satz 1 gilt auch für das Recht auf Mitgliedschaft in und den Zugang zu Finanzmarktinfrastrukturen, Anlegerentschädigungseinrichtungen und Einlagensicherungssystemen, wenn der übernehmende Rechtsträger die entsprechenden Zugangsvoraussetzungen oder Voraussetzungen einer Mitgliedschaft erfüllt. [3]Der Zugang zu den in Satz 2 genannten Finanzmarktinfrastrukturen, Anlegerentschädigungseinrichtungen und Einlagensicherungssystemen darf jedoch nicht mit der Begründung verweigert werden, dass der übernehmende Rechtsträger kein von einer Ratingagentur erteiltes Rating besitzt oder dass sein Rating nicht den Ratingniveaus entspricht, die für die Gewährung eines solchen Zugangs erforderlich sind. [4]Erfüllt der übernehmende Rechtsträger nicht die Voraussetzungen für den Zugang zu solchen Finanzmarktinfrastrukturen, zu einer Anlegerentschädigungseinrichtung oder zu einem Einlagensicherungssystem, so kann der übernehmende Rechtsträger die in Satz 2 genannten Rechte auf Anordnung der Abwicklungsbehörde für eine von dieser bestimmten Frist ausüben. [5]Diese Frist soll 24 Monate nicht überschreiten, sie kann jedoch auf Antrag des übernehmenden Rechtsträgers von der Abwicklungsbehörde auch über diesen Zeitraum hinaus verlängert werden.

[1)] Nr. **6**.

§ 119 Inländische Erlaubnis-, Zulassungs- und Genehmigungsverfahren. (1) Die Abwicklungsbehörde informiert die Aufsichtsbehörde und die weiteren betroffenen Behörden im Inland, wenn ihr bekannt ist, dass der übernehmende Rechtsträger noch nicht über die erforderlichen Erlaubnisse, Zulassungen oder Genehmigungen verfügt.

(2) [1] Die Abwicklungsanordnung gilt im Inland als Antrag auf Erteilung der Erlaubnis, Zulassung oder Genehmigung; der Antrag ist unverzüglich zu bescheiden. [2] Ein Antrag nach Satz 1 soll von der betroffenen Behörde positiv beschieden werden, wenn der übertragende Rechtsträger über die entsprechende Erlaubnis, Zulassung oder Genehmigung verfügte und keine offensichtlichen Gründe vorliegen, dem übernehmenden Rechtsträger die Erlaubnis, Zulassung oder Genehmigung zu versagen. [3] Beabsichtigt die Aufsichtsbehörde oder eine andere betroffene Behörde, den Antrag nach Satz 1 abzulehnen, so informiert sie die Abwicklungsbehörde unverzüglich und setzt sie von ihren Gründen in Kenntnis. [4] Die betroffene Behörde und die Abwicklungsbehörde arbeiten gemeinsam mit dem übertragenden und dem übernehmenden Rechtsträger an einer Lösung, die den Abwicklungszielen und der Notwendigkeit einer zeitnahen Entscheidung Rechnung trägt.

(3) [1] Bis zur endgültigen Erteilung der erforderlichen Erlaubnis, Zulassung oder Genehmigung oder bis zu der Feststellung, dass eine solche Erlaubnis, Zulassung oder Genehmigung doch nicht erforderlich ist, gilt die dem übertragenden Rechtsträger erteilte Erlaubnis, Zulassung oder Genehmigung als dem übernehmenden Rechtsträger erteilt. [2] Bedarf der übernehmende Rechtsträger einer Erlaubnis nach § 32 des Kreditwesengesetzes[1)], gibt die Aufsichtsbehörde nach Prüfung des Antrags abweichend von Satz 1 dem übernehmenden Rechtsträger den Zeitraum bekannt, innerhalb dessen er Geschäfte entsprechend Satz 1 betreiben darf, wenn die Aufsichtsbehörde beabsichtigt, die Erlaubnis zu erteilen.

§ 120 Besondere Vorschriften für das Verfahren nach § 2c des Kreditwesengesetzes. (1) Wenn eine Übertragung von Anteilen nach § 107 zum Erwerb oder zur Erhöhung einer bedeutenden Beteiligung führt, nimmt die Aufsichtsbehörde abweichend von § 2c des Kreditwesengesetzes[1)] die danach erforderliche Beurteilung so rechtzeitig vor, dass die Anwendung des entsprechenden Abwicklungsinstruments nicht verzögert wird und das Erreichen der mit der Abwicklungsmaßnahme angestrebten Abwicklungsziele nicht verhindert wird.

(2) Wenn die Aufsichtsbehörde ihre Beurteilung nach Absatz 1 ausnahmsweise nicht bis zum Zeitpunkt des Wirksamwerdens der Übertragung nach § 114 abgeschlossen hat, so

1. wird die Übertragung wirksam, ohne dass ein Vollzugshindernis besteht;
2. wird das Stimmrecht des übernehmenden Rechtsträgers während des Beurteilungszeitraums ausgesetzt und geht auf die Abwicklungsbehörde über; die Abwicklungsbehörde ist nicht verpflichtet, solche Stimmrechte wahrzunehmen; sie haftet nicht für die Wahrnehmung oder Nichtwahrnehmung solcher Stimmrechte;

---

1) Nr. 8.

3. gelten während des Beurteilungszeitraums die in den §§ 2c, 44b, 56 Absatz 2 Nummer 1 Buchstabe a und b, Nummer 2 Buchstabe a und Nummer 3 Buchstabe a des Kreditwesengesetzes geregelten Sanktionen und Maßnahmen bei Verstößen gegen die Anforderungen beim Erwerb oder bei der Veräußerung bedeutender Beteiligungen nicht für eine Übertragung nach § 107.

(3) [1] Nach Abschluss ihrer Beurteilung teilt die Aufsichtsbehörde der Abwicklungsbehörde und dem übernehmenden Rechtsträger unverzüglich schriftlich mit, ob sie gemäß § 2c des Kreditwesengesetzes die Übertragung nach § 107 untersagt. [2] Untersagt die Aufsichtsbehörde eine Übertragung nach § 107, so kann die Abwicklungsbehörde von dem übernehmenden Rechtsträger verlangen, die nach § 107 übertragene Beteiligung innerhalb einer von der Abwicklungsbehörde festgelegten Veräußerungsfrist unter Berücksichtigung der herrschenden Marktbedingungen zu veräußern. [3] Bis zum Ende der Veräußerungsfrist nach Satz 2 gilt Absatz 2 Nummer 2 und 3 entsprechend.

(4) Nach Absatz 2 Nummer 2 auf die Abwicklungsbehörde übergegangene Stimmrechte gehen mit Ablauf der Untersagungsfrist oder mit Zustimmung der Aufsichtsbehörde vollständig auf den übernehmenden Rechtsträger über.

§ 121 Erlaubnisverfahren in anderen Mitgliedstaaten und Drittstaaten. (1) Erfordert die Anwendung eines der Abwicklungsinstrumente nach § 107 nach Einschätzung der Abwicklungsbehörde die Durchführung eines nicht inländischen Zulassungs-, Erlaubnis- oder Genehmigungsverfahrens, insbesondere eines Wettbewerbs- oder Beihilfeverfahrens, so

1. informiert die Abwicklungsbehörde die betroffene Behörde unverzüglich und nach Möglichkeit vor dem beabsichtigten Erlass einer Abwicklungsanordnung,
2. bietet die Abwicklungsbehörde der betroffenen Behörde ihre Unterstützung an und
3. bittet die Abwicklungsbehörde um unverzügliche Entscheidung, nach Möglichkeit vor dem beabsichtigten Erlass der Abwicklungsanordnung.

(2) Ist die Abwicklungsbehörde in dem betreffenden Verfahren nicht antragsbefugt oder auf sonstige Weise gehindert, die erforderlichen Rechtshandlungen vorzunehmen, sind der übertragende Rechtsträger und der übernehmende Rechtsträger verpflichtet, die Abwicklungsbehörde zu unterstützen.

(3) [1] Ergeht vor dem beabsichtigten Erlass der Abwicklungsanordnung ein ablehnender Bescheid, soll die Abwicklungsanordnung nicht erlassen werden. [2] Ergeht der ablehnende Bescheid nach Erlass der Abwicklungsanordnung, ist § 120 Absatz 3 entsprechend anzuwenden.

§ 122 Mitwirkung der Abwicklungsbehörde bei Erlaubnis-, Zulassungs- oder Genehmigungsverfahren einer ausländischen Behörde.

(1) [1] Wird ein Rechtsakt, der einer Abwicklungsanordnung vergleichbar ist, von einer ausländischen Abwicklungsbehörde erlassen und erfordert die Wirksamkeit des ausländischen Rechtsakts, dass Erlaubnisse, Zulassungen oder Genehmigungen im Inland erteilt werden, so koordiniert die Abwicklungsbehörde nach Information durch die ausländische Abwicklungsbehörde oder durch ein inländisches Institut oder gruppenangehöriges Unternehmen oder auf ei-

gene Initiative als einheitliche Stelle im Sinne des § 71a des Verwaltungsverfahrensgesetzes die Verfahren zur Erteilung solcher Erlaubnisse, Zulassungen oder Genehmigungen. [2]Die §§ 71a bis 71e des Verwaltungsverfahrensgesetzes sind anzuwenden; die Abwicklungsbehörde ist als einheitliche Stelle befugt, die dort genannten oder sonst einschlägigen Fristen und Eingangsfiktionen zu verkürzen oder zu bestimmen.

(2) Die Abwicklungsbehörde ist nicht verpflichtet, zu erforschen, welche Erlaubnisse, Zulassungen oder Genehmigungen im Inland erforderlich sind.

(3) [1]Koordiniert die Abwicklungsbehörde das Verfahren nach Absatz 1, so kann eine inländische Behörde die entsprechende Erlaubnis, Zulassung oder Genehmigung nur mit Zustimmung der Abwicklungsbehörde versagen. [2]Entscheidet eine inländische Behörde nicht innerhalb der von der Abwicklungsbehörde gesetzten Frist, gilt die entsprechende Erlaubnis, Zulassung oder Genehmigung als erteilt. [3]Sie kann nur mit Zustimmung der Abwicklungsbehörde zurückgenommen oder widerrufen werden.

§ 123 Gegenseitige Unterstützung der betroffenen Rechtsträger.

(1) [1]Verbleiben bei dem übertragenden Rechtsträger Gegenstände, auf deren Nutzung oder Mitnutzung der übernehmende Rechtsträger angewiesen ist, um die auf ihn übertragenen Unternehmensteile fortführen zu können, hat der übertragende Rechtsträger dem übernehmenden Rechtsträger die Nutzung oder Mitnutzung gegen ein angemessenes Entgelt zu gestatten, bis der übernehmende Rechtsträger die betroffenen Gegenstände ersetzen kann. [2]Ansprüche nach Satz 1 oder aus einem auf Grund der Verpflichtung nach Satz 1 geschlossenen Vertrag bleiben von einem über das Vermögen des Instituts oder gruppenangehörigen Unternehmens eröffneten Insolvenzverfahren unberührt; der Vertragsschluss und die Erfüllungshandlungen sind nicht anfechtbar.

(2) Werden auf den übernehmenden Rechtsträger Gegenstände übertragen, auf deren Nutzung oder Mitnutzung der übertragende Rechtsträger angewiesen ist, um die bei ihm verbliebenen Unternehmensteile geordnet fortführen oder liquidieren zu können, hat der übernehmende Rechtsträger dem übertragenden Rechtsträger die Nutzung oder Mitnutzung gegen ein angemessenes Entgelt zu gestatten, bis der übertragende Rechtsträger die betroffenen Gegenstände ersetzen kann.

§ 124 Maßnahmen beim übertragenden Rechtsträger. (1) [1]Besteht die Gegenleistung nach § 111 Absatz 2 und 5 in Anteilen am übernehmenden Rechtsträger, so kann die Abwicklungsbehörde den übertragenden Rechtsträger anweisen, die ihm in der Anteilsinhaberversammlung des übernehmenden Rechtsträgers zustehenden Stimmrechte in bestimmter Weise auszuüben, solange die auf den übernehmenden Rechtsträger übertragenen Unternehmensteile in ihrem Bestand gefährdet sind und solange die Abwicklungsbehörde nicht das Erreichen des jeweiligen Maßnahmenziels beim übernehmenden Rechtsträger festgestellt hat. [2]Im Fall eines Insolvenzverfahrens gilt die Weisungsbefugnis nach Satz 1 auch gegenüber dem Insolvenzverwalter. [3]Die Weisung ist auch dem übernehmenden Rechtsträger bekanntzugeben. [4]Die Abwicklungsbehörde kann den übernehmenden Rechtsträger nicht anweisen, einer der folgenden Maßnahmen zuzustimmen:

1. einer Kapitalherabsetzung des übernehmenden Rechtsträgers, die nicht der Deckung von Verlusten dient,
2. einer Kapitalerhöhung, bei welcher der Ausgabebetrag oder der Mindestbetrag, zu dem die Anteile ausgegeben werden, unangemessen niedrig ist,
3. einer Verschmelzung, Spaltung, Ausgliederung oder Vermögensübertragung nach dem Umwandlungsgesetz, bei der die dem übertragenden Rechtsträger zustehende Gegenleistung oder Abfindung unangemessen niedrig ist und
4. einem Ausschluss des übertragenden Rechtsträgers aus dem Kreis der Anteilsinhaber.

[5] Die Befolgung einer Weisung nach Satz 1 stellt gegenüber dem übertragenden Rechtsträger oder seinen Anteilsinhabern keine Pflichtwidrigkeit der Mitglieder der vertretungsberechtigten Organe dar.

(2) Besteht die Gegenleistung nach § 111 Absatz 2 und 5 in Anteilen am übernehmenden Rechtsträger, darf der übertragende Rechtsträger nicht ohne vorherige schriftliche Zustimmung der Abwicklungsbehörde über die ihm zustehenden Anteile an dem übernehmenden Rechtsträger verfügen, solange die auf den übernehmenden Rechtsträger übertragenen Unternehmensteile in ihrem Bestand gefährdet sind und solange eine solche Bestandsgefährdung nicht nachhaltig abgewendet ist.

(3) Droht ein Antrag auf Eröffnung eines Insolvenzverfahrens über das Vermögen des übertragenden Rechtsträgers allein deshalb abgewiesen zu werden, weil das Vermögen des übertragenden Rechtsträgers voraussichtlich nicht ausreicht, um die Kosten des Verfahrens zu decken, ist der übernehmende Rechtsträger verpflichtet, den für die Eröffnung des Verfahrens erforderlichen Kostenvorschuss zu leisten.

§ 125 Maßnahmen beim übernehmenden Rechtsträger. (1) [1] Der übernehmende Rechtsträger hat der Abwicklungsbehörde auf Verlangen unverzüglich Auskunft über alle Umstände zu geben, die für die Beurteilung, ob das jeweilige Maßnahmenziel erfüllt ist, erforderlich sind. [2] Soweit dies zur Überprüfung von Angaben nach Satz 1 erforderlich ist, kann die Abwicklungsbehörde die Vorlage von Unterlagen und die Überlassung von Kopien verlangen.

(2) [1] Um eine Abwicklungsanordnung zu ermöglichen oder umzusetzen, gelten für Beschlussfassungen der Anteilsinhaberversammlung des übernehmenden Rechtsträgers über Kapitalmaßnahmen, über die Änderung von Gesellschaftsverträgen oder Satzungen, über den Abschluss oder die Beendigung von Unternehmensverträgen oder über Maßnahmen nach dem Umwandlungsgesetz die §§ 7 bis 7b, 7d, 7e, 8 bis 11, 12 Absatz 1 bis 3, die §§ 14, 15 und 17 bis 19 des Finanzmarktstabilisierungsbeschleunigungsgesetzes entsprechend, bis die Abwicklungsbehörde festgestellt hat, dass das jeweilige Maßnahmenziel erreicht ist. [2] Dies gilt auch dann, wenn andere private oder öffentliche Stellen Beiträge zum Erreichen der Maßnahmenziele oder zur Beseitigung der Bestandsgefährdung leisten. [3] Zentralbankgeschäfte, die zu üblichen Bedingungen abgeschlossen werden, sind keine Beiträge nach Satz 2.

(3) [1] Ein Beschluss nach Absatz 2 ist unverzüglich zur Eintragung in das Register des Sitzes des übernehmenden Rechtsträgers anzumelden. [2] Er ist, sofern er nicht offensichtlich nichtig ist, unverzüglich in das Register ein-

zutragen. [3]Klagen und Anträge auf Erlass von Entscheidungen gegen den Beschluss oder seine Eintragung stehen der Eintragung nicht entgegen. [4]§ 246a Absatz 4 des Aktiengesetzes gilt entsprechend. [5]Die Sätze 1 bis 4 gelten entsprechend für die Beschlussfassungen über die Ausnutzung einer nach Absatz 2 geschaffenen Ermächtigung zur Ausnutzung eines genehmigten Kapitals.

(4) [1]Stimmt der übertragende Rechtsträger für eine Maßnahme nach Absatz 2 in Erfüllung einer ihm nach § 124 Absatz 1 von der Abwicklungsbehörde erteilten Weisung, kann er dennoch gegen den Beschluss Klage erheben. [2]Die Klage kann im Fall einer Kapitalerhöhung auch daraufgestützt werden, dass der Ausgabebetrag der neuen Anteile unangemessen niedrig ist. [3]Im Fall einer Kapitalherabsetzung kann die Klage auch darauf gestützt werden, dass die Kapitalherabsetzung in dem beschlossenen Umfang nicht dem Ausgleich von Verlusten dient. [4]Im Fall einer Maßnahme nach dem Umwandlungsgesetz kann die Klage auch darauf gestützt werden, dass die dem übertragenden Rechtsträger eingeräumte Gegenleistung oder Abfindung nicht angemessen ist. [5]Ist die Klage begründet, die Maßnahme aber nach Absatz 3 bereits in das Register eingetragen, so soll der dem übertragenden Rechtsträger nach Absatz 3 Satz 4 zustehende Schadensersatzanspruch durch die Ausgabe von Anteilen erfüllt werden, wenn der dem übernehmenden Rechtsträger entstandene Schaden in einer wirtschaftlichen Verwässerung seiner Beteiligung am übernehmenden Rechtsträger besteht.

(5) [1]Sind dem übernehmenden Rechtsträger durch den Restrukturierungsfonds oder auf andere Weise Unterstützungsleistungen zu dem Zweck gewährt worden, eine Bestandsgefährdung zu beseitigen, so kann die Abwicklungsbehörde bis zur Erreichung des jeweiligen Maßnahmenziels

1. Auszahlungen an die Anteilsinhaber des übernehmenden Rechtsträgers untersagen,
2. Auszahlungen an die Inhaber anderer Eigenmittelbestandteile untersagen, die nach den vertraglichen Bestimmungen an die Erreichung festgelegter Kenngrößen geknüpft sind, sofern die einschlägigen Kenngrößen ohne die Unterstützungsleistung nicht erreicht worden wären, oder
3. Auszahlungen an Gläubiger untersagen, solange deren Ansprüche auf Grund einer Nachrangabrede nach einer hypothetischen Rückführung der Unterstützungsleistung nicht zu bedienen wären.

[2]Als Auszahlung im Sinne des Satzes 1 gelten auch die Kündigung oder der Rückerwerb der betroffenen Eigenmittelbestandteile und Schuldtitel sowie bilanzielle Maßnahmen, die zur Folge haben, dass die nach Satz 1 Nummer 2 maßgeblichen Kenngrößen erreicht werden. [3]Wird eine Auszahlung nach Satz 1 Nummer 2 untersagt, gelten die einschlägigen Kenngrößen als nicht erreicht. [4]Satz 1 gilt nicht

1. für Ausschüttungen auf Anteile, die dem Restrukturierungsfonds oder dem Finanzmarktstabilisierungsfonds im Zusammenhang mit einer Unterstützungsleistung gewährt wurden, und
2. für Zahlungen auf Forderungen des Restrukturierungsfonds, die im Zusammenhang mit der staatlichen Unterstützungsleistung entstanden sind.

[5]Absatz 2 Satz 3 gilt entsprechend. [6]Den Unterstützungsleistungen durch den Restrukturierungsfonds steht die für die Beseitigung der Bestandsgefährdung

oder zum Erreichen des jeweiligen Maßnahmenziels erforderliche Zuführung von Eigenmitteln oder Liquidität durch private Dritte gleich.

Unterabschnitt 2. Besondere Vorschriften für das Instrument der Unternehmensveräußerung

§ 126 Vermarktungsprozess; Verordnungsermächtigung. (1) [1]Beabsichtigt die Abwicklungsbehörde, im Rahmen einer Abwicklungsanordnung vom Instrument der Unternehmensveräußerung Gebrauch zu machen, leitet sie rechtzeitig vor Erlass der Abwicklungsanordnung einen Vermarktungsprozess ein. [2]Der Vermarktungsprozess bezieht sich auf die Übertragungsgegenstände, welche die Abwicklungsbehörde zu übertragen beabsichtigt. [3]Die Abwicklungsbehörde kann die Übertragungsgegenstände einzeln oder mehrere Übertragungsgegenstände gemeinsam vermarkten.

(2) [1]Der Vermarktungsprozess nach Absatz 1 muss folgende Grundsätze einhalten:

1. er muss unter Berücksichtigung der Umstände des Einzelfalls und der Wahrung der Finanzmarktstabilität offen und so transparent wie möglich sein;
2. er darf nicht diskriminierend sein, so dass weder eine unangemessene Begünstigung noch eine unangemessene Benachteiligung potentieller Erwerber stattfindet und keinem potentiellen Erwerber ein unlauterer Vorteil gewährt wird;
3. Interessenkonflikte sind, soweit möglich, zu vermeiden; § 21 des Verwaltungsverfahrensgesetzes ist entsprechend anzuwenden;
4. es ist der Notwendigkeit einer raschen Durchführung der Abwicklungsmaßnahme Rechnung zu tragen;
5. es ist eine möglichst hohe Gegenleistung für die betroffenen Übertragungsgegenstände anzustreben.

[2]Vorbehaltlich des Satzes 1 Nummer 2 kann die Abwicklungsbehörde gezielt an bestimmte potentielle Erwerber herantreten. [3]Stellt die Vermarktungsabsicht eine Insiderinformation dar, kann eine Veröffentlichung nach Artikel 17 Absatz 1 der Verordnung (EU) Nr. 596/2014 des Europäischen Parlaments und des Rates vom 16. April 2014 über Marktmissbrauch (Marktmissbrauchsverordnung) und zur Aufhebung der Richtlinie 2003/6/EG des Europäischen Parlaments und des Rates und der Richtlinien 2003/124/EG, 2003/125/EG und 2004/72/EG der Kommission (ABl. L 173 vom 12.6.2014, S. 1) in der jeweils geltenden Fassung nach Maßgabe von Artikel 17 Absatz 4 oder Absatz 5 der Verordnung (EU) Nr. 596/2014 aufgeschoben werden. [4]Der Vermarktungsprozess soll nicht vor dem Abschluss einer Bewertung nach § 69 eingeleitet werden, es sei denn, ein Abwarten würde die Verwirklichung der Abwicklungsziele beeinträchtigen.

(3) Abweichend von Absatz 1 kann die Abwicklungsbehörde das Instrument der Unternehmensveräußerung anwenden, ohne einen Vermarktungsprozess durchzuführen, wenn sie zu der Einschätzung gelangt, dass die Einhaltung der Anforderungen an den Vermarktungsprozess wahrscheinlich die Effektivität des Instruments der Unternehmensveräußerung und damit das Erreichen eines oder mehrerer Abwicklungsziele beeinträchtigt.

(4) [1]Weicht der in einem Vermarktungsprozess erzielte positive oder negative Kaufpreis von dem nach § 69 ermittelten Wert ab, so können die Verfahrens-

beteiligten oder Dritte daraus keine Rechte ableiten. [2] Insbesondere wird die Entscheidung der Abwicklungsbehörde für die Wahl des Instruments der Unternehmensveräußerung nicht allein auf Grund einer solchen Abweichung ermessensfehlerhaft.

(5)[1)] [1] Das Bundesministerium der Finanzen wird ermächtigt, durch Rechtsverordnung, die nicht der Zustimmung des Bundesrates bedarf, nähere Bestimmungen zu erlassen über die Umstände, unter denen die Abwicklungsbehörde nach Absatz 3 von der Durchführung eines Vermarktungsprozesses absehen kann. [2] Das Bundesministerium der Finanzen kann die Ermächtigung durch Rechtsverordnung auf die Abwicklungsbehörde übertragen.

§ 127 Rückübertragungen. (1) Die Abwicklungsbehörde kann innerhalb von vier Monaten nach dem Wirksamwerden der Übertragung nach § 114 anordnen, dass Gegenstände an die vorherigen Anteilsinhaber oder den übertragenden Rechtsträger zurückübertragen werden (Rückübertragungsanordnung), sofern der übernehmende Rechtsträger in die Rückübertragung einwilligt.

(2) Der von einer Rückübertragungsanordnung betroffene Gegenstand gilt als von Anfang an im Vermögen des übertragenden Rechtsträgers oder des Anteilsinhabers verblieben.

(3) [1] Die Gegenleistung oder Ausgleichsverbindlichkeit nach § 111 ist anzupassen. [2] Die §§ 109 und 113 bis 115 finden entsprechende Anwendung; an die Stelle der in § 115 Absatz 1 Satz 2 genannten Unterlagen tritt eine Ausfertigung der Rückübertragungsanordnung.

(4) [1] Der übernehmende Rechtsträger haftet für Verbindlichkeiten, die von einer Rückübertragungsanordnung betroffen sind, nur in Höhe des Betrags, den der Gläubiger im Rahmen der Abwicklung des übertragenden Rechtsträgers erlöst hätte, wenn die Rückübertragung unterblieben wäre. [2] Die Haftung besteht nur, soweit der Gläubiger vom übertragenden Rechtsträger keine Befriedigung erlangen kann.

Unterabschnitt 3. Besondere Vorschriften für das Instrument der Übertragung auf ein Brückeninstitut

§ 128 Verfassung des Brückeninstituts. (1) Brückeninstitut kann nur ein Rechtsträger sein,
1. dessen Anteile ganz oder teilweise von der Abwicklungsbehörde oder einer anderen öffentlichen Stelle gehalten werden,
2. der von der Abwicklungsbehörde auf Grund gesellschaftsrechtlicher, vertraglicher oder hoheitlicher Einflussmöglichkeiten kontrolliert wird und
3. der als Brückeninstitut für die Zwecke des § 107 Absatz 1 Nummer 1 Buchstabe b gegründet wurde.

(2) [1] Der Einwilligung der Abwicklungsbehörde bedürfen
1. der Gesellschaftsvertrag oder die Satzung, die Anmeldung der Gesellschaft, der Gründungsbericht und die Gründungsprüfung,

---

[1)] § 126 Abs. 5 ist bereits am 19.12.2014 in Kraft getreten; vgl. Art. 10 Abs. 3 G v. 10.12.2014 (BGBl. I S. 2091).

2. die Berufung der Geschäftsleiter und der Mitglieder des Aufsichts- oder Verwaltungsorgans des Brückeninstituts,
3. die Festlegung der Zuständigkeiten der jeweiligen Geschäftsleiter sowie die für sie geltenden Vergütungsregelungen und
4. die Geschäftsorganisation im Sinne des § 25a des Kreditwesengesetzes[1].

[2]Die Abwicklungsbehörde kann die Einwilligung versagen, wenn dies die Erreichung der Abwicklungsziele fördert.

(3) Das Brückeninstitut ist mit dem Ziel zu betreiben,
1. den Zugang zu kritischen Funktionen zu erhalten und
2. innerhalb der gegebenenfalls verlängerten Frist nach Absatz 4 Satz 1 Nummer 3 das Brückeninstitut oder seine Vermögenswerte, Rechte und Verbindlichkeiten unter angemessenen Bedingungen an einen oder mehrere private Erwerber zu veräußern.

(4) [1]Die Abwicklungsbehörde hat festzustellen, dass ein Rechtsträger seine Eigenschaft als Brückeninstitut verliert, wenn
1. die Voraussetzungen nach Absatz 1 Nummer 1 und 2 nicht mehr erfüllt sind,
2. alle oder weitgehend alle Vermögenswerte, Rechte oder Verbindlichkeiten des Brückeninstituts an einen Dritten veräußert werden oder
3. die in den Nummern 1 und 2 genannten Ergebnisse nicht innerhalb von zwei Jahren ab dem Zeitpunkt, zu dem die letzte Übertragung nach § 107 Absatz 1 Nummer 1 Buchstabe b auf das Brückeninstitut erfolgt ist, eintreten.

[2]Die Abwicklungsbehörde kann die Frist nach Satz 1 Nummer 3 auch mehrfach jeweils um ein Jahr verlängern, wenn sie Grund zu der Annahme hat, dass sich durch die Verlängerung eines der in Satz 1 Nummer 1 und 2 genannten Ergebnisse besser erreichen lässt oder wenn eine Verlängerung erforderlich ist, um die Fortführung wesentlicher Bank- oder Finanzdienstleistungen zu gewährleisten. [3]Die Entscheidung nach Satz 2 ist zu begründen und muss eine detaillierte Beurteilung der Lage, einschließlich der Marktbedingungen und -aussichten enthalten, die die Entscheidung rechtfertigen.

(5) [1]Stellt die Abwicklungsbehörde nach Absatz 4 Satz 1 Nummer 2 oder 3 fest, dass ein Rechtsträger seine Eigenschaft als Brückeninstitut verliert, stellt die Abwicklungsbehörde bei Vorliegen eines Insolvenzgrundes unverzüglich einen Antrag auf Eröffnung des Insolvenzverfahrens über das verbleibende Vermögen des Brückeninstituts. [2]§ 46b Absatz 1 Satz 4 des Kreditwesengesetzes gilt mit der Maßgabe, dass an die Stelle der Bundesanstalt die Abwicklungsbehörde tritt. [3]Liegt im Fall des Satzes 1 kein Insolvenzgrund vor, veranlasst die Abwicklungsbehörde die Liquidation des Brückeninstituts.

§ 129 Vermarktung oder Liquidation des Brückeninstituts. (1) [1]Sollen die Anteile an dem Brückeninstitut an einen oder mehrere andere Rechtsträger oder sollen die an das Brückeninstitut übertragenen Übertragungsgegenstände an einen oder mehrere andere Rechtsträger veräußert werden, so findet ein Vermarktungsprozess statt, auf den § 126 Absatz 2 Nummer 1, 2 und 5 ent-

[1] Nr. 8.

sprechend anzuwenden ist. [2]Eine Veräußerung muss einem Drittvergleich unter Berücksichtigung der Umstände des Einzelfalls standhalten und mit den wettbewerbs- und beihilferechtlichen Regelungen vereinbar sein.

(2) [1]Ist eine Vermarktung nach Absatz 1 nicht oder nur zu unverhältnismäßigen wirtschaftlichen Bedingungen zu erreichen, kann die Abwicklungsbehörde von dem Brückeninstitut die Erstellung eines Liquidationsplans verlangen. [2]Aus dem Liquidationsplan muss hervorgehen, dass und aufwelche Weise das von dem Brückeninstitut fortgeführte Unternehmen geordnet abgewickelt oder die übernommenen Gegenstände geordnet liquidiert werden. [3]Die mit der Abwicklungsanordnung verfolgten Abwicklungsziele sind zu beachten.

(3) [1]Die Abwicklungsbehörde kann einen nach Absatz 2 erstellten Liquidationsplan für verbindlich erklären. [2]Die Abwicklungsbehörde ist befugt, alle Maßnahmen zu ergreifen, die zur Durchsetzung eines nach Satz 1 verbindlichen Liquidationsplans erforderlich sind. [3]Insbesondere ist die Abwicklungsbehörde befugt, dem Brückeninstitut Weisungen zu erteilen.

(4) Bieten die Geschäftsleiter des Brückeninstituts keine Gewähr für die ordnungsmäßige Durchführung des Liquidationsplans, kann die Abwicklungsbehörde nach § 45c des Kreditwesengesetzes[1)] die Befugnisse der Geschäftsleiter auf einen Sonderbeauftragten übertragen, der geeignet ist, für die ordnungsmäßige Umsetzung des Liquidationsplans zu sorgen.

(5) [1]Die Geschäftsleiter des Brückeninstituts haften für Vorsatz und grobe Fahrlässigkeit. [2]§ 31 des Bürgerlichen Gesetzbuchs[2)] ist auf das Brückeninstitut nicht anzuwenden.

§ 130 Vermögenslage des Brückeninstituts. (1) Wird das Instrument der Übertragung auf ein Brückeninstitut angewendet, stellt die Abwicklungsbehörde sicher, dass der Gesamtwert der auf das Brückeninstitut übertragenen Verbindlichkeiten nicht den Gesamtwert der Rechte und Vermögenswerte übersteigt, die von dem in Abwicklung befindlichen Institut oder gruppenangehörigen Unternehmen übertragen werden oder aus anderen Quellen stammen.

(2) Maßgeblich für die Beurteilung nach Absatz 1 ist der Zeitpunkt des Erlasses der Abwicklungsanordnung.

§ 131 Rück- und Weiterübertragungen. (1) [1]Die Abwicklungsbehörde kann anordnen, dass Gegenstände an die vorherigen Anteilsinhaber oder den übertragenden Rechtsträger zurückübertragen werden, wenn

1. die Möglichkeit einer solchen Rückübertragungsanordnung in der Abwicklungsanordnung in Bezug auf diese Übertragungsgegenstände ausdrücklich vorgesehen ist oder
2. sich herausgestellt hat, dass die betroffenen Gegenstände tatsächlich nicht zu den in der Abwicklungsanordnung genannten Gattungen von übertragenen Gegenständen gehören.

---

1) Nr. **8**.
2) Auszugsweise abgedruckt unter Nr. **23**.

2 In der Abwicklungsanordnung ist die Möglichkeit einer Rückübertragungsanordnung nach Satz 1 Nummer 1 zu befristen und sind die Voraussetzungen einer Rückübertragung näher zu bestimmen.

(2) 1 Die Abwicklungsbehörde kann anordnen, dass Gegenstände, die nach § 107 Absatz 1 Nummer 1 Buchstabe b auf ein Brückeninstitut übertragen wurden, mit Einwilligung des übernehmenden Rechtsträgers auf einen Dritten übertragen werden (Anschlussübertragungsanordnung). 2 Die Abwicklungsbehörde berücksichtigt dabei bereits getätigte Rechtsgeschäfte sowie die Auswirkungen, die eine Anschlussübertragungsanordnung auf die Situation des Brückeninstituts, insbesondere seine Stellung am Markt, haben kann. 3 Die §§ 109 und 113 bis 115 sind entsprechend anzuwenden; an die Stelle der in § 115 Absatz 1 Satz 2 genannten Unterlagen tritt eine Ausfertigung der Anschlussübertragungsanordnung.

Unterabschnitt 4. Besondere Vorschriften für das Instrument der Übertragung auf eine Vermögensverwaltungsgesellschaft

§ 132[1)] Zusätzliche Anwendungsvoraussetzungen; Verordnungsermächtigung. (1) Die Abwicklungsbehörde kann das Instrument der Übertragung auf eine Vermögensverwaltungsgesellschaft nur anwenden, wenn

1. eine Verwertung der betreffenden zu übertragenden Übertragungsgegenstände im Rahmen eines Insolvenzverfahrens angesichts der Lage auf dem Markt negative Auswirkungen auf einen Finanzmarkt oder mehrere Finanzmärkte haben könnte,
2. die Übertragung erforderlich ist, um das ordnungsgemäße Funktionieren des in Abwicklung befindlichen Instituts oder des Brückeninstituts sicherzustellen oder
3. die Übertragung erforderlich ist, um die entsprechenden Verwertungserlöse zu maximieren.

(2) 1 Das Bundesministerium der Finanzen wird ermächtigt, durch Rechtsverordnung, die nicht der Zustimmung des Bundesrates bedarf, nähere Bestimmungen darüber zu erlassen, unter welchen Umständen eine Verwertung der Übertragungsgegenstände im Rahmen eines Insolvenzverfahrens negative Auswirkungen auf einen oder mehrere Finanzmärkte im Sinne des Absatzes 1 Nummer 1 haben könnte. 2 Das Bundesministerium der Finanzen kann die Ermächtigung durch Rechtsverordnung auf die Abwicklungsbehörde übertragen.

§ 133 Verfassung der Vermögensverwaltungsgesellschaft. (1) Vermögensverwaltungsgesellschaft kann nur ein Rechtsträger sein,

1. dessen Anteile entweder ganz oder teilweise von der Abwicklungsbehörde oder einer anderen öffentlichen Stelle gehalten werden,
2. der von der Abwicklungsbehörde auf Grund gesellschaftsrechtlicher, vertraglicher oder hoheitlicher Einflussmöglichkeiten kontrolliert wird und
3. der als Vermögensverwaltungsgesellschaft für die Zwecke nach § 107 Absatz 1 Nummer 2 gegründet wurde.

---

1) § 132 ist bereits am 19.12.2014 in Kraft getreten; vgl. Art. 10 Abs. 3 G v. 10.12.2014 (BGBl. I S. 2091).

(2) [1] § 128 Absatz 2 ist entsprechend anzuwenden. [2] Ist § 25a des Kreditwesengesetzes[1)] auf die Vermögensverwaltungsgesellschaft nicht anzuwenden, so gilt anstelle einer entsprechenden Anwendung der Regelung in § 128 Absatz 2 Nummer 4, dass das Risikomanagement einschließlich der entsprechenden Strategien, die die Vermögensverwaltungsgesellschaft verfolgt, der Einwilligung der Abwicklungsbehörde bedarf.

(3) In der Satzung oder im Gesellschaftsvertrag ist als Gesellschaftszweck zu bestimmen, dass die Vermögensverwaltungsgesellschaft mit der Verwaltung der Übertragungsgegenstände mit dem Ziel betraut ist, die Verwertungserlöse durch Veräußerung oder geordnete Abwicklung zu maximieren.

(4) [1] Nachdem das Instrument der Übertragung auf ein Brückeninstitut angewendet wurde, können Gegenstände vom Brückeninstitut durch Rechtsgeschäft auf eine Vermögensverwaltungsgesellschaft übertragen werden. [2] § 129 Absatz 1 findet entsprechende Anwendung, wobei es keines neuen Vermarktungsprozesses bedarf, wenn

1. die Vermögensverwaltungsgesellschaft am Vermarktungsprozess teilgenommen hat oder
2. die Übertragung auf die Vermögensverwaltungsgesellschaft zu Bedingungen erfolgt, die bei wertender Betrachtung denen des wirtschaftlichsten Gebots entsprechen, das im Rahmen des Vermarktungsprozesses eingegangen ist.

(5) [1] Die Geschäftsleiter der Vermögensverwaltungsgesellschaft haften für Vorsatz und grobe Fahrlässigkeit. [2] § 31 des Bürgerlichen Gesetzbuchs[2)] ist auf die Vermögensverwaltungsgesellschaft nicht anzuwenden.

§ 134 Besondere Vorschriften für die Gegenleistung. Werden alle oder einzelne Vermögenswerte, Verbindlichkeiten und Rechtsverhältnisse eines Brückeninstituts auf eine Vermögensverwaltungsgesellschaft übertragen, so richtet sich die Gegenleistung, die dem Brückeninstitut von der Vermögensverwaltungsgesellschaft geschuldet wird, nach der Gegenleistung, die das Brückeninstitut nach Maßgabe von § 111 Absatz 2 geleistet hat oder zu leisten hat; diese soll nicht unterschritten werden.

§ 135 Rückübertragung. § 131 Absatz 1 ist auf die Rückübertragung von Übertragungsgegenständen, die vom übertragenden Rechtsträger auf die Vermögensverwaltungsgesellschaft übertragen wurden, entsprechend anzuwenden.

Abschnitt 3. Abwicklungsanordnung; Vorschriften für das Verfahren; Rechtsformwechsel; Inanspruchnahme von Einlagensicherungssystemen; Schutzbestimmungen

Unterabschnitt 1. Bestimmungen für den Erlass einer Abwicklungsanordnung; sonstige Verfahrensvorschriften; Rechtswirkungen

§ 136 Inhalt der Abwicklungsanordnung. (1) Die Abwicklungsanordnung muss mindestens die folgenden Angaben enthalten:

1. den Namen oder die Firma und den Sitz

[1)] Nr. 8.

[2)] Auszugsweise abgedruckt unter Nr. **23**.

a) des abzuwickelnden Instituts oder gruppenangehörigen Unternehmens und

b) bei Anwendung eines der Abwicklungsinstrumente nach § 107 des übertragenden Rechtsträgers sowie des übernehmenden Rechtsträgers;

2. Angaben zu den eingesetzten Abwicklungsinstrumenten, insbesondere

a) die Angabe der übertragenen Gegenstände im Fall des § 107 und

b) die Angabe der betroffenen Kapitalinstrumente und Verbindlichkeiten in den Fällen der §§ 89 und 90;

eine gattungsmäßige Bezeichnung reicht jeweils aus;

3. den Abwicklungsstichtag;
4. Angaben zum Vorliegen der Voraussetzungen des § 109;
5. sofern einschlägig, Angaben zur Gegenleistung oder Ausgleichsverbindlichkeit nach § 111;
6. sofern bereits bekannt, Angaben nach § 142;
7. Vorbehalte einer Rückübertragung nach den §§ 131 und 135.

(2) [1] Sieht die Abwicklungsanordnung vor, dass dem Institut oder dem gruppenangehörigen Unternehmen als Gegenleistung Anteile am übernehmenden Rechtsträger zu gewähren sind, muss sie folgende Angaben enthalten:

1. Angaben zur Ausstattung und zur Anzahl der zu gewährenden Anteile am übernehmenden Rechtsträger;
2. Angaben zur Bestimmung des Werts der Gesamtheit der Übertragungsgegenstände zum Zeitpunkt des § 114, insbesondere hinsichtlich der Bestimmung von Ausstattung und Anzahl der als Gegenleistung gewährten Anteile, und
3. Angaben zu den Methoden und den Annahmen, die der Bestimmung des Werts nach Nummer 2 zugrunde gelegt wurden.

[2] Besteht die Gegenleistung aus Schuldtiteln des übernehmenden Rechtsträgers, gilt Satz 1 entsprechend. [3] Besteht die Gegenleistung aus einer Geldleistung, ist anstelle der Angaben nach Satz 1 der Umfang der zu gewährenden Geldleistung anzugeben. [4] Ist eine Ausgleichsverbindlichkeit vorgesehen, ist anstelle der Angaben nach Satz 1 der Betrag des Ausgleichs anzugeben. [5] Wird eine vorläufige Gegenleistung oder Ausgleichsverbindlichkeit festgesetzt, ist anstelle der Angaben nach Satz 1 Nummer 2 und 3 auf die Vorläufigkeit und auf das Verfahren zur Bestimmung der endgültigen Gegenleistung oder Ausgleichsverbindlichkeit hinzuweisen.

(3) Sieht die Abwicklungsanordnung die Anwendung des Instruments der Beteiligung der Inhaber relevanter Kapitalinstrumente oder des Instruments der Gläubigerbeteiligung vor, muss sie mindestens folgende Angaben enthalten:

1. Angaben zu der Anwendung der Instrumente auf die Anteilsinhaber und Inhaber von anderen Instrumenten des harten Kernkapitals;
2. Angaben zu der prozentualen Höhe der Herabschreibung von Inhabern von relevanten Kapitalinstrumenten;
3. Angaben zu der prozentualen Höhe der Herabschreibung von berücksichtigungsfähigen Verbindlichkeiten, gruppiert nach Kategorien von Verbindlichkeiten;

4. Angaben zu der Umwandlung von berücksichtigungsfähigen Verbindlichkeiten und von relevanten Kapitalinstrumenten;
5. Angaben zu den Anteilsinhabern und den Inhabern von anderen Instrumenten des harten Kernkapitals nach Ausübung des Instruments der Gläubigerbeteiligung.

(4) [1] Wenn die Abwicklungsanordnung gesellschaftsrechtliche Maßnahmen enthält, die eintragungspflichtig sind, sind diese im Verwaltungsakt gesondert aufzuführen. [2] Soweit in § 115 Absatz 2 und 4 nichts Abweichendes geregelt ist, ist die Abwicklungsbehörde berechtigt, die erforderlichen Eintragungen beim Registergericht zu beantragen. [3] Die Eintragung ist für die Wirksamkeit der Maßnahmen nicht konstitutiv.

§ 137 Erlass und Bekanntgabe der Abwicklungsanordnung. (1) [1] Die Abwicklungsanordnung ergeht als Allgemeinverfügung. [2] Einer gesonderten Bekanntgabe an die Beteiligten bedarf es genauso wenig wie einer gesonderten Zuleitung an den zuständigen Betriebsrat.

(2) Die Abwicklungsanordnung ist nach Erlass unverzüglich nach Maßgabe des § 140 Absatz 4 zu veröffentlichen.

(3) Die Veröffentlichung enthält auch Angaben zur Einwilligungserklärung des übernehmenden Rechtsträgers und zu den Kapitalerhöhungsbeschlüssen nach § 109.

§ 137a *(aufgehoben)*

§ 138 Mitteilungspflichten bei einer Bestandsgefährdung. (1) Im Fall einer Bestandsgefährdung oder einer drohenden Bestandsgefährdung eines Instituts oder eines gruppenangehörigen Unternehmens informiert die Geschäftsleitung des Instituts oder des übergeordneten Unternehmens der Gruppe sowie des bestandsgefährdeten gruppenangehörigen Unternehmens unverzüglich die Aufsichtsbehörde und die Abwicklungsbehörde.

(2) Die Aufsichtsbehörde unterrichtet die Abwicklungsbehörde unverzüglich und vollumfänglich über alle Krisenpräventionsmaßnahmen und alle bankaufsichtlichen Maßnahmen, die sie gegenüber einem Institut oder gruppenangehörigen Unternehmen vornimmt.

(3) [1] Gelangt die Aufsichtsbehörde oder die Abwicklungsbehörde zu der Einschätzung, dass eine Bestandsgefährdung eines Instituts oder gruppenangehörigen Unternehmens vorliegt, informiert sie die jeweils andere Behörde unverzüglich hierüber. [2] Darüber hinaus informieren die Aufsichtsbehörde und die Abwicklungsbehörde unverzüglich die folgenden Stellen:
1. das Bundesministerium der Finanzen,
2. die Deutsche Bundesbank,
3. die Bundesanstalt für Finanzdienstleistungsaufsicht,
4. das betroffene Einlagensicherungssystem,
5. die Aufsichtsbehörden, die für die betroffenen gruppenangehörigen Unternehmen und Zweigstellen zuständig sind, einschließlich der konsolidierenden Aufsichtsbehörde,

6. die Abwicklungsbehörden, die für die betroffenen gruppenangehörigen Unternehmen und Zweigstellen zuständig sind, einschließlich der Abwicklungsbehörde des Staates, in dem die konsolidierende Aufsichtsbehörde ihren Sitz hat,
7. den Ausschuss für Finanzstabilität und
8. den Europäischen Ausschuss für Systemrisiken.

(4) [1] Besteht die Gefahr, dass bei einer Informationsweitergabe an eine Stelle im Sinne des Absatzes 3 Satz 2 die Abwicklungsziele verfehlt werden könnten, kann die Abwicklungsbehörde von einer Information dieser Stelle absehen oder anonymisierte oder aggregierte Angaben zum bestandsgefährdeten Institut oder zu bestandsgefährdeten gruppenangehörigen Unternehmen machen. [2] Unbenommen der Regelungen der §§ 167 bis 171 gilt Satz 1 gegenüber Aufsichtsbehörden und Abwicklungsbehörden in einem Drittstaat entsprechend, sofern es sich nicht um den Drittstaat handelt, in dem das konsolidierungspflichtige übergeordnete Unternehmen seinen Sitz hat.

§ 139 Entscheidung der Abwicklungsbehörde. (1) [1] Erhält die Abwicklungsbehörde von einer anderen Stelle Kenntnis von einer möglichen Bestandsgefährdung, prüft sie unverzüglich, ob die Voraussetzungen einer Bestandsgefährdung vorliegen. [2] Erhält die Abwicklungsbehörde die Kenntnis von einer möglichen Bestandsgefährdung von einer Stelle im Sinne des § 138 Absatz 3 Satz 2 Nummer 1 bis 4, ist diese Stelle verpflichtet, der Abwicklungsbehörde umfassend und unverzüglich alle Auskünfte zu der möglichen Bestandsgefährdung zu erteilen.

(2) Die Abwicklungsbehörde dokumentiert das Ergebnis und die wesentlichen Erwägungen zu der Prüfung im Sinne des Absatzes 1 sowie das geplante weitere Vorgehen.

§ 140 Verfahrenspflichten der Abwicklungsbehörde. (1) [1] Vor der Vornahme einer Abwicklungsmaßnahme informiert die Abwicklungsbehörde
1. das Bundesministerium der Finanzen und
2. das betroffene Einlagensicherungssystem.

[2] Die Abwicklungsbehörde erlässt Abwicklungsmaßnahmen mit unmittelbaren finanziellen Auswirkungen oder systemischen Auswirkungen nur mit Zustimmung des Bundesministeriums der Finanzen.

(2) Die Abwicklungsbehörde informiert die folgenden Stellen über die Vornahme einer Abwicklungsmaßnahme:
1. die Deutsche Bundesbank,
2. die Bundesanstalt für Finanzdienstleistungsaufsicht,
3. die Aufsichtsbehörden, die für die betroffenen gruppenangehörigen Unternehmen und Zweigstellen zuständig sind, einschließlich der konsolidierenden Aufsichtsbehörde,
4. die Abwicklungsbehörden, die für die betroffenen gruppenangehörigen Unternehmen und Zweigstellen zuständig sind, einschließlich der Abwicklungsbehörde des Staates, in dem die konsolidierende Aufsichtsbehörde ihren Sitz hat,

5. den Ausschuss für Finanzstabilität,
6. den Europäischen Ausschuss für Systemrisiken,
7. die Kommission, die Europäische Zentralbank, die Europäische Wertpapier- und Marktaufsichtsbehörde, die Europäische Aufsichtsbehörde für das Versicherungswesen und die betriebliche Altersvorsorge und die Europäische Bankenaufsichtsbehörde sowie
8. die Systembetreiber eines Systems im Sinne des § 1 Absatz 16 des Kreditwesengesetzes[1)], bei dem das betroffene Institut oder gruppenangehörige Unternehmen Teilnehmer ist.

(3) Eine Mitteilung über die Vornahme einer Abwicklungsmaßnahme im Sinne des Absatzes 1 enthält eine Abschrift der Abwicklungsanordnung und nennt das Datum, ab dem die Abwicklungsmaßnahme wirksam wird.

(4) Die Abwicklungsbehörde und die Aufsichtsbehörde veröffentlichen auf ihrer Internetseite die Abwicklungsanordnung oder eine Bekanntmachung, in der die Auswirkungen der Abwicklungsmaßnahme, insbesondere in Bezug auf die Einleger, und etwaige Anordnungen nach den §§ 82 bis 84 zusammengefasst werden.

(5) [1]Die Abwicklungsbehörde informiert auch das in Abwicklung befindliche Institut oder gruppenangehörige Unternehmen sowie das übergeordnete Unternehmen der Gruppe. [2]Absatz 3 gilt entsprechend. [3]Die nach Absatz 4 zu veröffentlichenden Informationen gelten als zu veröffentlichende Insiderinformationen im Sinne des Artikels 17 der Verordnung (EU) Nr. 596/2014.

(6) Die Abwicklungsbehörde veröffentlicht auf ihrer Internetseite und im Bundesanzeiger, dass die Abwicklungsmaßnahmen beendet sind.

§ 141 Insolvenzfestigkeit von Abwicklungsmaßnahmen, Anfechtbarkeit. Ein Insolvenzverfahren über das Vermögen des Instituts oder des gruppenangehörigen Unternehmens lässt die Anwendung eines Abwicklungsinstruments und die Ausübung von Abwicklungsbefugnissen und deren jeweilige Rechtswirkungen unberührt; eine Anfechtung ist weder innerhalb noch außerhalb eines solchen Insolvenzverfahrens möglich.

§ 142 Abzugsmöglichkeit. Die Abwicklungsbehörde kann anordnen, dass Gebühren und Auslagen nach dem Bundesgebührengesetz sowie Kostenerstattungen nach § 15 Absatz 1 Satz 1 Nummer 11 des Finanzdienstleistungsaufsichtsgesetzes[2)] vorweg durch Abzug von den folgenden Positionen beglichen werden:
1. von einer Gegenleistung, die der übernehmende Rechtsträger nach § 111 Absatz 2 schuldet oder
2. von Erlösen im Zusammenhang mit der Abwicklung eines Brückeninstituts oder einer Vermögensverwaltungsgesellschaft.

§ 143 Schadensersatzansprüche gegen Organmitglieder und ehemalige Organmitglieder. [1]Die Abwicklungsbehörde soll bei dem Institut oder

---
[1)] Nr. 8.
[2)] Nr. 7.

dem gruppenangehörigen Unternehmen einen Sonderprüfer einsetzen, um zu prüfen, ob Schadensersatzansprüche gegen Organmitglieder oder ehemalige Organmitglieder wegen der Verletzung von Sorgfaltspflichten bestehen. [2] § 45c Absatz 6 des Kreditwesengesetzes[1)] sowie die §§ 144 und 145 des Aktiengesetzes gelten entsprechend.

§ 144 Ausschluss bestimmter vertraglicher Bedingungen bei frühzeitigem Eingreifen und bei der Abwicklung. (1) [1] Eine Krisenpräventionsmaßnahme oder eine Krisenmanagementmaßnahme, einschließlich eines unmittelbar mit der Anwendung einer solchen Maßnahme verbundenen Ereignisses, gelten in Bezug auf das Institut oder die Gruppe und alle gruppenangehörigen Unternehmen nicht als Verwertungs- oder Beendigungsfall im Sinne der Richtlinie 2002/47/EG des Europäischen Parlaments und des Rates oder als Insolvenzverfahren im Sinne der Richtlinie 98/26/EG des Europäischen Parlaments und des Rates, wenn die Hauptleistungspflichten aus dem Vertrag, einschließlich Zahlungs- und Leistungsverpflichtungen, und die Pflicht zur Stellung von Sicherheiten weiterhin erfüllt werden. [2] Eine Aussetzung oder Beschränkung gemäß den §§ 82 bis 84 stellt keine Nichterfüllung von vertraglichen Hauptleistungspflichten dar.

(2) Wird ein Drittstaatsabwicklungsverfahren gemäß § 169 anerkannt, so gilt dieses Verfahren für die Zwecke dieser Vorschrift als Krisenmanagementmaßnahme.

(3) [1] Eine Krisenpräventionsmaßnahme oder eine Krisenmanagementmaßnahme, einschließlich eines unmittelbar mit der Anwendung einer solchen Maßnahme verbundenen Ereignisses, berechtigen nicht dazu,

1. Kündigungs-, Aussetzungs-, Änderungs-, Zurückbehaltungs-, Verrechnungs- oder Aufrechnungsrechte gegenüber einem Institut oder gruppenangehörigen Unternehmen auszuüben,
2. Eigentum des betreffenden Instituts oder gruppenangehörigen Unternehmens zu erlangen, Kontrolle darüber auszuüben oder Ansprüche aus einer Sicherheit geltend zu machen und
3. etwaige vertragliche Rechte des betreffenden Instituts oder gruppenangehörigen Unternehmens zu beeinträchtigen.

[2] Dies gilt nur, wenn die Hauptleistungspflichten aus dem Vertrag, einschließlich Zahlungs- und Leistungspflichten, und die Pflicht zur Stellung von Sicherheiten weiterhin erfüllt werden. [3] Absatz 1 Satz 2 gilt entsprechend.

(4) Die in Absatz 3 Satz 1 genannten Rechte können ausgeübt werden, wenn die Rechte auf Grund eines anderen Ereignisses als einer Krisenpräventionsmaßnahme, einer Krisenmanagementmaßnahme oder einem unmittelbar mit der Anwendung einer solchen Maßnahme verbundenen Ereignis entstanden sind.

(5) Aus Vereinbarungen, die den Regelungen der Absätze 1 und 3 zuwiderlaufen, können keine Rechte hergeleitet werden.

[1)] Nr. 8.

Unterabschnitt 2. Inanspruchnahme von Einlagensicherungssystemen

§ 145 Inanspruchnahme von Einlagensicherungssystemen im Rahmen einer Abwicklung. (1) Für den Fall, dass für ein Institut oder für ein gruppenangehöriges Unternehmen eine Abwicklungsmaßnahme durchgeführt wird und dadurch sichergestellt wird, dass die Einleger dieses Instituts oder dieses gruppenangehörigen Unternehmens weiterhin auf ihre Einlagen zugreifen können, haftet das Einlagensicherungssystem, dem das Institut oder das gruppenangehörige Unternehmen angehört,

1. für den Fall, dass das Instrument der Gläubigerbeteiligung angewendet wird: für den Betrag, um den die gedeckten Einlagen herabgeschrieben worden wären, um die Verluste des Instituts oder des gruppenangehörigen Unternehmens gemäß § 78 Absatz 1 Nummer 1 auszugleichen, wenn die gedeckten Einlagen nicht vom Anwendungsbereich des Instruments der Gläubigerbeteiligung ausgenommen wären und daher im gleichen Umfang herabgeschrieben worden wären, oder
2. für den Fall, dass ein anderes oder mehrere andere Abwicklungsinstrumente als das Instrument der Gläubigerbeteiligung angewendet werden: für den Betrag der Verluste, den die Inhaber gedeckter Einlagen im Zuge der Anwendung dieser Instrumente erlitten hätten.

(2) Das Einlagensicherungssystem haftet nach Absatz 1 nicht über den Betrag der Verluste hinaus, den es hätte tragen müssen, wenn über das Vermögen des Instituts oder des gruppenangehörigen Unternehmens ein Insolvenzverfahren eröffnet und durchgeführt worden wäre.

(3) Wird das Instrument der Gläubigerbeteiligung angewendet, so muss das Einlagensicherungssystem keinen Beitrag zur Wiederherstellung der Quote für das harte Kernkapital gemäß § 96 Absatz 1 Nummer 2 leisten.

(4) [1] Die Festlegung des Betrags, für den das Einlagensicherungssystem nach Absatz 1 haftet, erfolgt auf Grundlage einer Bewertung nach § 69 dieses Gesetzes. [2] In Höhe dieses Betrags zahlt das Einlagensicherungssystem einen Beitrag in bar.

(5) Werden entschädigungsfähige Einlagen bei einem in Abwicklung befindlichen Institut oder gruppenangehörigen Unternehmen durch Anwendung des Instruments der Unternehmensveräußerung oder des Instruments der Übertragung auf ein Brückeninstitut auf einen anderen Rechtsträger übertragen, hat der betroffene Einleger keinen Entschädigungsanspruch nach § 5 Absatz 1 des Einlagensicherunggesetzes[1)] gegenüber dem Einlagensicherungssystem in Bezug auf den Teil seiner Einlage, der nicht übertragen wird, wenn der Betrag der übertragenen Einlage die Deckungsgrenze nach § 8 des Einlagensicherungsgesetzes[2)] erreicht oder überschreitet.

(6) Die Haftung des Einlagensicherungssystems ist auf die Hälfte der Zielausstattung gemäß Artikel 10 der Richtlinie 2014/49/EU des Europäischen Parlaments und des Rates vom 16. April 2014 über Einlagensicherungssysteme (ABl. L 173 vom 12.6.2014, S. 149) beschränkt.

[1)] Nr. **12**.
[2)] Nr. **11**.

Unterabschnitt 3. Ausgleichszahlung für benachteiligte Anteilsinhaber, Gläubiger und Einlagensicherungssysteme; Schutzbestimmungen

§ 146 Vergleich mit dem Ausgang eines hypothetischen Insolvenzverfahrens; Verordnungsermächtigung. (1) [1] Die Abwicklungsbehörde hat unverzüglich nach Durchführung einer oder mehrerer Abwicklungsmaßnahmen durch einen unabhängigen, sachverständigen Prüfer ermitteln zu lassen, ob und in welchem Umfang Anteilsinhaber und Gläubiger durch die Anordnung und Durchführung der Abwicklungsmaßnahmen im Vergleich zu der Situation, die sich bei Eröffnung und Durchführung eines Insolvenzverfahrens über das Vermögen des Instituts eingestellt hätte, benachteiligt worden sind. [2] Diese Bewertung erfolgt inhaltlich getrennt von der Bewertung nach § 69.

(2) [1] Der Prüfer wird auf Antrag der Abwicklungsbehörde vom Gericht ausgewählt und bestellt. [2] § 10 Absatz 1 Satz 3, Absatz 3 und 4 und § 11 des Umwandlungsgesetzes gelten entsprechend. [3] Zuständig ist das Landgericht, in dessen Bezirk sich der Sitz der Abwicklungsbehörde befindet. [4] Die Auswahl und Bestellung durch das Landgericht soll spätestens innerhalb von fünf Werktagen nach Antragstellung erfolgen. [5] Über eine Beschwerde soll das Oberlandesgericht innerhalb von fünf Werktagen entscheiden.

(3) Bei der Bewertung nach Absatz 1 ist festzustellen,

1. welche Befriedigungsquoten die Anteilsinhaber und Gläubiger zu erwarten gehabt hätten, wenn für das in Abwicklung befindliche Institut oder das gruppenangehörige Unternehmen zum Zeitpunkt des § 138 Absatz 3 Satz 1 ein Insolvenzverfahren eröffnet worden wäre,
2. welche Ergebnisse die Anteilsinhaber und Gläubiger des Instituts oder gruppenangehörigen Unternehmens im Rahmen der Abwicklung tatsächlich erzielt haben und
3. ob und gegebenenfalls welche Unterschiede zwischen der hypothetischen Behandlung der Anteilsinhaber und Gläubiger gemäß Nummer 1 und der tatsächlichen Behandlung der Anteilsinhaber und Gläubiger gemäß Nummer 2 bestehen.

(4) Die Bewertung nach Absatz 1 hat unter der Annahme zu erfolgen, dass

1. für das in Abwicklung befindliche Institut oder gruppenangehörige Unternehmen zum Zeitpunkt des § 138 Absatz 3 Satz 1 ein Insolvenzverfahren eröffnet wurde;
2. keine Abwicklungsmaßnahmen vorgenommen wurden;
3. keine außerordentliche finanzielle Unterstützung des in Abwicklung befindlichen Instituts oder gruppenangehörigen Unternehmens aus öffentlichen Mitteln erfolgt.

(5) Der Prüfer hat der Abwicklungsbehörde schriftlich über das Ergebnis seiner Prüfung zu berichten.

(6)[1)] [1] Für den Zeitraum bis zum Inkrafttreten der technischen Regulierungsstandards gemäß Artikel 74 Absatz 4 der Richtlinie 2014/59/EU wird das Bundesministerium der Finanzen ermächtigt, durch Rechtsverordnung, die

---

[1)] § 146 Abs. 6 tritt an dem Tag außer Kraft, an dem die technischen Regulierungsstandards gemäß Art. 74 Absatz 4 der Richtlinie 2014/59/EU des Europäischen Parlaments und des Rates vom 15. Mai 2014 in Kraft treten; vgl. Art. 10 Abs. 3 G v. 10.12.2014 (BGBl. I S. 2091).

nicht der Zustimmung des Bundesrates bedarf, nähere Bestimmungen über die Methode der Bewertung nach den Absätzen 1 bis 3 zu erlassen. [2]Das Bundesministerium der Finanzen kann die Ermächtigung durch Rechtsverordnung auf die Abwicklungsbehörde übertragen.

§ 147 Schutzbestimmungen für Anteilsinhaber und Gläubiger. [1]Führt die Bewertung gemäß § 146 zu dem Ergebnis, dass die von einem Anteilsinhaber, Gläubiger oder Einlagensicherungssystem im Sinne des § 145 Absatz 1 infolge einer Abwicklungsmaßnahme erlittenen Verluste die Verluste übersteigen, welche sie bei Unterbleiben der Maßnahme im Rahmen eines Insolvenzverfahrens erlitten hätten, steht ihnen gegen den Restrukturierungsfonds ein Anspruch auf Ausgleich in Höhe des Differenzbetrags nach Maßgabe von § 8 des Restrukturierungsfondsgesetzes[1)] zu. [2]Entsprechendes gilt für Eingriffe in Verträge nach § 79 Absatz 5.

§ 148 Schutzbestimmungen für Sozialpläne. Ansprüche aus einem Sozialplan, der nach dem Zeitpunkt des § 138 Absatz 3 Satz 1 aufgestellt wird, sind vom Anwendungsbereich des Instruments der Gläubigerbeteiligung ausgenommen, soweit sie im hypothetischen Insolvenzfall mit überwiegender Wahrscheinlichkeit in einem Sozialplan nach § 123 Absatz 1 der Insolvenzordnung enthalten gewesen und als Masseverbindlichkeiten nach § 123 Absatz 2 der Insolvenzordnung beglichen worden wären.

Unterabschnitt 4. Rechtsformwechsel

§ 149 Anordnung eines Rechtsformwechsels. (1) [1]Die Anordnung eines Formwechsels muss folgende Bestimmungen enthalten:

1. die Angabe, dass das Institut oder gruppenangehörige Unternehmen durch den Formwechsel die Rechtsform einer Aktiengesellschaft erlangt;
2. die Firma des Rechtsträgers neuer Rechtsform mit dem Zusatz „Aktiengesellschaft auf Anordnung“;
3. die vorläufige Satzung des Rechtsträgers neuer Rechtsform;
4. die vorläufigen Mitglieder des Vorstands sowie Art und Umfang ihrer Vertretungsbefugnis;
5. die vorläufigen Mitglieder des Aufsichtsrats;
6. Angaben zu Zahl, Art und Umfang der Anteile, welche die bisherigen Anteilsinhaber durch den Formwechsel erlangen;
7. Angaben zu den Rechten, die den Inhabern besonderer Rechte wie Anteile ohne Stimmrecht, Vorzugsaktien, Mehrstimmrechtsaktien, Schuldverschreibungen und Genussrechte in dem Rechtsträger gewährt werden.

[2]Die Anteile und Rechte nach Satz 1 Nummer 4 und 6 entsprechen den bisherigen Berechtigungen, sofern sie nicht Veränderungen auf Grund der Anwendung der Abwicklungsinstrumente Rechnung tragen.

(2) [1]Der Formwechsel wird mit der öffentlichen Bekanntgabe der Abwicklungsanordnung nach § 137 wirksam. [2]Die Bekanntgabe der Anordnung hat insbesondere folgende Wirkungen:

---

1) Nr. 21.

1. der formwechselnde Rechtsträger besteht in der neuen Rechtsform weiter;
2. die Anteilsinhaber des formwechselnden Rechtsträgers sind an dem Rechtsträger nach den für die neue Rechtsform geltenden Vorschriften beteiligt;
3. die Inhaber besonderer Rechte wie Anteile ohne Stimmrecht, Vorzugsaktien, Mehrstimmrechtsaktien, Schuldverschreibungen und Genussrechte haben einen Anspruch auf Gewährung gleichwertiger Rechte gegenüber dem Rechtsträger neuer Rechtsform;
4. Rechte Dritter an den Anteilen oder Mitgliedschaften des formwechselnden Rechtsträgers bestehen als Rechte an den an ihre Stelle tretenden Anteilen des Rechtsträgers neuer Rechtsform weiter; insbesondere besteht die Mitgliedschaft des formwechselnden Rechtsträgers in Einlagensicherungssystemen fort und kann seitens der Einlagensicherungssysteme nicht infolge des Formwechsels beendet werden.

[3] Die Befugnisse nach diesem Gesetz zur Beschränkung von Anteilen oder von sonstigen Rechten am formwechselnden Rechtsträger bleiben unberührt. [4] Ihre Ausübung kann mit der Anordnung des Formwechsels verbunden werden. [5] Der Formwechsel berührt nicht die zum Zeitpunkt des Formwechsels fälligen Ansprüche der Gläubiger des formwechselnden Instituts oder gruppenangehörigen Unternehmens gegen einen seiner Gesellschafter aus Verbindlichkeiten des formwechselnden Instituts oder gruppenangehörigen Unternehmens, für die dieser zum Zeitpunkt des Formwechsels persönlich haftet.

(3) [1] Der Formwechsel und die sonstigen mit der Anordnung verbundenen eintragungspflichtigen Tatsachen und Rechtsverhältnisse sind unter Bezugnahme auf die Anordnung gemäß Absatz 1 in die entsprechenden Register einzutragen. [2] Die Abwicklungsbehörde hat dem Registergericht für die Eintragung unverzüglich die Anordnung gemäß Absatz 1 einzureichen.

(4) Die Vorschriften des Aktiengesetzes sind auf den Rechtsträger neuer Rechtsform anzuwenden, soweit Regelungen dieses Gesetzes nicht entgegenstehen.

(5) [1] Der vorläufige Vorstand hat nach Maßgabe der für die neue Rechtsform geltenden Gründungsvorschriften unverzüglich die erforderlichen Maßnahmen für die Gründung einzuleiten und bei dem Handelsregister anzumelden, soweit sich nicht aus der Anordnung gemäß Absatz 1 etwas anderes ergibt. [2] Liegen die gesetzlichen Voraussetzungen für die Eintragung der Aktiengesellschaft vor, löscht das Registergericht den Zusatz „auf Anordnung" in der Firma der Aktiengesellschaft. [3] Der angeordnete Formwechsel bleibt unabhängig von der Anmeldung oder Eintragung wirksam.

Unterabschnitt 5. Rechtsbehelf und Ausschluss anderer Maßnahmen

§ 150 Rechtsschutz. (1) [1] Ein Widerspruchsverfahren gegen eine Abwicklungsmaßnahme wird nicht durchgeführt. [2] Eine Anfechtungsklage gegen Abwicklungsmaßnahmen der Abwicklungsbehörde einschließlich der Androhung und Festsetzung von Zwangsmitteln nach diesem Gesetz hat keine aufschiebende Wirkung.

(2) [1] Eine Abwicklungsmaßnahme kann binnen eines Monats nach Bekanntgabe vor dem für den Sitz der Abwicklungsbehörde zuständigen Oberverwaltungsgericht im ersten und letzten Rechtszug angefochten werden. [2] Nebenbestimmungen zu einer Abwicklungsmaßnahme sind nicht isoliert anfechtbar.

(3) [1]Die die Rechtslage gestaltenden Wirkungen der Anordnung bleiben von der Aufhebung einer Abwicklungsmaßnahme unberührt. [2]Die Beseitigung der Vollzugsfolgen kann insoweit nicht verlangt werden. [3]Satz 2 gilt nicht, wenn die Folgenbeseitigung

1. die Abwicklungsziele nicht gefährdet,
2. keine schutzwürdigen Interessen Dritter bedrohen würde und
3. nicht unmöglich ist.

(4) Soweit die Beseitigung der Vollzugsfolgen nach Absatz 3 Satz 2 ausgeschlossen ist, steht den Betroffenen ein Anspruch auf Ausgleich der durch die Abwicklungsmaßnahme entstandenen Nachteile zu.

§ 151 Unterbrechung von gerichtlichen Verfahren in Zivilsachen. Im Fall des Erlasses einer Abwicklungsmaßnahme der Abwicklungsbehörde gegen ein Institut oder ein gruppenangehöriges Unternehmen mit Sitz im Inland wird ein Verfahren in Zivilsachen, an dem das Institut oder das gruppenangehörige Unternehmen mit Sitz im Inland als Partei oder als Streitgenosse oder Dritter im Sinne des Buches 1 Abschnitt 2 Titel 2 und 3 der Zivilprozessordnung beteiligt ist, unterbrochen, bis die Abwicklungsbehörde die Beendigung der Abwicklungsmaßnahme gemäß § 140 Absatz 6 veröffentlicht hat.

§ 152 Haftungsbeschränkung. [1]Abweichend von § 75 Absatz 1 Satz 1 des Bundesbeamtengesetzes haben Beamtinnen und Beamte, deren Behörden Aufgaben nach diesem Gesetz wahrzunehmen haben, einen Schaden, den sie bei der Wahrnehmung von Aufgaben, die ihrer Behörde nach diesem Gesetz obliegen, verursacht haben, nur dann zu ersetzen, wenn sie die ihnen obliegenden Pflichten vorsätzlich verletzt haben. [2]Satz 1 gilt entsprechend für Amtsträger, die keine Beamtinnen oder Beamten sind, einschließlich der Tarifbeschäftigten.

Teil 5. Grenzüberschreitende Gruppenabwicklung und Beziehungen zu Drittstaaten

Kapitel 1. Anerkennung von Maßnahmen der Behörden anderer Mitgliedstaaten

§ 153 Wirksamkeit von Krisenmanagementmaßnahmen oder Krisenpräventionsmaßnahmen anderer Mitgliedstaaten. (1) Überträgt eine Abwicklungsbehörde in einem anderen Mitgliedstaat in Anwendung eines Abwicklungsinstruments im Sinne der Richtlinie 2014/59/EU Anteile oder andere Eigentumstitel oder Vermögenswerte, Rechte oder Verbindlichkeiten und betrifft die Übertragung in der Bundesrepublik Deutschland belegene Vermögenswerte oder deutschem Recht unterfallende Rechte oder Verbindlichkeiten, wirkt eine solche Übertragung wie eine Übertragung durch die Abwicklungsbehörde selbst.

(2) Gleiches gilt für Maßnahmen, die eine Abwicklungsbehörde in einem anderen Mitgliedstaat in Ausübung des Instruments der Gläubigerbeteiligung oder des Instruments der Beteiligung der Inhaber relevanter Kapitalinstrumente trifft, sofern die betroffenen Verbindlichkeiten und Kapitalinstrumente deut-

schem Recht unterliegen oder gegenüber Gläubigern mit Sitz im Inland bestehen.

(3) Die Abwicklungsbehörde unterstützt die Abwicklungsbehörde in einem anderen Mitgliedstaat bei der Übertragung nach Absatz 1.

Kapitel 2. Grenzüberschreitende Gruppenabwicklung

Abschnitt 1. Grenzüberschreitende Entscheidungsfindung und Information; Abwicklungskollegien

§ 154 Allgemeine Grundsätze für Entscheidungsfindungen, an denen eine Behörde oder mehrere Behörden anderer Mitgliedstaaten beteiligt sind. Wenn die Abwicklungsbehörde oder andere nach diesem Gesetz zuständige Behörden Entscheidungen treffen oder Maßnahmen nach diesem Gesetz einleiten, die Auswirkungen in einem oder mehreren anderen Mitgliedstaaten haben können, müssen sie

1. bei der Einleitung einer Abwicklungsmaßnahme die Gebote der Wirksamkeit der Entscheidungsfindung und der geringstmöglichen Abwicklungskosten berücksichtigen;
2. bei der Entscheidungsfindung und der Einleitung von Maßnahmen zügig und mit der jeweils gebotenen Dringlichkeit vorgehen;
3. mit anderen deutschen Behörden sowie mit Abwicklungsbehörden, Aufsichtsbehörden und anderen Behörden aus anderen Mitgliedstaaten zusammenarbeiten, um sicherzustellen, dass die Entscheidungsfindung und die Einleitung von Maßnahmen koordiniert und zügig erfolgen;
4. die Interessen der anderen Mitgliedstaaten, in denen ein EU-Mutterunternehmen oder ein Tochterunternehmen niedergelassen ist, in angemessener Weise berücksichtigen, insbesondere die Auswirkungen einer Entscheidung oder einer Maßnahme oder eines Unterbleibens von Maßnahmen auf die Finanzstabilität, die Finanzmittel, den Abwicklungsfonds, das Einlagensicherungs- oder das Anlegerentschädigungssystem dieser Mitgliedstaaten;
5. die Interessen der anderen Mitgliedstaaten, in denen bedeutende Zweigstellen niedergelassen sind, in angemessener Weise berücksichtigen, insbesondere die Auswirkungen einer Entscheidung oder einer Maßnahme oder eines Unterbleibens von Maßnahmen auf die Finanzstabilität dieser Staaten;
6. einen angemessenen Ausgleich der Interessen der Mitgliedstaaten beachten sowie eine Beeinträchtigung oder einen unangemessenen Schutz der Interessen bestimmter Mitgliedstaaten und eine nicht gerechtfertigte ungleiche Verteilung der Lasten auf die Mitgliedstaaten vermeiden;
7. wenn gemäß diesem Gesetz eine Verpflichtung besteht, vor einer Entscheidung oder einer Maßnahme eine Behörde zu konsultieren, diese Behörde zumindest zu denjenigen Aspekten der vorgeschlagenen Entscheidung oder Maßnahme konsultieren, die Auswirkungen hat oder wahrscheinlich haben wird auf
   a) das betroffene EU-Mutterunternehmen, Tochterunternehmen oder die betroffene Zweigstelle, für das oder die die betroffene Behörde zuständig ist, oder
   b) die Stabilität des betroffenen Mitgliedstaats;

8. bei der Anwendung von Abwicklungsmaßnahmen die jeweiligen Abwicklungspläne befolgen, es sei denn, die zuständigen Abwicklungsbehörden kommen nach der Bewertung der Umstände des Einzelfalls zu dem Ergebnis, dass die Abwicklungsziele wirksamer durch Maßnahmen erreicht werden können, die nicht im Abwicklungsplan vorgesehen sind;
9. das Transparenzgebot berücksichtigen, wenn eine beabsichtigte Entscheidung oder eine beabsichtigte Maßnahme voraussichtlich Auswirkungen auf die Finanzstabilität, die Finanzmittel, den Abwicklungsfonds, das Einlagensicherungssystem oder das Anlegerentschädigungssystem eines anderen Mitgliedstaats haben wird;
10. durch Koordinierung und Zusammenarbeit nach Möglichkeit ein Ergebnis erzielen, durch das sich die Gesamtkosten der Abwicklung verringern.

§ 155 Zuständigkeit der Abwicklungsbehörde. Die Abwicklungsbehörde ist für die Gruppenabwicklung eines Instituts oder eines übergeordneten Unternehmens zuständig, wenn die Bundesanstalt für Finanzdienstleistungsaufsicht die konsolidierende Aufsichtsbehörde ist, oder, sofern die Europäische Zentralbank die konsolidierende Aufsichtsbehörde ist, die Bundesanstalt für Finanzdienstleistungsaufsicht ohne Anwendung der Verordnung (EU) Nr. 1024/2013[1)] die konsolidierende Aufsichtsbehörde wäre.

§ 156 Abwicklungskollegium. (1) [1] Ist die Abwicklungsbehörde für die Gruppenabwicklung eines Instituts oder übergeordneten Unternehmens zuständig, richtet sie ein Abwicklungskollegium ein, das die in den §§ 46, 47, 50 bis 54, 58, 60, 161 bis 166 genannten Aufgaben wahrnimmt und die Zusammenarbeit und Koordinierung mit Abwicklungsbehörden in Drittländern sicherstellt. [2] Das Abwicklungskollegium dient
1. dem Austausch von Informationen, die relevant sind für die Ausarbeitung eines Gruppenabwicklungsplans, für die Ausübung vorbereitender und präventiver Befugnisse in Bezug auf die Gruppe und für die Gruppenabwicklung;
2. der Ausarbeitung eines Gruppenabwicklungsplans gemäß den §§ 46 und 47;
3. der Bewertung der Abwicklungsfähigkeit der Gruppe gemäß § 58;
4. der Ausübung von Befugnissen zum Abbau oder zur Beseitigung von Hindernissen für die Abwicklungsfähigkeit der Gruppe gemäß § 60;
5. der Entscheidung über die Notwendigkeit der Ausarbeitung eines Gruppenabwicklungskonzepts gemäß den §§ 161 bis 165 oder § 166;
6. der Einigung über ein Gruppenabwicklungskonzept, das gemäß den §§ 161 bis 165 oder § 166 vorgeschlagen wird;
7. der Koordinierung der öffentlichen Kommunikation von Gruppenabwicklungsstrategien und -konzepten;
8. der Koordinierung der Inanspruchnahme der jeweiligen Finanzierungsmechanismen;
9. der Festlegung von Mindestanforderungen auf Gruppenebene und Einzelinstitutsebene gemäß den §§ 49 bis 54.

---

1) Nr. 5.

(2) Das Abwicklungskollegium kann auch als Diskussionsforum für alle Fragen im Zusammenhang mit der grenzüberschreitenden Gruppenabwicklung genutzt werden.

(3) [1] Die Abwicklungsbehörde ist nicht verpflichtet, ein Abwicklungskollegium einzurichten, wenn bereits eine andere Gruppe oder ein anderes Kollegium die in Absatz 1 und in den §§ 157 und 158 genannten Funktionen und Aufgaben wahrnimmt und alle in Absatz 1 und in den §§ 157 und 158 festgelegten Bedingungen und Verfahren, einschließlich derjenigen betreffend die Mitgliedschaft in und die Beteiligung an Abwicklungskollegien, erfüllt und einhält. [2] In diesem Fall sind sämtliche in diesem Gesetz enthaltenen Bezugnahmen auf ein Abwicklungskollegium als Bezugnahmen auf diese andere Gruppe oder dieses andere Kollegium zu verstehen.

§ 157 Mitglieder des Abwicklungskollegiums und weitere Teilnehmer. (1) Die folgenden Behörden sind stimmberechtigte Mitglieder des Abwicklungskollegiums:

1. die Abwicklungsbehörde;
2. die Abwicklungsbehörden der anderen Mitgliedstaaten, in denen ein der Beaufsichtigung auf konsolidierter Basis unterliegendes Tochterunternehmen niedergelassen ist;
3. die Abwicklungsbehörden der anderen Mitgliedstaaten, in denen ein Mutterunternehmen eines oder mehrerer Institute der Gruppe niedergelassen ist;
4. die Abwicklungsbehörden der anderen Mitgliedstaaten, in denen sich bedeutende Zweigstellen befinden;
5. die Deutsche Bundesbank;
6. die Europäische Zentralbank, sofern sie nach Maßgabe der Verordnung (EU) Nr. 1024/2013 zuständige Behörde für ein gruppenangehöriges Unternehmen ist;
7. die Aufsichtsbehörde;
8. die Aufsichtsbehörden der anderen Mitgliedstaaten, deren Abwicklungsbehörde ein Mitglied des Abwicklungskollegiums ist; ist die Aufsichtsbehörde eines Mitgliedstaats nicht die Zentralbank des Staates, so kann die Aufsichtsbehörde entscheiden, sich von einem Vertreter der Zentralbank des Mitgliedstaats begleiten zu lassen;
9. das Bundesministerium der Finanzen;
10. die zuständigen Ministerien in den Fällen, in denen die Abwicklungsbehörden der anderen Mitgliedstaaten, die Mitglieder des Abwicklungskollegiums sind, nicht die zuständigen Ministerien sind;
11. die Behörde, die die Aufsicht über das Einlagensicherungssystem führt;
12. die Behörde, die für die Aufsicht über das Einlagensicherungssystem eines Mitgliedstaats zuständig ist, wenn die Abwicklungsbehörde dieses Staates ein Mitglied des Abwicklungskollegiums ist.

(2) [1] Die Europäische Bankenaufsichtsbehörde trägt dazu bei, eine effiziente, effektive und einheitliche Arbeitsweise von Abwicklungskollegien unter Beachtung internationaler Standards zu gewährleisten. [2] Zu diesem Zweck ist sie

als Mitglied ohne Stimmrecht zu den Sitzungen des Abwicklungskollegiums einzuladen.

(3) Die Abwicklungsbehörden der Drittstaaten, in denen ein in der Europäischen Union niedergelassenes EU-Mutterunternehmen ein Tochterunternehmen oder eine bedeutende Zweigstelle hat, können auf ihr Ersuchen als Beobachter zur Teilnahme am betreffenden Abwicklungskollegium eingeladen werden, sofern diese Abwicklungsbehörden Verschwiegenheitspflichten unterliegen, die nach Auffassung der Abwicklungsbehörde den in den §§ 4 bis 10 und 21 festgelegten Anforderungen vergleichbar sind.

§ 158 Organisation des Abwicklungskollegiums. (1) [1] Die Abwicklungsbehörde führt den Vorsitz im Abwicklungskollegium. [2] In dieser Eigenschaft muss sie

1. nach Konsultation der anderen Mitglieder des Abwicklungskollegiums die Modalitäten und Verfahren für die Arbeitsweise des Abwicklungskollegiums schriftlich festlegen;
2. sämtliche Tätigkeiten des Abwicklungskollegiums koordinieren;
3. Sitzungen des Abwicklungskollegiums einberufen und dessen Mitglieder vorab umfassend über die Einberufung der Sitzungen, die wichtigsten Tagesordnungspunkte und die zu erörternden Fragen informieren;
4. den Mitgliedern des Abwicklungskollegiums mitteilen, welche Sitzungen geplant sind, damit diese um Teilnahme ersuchen können;
5. darüber entscheiden, welche Mitglieder und Beobachter zur Teilnahme an bestimmten Sitzungen des Abwicklungskollegiums eingeladen werden, wobei sie der Bedeutung der zu erörternden Frage für die betreffenden Mitglieder und Beobachter, insbesondere den möglichen Auswirkungen auf die Finanzstabilität in den betreffenden Mitgliedstaaten und Drittstaaten, Rechnung zu tragen hat;
6. alle Mitglieder des Kollegiums rechtzeitig über die in den betreffenden Sitzungen getroffenen Entscheidungen und erzielten Ergebnisse informieren.

(2) [1] Die Mitglieder des Abwicklungskollegiums müssen um Teilnahme an den Sitzungen ersuchen. [2] Die Abwicklungsbehörden der anderen Mitgliedstaaten sind immer dann zur Teilnahme an Sitzungen des Abwicklungskollegiums berechtigt, wenn Angelegenheiten auf der Tagesordnung stehen, die der gemeinsamen Beschlussfassung unterliegen oder die im Zusammenhang mit einem Unternehmen der Gruppe stehen, das sich in ihrem Rechtsraum befindet.

(3) Die Mitglieder des Abwicklungskollegiums arbeiten eng zusammen.

§ 159 Europäische Abwicklungskollegien. (1) Hat ein Drittstaatsinstitut oder ein Drittstaatsmutterunternehmen im Inland und in mindestens einem weiteren Mitgliedstaat Tochterinstitute oder mindestens zwei Unionszweigstellen, die von wenigstens zwei Mitgliedstaaten als bedeutend eingestuft werden, richtet die Abwicklungsbehörde mit den Abwicklungsbehörden der anderen Mitgliedstaaten, in denen diese Tochterinstitute niedergelassen sind oder sich diese Unionszweigstellen befinden, ein europäisches Abwicklungskollegium ein.

(2) Das europäische Abwicklungskollegium nimmt die in § 156 genannten Funktionen und Aufgaben in Bezug auf die Tochterinstitute und in Bezug auf die Unionszweigstellen, soweit die Funktionen und Aufgaben dieser Unionszweigstellen bedeutend sind, wahr.

(3) [1] Werden die inländischen Tochterunternehmen im Sinne von Artikel 127 Absatz 3 Unterabsatz 3 der Richtlinie 2013/36/EU von einer Finanzholdinggesellschaft mit Sitz in der Union gehalten, führt die Abwicklungsbehörde desjenigen Mitgliedstaats den Vorsitz im europäischen Abwicklungskollegium, in dem sich die für die Beaufsichtigung auf konsolidierter Basis nach jener Richtlinie zuständige konsolidierende Aufsichtsbehörde befindet. [2] Ist Satz 1 nicht anwendbar, bestimmen die Mitglieder des europäischen Abwicklungskollegiums den Vorsitz.

(4) [1] Die Abwicklungsbehörde kann einem Verzicht auf die Einrichtung eines europäischen Abwicklungskollegiums zustimmen, wenn bereits eine andere Gruppe oder ein anderes Kollegium, einschließlich eines gemäß § 156 eingerichteten Abwicklungskollegiums, die in den Absätzen 1 bis 3 und 5 genannten Funktionen und Aufgaben wahrnimmt und alle in den Absätzen 1 bis 3, 5 und § 160 festgelegten Bedingungen und Verfahren, einschließlich derjenigen betreffend die Mitgliedschaft in und die Beteiligung an europäischen Abwicklungskollegien, erfüllt bzw. einhält. [2] In diesem Fall sind sämtliche in diesem Gesetz enthaltenen Bezugnahmen auf ein europäisches Abwicklungskollegium als Bezugnahmen auf diese andere Gruppe oder dieses andere Kollegium zu verstehen.

(5) Vorbehaltlich der Absätze 3 und 4 gilt § 156 entsprechend.

§ 160 Informationsaustausch mit Behörden und Ministerien anderer Mitgliedstaaten. (1) [1] Vorbehaltlich der §§ 4 bis 10 übermitteln die Abwicklungsbehörde und die Aufsichtsbehörde den Abwicklungsbehörden und Aufsichtsbehörden in anderen Mitgliedstaaten auf Antrag alle Informationen, die für die Wahrnehmung der diesen durch die Richtlinie 2014/59/EU übertragenen Funktionen zweckdienlich sind. [2] Insbesondere stellt die Abwicklungsbehörde den Abwicklungsbehörden in anderen Mitgliedstaaten alle einschlägigen Informationen rechtzeitig zur Verfügung, um ihnen die Ausübung der in § 156 Absatz 1 Satz 2 Nummer 2 bis 9 genannten Aufgaben zu erleichtern. [3] Ist die Abwicklungsbehörde die für die Gruppenabwicklung zuständige Behörde, koordiniert die Abwicklungsbehörde den Austausch aller relevanten Informationen zwischen den Abwicklungsbehörden.

(2) Vor der Weitergabe von Informationen, die von der Abwicklungsbehörde eines Drittstaats stammen, fragt die Abwicklungsbehörde bei der Abwicklungsbehörde des Drittstaats nach, ob diese der Weitergabe zustimmt oder nicht, sofern die Abwicklungsbehörde des Drittstaats nicht schon zuvor der Weitergabe der Information zugestimmt hat.

(3) Die Abwicklungsbehörde ist berechtigt, Informationen, die von der Abwicklungsbehörde eines Mitgliedstaats oder Drittstaats stammen, an das Bundesministerium der Finanzen weiterzugeben, wenn sich die Informationen auf eine Entscheidung oder eine Angelegenheit beziehen, die eine Mitteilung an das Bundesministerium der Finanzen erfordern oder die eine Anhörung oder die Zustimmung des Bundesministeriums der Finanzen erfordert oder die Auswirkungen auf die öffentlichen Finanzen haben könnte.

Abschnitt 2. Gruppenabwicklung im Fall eines Tochterunternehmens, das nicht EU-Mutterunternehmen ist

§ 161 Übermittlung von Informationen über die Abwicklungsvoraussetzungen. Gelangt die Abwicklungsbehörde zu der Einschätzung, dass ein Institut oder gruppenangehöriges Unternehmen, das Mitglied einer Gruppe ist, die Voraussetzungen des § 62 oder § 64 erfüllt, und ist dieses Institut oder gruppenangehörige Unternehmen kein EU-Mutterunternehmen, so übermittelt die Abwicklungsbehörde unverzüglich folgende Informationen an die für die Gruppenabwicklung zuständige Behörde, an die konsolidierende Aufsichtsbehörde sowie an die Mitglieder des für die betreffende Gruppe zuständigen Abwicklungskollegiums:

1. ihre Einschätzung, dass das betreffende Institut oder gruppenangehörige Unternehmen Voraussetzungen des § 62 oder § 64 erfüllt, und
2. Angaben zu den Abwicklungsmaßnahmen oder zu einem möglichen Insolvenzverfahren, die die Abwicklungsbehörde im Fall des betreffenden Instituts oder gruppenangehörigen Unternehmens für zweckmäßig erachtet.

§ 162 Vorgehen, wenn die Abwicklungsbehörde nicht die für die Gruppenabwicklung zuständige Behörde ist. (1) Ist die Abwicklungsbehörde nicht die für die Gruppenabwicklung zuständige Behörde, so kann sie die nach § 161 Nummer 2 mitgeteilten Abwicklungsmaßnahmen treffen oder den Antrag auf Eröffnung eines Insolvenzverfahrens über das Vermögen des betreffenden Instituts oder gruppenangehörigen Unternehmens stellen, wenn

1. die für die Gruppenabwicklung zuständige Behörde nach Anhörung der Abwicklungsbehörde und der übrigen Mitglieder des Abwicklungskollegiums zu der Einschätzung gelangt, dass die ihr nach § 161 Nummer 2 mitgeteilten Abwicklungsmaßnahmen oder Insolvenzmaßnahmen nicht erwarten lassen, dass die Voraussetzungen gemäß § 62 oder § 64 in Bezug auf ein Institut oder Unternehmen der Gruppe in einem anderen Mitgliedstaat erfüllt werden, oder
2. die für die Gruppenabwicklung zuständige Behörde innerhalb von 24 Stunden oder eines vereinbarten längeren Zeitraums nach Erhalt der Mitteilung gemäß § 161 nicht zu einer Einschätzung nach Nummer 1 gelangt.

(2) [1] Ist die Abwicklungsbehörde mit einem Gruppenabwicklungskonzept im Sinne des § 164, das von der für die Gruppenabwicklung zuständigen Behörde vorgeschlagen wurde, nicht einverstanden oder ist sie der Auffassung, dass sie aus Gründen der Finanzstabilität andere Abwicklungsmaßnahmen oder Maßnahmen als die in dem Gruppenabwicklungskonzept vorgeschlagenen in Bezug auf ein Institut oder ein Unternehmen im Sinne des § 161 ergreifen muss, muss sie detailliert begründen, warum sie nicht mit dem Gruppenabwicklungskonzept einverstanden ist, die für die Gruppenabwicklung zuständige Behörde und die Abwicklungsbehörden anderer Mitgliedstaaten die von dem Gruppenabwicklungskonzept erfasst sind, über die Gründe unterrichten und ihnen mitteilen, welche Maßnahmen sie ergreifen wird. [2] Bei der Begründung, warum sie nicht einverstanden ist, hat sie den potentiellen Auswirkungen auf die Finanzstabilität der betreffenden Mitgliedstaaten sowie der potentiellen Wirkung der Maßnahmen auf andere Teile der Gruppe in angemessener Weise Rechnung zu tragen.

§ 163 Vorgehen, wenn die Abwicklungsbehörde die für die Gruppenabwicklung zuständige Behörde ist. (1) [1] Ist die Abwicklungsbehörde die für die Gruppenabwicklung zuständige Behörde und erhält sie eine dem § 161 entsprechende Mitteilung einer Abwicklungsbehörde eines anderen Mitgliedstaats, so bewertet sie nach Anhörung der anderen Mitglieder des jeweiligen Abwicklungskollegiums die Folgen, welche die mitgeteilten Abwicklungsmaßnahmen, der beabsichtigte Antrag auf Eröffnung eines Insolvenzverfahrens oder die anderen mitgeteilten Insolvenzmaßnahmen der Abwicklungsbehörden anderer Mitgliedstaaten auf die Gruppe und auf Unternehmen der Gruppe haben könnten. [2] Sie bewertet insbesondere, ob die ihr mitgeteilten Abwicklungsmaßnahmen oder Insolvenzmaßnahmen erwarten lassen, dass die Bedingungen oder Voraussetzungen für die Abwicklung in Bezug auf ein Institut oder Unternehmen der Gruppe in einem anderen Mitgliedstaat als dem Staat der mitteilenden Abwicklungsbehörde erfüllt werden.

(2) Gelangt die Abwicklungsbehörde nach Anhörung der anderen Mitglieder des Abwicklungskollegiums zu der Einschätzung, dass die ihr mitgeteilten Maßnahmen nicht erwarten lassen, dass die Voraussetzungen des § 62 oder § 64 in Bezug auf ein Institut oder Unternehmen der Gruppe in einem weiteren Mitgliedstaat erfüllt werden, teilt sie dies der mitteilenden Abwicklungsbehörde mit.

(3) [1] Gelangt die Abwicklungsbehörde nach Anhörung der anderen Mitglieder des Abwicklungskollegiums zu der Einschätzung, dass die ihr mitgeteilten Abwicklungsmaßnahmen und Insolvenzmaßnahmen erwarten lassen, dass die Voraussetzungen gemäß § 62 oder § 64 in Bezug auf ein Institut oder Unternehmen der Gruppe in einem anderen Mitgliedstaat erfüllt werden, unterbreitet sie dem Abwicklungskollegium innerhalb von 24 Stunden nach Erhalt der dem § 161 entsprechenden Mitteilung einen Vorschlag für ein Gruppenabwicklungskonzept. [2] Der 24-Stunden-Zeitraum kann mit Zustimmung der mitteilenden Abwicklungsbehörde verlängert werden.

§ 164 Gruppenabwicklungskonzept. (1) In einem Gruppenabwicklungskonzept

1. sind die Abwicklungsmaßnahmen darzustellen, die durch die Abwicklungsbehörde oder die Abwicklungsbehörden der anderen Mitgliedstaaten ergriffen werden sollten, um die Abwicklungsziele zu erreichen und die Abwicklungsgrundsätze gemäß § 68 einzuhalten;
2. ist darzulegen, wie diese Abwicklungsmaßnahmen koordiniert werden sollten;
3. ist ein Finanzierungsplan festzulegen.

(2) Der in Absatz 1 Nummer 3 genannte Finanzierungsplan hat dem Gruppenabwicklungsplan, den Grundsätzen für die Aufteilung der Finanzierungsverantwortung im Einklang mit § 46 Absatz 3 Nummer 8 und den allgemeinen Grundsätzen der gegenseitigen Unterstützung gemäß § 12i des Restrukturierungsfondsgesetzes[1)] Rechnung zu tragen.

(3) [1] Das Gruppenabwicklungskonzept ist Gegenstand einer gemeinsamen Entscheidung der Abwicklungsbehörde und der Abwicklungsbehörden der

---

[1)] Nr. **21**.

anderen Mitgliedstaaten, die für die vom Gruppenabwicklungskonzept erfassten Tochterunternehmen zuständig sind. [2] Stimmen nicht alle Abwicklungsbehörden anderer Mitgliedstaaten dem Gruppenabwicklungskonzept zu, kann die Abwicklungsbehörde mit den übrigen Abwicklungsbehörden in anderen Mitgliedstaaten eine gemeinsame Entscheidung über ein Gruppenabwicklungskonzept für die ihrer Rechtshoheit unterliegenden Institute und Unternehmen der Gruppe treffen. [3] Auf Anfrage einer Aufsichtsbehörde kann die Europäische Bankenaufsichtsbehörde die zuständigen Abwicklungsbehörden bei dem Erreichen einer gemeinsamen Entscheidung in Übereinstimmung mit Artikel 31 Buchstabe c der Verordnung (EU) Nr. 1093/2010 unterstützen.

(4) [1] Wird ein Gruppenabwicklungskonzept nicht umgesetzt oder weicht eine Abwicklungsbehörde zu einem späteren Zeitpunkt von dem Gruppenabwicklungskonzept ab und trifft die Abwicklungsbehörde Abwicklungsmaßnahmen in Bezug auf ein Institut oder Unternehmen im Sinne des Absatzes 1, so hat sie mit den betreffenden Abwicklungsbehörden aus anderen Mitgliedstaaten innerhalb des Abwicklungskollegiums eng zusammenzuarbeiten, um eine koordinierte Abwicklungsstrategie für alle von einem Ausfall betroffenen oder bedrohten Institute und Unternehmen der Gruppe zu entwickeln. [2] Sie hat die Mitglieder des Abwicklungskollegiums regelmäßig und umfassend über die getroffenen Abwicklungsmaßnahmen und die laufenden Fortschritte zu unterrichten.

§ 165 Unverzügliche Durchführung der Maßnahmen. Die Abwicklungsbehörde führt alle Maßnahmen gemäß den §§ 161 bis 164 unverzüglich und unter gebührender Berücksichtigung der gebotenen Dringlichkeit durch.

Abschnitt 3. Gruppenabwicklung im Fall eines EU-Mutterunternehmens

§ 166 Gruppenabwicklung im Fall eines EU-Mutterunternehmens.

(1) [1] Gelangt die Abwicklungsbehörde zu der Einschätzung, dass ein übergeordnetes Unternehmen, welches gleichzeitig ein EU-Mutterunternehmen ist, die Voraussetzungen des § 62 oder des § 64 erfüllt, übermittelt sie unverzüglich die in § 161 genannten Informationen zu diesem übergeordneten Unternehmen an die anderen Mitglieder des für die betreffende Gruppe zuständigen Abwicklungskollegiums. [2] Die Abwicklungsmaßnahmen oder Insolvenzmaßnahmen gemäß § 161 Nummer 2 können auch die Umsetzung eines gemäß § 164 ausgearbeiteten Gruppenabwicklungskonzepts umfassen, wenn

1. es auf Grund von gemäß § 161 Nummer 2 mitgeteilten Abwicklungsmaßnahmen oder sonstigen Maßnahmen auf Ebene des übergeordneten Unternehmens im Sinne des Absatzes 1 Satz 1 wahrscheinlich ist, dass die Voraussetzungen des § 62 oder § 64 in Bezug auf ein Unternehmen der Gruppe in einem der anderen Mitgliedstaaten erfüllt werden;
2. Abwicklungsmaßnahmen oder sonstige Maßnahmen auf Ebene des übergeordneten Unternehmens im Sinne des Absatzes 1 Satz 1 nicht ausreichen, um die Lage zu stabilisieren oder voraussichtlich nicht zu einem zufriedenstellenden Ergebnis führen;
3. gemäß einer Feststellung der für sie zuständigen Abwicklungsbehörden in anderen Mitgliedstaaten ein oder mehrere Tochterunternehmen die Voraussetzungen des § 62 oder § 64 erfüllen oder

4. Abwicklungsmaßnahmen oder sonstige Maßnahmen auf Ebene des übergeordneten Unternehmens im Sinne des Absatzes 1 Satz 1 für die Tochterunternehmen der Gruppe so vorteilhaft sind, dass ein Gruppenabwicklungskonzept anzuwenden ist.

(2) [1] Umfassen die von der Abwicklungsbehörde gemäß Absatz 1 mitgeteilten Maßnahmen kein Gruppenabwicklungskonzept, so trifft die Abwicklungsbehörde ihre Entscheidung im Benehmen mit den Mitgliedern des Abwicklungskollegiums. [2] Bei ihrer Entscheidung befolgt die Abwicklungsbehörde die jeweiligen Abwicklungspläne, wenn sie nicht nach der Bewertung der Umstände des Einzelfalls zu dem Ergebnis kommt, dass die Abwicklungsziele wirksamer durch Maßnahmen erreicht werden können, die nicht im Abwicklungsplan vorgesehen sind, und berücksichtigt die Finanzstabilität der betreffenden Mitgliedstaaten.

(3) [1] Umfassen die gemäß Absatz 1 mitgeteilten Maßnahmen ein Gruppenabwicklungskonzept, so ist das Gruppenabwicklungskonzept Gegenstand einer gemeinsamen Entscheidung der Abwicklungsbehörde und der für die Tochterunternehmen, die von dem Gruppenabwicklungskonzept erfasst sind, zuständigen Abwicklungsbehörden anderer Mitgliedstaaten. [2] Stimmen nicht alle Abwicklungsbehörden im Sinne des Satzes 1 dem Gruppenabwicklungskonzept zu, kann die Abwicklungsbehörde mit den übrigen Abwicklungsbehörden der anderen Mitgliedstaaten eine gemeinsame Entscheidung über ein Gruppenabwicklungskonzept für die ihrer Rechtshoheit unterliegenden Institute und Unternehmen der Gruppe treffen. [3] Auf Anfrage einer Aufsichtsbehörde kann die Europäische Bankenaufsichtsbehörde die zuständigen Abwicklungsbehörden bei dem Erreichen einer gemeinsamen Entscheidung in Übereinstimmung mit Artikel 31 Buchstabe c der Verordnung (EU) Nr. 1093/2010 unterstützen.

(4) [1] Wird ein Gruppenabwicklungskonzept nicht umgesetzt und trifft die Abwicklungsbehörde Abwicklungsmaßnahmen in Bezug auf ein Unternehmen im Sinne des Absatzes 1, so hat sie mit den Abwicklungsbehörden der anderen Mitgliedstaaten innerhalb des betreffenden Abwicklungskollegiums eng zusammenzuarbeiten, um eine koordinierte Abwicklungsstrategie für alle betroffenen Institute und Unternehmen der Gruppe zu entwickeln. [2] Sie hat die Mitglieder des Abwicklungskollegiums regelmäßig und umfassend über die getroffenen Abwicklungsmaßnahmen und die laufenden Fortschritte zu unterrichten.

(5) Die Abwicklungsbehörde führt alle Maßnahmen gemäß dieser Vorschrift unverzüglich und unter gebührender Berücksichtigung der gebotenen Dringlichkeit durch.

Kapitel 3. Beziehungen zu Drittstaaten

§ 167 Vereinbarungen mit Drittstaaten. (1) In Vereinbarungen mit Drittstaaten kann die Art und Weise der Zusammenarbeit zwischen der Abwicklungsbehörde und der Aufsichtsbehörde und den jeweiligen Drittstaatsbehörden insbesondere zum Zweck des Informationsaustauschs im Zusammenhang mit der Sanierungs- und Abwicklungsplanung in Bezug auf Institute, Finanzinstitute, Mutterunternehmen und Drittstaatsinstitute in folgenden Fällen festgelegt werden:

1. in Fällen, in denen ein Drittstaatsmutterunternehmen oder Drittstaatsinstitut Tochterinstitute oder als bedeutend eingestufte Zweigstellen im Inland und in mindestens einem anderen Mitgliedstaat hat;
2. in Fällen, in denen ein im Inland niedergelassenes Mutterunternehmen, das in mindestens einem anderen Mitgliedstaat ein Tochterunternehmen oder eine bedeutende Zweigstelle hat, ein Drittstaatstochterinstitut oder mehrere Drittstaatstochterinstitute hat;
3. in Fällen, in denen ein im Inland niedergelassenes Institut oder eine im Inland niedergelassene bedeutende Zweigstelle, das oder die in mindestens einem anderen Mitgliedstaat ein Mutterunternehmen, ein Tochterunternehmen oder eine bedeutende Zweigstelle hat, ein oder mehrere Tochterunternehmen oder eine oder mehrere bedeutende Zweigstellen in mindestens einem Drittstaat hat;
4. in Fällen, in denen ein im Inland niedergelassenes Mutterunternehmen in mindestens einem anderen Mitgliedstaat ein Tochterunternehmen oder eine bedeutende Zweigstelle hat, ein oder mehrere Tochterunternehmen oder eine oder mehrere bedeutende Zweigstellen in einem Drittstaat hat.

(2) Die in Absatz 1 genannten Vereinbarungen dürfen keine Bestimmungen in Bezug auf einzelne Institute, Finanzdienstleistungsinstitute, Mutterunternehmen oder Drittstaatsinstitute enthalten.

(3) Die in Absatz 1 genannten Vereinbarungen müssen zumindest die inhaltlichen Anforderungen des § 168 Absatz 3 und 4 erfüllen und sollen insbesondere die Zusammenarbeit zwischen der Abwicklungsbehörde und der jeweiligen Drittstaatsbehörde bei der Erfüllung der in § 168 beschriebenen Aufgaben sowie der Ausübung der dort genannten Kompetenzen regeln.

(4) Die in Absatz 1 genannten Vereinbarungen werden auf unbestimmte Zeit geschlossen und treten außer Kraft, sobald der Europäische Rat anhand von Vorschlägen der Kommission Übereinkünfte entsprechend den Vorgaben des Artikels 93 der Richtlinie 2014/59/EU geschlossen hat.

§ 168 Zusammenarbeit mit Drittstaatsbehörden. (1) Die Bestimmungen dieses Paragraphen gelten in Bezug auf die Zusammenarbeit mit einem Drittstaat, sofern und solange keine Übereinkunft gemäß § 167 Absatz 4 mit dem betreffenden Drittstaat in Kraft getreten ist.

(2) [1] Im Hinblick auf die Zusammenarbeit mit einem Drittstaat kann die Europäische Bankenaufsichtsbehörde nicht bindende Rahmenkooperationsvereinbarungen mit Drittstaatsbehörden schließen. [2] In dem und für den Zeitraum, in dem noch keine nicht bindende Rahmenkooperationsvereinbarung zwischen der Europäischen Bankenaufsichtsbehörde und den zuständigen Drittstaatsbehörden geschlossen wurde, kann die Abwicklungsbehörde oder die Aufsichtsbehörde nicht bindende Kooperationsvereinbarungen mit folgenden zuständigen Drittstaatsbehörden schließen:

1. in Fällen, in denen ein Tochterinstitut im Inland und in mindestens einem anderen Mitgliedstaat niedergelassen ist, mit der jeweiligen Behörde des Drittstaats, in dem das Drittstaatsmutterunternehmen oder ein Drittstaatsinstitut niedergelassen ist;
2. in Fällen, in denen ein Drittstaatsinstitut eine oder mehrere Unionszweigstellen im Inland und in mindestens einem anderen Mitgliedstaat unterhält,

mit der jeweiligen Behörde des Drittstaats, in dem das betreffende Institut niedergelassen ist;

3. in Fällen, in denen ein gruppenangehöriges Unternehmen mit Sitz im Inland ein Tochterinstitut oder eine bedeutende Zweigstelle in einem anderen Mitgliedstaat sowie gleichzeitig ein Drittstaatstochterinstitut oder mehrere Drittstaatsstochterinstitute oder eine oder mehrere Drittstaatszweigstellen unterhält, mit den jeweiligen Behörden der Drittstaaten, in denen die betreffenden Tochterinstitute oder Zweigstellen niedergelassen sind;
4. in Fällen, in denen ein gruppenangehöriges Unternehmen mit Sitz in einem anderen Mitgliedstaat ein Tochterinstitut oder eine bedeutende Zweigstelle im Inland und in einem anderen Mitgliedstaat sowie gleichzeitig ein Drittstaatstochterinstitut oder mehrere Drittstaatstochterinstitute oder eine oder mehrere Drittstaatszweigstellen unterhält, mit den jeweiligen Behörden der Drittstaaten, in denen die betreffenden Drittstaatstochterinstitute oder Drittstaatszweigstellen niedergelassen sind;
5. in Fällen, in denen ein im Inland niedergelassenes Institut mit einem Tochterinstitut oder einer bedeutenden Zweigstelle in einem anderen Mitgliedstaat ein Drittstaatstochterinstitut oder mehrere Drittstaatstochterinstitute oder eine oder mehrere Drittstaatszweigstellen unterhält, mit den jeweiligen Behörden der Drittstaaten, in denen diese Zweigstellen niedergelassen sind.

[3]Die in diesem Absatz genannten Kooperationsvereinbarungen dürfen keine Bestimmungen in Bezug auf einzelne Institute enthalten.

(3) In den in Absatz 2 genannten Kooperationsvereinbarungen werden die Verfahren und Modalitäten für den Austausch der erforderlichen Informationen und die Zusammenarbeit zwischen den beteiligten Behörden festgelegt im Hinblick auf die Wahrnehmung der folgenden Aufgaben sowie für die Ausübung der folgenden Befugnisse in Bezug auf die in Absatz 2 Nummer 1 bis 5 genannten Institute oder Gruppen, denen entsprechende Institute angehören:

1. Ausarbeitung von Abwicklungsplänen im Einklang mit den §§ 40 bis 48 und den vergleichbaren Anforderungen nach dem Recht der jeweiligen Drittstaaten;
2. Bewertung der Abwicklungsfähigkeit der Institute und Gruppen im Einklang mit den §§ 57 und 58 und den vergleichbaren Anforderungen nach dem Recht der jeweiligen Drittstaaten;
3. Ausübung der Befugnisse zum Abbau oder zur Beseitigung von Hindernissen für die Abwicklungsfähigkeit im Einklang mit den §§ 59 und 60 und den vergleichbaren Befugnissen nach dem Recht der jeweiligen Drittstaaten;
4. Anwendung der Frühinterventionsmaßnahmen im Einklang mit § 36 und den vergleichbaren Befugnissen nach dem Recht der jeweiligen Drittstaaten;
5. Anwendung der Abwicklungsinstrumente und Ausübung der Abwicklungsbefugnisse und vergleichbarer Befugnisse, die von den jeweiligen Drittstaatsbehörden ausgeübt werden können.

(4) Die gemäß Absatz 2 geschlossenen Kooperationsvereinbarungen können darüber hinaus Bestimmungen zu folgenden Aspekten enthalten:

1. zu dem für die Ausarbeitung und Fortschreibung von Abwicklungsplänen erforderlichen Informationsaustausch;

2. zu Konsultationen und zur Zusammenarbeit bei der Ausarbeitung von Abwicklungsplänen, einschließlich der Grundsätze für die Ausübung der Befugnisse gemäß den §§ 169 bis 171 und vergleichbarer Befugnisse nach dem Recht der jeweiligen Drittstaaten;
3. zum Informationsaustausch, der für die Anwendung der Abwicklungsinstrumente und die Ausübung der Abwicklungsbefugnisse und vergleichbarer Befugnisse nach dem Recht der jeweiligen Drittstaaten erforderlich ist;
4. zur frühzeitigen Warnung oder Konsultation der Parteien der Kooperationsvereinbarung, bevor wesentliche Maßnahmen gemäß diesem Gesetz oder nach dem Recht des jeweiligen Drittstaats ergriffen werden, die das Institut oder die Gruppe betreffen, die Gegenstand der Vereinbarung ist;
5. zur Koordinierung der öffentlichen Kommunikation im Fall gemeinsamer Abwicklungsmaßnahmen;
6. zu Verfahren und Modalitäten für den Informationsaustausch und die Zusammenarbeit nach den Nummern 1 bis 5, insbesondere, soweit angemessen, durch Einsetzung und Tätigwerden von Krisenmanagementgruppen.

(5) Die Abwicklungsbehörde unterrichtet die Europäische Bankenaufsichtsbehörde über Kooperationsvereinbarungen, die die Abwicklungsbehörde oder Aufsichtsbehörde geschlossen hat.

§ 169 Anerkennung und Durchsetzung von Drittstaatsabwicklungsverfahren. (1) [1]Die Bestimmungen dieses Paragraphen gelten in Bezug auf Drittstaatsabwicklungsverfahren, sofern und solange keine Übereinkunft gemäß § 167 Absatz 4 mit dem betreffenden Drittstaat in Kraft getreten ist. [2]Sie gelten ferner nach dem Inkrafttreten einer Übereinkunft gemäß § 167 Absatz 4 mit einem Drittstaat, sofern in der Übereinkunft die Anerkennung und Durchsetzung der Drittstaatsabwicklungsverfahren nicht geregelt wird.

(2) Drittstaatsabwicklungsverfahren ist eine nach dem Recht eines Drittstaats vorgesehene Maßnahme zum Umgang mit dem Ausfall eines Drittstaatsinstituts, die in ihren Zielen und zu erwartenden Ergebnissen mit den in diesem Gesetz vorgesehenen Abwicklungsmaßnahmen vergleichbar ist.

(3) [1]Besteht ein europäisches Abwicklungskollegium gemäß § 159 Absatz 1, entscheidet dieses im Rahmen einer gemeinsamen Entscheidung darüber, ob es Drittstaatsabwicklungsverfahren in Bezug auf ein Drittstaatsinstitut oder ein Mutterunternehmen anerkennt, sofern kein Fall gemäß § 170 vorliegt und sofern

1. das Drittstaatsinstitut oder Mutterunternehmen inländische Tochterinstitute oder eine oder mehrere als bedeutend eingestufte, inländische Unionszweigstellen in zwei oder mehreren anderen Mitgliedstaaten hat oder
2. das Drittstaatsinstitut oder Mutterunternehmen über Vermögenswerte, Rechte oder Verbindlichkeiten verfügt, die in zwei oder mehreren Mitgliedstaaten belegen sind oder dem Recht dieser Mitgliedstaaten unterliegen.

[2]Hat sich das europäische Abwicklungskollegium in einer gemeinsamen Entscheidung auf die Anerkennung eines Drittstaatsabwicklungsverfahrens verständigt, so setzt die Abwicklungsbehörde dieses Drittstaatsabwicklungsverfahren, vorbehaltlich dessen Vereinbarkeit mit deutschem Recht sowie mit bestehen-

den zwischenstaatlichen Vereinbarungen mit dem jeweiligen Drittstaat, im Wege der Amtshilfe durch.

(4) [1] Liegt keine gemeinsame Entscheidung des europäischen Abwicklungskollegiums über die Anerkennung eines Drittstaatsabwicklungsverfahrens nach Absatz 2 vor, entscheidet die Abwicklungsbehörde für Tochterinstitute mit Sitz im Inland oder eine als bedeutend eingestufte inländische Unionszweigstelle sowie für Vermögenswerte, Rechte oder Verbindlichkeiten, die in Deutschland belegen sind oder deutschem Recht unterliegen, unter Berücksichtigung der Regelung des § 170 über die Anerkennung und Durchsetzung von Drittstaatsabwicklungsverfahren. [2] Sie berücksichtigt dabei die Interessen der einzelnen Mitgliedstaaten, in denen ein Drittstaatsinstitut oder ein Mutterunternehmen tätig ist, sowie insbesondere mögliche Auswirkungen der Anerkennung und Durchsetzung von Drittstaatsabwicklungsverfahren auf andere Teile der Gruppe und auf die Finanzstabilität in den betroffenen Mitgliedstaaten.

(5) Unter der Voraussetzung der Vereinbarkeit mit deutschem Recht sowie mit bestehenden zwischenstaatlichen Vereinbarungen mit dem jeweiligen Drittstaat ist die Abwicklungsbehörde nach Maßgabe des Absatzes 4 insbesondere berechtigt

1. zur Ausübung der Abwicklungsbefugnisse gemäß Drittstaatsabwicklungsverfahren im Wege der Amtshilfe in Bezug auf
   a) Vermögenswerte eines Drittstaatsinstituts oder eines Mutterunternehmens, die sich im Inland befinden oder deutschem Recht unterliegen;
   b) Rechte oder Verbindlichkeiten eines Drittstaatsinstituts, die der Unionszweigstelle im Inland obliegen oder dem deutschen Recht unterliegen oder die im Inland einklagbare Forderungen begründen;
2. zum Vollzug oder zur Anordnung des Vollzugs einer Übertragung von Anteilen oder Eigentumstiteln an einem in Deutschland niedergelassenen Tochterinstitut;
3. zur Ausübung der Befugnisse gemäß den §§ 82, 83 oder 84 in Bezug auf die Rechte der Parteien eines Vertrags mit einem in Absatz 3 genannten Unternehmen, wenn solche Befugnisse für die Durchsetzung der Drittstaatsabwicklungsverfahren notwendig sind;
4. zur Beschränkung der Durchsetzbarkeit vertraglicher Rechte, welche insbesondere
   a) die Beendigung, Kündigung, Auflösung oder Abwicklung von Verträgen oder die Tilgung oder Fälligstellung von Forderungen zum Gegenstand haben oder
   b) die vertraglichen Rechte der in Absatz 3 genannten Parteien und anderer gruppenangehöriger Unternehmen beeinträchtigen, wenn und soweit das durchzusetzende Recht aus einer Abwicklungsmaßnahme mit Bezug auf diese Parteien resultiert, unter der Maßgabe, dass die wesentlichen vertraglichen Verpflichtungen, einschließlich der Zahlungs- und Lieferverpflichtungen sowie der Verpflichtung zur Leistung von Sicherheiten, hiervon unberührt bleiben.

(6) Die Abwicklungsbehörde kann, soweit dies im öffentlichen Interesse erforderlich ist, Abwicklungsmaßnahmen in Bezug auf ein Mutterunternehmen durchführen, wenn die zuständige Drittstaatsabwicklungsbehörde zu der Ein-

schätzung gelangt, dass dieses Unternehmen die Abwicklungsvoraussetzungen nach dem nationalen Recht dieses Drittstaats erfüllt.

(7) Die Anerkennung und Durchsetzung der Drittstaatsabwicklungsverfahren berührt nicht die Insolvenzverfahren nach deutschem Recht, die gegebenenfalls im Einklang mit diesem Gesetz anwendbar sind.

(8) [1] Vorbehaltlich der vorherigen Prüfung der Vereinbarkeit mit deutschem Recht sowie mit bestehenden zwischenstaatlichen Vereinbarungen mit dem jeweiligen Drittstaat erkennt die Abwicklungsbehörde, außer in den in § 170 genannten Fällen, Drittstaatsabwicklungsverfahren an, soweit diese Regelungen vorsehen, die für die Erreichung eines oder mehrerer Abwicklungsziele erforderlich sind. [2] Die Anerkennung des Drittstaatsabwicklungsverfahrens berührt in diesem Fall nicht das Abwicklungsverfahren nach deutschem Recht.

§ 170 Recht auf Verweigerung der Anerkennung oder Durchsetzung von Drittstaatsabwicklungsverfahren. Nach Konsultation der betroffenen Abwicklungsbehörden der anderen Mitgliedstaaten des europäischen Abwicklungskollegiums gemäß § 159 kann die Abwicklungsbehörde die Anerkennung oder Durchsetzung der Drittstaatsabwicklungsverfahren verweigern, wenn sie der Auffassung ist, dass

1. sich das betreffende Drittstaatsabwicklungsverfahren negativ auf die nationale Finanzstabilität auswirken würde oder dass sich das Verfahren negativ auf die Finanzstabilität in einem anderen Mitgliedstaat auswirken würde,
2. unabhängige Abwicklungsmaßnahmen gemäß § 171 in Bezug auf eine inländische Unionszweigstelle erforderlich sind, um eines oder mehrere der Abwicklungsziele zu erreichen,
3. Gläubiger, insbesondere Einleger, die in einem Mitgliedstaat ansässig oder auszuzahlen sind, im Rahmen des Drittstaatsabwicklungsverfahrens keine Gleichbehandlung mit Drittstaatsgläubigern und -anlegern mit gleichartigen rechtlichen Interessen genießen würden,
4. die Anerkennung oder Durchsetzung des Drittstaatsabwicklungsverfahrens erhebliche haushaltspolitische Auswirkungen haben würde oder
5. die Auswirkungen dieser Anerkennung oder Durchsetzung im Widerspruch zu nationalem Recht oder nach Auslegung im Sinne dieses Gesetzes im Widerspruch zu geschlossenen bilateralen Abkommen stehen würden.

§ 171 Abwicklung von inländischen Unionszweigstellen. (1) Wenn eine inländische Unionszweigstelle entweder keinem Drittstaatsabwicklungsverfahren unterliegt oder wenn die inländische Unionszweigstelle einem Drittstaatsabwicklungsverfahren unterliegt und gleichzeitig einer der Umstände gemäß § 170 vorliegt, kann die Abwicklungsbehörde in Bezug auf diese Unionszweigstelle eine Abwicklungsmaßnahme treffen, wenn sie der Auffassung ist, dass die Abwicklungsmaßnahme im öffentlichen Interesse erforderlich ist und wenn gleichzeitig mindestens eine der folgenden Voraussetzungen erfüllt ist:

1. die inländische Unionszweigstelle erfüllt nicht mehr oder erfüllt nach Auffassung der Abwicklungsbehörde wahrscheinlich nicht mehr die nach deutschem Recht geltenden Voraussetzungen für ihre Zulassung und die Ausübung ihrer Geschäftstätigkeit und es besteht keine Aussicht, dass eine Maßnahme des privaten Sektors, der Aufsichtsbehörde oder des Drittstaats, in

dem das übergeordnete Unternehmen seinen Sitz hat, bewirkt, dass die Voraussetzungen innerhalb eines vertretbaren Zeitrahmens wieder erfüllt werden;

2. das Drittstaatsinstitut ist nach Auffassung der Abwicklungsbehörde nicht in der Lage, wahrscheinlich nicht in der Lage oder nicht dazu bereit, seinen finanziellen Verpflichtungen gegenüber Gläubigern mit Sitz oder Wohnsitz im Inland oder den von der Unionszweigstelle eingegangenen oder von der Unionszweigstelle verbuchten Verpflichtungen bei Fälligkeit nachzukommen, und die Abwicklungsbehörde geht davon aus, dass in Bezug auf das Drittstaatsinstitut kein Drittstaatsabwicklungs- oder -insolvenzverfahren eingeleitet wurde oder in einem vertretbaren Zeitrahmen eingeleitet wird;
3. die Drittstaatsbehörde hat in Bezug auf das Drittstaatsinstitut ein Drittstaatsabwicklungsverfahren eingeleitet oder die Abwicklungsbehörde über ihre Absicht, ein solches Drittstaatsabwicklungsverfahren einzuleiten, in Kenntnis gesetzt.

(2) Trifft die Abwicklungsbehörde eine Abwicklungsmaßnahme in Bezug auf eine inländische Unionszweigstelle, so hat sie dabei den Abwicklungszielen Rechnung zu tragen und hat diese Abwicklungsmaßnahme im Einklang mit den in § 68 festgelegten Grundsätzen sowie den Anforderungen im Zusammenhang mit den Abwicklungsinstrumenten zu treffen, soweit diese Grundsätze oder Anforderungen für die fragliche Abwicklungsmaßnahme einschlägig sind.

Teil 6. Bußgeldvorschriften

§ 172 Bußgeldvorschriften. (1) [1] Ordnungswidrig handelt, wer vorsätzlich oder fahrlässig

1. einer vollziehbaren Anordnung nach § 12 Absatz 3 Satz 1 zuwiderhandelt,
2. entgegen § 12 Absatz 4 Satz 1 einen aktualisierten Sanierungsplan nicht, nicht richtig, nicht vollständig oder nicht rechtzeitig übermittelt,
3. einer vollziehbaren Anordnung nach § 12 Absatz 4 Satz 2 zuwiderhandelt,
4. entgegen § 32 Absatz 1 eine Anzeige nicht, nicht richtig, nicht vollständig oder nicht rechtzeitig erstattet,
5. einer vollziehbaren Anordnung nach
   a) § 42 Absatz 1 Satz 2 oder Satz 3 oder
   b) § 42 Absatz 3 Satz 1 Nummer 1,

   jeweils auch in Verbindung mit § 47 Absatz 1, zuwiderhandelt,
6. entgegen § 45 Absatz 1 Satz 1 in Verbindung mit einer Rechtsverordnung nach § 45 Absatz 2 eine Mitteilung nicht, nicht richtig, nicht vollständig oder nicht rechtzeitig macht,
7. einer vollziehbaren Anordnung nach § 45 Absatz 1 Satz 2 zuwiderhandelt oder
8. entgegen § 138 Absatz 1 eine dort genannte Behörde nicht, nicht richtig oder nicht rechtzeitig informiert.

(2) [1] Die Ordnungswidrigkeit kann

1. in den Fällen des Absatzes 1 Nummer 1, 2, 3, 4, 5 Buchstabe a und Nummer 8 mit einer Geldbuße in Höhe von bis zu fünf Millionen Euro,
2. in den Fällen des Absatzes 1 Nummer 5 Buchstabe b mit einer Geldbuße in Höhe von bis zu einer Million Euro und
3. in den Fällen des Absatzes 1 Nummer 6 und 7 mit einer Geldbuße in Höhe von bis zu zweihunderttausend Euro

geahndet werden. [2] § 30 Absatz 2 Satz 3 des Gesetzes über Ordnungswidrigkeiten ist anzuwenden.

(3) [1] Die Geldbuße soll den wirtschaftlichen Vorteil, den der Täter aus der Ordnungswidrigkeit gezogen hat, übersteigen. [2] Reicht das Höchstmaß nach Absatz 2 Satz 1 hierzu nicht aus, so kann es für juristische Personen oder Personenvereinigungen bis zu einem Betrag in folgender Höhe überschritten werden:

1. 10 Prozent des Jahresnettoumsatzes im Sinne des Absatzes 4 des Unternehmens im Geschäftsjahr, das der Ordnungswidrigkeit vorausgeht, oder
2. das Zweifache des durch die Zuwiderhandlung erlangten Mehrerlöses.

[3] § 17 Absatz 4 des Gesetzes über Ordnungswidrigkeiten bleibt unberührt.

(4) [1] Der Jahresnettoumsatz im Sinne des Absatzes 3 Satz 2 Nummer 1 ist der Gesamtbetrag der in § 34 Absatz 2 Satz 1 Nummer 1 Buchstabe a bis e der Kreditinstituts-Rechnungslegungsverordnung[1)] in der jeweils geltenden Fassung genannten Erträge einschließlich der Bruttoerträge bestehend aus Zinserträgen und ähnlichen Erträgen, Erträgen aus Aktien, anderen Anteilsrechten und nicht festverzinslichen bzw. festverzinslichen Wertpapieren sowie Erträgen aus Provisionen und Gebühren wie in Artikel 316 der Verordnung (EU) Nr. 575/2013[2)] ausgeführt, abzüglich der Umsatzsteuer und sonstiger direkt auf diese Erträge erhobener Steuern. [2] Handelt es sich bei dem Unternehmen um ein Tochterunternehmen, ist auf den Jahresnettoumsatz abzustellen, der im vorangegangenen Geschäftsjahr im konsolidierten Abschluss des Mutterunternehmens an der Spitze der Gruppe ausgewiesen ist.

§ 173 Zuständige Verwaltungsbehörde. Verwaltungsbehörde im Sinne des § 36 Absatz 1 Nummer 1 des Gesetzes über Ordnungswidrigkeiten ist in den Fällen des § 172 Absatz 1 Nummer 1 bis 4 und 8 die Aufsichtsbehörde, im Übrigen die Abwicklungsbehörde.

§ 174 Vorübergehendes Tätigkeitsverbot; Bekanntmachung von Maßnahmen. (1) Bei wiederholter oder fortgesetzter Begehung von Ordnungswidrigkeiten nach § 172 Absatz 1 kann die Aufsichtsbehörde dem Täter die Wahrnehmung von Aufgaben in Instituten oder gruppenangehörigen Unternehmen vorübergehend untersagen.

(2) Die Abwicklungsbehörde soll jede gegen ein Institut oder gruppenangehöriges Unternehmen, gegen einen Geschäftsleiter oder eine Geschäftsleiterin eines Instituts oder gruppenangehörigen Unternehmens oder eine andere Person verhängte und bestandskräftig gewordene Maßnahme, die sie wegen eines Verstoßes gegen dieses Gesetz und die dazu erlassenen Rechtsverordnungen

---

1) Nr. **14**.
2) Nr. **6**.

verhängt hat, und jede unanfechtbar gewordene Bußgeldentscheidung nach Maßgabe der Absätze 3 bis 5 unverzüglich auf ihren Internetseiten öffentlich bekannt machen und dabei auch Informationen zu Art und Charakter des Verstoßes mitteilen.

(3) [1]Die Abwicklungsbehörde hat eine bestandskräftig gewordene Maßnahme und eine unanfechtbar gewordene Bußgeldentscheidung auf anonymer Basis bekannt zu machen, wenn eine Bekanntmachung nach Absatz 2

1. das Persönlichkeitsrecht natürlicher Personen verletzt oder eine Bekanntmachung personenbezogener Daten aus sonstigen Gründen unverhältnismäßig wäre,
2. die Stabilität der Finanzmärkte der Bundesrepublik Deutschland oder eines oder mehrerer Mitgliedstaaten des Europäischen Wirtschaftsraums oder den Fortgang einer strafrechtlichen Ermittlung erheblich gefährden würde oder
3. den beteiligten Instituten, gruppenangehörigen Unternehmen oder natürlichen Personen einen unverhältnismäßig großen Schaden zufügen würde.

[2]Abweichend von Satz 1 kann die Abwicklungsbehörde in den Fällen von Satz 1 Nummer 2 und 3 so lange von der Bekanntmachung nach Absatz 2 absehen, bis die Gründe für eine Bekanntmachung auf anonymer Basis weggefallen sind.

(4) [1]Die Maßnahmen und Bußgeldentscheidungen im Sinne des Absatzes 2 sollen für fünf Jahre ab Bestandskraft der Maßnahme oder Unanfechtbarkeit der Bußgeldentscheidung auf den Internetseiten der Abwicklungsbehörde veröffentlicht bleiben. [2]Die Bekanntmachung ist nach fünf Jahren zu löschen.

(5) Die Abwicklungsbehörde informiert die Aufsichtsbehörde und das Bundesministerium der Finanzen über alle bestandskräftig gewordenen Maßnahmen und unanfechtbar gewordenen Bußgeldentscheidungen.

(6) [1]Die Abwicklungsbehörde und die Aufsichtsbehörde informieren die Europäische Bankenaufsichtsbehörde über alle bestandskräftig gewordenen Maßnahmen und unanfechtbar gewordenen Bußgeldentscheidungen; Absatz 4 gilt entsprechend. [2]Die Europäische Bankenaufsichtsbehörde ist befugt, die übermittelten bestandskräftig gewordenen Maßnahmen und eine unanfechtbar gewordene Bußgeldentscheidung zentral in einer Datenbank zu verwalten und zum Zweck des Informationsaustausches anderen Aufsichtsbehörden und Abwicklungsbehörden eines Mitgliedstaats zugänglich zu machen.

§ 175 Beteiligung der Abwicklungsbehörde und Mitteilungen in Strafsachen. (1) [1]Das Gericht, die Strafverfolgungs- oder die Strafvollstreckungsbehörde hat in Strafverfahren gegen Inhaber oder Geschäftsleiter von Instituten, gruppenangehörigen Unternehmen oder Mitglieder der Verwaltungs- oder Aufsichtsorgane von Instituten oder gruppenangehörigen Unternehmen sowie gegen Inhaber bedeutender Beteiligungen an Instituten oder gruppenangehörigen Unternehmen oder deren gesetzliche Vertreter oder persönlich haftende Gesellschafter wegen Verletzung ihrer Berufspflichten oder anderer Straftaten bei oder im Zusammenhang mit der Ausübung eines Gewerbes oder dem Betrieb einer sonstigen wirtschaftlichen Unternehmung im Fall der Erhebung der öffentlichen Klage der Abwicklungsbehörde

1. die Anklageschrift oder eine an ihre Stelle tretende Antragsschrift,
2. den Antrag auf Erlass eines Strafbefehls und

3. die das Verfahren abschließende Entscheidung mit Begründung

zu übermitteln; ist gegen die Entscheidung ein Rechtsmittel eingelegt worden, ist die Entscheidung unter Hinweis auf das eingelegte Rechtsmittel zu übermitteln. [2] In Verfahren wegen fahrlässig begangener Straftaten werden die in Satz 1 Nummer 1 und 2 bestimmten Übermittlungen nur vorgenommen, wenn aus der Sicht der übermittelnden Stelle unverzüglich Entscheidungen oder andere Maßnahmen der Abwicklungsbehörde geboten sind.

(2) [1] Werden sonst in einem Strafverfahren Tatsachen bekannt, die auf Missstände in dem Geschäftsbetrieb eines Instituts oder einem gruppenangehörigen Unternehmen hindeuten, und ist deren Kenntnis aus der Sicht der übermittelnden Stelle für Maßnahmen der Abwicklungsbehörde nach diesem Gesetz erforderlich, soll das Gericht, die Strafverfolgungs- oder die Strafvollstreckungsbehörde diese Tatsachen ebenfalls mitteilen, soweit nicht für die übermittelnde Stelle erkennbar ist, dass schutzwürdige Interessen des Betroffenen überwiegen. [2] Dabei ist zu berücksichtigen, wie gesichert die zu übermittelnden Erkenntnisse sind.

(3) [1] Der Abwicklungsbehörde ist auf Antrag Akteneinsicht zu gewähren, soweit nicht für die Akteneinsicht gewährende Stelle erkennbar ist, dass schutzwürdige Interessen des Betroffenen überwiegen. [2] Absatz 2 Satz 2 gilt entsprechend.

Teil 7. Maßnahmen des Ausschusses

§ 176 Unterstützung bei Untersuchungen; Zwangsmaßnahmen.
(1) Beschließt der Ausschuss, seine Untersuchungsbefugnisse nach den Artikeln 34 bis 36 der Verordnung (EU) Nr. 806/2014 mit Hilfe der Abwicklungsbehörde auszuüben, ist die Abwicklungsbehörde befugt, die zur Unterstützung des Ausschusses erforderlichen Maßnahmen zu treffen, insbesondere

1. die in Artikel 34 Absatz 1 der Verordnung (EU) Nr. 806/2014 genannten Informationen anzufordern und an den Ausschuss weiterzugeben;
2. die in Artikel 35 Absatz 1 der Verordnung (EU) Nr. 806/2014 genannten Untersuchungen durchzuführen;
3. an Prüfungen vor Ort nach Artikel 36 der Verordnung (EU) Nr. 806/2014 nach Maßgabe des § 177 mitzuwirken.

(2) [1] Die Abwicklungsbehörde ist in den Fällen von Artikel 35 Absatz 2 Unterabsatz 2 und Artikel 36 Absatz 5 der Verordnung (EU) Nr. 806/2014 zuständig für die Androhung und Festsetzung der erforderlichen Zwangsmittel sowie für die Durchführung des Verwaltungszwangs. [2] Das Verwaltungsvollstreckungsgesetz gilt entsprechend.

§ 177 Prüfungen vor Ort nach der SRM-Verordnung. [1] Für Prüfungen vor Ort nach Artikel 36 der Verordnung (EU) Nr. 806/2014 durch die dort genannten Bediensteten und Personen gilt § 78 Absatz 2 bis 4 entsprechend. [2] Der Umfang der Prüfung durch das Amtsgericht richtet sich nach Artikel 37 Absatz 2 der Verordnung (EU) Nr. 806/2014.

§ 178 Vollstreckung der vom Ausschuss verhängten Geldbußen und Zwangsgelder. (1) Für die Vollstreckung der durch den Ausschuss nach den

Artikeln 38 und 39 der Verordnung (EU) Nr. 806/2014 verhängten Geldbußen und Zwangsgelder gilt vorbehaltlich der Absätze 2 und 3 das Verwaltungs-Vollstreckungsgesetz.

(2) [1] Abweichend von § 3 Absatz 1 und 2 Buchstabe a des Verwaltungs-Vollstreckungsgesetzes ist zur Vollstreckung der vom Ausschuss verhängten Geldbußen oder Zwangsgelder ein Vollstreckungstitel nach Artikel 41 Absatz 3 der Verordnung (EU) Nr. 806/2014 erforderlich. [2] Der Vollstreckungstitel wird von der Abwicklungsbehörde nach einer Prüfung, die sich ausschließlich auf die Echtheit des zu vollstreckenden Beschlusses des Ausschusses beschränkt, ausgestellt. [3] Abweichend von § 3 Absatz 4 des Verwaltungs-Vollstreckungsgesetzes wird die Vollstreckungsanordnung von der Abwicklungsbehörde auf Ersuchen des Ausschusses erlassen.

(3) Abweichend von § 5 des Verwaltungs-Vollstreckungsgesetzes darf die Zwangsvollstreckung nur durch eine Entscheidung des Gerichtshofs ausgesetzt werden.

23. Bürgerliches Gesetzbuch (BGB) [1] [2] [3]

In der Fassung der Bekanntmachung vom 2. Januar 2002[4]
(BGBl. I S. 42, ber. S. 2909 und 2003 I S. 738)

FNA 400-2

zuletzt geänd. durch Art. 1 G zur Verlängerung des Betrachtungszeitraums für die ortsübliche Vergleichsmiete v. 21.12.2019 (BGBl. I S. 2911)

---

[1] **Amtl. Anm.:** Dieses Gesetz dient der Umsetzung folgender Richtlinien:
1. Richtlinie 76/207/EWG des Rates vom 9. Februar 1976 zur Verwirklichung des Grundsatzes der Gleichbehandlung von Männern und Frauen hinsichtlich des Zugangs zur Beschäftigung, zur Berufsbildung und zum beruflichen Aufstieg sowie in Bezug auf die Arbeitsbedingungen (ABl. EG Nr. L 39 S. 40),
2. Richtlinie 77/187/EWG des Rates vom 14. Februar 1977 zur Angleichung der Rechtsvorschriften der Mitgliedstaaten über die Wahrung von Ansprüchen der Arbeitnehmer beim Übergang von Unternehmen, Betrieben oder Betriebsteilen (ABl. EG Nr. L 61 S. 26),
3. Richtlinie 85/577/EWG des Rates vom 20. Dezember 1985 betreffend den Verbraucherschutz im Falle von außerhalb von Geschäftsräumen geschlossenen Verträgen (ABl. EG Nr. L 372 S. 31),
4. Richtlinie 87/102/EWG des Rates zur Angleichung der Rechts- und Verwaltungsvorschriften der Mitgliedstaaten über den Verbraucherkredit (ABl. EG Nr. L 42 S. 48), zuletzt geändert durch die Richtlinie 98/7/EG des Europäischen Parlaments und des Rates vom 16. Februar 1998 zur Änderung der Richtlinie 87/102/EWG zur Angleichung der Rechts- und Verwaltungsvorschriften der Mitgliedstaaten über den Verbraucherkredit (ABl. EG Nr. L 101 S. 17),
5. Richtlinie 90/314/EWG des Europäischen Parlaments und des Rates vom 13. Juni 1990 über Pauschalreisen (ABl. EG Nr. L 158 S. 59),
6. Richtlinie 93/13/EWG des Rates vom 5. April 1993 über missbräuchliche Klauseln in Verbraucherverträgen (ABl. EG Nr. L 95 S. 29),
7. Richtlinie 94/47/EG des Europäischen Parlaments und des Rates vom 26. Oktober 1994 zum Schutz der Erwerber im Hinblick auf bestimmte Aspekte von Verträgen über den Erwerb von Teilzeitnutzungsrechten an Immobilien (ABl. EG Nr. L 280 S. 82),
8. der Richtlinie 97/5/EG des Europäischen Parlaments und des Rates vom 27. Januar 1997 über grenzüberschreitende Überweisungen (ABl. EG Nr. L 43 S. 25),
9. Richtlinie 97/7/EG des Europäischen Parlaments und des Rates vom 20. Mai 1997 über den Verbraucherschutz bei Vertragsabschlüssen im Fernabsatz (ABl. EG Nr. L 144 S. 19),
10. Artikel 3 bis 5 der Richtlinie 98/26/EG des Europäischen Parlaments und des Rates über die Wirksamkeit von Abrechnungen in Zahlungs- und Wertpapierliefer- und -abrechnungssystemen vom 19. Mai 1998 (ABl. EG Nr. L 166 S. 45),
11. Richtlinie 1999/44/EG des Europäischen Parlaments und des Rates vom 25. Mai 1999 zu bestimmten Aspekten des Verbrauchsgüterkaufs und der Garantien für Verbrauchsgüter (ABl. EG Nr. L 171 S. 12),
12. Artikel 10, 11 und 18 der Richtlinie 2000/31/EG des Europäischen Parlaments und des Rates vom 8. Juni 2000 über bestimmte rechtliche Aspekte der Dienste der Informationsgesellschaft, insbesondere des elektronischen Geschäftsverkehrs, im Binnenmarkt („Richtlinie über den elektronischen Geschäftsverkehr", ABl. EG Nr. L 178 S. 1),
13. Richtlinie 2000/35/EG des Europäischen Parlaments und des Rates vom 29. Juni 2000 zur Bekämpfung von Zahlungsverzug im Geschäftsverkehr (ABl. EG Nr. L 200 S. 35).

[2] Zum BGB haben die Länder ua folgende Vorschriften erlassen:
- **Rheinland-Pfalz:** LandesG zur Ausführung des Bürgerlichen Gesetzbuchs (AGBGB) v. 18.11.1976 (GVBl. S. 259), zuletzt geänd. durch G v. 22.12.2015 (GVBl. S. 461)
- **Thüringen:** Thüringer G zur Ausführung des Bürgerlichen Gesetzbuchs (ThürAGBGB) v. 3.12. 2002 (GVBl. S. 424), geänd. durch G v. 25.11.2004 (GVBl. S. 853)

[3] Wegen der Übergangsregelung zum Inkrafttreten des SchuldrechtsmodernisierungsG beachte Art. 229 §§ 5–7 EGBGB (Nr. **24**).

[4] Neubekanntmachung des BGB v. 18.8.1896 (RGBl. S. 195) in der ab 1.1.2002 geltenden Fassung.

– Auszug –

Buch 2.[1)2)] Recht der Schuldverhältnisse

Abschnitt 2.[3)] Gestaltung rechtsgeschäftlicher Schuldverhältnisse durch Allgemeine Geschäftsbedingungen[4)]

§ 305 Einbeziehung Allgemeiner Geschäftsbedingungen in den Vertrag. (1) [1] Allgemeine Geschäftsbedingungen sind alle für eine Vielzahl von Verträgen vorformulierten Vertragsbedingungen, die eine Vertragspartei (Verwender) der anderen Vertragspartei bei Abschluss eines Vertrags stellt. [2] Gleichgültig ist, ob die Bestimmungen einen äußerlich gesonderten Bestandteil des Vertrags bilden oder in die Vertragsurkunde selbst aufgenommen werden, welchen Umfang sie haben, in welcher Schriftart sie verfasst sind und welche Form der Vertrag hat. [3] Allgemeine Geschäftsbedingungen liegen nicht vor, soweit die Vertragsbedingungen zwischen den Vertragsparteien im Einzelnen ausgehandelt sind.

(2) Allgemeine Geschäftsbedingungen werden nur dann Bestandteil eines Vertrags, wenn der Verwender bei Vertragsschluss

1. die andere Vertragspartei ausdrücklich oder, wenn ein ausdrücklicher Hinweis wegen der Art des Vertragsschlusses nur unter unverhältnismäßigen Schwierigkeiten möglich ist, durch deutlich sichtbaren Aushang am Orte des Vertragsschlusses auf sie hinweist und
2. der anderen Vertragspartei die Möglichkeit verschafft, in zumutbarer Weise, die auch eine für den Verwender erkennbare körperliche Behinderung der anderen Vertragspartei angemessen berücksichtigt, von ihrem Inhalt Kenntnis zu nehmen,

und wenn die andere Vertragspartei mit ihrer Geltung einverstanden ist.

(3) Die Vertragsparteien können für eine bestimmte Art von Rechtsgeschäften die Geltung bestimmter Allgemeiner Geschäftsbedingungen unter Beachtung der in Absatz 2 bezeichneten Erfordernisse im Voraus vereinbaren.

§ 305a Einbeziehung in besonderen Fällen. Auch ohne Einhaltung der in § 305 Abs. 2 Nr. 1 und 2 bezeichneten Erfordernisse werden einbezogen, wenn die andere Vertragspartei mit ihrer Geltung einverstanden ist,

1. die mit Genehmigung der zuständigen Verkehrsbehörde oder auf Grund von internationalen Übereinkommen erlassenen Tarife und Ausführungsbestimmungen der Eisenbahnen und die nach Maßgabe des Personenbeförderungsgesetzes genehmigten Beförderungsbedingungen der Straßenbahnen, Obusse und Kraftfahrzeuge im Linienverkehr in den Beförderungsvertrag,

---

[1)] Wegen des aufgrund des Gesetzes zur Modernisierung des Schuldrechts geltenden Übergangsrechts zum Recht der Schuldverhältnisse beachte Art. 229 § 5 EGBGB (Nr. **24**).

[2)] Wegen des für das Gebiet der ehem. DDR zum Recht der Schuldverhältnisse geltenden Übergangsrechts beachte Art. 232 EGBGB.

[3)] **Amtl. Anm.:** Dieser Abschnitt dient auch der Umsetzung der Richtlinie 93/13/EWG des Rates vom 5. April 1993 über missbräuchliche Klauseln in Verbraucherverträgen (ABl. EG Nr. L 95 S. 29).

[4)] Beachte hierzu auch G über Unterlassungsklagen bei Verbraucherrechts- und anderen Verstößen (Unterlassungsklagengesetz – UKlaG) idF der Bek. v. 27.8.2002 (BGBl. I S. 3422, ber. S. 4346), zuletzt geänd. durch G v. 17.7.2017 (BGBl. I S. 2446).

2. die im Amtsblatt der Bundesnetzagentur für Elektrizität, Gas, Telekommunikation, Post und Eisenbahnen veröffentlichten und in den Geschäftsstellen des Verwenders bereitgehaltenen Allgemeinen Geschäftsbedingungen
   a) in Beförderungsverträge, die außerhalb von Geschäftsräumen durch den Einwurf von Postsendungen in Briefkästen abgeschlossen werden,
   b) in Verträge über Telekommunikations-, Informations- und andere Dienstleistungen, die unmittelbar durch Einsatz von Fernkommunikationsmitteln und während der Erbringung einer Telekommunikationsdienstleistung in einem Mal erbracht werden, wenn die Allgemeinen Geschäftsbedingungen der anderen Vertragspartei nur unter unverhältnismäßigen Schwierigkeiten vor dem Vertragsschluss zugänglich gemacht werden können.

§ 305b Vorrang der Individualabrede. Individuelle Vertragsabreden haben Vorrang vor Allgemeinen Geschäftsbedingungen.

§ 305c Überraschende und mehrdeutige Klauseln. (1) Bestimmungen in Allgemeinen Geschäftsbedingungen, die nach den Umständen, insbesondere nach dem äußeren Erscheinungsbild des Vertrags, so ungewöhnlich sind, dass der Vertragspartner des Verwenders mit ihnen nicht zu rechnen braucht, werden nicht Vertragsbestandteil.

(2) Zweifel bei der Auslegung Allgemeiner Geschäftsbedingungen gehen zu Lasten des Verwenders.

§ 306 Rechtsfolgen bei Nichteinbeziehung und Unwirksamkeit.

(1) Sind Allgemeine Geschäftsbedingungen ganz oder teilweise nicht Vertragsbestandteil geworden oder unwirksam, so bleibt der Vertrag im Übrigen wirksam.

(2) Soweit die Bestimmungen nicht Vertragsbestandteil geworden oder unwirksam sind, richtet sich der Inhalt des Vertrags nach den gesetzlichen Vorschriften.

(3) Der Vertrag ist unwirksam, wenn das Festhalten an ihm auch unter Berücksichtigung der nach Absatz 2 vorgesehenen Änderung eine unzumutbare Härte für eine Vertragspartei darstellen würde.

§ 306a Umgehungsverbot. Die Vorschriften dieses Abschnitts finden auch Anwendung, wenn sie durch anderweitige Gestaltungen umgangen werden.

§ 307 Inhaltskontrolle. (1) [1] Bestimmungen in Allgemeinen Geschäftsbedingungen sind unwirksam, wenn sie den Vertragspartner des Verwenders entgegen den Geboten von Treu und Glauben unangemessen benachteiligen. [2] Eine unangemessene Benachteiligung kann sich auch daraus ergeben, dass die Bestimmung nicht klar und verständlich ist.

(2) Eine unangemessene Benachteiligung ist im Zweifel anzunehmen, wenn eine Bestimmung

1. mit wesentlichen Grundgedanken der gesetzlichen Regelung, von der abgewichen wird, nicht zu vereinbaren ist oder

2. wesentliche Rechte oder Pflichten, die sich aus der Natur des Vertrags ergeben, so einschränkt, dass die Erreichung des Vertragszwecks gefährdet ist.

(3) [1]Die Absätze 1 und 2 sowie die §§ 308 und 309 gelten nur für Bestimmungen in Allgemeinen Geschäftsbedingungen, durch die von Rechtsvorschriften abweichende oder diese ergänzende Regelungen vereinbart werden. [2]Andere Bestimmungen können nach Absatz 1 Satz 2 in Verbindung mit Absatz 1 Satz 1 unwirksam sein.

§ 308 Klauselverbote mit Wertungsmöglichkeit. In Allgemeinen Geschäftsbedingungen ist insbesondere unwirksam

1. (Annahme- und Leistungsfrist)
eine Bestimmung, durch die sich der Verwender unangemessen lange oder nicht hinreichend bestimmte Fristen für die Annahme oder Ablehnung eines Angebots oder die Erbringung einer Leistung vorbehält; ausgenommen hiervon ist der Vorbehalt, erst nach Ablauf der Widerrufsfrist nach § 355 Absatz 1 und 2 zu leisten;

1a. (Zahlungsfrist)
eine Bestimmung, durch die sich der Verwender eine unangemessen lange Zeit für die Erfüllung einer Entgeltforderung des Vertragspartners vorbehält; ist der Verwender kein Verbraucher, ist im Zweifel anzunehmen, dass eine Zeit von mehr als 30 Tagen nach Empfang der Gegenleistung oder, wenn dem Schuldner nach Empfang der Gegenleistung eine Rechnung oder gleichwertige Zahlungsaufstellung zugeht, von mehr als 30 Tagen nach Zugang dieser Rechnung oder Zahlungsaufstellung unangemessen lang ist;

1b. (Überprüfungs- und Abnahmefrist)
eine Bestimmung, durch die sich der Verwender vorbehält, eine Entgeltforderung des Vertragspartners erst nach unangemessen langer Zeit für die Überprüfung oder Abnahme der Gegenleistung zu erfüllen; ist der Verwender kein Verbraucher, ist im Zweifel anzunehmen, dass eine Zeit von mehr als 15 Tagen nach Empfang der Gegenleistung unangemessen lang ist;

2. (Nachfrist)
eine Bestimmung, durch die sich der Verwender für die von ihm zu bewirkende Leistung abweichend von Rechtsvorschriften eine unangemessen lange oder nicht hinreichend bestimmte Nachfrist vorbehält;

3. (Rücktrittsvorbehalt)
die Vereinbarung eines Rechts des Verwenders, sich ohne sachlich gerechtfertigten und im Vertrag angegebenen Grund von seiner Leistungspflicht zu lösen; dies gilt nicht für Dauerschuldverhältnisse;

4. (Änderungsvorbehalt)
die Vereinbarung eines Rechts des Verwenders, die versprochene Leistung zu ändern oder von ihr abzuweichen, wenn nicht die Vereinbarung der Änderung oder Abweichung unter Berücksichtigung der Interessen des Verwenders für den anderen Vertragsteil zumutbar ist;

5. (Fingierte Erklärungen)
eine Bestimmung, wonach eine Erklärung des Vertragspartners des Verwenders bei Vornahme oder Unterlassung einer bestimmten Handlung als von ihm abgegeben oder nicht abgegeben gilt, es sei denn, dass

a) dem Vertragspartner eine angemessene Frist zur Abgabe einer ausdrücklichen Erklärung eingeräumt ist und
b) der Verwender sich verpflichtet, den Vertragspartner bei Beginn der Frist auf die vorgesehene Bedeutung seines Verhaltens besonders hinzuweisen;

6. (Fiktion des Zugangs)
eine Bestimmung, die vorsieht, dass eine Erklärung des Verwenders von besonderer Bedeutung dem anderen Vertragsteil als zugegangen gilt;

7. (Abwicklung von Verträgen)
eine Bestimmung, nach der der Verwender für den Fall, dass eine Vertragspartei vom Vertrag zurücktritt oder den Vertrag kündigt,
a) eine unangemessen hohe Vergütung für die Nutzung oder den Gebrauch einer Sache oder eines Rechts oder für erbrachte Leistungen oder
b) einen unangemessen hohen Ersatz von Aufwendungen verlangen kann;

8. (Nichtverfügbarkeit der Leistung)
die nach Nummer 3 zulässige Vereinbarung eines Vorbehalts des Verwenders, sich von der Verpflichtung zur Erfüllung des Vertrags bei Nichtverfügbarkeit der Leistung zu lösen, wenn sich der Verwender nicht verpflichtet,
a) den Vertragspartner unverzüglich über die Nichtverfügbarkeit zu informieren und
b) Gegenleistungen des Vertragspartners unverzüglich zu erstatten.

§ 309 Klauselverbote ohne Wertungsmöglichkeit. Auch soweit eine Abweichung von den gesetzlichen Vorschriften zulässig ist, ist in Allgemeinen Geschäftsbedingungen unwirksam

1. (Kurzfristige Preiserhöhungen)
eine Bestimmung, welche die Erhöhung des Entgelts für Waren oder Leistungen vorsieht, die innerhalb von vier Monaten nach Vertragsschluss geliefert oder erbracht werden sollen; dies gilt nicht bei Waren oder Leistungen, die im Rahmen von Dauerschuldverhältnissen geliefert oder erbracht werden;

2. (Leistungsverweigerungsrechte)
eine Bestimmung, durch die
a) das Leistungsverweigerungsrecht, das dem Vertragspartner des Verwenders nach § 320 zusteht, ausgeschlossen oder eingeschränkt wird oder
b) ein dem Vertragspartner des Verwenders zustehendes Zurückbehaltungsrecht, soweit es auf demselben Vertragsverhältnis beruht, ausgeschlossen oder eingeschränkt, insbesondere von der Anerkennung von Mängeln durch den Verwender abhängig gemacht wird;

3. (Aufrechnungsverbot)
eine Bestimmung, durch die dem Vertragspartner des Verwenders die Befugnis genommen wird, mit einer unbestrittenen oder rechtskräftig festgestellten Forderung aufzurechnen;

4. (Mahnung, Fristsetzung)
eine Bestimmung, durch die der Verwender von der gesetzlichen Obliegenheit freigestellt wird, den anderen Vertragsteil zu mahnen oder ihm eine Frist für die Leistung oder Nacherfüllung zu setzen;

5. (Pauschalierung von Schadensersatzansprüchen)
die Vereinbarung eines pauschalierten Anspruchs des Verwenders auf Schadensersatz oder Ersatz einer Wertminderung, wenn
   a) die Pauschale den in den geregelten Fällen nach dem gewöhnlichen Lauf der Dinge zu erwartenden Schaden oder die gewöhnlich eintretende Wertminderung übersteigt oder
   b) dem anderen Vertragsteil nicht ausdrücklich der Nachweis gestattet wird, ein Schaden oder eine Wertminderung sei überhaupt nicht entstanden oder wesentlich niedriger als die Pauschale;
6. (Vertragsstrafe)
eine Bestimmung, durch die dem Verwender für den Fall der Nichtabnahme oder verspäteten Abnahme der Leistung, des Zahlungsverzugs oder für den Fall, dass der andere Vertragsteil sich vom Vertrag löst, Zahlung einer Vertragsstrafe versprochen wird;
7. (Haftungsausschluss bei Verletzung von Leben, Körper, Gesundheit und bei grobem Verschulden)
   a) (Verletzung von Leben, Körper, Gesundheit)
   ein Ausschluss oder eine Begrenzung der Haftung für Schäden aus der Verletzung des Lebens, des Körpers oder der Gesundheit, die auf einer fahrlässigen Pflichtverletzung des Verwenders oder einer vorsätzlichen oder fahrlässigen Pflichtverletzung eines gesetzlichen Vertreters oder Erfüllungsgehilfen des Verwenders beruhen;
   b) (Grobes Verschulden)
   ein Ausschluss oder eine Begrenzung der Haftung für sonstige Schäden, die auf einer grob fahrlässigen Pflichtverletzung des Verwenders oder auf einer vorsätzlichen oder grob fahrlässigen Pflichtverletzung eines gesetzlichen Vertreters oder Erfüllungsgehilfen des Verwenders beruhen;

   die Buchstaben a und b gelten nicht für Haftungsbeschränkungen in den nach Maßgabe des Personenbeförderungsgesetzes genehmigten Beförderungsbedingungen und Tarifvorschriften der Straßenbahnen, Obusse und Kraftfahrzeuge im Linienverkehr, soweit sie nicht zum Nachteil des Fahrgasts von der Verordnung über die Allgemeinen Beförderungsbedingungen für den Straßenbahn- und Obusverkehr sowie den Linienverkehr mit Kraftfahrzeugen vom 27. Februar 1970 abweichen; Buchstabe b gilt nicht für Haftungsbeschränkungen für staatlich genehmigte Lotterie- oder Ausspielverträge;
8. (Sonstige Haftungsausschlüsse bei Pflichtverletzung)
   a) (Ausschluss des Rechts, sich vom Vertrag zu lösen)
   eine Bestimmung, die bei einer vom Verwender zu vertretenden, nicht in einem Mangel der Kaufsache oder des Werkes bestehenden Pflichtverletzung das Recht des anderen Vertragsteils, sich vom Vertrag zu lösen, ausschließt oder einschränkt; dies gilt nicht für die in der Nummer 7 bezeichneten Beförderungsbedingungen und Tarifvorschriften unter den dort genannten Voraussetzungen;
   b) (Mängel)
   eine Bestimmung, durch die bei Verträgen über Lieferungen neu hergestellter Sachen und über Werkleistungen

aa) (Ausschluss und Verweisung auf Dritte)
die Ansprüche gegen den Verwender wegen eines Mangels insgesamt oder bezüglich einzelner Teile ausgeschlossen, auf die Einräumung von Ansprüchen gegen Dritte beschränkt oder von der vorherigen gerichtlichen Inanspruchnahme Dritter abhängig gemacht werden;

bb) (Beschränkung auf Nacherfüllung)
die Ansprüche gegen den Verwender insgesamt oder bezüglich einzelner Teile auf ein Recht auf Nacherfüllung beschränkt werden, sofern dem anderen Vertragsteil nicht ausdrücklich das Recht vorbehalten wird, bei Fehlschlagen der Nacherfüllung zu mindern oder, wenn nicht eine Bauleistung Gegenstand der Mängelhaftung ist, nach seiner Wahl vom Vertrag zurückzutreten;

cc) (Aufwendungen bei Nacherfüllung)
die Verpflichtung des Verwenders ausgeschlossen oder beschränkt wird, die zum Zweck der Nacherfüllung erforderlichen Aufwendungen nach § 439 Absatz 2 und 3 oder § 635 Absatz 2 zu tragen oder zu ersetzen;

dd) (Vorenthalten der Nacherfüllung)
der Verwender die Nacherfüllung von der vorherigen Zahlung des vollständigen Entgelts oder eines unter Berücksichtigung des Mangels unverhältnismäßig hohen Teils des Entgelts abhängig macht;

ee) (Ausschlussfrist für Mängelanzeige)
der Verwender dem anderen Vertragsteil für die Anzeige nicht offensichtlicher Mängel eine Ausschlussfrist setzt, die kürzer ist als die nach dem Doppelbuchstaben ff zulässige Frist;

ff) (Erleichterung der Verjährung)
die Verjährung von Ansprüchen gegen den Verwender wegen eines Mangels in den Fällen des § 438 Abs. 1 Nr. 2 und des § 634a Abs. 1 Nr. 2 erleichtert oder in den sonstigen Fällen eine weniger als ein Jahr betragende Verjährungsfrist ab dem gesetzlichen Verjährungsbeginn erreicht wird;

9. (Laufzeit bei Dauerschuldverhältnissen)
bei einem Vertragsverhältnis, das die regelmäßige Lieferung von Waren oder die regelmäßige Erbringung von Dienst- oder Werkleistungen durch den Verwender zum Gegenstand hat,
   a) eine den anderen Vertragsteil länger als zwei Jahre bindende Laufzeit des Vertrags,
   b) eine den anderen Vertragsteil bindende stillschweigende Verlängerung des Vertragsverhältnisses um jeweils mehr als ein Jahr oder
   c) zu Lasten des anderen Vertragsteils eine längere Kündigungsfrist als drei Monate vor Ablauf der zunächst vorgesehenen oder stillschweigend verlängerten Vertragsdauer;

   dies gilt nicht für Verträge über die Lieferung als zusammengehörig verkaufter Sachen sowie für Versicherungsverträge;

10. (Wechsel des Vertragspartners)
eine Bestimmung, wonach bei Kauf-, Darlehens-, Dienst- oder Werkverträgen ein Dritter anstelle des Verwenders in die sich aus dem Vertrag

ergebenden Rechte und Pflichten eintritt oder eintreten kann, es sei denn, in der Bestimmung wird

a) der Dritte namentlich bezeichnet oder

b) dem anderen Vertragsteil das Recht eingeräumt, sich vom Vertrag zu lösen;

11. (Haftung des Abschlussvertreters)
eine Bestimmung, durch die der Verwender einem Vertreter, der den Vertrag für den anderen Vertragsteil abschließt,

a) ohne hierauf gerichtete ausdrückliche und gesonderte Erklärung eine eigene Haftung oder Einstandspflicht oder

b) im Falle vollmachtsloser Vertretung eine über § 179 hinausgehende Haftung

auferlegt;

12. (Beweislast)
eine Bestimmung, durch die der Verwender die Beweislast zum Nachteil des anderen Vertragsteils ändert, insbesondere indem er

a) diesem die Beweislast für Umstände auferlegt, die im Verantwortungsbereich des Verwenders liegen, oder

b) den anderen Vertragsteil bestimmte Tatsachen bestätigen lässt;

Buchstabe b gilt nicht für Empfangsbekenntnisse, die gesondert unterschrieben oder mit einer gesonderten qualifizierten elektronischen Signatur versehen sind;

13. (Form von Anzeigen und Erklärungen)
eine Bestimmung, durch die Anzeigen oder Erklärungen, die dem Verwender oder einem Dritten gegenüber abzugeben sind, gebunden werden

a) an eine strengere Form als die schriftliche Form in einem Vertrag, für den durch Gesetz notarielle Beurkundung vorgeschrieben ist oder

b) an eine strengere Form als die Textform in anderen als den in Buchstabe a genannten Verträgen oder

c) an besondere Zugangserfordernisse;

14. (Klageverzicht)
eine Bestimmung, wonach der andere Vertragsteil seine Ansprüche gegen den Verwender gerichtlich nur geltend machen darf, nachdem er eine gütliche Einigung in einem Verfahren zur außergerichtlichen Streitbeilegung versucht hat;

15. (Abschlagszahlungen und Sicherheitsleistung)
eine Bestimmung, nach der der Verwender bei einem Werkvertrag

a) für Teilleistungen Abschlagszahlungen vom anderen Vertragsteil verlangen kann, die wesentlich höher sind als die nach § 632a Absatz 1 und § 650m Absatz 1 zu leistenden Abschlagszahlungen, oder

b) die Sicherheitsleistung nach § 650m Absatz 2 nicht oder nur in geringerer Höhe leisten muss.

§ 310 Anwendungsbereich. (1) [1] § 305 Absatz 2 und 3, § 308 Nummer 1, 2 bis 8 und § 309 finden keine Anwendung auf Allgemeine Geschäftsbedingungen, die gegenüber einem Unternehmer, einer juristischen Person des öffentlichen Rechts oder einem öffentlich-rechtlichen Sondervermögen verwendet werden. [2] § 307 Abs. 1 und 2 findet in den Fällen des Satzes 1 auch insoweit Anwendung, als dies zur Unwirksamkeit von in § 308 Nummer 1, 2 bis 8 und § 309 genannten Vertragsbestimmungen führt; auf die im Handelsverkehr geltenden Gewohnheiten und Gebräuche ist angemessen Rücksicht zu nehmen. [3] In den Fällen des Satzes 1 finden § 307 Absatz 1 und 2 sowie § 308 Nummer 1a und 1b auf Verträge, in die die Vergabe- und Vertragsordnung für Bauleistungen Teil B (VOB/B) in der jeweils zum Zeitpunkt des Vertragsschlusses geltenden Fassung ohne inhaltliche Abweichungen insgesamt einbezogen ist, in Bezug auf eine Inhaltskontrolle einzelner Bestimmungen keine Anwendung.

(2) [1] Die §§ 308 und 309 finden keine Anwendung auf Verträge der Elektrizitäts-, Gas-, Fernwärme- und Wasserversorgungsunternehmen über die Versorgung von Sonderabnehmern mit elektrischer Energie, Gas, Fernwärme und Wasser aus dem Versorgungsnetz, soweit die Versorgungsbedingungen nicht zum Nachteil der Abnehmer von Verordnungen über Allgemeine Bedingungen für die Versorgung von Tarifkunden mit elektrischer Energie, Gas, Fernwärme und Wasser abweichen. [2] Satz 1 gilt entsprechend für Verträge über die Entsorgung von Abwasser.

(3) Bei Verträgen zwischen einem Unternehmer und einem Verbraucher (Verbraucherverträge) finden die Vorschriften dieses Abschnitts mit folgenden Maßgaben Anwendung:

1. Allgemeine Geschäftsbedingungen gelten als vom Unternehmer gestellt, es sei denn, dass sie durch den Verbraucher in den Vertrag eingeführt wurden;
2. § 305c Abs. 2 und die §§ 306 und 307 bis 309 dieses Gesetzes sowie Artikel 46b des Einführungsgesetzes zum Bürgerlichen Gesetzbuche[1)] finden auf vorformulierte Vertragsbedingungen auch dann Anwendung, wenn diese nur zur einmaligen Verwendung bestimmt sind und soweit der Verbraucher auf Grund der Vorformulierung auf ihren Inhalt keinen Einfluss nehmen konnte;
3. bei der Beurteilung der unangemessenen Benachteiligung nach § 307 Abs. 1 und 2 sind auch die den Vertragsschluss begleitenden Umstände zu berücksichtigen.

(4) [1] Dieser Abschnitt findet keine Anwendung bei Verträgen auf dem Gebiet des Erb-, Familien- und Gesellschaftsrechts sowie auf Tarifverträge, Betriebs- und Dienstvereinbarungen. [2] Bei der Anwendung auf Arbeitsverträge sind die im Arbeitsrecht geltenden Besonderheiten angemessen zu berücksichtigen; § 305 Abs. 2 und 3 ist nicht anzuwenden. [3] Tarifverträge, Betriebs- und Dienstvereinbarungen stehen Rechtsvorschriften im Sinne von § 307 Abs. 3 gleich.

[1)] Auszugsweise abgedruckt unter Nr. **24**.

Abschnitt 3. Schuldverhältnisse aus Verträgen

Titel 1. Begründung, Inhalt und Beendigung

Untertitel 2. Grundsätze bei Verbraucherverträgen und besondere Vertriebsformen[1]

Kapitel 1. Anwendungsbereich und Grundsätze bei Verbraucherverträgen

§ 312 Anwendungsbereich. (1) Die Vorschriften der Kapitel 1 und 2 dieses Untertitels sind nur auf Verbraucherverträge im Sinne des § 310 Absatz 3 anzuwenden, die eine entgeltliche Leistung des Unternehmers zum Gegenstand haben.

(2) Von den Vorschriften der Kapitel 1 und 2 dieses Untertitels ist nur § 312a Absatz 1, 3, 4 und 6 auf folgende Verträge anzuwenden:

1. notariell beurkundete Verträge
   a) über Finanzdienstleistungen, die außerhalb von Geschäftsräumen geschlossen werden,
   b) die keine Verträge über Finanzdienstleistungen sind; für Verträge, für die das Gesetz die notarielle Beurkundung des Vertrags oder einer Vertragserklärung nicht vorschreibt, gilt dies nur, wenn der Notar darüber belehrt, dass die Informationspflichten nach § 312d Absatz 1 und das Widerrufsrecht nach § 312g Absatz 1 entfallen,
2. Verträge über die Begründung, den Erwerb oder die Übertragung von Eigentum oder anderen Rechten an Grundstücken,
3. Verbraucherbauverträge nach § 650i Absatz 1,
4. *(aufgehoben)*
5. Verträge über die Beförderung von Personen,
6. Verträge über Teilzeit-Wohnrechte, langfristige Urlaubsprodukte, Vermittlungen und Tauschsysteme nach den §§ 481 bis 481b,
7. Behandlungsverträge nach § 630a,
8. Verträge über die Lieferung von Lebensmitteln, Getränken oder sonstigen Haushaltsgegenständen des täglichen Bedarfs, die am Wohnsitz, am Aufenthaltort oder am Arbeitsplatz eines Verbrauchers von einem Unternehmer im Rahmen häufiger und regelmäßiger Fahrten geliefert werden,
9. Verträge, die unter Verwendung von Warenautomaten und automatisierten Geschäftsräumen geschlossen werden,
10. Verträge, die mit Betreibern von Telekommunikationsmitteln mit Hilfe öffentlicher Münz- und Kartentelefone zu deren Nutzung geschlossen werden,
11. Verträge zur Nutzung einer einzelnen von einem Verbraucher hergestellten Telefon-, Internet- oder Telefaxverbindung,
12. außerhalb von Geschäftsräumen geschlossene Verträge, bei denen die Leistung bei Abschluss der Verhandlungen sofort erbracht und bezahlt wird und das vom Verbraucher zu zahlende Entgelt 40 Euro nicht überschreitet, und

---

[1] Beachte hierzu auch G über Unterlassungsklagen bei Verbraucherrechts- und anderen Verstößen (Unterlassungsklagengesetz – UKlaG) idF der Bek. v. 27.8.2002 (BGBl. I S. 3422, ber. S. 4346), zuletzt geänd. durch G v. 17.7.2017 (BGBl. I S. 2446).

13. Verträge über den Verkauf beweglicher Sachen auf Grund von Zwangsvollstreckungsmaßnahmen oder anderen gerichtlichen Maßnahmen.

(3) Auf Verträge über soziale Dienstleistungen, wie Kinderbetreuung oder Unterstützung von dauerhaft oder vorübergehend hilfsbedürftigen Familien oder Personen, einschließlich Langzeitpflege, sind von den Vorschriften der Kapitel 1 und 2 dieses Untertitels nur folgende anzuwenden:

1. die Definitionen der außerhalb von Geschäftsräumen geschlossenen Verträge und der Fernabsatzverträge nach den §§ 312b und 312c,
2. § 312a Absatz 1 über die Pflicht zur Offenlegung bei Telefonanrufen,
3. § 312a Absatz 3 über die Wirksamkeit der Vereinbarung, die auf eine über das vereinbarte Entgelt für die Hauptleistung hinausgehende Zahlung gerichtet ist,
4. § 312a Absatz 4 über die Wirksamkeit der Vereinbarung eines Entgelts für die Nutzung von Zahlungsmitteln,
5. § 312a Absatz 6,
6. § 312d Absatz 1 in Verbindung mit Artikel 246a § 1 Absatz 2 und 3 des Einführungsgesetzes zum Bürgerlichen Gesetzbuche[1] über die Pflicht zur Information über das Widerrufsrecht und
7. § 312g über das Widerrufsrecht.

(4) [1] Auf Verträge über die Vermietung von Wohnraum sind von den Vorschriften der Kapitel 1 und 2 dieses Untertitels nur die in Absatz 3 Nummer 1 bis 7 genannten Bestimmungen anzuwenden. [2] Die in Absatz 3 Nummer 1, 6 und 7 genannten Bestimmungen sind jedoch nicht auf die Begründung eines Mietverhältnisses über Wohnraum anzuwenden, wenn der Mieter die Wohnung zuvor besichtigt hat.

(5) [1] Bei Vertragsverhältnissen über Bankdienstleistungen sowie Dienstleistungen im Zusammenhang mit einer Kreditgewährung, Versicherung, Altersversorgung von Einzelpersonen, Geldanlage oder Zahlung (Finanzdienstleistungen), die eine erstmalige Vereinbarung mit daran anschließenden aufeinanderfolgenden Vorgängen oder eine daran anschließende Reihe getrennter, in einem zeitlichen Zusammenhang stehender Vorgänge gleicher Art umfassen, sind die Vorschriften der Kapitel 1 und 2 dieses Untertitels nur auf die erste Vereinbarung anzuwenden. [2] § 312a Absatz 1, 3, 4 und 6 ist daneben auf jeden Vorgang anzuwenden. [3] Wenn die in Satz 1 genannten Vorgänge ohne eine solche Vereinbarung aufeinanderfolgen, gelten die Vorschriften über Informationspflichten des Unternehmers nur für den ersten Vorgang. [4] Findet jedoch länger als ein Jahr kein Vorgang der gleichen Art mehr statt, so gilt der nächste Vorgang als der erste Vorgang einer neuen Reihe im Sinne von Satz 3.

(6) Von den Vorschriften der Kapitel 1 und 2 dieses Untertitels ist auf Verträge über Versicherungen sowie auf Verträge über deren Vermittlung nur § 312a Absatz 3, 4 und 6 anzuwenden.

(7) [1] Auf Pauschalreiseverträge nach den §§ 651a und 651c sind von den Vorschriften dieses Untertitels nur § 312a Absatz 3 bis 6, die §§ 312i, 312j Absatz 2 bis 5 und § 312k anzuwenden; diese Vorschriften finden auch

---

[1] Nr. **24**.

Anwendung, wenn der Reisende kein Verbraucher ist. [2] Ist der Reisende ein Verbraucher, ist auf Pauschalreiseverträge nach § 651a, die außerhalb von Geschäftsräumen geschlossen worden sind, auch § 312g Absatz 1 anzuwenden, es sei denn, die mündlichen Verhandlungen, auf denen der Vertragsschluss beruht, sind auf vorhergehende Bestellung des Verbrauchers geführt worden.

§ 312a Allgemeine Pflichten und Grundsätze bei Verbraucherverträgen; Grenzen der Vereinbarung von Entgelten. (1) Ruft der Unternehmer oder eine Person, die in seinem Namen oder Auftrag handelt, den Verbraucher an, um mit diesem einen Vertrag zu schließen, hat der Anrufer zu Beginn des Gesprächs seine Identität und gegebenenfalls die Identität der Person, für die er anruft, sowie den geschäftlichen Zweck des Anrufs offenzulegen.

(2) [1] Der Unternehmer ist verpflichtet, den Verbraucher nach Maßgabe des Artikels 246 des Einführungsgesetzes zum Bürgerlichen Gesetzbuche[1)] zu informieren. [2] Der Unternehmer kann von dem Verbraucher Fracht-, Liefer- oder Versandkosten und sonstige Kosten nur verlangen, soweit er den Verbraucher über diese Kosten entsprechend den Anforderungen aus Artikel 246 Absatz 1 Nummer 3 des Einführungsgesetzes zum Bürgerlichen Gesetzbuche informiert hat. [3] Die Sätze 1 und 2 sind weder auf außerhalb von Geschäftsräumen geschlossene Verträge noch auf Fernabsatzverträge noch auf Verträge über Finanzdienstleistungen anzuwenden.

(3) [1] Eine Vereinbarung, die auf eine über das vereinbarte Entgelt für die Hauptleistung hinausgehende Zahlung des Verbrauchers gerichtet ist, kann ein Unternehmer mit einem Verbraucher nur ausdrücklich treffen. [2] Schließen der Unternehmer und der Verbraucher einen Vertrag im elektronischen Geschäftsverkehr, wird eine solche Vereinbarung nur Vertragsbestandteil; wenn der Unternehmer die Vereinbarung nicht durch eine Voreinstellung herbeiführt.

(4) Eine Vereinbarung, durch die ein Verbraucher verpflichtet wird, ein Entgelt dafür zu zahlen, dass er für die Erfüllung seiner vertraglichen Pflichten ein bestimmtes Zahlungsmittel nutzt, ist unwirksam, wenn

1. für den Verbraucher keine gängige und zumutbare unentgeltliche Zahlungsmöglichkeit besteht oder
2. das vereinbarte Entgelt über die Kosten hinausgeht, die dem Unternehmer durch die Nutzung des Zahlungsmittels entstehen.

(5) [1] Eine Vereinbarung, durch die ein Verbraucher verpflichtet wird, ein Entgelt dafür zu zahlen, dass der Verbraucher den Unternehmer wegen Fragen oder Erklärungen zu einem zwischen ihnen geschlossenen Vertrag über eine Rufnummer anruft, die der Unternehmer für solche Zwecke bereithält, ist unwirksam, wenn das vereinbarte Entgelt das Entgelt für die bloße Nutzung des Telekommunikationsdienstes übersteigt. [2] Ist eine Vereinbarung nach Satz 1 unwirksam, ist der Verbraucher auch gegenüber dem Anbieter des Telekommunikationsdienstes nicht verpflichtet, ein Entgelt für den Anruf zu zahlen. [3] Der Anbieter des Telekommunikationsdienstes ist berechtigt, das Entgelt für die bloße Nutzung des Telekommunikationsdienstes von dem Unternehmer zu verlangen, der die unwirksame Vereinbarung mit dem Verbraucher geschlossen hat.

[1)] Auszugsweise abgedruckt unter Nr. **24**.

(6) Ist eine Vereinbarung nach den Absätzen 3 bis 5 nicht Vertragsbestandteil geworden oder ist sie unwirksam, bleibt der Vertrag im Übrigen wirksam.

Kapitel 2. Außerhalb von Geschäftsräumen geschlossene Verträge und Fernabsatzverträge

§ 312b Außerhalb von Geschäftsräumen geschlossene Verträge.

(1) [1] Außerhalb von Geschäftsräumen geschlossene Verträge sind Verträge,

1. die bei gleichzeitiger körperlicher Anwesenheit des Verbrauchers und des Unternehmers an einem Ort geschlossen werden, der kein Geschäftsraum des Unternehmers ist,
2. für die der Verbraucher unter den in Nummer 1 genannten Umständen ein Angebot abgegeben hat,
3. die in den Geschäftsräumen des Unternehmers oder durch Fernkommunikationsmittel geschlossen werden, bei denen der Verbraucher jedoch unmittelbar zuvor außerhalb der Geschäftsräume des Unternehmers bei gleichzeitiger körperlicher Anwesenheit des Verbrauchers und des Unternehmers persönlich und individuell angesprochen wurde, oder
4. die auf einem Ausflug geschlossen werden, der von dem Unternehmer oder mit seiner Hilfe organisiert wurde, um beim Verbraucher für den Verkauf von Waren oder die Erbringung von Dienstleistungen zu werben und mit ihm entsprechende Verträge abzuschließen.

[2] Dem Unternehmer stehen Personen gleich, die in seinem Namen oder Auftrag handeln.

(2) [1] Geschäftsräume im Sinne des Absatzes 1 sind unbewegliche Gewerberäume, in denen der Unternehmer seine Tätigkeit dauerhaft ausübt, und bewegliche Gewerberäume, in denen der Unternehmer seine Tätigkeit für gewöhnlich ausübt. [2] Gewerberäume, in denen die Person, die im Namen oder Auftrag des Unternehmers handelt, ihre Tätigkeit dauerhaft oder für gewöhnlich ausübt, stehen Räumen des Unternehmers gleich.

§ 312c Fernabsatzverträge. (1) Fernabsatzverträge sind Verträge, bei denen der Unternehmer oder eine in seinem Namen oder Auftrag handelnde Person und der Verbraucher für die Vertragsverhandlungen und den Vertragsschluss ausschließlich Fernkommunikationsmittel verwenden, es sei denn, dass der Vertragsschluss nicht im Rahmen eines für den Fernabsatz organisierten Vertriebs- oder Dienstleistungssystems erfolgt.

(2) Fernkommunikationsmittel im Sinne dieses Gesetzes sind alle Kommunikationsmittel, die zur Anbahnung oder zum Abschluss eines Vertrags eingesetzt werden können, ohne dass die Vertragsparteien gleichzeitig körperlich anwesend sind, wie Briefe, Kataloge, Telefonanrufe, Telekopien, E-Mails, über den Mobilfunkdienst versendete Nachrichten (SMS) sowie Rundfunk und Telemedien.

§ 312d Informationspflichten. (1) [1] Bei außerhalb von Geschäftsräumen geschlossenen Verträgen und bei Fernabsatzverträgen ist der Unternehmer verpflichtet, den Verbraucher nach Maßgabe des Artikels 246a des Einführungsgesetzes zum Bürgerlichen Gesetzbuche[1]) zu informieren. [2]Die in Erfüllung dieser Pflicht gemachten Angaben des Unternehmers werden Inhalt des Vertrags, es sei denn, die Vertragsparteien haben ausdrücklich etwas anderes vereinbart.

(2) Bei außerhalb von Geschäftsräumen geschlossenen Verträgen und bei Fernabsatzverträgen über Finanzdienstleistungen ist der Unternehmer abweichend von Absatz 1 verpflichtet, den Verbraucher nach Maßgabe des Artikels 246b des Einführungsgesetzes zum Bürgerlichen Gesetzbuche zu informieren.

§ 312e Verletzung von Informationspflichten über Kosten. Der Unternehmer kann von dem Verbraucher Fracht-, Liefer- oder Versandkosten und sonstige Kosten nur verlangen, soweit er den Verbraucher über diese Kosten entsprechend den Anforderungen aus § 312d Absatz 1 in Verbindung mit Artikel 246a § 1 Absatz 1 Satz 1 Nummer 4 des Einführungsgesetzes zum Bürgerlichen Gesetzbuche[2]) informiert hat.

§ 312f Abschriften und Bestätigungen. (1) [1]Bei außerhalb von Geschäftsräumen geschlossenen Verträgen ist der Unternehmer verpflichtet, dem Verbraucher alsbald auf Papier zur Verfügung zu stellen

1. eine Abschrift eines Vertragsdokuments, das von den Vertragsschließenden so unterzeichnet wurde, dass ihre Identität erkennbar ist, oder
2. eine Bestätigung des Vertrags, in der der Vertragsinhalt wiedergegeben ist.

[2]Wenn der Verbraucher zustimmt, kann für die Abschrift oder die Bestätigung des Vertrags auch ein anderer dauerhafter Datenträger verwendet werden. [3]Die Bestätigung nach Satz 1 muss die in Artikel 246a des Einführungsgesetzes zum Bürgerlichen Gesetzbuche[1]) genannten Angaben nur enthalten, wenn der Unternehmer dem Verbraucher diese Informationen nicht bereits vor Vertragsschluss in Erfüllung seiner Informationspflichten nach § 312d Absatz 1 auf einem dauerhaften Datenträger zur Verfügung gestellt hat.

(2) [1]Bei Fernabsatzverträgen ist der Unternehmer verpflichtet, dem Verbraucher eine Bestätigung des Vertrags, in der der Vertragsinhalt wiedergegeben ist, innerhalb einer angemessenen Frist nach Vertragsschluss, spätestens jedoch bei der Lieferung der Ware oder bevor mit der Ausführung der Dienstleistung begonnen wird, auf einem dauerhaften Datenträger zur Verfügung zu stellen. [2]Die Bestätigung nach Satz 1 muss die in Artikel 246a des Einführungsgesetzes zum Bürgerlichen Gesetzbuche genannten Angaben enthalten, es sei denn, der Unternehmer hat dem Verbraucher diese Informationen bereits vor Vertragsschluss in Erfüllung seiner Informationspflichten nach § 312d Absatz 1 auf einem dauerhaften Datenträger zur Verfügung gestellt.

(3) Bei Verträgen über die Lieferung von nicht auf einem körperlichen Datenträger befindlichen Daten, die in digitaler Form hergestellt und bereitgestellt werden (digitale Inhalte), ist auf der Abschrift oder in der Bestätigung des Vertrags nach den Absätzen 1 und 2 gegebenenfalls auch festzuhalten, dass der Verbraucher vor Ausführung des Vertrags

---

[1]) Auszugsweise abgedruckt unter Nr. **24**.
[2]) Nr. **24**.

1. ausdrücklich zugestimmt hat, dass der Unternehmer mit der Ausführung des Vertrags vor Ablauf der Widerrufsfrist beginnt, und
2. seine Kenntnis davon bestätigt hat, dass er durch seine Zustimmung mit Beginn der Ausführung des Vertrags sein Widerrufsrecht verliert.

(4) Diese Vorschrift ist nicht anwendbar auf Verträge über Finanzdienstleistungen.

§ 312g Widerrufsrecht. (1) Dem Verbraucher steht bei außerhalb von Geschäftsräumen geschlossenen Verträgen und bei Fernabsatzverträgen ein Widerrufsrecht gemäß § 355 zu.

(2) Das Widerrufsrecht besteht, soweit die Parteien nichts anderes vereinbart haben, nicht bei folgenden Verträgen:

1. Verträge zur Lieferung von Waren, die nicht vorgefertigt sind und für deren Herstellung eine individuelle Auswahl oder Bestimmung durch den Verbraucher maßgeblich ist oder die eindeutig auf die persönlichen Bedürfnisse des Verbrauchers zugeschnitten sind,
2. Verträge zur Lieferung von Waren, die schnell verderben können oder deren Verfallsdatum schnell überschritten würde,
3. Verträge zur Lieferung versiegelter Waren, die aus Gründen des Gesundheitsschutzes oder der Hygiene nicht zur Rückgabe geeignet sind, wenn ihre Versiegelung nach der Lieferung entfernt wurde,
4. Verträge zur Lieferung von Waren, wenn diese nach der Lieferung auf Grund ihrer Beschaffenheit untrennbar mit anderen Gütern vermischt wurden,
5. Verträge zur Lieferung alkoholischer Getränke, deren Preis bei Vertragsschluss vereinbart wurde, die aber frühestens 30 Tage nach Vertragsschluss geliefert werden können und deren aktueller Wert von Schwankungen auf dem Markt abhängt, auf die der Unternehmer keinen Einfluss hat,
6. Verträge zur Lieferung von Ton- oder Videoaufnahmen oder Computersoftware in einer versiegelten Packung, wenn die Versiegelung nach der Lieferung entfernt wurde,
7. Verträge zur Lieferung von Zeitungen, Zeitschriften oder Illustrierten mit Ausnahme von Abonnement-Verträgen,
8. Verträge zur Lieferung von Waren oder zur Erbringung von Dienstleistungen, einschließlich Finanzdienstleistungen, deren Preis von Schwankungen auf dem Finanzmarkt abhängt, auf die der Unternehmer keinen Einfluss hat und die innerhalb der Widerrufsfrist auftreten können, insbesondere Dienstleistungen im Zusammenhang mit Aktien, mit Anteilen an offenen Investmentvermögen im Sinne von § 1 Absatz 4 des Kapitalanlagegesetzbuchs und mit anderen handelbaren Wertpapieren, Devisen, Derivaten oder Geldmarktinstrumenten,
9. Verträge zur Erbringung von Dienstleistungen in den Bereichen Beherbergung zu anderen Zwecken als zu Wohnzwecken, Beförderung von Waren, Kraftfahrzeugvermietung, Lieferung von Speisen und Getränken sowie zur Erbringung weiterer Dienstleistungen im Zusammenhang mit Freizeitbetätigungen, wenn der Vertrag für die Erbringung einen spezifischen Termin oder Zeitraum vorsieht,

10. Verträge, die im Rahmen einer Vermarktungsform geschlossen werden, bei der der Unternehmer Verbrauchern, die persönlich anwesend sind oder denen diese Möglichkeit gewährt wird, Waren oder Dienstleistungen anbietet, und zwar in einem vom Versteigerer durchgeführten, auf konkurrierenden Geboten basierenden transparenten Verfahren, bei dem der Bieter, der den Zuschlag erhalten hat, zum Erwerb der Waren oder Dienstleistungen verpflichtet ist (öffentlich zugängliche Versteigerung),
11. Verträge, bei denen der Verbraucher den Unternehmer ausdrücklich aufgefordert hat, ihn aufzusuchen, um dringende Reparatur- oder Instandhaltungsarbeiten vorzunehmen; dies gilt nicht hinsichtlich weiterer bei dem Besuch erbrachter Dienstleistungen, die der Verbraucher nicht ausdrücklich verlangt hat, oder hinsichtlich solcher bei dem Besuch gelieferter Waren, die bei der Instandhaltung oder Reparatur nicht unbedingt als Ersatzteile benötigt werden,
12. Verträge zur Erbringung von Wett- und Lotteriedienstleistungen, es sei denn, dass der Verbraucher seine Vertragserklärung telefonisch abgegeben hat oder der Vertrag außerhalb von Geschäftsräumen geschlossen wurde, und
13. notariell beurkundete Verträge; dies gilt für Fernabsatzverträge über Finanzdienstleistungen nur, wenn der Notar bestätigt, dass die Rechte des Verbrauchers aus § 312d Absatz 2 gewahrt sind.

(3) Das Widerrufsrecht besteht ferner nicht bei Verträgen, bei denen dem Verbraucher bereits auf Grund der §§ 495, 506 bis 513 ein Widerrufsrecht nach § 355 zusteht, und nicht bei außerhalb von Geschäftsräumen geschlossenen Verträgen, bei denen dem Verbraucher bereits nach § 305 Absatz 1 bis 6 des Kapitalanlagegesetzbuchs ein Widerrufsrecht zusteht.

§ 312h Kündigung und Vollmacht zur Kündigung. Wird zwischen einem Unternehmer und einem Verbraucher nach diesem Untertitel ein Dauerschuldverhältnis begründet, das ein zwischen dem Verbraucher und einem anderen Unternehmer bestehendes Dauerschuldverhältnis ersetzen soll, und wird anlässlich der Begründung des Dauerschuldverhältnisses von dem Verbraucher

1. die Kündigung des bestehenden Dauerschuldverhältnisses erklärt und der Unternehmer oder ein von ihm beauftragter Dritter zur Übermittlung der Kündigung an den bisherigen Vertragspartner des Verbrauchers beauftragt oder
2. der Unternehmer oder ein von ihm beauftragter Dritter zur Erklärung der Kündigung gegenüber dem bisherigen Vertragspartner des Verbrauchers bevollmächtigt,

bedarf die Kündigung des Verbrauchers oder die Vollmacht zur Kündigung der Textform.

Kapitel 3. Verträge im elektronischen Geschäftsverkehr

§ 312i Allgemeine Pflichten im elektronischen Geschäftsverkehr.

(1) [1]Bedient sich ein Unternehmer zum Zwecke des Abschlusses eines Vertrags über die Lieferung von Waren oder über die Erbringung von Dienst-

leistungen der Telemedien (Vertrag im elektronischen Geschäftsverkehr), hat er dem Kunden

1. angemessene, wirksame und zugängliche technische Mittel zur Verfügung zu stellen, mit deren Hilfe der Kunde Eingabefehler vor Abgabe seiner Bestellung erkennen und berichtigen kann,
2. die in Artikel 246c des Einführungsgesetzes zum Bürgerlichen Gesetzbuche[1] bestimmten Informationen rechtzeitig vor Abgabe von dessen Bestellung klar und verständlich mitzuteilen,
3. den Zugang von dessen Bestellung unverzüglich auf elektronischem Wege zu bestätigen und
4. die Möglichkeit zu verschaffen, die Vertragsbestimmungen einschließlich der Allgemeinen Geschäftsbedingungen bei Vertragsschluss abzurufen und in wiedergabefähiger Form zu speichern.

[2] Bestellung und Empfangsbestätigung im Sinne von Satz 1 Nummer 3 gelten als zugegangen, wenn die Parteien, für die sie bestimmt sind, sie unter gewöhnlichen Umständen abrufen können.

(2) [1] Absatz 1 Satz 1 Nummer 1 bis 3 ist nicht anzuwenden, wenn der Vertrag ausschließlich durch individuelle Kommunikation geschlossen wird. [2] Absatz 1 Satz 1 Nummer 1 bis 3 und Satz 2 ist nicht anzuwenden, wenn zwischen Vertragsparteien, die nicht Verbraucher sind, etwas anderes vereinbart wird.

(3) Weitergehende Informationspflichten auf Grund anderer Vorschriften bleiben unberührt.

§ 312j Besondere Pflichten im elektronischen Geschäftsverkehr gegenüber Verbrauchern. (1) Auf Webseiten für den elektronischen Geschäftsverkehr mit Verbrauchern hat der Unternehmer zusätzlich zu den Angaben nach § 312i Absatz 1 spätestens bei Beginn des Bestellvorgangs klar und deutlich anzugeben, ob Lieferbeschränkungen bestehen und welche Zahlungsmittel akzeptiert werden.

(2) Bei einem Verbrauchervertrag im elektronischen Geschäftsverkehr, der eine entgeltliche Leistung des Unternehmers zum Gegenstand hat, muss der Unternehmer dem Verbraucher die Informationen gemäß Artikel 246a § 1 Absatz 1 Satz 1 Nummer 1, 4, 5, 11 und 12 des Einführungsgesetzes zum Bürgerlichen Gesetzbuche[2], unmittelbar bevor der Verbraucher seine Bestellung abgibt, klar und verständlich in hervorgehobener Weise zur Verfügung stellen.

(3) [1] Der Unternehmer hat die Bestellsituation bei einem Vertrag nach Absatz 2 so zu gestalten, dass der Verbraucher mit seiner Bestellung ausdrücklich bestätigt, dass er sich zu einer Zahlung verpflichtet. [2] Erfolgt die Bestellung über eine Schaltfläche, ist die Pflicht des Unternehmers aus Satz 1 nur erfüllt, wenn diese Schaltfläche gut lesbar mit nichts anderem als den Wörtern „zahlungspflichtig bestellen" oder mit einer entsprechenden eindeutigen Formulierung beschriftet ist.

(4) Ein Vertrag nach Absatz 2 kommt nur zustande, wenn der Unternehmer seine Pflicht aus Absatz 3 erfüllt.

---

[1] Auszugsweise abgedruckt unter Nr. **24**.
[2] Nr. **24**.

(5) [1] Die Absätze 2 bis 4 sind nicht anzuwenden, wenn der Vertrag ausschließlich durch individuelle Kommunikation geschlossen wird. [2] Die Pflichten aus den Absätzen 1 und 2 gelten weder für Webseiten, die Finanzdienstleistungen betreffen, noch für Verträge über Finanzdienstleistungen.

Kapitel 4. Abweichende Vereinbarungen und Beweislast

§ 312k Abweichende Vereinbarungen und Beweislast. (1) [1] Von den Vorschriften dieses Untertitels darf, soweit nichts anderes bestimmt ist, nicht zum Nachteil des Verbrauchers oder Kunden abgewichen werden. [2] Die Vorschriften dieses Untertitels finden, soweit nichts anderes bestimmt ist, auch Anwendung, wenn sie durch anderweitige Gestaltungen umgangen werden.

(2) Der Unternehmer trägt gegenüber dem Verbraucher die Beweislast für die Erfüllung der in diesem Untertitel geregelten Informationspflichten.

Titel 5. Rücktritt; Widerrufsrecht bei Verbraucherverträgen

Untertitel 2. Widerrufsrecht bei Verbraucherverträgen

§ 355 Widerrufsrecht bei Verbraucherverträgen. (1) [1] Wird einem Verbraucher durch Gesetz ein Widerrufsrecht nach dieser Vorschrift eingeräumt, so sind der Verbraucher und der Unternehmer an ihre auf den Abschluss des Vertrags gerichteten Willenserklärungen nicht mehr gebunden, wenn der Verbraucher seine Willenserklärung fristgerecht widerrufen hat. [2] Der Widerruf erfolgt durch Erklärung gegenüber dem Unternehmer. [3] Aus der Erklärung muss der Entschluss des Verbrauchers zum Widerruf des Vertrags eindeutig hervorgehen. [4] Der Widerruf muss keine Begründung enthalten. [5] Zur Fristwahrung genügt die rechtzeitige Absendung des Widerrufs.

(2) [1] Die Widerrufsfrist beträgt 14 Tage. [2] Sie beginnt mit Vertragsschluss, soweit nichts anderes bestimmt ist.

(3) [1] Im Falle des Widerrufs sind die empfangenen Leistungen unverzüglich zurückzugewähren. [2] Bestimmt das Gesetz eine Höchstfrist für die Rückgewähr, so beginnt diese für den Unternehmer mit dem Zugang und für den Verbraucher mit der Abgabe der Widerrufserklärung. [3] Ein Verbraucher wahrt diese Frist durch die rechtzeitige Absendung der Waren. [4] Der Unternehmer trägt bei Widerruf die Gefahr der Rücksendung der Waren.

§ 356 Widerrufsrecht bei außerhalb von Geschäftsräumen geschlossenen Verträgen und Fernabsatzverträgen. (1) [1] Der Unternehmer kann dem Verbraucher die Möglichkeit einräumen, das Muster-Widerrufsformular nach Anlage 2 zu Artikel 246a § 1 Absatz 2 Satz 1 Nummer 1 des Einführungsgesetzes zum Bürgerlichen Gesetzbuche[1)] oder eine andere eindeutige Widerrufserklärung auf der Webseite des Unternehmers auszufüllen und zu übermitteln. [2] Macht der Verbraucher von dieser Möglichkeit Gebrauch, muss der Unternehmer dem Verbraucher den Zugang des Widerrufs unverzüglich auf einem dauerhaften Datenträger bestätigen.

(2) Die Widerrufsfrist beginnt

1. bei einem Verbrauchsgüterkauf,

---

1) Nr. **24**.

a) der nicht unter die Buchstaben b bis d fällt, sobald der Verbraucher oder ein von ihm benannter Dritter, der nicht Frachtführer ist, die Waren erhalten hat,

b) bei dem der Verbraucher mehrere Waren im Rahmen einer einheitlichen Bestellung bestellt hat und die Waren getrennt geliefert werden, sobald der Verbraucher oder ein von ihm benannter Dritter, der nicht Frachtführer ist, die letzte Ware erhalten hat,

c) bei dem die Ware in mehreren Teilsendungen oder Stücken geliefert wird, sobald der Verbraucher oder ein vom Verbraucher benannter Dritter, der nicht Frachtführer ist, die letzte Teilsendung oder das letzte Stück erhalten hat,

d) der auf die regelmäßige Lieferung von Waren über einen festgelegten Zeitraum gerichtet ist, sobald der Verbraucher oder ein von ihm benannter Dritter, der nicht Frachtführer ist, die erste Ware erhalten hat,

2. bei einem Vertrag, der die nicht in einem begrenzten Volumen oder in einer bestimmten Menge angebotene Lieferung von Wasser, Gas oder Strom, die Lieferung von Fernwärme oder die Lieferung von nicht auf einem körperlichen Datenträger befindlichen digitalen Inhalten zum Gegenstand hat, mit Vertragsschluss.

(3) [1] Die Widerrufsfrist beginnt nicht, bevor der Unternehmer den Verbraucher entsprechend den Anforderungen des Artikels 246a § 1 Absatz 2 Satz 1 Nummer 1 oder des Artikels 246b § 2 Absatz 1 des Einführungsgesetzes zum Bürgerlichen Gesetzbuche unterrichtet hat. [2] Das Widerrufsrecht erlischt spätestens zwölf Monate und 14 Tage nach dem in Absatz 2 oder § 355 Absatz 2 Satz 2 genannten Zeitpunkt. [3] Satz 2 ist auf Verträge über Finanzdienstleistungen nicht anwendbar.

(4) [1] Das Widerrufsrecht erlischt bei einem Vertrag zur Erbringung von Dienstleistungen auch dann, wenn der Unternehmer die Dienstleistung vollständig erbracht hat und mit der Ausführung der Dienstleistung erst begonnen hat, nachdem der Verbraucher dazu seine ausdrückliche Zustimmung gegeben hat und gleichzeitig seine Kenntnis davon bestätigt hat, dass er sein Widerrufsrecht bei vollständiger Vertragserfüllung durch den Unternehmer verliert. [2] Bei einem außerhalb von Geschäftsräumen geschlossenen Vertrag muss die Zustimmung des Verbrauchers auf einem dauerhaften Datenträger übermittelt werden. [3] Bei einem Vertrag über die Erbringung von Finanzdienstleistungen erlischt das Widerrufsrecht abweichend von Satz 1, wenn der Vertrag von beiden Seiten auf ausdrücklichen Wunsch des Verbrauchers vollständig erfüllt ist, bevor der Verbraucher sein Widerrufsrecht ausübt.

(5) Das Widerrufsrecht erlischt bei einem Vertrag über die Lieferung von nicht auf einem körperlichen Datenträger befindlichen digitalen Inhalten auch dann, wenn der Unternehmer mit der Ausführung des Vertrags begonnen hat, nachdem der Verbraucher

1. ausdrücklich zugestimmt hat, dass der Unternehmer mit der Ausführung des Vertrags vor Ablauf der Widerrufsfrist beginnt, und
2. seine Kenntnis davon bestätigt hat, dass er durch seine Zustimmung mit Beginn der Ausführung des Vertrags sein Widerrufsrecht verliert.

§ 356a Widerrufsrecht bei Teilzeit-Wohnrechteverträgen, Verträgen über ein langfristiges Urlaubsprodukt, bei Vermittlungsverträgen und Tauschsystemverträgen. (1) Der Widerruf ist in Textform zu erklären.

(2) [1]Die Widerrufsfrist beginnt mit dem Zeitpunkt des Vertragsschlusses oder des Abschlusses eines Vorvertrags. [2]Erhält der Verbraucher die Vertragsurkunde oder die Abschrift des Vertrags erst nach Vertragsschluss, beginnt die Widerrufsfrist mit dem Zeitpunkt des Erhalts.

(3) [1]Sind dem Verbraucher die in § 482 Absatz 1 bezeichneten vorvertraglichen Informationen oder das in Artikel 242 § 1 Absatz 2 des Einführungsgesetzes zum Bürgerlichen Gesetzbuche[1)] bezeichnete Formblatt vor Vertragsschluss nicht, nicht vollständig oder nicht in der in § 483 Absatz 1 vorgeschriebenen Sprache überlassen worden, so beginnt die Widerrufsfrist abweichend von Absatz 2 erst mit dem vollständigen Erhalt der vorvertraglichen Informationen und des Formblatts in der vorgeschriebenen Sprache. [2]Das Widerrufsrecht erlischt spätestens drei Monate und 14 Tage nach dem in Absatz 2 genannten Zeitpunkt.

(4) [1]Ist dem Verbraucher die in § 482a bezeichnete Widerrufsbelehrung vor Vertragsschluss nicht, nicht vollständig oder nicht in der in § 483 Absatz 1 vorgeschriebenen Sprache überlassen worden, so beginnt die Widerrufsfrist abweichend von Absatz 2 erst mit dem vollständigen Erhalt der Widerrufsbelehrung in der vorgeschriebenen Sprache. [2]Das Widerrufsrecht erlischt gegebenenfalls abweichend von Absatz 3 Satz 2 spätestens zwölf Monate und 14 Tage nach dem in Absatz 2 genannten Zeitpunkt.

(5) [1]Hat der Verbraucher einen Teilzeit-Wohnrechtevertrag und einen Tauschsystemvertrag abgeschlossen und sind ihm diese Verträge zum gleichen Zeitpunkt angeboten worden, so beginnt die Widerrufsfrist für beide Verträge mit dem nach Absatz 2 für den Teilzeit-Wohnrechtevertrag geltenden Zeitpunkt. [2]Die Absätze 3 und 4 gelten entsprechend.

§ 356b Widerrufsrecht bei Verbraucherdarlehensverträgen. (1) Die Widerrufsfrist beginnt auch nicht, bevor der Darlehensgeber dem Darlehensnehmer eine für diesen bestimmte Vertragsurkunde, den schriftlichen Antrag des Darlehensnehmers oder eine Abschrift der Vertragsurkunde oder seines Antrags zur Verfügung gestellt hat.

(2) [1]Enthält bei einem Allgemein-Verbraucherdarlehensvertrag die dem Darlehensnehmer nach Absatz 1 zur Verfügung gestellte Urkunde die Pflichtangaben nach § 492 Absatz 2 nicht, beginnt die Frist erst mit Nachholung dieser Angaben gemäß § 492 Absatz 6. [2]Enthält bei einem Immobiliar-Verbraucherdarlehensvertrag die dem Darlehensnehmer nach Absatz 1 zur Verfügung gestellte Urkunde die Pflichtangaben zum Widerrufsrecht nach § 492 Absatz 2 in Verbindung mit Artikel 247 § 6 Absatz 2 des Einführungsgesetzes zum Bürgerlichen Gesetzbuche[1)] nicht, beginnt die Frist erst mit Nachholung dieser Angaben gemäß § 492 Absatz 6. [3]In den Fällen der Sätze 1 und 2 beträgt die Widerrufsfrist einen Monat. [4]Das Widerrufsrecht bei einem Immobiliar-Verbraucherdarlehensvertrag erlischt spätestens zwölf Monate und 14 Tage nach dem Vertragsschluss oder nach dem in Absatz 1 genannten Zeitpunkt, wenn dieser nach dem Vertragsschluss liegt.

[1)] Nr. **24**.

(3) Die Widerrufsfrist beginnt im Falle des § 494 Absatz 7 bei einem Allgemein-Verbraucherdarlehensvertrag erst, wenn der Darlehensnehmer die dort bezeichnete Abschrift des Vertrags erhalten hat.

§ 356c Widerrufsrecht bei Ratenlieferungsverträgen. (1) Bei einem Ratenlieferungsvertrag, der weder im Fernabsatz noch außerhalb von Geschäftsräumen geschlossenen wird, beginnt die Widerrufsfrist nicht, bevor der Unternehmer den Verbraucher gemäß Artikel 246 Absatz 3 des Einführungsgesetzes zum Bürgerlichen Gesetzbuche[1] über sein Widerrufsrecht unterrichtet hat.

(2) [1] § 356 Absatz 1 gilt entsprechend. [2] Das Widerrufsrecht erlischt spätestens zwölf Monate und 14 Tage nach dem in § 355 Absatz 2 Satz 2 genannten Zeitpunkt.

§ 356d Widerrufsrecht des Verbrauchers bei unentgeltlichen Darlehensverträgen und unentgeltlichen Finanzierungshilfen. [1] Bei einem Vertrag, durch den ein Unternehmer einem Verbraucher ein unentgeltliches Darlehen oder eine unentgeltliche Finanzierungshilfe gewährt, beginnt die Widerrufsfrist abweichend von § 355 Absatz 2 Satz 2 nicht, bevor der Unternehmer den Verbraucher entsprechend den Anforderungen des § 514 Absatz 2 Satz 3 über dessen Widerrufsrecht unterrichtet hat. [2] Das Widerrufsrecht erlischt spätestens zwölf Monate und 14 Tage nach dem Vertragsschluss oder nach dem in Satz 1 genannten Zeitpunkt, wenn dieser nach dem Vertragsschluss liegt.

§ 356e Widerrufsrecht bei Verbraucherbauverträgen. [1] Bei einem Verbraucherbauvertrag (§ 650i Absatz 1) beginnt die Widerrufsfrist nicht, bevor der Unternehmer den Verbraucher gemäß Artikel 249 § 3 des Einführungsgesetzes zum Bürgerlichen Gesetzbuche[2] über sein Widerrufsrecht belehrt hat. [2] Das Widerrufsrecht erlischt spätestens zwölf Monate und 14 Tage nach dem in § 355 Absatz 2 Satz 2 genannten Zeitpunkt.

§ 357 Rechtsfolgen des Widerrufs von außerhalb von Geschäftsräumen geschlossenen Verträgen und Fernabsatzverträgen mit Ausnahme von Verträgen über Finanzdienstleistungen. (1) Die empfangenen Leistungen sind spätestens nach 14 Tagen zurückzugewähren.

(2) [1] Der Unternehmer muss auch etwaige Zahlungen des Verbrauchers für die Lieferung zurückgewähren. [2] Dies gilt nicht, soweit dem Verbraucher zusätzliche Kosten entstanden sind, weil er sich für eine andere Art der Lieferung als die vom Unternehmer angebotene günstigste Standardlieferung entschieden hat.

(3) [1] Für die Rückzahlung muss der Unternehmer dasselbe Zahlungsmittel verwenden, das der Verbraucher bei der Zahlung verwendet hat. [2] Satz 1 gilt nicht, wenn ausdrücklich etwas anderes vereinbart worden ist und dem Verbraucher dadurch keine Kosten entstehen.

(4) [1] Bei einem Verbrauchsgüterkauf kann der Unternehmer die Rückzahlung verweigern, bis er die Waren zurückerhalten hat oder der Verbraucher den

---

[1] Auszugsweise abgedruckt unter Nr. **24**.
[2] Nr. **24**.

Nachweis erbracht hat, dass er die Waren abgesandt hat. [2] Dies gilt nicht, wenn der Unternehmer angeboten hat, die Waren abzuholen.

(5) Der Verbraucher ist nicht verpflichtet, die empfangenen Waren zurückzusenden, wenn der Unternehmer angeboten hat, die Waren abzuholen.

(6) [1] Der Verbraucher trägt die unmittelbaren Kosten der Rücksendung der Waren, wenn der Unternehmer den Verbraucher nach Artikel 246a § 1 Absatz 2 Satz 1 Nummer 2 des Einführungsgesetzes zum Bürgerlichen Gesetzbuche[1)] von dieser Pflicht unterrichtet hat. [2] Satz 1 gilt nicht, wenn der Unternehmer sich bereit erklärt hat, diese Kosten zu tragen. [3] Bei außerhalb von Geschäftsräumen geschlossenen Verträgen, bei denen die Waren zum Zeitpunkt des Vertragsschlusses zur Wohnung des Verbrauchers geliefert worden sind, ist der Unternehmer verpflichtet, die Waren auf eigene Kosten abzuholen, wenn die Waren so beschaffen sind, dass sie nicht per Post zurückgesandt werden können.

(7) Der Verbraucher hat Wertersatz für einen Wertverlust der Ware zu leisten, wenn

1. der Wertverlust auf einen Umgang mit den Waren zurückzuführen ist, der zur Prüfung der Beschaffenheit, der Eigenschaften und der Funktionsweise der Waren nicht notwendig war, und
2. der Unternehmer den Verbraucher nach Artikel 246a § 1 Absatz 2 Satz 1 Nummer 1 des Einführungsgesetzes zum Bürgerlichen Gesetzbuche über sein Widerrufsrecht unterrichtet hat.

(8) [1] Widerruft der Verbraucher einen Vertrag über die Erbringung von Dienstleistungen oder über die Lieferung von Wasser, Gas oder Strom in nicht bestimmten Mengen oder nicht begrenztem Volumen oder über die Lieferung von Fernwärme, so schuldet der Verbraucher dem Unternehmer Wertersatz für die bis zum Widerruf erbrachte Leistung, wenn der Verbraucher von dem Unternehmer ausdrücklich verlangt hat, dass dieser mit der Leistung vor Ablauf der Widerrufsfrist beginnt. [2] Der Anspruch aus Satz 1 besteht nur, wenn der Unternehmer den Verbraucher nach Artikel 246a § 1 Absatz 2 Satz 1 Nummer 1 und 3 des Einführungsgesetzes zum Bürgerlichen Gesetzbuche ordnungsgemäß informiert hat. [3] Bei außerhalb von Geschäftsräumen geschlossenen Verträgen besteht der Anspruch nach Satz 1 nur dann, wenn der Verbraucher sein Verlangen nach Satz 1 auf einem dauerhaften Datenträger übermittelt hat. [4] Bei der Berechnung des Wertersatzes ist der vereinbarte Gesamtpreis zu Grunde zu legen. [5] Ist der vereinbarte Gesamtpreis unverhältnismäßig hoch, ist der Wertersatz auf der Grundlage des Marktwerts der erbrachten Leistung zu berechnen.

(9) Widerruft der Verbraucher einen Vertrag über die Lieferung von nicht auf einem körperlichen Datenträger befindlichen digitalen Inhalten, so hat er keinen Wertersatz zu leisten.

§ 357a Rechtsfolgen des Widerrufs von Verträgen über Finanzdienstleistungen. (1) Die empfangenen Leistungen sind spätestens nach 30 Tagen zurückzugewähren.

---

1) Nr. 24.

(2) [1] Im Falle des Widerrufs von außerhalb von Geschäftsräumen geschlossenen Verträgen oder Fernabsatzverträgen über Finanzdienstleistungen ist der Verbraucher zur Zahlung von Wertersatz für die vom Unternehmer bis zum Widerruf erbrachte Dienstleistung verpflichtet, wenn er

1. vor Abgabe seiner Vertragserklärung auf diese Rechtsfolge hingewiesen worden ist und
2. ausdrücklich zugestimmt hat, dass der Unternehmer vor Ende der Widerrufsfrist mit der Ausführung der Dienstleistung beginnt.

[2] Im Falle des Widerrufs von Verträgen über eine entgeltliche Finanzierungshilfe, die von der Ausnahme des § 506 Absatz 4 erfasst sind, gilt auch § 357 Absatz 5 bis 8 entsprechend. [3] Ist Gegenstand des Vertrags über die entgeltliche Finanzierungshilfe die Lieferung von nicht auf einem körperlichen Datenträger befindlichen digitalen Inhalten, hat der Verbraucher Wertersatz für die bis zum Widerruf gelieferten digitalen Inhalte zu leisten, wenn er

1. vor Abgabe seiner Vertragserklärung auf diese Rechtsfolge hingewiesen worden ist und
2. ausdrücklich zugestimmt hat, dass der Unternehmer vor Ende der Widerrufsfrist mit der Lieferung der digitalen Inhalte beginnt.

[4] Ist im Vertrag eine Gegenleistung bestimmt, ist sie bei der Berechnung des Wertersatzes zu Grunde zu legen. [5] Ist der vereinbarte Gesamtpreis unverhältnismäßig hoch, ist der Wertersatz auf der Grundlage des Marktwerts der erbrachten Leistung zu berechnen.

(3) [1] Im Falle des Widerrufs von Verbraucherdarlehensverträgen hat der Darlehensnehmer für den Zeitraum zwischen der Auszahlung und der Rückzahlung des Darlehens den vereinbarten Sollzins zu entrichten. [2] Bei einem Immobiliar-Verbraucherdarlehen kann nachgewiesen werden, dass der Wert des Gebrauchsvorteils niedriger war als der vereinbarte Sollzins. [3] In diesem Fall ist nur der niedrigere Betrag geschuldet. [4] Im Falle des Widerrufs von Verträgen über eine entgeltliche Finanzierungshilfe, die nicht von der Ausnahme des § 506 Absatz 4 erfasst sind, gilt auch Absatz 2 entsprechend mit der Maßgabe, dass an die Stelle der Unterrichtung über das Widerrufsrecht die Pflichtangaben nach Artikel 247 § 12 Absatz 1 in Verbindung mit § 6 Absatz 2 des Einführungsgesetzes zum Bürgerlichen Gesetzbuche[1)], die das Widerrufsrecht betreffen, treten. [5] Darüber hinaus hat der Darlehensnehmer dem Darlehensgeber nur die Aufwendungen zu ersetzen, die der Darlehensgeber gegenüber öffentlichen Stellen erbracht hat und nicht zurückverlangen kann.

§ 357b Rechtsfolgen des Widerrufs von Teilzeit-Wohnrechteverträgen, Verträgen über ein langfristiges Urlaubsprodukt, Vermittlungsverträgen und Tauschsystemverträgen. (1) [1] Der Verbraucher hat im Falle des Widerrufs keine Kosten zu tragen. [2] Die Kosten des Vertrags, seiner Durchführung und seiner Rückabwicklung hat der Unternehmer dem Verbraucher zu erstatten. [3] Eine Vergütung für geleistete Dienste sowie für die Überlassung von Wohngebäuden zur Nutzung ist ausgeschlossen.

[1)] Nr. **24**.

(2) Der Verbraucher hat für einen Wertverlust der Unterkunft im Sinne des § 481 nur Wertersatz zu leisten, soweit der Wertverlust auf einer nicht bestimmungsgemäßen Nutzung der Unterkunft beruht.

§ 357c Rechtsfolgen des Widerrufs von weder im Fernabsatz noch außerhalb von Geschäftsräumen geschlossenen Ratenlieferungsverträgen. [1] Für die Rückgewähr der empfangenen Leistungen gilt § 357 Absatz 1 bis 5 entsprechend. [2] Der Verbraucher trägt die unmittelbaren Kosten der Rücksendung der empfangenen Sachen, es sei denn, der Unternehmer hat sich bereit erklärt, diese Kosten zu tragen. [3] § 357 Absatz 7 ist mit der Maßgabe entsprechend anzuwenden, dass an die Stelle der Unterrichtung nach Artikel 246a § 1 Absatz 2 Satz 1 Nummer 1 des Einführungsgesetzes zum Bürgerlichen Gesetzbuche[1)] die Unterrichtung nach Artikel 246 Absatz 3 des Einführungsgesetzes zum Bürgerlichen Gesetzbuche tritt.

§ 357d Rechtsfolgen des Widerrufs bei Verbraucherbauverträgen.

[1] Ist die Rückgewähr der bis zum Widerruf erbrachten Leistung ihrer Natur nach ausgeschlossen, schuldet der Verbraucher dem Unternehmer Wertersatz. [2] Bei der Berechnung des Wertersatzes ist die vereinbarte Vergütung zugrunde zu legen. [3] Ist die vereinbarte Vergütung unverhältnismäßig hoch, ist der Wertersatz auf der Grundlage des Marktwertes der erbrachten Leistung zu berechnen.

§ 358 Mit dem widerrufenen Vertrag verbundener Vertrag. (1) Hat der Verbraucher seine auf den Abschluss eines Vertrags über die Lieferung einer Ware oder die Erbringung einer anderen Leistung durch einen Unternehmer gerichtete Willenserklärung wirksam widerrufen, so ist er auch an seine auf den Abschluss eines mit diesem Vertrag verbundenen Darlehensvertrags gerichtete Willenserklärung nicht mehr gebunden.

(2) Hat der Verbraucher seine auf den Abschluss eines Darlehensvertrags gerichtete Willenserklärung auf Grund des § 495 Absatz 1 oder des § 514 Absatz 2 Satz 1 wirksam widerrufen, so ist er auch nicht mehr an diejenige Willenserklärung gebunden, die auf den Abschluss eines mit diesem Darlehensvertrag verbundenen Vertrags über die Lieferung einer Ware oder die Erbringung einer anderen Leistung gerichtet ist.

(3) [1] Ein Vertrag über die Lieferung einer Ware oder über die Erbringung einer anderen Leistung und ein Darlehensvertrag nach den Absätzen 1 oder 2 sind verbunden, wenn das Darlehen ganz oder teilweise der Finanzierung des anderen Vertrags dient und beide Verträge eine wirtschaftliche Einheit bilden. [2] Eine wirtschaftliche Einheit ist insbesondere anzunehmen, wenn der Unternehmer selbst die Gegenleistung des Verbrauchers finanziert, oder im Falle der Finanzierung durch einen Dritten, wenn sich der Darlehensgeber bei der Vorbereitung oder dem Abschluss des Darlehensvertrags der Mitwirkung des Unternehmers bedient. [3] Bei einem finanzierten Erwerb eines Grundstücks oder eines grundstücksgleichen Rechts ist eine wirtschaftliche Einheit nur anzunehmen, wenn der Darlehensgeber selbst dem Verbraucher das Grundstück oder das grundstücksgleiche Recht verschafft oder wenn er über die Zurverfügungstellung von Darlehen hinaus den Erwerb des Grundstücks oder

---

[1)] Nr. **24**.

grundstücksgleichen Rechts durch Zusammenwirken mit dem Unternehmer fördert, indem er sich dessen Veräußerungsinteressen ganz oder teilweise zu Eigen macht, bei der Planung, Werbung oder Durchführung des Projekts Funktionen des Veräußerers übernimmt oder den Veräußerer einseitig begünstigt.

(4) [1] Auf die Rückabwicklung des verbundenen Vertrags sind unabhängig von der Vertriebsform § 355 Absatz 3 und, je nach Art des verbundenen Vertrags, die §§ 357 bis 357b entsprechend anzuwenden. [2] Ist der verbundene Vertrag ein Vertrag über die Lieferung von nicht auf einem körperlichen Datenträger befindlichen digitalen Inhalten und hat der Unternehmer dem Verbraucher eine Abschrift oder Bestätigung des Vertrags nach § 312f zur Verfügung gestellt, hat der Verbraucher abweichend von § 357 Absatz 9 unter den Voraussetzungen des § 356 Absatz 5 zweiter und dritter Halbsatz Wertersatz für die bis zum Widerruf gelieferten digitalen Inhalte zu leisten. [3] Ist der verbundene Vertrag ein im Fernabsatz oder außerhalb von Geschäftsräumen geschlossener Ratenlieferungsvertrag, ist neben § 355 Absatz 3 auch § 357 entsprechend anzuwenden; im Übrigen gelten für verbundene Ratenlieferungsverträge § 355 Absatz 3 und § 357c entsprechend. [4] Im Falle des Absatzes 1 sind jedoch Ansprüche auf Zahlung von Zinsen und Kosten aus der Rückabwicklung des Darlehensvertrags gegen den Verbraucher ausgeschlossen. [5] Der Darlehensgeber tritt im Verhältnis zum Verbraucher hinsichtlich der Rechtsfolgen des Widerrufs in die Rechte und Pflichten des Unternehmers aus dem verbundenen Vertrag ein, wenn das Darlehen dem Unternehmer bei Wirksamwerden des Widerrufs bereits zugeflossen ist.

(5) Die Absätze 2 und 4 sind nicht anzuwenden auf Darlehensverträge, die der Finanzierung des Erwerbs von Finanzinstrumenten dienen.

§ 359 Einwendungen bei verbundenen Verträgen. (1) [1] Der Verbraucher kann die Rückzahlung des Darlehens verweigern, soweit Einwendungen aus dem verbundenen Vertrag ihn gegenüber dem Unternehmer, mit dem er den verbundenen Vertrag geschlossen hat, zur Verweigerung seiner Leistung berechtigen würden. [2] Dies gilt nicht bei Einwendungen, die auf einer Vertragsänderung beruhen, welche zwischen diesem Unternehmer und dem Verbraucher nach Abschluss des Darlehensvertrags vereinbart wurde. [3] Kann der Verbraucher Nacherfüllung verlangen, so kann er die Rückzahlung des Darlehens erst verweigern, wenn die Nacherfüllung fehlgeschlagen ist.

(2) Absatz 1 ist nicht anzuwenden auf Darlehensverträge, die der Finanzierung des Erwerbs von Finanzinstrumenten dienen, oder wenn das finanzierte Entgelt weniger als 200 Euro beträgt.

§ 360 Zusammenhängende Verträge. (1) [1] Hat der Verbraucher seine auf den Abschluss eines Vertrags gerichtete Willenserklärung wirksam widerrufen und liegen die Voraussetzungen für einen verbundenen Vertrag nicht vor, so ist er auch an seine auf den Abschluss eines damit zusammenhängenden Vertrags gerichtete Willenserklärung nicht mehr gebunden. [2] Auf die Rückabwicklung des zusammenhängenden Vertrags ist § 358 Absatz 4 Satz 1 bis 3 entsprechend anzuwenden. [3] Widerruft der Verbraucher einen Teilzeit-Wohnrechtevertrag oder einen Vertrag über ein langfristiges Urlaubsprodukt, hat er auch für den zusammenhängenden Vertrag keine Kosten zu tragen; § 357b Absatz 1 Satz 2 und 3 gilt entsprechend.

(2) [1]Ein zusammenhängender Vertrag liegt vor, wenn er einen Bezug zu dem widerrufenen Vertrag aufweist und eine Leistung betrifft, die von dem Unternehmer des widerrufenen Vertrags oder einem Dritten auf der Grundlage einer Vereinbarung zwischen dem Dritten und dem Unternehmer des widerrufenen Vertrags erbracht wird. [2]Ein Darlehensvertrag ist auch dann ein zusammenhängender Vertrag, wenn das Darlehen, das ein Unternehmer einem Verbraucher gewährt, ausschließlich der Finanzierung des widerrufenen Vertrags dient und die Leistung des Unternehmers aus dem widerrufenen Vertrag in dem Darlehensvertrag genau angegeben ist.

§ 361 Weitere Ansprüche, abweichende Vereinbarungen und Beweislast. (1) Über die Vorschriften dieses Untertitels hinaus bestehen keine weiteren Ansprüche gegen den Verbraucher infolge des Widerrufs.

(2) [1]Von den Vorschriften dieses Untertitels darf, soweit nicht ein anderes bestimmt ist, nicht zum Nachteil des Verbrauchers abgewichen werden. [2]Die Vorschriften dieses Untertitels finden, soweit nichts anderes bestimmt ist, auch Anwendung, wenn sie durch anderweitige Gestaltungen umgangen werden.

(3) Ist der Beginn der Widerrufsfrist streitig, so trifft die Beweislast den Unternehmer.

Abschnitt 8. Einzelne Schuldverhältnisse

Titel 3. Darlehensvertrag; Finanzierungshilfen und Ratenlieferungsverträge zwischen einem Unternehmer und einem Verbraucher[1)]

Untertitel 1. Darlehensvertrag

Kapitel 1. Allgemeine Vorschriften

§ 488 Vertragstypische Pflichten beim Darlehensvertrag. (1) [1]Durch den Darlehensvertrag wird der Darlehensgeber verpflichtet, dem Darlehensnehmer einen Geldbetrag in der vereinbarten Höhe zur Verfügung zu stellen. [2]Der Darlehensnehmer ist verpflichtet, einen geschuldeten Zins zu zahlen und bei Fälligkeit das zur Verfügung gestellte Darlehen zurückzuzahlen.

(2) Die vereinbarten Zinsen sind, soweit nicht ein anderes bestimmt ist, nach dem Ablauf je eines Jahres und, wenn das Darlehen vor dem Ablauf eines Jahres zurückzuzahlen ist, bei der Rückzahlung zu entrichten.

(3) [1]Ist für die Rückzahlung des Darlehens eine Zeit nicht bestimmt, so hängt die Fälligkeit davon ab, dass der Darlehensgeber oder der Darlehensnehmer kündigt. [2]Die Kündigungsfrist beträgt drei Monate. [3]Sind Zinsen nicht geschuldet, so ist der Darlehensnehmer auch ohne Kündigung zur Rückzahlung berechtigt.

[1)] **Amtl. Anm.:** Dieser Titel dient der Umsetzung der Richtlinie 87/102/EWG des Rates zur Angleichung der Rechts- und Verwaltungsvorschriften der Mitgliedstaaten über den Verbraucherkredit (ABl. EG Nr. L 42 S. 48), zuletzt geändert durch die Richtlinie 98/7/EG des Europäischen Parlaments und des Rates vom 16. Februar 1998 zur Änderung der Richtlinie 87/102/EWG zur Angleichung der Rechts- und Verwaltungsvorschriften der Mitgliedstaaten über den Verbraucherkredit (ABl. EG Nr. L 101 S. 17).

§ 489 Ordentliches Kündigungsrecht des Darlehensnehmers.

(1) Der Darlehensnehmer kann einen Darlehensvertrag mit gebundenem Sollzinssatz ganz oder teilweise kündigen,

1. wenn die Sollzinsbindung vor der für die Rückzahlung bestimmten Zeit endet und keine neue Vereinbarung über den Sollzinssatz getroffen ist, unter Einhaltung einer Kündigungsfrist von einem Monat frühestens für den Ablauf des Tages, an dem die Sollzinsbindung endet; ist eine Anpassung des Sollzinssatzes in bestimmten Zeiträumen bis zu einem Jahr vereinbart, so kann der Darlehensnehmer jeweils nur für den Ablauf des Tages, an dem die Sollzinsbindung endet, kündigen;
2. in jedem Fall nach Ablauf von zehn Jahren nach dem vollständigen Empfang unter Einhaltung einer Kündigungsfrist von sechs Monaten; wird nach dem Empfang des Darlehens eine neue Vereinbarung über die Zeit der Rückzahlung oder den Sollzinssatz getroffen, so tritt der Zeitpunkt dieser Vereinbarung an die Stelle des Zeitpunkts des Empfangs.

(2) Der Darlehensnehmer kann einen Darlehensvertrag mit veränderlichem Zinssatz jederzeit unter Einhaltung einer Kündigungsfrist von drei Monaten kündigen.

(3) Eine Kündigung des Darlehensnehmers gilt als nicht erfolgt, wenn er den geschuldeten Betrag nicht binnen zwei Wochen nach Wirksamwerden der Kündigung zurückzahlt.

(4) [1] Das Kündigungsrecht des Darlehensnehmers nach den Absätzen 1 und 2 kann nicht durch Vertrag ausgeschlossen oder erschwert werden. [2] Dies gilt nicht bei Darlehen an den Bund, ein Sondervermögen des Bundes, ein Land, eine Gemeinde, einen Gemeindeverband, die Europäischen Gemeinschaften oder ausländische Gebietskörperschaften.

(5) [1] Sollzinssatz ist der gebundene oder veränderliche periodische Prozentsatz, der pro Jahr auf das in Anspruch genommene Darlehen angewendet wird. [2] Der Sollzinssatz ist gebunden, wenn für die gesamte Vertragslaufzeit ein Sollzinssatz oder mehrere Sollzinssätze vereinbart sind, die als feststehende Prozentzahl ausgedrückt werden. [3] Ist für die gesamte Vertragslaufzeit keine Sollzinsbindung vereinbart, gilt der Sollzinssatz nur für diejenigen Zeiträume als gebunden, für die er durch eine feste Prozentzahl bestimmt ist.

§ 490 Außerordentliches Kündigungsrecht. (1) Wenn in den Vermögensverhältnissen des Darlehensnehmers oder in der Werthaltigkeit einer für das Darlehen gestellten Sicherheit eine wesentliche Verschlechterung eintritt oder einzutreten droht, durch die die Rückzahlung des Darlehens, auch unter Verwertung der Sicherheit, gefährdet wird, kann der Darlehensgeber den Darlehensvertrag vor Auszahlung des Darlehens im Zweifel stets, nach Auszahlung nur in der Regel fristlos kündigen.

(2) [1] Der Darlehensnehmer kann einen Darlehensvertrag, bei dem der Sollzinssatz gebunden und das Darlehen durch ein Grund- oder Schiffspfandrecht gesichert ist, unter Einhaltung der Fristen des § 488 Abs. 3 Satz 2 vorzeitig kündigen, wenn seine berechtigten Interessen dies gebieten und seit dem vollständigen Empfang des Darlehens sechs Monate abgelaufen sind. [2] Ein solches Interesse liegt insbesondere vor, wenn der Darlehensnehmer ein Bedürfnis nach einer anderweitigen Verwertung der zur Sicherung des Darlehens beliehenen

Sache hat. [3]Der Darlehensnehmer hat dem Darlehensgeber denjenigen Schaden zu ersetzen, der diesem aus der vorzeitigen Kündigung entsteht (Vorfälligkeitsentschädigung).

(3) Die Vorschriften der §§ 313 und 314 bleiben unberührt.

Kapitel 2. Besondere Vorschriften für Verbraucherdarlehensverträge

§ 491 [1)2)] **Verbraucherdarlehensvertrag.** (1) [1]Die Vorschriften dieses Kapitels gelten für Verbraucherdarlehensverträge, soweit nichts anderes bestimmt ist. [2]Verbraucherdarlehensverträge sind Allgemein-Verbraucherdarlehensverträge und Immobiliar-Verbraucherdarlehensverträge.

(2) [1]Allgemein-Verbraucherdarlehensverträge sind entgeltliche Darlehensverträge zwischen einem Unternehmer als Darlehensgeber und einem Verbraucher als Darlehensnehmer. [2]Keine Allgemein-Verbraucherdarlehensverträge sind Verträge,

1. bei denen der Nettodarlehensbetrag (Artikel 247 § 3 Abs. 2 des Einführungsgesetzes zum Bürgerlichen Gesetzbuche) weniger als 200 Euro beträgt,
2. bei denen sich die Haftung des Darlehensnehmers auf eine dem Darlehensgeber zum Pfand übergebene Sache beschränkt,
3. bei denen der Darlehensnehmer das Darlehen binnen drei Monaten zurückzuzahlen hat und nur geringe Kosten vereinbart sind,
4. die von Arbeitgebern mit ihren Arbeitnehmern als Nebenleistung zum Arbeitsvertrag zu einem niedrigeren als dem marktüblichen effektiven Jahreszins (§ 6 der Preisangabenverordnung) abgeschlossen werden und anderen Personen nicht angeboten werden,
5. die nur mit einem begrenzten Personenkreis auf Grund von Rechtsvorschriften in öffentlichem Interesse abgeschlossen werden, wenn im Vertrag für den Darlehensnehmer günstigere als marktübliche Bedingungen und höchstens der marktübliche Sollzinssatz vereinbart sind,
6. bei denen es sich um Immobiliar-Verbraucherdarlehensverträge oder Immobilienverzehrkreditverträge gemäß Absatz 3 handelt.

(3) [1]Immobiliar-Verbraucherdarlehensverträge sind entgeltliche Darlehensverträge zwischen einem Unternehmer als Darlehensgeber und einem Verbraucher als Darlehensnehmer, die

1. durch ein Grundpfandrecht oder eine Reallast besichert sind oder
2. für den Erwerb oder die Erhaltung des Eigentumsrechts an Grundstücken, an bestehenden oder zu errichtenden Gebäuden oder für den Erwerb oder die Erhaltung von grundstücksgleichen Rechten bestimmt sind.

[2]Keine Immobiliar-Verbraucherdarlehensverträge sind Verträge gemäß Absatz 2 Satz 2 Nummer 4. [3]Auf Immobiliar-Verbraucherdarlehensverträge gemäß Absatz 2 Satz 2 Nummer 5 ist nur § 491a Absatz 4 anwendbar. [4]Keine Immobiliar-Verbraucherdarlehensverträge sind Immobilienverzehrkreditverträge, bei denen der Kreditgeber

---

1) Beachte hierzu auch Unterlassungsklagengesetz idF der Bek. v. 27.8.2002 (BGBl. I S. 3422, ber. S. 4346), zuletzt geänd. durch G v. 17.7.2017 (BGBl. I S. 2446).

2) Beachte hierzu Überleitungsvorschrift in Art. 229 § 9 EGBGB (Nr. **24**).

1. pauschale oder regelmäßige Zahlungen leistet oder andere Formen der Kreditauszahlung vornimmt und im Gegenzug nur einen Betrag aus dem künftigen Erlös des Verkaufs einer Wohnimmobilie erhält oder ein Recht an einer Wohnimmobilie erwirbt und
2. erst nach dem Tod des Verbrauchers eine Rückzahlung fordert, außer der Verbraucher verstößt gegen die Vertragsbestimmungen, was dem Kreditgeber erlaubt, den Vertrag zu kündigen.

(4) § 358 Abs. 2 und 4 sowie die §§ 491a bis 495 und 505a bis 505e sind nicht auf Darlehensverträge anzuwenden, die in ein nach den Vorschriften der Zivilprozessordnung errichtetes gerichtliches Protokoll aufgenommen oder durch einen gerichtlichen Beschluss über das Zustandekommen und den Inhalt eines zwischen den Parteien geschlossenen Vergleichs festgestellt sind, wenn in das Protokoll oder den Beschluss der Sollzinssatz, die bei Abschluss des Vertrags in Rechnung gestellten Kosten des Darlehens sowie die Voraussetzungen aufgenommen worden sind, unter denen der Sollzinssatz oder die Kosten angepasst werden können.

§ 491a Vorvertragliche Informationspflichten bei Verbraucherdarlehensverträgen. (1) Der Darlehensgeber ist verpflichtet, den Darlehensnehmer nach Maßgabe des Artikels 247 des Einführungsgesetzes zum Bürgerlichen Gesetzbuche[1)] zu informieren.

(2) [1] Der Darlehensnehmer kann vom Darlehensgeber einen Entwurf des Verbraucherdarlehensvertrags verlangen. [2] Dies gilt nicht, solange der Darlehensgeber zum Vertragsabschluss nicht bereit ist. [3] Unterbreitet der Darlehensgeber bei einem Immobiliar-Verbraucherdarlehensvertrag dem Darlehensnehmer ein Angebot oder einen bindenden Vorschlag für bestimmte Vertragsbestimmungen, so muss er dem Darlehensnehmer anbieten, einen Vertragsentwurf auszuhändigen oder zu übermitteln; besteht kein Widerrufsrecht nach § 495, ist der Darlehensgeber dazu verpflichtet, dem Darlehensnehmer einen Vertragsentwurf auszuhändigen oder zu übermitteln.

(3) [1] Der Darlehensgeber ist verpflichtet, dem Darlehensnehmer vor Abschluss eines Verbraucherdarlehensvertrags angemessene Erläuterungen zu geben, damit der Darlehensnehmer in die Lage versetzt wird, zu beurteilen, ob der Vertrag dem von ihm verfolgten Zweck und seinen Vermögensverhältnissen gerecht wird. [2] Hierzu sind gegebenenfalls die vorvertraglichen Informationen gemäß Absatz 1, die Hauptmerkmale der vom Darlehensgeber angebotenen Verträge sowie ihre vertragstypischen Auswirkungen auf den Darlehensnehmer, einschließlich der Folgen bei Zahlungsverzug, zu erläutern. [3] Werden mit einem Immobiliar-Verbraucherdarlehensvertrag Finanzprodukte oder -dienstleistungen im Paket angeboten, so muss dem Darlehensnehmer erläutert werden, ob sie gesondert gekündigt werden können und welche Folgen die Kündigung hat.

(4) [1] Bei einem Immobiliar-Verbraucherdarlehensvertrag entsprechend § 491 Absatz 2 Satz 2 Nummer 5 ist der Darlehensgeber verpflichtet, den Darlehensnehmer rechtzeitig vor Abgabe von dessen Vertragserklärung auf einem dauerhaften Datenträger über die Merkmale gemäß den Abschnitten 3, 4 und 13 des in Artikel 247 § 1 Absatz 2 Satz 2 des Einführungsgesetzes zum Bürgerlichen

---

[1)] Nr. **24**.

Gesetzbuche genannten Musters zu informieren. [2]Artikel 247 § 1 Absatz 2 Satz 6 des Einführungsgesetzes zum Bürgerlichen Gesetzbuche findet Anwendung.

§ 492 [1)2)] Schriftform, Vertragsinhalt. (1) [1]Verbraucherdarlehensverträge sind, soweit nicht eine strengere Form vorgeschrieben ist, schriftlich abzuschließen. [2]Der Schriftform ist genügt, wenn Antrag und Annahme durch die Vertragsparteien jeweils getrennt schriftlich erklärt werden. [3]Die Erklärung des Darlehensgebers bedarf keiner Unterzeichnung, wenn sie mit Hilfe einer automatischen Einrichtung erstellt wird.

(2) Der Vertrag muss die für den Verbraucherdarlehensvertrag vorgeschriebenen Angaben nach Artikel 247 §§ 6 bis 13 des Einführungsgesetzes zum Bürgerlichen Gesetzbuche enthalten.

(3) [1]Nach Vertragsschluss stellt der Darlehensgeber dem Darlehensnehmer eine Abschrift des Vertrags zur Verfügung. [2]Ist ein Zeitpunkt für die Rückzahlung des Darlehens bestimmt, kann der Darlehensnehmer vom Darlehensgeber jederzeit einen Tilgungsplan nach Artikel 247 § 14 des Einführungsgesetzes zum Bürgerlichen Gesetzbuche verlangen.

(4) [1]Die Absätze 1 und 2 gelten auch für die Vollmacht, die ein Darlehensnehmer zum Abschluss eines Verbraucherdarlehensvertrags erteilt. [2]Satz 1 gilt nicht für die Prozessvollmacht und eine Vollmacht, die notariell beurkundet ist.

(5) Erklärungen des Darlehensgebers, die dem Darlehensnehmer gegenüber nach Vertragsabschluss abzugeben sind, müssen auf einem dauerhaften Datenträger erfolgen.

(6) [1]Enthält der Vertrag die Angaben nach Absatz 2 nicht oder nicht vollständig, können sie nach wirksamem Vertragsschluss oder in den Fällen des § 494 Absatz 2 Satz 1 nach Gültigwerden des Vertrags auf einem dauerhaften Datenträger nachgeholt werden. [2]Hat das Fehlen von Angaben nach Absatz 2 zu Änderungen der Vertragsbedingungen gemäß § 494 Absatz 2 Satz 2 bis Absatz 6 geführt, kann die Nachholung der Angaben nur dadurch erfolgen, dass der Darlehensnehmer die nach § 494 Absatz 7 erforderliche Abschrift des Vertrags erhält. [3]In den sonstigen Fällen muss der Darlehensnehmer spätestens im Zeitpunkt der Nachholung der Angaben eine der in § 356b Absatz 1 genannten Unterlagen erhalten. [4]Mit der Nachholung der Angaben nach Absatz 2 ist der Darlehensnehmer auf einem dauerhaften Datenträger darauf hinzuweisen, dass die Widerrufsfrist von einem Monat nach Erhalt der nachgeholten Angaben beginnt.

(7) Die Vereinbarung eines veränderlichen Sollzinssatzes, der sich nach einem Index oder Referenzzinssatz richtet, ist nur wirksam, wenn der Index oder Referenzzinssatz objektiv, eindeutig bestimmt und für Darlehensgeber und Darlehensnehmer verfügbar und überprüfbar ist.

§ 492a Kopplungsgeschäfte bei Immobiliar-Verbraucherdarlehensverträgen. (1) [1]Der Darlehensgeber darf den Abschluss eines Immobiliar-Verbraucherdarlehenvertrags unbeschadet des § 492b nicht davon abhängig machen, dass der Darlehensnehmer oder ein Dritter weitere Finanzprodukte oder

---

[1)] Beachte hierzu Überleitungsvorschrift in Art. 229 § 9 EGBGB (Nr. **24**).
[2)] Beachte hierzu Übergangsvorschrift in Art. 229 § 38 EGBGB.

-dienstleistungen erwirbt (Kopplungsgeschäft). [2] Ist der Darlehensgeber zum Abschluss des Immobiliar-Verbraucherdarlehensvertrags bereit, ohne dass der Verbraucher weitere Finanzprodukte oder -dienstleistungen erwirbt, liegt ein Kopplungsgeschäft auch dann nicht vor, wenn die Bedingungen für den Immobiliar-Verbraucherdarlehensvertrag von denen abweichen, zu denen er zusammen mit den weiteren Finanzprodukten oder -dienstleistungen angeboten wird.

(2) Soweit ein Kopplungsgeschäft unzulässig ist, sind die mit dem Immobiliar-Verbraucherdarlehensvertrag gekoppelten Geschäfte nichtig; die Wirksamkeit des Immobiliar-Verbraucherdarlehensvertrags bleibt davon unberührt.

§ 492b Zulässige Kopplungsgeschäfte. (1) Ein Kopplungsgeschäft ist zulässig, wenn der Darlehensgeber den Abschluss eines Immobiliar-Verbraucherdarlehensvertrags davon abhängig macht, dass der Darlehensnehmer, ein Familienangehöriger des Darlehensnehmers oder beide zusammen

1. ein Zahlungs- oder ein Sparkonto eröffnen, dessen einziger Zweck die Ansammlung von Kapital ist, um
   a) das Immobiliar-Verbraucherdarlehen zurückzuzahlen oder zu bedienen,
   b) die erforderlichen Mittel für die Gewährung des Darlehens bereitzustellen oder
   c) als zusätzliche Sicherheit für den Darlehensgeber für den Fall eines Zahlungsausfalls zu dienen;
2. ein Anlageprodukt oder ein privates Rentenprodukt erwerben oder behalten, das
   a) in erster Linie als Ruhestandseinkommen dient und
   b) bei Zahlungsausfall als zusätzliche Sicherheit für den Darlehensgeber dient oder das der Ansammlung von Kapital dient, um damit das Immobiliar-Verbraucherdarlehen zurückzuzahlen oder zu bedienen oder um damit die erforderlichen Mittel für die Gewährung des Darlehens bereitzustellen;
3. einen weiteren Darlehensvertrag abschließen, bei dem das zurückzuzahlende Kapital auf einem vertraglich festgelegten Prozentsatz des Werts der Immobilie beruht, die diese zum Zeitpunkt der Rückzahlung oder Rückzahlungen des Kapitals (Darlehensvertrag mit Wertbeteiligung) hat.

(2) Ein Kopplungsgeschäft ist zulässig, wenn der Darlehensgeber den Abschluss eines Immobiliar-Verbraucherdarlehensvertrags davon abhängig macht, dass der Darlehensnehmer im Zusammenhang mit dem Immobiliar-Verbraucherdarlehensvertrag eine einschlägige Versicherung abschließt und dem Darlehensnehmer gestattet ist, diese Versicherung auch bei einem anderen als bei dem vom Darlehensgeber bevorzugten Anbieter abzuschließen.

(3) Ein Kopplungsgeschäft ist zulässig, wenn die für den Darlehensgeber zuständige Aufsichtsbehörde die weiteren Finanzprodukte oder -dienstleistungen sowie deren Kopplung mit dem Immobiliar-Verbraucherdarlehensvertrag nach § 18a Absatz 8a des Kreditwesengesetzes[1)] genehmigt hat.

[1)] Nr. **8**.

§ 493 Informationen während des Vertragsverhältnisses. (1) [1] Ist in einem Verbraucherdarlehensvertrag der Sollzinssatz gebunden und endet die Sollzinsbindung vor der für die Rückzahlung bestimmten Zeit, unterrichtet der Darlehensgeber den Darlehensnehmer spätestens drei Monate vor Ende der Sollzinsbindung darüber, ob er zu einer neuen Sollzinsbindungsabrede bereit ist. [2] Erklärt sich der Darlehensgeber hierzu bereit, muss die Unterrichtung den zum Zeitpunkt der Unterrichtung vom Darlehensgeber angebotenen Sollzinssatz enthalten.

(2) [1] Der Darlehensgeber unterrichtet den Darlehensnehmer spätestens drei Monate vor Beendigung eines Verbraucherdarlehensvertrags darüber, ob er zur Fortführung des Darlehensverhältnisses bereit ist. [2] Erklärt sich der Darlehensgeber zur Fortführung bereit, muss die Unterrichtung die zum Zeitpunkt der Unterrichtung gültigen Pflichtangaben gemäß § 491a Abs. 1 enthalten.

(3) [1] Die Anpassung des Sollzinssatzes eines Verbraucherdarlehensvertrags mit veränderlichem Sollzinssatz wird erst wirksam, nachdem der Darlehensgeber den Darlehensnehmer über die Einzelheiten unterrichtet hat, die sich aus Artikel 247 § 15 des Einführungsgesetzes zum Bürgerlichen Gesetzbuche[1)] ergeben. [2] Abweichende Vereinbarungen über die Wirksamkeit sind im Rahmen des Artikels 247 § 15 Absatz 2 und 3 des Einführungsgesetzes zum Bürgerlichen Gesetzbuche zulässig.

(4) [1] Bei einem Vertrag über ein Immobiliar-Verbraucherdarlehen in Fremdwährung gemäß § 503 Absatz 1 Satz 1, auch in Verbindung mit Satz 3, hat der Darlehensgeber den Darlehensnehmer unverzüglich zu informieren, wenn der Wert des noch zu zahlenden Restbetrags oder der Wert der regelmäßigen Raten in der Landeswährung des Darlehensnehmers um mehr als 20 Prozent gegenüber dem Wert steigt, der bei Zugrundelegung des Wechselkurses bei Vertragsabschluss gegeben wäre. [2] Die Information

1. ist auf einem dauerhaften Datenträger zu übermitteln,
2. hat die Angabe über die Veränderung des Restbetrags in der Landeswährung des Darlehensnehmers zu enthalten,
3. hat den Hinweis auf die Möglichkeit einer Währungsumstellung aufgrund des § 503 und die hierfür geltenden Bedingungen und gegebenenfalls die Erläuterung weiterer Möglichkeiten zur Begrenzung des Wechselkursrisikos zu enthalten und
4. ist so lange in regelmäßigen Abständen zu erteilen, bis die Differenz von 20 Prozent wieder unterschritten wird.

[3] Die Sätze 1 und 2 sind entsprechend anzuwenden, wenn ein Immobiliar-Verbraucherdarlehensvertrag in der Währung des Mitgliedstaats der Europäischen Union, in dem der Darlehensnehmer bei Vertragsschluss seinen Wohnsitz hat, geschlossen wurde und der Darlehensnehmer zum Zeitpunkt der maßgeblichen Kreditwürdigkeitsprüfung in einer anderen Währung überwiegend sein Einkommen bezieht oder Vermögenswerte hält, aus denen das Darlehen zurückgezahlt werden soll.

(5) [1] Wenn der Darlehensnehmer eines Immobiliar-Verbraucherdarlehensvertrags dem Darlehensgeber mitteilt, dass er eine vorzeitige Rückzahlung des Darlehens beabsichtigt, ist der Darlehensgeber verpflichtet, ihm unverzüglich

---

[1)] Nr. **24**.

die für die Prüfung dieser Möglichkeit erforderlichen Informationen auf einem dauerhaften Datenträger zu übermitteln. [2] Diese Informationen müssen insbesondere folgende Angaben enthalten:

1. Auskunft über die Zulässigkeit der vorzeitigen Rückzahlung,
2. im Fall der Zulässigkeit die Höhe des zurückzuzahlenden Betrags und
3. gegebenenfalls die Höhe einer Vorfälligkeitsentschädigung.

[3] Soweit sich die Informationen auf Annahmen stützen, müssen diese nachvollziehbar und sachlich gerechtfertigt sein und als solche dem Darlehensnehmer gegenüber offengelegt werden.

(6) Wurden Forderungen aus dem Darlehensvertrag abgetreten, treffen die Pflichten aus den Absätzen 1 bis 5 auch den neuen Gläubiger, wenn nicht der bisherige Darlehensgeber mit dem neuen Gläubiger vereinbart hat, dass im Verhältnis zum Darlehensnehmer weiterhin allein der bisherige Darlehensgeber auftritt.

§ 494[1] Rechtsfolgen von Formmängeln. (1) Der Verbraucherdarlehensvertrag und die auf Abschluss eines solchen Vertrags vom Verbraucher erteilte Vollmacht sind nichtig, wenn die Schriftform insgesamt nicht eingehalten ist oder wenn eine der in Artikel 247 §§ 6 und 10 bis 13 des Einführungsgesetzes zum Bürgerlichen Gesetzbuche für den Verbraucherdarlehensvertrag vorgeschriebenen Angaben fehlt.

(2) [1] Ungeachtet eines Mangels nach Absatz 1 wird der Verbraucherdarlehensvertrag gültig, soweit der Darlehensnehmer das Darlehen empfängt oder in Anspruch nimmt. [2] Jedoch ermäßigt sich der dem Verbraucherdarlehensvertrag zugrunde gelegte Sollzinssatz auf den gesetzlichen Zinssatz, wenn die Angabe des Sollzinssatzes, des effektiven Jahreszinses oder des Gesamtbetrags fehlt.

(3) Ist der effektive Jahreszins zu niedrig angegeben, so vermindert sich der dem Verbraucherdarlehensvertrag zugrunde gelegte Sollzinssatz um den Prozentsatz, um den der effektive Jahreszins zu niedrig angegeben ist.

(4) [1] Nicht angegebene Kosten werden vom Darlehensnehmer nicht geschuldet. [2] Ist im Vertrag nicht angegeben, unter welchen Voraussetzungen Kosten oder Zinsen angepasst werden können, so entfällt die Möglichkeit, diese zum Nachteil des Darlehensnehmers anzupassen.

(5) Wurden Teilzahlungen vereinbart, ist deren Höhe vom Darlehensgeber unter Berücksichtigung der verminderten Zinsen oder Kosten neu zu berechnen.

(6) [1] Fehlen im Vertrag Angaben zur Laufzeit oder zum Kündigungsrecht, ist der Darlehensnehmer jederzeit zur Kündigung berechtigt. [2] Fehlen Angaben zu Sicherheiten, so können Sicherheiten nicht gefordert werden; dies gilt nicht bei Allgemein-Verbraucherdarlehensverträgen, wenn der Nettodarlehensbetrag 75 000 Euro übersteigt. [3] Fehlen Angaben zum Umwandlungsrecht bei Immobiliar-Verbraucherdarlehen in Fremdwährung, so kann das Umwandlungsrecht jederzeit ausgeübt werden.

---

[1] Beachte hierzu Überleitungsvorschrift in Art. 229 § 9 EGBGB (Nr. **24**).

(7) Der Darlehensgeber stellt dem Darlehensnehmer eine Abschrift des Vertrags zur Verfügung, in der die Vertragsänderungen berücksichtigt sind, die sich aus den Absätzen 2 bis 6 ergeben.

§ 495[1] **Widerrufsrecht; Bedenkzeit.** (1) Dem Darlehensnehmer steht bei einem Verbraucherdarlehensvertrag ein Widerrufsrecht nach § 355 zu.

(2) Ein Widerrufsrecht besteht nicht bei Darlehensverträgen,

1. die einen Darlehensvertrag, zu dessen Kündigung der Darlehensgeber wegen Zahlungsverzugs des Darlehensnehmers berechtigt ist, durch Rückzahlungsvereinbarungen ergänzen oder ersetzen, wenn dadurch ein gerichtliches Verfahren vermieden wird und wenn der Gesamtbetrag (Artikel 247 § 3 des Einführungsgesetzes zum Bürgerlichen Gesetzbuche) geringer ist als die Restschuld des ursprünglichen Vertrags,
2. die notariell zu beurkunden sind, wenn der Notar bestätigt, dass die Rechte des Darlehensnehmers aus den §§ 491a und 492 gewahrt sind, oder
3. die § 504 Abs. 2 oder § 505 entsprechen.

(3) [1] Bei Immobiliar-Verbraucherdarlehensverträgen ist dem Darlehensnehmer in den Fällen des Absatzes 2 vor Vertragsschluss eine Bedenkzeit von zumindest sieben Tagen einzuräumen. [2] Während des Laufs der Frist ist der Darlehensgeber an sein Angebot gebunden. [3] Die Bedenkzeit beginnt mit der Aushändigung des Vertragsangebots an den Darlehensnehmer.

§ 496 Einwendungsverzicht, Wechsel- und Scheckverbot. (1) Eine Vereinbarung, durch die der Darlehensnehmer auf das Recht verzichtet, Einwendungen, die ihm gegenüber dem Darlehensgeber zustehen, gemäß § 404 einem Abtretungsgläubiger entgegenzusetzen oder eine ihm gegen den Darlehensgeber zustehende Forderung gemäß § 406 auch dem Abtretungsgläubiger gegenüber aufzurechnen, ist unwirksam.

(2) [1] Wird eine Forderung des Darlehensgebers aus einem Verbraucherdarlehensvertrag an einen Dritten abgetreten oder findet in der Person des Darlehensgebers ein Wechsel statt, ist der Darlehensnehmer unverzüglich darüber sowie über die Kontaktdaten des neuen Gläubigers nach Artikel 246b § 1 Absatz 1 Nummer 1, 3 und 4 des Einführungsgesetzes zum Bürgerlichen Gesetzbuche[2] zu unterrichten. [2] Die Unterrichtung ist bei Abtretungen entbehrlich, wenn der bisherige Darlehensgeber mit dem neuen Gläubiger vereinbart hat, dass im Verhältnis zum Darlehensnehmer weiterhin allein der bisherige Darlehensgeber auftritt. [3] Fallen die Voraussetzungen des Satzes 2 fort, ist die Unterrichtung unverzüglich nachzuholen.

(3) [1] Der Darlehensnehmer darf nicht verpflichtet werden, für die Ansprüche des Darlehensgebers aus dem Verbraucherdarlehensvertrag eine Wechselverbindlichkeit einzugehen. [2] Der Darlehensgeber darf vom Darlehensnehmer zur Sicherung seiner Ansprüche aus dem Verbaucherdarlehensvertrag einen Scheck nicht entgegennehmen. [3] Der Darlehensnehmer kann vom Darlehensgeber jederzeit die Herausgabe eines Wechsels oder Schecks, der entgegen Satz 1 oder 2 begeben worden ist, verlangen. [4] Der Darlehensgeber haftet für jeden

---

[1] Beachte hierzu Überleitungsvorschrift in Art. 229 § 9 EGBGB (Nr. **24**).

[2] Nr. **24**.

Schaden, der dem Darlehensnehmer aus einer solchen Wechsel- oder Scheckbegebung entsteht.

§ 497[1)] Verzug des Darlehensnehmers. (1) [1]Soweit der Darlehensnehmer mit Zahlungen, die er auf Grund des Verbraucherdarlehensvertrags schuldet, in Verzug kommt, hat er den geschuldeten Betrag nach § 288 Abs. 1 zu verzinsen. [2]Im Einzelfall kann der Darlehensgeber einen höheren oder der Darlehensnehmer einen niedrigeren Schaden nachweisen.

(2) [1]Die nach Eintritt des Verzugs anfallenden Zinsen sind auf einem gesonderten Konto zu verbuchen und dürfen nicht in ein Kontokorrent mit dem geschuldeten Betrag oder anderen Forderungen des Darlehensgebers eingestellt werden. [2]Hinsichtlich dieser Zinsen gilt § 289 Satz 2 mit der Maßgabe, dass der Darlehensgeber Schadensersatz nur bis zur Höhe des gesetzlichen Zinssatzes (§ 246) verlangen kann.

(3) [1]Zahlungen des Darlehensnehmers, die zur Tilgung der gesamten fälligen Schuld nicht ausreichen, werden abweichend von § 367 Abs. 1 zunächst auf die Kosten der Rechtsverfolgung, dann auf den übrigen geschuldeten Betrag (Absatz 1) und zuletzt auf die Zinsen (Absatz 2) angerechnet. [2]Der Darlehensgeber darf Teilzahlungen nicht zurückweisen. [3]Die Verjährung der Ansprüche auf Darlehensrückzahlung und Zinsen ist vom Eintritt des Verzugs nach Absatz 1 an bis zu ihrer Feststellung in einer in § 197 Abs. 1 Nr. 3 bis 5 bezeichneten Art gehemmt, jedoch nicht länger als zehn Jahre von ihrer Entstehung an. [4]Auf die Ansprüche auf Zinsen findet § 197 Abs. 2 keine Anwendung. [5]Die Sätze 1 bis 4 finden keine Anwendung, soweit Zahlungen auf Vollstreckungstitel geleistet werden, deren Hauptforderung auf Zinsen lautet.

(4) [1]Bei Immobiliar-Verbraucherdarlehensverträgen beträgt der Verzugszinssatz abweichend von Absatz 1 für das Jahr 2,5 Prozentpunkte über dem Basiszinssatz. [2]Die Absätze 2 und 3 Satz 1, 2, 4 und 5 sind auf Immobiliar-Verbraucherdarlehensverträge nicht anzuwenden.

§ 498 Gesamtfälligstellung bei Teilzahlungsdarlehen. (1) [1]Der Darlehensgeber kann den Verbraucherdarlehensvertrag bei einem Darlehen, das in Teilzahlungen zu tilgen ist, wegen Zahlungsverzugs des Darlehensnehmers nur dann kündigen, wenn

1. der Darlehensnehmer
   a) mit mindestens zwei aufeinander folgenden Teilzahlungen ganz oder teilweise in Verzug ist,
   b) bei einer Vertragslaufzeit bis zu drei Jahren mit mindestens 10 Prozent oder bei einer Vertragslaufzeit von mehr als drei Jahren mit mindestens 5 Prozent des Nennbetrags des Darlehens in Verzug ist und
2. der Darlehensgeber dem Darlehensnehmer erfolglos eine zweiwöchige Frist zur Zahlung des rückständigen Betrags mit der Erklärung gesetzt hat, dass er bei Nichtzahlung innerhalb der Frist die gesamte Restschuld verlange.

[2]Der Darlehensgeber soll dem Darlehensnehmer spätestens mit der Fristsetzung ein Gespräch über die Möglichkeiten einer einverständlichen Regelung anbieten.

[1)] Beachte hierzu Überleitungsvorschrift in Art. 229 § 9 EGBGB (Nr. **24**).

(2) Bei einem Immobiliar-Verbraucherdarlehensvertrag muss der Darlehensnehmer abweichend von Absatz 1 Satz 1 Nummer 1 Buchstabe b mit mindestens 2,5 Prozent des Nennbetrags des Darlehens in Verzug sein.

§ 499 Kündigungsrecht des Darlehensgebers; Leistungsverweigerung.

(1) In einem Allgemein-Verbraucherdarlehensvertrag ist eine Vereinbarung über ein Kündigungsrecht des Darlehensgebers unwirksam, wenn eine bestimmte Vertragslaufzeit vereinbart wurde oder die Kündigungsfrist zwei Monate unterschreitet.

(2) [1] Der Darlehensgeber ist bei entsprechender Vereinbarung berechtigt, die Auszahlung eines Allgemein-Verbraucherdarlehens, bei dem eine Zeit für die Rückzahlung nicht bestimmt ist, aus einem sachlichen Grund zu verweigern. [2] Beabsichtigt der Darlehensgeber dieses Recht auszuüben, hat er dies dem Darlehensnehmer unverzüglich mitzuteilen und ihn über die Gründe möglichst vor, spätestens jedoch unverzüglich nach der Rechtsausübung zu unterrichten. [3] Die Unterrichtung über die Gründe unterbleibt, soweit hierdurch die öffentliche Sicherheit oder Ordnung gefährdet würde.

(3) [1] Der Darlehensgeber kann einen Verbraucherdarlehensvertrag nicht allein deshalb kündigen, auf andere Weise beenden oder seine Änderung verlangen, weil die vom Darlehensnehmer vor Vertragsschluss gemachten Angaben unvollständig waren oder weil die Kreditwürdigkeitsprüfung des Darlehensnehmers nicht ordnungsgemäß durchgeführt wurde. [2] Satz 1 findet keine Anwendung, soweit der Mangel der Kreditwürdigkeitsprüfung darauf beruht, dass der Darlehensnehmer dem Darlehensgeber für die Kreditwürdigkeitsprüfung relevante Informationen wissentlich vorenthalten oder diese gefälscht hat.

§ 500 Kündigungsrecht des Darlehensnehmers; vorzeitige Rückzahlung. (1) [1] Der Darlehensnehmer kann einen Allgemein-Verbraucherdarlehensvertrag, bei dem eine Zeit für die Rückzahlung nicht bestimmt ist, ganz oder teilweise kündigen, ohne eine Frist einzuhalten. [2] Eine Vereinbarung über eine Kündigungsfrist von mehr als einem Monat ist unwirksam.

(2) [1] Der Darlehensnehmer kann seine Verbindlichkeiten aus einem Verbraucherdarlehensvertrag jederzeit ganz oder teilweise vorzeitig erfüllen. [2] Abweichend von Satz 1 kann der Darlehensnehmer eines Immobiliar-Verbraucherdarlehensvertrags, für den ein gebundener Sollzinssatz vereinbart wurde, seine Verbindlichkeiten im Zeitraum der Sollzinsbindung nur dann ganz oder teilweise vorzeitig erfüllen, wenn hierfür ein berechtigtes Interesse des Darlehensnehmers besteht.

§ 501 Kostenermäßigung. Soweit der Darlehensnehmer seine Verbindlichkeiten vorzeitig erfüllt oder die Restschuld vor der vereinbarten Zeit durch Kündigung fällig wird, vermindern sich die Gesamtkosten (§ 6 Abs. 3 der Preisangabenverordnung) um die Zinsen und sonstigen laufzeitabhängigen Kosten, die bei gestaffelter Berechnung auf die Zeit nach der Fälligkeit oder Erfüllung entfallen.

§ 502 Vorfälligkeitsentschädigung. (1) [1] Der Darlehensgeber kann im Fall der vorzeitigen Rückzahlung eine angemessene Vorfälligkeitsentschädigung für den unmittelbar mit der vorzeitigen Rückzahlung zusammenhängenden Schaden verlangen, wenn der Darlehensnehmer zum Zeitpunkt der Rückzahlung

Zinsen zu einem gebundenen Sollzinssatz schuldet. [2]Bei Allgemein-Verbraucherdarlehensverträgen gilt Satz 1 nur, wenn der gebundene Sollzinssatz bei Vertragsabschluss vereinbart wurde.

(2) Der Anspruch auf Vorfälligkeitsentschädigung ist ausgeschlossen, wenn

1. die Rückzahlung aus den Mitteln einer Versicherung bewirkt wird, die auf Grund einer entsprechenden Verpflichtung im Darlehensvertrag abgeschlossen wurde, um die Rückzahlung zu sichern, oder
2. im Vertrag die Angaben über die Laufzeit des Vertrags, das Kündigungsrecht des Darlehensnehmers oder die Berechnung der Vorfälligkeitsentschädigung unzureichend sind.

(3) Bei Allgemein-Verbraucherdarlehensverträgen darf die Vorfälligkeitsentschädigung folgende Beträge jeweils nicht überschreiten:

1. 1 Prozent des vorzeitig zurückgezahlten Betrags oder, wenn der Zeitraum zwischen der vorzeitigen und der vereinbarten Rückzahlung ein Jahr nicht überschreitet, 0,5 Prozent des vorzeitig zurückgezahlten Betrags,
2. den Betrag der Sollzinsen, den der Darlehensnehmer in dem Zeitraum zwischen der vorzeitigen und der vereinbarten Rückzahlung entrichtet hätte.

§ 503 Umwandlung bei Immobiliar-Verbraucherdarlehen in Fremdwährung. (1) [1]Bei einem nicht auf die Währung des Mitgliedstaats der Europäischen Union, in dem der Darlehensnehmer bei Vertragsschluss seinen Wohnsitz hat (Landeswährung des Darlehensnehmers), geschlossenen Immobiliar-Verbraucherdarlehensvertrag (Immobiliar-Verbraucherdarlehensvertrag in Fremdwährung) kann der Darlehensnehmer die Umwandlung des Darlehens in die Landeswährung des Darlehensnehmers verlangen. [2]Das Recht auf Umwandlung besteht dann, wenn der Wert des ausstehenden Restbetrags oder der Wert der regelmäßigen Raten in der Landeswährung des Darlehensnehmers auf Grund der Änderung des Wechselkurses um mehr als 20 Prozent über dem Wert liegt, der bei Zugrundelegung des Wechselkurses bei Vertragsabschluss gegeben wäre. [3]Im Darlehensvertrag kann abweichend von Satz 1 vereinbart werden, dass die Landeswährung des Darlehensnehmers ausschließlich oder ergänzend die Währung ist, in der er zum Zeitpunkt der maßgeblichen Kreditwürdigkeitsprüfung überwiegend sein Einkommen bezieht oder Vermögenswerte hält, aus denen das Darlehen zurückgezahlt werden soll.

(2) [1]Die Umstellung des Darlehens hat zu dem Wechselkurs zu erfolgen, der dem am Tag des Antrags auf Umstellung geltenden Marktwechselkurs entspricht. [2]Satz 1 gilt nur, wenn im Darlehensvertrag nicht etwas anderes vereinbart wurde.

§ 504[1)] Eingeräumte Überziehungsmöglichkeit. (1) [1]Ist ein Verbraucherdarlehen in der Weise gewährt, dass der Darlehensgeber in einem Vertragsverhältnis über ein laufendes Konto dem Darlehensnehmer das Recht einräumt, sein Konto in bestimmter Höhe zu überziehen (Überziehungsmöglichkeit), hat der Darlehensgeber den Darlehensnehmer in regelmäßigen Zeitabständen über die Angaben zu unterrichten, die sich aus Artikel 247 § 16 des Einführungs-

[1)] Beachte hierzu Übergangsvorschrift in Art. 229 § 38 EGBGB.

gesetzes zum Bürgerlichen Gesetzbuche ergeben. [2] Ein Anspruch auf Vorfälligkeitsentschädigung aus § 502 ist ausgeschlossen. [3] § 493 Abs. 3 ist nur bei einer Erhöhung des Sollzinssatzes anzuwenden und gilt entsprechend bei einer Erhöhung der vereinbarten sonstigen Kosten. [4] § 499 Abs. 1 ist nicht anzuwenden.

(2) [1] Ist in einer Überziehungsmöglichkeit in Form des Allgemein-Verbraucherdarlehensvertrags vereinbart, dass nach der Auszahlung die Laufzeit höchstens drei Monate beträgt oder der Darlehensgeber kündigen kann, ohne eine Frist einzuhalten, sind § 491a Abs. 3, die §§ 495, 499 Abs. 2 und § 500 Abs. 1 Satz 2 nicht anzuwenden. [2] § 492 Abs. 1 ist nicht anzuwenden, wenn außer den Sollzinsen keine weiteren laufenden Kosten vereinbart sind, die Sollzinsen nicht in kürzeren Zeiträumen als drei Monaten fällig werden und der Darlehensgeber dem Darlehensnehmer den Vertragsinhalt spätestens unverzüglich nach Vertragsabschluss auf einem dauerhaften Datenträger mitteilt.

§ 504a[1)] Beratungspflicht bei Inanspruchnahme der Überziehungsmöglichkeit. (1) [1] Der Darlehensgeber hat dem Darlehensnehmer eine Beratung gemäß Absatz 2 anzubieten, wenn der Darlehensnehmer eine ihm eingeräumte Überziehungsmöglichkeit ununterbrochen über einen Zeitraum von sechs Monaten und durchschnittlich in Höhe eines Betrags in Anspruch genommen hat, der 75 Prozent des vereinbarten Höchstbetrags übersteigt. [2] Wenn der Rechnungsabschluss für das laufende Konto vierteljährlich erfolgt, ist der maßgebliche Zeitpunkt für das Vorliegen der Voraussetzungen nach Satz 1 der jeweilige Rechnungsabschluss. [3] Das Beratungsangebot ist dem Darlehensnehmer in Textform auf dem Kommunikationsweg zu unterbreiten, der für den Kontakt mit dem Darlehensnehmer üblicherweise genutzt wird. [4] Das Beratungsangebot ist zu dokumentieren.

(2) [1] Nimmt der Darlehensnehmer das Angebot an, ist eine Beratung zu möglichen kostengünstigen Alternativen zur Inanspruchnahme der Überziehungsmöglichkeit und zu möglichen Konsequenzen einer weiteren Überziehung des laufenden Kontos durchzuführen sowie gegebenenfalls auf geeignete Beratungseinrichtungen hinzuweisen. [2] Die Beratung hat in Form eines persönlichen Gesprächs zu erfolgen. [3] Für dieses können auch Fernkommunikationsmittel genutzt werden. [4] Der Ort und die Zeit des Beratungsgesprächs sind zu dokumentieren.

(3) [1] Nimmt der Darlehensnehmer das Beratungsangebot nicht an oder wird ein Vertrag über ein geeignetes kostengünstigeres Finanzprodukt nicht geschlossen, hat der Darlehensgeber das Beratungsangebot bei erneutem Vorliegen der Voraussetzungen nach Absatz 1 zu wiederholen. [2] Dies gilt nicht, wenn der Darlehensnehmer ausdrücklich erklärt, keine weiteren entsprechenden Beratungsangebote erhalten zu wollen.

§ 505[1)] Geduldete Überziehung. (1) [1] Vereinbart ein Unternehmer in einem Vertrag mit einem Verbraucher über ein laufendes Konto ohne eingeräumte Überziehungsmöglichkeit ein Entgelt für den Fall, dass er eine Überziehung des Kontos duldet, müssen in diesem Vertrag die Angaben nach Artikel 247 § 17 Abs. 1 des Einführungsgesetzes zum Bürgerlichen Gesetz-

[1)] Beachte hierzu Übergangsvorschrift in Art. 229 § 38 EGBGB.

buche auf einem dauerhaften Datenträger enthalten sein und dem Verbraucher in regelmäßigen Zeitabständen auf einem dauerhaften Datenträger mitgeteilt werden. [2] Satz 1 gilt entsprechend, wenn ein Darlehensgeber mit einem Darlehensnehmer in einem Vertrag über ein laufendes Konto mit eingeräumter Überziehungsmöglichkeit ein Entgelt für den Fall vereinbart, dass er eine Überziehung des Kontos über die vertraglich bestimmte Höhe hinaus duldet.

(2) [1] Kommt es im Fall des Absatzes 1 zu einer erheblichen Überziehung von mehr als einem Monat, unterrichtet der Darlehensgeber den Darlehensnehmer unverzüglich auf einem dauerhaften Datenträger über die sich aus Artikel 247 § 17 Abs. 2 des Einführungsgesetzes zum Bürgerlichen Gesetzbuche ergebenden Einzelheiten. [2] Wenn es im Fall des Absatzes 1 zu einer ununterbrochenen Überziehung von mehr als drei Monaten gekommen ist und der durchschnittliche Überziehungsbetrag die Hälfte des durchschnittlichen monatlichen Geldeingangs innerhalb der letzten drei Monate auf diesem Konto übersteigt, so gilt § 504a entsprechend. [3] Wenn der Rechnungsabschluss für das laufende Konto vierteljährlich erfolgt, ist der maßgebliche Zeitpunkt für das Vorliegen der Voraussetzungen nach Satz 1 der jeweilige Rechnungsabschluss.

(3) Verstößt der Unternehmer gegen Absatz 1 oder Absatz 2, kann der Darlehensgeber über die Rückzahlung des Darlehens hinaus Kosten und Zinsen nicht verlangen.

(4) Die §§ 491a bis 496 und 499 bis 502 sind auf Allgemein-Verbraucherdarlehensverträge, die unter den in Absatz 1 genannten Voraussetzungen zustande kommen, nicht anzuwenden.

§ 505a Pflicht zur Kreditwürdigkeitsprüfung bei Verbraucherdarlehensverträgen. (1) [1] Der Darlehensgeber hat vor dem Abschluss eines Verbraucherdarlehensvertrags die Kreditwürdigkeit des Darlehensnehmers zu prüfen. [2] Der Darlehensgeber darf den Verbraucherdarlehensvertrag nur abschließen, wenn aus der Kreditwürdigkeitsprüfung hervorgeht, dass bei einem Allgemein-Verbraucherdarlehensvertrag keine erheblichen Zweifel daran bestehen und dass es bei einem Immobiliar-Verbraucherdarlehensvertrag wahrscheinlich ist, dass der Darlehensnehmer seinen Verpflichtungen, die im Zusammenhang mit dem Darlehensvertrag stehen, vertragsgemäß nachkommen wird.

(2) Wird der Nettodarlehensbetrag nach Abschluss des Darlehensvertrags deutlich erhöht, so ist die Kreditwürdigkeit auf aktualisierter Grundlage neu zu prüfen, es sei denn, der Erhöhungsbetrag des Nettodarlehens wurde bereits in die ursprüngliche Kreditwürdigkeitsprüfung einbezogen.

(3) [1] Bei Immobiliar-Verbraucherdarlehensverträgen, die

1. im Anschluss an einen zwischen den Vertragsparteien abgeschlossenen Darlehensvertrag ein neues Kapitalnutzungsrecht zur Erreichung des von dem Darlehensnehmer mit dem vorangegangenen Darlehensvertrag verfolgten Zweckes einräumen oder
2. einen anderen Darlehensvertrag zwischen den Vertragsparteien zur Vermeidung von Kündigungen wegen Zahlungsverzugs des Darlehensnehmers oder zur Vermeidung von Zwangsvollstreckungsmaßnahmen gegen den Darlehensnehmer ersetzen oder ergänzen,

bedarf es einer erneuten Kreditwürdigkeitsprüfung nur unter den Voraussetzungen des Absatzes 2. [2] Ist danach keine Kreditwürdigkeitsprüfung erforderlich, darf der Darlehensgeber den neuen Immobiliar-Verbraucherdarlehensvertrag nicht abschließen, wenn ihm bereits bekannt ist, dass der Darlehensnehmer seinen Verpflichtungen, die im Zusammenhang mit diesem Darlehensvertrag stehen, dauerhaft nicht nachkommen kann. [3]Bei Verstößen gilt § 505d entsprechend.

§ 505b Grundlage der Kreditwürdigkeitsprüfung bei Verbraucherdarlehensverträgen. (1) Bei Allgemein-Verbraucherdarlehensverträgen können Grundlage für die Kreditwürdigkeitsprüfung Auskünfte des Darlehensnehmers und erforderlichenfalls Auskünfte von Stellen sein, die geschäftsmäßig personenbezogene Daten, die zur Bewertung der Kreditwürdigkeit von Verbrauchern genutzt werden dürfen, zum Zweck der Übermittlung erheben, speichern, verändern oder nutzen.

(2) [1]Bei Immobiliar-Verbraucherdarlehensverträgen hat der Darlehensgeber die Kreditwürdigkeit des Darlehensnehmers auf der Grundlage notwendiger, ausreichender und angemessener Informationen zu Einkommen, Ausgaben sowie anderen finanziellen und wirtschaftlichen Umständen des Darlehensnehmers eingehend zu prüfen. [2]Dabei hat der Darlehensgeber die Faktoren angemessen zu berücksichtigen, die für die Einschätzung relevant sind, ob der Darlehensnehmer seinen Verpflichtungen aus dem Darlehensvertrag voraussichtlich nachkommen kann. [3]Die Kreditwürdigkeitsprüfung darf sich nicht hauptsächlich darauf stützen, dass der Wert der Wohnimmobilie den Darlehensbetrag übersteigt, oder auf die Annahme, dass der Wert der Wohnimmobilie zunimmt, es sei denn, der Darlehensvertrag dient zum Bau oder zur Renovierung der Wohnimmobilie.

(3) [1]Der Darlehensgeber ermittelt die gemäß Absatz 2 erforderlichen Informationen aus einschlägigen internen oder externen Quellen, wozu auch Auskünfte des Darlehensnehmers gehören. [2]Der Darlehensgeber berücksichtigt auch die Auskünfte, die einem Darlehensvermittler erteilt wurden. [3]Der Darlehensgeber ist verpflichtet, die Informationen in angemessener Weise zu überprüfen, soweit erforderlich auch durch Einsichtnahme in unabhängig nachprüfbare Unterlagen.

(4) Bei Immobiliar-Verbraucherdarlehensverträgen ist der Darlehensgeber verpflichtet, die Verfahren und Angaben, auf die sich die Kreditwürdigkeitsprüfung stützt, festzulegen, zu dokumentieren und die Dokumentation aufzubewahren.

(5) Die Bestimmungen zum Schutz personenbezogener Daten bleiben unberührt.

§ 505c Weitere Pflichten bei grundpfandrechtlich oder durch Reallast besicherten Immobiliar-Verbraucherdarlehensverträgen. Darlehensgeber, die grundpfandrechtlich oder durch Reallast besicherte Immobiliar-Verbraucherdarlehen vergeben, haben

1. bei der Bewertung von Wohnimmobilien zuverlässige Standards anzuwenden und
2. sicherzustellen, dass interne und externe Gutachter, die Immobilienbewertungen für sie vornehmen, fachlich kompetent und so unabhängig vom Darlehensvergabeprozess sind, dass sie eine objektive Bewertung vornehmen können, und

3. Bewertungen für Immobilien, die als Sicherheit für Immobiliar-Verbraucherdarlehen dienen, auf einem dauerhaften Datenträger zu dokumentieren und aufzubewahren.

§ 505d Verstoß gegen die Pflicht zur Kreditwürdigkeitsprüfung.

(1) [1] Hat der Darlehensgeber gegen die Pflicht zur Kreditwürdigkeitsprüfung verstoßen, so ermäßigt sich

1. ein im Darlehensvertrag vereinbarter gebundener Sollzins auf den marktüblichen Zinssatz am Kapitalmarkt für Anlagen in Hypothekenpfandbriefe und öffentliche Pfandbriefe, deren Laufzeit derjenigen der Sollzinsbindung entspricht und
2. ein im Darlehensvertrag vereinbarter veränderlicher Sollzins auf den marktüblichen Zinssatz, zu dem europäische Banken einander Anleihen in Euro mit einer Laufzeit von drei Monaten gewähren.

[2] Maßgeblicher Zeitpunkt für die Bestimmung des marktüblichen Zinssatzes gemäß Satz 1 ist der Zeitpunkt des Vertragsschlusses sowie gegebenenfalls jeweils der Zeitpunkt vertraglich vereinbarter Zinsanpassungen. [3] Der Darlehensnehmer kann den Darlehensvertrag jederzeit fristlos kündigen; ein Anspruch auf eine Vorfälligkeitsentschädigung besteht nicht. [4] Der Darlehensgeber stellt dem Darlehensnehmer eine Abschrift des Vertrags zur Verfügung, in der die Vertragsänderungen berücksichtigt sind, die sich aus den Sätzen 1 bis 3 ergeben. [5] Die Sätze 1 bis 4 finden keine Anwendung, wenn bei einer ordnungsgemäßen Kreditwürdigkeitsprüfung der Darlehensvertrag hätte geschlossen werden dürfen.

(2) Kann der Darlehensnehmer Pflichten, die im Zusammenhang mit dem Darlehensvertrag stehen, nicht vertragsgemäß erfüllen, so kann der Darlehensgeber keine Ansprüche wegen Pflichtverletzung geltend machen, wenn die Pflichtverletzung auf einem Umstand beruht, der bei ordnungsgemäßer Kreditwürdigkeitsprüfung dazu geführt hätte, dass der Darlehensvertrag nicht hätte geschlossen werden dürfen.

(3) Die Absätze 1 und 2 finden keine Anwendung, soweit der Mangel der Kreditwürdigkeitsprüfung darauf beruht, dass der Darlehensnehmer dem Darlehensgeber vorsätzlich oder grob fahrlässig Informationen im Sinne des § 505b Absatz 1 bis 3 unrichtig erteilt oder vorenthalten hat.

Untertitel 4. Beratungsleistungen bei Immobiliar-Verbraucherdarlehensverträgen

§ 511 Beratungsleistungen bei Immobiliar-Verbraucherdarlehensverträgen. (1) Bevor der Darlehensgeber dem Darlehensnehmer individuelle Empfehlungen zu einem oder mehreren Geschäften erteilt, die im Zusammenhang mit einem Immobiliar-Verbraucherdarlehensvertrag stehen (Beratungsleistungen), hat er den Darlehensnehmer über die sich aus Artikel 247 § 18 des Einführungsgesetzes zum Bürgerlichen Gesetzbuche[1] ergebenden Einzelheiten in der dort vorgesehenen Form zu informieren.

[1] Nr. **24**.

(2) [1] Vor Erbringung der Beratungsleistung hat sich der Darlehensgeber über den Bedarf, die persönliche und finanzielle Situation sowie über die Präferenzen und Ziele des Darlehensnehmers zu informieren, soweit dies für eine passende Empfehlung eines Darlehensvertrags erforderlich ist. [2] Auf Grundlage dieser aktuellen Informationen und unter Zugrundelegung realistischer Annahmen hinsichtlich der Risiken, die für den Darlehensnehmer während der Laufzeit des Darlehensvertrags zu erwarten sind, hat der Darlehensgeber eine ausreichende Zahl an Darlehensverträgen zumindest aus seiner Produktpalette auf ihre Geeignetheit zu prüfen.

(3) [1] Der Darlehensgeber hat dem Darlehensnehmer auf Grund der Prüfung gemäß Absatz 2 ein geeignetes oder mehrere geeignete Produkte zu empfehlen oder ihn darauf hinzuweisen, dass er kein Produkt empfehlen kann. [2] Die Empfehlung oder der Hinweis ist dem Darlehensnehmer auf einem dauerhaften Datenträger zur Verfügung zu stellen.

Untertitel 5. Unabdingbarkeit, Anwendung auf Existenzgründer

§ 512[1)] Abweichende Vereinbarungen. [1] Von den Vorschriften der §§ 491 bis 511, 514 und 515 darf, soweit nicht ein anderes bestimmt ist, nicht zum Nachteil des Verbrauchers abgewichen werden. [2] Diese Vorschriften finden auch Anwendung, wenn sie durch anderweitige Gestaltungen umgangen werden.

§ 513 Anwendung auf Existenzgründer. Die §§ 491 bis 512 gelten auch für natürliche Personen, die sich ein Darlehen, einen Zahlungsaufschub oder eine sonstige Finanzierungshilfe für die Aufnahme einer gewerblichen oder selbständigen beruflichen Tätigkeit gewähren lassen oder zu diesem Zweck einen Ratenlieferungsvertrag schließen, es sei denn, der Nettodarlehensbetrag oder Barzahlungspreis übersteigt 75 000 Euro.

Untertitel 6. Unentgeltliche Darlehensverträge und unentgeltliche Finanzierungshilfen zwischen einem Unternehmer und einem Verbraucher

§ 514 Unentgeltliche Darlehensverträge. (1) [1] § 497 Absatz 1 und 3 sowie § 498 und die §§ 505a bis 505c sowie 505d Absatz 2 und 3 sowie § 505e sind entsprechend auf Verträge anzuwenden, durch die ein Unternehmer einem Verbraucher ein unentgeltliches Darlehen gewährt. [2] Dies gilt nicht in dem in § 491 Absatz 2 Satz 2 Nummer 1 bestimmten Umfang.

(2) [1] Bei unentgeltlichen Darlehensverträgen gemäß Absatz 1 steht dem Verbraucher ein Widerrufsrecht nach § 355 zu. [2] Dies gilt nicht, wenn bereits ein Widerrufsrecht nach § 312g Absatz 1 besteht, und nicht bei Verträgen, die § 495 Absatz 2 Nummer 1 entsprechen. [3] Der Unternehmer hat den Verbraucher rechtzeitig vor der Abgabe von dessen Willenserklärung gemäß Artikel 246 Absatz 3 des Einführungsgesetzes zum Bürgerlichen Gesetzbuche[2)] über sein Widerrufsrecht zu unterrichten. [4] Der Unternehmer kann diese Pflicht dadurch erfüllen, dass er dem Verbraucher das in der Anlage 9 zum Einführungsgesetz zum Bürgerlichen Gesetzbuche vorgesehene Muster für die Widerrufsbelehrung ordnungsgemäß ausgefüllt in Textform übermittelt.

[1)] Beachte hierzu Überleitungsvorschrift in Art. 229 § 9 EGBGB (Nr. **24**).
[2)] Auszugsweise abgedruckt unter Nr. **24**.

§ 515 Unentgeltliche Finanzierungshilfen. § 514 sowie die §§ 358 bis 360 gelten entsprechend, wenn ein Unternehmer einem Verbraucher einen unentgeltlichen Zahlungsaufschub oder eine sonstige unentgeltliche Finanzierungshilfe gewährt.

Titel 12. Auftrag, Geschäftsbesorgungsvertrag und Zahlungsdienste

Untertitel 3. Zahlungsdienste

Kapitel 1. Allgemeine Vorschriften

§ 675c Zahlungsdienste und E-Geld. (1) Auf einen Geschäftsbesorgungsvertrag, der die Erbringung von Zahlungsdiensten zum Gegenstand hat, sind die §§ 663, 665 bis 670 und 672 bis 674 entsprechend anzuwenden, soweit in diesem Untertitel nichts Abweichendes bestimmt ist.

(2) Die Vorschriften dieses Untertitels sind auch auf einen Vertrag über die Ausgabe und Nutzung von E-Geld anzuwenden.

(3) Die Begriffsbestimmungen des Kreditwesengesetzes und des Zahlungsdiensteaufsichtsgesetzes sind anzuwenden.

(4) Die Vorschriften dieses Untertitels sind mit Ausnahme von § 675d Absatz 2 Satz 2 sowie Absatz 3 nicht auf einen Vertrag über die Erbringung von Kontoinformationsdiensten anzuwenden.

§ 675d Unterrichtung bei Zahlungsdiensten. (1) Zahlungsdienstleister haben Zahlungsdienstnutzer bei der Erbringung von Zahlungsdiensten über die in Artikel 248 §§ 1 bis 12, 13 Absatz 1, 3 bis 5 und §§ 14 bis 16 des Einführungsgesetzes zum Bürgerlichen Gesetzbuche[1)] bestimmten Umstände in der dort vorgesehenen Form zu unterrichten.

(2) [1] Zahlungsauslösedienstleister haben Zahler ausschließlich über die in Artikel 248 § 13 Absatz 1 bis 3 und § 13a des Einführungsgesetzes zum Bürgerlichen Gesetzbuche bestimmten Umstände in der Form zu unterrichten, die in Artikel 248 §§ 2 und 12 des Einführungsgesetzes zum Bürgerlichen Gesetzbuche vorgesehen ist. [2] Kontoinformationsdienstleister haben Zahlungsdienstnutzer über die in Artikel 248 §§ 4 und 13 Absatz 1 des Einführungsgesetzes zum Bürgerlichen Gesetzbuche bestimmten Umstände zu unterrichten; sie können die Form und den Zeitpunkt der Unterrichtung mit dem Zahlungsdienstnutzer vereinbaren.

(3) Ist die ordnungsgemäße Unterrichtung streitig, so trifft die Beweislast den Zahlungsdienstleister.

(4) [1] Für die Unterrichtung darf der Zahlungsdienstleister mit dem Zahlungsdienstnutzer nur dann ein Entgelt vereinbaren, wenn die Information auf Verlangen des Zahlungsdienstnutzers erbracht wird und der Zahlungsdienstleister

1. diese Information häufiger erbringt, als in Artikel 248 §§ 1 bis 16 des Einführungsgesetzes zum Bürgerlichen Gesetzbuche vorgesehen,
2. eine Information erbringt, die über die in Artikel 248 §§ 1 bis 16 des Einführungsgesetzes zum Bürgerlichen Gesetzbuche vorgeschriebenen hinausgeht, oder

---

1) Nr. 24.

3. diese Information mithilfe anderer als der im Zahlungsdiensterahmenvertrag vereinbarten Kommunikationsmittel erbringt.

[2]Das Entgelt muss angemessen und an den tatsächlichen Kosten des Zahlungsdienstleisters ausgerichtet sein.

(5) [1]Zahlungsempfänger, Dienstleister, die Bargeldabhebungsdienste erbringen, und Dritte unterrichten über die in Artikel 248 §§ 17 bis 18 des Einführungsgesetzes zum Bürgerlichen Gesetzbuche bestimmten Umstände. [2]Der Zahler ist nur dann verpflichtet, die Entgelte gemäß Artikel 248 § 17 Absatz 2 und § 18 des Einführungsgesetzes zum Bürgerlichen Gesetzbuche zu entrichten, wenn deren volle Höhe vor der Auslösung des Zahlungsvorgangs bekannt gemacht wurde.

(6) [1]Die Absätze 1 bis 5 sind nicht anzuwenden auf

1. die Bestandteile eines Zahlungsvorgangs, die außerhalb des Europäischen Wirtschaftsraums getätigt werden, wenn
   a) der Zahlungsvorgang in der Währung eines Staates außerhalb des Europäischen Wirtschaftsraums erfolgt und sowohl der Zahlungsdienstleister des Zahlers als auch der Zahlungsdienstleister des Zahlungsempfängers innerhalb des Europäischen Wirtschaftsraums belegen ist oder
   b) bei Beteiligung mehrerer Zahlungsdienstleister an dem Zahlungsvorgang von diesen Zahlungsdienstleistern mindestens einer innerhalb und mindestens einer außerhalb des Europäischen Wirtschaftsraums belegen ist;
2. Zahlungsvorgänge, bei denen keiner der beteiligten Zahlungsdienstleister innerhalb des Europäischen Wirtschaftsraums belegen ist.

[2]In den Fällen des Satzes 1 Nummer 1 sind die Informationspflichten nach Artikel 248 § 4 Absatz 1 Nummer 2 Buchstabe e, § 6 Nummer 1 sowie § 13 Absatz 1 Satz 1 Nummer 2 des Einführungsgesetzes zum Bürgerlichen Gesetzbuche auch auf die innerhalb des Europäischen Wirtschaftsraums getätigten Bestandteile des Zahlungsvorgangs nicht anzuwenden. [3]Gleiches gilt im Fall des Satzes 1 Nummer 1 Buchstabe b für die Informationspflicht nach Artikel 248 § 4 Absatz 1 Nummer 5 Buchstabe g des Einführungsgesetzes zum Bürgerlichen Gesetzbuche.

§ 675e Abweichende Vereinbarungen. (1) Soweit nichts anderes bestimmt ist, darf von den Vorschriften dieses Untertitels nicht zum Nachteil des Zahlungsdienstnutzers abgewichen werden.

(2) In den Fällen des § 675d Absatz 6 Satz 1 Nummer 1 und 2

1. sind § 675s Absatz 1, § 675t Absatz 2, § 675x Absatz 1, § 675y Absatz 1 bis 4 sowie § 675z Satz 3 nicht anzuwenden;
2. darf im Übrigen zum Nachteil des Zahlungsdienstnutzers von den Vorschriften dieses Untertitels abgewichen werden.

(3) Für Zahlungsvorgänge, die nicht in Euro erfolgen, können der Zahlungsdienstnutzer und sein Zahlungsdienstleister vereinbaren, dass § 675t Abs. 1 Satz 3 und Abs. 2 ganz oder teilweise nicht anzuwenden ist.

(4) Handelt es sich bei dem Zahlungsdienstnutzer nicht um einen Verbraucher, so können die Parteien vereinbaren, dass § 675d Absatz 1 bis 5, § 675f Absatz 5 Satz 2, die §§ 675g, 675h, 675j Absatz 2, die §§ 675p sowie 675v bis

676 ganz oder teilweise nicht anzuwenden sind; sie können auch andere als die in § 676b Absatz 2 und 4 vorgesehenen Fristen vereinbaren.

Kapitel 2. Zahlungsdienstevertrag

§ 675f[1] Zahlungsdienstevertrag. (1) Durch einen Einzelzahlungsvertrag wird der Zahlungsdienstleister verpflichtet, für die Person, die einen Zahlungsdienst als Zahler, Zahlungsempfänger oder in beiden Eigenschaften in Anspruch nimmt (Zahlungsdienstnutzer), einen Zahlungsvorgang auszuführen.

(2) [1] Durch einen Zahlungsdiensterahmenvertrag wird der Zahlungsdienstleister verpflichtet, für den Zahlungsdienstnutzer einzelne und aufeinander folgende Zahlungsvorgänge auszuführen sowie gegebenenfalls für den Zahlungsdienstnutzer ein auf dessen Namen oder die Namen mehrerer Zahlungsdienstnutzer lautendes Zahlungskonto zu führen. [2] Ein Zahlungsdiensterahmenvertrag kann auch Bestandteil eines sonstigen Vertrags sein oder mit einem anderen Vertrag zusammenhängen.

(3) [1] Der Zahlungsdienstnutzer ist berechtigt, einen Zahlungsauslösedienst oder einen Kontoinformationsdienst zu nutzen, es sei denn, das Zahlungskonto des Zahlungsdienstnutzers ist für diesen nicht online zugänglich. [2] Der kontoführende Zahlungsdienstleister darf die Nutzung dieser Dienste durch den Zahlungsdienstnutzer nicht davon abhängig machen, dass der Zahlungsauslösedienstleister oder der Kontoinformationsdienstleister zu diesem Zweck einen Vertrag mit dem kontoführenden Zahlungsdienstleister abschließt.

(4) [1] Zahlungsvorgang ist jede Bereitstellung, Übermittlung oder Abhebung eines Geldbetrags, unabhängig von der zugrunde liegenden Rechtsbeziehung zwischen Zahler und Zahlungsempfänger. [2] Zahlungsauftrag ist jeder Auftrag, den ein Zahler seinem Zahlungsdienstleister zur Ausführung eines Zahlungsvorgangs entweder unmittelbar oder mittelbar über einen Zahlungsauslösedienstleister oder den Zahlungsempfänger erteilt.

(5) [1] Der Zahlungsdienstnutzer ist verpflichtet, dem Zahlungsdienstleister das für die Erbringung eines Zahlungsdienstes vereinbarte Entgelt zu entrichten. [2] Für die Erfüllung von Nebenpflichten nach diesem Untertitel hat der Zahlungsdienstleister nur dann einen Anspruch auf ein Entgelt, sofern dies zugelassen und zwischen dem Zahlungsdienstnutzer und dem Zahlungsdienstleister vereinbart worden ist; dieses Entgelt muss angemessen und an den tatsächlichen Kosten des Zahlungsdienstleisters ausgerichtet sein.

(6) In einem Zahlungsdiensterahmenvertrag zwischen dem Zahlungsempfänger und seinem Zahlungsdienstleister darf das Recht des Zahlungsempfängers, dem Zahler für die Nutzung eines bestimmten Zahlungsinstruments eine Ermäßigung oder einen anderweitigen Anreiz anzubieten, nicht ausgeschlossen werden.

§ 675g Änderung des Zahlungsdiensterahmenvertrags. (1) Eine Änderung des Zahlungsdiensterahmenvertrags auf Veranlassung des Zahlungsdienstleisters setzt voraus, dass dieser die beabsichtigte Änderung spätestens zwei Monate vor dem vorgeschlagenen Zeitpunkt ihres Wirksamwerdens dem Zah-

---

[1] Beachte hierzu Übergangsvorschrift in Art. 229 § 45 Abs. 4 EGBGB.

lungsdienstnutzer in der in Artikel 248 §§ 2 und 3 des Einführungsgesetzes zum Bürgerlichen Gesetzbuche[1] vorgesehenen Form anbietet.

(2) [1] Der Zahlungsdienstleister und der Zahlungsdienstnutzer können vereinbaren, dass die Zustimmung des Zahlungsdienstnutzers zu einer Änderung nach Absatz 1 als erteilt gilt, wenn dieser dem Zahlungsdienstleister seine Ablehnung nicht vor dem vorgeschlagenen Zeitpunkt des Wirksamwerdens der Änderung angezeigt hat. [2] Im Fall einer solchen Vereinbarung ist der Zahlungsdienstnutzer auch berechtigt, den Zahlungsdiensterahmenvertrag vor dem vorgeschlagenen Zeitpunkt des Wirksamwerdens der Änderung fristlos zu kündigen. [3] Der Zahlungsdienstleister ist verpflichtet, den Zahlungsdienstnutzer mit dem Angebot zur Vertragsänderung auf die Folgen seines Schweigens sowie auf das Recht zur kostenfreien und fristlosen Kündigung hinzuweisen.

(3) [1] Änderungen von Zinssätzen oder Wechselkursen werden unmittelbar und ohne vorherige Benachrichtigung wirksam, soweit dies im Zahlungsdiensterahmenvertrag vereinbart wurde und die Änderungen auf den dort vereinbarten Referenzzinssätzen oder Referenzwechselkursen beruhen. [2] Referenzzinssatz ist der Zinssatz, der bei der Zinsberechnung zugrunde gelegt wird und aus einer öffentlich zugänglichen und für beide Parteien eines Zahlungsdienstevertrags überprüfbaren Quelle stammt. [3] Referenzwechselkurs ist der Wechselkurs, der bei jedem Währungsumtausch zugrunde gelegt und vom Zahlungsdienstleister zugänglich gemacht wird oder aus einer öffentlich zugänglichen Quelle stammt.

(4) Der Zahlungsdienstnutzer darf durch Vereinbarungen zur Berechnung nach Absatz 3 nicht benachteiligt werden.

§ 675h Ordentliche Kündigung eines Zahlungsdiensterahmenvertrags. (1) [1] Der Zahlungsdienstnutzer kann den Zahlungsdiensterahmenvertrag, auch wenn dieser für einen bestimmten Zeitraum geschlossen ist, jederzeit ohne Einhaltung einer Kündigungsfrist kündigen, sofern nicht eine Kündigungsfrist vereinbart wurde. [2] Die Vereinbarung einer Kündigungsfrist von mehr als einem Monat ist unwirksam.

(2) [1] Der Zahlungsdienstleister kann den Zahlungsdiensterahmenvertrag nur kündigen, wenn der Vertrag auf unbestimmte Zeit geschlossen wurde und das Kündigungsrecht vereinbart wurde. [2] Die Kündigungsfrist darf zwei Monate nicht unterschreiten. [3] Die Kündigung ist in der in Artikel 248 §§ 2 und 3 des Einführungsgesetzes zum Bürgerlichen Gesetzbuche[1] vorgesehenen Form zu erklären.

(3) [1] Im Fall der Kündigung sind regelmäßig erhobene Entgelte nur anteilig bis zum Zeitpunkt der Beendigung des Vertrags zu entrichten. [2] Im Voraus gezahlte Entgelte, die auf die Zeit nach Beendigung des Vertrags fallen, sind anteilig zu erstatten.

(4) Der Zahlungsdienstleister darf mit dem Zahlungsdienstnutzer für die Kündigung des Zahlungsdiensterahmenvertrags kein Entgelt vereinbaren.

---

[1] Nr. **24**.

§ 675i Ausnahmen für Kleinbetragsinstrumente und E-Geld.

(1) [1]Ein Zahlungsdienstevertrag kann die Überlassung eines Kleinbetragsinstruments an den Zahlungsdienstnutzer vorsehen. [2]Ein Kleinbetragsinstrument ist ein Mittel,

1. mit dem nur einzelne Zahlungsvorgänge bis höchstens 30 Euro ausgelöst werden können,
2. das eine Ausgabenobergrenze von 150 Euro hat oder
3. das Geldbeträge speichert, die zu keiner Zeit 150 Euro übersteigen.

[3]In den Fällen der Nummern 2 und 3 erhöht sich die Betragsgrenze auf 200 Euro, wenn das Kleinbetragsinstrument nur für inländische Zahlungsvorgänge genutzt werden kann.

(2) Im Fall des Absatzes 1 können die Parteien vereinbaren, dass

1. der Zahlungsdienstleister Änderungen der Vertragsbedingungen nicht in der in § 675g Abs. 1 vorgesehenen Form anbieten muss,
2. § 675l Absatz 1 Satz 2, § 675m Absatz 1 Satz 1 Nummer 3 und 5 sowie Satz 2 und § 675v Absatz 5 nicht anzuwenden sind, wenn das Kleinbetragsinstrument nicht gesperrt oder eine weitere Nutzung nicht verhindert werden kann,
3. die §§ 675u, 675v Absatz 1 bis 3 und 5, die §§ 675w und 676 nicht anzuwenden sind, wenn die Nutzung des Kleinbetragsinstruments keinem Zahlungsdienstnutzer zugeordnet werden kann oder der Zahlungsdienstleister aus anderen Gründen, die in dem Kleinbetragsinstrument selbst angelegt sind, nicht nachweisen kann, dass ein Zahlungsvorgang autorisiert war,
4. der Zahlungsdienstleister abweichend von § 675o Abs. 1 nicht verpflichtet ist, den Zahlungsdienstnutzer von einer Ablehnung des Zahlungsauftrags zu unterrichten, wenn die Nichtausführung aus dem Zusammenhang hervorgeht,
5. der Zahler abweichend von § 675p den Zahlungsauftrag nach dessen Übermittlung oder nachdem er dem Zahlungsempfänger seine Zustimmung zum Zahlungsauftrag erteilt hat, nicht widerrufen kann, oder
6. andere als die in § 675s bestimmten Ausführungsfristen gelten.

(3) [1]Die §§ 675u und 675v sind für E-Geld nicht anzuwenden, wenn der Zahlungsdienstleister des Zahlers nicht die Möglichkeit hat, das Zahlungskonto, auf dem das E-Geld gespeichert ist, oder das Kleinbetragsinstrument zu sperren. [2]Satz 1 gilt nur für Zahlungskonten, auf denen das E-Geld gespeichert ist, oder Kleinbetragsinstrumente mit einem Wert von höchstens 200 Euro.

Kapitel 3. Erbringung und Nutzung von Zahlungsdiensten

Unterkapitel 1. Autorisierung von Zahlungsvorgängen; Zahlungsinstrumente; Verweigerung des Zugangs zum Zahlungskonto

§ 675j Zustimmung und Widerruf der Zustimmung. (1) [1]Ein Zahlungsvorgang ist gegenüber dem Zahler nur wirksam, wenn er diesem zugestimmt hat (Autorisierung). [2]Die Zustimmung kann entweder als Einwilligung oder, sofern zwischen dem Zahler und seinem Zahlungsdienstleister zuvor vereinbart, als Genehmigung erteilt werden. [3]Art und Weise der Zustimmung sind zwischen dem Zahler und seinem Zahlungsdienstleister zu vereinbaren. [4] Insbesondere kann vereinbart werden, dass die Zustimmung mittels eines bestimmten Zahlungsinstruments erteilt werden kann.

(2) [1] Die Zustimmung kann vom Zahler durch Erklärung gegenüber dem Zahlungsdienstleister so lange widerrufen werden, wie der Zahlungsauftrag widerruflich ist (§ 675p). [2] Auch die Zustimmung zur Ausführung mehrerer Zahlungsvorgänge kann mit der Folge widerrufen werden, dass jeder nachfolgende Zahlungsvorgang nicht mehr autorisiert ist.

§ 675k Begrenzung der Nutzung eines Zahlungsinstruments; Verweigerung des Zugangs zum Zahlungskonto. (1) In Fällen, in denen die Zustimmung mittels eines Zahlungsinstruments erteilt wird, können der Zahler und der Zahlungsdienstleister Betragsobergrenzen für die Nutzung dieses Zahlungsinstruments vereinbaren.

(2) [1] Zahler und Zahlungsdienstleister können vereinbaren, dass der Zahlungsdienstleister das Recht hat, ein Zahlungsinstrument zu sperren, wenn

1. sachliche Gründe im Zusammenhang mit der Sicherheit des Zahlungsinstruments dies rechtfertigen,
2. der Verdacht einer nicht autorisierten oder einer betrügerischen Verwendung des Zahlungsinstruments besteht oder
3. bei einem Zahlungsinstrument mit Kreditgewährung ein wesentlich erhöhtes Risiko besteht, dass der Zahler seiner Zahlungspflicht nicht nachkommen kann.

[2] In diesem Fall ist der Zahlungsdienstleister verpflichtet, den Zahler über die Sperrung des Zahlungsinstruments möglichst vor, spätestens jedoch unverzüglich nach der Sperrung zu unterrichten. [3] In der Unterrichtung sind die Gründe für die Sperrung anzugeben. [4] Die Angabe von Gründen darf unterbleiben, soweit der Zahlungsdienstleister hierdurch gegen gesetzliche Verpflichtungen verstoßen würde. [5] Der Zahlungsdienstleister ist verpflichtet, das Zahlungsinstrument zu entsperren oder dieses durch ein neues Zahlungsinstrument zu ersetzen, wenn die Gründe für die Sperrung nicht mehr gegeben sind. [6] Der Zahlungsdienstnutzer ist über eine Entsperrung unverzüglich zu unterrichten.

(3) [1] Hat der kontoführende Zahlungsdienstleister einem Zahlungsauslöse- oder Kontoinformationsdienstleister den Zugang zum Zahlungskonto des Zahlungsdienstnutzers verweigert, ist er verpflichtet, den Zahlungsdienstnutzer in einer im Zahlungsdiensterahmenvertrag zu vereinbarenden Form über die Gründe zu unterrichten. [2] Die Unterrichtung muss möglichst vor, spätestens jedoch unverzüglich nach der Verweigerung des Zugangs erfolgen. [3] Die Angabe von Gründen darf unterbleiben, soweit der kontoführende Zahlungsdienstleister hierdurch gegen gesetzliche Verpflichtungen verstoßen würde.

§ 675l Pflichten des Zahlungsdienstnutzers in Bezug auf Zahlungsinstrumente. (1) [1] Der Zahlungsdienstnutzer ist verpflichtet, unmittelbar nach Erhalt eines Zahlungsinstruments alle zumutbaren Vorkehrungen zu treffen, um die personalisierten Sicherheitsmerkmale vor unbefugtem Zugriff zu schützen. [2] Er hat dem Zahlungsdienstleister oder einer von diesem benannten Stelle den Verlust, den Diebstahl, die missbräuchliche Verwendung oder die sonstige nicht autorisierte Nutzung eines Zahlungsinstruments unverzüglich anzuzeigen, nachdem er hiervon Kenntnis erlangt hat. [3] Für den Ersatz eines verlorenen, gestohlenen, missbräuchlich verwendeten oder sonst nicht autorisiert genutzten Zahlungsinstruments darf der Zahlungsdienstleister mit dem Zahlungsdienstnutzer ein Entgelt vereinbaren, das allenfalls die ausschließlich und unmittelbar mit dem Ersatz verbundenen Kosten abdeckt.

(2) Eine Vereinbarung, durch die sich der Zahlungsdienstnutzer gegenüber dem Zahlungsdienstleister verpflichtet, Bedingungen für die Ausgabe und Nutzung eines Zahlungsinstruments einzuhalten, ist nur insoweit wirksam, als diese Bedingungen sachlich, verhältnismäßig und nicht benachteiligend sind.

§ 675m Pflichten des Zahlungsdienstleisters in Bezug auf Zahlungsinstrumente; Risiko der Versendung. (1) [1]Der Zahlungsdienstleister, der ein Zahlungsinstrument ausgibt, ist verpflichtet,

1. unbeschadet der Pflichten des Zahlungsdienstnutzers gemäß § 675l Absatz 1 sicherzustellen, dass die personalisierten Sicherheitsmerkmale des Zahlungsinstruments nur der zur Nutzung berechtigten Person zugänglich sind,
2. die unaufgeforderte Zusendung von Zahlungsinstrumenten an den Zahlungsdienstnutzer zu unterlassen, es sei denn, ein bereits an den Zahlungsdienstnutzer ausgegebenes Zahlungsinstrument muss ersetzt werden,
3. sicherzustellen, dass der Zahlungsdienstnutzer durch geeignete Mittel jederzeit die Möglichkeit hat, eine Anzeige gemäß § 675l Absatz 1 Satz 2 vorzunehmen oder die Aufhebung der Sperrung gemäß § 675k Absatz 2 Satz 5 zu verlangen,
4. dem Zahlungsdienstnutzer eine Anzeige gemäß § 675l Absatz 1 Satz 2 kostenfrei zu ermöglichen und
5. jede Nutzung des Zahlungsinstruments zu verhindern, sobald eine Anzeige gemäß § 675l Absatz 1 Satz 2 erfolgt ist.

[2]Hat der Zahlungsdienstnutzer den Verlust, den Diebstahl, die missbräuchliche Verwendung oder die sonstige nicht autorisierte Nutzung eines Zahlungsinstruments angezeigt, stellt sein Zahlungsdienstleister ihm auf Anfrage bis mindestens 18 Monate nach dieser Anzeige die Mittel zur Verfügung, mit denen der Zahlungsdienstnutzer beweisen kann, dass eine Anzeige erfolgt ist.

(2) Die Gefahr der Versendung eines Zahlungsinstruments und der Versendung personalisierter Sicherheitsmerkmale des Zahlungsinstruments an den Zahlungsdienstnutzer trägt der Zahlungsdienstleister.

(3) Hat ein Zahlungsdienstleister, der kartengebundene Zahlungsinstrumente ausgibt, den kontoführenden Zahlungsdienstleister des Zahlers um Bestätigung ersucht, dass ein für die Ausführung eines kartengebundenen Zahlungsvorgangs erforderlicher Betrag auf dem Zahlungskonto verfügbar ist, so kann der Zahler von seinem kontoführenden Zahlungsdienstleister verlangen, ihm die Identifizierungsdaten dieses Zahlungsdienstleisters und die erteilte Antwort mitzuteilen.

Unterkapitel 2. Ausführung von Zahlungsvorgängen

§ 675n Zugang von Zahlungsaufträgen. (1) [1]Ein Zahlungsauftrag wird wirksam, wenn er dem Zahlungsdienstleister des Zahlers zugeht. [2]Fällt der Zeitpunkt des Zugangs nicht auf einen Geschäftstag des Zahlungsdienstleisters des Zahlers, gilt der Zahlungsauftrag als am darauf folgenden Geschäftstag zugegangen. [3]Der Zahlungsdienstleister kann festlegen, dass Zahlungsaufträge, die nach einem bestimmten Zeitpunkt nahe am Ende eines Geschäftstags zugehen, für die Zwecke des § 675s Abs. 1 als am darauf folgenden Geschäftstag zugegangen gelten. [4]Geschäftstag ist jeder Tag, an dem der an der Ausführung eines Zahlungsvorgangs beteiligte Zahlungsdienstleister den für die Ausführung von Zahlungsvorgängen erforderlichen Geschäftsbetrieb unterhält.

(2) [1]Vereinbaren der Zahlungsdienstnutzer, der einen Zahlungsvorgang auslöst oder über den ein Zahlungsvorgang ausgelöst wird, und sein Zahlungsdienstleister, dass die Ausführung des Zahlungsauftrags an einem bestimmten Tag oder am Ende eines bestimmten Zeitraums oder an dem Tag, an dem der Zahler dem Zahlungsdienstleister den zur Ausführung erforderlichen Geldbetrag zur Verfügung gestellt hat, beginnen soll, so gilt der vereinbarte Termin für die Zwecke des § 675s Abs. 1 als Zeitpunkt des Zugangs. [2]Fällt der vereinbarte Termin nicht auf einen Geschäftstag des Zahlungsdienstleisters des Zahlers, so gilt für die Zwecke des § 675s Abs. 1 der darauf folgende Geschäftstag als Zeitpunkt des Zugangs.

§ 675o Ablehnung von Zahlungsaufträgen. (1) [1]Lehnt der Zahlungsdienstleister die Ausführung oder Auslösung eines Zahlungsauftrags ab, ist er verpflichtet, den Zahlungsdienstnutzer hierüber unverzüglich, auf jeden Fall aber innerhalb der Fristen gemäß § 675s Abs. 1 zu unterrichten. [2]In der Unterrichtung sind, soweit möglich, die Gründe für die Ablehnung sowie die Möglichkeiten anzugeben, wie Fehler, die zur Ablehnung geführt haben, berichtigt werden können. [3]Die Angabe von Gründen darf unterbleiben, soweit sie gegen sonstige Rechtsvorschriften verstoßen würde. [4]Der Zahlungsdienstleister darf mit dem Zahlungsdienstnutzer im Zahlungsdiensterahmenvertrag ein Entgelt für den Fall vereinbaren, dass er die Ausführung eines Zahlungsauftrags berechtigterweise ablehnt.

(2) Der Zahlungsdienstleister des Zahlers ist nicht berechtigt, die Ausführung eines autorisierten Zahlungsauftrags abzulehnen, wenn die im Zahlungsdiensterahmenvertrag festgelegten Ausführungsbedingungen erfüllt sind und die Ausführung nicht gegen sonstige Rechtsvorschriften verstößt.

(3) Für die Zwecke der §§ 675s, 675y und 675z gilt ein Zahlungsauftrag, dessen Ausführung berechtigterweise abgelehnt wurde, als nicht zugegangen.

§ 675p Unwiderruflichkeit eines Zahlungsauftrags. (1) Der Zahlungsdienstnutzer kann einen Zahlungsauftrag vorbehaltlich der Absätze 2 bis 4 nach dessen Zugang beim Zahlungsdienstleister des Zahlers nicht mehr widerrufen.

(2) [1]Wurde der Zahlungsvorgang über einen Zahlungsauslösedienstleister, vom Zahlungsempfänger oder über diesen ausgelöst, so kann der Zahler den Zahlungsauftrag nicht mehr widerrufen, nachdem er dem Zahlungsauslösedienstleister die Zustimmung zur Auslösung des Zahlungsvorgangs oder dem Zahlungsempfänger die Zustimmung zur Ausführung des Zahlungsvorgangs erteilt hat. [2]Im Fall einer Lastschrift kann der Zahler den Zahlungsauftrag jedoch unbeschadet seiner Rechte gemäß § 675x bis zum Ende des Geschäftstags vor dem vereinbarten Fälligkeitstag widerrufen.

(3) Ist zwischen dem Zahlungsdienstnutzer und seinem Zahlungsdienstleister ein bestimmter Termin für die Ausführung eines Zahlungsauftrags (§ 675n Abs. 2) vereinbart worden, kann der Zahlungsdienstnutzer den Zahlungsauftrag bis zum Ende des Geschäftstags vor dem vereinbarten Tag widerrufen.

(4) [1] Nach den in den Absätzen 1 bis 3 genannten Zeitpunkten kann der Zahlungsauftrag nur widerrufen werden, wenn der Zahlungsdienstnutzer und der jeweilige Zahlungsdienstleister dies vereinbart haben. [2] In den Fällen des Absatzes 2 ist zudem die Zustimmung des Zahlungsempfängers zum Widerruf erforderlich. [3] Der Zahlungsdienstleister darf mit dem Zahlungsdienstnutzer im Zahlungsdiensterahmenvertrag für die Bearbeitung eines solchen Widerrufs ein Entgelt vereinbaren.

(5) Der Teilnehmer an Zahlungsverkehrssystemen kann einen Auftrag zugunsten eines anderen Teilnehmers von dem in den Regeln des Systems bestimmten Zeitpunkt an nicht mehr widerrufen.

§ 675q Entgelte bei Zahlungsvorgängen. (1) Der Zahlungsdienstleister des Zahlers sowie sämtliche an dem Zahlungsvorgang beteiligte zwischengeschaltete Stellen sind verpflichtet, den Betrag, der Gegenstand des Zahlungsvorgangs ist (Zahlungsbetrag), ungekürzt an den Zahlungsdienstleister des Zahlungsempfängers zu übermitteln.

(2) [1] Der Zahlungsdienstleister des Zahlungsempfängers darf ihm zustehende Entgelte vor Erteilung der Gutschrift nur dann von dem übermittelten Betrag abziehen, wenn dies mit dem Zahlungsempfänger vereinbart wurde. [2] In diesem Fall sind der vollständige Betrag des Zahlungsvorgangs und die Entgelte in den Informationen gemäß Artikel 248 §§ 8 und 15 des Einführungsgesetzes zum Bürgerlichen Gesetzbuche[1)] für den Zahlungsempfänger getrennt auszuweisen.

(3) Zahlungsempfänger und Zahler tragen jeweils die von ihrem Zahlungsdienstleister erhobenen Entgelte, wenn sowohl der Zahlungsdienstleister des Zahlers als auch der Zahlungsdienstleister des Zahlungsempfängers innerhalb des Europäischen Wirtschaftsraums belegen ist.

(4) Wenn einer der Fälle des § 675d Absatz 6 Satz 1 Nummer 1 vorliegt,

1. ist § 675q Absatz 1 auf die innerhalb des Europäischen Wirtschaftsraums getätigten Bestandteile des Zahlungsvorgangs nicht anzuwenden und
2. kann von § 675q Absatz 2 für die innerhalb des Europäischen Wirtschaftsraums getätigten Bestandteile des Zahlungsvorgangs abgewichen werden.

§ 675r Ausführung eines Zahlungsvorgangs anhand von Kundenkennungen. (1) [1] Die beteiligten Zahlungsdienstleister sind berechtigt, einen Zahlungsvorgang ausschließlich anhand der von dem Zahlungsdienstnutzer angegebenen Kundenkennung auszuführen. [2] Wird ein Zahlungsauftrag in Übereinstimmung mit dieser Kundenkennung ausgeführt, so gilt er im Hinblick auf den durch die Kundenkennung bezeichneten Zahlungsempfänger als ordnungsgemäß ausgeführt.

(2) Eine Kundenkennung ist eine Abfolge aus Buchstaben, Zahlen oder Symbolen, die dem Zahlungsdienstnutzer vom Zahlungsdienstleister mitgeteilt wird und die der Zahlungsdienstnutzer angeben muss, damit ein anderer am Zahlungsvorgang beteiligter Zahlungsdienstnutzer oder dessen Zahlungskonto für einen Zahlungsvorgang zweifelsfrei ermittelt werden kann.

(3) Ist eine vom Zahler angegebene Kundenkennung für den Zahlungsdienstleister des Zahlers erkennbar keinem Zahlungsempfänger oder keinem

---

1) Nr. **24**.

Zahlungskonto zuzuordnen, ist dieser verpflichtet, den Zahler unverzüglich hierüber zu unterrichten und ihm gegebenenfalls den Zahlungsbetrag wieder herauszugeben.

§ 675s Ausführungsfrist für Zahlungsvorgänge. (1) [1] Der Zahlungsdienstleister des Zahlers ist verpflichtet sicherzustellen, dass der Zahlungsbetrag spätestens am Ende des auf den Zugangszeitpunkt des Zahlungsauftrags folgenden Geschäftstags beim Zahlungsdienstleister des Zahlungsempfängers eingeht. [2] Für Zahlungsvorgänge innerhalb des Europäischen Wirtschaftsraums, die nicht in Euro erfolgen, können ein Zahler und sein Zahlungsdienstleister eine Frist von maximal vier Geschäftstagen vereinbaren. [3] Für in Papierform ausgelöste Zahlungsvorgänge können die Fristen nach Satz 1 um einen weiteren Geschäftstag verlängert werden.

(2) [1] Bei einem vom oder über den Zahlungsempfänger ausgelösten Zahlungsvorgang ist der Zahlungsdienstleister des Zahlungsempfängers verpflichtet, den Zahlungsauftrag dem Zahlungsdienstleister des Zahlers innerhalb der zwischen dem Zahlungsempfänger und seinem Zahlungsdienstleister vereinbarten Fristen zu übermitteln. [2] Im Fall einer Lastschrift ist der Zahlungsauftrag so rechtzeitig zu übermitteln, dass die Verrechnung an dem vom Zahlungsempfänger mitgeteilten Fälligkeitstag ermöglicht wird.

(3) [1] Wenn einer der Fälle des § 675d Absatz 6 Satz 1 Nummer 1 vorliegt, ist § 675s Absatz 1 Satz 1 und 3 auf die innerhalb des Europäischen Wirtschaftsraums getätigten Bestandteile des Zahlungsvorgangs nicht anzuwenden. [2] Wenn ein Fall des § 675d Absatz 6 Satz 1 Nummer 1 Buchstabe a vorliegt,

1. ist auch § 675s Absatz 1 Satz 2 auf die innerhalb des Europäischen Wirtschaftsraums getätigten Bestandteile des Zahlungsvorgangs nicht anzuwenden und
2. kann von § 675s Absatz 2 für die innerhalb des Europäischen Wirtschaftsraums getätigten Bestandteile des Zahlungsvorgangs abgewichen werden.

§ 675t Wertstellungsdatum und Verfügbarkeit von Geldbeträgen; Sperrung eines verfügbaren Geldbetrags. (1) [1] Der Zahlungsdienstleister des Zahlungsempfängers ist verpflichtet, dem Zahlungsempfänger den Zahlungsbetrag unverzüglich verfügbar zu machen, nachdem der Betrag auf dem Konto des Zahlungsdienstleisters eingegangen ist, wenn dieser

1. keine Währungsumrechnung vornehmen muss oder
2. nur eine Währungsumrechnung zwischen dem Euro und einer Währung eines Vertragsstaates des Abkommens über den Europäischen Wirtschaftsraum oder zwischen den Währungen zweier Vertragsstaaten des Abkommens über den Europäischen Wirtschaftsraum vornehmen muss.

[2] Sofern der Zahlungsbetrag auf einem Zahlungskonto des Zahlungsempfängers gutgeschrieben werden soll, ist die Gutschrift, auch wenn sie nachträglich erfolgt, so vorzunehmen, dass der Zeitpunkt, den der Zahlungsdienstleister für die Berechnung der Zinsen bei Gutschrift oder Belastung eines Betrags auf einem Zahlungskonto zugrunde legt (Wertstellungsdatum), spätestens der Geschäftstag ist, an dem der Zahlungsbetrag auf dem Konto des Zahlungsdienstleisters des Zahlungsempfängers eingegangen ist. [3] Satz 1 gilt auch dann, wenn der Zahlungsempfänger kein Zahlungskonto unterhält.

(2) [1] Zahlt ein Verbraucher Bargeld auf ein Zahlungskonto bei einem Zahlungsdienstleister in der Währung des betreffenden Zahlungskontos ein, so stellt dieser Zahlungsdienstleister sicher, dass der Betrag dem Zahlungsempfänger unverzüglich nach dem Zeitpunkt der Entgegennahme verfügbar gemacht und wertgestellt wird. [2] Ist der Zahlungsdienstnutzer kein Verbraucher, so muss dem Zahlungsempfänger der Geldbetrag spätestens an dem auf die Entgegennahme folgenden Geschäftstag verfügbar gemacht und wertgestellt werden.

(3) [1] Eine Belastung auf dem Zahlungskonto des Zahlers ist so vorzunehmen, dass das Wertstellungsdatum frühestens der Zeitpunkt ist, an dem dieses Zahlungskonto mit dem Zahlungsbetrag belastet wird. [2] Das Zahlungskonto des Zahlers darf nicht belastet werden, bevor der Zahlungsauftrag seinem Zahlungsdienstleister zugegangen ist.

(4) [1] Unbeschadet sonstiger gesetzlicher oder vertraglicher Rechte ist der Zahlungsdienstleister des Zahlers im Fall eines kartengebundenen Zahlungsvorgangs berechtigt, einen verfügbaren Geldbetrag auf dem Zahlungskonto des Zahlers zu sperren, wenn

1. der Zahlungsvorgang vom oder über den Zahlungsempfänger ausgelöst worden ist und
2. der Zahler auch der genauen Höhe des zu sperrenden Geldbetrags zugestimmt hat.

[2] Den gesperrten Geldbetrag gibt der Zahlungsdienstleister des Zahlers unbeschadet sonstiger gesetzlicher oder vertraglicher Rechte unverzüglich frei, nachdem ihm entweder der genaue Zahlungsbetrag mitgeteilt worden oder der Zahlungsauftrag zugegangen ist.

(5) Wenn ein Fall des § 675d Absatz 6 Satz 1 Nummer 1 Buchstabe a vorliegt,

1. kann von § 675t Absatz 1 Satz 3 für die innerhalb des Europäischen Wirtschaftsraums getätigten Bestandteile des Zahlungsvorgangs abgewichen werden und
2. ist § 675t Absatz 2 auf die innerhalb des Europäischen Wirtschaftsraums getätigten Bestandteile des Zahlungsvorgangs nicht anzuwenden.

Unterkapitel 3. Haftung

§ 675u Haftung des Zahlungsdienstleisters für nicht autorisierte Zahlungsvorgänge. [1] Im Fall eines nicht autorisierten Zahlungsvorgangs hat der Zahlungsdienstleister des Zahlers gegen diesen keinen Anspruch auf Erstattung seiner Aufwendungen. [2] Er ist verpflichtet, dem Zahler den Zahlungsbetrag unverzüglich zu erstatten und, sofern der Betrag einem Zahlungskonto belastet worden ist, dieses Zahlungskonto wieder auf den Stand zu bringen, auf dem es sich ohne die Belastung durch den nicht autorisierten Zahlungsvorgang befunden hätte. [3] Diese Verpflichtung ist unverzüglich, spätestens jedoch bis zum Ende des Geschäftstags zu erfüllen, der auf den Tag folgt, an welchem dem Zahlungsdienstleister angezeigt wurde, dass der Zahlungsvorgang nicht autorisiert ist, oder er auf andere Weise davon Kenntnis erhalten hat. [4] Hat der Zahlungsdienstleister einer zuständigen Behörde berechtigte Gründe für den Verdacht, dass ein betrügerisches Verhalten des Zahlers vorliegt, schriftlich mitgeteilt, hat der Zahlungsdienstleister seine Verpflichtung aus Satz 2 unverzüglich zu prüfen und zu erfüllen, wenn sich der Betrugsverdacht nicht bestätigt.

[5] Wurde der Zahlungsvorgang über einen Zahlungsauslösedienstleister ausgelöst, so treffen die Pflichten aus den Sätzen 2 bis 4 den kontoführenden Zahlungsdienstleister.

§ 675v Haftung des Zahlers bei missbräuchlicher Nutzung eines Zahlungsinstruments. (1) Beruhen nicht autorisierte Zahlungsvorgänge auf der Nutzung eines verloren gegangenen, gestohlenen oder sonst abhandengekommenen Zahlungsinstruments oder auf der sonstigen missbräuchlichen Verwendung eines Zahlungsinstruments, so kann der Zahlungsdienstleister des Zahlers von diesem den Ersatz des hierdurch entstandenen Schadens bis zu einem Betrag von 50 Euro verlangen.

(2) Der Zahler haftet nicht nach Absatz 1, wenn

1. es ihm nicht möglich gewesen ist, den Verlust, den Diebstahl, das Abhandenkommen oder eine sonstige missbräuchliche Verwendung des Zahlungsinstruments vor dem nicht autorisierten Zahlungsvorgang zu bemerken, oder
2. der Verlust des Zahlungsinstruments durch einen Angestellten, einen Agenten, eine Zweigniederlassung eines Zahlungsdienstleisters oder eine sonstige Stelle, an die Tätigkeiten des Zahlungsdienstleisters ausgelagert wurden, verursacht worden ist.

(3) Abweichend von den Absätzen 1 und 2 ist der Zahler seinem Zahlungsdienstleister zum Ersatz des gesamten Schadens verpflichtet, der infolge eines nicht autorisierten Zahlungsvorgangs entstanden ist, wenn der Zahler

1. in betrügerischer Absicht gehandelt hat oder
2. den Schaden herbeigeführt hat durch vorsätzliche oder grob fahrlässige Verletzung
   a) einer oder mehrerer Pflichten gemäß § 675l Absatz 1 oder
   b) einer oder mehrerer vereinbarter Bedingungen für die Ausgabe und Nutzung des Zahlungsinstruments.

(4) [1] Abweichend von den Absätzen 1 und 3 ist der Zahler seinem Zahlungsdienstleister nicht zum Schadensersatz verpflichtet, wenn

1. der Zahlungsdienstleister des Zahlers eine starke Kundenauthentifizierung im Sinne des § 1 Absatz 24 des Zahlungsdiensteaufsichtsgesetzes[1)] nicht verlangt oder
2. der Zahlungsempfänger oder sein Zahlungsdienstleister eine starke Kundenauthentifizierung im Sinne des § 1 Absatz 24 des Zahlungsdiensteaufsichtsgesetzes nicht akzeptiert.

[2] Satz 1 gilt nicht, wenn der Zahler in betrügerischer Absicht gehandelt hat. [3] Im Fall von Satz 1 Nummer 2 ist derjenige, der eine starke Kundenauthentifizierung nicht akzeptiert, verpflichtet, dem Zahlungsdienstleister des Zahlers den daraus entstehenden Schaden zu ersetzen.

(5) [1] Abweichend von den Absätzen 1 und 3 ist der Zahler nicht zum Ersatz von Schäden verpflichtet, die aus der Nutzung eines nach der Anzeige gemäß § 675l Absatz 1 Satz 2 verwendeten Zahlungsinstruments entstanden sind. [2] Der Zahler ist auch nicht zum Ersatz von Schäden im Sinne des Absatzes 1 ver-

---

1) Nr. **10**.

pflichtet, wenn der Zahlungsdienstleister seiner Pflicht gemäß § 675m Abs. 1 Nr. 3 nicht nachgekommen ist. [3]Die Sätze 1 und 2 sind nicht anzuwenden, wenn der Zahler in betrügerischer Absicht gehandelt hat.

§ 675w Nachweis der Authentifizierung. [1]Ist die Autorisierung eines ausgeführten Zahlungsvorgangs streitig, hat der Zahlungsdienstleister nachzuweisen, dass eine Authentifizierung erfolgt ist und der Zahlungsvorgang ordnungsgemäß aufgezeichnet, verbucht sowie nicht durch eine Störung beeinträchtigt wurde. [2]Eine Authentifizierung ist erfolgt, wenn der Zahlungsdienstleister die Nutzung eines bestimmten Zahlungsinstruments, einschließlich seiner personalisierten Sicherheitsmerkmale, mit Hilfe eines Verfahrens überprüft hat. [3]Wurde der Zahlungsvorgang mittels eines Zahlungsinstruments ausgelöst, reicht die Aufzeichnung der Nutzung des Zahlungsinstruments einschließlich der Authentifizierung durch den Zahlungsdienstleister und gegebenenfalls einen Zahlungsauslösedienstleister allein nicht notwendigerweise aus, um nachzuweisen, dass der Zahler

1. den Zahlungsvorgang autorisiert,
2. in betrügerischer Absicht gehandelt,
3. eine oder mehrere Pflichten gemäß § 675l Absatz 1 verletzt oder
4. vorsätzlich oder grob fahrlässig gegen eine oder mehrere Bedingungen für die Ausgabe und Nutzung des Zahlungsinstruments verstoßen

hat. [4]Der Zahlungsdienstleister muss unterstützende Beweismittel vorlegen, um Betrug, Vorsatz oder grobe Fahrlässigkeit des Zahlungsdienstnutzers nachzuweisen.

§ 675x Erstattungsanspruch bei einem vom oder über den Zahlungsempfänger ausgelösten autorisierten Zahlungsvorgang. (1) [1]Der Zahler hat gegen seinen Zahlungsdienstleister einen Anspruch auf Erstattung eines belasteten Zahlungsbetrags, der auf einem autorisierten, vom oder über den Zahlungsempfänger ausgelösten Zahlungsvorgang beruht, wenn

1. bei der Autorisierung der genaue Betrag nicht angegeben wurde und
2. der Zahlungsbetrag den Betrag übersteigt, den der Zahler entsprechend seinem bisherigen Ausgabeverhalten, den Bedingungen des Zahlungsdiensterahmenvertrags und den jeweiligen Umständen des Einzelfalls hätte erwarten können; mit einem etwaigen Währungsumtausch zusammenhängende Gründe bleiben außer Betracht, wenn der zwischen den Parteien vereinbarte Referenzwechselkurs zugrunde gelegt wurde.

[2]Ist der Zahlungsbetrag einem Zahlungskonto belastet worden, so ist die Gutschrift des Zahlungsbetrags auf diesem Zahlungskonto so vorzunehmen, dass das Wertstellungsdatum spätestens der Geschäftstag der Belastung ist. [3]Auf Verlangen seines Zahlungsdienstleisters hat der Zahler nachzuweisen, dass die Voraussetzungen des Satzes 1 Nummer 1 und 2 erfüllt sind.

(2) Unbeschadet des Absatzes 3 hat der Zahler bei SEPA-Basislastschriften und SEPA-Firmenlastschriften ohne Angabe von Gründen auch dann einen Anspruch auf Erstattung gegen seinen Zahlungsdienstleister, wenn die Voraussetzungen für eine Erstattung nach Absatz 1 nicht erfüllt sind.

(3) Der Zahler kann mit seinem Zahlungsdienstleister vereinbaren, dass er keinen Anspruch auf Erstattung hat, wenn er seine Zustimmung zur Ausfüh-

rung des Zahlungsvorgangs direkt seinem Zahlungsdienstleister erteilt hat und er, sofern vereinbart, über den anstehenden Zahlungsvorgang mindestens vier Wochen vor dem Fälligkeitstermin vom Zahlungsdienstleister oder vom Zahlungsempfänger unterrichtet wurde.

(4) Ein Anspruch des Zahlers auf Erstattung ist ausgeschlossen, wenn er ihn nicht innerhalb von acht Wochen ab dem Zeitpunkt der Belastung des betreffenden Zahlungsbetrags gegenüber seinem Zahlungsdienstleister geltend macht.

(5) [1] Der Zahlungsdienstleister ist verpflichtet, innerhalb von zehn Geschäftstagen nach Zugang eines Erstattungsverlangens entweder den vollständigen Betrag des Zahlungsvorgangs zu erstatten oder dem Zahler die Gründe für die Ablehnung der Erstattung mitzuteilen. [2] Im Fall der Ablehnung hat der Zahlungsdienstleister auf die Beschwerdemöglichkeiten gemäß den §§ 60 bis 62 des Zahlungsdiensteaufsichtsgesetzes[1)] und auf die Möglichkeit, eine Schlichtungsstelle gemäß § 14 des Unterlassungsklagengesetzes anzurufen, hinzuweisen. [3] Das Recht des Zahlungsdienstleisters, eine innerhalb der Frist nach Absatz 4 geltend gemachte Erstattung abzulehnen, erstreckt sich nicht auf den Fall nach Absatz 2.

(6) Wenn ein Fall des § 675d Absatz 6 Satz 1 Nummer 1 Buchstabe b vorliegt,

1. ist § 675x Absatz 1 auf die innerhalb des Europäischen Wirtschaftsraums getätigten Bestandteile des Zahlungsvorgangs nicht anzuwenden und
2. kann von § 675x Absatz 2 bis 5 für die innerhalb des Europäischen Wirtschaftsraums getätigten Bestandteile des Zahlungsvorgangs abgewichen werden.

§ 675y Haftung der Zahlungsdienstleister bei nicht erfolgter, fehlerhafter oder verspäteter Ausführung eines Zahlungsauftrags; Nachforschungspflicht. (1) [1] Wird ein Zahlungsvorgang vom Zahler ausgelöst, kann dieser von seinem Zahlungsdienstleister im Fall einer nicht erfolgten oder fehlerhaften Ausführung des Zahlungsauftrags die unverzügliche und ungekürzte Erstattung des Zahlungsbetrags verlangen. [2] Wurde der Betrag einem Zahlungskonto des Zahlers belastet, ist dieses Zahlungskonto wieder auf den Stand zu bringen, auf dem es sich ohne den fehlerhaft ausgeführten Zahlungsvorgang befunden hätte. [3] Wird ein Zahlungsvorgang vom Zahler über einen Zahlungsauslösedienstleister ausgelöst, so treffen die Pflichten aus den Sätzen 1 und 2 den kontoführenden Zahlungsdienstleister. [4] Soweit vom Zahlungsbetrag entgegen § 675q Abs. 1 Entgelte abgezogen wurden, hat der Zahlungsdienstleister des Zahlers den abgezogenen Betrag dem Zahlungsempfänger unverzüglich zu übermitteln. [5] Weist der Zahlungsdienstleister des Zahlers nach, dass der Zahlungsbetrag ungekürzt beim Zahlungsdienstleister des Zahlungsempfängers eingegangen ist, entfällt die Haftung nach diesem Absatz.

(2) [1] Wird ein Zahlungsvorgang vom oder über den Zahlungsempfänger ausgelöst, kann dieser im Fall einer nicht erfolgten oder fehlerhaften Ausführung des Zahlungsauftrags verlangen, dass sein Zahlungsdienstleister diesen Zahlungsauftrag unverzüglich, gegebenenfalls erneut, an den Zahlungsdienstleister des Zahlers übermittelt. [2] Weist der Zahlungsdienstleister des Zahlungs-

[1)] Nr. **10**.

empfängers nach, dass er die ihm bei der Ausführung des Zahlungsvorgangs obliegenden Pflichten erfüllt hat, hat der Zahlungsdienstleister des Zahlers dem Zahler gegebenenfalls unverzüglich den ungekürzten Zahlungsbetrag entsprechend Absatz 1 Satz 1 und 2 zu erstatten. [3] Soweit vom Zahlungsbetrag entgegen § 675q Abs. 1 und 2 Entgelte abgezogen wurden, hat der Zahlungsdienstleister des Zahlungsempfängers den abgezogenen Betrag dem Zahlungsempfänger unverzüglich verfügbar zu machen.

(3) [1] Wird ein Zahlungsvorgang vom Zahler ausgelöst, kann dieser im Fall einer verspäteten Ausführung des Zahlungsauftrags verlangen, dass sein Zahlungsdienstleister gegen den Zahlungsdienstleister des Zahlungsempfängers den Anspruch nach Satz 2 geltend macht. [2] Der Zahlungsdienstleister des Zahlers kann vom Zahlungsdienstleister des Zahlungsempfängers verlangen, die Gutschrift des Zahlungsbetrags auf dem Zahlungskonto des Zahlungsempfängers so vorzunehmen, als sei der Zahlungsvorgang ordnungsgemäß ausgeführt worden. [3] Wird ein Zahlungsvorgang vom Zahler über einen Zahlungsauslösedienstleister ausgelöst, so trifft die Pflicht aus Satz 1 den kontoführenden Zahlungsdienstleister. [4] Weist der Zahlungsdienstleister des Zahlers nach, dass der Zahlungsbetrag rechtzeitig beim Zahlungsdienstleister des Zahlungsempfängers eingegangen ist, entfällt die Haftung nach diesem Absatz.

(4) [1] Wird ein Zahlungsvorgang vom oder über den Zahlungsempfänger ausgelöst, kann dieser im Fall einer verspäteten Übermittlung des Zahlungsauftrags verlangen, dass sein Zahlungsdienstleister die Gutschrift des Zahlungsbetrags auf dem Zahlungskonto des Zahlungsempfängers so vornimmt, als sei der Zahlungsvorgang ordnungsgemäß ausgeführt worden. [2] Weist der Zahlungsdienstleister des Zahlungsempfängers nach, dass er den Zahlungsauftrag rechtzeitig an den Zahlungsdienstleister des Zahlers übermittelt hat, ist der Zahlungsdienstleister des Zahlers verpflichtet, dem Zahler gegebenenfalls unverzüglich den ungekürzten Zahlungsbetrag nach Absatz 1 Satz 1 und 2 zu erstatten. [3] Dies gilt nicht, wenn der Zahlungsdienstleister des Zahlers nachweist, dass der Zahlungsbetrag lediglich verspätet beim Zahlungsdienstleister des Zahlungsempfängers eingegangen ist. [4] In diesem Fall ist der Zahlungsdienstleister des Zahlungsempfängers verpflichtet, den Zahlungsbetrag entsprechend Satz 1 auf dem Zahlungskonto des Zahlungsempfängers gutzuschreiben.

(5) [1] Ansprüche des Zahlungsdienstnutzers gegen seinen Zahlungsdienstleister nach Absatz 1 Satz 1 und 2 sowie Absatz 2 Satz 2 bestehen nicht, soweit der Zahlungsauftrag in Übereinstimmung mit der vom Zahlungsdienstnutzer angegebenen fehlerhaften Kundenkennung ausgeführt wurde. [2] In diesem Fall kann der Zahler von seinem Zahlungsdienstleister jedoch verlangen, dass dieser sich im Rahmen seiner Möglichkeiten darum bemüht, den Zahlungsbetrag wiederzuerlangen. [3] Der Zahlungsdienstleister des Zahlungsempfängers ist verpflichtet, dem Zahlungsdienstleister des Zahlers alle für die Wiedererlangung des Zahlungsbetrags erforderlichen Informationen mitzuteilen. [4] Ist die Wiedererlangung des Zahlungsbetrags nach den Sätzen 2 und 3 nicht möglich, so ist der Zahlungsdienstleister des Zahlers verpflichtet, dem Zahler auf schriftlichen Antrag alle verfügbaren Informationen mitzuteilen, damit der Zahler einen Anspruch auf Erstattung des Zahlungsbetrags geltend machen kann. [5] Der Zahlungsdienstleister kann mit dem Zahlungsdienstnutzer im Zahlungsdiensterahmenvertrag ein Entgelt für Tätigkeiten nach den Sätzen 2 bis 4 vereinbaren.

(6) Ein Zahlungsdienstnutzer kann von seinem Zahlungsdienstleister über die Ansprüche nach den Absätzen 1 und 2 hinaus die Erstattung der Entgelte und Zinsen verlangen, die der Zahlungsdienstleister ihm im Zusammenhang mit der nicht erfolgten oder fehlerhaften Ausführung des Zahlungsvorgangs in Rechnung gestellt oder mit denen er dessen Zahlungskonto belastet hat.

(7) Wurde ein Zahlungsauftrag nicht oder fehlerhaft ausgeführt, hat der Zahlungsdienstleister desjenigen Zahlungsdienstnutzers, der einen Zahlungsvorgang ausgelöst hat oder über den ein Zahlungsvorgang ausgelöst wurde, auf Verlangen seines Zahlungsdienstnutzers den Zahlungsvorgang nachzuvollziehen und seinen Zahlungsdienstnutzer über das Ergebnis zu unterrichten.

(8) Wenn ein Fall des § 675d Absatz 6 Satz 1 Nummer 1 Buchstabe b vorliegt, ist § 675y Absatz 1 bis 4 auf die innerhalb des Europäischen Wirtschaftsraums getätigten Bestandteile des Zahlungsvorgangs nicht anzuwenden.

§ 675z Sonstige Ansprüche bei nicht erfolgter, fehlerhafter oder verspäteter Ausführung eines Zahlungsauftrags oder bei einem nicht autorisierten Zahlungsvorgang. [1]Die §§ 675u und 675y sind hinsichtlich der dort geregelten Ansprüche eines Zahlungsdienstnutzers abschließend. [2]Die Haftung eines Zahlungsdienstleisters gegenüber seinem Zahlungsdienstnutzer für einen wegen nicht erfolgter, fehlerhafter oder verspäteter Ausführung eines Zahlungsauftrags entstandenen Schaden, der nicht bereits von § 675y erfasst ist, kann auf 12 500 Euro begrenzt werden; dies gilt nicht für Vorsatz und grobe Fahrlässigkeit, den Zinsschaden und für Gefahren, die der Zahlungsdienstleister besonders übernommen hat. [3]Zahlungsdienstleister haben hierbei ein Verschulden, das einer zwischengeschalteten Stelle zur Last fällt, wie eigenes Verschulden zu vertreten, es sei denn, dass die wesentliche Ursache bei einer zwischengeschalteten Stelle liegt, die der Zahlungsdienstnutzer vorgegeben hat. [4]In den Fällen von Satz 3 zweiter Halbsatz haftet die von dem Zahlungsdienstnutzer vorgegebene zwischengeschaltete Stelle anstelle des Zahlungsdienstleisters des Zahlungsdienstnutzers. [5]§ 675y Absatz 5 Satz 1 ist auf die Haftung eines Zahlungsdienstleisters nach den Sätzen 2 bis 4 entsprechend anzuwenden. [6]Wenn ein Fall des § 675d Absatz 6 Satz 1 Nummer 1 Buchstabe b vorliegt, ist § 675z Satz 3 auf die innerhalb des Europäischen Wirtschaftsraums getätigten Bestandteile des Zahlungsvorgangs nicht anzuwenden.

§ 676 Nachweis der Ausführung von Zahlungsvorgängen. Ist zwischen dem Zahlungsdienstnutzer und seinem Zahlungsdienstleister streitig, ob der Zahlungsvorgang ordnungsgemäß ausgeführt wurde, muss der Zahlungsdienstleister nachweisen, dass der Zahlungsvorgang ordnungsgemäß aufgezeichnet und verbucht sowie nicht durch eine Störung beeinträchtigt wurde.

§ 676a Ausgleichsanspruch. (1) Liegt die Ursache für die Haftung eines Zahlungsdienstleisters gemäß den §§ 675u, 675y und 675z im Verantwortungsbereich eines anderen Zahlungsdienstleisters, eines Zahlungsauslösedienstleisters oder einer zwischengeschalteten Stelle, so kann der Zahlungsdienstleister von dem anderen Zahlungsdienstleister, dem Zahlungsauslösedienstleister oder der zwischengeschalteten Stelle den Ersatz des Schadens verlangen, der ihm aus der Erfüllung der Ansprüche eines Zahlungsdienstnutzers gemäß den §§ 675u, 675y und 675z entsteht.

(2) Ist zwischen dem kontoführenden Zahlungsdienstleister des Zahlers und einem Zahlungsauslösedienstleister streitig, ob ein ausgeführter Zahlungsvorgang autorisiert wurde, muss der Zahlungsauslösedienstleister nachweisen, dass in seinem Verantwortungsbereich eine Authentifizierung erfolgt ist und der Zahlungsvorgang ordnungsgemäß aufgezeichnet sowie nicht durch eine Störung beeinträchtigt wurde.

(3) Ist zwischen dem kontoführenden Zahlungsdienstleister des Zahlers und einem Zahlungsauslösedienstleister streitig, ob ein Zahlungsvorgang ordnungsgemäß ausgeführt wurde, muss der Zahlungsauslösedienstleister nachweisen, dass

1. der Zahlungsauftrag dem kontoführenden Zahlungsdienstleister gemäß § 675n zugegangen ist und
2. der Zahlungsvorgang im Verantwortungsbereich des Zahlungsauslösedienstleisters ordnungsgemäß aufgezeichnet sowie nicht durch eine Störung beeinträchtigt wurde.

§ 676b Anzeige nicht autorisierter oder fehlerhaft ausgeführter Zahlungsvorgänge. (1) Der Zahlungsdienstnutzer hat seinen Zahlungsdienstleister unverzüglich nach Feststellung eines nicht autorisierten oder fehlerhaft ausgeführten Zahlungsvorgangs zu unterrichten.

(2) [1] Ansprüche und Einwendungen des Zahlungsdienstnutzers gegen den Zahlungsdienstleister nach diesem Unterkapitel sind ausgeschlossen, wenn dieser seinen Zahlungsdienstleister nicht spätestens 13 Monate nach dem Tag der Belastung mit einem nicht autorisierten oder fehlerhaft ausgeführten Zahlungsvorgang hiervon unterrichtet hat. [2] Der Lauf der Frist beginnt nur, wenn der Zahlungsdienstleister den Zahlungsdienstnutzer über die den Zahlungsvorgang betreffenden Angaben gemäß Artikel 248 §§ 7, 10 oder § 14 des Einführungsgesetzes zum Bürgerlichen Gesetzbuche[1)] unterrichtet hat; anderenfalls ist für den Fristbeginn der Tag der Unterrichtung maßgeblich.

(3) Für andere als die in § 675z Satz 1 genannten Ansprüche des Zahlungsdienstnutzers gegen seinen Zahlungsdienstleister wegen eines nicht autorisierten oder fehlerhaft ausgeführten Zahlungsvorgangs gilt Absatz 2 mit der Maßgabe, dass der Zahlungsdienstnutzer diese Ansprüche auch nach Ablauf der Frist geltend machen kann, wenn er ohne Verschulden an der Einhaltung der Frist verhindert war.

(4) [1] Wurde der Zahlungsvorgang über einen Zahlungsauslösedienstleister ausgelöst, sind Ansprüche und Einwendungen des Zahlungsdienstnutzers gegen seinen kontoführenden Zahlungsdienstleister ausgeschlossen, wenn der Zahlungsdienstnutzer den kontoführenden Zahlungsdienstleister nicht spätestens 13 Monate nach dem Tag der Belastung mit einem nicht autorisierten oder fehlerhaften Zahlungsvorgang hiervon unterrichtet hat. [2] Der Lauf der Frist beginnt nur, wenn der kontoführende Zahlungsdienstleister den Zahlungsdienstnutzer über die den Zahlungsvorgang betreffenden Angaben gemäß Artikel 248 §§ 7, 10 oder § 14 des Einführungsgesetzes zum Bürgerlichen Gesetzbuche unterrichtet hat; anderenfalls ist für den Fristbeginn der Tag der Unterrichtung durch den kontoführenden Zahlungsdienstleister maßgeblich.

[1)] Nr. **24**.

(5) Für andere als die in § 675z Satz 1 genannten Ansprüche des Zahlungsdienstnutzers gegen seinen kontoführenden Zahlungsdienstleister oder gegen den Zahlungsauslösedienstleister wegen eines nicht autorisierten oder fehlerhaft ausgeführten Zahlungsvorgangs gilt Absatz 4 mit der Maßgabe, dass

1. die Anzeige an den kontoführenden Zahlungsdienstleister auch zur Erhaltung von Ansprüchen und Einwendungen des Zahlungsdienstnutzers gegen den Zahlungsauslösedienstleister genügt und
2. der Zahlungsdienstnutzer seine Ansprüche gegen den kontoführenden Zahlungsdienstleister oder gegen den Zahlungsauslösedienstleister auch nach Ablauf der Frist geltend machen kann, wenn er ohne Verschulden an der Einhaltung der Frist verhindert war.

§ 676c Haftungsausschluss. Ansprüche nach diesem Kapitel sind ausgeschlossen, wenn die einen Anspruch begründenden Umstände

1. auf einem ungewöhnlichen und unvorhersehbaren Ereignis beruhen, auf das diejenige Partei, die sich auf dieses Ereignis beruft, keinen Einfluss hat, und dessen Folgen trotz Anwendung der gebotenen Sorgfalt nicht hätten vermieden werden können, oder
2. vom Zahlungsdienstleister auf Grund einer gesetzlichen Verpflichtung herbeigeführt wurden.

24. Einführungsgesetz zum Bürgerlichen Gesetzbuche

In der Fassung der Bekanntmachung vom 21. September 1994[1]
(BGBl. I S. 2494, ber. 1997 I S. 1061)

FNA 400-1

zuletzt geänd. durch Art. 3 G zur Verlängerung des Betrachtungszeitraums für die ortsübliche Vergleichsmiete v. 21.12.2019 (BGBl. I S. 2911)

– Auszug –

Siebter Teil. Durchführung des Bürgerlichen Gesetzbuchs, Verordnungsermächtigungen, Länderöffnungsklauseln, Informationspflichten

Art. 247 Informationspflichten bei Verbraucherdarlehensverträgen, entgeltlichen Finanzierungshilfen und Darlehensvermittlungsverträgen

§ 1 Vorvertragliche Informationen bei Immobiliar-Verbraucherdarlehensverträgen. (1) [1]Bei einem Immobiliar-Verbraucherdarlehensvertrag muss der Darlehensgeber dem Darlehensnehmer mitteilen, welche Informationen und Nachweise er innerhalb welchen Zeitraums von ihm benötigt, um eine ordnungsgemäße Kreditwürdigkeitsprüfung durchführen zu können. [2]Er hat den Darlehensnehmer darauf hinzuweisen, dass eine Kreditwürdigkeitsprüfung für den Abschluss des Darlehensvertrags zwingend ist und nur durchgeführt werden kann, wenn die hierfür benötigten Informationen und Nachweise richtig sind und vollständig beigebracht werden.

(2) [1]Der Darlehensgeber muss dem Darlehensnehmer die vorvertraglichen Informationen in Textform übermitteln, und zwar unverzüglich nachdem er die Angaben gemäß Absatz 1 erhalten hat und rechtzeitig vor Abgabe der Vertragserklärung des Darlehensnehmers. [2]Dafür muss der Darlehensgeber das entsprechend ausgefüllte Europäische Standardisierte Merkblatt gemäß dem Muster in Anlage 6 (ESIS-Merkblatt) verwenden. [3]Der Darlehensgeber hat das ESIS-Merkblatt auch jedem Vertragsangebot und jedem Vertragsvorschlag, an dessen Bedingungen er sich bindet, beizufügen. [4]Dies gilt nicht, wenn der Darlehensnehmer bereits ein Merkblatt erhalten hat, das über die speziellen Bedingungen des Vertragsangebots oder Vertragsvorschlags informiert. [5]Jeder bindende Vertragsvorschlag ist dem Darlehensnehmer in Textform zur Verfügung zu stellen. [6]Ist der Darlehensvertrag zugleich ein außerhalb von Geschäftsräumen geschlossener Vertrag oder ein Fernabsatzvertrag, gelten mit der Übermittlung des ESIS-Merkblatts auch die Anforderungen des § 312d Absatz 2 des Bürgerlichen Gesetzbuchs[2] als erfüllt.

(3) [1]Weitere vorvertragliche Informationen sind, soweit nichts anderes bestimmt ist, in einem gesonderten Dokument zu erteilen, das dem ESIS-Merkblatt beigefügt werden kann. [2]Die weiteren vorvertraglichen Informationen

---

[1] Neubekanntmachung des EGBGB v. 18.8.1896 (RGBl. S. 604) in der ab 1.10.1994 geltenden Fassung.

[2] Nr. **23**.

müssen auch einen deutlich gestalteten Hinweis darauf enthalten, dass der Darlehensgeber Forderungen aus dem Darlehensvertrag ohne Zustimmung des Darlehensnehmers abtreten und das Vertragsverhältnis auf einen Dritten übertragen darf, soweit nicht die Abtretung im Vertrag ausgeschlossen wird oder der Darlehensnehmer der Übertragung zustimmen muss.

(4) Wenn der Darlehensgeber entscheidet, den Darlehensvertrag nicht abzuschließen, muss er dies dem Darlehensnehmer unverzüglich mitteilen.

§ 2 Form, Zeitpunkt und Muster der vorvertraglichen Informationen bei Allgemein-Verbraucherdarlehensverträgen. (1) [1] Bei einem Allgemein-Verbraucherdarlehensvertrag muss der Darlehensgeber den Darlehensnehmer über die Einzelheiten nach den §§ 3 bis 5 und 8 bis 13 unterrichten, und zwar rechtzeitig vor Abgabe der Vertragserklärung des Darlehensnehmers. [2] Die Unterrichtung erfolgt in Textform.

(2) Für die Unterrichtung nach Absatz 1 ist vorbehaltlich des Absatzes 3 die Europäische Standardinformation für Verbraucherkredite gemäß dem Muster in Anlage 4 zu verwenden.

(3) [1] Soll ein Allgemein-Verbraucherdarlehensvertrag gemäß § 495 Absatz 2 Nummer 1 oder § 504 Absatz 2 des Bürgerlichen Gesetzbuchs[1)] abgeschlossen werden, kann der Darlehensgeber zur Unterrichtung die Europäische Verbraucherkreditinformation gemäß dem Muster in Anlage 5 verwenden. [2] Verwendet der Darlehensgeber das Muster nicht, hat er bei der Unterrichtung alle nach den §§ 3 bis 5 und 8 bis 13 erforderlichen Angaben gleichartig zu gestalten und hervorzuheben.

(4) [1] Die Verpflichtung zur Unterrichtung nach § 491a Abs. 1 des Bürgerlichen Gesetzbuchs gilt als erfüllt, wenn der Darlehensgeber dem Darlehensnehmer das ordnungsgemäß ausgefüllte Muster in Textform übermittelt hat. [2] Ist der Darlehensvertrag zugleich ein Fernabsatzvertrag oder ein außerhalb von Geschäftsräumen geschlossener Vertrag, gelten mit der Übermittlung des entsprechenden ausgefüllten Musters auch die Anforderungen des § 312d Absatz 2 des Bürgerlichen Gesetzbuchs als erfüllt. [3] Die in diesem Absatz genannten Verpflichtungen gelten bis 31. Dezember 2010 auch bei Übermittlung des Musters in den Anlagen 4 und 5 in der Fassung des Gesetzes zur Umsetzung der Verbraucherkreditrichtlinie, des zivilrechtlichen Teils der Zahlungsdiensterichtlinie sowie zur Neuordnung der Vorschriften über das Widerrufs- und Rückgaberecht vom 29. Juli 2009 (BGBl. I S. 2355) als erfüllt.

§ 3 Inhalt der vorvertraglichen Information bei Allgemein-Verbraucherdarlehensverträgen. (1) Die Unterrichtung vor Vertragsschluss muss folgende Informationen enthalten:

1. den Namen und die Anschrift des Darlehensgebers,
2. die Art des Darlehens,
3. den effektiven Jahreszins,
4. den Nettodarlehensbetrag,
5. den Sollzinssatz,
6. die Vertragslaufzeit,

---

1) Nr. 23.

7. Betrag, Zahl und Fälligkeit der einzelnen Teilzahlungen,
8. den Gesamtbetrag,
9. die Auszahlungsbedingungen,
10. alle sonstigen Kosten, insbesondere in Zusammenhang mit der Auszahlung oder der Verwendung eines Zahlungsinstruments, mit dem sowohl Zahlungsvorgänge als auch Abhebungen getätigt werden können, sowie die Bedingungen, unter denen die Kosten angepasst werden können,
11. den Verzugszinssatz und die Art und Weise seiner etwaigen Anpassung sowie gegebenenfalls anfallende Verzugskosten,
12. einen Warnhinweis zu den Folgen ausbleibender Zahlungen,
13. das Bestehen oder Nichtbestehen eines Widerrufsrechts,
14. das Recht des Darlehensnehmers, das Darlehen vorzeitig zurückzuzahlen,
15. die sich aus § 491a Abs. 2 des Bürgerlichen Gesetzbuchs[1)] ergebenden Rechte,
16. die sich aus § 29 Abs. 7 des Bundesdatenschutzgesetzes ergebenden Rechte.

(2) [1] Gesamtbetrag ist die Summe aus Nettodarlehensbetrag und Gesamtkosten. [2] Nettodarlehensbetrag ist der Höchstbetrag, auf den der Darlehensnehmer aufgrund des Darlehensvertrags Anspruch hat. [3] Die Gesamtkosten und der effektive Jahreszins sind nach § 6 der Preisangabenverordnung zu berechnen.

(3) [1] Der Gesamtbetrag und der effektive Jahreszins sind anhand eines repräsentativen Beispiels zu erläutern. [2] Dabei sind sämtliche in die Berechnung des effektiven Jahreszinses einfließenden Annahmen anzugeben und die vom Darlehensnehmer genannten Wünsche zu einzelnen Vertragsbedingungen zu berücksichtigen. [3] Der Darlehensgeber hat darauf hinzuweisen, dass sich der effektive Jahreszins unter Umständen erhöht, wenn der Verbraucherdarlehensvertrag mehrere Auszahlungsmöglichkeiten mit unterschiedlichen Kosten oder Sollzinssätzen vorsieht und die Berechnung des effektiven Jahreszinses auf der Vermutung beruht, dass die für die Art des Darlehens übliche Auszahlungsmöglichkeit vereinbart werde.

(4) [1] Die Angabe zum Sollzinssatz muss die Bedingungen und den Zeitraum für seine Anwendung sowie die Art und Weise seiner Anpassung enthalten. [2] Ist der Sollzinssatz von einem Index oder Referenzzinssatz abhängig, sind diese anzugeben. [3] Sieht der Verbraucherdarlehensvertrag mehrere Sollzinssätze vor, sind die Angaben für alle Sollzinssätze zu erteilen. [4] Sind im Fall des Satzes 3 Teilzahlungen vorgesehen, ist anzugeben, in welcher Reihenfolge die ausstehenden Forderungen des Darlehensgebers, für die unterschiedliche Sollzinssätze gelten, durch die Teilzahlungen getilgt werden.

§ 4 Weitere Angaben bei der vorvertraglichen Information bei Allgemein-Verbraucherdarlehensverträgen. (1) Die Unterrichtung muss bei Allgemein-Verbraucherdarlehensverträgen folgende Angaben enthalten, soweit sie für den in Betracht kommenden Vertragsabschluss erheblich sind:

---

1) Nr. **23**.

1. einen Hinweis, dass der Darlehensnehmer infolge des Vertragsabschlusses Notarkosten zu tragen hat,
2. Sicherheiten, die der Darlehensgeber verlangt,
3. den Anspruch auf Vorfälligkeitsentschädigung und dessen Berechnungsmethode, soweit der Darlehensgeber diesen Anspruch geltend macht, falls der Darlehensnehmer das Darlehen vorzeitig zurückzahlt,
4. gegebenenfalls den Zeitraum, für den sich der Darlehensgeber an die übermittelten Informationen bindet.

(2) Weitere Hinweise des Darlehensgebers müssen räumlich getrennt von den Angaben nach Absatz 1 und nach den §§ 3 und 8 bis 13a übermittelt werden.

(3) Wird in einem Allgemein-Verbraucherdarlehensvertrag auf einen Referenzwert im Sinne des Artikels 3 Absatz 1 Nummer 3 der Verordnung (EU) 2016/1011 des Europäischen Parlaments und des Rates vom 8. Juni 2016 über Indizes, die bei Finanzinstrumenten und Finanzkontrakten als Referenzwert oder zur Messung der Wertentwicklung eines Investmentfonds verwendet werden, und zur Änderung der Richtlinien 2008/48/EG und 2014/17/EU sowie der Verordnung (EU) Nr. 596/2014 (ABl. L 171 vom 29.6.2016, S. 1) Bezug genommen, teilt der Darlehensgeber dem Darlehensnehmer in einem gesonderten Dokument, das dem Formular „Europäische Standardinformationen für Verbraucherkredite" beigefügt werden kann, die Bezeichnung des Referenzwerts und den Namen des Administrators sowie die möglichen Auswirkungen auf den Darlehensnehmer mit.

§ 5 Information bei besonderen Kommunikationsmitteln. (1) [1] Wählt der Darlehensnehmer für die Vertragsanbahnung bei Allgemein-Verbraucherdarlehensverträgen Kommunikationsmittel, die die Übermittlung der vorstehenden Informationen in der in § 2 vorgesehenen Form nicht gestatten, ist die vollständige Unterrichtung nach § 2 unverzüglich nachzuholen. [2] Bei Telefongesprächen muss die Beschreibung der wesentlichen Merkmale nach Artikel 246b § 1 Absatz 1 Nummer 5 zumindest die Angaben nach § 3 Abs. 1 Nr. 3 bis 9, Abs. 3 und 4 enthalten.

(2) Bei Telefongesprächen, die sich auf Immobiliar-Verbraucherdarlehensverträge beziehen, muss die Beschreibung der wesentlichen Merkmale nach Artikel 246b § 1 Absatz 1 Nummer 5 zumindest die Angaben nach Teil A Abschnitt 3 bis 6 des ESIS-Merkblatts gemäß dem Muster in Anlage 6 enthalten.

§ 6 Vertragsinhalt. (1) [1] Der Verbraucherdarlehensvertrag muss klar und verständlich folgende Angaben enthalten:
1. die in § 3 Abs. 1 Nr. 1 bis 14 und Abs. 4 genannten Angaben,
2. den Namen und die Anschrift des Darlehensnehmers,
3. die für den Darlehensgeber zuständige Aufsichtsbehörde,
4. einen Hinweis auf den Anspruch des Darlehensnehmers auf einen Tilgungsplan nach § 492 Abs. 3 Satz 2 des Bürgerlichen Gesetzbuchs[1],

---

[1] Nr. 23.

5. das einzuhaltende Verfahren bei der Kündigung des Vertrags,
6. sämtliche weitere Vertragsbedingungen.

[2] Bei einem Immobiliar-Verbraucherdarlehensvertrag sind abweichend von Satz 1 nur die in § 3 Absatz 1 Nummer 1 bis 7, 10 und 13 sowie Absatz 4 genannten Angaben zwingend. [3] Abweichend von § 3 Absatz 1 Nummer 7 ist die Anzahl der Teilzahlungen nicht anzugeben, wenn die Laufzeit des Darlehensvertrags von dem Zeitpunkt der Zuteilung eines Bausparvertrags abhängt.

(2) [1] Besteht ein Widerrufsrecht nach § 495 des Bürgerlichen Gesetzbuchs, müssen im Vertrag Angaben zur Frist und zu anderen Umständen für die Erklärung des Widerrufs sowie ein Hinweis auf die Verpflichtung des Darlehensnehmers enthalten sein, ein bereits ausbezahltes Darlehen zurückzuzahlen und Zinsen zu vergüten. [2] Der pro Tag zu zahlende Zinsbetrag ist anzugeben. [3] Enthält der Verbraucherdarlehensvertrag eine Vertragsklausel in hervorgehobener und deutlich gestalteter Form, die bei Allgemein-Verbraucherdarlehensverträgen dem Muster in Anlage 7 und bei Immobiliar-Verbraucherdarlehensverträgen dem Muster in Anlage 8 entspricht, genügt diese Vertragsklausel den Anforderungen der Sätze 1 und 2. [4] Dies gilt bis zum Ablauf des 4. November 2011 auch bei entsprechender Verwendung dieses Musters in der Fassung des Gesetzes zur Einführung einer Musterwiderrufsinformation für Verbraucherdarlehensverträge, zur Änderung der Vorschriften über das Widerrufsrecht bei Verbraucherdarlehensverträgen und zur Änderung des Darlehensvermittlungsrechts vom 24. Juli 2010 (BGBl. I S. 977). [5] Der Darlehensgeber darf unter Beachtung von Satz 3 in Format und Schriftgröße jeweils von dem Muster abweichen.

(3) Bei Allgemein-Verbraucherdarlehensverträgen hat die Angabe des Gesamtbetrags und des effektiven Jahreszinses unter Angabe der Annahmen zu erfolgen, die zum Zeitpunkt des Abschlusses des Vertrags bekannt sind und die in die Berechnung des effektiven Jahreszinses einfließen.

§ 7 Weitere Angaben im Vertrag. (1) Der Allgemein-Verbraucherdarlehensvertrag muss folgende klar und verständlich formulierte weitere Angaben enthalten, soweit sie für den Vertrag bedeutsam sind:

1. einen Hinweis, dass der Darlehensnehmer Notarkosten zu tragen hat,
2. die vom Darlehensgeber verlangten Sicherheiten und Versicherungen, im Fall von entgeltlichen Finanzierungshilfen insbesondere einen Eigentumsvorbehalt,
3. die Berechnungsmethode des Anspruchs auf Vorfälligkeitsentschädigung, soweit der Darlehensgeber beabsichtigt, diesen Anspruch geltend zu machen, falls der Darlehensnehmer das Darlehen vorzeitig zurückzahlt,
4. den Zugang des Darlehensnehmers zu einem außergerichtlichen Beschwerde- und Rechtsbehelfsverfahren und gegebenenfalls die Voraussetzungen für diesen Zugang.

(2) Der Immobiliar-Verbraucherdarlehensvertrag muss folgende klar und verständlich formulierte weitere Angaben enthalten, soweit sie für den Vertrag bedeutsam sind:

1. die Voraussetzungen und die Berechnungsmethode für den Anspruch auf Vorfälligkeitsentschädigung, soweit der Darlehensgeber beabsichtigt, diesen

Anspruch geltend zu machen, falls der Darlehensnehmer das Darlehen vorzeitig zurückzahlt, und die sich aus § 493 Absatz 5 des Bürgerlichen Gesetzbuchs[1] ergebenden Pflichten,

2. bei einem Immobiliar-Verbraucherdarlehensvertrag in Fremdwährung auch die sich aus den §§ 503 und 493 Absatz 4 des Bürgerlichen Gesetzbuchs ergebenden Rechte des Darlehensnehmers.

§ 8 Verträge mit Zusatzleistungen. (1) [1] Verlangt der Darlehensgeber zum Abschluss eines Allgemein-Verbraucherdarlehensvertrags, dass der Darlehensnehmer zusätzliche Leistungen des Darlehensgebers annimmt oder einen weiteren Vertrag abschließt, insbesondere einen Versicherungsvertrag oder Kontoführungsvertrag, hat der Darlehensgeber dies zusammen mit der vorvertraglichen Information anzugeben. [2] In der vorvertraglichen Information sind Kontoführungsgebühren sowie die Bedingungen, unter denen sie angepasst werden können, anzugeben.

(2) Werden im Zusammenhang mit einem Verbraucherdarlehensvertrag Kontoführungsgebühren erhoben, so sind diese sowie die Bedingungen, unter denen die Gebühren angepasst werden können, im Vertrag anzugeben.

(3) [1] Dienen die vom Darlehensnehmer geleisteten Zahlungen nicht der unmittelbaren Darlehenstilgung, sind die Zeiträume und Bedingungen für die Zahlung der Sollzinsen und der damit verbundenen wiederkehrenden und nicht wiederkehrenden Kosten im Verbraucherdarlehensvertrag aufzustellen. [2] Verpflichtet sich der Darlehensnehmer mit dem Abschluss eines Verbraucherdarlehensvertrags auch zur Vermögensbildung, muss aus der vorvertraglichen Information und aus dem Verbraucherdarlehensvertrag klar und verständlich hervorgehen, dass weder die während der Vertragslaufzeit fälligen Zahlungsverpflichtungen noch die Ansprüche, die der Darlehensnehmer aus der Vermögensbildung erwirbt, die Tilgung des Darlehens gewährleisten, es sei denn, dies wird vertraglich vereinbart.

§ 9 *(aufgehoben)*

§ 10 Abweichende Mitteilungspflichten bei Überziehungsmöglichkeiten gemäß § 504 Abs. 2 des Bürgerlichen Gesetzbuchs[1]. (1) Bei Überziehungsmöglichkeiten im Sinne des § 504 Abs. 2 des Bürgerlichen Gesetzbuchs sind abweichend von den §§ 3, 4 und 6 nur anzugeben:

1. in der vorvertraglichen Information
   a) die Angaben nach § 3 Absatz 1 Nummer 1 bis 6, 10, 11 und 16, Absatz 3 und 4 sowie gegebenenfalls nach § 4 Abs. 1 Nr. 4,
   b) die Bedingungen zur Beendigung des Darlehensverhältnisses und
   c) der Hinweis, dass der Darlehensnehmer jederzeit zur Rückzahlung des gesamten Darlehensbetrags aufgefordert werden kann, falls ein entsprechendes Kündigungsrecht für den Darlehensgeber vereinbart werden soll;
2. im Vertrag
   a) die Angaben nach § 6 Abs. 1 Nr. 1 in Verbindung mit § 3 Abs. 1 Nr. 1 bis 6, 9 und 10, Abs. 4,

---

[1] Nr. 23.

b) die Angaben nach § 6 Abs. 1 Nr. 2 und 5,
c) die Gesamtkosten sowie
d) gegebenenfalls der Hinweis nach Nummer 1 Buchstabe c.

(2) In den Fällen des § 5 Absatz 1 muss die Beschreibung der wesentlichen Merkmale nach Artikel 246b § 1 Absatz 1 Nummer 5 zumindest die Angaben nach § 3 Absatz 1 Nummer 3 bis 5, 10, Absatz 3 und 4 sowie nach Absatz 1 Nr. 1 Buchstabe c enthalten.

(3) Die Angabe des effektiven Jahreszinses ist entbehrlich, wenn der Darlehensgeber außer den Sollzinsen keine weiteren Kosten verlangt und die Sollzinsen nicht in kürzeren Zeiträumen als drei Monaten fällig werden.

§ 11 Abweichende Mitteilungspflichten bei Allgemein-Verbraucherdarlehensverträgen zur Umschuldung gemäß § 495 Absatz 2 Nummer 1 des Bürgerlichen Gesetzbuchs[1]. (1) Bei Allgemein-Verbraucherdarlehensverträgen zur Umschuldung gemäß § 495 Absatz 2 Nummer 1 des Bürgerlichen Gesetzbuchs sind abweichend von den §§ 3, 4 und 6 nur anzugeben:

1. in der vorvertraglichen Information
   a) die Angaben nach § 3 Abs. 1 Nr. 1 bis 7, 10, 11, 14 und 16, Abs. 3 und 4,
   b) die Angaben nach § 4 Abs. 1 Nr. 3,
   c) die Angaben nach § 10 Abs. 1 Nr. 1 Buchstabe b sowie
   d) gegebenenfalls die Angaben nach § 4 Abs. 1 Nr. 4;
2. im Vertrag
   a) die Angaben nach § 6 Abs. 1 Nr. 1 in Verbindung mit § 3 Abs. 1 Nr. 1 bis 9, 11 und 14, Abs. 3 und 4 sowie
   b) die Angaben nach § 6 Abs. 1 Nr. 2 bis 4 und 6.

(2) In den Fällen des § 5 Absatz 1 muss die Beschreibung der wesentlichen Merkmale nach Artikel 246b § 1 Absatz 1 Nummer 5 zumindest die Angaben nach § 3 Abs. 1 Nr. 3 bis 6, 10 sowie Abs. 3 und 4 enthalten.

(3) [1] Wird ein Verbraucherdarlehensvertrag gemäß § 495 Absatz 2 Nummer 1 des Bürgerlichen Gesetzbuchs als Überziehungsmöglichkeit im Sinne des § 504 Abs. 2 Satz 1 des Bürgerlichen Gesetzbuchs abgeschlossen, gilt § 10. [2] Die Absätze 1 und 2 sind nicht anzuwenden.

§ 12 Verbundene Verträge und entgeltliche Finanzierungshilfen.

(1) [1] Die §§ 1 bis 11 gelten entsprechend für die in § 506 Absatz 1 des Bürgerlichen Gesetzbuchs[2] bezeichneten Verträge über entgeltliche Finanzierungshilfen. [2] Bei diesen Verträgen oder Verbraucherdarlehensverträgen, die mit einem anderen Vertrag gemäß § 358 des Bürgerlichen Gesetzbuchs verbunden sind oder in denen eine Ware oder Leistung gemäß § 360 Absatz 2 Satz 2 des Bürgerlichen Gesetzbuchs angegeben ist, muss enthalten:

1. die vorvertragliche Information, auch in den Fällen des § 5, den Gegenstand und den Barzahlungspreis,

---

[1] Nr. **23**.
[2] Auszugsweise abgedruckt unter Nr. **23**.

2. der Vertrag
   a) den Gegenstand und den Barzahlungspreis sowie
   b) Informationen über die sich aus den §§ 358 und 359 oder § 360 des Bürgerlichen Gesetzbuchs ergebenden Rechte und über die Bedingungen für die Ausübung dieser Rechte.

[3] Enthält der Verbraucherdarlehensvertrag eine Vertragsklausel in hervorgehobener und deutlich gestalteter Form, die bei Allgemein-Verbraucherdarlehensverträgen dem Muster in Anlage 7 und bei Immobiliar-Verbraucherdarlehensverträgen dem Muster in Anlage 8 entspricht, genügt diese Vertragsklausel bei verbundenen Verträgen sowie Geschäften gemäß § 360 Absatz 2 Satz 2 des Bürgerlichen Gesetzbuchs den in Satz 2 Nummer 2 Buchstabe b gestellten Anforderungen. [4] Dies gilt bis zum Ablauf des 4. November 2011 auch bei entsprechender Verwendung dieses Musters in der Fassung des Gesetzes zur Einführung einer Musterwiderrufsinformation für Verbraucherdarlehensverträge, zur Änderung der Vorschriften über das Widerrufsrecht bei Verbraucherdarlehensverträgen und zur Änderung des Darlehensvermittlungsrechts vom 24. Juli 2010 (BGBl. I S. 977). [5] Bei Verträgen über eine entgeltliche Finanzierungshilfe treten diese Rechtsfolgen nur ein, wenn die Informationen dem im Einzelfall vorliegenden Vertragstyp angepasst sind. [6] Der Darlehensgeber darf unter Beachtung von Satz 3 in Format und Schriftgröße von dem Muster abweichen.

(2) [1] Bei Verträgen gemäß § 506 Absatz 2 Satz 1 Nummer 3 des Bürgerlichen Gesetzbuchs sind die Angaben nach § 3 Abs. 1 Nr. 14, § 4 Abs. 1 Nr. 3 und § 7 Nummer 3 entbehrlich. [2] § 14 Abs. 1 Satz 2 ist nicht anzuwenden. [3] Hat der Unternehmer den Gegenstand für den Verbraucher erworben, tritt an die Stelle des Barzahlungspreises der Anschaffungspreis.

§ 13 Darlehensvermittler bei Verbraucherdarlehensverträgen.

(1) Ist bei der Anbahnung oder beim Abschluss eines Verbraucherdarlehensvertrags oder eines Vertrags über eine entgeltliche Finanzierungshilfe ein Darlehensvermittler beteiligt, so ist der Vertragsinhalt nach § 6 Abs. 1 um den Namen und die Anschrift des beteiligten Darlehensvermittlers zu ergänzen.

(2) [1] Wird der Darlehensvermittlungsvertrag im Sinne des § 655a des Bürgerlichen Gesetzbuchs[1)] mit einem Verbraucher abgeschlossen, so hat der Darlehensvermittler den Verbraucher rechtzeitig vor Abschluss des Darlehensvermittlungsvertrags auf einem dauerhaften Datenträger zu unterrichten über

1. die Höhe einer vom Verbraucher verlangten Vergütung,
2. die Tatsache, ob er für die Vermittlung von einem Dritten ein Entgelt oder sonstige Anreize erhält sowie gegebenenfalls die Höhe,
3. den Umfang seiner Befugnisse, insbesondere, ob er ausschließlich für einen oder mehrere bestimmte Darlehensgeber oder unabhängig tätig wird, und
4. gegebenenfalls weitere vom Verbraucher verlangte Nebenentgelte sowie deren Höhe, soweit diese zum Zeitpunkt der Unterrichtung bekannt ist, andernfalls einen Höchstbetrag.

[1)] Auszugsweise abgedruckt unter Nr. **23**.

[2] Wird der Darlehensvermittlungsvertrag im Sinne des § 655a des Bürgerlichen Gesetzbuchs ausschließlich mit einem Dritten abgeschlossen, so hat der Darlehensvermittler den Verbraucher rechtzeitig vor Abschluss eines vermittelten Vertrags im Sinne von Absatz 1 auf einem dauerhaften Datenträger über die Einzelheiten gemäß Satz 1 Nummer 2 und 3 zu unterrichten.

(3) [1] Der Darlehensvermittler hat dem Darlehensgeber die Höhe der von ihm verlangten Vergütung vor der Annahme des Auftrags mitzuteilen. [2] Darlehensvermittler und Darlehensgeber haben sicherzustellen, dass die andere Partei eine Abschrift des Vertrags im Sinne von Absatz 1 erhält.

(4) Wirbt der Darlehensvermittler gegenüber einem Verbraucher für den Abschluss eines Verbraucherdarlehensvertrags oder eines Vertrags über eine entgeltliche Finanzierungshilfe, so hat er hierbei die Angaben nach Absatz 2 Satz 1 Nummer 3 einzubeziehen.

§ 13a Besondere Regelungen für Darlehensvermittler bei Allgemein-Verbraucherdarlehensverträgen. Ist bei der Anbahnung oder beim Abschluss eines Allgemein-Verbraucherdarlehensvertrags oder eines Vertrags über eine entsprechende entgeltliche Finanzierungshilfe ein Darlehensvermittler beteiligt, so sind die vorvertraglichen Informationen nach § 3 Absatz 1 Nummer 1 um den Namen und die Anschrift des beteiligten Darlehensvermittlers zu ergänzen.

§ 13b Besondere Regelungen für Darlehensvermittler bei Immobiliar-Verbraucherdarlehensverträgen. (1) [1] Bei der Vermittlung von Immobiliar-Verbraucherdarlehensverträgen muss der Darlehensvermittler mit der Unterrichtung nach § 13 Absatz 2 Folgendes zusätzlich mitteilen:

1. seine Identität und Anschrift,
2. in welches Register er eingetragen wurde, gegebenenfalls die Registrierungsnummer, und auf welche Weise der Registereintrag eingesehen werden kann,
3. ob er an einen oder mehrere Darlehensgeber gemäß § 655a Absatz 3 Satz 3 des Bürgerlichen Gesetzbuchs[1)] gebunden oder ausschließlich für einen oder mehrere Darlehensgeber tätig ist, und wenn ja, die Namen der Darlehensgeber,
4. ob er Beratungsleistungen anbietet,
5. die Methode, nach der seine Vergütung berechnet wird, falls die Höhe noch nicht genau benannt werden kann,
6. welche interne Verfahren für Beschwerden von Verbrauchern oder anderen interessierten Parteien über Darlehensvermittler zur Verfügung stehen sowie einen möglichen Zugang des Verbrauchers zu einem außergerichtlichen Beschwerde- und Rechtsbehelfsverfahren,
7. ob ihm für seine im Zusammenhang mit dem Darlehensvertrag stehende Dienstleistung Provisionen oder sonstige Anreize von einem Dritten gewährt werden, und wenn ja, in welcher Höhe; ist die Höhe noch nicht bekannt, so ist mitzuteilen, dass der tatsächliche Betrag zu einem späteren Zeitpunkt im ESIS-Merkblatt angegeben wird.

[1)] Auszugsweise abgedruckt unter Nr. **23**.

[2] Beginnt der Darlehensvermittler seine Vermittlungstätigkeit vor Abschluss des Vermittlungsvertrags, so sind die Informationspflichten gemäß Satz 1 rechtzeitig vor Ausübung der Vermittlungstätigkeit zu erteilen.

(2) Bei Immobiliar-Verbraucherdarlehensverträgen hat der Darlehensvermittler dem Darlehensgeber die Informationen gemäß § 1 Absatz 1, die er von dem Darlehensnehmer erhalten hat, zum Zweck der Kreditwürdigkeitsprüfung richtig und vollständig zu übermitteln.

(3) Bietet der Darlehensvermittler im Zusammenhang mit der Vermittlung eines Immobiliar-Verbraucherdarlehensvertrags Beratungsleistungen an, gilt § 18 entsprechend.

§ 14 Tilgungsplan. (1) [1] Verlangt der Darlehensnehmer nach § 492 Abs. 3 Satz 2 des Bürgerlichen Gesetzbuchs[1)] einen Tilgungsplan, muss aus diesem hervorgehen, welche Zahlungen in welchen Zeitabständen zu leisten sind und welche Bedingungen für diese Zahlungen gelten. [2] Dabei ist aufzuschlüsseln, in welcher Höhe die Teilzahlungen auf das Darlehen, die nach dem Sollzinssatz berechneten Zinsen und die sonstigen Kosten angerechnet werden.

(2) Ist der Sollzinssatz nicht gebunden oder können die sonstigen Kosten angepasst werden, ist in dem Tilgungsplan in klarer und verständlicher Form anzugeben, dass die Daten des Tilgungsplans nur bis zur nächsten Anpassung des Sollzinssatzes oder der sonstigen Kosten gelten.

(3) [1] Der Tilgungsplan ist dem Darlehensnehmer auf einem dauerhaften Datenträger zur Verfügung zu stellen. [2] Der Anspruch erlischt nicht, solange das Vertragsverhältnis besteht.

§ 15 Unterrichtungen bei Zinsanpassungen. (1) Eine Zinsanpassung in einem Verbraucherdarlehensvertrag oder einem Vertrag über eine entgeltliche Finanzierungshilfe wird erst wirksam, nachdem der Darlehensgeber den Darlehensnehmer über

1. den angepassten Sollzinssatz,
2. die angepasste Höhe der Teilzahlungen und
3. die Zahl und die Fälligkeit der Teilzahlungen, sofern sich diese ändern,

unterrichtet hat.

(2) [1] Geht die Anpassung des Sollzinssatzes auf die Änderung eines Referenzzinssatzes zurück, können die Vertragsparteien einen von Absatz 1 abweichenden Zeitpunkt für die Wirksamkeit der Zinsanpassung vereinbaren. [2] In diesen Fällen muss der Vertrag eine Pflicht des Darlehensgebers vorsehen, den Darlehensnehmer nach Absatz 1 in regelmäßigen Zeitabständen zu unterrichten. [3] Bei einem Immobiliar-Verbraucherdarlehensvertrag muss der Vertrag ferner die Pflicht vorsehen, auch über den neuen Referenzzinssatz zu unterrichten. [4] Außerdem muss der Darlehensnehmer die Höhe des Referenzzinssatzes in den Geschäftsräumen des Darlehensgebers einsehen können.

(3) Werden bei einem Immobiliar-Verbraucherdarlehensvertrag Änderungen des Sollzinssatzes im Wege der Versteigerung auf den Kapitalmärkten festgelegt und kann der Darlehensgeber den Darlehensnehmer daher nicht vor dem Wirksamwerden der Änderung über diese in Kenntnis setzen, so hat der

---

1) Nr. **23**.

Darlehensgeber den Darlehensnehmer abweichend von Absatz 1 rechtzeitig vor der Versteigerung über das bevorstehende Verfahren zu unterrichten und darauf hinzuweisen, wie sich die Versteigerung auf den Sollzinssatz auswirken könnte.

§ 16 Unterrichtung bei Überziehungsmöglichkeiten. Die Unterrichtung nach § 504 Abs. 1 Satz 1 des Bürgerlichen Gesetzbuchs[1)] muss folgende Angaben enthalten:

1. den genauen Zeitraum, auf den sie sich bezieht,
2. Datum und Höhe der an den Darlehensnehmer ausbezahlten Beträge,
3. Saldo und Datum der vorangegangenen Unterrichtung,
4. den neuen Saldo,
5. Datum und Höhe der Rückzahlungen des Darlehensnehmers,
6. den angewendeten Sollzinssatz,
7. die erhobenen Kosten und
8. den gegebenenfalls zurückzuzahlenden Mindestbetrag.

§ 17 Angaben bei geduldeten Überziehungen. (1) Die Unterrichtung nach § 505 Abs. 1 des Bürgerlichen Gesetzbuchs[1)] muss folgende Angaben enthalten:

1. den Sollzinssatz, die Bedingungen für seine Anwendung und, soweit vorhanden, Indizes oder Referenzzinssätze, auf die sich der Sollzinssatz bezieht,
2. sämtliche Kosten, die ab dem Zeitpunkt der Überziehung anfallen, sowie die Bedingungen, unter denen die Kosten angepasst werden können.

(2) Die Unterrichtung nach § 505 Abs. 2 des Bürgerlichen Gesetzbuchs muss folgende Angaben enthalten:

1. das Vorliegen einer Überziehung,
2. den Betrag der Überziehung,
3. den Sollzinssatz und
4. etwaige Vertragsstrafen, Kosten und Verzugszinsen.

§ 18 Vorvertragliche Informationen bei Beratungsleistungen für Immobiliar-Verbraucherdarlehensverträge. (1) [1]Bevor der Darlehensgeber Beratungsleistungen für einen Immobiliar-Verbraucherdarlehensvertrag erbringt oder einen entsprechenden Beratungsvertrag schließt, hat er den Darlehensnehmer darüber zu informieren,

1. wie hoch das Entgelt ist, sofern ein solches für die Beratungsleistungen verlangt wird,
2. ob der Darlehensgeber seiner Empfehlung
   a) nur oder im Wesentlichen eigene Produkte zugrunde legt oder
   b) neben eigenen Produkten auch eine größere Anzahl von Produkten anderer Anbieter zugrunde legt.

[1)] Nr. 23.

[2] Lässt sich die Höhe des Entgelts nach Satz 1 Nummer 1 noch nicht bestimmen, ist über die Methode zu informieren, die für die Berechnung verwendet wird.

(2) Die Informationen sind auf einem dauerhaften Datenträger zu übermitteln; sie können in der gleichen Art und Weise wie weitere vorvertragliche Informationen gemäß § 1 Absatz 3 Satz 1 erteilt werden.

Art. 247a *(hier nicht wiedergegeben)*

Art. 248 Informationspflichten bei der Erbringung von Zahlungsdienstleistungen.

Abschnitt 1. Allgemeine Vorschriften

§ 1 Konkurrierende Informationspflichten. [1] Ist der Zahlungsdienstevertrag zugleich ein Fernabsatzvertrag oder ein außerhalb von Geschäftsräumen geschlossener Vertrag, so werden die Informationspflichten nach Artikel 246b § 1 Absatz 1 durch die Informationspflichten nach den §§ 2 bis 13 und 14 bis 16 ersetzt. [2] Dies gilt bei Fernabsatzverträgen nicht für die in Artikel 246b § 1 Absatz 1 Nummer 7 bis 12, 15 und 19 und bei außerhalb von Geschäftsräumen geschlossenen Verträgen nicht für die in Artikel 246b § 1 Absatz 1 Nummer 12 genannten Informationspflichten.

§ 2 Allgemeine Form. Die Informationen und Vertragsbedingungen sind in einer Amtssprache des Mitgliedstaats der Europäischen Union oder des Vertragsstaats des Abkommens über den Europäischen Wirtschaftsraum, in dem der Zahlungsdienst angeboten wird, oder in einer anderen zwischen den Parteien vereinbarten Sprache in leicht verständlichen Worten und in klarer und verständlicher Form abzufassen.

Abschnitt 2. Zahlungsdiensterahmenverträge

§ 3 Besondere Form. Bei Zahlungsdiensterahmenverträgen (§ 675f Abs. 2 des Bürgerlichen Gesetzbuchs[1)]) hat der Zahlungsdienstleister dem Zahlungsdienstnutzer die in den §§ 4 bis 9 genannten Informationen und Vertragsbedingungen auf einem dauerhaften Datenträger mitzuteilen.

§ 4 Vorvertragliche Informationen. (1) Die folgenden vorvertraglichen Informationen und Vertragsbedingungen müssen rechtzeitig vor Abgabe der Vertragserklärung des Zahlungsdienstnutzers mitgeteilt werden:

1. zum Zahlungsdienstleister
   a) den Namen, die ladungsfähige Anschrift seiner Hauptverwaltung und gegebenenfalls seines Agenten oder seiner Zweigniederlassung in dem Mitgliedstaat, in dem der Zahlungsdienst angeboten wird, sowie alle anderen Anschriften einschließlich E-Mail-Adresse, die für die Kommunikation mit dem Zahlungsdienstleister von Belang sind, und
   b) die für den Zahlungsdienstleister zuständigen Aufsichtsbehörden und das bei der Bundesanstalt für Finanzdienstleistungsaufsicht geführte Register oder jedes andere relevante öffentliche Register, in das der Zahlungs-

---

1) Nr. **23**.

dienstleister als zugelassen eingetragen ist, sowie seine Registernummer oder eine gleichwertige in diesem Register verwendete Kennung,

2. zur Nutzung des Zahlungsdienstes
   a) eine Beschreibung der wesentlichen Merkmale des zu erbringenden Zahlungsdienstes,
   b) Informationen oder Kundenkennungen, die für die ordnungsgemäße Auslösung oder Ausführung eines Zahlungsauftrags erforderlich sind,
   c) die Art und Weise der Zustimmung zur Auslösung eines Zahlungsauftrags oder zur Ausführung eines Zahlungsvorgangs und des Widerrufs eines Zahlungsauftrags gemäß den §§ 675j und 675p des Bürgerlichen Gesetzbuchs[1)],
   d) den Zeitpunkt, ab dem ein Zahlungsauftrag gemäß § 675n Abs. 1 des Bürgerlichen Gesetzbuchs als zugegangen gilt, und gegebenenfalls den vom Zahlungsdienstleister gemäß § 675n Abs. 1 Satz 3 festgelegten Zeitpunkt,
   e) die maximale Ausführungsfrist für die zu erbringenden Zahlungsdienste,
   f) die Angabe, ob die Möglichkeit besteht, Betragsobergrenzen für die Nutzung eines Zahlungsinstruments gemäß § 675k Abs. 1 des Bürgerlichen Gesetzbuchs zu vereinbaren, und
   g) im Falle von kartengebundenen Zahlungsinstrumenten, die mehrere Zahlungsmarken tragen, die Rechte des Zahlungsdienstnutzers gemäß Artikel 8 der Verordnung (EU) 2015/751 des Europäischen Parlaments und des Rates vom 29. April 2015 über Interbankenentgelte für kartengebundene Zahlungsvorgänge (ABl. L 123 vom 19.5.2015, S. 1),
3. zu Entgelten, Zinsen und Wechselkursen
   a) alle Entgelte, die der Zahlungsdienstnutzer an den Zahlungsdienstleister zu entrichten hat, einschließlich derjenigen, die sich danach richten, wie und wie oft über die geforderten Informationen zu unterrichten ist, sowie gegebenenfalls eine Aufschlüsselung dieser Entgelte,
   b) gegebenenfalls die zugrunde gelegten Zinssätze und Wechselkurse oder, bei Anwendung von Referenzzinssätzen und -wechselkursen, die Methode für die Berechnung der tatsächlichen Zinsen sowie der maßgebliche Stichtag und der Index oder die Grundlage für die Bestimmung des Referenzzinssatzes oder -wechselkurses, und
   c) soweit vereinbart, das unmittelbare Wirksamwerden von Änderungen des Referenzzinssatzes oder -wechselkurses gemäß § 675g Absatz 3 des Bürgerlichen Gesetzbuchs,
4. zur Kommunikation
   a) die Kommunikationsmittel, deren Nutzung zwischen den Parteien für die Informationsübermittlung und Anzeigepflichten vereinbart wird, einschließlich der technischen Anforderungen an die Ausstattung und die Software des Zahlungsdienstnutzers,
   b) Angaben dazu, wie und wie oft die nach diesem Artikel geforderten Informationen mitzuteilen oder zugänglich zu machen sind,

---

[1)] Nr. **23**.

c) die Sprache oder Sprachen, in der oder in denen der Vertrag zu schließen ist und in der oder in denen die Kommunikation für die Dauer des Vertragsverhältnisses erfolgen soll, und

d) einen Hinweis auf das Recht des Zahlungsdienstnutzers gemäß § 5, Informationen und Vertragsbedingungen in einer Urkunde zu erhalten,

5. zu den Schutz- und Abhilfemaßnahmen

a) gegebenenfalls eine Beschreibung, wie der Zahlungsdienstnutzer ein Zahlungsinstrument sicher aufbewahrt und wie er seine Anzeigepflicht gegenüber dem Zahlungsdienstleister gemäß § 675l Absatz 1 Satz 2 des Bürgerlichen Gesetzbuchs erfüllt,

b) eine Beschreibung des sicheren Verfahrens zur Unterrichtung des Zahlungsdienstnutzers durch den Zahlungsdienstleister im Falle vermuteten oder tatsächlichen Betrugs oder bei Sicherheitsrisiken,

c) soweit vereinbart, die Bedingungen, unter denen sich der Zahlungsdienstleister das Recht vorbehält, ein Zahlungsinstrument gemäß § 675k Abs. 2 des Bürgerlichen Gesetzbuchs zu sperren,

d) Informationen zur Haftung des Zahlers gemäß § 675v des Bürgerlichen Gesetzbuchs einschließlich Angaben zum Höchstbetrag,

e) Angaben dazu, wie und innerhalb welcher Frist der Zahlungsdienstnutzer dem Zahlungsdienstleister nicht autorisierte oder fehlerhaft ausgelöste oder ausgeführte Zahlungsvorgänge gemäß § 676b des Bürgerlichen Gesetzbuchs anzeigen muss, sowie Informationen über die Haftung des Zahlungsdienstleisters bei nicht autorisierten Zahlungsvorgängen gemäß § 675u des Bürgerlichen Gesetzbuchs,

f) Informationen über die Haftung des Zahlungsdienstleisters bei der Auslösung oder Ausführung von Zahlungsvorgängen gemäß § 675y des Bürgerlichen Gesetzbuchs und

g) die Bedingungen für Erstattungen gemäß § 675x des Bürgerlichen Gesetzbuchs,

6. zu Änderungen der Bedingungen und Kündigung des Zahlungsdiensterahmenvertrags

a) soweit vereinbart, die Angabe, dass die Zustimmung des Zahlungsdienstnutzers zu einer Änderung der Vertragsbedingungen gemäß § 675g des Bürgerlichen Gesetzbuchs als erteilt gilt, wenn er dem Zahlungsdienstleister seine Ablehnung nicht vor dem Zeitpunkt angezeigt hat, zu dem die geänderten Vertragsbedingungen in Kraft treten sollen,

b) die Laufzeit des Zahlungsdiensterahmenvertrags und

c) einen Hinweis auf das Recht des Zahlungsdienstnutzers, den Vertrag zu kündigen, sowie auf sonstige kündigungsrelevante Vereinbarungen gemäß § 675g Abs. 2 und § 675h des Bürgerlichen Gesetzbuchs,

7. die Vertragsklauseln über das auf den Zahlungsdiensterahmenvertrag anwendbare Recht oder über das zuständige Gericht und

8. einen Hinweis auf die Beschwerdeverfahren gemäß den §§ 60 bis 62 des Zahlungsdiensteaufsichtsgesetzes[1] sowie auf das außergerichtliche Rechtsbehelfsverfahren gemäß § 14 des Unterlassungsklagengesetzes.

(2) Wenn auf Verlangen des Zahlungsdienstnutzers der Zahlungsdiensterahmenvertrag unter Verwendung eines Fernkommunikationsmittels geschlossen wird, das dem Zahlungsdienstleister die Mitteilung der in Absatz 1 bestimmten Informationen und Vertragsbedingungen auf einem dauerhaften Datenträger nicht gestattet, hat der Zahlungsdienstleister dem Zahlungsdienstnutzer diese unverzüglich nach Abschluss des Vertrags in der in den §§ 2 und 3 vorgesehenen Form mitzuteilen.

(3) Die Pflichten gemäß Absatz 1 können auch erfüllt werden, indem eine Abschrift des Vertragsentwurfs übermittelt wird, die die nach Absatz 1 erforderlichen Informationen und Vertragsbedingungen enthält.

§ 5 Zugang zu Vertragsbedingungen und vorvertraglichen Informationen während der Vertragslaufzeit. Während der Vertragslaufzeit kann der Zahlungsdienstnutzer jederzeit die Übermittlung der Vertragsbedingungen sowie der in § 4 genannten Informationen in Papierform oder auf einem anderen dauerhaften Datenträger verlangen.

§ 6 Informationen vor Ausführung einzelner Zahlungsvorgänge.

Vor Ausführung eines einzelnen vom Zahler ausgelösten Zahlungsvorgangs teilt der Zahlungsdienstleister auf Verlangen des Zahlers Folgendes mit:

1. die maximale Ausführungsfrist,
2. die dem Zahler in Rechnung zu stellenden Entgelte und
3. gegebenenfalls die Aufschlüsselung der Entgelte nach Nummer 2.

§ 7 Informationen an den Zahler bei einzelnen Zahlungsvorgängen.

Nach Belastung des Kontos des Zahlers mit dem Zahlungsbetrag eines einzelnen Zahlungsvorgangs oder, falls der Zahler kein Zahlungskonto verwendet, nach Zugang des Zahlungsauftrags teilt der Zahlungsdienstleister des Zahlers diesem unverzüglich die folgenden Informationen mit:

1. eine dem Zahlungsvorgang zugeordnete Kennung, die dem Zahler die Identifizierung des betreffenden Zahlungsvorgangs ermöglicht, sowie gegebenenfalls Angaben zum Zahlungsempfänger,
2. den Zahlungsbetrag in der Währung, in der das Zahlungskonto des Zahlers belastet wird, oder in der Währung, die im Zahlungsauftrag verwendet wird,
3. die für den Zahlungsvorgang zu entrichtenden Entgelte und gegebenenfalls eine Aufschlüsselung der Beträge dieser Entgelte oder die vom Zahler zu entrichtenden Zinsen,
4. gegebenenfalls den Wechselkurs, den der Zahlungsdienstleister des Zahlers dem Zahlungsvorgang zugrunde gelegt hat, und den Betrag, der nach dieser Währungsumrechnung Gegenstand des Zahlungsvorgangs ist, und

[1] Nr. **10**.

5. das Wertstellungsdatum der Belastung oder das Datum des Zugangs des Zahlungsauftrags.

§ 8 Informationen an den Zahlungsempfänger bei einzelnen Zahlungsvorgängen. Nach Ausführung eines einzelnen Zahlungsvorgangs teilt der Zahlungsdienstleister des Zahlungsempfängers diesem unverzüglich die folgenden Informationen mit:

1. eine dem Zahlungsvorgang zugeordnete Kennung, die dem Zahlungsempfänger die Identifizierung des Zahlungsvorgangs und des Zahlers ermöglicht, sowie alle weiteren mit dem Zahlungsvorgang übermittelten Angaben,
2. den Zahlungsbetrag in der Währung, in der dieser Betrag auf dem Zahlungskonto des Zahlungsempfängers gutgeschrieben wird,
3. den Betrag der für den Zahlungsvorgang zu entrichtenden Entgelte und gegebenenfalls deren Aufschlüsselung oder der vom Zahlungsempfänger zu entrichtenden Zinsen,
4. gegebenenfalls den Wechselkurs, den der Zahlungsdienstleister des Zahlungsempfängers dem Zahlungsvorgang zugrunde gelegt hat, und den Betrag, der vor dieser Währungsumrechnung Gegenstand des Zahlungsvorgangs war, und
5. das Wertstellungsdatum der Gutschrift.

§ 9 Sonstige Informationen während des Vertragsverhältnisses. Während des Vertragsverhältnisses ist der Zahlungsdienstleister verpflichtet, den Zahlungsdienstnutzer unverzüglich zu unterrichten, wenn

1. sich Umstände, über die gemäß § 4 Abs. 1 Nr. 1 unterrichtet wurde, ändern oder
2. zum Nachteil des Zahlungsdienstnutzers Änderungen von Zinssätzen wirksam geworden sind.

§ 10 Abweichende Vereinbarungen. [1] Für die in den §§ 7, 8 und 9 Nr. 2 genannten Informationen können Zahlungsdienstleister und Zahlungsdienstnutzer eine andere Häufigkeit und eine von § 3 abweichende Form oder ein abweichendes Verfahren vereinbaren. [2] Über die in den §§ 7 und 8 genannten Informationen hat der Zahlungsdienstleister jedoch mindestens einmal monatlich so zu unterrichten, dass der Zahlungsdienstnutzer die Informationen unverändert aufbewahren und wiedergeben kann.

§ 11 Ausnahmen für Kleinbetragsinstrumente und E-Geld. (1) [1] Bei Zahlungsdiensteverträgen über die Überlassung eines Kleinbetragsinstruments (§ 675i Abs. 1 des Bürgerlichen Gesetzbuchs[1)]) teilt der Zahlungsdienstleister dem Zahlungsdienstnutzer abweichend von den §§ 4 und 6 nur Folgendes mit:

1. die wesentlichen Merkmale des Zahlungsdienstes, einschließlich der Nutzungsmöglichkeiten des Kleinbetragsinstruments,
2. Haftungshinweise,
3. die anfallenden Entgelte und

---

1) Nr. 23.

4. die anderen für den Zahlungsdienstnutzer wesentlichen Vertragsinformationen.

[2] Ferner gibt der Zahlungsdienstleister an, wo die weiteren gemäß § 4 vorgeschriebenen Informationen und Vertragsbedingungen in leicht zugänglicher Form zur Verfügung gestellt sind.

(2) Bei Verträgen nach Absatz 1 können die Vertragsparteien abweichend von den §§ 7 und 8 vereinbaren, dass der Zahlungsdienstleister dem Zahlungsdienstnutzer nach Ausführung eines Zahlungsvorgangs

1. nur eine dem Zahlungsvorgang zugeordnete Kennung mitteilen oder zur Verfügung stellen muss, die es ermöglicht, den betreffenden Zahlungsvorgang, seinen Betrag sowie die erhobenen Entgelte zu identifizieren, und im Fall mehrerer gleichartiger Zahlungsvorgänge an den selben Zahlungsempfänger eine Information, die den Gesamtbetrag und die erhobenen Entgelte für diese Zahlungsvorgänge enthält,
2. die unter Nummer 1 genannten Informationen nicht mitteilen oder zur Verfügung stellen muss, wenn die Nutzung des Kleinbetragsinstruments keinem Zahlungsdienstnutzer zugeordnet werden kann oder wenn der Zahlungsdienstleister auf andere Weise technisch nicht in der Lage ist, diese Informationen mitzuteilen; in diesem Fall hat der Zahlungsdienstleister dem Zahlungsdienstnutzer eine Möglichkeit anzubieten, die gespeicherten Beträge zu überprüfen.

Abschnitt 3. Einzelzahlungsverträge

§ 12 Besondere Form. [1] Bei einem Einzelzahlungsvertrag, der nicht Gegenstand eines Zahlungsdiensterahmenvertrags ist, hat der Zahlungsdienstleister dem Zahlungsdienstnutzer die in § 13 genannten Informationen und Vertragsbedingungen hinsichtlich der von ihm zu erbringenden Zahlungsdienste in leicht zugänglicher Form zur Verfügung zu stellen. [2] Auf Verlangen des Zahlungsdienstnutzers stellt ihm der Zahlungsdienstleister die Informationen und Vertragsbedingungen in Papierform oder auf einem anderen dauerhaften Datenträger zur Verfügung.

§ 13 Vorvertragliche Informationen. (1) Die folgenden vorvertraglichen Informationen und Vertragsbedingungen sind rechtzeitig vor Abgabe der Vertragserklärung des Zahlungsdienstnutzers zur Verfügung zu stellen:

1. die vom Zahlungsdienstnutzer mitzuteilenden Informationen oder Kundenkennungen, die für die ordnungsgemäße Auslösung oder Ausführung eines Zahlungsauftrags erforderlich sind,
2. die maximale Ausführungsfrist für den zu erbringenden Zahlungsdienst,
3. alle Entgelte, die der Zahlungsdienstnutzer an den Zahlungsdienstleister zu entrichten hat, und gegebenenfalls ihre Aufschlüsselung,
4. gegebenenfalls der dem Zahlungsvorgang zugrunde zu legende tatsächliche Wechselkurs oder Referenzwechselkurs.

(2) Ein Zahlungsauslösedienstleister hat dem Zahler rechtzeitig vor der Auslösung des Zahlungsvorgangs auch die folgenden Informationen zur Verfügung zu stellen:

1. den Namen des Zahlungsauslösedienstleisters, die Anschrift seiner Hauptverwaltung und gegebenenfalls die Anschrift seines Agenten oder seiner Zweigniederlassung in dem Mitgliedstaat, in dem der Zahlungsauslösedienst angeboten wird, sowie alle anderen Kontaktdaten einschließlich der E-Mail-Adresse, die für die Kommunikation mit dem Zahlungsauslösedienstleister von Belang sind, und
2. die Kontaktdaten der zuständigen Behörde.

(3) Die anderen in § 4 Absatz 1 genannten Informationen sind, soweit sie für den Einzelzahlungsvertrag erheblich sind, dem Zahlungsdienstnutzer ebenfalls zur Verfügung zu stellen.

(4) Wenn auf Verlangen des Zahlungsdienstnutzers der Einzelzahlungsvertrag unter Verwendung eines Fernkommunikationsmittels geschlossen wird, das dem Zahlungsdienstleister die Informationsunterrichtung nach Absatz 1 nicht gestattet, hat der Zahlungsdienstleister den Zahlungsdienstnutzer unverzüglich nach Ausführung des Zahlungsvorgangs in der Form zu unterrichten, die in den §§ 2 und 12 vorgesehen ist.

(5) Die Pflichten gemäß Absatz 1 können auch erfüllt werden, indem eine Abschrift des Vertragsentwurfs übermittelt wird, die die nach Absatz 1 erforderlichen Informationen und Vertragsbedingungen enthält.

§ 13a Informationen an den Zahler und den Zahlungsempfänger nach Auslösung des Zahlungsauftrags über einen Zahlungsauslösedienstleister. Ein Zahlungsauslösedienstleister unterrichtet den Zahler und gegebenenfalls den Zahlungsempfänger unmittelbar nach der Auslösung des Zahlungsauftrags über

1. die erfolgreiche Auslösung des Zahlungsauftrags beim kontoführenden Zahlungsdienstleister des Zahlers,
2. die dem Zahlungsvorgang zugeordnete Kennung, die dem Zahler und dem Zahlungsempfänger die Identifizierung des Zahlungsvorgangs und dem Zahlungsempfänger gegebenenfalls die Identifizierung des Zahlers ermöglicht, sowie jede weitere mit dem Zahlungsvorgang übermittelte Angabe,
3. den Zahlungsbetrag,
4. gegebenenfalls die Höhe aller an den Zahlungsauslösedienstleister für den Zahlungsvorgang zu entrichtenden Entgelte sowie gegebenenfalls deren Aufschlüsselung.

§ 14 Informationen an den Zahler nach Zugang des Zahlungsauftrags. Nach Zugang des Zahlungsauftrags unterrichtet der Zahlungsdienstleister des Zahlers diesen hinsichtlich der von ihm zu erbringenden Zahlungsdienste unverzüglich über

1. die dem Zahlungsvorgang zugeordnete Kennung, die dem Zahler die Identifizierung des betreffenden Zahlungsvorgangs ermöglicht, sowie gegebenenfalls Angaben zum Zahlungsempfänger,
2. den Zahlungsbetrag in der im Zahlungsauftrag verwendeten Währung,
3. die Höhe der vom Zahler für den Zahlungsvorgang zu entrichtenden Entgelte und gegebenenfalls deren Aufschlüsselung,

4. gegebenenfalls den Wechselkurs, den der Zahlungsdienstleister des Zahlers dem Zahlungsvorgang zugrunde gelegt hat, oder einen Verweis darauf, sofern dieser Kurs von dem in § 13 Abs. 1 Nr. 4 genannten Kurs abweicht, und den Betrag, der nach dieser Währungsumrechnung Gegenstand des Zahlungsvorgangs ist, und
5. das Datum des Zugangs des Zahlungsauftrags.

§ 15 Informationen an den Zahlungsempfänger nach Ausführung des Zahlungsvorgangs. Nach Ausführung des Zahlungsvorgangs unterrichtet der Zahlungsdienstleister des Zahlungsempfängers diesen hinsichtlich der von ihm erbrachten Zahlungsdienste unverzüglich über
1. die dem Zahlungsvorgang zugeordnete Kennung, die dem Zahlungsempfänger die Identifizierung des betreffenden Zahlungsvorgangs und gegebenenfalls des Zahlers ermöglicht, sowie jede weitere mit dem Zahlungsvorgang übermittelte Angabe,
2. den Zahlungsbetrag in der Währung, in der er dem Zahlungsempfänger zur Verfügung steht,
3. die Höhe aller vom Zahlungsempfänger für den Zahlungsvorgang zu entrichtenden Entgelte und gegebenenfalls deren Aufschlüsselung,
4. gegebenenfalls den Wechselkurs, den der Zahlungsdienstleister des Zahlungsempfängers dem Zahlungsvorgang zugrunde gelegt hat, und den Betrag, der vor dieser Währungsumrechnung Gegenstand des Zahlungsvorgangs war, und
5. das Wertstellungsdatum der Gutschrift.

§ 16 Informationen bei Einzelzahlung mittels rahmenvertraglich geregelten Zahlungsinstruments. Wird ein Zahlungsauftrag für eine Einzelzahlung über ein rahmenvertraglich geregeltes Zahlungsinstrument übermittelt, so ist nur der Zahlungsdienstleister, der Partei des Zahlungsdiensterahmenvertrags ist, verpflichtet, den Zahlungsdienstnutzer nach Maßgabe des Abschnitts 2 zu unterrichten.

Abschnitt 4. Informationspflichten von Zahlungsempfängern, Bargeldabhebungsdienstleistern und Dritten

§ 17 Informationspflichten des Zahlungsempfängers. (1) Sollen Zahlungen mittels eines Zahlungsinstruments in einer anderen Währung als Euro erfolgen und wird vor der Auslösung des Zahlungsvorgangs vom Zahlungsempfänger eine Währungsumrechnung angeboten, muss der Zahlungsempfänger dem Zahler alle damit verbundenen Entgelte sowie den der Währungsumrechnung zugrunde gelegten Wechselkurs offenlegen.

(2) Verlangt der Zahlungsempfänger für die Nutzung eines bestimmten Zahlungsinstruments ein Entgelt oder bietet er eine Ermäßigung an, so teilt er dies dem Zahler vor Auslösung des Zahlungsvorgangs mit.

§ 17a Informationspflichten des Bargeldabhebungsdienstleisters.

Ein Dienstleister, der Bargeldabhebungsdienste erbringt, ist verpflichtet, den Kunden über alle Entgelte für eine Geldabhebung entsprechend § 13 Absatz 1 und 3, den §§ 14, 15 sowie 17 Absatz 1 sowohl vor der Abhebung als auch auf der Quittung nach dem Erhalt des Bargeldes zu unterrichten.

§ 18 Informationspflichten Dritter. Verlangt ein Dritter, über welchen ein Zahlungsdienstnutzer einen Zahlungsvorgang auslösen kann, von diesem für die Nutzung eines bestimmten Zahlungsinstruments ein Entgelt, so teilt er dies dem Zahlungsdienstnutzer vor der Auslösung des Zahlungsvorgangs mit.

§ 19 Abweichende Vereinbarungen. Handelt es sich bei dem Zahlungsdienstnutzer nicht um einen Verbraucher, so können die Parteien vereinbaren, dass die §§ 17 und 18 ganz oder teilweise nicht anzuwenden sind.

25. Scheckgesetz[1]

Vom 14. August 1933

(RGBl. I S. 597)

BGBl. III/FNA 4132-1

zuletzt geänd. durch Art. 200 Zehnte ZuständigkeitsanpassungsVO v. 31.8.2015 (BGBl. I S. 1474)

Nichtamtliche Inhaltsübersicht

Erster Abschnitt. Ausstellung und Form des Schecks

Zweiter Abschnitt. Übertragung

Dritter Abschnitt. Scheckbürgschaft

Vierter Abschnitt. Vorlegung und Zahlung

---

[1] Mit Ausnahme der Art. 37 und 38 in Kraft getreten am 1.4.1934 gem. VO v. 28.11.1933 (RGBl. I S. 1019).

Erster Abschnitt. Ausstellung und Form des Schecks

Art. 1 [Bestandteile] Der Scheck enthält:
1. die Bezeichnung als Scheck im Texte der Urkunde, und zwar in der Sprache, in der sie ausgestellt ist;
2. die unbedingte Anweisung, eine bestimmte Geldsumme zu zahlen;
3. den Namen dessen, der zahlen soll (Bezogener);
4. die Angabe des Zahlungsortes;
5. die Angabe des Tages und des Ortes der Ausstellung;
6. die Unterschrift des Ausstellers.

Art. 2 [Fehlen von Bestandteilen] (1) Eine Urkunde, in der einer der im vorstehenden Artikel bezeichneten Bestandteile fehlt, gilt nicht als Scheck, vorbehaltlich der in den folgenden Absätzen bezeichneten Fälle.

(2) [1] Mangels einer besonderen Angabe gilt der bei dem Namen des Bezogenen angegebene Ort als Zahlungsort. [2] Sind mehrere Orte bei dem Namen des Bezogenen angegeben, so ist der Scheck an dem an erster Stelle angegebenen Orte zahlbar.

(3) Fehlt eine solche und jede andere Angabe, so ist der Scheck an dem Orte zahlbar, an dem der Bezogene seine Hauptniederlassung hat.

(4) Ein Scheck ohne Angabe des Ausstellungsortes gilt als ausgestellt an dem Orte, der bei dem Namen des Ausstellers angegeben ist.

Art. 3 [Bezogener] [1] Der Scheck darf nur auf einen Bankier gezogen werden, bei dem der Aussteller ein Guthaben hat, und gemäß einer ausdrücklichen oder stillschweigenden Vereinbarung, wonach der Aussteller das Recht hat, über dieses Guthaben mittels Schecks zu verfügen. [2] Die Gültigkeit der Urkunde als Scheck wird jedoch durch die Nichtbeachtung dieser Vorschriften nicht berührt.

Art. 4 [Keine Annahme] [1] Der Scheck kann nicht angenommen werden. [2] Ein auf den Scheck gesetzter Annahmevermerk gilt als nicht geschrieben.

Art. 5 [Zahlungsempfänger] (1) Der Scheck kann zahlbar gestellt werden:
an eine bestimmte Person, mit oder ohne den ausdrücklichen Vermerk „an Order";
an eine bestimmte Person, mit dem Vermerk „nicht an Order" oder mit einem gleichbedeutenden Vermerk;
an den Inhaber.

(2) Ist im Scheck eine bestimmte Person mit dem Zusatz „oder Überbringer" oder mit einem gleichbedeutenden Vermerk als Zahlungsempfänger bezeichnet, so gilt der Scheck als auf den Inhaber gestellt.

(3) Ein Scheck ohne Angabe des Nehmers gilt als zahlbar an den Inhaber.

Art. 6 [Besondere Scheckarten] (1) Der Scheck kann an die eigene Order des Ausstellers lauten.

(2) Der Scheck kann für Rechnung eines Dritten gezogen werden.

(3) Der Scheck kann nicht auf den Aussteller selbst gezogen werden, es sei denn, daß es sich um einen Scheck handelt, der von einer Niederlassung auf eine andere Niederlassung des Ausstellers gezogen wird.

Art. 7 [Zinsvermerk] Ein in den Scheck aufgenommener Zinsvermerk gilt als nicht geschrieben.

Art. 8 [Zahlungsort] Der Scheck kann bei einem Dritten, am Wohnort des Bezogenen oder an einem anderen Orte, zahlbar gestellt werden, sofern der Dritte Bankier ist.

Art. 9 [Schecksumme] (1) Ist die Schecksumme in Buchstaben und in Ziffern angegeben, so gilt bei Abweichungen die in Buchstaben angegebene Summe.

(2) Ist die Schecksumme mehrmals in Buchstaben oder mehrmals in Ziffern angegeben, so gilt bei Abweichungen die geringste Summe.

Art. 10 [Ungültige Unterschriften] Trägt ein Scheck Unterschriften von Personen, die eine Scheckverbindlichkeit nicht eingehen können, gefälschte Unterschriften, Unterschriften erdichteter Personen oder Unterschriften, die aus irgendeinem anderen Grunde für die Personen, die unterschrieben haben oder mit deren Namen unterschrieben worden ist, keine Verbindlichkeit begründen, so hat dies auf die Gültigkeit der übrigen Unterschriften keinen Einfluß.

Art. 11 [Vertreter ohne Vertretungsmacht] [1] Wer auf einen Scheck seine Unterschrift als Vertreter eines anderen setzt, ohne hierzu ermächtigt zu sein, haftet selbst scheckmäßig und hat, wenn er den Scheck einlöst, dieselben Rechte, die der angeblich Vertretene haben würde. [2] Das gleiche gilt von einem Vertreter, der seine Vertretungsbefugnis überschritten hat.

Art. 12 [Haftung des Ausstellers] [1] Der Aussteller haftet für die Zahlung des Schecks. [2] Jeder Vermerk, durch den er diese Haftung ausschließt, gilt als nicht geschrieben.

Art. 13 [Blankoscheck] Wenn ein Scheck, der bei der Begebung unvollständig war, den getroffenen Vereinbarungen zuwider ausgefüllt worden ist, so kann die Nichteinhaltung dieser Vereinbarungen dem Inhaber nicht entgegengesetzt werden, es sei denn, daß er den Scheck in bösem Glauben erworben hat oder ihm beim Erwerb eine grobe Fahrlässigkeit zur Last fällt.

Zweiter Abschnitt. Übertragung

Art. 14 [Zulässigkeit des Indossaments] (1) Der auf eine bestimmte Person zahlbar gestellte Scheck mit oder ohne den ausdrücklichen Vermerk „an Order" kann durch Indossament übertragen werden.

(2) Der auf eine bestimmte Person zahlbar gestellte Scheck mit dem Vermerk „nicht an Order" oder mit einem gleichbedeutenden Vermerk kann nur in der Form und mit den Wirkungen einer gewöhnlichen Abtretung übertragen werden.

(3) [1] Das Indossament kann auch auf den Aussteller oder jeden anderen Scheckverpflichteten lauten. [2] Diese Personen können den Scheck weiter indossieren.

Art. 15 [Bedingungsfeindlichkeit; Teilindossament; Indossament an den Inhaber oder Bezogenen] (1) [1] Das Indossament muß unbedingt sein. [2] Bedingungen, von denen es abhängig gemacht wird, gelten als nicht geschrieben.

(2) Ein Teilindossament ist nichtig.

(3) Ebenso ist ein Indossament des Bezogenen nichtig.

(4) Ein Indossament an den Inhaber gilt als Blankoindossament.

(5) Das Indossament an den Bezogenen gilt nur als Quittung, es sei denn, daß der Bezogene mehrere Niederlassungen hat und das Indossament auf eine andere Niederlassung lautet als diejenige, auf die der Scheck gezogen worden ist.

Art. 16 [Form; Blankoindossament] (1) [1] Das Indossament muß auf den Scheck oder ein mit dem Scheck verbundenes Blatt (Anhang) gesetzt werden. [2] Es muß von dem Indossanten unterschrieben werden.

(2) [1] Das Indossament braucht den Indossatar nicht zu bezeichnen und kann selbst in der bloßen Unterschrift des Indossanten bestehen (Blankoindossament). [2] In diesem letzteren Falle muß das Indossament, um gültig zu sein, auf die Rückseite des Schecks oder auf den Anhang gesetzt werden.

Art. 17 [Transportfunktion] (1) Das Indossament überträgt alle Rechte aus dem Scheck.

(2) Ist es ein Blankoindossament, so kann der Inhaber

1. das Indossament mit seinem Namen oder mit dem Namen eines anderen ausfüllen;
2. den Scheck durch ein Blankoindossament oder an eine bestimmte Person weiter indossieren;
3. den Scheck weiterbegeben, ohne das Blankoindossament auszufüllen und ohne ihn zu indossieren.

Art. 18 [Garantiefunktion] (1) Der Indossant haftet mangels eines entgegenstehenden Vermerks für die Zahlung.

(2) Er kann untersagen, daß der Scheck weiter indossiert wird; in diesem Falle haftet er denen nicht, an die der Scheck weiter indossiert wird.

Art. 19 [Scheckvermutung] [1] Wer einen durch Indossament übertragbaren Scheck in Händen hat, gilt als rechtmäßiger Inhaber, sofern er sein Recht durch eine ununterbrochene Reihe von Indossamenten nachweist, und zwar auch dann, wenn das letzte ein Blankoindossament ist. [2] Ausgestrichene Indossamente gelten hierbei als nicht geschrieben. [3] Folgt auf ein Blankoindossament ein weiteres Indossament, so wird angenommen, daß der Aussteller dieses Indossaments den Scheck durch das Blankoindossament erworben hat.

Art. 20 [Indossament auf Inhaberscheck] Ein Indossament auf einem Inhaberscheck macht den Indossanten nach den Vorschriften über den Rückgriff haftbar, ohne aber die Urkunde in einen Orderscheck umzuwandeln.

Art. 21 [Gutgläubiger Erwerb] Ist der Scheck einem früheren Inhaber irgendwie abhanden gekommen, so ist der Inhaber, in dessen Hände der Scheck gelangt ist – sei es, daß es sich um einen Inhaberscheck handelt, sei es, daß es sich um einen durch Indossament übertragbaren Scheck handelt und der Inhaber sein Recht gemäß Artikel 19 nachweist –, zur Herausgabe des Schecks nur verpflichtet, wenn er ihn in bösem Glauben erworben hat oder ihm beim Erwerb eine grobe Fahrlässigkeit zur Last fällt.

Art. 22 [Einwendungen des Scheckverpflichteten] Wer aus dem Scheck in Anspruch genommen wird, kann dem Inhaber keine Einwendungen entgegensetzen, die sich auf seine unmittelbaren Beziehungen zu dem Aussteller oder zu einem früheren Inhaber gründen, es sei denn, daß der Inhaber beim Erwerb des Schecks bewußt zum Nachteil des Schuldners gehandelt hat.

Art. 23 [Vollmachtsindossament] (1) Enthält das Indossament den Vermerk „Wert zur Einziehung", „zum Inkasso", „in Prokura" oder einen anderen nur eine Bevollmächtigung ausdrückenden Vermerk, so kann der Inhaber alle Rechte aus dem Scheck geltend machen; aber er kann ihn nur durch ein weiteres Vollmachtsindossament übertragen.

(2) Die Scheckverpflichteten können in diesem Falle dem Inhaber nur solche Einwendungen entgegensetzen, die ihnen gegen den Indossanten zustehen.

(3) Die in dem Vollmachtsindossament enthaltene Vollmacht erlischt weder mit dem Tode noch mit dem Eintritt der Handlungsunfähigkeit des Vollmachtgebers.

Art. 24 [Indossament nach Protest oder Fristablauf] (1) Ein Indossament, das nach Erhebung des Protestes oder nach Vornahme einer gleichbedeutenden Feststellung oder nach Ablauf der Vorlegungsfrist auf den Scheck gesetzt wird, hat nur die Wirkungen einer gewöhnlichen Abtretung.

(2) Bis zum Beweis des Gegenteils wird vermutet, daß ein nicht datiertes Indossament vor Erhebung des Protestes oder vor der Vornahme einer gleichbedeutenden Feststellung oder vor Ablauf der Vorlegungsfrist auf den Scheck gesetzt worden ist.

Dritter Abschnitt. Scheckbürgschaft

Art. 25 [Zulässigkeit] (1) Die Zahlung der Schecksumme kann ganz oder teilweise durch Scheckbürgschaft gesichert werden.

(2) Diese Sicherheit kann von einem Dritten, mit Ausnahme des Bezogenen, oder auch von einer Person geleistet werden, deren Unterschrift sich schon auf dem Scheck befindet.

Art. 26 [Form] (1) Die Bürgschaftserklärung wird auf den Scheck oder auf einen Anhang gesetzt.

(2) Sie wird durch die Worte „als Bürge" oder einen gleichbedeutenden Vermerk ausgedrückt; sie ist von dem Scheckbürgen zu unterschreiben.

(3) Die bloße Unterschrift auf der Vorderseite des Schecks gilt als Bürgschaftserklärung, soweit es sich nicht um die Unterschrift des Ausstellers handelt.

(4) In der Erklärung ist anzugeben, für wen die Bürgschaft geleistet wird; mangels einer solchen Angabe gilt sie für den Aussteller.

Art. 27 [Haftung des Scheckbürgen] (1) Der Scheckbürge haftet in der gleichen Weise wie derjenige, für den er sich verbürgt hat.

(2) Seine Verpflichtungserklärung ist auch gültig, wenn die Verbindlichkeit, für die er sich verbürgt hat, aus einem anderen Grunde als wegen eines Formfehlers nichtig ist.

(3) Der Scheckbürge, der den Scheck bezahlt, erwirbt die Rechte aus dem Scheck gegen denjenigen, für den er sich verbürgt hat, und gegen alle, die diesem scheckmäßig haften.

Vierter Abschnitt. Vorlegung und Zahlung

Art. 28 [Fälligkeit] (1) [1]Der Scheck ist bei Sicht zahlbar. [2]Jede gegenteilige Angabe gilt als nicht geschrieben.

(2) Ein Scheck, der vor Eintritt des auf ihm angegebenen Ausstellungstages zur Zahlung vorgelegt wird, ist am Tage der Vorlegung zahlbar.

Art. 29 [Vorlegungsfristen] (1) Ein Scheck, der in dem Lande der Ausstellung zahlbar ist, muß binnen acht Tagen zur Zahlung vorgelegt werden.

(2) Ein Scheck, der in einem anderen Lande als dem der Ausstellung zahlbar ist, muß binnen zwanzig Tagen vorgelegt werden, wenn Ausstellungsort und Zahlungsort sich in demselben Erdteil befinden, und binnen siebzig Tagen, wenn Ausstellungsort und Zahlungsort sich in verschiedenen Erdteilen befinden.

(3) Hierbei gelten die in einem Lande Europas ausgestellten und in einem an das Mittelmeer grenzenden Lande zahlbaren Schecks ebenso wie die in einem an das Mittelmeer grenzenden Lande ausgestellten und in einem Lande Europas zahlbaren Schecks als Schecks, die in demselben Erdteile ausgestellt und zahlbar sind.

(4) Die vorstehend erwähnten Fristen beginnen an dem Tage zu laufen, der in dem Scheck als Ausstellungstag angegeben ist.

Art. 30 [Kalenderverschiedenheit] Ist ein Scheck auf einen Ort gezogen, dessen Kalender von dem des Ausstellungsortes abweicht, so wird der Tag der Ausstellung in den nach dem Kalender des Zahlungsortes entsprechenden Tag umgerechnet.

Art. 31 [Abrechnungsstelle] (1) Die Einlieferung in eine Abrechnungsstelle steht der Vorlegung zur Zahlung gleich.

(2) Das Bundesministerium der Justiz und für Verbraucherschutz bestimmt,[1] welche Einrichtungen als Abrechnungsstellen anzusehen sind und unter welchen Voraussetzungen die Einlieferung erfolgen kann.

Art. 32 [Widerruf des Schecks] (1) Ein Widerruf des Schecks ist erst nach Ablauf der Vorlegungsfrist wirksam.

(2) Wenn der Scheck nicht widerrufen ist, kann der Bezogene auch nach Ablauf der Vorlegungsfrist Zahlung leisten.

---

[1] Siehe die VO über Abrechnungsstellen im Scheckverkehr (Nr. **25a**).

Art. 33 [Tod des Ausstellers] Auf die Wirksamkeit des Schecks ist es ohne Einfluß, wenn der Aussteller nach der Begebung des Schecks stirbt oder handlungsunfähig wird.

Art. 34 [Aushändigung des quittierten Schecks; Teilzahlung] (1) Der Bezogene kann vom Inhaber gegen Zahlung die Aushändigung des quittierten Schecks verlangen.

(2) Der Inhaber darf eine Teilzahlung nicht zurückweisen.

(3) Im Falle der Teilzahlung kann der Bezogene verlangen, daß sie auf dem Scheck vermerkt und ihm eine Quittung erteilt wird.

Art. 35 [Prüfungspflicht des Bezogenen] Der Bezogene, der einen durch Indossament übertragbaren Scheck einlöst, ist verpflichtet, die Ordnungsmäßigkeit der Reihe der Indossamente, aber nicht die Unterschriften der Indossanten zu prüfen.

Art. 36 [Fremde Währung] (1) [1] Lautet der Scheck auf eine Währung, die am Zahlungsorte nicht gilt, so kann die Schecksumme in der Landeswährung nach dem Werte gezahlt werden, den sie am Tage der Vorlegung besitzt. [2] Wenn die Zahlung bei Vorlegung nicht erfolgt ist, so kann der Inhaber wählen, ob die Schecksumme nach dem Kurs des Vorlegungstages oder nach dem Kurs des Zahlungstages in die Landeswährung umgerechnet werden soll.

(2) [1] Der Wert der fremden Währung bestimmt sich nach den Handelsgebräuchen des Zahlungsortes. [2] Der Aussteller kann jedoch im Scheck für die zu zahlende Summe einen Umrechnungskurs bestimmen.

(3) Die Vorschriften der beiden ersten Absätze finden keine Anwendung, wenn der Aussteller die Zahlung in einer bestimmten Währung vorgeschrieben hat (Effektivvermerk).

(4) Lautet der Scheck auf eine Geldsorte, die im Lande der Ausstellung dieselbe Bezeichnung, aber einen anderen Wert hat als in dem der Zahlung, so wird vermutet, daß die Geldsorte des Zahlungsortes gemeint ist.

Fünfter Abschnitt. Gekreuzter Scheck und Verrechnungsscheck

Art. 37[1)] **[*Gekreuzter Scheck*]** (1) *Der Aussteller sowie jeder Inhaber können den Scheck mit den in Artikel 38 vorgesehenen Wirkungen kreuzen.*

(2) [1] *Die Kreuzung erfolgt durch zwei gleichlaufende Striche auf der Vorderseite des Schecks.* [2] *Die Kreuzung kann allgemein oder besonders sein.*

(3) *Die Kreuzung ist allgemein, wenn zwischen den beiden Strichen keine Angabe oder die Bezeichnung „Bankier" oder ein gleichbedeutender Vermerk steht; sie ist eine besondere, wenn der Name eines Bankiers zwischen die beiden Striche gesetzt ist.*

(4) *Die allgemeine Kreuzung kann in eine besondere, nicht aber die besondere Kreuzung in eine allgemeine umgewandelt werden.*

[1)] Art. 37 und 38 sind gem. Art. 1 Abs. 1 Satz 2 EGScheckG v. 14.8.1933 (RGBl. I S. 605), aufgeh. durch G v. 19.4.2006 (BGBl. I S. 866) iVm VO v. 28.11.1933 (RGBl. I S. 1019) nicht in Kraft getreten.

(5) *Die Streichung der Kreuzung oder des Namens des bezeichneten Bankiers gilt als nicht erfolgt.*

Art. 38[1)] **[*Wirkung der Kreuzung*]** (1) *Ein allgemein gekreuzter Scheck darf vom Bezogenen nur an einen Bankier oder an einen Kunden des Bezogenen bezahlt werden.*

(2) [1] *Ein besonders gekreuzter Scheck darf vom Bezogenen nur an den bezeichneten Bankier oder, wenn dieser selbst der Bezogene ist, an dessen Kunden bezahlt werden.* [2] *Immmerhin kann der bezeichnete Bankier einen anderen Bankier mit der Einziehung des Schecks betrauen.*

(3) [1] *Ein Bankier darf einen gekreuzten Scheck nur von einem seiner Kunden oder von einem anderen Bankier erwerben.* [2] *Auch darf er ihn nicht für Rechnung anderer als der vorgenannten Personen einziehen.*

(4) *Befinden sich auf einem Scheck mehrere besondere Kreuzungen, so darf der Scheck vom Bezogenen nur dann bezahlt werden, wenn nicht mehr als zwei Kreuzungen vorliegen und die eine zum Zwecke der Einziehung durch Einlieferung in eine Abrechnungsstelle erfolgt ist.*

(5) *Der Bezogene oder der Bankier, der den vorstehenden Vorschriften zuwiderhandelt, haftet für den entstandenen Schaden, jedoch nur bis zur Höhe der Schecksumme.*

Art. 38a [Im Ausland ausgestellte gekreuzte Schecks] Im Ausland ausgestellte gekreuzte Schecks werden im Inland als Verrechnungsschecks behandelt.

Art. 39 [Verrechnungsscheck] (1) Der Aussteller sowie jeder Inhaber eines Schecks kann durch den quer über die Vorderseite gesetzten Vermerk „nur zur Verrechnung" oder durch einen gleichbedeutenden Vermerk untersagen, daß der Scheck bar bezahlt wird.

(2) [1] Der Bezogene darf in diesem Falle den Scheck nur im Wege der Gutschrift einlösen (Verrechnung, Überweisung, Ausgleichung). [2] Die Gutschrift gilt als Zahlung.

(3) Die Streichung des Vermerks „nur zur Verrechnung" gilt als nicht erfolgt.

(4) Der Bezogene, der den vorstehenden Vorschriften zuwiderhandelt, haftet für den entstandenen Schaden, jedoch nur bis zur Höhe der Schecksumme.

Sechster Abschnitt. Rückgriff mangels Zahlung

Art. 40 [Voraussetzungen] Der Inhaber kann gegen die Indossanten, den Aussteller und die anderen Scheckverpflichteten Rückgriff nehmen, wenn der rechtzeitig vorgelegte Scheck nicht eingelöst und die Verweigerung der Zahlung festgestellt worden ist:

1. durch eine öffentliche Urkunde (Protest) oder
2. durch eine schriftliche, datierte Erklärung des Bezogenen auf dem Scheck, die den Tag der Vorlegung angibt, oder

---

1) Art. 37 und 38 sind gem. Art. 1 Abs. 1 Satz 2 EGScheckG v. 14.8.1933 (RGBl. I S. 605), aufgeh. durch G v. 19.4.2006 (BGBl. I S. 866) iVm VO v. 28.11.1933 (RGBl. I S. 1019) nicht in Kraft getreten.

3. durch eine datierte Erklärung einer Abrechnungsstelle, daß der Scheck rechtzeitig eingeliefert und nicht bezahlt worden ist.

Art. 41 [Zeit des Protestes] (1) Der Protest oder die gleichbedeutende Feststellung muß vor Ablauf der Vorlegungsfrist vorgenommen werden.

(2) Ist die Vorlegung am letzten Tage der Frist erfolgt, so kann der Protest oder die gleichbedeutende Feststellung auch noch an dem folgenden Werktage vorgenommen werden.

Art. 42 [Benachrichtigungen] (1) [1] Der Inhaber muß seinen unmittelbaren Vormann und den Aussteller von dem Unterbleiben der Zahlung innerhalb der vier Werktage benachrichtigen, die auf den Tag der Protesterhebung oder der Vornahme der gleichbedeutenden Feststellung oder, im Falle des Vermerks „ohne Kosten", auf den Tag der Vorlegung folgen. [2] Jeder Indossant muß innerhalb zweier Werktage nach Empfang der Nachricht seinem unmittelbaren Vormanne von der Nachricht, die er erhalten hat, Kenntnis geben und ihm die Namen und Adressen derjenigen mitteilen, die vorher Nachricht gegeben haben, und so weiter in der Reihenfolge bis zum Aussteller. [3] Die Fristen laufen vom Empfang der vorhergehenden Nachricht.

(2) Wird nach Maßgabe des vorhergehenden Absatzes einer Person, deren Unterschrift sich auf dem Scheck befindet, Nachricht gegeben, so muß die gleiche Nachricht in derselben Frist ihrem Scheckbürgen gegeben werden.

(3) Hat ein Indossant seine Adresse nicht oder in unleserlicher Form angegeben, so genügt es, daß sein unmittelbarer Vormann benachrichtigt wird.

(4) Die Nachricht kann in jeder Form gegeben werden, auch durch die bloße Rücksendung des Schecks.

(5) [1] Der zur Benachrichtigung Verpflichtete hat zu beweisen, daß er in der vorgeschriebenen Frist benachrichtigt hat. [2] Die Frist gilt als eingehalten, wenn ein Schreiben, das die Benachrichtigung enthält, innerhalb der Frist zur Post gegeben worden ist.

(6) Wer die rechtzeitige Benachrichtigung versäumt, verliert nicht den Rückgriff; er haftet für den etwa durch seine Nachlässigkeit entstandenen Schaden, jedoch nur bis zur Höhe der Schecksumme.

Art. 43 [Erlass des Protestes] (1) Der Aussteller sowie jeder Indossant oder Scheckbürge kann durch den Vermerk „ohne Kosten", „ohne Protest" oder einen gleichbedeutenden auf den Scheck gesetzten und unterzeichneten Vermerk den Inhaber von der Verpflichtung befreien, zum Zwecke der Ausübung des Rückgriffs Protest erheben oder eine gleichbedeutende Feststellung vornehmen zu lassen.

(2) [1] Der Vermerk befreit den Inhaber nicht von der Verpflichtung, den Scheck rechtzeitig vorzulegen und die erforderlichen Nachrichten zu geben. [2] Der Beweis, daß die Frist nicht eingehalten worden ist, liegt demjenigen ob, der sich dem Inhaber gegenüber darauf beruft.

(3) [1] Ist der Vermerk vom Aussteller beigefügt, so wirkt er gegenüber allen Scheckverpflichteten; ist er von einem Indossanten oder einem Scheckbürgen beigefügt, so wirkt er nur diesen gegenüber. [2] Läßt der Inhaber ungeachtet des vom Aussteller beigefügten Vermerks Protest erheben oder eine gleichbedeu-

tende Feststellung vornehmen, so fallen ihm die Kosten zur Last. [3] Ist der Vermerk von einem Indossanten oder einem Scheckbürgen beigefügt, so sind alle Scheckverpflichteten zum Ersatz der Kosten eines dennoch erhobenen Protestes oder einer gleichbedeutenden Feststellung verpflichtet.

Art. 44 [Haftung der Scheckverpflichteten] (1) Alle Scheckverpflichteten haften dem Inhaber als Gesamtschuldner.

(2) Der Inhaber kann jeden einzeln oder mehrere oder alle zusammen in Anspruch nehmen, ohne an die Reihenfolge gebunden zu sein, in der sie sich verpflichtet haben.

(3) Das gleiche Recht steht jedem Scheckverpflichteten zu, der den Scheck eingelöst hat.

(4) Durch die Geltendmachung des Anspruchs gegen einen Scheckverpflichteten verliert der Inhaber nicht seine Rechte gegen die anderen Scheckverpflichteten, auch nicht gegen die Nachmänner desjenigen, der zuerst in Anspruch genommen worden ist.

Art. 45 [Rückgriff des Protestanten] Der Inhaber kann im Wege des Rückgriffs verlangen:

1. die Schecksumme, soweit der Scheck nicht eingelöst worden ist;
2. Zinsen zu sechs vom Hundert seit dem Tage der Vorlegung. Bei einem Scheck, der im Inland sowohl ausgestellt als auch zahlbar ist, beträgt der Zinssatz zwei vom Hundert über dem jeweiligen Basiszinssatz nach § 247 des Bürgerlichen Gesetzbuchs[1], mindestens aber sechs vom Hundert
3. die Kosten des Protestes[2] oder der gleichbedeutenden Feststellung und der Nachrichten sowie die anderen Auslagen;
4. eine Vergütung, die mangels besonderer Vereinbarung ein Drittel vom Hundert der Hauptsumme des Schecks beträgt und diesen Satz keinesfalls überschreiten darf.

Art. 46 [Rückgriff des Einlösers] Wer den Scheck eingelöst hat, kann von seinen Vormännern verlangen:

1. den vollen Betrag, den er gezahlt hat;
2. die Zinsen dieses Betrages zu sechs vom Hundert seit dem Tage der Einlösung. Bei einem Scheck, der im Inland sowohl ausgestellt als auch zahlbar ist, beträgt der Zinssatz zwei vom Hundert über dem jeweiligen Basiszinssatz nach § 247 des Bürgerlichen Gesetzbuchs[1], mindestens aber sechs vom Hundert;
3. seine Auslagen;
4. eine Vergütung, die nach den Vorschriften des Artikels 45 Nr. 4 berechnet wird.

Art. 47 [Aushändigung der Scheckpapiere] (1) Jeder Scheckverpflichtete, gegen den Rückgriff genommen wird oder genommen werden kann, ist

---

[1] Auszugsweise abgedruckt unter Nr. **23**.

[2] Siehe § 51 KostenO v. 26.7.1957 (BGBl. I S. 861, 960), zuletzt geänd. durch G v. 10.10.2013 (BGBl. I S. 3799).

berechtigt, zu verlangen, daß ihm gegen Entrichtung der Rückgriffssumme der Scheck mit dem Protest oder der gleichbedeutenden Feststellung und eine quittierte Rechnung ausgehändigt werden.

(2) Jeder Indossant, der den Scheck eingelöst hat, kann sein Indossament und die Indossamente seiner Nachmänner ausstreichen.

Art. 48 [Fristversäumung wegen höherer Gewalt] (1) Steht der rechtzeitigen Vorlegung des Schecks oder der rechtzeitigen Erhebung des Protestes oder der Vornahme einer gleichbedeutenden Feststellung ein unüberwindliches Hindernis entgegen (gesetzliche Vorschrift eines Staates oder ein anderer Fall höherer Gewalt), so werden die für diese Handlungen bestimmten Fristen verlängert.

(2) Der Inhaber ist verpflichtet, seinen unmittelbaren Vormann von dem Fall der höheren Gewalt unverzüglich zu benachrichtigen und die Benachrichtigung unter Beifügung des Tages und Ortes sowie seiner Unterschrift auf dem Scheck oder einem Anhang zu vermerken; im übrigen finden die Vorschriften des Artikels 42 Anwendung.

(3) Fällt die höhere Gewalt weg, so muß der Inhaber den Scheck unverzüglich zur Zahlung vorlegen und gegebenenfalls Protest erheben oder eine gleichbedeutende Feststellung vornehmen lassen.

(4) Dauert die höhere Gewalt länger als fünfzehn Tage seit dem Tage, an dem der Inhaber, selbst vor Ablauf der Vorlegungsfrist, seinen Vormann von dem Falle der höheren Gewalt benachrichtigt hat, so kann Rückgriff genommen werden, ohne daß es der Vorlegung oder der Protesterhebung oder einer gleichbedeutenden Feststellung bedarf.

(5) Tatsachen, die rein persönlich den Inhaber oder denjenigen betreffen, den er mit der Vorlegung des Schecks oder mit der Erhebung des Protestes oder mit der Herbeiführung einer gleichbedeutenden Feststellung beauftragt hat, gelten nicht als Fälle höherer Gewalt.

Siebenter Abschnitt. Ausfertigung mehrerer Stücke eines Schecks

Art. 49 [Zulässigkeit] [1] Schecks, die nicht auf den Inhaber gestellt sind und in einem anderen Lande als dem der Ausstellung oder in einem überseeischen Gebiet des Landes der Ausstellung zahlbar sind, und umgekehrt, oder in dem überseeischen Gebiet eines Landes ausgestellt und zahlbar sind oder in dem überseeischen Gebiet eines Landes ausgestellt und in einem anderen überseeischen Gebiet desselben Landes zahlbar sind, können in mehreren gleichen Ausfertigungen ausgestellt werden. [2] Diese Ausfertigungen müssen im Text der Urkunde mit fortlaufenden Nummern versehen sein; andernfalls gilt jede Ausfertigung als besonderer Scheck.

Art. 50 [Zahlung; Haftung] (1) Wird eine Ausfertigung bezahlt, so erlöschen die Rechte aus allen Ausfertigungen, auch wenn diese nicht den Vermerk tragen, daß durch die Zahlung auf eine Ausfertigung die anderen ihre Gültigkeit verlieren.

(2) Hat ein Indossant die Ausfertigungen an verschiedene Personen übertragen, so haften er und seine Nachmänner aus allen Ausfertigungen, die ihre Unterschrift tragen und nicht herausgegeben worden sind.

Achter Abschnitt. Änderungen

Art. 51 [Änderungen] Wird der Text eines Schecks geändert, so haften diejenigen, die ihre Unterschrift nach der Änderung auf den Scheck gesetzt haben, entsprechend dem geänderten Text; wer früher unterschrieben hat, haftet nach dem ursprünglichen Text.

Neunter Abschnitt. Verjährung

Art. 52 [Verjährungsfrist] (1) Die Rückgriffsansprüche des Inhabers gegen die Indossanten, den Aussteller und die anderen Scheckverpflichteten verjähren in sechs Monaten vom Ablauf der Vorlegungsfrist.

(2) Die Rückgriffsansprüche eines Verpflichteten gegen einen anderen Scheckverpflichteten verjähren in sechs Monaten von dem Tage, an dem der Scheck von dem Verpflichteten eingelöst oder ihm gegenüber gerichtlich geltend gemacht worden ist.

Art. 53 [Unterbrechung] Der Neubeginn der Verjährung und ihre Hemmung nach § 204 des Bürgerlichen Gesetzbuchs[1] wirken nur gegen den Scheckverpflichteten, in Ansehung dessen die Tatsache eingetreten ist, welche den Neubeginn oder die Hemmung bewirkt.

Zehnter Abschnitt. Allgemeine Vorschriften

Art. 54 [Begriff des Bankiers] Als Bankiers im Sinne dieses Gesetzes sind anzusehen:

1. diejenigen Anstalten des öffentlichen Rechtes, diejenigen unter staatlicher Aufsicht stehenden Anstalten sowie diejenigen in das Genossenschaftsregister eingetragenen Genossenschaften, die sich nach den für ihren Geschäftsbetrieb maßgebenden Bestimmungen mit der Annahme von Geld und der Leistung von Zahlungen für fremde Rechnung befassen, ferner die unter amtlicher Aufsicht stehenden Sparkassen, wenn sie die nach Landesrecht für sie geltenden Aufsichtsbestimmungen erfüllen;
2. die in das Handelsregister eingetragenen Firmen, die gewerbsmäßig Bankiergeschäfte betreiben.

Art. 55 [Feiertage; Samstage] (1) Die Vorlegung und der Protest eines Schecks können nur an einem Werktage, jedoch nicht an einem Sonnabend, stattfinden.

(2) [1] Fällt der letzte Tag einer Frist, innerhalb derer eine auf den Scheck bezügliche Handlung, insbesondere die Vorlegung, der Protest oder eine gleichbedeutende Feststellung vorgenommen werden muß, auf einen gesetzlichen Feiertag oder einen Sonnabend, so wird die Frist bis zum nächsten Werktage verlängert. [2] Feiertage, die in den Lauf einer Frist fallen, werden bei der Berechnung der Frist mitgezählt.

---

[1] Auszugsweise abgedruckt unter Nr. **23**.

(3) Im übrigen finden auf die Vorlegung des Schecks und den Protest die Vorschriften der Artikel 79 bis 87 des Wechselgesetzes[1] entsprechende Anwendung.

Art. 56 [Berechnung der Fristen] Bei der Berechnung der in diesem Gesetz vorgesehenen Fristen wird der Tag, an dem sie zu laufen beginnen, nicht mitgezählt.

Art. 57 [Keine Respekttage] Weder gesetzliche noch richterliche Respekttage werden anerkannt.

Elfter Abschnitt. Ergänzende Vorschriften

Art. 58 [Bereicherung] (1) Der Aussteller, dessen Rückgriffsverbindlichkeit durch Unterlassung rechtzeitiger Vorlegung oder Verjährung erloschen ist, bleibt dem Inhaber des Schecks so weit verpflichtet, als er sich mit dessen Schaden bereichern würde.

(2) Der Anspruch verjährt in einem Jahre seit der Ausstellung des Schecks.

Art. 59 [Abhanden gekommene Schecks und Protesturkunden]

(1) [1]Ein abhanden gekommener oder vernichteter Scheck kann im Wege des Aufgebotsverfahrens für kraftlos erklärt werden. [2]Die Aufgebotsfrist muß mindestens zwei Monate betragen. [3]Nach Einleitung des Aufgebotsverfahrens kann der Berechtigte, falls der Scheck rechtzeitig zur Zahlung vorgelegt, von dem Bezogenen aber nicht eingelöst worden war, von dem Aussteller Zahlung fordern, wenn er bis zur Kraftloserklärung Sicherheit leistet.

(2) [1]Eine abhanden gekommene oder vernichtete Protesturkunde kann durch ein Zeugnis über die Protesterhebung ersetzt werden, das von der die beglaubigte Abschrift der Urkunde verwahrenden Stelle zu erteilen ist. [2]In dem Zeugnis muß der Inhalt des Protestes und des gemäß Artikel 55 Abs. 3 in Verbindung mit Artikel 85 Abs. 2 des Wechselgesetzes[1] aufgenommenen Vermerks angegeben sein.

Zwölfter Abschnitt. Geltungsbereich der Gesetze

Art. 60 [Scheckfähigkeit] (1) [1]Die Fähigkeit einer Person, eine Scheckverbindlichkeit einzugehen, bestimmt sich nach dem Recht des Landes, dem sie angehört. [2]Erklärt dieses Recht das Recht eines anderen Landes für maßgebend, so ist das letztere Recht anzuwenden.

(2) [1]Wer nach dem in vorstehendem Absatz bezeichneten Recht eine Scheckverbindlichkeit nicht eingehen kann, wird gleichwohl gültig verpflichtet, wenn die Unterschrift in dem Gebiet eines Landes abgegeben worden ist, nach dessen Recht er scheckfähig wäre. [2]Diese Vorschrift findet keine Anwendung, wenn die Verbindlichkeit von einem Inländer im Ausland übernommen worden ist.

---

[1] Nr. 26.

Art. 61 [Bezogene] (1) Das Recht des Landes, in dem der Scheck zahlbar ist, bestimmt die Personen, auf die ein Scheck gezogen werden kann.

(2) Ist nach diesem Recht der Scheck im Hinblick auf die Person des Bezogenen nichtig, so sind gleichwohl die Verpflichtungen aus Unterschriften gültig, die in Ländern auf den Scheck gesetzt worden sind, deren Recht die Nichtigkeit aus einem solchen Grunde nicht vorsieht.

Art. 62 [Form der Scheckerklärung] (1) [1] Die Form einer Scheckerklärung bestimmt sich nach dem Recht des Landes, in dessen Gebiete die Erklärung unterschrieben worden ist. [2] Es genügt jedoch die Beobachtung der Form, die das Recht des Zahlungsortes vorschreibt.

(2) Wenn eine Scheckerklärung, die nach den Vorschriften des vorstehenden Absatzes ungültig ist, dem Recht des Landes entspricht, in dessen Gebiet eine spätere Scheckerklärung unterschrieben worden ist, so wird durch Mängel in der Form der ersten Scheckerklärung die Gültigkeit der späteren Scheckerklärung nicht berührt.

(3) Eine Scheckerklärung, die ein Inländer im Ausland abgegeben hat, ist im Inland gegenüber anderen Inländern gültig, wenn die Erklärung den Formerfordernissen des inländischen Rechts genügt.

Art. 63 [Wirkung der Scheckerklärungen] Die Wirkungen der Scheckerklärungen bestimmen sich nach dem Recht des Landes, in dessen Gebiete die Erklärungen unterschrieben worden sind.

Art. 64 [Fristen für Rückgriff] Die Fristen für die Ausübung der Rückgriffsrechte werden für alle Scheckverpflichteten durch das Recht des Ortes bestimmt, an dem der Scheck ausgestellt worden ist.

Art. 65 [Einlösung des Schecks u.Ä.] Das Recht des Landes, in dessen Gebiete der Scheck zahlbar ist, bestimmt:

1. ob der Scheck notwendigerweise bei Sicht zahlbar ist oder ob er auf eine bestimmte Zeit nach Sicht gezogen werden kann und welches die Wirkungen sind, wenn auf dem Scheck ein späterer als der wirkliche Ausstellungstag angegeben worden ist;
2. die Vorlegungsfrist;
3. ob ein Scheck angenommen, zertifiziert, bestätigt oder mit einem Visum versehen werden kann und welches die Wirkungen dieser Vermerke sind;
4. ob der Inhaber eine Teilzahlung verlangen kann und ob er eine solche annehmen muß;
5. ob ein Scheck gekreuzt oder mit dem Vermerk „nur zur Verrechnung“ oder mit einem gleichbedeutenden Vermerk versehen werden kann und welches die Wirkungen der Kreuzung oder des Verrechnungsvermerks oder eines gleichbedeutenden Vermerks sind;
6. ob der Inhaber besondere Rechte auf die Deckung hat und welches der Inhalt dieser Rechte ist;
7. ob der Aussteller den Scheck widerrufen oder gegen die Einlösung des Schecks Widerspruch erheben kann;

8. die Maßnahmen, die im Falle des Verlustes oder des Diebstahls des Schecks zu ergreifen sind;
9. ob ein Protest oder eine gleichbedeutende Feststellung zur Erhaltung des Rückgriffs gegen die Indossanten, den Aussteller und die anderen Scheckverpflichteten notwendig ist.

Art. 66 [Form des Protestes] Die Form des Protestes und die Fristen für die Protesterhebung sowie die Form der übrigen Handlungen, die zur Ausübung oder Erhaltung der Scheckrechte erforderlich sind, bestimmen sich nach dem Recht des Landes, in dessen Gebiete der Protest zu erheben oder die Handlung vorzunehmen ist.

25a. Verordnung über Abrechnungsstellen im Scheckverkehr (Abrechnungsstellenverordnung – AbrStV)

Vom 5. Oktober 2005

(BGBl. I S. 2926)

FNA 4132-6

Auf Grund des Artikels 31 Abs. 2 des Scheckgesetzes[1] in der im Bundesgesetzblatt Teil III, Gliederungsnummer 4132-1, veröffentlichten bereinigten Fassung in Verbindung mit Artikel 129 Abs. 1 des Grundgesetzes für die Bundesrepublik Deutschland verordnet das Bundesministerium der Justiz:

§ 1 [Abrechnungsstelle] Die Deutsche Bundesbank ist Abrechnungsstelle im Sinne des Artikels 31 Abs. 1 des Scheckgesetzes[1].

§ 2 [Schecks] (1) Schecks können in die Abrechnungsstelle eingeliefert werden, wenn der Einlieferer sowie der Bezogene oder der Dritte, bei dem der Scheck zahlbar gestellt worden ist, am Abrechnungsverkehr der Abrechnungsstelle teilnehmen oder durch einen Teilnehmer vertreten werden.

(2) Die Einlieferung von Schecks im Wege der elektronischen Datenfernübertragung setzt voraus, dass der Abrechnungsstelle nach ihren Vorgaben ein elektronisches Bild des Schecks, das die Urkunde vollständig abbildet, übermittelt wird.

§ 3 [Inkrafttreten] [1] Diese Verordnung tritt am Tage nach der Verkündung[2] in Kraft. [2] Gleichzeitig tritt die Verordnung über Abrechnungsstellen im Wechsel- und Scheckverkehr in der im Bundesgesetzblatt Teil III, Gliederungsnummer 4132-4, veröffentlichten bereinigten Fassung außer Kraft.

---

[1] Nr. **25**.

[2] Verkündet am 12 10. 2005.

26. Wechselgesetz[1]

Vom 21. Juni 1933

(RGBl. I S. 399)

BGBl. III/FNA 4133-1

zuletzt geänd. durch Art. 201 Zehnte ZuständigkeitsanpassungsVO v. 31.8.2015 (BGBl. I S. 1474)

Nichtamtliche Inhaltsübersicht

Erster Teil. Gezogener Wechsel

Erster Abschnitt. Ausstellung und Form des gezogenen Wechsels

Art. 1 [Bestandteile] Der gezogene Wechsel enthält:

1. die Bezeichnung als Wechsel im Texte der Urkunde, und zwar in der Sprache, in der sie ausgestellt ist;
2. die unbedingte Anweisung, eine bestimmte Geldsumme zu zahlen;
3. den Namen dessen, der zahlen soll (Bezogener);
4. die Angabe der Verfallzeit;
5. die Angabe des Zahlungsortes;
6. den Namen dessen, an den oder an dessen Order gezahlt werden soll;
7. die Angabe des Tages und des Ortes der Ausstellung;
8. die Unterschrift des Ausstellers.

---

[1] In Kraft getreten am 1.4.1934 gem. VO v. 28.11.1933 (RGBl. S. 1019).

Art. 2 [Fehlen von Bestandteilen] (1) Eine Urkunde, der einer der in vorstehendem Artikel bezeichneten Bestandteile fehlt, gilt nicht als gezogener Wechsel, vorbehaltlich der in den folgenden Absätzen bezeichneten Fälle.

(2) Ein Wechsel ohne Angabe der Verfallzeit gilt als Sichtwechsel.

(3) Mangels einer besonderen Angabe gilt der bei dem Namen des Bezogenen angegebene Ort als Zahlungsort und zugleich als Wohnort des Bezogenen.

(4) Ein Wechsel ohne Angabe des Ausstellungsortes gilt als ausgestellt an dem Orte, der bei dem Namen des Ausstellers angegeben ist.

Art. 3 [Eigene Order; trassiert-eigener Wechsel; gezogener Wechsel]

(1) Der Wechsel kann an die eigene Order des Ausstellers lauten.

(2) Er kann auf den Aussteller selbst gezogen werden.

(3) Er kann für Rechnung eines Dritten gezogen werden.

Art. 4 [Zahlungsort] Der Wechsel kann bei einem Dritten, am Wohnort des Bezogenen oder an einem anderen Orte, zahlbar gestellt werden.

Art. 5 [Zinsen] (1) [1] In einem Wechsel, der auf Sicht oder auf eine bestimmte Zeit nach Sicht lautet, kann der Aussteller bestimmen, daß die Wechselsumme zu verzinsen ist. [2] Bei jedem anderen Wechsel gilt der Zinsvermerk als nicht geschrieben.

(2) Der Zinsfuß ist im Wechsel anzugeben; fehlt diese Angabe, so gilt der Zinsvermerk als nicht geschrieben.

(3) Die Zinsen laufen vom Tage der Ausstellung des Wechsels, sofern nicht ein anderer Tag bestimmt ist.

Art. 6 [Wechselsumme] (1) Ist die Wechselsumme in Buchstaben und in Ziffern angegeben, so gilt bei Abweichungen die in Buchstaben angegebene Summe.

(2) Ist die Wechselsumme mehrmals in Buchstaben oder mehrmals in Ziffern angegeben, so gilt bei Abweichungen die geringste Summe.

Art. 7 [Ungültige Unterschriften] Trägt ein Wechsel Unterschriften von Personen, die eine Wechselverbindlichkeit nicht eingehen können, gefälschte Unterschriften, Unterschriften erdichteter Personen oder Unterschriften, die aus irgendeinem anderen Grunde für die Personen, die unterschrieben haben oder mit deren Namen unterschrieben worden ist, keine Verbindlichkeit begründen, so hat dies auf die Gültigkeit der übrigen Unterschriften keinen Einfluß.

Art. 8 [Vertreter ohne Vertretungsmacht] [1] Wer auf einen Wechsel seine Unterschrift als Vertreter eines anderen setzt, ohne hierzu ermächtigt zu sein, haftet selbst wechselmäßig und hat, wenn er den Wechsel einlöst, dieselben Rechte, die der angeblich Vertretene haben würde. [2] Das gleiche gilt von einem Vertreter, der seine Vertretungsbefugnis überschritten hat.

Art. 9 [Haftung des Ausstellers] (1) Der Aussteller haftet für die Annahme und die Zahlung des Wechsels.

(2) Er kann die Haftung für die Annahme ausschließen; jeder Vermerk, durch den er die Haftung für die Zahlung ausschließt, gilt als nicht geschrieben.

Art. 10 [Blankowechsel] Wenn ein Wechsel, der bei der Begebung unvollständig war, den getroffenen Vereinbarungen zuwider ausgefüllt worden ist, so kann die Nichteinhaltung dieser Vereinbarungen dem Inhaber nicht entgegengesetzt werden, es sei denn, daß er den Wechsel in bösem Glauben erworben hat oder ihm beim Erwerb eine grobe Fahrlässigkeit zur Last fällt.

Zweiter Abschnitt. Indossament

Art. 11 [Übertragung des Wechsels] (1) Jeder Wechsel kann durch Indossament übertragen werden, auch wenn er nicht ausdrücklich an Order lautet.

(2) Hat der Aussteller in den Wechsel die Worte „nicht an Order" oder einen gleichbedeutenden Vermerk aufgenommen, so kann der Wechsel nur in der Form und mit den Wirkungen einer gewöhnlichen Abtretung übertragen werden.

(3) [1] Das Indossament kann auch auf den Bezogenen, gleichviel ob er den Wechsel angenommen hat oder nicht, auf den Aussteller oder auf jeden anderen Wechselverpflichteten lauten. [2] Diese Personen können den Wechsel weiter indossieren.

Art. 12 [Bedingungsfeindlichkeit; Teilindossament; Indossament an den Inhaber] (1) [1] Das Indossament muß unbedingt sein. [2] Bedingungen, von denen es abhängig gemacht wird, gelten als nicht geschrieben.

(2) Ein Teilindossament ist nichtig.

(3) Ein Indossament an den Inhaber gilt als Blankoindossament.

Art. 13 [Form; Blankoindossament] (1) [1] Das Indossament muß auf den Wechsel oder auf ein mit dem Wechsel verbundenes Blatt (Anhang) gesetzt werden. [2] Es muß von dem Indossanten unterschrieben werden.

(2) [1] Das Indossament braucht den Indossatar nicht zu bezeichnen und kann selbst in der bloßen Unterschrift des Indossanten bestehen (Blankoindossament). [2] In diesem letzteren Falle muß das Indossament, um gültig zu sein, auf die Rückseite des Wechsels oder auf den Anhang gesetzt werden.

Art. 14 [Transportfunktion] (1) Das Indossament überträgt alle Rechte aus dem Wechsel.

(2) Ist es ein Blankoindossament, so kann der Inhaber

1. das Indossament mit seinem Namen oder mit dem Namen eines anderen ausfüllen;
2. den Wechsel durch ein Blankoindossament oder an eine bestimmte Person weiter indossieren;
3. den Wechsel weiterbegeben, ohne das Blankoindossament auszufüllen und ohne ihn zu indossieren.

Art. 15 [Garantiefunktion] (1) Der Indossant haftet mangels eines entgegenstehenden Vermerks für die Annahme und die Zahlung.

(2) Er kann untersagen, daß der Wechsel weiter indossiert wird; in diesem Falle haftet er denen nicht, an die der Wechsel weiter indossiert wird.

Art. 16 [Wechselvermutung] (1) [1] Wer den Wechsel in Händen hat, gilt als rechtmäßiger Inhaber, sofern er sein Recht durch eine ununterbrochene Reihe von Indossamenten nachweist, und zwar auch dann, wenn das letzte ein Blankoindossament ist. [2] Ausgestrichene Indossamente gelten hierbei als nicht geschrieben. [3] Folgt auf ein Blankoindossament ein weiteres Indossament, so wird angenommen, daß der Aussteller dieses Indossaments den Wechsel durch das Blankoindossament erworben hat.

(2) Ist der Wechsel einem früheren Inhaber irgendwie abhanden gekommen, so ist der neue Inhaber, der sein Recht nach den Vorschriften des vorstehenden Absatzes nachweist, zur Herausgabe des Wechsels nur verpflichtet, wenn er ihn in bösem Glauben erworben hat oder ihm beim Erwerb eine grobe Fahrlässigkeit zur Last fällt.

Art. 17 [Einwendungen des Wechselschuldners] Wer aus dem Wechsel in Anspruch genommen wird, kann dem Inhaber keine Einwendungen entgegensetzen, die sich auf seine unmittelbaren Beziehungen zu dem Aussteller oder zu einem früheren Inhaber gründen, es sei denn, daß der Inhaber bei dem Erwerb des Wechsels bewußt zum Nachteil des Schuldners gehandelt hat.

Art. 18 [Vollmachtsindossament] (1) Enthält das Indossament den Vermerk „Wert zur Einziehung", „zum Inkasso", „in Prokura" oder einen anderen nur eine Bevollmächtigung ausdrückenden Vermerk, so kann der Inhaber alle Rechte aus dem Wechsel geltend machen; aber er kann ihn nur durch ein weiteres Vollmachtsindossament übertragen.

(2) Die Wechselverpflichteten können in diesem Falle dem Inhaber nur solche Einwendungen entgegensetzen, die ihnen gegen den Indossanten zustehen.

(3) Die in dem Vollmachtsindossament enthaltene Vollmacht erlischt weder mit dem Tode noch mit dem Eintritt der Handlungsunfähigkeit des Vollmachtgebers.

Art. 19 [Pfandindossament] (1) Enthält das Indossament den Vermerk „Wert zur Sicherheit", „Wert zum Pfande" oder einen anderen eine Verpfändung ausdrückenden Vermerk, so kann der Inhaber alle Rechte aus dem Wechsel geltend machen; ein von ihm ausgestelltes Indossament hat aber nur die Wirkung eines Vollmachtsindossaments.

(2) Die Wechselverpflichteten können dem Inhaber keine Einwendungen entgegensetzen, die sich auf ihre unmittelbaren Beziehungen zu dem Indossanten gründen, es sei denn, daß der Inhaber bei dem Erwerb des Wechsels bewußt zum Nachteil des Schuldners gehandelt hat.

Art. 20 [Indossament nach Verfall] (1) [1] Ein Indossament nach Verfall hat dieselben Wirkungen wie ein Indossament vor Verfall. [2] Ist jedoch der Wechsel erst nach Erhebung des Protestes mangels Zahlung oder nach Ablauf der hierfür bestimmten Frist indossiert worden, so hat das Indossament nur die Wirkungen einer gewöhnlichen Abtretung.

(2) Bis zum Beweis des Gegenteils wird vermutet, daß ein nicht datiertes Indossament vor Ablauf der für die Erhebung des Protestes bestimmten Frist auf den Wechsel gesetzt worden ist.

Dritter Abschnitt. Annahme

Art. 21 [Vorlegung zur Annahme] Der Wechsel kann von dem Inhaber oder von jedem, der den Wechsel auch nur in Händen hat, bis zum Verfall dem Bezogenen an seinem Wohnort zur Annahme vorgelegt werden.

Art. 22 [Vorlegungsgebot und Vorlegungsverbot] (1) Der Aussteller kann in jedem Wechsel mit oder ohne Bestimmung einer Frist vorschreiben, daß der Wechsel zur Annahme vorgelegt werden muß.

(2) Er kann im Wechsel die Vorlegung zur Annahme untersagen, wenn es sich nicht um einen Wechsel handelt, der bei einem Dritten oder an einem von dem Wohnort des Bezogenen verschiedenen Ort zahlbar ist oder der auf eine bestimmte Zeit nach Sicht lautet.

(3) Er kann auch vorschreiben, daß der Wechsel nicht vor einem bestimmten Tag zur Annahme vorgelegt werden darf.

(4) Jeder Indossant kann, wenn nicht der Aussteller die Vorlegung zur Annahme untersagt hat, mit oder ohne Bestimmung einer Frist vorschreiben, daß der Wechsel zur Annahme vorgelegt werden muß.

Art. 23 [Vorlegungsfrist] (1) Wechsel, die auf eine bestimmte Zeit nach Sicht lauten, müssen binnen einem Jahr nach dem Tag der Ausstellung zur Annahme vorgelegt werden.

(2) Der Aussteller kann eine kürzere oder eine längere Frist bestimmen.

(3) Die Indossanten können die Vorlegungsfristen abkürzen.

Art. 24 [Nochmalige Vorlegung] (1) [1] Der Bezogene kann verlangen, daß ihm der Wechsel am Tag nach der ersten Vorlegung nochmals vorgelegt wird. [2] Die Beteiligten können sich darauf, daß diesem Verlangen nicht entsprochen worden ist, nur berufen, wenn das Verlangen im Protest vermerkt ist.

(2) Der Inhaber ist nicht verpflichtet, den zur Annahme vorgelegten Wechsel in der Hand des Bezogenen zu lassen.

Art. 25 [Annahmeerklärung] (1) [1] Die Annahmeerklärung wird auf den Wechsel gesetzt. [2] Sie wird durch das Wort „angenommen„ oder ein gleichbedeutendes Wort ausgedrückt; sie ist vom Bezogenen zu unterschreiben. [3] Die bloße Unterschrift des Bezogenen auf der Vorderseite des Wechsels gilt als Annahme.

(2) [1] Lautet der Wechsel auf eine bestimmte Zeit nach Sicht oder ist er infolge eines besonderen Vermerks innerhalb einer bestimmten Frist zur Annahme vorzulegen, so muß die Annahmeerklärung den Tag bezeichnen, an dem sie erfolgt ist, sofern nicht der Inhaber die Angabe des Tages der Vorlegung verlangt. [2] Ist kein Tag angegeben, so muß der Inhaber, um seine Rückgriffsrechte gegen die Indossanten und den Aussteller zu wahren, diese Unterlassung rechtzeitig durch einen Protest feststellen lassen.

Art. 26 [Eingeschränkte Annahme] (1) Die Annahme muß unbedingt sein; der Bezogene kann sie aber auf einen Teil der Wechselsumme beschränken.

(2) [1] Wenn die Annahmeerklärung irgendeine andere Abweichung von den Bestimmungen des Wechsels enthält, so gilt die Annahme als verweigert. [2] Der Annehmende haftet jedoch nach dem Inhalt seiner Annahmeerklärung.

Art. 27 [Domizilwechsel; Zahlstellenwechsel] (1) [1] Hat der Aussteller im Wechsel einen von dem Wohnort des Bezogenen verschiedenen Zahlungsort angegeben, ohne einen Dritten zu bezeichnen, bei dem die Zahlung geleistet werden soll, so kann der Bezogene bei der Annahmeerklärung einen Dritten bezeichnen. [2] Mangels einer solchen Bezeichnung wird angenommen, daß sich der Annehmer verpflichtet hat, selbst am Zahlungsort zu zahlen.

(2) Ist der Wechsel beim Bezogenen selbst zahlbar, so kann dieser in der Annahmeerklärung eine am Zahlungsort befindliche Stelle bezeichnen, wo die Zahlung geleistet werden soll.

Art. 28 [Wirkung der Annahme] (1) Der Bezogene wird durch die Annahme verpflichtet, den Wechsel bei Verfall zu bezahlen.

(2) Mangels Zahlung hat der Inhaber, auch wenn er der Aussteller ist, gegen den Annehmer einen unmittelbaren Anspruch aus dem Wechsel auf alles, was auf Grund der Artikel 48 und 49 gefordert werden kann.

Art. 29 [Widerruf der Annahme] (1) [1] Hat der Bezogene die auf den Wechsel gesetzte Annahmeerklärung vor der Rückgabe des Wechsels gestrichen, so gilt die Annahme als verweigert. [2] Bis zum Beweis des Gegenteils wird vermutet, daß die Streichung vor der Rückgabe des Wechsels erfolgt ist.

(2) Hat der Bezogene jedoch dem Inhaber oder einer Person, deren Unterschrift sich auf dem Wechsel befindet, die Annahme schriftlich mitgeteilt, so haftet er diesen nach dem Inhalt seiner Annahmeerklärung.

Vierter Abschnitt. Wechselbürgschaft

Art. 30 [Zulässigkeit] (1) Die Zahlung der Wechselsumme kann ganz oder teilweise durch Wechselbürgschaft gesichert werden.

(2) Diese Sicherheit kann von einem Dritten oder auch von einer Person geleistet werden, deren Unterschrift sich schon auf dem Wechsel befindet.

Art. 31 [Form] (1) Die Bürgschaftserklärung wird auf den Wechsel oder auf einen Anhang gesetzt.

(2) Sie wird durch die Worte „als Bürge" oder einen gleichbedeutenden Vermerk ausgedrückt; sie ist von dem Wechselbürgen zu unterschreiben.

(3) Die bloße Unterschrift auf der Vorderseite des Wechsels gilt als Bürgschaftserklärung, soweit es sich nicht um die Unterschrift des Bezogenen oder des Ausstellers handelt.

(4) In der Erklärung ist anzugeben, für wen die Bürgschaft geleistet wird; mangels einer solchen Angabe gilt sie für den Aussteller.

Art. 32 [Haftung des Wechselbürgen] (1) Der Wechselbürge haftet in der gleichen Weise wie derjenige, für den er sich verbürgt hat.

(2) Seine Verpflichtungserklärung ist auch gültig, wenn die Verbindlichkeit, für die er sich verbürgt hat, aus einem anderen Grund als wegen eines Formfehlers nichtig ist.

(3) Der Wechselbürge, der den Wechsel bezahlt, erwirbt die Rechte aus dem Wechsel gegen denjenigen, für den er sich verbürgt hat, und gegen alle, die diesem wechselmäßig haften.

Fünfter Abschnitt. Verfall

Art. 33 [Verfallzeiten] (1) Ein Wechsel kann gezogen werden

auf Sicht;
auf eine bestimmte Zeit nach Sicht;
auf eine bestimmte Zeit nach der Ausstellung;
auf einen bestimmten Tag.

(2) Wechsel mit anderen oder mit mehreren aufeinanderfolgenden Verfallzeiten sind nichtig.

Art. 34 [Sichtwechsel] (1) [1] Der Sichtwechsel ist bei der Vorlegung fällig. [2] Er muß binnen einem Jahr nach der Ausstellung zur Zahlung vorgelegt werden. [3] Der Aussteller kann eine kürzere oder eine längere Frist bestimmen. [4] Die Indossanten können die Vorlegungsfristen abkürzen.

(2) [1] Der Aussteller kann vorschreiben, daß der Sichtwechsel nicht vor einem bestimmten Tag zur Zahlung vorgelegt werden darf. [2] In diesem Falle beginnt die Vorlegungsfrist mit diesem Tag.

Art. 35 [Nachsichtwechsel] (1) Der Verfall eines Wechsels, der auf eine bestimmte Zeit nach Sicht lautet, richtet sich nach dem in der Annahmeerklärung angegebenen Tag oder nach dem Tag des Protestes.

(2) Ist in der Annahmeerklärung ein Tag nicht angegeben und ein Protest nicht erhoben worden, so gilt dem Annehmer gegenüber der Wechsel als am letzten Tag der für die Vorlegung zur Annahme vorgesehenen Frist angenommen.

Art. 36 [Auslegungsregeln] (1) [1] Ein Wechsel, der auf einen oder mehrere Monate nach der Ausstellung oder nach Sicht lautet, verfällt an dem entsprechenden Tag des Zahlungsmonats. [2] Fehlt dieser Tag, so ist der Wechsel am letzten Tag des Monats fällig.

(2) Lautet der Wechsel auf einen oder mehrere Monate und einen halben Monat nach der Ausstellung oder nach Sicht, so werden die ganzen Monate zuerst gezählt.

(3) Ist als Verfallzeit der Anfang, die Mitte oder das Ende eines Monats angegeben, so ist darunter der erste, der fünfzehnte oder der letzte Tag des Monats zu verstehen.

(4) Die Ausdrücke „acht Tage" oder „fünfzehn Tage" bedeuten nicht eine oder zwei Wochen, sondern volle acht oder fünfzehn Tage.

(5) Der Ausdruck „halber Monat" bedeutet fünfzehn Tage.

Art. 37 [Kalenderverschiedenheit] (1) Ist ein Wechsel an einem bestimmten Tag an einem Ort zahlbar, dessen Kalender von dem des Ausstellungsorts abweicht, so ist für den Verfalltag der Kalender des Zahlungsorts maßgebend.

(2) Ist ein zwischen zwei Orten mit verschiedenem Kalender gezogener Wechsel eine bestimmte Zeit nach der Ausstellung zahlbar, so wird der Tag der Ausstellung in den nach dem Kalender des Zahlungsorts entsprechenden Tag umgerechnet und hiernach der Verfalltag ermittelt.

(3) Auf die Berechnung der Fristen für die Vorlegung von Wechseln findet die Vorschrift des vorstehenden Absatzes entsprechende Anwendung.

(4) Die Vorschriften dieses Artikels finden keine Anwendung, wenn sich aus einem Vermerk im Wechsel oder sonst aus dessen Inhalt ergibt, daß etwas anderes beabsichtigt war.

Sechster Abschnitt. Zahlung

Art. 38 [Vorlegung zur Zahlung] (1) Der Inhaber eines Wechsels, der an einem bestimmten Tag oder bestimmte Zeit nach der Ausstellung oder nach Sicht zahlbar ist, hat den Wechsel am Zahlungstag oder an einem der beiden folgenden Werktage zur Zahlung vorzulegen.

(2) Die Einlieferung in eine Abrechnungsstelle steht der Vorlegung zur Zahlung gleich.

(3) Das Bundesministerium der Justiz und für Verbraucherschutz bestimmt, welche Einrichtungen als Abrechnungsstellen anzusehen sind und unter welchen Voraussetzungen die Einlieferung erfolgen kann.

Art. 39 [Aushändigung des quittierten Wechsels; Teilzahlung]

(1) Der Bezogene kann vom Inhaber gegen Zahlung die Aushändigung des quittierten Wechsels verlangen.

(2) Der Inhaber darf eine Teilzahlung nicht zurückweisen.

(3) Im Falle der Teilzahlung kann der Bezogene verlangen, daß sie auf dem Wechsel vermerkt und ihm eine Quittung erteilt wird.

Art. 40 [Zahlung vor und bei Verfall] (1) Der Inhaber des Wechsels ist nicht verpflichtet, die Zahlung vor Verfall anzunehmen.

(2) Der Bezogene, der vor Verfall zahlt, handelt auf eigene Gefahr.

(3) [1] Wer bei Verfall zahlt, wird von seiner Verbindlichkeit befreit, wenn ihm nicht Arglist oder grobe Fahrlässigkeit zur Last fällt. [2] Er ist verpflichtet, die Ordnungsmäßigkeit der Reihe der Indossamente, aber nicht die Unterschriften der Indossanten zu prüfen.

Art. 41 [Fremde Währung] (1) [1] Lautet der Wechsel auf eine Währung, die am Zahlungsort nicht gilt, so kann die Wechselsumme in der Landeswährung nach dem Wert gezahlt werden, den sie am Verfalltag besitzt. [2] Wenn der Schuldner die Zahlung verzögert, so kann der Inhaber wählen, ob die Wechselsumme nach dem Kurs des Verfalltages oder nach dem Kurs des Zahlungstages in die Landeswährung umgerechnet werden soll.

(2) [1] Der Wert der fremden Währung bestimmt sich nach den Handelsgebräuchen des Zahlungsortes. [2] Der Aussteller kann jedoch im Wechsel für die zu zahlende Summe einen Umrechnungskurs bestimmen.

(3) Die Vorschriften der beiden ersten Absätze finden keine Anwendung, wenn der Aussteller die Zahlung in einer bestimmten Währung vorgeschrieben hat (Effektivvermerk).

(4) Lautet der Wechsel auf eine Geldsorte, die im Lande der Ausstellung dieselbe Bezeichnung, aber einen anderen Wert hat als in dem der Zahlung, so wird vermutet, daß die Geldsorte des Zahlungsortes gemeint ist.

Art. 42 [Hinterlegung] Wird der Wechsel nicht innerhalb der in Artikel 38 bestimmten Frist zur Zahlung vorgelegt, so kann der Schuldner die Wechselsumme bei der zuständigen Behörde auf Gefahr und Kosten des Inhabers hinterlegen.[1)]

Siebenter Abschnitt. Rückgriff mangels Annahme und mangels Zahlung

Art. 43 [Rückgriff mangels Zahlung] (1) Der Inhaber kann gegen die Indossanten, den Aussteller und die anderen Wechselverpflichteten bei Verfall des Wechsels Rückgriff nehmen, wenn der Wechsel nicht bezahlt worden ist.

(2) Das gleiche Recht steht dem Inhaber schon vor Verfall zu,

1. wenn die Annahme ganz oder teilweise verweigert worden ist;
2. wenn über das Vermögen des Bezogenen, gleichviel ob er den Wechsel angenommen hat oder nicht, das Insolvenzverfahren eröffnet worden ist oder wenn der Bezogene auch nur seine Zahlungen eingestellt hat oder wenn eine Zwangsvollstreckung in sein Vermögen fruchtlos verlaufen ist;
3. wenn über das Vermögen des Ausstellers eines Wechsels, dessen Vorlegung zur Annahme untersagt ist, das Insolvenzverfahren eröffnet worden ist.

Art. 44[2)] [Protest] (1) Die Verweigerung der Annahme oder der Zahlung muß durch eine öffentliche Urkunde (Protest mangels Annahme oder mangels Zahlung) festgestellt werden.

(2) [1]Der Protest mangels Annahme muß innerhalb der Frist erhoben werden, die für die Vorlegung zur Annahme gilt. [2]Ist im Fall des Artikels 24 Abs. 1 der Wechsel am letzten Tage der Frist zum ersten Mal vorgelegt worden, so kann der Protest noch am folgenden Tag erhoben werden.

(3) [1]Der Protest mangels Zahlung muß bei einem Wechsel, der an einem bestimmten Tag oder bestimmte Zeit nach der Ausstellung oder nach Sicht zahlbar ist, an einem der beiden auf den Zahlungstag folgenden Werktage erhoben werden. [2]Bei einem Sichtwechsel muß der Protest mangels Zahlung in den gleichen Fristen erhoben werden, wie sie im vorhergehenden Absatz für den Protest mangels Annahme vorgesehen sind.

(4) Ist Protest mangels Annahme erhoben worden, so bedarf es weder der Vorlegung zur Zahlung noch des Protestes mangels Zahlung.

(5) Hat der Bezogene, gleichviel ob er den Wechsel angenommen hat oder nicht, seine Zahlungen eingestellt, oder ist eine Zwangsvollstreckung in sein Vermögen fruchtlos verlaufen, so kann der Inhaber nur Rückgriff nehmen,

---

1) Vgl. die HinterlegungsO v. 10.3.1937 (RGBl. I S. 285), aufgeh. durch G v. 23.11.2007 (BGBl. I S. 2614).

2) Vgl. hierzu Art. 79ff.

nachdem der Wechsel dem Bezogenen zur Zahlung vorgelegt und Protest erhoben worden ist.

(6) [1]Ist über das Vermögen des Bezogenen, gleichviel ob er den Wechsel angenommen hat oder nicht, oder über das Vermögen des Ausstellers eines Wechsels, dessen Vorlegung zur Annahme untersagt ist, das Insolvenzverfahren eröffnet worden, so genügt es zur Ausübung des Rückgriffsrechts, daß der gerichtliche Beschluß über die Eröffnung des Insolvenzverfahrens vorgelegt wird. [2]Die Vorlegung der Bekanntmachung des gerichtlichen Beschlusses im Internet oder der Veröffentlichung nach § 9 Absatz 2 Satz 1 der Insolvenzordnung ist der Vorlegung des gerichtlichen Beschlusses gleichzuachten.

Art. 45 [Benachrichtigungen] (1) [1]Der Inhaber muß seinen unmittelbaren Vormann und den Aussteller von dem Unterbleiben der Annahme oder der Zahlung innerhalb der vier Werktage benachrichtigen, die auf den Tag der Protesterhebung oder, im Fall des Vermerks „ohne Kosten", auf den Tag der Vorlegung folgen. [2]Jeder Indossant muß innerhalb zweier Werktage nach Empfang der Nachricht seinem unmittelbaren Vormann von der Nachricht, die er erhalten hat, Kenntnis geben und ihm die Namen und Adressen derjenigen mitteilen, die vorher Nachricht gegeben haben, und so weiter in der Reihenfolge, bis zum Aussteller. [3]Die Fristen laufen vom Empfang der vorhergehenden Nachricht.

(2) Wird nach Maßgabe des vorhergehenden Absatzes einer Person, deren Unterschrift sich auf dem Wechsel befindet, Nachricht gegeben, so muß die gleiche Nachricht in derselben Frist ihrem Wechselbürgen gegeben werden.

(3) Hat ein Indossant seine Adresse nicht oder in unleserlicher Form angegeben, so genügt es, daß sein unmittelbarer Vormann benachrichtigt wird.

(4) Die Nachricht kann in jeder Form gegeben werden, auch durch die bloße Rücksendung des Wechsels.

(5) [1]Der zur Benachrichtigung Verpflichtete hat zu beweisen, daß er in der vorgeschriebenen Frist benachrichtigt hat. [2]Die Frist gilt als eingehalten, wenn ein Schreiben, das die Benachrichtigung enthält, innerhalb der Frist zur Post gegeben worden ist.

(6) Wer die rechtzeitige Benachrichtigung versäumt, verliert nicht den Rückgriff; er haftet für den etwa durch seine Nachlässigkeit entstandenen Schaden, jedoch nur bis zur Höhe der Wechselsumme.

Art. 46 [Erlass des Protestes] (1) Der Aussteller sowie jeder Indossant oder Wechselbürge kann durch den Vermerk „ohne Kosten", „ohne Protest" oder einen gleichbedeutenden auf den Wechsel gesetzten und unterzeichneten Vermerk den Inhaber von der Verpflichtung befreien, zum Zwecke der Ausübung des Rückgriffs Protest mangels Annahme oder mangels Zahlung erheben zu lassen.

(2) [1]Der Vermerk befreit den Inhaber nicht von der Verpflichtung, den Wechsel rechtzeitig vorzulegen und die erforderlichen Nachrichten zu geben. [2]Der Beweis, daß die Frist nicht eingehalten worden ist, liegt demjenigen ob, der sich dem Inhaber gegenüber darauf beruft.

(3) [1]Ist der Vermerk vom Aussteller beigefügt, so wirkt er gegenüber allen Wechselverpflichteten; ist er von einem Indossanten oder einem Wechselbürgen beigefügt, so wirkt er nur diesen gegenüber. [2]Läßt der Inhaber ungeachtet

des vom Aussteller beigefügten Vermerks Protest erheben, so fallen ihm die Kosten zur Last. [3] Ist der Vermerk von einem Indossanten oder einem Wechselbürgen beigefügt, so sind alle Wechselverpflichteten zum Ersatz der Kosten eines dennoch erhobenen Protestes verpflichtet.

Art. 47 [Haftung der Wechselschuldner] (1) Alle, die einen Wechsel ausgestellt, angenommen, indossiert oder mit einer Bürgschaftserklärung versehen haben, haften dem Inhaber als Gesamtschuldner.

(2) Der Inhaber kann jeden einzeln oder mehrere oder alle zusammen in Anspruch nehmen, ohne an die Reihenfolge gebunden zu sein, in der sie sich verpflichtet haben.

(3) Das gleiche Recht steht jedem Wechselverpflichteten zu, der den Wechsel eingelöst hat.

(4) Durch die Geltendmachung des Anspruchs gegen einen Wechselverpflichteten verliert der Inhaber nicht seine Rechte gegen die anderen Wechselverpflichteten, auch nicht gegen die Nachmänner desjenigen, der zuerst in Anspruch genommen worden ist.

Art. 48 [Rückgriff des Protestanten] (1) Der Inhaber kann im Wege des Rückgriffs verlangen:

1. die Wechselsumme, soweit der Wechsel nicht angenommen oder nicht eingelöst worden ist, mit den etwa bedungenen Zinsen;
2. Zinsen zu sechs vom Hundert seit dem Verfalltag. Bei einem Wechsel, der im Inland sowohl ausgestellt als auch zahlbar ist, beträgt der Zinssatz zwei vom Hundert über dem jeweiligen Basiszinssatz nach § 247 des Bürgerlichen Gesetzbuchs[1)], mindestens aber sechs vom Hundert;
3. die Kosten des Protestes und der Nachrichten sowie die anderen Auslagen;
4. eine Vergütung, die mangels besonderer Vereinbarung ein Drittel vom Hundert der Hauptsumme des Wechsels beträgt und diesen Satz keinesfalls überschreiten darf.

(2) [1] Wird der Rückgriff vor Verfall genommen, so werden von der Wechselsumme Zinsen abgezogen. [2] Diese Zinsen werden auf Grund des öffentlich bekanntgemachten Diskontsatzes (Satz der Zentralnotenbank) berechnet, der am Tag des Rückgriffs am Wohnort des Inhabers gilt.

Art. 49 [Rückgriff des Einlösers] Wer den Wechsel eingelöst hat, kann von seinen Vormännern verlangen:

1. den vollen Betrag, den er gezahlt hat;
2. die Zinsen dieses Betrags zu sechs vom Hundert seit dem Tag der Einlösung. Bei einem Wechsel, der im Inland sowohl ausgestellt als auch zahlbar ist, beträgt der Zinssatz zwei vom Hundert über dem jeweiligen Basiszinssatz nach § 247 des Bürgerlichen Gesetzbuchs[1)], mindestens aber sechs vom Hundert;
3. seine Auslagen;

[1)] Auszugsweise abgedruckt unter Nr. **23**.

4. eine Vergütung, die nach den Vorschriften des Artikels 48 Abs. 1 Nr. 4 berechnet wird.

Art. 50 [Aushändigung der Wechselpapiere] (1) Jeder Wechselverpflichtete, gegen den Rückgriff genommen wird oder genommen werden kann, ist berechtigt, zu verlangen, daß ihm gegen Entrichtung der Rückgriffssumme der Wechsel mit dem Protest und eine quittierte Rechnung ausgehändigt werden.

(2) Jeder Indossant, der den Wechsel eingelöst hat, kann sein Indossament und die Indossamente seiner Nachmänner ausstreichen.

Art. 51 [Rückgriff nach Teilannahme] [1]Bei dem Rückgriff nach einer Teilannahme kann derjenige, der den nicht angenommenen Teil der Wechselsumme entrichtet, verlangen, daß dies auf dem Wechsel vermerkt und ihm darüber Quittung erteilt wird. [2]Der Inhaber muß ihm ferner eine beglaubigte Abschrift des Wechsels und den Protest aushändigen, um den weiteren Rückgriff zu ermöglichen.

Art. 52 [Rückwechsel] (1) Wer zum Rückgriff berechtigt ist, kann mangels eines entgegenstehenden Vermerkes den Rückgriff dadurch nehmen, daß er auf einen seiner Vormänner einen neuen Wechsel (Rückwechsel) zieht, der auf Sicht lautet und am Wohnort dieses Vormannes zahlbar ist.

(2) Der Rückwechsel umfaßt, außer den in den Artikeln 48 und 49 angegebenen Beträgen, die Mäklergebühr und die Stempelsteuer für den Rückwechsel.

(3) [1]Wird der Rückwechsel vom Inhaber gezogen, so richtet sich die Höhe der Wechselsumme nach dem Kurse, den ein vom Zahlungsort des ursprünglichen Wechsels auf den Wohnort des Vormannes gezogener Sichtwechsel hat. [2]Wird der Rückwechsel von einem Indossanten gezogen, so richtet sich die Höhe der Wechselsumme nach dem Kurse, den ein vom Wohnort des Ausstellers des Rückwechsels auf den Wohnort des Vormannes gezogener Sichtwechsel hat.

Art. 53 [Rechtsverlust bei Fristversäumung] (1) Mit der Versäumung der Fristen

für die Vorlegung eines Wechsels, der auf Sicht oder auf eine bestimmte Zeit nach Sicht lautet,

für die Erhebung des Protestes mangels Annahme oder mangels Zahlung,

für die Vorlegung zur Zahlung im Falle des Vermerkes „ohne Kosten"

verliert der Inhaber seine Rechte gegen die Indossanten, den Aussteller und alle anderen Wechselverpflichteten, mit Ausnahme des Annehmers.

(2) Versäumt der Inhaber die vom Aussteller für die Vorlegung zur Annahme vorgeschriebene Frist, so verliert er das Recht, mangels Annahme und mangels Zahlung Rückgriff zu nehmen, sofern nicht der Wortlaut des Vermerkes ergibt, daß der Aussteller nur die Haftung für die Annahme hat ausschließen wollen.

(3) Ist die Frist für die Vorlegung in einem Indossament enthalten, so kann sich nur der Indossant darauf berufen.

Art. 54 [Fristversäumung wegen höherer Gewalt] (1) Steht der rechtzeitigen Vorlegung des Wechsels oder der rechtzeitigen Erhebung des Protestes ein unüberwindliches Hindernis entgegen (gesetzliche Vorschrift eines Staates oder ein anderer Fall höherer Gewalt), so werden die für diese Handlungen bestimmten Fristen verlängert.

(2) Der Inhaber ist verpflichtet, seinen unmittelbaren Vormann von dem Falle der höheren Gewalt unverzüglich zu benachrichtigen und die Benachrichtigung unter Beifügung des Tages und Ortes sowie seiner Unterschrift auf dem Wechsel oder einem Anhang zu vermerken; im übrigen finden die Vorschriften des Artikels 45 Anwendung.

(3) Fällt die höhere Gewalt weg, so muß der Inhaber den Wechsel unverzüglich zur Annahme oder zur Zahlung vorlegen und gegebenenfalls Protest erheben lassen.

(4) Dauert die höhere Gewalt länger als dreißig Tage nach Verfall, so kann Rückgriff genommen werden, ohne daß es der Vorlegung oder der Protesterhebung bedarf.

(5) [1] Bei Wechseln, die auf Sicht oder auf eine bestimmte Zeit nach Sicht lauten, läuft die dreißigtägige Frist von dem Tage, an dem der Inhaber seinen Vormann von dem Fall der höheren Gewalt benachrichtigt hat; diese Nachricht kann schon vor Ablauf der Vorlegungsfrist gegeben werden. [2] Bei Wechseln, die auf bestimmte Zeit nach Sicht lauten, verlängert sich die dreißigtägige Frist um die im Wechsel angegebene Nachsichtfrist.

(6) Tatsachen, die rein persönlich den Inhaber oder denjenigen betreffen, den er mit der Vorlegung des Wechsels oder mit der Protesterhebung beauftragt hat, gelten nicht als Fälle höherer Gewalt.

Achter Abschnitt. Ehreneintritt

1. Allgemeine Vorschriften

Art. 55 [Notadresse; Ehrenannahme oder -zahlung] (1) Der Aussteller sowie jeder Indossant oder Wechselbürge kann eine Person angeben, die im Notfall annehmen oder zahlen soll.

(2) Der Wechsel kann unter den nachstehend bezeichneten Voraussetzungen zu Ehren eines jeden Wechselverpflichteten, gegen den Rückgriff genommen werden kann, angenommen oder bezahlt werden.

(3) Jeder Dritte, auch der Bezogene, sowie jeder aus dem Wechsel bereits Verpflichtete, mit Ausnahme des Annehmers, kann einen Wechsel zu Ehren annehmen oder bezahlen.

(4) [1] Wer zu Ehren annimmt oder zahlt, ist verpflichtet, den Wechselverpflichteten, für den er eintritt, innerhalb zweier Werktage hiervon zu benachrichtigen. [2] Hält er die Frist nicht ein, so haftet er für den etwa durch seine Nachlässigkeit entstandenen Schaden, jedoch nur bis zur Höhe der Wechselsumme.

2. Ehrenannahme

Art. 56 [Zulässigkeit; Rückgriff] (1) Die Ehrenannahme ist in allen Fällen zulässig, in denen der Inhaber vor Verfall Rückgriff nehmen kann, es sei denn, daß es sich um einen Wechsel handelt, dessen Vorlegung zur Annahme untersagt ist.

(2) Ist auf dem Wechsel eine Person angegeben, die im Notfall am Zahlungsort annehmen oder zahlen soll, so kann der Inhaber vor Verfall gegen denjenigen, der die Notadresse beigefügt hat, und gegen seine Nachmänner nur Rückgriff nehmen, wenn er den Wechsel der in der Notadresse bezeichneten Person vorgelegt hat und im Falle der Verweigerung der Ehrenannahme die Verweigerung durch einen Protest hat feststellen lassen.

(3) [1] In den anderen Fällen des Ehreneintritts kann der Inhaber die Ehrenannahme zurückweisen. [2] Läßt er sie aber zu, so verliert er den Rückgriff vor Verfall gegen denjenigen, zu dessen Ehren die Annahme erklärt worden ist, und gegen dessen Nachmänner.

Art. 57 [Form] [1] Die Ehrenannahme wird auf dem Wechsel vermerkt; sie ist von demjenigen, der zu Ehren annimmt, zu unterschreiben. [2] In der Annahmeerklärung ist anzugeben, für wen die Ehrenannahme stattfindet; mangels einer solchen Angabe gilt sie für den Aussteller.

Art. 58 [Haftung des Ehrenannehmers] (1) Wer zu Ehren annimmt, haftet dem Inhaber und den Nachmännern desjenigen, für den er eingetreten ist, in der gleichen Weise wie dieser selbst.

(2) Trotz der Ehrenannahme können der Wechselverpflichtete, zu dessen Ehren der Wechsel angenommen worden ist, und seine Vormänner vom Inhaber gegen Erstattung des in Artikel 48 angegebenen Betrags die Aushändigung des Wechsels und gegebenenfalls des erhobenen Protestes sowie einer quittierten Rechnung verlangen.

3. Ehrenzahlung

Art. 59 [Zulässigkeit] (1) Die Ehrenzahlung ist in allen Fällen zulässig, in denen der Inhaber bei Verfall oder vor Verfall Rückgriff nehmen kann.

(2) Die Ehrenzahlung muß den vollen Betrag umfassen, den der Wechselverpflichtete, für den sie stattfindet, zahlen müßte.

(3) Sie muß spätestens am Tage nach Ablauf der Frist für die Erhebung des Protestes mangels Zahlung stattfinden.

Art. 60 [Protest mangels Ehrenzahlung] (1) Ist der Wechsel von Personen zu Ehren angenommen, die ihren Wohnsitz am Zahlungsort haben, oder sind am Zahlungsort wohnende Personen angegeben, die im Notfall zahlen sollen, so muß der Inhaber spätestens am Tage nach Ablauf der Frist für die Erhebung des Protestes mangels Zahlung den Wechsel allen diesen Personen vorlegen und gegebenenfalls Protest wegen unterbliebener Ehrenzahlung erheben lassen.

(2) Wird der Protest nicht rechtzeitig erhoben, so werden derjenige, der die Notadresse angegeben hat oder zu dessen Ehren der Wechsel angenommen worden ist, und die Nachmänner frei.

Art. 61 [Zurückweisung der Ehrenzahlung] Weist der Inhaber die Ehrenzahlung zurück, so verliert er den Rückgriff gegen diejenigen, die frei geworden wären.

Art. 62 [Quittung und Herausgabe der Papiere] (1) [1] Über die Ehrenzahlung ist auf dem Wechsel eine Quittung auszustellen, die denjenigen bezeichnet, für den gezahlt wird. [2] Fehlt die Bezeichnung, so gilt die Zahlung für den Aussteller.

(2) Der Wechsel und der etwa erhobene Protest sind dem Ehrenzahler auszuhändigen.

Art. 63 [Rechte des Ehrenzahlers] (1) [1] Der Ehrenzahler erwirbt die Rechte aus dem Wechsel gegen den Wechselverpflichteten, für den er gezahlt hat, und gegen die Personen, die diesem aus dem Wechsel haften. [2] Er kann jedoch den Wechsel nicht weiter indossieren.

(2) Die Nachmänner des Wechselverpflichteten, für den gezahlt worden ist, werden frei.

(3) [1] Sind mehrere Ehrenzahlungen angeboten, so gebührt derjenigen der Vorzug, durch welche die meisten Wechselverpflichteten frei werden. [2] Wer entgegen dieser Vorschrift in Kenntnis der Sachlage zu Ehren zahlt, verliert den Rückgriff gegen diejenigen, die sonst frei geworden wären.

Neunter Abschnitt. Ausfertigung mehrerer Stücke eines Wechsels; Wechselabschriften

1. Ausfertigungen

Art. 64 [Ausstellung und Form] (1) Der Wechsel kann in mehreren gleichen Ausfertigungen ausgestellt werden.

(2) Diese Ausfertigungen müssen im Texte der Urkunde mit fortlaufenden Nummern versehen sein; andernfalls gilt jede Ausfertigung als besonderer Wechsel.

(3) [1] Jeder Inhaber eines Wechsels kann auf seine Kosten die Übergabe mehrerer Ausfertigungen verlangen, sofern nicht aus dem Wechsel zu ersehen ist, daß er in einer einzigen Ausfertigung ausgestellt worden ist. [2] Zu diesem Zwecke hat sich der Inhaber an seinen unmittelbaren Vormann zu wenden, der wieder an seinen Vormann zurückgehen muß, und so weiter in der Reihenfolge bis zum Aussteller. [3] Die Indossanten sind verpflichtet, ihre Indossamente auf den neuen Ausfertigungen zu wiederholen.

Art. 65 [Zahlung; Haftung] (1) [1] Wird eine Ausfertigung bezahlt, so erlöschen die Rechte aus allen Ausfertigungen, auch wenn diese nicht den Vermerk tragen, daß durch die Zahlung auf eine Ausfertigung die anderen ihre Gültigkeit verlieren. [2] Jedoch bleibt der Bezogene aus jeder angenommenen Ausfertigung, die ihm nicht zurückgegeben worden ist, verpflichtet.

(2) Hat ein Indossant die Ausfertigungen an verschiedene Personen übertragen, so haften er und seine Nachmänner aus allen Ausfertigungen, die ihre Unterschrift tragen und nicht herausgegeben worden sind.

Art. 66 [Verwahrungsvermerk; Protest] (1) [1] Wer eine Ausfertigung zur Annahme versendet, hat auf den anderen Ausfertigungen den Namen dessen anzugeben, bei dem sich die versendete Ausfertigung befindet. [2] Dieser ist verpflichtet, sie dem rechtmäßigen Inhaber einer anderen Ausfertigung auszuhändigen.

(2) Wird die Aushändigung verweigert, so kann der Inhaber nur Rückgriff nehmen, nachdem er durch einen Protest hat feststellen lassen:

1. daß ihm die zur Annahme versendete Ausfertigung auf sein Verlangen nicht ausgehändigt worden ist;
2. daß die Annahme oder die Zahlung auch nicht auf eine andere Ausfertigung zu erlangen war.

2. Abschriften

Art. 67 [Zulässigkeit; Form und Inhalt] (1) Jeder Inhaber eines Wechsels ist befugt, Abschriften davon herzustellen.

(2) [1]Die Abschrift muß die Urschrift mit den Indossamenten und allen anderen darauf befindlichen Vermerken genau wiedergeben. [2]Es muß angegeben sein, wie weit die Abschrift reicht.

(3) Die Abschrift kann auf dieselbe Weise und mit denselben Wirkungen indossiert und mit einer Bürgschaftserklärung versehen werden wie die Urschrift.

Art. 68 [Vermerke; Protest] (1) [1]In der Abschrift ist der Verwahrer der Urschrift zu bezeichnen. [2]Dieser ist verpflichtet, die Urschrift dem rechtmäßigen Inhaber der Abschrift auszuhändigen.

(2) Wird die Aushändigung verweigert, so kann der Inhaber gegen die Indossanten der Abschrift und gegen diejenigen, die eine Bürgschaftserklärung auf die Abschrift gesetzt haben, nur Rückgriff nehmen, nachdem er durch einen Protest hat feststellen lassen, daß ihm die Urschrift auf sein Verlangen nicht ausgehändigt worden ist.

(3) Enthält die Urschrift nach dem letzten, vor Anfertigung der Abschrift daraufgesetzten Indossament den Vermerk „von hier ab gelten Indossamente nur noch auf der Abschrift“ oder einen gleichbedeutenden Vermerk, so ist ein später auf die Urschrift gesetztes Indossament nichtig.

Zehnter Abschnitt. Änderungen

Art. 69 [Haftung der Unterzeichner] Wird der Text eines Wechsels geändert, so haften diejenigen, die nach der Änderung ihre Unterschrift auf den Wechsel gesetzt haben, entsprechend dem geänderten Texte; wer früher unterschrieben hat, haftet nach dem ursprünglichen Texte.

Elfter Abschnitt. Verjährung

Art. 70 [Verjährungsfrist] (1) Die wechselmäßigen Ansprüche gegen den Annehmer verjähren in drei Jahren vom Verfalltage.

(2) Die Ansprüche des Inhabers gegen die Indossanten und gegen den Aussteller verjähren in einem Jahre vom Tage des rechtzeitig erhobenen Protestes oder im Falle des Vermerkes „ohne Kosten“ vom Verfalltage.

(3) Die Ansprüche eines Indossanten gegen andere Indossanten und gegen den Aussteller verjähren in sechs Monaten von dem Tage, an dem der Wechsel vom Indossanten eingelöst oder ihm gegenüber gerichtlich geltend gemacht worden ist.

Art. 71 [Unterbrechung] Der Neubeginn der Verjährung und ihre Hemmung nach § 204 des Bürgerlichen Gesetzbuchs[1)] wirken nur gegen den Wechselverpflichteten, in Ansehung dessen die Tatsache eingetreten ist, welche den Neubeginn oder die Hemmung bewirkt.

Zwölfter Abschnitt. Allgemeine Vorschriften

Art. 72 [Feiertage; Samstage] (1) [1]Verfällt der Wechsel an einem gesetzlichen Feiertage oder einem Sonnabend, so kann die Zahlung erst am nächsten Werktage verlangt werden. [2]Auch alle anderen auf den Wechsel bezüglichen Handlungen, insbesondere die Vorlegung zur Annahme und die Protesterhebung, können nur an einem Werktage, jedoch nicht an einem Sonnabend, stattfinden.

(2) [1]Fällt der letzte Tag einer Frist, innerhalb deren eine dieser Handlungen vorgenommen werden muß, auf einen gesetzlichen Feiertag oder einen Sonnabend, so wird die Frist bis zum nächsten Werktage verlängert. [2]Feiertage, die in den Lauf einer Frist fallen, werden bei der Berechnung der Frist mitgezählt.

Art. 73 [Berechnung der Fristen] Bei der Berechnung der gesetzlichen oder im Wechsel bestimmten Fristen wird der Tag, von dem sie zu laufen beginnen, nicht mitgezählt.

Art. 74 [Keine Respekttage] Weder gesetzliche noch richterliche Respekttage werden anerkannt.

Zweiter Teil. Eigener Wechsel

Art. 75 [Bestandteile] Der eigene Wechsel enthält:

1. die Bezeichnung als Wechsel im Texte der Urkunde, und zwar in der Sprache, in der sie ausgestellt ist;
2. das unbedingte Versprechen, eine bestimmte Geldsumme zu zahlen;
3. die Angabe der Verfallzeit;
4. die Angabe des Zahlungsortes;
5. den Namen dessen, an den oder an dessen Order gezahlt werden soll;
6. die Angabe des Tages und des Ortes der Ausstellung;
7. die Unterschrift des Ausstellers.

Art. 76 [Fehlen von Bestandteilen] (1) Eine Urkunde, der einer der im vorstehenden Artikel bezeichneten Bestandteile fehlt, gilt nicht als eigener Wechsel, vorbehaltlich der in den folgenden Absätzen bezeichneten Fälle.

(2) Ein eigener Wechsel ohne Angabe der Verfallzeit gilt als Sichtwechsel.

(3) Mangels einer besonderen Angabe gilt der Ausstellungsort als Zahlungsort und zugleich als Wohnort des Ausstellers.

(4) Ein eigener Wechsel ohne Angabe des Ausstellungsortes gilt als ausgestellt an dem Orte, der bei dem Namen des Ausstellers angegeben ist.

[1)] Auszugsweise abgedruckt unter Nr. **23**.

Art. 77 [Anzuwendende Vorschriften] (1) Für den eigenen Wechsel gelten, soweit sie nicht mit seinem Wesen in Widerspruch stehen, die für den gezogenen Wechsel gegebenen Vorschriften über
das Indossament (Artikel 11 bis 20),
den Verfall (Artikel 33 bis 37),
die Zahlung (Artikel 38 bis 42),
den Rückgriff mangels Zahlung (Artikel 43 bis 50, 52 bis 54),
die Ehrenzahlung (Artikel 55, 59 bis 63),
die Abschriften (Artikel 67 und 68),
die Änderungen (Artikel 69),
die Verjährung (Artikel 70 und 71),
die Feiertage, die Fristenberechnung und das Verbot der Respekttage (Artikel 72 bis 74).

(2) Ferner gelten für den eigenen Wechsel die Vorschriften über gezogene Wechsel, die bei einem Dritten oder an einem von dem Wohnort des Bezogenen verschiedenen Ort zahlbar sind (Artikel 4 und 27), über den Zinsvermerk (Artikel 5), über die Abweichungen bei der Angabe der Wechselsumme (Artikel 6), über die Folgen einer ungültigen Unterschrift (Artikel 7) oder die Unterschrift einer Person, die ohne Vertretungsbefugnis handelt oder ihre Vertretungsbefugnis überschreitet (Artikel 8), und über den Blankowechsel (Artikel 10).

(3) Ebenso finden auf den eigenen Wechsel die Vorschriften über die Wechselbürgschaft Anwendung (Artikel 30 bis 32); im Falle des Artikels 31 Abs. 4 gilt die Wechselbürgschaft, wenn die Erklärung nicht angibt, für wen sie geleistet wird, für den Aussteller des eigenen Wechsels.

Art. 78 [Haftung des Ausstellers; Nachsichtwechsel] (1) Der Aussteller eines eigenen Wechsels haftet in der gleichen Weise wie der Annehmer eines gezogenen Wechsels.

(2) [1] Eigene Wechsel, die auf eine bestimmte Zeit nach Sicht lauten, müssen dem Aussteller innerhalb der in Artikel 23 bezeichneten Fristen zur Sicht vorgelegt werden. [2] Die Sicht ist von dem Aussteller auf dem Wechsel unter Angabe des Tages und Beifügung der Unterschrift zu bestätigen. [3] Die Nachsichtfrist läuft vom Tage des Sichtvermerkes. [4] Weigert sich der Aussteller, die Sicht unter Angabe des Tages zu bestätigen, so ist dies durch einen Protest festzustellen (Artikel 25); die Nachsichtfrist läuft dann vom Tage des Protestes.

Dritter Teil. Ergänzende Vorschriften

Erster Abschnitt. Protest

Art. 79 [Protestpersonen] (1) Jeder Protest muß durch einen Notar oder Gerichtsbeamten aufgenommen werden.

(2) *(aufgehoben)*

Art. 80 [Inhalt des Protestes] (1) In dem Protest ist aufzunehmen:

1. der Name dessen, für den protestiert wird, sowie der Name dessen, gegen den protestiert wird;
2. die Angabe, daß derjenige, gegen den protestiert wird, ohne Erfolg zur Vornahme der wechselrechtlichen Leistung aufgefordert worden oder nicht anzutreffen gewesen ist oder daß seine Geschäftsräume oder seine Wohnung sich nicht haben ermitteln lassen;
3. die Angabe des Ortes und des Tages, an dem die Aufforderung geschehen oder ohne Erfolg versucht worden ist.

(2) Verlangt der Bezogene, dem ein Wechsel zur Annahme vorgelegt wird, die nochmalige Vorlegung am nächsten Tage, so ist dies im Protest zu vermerken.

(3) Der Protest ist von dem Protestbeamten zu unterschreiben und mit dem Amtssiegel oder dem Amtsstempel zu versehen.

Art. 81 [Form des Protestes] (1) Der Protest ist auf den Wechsel oder auf ein mit dem Wechsel zu verbindendes Blatt zu setzen.

(2) Er soll unmittelbar hinter den letzten auf der Rückseite des Wechsels befindlichen Vermerk, in Ermangelung eines solchen unmittelbar an einen Rand der Rückseite gesetzt werden.

(3) [1] Wird der Protest auf ein Blatt gesetzt, das mit dem Wechsel verbunden wird, so soll die Verbindungsstelle mit dem Amtssiegel oder dem Amtsstempel versehen werden. [2] Ist dies geschehen, so braucht der Unterschrift des Protestbeamten ein Siegel oder Stempel nicht beigefügt zu werden.

(4) [1] Wird der Protest unter Vorlegung mehrerer Ausfertigungen desselben Wechsels oder unter Vorlegung der Urschrift und einer Abschrift erhoben, so genügt die Beurkundung auf einer der Ausfertigungen oder auf der Urschrift. [2] Auf den anderen Ausfertigungen oder auf der Abschrift ist zu vermerken, auf welche Ausfertigung der Protest gesetzt worden ist oder daß er sich auf der Urschrift befindet. [3] Auf den Vermerk finden die Vorschriften des Absatzes 2 und des Absatzes 3 Satz 1 entsprechende Anwendung. [4] Der Protestbeamte hat den Vermerk zu unterschreiben.

Art. 82 [Protest des Inhabers einer Abschrift und bei Teilannahme]

(1) Der Protest, den der Inhaber einer Abschrift nach Artikel 68 Abs. 2 gegen den Verwahrer der Urschrift erheben läßt, ist auf die Abschrift oder auf ein damit zu verbindendes Blatt zu setzen.

(2) [1] Wird Protest erhoben, weil die Annahme auf einen Teil der Wechselsumme beschränkt worden ist, so ist eine Abschrift des Wechsels anzufertigen und der Protest auf diese Abschrift oder auf ein damit zu verbindendes Blatt zu setzen. [2] Die Abschrift hat auch die auf dem Wechsel befindlichen Indossamente und anderen Vermerke zu enthalten.

(3) Die Vorschriften des Artikels 81 Abs. 2 und Abs. 3 finden entsprechende Anwendung.

Art. 83 [Mehrfache Aufforderung] Muß eine wechselrechtliche Leistung von mehreren Personen oder von derselben Person mehrfach verlangt werden, so ist über die mehrfache Aufforderung nur eine Protesturkunde erforderlich.

Art. 84 [Zahlung an Protestbeamte] [1]Der Wechsel kann an den Protestbeamten bezahlt werden. [2]Die Befugnis des Protestbeamten zur Annahme der Zahlung kann nicht ausgeschlossen werden.

Art. 85 [Berichtigung; Abschriften; Vermerke] (1) [1]Schreibfehler, Auslassungen und sonstige Mängel der Protesturkunde können bis zur Aushändigung der Urkunde an denjenigen, für den der Protest erhoben worden ist, von dem Protestbeamten berichtigt werden. [2]Die Berichtigung ist als solche unter Beifügung der Unterschrift kenntlich zu machen.

(2) [1]Von dem Protest ist eine beglaubigte Abschrift zurückzubehalten. [2]Über den Inhalt des Wechsels oder der Wechselabschrift ist ein Vermerk aufzunehmen. [3]Der Vermerk hat zu enthalten:

1. den Betrag des Wechsels;
2. die Verfallzeit;
3. den Ort und den Tag der Ausstellung;
4. den Namen des Ausstellers, den Namen dessen, an den oder an dessen Order gezahlt werden soll, und den Namen des Bezogenen;
5. falls eine vom Bezogenen oder bei eigenen Wechseln vom Aussteller verschiedene Person angegeben ist, bei der die Zahlung geleistet werden soll, den Namen dieser Person sowie die Namen der etwaigen Notadressen und derjenigen, die den Wechsel zu Ehren angenommen haben.

(3) Die Abschriften und Vermerke sind geordnet aufzubewahren.

Art. 86 [Protestzeit] Proteste sollen in der Zeit von neun Uhr vormittags bis sechs Uhr abends erhoben werden, außerhalb dieser Zeit nur dann, wenn derjenige, gegen den protestiert wird, ausdrücklich einwilligt.

Art. 87 [Proteststelle] (1) [1]Die Vorlegung zur Annahme oder Zahlung, die Protesterhebung, die Abforderung einer Ausfertigung sowie alle sonstigen bei einer bestimmten Person vorzunehmenden Handlungen müssen in deren Geschäftsräumen oder, wenn sich solche nicht ermitteln lassen, in deren Wohnung vorgenommen werden. [2]An einer anderen Stelle, insbesondere an der Börse, kann dies nur mit beiderseitigem Einverständnis geschehen.

(2) Ist in dem Protest vermerkt, daß sich die Geschäftsräume oder die Wohnung nicht haben ermitteln lassen, so ist der Protest nicht deshalb unwirksam, weil die Ermittlung möglich war.

(3) [1]Die Verantwortlichkeit des Protestbeamten, der es unterläßt, geeignete Ermittlungen anzustellen, wird durch die Vorschrift des zweiten Absatzes nicht berührt. [2]Ist eine Nachfrage bei der Polizeibehörde des Ortes ohne Erfolg geblieben, so ist der Protestbeamte zu weiteren Nachforschungen nicht verpflichtet.

Art. 88 *(aufgehoben)*

Zweiter Abschnitt. Bereicherung

Art. 89 [Anspruch auf Herausgabe] (1) [1]Ist die wechselmäßige Verbindlichkeit des Ausstellers oder des Annehmers durch Verjährung oder dadurch erloschen, daß eine zur Erhaltung des Wechselrechts notwendige Handlung versäumt worden ist, so bleiben sie dem Inhaber des Wechsels so weit verpflichtet, als sie sich mit dessen Schaden bereichern würden. [2]Der Anspruch auf Herausgabe der Bereicherung verjährt in drei Jahren nach dem Erlöschen der wechselmäßigen Verbindlichkeit.

(2) Gegen die Indossanten, deren wechselmäßige Verbindlichkeit erloschen ist, findet ein solcher Anspruch nicht statt.

Dritter Abschnitt. Abhanden gekommene Wechsel und Protesturkunden

Art. 90 [Kraftloserklärung; Zeugnis über die Protesterhebung]

(1) [1]Ein abhanden gekommener oder vernichteter Wechsel kann im Wege des Aufgebotsverfahrens für kraftlos erklärt werden. [2]Nach Einleitung des Verfahrens kann der Berechtigte von dem Annehmer des gezogenen oder dem Aussteller des eigenen Wechsels bei der Fälligkeit Zahlung fordern, wenn er bis zur Kraftloserklärung Sicherheit leistet.

(2) [1]Eine abhanden gekommene oder vernichtete Protesturkunde kann durch ein Zeugnis über die Protesterhebung ersetzt werden, das von der die beglaubigte Abschrift der Urkunde verwahrenden Stelle zu erteilen ist. [2]In dem Zeugnis muß der Inhalt des Protestes und des gemäß Artikel 85 Abs. 2 aufgenommenen Vermerks angegeben sein.

Vierter Teil. Geltungsbereich der Gesetze

Art. 91 [Wechselfähigkeit] (1) [1]Die Fähigkeit einer Person, eine Wechselverbindlichkeit einzugehen, bestimmt sich nach dem Recht des Landes, dem sie angehört. [2]Erklärt dieses Recht das Recht eines anderen Landes für maßgebend, so ist das letztere Recht anzuwenden.

(2) [1]Wer nach dem in vorstehendem Absatz bezeichneten Recht nicht wechselfähig ist, wird gleichwohl gültig verpflichtet, wenn die Unterschrift in dem Gebiet eines Landes abgegeben worden ist, nach dessen Recht er wechselfähig wäre. [2]Diese Vorschrift findet keine Anwendung, wenn die Verbindlichkeit von einem Inländer im Ausland übernommen worden ist.

Art. 92 [Form der Wechselerklärung] (1) Die Form einer Wechselerklärung bestimmt sich nach dem Recht des Landes, in dessen Gebiet die Erklärung unterschrieben worden ist.

(2) Wenn jedoch eine Wechselerklärung, die nach den Vorschriften des vorstehenden Absatzes ungültig ist, dem Recht des Landes entspricht, in dessen Gebiet eine spätere Wechselerklärung unterschrieben worden ist, so wird durch Mängel in der Form der ersten Wechselerklärung die Gültigkeit der späteren Wechselerklärung nicht berührt.

(3) Eine Wechselerklärung, die ein Inländer im Ausland abgegeben hat, ist im Inland gegenüber anderen Inländern gültig, wenn die Erklärung den Formerfordernissen des inländischen Rechts genügt.

Art. 93 [Wirkung der Wechselerklärungen] (1) Die Wirkungen der Verpflichtungserklärungen des Annehmers eines gezogenen Wechsels und des

Ausstellers eines eigenen Wechsels bestimmen sich nach dem Recht des Zahlungsortes.

(2) Die Wirkungen der übrigen Wechselerklärungen bestimmen sich nach dem Recht des Landes, in dessen Gebiet die Erklärungen unterschrieben worden sind.

Art. 94 [Fristen für Rückgriff] Die Fristen für die Ausübung der Rückgriffsrechte werden für alle Wechselverpflichteten durch das Recht des Ortes bestimmt, an dem der Wechsel ausgestellt worden ist.

Art. 95 [Forderung aus dem Grundgeschäft] Das Recht des Ausstellungsortes bestimmt, ob der Inhaber eines gezogenen Wechsels die seiner Ausstellung zugrunde liegende Forderung erwirbt.

Art. 96 [Teilannahme und Teilzahlung] (1) Das Recht des Zahlungsortes bestimmt, ob die Annahme eines gezogenen Wechsels auf einen Teil der Summe beschränkt werden kann und ob der Inhaber verpflichtet oder nicht verpflichtet ist, eine Teilzahlung anzunehmen.

(2) Dasselbe gilt für die Zahlung bei einem eigenen Wechsel.

Art. 97 [Form des Protestes] Die Form des Protestes und die Fristen für die Protesterhebung sowie die Form der übrigen Handlungen, die zur Ausübung oder Erhaltung der Wechselrechte erforderlich sind, bestimmen sich nach dem Recht des Landes, in dessen Gebiet der Protest zu erheben oder die Handlung vorzunehmen ist.

Art. 98 [Verlust oder Diebstahl des Wechsels] Das Recht des Zahlungsortes bestimmt die Maßnahmen, die bei Verlust oder Diebstahl eines Wechsels zu ergreifen sind.

27. Allgemeine Geschäftsbedingungen der privaten Banken

Fassung Juli 2018

Grundregeln für die Beziehung zwischen Kunde und Bank

1. Geltungsbereich und Änderungen dieser Geschäftsbedingungen und der Sonderbedingungen für einzelne Geschäftsbeziehungen

(1) Geltungsbereich

Die Allgemeinen Geschäftsbedingungen gelten für die gesamte Geschäftsverbindung zwischen dem Kunden und den inländischen Geschäftsstellen der Bank (im folgenden Bank genannt). Daneben gelten für einzelne Geschäftsbeziehungen (zum Beispiel für das Wertpapiergeschäft, den Zahlungsverkehr und für den Sparverkehr) Sonderbedingungen, die Abweichungen oder Ergänzungen zu diesen Allgemeinen Geschäftsbedingungen enthalten; sie werden bei der Kontoeröffnung oder bei Erteilung eines Auftrages mit dem Kunden vereinbart. Unterhält der Kunde auch Geschäftsverbindungen zu ausländischen Geschäftsstellen, sichert das Pfandrecht der Bank (Nummer 14 dieser Geschäftsbedingungen) auch die Ansprüche dieser ausländischen Geschäftsstellen.

(2) Änderungen

Änderungen dieser Geschäftsbedingungen und der Sonderbedingungen werden dem Kunden spätestens zwei Monate vor dem vorgeschlagenen Zeitpunkt ihres Wirksamwerdens in Textform angeboten. Hat der Kunde mit der Bank im Rahmen der Geschäftsbeziehung einen elektronischen Kommunikationsweg vereinbart (zum Beispiel das Online-Banking), können die Änderungen auch auf diesem Wege angeboten werden. Der Kunde kann den Änderungen vor dem vorgeschlagenen Zeitpunkt ihres Wirksamwerdens entweder zustimmen oder sie ablehnen. Die Zustimmung des Kunden gilt als erteilt, wenn er seine Ablehnung nicht vor dem vorgeschlagenen Zeitpunkt des Wirksamwerdens der Änderungen angezeigt hat. Auf diese Genehmigungswirkung wird ihn die Bank in ihrem Angebot besonders hinweisen.

Werden dem Kunden Änderungen von Bedingungen zu Zahlungsdiensten (zum Beispiel Überweisungsbedingungen) angeboten, kann er den von der Änderung betroffenen Zahlungsdiensterahmenvertrag vor dem vorgeschlagenen Zeitpunkt des Wirksamwerdens der Änderungen auch fristlos und kostenfrei kündigen. Auf dieses Kündigungsrecht wird ihn die Bank in ihrem Angebot besonders hinweisen.

2. Bankgeheimnis und Bankauskunft

(1) Bankgeheimnis

Die Bank ist zur Verschwiegenheit über alle kundenbezogenen Tatsachen und Wertungen verpflichtet, von denen sie Kenntnis erlangt (Bankgeheimnis). Informationen über den Kunden darf die Bank nur weitergeben, wenn gesetzliche Bestimmungen dies gebieten oder der Kunde eingewilligt hat oder die Bank zur Erteilung einer Bankauskunft befugt ist.

(2) Bankauskunft

Eine Bankauskunft enthält allgemein gehaltene Feststellungen und Bemerkungen über die wirtschaftlichen Verhältnisse des Kunden, seine Kreditwürdigkeit und Zahlungsfähigkeit; betragsmäßige Angaben über Kontostände, Sparguthaben, Depot- oder sonstige der Bank anvertraute Vermögenswerte sowie Angaben über die Höhe von Kreditinanspruchnahmen werden nicht gemacht.

(3) Voraussetzungen für die Erteilung einer Bankauskunft

Die Bank ist befugt, über juristische Personen und im Handelsregister eingetragene Kaufleute Bankauskünfte zu erteilen, sofern sich die Anfrage auf ihre geschäftliche Tätigkeit bezieht. Die Bank erteilt jedoch keine Auskünfte, wenn ihr eine anders lautende Weisung des Kunden vorliegt. Bankauskünfte über andere Personen, insbesondere über Privatkunden und Vereinigungen, erteilt die Bank nur dann, wenn diese generell oder im Einzelfall ausdrücklich zugestimmt haben. Eine Bankauskunft wird nur erteilt, wenn der Anfragende ein berechtigtes Interesse an der gewünschten Auskunft glaubhaft dargelegt hat und kein Grund zu der Annahme besteht, dass schutzwürdige Belange des Kunden der Auskunftserteilung entgegenstehen.

(4) Empfänger von Bankauskünften

Bankauskünfte erteilt die Bank nur eigenen Kunden sowie anderen Kreditinstituten für deren Zwecke oder die ihrer Kunden.

3. Haftung der Bank; Mitverschulden des Kunden

(1) Haftungsgrundsätze

Die Bank haftet bei der Erfüllung ihrer Verpflichtungen für jedes Verschulden ihrer Mitarbeiter und der Personen, die sie zur Erfüllung ihrer Verpflichtungen hinzuzieht. Soweit die Sonderbedingungen für einzelne Geschäftsbeziehungen oder sonstige Vereinbarungen etwas Abweichendes regeln, gehen diese Regelungen vor. Hat der Kunde durch ein schuldhaftes Verhalten (zum Beispiel durch Verletzung der in Nr. 11 dieser Geschäftsbedingungen aufgeführten Mitwirkungspflichten) zu der Entstehung eines Schadens beigetragen, bestimmt sich nach den Grundsätzen des Mitverschuldens, in welchem Umfang Bank und Kunde den Schaden zu tragen haben.

(2) Weitergeleitete Aufträge

Wenn ein Auftrag seinem Inhalt nach typischerweise in der Form ausgeführt wird, dass die Bank einen Dritten mit der weiteren Erledigung betraut, erfüllt die Bank den Auftrag dadurch, dass sie ihn im eigenen Namen an den Dritten weiterleitet (weitergeleiteter Auftrag). Dies betrifft zum Beispiel die Einholung von Bankauskünften bei anderen Kreditinstituten oder die Verwahrung und Verwaltung von Wertpapieren im Ausland. In diesen Fällen beschränkt sich die Haftung der Bank auf die sorgfältige Auswahl und Unterweisung des Dritten.

(3) Störung des Betriebs

Die Bank haftet nicht für Schäden, die durch höhere Gewalt, Aufruhr, Kriegs- und Naturereignisse oder durch sonstige von ihr nicht zu vertretende Vorkommnisse (zum Beispiel Streik, Aussperrung, Verkehrsstörung, Verfügungen von hoher Hand im In- oder Ausland) eintreten.

4. Grenzen der Aufrechnungsbefugnis des Kunden, der kein Verbraucher ist

Ein Kunde, der kein Verbraucher ist, kann gegen Forderungen der Bank nur aufrechnen, wenn seine Forderungen unbestritten oder rechtskräftig festgestellt sind. Diese Aufrechnungsbeschränkung gilt nicht für eine vom Kunden zur Aufrechnung gestellte Forderung, die ihren Rechtsgrund in einem Darlehen oder einer Finanzierungshilfe gemäß §§ 513, 491 bis 512 BGB[1] hat.

5. Verfügungsberechtigung nach dem Tod des Kunden

Nach dem Tod des Kunden hat derjenige, der sich gegenüber der Bank auf die Rechtsnachfolge des Kunden beruft, der Bank seine erbrechtliche Berechtigung in geeigneter Weise nachzuweisen.

Wird der Bank eine Ausfertigung oder eine beglaubigte Abschrift der letztwilligen Verfügung (Testament, Erbvertrag) nebst zugehöriger Eröffnungsniederschrift vorgelegt, darf die Bank denjenigen, der darin als Erbe oder Testamentsvollstrecker bezeichnet ist, als Berechtigten ansehen, ihn verfügen lassen und insbesondere mit befreiender Wirkung an ihn leisten. Dies gilt nicht, wenn der Bank bekannt ist, dass der dort Genannte (zum Beispiel nach Anfechtung oder wegen Nichtigkeit des Testaments) nicht verfügungsberechtigt ist oder wenn ihr dies infolge Fahrlässigkeit nicht bekannt geworden ist.

6. Maßgebliches Recht und Gerichtsstand bei kaufmännischen und öffentlich-rechtlichen Kunden

(1) Geltung deutschen Rechts

Für die Geschäftsverbindung zwischen dem Kunden und der Bank gilt deutsches Recht.

(2) Gerichtsstand für Inlandskunden

Ist der Kunde ein Kaufmann und ist die streitige Geschäftsbeziehung dem Betriebe seines Handelsgewerbes zuzurechnen, so kann die Bank diesen Kunden an dem für die kontoführende Stelle zuständigen Gericht oder bei einem anderen zuständigen Gericht verklagen; dasselbe gilt für eine juristische Person des öffentlichen Rechts und für öffentlich-rechtliche Sondervermögen. Die Bank selbst kann von diesen Kunden nur an dem für die kontoführende Stelle zuständigen Gericht verklagt werden.

(3) Gerichtsstand für Auslandskunden

Die Gerichtsstandsvereinbarung gilt auch für Kunden, die im Ausland eine vergleichbare gewerbliche Tätigkeit ausüben, sowie für ausländische Institutionen, die mit inländischen juristischen Personen des öffentlichen Rechts oder mit einem inländischen öffentlich-rechtlichen Sondervermögen vergleichbar sind.

---

[1] Nr. **23**.

Kontoführung

7. Rechnungsabschlüsse bei Kontokorrentkonten (Konten in laufender Rechnung)

(1) Erteilung der Rechnungsabschlüsse

Die Bank erteilt bei einem Kontokorrentkonto, sofern nicht etwas anderes vereinbart ist, jeweils zum Ende eines Kalenderquartals einen Rechnungsabschluss; dabei werden die in diesem Zeitraum entstandenen beiderseitigen Ansprüche (einschließlich der Zinsen und Entgelte der Bank) verrechnet. Die Bank kann auf den Saldo, der sich aus der Verrechnung ergibt, nach Nummer 12 dieser Geschäftsbedingungen oder nach der mit dem Kunden anderweitig getroffenen Vereinbarung Zinsen berechnen.

(2) Frist für Einwendungen; Genehmigung durch Schweigen

Einwendungen wegen Unrichtigkeit oder Unvollständigkeit eines Rechnungsabschlusses hat der Kunde spätestens vor Ablauf von sechs Wochen nach dessen Zugang zu erheben; macht er seine Einwendungen in Textform geltend, genügt die Absendung innerhalb der Sechs-Wochen-Frist. Das Unterlassen rechtzeitiger Einwendungen gilt als Genehmigung. Auf diese Folge wird die Bank bei Erteilung des Rechnungsabschlusses besonders hinweisen. Der Kunde kann auch nach Fristablauf eine Berichtigung des Rechnungsabschlusses verlangen, muss dann aber beweisen, dass zu Unrecht sein Konto belastet oder eine ihm zustehende Gutschrift nicht erteilt wurde.

8. Storno- und Berichtigungsbuchungen der Bank

(1) Vor Rechnungsabschluss

Fehlerhafte Gutschriften auf Kontokorrentkonten (zum Beispiel wegen einer falschen Kontonummer) darf die Bank bis zum nächsten Rechnungsabschluss durch eine Belastungsbuchung rückgängig machen, soweit ihr ein Rückzahlungsanspruch gegen den Kunden zusteht (Stornobuchung); der Kunde kann in diesem Fall gegen die Belastungsbuchung nicht einwenden, dass er in Höhe der Gutschrift bereits verfügt hat.

(2) Nach Rechnungsabschluss

Stellt die Bank eine fehlerhafte Gutschrift erst nach einem Rechnungsabschluss fest und steht ihr ein Rückzahlungsanspruch gegen den Kunden zu, so wird sie in Höhe ihres Anspruchs sein Konto belasten (Berichtigungsbuchung). Erhebt der Kunde gegen die Berichtigungsbuchung Einwendungen, so wird die Bank den Betrag dem Konto wieder gutschreiben und ihren Rückzahlungsanspruch gesondert geltend machen.

(3) Information des Kunden; Zinsberechnung

Über Storno- und Berichtigungsbuchungen wird die Bank den Kunden unverzüglich unterrichten. Die Buchungen nimmt die Bank hinsichtlich der Zinsberechnung rückwirkend zu dem Tag vor, an dem die fehlerhafte Buchung durchgeführt wurde.

9. Einzugsaufträge

(1) Erteilung von Vorbehaltsgutschriften bei der Einreichung

Schreibt die Bank den Gegenwert von Schecks und Lastschriften schon vor ihrer Einlösung gut, geschieht dies unter dem Vorbehalt ihrer Einlösung, und zwar auch dann, wenn diese bei der Bank selbst zahlbar sind. Reicht der Kunde andere Papiere mit dem Auftrag ein, von einem Zahlungspflichtigen einen Forderungsbetrag zu beschaffen (zum Beispiel Zinsscheine), und erteilt die Bank über den Betrag eine Gutschrift, so steht diese unter dem Vorbehalt, dass die Bank den Betrag erhält. Der Vorbehalt gilt auch dann, wenn die Schecks, Lastschriften und anderen Papiere bei der Bank selbst zahlbar sind. Werden Schecks oder Lastschriften nicht eingelöst oder erhält die Bank den Betrag aus dem Einzugsauftrag nicht, macht die Bank die Vorbehaltsgutschrift rückgängig. Dies geschieht unabhängig davon, ob in der Zwischenzeit ein Rechnungsabschluss erteilt wurde.

(2) Einlösung von Lastschriften und vom Kunden ausgestellter Schecks

Lastschriften sowie Schecks sind eingelöst, wenn die Belastungsbuchung nicht spätestens am zweiten Bankarbeitstag[1] – bei SEPA-Firmenlastschriften nicht spätestens am dritten Bankarbeitstag – nach ihrer Vornahme rückgängig gemacht wird. Barschecks sind bereits mit Zahlung an den Scheckvorleger eingelöst. Schecks sind auch schon dann eingelöst, wenn die Bank im Einzelfall eine Bezahltmeldung absendet. Schecks, die über die Abrechnungsstelle der Bundesbank vorgelegt werden, sind eingelöst, wenn sie nicht bis zu dem von der Bundesbank festgesetzten Zeitpunkt zurückgegeben werden.

10. Fremdwährungsgeschäfte und Risiken bei Fremdwährungskonten

(1) Auftragsausführung bei Fremdwährungskonten

Fremdwährungskonten des Kunden dienen dazu, Zahlungen an den Kunden und Verfügungen des Kunden in fremder Währung bargeldlos abzuwickeln. Verfügungen über Guthaben auf Fremdwährungskonten (zum Beispiel durch Überweisungen zu Lasten des Fremdwährungsguthabens) werden unter Einschaltung von Banken im Heimatland der Währung abgewickelt, wenn sie die Bank nicht vollständig innerhalb des eigenen Hauses ausführt.

(2) Gutschriften bei Fremdwährungsgeschäften mit dem Kunden

Schließt die Bank mit dem Kunden ein Geschäft (zum Beispiel ein Devisentermingeschäft) ab, aus dem sie die Verschaffung eines Betrages in fremder Währung schuldet, wird sie ihre Fremdwährungsverbindlichkeit durch Gutschrift auf dem Konto des Kunden in dieser Währung erfüllen, sofern nicht etwas anderes vereinbart ist.

(3) Vorübergehende Beschränkung der Leistung durch die Bank

Die Verpflichtung der Bank zur Ausführung einer Verfügung zu Lasten eines Fremdwährungsguthabens (Absatz 1) oder zur Erfüllung einer Fremdwährungsverbindlichkeit (Absatz 2) ist in dem Umfang und solange ausgesetzt, wie die Bank in der Währung, auf die das Fremdwährungsguthaben oder die Verbindlichkeit lautet, wegen politisch bedingter Maßnahmen oder Ereignisse im Lande dieser Währung nicht oder nur eingeschränkt verfügen kann. In dem

---

[1] **Amtl. Anm.:** Bankarbeitstage sind alle Werktage außer: Sonnabende, 24. und 31. Dezember.

Umfang und solange diese Maßnahmen oder Ereignisse andauern, ist die Bank auch nicht zu einer Erfüllung an einem anderen Ort außerhalb des Landes der Währung, in einer anderen Währung (auch nicht in Euro) oder durch Anschaffung von Bargeld verpflichtet. Die Verpflichtung der Bank zur Ausführung einer Verfügung zu Lasten eines Fremdwährungsguthabens ist dagegen nicht ausgesetzt, wenn sie die Bank vollständig im eigenen Haus ausführen kann. Das Recht des Kunden und der Bank, fällige gegenseitige Forderungen in derselben Währung miteinander zu verrechnen, bleibt von den vorstehenden Regelungen unberührt.

(4) Wechselkurs

Die Bestimmung des Wechselkurses bei Fremdwährungsgeschäften ergibt sich aus dem „Preis- und Leistungsverzeichnis". Bei Zahlungsdiensten gilt ergänzend der Zahlungsdiensterahmenvertrag.

Mitwirkungspflichten des Kunden

11. Mitwirkungspflichten des Kunden

(1) Mitteilung von Änderungen

Zur ordnungsgemäßen Abwicklung des Geschäftsverkehrs ist es erforderlich, dass der Kunde der Bank Änderungen seines Namens und seiner Anschrift sowie das Erlöschen oder die Änderung einer gegenüber der Bank erteilten Vertretungsmacht (insbesondere einer Vollmacht) unverzüglich mitteilt. Diese Mitteilungspflicht besteht auch dann, wenn die Vertretungsmacht in ein öffentliches Register (zum Beispiel in das Handelsregister) eingetragen ist und ihr Erlöschen oder ihre Änderung in dieses Register eingetragen wird. Darüber hinaus können sich weitergehende gesetzliche Mitteilungspflichten, insbesondere aus dem Geldwäschegesetz[1], ergeben.

(2) Klarheit von Aufträgen

Aufträge müssen ihren Inhalt zweifelsfrei erkennen lassen. Nicht eindeutig formulierte Aufträge können Rückfragen zur Folge haben, die zu Verzögerungen führen können. Vor allem hat der Kunde bei Aufträgen auf die Richtigkeit und Vollständigkeit seiner Angaben, insbesondere der Kontonummer und Bankleitzahl oder IBAN[2] und BIC[3] sowie der Währung zu achten. Änderungen, Bestätigungen oder Wiederholungen von Aufträgen müssen als solche gekennzeichnet sein.

(3) Besonderer Hinweis bei Eilbedürftigkeit der Ausführung eines Auftrags

Hält der Kunde bei der Ausführung eines Auftrags besondere Eile für nötig, hat er dies der Bank gesondert mitzuteilen. Bei formularmäßig erteilten Aufträgen muss dies außerhalb des Formulars erfolgen.

(4) Prüfung und Einwendungen bei Mitteilungen der Bank

Der Kunde hat Kontoauszüge, Wertpapierabrechnungen, Depot- und Erträgnisaufstellungen, sonstige Abrechnungen, Anzeigen über die Ausführung

---

[1] Nr. **15**.

[2] **Amtl. Anm.:** International Bank Account Number (Internationale Bankkontonummer)

[3] **Amtl. Anm.:** Bank Identifier Code (Bank-Identifizierungs-Code)

von Aufträgen sowie Informationen über erwartete Zahlungen und Sendungen (Avise) auf ihre Richtigkeit und Vollständigkeit unverzüglich zu überprüfen und etwaige Einwendungen unverzüglich zu erheben.

(5) Benachrichtigung der Bank bei Ausbleiben von Mitteilungen

Falls Rechnungsabschlüsse und Depotaufstellungen dem Kunden nicht zugehen, muss er die Bank unverzüglich benachrichtigen. Die Benachrichtigungspflicht besteht auch beim Ausbleiben anderer Mitteilungen, deren Eingang der Kunde erwartet (Wertpapierabrechnungen, Kontoauszüge nach der Ausführung von Aufträgen des Kunden oder über Zahlungen, die der Kunde erwartet).

Kosten der Bankdienstleistungen

12. Zinsen, Entgelte und Aufwendungen

(1) Zinsen und Entgelte im Geschäft mit Verbrauchern

Die Höhe der Zinsen und Entgelte für die üblichen Bankleistungen, die die Bank gegenüber Verbrauchern erbringt, einschließlich der Höhe von Zahlungen, die über die für die Hauptleistung vereinbarten Entgelte hinausgehen, ergeben sich aus dem „Preisaushang – Regelsätze im standardisierten Privatkundengeschäft" und aus dem „Preis- und Leistungsverzeichnis".

Wenn ein Verbraucher eine dort aufgeführte Hauptleistung in Anspruch nimmt und dabei keine abweichende Vereinbarung getroffen wurde, gelten die zu diesem Zeitpunkt im „Preisaushang" oder „Preis- und Leistungsverzeichnis" angegebenen Zinsen und Entgelte.

Eine Vereinbarung, die auf eine über das vereinbarte Entgelt für die Hauptleistung hinausgehende Zahlung des Verbrauchers gerichtet ist, kann die Bank mit dem Verbraucher nur ausdrücklich treffen, auch wenn sie im „Preisaushang" oder im „Preis- und Leistungsverzeichnis" ausgewiesen ist.

Für die Vergütung der nicht im „Preisaushang" oder im „Preis- und Leistungsverzeichnis" aufgeführten Leistungen, die im Auftrag des Verbrauchers erbracht werden und die, nach den Umständen zu urteilen, nur gegen eine Vergütung zu erwarten sind, gelten, soweit keine andere Vereinbarung getroffen wurde, die gesetzlichen Vorschriften.

(2) Zinsen und Entgelte im Geschäft mit Kunden, die keine Verbraucher sind

Die Höhe der Zinsen und Entgelte für die üblichen Bankleistungen, die die Bank gegenüber Kunden, die keine Verbraucher sind, erbringt, ergeben sich aus dem „Preisaushang – Regelsätze im standardisierten Privatkundengeschäft" und aus dem „Preis- und Leistungsverzeichnis", soweit der „Preisaushang" und das „Preis- und Leistungsverzeichnis" übliche Bankleistungen gegenüber Kunden, die keine Verbraucher sind (zum Beispiel Geschäftskunden), ausweisen.

Wenn ein Kunde, der kein Verbraucher ist, eine dort aufgeführte Bankleistung in Anspruch nimmt und dabei keine abweichende Vereinbarung getroffen wurde, gelten die zu diesem Zeitpunkt im „Preisaushang" oder „Preis- und Leistungsverzeichnis" angegebenen Zinsen und Entgelte.

Im Übrigen bestimmt die Bank, sofern keine andere Vereinbarung getroffen wurde und gesetzliche Bestimmungen dem nicht entgegenstehen, die Höhe von Zinsen und Entgelten nach billigem Ermessen (§ 315 des Bürgerlichen Gesetzbuchs[1]).

(3) Nicht entgeltfähige Leistungen

Für eine Leistung, zu deren Erbringung die Bank kraft Gesetzes oder aufgrund einer vertraglichen Nebenpflicht verpflichtet ist oder die sie im eigenen Interesse wahrnimmt, wird die Bank kein Entgelt berechnen, es sei denn, es ist gesetzlich zulässig und wird nach Maßgabe der gesetzlichen Regelung erhoben.

(4) Änderung von Zinsen; Kündigungsrecht des Kunden bei Erhöhung

Die Änderung der Zinsen bei Krediten mit einem veränderlichen Zinssatz erfolgt aufgrund der jeweiligen Kreditvereinbarung mit dem Kunden. Die Bank wird dem Kunden Änderungen von Zinsen mitteilen. Bei einer Erhöhung kann der Kunde, sofern nichts anderes vereinbart ist, die davon betroffene Kreditvereinbarung innerhalb von sechs Wochen nach der Bekanntgabe der Änderung mit sofortiger Wirkung kündigen. Kündigt der Kunde, so werden die erhöhten Zinsen für die gekündigte Kreditvereinbarung nicht zugrunde gelegt. Die Bank wird zur Abwicklung eine angemessene Frist einräumen.

(5) Änderungen von Entgelten bei typischerweise dauerhaft in Anspruch genommenen Leistungen

Änderungen von Entgelten für Bankleistungen, die von Kunden im Rahmen der Geschäftsverbindung typischerweise dauerhaft in Anspruch genommen werden (zum Beispiel Konto- und Depotführung), werden dem Kunden spätestens zwei Monate vor dem vorgeschlagenen Zeitpunkt ihres Wirksamwerdens in Textform angeboten. Hat der Kunde mit der Bank im Rahmen der Geschäftsbeziehung einen elektronischen Kommunikationsweg vereinbart (zum Beispiel das Online-Banking), können die Änderungen auch auf diesem Wege angeboten werden. Der Kunde kann den Änderungen vor dem vorgeschlagenen Zeitpunkt ihres Wirksamwerdens entweder zustimmen oder sie ablehnen.

Die Zustimmung des Kunden gilt als erteilt, wenn er seine Ablehnung nicht vor dem vorgeschlagenen Zeitpunkt des Wirksamwerdens der Änderung angezeigt hat. Auf diese Genehmigungswirkung wird ihn die Bank in ihrem Angebot besonders hinweisen. Werden dem Kunden die Änderungen angeboten, kann er den von der Änderung betroffenen Vertrag vor dem vorgeschlagenen Zeitpunkt des Wirksamwerdens der Änderung auch fristlos und kostenfrei kündigen. Auf dieses Kündigungsrecht wird ihn die Bank in ihrem Angebot hinweisen. Kündigt der Kunde, wird das geänderte Entgelt für die gekündigte Geschäftsbeziehung nicht zugrunde gelegt.

Die vorstehende Vereinbarung gilt gegenüber Verbrauchern nur dann, wenn die Bank Entgelte für Hauptleistungen ändern will, die vom Verbraucher im Rahmen der Geschäftsverbindung typischerweise dauerhaft in Anspruch genommen werden. Eine Vereinbarung über die Änderung eines Entgelts, das auf eine über die Hauptleistung hinausgehende Zahlung des Verbrauchers gerichtet ist, kann die Bank mit dem Verbraucher nur ausdrücklich vereinbaren.

---

[1] Auszugsweise abgedruckt unter Nr. **23**.

(6) Ersatz von Aufwendungen

Ein möglicher Anspruch der Bank auf Ersatz von Aufwendungen richtet sich nach den gesetzlichen Vorschriften.

(7) Besonderheiten bei Verbraucherdarlehensverträgen und Zahlungsdiensteverträgen mit Verbrauchern für Zahlungen

Bei Verbraucherdarlehensverträgen und Zahlungsdiensteverträgen mit Verbrauchern für Zahlungen richten sich die Zinsen und die Kosten (Entgelte, Auslagen) nach den jeweiligen vertraglichen Vereinbarungen und Sonderbedingungen sowie ergänzend nach den gesetzlichen Vorschriften. Die Änderung von Entgelten von Zahlungsdiensterahmenverträgen (z.B. Girovertrag) richtet sich nach Absatz 5.

Sicherheiten für die Ansprüche der Bank gegen den Kunden

13. Bestellung oder Verstärkung von Sicherheiten

(1) Anspruch der Bank auf Bestellung von Sicherheiten

Die Bank kann für alle Ansprüche aus der bankmäßigen Geschäftsverbindung die Bestellung bankmäßiger Sicherheiten verlangen, und zwar auch dann, wenn die Ansprüche bedingt sind (zum Beispiel Aufwendungsersatzanspruch wegen der Inanspruchnahme aus einer für den Kunden übernommenen Bürgschaft). Hat der Kunde gegenüber der Bank eine Haftung für Verbindlichkeiten eines anderen Kunden der Bank übernommen (zum Beispiel als Bürge), so besteht für die Bank ein Anspruch auf Bestellung oder Verstärkung von Sicherheiten im Hinblick auf die aus der Haftungsübernahme folgende Schuld jedoch erst ab ihrer Fälligkeit.

(2) Veränderung des Risikos

Hat die Bank bei der Entstehung von Ansprüchen gegen den Kunden zunächst ganz oder teilweise davon abgesehen, die Bestellung oder Verstärkung von Sicherheiten zu verlangen, kann sie auch später noch eine Besicherung fordern. Voraussetzung hierfür ist jedoch, dass Umstände eintreten oder bekannt werden, die eine erhöhte Risikobewertung der Ansprüche gegen den Kunden rechtfertigen.

Dies kann insbesondere der Fall sein, wenn

- sich die wirtschaftlichen Verhältnisse des Kunden nachteilig verändert haben oder sich zu verändern drohen oder
- sich die vorhandenen Sicherheiten wertmäßig verschlechtert haben oder zu verschlechtern drohen.

Der Besicherungsanspruch der Bank besteht nicht, wenn ausdrücklich vereinbart ist, dass der Kunde keine oder ausschließlich im Einzelnen benannte Sicherheiten zu bestellen hat. Bei Verbraucherdarlehensverträgen besteht der Anspruch auf die Bestellung oder Verstärkung von Sicherheiten nur, soweit die Sicherheiten im Kreditvertrag angegeben sind. Übersteigt der Nettodarlehensbetrag 75.000 Euro, besteht der Anspruch auf Bestellung oder Verstärkung auch dann, wenn in einem vor dem 21. März 2016 abgeschlossenen Verbraucherdarlehensvertrag oder in einem ab dem 21. März 2016 abgeschlossenen Allgemein-Verbraucherdarlehensvertrag im Sinne von § 491 Abs. 2 BGB[1] keine oder keine abschließenden Angaben über Sicherheiten enthalten sind.

(3) Fristsetzung für die Bestellung oder Verstärkung von Sicherheiten

Für die Bestellung oder Verstärkung von Sicherheiten wird die Bank eine angemessene Frist einräumen. Beabsichtigt die Bank, von ihrem Recht zur fristlosen Kündigung nach Nr. 19 Absatz 3 dieser Geschäftsbedingungen Gebrauch zu machen, falls der Kunde seiner Verpflichtung zur Bestellung oder Verstärkung von Sicherheiten nicht fristgerecht nachkommt, wird sie ihn zuvor hierauf hinweisen.

14. Vereinbarung eines Pfandrechts zugunsten der Bank

(1) Einigung über das Pfandrecht

Der Kunde und die Bank sind sich darüber einig, dass die Bank ein Pfandrecht an den Wertpapieren und Sachen erwirbt, an denen eine inländische Geschäftsstelle im bankmäßigen Geschäftsverkehr Besitz erlangt hat oder noch erlangen wird. Die Bank erwirbt ein Pfandrecht auch an den Ansprüchen, die dem Kunden gegen die Bank aus der bankmäßigen Geschäftsverbindung zustehen oder künftig zustehen werden (zum Beispiel Kontoguthaben).

(2) Gesicherte Ansprüche

Das Pfandrecht dient der Sicherung aller bestehenden, künftigen und bedingten Ansprüche, die der Bank mit ihren sämtlichen in- und ausländischen Geschäftsstellen aus der bankmäßigen Geschäftsverbindung gegen den Kunden zustehen. Hat der Kunde gegenüber der Bank eine Haftung für Verbindlichkeiten eines anderen Kunden der Bank übernommen (zum Beispiel als Bürge), so sichert das Pfandrecht die aus der Haftungsübernahme folgende Schuld jedoch erst ab ihrer Fälligkeit.

(3) Ausnahmen vom Pfandrecht

Gelangen Gelder oder andere Werte mit der Maßgabe in die Verfügungsgewalt der Bank, dass sie nur für einen bestimmten Zweck verwendet werden dürfen (zum Beispiel Bareinzahlung zur Einlösung eines Wechsels), erstreckt sich das Pfandrecht der Bank nicht auf diese Werte. Dasselbe gilt für die von der Bank selbst ausgegebenen Aktien (eigene Aktien) und für die Wertpapiere, die die Bank im Ausland für den Kunden verwahrt. Außerdem erstreckt sich das Pfandrecht nicht auf die von der Bank selbst ausgegebenen eigenen Genussrechte/Genussscheine und nicht auf die verbrieften und nicht verbrieften nachrangigen Verbindlichkeiten der Bank.

(4) Zins- und Gewinnanteilscheine

Unterliegen dem Pfandrecht der Bank Wertpapiere, ist der Kunde nicht berechtigt, die Herausgabe der zu diesen Papieren gehörenden Zins- und Gewinnanteilscheine zu verlangen.

---

[1] Nr. 23.

15. Sicherungsrechte bei Einzugspapieren und diskontierten Wechseln

(1) Sicherungsübereignung

Die Bank erwirbt an den ihr zum Einzug eingereichten Schecks und Wechseln im Zeitpunkt der Einreichung Sicherungseigentum. An diskontierten Wechseln erwirbt die Bank im Zeitpunkt des Wechselankaufs uneingeschränktes Eigentum; belastet sie diskontierte Wechsel dem Konto zurück, so verbleibt ihr das Sicherungseigentum an diesen Wechseln.

(2) Sicherungsabtretung

Mit dem Erwerb des Eigentums an Schecks und Wechseln gehen auch die zugrunde liegenden Forderungen auf die Bank über; ein Forderungsübergang findet ferner statt, wenn andere Papiere zum Einzug eingereicht werden (zum Beispiel Lastschriften, kaufmännische Handelspapiere).

(3) Zweckgebundene Einzugspapiere

Werden der Bank Einzugspapiere mit der Maßgabe eingereicht, dass ihr Gegenwert nur für einen bestimmten Zweck verwendet werden darf, erstrecken sich die Sicherungsübereignung und die Sicherungsabtretung nicht auf diese Papiere.

(4) Gesicherte Ansprüche der Bank

Das Sicherungseigentum und die Sicherungsabtretung dienen der Sicherung aller Ansprüche, die der Bank gegen den Kunden bei Einreichung von Einzugspapieren aus seinen Kontokorrentkonten zustehen oder die infolge der Rückbelastung nicht eingelöster Einzugspapiere oder diskontierter Wechsel entstehen. Auf Anforderung des Kunden nimmt die Bank eine Rückübertragung des Sicherungseigentums an den Papieren und der auf sie übergegangenen Forderungen an den Kunden vor, falls ihr im Zeitpunkt der Anforderung keine zu sichernden Ansprüche gegen den Kunden zustehen oder sie ihn über den Gegenwert der Papiere vor deren endgültiger Bezahlung nicht verfügen lässt.

16. Begrenzung des Besicherungsanspruchs und Freigabeverpflichtung

(1) Deckungsgrenze

Die Bank kann ihren Anspruch auf Bestellung oder Verstärkung von Sicherheiten so lange geltend machen, bis der realisierbare Wert aller Sicherheiten dem Gesamtbetrag aller Ansprüche aus der bankmäßigen Geschäftsverbindung (Deckungsgrenze) entspricht.

(2) Freigabe

Falls der realisierbare Wert aller Sicherheiten die Deckungsgrenze nicht nur vorübergehend übersteigt, hat die Bank auf Verlangen des Kunden Sicherheiten nach ihrer Wahl freizugeben, und zwar in Höhe des die Deckungsgrenze übersteigenden Betrages; sie wird bei der Auswahl der freizugebenden Sicherheiten auf die berechtigten Belange des Kunden und eines dritten Sicherungsgebers, der für die Verbindlichkeiten des Kunden Sicherheiten bestellt hat, Rücksicht nehmen. In diesem Rahmen ist die Bank auch verpflichtet, Aufträge des Kunden über die dem Pfandrecht unterliegenden Werte auszuführen (zum Beispiel Verkauf von Wertpapieren, Auszahlung von Sparguthaben).

(3) Sondervereinbarungen

Ist für eine bestimmte Sicherheit ein anderer Bewertungsmaßstab als der realisierbare Wert oder ist eine andere Deckungsgrenze oder ist eine andere Grenze für die Freigabe von Sicherheiten vereinbart, so sind diese maßgeblich.

17. Verwertung von Sicherheiten

(1) Wahlrecht der Bank

Wenn die Bank verwertet, hat die Bank unter mehreren Sicherheiten die Wahl. Sie wird bei der Verwertung und bei der Auswahl der zu verwertenden Sicherheiten auf die berechtigten Belange des Kunden und eines dritten Sicherungsgebers, der für die Verbindlichkeiten des Kunden Sicherheiten bestellt hat, Rücksicht nehmen.

(2) Erlösgutschrift nach dem Umsatzsteuerrecht

Wenn der Verwertungsvorgang der Umsatzsteuer unterliegt, wird die Bank dem Kunden über den Erlös eine Gutschrift erteilen, die als Rechnung für die Lieferung der als Sicherheit dienenden Sache gilt und den Voraussetzungen des Umsatzsteuerrechts entspricht.

Kündigung

18. Kündigungsrechte des Kunden

(1) Jederzeitiges Kündigungsrecht

Der Kunde kann die gesamte Geschäftsverbindung oder einzelne Geschäftsbeziehungen (zum Beispiel den Scheckvertrag), für die weder eine Laufzeit noch eine abweichende Kündigungsregelung vereinbart ist, jederzeit ohne Einhaltung einer Kündigungsfrist kündigen.

(2) Kündigung aus wichtigem Grund

Ist für eine Geschäftsbeziehung eine Laufzeit oder eine abweichende Kündigungsregelung vereinbart, kann eine fristlose Kündigung nur dann ausgesprochen werden, wenn hierfür ein wichtiger Grund vorliegt, der es dem Kunden, auch unter Berücksichtigung der berechtigten Belange der Bank, unzumutbar werden lässt, die Geschäftsbeziehung fortzusetzen.

(3) Gesetzliche Kündigungsrechte

Gesetzliche Kündigungsrechte bleiben unberührt.

19. Kündigungsrechte der Bank

(1) Kündigung unter Einhaltung einer Kündigungsfrist

Die Bank kann die gesamte Geschäftsverbindung oder einzelne Geschäftsbeziehungen, für die weder eine Laufzeit noch eine abweichende Kündigungsregelung vereinbart ist, jederzeit unter Einhaltung einer angemessenen Kündigungsfrist kündigen (zum Beispiel den Scheckvertrag, der zur Nutzung von Scheckvordrucken berechtigt). Bei der Bemessung der Kündigungsfrist wird die Bank auf die berechtigten Belange des Kunden Rücksicht nehmen. Für die Kündigung eines Zahlungsdiensterahmenvertrages (zum Beispiel laufendes Konto oder Kartenvertrag) und eines Depots beträgt die Kündigungsfrist mindestens zwei Monate.

(2) Kündigung unbefristeter Kredite

Kredite und Kreditzusagen, für die weder eine Laufzeit noch eine abweichende Kündigungsregelung vereinbart ist, kann die Bank jederzeit ohne Einhaltung einer Kündigungsfrist kündigen. Die Bank wird bei der Ausübung dieses Kündigungsrechts auf die berechtigten Belange des Kunden Rücksicht nehmen.

Soweit das Bürgerliche Gesetzbuch Sonderregelungen für die Kündigung eines Verbraucherdarlehensvertrages vorsieht, kann die Bank nur nach Maßgabe dieser Regelungen kündigen.

(3) Kündigung aus wichtigem Grund ohne Einhaltung einer Kündigungsfrist

Eine fristlose Kündigung der gesamten Geschäftsverbindung oder einzelner Geschäftsbeziehungen ist zulässig, wenn ein wichtiger Grund vorliegt, der der Bank deren Fortsetzung auch unter Berücksichtigung der berechtigten Belange des Kunden unzumutbar werden lässt. Ein wichtiger Grund liegt insbesondere vor,

- wenn der Kunde unrichtige Angaben über seine Vermögensverhältnisse gemacht hat, die für die Entscheidung der Bank über eine Kreditgewährung oder über andere mit Risiken für die Bank verbundene Geschäfte (zum Beispiel Aushändigung einer Zahlungskarte) von erheblicher Bedeutung waren; bei Verbraucherdarlehen gilt dies nur, wenn der Kunde für die Kreditwürdigkeitsprüfung relevante Informationen wissentlich vorenthalten oder diese gefälscht hat und dies zu einem Mangel der Kreditwürdigkeitsprüfung geführt hat oder
- wenn eine wesentliche Verschlechterung der Vermögensverhältnisse des Kunden oder der Werthaltigkeit einer Sicherheit eintritt oder einzutreten droht und dadurch die Rückzahlung des Darlehens oder die Erfüllung einer sonstigen Verbindlichkeit gegenüber der Bank – auch unter Verwertung einer hierfür bestehenden Sicherheit – gefährdet ist oder
- wenn der Kunde seiner Verpflichtung zur Bestellung oder Verstärkung von Sicherheiten nach Nummer 13 Absatz 2 dieser Geschäftsbedingungen oder aufgrund einer sonstigen Vereinbarung nicht innerhalb der von der Bank gesetzten angemessenen Frist nachkommt.

Besteht der wichtige Grund in der Verletzung einer vertraglichen Pflicht, ist die Kündigung erst nach erfolglosem Ablauf einer zur Abhilfe bestimmten angemessenen Frist oder nach erfolgloser Abmahnung zulässig, es sei denn, dies ist wegen der Besonderheiten des Einzelfalles (§ 323 Absätze 2 und 3 des Bürgerlichen Gesetzbuches[1]) entbehrlich.

(4) Kündigung von Verbraucherdarlehensverträgen bei Verzug

Soweit das Bürgerliche Gesetzbuch Sonderregelungen für die Kündigung wegen Verzuges mit der Rückzahlung eines Verbraucherdarlehensvertrages vorsieht, kann die Bank nur nach Maßgabe dieser Regelungen kündigen.

---

[1] Auszugsweise abgedruckt unter Nr. **23**.

(5) Kündigung eines Basiskontovertrages

Einen Basiskontovertrag kann die Bank nur nach den zwischen der Bank und dem Kunden auf Grundlage des Zahlungskontengesetzes[1] getroffenen Vereinbarungen und den Bestimmungen des Zahlungskontengesetzes kündigen.

(6) Abwicklung nach einer Kündigung

Im Falle einer Kündigung ohne Kündigungsfrist wird die Bank dem Kunden für die Abwicklung (insbesondere für die Rückzahlung eines Kredits) eine angemessene Frist einräumen, soweit nicht eine sofortige Erledigung erforderlich ist (zum Beispiel bei der Kündigung des Scheckvertrages die Rückgabe der Scheckvordrucke).

Schutz der Einlagen

20. Einlagensicherungsfonds

(1) Schutzumfang

Die Bank ist dem Einlagensicherungsfonds des Bundesverbandes deutscher Banken e.V. angeschlossen. Der Einlagensicherungsfonds sichert gemäß seinem Statut – vorbehaltlich der darin vorgesehenen Ausnahmen – Einlagen, d.h. Guthaben, die sich im Rahmen von Bankgeschäften aus Beträgen, die auf einem Konto verblieben sind, oder aus Zwischenpositionen ergeben und die nach den geltenden Bedingungen von der Bank zurückzuzahlen sind.

Nicht gesichert werden unter anderem die zu den Eigenmitteln der Bank zählenden Einlagen, Verbindlichkeiten aus Inhaber- und Orderschuldverschreibungen sowie Einlagen von Kreditinstituten im Sinne des Art. 4 Abs. 1 Nr. 1 der Verordnung (EU) Nr. 575/2013[2], Finanzinstituten im Sinne des Art. 4 Abs. 1 Nr. 26 der Verordnung (EU) Nr. 575/2013, Wertpapierfirmen im Sinne des Art. 4 Abs. 1 Nr. 1 der Richtlinie 2004/39/EG und Gebietskörperschaften.

Einlagen von anderen Gläubigern als natürlichen Personen und rechtsfähigen Stiftungen werden nur geschützt, wenn

(i) es sich bei der Einlage um keine Verbindlichkeit aus einer Namensschuldverschreibung oder einem Schuldscheindarlehen handelt und

(ii) die Laufzeit der Einlage nicht mehr als 18 Monate beträgt. Auf Einlagen, die bereits vor dem 1. Januar 2020 bestanden haben, findet die Laufzeitbeschränkung keine Anwendung. Nach dem 31. Dezember 2019 entfällt der Bestandsschutz nach vorstehendem Satz, sobald die betreffende Einlage fällig wird, gekündigt werden kann oder anderweitig zurückgefordert werden kann, oder wenn die Einlage im Wege einer Einzel- oder Gesamtrechtsnachfolge übergeht.

Verbindlichkeiten der Banken, die bereits vor dem 1. Oktober 2017 bestanden haben, werden nach Maßgabe und unter den Voraussetzungen der bis zum 1. Oktober 2017 geltenden Regelungen des Statuts des Einlagensicherungsfonds gesichert. Nach dem 30. September 2017 entfällt der Bestandsschutz nach dem vorstehenden Satz, sobald die betreffende Verbindlichkeit fällig wird,

---

[1] Nr. **13**.
[2] Nr. **6**.

gekündigt oder anderweitig zurückgefordert werden kann, oder wenn die Verbindlichkeit im Wege einer Einzel- oder Gesamtrechtsnachfolge übergeht.

(2) Sicherungsgrenzen

Die Sicherungsgrenze je Gläubiger beträgt bis zum 31. Dezember 2019 20 %, bis zum 31. Dezember 2024 15 % und ab dem 1. Januar 2025 8,75 % der für die Einlagensicherung maßgeblichen Eigenmittel der Bank im Sinne von Art. 72 der Verordnung (EU) Nr. 575/2013[1)]. Für Einlagen, die nach dem 31. Dezember 2011 begründet oder prolongiert werden, gelten, unabhängig vom Zeitpunkt der Begründung der Einlage, die jeweils neuen Sicherungsgrenzen ab den vorgenannten Stichtagen. Für Einlagen, die vor dem 31. Dezember 2011 begründet wurden, gelten die alten Sicherungsgrenzen bis zur Fälligkeit der Einlage oder bis zum nächstmöglichen Kündigungstermin.

Diese Sicherungsgrenze wird dem Kunden von der Bank auf Verlangen bekannt gegeben. Sie kann auch im Internet unter www.bankenverband.de abgefragt werden.

(3) Geltung des Statuts des Einlagensicherungsfonds

Wegen weiterer Einzelheiten der Sicherung wird auf § 6 des Statuts des Einlagensicherungsfonds verwiesen, das auf Verlangen zur Verfügung gestellt wird.

(4) Forderungsübergang

Soweit der Einlagensicherungsfonds oder ein von ihm Beauftragter Zahlungen an einen Kunden leistet, gehen dessen Forderungen gegen die Bank in entsprechender Höhe mit allen Nebenrechten Zug um Zug auf den Einlagensicherungsfonds über.

(5) Auskunftserteilung

Die Bank ist befugt, dem Einlagensicherungsfonds oder einem von ihm Beauftragten alle in diesem Zusammenhang erforderlichen Auskünfte zu erteilen und Unterlagen zur Verfügung zu stellen.

Beschwerdemöglichkeiten/Ombudsmannverfahren

21. Beschwerde- und Alternative Streitbeilegungsverfahren

Der Kunde hat folgende außergerichtliche Möglichkeiten:

- Der Kunde kann sich mit einer Beschwerde an die im „Preis- und Leistungsverzeichnis" genannte Kontaktstelle der Bank wenden. Die Bank wird Beschwerden in geeigneter Weise beantworten, bei Zahlungsdiensteverträgen erfolgt dies in Textform (zum Beispiel mittels Brief, Telefax oder E-Mail).
- Die Bank nimmt am Streitbeilegungsverfahren der Verbraucherschlichtungsstelle „Ombudsmann der privaten Banken" (www.bankenombudsmann.de) teil. Dort hat der Verbraucher die Möglichkeit, zur Beilegung einer Streitigkeit mit der Bank den Ombudsmann der privaten Banken anzurufen. Betrifft der Beschwerdegegenstand eine Streitigkeit über einen Zahlungsdienstevertrag (§ 675f des Bürgerlichen Gesetzbuches[2)]), können auch Kunden, die

---

1) Nr. **6**.
2) Nr. **23**.

keine Verbraucher sind, den Ombudsmann der privaten Banken anrufen. Näheres regelt die „Verfahrensordnung für die Schlichtung von Kundenbeschwerden im deutschen Bankgewerbe", die auf Wunsch zur Verfügung gestellt wird oder im Internet unter www.bankenverband.de abrufbar ist.
Die Beschwerde ist in Textform (z.B. mittels Brief, Telefax oder E-Mail) an die Kundenbeschwerdestelle beim Bundesverband deutscher Banken e.V., Postfach 04 03 07, 10062 Berlin, Fax: (030) 1663-3169, E-Mail: ombudsmann@bdb.de, zu richten.

– Ferner besteht für den Kunden die Möglichkeit, sich jederzeit schriftlich oder zur dortigen Niederschrift bei der Bundesanstalt für Finanzdienstleistungsaufsicht, Graurheindorfer Straße 108, 53117 Bonn, über Verstöße der Bank gegen das Zahlungsdiensteaufsichtsgesetz (ZAG)[1], die §§ 675c bis 676c des Bürgerlichen Gesetzbuches (BGB) oder gegen Artikel 248 des Einführungsgesetzes zum Bürgerlichen Gesetzbuche (EGBGB)[2] zu beschweren.
– Die Europäische Kommission hat unter http://ec.europa.eu/consumers/odr/ eine Europäische Online-Streitbeilegungsplattform (OS-Plattform) errichtet. Die OS-Plattform kann ein Verbraucher für die außergerichtliche Beilegung einer Streitigkeit aus Online-Verträgen mit einem in der EU niedergelassenen Unternehmen nutzen.

[1] Nr. **10**.
[2] Nr. **24**.

28. Allgemeine Geschäftsbedingungen der Sparkassen

Grundlagen der Geschäftsbeziehung zwischen Kunde und Sparkasse

Vom 26. November 2018

Inhaltsverzeichnis

Allgemeines

Nr. 1. Grundlagen der Geschäftsbeziehung

(1) Geschäftsbeziehung als Vertrauensverhältnis

Die Geschäftsbeziehung zwischen dem Kunden und der Sparkasse ist durch die Besonderheiten des Bankgeschäfts und ein besonderes Vertrauensverhältnis geprägt. Der Kunde kann sich darauf verlassen, dass die Sparkasse seine Aufträge mit der Sorgfalt eines ordentlichen Kaufmanns ausführt und das Bankgeheimnis wahrt.

(2) Allgemeine und besondere Geschäftsbedingungen

Für die Geschäftsbeziehung gelten ergänzend zu den einzelvertraglichen Vereinbarungen diese Allgemeinen Geschäftsbedingungen (AGB). Für einzelne Geschäftszweige gelten ergänzend oder abweichend besondere Bedingungen, z.B. für die Bereiche des Zahlungsverkehrs, des Sparverkehrs und der Wertpapiergeschäfte; diese werden beim Vertragsabschluss (etwa bei der Kontoeröffnung) oder bei der Erteilung von Aufträgen mit dem Kunden vereinbart.

Nr. 2. Änderungen der Geschäftsbedingungen und von Zahlungsdiensterahmenverträgen

(1) Angebot der Sparkasse

Änderungen der Allgemeinen Geschäftsbedingungen, der besonderen Bedingungen oder von Zahlungsdiensterahmenverträgen sowie die Einführung zusätzlicher Bedingungen werden dem Kunden spätestens zwei Monate vor dem vorgeschlagenen Zeitpunkt ihres Wirksamwerdens in der jeweils gesetzlich zugelassenen Form angeboten.

(2) Zustimmung zu Änderungen

Die Zustimmung des Kunden zum Angebot der Sparkasse gilt als erteilt, wenn er seine Ablehnung nicht vor dem vorgeschlagenen Zeitpunkt des Wirksamwerdens der Änderungen angezeigt hat. Auf diese Genehmigungswirkung wird ihn die Sparkasse in ihrem Angebot besonders hinweisen. Die Sparkasse wird dann die geänderte Fassung der Allgemeinen Geschäftsbedingungen, die geänderten besonderen Bedingungen, den geänderten Zahlungsdiensterahmenvertrag bzw. die zusätzlich eingeführten Bedingungen der weiteren Geschäftsbeziehung zugrunde legen.

(3) Sonderkündigungsrecht bei Änderungen von Bedingungen zu Zahlungsdiensten oder von Zahlungsdiensterahmenverträgen

Werden dem Kunden Änderungen von Bedingungen zu Zahlungsdiensten (z.B. Überweisungsbedingungen) oder von Zahlungsdiensterahmenverträgen angeboten, kann er den von den Änderungen betroffenen Zahlungsdiensterahmenvertrag vor dem vorgeschlagenen Zeitpunkt des Wirksamwerdens der Änderungen auch fristlos und kostenfrei kündigen. Auf dieses Kündigungsrecht wird ihn die Sparkasse in ihrem Angebot besonders hinweisen.

(4) Abweichende Vereinbarungen

Das Änderungsverfahren gemäß Absatz 1 und Absatz 2 findet keine Anwendung, soweit abweichende Vereinbarungen getroffen sind. Satz 1 gilt nicht für Änderungen von Bedingungen zu Zahlungsdiensten oder von Zahlungsdiensterahmenverträgen.

Nr. 3. Bankauskünfte

(1) Inhalt von Bankauskünften

Bankauskünfte sind allgemein gehaltene Feststellungen und Bemerkungen über die wirtschaftlichen Verhältnisse von Kunden, deren Kreditwürdigkeit und Zahlungsfähigkeit. Betragsmäßige Angaben über Kontostände, Sparguthaben, Depot- oder sonstige der Sparkasse anvertraute Vermögenswerte sowie Kreditinanspruchnahmen werden nicht gemacht.

(2) Voraussetzungen für die Auskunftserteilung

Die Sparkasse darf Bankauskünfte über juristische Personen und im Handelsregister eingetragene Kaufleute erteilen, sofern sich die Anfrage auf deren geschäftliche Tätigkeit bezieht und der Sparkasse keine anders lautende Weisung des Kunden vorliegt. In allen anderen Fällen darf die Sparkasse Bankauskünfte nur erteilen, wenn der Kunde dem allgemein oder im Einzelfall ausdrücklich zugestimmt hat. Bankauskünfte erhalten nur eigene Kunden sowie andere Kreditinstitute für deren eigene Zwecke und die ihrer Kunden; sie werden nur erteilt, wenn der Anfragende ein berechtigtes Interesse an der gewünschten Auskunft glaubhaft darlegt.

(3) Schriftliche Bestätigung

Bei mündlichen Auskünften über Kreditwürdigkeit und Zahlungsfähigkeit behält sich die Sparkasse eine unverzügliche schriftliche Bestätigung vor, deren Inhalt von diesem Zeitpunkt an maßgeblich ist.

Nr. 4. Vertretungs- und Verfügungsbefugnisse

(1) Bekanntgabe

Der Sparkasse bekannt gegebene Vertretungs- oder Verfügungsbefugnisse gelten, bis ihr eine Mitteilung über das Erlöschen oder eine Änderung zugeht, es sei denn, diese Umstände sind der Sparkasse bekannt oder infolge Fahrlässigkeit nicht bekannt. Dies gilt auch, wenn die Befugnisse in einem öffentlichen Register eingetragen sind und eine Änderung veröffentlicht ist.

(2) Mangel in der Geschäftsfähigkeit des Vertreters

Der Kunde trägt den Schaden, der daraus entstehen sollte, dass die Sparkasse von einem eintretenden Mangel in der Geschäftsfähigkeit seines Vertreters unverschuldet keine Kenntnis erlangt.

Nr. 5. Legitimationsurkunden

(1) Erbnachweis

Nach dem Tod des Kunden hat derjenige, der sich gegenüber der Sparkasse auf die Rechtsnachfolge des Kunden beruft, der Sparkasse seine erbrechtliche Berechtigung nachzuweisen.

(2) Leistungsbefugnis der Sparkasse

Werden der Sparkasse eine Ausfertigung oder eine beglaubigte Abschrift der letztwilligen Verfügung (Testament, Erbvertrag) sowie der Niederschrift über die zugehörige Eröffnungsverhandlung vorgelegt, darf die Sparkasse denjenigen, der darin als Erbe oder Testamentsvollstrecker bezeichnet ist, als Berechtigten ansehen, ihn verfügen lassen und insbesondere mit befreiender Wirkung an ihn leisten. Dies gilt nicht, wenn der Sparkasse die Unrichtigkeit oder Unwirksamkeit dieser Urkunden bekannt oder infolge Fahrlässigkeit nicht bekannt geworden ist.

(3) Sonstige ausländische Urkunden

Werden der Sparkasse ausländische Urkunden als Ausweis der Person oder zum Nachweis einer Berechtigung vorgelegt, so wird sie prüfen, ob die Urkunden zum Nachweis geeignet sind. Sie haftet jedoch für deren Eignung, Wirksamkeit und Vollständigkeit sowie für deren richtige Übersetzung und Auslegung nur bei Fahrlässigkeit oder wenn die Urkunde insgesamt gefälscht ist. Im vorstehenden Rahmen kann die Sparkasse die in den Urkunden als

Berechtigte bezeichneten Personen als berechtigt ansehen, insbesondere sie verfügen lassen und mit befreiender Wirkung an sie leisten.

Nr. 6. Rechtswahl, Gerichtsstand, Erfüllungsort

(1) Deutsches Recht

Auf die Geschäftsbeziehung findet deutsches Recht Anwendung, sofern dem nicht zwingende gesetzliche Regelungen entgegenstehen.

(2) Erfüllungsort

Erfüllungsort für die Sparkasse und den Kunden ist der Sitz der Sparkasse.

(3) Gerichtsstand

Ist der Kunde ein Kaufmann, eine juristische Person des öffentlichen Rechts oder ein öffentlich-rechtliches Sondervermögen, kann die Sparkasse an ihrem allgemeinen Gerichtsstand klagen und nur an diesem Gerichtsstand verklagt werden.

Kontokorrentkonten und andere Geschäfte

Nr. 7. Kontokorrent, Rechnungsabschluss

(1) Kontokorrent

Die Sparkasse führt ein Konto zur Abwicklung des laufenden Geschäfts- und Zahlungsverkehrs (Girokonto) als Kontokorrent im Sinne des § 355 des Handelsgesetzbuches (Konto in laufender Rechnung).

(2) Rechnungsabschluss

Soweit nichts anderes vereinbart ist, erteilt die Sparkasse jeweils zum Ende eines Kalenderquartals einen Rechnungsabschluss. Bei Vorliegen eines berechtigten Interesses einer der Vertragsparteien wird der Rechnungsabschluss auch zu sonstigen Terminen erteilt.

(3) Einwendungen gegen den Rechnungsabschluss

Einwendungen gegen Rechnungsabschlüsse müssen der Sparkasse zugehen. Unbeschadet der Verpflichtung, Einwendungen gegen Rechnungsabschlüsse unverzüglich zu erheben (Nr. 20 Absatz 1 Buchst. g), gelten diese als genehmigt, wenn ihnen nicht vor Ablauf von sechs Wochen nach Zugang des Rechnungsabschlusses widersprochen wird. Zur Wahrung der Frist genügt die rechtzeitige Absendung. Die Sparkasse wird den Kunden bei Erteilung des Rechnungsabschlusses auf diese Folgen besonders hinweisen. Stellt sich nachträglich die Unrichtigkeit heraus, so können sowohl der Kunde als auch die Sparkasse eine Richtigstellung aufgrund gesetzlicher Ansprüche verlangen.

Nr. 8. Korrektur fehlerhafter Gutschriften

(1) Stornobuchung vor Rechnungsabschluss

Gutschriften, die ohne einen verpflichtenden Auftrag gebucht werden (z.B. wegen Irrtums, Schreibfehlers), darf die Sparkasse bis zum nächsten Rechnungsabschluss durch einfache Buchung rückgängig machen (Stornobuchung), soweit ihr ein Rückforderungsanspruch gegen den Kunden zusteht.

(2) Korrekturbuchung nach Rechnungsabschluss

Den Rückforderungsanspruch nach Absatz 1 kann die Sparkasse auch noch nach Rechnungsabschluss durch Korrekturbuchung geltend machen, wenn sie die fehlerhafte Gutschrift nicht mehr rechtzeitig vor diesem Zeitpunkt festgestellt hat. Bei Widerspruch des Kunden wird die Sparkasse die Korrekturbuchung rückgängig und ihren Anspruch anderweitig geltend machen.

(3) Kennzeichnung

Storno- und Korrekturbuchungen werden im Kontoauszug gekennzeichnet.

Nr. 9. Gutschriften und Einlösung von Einzugspapieren

(1) Gutschriften „Eingang vorbehalten"

Schreibt die Sparkasse den Gegenwert von Schecks, Lastschriften oder anderen Einzugspapieren schon vor ihrer Einlösung gut, so geschieht dies unter dem Vorbehalt der Einlösung und des Einganges des Gegenwertes (E.v.-Gutschrift). Das gilt auch dann, wenn die Schecks, Lastschriften oder anderen Einzugspapiere bei der Sparkasse selbst zahlbar sind. Werden Schecks oder Lastschriften nicht eingelöst oder geht der Sparkasse der Gegenwert aus einem Einzugspapier nicht zu, so macht sie die Gutschrift gemäß Nr. 23 Absatz 2 dieser AGB rückgängig, und zwar auch nach einem zwischenzeitlich erfolgten Rechnungsabschluss.

(2) Einlösung

Schecks und andere Einzugspapiere sind erst eingelöst, wenn die Belastungsbuchung nicht bis zum Ablauf des übernächsten Bankarbeitstages[1] rückgängig gemacht wird. Sie sind auch eingelöst, wenn die Sparkasse ihren Einlösungswillen schon vorher Dritten gegenüber erkennbar bekundet hat (z.B. durch Bezahltmeldung). Für Lastschriften gelten die Einlösungsregeln in den hierfür vereinbarten besonderen Bedingungen. Über die Abrechnungsstelle der Deutschen Bundesbank eingezogene Schecks sind eingelöst, wenn sie nach deren Geschäftsbedingungen nicht mehr zurückgegeben werden können. Barschecks sind mit Zahlung an den Scheckvorleger eingelöst.

Nr. 10. Auftragsbestätigung vor Ausführung

Bei telefonischen oder auf anderen technischen Wegen erteilten sowie bei nicht unterschriebenen Aufträgen behält sich die Sparkasse die unverzügliche Einholung einer Bestätigung vor Auftragsausführung vor.

Nr. 11. Aufrechnung durch den Kunden

Ist der Kunde kein Verbraucher, kann er gegen Forderungen der Sparkasse nur aufrechnen, wenn seine Forderungen unbestritten oder rechtskräftig festgestellt sind. Satz 1 gilt nicht, wenn die Voraussetzungen des § 513 BGB[2] (Existenzgründer) vorliegen. Gesetzliche Aufrechnungsverbote bleiben unberührt.

Nr. 12. Konten in ausländischer Währung

Konten in ausländischer Währung dienen ausschließlich zur bargeldlosen Abwicklung von Zahlungen an den Kunden und von Verfügungen des Kunden in ausländischer Währung.

Nr. 13. Leistungsbefreiung bei Geschäften in ausländischer Währung

Die Verpflichtung der Sparkasse zur Ausführung einer Verfügung zulasten eines Guthabens in ausländischer Währung oder zur Erfüllung einer Verbind-

---

[1] **Amtl. Anm.:** Bankarbeitstage sind alle Werktage, außer Sonnabende und 24. und 31. Dezember.

[2] Nr. 23.

lichkeit in ausländischer Währung ist in dem Umfang und solange ausgesetzt, wie die Sparkasse in der Währung, auf die das Guthaben oder die Verbindlichkeit lautet, wegen politisch bedingter Maßnahmen oder Ereignisse im Lande dieser Währung nicht oder nur eingeschränkt verfügen kann. In dem Umfang und solange diese Maßnahmen oder Ereignisse andauern, ist die Sparkasse auch nicht zu einer Erfüllung an einem anderen Ort außerhalb des Landes der Währung, in einer anderen Währung (auch nicht in Euro) oder durch Anschaffung von Bargeld verpflichtet. Die Verpflichtung der Sparkasse zur Ausführung einer Verfügung zulasten eines Guthabens in ausländischer Währung ist dagegen nicht ausgesetzt, wenn die Sparkasse diese vollständig im eigenen Haus ausführen kann. Das Recht des Kunden und der Sparkasse, fällige gegenseitige Forderungen in derselben Währung miteinander zu verrechnen, bleibt von den vorstehenden Regelungen unberührt.

Nr. 14. Geldeingang in ausländischer Währung

Geldbeträge in ausländischer Währung darf die Sparkasse mangels ausdrücklicher gegenteiliger Weisung des Kunden in Euro gutschreiben, sofern sie nicht für den Kunden ein Konto in der betreffenden Währung führt.

Nr. 15. Wechselkurs

Die Bestimmung des Wechselkurses bei Geschäften in ausländischer Währung ergibt sich aus dem Preis- und Leistungsverzeichnis. Bei Zahlungsdiensten gilt ergänzend der Zahlungsdiensterahmenvertrag.

Nr. 16. Einlagengeschäft

Mangels abweichender Vereinbarungen sind Einlagen ohne Kündigung fällig (täglich fällige Gelder). Die jeweils gültigen Zinssätze für täglich fällige Gelder werden durch Aushang bekannt gemacht. Für die Zinsberechnung bei Einlagen wird jeder Monat zu 30 Tagen gerechnet.

Entgelte und Aufwendungen

Nr. 17. Zinsen und Entgelte

(1) Zinsen und Entgelte im Geschäftsverkehr mit Verbrauchern

Die Höhe der Zinsen und Entgelte für die im Geschäftsverkehr mit Verbrauchern üblichen Kredite und Leistungen ergibt sich aus dem Preisaushang und ergänzend aus dem Preis- und Leistungsverzeichnis. Wenn ein Verbraucher einen dort aufgeführten Kredit oder eine dort aufgeführte Leistung in Anspruch nimmt und dabei keine abweichende Vereinbarung getroffen wurde, gelten die zu diesem Zeitpunkt im Preisaushang oder Preis- und Leistungsverzeichnis angegebenen Zinsen und Entgelte.

(2) Zinsen und Entgelte außerhalb des Geschäftsverkehrs mit Verbrauchern

Außerhalb des Geschäftsverkehrs mit Verbrauchern bestimmen sich die Zinsen und Entgelte für in Anspruch genommene Kredite und Leistungen nach der getroffenen Vereinbarung, ergänzend nach dem Preis- und Leistungsverzeichnis in der zum Zeitpunkt der Inanspruchnahme geltenden Fassung.

(3) Entgelte für sonstige Leistungen

Für Leistungen, die nicht Gegenstand einer Vereinbarung oder im Preisaushang bzw. im Preis- und Leistungsverzeichnis aufgeführt sind und die im

Auftrag des Kunden oder in dessen mutmaßlichem Interesse erbracht werden und die, nach den Umständen zu urteilen, nur gegen eine Vergütung zu erwarten sind, kann die Sparkasse ein nach Maßgabe der gesetzlichen Bestimmungen angemessenes Entgelt verlangen.

(4) Nicht entgeltpflichtige Tätigkeiten

Für Tätigkeiten, zu deren Erbringung die Sparkasse bereits gesetzlich oder aufgrund einer vertraglichen Nebenpflicht verpflichtet ist oder die sie im eigenen Interesse erbringt, wird die Sparkasse kein Entgelt berechnen, es sei denn, es ist gesetzlich zulässig und wird nach Maßgabe der gesetzlichen Regelungen erhoben.

(5) Änderung von Zinsen, Kündigungsrecht des Kunden bei Erhöhung

Die Änderung der Zinsen bei Krediten mit einem veränderlichen Zinssatz erfolgt aufgrund der jeweiligen Kreditvereinbarungen mit dem Kunden. Die Sparkasse wird dem Kunden Änderungen von Zinsen mitteilen. Bei einer Erhöhung kann der Kunde, sofern nichts anderes vereinbart ist, die davon betroffene Kreditvereinbarung innerhalb von sechs Wochen nach der Bekanntgabe der Änderung mit sofortiger Wirkung kündigen. Kündigt der Kunde, so werden die erhöhten Zinsen für die gekündigte Kreditvereinbarung nicht zugrunde gelegt. Eine Kündigung des Kunden gilt als nicht erfolgt, wenn er den geschuldeten Betrag nicht binnen zweier Wochen nach Wirksamwerden der Kündigung zurückzahlt.

(6) Änderung von Entgelten bei typischerweise dauerhaft in Anspruch genommenen Leistungen

Änderungen von Entgelten für Hauptleistungen, die vom Kunden im Rahmen der Geschäftsbeziehung typischerweise dauerhaft in Anspruch genommen werden (z.B. Depotführung), oder Änderungen von Entgelten im Rahmen von Zahlungsdiensterahmenverträgen werden dem Kunden spätestens zwei Monate vor dem vorgeschlagenen Zeitpunkt ihres Wirksamwerdens in Textform angeboten. Hat der Kunde mit der Sparkasse im Rahmen der Geschäftsbeziehung einen elektronischen Kommunikationsweg vereinbart (z.B. das Online-Banking), können die Änderungen auch auf diesem Wege angeboten werden. Die Zustimmung des Kunden gilt als erteilt, wenn er seine Ablehnung nicht vor dem vorgeschlagenen Zeitpunkt des Wirksamwerdens der Änderungen angezeigt hat. Auf diese Genehmigungswirkung wird ihn die Sparkasse in ihrem Angebot besonders hinweisen. Werden dem Kunden Änderungen angeboten, kann er den von den Änderungen betroffenen Vertrag vor dem vorgeschlagenen Zeitpunkt des Wirksamwerdens der Änderungen auch fristlos und kostenfrei kündigen. Auf dieses Kündigungsrecht wird ihn die Sparkasse in ihrem Angebot besonders hinweisen. Kündigt der Kunde, wird das geänderte Entgelt für die gekündigte Geschäftsbeziehung nicht zugrunde gelegt.

(7) Besonderheiten bei Verbraucherdarlehensverträgen

Bei Verbraucherdarlehensverträgen richten sich die Zinsen und Entgelte nach den jeweiligen vertraglichen Vereinbarungen sowie ergänzend nach den gesetzlichen Vorschriften.

(8) Besonderheiten bei Zahlungsdiensteverträgen mit Verbrauchern

Bei Zahlungsdiensteverträgen mit Verbrauchern richten sich die Entgelte nach den jeweiligen vertraglichen Vereinbarungen und besonderen Bedingungen. Soweit dort keine Regelung getroffen ist, gelten die Absätze 1 und 4 sowie – für die Änderung jeglicher Entgelte bei Zahlungsdiensterahmenverträgen (z.B. Girovertrag) – Absatz 6.

Nr. 18. Ersatz von Aufwendungen

Der Ersatz von Aufwendungen der Sparkasse richtet sich nach den gesetzlichen Vorschriften.

Pflichten und Haftung von Sparkasse und Kunde

Nr. 19. Haftung der Sparkasse

(1) Haftung für Verschulden

Die Sparkasse haftet für eigenes Verschulden sowie das Verschulden von Personen, derer sie sich zur Erfüllung ihrer Verpflichtung gegenüber dem Kunden bedient, soweit sich nicht aus den folgenden Absätzen, den besonderen Bedingungen oder aus einzelvertraglichen Regelungen etwas Abweichendes ergibt. Haftet die Sparkasse und ist ein Schaden nicht ausschließlich von der Sparkasse verursacht oder verschuldet, so richtet sich die Verpflichtung zum Schadensersatz nach den Grundsätzen des Mitverschuldens, § 254 Bürgerliches Gesetzbuch[1].

(2) Haftung für Dritte

Die Sparkasse darf Aufträge bei Fehlen einer gegenteiligen Weisung ganz oder teilweise auf Dritte zur selbstständigen Erledigung übertragen, soweit dies unter Berücksichtigung der Art des Auftrages und der Interessen von Sparkasse und Kunde erforderlich erscheint. In diesen Fällen beschränken sich die Verpflichtung und Haftung der Sparkasse auf die Weiterleitung des Auftrags einschließlich sorgfältiger Auswahl und Unterweisung des Dritten.

(3) Haftung bei höherer Gewalt

Die Sparkasse haftet nicht für Schäden, die durch Störung ihres Betriebs (z.B. Bombendrohung, Banküberfall), insbesondere infolge von höherer Gewalt (z.B. von Kriegs- und Naturereignissen) sowie infolge von sonstigen, von ihr nicht zu vertretenden Vorkommnissen (z.B. Streik, Aussperrung, Verkehrsstörung) verursacht sind oder die durch Verfügungen von hoher Hand des In- und Auslands eintreten.

Nr. 20. Mitwirkungs- und Sorgfaltspflichten des Kunden

(1) Grundsatz

Die Sparkasse führt die Aufträge des Kunden mit der Sorgfalt eines ordentlichen Kaufmanns aus. Für den Kunden bestehen seinerseits besondere Mitwirkungs- und sonstige Sorgfaltspflichten, insbesondere folgende Pflichten:

a) Mitteilung wesentlicher Angaben und Änderungen
Der Sparkasse sind unverzüglich alle für die Geschäftsbeziehung wesentlichen Tatsachen anzuzeigen, insbesondere Änderungen des Namens, der Anschrift, des Personenstandes, der Verfügungs- oder Verpflichtungsfähigkeit des Kunden (z.B. Eheschließung, Eingehung einer Lebenspartnerschaft, Änderung des Güterstandes) oder der für ihn zeichnungsberechtigten Personen (z.B. nachträglich eingetretene Geschäftsunfähigkeit eines Vertreters oder Bevollmächtigten) sowie Änderungen des wirtschaftlich Berechtigten oder der der

[1] Auszugsweise abgedruckt unter Nr. **23**.

Sparkasse bekannt gegebenen Vertretungs- oder Verfügungsbefugnisse (z.B. Vollmachten, Prokura). Die Anzeigepflicht besteht auch dann, wenn die Tatsachen in öffentlichen Registern eingetragen und veröffentlicht werden. Die Namen der für den Kunden vertretungs- oder verfügungsbefugten Personen sind der Sparkasse mit eigenhändigen Unterschriftsproben auf den Vordrucken der Sparkasse bekannt zu geben. Darüber hinaus können sich weitergehende gesetzliche Mitteilungspflichten, insbesondere aus dem Geldwäschegesetz[1] ergeben.

b) Eindeutige Angaben bei Aufträgen und Weisungen
Aufträge und Weisungen jeder Art müssen den Inhalt des Geschäfts zweifelsfrei erkennen lassen. Abänderungen und Bestätigungen müssen als solche gekennzeichnet sein. Bei Zahlungsaufträgen hat der Kunde insbesondere auf richtige, vollständige, unmissverständliche und leserliche Angaben, vor allem der Kontonummer und Bankleitzahl oder IBAN[2] und BIC[3] zu achten.

c) Sorgfalt bei besonderer Auftragsübermittlung
Bei telefonischen oder auf anderen technischen Wegen erteilten Aufträgen oder Weisungen hat der Kunde dafür zu sorgen, dass sich keine Übermittlungsfehler, Missverständnisse, Missbräuche und Irrtümer ergeben.

d) weggefallen

e) Ausdrücklicher Hinweis bei besonderer Weisung
Besondere Weisungen für die Ausführung von Aufträgen hat der Kunde der Sparkasse gesondert mitzuteilen, bei formularmäßig erteilten Aufträgen außerhalb des Formulars. Dies gilt insbesondere, wenn Zahlungen auf bestimmte Forderungen der Sparkasse verrechnet werden sollen.

f) Hinweis auf Fristen und Termine
Der Kunde hat entsprechend Buchst. e) besonders darauf hinzuweisen, wenn Aufträge innerhalb bestimmter Fristen oder zu bestimmten Terminen ausgeführt sein sollen oder wenn bei nicht ordnungsgemäßer, insbesondere nicht fristgemäßer Ausführung von Aufträgen außergewöhnliche Schäden drohen. Auf die besondere Hinweispflicht bei knappen Scheckvorlegungsfristen nach Nr. 24 wird verwiesen.

g) Unverzügliche Reklamation
Einwendungen gegen Rechnungsabschlüsse, Lastschriften, Kontoauszüge, Wertpapieraufstellungen oder sonstige Mitteilungen der Sparkasse sowie Einwendungen gegen die Ordnungsmäßigkeit von der Sparkasse gelieferter Wertpapiere oder sonstiger Werte müssen unverzüglich erhoben werden. Falls Rechnungsabschlüsse oder Depotaufstellungen dem Kunden nicht zugehen, muss er die Sparkasse unverzüglich benachrichtigen. Die Benachrichtigungspflicht besteht auch beim Ausbleiben anderer Anzeigen, Mitteilungen oder Sendungen, deren Eingang der Kunde erwarten oder mit deren Eingang er rechnen muss.

h) Kontrolle von Bestätigungen der Sparkasse
Soweit Bestätigungen der Sparkasse von Aufträgen oder Weisungen des Kunden abweichen, hat er dies unverzüglich zu beanstanden.

---

[1] Nr. **15**.
[2] **Amtl. Anm.:** International Bank Account Number (Internationale Bankkontonummer).
[3] **Amtl. Anm.:** Business Identifier Code (Bank-Identifizierungs-Code).

(2) Haftung bei Pflichtverletzungen

Schäden und Nachteile aus einer schuldhaften Verletzung von Mitwirkungs- und sonstigen Sorgfaltspflichten gehen zulasten des Kunden. Bei schuldhafter Mitverursachung des Schadens durch die Sparkasse richtet sich die Haftung nach den Grundsätzen des Mitverschuldens, § 254 Bürgerliches Gesetzbuch[1].

AGB-Pfandrecht, Nachsicherung, Sicherheitenfreigabe

Nr. 21. Pfandrecht, Sicherungsabtretung

(1) Umfang

Der Kunde räumt hiermit der Sparkasse ein Pfandrecht ein an Werten jeder Art, die im bankmäßigen Geschäftsverkehr durch den Kunden oder durch Dritte für seine Rechnung in ihren Besitz oder ihre sonstige Verfügungsmacht gelangen. Zu den erfassten Werten zählen sämtliche Sachen und Rechte jeder Art (Beispiele: Waren, Devisen, Wertpapiere einschließlich der Zins-, Renten- und Gewinnanteilscheine, Sammeldepotanteile, Bezugsrechte, Schecks, Wechsel, Konnossemente, Lager- und Ladescheine). Erfasst werden auch Ansprüche des Kunden gegen die Sparkasse (z.B. aus Guthaben). Forderungen des Kunden gegen Dritte sind an die Sparkasse abgetreten, wenn über die Forderungen ausgestellte Urkunden im bankmäßigen Geschäftsverkehr in die Verfügungsmacht der Sparkasse gelangen.

(2) Ausnahmen

Gelangen Gelder oder andere Werte mit der ausdrücklichen Zweckbestimmung für eine bestimmte Verwendung in die Verfügungsmacht der Sparkasse (z.B. Bareinzahlung zur Einlösung eines Schecks, Wechsels oder Ausführung einer bestimmten Überweisung), so erstreckt sich das Pfandrecht der Sparkasse nicht auf diese Werte. Im Ausland verwahrte Wertpapiere unterliegen – vorbehaltlich anderweitiger Vereinbarung – nicht dem Pfandrecht. Dasselbe gilt für die von der Sparkasse selbst ausgegebenen Genussrechte/Genussscheine und für Ansprüche des Kunden aus nachrangigem Haftkapital (z.B. nachrangig haftende Inhaberschuldverschreibung).

(3) Gesicherte Ansprüche

Das Pfandrecht sichert alle bestehenden und künftigen, auch bedingten oder befristeten, auch gesetzlichen Ansprüche der Sparkasse gegen den Kunden, die sie im Zusammenhang mit der Geschäftsverbindung erwirbt. Ansprüche gegen Kunden aus von diesen für Dritte übernommenen Bürgschaften werden erst ab deren Fälligkeit gesichert.

(4) Geltendmachung des Pfandrechts

Die Sparkasse darf die dem AGB-Pfandrecht unterliegenden Werte nur bei einem berechtigten Sicherungsinteresse zurückhalten. Ein solches besteht insbesondere unter den Voraussetzungen des Nachsicherungsrechts gemäß Nr. 22.

(5) Verwertung

Die Sparkasse ist zur Verwertung dieser Werte berechtigt, wenn der Kunde seinen Verbindlichkeiten bei Fälligkeit und trotz Mahnung mit angemessener Nachfrist und einer Androhung der Verwertung entsprechend § 1234 Absatz 1 Bürgerliches Gesetzbuch[1] nicht nachkommt. Unter mehreren Sicherheiten hat

[1] Auszugsweise abgedruckt unter Nr. **23**.

die Sparkasse die Wahl. Bei der Auswahl und Verwertung wird die Sparkasse auf die berechtigten Belange des Kunden Rücksicht nehmen. Die Sparkasse hat das Recht, Verwertungserlöse, die nicht zur Befriedigung sämtlicher Forderungen ausreichen, nach ihrem billigen Ermessen zu verrechnen. Die Sparkasse wird dem Kunden erteilte Gutschriften über Verwertungserlöse so gestalten, dass sie als Rechnungen im Sinne des Umsatzsteuerrechts anzusehen sind.

Nr. 22. Nachsicherung und Freigabe

(1) Nachsicherungsrecht

Die Sparkasse kann vom Kunden die Bestellung oder Verstärkung von Sicherheiten für seine Verbindlichkeiten verlangen, wenn sich aufgrund nachträglich eingetretener oder bekannt gewordener Umstände, z.B. aufgrund einer Verschlechterung oder drohenden Verschlechterung der wirtschaftlichen Verhältnisse des Kunden, eines Mithaftenden oder Bürgen oder des Werts bestehender Sicherheiten, eine Veränderung der Risikolage ergibt.

Bei Verbraucherdarlehensverträgen besteht ein Anspruch auf die Bestellung oder Verstärkung von Sicherheiten nur, soweit die Sicherheiten im Kreditvertrag angegeben sind. Übersteigt der Nettodarlehensbetrag 75.000 Euro, besteht der Anspruch auf Bestellung oder Verstärkung auch dann, wenn in einem vor dem 21. März 2016 abgeschlossenen Verbraucherdarlehensvertrag oder in einem ab dem 21. März 2016 abgeschlossenen Allgemein-Verbraucherdarlehensvertrag im Sinne von § 491 Abs. 2 BGB[1] keine oder keine abschließenden Angaben über Sicherheiten enthalten sind.

(2) Freigabe-Verpflichtung

Die Sparkasse ist auf Verlangen zur Freigabe von Sicherheiten nach ihrer Wahl verpflichtet, soweit der realisierbare Wert aller Sicherheiten den Gesamtbetrag aller Forderungen der Sparkasse nicht nur vorübergehend um mehr als 10 v.H. übersteigt. Diese Deckungsgrenze erhöht sich um den jeweils aktuellen Umsatzsteuersatz, soweit die Sparkasse im Verwertungsfall mit der Abführung der Umsatzsteuer aus Verwertungserlösen belastet ist. Die Sparkasse wird bei der Auswahl der freizugebenden Sicherheiten auf die berechtigten Belange des Kunden Rücksicht nehmen.

Einzugspapiere

Nr. 23. Inkasso im Einzugsgeschäft

(1) Inkasso-Vereinbarung

Schecks, Wechsel, Lastschriften oder sonstige Einzugspapiere werden von der Sparkasse nur zum Einzug (Inkasso) hereingenommen, soweit nichts anderes vereinbart ist.

(2) Rückbelastung

Hat die Sparkasse den Gegenwert von Einzugspapieren schon vor Eingang gutgeschrieben, so kann sie den Gegenwert bei Nichteinlösung der Papiere rückbelasten, und zwar auch nach einem zwischenzeitlichen Rechnungsabschluss. Das Gleiche gilt, wenn

– ihr der Gegenwert nicht zugeht oder

---

[1] Nr. 23.

– die freie Verfügung über den Gegenwert durch Gesetz oder behördliche Maßnahmen beschränkt ist oder
– die Papiere infolge unüberwindlicher Hindernisse nicht oder nicht rechtzeitig vorgelegt werden können oder
– der Einzug mit im Zeitpunkt der Hereinnahme nicht bekannten unverhältnismäßigen Schwierigkeiten verbunden ist oder
– in dem Land, in dem die Papiere einzulösen sind, ein Moratorium ergangen ist.

Unter den gleichen Voraussetzungen kann die Sparkasse Einzugspapiere auch schon vor Fälligkeit zurückgeben. Die Rückbelastung ist auch zulässig, wenn die Papiere nicht zurückgegeben werden können. Ist dies von der Sparkasse zu vertreten, so trägt sie einen sich hieraus ergebenden Schaden des Kunden.

Nr. 24. Vorlegungsfrist, Eilmittel

Wenn Schecks, die am Bankplatz der Sparkasse zahlbar sind, nicht spätestens am dritten Geschäftstag, Schecks auf auswärtige Bankplätze nicht spätestens am vierten Geschäftstag vor Ablauf der Vorlegungsfrist (Artikel 29 Scheckgesetz[1)]) eingereicht werden bzw. bei Übersendung nicht innerhalb dieser Fristen vor Geschäftsschluss bei der Sparkasse eingehen, so hat der Kunde auf den Ablauf der Vorlegungsfrist und die eventuelle Anwendung von Eilmitteln gesondert hinzuweisen.

Nr. 25. Sicherungsrechte im Einzugsgeschäft

(1) Sicherungseigentum

Mit der Einreichung von Schecks und Wechseln zum Einzug überträgt der Kunde der Sparkasse das Sicherungseigentum an den Papieren für den Fall, dass das Einzugspapier nicht eingelöst wird und der Sparkasse aufgrund von Vorausverfügungen des Kunden im Hinblick auf das Einzugsgeschäft Ansprüche gegen den Kunden zustehen, und zwar bis zum Ausgleich dieser Ansprüche. Mit dem Erwerb des Sicherungseigentums gehen auch die zugrunde liegenden Forderungen auf die Sparkasse über.

(2) Sicherungsabtretung

Werden andere Papiere zum Einzug eingereicht (z.B. Lastschriften, kaufmännische Handelspapiere), so gehen die zugrunde liegenden Forderungen unter den Voraussetzungen des Absatzes 1 auf die Sparkasse über.

Auflösung der Geschäftsbeziehung

Nr. 26. Kündigungsrecht

(1) Ordentliche Kündigung

Soweit weder eine Laufzeit noch eine abweichende Kündigungsregelung vereinbart sind, können der Kunde und bei Vorliegen eines sachgerechten Grundes auch die Sparkasse die gesamte Geschäftsbeziehung oder einzelne Geschäftszweige jederzeit ohne Einhaltung einer Kündigungsfrist kündigen. Kündigt die Sparkasse, so wird sie den berechtigten Belangen des Kunden angemessen Rechnung tragen, insbesondere nicht zur Unzeit kündigen.

---

1) Nr. 25.

Für die Kündigung eines Zahlungsdiensterahmenvertrages (z.B. Girovertrag oder Kartenvertrag) durch die Sparkasse beträgt die Kündigungsfrist mindestens zwei Monate.

(2) Kündigung aus wichtigem Grund

Ungeachtet anderweitiger Vereinbarungen können sowohl der Kunde als auch die Sparkasse die gesamte Geschäftsbeziehung oder einzelne Geschäftszweige jederzeit fristlos kündigen, wenn ein wichtiger Grund vorliegt, aufgrund dessen dem Kündigenden die Fortsetzung der Geschäftsbeziehung nicht zugemutet werden kann. Dabei sind die berechtigten Belange des anderen Vertragspartners zu berücksichtigen. Für die Sparkasse ist ein solcher Kündigungsgrund insbesondere gegeben, wenn aufgrund der nachfolgend beispielhaft aufgeführten Umstände die Einhaltung der Zahlungsverpflichtungen des Kunden oder die Durchsetzbarkeit der Ansprüche der Sparkasse – auch unter Verwertung etwaiger Sicherheiten – gefährdet wird:

a) wenn eine wesentliche Verschlechterung oder eine erhebliche Gefährdung der Vermögensverhältnisse des Kunden oder in der Werthaltigkeit der für ein Darlehen gestellten Sicherheiten eintritt, insbesondere wenn der Kunde die Zahlungen einstellt oder erklärt, sie einstellen zu wollen, oder wenn von dem Kunden angenommene Wechsel zu Protest gehen;

b) wenn der Kunde seiner Verpflichtung zur Bestellung oder zur Verstärkung von Sicherheiten (Nr. 22 Absatz 1) nach Aufforderung durch die Sparkasse nicht innerhalb angemessener Frist nachkommt;

c) wenn der Kunde unrichtige Angaben über seine Vermögensverhältnisse gemacht hat;

d) wenn gegen den Kunden eine Zwangsvollstreckung eingeleitet wird;

e) wenn sich die Vermögensverhältnisse eines Mitverpflichteten oder des persönlich haftenden Gesellschafters wesentlich verschlechtert haben oder erheblich gefährdet sind, sowie bei Tod oder Wechsel des persönlich haftenden Gesellschafters.

Besteht der wichtige Grund in der Verletzung einer Pflicht aus dem Vertrag, ist die Kündigung erst nach erfolglosem Ablauf einer zur Abhilfe bestimmten Frist oder nach erfolgloser Abmahnung zulässig. Etwas anderes gilt nur, wenn der Kunde die Leistung ernsthaft und endgültig verweigert, er die Leistung zu einem im Vertrag bestimmten Termin oder innerhalb einer bestimmten Frist nicht bewirkt, obwohl die Sparkasse den Fortbestand ihres Leistungsinteresses vertraglich an die Rechtzeitigkeit der Leistung gebunden hat, oder wenn besondere Umstände vorliegen, die unter Abwägung der beiderseitigen Interessen eine sofortige Kündigung rechtfertigen.

(3) Kündigung bei Verbraucherdarlehensverträgen

Soweit das Bürgerliche Gesetzbuch zwingende Sonderregelungen für die Kündigung von Verbraucherdarlehensverträgen vorsieht, kann die Sparkasse nur nach Maßgabe dieser Regelungen kündigen.

(4) Rechtsfolgen bei Kündigung

Mit der Auflösung der gesamten Geschäftsbeziehung oder einzelner Geschäftszweige werden die auf den betroffenen Konten geschuldeten Beträge sofort fällig. Der Kunde ist außerdem verpflichtet, die Sparkasse insoweit von allen für ihn oder in seinem Auftrag übernommenen Verpflichtungen zu befreien.

Die Sparkasse ist berechtigt, die für den Kunden oder in seinem Auftrag übernommenen Verpflichtungen zu kündigen und sonstige Verpflichtungen, insbesondere solche in fremder Währung, mit Wirkung gegen den Kunden auszugleichen sowie hereingenommene Wechsel und Schecks sofort zurückzubelasten; die wechsel- oder scheckrechtlichen Ansprüche gegen den Kunden und jeden aus dem Papier Verpflichteten auf Zahlung des vollen Betrages der Wechsel und Schecks mit Nebenforderungen verbleiben der Sparkasse jedoch bis zur Abdeckung eines etwaigen Schuldsaldos.

Nr. 27. Weitergeltung der Allgemeinen Geschäftsbedingungen

Auch nach Auflösung der gesamten Geschäftsbeziehung oder einzelner Geschäftszweige gelten für die Abwicklung und in dem Abwicklungsverhältnis entsprechenden Umfange die Allgemeinen Geschäftsbedingungen weiter.

Nr. 28. Schutz der Einlagen durch anerkanntes Einlagensicherungssystem

(1) Freiwillige Institutssicherung

Die Sparkasse gehört dem institutsbezogenen Sicherungssystem der Deutschen Sparkassen-Finanzgruppe (Sicherungssystem) an. Primäre Zielsetzung des Sicherungssystems ist es, die angehörenden Institute selbst zu schützen und bei diesen drohende oder bestehende wirtschaftliche Schwierigkeiten abzuwenden. Auf diese Weise schützt die Institutssicherung auch die Einlagen der Kunden. Hierzu zählen im Wesentlichen Spareinlagen, Sparkassenbriefe, Termineinlagen, Sichteinlagen und Schuldverschreibungen.

(2) Gesetzliche Einlagensicherung

Das Sicherungssystem ist als Einlagensicherungssystem nach dem Einlagensicherungsgesetz[1)] (EinSiG) amtlich anerkannt. Sollte entgegen Absatz 1 ausnahmsweise die Institutssicherung nicht greifen, hat der Kunde gegen das Sicherungssystem einen Anspruch auf Erstattung seiner Einlagen im Sinne des § 2 Absätze 3 bis 5 EinSiG bis zu den Obergrenzen des § 8 EinSiG.

Nicht entschädigungsfähig nach § 6 EinSiG sind unter anderem Einlagen, die im Zusammenhang mit Geldwäschetransaktionen entstanden sind, sowie Inhaberschuldverschreibungen der Sparkasse und Verbindlichkeiten aus eigenen Akzepten und Solawechseln.

(3) Informationsbefugnisse

Die Sparkasse ist befugt, dem Sicherungssystem oder einem von ihm Beauftragten alle in diesem Zusammenhang erforderlichen Auskünfte zu erteilen und Unterlagen zur Verfügung zu stellen.

(4) Forderungsübergang

Soweit das Sicherungssystem oder ein von ihm Beauftragter Zahlungen an den Kunden leistet, gehen dessen Forderungen gegen die Sparkasse in entsprechender Höhe mit allen Nebenrechten Zug um Zug auf das Sicherungssystem über.

---

1) Nr. **12**.

29. Sonderbedingungen für Wertpapiergeschäfte

Fassung Januar 2018

Diese Sonderbedingungen gelten für den Kauf oder Verkauf sowie für die Verwahrung von Wertpapieren, und zwar auch dann, wenn die Rechte nicht in Urkunden verbrieft sind (nachstehend: „Wertpapiere").

A. Geschäfte in Wertpapieren

1. Formen des Wertpapiergeschäfts

1.1. Kommissions-/Festpreisgeschäfte

Bank und Kunde schließen Wertpapiergeschäfte in Form von Kommissionsgeschäften (2) oder Festpreisgeschäften (3) ab.

1.2. Kommissionsgeschäfte

Führt die Bank Aufträge ihres Kunden zum Kauf oder Verkauf von Wertpapieren als Kommissionärin aus, schließt sie für Rechnung des Kunden mit einem anderen Marktteilnehmer oder einer Zentralen Gegenpartei ein Kauf- oder Verkaufsgeschäft (Ausführungsgeschäft) ab, oder sie beauftragt einen anderen Kommissionär (Zwischenkommissionär), ein Ausführungsgeschäft abzuschließen. Im Rahmen des elektronischen Handels an einer Börse kann der Auftrag des Kunden auch gegen die Bank oder den Zwischenkommissionär unmittelbar ausgeführt werden, wenn die Bedingungen des Börsenhandels dies zulassen.

1.3. Festpreisgeschäfte

Vereinbaren Bank und Kunde miteinander für das einzelne Geschäft einen festen oder bestimmbaren Preis (Festpreisgeschäft), so kommt ein Kaufvertrag zustande; dementsprechend übernimmt die Bank vom Kunden die Wertpapiere als Käuferin, oder sie liefert die Wertpapiere an ihn als Verkäuferin. Die Bank berechnet dem Kunden den vereinbarten Preis, bei verzinslichen Schuldverschreibungen zuzüglich aufgelaufener Zinsen (Stückzinsen).

2. Ausführungsgrundsätze für Wertpapiergeschäfte

Die Bank führt Wertpapiergeschäfte nach ihren jeweils geltenden Ausführungsgrundsätzen[1] aus. Die Ausführungsgrundsätze sind Bestandteil der Sonderbedingungen. Die Bank ist berechtigt, die Ausführungsgrundsätze entsprechend den aufsichtsrechtlichen Vorgaben zu ändern. Über die Änderungen der Ausführungsgrundsätze wird die Bank den Kunden jeweils informieren.

B. Besondere Regelungen für das Kommissionsgeschäft

3. Usancen/Unterrichtung/Preis

3.1. Geltung von Rechtsvorschriften/Usancen/Geschäftsbedingungen

Die Ausführungsgeschäfte unterliegen den für den Wertpapierhandel am Ausführungsplatz geltenden Rechtsvorschriften und Geschäftsbedingungen

[1] **Amtl. Anm.:** Ausführungsgrundsätze für Geschäfte in Finanzinstrumenten

(Usancen); daneben gelten die Allgemeinen Geschäftsbedingungen des Vertragspartners der Bank.

3.2. Unterrichtung

Über die Ausführung des Auftrags wird die Bank den Kunden unverzüglich unterrichten. Wurde der Auftrag des Kunden im elektronischen Handel an einer Börse gegen die Bank oder den Zwischenkommissionär unmittelbar ausgeführt, bedarf es keiner gesonderten Benachrichtigung.

3.3. Preis des Ausführungsgeschäfts/Entgelt/Aufwendungen

Die Bank rechnet gegenüber dem Kunden den Preis des Ausführungsgeschäfts ab; sie ist berechtigt, ihr Entgelt in Rechnung zu stellen. Ein möglicher Anspruch der Bank auf Ersatz von Aufwendungen richtet sich nach den gesetzlichen Vorschriften.

4. Erfordernis eines ausreichenden Kontoguthabens/Depotbestandes

Die Bank ist zur Ausführung von Aufträgen oder zur Ausübung von Bezugsrechten nur insoweit verpflichtet, als das Guthaben des Kunden, ein für Wertpapiergeschäfte nutzbarer Kredit oder der Depotbestand des Kunden zur Ausführung ausreichen. Führt die Bank den Auftrag ganz oder teilweise nicht aus, so wird sie den Kunden unverzüglich unterrichten.

5. Festsetzung von Preisgrenzen

Der Kunde kann der Bank bei der Erteilung von Aufträgen Preisgrenzen für das Ausführungsgeschäft vorgeben (preislich limitierte Aufträge).

6. Gültigkeitsdauer von unbefristeten Kundenaufträgen

6.1. Preislich unlimitierte Aufträge

Ein preislich unlimitierter Auftrag gilt entsprechend den Ausführungsgrundsätzen (Nr. 2) nur für einen Handelstag; ist der Auftrag für eine gleichtägige Ausführung nicht so rechtzeitig eingegangen, dass seine Berücksichtigung im Rahmen des ordnungsgemäßen Arbeitsablaufs möglich ist, so wird er für den nächsten Handelstag vorgemerkt. Wird der Auftrag nicht ausgeführt, so wird die Bank den Kunden hiervon unverzüglich benachrichtigen.

6.2. Preislich limitierte Aufträge

Ein preislich limitierter Auftrag ist bis zum letzten Handelstag des laufenden Monats gültig (Monats-Ultimo). Ein am letzten Handelstag eines Monats eingehender Auftrag wird, sofern er nicht am selben Tag ausgeführt wird, entsprechend den Ausführungsgrundsätzen (Nr. 2) für den nächsten Monat vorgemerkt. Die Bank wird den Kunden über die Gültigkeitsdauer seines Auftrags unverzüglich unterrichten.

7. Gültigkeitsdauer von Aufträgen zum Kauf oder Verkauf von Bezugsrechten

Preislich unlimitierte Aufträge zum Kauf oder Verkauf von Bezugsrechten sind für die Dauer des Bezugsrechtshandels gültig. Preislich limitierte Aufträge zum Kauf oder Verkauf von Bezugsrechten erlöschen mit Ablauf des vorletzten Tages des Bezugsrechtshandels. Die Gültigkeitsdauer von Aufträgen zum Kauf oder Verkauf ausländischer Bezugsrechte bestimmt sich nach den maßgeblichen ausländischen Usancen. Für die Behandlung von Bezugsrechten, die am letzten Tag des Bezugsrechtshandels zum Depotbestand des Kunden gehören, gilt Nr. 15 Abs. 1.

8. Erlöschen laufender Aufträge

8.1. Dividendenzahlungen, sonstige Ausschüttungen, Einräumung von Bezugsrechten, Kapitalerhöhung aus Gesellschaftsmitteln

Preislich limitierte Aufträge zum Kauf oder Verkauf von Aktien an inländischen Ausführungsplätzen erlöschen bei Dividendenzahlung, sonstigen Ausschüttungen, der Einräumung von Bezugsrechten oder einer Kapitalerhöhung aus Gesellschaftsmitteln mit Ablauf des Handelstages, an dem die Aktien letztmalig einschließlich der vorgenannten Rechte gehandelt werden, sofern die jeweiligen Regelungen des Ausführungsplatzes ein Erlöschen vorsehen. Bei Veränderung der Einzahlungsquote teileingezahlter Aktien oder des Nennwertes von Aktien und im Falle des Aktien-splittings erlöschen preislich limitierte Aufträge mit Ablauf des Handelstages vor dem Tag, an dem die Aktien mit erhöhter Einzahlungsquote bzw. mit dem veränderten Nennwert bzw. gesplittet notiert werden.

8.2. Kursaussetzung

Wenn an einem inländischen Ausführungsplatz die Preisfeststellung wegen besonderer Umstände im Bereich des Emittenten unterbleibt (Kursaussetzung), erlöschen sämtliche an diesem Ausführungsplatz auszuführenden Kundenaufträge für die betreffenden Wertpapiere, sofern die Bedingungen des Ausführungsplatzes dies vorsehen.

8.3. Ausführung von Kundenaufträgen an ausländischen Ausführungsplätzen

Bei der Ausführung von Kundenaufträgen an ausländischen Ausführungsplätzen gelten insoweit die Usancen der ausländischen Ausführungsplätze.

8.4. Benachrichtigung

Von dem Erlöschen eines Kundenauftrags wird die Bank den Kunden unverzüglich benachrichtigen.

9. Haftung der Bank bei Kommissionsgeschäften

Die Bank haftet für die ordnungsgemäße Erfüllung des Ausführungsgeschäfts durch ihren Vertragspartner oder den Vertragspartner des Zwischenkommissionärs. Bis zum Abschluss eines Ausführungsgeschäfts haftet die Bank bei der Beauftragung eines Zwischenkommissionärs nur für dessen sorgfältige Auswahl und Unterweisung.

C. Erfüllung der Wertpapiergeschäfte

10. Erfüllung im Inland als Regelfall

Die Bank erfüllt Wertpapiergeschäfte im Inland, soweit nicht die nachfolgenden Bedingungen oder eine anderweitige Vereinbarung die Anschaffung im Ausland vorsehen.

11. Anschaffung im Inland

Bei der Erfüllung im Inland verschafft die Bank dem Kunden, sofern die Wertpapiere zur Girosammelverwahrung bei der deutschen Wertpapiersammelbank (Clearstream Banking AG) zugelassen sind, Miteigentum an diesem Sammelbestand – Girosammel-Depotgutschrift (GS-Gutschrift). Soweit Wertpapiere nicht zur Girosammelverwahrung zugelassen sind, wird dem Kunden Alleineigentum an Wertpapieren verschafft. Diese Wertpapiere verwahrt die Bank für den Kunden gesondert von ihren eigenen Beständen und von denen Dritter (Streifbandverwahrung).

12. Anschaffung im Ausland

12.1. Anschaffungsvereinbarung

Die Bank schafft Wertpapiere im Ausland an, wenn sie als Kommissionärin Kaufaufträge in in- oder ausländischen Wertpapieren im Ausland ausführt, oder – sie dem Kunden im Wege eines Festpreisgeschäftes ausländische Wertpapiere verkauft, die im Inland weder börslich noch außerbörslich gehandelt werden oder – sie als Kommissionärin Kaufaufträge in ausländischen Wertpapieren ausführt oder dem Kunden ausländische Wertpapiere im Wege eines Festpreisgeschäftes verkauft, die zwar im Inland börslich oder außerbörslich gehandelt, üblicherweise aber im Ausland angeschafft werden.

12.2. Einschaltung von Zwischenverwahrern

Die Bank wird die im Ausland angeschafften Wertpapiere im Ausland verwahren lassen. Hiermit wird sie einen anderen in- oder ausländischen Verwahrer (z.B. Clearstream Banking AG) beauftragen oder eine eigene ausländische Geschäftsstelle damit betrauen. Die Verwahrung der Wertpapiere unterliegt den Rechtsvorschriften und Usancen des Verwahrungsorts und den für den oder die ausländischen Verwahrer geltenden Allgemeinen Geschäftsbedingungen.

12.3. Gutschrift in Wertpapierrechnung

Die Bank wird sich nach pflichtgemäßem Ermessen unter Wahrung der Interessen des Kunden das Eigentum oder Miteigentum an den Wertpapieren oder eine andere im Lagerland übliche, gleichwertige Rechtsstellung verschaffen und diese Rechtsstellung treuhänderisch für den Kunden halten. Hierüber erteilt sie dem Kunden Gutschrift in Wertpapierrechnung (WR-Gutschrift) unter Angabe des ausländischen Staates, in dem sich die Wertpapiere befinden (Lagerland).

12.4. Deckungsbestand

Die Bank braucht die Auslieferungsansprüche des Kunden aus der ihm erteilten WR-Gutschrift nur aus dem von ihr im Ausland unterhaltenen Deckungsbestand zu erfüllen. Der Deckungsbestand besteht aus den im Lagerland für die Kunden und für die Bank verwahrten Wertpapieren derselben Gattung. Ein Kunde, dem eine WR-Gutschrift erteilt worden ist, trägt daher anteilig alle wirtschaftlichen und rechtlichen Nachteile und Schäden, die den Deckungsbestand als Folge von höherer Gewalt, Aufruhr, Kriegs- und Naturereignissen oder durch sonstige von der Bank nicht zu vertretende Zugriffe Dritter im Ausland oder im Zusammenhang mit Verfügungen von hoher Hand des In- oder Auslands treffen sollten.

12.5. Behandlung der Gegenleistung

Hat ein Kunde nach Absatz 4 Nachteile und Schäden am Deckungsbestand zu tragen, so ist die Bank nicht verpflichtet, dem Kunden den Kaufpreis zurückzuerstatten.

D. Die Dienstleistungen im Rahmen der Verwahrung

13. Depotauszug

Die Bank erteilt mindestens einmal jährlich einen Depotauszug.

14. Einlösung von Wertpapieren/Bogenerneuerung

14.1. Inlandsverwahrte Wertpapiere

Bei im Inland verwahrten Wertpapieren sorgt die Bank für die Einlösung von Zins-, Gewinnanteil- und Ertragscheinen sowie von rückzahlbaren Wertpapieren bei deren Fälligkeit. Der Gegenwert von Zins-, Gewinnanteil- und Ertragscheinen sowie von fälligen Wertpapieren jeder Art wird unter dem Vorbehalt gutgeschrieben, dass die Bank den Betrag erhält, und zwar auch dann, wenn die Papiere bei der Bank selbst zahlbar sind. Die Bank besorgt neue Zins-, Gewinnanteil- und Ertragscheinbogen (Bogenerneuerung).

14.2. Auslandsverwahrte Wertpapiere

Diese Pflichten obliegen bei im Ausland verwahrten Wertpapieren dem ausländischen Verwahrer.

14.3. Auslosung und Kündigung von Schuldverschreibungen

Bei im Inland verwahrten Schuldverschreibungen überwacht die Bank den Zeitpunkt der Rückzahlung infolge Auslosung und Kündigung anhand der Veröffentlichungen in den „Wertpapier-Mitteilungen". Bei einer Auslosung von im Ausland verwahrten rückzahlbaren Schuldverschreibungen, die anhand deren Urkundennummern erfolgt (Nummernauslosung), wird die Bank nach ihrer Wahl den Kunden für die ihm in Wertpapierrechnung gutgeschriebenen Wertpapiere entweder Urkundennummern für die Auslosungszwecke zuordnen oder in einer internen Auslosung die Aufteilung des auf den Deckungsbestand entfallenden Betrages auf die Kunden vornehmen. Diese interne Auslosung wird unter Aufsicht einer neutralen Prüfungsstelle vorgenommen; sie kann stattdessen unter Einsatz einer elektronischen Datenverarbeitungsanlage durchgeführt werden, sofern eine neutrale Auslosung gewährleistet ist.

14.4. Einlösung in fremder Währung

Werden Zins-, Gewinnanteil- und Ertragscheine sowie fällige Wertpapiere in ausländischer Währung oder Rechnungseinheiten eingelöst, wird die Bank den Einlösungsbetrag auf dem Konto des Kunden in dieser Währung gutschreiben, sofern der Kunde ein Konto in dieser Währung unterhält. Andernfalls wird sie dem Kunden hierüber eine Gutschrift in Euro erteilen, soweit nicht etwas anderes vereinbart ist.

15. Behandlung von Bezugsrechten/Optionsscheinen/Wandelschuldverschreibungen

15.1. Bezugsrechte

Über die Einräumung von Bezugsrechten wird die Bank den Kunden benachrichtigen, wenn hierüber eine Bekanntmachung in den „Wertpapier-Mitteilungen" erschienen ist. Soweit die Bank bis zum Ablauf des vorletzten Tages des Bezugsrechtshandels keine andere Weisung des Kunden erhalten hat, wird sie sämtliche zum Depotbestand des Kunden gehörenden inländischen Bezugsrechte bestens verkaufen; ausländische Bezugsrechte darf die Bank gemäß den im Ausland geltenden Usancen bestens verwerten lassen.

15.2. Options- und Wandlungsrechte

Über den Verfall von Rechten aus Optionsscheinen oder Wandlungsrechten aus Wandelschuldverschreibungen wird die Bank den Kunden mit der Bitte um Weisung benachrichtigen, wenn auf den Verfalltag in den „Wertpapier-Mitteilungen" hingewiesen worden ist.

16. Weitergabe von Nachrichten

Werden in den „Wertpapier-Mitteilungen" Informationen veröffentlicht, die die Wertpapiere des Kunden betreffen, oder werden der Bank solche Informationen vom Emittenten oder von ihrem ausländischen Verwahrer/Zwischenverwahrer übermittelt, so wird die Bank dem Kunden diese Informationen zur Kenntnis geben, soweit sich diese auf die Rechtsposition des Kunden erheblich auswirken können und die Benachrichtigung des Kunden zur Wahrung seiner Interessen erforderlich ist. So wird sie insbesondere Informationen über

- gesetzliche Abfindungs- und Umtauschangebote,
- freiwillige Kauf- und Umtauschangebote,
- Sanierungsverfahren

zur Kenntnis geben. Eine Benachrichtigung kann unterbleiben, wenn die Information bei der Bank nicht rechtzeitig eingegangen ist oder die vom Kunden zu ergreifenden Maßnahmen wirtschaftlich nicht zu vertreten sind, weil die anfallenden Kosten in einem Missverhältnis zu den möglichen Ansprüchen des Kunden stehen.

17. Prüfungspflicht der Bank

Die Bank prüft anhand der Bekanntmachungen in den „Wertpapier-Mitteilungen" einmalig bei der Einlieferung von Wertpapierurkunden, ob diese von Verlustmeldungen (Opposition), Zahlungssperren und dergleichen betroffen sind. Die Überprüfung auf Aufgebotsverfahren zur Kraftloserklärung von Wertpapierurkunden erfolgt auch nach Einlieferung.

18. Umtausch sowie Ausbuchung und Vernichtung von Urkunden

18.1. Urkundenumtausch

Die Bank darf ohne vorherige Benachrichtigung des Kunden einer in den „Wertpapier-Mitteilungen" bekannt gemachten Aufforderung zur Einreichung von Wertpapierurkunden Folge leisten, wenn diese Einreichung offensichtlich im Kundeninteresse liegt und damit auch keine Anlageentscheidung verbunden ist (wie z.B. nach der Fusion der Emittentin mit einer anderen Gesellschaft oder bei inhaltlicher Unrichtigkeit der Wertpapierurkunden). Der Kunde wird hierüber unterrichtet.

18.2. Ausbuchung und Vernichtung nach Verlust der Wertpapiereigenschaft

Verlieren die für den Kunden verwahrten Wertpapierurkunden ihre Wertpapiereigenschaft durch Erlöschen der darin verbrieften Rechte, so können sie zum Zwecke der Vernichtung aus dem Depot des Kunden ausgebucht werden. Im Inland verwahrte Urkunden werden soweit möglich dem Kunden auf Verlangen zur Verfügung gestellt. Der Kunde wird über die Ausbuchung, die Möglichkeit der Auslieferung und die mögliche Vernichtung unterrichtet. Erteilt er keine Weisung, so kann die Bank die Urkunden nach Ablauf einer

Frist von zwei Monaten nach Absendung der Mitteilung an den Kunden vernichten.

19. Haftung

19.1. Inlandsverwahrung

Bei der Verwahrung von Wertpapieren im Inland haftet die Bank für jedes Verschulden ihrer Mitarbeiter und der Personen, die sie zur Erfüllung ihrer Verpflichtungen hinzuzieht. Soweit dem Kunden eine GS-Gutschrift erteilt wird, haftet die Bank auch für die Erfüllung der Pflichten der Clearstream Banking AG.

19.2. Auslandsverwahrung

Bei der Verwahrung von Wertpapieren im Ausland beschränkt sich die Haftung der Bank auf die sorgfältige Auswahl und Unterweisung des von ihr beauftragten ausländischen Verwahrers oder Zwischenverwahrers. Bei einer Zwischenverwahrung durch die Clearstream Banking AG oder einen anderen inländischen Zwischenverwahrer sowie einer Verwahrung durch eine eigene ausländische Geschäftsstelle haftet die Bank für deren Verschulden.

20. Sonstiges

20.1. Auskunftsersuchen

Ausländische Wertpapiere, die im Ausland angeschafft oder veräußert werden oder die ein Kunde von der Bank im Inland oder im Ausland verwahren lässt, unterliegen regelmäßig einer ausländischen Rechtsordnung. Rechte und Pflichten der Bank oder des Kunden bestimmen sich daher auch nach dieser Rechtsordnung, die auch die Offenlegung des Namens des Kunden vorsehen kann. Die Bank wird entsprechende Auskünfte an ausländische Stellen erteilen, soweit sie hierzu verpflichtet ist; sie wird den Kunden hierüber benachrichtigen.

20.2. Einlieferung/Überträge

Diese Sonderbedingungen gelten auch, wenn der Kunde der Bank in- oder ausländische Wertpapiere zur Verwahrung effektiv einliefert oder Depotguthaben von einem anderen Verwahrer übertragen lässt. Verlangt der Kunde die Verwahrung im Ausland, wird ihm eine WR-Gutschrift nach Maßgabe dieser Sonderbedingungenerteilt.

20.3. Spitzenregulierung

Bei der Durchführung von Kapitalmaßnahmen (z.B. Zusammenfassung mehrerer Aktien zu einer Aktie oder Umtausch von Aktien) können im Depot des Kunden Bruchstücke von Wertpapieren entstehen. Sofern eine Verwertung möglich ist, wird die Bank die Bruchstücke aller betroffenen Kunden zusammenfassen und für diese gemäß den Ausführungsgrundsätzen für Geschäfte in Finanzinstrumenten veräußern. Ausgenommen hiervon sind Bruchstücke von Fondsanteilen, soweit es sich nicht um Anteile an Exchange Traded Funds (ETF) handelt. Den Erlösanteil wird die Bank nach Abzug des vereinbarten Entgelts gutschreiben. Soweit Bruchstücke von Wertpapieren nicht verwertbar sind, kann das zugrundeliegende Depot nur nach Erteilung eines Auftrags zur Ausbuchung von Wertpapieren durch den Kunden in Bezug auf diese Bruchstücke geschlossen werden.

30. Sonderbedingungen für Termingeschäfte

Fassung Juli 2018

Diese Sonderbedingungen gelten für Geschäfte an Terminbörsen sowie für außerbörsliche Termingeschäfte in Devisen und Edelmetallen (im folgenden „Geschäfte"). Sie gelten nicht für solche außerbörslichen Geschäfte, für die die Anwendung des Rahmenvertrags für Finanztermingeschäfte oder eines anderen Rahmenvertrags vereinbart ist, der alle unter ihm dokumentierten Geschäfte zu einem einheitlichen Vertrag verbindet. Für Geschäfte, bei denen die Rechte in Urkunden verbrieft sind (z.B. bei Optionsscheinen), gelten die Sonderbedingungen für Wertpapiergeschäfte.

Geschäfte an Terminbörsen

1. Ausführung der Geschäfte

(1) Geschäfte in Kontrakten der Eurex Deutschland

Die Bank wird alle Aufträge, die sich auf die zum Handel an der Eurex Deutschland zugelassenen Options- und Futureskontrakte beziehen, als Kommissionärin im eigenen Namen für Rechnung des Kunden an der Eurex Deutschland ausführen. Die Bank kann auch einen anderen Kommissionär (Zwischenkommissionär) mit der Ausführung des Auftrags beauftragen. Mit dem Zustandekommen des Geschäfts an der Eurex Deutschland (Ausführungsgeschäft) kommt gleichzeitig ein entsprechendes Geschäft zwischen dem Kunden und der Bank zustande. Für sämtliche Geschäfte mit dem Kunden in Kontrakten, die zum Handel an der Eurex Deutschland zugelassen sind, gelten die Handelsund Clearingbedingungen sowie die Börsenordnung der Eurex Deutschland.

(2) Geschäfte an ausländischen Terminbörsen

Aufträge zum Abschluss von Geschäften an ausländischen Terminbörsen führt die Bank als Kommissionärin im eigenen Namen für Rechnung des Kunden aus. Die Bank kann auch einen Zwischenkommissionär beauftragen, das Ausführungsgeschäft abzuschließen. Sie haftet nur für die sorgfältige Auswahl der im Ausland in die Ausführung des Kundenauftrages eingeschalteten Stellen; sie wird dem Kunden bei Leistungsstörungen ihre Ansprüche gegen die eingeschalteten Stellen abtreten.

Die Ausführungsgeschäfte in Kontrakten, die an ausländischen Terminbörsen gehandelt werden, unterliegen den dort geltenden Rechtsvorschriften und Geschäftsbedingungen (Usancen); daneben gelten die Allgemeinen Geschäftsbedingungen des Vertragspartners der Bank. Dies gilt auch für den Inhalt und die Abwicklung der Ausführungsgeschäfte, z.B. hinsichtlich des Ausübungszeitpunktes, der Laufzeit oder der Anforderung von Sicherheiten, aber auch der Aussetzung oder Einstellung der Geschäftsabwicklung durch die an der Börse bestehenden Clearingstellen und durch die sonstigen von der Bank in die Durchführung des Kundenauftrages eingeschalteten Stellen.

2. Preis des Geschäfts/Entgelt/Aufwendungen

Die Bank rechnet gegenüber dem Kunden den Preis des Ausführungsgeschäfts ab; sie ist berechtigt ihr Entgelt in Rechnung zu stellen. Ein möglicher

Anspruch der Bank auf Ersatz von Aufwendungen richtet sich nach den gesetzlichen Vorschriften.

3. Wahl des Ausführungsgeschäfts

Sind Aufträge an verschiedenen Börsen ausführbar, so bestimmt die Bank mangels anderweitiger Weisung den Ausführungsplatz unter Wahrung der Interessen des Kunden und wird ihn über den Ausführungsplatz unverzüglich unterrichten.

4. Festsetzung von Preisgrenzen

Der Kunde kann der Bank bei der Erteilung von Aufträgen Preisgrenzen für das Ausführungsgeschäft vorgeben (preislich limitierte Aufträge).

5. Gültigkeitsdauer von unbefristeten Aufträgen

Ein ohne ausdrückliche Bestimmung der Gültigkeitsdauer erteilter Auftrag zum Abschluss von Geschäften an Terminbörsen gilt nur für den Tag der Auftragserteilung.

6. Aussetzung des Handels

Wird an einer Terminbörse auf Veranlassung der Börsengeschäftsführung der Handel in bestimmten Geschäften ganz oder teilweise ausgesetzt und werden daraufhin alle Aufträge in diesen Geschäften gelöscht, erlöschen sämtliche an dieser Börse auszuführenden Kundenaufträge für die betreffenden Geschäfte; die Bank wird den Kunden hiervon unverzüglich benachrichtigen.

Außerbörsliche Geschäfte

7. Eigenhändlergeschäft

(1) Ausführung der Geschäfte

Bei außerbörslichen Geschäften in Devisen und Edelmetallen schließt die Bank das Geschäft mit dem Kunden als Eigenhändlerin im eigenen Namen und auf eigene Rechnung ab.

(2) Preis der Geschäfte

Die Bank kann die Höhe des Preises nach billigem Ermessen bestimmen (§ 315 des Bürgerlichen Gesetzbuchs[1]), soweit nicht ein fester Preis vereinbart ist.

Bestimmungen für börsliche und außerbörsliche Geschäfte

8. Nichtausführung mangels Deckung

Die Bank ist berechtigt, von der Ausführung des Auftrags abzusehen, soweit das Guthaben des Kunden oder ein für Termingeschäfte nutzbarer Kredit (eingeräumte Kontoüberziehung) zur Ausführung nicht ausreichen. Führt die Bank den Auftrag ganz oder teilweise nicht aus, so wird sie den Kunden unverzüglich unterrichten.

---

[1] Auszugsweise abgedruckt unter Nr. 23.

9. Sicherheiten

(1) AGB-Pfandrecht

Die dem Pfandrecht der Bank nach Nr. 14 ihrer Allgemeinen Geschäftsbedingungen (AGB-Pfandrecht) unterliegenden Wertpapiere, Sachen und Ansprüche des Kunden gegen die Bank sichern uneingeschränkt auch alle bestehenden und künftigen – auch bedingten oder befristeten – Ansprüche der Bank gegen den Kunden aus den Geschäften. Sind Sicherheiten gesondert vereinbart worden, werden die Ansprüche der Bank hierdurch gesichert, soweit die Sicherungszweckerklärung auch die Geschäfte erfasst (sonstige Sicherheiten).

(2) Unterhaltung ausreichender Vermögenswerte als Sicherheit

Die Bank kann verlangen, dass der Kunde bei ihr Vermögenswerte unterhält, die ihr im Rahmen des AGB-Pfandrechtes und sonstiger Sicherheiten zugleich als Sicherheit für alle Ansprüche aus den Geschäften dienen. Sicherheiten müssen jeweils in der Höhe bestellt werden, die die Bank nach ihrer Einschätzung der Zins-, Kurs- und Preisänderungsrisiken (Verlustrisiken) aus den Geschäften mit dem Kunden für erforderlich hält. Ändert sich die Risikoeinschätzung oder der Wert der vorhandenen Vermögenswerte, so kann die Bank jederzeit innerhalb angemessener Frist, die im Hinblick auf die Besonderheiten der Geschäfte sehr kurz, gegebenenfalls auch nach Stunden, bemessen sein kann, verlangen, dass der Kunde weitere Vermögenswerte als Sicherheit stellt bzw. für bislang unbesicherte Risiken erstmals Sicherheiten stellt.

(3) Separierung oder gesonderte Buchung der Vermögenswerte

Die Bank darf jederzeit Vermögenwerte des Kunden im Hinblick auf die Verlustrisiken aus den Geschäften getrennt buchen oder anderweitig separieren. Das AGB-Pfandrecht der Bank an diesen und den sonstigen Vermögenswerten des Kunden wird hierduch nicht berührt. Sämtliche Vermögenswerte haften daher unverändert sowohl für Ansprüche aus den Geschäften als auch für sonstige Ansprüche aus der bankmäßigen Geschäftsverbindung. Über die getrennt gebuchten oder anderweitig separierten Vermögenswerte kann der Kunde nur mit Zustimmung der Bank verfügen[1].

(4) Sicherheiten bei Geschäften an der Eurex Deutschland

Bei allen Auftägen zum Abschluss von Geschäften an der Eurex Deutschland sind Sicherheiten mindestens in der Höhe zu stellen, die sich nach der Berechnungsmethode der Eurex Deutschland ergibt.

(5) Zwischenzeitliche Gutschriften oder Belastungen bei laufenden Geschäften

Werden vorläufige Gewinne aus der täglichen Bewertung von Geschäften vor deren endgültiger Abwicklung oder Glattstellung von der Bank gutgeschrieben – gegebenenfalls auf einem gesonderten Konto –, kann über sie nur mit Zustimmung der Bank verfügt[1] werden. Ergeben sich aus einer solchen Bewertung Verluste, so wird die Bank den Kunden entsprechend belasten. Die Bank wird den Kunden in regelmäßigen Abständen über die Buchungen unterrichten. Die Bank ist berechtigt, zum Ausgleich derartiger Belastungsbuchungen das Kontokorrentkonto des Kunden zu belasten, auch

---

[1] **Amtl. Anm.:** Der Begriff kann u.a. die relevanten Zahlungskontendienste „Bargeldauszahlung" und „Überweisung" umfassen.

wenn hierduch Kredit (eine eingeräumte oder geduldete Kontoüberziehung) in Anspruch genommen wird.

10. Folgen bei Ausbleiben von Sicherheiten; Insolvenz; Ausgleichsansprüche

(1) Vorzeitige Beendigung und Glattstellung

Verlangt die Bank zusätzliche Sicherheiten und werden diese innerhalb der von ihr gesetzten Frist nicht gestellt oder wird die Stellung zusätzlicher Sicherheiten abgelehnt, so kann die Bank – sofern sie dies angedroht hat – die den offenen Positionen zugrundeliegenden Geschäfte und Auftragsverhältnisse ohne Fristsetzung ganz oder teilweise beenden bzw. die aus solchen Geschäften resultierenden offenen Positionen ganz oder teilweise durch ein Gegengeschäft glattstellen. Das gleiche gilt, wenn der Kunde seiner Verpflichtung zum Ausgleich von vorläufigen Verlusten, die sich aus der täglichen Bewertung der Geschäfte ergeben, nicht nachkommt.

(2) Vorzeitige Beendigung im Insolvenzfall

Im Insolvenzfall enden alle Geschäfte der Bank mit dem Kunden und die Auftragsverhältnisse, die den für den Kunden abgeschlossenen Geschäften zugrunde liegen, ohne Kündigung. Der Insolvenzfall ist gegeben, wenn das Konkurs- oder ein sonstiges Insolvenzverfahren über das Vermögen einer Partei beantragt wird und diese Partei entweder den Antrag selbst gestellt hat oder zahlungsunfähig oder sonst in einer Lage ist, die die Erröffnung eines solchen Verfahrens rechtfertigt.

(3) Ausgleichsansprüche

Wenn die Bank nach Abs. 1 Geschäfte glattgestellt oder beendet hat, oder Geschäfte wegen Insolvenz nach Abs. 2 beendet wurden, können statt Erfüllung nur Forderungen wegen Nichterfüllung geltend gemacht werden. Diese Forderungen richten sich auf den Unterschied zwischen den vereinbarten Preisen und den Markt- oder Börsenpreisen, die am Tage der Beendigung oder Glattstellung für ein Geschäft mit der vereinbarten Erfüllungszeit maßgeblich sind und sind stets auf Euro gerichtet.

11. Ausübung von Optionen durch den Kunden

(1) Spätester Ausübungszeitpunkt

Die Erklärung des Kunden, eine Option auszuüben, muss der Bank spätestens bis zu dem Zeitpunkt zugehen, den sie dem Kunden bekanntgegeben hat. Erklärungen des Kunden, die der Bank nach diesem Zeitpunkt zugehen, werden für den nächsten Bankarbeitstag berücksichtigt, sofern die Option dann noch ausgeübt werden kann.

(2) Vorverlegung des Zeitpunktes bei Umtauschund Abfindungsangeboten

Findet bei Umtausch-, Abfindungs- oder Kaufangeboten oder bei der Aufforderung zur Abgabe derartiger Angebote usancegemäß eine Verkürzung der Laufzeit der Option statt, so muss die Ausübungserklärung des Kunden der Bank bis zu dem in der Mitteilung über die Verkürzung der Laufzeit angegebenen vorverlegten Zeitpunkt zugegangen sein.

(3) Keine gesonderten Hinweispflichteng

Darüber hinaus ist die Bank nicht verpflichtet, den Kunden auf den bevorstehenden Ablauf der Option und seine Erklärungsfrist aufmerksam zu machen.

12. Ausübung von Optionsrechten durch die Bank gegenüber dem Kunden

(1) Bevollmächtigung der Bank

Durch den Verkauf einer Option (Eingehen einer Stillhalterposition) erteilt der Kunde der Bank unter Befreiung von den Beschränkungen des § 181 BGB[1)] unwiderruflich Vollmacht, die Erklärung der Bank über die Ausübung der Option für ihn entgegenzunehmen. Die Bank unterrichtet den Kunden unverzüglich über die Ausübung.

(2) Belastung des Kundendepots; Beschaffung der Basiswerte, Kosten, Schadenersatz

Bei Ausübung einer Kaufoption gegenüber dem Kunden ist die Bank berechtigt, den im Depot oder auf dem Konto des Kunden nicht verfügbaren Teil der für die Belieferung benötigten Basiswerte (z.B. Wertpapiere, Devisen, Edelmetalle) zu seinen Lasten anzuschaffen. Sofern es der Bank nicht möglich ist, die Basiswerte im Rahmen eines Anschaffungsgeschäfts bis zu dem Termin zu beschaffen, an dem sie selbst aufgrund der Inanspruchnahme aus einer im Kundenauftrag eingegangenen Stillhalterposition zur Lieferung verpflichtet ist, kann die Bank sich die benötigten Basiswerte anderweitig, z.B. im Wege des Wertpapierdarlehens, besorgen, um die Dauer der Lieferschwierigkeiten zu überbrücken. Die Kosten hierfür sowie für einen weitergehenden Verzugsschaden trägt ebenfalls der Kunde.

13. Auslosung bei Zuteilung von Optionsausübungen

Die Bank wird die auf sie nach einem Zufallsprinzip entfallenden Zuteilungen von Optionsausübungen durch eine interne neutrale Auslosung auf ihre Stillhalter-Kunden verteilen.

14. Abwicklung von belieferbaren Futures-Kontrakten

Der Kunde kann bei Futures-Kontrakten, die durch Lieferung zu erfüllen sind, die Lieferung oder die Abnahme der Basiswerte verlangen, sofern er die Kontrakte nicht durch ein Gegengeschäft glattgestellt hat. Die Weisung, dass die Bank die Lieferung herbeiführen soll, muss bei der Bank spätestens bis zu dem von der Bank dem Kunden bekanntgegebenen Zeitpunkt vorliegen. Sofern die Bank keine rechtzeitige Weisung erhält oder der Kunde die für die Lieferung erforderlichen Wertpapiere bzw. Mittel bis zu diesem Zeitpunkt nicht angeschafft hat, wird sie sich bemühen, den Futures-Kontrakt unverzüglich auf Rechnung des Kunden glattzustellen, um eine Abwicklung durch Lieferung zu vermeiden.

15. Abwicklung von Devisentermingeschäften

(1) Mitwirkungspflicht des Kunden

Bei Devisentermingeschäften muss der Kunde der Bank bis zu einem ihm bekanntgegebenen Zeitpunkt (in der Regel bis zum zweiten Bankarbeitstag vor Fälligkeit) mitteilen, dass die von ihm anzuschaffende Währung (Euro oder

---

1) Auszugsweise abgedruckt unter Nr. **23**.

Fremdwährung) am Fälligkeitstag wie vereinbart zur Verfügung stehen wird. Die Mitteilung ist entbehrlich, wenn der Kunde zu dem nach Satz 1 maßgeblichen Zeitpunkt auf einem seiner Konten bei der Bank über ein entsprechendes Guthaben verfügt.

(2) Unterbleiben der Mitteilung

Unterbleibt die fristgerechte Mitteilung und ist der geschuldete Euro- oder Fremdwährungsbetrag zu dem nach Satz 1 maßgeblichen Zeitpunkt nicht auf einem Konto des Kunden bei der Bank verfügbar, ist die Bank berechtigt, die vom Kunden zu liefernde Währung zu dessen Lasten an einem Devisen- oder Freiverkehrsmarkt zum Fälligkeitstag interessewahrend anzuschaffen bzw. die dem Kunden zu liefernde Währung an einem Devisen- oder Freiverkehrsmarkt interessewahrend zu verkaufen.

31. Bedingungen für den Überweisungsverkehr

Fassung Juni 2018

Für die Ausführung von Überweisungsaufträgen von Kunden gelten die folgenden Bedingungen.

1. Allgemein

1.1. Wesentliche Merkmale der Überweisung einschließlich des Dauerauftrags

Der Kunde kann die Sparkasse beauftragen, durch eine Überweisung Geldbeträge bargeldlos zugunsten eines Zahlungsempfängers an den Zahlungsdienstleister des Zahlungsempfängers zu übermitteln. Der Kunde kann die Sparkasse auch beauftragen, jeweils zu einem bestimmten wiederkehrenden Termin einen gleichbleibenden Geldbetrag an das gleiche Konto des Zahlungsempfängers zu überweisen (Dauerauftrag).

1.2. Kundenkennungen

Für das Verfahren hat der Kunde folgende Kundenkennung zu verwenden. Die für die Ausführung der Überweisung erforderlichen Angaben ergeben sich aus den Nummern 2.1, 3.1.1 und 3.2.1.

Zielgebiet	Währung	Kundenkennung des Zahlungsempfängers
Inland	Euro	IBAN[1]
Grenzüberschreitend innerhalb des Europäischen Wirtschaftsraums[2] (EWR)	Euro	IBAN
Inland oder innerhalb des Europäischen Wirtschaftsraums	Andere Währung als Euro	– IBAN und BIC[3] oder – Kontonummer und BIC
Außerhalb des Europäischen Wirtschaftsraums (Drittstaaten[4])	Euro oder andere Währung	– IBAN und BIC oder – Kontonummer und BIC

[1] **Amtl. Anm.:** International Bank Account Number (Internationale Bankkontonummer).

[2] **Amtl. Anm.:** Zum Europäischen Wirtschaftsraum (EWR) gehören derzeit: Belgien, Bulgarien, Dänemark, Deutschland, Estland, Finnland, Frankreich (einschließlich Französisch-Guayana, Guadeloupe, Martinique, Mayotte, Réunion), Griechenland, Irland, Island, Italien, Kroatien, Lettland, Liechtenstein, Litauen, Luxemburg, Malta, Niederlande, Norwegen, Österreich, Polen, Portugal, Rumänien, Schweden, Slowakei, Slowenien, Spanien, Tschechische Republik, Ungarn, Vereinigtes Königreich von Großbritannien und Nordirland sowie Zypern.

[3] **Amtl. Anm.:** Business Identifier Code (Internationale Bankleitzahl).

[4] **Amtl. Anm.:** Drittstaaten sind alle Staaten außerhalb des Europäischen Wirtschaftsraumes.

1.3. Erteilung des Überweisungsauftrags und Autorisierung

(1) Der Kunde erteilt der Sparkasse einen Überweisungsauftrag mittels eines von der Sparkasse zugelassenen Vordrucks oder in der mit der Sparkasse anderweitig vereinbarten Art und Weise (z.B. per Online-Banking) mit den erforderlichen Angaben gemäß Nummer 2.1 bzw. Nummer 3.1.1 oder 3.2.1. Der Kunde hat auf Leserlichkeit, Vollständigkeit und Richtigkeit der Angaben zu achten. Unleserliche, unvollständige oder fehlerhafte Angaben können zu Verzögerungen und zu Fehlleitungen von Überweisungen führen; daraus können Schäden für den Kunden entstehen. Bei unleserlichen, unvollständigen oder fehlerhaften Angaben kann die Sparkasse die Ausführung ablehnen (siehe auch Nummer 1.7). Hält der Kunde bei der Ausführung der Überweisung besondere Eile für nötig, hat er dies der Sparkasse gesondert mitzuteilen. Bei formularmäßig erteilten Überweisungsaufträgen muss dies außerhalb des Formulars erfolgen, falls das Formular selbst keine entsprechende Angabe vorsieht.

(2) Der Kunde autorisiert den Überweisungsauftrag durch Unterschrift oder in der anderweitig mit der Sparkasse vereinbarten Art und Weise (z.B. PIN/TAN). In dieser Autorisierung ist zugleich die ausdrückliche Zustimmung enthalten, dass die Sparkasse die für die Ausführung der Überweisung notwendigen personenbezogenen Daten des Kunden abruft (aus ihrem Datenbestand), verarbeitet, übermittelt und speichert.

(3) Auf Verlangen des Kunden teilt die Sparkasse vor Ausführung eines einzelnen Überweisungsauftrags die maximale Ausführungsfrist für diesen Zahlungsvorgang sowie die in Rechnung zu stellenden Entgelte und gegebenenfalls deren Aufschlüsselung mit.

(4) Der Kunde ist berechtigt, für die Erteilung des Überweisungsauftrages an die Sparkasse auch einen Zahlungsauslösedienst gemäß § 1 Absatz 33 Zahlungsdiensteaufsichtsgesetz[1] zu nutzen, es sei denn, das Zahlungskonto des Kunden ist für ihn nicht online zugänglich.

1.4. Zugang des Überweisungsauftrags bei der Sparkasse

(1) Der Überweisungsauftrag wird wirksam, wenn er der Sparkasse zugeht. Das gilt auch, wenn der Überweisungsauftrag über einen Zahlungsauslösedienstleister erteilt wird. Der Zugang erfolgt durch den Eingang des Auftrags in den dafür vorgesehenen Empfangsvorrichtungen der Sparkasse (z.B. mit Abgabe in den Geschäftsräumen oder Eingang auf dem Online-Banking-Server der Sparkasse).

(2) Fällt der Zeitpunkt des Eingangs des Überweisungsauftrags nach Absatz 1 Satz 3 nicht auf einen Geschäftstag der Sparkasse gemäß „Preis- und Leistungsverzeichnis", so gilt der Überweisungsauftrag erst am darauffolgenden Geschäftstag als zugegangen.

(3) Geht der Überweisungsauftrag nach dem an der Empfangsvorrichtung der Sparkasse oder im „Preis- und Leistungsverzeichnis" angegebenen Annahmezeitpunkt ein, so gilt der Überweisungsauftrag im Hinblick auf die Bestimmung der Ausführungsfrist (siehe Nummer 2.2.2) erst als am darauffolgenden Geschäftstag zugegangen.

---

[1] Nr. **10**.

1.5. Widerruf des Überweisungsauftrags

(1) Bis zum Zugang des Überweisungsauftrags bei der Sparkasse (siehe Nummer 1.4 Absätze 1 und 2) kann der Kunde diesen durch Erklärung gegenüber der Sparkasse widerrufen. Nach dem Zugang des Überweisungsauftrags ist vorbehaltlich der Absätze 2 und 3 ein Widerruf nicht mehr möglich. Nutzt der Kunde für die Erteilung seines Überweisungsauftrags einen Zahlungsauslösedienstleister, so kann er den Überweisungsauftrag abweichend von Satz 1 nicht mehr gegenüber der Sparkasse widerrufen, nachdem er dem Zahlungsauslösedienstleister die Zustimmung zur Auslösung der Überweisung erteilt hat.

(2) Haben Sparkasse und Kunde einen bestimmten Termin für die Ausführung der Überweisung vereinbart (siehe Nummer 2.2.2 Absatz 2), kann der Kunde den Überweisungsauftrag bzw. den Dauerauftrag (siehe Nummer 1.1) bis zum Ende des vor dem vereinbarten Tag liegenden Geschäftstags der Sparkasse widerrufen. Der Widerruf muss der Sparkasse in Textform oder, wenn im Rahmen der Geschäftsbeziehung der elektronische Kommunikationsweg vereinbart wurde (z.B. Online-Banking), auf diesem Wege zugehen. Die Geschäftstage der Sparkasse ergeben sich aus dem „Preis- und Leistungsverzeichnis". Nach dem rechtzeitigen Zugang des Widerrufs eines Dauerauftrags bei der Sparkasse werden keine weiteren Überweisungen mehr aufgrund des bisherigen Dauerauftrags ausgeführt.

(3) Nach den in Absätzen 1 und 2 genannten Zeitpunkten kann der Überweisungsauftrag nur widerrufen werden, wenn Kunde und Sparkasse dies vereinbart haben. Die Vereinbarung wird wirksam, wenn es der Sparkasse gelingt, die Ausführung zu verhindern oder den Überweisungsbetrag zurückzuerlangen. Nutzt der Kunde für die Erteilung seines Überweisungsauftrags einen Zahlungsauslösedienstleister, bedarf es ergänzend der Zustimmung des Zahlungsauslösedienstleisters und des Zahlungsempfängers. Für die Bearbeitung eines solchen Widerrufs des Kunden berechnet die Sparkasse das im „Preis- und Leistungsverzeichnis" ausgewiesene Entgelt.

1.6. Ausführung des Überweisungsauftrags

(1) Die Sparkasse führt den Überweisungsauftrag des Kunden aus, wenn die zur Ausführung erforderlichen Angaben (siehe Nummer 2.1, 3.1.1 und 3.2.1) in der vereinbarten Art und Weise (siehe Nummer 1.3 Absatz 1) vorliegen, dieser vom Kunden autorisiert ist (siehe Nummer 1.3 Absatz 2) und ein zur Ausführung der Überweisung ausreichendes Guthaben in der Auftragswährung vorhanden oder ein ausreichender Kredit eingeräumt ist (Ausführungsbedingungen).

(2) Die Sparkasse und die weiteren an der Ausführung der Überweisung beteiligten Zahlungsdienstleister sind berechtigt, die Überweisung ausschließlich anhand der vom Kunden angegebenen Kundenkennung des Zahlungsempfängers (siehe Nummer 1.2) auszuführen.

(3) Die Sparkasse unterrichtet den Kunden mindestens einmal monatlich über die Ausführung von Überweisungen auf dem für Kontoinformationen vereinbarten Weg. Mit Kunden, die keine Verbraucher sind, kann die Art und Weise sowie die zeitliche Folge der Unterrichtung gesondert vereinbart werden.

1.7. Ablehnung der Ausführung

(1) Sind die Ausführungsbedingungen (siehe Nummer 1.6 Absatz 1) nicht erfüllt, kann die Sparkasse die Ausführung des Überweisungsauftrags ablehnen. Hierüber wird die Sparkasse den Kunden unverzüglich, auf jeden Fall aber innerhalb der in Nummer 2.2.1 bzw. 3.1.2 und 3.2.2 vereinbarten Frist, unterrichten. Dies kann auch auf dem für Kontoinformationen vereinbarten Weg geschehen. Dabei wird die Sparkasse, soweit möglich, die Gründe der Ablehnung sowie die Möglichkeiten angeben, wie Fehler, die zur Ablehnung geführt haben, berichtigt werden können.

(2) Ist eine vom Kunden angegebene Kundenkennung für die Sparkasse erkennbar keinem Zahlungsempfänger, keinem Zahlungskonto oder keinem Zahlungsdienstleister des Zahlungsempfängers zuzuordnen, wird die Sparkasse dem Kunden hierüber unverzüglich eine Information zur Verfügung stellen und ihm gegebenenfalls den Überweisungsbetrag wieder herausgeben.

(3) Für die berechtigte Ablehnung der Ausführung eines autorisierten Überweisungsauftrags berechnet die Sparkasse das im „Preis- und Leistungsverzeichnis" ausgewiesene Entgelt.

1.8. Übermittlung der Überweisungsdaten

Im Rahmen der Ausführung der Überweisung übermittelt die Sparkasse die in der Überweisung enthaltenen Daten (Überweisungsdaten) unmittelbar oder unter Beteiligung zwischengeschalteter Stellen an den Zahlungsdienstleister des Zahlungsempfängers. Der Zahlungsdienstleister des Zahlungsempfängers kann dem Zahlungsempfänger die Überweisungsdaten, zu denen auch die IBAN des Zahlers gehört, ganz oder teilweise zur Verfügung stellen.

Bei grenzüberschreitenden Überweisungen und bei Eilüberweisungen im Inland können die Überweisungsdaten auch über das Nachrichtenübermittlungssystem Society for Worldwide Interbank Financial Telecommunication (SWIFT) mit Sitz in Belgien an den Zahlungsdienstleister des Zahlungsempfängers weitergeleitet werden. Aus Gründen der Systemsicherheit speichert SWIFT die Überweisungsdaten vorübergehend in seinen Rechenzentren in der Europäischen Union, in der Schweiz und in den USA.

1.9. Anzeige nicht autorisierter oder fehlerhaft ausgeführter Überweisungsaufträge

Der Kunde hat die Sparkasse unverzüglich nach Feststellung eines nicht autorisierten oder fehlerhaft ausgeführten Überweisungsauftrags zu unterrichten. Dies gilt auch im Fall der Beteiligung eines Zahlungsauslösedienstleisters.

1.10. Entgelte und deren Änderung

1.10.1. Entgelte für Verbraucher

Die Entgelte im Überweisungsverkehr ergeben sich aus dem „Preis- und Leistungsverzeichnis".

Änderungen der Entgelte im Überweisungsverkehr werden dem Kunden spätestens zwei Monate vor dem Zeitpunkt ihres Wirksamwerdens in Textform angeboten. Hat der Kunde mit der Sparkasse im Rahmen der Geschäftsbeziehung einen elektronischen Kommunikationsweg vereinbart, können die Änderungen auch auf diesem Wege angeboten werden. Die Zustimmung des Kunden gilt als erteilt, wenn er seine Ablehnung nicht vor dem vorgeschlagenen Zeitpunkt des Wirksamwerdens der Änderungen angezeigt hat. Auf diese

Genehmigungswirkung wird ihn die Sparkasse in ihrem Angebot besonders hinweisen.
Werden dem Kunden Änderungen der Entgelte angeboten, kann er die Geschäftsbeziehung vor dem vorgeschlagenen Zeitpunkt des Wirksamwerdens der Änderungen auch fristlos und kostenfrei kündigen. Auf dieses Kündigungsrecht wird ihn die Sparkasse in ihrem Angebot besonders hinweisen. Die Änderung von Entgelten für den Zahlungsdiensterahmenvertrag (Girovertrag) richtet sich nach Nummer 17 Absatz 6 AGB-Sparkassen.

1.10.2. Entgelte für Kunden, die keine Verbraucher sind

Bei Entgelten und deren Änderung für Überweisungen von Kunden, die keine Verbraucher sind, verbleibt es bei den Regelungen in Nummer 17 Absätze 2 bis 6 AGB-Sparkassen.

1.11. Wechselkurs

Erteilt der Kunde einen Überweisungsauftrag in einer anderen Währung als der Kontowährung, wird das Konto gleichwohl in der Kontowährung belastet. Die Bestimmung des Wechselkurses bei solchen Überweisungen ergibt sich aus der Umrechnungsregelung im „Preis- und Leistungsverzeichnis".
Eine Änderung des in der Umrechnungsregelung genannten Referenzwechselkurses wird unmittelbar und ohne vorherige Benachrichtigung des Kunden wirksam. Der Referenzwechselkurs wird von der Sparkasse zugänglich gemacht oder stammt aus einer öffentlich zugänglichen Quelle.

1.12. Meldepflichten nach Außenwirtschaftsrecht

Der Kunde hat etwaige Meldepflichten nach dem Außenwirtschaftsrecht zu beachten.

1.13. Außergerichtliche Streitschlichtung und sonstige Beschwerdemöglichkeit

Für die Beilegung von Streitigkeiten mit der Sparkasse kann sich der Kunde an die im „Preis- und Leistungsverzeichnis" näher bezeichneten Streitschlichtungs- oder Beschwerdestellen wenden.

2. Überweisungen innerhalb Deutschlands und in andere Staaten des Europäischen Wirtschaftsraums [1] (EWR) in Euro oder in anderen EWR-Währungen[2]

2.1. Erforderliche Angaben

Der Kunde muss im Überweisungsauftrag folgende Angaben machen:

– Name des Zahlungsempfängers,
– Kundenkennung des Zahlungsempfängers (siehe Nummer 1.2),

---

[1] **Amtl. Anm.:** Zum Europäischen Wirtschaftsraum (EWR) gehören derzeit: Belgien, Bulgarien, Dänemark, Deutschland, Estland, Finnland, Frankreich (einschließlich Französisch-Guayana, Guadeloupe, Martinique, Mayotte, Réunion), Griechenland, Irland, Island, Italien, Kroatien, Lettland, Liechtenstein, Litauen, Luxemburg, Malta, Niederlande, Norwegen, Österreich, Polen, Portugal, Rumänien, Schweden, Slowakei, Slowenien, Spanien, Tschechische Republik, Ungarn, Vereinigtes Königreich von Großbritannien und Nordirland sowie Zypern.

[2] **Amtl. Anm.:** Zu den EWR-Währungen gehören derzeit: Euro, Britisches Pfund Sterling, Bulgarischer Lew, Dänische Krone, Isländische Krone, Kroatische Kuna, Norwegische Krone, Polnischer Zloty, Rumänischer Leu, Schwedische Krone, Schweizer Franken (nur grenzüberschreitende Zahlungen mit Liechtenstein), Tschechische Krone, Ungarischer Forint.

– Währung (gegebenenfalls in Kurzform gemäß Anlage),
– Überweisungsbetrag,
– Name des Kunden,
– IBAN des Kunden.

2.2. Maximale Ausführungsfrist

2.2.1. Fristlänge

Die Sparkasse ist verpflichtet, sicherzustellen, dass der Überweisungsbetrag spätestens innerhalb der im „Preis- und Leistungsverzeichnis" angegebenen Ausführungsfrist beim Zahlungsdienstleister des Zahlungsempfängers eingeht.

2.2.2. Beginn der Ausführungsfrist

(1) Die Ausführungsfrist beginnt mit dem Zeitpunkt des Zugangs des Überweisungsauftrags des Kunden bei der Sparkasse (siehe Nummer 1.4).

(2) Vereinbaren die Sparkasse und der Kunde, dass die Ausführung der Überweisung an einem bestimmten Tag oder am Ende eines bestimmten Zeitraums oder an dem Tag, an dem der Kunde der Sparkasse den zur Ausführung erforderlichen Geldbetrag in der Auftragswährung zur Verfügung gestellt hat, beginnen soll, so ist der im Auftrag angegebene oder anderweitig vereinbarte Termin für den Beginn der Ausführungsfrist maßgeblich. Fällt der vereinbarte Termin nicht auf einen Geschäftstag der Sparkasse, so beginnt am darauffolgenden Geschäftstag die Ausführungsfrist. Die Geschäftstage der Sparkasse ergeben sich aus dem „Preis- und Leistungsverzeichnis".

(3) Bei Überweisungsaufträgen in einer vom Konto des Kunden abweichenden Währung beginnt die Ausführungsfrist erst an dem Tag, an dem der Überweisungsbetrag in der Auftragswährung vorliegt.

2.3. Erstattungs-, Berichtigungs- und Schadensersatzansprüche des Kunden

2.3.1. Erstattung bei einer nicht autorisierten Überweisung

Im Falle einer nicht autorisierten Überweisung (siehe Nummer 1.3 Absatz 2) hat die Sparkasse gegen den Kunden keinen Anspruch auf Erstattung ihrer Aufwendungen. Sie ist verpflichtet, dem Kunden den Überweisungsbetrag zu erstatten und, sofern der Betrag einem Konto des Kunden belastet worden ist, dieses Konto wieder auf den Stand zu bringen, auf dem es sich ohne die Belastung durch die nicht autorisierte Überweisung befunden hätte. Diese Verpflichtung ist spätestens bis zum Ende des Geschäftstags gemäß „Preis- und Leistungsverzeichnis" zu erfüllen, der auf den Tag folgt, an welchem der Sparkasse angezeigt wurde, dass die Überweisung nicht autorisiert ist, oder die Sparkasse auf andere Weise davon Kenntnis erhalten hat. Hat die Sparkasse einer zuständigen Behörde berechtigte Gründe für den Verdacht, dass ein betrügerisches Verhalten des Kunden vorliegt, schriftlich mitgeteilt, hat die Sparkasse ihre Verpflichtung aus Satz 2 unverzüglich zu prüfen und zu erfüllen, wenn sich der Betrugsverdacht nicht bestätigt. Wurde die Überweisung über einen Zahlungsauslösedienstleister ausgelöst, so treffen die Pflichten aus den Sätzen 2 bis 4 die Sparkasse.

2.3.2. Ansprüche bei nicht erfolgter, fehlerhafter oder verspäteter Ausführung einer autorisierten Überweisung

(1) Im Falle einer nicht erfolgten oder fehlerhaften Ausführung einer autorisierten Überweisung kann der Kunde von der Sparkasse die unverzügliche und ungekürzte Erstattung des Überweisungsbetrages insoweit verlangen, als die Zahlung nicht erfolgt oder fehlerhaft war. Wurde der Betrag dem Konto des Kunden belastet, bringt die Sparkasse dieses wieder auf den Stand, auf dem es sich ohne den nicht erfolgten oder fehlerhaft ausgeführten Zahlungsvorgang befunden hätte. Wird eine Überweisung vom Kunden über einen Zahlungsauslösedienstleister ausgelöst, so treffen die Pflichten aus den Sätzen 1 und 2 die Sparkasse. Soweit vom Überweisungsbetrag von der Sparkasse oder zwischengeschalteten Stellen Entgelte abgezogen worden sein sollten, übermittelt die Sparkasse zugunsten des Zahlungsempfängers unverzüglich den abgezogenen Betrag.

(2) Der Kunde kann über den Absatz 1 hinaus von der Sparkasse die Erstattung derjenigen Entgelte und Zinsen insoweit verlangen, als ihm diese im Zusammenhang mit der nicht erfolgten oder fehlerhaften Ausführung der Überweisung in Rechnung gestellt oder auf seinem Konto belastet wurden.

(3) Im Falle einer verspäteten Ausführung einer autorisierten Überweisung kann der Kunde von der Sparkasse fordern, dass die Sparkasse vom Zahlungsdienstleister des Zahlungsempfängers verlangt, die Gutschrift des Überweisungsbetrags auf dem Zahlungskonto des Zahlungsempfängers so vorzunehmen, als sei die Überweisung ordnungsgemäß ausgeführt worden. Die Pflicht aus Satz 1 gilt auch, wenn die Überweisung vom Kunden über einen Zahlungsauslösedienstleister ausgelöst wird. Weist die Sparkasse nach, dass der Überweisungsbetrag rechtzeitig beim Zahlungsdienstleister des Zahlungsempfängers eingegangen ist, entfällt diese Pflicht. Die Pflicht nach Satz 1 gilt nicht, wenn der Kunde kein Verbraucher ist.

(4) Wurde eine Überweisung nicht oder fehlerhaft ausgeführt, wird die Sparkasse auf Verlangen des Kunden den Zahlungsvorgang nachvollziehen und den Kunden über das Ergebnis unterrichten.

2.3.3. Schadensersatz wegen Pflichtverletzung

(1) Bei nicht erfolgter, fehlerhafter oder verspäteter Ausführung einer autorisierten Überweisung oder bei einer nicht autorisierten Überweisung kann der Kunde von der Sparkasse einen Schaden, der nicht bereits von den Nummern 2.3.1 und 2.3.2 erfasst ist, ersetzt verlangen. Dies gilt nicht, wenn die Sparkasse die Pflichtverletzung nicht zu vertreten hat. Die Sparkasse hat hierbei ein Verschulden, das einer zwischengeschalteten Stelle zur Last fällt, wie eigenes Verschulden zu vertreten, es sei denn, dass die wesentliche Ursache bei einer zwischengeschalteten Stelle liegt, die der Kunde vorgegeben hat. Hat der Kunde durch ein schuldhaftes Verhalten zur Entstehung eines Schadens beigetragen, bestimmt sich nach den Grundsätzen des Mitverschuldens, in welchem Umfang Sparkasse und Kunde den Schaden zu tragen haben.

(2) Die Haftung nach Absatz 1 ist auf 12.500 Euro je Überweisung begrenzt. Diese betragsmäßige Haftungsgrenze gilt nicht

– für nicht autorisierte Überweisungen,

– bei Vorsatz oder grober Fahrlässigkeit der Sparkasse,

– für Gefahren, die die Sparkasse besonders übernommen hat, und

– für den Zinsschaden, wenn der Kunde Verbraucher ist.

2.3.4. Ansprüche von Kunden, die keine Verbraucher sind

Abweichend von den Ansprüchen in Nummer 2.3.2 und in Nummer 2.3.3 haben Kunden, die keine Verbraucher sind, bei einer nicht erfolgten, fehlerhaft oder verspätet ausgeführten autorisierten Überweisung oder bei einer nicht autorisierten Überweisung neben etwaigen Ansprüchen aus Auftragsrecht nach § 667 des Bürgerlichen Gesetzbuches (BGB) und ungerechtfertigter Bereicherung nach §§ 812 ff. BGB lediglich Schadensersatzansprüche nach Maßgabe folgender Regelungen:

- Die Sparkasse haftet für eigenes Verschulden. Hat der Kunde durch ein schuldhaftes Verhalten zu der Entstehung eines Schadens beigetragen, bestimmt sich nach den Grundsätzen des Mitverschuldens, in welchem Umfang Sparkasse und Kunde den Schaden zu tragen haben.
- Für das Verschulden von der Sparkasse zwischengeschalteten Stellen haftet die Sparkasse nicht. In diesen Fällen beschränkt sich die Haftung der Sparkasse auf die sorgfältige Auswahl und Unterweisung der ersten zwischengeschalteten Stelle (weitergeleiteter Auftrag).
- Schadensersatzansprüche des Kunden sind der Höhe nach auf den Überweisungsbetrag zuzüglich der von der Sparkasse in Rechnung gestellten Entgelte und Zinsen begrenzt. Soweit es sich hierbei um die Geltendmachung von Folgeschäden handelt, ist der Anspruch auf höchstens 12.500 Euro je Überweisung begrenzt. Diese Beschränkungen gelten nicht für Vorsatz oder grobe Fahrlässigkeit der Sparkasse und für Gefahren, die die Sparkasse besonders übernommen hat, sowie für nicht autorisierte Überweisungen.

2.3.5. Haftungs- und Einwendungsausschluss

(1) Eine Haftung der Sparkasse nach den Nummern 2.3.2, 2.3.3 und 2.3.4 ist in folgenden Fällen ausgeschlossen:

- Die Sparkasse weist gegenüber dem Kunden nach, dass der Überweisungsbetrag rechtzeitig und ungekürzt beim Zahlungsdienstleister des Zahlungsempfängers eingegangen ist.
- Die Überweisung wurde in Übereinstimmung mit der vom Kunden angegebenen fehlerhaften Kundenkennung des Zahlungsempfängers (siehe Nummer 1.2) ausgeführt. In diesem Fall kann der Kunde von der Sparkasse jedoch verlangen, dass sie sich im Rahmen ihrer Möglichkeiten darum bemüht, den Überweisungsbetrag wiederzuerlangen. Ist die Wiedererlangung des Überweisungsbetrags nicht möglich, so ist die Sparkasse verpflichtet, dem Kunden auf schriftlichen Antrag alle verfügbaren Informationen mitzuteilen, damit der Kunde gegen den tatsächlichen Empfänger der Überweisung einen Anspruch auf Erstattung des Überweisungsbetrags geltend machen kann. Für die Tätigkeiten der Sparkasse nach den Sätzen 2 und 3 dieses Unterpunkts berechnet die Sparkasse das im „Preis- und Leistungsverzeichnis" ausgewiesene Entgelt.

(2) Ansprüche des Kunden nach den Nummern 2.3.1 bis 2.3.4 und Einwendungen des Kunden gegen die Sparkasse aufgrund nicht oder fehlerhaft ausgeführter Überweisungen oder aufgrund nicht autorisierter Überweisungen sind ausgeschlossen, wenn der Kunde die Sparkasse nicht spätestens 13 Monate nach dem Tag der Belastung mit einer nicht autorisierten oder fehlerhaft

ausgeführten Überweisung hiervon unterrichtet hat. Der Lauf der Frist beginnt nur, wenn die Sparkasse den Kunden über die Belastungsbuchung der Überweisung entsprechend dem für Kontoinformationen vereinbarten Weg spätestens innerhalb eines Monats nach der Belastungsbuchung unterrichtet hat; anderenfalls ist für den Fristbeginn der Tag der Unterrichtung maßgeblich. Schadensersatzansprüche nach Nummer 2.3.3 kann der Kunde auch nach Ablauf der Frist in Satz 1 geltend machen, wenn er ohne Verschulden an der Einhaltung dieser Frist verhindert war. Die Sätze 1 bis 3 gelten auch dann, wenn der Kunde die Überweisung über einen Zahlungsauslösedienstleister auslöst.

(3) Ansprüche des Kunden sind ausgeschlossen, wenn die einen Anspruch begründenden Umstände

- auf einem ungewöhnlichen und unvorhersehbaren Ereignis beruhen, auf das die Sparkasse keinen Einfluss hat, und dessen Folgen trotz Anwendung der gebotenen Sorgfalt nicht hätten vermieden werden können oder
- von der Sparkasse aufgrund einer gesetzlichen Verpflichtung herbeigeführt wurden.

3. Überweisungen innerhalb Deutschlands und in andere Staaten des Europäischen Wirtschaftsraums [1] (EWR) in Währungen eines Staates außerhalb des EWR (Drittstaatenwährung [2]) sowie Überweisungen in Staaten außerhalb des EWR (Drittstaaten[3])

3.1. Überweisungen innerhalb Deutschlands und in andere Staaten des Europäischen Wirtschaftsraums (EWR) in Währungen eines Staates außerhalb des EWR (Drittstaatenwährung)

3.1.1. Erforderliche Angaben

Der Kunde muss für die Ausführung der Überweisung folgende Angaben machen:

- Name und gegebenenfalls Adresse des Zahlungsempfängers,
- Kundenkennung des Zahlungsempfängers (siehe Nummer 1.2); ist bei grenzüberschreitenden Überweisungen der BIC unbekannt, ist stattdessen der vollständige Name und die Adresse des Zahlungsdienstleisters des Zahlungsempfängers anzugeben,
- Zielland (gegebenenfalls in Kurzform gemäß Anlage),
- Währung (gegebenenfalls in Kurzform gemäß Anlage),
- Überweisungsbetrag,
- Name des Kunden,
- Kontonummer und Bankleitzahl oder IBAN des Kunden.

---

[1] **Amtl. Anm.:** Zum Europäischen Wirtschaftsraum (EWR) gehören derzeit: Belgien, Bulgarien, Dänemark, Deutschland, Estland, Finnland, Frankreich (einschließlich Französisch-Guayana, Guadeloupe, Martinique, Mayotte, Réunion), Griechenland, Irland, Island, Italien, Kroatien, Lettland, Liechtenstein, Litauen, Luxemburg, Malta, Niederlande, Norwegen, Österreich, Polen, Portugal, Rumänien, Schweden, Slowakei, Slowenien, Spanien, Tschechische Republik, Ungarn, Vereinigtes Königreich von Großbritannien und Nordirland sowie Zypern.

[2] **Amtl. Anm.:** Z.B. US-Dollar.

[3] **Amtl. Anm.:** Drittstaaten sind alle Staaten außerhalb des Europäischen Wirtschaftsraumes.

3.1.2. Ausführungsfrist

Die Überweisungen werden baldmöglichst bewirkt.

3.1.3. Erstattungs-, Berichtigungs- und Schadensersatzansprüche des Kunden

3.1.3.1. Erstattung bei einer nicht autorisierten Überweisung

Im Falle einer nicht autorisierten Überweisung (siehe Nummer 1.3 Absatz 2) hat die Sparkasse gegen den Kunden keinen Anspruch auf Erstattung ihrer Aufwendungen. Sie ist verpflichtet, dem Kunden den Überweisungsbetrag zu erstatten und, sofern der Betrag einem Konto des Kunden belastet worden ist, dieses Konto wieder auf den Stand zu bringen, auf dem es sich ohne die Belastung durch die nicht autorisierte Überweisung befunden hätte. Diese Verpflichtung ist spätestens bis zum Ende des Geschäftstags gemäß „Preis- und Leistungsverzeichnis" zu erfüllen, der auf den Tag folgt, an welchem der Sparkasse angezeigt wurde, dass die Überweisung nicht autorisiert ist, oder die Sparkasse auf andere Weise davon Kenntnis erhalten hat. Hat die Sparkasse einer zuständigen Behörde berechtigte Gründe für den Verdacht, dass ein betrügerisches Verhalten des Kunden vorliegt, schriftlich mitgeteilt, hat die Sparkasse ihre Verpflichtung aus Satz 2 unverzüglich zu prüfen und zu erfüllen, wenn sich der Betrugsverdacht nicht bestätigt. Wurde die Überweisung über einen Zahlungsauslösedienstleister ausgelöst, so treffen die Pflichten aus den Sätzen 2 bis 4 die Sparkasse.

3.1.3.2. Ansprüche bei nicht erfolgter, fehlerhafter oder verspäteter Ausführung einer autorisierten Überweisung

(1) Im Falle einer nicht erfolgten oder fehlerhaften Ausführung einer autorisierten Überweisung kann der Kunde von der Sparkasse die unverzügliche und ungekürzte Erstattung des Überweisungsbetrages insoweit verlangen, als die Zahlung nicht erfolgt oder fehlerhaft war. Wurde der Betrag dem Konto des Kunden belastet, bringt die Sparkasse dieses wieder auf den Stand, auf dem es sich ohne den nicht erfolgten oder fehlerhaft ausgeführten Zahlungsvorgang befunden hätte. Wird eine Überweisung vom Kunden über einen Zahlungsauslösedienstleister ausgelöst, so treffen die Pflichten aus den Sätzen 1 und 2 die Sparkasse. Soweit vom Überweisungsbetrag von der Sparkasse oder zwischengeschalteten Stellen Entgelte abgezogen worden sein sollten, übermittelt die Sparkasse zugunsten des Zahlungsempfängers unverzüglich den abgezogenen Betrag.

(2) Der Kunde kann über den Absatz 1 hinaus von der Sparkasse die Erstattung derjenigen Entgelte und Zinsen insoweit verlangen, als ihm diese im Zusammenhang mit der nicht erfolgten oder fehlerhaften Ausführung der Überweisung in Rechnung gestellt oder auf seinem Konto belastet wurden.

(3) Im Falle einer verspäteten Ausführung einer autorisierten Überweisung kann der Kunde von der Sparkasse fordern, dass die Sparkasse vom Zahlungsdienstleister des Zahlungsempfängers verlangt, die Gutschrift des Überweisungsbetrags auf dem Zahlungskonto des Zahlungsempfängers so vorzunehmen, als sei die Überweisung ordnungsgemäß ausgeführt worden. Die Pflicht aus Satz 1 gilt auch, wenn die Überweisung vom Kunden über einen Zahlungsauslösedienstleister ausgelöst wird. Weist die Sparkasse nach, dass der Überweisungsbetrag rechtzeitig beim Zahlungsdienstleister des Zahlungsempfängers

eingegangen ist, entfällt diese Pflicht. Die Pflicht nach Satz 1 gilt nicht, wenn der Kunde kein Verbraucher ist.

(4) Wurde eine Überweisung nicht oder fehlerhaft ausgeführt, wird die Sparkasse auf Verlangen des Kunden den Zahlungsvorgang nachvollziehen und den Kunden über das Ergebnis unterrichten.

3.1.3.3. Schadensersatz wegen Pflichtverletzung

(1) Bei nicht erfolgter, fehlerhafter oder verspäteter Ausführung einer autorisierten Überweisung oder bei einer nicht autorisierten Überweisung kann der Kunde von der Sparkasse einen Schaden, der nicht bereits von Nummer 3.1.3.1 oder 3.1.3.2 erfasst ist, ersetzt verlangen. Dies gilt nicht, wenn die Sparkasse die Pflichtverletzung nicht zu vertreten hat. Die Sparkasse hat hierbei ein Verschulden, das einer zwischengeschalteten Stelle zur Last fällt, wie eigenes Verschulden zu vertreten, es sei denn, dass die wesentliche Ursache bei einer zwischengeschalteten Stelle liegt, die der Kunde vorgegeben hat. Hat der Kunde durch ein schuldhaftes Verhalten zu der Entstehung eines Schadens beigetragen, bestimmt sich nach den Grundsätzen des Mitverschuldens, in welchem Umfang Sparkasse und Kunde den Schaden zu tragen haben.

(2) Die Haftung nach Absatz 1 ist auf 12.500 Euro je Überweisung begrenzt. Diese betragsmäßige Haftungsgrenze gilt nicht

- für nicht autorisierte Überweisungen,
- bei Vorsatz oder grober Fahrlässigkeit der Sparkasse,
- für Gefahren, die die Sparkasse besonders übernommen hat, und
- für den Zinsschaden, wenn der Kunde Verbraucher ist.

3.1.3.4. Sonderregelung für die außerhalb des EWR getätigten Bestandteile der Überweisung

Für die außerhalb des EWR getätigten Bestandteile der Überweisung bestehen abweichend von den Ansprüchen in den Nummern 3.1.3.2 und 3.1.3.3 bei einer nicht erfolgten, fehlerhaft oder verspätet ausgeführten autorisierten Überweisung neben etwaigen Ansprüchen aus Auftragsrecht nach § 667 BGB und ungerechtfertigter Bereicherung nach §§ 812 ff. BGB lediglich Schadensersatzansprüche nach Maßgabe folgender Regelungen:

- Die Sparkasse haftet für eigenes Verschulden. Hat der Kunde durch ein schuldhaftes Verhalten zu der Entstehung eines Schadens beigetragen, bestimmt sich nach den Grundsätzen des Mitverschuldens, in welchem Umfang Sparkasse und Kunde den Schaden zu tragen haben.
- Für das Verschulden der von der Sparkasse zwischengeschalteten Stellen haftet die Sparkasse nicht. In diesen Fällen beschränkt sich die Haftung der Sparkasse auf die sorgfältige Auswahl und Unterweisung der ersten zwischengeschalteten Stelle (weitergeleiteter Auftrag).
- Die Haftung der Sparkasse ist auf höchstens 12.500 Euro je Überweisung begrenzt. Diese Haftungsbeschränkung gilt nicht für Vorsatz oder grobe Fahrlässigkeit der Sparkasse und für Gefahren, die die Sparkasse besonders übernommen hat.

3.1.3.5. Ansprüche von Kunden, die keine Verbraucher sind

Abweichend von den Ansprüchen in den Nummern 3.1.3.2 und 3.1.3.3 haben Kunden, die keine Verbraucher sind, bei einer nicht erfolgten, fehlerhaft oder verspätet ausgeführten autorisierten Überweisung oder bei einer nicht autorisierten Überweisung neben etwaigen Ansprüchen aus Auftragsrecht nach § 667 BGB und ungerechtfertigter Bereicherung nach §§ 812 ff. BGB lediglich Schadensersatzansprüche nach Maßgabe folgender Regelungen:

- Die Sparkasse haftet für eigenes Verschulden. Hat der Kunde durch ein schuldhaftes Verhalten zu der Entstehung eines Schadens beigetragen, bestimmt sich nach den Grundsätzen des Mitverschuldens, in welchem Umfang Sparkasse und Kunde den Schaden zu tragen haben.
- Für das Verschulden der von der Sparkasse zwischengeschalteten Stellen haftet die Sparkasse nicht. In diesen Fällen beschränkt sich die Haftung der Sparkasse auf die sorgfältige Auswahl und Unterweisung der ersten zwischengeschalteten Stelle (weitergeleiteter Auftrag).
- Ein Schadensersatzspruch des Kunden ist der Höhe nach auf den Überweisungsbetrag zuzüglich der von der Sparkasse in Rechnung gestellten Entgelte und Zinsen begrenzt. Soweit es sich hierbei um die Geltendmachung von Folgeschäden handelt, ist der Anspruch auf höchstens 12.500 Euro je Überweisung begrenzt. Diese Haftungsbeschränkungen gelten nicht für Vorsatz oder grobe Fahrlässigkeit der Sparkasse und für Gefahren, die die Sparkasse besonders übernommen hat, sowie für nicht autorisierte Überweisungen.

3.1.3.6. Haftungs- und Einwendungsausschluss

(1) Eine Haftung der Sparkasse nach Nummer 3.1.3.2 bis 3.1.3.5 ist in folgenden Fällen ausgeschlossen:

- Die Sparkasse weist gegenüber dem Kunden nach, dass der Überweisungsbetrag ordnungsgemäß beim Zahlungsdienstleister des Zahlungsempfängers eingegangen ist.
- Die Überweisung wurde in Übereinstimmung mit der vom Kunden angegebenen fehlerhaften Kundenkennung des Zahlungsempfängers (siehe Nummer 1.2) ausgeführt. In diesem Fall kann der Kunde von der Sparkasse jedoch verlangen, dass sie sich im Rahmen ihrer Möglichkeiten darum bemüht, den Überweisungsbetrag wiederzuerlangen. Ist die Wiedererlangung des Überweisungsbetrags nach Satz 2 nicht möglich, so ist die Sparkasse verpflichtet, dem Kunden auf schriftlichen Antrag alle verfügbaren Informationen mitzuteilen, damit der Kunde gegen den tatsächlichen Empfänger der Überweisung einen Anspruch auf Erstattung des Überweisungsbetrags geltend machen kann. Für die Tätigkeiten nach den Sätzen 2 bis 3 dieses Unterpunkts berechnet die Sparkasse das im „Preis- und Leistungsverzeichnis" ausgewiesene Entgelt.

(2) Ansprüche des Kunden nach Nummer 3.1.3.1 bis 3.1.3.5 und Einwendungen des Kunden gegen die Sparkasse aufgrund nicht oder fehlerhaft ausgeführter Überweisungen oder aufgrund nicht autorisierter Überweisungen sind ausgeschlossen, wenn der Kunde die Sparkasse nicht spätestens 13 Monate nach dem Tag der Belastung mit einer nicht autorisierten oder fehlerhaft ausgeführten Überweisung hiervon unterrichtet hat. Der Lauf der Frist beginnt nur, wenn die Sparkasse den Kunden über die Belastungsbuchung der Überweisung entsprechend dem für Kontoinformationen vereinbarten Weg spätestens innerhalb eines Monats nach der Belastungsbuchung unterrichtet hat; anderenfalls ist für den Fristbeginn der Tag der Unterrichtung maßgeblich. Schadensersatzansprüche nach Nummer 3.1.3.3 kann der Kunde auch nach

Ablauf der Frist in Satz 1 geltend machen, wenn er ohne Verschulden an der Einhaltung dieser Frist verhindert war. Die Sätze 1 bis 3 gelten auch dann, wenn der Kunde die Überweisung über einen Zahlungsauslösedienstleister auslöst.

(3) Ansprüche des Kunden sind ausgeschlossen, wenn die einen Anspruch begründenden Umstände

- auf einem ungewöhnlichen und unvorhersehbaren Ereignis beruhen, auf das die Sparkasse keinen Einfluss hat, und dessen Folgen trotz Anwendung der gebotenen Sorgfalt nicht hätten vermieden werden können, oder
- von der Sparkasse aufgrund einer gesetzlichen Verpflichtung herbeigeführt wurden.

3.2. Überweisungen in Staaten außerhalb des EWR (Drittstaaten)

3.2.1. Erforderliche Angaben

Der Kunde muss für die Ausführung der Überweisung folgende Angaben machen:

- Name des Zahlungsempfängers,
- Kundenkennung des Zahlungsempfängers (siehe Nummer 1.2); ist bei grenzüberschreitenden Überweisungen der BIC unbekannt, ist stattdessen der vollständige Name und die Adresse des Zahlungsdienstleisters des Zahlungsempfängers anzugeben,
- Zielland (gegebenenfalls in Kurzform gemäß Anlage),
- Währung (gegebenenfalls in Kurzform gemäß Anlage),
- Überweisungsbetrag,
- Name des Kunden,
- Kontonummer und Bankleitzahl oder IBAN des Kunden.

3.2.2. Ausführungsfrist

Die Überweisungen werden baldmöglichst bewirkt.

3.2.3. Erstattungs- und Schadensersatzansprüche des Kunden

3.2.3.1. Erstattung bei einer nicht autorisierten Überweisung

(1) Im Falle einer nicht autorisierten Überweisung (siehe Nummer 1.3 Absatz 2) hat die Sparkasse gegen den Kunden keinen Anspruch auf Erstattung ihrer Aufwendungen. Sie ist verpflichtet, dem Kunden den Überweisungsbetrag zu erstatten und, sofern der Betrag einem Konto des Kunden belastet worden ist, dieses Konto wieder auf den Stand zu bringen, auf dem es sich ohne die Belastung durch die nicht autorisierte Überweisung befunden hätte. Diese Verpflichtung ist spätestens bis zum Ende des Geschäftstags gemäß „Preis- und Leistungsverzeichnis" zu erfüllen, der auf den Tag folgt, an welchem der Sparkasse angezeigt wurde, dass die Überweisung nicht autorisiert ist, oder die Sparkasse auf andere Weise davon Kenntnis erhalten hat. Hat die Sparkasse einer zuständigen Behörde berechtigte Gründe für den Verdacht, dass ein betrügerisches Verhalten des Kunden vorliegt, schriftlich mitgeteilt, hat die Sparkasse ihre Verpflichtung aus Satz 2 unverzüglich zu prüfen und zu erfüllen, wenn sich der Betrugsverdacht nicht bestätigt. Wurde die Überweisung über einen Zahlungsauslösedienstleister ausgelöst, so treffen die Pflichten aus den Sätzen 2 bis 4 die Sparkasse.

(2) Bei sonstigen Schäden, die aus einer nicht autorisierten Überweisung resultieren, haftet die Sparkasse für eigenes Verschulden. Hat der Kunde durch ein schuldhaftes Verhalten zu der Entstehung eines Schadens beigetragen, bestimmt sich nach den Grundsätzen des Mitverschuldens, in welchem Umfang Sparkasse und Kunde den Schaden zu tragen haben.

3.2.3.2. Haftung bei nicht erfolgter, fehlerhafter oder verspäteter Ausführung einer autorisierten Überweisung

Bei nicht erfolgten, fehlerhaft oder verspätet ausgeführten autorisierten Überweisungen hat der Kunde neben etwaigen Ansprüchen aus Auftragsrecht nach § 667 BGB und ungerechtfertigter Bereicherung nach §§ 812 ff. BGB Schadensersatzansprüche nach Maßgabe der folgenden Regelungen:

- Die Sparkasse haftet für eigenes Verschulden. Hat der Kunde durch ein schuldhaftes Verhalten zu der Entstehung eines Schadens beigetragen, bestimmt sich nach den Grundsätzen des Mitverschuldens, in welchem Umfang Sparkasse und Kunde den Schaden zu tragen haben.
- Für das Verschulden zwischengeschalteter Stellen haftet die Sparkasse nicht. In diesen Fällen beschränkt sich die Haftung der Sparkasse auf die sorgfältige Auswahl und Unterweisung der ersten zwischengeschalteten Stelle (weitergeleiteter Auftrag).
- Die Haftung der Sparkasse ist auf höchstens 12.500 Euro je Überweisung begrenzt. Diese Haftungsbeschränkung gilt nicht für Vorsatz oder grobe Fahrlässigkeit der Sparkasse und für Gefahren, die die Sparkasse besonders übernommen hat.

3.2.3.3. Haftungs- und Einwendungsausschluss

(1) Eine Haftung der Sparkasse nach den Nummern 3.2.3.2 ist in folgenden Fällen ausgeschlossen:

- Die Sparkasse weist gegenüber dem Kunden nach, dass der Überweisungsbetrag ordnungsgemäß beim Zahlungsdienstleister des Zahlungsempfängers eingegangen ist.
- Die Überweisung wurde in Übereinstimmung mit der vom Kunden angegebenen fehlerhaften Kundenkennung des Zahlungsempfängers (siehe Nummer 1.2) ausgeführt. In diesem Fall kann der Kunde von der Sparkasse jedoch verlangen, dass sie sich im Rahmen ihrer Möglichkeiten darum bemüht, den Überweisungsbetrag wiederzuerlangen. Für die Tätigkeiten der Sparkasse nach Satz 2 dieses Unterpunkts berechnet die Sparkasse das im „Preis- und Leistungsverzeichnis" ausgewiesene Entgelt.

(2) Ansprüche des Kunden nach den Nummern 3.2.3.1 und 3.2.3.2 und Einwendungen des Kunden gegen die Sparkasse aufgrund nicht oder fehlerhaft ausgeführter Überweisungen oder aufgrund nicht autorisierter Überweisungen sind ausgeschlossen, wenn der Kunde die Sparkasse nicht spätestens 13 Monate nach dem Tag der Belastung mit einer nicht autorisierten oder fehlerhaft ausgeführten Überweisung hiervon in Textform unterrichtet hat. Der Lauf der Frist beginnt nur, wenn die Sparkasse den Kunden über die Belastungsbuchung der Überweisung entsprechend dem für Kontoinformationen vereinbarten Weg spätestens innerhalb eines Monats nach der Belastungsbuchung unterrichtet hat; anderenfalls ist für den Fristbeginn der Tag der Unterrichtung maßgeblich. Schadensersatzansprüche kann der Kunde auch nach Ablauf der Frist in Satz 1

geltend machen, wenn er ohne Verschulden an der Einhaltung dieser Frist verhindert war. Die Sätze 1 bis 3 gelten auch dann, wenn der Kunde die Überweisung über einen Zahlungsauslösedienstleister auslöst.

(3) Ansprüche des Kunden sind ausgeschlossen, wenn die einen Anspruch begründenden Umstände
- auf einem ungewöhnlichen und unvorhersehbaren Ereignis beruhen, auf das die Sparkasse keinen Einfluss hat, und dessen Folgen trotz Anwendung der gebotenen Sorgfalt nicht hätten vermieden werden können oder
- von der Sparkasse aufgrund einer gesetzlichen Verpflichtung herbeigeführt wurden.

Anlage:

Verzeichnis der Kurzformen für Zielland und Währung

Zielland	Kurzform	Währung	Kurzform
Belgien	BE	Euro	EUR
Bulgarien	BG	Bulgarischer Lew	BGN
Dänemark	DK	Dänische Krone	DKK
Deutschland	DE	Euro	EUR
Estland	EE	Euro	EUR
Finnland	FI	Euro	EUR
Frankreich	FR	Euro	EUR
Griechenland	GR	Euro	EUR
Irland	IE	Euro	EUR
Island	IS	Isländische Krone	ISK
Italien	IT	Euro	EUR
Japan	JP	Japanischer Yen	JPY
Kanada	CA	Kanadischer Dollar	CAD
Kroatien	HR	Kroatische Kuna	HRK
Lettland	LV	Euro	EUR
Liechtenstein	LI	Schweizer Franken[1]	CHF
Litauen	LT	Euro	EUR
Luxemburg	LU	Euro	EUR
Malta	MT	Euro	EUR
Niederlande	NL	Euro	EUR
Norwegen	NO	Norwegische Krone	NOK
Österreich	AT	Euro	EUR
Polen	PL	Polnischer Zloty	PLN
Portugal	PT	Euro	EUR
Rumänien	RO	Rumänischer Leu	RON
Russische Föderation	RU	Russischer Rubel	RUB
Schweden	SE	Schwedische Krone	SEK
Schweiz	CH	Schweizer Franken	CHF
Slowakei	SK	Euro	EUR

[1] **Amtl. Anm.:** Schweizer Franken als gesetzliches Zahlungsmittel in Liechtenstein.

Zielland	Kurzform	Währung	Kurzform
Slowenien	SI	Euro	EUR
Spanien	ES	Euro	EUR
Tschechische Republik	CZ	Tschechische Krone	CZK
Türkei	TR	Türkische Lira	TRY
Ungarn	HU	Ungarischer Forint	HUF
USA	US	US-Dollar	USD
Vereinigtes Königreich von Großbritannien und Nordirland	GB	Britisches Pfund Sterling	GBP
Zypern	CY	Euro	EUR

32. Bedingungen für Zahlungen mittels Lastschrift im SEPA-Basis-Lastschriftverfahren

Fassung März 2019

Für Zahlungen des Kunden an Zahlungsempfänger mittels SEPA-Basis-Lastschrift über sein Konto bei der Sparkasse gelten folgende Bedingungen.

1. Allgemein

1.1. Begriffsbestimmung

Eine Lastschrift ist ein vom Zahlungsempfänger ausgelöster Zahlungsvorgang zulasten des Kontos des Kunden, bei dem die Höhe des jeweiligen Zahlungsbetrages vom Zahlungsempfänger angegeben wird.

1.2. Entgelte und deren Änderung

1.2.1. Entgelte für Verbraucher

Die Entgelte im Lastschriftverkehr ergeben sich aus dem „Preis- und Leistungsverzeichnis".
Änderungen der Entgelte im Lastschriftverkehr werden dem Kunden spätestens zwei Monate vor dem Zeitpunkt ihres Wirksamwerdens in Textform angeboten. Hat der Kunde mit der Sparkasse im Rahmen der Geschäftsbeziehung einen elektronischen Kommunikationsweg vereinbart, können die Änderungen auch auf diesem Wege angeboten werden. Die Zustimmung des Kunden gilt als erteilt, wenn er seine Ablehnung nicht vor dem vorgeschlagenen Zeitpunkt des Wirksamwerdens der Änderungen angezeigt hat. Auf diese Genehmigungswirkung wird ihn die Sparkasse in ihrem Angebot besonders hinweisen.
Werden dem Kunden Änderungen der Entgelte angeboten, kann er diese Geschäftsbeziehung vor dem vorgeschlagenen Zeitpunkt des Wirksamwerdens der Änderungen auch fristlos und kostenfrei kündigen. Auf dieses Kündigungsrecht wird ihn die Sparkasse in ihrem Angebot besonders hinweisen.
Die Änderung von Entgelten für den Zahlungsdiensterahmenvertrag (Girovertrag) richtet sich nach Nummer 17 Absatz 6 AGB-Sparkassen.

1.2.2. Entgelte für Kunden, die keine Verbraucher sind

Für Entgelte und deren Änderung für Zahlungen von Kunden, die keine Verbraucher sind, verbleibt es bei den Regelungen in Nummer 17 Absätze 2 bis 6 AGB-Sparkassen.

1.3. Meldepflichten nach Außenwirtschaftsrecht

Der Kunde hat etwaige Meldepflichten nach dem Außenwirtschaftsrecht zu beachten.

1.4. Außergerichtliche Streitschlichtung und sonstige Beschwerdemöglichkeit

Für die Beilegung von Streitigkeiten mit der Sparkasse kann sich der Kunde an die im „Preis- und Leistungsverzeichnis" näher bezeichneten Streitschlichtungs- oder Beschwerdestellen wenden.

2. SEPA-Basis-Lastschrift

2.1. Allgemein

2.1.1. Wesentliche Merkmale des SEPA-Basis-Lastschriftverfahrens

Mit dem SEPA-Basis-Lastschriftverfahren kann der Kunde über die Sparkasse an den Zahlungsempfänger Zahlungen in Euro innerhalb des Gebiets des einheitlichen Euro-Zahlungsverkehrsraums („Single Euro Payments Area“, SEPA) bewirken. Zur SEPA gehören die in der Anlage genannten Staaten und Gebiete.
Für die Ausführung von Zahlungen mittels SEPA-Basis-Lastschriften muss

- der Zahlungsempfänger und dessen Zahlungsdienstleister das SEPA-Basis-Lastschriftverfahren nutzen und
- der Kunde vor dem Zahlungsvorgang dem Zahlungsempfänger das SEPA-Lastschriftmandat erteilen.

Der Zahlungsempfänger löst den jeweiligen Zahlungsvorgang aus, indem er über seinen Zahlungsdienstleister der Sparkasse die Lastschriften vorlegt.
Der Kunde kann bei einer autorisierten Zahlung aufgrund einer SEPA-Basis-Lastschrift binnen einer Frist von acht Wochen ab dem Zeitpunkt der Belastungsbuchung auf seinem Konto von der Sparkasse die Erstattung des belasteten Lastschriftbetrages verlangen.

2.1.2. Kundenkennungen

Für das Verfahren hat der Kunde die ihm mitgeteilte IBAN[1] und bei grenzüberschreitenden Zahlungen außerhalb des Europäischen Wirtschaftsraums[2] (EWR) zusätzlich den BIC[3] der Sparkasse als seine Kundenkennung gegenüber dem Zahlungsempfänger zu verwenden, da die Sparkasse berechtigt ist, die Zahlung aufgrund der SEPA-Basis-Lastschrift ausschließlich auf der Grundlage der ihr übermittelten Kundenkennung auszuführen. Die Sparkasse und die weiteren beteiligten Stellen führen die Zahlung an den Zahlungsempfänger anhand der im Lastschriftdatensatz vom Zahlungsempfänger als dessen Kundenkennung angegebenen IBAN und bei grenzüberschreitenden Zahlungen außerhalb des EWR zusätzlich angegebenen BIC aus.

2.1.3. Übermittlung von Lastschriftdaten

Bei SEPA-Basis-Lastschriften können die Lastschriftdaten auch über das Nachrichtenübermittlungssystem der Society for Worldwide Interbank Financial Telecommunication (SWIFT) mit Sitz in Belgien und Rechenzentren in der Europäischen Union, in der Schweiz und in den USA weitergeleitet werden.

2.2. SEPA-Lastschriftmandat

2.2.1. Erteilung des SEPA-Lastschriftmandats (SEPA Direct Debit Mandate)

Der Kunde erteilt dem Zahlungsempfänger ein SEPA-Lastschriftmandat. Damit autorisiert er gegenüber seiner Sparkasse die Einlösung von SEPA-Basis-Lastschriften des Zahlungsempfängers. Das Mandat ist schriftlich oder in der mit seiner Sparkasse vereinbarten Art und Weise zu erteilen.
In dieser Autorisierung ist zugleich die ausdrückliche Zustimmung enthalten, dass die am Lastschrifteinzug beteiligten Zahlungsdienstleister und etwaige zwischen-

---

[1] **Amtl. Anm.:** International Bank Account Number (Internationale Bankkontonummer).
[2] **Amtl. Anm.:** Für die Mitgliedstaaten des EWR siehe Nummer 1 der Anlage.
[3] **Amtl. Anm.:** Business Identifier Code (Internationale Bankleitzahl).

geschaltete Stellen die für die Ausführung der Lastschrift notwendigen personenbezogenen Daten des Kunden abrufen, verarbeiten, übermitteln und speichern.
In dem SEPA-Lastschriftmandat müssen die folgenden Erklärungen des Kunden enthalten sein:

- Ermächtigung des Zahlungsempfängers, Zahlungen vom Konto des Kunden mittels SEPA-Basis-Lastschrift einzuziehen, und
- Weisung an die Sparkasse, die vom Zahlungsempfänger auf sein Konto gezogenen SEPA-Basis-Lastschriften einzulösen.

Das SEPA-Lastschriftmandat muss folgende Angaben (Autorisierungsdaten) enthalten:

- Bezeichnung des Zahlungsempfängers,
- eine Gläubiger-Identifikationsnummer,
- Kennzeichnung als einmalige oder wiederkehrende Zahlung,
- Name des Kunden (sofern verfügbar) und
- seine Kundenkennung (siehe Nummer 2.1.2).

Über die Autorisierungsdaten hinaus kann das Lastschriftmandat zusätzliche Angaben enthalten.
Mit dem Einzug der letzten Lastschrift teilt der Zahlungsempfänger der Sparkasse des Kunden die Erledigung des SEPA-Lastschriftmandates mit.

2.2.2. Einzugsermächtigung als SEPA-Lastschriftmandat

Hat der Kunde dem Zahlungsempfänger eine Einzugsermächtigung erteilt, mit der er den Zahlungsempfänger ermächtigt, Zahlungen von seinem Konto mittels Lastschrift einzuziehen, weist er zugleich damit die Sparkasse an, die vom Zahlungsempfänger auf sein Konto gezogenen Lastschriften einzulösen. Mit der Einzugsermächtigung autorisiert der Kunde gegenüber seiner Sparkasse die Einlösung von Lastschriften des Zahlungsempfängers. Diese Einzugsermächtigung gilt als SEPA-Lastschriftmandat. Sätze 1 bis 3 gelten auch für vom Kunden vor dem Inkrafttreten dieser Bedingungen erteilte Einzugsermächtigungen.
Die Einzugsermächtigung muss folgende Autorisierungsdaten enthalten:

- Bezeichnung des Zahlungsempfängers,
- Name des Kunden,
- Kundenkennung nach Nummer 2.1.2 oder Kontonummer und Bankleitzahl des Kunden.

Über die Autorisierungsdaten hinaus kann die Einzugsermächtigung zusätzliche Angaben enthalten.

2.2.3. Widerruf des SEPA-Lastschriftmandats

Das SEPA-Lastschriftmandat kann vom Kunden durch Erklärung gegenüber dem Zahlungsempfänger oder seiner Sparkasse – möglichst schriftlich – mit der Folge widerrufen werden, dass nachfolgende Zahlungsvorgänge nicht mehr autorisiert sind. Erfolgt der Widerruf gegenüber der Sparkasse, wird er ab dem auf den Eingang des Widerrufs folgenden Geschäftstag gemäß „Preis- und Leistungsverzeichnis“ wirksam. Zusätzlich sollte der Widerruf auch gegenüber dem Zahlungsempfänger erklärt werden, damit dieser keine weiteren Lastschriften einzieht.

2.2.4. Begrenzung und Nichtzulassung von SEPA-Basis-Lastschriften

Der Kunde kann der Sparkasse gesondert die Weisung erteilen, Zahlungen aus SEPA-Basis-Lastschriften zu begrenzen oder nicht zuzulassen. Diese Weisung muss der Sparkasse bis spätestens zum Ende des Geschäftstages gemäß „Preis- und Leistungsverzeichnis" vor dem im Datensatz der Lastschrift angegebenen Fälligkeitstag möglichst schriftlich oder, wenn im Rahmen der Geschäftsbeziehung der elektronische Kommunikationsweg vereinbart wurde (z.B. Online-Banking), auf diesem Wege zugehen. Diese Weisung sollte zusätzlich auch gegenüber dem Zahlungsempfänger erklärt werden.

2.3. Einzug der SEPA-Basis-Lastschrift auf Grundlage des SEPA-Lastschriftmandats durch den Zahlungsempfänger

(1) Das vom Kunden erteilte SEPA-Lastschriftmandat verbleibt beim Zahlungsempfänger. Dieser übernimmt die Autorisierungsdaten und setzt etwaige zusätzliche Angaben in den Datensatz zur Einziehung von SEPA-Basis-Lastschriften. Der jeweilige Lastschriftbetrag wird vom Zahlungsempfänger angegeben.

(2) Der Zahlungsempfänger übermittelt elektronisch den Datensatz zur Einziehung der SEPA-Basis-Lastschrift unter Einschaltung seines Zahlungsdienstleisters an die Sparkasse als Zahlstelle. Dieser Datensatz verkörpert auch die im SEPA-Lastschriftmandat enthaltene Weisung des Kunden an die Sparkasse zur Einlösung der jeweiligen SEPA-Basis-Lastschrift (siehe Nummer 2.2.1 Satz 2 und Satz 4 bzw. Nummer 2.2.2 Satz 2). Für den Zugang dieser Weisung verzichtet die Sparkasse auf die für die Erteilung des Mandats vereinbarte Form (siehe Nummer 2.2.1 Satz 3).

2.4. Zahlungsvorgang aufgrund der SEPA-Basis-Lastschrift

2.4.1. Belastung des Kontos des Kunden mit dem Lastschriftbetrag

(1) Eingehende SEPA-Basis-Lastschriften des Zahlungsempfängers werden am im Datensatz angegebenen Fälligkeitstag mit dem vom Zahlungsempfänger angegebenen Lastschriftbetrag dem Konto des Kunden belastet. Fällt der Fälligkeitstag nicht auf einen im „Preis- und Leistungsverzeichnis" ausgewiesenen Geschäftstag der Sparkasse, erfolgt die Kontobelastung am nächsten Geschäftstag.

(2) Eine Kontobelastung erfolgt nicht oder wird spätestens am zweiten Geschäftstag gemäß „Preis- und Leistungsverzeichnis" nach ihrer Vornahme rückgängig gemacht, wenn

- der Sparkasse ein Widerruf des SEPA-Lastschriftmandats gemäß Nummer 2.2.3 zugegangen ist,
- der Kunde über kein für die Einlösung der Lastschrift ausreichendes Guthaben auf seinem Konto oder über keinen ausreichenden Kredit verfügt (fehlende Kontodeckung); Teileinlösungen nimmt die Sparkasse nicht vor,
- die im Lastschriftdatensatz angegebene IBAN des Zahlungspflichtigen keinem Konto des Kunden bei der Sparkasse zuzuordnen ist oder
- die Lastschrift nicht von der Sparkasse verarbeitbar ist, da im Lastschriftdatensatz
  - eine Gläubiger-Identifikationsnummer fehlt oder für die Sparkasse erkennbar fehlerhaft ist,
  - eine Mandatsreferenz fehlt,
  - ein Ausstellungsdatum des Mandats fehlt oder
  - kein Fälligkeitstag angegeben ist.

(3) Darüber hinaus erfolgt eine Kontobelastung nicht oder wird spätestens am zweiten Geschäftstag nach ihrer Vornahme rückgängig gemacht (siehe Nummer 2.4.2), wenn dieser SEPA-Basis-Lastschrift eine gesonderte Weisung des Kunden gemäß Nummer 2.2.4 entgegensteht.

2.4.2. Einlösung von SEPA-Basis-Lastschriften

SEPA-Basis-Lastschriften sind eingelöst, wenn die Belastungsbuchung auf dem Konto des Kunden nicht spätestens gemäß Nummer 2.4.1 Absatz 2 rückgängig gemacht wird.

2.4.3. Unterrichtung über die Nichtausführung oder Rückgängigmachung der Belastungsbuchung oder Ablehnung der Einlösung

Über die Nichtausführung oder Rückgängigmachung der Belastungsbuchung (siehe Nummer 2.4.1 Absatz 2) oder die Ablehnung der Einlösung einer SEPA-Basis-Lastschrift (siehe Nummer 2.4.2) wird die Sparkasse den Kunden unverzüglich, spätestens bis zu der gemäß Nummer 2.4.4 vereinbarten Frist, unterrichten. Dies kann auch auf dem für Kontoinformationen vereinbarten Weg geschehen. Dabei wird die Sparkasse, soweit möglich, die Gründe sowie die Möglichkeiten angeben, wie Fehler, die zur Nichtausführung, Rückgängigmachung oder Ablehnung geführt haben, berichtigt werden können.
Für die berechtigte Ablehnung der Einlösung einer autorisierten SEPA-Basis-Lastschrift wegen fehlender Kontodeckung (siehe Nummer 2.4.1 Absatz 2, zweiter Spiegelstrich) berechnet die Sparkasse das im „Preis- und Leistungsverzeichnis" ausgewiesene Entgelt.

2.4.4. Ausführung der Zahlung

(1) Die Sparkasse ist verpflichtet sicherzustellen, dass der von ihr dem Konto des Kunden aufgrund der SEPA-Basis-Lastschrift des Zahlungsempfängers belastete Lastschriftbetrag spätestens innerhalb der im „Preis- und Leistungsverzeichnis" angegebenen Ausführungsfrist beim Zahlungsdienstleister des Zahlungsempfängers eingeht.

(2) Die Ausführungsfrist beginnt an dem im Lastschriftdatensatz angegebenen Fälligkeitstag. Fällt dieser Tag nicht auf einen Geschäftstag gemäß „Preis- und Leistungsverzeichnis" der Sparkasse, so beginnt die Ausführungsfrist am darauffolgenden Geschäftstag.

(3) Die Sparkasse unterrichtet den Kunden über die Ausführung der Zahlung auf dem für Kontoinformationen vereinbarten Weg und in der vereinbarten Häufigkeit.

2.5. Erstattungsanspruch des Kunden bei einer autorisierten Zahlung

(1) Der Kunde kann bei einer autorisierten Zahlung aufgrund einer SEPA-Basis-Lastschrift binnen einer Frist von acht Wochen ab dem Zeitpunkt der Belastungsbuchung auf seinem Konto von der Sparkasse ohne Angabe von Gründen die Erstattung des belasteten Lastschriftbetrages verlangen. Dabei bringt die Sparkasse das Konto wieder auf den Stand, auf dem es sich ohne die Belastung durch die Zahlung befunden hätte.
Etwaige Zahlungsansprüche des Zahlungsempfängers gegen den Kunden bleiben hiervon unberührt.

(2) Der Erstattungsanspruch nach Absatz 1 ist ausgeschlossen, sobald der jeweilige Betrag der Lastschriftbelastungsbuchung durch eine ausdrückliche Genehmigung des Kunden unmittelbar gegenüber der Sparkasse autorisiert worden ist.

(3) Erstattungsansprüche des Kunden bei einer nicht erfolgten oder fehlerhaft ausgeführten autorisierten Zahlung richten sich nach Nummer 2.6.2.

2.6. Erstattungs-, Berichtigungs- und Schadensersatzansprüche des Kunden

2.6.1. Erstattung bei einer nicht autorisierten Zahlung

Im Falle einer vom Kunden nicht autorisierten Zahlung hat die Sparkasse gegen den Kunden keinen Anspruch auf Erstattung ihrer Aufwendungen. Sie ist verpflichtet, dem Kunden den von seinem Konto abgebuchten Lastschriftbetrag zu erstatten. Dabei bringt sie das Konto wieder auf den Stand, auf dem es sich ohne die Belastung durch die nicht autorisierte Zahlung befunden hätte. Diese Verpflichtung ist spätestens bis zum Ende des Geschäftstags gemäß „Preis- und Leistungsverzeichnis" zu erfüllen, der auf den Tag folgt, an welchem der Sparkasse angezeigt wurde, dass die Zahlung nicht autorisiert ist, oder die Sparkasse auf andere Weise davon Kenntnis erhalten hat. Hat die Sparkasse einer zuständigen Behörde berechtigte Gründe für den Verdacht, dass ein betrügerisches Verhalten des Kunden vorliegt, schriftlich mitgeteilt, hat die Sparkasse ihre Verpflichtung aus Satz 2 unverzüglich zu prüfen und zu erfüllen, wenn sich der Betrugsverdacht nicht bestätigt.

2.6.2. Ansprüche bei nicht erfolgter, fehlerhafter oder verspäteter Ausführung von autorisierten Zahlungen

(1) Im Falle einer nicht erfolgten oder fehlerhaften Ausführung einer autorisierten Zahlung kann der Kunde von der Sparkasse die unverzügliche und ungekürzte Erstattung des Lastschriftbetrages insoweit verlangen, als die Zahlung nicht erfolgt oder fehlerhaft war. Wurde der Betrag dem Konto des Kunden belastet, bringt die Sparkasse dieses wieder auf den Stand, auf dem es sich ohne den nicht erfolgten oder fehlerhaft ausgeführten Zahlungsvorgang befunden hätte.

(2) Der Kunde kann über den Anspruch nach Absatz 1 hinaus von der Sparkasse die Erstattung derjenigen Entgelte und Zinsen verlangen, die die Sparkasse ihm im Zusammenhang mit der nicht erfolgten oder fehlerhaften Ausführung der Zahlung in Rechnung gestellt oder mit denen sie das Konto des Kunden belastet hat.

(3) Geht der Lastschriftbetrag beim Zahlungsdienstleister des Zahlungsempfängers erst nach Ablauf der Ausführungsfrist in Nummer 2.4.4 Absatz 2 ein (Verspätung), kann der Zahlungsempfänger von seinem Zahlungsdienstleister verlangen, dass dieser die Gutschrift des Lastschriftbetrags auf dem Konto des Zahlungsempfängers so vornimmt, als sei die Zahlung ordnungsgemäß ausgeführt worden.

(4) Wurde ein Zahlungsvorgang nicht oder fehlerhaft ausgeführt, wird die Sparkasse auf Verlangen des Kunden den Zahlungsvorgang nachvollziehen und den Kunden über das Ergebnis unterrichten.

2.6.3. Schadensersatz wegen Pflichtverletzung

(1) Bei nicht erfolgter, fehlerhafter oder verspäteter Ausführung einer autorisierten Zahlung oder bei einer nicht autorisierten Zahlung kann der Kunde von der Sparkasse einen Schaden, der nicht bereits von den Nummern 2.6.1 und 2.6.2 erfasst ist, ersetzt verlangen. Dies gilt nicht, wenn die Sparkasse die Pflichtverletzung nicht zu vertreten hat. Die Sparkasse hat hierbei ein Verschulden, das einer von ihr zwischengeschalteten Stelle zur Last fällt, wie eigenes Verschulden zu vertreten. Hat der Kunde durch ein schuldhaftes Verhalten zu der Entstehung eines Schadens beigetragen, bestimmt sich nach den Grundsätzen des Mitverschuldens, in welchem Umfang Sparkasse und Kunde den Schaden zu tragen haben.

(2) Die Haftung nach Absatz 1 ist auf 12.500 Euro je Zahlung begrenzt. Diese betragsmäßige Haftungsgrenze gilt nicht
– für nicht autorisierte Zahlungen,
– bei Vorsatz oder grober Fahrlässigkeit der Sparkasse,
– für Gefahren, die die Sparkasse besonders übernommen hat, und
– für den dem Kunden entstandenen Zinsschaden, wenn der Kunde Verbraucher ist.

2.6.4. Ansprüche von Kunden, die keine Verbraucher sind

Abweichend von den Ansprüchen in Nummer 2.6.2 und in Nummer 2.6.3 haben Kunden, die keine Verbraucher sind, bei einer nicht erfolgten, fehlerhaft oder verspätet ausgeführten autorisierten Zahlung oder bei einer nicht autorisierten Zahlung neben etwaigen Ansprüchen aus Auftragsrecht nach § 667 Bürgerliches Gesetzbuch (BGB)[1] und ungerechtfertigter Bereicherung nach §§ 812 ff. BGB lediglich Schadensersatzansprüche nach Maßgabe folgender Regelungen:
– Die Sparkasse haftet für eigenes Verschulden. Hat der Kunde durch ein schuldhaftes Verhalten zu der Entstehung eines Schadens beigetragen, bestimmt sich nach den Grundsätzen des Mitverschuldens, in welchem Umfang Sparkasse und Kunde den Schaden zu tragen haben.
– Für das Verschulden der von der Sparkasse zwischengeschalteten Stellen haftet die Sparkasse nicht. In diesen Fällen beschränkt sich die Haftung der Sparkasse auf die sorgfältige Auswahl und Unterweisung der ersten zwischengeschalteten Stelle.
– Ein Schadensersatzanspruch des Kunden ist der Höhe nach auf den Lastschriftbetrag zuzüglich der von der Sparkasse in Rechnung gestellten Entgelte und Zinsen begrenzt. Soweit es sich hierbei um die Geltendmachung von Folgeschäden handelt, ist der Anspruch auf höchstens 12.500 Euro je Zahlung begrenzt. Diese Haftungsbeschränkungen gelten nicht für Vorsatz oder grobe Fahrlässigkeit der Sparkasse und für Gefahren, die die Sparkasse besonders übernommen hat, sowie für nicht autorisierte Zahlungen.

2.6.5. Haftungs- und Einwendungsausschluss

(1) Eine Haftung der Sparkasse nach den Nummern 2.6.2 bis 2.6.4 ist in folgenden Fällen ausgeschlossen:
– Die Sparkasse weist gegenüber dem Kunden nach, dass der Lastschriftbetrag rechtzeitig und ungekürzt beim Zahlungsdienstleister des Zahlungsempfängers eingegangen ist.
– Die Zahlung wurde in Übereinstimmung mit der vom Zahlungsempfänger angegebenen fehlerhaften Kundenkennung des Zahlungsempfängers ausgeführt. In diesem Fall kann der Kunde von der Sparkasse jedoch verlangen, dass sie sich im Rahmen ihrer Möglichkeiten darum bemüht, den Lastschriftbetrag wiederzuerlangen. Ist die Wiedererlangung des Lastschriftbetrags nach Satz 2 dieses Unterpunkts nicht möglich, so ist die Sparkasse verpflichtet, dem Kunden auf schriftlichen Antrag alle verfügbaren Informationen mitzuteilen, damit der Kunde einen Anspruch auf Erstattung des Lastschriftbetrags geltend machen kann. Für die Tätigkeiten nach den Sätzen 2 und 3 dieses Unterpunkts berechnet die Sparkasse das im „Preis- und Leistungsverzeichnis“ ausgewiesene Entgelt.

---

[1] Auszugsweise abgedruckt unter Nr. **23**.

(2) Ansprüche des Kunden nach den Nummern 2.6.1 bis 2.6.4 und Einwendungen des Kunden gegen die Sparkasse aufgrund nicht oder fehlerhaft ausgeführter Zahlungen oder aufgrund nicht autorisierter Zahlungen sind ausgeschlossen, wenn der Kunde die Sparkasse nicht spätestens 13 Monate nach dem Tag der Belastung mit einer nicht autorisierten oder fehlerhaft ausgeführten Zahlung hiervon unterrichtet hat. Der Lauf der Frist beginnt nur, wenn die Sparkasse den Kunden über die Belastungsbuchung der Zahlung entsprechend dem für Kontoinformationen vereinbarten Weg spätestens innerhalb eines Monats nach der Belastungsbuchung unterrichtet hat; anderenfalls ist für den Fristbeginn der Tag der Unterrichtung maßgeblich. Schadensersatzansprüche nach Nummer 2.6.3 kann der Kunde auch nach Ablauf der Frist in Satz 1 geltend machen, wenn er ohne Verschulden an der Einhaltung dieser Frist verhindert war.

(3) Ansprüche des Kunden sind ausgeschlossen, wenn die einen Anspruch begründenden Umstände

- auf einem ungewöhnlichen und unvorhersehbaren Ereignis beruhen, auf das die Sparkasse keinen Einfluss hat, und dessen Folgen trotz Anwendung der gebotenen Sorgfalt nicht hätten vermieden werden können, oder
- von der Sparkasse aufgrund einer gesetzlichen Verpflichtung herbeigeführt wurden.

Anlage:

Liste der zu SEPA gehörenden Staaten und Gebiete

1. Staaten des Europäischen Wirtschaftsraums (EWR)

1.1. Mitgliedstaaten der Europäischen Union

Belgien, Bulgarien, Dänemark, Deutschland, Estland, Finnland, Frankreich (einschließlich Französisch-Guayana, Guadeloupe, Martinique, Mayotte, Réunion), Griechenland, Irland, Italien, Kroatien, Lettland, Litauen, Luxemburg, Malta, Niederlande, Österreich, Polen, Portugal, Rumänien, Schweden, Slowakei, Slowenien, Spanien, Tschechische Republik, Ungarn, Vereinigtes Königreich von Großbritannien und Nordirland sowie Zypern.

1.2. Weitere Staaten

Island, Liechtenstein und Norwegen.

2. Sonstige Staaten und Gebiete

Andorra, Guernsey, Isle of Man, Jersey, Monaco, San Marino, Schweiz, St. Pierre und Miquelon, Vatikanstadt.

33. Bedingungen für Zahlungen mittels Lastschrift im SEPA-Firmen-Lastschriftverfahren

Fassung März 2019

Für Zahlungen des Kunden, der kein Verbraucher ist, an Zahlungsempfänger mittels SEPA-Firmen-Lastschrift über sein Konto bei der Sparkasse gelten folgende Bedingungen.

1. Allgemein

1.1. Begriffsbestimmung

Eine Lastschrift ist ein vom Zahlungsempfänger ausgelöster Zahlungsvorgang zulasten des Kontos des Kunden, bei dem die Höhe des jeweiligen Zahlungsbetrages vom Zahlungsempfänger angegeben wird.

1.2. Entgelte

Bei Entgelten und deren Änderung sind die Regelungen in Nummer 17 Absätze 2 bis 6 AGB-Sparkassen maßgeblich.

1.3. Meldepflichten nach Außenwirtschaftsrecht

Der Kunde hat etwaige Meldepflichten nach dem Außenwirtschaftsrecht zu beachten.

1.4. Außergerichtliche Streitschlichtung und sonstige Beschwerdemöglichkeit

Für die Beilegung von Streitigkeiten mit der Sparkasse kann sich der Kunde an die im „Preis- und Leistungsverzeichnis" näher bezeichneten Streitschlichtungs- oder Beschwerdestellen wenden.

2. SEPA-Firmen-Lastschrift

2.1. Allgemein

2.1.1. Wesentliche Merkmale des SEPA-Firmen-Lastschriftverfahrens

Das SEPA-Firmen-Lastschriftverfahren kann nur von Kunden genutzt werden, die keine Verbraucher sind.
Mit dem SEPA-Firmen-Lastschriftverfahren kann der Kunde über die Sparkasse an einen Zahlungsempfänger Zahlungen in Euro innerhalb des Gebiets des einheitlichen Euro-Zahlungsverkehrsraums („Single Euro Payments Area", SEPA) bewirken. Zur SEPA gehören die in der Anlage genannten Staaten und Gebiete.
Für die Ausführung von Zahlungen mittels SEPA-Firmen-Lastschrift muss

- der Zahlungsempfänger und dessen Zahlungsdienstleister das SEPA-Firmen-Lastschriftverfahren nutzen,
- der Kunde vor dem Zahlungsvorgang dem Zahlungsempfänger das SEPA-Firmenlastschrift-Mandat erteilen und
- der Kunde der Sparkasse die Erteilung des SEPA-Firmenlastschrift-Mandats bestätigen (siehe Nummer 2.2.2).

Der Zahlungsempfänger löst den jeweiligen Zahlungsvorgang aus, indem er über seinen Zahlungsdienstleister der Sparkasse die Lastschriften vorlegt.
Der Kunde kann bei einer autorisierten Zahlung aufgrund einer SEPA-Firmen-Lastschrift von der Sparkasse keine Erstattung des seinem Konto belasteten Lastschriftbetrages verlangen.

2.1.2. Kundenkennungen

Für das Verfahren hat der Kunde die ihm mitgeteilte IBAN[1)] und bei grenzüberschreitenden Zahlungen außerhalb des Europäischen Wirtschaftsraums[2)] (EWR) zusätzlich den BIC[3)] der Sparkasse als seine Kundenkennung gegenüber dem Zahlungsempfänger zu verwenden, da die Sparkasse berechtigt ist, die Zahlung aufgrund der SEPA-Firmen-Lastschrift ausschließlich auf der Grundlage der ihr übermittelten Kundenkennung auszuführen. Die Sparkasse und die weiteren beteiligten Stellen führen die Zahlung an den Zahlungsempfänger anhand der im Lastschriftdatensatz vom Zahlungsempfänger als dessen Kundenkennung angegebenen IBAN und bei grenzüberschreitenden Zahlungen außerhalb des EWR zusätzlich angegebenen BIC aus.

2.1.3. Übermittlung von Lastschriftdaten

Bei SEPA-Firmen-Lastschriften können die Lastschriftdaten auch über das Nachrichtenübermittlungssystem der Society for Worldwide Interbank Financial Telecommunication (SWIFT) mit Sitz in Belgien und Rechenzentren in der Europäischen Union, in der Schweiz und in den USA weitergeleitet werden.

2.2. SEPA-Firmenlastschrift-Mandat

2.2.1. Erteilung des SEPA-Firmenlastschrift-Mandats (SEPA Business-to-Business Direct Debit Mandate)

Der Kunde erteilt dem Zahlungsempfänger ein SEPA-Firmenlastschrift-Mandat. Damit autorisiert er gegenüber seiner Sparkasse die Einlösung von SEPA-Firmen-Lastschriften des Zahlungsempfängers. Das Mandat ist schriftlich oder in der mit seiner Sparkasse vereinbarten Art und Weise zu erteilen.
In dieser Autorisierung ist zugleich die ausdrückliche Zustimmung enthalten, dass die am Lastschrifteinzug beteiligten Zahlungsdienstleister und etwaige zwischengeschaltete Stellen die für die Ausführung der Lastschrift notwendigen personenbezogenen Daten des Kunden abrufen, verarbeiten, übermitteln und speichern.
In dem SEPA-Firmenlastschrift-Mandat müssen die folgenden Erklärungen des Kunden enthalten sein:

- Ermächtigung des Zahlungsempfängers, Zahlungen vom Konto des Kunden mittels SEPA-Firmen-Lastschrift einzuziehen, und
- Weisung an die Sparkasse, die vom Zahlungsempfänger auf sein Konto gezogenen SEPA-Firmen-Lastschriften einzulösen.

Das SEPA-Firmenlastschrift-Mandat muss folgende Angaben (Autorisierungsdaten) enthalten:

- Bezeichnung des Zahlungsempfängers,

---

1) **Amtl. Anm.:** International Bank Account Number (Internationale Bankkontonummer).
2) **Amtl. Anm.:** Für die Mitgliedstaaten des EWR siehe Nummer 1 der Anlage.
3) **Amtl. Anm.:** Business Identifier Code (Internationale Bankleitzahl).

– eine Gläubiger-Identifikationsnummer,
– Kennzeichnung einer einmaligen Zahlung oder wiederkehrender Zahlungen,
– Name des Kunden und
– seine Kundenkennung (siehe Nummer 2.1.2).

Über die Autorisierungsdaten hinaus kann das Lastschriftmandat zusätzliche Angaben enthalten.

2.2.2. Bestätigung der Erteilung eines SEPA-Firmenlastschrift-Mandats

Der Kunde hat seiner Sparkasse die Autorisierung nach Nummer 2.2.1 unverzüglich zu bestätigen, indem er der Sparkasse folgende Daten in der vereinbarten Art und Weise aus dem dem Zahlungsempfänger erteilten SEPA-Firmenlastschrift-Mandat übermittelt und diese Mitteilung unterzeichnet oder in der vereinbarten Art und Weise authentifiziert:

– Bezeichnung des Zahlungsempfängers,
– Gläubiger-Identifikationsnummer des Zahlungsempfängers,
– Mandatsreferenz,
– Kennzeichnung einer einmaligen Zahlung oder wiederkehrender Zahlungen und
– Datum auf dem Mandat.

Hierzu kann der Kunde der Sparkasse auch eine unterschriebene Kopie des SEPA-Firmenlastschrift-Mandats übermitteln.
Ohne diese Mitteilung an die Sparkasse wird diese keine Zahlungsvorgänge aufgrund SEPA-Firmen-Lastschriften des Zahlungsempfängers einlösen.
Über Änderungen oder die Aufhebung des SEPA-Firmenlastschrift-Mandats gegenüber dem Zahlungsempfänger hat der Kunde die Sparkasse unverzüglich schriftlich zu informieren.

2.2.3. Widerruf des SEPA-Firmenlastschrift-Mandats

Das SEPA-Firmenlastschrift-Mandat kann vom Kunden durch Erklärung gegenüber seiner Sparkasse widerrufen werden. Der Widerruf muss der Sparkasse schriftlich oder, wenn im Rahmen der Geschäftsbeziehung der elektronische Kommunikationsweg vereinbart wurde (z.B. Online-Banking), auf diesem Wege zugehen. Der Widerruf wird ab dem auf den Eingang des Widerrufs folgenden Geschäftstag gemäß „Preis- und Leistungsverzeichnis" wirksam. Der Widerruf muss zusätzlich auch gegenüber dem Zahlungsempfänger erklärt werden. Der Widerruf des SEPA-Firmenlastschrift-Mandats erfasst bereits dem Konto des Kunden belastete SEPA-Firmen-Lastschriften nicht. Für diese gilt Nummer 2.2.4 Absätze 2 und 3.

2.2.4. Zurückweisung einzelner Lastschriften

(1) Der Kunde kann der Sparkasse gesondert die Weisung erteilen, Zahlungen aus bestimmten SEPA-Firmen-Lastschriften des Zahlungsempfängers nicht zu bewirken. Diese Weisung muss der Sparkasse bis spätestens zum Ende des Geschäftstages gemäß „Preis- und Leistungsverzeichnis" vor dem im Datensatz der Lastschrift angegebenen Fälligkeitstag schriftlich oder, wenn im Rahmen der Geschäftsbeziehung der elektronische Kommunikationsweg vereinbart

wurde (z.B. Online-Banking), auf diesem Wege zugehen. Diese Weisung muss zusätzlich auch gegenüber dem Zahlungsempfänger erklärt werden.

(2) Am Tag der Belastungsbuchung der SEPA-Firmen-Lastschrift kann diese nur noch zurückgewiesen werden, wenn Kunde und Sparkasse dies vereinbart haben. Die Vereinbarung wird wirksam, wenn es der Sparkasse gelingt, den Lastschriftbetrag endgültig zurückzuerlangen. Für die Bearbeitung eines solchen Widerrufs des Kunden berechnet die Sparkasse das im „Preis- und Leistungsverzeichnis" ausgewiesene Entgelt.

(3) Nach dem Tag der Belastungsbuchung der SEPA-Firmen-Lastschrift kann der Kunde diese nicht mehr zurückweisen.

2.3. Einzug der SEPA-Firmen-Lastschrift auf Grundlage des SEPA-Firmenlastschrift-Mandats durch den Zahlungsempfänger

(1) Das vom Kunden erteilte SEPA-Firmenlastschrift-Mandat verbleibt beim Zahlungsempfänger. Dieser übernimmt die Autorisierungsdaten und etwaige zusätzliche Angaben in den Datensatz zur Einziehung von SEPA-Firmen-Lastschriften. Der jeweilige Lastschriftbetrag wird vom Zahlungsempfänger angegeben.

(2) Der Zahlungsempfänger übermittelt elektronisch den Datensatz zur Einziehung der SEPA-Firmen-Lastschrift unter Einschaltung seines Zahlungsdienstleisters an die Sparkasse als Zahlstelle. Dieser Datensatz verkörpert auch die im SEPA-Firmenlastschrift-Mandat enthaltene Weisung des Kunden an die Sparkasse zur Einlösung der jeweiligen SEPA-Firmen-Lastschrift (siehe Nummer 2.2.1 Sätze 2 und 4). Für den Zugang dieser Weisung verzichtet die Sparkasse auf die für die Erteilung des Mandats vereinbarte Form (siehe Nummer 2.2.1 Satz 3).

2.4. Zahlungsvorgang aufgrund der SEPA-Firmen-Lastschrift

2.4.1. Belastung des Kontos des Kunden mit dem Lastschriftbetrag

(1) Eingehende SEPA-Firmen-Lastschriften des Zahlungsempfängers werden am im Datensatz angegebenen Fälligkeitstag mit dem vom Zahlungsempfänger angegebenen Lastschriftbetrag dem Konto des Kunden belastet. Fällt der Fälligkeitstag nicht auf einen im „Preis- und Leistungsverzeichnis" ausgewiesenen Geschäftstag der Sparkasse, erfolgt die Kontobelastung am nächsten Geschäftstag.

(2) Eine Kontobelastung erfolgt nicht oder wird spätestens am zweiten Geschäftstag gemäß „Preis- und Leistungsverzeichnis" nach ihrer Vornahme rückgängig gemacht, wenn

- der Sparkasse keine Bestätigung des Kunden gemäß Nummer 2.2.2 vorliegt,
- der Sparkasse ein Widerruf des Firmenlastschrift-Mandats gemäß Nummer 2.2.3 zugegangen ist,
- der Sparkasse eine Zurückweisung der Lastschrift des Kunden gemäß Nummer 2.2.4 zugegangen ist,
- der Kunde über kein für die Einlösung der Lastschrift ausreichendes Guthaben auf seinem Konto oder über keinen ausreichenden Kredit verfügt (fehlende Kontodeckung); Teileinlösungen nimmt die Sparkasse nicht vor,
- die im Lastschriftdatensatz angegebene IBAN des Zahlungspflichtigen keinem Konto des Kunden bei der Sparkasse zuzuordnen ist oder

– die Lastschrift nicht von der Sparkasse verarbeitbar ist, da im Lastschriftdatensatz
  - die Gläubiger-Identifikationsnummer fehlt oder für die Sparkasse erkennbar fehlerhaft ist,
  - die Mandatsreferenz fehlt,
  - das Ausstellungsdatum des Mandats fehlt oder
  - kein Fälligkeitstag angegeben ist.

2.4.2. Einlösung von SEPA-Firmen-Lastschriften

SEPA-Firmen-Lastschriften sind eingelöst, wenn die Belastungsbuchung auf dem Konto des Kunden nicht spätestens gemäß Nummer 2.4.1 Absatz 2 rückgängig gemacht wird.

2.4.3. Unterrichtung über die Nichtausführung oder Rückgängigmachung der Belastungsbuchung oder Ablehnung der Einlösung

Über die Nichtausführung oder Rückgängigmachung der Belastungsbuchung (siehe Nummer 2.4.1 Absatz 2) oder die Ablehnung der Einlösung einer SEPA-Firmen-Lastschrift (siehe Nummer 2.4.2) wird die Sparkasse den Kunden unverzüglich, spätestens bis zu der gemäß Nummer 2.4.4 vereinbarten Frist unterrichten. Dies kann auch auf dem für Kontoinformationen vereinbarten Weg geschehen. Dabei wird die Sparkasse, soweit möglich, die Gründe sowie die Möglichkeiten angeben, wie Fehler, die zur Nichtausführung, Rückgängigmachung oder Ablehnung geführt haben, berichtigt werden können. Für die berechtigte Ablehnung berechnet die Sparkasse das im „Preis- und Leistungsverzeichnis" ausgewiesene Entgelt.

2.4.4. Ausführung der Zahlung

(1) Die Sparkasse ist verpflichtet sicherzustellen, dass der von ihr dem Konto des Kunden aufgrund der SEPA-Firmen-Lastschrift des Zahlungsempfängers belastete Lastschriftbetrag spätestens innerhalb der im „Preis- und Leistungsverzeichnis" angegebenen Ausführungsfrist beim Zahlungsdienstleister des Zahlungsempfängers eingeht.

(2) Die Ausführungsfrist beginnt an dem im Lastschriftdatensatz angegebenen Fälligkeitstag. Fällt dieser Tag nicht auf einen Geschäftstag gemäß „Preis- und Leistungsverzeichnis" der Sparkasse, so beginnt die Ausführungsfrist am darauffolgenden Geschäftstag.

(3) Die Sparkasse unterrichtet den Kunden über die Ausführung der Zahlung auf dem für Kontoinformationen vereinbarten Weg und in der vereinbarten Häufigkeit.

2.5. Ausschluss des Erstattungsanspruchs bei einer autorisierten Zahlung

Der Kunde kann bei einer autorisierten Zahlung aufgrund einer SEPA-Firmen-Lastschrift von der Sparkasse keine Erstattung des seinem Konto belasteten Lastschriftbetrages verlangen. Ansprüche aus § 675x des Bürgerlichen Gesetzbuches[1] (BGB) sind ausgeschlossen. Erstattungsansprüche des Kunden bei einer nicht erfolgten oder fehlerhaft ausgeführten autorisierten Zahlung richten sich nach Nummer 2.6.2.

---

[1] Nr. 23.

2.6. Erstattungs- und Schadensersatzansprüche des Kunden

2.6.1. Erstattung bei einer nicht autorisierten Zahlung

Im Falle einer vom Kunden nicht autorisierten Zahlung hat die Sparkasse gegen den Kunden keinen Anspruch auf Erstattung ihrer Aufwendungen. Sie ist verpflichtet, dem Kunden den von seinem Konto abgebuchten Lastschriftbetrag zu erstatten. Dabei bringt sie das Konto wieder auf den Stand, auf dem es sich ohne die Belastung durch die nicht autorisierte Zahlung befunden hätte. Diese Verpflichtung ist spätestens bis zum Ende des Geschäftstags gemäß „Preis- und Leistungsverzeichnis" zu erfüllen, der auf den Tag folgt, an welchem der Sparkasse angezeigt wurde, dass die Zahlung nicht autorisiert ist oder die Sparkasse auf andere Weise davon Kenntnis erhalten hat. Hat die Sparkasse einer zuständigen Behörde berechtigte Gründe für den Verdacht, dass ein betrügerisches Verhalten des Kunden vorliegt, schriftlich mitgeteilt, hat die Sparkasse ihre Verpflichtung aus Satz 2 unverzüglich zu prüfen und zu erfüllen, wenn sich der Betrugsverdacht nicht bestätigt.

2.6.2. Schadensersatz wegen Pflichtverletzung

Bei nicht erfolgten autorisierten Zahlungen, fehlerhaft oder verspätet ausgeführten autorisierten Zahlungen oder bei nicht autorisierten Zahlungen kann der Kunde von der Sparkasse neben etwaigen Ansprüchen aus Auftragsrecht nach § 667 BGB und ungerechtfertigter Bereicherung nach §§ 812 ff. BGB den Ersatz eines hierdurch entstehenden Schadens nach Maßgabe folgender Regelungen verlangen:

- Die Sparkasse haftet für eigenes Verschulden. Hat der Kunde durch ein schuldhaftes Verhalten zu der Entstehung eines Schadens beigetragen, bestimmt sich nach den Grundsätzen des Mitverschuldens, in welchem Umfang Sparkasse und Kunde den Schaden zu tragen haben.
- Für das Verschulden der von der Sparkasse zwischengeschalteten Stellen haftet die Sparkasse nicht. In diesen Fällen beschränkt sich die Haftung der Sparkasse auf die sorgfältige Auswahl und Unterweisung der ersten zwischengeschalteten Stelle.
- Die Haftung der Sparkasse für Schäden ist der Höhe nach auf den Lastschriftbetrag zuzüglich der von der Sparkasse in Rechnung gestellten Entgelte und Zinsen begrenzt. Soweit es sich hierbei um Folgeschäden handelt, ist die Haftung zusätzlich auf höchstens 12.500 Euro je Zahlung begrenzt. Diese Haftungsbeschränkungen gelten nicht für Vorsatz oder grobe Fahrlässigkeit der Sparkasse und für Gefahren, die die Sparkasse besonders übernommen hat, sowie für nicht autorisierte Zahlungen.

Ansprüche aus § 675y BGB sind ausgeschlossen.

2.6.3. Haftungs- und Einwendungsausschluss

(1) Eine Haftung der Sparkasse nach Nummer 2.6.2 ist in folgenden Fällen ausgeschlossen:

- Die Sparkasse weist gegenüber dem Kunden nach, dass der Lastschriftbetrag rechtzeitig und ungekürzt beim Zahlungsdienstleister des Zahlungsempfängers eingegangen ist.
- Die Zahlung wurde in Übereinstimmung mit der vom Zahlungsempfänger angegebenen fehlerhaften Kundenkennung des Zahlungsempfängers ausgeführt. In diesem Fall kann der Kunde von der Sparkasse jedoch verlangen,

dass sie sich im Rahmen ihrer Möglichkeiten darum bemüht, den Lastschriftbetrag wiederzuerlangen. Ist die Wiedererlangung des Lastschriftbetrags nach Satz 2 dieses Unterpunkts nicht möglich, so ist die Sparkasse verpflichtet, dem Kunden auf schriftlichen Antrag alle verfügbaren Informationen mitzuteilen, damit der Kunde einen Anspruch auf Erstattung des Lastschriftbetrags geltend machen kann. Für die Tätigkeiten nach den Sätzen 2 und 3 dieses Unterpunkts berechnet die Sparkasse das im „Preis- und Leistungsverzeichnis" ausgewiesene Entgelt.

(2) Ansprüche des Kunden nach den Nummern 2.6.1 und 2.6.2 und Einwendungen des Kunden gegen die Sparkasse aufgrund nicht oder fehlerhaft ausgeführter Zahlungen oder aufgrund nicht autorisierter Zahlungen sind ausgeschlossen, wenn der Kunde die Sparkasse nicht spätestens 13 Monate nach dem Tag der Belastung mit einer nicht autorisierten oder fehlerhaft ausgeführten Zahlung hiervon unterrichtet hat. Der Lauf der Frist beginnt nur, wenn die Sparkasse den Kunden über die Belastungsbuchung der Zahlung entsprechend dem für Kontoinformationen vereinbarten Weg spätestens innerhalb eines Monats nach der Belastungsbuchung unterrichtet hat; anderenfalls ist für den Fristbeginn der Tag der Unterrichtung maßgeblich. Schadensersatzansprüche aus einer verschuldensabhängigen Haftung der Sparkasse nach Nummer 2.6.2 kann der Kunde auch nach Ablauf der Frist in Satz 1 geltend machen, wenn er ohne Verschulden an der Einhaltung dieser Frist verhindert war.

(3) Ansprüche des Kunden sind ausgeschlossen, wenn die einen Anspruch begründenden Umstände

- auf einem ungewöhnlichen und unvorhersehbaren Ereignis beruhen, auf das die Sparkasse keinen Einfluss hat, und dessen Folgen trotz Anwendung der gebotenen Sorgfalt nicht hätten vermieden werden können oder
- von der Sparkasse aufgrund einer gesetzlichen Verpflichtung herbeigeführt wurden.

Anlage:

Liste der zu SEPA gehörenden Staaten und Gebiete

1. Staaten des Europäischen Wirtschaftsraums (EWR)

1.1. Mitgliedstaaten der Europäischen Union

Belgien, Bulgarien, Dänemark, Deutschland, Estland, Finnland, Frankreich (einschließlich Französisch-Guayana, Guadeloupe, Martinique, Mayotte, Réunion), Griechenland, Irland, Italien, Kroatien, Lettland, Litauen, Luxemburg, Malta, Niederlande, Österreich, Polen, Portugal, Rumänien, Schweden, Slowakei, Slowenien, Spanien, Tschechische Republik, Ungarn, Vereinigtes Königreich von Großbritannien und Nordirland sowie Zypern.

1.2. Weitere Staaten

Island, Liechtenstein und Norwegen.

2. Sonstige Staaten und Gebiete

Andorra, Guernsey, Isle of Man, Jersey, Monaco, San Marino, Schweiz, St. Pierre und Miquelon, Vatikanstadt.

Sachverzeichnis

Die fetten Zahlen bezeichnen die Nummer eines Textes in dieser Ausgabe; die mageren Zahlen bezeichnen die jeweiligen Paragraphen oder Artikel.